彭水苗族土家族自治县志

（1986—2005）

彭水苗族土家族自治县志编纂委员会　编

方志出版社
Publishing House of Local Records

图书在版编目（CIP）数据

彭水苗族土家族自治县志：1986—2005/ 彭水苗族土家族自治县志编纂委员会编．-- 北京：方志出版社，2019.9

ISBN 978-7-5144-3847-5

Ⅰ．①彭… Ⅱ．①彭… Ⅲ．①彭水县—地方志—1986-2005 Ⅳ．① K297.194

中国版本图书馆 CIP 数据核字（2019）第 233321 号

彭水苗族土家族自治县志（1986—2005）

编　　者：彭水苗族土家族自治县志编纂委员会
责任编辑：黄　彦

出 版 者：方志出版社
地址　北京市朝阳区潘家园东里 9 号（国家方志馆 4 层）
邮编　100021
网址　http://www.fzph.org
发　　行：方志出版社图书经销中心
电话（010）67110500
经　　销：各地新华书店
排　　版：北京纺印图文设计制作有限公司
印　　刷：北京中科印刷有限公司

开　　本：889 × 1194　　1/16
印　　张：73.75
字　　数：2269 千字
版　　次：2019 年 9 月第 1 版　2019 年 9 月第 1 次印刷

ISBN　978-7-5144-3847-5　　**定价**：350.00 元

序　一

贫困问题一直是困扰人类社会发展的重大问题。中国作为世界上最大的发展中国家，为解决贫困问题进行了长期不懈的努力。改革开放以来，特别是党的十八大以来，以习近平同志为核心的党中央把脱贫攻坚作为全面建成小康社会的底线任务和标志性指标，纳入“五位一体”总体布局和“四个全面”战略布局，以前所未有的力度推进精准扶贫、精准脱贫，扶贫开发成就举世瞩目，显著改善了贫困地区和贫困群众生产生活条件，具有重大的现实意义和深远的历史意义。身处中华民族几千年发展历史上将首次整体消除绝对贫困现象的伟大时代，如何更好地发挥地方志的存史、育人、资政的作用，是新时代全国地方志系统必须深入研究和着力解决的重大课题。

党的十八大以来，在党中央国务院的正确领导下，全国地方志系统深入学习贯彻习近平新时代中国特色社会主义思想，紧紧围绕党和国家事业发展需要，深入推进地方志改革创新发展，凝心聚力，稳扎稳打，勇于担当，主动作为，全国地方志形势和地方志工作者的精神面貌发生了深刻变化，取得了优异成绩。其中，为贯彻落实《全国地方志事业发展规划纲要（2015—2020 年）》，经中国地方志指导小组领导批准，中国地方志指导小组办公室于 2015 年、2017 年先后启动民族地区与贫困地区志书、年鉴出版资助工程（以下简称“志鉴出版资助工程”），对国家级贫困县（区、旗、县级市），中西部地区、少数民族边疆地区面临出版经费困难的志书和综合年鉴给予出版资助。实施志鉴出版资助工程是紧扣时代脉搏、坚持创新发展、传承弘扬中华优秀传统文化的一项创举，不仅有力推动了“两全目标”的实现，而且数十部资助出版的志书、年鉴及时记述了民族地区与贫困地区在全面建成小康社会伟大征程中取得的新成绩和新经验、出现的新情况和新问题、涌现的优秀人物和典型事迹，留住地方文化的“根”和“魂”，为这些地区的经济社会发展、地域文化传播、爱国主义教育、精神文明建设等提供了历史借鉴和智力支持，对全面提升民族地区与贫困地区文化建设水平、确保民族地区与贫困地区和全国其他地区同步全面建成小康社会具有重要意义。

尤为可喜的是，志鉴出版资助工程促成了一批扶贫志书的编纂出版，在文化脱贫攻坚中发挥了独特的作用。例如，《贵州省减贫志》全面系统客观记述了从 1978

年至2015年贵州省扶贫、减贫工作的历程及取得的经验，为贵州省实施大扶贫战略提供了有力的资政辅治参考，集中体现了地方志工作因时而动、顺势而为的新作为。前不久，由福建省地方志编委会和人民网共同编纂的《闽宁扶贫协作图志》，是全国首部扶贫协作图志，图文并茂、直观立体、全方位地展现闽宁扶贫协作波澜壮阔的历程，弘扬“闽宁一家亲”“携手奔小康”的深厚情谊和滴水穿石、久久为功的精神，是贯彻落实习近平总书记扶贫工作重要论述精神，服务国家精准扶贫、精准脱贫战略的有力举措。希望各地以此为鉴，编纂出版更多、更好的扶贫志书、年鉴，助力国家精准扶贫、精准脱贫战略的实施，充分展现地方志的独特价值和作用。

当前，我国脱贫攻坚已进入全面决战决胜的关键时期，尚未脱贫的贫困地区集中分布在中西部深山区、极端干旱山区、高寒阴湿地区等，文化建设还比较薄弱，文化产品还不够丰富，文化精品更是少之甚少。同时，这些地区往往是民族文化、历史文化、红色文化、生态文化富集区，具有发展文化旅游、推进文化扶贫的巨大潜在优势，也是繁荣发展地方志事业的巨大文化宝库。要发挥好文化扶贫凝聚人心的优势，善于利用方志文化优势为贫困地区“赋能”，在脱贫攻坚中做出方志人应有的贡献。要发挥好中国名镇志文化工程、中国名村志文化工程的引领作用，大力加强乡镇村志编纂，让百姓记得起乡情、记得住乡愁，凝聚贫困乡镇村庄的强大民心，补齐贫困乡镇村庄的文化短板，以“扶智”的方式“扶志”，践行习近平总书记强调的“扶贫先扶智，扶贫必扶志”的重要理念。

求木之长者，必固其根本；欲流之远者，必浚其泉源。扶贫扶起的是志气骨气，传承的是家国情怀，守护的是绿水青山。扶贫既要富口袋，也要富脑袋。必须坚持文化脱贫和物质脱贫两手抓，筑牢贫困地区文化之基，补足信仰精神之钙，引领脱贫发展之舵。全国地方志系统要围绕中心、服务大局，坚决投入脱贫攻坚这场必须打赢的硬仗，积极参与脱贫攻坚战，发挥优势和特长，深入挖掘文化资源，着力补齐文化短板，努力帮助民族地区与贫困地区的文化建设实现较大的发展提升，在全面建成小康社会、实现中华民族伟大复兴中国梦的征程中贡献方志人的力量。

是为序。

中国社会科学院院长
中国地方志指导小组组长　谢伏瞻

序 二

当前，在以习近平同志为核心的党中央的坚强领导下，全国各族人民正在全面建成小康社会的决胜阶段奋勇向前、阔步迈进。全面建成小康社会，最艰巨最繁重的任务是在革命老区、民族地区、边疆地区、贫困地区。消除贫困、改善民生、实现共同富裕，是中国特色社会主义的本质要求，是中国共产党的重要使命。为了全面实现小康，党中央高度重视扶贫开发工作，全力推进脱贫攻坚工程，实施精准扶贫、精准脱贫。习近平总书记明确提出，全面实现小康，一个民族也不能少，不能落下一个贫困家庭，丢下一个贫困群众。扶贫开发是个系统工程，发展是第一要务，只有发展，因地制宜找准路子，才能最终实现精准扶贫、精准脱贫。“治贫”必先“治愚”，在加强经济和基础设施建设、提高教育水平等方面的同时，扶贫开发还要注重文化扶贫，特别是通过挖掘革命老区、民族地区、边疆地区、贫困地区的文化内涵、历史底蕴、地情资源，让广大干部群众了解地情、了解历史、了解本地区的优势和劣势，在思想上脱贫，尤为关键。

赓续不断地编修地方志是我国独有的优秀文化传统，绵延千年而不断。党中央、国务院高度重视地方志工作，近几年来，习近平总书记、李克强总理、刘延东副总理作出了一系列的重要指示。2015 年 8 月，国务院办公厅印发《全国地方志事业发展规划纲要（2015—2020 年）》（简称《规划纲要》），明确要求到 2020 年必须全面完成第二轮修志规划任务，这是全国地方志工作在全面建成小康社会进程中的硬性任务，也是全国地方志系统为全面建成小康社会的献礼。届时，将同步实现省省有省志、市市有市志、县县有县志，这不仅在中国文化发展史上是绝无仅有的，在世界文化发展史上也是罕见的。从目前来看，要实现这一目标任务，还存在不少困难和问题，特别是民族地区与贫困地区，面临着缺乏人才、资金等诸多困难。实现到 2020 年必须全面完成第二轮修志规划任务，一个省、一个市、一个县都不能少。自 2015 年 8 月，经中国地方志指导小组批准，中国地方志指导小组办公室启动民族地区与贫困地区志书出版资助工程（以下简称“资助工程”），对经国务院扶贫开发领导小组办公室认定的国家级贫困县（区、旗、县级市），中西部地区、少数民族边疆地区、经济欠发达地区存在出版经费困难的省市县三级综合志书进行出版资助。截至目前，已经确定资助两批 20 多部志书。2016 年 4 月，该工程成功入选国家新闻出版广电总局实施的“十三五”国家重点图书、音像、电子出版物出版规划项目。当前正处于全面推进扶贫开发工程的攻坚阶段，深入推进资助工程，是全国地方志系统配合推进精准扶贫、精准脱贫的重要工作，必须引起高度重视。

资助工程是地方志系统的政治工程。革命老区、民族地区、边疆地区、贫困地区蕴含着极为丰富的文化内容，编纂出版志书，对于继承和发扬优秀传统文化、民族文化、革命文化，加强民族团结、促进当地经济社会建设意义重大。革命老区、民族地区、边疆地区、贫困地区的志书是充分展示在中国共产党领导下这些地区经济社会建设取得的巨大成就、各族人民生活幸福安定的历史依据。特别是边疆地区的志书，是历代王朝、社会主义新中国对该地区行使主权的文化宣示，是真实记录边疆地区与祖国一脉相承、荣辱与共的重要载体。《规划纲要》明确要求到2020年全面完成第二轮修志规划任务，是党中央、国务院对各级政府和地方志工作机构的政治要求，必须不打折扣坚决完成，革命老区、民族地区、边疆地区、贫困地区也不能例外。资助工程既是全国地方志系统的文化扶贫工程，又是确保到2020年全面完成第二轮修志规划任务的推进工程，具有重要的政治意义。

资助工程是促进民族地区与贫困地区文化建设的基础工程。地方志书是全面系统地记述本行政区域自然、政治、经济、文化和社会的历史与现状的资料性文献，记述内容包罗万象，记述对象丰富多彩，是对一个地方的文化普查和历史资料的全面梳理。一个地方的经济社会建设，离不开文化支持。发展是硬道理，只有真正实现全面、协调、可持续发展，才能最终实现小康。与此同时，发展也必须是有序的而不是盲目的，必须是实事求是的而不是凭空设想的，必须是因地制宜的而不是照搬照抄的。实践证明，脱离当地的自然条件、历史基础、文化传承、人文习俗等搞所谓的建设，要么是盲人摸象、坐井观天，要么是揠苗助长、掩耳盗铃，要么是削足适履、画蛇添足，最终会落得个水土不服、无疾而终。对于民族地区与贫困地区来说，立足本地的资源、市场、人文旅游等优势，因地制宜找准发展路子，是确保科学发展的首要任务。民族地区与贫困地区，尤其是那些自古以来还没有编修过志书的地区，开展志书编纂既是对当地自然、政治、经济、文化、社会、生态等方面的发展历史、发展脉络、发展规律的全面摸底和调查，又是总结历史经验、汲取历史教训、挖掘历史智慧的全面梳理和探求。通过学习、利用地方志书，让各级领导干部、广大人民群众了解当地的历史、了解实实在在的地情，从历史中汲取营养和智慧为现实提供借鉴和服务，是确保民族地区与贫困地区发展不走弯路、不走冤枉路的有效手段。

资助工程是全国地方志事业协调发展的促进工程。第五届中国地方志指导小组成立以来，一直把走基层、探实情作为一项重要任务，截至目前，已经到30个省（自治区、直辖市）开展了调研。通过座谈、实地考察等多种形式，充分了解了当前全国地方志事业发展面临的主要困难和问题。其中，区域发展不平衡，中西部地区特别是边疆少数民族地区地方志工作与东部地区相比还存在不少差距，是制约全国地方志事业实现全面、协调、可持续发展的瓶颈所在。有的地方甚至出现了花费了大量的人力、物力，经过十余年的艰辛努力编纂出志书，因为缺乏出版经费迟迟未能出版的状况。正是基于以上了解到的情况，中国地方志指导小组及其办公室才下定决心启动资助工程。到2020年全面建成小康社会时，地方志事业区域发展不平衡问题必须得到妥善解决，这也是深入贯彻《规划纲要》的应有之义。而作为主业的修志编鉴，到2020年全面完成第二轮修志规划任务、实现综合年鉴编纂全覆盖的“两全目标”，是中西部地区特别是边疆少数民族地区地方志工作发展的重中之重。从现实意义来说，资助工程对于实现全国地方志事业全面、协调、可持续发展具有重要的促进作用。

在党中央、国务院的高度重视下，全国地方志事业发展迎来重大战略机遇。越是发展的关键时期，越要有大局观，越要从全国一盘棋的角度考虑问题。《规划纲要》作为顶层设计，确定的各项目标任务都要落到实处，而作为“两全目标”之一的到2020年全面完成第二轮修志规划任务，实现省、市、县一个都不能少的目标，是关键中的关键。希望借助资助工程的深入推进，进一步引起全国地方志系统对实现“两全目标”的重视，确保按期保质完成，用志书客观而忠实地记述中国共产党人带领全国各族人民全面建成小康社会的光荣与曲折历程，为全面建成小康社会贡献“志”礼。

是为序。

中国社会科学院原院长
中国地方志指导小组原组长　王伟光

民族地区与贫困地区志书出版资助工程领导小组

组　　　长：谢伏瞻

常务副组长：高　翔

副　组　长：冀祥德

成　　　员：高京斋　邱新立

民族地区与贫困地区志书出版资助工程领导小组办公室

主　任：冀祥德

副主任：邱新立

成　员：于伟平　陈　旭　杨海峰　王丹林　徐　宏

县城新貌（2005 年） 孔庆余 摄

彭水县城全景（1996 年）

彭水县城全景（360° 环拍）（2005 年）

孔庆余 摄

孔庆余 摄

彭水县城全貌（2014 年）

卫新民　摄

1992 年，彭水县城一角　　周玖林　摄

彭水县城一角（2005 年）　　刘德厚　摄

绿水青山彭水城（2012 年）　　张龙河　摄

山城彭水（2014 年）　　张龙河　摄

居民住宅（2014 年）　　县档案馆　供图

彭水之夜（2016 年）　　张龙河　摄

1986 年 11 月，县委书记杨宗恒（左一）、县长任荣安（右四）和烟叶专家（中）在小厂乡考察烤烟生长环境 刘德厚 摄

连湖梯田（2002 年） 孙平 摄

2005 年，稻谷丰收　　孙平 摄

茶山掠影（2009 年）　　刘德厚 摄

乌江彭水电站截流工地（2005 年） 孔庆余 摄

2005 年 9 月，乌江彭水电站开工仪式

乌江彭水电站外景（2008 年） 刘德厚 摄

刘德厚 摄

水翼船（快艇）（1995 年） 刘德厚 摄

客轮（1995 年） 刘德厚 摄

航运时期（1998 年） 刘德厚 摄

诸佛红岩洞处公路（2012 年） 孙平 摄

乌江纤道（2004 年） 刘德厚 摄

2001 年 7 月 1 日，两江大桥竣工通车仪式　　刘德厚　摄

包茂高速公路彭水境内的武陵山大桥（2010 年）　　刘德厚　摄

郁山双桥（2005 年）　　孔庆余　摄

2006 年，渝怀铁路长滩火车站开来首列客车 县交通局 供图

修建好的渝怀铁路（2006 年） 刘德厚 摄

乌江信号站（1986 年）

刘德厚 摄

彭水城“睡美人”山色（2005 年）　　孔庆余 摄

门闩峡“乌江画廊”题字处（2012 年）　　孔庆余 摄

鞍子苗妹对歌（2005 年）　　孔庆余　摄

水上运动大赛（2017 年）　　孙平　摄

保家三江口风光（2005年） 卫新民 摄

红军渡广场（2016年） 县档案馆 供图

昔盐场富商家磉墩　　孔庆余　摄

石盆　　孔庆余　摄

苗家鼎罐饭　　刘德厚　摄

1987 年郁山打闹　　孔庆余　摄

任家班吹打（1987 年）　　孔庆余　摄

县委常委、常务副县长周伟（左一）为在首届民族文化周评为歌王的任永兴颁发荣誉证书（2001）
刘德厚　摄

2005 年 9 月 15 日，彭水娇阿依首次到重庆演出，苗家山歌获金奖　刘德厚　摄

2005 年 12 月 27 日，国家一级演员沈铁梅（右二）率重庆市川剧院赴彭慰问演出川剧《金子》
孔庆余　摄

玩龙　　孔庆余　摄

郁山围鼓（川剧坐唱）　　孔庆余　摄

丧事坐夜吹打　　孔庆余　摄

1984 年 11 月 10 日，彭水苗族土家族自治县成立大会　　县档案馆　供图

庆祝大会上县委书记王鸿举（左二）、县长秦贵太（左一）接受少先队员敬献花篮　　刘德厚　摄

1994 年 11 月 10 日，县城举行庆祝自治县成立十周年大会 刘德厚 摄

2004 年 11 月 10 日，庆祝自治县成立 20 周年活动在两江广场举行。庆典仪式结束后，举行了“激情乌江 · 欢腾彭水”大型文艺演出 刘德厚 摄

唐长孙无忌墓碑　　彭水自治县文物管理所　供图

黑陶罐　　彭水自治县文物管理所　供图

四耳罐　　彭水自治县文物管理所　供图

陶狗　　彭水自治县文物管理所　供图

陶猪　　彭水自治县文物管理所　供图

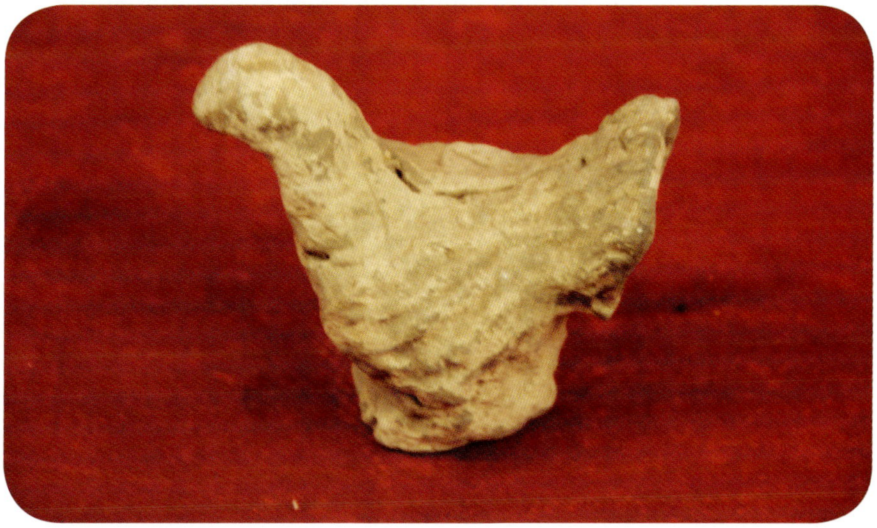
陶鸡　　彭水自治县文物管理所　供图

“独龙王”蛇酒　　　县档案馆　供图

蛇医陈洪儒（取蛇毒）　　　县档案馆　供图

龙塘沟白酒系列产品　　　县档案馆　供图

龙塘沟窖藏白酒　　　县档案馆　供图

郁山擀酥饼　　　县档案馆　供图

郁山殷氏擀酥王　　　县档案馆　供图

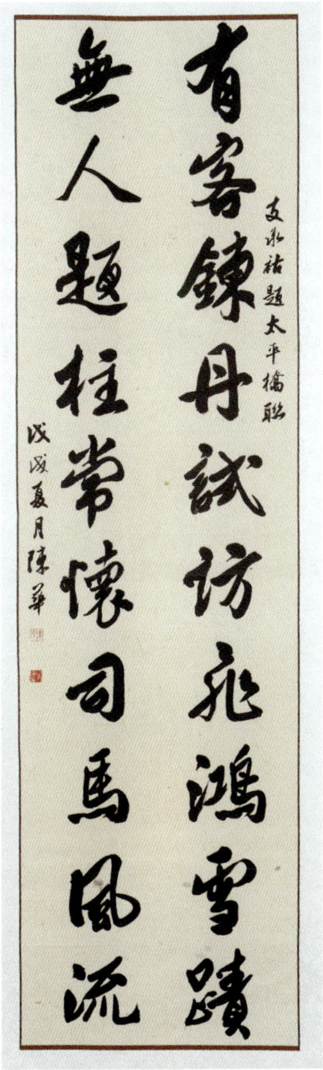

陈华（行书）　　县档案馆　供图

李大胜（草书）　　县档案馆　供图

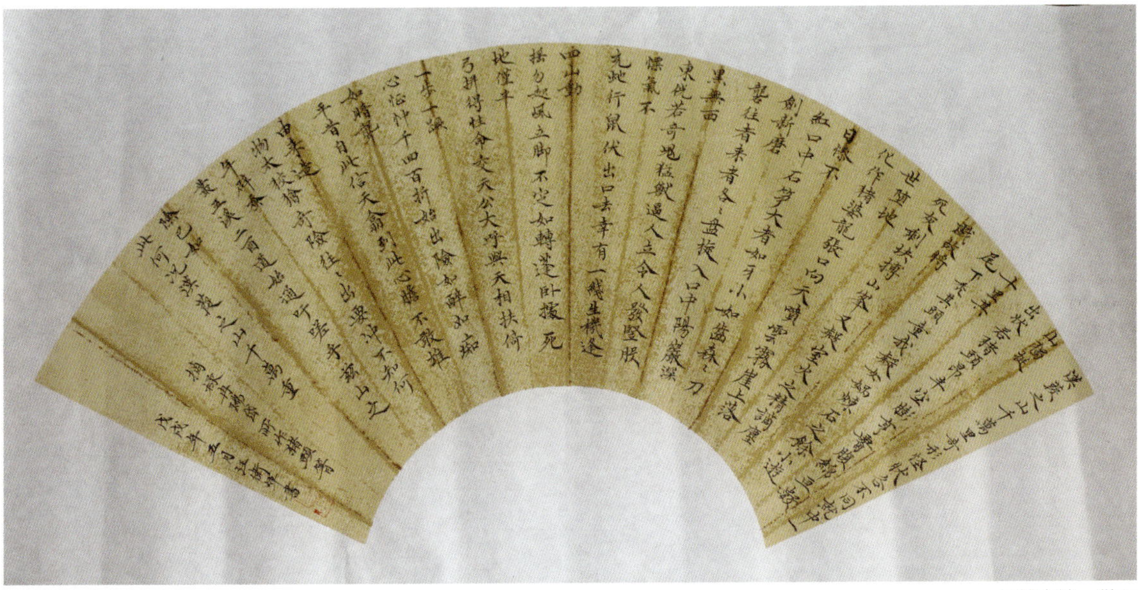
汪卫军（扇书）　　县档案馆　供图

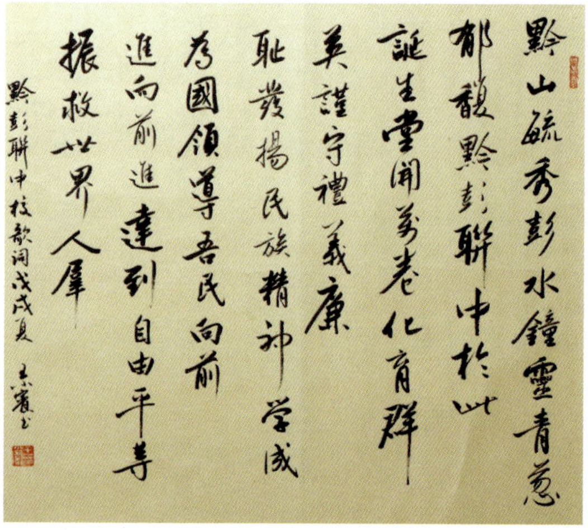

王小宾（行书） 县档案馆 供图

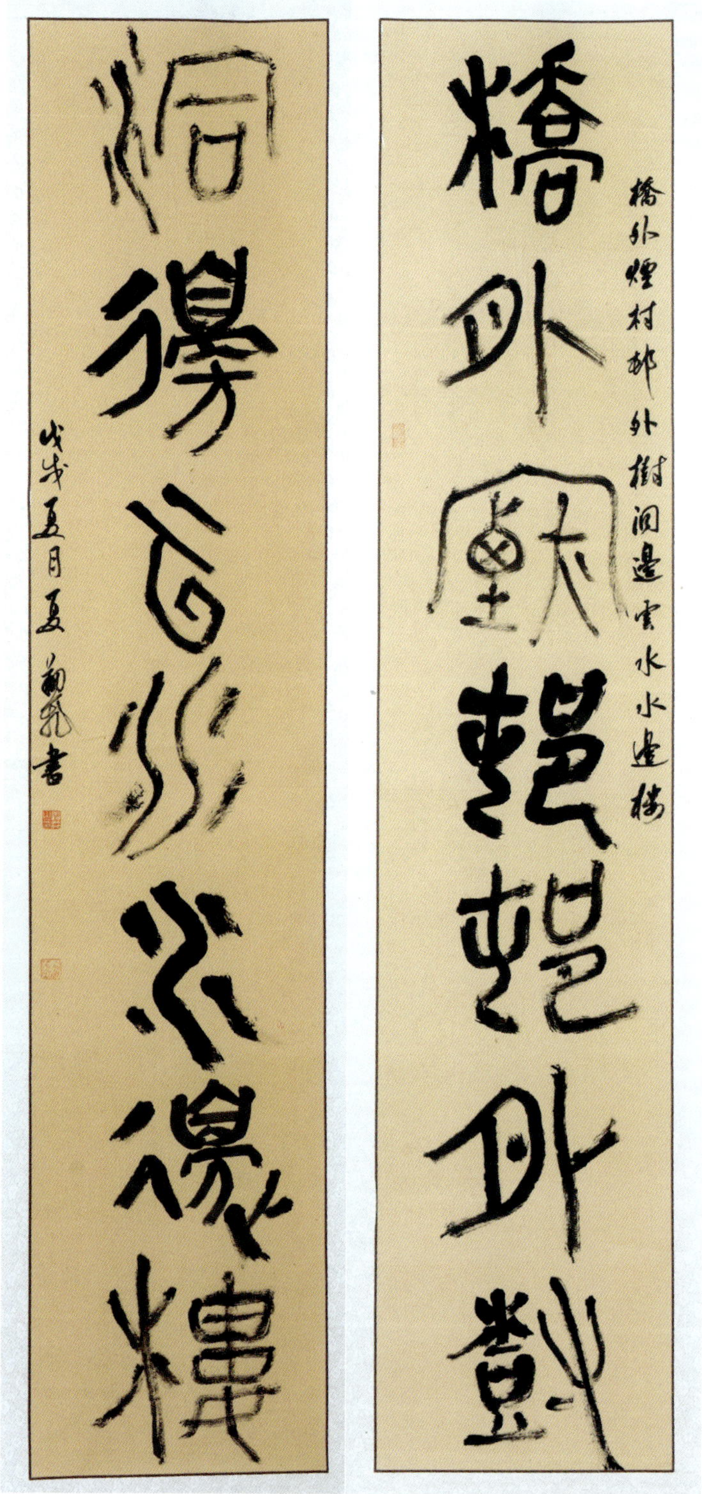

夏翔飞（篆书） 县档案馆 供图

黄定波（中国画） 县档案馆 供图

闵学星（中国画） 县档案馆 供图

严金康（中国画） 县档案馆 供图

罗运生（中国画）　　县档案馆　供图

2018年3月15日，《彭水县志（1986—2005）》专家评审会合影

《彭水苗族土家族自治县志》编纂委员会

2002 年 5 月—2008 年 12 月

顾　　问：蓝庆华　张克隐　李运茂

主　　任：喻维嘉

副 主 任：王茂怀　王小陵　周　伟　赵维权　王华敏（女）　孔庆德

委　　员：赵培江　杜业滔　庹朝福　崔锦洪　苟义华　向国权　庹敬富
曾凡才　刘泽文　付江陵　何庆科　代成瑶　冉启明　陈乾万
王永刚　徐诗龙　唐富学　冉武恩　杨晓天　冉启怀　赵　军
黄治文　汪品忠　万朝斌　庞建军　刘月红　代学凌　冉景生
杨从勇　李涪荣　田茂江　田向东　张学维　闫鹏飞　周小勇
王世清　何光清　蔡　强　彭正学　冉光辉　杨刘维　喻周健
杨　铭　豆彭川　高元兴

编纂委员会办公室

主　　任：何庆科

副 主 任：王循章　吴相华

《彭水苗族土家族自治县志》编纂委员会

2008年12月—2012年9月

编纂委员会办公室

《彭水苗族土家族自治县志》
编纂委员会

2012 年 9 月—2017 年 3 月

顾　　问： 陈　航　张福安　胡勤俭

主　　任： 刘　峰

副 主 任： 朱高云　林　光　谢　胜　程　途　鞠清洁　任昌卜　汪家生

委　　员： 张国甫　陈敬红　任孝云　何道信　陶玉祥　何　川　余建华
彭玉萍（女）　曹天明　封　兵　任永松　王传军　刘月红
罗远江　熊　明（女）　冉隆超　郑永东　尹雪梅（女）
向　涛　冉启怀　扬　新　蹇廷超　杨从勇　徐道东　谢成红
曾凡才　代　鸿　廖福保　张合奎　刘汉中　谭小华　向　武
袁业国　赵朝军　何念屈　严海林　刘　伦　蒋　鸿　唐　波
王　苹　颜宇雄　黄地荣　王兴明　谭　璋　高冀川

编纂委员会办公室

主　　任： 任永松

副 主 任： 汪卫东

《彭水苗族土家族自治县志》
编纂委员会

2017 年 4 月—

顾　　问：钱建超　胡勤俭　谢　胜

主　　任：石　强

副 主 任：彭玉萍（女）　巩义胜　斐煜宇　秦胜成　冉隆超

委　　员：杨国洪　王业培　冯久洪　曾凡才　唐鹏程　何　川　程　途
陶　敏（女）　秦长春　陈天文　任永松　王传军　李孝前
谭小华　付美兵　谢成红　夏　斌　杨祥奎　向　涛　肖世成
尹雪梅（女）　张国甫　胡　宏　陈敬红　徐道东　何念屈
代　鸿　张和奎　刘汉中　刘卉红　贺守良　袁业国　廖福保
刘将彬　严海林　杨　睿　肖　强　刘　均　田永东　冉茂波
石江宁　黄德坤　吴树成　高冀川

编纂委员会办公室

主　　任：任永松　冉花鸿

副 主 任：汪卫东

县志总编室

主　　编： 任永松　冉花鸿

副 主 编： 汪卫东　何廷应　冉光明

编　　辑： 蔡盛炽　唐华伦　淳世华　简文相　冉光明　龚杰彬　何廷应
李琼尧　周帮涛　何丽宁（女）　赵荣煌　罗贤成　徐德辉
张全宪　朱万书　庹志楼　秦　忠　付子元　冉启昌　任华昌
李佑川　曾庆禄　陈　坤（女）

序　言

《彭水苗族土家族自治县志（1986—2005）》经编修人员的艰苦努力，数易其稿，终于告竣。这是全县上下合力耕耘，共襄盛举的一项文化工程，也是全县人民政治、文化生活中的一项大事。

盛世修志，是中华民族的优良传统，代代相继，绵延不断。彭水修志始于清代，自汉武帝建元元年（前140年）置涪陵县于郁山至中华人民共和国成立，计修县志4部。中共十一届三中全会后，全国第一轮修志全面铺开，新修的《彭水县志》于1997年出版，这是新中国成立后编修出版的第一部《彭水县志》。

进入新世纪以来，进行了第二轮修志。这次修编的《彭水苗族土家族自治县志》，其时间断限为1986年至2005年。这20年，神州大地沐浴着改革开放的春风，中华民族迎来了空前繁荣的盛世。20年来，彭水人民在中共彭水自治县委，彭水自治县人民政府领导下，高举中国特色社会主义伟大旗帜，以毛泽东思想、邓小平理论、"三个代表"重要思想、科学发展观、习近平新时代中国特色社会主义思想为指导，与时俱进、开拓创新、抓住机遇、真抓实干。全县经济建设快速发展，社会事业全面进步，人民生活水平显著提高。20年的辉煌记忆，20年的建设经验，在这部县志中得到了真切而又生动的记载和诠释。

彭水自治县处武陵山区，居乌江下游，为乌江、郁江两江交汇之地。彭水历史悠久，盐丹文化源远流长，在历史的长河中，彭水各族人民以盐丹文化为支撑，借助乌江、郁江水运之利，彭水盐丹行销各地。进入新的时代，彭水积极探索新的发展道路，大力发展旅游业、生态农业，完善基础设施建设，力争让更多的人认识魅力彭水。彭水人勤劳刻苦，崇尚知识，尊重科学，蕴涵着中华民族的传统美德。披阅志稿，彭水特有的民族风情扑面而来，彭水人特有的坚韧性格跃然纸上。彭水山清水秀、地灵人杰、人文荟萃、俊杰辈出，本书辑录各行各业优秀人士繁多，记述了他们在各自的岗位上做出的不平凡业绩；收录出版的部分著作和文艺作品，展示了文化领域所取得的丰硕成果。

《彭水苗族土家族自治县志（1986—2005）》体例结构合理，行文朴实严谨，地域特色鲜明，内容丰富翔实。可以说是一部集资料性、知识性、可读性于一体的志书；是一部体系完整、资料翔实、文约事丰的地情书；是一份服务当代、垂鉴后世、惠及子孙的宝贵财富。

编修县志是一项浩繁的系统工程，是一项艰苦的创造性劳动。《彭水苗族土家族自治县志（1986—2005）》的出版，凝聚了各级领导、各级部门、全县人民，尤其是全体编修人员的智慧和心血。在编写过程中，我们得到了重庆市地方志办公室领导、专家和兄弟单位修志同行的悉心指导与帮助，也得到了社会各界的关心和支持。在志书即将付梓之际，谨向为修纂县志付出艰辛劳动的各级领导、专家、学者、社会各界人士和全体编修人员致以诚挚的谢忱。

读志鉴古知今，用志经世兴邦。我们热切地希望全县广大干部和群众，认识并重视地方志"存史、资政、育人”的作用，读志用志，开发地方志资源，多多了解彭水历史发展轨迹，为创造彭水更好的明天做出应有的贡献。

彭水苗族土家族自治县编纂委员会

2018 年 12 月

凡　例

一、《彭水苗族土家族自治县志（1986—2005）》以马克思列宁主义、毛泽东思想、邓小平理论、“三个代表”重要思想、科学发展观、习近平新时代中国特色社会主义思想为指导，坚持辩证唯物主义和历史唯物主义的立场、观点和方法。实事求是地记载彭水苗族土家族自治县自然、地理及社会各方面的历史和现状，使之成为具有“资政、存史、教化”功能的资料性著述。

二、本志坚持存真求实、详近略远、详主略次、详独略同的原则，运用新观点、新资料、新方法进行编纂，力求突出时代特点、地方特点、民族特点和专业特点，为彭水的改革开放和社会主义现代化建设服务。

三、本志是 1997 年版《彭水县志》续志，上起 1986 年，下迄 2005 年。全面汇集记述时限内 20 年的资料，兼对首轮县志“补志之缺、详志之略、纠志之误”。

四、本志以专业立志，以类设篇，分篇平列，横排门类，纵述始末的结构。篇目设概述、大事记总揽全书，其余篇目设置以自然、政治、经济、社会为序按中篇结构设置。为突出地方特色，烤烟、旅游、扶贫等单独立篇。全志以概述为纲，大事记为经，专业分篇为纬。篇内设章、节、目、子目 4 个层次。为弥补志体横排割裂的缺陷，增强记忆的整体性和综合性，有的篇首加概况，章节前加引言。

五、本志用志、述、记、传、图、表、录等多种体裁，以志为主。与章节联系紧密，而又不便入正文的内容，附文于各章节之后。

六、本志行文采用现代语体文、记述体，述而不论。记述以真实准确的资料为据，直书历史和现状，寓是非、功过于记述之中。引文忠于原著，注明出处。

七、本志按“生不立传”的原则，选择对彭水历史发展有重大影响的主要历史人物立传入志。人物记述以本籍为主，非本籍而在本县有重大影响和贡献者，也予立传，主要记述在本县的事迹。人物入志采用传记、简介、人物表、名录的形式编写。生人采用“以事系人”的方式记述。

八、本志使用规范的简化字，标点符号、数字用法、计量学位均遵循国家对出版物的相关规定。民国以前的历史纪年采用历史纪年括注公元纪年的方式。

九、本志数据以县统计局的统计数据为准，统计局来掌握的数据以主管部门提供的数据为依据。县内生产总值第一、二、三产业增加值，农林牧渔业总产值、工业总产值、独立核算（国有及规模以上）工业企业总产值均以当年现价表述，按可比价计算增减幅度。

十、本志记述机构名称使用简称。县内机构名称第一次出现使用全称，以后文中一律用简称。

目录

第五篇 政治协商会议

第六篇　群众团体

第七篇　政法　军事

第九篇 国土资源和房屋管理

第十篇 环境保护

第十一篇 交 通

第十二篇 邮 电

第十三篇 旅 游

第十四篇 农 业

第十五篇　烤　烟

第十六篇　林　业

第十七篇　水利　电力

第十八篇 工 业

第十九篇　乡镇企业

第二十篇　商业　服务业

第二十四篇　教　育

第二十五篇　科　技

第二十六篇 文化 体育

第二十七篇 卫 生

第二十八篇 人事 劳动

第二十九篇　民　政

第三十篇　扶　贫

第三十一篇　人口和计划生育

第三十二篇　民族　宗教

第三十三篇　社会生活与习俗

第三十四篇　人　物

附　录

概 述

（一）

彭水苗族土家族自治县（简称“彭水自治县”）地域广袤，环境优美，资源丰富。

彭水自治县位于重庆市东南部，东与黔江区接壤，东南接酉阳土家族苗族自治县，南与贵州省沿河土家族苗族自治县、务川仡佬族苗族自治县相邻，西南接贵州省道真仡佬族苗族自治县，西连武隆县，西北与丰都县接壤，北连石柱土家族自治县，东北接湖北省鄂西土家族苗族自治州利川市。北纬 28° 57′ 21″ ~ 29° 51′ 13″，东经 107° 48′ 09″ ~ 108° 36′ 15″。东西最大距离 78 千米，南北最大距离 96 千米，总面积 3903 平方千米。其中，陆地 3468 平方千米，占 88.8%；水域 435 平方千米，占 11.2%。地属重庆市东南部的乌江中游、郁江下游，四川盆地东南边缘，武陵山与大娄山的交叉褶皱地带，距重庆市政府驻地 310 千米。国道 319 线穿境而过，省、县、乡村道密布，修建中的渝怀铁路、包茂高速即将开通，交通方便快捷。

县域位于鄂黔隆起带，向四川中台坳下滑的斜坡上，形成西北高东南低的地势特征。海拔 190 ~ 1859.60 米，相对高差 1669.60 米。地处武陵山区，地形分为构造剥蚀的中、低山地形。主要山脉有凤凰山、花塔梁子、伏牛山、大厂盖等。第四纪冰川运动以来，由于剧烈浸蚀、剥蚀作用，使原始土丘不断破坏，原始地貌逐渐变形，甚至产生倒置，最后形成雄伟壮观的北北东向山脉河谷及小型山间盆地相间，顺地貌并存的自然景观。彭水地貌类型复杂，自然环境各异，“两山夹一槽”是彭水地貌的主要特征。

境内最大的河流为乌江，从南至西流经境内，长 64 千米，流域面积 3900 余平方千米，年均流量 1650 立方米 / 秒。主要支流有郁江、诸佛江、木棕河、芙蓉江、长溪河等。彭水为重庆市水利能源基地县，位于县城乌江上游 9 千米处的万足乡境内的乌江彭水电站，是重庆市唯一的大型水电建设项目。电站总装机 175 万千瓦，正常蓄水位 293 米，坝顶高程 300.5 米，最大坝高 126.5 米，坝顶长度 330.5 米。电站成库后，尾水回至贵州沿河县境内，形成长 100 余千米，水库库容为 2.32 亿立方米的高峡平湖景观，极具观赏性。

彭水自治县土地总面积 387606.67 公顷。其中，农用地 317044.39 公顷，建设用地 14106.38 公顷，未利用地 56455.90 公顷。林地 194933.2944 公顷，牧草地 2491.80 公顷，其他农用地 35442.21 公顷；建设用地中，居民点及独立工矿用地 10467.86 公顷，交通用地 2707.47 公顷，水利设施用地 931.05 公顷，其他用地 0 公顷；未利用地中，未利用土地 43517.15 公顷，其他用地 12938.75 公顷。

到 2005 年年末，县境共发现矿种 25 种：煤、萤石、重晶石、白云岩、玻璃用石英砂岩、水泥用灰岩、铁、硫铁矿、方解石、铜、铅、锌、大理石、地热、矿泉水、铝土矿、盐卤、水泥用黏土质原料、水泥用硅质原料、石膏、含钾页岩、白云岩、高岭土、硅藻土、建筑石料用灰岩等。25种矿产中，煤的保有储量居渝东南前列，萤石、重晶石属重庆市藏量丰富地区。经地质分析白云岩资源总量大于2亿吨，石英砂岩资源总量上亿吨，水泥用灰岩资源量达数亿吨，大理石资源总量为数亿立方米，方解石资源总量50万吨，属县境潜在优势矿产资源。铅、锌、铝土矿也有较好的成矿条件。

地势西北高而东南低的平行岭谷区，地势起伏较大，河流纵横切割，山体破碎险峻，乌江斜穿县境西南部，郁江由东北入境向南汇入乌江，诸佛江由东向南汇入乌江。属构造剥蚀地形，山地、丘陵地貌，山势险峻，峡谷幽深。属中亚热带湿润季风性气候，气候垂直差异明显，具早春时节多夜雨，盛夏酷热多伏旱，金秋凉爽多绵雨，隆冬无寒少霜雪的特点。水资源丰富，均属长江水系，风景秀丽，景色迷人。森林覆盖率31.64%，生物资源丰富，主要野生植物菌类有香菇、大脚菌、竹荪、木耳等20余种。野生动物有兽、禽、水生类、爬行类动物200余种。奇特的地貌，丰富的自然资源，便捷的交通，再加上深厚的人文底蕴与民俗风情使旅游业发展迅猛。

乌江百里画廊主要景点有三门峡、龚滩峡、荔枝峡、土坨子峡、白茇峡、斧劈峡，万足、龚滩古集镇等。荔枝峡、白茇峡、土坨子峡是山水画廊的精品。

摩围山景区是重庆市彭水自治县茂云山国家森林公园重要组成部分。位于彭水自治县南部，距县城31千米，森林覆盖率91%，年均气温14.9℃，年均降水量1400毫米，年均降雪日数40天，总面积约80平方千米，核心景区面积30.50平方千米，处于海拔1600米的特殊高度，被称为“悬在天堂上的氧吧”，是镶嵌在“千里乌江、百里画廊”上一颗璀璨的明珠。景区拥有景点资源51个，为AAAA级风景区。主要景点有飞云口、木屋村景点、双林步道景点、豹嘴崖景点、船厂沟景点等。

长溪河发源于贵州省务川县分水乡，向东北蜿蜒而入彭水自治县境，由万足乡长溪滩处注入乌江，全长21千米。峡深谷高，河床狭窄，礁石遍布，整个长溪河彭水河段水体资源极为丰富，其中尤以七里塘河段和儿塘河河段的水体景观最为独特，江面绿水清幽，两岸翠竹环绕。流域生物具有多样性，有多个科属的动物95种，鸟类63种，植物169种，其中国家一、二类保护动物黑叶猴、五步蛇、金钱豹、藏酋猴等，珍稀植物有中华纹母、红豆杉等，为中国西部非常少有的原生态峡谷景观。

（二）

彭水自治县历史悠久，文化积淀厚重，民族民间文化多姿多彩。

远古时代，彭水所在的武陵山区，就被先民所开发。境内有丹砂、郁山自然盐泉资源。县境商至春秋属巴，战国至秦属黔中郡。沿乌江修建的古巴人纤道历史久远，“惊涛拍岸”“竹零诗龛”等文化遗迹颇具研究价值。

汉建元元年（前140）汉武帝在郁山置涪陵县，辖今彭水、黔江、酉阳、秀山西部、石柱南部、武隆东部及贵州省思南以北的地区。在郁山镇出土有汉墓遗址和汉砖文物。新莽时称巴亭县（治今郁山）。东汉建安六年（201）为巴东属国，三国时在今彭水县城设涪陵郡，北周在郁山设黔州。隋开皇十三年（593）置彭水县、黔安郡。唐开元二十一年（733）在彭水置黔中道，并置黔州。彭水为道、州、县三级治所，辖今湖北建始以南，湖南沅陵以西，贵州毕节以东，广西凌云以北的18个州。南宋绍定元年（1228）升黔州为绍庆府。明洪武四年（1371）绍庆府废，次年，黔江县并入。洪武十年（1377）武隆县来属，彭水改属涪州。洪武十三年（1380）复析置武隆县。次年又析置黔江县。嘉靖三十三年（1554）在今汉葭镇修筑彭水县城。清顺治二年（1645），彭水属重庆府。雍正十二年（1734），彭水属设在郁山的黔彭军民厅，隶四川省布政使司。乾隆元年（1736），彭水改属酉阳直隶州。1913年隶东川道。1927年又属四川省长公署。1929年属四川省政府。1935年属四川省第八行政督察区。

众多的历史文化遗存，极大地丰富了彭水文化内涵和色彩。唐宋时期的羁縻制度，“全其部落，顺其土俗”的原则，是国家最早创建的民族区域自治制度。当时黔州（彭水）成为道、州、县三级治所，使当地日趋富裕。这里也就成为皇室成员和重要大臣的流放地。而流放文化是彭水得以开放发展的另一个动因。盛唐几朝天子均把黔州作为皇室成员和重臣的流放安置之地。先后有唐太宗废太子李承乾、唐高宗废太子李忠、唐开国元勋长孙无忌等流放于此。他们的到来为黔州带来新的思想、新的文化、新的理念和新的人脉关系，为后来黔州发展奠定了重要的人文基础。彭水历史上有着各个时期的迁徙动荡，形成多民族聚居。历史上把这一地区视为蛮夷之地，采取剿灭杀戮手段，这时几度出现“十里无鸡鸣，百里无人烟”的悲惨景象。自唐以来多次开疆拓土，“赶蛮拓业”“湖广填四川”等大规模的移民迁徙活动，对于动员周边地区移民到此开发定居，对彭水的经济复苏和社会繁荣起到积极推动作用。随着彭水的繁荣，吸引一大批文学家到来，助推了彭水文化发展，白居易为彭水山水所陶醉，写下“摩围山下色，明月峡中声”。到宋代，大文学家、诗人、书法家黄庭坚流放彭水，留下大量诗篇、书法和遗踪佳话。黄庭坚在这里住了3年后，被这里的纯朴民风感染，从内心里发出“鬼门关外莫言远，四海之内皆兄弟”的由衷感慨。

清末民初，彭水就有民主主义革命先驱赵诚、谢龙光追随孙中山参加反袁斗争，为追求民主主义的胜利作出过牺牲。1927年，中国共产党在彭水撒下火种。彭水靛水有志青年彭济民等，在彭水城南校创建第一个中共地下党组织。1934年5月，贺龙带领工农红军红三军从黔江经桑柘坪、彭水县城、黄家坝至贵州沿河开辟黔东根据地，短暂解放彭水县城，在南沱渡渡过乌江，至今保存有南沱渡红军渡口遗址。

1949年11月，第二、四野战军从湘西进军大西南，解放彭水县城。曾在长滩乡二峰关、黄家坝舟子沱和朗溪乡马头村和国民党军队进行过激烈的战斗，至今保存有当年的战斗遗址。

1950年1月，属川东行署涪陵专区。1950年5月，全县由4个区调划为6个区，1951年2月，建立乡、村政权，全县增划为9个区，1952年9月，属四川省涪陵专区。1953年10月，将全县9区划分为12个区。1956年1月，撤并为8个区。1968年6月，属四川省涪陵地区。1983年11月14日，彭水县改建为彭水苗族土家族自治县；次年11月10日挂牌成立。1988年，涪陵地区分设为涪陵、黔江两个地区，彭水自治县改属黔江地区。1997年6月，改属重庆直辖市，由黔江开发区代管。2000年，重庆市直管。2005年年末，辖39个乡镇级政区；26社区、274村，184居民小组、1785村民小组。全县总户数18.7万户，总人口62.99万人，其中男33.87万人，女29.12万人。少数民族人口占总人数的60.3%，其中苗族27.34万人，占46.37%，土家族7.46万人，占12.64%，其余为蒙古族、回族、侗族、藏族、维吾尔族、壮族、布依族、朝鲜族等25个少数民族，占0.66%。

彭水历史上多民族聚居，先后繁衍生活着多个民族族群。他们的后代即今天的苗族、土家族、侗族、壮族等，至今保留祖先最原始的礼仪、习俗、图腾、信仰、生产生活方式、饮食起居习惯等文化印迹，如吊脚楼、摆手舞、盘歌、娇阿依民歌、哭嫁、坐火铺、吃鼎罐饭等。民族特征鲜明、历史印记明显、独特的民族文化得到继承、弘扬、发展和光大。中华人民共和国建立后，彭水自治县境内发生翻天覆地的变化，随着改革开放的深入，全县经济、文化和社会飞速发展。各个时期出现众多英雄模范人物。抗美援朝英雄郭绍清、秦文治，珍宝岛自卫反击战战斗英雄周登国，全国劳动模范钱书远、任洪勇等，为彭水社会主义经济、文化、社会建设，继承光大彭水文明史作出不朽贡献。

（三）

1986—2005年，彭水经济和社会各项事业取得重大成就。

1986年，第九届县人民政府继续完善农村承包责任制，全面落实林业“两制”政策，农村产业结构、粮经产业结构趋于合理。实现国内生产总值23309万元，一、二、三产业比例为58∶15∶27，工农业生产总值37248万元，粮食总产量162924吨，农村居民人均纯收入275元，财政收入1156万元，社会消费品零售总额7417万元，银行存款余额4312万元，全社会固定资产投资总额4631万元。

1987年至1989年，根据全县自然地理、气候、耕种条件，农业生产结构更新。1988年1月，全县开始企业第一轮承包经营。1989年，提出“大战九零年，越过温饱线”，走科技兴农道路，与全县8区1镇签订《“粮、烟、猪”三大突破责任书》，号召栽桑养蚕，农民逐渐形成栽桑养蚕习惯。1989年实现国内生产总值25771万元，一、二、三产业比例为60∶16∶24，工农业生产总值44654万元，粮食总产量179374吨，农村居民人均纯收入300元，财政收入2371万元，社会消费品零售总额11321万元，银行存款余额5633万元，全社会固定资产投资总额2521万元。

1990年至1992年，第十一届县人民政府改变农村工作管理思路，把工作重点转移到产业结构调整，进行企业的第二轮承包，实行两权分离推行厂长经理负责制。把“发展农业、大办工业、搞活流通”作为发展全县经济的突破口。彭水自治县连续4年获全国烤烟收购先进县。1992年，实现国内生产总值32899万元，一、二、三产业比例为58∶20∶22，工农业生产总值58381万元，粮食总产量202305吨，农村居民人均纯收入398元，财政收入6905万元，社会消费品零售总额13575万元，银行存款余额12668万元，全社会固定资产投资总额5642万元。

1993年至1997年，第十二届县人民政府在全县进行企业产权制度改革，实施了以股份合作制、兼并、联营、拍卖、破产和组建集团等多种方式进行产权改革。深化农村改革，改过去农民生产投入政府统包预放为农户承贷、政府贴息、实物发放、超期自负的市场经济办法，放权区镇自主决策等。开展了拆区并乡试点。1997年，实现国内生产总值51644万元，一、二、三产业比例为59.2∶20.7∶20.1，工农业生产总值83327万元，粮食总产量294718吨，农村居民人均纯收入1169元，财政收入7427万元，社会消费品零售总额37516万元，银行存款余额40280万元，全社会固定资产投资总额13956万元。

1998年至2002年，第十三届县人民政府基本完成第二轮农村土地承包工作。初步建立了土地流转机制，全面启动荒山荒地和微型水库的租赁拍卖工作。企业抓大放小，整体推进企业改制。1999年，国家烟草专卖局将彭水纳入标准化生产规范县，彭水成为全国12个烟叶生产强县之一。是年，顺利通过国家农村贫困人口越温达标验收。2002年，农业和农村经济结构调整，农、林、牧、渔业产值的比重分别为59.30%、6.30%、33.90%、0.50%。全县工业企业818家。其中国有企业6家，集体企业41家，股份制企业2家、私营企业5家，个体及其他企业764家。全年实现国内生产总值173732万元，一、二、三产业比例为37∶27∶36，工农业生产总值127315万元，粮食总产量264952吨，农村居民人均纯收入1536元，财政收入10635万元，首次突破亿元大关，社会消费品零售总额83102万元，银行存款余额104302万元，全社会固定资产投资总额152747万元。

2003年至2005年，第十四届县人民政府进行农村种植业结构调整，制定“品种调优、地域调适、技术求精、效益务高”的原则，发展烤烟、种植黄籽油菜，推广中药材种植技术，完成12个乡镇和2个国有林场8000公顷的退耕还林任务，退耕种桑1733公顷，落实农业科技项目4个，林业项目16个，农业综合开发项目2个，农业产业化项目6个。全部免除农业税及其附加，结束了全县农民缴粮纳税的历史。县人民政府工业立县战略迈开新步伐，乌江彭水电站于9月28日举行开工仪式，一批中小型电站建成投产，完成装机容量120万千瓦的抽水蓄能电站选址规划，天然气勘探已与中石化南方勘探公司衔接，保家工业园区获重庆市批准。县人民政府组建城市建设投资公司，完善政府投资主体。2005年，实现国内生产总值292190万元，工农业生产总值184602万元，粮食总产量303199吨，财政收入21622万元。农村居民人均纯收入2125元。三次产业比重由2000年的46∶23∶31调整为2005年的31∶32∶37。非公有制经济比重由31.5%提升到47.2%。城镇化水平由8%提高到20%。社会消费品零售总额年均增长16%，达到122094万元，比1985年翻4番，比2000年翻一番多；银行存款余额174621万元，比1985年翻五番，全社会固定资产投资完成总额439130万元，比1985年翻八番，比2000年翻三番多。

教育事业长足发展。1986—1989年，重点抓扫除文盲和儿童疾病防治。教育部门委托西南师范大学办起英语、中文两个代培班。新建和搬迁汉葭镇中学、汉二小、汉三小、县党校，改造和修缮学校危房53所，基本解决城乡儿童入学和党政干部培训问题。1993年，全县普及中小学实验教育。1999年，全县文盲率降为1.9%。2002年，启动电脑农业专家系统试点推广工程，教育事业“两基”（基本普及九年义务教育，基本扫除青壮年文盲）、“普实”（普及实验室的设备以及实验室的应用程度）顺利通过市人民政府达标验收，同时对1993年彭水基本普及中小学实验县复查验收，认定合格。2005年，彭水自治县“两基”巩固提高工作达到市政府规定标准和基本要求，九年义务教育普及程度、师资队伍、办学水平、教育经费、扫盲与成人教育等均基本达标。彭水中学被市政府批准为市级重点中学，同年批准设立重庆广播电视大学彭水分校。县政府将全县单设中学上收县管，批准成立特殊教育学校；在全县教育卫生部门实行会计委派制，实行国库统一集中支付，加强全县教育卫生事业单位财政财务管理和会计监督。

卫生事业发展步伐加快。1986年，经中央有关部门检查验收，全县已达到消灭血丝虫的标准。同时组织全县地氟病、狂犬病防治工作，投资88万元修建县医院住院部，5个区卫生院和5个乡卫生院办公和住院病房得到改善。1988年，县人民政府争取彭水纳入四川省卫生重点建设县，妇幼卫生工作列入卫生部重点装备县。全县实行门诊接种60个乡，实行计划免疫，孕产期保健保育制度普及到18个乡，18月龄四苗接种率经地区检查达标。新建县中医院，50%区卫生院得到修缮。1989年6月，县人民政府把儿童计划免疫工作纳入政府工作议事日程。1998年，初级卫生保健以县为单位低限达标。2000年，全县有医疗卫生机构87所，其中县级医疗机构7所，设有卫生防疫站和妇幼保健站。8个区分别设有中心卫生院，64个乡（镇）均有集体所有制卫生院。2000年，结核病患病率已由1999年的2618/10万下降到1477/10万。2004年，健全完善疾病预防控制，突发公共卫生事件应急系统，加强多发病、地方病防治，提高“四苗”接种效率，防止禽流感等动物疫病发生。2005年，疾病防控体系建立健全，三级疫情信息报告和公共应急处理系统进一步完善，启动乡镇卫生院的规范化建设，多发病、地方病得到有效防治。

电视广播事业蓬勃发展。到1987年，新建县广播站雷公盖骨干调频台，县站广播节目开始传输到区、乡农村；新建插旗山电视差转台和卫星电视地面接收站，开通中央电视台卫星电视教育和综合节目。1989年，大小电视差转台8座、地面卫星接收站10个，电视覆盖率达到50%，广播入村率达到53.2%。1990年，广播入村率达到57.3%，入组率47.3%，入户率32%。兴建黔江地区唯一的县城有线广播电视台。1997年，全县有标准化广播站27个，标准化设备用户28个，农网入村59.7%。1998年，彭水结束县电视台不能将自办节目送到上级电视台播出的历史。2000年，地面卫星接收装置1248个，电视差转台1座。全面开通光纤网电视，县城电视用户可收看30套节目。安装农村小型卫星地面接收设施967座，比1996年增加757座，解决全县近4万户家庭收视难。广播、电视综合覆盖率49%、79%，分别比1997年增加11%、10%。2004年，推广县电视网络联络工作，电视综合覆盖率92%。

城市设施建设快速发展。1986—2005年，县人民政府多次修编县城总体规划，推进实施城市建设。1989年，制作《“八五”期间县城总体规划》。1986—1998年，加大投入，积极改善城市环境，对县城主街道路面进行补修，拓宽人行道，安装不锈钢人行道护栏，铺设彩砖，增设路灯。集资修建乌江西岸农贸市场、南门洞农贸市场，引来一批外地商贩包房、进驻、包摊位营销。1990年后，为满足县城供水，加强自来水配套工程建设。1992年，将县粮食局直属库改建为商贸中心。1994年，对乌江大桥全面翻新，拓宽并提高两边的人行道，换水泥栏杆为钢管栏杆，更换桥灯。同年，对郁江桥进行翻新维修。1996年，北大街街心花园投入使用。1996年，聘请四川省城乡规划设计院编修县城总体规划。1997年4月,《彭水市镇建设规划》经重庆市规划局评审通过，8月19日，经重庆市人民政府批准实施。1997年7月1日，由县人民政府推动建设的芦渡沟引水工程历时2年竣工，山泉水进入居民家中。在县城河堡引资兴建“商贸中心”工程。1997—1998年，引资兴建下街商贸园区。2000年，乌江商业城农贸市场部分工程投入使用。7月1日，两江大桥竣工通车。1999—2005年，先后对主街道及背街下水道整治。全城除西城区外，下水道工程全面完成。县城主街道全部换铺缸砖，更换路灯。建成乌江商业城、体育馆、乌江民族广场、山谷广场、亦君小区、商贸园小区、沙沱公路小区、滨江新城。启动阳光温泉小区建设。进行县城街道改造工程，新建道路，改造城区电网，新安装消火栓，新建和改造下水道，实施城市亮化美化工程，建成滨江景观大道，新增城市绿地，新建城市广场。彭水殡仪馆建成正式投入使用。至2005年，县城功能基本齐全，初具现代城市规模。

交通建设突飞猛进。1986年年初，全县公路总里程769千米，水路航运总里程233千米。客运量75.19万人。货运量22.43万吨。1990年年底，以县城为中心的辐射状公路网基本形成。全县除卜塘、共和、石盘、双龙、万足、木楠6乡外，其余均通公路。1991年开始，对国道319线泥石路进行硬化改造。2000年，国道319线“三改二”工程（三级路改二级路）启动。2001年1月，开工建设渝怀铁路彭水段。2004年12月，渝湘高速公路开工建设。2005年年底，彭水路网结构趋于合理，渝东南水陆交通枢纽基本形成。公路通车里程达到1105.7千米（不含村道），比1985年增长69.54%。公路密度按国土面积算达到28.3千米/百平方千米，按人口数量算达到17.5千米/万人。通航航道300.7千米。客运量696.65万人，比1985年增长9.26倍；随着公路等级提升，货运量达到127.75万吨，比1985年增长5倍。

旅游作为新兴产业发展迅速。改革开放后，彭水调整经济结构，开始重视对旅游景点开发。1984年，征地修建山谷公园。1994年元旦，公园正式向游人开放。1998年7月，中共彭水自治县委、县人民政府在茂云山召开旅游发展研讨会，确定把旅游业作为县域经济6大支柱产业之一培育发展。2000年2月，县委、县人民政府将旅游产业作为新兴产业进行打造，将茅尖山市级森林公园申报为国家级森林公园，聘请国家林业局调查规划设计院、四川中林环境艺术设计研究院编写总体规划，将茅尖山更名为茂云山。经国家林业局批准建立茂云山国家森林公园，由国有茅尖山林场负责实行游览区独立建设。9月25日，茂云山森林公园隆重开园。2002年,《彭水旅游业发展规划（2000—2015）》通过市级评审，组建乌江画廊旅游有限责任公司。2003年3月10日，县十一次党代会提出积极开发彭水旅游优势资源，建成“旅游休闲基地”，构筑以“乌江画廊”为主的旅游经济圈。同年，县人民政府引进重庆华丰公司开发长溪河游览区，经打造形成以漂流为主、水上观光为辅的风景区。2004年4月9日，乌江画廊有限责任公司挂牌仪式及重庆招商国际旅行社彭水营业部成立庆典在山谷宾馆举行。2005年，县人民政府与浚峰林业发展有限公司签订摩围山游览区的开发权转让框架协议。《彭水自治县旅游发展规划纲要（2005—2020）》编制完成。是年，接待游客27.2万人次，旅游综合收入3540万元。

1986—2005年，各届县委、县人民政府切实贯彻党的各项方针、政策，带领彭水自治县各族人民发挥县域环境资源优势、历史文化特色，改革开放、努力进取，攻坚克难，在全县政治、经济、文化和社会发展中取得显著成就，为今后全面建设小康社会打下坚实基础。

大事记

1986年

1月13日，中共四川省委常委、秘书长、省赴云南前线慰问团团长黄启璪一行，专程赴彭水自治县大河坝乡后山沟慰问战斗英雄、老山前线某师指挥员周登国的母亲卢永菊老人。当日，黄启璪应中共彭水自治县委邀请，向县级机关职工作老山前线战况报告，并将周登国亲手用弹壳制成送给四川慰问团的和平鸽转送给彭水。

2月1日，彭水植物油厂（原彭水浸出油厂）竣工投产。

3月1日，四川省人大常委会主任何郝炬到彭水检察两个文明建设情况。

3月17日，四川省人民政府将彭水自治县列为多灾贫困重点扶持县，并安排救灾扶贫周转金100万元。

3月19—24日，卫生部防疫司副司长阚学贵、办公厅信访处处长王淑和、妇幼卫生司徐兰芳、防疫司郑中波等一行在中共涪陵地委委员宋令理、涪陵地区卫生局副局长吴德良等陪同下，到彭水考察地氟病危害情况。

3月26日，按国务院《关于严禁党政机关干部经商办企业的规定》，对全县482户企业进行清理整顿。

是月，全县首次推广地膜覆盖玉米育苗1800公顷。

4月7日，由四川省卫生厅、华西医科大学、四川省卫生防疫站、涪陵地区医院、涪陵地区防疫站和彭水自治县防疫站组成治疗地氟病医疗试点组，到达地氟病高发区小厂乡进行治疗试点工作。

4月9—10日，中国农业科学院研究所副研究员吴克谦、张志美等和四川省人大常委会副主任刘海泉到大厂乡考察杂交牛改良、人工种草以及改良自然草场和保家蜂场畜禽繁育情况。

4月13—16日，国务院赴武陵山区考察组到彭水考察经济发展情况。

5月10日，国家民委赵延年等4人到彭水考察民族经济及自然资源情况。

5月15日，中央政策研究中心顾问、全国人大常委会委员石山偕武陵山系资源开发考察团24人到彭水实地考察。

6月14日，县人民武装部划归地方建制交接仪式在县民族会场举行。曾祥宣代表涪陵军区、任荣安代表县人民政府在交接簿上签字。

6月11—15日，四川省人民政府派专家组到彭水检查地氟病防治试点工作。

7月23—25日，县第九届人大常委会举行第16次会议，讨论《彭水苗族土家族自治县自治条例

（征求意见稿）》。

是年，全县工商税收首次逾1000万元。

是年，彭水自治县被国务院列为全国重点扶贫县。

1987年

1月11—13日，在汉葭、郁山两镇和岩东、火石、普子、新田、鹿角、高谷等6个乡开展集中打击刑事犯罪行动，逮捕各类刑事犯罪分子20名，其中流窜犯4名。

是月，人行彭水自治县支行经批准开办储蓄业务。

是月，县人民政府新办公大楼落成。

2月15—16日，国家计委地区局局长高纯德、工业综合局副局长吴国治带领国家、四川省、涪陵地区扶贫调查组18人，到火石、小厂两乡调查贫困情况。

2月25日—3月2日，政协彭水自治县第三届委员会第一次会议召开。

2月26日—3月2日，县第十届人民代表大会第一次会议在县城召开，应到代表301人，实到279人。

3月31日，国家计委投资总局局长陈光晋到彭水检查工作。

是月，县委、县人民政府组织9个部门16人的扶贫摸底调查队到东流乡，进行历时15天的贫困户调查摸底，并开展建卡的试点工作。随后，县委、县人民政府确定贫困乡31个。

是月，在羊头铺乡杨柳村4组干溪子建成年产精干麻800吨的县麻纺厂厂房。20世纪90年代初倒闭。

4月7—11日，中共四川省委地方病防治领导小组到彭水召开地方病防治现场会。各市、地、州委地方病防治领导小组组长和办公室负责人参加。县人民政府副县长刘祥芳介绍彭水地氟病防治情况。与会人员前往地氟病重灾区小厂乡地氟病防治现场参观。

4月25日，高谷、保家、郁山、汉葭4个区、25个乡遭受大风、暴雨、冰雹袭击，其中鹿鸣、平安、羊头铺、长滩、木南、砂石、桐荣、联合、连湖、城郊等10个乡为重灾区。小春作物受灾8200公顷，成灾3466.67公顷，损失房屋347间，打伤8人，雷击死亡1人。

4月26日，民政部民政司司长刘景璋等一行3人，在涪陵地区民政局局长洪德陪同下到彭水检查民政工作，并深入灾区了解灾情。

4月29日，涪陵地区行署副专员黄伦坤兼任中共彭水自治县委书记，免去杨宗恒县委书记职务，调地委工作。

是月，四川省司法厅批准县公证处开展涉外公证业务，任命蹇廷方为涉外公证员。

5月7—8日，以著名经济学家于光远为顾问，全国政协经济组副组长林华为团长的乌江干流水电经济开发综合考察团90人到彭水，考察乌江彭水电站坝址选择、勘测和枢纽设计等情况。

5月19日，县勘察设计室获四川省建设委员会丙级建筑工程设计许可。

5月25—26日，全县16个乡遭受大风、暴雨、冰雹袭击，其中龙射、平安、太原、棣棠、大垭、龙塘坝、小厂、新田、新场等9个乡受灾严重，损失房屋435间，死、伤各4人。

是月，县统一战线理论研究学会筹备小组成立。

5月12日，中国社会科学院民族研究所教授陈康到彭水了解文化、教育和民族语言情况。

5月17日，14时至15时，大垭乡、润溪乡7个村发现台湾国民党当局空投传单。传单以4种不同的画面、篇幅报道蒋经国在国民党十二届三中全会上的讲话摘录，诬蔑“一国两制”

政策。

5 月 24 日，县气象站升格为县气象局。

是月，中国医学科学院动物研究所 4 人到彭水进行肺吸虫病考察。

是月，四川省干部函授学院涪陵地区分院辅导站在彭水成立，站址设在县委宣传部。

7 月 10 日，县烟草公司经理庹朝鸾代表县烟草公司出席四川省烟草公司系统首届先进工作者代表大会。

7 月 20 日，在县城召开严厉打击严重刑事犯罪群众大会，集中打击处理 50 多名刑事犯罪分子，其中逮捕 24 人、劳教 5 人、少管 2 人、收审 21 人。

7 月 20—21 日，县境 34 个乡连续两天遭暴雨、洪涝灾害袭击，受灾面积 7733.33 公顷，损坏民房 454 间，死亡 2 人。

是月，县人民政府驻重庆办事处经重庆市人民政府批准设立，开始办公。

是月，郁山支局邮政储蓄所成立。随后保家、桑柘、鹿角、普子、高谷、黄家坝支局相继成立邮政储蓄所。

8 月 11 日，走马乡官坪村发生炭疽病，经查系该村 1 病死牛肉被 3 个小组 537 人食用所致，发病 7 人，重病 1 人，猪、牛各病死 2 头。

8 月 20—21 日，鹿角、桑柘 2 区 9 个乡遭遇暴雨 10 余小时，降雨量达 240 毫米，善感、新化、大园、诸佛、梅子垭等 9 个乡受灾严重。田土受灾约 6666.67 公顷，损毁房屋 1874 间、桥梁 8 座，死亡 9 人，伤 35 人。

是月，城郊乡白云村、靛水乡上塘口村划属汉葭镇管辖。

是月，彭水中学增设 1 个民族高中班，计划每年招生 50 人，在读学生享受民族津贴补助。

是月，中共彭水自治县委第七届一次全委会召开。

9 月 5 日，彭水复烤烟叶参展北京世界博览会。经品评认为：彭水烤烟清香纯和，外观和内在质量均属云贵型，具有色泽好、组织疏松、弹性好、含糖量适中、出丝率高、燃烧性能强等优点。

9 月 9 日，全面推行租赁经营试行方案。

9 月 11 日，四川省彭水自治县红麻纺织厂兴建，厂址于城郊乡白云村 5 组，征地 8603 平方米。

9 月 19 日，民政部救济司办公室主任蒋传高等 3 人，由中共涪陵地委副书记王鸿举陪同到彭水查看灾情。

秋，首届西南师范大学彭水专科班 55 名中文专业学生、101 名英文专业学生毕业。此届学员于 1985 年秋入学。

10 月 3 日，水电部顾问、国务院三峡经济开发办公室主任李伯宁等一行 9 人，由中共涪陵地委视察室主任宫家和陪同到彭水考察，并到小厂乡察看地氟病防治情况。

10 月 12 日，县林业局派张天成、张林、严乾洪前往贵州省沿河县协商解决洪渡区苏家、王家村与彭水自治县双龙乡黄荆村林界问题。协商达成意见：王家村 1987 年春开垦的国有林一律退还彭水，1985 年以前沿河县民耕种的熟地归沿河县管辖；边界以 1972 年县、区、乡、村组协议为准，原沿河县耕种的播花地归沿河县管辖。

10 月 15 日，横跨郁江的第二座公路大桥沙湾子大桥竣工，并通过验收。

10 月 27 日，中央民族学院副教授袁炳昌到彭水进行为时 6 天的民族民间音乐考察。

11 月 11 日，县邮电局邮政储蓄所成立，开展邮政汇兑。

是月，国家民委副主任赵延年到彭水考察民族政策落实情况。

12 月，贺胜龙、谢元华、支绍刚获国家“优秀裁判员”称号。

是月，乌江化工厂关闭。

1988 年

1月5日，县长任荣安被评为全国民族团结先进个人，赴京出席全国民族团结进步表彰大会。

1月8日，县造纸厂、水泥厂、砂砖厂实行承包经营责任制；县印刷厂、芦塘煤矿、肥皂厂实行租赁经营责任制；郁江煤矿技术改选工程实行工程大包干；矿业公司、一轻公司实行经理任期目标责任制。

1月11—12日，彭水自治县统一战线理论研究学会成立。

是月，经中共涪陵地委宣传部批准，中共彭水自治县委宣传部正式出刊《彭水通讯》，为县内公开发行刊物。

3月11日，县复烤厂验收剪彩仪式举行。

4月7—9日，终止近20年的县工商业联合会第六次会员代表大会在县城召开。

4月30日—5月2日，四川省卫生厅厅长殷大奎率领卫生厅办公室副主任沈成金、“三办室”主任王书金、医政处处长李明宗、防疫处处长王在银、基建处曾孝鹏等组成的扶贫工作组到彭水调研。将彭水定为三分之一重点建设县，对彭水卫生基本建设投资100万元，提供一批医疗器械设备。

5月7日，中央乌江水电经济开发综合考察团70余人到彭水，考察乌江彭水水利枢纽工程长溪坝址。

5月8日，中国科学院组织的乌江航道考察队50人到彭水考察乌江航道。

5月29日，中国科学院、国家计委自然资源综合考察委员会温琰茂、周胜和、文传甲、王飞、张建中5位教授组成的西南考察队到彭水考察自然资源。

是月，根据《中华人民共和国司法部关于乡镇法律服务所暂行规定》，县司法局对各区司法所法律工作者一律实行公开招聘使用。

是月，石（柱）黔（江）公路建设竣工。石黔公路起于石柱县马武坝，止于黔江县黑溪场，全长76千米，四级公路标准，由石柱、彭水、黔江3县负责修建。彭水自治县担负万岩至连湖段施工任务，总长34.96千米，总投资206.92万元。

6月5日，严厉打击严重刑事犯罪分子拘捕大会在彭水中学广场召开，惩处110名犯罪分子，其中逮捕17人、收审93人。

6月18日，县民政局征购县城西北角彭（水）黄（家坝）公路路边城郊乡白云村五组2公顷荒坡毛地作土葬公墓，取名为“白云公墓”。

6月24日，卫生部、四川省卫生厅领导到小厂乡实地考察地氟病防治情况。

6月25日—7月25日，鹿角、三义、高谷等54个乡遭受严重高温伏旱天气，连续30余天不下雨，月均气温35.30℃，最高达40℃。地面温度高达69℃，江河水位骤降，溪沟断流，受灾面积2.34万公顷，造成3万余户人畜饮水困难。

是月，中共彭水自治县七届一次全委会召开。

7月1日，彭水自治县从涪陵地区划入黔江地区。

7月21日，保家区东流、大河和郁山区三连等51个乡遭受大风暴雨袭击，风力为6至7级，受灾面积9733.33公顷，成灾6813.33公顷，损毁民房2580间、猪牛圈967间，遭雷电击死3人、受伤5人。

是月，县人事局、劳动局对“文化大革命”运动中因所谓本人历史及社会关系，受审处分的人员给予全面复查纠正；对右倾及“四清”案件进行复查；对右派及五种人案件进行复查并造花名册；复查历史遗留案件并登记造册；复查历史老案。本年度落实各种冤假错案 27 人，其中收回安置工作 1 人、直接办理退休手续 11 人、补发生活费 1 人。

8 月 19 日，中共黔江地委决定贺鼎富任中共彭水自治县委常委、书记，免去黄伦坤中共彭水自治县委书记职务。

8 月 10—16 日，县人民政府进行扫盲验收，全县 65 个乡（镇）均达到“基本普及初等教育”要求。

是月，西南师范大学再次举办彭水专科班中文、英语 2 个专业共 3 个班，学制两年，毕业后获国家统一制发的高等教育毕业证。

10 月 3 日，在乌江共和乡境内，县轮船公司鸿运 18 号与共河乡幸福村 3 组村民董世奎所驾 1.50 吨小木船（载人从高谷返回共和）相撞。约 80 米至 100 米处，小木船沉没，船上 25 人全部落水，11 人死亡。

10 月 26 日，国务院三峡地区经济开发办公室负责人到小厂乡调查农民生产、生活情况。

是月，彭水工业系统各企业率先施行公开、公平竞争，实施企业承包。在县民族会场的招投标会上，各企业各归其主：县纸厂杨秀义中标承包，县水泥厂徐昌顺中标承包，县印刷厂杨开祥中标承包，砂砖厂、芦塘煤矿等也落锤定主。

11 月 5 日，国家民委财经司扶贫办副主任李志国、财经司生产处处长黄忠彩、财经司干部李钟协、四川省民委政研室处长黄启儒等，由黔江地区民委主任白新民陪同，到彭水调查经济发展情况。

11 月 10 日，国务院三峡地区经济开发办公室、国家科学委员会考察团和四川省人民政府开发办公室、国家科学委员会考察团和四川省人民政府副省长谢世杰、罗通达等，分别前往长溪河考察，听取长江水利委员会第四勘测队总工程师范世彬的汇报。

11 月 14 日，国家乌江干流沿岸地区考察团到彭水考察乌江彭水电站长溪坝址。

11 月 22 日，《人民日报》《光明日报》《四川日报》记者到小厂乡考察、采访。

11 月 25 日，黔江地委决定李鲁章任中共彭水苗族土家族自治县常委、纪律检查委员会书记。

是月，中共四川省委书记杨汝岱到彭考察彭水工业现状。

是月，《彭水年鉴》（1986—1987）编纂完成，由县印刷厂承印成册。

是月，县统计局获国家统计局“全国统计工作先进集体”称号。

1989 年

1 月 13 日，在甘肃省兰州市召开的全国烟叶生产工作会议上，彭水烤烟样品烟评级名列全国第一名。

1 月 20 日，王氏宗族在诸佛乡小里村组织祭祖活动，参祭 400 余人，预谋械斗，经各级领导细心疏导，避免流血事件发生。

是月，县级税务机构体制改革，实行上级税务机关和当地同级政府双重领导、以税务机关垂直领导为主的管理体制，对人事任免实行分级管理、下管一级。

2 月 2 日，中央民族学院教授李万英到彭水召开中央民族学院自费生家长座谈会。

3 月 9 日，县政协主席任向锋陪同全国政协委员、新疆畜牧厅副厅长前往葡萄乡实地考察发展山羊的草场情况。

3 月 14—17 日，县第十届人民代表大会第四次会议召开。

3 月 16 日，汉葭镇水陆派出所改革试点拉开序幕，召开河堡、南门、北门、文庙等 4 个警区成立大会。

3月18日，县政法委组织召开公捕大会，公开逮捕县人民政府驻渝办事处原副主任王某某。此案是彭水解放以来最大的一起贪污、行贿、受贿、嫖宿、扰乱金融秩序的刑事案件。

是月，县人事局、财政局、司法局联合发文正式将各区（镇）司法助理员的行政关系编制列入司法局。

是月，向全县16周岁以上的居民颁发“居民身份证”。

4月27日，四川省人民政府省长张皓若带领省农业研究所、水电厅、物价局、粮食局、工行省分行、农行省分行、财政厅、省人民政府办公厅等单位负责人14人，到彭水考察经济工作情况。

是日，横跨郁江的第3座公路大桥——黔江至石柱公路连湖大桥竣工。

5月11日，国家民族事务委员会副主任陈欣一行6人，到彭水检查工作。

5月23日，郁山镇至连湖乡公路建成通车。

6月14日，县境内遭遇特大暴雨袭击，郁江沿岸被洪水淹没，涉及6个乡镇、56个村被洪水围困，31户居民房屋被冲毁。

6月29日，前往河北、河南、山东、北京、天津、江苏等省市调查拐卖妇女儿童案件、解救妇女的公安民警凯旋。历时40余天查结拐卖案件16件，解救妇女2名，收缴大量拐卖人员赃款。

7月1日，县广播电视局组建的新科技服务公司建成黔江地区第一座闭路电视输变室（站），前端控制系统设在山谷居，利用共用天线前端系统，采用隔邻频技术方式，通过闭路传输网络，首次开通闭路电视，接收中央电视台卫星电视信号传输的6套节目。

7月11日，县境遭受暴雨袭击，降雨量达53.6毫米，郁山、保家、汉葭、高谷、普子5个区22个乡16931户、77274人遭受洪水袭击，损失粮食产量428万千克。

7月11—13日，县第十届人大常委会第十九次会议召开，通过《彭水苗族土家族自治县人民政府关于计划生育的暂行规定》的决议。

7月12日—8月17日，县境遭受伏旱灾害，气温均达35℃以上，最高气温达38.8℃，全县63个乡（镇）、93452户、401844人受灾，粮食作物损失3262.50万千克，2.68万公顷水稻和1745.53公顷玉米遭受严重病虫灾，155744人和121110头牲畜饮水困难。

8月10日，黔江地区人民法院在彭水民族会场举行对特大贪污、诈骗、投机倒把罪犯王某某公开审判大会。

是月，刘荣金任中共彭水自治县委常委、书记，陈世忠任县委副书记，免去贺鼎富中共彭水自治县委书记、任荣安县委副书记职务。

9月12日，太原乡旗帜村村民任孔兵、李墩树、谭远成、杨秀全等人将在前丰村苏麻沟山洞里挖掘的11件汉代铜器全部交给国家。

是日，四川省将彭水自治县列入人畜饮水工程重点县。

11月3日，全县半数以上区乡遭受罕见冰雹、狂风、暴雨袭击，冰雹最大直径85毫米、重量600克，持续时间15分钟；暴雨持续40至50分钟；风力5级。4日凌晨，又遭受两次暴风雨灾害，降雨量分别为15.50毫米和23.40毫米。有5个区、26个乡、49741户、216649人受灾，5.4万间瓦房受损，267间倒塌，造成72000人无房可住，各项损失达3900多元，21857人受伤，重伤95人，有2562头牲畜伤亡，农作物受灾1.71万公顷，损失产量340万千克。

11月13日，县社会福利有奖募捐委员会成立，主管全县社会福利有奖募捐销售工作。次年元旦、春节期间首次发行福利彩票。

是年，县、区、乡（镇）三级办学、管理体制建立。县管彭水中学、彭水师范、电大工作站、示范幼儿园；区单设中学由县、区共管，以区为主；乡（镇）中心校由区、乡共管，以乡（镇）为主；

村小由乡（镇）、村共管，以村为主。

是年，经四川省经贸厅和卫生厅提名，经贸部和卫生部审核，彭水被确定为妇幼卫生合作项目县，受援约5万美元，并从1990年起至1994年，随时接受联合国儿童基金会、人口基金会、经贸部、卫生部和四川省经贸厅、卫生厅检查。

1990年

2月25日—3月2日，政协彭水自治县召开第四届委员会第一次会议，应到委员240人，实到219人。

2月28日—3月4日，县第十一届人民代表大会第一次会议召开，应到代表221人，实到218人。

3月27日和4月30日，两次暴雨冰雹灾，雹粒直径10～15厘米，死亡2人，打死打伤牲畜1082头。

是月，四川省农机局局长刘祖云、副局长黄彦蓉带领省局科教处、计财处和黔江地区农机局负责人到彭水考察，将迁乔乡定为省“全国贫困山区农机化扶贫综合试点乡”。

4月11日，全国总工会副主席蒋敏、四川省工会副主席刘宝利一行到彭水检察工作。

4月18日，“二野军大彭水校史研究会”成立大会在县人民武装部举行。

4月29—30日，民政部救济司专员李智光、救灾处主任李仙瑞（女），省民政厅农牧处副处长张德锡率团到彭水检查抗灾救灾情况。

4月30日—5月2日，全县连续3次遭受严重的冰雹、狂风、暴雨灾害袭击，冰雹最大250克，密集度每平方米387粒，地面覆盖厚度平均30厘米至50厘米，狂风7.5级，造成走马、乔梓、凤鸣等29个乡2.7万户、18万人遭受不同程度损害，农作物受灾1.15万公顷，26497间房屋受损，148间被洪水冲垮，打伤675人，其中重伤53人，打死大小牲畜463头、打伤127头，冲毁河堤1864米、桥梁2座，吹断树木8万余根，损失折款达1200万余元，小春粮食作物损失达900万千克。

5月3日，黔江地区建委根据四川省、黔江地区意见，决定郁山镇为四川省试点集镇、龙射乡场为地区试点集镇、保家楼场为县试点集镇。

5月9—11日，中共中央政治局委员、四川省委书记杨汝岱6人到彭水检察指导县纸厂、烟叶复烤厂、桑柘乡、同河乡、小厂乡工作。

5月20日，川、黔、湘3省边区少数民族成人教育协作会第三届年会在县城召开。3省5地区、22县领导和教育工作者110人参会。国家教育委员会处级调研员李吉元、国家民族宗教事务委员会王铁志应邀到会。

6月，全县组织区、乡、村干部300余人，对1985年以来所建的贫困户卡片进行核实、整理、重建（卡片），原101838户中，有101748户属真正贫困户。

7月1日—10月23日，全县连续干旱115天，百年一遇，最高气温44.7℃。境内常年不断流溪河214条中断流168条，泉水5950眼中枯竭4687眼，小（二）型水库21座中干涸12座，山坪塘仅31口存有底水，409970人、386941头牲畜饮水困难，工业企业全部停产，农作物受灾面积86.3%，林草植被大多枯死。

8月10日，县人民政府被国务院授予“一九九〇年全国夏季粮油生产先进单位”称号。

8月13日，晚9时35分，县城精干麻厂发生特大火灾，烧毁精干麻36吨和部分机器设备，各种损失折款40余万元。

8月14日，杨光荣被农业部评为“全国农业机械化系统先进科技工作者”。

10月15日，农业部、解放军总参动员部，四川、湖北、贵州、湖南4省人民政府和省军区联合主持召开的武陵山区扶贫经济开发工作会议在彭水举行。会议总结“七五”期间扶贫开发工作，部署“八五”扶贫经济开发工作。

是日，国家民委经济司扶贫办公室主任曲木、四川省民委二处副处长彭均富、全国人大民委干部郭庆、黔江地区民委主任白新民等，与彭水自治县复烤厂汪顶益、卷烟厂朱远清、橡胶厂李朝贵、制伞厂张光甫、红麻纺织厂廖秀伦一道在县人民政府三楼会议室座谈。

11月10日，民族中学（原汉葭中学）挂牌成立。

是月，彭水自治县“一五”普法工作正式通过验收。

是月，四川省人民政府省长张皓若到彭水检察工作。

12月5日，县人民政府在县委会议室召开残疾人联合会成立大会暨第一次代表大会，民政助理正式代表113人，其中残疾人代表88人，列席代表9人。会议选举产生残疾人联合会领导机构，通过《残疾人联合会章程》《实施细则》和《工作报告》。

12月18—20日，县人大常委会审议通过《彭水苗族土家族自治县人民政府关于计划生育的暂行规定》，全县计划生育工作步入民族自治地方法规管理。

12月31日，县气象局由国家基本站改为一般气候站，由4次观测昼夜守班为3次观测夜间不守班。

是月，郁山区司法所被评为“全国优秀法律服务所”，司法部授予铜牌1块。

是年，全县基本消灭疟疾病。

是年，县体改委与财政、税务对9户国营预算内企业实行税利分流试点。

1991年

1月29日，分别在县城、郁山、普子区召开捕判大会，对汉葭镇号称“江洋大盗”的杨某某、郁山区故意杀人犯高某某、张某某、陈某某和普子区强奸杀人犯易某某进行公开处决。

是月，二轻局下属企业钢锉厂职工张志珍被轻工部评为劳动模范，授予“巾帼英雄”称号。

2月17日，在彭（水）桑（柘）公路10千米+300米处发现1男1女无名死尸，县公安干警经108天侦查，抓获嫌疑人尹某某（秀山县人），缴获被抢现金6万余元、瑞士表两块。9月27日，特大抢劫杀人犯尹某某被依法处决。

3月4—10日，以四川省卫生厅副厅长钟道友为组长的中共四川省委、四川省人民政府越过温饱线验收小组32人到彭水，检查验收贫困户越温达标工作，验收合格率为98.2%，达到省委、省人民政府规定标准。

4月22日，县红十字协会成立。

4月24日，新建的县城汽车客运站落成投入使用。

4月28日，世界银行、联合国粮油考察组密特朗等5人，到保家考察蚕桑生产情况。

4月29日，以金君爱为团长的世界银行项目考察团2人到彭水，考察万吨红麻造纸厂及低产茶园改造项目。

5月20日—6月13日，在县城汽车站到石油公司、乌江大桥到彭水中学校门街段定点安装水银灯或腊灯，解决长期困扰街道的照明问题。

7月1—7日，邻近各县连降暴雨，乌江、郁江、诸佛江沿岸23个乡镇遭受洪灾。7月7日上午，县城乌江洪水位达到237.18米，超过警戒水位12.18米。造成沿江两岸13466.67公顷农田和38.6万平方米房屋被淹，交通、通信、供水、供电被迫中断，115 个企业被迫停产，17 所中小学停课。各种直接损失折款 1072.8 万元，损失粮食产量 5200 万千克。

7 月 17 日，国家烟草专卖局处长陈中义和四川省烟草公司赵前锋、任荣安等 4 人到彭检查烤烟生产和收购点的设置情况。

7 月 22 日，中国烟草总公司和四川省烟草公司相关负责人到彭水，就彭水卷烟厂生产问题，与彭水领导座谈。

7 月 22—24 日，联合乡遭受暴雨袭击，1 小时降雨量 84 毫米，造成该乡麒麟村山体滑坡。滑坡面积 760 × 640 米，凌空高度 6 米，平均厚度 20 米，约 972 立方米，麒麟、新立两个村 4 个居民组 48 户、363 人被迫搬迁，各种直接经济损失 29.64 万元。

7 月 23 日，世界银行项目预算评估团金君爱女士 15 人，评估考察彭水项目预算，对大厂乡山羊基地、清平乡低产茶园改造、万吨红麻造纸厂进行评估论证。

9 月 7 日，中央电视台以题为《彭水改革土葬，破旧俗，省国土》对彭水殡葬改革进行报道。

9 月 12—14 日，乌江彭水水利枢纽环境影响报告书预审会在县委会议室举行，国家环保局、水利部资源司和水利技术委员会、四川省环保局、四川省电力局、成都科技大学、四川省水利设计院、贵州省人民政府办公厅、贵州省环保局、水电部贵阳设计院、长江水利委员会等单位领导、专家 30 余人参会。

9 月 13 日，县人民武装部委托汉葭镇人民武装部与县教育委员会、汉葭镇中学联合开办的国防专业班在汉葭镇中学举行开学典礼。此班开办到 20 世纪 90 年代末结束。

10 月 2—5 日，国家语言文字委员会语言专家尹斌庸到彭水检查语言教学改革实验成果。

是年，彭水自治县撤销河堡、南门、北门、文庙等 4 个警区。

11 月 10 日，鹿角区公所牵头集资兴建的乌江干流上第一座铁缆铁索桥——鹿角沱铁索桥竣工。桥长 147 米，宽 2 米，高 55 米，总投资 26 万元，其中民族资金 9 万元。

1992 年

1 月 3 日，县城北大街建成，举行通车典礼。

1 月 16 日，13 点 10 分，县汽车运输分公司金思明驾驶峨眉牌 238 号大客车，载客 45 人从彭水车站开往酉阳，途中违章搭客 27 人，行至酉阳县天馆乡凤凰村 4 组境内时，大客车翻落于高 118 米、47.1 度的山坡下，事故造成死亡 43 人、伤 29 人、经济损失 130 万元。

3 月 17 日，黄家坝派出所破获 1 起重大贩毒案，抓获贩毒人员陈某某、冉某某、王某某，缴获鸦片 850 克。

3 月 25 日，桑柘区工商所所长何兴国被国家工商总局授予“全国工商行政管理系统优秀管理人员”称号。

4 月 28 日，7 时至 12 时，羊头铺乡杨柳村 6 组陈德才家门前田中逐渐聚集数以千计的青蛙，乱窜乱叫踩坏田中秧苗，村民用竹竿等驱赶无效，12 时起自动散去。

是月，国家民委经济司司长王福临到彭水考察“民族资金”使用情况。

6 月 5 日，郁山、普子、高谷、保家等区 31 个乡遭遇暴风雨和冰雹灾害，重灾 26 个乡、5 万户、18 万人。损失粮食产量 2000 万千克，各种损失折款 2770 万元，直接经济损失 905 万元。死亡 1 人，伤 185 人。

是月，经中共彭水自治县委批准，原《彭水通讯》改名《彭水报》，作为县委机关报，在县内公开发行。

7月2日，县境遭受特大狂风暴雨、冰雹袭击，风力达9～11级，降雨量35毫米，雹粒直径11毫米，密度为每平方米86粒，损失粮食产量1121万千克，各种损失折款6000万元，直接经济损失1200万元。

7月6日—8月13日，县境大旱，日均温度34.6摄氏度，日均日照10.1小时，日均蒸发量9.02毫米，8月6日最高温达44.1摄氏度，均破历史最高纪录。全县4716个井水枯干，72条沟河断流，14万人饮水困难，损失粮食产量4094万千克，各种经济损失折款4320万元。

8月18日，国家烟草总公司烟叶购销公司科长张裕征及烟叶生产购销公司副经理林贤字，带领上海、青州、青岛、武汉、建始、淮阴、什邡等14家烟厂33名负责人，考察桑柘乡烤烟优质生产示范片。考察组对生产示范片高度评价，赞誉其整体水平高，部分达到全国最高生产水平，代表山地烟叶发展方向。

8月20日，全县停止收取农村宅基地有偿使用费、宅基地超占费和土地登记费。

9月15日，县统计局获国家统计局“全国统计系统先进集体”奖。

10月10日，县打假办公室将查获的价值6.6万元的假冒伪劣商品8万余件，在县城两路口展示并销毁。

12月9—13日，政协彭水自治县第五届委员会第一次会议召开。

12月11—16日，县第十二届人民代表大会第一次会议在县城召开。应到会代表213人，实到211人。

12月21日，中共彭水自治县第九届代表大会一次全委会在县委会议室召开。

是年年初，县财政体制实行改革，打破统收统支格局，实行县、区、乡财政包干体制。即1992—1994年，坚持分级领导，分灶吃饭，实行“定收定支，收支包干，低幅递增上解”；1995—1997年，坚持“统一领导，分级管理”原则，实行“定收定支，收支包干，定额上解或定额补贴，一定3年不变”，县区两级各负责新增支出的50%；1998—2000年，彻底实行“分灶吃饭”，取消递增上解。

是年，全县始售加碘精制盐，实施全国在2000年内消除碘缺乏病规划。

1993年

1月17日，鹿角区双龙乡新修公路，放炮员违反安全操作规程，造成当场炸死4人的重大安全事故。

1月21日，火石乡中心校校长孙维亮因抢救2名小学生被10千伏高压线击倒，失去双腿和右手，被中共彭水自治县委、县人民政府授予“舍己救人模范校长”称号。同年8月，又被四川省人民政府授此称号。

3月10日，彭水第一个股份制企业四川彭水武陵建材股份有限公司成立。

3月28日，黔江地区第一个世界银行贷款项目，也是彭水有史以来最大的基建工程——彭水纸厂万吨红麻全杆造纸扩建工程开工建设。

是月，县城郁江南岸（石嘴）防洪堤竣工。该工程全长285米，筑堤均高7米、宽2.75米，投资300余万元，工期4个月。

是月，全县9个司法所的人权、财权、物权下放到各区管理；县人民政府确定公证处、法律顾问处7名同志为事业编制，法律顾问处实行经费自收自支，县财政不拨经费。

4 月 10 日，县城第二期防洪工程全部竣工。工程于 1992 年 11 月 18 日动工，开运土石方 14.29 万立方米，砌堤坝主体墙长 105.90 米，浆砌块石 1686.72 立方米，投劳 10955 个，节省资金 66929 元。

是月，国家民委经济司司长王福临到彭水考察“民族资金”的使用情况。

5 月 1 日，狂风、暴雨、冰雹灾害袭击县境 5 个区 27 个乡，损失粮食产量 363.6 万千克，各种经济损失折款 934 万元，损毁房屋 13539 间、猪牛圈 3719 间。

5 月 6—12 日，水利部水利工程设计规划总院在彭水自治县召开乌江彭水水利枢纽工程可研报告会，有关单位领导、专家 100 余人参会，一致通过可研报告。

5 月 13 日，彭水自治县城国土综合开发规划通过省级评审。

5 月 18—19 日，全国人大民委办公室副主任张今友、四川省人大民族委员会副主任熊清泉、省民委一处处长马发一行 9 人到彭水，参观县纸厂、水泥厂、烟厂，听取县民族工作情况汇报。

5 月 28 日，彭水首次人民警察授衔仪式在县文化馆活动中心举行。

6 月 19—22 日，全县 8 个区 57 个乡镇遭受特大暴雨和洪水灾害袭击，降雨量 124.7 毫米，乌、郁两江及其支流相继涨水，县城乌江水位达到 228.22 米，超洪水警戒线 3.22 米，洪水流量达 8881 立方米 / 秒。粮食作物受灾 11866.67 公顷，成灾 6840 公顷，损失粮食产量 2004.5 万千克；经济作物受灾 4333.33 公顷，成灾 2733.33 公顷，损失折款 1527 万元。冲毁房屋 1119 间、7734 平方米，死亡 1 人，重伤 17 人。34 个乡通信、27 个乡供电线路中断，公路塌方 73 处，4 条交通主干线停运。各项损失折款 2578 万元。

6 月 26 日，县禁毒领导小组组织公安干警及有关人员在县城当众烧毁缴获的大量鸦片烟、罂粟壳、罂粟籽，提请批准逮捕种植毒品犯杨某某。

7 月 11 日，桑柘区同河乡庙堡村 4 组村民张世科等 15 户联办煤矿，由于违规操作，造成井下透水事故，致使 14 人死亡。

7 月 18—29 日，暴雨和洪水灾害袭击彭水 8 区 2 镇 63 乡，损失粮食产量 3547.8 万千克、经济作物折款 2552.9 万元，倒塌农房 1529 间，10 所学校的 45 间教室成危房。12 人死亡，115 人重伤。

9 月 1 日，彭水首家私营汽车客运公司——彭水三峡汽车客运公司成立。

9 月 10 日，县档案馆档案 2732 卷、资料 6289 册、档案卷皮 4550 个被水浸湿，直接经济损失近 1 万元。

10 月 4 日，国务院批转国家计委《西南和华南部分省区区域规划纲要》，将乌江彭水水利枢纽工程列为“九五”计划开工项目。

11 月 5 日，国家民委、轻工部、国家税务总局、中国人民银行将彭水民族工艺伞厂确定为“全国民族用品定点生产企业”。

11 月 15 日，全国人大常委会委员、人大民族委员会副主任伍精华一行 9 人到彭水检查民族经济情况。

11 月 23 日，世界银行环境监测团到彭水检查县纸厂等企业。

是月，经四川省、黔江地区检查验收，认定彭水自治县基本普及中小学实验教学。

12 月 26 日，彭水自治县撤销三连乡，并入郁山镇。

12 月 31 日，县气象局地面观测场搬迁，比原观测场海拔（310.60 米）高 11.60 米，次日正式启用。

是年，彭水自治县开始统一使用查验流动人口计划生育证明。

是年，全县各乡（镇）治安室一律撤销，公安派出所、人民法庭、司法所下放到各区管理。

是年，县广播电视局卫星电视闭路传达室网络前端控制系统迁到县广播电视局，传达室传输方式改为准邻频传输，后又改为邻频传输，传输节目套数也逐年增加。

1994 年

1 月 11 日，县委通知，撤销区工委、区公所，分区设立“党的工作委员会”，同时赋予行政职能，作为过渡时期县委、县人民政府的派出机构。

1 月 28 日，无线寻呼在彭水开通。

2 月 25 日，县烟草公司获得国家烟草专卖局、中国烟草总公司“1993 年度先进单位”称号。

3 月 5 日，在广西南宁召开的全国烟草工作会上，彭水自治县被评为“1993 年度全国烤烟生产收购先进县”。

3 月 28 日，彭水天主教房产遗留问题获得解决，原县药房仓库归还县天主教爱国会。

4 月 15 日，彭水自治县被国家列入全国 592 个贫困县之一。

5 月 2 日，彭水开通长途直拨电话。

6 月 3 日，世界银行专家克朗博格先生一行到彭水检查红麻全杆造纸厂工程进展情况。

6 月 12 日，凤鸣乡桂花村 2 组村民彭万华、彭万明、韦开吉 3 人驾驶的 2-045 木质人力渡船，违章严重超载，致使渡船翻沉，43 人全部落水，15 人死亡。

6 月 20 日，由中共彭水自治县委、县人民政府主持，在县人民政府 7 楼会议室召开全县企业产权改革动员大会。

6 月 24 日，全县遭受狂风、暴雨和冰雹袭击，风力达到 9 ～ 11 级。粮食受灾 1.89 万公顷，经济作物受灾 5486.67 公顷，刮倒经济林木 1260 棵、通信电杆 1627 根，房屋受损 3539 间，公路主干线塌方 76 处，受重伤 145 人、轻伤 682 人，死亡 4 人，经济损失 5000 万元。

6 月 30 日，黔江地区行署将彭水高谷乡列为地区试点集镇。

是月，彭水自治县撤销乡治安室，配齐乡司法助理员。

7 月 11 日，省长肖秧到彭水考察 319 线蚕桑带、保家缫丝厂和乌江彭水水利枢纽工程长溪坝址。

是日，国务院开发办公室综合处副处长徐兴辉到石柳、三义、普子等乡，走访部分贫困户。

是月，《彭水苗族土家族自治县人民政府关于计划生育的暂行规定》正式颁布，并实施升职、晋级、评优计划生育工作“一票否决”制度。

8 月 9 日，县第十二届人大常委会第十二次会议决定，同意杨春林辞去县长职务，同时任命庞一卫为副县长、代理县长。

是月，中共彭水自治县委、县人民政府决定，县级党政群机关补充工作人员一律实行公开招考、择优录用。

10 月 12 日，全国政协副主席杨汝岱在中共四川省委办公厅副主任张帮凯、《人民论坛》副总编杨绍平、中共黔江地委书记牟绪珩等人陪同下到彭水，考察贫困乡村，走访部分贫困户。

10 月 18 日，渝怀铁路工作组到彭水开展前期工作。

是月，美国、菲律宾基督教人士到彭水考察。

11 月 6 日，彭水自治县成立 10 周年庆祝活动在民族广场举行。参加庆祝活动的有国家民委政法司副司长张崇根、四川省原领导天宝、冯元蔚等。四川省民委主任孙志强及重庆、涪陵和毗邻省、地、县领导参加庆祝活动。

11 月 9 日，国务院扶贫开发办公室副主任杨诚沂等 3 人到彭水检查扶贫工作。

是月，经四川省黔江地区组织验收，彭水为高标准扫除青壮年文盲县，四川省人民政府颁发了合格证书。

12月16日，国道319线彭水至武隆段公路建设工程开工。

12月19日，澳大利亚雪山工程公司比德克蒙先生等2人到彭水，考察乌江水利枢纽工程长溪坝址，后达成投资建设乌江彭水水利枢纽意向性协议。

是月，火石乡中心校校长孙维亮被香港柏宁顿（中国）教育基金会评为“有特殊贡献的教育工作者”，获一等奖。在北京参加颁奖期间，受到全国人大常委会副主任雷洁琼、国家教育委员会主任王明达、李鹏总理夫人朱琳等人的接见，同时获孺子牛金球奖，奖金10万元。

是年，善感乡人民政府从戴家湾搬迁至石槽坝。

是年，经国务院批准，彭水自治县为对外国人开放地区。

1995年

1月9日，国家级重点项目——汉渝光缆通信工程彭水段102.6千米缆线铺设任务完成，工期44天。

2月12日，四川省扶贫领导小组决定由四川省商业厅定点扶持彭水自治县。

2月17日，农业部定点扶持彭水自治县。

2月27日—3月1日，县第十二届人民代表大会第三次会议在县城召开。应到会代表205人，实到178人。大会补选庞一卫为县人民政府县长。

3月14日，农业部定点扶贫彭水。

3月24日，中国残疾人联合会检查组一行到彭水检查残联工作。

4月6日，中共黔江地委决定，刘作禄任中共彭水自治县委常委、副书记，主持县委全面工作。

4月20日，全县召开首次民族工作会议。

是月，全国劳动模范、鹿箐乡大青村党支部书记任洪勇参加北京“五一”国际劳动节庆祝活动，并接受国务院表彰。

是月，郁山、桑柘两区建立农村气象站。

5月1日，四川省政协主席聂荣贵夫妇由地委书记王昭一、县委副书记刘作禄等人陪同，检察羊头铺构树坪村2组的蚕桑生产情况。

5月9日，彭水遭受较大狂风、冰雹灾害袭击，风力8—9级，冰雹雹粒密度为每平方米98粒，雹粒直径最大约3.20毫米。损失粮食产量2100万千克，各种损失折款1420万元，直接经济损失645万元。

是月，因国道319线黔彭段改造工程资金不足，黔江地区交通局向银行、重庆海通证券公司贷款和发行债券2700万元用于该路建设。经四川省交通厅、财政厅、物价局批准，正式实行收取车辆通行费。

是月，全国“万村书库”工程在彭水首次启动，共建立村级图书馆65个，拥有图书7000册。

6月3—10日，彭水自治县长江防护林工程造林经林业部检查验收合格，合格率97%。

7月23日，彭水程控电话正式开通运行。

7月27日，县人民政府下发《关于全面实行劳动合同制的通知》。

是月，彭水籍台胞王应田捐赠50万美元建立“彭水王应田教育基金会”。每年用存入银行利息40余万元人民币救助失学儿童，奖励品学兼优学生和教育教学成绩显著中小学校长、教师。在县教委设立彭水王应田教育基金会办公室，负责处理日常事务和有关事宜。

9月，由县教育委员会、县妇女联合会和县民族中学合办的“初中民族女生班”在民族中学开办。

11 月 4—10 日，应中国预防医学科学院环境卫生工程研究所邀请，以安田博士为代表的日本国立环境研究所等 5 个单位 6 位医学专家，在中国预防医学科学院、四川省卫生防疫站医务人员的陪同下到小厂乡地氟病特重病区考察，为中日合作搞好地氟病综合防治获取第一手材料。离彭水时赠送卫生局挂钟 1 座作纪念。

是年，在昆明举行的全国第五届少数民族运动会上，彭水自治县代表队获土家竹铃球团体金牌。

是年，彭水自治县被列为“四川省 25 个世界银行贷款扶持的第 10 个贫困地区基础教育”项目县之一。

是年，彭水首次表彰“见义勇为”者 16 人。

是年，孙维亮被评为全国教育系统“劳动模范”。

是年，郁山镇被四川省人民政府命名为“龙舟之乡”。

1996 年

1 月 7—8 日，贵州省沿河土家族自治县与彭水自治县举行经济协作、共谋发展联席会议，签订了协议书。

1 月 16 日，县人大常委会第二十四次会议批准《彭水苗族土家族自治县普及九年制义务教育规划》。

是日，国家烟草专卖局、中国烟草总公司授予“彭水自治县一九九五年烤烟生产、收购工作先进县”称号。

是月，县民政局向社会销售 200 万元社会福利彩票，为残疾人福利事业募集福利资金 40 万元。

是月，中共彭水自治县委宣传部获四川省“万村书库”组织工作先进单位称号。

3 月 20 日，乌江水变黑，县人民政府副县长翁勤会同县自来水公司、防疫站、环保办公室等有关人员，专程赴贵州省沿河县及乌江渡水电站沿线实地考察水质情况。江水经化验无异常发现，几天后变清。

4 月 1 日，县人民武装部由地方编制正式收归军队建制。

4 月 20 日，彭水自治县被列入国家第三批电气化试点县。

4 月 21 日，国家民族事务委员会司长王福临一行到彭水检查扶贫开发工作。

是月，县委决定，在全县推行部门执法责任制，由司法局牵头对全县行政部门所涉及的行政法规进行清理与界定，落实各行政执法部门执法责任制。

5 月 6 日，四川省人大常委会主任杨晰综、副主任李永寿一行 11 人在黔江地区人大工委主任田兴泉陪同下，到彭水检察人大工作。

5 月 7—8 日，国务委员、国家扶贫开发领导小组组长陈俊生，中共四川省委书记谢世杰，黔江地区行署专员税正宽、副专员刘学普检察彭水扶贫工作。

同日，国务院扶贫开发工作调查组组长、国家经贸委副司长丁澎生，组员、国务院政策研究室处长赵龙跃等到彭水调查扶贫“三金”（信贷资金、以工代赈、财政扶贫资金）管理使用情况，副县长刘平陪同深入农村调查研究。

5 月 7—11 日，农业部副部长刘成果带领调查组到彭水实地调查扶贫开发工作。

5 月 11 日，国家烟草专卖局、中国烟草总公司副经理陈元勤，在四川省烟草公司副经理黄行知、黔江地区烟草公司主要负责人陪同下考察县烟叶复烤厂，并与厂方领导座谈，对厂的建设和发展给予高度评价，鼓励厂家争取上省乃至全国先进的打叶复烤生产线。

5月15日，经县人民政府同意，开展对县境内国有企业、股份制企业、城镇集体所有制企业中的长期职工和临时工实行工伤保险，并印发《企业职工工伤保险暂行办法》。

5月17—18日，县公安局开展“收刀枪、端窝点”集中统一行动，共收缴各种管制刀具501把。

5月20日，从西南兴农集团公司引进专用于烤烟壮苗的塑料营养钵1万张，在桑柘示范片200余户烟农中推广，获得成功。

5月27日，四川省省长宋宝瑞到彭水考察红麻全杆造纸工程和乌江彭水电站坝址。

是月，经过两个月的清理、界定，县法建办公室将全国人大、国务院、四川省人大颁布的新中国成立以来所适用的法律、法规645件，分别按执法责任落实划分到部门。县人大常委会12件、县人民政府相关执法部门557件、县人民法院41件、县人民检察院35件。各执法部门在县工商局进行试点，然后全面推开，10月底全面结束。

6月14日，县天主教真原堂恢复礼拜活动。重庆市天主教爱国会荣誉主任、四川省政协委员梁志超和黔江地区民族宗教委员会、县政协、县委统战部、民族宗教委员会等派员参加复堂仪式。

7月5日，全县遭受特大洪涝灾害袭击，乌江水涨至237.90米，比1993年高1米至2米，沿江街道及房屋被淹，是彭水解放后第二次高洪峰。全县被洪水冲毁农田1200公顷，损失粮食2475千克，直接经济损失19950万元，农业损失折款90.70万元。

7月9日，中央电视台记者王卉珍、王亚丹到彭水采访扶贫工作。

是月，普子区棣棠乡甘溪村小学民办教师冉启容参加四川省一人一校先进教师夏令营活动，赴成都参观考察，并获香港曾宪梓教育基金会优秀教师二等奖，获奖金1.50万元。冉启容被破格转为公办教师。

是月，乌江商业城南门楼建成并投入使用。工程于1993年开工建设，建筑面积9700平方米，设置摊位1000个。

8月8日，《重庆日报》“万里看川东”报道组记者罗成友，对彭水烤烟生产进行专访。

是月，县人大常委会组织县人大代表评议公安活动，历时5个月，民主测评出全县21个乡（镇）派出所中好的8个、一般的12个、差的1个（桑柘），乡（镇）派出所112名干警中优秀的32人、称职76人、不称职4人。县公安局领导班子4人中，3人称职，1人不称职（局长）。

9月15日，中央记者团到小厂乡采访。

9月18日，县内唯一的小（一）型水库三洞水库主体大坝完工，投资300万元。

9月30日，四川省汽车运输公司99队驾驶员朱美豪驾中巴车从武隆载客24人到彭水，行至国道319线2193千米+450米（三道拐）处，翻于160米高岩下，死亡18人，轻重伤6人。

是月，县委、县人民政府决定，对全县宜林荒山实施限期绿化，发放限期绿化责任书11万份，并对33个乡作出限期绿化规划。

10月5日，彭水自治县由重庆市代管。

10月18日，县体改委同意郁山区水泥厂兼并县武陵建材公司郁山分厂，为县内乡镇企业兼并国有企业的尝试。

10月30日，县城总体规划修编评审会在县政协会议室召开。县级领导及计委、建委、国土等部门有关负责人50余人与会。

是月，县缫丝厂因流动资金缺乏全面停产。

是月，县委、县人民政府制发《在全县公民中深入开展法制宣传教育的第三个五年规划》（1996—2000），彭水自治县“三五”普法正式启动。

是月，中共保家区工委被四川省人民政府授予“八五期间计划生育工作先进集体”称号。

11月7日，彭水首起贩卖海洛因案件在县城破获，抓获吸贩毒人员7人。

11月8日，重庆市政协主席张文彬到彭水检查工作。

11月18日，经10个月勘测设计，芦渡沟山泉自来水引水工程开工。

11月26—27日，第一轮《彭水县志》评审会在县城召开，四川人民出版社、重庆市地方志办公室、涪陵区地方志办公室、黔江地区地方志办公室和南川、武隆、丰都、垫江、黔江、石柱、酉阳、秀山（区、县、自治县）地方志办公室及贵州务川苗族仡佬族自治县地方志办公室专家和县级领导及主要部门70余人参会。《彭水县志》最终顺利通过省、地、县评审。全志近130万字，1995年12月写成初稿，1996年11月17日完成总纂。

12月3日，黄安平被国家工商局授予“全国工商行政管理系统优秀工商行政管理人员”称号。

12月4日，中共重庆市委书记张德邻到彭水考察，县委书记刘作禄、县长庞一卫等汇报工作。

12月10日，彭水自治县保护消费者权益委员会成立，委员30人，设名誉会长、顾问、会长、副会长、正副秘书长。

是日，县私营企业协会成立，选举产生第一届理事会理事29人、会长1人、副会长4人、秘书长1人。

12月11日，一轻公司建立水井沱煤矿。该矿地处桑柘区同河乡三合村，总投资20万元，年生产能力1万吨，职工50人。

12月20日，国家烟草专卖局、中国烟草总公司，授予彭水自治县“1996年烤烟生产、收购先进单位”称号。

是月，彭水纸业公司在县纸厂成立。公司为国有独资企业，注册资金300万元，主要经营机制纸生产销售及国家允许的第三产业。

是月，县人民政府批复关停县纸厂。

是月，乌江彭水电站初设编制完成，报国家计划委员会审批。此工程设计坝高100.50米，总库容15.09亿立方米，防洪库容2.32亿立方米，总装机容量140万千瓦，总工期8年，总投资169.90亿元，投资回收期10.78年。后来，项目分别纳入四川省、重庆市重点建设项目，力争国家批准开工建设。

是月，县气象局建成计算机远程终端网络系统。

是年，马峰岍至石盘公路建成通车。公路起于马峰岍乌江边，止于石盘乡人民政府驻地，全长8千米，总投资30万元，投劳13.21万工日。

是年，九届全国人大代表、龙塘坝乡黄金村党支部书记、曾被评为全县“模范村党支部书记”“全市优秀村党支部书记”的钱书远，将自家营造的520公顷林地无偿捐给集体，被授予全国绿化奖章。

是年，历时4年，耗资80万元的全县土地详查工作结束，并通过上级主管部门验收。此为第一次全面科学地查清全县土地资源分布和利用现状，共清查8个一级、29个二级地类的土地利用类型、面积及构成情况。

是年，县广播电视局开通中央电视台加密节目。

1997年

2月4日，重庆市人民政府代市长蒲海清一行到彭水检察工作。

2月24日，重庆市委、市人民政府确定，由市委副书记、市人大常委会副主任王云龙联系彭水自治县，并由市经委牵头组成帮扶集团对彭水实行对口扶贫。

3月16日，黔江地区轮船公司鸿运14号客轮从重庆返回彭水，途经长江上游叶碛4号区红浮外约40米处，与涪陵市天府旅游轮船公司天鸥2号高速水翼客船发生碰撞，天鸥2号冲入鸿运14号轮二楼三等一室舱内，致12人死亡、1人失踪，76人轻重伤。

是月，中国农业发展银行彭水自治县支行正式成立。

是月，共和乡人民政府从乌江北铁琪矿迁至乌江南王家坝国道319线侧。

是月，县委宣传部举办“模范村党支部书记”钱书远森林捐赠仪式暨表彰大会，并号召全县人民向钱书远学习。

4月3日，由香港银山国际有限公司、川东纺织工业总公司分别出资196万元、204万元组建重庆华港鞋业有限公司，经黔江地区工商局批准成立。

4月23日，副县长翁勤率队在重庆市规划局参加《彭水自治县城总体规划》评审会，通过了《彭水自治县城总体规划》。

4月24日，中共黔江地委决定，并征得中共重庆市委组织部同意，马平任中共彭水自治县委常委、书记，免去刘作禄县委书记、常委职务。

4月26日，重庆市经委扶贫集团派出干部26人到彭水扶贫，捐款54.53万元及物资一批。

5月8—12日，水利部长江水利委员会专家在彭水召开彭水乌江水利枢纽工程技术研讨会。

5月14—16日，县第十二届人民代表大会第五次会议在县城召开，选举出席重庆市第一届人民代表大会代表13人。

5月24日，农行彭水自治县支行首批5个机构储蓄业务与重庆市农行IBMES/9000大型计算机网络联通，在黔江地区内率先实现该项业务的市辖内储蓄通存通取。

5月28日，县人民政府批复县乡镇企业矿业公司破产，成为全县破产首家乡镇国有企业。

6月1日，县人民政府开始对县境内的国有企业、城镇集体企业、股份制企业、自收自支的事业单位（行政事业单位也可参保）的固定工、混岗大集体职工，劳动合同制职工，城镇临时工及离退休（职）人员，外商投资企业的中方职工实行大病医疗统筹。

6月14日，日本结卡专家集团首席顾问千叶，与卫生部、重庆市卫生局、市防疫站等领导来到彭水，考察计划免疫和防治脊灰情况。

6月25日，芦渡沟引水工程基本告竣，8时开闸试压成功；9时，清澈明净的山泉水流到目的地——汉葭镇玉皇阁水站。

6月28日，重庆直辖市正式建立，彭水自治县隶属重庆直辖市，由黔江开发区暂时代管，各部门与四川省脱离上下级关系。

是月，重庆市南方花园公司董事长兼总经理孙甚林，私人捐出50万元在彭水城区新建汉葭镇森林希望小学。

是月月底，台胞王应田捐资彭水中学100万元修建“应田图书馆”。

7月1日，自来水公司正式向县城机关、居民供应芦渡沟山泉自来水。

是日，黔江乌江电力集团在彭水汉葭镇白云村境内建成110千伏变电站，升降变压容量为1×25000千伏安，总投资1500万元。

7月2日，电视天气预报制作系统建成，正式在县广播电视台播出。

7月21日，邮政电信分营。撤销彭水自治县邮电局，分别成立县邮政局和电信局，人员（含退休职工）、财产按工种性质分入两局。原县邮电局所辖各区支局同时分割，分别成立邮政、电信支局。

7月31日，彭水自治县被中共重庆市委、重庆市人民政府、重庆市警备区授予“双拥模范县”称号。

是月，中共重庆市委授予钱书远“优秀村党支部书记”称号。

8月6日，县人民政府批复建立乡镇企业发展基金，加快全县乡镇企业发展。

8月8日，中共重庆市委书记张德邻、市委常委税正宽、重庆市副市长陈光国率市委副秘书长、市委政策研究室主任赵公卿，市财政局局长陈万里、市农办主任陈大军、市扶贫办主任莫官元、市委组织部秘书长陈和平、市公安局副局长林育均及三峡投资有限公司董事长贺兴桐等34人，到彭水考察保家优质牛育肥基地、国道319线彭武段公路改造工程和万吨红麻全杆造纸项目等。

8月17日，县人民政府成立实施国家扶贫教育工程项目领导小组，副县长王帮权任组长，县政协副主席、计委主任向登定，县教委副主任许光胜任副组长。

8月19日，重庆市人民政府作出《关于同意彭水自治县城总体规划的批复》，并要求“进一步作好城市分区规划，详细规划和各项专业规划以及小城镇规划的编制工作，加大城市总体规划的宣传力度，加强城市规划的法制建设，落实地方城市规划体系，完善各项规章制度，实现依法管理”。

是月，各区镇共9个司法所人权、财权、物权上收县司法局。

9月10日，渝怀铁路可研论证座谈会在彭水召开。

9月11日，由重庆市农机局安排县农业机械管理局实施，在靛水乡张家坝村进行日本本田公司农机操作表演，2台水稻割捆机、2台耕耘机现场表演水稻割捆和耕地。

9月26日，重庆市委常委、重庆市副市长王鸿举带领市人民政府办公厅、市公安局、市财政局、市人民银行、农业银行、市烟草开发中心的负责人，考察郁山区、汉葭区的烤烟收购情况及红麻全杆造纸工程建设情况。

是月，全县森林资源清查历时3个月完成。成果资料经林业部评审合格。

10月1日，金叶体育馆竣工投入使用。该项目位于河堡街，1996年9月28日动工，占地2528平方米，建筑面积4200平方米，总投资850万元。

10月3日，县民族卷烟厂因受《中华人民共和国烟草专卖法》限制，依法宣告破产还债。退休职工17人移交社会保险局，26人安排到打叶复烤厂（金益公司），4人调其他单位工作，其余905人辞退或解除劳动关系。

10月15—16日，鄂、黔、湘、渝4省市毗邻县（市、区）第十一届物资横向经济联合会在彭水召开，50余名代表参会。

10月21日，棣棠乡甘溪村小教师冉启容以重庆直辖市两名优秀教师之一名义参加国家教委组织的考察团赴香港、澳门等地参观学习。

10月27日，国道319线彭武段改造工程高谷大桥正式通车。

是月，九曲河大桥竣工。由黔江开发区交通局承建，全桥长235.60米，桥面净宽引桥9.70米+2×1.75米、正桥9米+2×1.50米，总投资193万元。

11月4日，重庆电视台记者一行到彭水，采访国道319线彭武段改造工程和黄金村。

11月6日，重庆医科大学和重庆市第二人民医院在黄金村建立巡回医疗点。

11月7日，重庆市江北区人民政府向彭水捐赠5辆农用车的交接仪式在重庆举行。

11月20日，扶贫政策检查验收工作结束。验收结果为：解决温饱的建卡贫困户40323户，158778人，为原计划的111.10%和114%。

11月26日，中共彭水自治县委组织部出台《关于1997—2003年全县发展党员规划》。

11月28日，高谷乌江大桥竣工，国道319线高谷路段通车。

是月，台胞曾宪武投资60万元在平安乡建酿酒厂。

是月，县人民政府与中国青少年基金会签订“陈廷华基金”援建（关口）希望小学协议书，援助资金18万元。次年8月，希望小学在城郊乡关口村建成并投入使用。

12月8日，县打叶复烤厂在原彭水烟叶复烤厂破土动工。

12 月 15—17 日，中共彭水自治县第十次代表大会召开。

12 月 25 日，政协彭水自治县委召开第六届第一次会议。

12 月 26—31 日，县第十三届人民代表大会第一次会议在县城召开。

12 月 28 日，重庆市交通局局长胡振业，中共黔江地委主要负责人，中共彭水自治县委书记马平出席国道 319 线彭武段改造竣工典礼。

是月，县秀华汽修实业有限公司租赁承包县汽车运输公司修理厂，成为全县首家租赁国有企业的私营企业。

是年，县城城镇用地测量工作完成。此项工作历时 1 年，投资 25 万元，制作 1∶500 的城镇地籍图 150 余幅。

是年，全县财政收入达 1.02 亿元，县财政年收入首次逾亿元。

是年，中共彭水自治县委、县人民政府将 1997 年定为“市政建设年”。

是年，全县《基本农田保护规划》编制完成，划定全县基本农田 74867 公顷，设置保护碑 56 块，签订保护协议 144 万份。编制历时 1 年，获重庆市国土资源和房屋管理局科技成果二等奖。

是年，彭水自治县开展军警民共建国道 319 线文明运输线竞赛活动，制作安装共建碑，组建 4 个民兵应急护路营，被中共重庆市委、重庆市人民政府、重庆警备区授予“双拥模范”称号。

是年，砂石福和希望小学、关口福和希望小学全面竣工并投入使用。此项目由中国青基会接受香港陈廷华基金捐资 20 万元援建。

是年，乡（镇）公安派出所、人民法庭、司法所收归县管理。

1998 年

1 月 10 日，中国葛州坝电力集团公司及市领导一行考察乌江彭水电站长溪河坝址。

是月，彭水自治县进入国际卫Ⅷ项目建设县。

是月，县城邮政投递实行信报分投。《重庆日报》《重庆晨报》《重庆晚报》《参考消息》《黔江日报》在县城发行。

2 月，县农业综合开发项目竣工。项目从羊头铺至保家楼的国道 319 线侧，涉及羊头铺、大河坝两乡的 5 个村、28 个村民组和县农场、蜂场，投入 500 余万元，其中国家投入 300 万元，用工 52 万工日，改造开发土地 700 公顷。

3 月 7—8 日，市委统战部与市民主党派、群众团体组建“情系山区三下乡服务团”，在县城、郁山镇开展科技赶场、义诊、文艺义演活动，发放资料 3000 余份，赠送药品价值 5000 余元，义诊 500 人次，接待科技咨询 1000 人次。

3 月 8 日，市人民政府参事毛炳衡等 8 位专家到彭水，对农业产业化和农业产品结构调整作调查，提出发展彭水经济的建议。

3 月 10 日，重庆市副市长陈光国带领市人民政府办公厅、市农业局、市扶贫办、市农业综合开发办等单位负责人到彭水，先后考察朱砂乡 319 线紧凑型玉米示范片，清平乡富家茶场、果园，保家 666.67 公顷改土工程等。

3 月 18 日，《彭水百科》由四川人民出版社正式出版。该书辑录总辞条 1000 余条，40 万字，备有索引。

3 月 28 日，河堡立交桥竣工通车。该桥为彭水第一座立交桥。

是月，彭水自治县产权交易所成立。隶属体改委，业务上接受重庆产权交易中心的指导，为重庆产权交易中心会员单位。

是月，绿色希望小学动工，农业部拨款20万元、区乡自筹25万元修建。

4月，《彭水县志》由四川人民出版社正式出版，全书126万字。

同月，彭水长江干流乌江流域生态治理工程在高谷、下塘、共和等乡正式实施，治理面积666.67公顷。同时在平安、凤鸣、龙射乡的米基槽沟，大河、东流乡干洞口沟，靛水、火石乡的何家沟，火石垭沟、文家沟全面启动世行贷款多功能防护林示范沟工程，造林2666.67公顷。

4月9日，县人民政府召开《彭水县志》首发式暨续修工作动员会。县长喻维嘉，副县长李安禄、王华敏，政协副主席王天全及各部门负责人参加会议。

是月，重庆市文联、市作协名誉主席、《红岩》作者之一、著名作家杨益言到彭水参加“弘扬红岩精神”报告会。

5月4日，县人民政府决定对全县在统独立核算企业领导实行年薪制。

同日，县人民政府批复成立县乡镇企业发展基金投资有限公司，负责全县乡镇企业发展资金的组织、引进、咨询服务和投资。

5月15日，钢锉厂改制为股份制企业，更名为重庆市彭水三峡钢锉股份有限责任公司。企业为独立核算、自负盈亏、自主经营、依法纳税、按股分红、独立承担民事责任的法人经济实体。

5月20日，国家集中成片地区贫困县教育扶贫项目领导小组成立，县委副书记王茂怀任组长。

5月22日，县人大常委会第三次会议通过《关于取消义务植树以资代劳金征收的决定》和《彭水苗族土家族自治县城市规划管理实施办法》。

6月7日，重庆市旅游考察团8人，乘小木船从诸佛乡场出发，沿诸佛江漂流而下，考察诸佛江风光，6小时到达龙门峡。

6月9日，县委、县人民政府印发《1998年企业下岗职工分流安置和再就业工程实施方案》。

6月17日，农行彭水自治县支行办公自动远程工作站电子邮件系统与重庆市、黔江开发区农行成功地实现信息互传、公文系统内传递电子化。

是月，中国建设银行彭水自治县支行撤销，账务归并到工行，人员大部分安置到工行。

7月13—15日，重庆大学汽车学院大学生“三下乡”社会实践团到彭水开展社会实践活动。

7月15日，县煤炭工业公司被县工商局吊销企业营业执照。

7月21—29日，县境遭受暴雨、洪涝灾害袭击，最大降雨量154.30毫米，农作物受灾面积2.08万公顷，占总播种面积的24.80%，房屋倒塌532间，直接经济损失4800万余元。

8月8日，民族中学校举行贫困大龄失学女童非正规教育培训班结业典礼。此期培训班由联合国儿童基金会与县妇女联合会共同举办，全面招收县12～17岁因贫困而失学的女童100名，为期1个月。主要补习文化、学习农村实用科技知识和妇女卫生健康知识等。

8月12日，县酒厂因经营机制不活，企业内部管理混乱，以致连年亏损，经县人民政府批准，依法破产。

8月19日，县人民法院依法受理债权人县财政局申请债务人黔江地区土畜医保进出口公司破产。

8月29日，江北区人民政府向彭水捐赠衣物13.80万件。

是月，重庆电视台“走进乌江”栏目摄制组到郁山镇等地采风，拍摄民族风土人情专题片。

是月，彭水自治县开通全国储蓄联网“绿卡”，实现通存通兑。

是月，彭水至武隆新建三级水泥路面公路建成竣工，该工程历时4年。

9月7日，重庆市副市长程贻举率市级有关部门负责人到彭水考察，为县人民医院拨款10万元用于购置手术设备。

9月15日，重庆市天主教爱国会副主席、青年联谊会副会长谢榜勇等2位神父到彭水献爱心，资助龙念、余水晴等 9 名学生。

9 月 18 日，重庆市水电局专家到彭水考察调研三江口水利枢纽工程。

9 月 20 日，由重庆市南方花园公司董事长兼总经理孙甚林捐助修建的汉葭镇森林希望小学，举行落成暨开学典礼。

9 月 22 日，凌晨 5 时 30 分，国道 319 线彭武公路彭水段九曲河大桥南端引桥崩塌，砸毁民房 1 间，直接经济损失 32 万元。

9 月 24 日，江苏省向彭水捐赠衣物 12 万件。

是月，彭水自治县被重庆市林业局列为全市 4 个“林业科技示范县”之一，由市林业局授牌。

是月，武陵建材公司由于经营管理不善，亏损严重，经县人民政府批准，以 600 万元及新业主承担原企业债权债务，公开拍卖给社会自然人朱远清，企业名称更名为重庆市彭水自治县水泥厂。

是月，重庆通信设备有限公司捐助彭水 11 名失学儿童，市民族宗教事务委员会在双龙乡中心校救助 1 名失学儿童，重庆邮电学院救助 14 名失学儿童。

10 月 1 日，国道 319 线彭武段 28.4 千米开始收取车辆通行费。其收费经营权由重庆银都公司以 3000 万元购买，经营有效期 20 年。

高谷岩口饮水工程通水。工程总投资 80 万元，于 8 月 24 日动工。

10 月 9 日，“湘、鄂、川、黔边区县（市）政协工作联系会”成立大会在彭水政协召开，有 9 县政协代表参加。

10 月 11 日，中国烟叶购销公司副经理赵振山、重庆市烟草公司副经理冯文超以及中国烟草总公司郑州烟草研究院工程师关博谦一行到彭水检查烟草生产收购工作。

10 月 20 日，彭水晶丝苕粉厂正式投产，第一批产品送往黔江开发区，作为名特产品参加地区成立 10 周年展览。

10 月 23 日，县人民政府聘请重庆市农业局高级兽医师刘耳，市种公牛站站长、高级兽医师关崇学，市农科所高级农艺师张宣菘、市农垦局高级农艺师文荣铨、市农业技术推广站研究员张斗成、市建工建设工程设计院高级建筑工程师王世胤，市园林局教授、高级工程师胡兴奎等 12 人为彭水自治县高级经济顾问。

是月，大河坝乡朱家店、五四两村 6 个组实施生态农业综合开发项目开工。改造开发土地 800 公顷，投入 419.80 万元，其中国家专项资金 240 万元，投劳 87 万工日。

是月，全面改造并建成县城“市容整治一条街”，山谷居至北大街全面改造、整治结束。拓宽人行道、铺设彩砖，安装不锈钢路灯和灯箱广告、人行护栏。总投入 380 万元。

是月，澳大利亚政府派 2 名专家到凤鸣、长滩、羊头铺、迁乔等乡考察无偿援助解决人畜饮水项目等。

11 月 5 日，彭水自治县开展冬季严打整治集中行动，出动党政干部、公安民警、武警官兵 341 人，清查 418 个部位，设卡封闭清查 23 处、重点场所 108 处、出租私房 427 户、其他场所 23 处，抓获犯罪嫌疑人 79 人，其中“三逃”人员 1 人、涉嫌“黄、赌、毒”人员 37 人；破刑事案 3 件，其中大案 2 件。刑事拘留 1 人、治安拘留 4 人。

11 月 11 日，在黔江开发区管委会组织的建区 10 周年和第三届民族艺术节活动中，县民宗委搜集的民族民间工艺品 250 件，选送地方风味食品“荞面豆花”“都卷子”“心肺米粉”，分别获得开发区管委会颁发的二等奖、特别奖和十佳风味奖。国家民委副主任汪家福、重庆市民宗委主任石胜福、副主任严峻等观看彭水民族民间工艺品展览，对展品给予充分肯定。

11 月 11—17 日，县林业局投资兴建冬瓜溪三级水电站开工建设，工程设计总投资 2400 万元。

11 月 18 日，高谷、郁山、黄家坝、普子区粮油贸易公司成立。

11月21日，县印刷厂依法宣布破产还债。经公开竞价拍卖，彭水电力公司以372万元竞购成功。

11月25日，县档案局馆藏2013卷民国档案，于1989年依法向社会开放314卷后，再次依法向社会开放1017卷。同时，将新中国成立后自形成之日满30年的馆藏档案19481卷中955卷又依法向社会开放。

11月27日，经重庆市政府批复，朱砂乡人民政府从陈家园迁至大田角，共和乡人民政府由铁碛坝迁移到共和村凉风洞，新化乡人民政府由何家坝迁至井溪村白虎场。

是月，经人民政府批准，县化工厂以300万元价格，将企业所有资产和土地使用权转让出售给县电信局。

12月2日，中共彭水自治县委办公室、县人民政府办公室印发《彭水苗族土家族自治县国有企业下岗职工基本生活保障办法》，对县属国有企业下岗职工实行基本生活保障制度。其基本生活费（含医疗救助费）每人每月120元。

12月7日，"争创全国烤烟质量第一强县"誓师大会在县文化中心召开。

12月8日，县纸厂依法宣告破产。

12月12日，县人民政府命名汉葭镇白云村、城郊乡关口村、龙射乡光辉村、羊头铺构树坪村、清平乡富茶村、郁山镇沙湾村、万足乡万足村、桑柘乡李家村、上岩西乡关门村、普子乡铺坪村为"农村小康示范村"。

是日，桑柘乡个体驾驶员庹至武驾驶山花牌中巴客车载26人从桑柘驶往县城，在彭桑公路11千米+400米处翻下高77.4米岩坡至乌江边，死亡14人，轻重伤12人。

12月23日，芦塘煤矿由国有企业改制为以国家控股、职工持股的股份合作制企业。

是月，县烟草公司被国家烟草专卖局、中国烟草总公司评为"一九九八年全国先进单位"，颁发了奖牌和荣誉证书。

是年，彭水代表团在重庆市首届青少年运动会上获总分第二名，获一等奖和体育道德风尚奖。团体获金杯1座、银杯1座、铜杯3座；单项获金牌4枚、银牌4枚、铜牌7枚。

是年，重庆电视台节目在彭水开通，通过微波传输进入县城有线网。

是年，县体育馆完工，总投资750万元。

1999年

1月18—22日，重庆市工程质量安全"百人检查团"17分团对县内在建、竣工、投拆等工程进行大检查。5个工程被停工整改，其中3个在建工程、2个竣工工程。

1月21日，"121"特种电话气象信息咨询服务系统正式投入运行。

是月，棣（棠）—砂（石）公路竣工通车。全长11.80千米，耗资46万元。

是月，《彭水报》改为周二报。

2月2日，重庆市人民政府批准高谷撤乡建镇。

是日，国家烟草专卖局局长倪益瑾率专卖司司长、综合计划司司长，在副市长吴家农等陪同下，检察县打叶复烤厂建设和民族烟厂关闭情况。

2月8日，重庆市有价证券公司等捐资56万元，援建黄金希望小学。

3月10日，副市长陈光国带领市级有关部门负责人，考察保家农业综合开发区、良种猪繁殖场和肉牛育肥示范场。

3 月 18 日，县民政局投资 8 万元在郁山区龙溪乡漆树村动工建设灾民新村。建筑面积 1750 平方米，12 户 52 灾民搬进新居。

是月，砂石乡罗坪村发生伤寒病疫，发病 175 人，引起市、地、县、工委、乡各级领导重视，迅速组织医疗工作队扑灭，耗资 2 万余元。

是月，县广播电视局贷款 40 万元、自筹 10 万余元，购买 1 套非线性编辑机和 1 台数字摄像机，解决上送市电视台播出新闻设备问题。

4 月 3 日，县劳动力市场正式进入并开通重庆市劳动力市场微机网络。

4 月 12 日，郁江煤矿改制为国家控股与企业职工持股的股份合作制企业。

4 月 20 日，县公安局刑事警察大队重案中队破获俗称“丐帮”的少年犯罪团伙。该团伙在县城作案 30 余起。

是月，人行彭水自治县支行朱毅被人民银行总行授予“全国国库系统先进个人”称号。

是月，中共重庆市委、重庆市人民政府授予人行彭水自治县支行 1998 年度“市级文明单位”称号，为重庆直辖后彭水自治县第一家获此殊荣的银行。

5 月 9 日，县政协组织全县各界别代表人士召开座谈会，声讨以美国为首的北约袭击中国驻南联盟使馆的野蛮暴行。

5 月 28 日，冬瓜溪二级电站历时 3 年建成竣工，装机 2×630 千瓦，投资 1200 万元。经县人民政府同意，黄家坝区工程整体转让重庆市旅业集团建设经营，成为县内第一个能源电力引资建设项目。

5 月 31 日，县委、县人民政府成立 60 万吨水泥项目前期工作领导小组，组长黄明。

是月，县第一家大型私营企业郁江砂砖厂在郁山镇原盐厂内建成投产。

6 月 21—29 日，县境内连续遭受 9 天中到大雨袭击，累计降雨量 190 毫米，乌江水猛涨，到 30 日凌晨 2 时，县城最高水位达 238.10 米，越过警戒水位 13.10 米，最大流量为 18700 立方米 / 秒，是 40 年一遇洪水。

6 月 23 日，县环宇开发公司、县五金厂、下塘陶瓷厂，因长期停产，被彭水工商局吊销企业营业执照。自此，二轻系统企业除钢锉厂、轻印公司、陶瓷有限公司、建安公司外，其余企业不复存在。

6 月 26—28 日，彭水千禧龙系列苕粉在武汉举行的重庆名特产品展销会上被抢购一空，千禧龙系列苕粉从此打开销路。

是月，历时半年的普子区场镇人饮工程改建完工，打通白岩沱遂道 172 米，换装白铁管道 2500 米，新修水池 2 口，投资 50 万元，解决 3000 余人饮水难问题。

7 月 4 日，市委书记贺国强一行检查彭水抗灾工作，考察打叶复烤厂。

7 月 10 日，县城镇居民最低生活保障工作在汉葭镇率先实施，首批 35 户 91 人城镇贫困对象按标准享受到了最低生活保障金。

是月，由原县纸厂职工组建成股份制企业“彭水第一造纸厂”。

是月，“村村通广播电视”工程开始实施，全县建设任务为 231 村，计划次年 7 月完成。

是月，“148”法律服务专线电话正式开通。

8 月 3 日，开展零点追逃行动。出动公安民警 268 人、武警 30 人、党政干部 46 人、治安积极分子 21 人、机动车辆 28 辆，设立武装检查站 16 个，清查旅店 50 家、娱乐场所 32 家、出租私房 124 家、流动暂住人口 311 人、工棚 17 处、工地 3 处，抓获批捕在逃犯 1 名、负案在逃犯罪嫌疑人 2 名、劳教在逃 1 名、网上犯罪嫌疑人 153 名。

8 月 7 日，下午 1 时许，普子片区普降暴雨，普子乡的春光、永胜、中堡、龙桥村和三义乡莲花村夹杂降冰雹，雹体最大如大指头，造成烤烟受灾 400 公顷，绝收 166.67 公顷，经济损失达 300 余万元。

8月16日，县城万米河堤工程获重庆市计划委员会立项批复。

8月23日，全国民运会射弩比赛中，县女子队获第四名、男子队获第六名。

9月7—8日，由国家烟草总公司赵振山带队，组织10余名烟草博士、工程师、烟草学院院长、科研所长，四川省烟草公司烟叶处长，玉溪、厦门、长沙等烟厂厂长，重庆市烟草公司及其部分科长，参观彭水打叶复烤厂、小厂乡田间地膜烟。

9月25日，县电信局移动通信部分分离，组建县移动通信公司，正式挂牌营业。

9月28日，《彭水经济概览》由四川人民出版社出版发行。

是月，县人民政府批准实施《彭水苗族土家族自治县卫生资源规划》。

10月2日，国务院第三次全国民族团结进步表彰大会在北京召开，表彰模范集体626个、模范个人628人。龙塘乡黄金村党支部书记钱书远出席会议。

10月8日，重庆金益烟草有限责任公司成立暨彭水打叶复烤厂第一期工程竣工典礼在汉葭镇河堡街举行。该工程于1997年12月8日动工，由重庆彭水自治县烟草公司入股，系原彭水烟叶复烤厂基础上的技改项目，属国家中二型企业，隶属重庆市烟草公司。年复烤烟叶3万吨，二期工程完工后规模为年产初烟6万吨。

10月10日，县工商局体制划转签字仪式在县工商局举行。黔江开发区工商局局长李世才、副局长张红卫，县人民政府县长喻维嘉、副县长李安禄、县人大常委会主任张克隐、副主任莫启根、县政协副主席王天权和县委组织部、县人事局、县财政局等单位负责人参加签字仪式。

10月11日，彭水复合肥厂经县人民法院批准，依法宣告破产还债。

10月20日，下午，鹿鸣乡马金村4组村民孙学清、孙学成、宁相恒、郑远香、冉开兰等10余人在拉接高压线时突遇武隆木棕河四级电站通电，孙学成等5人当时触电身亡（呈炭状）、冉开兰致重伤。

10月29日，贵州省沿河土家族自治县洪渡汞矿尾渣泄漏，进入乌江。县环境监测站于11月2日开始取水样送武隆分析，连续采样1周。分析结果江水无汞污染物发现。

10月30日，团中央书记胡春华到彭水考察扶贫和减负工作。

是日，全县916户乡镇企业产权制度改革全面结束。其中，实行股份制企业13个，租赁承包经营100个，转产4个，破产3个，目标管理3个，拍卖或产权转让3个，企业集团1个，解体1个，联户办企业788个。

是日，重庆市首届残疾人运动会在重庆举行，彭水选手王贵获铅球第一名。

11月4日，重庆市委副书记、代市长包叙定一行到彭水考察调研。

11月5日，彭水开展地名更名、命名工作，新命名镇名2条、街巷名24条，新设置地名标志45块。

11月10日，全国人大民宗委副主任江村罗布到彭水考察扶贫工作。

是日，鹿鸣乡山峰村五组殴华家发生中毒事件，死亡4人、重伤3人。犯罪嫌疑人冉某某在逃，8日后经湖北天门警方协助抓获归案。

是日，全县完成确认省级行政区域界线124千米、县级行政区域界线120千米，埋设界桩4颗，取得勘界成果资料95份。

11月15日，气象卫星接收站安装完成，并投入业务运行。

11月29日，17时30分，因1名5岁小孩玩火，致岩东乡河坝村3组发生特大火灾，烧毁房屋34间、粮食5万余千克，经济损失30万元。

是月，靛水乡龙洞村妇女主任刘应华获国家“好儿女”金榜奖。

是月，县烟草公司在重庆市首次民族团结进步会上，被重庆市人民政府评为“民族团结进步模范集体”，获奖牌 1 块。

是月，县财政局获市委、市人民政府“文明单位”称号。

是月，关口收费站荣获重庆市级“青年文明号”称号，同时被评为重庆市交通系统“文明收费站”。

2000 年

1 月 5 日，彭水自治县通过重庆市人民政府计划生育“三为主”县验收。

1 月 11—14 日，重庆市扶贫开发领导小组代表国家对彭水越温达标情况进行验收。彭水自治县扶贫越温工作各项指标均达到国家和重庆市规定的标准，验收合格。

1 月 14 日，清理整顿全县 41 个社团，注销活动不正常、管理较混乱或有其他问题社团 19 个，合并宗旨或业务范围相似或相同社团 4 个，予以保留社团 18 个，按照有关程序，完善有关手续，健全档案。

2 月，春节开通县城有线电视光纤传输，传输电视节目 30 套。

3 月 1 日，行政事业单位职工养老基金统筹由人事局移交给县劳动局管理。从此，行政事业单位职工养老金征收、管理、拨付等均由社会保险部门负责办理。

3 月 5 日，县人民政府批准彭水丝厂破产。

3 月 8 日，由重庆市民政局组织的永川、铜梁、潼南等 10 余个区县民政局人员到彭水，参观汉葭区关口敬老院、鹿角敬老院民政福利中心。

3 月 13—14 日，重庆市广播电视局副局长熊艳华等一行，检查彭水第一期“村村通广播电视”工程建设情况。

3 月 14 日，彭水自治县举行彭水宾馆开业典礼。该宾馆由重庆市长途汽车有限责任公司与彭水汽车运输公司共同建设，工程投资 1200 万元。

3 月 25 日，靛水乡肖坝节水灌溉示范工程动工，设计灌溉 475.73 公顷，投资 419.50 万元。

3 月 27 日，县乡镇企业发展公司按照市、地、县清理整顿农村“三金”精神，清理整顿转退。公司总资产 318.30 万元，总负债 287.40 万元，共转退个人存款 386 户、241.60 万元。

4 月 21 日，国家计划生育委员会计财司王宗哲、赵亚生、王桂新、郭遂良、刘立伟、冷楠等到彭水，调查研究基层服务网络建设。

4 月 27 日，卫生部副部长殷大奎、重庆市卫生局副局长吴昌培、黔江开发区管委会副主任王元楷、县人民政府副县长王华敏前往小厂乡考察地氟病。

5 月 1 日，县烟草公司经理何德文在“创彭水烤烟生产辉煌”中成绩显著，被评为重庆市劳动模范，出席重庆市劳模会，受重庆市人民政府表彰。

5 月 9 日，重庆市委办公厅、市人民政府办公厅下达《关于同意彭水等五县 1999 年实现越温达标的批复》，彭水等 5 个贫困县扶贫攻坚越温工作各项指标达到市定标准。由市委、市人民政府分别授予 5 个贫困县“扶贫攻坚越温达标县”称号，并颁发奖牌。

5 月 12 日，国家民委党组成员、纪检组组长郝文明，重庆市民宗委主任石胜福一行 6 人到清平茶厂、万足乡沙坝村、乌江电站坝址、打叶复烤厂考察调研。

5 月 13—15 日，受农业部委托，中央电视台农业节目（第七组）采访组一行 3 人，到彭水拍摄《武陵山十年扶贫攻坚纪实》专题片。

5 月 16 日，三江口水利枢纽工程可行性研究报告获重庆市计划委员会批准。工程以农业灌溉为主，兼及发电、农村人畜饮水、防洪等，建成后灌面3487.33公顷，装机3×6300千瓦，总投资2.50亿元，列入引资建设项目。

5月22日，彭水中学与西南师范大学外国语学院联办的彭水外国语学校在彭水中学成立。

是月，郁山区水泥厂年产10万吨机械化立窑技改工程动工。工程总投资300万元。

是月，为全县88所中小学校聘请法制副校长。

是月，人行彭水自治县支行团支部书记朱晓林被人行总行授予“全国金融系统优秀共青团干部”称号。

6月5日，重庆市“一会一节”、重庆市贸易投资洽谈会暨三峡旅游节期间，高谷区与重庆美心集团签订投资500万元的硫铁矿开发项目。

6月25日，黔江开发区撤销，彭水自治县由重庆市直管。

6月27日，郁山镇张家嘴铁索桥竣工。该桥投资50万元，全长175米、宽2米、高50米。

是月，汉葭区中心敬老院竣工。该敬老院位于城郊乡关口村国道319线侧，投资200余万元，其中国家投资120万元。

8月5日，朱砂乡石笋村、青龙村村民到红光村2组牵拉电线，将所拉电线与10千伏高压线相碰，致触电死亡5人、伤3人。

9月9日，汉葭镇北门居民凌中辉自营机动铁壳船在万足乡磨寨装沙运往县城，因严重超载加之操作不当，在乌江沙沱水面沉没，船上9人全部落水，3人死亡。

9月28日，黔彭公路“三改二”工程彭水段开工建设。该工程投资约4.5亿元，建成后与黔江区缩短通车里程20多千米。

10月25日，彭水农村初级电气化县建设通过市级验收，各项指标均达到或超过水利部颁布的标准。

11月1日，据第五次人口普查结果，全县总人口590228人。

12月19日，川渝边区经济技术协作区第三十届年会在彭水县城召开。10个区市县的代表近100人参加会议。

12月26日，县质量技术监督局及其所属事业单位的机构、编制、人员、经费、固定资产等移交重庆市质量技术监督局管理。

12月28日，晚8时许，汉葭镇学坝村居民罗杰忠、李官弟两家房屋垮塌，死亡4人、重伤1人。

2001年

2月2日，连湖乡马兴村7组周小洪驾驶本乡刘兴斌的山花牌私营中巴客车，从连湖乡沿途载客25人驶往县城。车行至国道319线2115千米+900米，坠于12米深的溪沟乱石中。死亡14人、轻重伤11人。

2月12—13日，重庆市委副书记、市长包叙定率市级有关部门负责人到彭水召开现场办公会，考察保家种猪场、大河坝布朗李基地、龙泉洞改土工程、乌江彭水电站长溪坝址、县城万米河堤等。

2月20日，卫生部疾病控制司副司长陈贤义带领中国医学基金会会长殷子烈、美国福特汽车公司中国副总裁田长安和重庆市卫生局副局长吴培一行到彭水自治县小厂乡察看地氟病防治情况。

3月15日，构树坪220千伏变电站工程开工建设。

6月12日，国道319线2149千米+700米处发生山体滑坡，塌方10万立方米以上，国道319线共和乡境内段王家坝处中断长约100米，彭水对外联系通道受阻。

是月，黄金村党支部书记钱书远在国务院召开的表彰大会上被授予“全国绿化劳动模范”荣誉称号。

7月1日，两江大桥竣工通车。

7月4日，国道319线彭水段2127千米+400米处山体大滑坡，路基整体下滑长65米、高10米，垮塌土石方约10万立方米，致公路外一侧1处民房坠入乌江。

7月4—30日，全县持续27天夏季高温伏旱，极端最高气温40.1℃，总降雨量为24.9毫米，同期蒸发量是降雨量6倍。

7月11日，重庆市人民政府批准，彭水自治县原64个乡镇调整为39个乡镇。其中，撤销43个乡镇，保留21个乡，重新设置10个镇、8个乡。

是日，全县撤销区工作委员会8个。县委、县人民政府对乡镇直接管理。

7月24日，县药品监督管理局机构、编制、人员、经费、固定资产等一并移交重庆市药品监督管理局管理。

是日，重庆市副市长赵公卿带领市政府办公厅等市乡单位负责人到彭水调研，先后考察乌江三桥桥址、乌江彭水电站长溪坝址、县城万米河堤等地。

是月，县委、县人民政府出台《关于县级党政机构改革方案的实施意见》，调整县人民政府原工作机构44个。

9月29日，持续49天伏旱结束。伏旱期间，极端最高气温36.7℃，降雨量仅为42毫米，蒸发量高达197.6毫米。

10月16日，重庆市副市长程贻举一行在彭水召开民族地区电脑农业专家系统试点推广现场会。听取全县经济社会发展情况汇报。

10月28日，重汽集团公司彭水分公司渝AW0010号客车从福建晋江开往彭水途中，在湖南龙山与湖北来凤县交界处的团结桥上坠入河中，死10人、重伤1人、轻伤40人。

12月30日，县城两江万米河堤建设工程开工。

2002年

1月12日，朗溪乡大井村4组冉远安家办“满月酒”，21人进餐后，15人出现食物中毒，7人病情严重。

1月21日，靛水乡肖家坝村2组村民张天菊在家用油炸汤圆粑，请其嫂嫂毛顺香母子2人到家吃饭，张天菊及其子女3人和毛顺香母子共6人皆因食物中毒死亡。

2月7日，重庆市副市长黄奇帆带领市级有关部门负责人到彭水调研。

5月18日，彭水开放型二级汽车客运总站建设工程动工。项目占地2公顷，总投资1600万元，为全额招商引资项目。

6月16日，县城民族会场开工建设。项目占地2300平方米、总建筑面积4000平方米、总投资800万元。

7月3日，长滩乡柏香村4组杨世强驾驶山花牌中巴客车从凤鸣乡驶往县城，在离县城4千米+900米处（倒角岩）坠于80米的高岩，死10人、轻重伤13人。

7月4日，县人民政府批准调整汉葭镇行政辖区，撤销原13个街道和学坝村，新组建为7个社区。

7月5日，重庆市人民政府同意诸佛乡人民政府驻地由诸佛岗迁至双合场。

7月28日，县城乌江民族广场建设工地出土宋代石刻3幅，分布于长4米、高1.7米的石壁上。

8 月 18 日，重汽集团彭水公司的双层卧铺车渝 AW0106 号途经湖南永顺县塔卧镇茶林坡地段时翻下 20 多米高的陡坡，死 4 人、重伤 10 人。

8 月 20 日，长滩乡洋藿村 2 组驾驶员蒋明凡驾驶山花牌中型客车从长滩乡沿途载客 30 人到县城。车行至长滩乡公路 2 千米 +500 米处，翻下 120 米的高坡，死 25 人，轻重伤 5 人。

8 月 24 日，润溪乡肖家村 5 组柏杨树发生地质滑坡，滑体斜长 500 米、宽 400 米，滑体平均厚度约 8 米，前后高差 120 米，面积 20 万平方米，方量 160 万立方米。危及 23 户村民的房屋和 88 人的生命安全。

9 月 12 日，乌江三桥开工建设，设计桥长 300 米及隧道 780 米连接滨江路，计划投资 2500 万元。

10 月 21 日，冬瓜溪三级水电站竣工。

12 月 9 日，渝怀铁路全线第四长大隧道——彭水隧道（下塘至长滩）贯通。全长 9028 米，为全线十一大控制工期关键工程之一。

2003 年

1 月 1 日，乌江民族广场竣工投入使用。广场位于县城十字街，占地 5528 平方米，2002 年 7 月开工建设，总投资 1700 万元。

2 月 14 日，重庆市政府与北京大唐发电公司签订乌江彭水电站建设协议。

3 月 10—12 日，中共彭水自治县委第十一次代表大会召开。

3 月 25—30 日，政协彭水自治县第七届委员会第一次会议召开。

3 月 29 日，县第十四届人民代表大会第一次会议召开。

5 月 1 日，郁山镇船主葛明山驾驶单机木质船（无证照）非法载客 19 人和货物 500 余千克，在郁江关木盖急滩处翻沉，死 10 人、失踪 1 人。

是月，山谷广场竣工投入使用。广场位于县委办公楼前，2003 年 1 月开工，占地 753 平方米，总投资 160 万元。

6 月 23—28 日，县境遭受 3 次暴雨，局部地区大暴雨。30 个乡镇、410 个村受灾。国道 319 线 14 千米（羊头铺）处山体滑坡，交通中断；平安乡人民政府驻地周围 267 公顷地被淹，场镇积水达 2 米深，138 户、550 人被困。

7 月 28 日，走马乡走马村 1 组罗鹏举驾驶解放牌双排座小货车载客从走马场开往郁山镇，在新家村 1 组麦地湾郁马公路 18 千米 +200 米处坠于 200 米高的岩下，死亡 4 人、伤 5 人。

12 月 3 日，重庆市人民政府批准同意万足乡政府驻地由万足场迁至小河村 4 组落趟坡。

12 月 5 日，县人民政府批准全县 39 个乡镇的村级行政区划调整方案。

12 月 16 日，全县村级行政区划调整全面结束。将原 641 个村（街道）调整为 274 个行政村、26 个社区；4664 个村（居）民小组调整为 1782 个村民小组、181 个居民小组。

2004 年

1 月 12—14 日，重庆市委副书记、市长王鸿举率市级有关单位负责人到彭水，考察马峰百万吨水泥厂、金益打叶复烤厂、滨江新城等，看望汉葭镇文庙社区贫困户宁从学和东门村贫困党员陈维学。

1月14日，联合乡村级行政区划调整，撤销行政村14个、村民小组139个，重新组建行政村4个、村民小组25个。

2月1日，三义乡小坝村1组坪上村民王新恒和小坝子村民姚昌海家出现鸡病疫情，两家同院共36户，有鸡染病302只、死亡258只。经重庆市动物卫生监督检测站检验中心检验，确认鸡病为鸡新城疫。

3月9日，彭水至酉阳二级公路修建工程马峰3号隧道鹿角端隧道口发生自然垮塌，致正在施工的中铁五局四处出渣工人死5人、轻伤1人。

4月11日，全国政协原副主席杨汝岱偕夫人一行在重庆市政协副主席黄立沛和四川省政协副主席陈官权等陪同下到彭水考察。

4月16日，县内保家镇、郁山镇和走马乡境内发生3.3级地震。地震无明显震感，无人员伤亡和财产损失，无地质灾害发生。

6月2日，重庆市政府批复同意彭水部分乡镇行政村区划调整方案：调整的有汉葭镇、保家镇、乔梓乡、迁乔乡。

8月4日，桑柘、普子等8个乡镇遭受特大风暴灾害，局部地区风力达到9～10级，冰雹持续时间达30分钟，最大直径3厘米。

9月5—6日，县境局部地区遭受大暴雨天气，12个乡镇受灾。降雨长达14个小时，部分地区降雨量176.8毫米。

10月，乌江画廊广场初步建成。工程位于两江桥南桥头，由重庆渝风建筑安装工程有限责任公司承建，2004年4月8日开工建设。

11月10—11日，武陵山经济高地发展战略研究论坛在重庆南方君临酒店举行，议题为探索彭水经济发展。

11月16日，彭水自治县成立20周年庆祝大会在两江广场（原名乌江画廊广场）举行。国家民委政策研究室副主任黄飞，重庆市委常委、组织部部长马濡沛率国家及市委、市人民政府代表团到会祝贺。

11月17日，乌江彭水电站截流，乌江画廊开游。

11月18—19日，重庆市委副书记、市长王鸿举一行到彭水检察工作。

12月23日，重庆至长沙（渝湘）高速公路彭水至武隆段开工建设。

2005年

1月26日，第十四届县人民代表大会第三次会议选举周伟为县人民政府县长。

2月25—27日，桑柘、鹿角、黄家、石盘等海拔逾800米的27个乡镇、160多个村遭受雪灾，积雪达10厘米左右。

4月8日，三义等7个乡镇遭受暴雨和冰雹灾害。

4月16日，鹿角、新田、桑柘、梅子垭、润溪等23个乡镇、160多村遭受大风、暴雨、冰雹等灾害，最大风力8～10级，冰雹直径最大5厘米。

4月21日，县设立移民办公室。设立县档案局，为县人民政府局级事业单位。将县史志档案馆更名为县档案史志馆，实行局馆合署办公。

5月30日，重庆市编委办公室核定下达彭水自治县乡镇机关行政编制945人，核定乡镇机关后勤人员事业编制68人。核定乡镇事业单位编制共698人，其中乡镇农业类事业单位编制560人。

6 月 12 日—7 月 7 日，持续 26 天的晴热高温少雨天气，降雨量仅为 19.5 毫米，为历史同期最低值，极端最高气温 38.6℃。受灾 39 个乡镇、274 个村。

8 月 2 日，县设立文化广电新闻出版局（挂县体育局牌子）。撤销原文化体育局和县广播电视局，不保留新闻出版局牌子。设立县广播电视台，为县属事业单位。

9 月 6 日，国家发展和改革委员会批复，同意建设乌江彭水电站工程。电站安装 5 台 35 万千瓦混流式水轮发电机组，总装机容量 175 万千瓦，年均发电量 63.5 亿千瓦时。

9 月 27 日，晚 8 时，重庆市委副书记、市长王鸿举在彭水宾馆 10 楼会议室会见中国大唐集团公司总经理，大唐国际发电股份有限公司董事长翟若愚和大唐国际发电股份有限公司总经理张毅、大唐集团公司副总经理钟俊等一行。

9 月 28 日，乌江彭水电站开工建设，重庆市委副书记、市人民政府市长王鸿举，贵州省人民政府副省长蒙启良出席开工仪式并讲话。

12 月 19—22 日，重庆市人民政府“两基”复查验收团第三复查组对彭水自治县“两基”巩固提高工作进行复查验收。复查组认定：县人民政府“两基”巩固提高工作基本达到市人民政府现阶段规定标准和基本要求，同意将复查验收结论意见报请重庆市“两基”攻坚领导小组审核研究，由市人民政府审核认定并公布复查结果。

12 月 26 日，茂田水泥公司年产 100 万吨新型干法水泥生产线建成投产，举行点火仪式。

是年，全县免除农业税及其附加，结束农民缴粮纳税的历史。

第一篇　政区　地理

第一章　政区建置

第一节　建置沿革

1985 年年末，彭水苗族土家族自治县隶属涪陵地区。

1988 年 5 月 8 日，国务院批准将黔江、彭水、石柱、酉阳、秀山 5 个少数民族自治县从涪陵地区划出，设立四川省黔江地区，彭水自治县隶属黔江地区。

1996 年 9 月 5 日，国务院批准由原重庆市代管四川省万县市、涪陵市，黔江地区所辖区、市、县。彭水仍隶属黔江地区。

1997 年 3 月 14 日，第八届全国人大常委会第五次会议批准撤销原重庆市，设立重庆直辖市。重庆直辖市辖原重庆市、万县市、涪陵市和黔江地区所辖行政区域。彭水自治县隶属重庆市黔江地区。

1997 年 12 月 20 日，经国务院批准，于 1998 年 2 月 20 日，中共重庆市委、市政府通知，撤销黔江地区，设立重庆市黔江开发区，彭水等 5 个自治县隶属黔江开发区代管。

2000 年 7 月 10 日，国务院批准撤销黔江开发区和黔江县，成立重庆市黔江区。彭水等 4 个自治县由重庆直辖市直属管理。

第二节　区划调整

1986 年，全县有 8 个区、65 个乡镇（1 个区级镇，63 个乡、1 个乡级镇），623 个村，16 个居民委员会、4641 个村民小组、52 个居民小组。

1992 年 7 月，四川省人民政府批准，撤销三连乡，将原三连乡并入郁山镇。

1993 年 11 月 5 日，中共黔江地委、黔江行政公署决定撤销所辖县的区委、区公所。设立区工作委员会。

1999 年 2 月，重庆市政府批准，撤销高谷乡，设高谷镇，镇人民政府驻地高谷场，行政区域不变，实行镇管村。

2000 年 7 月，县人民政府对汉葭镇河堡居委进行调整，将河堡居委分为河堡居委和插旗居委，上塘口村的 1、2、3 组从上塘口村分离出来，加上原县纸厂所辖区域组成临江居委。

2001 年 8 月，彭水自治县撤销区工作委员会，并乡建镇。将原 64 个乡（镇），调整为 39 个乡（镇）。新设置 10 个镇、8 个乡，保留 21 个乡。

2001 年彭水自治县新设置 10 个镇 8 个乡行政区划表

表 1-1

乡、镇名称	并入乡、镇名称	辖村（居）民委员会个数	新设乡镇面积（平方千米）	总人口数（人）	
				合计	其中非农业人口
汉葭镇	下塘、下岩西、城郊、汉葭镇	52 个村，12 个居委会	225.61	71412	39848
高谷镇	共和乡、高谷镇	15 个村，3 个居委会	106.49	16700	5444
郁山镇	朱砂乡、郁山镇	32 个村，4 个居委会	140.79	36800	13836
保家镇	木南、羊头铺、大河坝、清平乡	41 个村	164.42	38958	14102
黄家镇	上岩西、猴栗、大厂乡	24 个村，3 个居委会	115.62	16775	5754
鹿角镇	大园、鹿角乡	12 个村，3 个居委会	112.49	11684	3797
桑柘镇	桑柘、鹿箐、同河乡	22 个村，4 个居委会	192.65	27615	8588
普子镇	砂石、桐荣、普子乡	24 个村 4 个居委会	184.74	28209	9083
龙射镇	葡萄、龙射乡	16 个村，3 个居委会	161.16	21685	6505
连湖镇	连湖乡	11 个村，3 个居委会	71.6	19200	5760
靛水乡	靛水、火石、文武乡	28 个村	171.7	23247	—
乔梓乡	乔梓、东流乡	19 个村	96.19	13722	—
新田乡	新田、新场乡	25 个村	127.68	20876	—
鞍子乡	鞍子、新化乡	18 个村	124.08	15075	—
润溪乡	润溪、龙洋乡	16 个村	108.72	12749	—
长滩乡	长滩、凤鸣乡	21 个村	101.93	21566	—
诸佛乡	诸佛、珍加乡	16 个村	119.85	14362	—
鹿鸣乡	鹿鸣、合理乡	28 个村	171.7	23247	—

保留 21 个乡：棣棠乡、小厂乡、梅子垭乡、石盘乡、万足乡、双龙乡、大垭乡、石柳乡、三义乡、平安乡、走马乡、芦塘乡、龙溪乡、善感乡、朗溪乡、龙塘乡、联合乡、迁乔乡、太原乡、桐楼乡、岩东乡。原来的行政区域和村、组不变。

2002 年 7 月，经重庆市人民政府批准，将诸佛乡人民政府驻地由诸佛岗迁至双合场。撤销汉葭镇石嘴、文庙、鼓楼、北门、南门、高家台、沙沱、县坝、河堡、插旗、下坝、绸缎、临江等 13 个居民委员会和学坝村，组建文庙、石嘴、鼓楼、沙沱、渔塘、河堡、滨江等 7 个社区居民委员会。

2003 年 11 月，经重庆市人民政府批准，将万足乡人民政府驻地由万足场迁至小河村 4 组落趟坡。同月，对全县村级区划进行调整，将原有 623 个村（居）民委员会区域调整为 274 个村民委员会、26 个社区居民委员会。

汉葭镇

撤销 36 个行政村、262 个村民小组、3 个社区居委，重新组建 16 个行政村：上塘村、白云村、镇南村、亭子村、白杨村、芦渡湖村、青龙村、北斗村、天台村、过江村、柏香村、弹子村、坝竹村、下塘村、大树村、天池村，辖 84 个村民小组；3 个社区居委：渔塘、文庙、沙沱社区居委，辖 15 个居民小组；保留原 4 个居委：鼓楼、石嘴、河堡、滨江社区居委，辖 32 个居民小组。

上塘村：由原上塘村、分树村重新组建为上塘村。

白云村：由原白云村 1、2、3、4 组、白插村、瓜子村重新组建为白云村。

镇南村：由原和平村、平原村、猫尖垭村重新组建为镇南村。

亭子村：由原亭子村，大田村 1、4、5 组重新组建为亭子村。
白杨村：由原白杨村、大田村 2、3 组重新组建为白杨村。
芦渡湖村：由原黄荆村、关口村重新组建为芦渡湖村。
青龙村：由原青龙村、土地村、指南村重新组建为青龙村。
北斗村：由原干洞村、北斗村重新组建为北斗村。
天台村：由原陈家坪村、天台村、张家村合并为天台村。
过江村：由原过江村、秀水村重新组建为过江村。
柏香村：由原柏香村、汪家村重新组建为柏香村。
弹子村：由原弹子村、冯家山村重新组建为弹子村。
坝竹村：由原何家村、余家村重新组建为坝竹村。
下塘村：由原下塘村，勤俭村 1、2、3、4、5、6、7 组，天池村 7 组重新组建为下塘村。
大树村：由原大树村，勤俭村 8、9、10 组重新组建为大树村。
天池村：由原徐家村，天池村 1、2、3、4、5、6 组重新组建为天池村。
渔塘社区居委：由原渔塘社区居委 1、2、3 组，东门村 2、3、4、5 组重新组建为渔塘社区居委。
文庙社区居委：由原文庙社区居委 1、2、3、4 组，五里村 1、2、3 组重新组建为文庙社区居委。
沙沱社区居委：由原沙沱社区居委 1、2、3、4 组，亭子村 7 组，东门村 1 组重新组建为沙沱社区居委。

郁山镇

撤销 33 个村（居）、292 个村（居）民小组，重新组建 11 个行政村：铜锣村、大坝村、朱砂村、玉山村、坪洋村、青龙堡村、陈家园村、清洁村、和睦村、钟鼓村、白池村，辖 64 个村民小组；组建 4 个社区居委：天星社、白马、新中、南京社区居委，辖 14 个居民小组。
铜锣村：由原同乐村 3、4、5、6、7、8、9、10 组，堡上村重新组建为铜锣村。
大坝村：由原大龙村、苏家湾村、麻坝村重新组建为大坝村。
朱砂村：由原朱砂村、荞地村重新组建为朱砂村。
玉山村：由原双田村、联丰村重新组建为玉山村。
坪洋村：由原青平村、白羊坪村重新组建为坪洋村。
青龙堡村：由原青龙堡村、太平村重新组建为青龙堡村。
陈家园村：由原陈家园村、石笋村重新组建为陈家园村。
清洁村：由原小河沟村、清洁村重新组建为清洁村。
和睦村：由原米长坝村、和睦村重新组建为和睦村。
钟鼓村：由原清滩村、钟鼓村、田坪村重新组建为钟鼓村。
白池村：由原卷子村、白池村、文昌村重新组建为白池村。
天星社区居委：由原天星村、沙弯村重新组建为天星社区居委。
白马社区居委：由原白马堂居委，同乐村 1、2、11、12 组，新生居委 2、3、4、5 组重新组建为白马社区居委。
新中社区居委：由原新中社区居委、新生居委 1 组、龙井居委重新组建为新中社区居委。
南京社区居委：由原南京社区居委、中井村重新组建为南京社区居委。

保家镇

撤销 46 个行政村、351 个村民小组，重新组建 9 个行政村：溪口村、大河坝村、大堂村、龙河村、清水村、三江村、团堡村、长窑村、东流村，辖63个村民小组；组建3个社区居委；鹿山、清平、羊头铺社区居委，辖28个居民小组。

鹿山社区居委：由原朱家店村、保卫村、五四村、龙泉村，长岗村4、8组，四方村6组重新组建为鹿山社区居委。

清平社区居委：由原平天坝村、水井湾村、富家村、大路村，新民村2、3、4、5、6、7、8组，洞口村1、2、3、7、8、9组，保民村1组，四方村1、2、3、4、5、7、8、9组重新组建为清平社区居委。

羊头铺社区居委：由原构树坪村、花塘村、白杨坡村，杨柳村1、2、3、4、5、6组，水口寺村、凤阳村重新组建为羊头铺社区居委。

溪口村：由原李家园村、桂花堡村，凤凰村1、2、3、4、5、6、7、8、12、13组，川间村重新组建为溪口村。

大河坝村：由原陈园村、关滩村、后山村重新组建大河坝村。

大堂村：由原大岩村、塘路村，核桃村2、3、4组重新组建为大堂村。

龙河村：由原竹林沟村、水咸村、旋龙村，核桃村1、5、6、7、8组合并为龙河村。

清水村：由原过路村、清水村、大洞村重新组建为清水村。

三江村：由原锡滩村、双河村重新组建为三江村。

团堡村：由原保安村、何家氽村、永安村，洞口村4、5、6组，新民村1、9组重新组建为团堡村。

长窑村：由原尖山子村、长窑村，保民村2、3、4、5组重新组建为长窑村。

东流村：由原核桃弯村、干洞口村、长征村、白果坝村、古塘村重新组建为东流村。

高谷镇

撤销19个行政村、153个村民小组，重新组建5个行政村：大青山村、庞溪村、兴隆村、群峰村、共和村，保留1个行政村：铜鼓村，辖38个村民小组，重新组建2个社区居委，辖18个居民小组。

狮子社区居委：由原狮子村、石桩村，幸福村1、6组，青山村2、4组重新组建为狮子社区居委。

陈家社区居委：由原陈家岭村、龙坪村、黄荆堡村重新组建为陈家社区居委。

大青山村：由原大面村，青山村1、3、5、6、7组重新组建为大青村。

庞溪村：由原店子村、庞溪村、大水村、金地村重新组建为庞溪村。

兴隆村：由原兴隆村、河口村重新组建为兴隆村。

群峰村：由原群峰村、岩峰村重新组建为群峰村。

共和村：由原石香村、艾家桩、共和村，幸福村2、3、4、5、7、8组重新组建为共和村。

铜鼓村：原管辖区域不变。

桑柘镇

撤销22个行政村、182个村民小组，重新组建7个行政村：易家村、东风村、白龙村、烽南村、鹿箐村、大青村、太平村，保留4个行政村：豆家村、大喜村、尖山村、茶心村，辖75个村民小组；组建3个社区居委：桑柘、青蒲、李家社区居委，辖36个居民小组。

桑柘社区居委：由原桑柘村、谭水村，烽白村1、2组重新组建为桑柘社区居委。

青蒲社区居委：由原青蒲村、下寨村、黄连村，楠木村3、4、5组重新组建为青蒲社区居委。

李家社区居委：由原李家村、石桥村、清水村重新组建为李家社区居委。

易家村：由原易家村、胡家村、下村 7 组重新组建为易家村。
东风村：由原东风村 1、2、3 组和下村 1、2、3、4、5、6 组重新组建为东风村。
白龙村：由原白泥村、龙塘村重新组建为白龙村。
豆家村：原辖区范围不变。
烽南村：由原楠木村 1、2、6、7、8、9 组和烽白村 3、4、5、6、7、8、9 组重新组建为烽南村。
鹿箐村：由原四耳坪村、花秋村重新组建为鹿箐村。
大青村：由原大青村、盖阳村重新组建为大青村。
大喜村：原辖区范围不变。
太平村：由原大弯坪村、庙堡村重新组建为太平村。
尖山村：原辖区范围不变。
茶心村：原辖区范围不变。

鹿角镇

撤销 15 个行政村、94 个村民小组，重新组建 6 个行政村：周家村、乌江村、红专村、王家村、水麻村、横路村，辖 43 个村民小组；组建 1 个社区居委：鹿角社区居委，辖 5 个居民小组。
鹿角社区居委：由原鹿角村、沿滩村、龙门村重新组建为鹿角社区居委。
周家村：由原周家村，水井村 4、5、6、7 组重新组建为周家村。
乌江村：由原小垭村、乌江村重新组建为乌江村。
红专村：由原红专村、龙家村重新组建为红专村。
王家村：由原王家村、正园村，水井村 1、2、3 组重新组建为王家村。
水麻村：由原水麻溪村、兴隆场村重新组建为水麻村。
横路村：由原横路水村、民建村重新组建为横路村。

普子镇

撤销 28 个行政村、224 个村民小组，重新组建 9 个行政村：普子坝村、大龙桥村、凤凰村、沙坝村、四会庄村、新坪村、桐泉村、凤山村、石坝子村，辖 80 个村民小组；组建 2 个社区居委：鼓田、双桥社区居委，辖 8 个居民小组。
鼓田社区居委：由原普子村 14、15、16、17、18、19 组重新组建为鼓田社区居委。
双桥社区居委：由原普子村 1、5、20、21、22 组重新组建为双桥社区居委。
普子坝村：由原铺坪村、秦家坝村，普光村 2、3、4、6、7、8、9、10、11、12、13 组重新组建为普子坝村。
大龙桥村：由原龙桥村、中堡村、永胜村重新组建为大龙桥村。
凤凰村：由原罗漆村、春光村重新组建为凤凰村。
沙坝村：由原生基堡村、双旗村、洞塘村重新组建为沙坝村。
四合庄村：由原罗家坪村、砂坪村、关键村重新组建为四合庄村。
新坪村：由原方红村、太坪村、新河村、窑厂村重新组建为新坪村。
桐泉村：由原桐泉村、肖家村、水坪村、油坪村重新组建为桐泉村。
凤山村：由原劳动村、青冈堡村，茶园坪村 1、2、3、4、5、6 组重新组建为凤山村。
石坝子村：由原桐丰村、齐心村、胡坪村，茶园坪村 7、8、9、10 组重新组建为石坝子村。

黄家镇

撤销 26 个行政村、132 个村民小组，重新组建 11 个行政村：光辉村、漆树村、白沙河村、刘家坪村、大厂坝村、洋藿村、长岩村、鹿井村、金池村、香楠村、新家村，保留 1 个村：燕子村，辖 59 个村民小组；组建 1 个社区居委：先锋社区居委，辖 8 个居民小组。

先锋社区居委：由原先锋村，岩嘴村 1、2、4、5 组重新组建为先锋社区居委。

光辉村：由原关门村、杉树村、高桥村 2 组重新组建为光辉村。

漆红村：由原漆树坝村、新立村、红光村、杷子村 1 组重新组建为漆红村。

燕子村：原辖区范围不变。

白沙河村：由原塘村、严家寨村重新组建为白沙河村。

刘家坪村：由原八一村、河村重新组建为刘家坪村。

大厂坝村：由原大厂坝村、木瓦村重新组建为大厂坝村。

洋藿槽：由原洋藿槽村、楠木坪村、川东村重新组建为洋藿村。

长岩村：由原长岩村、岩嘴村 3 组重新组建为长岩村。

鹿井村：由原鹿井村、岩嘴村 6 组、高桥村 3 组重新组建为鹿井村。

金池村：由原金池村、桐木岩村、高桥村 1 组重新组建为金池村。

香楠村：由原富山村、香楠村、萤河村重新组建为香楠村。

新家村：由原庙垭村，杷子村 2、3、4 组重新组建为新家村。

连湖镇

撤销 13 个行政村、150 个村民小组，重新组建 4 个行政村：桐木坪村、樱桃村、回龙村、茅坪村，保留 1 个村：多家村，辖 51 个村民小组；组建 2 个社区居委：乐地、安乐社区居委，辖 16 个居民小组。

东地社区居委：由原乐地村、桐林村重新组建为乐地社区居委会。

安乐社区居委：由原茶园村、安乐村组建为安乐社区居委会。

多家村：原辖区范围不变。

桐木坪村：由原沙河村、中合村、桐木坪村重新组建为桐木坪村。

樱桃村：由原马星村、樱桃村，中心村 1、2、8、9、15、16 组重新建为樱桃村。

回龙村：由原回龙寺村，中心村 3、4、5、6、7、10、11、12、13、14 组重新组建为回龙村。

茅坪村：由原白水村、茅坪村重新组建为茅坪村。

龙射镇

撤销 18 个行政村、181 个村民小组，重新组建 8 个行政村：东方村、大地村、银木村、永和村、钟山村、葡萄村、沿河村、凉风村，保留 1 个村：白果村，辖 64 个村民小组；组建 1 个社区居委：胜利社区居委，辖 12 个居民小组。

胜利社区居委：由原胜利村，白鹤村1、2、3、4、5、6组，11、12、13组，光辉村1、2、3、6、7、8、9、10 组重新组建为胜利社区居委。

东方村：由原氽洞村、坨田村重新组建为东方村。

大地村：由原金龙村、板桥村重新组建为大地村。

银木村：由原庞家村、银木村重新组建为银木村。

永和村：由原永和村，光辉村 4、5 组和大村 5、6 组重新组建为永和村。

钟山村：由原钟山村，白鹤村7、8、9、10组和大村1、2、3、4组重新组建为钟山村。
葡萄村：由原葡萄村、大弯村重新组建为葡萄村。
沿河村：由原沿河村、棕树村重新组建为沿河村。
凉风村：由原桐村、血柏村重新组建为凉风村。
白果村：原辖区范围不变。

靛水乡

撤销27个行政村、198个村民小组，重新组建14个行政村：张家坝村、靛水村、前进村、新田坡村、黄沙村、桂花村、火石村、天井村、大坨村、长沟村、古文村、五湖村、肖坝村、新胜村，保留1个村：朝阳村，辖91个村民小组。
张家坝村：由原张家坝村、迎风村重新组建为张家坝村。
靛水村：由原靛水村、龙洞村重新组建为靛水村。
前进村：由原前进村、艾家坪村重新组建为前进村。
新田坡村：由原新田坡村，阳光村1、2、6组重新组建为新田坡村。
黄沙村：由原黄沙村、文武村，阳光村3组重新组建为黄沙村。
桂花树村：由原桂花树村，香树坪村1、4、5、6、7组重新组建为桂花村。
火石村：由原前峰村、友谊村重新组建为火石村。
天井村：由原白鱼村、连心村，天井村1、2、3、4、5、10组重新组建为天井村。
大坨村：由原大坨村、福尔村，石坝子村1、2组重新组建为大坨村。
长沟村：由原场沟村，阳光村4、5组，石坝子村3组重新组建为长沟村。
古文村：由原古文村，香树坪村2、3组重新组建为古文村。
朝阳村：原辖区范围不变。
五湖村：由原五湖桥村、金竹园村，板栗村6、7、8、9组重新组建为五湖村。
肖坝村：由原肖家丽村，板栗村1、2、3、4、5组重新组建为肖坝村。
新胜村：由原新胜村，天井村6、7、8、9组重新组建为新胜村。

龙塘乡

撤销11个行政村、14个村民小组，重新组建5个行政村：双龙村、桃子村、黄金村、双星村、白金村，保留3个行政村：桃园村、石院村、石园村；辖62个村民小组。
双龙村：由原双龙村、白腊园村、石岍村重新组建为双龙村。
桃子村：由原凉风村、桃子村重新组建为桃子村。
黄金村：辖原黄土地池村、丁木村重新组建为黄金村。
双星村：由原双坑村、红星村重新组建为双星村。
白金村：由原白谷村、金星村重新组建为白金村。
桃园村：原辖区范围不变。
石院村：原辖区范围不变。
石园村：原辖区范围不变。

龙溪乡

撤销15个行政村、131个村民小组，重新组建6个行政村：灯光村、焦家村、黄岭村、漆树村、老桥村、龙嘴村，保留2个行政村：周家坝村、如榔村，辖52个村民小组。

灯光村：由原灯光村、南井村、板坊村重新组建为灯光村。
焦家村：由原香树村、焦家村重新组建为焦家村。
黄岭村：由原青冈村、黄岭村重新组建为黄岭村。
漆树村：由原漆树村、谭家村、马家村重新组建为漆树村。
老桥村：由原万寿村、老桥村、胡家堡村重新组建为老桥村。
龙嘴村：由原龙嘴村、茶坪村重新组建为龙嘴村。
周家坝村：原辖区范围不变。
如榔村：原辖区范围不变。

鹿鸣乡

撤销16个行政村、146个村民小组，重新组建7个行政村：万年村、双枫村、龙田村、红岩村、合理村、焦家坝村、英雄村，保留3个行政村：向家村、马金村、漆园村，辖58个村民小组。
万年村：由原万年村、万岁村重新组建为万年村。
向家村：原辖区范围不变。
马金村：原辖区范围不变。
双枫村：由原双联村、双枫村重新组建为双枫村。
龙田村：由原龙田村、万峰村重新组建为龙田村。
红岩村：由原红岩村、回龙村、转坪村重新组建为红岩村。
合理村：由原合理村、桂林村重新组建为合理村。
焦家坝村：由原凉水村、焦家坝村重新组建为焦家坝村。
英雄村：由原英雄村、新分村重新组建为英雄村。
漆园村：原辖区范围不变。

芦塘乡

撤销9个行政村、83个村民小组，重新组建4个行政村：乐园村、鞍子岭村、板栗村、星光村，保留1个行政村：坡坪村；辖34个村民小组。
乐园村：上原天落村、竹园村重新组建为乐园村。
鞍子岭村：由原乐立村、洞沟村、文家村重新组建为鞍子岭村。
板栗村：由原板栗村、蔡家村重新组建为板栗村。
星光村：由原星光村、姚家村重新组建为星光村。
坡坪村：原辖区范围不变。

梅子垭乡

撤销16个行政村、82个村民小组，重新组建7个行政村：梅花村、盖坪村、合力村、甘泉村、联合村、佛山村、两河村，辖42个村民小组。
梅花村：由原梅花村、麒麟村、火花村、五星村5组，高洞村3组，七一村1、3组重新组建为梅花村。
盖坪村：由原岩门村，七一村2、4、5、6、7、8组重新组建为盖坪村。
合力村：由原联盟村，高洞村1、2、4、5、6组重新组建为合力村。
甘泉村：由原马家村，五星村1、2、3、4组重新组建为甘泉村。
联合村：由原川岍村、石坎村、白果树村重新组建为联合村。

佛山村：由原官衙村、长安村，鸭塘村 1、2 组重新组建为佛山村。
两河村：由原施田村，鸭塘村 3、4 组重新组建为两河村。

平安乡

撤销 10 个行政村、95 个村民小组，重新组建 4 个行政村：平安村、鹿平村、大竹村、长坪村，保留 2 个行政村：杨坪村、楼房村，辖 51 个村民小组。
平安村：由原平安村、合林村，新场村 1、2 组和冉水村 1、6 组重新组建为平安村。
鹿平村：由原鹿平村、麒麟山村，冉水村 2、3、4、5 组重新组建为鹿平村。
楼房村：原辖区范围不变。
大竹村：由原学堂坪村、大竹村重新组建为大竹村。
长坪村：由原长坪村、冠子村，新场村 3、4、5、6、7、8、9、10 组重新组建为长坪村。
杨坪村：原辖区范围不变。

乔梓乡

撤销 14 个行政村、81 个村民小组，重新组建 5 个行政村：合心村、金光村、水花村、茨塘村、高龙村，辖 34 个村民小组。
合心村：由原合心村、青峰村、新华村重新组建为合心村。
金光村：由原金光村、新坪村、远峰村重新组建为金光村。
水花村：由原柿子坪村、水花村、双河口村重新组建为水花村。
茨塘村：由原联合村、茨塘村、北丰村重新组建为茨塘村。
高龙村：由原红旗村、高龙村重新组建为高龙村。

岩东乡

撤销 2 个行政村、74 个村民小组，重新组建 4 个行政村：堰塘村、河坝村、下坝村、岍山村，辖 40 个村民小组。
堰塘村：由原堰塘村、盖坪村重新组建为堰塘村。
河坝村：由原环坡村、河坝村重新组建为河坝村。
下坝村：由原山峰村、下坝村重新组建为下坝村。
岍山村：辖原岍山村、绕旗村重新组建为岍山村。

善感乡

撤销 8 个行政村、5 个村民小组，重新组建 4 个行政村：石盆村、桂花村、农纲村、罗兴村，保留 1 个行政村：水田村；辖 28 个村民小组。
水田村：原辖区范围不变。
石盆村：由原合元宝村、石盆村重新组建为石盆村。
桂花村：由原桂花村、农纲村 1 组重新组建为桂花村。
农纲村：由原善感村、红苍村，农纲村 2、3、4、5、6 组重新组建为农纲村。
罗兴村：由原高山村、罗兴村重新组建为罗兴村。

三义乡

撤销 8 个行政村、69 个村民小组，重新组建 4 个行政村：小坝村、龙竹村、龙洋村、弘升村，保留 2 个行政村：五峰村、莲花村，辖 29 个村民小组。

小坝村：由原灯塔村、方井村重新组建为小坝村。

龙竹村：由原斑竹村、黄龙村重新组建为龙竹村。

五峰村：原辖区范围不变。

龙洋村：由原骑龙村、坪阳村重新组建为龙洋村。

弘升村：由原洋藿村、杉木村重新组建为弘升村。

莲花村：原辖区范围不变。

诸佛乡

撤销 13 个行政村、102 个村民小组，重新组建 7 个行政村：红门村、石化村、庙池村、诸佛村、红岩洞村、清河村、青灵村，保留 3 个行政村：双合场村，治安村、复兴村，辖 54 个村民小组。

双合场村：原辖区范围不变。

红门村：由原红花村、石门村重新组建为红门村。

石化村：由原石化村、长弯村重新组建为石化村。

治安村：原辖区范围不变。

庙池村：由原庙池村、珍珍村重新组建为庙池村。

诸佛村：由原严家村，诸佛村 1、2、3、4、5、6、7 组重新组建为诸佛村。

红岩洞村：由原红岩桥村，清河村 1、2 组，诸佛村 8 组，小里村 4 组重新组建为红岩洞村。

清河村：由原清河村 3、4、5、6 组，小里村 1、2、3、5、6、7 组重新组建为清河村。

复兴村：原辖区范围不变。

青灵村：由原青灵村、田坝村重新组建为青灵村。

走马乡

撤销 16 个行政村、140 个村民小组，重新组建 8 个行政村：走马村、洪家村、万家村、沙田村、楼房坝村、龙胜村、金银村、保兴村，辖 68 个村民小组。

走马村：由原走马村，西门村 1、2、3 组，官家村 2、3、9 组重新组建为走马村。

洪家村：由原洪家村，官家村 1、4、5、6、7、8 组，新家村 2、3、4、5、6、7 组重新组建为洪家村。

万家村：由原解放村、万家村重新组建为万家村。

沙田村：由原郎家村、沙田村、锅厂村重新组建为沙田村。

龙胜村：由原农胜村、官坪村，李家嘴村 2、3、4、5、10、12 组重新组建为龙胜村。

金银村：由原金银山村，李家嘴村 6、7、8、11 组重新组建为金银村。

保兴村：由原保兴村、新家村 1 组，李家嘴村 1、9 组重新组建为保兴村。

楼房坝村：原辖区范围不变。

鞍子乡

撤销 18 个行政村、114 个村民小组，重新组建 9 个行政村：鞍子村、大池村、新式村、大林村、冯家村、何家村、金山村、红星村、干田村，辖 66 个村民小组。

鞍子村：由原鞍子村、杏花村，苏麻坝村 1、2、3 组重新组建为鞍子村。

大池村：由原大池村，磨塘村 1、2、3 组重新组建为大池村。

新式村：由原新式村、灶兴村，苏麻坝村 4、5 组重新组建为新式村。

大林村：由原大林村、梨子村重新组建为大林村。
冯家村：由原冯家村，磨塘村 4、5 组，红星村 1、2、3 组重新组建为冯家村。
何家村：由原何家村，杨家村 1、2 组重新组建为何家村。
金山村：由原金山村、井溪村、杨家村 3 组重新组建为金山村。
红星村：由原光明村，红星村 4、5、6、7 组重新组建为红星村。
干田村：由原干田村、大山村重新组建为干田村。

朗溪乡

撤销 9 个行政村、54 个村民小组，重新组建 5 个行政村：朗溪村、思南村、马头村、田湾村、大堡村，辖 27 个村民小组。
朗溪村：由原朗溪村、闵家村、红岭村重新组建为朗溪村。
思南村：由原思南村，四家村 1、2、3 组重新组建为思南村。
马头村：由原四家村 4、5、6 组，马头村、大井村 4 组重新组建为马头村。
田湾村：由原田湾村、四家村 7 组重新组建为田湾村。
大堡村：由原大堡村、大井村重新组建为大堡村。

棣棠乡

撤销 11 个行政村、95 个村民小组，重新组建 4 个行政村：黄泥村、四坪村、牌楼村、四合村，辖 32 个村民小组。
黄泥村：由原黄泥村、地塘村、云木村重新组建为黄泥村。
四坪村：由原四坪村、永华村、瓦屋村重新组建为四坪村。
牌楼村：由原牌楼村、园田村、干溪村，学堂村 1、2、3、4 组重新组建为牌楼村。
四合村：由原四合村，学堂村 5、6、7、8、9 组重新组建为四合村。

联合乡

撤销 14 个行政村、139 个村民小组，重新组建 4 个行政村：龙池村、同连村、河东村、蔡家坝村，辖 25 个村民小组。
龙池村：由原石柱村、高家村、青盘村、塘心村重新组建为龙池村。
同连村：由原同心村、茨坝村、广东村、庙坝村重新组建为同连村。
河东村：由原黄蜡村、三门村、大坪村、麒麟寺村重新组建为河东村。
蔡家坝村：由原蔡家坝村、三合村重新组建蔡家坝村。

新田乡

撤销 21 个行政村、136 个村民小组，重新组建 10 个行政村：新田村、马峰村、东山村、任家村、石龙村、泉沟村、坨园村、团结村、红旗村、大黄村，保留 4 个村：河门村、干河村、庹家村、民主村，辖 69 个村民小组。
新田村：由原新田村、大槽村、双龙门村重新组建为新田村。
马峰村：由原大园村、峰岍村、水塘村重新组建为马峰村。
东山村：由原东山村、冯家园村重新组建为东山村。
任家村：由原任家村，柿子村 2、3 组重新组建为任家村。
石龙村：由原石龙村、柿子村 1 组重新组建为石龙村。

泉沟村：由原泉沟村、苟家村重新组建为泉沟村。
坨园村：由原坨园村、金竹村重新组建为坨园村。
团结村：由原团结村、晏家村重新组建为团结村。
红旗村：由原三坝村、人民村重新组建为红旗村。
大黄村：由原大黄村、火石村重新组建为大黄村。
河门村：原辖区范围不变。
千河村：原辖区范围不变。
庹家村：原辖区范围不变。
民主村：原辖区范围不变。

桐楼乡

撤销5个行政村、32个村民小组，重新组建2个行政村：桐木村、细沙村，保留1个村：普子村；辖16个村民小组。

桐木村：由原桐木村、白蜡村、徐家山村重新组建为桐木村。
普子村：原辖区范围不变。
细沙村：由原细沙村、茶林村重新组建为细沙村。

太原乡

撤销8个行政村、96个村民小组，重新组建4个行政村：麒麟村、花园村、高桥村、区阳村；辖34个村民小组。

麒麟村：由原旗帜村、狮子坝村重新组建为麟麟村。
花园村：由原香树坝村、英光村重新组建为花园村。
高桥村：由原官庄村、碾房村重新组建为高桥村。
区阳村：由原区阳村、小坝子村重新组建为区阳村。

双龙乡

撤销4个行政村、36个村民小组，重新组建2个行政村：马岭村、小坪村，保留1个村：龟池村，辖21个村民小组。

马岭村：由原水子坪村、马岭村，小坪村6、8组重新组建为马岭村。
小坪村：由原建设村，小坪村1、2、3、4、5、7组重新组建为小坪村。
龟池村：原辖区范围不变。

石柳乡

撤销8个行政村、91个村民小组，重新组建4个行政村：石柳村、荞竹村、建栏村、正洞坪村，辖28个村民小组。

石柳村：由原石峡村、杨柳池村重新组建为石柳村。
荞竹村：由原荞地坪村、冷竹村重新组建为荞竹村。
建栏村：由原马栏村、汪建村重新组建为建栏村。
正洞坪村：由原正坪村、洞坪村重新组建为正洞坪村。

大垭乡

撤销7个行政村、35个村民小组，重新组建4个行政村：大垭村、冬瓜村、龙龟村、木蜡村，辖20个村民小组。

大垭村：由原芭蕉村、白龙村重新组建为大垭村。

冬瓜村：由原大河口村，硫磺村1、2组重新组建为冬瓜村。

龙龟村：由原龙龟村，火石面村1、2组村重新组建为龙龟村。

木蜡村：由原木蜡村，火石面村3、4组，硫磺村3、4组重新组建为木蜡村。

石盘乡

撤销4个行政村、31个村民小组，重新组建2个行政村：石新村、香树村，辖17个村民小组。

石新村：由原石盘村、新安村重新组建为石新村。

香树村：由原香红村、树家村重新组建为香树村。

迁乔乡

撤销9个行政村、76个村民小组，重新组建3个行政村：长湾村、三合村、龙汇村，辖26个村民小组。

长湾村：由原长生村、庙湾村、龙虎村重新组建为长湾村。

三合村：由原国光村、明星村，长岗村1、2、3、5、6、7组重新组建为三合村。

龙汇村：由原三汇村、猫坝村、龙凤村重新组建为龙汇村。

小厂乡

撤销6个行政村、41个村民小组，重新组建4个行政村：大厂村、龙门村、大河村、马驴村，辖23个村民小组。

大厂村：由原大厂村、鸾凤村重新组建为大厂村。

龙门村：由原龙门村，小厂村3、4、5、6组重新组建为龙门村。

大河村：由原大河村1、2、3、4组，小厂村1、2、7组重新组建为大河村。

马驴村：由原马驴村，大河村5、6组重新组建为马驴村。

万足乡

撤销7个行政村、55个村民小组，重新组建3个行政村：小河村、万足村、廖家村，保留1个村：爱国村，辖19个村民小组。

小河村：由原小河村、沙坝村、卫星村重新组建为小河村。

万足村：由原万足村、洞头村，廖家盖村8、9组重新组建为万足村。

廖家村：由原瓦厂村，廖家盖村1、2、3、4、5、6、7组重新组建为廖家村。

爱国村：原辖区范围不变。

润溪乡

撤销13个行政村、98个村民小组，重新组建6个行政村：干溪村、白果坪村、樱桃井村、凉水村、岩角村、连花寺村，保留2个村：肖家沟村、麻池村，辖42个村民小组。

干溪村：由原干溪村、锅滩村、石板村、保和村重新组建为干溪村。

白果坪村：由原石坝村、白果坪村重新组建为白果坪村。

樱桃井村：由原樱桃井村、菖蒲村重新组建为樱桃井村。

凉水村：由原洋水桥村，五里垭村 7、8 组重新组建为凉水村。

岩角村：由原凉村、岩角村重新组建为岩角村。

肖家沟村：原辖区范围不变。

麻池村：原辖区范围不变。

连花寺村：由原连花寺村、大田榜村，五里垭村 1、2、3、4、5、6 组重新组建为连花寺村。

长滩乡

撤销 20 个行政村、155 个村民小组，重新组建 8 个行政村：长滩村、麻油村、兴和村、土塘村、长溪村、易家村、双坪村、白溪村，辖 56 个村民小组。

长滩村：由原杨芦村、铜钱村，水竹村 2、3、4 组，杨柳村 7、8 组重新组建为长滩村。

麻油村：由原麻油村、麻柳村、观音村重新组建为麻油村。

兴和村：由原洋藿园村、柏香村、施粟村重新组建为兴和村。

土塘村：由原采芹村、何家沟村、土塘村、水竹村 1 组重新组建为土塘村。

长溪村：由原田坪子村、高坎子村重新组建为长溪村。

易家坝村：由原群山村、学田村重新组建为易家坝村。

双坪村：由原青龙坪村、桂香村，冯家榜村 7、8 组重新组建为双坪村。

白溪村：由原白凤村，冯家榜村 1、2、3、4、5、6、9 组，凤凰村 9、10、11 组重新组建为白溪村。

2004 年 6 月，经重庆市人民政府批准，对彭水自治县部分乡镇行政区划进行调整。

将汉葭镇河口村、兴隆村，共 15 个组，1353 人，8.14 平方千米调整到高谷镇。调整后，汉葭镇政府驻汉葭，辖区面积 217.47 平方千米，人口 70059 人，辖 16 个村民委员会、7 个居民委员会，84 个村民小组、39 个居民小组；高谷镇政府驻高谷场，辖区面积 116.10 平方千米，人口 17426 人，辖 6 个村民委员会、2 个居民委员会，38 个村民小组、18 个居民小组。

将保家镇的铜钱村，水竹村及杨柳村的 7、8 组，共 13 个组，2011 人，9.31 平方千米调整到长滩乡；将天星村 9 个组，1016 人，2.55 平方千米调整到郁山镇；将长滩乡的川尖村、桂花堡村及凤凰村的 1、2、3、4、5、6、7、8、12、13 组，共 30 个组，3642 人，16.49 平方千米调整到保家镇；将乔梓乡的长征村、核桃弯村、于洞口村、白果坝村、古塘村，共 39 个组，3185 人，32.30 平方千米调整到保家镇；将迁乔乡长岗村的 4、8 组，160 人，1.50 平方千米调整到保家镇。调整后，保家镇政府驻保家楼，辖区面积 212.23 平方千米，人口 44562 人，辖 9 个村民委员会，3 个居民委员会，63 个村民小组，28 个居民小组；郁山镇政府驻郁山，辖区面积 142.97 平方千米，人口 38353 人，辖 11 个村民委员会，4 个居民委员会，64 个村民小组，14 个居民小组；长滩乡政府驻麻油口，辖区面积 94.52 平方千米，人口 20263 人，辖 8 个村民委员会，56 个村民小组；乔梓乡政府驻合心场，辖区面积 63.89 平方千米，人口 10247 人，辖 5 个村民委员会，34 个村民小组；迁乔乡政府驻水田场，辖区面积 53.23 平方千米，人口 9594 人，辖 3 个村民委员会，26 个村民小组。

2005 年 8 月，全县 10 个镇、29 个乡、274 个村、1785 村民小组，26 个居民委员会、184 个居民小组，总人口 627516 人，其中：农村户人口 519184 人，居民户人口 108332 人。

1986 年与 2005 年彭水自治县行政区划对照情况表

表 1-2　　　　单位：个

<table>
<tr><th colspan="6">1986 年</th><th colspan="5">2005 年</th></tr>
<tr><th>县辖
区、镇</th><th>区辖
乡、镇</th><th>村</th><th>组</th><th>居委</th><th>组</th><th>县辖
乡、镇</th><th>村</th><th>组</th><th>社区</th><th>组</th></tr>
<tr><td>合计</td><td>65</td><td>623</td><td>4599</td><td>16</td><td>65</td><td>39</td><td>274</td><td>1785</td><td>26</td><td>184</td></tr>
<tr><td rowspan="6">汉葭区</td><td>靛水乡</td><td>13</td><td>102</td><td>—</td><td>—</td><td rowspan="3">靛水乡</td><td rowspan="3">15</td><td rowspan="3">91</td><td rowspan="3">—</td><td rowspan="3">—</td></tr>
<tr><td>火石乡</td><td>9</td><td>53</td><td>—</td><td>—</td></tr>
<tr><td>文武乡</td><td>6</td><td>43</td><td>—</td><td>—</td></tr>
<tr><td>岩东乡</td><td>8</td><td>74</td><td>—</td><td>—</td><td>岩东乡</td><td>4</td><td>40</td><td>—</td><td>—</td></tr>
<tr><td>城郊乡</td><td>15</td><td>88</td><td>—</td><td>—</td><td rowspan="4">汉葭镇</td><td rowspan="4">16</td><td rowspan="4">84</td><td rowspan="4">7</td><td rowspan="4">39</td></tr>
<tr><td>下岩西乡</td><td>11</td><td>94</td><td>—</td><td>—</td></tr>
<tr><td>汉葭镇</td><td>汉葭镇</td><td>5</td><td>29</td><td>11</td><td>39</td></tr>
<tr><td rowspan="9">高谷区</td><td>下塘乡</td><td>8</td><td>59</td><td>—</td><td>—</td></tr>
<tr><td>高谷乡</td><td>12</td><td>85</td><td>—</td><td>—</td><td rowspan="2">高谷镇</td><td rowspan="2">6</td><td rowspan="2">38</td><td rowspan="2">2</td><td rowspan="2">18</td></tr>
<tr><td>共和乡</td><td>6</td><td>53</td><td>—</td><td>—</td></tr>
<tr><td>鹿鸣乡</td><td>12</td><td>94</td><td>—</td><td>—</td><td rowspan="2">鹿鸣乡</td><td rowspan="2">10</td><td rowspan="2">58</td><td rowspan="2">—</td><td rowspan="2">—</td></tr>
<tr><td>合理乡</td><td>7</td><td>53</td><td>—</td><td>—</td></tr>
<tr><td>平安乡</td><td>12</td><td>95</td><td>—</td><td>—</td><td>平安乡</td><td>6</td><td>51</td><td>—</td><td>—</td></tr>
<tr><td>龙射乡</td><td>12</td><td>127</td><td>—</td><td>—</td><td rowspan="2">龙射镇</td><td rowspan="2">9</td><td rowspan="2">64</td><td rowspan="2">1</td><td rowspan="2">12</td></tr>
<tr><td>葡萄乡</td><td>7</td><td>54</td><td>—</td><td>—</td></tr>
<tr><td rowspan="10">郁山区</td><td>郁山镇</td><td>—</td><td>—</td><td>5</td><td>26</td><td rowspan="3">郁山镇</td><td rowspan="3">11</td><td rowspan="3">64</td><td rowspan="3">4</td><td rowspan="3">14</td></tr>
<tr><td>朱砂乡</td><td>12</td><td>114</td><td>—</td><td>—</td></tr>
<tr><td>三连乡</td><td>15</td><td>143</td><td>—</td><td>—</td></tr>
<tr><td>芦塘乡</td><td>10</td><td>83</td><td>—</td><td>—</td><td>芦塘乡</td><td>5</td><td>34</td><td>—</td><td>—</td></tr>
<tr><td>走马乡</td><td>16</td><td>140</td><td>—</td><td>—</td><td>走马乡</td><td>8</td><td>68</td><td>—</td><td>—</td></tr>
<tr><td>龙溪乡</td><td>17</td><td>131</td><td>—</td><td>—</td><td>龙溪乡</td><td>8</td><td>52</td><td>—</td><td>—</td></tr>
<tr><td>联合乡</td><td>14</td><td>139</td><td>—</td><td>—</td><td>联合乡</td><td>4</td><td>25</td><td>—</td><td>—</td></tr>
<tr><td>连湖乡</td><td>14</td><td>150</td><td>—</td><td>—</td><td>连湖镇</td><td>5</td><td>51</td><td>2</td><td>16</td></tr>
<tr><td>石柳乡</td><td>8</td><td>91</td><td>—</td><td>—</td><td>石柳乡</td><td>4</td><td>28</td><td>—</td><td>—</td></tr>
<tr><td>清平乡</td><td>16</td><td>124</td><td>—</td><td>—</td><td colspan="5"></td></tr>
<tr><td rowspan="8">保家区</td><td>大河坝乡</td><td>7</td><td>63</td><td>—</td><td>—</td><td rowspan="4">保家镇</td><td rowspan="4">9</td><td rowspan="4">63</td><td rowspan="4">3</td><td rowspan="4">28</td></tr>
<tr><td>木南乡</td><td>9</td><td>55</td><td>—</td><td>—</td></tr>
<tr><td>羊头铺乡</td><td>9</td><td>59</td><td>—</td><td>—</td></tr>
<tr><td>东流乡</td><td>5</td><td>39</td><td>—</td><td>—</td></tr>
<tr><td>长滩乡</td><td>12</td><td>92</td><td>—</td><td>—</td><td rowspan="2">长滩乡</td><td rowspan="2">8</td><td rowspan="2">56</td><td rowspan="2">—</td><td rowspan="2">—</td></tr>
<tr><td>凤鸣乡</td><td>9</td><td>80</td><td>—</td><td>—</td></tr>
<tr><td>乔梓乡</td><td>14</td><td>81</td><td>—</td><td>—</td><td>乔梓乡</td><td>5</td><td>34</td><td>—</td><td>—</td></tr>
<tr><td>迁乔乡</td><td>9</td><td>75</td><td>—</td><td>—</td><td>迁乔乡</td><td>3</td><td>26</td><td>—</td><td>—</td></tr>
</table>

续表 1-2

1986 年						2005 年				
县辖区、镇	区辖乡、镇	村	组	居委	组	县辖乡、镇	村	组	社区	组
桑柘区	新田乡	15	71	—	—	新田乡	14	69	—	—
	新场乡	10	65	—	—					
	桑柘乡	13	91	—	—	桑柘镇	11	75	3	36
	同河乡	8	63	—	—					
	鹿箐乡	5	24	—	—					
	桐楼乡	6	32	—	—	桐楼乡	3	16	—	—
	诸佛乡	8	50	—	—	诸佛乡	10	54	—	—
	珍加乡	8	52	—	—					
	梅子垭乡	16	82	—	—	梅子垭乡	7	42	—	—
	小厂乡	6	41	—	—	小厂乡	4	23	—	—
鹿角区	鹿角乡	6	31	—	—	鹿角镇	6	43	1	5
	大园乡	9	63	—	—					
	石盘乡	4	31	—	—	石盘乡	2	17	—	—
	万足乡	8	55	—	—	万足乡	4	19	—	—
	双龙乡	5	36	—	—	双龙乡	3	21	—	—
	善感乡	9	58	—	—	善感乡	5	28	—	—
	鞍子乡	12	76	—	—	鞍子乡	9	66	—	—
	新化乡	6	38	—	—					
黄家区	上岩西乡	14	75	—	—	黄家镇	12	59	1	8
	猴栗乡	7	25	—	—					
	大厂乡	6	32	—	—					
	润溪乡	8	54	—	—	润溪乡	8	42	—	—
	龙洋乡	8	44	—	—					
	朗溪乡	9	54	—	—	朗溪乡	5	27	—	—
	龙塘乡	14	69	—	—	龙塘乡	8	62	—	—
	大垭乡	7	35	—	—	大垭乡	4	20	—	—
普子区	普子乡	8	75	—	—	普子镇	9	80	2	8
	砂石乡	14	87	—	—					
	桐荣乡	6	54	—	—					
	太原乡	8	90	—	—	太原乡	4	34	—	—
	棣棠乡	11	93	—	—	棣棠乡	4	32	—	—
	三义乡	10	69	—	—	三义乡	6	29	—	—

第二章 自然环境

第一节 地理位置

彭水自治县位于北纬 28° 57′ 21″ ~ 29° 51′ 13″，东经 107° 48′ 09″ ~ 108° 36′ 15″。地处重庆市东南部，东与黔江区接壤，东南接酉阳土家族苗族自治县，南与贵州省沿河土家族苗族自治县、务川仡佬族苗族自治县相邻，西南接贵州省道真仡佬族苗族自治县，西连武隆县，西北与丰都县接壤，北连石柱土家族自治县，东北接湖北省鄂西土家族苗族自治州利川市。辖区东西最大距离 78 千米，南北最大距离 96 千米，总面积 3903 平方千米。其中，陆地 3468 平方千米，占 88.8%；水域 435 平方千米，占 11.2%。

第二节 地质地貌

一、地层

按照《重庆地层分略图》划分，彭水自治县属华南地层大区，扬子地层区，上扬子地层分区之酉阳地层小区。县境全部为沉积岩分布，根据《中国地层指南及中国地层指南说明书》的规定和《四川省地层多重划分对比研究报告》中所厘定的正式组级岩石地层单位，结合《重庆市矿产资源潜力评价》中所提供重庆市最新地质成果资料显示的地层划分方案和区内现有实测地层剖面对比有关划分标志以及 1∶20 万区调报告成果资料及区内岩性组合，第四系仍沿用传统划分方案，共划分为 33 个组级岩石地层单位。

（一）远古界震旦系（Z）

为县境出露最老的地层，分布于太原，沿老厂坪背斜轴部，断续呈北北东向延伸，仅出露震旦系灯影组，为一套厚度较大的浅海相白云岩建造。

（二）寒武系（∈）

主要分布于西部高谷延伸至武隆文复，沿天星背斜两翼，向北北东向延伸；中部郁山—保家—汉葭镇—黄家镇，沿郁山背斜两翼，沿北北东向延伸；北西部太原乡—棣棠乡一带，沿老厂坪背斜两翼，断续呈北北向延伸，为一套含盐碳酸盐岩建造。按照岩性及生物群由老至新可分为寒武系下统（梅树村组、水井沱组、石牌组、天河板组、石龙洞组），寒武系中统（高台组、茅坪组、光竹岭组），寒武系上统（耿家店组、毛田组），共 10 个组级岩石地层单位。与下伏地层震旦系灯影组呈假整合接触关系。

（三）奥陶系（O）

主要分布于西部高谷延伸至武隆文复，沿天星背斜两翼，向北北东向延伸；中部郁山—保家—汉葭镇—黄家镇，沿郁山背斜两翼，沿北北东向延伸；北西部太原乡—棣棠乡一带，沿老厂坪背斜两翼，断续呈北北向延伸，主要为浅海—宾海相沉积的碳酸盐岩及页岩组成。按照岩性及生物群由老至新可分为奥陶系下统南津关组、分乡组、红花园组、大湾组，奥陶系中统（十字铺组）、宝塔组、奥陶系上统（临湘组、五峰组、观音桥组），共9个组级岩石地层单位。与下伏寒武系毛田组呈整合接触关系。

（四）志留系（S）

为一套厚度较大的浅海相页岩及砂岩组成。主要沿普子向斜、桑柘向斜以及浩口向斜的两翼，呈北北东向延伸。按照岩性及生物群由老至新可分为志留系下统龙马溪群，志留系中统罗惹坪组，志留系上统由于剥蚀作用而残缺不全，共2个组级岩石地层单元。与下伏奥陶系五峰组呈整合接触关系。

（五）泥盆系（D）

境内泥盆系地层发育不全，缺早中泥盆系的地层，仅出露泥盆系上统水车坪组，主要分布于普子向斜、桑柘向斜的两翼，为一套宾—亚浅海相的海湾沉积地仅出露主要由石英砂岩及页岩组成，与下伏地层志留韩家店组呈平行不整合接触关系。

（六）二叠系（P）

为一套浅海相及滨海沼泽相沉积，主要由一套碳酸盐及硅质盐组成。境内出露广泛，主要沿桑柘向斜、普子向斜两翼，沿北北东向延伸。早晚二叠系之间有一段显著的沉积间断，导致二叠系中统及二叠系上统部分地层缺失，按照保留下来岩性及生物群由老至新可分为二叠系下统（梁山组、栖霞组、茅口组），二叠系中统（吴家坪组、长兴组），共5个组级岩石地层单位。与下伏泥盆系下统水车坪组呈平行不整合接触关系。

（七）三叠系（T）

为一套滨浅海—泻湖—海陆过度相沉积，主要为碳酸盐岩、碎屑岩及页岩组成。境内出露广泛，主要分布于桑柘向斜、普子向斜轴部位置。按照岩性及生物群由老至新可分为三叠系下统（大冶组、嘉陵江组），三叠系中统（巴东组、长兴组），三叠系上统（须家河组），共5个组级岩石地层单位。与下伏二叠系中统长兴组呈平行不整合接触关系。

（八）第四系地层

由于地形陡峭，第四系堆积很零星且范围非常小，无法单独圈出，主要分布于乌江及溪沟沿岸及山间凹地。均为全新统冲洪积物、残坡积物及崩积物。成分为冲洪积形成的砾石、中砂、粗砂，砂质黏土及残坡积形成的细砂、黏土、砂质黏土。

二、构造

彭水大地构造属扬子陆块区上扬子陆块—扬子陆块南部碳酸盐台地—武隆凹褶束与黔江凹褶束的结合部。

（一）褶皱

境内褶皱构造十分发育，主要呈北东向及近南北向展布，向、背斜以斜列方式排列，交替出现。在空间上，褶皱构造与断裂构造相伴产出，形成褶—断式的构造组合样式。根据褶皱横切面的形态，具有向斜开阔宽缓、背斜较为紧闭的特点。断层牵引小褶皱也较发育，其样式和发育程度又明显地受岩层能干性、韧性差异及所处构造部位控制。彭水主要褶皱11个，分别叙述如下：

老厂坪背斜　位于老厂坪一带，沿北东方向，轴线经过马武、都督、桐梓等地，彭水县境内长度44千米，两翼岩层倾角10°～26°，为北西翼陡南东翼缓的不对称背斜。南东翼受马武正断层破坏，西段发育次级褶皱。

青杠向斜　沿北东方向轴线经过晏家坝—宏家坝等地，彭水县境内长度60千米，两翼地层产状10°～19°，轴部开阔，两翼基本对称，南段受南北向构造影响轴向近南北。

天星背斜 沿北东方向轴线经过高谷—文复等地，彭水县境内长度 48 千米，两翼地层产状 9° ~ 14° ，两翼对称的宽缓背斜。

普子向斜 位于北西部，自南而北贯穿测区，沿北东方向轴线经文武堂、靛水乡、石墙子等地；彭水县境内总长 90 千米。该向斜北段下塘口一带，轴部比较紧凑。北西翼岩层产状 95° ~ 125° 、倾角 21° ~ 50° ，南东翼岩层产状 259° ~ 309° 、倾角 12° ~ 29° ，轴面倾向北西，轴向 20° 。

锅厂坝背斜 沿北东方向轴线经过龙塘—锅厂坝等地，彭水县境内总长 60 千米，两翼地层产状 32° ~ 55° ，为两翼基本对称的线状背斜。

马槽坝向斜 沿北东方向轴线经过落地坝—孙家岩等地，彭水县境内总长 44 千米，两翼地层产状 15° ~ 70° ，两翼不对称，北西翼缓，南东翼陡的线状向斜，向斜南段轴部较开阔。

锦屏背斜 位于锦屏附近一带，彭水县境内总长 9 千米，两翼地层产状 10° ~ 20° ，两翼对称。

清水溪背斜 位于清水溪附近一带，彭水县境内总长 10 千米，两翼地层产状 8° ~ 15° ，轴部开阔、两翼陡峻近对称。

郁山背斜 由彭水南界漆地槽进入，沿北东方向轴线通经郁山、黄家等地，彭水县境内长约 100 千米，两翼地层产状 4° ~ 10° ，两翼对称，轴部开阔。北西翼受断层破坏。为一箱状向斜。

桑柘向斜 沿北东方向轴线经过沙坝、小厂、新盛、新田等地，彭水县境内长约 85 千米，两翼地层产状 3° ~ 32° ，两翼对称，轴部开阔。

桐麻岭背斜 沿北东方向轴线经过袁家盖—大青堡等地，彭水县境内长约 60 千米，两翼地层产状 5° ~ 25° ，两翼对称，轴部开阔。

（二）断裂

彭水境内断裂走向一般为 20° ~ 40° ，倾向北西，倾角由缓变陡 35° ~ 75° ，相互平行或局部呈“多”字形展布，主要有四条大的断裂构造，分别简述如下：

马武正断层 该断裂为一区域性正断层，呈北东 25° ~ 30° 方向展布，断裂于石柱马武镇，途经太原乡、棣棠乡、葡萄乡，境内延伸长约 60 千米。倾角 60° ~ 85° ，断裂带宽 20 ~ 100 米，两盘发育牵引褶曲及次级断裂。

郁山正断层 南端起于白石，向北东方向经郁山、保家、黄家等地，彭水县境内延伸长约 55 千米，倾角＞60° ，断裂带宽 30 ~ 50 米，断面不平整，两盘发育平缓牵引褶曲和挤压褶皱。

桐楼正断层 呈北东 30° ~ 40° 方向展布，断裂于桐楼乡，途经桐楼乡、鹿角镇，境内长约 30 千米，倾角近直立。张性正断层，略具扭性。

火石垭逆冲断层 位于天星背斜南东翼，由彭水南界大堡一带，呈北东 15° ~ 30° 方向展布，境内长约 55 千米。断面光滑，呈舒缓波状，两盘发育次级断裂及牵引褶皱，为压扭性逆冲断层。

三、地貌

彭水自治县位于鄂黔隆起带，向四川中台坳下滑的斜坡上，形成西北高东南低的地势特征。海拔 190 ~ 1860 米，相对高差 1670 米。彭水及其周围地域 1.5 亿年前，大部分地史时间均为海洋。从震旦系到侏罗系，在前震旦系变质岩基础上，接受了厚达万米的巨厚沉积。在漫长的地质发展史中，经历了多次以不均衡的升降运动为主的构造运动。晚侏罗系到晚白垩纪间的燕山旋回，以水平挤压为主宁镇运动。形成了老厂坪（石柱境内）背斜、普子向斜、郁山背斜、桑柘坪向斜、筲箕滩（黔江境内）背斜等规模巨大的北北东向褶皱及筲箕滩，齐梁子冲断层等伴生断裂，背斜露出水面，沿断层开始了强烈地浸蚀。第三世纪的喜马拉雅山运动，使县境普遍间歇性而又不均衡台升，造成郁山、马武（石柱自治县境内）、三岔溪等断层，形成了彭水北北东向岭谷相间的原始地貌。地处武陵山区，地势西北高而东南低。地形分为构造剥蚀的中、低山地形。主要山脉有凤凰山、花塔梁子、伏牛山、大厂盖等，境内最高峰七曜山位于太原乡，海拔1859米；最低点木棕河位于高谷镇，海拔190米。第四纪冰川运动以来，由于剧烈地浸蚀、剥蚀作用，使原始土丘不断破坏，原始地貌逐渐变形，甚至产生倒置，最后形成雄伟壮观的北北东向山脉河谷及小型山间盆地相间，顺地貌并存的自然景观。彭水地貌类型复杂，自然环境各异，“两山夹一槽”是彭水地貌的主要特征。各类地貌中丘陵河谷区占13.39%，低山区占52.83%，中山区占34.03%。

第三节 气 候

1949年12月，接管民国中央气象局彭水测候所，隶属彭水县人民政府建设科。1950年8月，更名为西南军区彭水气象台。1954年2月，改称四川军区彭水气象台。1955年5月，改称彭水县气象站。1960年6月，改名彭水县气象服务站。1964年4月，改制为涪陵气象台领导。1980年3月，彭水气象站为涪陵地区气象局和彭水县人民政府双重领导。1984年11月，改称彭水自治县气象站。1987年6月，升格为彭水自治县气象局。1994年8月，将县农林办公室管理的人工降雨消雹工作纳入县气象局管理。1995年4月，建立郁山、桑柘气象哨。1996年12月，建成计算机远程终端网络系统。1997年7月1日，建成电视天气预报制作系统。次日，天气预报正式在县电视台播出。1999年11月15日，完成卫星单收站安装并投入业务运行。2000年12月，由重庆市气象局垂直管理。2003年，县气象局出台科技服务管理办法，开展防雷、气球广告、气象历书等服务项目。2004年起，先后购置火箭发射装置2门、高炮8门，开启火箭与高炮相结合人工影响天气作业模式。建成天气预报可视会商系统、防灾减灾短信发布平台。在郁山、鹿角的两个乡镇新建区域气象自动观测站并投入使用，开展全县乡镇区域气象自动观测站建设。2005年，县气象局内设办公室、预报服务科、大气探测科、科技服务科4个科室。县人民政府成立县人工影响天气指挥部，下设办公室在县气象局，气象局局长兼任办公室主任。

彭水属中亚热带湿润季风气候区，总的气候特点是：气候温和，雨量充沛，多集中；光照偏少，云雾多；春来较早多夜雨，夏季炎热多伏旱，秋季凉爽多绵雨，冬无严寒少霜雪；无霜期长，具有典型的季风气候特征。早春季节，冷空气活动频繁，常有局部大风冰雹；初夏常有连阴雨；盛夏多伏旱，常有酷暑；秋季多绵雨；冬季少雪无严寒，日平均气温均在0℃以上。

彭水气候的另一特点是，立体差异大：海拔每升高100米，平均气温便递减0.46℃ ~ 0.55℃；年积温约下降200℃，年无霜期由沿江河谷的317天，递减到中山区的250天。年日照时数，低中山区受山脊和云雾阻挡，要比平坝约少1/4。

一、气温

县气象站（海拔322.2米）的资料记载，1986—2005年历年平均气温为17.5℃，最高年平均气温为18.1℃（1990年），最低年平均气温为16.7℃（1996年），高低差值为1.4℃，气温年际变化小。立体气候差异大，年均气温由沿江河谷的17.5℃，递减到中山区（鹿箐乡海拔1230米）的13℃左右。1月份气温最低，平均为7.3℃，7、8月份气温最高，多年平均为30.7℃。极端最高气温为41.2℃（2002年7月16日），极端最低气温为−0.7℃（1989年1月27日和1993年1月24日）。盛夏受太平洋副热带高压环流控制，高温日数偏多，年极端最高气温都在38℃以上，平均每年有0.8天日极端最高气温≥40℃，极端最高气温达40℃以上的有9年。

年最低气温多数年份在0℃ ~ 1℃之间，平均每年有0.35天日最低气温＜0℃。随着海拔的升高，年最低气温逐渐下降，最低气温＜0℃的天数逐渐增多。

1986—2005年彭水自治县自然天气四季划分表

表1-3

	春	夏	秋	冬
自然天气历年平均气温	17.1℃	26.3℃	18.4℃	8.2℃
起止日	3月12日—6月4日	6月5日—9月27日	9月28日—12月15日	12月16日—3月11日
天数	85.3	115.2	78.15	86.35

1986—2005年彭水自治县常年平均气温高低值变幅表

表1-4

	1月	2月	3月	4月	5月	6月	7月	8月	9月	10月	11月	12月	全年
历年平均（℃）	7.3	8.6	12.3	17.7	21.4	24.4	27.2	27.2	23.6	18.0	13.6	8.7	17.5
最高年平均（℃）	9.2	10.6	14.4	20.7	23.0	25.8	28.8	30.7	26.0	19.3	15.5	10.1	18.1
出现年份	1987年	2003年	2002年	1998年	1994年	2005年	2005年	1990年	1990年	1998年	1994年	1994年	1990年
最低年平均（℃）	5.8	6.2	10.1	15.7	19.7	23.4	25.7	25.3	22.3	16.9	12.1	7.3	16.7
出现年份	1993年	1989年	1988年	1996年	2002年	1987年	1987年	2002年	2000年	1992年	2000年	1987年	1996年

1986—2005年彭水自治县逐月逐旬平均气温表

表1-5

	1月			2月			3月			4月			5月			6月		
	上	中	下	上	中	下	上	中	下	上	中	下	上	中	下	上	中	下
最高年（℃）	9.8	10.0	10.0	11.0	11.7	14.0	13.4	16.3	17.6	18.7	20.0	23.5	24.2	24.8	25.7	26.8	26.2	28.2
最低年（℃）	5.3	3.8	3.8	4.6	5.6	5.0	6.8	9.9	10.2	12.3	14.9	16.0	15.8	18.2	20.0	21.3	21.6	21.8
	7月			8月			9月			10月			11月			12月		
	上	中	下	上	中	下	上	中	下	上	中	下	上	中	下	上	中	下
累年平均（℃）	26.2	27.4	28.0	28.2	27.2	26.4	25.4	23.7	21.6	19.5	18.2	16.5	15.5	13.2	11.9	9.8	8.8	7.9
最高年（℃）	29.0	29.8	29.4	31.8	31.1	31.3	29.9	26.6	23.7	23.1	21.0	18.8	17.9	15.6	14.6	13.4	11.2	10.4
最低年（℃）	23.6	24.9	25.6	25.3	22.3	23.7	22.3	20.1	19.6	17.8	16.7	14.6	13.0	10.3	9.2	7.3	6.6	5.4

1986—2005年彭水自治县累年各月极端气温表

表1-6

	1月	2月	3月	4月	5月	6月	7月	8月	9月	10月	11月	12月	全年
极端最高气温	20.5	25.9	32.1	38.4	36.9	40.1	41.2	41.1	39.7	35.7	28.2	20.7	41.2
出现年份	2002年	2003年	2000年	2004年	2000年	2004年	2002年	1990年	1990年	2005年	2003年	2004年	2002年
极端最低气温	−0.7	−0.5	0.8	6.1	11.7	15.1	17.6	18.5	13.8	7.5	1.9	0.1	−0.7
出现年份	1993年	1996年	1986年	1996年	1990年	1990年	1989年	2002年	2002年	1986年	1993年	1999年	1993年

二、地温

1986—2005年，1月地温最低，然后逐月上升。8月最高，以后逐月下降。各月平均值都比气温高。地温离地表越深，变化的振幅越小，相反就大。

1986—2005 年彭水自治县累年 0 厘米地温表

表 1-7　　单位：℃

	1月	2月	3月	4月	5月	6月	7月	8月	9月	10月	11月	12月	全年
0 厘米	7.7	9.2	13.2	19.0	23.4	26.6	30.6	30.8	26.1	19.4	14.3	9.2	19.1

三、无霜期

平均无霜期为 317 天，最长无霜期 365 天（2002 年），最短无霜期 275 天（2005 年）。平均初霜日是 12 月 22 日，终霜日是 1 月 31 日。初霜日最早出现于 11 月 24 日（1994 年），最晚出现于 2 月 2 日（1995 年），终霜日期最早终日 12 月 8 日（1999 年），最晚终止日 3 月 5 号（1986 年、1988 年、2005 年）。无霜期随着海拔高度的升高而缩短，海拔每升高 100 米减少 7 天。低中山区海拔 500 ~ 1300 米乡村，无霜期要比沿江河谷丘陵区少 30 ~ 40 天，海拔 500 米以下乡村，无霜期要比海拔 1000 米以上乡村多 40 天左右。

四、日照

常年日照平均值为 889.9 小时，最多年为 1086.1 小时（2002 年），最少年为 713.7 小时（1996 年），年际变化大。日照时数四季分配不均衡，夏季达 376.9 小时，比冬、春两季总和还多，是冬季的 4 倍。在作物生长周期内的分布也不均衡，大春生长季为 573.3 小时，比小春生长季多 8 成，占全年日照时数的 64%。

1986—2005 年彭水自治县历年各月平均日照时数表

表 1-8　　单位：小时

	1月	2月	3月	4月	5月	6月	7月	8月	9月	10月	11月	12月	全年
常年平均	28.3	28.1	46.4	75.7	93.8	89.9	137.1	149.9	102.6	58	48.5	31.6	889.9
最多	47.2	53.8	95.2	132.1	156.9	157.9	204.4	236.9	153.7	111.4	93.1	77.6	1086.1
年份	1993 年	2004 年	2002 年	1988 年	2000 年	1988 年	2002 年	1990 年	1991 年	1998 年	1992 年	1999 年	2002 年
最少	3.1	4.3	6.8	35.5	25.8	50.7	58.5	52.7	52.7	30.6	6.7	9.3	713.7
年份	2000 年	1990 年	1997 年	1991 年	1996 年	1989 年	1987 年	1993 年	1994 年	1999 年	1996 年	1997 年	1996 年

1986—2005 年彭水自治县日照时数四季分布表

表 1-9　　单位：小时

	春	夏	秋	冬	全年
	3—5月	6—8月	9—11月	12—2月	
日照时数	215.9	376.9	209.1	88	889.9
占年日照 %	24	42	24	10	100

五、降水量

1986—2005 年，常年平均为 1192.5 毫米，最多年份总量达 1789.8 毫米（1998 年），最少的年份总量为 1128.2 毫米（1992 年），大小变幅近一半。降水日数，历年平均为 163 天。年降水日数最多为 184 天（1989 年），年最少为 145 天（1988 年）。一年降水量多集中于 4—10 月，占全年降水量的 85%。大雨（日雨量≥ 25 毫米）平均开始期出现于 4 月 17 日，最早开始期出现于 2 月 19 日

（2002年），最晚开始期出现于5月16日（2000年）。大雨平均终止期出现于10月14日，最早终止期出现于8月6日（1991年），最晚终止期出现于12月8日（1988年）。一日最大降水量为172.3毫米（2004年9月6日）。海拔800米以下地区，年总降水量在1100～1300毫米之间，年降水日数为165～175天，海拔800米以上乡村，年降水总量在1400～1600毫米之间，年降雨日数在180～200天。

1986—2005年彭水自治县代表年份各月降水量统计表

表1-10　　单位：毫米

	1月	2月	3月	4月	5月	6月	7月	8月	9月	10月	11月	12月	全年
累积平均水量	24.0	33.1	45.9	110.0	180.9	183.6	180.7	153.9	95.6	106.0	56.3	22.5	1192.5
累年平均降水日数	10.8	12	14.6	15.5	17.4	16.1	14.8	13.5	11.5	15.5	11.5	10	163
一日最大降水量	19.2	30.4	28.3	44.6	91.9	115.6	169.5	91.1	172.3	67.4	64.1	26.5	172.3
出现年份	1997年	2002年	1990年	1998年	1998年	2000年	1996年	1997年	2004年	1992年	1996年	1988年	2004年

6月份降水量占全年总降水量的15%左右，夏季占全年总量的43%。高山多于沿江河谷，东南部多于西北部。1月份降水仅占年总量的2%，冬季占年总量的7%。小春生长季少于大春生长季。

彭水自治县期间代表点各生长季降雨量表

表1-11　　单位：毫米

	大春生长季	小春正季	大春早季	大春晚季	小春生长季
	4—10月	4—8月	4—7月	6—10月	10—4月
气象站	1010.7	809.1	655.2	719.8	397.8

历年平均降雪日数为3.1天，最高为9天（1989年），平均降雪初日1月3日，终日2月13日。20年中有积雪年数为4年，频率为20%，共5天。1988年、1989年降雪日数分别为8天和9天。最大积雪深度为1厘米（1989年2月6日），降雪日数随海拔升高而增多。

六、蒸发量

1986—2005年，历年平均蒸发量为925.7毫米，比降水量少266.8毫米。全年8月蒸发量最大，为158.4毫米，比降水量多4.5毫米，冬季（12月—下年2月）蒸发量大于降水量，4—7月、10—11月蒸发量均比降水量少。

1986—2005年彭水自治县历年各月平均蒸发量表

表1-12　　单位：毫米

	1月	2月	3月	4月	5月	6月	7月	8月	9月	10月	11月	12月	全年
平均蒸发量	27.9	32.0	54.3	79.3	98.1	101.2	148.0	158.4	106.7	53.8	38.7	27.3	925.7

七、湿度

1986—2005年，历年平均相对湿度为79.7%，年、月际变化不大，5—6月和10—11月是季节变换绵雨时期，相对湿度偏大，为80%～84%，12月为80.9%，其余月份为75%～79%。

1986—2005 年彭水自治县历年各月平均相对湿度表

表 1-13

	1月	2月	3月	4月	5月	6月	7月	8月	9月	10月	11月	12月	全年
平均相对湿度 %	79.1	78.5	77.2	78.9	80.4	82.2	79.6	76.3	77.9	83.6	81.8	80.9	79.7

八、气压

彭水气压分布属大陆型。1986—2005 年，历年平均气压为 978.1 百帕。年平均气压最高为 979.1 百帕（1986 年），年平均气压最低为 977.3 百帕（1998 年），年际变化小。历年平均气压 12 月最高，为 987.81 百帕，7 月最低，为 967.23 百帕。

1986—2005 年彭水自治县历年平均气压表

表 1-14　　单位：百帕

	1月	2月	3月	4月	5月	6月	7月	8月	9月	10月	11月	12月	全年
平均气压	986.3	984.3	980.3	976.2	973.1	968.9	967.2	969.7	976.0	982.3	985.2	987.8	978.1

九、风

1986—2005 年历年平均风速 0.44 米 / 秒。历年各月最多风向为静风，历年盛行偏南风，10 分钟平均最大风速 16.00 米 / 秒。

1986—2005 年彭水自治县历年逐月风速统计表

表 1-15　　单位：米 / 秒

	1月	2月	3月	4月	5月	6月	7月	8月	9月	10月	11月	12月	全年
平均风速	0.38	0.38	0.55	0.48	0.43	0.39	0.52	0.62	0.48	0.33	0.37	0.35	0.44
月最大风速	5.3	5.0	7.3	8.0	7.7	6.7	9.0	16.0	8.3	5.7	7.7	5.0	16.0
出现日	31	10	8	25	25	24	20	19	14	4	8	27	19
出现年	1992 年	1987 年	1991 年	1987 年	1986 年	1991 年	1988 年	1986 年	1987 年	1992 年	1986 年	1987 年	1986 年

第四节　土地资源

一、土壤

彭水自治县的土壤分为成土母岩和成土母质两部分。成土母岩，主要是从元古界震旦系，上古生界寒武系、奥陶系、志留系、泥盆系、二叠系到中古生界三叠系、侏罗系的灰岩、石灰岩、白云质灰岩、白云岩、页岩、粉砂质页岩、粉砂岩等，成土母岩在不同的自然条件下，又形成不同类型的成土母质，主要有残积物、坡积物、洪积物和冲积物 4 种类型。

（一）土壤类型

彭水具有灰岩、白云岩、页岩、泥岩、砂岩等多种成土母质，加之复杂的地形地貌及多变的气候特点，从而形成水稻土、潮土、紫红土、黄壤、黄棕壤、石灰岩土等多种土壤类型，各土壤类型又进一步细分为亚类、土属、土种。根据这一划分标准，彭水共划分为 6 个土类、10 个亚类、17 个土属、26 个土种。

潮土类　即冲积土。主要分布在江河两岸低蚀地及低中山区的岩溶盆地，宜种性广。

紫色土类 该土由特殊性质的紫色母岩风化发育而成。这类土分布于普子向斜和青杠向斜（即靛水、下塘一带）。底部的红层台状低山、丘陵区及桑柘向斜两翼，呈不连续的环带状和条带状分布。

黄壤类 主要分布于海拔 1350 米以下的大地域。

黄棕壤类 分布于海拔 1350 米以上的中山区，是彭水自治县垦殖指数最低的土壤。

石灰岩土类 主要分布三叠系、二叠系岩层区域，这类土土层不厚，多为石窖土。

水稻土类 亦称水田。根据成土土类不同，又分为冲积性水稻土、暗紫色水稻土、黄壤性水稻土 3 个亚类。主要分布在海拔 200 ~ 1200 米之间。

彭水自治县土壤类型及其属、种情况表

表 1-16

<table>
<tr><th>土类</th><th>亚类</th><th>土属</th><th>土种</th></tr>
<tr><td rowspan="9">水稻土</td><td rowspan="8">淹育型水稻土</td><td>潮土田</td><td>半沙半泥田</td></tr>
<tr><td rowspan="2">中性紫泥田</td><td>暗紫泥田</td></tr>
<tr><td>灰棕紫泥田</td></tr>
<tr><td rowspan="4">山地黄泥土</td><td>矿子黄泥田</td></tr>
<tr><td>冷砂黄泥田</td></tr>
<tr><td>粗骨性黄泥田</td></tr>
<tr><td>砂黄泥田</td></tr>
<tr><td>石灰质泥田</td><td>灰包泥田</td></tr>
<tr><td>潜育型水稻土</td><td>石灰性泥田</td><td>鸭屎泥田</td></tr>
<tr><td>潮土</td><td>河流潮土</td><td>灰棕潮土</td><td>潮沙泥土</td></tr>
<tr><td rowspan="3">紫色土</td><td rowspan="2">中性紫色土</td><td>暗紫泥土</td><td>潮沙泥土</td></tr>
<tr><td>灰棕紫泥土</td><td>猪旺子泥</td></tr>
<tr><td>石灰性紫色土</td><td>暗紫泥土</td><td>红扁砂</td></tr>
<tr><td rowspan="6">黄壤</td><td rowspan="6">黄壤</td><td>冷砂黄泥土</td><td>黄砂泥</td></tr>
<tr><td rowspan="2">矿子黄泥土</td><td>矿子黄泥土</td></tr>
<tr><td>大石子黄泥</td></tr>
<tr><td>粗骨性黄泥土</td><td>扁砂土</td></tr>
<tr><td></td><td>假磨石土</td></tr>
<tr><td>砂黄泥土</td><td>砂黄泥土</td></tr>
<tr><td rowspan="2">黄棕壤</td><td>山地黄棕壤</td><td>山地黄棕壤</td><td>豆面泥</td></tr>
<tr><td>生草黄棕壤</td><td>生草黄棕壤</td><td>—</td></tr>
<tr><td rowspan="6">石灰岩土</td><td>黑色石灰土</td><td>黑色石灰土</td><td>黑土泥</td></tr>
<tr><td rowspan="5">黄色石灰土</td><td rowspan="5">黄色石灰土</td><td>灰色泥土</td></tr>
<tr><td>黄泥土</td></tr>
<tr><td>扁砂土</td></tr>
<tr><td>小土</td></tr>
<tr><td>大石子土</td></tr>
</table>

彭水自治县地层与土壤类型关系表

表 1-17

	地层	土壤
系	组	—
第四系	—	灰棕潮土
三叠系	二桥组	冷沙黄泥土
	巴东组	石灰性暗紫泥土、黄色石灰土
	嘉陵江组	黄色石灰土、矿子黄泥土
	大冶组	黄色石灰土、石灰性暗紫泥土
二叠系	—	矿子黄泥土、黄色石灰土
志留系	—	粗骨性黄泥土
奥陶系	—	矿子黄泥土、粗骨性黄泥土
寒武系	—	矿子黄泥土

（二）土壤分布

受地形地貌和岩层展布的影响，彭水土壤分布分别显示垂直和水平分布的特点。垂直分布特点主要表现在不同的地貌类型具有不同的土壤类型。水平分布的特点主要表现在：由于地质构造不同，土壤类型也不同，在向斜地区多分布紫色土、水稻土，在背斜地区多分布黄壤、黄棕壤；不同的地层层位具有不同的土壤类型。

彭水自治县土壤分布与地貌关系表

表 1-18

土壤类型	地貌分区		境内分布
	名称	特征	
黄棕壤、石灰岩土	深切割中山地貌区	海拔＞1000 米，高差＞1000 米多呈背斜山	郁山背斜岩东附近
紫色土、水稻土	深切割倒置低山地貌区	海拔＜1000 米，高差＞500 米，多呈单面山	普子向斜南东翼五里村—香楠村一带，桑柘坪向斜北西翼河坝村—卫星村一带
黄棕壤	中山山原地貌区	海拔 1400 米～1800 米	茅尖山一带
石灰岩土、石灰性泥田	岩溶槽谷地貌区	海拔 300 米、700 米等	瓜子村、何家坝村、柏香坝村一带
潮土	河谷地貌	海拔＜300 米	乌江及支流沿岸

（三）土质特征

土壤质地以重壤土为主，次为中壤土和轻黏土，并都含有一定的砾质成分，土壤具有质地稍重、粗骨性明显的特征。由于大多数农作物适于在中壤—重壤中生长，因而彭水土壤广泛适合农业生产。土壤 pH 值方面，彭水大多土壤属中偏微酸性土壤，适种农作物品种广泛。在土壤养分方面，有机质含量中等，全氮丰富、磷缺乏、钾不足。此外，各土类养分情况也有所不同：黄壤、黄棕壤、水稻土、石灰岩土的养分状况良好，紫色土及潮土养分状况较差。

（四）土壤适种性

土壤适种性与气候、地形地貌、地质环境、土壤肥力、土壤类型等因素有关。

成土母岩条件　不同的成土母质，具有不同的土壤肥力，从而影响农、林业作物的生长发育。母岩为紫色砂泥岩形成的土壤，肥力和保水、固水能力较强，农、林业生产较发达。母岩为黄绿色砂页岩形成的土壤，土层较浅、肥力和保水、固水能力较差，农、林业生产受到限制。母岩为灰岩形成的土壤，土层较厚、保肥和保水、固水能力较好，但供肥能力较差，农业生产受到限制、宜发展林业生产。

气候条件　海拔差异所形成的气候垂直分带现象导致了土壤适种性的垂直分异，表现在不同海拔高度的土壤适宜发展不同的农、林、牧业。海拔＜ 800 米的低山区，温度适宜、水源充足，适宜发展不同的农、林、牧业，尤其适合发展农业生产。海拔 800 ～ 1400 米的低中山区，水源充沛，阳光不足，适合烤烟、茶叶等经济作物生长和林业、牧业发展。海拔＞ 1400 米的中山区，温度较低，气候寒冷，只适合林、牧业生产，不适合发展农业生产。

地形地貌条件　地形地貌对农、牧业生产的影响主要指地形坡度的影响，不同的地形坡度影响水土流失程度，从而限制农业生产的适宜性。坡度＜ 10° 的地区，水土流失少，土壤分布范围较大，土层较厚，适宜农、林、牧业发展，尤其农业生产发达。坡度 10° ～ 25° 的地区水土流失较多，土壤分布范围有限，土层较薄，适宜林业、牧业发展，农业生产受到限制。坡度 25° ～ 35° 的地区水土流失较多，土壤不易原地保存，土壤分布范围小且土层薄，适宜林业发展，农业、牧业生产受到限制。坡度＞ 35° 的地区，土流失严重，土层薄，土质贫瘠，只适宜林业生产。

二、土地

彭水自治县土地总面积 387606.67 公顷，其中：农用地 317044.39 公顷，建设用地 14106.38 公顷，未利用地 56455.90 公顷。农用地中，耕地 84177.0856 公顷，林地 194933.2944 公顷，牧草地 2491.80 公顷，其他农用地 35442.21 公顷；建设用地中，居民点及独立工矿用地 10467.86 公顷，交通用地 2707.47 公顷，水利设施用地 931.05 公顷，其他用地 0 公顷。未利用地中，未利用土地 43517.15 公顷，其他用地 12938.75 公顷。

1935—1995 年彭水自治县部分年度土地面积调查表

表 1-19　　单位：公顷

调查年度	耕地面积			备注
	合计	田	土	
1935 年	15513	—	—	未分田土
1949 年	62907	10600	52307	—
1957 年	65800	11273	54527	—
1982 年	99439	15953	83486	—
1987 年	94226	15733	78493	—
1991 年	90600	—	—	未分田土
1995 年	92113	15473	76640	—

1995 年彭水自治县土地利用现状详查资料表

表 1-20　　单位：公顷

项目	土地利用面积	备注
土地总面积	323934	—
水田面积	15472	—
旱地面积	76637	—
蔬菜地面积	11	—

续表 1-20

项目	土地利用面积	备注
园地面积	5188	—
林地面积	219732	—
牧草地面积	29	—
农村居民点及集镇占地	5218	—
独立工矿占地	273	—
特殊用地	9	—
城镇用地积	205	—
交通用地	1160	（公路、码头、大车道）

1993 年彭水自治县各类耕地面积所占比重表

表 1-21 单位：公顷

耕地类别	土地面积	占耕地总面积 %	占辖区面积 %
耕地	92120	—	—
（1）灌溉水田	11061	12.00	2.82
冬水田	4049	4.39	—
雨季田	7012	7.6	—
（2）望天田	4410	4.78	1.12
望天冬水田	2988	3.24	—
望天雨季田	1422	1.54	—
（3）旱地	76637	83.19	19.58
（4）菜地	12	0.01	0.003

1993 年彭水自治县各类型区耕地面积比例表

表 1-22 单位：公顷

类型区	耕地总面积	占全县耕地总面积 %	其中			
			水田		旱地	
			面积	占区面积 %	面积	占区面积 %
合计	92120	100%	15483	—	76637	—
河谷、平原区	16360	17.76	2791	17.06	13569	82.94
低山、丘陵区	44081	47.86	9284	21.06	34797	78.94
中山、山源区	31679	34.38	3408	10.76	28271	89.24

1993 年彭水自治县耕地坡度分级情况表

表 1-23 单位：公顷

地类	小计	0° ~ 2°	2° ~ 6°	6° ~ 15°	5° ~ 25°	25° ~ 35°	35° 以上
合计	92120	51	10266	38987	42125	661	30

1993 年彭水自治县土地权属情况表

表 1-24　　单位：公顷

土地类型	土地面积合计	国有土地面积	集体土地面积
耕地	92124	11	92113
园地	51788	13	51775
林地	220399	3807	216592
牧草地	3836	3807	29
居民点及工所用地	5704	487	5217
交通用地	1162	988	174
水域	4402	2552	1850
未利用地	62925	3	62922
合计	442340	11668	430672

2005 年彭水自治县土地分类情况表

表 1-25　　单位：公顷

地类	辖区土地面积	农用地					
		合计	耕地	园地	林地	牧草地	其他农用地
面积	387606	317319	75541	7720	196376	2477	35205
占辖区比例（%）	100	81.87	19.49	1.99	50.66	0.65	9.08
地类	建设用地合计	未利用地					
		居民占地及工矿用地	交通用地	水利设施用地	合计	未利用土地	其他土地
面积	14271	10521	2819	931	56016	43077	12939
占辖区比例（%）	3.68	2.71	0.73	0.24	14.45	11.11	3.34

第五节　矿产资源

彭水地层分区位于扬子地台区黔北川南分区酉阳小区。出露古生代—中生代地层，未出露前震旦纪褶皱基底和早震旦世地层；出露的地层有晚震旦世的一套碳酸盐沉积岩，为优质的白云岩成矿时期；早寒武世以深海陆棚碎屑岩沉积逐步过渡为滨海碳酸盐岩沉积；中、晚寒武世、奥陶纪以浅海台地的碳酸盐岩沉积为主，夹有少量碎屑岩沉积。以上时期沉积建造是境内重要的铜、铅、锌、重晶石、萤石、方解石层控矿产的产出层位。志留纪开始出现滞流环境的碎屑岩沉积，随后逐渐过渡为滨海碎屑岩沉积；志留纪中晚期，扬子地台区整体抬升，缺失整个石炭纪和大部分泥盆纪沉积，泥盆纪晚期，局部地带有陆缘近海湖泊环境的石英砂岩沉积，形成境内的石英砂岩矿。处于抬升的扬子地台在二叠纪早期停止抬升，接受二叠纪浅海台地的一套碳酸盐岩沉积，此时期形成煤、铁、高岭土、铝质岩、硫铁矿等矿产。经过石膏矿形成的主要时期的三叠纪蒸发台地的一套含膏碳酸盐岩沉积之后，终于在晚三叠早期，扬子地台抬升成陆，结束海相沉积，于晚三叠世末期—侏罗世早期接受陆相河流环境的一套碎屑岩沉积。

经过地勘队伍的地质工作和民间采找矿，到 2005 年年末，县境共发现矿种 25 种：煤、萤石、重晶石、白云岩、玻璃用石英砂岩、水泥用灰岩、铁、硫铁矿、方解石、铜、铅、锌、大理石、地热、矿泉水，铝土矿、盐卤、水泥用黏土质原料、水泥用硅质原料、石膏、含钾页岩、白云岩、高岭土、硅藻土、建筑石料用灰岩等。25 种矿产中，煤的保有储量居渝东南前列，萤石、重晶石属重庆市藏量丰富地区。经地质分析白云岩资源总量大于 2 亿吨，石英砂岩资源总量上亿吨，水泥用灰岩资源量达数亿吨，大理石资源总量为数亿立方米，方解石资源总量 50 万吨，属县境潜在优势矿产资源。铅、锌、铝土矿也有较好的成矿条件。

县境内各类资源储量分别为：煤 12116 万吨（保有资源量 6492.5 万吨）、铁 1168.46 万吨（保有资源量 1168.46 万吨）、铝质岩（铝土矿）31 万吨（矿石量）（保有资源量 31 万吨）、铅锌矿 0.7465 万吨（保有资源量 0.7465 万吨）、硫铁矿 110.2 万吨（保有资源量 99.3 万吨）、石英砂岩 745.13 万吨（保有资源量 740.93 万吨）、长石砂岩 105.2 万吨（保有资源量 80 万吨）、饰面石材 752.73 万立方米（保有资源量 752.73 万立方米）；方解石 768.08 万吨（保有资源量 762.15 万吨）、萤石 212.8 万吨（保有资源量 25.1 万吨）、重晶石 864.43 万吨（保有资源量 70.98 万吨）、萤石和重晶石 531.19 万吨（保有资源量 353.39 万吨）、白云岩 6000 万吨（保有资源量 2385.2 万吨）、水泥用灰岩 9224.34 万吨（保有资源量 8410 万吨）、建筑用石灰岩 1073.47 万吨（保有资源量 973.2 万吨）、水泥用泥岩 4478.99 万吨（保有资源量 4450 万吨）、砖瓦用页岩 350.78 万吨（保有资源量 316.6 万吨）。

2005 年彭水自治县开发利用矿产 11 种，即：煤、萤石、重晶石、方解石、石英砂岩、水泥用灰岩、水泥配料用页岩、水泥配料用砂岩、制灰用灰岩、砖瓦用灰岩、建筑石料用灰岩。生产矿山 100 个，矿产总值 8000 万元，从业人员 2528 人，税收 1000 万元。

第六节　水能资源

县内集雨面积大于 50 平方千米的河流有 21 条。其中，500 平方千米以上的河流有乌江、郁江、普子河、诸佛江、长溪河、芙蓉江；100 平方千米至 500 平方千米的河流有后灶河、中井河、棣棠河等。全县河流均属长江水系，乌江流域。水能资源理论蕴藏量 49.19 万千瓦（不含乌江），技术可开发量 35.56 万千瓦，极具开发价值的有郁江、芙蓉江、普子河，其总装机容量可达 27.85 万千瓦，占全县技术可开发量的 79%，年发电量 12.9 亿千瓦时，经 2002—2003 年水力资源复查，全县可开发装机容量在 500 千瓦以上的水力资源点约有 20 处，总装机容量 33.9 万千瓦。

一、乌江干流

乌江是彭水自治县得天独厚的水力资源，发源于贵州省西北部乌蒙山东麓，在善感乡周家寨入县境，由南向西北横穿西南部山区，至高谷镇共和村纳木棕河入武隆县境内，到涪陵市京塘注入长江。乌江在县境内流长 66 千米，流域面积 3900 余平方千米。多年平均流量为 1650 立方米 / 秒，最大流量 1.92 万立方米 / 秒，最小流量 326 立方米 / 秒，洪枯流量比率 58.60，最大洪枯水位差 29 ~ 84 米，多年平均年径流量 375.24 亿立方米。乌江彭水电站属国家开发项目，装机 140 万千瓦，年发电量可达 63 亿千瓦时。

二、乌江支流

乌江在县境内还有 20 多条大小支流。长度在 100 千米以上的有郁江、芙蓉江；50 ~ 80 千米的有诸佛江、长溪河。

彭水自治县主要河流水能资源表

表 1-26

序号	项目名称	合计	乌江	郁江干流	长溪河	芙蓉江	诸佛江	木棕河	普子河	其他河流
一	理论蕴藏量 / 万千瓦	276.34	212.80	12.79	13.73	13.5	3.45	1.98	6.59	11.50
二	可开发量 / 万千瓦	214.6	175	15.6	2.28	6.60	3.34	1.62	4.39	5.77
	25 万千瓦以上	175	175	0	0	0	0	0	—	0
	2.5 万～ 25 万千瓦以上	16.2	—	9.6	0	6.6	0	0	—	0
	0.05 万～ 2.5 万千瓦	23.38	—	6	2.28	0	3.34	1.6	4.39	5.77
	0.05 万千瓦以下	0.02	—	—	0	0	0	0.02	—	0
三	已开发量 / 万千瓦	1.68	—	—	—	0	0	0.02	—	1.66

彭水自治县主要河流理论蕴藏量表

表 1-27

河流			年平均流量（立方米 / 秒）	河流长度（千米）		境内天然落差（米）	平均比降（‰）	理论蕴藏量（104 千瓦）
流域	河流名称	河流级别		总长	境内长			
乌江	郁江	一级	131.32	186.2	84.61	161.77	2.99	12.36
	普子河	二级	36.36	64.5	38.4	248.72	5.31	4.65
	后灶河	二级	3.6	26	9.6	50.6	5.3	0.13
	中井河	二级	10.55	51.8	20.2	65.43	5.46	0.59
	棣棠河	三级	7.38	22.1	22.1	269.6	10.39	1.05
	芙蓉江	一级	143.08	230	19.3	122	5.02	16.23
	木棕河	一级	13.07	33.5	16.5	194.1	23.4	2.25
	长溪河	一级	15.46	53.8	30.25	260.2	23.83	3.22
	诸佛江	一级	14.95	60.09	43.09	247.4	4.6	2.42
合计		—	—	—	—	—	—	42.9

注：1. 集雨面积小于 100 平方千米河流的理论蕴藏量未计入

2. 郁江、普子河、中井河、棣棠河流量移用保家水文站径流深资料计算，其他河流根据彭水自治县径流深等值线图计算

2002—2004 年彭水自治县水能资源开发情况调查表

表 1-28

流域名称	水系名称	河流名称	电站名称	所在县	项目业主	业主性质	装机容量（兆瓦）	年发电量（万千瓦时）	水库库容（万立方米）	投资规模（万元）	投资来源	开工时间	当地水利部门意见
长江	乌江	普子河	三江口	彭水	重庆水投	国营	30	11600	6770	24000	国补、自筹各 50%	2002.8	同意
长江	乌江	普子河	团坝子	彭水	彭水龙泉	民营	15	6787	150	10000	自筹	2003.11	同意
长江	乌江	戈滩河	润溪	彭水	彭水锦能	国营	3.2	1508.7	0	1800	国补 60% 余下自筹	2004.3	同意
长江	乌江	龙洞沟	连湖	彭水	彭水锦能	国营	0.64	300	0	330	国补 60% 余下自筹	2004.3	同意

续表 1-28

流域名称	水系名称	河流名称	电站名称	所在县	项目业主	业主性质	装机容量（兆瓦）	年发电量（万千瓦时）	水库库容（万立方米）	投资规模（万元）	投资来源	开工时间	当地水利部门意见
长江	乌江	郁江	马岩洞	彭水	重庆电力	股份	66	30000	6650	50000	自筹	2004.3	同意
长江	乌江	长溪河	穿石	彭水	重庆力能	股份	6.4	3000	0	3300	自筹	2004.3	同意
长江	乌江	长溪河	长旗坝一级	彭水	四龙公司	私营	1.6	800	0	840	自筹	2004.3	同意
长江	乌江	万年孔	湖中	彭水	湖中水能	私营	2.5	1200	0	1070	自筹	2003.11	同意
合计	—	—	—	—	—	—	125.34	55195.7	13570	91340	—	—	—

彭水自治县水能资源开发权转让情况调查表

表 1-29

序号	流域名称	水系名称	河流名称	电站名称	所在县	装机容量（兆瓦）	年发电量（万千瓦）	出让机构	接受出让单位	接受单位性质	出让金额（万元）	出让时间	出让合同其他主要内容	当地水利部门意见
1	长江	乌江	高龙河	老龙塘	彭水	1.26	737	县政府	天源水电	私营	6.95	2003.12.31	彭水水利农机〔2004〕12号	同意
2	长江	乌江	大地河	金龙	彭水	1	520	县政府	金龙水电	私营	6.3	2003.12.31	彭水水利农机〔2004〕11号	同意
3	长江	乌江	戈滩河	戈滩一级	彭水	0.64	270	县政府	川东水电	私营	4.4	2003.12.31	彭水水利农机〔2004〕10号	同意
合计	—	—	—	—	—	2.9	1527	—	—	—	17.65	—	—	—

第七节　动植物资源

一、动物资源

全县境内有陆生野生动物 544 种。其中，兽类 6 目 18 科 37 种、鸟类 10 目 33 科 98 种、爬行动物 2 目 7 科 25 种、两栖动物 2 目 4 科 8 种、昆虫类 14 目 76 科 245 属 356 种、蛛形动物 6 种（蝎、家蜘蛛、花蜘蛛、红蜘蛛、大蜘蛛、水蜘蛛）、软体动物 7 种（蚌、蜗牛、田螺、贝螺、钉螺、蜒蚂虫、铁线虫）、环节动物 3 种（蚯蚓、水蚂蝗、山蚂蝗）、多脚动物 4 种（蜈蚣、草鞋板、千脚虫、算盘子）。在彭水历史上，还有虎、豹等大型食肉动物，均在 60 年代绝迹。

国家重点保护野生动物：Ⅰ级有黑叶猴、胡兀鹫和云豹 3 种；Ⅱ级有大鲵、红腹角雉、柳叶鸡、白冠长尾雉、红腹锦鸡、白腹锦鸡、领角鸮、领鸺鹠、斑头鸺鹠、长耳鸮、黑耳鸢、猴面鹰、雀鹰、普通鵟、红隼、长脚秧鸡、灰鹤雀鹰、普通鵟、猕猴、藏酋猴、豺穿山甲、水獭、林麝、大灵猫、小灵猫、小麂、赤麂、岩羊等 28 种。

Ⅲ级保护动物（即国家保护的有益的或者有重要经济、科学研究价值的陆生野生动物）及市级保护动物有灰狼、青鼬、狗獾、猪獾、食蟹獴、野猪、草兔、复齿鼯鼠、红白鼯鼠、赤腹松鼠、红颊长吻松鼠、旱獭、豪猪、赤狐、貉、黄鼬、果子狸、豹猫、中华竹鼠、社鼠、日本鹌鹑、鹌鹑、灰胸竹鸡、雉鸡、绿头鸭、绿翅鸭、灰头绿啄木鸟、普通翠鸟、冠鱼狗、山斑鸠、珠颈斑鸠、白鹭、苍鹭、池鹭、棕背伯劳、红嘴蓝鹊、灰树鹊、喜鹊、小嘴乌鸦、白颈鸦、暗灰鹃鵙、鹊鸲、黑喉红尾鸲、北红尾鸲、白顶溪鸲、红尾水鸲、小燕尾、灰背燕尾、白冠燕尾、黑喉石䳭、黄腹山雀、绿背山雀、红头长尾山雀、毛脚燕、领雀嘴鹎、黄臀鹎、白头鹎、黑短脚鹎、褐山鷦莺、暗绿锈眼鸟、黄腹树莺、黄腹柳莺、黄腰柳莺、四川柳莺、黄眉柳莺、淡眉柳莺、山噪鹛、灰翅噪鹛、画鹛、白颊噪鹛、斑胸钩嘴鹛、棕颈钩嘴鹛、红头穗鹛、红嘴相思鸟、灰眶雀鹛、棕头鸦雀、山麻雀、树麻雀、白鹡鸰、灰鹡鸰、树鹨、白腰文鸟、金翅、黑尾蜡嘴雀、戈氏岩鹀、三道眉草鹀、栗耳鹀、小鹀、黄喉鹀、灰头鹀、八哥、黄雀、黑鸫、灰鹤、白鹡鸰、啄木鸟、黑枕黄鹂、绿头黄鹂、杜鹃鸟、灰胸竹鸡、黑短脚鹎、中华蟾蜍、中国林蛙、黑斑侧褶蛙、沼水蛙、泽陆蛙、棘腹蛙、饰纹姬蛙、乌龟、鳖、壁虎、北草蜥、蜥蜴、脆蛇、蓝尾石龙子、翠青蛇、王锦蛇、玉斑锦蛇、黑眉锦蛇、虎斑颈槽蛇、黑头剑蛇、华游蛇、乌梢蛇、中国小头蛇、水蛇、灰鼠蛇、尖吻蝮、蝮蛇、烙铁头、蝰蛇、竹叶青、银环蛇、金环蛇、双叉犀金龟、金裳凤蝶、箭环蝶、黑紫蛱蝶、枯叶蛱蝶 138 种。

二、植物资源

全县有维管束植物 188 科 840 属 2162 种。其中，蕨类植物 33 科 63 属 166 种，裸子植物 7 科 20 属 34 种，被子植物 148 科 755 属 1962 种。

在 2162 种维管束植物中，有木本植物 919 种、草本植物 1058 种、藤本植物 185 种。木本植物中，有乔木 448 种（常绿乔木 180 种、落叶乔木 268 种）、灌木 471 种（常绿灌木 147 种、落叶灌木 324 种）。藤本植物中，草质藤本 55 种、木质藤本 130 种。

按植物资源分为药用、观赏、食用、工业四类。其中，药用植物资源种类较多，有中草药植物 1417 种，其中蕨类植物 100 种、裸子植物 21 种、被子植物 1296 余种。被子植物中的五加科、伞形科、毛茛科、唇形科、紫金牛科、桔梗科、菊科、百合科、马兜铃科、蓼科、小檗科、忍冬科、龙胆科、萝摩科、薯蓣科、天南星科等都是常用的中药植物。有观赏植物 349 种，主要是被子植物，以毛茛科、杜鹃花科、报春花科、龙胆科、紫草科、唇形科、菊科、百合科、兰科等科的植物为主。有野生食用植物有 153 种，主要包括蔷薇科、豆科、十字花科、芸香科、葡萄科、葫芦科、猕猴桃科、百合科、禾本科等。有工业用植物 287 种，主要包括工业用材植物、纤维植物、工业原料植物、树脂、树胶植物、鞣料植物和染料植物等类型，主要以乔木为主，如松科、樟科、椴树科、山茶科、苏木科、蝶形花科、壳斗科、杨柳科、大戟科、榆科、桑科、冬青科、卫矛科、漆树科等。

第八节　自然灾害

一、气候灾害

县境主要自然灾害有寒潮、冷冻、连阴雨、绵雨、暴雨、洪涝、干旱、大风、冰雹、兽害、山地灾害、地震等。暴雨灾害年均发生 7 次，主要发生在 5 月至 9 月。

（一）低温　霜冻

1985—2005 年冬季，出现 23 次强降温，其中有 3 次为特强降温，均出现在 2 月。冬季强降温以 2 月为最多，达到 10 次。春季，出现 41 次强降温天气过程，其中 9 次特强降温天气过程。春季强降温以 4 月为最多，达到 23 次，特强降温以 3 月为最多，达到 6 次。秋季，出现 27 次强降温天气过程，其中 7 次特强降温天气过程。

境内虽霜日不多，但每年均有不同程度的发生。1986—2005 年，年平均霜日为 14 天，尤其是 1992 年 1 月，霜冻日 21 天，最早初霜日是当年 11 月 10 日，最晚终霜日在翌年 3 月 28 日，常年霜期集中在 12 月至次年 1 月，有霜期日数为 76 天，无霜期为 289 天。因此，小春是主要的受害作物。

（二）干旱　高温

春旱在彭水发生次数较少，1986—2005 年，仅有 3 年发生轻旱，分别发生在 1987 年，1988 年，1999 年。彭水发生夏旱的可能性很小，1986—2005 年期间没有夏旱发生。有 11 年发生过伏旱，其中轻旱 6 年，中旱 4 年，特重旱 1 年，有 3 年出现 2 段伏旱。有 5 年发生过秋旱。其中，轻旱 3 年，中旱 1 年，重旱 1 年。彭水冬季虽然降水偏少，但达到标准冬旱的概率较小。1986—2005 年期间没有冬旱发生。

1986—2005 年，出现轻度高温 371 天，中度高温 216 天，严重高温 16 天，累计出现高温 603 天，集中在每年 7—8 月，以 7 月下旬为最多，达到 111 天，8 月上旬次之，有 101 天。轻度高温每年均有，中度高温仅有 1993 年没有出现，严重高温出现 9 年。

彭水自治县典型年份累年干旱情况表

表 1-30

项目	频率 %		开始日期		终止日期		持续天数（天）		日平均雨量	
	总	严重	最早	最晚	最早	最晚	平均	最长	平均	最少
春旱	15	—	2 月 22 日	3 月 5 日	3 月 27 日	4 月 5 日	34	37	0.45	0.39
出现年度	—	—	1987 年、1999 年	1988 年	1999 年	1988 年	—	1987 年	—	1999 年
伏旱	55	9	6 月 27 日	8 月 11 日	7 月 `27 日	9 月 10 日	36	54	0.76	0.05
出现年度	—	—	1992 年	1991 年	1988 年	自然终止日	—	1990 年	—	1992 年
秋旱	25	20	9 月 8 日	10 月 19 日	10 月 8 日	11 月 30 日	41	54	0.38	0.23
出现年度	—	—	1999 年	1991 年	1999 年	1988 年、1998 年	—	1988 年	—	1998 年
全年	65	18	—	—	—	—	54	109	0.58	0.41
出现年度 *	—	1988 年	—	—	—	—	—	1988 年	—	1988 年

注：* 此结果以全年旱期降水量除以干旱天数

（三）暴雨　连阴雨

1986—2005 年，出现暴雨 65 次，大暴雨 6 次，没有出现过特大暴雨。暴雨一般多发生在每年的 5—9 月，以 8 月为最多，达到 17 次，7 月次之，为 16 次。每年均有连阴雨天气过程出现，在 20 年中共计出现 120 次连阴雨天气过程，其中严重连阴雨为 18 次。1992 年和 1997 年连阴雨过程最多，达到 9 次，1987 年连阴雨过程最少，仅有 2 次。连阴雨持续时间最长 29 天（1988 年 12 月 19 日至 1989 年 1 月 16 日），期间累计降水量为 11.1 毫米。

（四）雷暴每年均有发生

1986—2005 年，雷暴期的年平均起始至终止日数为 257.2 天，每年平均雷暴日数为 33 天，最多雷暴天数为一年 48 天，是多雷暴灾害地区之一。最早出现雷暴是 1 月 11 日，最晚结束为 12 月 31 日，其中 7—8 月的雷暴次日占全年总数的 39%，并对人民生命带来严重危害，对经济建设带来严重损失。

（五）大风 冰雹

1986—2005 年，一年大风最多出现 2 天，常年平均日数 0.8 天，主要集中在春、夏两季，而以 4—5 月和 7—8 月为最多，均占 38%。最早出现大风是 3 月 31 日，最晚出现大风是 11 月 3 日。

1986—2005 年，发生冰雹 13 次。冰雹常成带状降落，俗称“雹打一条线”。全县冰雹在 3—11 月均有发生，但主要集中在 4—8 月，特别是在春末夏初的 4—5 月，受冷暖空气交互影响，发生冰雹的次数占 46%。从地域来看，3—6 月多发生在县北部，7—8 月发生在县南部。冰雹多集中在农作物生长季节，给农作物造成的损失极大。

彭水自治县累年各月大风、冰雹日数统计表

表 1-31

		1月	2月	3月	4月	5月	6月	7月	8月	9月	10月	11月	12月	全年
大风	平均	—	—	—	0.15	0.15	0.1	0.1	0.2	—	—	0.05	—	0.75
	最多	—	—	—	1	1	1	1	2	—	—	1	—	2
冰雹	平均	0	0	0.05	0.2	0.1	0.1	0.05	0.05	0	0	0.05	0	0.65
	最多	0	0	1	1	1	1	1	1	0	0	1	0	1

（六）雾

雾一年四季中均有出现，且受地形影响较为明显，常与山上的云因视角不同而有不同的判断。1986—2005 年累计出现雾日为 317 天，平均每年出现 15.9 天，最多年份出现 24 天（1996 年），最少年份仅有 3 天（2004 年），总体来看，雾日有减少的趋势。雾的出现主要集中在冬季，占全年雾日的 49%。全年特别以 12 月出现雾的天气为最多，平均雾日为 4 天，最多年份出现 12 天（1996 年），其次为 1 月，平均雾日为 2.5 天，最多年出现 5 天（2002 年）。

二、地质灾害

全县地质灾害高度易发区面积 729.46 平方千米、占总面积的 18.67%，中度易发区 2402.83 平方千米、占 61.58%，低度易发区 770.71 平方千米、占 19.75%。截至 2005 年，境内共排查出滑坡 57 处（中型 1 处，小型 56 处），塌陷 1 处，崩塌 3 处，危岩 20 处，不稳定斜坡 19 处。诱因主要为降雨，次为工程切坡。

县城（汉葭和汉葭镇）及附近乌江、郁江两岸出露志留系中统韩家店组及奥陶系下统地层。主要为砂岩、页岩，少量石灰岩，岩性复杂，泥岩、砂岩交互产出多呈不等厚互层关系。岩性坚软突出，风化差异明显，地形多起伏，沟谷发育，陡崖地貌较常见，地形相对高差较大，坡度 20° ~ 30° ，顺向坡较普遍；城镇、交通建设、采矿（砂岩、泥岩开采）等人类工程活动强烈，地质灾害频繁，患点集中，危险性大，为地质灾害高易发区。

乡道汉（葭）岩（东）线，位于郁山背斜轴部纵向断裂发育，为寒武系大套白云岩和灰岩，陡崖众多，岩石破碎，沿线公路多处切坡。为地质灾害高易发区。

乌江电站水库淹没区及回水区出露志留系中下统及奥陶系下统地层。主要为砂岩、页岩，少量石灰岩，岩性复杂，泥岩、砂岩交互产出多呈不等厚互层关系，岩性坚软突出，风化差异明显。地形相对高差较大，多起伏，沟谷发育，陡崖地貌较常见，乌江电站蓄水后对两岸边坡稳定性影响较大。为地质灾害高易发区。

普子向斜南东翼，茅尖山景区东侧陡崖下一带出露志留系中统韩家店组及奥陶系下统地层。主要为砂岩、页岩，少量石灰岩，岩性复杂，泥岩、砂岩交互产出多呈不等厚互层关系，岩性坚软突出，风化差异明显。地形相对高差较大，坡度 20° ~ 30° ，多起伏，沟谷发育，陡崖地貌较常见，顺向坡较普遍。

普子向斜核部，靛水乡—乌江一带，出露地层为三叠系嘉陵江组、二桥组，岩性主要为灰岩和砂岩、页岩，灰岩岩溶发育，砂岩风化易形成陡崖，易发生岩溶塌陷、崩塌灾害。

2001 年，经重庆市地勘总公司南江水文地质工程地质队，应急调查县境地质灾害点 86 处。其中，滑坡 51 处，危岩及崩塌 15 处，地裂缝 2 处，泥石流 3 处，地表塌陷 2 处，不稳定斜坡 13 处。灾害类型以滑坡为主，次为塌陷（危岩）。规模以中小型灾害为主，计有 77 处。大型灾害 8 处，影响区域，危及城镇 16 处，危及公路桥梁 7 处，危及厂矿 3 处，危及村庄及村民居住地 60 处。全县划出县城及周边城区、“319” 公路沿线、乌郁两江及支流河谷—山底中部、渝怀铁路及 “三改二” 工程沿线 4 个地灾易发区。

2002 年，县人民政府下发地质灾害防灾预案涉及重大地质灾害点（含隐患点）31 个。分别为汉葭镇东门村 4 组垮塘口滑坡，汉葭镇东门村 4 组长路坪滑坡，汉葭镇五里村即外河坝 319 线新滩滑坡，高谷镇陈家村 2 组滑坡，连湖镇乐地村连湖中学不稳定斜坡，高谷镇下塘天池村 4 组大槽滑坡，高谷下圹勤俭村 8 组禄池湾滑坡，保家镇木楠施龙村 2 组冉岩头滑坡，黄家镇龙洋五里村 1、2 组五里垭滑坡，黄家镇龙洋凉村 1、2 组洋村滑坡，保家镇木楠清水村清水溪滑坡，保家镇陈园村陈园滑坡，龙洋乡如琅村 5 组锅厂坪滑坡，郁山镇乔地村 3 组乔地坪滑坡，联合乡茨坪村马岩危岩，龙洋乡漆树村 10 组蔡家湾危岩，龙射镇葡萄西柏村 4 组彭家岩危岩，鹿角镇大园兴隆村 4 组沟门前危岩，靛水乡迎风村三道拐危岩，汉葭镇白云村白云危岩，汉葭镇下岩西柏香村红花岭地表塌陷，汉葭镇东门村玉皇阁滑坡，汉葭镇下坝居委船沟危岩，汉葭镇县坝居委交通加油站龙兴顺、龚吉才建房处地段潜在滑坡，汉葭镇沙沱居委森林希望小学新兰球场潜在滑坡，汉葭镇下坝居委县水泥厂页岩矿山滑坡，汉葭镇学坝居委彭（水）凤（鸣）公路果园危岩，普子镇中堡村老鸹石电站滑坡，棣棠石膏矿滑坡，高谷镇共和村王家坝滑坡，芦塘乡竹园村 5 组菜地危岩。

列入重点隐患监测的重点地质灾害隐患点 12 处。分别为汉葭镇老车站不稳定斜坡、外河坝安家沟至新滩不稳定斜坡、汉葭镇龙船沟不稳定斜坡、县委驻地滑坡、汉葭镇白云危岩、大垭乡火石面滑坡、润溪乡柏杨村滑坡、芦塘乡菜地岩危岩、善感乡红仓危岩、新田乡老屋基地面塌陷、马岩危岩、太原乡太原不稳定斜坡。

2004 年 4 月 6 日，保家镇、郁山镇、走马乡发生 3.3 级地震。5 月 2 日，保家镇龙河村 5 组发生 3.4 级地震，均未造成人身和经济损失。9 月 6 日，长滩乡溪沟村 4 组发生滑坡 1500 立方米，经济损失 3 万余元。同日，长滩乡兴吉村 8 组发生滑坡 500 立方米，经济损失 0.25 万余元。

彭水自治县部分年度地质灾害及表现特征表

表 1-32

编号	地质灾害点名称	位置	发生时间	发育地层	地貌类型	坡度	规模		前缘高程（米）	后缘高程（米）	稳定性
							面积（10^4 平方米）	体积（10^4 立方米）			
H5	水洞滑坡	靛水乡天井村 2 组	2004 年	$\in_3m$	低山	20	2.4	8.4	964	1004	—
H7	烂田湾滑坡	汉葭镇兴合村 3 社	2005 年 5 月 12 日	S_2h	低山	20	0.72	2.16	600	660	较差
H8	姚家坪滑坡	汉葭镇青龙村 2 组	1984 年	S_2h	低山	45	1.2	4.8	675	705	—
H10	田磅磅滑坡	汉葭镇大树村 2 组	1986 年	T_3e	低山	20	5	15	750	810	好
H12	新滩滑坡	汉葭镇文庙社区 1 组	不详	S_2h	丘陵	20	2	10	249	274	—

续表 1-32

编号	地质灾害点名称	位置	发生时间	发育地层	地貌类型	坡度	规模		前缘高程（米）	后缘高程（米）	稳定性
							面积（10^4平方米）	体积（10^4立方米）			
H13	外河坝车站东侧滑坡	汉葭镇文庙社区	2000 年	S_2h	丘陵	40	0.8	2	244	312	—
H21	堰塘坪滑坡	汉葭镇滨江社区 1 组	1997 年 6 月	T_2b	丘陵	20	1.2	4.8	240	270	较差
H29	蜂桶岩滑坡	汉葭镇坝竹村 3 组	1997 年	S_1l	低山	25	1	3.7	590	655	好
H30	杨峰岩滑坡	汉葭镇坝竹村 3 组	2003 年	S_1l	低山	25	3.2	11.2	575	630	—
H35	秧地堡滑坡	岩东乡河坝村 7 组	2003 年	O_2m	低山	20	0.48	1.92	690	715	—
H38	太阳湾滑坡	万足乡小河村 1 组	1960 年	O_2m、O_3b	低山	30	6	60	260	450	好
H39	杨柳水滑坡	万足乡小河村 5 组	2005 年 1 月	S_2h	低山	34	3	40	274	385	好
H40	右岸码头滑坡	万足乡小河村 1 组	2003 年 8 月 10 日	S_1l	低山	32	4	50	260	435	好
H44	沙道树林滑坡	黄家镇金池村 1 组	2002 年	S_1l	低山	20	0.18	0.54	720	735	较差
H62	水洞滑坡	靛水乡天井村 2 组	2004 年	$∈_3m$	低山	20	2.4	8.4	964	1004	—
B1	水泥厂高切坡	汉葭镇滨江社区 2 组	不详	S_2h	丘陵	80	0.24	0.48	320	350	好
X5	老车站不稳定斜坡	汉葭镇鱼塘社区 1 组	不详	O_2m	低山	70	0.04	0.04	255	270	—
X6	玉皇阁不稳定斜坡	汉葭镇鱼塘社区 3 组	不详	O_2m	低山	25	0.24	0.24	368	398	好
X8	下南城高切坡	汉葭镇白云村 2 组	不详	O_3l+w	丘陵	78	0.048	0.15	287	295	较差
X9	弯地高切坡	汉葭镇河堡社区 2 组	2004 年	S_1l	丘陵	34	0.175	0.7	280	305	较差
X10	民族中学不稳定斜坡	汉葭镇民族中学	不详	O_2m	低山	18	0.13	0.2	295	310	—
X11	桑树湾不稳定斜坡	汉葭镇天台村 2 组	1997 年	O_2m	低山	50	1.75	7	670	720	好
X12	长溪河不稳定边坡	万足乡万足村 5 组	2003 年	$∈_2p$	低山	50	0.5	1.25	220	250	较差
X18	老车站不稳定斜坡	汉葭镇鱼塘社区 1 组	不详	O_2m	低山	70	0.04	0.04	255	270	—
X19	玉皇阁不稳定斜坡	汉葭镇鱼塘社区 3 组	不详	O_2m	低山	25	0.24	0.24	368	398	好
W1	学坝隧道危岩	汉葭镇文庙社区 1 组	不详	O_2m	丘陵	89	0.06	0.1	257	272	差
W4	石粉厂危岩	汉葭镇沙砣社区 3 组	不详	O_1t+h	丘陵	85	0.03	0.1	265	275	—
W5	茶尔岩危岩带	汉葭镇沙砣社区茶二岩	不详	O_2m	丘陵	85	0.6	2.1	325	375	差
W6	老祥和加油站危岩	汉葭镇鱼塘社区 3 组	2005 年	O_1h	低山	80	0.05	0.25	350	375	好
W7	龙船沟危岩	汉葭镇滨江社区下坝街	不详	S_1l	丘陵	80	0.008	0.032	290	300	较差
W8	小桥沟危岩体	汉葭镇河堡社区弯地 2 组	不详	S_1l	丘陵	80	0.006	0.072	279	287	较差
W9	插旗山危岩	汉葭镇河堡社区	不详	O_2m	丘陵	85	0.04	0.08	237	247	较差

续表 1-32

编号	地质灾害点名称	位置	发生时间	发育地层	地貌类型	坡度	规模		前缘高程（米）	后缘高程（米）	稳定性
							面积（10^4平方米）	体积（10^4立方米）			
W11	张家湾危岩	汉葭镇河堡社区河堡街	2005 年	O_1t+h	丘陵	80	0.015	0.45	295	325	较差
W12	彭家沟危岩	汉葭镇坝竹村 3 组	2005 年	S_2h	低山	78	0.05	0.02	650	685	较差
W13	擦耳岩危岩	岩东乡堰塘村 7 组	2004 年	$\in_3h$	中山	70	0.1	0.6	1225	1375	好
W14	马峰 1 号隧道外危岩	新田乡马峰村	不详	T_1j	低山	73	0.2	0.2	352	373	好
W15	岩脚隧道外危岩	新田乡马峰村	不详	T_1d	低山	73	0.6	0.5	380	453	好
W16	岩湾危岩	黄家镇香楠村 5 组	2004 年 6 月	S_1l	低山	50	0.03	0.3	730	900	—
W20	老祥和加油站危岩	汉葭镇鱼塘社区 3 组	2005 年	O_1h	低山	80	0.05	0.25	350	375	好

第三章 镇乡区概况

第一节 镇

汉葭镇

汉葭镇位于彭水自治县中部，乌江、郁江交汇处，是彭水政治、经济、文化中心，县政府所在地。东邻岩东乡、保家镇，南邻万足镇，西与鞍水乡相邻，北靠长滩乡、平安乡。位于北纬29° 13′ 11″ ~ 29° 17′ 13″，东经 108° 09′ 17″ ~ 108° 12′ 16″。2001 年，全县机构改革，除汉葭镇管辖范围外，将原属汉葭区所辖城郊乡、下岩西乡和原高谷区所辖下塘乡的行政区域划为汉葭镇管辖。镇政府驻地鼓楼社区南门洞，距彭水苗族土家族自治县政府驻地 0.3 千米。政府机关设置党政办公室、社会事务办公室、经济发展办公室，农业发展办公室、村建国土办公室、安全监督办公室、财政所、司法所。

汉葭镇地势周高中低，属低山河谷地带。最高点位于双坪村的桂香坪，海拔 1285.5 米；最低点乌江河床位于上塘居委，海拔 201.6 米。境内河道属乌江、郁江 2 大流域，其中乌江流域面积 34 平方千米，占 61.4%；郁江流域面积 6.6 平方千米，占 38.6%。乌江从西北至西南流经沙沱、鼓楼、文庙、河堡、滨江居委，长 11.7 千米，流域面积 10.5 平方千米，年均流量 500 立方米 / 秒。主要支流有郁江、长溪河、九曲河。二级河九曲河，长 6.4 千米。地下矿藏有煤、萤石、重晶石、大理石、高钙石灰石、含钾岩石、方解石等。

汉葭镇扼渝东南与黔、鄂咽喉，为古代兵家必争之地，是彭水自治县治所所在地。1932 年置镇，以古汉葭县命名。中华人民共和国成立后，仍置汉葭镇。镇内古迹主要有红三军司令部汉葭旧址、南渡沱红军渡口、黄庭坚谪居处绿阴轩遗址、黔中道及黔州故城遗址、云顶寺遗址、南渡沱“寿”字石刻、山谷公园和革命烈士陵园等。

1986 年，原汉葭镇政府所在地鼓楼街。辖鼓楼、南门、高家台、绸缎、北门、石嘴、文庙、县坝、沙沱、河堡、下坝 11 个居委和学坝、五里、东门、白云、上塘 5 个村民委员会，68 个村（居）民小组。总户数 3844 户，总人口 13329 人。辖区面积 1.22 平方千米，海拔高度 239 米。实有耕地面积 156 公顷，粮食总产量 615 吨，人均纯收入 368 元。原城郊乡在国道 319 线，彭（水）务（川）、彭（水）桑（柘）、彭（水）石（柱）公路过境。辖北斗、干洞、土地、青龙、指南、关口、黄荆、白杨、大田、亭子、平原、猫儿垭、和平、瓜子、白插 15 个村、88 个村民小组，总户数 2994 户，总人口 11530 人。辖区面积 91.90 平方千米，海拔 260 米。实有耕地面积 972 公顷，粮食总产量 4394 吨，人均纯收入 259 元。政府所在地汉葭沙沱街。原下岩西乡位于县西南部，辖弹子、余家、何家坝、马家山、汪家、白香坝、张家、过江、秀水、天台、陈家 11 个村，94 个村民小组。总户数 2218

户，总人口 9908 人。辖区面积 78.14 平方千米，海拔 513 米。实有耕地面积 1323 公顷，粮食总产量 3914 吨，人均纯收入 223 元。政府所在地弹子岍，距离县城 18 千米。原下塘乡位于县西部，辖下塘、勤俭、大树、天池、分树、徐家、洞口、兴隆 8 个村，59 个村民小组。总户数 1284 户，总人口 5449 人。辖区面积 34.40 平方千米，海拔 230 米。实有耕地面积 492 公顷，粮食总产量 1681 吨，人均纯收入 208 元。政府所在地下塘口，距离县城 10 千米。

1999 年，原汉葭镇总户数 14856 户，总人口 41159 人，少数民族人口占全镇总人口的 26.78%。耕地面积 226 公顷，粮食作物总产量 1363 吨，农民人均纯收入 2125 元。原城郊乡总户数 3249 户，总人口 11550 人。耕地面积 886 公顷，粮食作物总产量 5536 吨，农民人均纯收入 1109 元。原下西乡总户数 2906 户，总人口 11117 人。耕地面积 1298 公顷，粮食作物总产量 6520 吨，农民人均纯收入 1082 元。原下塘乡总户数 1642 户，总人口 5759 人。耕地面积 456 公顷，粮食作物总产量 2789 吨，农民人均纯收入 826 元。2000 年，原乡镇所辖村组、辖区和耕地面积未变，总户数和总人口有所变化。汉葭镇 13260 户、41655 人，城郊乡 3249 户、11724 人，下岩西乡 2988 户、11178 人，下塘乡 1677 户、5806 人。

机构改革后，2001 年，总人口 71412 人。实现国民生产总值 1600 万元，一、二、三产业比为 34.8 ∶ 26.1 ∶ 39.1。农业主要是粮食作物和经济作物，农业收入 5570 万元。有个体工商户 2448 家，私营企业 105 家，工业总收入 13.5 亿元，畜牧业收入 2362 万元，财政税收 1090 万元。2002 年，全镇种植蔬菜 777.2 公顷，实现产值 1350 万元，农民人均单项现金收入 320 元，实现畜牧业现金收入 1567 万元，人均现金收入 460 元。收购烤烟 240 吨，产值 170.3 万元。务工收入 1940 万元。新发展企业 30 家，个体工商户 805 户。财政收入总额 1196.73 万元。2003 年，种植烤烟 183 公顷，收购烤烟 272.48 吨，烤烟产值 204.5 万元。国民生产总值 23550 万元，乡镇企业生产总值 33700 万元，人均现金收入 2041 元。农民人均纯收入 2023 元。2004 年，修通村级公路 10 千米，维修村级公路 1184 千米。生猪存栏 2.5 万头，出栏 1.47 万头。牛存栏 2381 头，出栏 120 头。羊存栏 2114 头，出栏 415 头。饲养家禽 6.59 万只，出栏 7661 只。精加工肉食品 1014 吨，实现畜牧产值 1622.4 万元。巩固桑园面积 500 公顷。种植蔬菜 480 公顷，产量 9000 吨，产值 908 万元，实现销售收入 765 万元，人均现金收入 302.6 元。烤烟生产面积 171 公顷，粮食生产总面积 4080 公顷，粮食总产量 14154 吨。乡镇企业总产值 8.2 亿元，工业总产值 1.22 亿元，乡企增加值 29400 万元，工业增加值 4400 万元。第二产业增加值 9600 万元，第三产业增加值 1.47 亿元。

经过几年村级机构调整，2005 年，汉葭镇辖上塘、白云、镇南、亭子、白杨、芦渡湖、青龙、北斗、天台、过江、柏香、弹子、坝竹、下塘、大树、天池 16 个行政村、84 个村民小组，以及鱼塘、文庙、沙沱、鼓楼、石嘴、河堡、滨江 7 个社区居委、39 个居民小组，总户数 25717 户，总人口 73608 人，其中非农业人口 39074 人。辖区面积 222.66 平方千米，镇区面积 54 平方千米。年末实有耕地 2011 公顷，农业总产值 9481 万元。烤烟产量 209 吨，油菜籽总产量 968 吨。财政收入 3102 万元，其中本级财政收入 1605 万元。一般预算收入 1338 万元，一般预算支出 4107 万元。17 个村，公路电话村村通，无线通信基站覆盖率 60%。县级医院 3 个，镇级医院 2 个，村级医疗站 20 个。县镇级中小学 12 所，村民小学 26 所。

保家镇

保家镇位于彭水自治县域中部，郁江中下游，东与郁山镇、芦塘乡、走马乡接壤，南与乔梓乡、迁乔乡、岩东乡相连，西及西北与汉葭镇、长滩乡毗邻，北与普子镇、龙射乡以三斗地、冠子山为界分治。因清初该地为保卫家园修造的石楼保家楼而得名。位于北纬 29° 26′ 05″ ~ 29° 09′ 19″，东经 108° 18′ 12″ ~ 108° 12′ 03″。2001 年，全县政区机构改革撤区并镇，新建保家镇。将保家区原所辖大河坝乡、木南乡、羊头铺乡和郁山区所辖清平乡的行政区域划为保家镇管辖。镇政府驻地保家楼，距彭水自治县城有23千米。政府机关设置党政办公室、社会事务办公室、村镇建设办公室、经济发展办公室，农业发展办公室、安全监督办公室、财政所、司法所。

保家镇地处低山河谷区，多为浅丘和坝地，地势陡峭。郁江流经地区形成沿江平坝。主要山脉有南望山、凤凰山，境内最高峰位于打狗湾，海拔1160米，最低点位于龙洞沟，海拔240米。主要河流有郁江和普子河，普子河在三江口汇入郁江，境内郁江长11.2千米，普子河长6.5千米。国道319线和郁江穿城而过，修建中的渝怀铁路和二级公路贯通全境。在建的三江口电站建成后，除带来经济效益外，还有较大的生态价值和旅游价值。保家楼建场较早，清光绪年间（1875—1908），士绅徐壁斋等人捐款修建的鹿山书院旧址及旁边的乌杨古树成为一景，郁江支流清水溪、龙泉洞、老营顶桃花园远近闻名。

1986年，原大河坝乡辖保卫、五四、朱家店、陈园、关滩、后山、锡滩7个村，63个村民小组，总户数2051户，总人口9300人。辖区面积39.18平方千米，海拔高度264米。实有耕地面积521公顷，粮食总产量2515吨，青麻产量79吨，人均纯收入227元。乡政府驻地保家楼，距县城24千米。原清平乡辖平天坝、大路、天星、新民、洞口、保安、何家佘、永安、尖山子、长窑、保民、龙泉、四方、双河、水井湾、富家16个村，124个村民小组，总户数2863户，总人口12027人。辖区面积60.94平方千米，海拔高度444米。实有耕地面积1029公顷，粮食总产量3661吨，青麻产量73吨，人均纯收入196元。乡政府驻地平天坝，距县城30千米。原木南乡辖清水、水寒、旋龙、过路、木洞、大岩、塘路、核桃、竹林沟9个村，55个村民小组，总户数1378户，总人口6120人。辖区面积34.19平方千米，海拔高度410米。实有耕地面积590公顷，粮食总产量1964吨，烤烟8吨，青麻产量42吨，人均纯收入186元。乡政府驻地清水溪，距县城45千米。原羊头铺乡辖杨柳、水口寺、李家园、构树坪、花塘、白杨坡、铜钱、水竹、风阳9个村，59个村民小组，总户数1758户，总人口7594人。辖区面积41.66平方千米，海拔高度225米。实有耕地面积606公顷，青麻产量149吨，粮食总产量2450吨，人均纯收入273元。青麻产量在全县排第一位，成为全县青麻产业重点乡。乡政府驻地羊头铺，距县城13千米。

1999年，原大河坝乡总户数3264户，总人口10360人，实有耕地面积515公顷，粮食总产量5296吨，青麻产量105吨，人均纯收入1160元；原清平乡总户数3348户，总人口13373人，实有耕地面积1018公顷，粮食总产量6296吨，烤烟180吨，青麻产量157吨，人均纯收入1406元。原木南乡总户数1816户，总人口6301人，实有耕地面积583公顷，粮食总产量3813吨，烤烟96吨，青麻产量64吨，人均纯收入1139元。原羊头铺乡总户数2317户，总人口8123人，实有耕地面积600公顷，粮食总产量4652吨，烤烟87吨，青麻产量268吨，人均纯收入1088元。

2000年，原乡镇所辖村组、辖区和耕地面积未变。总户数和总人口有所变化。

机构改革后，2001年，人口38958人。保家镇农业总收入6276万元，工商业收入325万元，乡镇企业总产值1.05亿元。

2002年，新建桑园66.67公顷，收购蚕茧80吨，产值200余万元。实现财政收入195.5万元。完成9个村的农网改造，修通8个村公路25.5千米。

2004年，新增城市人口2000人，新发展个体户120户。全镇种植烤烟340公顷，烤烟产量550.49吨，收购烤烟560吨，创产值500万元，增税75.6万元。新建桑园26.67公顷，巩固桑园166.67公顷，产茧60吨，蚕农收入70万元。青麻产业稳定面积400公顷，产麻716吨，实现产值560万元，财政收入230万元。引资600万元新建青蒿素厂。加强街道建设，完善交通设施，支持三江口电站建设。是年，粮食总产量19316吨，国民生产总值8400万元，社会商品零售额4000万元。农民现金收入5280万元，人均增长155元。

经过几年村级机构调整，2005年年底，保家镇辖溪口村、大河坝村、大堂村、龙河村、清水村、三江村、团堡村、长窑村、东流村9个行政村，63个村民小组；鹿山、清平、羊头铺3个社区居委，28个居民小组。总户数13379户，总人口45190人，其中非农业人口1858人。辖区面积175.34平方千米，镇区面积1.50平方千米。年末实有耕地3125公顷。种烟面积达到304公顷，烤烟产量365.33吨，实现产值350万元，创税61.7万元。畜牧业产值3000万元，蚕茧桑农单项收入70万元。青麻仍属保家镇支柱产业，稳定面积400公顷，产青麻760吨，产值560万元。油菜籽总产量904吨。农业总产值7361万元。财政总收入1240万元，其中本级收入213万元。通公路7个村，通电话5个村。初级中学1所，完全小学5所，中心卫生院1所，农村医疗站4个。

郁山镇

郁山镇位于彭水自治县东北角，后江河、中井河、后灶河交汇处。东连黔江区，南接保家镇、走马乡，西至芦塘乡，北临联合乡。因当地濮人（苗族祖先）发现了当时西南地区两处流出地表的天然盐泉—郁山伏牛山盐泉（古时郁与盐同音）而得名。位于北纬29° 27′ 13″ ~ 29° 32′ 11″，东经108° 19′ 03″ ~ 108° 25′ 15″。2001年，全县政区机构改革撤区并镇，除郁山镇原管辖范围外，将原属郁山区所辖朱砂乡的行政区域划为郁山镇管辖。辖区面积140.79千米，总人口36800人。辖32个村民委员会、5个居民委员会。镇政府驻地开元寺，距县政府驻地39千米。政府机关设置党政办公室、社会事务办公室、经济发展办公室，农业发展办公室、村建国土办公室、安全监督办公室、财政所、司法所。

郁山镇地处武陵山分支的中低山带，地势延绵起伏。地形分为丘陵、山区。主要山脉有严家山，境内最高峰大保顶位于大坝村，海拔1238.4米；最低点木鱼堡位于白池村，海拔254米。境内河道属郁江流域，流域面积8.2平方千米。主要河道有郁江、后灶河、中井河3条，总长21千米。河流总长度25千米，河网密度0.17千米/平方千米，径流总量28亿立方米。境内最大的河流为郁江，从连湖镇至彭水自治县流经境内白池村、天星社区，长9千米，流域面积5.2平方千米。境内地下矿藏有盐泉、煤、铁、萤石、重晶石、方解石等。

郁山盐丹资源丰富，开发较早。西汉建元元年（前140），汉武帝置涪陵县，治郁山（以下所述治所均设于郁山）；三国蜀汉、南北朝、隋、唐等时代，郁山先后为县、郡、州（相当于地级行政机构）、道（相当于省及行政机构）治所所在地。宋嘉定元年（1208），因“盐泉流白玉”而置玉山镇；明景泰元年（1450）因避讳（明代宗朱祁钰）更名为郁山镇；自宋嘉定元年（1208）置玉山镇至2005年，建置镇历史777年。郁山镇现存古迹有飞水井、古盐场、开元寺、唐太子坟、黄庭坚衣冠冢、佛教舍利塔、汉墓、贺龙德政碑等数十处历史遗迹。郁山镇是以农业为主，集建工建材、小食品加工和商贸流通为辅的中心集镇。工业有建材、水泥、煤炭、萤石等。郁山镇的盐丹产业、人文历史底蕴带来的旅游资源和食品加工中的传统食品郁山晶丝苕粉和郁山擀酥饼闻名全国。

1986年，原郁山镇辖白马堂、新中、新生、南京、龙井5个居委，26个居民小组，总户数1362户，总人口6071人。辖区面积1.23平方千米，海拔270米，镇政府所在地白马塘街，距县城42千米。实有耕地面积1177公顷，粮食总产量5333吨，人均纯收入180元；原三连乡辖同乐、钟鼓、田坪、清滩、中井、荞地、朱砂、苏家弯、大龙、麻坝、堡上、沙弯、文昌、卷子、白池15个村，142个村民小组。辖区面积79.60平方千米，海拔300米，乡政府所在地郁山镇龙井街，距县城41千米。原朱砂乡辖陈家园、青专、小河沟、石笋、白羊坪、青龙堡、太平、青平、双田、联丰、和睦、米场坝12个村，114个村民小组，总户数2598户，总人口11703人。辖区面积54.95平方千米，海拔高度283米。实有耕地面积749公顷，粮食总产量4050吨，人均纯收入153元。乡政府所在地陈家园，距县城69千米。

1993 年，三连乡并入郁山镇，镇政府所在地白马塘街。1993—2001 年撤区并乡建镇前，郁山镇及其余乡行政区划不变。1996 年 10 月，原朱砂乡乡政府从陈家园迁到新修建的郁（山）石（会）公路旁大田角。

1999 年，原郁山镇总户数 6740 户，总人口 23045 人，实有耕地面积 1107 公顷，粮食总产量 6809 吨，烤烟 93 吨，人均纯收入 1385 元；原朱砂乡总户数 3477 户，总人口 13616 人，实有耕地面积 734 公顷，粮食总产量 5810 吨，烤烟 41 吨，人均纯收入 1096 元。

2002 年，财税收入 383 万元，本级财政收入 83 万元，银行存款余额 6200 万元。

2004 年，全镇有工商户 622 户，私营企业 12 家，集体企业 3 家，年纳税 400 万元，年出栏生猪 18600 头，牛 510 头，畜牧总产值 10593 元，农民单项收入人均 395.20 元。国民生产总值 1.40 亿元，其中农业总产值 6000 万元。粮食总产量 14051 吨，人均粮食占有量 500 千克。

2005 年年底，经过机构改革后的几年村级行政区划调整，郁山镇辖铜锣村、大坝村、朱砂村、玉山村、坪洋村、青龙堡村、陈家园村、清洁村、和谐村、钟鼓村、白池村 11 个行政村，64 个村民小组；天星、白马、新中、南京 4 个社区居委，14 个居民小组。辖区面积增至 149.6 平方千米，镇区面积 2 平方千米。总户数 12004 户，总人口 38591 人，其中非农业人口 7122 人。年末实有耕地 1636 公顷，油菜籽总产量 216 吨，农业总产值 5254 万元。工商户 685 家，销售收入 3200 万元。财政总收入 1282 万元，其中本级收入 353 万元。通公路 8 个村，通电话 11 个村。全镇国民生产总值 2.3 亿元，农民人均纯收入 1820 元，是年，郁山镇参加中央电视台“魅力名镇”评选。全镇有完全中学 1 所，中心小学 1 所，中心卫生院 1 所、幸福院 1 个、文化站 1 个。

高谷镇

高谷镇系武陵山区 12 州（县）西出重庆、成都的必经之地，有彭水自治县“西大门”“乌江上的一颗璀璨明珠”之称。位于县西部，东连汉葭镇，南邻靛水乡，西接武隆县黄草乡，北靠鹿鸣乡，东北接平安乡。因其地处高岸，环拱大山，岩间有溪流盘曲而下，泉出通川而得名。位于北纬 29° 16′ 07″ ~ 29° 23′ 15″，东经 108° 04′ 12″ ~ 108° 11′ 08″。2001 年，全县机构改革，除高谷镇原管辖范围外，将原高谷区所辖共和乡的行政区域划为高谷镇管辖。辖 15 个村民委员会、3 个居民委员会。政府机关设置党政办公室、社会事务办公室、经济发展办公室，农业发展办公室、村建国土办公室、安全监督办公室、财政所、司法所。政府驻地砖院子，距县城 18 千米。

高谷镇地居乌江两岸，属山丘地带，地势西北高东南低。境内最高峰山王洞位于北部与鹿鸣乡交界处，海拔 1223 米；最低点位于西部乌江出境处，海拔 197 米。辖区东西最大距离 15.2 千米，南北最大距离 9.3 千米。陆地 101.7 平方千米，占 87.6%；水域 14.4 平方千米，占 12.4%。人口密度为每平方千米 164 人。境内地下矿藏有煤、硫铁矿、硅矿、萤石、大理石、方解石、重晶石等。

1986 年，原高谷乡辖狮子、青山、大面、金地、庞溪、大水、店子、石桩、龙坪、陈家岭、岩峰、黄荆堡 12 个村，85 个村民小组。总户数 2393 户，有总人口 10485 人。辖区面积 61.71 平方千米，海拔高度 360 米。实有耕地面积 869 公顷，粮食总产量 2793 吨，人均纯收入 232 元。乡政府所在地高谷场，距县城 18 千米。原共和乡辖幸福、铜鼓、共和、群峰、石香、艾家 6 个村，53 个村民小组。总户数 1111 户，总人口 4929 人。辖区面积 45.48 平方千米，海拔高度 220 米。实有耕地面积 534 公顷，粮食总产量 1259 吨，人均纯收入 198 元。乡政府所在地王家坝，距县城 28 千米。

1999 年，县政府撤销高谷乡，设置高谷镇。总户数 2899 户，总人口 11653 人，实有耕地面积 707 公顷，粮食总产量 5400 吨，人均纯收入 1134 元；原共和乡总户数 1335 户，总人口 4825 人，实有耕地面积 506 公顷，粮食总产量 2804 吨，烤烟 95 吨，人均纯收入 1210 元。

机构改革后，2001 年，人口 16700 人。国民生产总值 2526 万元，农民人均纯收入 1534 元，其中第一产业 1717.2 万元，财税收入 101 万元。

2002 年，引进外资建成年产 3 万吨煤矿 1 个，日产 5 万匹页岩砖厂 1 个。年工业总产值 5000 万元的重庆长陵化工厂落户庞溪沟。种植烤烟 40 公顷，收购烤烟 50 吨，实现产值 42 万元。第一、二、三产业产值分别为 1660 万元、278 万元、588 万元。

2003 年，全镇种植烤烟 57 公顷，收购烤烟 50 吨，实现产值 42 万元。招商引资 2000 余万元。投资 1200 万元的高谷湖中水力发电站、投资 2300 万元的重庆长陵化工厂、投资 120 万元的高谷沙德益石英砂厂、投资 120 万元日产 5 万匹页岩砖的高谷建材厂、投资 60 万元的高谷大理石厂、投资 60 万元的共和股份制机械化采沙厂等 6 项工程相继开工。筹备启动永兴煤矿。第一、二、三产业产值分别达到 2563 万元、358 万元、1222 万元。粮食总产量 7851 吨，人均占有粮食 506 千克。蔬菜种植 166.67 公顷，种花生 140 公顷，杂粮播面 300 公顷。

2004 年，栽植烤烟 45.8 公顷，收购烤烟 75 吨，实现产值 63 万元。旧城房屋改造 47 户，完工 38 户，建筑面积 14577 平方米；规范 319 沿线民房建设风貌。新修庞溪—大水、陈家—沿峰、黄荆—群峰、龙坪—兴隆、共和—石香等六条村组公路 60 千米。第一产业产值 2850 万元，第二产业产值 2058 万元，第三产业产值 1592 万元。粮食总产量 5988 吨，人均占有粮食 506 千克。

经过几年村级机构调整，2005 年年底，高谷镇辖大青山村、庞溪村、兴隆村、群峰村、共和村、铜鼓村 6 个行政村，38 个村民小组；狮子、陈家 2 个社区居委，18 个居民小组。辖区面积 107.19 平方千米，镇区面积 1 平方千米。总户数 5217 户，总人口 18557 人，其中非农业人口 1114 人。年末实有耕地 920 公顷，烤烟产量 259.9 吨，油菜籽总产量 242 吨，农业总产值 5358 万元。财政总收入 822 万元，其中本级收入 179 万元。地区生产总值实现 8000 万元，第一、二、三产业产值分别达到 3000 万元、3000 万元、2000 万元。农民人均纯收入 2100 元。通公路 5 个村，通电话 5 个村。有初中 1 所，小学 7 所，幼儿园 2 所，卫生院 1 所，卫生室 7 所。

桑柘镇

桑柘镇位于县东南部，东与小厂乡接壤，南邻鹿角镇和诸佛乡，西靠新田乡，北连迁乔乡和乔梓乡。因清末当地农民种桑养蚕，桑树成荫而得名。位于北纬 29° 16′ 21″ ~ 29° 18′ 21″，东经 108° 23′ 17″ ~ 108° 18′ 06″。2001 年，全县机构改革，新建桑柘镇。将原桑柘区管辖的桑柘乡、鹿箐乡、同河乡的行政区域划为桑柘镇管辖。辖 22 个村民委员会、4 个居民委员会。政府机关设置党政办公室、社会事务办公室、经济发展办公室，农业发展办公室、村建国土办公室、安全监督办公室、财政所、司法所。政府驻地桑柘坪，距县城 48 千米。

桑柘镇地处东山盖东北段北坡和西山盖北东段西坡之中的低山丘陵地带，地势西北高而东南低。地形分为“两山夹一槽”的主要特征。主要山脉呈北向东延伸，成层现象明显，谷地、坡麓、岩溶、洼地逆顺地貌并存，境内最高点为太平村大弯坪，海拔 1583 米；最低点为西南部干溪河出境处，海拔 580 米。辖区东西最大距离 20.5 千米，南北最大距离 15.8 千米。陆地 185.4 平方千米，占 96.2%；水域 7.3 平方千米，占 3.8%。密度为每平方千米 169.3 人。主要产业为农业、采矿业、烤烟业。以红椿树林为代表的经济速丰林在“十五”期间取得稳步发展。境内地下矿藏有较为丰富的煤炭资源，据 103、107 地质队 1980 年查，煤储量达 1500 万吨以上。环境秀丽，神风洞、神龙谷等景点具有旅游开发价值。

1986 年，原桑柘乡辖桑柘、潭水、烽北、楠木、杨家、胡家、东风、下村、豆家、龙塘、白泥、李家、清水田 13 个村，91 个村民小组。总户数 3266 户，总人口 12713 人。辖区面积 187.59 平方千米，海拔高度 985 米。实有耕地面积 1240 公顷，粮食总产量 3315 吨，烤烟 370 吨，人均纯收入 170 元。乡政府驻地桑柘坪场，距县城 48 千米。原鹿箐乡辖四耳坪、盖阳、大青、石桥、花秋 5 个村，24 个村民小组。总户数 844 户，总人口 3315 人。辖区面积 35.26 平方千米，海拔高度 1285 米。实有耕地面积 488 公顷，粮食总产量 995 吨，烤烟 364 吨，人均纯收入 220 元。乡政府驻地四耳坪，距县城 58 千米。原同河乡辖青蒲、黄连、大喜、庙堡、大弯坪、尖山、茶心、下寨 8 个村，63 个村民小组。总户数 1915 户，总人口 7951 人。辖区面积 61.74 平方千米，海拔高度 1100 米。实有耕地面积 1228 公顷，粮食总产量 1309 吨，烤烟 551 吨，人均纯收入 153 元。乡政府驻地青蒲垭，距县城 57 千米。

1999 年，原桑柘乡总户数 3884 户，总人口 14354 人，实有耕地面积 1025 公顷，粮食总产量 6307 吨。烤烟面积 720 公顷，烤烟产量 1242 吨，产值 538 万元，创税 108 万元。其中，1 万元以上 25 户，5000 元至 1 万元 46 户。人均纯收入 1581 元；原鹿箐乡总户数 1094 户，总人口 3785 人，实有耕地面积 484 公顷，粮食总产量 1675 吨，种烟 413.93 公顷，收购产量 600 吨，产值 440 万元，税收 60 余万元，烤烟 738 吨，人均纯收入 1684 元。原同河乡总户数 2598 户，总人口 9076 人，实有耕地面积 1225 公顷，粮食总产量 4401 吨，种植烤烟面积达 800 公顷，其中高规格地膜烟 500 公顷，烤烟总产量 1425 吨，产值 544 万元，人均纯收入 1588 元。

机构改革后，2001 年，人口 27615 人。耕地面积 2975 公顷，林地面积 2627 公顷，农业总产值 5401.3 万元，粮食总产值 12973 吨，人均纯收入 1389 元。

2002 年，桑柘镇总户数 8159 户，总人口为 27932 人。耕地面积 2733 公顷，农业总收入实现 6350 万元，粮食总产量 12906 吨，人均收入 1500 元，人均粮食 500 千克。收购烟叶 2700 吨，产值实现 2500 万元。

2004 年，桑柘镇总户数 7533 户，总人口 27093 人，耕地面积 2723 公顷。第一、二、三产业人员分别为 13694 人、443 人、1486 人。农作物种植面积 6329 公顷，大春作物播种面积 4689 公顷，粮食总产量 17576 吨。烤烟 2000 公顷，烤烟产量 5817.25 吨，产值 2500 万元，居全县第一位。全镇总收入 8143 万元，人均纯收入 1754 元。

经过几年村级机构调整，2005 年年底，桑柘镇辖易家村、东风村、白龙村、烽南村、鹿箐村、大青村、太平村、豆家村、大喜村、尖山村、茶心村 11 个行政村，75 个村民小组；桑柘、青浦、李家 3 个社区居委，36 个居民小组。辖区面积 284.42 平方千米，镇区面积 150 平方千米。总户数 8669 户，总人口 27806 人，其中非农业人口 1243 人。年末实有耕地 2723 公顷，烤烟产量 3693 吨，多年居全县第一位。油菜籽总产量 201 吨，农业总产值 8176 万元。财政总收入 1228 万元，其中本级收入 672 万元。从业人员 15988 人，第一、二、三产业人员分别为 12921 人、583 人、2484 人。农作物种植面积 6455 公顷，大春作物播种面积 4753 公顷，总产量 15956 吨。烤烟 2000 公顷，烤烟总产量 3693 吨，产值 2500 万元。全镇总收入 9229 万元，人均纯收入 2067 元。全镇实现工农业总产值 9000 万元，比 2000 年增长 3000 万元；人均经济收入 5700 元，比 2000 年增长 1800 元；粮食总产量 1.6 万吨，比 2000 年增长 375 吨，人均占有粮食 580 千克，比 2000 年增长 130 千克。人畜饮水工程 15 处，修建水池 29 口，安装饮水管道达 97.4 千米（含入户水管）；完成农村电网改造工程 9 个村；新修村级公路 40 千米，整治维修镇、村公路 200 千米；安装程控电话 14 个村，移动电话覆盖率 100% ；开通光纤电视 8 个村（居）委。11 个村村村通公路、通电话。有初中 1 所，小学 3 所，幼儿园 3 所，卫生院 1 所。

鹿角镇

鹿角镇位于县东南部，东邻诸佛乡，南连鞍子乡和善感乡，西界双龙乡和石盘乡，北接新田乡和桑柘镇。因傍乌江边之鹿角沱而得名。位于北纬 29° 08′ 11″ ~ 29° 15′ 10″，东经 108° 16′ 12″ ~ 108° 19′ 07″。2001 年，全县机构改革，新建鹿角镇，将原属鹿角区管辖的鹿角乡、大园乡的行政区域划为鹿角镇管辖。辖 12 个村民委员会、3 个居民委员会。政府机关设置党政办公室、社会事务办公室、经济发展办公室，农业发展办公室、村建国土办公室、安全监督办公室、财政所、司法所。镇政府驻鹿角沱，距县政府驻地 23 千米。

鹿角镇地居东山盖尾部中山河谷地带，地势南北高，中间低。境内最高峰位于北部东山盖同新田乡交界处，海拔 1396.1 米；最低点位于西北部乌江出境处之沿滩渡口，海拔 220 米。辖区东西最大距离 20 千米，南北最大距离 9 千米。陆地 96.9 平方千米，占 83%；水域 21.4 平方千米，占 17%。人口密度为每平方千米 108 人。境内河流有乌江、诸佛江，其中诸佛江自东部入境，至龙门峡天生桥下汆入地下，伏流 3 千米后入乌江。境内最大的河流为乌江，自南向北流经乌江村、鹿角居委，境内总长 2 千米，流域面积 28 平方千米，年均流量 500 立方米 / 秒。境内地下矿藏有煤、铁、萤石、重晶石、大理石等。其他自然资源有水能资源。鹿角镇境内山峦叠起，溶洞密布，旅游资源十分丰富。有县级文物保护单位“龙门峡”石刻、天生石门、石桥和大小溶洞和乱石坝苗寨等自然人文景观。

1986 年，原鹿角乡辖鹿角、龙门峡、沿滩、周家山、小垭、乌江 6 个村，31 个村民小组。总户数 843 户，总人口 3712 人。辖区面积 45.61 平方千米，海拔高度 340 米。实有耕地面积 421 公顷，粮食总产量 1123 吨，烤烟 97 吨，人均纯收入 264 元。乡政府驻地鹿角沱，距县城 29 千米。原大园乡辖红专、龙家、民建、横路水、水麻溪、兴隆场、王家、正元、水井 9 个村，63 个村民小组。总户数 1543 户，总人口 6373 人。辖区面积 71.92 平方千米，海拔高度 400 米。实有耕地面积 1182 公顷，粮食总产量 2550 吨，烤烟总产量 100 吨，人均纯收入 204 元。乡政府驻地瓦面沟，距县城 46 千米。

1999 年，原鹿角乡总户数 1067 户，总人口 4395 人。粮食总产量 1906 吨，烤烟总产量 250 吨，人均纯收入 1250 元；原大园乡总户数 1927 户，总人口 7159 人，实有耕地面积 1039 公顷，粮食总产量 4779 吨，烤烟总产量 689 吨，人均纯收入 1515 元。

机构改革后，2001 年，鹿角镇总户数 3036 户，总人口 11684 人，其中非农业人口 1781 人。粮食总产量 5056 吨，人均粮食占有量 488 千克。农业生产总值 1411 万元，第二产业 1838 万元，第三产业 167 万元。烟叶总产量 185 吨。财税收入 49 万元，人均纯收入 1134 元。居住有苗族、土家族、彝族 11233 人，占总人口的 96.14%，苗族人口为 8548 人。

2002 年，鹿角镇总户数 3039 户，总人口 11827 人。其中，农业人口 11022 人，非农业人口 805 人。农林主产水稻、玉米、小麦、薯类、豆类等粮食作物和烤烟、油菜、花生等经济作物。生产总值 2025 万元，粮食总产量 4876 吨，人均占有粮食 488 千克。农业总产值 1411 万元，第一、二、三产业产值分别为 1277 万元、87 万元、67 万元，财政收入 115 万元，农民人均纯收入 1455 元。

2003 年，鹿角镇总户数 3545 户，总人口 11532 人。其中，农业人口 10709 人，非农业人口 823 人。耕地面积 1158 公顷（土 999 公顷，田 159 公顷），荒山草坡 1231.9 公顷，林地 8906 公顷。生产总值 2250 万元，粮食总产量 4514 吨，人均占有粮食 417 千克。财政收入 128 万元，农民人均纯收入 1571 元。退耕还林 700 公顷（耕地 300 公顷，荒山 400 公顷）。种植烤烟 400 公顷，收购烟叶 51 万千克，烤烟产值 400 万元，实现烤烟特产税 75.7 万元。粮食作物播种面积 1534 公顷。粮食总产量 4514 吨，人均占有粮食 417 千克。畜牧业产值 400 万元。人均纯收入 1371 元。

2004 年，鹿角镇总户数 3545 户，总人口 12362 人，其中农业人口 10729 人。耕地面积 1128 公顷（田 149 公顷，土 979 公顷）。主产水稻、玉米、小麦、油菜、花生、烤烟、薯类作物和豆类作物。有荒山荒地 1907 公顷，有耕地 4509 公顷。粮食总产量 5712 吨，农民人均粮食占有量 533 千克，财政收入 113 万元，固定资产投资 800 万元，社会消费品零售总额 1215 万元，乡镇企业 2 家，个体工商户 306 户。生产总值 3200 万元，农民人均纯收入 1913 元。

经过几年村级机构调整，2005 年年底，鹿角镇辖周家村、乌江村、红专村、王家村、水麻村、横路村 6 个行政村，43 个村民小组；1 个鹿角社区居委，5 个居民小组。辖区面积 117.53 平方千米，镇区面积 1 平方千米。总户数 3673 户，总人口 11925 人，其中非农业人口 915 人。年末实有耕地

1129 公顷，烤烟产量 378.1 吨，油菜籽总产量 185 吨，农业总产值 3995 万元。财政总收入 842 万元，其中本级收入 486 万元。安装固定电话 1250 台，移动电话 1150 台，电视地面接收装置 105 座，电视覆盖率达 86%。通公路 4 个村，通电话 3 个村。单设中学 1 所，小学 9 所，幼儿园 3 所。卫生院 1 所，村级卫生室 3 个。

黄家镇

黄家镇位于县西南部，东与汉葭镇、朗溪乡相连，南与龙塘乡、贵州省务川自治县接壤，西与润溪乡相连，北与靛水乡毗邻。因该地黄姓人多势大而得名。位于北纬 29° 07′ 21″ ~ 29° 17′ 08″，东经 108° 03′ 06″ ~ 108° 07′ 15″。2001 年，全县机构改革，新建黄家镇，将原属黄家区管辖的上岩西乡、猴栗乡、大厂乡的行政区域划为黄家镇管辖。辖 24 个村民委员会、3 个居民委员会。政府机关设置党政办公室、社会事务办公室、经济发展办公室，农业发展办公室、村建国土办公室、安全监督办公室、财政所、司法所。政府驻黄家坝，距县政府驻地 45 千米。

黄家镇地居渝黔边区大娄山北缘山地，属中低山丘陵河谷地带。境内最高峰官山位于摩围山，海拔 1675.3 米；最低点香楠七罗峡位于长溪河，海拔 320 米。辖区东西最大距离 10.2 千米，南北最大距离 14.2 千米。陆地 93.4 平方千米，占 95.2%；水域 4.7 平方千米，占 4.8%。人口密度为每平方千米 158.6 人。境内河道属长溪河流域。有白沙、黄家坝和长溪 3 条河流。其中长溪河境内流长 12.1 千米，从西南至东北斜贯东部，流域面积 11 平方千米。境内地下矿藏有煤、重晶石、大理石、萤石、方解石及硫铁矿等。文物古迹 2 处（1983 年列为国家重点文物保护单位的洋霍村刘家祖坟和飞水岩石拱桥）。

1986 年，原上岩西乡辖先锋、岩嘴、鹿井、衫树、关门、耙子、红光、新立、漆树坝、燕塘、塘村、严家寨、河村、八一 14 个村，75 个村民小组。总户数 2006 户，总人口 8918 人。辖区面积 50.68 平方千米，海拔高度 560 米。实有耕地面积 1156 公顷，粮食总产量 2995 吨，烤烟 1 吨，人均纯收入 151 元。乡政府驻地黄家坝场，距县城 47.5 千米。原猴栗乡辖金池、香楠、富山、萤河、新加、桐木、高桥 7 个村，25 个村民小组。总户数 749 户，总人口 3195 人。辖区面积 27.08 平方千米，海拔高度 780 米。实有耕地面积 622 公顷，粮食总产量 1290 吨，人均纯收入 163 元。乡政府驻地新房子，距县城 37 千米。原大厂乡辖长岩、楠木坪、川东、木瓦、大厂坝、洋霍槽 6 个村，32 个村民小组。总户数 573 户，总人口 2644 人。辖区面积 60.40 平方千米，海拔高度 1349 米。实有耕地面积 363 公顷，粮食总产量 707 吨，烤烟 110 吨，人均纯收入 155 元。乡政府驻地新场，距县城 58 千米。

1999 年，原上岩西乡总户数 2768 户，总人口 10269 人，实有耕地面积 6059 公顷，粮食总产量 6174 吨，烤烟 158 吨，人均纯收入 1229 元。原猴栗乡总户数 1019 户，总人口 3714 人，实有耕地面积 577 公顷，粮食总产量 2419 吨，烤烟 48 吨，人均纯收入 1155 元。原大厂乡总户数 686 户，总人口 2643 人，实有耕地面积 363 公顷，粮食总产量 1292 吨，烤烟总产量 456 吨，人均纯收入 1170 元。

2001 年，机构改革后，总人口 16775 人，其中农业人口 15886 人。黄家镇以农业为主，粮食作物有玉米、水稻、黄豆和薯类。经济作物以烤烟、油菜为主。林果林木有油桐、生漆、黄柏、杜仲、雪梨、板栗、核桃和橙橘等。金优大米、野生大脚菌闻名。耕地面积 2082.2 公顷（其中田 201.67 公顷）。工农业总产值 3280 万元，其中工业总量 64 万元。工商业收入 108 万元。畜牧业收入 570 万元。居民存款余额 1462 万元，贷款余额 1034 万元。税收 75 万元（农业税 26 万元，其他税 49 万元）。人均占有粮食 703 千克，人均纯收入 1245 元。

2003 年，黄家镇工农业总产值 3922 万元，完成财税征收收入 149 万元，农民人均现金收入 1239 元。烤烟 333 公顷，收购烟叶 578 吨，完成收购值 441 万元，特产税 78 万元。畜牧产值 960 万元。

2004 年，黄家镇工农业总产值 4100 万元，财税征收收入 156 万元，人均纯收入 1800 元。粮食总产量 11731 吨，人均占有粮食 670 千克。烤烟种植面积 280 公顷，收购烟叶 5400 吨，完成收购值 432 万元，特产税 83.4 万元。畜牧业收入 972 万元，劳务收入 161 万元。

经过几年村级机构调整，2005 年年底，黄家镇辖光辉村、漆树村、白沙河村、刘家坪村、大厂坝村、洋藿村、长岩村、鹿井村、金池村、香楠村、新家村、燕子村 12 个行政村，59 个村民小组；组建 1 个先锋社区居委，8 个居民小组。辖区面积 138.16 平方千米，镇区面积 1.20 平方千米。总户数 5216 户，总人口 17238 人，其中非农业人口 926 人。年末实有耕地 1913 公顷，油菜籽总产量 420 吨。粮食总产量 11860 吨，人均占有粮食 720 千克。组建烤烟专业合作社 36 个，烤烟 210.67 公顷，烤烟产量 473 吨，收购烟叶 489 吨，总产值 433.2 万元，税收 79 万元。农业总产值 4284 万元。财政总收入 693 万元，其中本级收入 93 万元。国民生产总值 4829 万元，人均纯收入 2146 元。全年成片造林 246.67 公顷。全年共组织劳务输出 4000 余人。20 个村通程控电话，25 个村通电。新修村道 5 条长 24 千米，维修改造乡道 18 千米，村道 23 千米。公路通村率达 100%，通组率达 80%。生产加工企业 9 家（酒厂 3 家、粮食加工企业 2 家、家具加工企业 4 家），从业人员共计 22 人，创产值 34 万元，创税 2 万元。辖区文化体育事业有龙舞 1 套，锣鼓、唢呐若干套，乐队 1 个，网吧 3 家，茶馆 5 家。通公路 11 个村，通电话 10 个村。中学 1 所，中心校 3 所，村校 9 所，幼儿园 1 所。卫生院 1 所，个体诊所 6 个，农村合作医疗站点 13 个。

普子镇

普子镇位于县北部，东与芦塘乡、联合乡接壤，南与龙射镇、保家镇相邻，西邻棣棠乡、太原乡、石柱自治县马武镇，北邻三义乡、连湖镇。因当地盛产一种叫“土子”的矿物而得名，“土”“普”谐音又取意阳光普照而叫普子。位于北纬 29° 21′ 17″ ~ 29° 38′ 08″，东经 108° 19′ 08″ ~ 108° 23′ 11″。2001 年，全县机构改革，新建普子镇，将原属普子区管辖的普子乡、砂石乡、桐荣乡的行政区域划为普子镇管辖。辖 24 个村民委员会、4 个居民委员会。政府机关设置党政办公室、社会事务办公室、经济发展办公室，农业发展办公室、村建国土办公室、安全监督办公室、财政所、司法所。政府驻地普子坝，距县政府驻地 56 千米。

普子镇地居低山丘陵河谷区，地势东西高，南北低，呈两山夹一槽地形。东面为大坪盖西段，西面为凤凰山南段。主要山脉凤凰山，最高处位于大坪盖梁子顶峰大坪顶，海拔 1542 米；最低点位于普子河出境处，海拔 288 米。辖区东西最大距离 10.8 千米，南北最大距离 20.3 千米。陆地 172.9 平方千米，占 95.6%；水域 6.1 平方千米，占 4.4%。人口密度为每平方千米 162 人。境内河道属郁江流域，主要河道有普子河，从西北至东南流经境内磨家坝、传闻、佘家坝、杨家坝、苏家坝、月亮坝、团坝子、普子坝、秦家坝及太坪沟，长 14.5 千米，流域面积 15.9 平方千米。普子镇以农业为主，粮食作物有玉米、水稻、杂粮。烤烟、畜牧、林业为支柱产业，其他以加工、运输和劳务输出为主，有煤、铁、铝等矿产资源。苏家坝、齐心、青杠等煤矿正在建设中，建成后镇区煤产量预计年产 90 万吨。地方文艺有龙舞、狮舞、玩蚌壳灯、踩高跷、打莲宵、打腰鼓等。普子坝的火龙舞是当地的特色民族文艺，被列为县内非物质文化保护项目。

1986 年，原普子乡辖普光、铺平、永胜、中堡、龙桥、奉家坝、罗漆、春光 8 个村，75 个村民小组。总户数 2152 户，总人口 9485 人。辖区面积 60.01 平方千米，海拔高度 685 米。实有耕地面积 936 公顷，粮食总产量 2449 吨，烤烟总产量 243 吨，人均纯收入 169 元。乡政府驻地普子坝，距县城 55 千米。原砂石乡辖方红、生基堡、关键、罗家坪、砂坪、油坪、水坪、窑厂、桐泉、肖家、新和、太平沟、洞塘、双旗 14 个村，87 个村民小组。总户数 2445 户，总人口 10579 人。辖区面积 75.44 平方千米，海拔高度 595 米。实有耕地面积 963 公顷，粮食总产量 3255 吨，烤烟 183 吨，人均纯收入 147 元。乡政府驻地香树坝，距县城 51 千米。原桐荣乡辖桐丰、胡坪、齐心、茶园坪、劳动、青桐堡 6 个村，54 个村民小组。总户数 1023 户，总人口 5472 人。辖区面积 44.82 平方千米，海拔高度 360 米。实有耕地面积 646 公顷，粮食总产量 1482 吨，烤烟 17 吨，人均纯收入 141 元。乡政府驻地余家坝，距县城 63 千米。

1999 年，原普子乡总户数 2874 户，总人口 10752 人，实有耕地面积 955 公顷，粮食总产量 5491 吨，烤烟总产量 335 吨，人均纯收入 1170 元；原砂石乡总户数 3214 户，总人口 11715 人，实有耕地面积 957 公顷，粮食总产量 5685 吨，烤烟总产量 315 吨，人均纯收入 1038 元。原桐荣乡总户数 1620 户，总人口 5652 人，实有耕地面积 573 公顷，粮食总产量 2920 吨，烤烟总产量 182 吨，人均纯收入 1132 元。

2001 年，机构改革后，人口 28209 人。普子镇生产总值 5898 万元。其中，第一产业 2879 万元，第二产业 2894 万元，第三产业 125 万元。粮食总产量 11456 吨，烟叶总产量 40 万公斤，财政收入 107 万元，农民人均纯收入 1160 元。

2004 年，工农业总产值 6794 万元，粮食总产量 12772 吨，人均粮食 410 千克，人均纯收入 1605 元。种植烤烟 466.7 公顷，收购烟叶 64.75 吨，产值 525 万元，创税 104 万元。畜牧业收入 2200 万元。

经过几年村级机构调整，2005 年年底，普子镇辖普子坝村、大龙村、凤凰村、沙坝村、四会庄村、新坪村、桐泉村、凤山村、石坝子村 9 个行政村，80 个村民小组；鼓田、双桥 2 个社区居委，8 个居民小组。辖区面积 180.27 平方千米，镇区面积 1 平方千米。总户数 8562 户，总人口 28946 人，其中非农业人口 1120 人。年末实有耕地 2294 公顷，粮食总面积 4715.2 公顷。农民人均纯收入 2002 元。烤烟种植面积 502.7 公顷，烤烟产量 856.35 吨，收购烟叶 830 吨，烟农收入同比增加 206 万元，达 715.28 万元，烟农户平均收入 8193 元，人均收入 2276 元，收入万元以上的农户有 190 户。境内有朱山洞、燕家坪、坨田三个发电站，年发电量达到 4950 万千瓦时。畜牧业产值 3970 万元。粮食总面积 4715 公顷，产量 15215 吨，公顷产量 3225 千克。油菜籽总产量 1926 吨，居当年全县第一位。农业总产值 4429 万元。财政总收入 1073 万元，其中本级收入 148 万元。采矿点 1 个，加工业 20 个，商业网点 130 个（百货店 16 个，副食店 12 个，日杂店 15 个，餐饮店 24 个，旅店 6 个，农资店 24 个，维修店 8 个，电器店 8 个，美容美发店 7 个，图书店 4 个，通信器材店 6 个），从业人员 384 人。生产总值 7510 万元。人均纯收入 2002 元。全镇拥有彩电 6402 台，洗衣机 2831 台，电冰箱 1689 台，汽车 172 辆。通公路 8 个村，通车村道里程 114 千米。通电话 5 个村，程控电话 862 部。拥有书店 2 个。单设中学 1 所，中心小学 1 所，完全小学 2 所，村级小学 20 所。卫生院 1 所，村卫生室 12 个。

龙射镇

龙射镇位于彭水自治县西北部，东靠保家镇，南接平安乡，西与武隆县鱼子乡相连，北邻棣棠乡和丰都县都督乡。因境内燕山有一大石形似龙，祈龙王喷水灭火消灾而得名。位于北纬 29° 21′ 09″ ~ 29° 31′ 25″，东经 108° 12′ 16″ ~ 108° 16′ 07″。2001 年，全县机构改革，新建龙射镇，将原高谷区所辖龙射乡、葡萄乡的行政区域划归龙射镇管辖。辖 16 个村民委员会、3 个居民委员会。政府机关设置党政办公室、社会事务办公室、经济发展办公室、农业发展办公室、村建国土办公室、安全监督办公室、财政所、司法所。政府驻地张家坝，距县政府驻地 37 千米。

龙射镇地居普子河及其支流嘉鱼溪右岸，属中低山丘陵地带。地势由西北向东南倾斜，西北部为负形地貌，地表水少。最高处是西北部石桩坡山岭，海拔 1366 米；最低点为东北部普子河出境处，海拔 280 米。平均海拔 800 余米。辖区东西最大距离 15.5 千米，南北最大距离 12.7 千米。陆地 154 平方千米，占 93.8%；水域 10 平方千米，占 6.2%。人口密度为每平方千米 125.8 人。主要河道有米基河、普子河、嘉鱼溪，总长 8 千米。境内最大的河流为普子河，从东北至西南流经境内东方村，长 2 千米，流域面积 20 平方千米，年均流量 450 立方米 / 秒，主要支流有嘉鱼溪。境内地下矿藏有铁、煤、硫黄、大理石、铅等。其中大理石地质储量100亿吨。已经开发的有煤、大理石、铅矿。

1986年，原龙射乡辖胜利、白鹤、沱田、余洞、金龙、板桥、庞家、银木、光辉、永和、大村、钟山12个村，127个村民小组。总户数3489户，总人口14739人。辖区面积90.32平方千米，海拔高度935米。实有耕地面积1732公顷，粮食总产量4594吨，烤烟总产量282吨，人均纯收入160元。乡政府驻地张家坝，距县城37千米。原葡萄乡辖葡萄、棕树、大弯、白果、血柏、香同、沿河7个村，54个村民小组。总户数1215户，总人口5167人。辖区面积70.15平方千米，海拔高度1190米。耕地面积739公顷，粮食总产量1694吨，烤烟总产量39吨，人均纯收入148元。乡政府驻地葡萄坝，距县城49千米。

1999年，原龙射乡总户数3989户，总人口16119人，实有耕地面积1641公顷，粮食总产量9245吨，烤烟总产量887吨，人均纯收入930元；原葡萄乡总户数1536户，总人口5298人，实有耕地面积710公顷，粮食总产量2860吨，烤烟总产量211吨，人均纯收入713元。

2001年，机构改革后，总人口21685人，其中苗族16000人。粮食主产玉米、稻谷、小麦、豆类、薯类及杂粮。经济作物有烤烟、油菜、青麻等。林产品有茶叶、桐油、梓油等，盛产柑橘等水果。建有水库8座，塘38口，自来水厂1座，水泥、酿酒、水电、制茶、机具、造纸等厂。生产总值6450万元，人均2141元。其中，第一产业2920万元，第三产业1617万元。粮食14659吨，财税收入383万元，财政支出720万元，农民人均纯收入1269元。

2003年，龙射镇种植烤烟643.34公顷，收购烟叶68.5万公斤，实现产值510万元，税收105万元。粮食总产9657吨，人均占有粮食456千克。畜牧业产值650万元。桑树10公顷，养蚕100张，产茧2.5吨，实现产值10万元。产业结构调整，共种植山葵26.67公顷、半夏3.3公顷、黄连3.3公顷、天麻3.3公顷、山茱萸66.67公顷。全年完成工商税22.5万元，农业税57万元，烤烟特产税103万元，财政收入182.5万元。

经过几年村级机构调整，2005年年底，龙射镇辖东方村、大地村、银木村、永和村、钟山村、葡萄村、沿河村、凉风村、白果村9个行政村，64个村民小组；1个胜利社区居委，12个居民小组。辖区面积160.47平方千米，镇区面积0.60平方千米。总户数6117户，总人口22288人，其中非农业人口340人。年末实有耕地2652公顷，油菜籽总产量530吨。烤烟面积557.33公顷，烤烟产量655.45吨，收购烟叶728吨，完成烤烟税收138.4万元。农业总产值3784万元。全年国民生产总值6108万元。财政总收入515万元，其中本级收入106万元。2个村能收看光纤电视，电视覆盖率为56%。农用电网覆盖32个村，283个组，电网覆盖100%。通公路9个村，通电话8个村。单设中学2所（职业高中1所，完全中学1所），小学2所，幼儿园2所。卫生院1所，村级卫生室16个。

连湖镇

连湖镇位于彭水自治县东北部，东连黔江区白石乡，东南连黔江区黑溪镇，南接石柳乡，西南接联合乡，西邻普子镇、三义乡，西北邻三义乡，北与湖北利川市文斗区接壤，东北靠黔江区白石乡。因连接湖北边界而得名。位于北纬28°57′33″～29°41′28″，东经108°26′15″～109°40′26″。2001年，全县机构改革，新建连湖镇，管辖原连湖乡所辖行政区域，辖11个村民委员会、3个居民委员会。政府驻乐地坝，距县城69千米。政府机关设置党政办公室、社会事务办公室、经济发展办公室、农业发展办公室、村建国土办公室、安全监督办公室、财政所、司法所。

连湖镇地居大坪盖东坡后江河两岸中低山河谷地带，山多、岭大、谷深是其显著的地理特点，地势周高中低。最高处黑门箐海拔1563米，最低点南部朱罗坝海拔仅310米。202省道、黔（江）石（柱）路穿境而过，202省道18千米，黔石路（县道）16千米。辖区东西最大距离9.8千米，南北最大距离8.3千米。陆地69.4平方千米，占95.1%；水域3.6平方千米，占4.9%。人口密度为每平方千米 303 人。主要河道有一级河郁江河 1 条，总长 18 千米。境内最大的河流为郁江河，从东北至西南流经境内桐木、多家、樱桃、乐地、茅坪、回龙、安乐，长 18 千米，流域面积 3.6 平方千米，年均流量 500 立方米 / 秒。境内地下矿藏有煤、铁、高钙石灰石等。农业以粮食作物水稻、玉米、薯类为主，畜牧业以生猪、山羊、家禽为主，另以劳务输出等为支柱产业。

1986 年，原连湖乡辖乐池、桐林、茶园、安乐、多家、中合、沙河、桐木坪、马星、樱桃、中心、回龙寺、茅坪、白水 14 个村，150 个村民小组。总户数 3385 户，总人口 15874 人。辖区面积 72.06 平方千米，海拔高度 380 米。实有耕地面积 1079 公顷，粮食总产量 5600 吨，烤烟 71 吨，人均纯收入 145 元。乡政府驻地乐地坝，距县城 69 千米。

1999 年，原连湖乡总户数 4846 户，总人口 18930 人，实有耕地面积 997 公顷，粮食总产量 8333 吨，烤烟 63 吨，人均纯收入 1229 元。

2001 年，机构改革后，人口 19200 人。连湖镇国民生产总值 5130.72 万元，工、农、企业收入比为 1 ∶ 147 ∶ 64。农业收入总量 1650.8 万元（粮食 882.7 万元，经济作物 143.15 万元，其他农业收入 624.95 万元），人均占有粮食 569 千克，人均年收入 1289 元。畜牧业产值 1067.22 万元。有商业网点 251 个，从业人员 473 人，实现营业额 734 万元。贷款余额达 286 万元，存款余额达 256 万元。

2003 年，连湖镇人均经济纯收入 1608 元。粮食总产量 9000 吨，人均增产粮食 50 千克。人均畜牧业产值 1200 元。存款余额达到 500 万元、贷款余额达到 440 万元。

2004 年，粮食总产量 9578 吨，人均增产粮食 50 千克。烤烟总产量 19 吨，畜牧业产值 3000 万元，人均实现畜牧业产值 1500 元，实现销售收入 1224 万元。

经过几年村级机构调整，2005 年年底，连湖镇辖桐木坪村、樱桃村、回龙村、茅坪村、多家村 5 个行政村，51 个村民小组；乐地、2 个安乐社区居委，16 个居民小组。辖区面积 72.06 平方千米，镇区面积 0.9 平方千米。总户数 5037 户，总人口 18766 人。其中，苗族 8644 人，土家族 7728 人。非农业人口 241 人。年末实有耕地 994 公顷。耕地面积 982.87 公顷（田面积 514 公顷，土面积 468.87 公顷）。固定资产 1800 万元，商品消费零售总额 4130 万元，总产值 3000 万元，增加值 120 万元，营业收入 3600 万元，利润 180 万元，创税 90 万元。粮食总产量 10295 吨，农业总产值 4755 万元。商业网点 280 个（百货 126 个，综合、副食超市 3 个，副食日杂店 88 个，餐饮店 19 个，维修店 13 个，美容美发店 7 个，书店 2 个，废旧物资收购店 2 个，农资经营店 16 个，旅馆 4 个）。从业人员 600 余人。油菜籽总产量 265 吨，农业总产值 3520 万元。财政总收入 416 万元，其中本级收入 30 万元。国民生产总产值 9600 万元，人均纯收入 2200 元。通公路 5 个村，村道 181 千米。通电话 5 个村，电子通信公司 2 户，电视覆盖率 44%，开通程控电话，总装机容量 1000 门，有线程控电话 1350 部，移动电话手机 1500 多部。通公路 9 个村。单设中学 1 所，中心校 1 所，村级小学 10 所，幼儿园 2 所。卫生院 1 个，村级卫生室（站）15 个。

第二节　乡

靛水乡

靛水乡位于彭水苗族土家族自治县西南部，东邻汉葭镇，南接黄家镇，西与武隆文复乡相连，北靠高谷镇。因其地早年有靛蓝色地下水渗出而得名。位于北纬 29° 11′ 16″ ~ 29° 17′ 06″，东经 108° 05′ 14″ ~ 108° 15′ 21″。2001 年，全县机构改革，除靛水乡管辖范围外，将原汉葭区管辖的火石乡、文武乡的行政区域划为靛水乡管辖。辖 28 个村民委员会。政府机关设置党政办公室、社会事务办公室、经济发展办公室，农业发展办公室、村建国土办公室、安全监督办公室、财政所、司法所。政府驻地靛水坝，距县政府驻地 10 千米。

靛水乡地居乌江左岸，属中低山丘陵槽坝区，地势南高北低。地形分为丘陵、向斜槽地。主要山脉有摩围山，境内最高峰土地坳位于火石垭居委 7 组海拔 1595 米；最低点亭子坝位于张家坝居委 1 组海拔 410 米。辖区东西最大距离 14.5 千米，南北最大距离 20.6 千米。陆地 169.4 平方千米，占 99.0%；水域 2.3 平方千米，占 1.0%。人口密度为每平方千米 148.8 人。境内地下矿藏有煤、铁、硫黄、方解石、石棉等。其中，方解石储量 3700 万吨，地质储量 5000 万吨。其他自然资源有银杏、柳杉、柏香等珍贵林木；有野猪、獐子、荒狗等珍稀动物。

1986 年，原靛水乡辖靛水、新胜、朝阳、张家坝、迎风、金竹园、五湖桥、板栗、肖家坝、古文、前进、龙洞、艾家坪 13 个村，102 个村民小组。总户数 3052 户，总人口 12375 人。辖区面积 74.45 平方千米，海拔高度 410 米。实有耕地面积 983 公顷，粮食总产量 4070 吨，人均纯收入 207 元。乡政府驻地靛水坝，距县城 17 千米。原火石乡辖友谊、连心、白鱼、天井、前锋、场沟、石坝子、福尔、大沱 9 个村，53 个村民小组。总户数 1189 户，总人口 5112 人。辖区面积 55.30 平方千米，海拔高度 786 米。实有耕地面积 405 公顷，粮食总产量 1800 吨，烤烟总产量 96 吨，人均纯收入 222 元。乡政府驻地火石垭，距县城 24 千米。原文武乡辖黄沙、阳光、香树、桂花树、文武、新田坡 6 个村，43 个村民小组。总户数 1161 户，总人口 4739 人。辖区面积 54.56 平方千米，海拔高度 780 米。实有耕地面积 634 公顷，粮食总产量 1937 吨，烤烟 217 吨，人均纯收入 238 元。乡政府驻地黄沙井，距县城 27 千米。

1999 年，原靛水乡总户数 3330 户，总人口 12571 人，实有耕地面积 808 公顷，粮食总产量 5340 吨，烤烟总产量 115 吨，人均纯收入 1171 元；原火石乡总户数 1554 户，总人口 5376 人，实有耕地面积 405 公顷，粮食总产量 2764 吨，烤烟 325 吨，人均纯收入 1132 元。原文武乡总户数 1498 户，总人口 5198 人，实有耕地面积 623 公顷，粮食总产量 2430 吨，烤烟总产量 393 吨，人均纯收入 1265 元。

2001 年，机构改革后，人口 23247 人，其中劳动力人口 12360 人。耕地面积 1826.67 公顷，林地 4253 公顷，草地 3333 公顷。国民生产总值 3661 万元。林产品 15 万元，牧业产品 905 万元，渔业产品 5 万元，工业产品 49.9 万元，建筑业 59 万元，运输业 35 万元，商饮业 42 万元，服务业 20 万元。农业收入总量 2528 万元，粮食 1209 万元，油菜 59 万元，烤烟 367 万元，土烟 27 万元，青菜头 37 万元，干辣椒 67 万元，大蒜 12.8 万元，各种水果 8.4 万元，蔬菜 230 万元。工商税 16 万元，营业税 7 万元，个人所得税 2 万元，屠宰税 3 万元，农业税 26 万元，烤烟税 41 万元，其他收入 3 万元。全年人均收入 1200 元。

2002 年，靛水乡国民生产总值 4103 万元，农民人均纯收入 1452 元。财政收入 163.3 万元，本级财政收入 163.3 万元。新建桑园 141.48 公顷，实现产茧 11384 千克，产值 10.5 万元。新修村组公路 35 千米，铺设水管 5 千米。

2003 年，靛水乡总人口 23968 人，其中劳动力人口 12499 人。国民总产值 4600 万元，固定资产投资 1500 万元，农民人均纯收入 1532 元。烤烟 501.2 公顷，收购烟叶 690 吨。耕地 1825 公顷，林地 9660 公顷，森林覆盖率 56.5%。

2004 年，靛水乡总人口 24901 人，其中劳动力人口 12496 人。苗族土家族 11344 人，占人口总数的 45.56%。国民生产总值 5200 万元，实现税收 200 万元，人均纯收入 1655 元。烤烟 453.53 公顷，烤烟总产量 693.15 吨，居全县第三位，收购烟叶 684 吨，实现产值 554.6 万元。粮食播种面积 2335 公顷，实现粮食总产量 10571 吨，人均占粮食 510 千克。蚕种 506 张，产茧 17.2 吨，产茧收入 19 万元。

经过几年村级机构调整，2005 年年底，靛水乡辖张家坝村、靛水村、前进村、新田坡村、黄沙村、桂花村、火石村、天井村、大坨村、长沟村、古文村、五湖村、肖坝村、新胜村、朝阳村 15 个行政村，91 个村民小组。辖区面积 184.31 平方千米，镇区面积 0.20 平方千米。总户数 6731 户，总人口 23535 人，其中非农业人口 415 人。年末实有耕地 1435 公顷，种植烤烟 468 公顷，烤烟产量 251 吨，收购烟叶 643 吨，实现产值 565.9 万元。油菜籽总产量 530 吨。蚕种 800 张，产茧 23.25 吨，产茧收入 31.85 万元。农业总产值 5024 万元。财政总收入 797 万元，其中本级收入 168 万元。国民生产总值 6600 万元，人均纯收入 1985 元。新发展个体工商户 7 户，实现乡镇企业增加值 985 万元。24 个村通公路，14 个村通电话，15 个村安装自来水，程控电话 2688 部，移动电话 2822 部，移动通信覆盖率达 100%。单设中学 1 所，中心小学 1 所，村级小学 20 所，卫生院 3 所。

岩东乡

岩东乡位于彭水自治县中部，东与新田乡接壤，南与万足乡相连，西接汉葭镇，北连保家镇。因清朝初年以犀角岩为点划政区，犀角岩以东称岩东，犀角岩以西名岩西，该地位于岩东而得名。位于北纬 29° 17′ 13″ ~ 29° 21′ 12″，东经 108° 14′ 16″ ~ 108° 18′ 08″。2001 年，全县机构改革。政府机关设置党政办公室、社会事务办公室、经济发展办公室、农业发展办公室、村建国土办公室、安全监督办公室、财政所、司法所。政府驻地大堰塘，距县政府驻地 17 千米。

岩东乡地居中低山丘陵地带，东西两边均为中山大岭，地形以丘陵为主。境内最高点位于堰塘村盖坪片区，海拔 1472.1 米；最低点位于河坝村周家坝，海拔 350.0 米。辖区东西最大距离 8.5 千米，南北最大距离 12.9 千米。陆地 66.4 平方千米，占 91%；水域 6.6 平方千米，占 9%。人口密度为每平方千米 177.8 人。境内河道有周家坝河、牟家沟、石家溪、小溪河、大坝河等河流。境内最大的河流为周家坝河，从北东至西南流经境内堰塘、下坝村，长 5.2 千米，流域面积 36 平方千米，年均流量 23 立方米 / 秒。境内地下矿藏有煤、铁等。

1986 年，原岩东乡辖堰塘、下坝、岍山、绕旗、山峰、环坡、河坝、盖坪 8 个村，74 个村民小组。总户数 2246 户，总人口 9452 人。辖区面积 72.40 平方千米，海拔高度 895 米。实有耕地面积 885 公顷，粮食总产量 3262 吨，烤烟总产量 17 吨，人均纯收入 172 元。乡政府驻地大堰塘，距县城 9 千米。

1999 年，原岩东乡总户数 2738 户，总人口 10245 人，实有耕地面积 885 公顷，粮食总产量 5581 吨，烤烟 112 吨，人均纯收入 1065 元。

2001 年，机构改革后，岩东乡总户数 2859 户，总人口 10240 人。国民生产总值 2365 万元，工业总产值 418 万元，农业总产值 1915.4 万元，乡镇企业总产值 1.6 万元。农业收入 1339 万元。烤烟收入 36 吨，产值 25.2 万元。年人均纯收入 1140 元。有商业个体户 65 个，主要以百货、副食、医药、农副产品推销为主，每年为国家创税 10500 元。养猪场 1 个，南江黄羊饲养场 1 个。

2002 年，国民生产总值 2097 万元，粮食总产 4824 吨，人均粮食收入 475 千克，人均纯收入 1300 元。

2003 年，烤烟产量 42874.5 千克，实现财政收入 48020 元。发展花生、红苕、洋芋、迟糯玉米、蔬菜等，总产值收入 1576 万元，农民公顷收入 5250 元。医疗站点 8 个。

2004 年，国民生产总值 2856 万元，财政收入 175 万元，人均纯收入 1665 元。粮食总产量 6367 吨，人均占有粮食 625 千克。烤烟产量 45275.5 千克，财政收入 72850 元。

经过几年村级机构调整，2005 年年底，岩东乡辖堰塘村、河坝村、下坝村、岍山村 4 个行政村，40 个村民小组。辖区面积 72.40 平方千米，镇区面积 0.40 平方千米。总户数 2936 户，总人口 10380 人，其中非农业人口 234 人。年末实有耕地 767 公顷，粮食总产量 6150 吨，人均粮食 608 千克，人均纯收入 2095 元。畜牧业产值 750 万元，人均产值 700 余元。烤烟 40 公顷，烤烟产量 60 吨，产值 48 万元。油菜籽总产量 168 吨。农业总产值 3249 万元。财政总收入 336 万元，其中本级收入 10 万元。

新建岈山移动通信基站 1 个，全乡固定电话 870 门，移动、联通无线通信基站 3 个，实现通信覆盖全乡。闭路电视、照明用电、电话、公路村村通。中心小学 2 所，村级小学 9 所。卫生院 2 所。

鹿鸣乡

鹿鸣乡位于县西北部，东与平安乡接界，南邻高谷镇，西与武隆沧沟乡接壤，北邻武隆县鱼子乡，东北连接龙射镇。因早年境内山林多野鹿，每得食而相呼，取其恩义之意而得名。位于北纬 29° 26′ 17″ ~ 29° 27′ 22″，东经 108° 04′ 16″ ~ 108° 08′ 19″。2001 年，全县机构改革，除原鹿鸣乡管辖范围外，将原高谷区所辖合理乡的行政区域划为鹿鸣乡管辖，辖 19 个村民委员会。政府机关设置党政办公室、社会事务办公室、经济发展办公室、农业发展办公室、村建国土办公室、安全监督办公室、财政所、司法所。乡政府驻牛岈铺，距县政府驻地 28 千米。

鹿鸣乡地居花塔梁子南西段、木棕河左岸中低山丘陵地带，地势沿东西两面平缓下降。地形分为丘陵、槽地。境内最高点位于漆园，海拔 1619 米；最低点位于木棕河出境处，海拔 230 米。辖区东西最大距离 10.2 千米，南北最大距离 14.3 千米。陆地 131.9 平方千米，占 98.9%；水域 1.4 平方千米，占 1.1%。人口密度为每平方千米 114.9 人。境内河道属乌江流域，境内主要河流有木棕河、沿仓河，河流总长 12 千米。木棕河自北向南与沿仓河汇合后，流经 1 千米后出境注入乌江。境内地下矿藏有煤。

1986 年，原鹿鸣乡辖万年、衡平、红岩、回龙、龙田、万峰、双枫、大塘、双联、马金、万岁、向家 12 个村，94 个村民小组。总户数 2424 户，总人口 10857 人。辖区面积 79.23 平方千米，海拔高 829 米。实有耕地面积 1073 公顷，粮食总产量 3137 吨，烤烟 93 吨，人均纯收入 139 元。乡政府驻地牛岈铺，距县城 32 千米。原合理乡辖凉水、合理、桂林、漆园、英雄、新分、焦家坝 7 个村，53 个村民小组。总户数 1119 户，总人口 5047 人。辖区面积 51.44 平方千米，海拔高度 1082 米。实有耕地面积 594 公顷，粮食总产量 1321 吨，烤烟 135 吨，人均纯收入 143 元。乡政府驻地洞湾，距县城 39 千米。

1999 年，原鹿鸣乡总户数 3181 户，总人口 12045 人，实有耕地面积 1272 公顷，粮食总产量 6889 吨，烤烟 255 吨，人均纯收入 1283 元；原合理乡总户数 1454 户，总人口 5254 人，实有耕地面积 752 公顷，粮食总产量 3033 吨，烤烟总产量 240 吨，人均纯收入 797 元。

2001 年，机构改革后，总人口 17431 人。实现工农业总产值 2483.32 万元，粮食总产量 5751 吨，人均占有粮食 335 千克。财政收入 81 万元，农民人均纯收入 1200 元。

2002 年，粮食总产量 9004 吨，人均占有粮食 523 千克，烤烟创税 33.3 万元，烟农单项收入 187 万元。畜牧业产值 750 万元，占农业总产值的 42.7%，新蚕桑基地村，蚕农当年收入 4.73 万元。全乡乡镇企业产值 1880 万元，营业收入 1742 万元，创税 80 万元。

2003 年，工农业总产值 3482 万元，现金收入 1440 万元，农民人均纯收入 2600 元。收烤烟 483.62 吨，烤烟创税 69.43 万元，烟农单项收入 374 万元。畜牧业产值 1208 万元，占农业总产值 34.60%。

2004 年，粮食总产量 8755 吨，人均占有粮食 500 千克。全乡收购烤烟 369.82 吨，产值 264.7 万元。蚕桑生产创产值 11.8 万元。财政税收 78 万元。

经过几年村级机构调整，2005 年年底，鹿鸣乡辖万年村、双枫村、龙田村、红岩村、合理村、焦家坝村、英雄村、向家村、马金村、漆园村 10 个行政村，58 个村民小组。辖区面积 130.67 平方千米，镇区面积 0.05 平方千米。总户数 4373 户，总人口 17809 人，其中非农业人口 308 人。年末实有耕地 2002 公顷，粮食产量 9442 吨，人均占有粮食 524 千克，烤烟产量 295.35 吨，收购烤烟 302.25 吨，烤烟产值 261.6 万元。油菜籽总产量 404 吨，农业总产值 3203 万元。财政总收入 475 万元，其中本级收入 46 万元。通公路 10 个村，通电话 9 个村。有初中 1 所，小学 4 所，幼儿园 5 所。卫生院 1 所，村级卫生室 10 个。

平安乡

平安乡位于彭水自治县西北部，东与汉葭镇相邻，南连汉葭镇、高谷镇，西接鹿鸣乡，北邻龙射镇。因该地水灾频繁，为祈保平安而得名。位于北纬 28° 28′ 21″ ~ 29° 31′ 18″，东经 108° 08′ 15″ ~ 108° 09′ 21″。2001 年，全县机构改革。政府机关设置党政办公室、社会事务办公室、经济发展办公室、农业发展办公室、村建国土办公室、安全监督办公室、财政所、司法所。乡政府驻平安寺，距县政府驻地 34 千米。

平安乡地居雷公盖西侧中低山丘陵地带，地势北、东、南三面高，中多岗陵，坝地长达 11 千米，形如竹枧。最高点位于北部后槽北坡，海拔 1340 米；最低点位于西部河渗塘，海拔 700 米。辖区东西最大距离 8 千米，南北最大距离 12 千米。陆地 70.9 平方千米，占 95%；水域 3.7 平方千米，占 5%。人口密度为每平方千米 175 人。境内地下矿藏有煤、铁等。

1986 年，原平安乡辖平安、麒麟山、大竹、学堂坪、新场、冠子、长坪、杨坪、合林、冉水、鹿平、楼房 12 个村，95 个村民小组。总户数 2435 户，总人口 10388 人。辖区面积 73.64 平方千米，海拔高度 722 米。实有耕地面积 1188 公顷，粮食总产量 2943 吨，烤烟 143 吨，人均纯收入 135 元。乡政府驻地平安寺，距县城 48 千米。

1999 年，原平安乡总户数 3115 户，总人口 11691 人，实有耕地面积 1126 公顷，粮食总产量 6055 吨，烤烟总产量 289 吨，人均纯收入 1046 元。

机构改革后，2001 年，全乡粮食总产量 5223 吨，人均占有粮食 450 千克，农村经济收入 1480 万元，畜牧业产值 350 万元，人均纯收入 650 元。

2002 年，粮食总产量 4650 吨，人均占有粮食 401 千克，农村经济收入 2062.39 万元，净收入 1263.92 万元，人均纯收入 1680.37 万元。

2004 年，粮食总产量 6167 吨，烤烟总产量 197.9 吨。

经过几年村级机构调整，2005 年年底，平安乡辖平安村、鹿平村、大竹村、长坪村、杨坪村、楼房村 6 个行政村，51 个村民小组。土地面积 7364 公顷，镇区面积 2 公顷，总户数 3268 户，总人口 12084 人，其中非农业人口 208 人。年末实有耕地 1122 公顷，粮食产量 6535 吨，人均占有粮食 538 千克。烤烟产量 205 吨，产值 172 万元。油菜籽总产量 232 吨，畜牧业收入 680 万元。农业总产值 3577 万元。财政总收入 411 万元，其中本级收入 33 万元。通公路 5 个村，通电话 4 个村。小学 2 所、幼儿园 2 所。卫生院 1 所，村级卫生室 7 个。

棣棠乡

棣棠乡位于县北部，东靠普子镇，南接龙射镇，西邻丰都县都督乡和石柱自治县万宝乡，北连太原乡。因相传境内有名为坨田的地方，附近有一口塘，塘边上的土地盛产棉花，每年花蕾开放时雪白一片，后经文人修饰，取《诗·小雅》中棣棠之花意而得名。位于北纬 29° 25′ 17″ ~ 29° 36′ 21″，东经 108° 13′ 24″ ~ 108° 16′ 26″。2001 年，全县机构改革，棣棠乡辖区面积 91 平方千米。政府机关设置党政办公室、社会事务办公室、经济发展办公室、农业发展办公室、村建国土办公室、安全监督办公室、财政所、司法所。政府驻地花地棠，距县政府驻地 48 千米。

棣棠乡地居中山地带，地势东西均为高山，中间为丘陵、槽谷。境内最高峰位于天蒜坨，海拔 1453 米；最低点位于云木陶家坝院子，海拔 400 米。辖区东西最大距离 10 千米，南北最大距离 13 千米。陆地 83 平方千米，占 91.2%；水域 8 平方千米，占 8.8%。人口密度为每平方千米 130.6 人。

境内河道属郁江大流域。境内唯一河流棣棠河，从西向东流经境内四坪、黄泥、牌楼3个村，长22千米，流域面积23.4平方千米。境内矿产资源有煤、铜、石灰石等。其他自然资源有生物资源，有爬岩鱼、鲫壳鱼、土鱼、团鱼、细鳞鱼、娃娃鱼等。

1986年，原棣棠乡辖黄泥、干溪、学堂、四合、云木、地塘、园田、永华、四平、瓦屋、牌楼11个村，93个村民小组。总户数2235户，总人口9829人。辖区面积89.89平方千米。实有耕地面积967公顷，粮食总产量3045吨，烤烟总产量88吨，人均纯收入143元。乡政府驻地花棣棠，海拔高度700米，距县城48千米。

1999年，原棣棠乡总户数2968户，总人口11129人，实有耕地面积965公顷，粮食总产量5615吨，烤烟286吨，农民人均纯收入1195元。

2001年，机构改革后，国民生产总值883.50万元，人均产值1740元。粮食3423吨，烤烟135.5吨，财税收入34万元，农民人均纯收入1100元。

2002年，粮食总产量3500吨，畜牧业产值700万元。

2004年，粮食总产量6167吨，人均占有粮食700千克，产值2421万元。财税收入66万元，畜牧业产值1100万元。人均纯收入1732元。

经过几年村级机构调整，2005年年底，棣棠乡辖黄泥村、四坪村、牌楼村、四合村4个行政村，32个村民小组。辖区面积89.89平方千米，镇区面积0.60平方千米。总户数6117户，总人口22288人，其中非农业人口310人。年末实有耕地2652公顷，粮食总产量7890吨，人均粮食占有量650千克，产值2421万元。畜牧业产值1100万元，烤烟产量280.1吨，产值280万元，创税54万元。油菜籽总产量530吨，农业总产值3784万元。财政总收入515万元，其中本级收入106万元。农民人均纯收入1932元。通公路9个村，通电话8个村。有完全小学1所，幼儿园3所。有乡卫生院1所，村合作医疗点4个。

太原乡

太原乡位于彭水自治县北部，东接普子镇，东南靠普子砂石，南连棣棠乡，西南靠丰都都督，西、北两面与石柱自治县龙潭乡、马武镇为邻。因此地曾盛产蔬菜，人称菜园坝，后谬传为太原坝而得名。位于北纬29° 42″ 11″ ~ 29° 51′ 16″，东经108° 16′ 15″ ~ 108° 36′ 16″。2001年，全县机构改革。政府机关设置党政办公室、社会事务办公室、经济发展办公室、农业发展办公室、村建国土办公室、安全监督办公室、财政所、司法所。乡政府驻地太原坝，距县政府驻地65千米。

境内最高峰位于花园村花院子，海拔1859.6米；最低点为花园村花院子，海拔675米。辖区东西最大距离9.5千米，南北最大距离10.5千米。陆地68.5平方千米，占89%；水域8.5平方千米，占11%。人口密度为每平方千米174人。境内河道属长江流域。主要溪流有马骡河、埃溪河、清溪沟。太原河，龙泉溪，高桥河，王家沟，板凳沟，麻坝沟等11条水流均发源于东西山麓，形成一个天然的灌溉渠道网。境内地下矿藏有铜、铁、大理石等。

1986年，原太原乡辖狮子坝、英光、香树坝、旗帜、碾房、小坝子、区阳、官庄8个村，90个村民小组。总户数2415户，总人口10446人。辖区面积99.23平方千米，海拔高度694米。实有耕地面积907公顷，粮食总产量3024吨，人均纯收入147元。乡政府驻地太原坝，距县城65千米。

1999年，原太原乡总户数3143户，总人口11471人，实有耕地面积918公顷，粮食总产量6242吨，烤烟总产量154吨，农民人均纯收入1212元。

2004年，粮食总产量5907吨，烤烟总产量91.15吨，油料总产量193吨，肉类总产量859吨。

经过几年村级机构调整，2005年年底，太原乡辖麒麟村、花园村、高桥村、区阳村4个行政村，34个村民小组。辖区面积99.23平方千米，镇区面积0.04平方千米。总户数6117户，总人口22288

人，其中非农业人口 310 人。年末实有耕地 2652 公顷，烤烟产量 118.75 吨，油菜籽总产量 530 吨，农业总产值 3784 万元。财政总收入 515 万元，其中本级收入 106 万元。通公路 9 个村，通电话 8 个村。小学 2 所，幼儿园 3 所，卫生院 1 所。

三义乡

三义乡位于彭水自治县北部，南接连湖镇、普子镇，西与石柱自治县马武镇相连，东北与湖北利川市文斗乡接壤。因民国时取三民主义之意而得名。位于北纬 29° 35′ 21″ ~ 29° 43′ 15″，东经 108° 22′ 11″ ~ 108° 23′ 09″。2001 年，全县机构改革。政府机关设置党政办公室、社会事务办公室、经济发展办公室、农业发展办公室、村建国土办公室、安全监督办公室、财政所、司法所。政府驻小坝子，距县政府驻地 65 千米。

三义乡地居大坪盖北段，属中低山丘陵区，东有谭山梁子向西倾斜，西有清明山和满家梁子向东倾斜，为北南走向的两条大山岭，狭长平行，向斜成槽。地势东西高南北低。境内最高峰位于东部谭山梁子，海拔 1682 米；最低点位于南部普子河汆入大龙桥处，海拔 430 米。辖区东西最大距离 10.3 千米，南北最大距离 11.2 千米。陆地 68.1 平方千米，占 91%；水域 6.7 平方千米，占 9%。人口密度为每平方千米 93.7 人。境内河道属郁江流域。马武河自西北至西南流经莲花村，长 2.3 千米，汇入普子河。境内地下矿藏有煤矿、铁、铜、锰、硫黄等。

1986 年，原三义乡辖灯塔、天峰、黄龙、斑竹、骑龙、方井、平阳、洋霍、杉木、莲花 10 个村，69 个村民小组。总户数 1456 户，总人口 6136 人。辖区面积 78.72 平方千米，海拔高度 620 米。实有耕地面积 870 公顷，粮食总产量 1825 吨，烤烟总产量 167 吨，农民人均纯收入 148 元。乡政府驻地小坝子，距县城 74 千米。

1999 年，原三义乡总户数 1919 户，总人口 6513 人，实有耕地面积 793 公顷，粮食总产量 3736 吨，烤烟 448 吨，农民人均纯收入 1301 元。

2004 年，粮食总产量 3592 吨，烤烟总产量 622 吨，肉类总产量 585 吨。

经过几年村级机构调整，2005 年年底，三义乡辖小坝村、龙竹村、龙洋村、弘升村、五峰村、莲花村 6 个行政村，辖 29 个村民小组。辖区总面积 44.82 平方千米，镇区面积 0.08 平方千米。总户数 2116 户，总人口 6851 人，其中非农业人口 68 人。年末实有耕地 771 公顷，烤烟产量 803.35 吨。农业总产值 4163 万元。财政总收入 298 万元，其中本级收入 151 万元。通公路 6 个村，通电话 6 个村。有小学 1 所，幼儿园 1 所，村卫生室 5 个。

联合乡

联合乡位于彭水自治县东北部，东邻石柳乡，南与郁山镇和芦塘乡接壤，西连普子镇，北接连湖镇。因 1951 年从郁山镇、亲邻乡、周南乡各析出一部分联合组成之意而得名。位于北纬 29° 25′ 19″ ~ 29° 35′ 15″，东经 108° 25′ 25″ ~ 108° 27′ 21″。2001 年，全县机构改革。政府机关设置党政办公室、社会事务办公室、经济发展办公室、农业发展办公室、村建国土办公室、安全监督办公室、财政所、司法所。乡政府驻地蔡家坝，距县政府驻地 60 千米。

联合乡地处大坪盖东，茶林盖以西，北部在后江河右岸，南部地跨后江河两岸。地势东、西高。境内最高海拔 1367.9 米，最低海拔 261 米。辖区东西最大距离 7.5 千米，南北最大距离 9 千米。陆地 60.5 平方千米，占 94.5%；水域 3.5 平方千米，占 5.5%。人口密度为每平方千米 260 人。境内河道属长江流域。后江河自北部入境后，先沿东界南流，中贯南部全境，再折转向南曲流出境，境内全长 5 千米。境内地下矿藏有煤炭、铁矿和石英砂等。境内有 500 千瓦水电站一座。

1986 年，原联合乡辖蔡家坝、高家、青盘、塘心、石柱、麒麟寺、大坪、黄蜡、三门、三合、庙坝、广东、茨坝、同心 14 个村，139 个村民小组。总户数 2789 户，总人口 12110 人。辖区面积 68.66 平方千米，海拔高度 291 米。实有耕地面积 846 公顷，粮食总产量 3529 吨，烤烟总产量 147 吨，人均纯收入 159 元；乡政府驻地蔡家坝，距县城 55 千米。

1999 年，原联合乡总户数 3535 户，总人口 13095 人，实有耕地面积 831 公顷，粮食总产量 576 吨，烤烟总产量 295 吨，农民人均纯收入 1263 元。

2004 年，粮食总产量 7470 吨，烤烟总产量 110.5 吨，油料总产量 129 吨，肉类总产量 723 吨。

经过几年村级机构调整，2005 年年底，联合乡辖龙池村、同连村、河东村、蔡家坝村 4 个行政村，25 个村民小组。辖区面积 68.66 平方千米，镇区面积 0.50 平方千米。总户数 3752 户，总人口 13149 人，其中非农业人口 134 人。年末实有耕地 827 公顷，烤烟产量 110.25 吨，油菜籽总产量 179 吨，农业总产值 2675 万元。财政总收入 355 万元，其中本级收入 50 万元。通公路 5 个村，通电话 6 个村。有初中 1 所，小学 5 所，幼儿园 1 所，卫生院 1 所。

石柳乡

石柳乡位于彭水自治县东北部，东与黔江区黑溪乡连界，南接郁山镇，西与联合乡接壤，北邻连湖镇。以境内石峡子、杨柳池两地名中各取一字得名。位于北纬 29° 26′ 17″ ~ 29° 36′ 21″，东经 108° 24′ 16″ ~ 108° 27′ 11″。2001 年，全县机构改革。政府机关设置党政办公室、社会事务办公室、经济发展办公室、农业服务中心、财政所、司法所。乡政府驻石峡子，距县政府驻地 65 千米。

石柳乡地处高山，地势东高西低，多属浅丘地带，平均海拔 700 多米。境内最高处位于冷竹箐大青平顶峰，海拔 1350 米；最低处位于郁江河岸，海拔 250 米。辖区东西最大距离 6.2 千米，南北最大距离 8.3 千米。陆地 46 平方千米，占 95%；水域 2.5 平方千米，占 5%。人口密度为每平方千米 227.2 人。境内河道属郁江流域。境内最大的河流为郁江河，从北至南流经境内龙池、蔡家坝村，长 5.1 千米，流域面积 15.7 平方千米，年均流量 120 立方米 / 秒。境内地下矿藏有煤、铁、铅、重晶石、方解石、硫铁矿、耐火黏土矿等。其中黏土矿储量 5.2 万吨。

机构改革前的 1986 年，原石柳乡辖石峡、汪建、马栏、荞地坪、冷竹、杨柳池、正坪、洞坪 8 个村，91 个村民小组。总户数 1900 户，总人口 8746 人。辖区面积 41.73 平方千米，海拔高度 940 米。实有耕地面积 665 公顷，粮食总产量 2995 吨，烤烟总产量 149 吨，农民人均纯收入 161 元。乡政府驻地石峡子，距县城 98.5 千米。

1999 年，原石柳乡总户数 2432 户，总人口 9860 人，实有耕地面积 666 公顷，粮食总产量 4867 吨，烤烟总产量 404 吨，农民人均纯收入 1354 元。

2001 年，国民生产总值 734 万元。其中，第一产业 216 万元，第三产业 101 万元，烤烟产量 17.42 万千克，财税收入 38.5 万元。农民人均纯收入 1561 元。

2002 年，国民生产总值 1310 万元，财政收入 58.13 万元。畜牧业产值 492 万元，农民人均纯收入 1310 元。

2004 年，国民生产总值 3500 万元，社会固定资产投资 405 万元。信用社存贷款余额分别达到 145 万元和 256 万元。烤烟产量 110 吨。粮食总产量 6166 吨，人均占有粮食 558 千克。全年经济收入 1490 万元，农民人均纯收入 1500 元。

经过几年村级机构调整，2005 年年底，石柳乡辖石柳村、荞竹村、建栏村、正洞坪村 4 个行政村，28 个村民小组。辖区总面积 41.73 平方千米，镇区面积 0.07 平方千米。总户数 2721 户，总人口 9855 人，其中非农业人口 105 人。年末实有耕地 590 公顷，烤烟产量 113.2 吨，油菜籽总产量 127 吨，农业总产值 3172 万元，畜牧业产值 800 万元。财政总收入 258 万元，其中本级收入 34 万元。农民人均纯收入 1938 元。通公路 4 个村，通电话 3 个村。有中心小学 1 所，幼儿园 1 所，卫生院 1 所，村级卫生室 11 个。

龙溪乡

龙溪乡位于县东部，东邻黔江区沙坝乡，南与小厂乡和黔江区白土乡相连，西接走马乡，北挨郁山镇。因境内的山以龙嘴最高，水以小溪最长，便在龙嘴岩和小溪两地名中各取一字而得名。位于北纬 28° 47′ 36″ ~ 29° 28′ 30″，东经 108° 30′ 35″ ~ 108° 53′ 34″。2001 年，全县机构改革。政府机关设置党政办公室、社会事务办公室、经济发展办公室、农业发展办公室、村建国土办公室、安全监督办公室、财政所、司法所。乡政府驻周家坝，距县政府驻地 60 千米。

龙溪乡地居低山河谷丘陵地带，地势东南高西北低。地形为谷地、低阶地坡麓、岩溶洼地及小型山间盆地相间，丘陵河谷区占 44%、低山区占 35%、中山区占 21%。属武陵山脉系，在乡之东部有二郎山，与黔江沙坝乡接壤，源于龙嘴山脉，海拔 1100 米。境内最高点位于龙嘴村，海拔 1520 米；境内最低点位于灯光村，海拔 300 米。辖区东西最大距离 12 千米，南北最大距离 9 千米。陆地 75 平方千米，占 90%；水域 8 平方千米，占 10%。人口密度为每平方千米 193 人。境内有溪流 3 条，即源自黔江境内的灰溪河、自龙嘴村至郁山流经境内的小溪河、自老桥村至漆树村流经境内的张家溪，总长 70 千米，流域面积 560 平方千米。境内地下矿藏有煤、萤石、重晶石、大理石、高钙石灰石、盐、铁、钾、铜及部分稀有金属等。

1986 年，原龙溪乡辖周家坝、黄岭、青桐、板坊、香树、焦家、龙咀、灯光、南井、如榔、茶坪、水田、老桥、万寿、谭家、马家山、漆树 17 个村，131 个村民小组。总户数 3015 户，总人口 13289 人。辖区面积 79.81 平方千米，海拔高度 640 米。实有耕地面积 1006 公顷，粮食总产量 4786 吨，烤烟总产量 23 吨，农民人均纯收入 154 元。乡政府驻地周家坝，距县城 69 千米。

1999 年，原龙溪乡总户数 3928 户，总人口 15057 人，实有耕地面积 1006 公顷，粮食总产量 7059 吨，烤烟总产量 98 吨，农民人均纯收入 1215 元。

2001 年，国民生产总值 1788 万元。粮食产量 3388 吨，烤烟 480 吨，财政收入 92 万元。农民人均纯收入 1559 元。

2003 年，粮食总产量 5929 吨，人均占有粮食 389 千克。畜牧业人均收入 619 元。财政收入 45.72 万元。

2004 年，粮食总产量 5610 吨，油料总产量 161 吨，肉类总产量 846 吨，财政收入 38.7 万元。

经过几年村级机构调整，2005 年年底，龙溪乡辖灯光村、焦家村、黄岭村、漆树村、老桥村、龙嘴村、周家坝村、如榔村 8 个行政村，52 个村民小组。辖区面积 79.81 平方千米，镇区面积 35 平方千米。总户数 3687 户，总人口 14021 人，其中非农业人口 48 人。年末实有耕地 1004 公顷，粮食总产量 5850 吨，人均占有粮食 380 千克。油菜籽总产量 195 吨，农业总产值 3128 万元，畜牧业总产值 998.5 万元。财政总收入 408 万元，其中本级收入 9 万元。农民人均纯收入 1720 元。8 个村公路电话村村通。有小学 4 所，幼儿园 1 所，卫生院 1 所。

走马乡

走马乡位于县东北部，东连龙溪乡，南靠小厂乡、桑柘镇，西与乔梓乡、保家镇接壤，北与郁山镇相连。因驻地走马岭而得名。位于北纬 29° 25′ 21″ ~ 29° 27′ 18″，东经 108° 27′ 18″ ~ 108° 29′ 20″。2001 年，全县机构改革。政府机关设置党政办公室、社会事务办公室、经济发展办公室、财政所、司法所。乡政府驻地瓦厂堡，距县政府驻地 60 千米。

走马乡地处山地和低山丘陵地带，地势南高北低。境内最高点位于南部沙田村三蹬岩，海拔 1520 米；最低点位于金银山村杨河溪潜入地下处，海拔 400 米。辖区东西最大距离 6.7 千米，南北最大距离 10.2 千米。陆地 71.5 平方千米，占 92.2%；水域 6.1 平方千米，占 7.8%。人口密度为每平方千米 1066 人。境内有 4 条溪流，均源自大厂盖山麓，由南向北合为 2 条，各流经 10 千米左右后潜入地下。境内地下矿藏有萤石、重晶石等。其他自然资源有林业资源、生物资源，主要有松树、杉树、柏香、桂花、樟树、枫香树、槐树等树种；林间野生动物品种繁多，有锦鸡、野猪、松鼠、飞鸟等。

1986 年，原走马乡辖走马、保兴、洪家、新家、金山、李家、农胜、锅厂、沙田、官坪、楼房、朗家、西门、解放、万家、官家 16 个村，140 个村民小组。总户数 3118 户，总人口 14132 人。辖区面积 78.54 平方千米，海拔高度 800 米。实有耕地面积 957 公顷，粮食总产量 4732 吨，烤烟 59 吨，人均纯收入 160 元。乡政府驻地瓦厂堡，距县城 66 千米。

1999 年，原走马乡总户数 4245 户，总人口 16188 人，实有耕地面积 1111 公顷，粮食总产量 7027 吨，烤烟总产量 133 吨，农民人均纯收入 1341 元。

2001 年，国民生产总值 2930 万元。其中，第一产业 1388 万元，第三产业 123 万元。粮食总产量 7466 吨。烤烟总产量 55 吨，财政收入 44 万元，农民人均纯收入 1301 元。

2002 年，实现粮食作物良种化和规范化种植，实现农业产值 3500 万元，烤烟产量 75 吨，产值 65 万元，烤烟一项财政增收 12 万元。发展个体工商户 30 家，乡镇企业产值 400 万元。加强基础设施建设，固定资产投资 300 万元。

2003 年，粮食总产量 8000 吨，农业产值 3600 万元，农民人均纯收入 1470 元。财政收入 65 万元，烤烟创产值 36 万元，为财政增收 12 万元。

2004 年，粮食总产量 8212 吨，国民生产总值 4320 万元，农民人均纯收入 1552 元。烤烟产值 37.9 万元，创税 8 万元。财政收入 62.3 万元。

经过几年村级机构调整，2005 年年底，走马乡辖走马村、洪家村、万家村、沙田村、楼房坝村、龙胜村、金银村、保兴村 8 个行政村，68 个村民小组。辖区总面积 78.54 平方千米，镇区面积 0.25 平方千米。总户数 4271 户，总人口 16363 人，其中非农业人口 145 人。年末实有耕地 1081 公顷，烤烟产量 72.2 吨，油菜籽总产量 371 吨，粮食总产量 8158 吨，农业总产值 2949 万元。国民生产总值 4300 万元。农民人均纯收入 1820 元。财政总收入 408 万元，其中本级收入 33 万元。通公路 8 个村，通电话 5 个村。有初中 1 所，小学 4 所，幼儿园 1 所，卫生院 1 所，村级卫生室 8 个。

芦塘乡

芦塘乡位于彭水自治县东北部，东与郁山镇相连，南接保家镇，西邻普子镇，北靠联合乡。因该地早年有一泥潭，遍生芦苇，潭水溢出成槽而得名。位于北纬 29° 28′ 14″ ~ 29° 31′ 11″，东经 108° 19′ 17″ ~ 108° 22′ 05″。2001 年，全县机构改革。政府机关设置党政办公室、社会事务办公室、经济发展办公室、农业发展办公室、村建国土办公室、安全监督办公室、财政所、司法所。乡政府驻地板栗坪，距县政府驻地 50 千米。

芦塘乡地居郁江右岸，西南部临普子河。地势西北高，北部和东部多山丘，南部和西部为坡地。境内最高点界山海拔 1451.2 米，最低点青杠岭海拔 240 米。辖区东西最大距离 7.9 千米，南北最大距离 10.3 千米。陆地 47.8 平方千米，占 91%，水域 4.5 平方千米，占 9%。人口密度为每平方千米 166 人。境内河道属长江流域。干溪河自东北向南流经 5 千米后，汇入郁江。境内地下矿藏有煤炭、硫铁矿等。其中地质储量 0.1 亿吨，已经开发的有 3 矿，年产量 16 万吨，分别位于芦塘乡板栗村、鞍子岭村和乐园村。

1986 年，原芦塘乡辖板栗坪、蔡家、星光、姚家、竹园、天落、东立、洞沟、文家、坡坪 10 个村，83 个村民小组。总户数 1857 户，总人口 7836 人。辖区面积 48.19 平方千米，海拔高度 679 米。实有耕地面积 750 公顷，粮食总产量 2213 吨，烤烟总产量 142 吨，农民人均纯收入 151 元；乡政府驻地板栗坪，距县城 57 千米。

1999 年，原芦塘乡总户数 2269 户，总人口 8087 人，实有耕地面积 778 公顷，粮食总产量 3311 吨，烤烟总产量 207 吨，农民人均纯收入 832 元。

2004 年，粮食总产量 4618 吨，烤烟总产量 182.85 吨，油料总产量 79 吨，肉类总产量 678 吨。

经过几年村级机构调整，2005 年年底，芦塘乡辖乐园村、鞍子岭村、板栗村、星光村、坡坪村 5 个行政村，34 个村民小组。辖区面积 48.19 平方千米，镇区面积 0.02 平方千米。总户数 2533 户，总人口 8321 人，其中非农业人口 109 人。年末实有耕地 778 公顷，烤烟产量 2118 吨，油菜籽总产量 61 吨，农业总产值 2904 万元。财政总收入 249 万元，其中本级收入 49 万元。通公路 5 个村，通电话 4 个村。小学 3 所，幼儿园 1 所。卫生院 1 所，民办医院 1 所，村级卫生室 5 个。

长滩乡

长滩乡位于县中部，东与保家镇接壤，南和西南与汉葭镇相邻，西北靠平安乡、龙射镇连界，全境地势西北高东南低。因流经境内之郁江滩多且长得名。北有白山井，海拔最高处 1285.50 米；陷山沱为全境海拔最低点 230 米。2001 年，全县机构改革，除原长滩乡管辖范围外，将原保家区所辖凤鸣乡的行政区域划为长滩乡管辖。辖 21 个村民委员会。政府机关设置党政办公室、社会事务办公室、经济发展办公室、农业发展办公室、村建国土办公室、安全监督办公室、财政所、司法所。镇政府驻地麻油口，距县政府驻地 11 千米。

长滩乡属山丘地带，地势西北高、东南低。西部多山峦陡坡，白溪河、三岔河、九曲河主流均发源其下。白溪河流经境内 17 千米、三岔河流经境内 15 千米进入郁江。境内有煤、铁等矿藏资源。境内有明代洪武年所建采芹城遗址。

1986 年，原长滩乡辖麻油、采芹、土塘、杨芦、麻柳、洋荷园、丝栗、柏香、观音、何家沟、高坎子、田坪子 12 个村，92 个村民小组。总户数 2242 户，总人口 9835 人。辖区面积 51.27 平方千米。海拔高度 245 米。实有耕地面积 789 公顷，粮食总产量 2855 吨，人均纯收入 219 元。乡政府驻地麻油口，距县城 11 千米。原凤鸣乡辖白凤、冯家、青龙平、桂香、川尖、桂花堡、凤凰、群山、学田 9 个村，80 个村民小组。总户数 2297 户，总人口 9605 人。辖区面积 53.99 平方千米，海拔高度 320 米。实有耕地面积 856 公顷，粮食总产量 3154 吨，农民人均纯收入 220 元。乡政府驻地白溪口，距县城 32 千米。

1999 年，原长滩乡总户数 3093 户，总人口 11018 人，实有耕地面积 800 公顷，粮食总产量 5343 吨，烤烟总产量 35 吨，人均纯收入 1102 元；原凤鸣乡总户数 2899 户，总人口 10462 人，实有耕地面积 846 公顷，粮食总产量 6318 吨，烤烟总产量 102 吨，农民人均纯收入 1124 元。

2001 年，机构改革后，人口 21566 人。国民生产总值 4000 万元，粮食总产量 12480 吨，人均占有粮食 578 千克，财政收入 40 万元，农民人均纯收入 1356 元。

2002 年，国民生产总值 4988 万元，粮食总产量 11038 吨，人均占有粮食 518 千克，财政收入 50 万元，农民人均纯收入 1404 元。

2003 年，国民生产总值 5280 万元，粮食总产量 10571 吨，人均占有粮食 492 千克，财政收入 54 万元，农民人均纯收入 1650 元。

2004 年，粮食总产量 11418 吨，油料总产量 262 吨，肉类总产量 2486 吨，财政收入 74.34 万元。

经过几年村级机构调整，2005 年年底，长滩乡辖长滩村、麻油村、兴和村、土塘村、长溪村、易家村、双坪村、白溪村 8 个行政村，56 个村民小组。辖区面积 139.45 平方千米，镇区面积 0.10 平方千米。总户数 6024 户，总人口 20500 人，其中非农业人口 310 人。年末实有耕地 1299 公顷，油菜籽总产量 311 吨，农业总产值 4422 万元。财政总收入 603 万元，其中本级收入 36 万元。国民生产总值5798万元，农民人均纯收入2058万元。通公路7个村，通电话6个村。小学1所，职业中学1所，卫生院1所。正在建设中的渝怀铁路贯通全境，火车客货站建在境内。

乔梓乡

乔梓乡位于彭水自治县东部，东连走马乡，南与桑柘镇接界，西靠迁乔乡，北以保家镇为邻。因境内地名“桥子头”谐音而得名。位于北纬29°21′10″~29°24′08″，东经108°21′12″~108°23′15″。2001年，全县机构改革，除原乔梓乡所辖范围外，将原保家区所辖东流乡的行政区域划为乔梓乡管辖，辖19个村民委员会。政府机关设置党政办公室、社会事务办公室、经济发展办公室、农业发展办公室、财政所。政府驻地合心场，距县政府驻地35千米。

乔梓乡地处中低山丘陵槽坝区，山岭绵延呈南北走向，地势南东高，北西低。最高点位于南部偏东的神仙岩岩口，海拔1420米；最低点为水花溪，海拔510米。辖区东西最大距离16千米，南北最大距离9千米。陆地63.6平方千米，占99.7%，水域0.4平方千米，占0.3%。人口密度为每平方千米250人。境内有戴家沟、白地溪、水花溪3条溪流，均发源于南部山岭北麓，纵向北流。其中戴家沟经辖境10余千米，至保家镇东流村氽入地下。已探明的矿藏资源有铁、萤石、重晶石、方解石等。

1986年，原乔梓乡辖合心、新平、金光、远峰、柿子坪、北丰、水花、双河口、茨塘、联合、红旗、高龙、兴华、青峰14个村，81个村民小组。总户数2121户，总人口9352人。辖区面积65.28平方千米，海拔高度610米。实有耕地面积908公顷，粮食总产量2892吨，烤烟27吨，人均纯收入146元。乡政府驻地合心场，距县城34千米。原东流乡辖干洞口、核桃湾、长征、古塘、白果坝5个村，39个村民小组。总户数675户，总人口3108人。辖区面积33.61平方千米，海拔高度631米。实有耕地面积461公顷，粮食总产量968吨，人均纯收入158元。乡政府驻地东流坝，距县城29千米。

1999年，原乔梓乡总户数2831户，总人口10102人，实有耕地面积901公顷，粮食总产量5940吨，烤烟总产量171吨，人均纯收入973元；原东流乡总户数985户，总人口3447人，实有耕地面积459公顷，粮食总产量2415吨，烤烟总产量177吨，农民人均纯收入1482元。

2001年，机构改革后，人口13722人。国民生产总值2700万元，财政收入60万元。社会固定资产投资230万元，粮食总产量8367吨，人均占有粮食612千克，烤烟收购157.5吨，畜牧业产值873万元。实现乡镇企业增加值195万元。有个体工商户212户，工商个税完成任务4580元。农民人均纯收入1216元。

2002年，国民生产总值2200万元，粮食人均占有量627千克，烤烟种植308.6公顷，收购烤烟333吨，产值269.1万元。创税49.6万元。畜牧业产值953万元。固定资产投资310万元。农民人均纯收入1447元。

2004年，国民生产总值3100万元。财政收入50万元。粮食总产量6352吨，人均占有粮食700千克，农民人均纯收入1821元。

经过几年村级机构调整，2005年年底，乔梓乡辖合心村、金光村、水花村、茨塘村、高龙村5个行政村，34个村民小组。辖区面积65.28平方千米，镇区面积0.02平方千米，总户数3182户，总人口10566人，其中非农业人口201人。年末实有耕地901公顷。国民生产总值3600万元，烤烟产量184吨，产值83.5万元，烟农户均收入600元，粮食总产量7400吨，人均占有粮食710千克，农业总产值2826万元。财政总收入24万元，农民人均纯收入突破2000元。开通程控电话520门，电信网络覆盖全乡80%。通公路5个村，通电话3个村。小学2所，幼儿园3所。卫生院1所。

迁乔乡

迁乔乡位于彭水自治县东部，东临乔梓乡，南靠桑柘镇，西接岩东乡，北连保家镇。因民国期间岍山、乔梓两乡并置，又以《诗·小雅》“出于幽谷，迁于乔木”句义得名。位于北纬29° 12′ 19″ ~ 29° 21′ 16″，东经108° 19′ 15″ ~ 108° 21′ 06″。2001年，全县机构改革。政府机关设置党政办公室、社会事务办公室、经济发展办公室、农业发展办公室、村建国土办公室、安全监督办公室、财政所、司法所。乡政府驻地水田场，距县政府驻地32千米。

迁乔乡地处中低山丘陵槽坝区，地势南高北低。地形属丘陵和中高山地带，海拔为500 ~ 1400米之间。境内最高点位于南部冬瓜岭岩口，海拔1480米；最低点位于北部何家屋基，海拔520米。辖区东西最大距离17千米，南北最大距离11千米。陆地53平方千米，占98.0%；水域1平方千米，占2.0%。人口密度为每平方千米197人。境内主要河道有一级河纸厂沟、杨家沟2条，总长4千米；二级河干溪坝等3条，总长3千米。境内地下矿藏有萤石、方晶石，大理石等。境内有明代所建成汉政权宰相、当地苗族领袖范长生之长生观遗址。

1986年，原迁桥乡辖长生、明星、猫坝、三汇、龙凤、龙虎、庙湾、国光、长岗9个村，75个村民小组。总户数2057户，总人口8731人。辖区面积59.57平方千米，海拔高度740米。实有耕地面积828公顷，粮食总产量2761吨，人均纯收入152元。乡政府驻地水田场，距县城36千米。

1999年，原迁桥乡总户数2720户，总人口9646人，实有耕地面积824公顷，粮食总产量5570吨，烤烟总产量214吨，人均纯收入1118元。

2004年粮食总产量6402吨，烤烟总产量167.25吨，油料总产量223吨，肉类总产量699吨。

经过几年村级机构调整，2005年年底，迁乔乡辖称湾村、三合村、龙江村3个行政村，26个村民小组。辖区面积59.57平方千米，镇区面积0.02平方千米。总户数2915户，总人口9932人，其中非农业人口123人。年末实有耕地811公顷，烤烟产量197吨，油菜籽总产量301吨，农业总产值2686万元。财政总收入358万元，其中本级收入35万元。通电话3个村。小学4所，卫生院1所，村级卫生室3个。

新田乡

新田乡位于彭水自治县东南部，东连桑柘镇、鹿角镇，南与石盘乡相接，西连万足乡、岩东乡，北与迁乔乡相邻。1946年，大新与福田两乡合并置乡，各取一字而得名。位于北纬29° 11′ 15″ ~ 29° 12′ 15″，东经108° 16′ 15″ ~ 108° 18′ 11″。2001年，全县机构改革，除原新田乡管辖范围外，将原桑柘区所辖新场乡的行政区域划为新田乡管辖。辖25个村民委员会。政府机关设置党政办公室、社会事务办公室、经济发展办公室、农业发展办公室、村建国土办公室、安全监督办公室、财政所、司法所。乡政府驻头党坝，距县政府驻地22千米。

新田乡地处“两山夹一槽”的独特地形地貌，多石林、溶洞，地势北高南低。地形分为高山和峡谷。主要山脉有东山盖和西山盖，境内最高处位于猪钻孔，海拔1474米；最低处位于马峰岍，海拔219米。辖区东西最大距离10千米，南北最大距离18千米。陆地132平方千米，占99.7%；水域0.6平方千米，占0.3%。人口密度为每平方千米175人。境内有乌江、佘洞河（神龙谷），河流总长度36.5千米。境内最大的河流为乌江，从贵州省沿河县经鹿角流经境内马峰岍，长5千米，流域面积2.5平方千米，主要支流有新田河等。境内地下矿藏有煤、铁、方解石、石灰石、粉沙岩等。佘洞河景区具有旅游开发价值。

1986年，原新田乡辖新田、苟家、泉沟、大槽、干河、石龙、柿子、任家、冯家园、东山、合门、双龙门、水塘、峰岍、大园15个村，71个村民小组。总户数2612户，总人口10688人。辖区面积71.39平方千米，海拔高度631米。实有耕地面积779公顷，粮食总产量3315吨，烤烟50吨，人均纯收入150元。乡政府驻地头党坝，距县城27千米。原新场乡辖团结、晏家、大黄、人民、三坝、民主、庹家、沱完、金竹、火石10个村，65个村民小组。总户数1868户，总人口8275人。辖区面积61.07平方千米，平均海拔高度676米。实有耕地面积1002公顷，粮食总产量2381吨，烤烟268吨，人均纯收入204元。乡政府驻地新场，距县城37千米。

1999年，原新田乡总户数3248户，总人口11856人，实有耕地面积758公顷，粮食总产量4614吨，烤烟260吨，人均纯收入1112元；原新场乡总户数2515户，总人口8889人，实有耕地面积959公顷，粮食总产量4366吨，烤烟700吨，人均纯收入1292元。

2001年，机构改革后，人口20876人。国民生产总值3388.68万元，农业生产总值1970.15万元，财政收入72.2万元。农民人均纯收入1196元。

2004年，粮食总产量10356吨。建立烤烟生产合作社53个，种植烤烟451公顷，烤烟总产量674.45吨，创税121.4万元，居全县第四。国民生产总值4064万元，农民人均纯收入1902元。

经过几年村级机构调整，2005年年底，新田乡辖新田村、马峰村、东山村、任家村、石龙村、泉沟村、坨园村、团结村、红旗村、大黄村、河门村、干河村、庹家村、民主村14个行政村，69个村民小组。辖区面积132.46平方千米，镇区面积1.08平方千米。总户数6000户，总人口21256人，其中非农业人口325人。年末实有耕地1709公顷，发展烤烟604公顷，烤烟产量945.95吨，创税71万元。油菜籽总产量79吨，农业总产值4628万元。财政总收入765万元，其中本级收入159万元。国民生产总值6091万元。农民人均纯收入2094元。通公路14个村，通电话14个村。有初中1所，小学6所。卫生院1所，村级卫生室16个。

梅子垭乡

梅子垭乡位于彭水自治县东南部，东与黔江区石家镇接壤，南连酉阳县浪坪乡，西邻鞍子乡，北接诸佛乡。因此地山垭多梅子树而得名。位于北纬29°09′15″～29°13′18″，东经108°27′16″～108°31′21″。2001年，全县机构改革。政府机关设置党政办公室、社会事务办公室、经济发展办公室、农业发展办公室、村建国土办公室、安全监督办公室、财政所、司法所。政府驻梅子垭，距县政府驻地68千米。

梅子垭乡地处彭水自治县东南部，地势南东高，北西低。地形为中低山河谷丘陵地带。境内最高点位于佛山村6组，海拔930米；最低点位于两河村4组，海拔650米。辖区东西最大距离7.8千米，南北最大距离9.5千米。陆地64.3平方千米，占91%；水域6.3平方千米，占9%。人口密度为每平方千米221人。境内河道属乌江流域。主要河道诸佛江由南向北，经梅子垭乡东北部出境入诸佛乡，主要支流有两叉河、小浩2条。境内地下矿藏有萤石、铁矿、云母石等，其中萤石年出产量4000吨以上。其他自然资源有森林资源，森林面积达2867公顷，森林覆盖率为42%，主要以马尾松为主。

1986年，原梅子垭乡辖梅花、七一、岩门、狮田、鸭塘、长安、官衙、火光、麒麟、白果树、川研、石坎、马家、五星、联盟、高洞16个村，82个村民小组。总户数2740户，总人口11131人。辖区面积70.41平方千米，海拔高度750米。实有耕地面积1131公顷，粮食总产量3945吨，烤烟160吨，人均纯收入189元；乡政府驻地梅子垭，距县城67千米。

1999年，原梅子垭乡总户数3353户，总人口12002人，实有耕地面积1085公顷，粮食总产量6550吨，烤烟560吨，人均纯收入1101元。

2001年，机构改革后，国民生产总值2356万元，第一产业1865万元，第三产业491万元，财税收入88万元。农民人均纯收入1432元。

2002年，国民生产总值2356万元，创税82万元，人均占有粮食632千克，农民人均纯收入

1623 元。

2003 年，粮食总产量 9263 吨，人均占有粮食 652 千克，收购烤烟 380 吨，产值 240 万元，创税 41 万元。畜牧业总产值 1109 万元，人均 1000 元。农民人均纯收入 1800 元。引资 200 万元创办梅子垭红砖厂。

2004 年，粮食总产量 7169 吨，人均占有粮食 550 千克。畜牧业产值 750 万元，人均 508 元。

经过几年村级机构调整，2005 年年底，梅子垭乡辖梅花村、盖坪村、合力村、甘泉村、联合村、佛山村、两河村 7 个行政村，42 个村民小组。辖区面积 70.41 平方千米，镇区面积 0.10 平方千米。总户数 3340 户，总人口 11743 人，其中非农业人口 203 人。年末实有耕地 1028 公顷，烤烟种植 160.9 公顷，产量 311 吨，实现产值 285 万元。油菜籽总产量 399 吨，粮食总产量 7170 吨，人均占有粮食 560 千克，农业总产值 3669 万元。畜牧业产值 760 万元，人均 580 元。财政总收入 418 万元，其中本级收入 45 万元。通公路 7 个村，通电话 7 个村。有初中 1 所，小学 1 所。卫生院 1 所，村级卫生室 4 个。

诸佛乡

诸佛乡位于彭水自治县东部，东与桐楼乡、黔江区石家镇相连，南与梅子垭乡、鞍子乡相邻，西靠鹿角镇，北邻桑柘镇。因清光绪初建一诸佛寺而得名。位于北纬 29° 14′ 21″ ~ 29° 18′ 17″，东经 108° 24′ 11″ ~ 108° 26′ 18″。2001 年，全县机构改革，除原诸佛乡管辖范围外，将原桑柘区所辖珍加乡的行政区域划为诸佛乡管辖。辖 16 个村民委员会。政府机关设置党政办公室、社会事务办公室、经济发展办公室、农业发展办公室、村建国土办公室、安全监督办公室、财政所、司法所。政府驻地由诸佛岗，距县政府驻地 68 千米。

诸佛乡地处中低山河谷丘陵地带，地势北东高，中西部低，多为灌林地和荒原。境内最高处位于小岩门，海拔 1300 米；最低处位于干溪河汇入诸佛江处，海拔 346 米。辖区东西最大距离 16.3 千米，南北最大距离 9.5 千米。陆地 120.9 平方千米，占 99.6%；水域 0.5 平方千米，占 0.4%。人口密度为每平方千米 129.9 人。主要河道诸佛江自治安村 5 组入境，由庙池村、清灵村、复兴村、诸佛村至清河村，经清河村 1 组出乡境，境内长 20 千米，主要支流有干溪河、沱中溪、鹞子溪等。境内地下矿藏有铁矿、重晶石、萤石等；其中萤石储量达到 200 万吨以上。诸佛江流通全境，两岸悬崖飞峙，西山盖、飞刀岩、会仙桥、花坟古墓是旅游好去处。

1986 年，原诸佛乡辖诸佛、红岩桥、田坝、清灵、复兴、严家、小里、青河 8 个村，50 个村民小组。总户数 1515 户，总人口 6403 人。辖区面积 54.64 平方千米，海拔高度 350 米。实有耕地面积 478 公顷，粮食总产量 1901 吨，烤烟 11 吨，人均纯收入 146 元。乡政府驻地诸佛岗，距县城 58 千米。原珍加乡辖双合场、珍株、庙池、治安、石化、长湾、石门、红花 8 个村，52 个村民小组。总户数 1072 户，总人口 6950 人。辖区面积 67.70 平方千米，海拔高度 540 米。实有耕地面积 774 公顷，粮食总产量 2137 吨，烤烟 150 吨，人均纯收入 188 元。乡政府驻地双合场，距县城 68 千米。

1999 年，原诸佛乡总户数 1298 户，总人口 7209 人，实有耕地面积 571 公顷，粮食总产量 3694 吨，烤烟总产量 205 吨，农民人均纯收入 1255 元；原珍加乡总户数 2090 户，总人口 7156 人，实有耕地面积 761 公顷，粮食总产量 3614 吨，烤烟总产量 537 吨，农民人均纯收入 1168 元。

2001 年，机构改革后，人口 14362 人。国民生产总值 4039 万元，其中，第一、二、三产业产值分别为 3729 万元、169 万元、195 万元，人均 1935 元。产粮食总产量 10977 吨，财政收入 48 万元。农民人均纯收入 1367 元。

2002 年，乡政府驻地由诸佛岗迁到双河场。是年，种植烤烟 240.6 公顷，收购烤烟 340 吨，创税 60 万元，单项人均增收 300 元。畜牧业产值 480 万元。当年以中药材半夏为后续产业，种植半夏

60.6 公顷，收入 480 万元。云腾中药材公司中药材加工厂落户诸佛乡。

2003 年，粮食总产量 8965 吨，人均占有粮食 586 千克。全乡种植烤烟 340 公顷，收购烤烟 390 吨，烤烟创税 73 万元，单项人均增收 150 元。

2004 年，粮食总产量 8022 吨，人均占有粮食 600 千克。种值烤烟 300 吨，收购烤烟 464 吨，收入 412.4 万元。单项人均增收 100 元。财政收入 97.6 万元。农民人均纯收入 1800 元。

经过几年村级机构调整，2005 年年底，诸佛乡辖红门村、石化村、庙池村、诸佛村、红岩洞村、清河村、青灵村、双合场村，治安村、复兴村 10 个行政村，54 个村民小组。辖区面积 122.34 平方千米，镇区面积 0.03 平方千米。总户数 4243 户，总人口 14227 人，其中非农业人口 250 人。年末实有耕地 1328 公顷，烤烟产量 667.8 吨，产值 650.75 万元，人均单项增收 447 元。油菜籽总产量 276 吨，畜牧业产值 1200 万元。农业总产值 3595 万元。财政总收入 535 万元，其中本级收入 85 万元。通公路 10 个村，通电话 9 个村。中心小学 1 所，村级小学 1 所，幼儿园 2 所，卫生院 2 所，村有卫生室 15 个。

小厂乡

小厂乡位于彭水自治县东部，东和黔江区的新华、白土两乡接壤，南与桐楼乡为邻，西接桑柘镇，北与走马、龙溪两乡以大厂盖陡岩为界。因从前此地曾有一小炼铁厂而得名。位于北纬 29° 20′ 11″ ~ 29° 25′ 07″，东经 108° 30′ 21″ ~ 108° 33′ 18″。2001 年，全县机构改革。政府机关设置党政办公室、社会事务办公室、经济发展办公室、农业发展办公室、村建国土办公室、安全监督办公室、财政所、司法所。乡政府驻大厂坝，距县政府驻地 60 千米。

小厂乡地处大厂盖顶部中山地带，地势北高南低。地形分为丘陵、山地。境内最高峰神仙堡位于大河村海拔 1480 米；最低点十字岩位于大厂村，海拔 1000 米。辖区东西最大距离 7 千米，南北最大距离 11 千米。陆地 47.7 平方千米，占 95%；水域 2.5 平方千米，占 5%。人口密度为每平方千米 181 人。境内最大河流为黔江区太极河支流黑洞河，从黔江区白土乡流经境内大河村，长 2 千米，流域面积 5 平方千米，年均流量 100 立方米 / 秒。境内地下矿藏有煤矿。其中煤炭储量 150 万吨，地质储量 1450 万吨，已经开发的有朱家湾、陈家湾煤矿，位于大厂、龙门、马驴，矿区面积 20 平方千米，地质储量 150 万吨，可采量 150 万吨，年产量 3 万吨。境内有马驴石林（一称九门十八洞）自然景观，位于马驴村 2 组，石林占地面积 60000 平方米，极有旅游开发价值。

1986 年，原小厂乡辖大厂、龙门、小厂、大河、马驴池、鸾凤 6 个村，41 个村民小组。总户数 1441 户，总人口 6225 人。辖区面积 46.89 平方千米，海拔高度 1340 米。实有耕地面积 826 公顷，粮食总产量 951 吨，烤烟 378 吨，人均纯收入 120 元；乡政府驻地大厂，距县城 66 千米。

1999 年，原小厂乡总户数 2030 户，总人口 6956 人，实有耕地面积 849 公顷，粮食总产量 3487 吨，烤烟 1005 吨，人均纯收入 1491 元。

2004 年，粮食总产量 3412 吨，肉类总产量 678 吨。烤烟总产量 792.1 吨，居全县第二位。

经过几年村级机构调整，2005 年年底，小厂乡辖大厂村、龙门村、大河村、马驴村 4 个行政，23 个村民小组。辖区面积 46.89 平方千米，镇区面积 0.15 平方千米。总户数 2315 户，总人口 6878 人，其中非农业人口 122 人。年末实有耕地 849 公顷，烤烟产量 1266.15 吨，农业总产值 3065 万元。财政总收入 342 万元，其中本级收入 199 万元。通公路 4 个村，通电话 4 个村。中心小学 1 所，村级小学 1 所，幼儿园 1 所。

桐楼乡

桐楼乡位于彭水自治县东南边陲，东与黔江区新华乡接壤，南、西与诸佛乡相邻，北靠桑柘镇和小厂乡邻界。因驻地桐木溪有一古老楼房而得名。位于北纬 29° 13′ 10″ ~ 29° 17′ 15″，东经 108° 31′ 18″ ~ 108° 33′ 15″。2001 年，全县机构改革。政府机关设置党政办公室、社会事务办公室、经济发展办公室、农业发展办公室、村建国土办公室、安全监督办公室、财政所、司法所。乡政府驻桐木溪，距县政府驻地 86 千米。

桐楼乡地势西北高、东南低。境内最高峰位于核桃堡五峰岩，海拔 1300 米；最低点位于细沙大队细沙溪，海拔 437.5 米。辖区东西最大距离 10.2 千米，南北最大距离 7.3 千米。陆地 36.8 平方千米，占 91%；水域 4.7 平方千米，占 9%。人口密度为每平方千米 133.3 人。境内河道属乌江流域。主要河道有兰草河、细砂河，总长 3.1 千米。境内地下矿藏有煤矿、铁矿等。

1986 年，原桐楼乡辖桐木、白蜡、普子、徐家山、茶林、细沙 6 个村，32 个村民小组。总户数 1070 户，总人口 4576 人。辖区面积 35.10 平方千米，海拔高度 437 米。实有耕地面积 523 公顷，粮食总产量 1501 吨，烤烟 26 吨，人均纯收入 125 元；乡政府驻地桐木溪，距县城 86 千米。

1999 年，原桐楼乡总户数 1329 户，总人口 4966 人，实有耕地面积 483 公顷，粮食总产量 2861 吨，烤烟总产量 201 吨，人均纯收入 1212 元。

2004 年，粮食总产量 2954 吨，油料总产量 225 吨，肉类总产量 417 吨。

经过几年村级机构调整，2005 年年底，桐楼乡辖桐木村、细沙村、普子村 3 个行政村，16 个村民小组。辖区面积 35.10 平方千米，镇区面积 0.20 平方千米。总户数 1423 户，总人口 4959 人，其中非农业人口 95 人。年末实有耕地 486 公顷，油菜籽总产量 173 吨，农业总产值 1792 万元。财政总收入 206 万元，其中本级收入 4 万元。通公路 3 个村，通电话 3 个村。小学 1 所，卫生院 1 所。

万足乡

万足乡位于彭水自治县东南部，东与新田乡接壤，南与朗溪乡、石盘乡相邻，西邻汉葭镇，北邻岩东乡。因该地清朝前期系乌江流域船舶唯一定点维修点，是乌江黄金水道商贾聚集之地，享有“金万足”的美誉而得名。位于北纬 29° 11′ 12″ ~ 29° 16′ 09″，东经 108° 12′ 09″ ~ 108° 15′ 18″。2001 年，全县机构改革。政府机关设置党政办公室、社会事务办公室、经济发展办公室、农业发展办公室、村建国土办公室、安全监督办公室、财政所、司法所。乡政府驻落塘坡，距县政府驻地 12 千米。

万足乡地跨乌江两岸，处中低山丘陵河谷地带，地势南北高，中间低，群山环绕，峰峦陡峭。地形似一把金钥匙，匙肚四周高，中间低，呈铁锅状。最高处为北部的笔架山，海拔 1236 米；最低点是西北部长溪河注入乌江处，海拔 211 米。辖区东西最大距离 8 千米，南北最大距离 12 千米。陆地 58 平方千米，占 96.7%；水域 2 平方千米，占 3.3%。人口密度为每平方千米 125 人。境内河道属乌江流域。主要河道有一级河乌江，境内长 5 千米；二级河长溪河 1 条，总长 3.78 千米；三级河关溪沟、替溪沟 2 条，总长 5.8 千米。境内最大的河流为乌江，流经黄岩至温塘子，流域面积 5.8 平方千米，年均流量 1300 立方米 / 秒。境内地下矿藏有黑页岩、萤石等。其中石灰石储量 200 万吨以上，已经开发的有页岩矿，位于小河村 3 组，矿区面积 2.5 平方千米，地质储量 1 亿吨，可采量 0.9 亿吨，年产量 20 万吨。在建的乌江电站建成后，万足大坝以上山峡平湖，延至贵州沿河自治县以上，为天然旅游之地。

1986 年，原万足乡辖万足、小河、沙坝、卫星、洞头、爱国、瓦厂、廖家盖 8 个村，55 个村民小组。总户数 1216 户，总人口 5248 人。辖区面积 58.99 平方千米，海拔高度 260 米。实有耕地面积 857 公顷，粮食总产量 1651 吨，烤烟 3 吨，人均纯收入 210 元；乡政府驻地万足场，距县城 15 千米。

1999 年，原万足乡总户数 1719 户，总人口 6724 人，实有耕地面积 1181 公顷，粮食总产量 3171 吨，烤烟 252 吨，人均纯收入 1372 元。

2004 年，粮食总产量 4239 吨，烤烟总产量 114.75 吨，油料总产量 205 吨，肉类总产量 397 吨。

经过几年村级机构调整，2005年年底，万足乡辖小河村、万足村、廖家村、爱国村4个行政村，19个村民小组。辖区面积58.99平方千米，镇区面积0.02平方千米，总户数2197户，总人口6962人，其中非农业人口310人。年末实有耕地516公顷，烤烟产量56.75吨，油菜籽总产量227吨，农业总产值2206万元。财政总收入303万元，其中本级收入80万元。通公路4个村，通电话4个村。

鞍子乡

鞍子乡位于彭水自治县东南部，东邻梅子垭乡，南连酉阳自治县浪平乡，西接善感乡，北接鹿角镇和诸佛乡。因地形似马鞍而得名。位于北纬29°07′11″～29°23′09″，东经108°28′25″～108°30′18″。2001年，全县机构改革，原鞍子乡管辖范围外，将原新化乡的行政区域划为鞍子乡管辖，辖18个村民委员会。政府机关设置党政办公室、社会事务办公室、经济发展办公室、农业发展办公室、村建国土办公室、安全监督办公室、财政所、司法所。乡政府驻鞍子头，距县政府驻地40千米。

鞍子乡地处诸佛江支流跳墩河左（西）岸中低山丘陵地带，地势西高东低。地形属岩沉喀地形，以石灰岩为主。境内最高点位于西部磨岩村北部之硝洞，海拔1128.1米；境内最低点位于北部石柱坝北跳墩河出境处，海拔520米。辖区东西最大距离11千米，南北最大距离15千米。陆地121平方千米，占96.9%；水域4平方千米，占3.1%。人口密度为每平方千米137.4人。境内河道属诸佛江支流，有跳蹬河、骡马河、竹溪河、红星河（何家坝河）、金山河5条溪流。境内地下矿藏有萤石矿、重晶石矿、方解石矿3种。

1986年，原鞍子乡辖鞍子、梨子、大林、灶兴、新式、苏麻坝、杏花、干田、大山、大池、冯家、磨塘12个村，76个村民小组。总户数2097户，总人口8636人。辖区面积71.81平方千米，海拔高度852米。实有耕地面积1040公顷，粮食总产量3250吨，烤烟106吨，人均纯收入210元；乡政府驻地鞍子头，距县城54千米。原新化乡辖何家、光明、红星、井溪、金山、杨家6个村，38个村民小组。总户数1097户，总人口4751人。辖区面积52.28平方千米，海拔高度640米。实有耕地面积612公顷，粮食总产量1841吨，烤烟56吨，人均纯收入184元。乡政府驻地何家坝，距县城44千米。

1999年，原鞍子乡总户数2914户，总人口9815人，实有耕地面积595公顷，粮食总产量6871吨，烤烟512吨，人均纯收入1524元；原新化乡总户数1439户，总人口5068人，实有耕地面积895公顷，粮食总产量3554吨，烤烟310吨，人均纯收入1403元。

2001年，机构改革后，人口15075人。粮食总产量7379吨，工农业总产值1700万元，财政收入80万元，农民人均纯收入1200元。

2002年，粮食总产量7271吨，人均占有粮食560千克，工农业总产值3178万元，财政收入98万元。

2003年，粮食总产量8181吨，人均占有粮食550千克，国民生产总值3498.4万元。财政收入120.9万元，农民人均纯收入1651元。

2004年，粮食总产量10356吨，人均占有粮食661千克。国民生产总值4098万元。财政收入110万元，农民人均纯收入1818元。是年，以烤烟、畜牧、林业、旅游为支柱产业开始打造石磨岩旅游景区。

经过几年村级机构调整，2005年年底，鞍子乡辖鞍子村、大池村、新式村、大林村、冯家村、何家村、金山村、红星村、干田村9个行政村66个村民小组。辖区面积124.09平方千米，镇区面积0.20平方千米。总户数4651户，总人口14913人，其中非农业人口322人。年末实有耕地1634公顷，烤烟产量483.7吨，油菜籽总产量602吨，粮食总产量8898吨，人均占有粮食581千克，国民生产总值 4279 万元，财政收入 125 万元，农民人均纯收入 2058 元，农业总产值 4043 万元。财政总收入 525 万元，其中本级收入 67 万元。通公路 9 个村，通电话 8 个村。小学 1 所，卫生院 1 所。

善感乡

善感乡位于彭水自治县东南部，东与鞍子乡接壤，南与酉阳自治县龚滩镇相邻，西邻贵州省沿河自治县洪渡镇，北接鹿角镇。因取友善感化之意而得名。位于北纬 29° 05′ 09″ ~ 29° 09′ 12″，东经 108° 20′ 16″ ~ 108° 21′ 11″。2001 年，全县机构改革。政府机关设置党政办公室、社会事务办公室、经济发展办公室、农业发展办公室、村建国土办公室、安全监督办公室、财政所、司法所。乡政府驻石槽坝，距县政府驻地 47 千米。

善感乡地处两山夹一坝地带，地势东高西低。地形以河谷丘陵为主。境内最高峰位于王家岩，海拔 1375 米；最低点位于乌江出境处，海拔 225 米。辖区东西最大距离 12.2 千米，南北最大距离 9.5 千米。陆地 65.1 平方千米，占 79%；水域 17.2 平方千米，占 21%。人口密度为每平方千米 92.9 人。境内河道属乌江流域。主要河道有芭蕉沟、岩门口、谢家沟、双叉河、交溪河 5 条溪流，总长 8 千米。境内地下矿藏有煤、萤石、重晶石等矿产资源。

1986 年，原善感乡辖农纲、善感、高山、罗兴、红仓、桂花、合元宝、水田、石盘 9 个村，58 个村民小组。总户数 1362 户，总人口 6018 人。辖区面积 77.74 平方千米，海拔高度 480 米。实有耕地面积 908 公顷，粮食总产量 2141 吨，烤烟总产量 138 吨，农民人均纯收入 271 元。乡政府驻地石槽坝，距县城 48 千米。

1999 年，总户数 1842 户，总人口 6563 人，实有耕地面积 552 公顷，粮食总产量 4016 吨，烤烟 478 吨，人均纯收入 1432 元。

2004 年，粮食总产量 3942 吨，烤烟总产量 295.6 吨，油料总产量 376 吨，肉类总产量 572 吨。

经过几年村级机构调整，2005 年年底，善感乡辖石盘村、桂花村、农纲村、罗兴村、水田村 5 个行政村，28 个村民小组。辖区面积 77.74 平方千米，镇区面积 0.12 平方千米。总户数 1998 户，总人口 6674 人，其中非农业人口 141 人。年末实有耕地 895 公顷，烤烟产量 228.95 吨，油菜籽总产量 270 吨，农业总产值 3129 万元。财政总收入 270 万元，其中本级收入 32 万元。通公路 5 个村，通电话 5 个村。小学 2 所，幼儿园 2 所，卫生院 1 所，村级卫生室 4 个。

双龙乡

双龙乡位于彭水自治县南部，东面与鹿角镇隔江相望，南邻贵州省沿河自治县塘坝乡，西接贵州省沿河自治县金竹乡，北与石盘乡接壤。因乡政府驻地双龙场而得名。位于北纬 29° 05′ 15″ ~ 29° 09′ 18″，东经 108° 15′ 21″ ~ 108° 17′ 23″。2001 年，全县机构改革。政府机关设置党政办公室、社会事务办公室、经济发展办公室、农业发展办公室、村建国土办公室、安全监督办公室、财政所、司法所。乡政府驻大坝子，距县政府驻地 36 千米。

双龙乡地处乌江南岸中低山地，地势南高北低。地形分为丘陵、向斜槽地。境内最高峰位于西部温家盖顶点，海拔 1115.5 米；最低点位于乌江出境处，海拔 222 米。辖区东西最大距离 9 千米，南北最大距离 12 千米。陆地 54 平方千米，占 87.5%；水域 8 平方千米，占 12.5%。人口密度为每平方千米 87.1 人。境内主要河道有三级河 1 条，总长 3.2 千米；四级河 1 条，总长 4.5 千米。河流总长度 7.7 千米，河网密度 0.1 千米 / 平方千米。

1986 年，原双龙乡辖马岭、水子坪、龟池、小坪、建设 5 个村，36 个村民小组。总户数 982 户，总人口 4336 人。辖区面积 60.96 平方千米，海拔高度 490 米。实有耕地面积 574 公顷，粮食总产量 1583 吨，烤烟总产量 111 吨，人均纯收入 216 元。乡政府驻地大坝子，距县城 35 千米。

1999 年，原双龙乡总户数 1380 户，总人口 5072 人，实有耕地面积 592 公顷，粮食总产量 3420 吨，烤烟 259 吨，农民人均纯收入 1470 元。

2004 年，粮食总产量 3454 吨，烤烟总产量 121.5 吨，油料总产量 145 吨，肉类总产量 471 吨。

经过几年村级机构调整，2005 年年底，双龙乡辖马岭村、小坪村、龟池村 3 个行政村，21 个村民小组。辖区面积 60.96 平方千米，镇区面积 0.06 平方千米。总户数 1492 户，总人口 5132 人，其中非农业人口 83 人。年末实有耕地 555 公顷，烤烟产量 171.9 吨，油菜籽总产量 120 吨，农业总产值 2019 万元。财政总收入 196 万元，其中本级收入 25 万元。通公路 3 个村，通电话 3 个村。小学 3 所，幼儿园 1 所，卫生院 1 所。

石盘乡

石盘乡位于彭水自治县域南部，东邻鹿角镇、双龙乡，南接贵州沿河自治县塘坝乡，西连万足乡、朗溪乡，北与新田乡隔江相望。石盘乡因境内山高坡陡，石头多，道路盘折十二弯始达山顶，古称十二盘，建乡时以此谐音而得名。位于北纬 29° 08′ 21″ ~ 29° 11′ 23″，东经 108° 12′ 15″ ~ 108° 16′ 19″。2001 年，全县机构改革。政府机关设置党政办公室、社会事务办公室、经济发展办公室、农业发展办公室、村建国土办公室、安全监督办公室、财政所、司法所。乡政府驻洞上，距县政府驻地 24 千米。

石盘乡地处乌江左岸中低山地，地势西南高，东北低。地形分为山地。境内最高峰位于西南部云雾寺，海拔 1404 米；最低点位于北部乌江出境处，海拔 215 米。辖区东西最大距离 15 千米，南北最大距离 12 千米。陆地 60.9 平方千米，占 99%；水域 0.6 平方千米，占 1%。人口密度为每平方千米 56 人。境内东北部有小溪木厂沟，由南向北流入乌江，境内总长 1 千米，流域面积 0.6 平方千米。

1986 年，原石盘乡辖石盘、香红、树家、新安 4 个村，31 个村民小组。总户数 757 户，总人口 3464 人。辖区面积 56.28 平方千米，海拔高度 1090 米。实有耕地面积 592 公顷，粮食总产量 810 吨，烤烟总产量 29 吨，人均纯收入 166 元。乡政府驻地洞上，距县城 39 千米。

1999 年，原石盘乡总户数 961 户，总人口 3326 人，实有耕地面积 857 公顷，粮食总产量 2034 吨，烤烟 450 吨，农民人均纯收入 1536 元。

2004 年，粮食总产量 1955 吨，烤烟总产量 326.1 吨，油料总产量 4 吨，肉类总产量 345 吨。

经过几年村级机构调整，2005 年年底，石盘乡辖石新村、香树村 2 个行政村，17 个村民小组。辖区面积 56.28 平方千米，镇区面积 0.01 平方千米。总户数 1018 户，总人口 3398 人，其中非农业人口 74 人。年末实有耕地 2652 公顷，烤烟产量 246.45 吨，油菜籽总产量 47 吨，粮食总产量 423 吨，人均占有粮食 639 千克。农业总产值 2744 万元。财政总收入 177 万元，其中本级收入 33 万元。农民人均纯收入 1978 元，通公路 2 个村，公路 75 千米，通电话 4 个村，固定电话 800 部。中心小学 1 所，村级小学 2 所，幼儿园 3 所。卫生院 2 所，村级卫生室 4 个。

大垭乡

大垭乡位于彭水自治县西南部，东、南、西三面与贵州省务川、道真两个仡佬族苗族自治县连界，西北与武隆县隔芙蓉江相望，东北邻润溪乡。因原政府驻大垭口而得名。位于北纬 29° 01′ 30″ ~ 29° 03′ 27″，东经 107° 48′ 53″ ~ 107° 52′ 58″。2001 年，全县机构改革。政府机关设置党政办公室、社会事务办公室、经济发展办公室、农业发展办公室、村建国土办公室、安全监督办公室、财政所、司法所。乡政府驻冬瓜溪，距县政府驻地 60 千米。

大垭乡地处重庆、贵州两省（市）四县交界的边陲之地，地势东南高西北低。地形分为山地、丘陵。主要山脉有冒火山，境内最高峰位于西南部冒火山朱家寨，海拔 1470 米；最低点位于西北部芙蓉江珠子溪，海拔 280 米。辖区东西最大距离 11 千米，南北最大距离 12 千米。陆地 66 平方千米，占 98.5%；水域 1 平方千米，占 1.5%。人口密度为每平方千米 88.97 人。境内河道属芙蓉江、冬瓜溪等流域，其中芙蓉江流域面积 0.8 平方千米，占 80%；冬瓜溪流域面积 0.2 平方千米，占 20%。主要河道有三级河芙蓉江 1 条，总长 12 千米；四级河冬瓜溪 1 条，总长 8 千米。河流总长度 20 千米，河网密度 29.7 千米 / 平方千米。境内最大的河流为芙蓉江，从龙龟村 6 组鹿池至大垭村 6 组两河口流经境内鹿池、石牛口、黄桷树、浩口、珠子溪、两河口，长 12 千米，流域面积 1 平方千米，主要支流有冬瓜溪、罗岩沟、板千河、木厂河、半溪沟、芭蕉溪、大园子沟、流沙河沟等。境内地下矿藏有铝土矿、硫铁矿等。其他自然资源有水资源、生物资源。

1986 年，原大垭乡辖大河口、白龙、芭蕉、硫磺、木蜡、火石面、龙龟 7 个村，35 个村民小组。总户数 1008 户，总人口 4752 人。辖区面积 71.14 平方千米，海拔高度 670 米。实有耕地面积 655 公顷，粮食总产量 1684 吨，烤烟总产量 105 吨，农民人均纯收入 178 元。乡政府驻地桃子湾，距县城 89 千米。

1999 年，原大垭乡总户数 1414 户，总人口 5448 人，实有耕地面积 871 公顷，粮食总产量 2961 吨，烤烟总产量 252 吨，农民人均纯收入 1220 元。

2004 年，粮食总产量 3174 吨，烤烟总产量 221.6 吨，油料总产量 67 吨，肉类总产量 655 吨。

经过几年村级机构调整，2005 年年底，大垭乡辖大垭村、冬瓜村、龙龟村、木蜡村 4 个行政村，20 个村民小组。辖区面积 71.14 平方千米，镇区面积 0.01 平方千米。总户数 1441 户，总人口 5378 人，其中非农业人口 55 人。年末实有耕地 600 公顷，烤烟产量 185.5 吨，油菜籽总产量 61 吨，农业总产值 3182 万元。财政总收入 173 万元，其中本级收入 38 万元。通公路 3 个村，通电话 3 个村。小学 1 所，幼儿园 1 所。乡卫生院 1 所，村级卫生室 2 所。

润溪乡

润溪乡位于彭水自治县西南部，东接黄家镇、龙塘乡，南邻大垭乡和贵州省务川自治县濯水镇，西与武隆县浩口乡、石桥乡相望，北与靛水乡和武隆县文复乡接壤。因该地的干溪场水源奇缺，为适应当地群众忌干喜润之意而得名。位于北纬 29° 04′ 21″ ~ 29° 07′ 19″，东经 107° 52′ 19″ ~ 107° 55′ 15″。2001 年，全县机构改革，除原润溪乡管辖范围外，将原龙洋乡的行政区域划为润溪乡管辖，辖 16 个村民委员会。政府机关设置党政办公室、社会事务办公室、经济发展办公室、农业发展办公室、村建国土办公室、安全监督办公室、财政所、司法所。乡政府驻干溪场，距县政府驻地 53 千米。

润溪乡地处高山、低山、丘陵、河谷地带，地势东高西低，中部丘陵间多槽谷。主要山脉有茅尖山（茂云山）山系、九重岩山系和岩角山系，境内相对海拔落差 1214 米，最高处位于东北部大梁子顶，海拔 1549 米；最低点位于西北角芙蓉江出境处，海拔 225 米。辖区东西最大距离 9 千米，南北最大距离 22 千米。陆地 98 平方千米，占 90.0%；水域 11 平方千米，占 10.0%。人口密度为每平方千米 132.1 人。境内河道属芙蓉江大流域，其中芙蓉江流域面积 6.0 平方千米，占 65.2%。境内河流总长度 34.1 千米，河网密度 0.3 千米 / 平方千米。境内最大的河流为芙蓉江，从珠子溪流经境内盘股河进入江口电站库区，境内全长 12 千米，流域面积 6.0 平方千米，年均流量 84.3 立方米 / 秒，主要支流有干溪河、锅滩河、洋水河等。境内地下矿藏有萤石矿、莲花锌矿、硫黄矿等。其中萤石矿储量 8.6 万吨，地质储量 11 万吨。已经开发的有岩角萤石矿，位于岩角村 5 组，矿区面积 1.5 平方千米，地质储量 9 万吨，年产量 3221.0 吨左右。其他自然资源有水能资源。

1986 年，原润溪乡辖干溪、锅滩、麻池、肖家沟、白果坪、石坝、保和、石板 8 个村，54 个村民小组。总户数 1371 户，总人口 5919 人。辖区面积 56.25 平方千米，海拔高度 770 米。实有耕地面积795公顷，粮食总产量2235吨，烤烟5吨，人均纯收入155元。乡政府驻地干溪坝，距县城79千米。原龙洋乡辖洋水桥、莲花寺、大田塝、樱桃井、菖蒲、岩角、凉村、五里垭8个村，44个村民小组。总户数1099户，总人口4869人。辖区面积52.82平方千米，海拔高度800米。实有耕地面积611公顷，粮食总产量1701吨，烤烟总产量14吨，农民人均纯收入139元。乡政府驻地洋水桥，距县城54千米。

1999年，原润溪乡总户数1793户，总人口6879人，实有耕地面积604公顷，粮食总产量4357吨，烤烟423吨，人均纯收入1134元；原龙洋乡总户数1581户，总人口5754人，实有耕地面积611公顷，粮食总产量3629吨，烤烟总产量293吨，人均纯收入1179元。

2001年，总人口12749人。

2004年，粮食总产量6756吨，烤烟总产量333吨，油料总产量162吨，肉类总产量727吨。

经过几年村级机构调整，2005年年底，润溪乡辖干溪村、白果坪村、樱桃井村、凉水村、岩角村、连花寺村、肖家沟村、麻池村8个行政村，42个村民小组。辖区面积109.07平方千米，镇区面积0.03平方千米。总户数3681户，总人口13035人，其中非农业人口205人。年末实有耕地1362公顷，烤烟产量380.55吨，油菜籽总产量361吨，农业总产值6862万元。财政总收入398万元，其中本级收入59万元。通公路8个村，通电话8个村。中心小学1所，幼儿园1所，卫生院1所，村级卫生室2所。

朗溪乡

朗溪乡位于彭水自治县西南部，东与石盘乡相邻，南与贵州沿河自治县后坪乡、务川自治县茅天镇接壤，西靠黄家镇，北接汉葭镇和万足乡。朗溪，水名，由南向北流入长溪河，以朗溪而得名。位于北纬29° 04′ 21″ ~ 29° 08′ 22″，东经108° 08′ 06″ ~ 108° 11′ 09″。2001年，全县机构改革。政府机关设置党政办公室、社会事务办公室、经济发展办公室、农业发展办公室、村建国土办公室、安全监督办公室、财政所、司法所。乡政府驻朗溪场，距县政府驻地68千米。

朗溪乡地处长溪河右岸，属中低山丘陵河谷地带。地势东南高，西北低，呈岩溶地貌。地形为丘陵河谷地形。境内最高峰大堡村石锣坝海拔1402.8米，最低点田湾村田湾海拔292.8米。辖区东西最大距离7.9千米，南北最大距离9.8千米。陆地57.1平方千米，占93%；水域4.2平方千米，占7%。人口密度为每平方千米136.2人。境内河道属长江流域。主要河流为发源于东南部的朗溪河，2条源流在境内流经7千米后，由南向北注入长溪河。境内地下矿藏有煤、硫黄、萤石、石灰石、重晶石等。

1986年，原朗溪乡辖朗溪、红岭、大井、大堡、闵家、思南、四家、马头、田湾9个村，54个村民小组。户数1416户，总人口6589人。辖区面积62.91平方千米，海拔高度750米。实有耕地面积1086公顷，粮食总产量2385吨，农民人均纯收入154元；乡政府驻地朗溪场，距县城65千米。

1999年，原朗溪乡总户数1874户，总人口7531人，实有耕地面积1086公顷，粮食总产量4957吨，烤烟303吨，人均纯收入1252元。

2004年，粮食总产量5254吨，烤烟总产量121.45吨，油料总产量488吨，肉类总产量495吨。

经过几年村级机构调整，2005年年底，朗溪乡辖朗溪村、思南村、马头村、田湾村、大堡村5个行政村，27个村民小组。土地面积6291公顷，镇区面积2公顷，总户数2045户，总人口7793人，其中非农业人口81人。年末实有耕地1053公顷，烤烟产量146.85吨，油菜籽总产量674吨，农业总产值2799万元。财政总收入232万元，其中本级收入18万元。通公路4个村，通电话4个村。中心小学1所，村级小学1所，幼儿园1所。卫生院1所，村级卫生室5个。

龙塘乡

龙塘乡位于彭水自治县西南部，东南与贵州省务川自治县茅天镇临界，南接贵州省务川自治县濯水镇，西南邻大垭乡，西靠润溪乡，北邻靛水乡，东北接黄家镇。因该地有较为平整的田地夹在两座大山之间，人称“龙塘坝”而得名。位于北纬 29° 04′ 11″ ~ 29° 06′ 15″，东经 107° 52′ 15″ ~ 107° 59′ 10″。2001 年，全县机构改革。政府机关设置党政办公室、社会事务办公室、经济发展办公室、农业发展办公室、村建国土办公室、安全监督办公室、财政所、司法所。乡政府驻地龙塘坝，距县政府驻地 56 千米。

龙塘乡地处中低山丘陵地区，多以山地丘陵为主，地势东部、南部、西部高，东北部低，属两山夹一槽。境内最高点位于黄金村黄土地，海拔 1541 米；最低点位于白金村上坝和双星村双坑，海拔 450 米。辖区东西最大距离 16 千米，南北最大距离 8.5 千米。陆地 75.8 平方千米，占 93.6%；水域 5.2 平方千米，占 6.4%。人口密度为每平方千米 250 人。境内河道属长江流域。主要河道有一级河长溪河，总长 9.8 千米；二级河白沙河，总长 6.2 千米。河网密度 0.2 千米 / 平方千米，径流总量 3.6 亿立方米，年均排涝量 3.6 亿立方米，年最大排涝量 4.5 亿立方米。境内最大的河流为长溪河，从龙舌条至海玉棠流经境内龙洞峡、土黄坝、长棋坝，长 7.8 千米，流域面积 25 平方千米，年均流量 6.5 立方米 / 秒，主要支流有安家沟小河等。境内主要矿产有石灰石矿、铁矿、铜矿、铝土矿等。其中石灰石储量 89 亿吨以上。林地 6805.14 公顷（其中，国家重点公益林 264 公顷、一般公益林 1722.49 公顷、商品林 1736.87 公顷），森林覆盖率 46%。

1986 年，原龙塘乡辖双龙、丁木、石院、双坑、万家岩、白谷、金星、石园、石岍、桃园、兴隆、凉风、桃子、黄金 14 个村，69 个村民小组。总户数 1504 户，总人口 6376 人。辖区面积 86.43 平方千米，海拔高度 850 米。实有耕地面积 875 公顷，粮食总产量 2233 吨，烤烟总产量 283 吨，农民人均纯收入 204 元。乡政府驻地龙塘坝，距县城 61.5 千米。

1999 年，原龙塘乡总户数 2107 户，总人口 7429 人，实有耕地面积 1142 公顷，粮食总产量 3746 吨，烤烟 870 吨，人均纯收入 1276 元。

2004 年，粮食总产量 3741 吨，烤烟总产量 627.45 吨，油料总产量 105 吨，肉类总产量 641 吨。

经过几年村级机构调整，2005 年年底，龙塘乡辖双龙村、桃子村、黄金村、双星村、白金村、桃园村、石院村、石园村 8 个行政村，62 个村民小组。辖区面积 86.43 平方千米，镇区面积 0.02 平方千米。总户数 2383 户，总人口 7641 人，其中非农业人口 78 人。年末实有耕地 819 公顷，烤烟产量 449.86 吨，油菜籽总产量 96 吨，农业总产值 3121 万元。财政总收入 196 万元，其中本级收入 53 万元。公路电话村村通。有移动电话 750 台，固定电话 434 台。中心小学 1 所，村级小学 7 所。乡卫生院和民办卫生院各 1 所。村卫生室 8 个。

第三节　区（1986—2001）

汉葭区

汉葭区位于县中部，西界武隆县江口区。辖区面积 425.15 平方千米。辖城郊、岩东、岩西、文武、靛水、火石 6 个乡，62 个村，454 个村民组。区公所驻汉葭镇南门街 118 号。境内为低山河谷丘陵槽坝区，有重晶石、方解石、萤石、大理石、硫黄、煤、铁、铜、石棉等矿藏。

1986 年，汉葭区总户数 12860 户，总人口 53116 人，实有耕地面积 5202 公顷，粮食总产量 19377 吨，烤烟总产量 400 吨，人均纯收入 221 元。1988 年，工业生产总值 4360.10 万元。其中，乡镇企业4274.30万元，以电力煤炭为主的能源工业39.40万元，采矿业330万元，以粮食加工、畜牧屠宰为主的食品工业170.40万元。年创税215.50万元。1990年，有13121户，52771人。其中，苗族20107人、土家族3148人、回族3人。1993年，养殖业开始成为支柱产业。

1994年，撤销区公所行政建制，改中共汉葭区委为中共汉葭区工作委员会，代表中共彭水自治县委指导原辖区各乡工作。仍设农机站、林业站、烟草站、兽防站、水管站、供销社、粮站、营业所、中心联社、工商所、国税所、国土站、地税所、财政所、保险所、教办、医院、司法所、法庭、靛水派出所、汉葭派出所等单位。

1996年，全区14926户，54920人。有耕地4966.47公顷，其中田599.07公顷。产玉米、小麦、稻谷、豆类和薯类杂粮。经济作物主要有烤烟、油菜籽、青麻等。主要林产品有桐油、茶叶和多种水果。有小型水库5座，蓄水量41.40万立方米。有小型电站4座，装机容量750千瓦。有林地6666.7公顷，森林覆盖率16%左右。是年，工农业总产值8678万元，财政收入484.79万元。主要经济实体为包装材料厂和建筑队，包装材料厂总值55万元，经营收入55万元，利润1.10万元，税金5.70万元；建筑队总产值130万元，经营收入115万元，利润8.30万元，税金5.20万元。1998年，粮食总产量3.83万吨，人均占有粮食710千克。是年，全区有汽车26辆、木船30艘，创税100万元，用电户户通。1999年，汉葭区总户数15275户，总人口56057人，实有耕地面积4905公顷，粮食总产量28171吨，烤烟总产量1148吨，农民人均纯收入1148元。

至2000年年底，全区有学校52所，有学生6556人，教师398人。区中心卫生院1所，乡卫生院6所，医务人员63人。

2001年8月，全县机构改革，撤区并乡并镇，汉葭区区级管理机关相应撤销。

郁山区

郁山区位于县东北部，郁江中下游流域。北与湖北省利川市文斗区相连，东和黔江区黄溪、石会、金溪区接壤。辖区面积584.18平方千米，辖郁山镇、联合、连湖、石柳、朱砂、龙溪、走马、清平、芦塘9个乡镇，122个村，5个街道，1115个村民组、26个居民小组。地处武陵山分支的中低山地带，郁江和后江河将全区切割成4大块。纵横交错的山溪小河数十条。有较丰富的盐泉和煤、铁、萤石、重晶石、方解石等矿藏。

1986年，郁山区总户数24964户，总人口109558人，实有耕地面积8413公顷，粮食总产量36899吨，烤烟总产量591吨，人均纯收入165元。1990年有27346户、114093人。其中，苗族23653人、土家族6996人、蒙古族3人、回族4人、壮族1人、哈尼族3人。

1994年，撤销区建制，改中共郁山区委为中共郁山区工作委员会，代表中共彭水自治县委指导原辖区各乡镇工作。仍设林业站、烟草站、兽防站、供销社、粮站、国土站、营业所、中心联社、保险所、工商所、国税所、地税所、财政所、教办、医院、电影院、司法所、法庭、派出所等单位。区公所驻郁山镇开元寺。

1996年，有耕地8311.87公顷，其中田3069.13公顷；林地4700公顷，草地5500公顷。34575户，126227人。有小型水库15座，总蓄水量106.94万立方米。粮食作物有玉米、稻谷、小麦、豆类及薯类等，经济作物有油菜籽、烤烟、青麻、油桐、柑橘、茶叶等。工业有水泥厂、郁江火电站等。国道319线由西南入境，转折向东北出境，各乡有公路与319国道相连，程控电话已开通。是年，农村经济总收入16908.78万元，农业收入为11092.38万元。有乡办企业41个，村办企业38个，个体工商户2129户。全区乡镇企业总产值28951万元。其中，乡办企业2639万元，村办企业881万元，工业总产值15798万元，新增固定资产529.95万元，利润1322.07万元，税金1997.83万元。1998年，国民生产总值2.20亿元。工农业总产值1.08亿元。其中，农业总产值1.30亿元、工业总产值0.50亿元。

完成社会固定资产投资3460万元。有个体工商户1150户，社会消费品零售总额4500万元。全区67个村通公路，通路率55%。用电入村组95.9%。是年畜牧业产值6743万元。乡镇企业总产值6461.70万元。1999年，郁山区总户数35120户，总人口131251人，实有耕地面积8248公顷，粮食总产量55228吨，烤烟总产量1514吨，农民人均纯收入1250元。

至2000年年底，全区中学3所，小学86所，学生13000人，公办教师745人，代民师266人。有区卫生院1所，病床78张；乡级卫生院9所，病床64张；医务人员118人。

2001年8月，全县机构改革，撤区并乡并镇，郁山区区级管理机关相应撤销。

保家区

保家区位于郁江下游，处全县中心地带，辖区面积364.97平方千米。辖大河坝、木南、东流、乔梓、迁乔、羊头铺、长滩、凤鸣8个乡74个村，548个居民小组。境内大部处低山丘陵槽谷地带，有大小溪流19条汇入郁江。有耕地5526.67公顷，其中田1200公顷；有森林面积25573公顷，草地3800公顷。产玉米、稻谷、小麦、豆类、薯类等粮食。经济作物品种多，是全县青麻、油菜的重要产区，烤烟、辣椒、向日葵、花生、芝麻种植面大。林产品除桐油、梓油外，有茶叶和多种水果。蚕桑生产居全县前列。

1986年，保家区总户数14579户，总人口63645人，实有耕地面积5559公顷，粮食总产量19559吨，烤烟总产量35吨，人均纯收入200元。1990年，18886户，62959人，其中苗族10806人、土家族4733人、回族12人。

1994年，撤销区公所建制，设中共彭水自治县委驻保家区工作委员会，下设办公室、财政所、武装部、企业管理办公室、计划生育指导站、纪检办公室、团委、妇联等机构。区工作委员会驻地有派出所、人民法庭、司法所、国（地）税所、工商所、国土站、保险站、中学、教育办公室、医院、营业站、中心信用社、供销社、粮站、林业站、水产站、兽防站、邮政所、电信所等单位。区公所驻大河坝乡保家楼，公路（国道319线）距县城22千米。

1996年，17872户，65710人。有小型水库3座、蓄水量68.46万立方米，有电灌站、小型电站，还有方解石、煤、硫黄矿、铁矿和石油等矿藏。8个乡通公路。全区工农业总产值16769.89万元。其中，工业产值7585万元，财政收入500万元，人均纯收入762元。1998年，全区国民生产总值1.96亿元，粮食总产量3.96万吨，人均占有粮食574千克，农民人均纯收入1317元。乡镇企业总值5470.50万元，创税90万元。蚕茧发种946.70张，产茧21.80吨，产值32.40万元。1999年，保家区总户数19925户，总人口69496人，实有耕地面积5527公顷，粮食总产量38347吨，烤烟总产量882吨，人均纯收入1104元。

至2000年，全区有学校43所，其中单设中学1所，乡中心小学8所，完全小学2所，243个教学班，学生9124人，教师531人。有区卫生院1所，乡级卫生院8所，

2001年8月，全县机构改革，撤区并乡并镇，保家区区级管理机关相应撤销。

高谷区

高谷区位于县西北部，北部与丰都县都督乡连界，西与武隆县江口、火炉、桐梓3个管理区接壤，辖区面积503.41平方千米。区辖高谷、葡萄、龙射、平安、下塘、共和、鹿鸣、合理8个乡，76个村，620个村民组。辖境处花塔梁子山北西面，属中低山丘陵河谷槽坝地带。

1986年，高谷区总户数15470户，总人口67061人，实有耕地面积7649公顷，粮食总产量19422吨，烤烟总产量692吨，人均纯收入168元。

1994年，撤销区建制，设立中共彭水自治县委高谷区工作委员会，代行原高谷区委、区公所职

能。区工委驻高谷场，海拔240米。乌江航道和改建后的319线至县城18千米。工委下设办公室、司法所、教办、中学、粮站、供销社、地税所、国税所、工商所、财政所、营业所、烟草站、国土站、计生指导站、中心信用社等28个单位。

1996年，全区耕地7867公顷，其中田733公顷，主产玉米、稻谷、豆类和薯类、烤烟、油菜、青麻、花生、甘蔗，林产品有桐油、生漆、茶叶、各种药材和水果，特产棕丝、棕片占全县产量的一半以上。是年，19128户，71669人（女33060人），属汉、苗、土家、回、侗、蒙古族杂居地，少数民族人口占总人口数的38.86%。乡镇企业有纸厂、水陆运输队，建有水电站4座、装机252千瓦。境内建有县办小河发电厂，为目前全县的重要水力电力基地。全区有6个乡通公路，乌江轮船在下塘、高谷、共和停靠，改造后的国道319线于1997年12月通车，将高谷区乌江两岸地区连为一片。全区工农业总产值10700万元，财政收入698万元。1998年，粮食总产量4.05万吨，人均占有粮食579千克，乡镇企业5家，私营企业4家，个体工商户1085户，乡镇企业产值550万元，实现利润240万元。工业总产值1.48亿元，畜牧业产值2806万元。农民人均纯收入1157元。1999年，高谷区总户数7170户，总人口72944人，实有耕地面积707公顷，粮食总产量39081吨，烤烟总产量2091吨，人均纯收入1037元。

至2000年，实现村村通公路，乡乡通汽车，有机动车235辆，客车18辆。单设中学1所，中心小学8所，完全小学1所，学生9132人。公办教师460人，代民师92人。区卫生院1所，乡卫生院8所，医务人员32人。医疗点76个，乡土医生124人。

2001年8月，全县机构改革，撤区并乡并镇，高谷区区级管理机关相应撤销。

桑柘区

桑柘区位于县东部，东与黔江区接壤，东南与酉阳自治县接界，辖区面积592.38平方千米。辖桑柘、鹿箐、同河、小厂、桐楼、诸佛、珍加、梅子垭、新田、新场10个乡，95个村，573个村民组。辖境处中低山丘陵地带。

1986年，桑柘区总户数18343户，总人口78227人，实有耕地面积8468公顷，粮食总产量21750吨，烤烟总产量2328吨，人均纯收入167元。1990年有20388户，77391人。其中，苗族23719人、土家族15072人、侗族803人、回族32人。区公所驻桑柘坪场。

1994年，撤销区建制，改中共桑柘区委为中共桑柘区工作委员会，代表中共彭水自治县委指导原辖区工作。仍设农机站、林业站、烟草站、兽防站、水管站、国土站、供销社、粮站、营业所、保险所、中心联社、工商所、国税所、地税所、财政所、教办、医院、司法所、法庭、派出所等单位。区工委机关所在地仍驻桑柘坪。

1996年，全区耕地约8606公顷，其中田1266.7公顷，森林覆盖率35%，草地面积占总面积的19.66%。粮食主产玉米、水稻、小麦、豆类和薯类。经济作物有烤烟、油菜、青麻、辣椒、向日葵、花生、芝麻、红麻、茶叶等。1996年产烤烟76吨，占全县的27.10%。林产品有桐油、乌桕、生漆、核桃、板栗及五倍子、中药材等。年产桐子835吨，乌桕71.55吨。建有小型水库17座，蓄水199万立方米。诸佛乡的红岩梯级电站两座，装机264千瓦，年发电650万千瓦/小时，新场、小厂、鹿箐、同河的小煤窑，年开采量12万吨，还有萤石、重晶石和铁矿等。10个乡均已通汽车，村级公路已通63个村。区、乡均建有电视差转台或地面卫星电视接收站，有129户安装闭路电视，各乡均通程控电话。是年，粮食总产42421吨，人均粮食514千克；工农业总产值1586.89万元，其中工业产值78.83万元；财政税收1551万元（其中烤烟税收1296万元），年人均纯收入1054元。1998年，国民生产总值1.71亿元，工农业总产值1.21亿元，财政收入420万元，社会商品零售总额1150万元，固定资产投资4000万元。个体工商户564户，从业人员867人。1999年，桑柘区总户数23439户，总人口 86069 人，实有耕地面积 8200 公顷，粮食总产量 41569 吨，烤烟总产量 6871 吨，人均纯收入 1333 元。2000 年，全区种烤烟 4200 公顷，收购烤烟 46 吨，实现产值 2900 万元，创税 600 万元。粮食总产量 61000 吨，人均粮食 576 千克。

至 2000 年年底，79 个村、353 个组通公路，有农用车 72 辆、客用车 12 辆。全区开通 371 门程控电话，通电村 94%。单设中学 2 所，村级小学 34 所，中小学教学点 36 个。学生 1.23 万人，教职工 706 人。区乡卫生院 10 个。

2001 年 8 月，全县机构改革，撤区并乡并镇，桑柘区区级管理机关相应撤销。

鹿角区

鹿角区位于县南东部，地跨乌江两岸，辖区面积 497.16 平方千米。辖鹿角、大园、鞍子、新化、善感、双龙、石盘、万足 8 个乡、59 个村、388 个村民小组。辖区主为奥陶系和志留系地层，多灰岩，夹有页岩和粉砂岩，有煤、萤石、重晶石、方解石、铁、大理石等矿藏。乌江南来横穿中部，诸佛江、长溪河支流汇入乌江。小溪流 14 条，水力资源丰富，建有小型水电站 4 座，计装机 75 千瓦，待建的乌江彭水水利枢纽工程坝址位于万足乡长溪坝。彭（水）酉（阳）公路经过万足、新化、善感等乡，乌江日班轮船停靠万足、马蜂岍、鹿角沱、石盘等码头。公路尚有石盘、双龙乡道未与县道相接。境内山峰相连，溪河众多，山水相映，风景迷人，有乌江峡谷风光、自然景点龙门峡、鞍子石磨岩、庞统之子庞宏遇难及初葬处庞滩、善感明代婚姻"喻示碑"、新化田时风墓、万足古寨、乱石坝苗居、鹿角沱索桥等自然人文景观。

1986 年，鹿角区总户数 9899 户，总人口 42538 人，实有耕地面积 6305 公顷，粮食总产量 14949 吨，烤烟总产量 640 吨，人均纯收入 216 元；1990 年，12943 户、46651 人。属汉、苗、土家、彝族杂处区。耕地 6433 公顷（其中水田 1286.67 公顷），林地 6666 公顷，灌木林 5333 公顷，草地 9800 公顷，产玉米、稻谷、烤烟、油菜、小麦、青麻、花生、芝麻、桐、梓、生漆、茶叶和各种水果。

1994 年 1 月，撤销区建制，改原中共鹿角区委为鹿角区工作委员会，仍驻鹿角沱，代理县委指导原区委、区公所辖区域及单位工作，设立工委办、财政所、派出所、粮站、供销社、烟草站、教办、中心医院、中心联社、营业所、工商所、林业站等。

1996 年，辖区工农业总产值 8.83 亿元，地方财政收入 800 万元。1997 年，烤烟生产创历史纪录，全区烤烟产量 4400 吨，单项创税 649 万元，人均单项收入 800 元。1998 年，全区农业总产值 1.12 亿元，粮食产量 3.47 万吨，人均占有粮食 769 千克。农民人均纯收入 1403 元。发展乡镇企业（工、商、服务、建筑）2847 户，其中个体工商户 1897 户。乡镇企业产值 2600 万元。1999 年，鹿角区总户数 13249 户，总人口 48122 人，实有耕地面积 6276 公顷，粮食总产量 29750 吨，烤烟总产量 3200 吨，畜牧业总产值 2927.7 万元，人均纯收入 1450 元。

至 2000 年，乡乡通公路，有机动车 189 辆，其中客运车 14 辆。木船 13 艘，机动船 38 艘。中学 1 所，小学 10 所，附设初中部。在校学生 4157 人，专职教师 580 人。卫生院 1 所，乡级卫生院 10 所。

2001 年 8 月，全县机构改革，撤区并乡并镇，鹿角区区级管理机关相应撤销。

黄家坝区

黄家坝区位于县西南部，南接贵州省沿河自治县、务川自治县、道真自治县，西连武隆县，辖区面积 433.80 平方千米。辖下岩西、大厂、猴栗、朗溪、龙塘坝、大垭、润溪、龙洋 8 个乡、73 个村、388 个村民小组，地处川黔边区大娄山北缘、芙蓉江右岸，属中低山丘陵河谷地带。有煤、铁、萤石、重晶石资源。有锅滩河、落岩河、白砂河、洋水等 17 条溪河，分别发源于茅尖山东南两侧，芙蓉江西部边缘南北流，长溪河由西南向东北斜贯东部，水力资源较为丰富。

1986年，总户数9726户，总人口43262人。实有耕地面积6164公顷，粮食总产量15230吨，烤烟总产量518吨，人均纯收入216元。1990年，总人口46022人，有汉、苗、土家、回、仡佬、蒙古等民族，少数民族占总人口的63.33%。建有小型水电站6座，合计装机429千瓦，在建的冬瓜溪水电站一期工程装机容量达1260千瓦。耕地6253.3公顷，其中水田1266公顷；有林地（不含茅尖山林场）5666公顷，灌林4733公顷，草地7133公顷。年均气温15.30℃，降水量1100～1400毫米，无霜期280天左右。产玉米、稻谷、小麦和豆类、薯类杂粮，经济作物主要有烤烟、油菜、青麻、芝麻、辣椒等，林产品有桐、梓、油茶、生漆、茶叶、五倍子、黄连、银花等，木材的采伐供应量居全县首位。彭水—务川公路及复线贯穿中部，各乡均有公路与之相接。

1994年1月，撤销区建制，设中共彭水自治县委黄家坝区工作委员会。工作委员会内设办公室，下置区粮站、烟草站、供销社、职中、教办、营业所、林业站、中心信用社、国税所、地税所、工商所、派出所、司法所、人民法院等单位。

1996年，全区粮食总产量26.94万吨，支柱产业烤烟实现产值3813万元，农业总收入9504万元，农民年均纯收入1104元，财政收入780.80万元。1998年，全区有3578户、13780人，种植烤烟933公顷，收购烤烟1196.80吨，畜牧业产值2326.97万元，农民人均增收495.11元。乡办企业总产值2259万元，创税38.8万元。以能源、食品加工、个体经营为主的乡村企业渐成体系。1999年，黄家区总户数13242户，总人口43667人，实有耕地面积6059公顷，粮食总产量29535吨，烤烟总产量2803吨，人均纯收入1253元。

至2000年，实现乡乡通程控电话，引资修建的冬瓜溪三级、二级电站并网发电。全区中学1所，小学8所；中心卫生院1所，乡卫生院8所。

2001年8月，全县机构改革，撤区并乡并镇，黄家坝区区级管理机关相应撤销。

普子区

普子区位于县北部，北与石柱县马武区连界，东北与湖北省利川市文斗区接壤，南靠高谷区，北部和丰都县毗邻，辖区面积422.82平方千米（不含七曜山林场）。辖普子、三义、桐荣、砂石、棣棠、太原6个乡，57个村，484个村民组。区公所驻普子坝，公路距县城57千米。境内为中低山区，有七曜山脉延伸的3座岭形大山，形成山岭两槽。矿藏有铁、铜、煤、硫黄、石膏及铝土等。

1986年，普子区总户数11726户，总人口51947人，实有耕地面积5289公顷，粮食总产量15080吨，烤烟总产量698吨，人均纯收入149元。1990年有13223户，51272人。其中，苗族25801人、土家族9244人。

1994年撤销区建制，改中共普子区委为中共普子区工作委员会，代表中共彭水自治县委指导原辖区各乡工作。仍设农机站、林业站、烟草站、兽防站、水管站、国土站、供销社、粮站、营业所、中心联社、保险所、工商所、国税所、地税所、财政所、教办、医院、司法所、派出所、人民法院等27个单位。

1996年，有15516户、56294人。全区以粮食生产为主，有耕地5313公顷，其中田880公顷；有林地10466公顷，草地4866公顷，产玉米、稻谷、红苕、洋芋和豆类，经济作物有烤烟、青麻、油菜等。林产品有桐油、梓油、茶油、生漆、棕片，为全县药材主产区。有龙氽孔、龙泉溪、冒水孔3条大堰和小型水库8座，小型水力发电站4座，装机容量98千瓦。有公路通县城及石柱、黔江等区县，6个乡通汽车，境内共有县乡村级公路210千米，区级各机关和3个乡开通程控电话，兴办老鸹石煤矿、种兔场等。是年，全区工农业总产值1397.56万元，财政收入661万元。1998年，全区企业390家，其中集体29家，个体361家，乡镇企业产值2030万元，工业总产值8327.68万元，农民人均纯收入1121元。森林1.79万公顷，森林覆盖率38.70%，1999年，普子区总户数15738户，总人口 57232 人，实有耕地面积 5161 公顷，粮食总产量 29089 吨，烤烟总产量 1720 吨，人均纯收入 1175 元。

至 2000 年，公路通村达 95% 以上，全区有机动车 121 辆，客运车 13 辆。全区 5 个乡开通程控电话，装机 534 台。单设中学 1 所，乡级中学 1 所，中心小学 6 所，村校 51 所，在校学生 7089 人，专职教师 381 人。区中心卫生院 1 所，乡卫生院 6 所，医务人员 62 人，农村合作医疗站 54 个，赤脚医生 95 人。

2001 年 8 月，全县机构改革，撤区并乡并镇，普子区区级管理机关相应撤销。

第二篇　中共地方组织

1986—2005年，第六至第十一届中共彭水自治县委员会依靠各级党组织，作出重大决策、制定发展计划、进行机构改革、开展党员先进性教育活动，带领全县中共党员和各族人民群众，全面完成各项工作任务。彭水自治县政治安定，社会稳定，经济综合实力增强、人民生活水平显著提高。

第一章 中国共产党彭水自治县委员会

第一节 组织机构

一、县委机构

1986 年，县委设办公室（简称县委办）（含机要科、政策调查研究室、保密办、信访办）、组织部（含老干部局）、宣传部（含文明办、党史办）、统战部（含对台办）、纪律检查委员会、政法委员会、县直属机关委员会、党校等 8 个工作部门。1988 年 11 月，县直属机关委员会改称县直属机关工作委员会。1989 年 8 月，党史办改称党史研究室。次年，对台办并入台侨外事办。1992 年 6 月，撤销政策调查研究室，党史研究室并入县委办，复称党史办。1997 年 4 月，机要科更名为机要局，仍属县委办。

2001 年 8 月机构改革，设立机要保密局（挂县国家保密局牌子），为局级行政单位，由县委办管理；机构编制委员会办公室为县机构编制委员会常设办事机构，既是县委工作机构，又是县政府工作机构，列入县委机构序列，与人事局合署办公；县监察局与纪律检查委员会合署办公；撤销党史办，其职能并入新组建的史志档案馆；老干部局仍为局级行政单位，由组织部管理；信访办并入政府办，挂县委、县政府信访办公室牌子，编制和职能并入政府办。县委设纪律检查委员会（含监察局）、县委办（含机要保密局）、组织部（含老干部局）、宣传部（内设精神文明办公室）、统一战线工作部（挂县委台湾工作办公室、县政府台湾事务办公室、县政府侨务外事办公室牌子）、政法委委员会（社会治安综合治理委员会办公室）、机构编制委员会办公室、直属机关工作委员会、党校共 9 个工作部门。

二、基层党组织

1986 年前，全县有基层党委 68 个，其中全县 64 个乡镇建有 64 个乡镇党委。全县有总支委员会 14 个、支部委员会 945 个。

1986 年后，设立党的基层委员会、总支委员会和支部委员会。基层委员会由党员代表大会选举产生，党总支和支部委员会由党员大会选举产生。基层委员会、总支委员会和支部委员会选出的书记、副书记由县委或乡镇党委批准。

1994 年，县委、县政府本着“精干区，加强乡，发展村级集体经济”的原则，撤销区委、区公所，分区设立党的工作委员会（简称区工委），同时赋予行政职能，作为过渡时期县委、县政府的派出机构，负责对乡（镇）工作的领导和协调。同时将汉葭镇党委与各区党的工作委员会同等对待，时有汉葭镇、高谷区、汉葭区、郁山区、保家区、桑柘区、鹿角区、普子区、黄家区等 9 个区（镇）工委。

1997 年年底，全县基层党组织有党委 78 个，党总支 21 个，党支部 1054 个。

2000 年，开展行政区划调整，撤区并乡建镇，区工委撤销，将 64 个乡镇调整为 39 个乡镇。同年，全县相应调整为 39 个乡镇党委。

2003 年，全县有基层党组织 1025 个。其中，基层党委 50 个，基层党总支 15 个，基层党支部 960 个。按行业分：党政机关党组织 126 个，事业单位党组织 123 个，公有经济控制企业党组织 86 个，非公有经济控制企业党组织 8 个，社区（居委会）党组织 12 个，农村党支部 622 个，其他党支部 48 个。

2005 年（以 2006 年年初统计为准），全县辖 39 个乡镇、7 个县级系统，有基层党组织 798 个。其中，基层党委 49 个，基层党总支 76 个，基层党支部 673 个。建制镇基层党组织 321 个。其中，党委 10 个，党总支 39 个，党支部 272 个。乡基层党组织 401 个。其中，党委 29 个，党总支 24 个，党支部 348 个。企业党组织 38 个。其中，党委 2 个，党总支 8 个，党支部 28 个。

三、党组

（一）1986—2005 年期间常设机关党组

彭水自治县人大常委会党组、彭水自治县人民政府党组、政协彭水自治县委员会党组、县人民法院党组、县人民检察院党组。政府工作机构部门党组：公安局党委（党组）、计划委员会（发展与改革委员会）党组、民政局党组、粮食局党组、供销合作社联合社党组、烟草专卖局（分公司）党组、畜牧局党组、农业局党组（党委）、林业局党组、教育局（教育委员会）党组（党工委）、交通局党组、卫生局党组、农业银行党委（党组）、人民银行党组。

（二）1993—2005 年期间组建部门党组

1993 年 2 月组建的部门党组：财政局党组、民族宗教事务委员会党组、审计局党组、统计局党组、质量技术监督局党组、工商行政管理局党组、计划生育委员会（人口和计划生育委员会）党组、国土资源和房屋管理（国土）局党组、建设委员会党组、司法局党组、广播电视局党组、劳动局党组、物价局党组、农林办公室党组、农业机械局党组、农业机构管理局党组、财贸委员会党组、经济委员会党组、乡镇企业局党组、物资局党组、二轻工业局党组、文化局党组。1994 年组建的部门党组：人事局党组、保险公司党组、工商联合会党组、国家税务局党组、地方税务局党组。1996 年组建的部门党组：食品药品监督管理局（医药管理局）党组、财产保险股份有限公司党组。1999 年组建的部门党组：建工建材局党组、环境保护局党组。2000 年 4 月组建旅游局党组。2001 年 8 月机构改革合并部门新组建党组：水务局（水利农机局）党组、文化体育局党组、劳动和社会保障局党组、经济贸易委员会党组、农村工作办公室党组、安全生产监督管理局党组；保留部门组建的党组：扶贫开发办公室党组、科学技术委员会党组。2005 年 8 月组建移民办公室党组、电视台党组、文化广电新闻出版局党组。

（三）1986—2005 年期间撤销的部门党组

因机构调整陆续撤销的部门党组：城乡建设环保局党组（1986 年—1987 年 5 月）、政法委党组（1986—1988 年）、外贸局党组（1986 年—1988 年 9 月）、保险公司党组（1996 年 4 月），税务局党组（1986 年—1994 年 9 月）、建设银行党组（1986 年—1998 年 7 月）、工业局党组（1986 年—1999 年 12 月）、二轻工业局党组（1999 年 12 月）。2001 年 8 月机构改革集中撤销的部门党组：劳动局党组、建工建材局党组、商业局党组（1986 年—2001 年 8 月）、物资局党组、物价局党组、财贸委员会党组、经济委员会党组、农林办公室党组、乡镇企业局党组、水利电力管理局党组（1986 年—2001 年 8 月）、农业机械管理局党组、文化局党组。2005 年 8 月撤销文化体育局党组。

第二节 党的代表大会

1986—2005年，中国共产党彭水苗族土家族自治县委员会（以下简称中共彭水自治县委）历经第七届至第十一届。每届县委委员均由党员代表大会选举产生。书记、副书记、常委由每届第一次全体委员会按上级有关要求选举产生，任期内的任免由上级党组织决定。1997年7月前，中共彭水自治县委由中共四川省委员会及其派出机关涪陵地区委员会、黔江地区委员会领导。1997年7月重庆直辖后，由中共重庆市委员会及其派出机关黔江开发区委员会领导。2000年，黔江开发区撤销，中共彭水自治县委直属中共重庆市委员会领导。

第七次代表大会　1987年8月14—17日，中国共产党彭水苗族土家族自治县第七次代表大会在县城民族会场召开。出席会议正式代表285人，代表全县13787名党员。大会听取并审议通过黄伦坤代表第六届委员会所作题为《立志改革、锐意进取，为建设繁荣富庶的新山区而奋斗》的县委工作报告。会议认真总结六次党代会后开展全面整党，深化企业改革，加快经济建设，抓粮食生产，突出多种经营，发展乡镇企业，调整农业结构，加强民主与法治建设等诸多方面取得的成绩，确定20世纪80年代最后3年全县要继续坚定不移地贯彻执行党的十一届三中全会及以后的一系列路线、方针、政策，推行两个文明建设，加强和改善党的领导，团结和带领各族人民，强化农业基础，确保粮食增长。继续调整产业结构，以能源和交通为突破口，发展工业和乡镇企业，全面推行经济体制改革，促进国民经济持续发展。

大会选举产生中共彭水自治县第七届委员会和中共彭水自治县纪律检查委员会。

第七届县委及其常委组成人员（1987年8月—1990年3月）：县委委员黄伦坤、任荣安、袁军、冯文超、陈宗楼、张玉林、李明生、侯渝满、彭泽清、任向峰、李福初、刘祥芳（女）、陈代友、王光泗、洪爱青、罗宗庭、刘治国、刘朝安、周子凤、周正德、陈光政、王廷奎、冉建国、李鲁章24人，候补委员唐斗祥、肖素梅（女）、黄福海、李运茂4人。常委黄伦坤、任荣安、袁军、冯文超、陈宗楼、张玉林、李明生、侯渝满8人。黄伦坤任书记，任荣安、袁军、冯文超任副书记。1988年2月，冯文超主持工作，黄伦坤调离。同年3月，张毅进入常委。同年8月，贺鼎富任县委常委、书记，杨春林任常委、副书记，冯文超、袁军调离。增补李鲁章为常委、纪律检查委员会书记。1989年，免去任荣安常委、副书记职务，增补陈世忠为委员、副书记。同年9月，刘荣金任常委、书记，贺鼎富调离。同年11月，增补向涛、石小川为常委。1990年2月，张克隐任常委、副书记。

第八次代表大会　1990年3月7—9日，中国共产党彭水苗族土家族自治县第八次代表大会在县城召开。出席会议正式代表261人，代表全县13954名党员。大会听取并审议通过刘荣金代表第七届委员会所作题为《发挥政治优势、振着革命精神，为开创两个文明建设新局面而奋斗》的县委工作报告。大会代表一致认为自党的七次代表大会以后，县委带领全县各族人民，坚持四项基本原则，坚持以经济建设为中心，坚持治理整顿深化改革的方针，坚持两个文明一起抓，各条战线取得可喜成绩，全县经济和社会发生深刻的变化。会议号召全县党员和党组织以党的十三届五中全会精神为指南，充分发挥党的政治优势，团结和带领全县人民，同心同德，艰苦奋斗，为建设富庶、民主、文明的新彭水而努力奋斗。

大会选举产生中共彭水自治县第八届委员会和中共彭水自治县纪律检查委员会。

第八届县委及其常委组成人员（1990年3月—1992年12月）：县委委员刘荣金、杨春林、张毅、张克隐、周斌、向涛、陈宗楼、石小川（女）、彭泽清、任向峰、刘祥芳（女）、刘朝安、王业盛、周子凤、田兴文、刘泽文、李运茂、田贵祥、周正德、刘治国、杜连军、肖素梅（女）、罗贵洪

23人，候补委员向登定、王世福、王元山、彭先佑4人。常委刘荣金、杨春林、张毅、张克隐、周斌、向涛、陈宗楼、石小川8人。刘荣金任书记，杨春林、张毅、张克隐、周斌任副书记。1991年8月，李鲁章任常委、副书记。同年9月，刘荣金调离。

第九次代表大会　1992年12月19—21日，中国共产党彭水苗族土家族自治县第九次代表大会在县城民族会场召开。出席会议正式代表260人，代表全县14762名党员。肖光德代表中共彭水自治县纪律检查委员会作题为《严明党的纪律，建设好的党风，确保党的基本路线贯彻执行》的纪律检查工作报告。县委工作报告全面总结三年来的工作成就及经验，提出今后五年工作思路：继续深入贯彻邓小平视察南方重要谈话精神，以党的十四大精神为指针，以经济建设为中心，以改革开放为动力，以加强党的建设为保证，建立社会主义市场经济体制，依靠科技进步，实现经济高速高效跳跃式发展。

大会选举产生中共彭水自治县第九届委员会和中共彭水自治县纪律检查委员会。

第九届县委及其常委组成人员（1992年12月—1997年12月）：县委委员王元山、王世福、王帮权、石小川（女）、田兴文、任向峰、向登定、刘平、刘宝亚、杜连军、李运茂、李鲁章、杨春林、肖永树、肖光德、汪家生、张克隐、陈泽模、邵瑞和、唐步新、黄应和、庹文洋、童熙池、彭正学25人，候补委员万永秋、杨宗英（女）、王天全、钱晓妮（女）、张洪斌5人。常委杨春林、李鲁章、张克隐、李运茂、田兴文、石小川（女）、肖光德、汪家生、杜连军、王元山11人。杨春林、李鲁章、张克隐任副书记。1995年2月，石小川任副书记，李泽规任常委、纪律委员会书记，陈泽模调离。同年4月，刘作禄任县委常委、书记。同年10月，增补郭忠亮为县委常委、副书记，石小川调离。1996年，增补王小陵为县委常委、组织部长。1997年4月，马平任县委常委、书记，喻维嘉任常委、副书记。同年，王茂怀任常委、副书记，庞一卫调离。同年11月，王小陵、陈泽模任副书记，李安禄、黄光成、张福安、庹文洋、张世模任常委，郭中亮调离。

第十次代表大会　1997年12月15—17日，中国共产党彭水苗族土家族自治县第十次代表大会在彭水自治县委办公大楼会议室召开。出席会议正式代表260人，代表全县18093名党员。大会听取并审议通过马平代表第九届委员会所作题为《振奋精神、团结拼搏，抢抓机遇、加快发展，为建设21世纪新彭水而奋斗》的县委工作报告。李泽规代表中共彭水自治县纪律检查委员会作题为《高举邓小平伟大理论旗帜，为实现跨世纪战略目标提供坚强的纪律保障》的纪律检查工作报告。大会确定跨世纪经济建设目标，号召全县共产党员带领广大人民群众统一在县委、县人民政府领导下，努力建设21世纪的新彭水。

大会选举产生中共彭水自治县第十届委员会和中共彭水自治县纪律检查委员会。

第十届县委及其常委组成人员（1997年12月—2003年3月）：县委委员马平、喻维嘉、王茂怀、王小陵、陈泽模、李安禄、万永秋、李泽规、黄光成、张福安、庹文洋、张世模、张克隐、李运茂、汪家生、王华敏（女）、刘艳红、蒋成谷、胡伦祥、赵培江、田维明、曾凡森、李明海、张泽布、杨崇勇25人，候补委员淳世华、向业顺、孟德华、孙德清4人。常委马平、喻维嘉、王茂怀、王小陵、陈泽模、李安禄、万永秋、李泽规、黄光成、张福安、庹文洋11人。马平任书记，喻维嘉、王茂怀、王小陵、陈泽模任副书记。1998年5月，陈泽模调离。同年9月，黄明任常委、副书记。2000年12月，蓝庆华任县委常委、书记。

第十一次代表大会　2003年3月10—12日，中国共产党彭水苗族土家族自治县第十一次代表大会在彭水自治县城召开。出席会议正式代表270人，代表全县19117名党员。大会听取和审议通过蓝庆华代表第十届委员会所作题为《以“三个代表”重要思想为指导，为全面实现小康加快建设三峡库区生态经济强县而努力奋斗》的县委工作报告，张庆凯代表中共彭水自治县纪律检查委员会作题为《与时俱进，开创全县党风廉政建设和反腐败斗争的新局面》的纪律检查工作报告。大会通过决议，总结五年来在县委的正确领导下，全县党员干部和各族人民积累经济社会建设的宝贵经验，全县人民与时俱进，开拓创新，圆满完成“九五”计划，实现“十五”计划的良好开局，奠定经济社会快速发展的坚实基础。提出经济社会建设“三步走”目标和五大战略，号召全县人民为全面实现小康加快建设三峡库区生态经济强县而努力奋斗。

大会选举产生中共彭水自治县第十一届委员会和中共彭水自治县纪律检查委员会。

第十一届县委及其常委组成人员（2003年3月—2005年12月）：县委委员王华敏（女）、代成瑶、向业顺、刘月红、李泽玉（女）、杨晓天、汪家生、张庆凯、张克隐、张家吉、张福安、周伟、周明光、孟德华、赵培江、秦盛成、陶忠强、庹文洋、庹朝福、梁正华、梁清元、彭寿清、蒋友波、蒋成谷、喻维嘉、蓝庆华、黎万洪27人，候补委员王永刚、杨国洪、徐诗农、周光4人。常委由蓝庆华、喻维嘉、黎万、梁正华、张庆凯、张福安、周伟、庹文洋、张家吉、孟德华、彭寿清、赵培江、李泽玉（女）13人组成，蓝庆华任书记，喻维嘉、黎万洪、梁正华、张庆凯、张福安任副书记。2004年4月，孟德华任县委副书记。

1987—2005年中共彭水自治县委书记、副书记名录表

表2-1

届次	职务	姓名	性别	籍贯	民族	出生年月	学历	任职时间
第七届	书记	黄伦坤	男	四川达州	汉	1942年7月	大学	1987年8月—1988年8月
	书记	贺鼎富	男	重庆酉阳	土家	1941年5月	大专	1988年8月—1989年8月
	书记	刘荣金	男	重庆垫江	汉	1945年5月	大学	1989年8月—1990年3月
	副书记	冯文超	男	重庆黔江	苗	1945年4月	高中	1987年8月—1988年8月
	副书记	袁军	男	重庆渝北	汉	1945年9月	大学	1987年8月—1988年8月
	副书记	任荣安	男	重庆彭水	苗	1940年6月	中专	1987年8月—1989年8月
	副书记	杨春林	男	重庆黔江	土家	1952年5月	大学	1988年8月—1990年3月
	副书记	陈代友	男	重庆南岸	汉	1946年2月	大学	1988年8月—1990年2月
	副书记	陈世忠	男	重庆彭水	苗	1941年5月	大专	1989年8月—1989年11月
	副书记	张毅	男	重庆酉阳	苗	1952年12月	大专	1989年9月—1990年3月
第八届	书记	刘荣金	男	重庆垫江	汉	1945年5月	大学	1990年3月—1991年9月
	副书记	杨春林	男	重庆黔江	土家	1952年5月	大学	1990年3月—1992年12月
	副书记	张毅	男	重庆酉阳	苗	1952年12月	大专	1990年3月—1991年9月
	副书记	张克隐	男	河南通许	汉	1948年8月	大专	1990年3月—1992年12月
	副书记	周斌	男	—	—	—	—	1990年3月—1991年3月
	副书记	李鲁章	男	重庆彭水	苗	1939年1月	初中	1991年8月—1992年12月
	副书记	张玉山	男	—	—	—	—	1991年9月—1992年12月
	副书记	郑军	男	—	—	—	—	1991年9月—1992年12月

续表 2-1

届次	职务	姓名	性别	籍贯	民族	出生年月	学历	任职时间
	书记	刘作禄	男	重庆黔江	汉	1953 年 1 月	研究生	1995 年 8 月—1997 年 4 月
	书记	马平	男	重庆石柱	土家	1957 年 5 月	研究生	1997 年 4 月—1997 年 12 月
	副书记	杨春林	男	重庆黔江	土家	1952 年 5 月	大学	1992 年 12 月—1994 年 7 月
	副书记	庞一卫	男	重庆黔江	苗	1955 年 1 月	研究生	1994 年 7 月—1997 年 4 月
	副书记	喻维嘉	男	重庆秀山	土家	1959 年 9 月	研究生	1994 年 7 月—1997 年 12 月
	副书记	刘作禄	男	重庆黔江	汉	1953 年 1 月	研究生	1995 年 4 月—1995 年 8 月
	副书记	张克隐	男	河南通许	汉	1948 年 8 月	大专	1992 年 12 月—1997 年 12 月
	副书记	李鲁章	男	重庆彭水	苗	1939 年 1 月	初中	1992 年 12 月—1997 年 12 月
	副书记	田兴文	男	重庆秀山	土家	1955 年 10 月	大专	1993 年 7 月—1993 年 11 月
	副书记	石小川	女	山东蒙阴	汉	1953 年 12 月	研究生	1995 年 2 月—1995 年 10 月
	副书记	张胜明	男	—	—	—	—	1995 年 3 月—1996 年 2 月
	副书记	郭忠亮	男	重庆酉阳	汉	1959 年 10 月	研究生	1995 年 10 月—1997 年 11 月
	副书记	吴忠厚	男	—	—	—	—	1996 年 2 月—1997 年 2 月
	副书记	杨炳光	男	—	—	—	—	1996 年 7 月—1997 年 6 月
	副书记	王茂怀	男	重庆彭水	苗	1954 年 9 月	大学	1997 年 4 月—1997 年 12 月
	副书记	王小陵	男	重庆丰都	汉	1963 年 8 月	大学	1997 年 11 月—1997 年 12 月
	副书记	陈泽模	男	重庆彭水	土家	1957 年 10 月	大专	1997 年 11 月—1997 年 12 月
第十届	书记	马平	男	重庆石柱	土家	1957 年 5 月	研究生	1997 年 12 月—2000 年 10 月
	书记	蓝庆华	男	重庆大足	汉	1966 年 11 月	博士	2000 年 12 月—2003 年 3 月
	副书记	喻维嘉	男	重庆秀山	土家	1959 年 9 月	研究生	1997 年 12 月—2003 年 3 月
	副书记	王茂怀	男	重庆彭水	苗	1954 年 9 月	大学	1997 年 12 月—2003 年 3 月
	副书记	王小陵	男	重庆丰都	汉	1963 年 8 月	大学	1997 年 12 月—2003 年 1 月
	副书记	陈泽模	男	重庆彭水	土家	1957 年 10 月	大专	1997 年 12 月—1998 年 5 月
	副书记	黄明	男	江苏沭阳	汉	1955 年 2 月	研究生	1998 年 9 月—2001 年 11 月
	副书记	黎万洪	男	重庆石柱	汉	1962 年 4 月	大学	2002 年 12 月—2003 年 3 月
	副书记	梁正华	男	重庆黔江	土家	1962 年 9 月	研究生	2003 年 1 月—2003 年 3 月
	副书记	张庆凯	男	江苏南京	汉	1962 年 10 月	大专	2003 年 1 月—2003 年 3 月
第十一届	书记	蓝庆华	男	重庆大足	汉	1966 年 11 月	博士	2003 年 3 月—2006 年 12 月
	副书记	喻维嘉	男	重庆秀山	土家	1959 年 9 月	研究生	2003 年 3 月—2004 年 5 月
	副书记	黎万洪	男	重庆石柱	汉	1962 年 4 月	大学	2003 年 3 月—2003 年 6 月
	副书记	梁正华	男	重庆黔江	土家	1962 年 9 月	研究生	2003 年 3 月—2007 年 2 月
	副书记	张庆凯	男	江苏南京	汉	1962 年 10 月	大专	2003 年 3 月—2005 年 12 月
	副书记	张福安	男	重庆酉阳	土家	1958 年 7 月	大学	2003 年 3 月—2005 年 12 月
	副书记	周伟	男	重庆石柱	土家	1963 年 7 月	硕士	2004 年 5 月—2005 年 12 月
	副书记	孟德华	男	重庆彭水	汉	1965 年 5 月	大学	2004 年 4 月—2005 年 12 月

注：挂职副书记，属于外地交流或上级下派履职，部分挂职副书记缺简历

第三节 重大决策

一、城镇经济体制改革

1987 年，县委、县人民政府作出《关于深化企业改革，增强企业活力的有关规定》，决定对国营企业实行上缴税利超基数分成；对政策性亏损企业，实行定额补贴；进一步改革企业领导体制，全面实行经营责任制；试行租赁经营、承包经营、股份制经营多种形式责任制。1988 年，县委、县政府出台《关于深化企业内部经营机制改革的意见》，决定落实和完善企业承包经营责任制，搞活企业，提高经济效益；积极推动各项配套改革，把经济体制改革与发展商品经济、经济体制改革与政治体制改革有机地结合起来。重点是深化企业内部经营体制改革，主要抓改革领导制度、分配制度、劳动制度、干部制度，建立健全经济责任制，改善企业经营管理等六个方面。1991 年，县委、县政府出台《关于进一步搞活企业的决定》，决定认真贯彻《中华人民共和国全民所有制企业法》，进一步落实企业自主权，完善企业体制机制，增强企业的活力。

二、党建工作五年规划

1991 年，中共第八届县委对全县党建工作作出五年（1991—1995 年）规划。规划党的建设工作继续坚持一个中心（以经济建设为中心）、两个基本点（坚持四项基本原则、坚持改革开放），坚定地、全面地贯彻党的方针、政策，围绕“八五”经济发展奋斗目标，切实加强各级党组织的思想建设、组织建设、作风建设，重点放在以党支部为核心的村级组织建设。把各级领导班子建设成为高效廉洁的坚强领导核心，把各基层党支部建设成为两个文明建设的坚强战斗堡垒，先进党支部达 35% 以上，优秀党员占 20% 以上。

三、加强和改进知识分子工作

1991 年，县委出台《关于进一步加强和改进知识分子工作的意见》，决定努力造就人才脱颖而出的良好环境，充分发挥知识分子在决策中的积极作用，认真做好专业技术拔尖人才的选拔管理工作，做好专业技术职务的评聘工作，改善知识分子的工作和生活条件。对取得地级以上（省厅局、地委、行署、地科委）科技成果或科技成果推广等奖获得者，县上给予精神和物质奖励。

四、依靠科技进步振兴农村经济

1991 年，县委出台《关于依靠科技进步振兴农村经济的意见》，决定 1992 年及“八五”期间，建立健全农业实用技术的推广、使用、服务和管理体系，较大幅度提高劳动者素质和农村实用科技水平，使传统农业向现代农业转变。“八五”期末，全县要建立起具有彭水特点的农业科技推广体系和科技情报网络，形成一支结构合理，与农村商品经济发展相适应的农村科技队伍。

五、法治教育五年规划

1991 年，县委、县人民政府出台法治教育的第二个五年（1991—1995）规划和 1991—1995 年社会治安综合治理规划。全县从 1986 年开始实施的第一个全民普法五年规划已完成，第二个普法五年规划，突出以经济建设为中心，与社会主义教育运动和社会治安综合治理相结合，组织公民深入学习宪法，有针对性地学习国家基本法律常识，有计划、有步骤、分部门学习专业法律知识，以提高干部和群众的社会主义法律意识和民主意识。对社会治安综合治理，贯彻落实“党委领导，政府负责，群防群治、落实基层”和“谁主管谁负责”的原则，坚持“打防并举，以防为主”的方针。

六、《文明单位（村镇）管理暂行条例》

1992年，县委、县人民政府根据《中共中央关于社会主义精神文明建设指导方针的决议》，结合彭水的实际情况，出台《文明单位（村镇）管理暂行条例》，决定有计划地开展“四有”（有理想、有文化、有纪律、有道德）和“四职”（职业意识、职业技术、职业纪律、职业道德）教育，开展创“文明机关”“文明工厂”“文明商店”“文明学校”“文明医院”等活动，开展军民、工农、干群、警民、厂街共建文明单位（村镇）活动。

七、党风廉政建设制度与决定

1994年，县委出台《彭水自治县领导班子党风廉政建设制度》，重申党政主要领导对“一班人”的廉政建设负责，领导班子对本地区、本系统的党风廉政建设负责，领导成员对所分管部门的党风廉政建设负责，实行一级负责一级，一级抓一级，一级带一级的分级负责制。建立和完善“五公开”“七监督”制度，实行党政决策、政务、财务、服务、分配公开，广泛接受党内、人大、政协、群众、法律、新闻媒体和社会监督。1999年，结合彭水实际，县委作出《关于实施党风廉政建设责任制的决定》，将党风廉政建设纳入党政领导班子、领导干部目标管理，与经济建设、精神文明建设和其他业务工作同部署，同检查，同考核。

八、脱贫规划与实施

1994年10月，县委、县人民政府出台《彭水自治县1994—2000年脱贫奔小康规划》，用以指导完成“国家八七扶贫攻坚计划”和“四川省七一一八扶贫攻坚计划”以及“黔江地区1994—2000年脱贫奔小康纲要”所确定的各项任务，进一步解决全县农村贫困问题，实现脱贫奔小康的目标。1998年，县委决定将71个县级部门包乡扶贫工作队员派驻63个乡镇，落实“5、3、2、1”帮扶责任制，即每个县级领导帮扶5户建卡贫困户、科级领导帮扶3户、股所级领导帮扶2户、职工帮扶1户；863名县级部门领导干部与157个村的2241户贫困户结成帮扶对子，包实现人均粮食500千克、增收150元。

九、社会主义精神文明建设

1997年1月，县委根据《中共中央关于加强社会主义精神文明建设若干重要问题的决议》精神，结合彭水实际，制定出《彭水自治县社会主义精神文明建设“九五”规划和2010年远景目标纲要》，明确今后15年的社会主义精神文明建设目标：领导全县人民牢固树立建设有中国特色社会主义的共同理想，牢固树立坚持党的基本路线不动摇的坚定信念，实现思想道德修养、科学文化水平、民主法治观念为主要内容的公民素质的显著提高，实现以积极健康、丰富多彩、服务人民为主要要求的文化生活水平的显著提高，实现社会风气、公共秩序、生活环境为主要标志的城乡文明程度显著提高，在全县范围内形成物质文明和精神文明建设协调发展的良好局面。

十、民主集中制建设

县委为全面贯彻落实党的十五大精神，1997年12月制定出台《中共彭水苗族土家族自治县委贯彻执行〈中国共产党地方委员会工作条例（试行）〉实施细则》，突出坚持民主集中制，严格按江泽民总书记提出的“集体领导，民主集中，个别酝酿，会议决定”的原则，对重大问题作出决策时坚持“四不”准则：即达不到规定人数不开会，事前未纳入会议的在会上不临时动议，表决未超过半数的不作决定，没有经过调查研究和充分准备的议题不研究。

十一、跨世纪经济建设目标

中国共产党彭水苗族土家族自治县第十次代表大会确定“两年打基础、五年见成效、建设六大支柱、实现三步跳跃”的跨世纪经济建设目标。即加强发展烤烟、畜牧业、建筑建材业、轻工食品业、旅游业和个体私营经济，1998—1999年，稳定解决30777户和111322个贫困人口的温饱问题，通过国家扶贫验收，实现第一步跳跃。2000—2005年，集中精力消除城乡贫困，国民生产总值在1997年基础上翻一番，人民生活达到重庆市中等区县水平；实现第二步跳跃。2006—2010年，全县大多数乡村实现小康目标，人民生活比较富裕，实现第三步跳跃。

十二、加强人大、政协制度建设

1998年县委出台《关于加强人民代表制度建设的若干意见》，指导各级党委支持人大依法行使职权，要求各级政府、人民法院和人民检察院在同级党委的领导下，主动向人大报告工作，对人大常委会负责，自觉接受权力机关的监督，服从人大及其常委会的决定、决议，以及对国家机关工作人员的任命。2000年，县委出台《关于贯彻中国共产党领导的多党合作和政治协商制度的意见》，同时建立县委常委会与各界代表人士交朋友和定期召开各界人士座谈会制度。县委按照“尊重、信任、关心、帮助、融洽、耐心”的要求，主动与各界代表人士交朋友，每年举行一次民主协商会，邀请县政协常委、工商联负责人、副科级以上党外领导干部、具有高级职称的党外知识分子，就县委拟定提出的年度工作报告、重大决策部署等进行协商。

十三、关于班子建设和干部选用

2000年县委出台《关于加强领导班子建设的决定》和《关于深化领导干部选拔任用等重要制度改革的意见》，注重抓好党政领导班子“一把手”的选拔培养，注意从大的事件和复杂环境中考察、识别和发现后备干部。贯彻落实《党政领导干部选拔任用工作条例》，建立和完善领导干部公开选拔制度、竞争上岗制度、任前公示制度、末位淘汰制度、政绩量化考核制度。推行领导干部任期制、试用制、聘任制、公示制和辞职制度，严格执行干部退（离）休制度。同时注重培养选拔党外干部和少数民族干部。

十四、实施五大战略和经济社会建设“三步走”目标

中国共产党彭水苗族土家族自治县第十一次代表大会决定实施五大战略：（一）实施投资拉动战略，推进重点项目建设；（二）实施工业立县战略，推进工业化进程；（三）实施城镇化战略，加快城镇化步伐；（四）坚持可持续发展战略，实现社会经济与环境的协调发展；（五）实施科教兴县战略，提高科技对国民经济的贡献率。确立全面实现小康、建成三峡库区生态经济强县“三步走”目标：第一步，到2005年，全面巩固越温达标成果，奠定经济快速发展的良好基础。经济发展速度保持12%以上，高于全国和全市平均水平。第二步，到2010年，跟进全市平均发展水平，为全面建设小康社会、建设三峡库区生态经济强县打下坚实基础。农民人均收入比2000年提前翻一番，地区生产总值比2000年提前翻两番，财政收入比2000年翻三番，“123”奋斗目标整体实现。建立绿色基地、洁净能源基地、旅游休闲基地三大基地，建立商贸流通中心、渝东南交通枢纽，各项基础设施建设基本完善，“311”工程建成。第三步，到2020年，全面实现小康。国内生产总值比2010年翻一番，二、三产业迅速扩张，城乡人民过上小康生活，全县综合实力、整体竞争力增强，建成重庆市三峡库区生态经济强县。

第四节 重大活动

一、全面整党

1985 年，县委按照党中央整党决定，开始分三期进行全面整党，到 1987 年基本结束。第一期是各级机关的党组织，第二期是区、乡党组织，第三期是村组一级。整党过程中始终坚持开展理想、宗旨、党性、纪律和彻底否定“文化大革命”的教育，实现全县各级党组织在思想、作风、纪律、组织等 4 个方面有进步，树立全心全意为人民服务的思想，克服党内存在的“三种”严重不纯（思想、作风、组织）的状况，纯洁党的组织，增强党的战斗力。在全面整党中，全县参加整党的 13208 名党员按时登记 12646 人，缓登或不予登记 150 人，开除党籍等各种处分 40 人，取消预备期 12 人。先后对 67 个部、局、区级领导班子和 64 个乡（镇）级领导班子进行调整充实，改选 640 个农村党支部和 131 个机关、企事业单位支部，并重点整顿了 11 个局级党委（党组）和 98 个瘫痪半瘫痪支部，新建 15 个局党委和 49 个中小学支部。先后培训 5976 名建党积极分子，发展 1160 名新党员，整顿 594 个基层团支部和 65 个基层团委，建立和完善 624 个村妇代会。农村基层党组织普遍开展“创先争优”和“党员联系户”活动，在活动中全县共办好事善事 2234 件。

二、反对资产阶级自由化的思想教育

1987 年，县委根据中央的文件精神，在全县开展反对资产阶级自由化的思想教育。这场思想教育严格限于党内，而且主要是在政治思想领域内进行，着重解决根本政治原则和政治方向问题，即主要是反对企图摆脱共产党的领导，否定社会主义道路的错误思潮。不搞政治运动，斗争不联系经济改革的政策，不联系农村政策，不联系科学技术研究，不联系文学艺术风格的探索，不联系群众的日常生活，也不涉及民主党派，不涉及党外知识分子。

三、民主评议党员活动

继全面整党活动之后，全县开展民主评议党员、妥善处置不合格党员活动。县委从 1988 年 4 月开始宣传发动，按照“坚持标准，立足教育，区别对待，综合治理”的方针，始终坚持以教育为主，严格党员标准，做到实事求是，证据确切，定性准确，处理恰当，手续完备。全县先后在农村 92 个基层支部和县农机局所辖的 4 个支部开展试点；边试点，边全面铺开，抓难点热点问题，边评边改，进行综合治理，到 1990 年 12 月第一轮基本结束。此后，民主评议党员活动一年一度形成制度，处于常态化。

四、抓群众普遍关心的七件事

1989 年 8 月开始，县委认真贯彻党的十三届四中全会精神，按照党中央和国务院关于做几件群众关心的事的决定，结合彭水的县情，抓了群众普遍关心的7件事：（1）查处贪污、受贿、投机倒把、以权谋私等违法违纪行为；（2）清理整顿公司，坚决制止党政干部经商；（3）清理机关党员、领导干部违法违纪建私房，并依法进行处理；（4）整顿城乡市场秩序，继续开展物价、税收大检查；（5）对群众十分关注的招工、招干、招生、农转非、工转干等“热点”，实行“两公开一监督”制度（办事程序公开、办理结果公开，广泛接受群众监督）；（6）狠刹“三风”，严禁铺张浪费，制止用公款请客送礼，大吃大喝；（7）清理文化市场，查禁宣扬资产阶级自由化和黄色淫秽书刊、音像制品。

五、全县农村社会主义思想教育

1991年起，县委根据中央有关文件精神和党的十三届七中全会要求，结合彭水实际，用两年时间在全县农村开展社会主义思想教育。在社会主义思想教育活动中，教育党员、干部和群众坚定社会主义信念，认识社会主义制度的优越性；教育群众认清家庭联产承包责任制的社会主义性质；进行社会主义商品经济规律教育；进行社会主义法治教育和爱国主义、集体主义、社会主义教育以及计划生育国策教育。为了配合社会主义思想教育，在全县农村普遍开展“三带”“三户”“一建设”活动。“三带”即在农村开展党员带头发展社会主义商品经济，带领群众勤劳致富，带头建设社会主义精神文明；“三户”即在农村开展评选“遵纪守法户”“五好家庭户”“双文明户”；“一建设”是在农村开展文明村组建设活动。

六、县级党政机构改革

1992年开展县级机构改革，第一步，撤销合并15个局级机构，6个机构实行合署办公，实际减少18个局级机构。第二步，按照部门的不同职能分为5类：以经营为主，兼有服务和少量行政管理职能的部门，有农业局等15个单位；以事业管理和服务为主，兼有部分行政职能的部门，有建委等21个部门；以管理为主的综合部门，有县委办等22个部门；执纪监督部门，有纪委、监察局和审计局等3个部门；群团组织，有工会、妇联、共青团和工商联等。第三步，机构设置进一步精简，实行“委下无局，局上无委，委局平行”的体制。1993年，县委根据党的十四大关于“大幅裁减非常设机构”的要求和精减、统一、效能的原则，结合省地指示精神，对40多个非常设机构进行清理，撤销17个，保留16个，合并13个，并明确以后一般不再设非常设机构。

七、以党支部为核心的村级组织建设

根据中共中央和省委有关文件精神，县委出台《关于加强以党支部为核心的村级组织建设的意见》，从县、区、乡3级抽调得力干部，组建社会主义思想教育村级组织配套建设工作团，开展这一工作。1994—1997年，分4批对206个后进村党支部进行集中整顿和建设，占全县总村数的33%。1993—1997年，5年共消除集体经济“空壳村”337个，占全县总村数的54%。基本达到中央对村级组织的四条要求：有一个坚强有力的班子，党支部、村委会等村级各种组织健全，制度落实；村里的事情有人负责管理，各项工作能正常而有序地进行；能带领群众治穷致富，群众生活得到明显改善；国家的各项任务都能按期完成。

八、党管武装

县委加强党管武装工作，党政主要领导负起“第一位”的责任，坚持做到管政治方向、管政策制度、管思想教育、管党的建设、管统筹协调，确定“九五”期间全县基干民兵储备任务为4200人（含民兵应急分队240人）。民兵整体布局，区、镇以街道为基础，以党政、事业单位为主体，以集体企业为依托，以民营企业为补充；农村仍以行政村（组）为重点，形成重点突出、点面结合、平战兼顾、科学合理的总体格局。把国防力量建设纳入经济和社会发展总体规划，统筹安排。

九、全县党政机构改革

2001年，根据市委、市政府的要求，对县级党政机构开展改革。县委原有8个工作机构，保留纪律检查委员会机关、县委办公室、组织部、宣传部、统一战线工作部、政法委员会、直属机关工作委员会等7个，将其他有关局、室划入相关机构管理。指导县政府按照社会主义市场经济和社会发展的要求，切实转变职能，理顺各种关系，实行政企、政事、政社分开。对县级党政机关人员编制精简13%，人大政协及群团干部人员编制精简10%，政法系统各单位机关编制精简10%。同时开展乡镇机构改革，进行行政区划调整，逐步建立起党政分开、运转协调、办事高效、行为规范的乡镇管理体制，巩固农村基层政权。不再保留区工委，并撤销区直部门。将原64个乡（镇）党委调整为39个乡镇党委。

十、"双学"活动

1995—1997年，县委在全县党员中开展"建设有中国特色社会主义理论"和《中国共产党党章》以及党的十四届四中全会通过的《中共中央关于加强党的建设几个重大问题的决定》的学习活动（简称"双学"活动）。学习活动分为通读文献、统一思想，列出专题、对照检查，验收总结、整章建制等三个阶段，主要解决三个方面的问题：（一）树立共产主义理想，坚定走有中国特色社会主义道路的信念；（二）坚持全心全意为人民服务的宗旨，廉洁奉公，遵纪守法；（三）按照党章规定，认真履行义务，正确行使权利，在改革建设中建功立业。在"双学"活动中，全县20322名党员、干部，有19306人认真参加学习，参学率95%。

十一、主题教育活动

1997—2000年，县委连续开展数项主题教育活动。1997年，针对党员干部在党性党风方面存在的突出问题，开展"党性分析活动"。1998年，针对部分干部思想不够解放、投资环境不够宽松的问题，开展"内聚活力、外树形象"的大讨论活动。1999年，针对部分党员干部先锋模范作用发挥不够好的问题，开展"我为党旗增辉"活动。2000年，针对干部中存在宗旨意识树得不牢、敬业精神不强的问题，开展"珍惜岗位、敬业奉献"的教育活动。

十二、"三讲"教育活动

2000年，中共彭水自治县委按照党的十五大和中央有关文件精神，从2月中旬到5月上旬，在县级党政领导班子和领导干部中深入开展以"讲学习、讲政治、讲正气"为主要内容的党性党风教育。在"三讲"教育活动中，县委以思想作风建设为重点，立足于学习提高；以整风的精神，开展积极健康的思想斗争，不搞政治运动，不搞群众运动，坚持"马克思主义自我教育"的基本性质，始终按照"团结、批评、团结"的公式解决问题。"三讲"教育坚持广泛征求县级领导班子全体成员，各区工委班子成员、各乡（镇）党委、政府以及县级各部门正副职领导干部和离退休老同志的意见，接受各区工委书记、第一副书记，各乡（镇）党委、政府主要负责人和县级各部门"一把手"以及县级离退休老同志的民主评议和民主测评。

十三、"三个代表"重要思想学习教育活动

2001—2002年，县委根据中央《关于在农村开展"三个代表"重要思想学习教育活动的意见》和重庆市委有关文件精神，在县级部门、区乡（镇）、村（居委）领导班子和基层干部中开展"三个代表"重要思想的学习教育活动。学习教育活动围绕做好农业、农村工作和加强农村基层组织建设两大任务，做好推进农业和农村经济结构调整、农村基层民主政治建设、农村费税改革、县乡机构改革和加大扶贫攻坚力度、加强农村两个文明建设、选配好乡镇村（居委）领导班子，以及建立健全农村基层组织等方面工作开展。学习教育活动全县分两批进行，第一批，在县级部门、区乡（镇）领导班子和基层干部中开展；第二批，集中在村级班子和县级部门驻区乡镇单位全面展开。前后两批总体上均按照学习培训、对照检查、整改提高、检查验收等4个阶段进行。

十四、“三级联创”活动

2001 年，县委结合“三个代表”重要思想学习教育，开展“五好”村党支部、“六好”乡镇党委，“七好”县委创建活动（简称“三级联创”），积极推进基层民主政治建设，严格按照民主选举、民主决策、民主管理、民主监督，健全村级组织、村级民主管理制度和村务运作的组织管理、监督体系，确保对村务管理实行有效监督。

十五、“树形象”和作风整改活动

2004 年，县委组织部牵头进一步深化和拓展全县“树组工干部形象”集中教育学习活动（简称“树形象”活动）。参加“树形象”活动的范围和对象是：县委、县政府领导班子及领导干部，各乡镇党委、政府领导班子及领导干部，县级部门领导班子及领导干部，全县组织人事系统的全体干部。活动主要检查领导班子及领导干部是否树立正确的权力观、利益观、地位观，是否树立科学的发展观和正确的政绩观，是否贯彻和执行民主集中制，选用干部的程序是否符合规定，考察干部有无失察失真失误，任用干部是否公道正派，公务员的考试录用是否违反干部人事工作纪律等等，然后将查摆出来的各种问题限期进行整改。

十六、保持共产党员先进性教育活动

2005 年 1 月开始，中共彭水自治县委在全县开展以实践“三个代表”重要思想为主要内容的保持共产党员先进性教育活动。整个活动以邓小平理论和“三个代表”重要思想为指导，联系彭水改革发展稳定的实际和党员队伍建设的现状，解决党员和党组织在思想、组织、作风以及工作方面存在的突出问题，解决影响本地区、本部门、本单位改革发展稳定和涉及群众切身利益的实际问题，不断增强党员队伍和党组织的创造力、凝聚力、战斗力，为推进富民兴彭，建设渝东南民族地区生态强县和武陵山区经济高地，实现全面建设小康社会宏伟目标提供政治保证和组织保证。全县先进性教育活动分三批进行，每批半年左右时间。第一批为县级党政机关和事业单位，第二批为城市基层和乡镇机关，第三批为农村和部分党政机关。共涉及 837 个党组织、19293 名党员。

第二章 党务工作

第一节 组织建设

一、工作机构

1988年11月—2000年1月，中共彭水自治县委组织部内设办公室、组织科、干部科。2001年8月机构改革，撤销办公室，改设综合科；撤销干教干审科，设立干部监督教育科，2002年4月设置信息调研科。2004年5月设置人才科，2004年9月设置党员电教中心。至2005年年底有综合科、组织科、干部科、干部监督教育科、信息调研科、人才科、党员电教中心等7个科室，21个行政编制，2个工勤编制。设领导职数4名。其中，部长1名（由县委常委担任），副部长3名。

二、党员发展

1984年6月，全县有中共党员12133名。1986年，全县发展新党员433名，年底全县有中共党员13787名。其中，正式党员13056名，预备党员731名；男党员12420名，女党员1367名；汉族党员7237名，少数民族党员6550名；“文化大革命”以后（1976年11月起）10年发展党员3350名。全县13787名党员中，大学文化292名，中专文化593名，高中文化841名，初中文化3009名，小学文化6365名，文盲2687名。

1986年以后，继续遵循“坚持标准、保证质量、改善结构、慎重发展”的“十六字”方针，按照上级指示，制定发展新党员计划，落实培养措施，严格入党审批程序；对申请入党的各界人士，改变过去注重家庭政治历史的做法，注重本人表现，按照成熟一个吸收一个的发展原则，积极发展工人、农民和干部中的优秀分子，并注意培养吸收优秀知识分子加入中国共产党。到1987年8月第七次党代会召开时，全县有中共党员13787人，比上次党代表会统计人数多1654人。

“七五”期间（1986—1990年），共培训积极分子8460名，发展党员1253名，其中妇女187名，占总数的14.9%。

“八五”期间（1991—1995年），共发展党员3768名，其中农民党员2344名，占总数的62.2%。其间，1992年发展的648名新党员中，生产第一线的495人，占发展总数的76.39%；初中以上文化程度的595名，占91.82%。1993年，全县2995名入党积极分子由各支部指定专人培养，全年发展新党员1284名，其中首次发展品学兼优的中学生12名。1994年，关心知识分子入党问题，培养吸收178名知识分子入党，占当年发展总数的20%。

“九五”期间（1996—2000年）共培训积极分子16073名，发展新党员3419名，其中工人党员233名，占总数的6.8%。

“十五”期间（2001—2005 年），注意控制数量、提高质量、改善分布，共培训积极分子 9834 名，发展新党员 1769 名。其中，25 岁以下的 525 名，占总数的 29.67%；56 岁以上的 3 名，占总数的 0.08%；大专以上文化 447 名，占总数的 25.7%。

2005 年年底全县有中国共产党党员 19293 名。1986—2005 年，20 年全县发展中共党员 10209 名。

1986—2005 年彭水自治县发展党员基本情况表

表 2-2　　单位：人

项目 / 年度	培训积极分子数	发展党员人数	其中					其中					其中				
			男	女	工人	农民	专业人员	25 岁以下	26 ~ 35 岁	36 ~ 45 岁	46 ~ 55 岁	56 岁以上	小学	初中	高中	中专	大专以上
合计	44319	10209	8686	1523	650	5581	1470	2958	4786	1711	710	34	524	4120	2732	1622	1311
1986 年	3100	433	369	64	34	178	96	104	198	108	18	5	53	186	112	61	21
1987 年	1234	380	329	51	25	161	73	103	144	105	25	3	45	155	106	56	18
1988 年	672	145	116	29	12	27	38	46	48	43	7	1	16	36	34	47	12
1989 年	1268	79	66	13	13	15	12	16	34	24	4	1	10	26	24	13	6
1990 年	2176	216	186	30	17	82	54	37	107	53	17	2	17	58	70	40	31
1991 年	2363	278	246	32	32	146	41	62	126	66	23	1	17	108	78	44	31
1992 年	2039	648	562	86	44	389	83	155	297	167	28	1	53	308	153	78	56
1993 年	2995	1284	1137	147	80	879	93	431	496	297	58	2	95	615	368	127	79
1994 年	1961	894	761	133	54	570	89	281	355	216	38	4	67	409	238	118	62
1995 年	1782	664	575	89	52	360	114	177	391	88	8	—	20	280	171	98	95
1996 年	1743	554	466	88	76	266	65	176	263	92	21	2	25	170	167	113	79
1997 年	2272	737	631	106	52	472	90	216	389	404	27	1	37	293	226	113	68
1998 年	4073	798	678	120	64	435	85	259	367	124	46	2	35	309	209	126	119
1999 年	4216	667	557	110	26	338	107	191	325	117	30	4	16	237	157	149	108
2000 年	3769	663	578	85	15	400	82	178	350	107	25	2	18	258	164	144	79
2001 年	2176	324	251	73	7	99	77	123	146	—	55	—	—	73	74	92	85
2002 年	2811	405	327	78	5	203	81	124	190	—	88	3	—	124	94	78	106
2003 年	736	374	316	58	14	215	75	110	195	—	69	—	—	139	102	54	79
2004 年	648	362	303	59	14	206	70	92	194	—	76	—	—	159	68	49	86
2005 年	3275	304	232	72	13	140	51	76	181	—	47	—	—	77	114	22	91

三、党员教育管理

1986 年，县级机关学习党的十二届六中全会精神，并进行纪律整顿；农村结合整党工作分期分批对 1.3 万名党员进行普通教育。本着从严治党的原则，组织处理 397 名犯有不同错误的党员。其中，开除党籍 5 人，其他处分 392 人。1987 年，党支部恢复“三会一课”（定期召开支部党员大会、支委会、党小组会；按时上好党课）制度，建立领导干部双重组织生活制度。对 13787 名党员开展以“坚持两个基本点”（坚持四项基本原则、坚持改革开放）为主要内容的教育。学习中共十三大文件，培训党员 1028 万人次，全面开展“如何增强党组织活力，怎样发挥共产党员的先锋模范作用”讨论。1986—1988 年，县级部门和县属企事业单位及其他单位参加整党学习的党员达 25938 人次，登记的党员 24862 人次，占参加整党学习党员人次的 95.85%。

1988—1990年，根据上级统一部署，遵循“坚持标准、立足教育、区别对待、综合治理”的方针，开展民主评议党员活动，共评处党员13933名。其中，评出合格党员7977名，占参评党员（下同）的57.30%；基本合格党员5229名，占37.50%；基本不合格党员496名，占3.55%；不合格党员231名，占1.65%。对基本不合格的496名党员进行限期一年改正的处置；对不合格的231名党员，劝退77名、党内除名74名、退党除名56名、自行脱党9名、取消预备期资格9名、开除党籍6名。231名不合格党员中，受纪律处分57名。其中警告6名、严重警告5名、撤职处分19名、留党察看24名，其他处分3名。经过民主评议，全县评出优秀党员1476名。

1991年，开始党员电化教育。次年，开展党员责任区和“三带”活动，1.35万名党员参加活动；县、区、乡层层建立民主评议党员工作领导小组，对1.39万名党员进行民主评议。

1993年，民主评议党员，合格占93%，基本不合格占6%，不合格党员占0.30%。次年，全县623个村建起党员活动室，建起多功能活动中心25个，多功能活动室52个，一般党支部活动室546个。电化教育至本年共播放电教片3389场次，受教育党员5.77万人次。1995年，在坚持民主评议党员活动中加强党的基本知识教育。

1996年成立县“双学”（学党章、学理论）活动领导小组，全县培养理论辅导员2306人，参加“双学”知识竞赛、讲座的党员1.3万余人次，发放《中国共产党章程》1400册，翻印发放《特色理论学习纲要》2100册、其他资料3000份。同年，全县基本建成县、区、乡、村四级电教网，播放电教片425场次，全县党员96%受到教育。县级机关、企事业单位党员每年受到10次以上电化教育，受教育面90%以上；区乡农村、街道党员每年受到5次以上电化教育，受教育面90%以上。至1997年，通过各种培训和电化教育，全县90%的党员掌握了1～2门农业实用技术。

1998年，开展重温誓词、牢记党的宗旨、争当合格党员的讨论活动，全县1054个基层支部开展民主评议党员活动。次年，开展“我为党旗增辉”活动。伴随经济发展，流动人口增多，党员流动频繁，至2003年，全县有流动党员1931名，约占党员总数的10%。其中，1627名外出党员中，农村党员1486名、城镇无业党员10名、离退休（退职）党员25名、下岗失业党员35名、学生毕业未就业党员5名、复员转业待安置党员27名，其他党员39名。全县在流动党员中建立各类管理机构54个、党支部7个、党小组8个。2004年，开展保持共产党员先进性教育活动。

2002—2005年，推进党员电化教育工作，4年中新建电教网点51个，社区党员电教点5个，坚持实施党员电教科技示范工程和电教主题播放活动。2005年，新建和扩建标准农村党员活动阵地170个，购置摄像机、非线性编辑机、录音及刻录系统等设备，新建演播室，建成集教育、培训、制片功能于一体的高标准党员电化教育中心，开展“党员电化教育主题宣传月”活动，各级党组织专题播放电教片3516场次，电视台播出《时代先锋》党建栏目43期。

四、基层组织建设

1986年，全县党的委员会20个，其中县级1个、农村区委8个、其他党委11个；县级机关党组19个。新建党支部7个。县级机关整顿局以下党委（党组）11个。在农村调整充实640个党支部，重点整顿了36个处于瘫痪状态的农村党支部，支部书记平均年龄由48岁降到42岁，初中以上文化程度从38%上升到71%。1987年，新建21个基层党支部，改选58个农村支部。1988—1989年，有步骤地撤销县级大部分业务部门的党组，并建立相应的组织机构。对全县115个干部年龄老化、文化程度偏低的党支部进行组织调整后，支部领导班子成员平均年龄由1987年的49岁下降到1989年的43.2岁，初中以上文化程度由1987年的173人上升到1989年的306人。

1990年，开展基层党支部书记的培训工作，培训1186人，其中机关支部书记109人，农村支部书记624人。整顿、调整、充实95个农村后进基层支部，并建立规章制度，调整党支部书记12名，撤换支部书记11名，调整充实支部委员47人。1992—1993年，对全县623个村党支部全面摸底排队，排出好支部261个，占41.90%；较好支部251个，占40.20%；相对落后支部108个，占17.90%。经过整顿，撤销村党支部书记职务14名，充实支部委员85名。同期，对企事业单位及街道党组织建设开展调查研究，召开街道支部书记座谈会。1994年，加强以党支部为核心的村级组织建设，县委制发《关于整顿农村后进支部的意见》，对相对落后的108个村党支部整顿52个，撤销7个村支部书记。1995年，对全县623个村党支部开展调查摸底排队，进一步整顿。

1996年，制发《关于1996年农村基层组织建设工作意见》，把改变后进乡、后进村的面貌作为强化基层组织建设的突破口。1995—1997年3年中，摸排出后进村党支部206个，占全县总村数的34.60%。县委从县、区、乡机关抽调750名党员干部组成206个工作组，对206个后进村党支部分四批开展整顿建设。三年整顿建设中，选派23名乡干部到村挂职充实，共充实调整村党支部书记128名，村支部委员106名；村支部书记的年龄由原来的45.3岁降到34.5岁，初、高中文化程度上升到45.8%。1998—2000年，着力提高农村基层党组织的整体水平，先后抽调200余名党员干部组成工作组，按"五个好"（领导班子好、党员队伍好、工作机制好、小康建设业绩好、农民群众反映好）标准，对70个只达到"两个好"标准的村党支部开展整顿。三年整顿中，调整党支部书记19名，70个"两个好"标准的村党支部有33个被评为先进。

2000年以后，按照"三个代表"重要思想要求，结合不同时期的建党要求，加强党的基层组织建设。各级组织仍然坚持"三会一课"制度，坚持党的活动日制度，组织党员开展有益的社会活动，参加学习，接受电化教育，举办专题报告会、座谈会等。随着经济发展，外出务工经商的党员人数增多，加强外出党员管理成为基层党组织的重要课题，也给基层组织建设增大了工作难度，基层干部为此开展党员走前登记、组织关系转移、定期了解情况、汇报思想、收缴党费等工作，让党员离乡不离党。各级党组织都陆续建立党员活动室、多功能活动中心，组织生活定期、多样化进行。2001—2002年，确定为"农村基层组织建设年"，实施"双百工程"，即从县、乡机关中选派100名优秀年轻干部到村挂职锻炼，选拔100名年龄35岁以下、文化程度高中以上的村党支部书记。2002年，通过"两推一选"和村民直选的办法，全县共调整村支两委成员321人，其中村支部书记41人。

1986—2005年，争先创优活动一直是党的组织建设和思想建设的重要内容。2005年，开展"三级联创"活动，对全县各乡镇和村党支部"五个好"创建活动指挥系统和制度建设进行统一规范，促进"三级联创"活动的深入开展。

五、干部管理

1986年起，遵照中央十四届四中全会精神和国家有关干部管理的规定，重点培养"四化"（革命化、年轻化、知识化、专业化）干部。

1986年按"四化"要求，对干部进行理想、宗旨、纪律以及领导艺术等方面的教育。先后对全县25个部局和区级领导班子及64个乡（镇）领导干部进行调整充实，启用111名德才兼备的中青年干部。其中，担任部局或区级领导职务的33人，担任乡级领导职务的78人。建立和完善三梯队后备干部档案。1987年，抽调40名熟悉组织人事工作的干部对全县65个乡（镇）领导班子进行考察，对其中29个乡（镇）领导班子进行调整充实，提拔104名中青年干部进入各级领导班子。对全县部局及区级295名领导干部开展民主考评，提拔25名后备干部进入部局级领导班子。

1988年，组织力量对反映问题多的35个单位的领导班子作全面考察，其中26个局级领导班子进行调整充实，调整52个乡（镇）领导班子。按照民主推荐和组织考核相结合的办法，提拔134名中青年干部进入各级领导班子，其中正局级21人、副局级51人、正副乡级62人；对原任6名干部实行就地免职。同年，探索干部人事制度改革，全县择优聘用乡干部70人，异地交流局级干部28人，交流乡（镇）领导干部 68 人。1989 年，开展干部大清理，立案 16 件 19 人，办结 12 件 15 人。对全县 95 个部、局、乡（镇）领导实行调整，调整 376 人次。

1990 年，全县任免领导干部 602 人次。其中，区（局）级 197 人次，乡（股）级 405 人次。1992—1993 年，全县共调整局级、区级领导 87 人，乡（镇）级领导 64 人；提拔局级、区级领导 63 人，乡（镇）级领导 30 人；任免副局级以上领导干部 108 人次，乡股级干部 186 人次。1990 年和 1993 年两年全县共提拔 117 名知识分子担任副局（区）级以上领导干部。

1994 年，加强后备干部队伍建设，后备干部保持稳定常数。全县后备干部 1710 人，其中县级 39 人、区科级 97 人、股所级 199 人、企事业单位 20 人、村级 1355 人。举办各类培训班 5 期，参培 434 人。次年，任免副科级以上领导干部 191 人；选拔县级后备干部 103 名、乡镇后备干部 133 名、少数民族后备干部 142 名；提拔 85 名知识分子担任副局级领导干部；选拔招聘 25 名优秀村干部充实到乡（镇）干部队伍。1996 年，重视女干部培养，新提拔的正副职领导干部中女干部占 35%。1997—2004 年，对县级机关和乡镇领导班子实行 ·年一度考察或重点不定期考察，对不称职的降职或免职后调离处理。其间，1998 年，调整县级各部门和部分区委领导班子 63 个、144 人。1999—2001 年，全县 39 个乡镇和 79 个县级部门有 10 名领导干部被降职或免职，其中 1 名受到党内除名处理。到 2002 年，对全县所有事业单位新分配录用的工作人员全面实施聘用合同制度。2002—2003 年，对乡镇和县级部门领导班子进行过 9 次调整，共调整干部 255 人。其中，提拔任用 52 人，平职交流 153 人，实职改非 30 人，降职 5 人，免职 15 人。

2004 年对 97 名乡镇和县级部门领导班子成员进行平职交流使用，提拔副职领导 41 人，并确定 98 名主任科员职务。39 个乡镇领导班子中有 15 个乡镇配有女干部，乡镇和县级部门领导班子后备干部中有女干部 47 名，占总数的 18.20%。2005 年，对县委办等 21 个县管领导班子进行调整，从县级部门选派 23 名优秀年轻干部到乡镇挂职锻炼，全年共充实、调整领导干部 69 人。其中，提拔任用 18 人，免职 6 人，改任非领导职务 26 人，部门交流 19 名。

第二节　宣传工作

一、工作机构

1986—2000 年，中共彭水自治县委宣传部有工作人员 11 ～ 14 人。其中，常委部长 1 人，副部长 2 ～ 4 人，办事员 8 ～ 10 人。1997 年 3 月，彭水自治县精神文明办公室从中共彭水自治县委宣传部单列，作为县委职能部门归口县教科文卫系统。2001 年机构改革，县委宣传部编制 16 名。其中，行政编制 11 名，事业编制 5 名。领导职数 4 名，设部长 1 名（由县委常委担任）、系统党委书记 1 名、副部长 4 名。内设综合科、理论科、宣传科、新闻科。2004 年核定行政编制 15 名、工勤编制 2 名、领导职数 3 名，内设外宣办、文明办、综合科、理论科、宣教科、新闻科。2001 年后，县精神文明建设委员会办公室设在县委宣传部，其主要职责是负责全县精神文明建设的发展规划，事业编制 3 名。

二、理论教育

1986 年，中共彭水自治县委恢复第一中心学习小组，县委宣传部负责其秘书工作。结合学习中国共产党第十一届三中全会后的重要文献，着重抓马克思主义、毛泽东思想、邓小平理论的学习教育工作。是年，在全县副股级以上干部中开展《政治经济学》理论学习，在党员中进行党性、党纪、党风教育和机关作风的整顿，广泛开展“文化大革命”前后的对比，在对比中提高对改革开放、以经济建设为中心的理论认识。开办2期商品经济理论骨干培训班，创办《理论学习》内部刊物。

1987年，在全县开展"坚持四项基本原则、坚持改革开放，反对资产阶级自由化"的宣传教育，组织关于"邓小平建设有中国特色社会主义理论"和"坚持四项基本原则"讨论活动，全年在各单位上理论辅导课18场次。

1988年，宣传学习中国共产党第十三次代表大会文献，进行社会主义初级阶段理论和党在新时期的基本路线教育，宣传政治体制改革和党的建设有关决定。1989年，宣传学习中共十三届四、五中全会精神和江泽民总书记国庆讲话精神，担负中共彭水自治县委第一、二中心学习小组的秘书工作。举办3期专题理论辅导讲座，发放《专题讲座》5900册。1990年，开展以中共十三届六中全会精神和马克思主义哲学为主要内容的理论教育，举办4期专题讲座、3期骨干培训班，印发《理论学习》940册，向上级报送理论研讨文章4篇。

1991年，开展"坚定信念，坚持一个中心、两个基本点"为主要内容的理论学习和教育，主要教材是邓小平《建设中国特色的社会主义理论》和《关于社会主义若干问题学习纲要》。集中组织县级机关副局级以上领导干部和各系统理论辅导员学习4次，组织各级党政干部在县委党校集中培训2期，每期11天。1992年，开展"以经济建设为中心"的理论教育，作专题报告36场次，受教育群众5000余人。为了解基层干部思想动态，对27个单位200余人进行问卷调查。

1993—1996年，重点学习中共十四大文献与贯彻党的十四届五中、六中全会精神。组织全县党员和干部学习邓小平《建设中国特色的社会主义理论》《中共中央关于制定国民经济和社会发展"九五"计划和2010年远景目标等建议》《社会主义市场经济基础知识》，以及《邓小平文选》第三卷。县委第一、第二中心学习小组带头学习，县委宣传部主办县级机关社会主义市场经济理论学习班，党员干部普遍参与学习。1993—1996年，连续巡回开展理论辅导报告会：1993年29场次，听众5000余人次；1994年18场次；1995年17场次，累计受教育1500余人次；1996年20场次，累计受教育2000余人次。

1997—1998年，重点组织学习《邓小平理论纲要》和党的十五大报告，集中学习《中共中央关于加强和改进社会主义精神文明建设若干重要问题的决定》和缅怀邓小平丰功伟绩的重要文献，发行理论学习资料、教材5000册，举办知识竞赛、理论辅导、形势报告、理论座谈会共34场次。县委书记、县长带头撰写理论文章，参与全市邓小平理论研讨会交流，部分县级领导干部和部局长撰写的理论文章在《彭水报》和《彭水宣传》上刊载。

1999—2002年，贯彻落实《中共中央关于在全党深入学习邓小平理论的通知》，开展"三讲"和"三个代表"重要思想教育理论辅导。1999年，开展中共十五大，十五届三中、四中全会精神的学习宣传，组织讲座20场次、报告会20场次，发放"三讲"教育系列读物2000余册，编印学习资料3000余册，开办专栏40期次。组织全县机关干部理论测试，3500多名干部职工参试。县委书记在《重庆日报》等刊物发表21篇理论研讨文章，各级干部在《重庆日报》《黔江日报》《彭水报》等报刊发表理论文章48篇。2000年，针对全县"三讲"教育，全年组织各种形式的报告会30场次，累计受教育1000余人次。在《彭水报》开辟"理论园地""西部大开发论坛"等论坛，全年共刊发各类理论研讨文章50篇。2001年机构改革后，完善各级党委中心学习小组理论学习考核制度，聘请专家授课，"三个代表"重要思想是贯穿始终的学习内容。在全县采取讨论、报告、辅导、讲座等多种形式，学习邓小平理论和"三个代表"重要思想，将干部理论学习与干部考评挂钩，使评学、述学、考学规范化。2001年，宣传部组织理论辅导报告40余场次，形势报告会30余场次；2002年为乡镇部门做理论辅导30余场次。

2003—2005年，抓住中心组学习、理论宣传、理论研讨3个环节，全面贯彻党的十六大精神，继续学习贯彻"三个代表"重要思想。2003—2004年，宣传部组织理论宣讲团奔赴乡村、学校、街道、社区、企业开展形式多样的宣讲活动180余场次。2004年，重庆市宣讲团到彭水宣传、贯彻党的十六大和十六届三中、四中全会精神，县委中心组集中学习9次。2005年，全县开展共产党员先进性教育活动，《今日彭水》开办先进性教育专栏3期，刊发先进性教育活动稿件500多件，向市级新闻单位报送稿件300多篇，被采用197篇。彭水电视台播出涉及先进性教育活动的新闻稿件327条，专题片17部，《时代先锋》栏目播出15期。同期开展安全生产、新信访条例学习等专项宣传活动。

三、经济社会宣传

1986年，县委宣传部和县民族宗教委员会在《四川日报》开办《彭水苗族土家族自治县经济》专栏，《民族报》开专版《川东彭水苗族土家族自治县》介绍彭水，并创办《宣传简讯》内刊，对外宣传彭水成立民族自治县以后的社会、经济发展情况。

1987—1989年，广泛开展形势教育，宣传反对资产阶级自由化思潮，开展“敬老好儿女”和“老有所为”评选活动，开展增产节约、增收节支教育活动。

1990年，结合苏联、东欧演变，县委宣传部把信念教育和“三基”教育（马克思主义基本理论，党的基本路线，党的基本知识）融为一体，作形势报告24场次，受教育群众4962人。是年，经济宣传重点是“武陵山扶贫经济开发会议”精神，《彭水通讯》专版介绍彭水资源和扶贫情况，开辟“认识彭水、热爱彭水、开发彭水、振兴彭水”专栏。县电视台制作《今日彭水》《彭水情思》等专题片，并印发了宣传资料。

1991—1994年，重点宣传社会主义思想和社会主义信念，宣传报道物质文明和精神文明建设，宣传彭水经济开发前景。其间，1994年重点宣传彭水自治县成立10周年和首届“乌江潮经贸会”，印发《社会主义思想教育讲话》，出版《社教工作》专刊10期，《彭水报》发表烤烟、畜牧、林业等骨干商品基地建设文章200余篇，县电视台摄制《一颗夹缝中崛起的幼苗》专题片。

1995年，在全县首次实施“万村书库”工程，建立65个村级图书馆。1996年，重点宣传“科技兴彭”，完成《乌江明珠—彭水》专题片的摄制。1997年，围绕重庆直辖、香港回归开展宣传。1998年，围绕“再就业”“严打”“禁毒”“环保执法”“城建城管”“行风评议”等开展宣传。1999年，围绕新中国成立五十周年、澳门回归、扶贫开发、创全国烤烟质量第一强县等开展宣传。2000年，开展“西部大开发、重庆大发展、彭水怎么办”的讨论热点宣传。2001年，主要围绕纪念中共建党八十周年以及中国加入世贸组织（WTO）等方面宣传。

2002年，县委、县人民政府出台《关于加强新闻舆论宣传，新建新闻宣传责任制的意见》等文件。是年《重庆晨报》为彭水开辟专版，彭水在市级媒体发表稿件26件。

2003年，《彭水报》开辟专栏宣传“非典”（非典型性肺炎—SARS）防治，发放宣传资料40万份、挂图4100套，《彭水报》、电视台向上报送稿件刊发创历史新高。

2004年，围绕彭水自治县成立20周年县庆活动举办成果展，在《香港商报》《重庆日报》《中国民族》等11家刊物发表30余篇专题稿。《今日彭水》特刊《彭水经济社会发展概况》，印发5000册。同时通过经济论坛、市台新闻联播、互联网宣传等形式，全方位、多角度、集中宣传彭水经济社会的发展成就。

2005年，创新宣传工作的形式和手段，以“渝洽会”作为展示彭水形象的重大机遇，在市级各报刊及互联网全方位、多角度报道彭水经济社会发展情况。配合市级新闻出版单位开展“和谐奋进新重庆·渝东南迈大步”——彭水专题采访。重庆直辖后，《重庆日报》首次对彭水地氟病防治进行专题报道。《当代党员》《重庆日报》同时首次专题报道彭水水利能源开发情况。全年向市级以上新闻单位送稿500余篇，采用200余篇。

四、精神文明建设宣传教育

县精神文明办公室原名“五四三”委员会办公室，即“五讲四美三热爱”委员会办公室，1984年改为精神文明办公室。

1986年，在全县学习贯彻《中共中央关于精神文明建设指导方针》，开展“三优一学”（优质服务、优良秩序、优良环境，学英模、树新风）和“五讲四美三热爱”（讲文明、讲道德、讲礼貌、讲卫生、讲秩序，心灵美、语言美、行为美、环境美，热爱祖国、热爱社会主义、热爱中国共产党）活动，审查命名36个县级文明单位。1987年，重点推动文明单位、文明村组、文明学校、五好家庭创建活动，审查命名18个县级文明单位，上报彭水自治县农机局等5个地级文明单位。1988年，创建2个省级文明单位、11个地级文明单位、8个文明村、1个文明居委，初步遴选出250个五好家庭。1989年，对53个文明单位进行复查验收，保留48个地级文明单位，撤销5个县级文明单位。

1990年，开展“最佳文明单位”评选活动，实行“门前三包”（环境卫生、绿化、社会秩序）责任区，开展“美化一条街”“学雷锋、做见义勇为公民”活动。1991年，县委成立精神文明建设协调委员会，在县城开展治理“脏、乱、差”精神文明活动，在农村开展“三户”评选活动。1992年，在县城开展“卫生达标”活动，坚持对文明单位实行动态管理。1993年，开展“三户一村”评选活动，在鹿角区评出“遵纪守法户”5149户、“五好家庭户”1971户、“双文明户”1260户。1994年，全县创建7个地级文明单位、1个省级文明单位、21个县级文明单位。

1995年，开展“三户三村”评选活动，全县63个乡共评选出“遵纪守法户”93419户，“五好家庭户”25398户、“双文明户”6396户、“安全村”182个、“文明村”12个。1996年，开展“文明月”活动，重点治理“脏、乱、差”，复查验收全县206个文明单位，重新命名107个。

1997年，召开全县精神文明建设大会，突出实施精神文明“八大工程”（教育、形象、基础、细胞、文化、廉政、支柱、保障），审议通过全县精神文明建设“九五”规划和2010年远景目标纲要，着重开展创建文明城市、文明行业、文明村镇“三创”活动，坚持文明单位的动态管理。1998年，着重抓“三创”示范点建设，全面完成“三户三村”评选活动，组织对各区和县级部门精神文明的指导性检查，并向全县通报检查情况。是年，经黔江地区文明办验收，有3个单位被命名为地级文明单位。

1999年，农村开展“四村三户”评选活动，分别在5个区选择了5个乡开展“十星级”文明户评创试点工作。县精神文明办与交通、运管、交警大队联合开展国道“319”文明运输线和创“平安大道”文明风景线活动。全年申报7个区级文明单位、3个市级文明单位和1个“五十佳”单位。县人民银行获市级文明单位称号，县委、县人民政府表彰61个单位和116个先进个人。

2000年，开展以文明小区为重点的文明卫生城镇创建活动，广泛开展“最佳县级文明单位”“青年文明号”“中国文明岗”“五好文明职工”“文明家庭”“文明科室”评创活动。2001年，命名4个青年文明号单位、18个文明单位、2个文明村、10个最佳县级文明单位。

2002年，县委为贯彻落实国家《公民道德建设实施纲要》，出台彭水自治县《关于贯彻〈公民道德建设实施纲要〉的意见》，各单位制定文明公约、文明行为规范。2003年，彭水精神文明建设工作获重庆市二等奖。是年，县精神文明办复查验收合格的县级最佳文明单位16个、县级文明单位158个、县级文明村35个、县级文明行业2个、县级文明社区2个；市精神文明办复查验收合格的市级文明单位4个、市级最佳文明单位2个。

2004年，根据县委部署，精神文明建设服务于经济建设，加强职工政治思想教育，继续深化对《公民道德建设实施纲要》的贯彻落实，加大对文明单位的日常管理力度，开展系列文明建设活动。对37个县级最佳文明单位、150个县级文明单位、2个县级文明行业、15个市级文明单位、4个市级最佳文明单位进行复查和抽查。开展网吧整顿，举办儿童与家庭教育专场讲座，募集30万元人民币解决1200名贫残孤童的入学问题。

2005年，围绕《公民道德建设实施纲要》开展“讲文明树新风”“西部开发助学工程”“民族精神代代传”“小公民道德建设”活动。对全县4个市级百佳文明单位、16个市级文明单位、1个全国创建文明村镇工作先进村、38个县级最佳文明单位、128个县级文明单位、2个县级文明行业、1个市级长江三峡文明长廊建设示范点、2个县级文明社区、47个县级文明村（居委）进行复查或抽查。

第三节 统战工作

一、民主党派工作

1986—1994年，继续遵照“长期共存、互相监督、肝胆相照、荣辱与共”的方针，坚持开展中共彭水自治县委与各民主党派的交流、座谈活动，沟通民主党派人士政治协商、民主监督、参政议政、建言献策的渠道，协助民主党派做好领导干部的培训和使用工作，为民主党派创造开展活动的条件，支持他们独立开展活动。推举民主党派人士担任政府职能部门的领导职务，重视发挥他们的民主监督作用。至1991年，党内外合作共事、政治协商制度趋于完善。

1995年，围绕全县经济建设中心，充分运用统一战线法典，为两个文明建设服务。是年，多方扶持，促进非公有制经济发展，加快共产党与党外人士合作共事，选配2名党外知识分子担任政府部门副科级领导干部。对全县统战对象进行普查，统战对象中无党派知名人士19人，中级技术职称的非党知识分子2858人。其中，高级知识分子61人，起义投诚人员2人、工商业7人、宗教代表4人、定居台胞2人、归侨2人、台胞侨胞323人、台属1541人、侨属84人、非公有制代表人士365人，其他467人。

1996年，根据国家政治制度和人大、政协、工商联换届的需要，物色2名副处级党外后备干部，安排3名党外人士在政府部门担任实职，推荐上报16名党外副科级领导干部，推荐聘用7名党外人士作特约审计员，增补8名政协委员，就空缺10年的党外副县长人选向县委和组织部提出建议性推荐。1997年，2名党外人士分别被选为市人大代表和市政协委员，1名党外人士任副县长，3名任人大常委会委员，10名被选为县人大代表，20名党外知识分子被选为政协委员。2000年，出台《关于贯彻中国共产党领导的多党合作和政治协商制度的实施意见》和县委常委联系知识分子制度，抓党外干部的培养选拔推荐工作。统战部相继向县委推荐党外干部、少数民族干部20余人，遴选100名有影响的各届人士，形成人才库。

2002年，对党外干部、党外知识分子进行全面调查统计，并建立档案。2004年，稳步抓好党外干部的培养选拔和关心党外知识分子的工作，为继续搞好多党合作制度化、规范化建设，县委统战部落实县委常委与党外人士交朋友、县委常委联系私营企业、党外人士参加有关部门内外事活动、常委对口联系知名知识分子等制度。对全县39个乡镇、50余个部门的党外干部和知识分子进行摸底，归类建档，建立党外干部后备人才库，并正式呈报县委。2005年出台《关于进一步做好培养选拔党外干部工作的意见》，建立党外干部后备人才库，选拔3名党外干部到部门任职，部门副职以上党外干部共13人。全年共有20名党外代表人士分别被聘为县政府政务督导员、县人民法院人民陪审员、县人民检察院人民监督员和县监察局特邀监察员。

二、党外知识分子工作

1986年，县委统战部会同相关部门落实知识分子政策，对195名外地在彭水工作的、彭水籍历次运动中受到打击伤害的知识分子，提高工资待遇，评上技术职称，改正右派问题和恢复工资级别，以及陆续解决他们夫妻分居、家属工作、专业不对口、住房、爱人调动、子女就业、爱人子女农村户口、老人照顾、家庭生活困难等问题，对他们“政治上一视同仁，工作上放手使用，生活上关心照顾”。

1987 年，在落实知识分子政策的基础上，加强与党外知识分子的联系，召开党外知识分子座谈会，同他们交流思想，倾听他们的意见，帮助他们解决夫妻两地分居问题，还推荐一批优秀党外知识分子进入重要岗位。1988 年，通过在重庆工作的彭水籍科技人员组成智力支乡协会，在智力支边方面开展工作。重庆九三学社和民革先后到彭水考察了解，给予科学技术方面的支持。1989 年，摸清党外知识分子情况，向县委推荐人才，16 名党外知识分子担任副局级以上领导干部。1990 年，开展摸底调查统计：非党知识分子中有 38 名高级工程师、654 名工程师、1155 名助理工程师、158 名无职称大专生、286 名正副股级和乡级干部，党外知识分子成为各方面统战对象中人数最多的群体。

1995—2000 年，贯彻尊重知识、尊重人才的政策，对非党知识分子工作加大力度，通过召开座谈会，听取他们对工业、科技教育、社会经济发展、社会治安综合治理的意见。在彭水中学、县畜牧局建立起知识分子工作联络点，定期将他们的意见、建议汇集整理后送交县委。统战部会同相关部门解决退休知识分子的住房、福利等问题。

2000—2004 年，县委统战部坚持不懈抓党外知识分子工作，关心他们的生活、工作，充分调动他们的积极性，在党外知识分子中选拔干部，选举县市人大代表、县市政协委员共 70 余人。

三、台侨工作

1986 年，按照“不忘老朋友、结识新朋友，扩大联谊面、着眼二三代”的方针，进一步加强同港澳同胞及海外侨胞的联系。成立中共彭水自治县委对台宣传工作领导小组，召开归侨、侨眷代表会，选举成立归侨、侨眷联合会。1987 年，加强对台工作的领导和宣传，向对台、对外新闻单位提供稿件 60 余篇，被《海峡》《人民日报》海外版采用 14 篇，同时帮助县内台属勤劳致富，规划扶持 30 余户通过种植、加工、养殖等方式尽快富起来。

1988 年，完成工商联换届，建立岗位责任制，整顿机关作风。对 228 户农业台属 1276 人宣传政策，采取摸底细、做规划、当参谋、办实事的办法，因势利导，扶持典型，鼓励台属致富。是年，接待台胞回乡探亲 16 户 24 人，并为他们寻找亲人。1989 年，接待台胞 44 人。他们带回彩色电视机、收录机、照相机和支援家乡亲人的现金 80 万元。1990 年，按照“加强两岸联系、尽快实现双向直接‘三通’”指示，接待台胞 26 人。

1992 年，成立彭水苗族土家族自治县台属联谊会。1993 年接待返乡探亲台胞 20 人，组织台属侨眷开展“四个一”（写一封信，牵一条线，引进一笔资金，促成一个项目）活动。台胞谭传文向家乡太原捐款 8500 元建水泥桥 3 座。是年，通过核发台属证和对台属登记查明，有书信来往的台胞 114 人，寻亲的 11 人，去台后无音讯的 97 人，在台死亡 4 人，回家定居 1 人。67 位台胞的亲属 103 人办理了台属登记手续。1994 年，接待台胞 20 人，在发展台侨属企业中，开展台侨属致富奔小康竞赛活动，69 户 309 人参加活动。1995 年，台湾政界退休后再创业人士王应田（祖籍彭水清平）捐献 50 万元美金，成立彭水王应田教育基金会，用以资助彭水贫困学生就读高中和大学，以及奖励为基础教育做出突出贡献的教师；之后再捐建彭水中学应田图书馆。1996 年，接待台胞 12 人次，2 人办结回乡定居手续；协助 2 人办理去台探亲手续，协办在台死亡乡友遗产继承案件 1 件。

2002 年，建立全县台胞、台属及侨胞侨眷档案，举办台湾问题图片展览，开展对台胞、台属及侨胞侨眷解危济困活动。争取到香港沈炳麟创办的应善良福利基金会捐资 14.58 万元，用于高谷镇庞溪村危房改造。争取到王应田教育基金会捐资 20 万元，用于资助失学儿童。

2003 年，利用台侨、外事办与统战部合署办公优势，争取香港应善良福利基金会 17 万元资金，启动汉葭镇和平村小危房改造项目；争取台胞王应田投资 400 万元用于城市开发。为台侨胞办理实事 20 余件，先后邀请台胞台属到县委统战部座谈，参加中秋茶话会和台湾同乡会，用寄发中秋祝福卡及贺年卡等形式广泛联络。2004 年，成功组织台商贸易洽谈会，30 余名台商参会；为台侨胞办实事 20 余件。

2005 年，对全县台侨胞、台属、侨眷进行调查统计并建档立卡，实行规范管理。争取侨务资金 4.20 万元，对全县贫困侨属实施散养土鸡项目，并组织农业、林业、畜牧等方面的专家，在民族干部学校、保家镇、龙溪乡等地开设 5 个班次，对 300 多名贫困台侨属进行为期 1 个月的实用致富技术培训。同年，引进台湾台塑集团捐资 120 万元，用于三所村校建设。在重庆“4·25”招商会期间，邀请 30 多名台商在五州大酒店召开彭水自治县对外招商贸易洽谈会。

四、其他工作

1986 年，县委统战部会同有关部门对 299 名原国民党起义投诚人员因追究历史问题被精减的 3 人全部收回安排工作，改正错处分 18 人（判刑 4 人、戴帽管制 5 人、其他 9 人），其中收回安排工作 10 人、退职退休 4 人、发生活补助费 2 人、死亡 2 人。在处理错划右派及“五种人”过程中，落实统战对象 127 人，应安置 27 人全部收回补员安置，已离退休 5 人。复查 1956—1959 年审干时历史上受到调离要害部门、不能担任领导职务、短期内不能提拔等限制使用的 121 名干部，根据党的政策，撤销 29 人，注销 86 人（有的已退休、死亡），解除 6 人；对他们在岗的政治上解除限制，受到信任，合理安排。对“文化大革命”的审干积案进行复查，撤销原处分 10 人，恢复政治名誉 24 人，重新安排工作 8 人，销毁案件的不实材料。落实 1957 年反右运动中错划右派 180 人（不包括外地迁入彭水 18 人）的政策，其中错划 146 人、错判纠正 18 人、撤销劳教 13 人、维持原判 3 人、死亡 43 人，应安置 70 人全部安置。落实 1960 年“反右倾”运动中错划“中右分子”政策 42 人，其中纠正错划 40 人、纠正错判 1 人、纠正带问题 1 人；应安置 15 人全部安置，离退休 9 人，死亡 10 人。

第四节　老干部工作

1983 年 11 月，成立中共彭水自治县委组织部老干部管理局。1986 年，召开全县离休干部、老干部表彰大会，成立老干部自管委员会，组织部分离休干部外出参观学习，开放县城和郁山镇两个活动室让老干部开展文体活动，组织老干部发挥传帮带作用，按国家有关规定落实离休干部的工资福利待遇。1986 年年底，全县有离休干部 105 名。其中，居住在县城 55 名、农村 38 名，外地安置 12 名。

1989 年，根据中共四川省委文件将副局级以上退休干部纳入老干部管理范围，管理服务工作成为老干部管理局的主要工作内容。

1989—1997 年，组织老干部理论学习讨论，学习县委、县人民政府以及上级有关文件，听重要报告，参加一些重要会议，听取他们对经济建设、社会发展等方面的建议和批评意见。组织他们参观工农业生产成果，参观城镇基础设施建设成就，参加力所能及的文娱体育活动，选代表参加座谈会、茶话会和年终团拜会，鼓励他们老有所学，老有所为。

1998—2001 年，除关心他们的学习和生活外，还帮助他们落实待遇，解决子女工作和部分困难家庭的生活问题。2000 年年底，全县副县（处）级以上退休干部 52 名，其中行政机关 49 名、事业单位 1 名、企业单位 2 名；享受县（处）级待遇 11 名、副县（处）级待遇 41 名。同年底，全县有离休干部 77 名，其中机关 26 名、事业单位 22 名、企业单位 29 名。2001 年以前退休的副局（科）级以上干部属老干部局管理。

2002—2005 年，巩固完善离休干部“三个机制”（离休费保障机制、医药费保障机制、财政支持机制），有效建立老干部“两费”（离休费、医药费）保障机制。2002 年，有 11 名离休干部提高享受处级待遇，44 名离休干部提高享受副处级待遇，全部解决由于 2000 年撤区并乡时，导致原区乡行政事业单位离休干部无处报销的医药费。2003 年起，将乡镇离休干部的医药费由县财政局划拨到老干局报销。

2005 年，进一步建立健全老干部活动中心的各项管理制度，约请有关方面的专家组织老干部开展健康保健知识等各项讲座，组织老干部健康检查、外出旅游参观考察，以及参加适当的文体活动，组织老干部“重阳节”座谈会、春节茶话会、团拜会等集体活动。落实对破产企业老干部故后每人给予 4000 元丧葬费补贴，对生活完全不能自理的企业老干部给予每月 400 ~ 600 元护理费补贴，为新中国成立初期参加革命工作的企业退休干部每人每年给予 600 元医疗补贴。

2005 年年底，全县有离休干部 61 名，其中机关 26 名、事业单位 13 名、企业单位 22 名。老干部局建有老干部活动中心 1 个，总建筑面积 350 平方米，总投入 20 万元，可容纳 200 人，日均活动人数 50 人。

第五节　党史　保密　调研

一、党史工作

1982 年，成立中国共产党彭水自治县委员会党史研究会。主要工作是征集并整理中共党组织在彭水的活动历史。1988—1995 年，党史研究室会同县委组织部、县档案局编写并印发《中国共产党四川省彭水苗族土家族自治县组织史资料（1927—1988）》，1995 年由四川人民出版社出版。2001 年机构改革时，党史工作纳入县史志档案馆职能。2005 年，按市委办公厅要求，开始筹备《中国共产党重庆市彭水苗族土家族自治县组织史（1988—2008）》编写工作，着手组织人力收集《中国共产党彭水苗族土家族自治县历届代表大会资料汇编（1956 年 5 月—2007 年 2 月）》相关资料，组织人力撰写中共彭水地方史专题，为编撰中共彭水地方史（正本）奠定基础。

二、保密工作

1986 年，继续贯彻执行国家保密局制定的《保密守则》“十不准”规定。1988 年，组织学习贯彻《国家机关工作人员保密手册》。1998 年《中华人民共和国保密法》颁布后，举办培训班，印发培训资料，培训分管领导和保密干部，提高对保密工作的认识水平和保密自觉性，要求各级行政机关严格执行。“二五”普法期间，为基层提供《保密法规文件选编》，宣传保密法和保密知识，并按照《保密范围规定》，对属于国家秘密的文件分别标明密级和保密期限。2004 年，县级部门和乡镇都建立保密工作制度。2005 年，健全保密工作机构，完成彭水自治县保密网站建设，加强保密宣传教育，培训涉密人员，修订编制《保密工作制度汇编》，在《今日彭水》开辟专栏刊载 10 期保密知识。是年，全县各乡镇及县级部门共有保密工作小组 127 个，保密工作小组成员及专（兼）保密干部 841 人。

三、信息调研

1990 年，经中共黔江地委组织部研究同意，彭水确定 8 名地委组织部组工信息员。1991—1994 年编发《组工信息》169 期，其他简报 134 期，上报调研文章 26 篇。1995—1996 年，编发《组工信息》10 期，其他简报信息 217 期，上报调研文章和材料 67 篇。1997 年，撰写调研文章 126 篇，分别被市级刊物、地委组织部、《黔江日报》《彭水报》采用3篇、22篇、86篇、15篇；编发信息简报123期。是年，黔江地区举办农村基层组织建设理论研讨会，彭水自治县分获一、二、三等奖。1998—2000年，3年共编发《专报信息》等397篇（期），被重庆市委和黔江开发区委采用91篇，被报刊采用126篇，被《中央组织部信息》和《领导参阅》各采用1篇。2001—2005年，共编发《专报信息》《组工探索》《组工动态》《农建简报》等567期（篇），分别被黔江开发区委、重庆市委、中央等组织部门信息刊物采用。其间，县委书记蓝庆华《贫困山区加强农村基层组织建设的思考》理论研讨论文获重庆市三等奖。

2004年，县委组织部对全县干部分别从数量、文化素质、年龄结构、任职情况、女干部所占比例、专业技术人员所占比例等基本情况开展调研，为县委选拔和任用干部提供参考依据。2005年，县委组织部培训选拔少数民族干部，分别从少数民族干部的构成、各级班子中少数民族干部的配备、后备干部队伍中少数民族干部情况等方面开展调研。

第六节　党校工作

一、干部培训

1986年开始，县委本着“实际、实用、实效”的原则，以提高经济效益、增加农民收入为核心，重点围绕全县骨干商品基地建设，着手抓好全县农村党员、基层干部实用技术和市场经济知识培训工作。继续以党校为基地，紧密结合各个时期中心工作任务培训干部，以提高各级领导干部党性觉悟、领导能力和理论水平，提高他们贯彻执行党的路线、方针、政策的自觉性。

1987—1989年，党校或委托其他培训机构举办各种短期培训班、轮训班，各级干部参加学习3576人次。1990年，各级干部参加短期培训1040人。1991—1996年，按照“任职一届，培训一次；一次规划，分年实施”的要求，县委党校举办各类短期培训班27期，3120人参加培训。其中，部局级正职领导113人，区乡书记、乡长144人，部局、区乡后备干部265人，其他各级干部2598人。

1997—1998年，县委党校举办干部轮（培）训6期，培训378人，其中包括换届新提拔的副科级领导干部、35岁以下的中青年干部、区乡妇女干部，以及优秀知识分子。1999年，轮（培）训9期，参加培训的有党务干部、纪检干部、乡（镇）长、支部书记、区乡（镇）司法、宣传干部共596人。同年8月10日，重庆市人事局批准彭水党校为重庆市国家公务员施教机构。2000年，按照“紧扣中心，适时设班，归类培训，按需施教”的精神，全年培训各级各类干部10期，参训干部482人。

2001—2002年，县委党校举办各类短期培训班11期，培训干部980人。2003年，按照“统一领导，集中管理，分级负责，分类培训”的精神，开展大规模干部培训，共举办培训班20期，培训各级各类党政干部、专业技术人员、企业管理人员3238人次。

2004—2005年，县委党校举办各级各类培训班46期，培训干部7374人；市委党校培训市管领导干部45名、乡镇领导干部146名。2004年，全县参加市外、国（境）外培训的干部175人次。

二、学历教育

1985年秋，中共四川省委批准彭水自治县委党校开始招收两年制专科班（学员60人），从此县委党校工作扩大范围。1987年6月，中共四川省委组织部批准彭水自治县委党校为中专体系，开始正规化学历教育，彭水同时选送一批干部到各级各类学校进行培训。1987—1990年，4年中参加大专院校和县委党校中专班学历培训的干部1330人。

1990年，全县干部总计6774人。其中，具有大专以上文化者1106人，占干部总数的16.32%；

具有中专（高中）文化者2842人，占41.95%。全县干部中具有中专以上文化者1990年3948人，1994年年底5215人，净增1267人。到“八五”期末（1995年），全县干部总数7704人。其中，具有大专以上文化者1773人，占干部总数的23.01%；中专（高中）文化者3442人，占44.68%。

1991—1996年，6年完成各级干部大中专学历培训1225人，自学考试和函授1708人。1993—1997年，5年累计培训干部2800余人次，有700名干部取得大专以上文凭。1997—1998年，有521名党政干部参加函授学习，其中大学本科112名、专科409名。1998年，在校学生1088人，其中本科278人、专科810人。1999年，全县639名干部参加党校高等学历教育考试，录取391人，其中大学本科114名、专科277人。1999年，毕业本科生108人、专科生232人。本科开设法律、经济管理、财政金融3个专业，学制2年；专科开设经济管理、法律、行政管理、财政金融4个专业。选派325人到市委、开发区党校学习培训。2000年，党校有函授生1004人，2001年新入学355人。2002年招收新生701人，其中本科255人、专科446人。

2003年，学历教育有中央党校本科和中共重市委党校本科、专科，招收新生109人，其中本科70人、专科39人。是年，在册函授学员541人，其中本科250人、专科291人，开设专业有经济管理、法律、行政管理等。2005年有在册函授学员224人。

第三章 纪检监察

第一节 机构与队伍

1983年机构改革，中共彭水县纪律检查委员会（以下简称县纪委）实行常务委员会制度。县纪委任期与县委相同，随党代会召开进行换届选举。1986年，县纪委受中共彭水自治县委和中共涪陵地区纪委（1988年6月改属中共黔江地区纪委）双重领导，设置纪律检查科、案件审理科、信访科、县纪委办公室、打击经济犯罪办公室。干部编制28人，当年配备23人。

1988年5月，成立彭水自治县监察局，人员6人，列入县人民政府工作部门序列，受县人民政府和上级监察机关双重领导。1989年1月起，各区公所、汉葭镇及县级各委、局、办（含局级企、事业单位）相继建立监察室。同年5月，核定县监察局行政编制12人。到1992年12月内设机构有：办公室、监察股、审议股、信访股，配备人员12名。

1992年12月，县纪委与县监察局合署办公，实行“一套班子、两块牌子”的管理体制，履行党的纪律检查和政府的行政监察职能。在原纪委办公室里设监察综合室，案件检查室里设案件管理室，新设宣传调研干部管理室，县纪委内设机构增为6室。职工26人，干部平均年龄30岁。

合署办公后，至1997年，纪检监察机关的县、区、乡（镇）三级纪检网络已经形成，八区一镇成立纪工委（纪委），各配备专（兼）职纪检干部1～3人；全县63个乡（镇）设置了纪委、监察室，均落实1～2名专兼职干部。2002年，县级机关成立纪检组，直属机关成立纪工委，企业成立纪检组，人行、农行、信用联社成立纪委。

2004年12月，县纪委内设纪委办公室、监察综合室、教育研究室、党风廉政建设室、执法监察室、案件检查室、案件审议室、信访室。县纪委、县监察局机关编制31人，其中行政编制29人、工勤编制2人；县纪委领导职数9人。

2005年年底，建立乡（镇）纪委39个，编制78人，已配专职纪检干部71人，其中县处级干部17人、科级干部54人。县直属机关设立纪检组18个，编制23人，配备专职干部14人、兼职干部9人。

第二节 党风廉政建设

1986年，针对领导干部中官僚主义、贪污腐化、索贿、受贿、失职渎职、违反人事劳动纪律、违反计划生育政策等违纪违法行为和公车私用、吃拿卡要、赌博等不正之风，县纪委利用政治理论学习、组织生活、“三会一课”、党校培训，以及行政学习等方式，以《中国共产党章程》《中国共产党党员领导干部廉洁从政若干准则》为学习内容，对党员和领导干部进行党风廉政建设教育和遵纪守法教育。4月，县委第六届二次常委会专门研究党风党纪工作，三次常委会专门制定出台《关于进一步增强党性、端正党风，加强纪律的具体规定》，建立党风廉政建设责任制。县纪委把端正党风、严肃党纪作为主要工作任务，采取4种形式对端正党风和加强廉政制度建设开展监督：（1）实行党内民主，坚持“三会一课”制度，党的领导干部过双重组织生活接受监督；（2）领导自身监督，成员之间开展批评和自我批评；（3）上级与下级互相监督；（4）职能机构监督。至1987年年底，清理出违规收受“红包”的干部62人，其中县级干部14人，收受金额全数清退。清理滥发奖金、实物补贴321780元，征收奖金税58347元。清理滥发服装2276套，违纪金额158723元，作了扣款处理。

1988—1990年，县纪委针对机关、农村婚丧嫁娶中的大操大办行为，及时制定《共产党员简办红白喜事，严禁搞封建迷信活动》的十不准规定，对大操大办行为和封建迷信活动开展查处。同期，根据群众反映党政干部利用职权乱建私房、超标准购买公房以及招工招干中的不正之风，县纪委查出县城机关干部职工乱建私房705户。其中，收回土地作重新处理的11户；对694户均按有关规定作经济处理，共收缴各种税费、罚款387099元；35户住公房建私房的副局级以上干部全部搬出公房；纠正和清退30余名不符合招工条件的录用人员。

1991年，县纪委印发党风廉政建设文件和辅导资料1330份，开展专题辅导150余场次，受教育者2289人次。1992年，印发讲座资料1300份，放映《权与钱的考验》等5部录像片共27场次，组织102个支部的2754名党员参加知识竞赛。纪委常委分别对4个县级部门领导班子进行谈话，提出问题，限期纠正。1991—1992年，协同组织、人事部门对47个乡（镇）推荐的106名招干对象进行复查政审，对不合格的干部一律未予录用。协助县委清理县城干部违纪违法建私房的遗留问题，收缴各种税款和罚款41.5万元，收回征而未用、征少占多土地3611.01平方米。1993—1999年，按照中纪委“五条规定”“四条补充规定”，要求党员干部廉洁自律，加强领导干部“三十一个不准”的教育，实行“关口前移、自查自纠”，各级领导班子每年两次民主生活会，开展批评和自我批评，副科级以上民主生活会面达95%以上。各级党组织建立党风廉政建设责任制，全面建立党政领导干部廉政档案，确立党政干部任职谈话制度。其间，1995年制发《反腐败工作意见》，在各级党委班子中开展“学习、团结、勤政、廉洁”的“四好”教育。1999年，印发《关于实施党风廉政建设责任制的规定》，配套建立科级领导干部季度申报卡、申报表，领导干部离任报告书，以及领导干部出勤通报、诫勉谈话、廉政谈话、离任审计、收入申报、重大问题报告等6个制度。

2000—2005年，根据党中央《中国共产党党员领导干部廉洁从政若干准则（试行）》和《关于党政机关厉行节约制止奢侈浪费行为的若干规定》，重点清理通信工具及通话费使用标准、党政机关与所办经济实体脱钩，以及统一接待标准在乡镇成立廉政食堂等落实情况。县委与县政府联合制定出台《关于实施党风廉政建设责任制的规定》，配套建立“正副科级领导干部党风廉政建设季度申报卡”《党政机关副科级以上领导干部收入申报表》《领导干部廉政报告书》，重申领导干部6个制度。县纪委对不正确履行党风廉政建设责任制的30名领导干部进行责任追究。2004年，县纪委充实调整党风廉政领导小组，制定《县级领导和县级部门2004年党风廉政建设和反腐败责任制》，细化41项工作任务，以学习《党内监督条例》为契机，开展县委、县政府、县人大、县政协领导班子，县纪委、县人民法院、县人民检察院和39个乡镇、75个县级部门、5个县属国有企业领导班子民主生活会，163名领导干部上交述职述廉报告。

2005年，县委转发县纪委、县委组织部、县委宣传部《关于学习宣传贯彻〈建立健全教育、制度、监督并重的惩治和预防腐败体系实施纲要〉的意见》，对全县学习贯彻《实施纲要》作出具体部署，建立“三位一体”（三个部门联合）责任追究体系。全年共对7名党政干部进行责任追究，其中县处级2名、乡科级5名。同时，执行“三谈两述”制度，县纪委常委分别对92名县处级、22名乡科级党政主要负责人进行谈话，对调整岗位的9名县处级、38名乡科级领导干部进行廉政谈话，对8

名县处级、13名乡科级领导干部进行诫勉谈话。全县1103名科级以上领导干部开展述职述廉报告。

第三节　违纪案件查处

1986年，县纪委继续贯彻中共中央、国务院《关于打击经济领域中产生犯罪的决定》，查处贪污、贿赂、投机诈骗、走私犯私案件，并着重县级机关经济案件的查处，全年立案查处37件，已结案件中，给予行政处理12人，其中开除公职3人；党纪处理8人，其中开除党籍5人；追究刑事责任17人，提请批准逮捕经济犯罪分子18人，追回赃款（包括赃物折款）145111元。1985—1987年，在打击经济领域犯罪和纠正行业不正之风中，纪律监察部门共查处党员干部违纪案件104件。其中，开除党籍29人、留党察看28人、严重警告9人、警告3人。

1987年，县纪委贯彻执行中纪委《关于党员领导干部犯严重官僚主义失职渎职错误党纪处分的暂行规定》和《关于参与嫖娼卖淫活动的共产党员及有关责任者党纪处分的暂行规定》，重点查办领导干部失职渎职、腐败堕落、嫖娼、赌博以及谋私、贪污挪用、官僚主义案件，受理党员违纪案件31件，查结22件。其中，开除党籍6人，通报批评1人。

1987—1989年，全县纪检系统共立案查处违纪案件80件，处理违纪党员78人。其中，开除党籍23人、留党察看30人、撤销党内职务4人、严重警告16人、警告5人。违纪党员78人。其中，失职渎职4人，违反组织人事纪律1人，违反财经纪律5人，贪污12人，受贿5人，乱搞两性关系11人，侵犯党员合法权益1人，违反计划生育政策19人，诈骗1人，袒护包庇1人，赌博1人，搞封建迷信活动1人，勒索1人，弄虚作假1人，扰乱机关工作秩序1人，“文化大革命”中犯严重错误1人，其他12人。1989年，全年查处党政机关、党政干部的违法违纪案件96件。其中，贪污29件、受贿26件、投机倒把2件、以权谋私、失职渎职5件，其他34件；有61人受到党纪、政纪和法纪处理。查出挪借公款50多万元，偷税、漏税50多万元。查处和纠正县劳动局违反政策录用42名新工的违纪行为，清退其中严重不符合招工条件的23人。

1990—1992年，县纪委共立案查处违纪案件64件（64人），处分违纪党员60人。其中开除党籍25人、留党察看24人、撤销党内职务2人、严重警告5人、警告4人。受处分的60名党员干部中有党员脱产干部33人，其中区局级3人、乡股级22人、一般党员8人；农村党员27人。

1993—1997年，县纪委共受理查处违纪违法案件300件300人，澄清事实38件38人，立案查处违纪案件262件262人。给予党纪政纪处分254件254人。其中，给予党内警告36件36人，党内严重警告25件25人，撤销党内职务5件5人，留党察看31件31人，开除党籍34件34人；给予行政警告处分23件23人，行政记过44件44人，行政记大过17件17人，行政降级9件9人，行政撤职13件13人，开除公职15件15人，移送司法机关2件2人。并为不实举报的270多名干部澄清是非。

1999年，立案查处各类案件65件，移送审理64件（含直审案5件），审结64件。其中大要案30件、经济类21件，挽回经济损失45万元。审结案件中，党纪立案55件。其中，开除党籍30人、严重警告12人、警告9人、留党查看3人，免除处分1人。政纪立案9件，其中行政降级4人、行政警告3人、行政记过1人、记大过1人。是年，受理申诉复查案件2件4人，恢复党籍3件3人。

2004年，以查处企业改制中集体谋私、贪污挪用、侵害群众利益、失职渎职案件为重点，党纪政纪立案45件53人，其中经济案件6件，审结32件41人，受党纪处分26人、政纪处分20人（其中双重处分5人），挽回经济损失54.85万元。是年，立违纪案件42件，占委局立案数的93%，查处县供销系统破产改制中的以权谋私、造成国有资产流失案，清退金额35万元；查处“12·17”县卫生局和中医院120车见危不救案。对2002年以来受处分27人的执行情况进行追踪回访，按期解除

11 人的行政处分。

2005 年，党纪政纪立案 33 件 34 人，审结 41 人。其中，党纪处分 26 人（含免予处分 1 人），政纪处分 16 人（含双重处分 1 人），发出行政监察建议书 5 件，挽回经济损失 260 余万元。受理政纪申诉案件 2 件 2 人，审结 2 件 2 人；解除行政处分 18 人，开展回访教育 12 人。查处医疗违法案件 193 件，取缔无证诊所 19 家，教育训诫江湖游医 13 人。

县纪委 2001—2005 年连续 5 年被重庆市纪委评为先进集体。

第四节 信访监察纠风

一、信访

1986—1990 年，人民群众信访多为要求解决历史遗留问题、森林纠纷、房屋产权、土地纠纷，劳动福利和干部违纪、计划生育、升学、招工招干、粮食关系及拐卖妇女儿童，以及城镇宅基纠纷等问题，也有一部分属建设性意见、建议或咨询的来信。5 年间，来信 5498 件，来访 2176 人次。其中转办 3631 件、联办 344 件、存查 183 件，其余部分采取查办、送批的办法予以处理。

1991—1997 年，除重复信件外，来信来访涉及解决土地、山林、家庭、婚姻、产权、社会救济等方面的纠纷，请求恢复公职、恢复党籍、调整工资、计算工龄、落实公费医疗、减免征购、补发准生证、育林补偿，以及车祸抚恤，要求复退安置、军属优待、“五大生”分配、解决退休干部待遇、落实公伤事故和医疗事故赔偿，以及解决计划生育手术致残，控告国家机关干部和企事业单位领导违法违纪、以权谋私、不正当男女关系、作风粗暴、挪用公款、贪污受贿，揭发检举机关或部门（单位）乱收费、乱罚款、乱摊派等。共收到来信 3149 件，接待来访 1149 人次。这些信件在查处中省地交办 90 件均于交办当年办结上报；其余信访先后自行办理、联合办理、转有关部门办理。

1998—2002 年，5 年共受理群众的来信来访来电 2011 件次，立案查处 282 件 321 人次。其中给予党纪处分 233 人次，给予政纪处分 88 人次，移送司法机关 14 件 14 人。

2005 年，贯彻执行国务院《信访条例》，进一步畅通信访渠道，开通信访电子信箱，实行开门接访。受理群众来信来访 1453 件次，2900 人次，与 2004 年比，件次下降 9.58%，人次上升 7.45%。其中，受理群众来信 895 件，同比下降 21.66%；来访 558 件次、2005 人次，同比件次上升 20.78%，人次上升 29.02%。

二、监察纠风

1988—1992 年，县监察局针对政府有关职能部门不按照国家法规、条例政策规定乱收费、乱摊派、乱罚款的“三乱”现象，依法履行监察职能，对管辖范围内的国家行政机关遵守和执行国家法律、法规及人民政府的决定、命令情况开展监察。1990 年，县监察局汇同县财政、物价、审计等部门，深入 8 个重点单位检查督促。1991 年组成 3 个联合调查组，一方面对 6 个单位少数人在调整粮价过程中弄虚作假的情况进行督导监察，纠正 6 个乡粮价问题，另一方面对 12 个重点单位开展纠风监察，其中 8 个单位查处问题 47 个，涉及金额（含物资折价）10.71 万元，予以纠正。1992 年，监察局立案查处 15 件。其中，重点查处有关乡（镇）和部门向农民多收提留统筹款和公费旅游，桑柘区教办向教师派款购小车，以及商业、工商、卫生三个系统吃“回扣”造成伪劣商品泛滥等问题。

1993 年，监察局汇同物价局对 1992 年行政事业性收费进行检查，查清 74 个单位 434 个项目中增设收费、扩大收费量的 53 个项目，赓即予以纠正：责令退回 3.67 万元，没收上缴县财政 1.25 万元。对当年农业人口转为非农业人口擅自扩大金额多收的 8.14 万元和汉葭镇工商所超越工商法律的罚款

0.5 万元进行查处。

1994 年，监察局确定检查 28 个项目，受理案件 57 件，决定立案调查 41 件，涉及 44 人。立案调查过程中发现违纪线索 42 件，查处金额 47.91 万元，为国家挽回经济损失 33.17 万元。对 10 个单位进行了重点纠风，对 94 个行政事业单位收费政策执行情况进行清理，清理收费大项 402 项，总金额 926 万元；按政策取消收费项目 10 个，降低收费项目 5 个，每年减轻社会负担 9.67 万元。

1995 年，政纪立案 49 件 49 人，挽回经济损失 77 万元，查结 45 件 45 人，开除公职 6 人。取缔中小学乱收费项目 5 个，金额达 16.3 万元。查出区、乡财务违纪金额 43.15 万元，行政事业性乱收费 9.6 万元。全年共挽回经济损失 143.48 万元，减轻农民负担 50 万元。虽然监察与纠风连年不断，“乱设卡、乱收费、乱罚款”得到有效治理，但由于少数民族地区在少数民族津贴、部门职工福利、奖金发放等方面制度不健全、不规范，受利益驱动，“三乱”屡禁不绝，部门巧立名目变相乱收、乱罚现象仍然存在。

2000—2004 年，对一些乡镇领导干部进行诫勉谈话，对问题严重的及时追究责任，给予党纪、政纪处分 16 人。清理检查 119 个单位，其中 22 个单位涉及 130 人拖欠公款 73.80 万元，清理过程中收回 16.21 万元，其余责令限期收回。纠正公款吃喝赊账单位 59 个，纠正金额 36.07 万元，还对收受现金、有价证券的行为进行检查，18 名干部上交 5.39 万元。其间，重申不准大操大办红白喜事，严禁干部参与赌博，查处教育部门违纪收费 48.60 万元；立案查处医药购销违纪案 32 件，销毁伪劣药品价值 4 万元；清理审核涉及农民负担项目 12 个，为农民减轻负担 1840 余万元。处理非法着装单位 13 个，仿制式服装单位 3 个，服装折价 89 万元。处理拖欠民工工资 1200 万元和 8 个单位工程欠款 6261.96 万元，促成兑现 94%。清理 17 宗批次用地 202.45 公顷，补偿公民 2725.59 万元。对教委等 11 个部门和单位开展行风评议，查处乱收费 100 万元。

2003 年，重新调整充实全县纠风工作领导机构，印发《2003 年度行风评议实施方案》，将县卫生局等 4 个部门纳入联动重点评议部门，将县建委等 11 个部门纳入自行组织评议的重点部门，将人事局等 21 个部门纳入自行组织评议的一般部门。通过综合评定，有的部门被评定为合格，有的部门被评定为优良，有个别部门被评定为“重新组织评议”部门。2004 年，确定行评部门（单位）11 个，其中市县联动评议 8 个，聘请行评代表 11 人开展评议，评定出优良单位 4 个，合格单位 7 个。2005 年，县纪委将县财政局等 6 个县级部门和教育、卫生、电信、广电等系统列为行评对象，评出县工商局等 6 个部门为优良，县农业局等 3 个部门为合格。

第五节　执法监察

1994 年，县执法监察室建立后，负责对各级党政机关执行党的路线、方针、政策、决议和国家法律、法规、决定、命令等方面的执法监察。根据上级下达 15 项工作任务，县执法监察室分别对春节前救济粮发放、粮油统一挂牌降价销售平抑物价、中小学教师工资兑现、农用物资到位和使用、农民负担管理政策法规执行、扶贫资金落实、四川省《企业负担管理条例》和《中华人民共和国药品管理法》执行、违法占地清理等方面开展执法监察。结合全县自立检查项目 18 项，检查列入案件 42 件，立案 8 件 8 人，结案 5 件 5 人。其中，党内警告 2 件 2 人、行政警告 1 件 1 人、行政开除公职 1 件 1 人，行政免予处分 1 件 1 人。在专项检查中，查出违纪金额约 479 万元，为国家挽回经济损失约 331 万元。

1997 年，立案 50 件，办结 47 件，挽回经济损失 39 万元。办理执法监察专项治理 17 件次，查出违纪金额 583.07 万元，减少中小学生负担 22.52 万元。对“三乱”进行 5 次比较系统的清理，纠正县级不合理收费文件 6 个，涉及项目 156 个，减轻各类社会负担 1320 万元。拆除乱设卡 87 个，清理整顿乱罚款单位 18 个，清退违纪金额 13 万元。对 65 个项目进行专项执法监察，查出违纪违规收费 157 万元，带出违纪违法案件 7 件 7 人，受到党纪政纪处分 7 件 7 人。清理乱收费问题严重的中小学校 23 所，查出不合理收费 146 万元，退还学生 78 万元，处理违纪责任人 7 人。减轻农民不合理负担 1320 万元，全县农民负担已按中央的要求控制在上年人均纯收入的 5% 以内。比较典型的长滩乡由农民负担问题引发的案件得到处理，主要责任人区工委副书记受到留党察看、判刑2年缓3年的处分。1998—1999 年，共涉及执法监察对象 216 人，立案查处 68 件，查结率 100%。通过查证并依法行政撤职 3 人、降级 1 人、其他处分 12 人。1998 年，县监察局确立纠风执法监察项目 16 个，清理出违纪金额 585.90 万元，挽回经济损失 224.90 万元。提出整改意见 41 条，协助建章立制 8 项，全县减轻农民负担 1388.80 万元，人均减少 25.77 元。1999 年，查处中小学乱收费 12.85 万元，制发“农民负担监察卡”15.10 万份，促成农民人均减负 45.59 元。

2003 年，县人民政府成立行政效能建设领导小组和行政效能投诉中心，县纪委、监察局制定出执法监察工作意见，针对群众关心的热点难点问题进行立项，会同县安监局、交通局、公安局等职能部门开展对《中华人民共和国安全生产法》《国务院关于特大安全事故行政责任追究的规定》等法律法规贯彻实施情况的监督检查。立案查处 2002 年“10・14”和 2003 年“5・1”“8・24”等翻车、沉船事故责任人，立案查处 3 件 10 人，其中给予党纪处分 2 人、政纪处分 8 人，移送司法机关处理 2 人。建筑市场公开投标率 100%，乌江彭水电站到位 700 万元移民资金，实行 100% 公开招投标。清理出 1998—2002 年国有经营性土地使用权招标拍卖挂牌出让，共报批土地 267 宗、274.7 公顷，无 1 宗属房地产开发和园区用地。在对市级立项的国债资金、扶贫资金、社会保障资金 8 个项目进行执法监察中，查出违法金额 447.8 万元，挽回经济损失 395.8 万元，纠正退还违法违纪金额 337.8 万元。全年在执法检查中提出建议 21 条、被采纳 14 条，协助建章立制 13 项。发现案件线索 12 件，立案 7 件 19 人，查结 7 件 19 人。其中涉及县处级干部 7 人，党纪处分 10 人、政纪处分 9 人，移送司法机关处理 4 人。

2004 年，对市级立项的 6 个项目进行执法监察，查出违法违纪金额 102.8 万元，其中纠正退还违法违纪金额 32 万元，避免经济损失 70.8 万元。提出监察建议 23 条中被采纳 18 条，发监察建议书 1 份，协助建章立制 14 项。发现案件线索 14 件，立案查处 5 件，查结 5 件 11 人，其中党纪处分 8 人、政纪处分 3 人。

2005 年，全年开展执法监察项目 10 项，其中市县两级各 5 项。查出违法违规金额 144.1 万元，挽回经济损失 144.1 万元。提出监察建议 19 条，被采纳 19 条，发出监察建议书 9 份。政纪立案 7 人，党纪立案 3 人，效能告诫 7 人。对土地征用拆迁补偿中侵害农民权益问题，立案 14 件，制止违法用地 15 起，下发停建通知书 180 份。查处企业违法排污危害群众健康问题，对马峰水泥厂等 9 家企业实行挂牌限期治理，对不符合产业政策的保家等 3 家水泥厂关闭或转产，发出限期补办环保手续通知 31 家，执行“三同时”制度（建设项目环境保护措施必须与主体工程同时设计、同时施工、同时投入使用的环境法律制度）47 家，查处违法施工 4 起，责令停止噪声污染 23 次。监察落实“两免一补”（为义务教育阶段贫困学生免费提供教科书、免杂费和对其中的寄宿生补助生活费）政策，查处违规乱收费学校 26 所，涉及违规金额 37.86 万元，退还学生 3.57 万元，没收 34.29 万元，减轻学生家长经济负担 704.65 万元。取消违规收费项目 6 个，清理整顿行政机关及其所属单位乱办班、乱收费、乱发证单位 10 个，办班 19 期涉及 7475 人。

第三篇　人民代表大会

1986—2005 年，彭水自治县人民代表大会历经六届，第九届至十一届每届任期 3 年，第十一至十四届每届任期 5 年。县人民代表大会及其常委会，认真贯彻宪法和法律，依法行使重大事项决定权、监督权、选举任免权和一定民族自治权，指导乡镇人民代表大会开展工作，为坚持和完善人民代表大会制度，推进彭水民族法治建设和社会经济有序发展发挥重要作用。

第一章　历届县人民代表大会

第一节　代表选举

县、乡镇两级人民代表大会代表由全县选民直接选举产生。省、市人民代表大会代表按上级组织分配名额由县人民代表大会选举产生。1980年至1992年，县、乡镇第八届至第十一届人民代表大会每届任期3年。1992年县第十二届人民代表大会起，按照《中华人民共和国宪法》规定，每届任期5年。乡镇人民代表大会3年一届延至2001年。换届选举工作按照《中华人民共和国全国人民代表大会和地方各级人民代表大会选举法》和省市《选举条例》规定，由县人大常委会制定换届选举安排意见，指导县、乡镇选举工作。换届选举的准备工作，包括成立选举委员会，设立选举办公室，召开选举工作会议，培训骨干，组建和派出选举指导小组。换届选举按具体步骤、规定日期分步完成。第一步宣传发动选民登记，第二步按每个选区分配1至3个名额提名推荐候选人，第三步酝酿协商最后确定正式候选人，第四步在法定选举日召开选民大会，宣读选举程序，发给选票，用无记名和差额选举方式选出人大代表。

第十届县、乡镇两级换届选举工作于1986年10月1日开始，1987年1月10日结束，历时70天。按照四川省和黔江地区人大部署，第九届县人民代表大会常务委员会（以下简称县人大常委会）十八次会议决定，成立县选举委员会及其办事机构，开展县、乡镇换届选举工作。1986年11月17日，召开县选举工作会议。11月21日，召开各乡镇选举工作会议，培训登记员1738人，抽调脱产干部1138人，到基层协助工作。全县划县级选区121个，乡镇级选区856个。县级选区选举一次成功的115个，占选区总数的95.04%，一次性当选的县人大代表297人，占应选名额303人的98.02%，另选选区5个，当选5人。缺额选区1个，缺额1人。乡镇选区选举一次成功的842个，占选区总数的94.71%，一次性当选的乡镇人大代表2507人，占应选名额2565人的97.73%，另选选区26个，当选36人。缺额选区21个，缺额22人。

第十一届县、乡镇两级换届选举工作于1989年11月3日开始，12月31日结束，历时59天。第十届县人大常委会二十次会议决定开展县、乡镇换届选举工作，成立县选举委员会及其办事机构，开展县、乡镇换届选举工作。分别召开县选举工作会议、乡镇选举工作会议，培训登记员。全县划县级选区119个，乡镇级选区873个。县级选区选举一次成功的109个，占选区总数的91.60%，一次性当选的县人大代表212人，占应选名额222人的95.50%，另选选区10个，当选10人，无缺额。乡镇选区选举一次成功的791个，占选区总数的90.60%，一次性当选的乡镇人大代表2217人，占应选名额2316人的95.73%，另选选区82个，当选91人。缺额选区6个，缺额8人。

第十二届县、乡镇两级换届选举工作于1992年10月20日开始，12月1日结束，历时42天。第十一届县人大常委会二十一次会议决定，成立县选举委员会及其办事机构，开展县、乡镇换届选举工作。分别召开县选举工作会议、乡镇选举工作会议，培训登记员。一次性当选的县人大代表213人，占应选名额213人的100%。乡镇选举一次性当选的乡镇人大代表2498人，占应选名额2504人的99.76%。在本届县乡镇换届选举活动中，同时进行村（居）民委员会换届选举工作。

第十三届乡级换届选举工作于1995年11月1日开始，12月1日结束，历时31天。第十二届县人大常委会二十一次会议决定，成立乡镇换届选举领导小组及其办事机构，开展乡镇换届选举工作。召开乡镇选举工作会议，培训登记员300人。全县划乡镇选区1027个。乡镇选区选举一次成功的1007个，占选区总数的98.05%，一次性当选的乡镇人大代表2891人，占应选名额2918人的99.07%，另选选区9个，当选15人。缺额选区12个，缺额12人。选出2906名乡镇人大代表和乡镇人民政府领导人员。

第十三届县级换届选举工作于1997年10月22日开始，11月28日结束，历时37天。第十二届县人大常委会三十九次会议决定，成立县选举委员会及其办事机构，开展县级换届选举工作。召开选举工作会议培训登记员。一次性当选的县人大代表249人，占应选名额251人的99.20%。

第十四届乡镇级换届选举工作于1998年11月11日开始，12月10日结束，历时30天。第十三届县人大常委会六次会议决定，成立乡镇换届选举领导小组及其办事机构，开展乡镇换届选举工作。召开乡镇选举工作会议，培训登记员。全县划乡镇级选区1055个，选民小组4753个。当选乡镇人大代表2944人，占应选名额2958人的99.50%。在本届乡镇换届选举中，同时组织村（居）民委员会换届选举工作。

第十五届乡镇换届选举工作于2001年8月10日开始，9月10日结束，历时31天。第十三届县人大常委会二十五次会议决定，成立乡镇换届选举领导小组及其办事机构开展乡镇换届选举工作。本届乡镇换届选举工作因建置区划的调整，全县64个乡镇调整为39个乡镇，换届工作实行新的部局。全县39个乡镇划分为834个选区，2358个选民小组。选出乡镇人大代表1970人，占应选名额1980人的99.3%。本届县乡镇换届选举中同时组织村（居）民委员会换届选举工作。

第十四届县级换届选举工作于2003年2月19日开始，3月20日结束，历时30天。第十三届县人大常委会三十五次会议决定开展换届选举工作。县里成立县选举委员会及其办事机构，开展县级换届选举工作。各级成立换届选举领导小组。召开县选举工作会议，培训登记员。全县39个乡镇划选区145个，选民小组2358个。当选的县人大代表258人，占应选名额258人的100%。

第九届至第十四届彭水自治县、乡镇人大代表选举情况表

表3-1　　单位：人

届别	年份	选民人数	参选人数	参选人数占选民人数%	当选代表人数	
					乡镇代表	县代表
第九届（县乡镇）	1983年	291011	282916	96.86	3037	347
第十届（县乡镇）	1987年	355991	321487	90.30	2543	302
第十一届（县乡镇）	1990年	356617	355991	99.82	2308	222
第十二届（县乡镇）	1992年	373264	365014	97.79	2498	213
第十三届（乡镇）	1995年	405621	374388	92.10	2906	—
第十三届（县级）	1997年	403275	370563	91.89	—	249
第十四届（乡镇）	1998年	401880	368181	91.61	2944	—
第十五届（乡镇）	2001年	408993	369320	90.3	2958	—
第十四届（县级）	2003年	412321	371070	89.99	—	258

第九届至第十四届彭水自治县人大代表结构情况表

表 3-2 单位：人

届别	年份	代表人数	性别		政治情况		其中							
			男	女	中共党员	非党人士	工人	农民	军人	干部	科教文卫	工商	其他	少数民族
9	1983 年	347	284	63	183	164	26	119	1	102	62	6	31	173
10	1987 年 2 月	302	252	50	210	92	—	96	—	150	—	—	56	177
11	1990 年	222	181	41	163	59	15	129	—	49	25	—	4	127
12	1992 年	213	181	32	174	39	—	58	—	148	—	—	7	118
13	1997 年	249	209	40	210	39	5	51	—	175	—	—	18	160
14	2003 年	258	223	35	217	41	—	30	—	147	30	30	51	175

第九届至第十三届彭水自治县人民代表大会选举省、市人大代表情况表

表 3-3 单位：人

届别	年月	人数	省或市届次	代表姓名
9	1983 年 3 月	5	四川省六届	康振黄　刘德兴　秦贵太　周华安　李孝碧（女）
10	1987 年 12 月	4	四川省七届	刘德兴　邹在田　彭泽清　汪远宾
11	1990 年 3 月	4	四川省八届	张中伟　杨春林　李鲁章　洪洁（女）
12	1997 年 3 月	13	重庆市一届	马　平　喻维嘉　张克隐　陈登榜　张举和　陈继努　赵永平　严坤华　何　红（女）　何洪安　洪　洁（女）　宿德英（女）任洪勇
13	2002 年 11 月	14	重庆市二届	王丕龙　刘昌福　陈万里　张克隐　李学炳　周　伟　柳　青（女）　枚小梅　黄　勇　宿德英（女）　喻维嘉　谢朝平（女）　蓝庆华　鞠清洁

第二节　县人民代表大会会议

1986 年至 2005 年，彭水自治县人民代表大会（简称县人民代表大会），每年举行 1 次。大会前召开预备大会，组成大会主席团，由县人大常委会召集并选举主席团主持会议。邀请部分不是代表的各届人士、县政协委员列席县人民代表大会。

一、第九届县人民代表大会（1986 年 4 月至 1987 年 2 月）

第三次会议　1986 年 4 月 8 至 10 日，在汉葭镇（县城民族会场）召开。实到代表 271 人。会议听取和审议县长任荣安所作的《政府工作报告》、县计委主任张显荣所作的《关于 1985 年国民经济发展计划执行情况及 1986 年社会发展计划安排意见的报告》、县财政局局长冉政权所作的《关于 1985 年财政预算执行情况和 1986 年财政预算草案的报告》、县人大常委会主任彭泽清所作的《人大常委会工作报告》、县人民法院院长王绍华所作的《人民法院工作报告》、县人民检察院检察长罗天灿所作的《人民检察院工作报告》，并通过决议。

二、第十届县人民代表大会（1987 年 2 月至 1990 年 2 月）

第一次会议　1987 年 2 月 26 日至 3 月 2 日，在汉葭镇（县城民族会场）召开，实到代表 279 人。会议听取和审议县长任荣安所作的《政府工作报告》、县计委副主任张建炳所作的《关于 1986 年国民经济发展计划执行情况及 1987 年社会发展计划安排意见的报告》、县财政局局长冉政权所作的《关于 1986 年财政预算执行情况和 1987 年财政预算草案的报告》、县人大常委会主任彭泽清所作的《人

大常委会工作报告》、县人民法院院长王绍华所作的《人民法院工作报告》、县人民检察院检察长罗天灿所作的《人民检察院工作报告》，并通过决议。选举第十届人大常委主任1人、副主任4人、委员11人，选举县人民政府县长1人、副县长4人，选举人民法院院长1人，县人民检察院检察长1人。

第二次会议　1987年12月21日至22日，增开第十届人民代表大会二次会议。会议在汉葭镇（县城民族会场）召开，到会代表247人。听取县人大常委会副主任钱之荣所作的《关于学习宪法和地方组织法如何搞好县人大工作的报告》和县人大常委会副主任陈胜怀所作的《关于学习宪法和地方组织法如何发挥县人大代表作用的报告》。选举出席四川省第七届人民代表大会代表4人。

第三次会议　1988年3月22日至23日，在汉葭镇（县城民族会场）召开，到会代表248人。会议听取和审议了县长任荣安所作的《政府工作报告》、县计委主任周正德所作的《关于1987年国民经济发展计划执行情况及1988年社会发展计划安排意见的报告》、县财政局局长冉政权所作的《关于1987年财政预算执行情况和1988年财政预算草案的报告》、县人大常委会副主任阮太忠所作的《人大常委会工作报告》、县人民法院院长王绍华所作的《人民法院工作报告》、县人民检察院检察长罗天灿所作的《人民检察院工作报告》，并通过决议。

第四次会议　1989年3月14日至17日，在汉葭镇（县城民族会场）召开，到会代表260人。会议听取和审议县长任荣安所作的《政府工作报告》、县计委主任周正德所作的《关于1988年国民经济发展计划执行情况及1989年社会发展计划安排意见的报告》、县财政局局长冉政权所作的《关于1988年财政预算执行情况和1989年财政预算草案的报告》、县人大常委会副主任阮太忠所作的《人大常委会工作报告》、县人民法院院长陈东亚所作的《人民法院工作报告》、县人民检察院检察长李敦华所作的《人民检察院工作报告》，并通过决议。选举县人民政府副县长1人、县人民法院院长1人，县人民检察院检察长1人。

三、第十一届县人民代表大会（1990年2月至1992年12月）

第一次会议　1990年2月28日至3月4日，在汉葭镇（县城民族会场）召开，到会代表218人。会议听取和审议代理县长杨春林所作的《政府工作报告》、县计委主任周正德所作的《关于1989年国民经济发展计划执行情况及1990年社会发展计划安排意见的报告》、县财政局局长冉政权所作的《关于1989年财政预算执行情况和1990年财政预算草案的报告》、县人大常委会副主任陈胜怀所作的《人大常委会工作报告》、县人民法院代理院长禹伯林所作的《人民法院工作报告》、县人民检察院检察长李敦华所作的《人民检察院工作报告》，并通过决议。选举第十一届人大常委主任1人、副主任3人、委员14人，选举县人民政府县长1人、副县长5人，选举县人民法院院长1人，县人民检察院检察长1人。

第二次会议　1991年3月11日至3月14日，在汉葭镇（县城民族会场）召开，参会代表199人。会议听取和审议县长杨春林所作的《政府工作报告》、县计委主任向登定所作的《关于1990年国民经济发展计划执行情况及1991年社会发展计划安排意见的报告》、县财政局局长冉政权所作的《关于1990年财政预算执行情况和1991年财政预算草案的报告》、县人大常委会主任彭泽清所作的《人大常委会工作报告》、县人民法院院长石本利所作的《人民法院工作告》、县人民检察院检察长李敦华所作的《人民检察院工作报告》，并通过决议。补选县人大常委会副主任1人、委员2人。

第三次会议　1992年2月28日至3月1日，在汉葭镇（县城民族会场）召开，到会代表167人。会议听取和审议县长杨春林所作的《政府工作报告》、县计委主任向登定所作的《关于1991年国民经济发展计划执行情况及1992年社会发展计划安排意见的报告》、县财政局局长冉政权所作的《关于1991年财政预算执行情况和1992年财政预算草案的报告》、县人大常委会主任彭泽清所作的《人大常委会工作报告》、县人民法院院长石本利所作的《人民法院工作报告》、县人民检察院检察长李敦华所作的《人民检察院工作报告》，并通过决议。本次会议还审议通过《彭水苗族土家族自治县国民经济、社会发展十年规划和“八五”计划纲要》。

四、第十二届县人民代表大会（1992年12月至1997年12月）

第一次会议　1992年12月11日至15日，在汉葭镇（县城民族会场）召开，参会代表211人。会议听取和审议县长杨春林所作的《政府工作报告》、县计委主任向登定所作的《关于1992年国民经济发展计划执行情况及1993年社会发展计划安排意见的报告》、县财政局局长王世福所作的《关于1992年财政预算执行情况和1993年财政预算草案的报告》、县人大常委会副主任陈胜怀所作的《人大常委会工作报告》、县人民法院院长石本利所作的《人民法院工作报告》、县人民检察院检察长李敦华所作的《人民检察院工作报告》，并通过决议。决议委托第十二届县人大常委会对1992年财政预算决算的审批。会议选举县人大常委主任1人、副主任5名、委员12名，选举县人民政府县长1人、副县长6人，选举县人民法院院长1人，县人民检察院检察长1人。选出四川省第八届人大代表4人。

第二次会议　1994年2月28日至3月2日，在汉葭镇（县城民族会场）召开，出席会议代表192人。会议听取和审议县长杨春林所作的《政府工作报告》、县计委副主任钱晓妮所作的《关于1993年国民经济发展计划执行情况及1994年社会发展计划安排意见的报告》、县人大常委会主任李鲁章所作的《人大常委会工作报告》、县人民法院院长石本利所作的《人民法院工作报告》、县人民检察院检察长李敦华所作的《人民检察院工作报告》，并通过以上报告的决议。关于县财政局局长冉政权所作的《关于1993年财政预算执行情况和1994年财政预算草案的报告》，大会未予通过，大会授权第十二届县人大常委会审查批准。

第三次会议　1995年2月27日至3月1日，在汉葭镇（县城民族会场）召开，到会代表178人。会议听取和审议代理县长庞一卫所作的《政府工作报告》、县计委主任向登定所作的《关于1994年国民经济发展计划执行情况及1995年社会发展计划安排意见的报告》、县财政局局长莫启根所作的《关于1994年财政预算执行情况和1995年财政预算草案的报告》、县人大常委会主任李鲁章所作的《人大常委会工作报告》、县人民法院院长石本利所作的《人民法院工作报告》、县人民检察院检察长李敦华所作的《人民检察院工作报告》，并通过决议。

第四次会议　1996年3月7日至9日，在汉葭镇（县城民族会场）召开，出席会议代表171人。会议听取和审议县长庞一卫所作的《政府工作报告》、县计委副主任钱晓妮所作的《关于1995年国民经济发展计划执行情况及1996年社会发展计划安排意见的报告》、县财政局局长莫启根所作的《关于1995年财政预算执行情况和1996年财政预算草案的报告》、县人大常委会主任李鲁章所作的《人大常委会工作报告》、县人民法院院长石本利所作的《人民法院工作报告》、县人民检察院检察长李敦华所作的《人民检察院工作报告》，并通过决议。

第五次会议　1997年5月14日至16日，在汉葭镇（县城民族会场）召开，参会代表169人。会议听取和审议代理县长喻维嘉所作的《政府工作报告》、县计委副主任钱晓妮所作的《关于1996年国民经济发展计划执行情况及1997年社会发展计划安排意见的报告》、县财政局局长莫启根所作的《关于1996年财政预算执行情况和1997年财政预算草案的报告》、县人大常委会主任李鲁章所作的《人大常委会工作报告》、县人民法院院长石本利所作的《人民法院工作报告》、县人民检察院检察长李敦华所作的《人民检察院工作报告》，并通过决议。选举重庆市第一届人民代表大会代表13人。

五、第十三届县人民代表大会（1997年12月至2003年3月）

第一次会议　1997年12月26日至31日，在汉葭镇（县城民族会场）召开，出席会议代表246人。会议听取和审议代理县长喻维嘉所作的《政府工作报告》、县计委主任钱晓妮所作的《关于1993

年至1997年国民经济发展计划执行情况及1998年社会发展计划预安排意见的报告》和关于《彭水苗族土家族自治县国民经济和社会发展计划和2010年远景目标规划纲要》（草案）的说明、县财政局局长莫启根所作的《关于1997年财政预算执行情况和1998年财政预算草案的报告》、县人大常委会主任李鲁章所作的《人大常委会工作报告》、县人民法院院长石本利所作的《人民法院工作报告》、县人民检察院检察长李敦华所作的《人民检察院工作报告》，并通过决议，大会批准《彭水苗族土家族自治县国民经济和社会发展计划和2010年远景目标规划纲要》。会议中除组织提名外，10人以上代表联名提名后选人多人。经大会主席团反复协商，大会进行预选。会议最终正式选举产生县人大常委会主任1人、副主任5人、委员10人，县人民政府县长1人、副县长6人，县人民法院院长1人，县人民检察院检察长1人。这次大会上代表联名提名候选人当选5人（副县长1人、人大常委会副主任2人、委员2人）。

第二次会议　1999年1月25日至26日，在汉葭镇（县城民族会场）召开，到会代表228人。会议听取和审议县长喻维嘉所作的《政府工作报告》、县计委主任钱晓妮所作的《关于1998年国民经济发展计划执行情况及1999年社会发展计划安排意见的报告》、县人大常委会主任张克隐所作的《人大常委会工作报告》、县人民法院院长石本利所作的《人民法院工作报告》、县人民检察院检察长马培旬所作的《人民检察院工作报告》，并通过以上报告的决议。关于县财政局局长方顺伟所作的《关于1998年财政预算执行情况和1999年财政预算草案的报告》，大会未予通过，授权县第十三届人大常委会审查批准。本次会议上，县长喻维嘉和6名副县长向县人大代表作述职报告。

第三次会议　2000年1月4日至6日，在汉葭镇（县城民族会场）召开。出席代表245人。会议听取和审议县长喻维嘉所作的《政府工作报告》、县计委主任钱晓妮所作的《关于1999年国民经济发展计划执行情况及2000年社会发展计划安排意见的报告》、县财政局局长方顺伟所作的《关于1999年财政预算执行情况和2000年财政预算草案的报告》、县人大常委会主任张克隐所作的《人大常委会工作报告》、县人民法院院长石本利所作的《人民法院工作报告》、县人民检察院检察长马培旬所作的《人民检察院工作报告》，并通过决议。

第四次会议　2001年1月4日至6日，在汉葭镇（县城民族会场）召开。会议听取和审议县长喻维嘉所作的《政府工作报告》、县计委主任钱晓妮所作的《关于2000年国民经济发展计划执行情况及2001年社会发展计划安排意见的报告》、县财政局局长方顺伟所作的《关于2000年财政预算执行情况和2001年财政预算草案的报告》、县人大常委会主任张克隐所作的《人大常委会工作报告》、县人民法院副院长冉启怀所作的《人民法院工作报告》、县人民检察院检察长马培旬所作的《人民检察院工作报告》，并通过决议。大会表彰先进人大代表小组和优秀人大代表。

第五次会议　2001年6月12日，在汉葭镇（县委会议室）召开，出席代表282人。大会听取并审议县长喻维嘉《关于国民经济和社会发展“十五”计划纲要（草案）报告》、县财政局局长方顺伟所作的《关于2000年财政预算执行情况和2001年财政预算草案的报告》，听取大会财政预算审查委员会主任委员莫启根的《关于2000年财政预算执行情况和2001年财政预算（草案）的审查报告》。并通过决议。大会批准《国民经济和社会发展“十五”计划纲要》。

第六次会议　2002年1月20日至22日，在汉葭镇（县委会议室）召开，出席代表243人。会议听取和审议县长喻维嘉所作的《政府工作报告》、县发展计划委主任代成瑶所作的《关于2001年国民经济发展计划执行情况及2002年计划安排的报告》、县财政局局长王永刚所作的《关于2001年财政预算执行情况和2002年财政预算草案的报告》、县人大常委会主任张克隐所作的《人大常委会工作报告》、县人民法院代理院长蒋友波所作的《人民法院工作报告》、县人民检察院检察长马培旬所作的《人民检察院工作报告》，并通过决议。选举产生县人民法院院长和出席重庆市第二届人民代表大会的代表14人。

六、第十四届县人民代表大会（2003年3月至2005年12月）

第一次会议 2003年3月25日至29日，在汉葭镇（县城民族会场）召开。到会代表258人。会议听取和审议县长喻维嘉所作的《政府工作报告》、县发展计划委主任代成瑶所作的《关于2002年国民经济发展计划执行情况及2003年计划安排的报告》、县财政局局长王永刚所作的《关于2002年财政预算执行情况和2003年财政预算草案的报告》、县人大常委会主任张克隐所作的《人大常委会工作报告》、县人民法院院长蒋友波所作的《人民法院工作报告》、县人民检察院周明光所作的《人民检察院工作报告》，并通过决议。选举产生第十四届县大常委会主任1人、副主任5人、委员15人，县人民政府县长1人、副县长7人，县人民法院院长1人，县人民检察院检察长1人。

第二次会议 2004年2月24日至25日，在汉葭镇（县城民族会场）召开，到会代表258人。会议听取和审议县长喻维嘉所作的《政府工作报告》、县发展计划委主任周光所作的《关于2003年国民经济发展计划执行情况及2004年计划安排的报告》、县财政局局长王永刚所作的《关于2003年财政预算执行情况和2004年财政预算草案的报告》、县人大常委会主任张克隐所作的《人大常委会工作报告》、县人民法院院长蒋友波所作的《人民法院工作报告》、县人民检察院检察长周明光所作的《人民检察院工作报告》，并通过决议。选举产生县人大常委会委员2人。

第三次会议 2005年1月23日至26日，在汉葭镇（县城民族会场）召开，到会代表255人。会议听取和审议县人民政府代理县长周伟所作的《政府工作报告》、县发展计划委主任周光所作的《关于2004年国民经济发展计划执行情况及2005年计划安排的报告》、县财政局局长王永刚所作的《关于2004年财政预算执行情况和2005年财政预算草案的报告》、县人大常委会主任张克隐所作的《人大常委会工作报告》、县人民法院院长蒋友波所作的《人民法院工作报告》、县人民检察院崔泽丁所作的《人民检察院工作报告》，并通过决议。选举产生县人民政府县长1人，县人民检察院检察长1人，县人大常委会委员1人。

第二章 县人大常委会

县人大常委会由县人民代表大会选举产生的主任、副主任和委员组成。各届任期和县人民代表大会相同，即第九至十一届任期为3年，第十二届起，每届任期为5年。县人大常委会会议每隔两月至少举行一次，主任会议每月举行两次。

第一节 县人大常委会会议

1984年1月至1987年2月，第九届人大常委会任期内共举行20次常委会会议（1986年1月至1987年2月举行8次会议）。听取县人民政府《关于工业生产情况汇报》《关于在全县开展土地清理、制止乱占耕地的情况汇报》，讨论《彭水苗族土家族自治县自治条例（草案）》，审议《关于基本建设投资执行情况的报告》，听取县人民政府《关于修建公墓和殡仪馆的进展情况汇报》。

第十届县人大常委会由主任1人、副主任4人、委员11人组成。1987年2月至1990年2月，任期内共举行23次常委会会议。主要讨论修改《县人大常委会与县人民政府、县人民法院和县人民检察院工作联系的暂行规定》《县人大常委会与县人大代表联系的暂行规定》；讨论县人民政府县长提请审议的《关于建设用地管理办法》《城市规划条例实施办法》《基本建设拆迁安置办法》和《违章建筑处理办法》并作出决议；听取县人民政府、县人民法院和县人民检察院工作报告和审议国民经济计划报告、财政预算及执行情况报告；决定人事任免；讨论《彭水苗族土家族自治县人大常委议事规则》《彭水苗族土家族自治县人大常委会议事原则》《彭水苗族土家族自治县人大常委会人事任免规定》《彭水苗族土家族自治县人大常委会关于对县财政预算、决算的审查批准和实行监督的试行办法》及人大常委会工作委员会、办公室《工作职责》《彭水苗族土家族自治县人大常委会关于乡镇人民代表大会换届选举的规定》。

1990年12月至1992年12月，第十一届县人大常委会任期内共举行24次常委会会议。听取和审议县人民政府《关于清理乱罚款乱收费乱摊派的情况汇报》《关于社会治安情况汇报》《关于半年财政预算执行和预算外资金管理情况汇报》；讨论通过《彭水苗族土家族自治县人民政府关于交通安全管理工作的决议》和《关于受理公民申诉控告、检举的暂行规定》；审议通过《彭水苗族土家族自治县人民政府关于发展林业保护森林的若干规定》并作出决议；审议通过县人民政府《关于在全县公民中实施法制宣传教育第二个五年规划的决议》《关于加强社会治安综合治理的决议》；通过对县人民政府副县长、县计划生育委员会、国土局、司法局、人大常委办公室、县教育委员会、县公安局等单位的正副职领导任免事项。第十四至二十四次会议通过审议，作出决议3个，通过地方性规定2个。通过县人大常委会、县人民政府、县人民法院和县人民检察院的人事任免事项。

1991年8月17日，中共彭水自治县委和第十一届县人大常委会组织党、政、军副局级以上干部250余人集会，庆祝县人大常委会建立10周年。县委书记刘荣金、县人大常委会主任彭泽清、县人民政府县长杨春林、县人民法院院长石本利、县人民检察院检察长李敦华在大会上发言祝贺。

在1992年12月至1997年12月任期内，第十二届县人大常委会共举行常委会会议41次。第一次至七次会议作出决议2个、决定3个，任免县人民政府、县人民法院和县人民检察院部分工作人员；第八次至十五次会议，作出决议、决定5个，任免部分国家机关工作人员；第十六至二十二次会议，作出决议、决定4个，通过任免部分国家机关工作人员；第二十四次至三十三次会议作出决议、决定11个，通过县人民政府、县人民法院和县人民检察院的人事任免事项。

在1997年12月至2002年3月任期内，第十三届县人大常委会共举行常委会会议41次。第一至七次会议，通过《彭水苗族土家族自治县人大常委下设机构改名称的决定》《关于取消义务植树以资代劳金征收的决定》等5个文件；通过人事任免事项。第八至十五次会议，通过《县城市容市貌和环境卫生管理办法》《关于依法治县的决议》等7个文件，通过部分人事任免，并讨论人大工作机构工作职能。第十五至四十次会议听取各类汇报42次，通过《关于进一步加强初级卫生保健工作的决议》等11个文件，通过有关县人民政府人事任免事项。

在2003年3月至2005年12月任期内，第十四届县人大常委会共举行常委会会议19次。通过《双龙乡第一选区选举县第十四届人民代表大会代表无效的决定》《关于大力推进我县小水电站开发建设的决定》《关于加快我县城镇化建设的决定》《关于对我县使用韩贷设备进行监督的决定》《关于安排资金对县江汇国有资产经营有限责任公司贷款实行财政补贴的决定》《关于进一步加强法制宣传教育的决议》。县十四届二次会议至2005年2月，通过县人民政府有关人事任免事项。

第二节　第九至十四届县人大常委会组成人员

历届县人大常委会由县人民代表大会选举产生，由主任1人，副主任3～4人，委员若干组成。第十一届人大常委会副主任刘遵益为届中补选。第十四届人大常委会主任张克隐为届中罢免职务。

第九届至第十四届彭水自治县人大常委会主任、副主任名录表

表3-4

届次	职务	姓名	性别	籍贯	出生年月	民族	党派	任职时间
第九届	主任	彭泽清	男	重庆秀山	1933年8月	土家	中共党员	1985年3月至1987年3月
	副主任	阮太宗	男	重庆彭水	1932年6月	土家	中共党员	1984年1月至1987年3月
	副主任	陈世忠	男	山西高平	1928年5月	汉	中共党员	1984年1月至1987年3月
	副主任	肖隆林	男	重庆彭水	1929年4月	汉	无党派	1984年1月至1987年3月
	副主任	梁树勋	男	山东无棣	1931年6月	汉	中共党员	1984年1月至1987年3月
第十届	主任	彭泽清	男	重庆秀山	1933年8月	土家	中共党员	1987年3月至1990年3月
	副主任	陈胜怀	男	重庆彭水	1950年2月	苗	中共党员	1987年3月至1990年3月
	副主任	阮太宗	男	重庆彭水	1932年6月	土家	中共党员	1987年3月至1990年3月
	副主任	钱之荣	男	江苏如皋	1933年11月	汉	中共党员	1987年3月至1990年3月
	副主任	黄家夫	男	重庆彭水	1937年4月	苗	无党派	1987年3月至1990年3月
第十一届	主任	彭泽清	男	重庆秀山	1933年8月	土家	中共党员	1990年3月至1992年12月
	副主任	陈胜怀	男	重庆彭水	1950年2月	苗	中共党员	1990年3月至1992年12月
	副主任	钱之荣	男	江苏如皋	1933年11月	汉	中共党员	1990年3月至1992年12月
	副主任	王永久	男	重庆彭水	1937年12月	苗	中共党员	1990年3月至1992年12月
	副主任	刘遵益	男	重庆万州	1938年11月	汉	无党派	1991年3月至1992年12月

续表 3-4

届次	职务	姓名	性别	籍贯	出生年月	民族	党派	任职时间
第十二届	主任	李鲁章	男	重庆彭水	1939 年 1 月	苗	中共党员	1992 年 12 月至 1997 年 12 月
	副主任	刘祥芳	女	重庆彭水	1942 年 9 月	土家	中共党员	1992 年 12 月至 1997 年 12 月
	副主任	陈胜怀	男	重庆彭水	1950 年 2 月	苗	中共党员	1992 年 12 月至 1997 年 12 月
	副主任	刘遵益	男	重庆万州	1938 年 11 月	汉	无党派	1992 年 12 月至 1997 年 12 月
	副主任	刘清安	男	重庆彭水	1947 年 10 月	苗	中共党员	1992 年 12 月至 1997 年 12 月
第十三届	主任	张克隐	男	河南通许	1948 年 8 月	汉	中共党员	1997 年 12 月至 2003 年 3 月
	副主任	刘祥芳	女	重庆彭水	1942 年 9 月	土家	中共党员	1997 年 12 月至 2003 年 3 月
	副主任	王元山	男	重庆彭水	1950 年 11 月	苗	中共党员	1997 年 12 月至 2003 年 3 月
	副主任	莫启根	男	重庆彭水	1950 年 11 月	汉	中共党员	1997 年 12 月至 2003 年 3 月
	副主任	赵维权	男	重庆彭水	1954 年 2 月	土家	中共党员	1997 年 12 月至 2003 年 3 月
	副主任	范志强	男	重庆彭水	1950 年 1 月	苗	中共党员	1997 年 12 月至 2003 年 3 月
第十四届	主任	张克隐	男	河南通许	1948 年 8 月	汉	中共党员	2003 年 3 月至 2005 年 7 月
	副主任	王元山	男	重庆彭水	1950 年 11 月	苗	中共党员	2003 年 3 月至 2007 年 2 月
	副主任	李泽规	男	重庆彭水	1957 年 2 月	苗	中共党员	2003 年 3 月至 2007 年 2 月
	副主任	王天全	男	重庆彭水	1952 年 1 月	汉	中共党员	2003 年 3 月至 2007 年 2 月
	副主任	赵维权	男	重庆彭水	1954 年 2 月	土家	中共党员	2003 年 3 月至 2007 年 2 月
	副主任	鞠清洁	男	重庆垫江	1962 年 7 月	汉	无党派	2003 年 3 月至 2007 年 2 月

第九届至第十四届彭水自治县人大常委会委员名录表

表 3-5

届别	人数	委员名单
第九届	11	王魁华　陈文孝　程金友　张芳泽　梅开帮　田兴富　张　瓒　叶映斋　陈于培（女）张传英（女）代淑雅（女）
第十届	11	程金友　刘德山　尹先太　叶映斋　刘清安　关绪乾　陈于培（女）陈世满（女）陈克倭　张　瓒　张传英（女）
第十一届	14	王天沛　王业胜　王华林　石小川（女）刘遵益　何裕生　张天潢　吴建国　肖素梅（女）杨　洁（女）杨其昌　董泽宽　雷耀荣　谭登渭
第十二届	12	王天沛　何廷应　杨明英（女）赵维权　杨潮　刘明超　石小川（女）严海林　张洪斌　肖素梅（女）江宁（女）张国强
第十三届	11	冯国良　冉雄伟　刘　明　刘泽文　刘明超　江　宁（女）何　红（女）何廷应　肖素梅（女）杨明英（女）杨宗英（女）
第十四届	15	丁　惠（女）王树茂　文惠芳（女）冉茂华　刘泽文　向国权　孙德清　杜业滔何　红（女）李明海　谷德强　洪书科　赵星良　胡寒松　谢朝平（女）

第三节　县人大常委会工作机构

1980 年县人大常委会建立之初，下设办公室和民族事务科、民主法制科、财政经济科、科教文卫科 4 个科，延至 1988 年。1988 年县人大机关共有正式职工 19 人。1988 年 11 月 25 日，第十届县人大常委会十四次会议决定撤科设工作委员会。撤销民主法制科设法制工作委员会、撤销财政经济科设财经工作委员会、撤销教科文卫科设教科文卫工作委员会、撤销民族事务科设民族工作委员会（后改为计划工交工作委员会），增设代表联络工作委员会。1990 年年末，县人大机关职工 30 人。其中，领导职务 6 人，科级 14 人，工勤人员 2 人，离退休干部 8 人。根据工作需要，于 1997 年 3 月，增设人大常委会信访办公室，级别正科级编制 2 人。1998 年 1 月 22 日，计划工交工作委员会更名为民族农业工作委员会，对其联系单位作相应调整。2000 年 12 月 22 日，原代表联络工作委员会更名为人事代表工作委员会，2001 年机构改革时，信访办公室撤销，办公室内部增设秘书科、行政科、信访科、保卫科。2001 年机构改革前，县人大机关人员数为 35 人，机构改革时提请退休 7 人，提请离岗 4 人，县人大机关人员数为 24 人。2004 年，县编委定编县人大常委会机关行政编制 28 人，工勤编制 4 人，领导编制 4 人。2005 年，县人大机关现有人员过渡（确定）公务员（工勤人员）编制为总编制数 32 人，机关行政编制数 28 人，工勤编制数 4 人。其中，公务员职位数 28 人，确定工勤人员 1 人，暂缓过渡 1 人。县人大常委会办公室是县人大常委会的综合协调部门，代表人大机关对外沟通联系。其职能是参与政务，管理事务，搞好服务。县人大工作委员会是人大常委会的工作机构，其职能是服从服务、协助协理、督促督办、反映反馈，为县人大常委会行使职权和实施有效监督，对县人民政府、县人民法院和县人民检察院及有关部门进行工作联系。第十二届县人大常委会在各区设人大工作委员会，主要工作职责是指导和联系乡镇人大工作。2001 年，行政区划调整，机构改革，区人大工作委员会相继撤销。

第三章 县人民代表大会及其常委会行使职权

县人大常委会是县人民代表大会的常设机关，承担县人民代表大会换届选举的组织指导，负责组织代表大会会议召开，在大会闭会期间行使法律赋予的职权。县人大常委会制定《县人大常委会议事规则》《县人大常委会主任会议议事规则》《县人大常委会与县人民政府、县人民法院和县人民检察院进行工作联系的暂行规定》《县人大常委会人事任免规定》《关于对县司法机关实行监督的暂行办法》《关于对县财政预算、决算的审查批准和实施监督的试行办法》，通过县人大常委会各工作委员会和办公室工作职责，把人大工作纳入规范化、制度化管理。县人大常委会设立党组，人大机关设立党支部。在县人民代表大会会议期间，设立大会临时党委会，保障县人大代表充分行使自己的职权，讨论决定重大事项。在闭会期间，通过主任会议决定提交县人大常委会审议事项，通过县人大常委会实施对行政机关和司法机关的工作监督和法律监督。县人大常委会通过人大工作机构了解民情民意，加强同政府部门的联系，使监督落到实处。

第一节 决定重大事项

县人民代表大会及其常委会主要是通过听取和审议县人民政府、县人民法院和县人民检察院工作报告，对重大事项作出决议决定。1986—2005年，每年召开县人民代表大会1次，个别时间召开2次。主要听取和审议县人民政府、县人民法院和县人民检察院工作报告。同时，听取和审议县计划部门关于上年度国民经济和社会发展计划执行情况和本年度国民经济和社会发展计划安排情况，听取关于上年度财政预算执行情况和本年度财政预算草案的报告。通过大会的审议，除个别工作报告外，都得以大会通过，并形成决议。其中，第十二届县人民代表大会二次会议听取和审议县财政局局长冉政权所作的《关于1993年财政预算执行情况和1994年财政预算草案的报告》，大会未予通过，大会授权第十二届县人大常委会审查批准；第十三届人民代表大会二次会议听取和审议县财政局局长方顺伟所作的《关于1998年财政预算执行情况和1999年财政预算草案的报告》，大会未予通过，授权第十三届县人大常委会审查批准。

县人民代表大会闭会期间，由县人大常委会召开会议听取汇报作出决议决定。1986年至2005年，县人大常委会通过听取和审议人民政府以及有关部门、县人民法院和县人民检察院工作汇报，并作出决议决定，行使决定权。第九届县人大常委会，对本届县人大常委会审议县人民政府工作方面的重大事项有24项，作出决定、决议16项。其中包括《彭水苗族土家族自治县城镇市容管理的暂行规定》、关于实施《中华人民共和国计量法》《中华人民共和国药品管理法》的决议等。第十届县人大常委会召开常委会会议23次，主任会议33次，作出决议、决定34项，其中包括《关于普法教育的决议》《关于贯彻实施〈经济合同法〉和〈四川省经济合同管理条例〉的决议》《关于搞好计划生育工作的决议》《关于深入开展普法教育的决议》等。第十一届县人大常委会召开常委会会议23次，主任会32

次。先后听取县人民政府和县人民法院、县人民检察院及有关部门报告 74 项，会议通过审议对关系本县全局的、长远的、重大的问题分别作出决议决定 19 项，其中涉及经济工作的有 9 项。第十二届县人大常委会召开常委会会议 41 次，主任会议 85 次，听取和审议县人民政府、县人民法院和县人民检察院的汇报报告 136 项，通过决议决定 36 项。其中，包括《批准县人民政府成立法制科的决定》《关于界定部门执法责任制执法主体的决定》《关于农村卫生工作的决议》等。第十三届县人大常委会召开常委会会议 35 次，主任会议 122 次，听取和审议县人民政府，县人民法院、县人民检察院汇报报告 109 项，通过决议决定 35 项。县人大常委会三次会议听取了县人民政府《关于农民负担费用实施方案》的情况报告，通过审议，作出《关于取消义务植树以资代劳金征收的决定》。依法作出《关于调整财政预算的决议》。县第十四届人大常委会作出决议决定 7 项。2003 年 9 月 15 日，在县人大常委会第四次会议上作出《关于大力推进我县小水电开发建设的决议》，明确今后 5 年内总装机容量。2004 年 3 月，县人大常委会第七次会议作出《关于加快我县城镇化建设的决定》。2005 年 5 月作出《关于我县使用韩贷设备进行监督的决定》。

第二节　行使监督权

一、工作监督

县人民代表大会和县人大常委会的工作监督是通过举行例会形式听取报告汇报、接受质询和开展述职评议等形式进行。1986 年至 2005 年，召开县人大常委会会议 162 次，其中第十届至第十三届召开主任会议 311 次，共听取报告、汇报 465 次，作出决议决定 146 个，对政府和司法检察部进行工作监督。为了监督的实效，每次人大常委会结束后，根据委、室调研报告和审议发言，及时通报县人民政府、县人民法院和县人民检察院及有关部门，要求按照通报内容认真研究落实，切实改进工作。第九届县人大常委会十一次会议听取和审议县人民政府《关于城镇蔬菜、肉食、煤炭供应情况和意见的汇报》和《关于当前物价管理情况及今后工作意见的汇报》，决定于 1986 年 5 月召开供销及盐巴、煤油等销售部门专题研讨，组织代表到乡镇调查，促成人民生活物资的正常供给。第九届县人大常委会十六次会议听取和审议县水电局《关于城乡居民供电情况和改进意见的汇报》和《关于边远乡村人畜饮水困难情况的汇报》，责成县人民政府及其水电部门开发新能源，加强电力和水资源的开发。本届内还听取了县计委《关于基本建设投资执行情况的汇报》，找出目前存在的审批不力、进度较慢、乱修乱建等问题，要求县人民政府加强领导，做好规划，讲求效益，搞好全县基本设施建设。第十届县人大常委会期间，县人大常委会听取县人民政府及有关部门报告汇报 97 项。1992 年，听取《企业改革和“双增双节”情况汇报》《关于支援不发达地区资金使用情况的汇报》，关作出决议。第十一届县人大常委会期间，县人大常委会听取县人民政府及有关部门报告汇报 38 项。对热点重点问题如民族事务、学校教育、清理“三乱”等听取专题汇报，有针对性的作出决议。第十二届县人大常委会期间，1993 年，召开 12 次主任会议，听取县人民政府、县人民法院和县人民检察院 31 项工作报告及情况汇报，组织检查《全民所有制工业企业转换机制条例》实施情况。1993 年 6 月，县人大代表与在县的省代表座谈政府工作，同月县人大常委会向任命干部颁发任命书。1994 年，根据群众反映的难点、热点问题，听取和审议县人民政府、县人民法院和县人民检察院工作报告，开展考察、调查，采取评议和执法检查的监督形式，重点督促检查经济发展中出现的问题；听取和审议县人民政府关于农业生产、土地保护和利用、农田水利建设、农村社会治安等工作汇报。1996 年 4 月，首次组织人大代表开展对公安系统工作的评议，2906 名县、乡人大代表参加评议公安局和全县 21 个派出所。评议中人大代表提出查案例 33 件，批评、建议 257 件。第十二届县人大常委会期间，1998 年至 2002

年，开展对司法工作的行业评议。1998 年，201 位县人大代表和 2317 名乡镇人大代表对 9 个区（镇）法庭和 34 名干警以及法院领导班子进行工作述职评议，历时 5 个月。第十三届开始，县人民代表大会和县人大常委会还通过大会和常委会会议对选举任命国家干部开展述职评议。2004 年，听取县人民政府、县人民法院和县人民检察院专项工作报告 56 项。组织对公安、交通、人口与计生委等部门的工作评议。2005 年，县人大常委会听取县人民政府关于利用韩国贷款 462 万美元购置 51 台韩国机械设备的使用情况汇报，指出存在问题，作出相应决议。

二、法律监督

1985—1987 年，第九届人大常委会组织人大代表对全县工业、农业、财贸、乡镇企业及城市建设等执法情况开展不定期考察、检查活动，对存在问题限期整改。第十届人大常委会期间，对《中华人民共和国经济合同法》《建设用地管理办法》《城市规划条例实施办法》等 12 个法律法规的执法情况进行执法检查。1987 年 5 月对县公安局、县人民检察院、县人民法院执行《中华人民共和国刑法》和《中华人民共和国刑事诉讼法》情况进行执法检查。在几个部门自查的基础上，组织代表进行执法检查。要求政法部门提高干警的政治素质和业务素质，依法办案，保护人民合法权益。1988 年组织县人大代表和国土、城建等部门对汉葭镇、郁山镇执行《四川省土地管理实施办法》情况进行执法检查。1989 年对新田等 18 个乡镇实施《四川省计划生育条例》进行执法检查。还组织实施《中华人民共和国统计法》《中华人民共和国标准化法》和《中华人民共和国计量法》实施情况的执法检查。第十三次县人大常委会根据《中华人民共和国全国人民代表大会和地方各级人民代表大会选举法》和《中华人民共和国地方各级人民代表大会和地方各级人民政府组织法》作出关于平安乡、下塘乡人民代表大会选举无效的决定。县第十一届人大常委会关于实施《中华人民共和国宪法》《中华人民共和国行政诉讼法》《中华人民共和国森林法》等 23 个法律法规进行执法检查，听取有关部门自查报告到实地进行执法检查。同时组织考察、调查 23 次。通过执法检查，调查、考察，查处重大违法案件 17 件。1990 年，县人大常委会依照《中华人民共和国宪法》《中华人民共和国地方各级人民代表大会和地方各级人民政府组织法》，对县人民政府、县人民法院和县人民检察院实施有效的法律监督。参与对县级机关和区乡领导干部 1216 人的《中华人民共和国行政诉讼法》学习指导和考试，听取和审议有关法律法规实施情况汇报。抽调 45 人组成 9 个组对 8 区 1 镇 9 乡镇 27 个村（居）民委员会执行《计划生育条例》的情况检查。组织人大代表评议公安工作。监督公安机关打击赌博、嫖娼、卖淫、播放黄色录像等，进一步搞好社会治安综合治理工作。1991 年参与“二五”普法活动，听取和审议有关法律实施情况汇报。5 次组织人大代表检查督促《维护消费者合法权益条例》等 10 个法律法规的实施工作。县十二届人大常委会组织对 24 个法律法规执法情况进行执法检查，组织考察、调查 43 次。组织对《中华人民共和国民族区域自治法》《种子管理条例》《保护消费者合法权利条例》《中华人民共和国行政处罚法》《中华人民共和国义务教育法》《中华人民共和国环境保护法》《四川省环境保护条例》《关于治安综合治理的决定》《四川省公路管理条例》的执法检查，对法律、法规实施情况监督。督促有关部门查处违法案件 28 件。在贯彻实施《中华人民共和国环境保护法》的执法检查中，针对四川省执法检查组指出“彭水环境质量差、环境保护主体不明、环境工作管理滞后”等问题，县人大常委会组织了专题调查，审议通过《彭水县城市容和环境卫生管理办法》，监督促成县环境保护局的建立。1992 年，督促县人民政府、县人民法院和县人民检察院实施《中华人民共和国行政诉讼法》《中华人民共和国森林法》等 23 个法律和法规；督促依法办理人民群众的申诉、控告、检举及重大案件。1993 年，组织检查《全民所有制工业企业转换机制条例》的实施情况，调查违背《植物检疫条例》的实际情况，责成县人民政府有关部门采取相应措施，限期处理。监督司法机关严肃执法、惩治腐败、加强廉政建设工作，重视维护公民尤其是妇女儿童的合法权益。听取县人民政府、县人民法院和县人民检察院关于宣传、实施《四川省农民负担管理条例》《中华人民共和国民族区域自治法》等9个法律、法规的情况汇报。1995年12月20日，第十二届县人大常委会第二十三次会议作出《靛水乡前进村代表选举结果和乡人民代表大会选举无效的决定》。1996年1月17日，县人大常委会第二十四次会议作出《关于对长滩乡人大代表龙文明控告保家区工委、长滩乡人民政府和长滩乡派出所集体报复残害上访农民案组成特定问题调查委员会的决定》。1996年1月22日，县人大常委会第二十五次会议作出《关于将长滩乡人大代表龙文明控诉区工委、长滩乡政府报复残害上访农民诉案交送县人民检察院办理的决定》，本次会议还作出《关于新场乡十二届人民代表大会第三次会议增选乡人大代表和乡长选举无效的决定》。1996年9月，县第十二届人大常委会第三十二次会议，作出《关于界定部门执法责任制执法主体的决定》，界定本县目前正在实施的法律法规645件，并对57个执法主体部门进行检查，签订执法责任书。县第十三届人大常委会组织对42个法律法规的执法检查，组织对《中华人民共和国城市规划法》《中华人民共和国产品质量法》《中华人民共和国环境保护法》《中华人民共和国全国人民代表大会和地方各级人民代表大会代表法》《中华人民共和国会计法》《中华人民共和国村民委员会组织法》《农民负担管理条例》等进行执法检查。在执法检查中发现，已经专家评审通过的四川省城乡建设设计院编制的县城总体规划未予实施。经县人大常委会调查，制定《县城市规划管理实施办法》，经县人大常委会第三次会议通过以地方性规章颁布实施。1998年5月22日，县十三届人大常委会听取县人民政府《关于1998年农民负担费用实施方案》的情况报告，作出《关于取消义务植树以资带劳金征收的决定》。第十四届县人大常委会组织有关法规的执法检查。2003—2005年，共组织18次执法检查。2003年，先后对《中华人民共和国种子法》《重庆市退耕还林（草）条例》《中华人民共和国建筑法》《重庆市建筑管理条例》《重庆市长江三峡库区流域水污染防治条例》等法律法规实施情况进行执法检查。同时，办理司法监督案件56件。其中，转有关部门办理的34件，要求报告结果的22件。2004年开展对《中华人民共和国工会法》《重庆市防震减灾条例》《重庆市实施〈村民委员会组织法〉办法》《农村实施农村实施机电提灌管理条例》等法律法规的执法检查。纳入司法案件监督案件49件，并要求有关部门报告办理结果的案件共15件，转有关部门并由其答复上访人的案件34件。2005年开展对《中华人民共和国劳动法》《中华人民共和国环境影响评价法》《重庆市初级卫生保健条例》等法律法规的执法检查。按照《重庆市各级人大常委会司法案件监督条例》要求，纳入司法案件监督并要求有关部门报告办理结果的案件共8件，转有关部门并答复上访人的案件86件。

三、办理人大代表议案、建议批评意见以及信访案件

1986—2005年，历届县人民代表大会上代表提出的议案、批评建议意见，均由议案审查委员会按法定程序分类归纳整理，作出《关于议案、批评建议意见处理意见报告》，经大会审议通过。并将审议通过的议案、批评建议意见处理意见转给有关部门办理。县人民代表大会期间，县人民政府在会上作出上次大会议案、批评建议意见办理情况报告。县人代会闭会期间，县人大常委会通过常委会会议、主任会议或通过人大工作委员会进行督办。第九届县人民代表大会督办代表议案30件、批评建议意见414件。第十届县人民代表大会督办代表议案16件，批评、建议和意见337件。收到人民群众来信674件，由县人大办理60件，转有关部门办理614件。第十一届县人大常委会督办人大代表议案7件，批评建议意见517件。问题得到基本解决的265件，占51%，因条件有限列入规划逐步解决的170件，占33%，因权限不属于县里无法解决向代表说明的82件，占16%。本届收到人民群众来信1256件，根据归口办理的原则，转有关部门并督促办理。第十二届县人大常委会督办人大代表议案19件，批评建议意见572件。问题得到基本解决的421件，占71%；因条件有限列入规划逐步解决的170件，占29%。本届收到人民群众来信960件，来访1002人次，其中84件由县人大常委会自行办理，其余来信来访根据归口办理的原则，转有关部门并督促办理。县十三届人民代表大会期

间，共提出议案25件，建议、批评、意见623条，县人大常委会及时转交并督促有关职能部门办理。1999年，在十三届人民代表大会第一次会议上，代表提出关于发展彭水旅游业的1号议案，县人大常委会通过深入调研，督促议案办理，促成了县旅游局工作的开展。本届收到人民群众来信1535件，来访2028人次，其中部分由县人大自行办理，其余来信来访根据归口办理的原则，转有关部门并督促办理。司法监督中，涉及公安局的105件，县人民法院的101件，县人民检察院的40件，属于司法局的5件和其他方面的5件，实施有效监督。县第十四届人民代表大会第一、四次会议期间，至2005年年底，共提出议案4件，批评意见建议555件。县人大常委会成立了代表议案、批评建议意见办理结果督查协调小组，采取加强协调、互通信息、突出重点、抓好反馈等措施，加大督办工作力度。在办理的559件议案、批评建议意见中：满意255件，占46%，基本满意273件，占49%，理解23件，占4%，不满意8件，占1%。收到人民群众来信973件，来访1100人次，其中部分由县人大自行办理，其余来信来访根据归口办理的原则，转有关部门并督促办理。

第三节　行使人事任免权

县人大常委会按照《中华人民共和国地方各级人民代表大会和地方各级人民政府组织法》规定范围，依法任免县人民政府、县人民法院和县人民检察院及县人大工作机构人员。第十届县人大常委会制定《关于人事任免的暂行规定》，指导任免案的规范化运作。任免案的表决实行无记名投票方式逐个表决，以人大常委会组成人员的过半数通过。1986年至2005年，县人大常委会不断探索完善人事任免工作制度和程序，凡新任命的干部，在县人大常委会公布前，不得先行到职。1998年后，对拟任干部进行任前法律知识考试，必要时被任命人员到人大常委会述职。

第九届县人大常委会提请任命国家工作人员130人，免去职务29人。第十届县人大常委会提请任命国家工作人员157人。审议通过任命111人：即县人民政府57人、县人民法院39人、县人民检察院4人、人大办事机构及区人大联络员11人。同意免去职务32人，即县人民政府13人、县人民法院13人、县人民检察院1人、人大办事机构5人。1988年，第十届县人大常委会举行第十二次会议，决定接受王光四辞去县人民政府副县长、王绍华辞去县人民法院院长、罗天灿辞去县人民检察院检察长等职务的请求，同时决定代理院长、代理检察长人选。同年11月举行第十四次常委会，通过县人大常委会撤科设工作委员会的决定，并任命了5个工作委员会主任和副主任。1989年3月，举行第十七次常委会，审议县长任荣安提请审议的人事任免事项。第十一届县人大常委会提请任免国家工作人员151人。通过任命104人，接受辞职1人，依法免去职务42人，撤销职务1人，讨论未提请表决2人，提请表决未通过1人。1990年5月17至19日，第十一届县人大常委会举行第二次会议，审议通过县人大常委会主任、县人民政府县长、县人民检察院检察长提请任命的人事任命事项。任命县人民政府、县人民法院和县人民检察院办事机构工作人员49名，免职7人，撤销职务1人。1991年，任免县人民政府、县人民法院和县人民检察院及县人大常委会办事机构工作人员10名，免职1人，接受辞职1人。1992年，任命各局局长，县人民法院、县人民检察院及人大机构办事人员45人，免职24人。1992年3月，任命县人民法院工作人员5人，免去庭长、副庭长和劳动局长4人；4月任命刘建中为副县长，任命委局主任、局长3人，免职6人；6月召开第十九次县人大常委会，任命政府办公室主任1人，免职2人。8至10月，共召开3次常委会，任命王帮权、唐步新、刘宝亚为副县长，免去向涛、罗贵洪副县长职务，任命局长7人，人大工作机构负责人14名，免职16人。第十二届县人大常委会提请任免国家工作人员202人。通过任命137人，接受辞职3人，依法免去职务59人，提请表决未予通过3人。县人大常委会第十二次会议，同意杨春林辞去县人民政府县长职务，任命庞一卫为县人民政府副县长、代理县长职务。县人大常委会第十三次会议，同意唐步新辞去县人民政府副县长职务。县人大常委会第十六次会议，任命王利勤为县人民政府副县长职务。县人大常委会第十七次会议，决定接受刘宝亚辞去副县长职务。县人大常委会第二十一次会议，任命翁勤为县人民政府副县长职务。县人大常委会第三十一次会议，任命王华敏为县人民政府副县长职务。县人大常委会第三十六次会议，任命喻维嘉为县人民政府副县长、代理县长职务，同意庞一卫辞去县人民政府县长职务。县人大常委会第三十七次会议，任命林朝为县人民政府副县长职务。第十三届人大常委会提请任免国家工作人员 285 人。通过任命 150 人、免职 123 人、罢免职务 1 人、撤销职务 1 人、接受辞职 8 人、终止代表职务 2 人。1998 年，任命卢卫平为县人民政府副县长，任命人大常委工作机构正副主任 7 人，县人民政府组成人员 44 人，县人民法院、县人民检察院工作机构正副职 24 人，免职 18 人。1999 年，任命刘芬先、郑毅为县人民政府副县长，免去卢卫平县长职务。2000 年，任命刘艳红、谢飞为县人民政府副县长，免去刘芬先、张举和副县长职务，任命县人民政府、县人民法院和县人民检察院工作人员 27 名，免去职务 7 人。2001 年，任命周伟、吴林为县人民政府副县长，免去李安禄、彭立宪副县长（挂职）职务。任命政府工作人员 18 名，免去政府工作人员 30 名；任命人大干部 6 名，免去人大干部 7 名，任命县人民法院审判员 5 名，免去法官 20 名；任命县人民检察院检察员 4 名，免去检察官 10 名；批准辞职 1 名。2002 年，任命黄勇、朱望为县人民政府副县长，免去吴林副县长（挂职）职务。县第十四届人大常委会提请任免国家工作人员 158 人。通过任命 129 人，接受辞职 4 人，依法免去职务 23 人，撤销职务 1 人，罢免职务 1 人。2003 年，任命人大常委办公室和工委主任 6 人、副主任 3 人；任命谢非为县人民政府副县长（挂职）及政府组成部门的主要负责人 25 人；任命县人民法院副院长 4 人、庭长 10 人、副庭长 4 人、审判员 1 人；任命县人民检察院副检察长 3 人、检察员 4 人，免去检察员职务 1 人。2004 年，任命周伟为县人民政府代理县长，任命蒋成谷、章飞跃为县人民政府副县长（挂职），免去喻维嘉县长、谢飞副县长（挂职）职务。任命政府组成部门负责人 5 人、县人民法院庭长 1 人、县人民检察院检察委员会委员 3 人、人民监督员 5 人；免去政府组成部门负责人 4 人、县人民法院庭长职务 3 人；接受辞职 1 人，撤销职务 1 人。2005 年，接受张克隐辞去彭水苗族土家族自治县第十四届人民代表大会代表职务，罢免张克隐重庆市第二届人民代表大会代表职务，任命丰强为县人民政府副县长（挂职），免去章飞跃副县长（挂职）职务。

第四节　制定民族地方法规

一、组织编写彭水自治县自治条例

1984 年，成立自治县，按照《中华人民共和国宪法》和《中华人民共和国民族区域自治法》的规定，民族自治地方实行区域自治，设立自治机关，行使自治权。民族自治地方的人民代表大会有权依照当地民族的政治、经济和文化的特点，制定自治条例和单行条例。县人大常委会在行使民族自治过程中，进行一些探索。1986 年，经县委同意成立起草自治条例领导小组及办公室，组织县人大机关干部到外地少数民族地区考察，要求本年度写成《彭水苗族土家族自治县自治条例》征求意见稿草稿第一稿。地区人大工作联络处通知，地区将筹备建州，本县自治条例起草工作暂告结束。1998 年 3 月，县委批准县人大常委会重新成立县自治条例起草委员会，设立起草办公室，开始有关的准备工作，重启《彭水苗族土家族自治县自治条例》起草工作。组建领导班子，组织人大机关领导和有关工作委员会人员赴湖北、湖南、云南省等少数民族自治地方调研。经过历时 9 个月的调查研究，写出新的《彭水苗族土家族自治县自治条例》初稿，分别召开座谈会，征求各界人士 300 余人的 800 余条修改建议，形成征求意见稿，上报市人大和有关立法专家审查。至2005年,《彭水苗族土家族自治县自治条例》制定工作未有进展。

二、审议通过制定彭水自治县地方性规定

1986年至2005年，县人大常委会按照《中华人民共和国宪法》赋予的权力，审议通过地方性法规18项，加强县人民政府、县人民法院、县人民检察院行政执法的规范化管理。

1986年至2005年彭水自治县人大常委会通过的地方性规定一览表

表3-6

通过时间	届	次	地方性规定名称
1985年4月24日	9	9	《彭水苗族土家族自治县城市市容管理的暂行规定》
1987年3月21日	10	1	县人大常委会《与县人大代表联系的暂行规定》
1987年3月21日	10	1	县人大常委会《联系县人民政府、法院、检察院的暂行规定》
1987年7月29日	10	4	县人民政府《建设用地管理办法》
1987年7月29日	10	4	县人民政府《城市规划条例实施办法》
1987年7月29日	10	4	县人民政府《违章建筑处理办法》
1988年5月12日	10	10	《彭水自治县国家集体用地和居民建房用地管理办法》
1989年7月13日	10	19	县人民政府《关于计划生育的暂行规定》
1991年4月26日	11	9	《关于受理公民申诉、控告、检举的暂行办法》
1991年6月26日	11	10	《关于发展林业保护森林的若干规定》
1994年5月19日	12	10	县人民政府《关于计划生育的规定》
1994年7年19日	12	11	《彭水苗族土家自治县县城市容和环境卫生管理办法》
1996年1月16日	12	20	《彭水自治普及九年制义务教育规划》
1996年3月28日	12	27	县人大常委会《与县人民政府、法院、检察院联系办法》
1996年7月31日	12	30	县人大常委会《部门执法责任制监督办法》
1996年11月28日	12	33	《彭水自治县开展法制宣传教育（1996—2000）第三个五年计划》
1998年5月12日	13	3	《彭水自治县城市规划管理实施办法》
2000年5月31日	13	18	《县级国家机关联系县人大代表及县人大代表联系选民办法》

第四章　乡镇人民代表大会

第一节　乡镇人民代表大会及其工作开展

乡镇人民代表大会，每3年1届。由本辖区选民直接选出各乡镇人大代表，由乡镇人大代表选举产生乡镇人民政府管理人员和乡镇人民代表大会主席团成员（后撤销主席团设人大主席）。乡镇人民代表大会每年召开1次。听取和审议乡镇人大主席团工作报告和乡镇人民政府工作报告，决定乡镇经济文化社会发展重大事项。1986年年初，全县63个乡镇，至2005年年底，建置区划调整全县合并为39个乡镇，乡镇人民代表大会工作逐渐走向规范化。1990年，第十一届乡镇人民代表大会贯彻《四川省乡镇人大主席团工作条例》和县委批转的《关于加强乡镇人大主席团建设的意见》，调整充实乡镇人大主席团成员，建立“业务培训”“联系代表”“开展代表活动”“主席团与乡镇人民政府联系办法”等规章制度。主席团常务主席按正乡级干部配备，统一制发印章和吊牌。1996年1月，县、乡镇两级换届中，65个乡镇选出主席团成员408人，主席团常务主席62人。其中，专职27人，由党委书记兼职35人。乡镇人民代表大会闭会期间，由人大主席团组织代表视察、调查，监督乡镇政府依法行政。8区2镇63个乡建起人大工作指挥台和各种簿册及规章制度：即主席团例会制度、联系代表制度、代表小组活动制度、来信来访制度、督办代表例案制度、请示汇报制度和九个簿册即代表先进事迹登记簿，来信来访登记簿、会议记录簿、代表议案建议处理簿、人大工作计划记录簿、代表花名册、收发文登记册、代表千户扶贫花名册、现行文书立卷册。制定日常检查、半年检查、年终检查和加快信息交流等一系列措施。1994年8月，设有专职人大主席的48个乡镇全面开展对乡镇政府工作的评议。参加评议的乡镇人大代表1269人、县人大代表83人，提出意见建议1412条。评议出较好乡镇25个、一般乡镇19个、较差乡镇4个。10月26日，大河乡县、乡代表32人参加评议。会上代表提出100多条意见建议，归纳为47条意见建议，交乡政府整改落实。1999年，清平乡人大主席团对年初人代会上代表提出的63件议案、批评意见建议进行督查落实。至5月底，乡政府已办理25件。是年，乡人大代表47人帮扶贫困户47户、175人。2001年，新一届乡镇人民代表大会选出乡镇人大主席39名、副主席1名，在县人大常委会指导下自主开展乡镇人大工作。

第二节　县人大常委会对乡镇人大工作的指导

1986—2005年，县人大常委会加强对乡镇人大工作的联系和指导，乡镇人大代表、人大主席团的作用得以发挥。第九届县人大常委会开始，全县8区设人大工作联络员，负责联系乡镇人大工作。1987年，制定《县人大常委会与县人大代表联系的暂行规定》。县人大常委会在当年工作要点中对乡镇人大工作提出指导性意见。乡镇召开人民代表大会、换届选举、罢免或补选代表，县人大常委会予以指导。发现问题及时纠正，以保证乡镇人大工作顺利进行。1992 年 8 月 27 日，第十一届县人大常委会二十次会议决定，撤销各区联络员设区人大工作委员会，强化县人大常委会对乡镇人大的指导。区人大工作委员会为县人大常委会派出机构，联系乡镇人大，接受县人大常委会指导，对县人大常委会负责并报告工作。1993 年 3 月 27 日，第十二届县人大常委会二次会议通过《区人大工作委员会职责》，即区人大工作委员会要了解国家法律法规以及县人大及其常委会的决议决定在本区乡镇实施情况，必要时写出报告提出建议；组织本区县、乡镇人大代表调查视察，依法履行职权；参与县、乡镇换届选举工作；完成县人大常委会交办事项。20 年间，还采用邀请书请乡镇人大主席参加重要会议，组织考察、培训，召开乡镇人大工作经验交流会，发送学习资料等形式，对乡镇人大进行工作指导。为了加强同人大代表的联系，便于组织代表开展活动，县人大常委会将代表按片区分为若干代表团（组）定期和不定期开展活动。主任、副主任、驻会委员分别参与活动，通过调查、考察的方式，为人大代表在闭会期间履行职务创造条件。1990 年，县人大常委会指导乡镇制定《主席团工作制度》《代表小组活动制度》。1991 年，中共彭水自治县委批准县人大常委会《关于加强和完善乡镇人大主席团的意见》。县人大常委会成员及县人大代表联络工作委员会的干部经常深入基层召开座谈会，听取代表的意见，下发《人大工作》《会议纪要》等资料。1995 年，县人大常委会党组报经县委同意，成立乡镇人大换届选举工作指导小组，指导各乡镇换届选举工作。之后，坚持培训乡镇换届选举工作干部，负责乡镇换届选举工作。1998 年，坚持和完善县人大常委会组成人员联系区人大制度，对区人大工作的指导责任到人，狠抓区乡人大工作人员的培训。2001 年 8 月至 9 月，彭水自治县行政区划调整后，区人大工作委员会相继撤销。2004 年，印发乡镇人大工作指导意见，坚持邀请乡镇人大主席、副主席列席县人大常委会会议制度。

附 1：全国、省、市领导视察人大工作　全国人大常委会和四川省、重庆市人大常委会非常重视基层人大工作，经常组织视察组到彭水指导人大工作。从 1993 年以来，全国人大民族委员会主任委员江村罗布、副主任委员伍精华、办公室副主任张今友，全国人大常委会委员白尚武，四川省人大常委会主任何郝炬、杨晰综，副主任李永寿，省人大民族宗教委员会副主任熊清泉，省人大城环委副主任岳忠，重庆市人大常委会主任王云龙，副主任金烈、康纲有、税正宽、刘文、程贻举、章必果、陈之惠、陈雅棠，市人大常委会秘书长刘成义，市人大农业农村委员会副主任委员肖师绪，市人大民族宗教侨台外事委员会主任委员彭复生，市人大城环委副主任委员蔚立信等，分别到彭水视察农村经济、环保、卫生、旅游、政法、民族及人大工作。对彭水工作的发展方向提出指导性意见，鼓励彭水人大在彭水经济和社会建设中发挥作用。

附 2：在县全国人大代表：

钱学英（女） 第五届全国人民代表大会代表；

冯国良第六届全国人民代表大会代表；

黄家夫第七、八、九届全国人民代表大会代表；

钱书远第九届全国人民代表大会代表。

第四篇　政　府

1986年后，彭水自治县人民政府以经济建设为中心，坚持改革开放，农村继续完善联产承包经营责任制，进行产业结构调整，粮经产业结构逐步趋于合理。1991年，县人民政府把“发展农业、大办工业、搞活流通”作为发展经济的突破口，加强基层政权建设，科技兴农，基建上“以电养电、以电促工、以工带农”，以农业联产承包成功经验带动全县城镇经济体制改革。实现农业联产承包经营责任制第二轮承包和工业的承包经营责任制。2001年，县、乡镇进行机构改革，拆区并乡建镇。各级政府办事机构办事效率提高。2004年，县人民政府制定“品种调优、地域调适、技术求精、效益务高”的原则发展经济作物。至2005年，县人民政府宽松政策，引进外资，大型水利枢纽乌江彭水电站开工建设，保家工业园区经重庆市人民政府批准建设。旅游业、服务业相继发展。产业结构进一步优化，一、二、三产业从1986年的58 ：15 ：27发展至2005年的31 ：32 ：37。2005年，实现国内生产总值292190万元，财政收入21622万元。

第一章 县人民政府

彭水自治县人民政府（简称县人民政府）第九届至十一届每届任期 3 年，第十二届至第十四届每届任期 5 年。县人民政府按照《中华人民共和国宪法》和法律规定及《彭水自治县人民政府工作规则》行使职能：执行县人民代表大会及其常务委员会的决议，以及上级国家行政机关的决定和命令，规定行政措施，发布决定和命令；领导县级各工作部门和乡镇人民政府的工作；改变或者撤销所属各工作部门的不适当的命令、指示和下级人民政府的不适当的决定、命令；依照法律的规定任免、培训、考核和奖惩国家行政机关工作人员；执行国民经济和社会发展计划、预算，管理本行政区域内的经济、教育、科学、文化、卫生、体育事业、环境和资源保护、城乡建设事业和财政、民政、公安、民族事务、司法行政、监察、计划生育等行政工作；保护社会主义的全民所有的财产和劳动群众集体所有的财产，保护公民私人所有的合法财产，维护社会秩序，保障公民的人身权利、民主权利和其他权利；保护各种经济组织的合法权益；保障少数民族的权利和尊重少数民族的风俗习惯，帮助各少数民族发展政治、经济和文化的建设事业；保障宪法和法律赋予妇女的男女平等、同工同酬和婚姻自由等各项权利；办理上级国家行政机关交办的事项。

第一节 政府机构设置

1986 年年初，县人民政府下属局级机构 51 个，代管、共管机构 9 个。县人民政府下属机构有人民政府办公室、计划委员会、经济委员会、财贸办公室、农林办公室、科学技术委员会、民族事务委员会、财政局、劳动局、人事局、城乡建设环境保护局、公安局、司法局、民政局、审计局、物价局、工商行政管理局、税务局、统计局、计量局、工业局、交通局、第二轻工业局、商业局、农业局、林业局、水利电力局、畜牧局、物资局、农业机械管理局、医药管理局、文化局、教育局、卫生局、体育运动委员会、计划生育委员会、广播电视局、档案局、对外贸易局、烟草专卖局、供销社联合社、信访办公室、侨务办公室、地方志办公室、职工教育办公室、多种经营办公室、信息研究室、民族宗教事务办公室、老龄办公室、乡镇企业局、粮食局、气象局。

县人民政府在农村设汉葭、保家、郁山、普子、高谷、黄家坝、鹿角、桑柘 8 个区工所作为派出机构，对乡人民政府进行管理和指导。

2005 年年底，政府机构经过多次改革调整，形成 5 个系统即政府直属系统、发展计划系统、农业系统、经济贸易系统、科教文卫系统和 53 个委、局、司、室。

政府直属系统：政府办公室、人事局、民族宗教事务委员会、工商银行、驻渝办事处、监察局、人民银行、农业银行、人寿保险公司、档案局、档案史志馆、审计局、农业发展银行、信用联社、国家税务局、地方税务局、财产保险公司、民政局。

计划系统：发展和改革委员会、劳动社保局、建设委员会、国土房管局、统计局、旅游局、环境保护局。

经济贸易系统：经济贸易委员会、对外经济贸易委员会、商业委员会、煤炭管理局、药品监督局、交通局、电信局、安全监督局、质量监督局、工商行政管理局、移动公司、烟草公司、粮食局、邮政局、菲司特公司、石油公司。

农业系统：农业办公室、扶贫办公室、农业综合开发办公室、气象局、农业局、民政局、畜牧局、水利农机局、林业局、供销社。

教科文卫系统：教育委员会、人口和计划生育委员会、文化广电和新闻出版局、体育局、广播电视台、卫生局、科学技术委员会。

第二节　县级机构沿革

1986 年年初，县人民政府下属局级机构 51 个。是年 6 月 14 日，县人民武装部划归地方建制，县长任荣安、涪陵军分区曾祥宣分别在接交书、移交书上签字。同月，设扶贫办公室、经济协作办公室、经济体制改革办公室。经济体制改革办公室与信息研究室合署办公，一套班子，两块牌子。

1987 年 1 月，成立县编制委员会。核定全县区、乡（镇）党政机关人员编制 1105 人。是年，成立国土局。5 月，撤销县城乡建设环境保护局，成立县建设委员会。7 月，县人民政府设立驻重庆办事处。

1988 年 3 月，成立县监察局；4 月，撤销县经济体制改革办公室，成立经济体制改革委员会；7 月 1 日，黔江地区成立，彭水、酉阳、秀山、黔江、石柱由涪陵地区划归黔江地区；10 月，撤销教育局，成立县教育委员会。

1989 年 5 月，对县级 65 个党、政、群团机关，8 个副局级以上事业单位人员编制和政法、武装的单列编制进行核定。是年成立技术监督局。

1990 年，县编制委员会决定原台办、台联、侨办、侨联、外事办实行“五合一”办公，对县级 15 个委、局的内部机构实行调整缩编。12 月，成立县残疾人联合会。

1991 年，制定控编消肿的具体措施和办法，摸清全县党政群团机关、事业单位人员的分布，结构现状，编制成台账，实行财政按编制预算经费的制度。8 月，成立蚕桑局，与县丝绸公司合署办公。

1992 年，开展县级机构改革，撤销 11 个局级机构，对 6 个职能相近的机构实行合署办公。全年完成机构人员“消肿”任务 59 个（人），重新核定 23 个事业单位的人员编制。撤销合并 15 个局级机构，实际减少 18 个局级机构。是年，民族事务委员会和宗教事务办公室合并称民族宗教事务委员会，改劳动服务公司为就业服务管理局。县人民政府地名办公室并入县民政局。县安全生产领导小组改称县安全生产委员会。县财贸办公室改称县财贸委员会。

1993 年，贯彻执行黔江地委文件精神，转化行政职能，强化服务功能，加强事业单位机构人员的配套管理，对县级行政、事业单位的人员编制及经营实行压缩，共压缩行政编制 39 个，事业单位编制 369 个。经济委员会和体制改革委员会合署办公，县电大工作站和县师范合并，新建 21 个乡镇派出所，减少行政编制 22 人。是年，组建县旅游局，与县国土局实行一套班子，两块牌子。

1994 年，原税务局一分为二，设立地方税务局和国家税务局，并由县公安局、国税局、地税局联合成立县公安局打击涉税犯罪办公室。2 月，县经济体制改革委员会并入县经济委员会，实行一套班子，两块牌子。同月，县水电局与县电力公司实行局司合一，一套班子，两块牌子，企业化管理。12 月，经国务院批准，彭水自治县为对外国人开放区。

1995年，县地方税务局新设9个股级机构，明确区、乡、镇计划生育宣传服务站的机构和编制，对乡镇畜牧兽医工作站进行转性定编，贯彻《四川省事业单位登记管理办法》，对全县380名应登记的事业单位进行登记颁证管理，增加政法系统人员编制。是年，成立县反贪污贿赂工作局，与检察院经济检察科实行一套班子，两块牌子。4月，恢复县对外经济贸易局。

1996年，对全县行政机关、事业单位的人员编制、内设机构、领导职数进行全面调查清理，批准增设部分单位的内设机构和事业单位，调整1个事业单位编制，再次增加政法系统人员编制。撤销县水电局与电力公司“局司合一”的管理体制，电力公司实行县经委、水电局双重管理，为副局级单位。组建彭水自治县人民政府驻石油公司专职消防队，以原石油公司警消队为基础，其建制为一个正规的建制班（8人）。是年，县人武部收归军队建制。

1997年4月，原建委下属环境保护办公室剥离出来，成立县环境保护局，为副局级单位，归口到县建委。5月，原经委体制改革办公室从县经济委员会剥离，设县体制改革委员会，编制15人。

1998年5月，成立县煤炭局。

1999年，撤销县国土局，成立县土地房屋管理局；县工业局与县第二轻工业局合并，成立县建工建材局；县环保局从二级局升格为一级局；县旅游局划归县计委，挂靠县建委；成立县农业综合开发办公室；成立县晶丝苕粉开发管理办公室。

2000年，遵照重庆市编制委员会工作安排意见，清理全县行政机关，事业单位人员，内设机构人员编制情况：乡镇机构72个，1208人，县级行政事业机构46个、632人，政法机构4个、391人。1月，县晶丝苕粉开发管理办公室更名为县食品管理办公室。县招商引资管理办公室更名为县招商引资管理局。县质量技术监督局以及所属单位的机构、人员、编制等移交重庆市质量技术监督局管理。

2001年，县政府机构改革，实行政企、政事、政社分开，将县政府时有44个工作机构进行改革。撤销合并21个工作机构，将不再保留的局、委、室和组建的有关局、公司划入或并入组建的有关委、室、局或更名的委、局。保留18个工作机构，即政府办公室、教育委员会、科学技术委员会、民族宗教事务委员会、公安局、监察局、民政局、司法局、财政局、人事局、建设委员会、交通局、农业局、卫生局、审计局、林业局、统计局、环境保护局等。组建经济贸易委员会、农村工作办公室、文化体育局、水利农机局、劳动和社会保障局5个机构。将计划生育委员会更名为人口与计划生育委员会，计划委员会更名为发展计划委员会，土地房屋管理局更名为国土资源和房屋管理局。将广播电视局、畜牧局改为政府直属事业单位。党校、旅游局、驻渝办事处仍为县政府直属事业单位。全县机构改革后，乡镇39个，945人；县级行政事业机构40个，549人；政法机构4个，381人。是年，中共重庆市委撤销黔江开发区，取消代管，彭水自治县自此由市上直管。

2002年，县人民政府成立彭水自治县行政服务中心。

2003年8月，成立县人民政府防空办公室，对内作政府办公室内设机构。

2004年3月，成立县医疗保险局，为县劳动和社会保险局直属全民事业单位。9月，县发展计划委员会更名为县发展和改革委员会。成立新闻出版局与县文化体育局，一套班子，两块牌子。同月，成立县煤炭管理局与县经济贸易委员会合署办公，一套班子，两块牌子，撤销原在县安全生产监督管理局加挂的县煤炭管理局的牌子。成立中小企业发展指导局，在经贸委挂牌子。农业局不再保留乡镇企业局的牌子，原乡镇企业局的职责划入县经济贸易委员会。县人口与计划生育委员会更名为县人口和计划生育委员会。成立对外经济贸易委员会。

2005年，成立县档案局，为县人民政府直属局级事业单位，将县史志档案馆更名为县档案史志馆与档案局合署办公，一个机构，两块牌子。8月，成立文化广电新闻出版局（挂县体育局牌子），撤销原县文化体育局和县广播电视局，不保留县新闻出版局牌子。设立县属事业单位县广播电视台。

第三节 区级机构沿革

1986 年，全县 8 个区设区公所，为县人民政府派出机构。区公所下设财政所、派出所、教育办公室、民政办公室、乡镇企业办公室等机构。

1992 年，改革管理体制，在各区推行三委制，建立工贸委、农工委、政工委，精简了机关工作人员。

1994 年，根据黔江地委、地区行署有关文件，撤销区委、区公所，分区设立党的工作委员会，同时赋予行政职能。作为过渡时期县委、县人民政府的派出机构，负责对乡（镇）工作的指导和协调。区工委设工贸委、农工委、政工委、办公室等 4 个综合办事机构，其人员编制每个区原则上控制在 17 人以内，对富余人员逐步分流充实到乡（镇）机关和乡（镇）企事业单位。

2001 年机构改革，撤销区工作委员会，并乡建镇。

第四节 县人民政府内设机构

一、办公室及其科（室）

1986 年，设县人民政府办公室，内设信访办公室，对外挂县人民政府信访办公室牌子。

1998 年，县人民政府办公室按县编制委员会批复内设科室：设置行政科、秘书科、综合科、信息督查科、机要科、安全保卫科。

2001 年县人民政府办公室行政编制 38 人，领导职务设主任 1 人，系统党委书记 1 人，副主任 3 人。内设机构 9 个科（室），即秘书科、信息调研科、综合科、行政科、督查科、信访科、救灾科、法制科及文印室。

2002 年，初步形成政府系统计算机办公网络体系。党政信息平台于 10 月 1 日投入试运行，报文和发文进入电子和纸质双轨运行阶段。编制印发《彭水自治县人民政府办公室工作规范》。

2003 年 8 月，县编制委员会批准成立彭水苗族土家族自治县人民防空办公室。对内作办公室机构，对外挂县人民政府防空办公室牌子。

2004 年 9 月，县编制委员会核定县人民政府办公室行政编制 47 人，工勤编制 10 人，领导职数 4 人。12 月，县推行公务员职务办公室同意，设置县人民政府领导职位 7 个、办公室领导职位 4 个、中层机构领导职位 13 个、其他公务员职位 23 个、工勤人员岗位 10 个。

2001 年，机构改革中，制定县人民政府办公室及科（室）的职能。办公室职能：政府会务的组织和会议决定事项的实施；协助政府领导起草和审核文件；对乡镇和部门请示问题向政府领导提出审核处理建议；对中心工作、重大任务开展调研向政府领导提出建议；反映经济社会重大问题为政府领导科学决策提供及时全部信息服务；组织协调政府系统全县性重大活动；负责机关行政事务有关事项。办公室内其他科（室）都制定有相应职能职责规范。

二、管理服务机构

县人民政府驻渝办事处 1997 年，经重庆市人民政府办公厅批准，成立县人民政府驻重庆办事处，地址为重庆市市中区陕西路 7 号。属局级单位。实行独立核算、自负盈亏企业管理，行政上由县人民政府办公室直接管理。

县行政服务中心 2002 年 6 月，县编制委员会批准设立县行政服务中心，为县人民政府办公室下属事业单位。同月，县人民政府下文成立县行政服务中心管理委员会。管理委员会下设办公室，为日常工作机构。8 月，彭水苗族土家族自治县行政服务中心成立，为财政全额拨款的事业单位。经批准具有行政审批职能的县级行政部门和事业单位在县行政服务中心设立服务窗口，办理本部门业务。

县人民政府行政采购中心　2002 年 6 月，县编制委员会同意成立县人民政府行政采购中心，为财政局下设事业单位。8 月，经县编制委员会批复，将县人民政府行政采购中心划转，为县人民政府办公室管理的下属事业单位。

第五节　县人民政府县长、副县长

1986 年至 2005 年，县人民政府历 6 届，即第九届至第十四届。第九届至第十一届每届任期 3 年，第十二届至第十四届每届任期 5 年。每届县人民政府组成人员由县人民代表大会选举产生。县人民代表大会闭会期间，代理县长和副县长由县人大常委会任命。

第九届至第十四届彭水自治县人民政府县长、副县长名录表

表 4-1

届次	职务	姓名	性别	籍贯	出生年月	民族	政治面貌	任职时间
第九届	县长	任荣安	男	重庆彭水	1940 年 6 月	苗	中共党员	1984 年 1 月至 1987 年 3 月
	副县长	王强	男	四川通江	1947 年 11 月	汉	中共党员	1984 年 1 月至 1987 年 3 月
	副县长	刘祥芳	女	重庆彭水	1942 年 9 月	土家	中共党员	1984 年 1 月至 1987 年 3 月
	副县长	李明生	男	四川内江	1946 年 2 月	汉	中共党员	1984 年 7 月至 1987 年 3 月
	副县长	陈胜怀	男	重庆彭水	1950 年 2 月	苗	中共党员	1984 年 11 月至 1987 年 3 月
	副县长	陈代友	男	重庆南岸	1946 年 2 月	汉	中共党员	1985 年 3 月至 1987 年 3 月
	副县长	任远清	男	重庆彭水	1937 年 4 月	苗	中共党员	1985 年 11 月至 1987 年 3 月
第十届	县长	任荣安	男	重庆彭水	1940 年 6 月	苗	中共党员	1987 年 3 月至 1989 年 9 月
	县长	杨春林	男	重庆黔江	1952 年 5 月	土家	中共党员	1989 年 9 月至 1990 年 3 月
	副县长	张玉林	男	重庆彭水	1946 年 5 月	苗	中共党员	1987 年 3 月至 1989 年 8 月
	副县长	刘祥芳	女	重庆彭水	1942 年 9 月	土家	中共党员	1987 年 3 月至 1990 年 3 月
	副县长	陈代友	男	重庆南岸	1946 年 2 月	汉	中共党员	1987 年 3 月至 1990 年 2 月
	副县长	王光四	男	重庆彭水	1951 年 8 月	土家	中共党员	1987 年 3 月至 1988 年 9 月
	副县长	李明生	男	四川内江	1946 年 2 月	汉	中共党员	1988 年 9 月至 1990 年 3 月
	副县长	罗贵洪	男	重庆彭水	1951 年 1 月	苗	中共党员	1989 年 3 月至 1990 年 3 月
	副县长	向涛	男	重庆石柱	1956 年 2 月	土家	中共党员	1989 年 11 月至 1990 年 3 月
第十一届	县长	杨春林	男	重庆黔江	1952 年 5 月	土家	中共党员	1990 年 3 月至 1992 年 12 月
	副县长	向涛	男	重庆石柱	1956 年 2 月	土家	中共党员	1990 年 3 月至 1992 年 9 月
	副县长	刘祥芳	女	重庆彭水	1942 年 9 月	土家	中共党员	1990 年 3 月至 1992 年 12 月
	副县长	罗贵洪	男	重庆彭水	1951 年 1 月	苗	中共党员	1990 年 3 月至 1992 年 3 月
	副县长	周正德	男	四川南充	1945 年 12 月	汉	中共党员	1990 年 3 月至 1992 年 12 月
	副县长	田兴文	男	重庆秀山	1955 年 10 月	土家	中共党员	1990 年 3 月至 1992 年 12 月
	副县长 *	霍联敦	男	—	—	汉	—	1991 年 3 月至 1992 年 4 月
	副县长 *	邓泽福	男	—	—	汉	—	1991 年 10 月至 1992 年 10 月

续表 4-1

届次	职务	姓名	性别	籍贯	出生年月	民族	政治面貌	任职时间
第十一届	副县长 *	刘建中	男	—	—	汉	—	1992 年 4 月至 1992 年 12 月
	副县长	王帮权	男	重庆彭水	1956 年 12 月	土家	中共党员	1992 年 9 月至 1992 年 12 月
	副县长	唐步新	男	重庆黔江	1965 年 1 月	土家	中共党员	1992 年 9 月至 1992 年 12 月
	副县长	王世福	男	重庆彭水	1952 年 6 月	苗	中共党员	1992 年 10 月至 1992 年 12 月
	副县长	刘宝亚	男	重庆彭水	1958 年 11 月	土家	中共党员	1992 年 10 月至 1992 年 12 月
第十二届	县长	杨春林	男	重庆黔江	1952 年 5 月	土家	中共党员	1992 年 12 月至 1994 年 8 月
	代理县长	庞一卫	男	重庆黔江	1955 年 1 月	苗	中共党员	1994 年 8 月至 1995 年 3 月
	县长	庞一卫	男	重庆黔江	1955 年 1 月	苗	中共党员	1995 年 3 月至 1997 年 5 月
	代理县长	喻维嘉	男	重庆秀山	1959 年 9 月	土家	中共党员	1997 年 5 月至 1997 年 12 月
	副县长	李运茂	男	重庆彭水	1946 年 5 月	苗	中共党员	1992 年 12 月至 1997 年 12 月
	副县长 *	刘建中	男	—	—	汉	—	1992 年 12 月至 1994 年 4 月
	副县长	刘宝亚	男	重庆彭水	1958 年 11 月	土家	中共党员	1992 年 12 月至 1995 年 2 月
	副县长	唐步新	男	重庆黔江	1965 年 1 月	土家	中共党员	1992 年 12 月至 1994 年 9 月
	副县长	王帮权	男	重庆彭水	1956 年 12 月	土家	中共党员	1992 年 12 月至 1997 年 12 月
	副县长	王世福	男	重庆彭水	1952 年 6 月	苗	中共党员	1992 年 12 月至 1996 年 1 月
	副县长 *	张玉山	男	—	—	汉	—	1993 年 1 月至 1994 年 1 月
	副县长 *	邓泽福	男	—	—	汉	—	1993 年 1 月至 1994 年 1 月
	副县长	翁勤	男	重庆酉阳	1957 年 2 月	土家	中共党员	1995 年 9 月至 1997 年 12 月
	副县长	王华敏	女	重庆彭水	1958 年 1 月	苗	中共党员	1996 年 9 月至 1997 年 12 月
	副县长	陈泽模	男	重庆彭水	1957 年 10 月	土家	中共党员	1995 年 3 月至 1997 年 12 月
	副县长	刘平	男	重庆彭水	1957 年 8 月	苗	中共党员	1995 年 3 月至 1997 年 12 月
	副县长 *	王利勤	男	—	—	汉	中共党员	1995 年 1 月至 1997 年 1 月
	副县长 *	林朝	男	四川资中	1960 年 5 月	汉	中共党员	1997 年 5 月至 1997 年 12 月
第十三届	县长	喻维嘉	男	重庆秀山	1959 年 9 月	土家	中共党员	1997 年 12 月至 2003 年 3 月
	副县长	李安禄	男	重庆黔江	1962 年 5 月	土家	中共党员	1997 年 2 月至 2001 年 7 月
	副县长	王华敏	女	重庆彭水	1958 年 1 月	苗	中共党员	1997 年 12 月至 2003 年 3 月
	副县长	汪家生	男	重庆彭水	1958 年 7 月	土家	中共党员	1997 年 12 月至 2003 年 3 月
	副县长	蒋成谷	男	重庆彭水	1963 年 6 月	苗	中共党员	1997 年 12 月至 2003 年 3 月
	副县长	张举和	男	重庆丰都	1958 年 9 月	汉	无党派	1997 年 12 月至 2000 年 4 月
	副县长	梁清元	男	重庆彭水	1957 年 12 月	土家	中共党员	1997 年 12 月至 2003 年 3 月
第十三届	副县长 *	林朝	男	四川资中	1960 年 5 月	汉	中共党员	1997 年 7 月至 1999 年 5 月
	副县长 *	卢卫平	男	重庆巴南	1964 年 7 月	汉	中共党员	1998 年 5 月至 1999 年 6 月
	副县长 *	郑毅	男	四川富顺	1954 年 5 月	汉	中共党员	1999 年 6 月至 2000 年 10 月
	副县长 *	刘芬先	男	四川	1963 年 3 月	汉	中共党员	1999 年 4 月至 2000 年 12 月
	副县长	刘艳红	男	重庆石柱	1963 年 8 月	汉	中共党员	2000 年 4 月至 2003 年 3 月
	副县长 *	谢飞	男	重庆万州	1966 年 11 月	汉	中共党员	2000 年 12 月至 2002 年 12 月
	副县长 *	彭立宪	男	湖南攸县	1954 年 10 月	汉	中共党员	2000 年 10 月至 2001 年 7 月
	副县长	周伟	男	重庆石柱	1963 年 7 月	土家	中共党员	2001 年 7 月至 2003 年 3 月
	副县长 *	吴林	男	四川岳池	1961 年 10 月	汉	中共党员	2001 年 7 月至 2002 年 7 月

续表 4-1

届次	职务	姓名	性别	籍贯	出生年月	民族	政治面貌	任职时间
第十三届	副县长	黄勇	男	四川资中	1963 年 11 月	汉	民盟盟员	2002 年 3 月至 2003 年 3 月
	副县长 *	朱望	男	—	—	汉	—	2002 年 7 月至 2003 年 3 月
第十四届	县长	喻维嘉	男	重庆秀山	1959 年 9 月	土家	中共党员	2003 年 3 月至 2004 年 5 月
	代理县长	周伟	男	重庆石柱	1963 年 7 月	土家	中共党员	2004 年 5 月至 2005 年 1 月
	县长	周伟	男	重庆石柱	1963 年 7 月	土家	中共党员	2005 年 1 月至 2007 年 2 月
	副县长	周伟	男	重庆石柱	1963 年 7 月	土家	中共党员	2003 年 3 月至 2004 年 5 月
	副县长	梁清元	男	重庆彭水	1957 年 12 月	土家	中共党员	2003 年 3 月至 2007 年 2 月
	副县长	王华敏	女	重庆彭水	1958 年 1 月	苗	中共党员	2003 年 3 月至 2007 年 2 月
	副县长	汪家生	男	重庆彭水	1958 年 7 月	土家	中共党员	2003 年 3 月至 2007 年 2 月
	副县长	黄勇	男	四川资中	1963 年 11 月	汉	民盟盟员	2003 年 3 月至 2007 年 2 月
	副县长	雍开文	男	四川南部	1962 年 3 月	汉	中共党员	2003 年 3 月至 2006 年 12 月
	副县长	代成瑶	男	重庆彭水	1970 年 1 月	苗	中共党员	2003 年 3 月至 2006 年 12 月
	副县长 *	谢飞	男	重庆万州	1966 年 11 月	汉	中共党员	2003 年 9 月至 2004 年 3 月
	副县长	蒋成谷	男	重庆彭水	1963 年 6 月	苗	中共党员	2004 年 5 月至 2007 年 2 月
	副县长 *	章飞跃	男	浙江金华	1958 年 7 月	汉	中共党员	2004 年 9 月至 2005 年 12 月
	副县长 *	丰强	男	山东	1962 年 11 月	汉	中共党员	2005 年 12 月至 2006 年 12 月

注：* 挂职副县长，属于外地交流或上级下派履职。部分挂职副县长缺简历

第二章　基层人民政府

乡镇人民政府每届任期 3 年，其成员由乡镇人民代表大会选举产生。乡镇人民政府执行本级人民代表大会的决议和上级国家行政机关的决定和命令；执行本行政区域内的经济和社会发展计划、预算，管理本行政区域内的经济、教育、科学、文化、卫生、体育事业和财政、民政、计划生育等行政工作；保护劳动群众集体所有的财产，保护公民私人所有的合法财产，维护社会秩序，保障公民的人身权利、民主权利、民族权利和其他权利；保护各种经济组织的合法权益；办理县人民政府交办的事项。实行乡镇长负责制。乡镇长分别主持地方各级人民政府的工作。

第一节　基层行政组织

1986 年，全县设立 8 个区和 1 个区级镇。即汉葭区、郁山区、保家区、高谷区、桑柘区、鹿角区、黄家坝区、普子区和汉葭镇。

1992 年，四川省人民政府批准，撤销三连乡，将三连乡并入郁山镇，行政区域不变。

1999 年 2 月，重庆市政府批准，撤销高谷乡，设高谷镇，行政区域不变，实行镇管村。

2001 年，机构改革，撤区并乡建镇。全县设立汉葭、高谷、郁山、保家、桑柘、鹿角、黄家、普子、龙射、连湖 10 个镇人民政府，设立靛水、岩东、平安、联合、走马、芦塘、龙溪、石柳、长滩、迁乔、乔梓、桐楼、新田、诸佛、梅子垭、小厂、鞍子、双龙、石盘、万足、善感、朗溪、龙塘、润溪、大垭、太原、棣棠、鹿鸣、三义 29 个乡人民政府。具体做法是将原 64 个乡、镇，调整为 39 个乡、镇，即新设 10 个镇、8 个乡，保留 21 个乡。保留 21 个乡是：棣棠乡、小厂乡、梅子垭乡、石盘乡、万足乡、双龙乡、大垭乡、石柳乡、三义乡、平安乡、走马乡、芦塘乡、龙溪乡、善感乡、朗溪乡、龙塘乡、联合乡、迁乔乡、太原乡、桐楼乡、岩东乡。

2004 年，重庆市人民政府批准彭水将汉葭镇、高谷镇、郁山镇、长滩乡、乔梓乡、迁乔乡的部分行政区域作调整。将汉葭镇的河口村、兴隆村，调整到高谷镇。将保家镇的铜钱村、水竹村以及杨柳村的个别组调整到长滩乡，天星村调整到郁山镇。将长滩乡的川间村、桂花堡村以及凤凰村的大部分组，乔梓乡的长征村、核桃湾村、干洞口村、白果坝村、古塘村，迁乔乡的长岗村个别组调整到保家镇。

第二节　乡镇人民政府内设机构

乡镇人民政府设乡（镇）长 1 人，副乡（镇）长 2 至 5 人。

1986 年始，乡镇人民政府先后分别按文教卫生、计划生育、民兵武装、文书、信访、统计、民政、司法调解、农业、乡镇企业、多种经营、财政等分工并配置人员编制。

1987 年，涪陵地区编制委员会核定彭水区乡党政机关人员编制 1105 人。

1988 年后，根据上级要求，各乡镇人民政府设计划生育办公室、农业办公室、民政办公室、信访办公室、乡镇企业办公室、司法行政办公室以及财政所、农技站、农机站等办事机构。

1992 年，实行简政放权，将县级主管部门设在区、镇、乡的主要行使政府职能的公安、司法、财政、国土、计划生育和事业性服务的文化站、广播站、农经站、农技站、水管站、林业站、畜牧兽医站、多经站、农机站、医院、学校等机构和人员一律放到区、镇、乡管理，由区、镇、乡对这些机构及其人员行使人权、财权、物权。对供销社、烟草经营站、食品站等经营单位由县级主管部门与区、镇、乡实行双重领导，以区、镇、乡为主。区、镇、乡的服务性事业单位和技术服务实体，实行企业化管理，逐步做到经费自收自支。

1993 年，机构改革，乡镇建制调整、乡镇人民政府领导职数按区域大小、人口多少等因素而定。政府机构按精简、效能和责权相统一的原则分别设置，不搞上下对口一刀切，要求重在转变职能，强化服务。

1997 年，重庆直辖后，乡镇人民政府下设机构按区工作委员会要求设立。

2001 年，各乡人民政府设置党政办公室主管文书、组织、宣传、群团、信访、保密、档案；设农业办公室主管农业技术、农业经济、林业、水土、农机、企业；设社会事业办公室，主管教育、文化、卫生、广播、公安、司法、民政；设财务所主管财政收支、工商、税收；设城管办公室主管城市建设、国有土地。

2005 年，经多次改革调整，乡镇政府机构分为行政和事业两个部分设置。行政部门有党政办公室、社会事务办公室（民政办公室、人口和计划生育办公室）、村镇建设办公室、经济发展办公室、农业发展办公室、安全监督办公室、财政所、司法所、人武部；事业部门有农业服务中心、林业站、社会保险所、文化广播站、兽防站。各部门配备有主任、副主任，站长、副站长，所长、副所长等。

2005 年，重庆市编委办公室核定彭水自治县乡镇机关行政编制 945 人，后勤事业编制 68 人，乡镇事业编制 698 人，其中乡镇农业类事业编制 560 人。

第三章　政务举要

第一节　经济建设

一、第九届（1984—1986年）

1986年，县人民政府继续完善农村承包责任制，全面落实林业“两制”政策，农村产业结构、粮经产业结构趋于合理。加快烤烟、青麻的发展，加大水利、交通建设投资；抓了企业管理体制的改革，首先在10个国营企业和15个集体企业推行厂长（经理）负责制；编制各乡镇场镇总体规划；成立经济体体制改革办公室，负责工商企业的全面改革工作。

1986年，实现国内生产总值23309万元（1990年不变价，下同），一、二、三产业比例为58 ∶ 15 ∶ 27，工农业生产总值37248万元，粮食总产量162924吨，农村居民人均纯收入275元，财政收入1156万元，社会消费品零售总额7417万元，银行存款余额4312万元，全社会固定资产投资总额4631万元。

二、第十届（1987—1989年）

1987年，根据全县自然地理、气候、耕种条件，制定粮食、油料作物、经济作物和多种经营、乡镇企业等生产计划，对实施情况进行定期和不定期检查。对农田基本建设、种子改良、生产资料供应，基层组织建设等制定系列规章制度，通过各乡人民政府和有关管理机构组织实施。从县级机关抽调154名党政干部组成农村工作团，深入各区、乡工作50天，协助各乡人民政府对农业生产、粮食入库、生猪收购等进行全面指导。

1988年，实施农业生产结构更新，在农村发展柑橘、核桃，推广家庭果园，联户果园，充分发挥庭院经济的后劲，建设蚕桑基地县，巩固畜牧业，加强良种猪基地建设。落实5个6667公顷工作任务（即种烤烟、青麻、油菜、地膜玉米、水稻温室两段育秧各6667公顷），改革耕作制度、彻底改变旧的耕作习惯，提高良田复种指数。1月，全县开始企业经营第一轮承包。

1989年，县人民政府号召全县人民“大战九零年，越过温饱线”，走科技兴农道路，与全县8区1镇签订《“粮、烟、猪”三大突破责任书》，年终评比计分，决定奖惩。是年，号召栽桑养蚕，农民逐渐形成栽桑养蚕习惯，部分农民成为栽桑养蚕专业户。

1989年，实现国内生产总值25771万元，一、二、三产业比例为60∶16∶24，工农业生产总值44654万元，粮食总产量179374吨，农村居民人均纯收入300元，财政收入2371万元，社会消费品零售总额11321万元，银行存款余额5633万元，全社会固定资产投资总额2521万元。

三、第十一届（1990—1992年）

1990年，县人民政府研究全县农业农村工作现状，吸取过去“由政府下指令，农民照指令生产”

的教训，改变农业农村工作管理思路，把工作重点转移到产业结构调整、产品购销控制、生产资料保障、科学技术指导上来，引导全县农民种粮食保温饱，种烤烟、栽桑养蚕、养长毛兔、种植水果、干果、药材等技术致富。是年，进行企业的第二轮承包，实行两权分离推行厂长经理负责制。

1991 年 4 月 12 日，把“发展农业、大办工业、搞活流通”作为发展全县经济的突破口，加强基层政权建设，科技兴农，基建上“以电养电、以电促工、以工带农”，以农村联产承包责任制成功经验带动全县城镇经济体制改革。在彭水召开《乌江水利枢纽环境影响报告书》预审会，成立乌江彭水电站服务工作领导小组。

1992 年，县人民政府提出立足县情，逐步实现农业经济结构战略性调整。彭水自治县连续 4 年获全国烤烟收购先进县。加强“造纸、卷烟、丝绸、建材、采矿、食品”支柱工业建设和能源、交通、邮电通信和城市基础设施建设。

1992 年，实现国内生产总值 32899 万元，一、二、三产业比例为 58：20：22，工农业生产总值 58381 万元，粮食总产量 202305 吨，农村居民人均纯收入 398 元，财政收入 6905 万元，社会消费品零售总额 13575 万元，银行存款余额 12668 万元，全社会固定资产投资总额 5642 万元。

四、第十二届（1993—1997 年）

1993 年，县人民政府在全县进行企业产权制度改革，实施以股份合作制、兼并、联营、拍卖、破产和组建集团等多种方式进行产权改革。改组股份有限公司 1 个、股份合作企业 1 个，拍卖企业 1 个，关闭（破产）企业 1 个，组织各系统企业试点，进行企业“人事、用工、分配”三项制度改革。深化农村改革，改过去农民生产投入政府统包预放为农户承贷、政府贴息、实物发放、超期自负的市场经济办法，放权区镇、自主决策等。开展撤区并乡试点。

1994 年，全县有 3.35 万户农民栽桑 1.80 亿株，有密植园 6600 公顷，产茧量由 1989 年的 12.50 吨增长至 472 吨。建成 3600 绪丝厂 1 个，建茧站 18 个，培养蚕桑技术员 108 人。

1996 年，根据黔江地区行署指示，县人民政府提出不留 1 个姓“国”的企业的指导思想，一方面加速对工业企业的体制改革，一方面加大红麻造纸厂的建设投资。

1997 年 1 月 4 日，县人民政府副县长任远清与地区行署专员签订“全县种烟户 7 万户、种烟面积 25 万亩、收购烤烟 60 万担”的责任书。重点工业工程万吨红麻全杆造纸厂点火试车成功。

1997 年，实现国内生产总值 51644 万元，一、二、三产业比例为 59.2：20.7：20.1，工农业生产总值 83327 万元，粮食总产量 294718 吨，农村居民人均纯收入 1169 元，财政收入 7427 万元，社会消费品零售总额 37516 万元，银行存款余额 40280 万元，全社会固定资产投资总额 13956 万元。

五、第十三届（1998—2002 年）

1998 年，基本完成第二轮农村土地承包工作，与 14.6 万户农民签订延长 30 年不变的土地承包合同。初步建立土地流转机制，全面启动荒山荒地和微型水库的租赁拍卖工作。企业抓大放小，整体推进企业改制。27 户国有重点企业基本完成改制，盘活存量资产 2.2 亿元。全年招商引资项目 21 个，正式签订合同 18 个。引资总额达 3.17 亿元。国道 319 线 89 千米“公路标准化美化”建设获全市一等奖。

1999 年，国家烟草专卖局将彭水纳入标准化生产规范县，彭水成为全国 12 个烟叶生产强县之一。推进现代企业制度的建立，是年工业经济效益一举扭转连年下滑局面，出现恢复性高速增长势头，工业总产值同比增长 41%，销售收入增长 25%，税收增长 45%，利润减亏 350 万元，工业增加值增长 40%。

2000 年，烤烟、薯类、畜牧成为农业新的三大支柱产业。全县应改制的 56 户国有企业已全部实施改制，实现资产重组 1.9 亿元，盘活企业存量资产 3.3 亿元，为改制企业剥离、核销呆账 20462 万元，多渠道安置职工 5986 人，保证 2110 名下岗职工按时足额领取生活费和 2458 名退休职工按月领取退休费。

2001 年，县人民政府总结 1986 年至 2000 年经济社会发展的经验教训，确立以人为本，三个文明一起抓，促进工业立县、全面实现小康、建设三峡库区生态经济强县“三步走”目标。顺利通过国家农村贫困人口越温达标验收。围绕食品、药品、农业生产资料、烟草等关系人民切身利益和身心健康的 9 个方面的重点商品，整顿和规范市场经济秩序。新发展私营企业 40 户，比 1999 年增长 11%；个体工商户 1138 户，比 1999 年增长 9%；注册资金达 2.19 亿元，实现产值 9091 万元，营业收入 3.1 亿元，实现税金 1025 万元，比 1999 年增长 3%。

2002 年，农业和农村经济结构调整，农、林、牧、渔业产值的比重分别为 59.30%、6.30%、33.90%、0.50%。全年推广良种 54 万千克，良种普及率达到 90%，烤烟布局优化，突出科技兴烟。兴办 100 个高规格示范片；畜牧产业化结构形成，产值达 3.90 亿元；各类成片造林 4200 公顷，其中经济林 2533 公顷；蚕桑生产基地乡，专业村建成。是年，全县工业企业 817 家。其中国有企业 6 家，集体企业 41 家，股份制企业 2 家、私营企业 5 家，个体及其他企业 764 家。

2002 年，实现国内生产总值 173732 万元，一、二、三产业比例为 37∶27∶36，工农业生产总值 127315 万元，粮食总产量 264952 吨，农村居民人均纯收入 1536 元，财政收入 10635 万元，首次突破亿元大关，社会消费品零售总额 83102 万元，银行存款余额 104302 万元，全社会固定资产投资总额 152747 万元。

六、第十四届（2003—2005 年）

2003 年，种植业结构调整，粮食作物播种面积下降，总产量相应下降，全县粮食作物种植面积调整为 1541 公顷，总产量下降 5.98%。油料种植面积调增 1707 公顷，烤烟种植面积调增 2472 公顷，蔬菜种植面积增长 7.0%。全面启动退耕还林及天然林保护工程，全年共造林 7300 公顷。肉类产量 3.94 万吨，增长 3.0%。农业条件改善，农田有效灌溉面积新增 20 公顷，达到 6287 公顷，农民负担得到有效控制，乡镇企业产值增长 21.40%。全县工业完成增加值 30478 万元，交通运输和邮电通信业实现增加值 10029 万元。

2004 年，制定“品种调优、地域调适、技术求精、效益务高”的原则，发展烤烟、种植黄籽油菜，推广中药材种植技术，完成 12 个乡镇和 2 个国有林场 8000 公顷的退耕还林任务，退耕种桑 1733 公顷，落实农业科技项目 4 个，林业项目 16 个，农业综合开发项目 2 个，农业产业化项目 6 个。完成投资总额 5384 万元。推广农业实用新技术 5 次，引进粮油新品种 16 个，开展农民“绿色证书”培训，受训人数达 10 万余人，起草并通过彭水自治县《关于进一步做好劳动资源开发》的文件，转移劳动力收入 2 亿多元。622 个行政村有 447 村通公路，达 76.70%，通电率达到 99.50%，拥有农业机械总动力 169980 千瓦，新增有效灌溉面积 1760 公顷，累计达到 8050 公顷，实施土地开发整治 1058 公顷。全年乡镇企业完成增加值 36200 万元，比 2003 年增长 16.30%。经过县人民政府多年争取，重庆市发展改革委员会于 8 月转发国家发展改革委员关于乌江彭水电站项目建议书批复文件。

2005 年，全部免除农业税及其附加，结束全县农民缴粮纳税的历史。农村富余劳动力累计输出 11.8 万人。扶贫开发使绝对贫困人口从 9.5 万人下降到 4.4 万人。县人民政府工业立县战略迈开新步伐，乌江彭水电站于 9 月 28 日举行开工仪式，一批中小型电站建成投产，完成装机容量 120 万千瓦的抽水蓄能电站选址规划，天然气勘探已与中石化南方勘探公司衔接，保家工业园区获市上批准。县人民政府组建城市建设投资公司，完善政府投资主体。“十五”期间累计实施农网改造 6.2 万户，解决 7.54 万人饮水难问题，完成中低产田土改造 3067 公顷。五年累计指导和帮助城镇下岗失业人员

4400 人、“4050”人员 830 人实现就业再就业，城镇登记失业率控制在 4% 以内。

2005 年，实现国内生产总值 292190 万元，工农业生产总值 184602 万元，粮食总产量 303199 吨，财政收入 21622 万元。农村居民人均纯收入 2125 元。三次产业比重由 2000 年的 46∶23∶31 调整为 2005 年的 31∶32∶37。非公有制经济比重由 31.5% 提升到 47.2%。城镇化水平由 8% 提高到 20%。社会消费品零售总额年均增长 16%，达到 122094 万元，比 1985 年翻 4 番，比 2000 年翻一番多；银行存款余额 174621 万元，比 1985 年翻五番，全社会固定资产投资完成 439130 万元，比 1985 年翻八番，比 2000 年翻三番多。

第二节 社会事业管理

一、教育

1986 年，重点抓普及教育，扫除文盲和儿童疾病防治工作。委托西南师范大学办起英语、中文两个代培班。新建和搬迁汉葭镇中学、汉二小、汉三小、县党校，改造和修缮 53 所学校危房，基本解决城乡儿童入学和党政干部培训的问题。1989 年，全面推行分级管理体制、校长负责制、教师队伍优化组合和教师基本工作量套报酬的“竞争、制约、激励”机制。全县普及初等教育，各类学校在校学生 9 万余人，成为新中国成立以后全县在校学生最多的一年。1993 年，全县普及中小学实验教育，全县有各类学校 538 所。其中，小学 452 所，普通中学 8 所，职业中学 3 所，单设中学附设职高点 2 个，单设幼儿园 2 所，小学附设幼儿班 115 个，普通师范学校 1 所。共有教学班 2269 个，学生 69035 人，教职工 4251 人。1999 年，全县小学 412 所，在校学生 5.85 万人，残疾儿童入学率 32.50%，全县文盲仅有 1.90%，全县新建中学 4 所，完全中学 3 所，附设初中点 28 个，在校中学生 1.99 万人，职业中学 3 所，在校学生 2290 人。2002 年，科学事业启动电脑农业专家系统试点推广工程，教育事业“两基”“普实”顺利通过市人民政府达标验收，同时对 1993 年彭水基本普及中小学实验县复查验收，认定合格。2003 年，有普通中学 17 所，职业中学 3 所，小学 416 所，特殊教育学校 1 所，幼儿园 29 所，普通中小学在校学生 107991 人。2005 年，彭水自治县“两基”巩固提高工作达到市政府的规定标准和基本要求，九年义务教育普及程度、师资队伍、办学水平、教育经费、扫盲与成人教育等均基本达标。彭水中学被市政府批准为市级重点中学，同年批准设立重庆广播电视大学彭水分校。是年，县人民政府将全县单设中学上收县管，批准成立特殊教育学校；在全县教育卫生部门实行会计委派制，实行国库统一集中支付，加强全县教育卫生事业单位财政财务管理和会计监督。是年，引进科技人才和自愿者 400 余人。

二、卫生

1986 年，县人民政府组织领导，医疗人员和全县人民配合，经中央检查验收，全县已达到消灭丝虫的标准。同时组织全县地氟病、狂犬病防治工作，投资 88 万元修建县医院住院部，5 个区卫生院和 5 个乡卫生院办公和住院病房得到改善。1987 年，根据职工老龄化趋势和医药市场发展变化状况，县人民政府转发县财局文件《公费医疗管理改革方案》，既关心职工有病即需治疗，又堵塞一度存在的公费医疗上的漏洞，以减少公费医疗消费中的违纪行为，减轻财政压力。1988 年，县人民政府争取彭水纳入省卫生重点建设县，妇幼卫生工作列入卫生部重点装备县。全县有 60 个乡实行门诊接种，有 18 个乡实行计划免疫、围产期保健保偿制度，18 月龄四苗接种率经地区检查达标。新建县中医院，50% 的区卫生院得到修缮。1989 年 6 月，县人民政府对儿童计划免疫达标工作提出加强领导，实行分区分片集中接种的意见，并成立县计划免疫工作领导小组，由分管卫生工作的副县长任组长，把儿童计划免疫工作摆进政府工作的议事日程。同年，成立妇幼卫生项目领导小组，开展治理县城脏、乱、差工作。1989 年，全县住院病床达到 758 张，比 1986 年增加 21.28%。1998 年初级卫生保健以县为单位低限达标。2000 年，全县有医疗卫生机构 87 所，其中县级医疗机构 7 所，设有卫生防疫站和妇幼保健站。8 个区分别设有中心卫生院，64 个乡（镇）均有集体所有制卫生院。在职职工 821 人，其中卫技人员 690 人，每千人有卫技人员 1.1 人。有病床 816 张，社会福利院 15 个，床位 170 张，304 人享受居民最低生活保障。2000 年，结核病患病率已由 1999 年的 2618/10 万下降到 1477/10 万。2003 年，有卫生机构 48 个，病床 733 张，全县有敬老院 11 个，床位 320 张，收养 72 人。2004 年，健全完善病疾预防控制，突发公共卫生事件应急系统，加强多发病、地方病防治，提高“四苗”接种效率，防止禽流感等动物疫病发生。7 月 1 日，在高谷镇、平安乡、太原乡等 3 个乡镇正式启动新型合作医疗试点工作，随后农村合作医疗全面开展。2005 年，疾病防控体系建立健全，三级疫情信息报告和公共应急处理系统进一步完善，启动乡镇卫生院的规范化建设，多发病、地方病得到有效防治。

三、电视广播

到 1987 年，新建县广播站雷公盖骨干调频台，县站广播节目开始传输到区、乡农村；新建插旗山电视差转台和卫星电视地面接收站，开通中央电视台卫星电视教育和综合节目。1989 年，大小电视差转台 8 座、地面卫星接收站 10 个，电视覆盖率达到 50%，广播入村率达到 53.2%。1990 年广播达到入村率 57.3%，入组率 47.3%，入户率 32%。兴建当时黔江地区仅有的县城有线广播电视台。1997 年，全县有标准化广播站 27 个，标准化设备用户 28 个，农网入村 59.70%。1998 年，彭水结束县电视台不能将自办节目送到上级电视台播出的历史。2000 年，地面卫星接收装置 1248 个，电视差转台 1 座。全面开通光纤网电视，县城电视用户可收看 30 套节目。安装农村小型卫星地面接收设施 967 座，比 1996 年增加 757 座，全县解决近 4 万户人家的收视难问题。广播、电视综合覆盖率达到 49%、79%，分别比 1997 年增加 11%、10%。2003 年，电视综合人口覆盖率 92%。2004 年，推广县电视网络联网工作，电视综合覆盖率 92%。

四、城市设施建设

1986—2005 年，县人民政府作多次修编县城总体规划，推进实施城市建设。1986—1987 年，先后对西大街、北大街进行规划建设。北大街建设工程新辟街道长 829 米、宽 9 米，人行道宽 2.50×2 米。开挖、回填浆砌土石方总计 11.40 万立方米，总投资 367 万元。1989 年制定了《“八五”期间县城总体规划》。1986—1998 年，加大投入，积极改善城市环境，对县城主街道路面进行补修，拓宽人行道，安装不锈钢人行道护栏 1100 米，铺设彩砖 1.11 万平方米，增设路灯 187 盏。1988 年以前，彭水自治县城无固定的农贸市场、农副产品交易以街为市。是年，集资修建了江西岸农贸市场，总投资 32 万元。1989 年，投资 5 万元，在南门洞修建农贸市场，建高 7 层大楼 1 幢，集蔬菜、百货小商品为一处，引来一批外地商贩包房、进住、包摊位进行营销。1990 年后，为满足县城供水，加强自来水配套工程建设。1992 年，将县粮食局的直属库办公房、仓库改建为商贸中心，建筑面积 1.20 万平方米，总投资 500 万元。1994 年，对连接县城东西街道的乌江大桥全面翻新，拓宽并提高两边人行道，并换水泥栏杆为钢管栏杆，对桥灯进行更换。同年，对连接县城南北街道的郁江桥进行翻新维修。1995 年建北大街街心花园，投资 56 万元，次年建成投入使用。1996 年，聘请四川省城乡规划设计院编修县城总体规划文本，县城总体规划说明书、总体规划基础资料汇编；绘制县城综合现状图、县城镇体系规划图、县城近期规划图、费用现状及用地分析图、县城景观及绿化系统规划图、县城道路工程规划图、县城供排水工程规划图、县城管线综合规划图等。作出近期、远期、远景规划。

是年，启动将芦渡沟山泉水引入县城的自来水引水工程。敷设管道 9.30 千米，管道直径 80 厘米，经悬崖穿越隧道 80 多米，总投资 1200 万元，水源最大流量 2.40 万吨 / 日，最小为 1.20 万吨 / 日。1997 年 4 月，重庆市规划局邀请四川、重庆有关专家学者及专业人员，对县人民政府上报的《彭水市镇建设规划》评审通过。8 月 19 日，经重庆市人民政府审查批准实施。7 月 1 日，由县人民政府推动建设的芦渡沟引水工程竣工，山泉水进入居民家中。在县城河堡引资兴建的商贸中心工程，由重庆金虹公司投资兴建，占地面积 6100 平方米，投资 400 万元。1998 年，引资在乌江、郁江交汇处的较场坝兴建商贸园区。为解决县城环城路线连通问题，动工修建两江大桥，总投资 2910 万元，长 382 米，桥面净宽 13 米，桥标高 257 米，2000 年 7 月 1 日竣工通车。2000 年，乌江商业城农贸市场部分工程投入使用。2004 年，县城主街道全部换铺缸砖，更换路灯。1997 年至 2004 年投资 100 余万元，先后对主街道及背街进行下水道整治，分片分段逐年整修。全城除西城区外，下水道工程全面完成，排水效果较好。2005 年，建成乌江商业城、体育馆、乌江民族广场、山谷广场、亦君小区、商贸园小区、沙沱公路小区，滨江新城已初见眉目，启动阳光温泉小区。县城街道改造工程新建道路 8420 米，新增城市道路 900 米；改造城区电网 4930 米，新安装消火栓 41 座；新建下水道 3666 米，改造下水道 9860 米。实施城市亮化美化工程，建成滨江景观大道 1500 米，新增城市绿地 8600 平方米，新建城市广场面积 23188 平方米。4 月，殡葬改革工作取得成效，彭水殡仪馆建成并正式投入使用。

第三节 财政管理

1986—2005 年，县人民政府从“一切着眼于建设”“发展是第一要务”出发，推进财政改革，逐步从“吃饭财政”走出来，基本实现财政结构和经济社会发展的良性循环。

1986 年，推行财务管理两条腿走路。企业财务管理以增收为重点，财政局配合企业改善经营管理，挖掘内部潜力，增加收入，推行和完善企业内部经济责任制，实行分级、分权管理、联利承包计奖办法；行政事业财务方面，财政、审计对教育系统经费管理进行全面检查，对 19 个核算单位滥发奖金、补贴和账务混乱问题进行清理。

1987 年，建立健全各项管理监督制度。从 7 月开始，财政、税务、物价三大检查一并部署，县人民政府要求各级行政事业单位认真学习国务院《关于违反财政法规处罚的暂行规定》，对本单位的财政收支作自查。

1988 年，对各区和县级各预算单位一律实行“定收定支、收支挂钩、超收分成、超支不补、结余留用、一年一定”的管理体制。基本上形成全县预算单位财务管理定式。加强预算外资金管理，县财政局成立预算外资金综合计划股，要求预算外资金由财政专户储存，做到收支两条线。年底，纳入县财政专户储存的单位 40 个，资金 396 万元。全县统一抽调 45 个财政干部组成 15 个检查组，对企业实行税收、物价、财务大检查。

1989 年，改革“统收统支”的财政管理体制，试行县、区、乡分级管理，采取定收定支的办法，违规行为仍时有发生。

1990 年，重点抓区、乡财政所账务检查和小金库清理工作。

1991 年，根据县财力情况，预算时采取一定（定编定经费），二保（保证人头工资、保证正常运转的事业发展经费），三压（压公务、修缮、购置费）的措施，严格控制超编人员，加强预算外资金管理。

1992 年，转变职能服务企业，完善财政管理体制，对区、乡财政实行“核定基数，收支包干，5% 上解或 5% 递减，结余留用，一定三年不变”的预算体制，建立 8 区 1 镇金库。是年，县财政局抽37人组成7个组，对县级行政事业和部分企业实行财务检查。

1994年，行政收费90%进入正常管理渠道。县级92个单位全部按照物价、财政部门所定标准、范围收费，收费票据纳入正规管理；分级财政规范化管理达100%。

1995年，严格按“五定”办法（定机构、定人员、定职责、定编制、定岗位），对财政供养的县级84个行政事业单位全部建立人员档案卡，预算一次性到位，中途不追加，年终决算。是年，开展控源头、堵漏洞，健全工资发放保障体系，抓改革、依法治财，规范收费、罚没行为，严肃了管理纪律。

1996年，从规范财政内部管理入手，强化促产增收，消赤扭补，预算内工资按时发放。认真贯彻执行《中华人民共和国预算法》和《预算法实施细则》，坚持预算收支平衡的原则抓财政收入、支出，约束三从紧的方针，做到预算的公平、公开，按一保工资，二保支农，三保救灾的原则管理。确有财力的情况下，再安排费省效宏的经济建设项目。有效控制非生产性开支，实行集中账户，统一使用，合理调度，严格化签审批，坚持按预算进度拨款，年终结算。同时加强公费医疗管理，认真对社会救济、民政优抚资金追踪检查，监督职工养老保险和职工失业保险金使用管理，实行专款专用。

1997年，强化财政职能、坚持做到“五保”（保工资按时拨付、保公费医疗、保救灾、保支农支出、保重点建设、保财政收支平衡）。加强预算外资金控管。对35个单位核定收支计划与人民银行等4个单位联合清理行政事业单位乱开户、多头开户，解决公款私存、逃避监管专储资金2800万元。对137个行政事业单位，35个企业建立固定资产明细账和总汇工作，摸清国有资产家底，盘活存量资产。

1998年，两次共组织46人，历时15天对全县8区1镇63个乡1986至1997年财务进行清理，查出违纪支出金额280万元，隐形赤字1100万元。处以罚款12.70万元。组织实施第三轮区、乡财政包干并推行养老保险改革，完善公费医疗制度，预算外资金专储达到100%。同年，对县级61个单位进行收费年检和“小金库”清理，查出违纪金额126.40万元，还对8区1镇和63个乡的国有资产开展产权登记。

1999年，对区（镇）级财政管理在前两次体制的基础上，实行彻底的“分灶吃饭”，取消收入递增上解，支出新增因素按比例承担。

2000年，县政府实施综合财政预算，将区、乡（镇）预算外资金全面纳入乡镇财政管理，统一账户，统一编制综合财政预算，集中财力，对计生、公安、土地房管等行政事业性收费和罚没收入的全部归口财政管理。实行“直接包干到乡，划分收支，核定基数，转移支付”，依法执行“一级政府一级财政”的规定，实现“乡事乡办、乡财乡管、乡镇事权与财权相结合”。

2001年，优化支出结构，对县级机关工资定编核发、乡镇实行工资专户，对63个收费单位开展年检，对涉及36个部门94项收费项目取消38项，暂停18项，转为经营性收费36项。是年，县编委下文成立会计集中核算中心。

2002年，建立行政服务中心，行政审批、办证及行政事业性收费实行集中办公、统一收费，建立县核算中心和8个片区的核算中心，加强财政运行的监督管理。对于2001年机构改革时，各乡镇所显现的财政赤字分别留给合并后的乡镇人民政府自行消化。

2003年，强化税收管理，调整支出结构。对3个镇和6个县级部门的会计信息质量检查，对所涉及的虚列支出，白条入账等违规行为进行处理。建立规范的财政资金支出管理体系，杜绝暗箱操作和其他违规行为，同时对66个单位的收费实行专项检查，审查收费项目142个，取消36个，制定《政府采购工作人员十不准》和《政府采购管理办法》等20多个规章制度。

2005年，完善乡镇分税制财政管理体制。县人民政府按照“一级政府，一级预算”的要求，1月起开始执行“分级决策、分级负责、分级平衡”的财政运行体制，做到“乡事乡办，乡财乡理，人、财、物相随”。

第四节　法制建设

1986年，开始实施第一个五年（1986—1990年）普法规划，重点抓普及法律常识工作。抓了各级干部培训和部分工人、农民的普法培训试点。发行各种法律知识读本5.16万册。对公民进行《中华人民共和国宪法》《中华人民共和国刑法》《中华人民共和国刑事诉讼法》《中华人民共和国民法通则》《中华人民共和国民事诉讼法》《中华人民共和国婚姻法》《中华人民共和国森林法》《中华人民共和国治安管理处罚条例》等法律法规的宣传、教育。

1986—1990年，"一五"普法期间，成立彭水普法领导小组，组织实施普法工作。具体做法是对村干部采取分批集中培训，对企业采用"集中授课、分散自学、统一讨论"的形式，对农民采取以会代训，全县统一考试的方法。使全县公民普遍受到一次法律基础知识教育。

1991—1995年，"二五"普法工作期间，由县普法领导小组组织实施"二五"普法规划。这次普法在继续学《中华人民共和国宪法》的基础上，重点组织学习部门法规。宣传、学习按不同对象因地制宜。在厂矿企业中组织学习《中华人民共和国全民所有制企业法》《企业转换经营机制条例》《中华人民共和国公司法》《中华人民共和国产品质量法》《中华人民共和国消费者权益保护法》《中华人民共和国税法》《中华人民共和国水法》《中华人民共和国劳动法》《中华人民共和国合同法》《中华人民共和国妇女儿童权益保护法》等；在农村重点学习宣传《农业承包条例》《计划生育条例》《中华人民共和国村民委员会组织法》《中华人民共和国农业技术推广法》《中华人民共和国森林法》等。采取培训宣讲骨干、上法制课、办专栏、宣讲骨干入村进厂宣讲等形式。

1993年，各区建立人民调解领导小组，各乡（镇）和村（居）委会建立调解委员会，各厂矿、企事业单位也建立调解委员会或调解小组，继续完善和实行调解工作岗位责任制，查处积存纠纷，及时调解新发纠纷，制定村规民约，推行村民自治，开展"遵纪守法户"活动。随着社会法律服务需求量的不断增长，县政府规定全县法律服务机构为律师工作机构（含区镇法律服务所）和法律咨询服务机构两种类型，要具备规定条件方可申请成立法律服务机构。

1994年，全县开展《中华人民共和国民族区域自治法》颁布实施10周年纪念活动和民族宗教政策宣传月活动，在全县开展马克思主义民族观、宗教观和党的民族宗教政策的再教育，落实江泽民总书记"民族宗教无小事"的重要指示，宣传《中华人民共和国民族区域自治法》颁布实施10周年的成就和全县促进民族团结进步事业的新人新事，增强全县广大干部群众的民族宗教法制观念，营造全县各民族团结、友爱、和谐、信任的大氛围。同时大张旗鼓对广大青少年尤其是有违法行为的青少年开展教育转化工作，司法干部定期到学校、厂矿上法制课。

1995年，对"二五"普法进行考核，组织考试。

1996—2000年，是全县"三五"普法教育阶段。彭水自治县成立"三五"普法领导小组，县级各系统、各区、乡（镇）成立领导小组。县、区、乡（镇）共建领导小组165个，有成员866人。建立人大常委任命的领导干部和司法工作人员任前法律知识考试制度，并实现任前考试。还认真组织了"三五"普法考试工作。虽然每次考试都是开卷或不开卷也有参考答案的考试，但公民法制意识随时代推移和加大宣传影响而增强。

1998—2002年5月，依法打击针对未成年人的违法犯罪活动。建立乡镇干部、学校教师、村组干部共同联系1个失学儿童的制度，实行县级领导、部局级领导、一般干部救助失（辍）学儿童的机制，建希望小学，创办"春雷女童班""民族女子班"，建立未成年人帮教小组，为未成年人提供法律服务和法律援助，加大对校园周边环境及文化市场的治理力度，多层次、多方位关心未成年人的成长。

“四五”普法以2001年为启动年，2002—2004年为实施年，2005年为验收年。“四五”普法期间，建立了领导干部学法用法制度，司法人员、行政执法人员、国家公务员法律知识培训、考试、考核制度，青少年学生学法考试制度，逐步推行领导干部法律知识任职资格制度，健全和完善重大决策听证制、行政执法责任制、行政管理公示制、行政执法评议制、执法过错追究制、司法人员办案责任制、错案追究制、司法赔偿制和行使职权的监督制度。建立健全各级人民政府、行政机关及企事业单位法律顾问制度，企业经营管理人员法律知识培训考试制度，健全和完善普法骨干培训制度。加强普法教育阵地建设和农村、街道、社区的法制宣传教育，扎实推进农村依法建制、法制治村、民主管理活动。同时采用多种形式对城镇居民、社会青年、流动人口、下岗职工进行法制宣传教育。到2002年年底，全县已建立人民调解组织681个，落实调解人员3118人。认真贯彻执行《中华人民共和国未成年人保护法》和《中华人民共和国预防未成年人犯罪法》，将贯彻执行“两法”作为国家培养“四有”新人的重要措施。中小学均聘请法制教育副校长、辅导员以及常年法律顾问。

2001—2005年，全县普法对象50余万人。其中，重点对象118739人，其他普法对象381260人；重点对象占总人数的23.7%。重点对象中有正科级以上领导干部546人，司法、行政执法人员1082人，企业经营管理人员200余人，青少年学生116910余人。参学率达95%以上，全县领导干部、公务员、企业经营管理人员、教师、医生等共计18400余人次参加全市统一的法制理论知识考试，参考率达到98%，合格率为100%。

第五节　干部人事及人才管理

1988年开始，县人民政府在全县实行领导干部任期目标责任制，对县级行政、事业单位和区、乡（镇）工作人员实行新的岗位责任制，对全县行政机关、事业按单位每月每人10元奖金实行全浮动，纳入年终考核后一次性发放。对领导干部考核的指标分别为：党的建设和党风、社会风气建设；工作业务即本职工作的完成；经济民生工作；科技文卫工作；人口、计划生育；开创文明单位和工、青、妇等群团工作。考评主要从德、能、勤（各10分）、绩（70分）分四个方面采用百分制进行考评。对县级行政、事业机关的岗位责任制，实行职责计分考评制度。具体为“三定”“四考”“一评比”。“三定”即定人、定责、定任务。“四考”即考出勤、考成绩、考纪律、考作风。“一评比”即经过评比实行奖惩。考评实行一级考一级的办法，由各部门考评下属各级和个人，同样从德、能、勤、绩4个方面进行考评。对区（镇）、乡（镇）工作人员也建立有具体的岗位责任制，考评内容和办法基本上是参照县级行政、事业单位岗位责任制执行。

1997—2002年，对全县干部进行教育培训，全面提高各级各类干部政治素质、业务素质、思想道德修养和工作能力。培训采取短期培训和岗位培训等形式，重点培训区、局、乡（镇）领导干部，培训跨世纪有前途的中青年干部。1997年开始，对各类工勤人员分期分批实施定级培训考试，参考率100%，合格率在99%以上。到2002年，对全县所有事业单位新分配、录用的工作人员全面实施聘用合同制度。

2003年，全县人才总量为10435人。其中，党政人才2266人，管理人员892人，专业技术人才5523人，工人1543人，退离休人才211人。人才与人口比例为1 ∶ 60。1996年至2003年全县流失人才161人。2003年，根据全县人才总量不足、结构不均衡、流失和浪费、分布不均衡、流动不畅等情况，结合国家和重庆市的要求，编制2004年至2010年人才队伍建设规划。

2004年，开始推行国家公务员制度，范围包括：各级政府工作部门及其派出机构，参照试行

《国家公务员暂行条例》管理的单位，依照《国家公务员暂行条例》管理的单位。其中的工勤人员，不列入推行国家公务员的范围。实行国家公务员制度的单位，不实行企业、事业单位的职称、工资及资金等人事管理制度。严格执行公务员录用、考核、奖励、纪律、职务升降、任免、培训、职位轮换（轮岗）、交流、回避、辞职辞退、申诉、控告、退休等各项制度。是年，表彰了十佳园丁、十佳护士、十佳卫士、十佳女杰。

2005年，全县完成“推行公务员制度”工作，乡镇过渡公务员940人，县级机关过渡公务员908人，分流人员157人，依照公务员制度管理事业单位6个。是年，全县录用公务员和其他工作人员309人。其中，录用警察43人，农经人员29人。2003年至2005年全县共引进各类人才284人。全县“十五”期间建立和完善了行政学校、职教中心、人才交流培训中心等三大主体培训基地，对全县党政机关工作人员进行法律、网通、办公自动化、普通话及公务员制度的学习，对专业技术人员进行分门别类的继续再教育。年底，全县共有各类人才14000余名，占全县总人口的2%以上。其中，全县机关事业单位8232人，企事业单位6281人；外有乡土人才4000余人。这些人才中有博士学位1人，研究生33人，大学本科1176人，专科3828人；获正高职称2人，副高职称200余人，中级职称2000余人。

第六节　办理县人大代表议案和批评建议意见

1986年，县人民政府接受办理第九届县人民代表大会三次会议议案6件，批评建议意见87件。对有关鹿角区出现麻风病人的情况组织调查确有新增病人99人，送麻风病医院治疗和送药上门治疗；拨款和集资等解决保家中小学危房改造；解决郁山代表提出的“民办教师工资较低”和“农村卫生人员补贴”问题，按上级文件精神结合本县实际，民师工资每月净增15元，农村卫生人员进行适当补贴。

1989年，县人民政府接受办理第十届县人民代表大会四次会议议案1件，批评建议意见82件。关于“消除危房，实现本年度普及初等教育验收任务”的议案，采取国家补助和社会集资的办法，共筹措资金829万元，其中财政拨款248万元、社会集资581万元，排除学校危房，添置设备。是年，普九扫盲任务经省、地验收合格。

1992年，县人民政府接受办理第十一届县人民代表大会三次会议议案3件，批评建议意见110件。关于“解决县城脏乱差”的议案，组织清理摊位广告，划行归市，坐商归位，启动修建南门洞、河堡多功能农贸市场。关于“减轻农民负担”的议案，政府明确规定，集体提留、统筹费不超过上年农民纯收入的2.5%。

1993—1997年，县人民政府接受办理第十二届县人民代表大会议案18件，批评建议意见565件。1993年，关于“加强319国道彭水段改造进度”的议案，政府到现场办公，一位政府领导分工负责工程指挥部指导和统筹协调工作。10月底，319国道彭水段全线贯通。关于“规划县城和郁山镇市场建设”的议案，政府组织投资850万元建设的乌江商贸城加速进行，郁山镇市场建设责成郁山区公所，郁山粮站投资建设。1994年，关于“抓紧制定职教规划及实施方案”的议案，政府着手制定《职业技术教育发展规划》，对办学规模、师资培训、经费来源实验实习场地、专业设置等方面开展工作。加强在黄家、郁山职中基础上设立汉葭中学职高点，增加小学三年级以上和初中职教力度。关于“制定旧城镇改造规划实施方案”的议案，政府确定“开发新城区带动旧城改造”思路，成立西城区开发管理委员会，开展“翻修乌江大桥、浇筑复烤厂至河堡至水泥厂水泥路面、修建河堡立交桥、翻修主街道、完善北大街”五大工程。其他如“恢复农村广播网”的议案，由政府发出《关于加强农村广播网工作的通知》督促落实，关于“解决世贸贷款控制结核病配套资金”的议案，由财政解决2.5万元配套资金。其于批评建议意见转有关部门办理，全部办结函复结束。1995年，关于“制定机动车管理办法”“加强重点骨干企业管理”“控制物价上涨”“保证化肥有效供应”“合理核减建设用地农业税上解基数”等5个议案，作出专门部署，逐个办理落实，1996年，关于“支持大山区草食性牲畜为发展力度”的议案，县人民政府通过考查，作出《关于一举建成大规模草食性牲畜商品基地的决定》，规划龙塘、润溪等20个乡以山羊为主、牛羊配套发展的重点基地乡，将大厂、普子、太原等45个乡规划为黄牛改良基地乡。用财政周转金和扶贫贴息贷款500万元加以扶持。关于“加快小水电建设”的议案，县人民政府反复论证，下发《关于加快电力建设步伐的决定》《关于建设农村初级电气化县的实施意见》，促进冬瓜溪电站建设进度和团坝子电站的启动，相继实施完成一些输变电工程。1997年，关于“加速乡级程控电话安装”“加快旧城改造”“刹住大操大办歪风”“加快区乡公路维修”的议案，县人民政府都分别进行办理，逐个落实。

1998—2002年，县人民政府接受办理第十三届县人民代表大会议案14件，批评建议意见521件。1998年，关于“实施普九规划方案”议案，县人民政府建立专门机构、开展督查、筹措经费，当年完成42个乡的普九任务。1999年，关于“抓住良机发展后续旅游支柱产业”的议案，县人民政府将旅游局从二组局升格为一级局，出台《关于加速发展旅游业的决定》，聘请重庆师范学院专家教授详查着手编制《旅游发展纲要》，打造彭水旅游景点。2000年，关于“将城周观光农业园区的建设纳入农业综合开发项目的实施范围”的议案，县人民政府将城周观光农业园区建设项目纳入西部开发生态环境建设内容，将汉葭镇、城郊乡及以下乌江段沿线列为近期优先实施的重点地区。将其中的一个子项目—学坝果园的综合开发列入农业综合开发项目。

2003—2005年，县人民政府接受办理第十四届县人民代表大会议案3件，批评建议意见542件。2003年，关于“尽快实施‘二小时彭水’交通工程”的议案，县人民政府按照“完善交通骨架、增大公路密度、提高通达深度”的原则，进行了规划，精选项目，争取资金。县到乡的三级油路、联接乡与乡的四条环线以及乡到村、村到村的公路建设进入紧张实施。2004年，关于“加快我县城镇化进程”的议案，县人民政府组建城镇化建设领导小组，按照“一心多极网络式”城镇体系和“一城六镇一片三带”生产力部局，把县城建设成15万人的综合性小城市，把保家镇建设为循环经济和特色工业为主的中心镇，把高谷、郁山、鹿角、桑柘、黄家、普子、龙射、连湖、新田、靛水、梅子垭等乡镇建设为区域性集镇和边贸集镇，城镇化率达到15%。2005年，关于“加强公路养护，消除道路交通安全隐患”的议案，县人民政府投入1432万元资金对彭桑公路为重点的县乡公路集中整治。安排150万元资金，对乡镇公路进行集中整治，打击非法营运，安装超长客运和高速公路车辆GPS终端系统35套。

1986—2005年，县人民政府接受的第九届至第十四届县人民代表大会批评建议意见1907件，都分别转到有关部门办理，要求当年九月底前回复代表。这些批评建议意见均得到有关部认真办理，办结回复率达100%。

第七节 接待办理来信来访

1986年，县人民政府信访办公室仍袭县委、县政府双重领导。是年，来信1184件次，来访412件次，共计1596件次，比上年下降47.5%，按分级管理、归口办理的原则转办1435人次，自办60人件，存查101件。

1987年，接待和处理人民来信2028件，人民来访575人次，共计2603件次（含重复来信来访

734 件次)。比上年上升 63%。其中反映和建议承包责任地应调济余缺的 63 件次，申诉和要求落实精简下放职工、合同工、临时工、民办教师以及城镇改造和“大跃进”时期房产等政策的 1680 件次，揭发和控告干部违法乱纪和打击报复的 487 件次，询问政策 8 件次，其他 365 件次。转办 1470 件，自办 380 件，存查 170 件。

1988 年，开始实行全县信访工作专项工作考评。是年全县共接待和处理人民群众来信来访 1952 件次。其中来信 945 件次，来访 680 件次，重复来信来访 327 件次。转办 1184 人次，自办 342 人件，存查 82 件。

1989 年，信访总量为 844 件次，比上年下降 48.1%。其中，申诉求决为 391 件，初信初访 506 件；重复信访 295 件，比上年下降 9.8%。除转办之外，初信初访结案 100%

1990 年，建立起县级党政领导干部“信访接待日”制度，并强化县、区、乡、村四级信访网络建设。从 9 月起，每月 20 日有县级 1 名领导接待来访群众。是年共受理人民群众来信来访 670 件次，比上年下降 20.61%。检举、申诉、土地森林房屋遗留问题等居多。查处 68 件，办结 56 件。其中，自办 12 件，他办 8 件，联办 36 件，待办 12 件。

1991 年，全年共受理人民群众来信来访 593 件次，比上年下降 11.49%。其中，来信 391 件次，来访 202 件次，重复来信来访 114 件次。办结省、地交办案 10 件，向地区报回执案 75 件，自办 37 件，联办 5 件，他办 96 件。

1992 年，全年共受理人民群众来信来访 587 件次，比上年下降 1.01%。其中，来信 481 件次，来访 106 件次；重复来信来访 116 件次。自办案 32 件，办结 30 件。是年来信来访主要涉及土地、山林、房屋、落实政策、农转非、打架斗殴、检举、申诉等。

1993 年，全年共受理人民群众来信来访 578 件次，比上年下降 1.53%。其中，来信 453 件次，来访 125 件次，重复来信来访 113 件次。自办 20 件，联办 9 件。是年来信来访主要涉及“三乱”(乱罚款、乱摊派、乱收费)、拐卖儿童、复退安置、毕业生就业等。

1994 年，全年共受理人民群众来信来访 517 件次，比上年下降 10.55%。其中来信 372 件次，来访 145 件次，重复来信来访 112 件次。办结省、地交办案 16 件，其余属联办，办结 100%。是年来信来访主要涉及民事纠纷、干部作风、企业工资等。

1995 年，分别接待人民群众来访 576 人次，比上年上升 11.41%。其中，来信 312 件次，来访 264 件次；重复来信来访 115 件次。查办案件 32 件，自办 18 件。来信来访的主要内容有：不服刑事处罚、治安处罚、党纪政纪处分、计划生育处理、婚姻家庭民事调解的诉求，关于工龄计算和调整工资、招工招生和毕业生分配、公费医疗和医疗事故、民办转公办、就业和离退休、复员安置和军属优待、因公致残和车祸抚恤、经济补偿和困难救济等等问题的反映，要求确定房屋产权、恢复公职，检举计划外超生、赌博盗窃、乱修乱建和乱砍滥伐，揭发干部以权谋私、贪污受贿、挪用公款，以及批评建议等。

1996 年，接待和处理人民群众来信来访 512 件次，比上年下降 11.11%。其中，来信 341 件次，来访 145 件次；重复来信来访 115 件次。完成省里交办案 2 件，自办 32 件，其余联办、他办。是年来信来访主要涉及干部违纪违法、土地、房屋纠纷、车祸抚恤、社会救济申诉建议等。是年 5 月，荣获四川省“信访工作先进集体”称号。

1997 年，接待和处理人民群众来信来访 704 件次，比上年下降 68.42%。其中，来信 597 件次，来访 107 件次；重复来信来访 89 件次。完成交办案 1 件，自办案 17 件，联办 9 件，他办 3 件。其中检举、申诉求决案子居多，集体上访一批 32 人。

1998 年 1 月至 10 月，受理人民群众来信来访 867 件次，比 1997 年同期上升 23.15%。其中，处理来信 587 件次，立信访案件 70 件，结案 59 件；接待来访 280 人次。社会反映强烈的“三乱”(乱收费、乱集资、乱摊派）现象、烤烟“白条”（未付现款）、扶贫工程、计划生育、土地二轮承包、社会治安秩序等方面的问题得到化解。

1999 年，处理群众来信 937 件，比上年增 0.86%。其中，来信 605 件次，来访 322 人次，处理集体上访 5 批 42 人，处理联名信 138 件，4942 人，化解突发事件 1 起，控制集体上访苗头 8 起，协调解决热点难点问题 36 个。立案自办 16 件，联办 36 件，上级交办 48 件。是年，建立信访件面交面转制度。

2000 年，受理人民群众来信来访 807 件次，比上年下降 13.8%。其中，处理来信 349 件次，来访案件 458 人次，排查 17 个热点、66 个难点、139 个重点问题，完成上级交办 11 件，立案自办 167 件。是年，继续试行办案经费与过错责任挂钩，建立了热点难点排查机制。全县党政信访工作获市委、市政府信访办表彰二等奖。

2001 年，机构改革，县委、县人民政府信访办公室并入县政府办公室，挂县委、县政府信访办公室牌子，信访（维稳）办主任由县政府办公室副主任兼任，在县政府办公室设信访科，全面负责县委、县政府信访（维稳）工作。信访科公务员编制 6 人，实有人员 5 人。县长接待日由原来的一个月一个工作日增加到一个月两个工作日。由值班县长接待来访群众，受理人民群众关心的热点、难点问题以及需要解决的重大问题。建立起法建、综治、政法、信访“四位一体”的信访机制，全年共受理来访 1858 次，比上年上升 121.44%，集体上访 48 批次，比上年上升 585.73%，排查处理影响社会稳定的矛盾纠纷 162 起，自办联办信访案件 507 件。

2002 年度，进一步完善县长接待日制度，24 小时开通县长公开电话。领导公开接待群众，亲自批阅群众来信。采取干部下访、矛盾纠纷排查调处、信访问题专题会议、推行逐级上访、信访问题回复等制度。全年共受理人民群众来信来访 1720 件次、3314 人次，同比分别上升 32.00%、85.45%，办理大要信访案件 638 件，按期办结率为 98%。同时，超前排查矛盾纠纷 341 件，完成“7·3”“8·20”特大交通事故的善后处置。

2003 年，彭水全面推行信访首问责任制，实行责任追究制，对群众关心的热点、难点问题和重要事项向群众全面公开，采用信访听证会和联合处理等方式解决疑难信访问题。2002 年 12 月 1 日至 2003 年 11 月 30 日，县委、县人民政府共受理人民群众来访 1539 件、2199 人次，同比分别下降 10.52%、33.56%。同年成立自治县人民建议征集办公室，与信访办合署办公，负责县委、县人民政府人民建议征集和人民建议转办、交办及评选工作。

2004 年，受理人民群众来信来访 1607 件次、2699 人次，同比分别上升 4.42%、22.74%，使乌江彭水电站封闭施工后的客货运输、土地征用补偿、房屋拆迁安置、拖欠民工工资、村民委换届选举、非全额财政拨款事业单位退休职工待遇、代课教师清退补偿、供销社破产安置遗留问题、县粮食局机关政企分开等一大批涉及面广的突出矛盾和问题得到有效处理和解决。

2005 年，受理信访案件 1453 次（含县委），其中受理群众来信来访 1453 件次、2900 人次，件次下降 9.58%，人次上升 7.45%。县人民政府主要领导亲自处理重大信访问题，对县城至桑柘公路整治、长安出租车营运、城市房屋拆迁、兑现民工工资、水库移民安置等问题得到解决。是年，国家《信访条例》公布，5 月 1 日起实施。为贯彻执行《信访条例》，县人民政府成立由县长任主任、常务副县长任副主任，政府办公室主任、信访办主任、法制办主任、监察局长、公安局长、司法局长为成员的信访事项复查复核委员会。县信访（维稳）办公室共有专职信访（维稳）干部 5 人，向乡镇抽调 3 人，全县 39 个乡镇有兼职信访（维稳）工作人员 69 人。

第四章　施政措施

1986—2005年，县人民政府按照《彭水自治县人民政府工作规则》通过县人民政府全体会议、常务会议、县长办公会议、专题会议、现场办公会等形式行使职能，通过政府文件发布决定、通知，通过一定审批程序制定规划、计划，举行重大活动，批准成立相应领导机构等对县域经济、文化与社会发展以及突发事件进行管理。县人民政府办公室按规范流程办理相关事宜：及时制发政府文件、纪要（全体会议、常务会议、县长办公会议、专题会议）、通报、活动指南等。1992年起，将县人民政府重要文件、重大事项、政府领导分工、政府大事记等编印成内部期刊《彭水政报》。

第一节　发布通知、决定和实施办法

1986—2005年，县人民政府根据县域政治、经济和文化发展情况，发布相应通知，作出重要决定和制定实施办法。

1986—2005年彭水自治县人民政府通知、决定和实施办法发布情况表

表4-2

时间	文件名称	文件内容简述
1986年3月6日	《关于委托西南师范大学中文系、外语系到我县开设专科班有关问题的通知》	为了提高彭水师资政治、文化素质，加快普及九年义务教育步伐，决定委托西南师范大学中文系、外语系到彭水开设专科班，为彭水培养专业人才。依靠自身力量培养山区人才走出自己的路子。西南师范大学中文系、外语系按照大学专科学历要求，开齐专业课程，选派教师授课。专科班的管理由县教育局负责，日常工作由教师进修校办理。专科班学生毕业由西南师范大学发给大学专科毕业证书。要求各单位积极支持，为专科班的开办提供方便，解决办学中的具体困难
1986年7月20日	《关于进一步推动横向经济联合有关问题的决定》	为进一步推动横向经济联合，决定敞开大门。给予优惠政策：各级各部门积极支持、扶持生产、流通、科技领域多层次、多形式的横向经济联合；凡同彭水合资（设备、技术转让入股等）从事能源、交通、牧场，兴办的项目一律实行税费、分利的优惠；银行优先向经济联合组织发放技术改造和流动资金贷款；从事经济联合组织的技术人才和进行技术改造的人员给予优惠和奖励；凡引进资金、技术、设备有功人员给予奖励
1986年6月26日	《关于进一步实行宽松政策搞活企业的通知》	为增强企业自我改造和自我发展能力，积蓄工业发展后劲，全面提高企业素质，对企业落实宽松政策，尽快振兴工业生产。一、减税免税扶持有一定效益但运行困难的企业、进行技术改造项目的企业、二轻、街道企业等；二、实行原材料单项节约奖；三、对亏损企业实行节亏包干和限期扭亏、核定补贴的办法；四、用活银行贷款资金，银行对紧缩银根、投资不足、工艺不配套、不能形成正常生产能力需要补充完善的企业，在偿付本息期限上给予照顾，对新扩项目可适当贷款支持；五、放宽物价政策等

续表 4-2

时间	文件名称	文件内容简述
1987 年 9 月 5 日	《关于鼓励科技管理人员向农村和企业流动的若干政策试行意见》	鼓励科技管理人员向农村流动，解决农村人才奇缺促进经济发展。一、分配在区乡农、林、水、气、畜和乡镇企业部门的大、中专毕业生，干部待遇不变，取消见习期，享受规定的津贴，县级下区乡的科技管理人员工资可浮动 1 至 2 级；二、县级科技管理人员可以承包、承租国营企业和乡镇企业；三、在职科技管理人员可以采取辞职流动、留职流动、兼职流动，允许科技管理人员将技术发明向企业入股；五、承包、领办、创办集体个体企业的科技管理人员有企业人、财、物的经营自主权等
1987 年 10 月 28 日	《关于部署全县深化企业改革工作的通知》	一、全面深化改革，推行各种形式的承包经营责任制；二、企业完成租赁承包时限为一个月，宣传发动、清产核资、答辩评审签约公证完善内部机制等；三、配套改革把国家、企业、职工和承包人关系用法律固定，完善企业人事制度改革、职工退休制度改革；四、注意解决企业发展后劲、抑制消费基金、部门协调、内部民主管理等
1990 年 3 月 16 日	印发《县人民政府工作规则（试行）的通知》	一、县人民政府主要工作任务：执行党和国家的方针政策，执行本级人大决议、决定，编制地方国民经济和社会发展计划及财政计划，管理县域内各行政机构和单位的各项工作。代管境内其他部门工作，等等；二、明确县长、副县长工作职责，实行县长负责制；三、建立文件审批制度；建立社会协商对话制度
1990 年 10 月 23 日	《关于深化企业改革切实搞好第二轮承包工作的通知》	一、稳妥做好两期承包衔接，进行全面年审，合同兑现，完不成任务的可以顺延一年，新一轮承包在年底完成；二、二轮承包定合理基数，签订合同；三、加强领导；四、强化约束机制，加强对承包企业的经济监督，完善效益挂钩办法，加强对经营者经济收入的管理，完善风险抵押承包，加强内部配套工作改革
1991 年 11 月 16 日	《关于依靠科技进步振兴农村经济的意见》	提高彭水科技兴农水平，促进农村经济持续、稳定、协调发展。一、切实把农村工作的重点转移到依靠科技进步和提高农民素质的轨道上来；二、明确科技兴农目标任务：每户主要劳动力要懂得科学技术，每个组要有 3 至 5 家科技示范户，建立科技推广体系和科技情报网络，“八五”计划末实用技术推广率达 80%；三、采取措施，形成科技兴农“大合唱”
1992 年 1 月 10 日	《关于进一步搞活商品流通培育市场体系的决定》	一、全面推广“四放开”（放开经营范围、价格管理、收入分配、劳动用工）改革经验；二、培育通畅、高效、开放、可调控的市场体系，完善供销社坚持农产品销售为主发展个体私营商业；三、发展搞活流通企业，疏通流通渠道，发展下伸网点，发挥国营物资企业工业品生产资料流通中的主渠道作用，办好供销社，引导商业企业横向联合；四、改善流通企业外部环境，打破部门封锁，建立补充流动资金制度，制止乱收费等
1992 年 4 月 30 日	《关于加强文化工作的通知》	一、加强领导，重视文化事业建设，文化工作纳入当地总体规划，文化经费在财政中占比重 1% 左右；二、巩固和发展农村文化事业，为“科技、教育兴农”服务，“八五”计划期间实现乡乡有文化站，建设群众文化网络；三、加强文化设施、图书馆建设；四、以文补文、多业助文
1995 年 5 月 22 日	《关于深化土地使用制度改革的通知》	充分发挥土地资源的资产效益。一、改革目标是建立与市场经济相适应的公开、公正、公平的土地管理市场，改革任务是扩大有偿出让范围、搞活管好土地使用权转让市场、政府垄断土地使用权转让市场；二、加强划拨土地使用权管理，走向有偿使用轨道；三、农村集体土地在不改变用途前提下可以依法有偿转让、拍卖；四、健全土地登记制度，做好土地利用总体规划工作
1997 年 4 月 11 日	关于印发《彭水自治县招商引资若干优惠政策》的通知	一、县外投资者到彭水投资新办企业，以开始获利之日起，免征 3 年地方所得税，四年起减半征收 3 年，投资资源开发、公共设施建设免征地方所得税，合资、合作企业同享优惠政策，从事勘察、开采矿产资源的在上述政策外可以申请继续减半征收地方所得税；二、县外投资者出口产品其增值税可实行零税率；三、其余税种和有关收费均有优惠；四、土地使用划拨给予便利，转让费、出让金、使用费实行优惠政策；五、工商、户口登记、企业名称使用等实行优惠便利政策；引资（人才）有重大贡献的给予奖励等
1998 年 5 月 5 日	《关于加快再就业工程的通知》	解决下岗职工再就业是一项“民心工程”。一、五年内组织 1500 名失业职工再就业，每年安置 600 至 700 名高初中毕业生就业；二、利用政策导向制定措施，依法保障在岗职工合法权益，通过劳动力市场组织就业，发展乡镇企业、开办第三产业、组织自谋职业等实现重新就业；三、建立再就业基金；四、培育发展劳务市场；五、县成立再就业工程领导小组，在就业局设再就业服务中心，劳动、工商、税务、金融配合，有关部门协助，解决下岗职工再就业
1998 年 9 月 2 日	《关于加强小城镇建设的决定》	一、高起点、高标准做好小城镇规划的编修；二、各区建好村镇建设管理所，各乡配备专职建设助理员，村镇建房纳入目标考核；三、搞好建筑设计、严格审批程序，加强施工管理；四、大力引资，努力争资，搞好房地产开发。按照“统一规划、统一征地、统一设计、统一施工、统一管理和综合开发、配套建设”搞好小城镇建设

续表 4-2

时间	文件名称	文件内容简述
1999 年 7 月 23 日	《印发规范政务管理改善投资环境实施办法的通知》	一、行政机关办理行政许可、审批、登记，必须按法律、法规、规章和市上规定，对权属、劳动、拆迁纠纷及时依法裁决，简化程序；二、严格控制各种行政事业性收费；三、依法实施行政处罚和强制措施；四、积极推行政务公开，制作《办事指南》，挂牌办公，媒体监督；五、切实提高效率，实行一站式办公；六、努力做好投资服务；六、强化监督制约措施，政府法制局和监察局设举报电话，对影响投资的违法行为及时处理
2001 年 2 月 10 日	《关于做好支援渝怀铁路建设工作的通知》	一、把支援渝怀铁路建设纳入议事日程；二、做好渝怀铁路建设的组织和协调，县成立领导小组，乡镇设立办公室；三、做好征地拆迁工作，保证渝怀铁路建设用地需要；四、排除干扰，建立后勤供应网，执行铁路建设的税费政策，加大宣传力度；五、以渝怀铁路建设为契机，推动县域经济发展
2003 年 9 月 23 日	《关于做好建设服务型政府有关工作的通知》	一、工作目标：发展环境综合整治行动成果，积极创新行政体制，严格依法行政，加强行政监督，建设服务型政府；二、工作任务：创新行政管理体制，深化行政审批制度改革，启动社会信用体系建设打造诚信彭水，破除行政性垄断和行业垄断，推行政务公开，创新监督机制；三、细化工作，年底前检查落实
2005 年 1 月 19 日	《关于认真做好“3+100”制度的通知》	决定县人民政府领导重点联系 100 名人大代表、100 名政协委员和聘请 100 名依法行政监督员，以加快阳光政府、法制政府、服务政府进程。采取定期走访、通报信息和请人大代表、政协委员、依法行政监督员列席政府专题会议广泛参与决策。同时，将联系人员书面通知、落实到人

第二节　制定规划、纲要、计划

1986—2005 年，县人民政府根据国家国民经济规划、普及义务教育计划、开展法制教育计划，制定出彭水自治县自身特色的规划、纲要、计划。

1986—2005 年彭水自治县人民政府规划、纲要、计划制定情况表

表 4-3

制定时间	批准机关	文件名称	文件内容简述
1991 年 8 月	第十一届县人大常委会十一次会议	《关于在公民中开展法制宣传教育第二个五年规划》	实施时间：1991 年至 1995 年 实施对象：十周岁以上 65 周岁以下的农民、工人、居民、干部、知识分子、学生、个体劳动者和有接受教育能力的人 学习内容：全民学习《中华人民共和国宪法》《中华人民共和国行政诉讼法》《中华人民共和国义务教育法》《中华人民共和国刑法》《中华人民共和国土地管理法》《中华人民共和国森林法》和《计划生育管理条例》等 落实措施：一年查漏补缺、三年全面实施、最后一年考核验收
1992 年 2 月	第十一届县人民代表大会三次会议	《彭水苗族土家族自治县国民经济、社会发展十年规划和“八五”计划纲要》	奋斗目标：“打基础、立支柱、求效益、奔小康、添后劲、促发展”。2000 年国民生产总值达 9.7 亿元，年增 10.84%，农业总产值达 7 亿元，年增 5.66%，工业总产值达 6 亿元，年增 19.29%。社会商品零售总额达 5 亿元，年增 17.04%。财政总收入达 8500 万元，年增 14.21%
1996 年 1 月	第十二届县人大常委会二十次会议	《彭水苗族土家族自治县普及九年制义务教育规划》	目标任务：1999 年全县实现“普九”任务。新建初中 12 所，每所初中 12 至 18 个班，年招生 140 个班，学生达 7000 人以上，小学升学率达 85% 以上。高中学生有大幅增加，未毕业的接收技术培训掌握职业技能。青壮年文盲率降到 5% 以下。发展城镇学前教育，农村积极发展学前一年教育 采取措施：发展农业放在首位，加强“造纸、卷烟、丝绸、建材、采矿、食品”支柱工业建设。加强能源、交通、邮电通信和城市基础设施建设；推理科技进步，1995 年，农业科技覆盖面达 50% 以上，工业生产技术达到国内八十年代初期水平；加速星火密集区建设，经济增长中科技进步因素所占比重达 25% 以上 采取措施：“普九”纳入党政干部政绩考核，鼓励教师进修，吸引各方人才从事教育工作。由学校进行自查，由教育主管部门复查验收，合格的发给证书

续表 4-3

制定时间	批准机关	文件名称	文件内容简述
1997 年 12 月	第十三届县人民代表大会一次会议	《彭水苗族土家族自治县国民经济和社会发展“九五”计划和 2010 年远景目标规划纲要》	总体目标：基本实现“国民经济工业化、资源配置市场化、生活水平富裕化，建设发展迅速、布局合理、优势产业突出、城镇建设规范的明星城市，到 2010 年全县国内生产总值比 1995 年翻两番”。地方财政收入年均增长 19.9%，2000 年达到 1.3 亿元，社会消费品总额年增长 17.3%，2000 年达到 6.2 亿元，外贸出口 2000 年达到 500 万美元，城镇居民收入人均 2000 元，农村人均纯收入 1500 元，科技对经济贡献率达 50%，年均受教育年限达到 7 年 采取措施：改善投资环境，抓好水、电、路、通信、中低产田土改造等基础工程和万吨红麻造纸、打叶复烤、秸秆氨化短期育肥肉牛、晶丝苕粉、精制茶叶等支柱工程，走农工商一条龙的路子，以汉葭镇、郁山镇高谷镇“三点”为依托，以 319 线、乌江、郁江沿线“两点”为纽带，带动全县形成三个经济带，统筹规划、合理分工、优势互补、协调发展
2001 年 6 月	第十三届县人民代表大会五次会议	《彭水苗族土家族自治县国民经济和社会发展“十五”计划纲要》	总体目标：2010 年国内生产总值翻两番，国内生产总值年增长 12% 以上，增速比“九五”计划提高 3 至 4 个百分点。农民可支配收入年增 150 元。建成“三基地（绿色农业、洁净能源、旅游休闲基地）一中心（商品流通中心）一枢纽（渝东南交通枢纽）”；实施西部大开发取得突破性发展，国民经济增速高于全市平均水平，人民生活质量明显改善，建成重庆市生态经济强县，开始向小康迈进 采取措施：稳定第一产业，改造优化第二产业，大力发展第三产业，实施科教兴县战略，促进科技、教育与经济协调发展。继续农村扶贫开发，加快农业农村基础建设，加快基础建设，实施投资拉动和项目带动战略，实施城镇化战略提高城镇化水平
2001 年 12 月 30 日	彭自府发〔2001〕94 号	《彭水苗族土家族自治县农村扶贫开发十年纲要（2001—2010）》	目标任务：解决剩余绝对贫困人口温饱，农村绝对贫困人口降低到 8% 以内，高寒贫困人口搬迁，乡通客车，85% 村通公路，村村通电通邮通广播电视，巩固“普九”达标，40% 乡达到一级卫生院，30% 村有卫生室，70% 乡镇建立农民技术培训中心 方针政策：坚持开发式扶贫，综合开发全面发展，坚持可持续发展，自力更生，政府主导全面参与，加大投入，结合西部大开发，税收优惠，改善政策投资环境，科技人员创办扶贫项目 保障措施：加强扶贫资金管理，社会力量扶贫，开展扶贫领域合作、农民教育培训
2003 年 3 月	县发展计划委员会编制	《全面建设小康社会总体发展规划纲要》	发展目标任务：三步走，2005 年巩固越温达标，2010 年达到全市平均发展水平，2020 年全面实现小康；加大水利能源建设，推动工业进程，加快城镇化步伐，可持续发展、科技兴县促进绿色农业基地和商贸流通中心建设 建设内容：以能源为龙头的基础设施建设，培植特色产业带，工业化城镇化与园区建设生态环境保护和建设，社会功能再造，扶贫开发招商引资 政策措施：解放思想，更新观念，发挥政策效应，抓项目储备，策动大项目，加强宏观监测调控，统筹协调，分级实施
2005 年 10 月 10 日	彭水委办文〔2005〕206 号（同政府办联合发文）	《彭水苗族土家族自治县旅游业发展规划纲要》	战略目标：旅游经济的增长逐步高于全县 GDP 总值，逐步建成重庆市乌江画廊民族风情休闲旅游基地，旅游成为支柱产业 总体布局：以乌江画廊为主线，开发建设鞍子苗族盘歌寨，彭水电站库区、长溪河大峡谷神龙谷、摩围山、普子太原、三江口、郁山等特色旅游区。打造乌江画廊为龙头的旅游品牌

第三节　举办重要活动

1986—2005 年，县人民政府组织各种重大活动，表彰先进、纪念彭水民族区域自治和开展重大工程开工等，推进县域社会、经济文化发展。

1986—2005 年彭水自治县人民政府重要活动举办情况表

表 4-4

时间	活动名称	活动内容	参加人员
1988 年 3 月 5 日	四级干部大会	表彰 1987 年在生产、工作中做出成绩的先进集体和先进个人，交流各地区、部门、行业的先进经验；部署 1988 年任务：城乡体制改革，扶贫，引进资金、技术、人才等；先进集体和先进个人发出倡议书；县长任荣安，县委书记黄伦坤出席会议并讲话	全县区、乡镇、村、组干部
1990 年 12 月 17 日至 18 日	民族团结先进集体和先进个人表彰大会	表彰自治县成立以来，全县为民族进步、民族经济发展作出突出贡献的先集体和先进个人，交流贯彻民族政策、增强民族团结、振兴经济的经验。表彰了汉葭区税务所、石柳乡人民政府等 15 个集体和刘应华、高尚其等 35 个先进个人。副县长刘样芳在会上做报告	民族团结先集体和先进个人，区、乡镇及各系统分管民族工作的领导人
1994 年 1 月 2 日至 5 日	1993 年度烤烟生产表彰暨四级干部大会	一、烤烟生产经验交流，向烤烟生产先进集体和个人颁奖，签订责任书；二、县长杨春林作 1993 年工作总结和 1994 年农村工作安排：宣布对烤烟生产收购、蚕桑生产蚕茧收购、畜牧生产林业生产、乡镇企业的奖励政策，稳定粮食生产，优化结构，抓商品基地建设、科教兴农等	全县区、乡镇、村、组干部，烟草公司、烤烟生产先进集体和个人
1994 年 11 月 6 日	彭水苗族土家族自治县成立十周年庆祝大会	上午 9 时，大会在县体育馆广场举行，县委书记致欢迎词，代理县长庞一卫讲话称，彭水自治县成立十年来紧紧围绕“打基础、建基地、立支柱”的路子，工农业总产值年增长 11.4%，1991 年顺利越过温饱线。国家、省、地领导讲话，来宾讲话，宣读贺信、贺电。举行游行。11 月 6 日下午到 7 日，分别召开向中央、省、地领导的汇报会、彭水落户知青座谈会、友邻县（市）来宾座谈会、乡友座谈会等	县级机关、区乡镇领导、少数民族群众代表、中央省、地领导、外地代表
1995 年至 2005 年	每年召开一至二次经济工作会议	贯彻中央关于经济工作的新的方针政策，传达省市经济工作会议精神，总结上年度全县经济工作开展情况，表彰在生产、工作中做出成绩的先进集体和先进个人，交流各乡镇、部门、行业的先进经验。部署当年任务，各乡镇、部门、行业负责人在大会上发言表态，找差距、定措施。县人民政府县长或副县长与各乡镇、部门、行业负责人签订责任书	区、乡、镇和部门行业负责人及分管负责人，村和居委会负责人，企业和农村专业大户
2004 年 11 月 10 日至 17 日	彭水苗族土家族自治县成立二十周年庆暨彭水电站大江截流仪式	10 日至 11 日，武陵山经济高地发展战略研究论坛在重庆南方君临酒店举行，邀请国内知名专家学者参加，探索彭水经济社会战略发展。县委书记蓝庆华致辞，代理县长周伟介绍彭水情况，专家雷亨顺等在会上发言。16 日，庆祝大会在两江广场召开，县委书记蓝庆华致辞，代理县长周伟讲话，重庆市委组织部部长马儒沛在会上讲话祝贺。17 日，彭水电站截流仪式和乌江画廊开游。节日期间，分别召开工作汇报会、座谈会，茶话会。开展“乌江魂”文艺演出，“奔向辉煌”20 年成果展，“乌江神韵”书画展	县级各部门及乡镇代表，市级领导、外地来宾、专家学者，大唐公司领导等
2005 年 9 月 28 日	重庆乌江电站开工仪式	装机 175 万千瓦的重庆乌江电站于 2005 年 9 月 28 日在电站坝址举行开工仪式。活动由中国大唐集团公司、大唐国际发电公司、县人民政府主办。大唐集团副总经理钟俊宣读开工令，大唐彭水公司总经理刘学信介绍工程情况，县委书记蓝庆华讲话，重庆市市长王鸿举讲话，贵州省副省长蒙启良讲话祝贺。国家和省市县各级媒体临现场采访报道。活动体现大唐“务实和谐、追求卓越”企业精神，场景空前	重庆市市长王鸿举、大唐公司领导、贵州省副省长蒙启良和有关市、县负责人以及本县乡镇代表
2005 年 12 月 15 日至 16 日	黔渝（鄂）毗邻地区民族宗教工作协作会第六次年会	15 日，县长周伟主持会议并致主持词，县委书记蓝庆华致辞和介绍我县社会经济和民族宗教工作情况，副县长汪家生发言，贵州省领导讲话，重庆市领导讲话，大会交流发言，下届承办单位领导讲话 16 日，与会人员参观乌江彭水电站建设工地，游览乌江画廊、龚滩古镇	重庆、贵州、湖北省民族地区领导，县级有关单位、乡镇分管领导等

第四节　组织领导小组和工程指挥部

1986—2005 年，县人民政府为加强全县经济和社会建设，推动当前中心工作、重点工作和阶段性工作进程，及时成立有县长或分管副县长及有关部门负责人组成的领导小组和工程指挥部，设立相应工作机构，负责该项工作的领导和管理。

1987 年，分别成立领导小组组织开展人才普及和预测工作、儿童情况抽样调查、国库券推销、改革道路交通管理体制交接、支持经济不发达地区发展基金、农副产品价格协调、税收财务大检查、征兵工作、经济体制改革、社会劳动统筹等工作，成立南渡沱建设工程、县城农贸市场建设、彭石公路加宽配套工程指挥部。

1988年，分别成立领导小组组织开展疟疾病防治、卫生事业三分之一重点县建设、国库券推销、农村合作商业改革、工商企业信用评估、土地登记发证、清理固定资产、使用世界银行贷款进行农业综合开发等工作，成立巴彭公路接港路建设指挥部。

1990年，分别成立领导小组组织开展加强基层妇幼卫生项目建设、酒类清理整顿、特困企业工作、创立治安安全单位活动、全面质量管理普及教育、交通安全月活动、残疾人三项康复、疟疾防治、电大教育检查、玉米丰收计划、清理压缩临时工和计划外用工、扶贫资金物资审计等工作，成立蚕桑生产指挥部。

1991年，分别成立领导小组组织开展能源生产、水土保持、农村节能、创治安安全单位、促进民族卷烟厂发展、县城精神文明竞赛活动、农业发展基金、县职业技术教育技能考核、农作物病虫害防治、草地资源监测、抗灾防病工作、统一代码标志制度、绵羊生产、农村能源建设、税收财务检查、住房制度改革等工作，成立烟叶复烤厂扩建工程、集贸市场建设工程指挥部。

1992年，分别成立领导小组组织开展民族资金管理、县股份制试点、保险工作、县农村社会养老保险工作、土地利用现状调查、土地使用权出让管理、国土规划工作、十年减灾战略规划、职业技术教育、普及中小学实验教学、《中华人民共和国技术合同法》《中华人民共和国专利法》学习考试、快速客轮建造工作、县煤矿技术改造、县红麻基地开发等工作，成立县红麻全杆造纸工程指挥部。

1993年，分别成立领导小组组织开展世界银行贷款中国结核病控制项目、县城电话工程、县第三产业普查协调、国家重点工程汉渝光缆干线彭水段建设、行政事业单位财产清查、县禁毒工作、县行政事业性收费年审工作等工作，成立乌江商业城建设、创建卫生文明县城指挥部。

1994年，分别成立领导小组组织开展人畜饮水工程建设、县清产核资、县水土保持、县物价大检查、水利工程确权发证、土地使用制度改革、国家机关事业单位工资改革、多功能防护林工程造林、郁江“6·12”水上事故调查处理、县粮经作物病虫害防治工作、县重点项目建设、县商贸企业产权改革等工作，成立汉渝光缆（彭水段）工程、乌江西岸滨江小区工程指挥部。

1995年，分别成立领导小组组织开展县中长期供水计划编制、丝绸公司、螺丝厂厂司合一移交工作、滨江小区地产出让、县烟叶调拨工作、县农业普查工作、电气化建设试点工作、第三次工业普查、人口抽样调查、县计划生育“三结合”工作、抓管理增效益活动、乌江商业城售房、清查处理越权批地和荒芜土地、彭水港口建设等工作。

1996年，分别成立领导小组组织开展县基础教育“五项内容”督导检查工作、县基本农田保护、郁山变电站建设、郁山火电厂锅炉技改工程建设、农村金融体制改革、县冬季防火安全及“11·9”消防安全宣传活动、乌江航道整治工程、水资源工作、科技工作、县客运市场管理、勘界工作、儿童计划免疫第三个85%目标评审、县土地利用总体规划、工商企业学邯钢抓管促效、彭水师范学校改为彭水成人中等专业学校筹备工作等。

1997年，分别成立领导小组组织开展老旧汽车报废回收更新工作、县特困企业职工生活救助工作、机关事业职工社会养老保险工作、人口变动及生育节育情况调查、实施“国家扶贫教育工程”项目、“妇幼卫生人力发展”项目、民族贸易和民族用品生产、县城民贸市场筹建、春运安全、县招投标管理、县建设项目执法监察、乡镇财政实体建设工作、县打假治劣等工作，成立彭水打叶复烤技改项目建设、芦塘煤矿技改工程指挥部。

1998年，分别成立领导小组组织开展改水工作、整顿规范粮食购销市场、个人所得税征管、重点项目前期工作、电信大楼工程建设、外国政府（国际组织）援助、整顿金融三乱、税收入库协调、商贸食品品牌评定、妇女儿童发展监测评估等工作，成立县城至冬瓜溪二级电站35千伏输电工程、冬瓜溪三级电站工程建设、肖坝灌区工程建设、黔石公路连湖隧道工程建设、乌江商贸园工程建设、农业生态环境建设和农田水利基本建设、保家片区农业综合开发指挥部。

1999 年，分别成立领导小组组织开展支持渝怀铁路工程建设、政府采购工作、农村改水工作、农村“三金”清理整顿、解决计算机 2000 年问题、防雷安全、水电工程管理等工作，成立金龙住宅 A 区工程建设指挥部。

2001 年，分别成立领导小组组织开展机构改革、县供销社体制改革、全县发展环境综合整治、反腐败抓源头工作、支援渝怀铁路建设、县乡财政管理体制改革课题、劳动关系三方协调等工作，成立县城防洪堤建设工程指挥部。

2002 年，分别成立领导小组组织开展推进林浆纸一体化项目建设、第二造纸厂改制工作、支援乌江彭水电站建设、郁江马岩洞工程建设、狮子塘电站前期工作等工作，成立白溪河土地整理项目建设指挥部。

2003 年，分别成立领导小组组织开展云顶寺恢复建设、保家特色工业园区和市级百强镇建设、水电站投资开发工作、小水电燃料生态工程建设、彭水电站建设、彭水电站移民安置规划编制等工作，成立县城防洪、彭西二级公路彭水段改造工程建设过境段征地拆迁指挥部。

2004 年，分别成立领导小组组织开展创建市级文明单位工作、推进政务公开、水利专项资金审计、救灾工作、学生军训工作、固定资产投资项目清理工作、电网建设规划工作、治理车辆超限超载、城市畅通工程建设、319 线观音岩隧道抢险工程等工作，成立湘渝高速公路建设指挥部。

2005 年，分别成立领导小组组织开展全县经济和社会发展战略研究协调、突发公共事件总体应急预案编制工作、信用协议贷款协调、开发性金融合作、农村合作金融信用县建设、社区保障工作机构指导协调、城镇化建设、污水处理项目协调、整顿和规范矿产资源开发秩序工作、温泉旅游发展规划、“113”安全生产示范工程等工作，成立江南片区建设指挥部。

第五篇　政治协商会议

1986—2005年，中国人民政治协商会议彭水自治县委员会历5届。第三届至第五届每届任期3年，第六届至第七届每届任期5年。通过“政治协商、民主监督、参政议政”参与讨论全县大政方针和重大事务，1987—2005年县政协全委会提交有关部门办理委员提案2604件。县政协组织委员调研、考察，知情出力、建言献策，集各界智慧、群策群力推进县域经济社会文化顺利发展。

第一章 历届县政协委员会

第一节 县政协全委会

1986—2005年，中国人民政治协商会议彭水苗族土家族自治县委员会（简称县政协全委会），历5届，即县第三届政协全委会至第七届政协全委会。第三届政协全委会至第五届政协全委会，每届任期3年，第六届政协全委会至七届政协全委会，每届任期5年。历届县政协全委会由各界推荐协商确定的政协委员组成。

1986—2005年，历届政协委员，由上届政协常务委员会与中国共产党、各民主党派、工商联、人民团体及其他各界人士代表协商推荐候选人，后经县政协常务委员会等额选举产生。在组成人民政协的委员中，中共党员人数不超过40%，非中共党员人数不低于60%。政协委员有通过“政治协商、民主监督、参政议政”参加讨论大政方针和重大事务、对国家机关工作人员提出建议和批评的权利，也有知情出力、参政议政、建言献策的义务。县政协第三届全委会以来，前三届即第三至五届政协委员根据全县21个界别分别推荐代表，第六届至第七届政协委员界别扩大到23个界别分别推荐代表，每届政协委员人数保留在220人至240人之间。

1986年，第二届政协委员会委员组成界别，由第一届的12个扩大到20个，委员总人数达到225人。委员的界别分别增加无党人士、经济界人士、科技特邀人士比重，涉及中共、教育、科技、工商、医药卫生、文艺、体育、社会科学、新闻、台侨联、军人、供销、工会、农民、妇联、青年团等不同区域或特邀代表。1987年2月，县政协第三届第一次会议，协商产生政协委员240人，分别代表17个界别。县政协第四届一次会议，协商产生政协委员240人，代表16个界别。这届政协委员体现年龄结构下降，平均年龄下降到46.3岁，文化结构提高，大专以上文化137人，比上届增加32人，少数民族增加19人。县政协第五届一次会议，协商产生政协委员220人，比上届有所减少，代表16个界别。这届委员体现新委员比上届有所增加，220名委员中新委员达134名，占60.9%；更加年轻化，平均年龄下降2.3岁；文化素质更加提高，职称副教授级的21人，工程师级的74人，技师级的32人；经济界、政法界人士和非公有制经济代表人士比重增加。县政协第六届一次会议，协商产生政协委员220人，仍就代表16个界别。新委员比例继续增加，新委员142人，占委员总数64.5%，比上届新进委员增加3到6个百分点；委员平均年龄再降1.5岁；科技人员比重再次加大，非公有制委员和工商界别委员增加，由上届的12人增到24人。县政协第七届一次会议上，协商选举产生政协委员240人，代表15个界别。该届政协委员减少中共比例，由历届的24人减到15人；增加经济界人士、个体私营经济界人士比例，增加无党人士比例。

第三届至第七届彭水自治县政协各届委员会委员界别情况表

表 5-1 单位：人

界别	三届	四届	五届	六届	七届
中共	24	24	24	24	15
工会	6	6	5	5	5
共青团	3	5	5	5	5
妇联	5	5	5	5	5
农民	6	9	9	8	—
教育	49	40	28	28	17
文艺	6	6	5	5	—
文体	—	—	—	—	4
科技	36	40	35	30	12
新闻	2	2	1	2	2
体育	5	5	5	5	—
医卫	33	30	20	20	14
民族宗教	—	—	10	10	5
少数民族	11	8	—	—	—
宗教	4	4	—	—	—
工商	18	32	30	30	—
工商联	—	—	15	24	28
个体协会	8	—	—	—	—
军队	3	3	3	2	—
特邀	21	21	20	17	71
无党派	—	—	—	—	16
台侨联	—	—	—	—	4
经济	—	—	—	—	37
届别总数	17	16	16	16	15
委员总数	240	240	220	220	240

第二节 县政协常务委员会

一、县政协常委会组成人员

1986—2005 年，中国人民政治协商会议彭水苗族土家族自治县委员会常务委员会（简称县政协常务委员会），由县政协全委会全体委员选举产生，为县政协全委会常设机构。任期与县政协全委会同。每届设主席 1 人，副主席 4 至 11 人，秘书长 1 人，常务委员若干人。

第三届至第七届彭水自治县政协常务委员会主席、副主席、秘书长名录表

表 5-2

届次	职务	姓名	性别	民族	出生日期	学历	籍贯	党派	任职时间
第三届	主席	任向锋	男	苗	1937 年 9 月	初中	重庆彭水	中共党员	1987 年 3 月至 1990 年 3 月
	副主席	任远清	男	苗	1937 年 4 月	中师	重庆彭水	中共党员	1987 年 3 月至 1990 年 3 月
	副主席	李福初	男	汉	1930 年 8 月	高中	重庆涪陵	中共党员	1987 年 3 月至 1990 年 3 月
	副主席	肖隆林	男	汉	1929 年 4 月	高中	重庆彭水	无党派	1987 年 3 月至 1990 年 3 月
	副主席	肖功宽	男	苗	1930 年 1 月	大专	重庆彭水	无党派	1987 年 3 月至 1990 年 3 月
	副主席	郭唐位	男	汉	1931 年 3 月	初中	重庆彭水	无党派	1987 年 3 月至 1990 年 3 月
	副主席	袁相甫	男	汉	1934 年 5 月	大专	四川资阳	无党派	1987 年 3 月至 1990 年 3 月
	秘书长	冉显章	男	汉	1930 年 3 月	初中	重庆涪陵	中共党员	1987 年 3 月至 1990 年 3 月
第四届	主席	任向锋	男	苗	1937 年 9 月	初中	重庆彭水	中共党员	1990 年 3 月至 1992 年 12 月
	副主席	任远清	男	苗	1937 年 4 月	中师	重庆彭水	中共党员	1990 年 3 月至 1992 年 12 月
	副主席	高品元	男	苗	1936 年 11 月	初中	重庆彭水	中共党员	1990 年 3 月至 1992 年 12 月
	副主席	孔庆余	男	苗	1937 年 4 月	中师	重庆彭水	无党派	1990 年 3 月至 1992 年 12 月
	副主席	喻生洪	男	汉	1934 年 1 月	高中	重庆涪陵	中共党员	1990 年 3 月至 1992 年 12 月
	副主席	汪远宾	男	汉	1934 年 4 月	大学	四川简阳	无党派	1990 年 3 月至 1992 年 12 月
	副主席	袁相甫	男	汉	1934 年 5 月	大专	四川资阳	无党派	1990 年 3 月至 1992 年 12 月
	副主席	肖功宽	男	苗	1930 年 1 月	大专	重庆彭水	无党派	1990 年 3 月至 1992 年 12 月
	秘书长	王天全	男	汉	1952 年 1 月	初中	重庆彭水	中共党员	1990 年 3 月至 1992 年 3 月
第五届	主席	任向锋	男	苗	1937 年 9 月	初中	重庆彭水	中共党员	1992 年 12 月至 1997 年 12 月
	副主席	王光友	男	汉	1939 年 7 月	初中	重庆彭水	中共党员	1992 年 12 月至 1997 年 12 月
	副主席	向登定	男	汉	1943 年 3 月	大专	重庆彭水	中共党员	1992 年 12 月至 1997 年 12 月
	副主席	孔庆余	男	汉	1937 年 4 月	中专	重庆彭水	无党派	1992 年 12 月至 1997 年 12 月
	副主席	傅以鑫	男	汉	1938 年 8 月	大学	重庆涪陵	无党派	1992 年 12 月至 1997 年 12 月
	副主席	鞠清洁	男	汉	1962 年 7 月	中专	重庆垫江	无党派	1992 年 12 月至 1997 年 12 月
	副主席	黄亚香	男	汉	1942 年 8 月	中专	重庆涪陵	无党派	1992 年 12 月至 1997 年 12 月
	秘书长	梁昌明	男	汉	1946 年 2 月	中专	重庆彭水	中共党员	1994 年 12 月至 1997 年 12 月
第六届	主席	李运茂	男	苗	1946 年 5 月	大专	重庆彭水	中共党员	1997 年 12 月至 2003 年 3 月
	副主席	刘清安	男	苗	1947 年 10 月	中专	重庆彭水	中共党员	1997 年 12 月至 2003 年 3 月
	副主席	王天全	男	汉	1952 年 1 月	初中	重庆彭水	中共党员	1997 年 12 月至 2003 年 3 月
	副主席	孔庆德	男	汉	1944 年 5 月	大学	重庆彭水	无党派	1997 年 12 月至 2003 年 3 月
	副主席	张德明	男	土家	1942 年 6 月	高中	重庆彭水	中共党员	1997 年 12 月至 2003 年 3 月
	副主席	冉启明	男	土家	1963 年 5 月	大学	重庆彭水	民建会员	1997 年 12 月至 2003 年 3 月
	副主席	黄亚香	男	汉	1942 年 8 月	中专	重庆涪陵	无党派	1997 年 12 月至 2003 年 3 月
	副主席	鞠清洁	男	汉	1962 年 7 月	中专	重庆垫江	无党派	1997 年 12 月至 2003 年 3 月
	秘书长	梁昌明	男	汉	1946 年 2 月	中专	重庆彭水	中共党员	1997 年 12 月至 2001 年 9 月
	秘书长	王小平	男	汉	1964 年 7 月	大学	重庆垫江	中共党员	2001 年 9 月至 2003 年 3 月
第七届	主席	黎万洪	男	汉	1962 年 4 月	大学	重庆石柱	中共党员	2003 年 3 月至 2003 年 6 月
	主席	梁正华	男	土家	1962 年 9 月	研究生	重庆黔江	中共党员	2005 年 1 月至 2007 年 2 月
	副主席	王茂怀	男	苗	1954 年 9 月	大学	重庆彭水	中共党员	2003 年 3 月至 2007 年 2 月

续表 5-2

届次	职务	姓名	性别	民族	出生日期	学历	籍贯	党派	任职时间
第七届	副主席	莫启根	男	汉	1950 年 11 月	初中	重庆彭水	中共党员	2003 年 3 月至 2007 年 2 月
	副主席	范志强	男	苗	1950 年 1 月	大专	重庆彭水	中共党员	2003 年 3 月至 2007 年 2 月
	副主席	冉启明	男	土家	1963 年 5 月	大学	重庆彭水	民建会员	2003 年 3 月至 2007 年 2 月
	副主席	程清	男	汉	1958 年 1 月	大专	重庆彭水	无党派	2003 年 3 月至 2007 年 2 月
	副主席	廖志华	男	苗	1963 年 12 月	大专	重庆彭水	无党派	2003 年 3 月至 2007 年 2 月
	副主席	梅小玫	女	苗	1962 年 9 月	大专	重庆彭水	无党派	2003 年 3 月至 2007 年 2 月
	秘书长	王小平	男	汉	1964 年 7 月	大学	重庆垫江	中共党员	2003 年 3 月至 2004 年 12 月
	秘书长	周小林	男	汉	1964 年 10 月	大专	重庆南川	中共党员	2005 年 1 月至 2005 年 12 月

第三届至第七届彭水自治县政协常务委员名录表

表 5-3

届别	人数	姓名
第三届	30	张簪荣　阮国贤　罗占国　高品元　刘治国　龚玉康　冉显章　冉建国　汪远宾　景中凤（女）　沈保华　兰奕国　龚崇良　冉启烈　刘汉秋　王茂航　陈世英（女）　封厚国　彭安政　张维宪　李泽周　庄代恒　黄成用　查德智　杨　洁（女）　蔡盛炽　陈中英　施义明　田景玉（女）　孔庆余
第四届	31	张簪荣　阮国贤　陈于培（女）　周华治　赵云煌　景中凤（女）　曹科碧（女）刘治国　谢小芹（女）　杨宗英（女）　傅以鑫　尹先太　王一竹　蔡盛炽　王汉忠　冉启烈　李朝武　彭齐中　查德智　彭安政　杨疾风　黄亚香　王茂航　张维宪　田景玉（女）　甘鹏辉　庄代恒　龚崇良　施义明　张国强　周信仁
第五届	31（届中增补 2 人）	王一竹　王茂航　王　宪　王天全　孔庆德　叶荣华　田景玉（女）　冉启明　任远华　任长海　李朝武　李贵林　李佛章　周华治　罗蜀珠（女）　张德明　张茂强　涂启模　赵焕江　黄廷岗　黄世法　曹科碧（女）　彭齐中　蒋明强　谭汉胜　杨　洁（女）　蔡盛炽　杨疾风　谢小琴（女）廖朝庭　黄昌礼
第六届	36（届中增补 8 人）	王一竹　王洪菊（女）　王美涛　田景玉（女）　向尚彬　任长海　刘德素（女）　孙美福　杨　洁（女）　杨长友　李守清　李朝武　李佛章　严坤华　肖永树　肖　亚　苏　浴　周　光　吴元开　侯年均　徐昌顺　黄昌礼　梁昌明　唐良英（女）　程　清　董泽宽　谢小琴（女）　廖朝庭　孙甚林　童济中　郑小坤　张全宪　杨光绪　庹朝福　廖秀敏　王小平
第七届	30（届中增补 7 人）	曾凡才　李守清　金思荣　肖　亚　钱徽川　简文相　蒋　敏　豆彭川　罗今臣　张达清　崔芙蓉（女）　冉　旭　罗元堂　陈延平　王茂良　田晓霞（女）　高永义　朱志京　谢建强　吕中媚　田成功　任荣明　朱远清　李兆鹏　杨国华　邵小蓉（女）　崔锦洪　廖朝庭　张维福　刘应平

二、县政协常委会内设机构

1986 年，县政协下设“一室三委”，即办公室、提案委员会、学习委员会、文史资料委员会。1987 年，增设科学技术委员会、教育委员会、医卫委员会、文化体育委员会、经济委员会、群众工作等委员会。八区一镇设 9 个政协联系小组。1988 年 11 月，调整设置为 9 个委员会，即学习委员会、提案委员会、文史资料委员会、经贸委员会、科学技术委员会、教文体委员会、医卫委员会、法制委员会、祖国统一联谊委员会。1992 年调整设置为“一室六委”：即办公室、学习委员会、提案委员会、社会法制委员会、经济科技委员会、文史资料委员会、文教医卫委员会。1997 年，编制人数 31 人，其中预算人数在职职工 22 人，离休 2 人，退休 5 人。是年，重庆直辖后，原 8 个区设为片区工委，设立 9 个政协活动小组，仍坚持结合片区中心工作，为经济建设、文化卫生、人民生活等方面履行工作职责。2001 年，全县实行机构改革，县政协机关精减设置为“一室三委”，即办公室、提案委员会、经济科技委员会、文教医卫委员会。办公室下设秘书科、行政科、综合信息科、安全保卫科。行政机关编制 28 人，其中办公室内编制 19 人。是年，撤销区工委，原区级政协活动小组随之撤销。2005 年，机关 21 人经批准过渡（暂时过渡）为国家公务员（工作人员），工勤人员 1 人。

第二章 政协会议

第一节 政协全委会会议

按《政协章程》规定，各届县政协每年召开一次县政协委员会全体会议（简称县政协全委会）。每届首次县政协全委会由会议选举的主席团主持，以后各次县政协全委会由县政协常务委员会主持。县政协全委会议，一般在年初与县人代会同步进行（时间提前两天）。本届全体政协委员出席会议，区（镇）党委、县级部门负责人和各界领导人列席会议。

1986 年 4 月 7 日至 11 日，县政协第二届三次会议在汉葭镇举行。会议审议县政协常务委员会工作报告，提案工作报告和文史资料工作报告；列席彭水自治县人代会第九届三次会议，听取和协商审议《政府工作报告》《国民经济计划工作报告》和《财政工作报告》；审议通过政协二届三次会议决议。

县政协第三届委员会会议（1987 年 3 月—1990 年 3 月）：

1987 年 2 月 25 日至 3 月 2 日，县政协第三届委员会一次会议在汉葭镇举行。会议审议县政协常务委员会工作报告，提案工作报告和文史资料工作报告；列席彭水自治县人代会第十届一次会议，听取和协商审议《政府工作报告》《国民经济计划工作报告》和《财政工作报告》；政协委员议政发言；选举第三届委员会主席 1 人，副主席 6 人，秘书长 1 人，常务委员 30 人。审议通过政协三届一次会议决议。

1987 年 12 月 21 日至 23 日，县政协第三届委员会二次会议在汉葭镇举行。学习中共中央十三大文件，传达地区政协工作会议精神，讨论 1988 年政协工作，协商省人大代表候选人名单。

1988 年 3 月 21 日至 25 日，县政协第三届委员会三次会议在汉葭镇举行。会议听取和审议县政协第三届委员会常务委员会工作报告和提案委员会工作报告，传达中央统战部部长闫明复《关于社会主义初级阶段与统一战线的讲话》和省政协六届一次会议及黔江地区政协主席会议精神。列席县人代会第十届三次会议，听取和协商审议《政府工作报告》《国民经济计划工作报告》和《财政工作报告》，共商如何振兴彭水经济。审议通过政协三届三次会议决议。

1989 年 3 月 12 日至 15 日，县政协第三届委员会第四次会议在汉葭镇举行。会议听取和审议县政协常委员会工作报告和提案委员会工作报告、文史委员会工作报告。列席彭水自治县人代会第十届四次会议，听取和协商审议《政府工作报告》《国民经济计划工作报告》和《财政工作报告》。审议通过政协三届四次会议决议。

县政协第四届委员会会议（1990 年 3 月—1992 年 12 月）：

1990 年 2 月 25 日至 3 月 2 日，县政协第四届委员会一次会议在汉葭镇举行。会议听取审议常务委员会工作报告和提案委员会工作报告；列席彭水自治县人代会第十一届一次会议，听取和协商审议《政府工作报告》《国民经济计划工作报告》和《财政工作报告》；学习省政协六届三次会议文件，选举政协主席 1 人、副主席 7 人、秘书长 1 人，常务委员 31 人。审议通过政协四届一次决议。

1991 年 3 月 8 日至 12 日，县政协第四届委员会二次会议在汉葭镇举行。会议听取审议县政协常务委员会工作报告和提案委员会工作报告。列席县人代会第十一届二次会议，审议政府工作报告和国民经济计划报告、财政报告。10 余名委员对全县农业、工业、教育、文化、卫生、计划生育等工作在会上进行了议政发言。县委书记刘荣金、县长杨春林出席会议并讲话。审议通过政协四届二次决议。

1992 年 2 月 27 日至 3 月 1 日，县政协第四届委员会三次会议在汉葭镇举行。会议听取审议县政协常务委员会工作报告和提案委员会工作报告；学习中共十三届七中全会、八中全会和中央工作会议文献，协商有关全县经济发展和人民群众生活的热点问题。听取政协委员的意见和建议，紧紧围绕县委、县政府工作中心，献计献策。列席彭水自治县人代会第十一届三次会议，听取和协商审议《政府工作报告》《国民经济计划工作报告》和《财政工作报告》。审议通过政协四届三次决议。

县政协第五届委员会会议（1992 年 12 月—1997 年 12 月）：

1992 年 12 月 9 日至 13 日，县政协第五届委员会一次会议在汉葭镇举行。会议听取审议县政协常务委员会工作报告和提案委员会工作报告；列席彭水自治县人代会第十二届一次会议，听取和协商审议《政府工作报告》《国民经济计划工作报告》和《财政工作报告》。回顾总结县政协第四届委员会的工作，提出 1993 年度工作要求。会议选举产生主席 1 人，副主席 6 人，秘书长 1 人，常务委员 37 名。审议通过政协五届一次决议。

1994 年 2 月 26 日至 3 月 1 日，县政协第五届委员会二次会议在汉葭镇举行。会议听取审议县政协常务委员会工作报告和提案工作报告；传达四川省政协会议精神；会上 15 位政协委员大会发言，为振兴全县经济建言献策。列席十二届人大第二次代表大会，听取和协商审议《政府工作报告》《国民经济计划工作报告》和《财政工作报告》；协商讨论全县经济发展，人民群众生产、生活中的重大问题，围绕中心献计献策。审议通过政协五届二次会议决议。

1995 年 2 月 25 日至 27 日，县政协第五届委员会三次会议在汉葭镇举行。会议审议县政协常务委员会工作报告和提案委员会工作报告。10 位县政协委员在大会上作议政发言。会议传达省政协七届三次会议精神。会上 12 位政协委员作议政发言。表彰了 1994 年度先进政协委员。列席县人代会十二届三次会议，听取和协商审议《政府工作报告》《国民经济计划工作报告》和《财政工作报告》。会议补选了县政协常务委员会委员 2 人。会议通过政协五届三次会议决议。

1996 年 3 月 5 日至 11 日，县政协第五届四次全委会在汉葭镇举行。会议听取和审议县政协常务委员会工作报告、提案工作报告。政协委员议政发言。传达省六届四次全委会精神。列席县人代会十二届四次会议，听取和协商审议《政府工作报告》《国民经济计划工作报告》和《财政工作报告》。传达四川省政协六届四次全委会议精神。表彰 1995 年度先进政协委员。审议通过政协五届四次会议决议。

1997 年 5 月 13 日至 15 日，县政协第五届五次全委会在汉葭镇举行，会议听取审议常委工作和提案工作报告；列席县人代会第十二届五次会议，听取和协商审议《政府工作报告》《国民经济计划工作报告》和《财政工作报告》；12 个政协委员就全县两个文明建设中的重大问题作大会议政发言。表彰了 1996 年度 29 名先进政协委员。审议通过政协五届五次会议决议。

县政协第六届委员会会议（1997 年 12 月—2003 年 3 月）：

1997 年 12 月 25 日至 28 日，县政协第六届委员会一次会议在汉葭镇召开。会议听取审议常务委员会工作报告和提案委员会工作报告；列席彭水自治县人代会第十三届一次会议，听取和协商审议《政府工作报告》《国民经济计划工作报告》和《财政工作报告》；酝酿县人大、县政府领导班子候选人。总结第五届会议以来的工作；审议通过本次会议决议，选举产生六届政协主席 1 人、副主席 7 人、秘书长 1 人。审议通过县政协六届一次会议决议。

1999 年 1 月 24 日至 25 日，县政协第六届委员会二次会议在汉葭镇召开。会议听取审议常务委员会工作报告和提案委员会工作报告；7 位委员议政发言；会议表彰县政协第六届一次会议期间的 8 名优秀提案和 3 个承办单位；列席彭水自治县人代会第十三届二次会议，听取和协商审议《政府工作报告》《国民经济计划工作报告》和《财政工作报告》。审议通过县政协六届二次会议决议。

2000 年 1 月 4 日至 6 日，县政协第六届委员会三次会议在汉葭镇召开。会议听取审议常务委员会工作报告和提案委员会工作报告；列席彭水自治县人代会第十三届三次会议，听取和协商审议《政府工作报告》《国民经济计划工作报告》和《财政工作报告》。审议协商《彭水国民经济和社会发展“十五”和 2015 年规划纲要（征求意见稿）》。审议通过县政协六届三次会议决议。

2001 年 1 月 3 日至 5 日，县政协第六届委员会四次会议在汉葭镇召开。会议听取审议常务委员会工作报告和提案委员会工作报告，总结第六届三次会议以来的工作；列席彭水自治县人代会第十三届四次会议，听取和协商审议《政府工作报告》《国民经济计划工作报告》和《财政工作报告》；表彰 2000 年度优秀政协委员、优秀提案和先进承办单位；补选 4 名政协委员。22 名县政协委员议政发言。会议审议通过政协六届四次会议决议。

2002 年 1 月 20 日至 22 日，县政协第六届委员会五次会议在汉葭镇召开。会议听取审议常务委员会工作报告和提案委员会工作报告；列席彭水自治县人代会第十三届五次会议，听取和协商审议《政府工作报告》《国民经济计划工作报告》和《财政工作报告》。总结第六届四次会议以来的工作，表彰 2001 年度政协委员优秀提案和先进承办单位，补选政协常务委员及秘书长 1 人。审议通过县政协六届二次会议决议。

县政协第七届委员会会议（2003 年 3 月—2005 年 12 月）：

2003 年 3 月 25 日至 28 日，县政协第七届委员会一次会议在汉葭镇召开。会议听取审议县政协常务委员会工作报告和提案委员会工作报告；列席彭水自治县人代会第十四届一次会议，听取和协商审议《政府工作报告》《国民经济计划工作报告》和《财政工作报告》。选举产生政协主席 1 人、副主席 7 人、秘书长 1 人、常委 23 人，审议通过县政协七届一次会议决议

2004 年 2 月 24 日至 26 日，县政协第七届委员会二次会议在汉葭镇召开。会议听取审议县政协常务委员会工作报告和提案委员会工作报告，列席彭水自治县人代会第十四届二次会议，听取和协商审议《政府工作报告》《国民经济计划工作报告》和《财政工作报告》；表彰优秀政协委员、优秀提案和先进承办单位；补选政协常务委员和秘书长；审议通过县政协七届二次会议决议。

2005 年 1 月 23 日至 25 日，县政协第七届委员会三次会议在汉葭镇召开。会议听取审议常务委员会工作报告和提案委员会工作报告；列席彭水自治县人代会第十四届三次会议，听取和协商审议《政府工作报告》《国民经济计划工作报告》和《财政工作报告》。表彰 2004 年度优秀政协委员、优秀提案、先进承办单位、统战政协知识竞赛优胜者。补选政协主席 1 人、秘书长 1 人、常务委员 7 人。审议通过政协七届三次会议决议。

第二节　政协常务委员会会议

县政协常务委员会会议每季度至少召开一次，主席会议每月至少召开一次。

县政协第三届县政协常务委员会会议（1987 年 3 月—1990 年 3 月）：

县政协第三届会议期间召开政协常务委员会会议 19 次，主席会议 34 次。就彭水经济体制改革的具体政策措施，每年的政府工作报告，国民经济与社会发展计划、财政预决算，全县重大建设项目的

决策，“八五”计划期间的社会发展计划以及重要人事安排等重大问题进行协商，促进县级领导机关的科学决策和民主决策水平。1987年，就全县改革和经济建设、人民生活、人事安排等重大问题进行协商。1988年，对市场物价和食盐供应等问题进行审议提出监督意见。1989年，部署检查上半年工作和考察调查事宜，通报全县经济工作形势。6月15日，县政协三届十五次常务委员会上，讨论通过《政治协商、民主监督的暂行条例》《常务委员会工作规则》和《专门委员会组织通则》，协商审议县人代会上所作的政府工作报告，提出23条修改意见，被县人民政府采纳。

县政协第四届县政协常务委员会会议（1990年3月—1992年12月）：

县政协第四届会议期间召开政协常务委员会会议20次，主席会议36次。1991年，主席、副主席列席县委常务委员会、政协常务会和人大常务委员会61次，出席有关部门专题会议28次，认真协商一府两院工作报告和经济计划报告、国民经济计划报告、财政报告，提出修改意见50多条，80%得到采纳。

县政协第五届县政协常务委员会会议（1992年12月—1997年12月）：

县政协第五届会议期间召开政协常务委员会会议30次，主席会议51次。1993年在第五届县政协常务委员会第二、三、四次常务委员会会议上，对县城白云新区开发，1993年财政预算、振兴彭水工业、反腐倡廉和“严打”斗争等一系列重大问题进行监督协商。1995年5月，县政协第五届21次常委扩大会议上审议通过《政协彭水自治县委员会关于政治协商民主监督参政议政的规定》，县委以县委文件批转下发各部门党组织贯彻实施。1996年7月，第五届二十二次常委扩大会议上，对彭水《国民经济和社会发展“九五”计划及2010年十年规划纲要（草案）》进行审议，提出修改建议。1997年，县政协第五届二十六次常委扩大会议审议政协对彭水市政建设、城市管理、环境卫生、县城社会治安调查情况的汇报，向县委、县政府提交建议、意见。

县政协第六届常务委员会会议（1997年12月—2003年3月）：

县政协第六届会议期间召开政协常务委员会会议21次，主席会议63次，听取情况汇报36项，协商重要议题25项，审议决定重大事项21项。1998年1月，县政协第六届二次常务委员会议确定“如何确保彭水全年经济增长目标的实现”议题，会议提出建议意见。1999年，第六届七次常务委员会议讨论协商全县国有企业改革和经济运行情况。县政协常务委员认真分析全县国有企业、私营企业的运行中出现的问题，提出建议意见。2000年，讨论《政府工作报告》《彭水实施西部大开发的决定（讨论稿）》《彭水国民经济和社会发展“十五”计划及2015年规划纲要（征求意见稿）》。是年，县政协常务委员会组织在政协机关干部中开展“珍惜岗位、敬业奉献”活动。2001年，审议关于政府宏观调控，抓好交通运输、邮电通信、生态环境建设、城市建设硬件设施等，给县人民政府提出意见书。

县政协第七届常务委员会会议（2003年3月—2005年12月）：

2003—2005年，县政协第七届一次至三次会议期间，召开县政协常务委员会会议16次，主席会议28次。2003年，召开县政协七届三次常务委员会，专题协商“工业立县”战略事宜，县发展计划委、县商贸委等部门负责人到会听取讨论意见，共同协商讨论制定“工业立县”战略的对策和措施。七届四次常务委员会会议上，通报全县经济工作运行情况和政协提案办理情况。2004年，围绕全县重点工作开展二次协商。2005年，第七届十五次常务委员会议通过《县政协全体会议工作规则》《县政协常务委员会议工作规则》《县政协主席会议工作规则》《县政协专门委员会工作规则》《县政协视察工作规则》；讨论政协专题调查组《关于我县农业产业发展现状的调查报告》，对彭水农村产业化进程提出了8条意见。县政协第七届十六次常务委员会讨论彭水新型合作医疗试点工作，县政府及有关部门听取意见。

第三章 政协工作

第一节 参政议政

1986—2005年，历届县政协遵循“政治协商、民主监督、参政议政”原则，通过县政协全委会、常务委员会审议，政协委员提案办理，调查视察等形式参政议政。同时，县政协办公室还以《彭水政协》《彭水政协内参》《调研与议政》内部刊物提出建议意见送县委、县人民政府参阅等形式参政议政。

县政协第二届三次全委会期间，1986年，县政协主席、副主席参加县委、县人民政府联席会，讨论研究重大工作决策，对“七五”计划期间项目规划、十大商品基地建设、扶贫工作等提出建设性意见，对食用菌发展、纸厂热能发电、乌江化工厂转产提出具体建议。同时，县政协向县委递交《关于政治协商、民主监督的报告》，县委加上“各级党的组织都要加强同他们（政协委员）的联系，认真听取他们（政协委员）的意见和建议”的按语后转发。

县政协第三届全委会期间，1987年，县人民政府发出《关于加强我县政治协商民主监督工作有关问题的通知》，县政协在政府决策中积极参政议政有了实质性进展。科技一组政协委员深入乡村农户，在全县推广地膜玉米1800公顷，科技二组政协委员对停产的普子乡老鸹石煤矿进行实地调查，与有关部门协商，争得贷款资金12万元，使该矿恢复生产。各政协组（委）举办青麻技术培训班、绘画声乐培训班等11个各类培训班，参加培训人员659人。1988年，县政协对履行基本职能进行改革和探索，已由过去被动协商监督转变为主动协商监督，由单一县级政协协商监督转变为多层次多领域多形式协商监督，由发挥政协委员个人作用逐步转变为更多地发挥政协组织整体功能作用。是年，协商推进了部分企业职工“就业难”、高山地区春荒、生猪生产等问题的解决落实。1989年，县政协制定《进一步加强我县政治协商、民主监督工作的意见》，通过全委会、常务委员会对县人民政府重大建设项目的决策、今后发展规划的制定等进行协商。

县政协第四届全委会期间，1990年，主席、副主席列席县委常务委员会、常委扩大会、人民政府常务会和人大常务委员会会议95人次，参与研究重大决策。在政协四届一次会议上，有40多个委员围绕县委党委会工作报告，人代会政府工作报告、国民经济计划报告、财政报告的修改作了会议发言和书面发言，得到县委、县人民政府采纳。第二层次协商监督在机关专门委员会和区乡政协小组进行。专门委员会和区乡政协小组开展对口协商78人次，提出建议127条，被采纳71条，举办科普培训班25期，共培训7616人次。同时，深入到龙洋、润溪、大垭、岩西、猴栗、朗溪等6个乡51个村民小组，举办雪梨栽培技术培训，培训1.20万余人次。5月，18位政协委员和高中级科技人员组成的科技兴农咨询服务团，历时8天行程500多千米，接待农村干部群众4万多人次，发送资料2万册，提供农药150千克。农业部门的政协委员建立410多个政协联系户，对联系户实行三包（包农业技术传授、包农业技术推广示范、包脱贫致富）。1991年，县政协主席、副主席、常务委员列席县委常务委员会、县人大常委会、县政府常务委员会61人次，出席专题会议28次，协商制定“八五”计划和十年规划，给政府报告和国民经济报告、财政报告提出修改意见50多条，80%被采用。县政协专门委员会制定试行意见，初步形成第二层次政治协商、民主监督工作制度。对口协商45次，提出建议195条，被采纳177条。1992年，在县政协四届一次全委会上，40位委员就县党代会报告、县人代会《政府工作报告》进行协商审议专题发言，提出150条意见和建议；对“二五”普法计划和“国民经济十年规划”展开专题调查、座谈，提出修改意见50条，80%被采纳。是年，开展县政协委组第二层次不定期的政治协商，在对口协商中提出建议、意见550条。

县政协第五届全委会期间，1993年，通过举行主席会、常委（扩大）会专题讨论政治、经济、社会中的重大问题，对干部任用、减轻农民负担、纠正基层政府“三乱”（乱摊派、乱集资、乱收费）、反腐倡廉进行协商监督。县政协联系黔江地区轮船公司，帮助公司调整领导班子，制定当年生产税收目标任务，衔接联系到位贷款资金200万元新建造快速客轮，该公司当年实现税利65.9万元。政协帮助联系单位普子区实现产业结构调整，促进商品经济发展。1994年，重点对政府工作报告、财政预算方案进行广泛协商，提出建议34条，还动员政协委员坦诚进言献计，对工业、农业、文化、教育、卫生、交通、社会治安和国土管理等方面进行议政发言，针对绝大多数商业企业的改革只着眼于扩大权利而削弱利益提出意见。1995年，强化县政协职能、完善制度，提高参政议政实效。通过召开例会、专题会、调查、视察等活动，就工业、农业、教育、卫生、物价等提出意见和建议，对存在问题提出对策意见。促成四川省绿化达标验收合格，在黔江地区被检查四县中彭水获第一位。关注乌江水利枢纽立项和初设工作的落实。继续加强对黔江轮船公司联系点工作，新批建工商联基层分会7个，发展新会员69人。抽调政协机关干部到桑柘乡潭水村、李家村发展烤烟生产。1996年，加强政协履行职能制度化、规范化建设，制定《关于政治协商、民主监督、参政议政的规定》。县以文件批转到各部门。县政协专门成立反映社情民意信息工作领导小组，建立政协常务委员会、各专门委员会和各界人士三级信息网络。建立由28人组成的信息员队伍，制定《关于做好政协信息工作的意见》。当年收到信息稿件40余篇。是年，对全县政治、经济、社会、文化领域的重大问题及群众关心的热点难点进行协商监督，提出建议、意见70余条，其中50条被采纳。还对非公有制经济发展、社会保险、法制、廉政建设、干部工作提出中肯意见。对2010年远景规划提出46条修改意见和建议。1997年，由政协常务委员会提交的关于县城创卫工作建议案引起县委、县政府的重视，成立以汉葭镇牵头各部门参与的创卫工作领导小组，县城环卫监察队伍正式组成。

县政协第六届全委会期间，县政协履行职能进一步规范化、制度化。此间，通过主席会、常委扩大会、专题座谈会、情况通报会、政治调查、视察等形式，对社会、经济、文化、教育、科技、市场、物价、旅游业开发、县域资源开发利用等提出建议、意见1600余条，对党风廉政建设、反腐倡廉、机关工作作风、机构改革、经济体制改革提出建议、意见400余条。1998年，县政协委员通过各种渠道，引资促成县劳动服务公司和涪陵宇丰建筑公司合作开发，引资修建新世纪广场，引资102万元组建重庆华彭印务有限公司，促成三江口水利枢纽工程立项建议书完成。组织科技医疗服务团，深入桑柘、鹿角、普子、高谷、黄家等区，发放农用科技资料32种1.8万份，义务诊疗（听诊、切脉、开处方）1610人次。1999年，县政协主席、副主席分别参与8个特困乡扶贫攻坚工作，政协办公室作为大河坝乡扶贫集团的牵头单位，与271户贫困户建立联系，选定越温达标项目，捐助资金、农资物料。2000年5月、6月，县政协组成调研组与交通局、郁山区、龙溪乡负责人两次前往龙溪乡所辖的1200米海拔的如榔村调查，撰写“一个山村的变化”的调研文章，以县政协《调研与议政》内部材料发送县级相关部门，使如榔村这个贫困山村在支部书记刘昌福的带领下，自力更生、艰苦创业的事迹得到发扬。

2003年，县政协第七届一次至三次全委会期间，参与政府讨论未来五年发展规划，提出意见建议。部分政协委员被受聘为行风评议代表，对县级36个单位行业作风进行评议。支持朗溪乡、汉葭镇平原村等优质油菜基地建设。联名提案《规范我县小水电开展的管理》引起县委、县人民政府的重视，县人大常委会通过《关于大力推进我县小水电开发建设的决定》，县政府出台《关于加强小水电开发管理的意见》。2004年，县政协着重强调和开展多种形式的民主监督，即通过会议实施民主监督、通过督办提案实施民主监督、通过视察实施民主监督、选派特邀监督员实施民主监督。2005年，重点协商农业产业化建设及新型农村合作医疗试点工作开展情况；提出将彭水纳入重庆市新型农村合作医疗试点县建议，强调坚持普遍受益原则。第七届十五次常务委员会议有关农村产业化进程提出了“科学编制规划”“建立合理的经营管理体制和运行机制”“确立主导产业建好基地”“培养龙头企业”等建议，为县委制定《关于加快农村全面建设小康社会步伐的意见》提供了依据。参与县环保局民主评议工作，政协党组报送《关于民主评议县环保局工作的情况报告》，部分意见得到县委、县人民政府的采纳。4月，县政协组织科技下乡活动，向普子镇、鹿角镇农民送去《农民实用技术汇编》、科普挂图、农业技术科教片。县政协组织协调解决桑柘镇白龙村、大青村人畜饮水立项和引入资金修建连湖乡桐木小学工程。

第二节　提案建议办理

1985年，县政协提案委员会改为常设机构。第二届任期内即1984—1986年，共收到提案390件，件件有回复，其中26件合并为一件办理。

1987年，县政协三届一次会议期间，收到提案182件。其中，有关经济建设方面51件，科技、教育、文化、医药、卫生方面72件，统战、政法、劳动人事方面37件，其他方面22件。加上县政协全体会议闭会后收到的提案共计200件，当年办复120件，占总数的60%。1988年，共收到政协委员信件164件，其中，属于提案140件，属于意见24件，办复138件，占98.50%。促成复修太平桥启动和郁江煤矿“三改九”工程、火电站工程修建。1989年，办理县政协委员关于《天主教堂房地产权》提案，经过调查协商，决定原天主教堂房地产权归还天主教爱国会。

1990—1992年，县政协收到委员提案432件，经提案审查委员会审查作为提案383件、意见建议49件转有关部门办理。其中经济建设156件，教育、文化、卫生115件，统战、民族宗教27件，政法、劳动人事34件，其他100件。截至1992年9月5日，全部办理结束。提案办理落实237件，占61%，正在办理的124件，占32.5%，因条件不成熟难以落实的22件，占5.5%。1991年，收到委员提案147件，办复142件，占96.50%。1992年2月，收到提案116件。其中，经济建设方面的47件、劳动人事方面的12件，党风廉政建设方面的4件、民族宗教方面的5件、教科文卫方面的21件，其他17件。县政协召开提案办理表彰会、提案交办会、提案工作座谈会等形式进行交办、督办。

1993—1997年，县政协共收到委员提案470件，提案委员472人次，截至1997年10月2日，全部办复完毕。1993年，收到政协委员提案106件。其中，经济方面83件，占78%，教育文化14件，占13%，劳动人事社会法制5件，占5%，其他4件，占4%。经审查作为议案移交有关单位承办55件，作为建议意见51件。当年办理结束议案意见104年，占提案总数98%。1994年共收到委员提案95件，涉及经济42件，市政建设12件，民族宗教3件，文化、教育、卫生24件，社会法制5件，人事劳动5件，其他4件。经审核立案62件，其余作为意见和建议全部转有关部门办理。年底，办复93件，占97.80%。1995年，收到委员提案83件，当年办理结束。就“改善县城生活饮用水条件”提案，由提案委员会牵头，组织建委、水电、卫生、防疫、自来水公司等单位联合办理，提案人和人民群众表示满意。对一些特殊问题、社会热点问题如新田乡东山村四组“农民负担”提案等，组织实地调查和查阅档案，澄清是非，消除误解。1996 年收到提案 102 件，立案 83 件，全部办复。县委、县人民政府将反映农村“三乱”（乱集资、乱摊派、乱罚款）提案列为当年纠风工作重点，到年底，审查 89 个收费单位和 297 项收费项目，取消收费项目 18 个，查处收费案件 12 件，经济制裁总额达 7.4 万余元。1997 年，收到提案 84 件，送县级有关部门办理，关于“修通普子到太原公路”的提案，县交通局承办后，解决补助资金 30 万元，年底公路得以开通。关于“整治县城脏乱差”提案，得到县级相关部门重视，以整治城内交通为重点的治理工作得以开展，实行了部分路段的机运车单向行驶、垃圾定点堆放、定期清运。

1998—2002 年，提案质量提高，办理提案采用政协牵头、相关单位共同办理、提案委员会办复或转办、提案委催办或督办三种形式，提案办理工作追求实效。收到提案 806 件，立案办理 769 件，办结 740 件，占立案总数 96.23%。1998 年收到六届一次会议提案 119 件，年内全部转有关部门办理回复。1999 年，提案委员会组织委员 162 人次，督办有关农民负担、城建城管、公路建设、国企改革、教育卫生科技等提案 100 件，当年所有提案办理结束，委员回执满意率上升。2000 年，收到提案 134 件，立案 133 件，涉及政治、经济、社会生活方方面面，其中《规范市内道路交通管理、维护县城交通秩序》提案，由县交警队承办后，规范交通标志牌，增加值勤车、清障拖移车、交通岗亭，改善交通情况。2001 年，全年征集委员提案 185 件，办结率 99%，满意率 95%，基本解决的有 135 件，占 71%。2002 年，全年征集委员提案 109 件，涉及政治、经济、社会生活等内容，办结率 100%，满意率 98%。得到解决 65 件，占 60%。

2003 年，七届一次会议政协各专门委员会和政协委员提交各类 231 件提案、意见和建议，办结率达到 100%。《引进高等院校本科毕业生，解决普通高中教师不足的建议》《解决上塘村片区居民人畜饮水难问题》《关于乌江二桥南桥头路面尽早硬化的建议》均得到落实。2004 年，县政协七届二次会议收到提案 167 件，立案 136 件，作为意见、建议转办 31 件。召开与提案有关 40 个单位参加交办会，分管领导就如何办理提案提出要求。交办会后，提案委进行走访，催办、回复全部如期完成。2004 年 12 月 20 日，县政协七届三次全会前，县政协常务委员会发出《关于征集政协七届三次全会提案至全体提案者的一封信》，强调委员提案“选好题材”，坚持“围绕中心、服务大局、关注热点”；注重内容，坚持“有情况、有分析、有建议”；书写规范，以饱满的热情提出高质量的提案。2005 年，县政协七届三次会议收到提案 207 件，确定为提案的 167 件，占 80.70%。转作建设的 40 件，占 19.30%。立案提案办结率 100%。《尽快建立化肥储备制度，切实关心农民生产的建议》《尽快翻新立交桥至两江桥路面的建议》《整治国道 319 线彭水段，提高渝东南地区到主城区的陆上通行能力》等提案，被县委、县人民政府列为“为民办实事”的重要内容。

第三节　视察调研

1986 年，组织调查 12 次，对乌江航运、县纸厂、高谷纸厂、老鸹石煤矿、普子、高谷商品基地建设及能源、交通等写出 10 多个专题报告。

1987—1989 年，县政协组织委员开展多层次、多形式、多专题调研活动，先后参加 480 余人次。写出 122 篇近 22 万字调查报告。1988 年，开展企业内部改革调查，写出《改革企业内部及机制是搞活企业的源泉》。1989 年，县政协各专门委员会组织调查后，向县委、县人民政府提出生猪生产问题的建议，县畜牧、商业部门极为重视，开展大量工作，推进生猪生产发展。关于《县城蔬菜生产的现状与对策》，由黔江《川东南报》转载，汉葭镇政府和县级商业部门加强蔬菜的生产与管理，解决县城“吃菜难”问题。

1990—1992年，县政协进行35项专题调查和考察。1991年，通过政协委员的调查考察，写出《关于依靠科技进步，振兴我县农村经济的建议》，根据县政协建议，县委、县人民政府下发《关于依靠科技进步，振兴农村经济的意见》，成立领导机构，将1992年定为科技兴农年。经过政协委员到县化工厂、橡胶厂、钢锉厂、红麻纺织厂调查，针对目前工业生产现状，写出《选准企业领导至关重要》调查报告。组织县经贸委对百货、综贸、糖酒、中药材等5个企业进行专题调查，为发展生产、活跃市场、满足消费、平抑物价、争创税利发挥作用。

1993年，开展工业企业、农业大春备耕、农村卫生工作现状调查和职业技术教育调查活动，写出调查报告6篇，6万字，给县委、县人民政府提出相应对策和措施意见建议102条。7月，政协委员结合彭水自然地理情况，写出《建立五倍子支柱产业促进农村经济发展》调查报告，关于职业教育调研后，写出《关于我县职业教育情况的报告》。郁山区政协小组深入三连、走马、朱砂等乡调查，写出《郁山区蚕桑发展状况》的调查报告。1994年，围绕改革开放和经济建设重点、难点和社会关注问题，视察县城立交桥、乌江商业城、北街建设重点工程及县城垃圾、污水处理设施等，写出《万千广厦话喜忧》视察报告，县人民政府采纳后发布《整顿县城交通秩序》《县城市容和环境卫生管理办法》等通知、布告。1995年，围绕经济建设中重大问题开展调查研究，为县委、县人民政府排忧解难。组织政协委员深入区乡召开座谈会，深入细致的调查研究，对人畜饮水、烟叶生产和17个国有企业扭亏增盈提出系列对策。黔江地委、行署对彭水自治县政协的调查报告做出批示："彭水自治县政协关心工业，深入企业调查研究的做法值得提倡，对全县工业发展提出的对策与建议应该引起县委、县人民政府的高度重视。"1996年，组织政协委员深入全县各地进行4次调查和1次视察，对发展山羊、山区林业综合开发、医药医疗市场提供决策依据，以县政协《调研与议政》材料送交县委、县政府和县级各部门。各专门委员会和区（镇）政协小组开展一些小型调查活动和视察活动。经济科技委员会关于统筹规划发展林牧业的调查，郁山政协小组关于清平乡玉米良种掖单13号质量问题的调查，普子区政协小组关于农村公路建设、农牧业发展、烤烟生产等情况的调查、考察等。1997年，全年开展7项专题调查和考察。写出调查、考察报告6篇。

1998—2002年，县政协提高参政议政的实效，围绕经济社会发展中心工作开展调查研究，组织科技人员送科技下乡、送技术进厂，组织力量积极参与企业改革、农业结构调整、旅游业开发、帮助贫困人口脱贫致富，积极支持和主动参与各项重点建设；关心和参与招商引资，做好协调关系、化解矛盾、凝聚人心的工作，积极投身经济建设主战场。1998年，县政协经济科技委员会实地调查视察，分别写出《预定目标可望实现，存在问题亟待解决》《严格执行政策，坚持"一主两辅"》《关于上半年财税工作情况的调查》；文教医卫委员会会同卫生局、防疫站等部门，针对食品卫生情况进行视察，写出《提高执法力度，保障人民群众身心健康》的视察报告。1999年4月，组织政协委员和有关部门对彭水国有企业、乡镇企业、私营企业运行情况进行为期一个月的专题调研，写出《从彭水自身的独特优势如何振兴工业企业》《体制改革：乡镇企业发展之路》《私营企业发展的喜与忧》等调查报告；组织政协委员和专门委员会走访县植物油脂有限公司、田园食品公司、金龙房产开发公司、商贸园区、双薪建筑公司等15个私营企业，并组织私营企业代表座谈会，写出《濒临破产企业起死回生》《小小红苕粉走向大市场》等调研文意；开展专题调研，撰写《发挥各方力量，制止学生流失》《实施清静工程，治理噪声污染》《加强计划生育薄弱环节的管理》《加大乱砍滥伐查处力度，确保森林禁筏令的有效实施》等调查报告，通过政协常务委员会向县委、县人民政府提出建议。2000年，县政协组织部分政协委员和专门委员会先后开展13次调查和视察，形成调查视察报告13篇。其中，《茅尖山—芙蓉江旅游资源开发势在必行》，引起县委、县人民政府重视。2002年，县政协开展对全县居民最低生活保障执行情况、城乡市场建设情况、城区街道建设工程情况、吃水果难、鹿角中学教学工作情况进行调查考察，提出可行性建议意见。

2003 年 12 月，县政协组织常务委员会组成人员和委室负责人分别考察郁山、保家、高谷小集镇建设情况，县水上泥厂等 6 家民营企业发展情况，彭水中学创重点中学和彭水教育事业发展情况，县人民医院、中医院、疾控中心、卫生事业发展和“非典”防治情况等进行年终考察，写出考察报告，提出建议、意见。2004 年，县政协牵头组织“全县民营经济发展现状”调查。经过历时三个月的调研，写出《解除屏障促进民营经济快速发展》的调查报告，同时组织委员围绕水利电力、农村公路、小城镇建设、“三农”问题开展系列调查活动，写出《打破瓶颈，促进我县小水电快速发展》《加快城镇建设是促进县域经济发展的重要途径》《加快农村公路建设刻不容缓》等 8 个调查报告。2005 年，以环境保护和反映社情民意为重点，经过实地调研，写出《关于茂田水泥厂建设环境的调查报告》，提出治理建设环境、加大对工程建设督查力度的建议意见。同年，提出“关于妥善解决烟农的烤煤问题的建议”“关于有效遏制部分学校乱收费现象的建议”“多为农民送科技信息的建议”等。组织专题调研组就彭水农业产业化工作推进情况，分别对高谷、郁山的“粮猪结构”，桑柘、新田的“粮烟结构”，平安、棣棠的“粮烟猪结构”等不同结构的 6 个乡镇、17 个村 1 个居委会 48 个村民小组 240 户 1163 人进行调查，形成《关于我县农业产业化发展现状的调查报告》。

第四节　文史资料征编

1986—2001 年，县政协文史资料收集、编辑整理、出版发行工作，由县政协文史资料委员会主管办理。2001 年机构改革后，由文教医卫委员办理。县政协继 1985 年 12 月编辑出版《彭水文史》第一辑后，1986—2005 年，县政协文史资料委员会通过召集离退休干部座谈会，在部分区、乡召开征稿座谈会，采取多种形式，多方了解线索，因题找人、因人命题，走出去、请进来，拜访各界人士获取资料，编辑整理《彭水文史资料》第二至第十二辑共 11 辑，约 120 万字。内部出版《彭水文史》解放专辑、“纪念七七事变五十周年”专辑、“工商史料”专辑、“千秋功业奠基人”专辑、以离休干部陶万昌关于亲历解放战争的回忆录为主体的“难忘的回忆”专辑、“自治县成立十周年特刊”专辑（上）等。

1991 年，编制《彭水政协志（1950—1990）》。1993 年，收集民国时期彭水政治、经济、文化等史料，编写《彭水文史 1 至 7 辑索引》。参与《芙蓉江畔》编辑发行工作。编写《彭水文史 1 至 8 辑索引》，为《四川省文史精萃》送稿 20 篇，与全国 267 个县（市）进行史料交流协作。1995 年，制定文史资料工作目标，编写文史资料征集参考提纲 184 条。征集文史资料稿件 20 篇，5 万多字。1996 年，整理编辑《丛莽里开辟出来的文明》《冉崇文轶事》《秦兴元打教》3 篇文史稿送地区工委。完成全国政协征集的土家族史料编送任务。1997 年，征集稿件 80 余篇，约 15 万字，为湘西州政协编辑出版《土家族史料》专辑提供 2 万余字的稿件。为湖南城步县政协编印《苗族》史料提供稿件 10 篇。1999 年，向西南少数民族文史资料第二次协作会编撰的《西南少数民族文史资料丛书・经济卷》送稿 3 篇。2003 年，为重庆电视台拍摄《红军在重庆》和思南报社提供文史材料。2005 年，制定《重庆旅游文史系列丛书・彭水卷》征集、编辑、出版方案；征集文史资料 30 篇，6.50 万字；向兄弟区县政协和社会各界人士赠送《彭水文史》100 余册。《贺龙在彭水》一文被中国人民解放军总政治部《贺龙传》、湖南省政协《文史资料》征用。

1986—2005年彭水自治县政协编制《彭水文史》情况表

表 5-4

时间	辑名	专辑名	篇数	部分篇目
1985 年 12 月至 1986 年 11 月	第二辑	解放专辑	30	《国民党在彭水总崩溃的情况》《解放郁山镇简记》《从解放到安定》《剿匪记》《保卫江口》《侯道忠同志脱险经过》《血战茶园盖》《粉碎贯匪张朝阁劫法场的罪恶活动》等，附有照片 9 幅和人民解放军解放彭水路线图
1987 年 7 月	第三辑	纪念“七七事变”五十周年	26	《彭水人民在抗日时期——史料辑录》《抗日动脉——川湘公路》《抗日时期彭水救亡宣传简况》《抗日时期的郁山盐场》《湖北高级工业学校在高谷》《抗日时期的彭水童子军》《庙池人民的抗丁抗捐斗争始末》《战斗在太行地区》等，照片 10 幅
1988 年 10 月	第四辑	工商史料专辑	31	《建国前彭水商业发展简况》《抗战前后的彭水商业》《彭水自治县商会梗概》《郁山盐与郁山镇》《喻昌歧事略》《彭水自治县区乡（镇）集市表》《堂路明珠保家楼》《古代万足生漆业》《“渝涪帮”与郁山山货同业工会》《德昌元始末》等。照片 12 幅
1989 年 9 月	第五辑《千秋功业奠基人》	纪念中华人民共和国诞生四十周年	20	《辛亥革命一英烈——谢龙光事略》《回忆彭水早期地下党组织的活动片断》《彭水第一任县委书记》《一九二〇年武装起义始末》《洒向人间都是爱　革命伴侣献青春——向希平、马怀秀烈士二、三事》《鞠躬尽瘁为革命抛头洒血争自由——刘伯容烈士简介》《壮志未酬浩气长存——霍恂烈士传略》《我见到的贺龙军长》等
1990 年 7 月	第六辑	—	19	《秦兴元打教》《郁山武林旧事》《彭水禁吸鸦片经过》《彭水交通述略》《四十年代彭水小学教育简况》《柯仲生在彭水二、三事》《龙舟竞渡引出的纠纷》《古代文人写乌江》《对川东南土家族与古代巴人关系的探讨》等
1992 年 3 月	第七辑	—	14	《彭水兵灾匪患概况》《秦晓眉生平》《王仲和前半生》《“狂人”淳世兴》《彭水中学学潮实况》《彭水自治县城旧貌》《彭水“大战钢铁”一角》《“火球”奇观》《彭水高氏族长律罚》等
1994 年 11 月	第八辑	自治县成立十周年特刊	24	《彭水苗族土家族来历及其发展》《彭水方言》《彭水人的婚礼》《郁山一带的冠礼习俗》《彭水的民间丧礼》《浅谈民间祝寿》《彭水历代墓葬》《彭水文坛举隅》《彭水禁忌选辑》《贺龙早期在彭水》《百年前的封山育林碑》《铲烟剿匪》等，题词 4 幅
1996 年 4 月	第九辑	—	29	《回忆川东学运》《农业学大寨在桑柘乡》《地震的宏观常异》《彭水港今昔谈》《冉崇文轶事》《从莽里开辟出来的文明》《苏栋卿和芦塘煤矿》《黄介臣和空明精舍》《彭水的乡村私塾》《解放前的乌江盐运》《乌江的“歪屁股”盐船》《彭水的两次鼎革侧记》《万足历史事件追忆》等，题词一幅
1998 年 10 月	第十辑	—	36	《忆七十年代朱三洞电站》《彭水自治县修喷灌池始末》《八二年郁山镇的抗洪救灾》《百丈坑探险》《走向振兴的彭水民族中学》《“刘邓”在彭水接见“两叶”》《日本战俘过彭水》《台胞苏印扬》《长孙无忌初葬何处》《道光年间县大堂“财务公开”》等
2003 年 3 月	第十一辑	—	49	《彭水第一座水电站——马岩电站》《兴修彭水自来水厂记事》《农村实行联产承包责任制》《彭水桐油科研活动》《汉葭镇第一小学的历史衍变和发展》《探索队在彭水》《云顶寺碑记》《贺老总与郁山体育》《赵富康在彭水》《对私营工商业者的社会主义的改造》《邓华上将检查试验田》《两份文告不凡经历》等，照片 16 幅
2005 年	第十二辑	—	52	《解放初期的供给制》《供销合作社的建立》《全国桐油乌桕生产彭水现场会之回忆》《回忆县委机关干部试验田》《我县飞播造林回忆》《我所见到的红三军》《石柱大队“学大寨”岁月》《大串联（“文革”纪事）》《郁山镇私立定天补习中学》《对任县长期间一些主要工作的回忆》《州址之争》《建设湘渝铁路的彭水民兵团》。照片 27 幅

第五节　统战联谊

1986—2005 年，县政协以政协组织形式开展县内统战工作和县外政协组织间的联谊活动。

1986 年起，加强横向联系，巩固和发展爱国统一战线有新的突破。配合统战部侨办、台办接待“三胞”（侨胞、台胞、港胞，下同）人员 15 户 25 人。7 月，四川彭水、武隆和贵州道真、务川、桐梓、正安、绥阳等 7 县共同考查写出联合报告，要求上级支持开发芙蓉江水力资源。7 县达成协议，长期保持联系，为开发芙蓉江和为川黔边区早日脱贫致富而努力。

1987—1989 年，有 70 位台胞返乡探亲，其中部分台胞给家乡办实事。1987 年，美籍华人何其贞老人在彭水中学建立“何其贞老人基金会”，台胞田秉坤、廖国安资助兴办乡村学校和县城职业学校。1988 年，接待台胞、港胞 19 户 25 人。其中，中上层人士 4 人、经济界人士 4 人、文化新闻界人士 2 人，退役老兵 9 人。与湖南龙山、长寿县政协建立兄弟政协关系，签订经济、科技、文化方面的协议。5 月初，组织部分政协常委、委员赴湘鄂川部分县、市政协学习考察。6 月 10 日，在湖南省桑植县召开筹备会，由四川彭水、湖北鹤峰、湖南桑植 3 县政协发起开办湘鄂川黔边区县（市）政协工作联系会。大会宗旨是开辟新的工作领域，更好为改革开放服务，交流经验、互通情报、增进友谊，进一步搞好新时期政协工作。11 月，由县政协组织在彭水召开湘鄂川黔边区县（市）政协工作联系会成立大会。有湖南省桑植、慈利，湖北省鹤峰、来凤、咸丰，贵州省沿河、务川和四川省黔江等 9 县政协代表参加成立大会。

1990—1992 年，县政协办理“三胞”返彭接待工作，共接待“三胞”70 多人次，宣传党的对台侨工作方针、政策和改革开放 14 年来重大成就，并且解决“三胞”在大陆亲属生产生活中的实际困难，县政协协助县统战部门向省里有关部门争取资金帮助侨眷发展生产，一部分侨眷成为蚕桑、烤烟生产大户。认真履行湘鄂川黔边区县（区）政协工作联系会成员的义务，由政协工作的联系发展至政府之间的协作，由政治交往发展到经济、技术的合作，联系领域越来越宽。3 年中，通过走出去请进来的办法，与省内外 150 多个县市政协建立友好关系，接待湘鄂川黔等各省县（市）政协方面客人 610 人次。通过政协牵线搭桥，经济合作合同成交额达 500 万元。1990 年 8 月，彭水在内 10 个边区联系县（市）在湖南慈利县召开武陵山经贸大会。大会总成交额达 1 亿元。与彭水的合同成交额达 360 余万元。1991 年 9 月，县政协应邀出席贵州省道真县召开的芙蓉江流域资料编写联席会议。

1993 年，接待“三胞”人士 20 人次。收集整理《招商引资的优惠政策和奖励办法》，草拟《台侨基金会章程》，向台胞发信函 300 余封。其中，有经济联系 10 余件，意向性项目 4 个，全县 67 位台胞和 103 位台属办理台属登记手续。接待各地政协客人 270 人次，参加 10 月 10 日至 14 日在湖南桑植召开的川鄂湘黔四省十五县（区）政协工作联系会第六次年会。1994 年，会同县民宗委宣传贯彻《中华人民共和国民族区域自治法》，落实民族地方政策，帮助天主教爱国会落实真原堂房产遗留问题，解决台属塑料编织厂投资情况调查，接待台属侨属 20 余批次。参加 11 月 16 日至 19 日在湖北来凤召开的川鄂湘黔 4 省 15 县（区）政协工作联系会第七次年会。1995 年，接待台胞 5 人次，加强“三胞”联谊交友，对投资环境、项目引进等方面优惠政策进行宣传，牵线落实台胞王应田捐助彭水 50 万美金设立彭水教育基金会。应邀出席 8 月召开的川鄂湘黔桂五省十五市、地、州政协工作联系会，并作经验介绍。参加 10 月在贵州省务川县召开的川鄂湘黔县（区）政协工作联系会第八次年会。1996 年，协助县民族宗教委员会做好天主教堂的开放和管理工作，天主教堂恢复礼拜活动。天主教爱国会办起“三自”（自传、自治、自养）企业，为天主教礼拜活动提供经费保证。编写对台对外稿件 10 余篇，接待台胞 12 人次，办结回乡定居台胞 2 人次，协助台属赴台探亲 2 人次，办结在台乡友遗产继承案1件。参加湖北省咸丰县召开的川鄂湘黔四省十五县（区）政协工作联系会第九次年会。

1997年，“七一”香港回归前夕，组织天主教爱国会座谈“迎（香港）回归”；接待台胞6人次，办理台属遗产案件1件；建立健全党外干部、知识分子代表人物档案。参加10月在湖南省永定区召开的川鄂湘黔4省15县（区）政协工作联系会第十次年会。1998年9月，参加湖南省石门县召开的川鄂湘黔县（区）政协工作联系会第十一次年会。1999年，开展县政协成立50周年纪念活动，召开各族各届人士代表座谈会，参加重庆市政协和重庆市统战部联合主办的“政协统战知识竞赛活动”，在《彭水报》发表纪念文章。是年，参加贵州省德江县召开的川鄂湘黔四省十五县（区）政协工作联系会第十二次年会。2000年，县政协主席李运茂率考察组到云南、贵州、四川部分地方考察学习农业产业结构调整和烤烟生产经验，参加贵州省印江自治县召开的川鄂湘黔4省15县（区）政协工作联系会第十三次年会。2001年，在贵州省松桃县召开的川鄂湘黔4省15县（区）政协工作联系会第十四次年会。2002年，在湖南省张家界市武陵源区召开的川鄂湘黔4省15县（区）政协工作联系会第十五次年会。

2003年10月，县政协成功在彭水举办川鄂湘黔4省15县（区）政协工作联系会第十六次年会。各成员县开展“加强联络联谊，创新政协工作”主题开展交流和研讨。会议期间，来宾参观乌江彭水电站建设工地，观赏大型民族歌舞《乌江魂》。是年，县政协组织出访外地20多个区县政协，对贵州省、湖北省在乡镇设立工作委员会的经验特别重视，增强本县乡镇政协委员参政议政力度。2004年10月，县政协参加在湖南省凤凰县举办川鄂湘黔4省15县（区）政协工作联系会第十七次年会，在会上作《以人为本，尽职为民》交流发言。外出走访黔江区、秀山自治县、武隆县等兄弟县，接待重庆市政协相关专门委员会，长寿县、綦江区、丰都县等10多个区县政协组织到彭水的考查活动。11月，县政协办公室下发《关于2005年通联工作意见》，加强对政协通联工作领导，充实16名《重庆政协报》通联站通讯员，规定任务和奖励办法。2005年，接待重庆市政协和市内外区县政协组织到彭水参观考察客人20多批次200余人。推介乌江彭水电站、茂田水泥、渝怀铁路、湘渝高速路建设等。是年，川鄂湘黔4省县（区）政协工作联系成员已扩大到16个县（区）。10月，参加秀山自治县举办川鄂湘黔4省16县（区）政协工作联系会第十八次年会，在年会上，彭水等16个县（区）向全国政协提出建议案，建议依托资源优势弘扬民族文化，共同打造大武陵山区民族生态旅游经济区。

第六篇　群众团体

县总工会、共青团县委员会、县妇女联合会、县工商联合会、县科学技术协会、县残疾人联合会在中共彭水自治县委领导下，发挥各自特点，从事特定社会活动。1986—2005年，各群众团体既维护和争取自身权益，开展卓有成效的活动，又作为党和政府联系人民群众的纽带和桥梁，在推进县域经济社会发展中发挥作用。

第一章 县总工会

1988年，全县建立基层工会组织114个，会员9870人。1995年，总工会设工作委员会9个。1999年2月，县总工会迁至县委办公楼办公。行政编制4名、工勤编制1名、领导职数2名。2005年年底，县级系统、乡镇工会委员会46个，私营企业工会联合会39个，基层工会469个，覆盖职工3.22万人，会员2.99万人，专职干部89人、兼职干部1283人。建立女职工工会委员会148个，基层工会劳动保护监督检查委员会82个，工会小组劳动保护监督员202个。

第一节 代表大会

一、第六次会员代表大会

1988年6月27—29日在县城召开。正式代表156人、特邀代表19人、列席代表14人。代表全县10543名职工和8950名会员。审议通过《团结奋斗，开拓创新，为建设一个民殷县裕的新彭水而努力奋斗》的工作报告、《加强财务管理，开辟工会办实业的新路子》的财务工作报告及《关于在职工家庭中开展扶贫工作》的决议。表彰在“三先三模”（先进工作者、先进工会积极分子、先进职工之家；模范工作者、模范工会积极分子、模范职工之家）活动中涌现出的11个先进职工之家、3个先进职工之友和29名先进工会积极分子。选举第六届县总工会委员会委员15人、经审委员会委员5人。1988年6月30日上午召开六届一次会议，黄复海当选主席、严海林为副主席，沈异云为经审委员会主任。县总工会六届八次全委会增选主席王业盛，委员23人。

二、第七次会员代表大会

1992年4月22—24日在县城召开。正式代表165人、列席代表26人，代表全县11352名职工和10714名会员。审议并通过《弘扬工运事业，振兴彭水经济》的工作报告和《加强工会财务管理，振兴我县工运事业》财务工作报告。选举县总工会第七届委员会委员20名、候补委员5名、常委9人、经审委员会委员5人，王业盛当选主席，严海林、杨宗英（女）为副主席，刘朝顺为经审委员会主任。授予17个基层工会先进职工之家的称号，表彰优秀工会积极分子60人。

1995年5月，县总工会召开第七届五次全委会会议，选举委员12人、常委9人，杨宗英（女）当选主席，刘朝顺和李朝文为副主席。

三、第八次会员代表大会

2000年4月25日在县城召开。正式代表184人、列席代表17人、特邀代表4人，代表全县18280名职工和13260名会员。审议并通过《高举邓小平理论伟大旗帜，团结动员广大职工为振兴彭水经济而努力奋斗》的工作报告、《彭水自治县总工会第七届委员会财务工作报告》和《彭水自治县总工会第七届经费审查委员会工作报告》。选举县总工会第八届委员会委员 21 人、常委 11 人，李守清当选主席、刘朝顺和李朝文为副主席。选举经审委员 5 人、刘朝顺任主任。

四、第九次会员代表大会

2005 年 12 月 27—28 日在县城召开。正式代表 200 人、列席代表 28 人。审议并通过《彭水自治县总工会第八届委员会工作报告》《彭水自治县总工会第八届委员会财务工作报告》以及《彭水自治县总工会第八届经审委员会经费审查报告》。选举县总工会第九次代表大会委员 21 人、常委 11 人，段茂淑当选主席、丁世平和钱徽川为副主席。选举经审委员 7 人，钱徽川为主任、吴鹰为副主任。

第二节　工会活动

一、民主管理和监督

1986—1988 年，在全县各单位建立职工代表大会制度，64 个基层工会组织 1399 人提出合理化建议 1525 条，被采纳 667 条。1989—1990 年，在民主管理与建言活动中，每年提案总数 310 件以上。1991 年，职代会实行规范化、制度化、网络化管理。1995 年，全县 75 户国有企业，改制后保留 15 户，实行职工董事会、职工监事制的公司 12 户。工会主席、副主席、一般管理干部、工人作为职工代表进入董事会、监事会的共 45 人。1996 年，在开展万名职工提合理化建议活动中，表彰优秀组织 2 个、先进集体 4 个、先进个人 5 名、合理建议标兵 16 名。2000 年，全县深入开展“学、促、保、增”活动和岗位练兵、提合理化建议、技术革新等活动，参与面 98%。提合理化建议 5680 条，被采纳 3000 余条，创经济价值 150 万元。2004 年，厂务公开向非公有制企业、事业单位和党政机关的政务公开拓展。2005 年，全县事业单位实行厂务公开 78 家，公开面 100%。非公有制企业推行厂务公开 14 家。12 家国有企业职工代表进入董事会和监事会，32 家非公有制企业职工代表进入董事会和监事会。全县企业中签订集体合同 47 个，签订平等协商、工资集体协议 56 个，推行区域性、行业性协商 5 个，覆盖企业 36 个、职工 1632 人。县厂务公开领导小组办公室被重庆市厂务办评为推行厂务公开工作先进集体。截至 2005 年，全县 48 家工会被评为县“厂（院校）务公开先进集体”。

二、职工教育培训

1986—1990 年，每年培训职工代表 200 人以上。1992 年，组织全县职工开展“打破铁饭碗，克服平均主义，增强竞争观念”的大讨论。1994 年，开展“中国特色社会主义”理论教育，举办宣传专栏 113 期，座谈会、演讲会 15 场次，到 20 多个企业中调研职工思想动态。1997 年，对职工进行有理想、有道德、有文化、有纪律的“四有”思想教育。2002 年，对职工进行技术培训 13642 人次。谢刚茂获重庆市首届“创新学习型组织、争做知识型职工”活动先进个人。2004 年，自来水公司工会获重庆市“创建学习型组织、争做知识型职工”活动先进集体。2005 年，组织街头法制宣传 10 次，发放《中华人民共和国工会法》和《中华人民共和国劳动法》资料 1 万余册。各级工会建立学习型组织 235 个、学习型班组 368 个，组织业务知识和劳动技能培训职工 1 万余名。举办职工技能培训班 8 期，其中开展“创新工程”活动，举办下岗职工技能培训班 2 期，受训 1385 人，职工再就业 5087 人。

三、职工活动

1986—2001 年，举办妇女迪斯科表演、妇女游行庆祝、以“扭亏为盈”为主题的劳动竞赛、县城独生子女家庭趣味游园竞赛、“一学一比一增”（学技术、比贡献、增效益）竞赛、8个系统参加彭水首届“质量、品种、效益”知识竞赛、“奉献‘九五’立功竞赛”“跨世纪百万职工自我素质达标大行动”等活动，先后有李金春获“全国五一劳动奖章”、曾宪文获“全国商业劳动模范”、任洪勇和钱书远被国务院授予“全国劳动模范”、孙维亮获“全国教育系统劳动模范”、黎家乾获“全国模范教师”、张志珍获“全国轻工业部劳动模范”、孙文风获“四川省职工劳动模范”、张洪塔被评为“四川省德育教育先进工作者”、何洪安和徐立用以及李佛章获“四川省劳动模范”、向国光获重庆市“九五”立功奖章、何德文和廖应坤以及宿德普获“重庆市劳动模范”、赵广霖获重庆市“管理创新、技术创新、队伍创优、扭亏争效”活动先进个人的称号，县总工会获市总工会2001年度区县工会工作竞赛一等奖。

2002—2005年，开展“增强创新意识，提高创新能力，争当创新能手”“管理创先、技术创新、队伍创优、扭亏增盈”、技术练兵比武、“争创十、百、千、万”“素质工程”等活动，参加人数累计19727人，县总工会获市总工会“女职工工作竞赛”和“工会工作竞赛”一等奖，县表彰“优秀工会工作者”138人次、女职工先进个人469名。评选出“十佳女职工标兵”3名、“百佳女职工标兵”3名、“千名女职工素质达标优秀班组”10个、“万名女职工素质达标优秀者”90人，女职工政治达标1000人、道德情操达标3326人、文化达标1500人、业务技能达标2000人、其他方面达标500人。先后有张洪塔获“全国五一劳动奖章”和全国先进工作者、罗永国获全国“优秀工作者”、冉茂禄获全国总工会“工会工作者”荣誉证书、庹玉清和代鸿以及黄道华获市总工会“劳动创新”奖章、罗永国获市总工会等4家联合表彰的“职工信赖的好书记”、罗富宪获市总工会“职工信赖的好厂长”、任大品、郭定成和刘中凡获重庆市“劳动模范”的奖励和称号。

四、送温暖活动

1986—1988年，帮扶26个基层工会困难职工497人，对全县44对“半边户”贫困家属落实帮扶措施，全县2000多名贫困职工全部解决温饱。1990年，筹资7400元，解决特困企业、特困职工生活困难问题。1993年，春节期间慰问企业27个，补助职工137人，慰问高寒边远山乡教师，发放资金总额2.32万元。1996年，慰问“双停”企业特困职工120多名，对女职工500余人进行妇科病普查。1997年，健全特困企业特困职工档案。1998年，对51个特困企业和135户特困职工进行慰问，全县累计发放慰问金10万元。筹措资金资助8名考上大学的特困职工子女顺利入学。1999年，市总工会下拨“送温暖”资金3万元、县级部门筹资21.62万元，于元旦、春节期间对250户及76名特困职工进行慰问。3220人下岗职工中，2036人实现再就业。筹措资金1.62万元资助汉葭、郁山两镇29名特困学生进入大学学习。2001年，元旦、春节期间，筹措资金28.5万元，组成3个慰问组，走访18个特困企业的在岗、待岗、失业、离退休职工。市总工会副主席赴彭水走访特困企业郁江煤矿，送去慰问金1万元。建立16个企业、100户特困职工和6500人城镇居民最低生活档案。2002年，筹措资金1.5万元慰问原农机厂等3个特困企业和8户特困职工。城镇贫困居民2460户、11039人纳入低保。2003年，分别为3家企业13户困难职工、“非典”防治一线医务人员、黄家镇受灾农户分别送去慰问金3500元、4000元、3000元。

五、创建职工之家

1987年，全县“建家”合格率91%。1990年，县养路段等40个基层工会获得“先进职工之家”称号。县农贸公司工会连续5年被评为县级“模范职工之家”。1993年，县农贸公司工会、小河电厂工会小组被四川省总工会授予“模范职工之家”称号。1995年，县总工会被黔江区委和区工会办事处评为合格“职工之家”。1997—2005年，县财政局等17家工会被市总工会授予“模范职工之家”称号，6家工会小组被授予“模范职工小家”称号，3家为重庆市首批“示范乡镇（街道）工会”获得者，27家为重庆市首批“合格乡镇（街道）工会”获得者。县总工会对23个“先进职工之家”、43个“模范职工之家”进行表彰，28家工会（小组）获县“模范职工小家”称号。

第二章　共青团县委员会

1986年，有基层团委96个，团总支137个，团支部1300个，团员2万人。2004年年底，有基层团委46个，团总支委11个，团支部345个，团员总数11731人。2005年发展团员2300人，团员总数14031人。

第一节　代表大会

一、第九次代表大会

1988年3月26—28日在县城召开，正式代表309人、特邀代表13人。审议和通过《站在改革和建设前列，为振兴彭水做贡献》的工作报告，听取《共青团彭水自治县第九次代表大会的筹备工作情况和代表资格审查报告》和《关于1982年11月—1988年2月团费收支情况报告》。表彰年度先进团组织和先进个人。选举共青团彭水自治县第九届委员会委员29人、常委9人。王廷奎当选团县委书记、谢胜为副书记。

二、第十次代表大会

1995年5月10—11日在县城召开，正式代表151人、特邀代表12人。审议和通过《励精图治，开拓进取，为加快彭水经济建设步伐贡献青春》的工作报告，通过《共青团彭水自治县第十次代表大会关于代表资格审查报告》。杨帆当选团县委书记、向业顺为副书记。

三、第十一次代表大会

1998年7月2—4日在县城召开，正式代表120人。审议和通过《高举伟大旗帜，弘扬黔江精神，团结带领全县团员青年为建设繁荣富裕，文明进步的新彭水艰苦创业》的工作报告，通过《共青团彭水自治县第十一次代表大会代表资格审查委员会的决定》。选举共青团彭水自治县第十一届委员会委员25名、常委9人，冉雄伟当选团县委书记、洪书科为副书记。

四、第十二次代表大会

2002年4月16日在县城召开，正式代表158人。审议和通过《团结奋进，开拓创新，为把彭水建成重庆市生态经济强县贡献青春》的工作报告，听取《共青团彭水自治县第十二次代表大会代表资格审查委员会关于代表资格的审查报告》。选举共青团彭水自治县第十二届委员会委员25人、候补委员11人、常委7人，李泽玉当选团县委书记、洪书科为副书记。

第二节 团委工作

一、培养“科技星火带头人”

1990年，开展“学雷锋、树新风”“达标创优，民主评议团员”活动，建科技示范点441个，获四川省“科技星火带头人”称号1人。1993年，建立烤烟、蚕桑“青年科技示范片”1626.67公顷，从中涌现出先进团干部3人、先进团组织3个，培养“青年科技星火带头人”2500人。1994年，培养星火带头人327人。1995年，树立县级星火示范团支部10个。组织农村青年1500余人参加农村科技实验，200多人成为农村科技星火能手。1996年，培养科技星火带头人100人。1997年，建立青年科技图书站13处，培养科技带头人150人。2001年，开展万村致富奔小康、护河、护路、改土工程，植树30多万株、改土200万平方米、整治河堤、堰渠6000多米，培养农村科技星火带头人800余人。

二、创建“青年文明号”

1994年，开展“服务万村”行动和创“青年文明号”活动，表彰优秀少先队员50人、少先队辅导员25人。1997年，与人民银行联手开展“青年文明号”活动，选出县寿险公司为市级“青年文明号”单位。1999年，创建“青年文明号”活动，获“市级青年文明号先进单位”5个、获“地级青年文明号先进单位”6个。2000年，15个行业参与“青年文明号”创建，被团市委评为“市级青年文明号”先进单位有6个。2001年，创建“青年文明号”活动，培养青工岗位能手40余人。2002年，对电信、邮政、国税、地税、公安、交通6个“青年文明号”单位进行检查、考核。县会计核算中心、渝东律师事务所命名为县级“青年文明号”单位。指导县会计核算中心为市级“青年文明号”创建单位。

三、宣传培训

1987年开展实用技术培训。1989年，印发学习“十三大”辅导材料1300多份，办墙报、板报150多期，辅导培训250多次。开展“帮户助耕”培训300余次，受训青年1万余人次。1993年，乡开展技术培训143期，组建科技服务队388处。1994年，举办实用技术培训1101期，培训青年农民逾10万人。1995年，开展知识竞赛2560次，参赛人数5.4万余人。2000年，送团干部57人赴北京、上海、重庆等地培训，培养优秀青年团员66人入党。2003年，开展“抗击‘非典’，青春行动”活动，参加活动的青年志愿者158人。开展宣传活动68次，书写标语54幅，分发防治资料15万份，参加“非典”知识竞赛2130人。2004年，大学生93人在16个乡镇扎实工作，被中央电视台报道20余次。2005年，在民族中学举行“建平安彭水、树社会新风、法律进讲堂”青少年文明意识和法治教育启动仪式，举办“关心下一代”家庭教育讲座。4月，举行首届“党的助手后备军、党风廉政我关心”青春倡廉演讲赛。

四、评比表彰

1986—1989年，开展“学模范、挂奖章”“学兴兵、建功立业夺标”“农村青年之家”“绿化创优”“文明经营示范杯”“青龙杯”等活动，表彰先进共青团组织91个、优秀团干部123人、优秀团员134人、先进少先队组织9个、优秀少先队员12人、优秀辅导员12人，伍小林在地委举办“我为改革做贡献”演讲赛中荣获第二名。

1995年，表彰先进团组织15个、先进团员15人。

1996—1997 年，参加黔江地区“十佳青年”评选活动，廖秀敏、刘铭玖分别获地级“人民公仆”“金融卫士”称号。

1999—2001 年，开展“青年学技成才当能手”“青年岗位能手”“青年文明岗”“青年展业能手”“千里绿色文明长廊建设”“五四红旗团委”创建等活动，创建“红旗团委”县级 39 个、市级 3 个、国家级 2 个，汉葭镇江北派出所和鹿角区法庭荣获市级“青少年维权岗先进单位”称号，学校团委被评为国家级“先进个人”2 人、市级“先进个人”2 人、市级“先进单位”3 家，在企业团委中获市级“十大杰出青年企业家”1 人、“优秀青年企业家”1 人、“青年岗位能手”5 人、“行业先进个人”6 人，“青少年科技创新作品”获市级一等奖 1 个、二等奖 8 个、三等奖 14 个，冉雄伟、代鸿分别被评为市级植绿护绿先进个人、十大杰出青年医务工作者。

2003—2005 年，开展“新世纪我能行”“四好五四红旗团委”创建、“彭水自治县十大杰出青年”评选、“党的助手后备军、党风廉政我关心”青春倡廉讲演等活动，选出“彭水自治县十大杰出青年”10 位，5 个基层团委被评为县级“五四红旗团委”，县核算中心团支部为县级优秀“五四红旗团支部”，汉三小少先大队为市十佳红旗大队，庹汉琼为市优秀辅导员。

五、希望工程

1997 年，团县委共收到“希望工程”捐款 483 万元，用于汉葭镇森林希望小学、砂石希望小学、鹿角善感中心校、关口小学、鹿角镇中心校、土塘小学的建设。1999 年，向市上争取希望工程建校资金 56 万元，用于黄家区黄金希望小学的建设，争取 7 万元的电教设施用于改善关口希望小学的办学条件。大垭乡 2 名教师获团中央“国家级希望工程园丁”奖。2003 年，在南方集团争取资金 10 万元，用于黄家镇森林希望小学建设。2005 年，筹集希望工程资金 23 万元，用于鹿鸣乡新世纪希望小学修建。

六、救助失学学生

1991 年，救助贫困失学儿童 7 人。1996—1997 年，救助失学儿童 916 人。1999 年，开展“献爱心救助”活动，救助失学儿童 150 人。2001 年，争取救助金 1 万元，资助贫困学生 200 人。2002 年 9 月，上海市青基会帮扶凉村、岩角两村特困学生 23 人至小学毕业。向市希望工程促进会争取资金 5350 元，资助全县 107 名困难学生。2003 年，共筹集 6400 元结对帮扶失学儿童 79 人。2004 年，通过“1+1”结对救助方式筹集希望工程资金 22.5 万元，救助失学儿童 1183 人、贫困大学生 4 人。2005 年，结对救助贫困失学儿童 1320 人。

七、节日活动

1988 年，“五四”青年节举办篮球赛 300 余场、晚会 47 场、书画展 1 期、实用技术讲座 32 期、电影 43 场。1989 年，“五四”青年节期间 60 多个乡镇举办球类和棋类赛 400 余场、文艺晚会 50 余场、专栏 50 余期。

第三章　县妇女联合会

1986—1997年，建有区（镇）妇女联合会9个、乡妇女联合会（简称“妇联”）63个、村妇女代表会623个、乡镇企业妇女代表会（简称“妇代会”）6个、县直系统妇委会8个、县妇女儿童工作委员会1个、妇代会小组51个，配妇女专职干部63人。其中1990年成立县妇女儿童协调委员会，1995年更名为县妇女儿童工作委员会，至1997年，其成员单位扩大到25个县级单位。2001年机构改革，乡（镇）妇联保留39个。成立维权工作领导小组73个，建立法律服务咨询点46个，家庭暴力投诉站10个。县妇联组织机构下设综合科、维权与发展科，在编2人。2003年，与法院联合挂牌成立妇女儿童合议庭，与县司法局联合成立妇女儿童法律援助办公室，与公安局联合成立反家庭暴力110联动报警中心。

第一节　代表大会

一、第五次代表大会

1988年4月2—4日在县城召开，代表186人。审议和通过县妇联第五届妇女联合会的工作报告。选举彭水自治县第五次妇女联合会执委29人、常委9人，肖素梅当选为妇女联合会主任、罗昌蓉为副主任。表彰先进并作经验交流。推荐选举出席省妇代会代表。

二、第六次代表大会

1995年3月7—8日在县文化馆召开。正式代表192人、特邀代表5人。审议和通过《全县各族妇女团结起来，为振兴彭水经济再建功勋》的报告。选举彭水自治县第六届妇女执委29名、常委9名，选举妇女执委会主席刘德素、副主席汤晓琴。对16个先进单位和个人进行经验交流和表彰。

三、第七次代表大会

2004年3月7—8日在县城召开。正式代表196人、特邀代表51人。审议和通过《以“三个代表”重要思想为指导，团结动员全县各族各界妇女为建设三峡库区生态经济强县而努力奋斗》的报告。选举彭水自治县第七届妇女执委29人、常委7人。选举何红为妇女执委会主席、赵江南为副主席。表彰2003年度先进集体和个人。

第二节 妇联工作

一、“学赛比”建功活动

1986年，开展拥军优属活动，为前线送鞋垫1695双、毛巾212条、手绢68张、锦旗250面、手套242双、帐篷1顶、收录机1台、背心278件、领带2条、慰问信212封。至1997年，通过开展“双学双赛”（学文化、学技术、赛贡献、赛新风）活动，表彰优秀军人妻子55名、优秀军人母亲52名、好军嫂58名，妇女21人获地区妇联表彰。组织妇女“帮户助耕”小组19个，文盲、半文盲2万多人参加扫盲学习，脱盲率97.2%，妇女83人获农业技术职称。举办实用技术培训班2564期，参训妇女18万人次，参训妇女都掌握两门以上实用技术。开展“我为亚运作贡献”活动，组织妇女1565人捐赠1636元，寄往十一届亚运组委会。对18 ~ 35周岁妇女8.6万人进行“破伤风”预防接种，妇科病普查956人。评出五好家庭户、遵纪守法户、科技示范户、双文明户426家，评出先进集体142个、先进个人1210人。县妇联3次获四川省“双学双赛先进单位”“双学双赛先进协调单位”，获黔江地区双学双赛先进集体奖。获四川省妇联颁发税法宣传活动奖和维权工作先进集体奖各1次。

1998年，变“双学双赛”为“双学双比”（学文化、学科学，比成绩、比贡献）活动，与汉葭镇联合举办“千万农家女、百项新技术”首期培训，800多名妇女学到了新技术。至2000年，评选出县级文明家庭78户、女能人17人、优秀母亲27人、巾帼建功标兵11人、巾帼建功先进集体8个，建立区、乡、村三级妇女活动室719个。

2001—2005年，共发放宣传资料27.25万份，争取培训经费9.28万元，举办培训班381期（其中县乡妇联澳援培训25期），培训2.83万人次，帮助下岗女职工再就业406人，实现农村妇女富余劳动力就地转移4048人、进城务工转移4620人、向外输出转移3596人。开展讲座、宣传咨询3473场次，接待群众4万人次。建立和完善96所规范化农村女性素质教育学校，组建科技服务中心、科技服务队各39个。各类“妇”字号基地14个，培育各类示范大户42家，蔬菜、养鸡、养猪巾帼专业合作社3个，巾帼综合服务社12个，定点帮扶和对口帮扶158对。慰问贫困母亲30位、病残母亲32位、贫困妇女126位，送去慰问金2.16万元。邀请国家计生专家开展妇科、乳腺疾病检查，普查5.55万人，查出病患8435人，1090人得到康复治疗。在郁山镇联丰村兴建“大地之爱，母亲水窖”总蓄水量250立方米。总投资39.37万元饮水工程，解决7个组265户、975人、1228头牲畜饮水困难。为鹿鸣乡万丰村争取价值1万元修路爆炸物资，给村民送农村实用技术书籍400余本。获全国“三八”红旗集体称号1个，获全国“致富女能人”称号1人，县妇联获重庆市妇联授予妇女工作一、二、三等奖和组织奖等19次，获重庆市“三八”绿色奖章2人、市妇联表彰先进个人6人、市级“巾帼文明示范岗”称号2个。县妇联表彰优妇干、标兵、能人、状元、“巾帼建功”“十佳警嫂”等先进个人1210名，评出五好家庭户、遵纪守法户、科技示范户、双文明户426户。

二、维权活动

1986年，县妇联健全信访制度，让妇女来信来访案件件件有着落。1998年，处理来信来访案173件，援助63名女儿童复学。2000年，组织200多人妇女维权游行宣传活动，解答妇女维权咨询427人次，发维权宣传单1000余份、《中华人民共和国妇女权益保护法》书籍100本。2003年，参与打击拐卖妇女儿童、“门徒会”和卖淫嫖娼活动。破获强奸案5起，拐卖妇女儿童案件5起，处理侵犯妇女财产案件8起。2005年，为妇女提供法律援助18起，破获强奸案7起，拐卖妇女案件5起，破获强迫、引诱、容留妇女卖淫案7件，受理妇女儿童来信来访案254人次，结案率98%。法律援助妇女儿童案件庭审8次。

三、关爱儿童

1997年，争取项目资金23.5万元，在靛水中心校开办“春蕾计划”初中班，招收辍学学生50人就地入学。1999年，南岸区妇联筹资4000元，救助失学女童40名。2001年，深化“携手助春蕾、爱心大联动”活动，县妇联机关干部救助78名辍学儿童重返课堂。2002年，开展“母亲安全”、育儿知识宣传咨询活动，发资料400余份，咨询160人次。给漆园村贫困辍学儿童送书包60个、助学金400元。2003年，资助贫困失学儿童24名。在郁山镇石笋村开办“春蕾女童”小学班，全国妇联从2003年9月起每年资助该班50名女童的学杂费，直到小学毕业，共资助12万元。争取扶贫资金8000元，救助40名辍学女童返校。2004年，王元春被市妇联授予“十佳春蕾园丁”称号。2005年，慰问儿童453名，为3名贫困孤儿找“代理妈妈”。拓展“春蕾计划”，争取贫困女童救助金3.77万元，救助147名贫困儿童。县民宗委筹集救助金3.5万元，资助春蕾女童班和民族女子班各1个。全国会计师协会支助郁山春蕾女童班50人，县计生委争取救助金14.25万元，落实“关爱女孩”女子班1个，救助363个贫困儿童返校。

四、节日活动

“三八”国际劳动妇女节：1987年，组织县城女职工歌咏、篮球赛和“四自”“四有”演讲赛。1989年，组织2500人沿街表演，召开79周年纪念大会。1990年，55个代表队、1471人参加在县城举办的女子乒乓球、篮球、拔河、歌咏赛。1991年，120个单位1万名妇女参加在县城举办的联欢晚会、沿街表演、女子篮球、接力、拔河赛和家庭趣味游戏活动。1996年，开展“三八”迎春长跑、接力赛活动。1998年1000人参加在民族会场举办的“信合杯”联欢晚会。2000年，组织1400人在民族会场参加巾帼建功先进事迹报告会，表彰先进个人145人。2005年，组织县级系统400余名妇女在汉葭镇马鞍溪的“三八”林植树200余棵。

“六一”国际儿童节：1986—2005年，共开展“六一”庆祝活动124次，免费为儿童放影126场，购优惠读物1万册，免费为儿童体检1万余次，为儿童节日捐款6万余元，为边远山区儿童捐图书、玩具8900件。节日表彰优秀少先队员、三好学生780人，优秀儿童工作者10人，儿童工作先进集体2个。

五、家庭教育

1986—2005年，在39个乡镇建立完善家教辅导站10个，家长学校121所。其中，县级示范学校6所，市级示范学校3所，聘请辅导员160人。征订家庭教育系列辅导教材1万余册。特邀北师大教授陈锦举办3场“为国教子，以德育人”的家庭教育报告会，受益家长6000余人。县妇联获四川父母子女学校办学优秀县级单位奖4次，获市家庭教育三等奖1次、“为国教子、以德育人”好家庭称号2家、“家教工作”先进集体2个、“家教工作”先进个人2人。开展创新“五好文明家庭”和创建“争做合格父母，培养合格人才”实践活动，表彰县优秀家长40人。

第四章　县工商业联合会

1953 年 3 月，成立彭水县工商业联合会，“文化大革命”时期，机构瘫痪，工作被迫停止。1986 年 6 月，彭水苗族土家族自治县工商业联合会（以下简称县工商联）正式恢复，定编 6 人。1988 年，基层工商联组织逐渐成立。1988 年 10 月 10 日，成立彭水自治县北门矿产经营部。1992 年 3 月，撤销彭水自治县北门矿产经营部，组建彭水自治县鑫茂商行，10 月，又更名为彭水自治县鑫茂公司。1993 年，成立汉葭镇、连湖乡、清平乡、保家区工商联分会。1994 年，成立鹿角、高谷、郁山 3 个区和龙射、万足、鞍子、鹿鸣、走马、联合、龙溪 7 个乡分会。1995 年，成立彭水自治县商会俱乐部、彭水自治县工商业联合会互助基金会、汉葭区分会、普子区分会、彭水自治县车队商会。1996 年，成立新田乡工商联合分会。1997 年 7 月，撤销彭水自治县鑫茂公司。1999 年，撤销工商联互助基金会。2000 年，成立桑柘区分会。2001 年，成立县非公有制经济初级专业技术职务评审委员会，8 月首次对 67 名非公有制经济人员评定为助理工程师、助理经济师。11 月第二次评定 259 名为助理工程师。2002 年，撤销原区、镇、乡分会，重新成立汉葭镇、郁山镇、普子镇、鹿角镇、高谷镇、保家镇、走马乡、靛水乡商会和平安乡会员小组、彭水自治县卷烟零售协会。2004 年，成立岩东乡、石柳乡、连湖镇商会、长滩乡会员小组、县总商会墙体材料工业协会。2005 年，成立县总商会湖南商会和黄家镇、桑柘镇、鞍子乡商会。撤销县卷烟零售协会、县总商会墙体材料工业协会。

2005 年，基层商会发展到 14 个、会员小组 2 个、异籍商会 1 个、行业商会 2 个、企业会员 37 个，会员总数 659 人。全县私营企业 279 户，个体工商户 8618 户，注册资金 5.15 亿元，从业人员 18116 人。工商联机关行政编制 4 人，领导职数 3 人。内设综合科、会计科，领导职数 2 人，工作人员 5 人。

第一节　代表大会

一、第六次会员代表大会

1988 年 4 月 7—9 日在县城召开。正式代表 119 人、列席代表 114 人，代表全县会员 376 人。审议和通过《彭水自治县工商业联合会工作报告》，审议《彭水自治县工商业联合会六届换届筹备工作报告》。选举工商联第六届执委委员 31 人、常委 11 人，郭唐位当选主任委员，王茂笎、徐方全为副主任委员，刘显腾为秘书长。

二、第七次会员代表大会

1991 年 3 月 16—17 日在县城召开。正式代表 131 人，代表全县会员 404 人。审议和通过《彭水自治县工商业联合会第七届换届筹备工作报告》和《彭水自治县工商业联合会工作报告》。选举出工商联第七届执委 31 名、常委 11 人，付以鑫当选主任委员、王茂笎为副主任委员，刘显腾为秘书长。

1992 年 8 月，召开工商联七届执委三次会议，增选执委 8 人、常委 3 人，田景玉为七届执委副主任委员（不驻会）。

三、第八次会员代表大会

1993 年 12 月 22—24 日在县城召开。正式代表 79 人、列席代表 47 名，代表全县会员 310 人。审议和通过《彭水自治县工商业联合会第八届委员代表大会工作报告》。选举县工商联第八届执委 29 名、常委 12 人。付以鑫当选第八届工商联主任委员，汪贵政、田景玉、黄开明、廖秀伦为副主任委员，汪贵政为秘书长。

四、第九次会员代表大会

1997 年 3 月 26—27 日在县城召开。正式代表 123 人、列席代表 18 人，代表全县会员 484 人。审议和通过《彭水自治县工商业联合会第九届委员代表大会工作报告》，通过《关于中共中央十四届六中全会开展精神文明创建活动的决议》和《关于在全县会员中倡导“光彩扶贫事业”活动的决议》。选出县工商联第九届执委 36 人、常委 19 人。冉启明当选主任委员、汪贵政为常务副主任委员（驻会），黄开明、廖秀伦、田景玉、宋朝孝、李佛章为副主任委员（不驻会），彭崇杰为秘书长。表彰先进基层组织 5 家、优秀工作者 4 人、先进会员 18 人。

2000 年 7 月 11 日，召开工商联九届四次执委（扩大）会，增补了执委 8 人、常委 5 人、副会长 2 人。

五、第十次会员代表大会

2001 年 12 月 26—28 日在县城召开，参会代表 131 人。审议通过《固本培源，拓展职能，肩负起新时期工商联的历史使命》的工作报告。选举产生县工商联第十届执委 58 人、常委 16 人，冉启明当选会长，李兆鹏、彭崇杰、冉旭、廖秀伦、朱远清为副会长，彭崇杰为常务副会长，冉旭为秘书长（兼）。

第二节　工商联活动

一、社会公益事业

1996—2000 年，共筹资、垫资 91.21 万元，为城郊乡关口村民购买果树苗 1.46 万株。为龙门村 25 户农民发展烤烟 20 公顷，修建普子场镇街道、永胜村烤烟路、改建学校，赠送服装和文体用品，办加工厂，节日慰问救助孤寡老人和失学儿童，帮助下岗职工 1.1 万人实现再就业。2001—2005 年，社会公益事业捐款捐物累计 159.47 万元，用于修村路、慰问、扶贫、助学、救灾救助、场镇建设、抗击“非典”、公安建设等，帮助下岗职工 1443 人再就业。

二、互助基金会

1997 年，黔江地区在彭水召开工商联互助基金会工作会。1998 年，研究基金会扩股、手续费、存取款审批等事宜。1999 年 1 月，因互助基金会发生挤兑，县人民政府对工商联基金会进行停业整顿，直至 5 月，债权债务登记结束。6 月，县纪委、监察局对工商联机关借款人及担保人实行“三停”（职务、工作、工资），限期追款还债。追回担保借款后于 6 月底前解除“三停”。9 月 2 日，全面完成基金会资产清理。基金会成立后吸收存款 1193.35 万元，发放借款 976.3 万元，缴税 2.3 万元，账面存款余额248.95万元，同业折入资金8万元，初步评估核实账面借款余额347.13万元。基金会共有资产98.77万元，负债279.14万元，资不抵债180.37万元。个人存款清退期为4年，清退结束后机构予以注销。10月25日，争取政府举债70万元用于基金会清退个人存款，同日以资产清理工作组名义发布个人存款清退公告。10月27日，对个人存款清退兑付143户，金额70.29万元。结清35户，首期兑付后，还尚欠储户113.65万元存款，2005年前兑付结束。

三、获奖情况

1998年，彭水自治县召开农村工作会，获优秀私营企业家奖6人、"双文明"个体工商户奖9人。2000年，黔江召开工商联总结会，彭水工商联获综合工作二等奖。12月彭水工商联获市工商联2000年度先进集体一等奖。2001年，县政协召开六届四次全委会，朱远清等8人获先进政协委员奖励。会员企业彭水自治县水泥厂等8家企业在县农村工作会中获优秀私营企业奖。2003年，市统战部、工商联授予朱远清"重庆市首届优秀中国特色社会主义建设者"荣誉称号、彭水自治县水泥厂为2003年度光彩事业先进会员企业称号。2004年，县水泥厂等8家企业被彭水自治县委评为十大民营企业，企业法人被评为民族团结进步先进个人。2005年，彭水宏江贸易有限公司被市人民政府评为"重庆市百户就业先进民营企业"。

第五章　县科学技术协会

第一节　科协组织

一、机构设立

1982年，成立彭水县科学技术协会委员会，1984年，更名为彭水苗族土家族自治县科学技术协会（简称县科协）。1994年4月，8区、1镇、64个乡建立科协领导小组。村级科普小组623个，科普员1246人。县科协从成立至2000年，和县科协技术委员会合署办公。2000年2月，与县科学技术委员会分离独立建制办公。2001年，机构改革，重新成立乡镇科普工作队39个。2004年，基层组织46个，会员245人。建立县乡镇街道社区少数民族科普领导小组40个，科普工作队52个。2005年年底，全县有39个乡（镇）科协，设县直属科协7个、5个研究会、县级学（协）会18个，会员1150人。设专业学组4个，会员4287人。内设综合科、普及科，编制5人。

二、代表大会

2005年9月14—16日，第二次代表大会在县城召开，正式代表193名、特邀代表52名。审议并通过《树立和落实科学发展观，努力开创科协工作新局面》工作报告和《彭水苗族土家族自治县科学技术协会章程》。选举县科协第二届委员会委员31人，常委11人，其中主席1人，副主席4人。邵晓蓉当选主席、杨国华（驻会）、冉茂鸿、冉海洋、秦中和为副主席。

第二节　科协活动

一、青少年科普活动

1989—1993年，配合学校组织中小学生参加数学、物理、化学、生物、地理等自然科学基础知识竞赛32次，896人参赛，获奖190人次，其中获省奖励39人次、地区奖励30人次、县奖励121人次。组织中、小学生参加“三小活动”（小发明、小制作、小征文）及全国青少年生物百项科技活动，549人参赛，征集科技小论文60篇，科技小发明80件、小制作100件，获县级奖35件。将论文、科技作品逐级上报，其中“三小”科技论文，获省三等奖2名，科技作品获省二等奖1名、三等奖4名。逐级选送上报“全国青少年生物百项科技活动”小论文8篇，获黔江地区科学技术协会奖7篇。唐娟撰写《茉莉花》、廖帮用撰写《黄鳝的性别逆转》及辅导教师分别获四川省科学技术协会三等奖。组织中小学生开展青少年科技竞赛活动7次，参赛2849人，获县奖励24人、地级奖励5人、省级奖励9人。1994年，开展“生物百项兴趣活动”，采集蝶类等生物标本200余件，撰写论文15篇。其中《人口、耕地、发展》论文获地区一等奖,《彭水“小河果园”增产增值的潜力》论文获地区二等奖，蛋壳贴画（春米）、河蚌，科技制作分别获地区三等奖。县科协获四川省青少年“三小”活动先进组织奖和青少年科技活动先进集体奖。2000年，开展中小学生环境保护征文活动，收集征文800篇，评出县级一、二、三等奖108名。其中《绿色的梦》《乌江河的呼唤》《为了家乡的蓝天碧水》《手拉手地保护我们的秀美山川》《共创绿色家园》《环保小卫士》优秀作品在县城街道展示。2002年，在县城各中小学校开展以“科技、环境、未来”为主题的作文和美术大奖赛，收到作品105件，评出县级一等奖8名、二等奖12名、三等奖16名、优秀奖21名。2004年，在彭水中学、汉三小开展“大手拉小手”科技传播活动。组织学生参加重庆市青少年环境征文活动，刘秋男撰写《请远离SASR》，夏昌林撰写《人类呀，救救我吧》分别获县级一等奖。获县级二等奖3名、三等奖2名。组织青少年参加科学研究，在彭水中学、民族中学评选出研究课题83项，学生撰写论文316篇，送市31篇，获市级奖16篇。在汉一小、森林希望小学开展主题为“展望未来”的儿童科技漫画大赛。举办青少年科技小制作、小发明活动，62所学校1630人参加，收集作品2065件。2005年，组织青少年参加重庆市第二十届青少年科技创新大赛。组织18所中小学学生3695人参加“崇尚科学，传承文明，反对邪教”硬笔书法大赛，向市选送作品300件参评，获市一等奖2名、二等奖2名、优秀奖17名。

二、科普宣传

1988—2005年，全县组织科技服务队下乡239人次；乡镇举办科技和农业科学实用技术讲座70场、各类培训班387期；展示画展、挂图、画册、标语7725幅，发放科普书籍7000册、宣传资料61.03万份、防“邪教”知识问答3000份，办专栏466期；放映科教影片97场，科普文艺演出24场，抗“非典”、县城卫生整治、防“邪教”出动宣传车辆24台次、制作科技光盘500张。接待咨询干群20.61万人次，解决疑难问题300件，受益群众165.43万人次。上送信息15期，印发《科普简讯》15期。在县城建成长10米以上科普画廊3处。39个乡镇设科普之窗、科普宣传栏。5个乡镇、3个街道社区建科普活动室。县科协在《今日彭水》的《科普园地》《为您服务》栏目中刊载科普资料，其中《科普园地》专版，年均42期。县广播电视台定期播放《科学之窗》节目，与中国科学声像中心创办《科普大篷车》电视栏目，年均52期。出版《科技简讯》52期。县科协被重庆市科学技术协会评为“全国科普日”先进组织单位和宣传工作先进集体。

三、学术交流

1989年，县科协组织学术交流21次，交流人员948人，交流论文369篇，评出优秀论文25篇。1990年组织县级学会、协会、研究会进行学术交流6次，交流论文94篇。黄光祖撰写《武陵山区乌桕花期中蜂的管理》一文，被《中国养蜂》杂志发表。向丘陵、晏清才合著《初等数学教学新探》一书，被成都科技大学出版社出版，并在全国发行。栾略撰写《心理学》被省级出版社出版。

1991年县教育学会、农学会和中医学会分别召开学术研讨会，发表论文50篇，论证农业开发项目5个。1992年开展学术交流，发表论文14篇，向黔江地区科协选送优秀论文11篇。至此，彭泽斌两次出席在北京召开的“首届国际高级肿瘤研究会”和“首届国际高级骨科研讨会”，被吸收为国际肝癌学术研究会会员，在国家级刊物上发表论文38篇，其中《电化学加中药治疗肝癌40例临床报告》《电化学治疗癌症102例临床报告》《两例颈椎滑脱症临床报告》三篇论文在国际刊物上发表。关绪乾撰写的《玉米高产制种》论文，在国家级刊物《种子》上发表，同时被国家选入国际信息检索网络。1996年征集农、林、牧、水、卫生、教育科技人员撰写论文35篇，送黔江地区参评论文21篇，论文获地区奖8篇。2002年开展“彭水是我家，清洁靠大家”县城环境整治活动，撰写论文50篇。2004年，在市级刊物上发表论文2篇、县级刊物上发表6篇。县林学会会员李继晖撰写《依法利用森林资源，促进森林资源可持续经营》一文，被重庆市科学技术协会评为优秀论文，参加重庆市科学技术协会首届工程师论坛大会。2005 年，开展学术交流 32 场次，其中县医学会与周边区县进行学术交流 2 次、完成医疗事故鉴定 8 例。

四、农科开发

1987—1990 年，引进苍溪雪梨 262 万株、柑橘 276 万株、西瓜种 100 千克、平菇食用菌母种 1050 支。新发展果园 1840.01 公顷、西瓜 95.8 公顷、平菇二级和三级商品菌种 2.82 万瓶，食用菌专业户 38 家。改造 4 处低产梨园 4.45 公顷，雪梨增产 7.71 万千克，产值 10.73 万元。5 处低产柑橘 21.33 公顷，净增果子 32.26 万千克，产值 352.93 万元。

1991—1993 年，累计发展庭园经济户 408 户，户平收入 3162 元。1320 人掌握了 1 ~ 2 项立体农业开发生产实用技术，385 人掌握 3 项以上立体农业开发生产实用技术，发展科技示范户 120 家。种植良种西瓜 441.26 公顷，产量 938.93 万千克。发展食用菌专业户 45 家，产平菇 6.4 万千克，产值 19.2 万元。全县种植良种山东大白菜 133.33 公顷，产量 3000 万千克，产值 1200 万元。在 4 乡 1 镇 8 个示范点进行果园立体综合开发。主要组合模式：果—洋芋—红苕—猪，果—小麦—红苕—猪，果—小麦—西瓜—猪，果—蔬菜—猪，果—黑麦草，果—聚合草—猪，果—豆类—菜芽 7 种。1992 年果品总产值比 1990 年增加 41.5%，组合产值增加 55.2%，比全国果园立体开发分别高出 30% 和 20.5%。

1994 年，试种“紧凑型玉米”6000 公顷，每平方米产量均在 0.9 千克以上。县畜牧兽医协会，组织科技人员在 5 个乡定点实施养殖“双推双改”（推广协会 + 农户“畜牧产业化发展模式、推广畜禽良种养殖，改圈、改变传统饲养方式），普及率 50%。引进杂交西瓜新品种，全县种植西瓜面积 200 公顷，产量 1000 万千克，产值 500 多万元。1996 年，县畜牧协会开展“西门塔尔试管冷冻精液”黄牛杂交改良，繁殖纯种黄羊 50 只。

2000—2005 年，创建烤烟、蔬菜、珍稀水果、黑山羊纯繁、水稻等科技示范基地 30 个、科技示范户 132 家，黑山羊纯繁基地，为社会提供种公羊 24000 只，商品羊 1200 只，年产值 840 万元。县科协先后 2 次被市科学技术协会评为先进集体，获二等奖。

第六章　县残疾人联合会

1990 年 12 月，成立彭水苗族土家族自治县残疾人联合会（以下简称县残联），为副局级行政单位，由民政局代管，属局内 1 个股（室）。1990—1997 年普查，全县有残疾人 3.42 万人。2001 年机构改革，县残联从民政局内划出，成为局级事业单位，独立办公，内设综合科和业务科，其行政编制 3 人，领导职数 2 人。2004 年 9 月，成立彭水苗族土家族自治县残疾人就业服务所，明确为县残疾人联合会下属财政拨款事业单位，编制 4 人。2005 年，39 个乡镇成立残疾人联合会，共有残疾人 3.81 万人，其中贫困者 8900 人。

第一节　代表大会

一、第一次代表大会

1990 年 12 月 5 日召开，正式代表 103 人、列席代表 13 人。审议和通过彭水自治县第一次残疾人联合会工作报告。选举产生彭水自治县第一届残疾人联合会执行理事会理事长王朝义（湖北利川、咸丰，湖南吉首，贵州务川，四川涪陵、黔江地区各县都派代表列席，并捐款 1.545 万元）。

二、第二次代表大会

2003 年 5 月召开。审议和通过彭水自治县第二次残疾人联合会的工作报告。选举刘绍杰任彭水自治县第二届残疾人联合会执行理事会理事长，杨巧琳、赵志东为副理事长。

第二节　残联活动

一、残疾人康复

2003 年成功实施 23 例白内障复明手术。2005 年成功实施 230 例白内障复明手术，做小儿麻痹症手术矫正 8 人，聋哑儿童训练 8 人，对符合标准儿童 12 人佩戴助听器，培训聋儿家长 24 例，为低视力患者验配助视器 5 例，培训低视力儿童家长 8 例，培训残疾儿童家长 7 例，进行智力残疾儿童训练 2 例，盲人按摩 4 例，安装大小腿假肢 15 例，捐赠轮椅 53 台，发放用品 151 件。对 36 个重度精神病患者实行住院治疗，其中转院治疗 30 人。

二、残疾人抚恤

对在 1970 年 6 月—1971 年 12 月修建襄渝铁路中，因工伤残的 13 人实行伤残抚恤，1987 年 4 月提高抚恤金标准。1988—1999 年，历经第 8 ～ 11 次（4 次）调整逐次提高伤残人员抚恤金标准。残疾抚恤金标准，是根据因战、因公、因病伤残等级确定，因战高于因公、因病标准，在乡高于在职的标准。2000—2005 年，第 12 次调整提高伤残人员抚恤标准，改残疾军人“等级”制为“级别”制。累计发放抚恤金 357.52 万元（其中支出护理费 12.1 万元）。伤残军人医疗费，根据《彭水苗族土家族自治县六级以上残疾军人医疗费管理暂行办法》的规定，六级以上残疾军人医疗费从 2005 年 1 月 1 日起，凭相关有效证件到县医疗保险局审核报销。

三、残疾人扶贫

1986 年，拨款 5450 元用于给一等残疾军人陈钟明、另生虎建房。给残疾军人陈大发病故安葬困难补助费 480 元。2003—2005 年，对残疾人无房、危房户建档立卡 200 余人，投资 35 万元，对 50 户贫困残疾人危房进行改造。通过“全国助残日”慰问残疾人家庭 205 家，残疾人 1750 名，发放慰问金 12.5 万余元。通过实施“长江新里程”“彩票公益金助学”以及“救助和扶残助学”活动，救助贫困残疾儿童 168 名入学。招收残疾人家庭子女、残疾学生就读中职学校 57 名。配合乡镇学校完成“三残”儿童入学 479 名，发放助学金 13 万余元，全县残疾儿童入学率为 85%。

四、残疾人就业

1986 年，安排残疾军人就业 1 名。2003—2005 年，依法征收残疾人就业保证金 126 万元，对贫困残疾人 320 人进行职业技术培训，安排残疾人就业 396 人，其中个体就业 286 人、市内各企业就业 110 名。每年给非农残疾人一次性补助 500 元开店创业 120 人。

五、残疾人维权

2003—2005 年，与县司法局联合成立残疾人法律援助中心，为残疾人提供法律服务 115 人次，查处对残疾人侵权案件 1 例，接待残疾人来信来访 235 件，给各类残疾人办证 2100 余份。

六、残疾人文体活动

2005 年，参加重庆市第三届残疾人运动会，获得二银一铜奖牌。参加重庆市残疾人足球运动会，获得银牌。

第七篇　政法　军事

1986—2005年，彭水自治县加强政法机构公安、检察、法院队伍建设，加强地方军事、国防建设和民兵预备役建设。加强社会主义法治教育、国防教育。坚决打击严重刑事犯罪和经济犯罪，保护改革开放成果，对全县经济社会文化建设保驾护航。

第一章 公 安

第一节 管理机构

一、彭水苗族土家族自治县公安局

1984年11月，彭水县公安局改称彭水苗族土家族自治县公安局（简称县公安局），内设一科（政保）、二科（内保）、三科（治安）、四科（预审）、消防科、政工科、办公室，刑警队和其他所的建制和隶属关系不变。1985年1月，公安局教导员改称政治委员。1986年12月，建立县公安局林业科、县林业局公安科，设在县林业局内，实行一套班子、两块牌子，合署办公。1987年5月，成立县公安局交通警察队，为正科级机构。同年，内设“八七”办公室（打击拐卖妇女犯罪办公室，简称打拐办）。1990年增设法制科、户籍科、河堡公安综合检查站。1992年9月，县公安局交通警察队更名为县公安局交通警察大队。1995年4月，内设出入境管理科，与公安一科实行一套班子、两块牌子，合署办公。6月，组建县公安局交通警察大队汉葭镇执勤中队，为正股级机构。12月，成立县公安局巡警大队，为股级单位。同年夏，设立郁山镇交警中队、汉葭镇交警中队。1996年6月，成立县公安局缉毒队，为股级机构。同年9月，设立行政装备科。1997年，有一科（政侦）、二科（经济、文化保卫）、三科（社会治安）、四科（预审、追逃）、政工科、法制科、户籍科、出入境管理科、行政装备科、办公室、打拐办公室、纪检组、刑警队、缉毒队、巡警大队、看守所等内设科室，交通警察大队、消防科、公安林业科工作。1997年5月建立彭水苗族土家族自治县临时戒毒所。1998年5月，撤销原刑事警察队和预审科，成立县公安局刑事警察大队，为股级机构，下设一中队（设在县城，负责汉葭镇、汉葭区所辖范围的刑事案件）、二中队（设在郁山镇，负责侦破郁山区、保家区内的刑事案件）、三中队（设在桑柘区所在地，负责侦破桑柘区、鹿角区内的刑事案件）、重案中队（设在刑警大队，负责侦办黄家、高谷、普子3个区的刑事案件及全县范围内的重特大案件）、刑技中队等5个中队和办公室。2000年3月，县公安局消防科升格为县公安局消防大队。同年7月，撤销县公安局经文保科，设立县公安局经济侦查大队（科），对外称经济侦查大队，对内称经济侦查科，为县公安局内设机构。11月，成立县公安局110指挥中心，为县公安局内设机构。同月，内设计算机通信科。

2001年机构改革后，局内设政治处、纪检监察审计室、秘书科、110指挥中心、警务督察队、通信网监科、法制科、财务装备科及国内安全保卫大队，治安大队，刑事警察大队，重案中队，禁毒大队，经济犯罪侦查大队，巡逻（防暴）警察大队，交通警察大队（公路巡逻民警大队），消防大队，经济文化保卫科，户政管理科，预审科，看守所，拘役、拘留、强制戒毒、收容教养所。是年10月，成立县森林公安局，为县林业局所属二级局（行政机构），业务上接受县公安局指导。内设综合科、案件侦查科、防火办公室，下设派出机构林区派出所。2003年5月，明确县公安局交通警察大队为副科级（机改时未明确级别），大队主要领导按正科级配备，内设科室及各中队的正职按副科级配备。内设综合科、安全科、车管科，管理汉葭镇交警执勤大队、县公安局公路巡逻民警大队一中队（直属中队）、县公安局公路民警大队二中队（原郁山交警中队）、县公安局公路巡逻民警大队三中队（高谷中队）、县公安局公路巡逻民警大队四中队（马峰中队）。是年，组建彭水苗族土家族自治县道路交通协警大队，为县公安局下属自收自支事业单位。2005 年 4 月，成立县公安局国内安全保卫机动侦察大队，为县公安局内设机构，与国保大队实行一套班子、两块牌子。8 月，成立县公安局情报信息科，为县公安局内设机构，与指挥中心实行一套班子、两块牌子。

二、基层派出所

1950 年年初，成立县人民政府公安局城区派出所，负责汉葭镇辖区的社会治安工作。1951 年 2 月改为汉葭水上派出所。1952 年 6 月，建立龙射派出所。1953 年 5 月，撤销龙射派出所，并入新建立的汉葭派出所。1955 年，汉葭镇水上派出所和汉葭派出所合并为汉葭派出所。1956 年更名汉葭镇水陆派出所。1982 年 4 月，成立 8 个区派出所，同时撤销郁山镇水陆派出所。其中高谷区、鹿角区称水陆派出所。彭水县公安局郊区派出所改为彭水县公安局汉葭区派出所。1991 年 9 月，恢复彭水苗族土家族自治县公安局郁山镇水陆派出所，管辖郁山镇、火电厂、郁江煤矿、马岩电站和郁山水泥厂。

1994 年 1 月，撤销汉葭镇水陆派出所等区（镇）派出所，设立县公安局汉葭镇城北派出所、汉葭镇城南派出所、水上派出所、郁山镇派出所、下岩西派出所、靛水派出所、岩东派出所、高谷派出所、龙射派出所、平安派出所、鹿鸣派出所、保家楼派出所、长滩派出所、凤鸣派出所、迁乔派出所、乔梓派出所、清平派出所、走马派出所、龙溪派出所、连湖派出所、联合派出所、朱砂派出所、普子派出所、太原派出所、棣棠派出所、三义派出所、桑柘派出所、新田派出所、小厂派出所、石柳派出所、珍加派出所、梅子垭派出所、同河派出所、鹿角沱派出所、双龙派出所、鞍子派出所、善感派出所、黄家坝派出所、润溪派出所、龙塘派出所、龙洋派出所、朗溪派出所、小河桥派出所等 43 个，为正股级单位。是年 4 月，县公安局汉葭镇城北派出所、汉葭镇城南派出所、高谷派出所、鹿角沱派出所分别更名为县公安局汉葭镇江北水陆派出所、县公安局汉葭镇江南水陆派出所、县公安局高谷水陆派出所、县公安局鹿角沱水陆派出所。

2002 年 11 月，撤销原所有派出所，重新设立县公安局汉葭镇江南水陆派出所（辖河堡社区居委会、滨江社区居委会、靛水乡、下岩西片区、下塘片区部分、城郊片区部分、白去开发区）、县公安局汉葭镇江北水陆派出所（辖文庙社区居民委员会、鼓楼社区居民委员会、沙沱社区居民委员会、下塘片区部分、岩东乡、城郊片区部分）、县公安局高谷水陆派出所（辖高谷镇、鹿鸣乡）、县公安局龙射派出所（辖龙射镇、棣棠乡、太原乡、平安乡）、县公安局普子派出所（辖普子镇、三义乡）、县公安局郁山派出所（辖郁山镇、走马乡、龙溪乡、芦塘乡、连湖镇、联合乡、石柳乡）、县公安局保家派出所（辖保家镇、长滩乡、迁乔乡、乔梓乡）、县公安局桑柘派出所（辖桑柘镇、新田乡、小厂乡、桐楼乡、诸佛乡）、县公安局鹿角水陆派出所（辖鹿角镇、鞍子乡、善感乡、双龙乡、石盘乡、万足乡、梅子垭乡）、县公安局黄家派出所（辖黄家镇、朗溪乡、龙塘乡、大垭乡、润溪乡）等 10 个。2003 年 5 月，成立县公安局乌江彭水电站派出所。2005 年 9 月，成立县公安局长滩派出所、县公安局连湖派出所。年底，共有基层派出所 13 个。

第二节　队伍建设

1986 年，全县有干警 154 人。其中大学文化程度 3 人，中专 14 人，高中 45 人，初中 69 人，初中以下 23 人。30 岁以下 72 人，31 ~ 40 岁 44 人，41 ~ 50 岁 32 人，50 岁以上 6 人。是年，对广大干部进行职业道德、纪律、责任教育，重温公安人员《八大纪律、十项注意》《政法公安人员守则》《人民警察内务条令》《人民警察奖惩条例》，严格赃款、赃物管理制度，减少干警违纪事件发生。加强干警业务培训，抽调到外地培训 13 人，考入地区公安学校 4 人、地区党校中专班 1 人，参加法律函授学习 2 人。

1987 年，落实干警岗位责任制，推行目标管理，调整汉葭镇、郁山派出所、收审所人员。整顿干警 2 次，调出不适合公安工作的干警 1 人，调换业务素质差的干警 2 人，对思想意识不好、工作飘浮、群众反映大的 1 名工人采取停工回家劳动考核、发放工资 50%、表现好后收回的措施，行政处分严重失职的干警 4 人。选送 1 名干警到县党校中专班学习、3 名到省公安校中专班学习、3 名到地区公安校学习，考上地区公安校中专班学习 6 人。全年共发生违纪案件 4 件 4 人，全部查处结案。

1989—1990 年，获得地区先进集体 5 个、先进个人 33 人，县级先进集体 2 个、先进个人 46 人。对利用职权、谋取私利的北门警区 6 名干警和联防队给予纪律处分，清理罚没款长期管理混乱状况，理顺各科、所、队账务管理关系。

1992 年，组织学习《公安部关于严禁公安干警刑讯逼供的决定》，按省三厅一部（人事厅、财政厅、公安厅和组织部）要求，清查少数不适合公安工作的人员，全年调整工作岗位的干警 23 名。

1994—1995 年，新调进干警 43 名，微调 19 名干警警衔。成立队伍整顿领导小组，查处干警违纪事件 12 件 17 人，分别给予党纪、政纪、批评教育等处分。

1996 年，全年奖励 38 人，其中记功 3 人、嘉奖 35 人。

1997—1998 年，举办《中华人民共和国刑法》《中华人民共和国刑事诉讼法》《中华人民共和国枪支管理法》学习培训班 4 期，召开民警教育整顿大会 24 次、支部会 21 次、科室民警会 135 次，民警受教育 100%。

1999—2000 年，严格经费管理，内部审计科所队 51 个，审查金额 1305 万元。受县、区、市表彰奖励的单位 96 个次、个人 213 人次。其中集体二等功 3 个、三等功 6 个次，个人三等功 14 人次。

2001—2003 年，荣立个人三等功 16 人次，受嘉奖 87 人次，受各级表彰 65 人次。

2004 年，实有民警 251 人，其中副处级 3 人、主任科员 18 人、副主任科员 40 人、科员 181 人、办事员 9 人。获荣誉称号 1 人，个人三等功 3 人，市局嘉奖 18 人，被评为“十佳卫士”5 人，县委、县人民政府表彰 13 人。

2005 年，实行中层以上干部政治理论水平和执法任职资格考试制度，62 名干部参加市公安局组织的考试，合格率 100%。新招录和接收 60 名大专院校毕业生、军转干部分配到基层工作。修改完善执法制度 13 个，新制定《错案责任追究制》等 8 个规范性文件，废除过时执法制度 3 个。查处干警违法违纪案件 2 件 3 人。上报全市优秀基层单位 2 个，全市优秀民警 2 人，有 3 个集体和 48 人立功受奖。

第三节　户政管理

一、颁发居民身份证

1986 年，公安派出所主要是直接管理非农业人口，农村乡镇户口由当地人民政府管理，各乡镇都建有户口登记簿，每年由乡镇文书统计向公安局上报。县公安局每年要召开全县各区乡镇户口员培训会，学习《中华人民共和国统计法》《户口登记条例》等文件，做好户口统计工作。

1988 年，开始实施颁发居民身份证工作。在郁山区试点后，对 16 周岁以上人口统一照相 342071

人，占应照相人口的85.41%。1989年，身份证打卡406517人，制发身份证383458人。是年9月15日，实施使用和查验。

1990年，县公安局户籍科专管户籍工作，清查全县人口，核实常住人口底数，掌握暂住人口情况，查出户口管理的差错。完善村级、居委户口外册，更换汉、郁两镇居民户口登记簿及各乡的四项变动登记和辖区内的移居登记，建立健全户口登记和户口管理制度。全县当年户口整顿前为141166户555193人，整顿后为140135户558520人。1994年，全年常住人口579445人，办理身份证10628个。

1995年，组织各派出所户籍民警在靛水派出所接管农村户口试点，然后在全县展开，19个派出所开始接管乡镇户口管理工作，农村户口实现城市化管理。身份证办理实行上门照相登记，缩短办证时间，保证群众在规定的时间内领到身份证。

1996—2000年，颁发居民身份证55608个、临时身份证1700个。其间，1998年，在江北、江南、郁山镇3个派出所开始换发启用新的常住人口登记表和户口簿，2000年全面推广，而且身份证号码由15位（前6位为地区代码，中间6位包括出身年2位、月日4位，后3位为个人分配码，其中最后1位男性为奇数、女性为偶数）升为18位数（1至6位为地区代码，7至14位为出身年月日码，15至16位为所在地派出所代码，17位为男女性区别码，男性为奇数，女性为偶数，18位为个人信息码）。身份证编码录入微机，完成身份证终身不变的代码工作。清理纠正错号126人，重编号189人。全县600960人的身份证号码编制和7000个公民身份证号码顺序录入微机。

2001年，户政部门开通无底卡制证网络系统，缩短办证时间，简化办证程序。办理身份证23749个，补编身份证号码1187份，纠正重号499人。

2002年，在开通身份证无底卡制证网络系统的基础上，开展快邮业务，方便群众。全年办理身份证26776个。

2005年，颁发居民身份证12355个，纠正身份证重号236对。同时，全面清理整顿户口，提高常住人口的照片采集率，为换发第二代居民身份证打好基础。

二、暂住人口管理

1989年，开始对流动人口实行暂住登记，发给暂住证。1990年，暂住人口6538人，办证2563人。

1991年，对出租房屋清理登记，房屋出租户填写《出租房屋申请表》，经审查批准后发给“出租房屋许可证”。查清当年全县共有出租私房383户933间，暂住人口4162人。至1995年，累计有暂住人口22199人。

1997—2001年，清理流动暂住人口（简称“流暂”）84686人、出租房5757户。

2003—2004年，清理流暂人口9572人、出租房2085户。

2005年，清理流暂人口9101人、出租房566户。

三、非农业人口管理

1986年，全县非农业人口4.14万人。1990年，对农转非对象进行全面调查，全县非农业人口4万人。2002年，办理投靠农转非965户1998人、小城镇农转非和购商品房农转非624户1035人、优秀管理干部和专业技术人员农转非102户261人。年底有非农业人口5.64万人。2005年，有非农业人口59009人。

四、出入境管理

1987年，办理到香港探亲的审批签证2个，接待到彭水境外人员5人。

1990—1991年，办理边境通行证180人。

1994—1997 年，办理边境通行证 1828 人次。

1998 年，将原涉外招待所（县一、二招待所）变更到北大街芳草宾馆。对散居在社会上的境外人员户口申报落实到各派出所、村（居）委会，纳入暂住人口管理。是年，办理边境通行证 978 人。县公安局受理公民因私出境 21 人次，其中港台 17 人、出国 4 人，办理台胞延期居留 3 人。台湾商人曾宪武自 1997 年年初到县境办厂经商，因生意需要，经重庆市公安局批准，在县境获得 1 年以上居留资格。全县入境人员 15 人，其中中国台湾 9 人、中国香港 4 人、外国 2 人。

1999 年，受理公民因私出境 35 人，其中到国外 9 人、中国台湾 5 人、中国香港 21 人（探亲 6 人、定居 15 人）。入境 24 人，其中外国 14 人、中国台湾 7 人、中国香港 3 人。查处 2 名马来西亚和 2 名中国台湾人员不按规定申报户口事件。

2001 年，县公安局制定《公安派出所落实境外人员管理目标责任制考核办法》，促进出入境管理的规范化、制度化。同时，根据《重庆市公安局关于取消境外人员定点住宿限制的实施意见》，对县城 4 家主要宾馆和有对外联系的单位负责人、户口协管员、外事联络员进行必要的涉外业务指导，提高涉外接待水平，收集涉外信息。县公安局受理公民因私出国（境）59 人，其中到国外 20 人、中国香港 19 人、中国台湾 20 人。办理台胞延期居留 1 人。全年入境人员 26 人，其中外国 18 人、中国台湾 5 人（1 人常住）、中国香港 3 人。

2003 年，出入境管理部门简化办事程序，对法定不准出境人员实行通报备案制，对国家工作人员实行登记备案制。办理边境通行证 328 人次，批准出境人员 235 人次，为入境人员签证 25 个次。2004 年，办理边境通行征 600 余人次，批准出入境人员 287 人次。

2005 年，办理边境通行证 30 人次。

第四节　治安管理

一、治安联防

1986 年，全县有 8 个乡和部门单位建立治安室。通过“严打”，查处双龙乡陈氏家族喝鸡血酒事件、靛水中心校八大金刚事件。65 个乡镇中，社会治安稳定的 45 个、较好的 14 个、差的 6 个。列管社会重点人员 624 名，建立帮教小组 343 个 760 人，帮教改好率 70%。全年发生社会治安案件 303 件，查处 212 件，处罚 391 人。

1987 年，以汉、郁两镇和交通沿线赌博、迷信、伤害、拐卖妇女、流氓团伙等治安问题突出的保家区大河乡，普子区太原乡、棣棠乡、砂石乡，高谷区平安乡、鹿鸣乡、龙射乡、高谷乡，汉葭区靛水乡、火石乡、文武乡、城郊乡、下岩西乡，桑柘区梅子垭乡、新场乡、新田乡、小厂乡，郁山区走马乡、龙溪乡、石柳乡等为重点，组织公安干警、保卫干部、乡镇干部等 747 人，依法全面整治社会治安秩序，打击处理汉葭镇 50 人的流氓团伙“群英会”和龙射乡煽动恢复庙宇朝山拜佛半月之久、影响到 3 个区、6 个乡上千群众放弃生产的骨干分子。全年发生社会治安案件 407 件，查处 302 件。

1988—1989 年，累计发生治安案件 1243 件，查处 1138 件，查处率 91.55%，治安拘留 243 人、罚款 898 人、警告 317 人。其中，汉葭镇辖区发生治安案件 371 件，查处 362 件，收审 57 人、劳教 5 人、转捕 13 人。县城和机关赌博 59 件 154 人，卖淫嫖娼 79 件 147 人，传播淫秽录像 16 人。

1990 年，全县有治安室 66 个 166 人、治保会 619 个 4461 人、治保小组 4651 个 8456 人。至 1996 年，累计发生治安案件 6293 件，查处 5905 件，查结率 93.83%。

1997 年，突出“严防、严管、严治”，先后对 23 个乡镇 62 个村（居）委会及地区轮船公司的乌江、长江航线 3 个港站和国道 319 线的复杂路段等进行重点整治，摧毁犯罪团伙 137 个 561 人，其中流氓团伙 3 个 9 人、盗窃团伙 5 个 16 人、抢劫团伙 6 个 17 人、赌博团伙 122 个 516 人、其他 1 个 3 人；抓获犯罪涉嫌人 880 人，治安拘留 187 人、罚款 611 人、其他 82 人。至 1998 年，共发生社会治安案件 2160 件，查结 2113 件，兑现各类赔偿 54.48 万元。缴获机动车 20 台、耕牛 3 头，赃物折款 27 万元，调解民事纠纷 736 件。是年，学习漳州“110”经验，开始在县城治安巡逻。

1999—2001 年，发生治安案件 3226 件，查处 3076 件，查处率 95.35%。处罚 4876 人，其中警告 501 人、罚款 1911 人、治安拘留 1412 人、其他处理 1052 人。摧毁赌博团伙 30 个 370 人，收缴赌资 11.82 万元。缴获淫秽光盘 83 张，查获嫖娼人员 119 人、吸贩毒 59 人。

2002—2004 年，受理治安案件 3041 件，查处 2849 件，查处率 93.69%。查处违法人员 4203 人。其中治安拘留 1594 人、罚款 1646 人、警告 274 人、其他处理 689 人。抓获连湖镇场上大型赌博参赌和涉赌人员 20 余人，收缴赌资 12 万余元，收缴赌具 11 件；县城采足园茶楼聚众赌博人员 27 名，收缴赌资 6.8 万元、赌具 100 余件，罚款 5.9 万元。查禁润溪乡、龙洋乡场上“摇骰子”赌博风 4 次，查处赌博案件 3 件、违法人员 21 人。

2005 年，受理治安案件 957 件，查处 931 件、治安违法人员 1406 人。专项查处赌博案件 41 件，涉及人员 1520 人，收缴赌资和用具折款 20 余万元，制止各类群体闹事事件 29 件。

二、缉毒戒毒

1992 年，黄家坝派出所抓获黄家坝区上岩西以陈某为首的 4 名贩毒团伙，收审 3 人。至 1995 年，共缴获鸦片 7924 克。在郁山、汉葭、黄家坝等地铲除罂粟苗 1286 株，缴获罂粟壳（籽）0.5 千克、鲜罂粟果 50 千克，没收非法所得 5 万余元，处罚 36 人。

1996 年，配合黔江缉毒大队端掉跨川、鄂、湘、黔流窜作案特大贩毒团伙，铲除罂粟苗 1917 株。查处吸毒人员 12 人。

1997—1998 年，破获毒品案 142 件，其中贩毒 16 件、吸毒 100 件、种毒 7 件、其他 19 件。处理毒品违法犯罪人员 147 人，摧毁吸毒团伙 8 个 60 人、吸毒窝点 19 个，缴获罂粟果（壳)24.75 千克、吸毒工具 19 件，铲除罂粟苗 1583 株。

1999 年，缴获吸毒工具 14 件，铲除罂粟苗 383 株。

2000—2002 年，破获毒品案 134 件，打击处理违法犯罪分子 130 人，其中刑事拘留 12 人、提请批准逮捕 10 人、劳教 23 人、强制戒毒 45 人、限期戒毒 26 人、其他处理 14 人。摧毁毒品犯罪团伙 3 个 22 人、吸毒贩毒窝点 3 个。缴获吸毒工具 20 件，铲除罂粟苗 3165 株。

2003 年，缴获海洛因 15.6 克、吸毒工具 85 件，铲除罂粟苗 820 株。2004 年，破获毒品案 50 件，摧毁毒品犯罪团伙 2 个，刑事拘留 10 人，提请批准逮捕 12 人，劳教 8 人，直诉 2 人，罚款 18 人。

2005 年，破获毒品案 96 件，摧毁犯罪团伙 2 个，提请批准逮捕 6 人，劳教 13 人，直诉 1 人，罚款 18 人，强制戒毒 25 人。铲除罂粟苗 576 株。

三、危险物品管理

1986 年，对烟花爆竹等物资的生产、储运和使用按规定重新审批和发证，并对公安内部的枪支弹药清理，造册登记，严格管理和使用制度，开展定期和不定期的安全检查。

1987 年，成立烟花爆竹清理整顿领导小组，清理全县国营、集体、个体工商户 45 个门市部，取缔非法生产作坊 184 户、非法销售点 356 个，收缴生产原料 58 千克、成品 1698 万响。1988 年，查处同河乡非法生产烟花爆竹引发的爆炸案，检查 42 个乡镇的 177 个厂矿、21 个炸药仓库。1991 年，清理民间枪支 561 支，其中火药枪 425 支、猎枪 17 支、汽枪 115 支、小口径步枪 4 支。

1992 年，对枪支登记发证，非法持有民用枪支一律收缴。全年共缴获雷管 4000 余发，炸药、氯化钾 350 千克，取缔非法生产厂家 4 个、销售点 95 个。及时破获普子区供销保卫干部陈某保管的 1 支五四手枪、45 发子弹被盗案，抓获犯罪人刘某。

1993 年，县公安局制定《关于易燃易爆化危品消防管理规定》，规范生产、经营、储运、审批程序和管理措施，确定国家工业建设、民用建设使用的炸药雷管等民爆物资由民爆公司专营，公安机关严格管理。至 2000 年，累计捣毁非法制造窝点 132 家，查处涉枪涉爆案 38 起、处罚 42 人。查封烟花爆竹非法生产厂家 30 个、非法销售点 94 个，收缴烟花爆竹价值 72 万元。缴获火药枪 2108 支、子弹 74 发、炸药 5234.19 千克、雷管 4.32 万发、管制刀具 55 把。

2001—2002 年，开展缉枪治爆专项整治，清理民爆物品使用处所 649 处，取缔烟花爆竹非法生产窝点 8 处，查封取缔烟花爆竹销售摊点 38 个，查处涉枪涉爆案件 98 件、违法人员 95 人。收缴枪支 131 支、炸药 1165.45 千克、黑火药 113 千克、雷管 2824 发、导火绳 1561 米、硫黄 150 千克、铁砂 100 千克、手榴弹 5 枚、子弹 202 发、铝银粉 40 千克、烟花爆竹 10643.86 万响、烟花爆竹引线 44 把，2003—2004 年，采用赶场天突击抽检、设卡守候等方式，收缴流散在社会上的枪支弹药、民爆物品和剧毒性鼠药。抓获“8・4”非法持枪案的雷某，侦破桑柘镇“4・24”“4・27”民爆物资被盗案。取缔烟花爆竹作坊 12 家，非法销售储存使用点 34 个，销毁烟花爆竹半成品 283 万响。查处涉枪、涉爆、涉毒案件 37 件，抓获违法人员 44 人，刑事打击 4 人。检查涉爆单位处所 166 个，整改 103 个。收缴炸药 7963.8 千克、雷管 7271 发、导火索 7841.5 米、烟花爆竹 800 万响、民用枪支 11 支、六四式手枪 1 支、子弹 17 发、管制刀具 315 把、“毒鼠强”10.69 千克。

2005 年，推行“规范、服务、严管、重罚”的管理理念，重点检查枪支弹药、爆炸物品储存仓库。全年出动警力 1568 人次，检查枪支、物品使用点 396 处次，收缴炸药 2530 千克、雷管 2485 发、导火索 860 米、民用枪支 2 支，销毁废旧美式炮弹 16 枚、手榴弹 4 枚。

四、特种行业管理

特种行业包括旅馆业、印刷业、照相业、录像放映业、歌舞业、电子游戏业、茶馆业、美容美发业、出版物销售业、维修业、雕刻业、旧货业等。

1986 年，以旅馆业为主要行业管理对象，登记造册、发放营业证件。

1987 年，整顿行业和单位 119 个，并在汉葭镇、郁山镇推行“抵押合同制”试点。

1989 年，治理录像放映点 13 个、磁带销售点 12 个、书摊 21 个、台球室 69 个，停业整顿 26 家。全县共有旅店 192 家、废品收购业 66 家、刻字业 9 家、印刷业 11 家。

1990—1991 年，清理整顿特种行业 552 家，其中旅馆 274 家、打字复印 30 家、废旧收购 85 家、修理 83 家、刻字 2 家、茶馆 11 家、舞厅 4 家、录像放映 63 家。

1992 年，取缔旧货回收业 1 家，收缴废旧金属 6000 多千克。至 1993 年，全县有特种行业 208 家，其中旅馆 134 家、旧货业 39 家、其他 35 家。

1997 年，全县有特种行业 384 家，其中旅馆 97 家、印刷 8 家、旧货回收 2 家、卡拉 OK 厅 58 家、台球 40 家、美容美发 48 家、VCD 出租 4 家、录像放映 42 家、电子游戏 16 家、电影院 7 家、茶馆 44 家、其他 18 家。

1998—1999 年，清理整顿特种行业 313 家，其中宾馆（旅社、招待所）82 家、打字复印 7 家、旧货业 3 家、美容美发 85 家、茶馆 70 家，电子游戏 21 家、影碟出租 12 家、录像放映 24 家、卡拉 OK7 家、电影院 2 家。

2005 年，清理废旧金属回收店 77 个、旅店 106 家、娱乐服务场所 260 家，取缔非法经营者 51 家，查处嫖娼案 106 件、卖淫团伙 9 个，抓获违法人员 215 人，收缴淫秽光盘 4000 余张、废旧金属和钢材 1688 千克。

第五节 案件侦破

1986年，坚持依法“从重从快”的方针，按“稳、准、狠”的原则，打击危害严重的杀人、放火、抢劫、强奸、诈骗、重大盗窃、拐卖人口等犯罪分子。全年共收捕各类犯罪分子248名，摧毁各种犯罪团伙7个，处理团伙成员17名。

1987年，采取打现行、反扒窃、端窝子、抓流窜方法，集中打击犯罪活动7次，提请批准逮捕犯罪分子87名，收审235名。全年共发生刑事案件258件，破获222件。其中重大案件31件，破获28件。

1989—1990年，提请批准逮捕犯罪分子406人，抓获流窜人员36名，破获重大刑事案件165件。

1991年，注重“以大带小，以小挖大”的工作方法，全年共立刑事案件1252件，破获975件。其中重大案件255件，破获237件；特大案件6件，破获5件；破获积案65件、隐案88件。立案侦察131件，犯罪成员124人。查获各类犯罪人员1114人，摧毁犯罪团伙66个，提供打击对象236人，缴获赃款、赃物折款39.95万元及摩托车3辆、自行车48辆、耕牛35头。掌握拐卖人口线索684起，人员772人。

1992—1995年，以反盗窃、抓现行、挖团伙、打拐卖为中心，抓获彭石公路段以许某为首的爬车盗窃团伙12人，破获山谷居招待所105房间10万元巨款被盗案、鹿角赵某杀人案、王某和张某杀人案、廖某奸杀案、张某和苟某杀人案、高谷团伙残害耕牛18头案、联合乡宋某为首的7人团伙毒杀耕牛13头案、梅子垭团伙毒杀盗窃耕牛9头案、凤鸣乡李某毒杀村民肥猪10头案。共发现拐卖线索615条，涉及作案成员792人，被拐妇女、儿童709人。立拐骗案289件，破案271件，摧毁作案团伙88个，成员350人，抓获审查犯人408人，提请批准逮捕65人，收审125人，解救妇女儿童114人。刑侦立案3103件，破获2643件。其中重大案件1094件，破获1015件；特大案件33件，破获29件；破积案66件、隐案22件。查获各类犯罪人员4144人，摧毁犯罪团伙329个、人员1113人，涉嫌人653人。缴获赃款和赃物折款196.84万元。查获被盗摩托车7辆、自行车68辆、耕牛198头、被毒生猪10头、高档消费品46台、工业原料5.92吨。

1996—1998年，摧毁贵州谢某等跨省流窜作案团伙和普子包某等8人毒杀牲畜团伙、连湖乡车匪路霸团伙，破获“4·28”“6·1”特大抢劫案。共破获刑事案件1155件，其中重特大案件595件，摧毁犯罪团伙119个、325人，缴获赃款和赃物折款140余万元。

1999年，摧毁县城以余某为首的两个盗窃团伙，共作盗窃案49件，其中大案12件。破获“7·30”共和乡铜鼓村深山中无名女尸案，“11·14”鹿鸣乡死4伤3的特大投毒案，毒杀盗窃耕牛18头大案，以王某为首的特大贩卖女婴案。2000年，侦破刑事案479件。其中重大案260件。破年前积案329件，隐案漏案17件，协外案46件。缴获奥拓车1辆、摩托车12辆，赃款和赃物折款90.52万元。拐卖案38件，作案人员44名，查获被拐妇女38名。解救妇女儿童152名，摧毁犯罪团伙36个172人。

2001—2003年，摧毁平安乡称霸一方以吉某为首的地方恶势力团伙，县城以刘某为首的放高利贷、绑架人质索债恶势力团伙。破获“3·8”无名尸骨案、龙溪乡的无名尸骨案、“9·20”柜子岩抢劫杀人案、“10·3”酸枣弯抢劫杀人案、“11·24”国土资源大厦抢劫杀人案、走马乡西门村抢劫杀人案、梅子垭学校宿舍杀人肢解案、中铁十九局谢某被杀案、保家狠毒“母狼”案、民族中学投毒热水器案。抓获“2·1”系列投放危险物质和破坏生产经营的马某。共立刑事案3250件，破获1910件。其中重大案1260件，破获714件。抓获犯罪人员3046人，提请批准逮捕899人、刑事拘留379人、罚款 496 人、警告 165 人、直诉 64 人。摧毁犯罪团伙 69 个、352 人。

2004 年，以侦破“命案”“手机信息诈骗”扫除恶势力为重点，共立刑事案件 951 件，破获 853 件。打击处理犯罪人员 375 人，其中提请批准逮捕 287 人、直诉 73 人。

2005 年，破获县城歌舞厅伤害致人死亡案，抓获杀人焚尸案的甘某，跨省多年的持枪杀人犯田某及鹿角、万足一带盗窃团伙作案 15 件、犯罪人员 12 人，摧毁地方恶势力团伙 5 个。共立刑事案件 888 件，破获 866 件，其中年前积案 160 件（含命案 2 件）、命案 12 件。打击处理各类犯罪人员 381 人（含抓获网上逃犯 64 人），其中提请批准逮捕 285 人、直诉 82 人。

第六节　交通管理

1986 年，道路交通安全工作由县交通局管理。

1987 年，道路交通安全工作移交县公安局交通警察队具体统一管理。对所有车辆换发新牌号。全年发生交通事故 85 起，死亡 27 人，伤 49 人，直接经济损失 74190 元。其中重大交通事故 22 起，死亡 27 人，伤 23 人，直接损失 2.59 万元。检查车辆 5530 台次，纠正违章 1630 人次，追究违章驾驶员 5 人，治安处罚 11 人，注销驾驶证 2 人，排除路障 58 处。

1990 年，纠正许多部门不按规定在公路上乱设卡检查过路车辆进行收费、罚款的现象，减少检查单位，以公安部门的交通检查站为主，林业、税务纳入公安检查站内统一管理，其他任何单位不得设置检查站。彭水只设检查站 1 个，交警队适时上路检查无证驾驶、客货混装、超载等行为，并按规定严格处罚。是年，发生交通事故 50 起，死亡 15 人，伤 12 人，直接经济损失 3.48 万元，与上年同期相比，事故次数、死亡人数、伤人数、直接经济损失分别下降 13.8%、25%、54%、3.8%。

1991 年，规定县城车辆入城时间为晚上 22 时至次日凌晨 6 时。是年，全县拥有各种机动车辆 1321 台，驾驶员 1014 人。检查整顿各类车辆 590 台次，处罚 1210 人。取缔乱停乱放 151 台次，违章占道摊点、堆物作业 47 起。

1995 年，规范客运市场，中巴客运车纳入运输公司统一管理。取缔车站门口、山谷居、河堡、转盘等上下客点，小客车进入南北两个车站统一上下客。机动三轮车实行单双号入城制，严禁人力三轮车、板车、人力售货车、畜力车入城。全年检查车辆 29875 台次，纠正违章 13528 台次，处罚 8394 人，暂扣“三无”（无牌照、无驾驶证、无行驶证）车辆 641 台，取缔无证驾驶 128 人次。新入户 350 台，办理驾驶证 356 人，换牌照 835 台。

1999 年，规范县城交通标志标牌和停车站点，乡区委托派出所管理交通秩序。查处交通事故 189 件，破获交通肇事刑事案 18 件，刑拘 10 人，批捕 9 人。

2000 年，整顿客运和非客运车辆超载和非法使用警灯、警报器，查处以路代市、占道堆物作业、逆向行驶、无证驾驶等违章行为。当年依法拘留无证驾驶 7 人，暂扣机动车 1811 台次、驾驶证 1128 个次，罚款 481860 元。

2002—2003 年，检验报废营运车辆 372 台，处罚 63 人，吊销驾驶证 63 个，治安拘留 2 人，刑事拘留 4 人。

2005 年，以“严管重罚”和车辆“户籍化”管理为主线，采取全天候 24 小时上路巡逻检查与设立固定安全检查点相结合，超高超载车辆卸车转载，疲劳驾驶人员采取强令休息和从重处罚，严管重罚客运超员、机动车超速、货车载人、酒后开车等交通违章违法行为。全年共发生交通事故 402 起，死亡 33 人，受伤 113 人，直接经济损失 42.79 万元。与上年同期相比，事故少发生 14 起，下降 3.37%；死亡多 1 人，上升 3.13%；受伤多 6 人，上升 5.61%，直接经济损失少 8.64 万元，下降 16.8%。

第七节 安全保卫

一、内保

1986年，全县保卫科18个、保卫股17个。

1990年，县级部门保卫科（股）47个，专职保卫干部78人。乡镇、企事业单位自保会619个4461人，门卫62处97人，护厂、校队11个99人，治安室66个166人，守楼护院72处206人。132个单位落实治安责任人。对政府机关、要害部门进行技术防范有效控制，门锁加固12312处，窗户加固407处，堵死易于作案通道12处，安装铁板拉门17处，增设保险柜44个，安装报警器5台。全年集中检查5次，不定期抽查8次，查出火灾隐患89处，整改73处；盗患1820处，整改1629处。协助公安机关破刑事案件51件，其中大案14件。协查治安案件52件，提供破案线索110起，帮教违法人员370人，查禁赌博320人、卖淫嫖宿150人，取缔封建迷信活动263次，治安巡逻621次，抓获违法犯罪分子149人，缴获赃款和赃物折款15000余元。调解民间纠纷3540个，预防矛盾激化420件。

1992年，充实治保会35个260人、守楼护院21个58处102人、护厂护校队7个63人。1994年，新建保卫科（股）12个、专职保卫单位14个14人、兼职单位27个27人。督促列管单位治安保卫责任174人，签订责任书540份。

1998年，全县文明安全村136个、居委小区16个、学校厂矿单位71个。1999年，汉葭镇河堡、学坝居委被评为全县文明小区示范单位。至2000年，安全文明单位达到284个，沿319线的村民委、学校、厂矿的文明小区实行挂牌。

2001年，全县自保会647个3164人，内保单位73个，其中金融6个、内保干部158人。调解纠纷347件，提供案情线索78条，查处治安案件49件，协破刑事案件7件。

2005年，重点加强政府机关，事关国计民生的电力、通信、供水、金融等机构，以及县城首饰珠宝店、金融机构营业场所、基层网点等重点要害部位的安全保卫，完善人防、技防、物防的“三防”结合的防范体系。

二、国家安全事务

1986年，对历年来的敌特分子和特嫌分子清理，核准基数，掌握现时方向。收缴并善后清理台湾国民党空投到润溪乡、石柳乡的反动宣传品。

1987年，查处普子中学反革命标语案、保家17名学生喊反动口号案。

1989年，查获危害国家安全情报信息125条，其中政情48条、社情52条、其他25条。调查掌握混在县境内台胞中特务情况，建立档卡资料。

1992—1993年，共掌握各类情报信息249条，其中敌情52条、政情20条、社情130条、其他47条。

1996—2000年，收集各类情报信息861条，有价值的499条，其中敌情49条、社情232条、政情112条、外情10条、其他96条。查处嫌疑危害国家安全案件1件。

2001年，严密掌握社会动态，把握社会主动权，做到“敌动我知，未动先知”。至2004年，累计收集各类情报信息675条，整理上报323条。其中敌情39条，政社情259条，外情21条。

2005年，以稳定压倒一切的观念，面对新问题、新情况，探索新的工作方法。收集各类情报信息133条，处理上报有价值情报61条。

三、查处反动会道门组织

1984年，侦破反动会道门组织“显应坛”。1986年，此组织又重新出现，开展活动。

1987年，调查掌握全县有反动会道门组织者43名。

1990年，查结处理“梅花党”“青英会”线索3起，取缔非法帮会组织“兄弟伙”等6起，对“青英会”组织总管刘善宇党纪政纪处分。1992年，掌握会道门成员83人，其中道首11人、道徒72人。1993年，查处“梅花党”反动组织，收审3人、治安处罚7人。潜在的“门徒会”也呈现死灰复燃迹象。

1994—1996年，专项查处“门徒会”组织4次，累计收审顽固分子72人、治安处罚1250人、管教418人，摧毁分会3个、小分会13个、分会点98个、教会928个。

1998年4月，邪教“法轮功”传入彭水。8月成立辅导站，以练功治病为幌子，宣传迷信活动。全县有练功点7个，并逐渐蔓延。县公安局收缴邪教“法轮功”书籍506本、磁带337盒、录像带40盘、横幅158幅、画像16张、其他宣传资料1409份，捣毁涉及5个乡“门徒会”教会4个、教点5个。同年，在长滩抓获“门徒会”执事龙兴和，教育被迷惑群众22人。在走马乡抓获教会执事毛朝儒等4人，劳教2人、治安拘留2人，教育被迷惑群众52人。

2000年，端掉“法轮功”邪教组织非法窝点3个，收缴宣传品169份。查处“门徒会”活动2起，治安拘留11人，收缴非法书籍42本、磁带20盒，教育处理被迷惑群众16人。2001年，查获“门徒会”活动2起，抓获骨干分子5人，劳教1人、治安拘留4人，教育群众200余人。

2002年，全年取缔和查处“门徒会”活动3起，抓获骨干分子17人，其中提请批准逮捕2人、刑事拘留12人、治安处罚3人，教育处理群众100余人。

2003—2004年，查处朗溪、普子、黄家、高谷、桑柘、龙射等乡镇“门徒会”活动，防止聚集习练、串联上访、公开练功现象。2004年，快速查处“实际神”在县内的首起活动，对石柱籍到彭水活动的首要分子王某采取强制措施。

2005年，及时侦办散发邪教“法轮功”宣传品案件1起，查处“门徒会”活动2起，对邪教“法轮功”顽固分子采取强制措施，收缴邪教“法轮功”书籍3本、光盘磁带141盒、传单卡片等资料817份。

四、“110”服务

2000年11月，县公安局110指挥中心成立后，主要负责指令传达、机要文电收发、通信网络管理等工作。

2002年3月，县公安局增设“110”服务专线，24小时守候值班，开始接收来自全县各地的报警电话，及时传达具体的处理方法指令。同时，与市公安局指挥中心联通，调动警力处置各种突发性事件，并逐步与县水电、交通、医疗卫生、城管等有关部门实现联动，建立起高效、优质的服务体系，以满足人民群众安全、供水、供电、急救和抢险救灾等需要。

2003年，全国公安金盾一期工程开始启动，“110”指挥中心为县公安局金盾工程建设的牵头单位，组织实施金盾二、三级网络、信息中心“三台合一”（110、119、122）安全视频图像监控系统等工程建设。指挥中心的“三台合一”成为接、处警的指挥、调度系统。至2004年，累计接警29719次，出警率100%。出动车船26244次，警力5.08万人次。

2005年，初步完成二级公安专网，升级2M光纤电路，与移动通信部门联合组建县局局域网，全面推行办公自动化，调试安装110报警服务台。指挥中心内设文秘、接处警调度、情报信息、机要密码、科技通信、档案管理等机构。“110”收集到许多有价值的信息线索，及时处置了许多突发事件。

同时，为打击各类犯罪活动，提供可靠的情报依据。是年，接警 20998 次，出警率 100%。出动车船 17319 次，警力 35658 人次。

第八节　监所管理

1986 年，遵循“依法管理、严格管理、文明管理、科学管理”原则，开展前途教育，改善监所生活条件，为犯人防病、治病，动员犯人检举揭发同伙的犯罪事实。1987 年，共收到监所关押犯人揭发检举材料 43 份，破案 17 件。

1989 年，关押犯人 780 人，押送投入劳改罪犯 13 批 106 名。1991 年，关押各类人犯 360 名。检查监所 297 次，查出隐患 24 起，防止越狱、暴狱各 1 起。

1992—1997 年，看守所、收审所先后关押人犯 1000 人次。其中 1993 年，收审所关押达 830 人，检查 307 次，查出安全隐患 9 起，防止集体逃跑 2 起。

2002 年，以挂牌整治后进看守所为动力，发挥两所打击犯罪“第二战场”的优势，发动监所被告人、犯罪嫌疑人、违法人员检举揭发、提供案件线索。全年收到线索 8 条，查证破案 4 起，打击处理 9 人。2004 年，收集犯罪线索 10 条，侦破刑事案 13 件，抓获犯罪嫌疑人 14 人，追述 1 人，追赃 3 万余元。

2005 年，提供线索破案 23 件，打击 3 人。

第九节　消防管理

1986 年，全县共发生火灾 25 起，烧毁粮食 4.66 万千克，损失物资折款 115190 元。

1987 年，全县建立重点保卫单位 228 个，查出不安全火险隐患 382 起。完善充实义务消防队 291 人，新添灭火器 582 具、水带 1500 米、火勾火叉 1112 套，建防火水池 154 个、消火栓 24 个、水枪 15 支。是年，发生火灾事故 23 起。

1990 年，实行消防安全与企业升级和职工经济利益挂钩制度，加强消防知识业务培训和实地演练。重新审定重点保卫单位 241 个，新建 115 个，最终确定重点保卫单位 328 个。是年，检查物资储存保卫仓库 656 个、物资经营门市 164 个、车间 218 个、公共娱乐场所 13 个、旅社 15 个、学校 22 所，发现隐患 205 起，及时整改 183 起，限期整改 22 起。建立义务消防队 334 个，购置消防指挥车 1 辆、水灌消防车 1 台、灭火器 550 具、水带 400 米、石棉被 15 床。共发生火灾事故 21 起，对事故责任人判刑 1 人、行政拘留 1 人、收审 1 人。

1991—1995 年，公安部门组织召开培训会和专题会 28 次，成立义务消防队 810 个，培训专业干部 188 人次。检查物资储存库 1002 次、各类门市 407 次、车间 231 次、公共娱乐场所 28 次、旅社 29 次、学校 56 次，发现火灾隐患 1771 处，及时整改 608 处，取缔封闭火锅馆 3 处、卡拉 OK 歌舞厅 6 处、茶馆 15 处、录像放映室 2 处。添置灭火器 1163 具、水带 2050 米、火钩火叉 50 套、阻燃剂 20 千克，建水池 61 个、容量 720 吨。全县共发生火灾事故 67 起。其中重大火灾 5 起，死 1 人，伤 1 人，烧毁粮食 70665 千克，经济损失 1489902 元。对事故责任人判刑 4 人、行政拘留 1 人、收审 7 人、罚款 20 人、教育 34 人。

1997—2000 年，查出消防隐患 361 处，整改 315 处。发生火灾 45 起，直接经济损失 2348160 元。

2002 年，举办消防培训班 20 期，培训人员 1.5 万人。检查单位和场所 300 个，发现火灾隐患

350处，进行强行整改。对“天宏鞋业”停业整顿，查处新世纪广场重大火灾隐患，查封民办幼儿园2家、家具厂3家。2003年，县消防大队装备消防战车3辆，列管二级消防安全重点单位48个、三级消防安全重点单位138个、公众聚集场所2700个、公众娱乐场所25家、学校267所、网吧30家、加油站21个、液化气销售点120个、高层建筑132栋。开展农村、社区消防工作试点，建立村、社区消防工作领导小组和群众义务消防队，制定相关的消防安全制度职责，配置必要的消防设施设备，设置消防宣传专栏。至2004年，累计检查单位和场所943个（处），发现火灾隐患312处，督促当场整改292处。关停游戏厅33户、网吧12户、易燃易爆场所3个。立消防行政案件13件，涉及单位4个、个人14人，其中警告1人、行政拘留1人，查封场所3个，罚款11.52万元。

2005年，对县人民政府机关、保家镇邮政所等25个单位和168个二、三级消防安全重点单位进行补充调整。共检查二、三级消防安全重点单位和非重点单位200个次，督促整改火灾隐患160件。全年发生火灾43起，死亡1人，伤4人，直接经济损失18.29万元。与上年同期相比，火灾事故下降18.87%，死亡持平，受伤上升300%，经济损失下降70.4%。立消防行政案件9件，处罚单位2个、个人8人，其中警告2人，责令停止施工1个、停止使用1个，罚款8.75万元。

第二章 检 察

第一节 机构队伍

1955年3月，成立彭水县人民检察院，属四川省人民检察院涪陵分院管理，依照法律独立行使检察权。1984年11月，更名为彭水苗族土家族自治县人民检察院（简称县人民检察院）。1986年，县人民检察院有职工36人，其中检察长1人、副检察长2人、检察员21人、助检员5人、书记员1人、法警5人、工人1人。男29人、女7人。大学文化3人、中专3人、高中14人、初中16人。

1988年1月15日，设立县人民检察院派驻县税务局、县粮食局检察室。1990年2月6日，县人民检察院聘请县财政局检察联络员6名。1991年6月10日，设立县人民检察院驻县供销社检察室。9月3日，成立县人民检察院治安保卫委员会、调解委员会，分别设主任1人、副主任2人、委员5人。1992年6月10日，设立县人民检察院驻县电力公司检察室。1993年4月27日，成立县人民检察院治安综合领导小组。1994年4月27日，重组社会治安综合领导小组、调解委员会，成立内保组、义务消防队。1995年1月1日，成立县人民检察院法警大队。1月28日，设立县人民检察院驻县地方税务局检察室。3月23日，成立赔偿工作领导小组，下设办公室。8月15日，县人民检察院成立民事、行政检察科。12月4日，撤销经济检察所，成立县人民检察院反贪污贿赂工作局。1997年1月31日，成立县人民检察院少年犯审查起诉小组。1998年7月，黔江地区人民检察分院更名为重庆市人民检察院第四分院，县人民检察院属重庆市人民检察院第四分院管理。2000年8月31日，另设监察室，内设机构变为7科3室。2002年，县人民检察院机构实设办公室、法律政策研究室、反贪污贿赂局、政工科、侦查监督科、检察技术科、公诉科、监所检察科、控告申诉科、渎职侵权检察科、民事行政检察科等1局2室8科。成立县人民检察院预防职务犯罪协调小组，配备专职干警2名、兼职干警1名。2003年，成立职务犯罪侦查局。

2005年，机关公务员职位数59人，公务员过渡人数40人，公务员职位数空缺数19人，工勤岗位数5人，确定为工勤人员数3人，工勤岗位空缺数2人。全院共有职工43人，检察长1人、副检察长3人、纪检组长1人、主任2人、副主任3人、副局长2人、科长6人、副科长2人、检察员和助检员13人、书记员4人、法警3人、驾驶员3人。有研究生学历1名、本科22名、专科18名、高中2名。

第二节 刑事检察

1986年，县人民检察院对公安机关提请批捕的案件，凡主要事实查清、证据确凿的采取取保候审或监视居住等方式尚不足以防止其危害社会的犯罪嫌疑人，一律批准逮捕；对事实不清、证据不足案件退回公安机关重新侦查或补查。在审查批捕的同时，依法监督公安机关侦查活动程序和手段是否合法，有否刑讯逼供、诱供等行为发生。把“七类”（杀人、放火、抢劫、爆炸、拐卖妇女儿童、流氓、贩毒）犯罪作为重点打击对象。县人民检察院对重特大案件采取提前介入，与公安机关配合，快侦快捕，快审结案。在办理高某抢劫犯时，罪犯在乡政府所在地采用暴力手段抢劫他人现金后逃跑，情节恶劣、影响极坏，全案用 1 天时间查清主罪，作出批准逮捕决定。公安机关批捕王某伤害案，几经退查事实仍不清楚。1 月，派员携卷到发案地重新调查，查清犯罪事实，排查疑点，提起公诉，依法批捕判处执行。全年受理公安机关提请批捕刑事案犯 128 人，经审查，批准逮捕 93 人、不批准逮捕 22 人、其他处理 13 人。受理公安机关移送审查起诉各类刑事案 101 件 126 人。

1987—1990 年，侦查重点放在危害社会治安刑事犯罪案件上，在法定办案时限内快侦快办，对重、特、危害和影响大的案件，提前介入，搜集证据，做到审查快、批捕快、起诉快。4 年受理公安提请批捕 807 人，经审查批准逮捕 608 人、退回公安机关补查 98 人、公安机关撤回 2 人、不批准逮捕 99 人。受理公安机关移送审查起诉各类刑事案 640 件 900 人，经审查决定起诉的 621 件 868 人。其间 1989 年，刑事案件出现“五增多”（恶性案件、影响大案件、危害生产案件、总案件、发案地区增多）现象，全年受理公安机关提请批捕刑事案件 205 人，经审查批捕 154 人，批捕率 75.12%，其中重大案犯 14 人。受理公安机关审查起诉刑事案件 155 件 215 人，自侦审查起诉案 12 件 18 人，办结 166 件 231 人。受理“七类”严重刑事案 47 件 65 人，占起诉案件和人犯的 30.32%、30.23%。提起公诉 137 件 188 人（审判 107 件 144 人、免予起诉 5 件 13 人、不起诉 3 件 7 人、退回公安机关补充侦查 17 件 19 人、其他处理 5 件 5 人）。审查起诉案中，杀人犯 2 人、抢劫犯 15 人、强奸犯 4 人、盗窃犯 113 人、拐卖人口犯 25 人、容留妇女卖淫犯 2 人、故意伤害犯 21 人、诈骗犯 4 人、交通肇事犯 14 人、贪污犯 13 人、受贿犯 4 人、其他 16 人。25 岁以上 112 人、18 ~ 25 岁 110 人、18 岁以下 11 人，青少年犯罪占 52.36%。

1991—1992 年，恶性杀人案、城镇发案增多，青少年犯罪占 56.3%。依法从快批捕刑事犯罪案 180 件，批捕环节自查 25 件 34 人、退查 11 件 32 人，介入公安机关侦查、预审办案分别为 23 人次、8 件 9 人。起诉环节自查 80 件 115 人、退查 51 件 86 人。通过自查或退查，决定不批捕 2 件 2 人、追捕漏罪漏犯 2 件 3 人、追诉漏罪漏犯 4 人，改变原案定性不准 3 件 5 人、建议有关部门撤诉 3 件 5 人。对公安机关移送审查起诉案件改为免诉案 5 件 5 人、不诉 1 件 1 人，对县人民法院审判定性量刑不准案件，抗诉 7 件 7 人。及时书面请示第四分院疑难案件 6 起。受理公安机关提请批捕案 339 件 570 人，经审查批准逮捕 301 件 431 人，不批准逮捕 24 件 76 人，其他处理 14 件 63 人。受理起诉审查刑事案件 461 件 671 人，追回赃款 1.5 万元。

1993 年，重点打击暴力犯罪和各种带有黑社会性质犯罪。全年批捕暴力、团伙犯罪分子分别为 191 人、75 人。退回公安机关补充侦查起诉、批捕案 68 件，不批准逮捕犯罪人犯 33 人，追捕、追诉漏犯 15 名。决定免予起诉案犯 8 人，改变原案定罪不准 5 件 10 人，逮捕起诉 11 人。对县人民法院使用法律不当，量刑判决和裁定不准，依法提起抗诉 2 件 2 人。受理公安机关提请批捕案 196 件 339 人，经审查批准逮捕 182 件 302 人。受理起诉审查刑事案 227 件 360 人，提起公诉 152 件，占起诉案件 36.26%。

1994—1996 年，受理公安机关提请批捕 523 件 780 人，经审查批准逮捕 450 件 647 人，公安机关撤回批捕请求 1 件 1 人，不批准逮捕 31 件 51 人（退回补查 30 件 50 人、其他处理 1 件 1 人），改变公安机关定性 8 件 10 人，追漏罪犯 6 件、20 人，其他处理 27 件 51 人。受理公安机关移送审查起诉各类刑事案 593 件 832 人，年底审结 519 件 735 人，其中公诉案 360 件 479 人、上送第四分院 16 件 24 人、免予起诉 46 件 69 人、退回公安机关补查 93 件 150 人、公安机关撤诉 4 件 13 人。提前介入重、特大刑事案件现场勘察、尸检等侦查案 13 件 19 人，提前阅卷 153 件 284 人。3 年受理批捕“七类”严重刑事犯罪分子 344 人，占总批捕刑事案 44.10%。

1997—2000 年，受理公安机关提请批捕案件 775 件 1164 人，经审查批准逮捕 906 人、退回补查 6 人、公安机关撤回 1 人、不批准逮捕 207 人、其他处理 44 人。累计受理公安机关移送审查起诉各类刑事案 756 件 1000 人。审结 737 件 978 人，其中公诉案 659 件 878 人、上送第四分院 28 件 37 人、公安机关撤诉 8 件 10 人、不诉 4 件 6 人、追漏罪、犯分别为 10 件 11 人、其他处理 28 件 36 人。严处“七类”犯罪分子和速办社会热点、焦点案件共 322 件 431 人。

2001 年，受理公安机关提请批捕各类刑事案件 258 件 425 人，受理检查自侦部门移送的批捕案件 7 件 34 人。经审查批准和决定逮捕 203 件 293 人、不批准逮捕 4 件 17 人、公安机关撤回 8 件 61 人、其他处理 50 件 88 人。追捕犯罪嫌疑人 12 名，追捕漏罪犯 1 件 3 人，改变公安机关和侦查部门定性案件分别为 12 件、18 件。公诉部门受理公安机关和自侦部门移送起诉刑事案件 219 件 331 人，向县人民法院提起公诉 178 件 259 人、移送上级检察院 15 件 21 人、其他处理 26 件 51 人。对县人民法院提出抗诉 12 件，经县法院依法改判 3 件。对抗诉案件在规定时间内向检察委员会提出，经集体讨论，依法提起抗诉。如县法院在办理县中药材公司李某贪污案时，县人民法院认为李某不属贪污犯罪主体，一审判无罪。经审查研究李某身份认定是国家工作人员，依法向法院提起抗诉，县法院二审改判李某有期徒刑 2 年缓刑 3 年。对公安机关有案不立、立案不查现象，发出“说明不立案理由通知书”42 份，通知公安机关立案 3 件，直接立案 39 件，县法院判决有罪 4 件 4 人。

2002—2004 年，受理公安机关和检查自侦部门的移送审查批捕案 822 件 1122 人，经审查批准逮捕 675 件 876 人、不批准逮捕的 42 件 47 人、留请公安机关撤回 105 件 199 人。追捕犯罪嫌疑人 6 人，立案监视 13 件 17 人，复议的 2 件 2 人。公诉部门受理公安机关和自侦部门移送起诉刑事案件 661 件 1007 人，向县人民法院提起公诉 629 件 922 人、移送上级检察院 25 件 43 人、其他处理 7 件 42 人。

2005 年，受理公安机关和职侦部门提请批捕刑事犯罪案 212 件 413 人，经审查批准批捕 298 人，不批捕 26 人，公安机关撤回提请 89 人。追捕 4 人，监督公安机关立案 5 件 6 人。共受理公安机关和职侦部门移送审查起诉 200 件 347 人（公安机关移送 176 件 314 人、自侦部门移送 24 件 33 人），审结 194 件 339 人，决定起诉 155 件 260 人、移送第四分院审查起诉 7 件 7 人、其他结案 39 件 72 人。依法打击和惩处“七类”刑事犯罪案件和多发性犯罪案件 106 件 184 人，分别占起诉案件 68.39%、起诉人 70.77%。对未成年人组织参与抢劫严重暴力刑事案件，以“教育为主、处罚为辅”措施，最大限度教育、感化、挽救未成年人，构建适合未成年人特点的检察工作方式，有针对性地开展未成年人犯罪嫌疑人、学校、家长“三见面”教育感化活动，在 3 所学校建立“青少年维权岗”，禁止未成年人进入传播暴力、色情网吧。

第三节　经济检察

1986 年，受理各类经济案件线索 40 起，经过侦查决定立案 15 件 16 人（贪污案 11 件、受贿案 2 件、偷税案 1 件、诈骗案 1 件），其中 1 万元以上大案 6 件、0.5 万元至 1 万元以下 6 件、0.5 万元以下 3 件，共逮捕人犯 12 名。年底，全部侦查终结，提起公诉 13 件 14 人，法院判处 10 件 11 人，免予起诉 2 件 2 人，为国家和集体挽回直接经济损失 8.40 万元。

1987—1988 年，受理经济案件线索 55 起，初查 42 起，经细查决定立案侦查 21 件 29 人（贪污 11 件 14 人、受贿 2 件 4 人、诈骗 2 件 2 人、偷税抗税 6 件 9 人），年底全部侦查终结。依法提起公诉 6 件 7 人、免予起诉 4 件 7 人，其他处理 11 件 15 人，为国家和集体挽回经济损失 48 万元。冻结封存“兰鸟”“皇冠”“丰田”小汽车各 1 辆。对郁山乡办酒厂和个体户酒厂偷税漏税情况，进行以案讲法，11 家酒厂补交漏税款 1.22 万元。

1989 年，初查经济案 75 件，立案侦查 43 件 59 人（贪污 23 件 36 人、受贿 15 件 15 人、投机倒把 2 件 3 人、偷税抗税 1 件 2 人、滥伐林木 1 件 2 人、挪用公款 1 件 1 人）。结案 10 件 14 人，追缴赃款 31.5 万元，为国家和集体挽回经济损失 33 万元。在立案侦查案件中，3 万～5 万元 3 件 5 人、1 万～3 万元 12 件 18 人、0.5 万～1 万元 11 件 13 人、0.5 万元以下 17 件 23 人。经济犯罪人员主动到检察机关投案自首 25 名［正副局级干部 7 人、股级（经理）干部 8 人、一般干部 10 人］，退查非法所得金额 10 万元。

1990—1991 年，研究解决积案 5 次，对案件逐一排队、责任到人、限期破案。受理经济犯罪线索 50 件，立案侦查 34 件 35 人（贪污 25 件 25 人、受贿 1 件 1 人、挪用公款 6 件 7 人、其他 2 件 2 人）。累计结案 65 件 74 人（含上年积案 34 件 42 人），其中移送起诉 40 件 46 人、免诉 14 件 17 人、撤案 11 件 11 人，对不构成立案标准的 18 件 18 人，送有关部门作党纪、政纪处分。追缴赃款 8 万元、为集体挽回经济损失 149 万余元。对制度不健全、职工差货短款的保家、普子区供销社清查账务，掌握犯罪线索，决定立案查处贪污、挪用公款案 5 件 5 人（移送审查起诉 4 件 4 人，免予起诉 1 件 1 人），1 万元以上 3 件 3 人，依法逮捕 3 件 3 人。立案查处县电力公司挪用公款 1 万元以上犯罪分子 2 人。

1992 年，受理各类经济犯罪线索 41 件 45 人，初查 35 件 38 人，决定立案侦查 25 件 28 人（贪污 13 件 14 人、挪用公款 7 件 8 人、偷税 5 件 6 人）。侦查终结 25 件 28 人（提请批准逮捕 3 件 3 人、起诉 8 件 9 人、免予起诉 12 件 14 人、撤案 2 件 2 人），结案率 100%。全年追回赃款 15.83 万元，占应收回赃款 92.4%。通过盘点、清账综合治理措施，为企业收回挪用、差货、短款 110 万元。与税务部门配合，立案查处建筑安装行业偷税案 4 件 4 人，为国家收回偷、漏、欠税款 57.7 万元。全年立案 25 件，每件平均初查时间为 5 天，最短用 10 小时，破案时间件平均 35 天，最短 17 天。

1993—1994 年，受理经济犯罪案 57 件，立案侦查贪污、贿赂、挪用公款、偷、抗税等经济犯罪案 48 件 60 人。追缴赃款 87.22 万元，为企业追回挪用、拖欠公款 211.38 万元，追回偷漏税款 8.59 万元。采取秘密侦查和公开办案相结合的侦查策略，在烟草系统挖窝案、串案，立案查处贪污贿赂案犯 13 件 15 人。在立案查处王某偷税 3.5 万元一案时，挖出县烟草公司储运科副科长和科员受贿 8.8 万元、副经理黄某受贿 1.1 万元及杨某伙同他人贪污数万元重大案件。在相关部门配合下，到县糖酒公司、保家区供销社、靛水沙砖厂等 9 个单位收回贪污、挪用、拖欠款 110 万元。

1995 年，受理经济犯罪案 23 件 23 人（贪污罪案 8 件 8 人、受贿案件 14 件 14 人、挪用公款案 1 件 1 人），其中重、特大案 22 件 22 人。1 万元至 5 万元 13 件、5 万元至 10 万元 2 件、10 万元以上 6 件，办案追回赃款上缴财政 151.43 万元。侦破县民族烟厂特大贪污、贿赂窝、串案犯罪分子 19 人，犯罪金额 130 多万元。破获县财政局杨某以做假账方式，将 17 万元国家资金据为己有的犯罪事实。1996 年，受理经济犯罪案线索 47 件，初查 39 件，立案侦查 25 件 32 人，其中贪污罪案 6 件 10 人、受贿案 4 件 6 人、侵占案 7 件 8 人、商业受贿案 4 件 4 人、行贿案 2 件 2 人、挪用公款案 1 件 1 人、其他处理 1 件 1 人。立案侦查人员中，正副科（局）级干部 8 人。追缴赃款及违法所得累计 75 万余元。重抓“3 机 1 部”（党政机关、司法机关、行政机关、经济主管部门）贪污贿赂经济案件，破获原县人民法院办公室主任兼会计李某贪污挪用公款 9 万多元的要案，原县粮食局冉某受贿 5 万多元的大案，原合理乡党委书记、乡长、财政所长共同贪污案件。

1997 年，改变以前单靠以正面接触犯罪嫌疑人获取证据方式，注重立案前初查，对举报的犯罪线索，秘密调查，获取证据。在接到原大厂乡信用社会计简某收取存款 10 万元不入账占为己有报案的当天，得知罪犯有携款潜逃迹象，立即采取外围控制措施，获取书证和物证同时进行的侦查方法，用 2 天时间破获全案。全年受理贪污受贿经济犯罪案线索 49 件，初查 34 件，立案侦查 19 件 23 人，侦查终结 18 件，结案率 94.75%。1 万元以上的重大案件 14 件，为企事业单位挽回经济损失 8 万元，追回各种违法所得30万元、职工欠款23万元。

1998—1999年，反贪污贿赂工作特点表现为“二大一升二小”（侦办工作难度大、追缴赃款难度大、要案比上年上升、举报线索来源及可查性小、案件管辖范围缩小）。推行“六个一”（每办一案，责成犯罪嫌疑人写一份悔过书、与案发单位召开一次座谈会、提出一份管理书面建议、上一堂法制教育课、督促发案单位制定一项整改措施、对案发单位进行一次回访考察）办法。受理贪污受贿等经济案件线索34件，经初查决定立案侦查21件22人（贪污案16件17人、挪用公款案3件3人、行贿受贿2件2人），要案2件2人，1万元以上大案8件8人，10万元以上特大案9件9人。移送审查起诉18件20人，抓获案侦或负案在逃的犯罪嫌疑人3名。追缴赃款45.3万元，为国家挽回经济损失690余万元。

2000—2001年，立案侦查贪污贿赂犯罪案件28件27人（含1个单位），移送审查起诉26件25人（含1个单位），追回赃款100万元，为国家和企业挽回经济损失248.3万元。

2002年，受理贪污贿赂等案件线索36件，补查17件，决定不立案9件9人，立案8件8人，其中贪污2件2人、贿赂5件5人、挪用公款1件1人，追缴赃款36万元，挽回经济损失63万元。

2003—2004年，受理贪污贿赂等案件12件17人，其中大案7件12人、要案2件2人。追缴赃款110万元，挽回经济损失360万元。

2005年，重抓职务犯罪，遏制少数干部利用手中权力，搞钱权交易，谋取非法所得。与县交通、国土房管、农机水利局和县烟草公司等12个社会热点、群众关注和反映强烈的重点单位建立预防职务犯罪工作机制，职侦科立案侦办县国土房管局房管科蒋某收受他人贿赂犯罪案件和县烟草公司批发员贪污7万元案件。全年受理贪污经济犯罪案线索67件，初查14件14人，决定立案侦查4件4人，侦查终结4件4人，移送审查起诉7件7人（含上年积存3件3人），为国家和集体挽回经济损失近300万元。

第四节　法纪检察

1986年，对各类法纪案件快结快审，共审理各类法纪案件线索18件26人，经初查认定不够立案及时配合相关部门处理11件15人、决定立案侦查7件11人（含上年积存2件2人），其中非法拘禁案1件2人、非法搜查案1件1人、报复陷害案1件1人、玩忽职守案1件1人、重婚案3件6人。侦结6件10人，其中撤案1件1人、提起公诉5件8人、免予起诉1人。

1988年，受理法纪案件线索19件27人（非法拘留15件21人、刑讯逼供3件5人、玩忽职守1件1人），转有关部门办理6件8人、直接查处13件19人，其中立案追究刑事责任4件7人（非法拘禁3件6人、玩忽职守罪1件1人），除1人在逃外，提起公诉4件4人，县人民法院判刑3件3人。1月，桑柘村民杨某控告，“其妻豆某因动手术，被医生打针后死亡，要求追究医疗责任”。经地、县两级医疗事故鉴定委员会鉴定为：一级医疗技术事故。法纪科认为后果严重，其性质为责任事故。为正确区分性质，将本案提交四川省法医学会研究鉴定为“一级医疗责任事故”。检察院依法提起公诉，追究被告人刑事责任。

1990—1992年，受理法纪案94件126人，其中非法拘禁22件29人、刑讯逼供27件32人、玩忽职守4件10人、非法搜查2件11人、诬告陷害4件5人、重大责任事故2件2人、其他案33件37人，立案17件26人，全部结案。查处四川省院交办影响较大的案件2件。受理1991年“10·1”普子区高压电线触电死2人、重伤6人案件后，为理清事故性质，特邀县安办、水电局、电力公司等单位共同勘察现场、调查取证、反复研究分析，最后正确判定为自然事故。

1993 年，受理法纪案 22 件 34 人，立案侦查刑讯逼供、非法拘禁、非法搜查、重大责任事故等罪案 11 件 21 人，侦查终结 10 件 20 人，决定提请批准逮捕案犯 3 件 3 人，起诉 7 件 17 人。1 月，汉葭镇派出所蒋某与冉某审查盗窃案，不重证据，将嫌疑人向某抓到派出所刑讯逼供致死。检察机关立案侦查终结，以刑讯逼供罪提起公诉，使犯罪者得到应有惩罚。

1994—1998 年，受理法纪案件 69 件 90 人，立案侦查 34 件 44 人，办结 33 件 42 人，办结率 97.06%、95.45%。其中 1994 年国家工作人员犯罪件数和人数分别占立案侦察数的 54.5%、46.6%。

1999 年，受理渎职、侵权、枉法裁判、破坏选举、非法批准征用土地等案 7 件 7 人，决定立案 2 件 2 人（桑柘区法庭原庭长枉法裁判案、普子区派出所原副所长莫某徇私舞弊案），查结移送起诉 2 件 2 人，县人民法院作出相应判决。

2000—2004 年，受理 37 件 42 人，立案侦查 25 件 25 人，决定待查 1 件 2 人，决定不立案 11 件 15 人。其间，2002 年，受理各类渎职、侵权犯罪案线索 14 件 14 人，初查 14 件 14 人，其中 9 件 9 人情节轻微不构成犯罪，作不受理案处理，决定立案侦查 5 件 5 人（帮助犯罪分子逃避处罚罪 1 件 1 人、非法拘禁罪 1 件 1 人、玩忽职守罪 3 件 3 人）。利用侦查智慧谋略，精心制定侦查方案，堵死犯罪嫌疑人的退路。在侦查县交通局副局长廖某玩忽职守案时，还挖出县交通局相关人员经济犯罪案件和廖某在分管工程时受贿 9 万元经济犯罪案。

2005 年，严格查办交通安全渎职犯罪案件。8 月，在龙溪乡造成当场死亡 2 人的交通事故，立案查办龙溪乡分管安全副乡长罗某因失职导致交通事故的渎职犯罪案件。

第五节　监所检察

1986 年，落实严格、依法、文明、科学管理措施以及犯人生活定量标准，对人犯实行承包责任制。“两所”（看守所、拘役所）检察经常化、制度化，要求每个管理人员做到“三个熟悉”（熟悉犯人姓名、家庭住址、文化程度等，熟悉犯人基本案情，熟悉犯人思想状况）。

1987—1988 年，改进监管措施，防止犯人行凶、自杀、暴狱、脱逃等事故发生。协助看守所制定《看守所监管工作岗位目标管理试行方案》，将监管任务落实到人，实行包教育、管理、生活卫生的“三包”制度。做到监所管理检察制度化、经常化，人犯入所登记制度，定期对人犯进行法治、形势、前途教育，互通情报。对保外就医犯人，坚持检查保外就医犯人是否符合保外就医条件、是否有县级以上医院病历检查报告和结论、是否按程序批准的“三检查”制度，随时掌握犯人身体条件变化情况，发现问题及时建议处理。

1989 年 8 月初，在“三所”（看守所、拘役所、收审所），宣讲检察《通告》精神，鼓励人犯坦白认罪、检举揭发、立功赎罪，争取政府宽大处理。截至月底，收到人犯检举揭发材料 48 件。其中盗窃案 19 件、金额 1.17 万元，拐卖人口案 18 件、获赃款 4.69 余万元，诈骗案 2 件、强奸案 1 件、贪污案 2 件、金额 4 万元，其他案 6 件。

1990—1991 年，根据新羁押的人犯出现新问题、新特点和思想状况，开展政策法律、怎样正确处理家庭关系和社会关系的教育。配合看守所在人犯中进行政治思想教育 10 次、政策法律教育 5 次、前途教育和怎样改造世界观教育 12 次、遵纪守法和严守监规教育 20 次、怎样处理家庭关系和社会关系教育各 1 次、个别提教人犯 250 余次，受教育面 98%。

1992—1993 年，经常帮助监督管教干警依法管理，提出检察建议 45 次，避免人犯逃跑、自杀、闹监等事故发生。实施对县人民法院刑事判决、裁定执行情况和公安看守所执行活动的法律监督，禁止“牢头狱霸”带头闹狱，纠正体罚人犯和乱收费现象。

1994—1995年，对新收2名孕妇和1名法律文书不全的人犯，依法向县公安局、看守所提出纠正，作出妥善处理。共纠正超期羁押人犯15人次，提出检察建议4次，向主管部门发出催办通知6次。针对人犯任某、向某脱逃事件，监所检察部门贯彻落实《中华人民共和国监狱法》，严格对刑事判决、裁定执行情况和监管执行活动进行监督。对100名刑满释放、取保候审、缓刑、保外就医人犯进行跟踪考察，就考察中发现的问题向县社会治安综合治理委员会提出检察建议，并督促落实帮教措施，减少人犯重新犯罪。

1996—1998年，初查在押人犯违法犯罪活动线索2件。汉葭镇待业青年曾某，在1992年1月18日因强奸、抢劫罪被判处有期徒刑13年，10月因病保外就医，曾犯在保外就医期间又因盗窃，于1996年2月27日被收监审查。检察院对该案迅速向县人民法院提起公诉，对曾犯作有罪判决。期间，组织在押人员学习法律法规和党的方针政策26次，请公安、法院、司法领导给看守所人犯上法制课19次，受教育人犯8071人次，进行个别重点帮教人犯349人次，转化改好212人，主动检举揭发案件线索14件。对保外就医罪犯，采取一看、两查、三访、四建议、五落实方法，对经医院复查病情好转的罪犯3人，提出收监建议。与看守所、武警中队一道重点检查看守所安全36次、一般检查73次，发现隐患20起，及时消除隐患18起，收缴各类违禁品12件。纠正新收犯人法律文书错误2人、无逮捕证关押4人。争取资金6万元用于看守所围墙加高、铁门加固和饮水工程改造，确保看守所安全管理。全年对驻所检察210天，召开联席会12次，提出安全、执法、探亲等建议16条，惩处牢头狱霸2人。检察纠正超期羁押78件90人。

1999—2001年，纠正公安机关超期羁押违法186次175人次，书面和口头提出纠正建议意见23次，均得到监管机关采纳。为在押人犯上法制课和提教人犯19次。监所部门办理案件4件4人，其中立案侦查1件1人、提起公诉后重新犯罪案2件2人，举报案1件1人。配合县公安局抓获从忠县监狱逃回彭水的罪犯康某，经忠县人民法院审理，对康某以越狱罪加刑5年。

2002—2003年，严格执行刑罚（关、管、出）监督和监管活动监督工作。打击处理牢头狱霸事件7人，纠正看守所违规使用械具2次4人。查处和纠正提前和延后释放违法行为，在监督时发现人犯马某被提前释放1个月、高某刑满未被释放，立即以口头和书面形式向县人民法院发出纠违通知。全年通过专题报告等形式发出违法超期羁押通知书97份，涉及90人，其中公安机关89人、县人民法院1人。

2004年，建立健全纠防超期羁押长效工作机制，与县人民法院、公安局共同签署《关于共同做好预防和纠正超期羁押工作意见》。开展减刑、假释、保外就医专项检查活动，实行保外就医、假释对象与执行机关、所在地派出所、考察对象“三见面”制度。在看守所内设立检察信箱，及时收集在押人员情况反应。

2005年，监所部门重点监督纠正判决后不依法交付执行和以罚代刑行为，纠正不将已决犯及时投牢9人，违规留所服刑3人。6月至10月，在减刑、假释、保外就医专项检查中，纠正漏管、托管人员275人。依照监所工作“四个流程”（检察院派驻监狱、看守所、劳教所、监外执行检察工作流程）要求，实行“一志一账四簿六表”和“一证通”制度，全年发出“一证通”140份，做到日、周、月、节假日和及时检察，防止“前门进、后门出”现象发生。向各办案机关发出羁押期限届满预警提示140次。驻所干警约见在押人犯谈话183人次。驻所检察室监督看守所落实换押制度，实行不换押不准提审被羁押人和分管分押措施，纠正同案人混关混押51起112人，纠正县人民法院判刑期满计算错误7起，避免非法关押违法事件7起7人。6月和10月2次进行监外执行检察，检察监外执行罪犯472人，其中缓刑376人、假释10人、暂予监外执行15人、保外就医16人、管制49人、剥夺政治权利6人。受理在押人员申诉案件5件，办结5件；受理控告案件6件，办结5件，1件正在办理。实现驻所检察室和院监所科电脑联网，推进监所检察网络化管理和动态监督。

第六节 民事行政检察

1995 年县人民检察院民事行政检察科成立，开始对民事行政案件进行审查。

1996 年，审查民事案件被告人不服县人民法院民事判决申诉 1 起，发现县人民法院判决有误，经检察委员会研究，向第四分院提出抗诉建议，第四分院又向第四中级人民法院提起抗诉，经裁定后发回重审。

1997—1999 年，累计受理民事、经济、行政申诉案件 33 件，判决正确 8 件、经审查决定立案 11 件、支持当事人依法提起上诉 2 件、说服当事人息诉 4 件、立案审查提请第四分院抗诉 6 件、其他处理 2 件。民事、行政检察科全体干警先后在县城闹市区和重点乡镇场镇宣传民事、行政检察工作性质、任务、受案范围、办案程序和要求等，开辟受案渠道。对申诉有理的案件，向法院提出检察建议或报请上级机关抗诉。鹿角区营业所刘某贷款 1 案，刘某不服 2 审判决提起申诉，经审查，确认 2 审判决仍然不当，报请第四分院建议第四中级法院再审改判。同时，推行律师代理制度，案件需要补证，一律由申诉人请律师代理，从源头保证案件质量。

2000 年，受理审查民事、行政申诉案 24 件，建议和提请第四分院抗诉 16 件，其中获准 12 件、成功调解 1 件，准抗率占提请和建议抗诉总数的 81.25%。县人民法院审理 7 件。

2001—2004 年，累计受理审查民事、行政申诉案线索 107 件，经审查立案 60 件，立案率为 56.07%。提请第四分院抗诉 15 件，获准抗诉 10 件，准抗率 66.67%，建议上级分院提起抗诉 11 件、重庆市人民检察院提请抗诉 4 件，市人民检察院决定抗诉 2 件。经第四中级人民法院裁定重审案 3 件，开庭审理 1 件。向县人民法院提出检察建议 14 件，县人民法院依法改判 7 件、维持原判 1 件、成功调解 5 件、其他处理 1 件。重点审查证据收集是否合法、审查事实是否与案件有关、证据与案件事实是否有关联性、证明事实是否清楚、收集的证据是否完备、审查适用法律是否准确、鉴定和赔偿标准是否有相应的法律规定。乡镇宣传和上法制课 26 次、群众家做调解工作 15 次，当场收到申诉案件线索 20 件，立案 13 件。

2005 年，推行个案再审检察建议和抗诉制度，提请法院再审抗诉案件 8 件，获改判 7 件、维持原判 1 件，发出工作检察建议 6 件。执行重庆市人民检察院规定的新的办案流程，正确把握受理、立案、审查、提抗和建抗环节，杜绝错立错抗，做到快审查、低成本、短周期、高效率。构建行政执法与刑事执法相衔接机制，会同县公安局、银监会、质监局、工商局等 12 家行政执法单位和执法部门召开座谈会，制订《关于加强工作联系、建立行政执法与刑事执法相衔接工作机制的意见》。至 11 月 25 日，受理各类民事行政申诉案件线索 31 件，决定立案审查 31 件，终止审查 9 件、提请抗诉 11 件、建议抗诉 8 件、发出个案再审检察建议 1 件、其他处理 2 件。全年行政执法单位向司法机关移送案件 5 件 5 人，县公安局立案侦查办结 5 件 5 人。

第七节 控申检察

1986 年，控告申诉检察工作主要把信访“窗口”作为打击刑事和经济犯罪的前沿阵地，为公安、检察、法院提供案源。举报郁山区粮站业务员何某有严重经济问题，检察长和经济检察科长到案发地查清何某贪污 1.58 万元的犯罪事实。同时，挖出郁山区粮站副站长何某贪污 1.23 万元，芦塘乡信用社主任吴某贪污 1550 元、受贿 1000 元、偷支储户存款 1.50 万元，石柳乡信用社主任任某贪污 0.50 万元的犯罪事实，并依法追究被告人的刑事责任。检察长接待群众来信来访 143 件次，占总数

21.19%。全年受理人民来信来访 675 件次，其中检举控告刑事案 235 件、经济犯罪案 62 件、破坏经济秩序案 93 件、侵犯公民民主权利案 43 件、不服拘留案 14 件、不服判刑 86 件、不服捕诉 63 件、民事纠纷 79 件。办理上级交办案 4 件、检察长办案 2 件、自侦自查起诉案件 4 件、搭桥引线 36 件。

1987 年，控告申诉检察工作围绕经济体制改革和打击经济、刑事犯罪中心，推行文明、礼貌接待，采取“一讲法”“两疏导”“三调解”等方法，防止矛盾激化。控申部门主动到人口密集、文化落后、情况复杂易发案地高谷区鹿鸣乡设立联系点“挂牌办案”，变“上访”为“下访”，把问题解决在基层。告急案件，及时调查，就地解决。6 月 5 日，岩东乡岍山村 1 组村民游某的父亲与另一游某因铲田坎发生纠纷后，另一游某放火将游某的父亲及叔父 2 家 5 间房屋和家产全部烧毁，当场持刀威胁不许任何人抢救，造成直接经济损失万余元，经济检察科立即与县公安局联合调查起诉到县人民法院，另一游某依法判处有期徒刑 10 年。全年受理人民群众来信来访 997 件次，其中检举控告刑事犯罪 249 件、经济犯罪 28 件、破坏经济秩序罪 23 件、侵犯公民民主权利案 178 件、不服拘留 3 件、不服县人民法院判决 29 件、不服捕诉 31 件、民事纠纷 456 件。

1988—1989 年，受理人民来信来访 2135 件次，其中人民来访 340 人次，人民来信 1795 件次。来信来访问题中，检举控告刑事犯罪 778 件、经济犯罪 312 件、破坏经济秩序罪 121 件、侵犯公民民主权利 81 件、不服拘留 9 件、不服判刑 14 件、不服逮捕 8 件、不服起诉 13 件、民事纠纷 176 件、其他 623 件。收到贪污、受贿和其他严重经济犯罪等举报材料 406 件，其中贪污 161 件、受贿 93 件、偷税抗税 11 件、挪用公款 17 件、其他经济犯罪 58 件、刑讯逼供 12 件、非法拘禁 22 件、司法干警违法乱纪案 4 件、重大责任事故 1 件、其他 27 件。

1990 年，受理人民群众来信来访 556 件，其中控告举报 485 件、申诉 71 件。控告举报中，经济犯罪线索 85 件、法纪案件线索 79 件、刑事案件线索 217 件、其他案件 104 件。在罪案举报案件中，贪污 41 件、贿赂 9 件、挪用公款 11 件、投机倒把 2 件、刑讯逼供 11 件、非法拘禁 31 件、其他案件 59 件。及时处理保家区东流乡治安室刑讯逼供，致使东流乡长征村 5 组村民袁某自用雷管引爆身亡案件。龙射乡钟山、百合 2 村 10 余村民到院控告，龙射乡党委书记焦某和治安室主任徐某在龙射乡非法抄家、抢走家产、拷打群众、进行人格侮辱及乱罚款，控申科立即电话阻止违法行为，并立即派出干警赶赴发案地，经调查群众反映情况属实，焦某和徐某的行为属违法行为，依法移交有关部门处理。全年办理检察长交办案 2 件、人大交办案 1 件、办理“告急”案 3 件、特查 8 件。检察长阅处重大信访案 25 件，接待来访群众 32 人次，参与办案 12 件。转有关部门立案侦查 26 件、起诉 2 件、免诉 4 件，为国家挽回经济损失 10.25 万元。

1991—1993 年，共受理人民来信来访 1199 件次。其中举报刑事、经济、法纪案件犯罪线索 742 件次，其他案件 457 件次。办理各类案件 10 件，其中政协交办案件 1 件、检察长交办案件 1 件、告急案件 1 件、复查纠正 4 件、其他 3 件。检察长阅处重大信访 21 件、接待群众 28 人次、办案 14 件。桑柘乡潭水村 6 组 1 名 12 岁的女学生随母亲到院哭诉，1991 年 4 月 10 日早上，在上学途中被本组村民刘某拦路强奸，虽及时向当地派出所和有关部门反映数次，至今无人问津，要求县人民检察机关查处。控申科干警及时赶到发案地调查取证，经过 10 多天时间，查明母女控告事实基本属实，将查证材料交公安局将案犯刘某依法处理。

1994—1997 年，受理人民群众来信来访 820 件次，其中来信 625 件次、来访 195 人次，举报经济类线索 156 件，法纪案线索 88 件，刑事案线索 268 件，其他 308 件。检察长批阅重要来信 210 件。设置专用控申检举室，专人标牌接待。对不属于检察业务范围的案件，转送有关单位处理并及时向控告申诉人指出解决问题的途径，及时给来信来访者通告处理结果。对可能激化矛盾的案件，耐心疏导，落实解决问题具体措施，使重复信访率由上年 3% 降到 2%。

1998 年，配合重庆市人民检察院统一行动，完善检察长接待日制度，检察长批阅信件 52 件，比上年上升44.40%。全院干警到街头、区乡场镇法制宣传12次，发放宣传资料5600余份，播放纪实录像片15场次，接受群众举报40人次，比上年上升89%。截至11月25日，受理人民群众来信来访196件次。来信来访问题中，经济类89件、法纪类9件、刑事类51件，分别比上年上升93.40%、28.8%、6%，其他类47件。

1999—2000年，受理各类举报、申诉、控告来信来访375件次。属本院管辖案161件，占总数42.93%，其他机关管辖案214件，占总数57.07%。机关管辖案中，民事、经济、行政纠纷申诉案20件，刑事赔偿案93件、其他案101件。处理告急上访案5件次。初查罪案线索13件，其中初查贪污贿赂案9件（移送立案侦查案6件、不立案3件）、初查法纪罪案线索4件（移送立案侦查案3件、不立案1件）。

2001—2004年，共受理群众来信来访各类案件线索644件次，属本院管辖案324件，转其他部门案件320件。受理实名举报案22件中，决定立案侦查9件、不立案13件。受理刑事申述赔偿案32件中，审结率100%，维护原决定25件、退款处理3件、赔偿案4件。举办刑事申诉案件公开听证会，化解矛盾，处理告急上访案件3件。配合第四分院控告申控部门办理长滩乡凤凰村群众集体上访群体事件，妥善解决原轮船公司职工涉法上访案件。

2005年，受理群众来信来访138件，其中举报线索54件、控告类47件、申诉案34件、刑事赔偿案3件。按首办制度要求，处理各类首办案101件，占总数68.24%；按期反馈94件，按期反馈率93.07%。受理刑事申诉案件3件，全部办结。向县人民法院发出书面检察建议书3份，获全部改判。受理赔偿案3件，赔偿2件、未确认1件。审查“三不”（不批捕、不立案、不起诉）案32件，其中不捕17件、不立案10件、不诉5件。

第八节　检察技术

随着社会的发展和科技的进步，职务犯罪呈现新的特点，县人民检察院采用一些特殊的侦查手段即技术侦查措施有效的打击职务犯罪。

2001年，办理司法会计鉴定12件，法医鉴定案75件，痕迹检验2件。在审理肖某故意杀人案中，肖某当庭翻供，利用视听技术设备制止肖某的翻供行为。

2002—2004年，共办理各类技术案件235件，其中法医检验鉴定（含文证审查）145件、检验鉴定案（法医验伤、病情鉴定、死亡鉴定、法医咨询等）22件、司法会计协助3件、视听技术33件、其他检查技术案32件。办结侦查监管部门和诉讼部门移送文证审查案28件，其中发现错误鉴定6件、其他审查案22件。完成物证照相、录像材料24件、摄影固定犯罪证据24件、出勘现场2件次。

2005年，受理技术检察案54件，其中法医学文正审查案52件、活体检验鉴定案1件、尸体检验鉴定案1件，办结54件。出具文正审查意见书51份、委托重庆市法医学验伤所出具文证审查意见书1份、检验鉴定报告2份。在文证审查中，纠正原错误鉴定结论，提起第四分院复核并报重庆市检察院审查备案确认8件，纠正原鉴定书制作不规范或条款不适当5件。

1986—2005 年彭水自治县人民检察院各类检察案件情况表

表 7-1

年度	刑事				经济（件）		法纪（件）		民事行政（件）		控申（件）	
	受理		审结		受理	审结	受理	审结	受理	审结	受理	审结
	批捕（人）	起诉（件）	批准批捕（人）	提起公诉（件）								
1986 年	128	101	93	98	40	15	18	11	—	—	675	675
1987 年	111	97	82	97	20	10	11	4	—	—	997	997
1988 年	204	113	143	112	35	10	19	13	—	—	963	449
1989 年	205	167	154	166	75	43	10	10	—	—	1172	1172
1990 年	278	263	229	246	25	16	47	7	—	—	570	570
1991 年	280	191	224	191	25	17	16	5	—	—	442	442
1992 年	270	239	207	239	41	25	31	5	—	—	417	417
1993 年	339	227	302	152	32	32	22	10	—	—	350	350
1994 年	314	260	264	210	25	20	23	11	—	—	256	256
1995 年	259	72	219	48	23	22	11	7	—	—	221	221
1996 年	207	261	164	261	47	25	21	10	1	1	236	236
1997 年	173	146	131	142	49	18	12	4	9	7	107	107
1998 年	265	195	232	195	16	9	2	1	14	8	196	86
1999 年	386	209	301	193	18	12	7	2	10	10	181	75
2000 年	340	206	242	187	13	13	—	—	24	20	221	221
2001 年	459	219	293	178	15	15	—	—	31	25	214	82
2002 年	376	—	281	—	36	17	14	5	27	10	154	154
2003 年	336	189	293	166	8	8	—	—	24	6	—	—
2004 年	410	266	302	262	4	4	—	—	25	25	121	40
2005 年	413	200	298	194	67	4	—	—	31	31	148	101

第三章 法 院

第一节 机构队伍

1949年11月16日，中国人民解放军第二野战军解放彭水后，组建新的政府工作机构，其审判职能由县人民政府直接行使，民事案件由县民政科办理，刑事案件由县公安局查处。

1950年10月10日，成立彭水县人民法院，为县人民政府工作机构，在县人民政府领导下行使职权，院长由县人民政府副县长兼任。12月建立彭水县人民法庭，同时组建各区分庭。1951年5月10日，县人民法院以县人民政府县长、县委书记、公安局长等8人分别兼任正、副审判长和审判员。1954年7月19日，撤销彭水县人民法庭及其各区分庭。

1955年9月，彭水县第一届人民代表大会选举产生彭水县人民法院院长。至此，县人民法院不再是县人民政府的工作机构，县人民法院向县人民代表大会报告工作，同时在涪陵地区中级人民法院监督下依法独立行使审判权。1956年，县人民法院设立审判委员会，是法院最高审判组织，审判委员会委员由院长提请本级人大常委会任免。审判委员会任务是总结审判经验，讨论重大或者疑难案件和其他有关审判工作问题。审判委员会由院长、副院长、庭长和1名有审判经验审判员组成，其成员为7人至9人。“文化大革命”开始，县人民法院机构瘫痪。1967年1月，彭水县人民法院由中国人民解放军公检法军事管制委员会实行军事管制，军事代表组取代人民法院。1968年11月23日，成立四川省彭水县革命委员会人民保卫组，行使人民法院的部分职能。1970年，县公检法军事管制委员会下设办案组，代行人民法院的部分职能。1972年10月11日，恢复彭水县人民法院。

1984年11月10日，彭水县人民法院更名为彭水苗族土家族自治县人民法院（以下简称县人民法院），内设刑事审判一庭、刑事审判二庭、民事审判庭、经济审判庭、执行室、办公室、政工室等4庭3室，辖汉葭镇和汉葭、郁山、保家、高谷、普子、桑柘、鹿角、黄家坝等8个区法庭。核定编制院长1人、副院长2人、正副庭长级21人、审判员17人、书记员11人、助理审判员17人、法警3人、其他工作人员2人。县人民法院院长由同级人民代表大会选举产生，副院长、庭长、副庭长和审判员由同级人民代表大会任免。县人民法院对国家权力机关负责，同时接受国家权力机关监督。

1986年，县人民法院有工作人员69人。其中，院长1名、副院长2名、中层干部10人、区法庭庭长5人、副庭长4人、审判员14人、助理审判员9人、书记员5名、其他工作人员19人，男职工61名、女职工8名，大学2人、中专11人、高中23人、初中20人、小学13人。是年5月17日，县人民法院由执行室升格为执行庭，由庭长、审判员、书记员3人组成。1987年2月，县人民法院设立行政审判庭。1988年5月，县人民法院成立告诉申诉审判庭，审判干部编制2人。1992年，充实法庭人员8人。

1997年，县人民法院有职工83人（机关46人、各区法庭37人）。院长1人、副院长4人、庭长和副庭长16人、审判员32人、助理审判员26人、司法警察7人、干部2人、工人1人。属副县级审判员 1 人、正科级审判员 4 人、办事员和审判员 4 人。

2000 年，撤销汉葭镇和汉葭区人民法庭，原辖区案件由县人民法院直接受理。保留高谷、郁山、保家、桑柘、鹿角、黄家坝、普子 7 个区法庭。11 月 16 日，设立县人民法院司法警察大队。

2001 年 3 月 20 日，撤销县人民法院告诉申诉审判庭。同时新设立县人民法院审判监督庭、立案庭、民事审判二庭。

2002 年 11 月 20 日，撤销高谷、郁山、保家、桑柘、鹿角、黄家坝、普子、汉葭区、汉葭镇等 9 个区镇法庭，下设 4 个人民法庭：

第一人民法庭：驻龙射镇张家坝，辖龙射和普子镇、太原、三义、棣棠、平安、鹿鸣乡等 2 镇 5 乡。

第二人民法庭：驻郁山镇，辖郁山和连湖及保家镇、芦塘、走马、龙溪、联合、迁乔、乔梓、石柳、长滩乡等 3 镇 8 乡。

第三人民法庭：驻新田乡，辖桑柘和鹿角镇、新田、小厂、梅子垭、石盘、万足、双龙、善感、桐楼、鞍子、诸佛乡等 2 镇 10 乡。

第四人民法庭：驻黄家镇，辖黄家镇、大垭、朗溪、龙塘坝、润溪乡等 1 镇 4 乡。

汉葭和高谷镇、岩东和靛水乡由县人民法院直接管辖。

第一人民法庭，行政编制 6 名，设庭长、副庭长各 1 人。

第二人民法庭，行政编制 8 名，设庭长 1 人，副庭长 2 人。

第三人民法庭，行政编制 8 名，设庭长 1 人，副庭长 2 人。

第四人民法庭，行政编制 5 名，设庭长、副庭长各 1 人。

2003 年 6 月 20 日，4 个法庭正式对外办公。

2004 年 9 月 7 日，成立县人民法院执行局。属县人民法院内设机构，下设执行庭、执行实施科。是年，成立刑事少年犯罪审判合议庭。

2005 年，县人民法院在职干警 68 人，其中男 55 人、女 13 人。第一学业本科毕业 16 人、专科毕业 2 人、中专及高中毕业 43 人、初中毕业 7 人；第二学业研究生毕业 2 人、结业 3 人、本科毕业 40 人、专科毕业 5 人，未参加进修的高中 1 人、初中 2 人。全院正处职级 1 人、副处 3 人、正科 19 人、副科 30 人、科员 7 人、工人 3 人、其他 5 人。四级高级法官 2 人、一级法官 13 人、二级法官 16 人、三级法官 7 人。

第二节　制度改革

1989 年，凡符合法院受理条件刑事（自诉）案、民事、经济、行政纠纷案，由告诉申诉庭直接决定立案后，移送各业务庭审理。由过去法院包揽调查取证方式转变为办案人员当庭调查、举证、质证责任制。同时，将信访工作纳入诉讼轨道。

1990 年 10 月 1 日起全面实施行政诉讼法。

1992 年，推行“立案”与“审案”,“再审”与“原审”分开的诉讼制度，建立“立案”与“审案”间的制约机制，形成独具特色的“立案流程”。

1993 年，刑事审判方式改“纠问式”为“举证、核证”审判方式。民事庭审方式，坚持“谁主张、谁举证”的原则。实行公开审判和直接开庭审理制度。

1994—1997 年，在黔江地区法院系统率先建立“告申庭统一立案不审案，办公室统一收费不收案，业务庭统一办案不立案”的内部监督制约机制。推行案件跟踪督查制度，实行错案追究责任制。

1999年，制订《审判秩序规则》，实行统一立案、分案，坚持立审、审执、审监分离原则。完善案件审理流程管理制度，实行过程和结果监督。实施公开审判制度方式改革，依法规范合议庭人员组成，实行当庭公开举证、质证、认证，使审理公开、公正、透明。

2000年，通过创办“流动法庭”、就地审案、集中宣判等形式，提高审判透明度，严防“暗箱”操作，对依法应该公开审理的案件，一律实行公开审理，群众参与庭审旁听，开庭审理的案件实行当庭举证、质证、认证、提问、辩论，让当事人有理讲在法庭、有证据举在法庭、是非辩在法庭。制定《审判长选任工作意见》《审判长选任实施办法》，由合议庭和独任审判员依照审判职责对案件直接裁判，对案件处理结果负责。

2001年，改革审判制度，实行“立案、审判、监督、执行”分立制度，做到“立案的不审案、不执行，执行的不立案、审案，审案的不执行、立案”，使各庭相互制约、监督。2002年，杜绝违法审判和裁判不公现象，制定《差错案责任追究办法》《各类案件评查标准》《关于严肃审判纪律确保司法公正的若干规定》《关于立案审判、执行若干规定》《案件审判流程管理》等备案制度，建立立案审查登记卡、收结案管理卡、审判流程管理卡，落实案件督、催办制度。

2003年，推行适用简易程序审理公诉案件实施条例，提高办案效率。实行案件繁简分流，转变干警审判作风，开展“巡回法庭”“院坝法庭”“诉讼信箱”活动。

第三节　刑事审判

1986年，共受理各种刑事案件141件，涉及169人（其中上年结存5件5人），比上年124件上升13.71%，已结案137件165人，结案率为97.16%，比上年118件增加16.10%。其中，给予刑事处分的108件127人，判处有期徒刑15年1人、10年至14年2人、5年至9年11人、5年以下87人，缓刑14人，拘役12人，免予刑事处分2件2人，商请检察院撤诉12件15人，调解结案1件1人，裁定驳回1件2人，终止1件2人，事实不清和证据不足向县人民检察院退查12件16人。严惩在全县影响较大抢劫案5件7人、强奸案3件3人、爆炸案1件1人、故意杀人案2件2人。最突出案别是盗窃案50件58人，对全县12个犯罪团伙中的6个流氓团伙实施抓获进行刑事处理。在全年刑事案件中判处经济犯罪29件37人，其中判处豆某有期徒刑10年1人、5年至9年2人、5年以下29人、缓刑2人、拘役3人。

1987—1989年，受理刑事案件384件502人，审结372件486人，结案率分别为96.80%、92.80%、94.30%。受理刑事自诉案36件48人。其中数量最多案件是盗窃案、最为突出的案件是故意伤害案。

1990年，审判工作围绕维护社会稳定、保障群众生命财产开展。全年受理刑事案件222件310人（含上年结存11件13人），审结216件304人（含自诉案9件15人）。其中给予刑事处分260人、判处有期徒刑10年以上1人、10年至15年6人、5年至10年50人、5年以下166人、拘役6人、缓刑24人、管制7人、剥夺政治权利9人、处罚金4人。其中拐卖妇女儿童27件40人、过时杀人案1件1人、故意伤害案26件29人、抢劫案14件27人、强奸案8件8人、奸淫幼女案2件2人、盗窃案95件133人、贪污案14件17人、破坏电力设施案7件15人、盗伐滥伐林木案2件2人、侮辱诽谤案2件6人、投机倒把案1件1人、玩忽职守案1件1人、妨碍公务案1件1人、重婚罪2件2人、遗弃案2件2人、受贿案1件2人、诈骗案4件8人、敲诈勒索案1件1人、非法拘禁案1件1人、交通肇事案3件4人、其他案3件4人。发生凶杀案12件，由黔江地区中级人民法院审结10件。从重从快从严惩处刑事犯罪分子。对25件重大案件提前介入，受理后快审快结。如对拐卖人口犯 2 人，受审后 11 天审结，分别判处有期徒刑 9 年和 10 年。审结公诉案 201 件，全在规定审限期内审结完毕。全年防错判 5 件 5 人、漏判 1 件 1 人。依法从严惩处经济犯罪分子，做到宽严相济。对贪污犯王某，虽贪污现金 5000 元，但拒不退赃、认罪态度极差，依法从重判处有期徒刑 4 年。对合伙贪污 1.6 万元的 4 名罪犯，在《通告》期内积极退赃、主动坦白交代犯罪事实，分别从轻判处有期徒刑 3 年、1 年零 6 个月、缓刑 4 年和 2 年。在县城集中公开宣判 8 次、分别到典型案件发案地 6 区 16 乡公开宣判刑事案件 57 件，执行死刑 4 名，受教育群众 5 万余人次。

1991—1992 年，围绕经济建设中心，落实社会治安综合治理"打击、预防、教育、改造、建设、管理"等方面工作。受理刑事案件 397 件 551 人，审结各类刑事案件 386 件 538 人，结案率分别为 97.23%、97.64%。累计退查 7 件 7 人、自查 22 件 27 人、共查 2 件 2 人。做好违法犯罪青少年教育挽救工作，下线判决，累计审结 65 人，其中不满 18 岁 1 人、18 ~ 25 岁 64 人，工人 2 人、农民 55 人、国家工作人员 1 人、社会闲散人员 6 人、其他 1 人，女性 5 人。实施改造挽救犯罪较轻人员，依法对符合缓刑条件的多判缓刑 23 人。在全国统一开展的反盗窃活动中，坚持宽严结合的刑事政策，受理盗窃案 48 件 62 人，其中判处 5 年以上 7 人、5 年以下 30 人、缓刑 5 人。"严打"期间，依法从重从快地审结杀人、抢劫、强奸、爆炸、流氓、拐卖人口、贩毒等严重刑事犯罪 80 件 130 人，分别占刑事犯罪总数的 20.73% 和 24.16%。其中杀人 2 件 2 人，抢劫 10 件 14 人，强奸 12 件 14 人，流氓 6 件 10 人，爆炸 1 件 1 人，拐卖妇女、儿童 42 件 80 人，贩毒 1 件 3 人。集中宣判 19 件 36 人。桑柘乡流氓犯豆某横行乡里，经常寻衅滋事，殴打无辜群众，暴力威胁乡治安员，冲击乡政府，成为当地一霸，深为群众所恶。年底，县人民法院刑庭组成合议庭利用场期前往桑柘区就地公开审理，判处豆某有期徒刑 12 年。

1993—1997 年，县人民法院坚持"两手抓，两手都要硬"的方针，依法开展"严打""反盗窃、打拐卖、抓逃犯""除六害""打击车匪路霸""破大案、打团伙"的专项斗争。共受理刑事公诉案 1005 件，比上届增长 14.60%；审结 990 件，比上届增长 16.06%；审理自诉刑事案 715 件，判处人犯 1486 人。其中共审结杀人、抢劫、爆炸、强奸、流氓、拐卖妇女儿童案件 276 件，占审结总案 27.88%，判处 377 人。在法定期限内审结的刑事案件 95% 以上。判处的罪犯中，10 年以上有期徒刑 27 人，5 年至 10 年 408 人。对犯罪分子适用从轻、减轻、免除处罚、缓刑的 137 人。集中典型案宣判 17 次 136 名，执行死刑犯 8 人。审结盗窃案件 389 件 552 人，拐卖妇女儿童案 101 件 126 名，脱逃罪 6 件 6 人。审理伤害案件 1286 件，防止"民转刑"案件发生。就地巡回开庭审理案件 264 件，召开公开宣判大会 82 次场，直接受教育群众 18 万多人次；提出司法建议 147 份计 468 条。其间 1995 年，审理在全县有重大影响的 5 名罪犯在县文化馆地段公开抢劫、杀人案，在县民族会场召开宣判大会，凶手受到应有惩罚。全年上、抗诉案 17 件，2 审终结 15 件，其中维持原判、改判分别为 14 件、1 件。审结的案件中，15 日内结案 56 件，占 30.10%；30 日内结案 93 件，占 50%；45 日内结案 37 件，占 19.89%，无 1 件超审限期。

1998—1999 年，审结刑事案 511 件 654 人，审结案 489 件 634 人，平均审结率 96.83%。存积案 7 件 7 人。其中判处有期徒刑 10 年以上 8 件 11 人、10 年以下 389 件 502 人、其他处理 44 件 55 人。公开判处故意杀人犯和抢劫犯并依法执行死刑 4 名，审理刑事自诉案 30 件 38 人。

2000 年，县人民法院制定严格要求执行审理期限，要求所有案件审结均不得无故超过期限。全年受理各类刑事案件 275 件，所审结 271 件刑事案件中，在 20 日内审结的 38 件 55 人，审结案件数占判决总数的 14.02%；在 30 日内审结的案件 197 件 244 人，占判决总数的 72.69%；在 45 日内审结的 54 件 71 人，占判决人数的 19.93%。通过设"流动法庭"公开宣判，以案释法，就地审结典型的自诉案 67 件 59 人。

2001—2004 年，重点打击杀人、抢劫等扰乱社会治安暴力犯罪，涉枪、涉毒罪和带黑社会性质的团伙犯罪。特别从严惩处在县城有影响的“砍刀帮”恶势力犯罪团伙。累计受理刑事案件 1041 件，审结 965 件，判决生效 1387 人。其中处 5 年以上有期徒刑的 390 人、5 年至 10 年 18 人、判处 10 年以上 26 人。召开公判大会 3 次、宣判大会 8 次，公开审判刑事犯罪分子 30 名。受理结审贪污、贿赂、挪用公款案件 9 件，判处 10 人。对故意杀人 1 案、绑架罪 1 案，因被告 3 人犯罪主观恶性较大、手段恶劣，分别被判处有期徒刑 14 年、13 年、10 年，剥夺政治权利 3 年。对罪大恶极的 7 名故意杀人罪犯执行枪决。依法从轻判处未成年人犯罪 35 人。

2005 年，结合审判职能开展“创建平安乡镇、建设平安彭水”活动，对影响彭水稳定的恶势力和“帮派”案件露头就打。全年受理刑事案件 191 件（含旧存 19 件），比上年同期下降 39.26%，其中自诉刑事案件 22 件。审结 173 件，审结率 90.58%。其中，审结刑事附带民事诉讼案 37 件，调解兑现 31 件，兑现金额 30.90 万元。判处刑事被告 261 人，判处 10 年以上有期徒刑 5 人、5 年至 10 年 20 人，判处拘役、管制、缓刑 134 人（其中青少年 62 人）。审结盗窃、抢劫侵财案 77 件 149 人，故意伤害案 53 件 80 人。刑事少年审判合议庭特邀共青团县委、学校、妇联、居委等部门人员担任未成年人合议庭陪审员，审理青少年犯罪 49 件 101 人，占判处总人数 38.70%。其中 14 周岁至 16 周岁 12 人，占判处总数的 4.60%；16 周岁至 18 周岁 47 人，占 18.01%；在校学生 16 人，占 6.13%。未成年犯罪中盗窃 17 件 27 人、抢劫 12 件 25 人、故意伤害案 5 件 5 人、放火 1 件 1 人、强奸 1 件 1 人。对未成年人刑事犯罪 59 人依法给予从轻、减轻处理。

第四节 民商事审判

1986 年，受理民商事案 735 件（其中旧存 55 件），其中离婚案 211 件、赔偿案 141 件、房屋产权案 70 件、债务案 69 件、土地纠纷案 30 件（宅基地 29 件）、继承案 15 件。已结案 675 件，结案率 91.84%，其中调解结案 567 件、判决 41 件、撤诉 53 件、终结 9 件、其他 5 件。实施“携卷下乡、巡回审理、就地办案、着重调解”办法，各地巡回就地办结案 527 件，占 78.07%。用方便群众诉讼、费时短、结案快的简易程序审案 640 件，占结案总数的 94.81%。

1987 年，受理各类民商事案件 701 件（含上年旧存 60 件），其中婚姻家庭纠纷案 279 件、医药赔偿案 150 件、买卖债务纠纷 78 件、房产纠纷 58 件、土地山林宅基纠纷 51 件、继承纠纷 14 件、其他 71 件。结案 649 件，结案率 92.58%。

1988—1990 年，受理各类民商事案件 1778 件（含上年旧存 232 件），审结 1536 件，结案率为 86.39%，其中判决 81 件，调解 327 件。最为突出的案别是离婚案 586 件，占受理案件的 32.96%，其次是伤害医疗费赔偿、打架斗殴、损坏财物等伤害赔偿案 100 件。

1991—1992 年，是民商事发案多、积案多、难案多的阶段。共受理各类民商事案件 1222 件（其中旧存 87 件）。结案 1134 件，其中判决 129 件，结案率为 92.80%。离婚案 530 件，占受理案件的 43.37%。审结 1984 年以来的涉及当事人多、社会影响宽、解决难度大的“老大难”案件 43 件。全县 9 个人民法庭和调解委员会常年走村串户，巡回办案、就地审理，审结各类案件 1252 件，其中民商事纠纷 1025 件。

1993—1997 年，累计受理民商事案件 4443 件，审结 4048 件，审结率 91.11%。其中婚姻家庭、债务、损害赔偿案件 3617 件、农村“五争”（土地、山林、水利、矿产、宅基地）纠纷案件 724 件、其他案件 47 件。及时处理猴狸乡佛山村、下岩西乡柏香村、文武乡黄沙村等 10 多起双方当事人各自邀约上百人准备械斗的恶性民事纠纷案件。

1998—1999 年，民商事审判首先处理农村“五争”纠纷案，杜绝“民转刑”案件发生，确保农村第二轮土地承包顺利实施。累计受理民商事案件 2218 件，审结 2188 件，审结率 98.65%。其中调解 914 件、判决 1183 件、驳回 12 件、撤诉 117 件、积存 30 件。

2000—2002 年，新的民事商事法律颁发，民商事审判领域扩大。权益保护、劳动争议、名誉权、离婚案、子女抚养、老人赡养、财产分割以及在农业生产、加工、销售中出现的新型案件时有发生。共受理婚姻家庭、损害赔偿、遗产继承、山林土地等民间纠纷案 2782 件，审结 2616 件，审结率 94.03%。

2003—2004 年，企业改革，行业产业结构调整，房地产案件、金融案件、破产案件增多。累计受理婚姻家庭、债权债务、合同纠纷、破产、建筑工程、金融纠纷、劳动保障等民商纠纷案 1528 件，审结 1345 件，审结率 88.02%，为企业收回资金 350 余万元。

2005 年，坚持“能调则调、当判则判、调判结合、结案公正高效”制度。全年受理民商事案件 1008 件（含旧存 102 件），审结 877 件，审结率 87.00%，结案标的额 2427.4 万元。民商事审判中损害赔偿、婚姻和相邻纠纷案 675 件（抚养、赡养、扶养案共 19 件和其他纠纷案 656 件），占民事案件 66.96%。审结各类合同纠纷案 202 件（债务纠纷 108 件、其他合同纠纷 94 件），占民商事案件 20.04%，为金融机构收回逾期贷款 110 万元。

第五节　经济审判

1986 年，受理经济案 179 件，其中 8 个区法庭审结经济纠纷案 44 件，县人民法院经济审判庭经济购销合同纠纷案 83 件、建设承包合同纠纷案 10 件、加工承揽 11 件、运输 6 件、借款 10 件、租赁 1 件、其他 14 件，比上年上升 18.40%，诉讼标的额 89 万余元。审结经济纠纷案件 98 件，其中调解结案 79 件、判决 13 件、撤诉 6 件，调解结案率 80.61%。

1987—1990 年，受理经济案件 1061 件（含上年旧存 209 件），审结 763 件，结案率 71.91%。其中审结经济犯罪案 23 件 28 人，最突出的是购销合同纠纷 206 件、借贷款合同纠纷 305 件，分别占经济案 19.42%、28.75%。

1991—1992 年，受理经济纠纷 414 件，其中旧存 52 件，审结 371 件，其中调解 206 件、判决 142 件、裁定 19 件、撤诉 4 件，结案率 89.61%。诉讼标额 609.79 万元。为国家挽回经济损失 307.6 万元，其中依法收贷 18 万元、为乡镇企业收回呆滞资金 16 万元。突出的是审结购销合同纠纷 175 件，占结案总数的 47.17%，为企业挽回经济损失 120 多万元；审结银行、信用社等单位的借贷合同纠纷 139 件，占结案总数的 37.47%。判处经济犯罪 10 件 12 人，为国家和集体挽回经济损失 69.5 万元。

1993—1997 年，审理贪污、受贿、行贿、挪用公款、偷税漏税、诈骗、制售假冒伪劣商品、破坏生产经营等各类经济犯罪 92 件 107 人，为国家和集体挽回经济损失 180 万余元。审理副局级以上干部贪污、受贿案 6 件 6 人。审结购销、借贷、抵押、承包、租赁、承揽、加工、保险、融资、运输等各类经济案件 1810 件，比上届 1316 件增长 0.38 倍，受理讼诉标的额达 5000 余万元，为企业直接挽回和避免经济损失 2000 余万元。其中为企业和农行、工行、建行、信用社收回贷款和周转金 1700 多万元。受理 8 件企业破产案件，先后对县金属公司、保家供销社、黄家信用社、彭水工行、建行等一批企业收回外欠、内欠货款和贷款 204 万元。依法审结农村土地承包合同 189 件，制裁坑农害农恶性案件。如烟草公司把关不严，导致大量伪劣烟草复合肥流入县内，造成直接经济损失 200 余万元。法院接到起诉后，及时受理，采取诉讼保全措施，裁定扣押五环公司厂房和机器设备，及时结案。

1998—1999 年，利用法制手段调节经济关系，稳妥审理县民族烟厂破产案 10 件。受理经济纠纷案件 1633 件，审结 1616 件，审结率 98.96%。累计收回农税、提留及银行贷款 600 余万元。

2000—2001 年，受理经济纠纷案件 398 件，审结 390 件，审结率 97.99%。受理破产案件 11 件，依法为破产企业豁免债务 819 万元、收回债权 150 万元、盘活存量资产 1100 万元、变现财产 1118 万元。开展县烟草公司外债催收难专项审判活动，辗转 3 省 1 市，审判收回欠款 1600 余万元。

2005 年，审理各类经济、合同纠纷等案 202 件，其中债务纠纷 108 件，占总案数 53.47%，为金融机构收回逾期贷款 110 万元。茂田水泥厂诉中国第五冶金建设集团建设工程合同系列纠纷案，办案法官节假日到施工现场实施财产保全。

第六节　行政审判

1987 年，新组建的行政审判庭边完善、边办案。受理行政案 6 件，办结 4 件、撤诉 2 件，办结率 100%。

1988—1990 年，受理行政案件 26 件，审结 14 件，其中上诉 2 件，二审法院均维持原裁判。审结率 53.85%。

1991—1992 年，受理各类行政案 93 件（旧存 13 件），审结 93 件。其中治安行政管理 12 件、林业行政管理 14 件、乱罚款收费 20 件、对乡政府处理不服案 14 件、其他行政案件 33 件，结案率 100%。在起诉乡（镇）人民政府处罚的 43 件行政案件中，乡（镇）人民政府败诉 18 件。政府部门滥用、超越职权、不作调查、事实不实、错裁决、乡治安室裁决加盖乡党委印章处罚行为，使乡政府在诉讼中撤销原处理决定 16 件。

1993—1997 年，共受理审结涉及交通、稽征、国土、税务、林业、矿产、防疫、水电、运管、治安、收审、工商、文化、城建、环保、医药、卫生、广播、教育、计划生育等各类行政案件 335 件，比上届的 119 件增长 1.82 倍，其中依法维持的 37 件、驳回起诉 26 件、判决行政机关重新作出具体行为裁定 83 件、依法撤销行政机关的处理决定 159 件、不予受理行政案 30 件。为行政机关收回规费 100 万余元，帮助政府收回农税农提款 200 万元。通过审理农民负担行政案件，农民减少不合理负担 50 余万元。

1998—2000 年，依法受理行政诉讼案 119 件，审结 119 件，审结率 100%。其中撤销行政机关错误行政行为案 33 件，提出司法建议 6 件；受理行政机关申请执行处理处罚决定 47 件，执行 35 件；对无理提出主张案 39 件，经查明事实，依法自愿撤诉 16 件、驳回 6 件、维持原决定 17 件。

2001—2002 年，依法受理行政和国家赔偿案 72 件，审结 70 件，审结率 97.22%。受理行政机关申请人民法院强制执行生效行政处理、处罚决定案件 63 件，执行标的额 28.4 万元，执结兑现 62 件，判决维持行政机关具体行政行为 13 件，判决撤销 6 件，申请撤诉 9 件，确认具体行为违法 2 件，具体行政行为无效 1 件，驳回原告诉讼请求 5 件，判决行政机关赔偿 3 件 8700 元；审结治安管理、土地确权、房屋拆迁等具体行政行为案 23 件，占审结案 32.86%。

2003 年，渝怀铁路建设、乌江电站开工和县城旧城改造中的拆迁安置纠纷、行政补偿纠纷增多。全年受理行政案 41 件，审结 39 件。其中，判决维持 8 件，驳回原告诉讼请求 7 件、判决具体行政行为合法 2 件、驳回起诉 1 件、判决撤销 4 件、判决确认违法 3 件、履行法定职责 2 件、撤诉 8 件，行政赔偿 4 件，赔偿金额 2.33 万元。对行政机关申请强制执行的非诉具体行政行为案进行合法性审查 27 件，依法裁定执结 23 件，执行标的额 14.35 万元，准予执结率 85.19%。

2004 年，对涉及人民群众切身利益的劳动行政案件、社会保障案件、城市拆迁和安置补偿案件、农民负担案件以及行政赔偿案件做到快审快结。全年受理行政案 120 件，审结 113 件，结案率 94.17%。调解行政赔偿案 39 件。对陈某等 39 名原告诉大垭乡人民政府赔偿一案实行调解，被告履行赔偿义务，原告自动申请撤诉。2005年，坚持有诉必理，体现行政审判“监督、维护”职能。全年受理涉及城建、土地、公安、劳动、乡镇人民政府等单位行政案件48件（含旧存7件），审结40件，其中判决撤销7件、维持3件、驳回原告诉讼请求2件、履行行政合同5件、行政赔偿1件、确认违法1件、驳回起诉4件、原告自愿撤诉17件，审结率83.33%。

第七节　审判监督

1986年1月至6月，主抓“严打”和各个时期刑事申诉案件复查。监督复审民事直诉1169件，比上年同期上升40.00%。复审上诉和控诉案29件31人，比上年35件44人分别下降17.14%、29.55%，已发回23件，其中改判3件，均属量刑不当，事实不清，证据不足而改判或发回重审。复查“严打”申诉案37件，维持原判20件、改判16件18人（加重处罚1人、减刑11人、免刑1人、无罪5人）、其他处理1件。复查各时期申诉案32件，维持原判15件、改判17件17人（免刑3人、无罪14人）。主动复查刑事申诉案1182件，占应复查案1578件74.90%，其中改判435件438人（免刑46人、无罪392人）。9月至12月，复查和纠正冤、假、错案，重抓“一个重点”（1957—1962年在极“左”路线影响下判处的反革命和其他政治案件）、“两个遗留”（“文化大革命”中遗留、统战案件遗留）案件，复查1251件，比上年同期下降52.10%，依国家政策法律规定，经复查改判468件473人，其中加重刑法1人、减刑11人、免刑50人、宣布无罪410人、其他1人。全年接待群众来信4278件、来访1659件，县人民法院4353件、区法庭1584件，处理5819件，其中中转处理4987件、调解91件、教育撤诉183件、法律解答465件、其他处理93件。全院复查因事实不清、证据不足向县人民检察院退查12件16人，自行补充调查38件。审判委员会讨论重大和疑难案29件、县政法委员讨论8件、地区政法委员会和中院讨论5件、省法院讨论1件。原高谷区财政员1983年因贪污判刑3年，先后申诉200多次，经复查改判无罪。

1987年，接待群众来信申诉1233件和直诉1788件、来访1281人次。共处理4302件，处理率100%。继续复查1957—1962年和“文化大革命”期间以及统战方面历史遗留案420件（“文化大革命”期间遗留403件、统战遗留17件），“文化大革命”期间遗留403件中，经复查改判256件257人，其中宣告无罪171人、免予刑事处分40人、其他46人。特查“文化大革命”期间判刑案7件，经复查认定，维持原判6件、待结1件。统战方面10件，其中维持原判3件、宣告无罪7件（其中台属4件）。复查审理“严打”申诉案18件18人，经查实，驳回申诉、维持原判18件18人。

1988—1990年，接待和处理信访、提供法律咨询等10355件次。累计转各业务庭处理立案375件次、调解简要纠纷15件。累计受理刑事申诉案件177件（包括“文化大革命”前10件、3年旧存73件和刑打以来94件），已结49件，对受理案件事实清楚、量刑适当维持原判43件（其中属“严打”时期36件），对定性不准或量刑畸重案改判6件（减轻刑罚1件、免予刑事处分2件、宣告无罪的3件）。决定立案234件，审结申诉案39件（民事申诉22件，经济纠纷申诉17件）。防止错判15人。如周某等人打、砸、抢案，经审查认为定性不准，与检察机关意见不一，向审判委员会汇报后，又提交县政法领导小组和中院审判委员会讨论，检察院同意撤诉放人，防止错判。

1991年，接待和处理来信2376件次，比上年减少484件。受理告诉案476件，建议业务庭立案180件，各业务庭回复立案179件，回复率99.44%。受理各类申诉案49件（其中旧存6件），审结47件，结案率95.92%。其中受理刑事申诉案16件19人（“文化大革命”前2件2人、1983年8月“严打”以来14件17人），均以事实不实提起申诉，经再审全部结案维持原判。受理民事申诉案28件，经再审结案27件，审结率96.43%，其中维持原判25件、改判2件。受理经济纠纷申诉案5件，经再审结案4件，均维持原判，复查审结率80%。

1992年，接待来访和处理来信1799人（件），比上年下降24.28%。审查决定立案434件，建议县人民法院立案75件，诉讼标的额600多万元。其中破坏社会治安综合治理案201件，占立案46.31%。受理各类申诉案件25件，审结25件，其中维持原判20件、改判5件，改判案件中，属程序不合法的4件、事实不清和处理不当1件。退查17件，退查后撤回起诉的5件5人。自查各类案件44件，一审上诉、抗诉案件41件、二审维持32件，改判、重审9件（1件是因程序问题被发回，8件均属量刑不当）。通过严格审查，全年防止错判案13件。如故意伤害案犯田某，检察院以故意伤害提起公诉，经刑庭严格审查，属正当防卫，作无罪判决。

1993—1997年，共接待群众来信来访8790人次，审查决定和建议立案4000余件，提供法律咨询1400余件次，转处有关单位办理2000余件，说服群众撤诉300件。受理各类申诉复查案件146件，提供法医技术鉴定257份。在审结7210件各类案件中，经过上诉复审768件，通过二审后，维持539件、改判194件、发回重审35件，改判率和发回重审率分别比上届降低23.00%和47.00%，维持率上升36.00%。

1998—1999年，受理申诉复查案58件，经审理维持原判35件，经过审委会讨论决定再审被改判17件，其他处理6件，复查审结率100%。

2000年，建立和完善各项监督的具体程序，由监察室制作发放“案件跟踪督查卡”，对立案、送达、开庭、审判、结案、执行全程跟踪，从制度上保证对行使判决权的监督。全年报院审核发回业务庭纠正案52件，纪检、监察室纠正案15件。受理告诉申诉案件44件，经复查审理维持原判27件、改判6件、其他处理11件。受理来信来访1802件次，其中来信1300件、法律咨询502件次，来访500人。年底，审结检察机关抗诉案8件、申诉案32件，经审理维持原判31件、改判1件。

2001年，接受办结县人大代表监督批评建议2件，受理县人大常委会个案监督6件。全年监察室新立案30件，查结28件，其中再审改判或部分改判11件。采取“定人、定案、定时间、定责任”措施，清理各庭历年久拖不立、不审、不执、不结案件200余件，年底审结195件。推行个案质量评查制度和错案责任追究。全院因案被发回重审，改判追究案件承办人经济责任7人。接待群众来访594人次，处理群众来信1847件次。

2002—2003年，县人民法院制定《差错案件责任追究办法》《各类案件质量评查标准》《关于立案、审判、执行若干规定》，建立个案审查登记卡、收结案管理卡、审判流程信息卡，受理案件从立案、送达、开庭裁判、执行、归档各个环节纳入评查范围，每月进行案件质量评查和通报制度。检查出确有差错案件追究审案法官、法庭、法院领导责任。保障当事人获得司法救济，纠正有错误的裁判12件，复查当事人申诉案件173件。接待群众来信来访7025件次。其中，告诉2364件次，告诉中立案审理1540件。累计帮助诉讼公民及破产企业减、免、缓交诉讼费30万元，对2002年“7·3”交通事故赔偿案11名死者亲属免收诉讼费。依法监督立案、复查、再审，复审检察机关抗诉各类案8件、申诉案32件，经审理维持原判31件，改判9件。办理完结市、县两级人大交办督办案件8件。

2004年，建立院长接待日、《法院信访工作制度》《处理涉诉信访案件预案》制度，全年接待来信610件、来访1829人次。排查处理重点、疑难案16件。修订《案件质量评查细则》《案件质量评分标准》《审限跟踪预警制度》《差错案件责任追究办法》制度并严格执行，规范申诉立案程序，坚持每月对审、执、结案件逐一评查，及时发现和纠正案件审理中存在的问题。全年上诉案件总量比上年同期下降21.19%，案件维持率比上年同期上升10.20%，案件改判率下降6.09%，案件重审率下降3.92%，无一超期羁押、超审限案件。建立与县人大、政协代表旁听审理重大案件制度，办理人大交办督办案件9件、人大代表建议1件。全年办结上诉案96件，受理再审案14件，审结8件。

2005年，审查立案1449件，受理申诉、申请再审15件，审结15件。接待来访群众1636人次，处理来信378件，办理申诉复查涉诉信访案件16件，比上年同期26件下降38.46%。5年中确有错误案12件，启动审判监督程序依法改判和部分改判。刑事案件上诉21件，无发回重审，改判4件。民事案件上诉98件，发回重审2件，改判32件。行政案件上诉6件，无发回重审，改判1件。全年接受县人大交督办案件6件。

1986—2005年彭水自治县人民法院案件标的额群众来信来访情况表

表7-2

年份	立案数（件）	审结案数（件）	结案率（%）	涉案标的额（万元）	来信来访（人、件）
1986年	1011	910	90.01	—	5937
1987年	992	886	89.31	—	4302
1988年	1024	847	82.71	—	4501
1989年	998	736	73.75	—	2974
1990年	1184	1083	91.47	—	2860
1991年	1132	1068	94.35	—	2376
1992年	994	916	92.15	—	1799
1993年	1094	1040	95.06	253	1092
1994年	1571	1427	90.83	470.18	1560
1995年	2128	2012	94.55	—	1543
1996年	1661	1454	87.54	1630	2497
1997年	1331	1277	95.94	500	2098
1998年	2788	2731	97.96	—	2286
1999年	1643	1637	99.63	—	—
2000年	1929	1896	98.29	5107	1802
2001年	1147	1006	87.71	—	2241
2002年	998	961	96.29	—	3552
2003年	1107	998	90.15	1200	3473
2004年	1120	992	88.57	3017	2439
2005年	1449	1292	89.16	3404.90	2014

第八节 案件执行

1986年，受理民商事案675件，执行兑现609件（自动履行236件，审执结合执行285件，按执行程序执行88件），执行率90.22%，兑现金额28万元。

1987—1988年，受理申请执行案456件（含往年积案80件），执行完毕277件，执结率60.75%。

1989—1990年，受理执行案1039件，执行兑现完毕809件，执行率77.86%。县人民法院派出副院长和庭长等6个主要审判人员，前往河南、内蒙古、深圳、四川等地为县酒厂追索货款6万余元。县人民法院采取突击执行、审执结合措施，在11月中旬，集中15名干警组成突击队，1个月内，深入8区1镇48乡，共执行经济、民商事案兑现金额69万余元。受地区中级人民法院委托，分别于1989年7月24日，1990年6月29日、7月1日、9月14日，将故意杀人犯、故意杀人抢劫犯、强奸犯等5名犯罪分子在县城、汉葭镇、郁山区、高谷区执行枪决。

1991—1992年，建立县人民法院派人驻行政机关执行室制度，设立县稽征、交通、运管、国土、税务、烟草、农机监理、卫生防疫、水电等9个执行室，共执行案件834件，其中全部执行810件、部分执行24件，兑现金额1058万元和抵押回收财产1批。

1993—1997年，累计受理执行案件5797件，标的额9557万元，共执结案5422件，执结率93.53%，执行标的额8700余万元，标的额执行率91.03%。在执行中采取强制措施3700多次，逮捕判刑拒不执行人民法院判决的被执行人7名、实施司法拘留36人、罚款28人。对死刑犯执行枪决8人。

1998—1999年，全院立案受理应执行案1613件，执行1506件，执行率93.37%，执行标的额342万元。

2000年，县人民法院制定《解决县人民法院"执行难"问题的实施方案》，在县城和国道"319"沿线实施"春夏执行攻坚战"，3个月内执行完毕"硬骨头""老大难"案46件，执行标的额300万元。在全县各区乡开展"秋冬执行决战"，4个月内，执行完毕83件，为公民、法人挽回经济损失200多万元。对抗拒执行、哄闹、冲击执行现场，围攻、殴打执行人员的15名抗法行为人，依法予以刑事拘留。突击清理金融改革中审结"三金""三乱"案件，落实专人执行兑现26件，标的额27万余元。协助财政部门和部分乡政府催收财政周转金和农提款，3个月内审结执行涉农案件214件，收回农提款140.40万元、税款15.60万元、计划生育款5.10万元。全年受理执行案件470件，执行完毕470件，执行兑现金额900余万元。

2001—2002年，采取集中与分片执行、交叉执行的方式，受理执行案881件，执结701件，执结率79.57%，兑现标的额1400余万元。受理行政机关申请强制执行生效行政处理、处罚决定案63件。对一时执行确有困难被执行人依法中止执行或向申请人发放债权凭证，保留申请人执行请求权利。

2003年，整合充实执行干警10人，对立案时间长、金额大、申诉人多次要求执行及可能激化矛盾的案件建立个案台账，分案到人、挂牌督办、限期执结。防止地方和部门保护主义对执行工作影响，采取指定执行、交叉执行、联合执行、提级执行等方式，确保执行顺利完结。全年受理执行案715件，执结518件，执结率72.45%，执行兑现金额500余万元。顺利执行长达10年桑柘镇茶心村财产返还纠纷案。9月，执行完毕在全市有重大影响的"2·18""7·3"2起特大交通事故，涉及系列案19件，因被执行人无履行能力而保险公司长期未赔付，经执行干警反复协调，最终保险公司将保险金额如数兑现给申请人。

2004年8月，执行局实施执行实施权和执行裁判权两权分立，确保判后执行廉洁、公正、高效运行，实施执行举证、听证、责令财产申报制，在执行中依法采取搜查、查封、扣押、冻结、司法拘留、集中召开被执行人大会等措施，敦促被执行人履行法律义务。全年受理执行案509件，执行419件，执结率82.32%，执结标的额923万元。审查执行非诉讼行政案件18件。

2005年，实施"规范执行行为、促进执行公正"专项整改活动，规范对人、物、案款管理，建立"分组、定案、人、时"执行案件台账，实行"风险告知、两权分离"制度，实施"冻结、拍卖"等措施，提高执行兑现率。在执行时凡是当事人提出执行异议，被执行人追加、提出新证据时，均实行公开听证、两权分离制度。全年受理执行案327件（含旧存110件），执行278件，执行率85.02%。结案标的额693.4万元。其中，审查非诉讼行政执行案件30件，裁定执行30件。

1986—2005年彭水自治县人民法院受理各类案件情况表

表7-3 单位：件

年份	刑事		民事		经济		行政		监督		执行	
	受理	审结	受理	审结	受理	审结	受理	审结	受理	审结	受理	执结
1986年	141	137	735	675	135	98	—	—	3700	3700	675	609
1987年	126	121	701	649	159	112	6	4	455	455	192	192
1988年	117	116	577	461	326	267	4	3	144	29	264	85
1989年	141	135	528	433	325	164	4	4	182	181	365	145
1990年	222	216	693	642	251	220	18	5	49	47	674	664
1991年	183	176	677	641	207	186	65	65	558	257	683	659
1992年	214	210	545	493	207	185	28	28	434	87	151	151
1993年	189	182	635	605	173	158	97	95	76	76	842	718
1994年	243	238	914	802	366	339	48	48	7	7	853	829
1995年	189	186	960	886	909	870	70	70	21	21	1645	1545
1996年	239	239	996	896	351	245	75	74	13	13	1148	1122
1997年	145	145	938	891	203	198	45	43	29	29	1309	1208
1998年	224	211	1235	1207	1293	1277	36	36	32	32	1059	970
1999年	281	278	983	981	340	339	39	39	26	26	554	536
2000年	275	271	1270	1242	340	339	44	44	111	40	470	470
2001年	238	213	820	711	58	51	31	31	230	223	393	273
2002年	265	259	692	663	—	—	41	39	77	77	488	428
2003年	272	246	794	713	—	—	41	39	156	156	715	518
2004年	266	247	734	632	—	—	120	113	110	104	509	419
2005年	191	173	1008	877	202	202	48	40	174	174	327	278

第四章　司法行政

第一节　机　构

1981 年，彭水县司法局成立，内设秘书股、调解股、法制宣传教育股、法律顾问处 4 个内设机构，翌年 11 月成立公证处，为县司法局下属行政单位。1984 年，改称彭水苗族土家族自治县司法局（简称县司法局）。1985 年，郁山、保家、高谷、桑柘、鹿角 5 个区成立法律服务所，1987 年又相继成立汉葭区、黄家坝区、普子区司法所（法律服务所）。县司法局秘书股、调解股分别更名为办公室、基层工作管理股。1989 年，汉葭镇司法所成立，至此，全县八区一镇司法所组建完毕。1995 年，成立县法律服务中心，连湖乡法律服务所。1996 年，成立棣棠法律服务所。1999 年，县司法局法律顾问处更名为黔州律师事务所，属事业法人单位，隶属于县司法局。将基层工作管理股、法制宣传教育股分别改称基层工作管理科、法制宣传教育科，公证处更名为公证律师工作管理科，保留办公室，增设政工科、法制科、刑释解教人员管理科。2000 年，公证处改制为自收自支事业单位。2001 年 5 月，县司法局下设彭水自治县法律援助事务所，6 月，更名为彭水自治县法律援助中心。内设综合管理科（办公室与政工科合并）、公证律师工作管理科（挂法律援助中心、“148” 协调指挥中心牌子）、基层工作管理科（挂县刑释解教人员帮教工作办公室牌子）、法制宣传教育科（挂县委法制建设办公室牌子）、司法鉴定科（挂县司法鉴定委员会办公室牌子），局内干部 14 人。同年，撤销郁山区、保家区、高谷区、普子区、黄家坝区、桑柘区、鹿角区、汉葭区和汉葭镇 9 个司法所，重新设立 39 个乡镇司法所，成立司法调解中心。2002 年，法制建设与法律宣传分离，单设法制科。同年 7 月，撤销司法鉴定科，成立司法鉴定所，为县司法局管理下的附属事业单位。2003 年，撤销高谷法律服务所，成立龙射法律服务所，各乡镇司法调解中心更名为司法调解委员会。翌年，各乡镇建立调解庭。2005 年，县司法局内设综合管理科、公证律师工作管理科、法律宣传教育科、法制科，下辖黔州律师事务所、法律援助中心、司法鉴定所、各乡镇司法所。局内干部 23 人，乡镇专职司法助理员 104 人。

第二节　司法体制改革

一、“两所一庭”三权下放与上收

1985—1987 年，全县各区相继组建司法所，属县司法局的派出机构，由县司法局指导和管理。1993 年年初，彭水自治县实行财政体制改革，为减轻财政经费紧张的压力，将区设司法所、派出所、法庭（简称两所一庭）一起下放到各区，包括经费管理权、人事任免权、干部调配权（简称三权）下放。1996 年，县司法局根据司法部《关于加强司法所建设的意见》文件精神，向县委、县政法委拟出《关于司法“三权”上收的专题报告》。1997 年 8 月 2 日，县委常委扩大办公会专题研究，并一致通过“两所一庭”“三权”上收的报告和实施方案，决定县司法局为司法所的主管部门。8月3日，县委发布《关于完善“两所一庭”管理体制的通知》，将“两所一庭”人事、业务实行县管为主、区工委为辅的条块双重管理，经费由财政局划转主管部门统一支付。

二、律师事务所改制

1996年，根据国务院《关于清理整顿经济鉴证类社会中介机构与政府部门实行脱钩改制的意见》和司法部《律师事务所、法律咨询服务机构脱钩改制实施方案》以及重庆市司法局《关于国资律师事务所脱钩改制实施方案》文件，对事业单位黔州律师事务所进行脱钩改制。彭水自治县国有资产管理局根据《国有资产所有权界定的暂行规定》，按照“依法确认，尊重历史，宽严适度，有利于对国有资产的监管”和“谁投资，谁所有，谁受益”的原则，对黔州律师事务所进行产权界定，形成《关于对黔州律师事务所资产进行界定的结果报告》：黔州律师事务所占有的资产均属国有资产，但享有国有资产占有权和使用权；黔州律师事务所实行自收自支以来所添置的办公用具设施和资金的积累，界定为律师共有资产。2000年，县司法局向重庆市司法局提交《关于律师改制工作的报告》，注销重庆市黔州律师事务所，对在编干部收回局里另行安排工作，其他律师工作人员在进行双项选择的基础上由县司法局负责安置，黔州律师事务所注销所内一切资产均收归国有。翌年2月，县司法局本着“扶上马，送一程”观念，报经重庆市司法局批准，重新组建由任永东等人发起的私人合伙的黔州律师事务所。

同年，对全县所有国资律师事务所（含挂靠大专院校的国资律师事务所）进行全面改制：（1）凡属于脱钩改制范围的律师事务所（简称脱钩单位）在人员、财务等方面与主管司法行政机关（含挂靠的大专院校，下同）彻底脱钩，整所改制为合伙律师事务所或合作制律师事务所；（2）律师事务所国有资产的界定应坚持“谁投资，谁拥有产权”的原则，严格按国家产权界定规定进行；（3）脱钩单位结余的职业风险基金由改制后的律师事务所所有，对内负债性基金留给改制后的律师事务所，提留的住房基金、医疗、养老基金按国家的房改、社会保障政策处理，主管司法行政机关从脱钩单位收回的资金和实物资产计入该单位的国有资产，改制基准日与改制后的律师事务所被批准设立期间发生的损益和责任，由改制后的律师事务所承担；（4）脱钩单位工作人员安置工作原则上由脱钩单位自行负责，执业律师档案一律暂由重庆律师协会管理，市司法局凭市律师协会出具的档案移交回执进行确认，办理改制手续，脱钩单位改制后，所有的工作人员不再列入行政或事业编制，脱钩单位工作人员的党、团组织关系由主管司法行政机关管理。

三、司法鉴定改革

2002年7月，成立的司法鉴定所为县司法局管理下的事业单位，设在司法局内，是彭水自治县第一家面向社会服务的合法鉴定机构，聘请著名医药界和其他知识界的人士组成专业队伍，对外开放开展法律鉴定活动。2005年10月，落实全国人大常委会《关于司法鉴定问题的决定》，对司法鉴定体制进行改革，司法鉴定所人、财、物与县司法局脱钩，人员由单位自行聘请，报经上级主管部门批准后担任，是实行独立核算的事业单位。

第三节　司法工作

彭水自治县司法行政部门按国家规定的范围和程序履行其司法行政职责，开展法制宣传、民事调解、律师、公证、司法鉴定、安置帮教等司法行政工作。

一、法治宣传

1986—1990年，县普法领导小组组织实施第一个五年普法规划（简称“一五”普法），主要是通过对区、乡（镇）、村干部采取分批集中培训，对企业采用“集中授课、分散自学、统一讨论”，对农民采取以会代训、全县统一考试、街头宣传等形式，使全县公民普遍受到一次法律基础知识教育。宣传内容有《中华人民共和国宪法》《中华人民共和国刑法》《中华人民共和国刑事诉讼法》《中华人民共和国民法通则》《中华人民共和国民事诉讼法》《中华人民共和国婚姻法》《中华人民共和国税法》《中华人民共和国土地管理法》《中华人民共和国森林法》《中华人民共和国治安管理处罚条例》《中华人民共和国全民所有制工业企业法》《中华人民共和国行政诉讼法》《中华人民共和国集会游行示威法》《中华人民共和国道路交通管理条例》《城乡个体工商户管理暂行条例》等法律法规。其间，1987年县委成立农村普法领导小组和普法办公室，各区乡镇随即成立普法领导小组和普法办公室，专门负责普法宣传工作的落实。全县共抽调1045名机关干部进驻区、乡（镇）、村协助普法工作，保证每区1名县级干部、每乡1名局级以上干部、每村1至2名一般干部。1988年，对县团级以上领导干部、党政机关干部、企事业单位职工、城镇居民和农村村民共280484人举行“一五”普法考试，考试合格率94.08%。“一五”普法期间，累计发放法律知识读本18.58万余册，张贴标语9000余幅，办专题讲座110次，上法治课8070次，办专栏268期，广播电视宣传1824次，出动宣传车153辆次，编发宣传资料3348份，召开宣传会议4500余场次，受教育群众166万余人次。

1991—1995年，县普法领导小组组织实施第二个五年普法规划（简称“二五”普法）。宣传对象在兼顾农村的同时，重点转向县级机关领导干部和企事业单位，主要学习宣传《中华人民共和国宪法》《中华人民共和国刑法》《中华人民共和国民法》《中华人民共和国婚姻法》《中华人民共和国经济合同法》《中华人民共和国行政诉讼法》《中华人民共和国治安管理处罚条例》等，在厂矿企业学习宣传《中华人民共和国全民所有制企业法》《企业转换经营机制条例》《中华人民共和国公司法》《中华人民共和国产品质量法》《中华人民共和国消费者权益保护法》《中华人民共和国税法》《中华人民共和国水法》《中华人民共和国劳动法》《中华人民共和国合同法》《中华人民共和国妇女儿童权益保护法》等，在农村重点学习宣传《农业承包条例》《计划生育条例》《中华人民共和国村民委员会组织法》《中华人民共和国农业技术推广法》《中华人民共和国森林法》等。其间，1992年，全县建立健全普法领导小组156个，以县人民银行和长江水利委员会办公室作为“二五”普法企业试点单位。1995年，举行“二五”普法考试，“二五”普法期间，累计发放法律知识读本3000册，张贴标语28115幅，办广播专题讲座2565次，上法治课3540次，办专栏1377期，出动宣传车512辆次，编发宣传资料65683份，召开宣传会议666次，受教育人数90余万人次。

1996—2000年，县普法领导小组组织实施第三个五年普法规划（简称“三五”普法）。在全县范围内进行宣传学习《中华人民共和国刑法》《中华人民共和国行政处罚法》《中华人民共和国民法》《重庆市计划生育条例》《重庆市禁毒条例》《中华人民共和国国家赔偿法》《中华人民共和国老年人权益保护法》《中华人民共和国预防未成年人犯罪法》。其间，1996年，县级各系统、各区、乡（镇）成立领导小组165个，有成员866人。开办电视法制专栏宣传窗口，以案说法，吸引广大群众接受法制教育。1999年，组织全县7270余名行政事业干部职工“三五”普法考试，成绩合格率99.8%。2000年，全县88所中小学全部聘请法制副校长和法制辅导员，在彭水中学、民族中学、汉葭镇中学、汉葭镇第一小学、汉葭镇第二小学、汉葭镇第三小学开展以《中华人民共和国预防未成年人犯罪法》和禁毒知识为题材的法制教育专题讲座，在全县各中小学开展“法在我心中”征文活动。“三五”普法期间，累计发放法律知识读本3.3万册，书写标语9132幅，广播电视宣传4607次，上法治课342次，办专栏521期，出动宣传车529辆次，编发宣传资料25.9万份，受教育人数达80%以上。

2001—2005年，县普法领导小组组织实施第四个五年普法规划（简称“四五”普法）。重点对城镇居民、社会青年、流动人口、下岗职工进行法制宣传教育。宣传内容主要有《中华人民共和国税法》《中华人民共和国消费者权益保护法》《重庆市禁毒条例》《中华人民共和国价格法》《中华人民共和国食品卫生法》《中华人民共和国传染病防治法》《中华人民共和国公务员法》《信访条例》等。其间，2002年，组织3800多名行政事业干部职工举行“四五”普法考试，成绩合格率99.5%。2004年，开展“送法进农家”“送法进社区”“送法进校园”活动，在汉葭镇中学举行“学公约、别网吧”学生签名活动，向全县中小学校发出“学习网络文明公约，告别不健康网吧”倡议。“四五”普法期间，累计张贴标语2360幅，广播电视宣传1730次，办法制专题讲座408期，上法制课755次，办专栏780期，出动宣传车1464辆次，编发宣传资料80余万册，召开宣传会议23次，教育人数达100余万人次。

二、民事调解

1986年，受理各类民事纠纷6972件，调解6617件，调解率94.91%。防止民事纠纷激化为刑事案件9起。至1990年，累计发生民事纠纷37714件，受理37714件，受理率100%；调解36071件，调解率95.64%；调解成功33866件，成功率93.89%。防止民事纠纷转化为刑事案件164件。期间，1990年，各级调解组织共受理民事纠纷6846件，依法调解6545件，调解成功6194件，调解率和调解成功率分别为95.60%、90.48%。其中司法所调解515件，占调解纠纷总数的7.52%；司法所协助调解121件，占所里调解纠纷的23.49%。防止非正常死亡160件、因民事纠纷激化转化为刑事案件56起，帮助失足青少年转化80人，民事纠纷发生率比上年下降8.20%。

1991—1995年，累计发生民事纠纷2.78万件，受理2.78万件，受理率100%；调解26304件，调解率94.62%；调解成功25276件，成功率96.09%。防止民事纠纷转化为刑事案件443件。期间，1991年，对全县642个调解委员会2716人进行组织整顿，调整调解干部58人，村调解委员会主任原则上由村主任兼任，4613个村、居民小组设有调解员。639个村、居委调解委员会印章于10月1日开始启用。全年调解民间纠纷6478起，调解成功6105起，调解成功率94.24%。防止民事纠纷转化为刑事案件103起143人、因民事纠纷引起非正常死亡42件。1993年，制定村规民约，推行村民自治，坚持周一、三、五调解制度。全年调解各类民事纠纷4898件，调解成功4741件，调解率和调解成功率分别达97%、91%。防止民事纠纷激化为刑事案件148件、群众性闹事13起、因民事纠纷引起非正常死亡5人，调处重大、疑难民事纠纷案件413件。

1996—2000年，累计发生民事纠纷16096件，受理16096件，受理率100%；调解15929件，调解率98.96%；调解成功15575件，成功率97.78%。防止民事纠纷激化为刑事案件152件、群众性械斗33起、群体性上访21起。期间，1996年，全县派出46个司法干部到大园、连湖、龙洋等重点乡调解重大民事纠纷83件。全年调解各类民事纠纷3970件，调解成功率98.34%。与上年同期相比，纠纷发生率减少17%。防止民事纠纷激化为刑事案件36起70人、因民间纠纷引起非正常死亡11起14人。1999年，全县区、乡、村、组四级人民调解工作网络基本健全。全年受理民事纠纷3022件，调解3022件，调解率100%。调解成功2963件，调解成功率98%。防止民事纠纷转化为刑事案件20件38人、群众性械斗13件。有6户老上访户不再上访。

2001—2005年，全县有各类人民调解组织339个、调解人员2088名。累计发生民事纠纷18532件，为“一五”期间的49.14%；受理18532件，受理率100%。调解18469件、调解率99.66%，调解成功18149件、成功率98.27%。2001年，全县623个村、16个居委都建立调解委员会，4599个村民小组建立调解小组，39个乡镇均按要求落实专（兼）职司法助理员，分别成立司法调解中心。全年受理各类纠纷3025件，调解成功2962件，成功率97.92%。防止民事纠纷转化为刑事案件69件、群众性械斗9件。纠纷发生率均控制在6‰以内，为当事人避免和挽回经济损失320余万元。2004年，各乡镇都建立调解庭。共受理民事纠纷4095件，调解4095件，调解率100%；调解成功4011件，成功率97.95%。

三、律师事务

1986年，担任政府机关、企事业单位常年法律顾问24家，办理法律事务1137件，代理民事诉讼111件，办理刑事辩护案件63件，非诉讼代理146件，代书351份，接受法律咨询1997人次，为当事人挽回经济损失128万元。

1987—1990年，受聘担任常年法律顾问267家次，办理各种法律事务2735起、民事诉讼1103件、非诉讼案件1276件，办结刑事案件341件，代写法律文书4323件次，为当事人避免和挽回经济损失796.04万元。

1991—1995年，县司法局律师事务所受聘担任县级机关、人民团体、企事业单位常年法律顾问823家次，办理法律事务2621件、刑事辩护案件519件，代理民事诉讼案件3018件，办结非诉讼代理735件，代写法律文书4285件，接待来信来访1.04万人次，为当事人避免和挽回经济损失4352.34万元。其间1993年受聘担任法律顾问166家，办理法律事务1860余件，办结刑事辩护（代理）案件84件，办结民事、经济、行政诉讼代理案件416件，办结非诉讼代理105件，为当事人避免和挽回经济损失1185万余元。律师主动参与社会治安综合治理，为当事人息诉解纷123件，避免矛盾激化12起。向各级司法机关提出法律建议和意见，被采纳率70%。为县人民政府审查规范性文件12件，参与河堡立交桥建设项目谈判。1994年，为县人民政府修改规范性文件14份，为企业引资立项及重大经济活动提供法律建议意见共450条，为法人避免和挽回经济损失1134万元。

1996—2001年，受聘担任法律顾问单位1057家次，代理民事、经济、行政案件3045件，办结刑事辩护案件494件、非诉讼代理1332件，代写法律文书共3765件，法律援助106件，为当事人避免和挽回经济损失3977万元。

2002年，针对法律服务市场管理中存在的无证执业、乱设分支机构、包打官司、承诺许愿、乱收费、办关系案和人情案等问题，制定《彭水苗族土家族自治县法律服务市场规范管理办法》，对法律服务工作者和执业律师进行培训，依法取缔非法设立的法律服务机构和办公场所。县司法局和县人民法院联合制发《维护司法公正的若干规定》，明确执业范围、纪律和要求，有效控制无证人员和“黑律师”出庭代理的违规行为。全年受聘法律顾问218家，完成法律服务业收入100余万元。代理民事案件262件、刑事辩护103件、行政案件29件、非诉讼案件38件。接受法院指定、当事人委托以及领导交办的法律援助案件170件，成功169件，成功率99.41%。代写法律文书163件，解答法律咨询1460人次，提供上门服务62户，接待来访群众468人次。为当事人避免和挽回经济损失240万元。尤其在“7·3”“8·20”交通事故案件处理过程中，为近150名事故当事人提供法律援助，达成赔偿协议。翌年，县委、县人民政府下发《彭水自治县法律援助项目工程实施方案》，县司法局下发《关于加强法律援助工作的通知》，就援助对象、援助程序、工作要求、保证措施等作出系列具体要求具体规定。全年接受法律援助案件215件，其中刑事辩护35件、民事代理180件。代理法律文书941件，解答法律咨询4164人次，避免和挽回经济损失6174万元。

2004—2005年，全县法律服务机构担任法律顾问171家，办理刑事及刑事自诉案件254件，代理民事、行政、非诉讼案件1178件。办理各类法律援助案件485件，其中刑事90件、民事384件、行政11件，受援人数512人。其中2005年担任法律顾问60家，办理刑事及刑事自诉案件119件，代理民事、行政、非诉讼事务324件，办理各类援助案件302件，特别援助律师承办的向尚彬、田景玉吸收公众存款案，涉及债权人500名、金额1657.5万元。

四、公证

1983 年，县公证处开始办理公证业务。1985 年，办理公证 1615 件，拒办 15 件，履行率 98.10%。

1986 年，办理公证 2495 件，其中经济合同公证 2429 件、其他国内公证 53 件，履行率 99%。办结2482件，办理、办结分别比上年同期上升35%、34.9%。拒办违反国家法律、政策合同或协议13件，避免和挽回经济损失 27.5 万元。是年，公证人员深入 1904 家农户办理《偿还贷款协议》公证 1904 件，收回贷款本息 26.39 万元。至 1992 年，共办理公证 19111 件，揭露和拒办违法合同公证 134 件，为国家避免和挽回经济损失 737.7 万元。其间，1992 年以交通、农业、信贷、房改、房地产开发、引进技术、发展第三产业等为重点开展业务，办结公证 7239 件，其中经济类 3875 件、民事类 3363 件、涉台 1 件，揭露违法合同 3 件，避免和挽回经济损失 31.8 万元。拒办 10 件，涉及金额 27 万元。

1993—2000 年，共办理公证 6396 件，其中经济类 3046 件、民事类 3283 件、涉台涉外 67 件，揭露和拒办违法合同 288 件，避免和挽回经济损失 2141 万元。其间，1993 年，重点围绕全县经济建设、企业改革、重点建设项目开展公证服务，办理各类公证 1597 件，其中经济合同公证 1048 件、民事公证 549 件，经济合同履约率为 99.80%，拒办揭露违法合同 7 件。向县人民政府和县级企事业单位提供司法建议 15 件，被采纳 10 件。为当事人代写和修改合同 235 份。

2001—2004 年，共办理公证 1182 件，其中民事类 767 件、经济类 414 件、涉台 1 件，为当事人避免和挽回经济损失 3775.92 万元。其间，办理各类公证 458 件。其中，民事类 256 件、经济类 201 件、涉台类 1 件，揭露违法合同 2 件，避免和挽回经济损失 725.92 万元。

2005 年，办理各类公证 106 件。

五、司法鉴定

2002 年以前，彭水自治县司法医学的刑事技术鉴定由公安机关受理、鉴定。2002 年，彭水自治县司法鉴定所成立，成为彭水自治县第一家面向社会服务的合法鉴定机构。业务范围包括司法医学鉴定、痕迹司法鉴定、司法文书鉴定、车辆事故技术鉴定。其中车辆事故技术鉴定为全市之首创。至年底，接待鉴定当事人 150 余人次，办理各种鉴定案件 60 余件。

2003 年，加强司法鉴定工作管理，规范鉴定市场。刑事侦查需要的司法医学鉴定必须通过县政法部门联席会研究决定，由公安机关委托鉴定人鉴定后，司法鉴定所统一盖章出具鉴定文书。全年受理司法医学鉴定 248 件、事故车辆技术鉴定 3 件，无一错鉴行为和错鉴案件，合格率 100%。2004 年，受理各类鉴定 199 件。

2005 年，办理司法鉴定 226 件。其中，司法医学鉴定 214 件，车辆事故技术鉴定 12 件。

六、安置帮教

1987 年，县公安局对列管的 588 名重点人口实行年终考核，撤管 118 人。至 1990 年，累计列管 1674 人，撤管 349 人，重新犯罪劳政 64 人，劳教 2 人。

1991 年，列管 483 人，撤管 194 人，新列管 197 人，落实帮教组织 484 个，签订帮教合同 479 份。1992 年，有列管人员 386 人，撤管 242 人，建档 38 卷。1993—1995 年，新列管 242 人，撤管 215 人。

1996 年始，县司法局开始接管两劳（劳改和劳教）释放人员安置帮教工作。县司法局和各区司法所均建立“两劳”回归人员档案，全县建立帮教小组 624 个，对两劳回归人员 242 人开展帮教安置工作。

1997—1999 年，落实刑释解教帮教干部 850 人，对刑释解教回归人员 435 人均层层建档立卡，3

年内重新犯罪率控制在 4% 以内。期间：1997 年，郁山组织 90 个工作人员组成 20 个帮教小组对 28 名两劳释放人员进行帮教；汉葭文庙居委主任与帮教对象交心谈心，调解纠纷时将帮教对象带到现场做正反面教育，出钱为帮教对象看病，并多方协调、安排两劳释放人员就业，收到较好帮教效果。

2000 年，健全“1112”领导机构和办事机构［即每个区县建立 1 个刑释解教人员安置帮教领导小组并设办公室，每个乡镇成立 1 个刑释解教人员安置帮教工作领导小组，每个村（居）委会成立 1 个刑释解教人员安置帮教工作小组，对每个刑释解教人员由领导小组和工作小组确定 2 名以上人员进行具体安置帮教工作］，全县建立帮教组织 623 个，管理刑释解教人员 356 人。

2001 年，实行“三包”（包管理、包教育、包转化）管理，在刑释解教人员 164 人中，安置 160 人，安置帮教率 97.56%。重新犯罪 7 人，重新犯罪率 4.27%。

2003—2005 年，形成“1112”刑释解教安置帮教网络体系，累计接收刑释回归人员 618 人、解除劳动教养 60 人。2005 年，对回归人员实行一人一档对口帮教的管理制度，建立县、乡、村三级帮教网络，接收刑释回归人员 164 人、解除劳动教养 8 人，共落实帮教 328 人，实现无脱管、无漏管、无重新犯罪的“三无”目标。

七、“148”专线

1999 年 7 月 28 日，“148”法律服务专线求助咨询电话正式开通。当年通过举行开通仪式、书写标语、录制磁带、出动宣传车、赠送印有“148 法律服务专线电话”字样的雨伞、邀请《彭水报》记者采访、有线电视台滚动播放、县委领导电视讲话、设立“148”宣传点、散发宣传资料等形式进行宣传，“148”电话在全县人民群众中知晓率达 85% 以上。至年底，接听电话 452 次，接待来访人员 103 人次，义务解答法律咨询 505 件，其中民事类 254 件、经济类 187 件、行政类 36 件、治安类 20 件、政法类 8 件。上门服务 35 件，派员现场处理 8 件，律师接受委托代理 15 件，防止可能发生的重大治安、刑事案件 6 件。

2000 年，接听求助电话 924 次，接待人员来访 59 人次，提供上门服务 21 人次，分流到律师所处理 70 件、公证处 6 件、法律服务所 105 件，移送有关部门处理 138 件，避免和挽回经济损失 35.5 万元。2001 年，接听咨询电话 389 次。

2002 年，将原设在基层科的“148”法律服务专线改设到法律援助办公室，使得各法律援助求助者及时通过各种形式获得法律援助。是年，建立“148”法律服务案件分流卡，接听“148”电话 2157 次，接待来访 263 人次，提供上门服务 71 次，分流到律师事务所的有 90 件、公证处 21 件、法律服务所 86 件，移送有关部门处理 77 件，避免和挽回经济损失 138.5 万元。

2003—2004 年，共接听“148”热线电话 390 人次，接待来信来访 214 人次。

2005 年，“148”法律服务专线电话改为“12348”，其职能职责不变。当年，通过接听“12348”法律报务热线电话和接待来人咨询，解答法律援助咨询 2605 人次，为困难群众避免和挽回经济损失 300 余万元。

八、基层法律服务

1986 年，采取参与非诉讼调解、代写法律文书、解答法律咨询、推荐合同公证等多形式、多渠道为群众提供优质服务。翌年，深化企业改革，贯彻“调防结合，以防为主”的方针和全国乡镇法律服务所工作会议精神，更高层次提供法律服务，参加县属国营、集体厂矿企事业单位招标答辩会 20 个，担任乡镇企业单位聘请法律顾问 11 家，担任民事代理人参与诉讼 40 起，处理非诉讼事件调解 144 起，代书 328 件，解答法律咨询 350 人次，避免和挽回经济损失 24 万元。推荐专利号协助办理合同公证 1860 件。

1988 年 3 月，根据《关于乡镇法律服务所暂行规定》，对全县司法所法律工作者一律实行公开招聘使用，全县 8 个司法所应聘担任乡人民政府、国营企事业单位及农村专业户法律顾问 37 家。同年，主持和参与调解非诉讼案件 216 起，代理诉讼和非诉讼案件 156 件，为聘请单位和当事人避免和挽回经济损失 57.58 万元。协助办理招标答辩和租赁承包合同、加工承揽合同、劳务合同公证 947 件。1989 年，协助办理各种合同、协议 918 件，为当事人提出司法建议 18 件，被采纳 16 件，揭露和拒办违法合同 24 件，为当事人代写各种法律文书 253 件，解答法律咨询 3815 人次。避免和挽回经济损失 121.23 万元。同年，郁山司法所被评为全国优秀法律服务所，司法部授予铜牌。

1990—1998 年，各基层法律工作者累计受聘担任乡政府、乡镇企业、事业单位、厂矿、学校、个体经营户法律顾问 931 家，办结各类经济、民事、行政诉讼代理案件和非诉讼案件 5215 件，协办公证 8042 件，代写各类法律文书 3349 余份。其间，1991—1992 年、1994—1998 年，分别为顾问单位和当事人避免和挽回经济损失 320.34 万元、2425.59 万元。

1999 年，全县共有基层法律服务所 15 个，担任法律顾问 186 家，村级法律顾问共 123 家，签订农户常年法律顾问协议 2350 家，代理各类诉讼案件 682 件、非诉讼代理 308 件，代书 810 份，协办公证 95 件，办理法律援助 30 件，为当事人挽回经济损失达到 249 万元。

2000 年，坚持法律服务以为企业改制服务为重点、为政府依法行政服务为重点、为确保社会稳定服务为重点、为招商引资重点工程建设服务为重点“四个重点”的原则，发放法律服务优惠卡，建立起基层法律工作者与广大农民的法律服务关系制度。次年受理法律援助案件 159 件，为当事人避免和挽回经济损失 120 万元。

2002 年，把法律援助工作作为民心工程，不断加大建设力度，采取多种措施，做到人员、任务、责任、质量、效率“五到位”。接受法院指定、当事人委托以及领导交办的法律援助案件 170 件，其中刑事案件 60 件、民事案件 110 件，为当事人避免和挽回经济损失 240 余万元。

2003 年，对全县 60 余名基层法律工作者进行培训考试。按照《基层法律服务管理条例》的有关规定，对不符合执业条件的连湖法律服务所、高谷法律服务所予以撤销，对部分法律服务所执业人员进行了调整。次年，制发《彭水律师队伍建设实施意见》，对基层法律服务工作者进行培训考试，考试不合格的法律工作者不予上报注册。

2005 年，开展“诚信执业树形象”活动，对基层法律服务工作者和主任实行合同聘用制，与法院联合，取缔“黑律师”出庭资格。加大对法律服务市场的整治力度，对违规法律工作进行严肃处理。全县服务所担任法律顾问 60 家，代理民事案件 728 件，参与非诉讼事务 58 件，代写法律文书 800 件。组织 20 次法律援助宣传活动，发放法律援助宣传资料 2000 余份，办理各类援助案件 302 件，其中刑事 28 件、民事 267 件、行政 7 件，受援人数 357 人，为困难群众避免和挽回经济损失 300 余万元。

第五章 军 事

第一节 组织机构

一、彭水自治县国防动员委员会

1997年，成立彭水苗族土家族自治县国防动员委员会，下设综合办公室、人民武装动员办公室、人民防空动员办公室、政治动员办公室、经济动员办公室、交通战备动员办公室、信息动员办公室。2003年6月，设国防教育办公室。

二、彭水自治县人民武装部

1950年，建立彭水县人民政府武装科。1951年，更名川东区涪陵军分区彭水县人民武装部，隶属于涪陵军分区和中共彭水县委双重领导。1952年，改称中国人民解放军四川省军区彭水县人民武装部。1984年11月，更称中国人民解放军四川省军区彭水苗族土家族自治县人民武装部。1986年6月，划归地方建制。1995年3月9日，建立县人武部民兵训练基地和民兵武器装备仓库，负责民兵训练场地整修和制订训练教学计划以及武器装备的维护和保管。1996年3月30日，县人民武装部收归军队建制，改称中国人民解放军彭水苗族土家族自治县人民武装部（简称“县人武部”）。内设军事科、政工科、后勤科。2001年3月，撤销黔江军事部，县人武部直属重庆警备区管辖。内设军事科、政工科、后勤（综合）办公室。

三、中国人民武装警察部队重庆市武警总队彭水自治县中队

1951年年初，建立中国人民公安部彭水县中队。1952年5月，改为中国人民解放军彭水县公安中队。1983年8月，改称中国人民武装警察部队彭水县中队（简称县中队），隶属四川省武警总队，直属涪陵武警支队，县内属县公安局指挥。1988年1月1日，成立黔江区武警支队后，县中队属四川省武警总队黔江武警支队管辖，队部由县城十字街迁至乌江西岸插旗山下。1997年，重庆直辖后，县中队隶属重庆市武警总队。2000年9月，黔江区武警支队编号取消，县中队更名为中国人民武装警察部队重庆市武警总队彭水自治县中队。至2005年，部队番号保持不变。

四、中国人民解放军电缆部队驻郁山通信连

1976年，中国人民解放军通讯兵电缆部队某连驻守郁山镇，负责成都至广州军用电缆彭水段的守卫检修。2002年，武汉至重庆光缆建成后，部队撤离。

第二节　民　兵

一、组织建设

1995 年 4 月 1 日始，按照《国家 7 部委关于企业民兵预备役工作的规定》和《全国少数民族地区预备役工作会议》及《四川省民兵组织整顿实施细则》，对民兵进行整组和登记，5 月 5 日结束。

1999 年，按中央军委要求，从“两个适应”出发，把“市场”和“战场”的需求作为改革的立足点，重点建设民兵应急分队。打破传统模式，拓宽民兵组建范围，由分散、边远向公路沿线收缩，向政府机关所在地集中，向企事业单位拓展；打破行政区划或行业界限，以邻近地域灵活编组；优化组织结构，加大技术含量。5 月 5 日，县委、县人民政府、县人武部成立彭水自治县民兵工作调整改革领导小组，办事机构设在县人武部内。

2001 年 5 月 8 日至 6 月 8 日，县人武部进行为期 1 个月的基层民兵整训。

2003 年 12 月 5 日，总参谋部发出《关于进一步搞好民兵组织整顿的意见》，2004 年，县人武部遵照意见精神，优化民兵组织结构，规范民兵队伍，落实基干民兵编组及各项制度，强化民兵应急分队和抢险救灾队伍的建设，加强反恐怖和维护社会稳定基本训练，加大对民兵使命感、责任感、爱国主义、革命英雄主义教育。

二、军事训练

从 1986 年开始，每年组织民兵训练一般为 20 天。

1990 年，按计划培训民兵连排干部 160 人（应训 156 人），落实应急分队连 1 个、排 5 个、班 22 个，共 318 人，其中退伍军人占 50%。

1991 年，按总参谋部《军事训练条例》及成都军区《民兵规范化训练规定》，全年分两次训练 252 人。1992—1993 年，主要进行队列、轻武器射击、投弹、单兵战术等科目训练以及时事政策法规教育，培训民兵干部 130 名，参训民兵 502 名。经考核验收，射击项目及格以上 196 人、投弹项目及格以上 238 人、单兵战术及格 252 人，列队总评成绩 80.50 分，综合成绩合格率 100%，储备率 100%。

1994 年，为迎接彭水苗族土家族自治县成立 10 周年，规划强化民兵干部训练、强化城镇民兵应急分队训练及强化国防班军政训练。320 名基干民兵参加县庆阅兵式活动。经考核评比，评出训练先进排 3 个、先进班 14 个、先进个人 84 人，训练合格率 100%。1995 年，组织民兵干部 109 人、应急民兵 100 人、国防班 64 人、民兵 282 人参加训练。新训民兵掌握轻武器射击、投弹、单兵战术。直到 1998 年，民兵军事训练改变传统模式，以汉葭镇中学国防班为龙头，以国道“319”沿线民兵和应急分队为重点，进行严格军事训练。

1999 年，军事训练应急民兵 14 天，有 14 名民兵干部、50 名参训民兵受到县级表彰。选拔 4 名参加重庆市首届农民运动会，彭水民兵运动队总成绩在黔江开发区 5 县中名列第二，5 千米越野赛单项成绩获得全市季军。2000 年，县人武部编组乡镇民兵应急人员 652 名。

2001 年起，开展应付各种突发事件快速反应集结和防骚乱紧急情况处理演习，训练时间增加至 1 个月。2002 年，按不断提高军事能力要求，民兵应急分队训练为 20 天。

2005 年 3 月，县人武部组织汉葭、鹿角、桑柘、龙射、黄家、太原等乡镇和县气象分队 60 名基干民兵，进行 15 天防雹增雨训练，先后 12 次防雹增雨射击，取得较好效果。5 月，组织民兵开展防洪演练，汉葭镇应急分队 1 连、重庆金益烟草有限责任公司应急分队各 120 人参训，复训 7 天。8 月，国家重点工程乌江彭水电站开工仪式，组织应急分队 1 连、2 连维稳执勤，配合公安部门出色完成开工仪式现场警卫任务。7 月 27 日至 8 月 15 日，县人武部对 100 名应急民兵进行军事训练，高质量完成训练任务。

三、维护社会稳定

1989 年，建立以汉葭镇民兵应急小分队为骨干的“联防小分队”，协助公安部门维护社会治安。

1993 年，各级人民武装部门配合公安参加“严打”，出动民兵 4500 人次，抓获各类犯罪分子 400 余人。

1994 年，出动民兵 320 余名，参加捣毁非法组织“青龙帮”和“三角队”的行动。组织民兵 1 万余人次，配合政府和公安部门在火石乡及周边清查“门徒会”，抓获帮教头目 100 余人。全县建有民兵治安队 450 个，民兵联防队员 2.1 万人，协助公安机关破案 350 起，抓获各类犯罪分子 252 人。

1995 年，彭水自治县成立“社会治安综合治理领导小组”，组织民兵参加大型活动 6 次，出动民兵 1.5 万人，捣毁违法团伙 10 个。1996 年，小厂乡人武部组织民兵 24 人次参加维护烤烟收购秩序，会同当地党政及公安机关，有效打击倒卖、贩卖、哄抬物价、压级压价等行为，维护烟农合法权益。1997 年，配合公安机关参加综合治理出动民兵 10 万余人次。

1998 年，桑柘区新田乡、桑柘乡、珍加乡武装部组织 3 个民兵应急分队，常年坚持夜间巡逻，配合当地派出所破获案件 12 起，抓捕犯罪分子 5 名。全县民兵参加维护社会治安 2163 次，协助公安机关破案 153 起，抓获违法犯罪分子 547 名。1999 年，全县建立民兵治安联防网点 705 个，情报信息点 478 个，出动民兵 1.4 万余人次，协助公安机关抓获各类犯罪分子 113 人，破获盗窃案 108 件，协助解决治安纠纷 400 余次。

2000 年，组建民兵治安联防网点和信息情报网 1225 个。先后出动民兵 3.2 万余人次，协助公安机关抓获违法犯罪嫌疑人 3012 名，协助村组解决治安民事纠纷 4683 件次，捣毁邪教“法轮功”等非法组织和带“黑社会”性质的犯罪团伙 8 个。配合公安机关破获刑事案件和一般盗窃案 736 件次。

2001—2004 年，民兵主要是协助县人民政府处理急、难、险、重任务，处置突发事件。

2005 年，协调解决渝长高速公路、渝怀铁路占地、损房及军车货运与民间群众纠纷 20 余起。

四、参与地方经济建设

1990 年，鹿角区人武部发动 1000 余名民兵，修筑从鹿角到大园乡村公路。砂石乡组织民兵修建废弃 10 年的机耕道 4.5 千米，方便 7 个村的乡民运输和出行。

1991 年，全县各地组织民兵 95 个连 9531 人，修水堰 6.3 千米、引水工程 6.5 千米、水库 3 座，改田土 18 公顷。1992—1993 年，修堰 14.68 千米，建引水工程 9 个，修池塘 86 口，引水渠 570 多条。1994 年，汉葭镇组织民兵修白云引水工程，投劳 2.87 万人次。1995 年，全县修塘 25 口，投入民兵 5 万余人。1996—1997 年，黄家坝区人武部组织 2500 名民兵，修筑冬瓜溪（大垭乡）水利工程，新建人畜引水池 623 口，修筑进站公路 15 千米。

1998—1999 年，全县出动民兵 38586 人次，承担地方重点工程项目 11 个，兴办以劳养武经济实体 9 个，改田改土 140 公顷，植树造林 46 公顷。8 区 1 镇 63 个乡的武装部长，联系扶贫对象 10606 户，带领 824 户贫困户走上致富路 ,9782 户帮扶对象越过温饱线。

2000—2003 年，组织高谷、汉葭、保家、郁山等乡镇民兵 3000 余人，参加渝怀铁路建设，为 23 个工程处提供土石方 605 万立方米，运送物资 400 余万吨，修筑堡坎 50 千米，调解处理铁路工程局与地方群众纠纷 100 多起，排出交通障碍 300 余处。

2004—2005年，县人武部组织汉葭、鹿角、新田、万足、石盘等乡镇民兵2000余人，参加国家重点工程，重庆市第一大水电站——彭水乌江电站的建设。

五、抢险救灾

1991年，乌江洪水猛涨，汉葭镇组织民兵应急分队486人参加抢险，投入运输车22台、小船5只，抢救出包装纸10吨、电视机29台、电动机201台、书刊24吨、蔬菜40吨、生猪120头，减少损失250余万元。橡胶厂民兵除抢救本厂物资外，还帮助居民抢险，及时运出胶鞋59.5万双，搬运橡胶40吨、化工物资65吨，挽回损失20多万元。至1993年，先后组织民兵4500人次，扑灭红麻厂、纸厂、新田和茅尖山林场等火灾25次，挽回损失850万元。参加防洪抢险3800余人次，抢险21次，减少损失750万余元。

1996年7月，彭水乌江上游贵州遭遇连续48小时特大暴雨袭击，乌江水位暴涨，高达237.68米，超过洪水位12.68米。县人武部领导带领机关干部和民兵，连夜奋战6小时，配合其他抢险救灾队伍把县烟草公司仓库的香烟全部转移到安全地带，挽回经济损失1200余万元。

1999年6月29日，乌江水暴涨，县人武部组织机关干部和民兵应急分队300余人分段进行抗洪抢险，投入各种车辆35台次、大小船只30余艘，转移受灾群众2475人，抢运各类物资220吨，价值2000万余元。

2005年，郁山镇严家山森林大火，县人武部组织民兵应急分队100余人，快速奔赴现场，与郁山镇职工、当地村民及时扑灭大火。

第三节　兵　役

一、预备役

服一类预备役的为18～28周岁男性公民，服二类预备役的为29～35岁男性公民，35岁以上退出预备役。服一类预备役人员每年进行军事训练。

预备役人员除参加军事训练外，县人武部利用民兵整组、训练、征兵等时机，开展《中华人民共和国国防法》《中华人民共和国兵役法》《征兵工作条例》《中华人民共和国军事设施保护法》《中华人民共和国预备役军官法》《中华人民共和国人民防空法》等国防法规的宣传教育。

二、征兵

彭水自治县新兵征集由征兵办公室按照上级人民政府和军事机构要求统一开展工作。兵员征集工作实行规范化、标准化。根据《中华人民共和国兵役法》《征兵工作条例》规定：凡是年满17～22周岁健康青年，不分民族、种族、职业、家庭出生、宗教信仰，均有自愿参加中国人民解放军的权利和义务。

征兵工作步骤分为准备、宣传动员和报名、体检、政审、移交起运、身体复查和退兵等6个阶段。新兵到达部队后要进行身体检查，发现因身体、政治上不符合服现役条件的，要做退兵处理。退兵期限，自新兵到达部队之日起至批准退兵之日，属政治条件不合格者，不超过90天；属身体条件不合格者，不超过45天。

1986—2005年，全县完成征兵任务。

三、军事院校招生

2000—2001年，根据国务院、中央军委、教育部高校学生司、总政治部干部教育司下发的有关文件，要求报考军事学院的学生思想品德优良，符合政治审查和身体检查标准，年龄在18～20岁，毕业后到部队工作，考取后签订《国防奖学金协议书》。

2002年，彭水自治县有2人考取军校。至2005年，从地方、学校和部队参加军事院校考试的彭水籍学生186人，录取72人。

四、复员退伍军人安置

1986—1996年，每年原则上只安排城镇退伍兵及志愿兵参加工作，其余的按军龄、兵种、部队环境条件以及在部队的表现发放一定的现金介绍到地方创业。父母无工作的城镇退伍兵，由县人民政府统一安置。非农业人口义务兵和农业人口的志愿兵，安排到厂矿、企业工作。

2000—2003年，非农业人口义务兵，需立三等功以上或是共产党员才能安排工作，以后，原则上不统一安置，三级士官以上或二等功以上可适当安排工作，其余为现金安置。

2001年，中共中央、国务院、中央军委颁发《军队转业干部安置办法》，实行双向选择，由地方计划安置或自主择业。

五、拥军优属

从20世纪70年代起，县人民政府把元旦至春节定为“拥军优属活动月”，分别组织各种慰问团，由县领导带队，到军营或烈（军）属等家中慰问，有时还专门召开军民联欢会、座谈会，组织中小学生为烈（军）属家做好事。

1986年1月13日，四川省委常委一行带着赴越南老山、者阴山前线战士的愿望，到大河坝乡慰问战斗英雄周登国的母亲芦永菊老人。

1987年春节，县级领导分赴8个区慰问烈（军）属及战斗英雄等家属3150户。龙塘坝乡政府被评为四川省拥军优属先进集体。1990年7月，成立彭水自治县拥军优属委员会，乡镇成立相应机构，常年开展双拥工作。1995年，彭水自治县人民政府被黔江地委、行署评为先进单位，郁山、汉葭区工委、县农业银行被评为先进集体，拥军优属先进个人5人。

1997年，彭水自治县被重庆市人民政府评为市级双拥先进县。

第四节　驻　军

县中队常驻彭水的编制为1个连队。县中队主要配合公安机关维护彭水自治县境人民群众的生命财产安全和社会和谐稳定，协助监狱刑警对犯人的监管以及对一些突发事件的应急处理。

1990年11月21日，县中队成功处置号称“江洋大盗”的死刑犯杨某某在监狱撬锁越窗逃跑事件。

1999年，彭水乌江发洪水，县中队官兵参加抗洪抢险，救出被困群众230余人，疏散被困群众500余人，转移贵重物品价值100余万元。

2000年，县中队先后参加泥石流清理及煤气罐爆炸起火扑救，救出被泥石流掩埋群众3人，扑火9小时，保护周边100余户居民生命财产安全。

2001—2005年，共协助公安机关追捕杀人犯2人。出动官兵40余人次，先后参加朱山洞煤矿滑坡抢险、万足隧道垮塌抢险、县职教中心塌方抢险和雷公盖车祸抢险，救出被困人员300余人。出动20名官兵到高谷镇灭火，出动40多人次有效阻止县城群体械斗事件，疏散1000余名起哄群众，维护社会稳定。

第五节 人民防空

20世纪80年代，县人武部组织城乡人武部建立群众性警报信息和传递网络。20世纪90年代，无专门防空工事，县城周边的山洞和隧道群成为应急防空设施。

自2003年始，县国防动员委员会下设人民防空办公室，工作由县人民政府和县人武部军事科负责，县财政、交通、通信等相关部门人员参加。

2005年，按照中共中央和中央军委的部署，把人民防空法律、法规宣传教育纳入社会普法教育规划，不断增强人民的防空意识，并加强对在校中、小学生防空知识宣传教育。

第六节 国防教育

一、全民国防教育

20世纪80年代后，全民国防教育结合民兵预备役政治教育一并进行。

每逢元旦、清明等节日，共青团员、少先队员和各界人士前往位于山谷公园旁的烈士陵园，祭扫烈士墓。有的学校和机关还在烈士墓前举行入队、入团宣誓仪式。

2005年，县“双拥办”协调和组织有关单位、厂矿、街道、学校、驻彭部队等举行祭扫烈士墓活动，参加人员达3万余人次。

二、学生军训与教育

学生军训始于20世纪50年代中期。1960年秋，县人武部机关干部在彭水中学大操场对学生进行军事训练。第一期训练项目为射击（步枪构造、性能、识别、使用等基本知识的讲解）、手榴弹投掷、刺杀等基本动作训练；二期为机枪点射训练，彭水中学配备军事教员，开设军训和体育课。

1990年，开展对农村、机关进行国防教育的同时，以中学为基地，进行普及国防教育。抽调专武干部38人次、民兵干部24人次，训练学生3200人，增强学生国防观念。先后有鹿角、桑柘、郁山、黄家坝、汉葭镇等11所中学开展军训。训练以县教委和各区教办牵头，由区人武部和校方共同组织，施教由人武部负责，后勤保障、政治教育由校方负责。训练按计划进行，主要从军史、国防知识入手，接着训练列队、投弹等基本科目，训练时间为15天。

1994年，彭水自治县举行成立10周年县庆活动，学生军尖子方队参加阅兵式。

1998年开始，第一学期进入初中的学生到校参加军训6至10天，高中生开学初到校参加军训10至15天。

2004年，县人民政府、县人武部（军事科、政工科）、县财政局、县教委和县武警中队负责人组成学生军训领导小组，严格执行学生军训督导，使军训正规化、规范化。

第八篇　城乡建设

彭水城乡建设受地理条件的限制和建设资金短缺的制约，无长远规划，基本处于盲目无序的状态。1982年，启动第一轮总体规划，进入一个新的发展时期，开始逐步走上按照城镇规划建设的轨道。

1996年，启动第二轮县域总体规划，实施旧城改造。初期以路网改造、整治下水道为突破口，继之转向交通和建筑。末期城区规划总面积为18.22平方千米，建成区面积3.90平方千米，城市常住人口4.11万人，房屋建筑总面积161.95万平方米，人均居住面积15.17平方米。城市街道长度14.60千米，人均城市道路6.60平方米，形成城区的交通网络。公共设施明显改善，建有主排水网9.80千米。实施泸渡沟引水工程，日供水能力1.20万吨。编制63个乡镇规划，硬化部分乡镇街道，面积21万平方米。

2001年，重庆大学规划设计研究院编制第三轮《彭水自治县县城总体规划2001—2020年（修编）》。至2005年，城区面积6.6平方千米，道路主支路合计2.75万米（不计人行道），面积21.23万平方米。城市绿化覆盖面积46.88万平方米。城镇房屋开工面积125万平方米，竣工116万平方米，城乡人均住房27.69平方米，城镇化率21.50%。

第一章　县城建设

第一节　旧城改造

20世纪90年代初，彭水开始招商引资，进行城市基础设施建设和房地产开发建设，以路网改造、整治下水道为突破口，实施旧城改造。共引进建设项目25项，引资总数2.95亿元，实际利用外资1.71亿元。

1993年，开始主要对城内交通道路和建筑物进行改造。

随着外商建设资金的引进，县城房地产开发逐渐兴起。1994年4月13日，彭水第一个房地产综合开发引资项目乌江商业城破土动工，次年6月建成并投入使用。该工程由美国独资重庆公共关系顾问有限公司投资1100万元，与县工商局合作修建，占地3666平方米，总建筑面积22000平方米，设置摊位1000个。工程设计建设南门楼13层，江上村18层，集农贸市场、百货商场、售货摊位、写字楼、住宅楼及各种文娱场所为一体，为县内外的企事业单位和居民提供第一批商品房。

1997年5月29日，县人民政府发布《县城房屋拆迁管理暂行办法》，对有关拆迁管理、拆迁补偿、补偿标准、拆迁安置等作出明确规定。继后的县城建设房屋拆迁按照此《办法》依法有序实施。1999年，完成县城县坝片区即郁江桥头至县医院段、下街片区即北大街口至造船厂段、沙沱片区即山谷居至彭西公路滑石板段、西城片区即老虎口至复烤厂段等4大片区的旧城改造规划以及主街灯饰工程规划。动工项目30个，拆除破旧房屋4.84万平方米，总投资1.64亿元，完成投资1.40亿元。其中80%的投资通过招商引资解决。

2000年4月，成立旧城改造领导小组，坚持“高起点规划、高标准建设、高水平管理”的原则，多元化投资开发。重点完善城市下水道，整治人行道，改造零乱破旧建筑物，增添园林绿化面积，建设户外灯饰，加强景观设计。同时，县人民政府出台《关于加快旧城改造的决定》，制定优惠政策：投资旧城改造的开发建设单位和外来客商，免交一切规费，相关税收自行申报缴纳，由财政支出用于旧城改造；旧城区内单位或个人，经县人民政府审批并按规划要求和有关规定自行重建的，免收一切规费；拆迁户在旧城改造指挥部划拨或指定的工地上建房的，一年内免交一切规费，两年内减半缴纳；对投资旧城改造的单位或个人，各有关部门在办理各种手续时只收取工本费。由于鼓励投资商和广大市民积极从事旧城改造，当年拆除旧房面积3.12万平方米，新开工房屋施工面积10.34万平方米，竣工房屋面积8.01万平方米，完成投资3760余万元。

2001—2005年，全面改造县城危旧房屋。县人民政府出台《彭水自治县城市房屋拆迁若干费额标准》《彭水自治县城市房屋拆迁附属物补偿标准》《彭水自治县旧城改造征地及房屋拆迁补偿安置实施细则》等文件，进一步规范县城建设。主要对县城内的12大片区即西城片区、城南片区、中环街片区、南门片区、渔塘片区、下街片区、十字街片区、码头片区、临江片区、沙沱片区、豆芽湾片区、学坝片区的危旧房屋进行改造，重点改造严重影响安全居住的危房、危旧房密集区、城市中心区危旧房，交通沿线两侧危旧房和窗口地区的危旧房，搬出和拆除危滑地段的危旧房。同时，县人民政府把旧城区的白云开发新区、滨江小区、金山广场、阳光温泉公务员住宅小区、江南新城小区、红塔小区、江南立交花园小区、琳海花园小区、县城中环路等 9 大片区列入改造范围。天豪大厦、豪洋景苑、两江景苑等一批重点代表项目得到顺利实施，拆除危旧建筑 10.55 万平方米，新增房屋面积 71.43 万平方米。

至 2005 年年底，全县城镇房屋面积 247.83 万平方米，即住宅房屋 210.66 万平方米，非住宅房屋 37.17 万平方米。其中，钢混结构房屋 157.83 万平方米，混合结构房屋 69 万平方米，砖木结构房屋 20 万平方米，其他结构房屋 1 万平方米。人均住房建筑面积由 1986 年的 8.84 平方米增加到 27.04 平方米。有阳光、康宏、银都、尧舜、亿豪、永力、双薪、弘瑞等 11 家从事房地产开发的企业入住彭水。

彭水工商局综合楼

典型建筑简介

（一）彭水工商局综合楼

该工程由彭水宏宇建设工程（集团）有限公司承建。

建筑面积 8086 平方米，框剪结构，14 层。2001 年 7 月 25 日开工，次年 10 月 26 日竣工。获 2003 年度重庆市“巴渝杯”优质工程奖。

彭水天豪大厦

（二）彭水天豪大厦

天豪大厦由彭水宏宇建设工程（集团）有限公司承建，重庆公用工程建设监理有限责任公司监理。

建筑面积 34800 平方米，框剪结构，28 层。2001 年 11 月 30 日开工，2004 年 10 月 30 日竣工，获 2005 年度重庆市“巴渝杯”优质工程奖。

该工程严把材料质量关、分项工程质量关、重点质量关，积极采用新技术、新工艺、新材料。新技术有粗直径钢筋连接技术、新型模板和脚手架应用技术、新型墙体应用技术、新型防水和塑料管应用技术、计算机应用和管理技术；新工艺有在屋面砼中掺入 AEA-H 膨胀剂、砼小型空心块体系、竹胶大模板和中型钢模板、竖向钢筋电渣压力焊接技术、SBS 改性沥青防水卷材和 UPVC、PP-R 塑料管应用技术。

彭水豪洋景苑

（三）彭水豪洋景苑

豪洋景苑工程位于县城汉葭镇中心地带的石咀街，占地面积 5000 平方米，建筑面积 22731.62 平方米，17 层框剪商住楼。工程由重庆彭水永丰建筑安装工程有限公司承建施工。重庆佳兴建设监理有限公司监理。2002年6月30日开工，2004年6月8日竣工。获2004年度重庆市“巴渝杯”优质工程奖。

该工程在钢筋工程、模板工程、混凝土工程中实行重点控制。在砌体等施工中实行“正反墙双面拉线、直缝拉线”，专人跟班检查，工序质量一次成优。

工程采用新工艺、新材料，在屋面结构砼中掺入水泥用量12%的UEA膨胀剂、砼小型空心砌块体系、竹胶大模板和中型钢模板、竖向钢筋电渣压力焊接技术，使用SBS改性沥青防水卷材和UPVC、PP-R塑料管等，并采用了护、包、盖、封等措施加强成品保护，保证了成品的完整性，使工程建筑立面造型简洁、明快、大方、细致，凹凸收缩不变化，立面装饰表现出天然豪华与庄重。房间设计重在实用，体现前卫时尚的居家品位。

第二节　公共设施

一、街道

1985年，县城大小街道27条。1986—1990年，城市建设以改造规划区内街道和纵向梯道为主，之后梯道建设没有大的变化。1999年对东城环线、西城大街、商贸园街的人行道改造，铺设彩砖。2000年，改造县医院至汉关路、修配厂至环保局、复烤厂至罐头厂三条街道的人行道，新增人行道8451平方米。铺设人行道彩砖6862平方米，修补破损街道路面2143平方米。2002年，翻新改造主街路面10060平方米，人行道彩砖6300平方米。2003年，新修滨江路4米 ×4×1500米城市道路。2004年，完成县城至郁山、桑柘、黄家、普子、高谷五大出口和郁江桥至彭水宾馆、人事局至汉二小道路改造。新浇筑城市道路14000平方米，翻新改造6100平方米，整治人行道3600平方米。到2005年，县城主支路合计2.75万米（不计人行道），面积21.23万平方米，新增北大街、滨江路。

2005年彭水自治县县城道路改建投资情况表

表8-1

路段	立交桥至两江桥	南门洞至四楞碑码头	郁江桥至观音岩隧道路口	养路分段至四楞碑码头沿江公路	县城北街小巷
投资（万元）	850	65	50	120	100

北大街（北门街）1984年，县委和县人民政府为解决出港路畅通的问题提出北大街建设计划，并向四川省人民政府有关单位报告建设方案。次年，四川省建设委员会批复第一期工程的初步设计方案。1986年，涪陵地区计委和涪陵地区建设局把彭水北大街工程列入计划，拨款15万元，加上自筹资金6万元，作为一期工程的前期工程资金。是年6月4日，成立北大街工程指挥部，完成征地1.65公顷，投入资金6328元，29日破土动工。后来由于资金等原因，时建时停。1991年5月25日，北大街建设再次纳入议事日程，开始第一批房屋拆迁工作，共拆迁30户，占应拆迁户的42%。其中，单位3户，私人27户。第二批拆迁房屋36户。其中单位5个，私人31户。至6月10日，北大街房屋拆迁全部结束。1993年，完成长543米、宽9米、面积5000多平方米的路面硬化，房屋建筑1.60万平方米，北大街主体工程完成。1994年8月，整个工程全面结束。全长829米、宽16米、面积为1.32万平方米。至此，县城结束“一条街走出头”的历史，主城区、彭水港，与郁江桥实现直通，将县城县坝街、学坝街连为一体，有效地改善县城交通拥挤状况。1995年4月，为了更好地美化街道，由县经协福欣公司投资150万元，兴建北大街街心花园，建筑面积1000平方米，年底交付投入使用。1998年，投资22万元，安装不锈钢护栏1100米。次年投资10余万元安装30米飞碟型高杆塔灯一座。

滨江路　滨江路街道是重庆市发改委批准的项目，工程分两步进行。第一步，建滨江路防洪堤工程。1994 年 11 月 6 日正式动工，1995 年 4 月基本竣工，总投资 2144.72 万元。第二步，街道新建和房地产开发，总投资 7800 万元。主要新建滨江路，长 2.50 千米，宽 16 米；排水管网 3 千米。2003 年，投资 3070 万元，开工建设新修滨江路城市道路，新建排污道 1500 米；配套完成绿化及灯饰工程，滨江护堤和光带装饰工程；完成护坡绿化 6 万平方米。2004 年，投资 1200 万元，完成滨江路 C 段、D 段、E 段、F 段道路建设。滨江小区南端防洪堤工程开工建设，开工建设房屋 1.5 万平方米。2005 年，滨江路建设继续实施。

2003—2005 年彭水自治县县城滨江路工程建设情况表

表 8-2　　单位：万元

项目名称	建设性质	建设规模	建设起止年限	投资来源	审批总投资	2003 年下达投资	2004 年下达投资	到 2004 年底累计完成投资	2005 年投资计划	2005 年主要建设
彭水自治县滨江路工程	配套续建	道路长 2.50 千米，宽 16 米。排水管网 3 千米	2003 年至 2005 年	中央国债资金	1500	250	150	400	700	滨江路长 1.30 千米，排水管网 1 千米
				地方国债资金	2500	350	—	350	800	
				地方专项资金	3800	2470	—	2470	2000	
小计	—	—	—	—	7800	3070	150	3220	3500	

1986—1990 年彭水自治县县城梯道建设情况表

表 8-3　　单位：平方米

时间	路段	面积	性质
1986 年	雷公井—修配厂	466	改造
	四合社—气象站	315	改造
	农业局—直属库	45	改造
	庙嘴公厕	40	改造
	四合社—经济开发公司	64	改造
	环城路	1500	新修
1987 年	东城区加油站—学坝（镇中门前）		
	沙沱接环城路		
	西城区下坝石油公司—复烤厂	15000	改造
	十字街—蓄电池厂	40.80	改造
	小街子消防池—蚕茧站	140.40	改造
	小街子	261	改造
1990 年	小街子经土产公司、民政局—郁江桥	1719.50	改造
	小街子—吴寺堂	1250	改造
	街道路面	1030	改造

2005 年彭水自治县县城街道面积一览表（主干道）

表 8-4

街道名称及起止点	主车道			人行道			备注
	长（米）	宽（米）	面积（平方米）	宽（米）	面积（平方米）	路面质量	
主城区主街（山谷居至地税局）	990	8	7920	6	5940	砼路面	—
北大街（地税局至转盘）	470	9	4230	7	3290	砼路面	—
环城路（转盘至浅水湾）	320	8	2560	5	1600	砼路面	—
环城路（浅水湾至修配厂）	810	7	5670	5	4050	砼路面	—
环城路（修配厂至豆芽湾）	910	9	8190	6	5460	砼路面	—
环城路（豆芽湾至山谷居）	1140	8	9120	5	5700	砼路面	—
上汉关路（修配厂至汉关路加油站）	1530	9	13770	7	10710	砼路面	—
下汉关路（浅水湾至汉关路加油站）	750	9	6750	4	3000	砼路面	—
车站路（水厂至两路口）	270	7	1890	4	1080	砼路面	—
党校路（环保局至党校）	810	8	6480	—	—	砼路面	—
城北路（大转盘至城北涵洞口）	786	9	7074	4	3144	砼路面	含隧道和桥
学坝路（人事局至镇中）	780	7	5460	5	3900	砼路面	—
九曲河路（城北涵洞至外河坝车站）	1361	9	12249	—	—	砼路面	含隧道 580 米
外河坝路（外河坝车站至罗家桥）	850	9	7650	8	6800	砼路面	国道 319 线
两江桥路（外河坝车站至两江广场）	740	9	6660	4	2960	砼路面	—
下街路（地税局至商贸园）	380	7	2660	5	1900	砼路面	—
沿江路（商贸园至沙坨养路段）	2360	7.5	17700	—	—	砼路面	—
乌江桥（山谷居至国土局）	272	8	2176	3	816	砼路面	—
立交桥（国土局至彭中门前）	360	8	2880	3	1080	砼路面	—
河堡路（国土局至彭中后门）	480	12	5760	8	3840	砼路面	—
复烤厂路（彭中后门至复烤厂）	1030	6	6180	5	5150	砼路面	—
下坝路（立交桥至两江桥）	1860	9	16740	7	13020	沥青路面	—
滨江路（国税局至交警队）	1138	12	13656	7	7966	砼路面	—
南门码头路（南门商场至码头）	262	8	2096	4	1048	砼路面	—
长滩进口路（人事局至果园 320 米）	320	7	2240	4	1280	砼路面	—
公安局通道（立交桥至公安局）	310	8	2480	7	2170	砼路面	—
合计	21289	—	180241	—	95904	—	

2005 年彭水自治县县城街道面积一览表（支路）

表 8-5

街道名称及起止点	主车道			路面质量
	长（米）	宽（米）	面积（平方米）	
红砖厂支路（党校至城南）	350	4	1400	砼路面
城北支路（城北涵洞口至原垃圾场）	210	5	1050	泥石路面
下街下河支路（商贸园至郁江边）	380	3.5	1330	泥石路面
计量局通道（立交桥至滨江路）	290	4	1160	泥石路面
河堡下河路（二建司至乌江桥下）	430	4	1720	泥石路面

续表8-5

街道名称及起止点	主车道			路面质量
	长（米）	宽（米）	面积（平方米）	
白云路（公安局至白云村）	1500	6	9000	泥石路面
彭中校区路（中学后门至民族中学）	320	4	1280	砼路面
烂泥沱至进厂路（两江广场至厂区）	450	4	1800	砼路面
双江水泥厂路（公路至厂区）	120	4	480	砼路面
二建司沙砖厂路（两江广场至沙砖厂）	310	6	1860	砼路面
复烤厂进厂路（彭黄路至厂房）	280	6	1680	砼路面
县医院支路（浅水湾至化疗室）	150	4	600	砼路面
中医院支路（气象局至宿舍）	130	4	520	泥石路面
汉二小支路（烟草站至校区）	80	3.5	280	砼路面
森林小学支路（豆芽湾至校区）	850	6	5100	泥石路面
合计	5850	—	29260	—

二、桥梁

县城原有两座大桥，即乌江大桥（建成于1974年）、郁江大桥（建成于1976年）。到2005年增建4座，即九曲河大桥、河堡立交桥、两江大桥和乌江三桥（建设中）。

九曲河大桥　位于国道319线彭（水）武（隆）段2126千米+30米处，汉葭镇学坝街一侧，东连学坝隧道，南接观音岩隧道，东端引桥曲线与主桥衔接，下通彭（水）石（柱）公路。铅拱肋结构，全桥长235.60米，主孔2个，每孔净跨80米，桥面净宽引桥9.70米+2×1.75米、正桥9米+2×1.50米，桥下净空分别为5米、23米，设计荷载汽-20吨、挂-100吨，总投资193万元，1997年10月竣工。由黔江开发区交通局承建，主要为319线“三改二”工程施工建成的公路桥（注：九曲河大桥南端引桥于1996年10月建成，长13米、宽13米、高5米，1998年9月22日凌晨5时30分崩塌）。

河堡立交桥　位于河堡街，由重庆金贸公司投资1462.55万元建设。悬臂挑梁式结构，设计荷载汽-20吨、挂-100吨，总长546.30米，宽14米+2×3米。其中乌江桥头至长江办事处之间为东西走向，长350.91米；南北走向迎道桥头长195.52米，有35个桥墩孔位。桥下有营业商场8000平方米，桥周商贸中心5550平方米，桥侧停车场850平方米，绿化面积2000平方米。1993年12月23日，立交桥工程举行奠基仪式，1998年3月28日竣工通车。该桥是彭水第一座立交桥，它的建成，缓解河堡街交通拥挤现状，将白云片区连为一体。

两江大桥　位于城西北乌、郁两江交汇的老虎口，钢筋混凝土结构，箱形拱重力墩式桥。全长328米，主跨2×150米+85米，桥面净宽9米+2×2米，桥高52米。设计荷载汽-20吨、挂-100吨、人群荷载3500牛顿/平方米。投资2910万元，由铁路十七局承建，1998年4月18日开工建设。2001年7月1日竣工通车。该桥与县城主街连为一体，使城区面积扩大五分之二，初步实现县城的环形交通。

乌江三桥　位于城南，2002年9月12日开工建设，设计桥长300米及隧道780米连到滨江路，计划投资2500万元。由于征地受阻，工期延迟，2005年尚未完工。

三、供水设施

彭水自来水公司原名彭水自来水厂，始建于1970年7月，1971年9月投产，从此，县城中心地带结束下河挑水饮用的历史。

1987年，四川省建委拨款20万元扩建县城水厂，新修的320立方米/小时过滤池投产。改建安装长242米、直径300毫米的上水管道，改造抽水船和抽水机组，并沿乌江大桥安装过江管道600米，结束西城没有自来水饮用的历史。

1988年，完成5000吨/日产沉淀池一个和二泵房的修建任务，日供水量为2800立方米。同时安装输水管道2550米，延伸到县坝、郁江桥地带及西城片区，解决全城三分之二的人口吃水难问题。

1991年，自来水公司对供水系统进行技术改造，并改木质取水船为铁壳船，增修二级供水站，到1993年年底，生产产量总计为432万吨，日综合生产能力8000吨，自来水用水普及率77%。

1995年，投资140万元，在白云引山泉水建成西城自来水厂，日供水能力达到865吨，向县城郊区彭黄公路、彭武公路方向及河堡片区的部分单位和居民供水。次年投资40万元改造县城自来水管网，新增供水管道9.30千米，抽水设备2台，更换变压器及线路。至此，县城自来水用水普及率达到96%。

1997年，实施芦渡沟引水工程，将清洁纯净的山泉水引入县城，彻底改善水质，日供水能力提高到1.2万立方米，满足近10万人的生产生活用水。同时建成占地面积0.85公顷、日处理2万立方米水质的净化处理厂，县城供水管网总长23千米。1998年，完成供水183万吨，比上年同期增长5.50%，基本满足县城用水需要。

芦渡沟饮用水工程 1995年，卫生防疫部门对县城饮用自来水进行抽样检测：自来水细菌总数和大肠杆菌等分别超过国家规定标准的3.90倍和6.30倍，饮用者的消化道疾病率上升到7%～15%，引起县委、县人民政府及县级各部门的高度重视。县人大在县城总体规划修编进展情况调查座谈会中提出：要立即解决严重影响县城居民身体健康突出的饮用水问题。县委、县人民政府纳入重要议程，县建委、县自来水公司和有关专家、技术人员多处寻找新水源，取样分析，终于在城东找到理想水源——芦渡沟水源。芦渡沟饮用水工程水源为天然山泉，路线起于芦渡沟源头，止于县城西郊山谷公园附近，全长9.30千米。其最大流量为2.40万吨/日，最小流量为1.20万吨/日，年供水能力430万吨。县委、县人民政府把芦渡沟引水工程建设列入“九五”计划和第九届县委拟办的10件实事之一，作出修建芦渡沟饮水工程的决定。工程总投资1255万元。其中，重庆市建委拨款400万元，县财政投入100万元，自来水公司向银行贷款700万元，企业职工自筹55万元。11月18日，动工修建，完成土方2.30万多立方米，爆破石方3.10万余立方米，安装引水管道9300余米（主水管径80厘米），横跨两条河流三道溪沟，翻越两座山头，穿过四处隧道，工程合格率均达到100%，优良率达到90%以上。1997年6月25日试压成功，7月1日正式向城区供水。1998—2004年，实施县城芦渡沟引水二期工程净水厂的建设和县城供水管网改造，先后安装改造28.74千米的供水管网，实现日供水能力2万吨，解决全城单位和居民的用水问题。到2005年，日供水能力2万吨，水质综合合格率达95%以上，缓解县城供水紧张状态，解除乌江水源对人们身体的危害。

1971—2005年彭水自治县水价一览表

表8-6

年　度	生活用水（元/吨）	商业服务业用水（元/吨）	生产基建用水（元/吨）	挑水（元/吨）
1971年8月	0.30	0	0	0.015
1973年2月1日	0.30	0	0	0.015（50公斤以下） 0.03（50公斤以上）
1991年1月1日	0.34	0.38	0.38	0
1993年	0.46	0.50	0.65	0

续表 8-6

年 度	生活用水（元 / 吨）	商业服务业用水（元 / 吨）	生产基建用水（元 / 吨）	挑水（元 / 吨）
1995 年	0.60	0.70	0.80	0
1996 年 12 月 1 日	1.20（水费 0.80、泸渡沟引水工程建设资金 0.40）	1.60（水费 1.00、泸渡沟引水工程建设资金 0.60）	2.20（水费 1.20、泸渡沟引水工程建设资金 1.00）	0
2005 年 12 月 1 日	2.06（水费 1.66、污水处理费 0.40）	3.46（水费 2.66、污水处理费 0.80）	3.46（水费 2.66、污水处理费 0.80）	0

四、排水设施

1986 年，县建委开始着手修建和整治排污系统，在正街和公园等处修下水道 4 条，全长 356 米，投资 7967.72 元。修建横截街道下水沟 1 条，熟钢板盖面，全长 8 米，投资 1200 元。在公园大门下修水隧洞一个，长 33 米，宽 2.20 米，高 1.50 ~ 2.00 米，投资 5000 元。

"七五"期间，新建十字街下水道工程。

1997 年，投资 25 万元完成第二期下水道改造工程。新修县环保局至农机修配厂，司法局至乌江大桥桥头等下水道 678 米。整治五金厂处及专粮店处的下水道 87 米。

1999 年，投资 425 万元，完成东城环线、西城大街下水道改造 7515 米。新修修配厂至环保局、县医院至 319 线出口段下水道。完成水厂至修配厂至郁江桥头，水厂至立交桥至复烤厂两条长 5400 米的供水管网改造。

2002—2005 年，改造、新建主街下水道 5600 米。

五、照明设施

1986 年，投资 2200 元安装和修复路灯 148 盏。

1991 年 5 月 20 日至 6 月 13 日，县建委全部完成县城街道路灯改装任务，更换路灯 73 盏，把白炽灯更换为水银灯、腊灯。

1998 年 12 月，成立县路灯管理所，负责县城路灯管理。1999 年，县城山谷居—北大街，乌江桥—修配厂—县医院—郁江桥，复烤厂—龙船沟 3 条主街道安装路灯 469 盏。乌江桥、郁江桥、九曲河桥、立交桥均安装桥头灯。主城区设有户外灯箱广告 60 个，北大街转盘处设置 30 米高的飞碟型高杆塔灯 1 座。全城路灯实行统一控制，定时开关。实施第一期灯饰工程，40 余个单位安装彩灯、霓虹灯、轮廓灯、射灯，其光源有钠灯、汞灯等。

2000 年，为重庆市"城市景观建设年"，在县城实施二期灯饰工程。投资 11 万元安装彩色灯带，实施乌郁两江增彩工程，对县城主街和乌郁两江临街临江未贴外墙砖的 163 幢建筑物全部贴上墙砖或刷上外墙涂料；在县医院至汉关路、修配厂至环保局、复烤厂至罐头厂 3 条街道新安装路灯 53 组。2001 年，路灯总容量由 27 千瓦增至 280 千瓦，主街路灯 560 盏（不包括 4 座大桥灯饰），复线距离 11 千米，覆盖城区道路的 80% 以上。

2002 年，安装完成豆芽湾—沙沱茶厂、两路口—车站、龙船沟—交警队、城北隧洞口—罗家峡、北大街口—下街商贸园、环保局—汉关加油站等街段的路灯 176 组，总投资 43.47 万元，实现县城区内所有主街路段全部亮灯。

2003 年，改造山谷居—浅水湾、汉关路—农机修配厂，县城主街路灯、安装路灯 254 盏。

2004 年，在县城五大出口新安装路灯 135 盏，完成县城"五桥三隧一转盘"即乌江大桥、郁江大桥、九曲河大桥、河堡立交桥、两江大桥、大桥（一、二）号隧道、观音岩隧道、学坝隧道、北大街转盘和 33 幢单体建筑的灯饰景观工程。

2005 年，编制县城灯饰总规，实施县城灯饰工程，新安装路灯（道路）359 盏，美化县城 4 座大桥灯饰及隧洞灯饰形象。

六、防洪堤

庙嘴防洪堤 1982 年 7 月 28 日，郁江百年不遇的特大洪水，冲毁石嘴段堤岸，使县城失去防洪天然屏障，江岸被不断冲刷，严重威胁县城安全。四川省涪陵地区有关领导和工程师亲临现场，审定抢救方案，整个防洪工程分两期进行。一期工程即石嘴段堤岸复原工程，修长 46 米，高 22 米的防洪挑坝，四川省建设厅先后拨城市维护费 35 万元，加上县自筹资金，1984 年 2 月 24 日动工，12 月 30 日竣工；二期工程即庙嘴护岸工程，长 285 米、平均宽 2.75 米、高 7 米，开运土石方 14.29 万立方米，浆砌块石 1686.72 立方米，投资 300 余万元，1992 年 11 月动工，次年 3 月竣工。1995 年，投资 2 万元购麻柳树 1.5 万株，植于庙嘴防洪堤两岸。

滨江路防洪堤 1994 年 11 月，由浙江萧山市轻纺化工物资公司投资新建滨江路防洪堤工程，长 1100 米、高程（黄海高程）232 米，总投资 2144.72 万元，1995 年 4 月基本竣工。2003 年，完成滨江护堤，2004 年开工建设滨江小区南端防洪堤工程。

四楞碑码头至民政局河堤 2005 年，推进四楞碑码头至民政局河堤工程建设，海拔 215 米以下基础工程全面完工，投资 2290 万元。

七、公厕

1956 年，汉葭镇在医药局后面、四楞碑码头、四段铁炉后面和张家祠堂左侧等处建简易公共厕所。1980—1985 年，在下街石油公司公路外侧、四楞碑码头、工人俱乐部右侧、粮食局直属库右侧等处兴建公共厕所。1986—1998 年，先后由县建委、县林业建材贸易公司、黔江地区副食品公司和彭水车站（坛场）等单位在县五金公司后侧、十字街、两路口、乌江码头、沙坨、坛场老车站、北大街、北大街转弯处修建 8 座公厕。其中水冲式 5 座，坛场老车站、两路口、北大街、北大街转弯等 4 处共有 40 个蹲位（男 21 个，女 19 个）。

八、垃圾处理站

1998 年以前，所有垃圾全部运到距县城 13 千米的张家坝临时堆放点。1998 年 7 月底，投资 60 万元，日处理垃圾 50 吨的九曲河大型垃圾站建成投入使用，全城的生活垃圾、建筑垃圾实现统一、定点倾倒。2000 年完成二期扩建工程，新增垃圾容量 56250 立方米，所有垃圾实行填埋。2001 年，修建大型垃圾处理场 1 个，小型垃圾点 12 个。

第三节 园林绿化

一、山谷公园

1984 年 11 月，初步建成山谷公园。1986 年，投资 18044 元建观江亭和绿阴阁，占地 60 平方米；平整大门内 488 平方米停车场；修建高 11 米、宽 15 米的仿古重檐式公园大门牌坊，雕龙刻凤于其上。1987 年，在公园栽植万年青 10500 株，钻天杨 1400 株，花芙蓉 200 株，建成高 5 米、宽 7 米的前刻“寿”字、后刻“福”字的福寿碑。

1990 年，在公园栽植塔柏、香樟等 5.5 万株。1991 年植树 29132 株。

1993—1995 年，公园绿化 0.8 公顷，种植花木 30 余种 16000 多株，上盆 540 余盆，为县城单位绿化提供苗木。投资68万元，修建公共厕所1个，建成管理房800平方米，游乐场营业房200平方米，游乐场1200平方米。投资40万元与重庆科普中心联办安装小火车、赛车、小天使、海洋球、电子游戏等5个游乐设施，完成园内道路硬化650米，新开素土路面500米，平整场地1200平方米。

1994年元旦，山谷公园首次向游人开放。

1996年，由涪陵市巴都建筑第三有限公司投资200万元，修建4000平方米的公园综合管理楼。1997年，县建委投资57万元，建成700平方米的山谷公园钓鱼池。1998年，在公园培植小榕树，建立绿化基地。2002年，公园硬化道路1850平方米，场坪浇筑2600平方米，布置景点设施25处（件），新增路灯32盏、彩色霓虹灯带236米，新建篮球场1个、游泳池1个、休闲亭3个、休闲座椅26个、管理房2栋，添置室外健身设施12件，安装全民健身器材12件、大型儿童游乐设施8件。

二、绿化

1986年，对县城规划区内古树加强管理，投资600元，将城区内32株黄桷古树一一清查，挂牌保护。投资14112元，栽树29132根，成活27522根。投资1200元，购进和扦插15个品种1342株花。

1994年，在北大街两旁栽植行道树89株，防洪堤坝植树0.27公顷，公园增置盆景40盆。县城规划区绿地面积达38公顷，公共绿地26.67公顷。其中园林绿化面积20公顷。至年底，辖区内宜林绿地面积139334公顷，绿化栽植率92.50%，森林覆盖率24.70%，绿化覆盖率68.10%。1995年1月，省绿化达标实查达到“第一阶段栽植绿化达标目标”，城镇人均绿化面积由1985年的1.20平方米增加到1994年的7.60平方米。1995年，公园绿化率100%，绿化38公顷，新增绿地1.2公顷。1996年，补植北大街行道树78株，砌树圈60个。1997年，城区植树1300株，新增北大街街心花园绿地面积318平方米。

1998年，县建委以植绿护绿为重点，全年投入城市绿化经费28万元，编制319线道的绿化带，启动城区园林绿化工程。县委、县人民政府组织县级各部门、汉葭镇政府到县城外河坝国道319线两侧植树绿化荒坡133334平方米。在改造主街道过程中栽植成品行道树180株。投资13万元对山谷公园进行部分绿化，引进小叶榕860余株，更换树种300株，建立绿化基地，使县城全年新增绿地面积1.34万平方米。

2000年，全县城市园林绿地面积26.24万平方米。其中，公共绿地面积8万平方米，街头绿地面积1500平方米，道路绿地面积8500平方米，居住区绿地面积2400平方米，单位附属绿地面积8万平方米，生产绿地面积2万平方米，公园面积7万平方米。园林绿地覆盖面积8.55万平方米。其中，道路绿化覆盖面积8000平方米，屋顶绿化覆盖面积1000平方米。2001年，改造北大街转盘花园，新增绿地面积850平方米，补栽行道树80余株，新栽小叶榕120余株。

2002年，新增城区绿地面积5.81万平方米。实施古树搬迁计划，将乌江电站淹没区内的优良古树搬迁进城，栽植于白云、滨江等新城区。

2005年，城市绿化覆盖面积达到46.88万平方米，对城市绿化实行“定人、定期养护管理”，以保证植树的成活率。

第四节　公共建筑

2005年年末，县城公共建筑有：公办中学3所、小学6所、职业教育中心1所（含教师进修校和电大分校）、特殊教育学校1所、党校1所、幼儿园2所，县级公办医院4所（含县医院、中医院、妇幼保健院、防疫站），新华书店、文化馆、工人俱乐部、民族会场、体育馆各1个，广场5个（乌江民族广场、山谷广场、商贸园休闲广场、滨江休闲中心广场、乌江画廊广场）。

金叶体育馆　位于河堡街，建在西城插旗山东北脚下的民族广场，占地2528平方米，建筑面积4200平方米，总投资850万元。其主体工程标准室内篮球场有2500个观众席，馆内可开展排球、乒乓球、手球、体操、武术、柔道、摔跤等几十个项目的训练和比赛。1996年9月28日动工，1997年10月1日竣工投入使用。

乌江民族广场　位于县城主城区十字街，投资1700万元，占地面积5528平方米，拆迁房屋1.42万平方米，建商业门面900平方米，主体工程施工面积4000平方米。2002年7月开工，2003年1月1日完工并投入使用。

山谷广场　位于县委办公楼前，投资160万元，2003年1月开工，5月完工，面积753平方米。

乌江画廊广场　位于两江桥南桥头，由重庆渝凤建筑安装工程有限责任公司承建，2004年4月8日开工建设，年底初步建成，临时作为自治县成立20周年庆典会场。2005年，投资1858万元完成乌江画廊游客接待中心主体工程1.80万平方米，整体工程已初具规模。

第二章　村镇建设

1986年，全县完成区乡赶集的53个场镇的总体规划，并付诸实施。次年，完成8个边远小乡场的总体规划，并进一步细化部分重点场镇及试点场镇的规划。到1990年，共细化集镇总体规划14个，房屋建筑总面积1390.92万平方米。有8个区25个乡所在地有简易自来水厂，受益人数7.7万多人，占村镇总人口的14.80%。建乡村公路357千米，59个乡场通公路。48个集镇通电，占集镇总数的75%。有简易公厕16个，简易牲畜市场14个，18个乡场街道为水泥路面。1992年，各区建立村镇建设管理所，负责辖区内的村镇规划建设和建筑市场的监督、检查和管理。至1997年年底，全县有23个区乡场镇的街道硬化。1999年，共投入资金20万元，完成郁山镇1.7平方千米、高谷镇1.20平方千米、保家镇（大河坝）2平方千米3个市级试点镇的测设工作和朱砂、清平、羊头铺、下塘、共和等5个乡级场镇的规划编修，建成第一个农民新村——黄金村。2000年，全县投入小集镇建设资金540万元，建成3个农贸市场和1个畜牧市场，面积6000平方米，扩大镇区面积21.50万平方米，竣工农房32.50万平方米。2002年，将以渝怀铁路站点为重点的长滩乡列入县城总体规划，将沿乌江画廊景区以旅游为主的新田乡列入重点小集镇规划，新增镇区面积0.20平方千米。2005年，编制高谷、保家、郁山等15个集镇总体规划，编制万足乡城镇移民、平安农民新村以及保家新街建设性详细规划，启动保家镇、靛水乡、梅子乡等集镇街道建设。

第一节　场镇建设

一、集镇

汉葭集镇　1985年，城区面积3.1平方千米，常住人口2.5万人。1998年，参与全县重点工程、基础设施建设，配合县级相关部门做好两江大桥、乌江商贸园区、白云3.5千伏变电站征地、房屋拆迁和县城主街道整治工作；整治小街3条、小巷12条、污水沟5条、垃圾死角11处，建成简易垃圾场3个；改造居民旧房25家。1999年，参与县城建设规划，配合县级相关部门整治县城主街道；投入资金19455元，改造旧房32家；整修居民公共道路8条508米、下水道12条363米，增设垃圾点5个。2003年，参与县城旧城改造、新区开发、重点工程建设，涉及6大片区，拆除旧房34921平方米，新增房屋56180平方米；拓展新区1.05公顷；新增绿地2310平方米；新增人口3630人；筹资56700元，硬化维修人行道4条、院坝210平方米，整治下水道675米。2004年，配合县级相关部门做好滨江新城拆迁安置工作，征地15.67公顷，拆除旧房5万平方米，竣工房屋1.8万平方米；新增城镇面积0.15平方千米、房屋15万平方米、人口1500人。2005年，安装小巷路灯1076盏；硬化人行道24180平方米。年末，建社区老年活动中心6个；城区面积6.6平方千米，人口7.5万人，人均住房28.20平方米。

郁山集镇　郁山镇是历史悠久的古镇，由于1982年的特大洪水灾害和1984年郁山盐场停产，影响了郁山的发展。1987年，重建灯光球场于状元堡上，相继修复“山谷井”“天子坟”（李承乾的葬处）及黄庭坚衣冠冢，投资20万元新建水厂。1988年，修复被1982年特大洪水冲毁的太平桥。1989年，完成郁山镇自来水厂扩建工程，新安装直径50毫米、200毫米管道1500米，清水池加盖，全年供水总量129万吨，80%居民吃上了清洁卫生自来水。1990—1991年，按《村镇编制规划要点》对郁山镇进行总体规划。1993年，投资200多万元动工修建集贸市场（综合交易市场），1995年年底完工，占地面积2740平方米，建筑面积5000多平方米。1998年，纳入市级试点城镇目标管理。投入180万元，硬化长1650米、宽7米的主街道。拓宽公路两侧人行道各2米，铺设彩砖6600平方米。整修下水道3270米，安装路灯40盏，完成1650米的街道绿化，整修公厕1座。投入30万元实施供水管道改造。2003年，硬化道路250米，投资120万元修建郁山职中综合楼投入使用，引资350万元动工修建郁山汽车站，投资1.2万元修建垃圾场投入使用。

保家集镇　1984年，对集镇进行总体规划。1985年，全镇有两条总长约1.50千米的老街，其中水泥硬化面积为1200平方米，其余为青石板，无路灯，有1个仅供1000人用水的供水站。1998年，完成后街长450米、宽12米的路面硬化，投资10万元建起占地608.66平方米的畜牧市场。2003年，被市政府列为首批启动的45个重点集镇之一。新建垃圾处理场1个，垃圾无害化处理率51.50%。投资120万元建成保家供水站。建成1个机制瓦厂、1个食品加工厂和农贸市场。投资850万元用于占地6.33公顷的新场镇建设，新建长1700米、宽22米街道，开发房地产面积3万平方米。组建城管监察队，配备环卫工人和环卫车辆。到2005年年底，共有街道5条，总长7.50千米，街面浇筑面积7.59万平方米，路灯安装率50%。供水站可供5万人饮用水，人均住房28.20平方米。

高谷集镇　1994年8月底，完成集镇规划修改工作，次年纳入地级试点镇总体规划，作为彭水西南入口的第一窗口镇来建设。至1997年年底，投资37万元，整治硬化长700米、宽7米的高谷老场街道。1998年，筹资179万元，硬化老场口至大桥长700米、宽9米的街道，拓宽两侧人行道各3米，完成江北长1000米、宽29米的新街硬化，新建公厕2座。同年10月1日，投资80万元的高谷岩口饮水工程竣工投入使用，场镇居民首次饮上清洁自来水。1999年，投资6万元新建1500平方米的江北农贸市场1个。2002年，完成老街灯饰安装工程；新建垃圾场1个，配备垃圾专用车1台。2003年，新建房屋116户，占地8760平方米，建筑面积2.43万平方米。其中农村新建48户，建筑面积7680平方米；旧城改造26户，建筑面积4820平方米，沿319线新建房42户（高山移民21户），建筑面积1.18万平方米，319沿线按图纸施工12户，占地1020平方米。同年，完成旧城区部分下水道工程2000米。

黄家集镇　1984年，对集镇街道进行总体规划，设计沿彭（水）务（川）公路两侧，由东向西新建长1500米的街道。1985年，仅有长586米、宽6米的街道1条，土石底自来水渠道1条。个体工商户42户，常住人口412人，房屋5220平方米，其中商业用房1987平方米，全为木质或土石结构，人均住房18.06平方米。1987年，新建长500米、宽7米街道。1990年，房屋1.42万平方米，人均住房26.36平方米。1993年，新建1200平方米的的农贸市场1个。1995年，房屋2.14万平方米，人均住房20.40平方米。建成垃圾处理场1个。1996年，区工委与上岩西乡政府共同组织集资修建长150米、宽8米的东大街。1997年，由原黄家区工委出资40万元，硬化车站至桥头长900米、宽10米（含两侧人行道2米）新街。1998年硬化原区工委至车站长500米、宽7米（1987年新建）以及原农机站（东街）至车站长200米、宽8米的街道。2000年，实现农网改建，用电不足的问题得到解决。2001年，投资50万元，从5千米外的水洞子（溶洞山泉）安装管道至集镇，人畜饮水难的问题得到根本解决。年末，房屋2.65万平方米，人均住房17.52平方米。2005年，油化街道，安装下水管道，实行街道全面排污；集镇路灯照明全覆盖。至年底，集镇面积8公顷，个体工商户146户，常住人口 1371 人，房屋 3.02 万平方米，多为砖混结构，其中商业用房 7346 平方米，人均住房 28.18 平方米。

普子集镇　1985 年，场镇所在地位于普光村 9 组、10 组，规模 0.4 平方千米，人口 600 多人。至 1993 年，仅有 1 条长约 500 米的土石街道，即今镇政府至桥头、小学、十字街，最宽处不足 5 米。1994 年，投资改善场镇建设状况，在鼓田居委修建长 425 米、宽 10 米的环城公路和占地 1200 平方米的农贸市场；在普子中学后面新建占地 1.33 公顷的供水站 1 个；在中街、环城公路安装路灯 56 盏。1999 年，投资 50 万元，改建人饮工程，打通白岩沱隧道 172 米，换装白铁管道 2500 米，新修水池 2 口，解决 3000 人的饮水难。2004 年，争得部门支持，并利用移民政策、风貌建设政策、彭—普公路油化机会等，在双桥居委所在地着手规划打造长 800 米、宽 16 米的移民街。

鹿角集镇　1985 年，场镇面积 2 公顷，泥石路面老街 3 条总长 5 千米，无路灯；有供 1000 人饮用水的供水站 1 个；常住人口 685 人，人均住房 21.30 平方米。1987 年，在彭水至鹿角场镇入口处新建鹿角中学，占地 59940 平方米，内设综合运动场。1993 年，医院新大楼建成。1996—1998 年，在老场后面约 500 米处新建长 1500 米、宽 10 米的水泥硬化街道 1 条，场镇中心逐步向新街转移。1999 年，建成农贸市场；11 月，鹿角乌江铁索桥动工建造，次年 11 月竣工通行，桥长 147 米、宽 2 米、离江面高 55 米，总投资 26 万元，其中民族资金 9 万元。2001 年，鹿角镇被规划为乌江画廊旅游开发区，投资 120 万元用于新街建设，组建城管监察队，配备环卫工人和环卫车辆。2003 年，鹿角镇小学新校区建成，成为鹿角集镇的标志性建筑。至 2005 年年末，场镇面积 3.33 公顷，街道 4 条 6.5 千米，路灯安装率 40%；供水站规模扩大，能满足 5000 人的饮用水；人均住房 25.36 平方米。

桑柘集镇　1986 年，集镇房屋 120 万平方米，人均住房 50.65 平方米；无供水站，人们靠到田湾洞内挑水吃；中学和中心小学各 1 所。1990 年，投资 40 万元，新建蓄水 1 万立方米自来水厂 1 座，场镇人畜饮用水得到基本解决。2004 年，投资 50 万元安装净水设备，保证饮用水卫生安全。至 2005 年，共改造街道 2 条，浇筑水泥路面 3.50 万平方米；房屋建筑面积 145 万平方米；人均住房 66.50 平方米。

龙射集镇　1985 年，对集镇进行总体规划。1986 年年底，投资 3 万元对仅有的 1 条 550 米的老街进行硬化；有 1200 立方米的水池 1 口；人口 1700 人，其中流动人口 980 人。1997 年，对中心校教学楼进行改建。2001 年，新建移动地面接收站；投资 13 万元硬化 900 米的过境街道。2002 年，新建联通地面接收站。2003 年投资 12 万元完成转运站到政府 400 米的街面硬化。2004 年，投资 30 万元硬化两路口至大地坪的过境街道。2005 年，投资 80 万元新建可供 1 万人饮水的供水站，同时解决葡萄至龙射沿途居民饮用水；投资 4 万元修建垃圾处理点，集镇垃圾处理率达 92%。至年末，集镇面积 2.65 平方千米，街面全部水泥硬化；路灯安装率 70%；常住人口 5120 人，其中流动人口 3012 人；人均住房 29 平方米。

万足集镇　1985 年，场镇所在地为万足村 1、2 组，规模 0.3 平方千米，人口 150 人；仅有长 200 米、宽不足 3 米步行街 1 条。1986 年，场镇人畜饮水得到基本解决。1989 年 4 月，乡政府办公楼被火烧毁，同年 5 月新建。2004 年，投资 1400 万元，在小河村 4 组罗塘坡规划新建长 3 千米的移民街（含场镇基础设施建设）。2005 年 9 月，国家发展改革委批复乌江彭水水电站工程在万足境内修建。

二、乡场

鞍子乡场　1986—2005 年，新建乡政府办公楼，建两条新街，硬化两条旧街 500 米，浇筑路面 3.60 万平方米。新建房屋 300 户 6000 平方米，居民人数由 350 人增至 1500 人，人均住房由 20 平方米增至40平方米。建场镇供水站2个，可解决5000余人的饮用水。建成2个集贸市场，1个石林公园，1个2500平方米的广场。2001年，原新化乡合并至鞍子乡，新建百福场集镇。

龙溪乡场 1958年4月，龙溪乡集镇所在地板坊坪失火，搬迁到周家坝。1988年7月，政府驻址周家坝再一次遭遇火灾，所在地的粮站、供销、食品、兽防、烟草、信用、医院、食店等单位部门全部被烧毁。同年8月，开始设计新的政府办公楼，次年8月动工修建，9月4日竣工投入使用。到1989年年底，场镇占地8公顷，小洋楼83家，全街亮起路灯，污水排沟600米，垃圾处理场1处。1992年，新建计划生育服务指导站1幢。1994年，在周家坝下场口新修乡卫生院大楼。2000年后，集镇交通建设发展迅速，有客车7辆，其中通往黔江区西站3辆，通往郁山镇车站3辆，通往西泡岔马路国道319线面包车1辆。到2005年，集镇常住人口500多人，浇筑水泥街道路面2100平方米，房屋占地由1985年的9.53万平方米增至2005年的15.85万平方米，新建房屋3260平方米，建有自来水供水站1个。2005年，重新修建乡计划生育服务指导站以及计划重建乡政府办公楼，政府搬迁至酸枣园铁路工程指挥部临时办公。

走马乡场 1975年，老场镇发生特大火灾后，一些居民陆续在瓦厂堡建房，场镇逐渐向瓦厂堡转移。1999年，建成集镇供水站，能解决4000余人的饮水。至2005年年底，街道长500米，全部水泥硬化。新建乡人民政府办公大楼，建成临时垃圾处理场1个，并配备环卫工人和工具。市场门市部从1985年的零起点发展到189个。常住人口2000人，人均住房25平方米。同时在场镇下街初步形成以沙田村高山移民为主的新居民聚居区。

岩东乡场 1984年，对集镇进行总体规划。1985年，由于火灾，老街搬迁到驼园子，总长0.3千米，全程泥路。1986年，场镇人口250人，房屋建筑面积1000平方米。2002年，修建1个供959人用水的供水站。2003年，乡政府办公楼搬迁到垭口。至2005年年底，常住人口300人，房屋建筑面积1200平方米。改造街道1条，总长0.3千米，浇筑面积1600平方米。

迁桥乡场 场镇位于长湾村1组。1986年，集镇人口500人，街道长600米，泥石路面。人均住房20平方米。1999年，政府投资11万元对主街道进行硬化，场镇条件得到改善。2003年，新建1.5万多平方米乡中心校教学楼。2004年，投资10万元对部分街道进行硬化。2005年，重建乡卫生院，修建迁桥乡集镇供水站和龙汇村供水站，集镇和周边群众以及龙汇村7、8、9组和三合1组共4000多人用上自来水。到2005年年底，场镇街道总长1200米，浇筑面积约1万平方米。集镇居民1500人，人均住房50平方米。

乔梓乡场 1986年，集镇面积3000平方米，仅有1条长300米老街，小学和乡卫生院各1所。常住居民550人，商店11家，住房多为木架瓦房。1988年，新建蚕茧站600平方米，新增街道200米。1990年，新建烤烟收购站550平方米，新增一条长800米的街道。1991年，新建3楼1底信用合作社，混凝土结构，是当时乔梓最高建筑。2000年，乔梓中心校进行校舍改造，新建教学大楼。2001年，原东流乡并入乔梓乡。截至2003年，共硬化街道1800米，集镇人口1080人，个体工商户81家，居民楼房多为砖混结构，人均住房32平方米。2005年，对集镇进行总体规划，在原有的3条老街的基础上，新规划一条长200米的新街，设置篮球场，乒乓球台，居民文化生活广场。年底，达2万平方米的街道全部硬化。建有供1000人饮用水的供水站。赶集天外地经商者200人左右。人均住房36平方米。

善感乡场 1985年，对集镇进行总体规划。乡政府所在地位于农纲村2组原代家湾，场镇坐落于石槽坝，仅有约0.25千米的泥土街道。农房均为木质结构，没有场期，不通电。人们吃水靠人工背挑。1991年后，修建烟草收购点、信用社、畜牧兽医站、医院。1993年，乡政府搬迁至农纲村4组现小地名榨房。1996年，投资10万元完成长200米、宽4.5米的街道硬化。2002年，投资35万元在石槽坝新建可供3000人饮用水的供水站。

长滩乡场 1986年，集镇面积600平方米，居民40户，土石街道长约300米，无路灯。1993年，新修政府办公大楼1400平方米、蚕茧站800平方米。1999年，场镇扩大到1500平方米，建成供水站，解决场镇居民饮用水。2001年，渝怀铁路开工建设，彭水火车站落户长滩，集镇面貌有一定改善。2002年投资25万元硬化街道500米，修建排水沟和下水道。至2005年年底，场镇面积2000平方米，居民150户。扩大供水站规模，能满足2000人的饮用水。

桐楼乡场 1986年，场镇人口102人，无街道。1998年1月，新建乡政府办公楼1500平方米。1999年9月，新建学校教学楼1800平方米。2002年，硬化街道800米。2003年，场镇供水站投入使用，新建中心校教职工宿舍楼1200平方米。2004年，新建乡卫生院。2005年，移动机站建成投入使用。至年底，常住人口610人，供水站可供2000人饮用水，人均住房21.50平方米。

棣棠乡场 1985年，仅有100米长的泥土街道，无路灯。1986年，对集镇进行总体规划。2000年，完成原供销社50米的水泥路面硬化，投资2万元建成占地666平方米的畜牧交易市场。2005年，投资近万元建成1个简易垃圾处理场，安装政府所在地路灯50盏。投资10万余元建成能解决2000人饮用水的蓄水池。至2005年年底，共有街道5条，总长2千米，硬化2万平方米。路灯安装率80%。人均住房30平方米。

靛水乡场 1997年，投资20万元硬化长720米、宽6米老街道。1998年，扩建硬化老粮站到乡政府长200米、宽8米街道。同年，由群众集资10万元，财政投入70万元，从前进村的大龙洞引水，全长7.3千米，在老场修建占地1200平方米的供水站，解决老场镇、乡政府及靛水完小2217人的饮用水。同时投资70万元，修建2450平方米的靛水乡中学教学楼。2002年，扩建硬化老场至靛水中学长420米、宽8米的街道。2004年10月，靛水乡外出务工青年何世烈、黄德周投入资金700万元，动工修建长1200米、宽20米的移民新街，次年9月完工，68户高山移民、128户当地居民落户于此。2005年，利用澳援项目资金70万元，从朝阳村的赶嫁洞引水到靛水村8组地平，修建占地1250平方米的新街供水站，解决了新街和五湖村2、3组以及靛水村5、6、7、8组共435户的人畜饮用水。同年12月，由开发商出资在新街建成占地1200平方米的政府办公大楼并投入使用。

新田乡场 1986年，有1条长860米的泥土老街。1995年，投资45万元建成占地3735平方米的供水站，可解决2500人的饮用水。1997年，完成长1200米、宽12米的新街道硬化。2003年，对集镇新区进行规划。2004年，在新区建成长600米、宽18米和长900米、宽14米的碎石街道各一条。至2005年年底，有规模的面粉加工厂4家、稻谷加工厂1家。有个体工商户138户。有1个占地5069平方米可供1万余人饮用水供水站。人均住房28.60平方米。

石柳乡场 1985年，新建政府办公大楼并投入使用。1986年，仅有1条长500米、宽2米的青石板老街，新建1所卫生院。同年，乡人民政府对集镇建设进行总体规划。1988年，人均住房32平方米。投资70余万元，建成石柳乡中心校教学楼和教职工宿舍楼，年底投入使用。1989年，乡办企业石柳乡木制品工艺厂挂牌成立。1999年，完成长700米、宽5米的新街建设，大体形成新老两条街城镇新格局。2001年，政府投资、机关干部捐资、农民集资共25万元，硬化场镇街道。2002年，中国联通石柳网点正式营业。2003年，投资40余万元建成道光供水站，解决场镇居民960人的饮用水。2005年，县政府拨款扩大乡卫生院规模，石柳乡卫生院挂牌。

润溪乡场 1986—2005年，共改造街道3条，浇筑路面2千米，新建房屋7000多平方米，建有供水站1个。集镇面积1万平方米，人口2200人。

1986—2005 年彭水自治县乡（镇）场期一览表

表 8-7 单位：日

区名	场期						
	1、4、7	2、5、8	3、6、9	1、6	3、8	5、10	白日场
汉葭区	火石、岩东	靛水	下岩西、文武	—	—	—	—
高谷区	平安、下塘、合理	鹿鸣、葡萄	高谷、龙射	—	共和	—	—
郁山区	朱砂、连湖	龙溪、石峡	走马、芦塘、清平、联合	—	—	—	郁山镇
保家区	凤鸣、羊头铺	保家楼、长滩	迁乔	乔梓	高龙、小河	太平	—
桑柘区	桑柘、梅子	大同、新田、诸佛	同河、新场、珍加	—	鹿箐、桐楼	庙池	—
鹿角区	鹿角	永安	善感、万足	新化	石盘	大元	—
黄家坝区	朗溪、猴栗	黄家坝、润溪	龙洋、龙塘	大垭	大厂	—	—
普子区	太元、小河桥	普子、棣棠	高桥、三义	桐荣	沙坪	—	—
汉葭镇	—	—	—	—	—	—	汉葭镇

注：1. 汉葭镇逢 2、5、8，郁山镇逢 1、4、7 卖牲畜

2. 各场一律以公历为准

3.1993 年，清平乡将场期由 1、4、7 改为 3、6、9

第二节　农房建设

1983—1985 年，全县农房建设 203.37 万平方米，房屋结构由全木、土石木结构发展到砖混结构。

1995 年，全县农村实有建筑面积由 1990 年的 803.89 万平方米增加到 871.15 万平方米，平均每年增加 13.45 万平方米。1999—2003 年，累计新增农房面积 150 万平方米，平均每年新增农房面积 30 万平方米，集镇人均居住面积达 16.25 平方米。县人民政府组织编制设计 10 套乡村房屋建设图纸，指导农村房屋建设。2004 年全县农村居民建房用地 4.25 万平方米，竣工房屋建筑面积 2.50 万平方米。砖混结构的平房、楼房，框架结构，不断增多；瓷砖贴面，钢化涂料，塑钢门窗等时髦时兴材料、工艺不断涌向农村。

2005 年，是农房“风貌建设年”。县人民政府发布《关于加强农村宅基地管理的意见》，统筹安排城乡建设用地和控制总量，合理确定小城镇和农村居民点的数量、布局、范围和用地规模，从严控制村镇建设用地。农村村民住宅建设按规划、有计划地逐步向小城镇和中心点集中。暂停审批城市规划区和乡（镇）集镇规划区内分散、零星、单独的农村村民住宅建设，按规划集中兴建农民住宅小区，防止在县城和乡（镇）集镇建设中形成新的“城中村”，避免“二次拆迁”。完善宅基地审批制度，规范审批程序，贯彻“一户一宅”的用地原则。提出对农村村民住宅用地“十不批”和对宅基地管理“三到场”的工作方法。“十不批”，即：出卖、出租或以其他形式非法转让土地，再申请宅基地的；农村村民将原有住房出卖、出租或赠与他人后，再申请住宅基地的；已有 1 处（含 1 处）以上宅基地且宅基地总面积已超过《重庆市土地管理规定》标准的；户口已迁出不在当地居住的；年龄不满 18 周岁或年满 18 周岁但不具备分户条件的；虽在农村居住，但户口未迁入的；政策性异地建房（系指本集体经济组织以外建房的，下同）没有土地补偿协议的；占用基本农田的；涉及集镇规划、公路建设、河道管理无相关部门审查意见的；其他按规定不应建房或安排宅基地的。“三到场”，即：受理宅基地申请后，要到实地审查申请人是否符合条件、拟用地是否符合规划等；宅基地经依法批准后，要到实地丈量批放宅基地；村民宅基地建成后，要到实地检查是否按照批准的面积和地点使用土地。同年，县人民政府发布《关于切实加强农村建房用地管理的通知》，进一步提出严格实行土地规

划，科学合理控制村镇建设用地规模的意见。启动靛水新场镇风貌建设，依法审批农村居民建房用地161宗，用地面积1.78万平方米，竣工农房面积40万平方米，人均住房面积增加到28.34平方米。

2000—2005年彭水自治县县城建设情况表（一）

表8-8

年份	城市面积（平方千米）	建成区面积（平方千米）	城市建设用地面积（平方千米）	居住用地（平方千米）	公共设施用地（平方千米）	道路广场用地平方千米	市政公用设施用地（平方千米）	绿地（平方千米）	道路长度（千米）	道路面积（万平方米）	桥梁（座）
2000年	2.14	2.12	2.02	0.72	0.39	0.31	0.04	0.47	15	23	5
2001年	2.35	2.10	2.15	0.83	0.41	0.35	0.05	0.50	16	25	5
2002年	2.78	2.25	2.23	0.91	0.50	0.56	0.06	0.58	16	25	5
2003年	10.30	5.40	4.50	1.45	0.15	1.17	0.16	0.50	17	26	5
2004年	10.30	5.40	4.65	1.46	0.16	1.20	0.18	0.55	20	27	5
2005年	10.36	5.42	4.61	1.53	0.16	1.30	0.19	0.57	22	27	5

2000—2005年彭水自治县县城建设情况表（二）

表8-9

年份	路灯（盏）	排水管道长度（千米）	绿化覆盖面积（公顷）	建成区绿化面积（公顷）	园林绿地面积（公顷）	建成区绿地（公顷）	公共绿地面积（公顷）	供水综合生产能力（万立方米/日）	供水管道长度（千米）	供水总量（万平方米）	居民家庭用水（万立方米）
2000年	1420	12	38	28	31	24	2.10	0.63	28	230	161
2001年	1627	14	45	39	33	32	2.30	0.67	29	244	171
2002年	1800	14	45.80	39.80	33.70	32.70	8.30	0.68	32	246	172
2003年	1850	18	37	41	36	33.50	10	2.35	44	255	154
2004年	2150	22	44	44	37.20	37.20	8.60	2.36	45	257	155
2005年	2300	25	51	45	38	37	9	2.42	48	267	160

1986—2005年彭水自治县房屋建设与改造投资情况表

表8-10

年份	建设与改造投资（万元）	房屋施工面积（万平方米）	住宅面积（万平方米）	房屋竣工面积（万平方米）	住宅面积（万平方米）
1986年	746	20.80	17.27	19.32	15.69
1987年	754	24.54	20.76	22.79	20.69
1988年	1126	19.75	15.39	17.17	13.74
1989年	1623	18.72	9.66	14.02	5.58
1990年	3402	16.34	8.36	11.25	5.26
1991年	2028	25.35	16.18	21.22	16.07
1992年	3199	18.35	14.37	15.68	11.21
1993年	7905	29.73	15.84	23.01	15.68
1994年	8046	30.22	17.78	19.66	13.32
1995年	9694	28.17	19.56	22.01	17.02
1996年	14037	23.80	13.82	15.87	12.37
1997年	10121	22.11	19.57	18.12	12.63
1998年	23351	36.40	24.38	16.05	12.59

续表 8-10

年份	建设与改造投资（万元）	房屋施工面积（万平方米）	住宅面积（万平方米）	房屋竣工面积（万平方米）	住宅面积（万平方米）
1999 年	29279	45.87	31.68	24.60	19.13
2000 年	34285	26.60	25	23.50	22.30
2001 年	89608	17.50	12	16.80	14.60
2002 年	133475	28.60	26.40	11.70	10.90
2003 年	178924	23.20	20.30	18.70	17.80
2004 年	290332	19.30	10.60	9.10	5.40
2005 年	401710	25.20	19	11.50	11.50
合计	1243645	500.55	357.92	352.07	273.48

1997—2005 年彭水自治县城镇居民人均住房变化情况表

表 8-11

年份	人均住房建筑面积（平方米）	新开工面积（万平方米）	竣工面积（万平方米）	新增城市人口数（万人）
1997 年	12	7.20	6.86	0.11
1998 年	11.30	2	2	0.18
1999 年	12.10	1.90	1.60	0.18
2000 年	13.70	9.20	7.94	0.28
2001 年	15.17	12	9.60	0.55
2002 年	15.50	7.43	7.43	0.57
2003 年	23.96	12	12	0.96
2004 年	24.66	10.86	7.52	1.67
2005 年	27.04	5.62	5.62	0.95

第三章　规划与管理

第一节　规划编制

一、县城建设总体规划（1996 年）

1996 年 4 月，与四川省规划设计院签订《彭水县城总体规划修编协议书》。10 月底，完成总体规修修编初步方案。12 月底，由四川省煤炭工业设计院完成修编工作。提交县人大审查。1997 年 4 月 23 日，重庆市规划局邀请四川省、重庆市有关专家学者和市政部门领导及专业人员，对彭水县城总体规划予以评审。1997 年 8 月 19 日，重庆市人民政府作出《关于同意彭水县城市建设总体规划的批复》。

城市性质定位　全县政治、经济、文化中心和交通枢纽，重庆市的洁净能源基地，以水电为主的能源工业城市。

规划时限　近期（1996—2000 年），远期（1996—2020 年），远景（1996—2050 年）。

城市规模　2000 年，城市人口为 7 万 ~ 9 万人，占全县城镇集聚人口 45%；城区占地 3.5 平方千米，人均占地 58.3 平方米；2020 年，城市人口为 12 万 ~ 15 万人，占全县城镇集聚人口 50% ~ 55%；城区占地 6.7 平方千米，人均占地 67 平方米；2050 年，城市人口 20 万 ~ 25 万人，占全县城镇集聚人口 55% ~ 60%；城区占地 15.7 平方千米，人均占地 78.5 平方米。城市结构："一城两片区四组团"的"哑铃式"布局结构。

基础设施　（1）市政公用设施用地：设垃圾场 2 处、殡仪馆 1 处、火葬场 1 处、消防站 2 处、给排水、电力设施占用地 18 公顷，占总用地面积的 2.3%。（2）对外交通：川黔公路适当提高等级，城区宽 12 米，在乌江桥左右约 0.6 千米穿越规划区，该路段设隔离绿地，以减少相互之间的干扰，城市出口交通，提高为三级公路。（3）电力规划：近期用电标准为 2500 万千瓦时 / 年。远期用电量为 21600 万千瓦时 / 年，远期用电负荷为 7.9 万千瓦。近期新增水电装机容量将达 15 万千瓦。乌江电站建成后，彭水供电线路原则上不沿道路明杆架设，与通信线路各占街道一侧，变压器服务半径原则上不超过 200 米，高压线走廊布置遵循国家标准和规范。（4）电信规划：近期装机率 15%，县城装机容量为 12000 门，远期装机率达 30%，县城装机容量为 40000 门，在白云片区设邮电中心，上塘增设邮电支局 1 个。

供水规划　居民生活用水量标准 150 升 / 人・日。近期生活用水量为 9000 立方米 / 日，总用水量为 16660 立方米 / 日；远期居民生活用水量标准为 220 升 / 人・日，生活用水量为 19800 立方米 / 日，总用水量为 39170 立方米 / 日。供水水源选择：选择在县城以东约 10 千米处的芦渡沟地下水出露处为水源。白云片区两处地下水出露点为应急水源。

县城远景轮廓规划　（1）规划用地选择：靠近县城，注意区域性与联系性。（2）选定范围：张家坝片区。（3）城市规划结构：县城中心区、上塘区、张家坝3大片区。（4）城市功能布局：布局原则，采取综合性功能形态，各组团内部生产、生活基本配套，级团间各有侧重，形成相对独立又能合成整体功能形式。生活居住区—县城中心地；工业生产区—上塘；工业居住生活区—张家坝。

二、县城建设总体规划第二次修编

2001年，重庆大学规划设计研究院第二次对彭水县城总体规划进行修编，编制《县城总体规划（2001—2020）》。2002年5月，县人大常委会审议通过。7月，重庆市规划局专家评审通过。

城市性质　全县政治、经济、文化中心，渝东地区的交通枢纽，重庆市的能源基地，以苗族土家族文化为特色的山水园林城市。

规划期限　近期（2001—2010年），远期（2011—2020年），远景（2021—2050年）。

城市规模　人口规模近期8.0万人，远期14.5万人，远景20万人。规划区城市建设用地规模：近期5.01平方千米，远期10.32平方千米，远景20平方千米。

城市用地发展方向　近期向东发展：开发长滩片区；远期向西发展：开发张家坝片区；远景用地向靛水乡西部发展，并将周边的高谷、保家和鹿角发展为县城的卫星镇。

城市总体结构　以主城为中心，长滩片区和张家坝片区为两翼的“一城两区”组团结构。

基础设施　①交通，提高公路等级，打通断头路，改造不良路段。水运：整治乌江航道，新扩建上塘、高谷、鹿角码头。铁路：加速渝怀铁路建设，县城境内建1个四级站。②电力设施：新建乌江水电站及其他小型水电站。新建110千伏输变电工程，35千伏变电站数座，形成全县电网骨架。③邮电通信：2010年电话普及率10%，设若干邮电支局。

县域城镇体系　以县城为区域中心城市，人口12万，以国道319线及乌江、郁江为主轴线，以彭石、彭黄、彭桑沿线为次轴线，沿线发展。以郁山为区域副中心，人口4万～5万；高谷、黄家、马峰、鹿角、桑柘、保家、龙射、普子为片区中心，各中心人口0.5万～1万人。黄家坝—鹿角—桑柘，保家—龙射—高谷为两条联系线。

三、乡镇建设规划

1986年，全县有62个乡镇，除城郊乡（汉葭镇郊）、三连乡（郁山镇郊）无乡场外，其余各乡都有乡场，善感、珍加还一乡两场并存。1986年年底，县建委完成、完善其中53个乡场规划，编制各乡场总体规划图、建设规划图和说明书。1987年，扫尾完成交通不便、信息不通的共和、东流、木楠、桐楼、鹿箐、大垭、桐荣、三义等8个边远小乡场的总体规划，报县政府审批，上报地区建委。为县域城镇规划体系的编制提供必要基础性素材。在总体规划完成后，接着对部分重点及试点场镇总体规划进行深化、细化。

1990年9月，对郁山镇总体规划进一步作细化和补充完善编制工作，于1991年4月完成，历时8个月。规划成果分图纸资料和文本资料。图纸资料有郁山镇现状平面图、总体规划图、近期建设规划图、建设规划图、景观分析图、道路工程图、管线工程图、商业中心鸟瞰图、浏览广场鸟瞰图、主要街景立面图、部分建筑平面图共11种和郁山镇基础资料汇编、规划编制纲要、规划说明书、景观分析说明书等文本资料。

第二节　建设管理

1980年8月，成立彭水县建设局，1983年11月，改称为彭水县城乡建设环境保护局。1984年

11月，改称彭水苗族土家族自治县城乡建设环境保护局。1987年5月，撤销城乡建设环境保护局，成立彭水苗族土家族自治县建设委员会。内设秘书股、计财股、保卫股、房管所、质检站、建管股、城建股、乡建股、农能股、规划股、监察股，下辖环境保护局、建筑勘测设计所、自来水公司、房地产开发公司等企事业单位。2001年，县级党政机构改革，保留彭水苗族土家族自治县建设委员会，内设机构有综合科、计划财务科、建筑管理科、城市基础设施建设科、小城镇建设科、城市规划管理科、招投标科7个科。2005年年末，在职职工52人（其中行政编制5人、事业编制24人）。下属单位有县自来水公司、设计所、监察队、质监站。

一、建筑市场管理

市场执法　1985年，开始“宅基地使用证”的发放工作，至1995年累计发放67821户。1987年，县人民政府颁布《基本建设拆迁安置办法》《建筑违章处理办法》。清查无证无照设计施工20个，大部分是区、乡中心校。次年1月5日，成立县城镇管理监察队，负责实施《彭水苗族土家族自治县城镇规划实施办法（试行）》《彭水苗族土家族自治县基本建设搬迁安置办法》和《彭水苗族土家族自治县违章建筑处理办法》。处理汉葭、郁山两镇和各区乡集镇的违章建筑。1991—1993年，共发出违法建设通知856份，拆除违章建筑物821起。1998年2月23日，成立彭水苗族土家族自治县城市管理综合执法大队。5月22日，第十三届人大常委会第三次会议审议通过《彭水自治县城市规划管理实施办法》，并正式颁布施行。由县人大常委会牵头，县政府法制局、县人大法工委、县人大民族农业工委、县人民法院、县人民检察院、县建委共同组成执法小组，9月中旬对全县建筑市场管理、规范建筑市场秩序、保证建筑质量和安全、保护建筑活动当事人合法权益、提高投资效益、加快建筑支柱产业发展等情况，通过一听、二看、三座谈的方式进行检查，查处违章建筑94户，强制拆除28户，对超规划建筑进行处理，全县建筑市场得到有序健康发展，基本走上规范化轨道。2002年，县建委严格按照国家整顿和规范房地产市场秩序的总体要求及《重庆市经济适用住房管理办法》，检查全县所有开发项目。有8个开发项目均按法定程序办理了相关手续，开发建设行为合法，自觉缴纳有关规费。8个项目中有5个项目已开始预售，并按规定向买受人提供“两书”，办证率达86%以上。查处一起“重庆红塔集团”在彭水下街开发项目。2004年9月，成立县城市规划监察执法大队。11月17日至12月15日，县建委会同汉葭镇政府对县城区自1998年以来的违法建筑进行拉网式排查，清理违法建房户222户，于12月16日至次年1月15日依法组织实施强拆行动，共计查处违法建房户210户，查处违法建筑面积20143.59平方米，强制拆除违法建筑面积1.1万平方米，收取罚金1959809.5元，有效遏制违法建筑势头。对12户拒绝接受处罚的违法建房户，按法定进程申请法院强制执行。2005年，县建委与县国土局联合出台《县城规划区拆迁安置户危房窝棚户建房管理实施办法》，对城市民房规划管理，进一步规范城市建设行为。全年强制拆除违章建筑10200平方米，城区范围内基本杜绝违法乱建行为。

资质管理　1986年1月27日，成立县集体建筑协会。1988—1991年，通过资质审查企业47个。1993—1995年，全县有103个企业，应当参加年检且通过资质审查的企业42个。1999年，全县13个施工企业通过技术考核和资质审查。2002年，完成全县12个施工企业的资质就位工作。次年对全县15个开发企业进行资质年检，除县宏源房地产有限责任公司为基本合格外，均为合格。2004年，对县内15家开发企业建立信用档案，11个企业通过资质年检。

资金筹集　通过“借、争、集、引、取”等多种形式筹集资金。

1986—2004年彭水自治县县城建设部分项目资金筹集情况表

表8-12

<table>
<tr><th>时间</th><th>投资（元）</th><th>项目</th><th colspan="2">形式</th></tr>
<tr><td>1986—1990年</td><td>160.3万</td><td>城市建设</td><td colspan="2" rowspan="2">借贷</td></tr>
<tr><td>1999年</td><td>300万</td><td>东环城街、西大街、商贸园街</td></tr>
<tr><td>2003年</td><td>450万</td><td rowspan="3">市政建设</td><td colspan="2" rowspan="3">专项资金、城维费</td></tr>
<tr><td>2004年</td><td>400万</td></tr>
<tr><td>2005年</td><td>650万</td></tr>
<tr><td rowspan="2">2003年</td><td>250万</td><td rowspan="3">滨江路</td><td>中央</td><td rowspan="6">国债</td></tr>
<tr><td>350万</td><td>地方</td></tr>
<tr><td>2004年</td><td>150万</td><td>中央</td></tr>
<tr><td rowspan="2">2003年</td><td>250万</td><td rowspan="3">路网改造</td><td>中央</td></tr>
<tr><td>350万</td><td>地方</td></tr>
<tr><td>2004年</td><td>300万</td><td>中央</td></tr>
<tr><td>1993年</td><td>1462.55万</td><td>河堡立交桥</td><td colspan="2" rowspan="8">招商融资</td></tr>
<tr><td rowspan="2">1994年</td><td>1100万</td><td>乌江商业城</td></tr>
<tr><td>2144.74万</td><td>乌江西岸滨江小区</td></tr>
<tr><td>1997年</td><td>400万</td><td>河堡商贸小区</td></tr>
<tr><td rowspan="2">1999年</td><td>3000万</td><td>亦君小区</td></tr>
<tr><td>4000万
1200万</td><td>商贸园小区、新世纪广场商住楼、
金龙小区、同仁大厦</td></tr>
<tr><td>2000年</td><td>11800万</td><td>民用管道输气工程、乌江民族广场</td></tr>
<tr><td>2003年</td><td>7.9亿</td><td>滨江新城、江南新城、金山广场</td></tr>
</table>

二、建筑队伍管理

1985—1987年，累计培训施工员100名。1988年，对厂长经理进行环保法培训，并进行结业考试，参考32人，人人过关。

1989年，黔江地区建设系统职工教育培训中心设立彭水教学点。4月6日，在县委党校五楼会议室举行地区“五大员”（施工员、行政员、质量安全员、预算员、财会人员）首届上岗培训开学典礼。到次年，为全地区培训“五大员”266人。派出11人参加地区经理（队长）培训班学习。1998—1999年，对施工、管理人员、法人代表、项目经理培训达324人。2003年，邀请市建委、市城建技校专家到彭水举办专业培训班3期，无偿培训农村工匠、钢筋工、抹灰工、砖瓦工等210人；培训项目经理87人。次年，县建委按照《重庆市建设行业“百乡万人”农村劳动力转移培训活动工作实施方案》的安排，会同重庆市城市建设技工学校开展培训考核和技能鉴定工作。8月1日至15日，培训建筑施工关键岗位人员达11种：施工员、预算员、质检员、安全员、材料员、财会员、统计员、机械管理员、装饰施工员、房地产企业经理、物业管理员。县建委联合举办农村工匠培训班4期，项目经理培训班2期，与县委组织部共同举办村镇建设系统管理培训班1期，受训人数350人。

2005年，组织培训900多人次，全县建设系统特种作业人员持证上岗率达到95%，项目经理、安全员培训率达90%以上。

三、建筑勘测设计管理

1987年年初，彭水建筑勘察设计室更名为彭水建筑勘察设计所，是年10月7日，又更名为彭水苗族土家族自治县建筑设计所，行政上属建委统一领导，独立核算，自负盈亏，人员5人。至1990年，完成工程设计181项，其中1988—1989年133项，总设计面积30.6万平方米，总投资3747万元，勘测设计收入51万多元。

1991年，设计所完成工程设计项目55项，总设计面积5.2万平方米，总投资826.18万元，实现收入15.31万元。次年，严格按照安全、经济、适用、新颖的设计方针，搞好每一个工程，严格按照国家的建筑规范进行每一项设计。全所承担工业与民用建筑设计52项，如卷烟厂厂房、矿泉水厂厂房、矿产综合楼、轮船公司客运站、县建行综合楼、粮贸大厦等项目，完成建筑面积11万平方米，完成建安工程预算投资3600万元，是建所以来的最高水平。同时，借助现代化高科技设备，圆满完成彭水有史以来楼层最高、面积最大、功能最为复杂的县农行大厦工程设计。

1995年，投资40万元，添置计算机设计系统，实现建筑设计现代化，设计质量得到保证，基本杜绝无证设计。

1998年，规范管理县城总体规划范围内的一切建设和工程项目设计。次年，完成县城北大街转盘“百花园”规划设计和建设。编造白云新区、金龙小区、庆锋小区、观音岩小区4个片区的控制性和修建性详规。1999年，完成319线3个镇3个乡的地形图测绘，用于场镇规划编制。在测图中均采用GPS系统和PPSP系统完成测图。同时，由县建委规划局委托其负责规划放线、验线、竣工验收测绘工作。并实行放线“三到场”制度，放线回单制度、验收回单制度、竣工验收测绘报告制度。

2000年，重点整治无证设计、无资质或越级设计。全年承接各类勘察设计项目34个。2002年，建立电子规划办件系统。次年，分层次设计10套民居风貌图和施工图，供全县建筑参考使用。

2004年8月，县建筑设计所与重庆轻工设计院合作，挂牌成立重庆轻工院第四勘察设计所。全年新开工的29个项目通过初步设计审查和施工图纸审查，备案登记，有序规范勘察设计市场。是年，县城污水处理厂、垃圾处理场、乌江画廊游客接待中心工程（三星级宾馆）等8个项目实行设计公开招标。

2005年，经重庆市规划局批准同意彭水自治县建筑设计所更名为重庆市恒誉建筑工程设计有限公司，该公司具备丁级测绘资质，证书编号：丁测资字500131。是全县唯一具有国家测绘资质的测绘单位。该公司推行设计市场责任保险制，按收入的1%提取设计质量保证金，严格依法设计。全年新开工13个项目均通过初步设计审查和施工图审查、备案登记。

四、建筑招投标管理

1986年，开始进行招标投标（或议标）。1995年3月，县人民政府制定《彭水自治县招投标管理暂行条例》和《彭水自治县基本建设管理方法》，规定对所有建设工程全面实行公开招投标，并成立彭水自治县招投标领导小组。首先对教育系统汉葭第三小学综合楼、县公安局宿舍楼、县人民检察院宿舍楼实行公开招标。

1996年，规范建筑市场行为，凡20万元以上的工程全部纳入招标投标，工程报建率100%，招投标面100%，公开招标90%。

1999年8月，投资70万元建立县建筑工程交易所（建筑工程交易管理中心），占地面积180平方米，固定席位19个。全县在建项目39个，全部报建。其中，公开招标36个，议标引资工程3个，招投标率100%，竞标率95%。

2003 年，成立县招投标交易管理中心，隶属县建设委员会下属事业单位，负责为全县建设工程、交通工程、水电工程等各种专业工程的招投标提供交易场所、会议服务、咨询服务以及信息发布。全年新开工 10 个工程项目，入场交易率、应招标工程招标率、公开招投标率、工程监理率达均达到 100%。

2004—2005 年，共实行工程建设招投标 42 项，招投标率 100%。

第九篇　国土资源和房屋管理

1987年11月，成立彭水苗族土家族自治县国土局（简称县国土局）。1988年，各区成立国土站。1989年，全县配齐8区1镇专职站长或副站长，配备专（兼）职土地管理员80余人。1996年，县国土局下属彭水自治县大地实业公司更名为彭水自治县土地开发公司。1999年3月，撤销县国土局，成立彭水苗族土家族自治县土地房屋管理局，对土地和房屋实行合并管理。内设秘书股（含计财管理）、建设用地管理股、房地产权籍股、土地利用规划股、土地出让股、监察法规大队，编制17人，局长1名，副局长3名。同期，彭水自治县土地开发公司脱离县土地房屋管理局，实行政企分开。

2001年8月，全县机构改革，县土地房屋管理局更名为县国土资源和房屋管理局（简称县国土房管局），核定编制24名，领导职数4名，设局长1名，副局长3名。内设综合科、政策法规监察科、规划计划科、耕地保护科、地籍科、房管科、地质矿产管理科、地震办，同时农业资源区划管理职能划给农业局，城市住房建设行政管理职能（集资合作建房、廉租房、解危解困房除外）划给建设委员会；划入原计划委员会、建设委员会、县财政局承担的部分相关职能。同年，各乡（镇）设立村建国土办公室。

2005年，将县征地拆迁办公室划入县国土资源房屋管理局，由原自收自支事业单位转为财政全额拨款事业单位。全局职工45人，内设综合科、规划耕地保护科、房地产权籍科、政策法规监察科、地质矿产管理科5个行政科室，以及土地整理中心、执法监察大队、征地拆迁办公室、土地储备中心、房地产交易中心和地质环境监测站6个事业机构。

第一章　土地状况

第一节　综合状况

1986年，全县耕地5.33万公顷，比1950年全县耕地6.29万公顷减少9600公顷，每年平均减少266公顷，人均耕地0.11公顷。县境内耕地分布不平衡，平坝、水源丰富的地方田多土少，海拔较高的地方田少土多，有的村组无稻田。地面坡度在25°以上的土地占33%，30厘米以下的薄土占旱地面积30%，水土流失严重，高产田占耕地总面积不足20%，中低产田超过80%。

由于长期受温和湿润的山地环境和复杂多样的植被类型影响，全县境内形成以带状黄壤为主的多种土壤类型。黄壤土属于亚热带常绿阔叶林下发育的地带性土壤，占全县土地总面积83.40%。县内土壤黄化、酸化、黏化严重，土壤结构较紧，肥力不高，主要分为四类。第一类，紫色土类。分布在向斜低山丘陵区，占全县土地总面积的0.8%，其成土较快，养分丰富，是县内土壤肥力较高的一种土。第二类，石灰岩土类。占全县土地总面积的7.46%，这类土种质地粗重，土层较薄，有机质和养分含量较高，宜种性广。第三类，潮土类。占全县土地总面积2.1%，主要分布在乌江、郁江沿岸以及较大溪流中下游的平坝，因土层厚，肥沃，适种范围广，是县内农业利用程度最高的土壤。第四类，水稻土类。占全县土地总面积4.6%，广泛分布于海拔1400米以下的丘陵、河谷和槽坝区。

2005年，全县共有土地390300公顷。其中，耕地面积91988公顷，25°以上坡耕地19009.50公顷。总面积中农用地319738.54公顷，建设用地14160.41公顷（建城区土地面积542公顷），未利用地56401.05公顷。是年，耕地面积减少313.40公顷，其中建设用地占用41.29公顷，生态退耕248.42公顷，农业结构调整11.37公顷，灾毁6.49公顷，其他原因减少5.83公顷。新增耕地面积122.85公顷，主要是土地开发整理和农业结构调整新增耕地。其中，土地开发新增耕地68.39公顷，土地整理新增耕地20.46公顷，土地复垦新增耕地4.49公顷，农业结构调整新增耕地29.51公顷。全年建设用耕地41.29公顷，而土地开发整理新增耕地93.34公顷，实现耕地占补平衡。

第二节　四荒地

一、荒山荒地

县境内荒山荒地主要包括荒草地、疏林地和撂荒地，具有量多、面广、坡度大、土层薄、土壤肥力低、水利条件差等特点和弱点。总体呈现出宜林面积大，其他适宜面积小，根据其地理位置、气候、面积大小等因素，划为3个分布区。（1）乌、郁江河陡坡成片分布区。包括乌江、郁江、长溪河、木棕河沿岸地带，河谷深、坡度陡，成片荒芜，常年面积15500公顷，占荒地荒山总面积30%。

（2）低中山区，即丘陵陡坡，零星分布区。包括乌、郁两江河谷沿岸和海拔1100米以上地域外区域。此区域山体破碎，坡度陡缓相间，垦殖指数高，造林面积大，荒地荒山被分割成零星小块，常年面积35400公顷，占荒地荒山总面积69%。（3）中山圈顶山缓坡成片分布区，即海拔1000米以上的区域。这一带区域受流水重力作用小而坡度较缓，人口密集度稀，垦殖指数小，呈连片分布状态，常年面积550公顷，占荒地荒山总面积1%。

1991年，全县荒山荒地56368.17公顷，占全县土地面积14.43%。其中，13.33公顷以内1342块11318.99公顷，占荒山荒地总面积20.08%，13.33 ~ 16.67公顷15块2267.80公顷，占荒山荒地总面积4.02%，16.74 ~ 100.01公顷601块22758.04公顷，占荒地荒山总面积40.37%，100公顷以上规模108块20023.34公顷，占荒地荒山总面积35.53%。

二、荒水荒滩

县境内荒水荒滩包括乌江及其支流，以及多数水库和池塘。1991年，全县荒水荒滩3328.33公顷，占水域总面积97.8%，占可养面积99.0%。其中，荒池塘30.10公顷，占可养池塘面积55.2%；荒水库17座22.87公顷，占水库可养面积33.2%；荒水河沟0.33公顷，占河沟可养面积100%。荒水荒滩区域分布在海拔1200米以下荒水池塘分布区和海拔1200米以下荒水水库零星分布区。全县21座水库，零星分布于靛水、下岩西、火石、高谷、葡萄、龙溪、走马、凤鸣、桐楼、同河、桑柘、新田、新场、梅子垭、鞍子、善感、太原等17个乡。低山河沟分布区，指乌江水系，包括乌江及其支流，主要是乌江、郁江、普子河、长溪河、芙蓉江、木棕河等县境内水面。

第三节　四低地

一、中低产田（土）

1995年，全县中低产田（土）75477.72公顷，占总面积84.91%，根据其地理位置和气候特点，分为3个区域。（1）丘陵河谷坡耕瘠薄渍中低产（土）区，包括乌江及其主要支流下游沿岸，海拔500米以下大部分区域，面积占中低产田（土）总面积10%。（2）低山坡耕缺水瘠薄渍涝中低产（土）区，包括海拔500 ~ 1000米广大地域，面积占中低产田（土）总面积70%。（3）中山瘠薄坡耕中低产（土）区，占中低产田土总面积20%。

二、低产园地

低产茶园指干茶年产每公顷525千克的茶园，多分布于海拔600米以上各乡镇黄壤和黄棕壤土区。低产桑园，指鲜叶每公顷产量低于7500千克的成年桑园，分布在海拔800米以下下岩西、城郊、大河、东流、连湖一带。低产果园，指水果产量低于当地4年平均水果产量30%的成年果园。县境内形成园地分布的水果，有柑橘和梨，总面积1727.53公顷。

三、低产林地

主要包括中龄林阶段年材积生长量在3立方米/公顷以下，其中有慢生树种1.5立方米/公顷以下以获取用材为经营目的的人工林，每公顷立竹度低于1200株的成林毛竹林，年产量低于当地相同条件下近4年平均年产量1/2的成年经济林，立地条件不适宜或造林后长期荒芜、生长不良、长势衰弱的小老树林，经多次乱砍滥伐或多代萌生，林相衰败，无培育前途的残林，以及遭受严重病虫火等灾害难以复壮的林分。1991 年，全县有低产林地 15154.24 公顷，占调查总面积的 30.6%。其中，用材林地低产林 6103.05 公顷，经济林木地低产林 4555.61 公顷，其他为薪炭林和低产疏林地。

四、低产水面

指人工养殖而水产品产量相对低下的水面，主要包括每公顷产量低于 750 千克的一般池塘，每公顷产量低于 2250 千克的渔业专用塘，每公顷产量低于 375 千克的河沟，每公顷产量低于 450 千克的小型水库（蓄水 10 万 ~ 1000 万立方米）。1989 年，渔业专用池塘 27 口 4.42 公顷，全为可养水面。已养鱼 4.28 公顷，总产 1800 千克，每公顷产 421 千克，全为低产水面。1991 年，全县有池塘 567 口，水面 81.73 公顷，可养水面 54.49 公顷，已养 266 口 24.38 公顷，总产量 8300 千克，每公顷产 340 千克，全为低产池塘。有水库 21 座，全为小型水库，总水面 41.03 公顷，可养面积 27.48 公顷，已养 4.61 公顷，总产 1350 千克，单产 293 千克，全为低产水库面积。2000 年，全县水域用地 4475.57 公顷，占土地总面积 1.15%。

第二章 用地管理

第一节 制度改革

1987 年，县人民政府制定出台《彭水自治县建设用地管理办法（试行）》，明确县国土管理局是城乡建设用地管理机关，其他任何单位和个人不得经营土地开发。禁止任何单位和个人侵占、买卖、租赁或变相买卖、变相租赁和违法转让土地，禁止任何单位和个人直接在乡、村、组购地、租地或变相购地、租地，禁止任何单位和个人不经规定程序批准，私自使用土地。规定乡、村、组不得以土地入股形式参与任何企业、事业单位的经营活动，县城、郁山镇和各区、乡所在地的街道、小巷和居民房前屋后一切空地、公共天井、通道、道路、房屋宅基地，街道或居民开种的菜地、园地和承包土地等均属国家所有。1988 年，彭水自治县城乡土地管理从分散、多头向依法、统一转变，由县国土局统一管理全县城乡土地，由县人民政府批准非农业建设用地。

1993 年，建立起地价评估委员会，将城镇国有土地进行初步分等定级并参照有关市县确定基准地价，协议出让土地 4 宗 3441 平方米，收缴土地使用权出让金 20174 元。1994 年，除党政机关、公益事业、公共设施用地及法律规定暂不实行有偿使用土地的各类非农业建设用地外，基本实行低步入轨有偿使用制度，征收土地出让金 13.4 万元。全县处理兑现违法占地 18735 宗 71.34 公顷，国家集体建设违法占地全部处理兑现结束；私人违法用地处理兑现 18589 宗 65.86 公顷，收回土地 13.26 公顷；越权审批土地全部收回，批地责任人受到相应处罚。全县各类非农业占地大幅度下降，1987—1994 年，7 年多累计节约耕地指标 150 余公顷。共清查和处理土地使用权私自转让 82 件 2079 平方米，私自出租 943 件 9965 平方米，私自抵押 15 件、3755 平方米。

1995 年，全县将土地无偿、无限期、无流动使用的行政划拨制度改革为土地有偿、有限期、能流动使用的市场配置制度，逐步建立与社会主义市场经济相适应的公开、公正、公平的土地市场体系，将房屋产权转让、国有土地使用权转让、大中型建筑工程建设纳入法治化轨道管理。扩大有偿出让范围，除国家机关、军事、城市基础设施建设、公益事业用地和国家重点扶持的能源、交通、水利等项目以及法律法规规定的其他用地由政府依法批准实行划拨使用外，其他用地都纳入有偿出让轨道。同时切实保护耕地，严格控制农业用地转为非农业用地，逐步推行集体土地使用权，严禁集体土地用于房地产开发和非法转让。进一步健全土地登记制度，强化城镇国有土地“户籍管理”，建立和实行城镇国有土地“土地户籍”年控制度，做好土地利用总体规划编制工作。是年，共审批城镇国有土地用地 213 宗 2.09 公顷，其中有偿出让 1.86 公顷，出让面 89.2%。

1995 年彭水自治县城镇国有土地 10 年期宗地土地出让金情况表

表 9-1 单位：元 / 平方米

土地用途		汉葭镇					郁山镇			其他区场镇	乡场镇
		Ⅰ级	Ⅱ级	Ⅲ级	Ⅳ级	Ⅴ级	Ⅰ级	Ⅱ级	Ⅲ级		
商业	基准地价	2250	1260	490	265	160	600	430	120	—	—
	临街（公路）	572	317	123	67	40	151	108	30	67	40
	不临街（公路）	458	253	98	53	32	121	86	24	53	32
住宅	基准地价	910	700	295	150	105	420	260	70	—	—
	临街（公路）	224	172	73	37	26	103	64	17	37	26
	不临街（公路）	179	138	58	30	21	83	51	14	30	21
工业	基准地价	710	490	133	110	94	311	105	63	—	—
	临街（公路）	176	121	33	27	23	77	26	16	27	23
	不临街（公路）	141	97	26	22	19	62	21	13	22	19

1996 年，全面推行土地有偿使用制度，引入地价评估机制，由县人民政府高度垄断土地出让，统一管理城乡地政。按照县人民政府城镇国有土地基准地价和县城国有土地出让价格实施办法，以及各类用地 10 年期土地出让金收费标准执行，土地转让、出租、抵押行为逐渐规范。

1997 年，全县贯彻执行《中共中央、国务院关于进一步加强土地管理，切实保护耕地的通知》，开展全县《国土管理“九五”计划和 2010 年远景目标规划》《土地利用总体规划》和《土地利用计划》的修订和实施，实行耕地总量动态平衡，做到耕地总量不减少。建立和完善基本农田占用许可制度以及损失补偿和环境保护制度，严格实行“占一还一”和征收选地费的规定。对土地实行节流与开源并举，走集约开发和生态开发路子，保持建设用地和土地开发基本平衡。由过去主要靠占用农用地转向以充分挖掘现有城镇、工矿存量土地为主，促使非农业建设走内涵式发展道路。同时加强土地资产管理，培育规范土地市场。坚持推行统一规划、统一征地、统一出让、统一开发、统一管理的“五统一”审批管理制度，停止土地成片开发，试行土地使用权租赁制，拓宽土地有偿使用路子。

1999 年，县人民政府出台《彭水自治县城镇国有土地使用税实施办法》，明确划定县城一级土地包括：复烤厂—河堡立交桥—老虎口大桥，两路口—交通局—自来水公司—环保局—交通加油站，自来水公司—豆芽湾—山谷居，立交桥—山谷居—乌江商贸园区，豆芽湾—彭桑公路—方圆车辆厂，修配厂—住院部路口，交通加油站—北大街转盘—彭石公路—炸药仓库，县供销社—北大街转盘。其余汉葭镇范围内土地均为二级土地。郁山镇一级土地：一拱桥—盐业公司批发部。二级土地包括：一拱桥—区水泥厂—盐业公司批发部仓库—交警队及郁马公路—环城路线沿线。三级土地包括：区水泥厂—火电厂厂区，交警队—中井索桥。明确土地使用税每平方米年税额标准：县城（汉葭镇）一级 1.00 元，二级 0.80 元；郁山镇一级 0.80 元，二级 0.60 元，三级 0.50 元；工矿区 0.20 元。

2000 年，对全县城镇国有土地级别再行分类分级，其中最高级别为 8 级：包括汉葭镇两路口商场沿南门街、县文化馆、绸缎街、县人民政府、县工行至北大街进口。最低级为 20 级：除汉葭镇、郁山镇，保家区、高谷区、黄家坝区、鹿角区、桑柘区、普子区等区工委机关所在地场镇和清平、朱砂、羊头铺、下塘、共和等乡镇规划区外的国有土地均为 20 级。

2001 年，明确全县国有土地使用权基准地价、公示地价和土地级别。基准地价是依据城镇土地分区域、分用途算出的平均价格，公示地价是依据国有土地使用权出让所有权益应收部分（土地出让金）价格和划拨国有土地使用权的土地收益价格。土地级别是根据城镇土地自然和经济属性划分出的土地等级序列。土地用途类别划分为：商业用地、服务业用地、住宅用地和工业用地。

2001年彭水自治县国有土地使用权基准地价情况一览表

表9-2　　单位：元/平方米·50年

土地级别（对应重庆市统一级别）		用途类别		
		商服业	住宅	工业
汉葭镇	1（8）	1900	360	350
	2（9）	1600	320	300
	3（10）	1300	300	260
	4（11）	980	265	220
	5（12）	650	230	185
	6（13）	450	190	150
	7（14）	300	165	130
	8（17）	200	126	110
郁山镇	1（12）	650	230	185
	2（13）	450	190	150
	3（18）	168	115	105
区乡场镇	1（12）	650	230	185
	2（13）	450	190	150
	3（16）	230	138	115
	4（19）	132	106	102

是年，国土房产部门出台国有土地使用权出让金测算办法，向全县公布宗地出让金比率：商业服务业0.33，住宅0.26，工业0.22。

2001年彭水自治县国有土地使用权楼面出让金标准情况一览表

表9-3　　单位：元/平方米·50年

土地级别（对应重庆市统一级别）		用途类别		
		商服业	住宅	工业
汉葭镇	1(8)	152	85	87
	2(9)	136	78	77
	3(10)	112	66	63
	4(11)	92	56	45
	5(12)	83	43	36
	6(13)	65	36	28
	7(14)	48	29	20
	8(17)	25	18	13
郁山镇	1(12)	83	43	36
	2(13)	65	36	28
	3(18)	24	17	13
区乡场镇	1(12)	83	43	36
	2(13)	65	36	28
	3(16)	26	19	14
	4（19）	22	15	12

2001 年彭水自治县楼层修正系数一览表

表 9-4

楼　层	商服业	住宅	工业
负层	0.8	0.4	0.4
平街层	1.0	1.0	1.0
2 层	1.0	1.0	1.0
3 层	0.9	1.0	0.9
4 层	0.8	1.0	0.8
5 层	0.6	1.0	0.4
6 层	0.5	1.0	0.4
7 ~ 8 层	0.4	1.0	0.2
9 ~ 12 层	0.4	0.8	0.1
13 ~ 18 层	0.4	0.6	0.1
18 层以上	0.2	0.5	0.1

2001 年彭水自治县土地级别划分情况一览表

表 9-5

土地位置	土地级别
汉葭镇一级地段（H- Ⅰ）: 县城两路口商场沿街、文化馆、绸缎街、县人民政府、县工行至北大街进口、县地税房屋（含医药公司、县供销社房屋）	8
汉葭镇二级地段（H- Ⅱ）：北大街进口沿石嘴街、县日杂公司、县矿业公司至郁江河南桥头（含临街养路段房屋），县城两路口沿县交通局、车站、北侧至县中医院，南侧至县自来水公司、地民贸公司房屋，两路口沿县电影院至县委、山谷居，东至县建行房屋，西南侧至乌江东桥头	9
汉葭镇三级地段（H- Ⅲ）：县供销社、县医药公司以北至财政局、民族会场（含两宗地房屋）；乌江西桥头至河堡立交桥（含立交桥及商贸中心），东南侧至汉葭区医院（不含该宗地）、彭水中学（不含该宗地），西北侧至亦君小区（不含该宗地）、下河公路入口处	10
汉葭镇四级地段（H- Ⅳ）：亦君小区、下河公路入口北至县肉联厂下河水沟；汉葭区医院、彭水中学沿彭黄公路至彭黄公路与下河公路交界处；北大街出口沿环城公路至县住院部入口；县自来水公司、地民贸公司沿环城公路、豆芽湾、县政协综合楼、粮食加工厂、司法局至山谷宾馆	11

2003 年 12 月 11 日，彭水自治县第一宗挂牌出让国有土地使用权公告在《彭水报》上刊登，在 10 个工作日挂牌期限内，重庆昌琳房地产开发有限公司彭水分公司以 50 万元价格取得金山广场（第一期）工程规划红线范围内 7879 平方米国有土地 30 年使用权，并前置征收土地出让金 15 万元，拉开彭水自治县经营性土地招拍挂活动序幕。

2004 年，经营性土地使用权招拍挂出让逐步规范化，全年挂牌出让经营性国有土地使用权 3 宗，面积 7.02 公顷，综合价金 2788.4 万元，已前置收取土地出让金 262 万元。全年挂牌出让国有土地使用权 4 宗 3.75 公顷，应收金额 490 万元，实收土地出让金 252.50 万元，欠缴土地出让金 237.50 万元。

第二节　综合管理

1988 年用地开始实行计划管理，将黔江地区下达彭水自治县 51.36 公顷国家建设用地由县国土局统一掌握，集体和农房用地全部分解到各区（镇），实行挂号审批。是年，全县各类建设实际用地 32 公顷，占年度计划控制指标 62.3%，收取土地管理费 2 万元，土地使用费 11 万元。

2003—2005年彭水自治县土地出让情况表

表9-6

序号	出让名称	出让时间	出让方式	受让单位	受让单位委托人	出让金额（万元）	土地用途	备注
1	彭水自治县统战部住宅楼	2003.6.23	协议	彭水自治县统战部	李泽玉	1.46	住宅	—
2	彭水沙坨加油站	2003.8.28	协议	中国石油天然气股份有限公司重庆销售分公司黔江彭水经营部	杨亚	1.00	商业	—
3	保家机制瓦生产线	2003.11.11	协议	保家机制瓦厂	郑志甫	3.00	工业	出让金减免（彭水府发〔2003〕78号）
4	彭水自治县防洪河堤（一期工程）石渣料场	2003.12.15	协议	彭水自治县华泰建筑工程安装有限责任公司	徐泽明	—	工业	实施2003年度第一批城市规划建设出让金减免（彭水府发〔2002〕78号）
5	重庆移动通信有限责任公司彭水分公司新建业务楼、住宅楼	2003.6.26	协议	重庆移动通信有限责任公司彭水公公司	田源	—	公共建筑	原为出让用地
6	彭水滨江新城项目（一期）	2003.12.30	协议	彭水自治县新城建设开发有限公司	刘剑平	76.00	商品住宅小区	按彭水府发〔2003〕76号文件减免后，补交21万元
7	彭水自治县江南新城	2003.9.24	协议	彭水自治县宏基房地产开发有限公司	廖秀伦	46.00	商品住宅小区	欠缴13万元，合同为分期缴纳
8	金山广场	2003.12.30	挂牌	琳昌房地产开发公司	龙兴顺	55.00	商品住宅小区	—
9	个人出让用地8宗	2003.1-12	协议	—	相关乡镇	4.82	住宅	—
	2003年小计	—	—	—	—	187.28	—	—
10	彭水自治县防洪河堤（一期工程）A段	2004.2.16	挂牌	彭水自治县华泰建筑工程安装有限责任公司	吴晓龙	230.00	基础设施、商品住宅	收取30万元，余额未执行收支两条线
11	琳海花园项目（一期）	2004.6.21	挂牌	重庆琳海房地产开发有限公司彭水分公司	文廷发	70.00	商业住宅综合	—
12	阳光温泉（一期）	2004.6.20	挂牌	彭水阳光房地产开发有限公司	杨兰	120.00	商业住宅综合	—
13	粮转站片区旧城改选工程（一期）	2004.12.10	挂牌	彭水自治县亿豪房地产开发有限公司	余家太	75.00	商业住宅	欠缴37.50万元（拆迁未能全部完成）
14	个人出让用地38宗	2004.1-12	协议	—	相关乡镇	10.43	住宅	—
	2004年小计	—	—	—	—	505.43	—	—
15	日产2500吨新型干法水泥熟料生产线技改工程	2005.4.7	协议	彭水自治县茂田能源开发有限公司	游兴茂	218.97	工业	欠缴218.97万元
16	阳光温泉（二期）	2005.11.18	挂牌	彭水阳光房地产开发有限公司	周生建	250.00	住宅	—
17	乌江民族广场	2005.12.5	挂牌	彭水自治县华宇房地产开发有限责任公司	梁光华	30.00	商业	—
18	个人出让用地48宗	2005.1-12	协议	—	相关乡镇	36.16	住宅	—
	2005年小计	—	—	—	—	535.13	—	—

1989 年，县政府建设用地审批小组成立，集体审批各项非农业生产建设用地 156 宗 28667 平方米。其中，耕地 11334 平方米，非耕地 17333 平方米。

1990 年，全县建设用地计划 31 公顷，审批 227 份因 1989 年停止私人建房用地积压申请，用地面积 22058 平方米；审核各区上报申请 968 份，办理新农房用地 5.46 公顷，农房建设实际占用土地 7.61 公顷。审核国家和集体建设用地 48 宗，申请用地 19.85 公顷。报批 18 宗，批准用地 12.85 公顷，其中耕地 4.85 公顷，非耕地 7 公顷，旧宅基地 1 公顷。各级政府批准 16 宗，实际用地 11.65 公顷。

1991 年，全县审核批准私人建房用地 938 户，用地 8.51 公顷。其中，耕地 2.53 公顷、非耕地 2.84 公顷，旧宅基地 3.14 公顷。国家和集体建设用地 34 宗，用地 5.96 公顷。其中，耕地 2.75 公顷、非耕地 3.06 公顷、旧宅基地 1528 平方米。全年实际用地 11.18 公顷（不含旧宅基地），占全年用地计划控制指标 27.14%。

1992 年，对国家和集体建设征用土地实行统一征用、统一划拨，在县辖区内进行非农业建设的，必须备齐有关材料向县国土局提出用地申请，规划区范围必须先经城市规划部门许可，出具规划许可证，再向土地管理部门提出申请，同时将每公顷 18 万元征地费存入国土局账户，县国土局再按建设银行所出具入账单通知用地单位征用土地。

1993 年，坚持服务与管理并重原则，单位用地由县审批的，只需备齐用地报告与基建、资信资质证明，县国土局 3 日内完善审批手续，5 日内报批，1 月内提供土地使用权。私人用地，特别是私营企业生产和经营用地，一律实行现场定时定点办公，上门服务。逐步完善用地审批制度，杜绝越权批地和化整为零批地发生。全年共审核报批和审批各类用地 585 宗。其中，单位用地 18 宗，个人用地 567 宗；用地 19.60 公顷。其中，耕地 7.27 公顷，非耕地 3.32 公顷，其他占地 9.01 公顷。

1994 年，上收城区和国道 319 线沿线审批权，该类地域用地实行“两证齐全一到场，三堂会审五道关”审批制度。两证，即县城或集镇规划许可证、用地许可证。一到场，即县政府国土分管领导到场，所涉相关部门领导亲自到场。三堂会审，即县政府国土分管领导把关，国土局办公会集体研究，一支笔审批、联席会审定或实行会签制。五道关，即经办人员把好政策关，监察人员把好执法关，站长把好审查关，相关单位把好会签关，县政府国土分管领导把好审定关。由县国土局印制统一用地审批材料和用地许可证，建立健全用地台账，批准用地县、区、乡均有登记，及时反映全县非农业建设用地动态。全年共审批各类建设用地 828 宗 8.45 公顷。其中，耕地 3.09 公顷，非耕地 3.72 公顷，旧宅基地 1.64 公顷。

1995 年，黔江地区下达彭水用地计划 25 公顷，实际用地 7 公顷，占计划的 28%。是年，开始推行“五统一”审批管理制度，即统一规划、统一征地、统一开发、统一出让、统一管理，实行土地总量控制，对用地进行全程管理。但由于人们国土意识和法治观念比较淡漠，一些单位和个人将划拨土地使用权进行非法转让、出租、抵押，牟取高额收入；有的将国有土地占为己有，不经批准非法修建房屋；有的将批准土地擅自改变用途；有的搞私下交易，非法买卖土地等造成国有土地资产流失。县审计局审计出县国土局在 1994—1995 年期间，超越审批权限审批国有土地 8.67 公顷，擅自减免出让金 32501625 元；少征出让金 9495.32 元。事后，县国土局根据县审计局意见和建议作出纠正。

1996 年，清理整顿土地市场，清查处理非法用地，规范用地行为，实行年度审查登记、缴纳土地出让金、挂牌用地等一系列管理制度。将未经批准擅自转让（含以地换房、联营联建）、出租、抵押划拨土地使用权，以出让方式取得土地使用权而出让期满后未重新签订出让合同补交出让金再将土地使用权进行转让、出租、抵押，非法买卖土地，未经批准擅自改变土地用途，以及非法占用土地等行为纳入清理整顿和清查处理范围。是年，根据政策审批各类建设用地 873 宗 11.27 公顷。其中，国有土地 214 宗 3.70 公顷，有偿出让 208 宗 3.17 公顷。

1996 年彭水自治县土地管理局 1 ~ 2 年期土地出让金收费标准表

表 9-7　　单位：元 / 平方米

土地用途		汉葭镇					郁山镇			其他区场镇	乡场镇
		Ⅰ级	Ⅱ级	Ⅲ级	Ⅳ级	Ⅴ级	Ⅰ级	Ⅱ级	Ⅲ级		
商业	一年期（临街）	84	47	18	10	6	22	16	4	10	6
	二年期（临街）	159	89	35	19	11	43	30	8	19	11
	一年期（临街）	16	9	3	2	1	4	3	1	2	1
	二年期（临街）	30	17	6	4	2	7	6	2	4	2
住宅	一年期	4	3	2.5	2	1	3	2	1	2	1
	二年期	7	5	4	3	2	4	3	2	3	2

1997 年，县人民政府明确城市规划范围内公路两侧留地标准：从公路外沿起，国、省道 10 米，县、乡道 5 米；在公路留地范围内，原则上不允许修建永久性建筑物或工程设施；公路过境场镇旧房改造必须留足 3.5 米人行道；公路过境新区建设原则留足 10 米，不得少于 6 米；县城河段 235 米以下严禁修建永久性建筑物或工程设施。对汉葭镇、郁山镇、高谷区场镇、新田乡、国道 319 线彭水过境沿线范围建设用地由县人民政府实行控制性审批，过去审批程序不合法批地，必须依法定程序重新完善有关审批手续。申请建设用地单位或个人先向国土部门提出申请，如在江河管理范围申请用地，得到水电防洪部门审批；在公路留地范围内用地，得到交通路政部门审批；需征用林地，得到林业管理部门审批；在城市规划区内用地，得到城市规划行政主管部门和建委批准。全年共审批各类建设用地 597 宗 6.83 公顷，其中审批出让国有土地 171 宗 1.60 公顷。开展对 1991—1997 年期间非农业建设用地清查，共清理出各类违规非农业建设用地 9797 宗 84.69 公顷。其中，未批用地（含各类新建、扩建、超占）5255 宗 48.36 公顷（耕地 18.12 公顷），改变用途 760 宗 14.89 公顷，出让土地 622 宗 14.25 公顷（耕地 1.41 公顷），擅自转让 99 宗 1.55 公顷，擅自出租 2901 宗 3.02 公顷，私自交易 160 宗 2.62 公顷。总共清理非农业建设用地 112.66 公顷，清理面 80% 以上，边清查边处理兑现 30% 左右。是年，《彭水自治县土地利用规划（1997—2010 年）》业已编制完成。

1998 年，县人民政府出台《彭水自治县建设用地管理办法》，进一步明确由国土部门对国家建设、乡（镇）村建设、城市居民及私营企业建设、房地产经营等需要征用、划拨的土地，以及在已有土地使用范围内从事建设活动的土地实施行政管理。刚性需求建设用地必须符合土地利用总体规划和城市规划，实行用途管制，依法使用土地。建设用地实行按年度计划和五年计划管理，凡国有土地除法律规定实行划拨用地外，其余全部纳入有偿使用土地范围。除困难户和受灾户确需占用耕地外，其余冻结耕地审批。全年审批城乡个人建设用地 1205 宗 12 公顷，其中出让 168 宗 2 公顷。审批出让国有土地、熟地 370 宗 3.20 公顷，国有土地出让面 90% 以上，政府获取土地使用权出让收益 80.2 万元。审核报批各类建设用地 170.59 公顷，获得土地使用权出让收入 120 万元。是年，重庆市政府批准将汉葭镇 3 组 1.6 公顷耕地划拨给乌江电力集团，作为 110 千伏水电枢纽彭水变电站工程用地；同意将清平、木南 2 个乡 4 个村 72.77 公顷土地行政划拨给县水电局作为三江口水利枢纽工程建设用地。

1999 年，实施新《中华人民共和国土地管理法》，开始实行预审预办，全年报市人民政府审批各类建设用地 15 件，批准用地 201.82 公顷。实行用途管制和对占用耕地建房经济管制制度，审批城乡个人建房 660 宗 6 公顷，其中耕地 0.54 公顷，占审批总量的 9%。审批国有土地 120 宗 0.88 公顷，其中有偿使用 102 宗 0.80 公顷，有偿使用率 90%。完成县浩口电站、台阳有限公司大棚蔬菜基地、页岩砖厂扩建、县城老虎口大桥南端拆迁安置、电力公司黄家区变电站、国道 319 线“三改二”彭水段重点工程项目用地的统征和前期其他工作，统征土地 56.70 公顷，其中耕地 27.35 公顷。同年，建立起定期公布地价制度，全年共评估土地 151 宗，资产额 1873 万元，其中企业改制 10 宗，评估地价 681 万元。明确土地房屋管理收费项目及标准，其中土地管理费收取按总和的 3% 计算，以 0.5 ~ 2 元 / 平方米交纳；村民使用旧宅基地按 0.50 元 / 平方米收取；村民住房占用耕地按 0.80 元 / 平方米收取，占非耕地按 0.30 元 / 平方米收取。制定出台《彭水自治县耕地开垦费耕地闲置费土地复垦费收取与使用管理实施办法》，耕地开垦费、耕地闲置费和土地复垦费按三类标准收取，县城规划区范围内，郁山、保家、高谷区集镇规划区内和国道 319 沿线适用一类标准，其他区乡场镇规划区内适用二类标准，一二类以外的地区适用三类标准。

1999 年彭水自治县耕地开垦费、耕地闲置费、土地复垦费分类收费情况表

表 9-8 单位：元 / 平方米

项　目	一类	二类	三类	备注
耕地开垦费	20	12	10	占用基本农田的各项收费标准按相应类别上浮 50% ~ 100%
耕地闲置费	15	8	7	
土地复垦费	10	5	5	

2000 年，县人民政府出台《彭水自治县征地补偿安置办法》和《彭水自治县建设用地审核报批程序》，完成县城万米河堤工程、沙沱码头工程的预审报批和县民爆炸药仓库等工程项目正式申请报件。农用地转用一般项目用地严禁占用耕地，实行用途管制和占用耕地建房经济管制，审批农村个人建房 1199 宗 8.60 公顷。其中，农用地 0.76 公顷，建设用地 2.27 公顷，未利用地 5.57 公顷。评估土地 151 宗，资产额 1873 万元。其中，企业改制 24 宗，评估地价 548.8 万元。落实县牧业开发有限公司修建畜牧食品加工厂建设用地 5750 平方米，总建筑面积 1900 平方米。对县城连续 2 年未使用的闲置土地开展清理，由县人民政府无偿收回以县医院为主的 15.06 公顷闲置土地。

2001 年，完成保家镇境内构树坪 220 千伏变电站、彭水山牧食品有限公司等项目用地预审报批工作。同年，《彭水自治县乡级土地利用总体规划》获重庆市国土房管局批准。按总体规划确定用途用地，控制建设用地占用耕地，不符合土地政策者不预审，共预审建设用地 8 宗 15.60 公顷，其中耕地 12.81 公顷。共审核上报市人民政府国家集体建设用地 2 宗 3.16 公顷，其中农用耕地 3.10 公顷；受委托审核建设用地 136 宗 1.13 公顷，其中农用耕地 734 平方米。

2002 年，预审建设用地 8 宗 15.61 公顷，其中耕地 12.81 公顷。市国土房管局下达彭水年度用地计划 15 公顷，实际用地 13.96 公顷。其中，农户用地 3.16 公顷，小城镇建设用地 3.30 公顷，其他建设用地 7.50 公顷。审批农村宅基地 244 户 1065 口人，总用地 2.29 公顷，其中占用耕地 0.90 公顷，收取开垦费 63270 元。是年，渝怀铁路征用划拨用地 160.07 公顷，其中征用集体土地 158.67 公顷，划拨国有土地 1.4 公顷。报经市政府批准，将汉葭镇东门村 6 组土地 5.36 公顷作为公务员小区建设用地。完成基础设施重点工程——万吨红麻厂扩建以及保家、黄家、桑柘 35 千伏变电站建设征地报件。1999—2002 年，共收取耕地开垦费 283.921 万元，土地复垦费 2.92 万元，耕地闲置费 0.57 万元，全部缴存财政专户管理。

2003 年，县国土房管局参与乌江彭水电站征地调查，为渝怀铁路变更设计新增用地 20 余公顷，完成县垃圾处理厂集体土地征地摸底调查，审核批准农村建设用地 220 宗 1.99 公顷；审批其他建设用地 19 件，批准供地 7.13 公顷；收取新增建设用地有偿使用费 69.81 万元。同期，县政府批准将已收回汉葭镇滨江新城项目（一期）规划红线内 28 户居民 2 个单位共 8473 平方米国有建设用地，以及规划红线范围内近 3 公顷国有未利用地转为建设项目用地，一并作为新城建设开发公司建新城项目建设用地。

2004年，全县用地管理实行“六不供”“三到场”制度。六不供，即属于国家明令禁止项目不供地；建筑覆盖率小于用地面积50%、容积率在1.5 ~ 6以外项目不供地；不符合划拨供地条件建设单位要求以划拨方式供地的不供地；土地补偿费不能如期到位和安置方案可操作性不强的不供地；超出项目初步设计用地指标的不供地；能用劣地而坚持用上等耕地的不供地。“三到场”，即在项目可行性论证阶段，建议选址到场；项目用地批准后，界定土地到场；项目建设竣工阶段，验收界定到场。推行国有土地供应计划、有偿使用方案、出让底价确定、企业改制土地资产处置、中标人与竞得人确定、出让方式界定等国有土地使用权出让重大事项集体会审决策制度，对经营性土地使用权实行招拍挂出让，建立健全“建设用地供应集体决策”“建设用地总量供应”“建设用地集中供应”“土地登记查询”“土地使用权公开交易”“土地公开供应”“基准地价定期更新和公布”“土地出让金征收前置”“土地出让合同规范签订和跟踪管理”“土地统计信息公开发布”“土地使用权申报审批”等11项经营性土地使用权招拍挂出让工作制度，规范经营性土地使用权招拍挂出让操作程序。审核批准农村建设用地424宗3.79公顷，办理国有土地供地42宗8.94公顷。报经重庆市人民政府批准征用汉葭镇文庙社区五里村1组和学坝村2、3组集体土地共14.20公顷，作为县人民政府实施第一批城市规划建设用地。依法收回批复给烟草公司位于县城十字街8378平方米国有土地使用权。挂牌出让经营性国有土地使用权3宗，面积7.02公顷，综合价金2788.4万元。农村集体土地补偿安置结束，应补偿2725.59万元如数补偿到户，公顷均补偿643元。对金山广场、琳海花园、汽修厂片区、南门片区、滨江小区、粮转站片区等旧城改造项目实施土地使用权回收，报批彭黔公路“三改二”、彭酉路、彭务路、乌江彭水电站等重点工程用地。

2005年，取得日产2500吨新型干法水泥熟料生产技术改造等重点项目用地批复和乌江画廊游客接待中心征地批复，上报渝湘高速公路、黄家坝农贸市场、看守所迁建、光缆线路维护、彭水哨所等建设项目征地审批材料。对经营性用地全面实行招标、拍卖、挂牌，其中协议出让土地37宗187.55公顷，收取出让金242.73万元；挂牌出让4宗8.12公顷；划拨供地26宗6.30公顷。出让土地出让金成交2875.47万元，纯收入507.06万元。

2000—2005年彭水自治县土地使用情况表

表9-9

批复时间	受让单位或个人	供地面积（平方米）				土地用途	土地出让金收取（万元）
		小计	拆迁还建地	新增地	存量地		
2001年	民爆公司等	47101	2833	42003	2265	工业仓储、住宅等	9.41
2002年	亿豪房地产开发公司等	90783	12359	74725	3699	住宅和公共设施等	4.28
2003年	郁山建材厂等	18961	7879	11057	25	工业、商业、住宅	61.36
2004年	华泰房地产开发公司等	81553	12984	39769	28803	商住	197.93
2005年	茂田能源开发公司等	21113	—	—	3070	工业、住宅	60.16
合计	—	259511	36055	167554	37862	—	—

第三节　地籍管理

土地登记是地籍管理的主要业务，要求做到“权属合法，界址清楚，面积准确”。1988年全县成立土地申报登记领导小组，城镇国有土地申报登记全面展开。1989年，成立全县土地登记发证工作领导小组，至1990年8月，全县国有土地使用登记4363宗5847.65公顷。

1991年，是全县全面理顺土地关系的重要年份，4月起在保家区大河坝乡开展国有土地和农村宅基地地籍调查和发放土地使用证工作试点，历时近 3 个月，地籍外业调查和内业确权发证全部结束。全乡外业调查 2176 宗地。其中，国有土地 138 宗，集体土地 2038 宗，外业调查率 98.77%；内业确权发证 1649 宗。其中，国有土地 99 宗，集体土地 1550 宗，内业发证率 74.85%。8 月起，全面铺开国有土地和农村宅基地地籍调查登记和发放土地使用证工作。第一期由汉葭镇人民政府组织颁发国有土地使用证书。1992 年，第二期国有土地使用证书由各区（镇）组织发放。是年，全县基本完成城镇国有土地和农村非农业建设用地登记发证工作，完成 8215 宗城镇国有土地确权，确权率 90.5%，发证 6423 宗，发证率 76%；完成 11.9 万宗农村非农业建设用地确权，确权率 82%；发证 81901 宗，发证率 74.5%。

1993 年，土地详细调查大范围展开，国有土地全部结束登记发证工作，整理完成外业调查近 7 万宗地籍资料，内业确权填证结束。1994 年，开展土地权属变更登记，土地登记趋于制度化、规范化，完成土地详查外围调绘，耕地样方调查，相邻县按边调绘，并通过验收。1995 年，地价评估事务所正式开展业务，土地权属变更登记制度化。

1996 年年初，全面完成从 1992 年开始进行的全县土地资源详查外业测绘、内业转绘和面积量算工作，弄清全县 3903 平方千米范围内土地资源家底及分布利用现状。8 月起，开展城乡日常土地地籍管理，建立完善土地登记管理制度，全年完成城镇国有土地登记发证 172 宗 6.0697 公顷。其中，初始登记 141 宗 5.35 公顷；变更登记 31 宗 7197 平方米。

1997 年，全面完成县城范围内城镇地籍测量工作，绘成 150 余幅 1∶500 的城镇地籍图件，办理地籍测量和权属调查 132 宗 2.77 公顷。核发证书 123 宗，面积 2.42 公顷。其中，国有土地 112 宗 2.37 公顷；集体土地建设用地 11 宗 0.05 公顷。初始登记发证 81 宗，面积 1.56 公顷；变更登记 42 宗，面积 0.85 公顷。

1998 年，全县地籍管理实行电脑系统操作，健全国有土地使用权年检审、转让、变更、抵押等登记制度，全年共年检审国有土地使用权 1638 宗，完成国有土地使用权初始登记 476 宗，面积 29.26 公顷；变更登记 311 宗（其中抵押登记 185 宗），面积 12.37 公顷；设定登记 165 宗，面积 16.88 公顷；登记后确权发证 291 宗，面积 20.78 公顷：合格率 100%。基本完成鹿角乡、大河坝乡集体土地登记发证外业基础工作。

1999 年，办理国有土地使用权登记确权发证 252 宗，面积 62.09 公顷；国有土地使用权变更登记 107 宗，面积 2.60 公顷；国有土地使用权抵押登记 141 宗，面积 9.36 公顷；集体土地登记 26 宗，面积 0.27 公顷；国有企业土地资产转移重组登记 10 宗，面积 0.65 公顷；调解土地权属纠纷 5 件。

2000 年，办理国有土地使用权登记确权发证 1116 宗，面积 17.83 公顷；国有土地使用权变更登记 275 宗，面积 3.77 公顷；国有土地使用权抵押登记 115 宗，面积 8.37 公顷；国有企业土地资产转移重组登记55宗，面积1.86公顷。完成公有住房出售发证563宗，面积0.53公顷；集体土地登记（农村居民宅基地）34 宗，面积 0.33 公顷。调解土地权属纠纷 7 件，完成全县土地利用现状变更调查。

2001—2002 年，办理国有土地登记发证 1982 宗，面积 55.75 公顷。其中，设定登记 1203 宗，变更登记 779 宗；办理土地使用权抵押登记 292 宗，面积 5.3 公顷，担保金额 1530 万元。

2003 年，办理国有土地登记 1163 宗，面积 61.30 公顷（设定登记 218 宗、变更登记 945 宗），发放“国有土地使用证”1486 本，合格率 100%。办理土地使用抵押登记 118 宗，面积 31.69 公顷，担保金额 816 万元。国土部门为县财政、水电、公安、供销、养路段、林业公司等 19 个单位办理土地使用权分摊登记，发放 568 本“国有土地使用证”；为 6 个企业办理权属变更手续，处置土地资产价值 2800 余万元。同年，完成县城规划区基准地价修订编制和报批。

2004 年，贯彻落实权属不清、界址不明、主体不合法、程序不合法、材料不齐、面积不准等“六条不登记”政策，全县办理国有土地使用权登记 726 宗，发放国有土地证书 1124 本，登记发证面积 50.16 公顷；集体使用权登记 28 宗，面积 0.40 公顷，发放集体土地使用权证 28 本；办理土地使用权抵押登记 63 宗，担保金额 2360 万元；调查处理土地权属纠纷 5 起。是年，完成全县土地利用现状调查和城镇国有土地地籍调查，形成完整的地籍管理文字资料和地形、地籍图件，配置地籍管理规范化建设计算机系统、绘图仪及外业测绘仪等设备。

2005 年，对全县 2000 年前集体土地使用权证换证明确政策界限，解决群众换证难问题，落实高谷镇陈家村 21 户购地建房遗留问题和黄家镇东大街建设遗留问题。是年，彭水自治县征地统一年产值为 17235 元 / 公顷，办理国有土地使用权设定登记 484 宗，发放“国有土地使用证”506 本；办理国有土地使用权变更登记 2164 宗，发放“国有土地使用证”3833 本；办理集体土地使用权登记 183 宗，发放“集体土地使用证”183 本。同期，开展集体土地所有权登记发证试点工作，分别对 26 个农业集体经济组织发“集体所有权证”，并对发放土地证书的城镇和村庄宗地进行地籍调查或地籍变更调查。

第三章　土地执法

第一节　执法宣传

1988 年，县国土局利用广播、宣传车、标语等形式宣传《中华人民共和国土地管理法》和《四川省土地管理实施办法》。同年 5 月，县级领导干部违法违纪占地建私房行为被《人民日报》曝光，引起县委、县人民政府重视。1989 年，国土部门配备 2 名专职监察干部，一辆监察车和一套录音机等设备。1992 年，采用电影电视形式广泛宣传土地法，以文体活动为载体宣传土地基本政策和法律法规，以及土地使用制度改革的目的、意义和政策依据。1996 年，投入经费 6 万余元制作国土管理 10 年回顾专题纪录片《永铸大地辉煌》进行播放，举办首届“6・25”全国土地日暨“国土杯”篮球赛，组织万人游行队伍进行街头宣传。1998 年 6 月 25 日，是国土资源部成立后第一个“土地日”，全县开展主题为“土地与未来——节约用地、造福后代”的执法宣传，并出动土地执法监察车在各区乡巡回广播宣传。

2000 年，执法宣传与日常工作结合，集中宣传与经常性宣传结合，执法宣传与部门宣传结合。2001 年，结合撤区并乡和机构调整，开展土地执法宣传。2002 年，国土宣传与“三五”普法结合，培训全县乡镇国土人员提高执法水平，同时建立和完善国土资源动态巡查制度、受理举报制度、重大违法案件会审制度、违法案件移送制度以及错案追究制度等，用制度管理执法人员。对发生败诉案件，按经办人 50%，科室负责人 20%，分管领导 20%，主要领导 10% 的比例实行错案经济责任追缴制度。2003 年，重点宣传和经常性宣传结合，围绕“生命之水，未来之水”地球日宣传，在全县范围内组织实施形式多样、内容丰富的“4・22”世界地球日和“6・25”全国土地日宣传活动。2004 年，重点对《中华人民共和国土地管理法》《中华人民共和国矿产资源法》《中华人民共和国城市房地产管理法》等进行宣传，发放宣传资料 1000 份，出动宣传车 11 车次 25 人次。2005 年，发放宣传资料 15000 余份，现场咨询 300 余人次，并将《中华人民共和国土地管理法》《中华人民共和国矿产资源法》《中华人民共和国城市房地产管理法》《地质灾害防治条例》等分别汇编成册，分别发送到各乡镇和县级各部门，各乡（镇）组织村（居）民学习，各部门组织职工学习。

第二节　执法监察

1989 年，县人民政府发布《彭水自治县清理查处农村违法占地实施办法》，全面清查处理 1984 年 1 月 1 日以后全县买卖或以其他形式非法转让的土地，未经批准或采取欺骗手段骗取批准非法占用的土地，经过批准但超过批准用地数量非法占用的土地，超越批准权限非法批准占用的土地；以制止乱占土地、越权审批土地、买卖或变相买卖土地等违法行为，维护正常土地管理秩序。重点清理查处1984年以后汉葭、郁山两镇个人违法违纪建私房行为，到12月底，共清理出县城副处级以上领导干部违法违纪建私房82户84处，共计用地8438平方米，其中经过批准用地5830平方米，违法占地2608平方米，2户在清查过程中已处理，3户暂缓处理。其余退回土地947平方米，收缴罚款3万元，补交土地管理费1.1万元、配套费4.8万元，建私房住公房35户全部退出公房。

1990年，对郁山区连湖、联合、石柳等乡进行农村违法占地重点查处试点，清理1984年以后用地715宗，其中违法占地697宗20833平方米，并处理兑现。同期对靛水乡进行农村违法占地和越权审批土地展开清理查处试点，清理1984年以后用地348宗。其中，违法占地329宗3062平方米；违法占地中越权审批占用土地47宗434平方米；均按法律处理兑现。试点后全面开展农村违法占地清查处理，清理43个乡1984年以后用地15743宗，其中违法占地11972宗35.93公顷，并按相关法律法规处理兑现。对1984年1月以后县城干部职工私人建房占地清查处理结束，清查处理干部职工违法占地729户（含拆房建房195户），批准占地45085平方米，实际占地55400平方米，超出批准面积10315平方米。查出越权审批35户，占地3324平方米；未经批准75户，占地4884平方米；少批多占230户，占地9932平方米；批甲地占乙地8户，占地785平方米。清查处理县城居民建房用地725户，违法占地52043平方米。

1993年，成立县人民法院驻国土局执行室，土地执法监察工作步入程序化、规范化、法治化轨道。全年查处各类违法占地案例51件，查处率98%。其中，大要案13件，被强制执行8件，其余5件当事人自觉履行处罚标准。是年，对全县土地隐形交易行为进行建局以后第一次全面彻底清理，清理划拨土地使用权转让单位10宗，面积9038平方米；居民28宗，面积4362平方米。清理划拨土地使用权出租单位286宗，面积1654平方米；居民658宗，面积1.98公顷。清理擅自改变土地用途单位21宗，面积293平方米；居民202宗，面积5063平方米。

1994年，发生违法占地要案23起，查处23起，收回土地625平方米，处以罚款55936元。1995年清理个人违法占地21宗，1481平方米，单位违法占地100宗9672平方米。调查土地权属纠纷11件，处理8件；大要案2件，全部处理。1996年，重点查处未批先建、批少占多、批非占耕、批甲占乙等违法用地行为，查处违法占地大要案22件，面积794平方米，查处率91.6%。其中，拆除2件，面积60平方米；没收5件，面积320平方米。调处权属纠纷10件，受理群众来信来访61件次，解决53件次。

1997年，全县开展土地隐形市场、违法占地、砖瓦窑用地等3项清理，查处土地违法案件16件，面积1820平方米；拆除2件，面积120平方米，并收回土地使用权；催办手续4件，面积1700平方米；行政诉讼3件，胜诉2件，法院变更1件；处理土地使用权争议案5件，所有权争议案2件。是年，清理出1992年以后各类非农业建设用地9712宗112.65公顷。1998年，查处各类违法用地146件，强制拆除在耕地上违法建房1件，面积974平方米；调处土地权属争议440起，面积66.70公顷。

1999年，全县集中力量展开对未批先建、批少占多、批甲占乙、批非占耕、批而荒芜闲置、批而不建、炒买炒卖、隐形交易等违法用地行为进行土地管理执法检查。历经2个月检查单位用地121宗。其中，闲置9宗，非法转让6宗，面积1.28公顷；抵押划拨用地使用权3宗，面积880平方米；炒卖土地使用权9宗；违法用地94宗，面积9.14公顷。立案查处34件。其中，没收违法建筑物6宗，没收土地使用权面积567平方米；拆除违法建筑物8宗，面积807平方米。余下违法占地立案查处20件中，移送法院强制执行10件，下发停建通知书170余份，并配合相关部门对长滩火车站和白云片区违法占地进行清理。完成行政诉讼案件17件，结案9件，其余8件待审理；民事诉讼案件3件，待审理。

2000年，县土地执法监察大队对2000年前发生的各类违法占地和用地行为进行清查处理。全年清理查处各类违法用地案件218件，其中非法转让土地23件，面积1.58公顷；超占用地80件，面积 5743 平方米；违法用地 115 件，面积 7857 平方米；依法调处保家区堂路村 1 组和 2 组 1.11 公顷耕地所有权纠纷，处理珍加乡双合场村 11 组与 9 组 7337 平方米土地所有权争议等遗留案 18 件。建立 32 个“三无”（无越权审批土地、无非法买卖土地、无乱占滥用耕地）乡镇，建立健全错案追究和经济赔偿责任制度。

2001 年，处理违法用地案件 5 起，调解土地权属争议 22 件，解决历史遗留案 8 件，接待和处理人民群众来信来访 62 件次。其中立案查处 3 件，面积 210 平方米；拆除 111 平方米建构物，没收建构物 98 平方米，收回土地 110 平方米，调处土地使用权和所有权争议 12 件。2002 年，国土资源发案率控制在 2% 以内，查处率实现 99.3%，结案率在 99% 以上，受理各类土地纠纷案 44 宗。

2003 年，出台《彭水自治县经营性土地使用权招标拍卖挂牌出让暂行办法》《彭水自治县人民政府关于公布国有土地使用权基准地价和公示地价的通知》《彭水自治县土地审批集体决策制度》《彭水自治县国有经营性土地招标拍卖挂牌出让程序规定》等一系列法规制度，全面推行动态巡查制度，依法查处各类违法案件和行为。全年清理出违法用地 28 件，立案 4 件，制止 24 件；调查处理土地权属纠纷 10 件，注销房屋产权证 14 件。接待群众来信来访 65 件。其中，受理 15 件，结案 12 件。查出县人民政府于 2001 年 12 月将位于县城驻地汉葭镇绸缎街 5523 平方米国有土地划拨给华宇房地产开发有限公司修建乌江民族广场，而开发商却将此地建成临街营业用房，屋顶上建广场，营业用房向社会公开出售，获取巨额不法收益；县饮食服务公司不经批准，将原划拨用地与开发商联合建成商品房后向社会公开出售，从中牟取利益。

2004 年，在清理和查处违法案件中，对违法用地立案 7 件。其中，向县人民法院申请强制执行 4 件，制止违法用地 350 余起，下发停建通知书 150 份。

2005 年，县国土资源执法监察大队对违法占地立案 16 件，下发停建通知书 170 余份，完成行政诉讼案 17 件，结案 9 件，其余 8 件待 2006 年审理。配合相关部门开展对长滩火车站和白云片区违法占地清理，集中对汉葭镇汉关路、东门、文庙等违法占地建房进行清理。清理查处河堡肉联厂、学坝居委、渔塘居委、彭水第一中学等违法占地案 22 件，面积 2168 平方米。开展土地执法百日行动，对擅自改变土地用途，用“以租代征”和擅自突破审批核定用地范围，圈占土地或未批先占，未经批准擅自占用集体土地以及擅自改变土地用途，未经批准擅自转让土地使用权等违法违规行为，逐一调查摸底，登记造册，按“既查事，又查人”的要求，对涉案人员依法查处。是年，为确保乌江彭水水电站第一机组发电，对坝区 157 户房屋占地 1.02 公顷的违法建筑，全部安全有效拆除。同时全年共立案各类土地违法案件 33 件，办结 100%。

第四章　土地开发与保护

第一节　开发规划

1988 年，全县建立起土地开发复垦台账、土地开发复垦后可利用土地台账、灾害毁地统计台账，全县地貌区划和干果水果资源调查完成，农业区划和土壤普查进入尾声。是年，地区下达彭水 133.4 公顷土地开发计划。1991—1993 年，全县规划第一期开发整理土地 1387.36 公顷；1994—1996 年，规划第二期土地开发整理 533.6 公顷。1997 年，聘请西南师范大学地理系负责编制完成《彭水自治县土地利用总体规划》,《彭水自治县县级和乡级土地利用总体规划》根据市国土房管局组织专家评审意见进一步修改和完善，同时编制完成《彭水自治县基本农田保护区规划》和 65 个乡、镇、场的乡级基本农田保护规划和图件。全县规划 1997—1998 年改造整理土地 1867.6 公顷。

1998 年，全面结束朱砂、清平、羊头铺、汉葭镇、下塘、高谷、共和等 7 个乡级土地利用总体规划编制工作。1999 年，对高谷乡青山片区、凤鸣乡白凤片区开展土地情况调查，规划对两片区实行改造，并撰写专题报告分别上报市土地房屋管理局和国土资源部。同年，县人民政府将《彭水自治县土地利用总体规划》上报重庆市人民政府审批，新编制全县 30 个乡和修编 7 个乡（镇）土地利用总体规划，编写 4 个土地开发整治可行性研究报告。2000 年 3 月，重庆市人民政府批复同意修订后的《彭水自治县土地利用总体规划》, 指出确保全县耕地保有量不低于 81786.7 公顷，全县耕地减少量不得超过 10220 公顷，其中建设占用耕地不得超过 353.3 公顷，有计划安排退耕 12000 公顷，城区建设用地总规模控制在 500 公顷以内。是年，编制完成 4 个土地开发整治可行性研究报告，其中报市国土房管局 2 个、国土资源部 1 个。

2001 年，重庆市国土房管局批复原则同意彭水自治县汉葭镇等 64 个乡镇土地利用修订总体规划，编制完成凤鸣乡白溪河流域土地整理项目，迁桥乡水田坝土地开发整理项目编制完成并向市局申报立项。

2002 年，全县规划土地开发、整理、复垦新增耕地 2964.2 公顷。其中，土地开发 1011.8 公顷，土地整理 1075 公顷，复垦 877.4 公顷。向市国土部门申报土地整理项目 4 个，获批实施 2 个。其中规划白溪河土地整理 933 公顷，可新增耕地 18.4 公顷；朱家嘴土地开发 67.2 公顷，可新增耕地 67.2 公顷。九曲河土地整理项目通过市上评审，同时完成鹿角镇王家坝土地整理项目申报。同期,《彭水自治县土地开发整理规划》通过市国土房管局有关专家评审。

2003 年，根据渝怀铁路占用土地 162.50 公顷，其中耕地 122.58 公顷，县人民政府规划对岩东土地综合开发整理区开发整理 2021.16 公顷，其中土地平整 1717.96 公顷，新增有效耕地 197.57 公顷。2004 年，县内第一个国家级土地整理项目——迁乔乡土地整理前期准备工作完成，国家级项目鞍子乡土地整理已通过规划评审。

2005 年，全县土地利用总体规划正在编制中，已经完成基本农田分级、耕地坡级调查，立项批复 14 个中小型水电站用地并调整总体规划。重新规划设计迁桥土地整理项目实施方案，业已完成岩东迁山坝和郁山朱砂国家级土地整理项目以及芦池坪、芦池涵、同连山、魏家坝县级土地开发项目的可行性研究、规划、设计、立项等工作。

第二节　开发整理

20 世纪 80 年代末，全县土地开发、整理、复垦，主要由县国土部门立项实施，其他相关部门参与。1987 年，全县投入土地开发资金 559 万元，新增耕地 626.91 公顷。1988 年，全县改造低产田土 16.68 公顷，培育苗圃 200 公顷。是年，葡萄乡葡萄村 8 组村民冯兰芳，承包集体荒山地 5.87 公顷，用 4 个月时间将其中 1.35 公顷荒山地变成熟土。1990 年，全县开垦耕地 22.40 公顷，改造中低产田 230 余公顷。

1991 年，彭水争取到“川东项目”，项目经费 200 万元，用于改造中低产田。县人民政府汇集农、林、水、国土、交通等部门组成农田水利指挥部，实行统一规划、统一管理，在国道 319 沿线羊头铺、大河坝、清平、三连、棣棠、迁桥、龙溪、走马、诸佛、珍加等乡实施，到 1993 年，“川东项目”第一期土地开发整理总计改造 534.87 公顷，净增耕地 125 公顷。其中，开发耕地 15.87 公顷，复垦 6.94 公顷，坡改梯 206.77 公顷，取石还土 305.29 公顷，总投资 780 万元。总投资中分国家 312 万元，省级 230 万元，县级 121 万元，群众投劳折资 117 万元。1994—1996 年，开展“川东项目”第二期土地开发整理，在平安、龙射、下塘、鹿鸣等乡开发整理 214.64 公顷。其中，整理耕地 106.92 公顷，开发园地 3.95 公顷，改造荒山 40.29 公顷，恢复耕地 7.09 公顷，复垦 3.11 公顷，取石还土 53.28 公顷。总计改造中低产田 1867 公顷，净增耕地 126 公顷。全县“川东项目”第三期土地开发整理从 1997 年冬季开始，1999 年 12 月全面竣工，对羊头铺、大河坝、县良种场、种蜂场、清平等乡（地）共开发整理土地 1574.12 公顷，净增耕地 108 公顷。其中整理耕地 1267.30 公顷，开发荒地 96.05 公顷，复垦土地 10.67 公顷，造林 200.10 公顷，同时配套整治完善水利、交通等设施。其间，对太原乡 200 余公顷水毁耕地进行整治，恢复被洪水冲毁土地 100.45 公顷。

2000 年，坚持开源与节流并举，逐级落实耕地开发任务并采取分级负责和部门配合办法，全面完成 133.40 公顷开发复垦任务，利用争资立项对现有中低产田土进行改良和改造。

2003 年，完成国家补助项目——凤鸣乡白溪河流域（楠木井）土地开发整理项目，总面积 28.85 公顷。其中整理 24.83 公顷，开发 4.02 公顷，共计投资 91.09 万元。完成市级示范项目——朱家嘴土地开发整理项目，开挖河道 208 米，河道上端口宽 120 米，底部宽 70 米，开挖土石方 43 万立方米，在整理原区域郁江上下游分别构筑一条长 330 米、350 米，底部宽 34 米、高 14 米的卵石混凝土与碾压土石坝相结合的拦水大坝，开发整理土地 72.46 公顷。其中，开发滩涂 16.46 公顷，开发水毁地 33.4 公顷，开发利用废弃河道 22.6 公顷，新增耕地 61.54 公顷。工程由重庆虎溪建筑公司和遂宁市第八建筑公司分别在上下游两个作业面同时施工，将保家镇大河坝、陈园坝、高枧坝、关滩坝以及朱家嘴连成一片，新增 66.70 公顷稳产高产农田。市级土地开发项目小厂乡陈家湾土地动工，新增耕地 46.67 公顷。完成由中央、市、县三级投资冠子山土地整理项目，开发整理 727.67 公顷，新增耕地 200.73 公顷，修建蓄水池 37 口，便民池 39 口，排洪渠 2 千米，机耕道 22 千米，耕作道 68 千米。

2004 年，经国家验收合格的冠子山项目和保家片区项目共实现新增耕地 306.82 公顷，对“三改二”公路和部分小项目占地实现补充。渝怀铁路占用耕地 120.06 公顷，已用曾家坪、小迷坑、狮栗坪 3 个土地开发整理项目进行补充，新增耕地 104.45 公顷。

2005 年，完成保家朱家嘴土地开发项目及其附属设施工程，迁桥土地整理项目按重新规划设计实施方案复工。汉葭镇辖区原下塘乡大树村6、7、8组整理土地114.64公顷，新增耕地7.79公顷。平安乡长坪村3、5、6、8组，冠子村1、2、5、6、8组，学堂村2、4、5、6组，新场村3组等14个村民小组，共开发整理土地407.19公顷，新增耕地71.79公顷。鹿鸣乡龙田村2、3、4、6、7、8组，万年村6、7组等8个村民小组，共改造整理土地65.54公顷，新增耕地13.28公顷。龙射镇庞家村4、6组，银木村1、2、3、4、7组，胜利村1、2、3、4、5组等12个村民小组，共开发整理土地310.14公顷，新增耕地36.25公顷。保家镇长窑村1组，陈园村7组，鹿山村社区1、3、4、7、8、9组，清平社区2、3、4、6、7、10组，羊头铺社区1组等15个村民小组，共开发整理土地1840.92公顷，新增耕地186.57公顷。是年，全县除朱家嘴土地开发项目外总计新增耕地315.69公顷，按市国土房管局和农业局要求全部补划为基本农田。

第三节　耕地保护

1986年，中共中央将“切实保护耕地”作为基本国策。

1992年在迁桥乡水田坝建立第一片农田保护区，1993年编制出台全县《基本农田保护规划》，框定基本农田保护区，建立起保护区动态监测体系。1994年划定基本农田保护区9处，面积3595.93公顷，设置起保护碑，县、区、乡、村、组层层签订保护协议。

1995年，县人民政府颁发《彭水自治县基本农田保护实施办法》，成立县基本农田保护领导小组，与各乡（镇）签订基本农田保护责任书，具体牵头组织保护全县基本农田。落实基本农田保护6670公顷，基本农田保护区扩大到50个乡（镇）304个村，保护面积30009.33公顷，占耕地面积的53.1%。

1996年，与黔江地区行署签订73225.33公顷基本农田保护责任书，投入20万元用于基本农田保护，抽调123人组成基本农田保护工作队到各区、乡具体指导工作，将落实基本国策稳定耕地面积作为各级行政领导政绩考核。同年编写的县乡两级《基本农田保护规划》获得重庆市国土资源和房屋管理局科技成果二等奖，编制完成保护区规划图65幅，设立保护碑52块，保护界桩4182个，签订保护责任书4775册，划定43616.83公顷一级基本农田和31304.39公顷二级基本农田，建立起县乡两级基本农田保护档案。

1997年，全县划定65个保护区，624个保护片，4580个保护点，482906个保护块，保护块分别落实给144969个责任人。编制完成《彭水自治县基本农田保护区规划》和65个乡（镇）及其场镇的乡级基本农田保护规划和图件，并通过地、县两级评审。全县规划与划定基本农田保护面积74904.10公顷。其中，一级保护面积43621.80公顷，二级保护面积31282.30公顷。坚持推行占有基本农田许可制度、占一补一制度和耕地造地收费制度，共收造地费6.95万元，建立起占用基本农田建设用地动态监测台账。

1998年，国家下达给彭水国债资金100万元，县财政安排预算内专项资金100万元，县乡财政配套及受益村组投劳折资50万元，共计投入250万元对郁江流域大河坝片区，羊头铺乡构树坪、花塘村，大河坝朱家店、五四村，迁桥乡长岗、三合村，东流乡柏果村等31个组4800人承包地实施水土流失治理，完成治理面积2000公顷，完成坡改梯200公顷，营造水保林400公顷，经果林400公顷，种草50公顷，封禁治理150公顷，保土耕作800公顷，修筑拦山堰7条1.5千米，排洪沟8条3.5千米，开挖沉沙凼36口，修建蓄水池15口，蓄水2500立方米。

1999年1月1日起，全县执行《彭水自治县耕地开垦费耕地闲置费土地复垦费收取与使用管理实施办法》，同期执行土地房屋管理收费，其项目分土地管理费、土地证书费、土地权属调查费、地籍测绘费、土地荒芜费、耕地保护费、农村宅基地超面积损失费、烧砖采石土地复垦费、地价评估费等9项。2000年，县土地房管局制订出台64个乡（镇）基本农田保护制度。

2001年，全面完成县境内基本农田保护区调整划定工作，划定后绘制彩图35套70幅，编撰文本35套175册。全县基本农田保护调整划定后，原基本农田保护64个乡（镇），调整为63个乡级保护单位，取消汉葭镇基本农田保护区，将其基本农田保护指标分摊到其他乡（镇）。全县49个乡镇作出部分调整，如：下岩西乡原保护面积1707.19公顷，调整为864.37公顷，保护率44.77%；高谷乡原保护面积1140.37公顷，调整为332.10公顷，保护率22.22%；朱砂乡、走马乡调整后，分别增加基本农田保护面积533.60公顷、600.30公顷。全县原基本农田保护面积74924.11公顷，调整为74904.10公顷，比原来减少0.24%。调整后编制县级基本农田保护彩图一套，乡级基本农田保护彩图63套，撰写县级调整划定文本一册,《县级基本农田保护规划》和《乡级基本农田保护规划》文本63册，各种统计表64套。同期设定永久性保护碑52座，保护界桩3986个，签订保护责任书623份，落实保护区责任人623个，保护单位（乡级）63个。

2004年，成立县基本农田保护检查领导小组，编制出台《彭水自治县基本农田保护检查实施方案》。经过组织检查，发现基本农田被占用现象严重，全县土地利用总体规划确定基本农田保护总指标为74904.10公顷，占全县耕地总面积80%左右，截至2004年7月基本农田共减少54.75公顷。如平安乡平安村占用11.71公顷用作苗圃基地，保家镇占用25.11公顷作布郎李基地；其他如县良种场、靛水乡靛水村、龙洋乡、万足乡和全县主要交通干线也存在不同程度的减少，还有少数村民在交通干线旁占用少量基本农田建房。同时发现1996年划定基本农田时所建保护碑大部分已损坏，少数乡（镇）基本农田保护图件丢失或残缺。随后重新设立39块基本农田保护碑（牌），绘制已损坏或丢失的乡镇基本农田保护图19幅，重新逐级签订基本农田保护责任书。

2005年，县人民政府出台《耕地保护责任目标考核办法》，进一步健全耕地保护制度。是年，全县除朱家嘴重大土地开发项目外，部分乡镇土地开发整理总计新增耕地315.69公顷，按市国土房管局和农业局要求全部补划为基本农田，保护全县基本农田74904公顷得以全面落实。

第五章　房屋管理

第一节　住房制度改革

1986年，对县城143个单位932幢房屋和汉葭镇1847幢房屋进行普查，实有建筑面积62.23万平方米。其中，汉葭镇私房18.78万平方米，县属机关单位43.45万平方米。住宅使用面积26.26万平方米。其中，县属10.82万平方米，汉葭镇私房15.44万平方米。1989年，开展清理查处县城干部职工违法违纪建造私房行为，清理723户4338人，占地56080平方米。其中，副局级以上领导干部82户492人，占地8438平方米；股级干部98户588人，占地7601平方米。723户清理对象中违法违章建房175户1021人，违法占地5676.98平方米。经过调查核实，没收处理22户，没收违法占地913.5平方米；罚款处理121户，违法占地11435.96平方米，其余32户限期补交有关费税。

1992年，在县稽征所、县财政局进行出售公房试点，同时实行小步提租和交保证金以息抵租，迈出城镇住房制度改革第一步。

1993年，推行公有住房出售，先是适当提高公有住房租金，即按1992年县人民政府划分的两类8级房屋结构和质量标准，房租幅度分别提高1倍。然后初步建立住房公积金制度，将住房公积金作为义务性长期储金，实行公积金办法的职工个人按月缴纳占工资一定比例的公积金，单位也按月为职工提取同比例的公积金，两者均归职工个人所有。规定公积金办法从1993年1月1日起实施，公积金的使用从1995年1月1日起执行，但由于种种客观原因未付诸实施。重点推行向职工优惠出售公有住房。可以出售公有住房的单位有：县属党政军机关、人民团体、事业单位、全民和集体所有制企业；汉葭区驻镇机关和企事业单位；汉葭镇机关和企事业单位；中央、省、地驻汉葭镇单位。购房对象为前述售房范围内所属单位工作的正式职工（含退离休、合同制职工）以及正住公房或符合分房条件的职工，并限制每户只能优惠购买一处，家庭居住面积达到本地人均居住水平的拥有私房的职工不能购买。对诸如集体宿舍、乱石结构住房、宜作门市部的楼房等不宜出售的公有住房，实行只租不售政策。上述公有住房基准价每平方米160元，综合造价每平方米200元，市场价每平方米235元。职工享受优惠政策购买的公有住房，可以继承和出售，受法律保护。

1994年，对县属党政机关、人民团体、事业单位、全民所有制企业，中央、省、地驻汉葭镇单位，汉葭镇党政机关、事业单位以及汉葭区驻镇机关、事业单位等干部职工当中多处占用公房、有私房住公房和强占公房者进行重点清查处理，清理结束后逐步形成公房管理制度。

1996年，明确住房公积金是一种“个人存储、单位资助、统一管理、专项使用”的长期性住房储金，全县所有党政机关、社会团体、企事业单位的固定职工（含劳动合同制工人和三资企业的中方人员）均应缴纳。规定职工在职期间，按职工个人工资收入和单位职工工资总额的5%逐月缴纳，限用于职工购买、建造及大修理自住住房抵押贷款，职工离退休、离职或出国定居时，由本人提取住房公积金本息余额。但由于彭水经济发展缓慢滞后，此项制度一直到2005年年底，仍未实施。

1999 年，县计划部门不再以基本建设方式、经委不再以更新改造方式向单位下达住房建设投资计划。县住房制度改革领导小组执行《重庆市公房出售后再交易试点办法的通知》:（1）一对夫妻只有一套共有产权住房，住满五年后必须经原产权单位同意才能再交易，凡购买后住用未满五年和未经产权单位批准同意进行交易的一律无效;（2）一对夫妇在两处或多处购占住房而买共有产权住房，在办理完全产权时又只能办理一套的，其余住房应退还给原产权单位，更不得私自交易;（3）调出县外工作未按市价购买为完全产权的要限期退回原单位，如有私自再作交易的一律视为无效;（4）购买完全产权房屋顶层空间和公共过道均属产权单位所有，个人不得私自加楼和变卖。同年，县国土房管局申请将国土资源大厦综合楼推出 87 套住房作为商品房出售，改造旧城占地面积 1200 余平方米。并对县城居民点公有住房（山谷公园）的水、电、下水道以及房屋维修和城镇居民住房实行货币化管理。

2000 年，停止福利性实物分房，全面启动货币化分房。按县住房改革领导小组发出《关于加快住房制度改革的通知》，原来已经按房改政策办理房屋产权证的，向购买职工补办国有土地使用权证和契税证；全面按《关于深化城镇住房制度改革的通知》进行房改，超过文件规定两处以上（含两处）已购房或其他方式多占房的，由原房屋产权单位立即进行清查处理。同期，县上出台并开始实施《彭水自治县城镇集资合作建房管理办法》，以建立城镇住房新制度，转换住房分配机制，改革住房建设投资由国家和单位统包体制为国家、单位、个人三者合理负担的体制，将城镇集资合作建房纳入经济适用住房建设计划管理，由行政事业单位组织职工集资新建住房，政府房地产管理部门组织社会、单位和个人集资改造旧房，分全额集资和定额集资两种方式。全额集资建成的住房可以依法进入市场交易，定额集资建成的住房使用 5 年后可以依法进入市场交易。

2003 年，规范农民建房收费政策，取消过去与国家政策不一致的收费。2004 年 7 月 1 日起，按重庆市土地资源和房屋管理局、市房改办联合下发《关于城镇住房制度改革工作若干问题的通知》精神，资助购房政策与住房货币分配政策相衔接，对于符合住房补贴规定的购房职工，有条件的单位可采取住房补贴形式对职工实行一次性购房补贴。

2005 年，全县城镇实有房屋面积 247.83 万平方米。其中，钢混结构 157.83 万平方米，混合结构 69 万平方米，砖木结构 20 万平方米，其他结构 1 万平方米；住宅 210.66 万平方米，非住宅 37.17 万平方米。城镇人均居住面积由 1986 年的 8.93 平方米增加到 27.04 平方米。

第二节　房产登记

1987 年，成立城镇房屋申请登记核发产权证领导小组，首次对全县房产进行申请登记，核发产权证，全年审批建房许可证 58 家。截至 1991 年，汉、郁两镇公私房累计完成收件 1433 件。其中，单位 683 件，私产 750 件，占地面积 209 万平方米，建筑面积 43 万平方米。截至 1995 年 9 月，全县核发房屋产权证 1808 本，其中单位房发证 742 本。

1999 年，全县开始规范农村房屋权属登记，明确县房管部门为农村权属登记唯一合法有效机构，农村房屋产权证一律使用重庆市土地房屋管理局统一印制的标准证书，包括“农村房屋所有权证”“农村房屋共有权证”“农村房屋他项权证”等证书。是年，收到产权申报 2200 件。其中，登记发证 2149 件，建筑面积 32.41 万平方米，发证率 97.68%；房产交易变更发证 44 件，建筑面积 24.53 万平方米，调解产权边界纠纷 3 件。

2000 年，进一步规范房产登记管理，办理各类登记和确权颁证业务，收到房屋产权申报资料 2100 件，依法完成其中登记发证 1941 件，建筑面积 31633 平方米，发证率 92.43%；办理房产抵押贷款登记695件。是年6月，国土资源大厦全面竣工并投入使用，耗资1500万元，建筑面积19000余平方米，占地1300平方米。2004年，为银都物业有限公司、佳鑫物业管理有限公司、天乐物业有限公司办理房产物业管理资质证书。

2001—2005年，累计设定权属初始登记8124件138.20万平方米；设定抵押登记55450件124万平方米，担保金额28225万元；设定转移登记2015件20.14万平方米；累计商品房预售许可证登记20件，预售面积30万平方米。其中，2005年登记核发房地产权证1345件17.6万平方米；办理地产转移登记359件6.3万平方米，成交额1285万元；办理房产抵押贷款登记1326件44.3万平方米，担保额8687万元；核发商品房预售许可证4件36830平方米。

第三节　房产交易

1994年年初，设立县房地产管理办公室，负责管理房地产交易市场、房屋产权产籍；成立售房领导小组，具体办理售房业务；全年共审批产权交易200户。

1999年5月，设立彭水自治县房产交易所，属地产中介服务机构，在县土地房屋管理局领导下工作。是年，完成房产交易变更发证44件，建筑面积24.53万平方米；完成房产交易4.2万平方米，成交额2800万元。其中，住宅面积3.8万平方米，商业服务用房0.4万平方米；销售新建房屋4万平方米，金额1480万元；销售旧房2.5万平方米，金额925万元。2000年，全年实现房产交易233件，交易金额2326.34万元。

2002年，房屋产权转移交易累计完成2509件，建筑面积3.5万平方米，成交金额1.7亿元。其中，二手房交易130件，房屋抵押登记920件，面积21万平方米，登记抵押贷款2700万元。

2003年，审批房产转移交易258件，建筑面积34593平方米，成交金额1943万元。其中二手房交易150件，占总交易总额58.14%。

2004年，受理审批确权房产转移交易363件，建筑面积46662平方米，成交金额3140万元。其中二手房交易280件，面积33600平方米，占实际转移交易总额的72.00%。

第四节　拆迁补偿安置

1997年以前，房屋拆迁涉及城市基础设施、交通和公益事业建设，采用货币安置，由被拆迁人自拆自建，如立交桥、319国道改造、希望小学等。1998年，彭水开始由开发商投资开发房地产和建设宾馆等。1998—2000年，采用三种安置方式，即由开发商一次性补偿，由被拆迁人自拆自建，实行产权调换。

2001年起，县城禁止修建单体房，取消被拆迁人自拆自建补偿方式，采取货币补偿和产权调换两种方式，以产权调换为主。县上出台《彭水自治县城市房屋拆迁管理暂行办法》，组建起城市房屋拆迁代办机构，执行拆迁许可制度，对拆迁单位资质进行严格审查。是年，拆迁旧房建筑面积26728平方米，占地面积19053.7平方米。完成对渝怀铁路彭水段征地拆迁安置，完成全县10个乡30个村铁路征地150.08公顷，占总用地162.55公顷的92.33%，完成206户48567平方米房屋拆迁，占278户67541平方米总房屋拆迁量的71.91%，基本保证铁路工程建设用地正常施工。2002年，渝怀铁路彭水段拆迁房屋278户68051.66平方米，其中简易房屋1615.12平方米；拆除县城危旧房30户13460平方米。

1992—2002年，全县拆迁县城房屋1370户187951平方米，其中住宅1095户173943平方米；非住宅275户14008平方米。安置1390户189268平方米，其中采取产权调换375户42733平方米；

货币安置 1015 户 146535 平方米；解决遗留问题 16 户 958 平方米，尚留 4 户 359 平方米等待安置。

2003 年，县人民政府出台《彭水自治县城市房屋拆迁若干费额标准》《彭水自治县城市房屋拆迁附属物补偿标准》，自 2003 年 9 月 1 日起执行。其中，行政事业性及中介服务机构收费标准包括房屋拆迁管理费、代办拆迁服务费、房屋评估费等，房屋拆迁补助奖励等费额标准包括搬迁补助费、临时安置费、经济损失补助费、电话迁移费、水电总表等设施拆迁补偿费、提前搬迁奖励费，以及房屋附属物补偿费等。是年，开始实施江南新城小区（第一期）和彭酉公路彭水段的房屋拆迁，签订 21 户房屋拆迁协议，同时开展阳光公务员小区征地拆迁，并指导滨江小区、金山广场草拟拆迁补偿安置方案。

2004 年，审批县城金山广场拆迁许可 1 件，批准拆迁 51 户 5531.35 平方米，指导金山广场、乌江画廊游客接待中心、彭酉公路进站段拆迁房屋 64 户 13658.9 平方米，安置 46 户 11893.96 平方米，过渡安置 23 户。为佛泉植化产品加工厂征地 0.80 公顷，拆迁房屋 564 平方米。

2005 年，完成国家、市、县重点项目的用地拆迁，对 561 户农户进行安置，按照拆迁管理条例对市、县下达的拆迁计划实施城市房屋拆迁，对被拆迁户实行 100% 的补偿。

第五节　危旧房鉴定改造

2001 年，县人民政府出台《县城区域危旧房改造工程实施意见的通知》，明确从 2001 年起，5 年内完成对县城西城、城南（汉葭镇河堡社区）、中环街、南方、渔塘、下街、十字街（民族广场）、码头（乌江）、临江（滨江社区）、沙沱、豆芽湾、学坝等 12 个片区危旧房改造。

2003 年，鉴定危旧房屋 150 幢，建设面积 73900 平方米。其中，非住宅面积 38800 平方米，住宅面积 35100 平方米，出据鉴定报告书 150 份，书面鉴定通知单 80 份。主要鉴定重点项目施工造成的危房有：渝怀铁路施工造成危房 105 户，建筑面积 16500 平方米；黔彭“三改二”工程施工造成危房 24 户，建筑面积 4380 平方米；彭酉二级公路施工造成危房 3 户，建筑面积 800 平方米。其他中小学危房鉴定 62 幢，建筑面积 22800 平方米。改造连片危旧房屋 15 户，建筑面积 3000 平方米；改造零星危旧房屋 12 幢，建筑面积 3200 平方米；改造因交通事故撞损房屋 3 幢，建筑面积 720 平方米；建工业厂房 1 幢，建筑面积 16000 平方米；各乡镇改造危房 5 幢，建筑面积 6500 平方米。

2004 年，改造城市连片危旧房屋 6 处，鉴定和拆除危旧房 53 幢，建筑面积 13000 平方米；改造零星危旧房屋 18 幢，建筑面积 2600 平方米；各乡镇改造危旧房 3 幢，建筑面积 3200 平方米。鉴定因渝怀铁路、黔彭“三改二”工程施工损坏房屋 115 户，建筑面积 27000 平方米。

第六节　房地产业

一、行业概况

1985 年，全县有建筑公司 15 个，职工 2086 人。1986 年，成立集体建筑企业协会，主管部门建立建筑工程质量监督站，对建筑行业进行行业管理和工程质量监督。是年，在建工程 73 项，其中 53 项为本县企业承建，二建司建筑队、石柳乡建筑队等进入黔江和贵州的务川、凤岗等地施工。1987 年，原勘察设计室更名为彭水建筑勘察设计所。1988 年，全县合格集体建筑企业 14 个，按城乡分：城镇 7 个、乡镇 7 个；按等级分：三级企业 4 个、四级企业 9 个、五级企业 1 个。共有职工 4317 人，其中技术人员 231 人。固定资产 482.48 万元，流动资金 162.65 万元，年创建筑施工产值 2697.17 万元（含公路、市政设施建设）。当年投入建筑工程 265 个，安装工程 17 个，建筑施工产值 282 万元，施工面积 35790 平方米，竣工面积9963平方米，实现竣工产值197万元。时有机械设备109台（件），总功率658千瓦，资本金与资产合计均为164万元，流动资产49万元，固定资产115万元。1991年，县建委增设建筑设计所、工程质量监督站、房地产综合开发公司三个职能机构。全县12个建筑施工企业中，有从业人员2000多人。1995年，全县有建筑施工企业20个，职工总人数6600余人。其中，长期工2000余人，临时工4000余人、各类管理和具有技术职称人员600余人。投入建筑工程2332个，安装工程71个，建筑施工产值2403万元，施工面积51100平方米，竣工面积43100平方米，实现竣工产值1853万元。时有机械设备350台（件），总功率2461千瓦，资本金2298万元，流动资产975万元，固定资产1323万元。1999年，通过技术考核资质审查，全县施工企业13个，其中有二级企业2个、三级企业11个，获重庆市先进企业2个，从业人员6000余人，其中工程师36人，能独立施工钢混结构23层及以下的主体工程和装饰工程。2000年，施工面积51300平方米，竣工面积41200平方米，完成房屋建筑施工产值2550万元。2001年，施工面积160200平方米，竣工面积142400平方米，完成房屋建筑施工产值9642万元。2004年与2005年，施工面积分别为210600平方米、228200平方米，竣工面积分别为107100平方米、156200平方米，完成房屋建筑工程施工产值分别为11623万元、14312万元。2005年，彭水建筑勘察设计所改为重庆市恒名建筑工程设计有限公司，是全县唯一具有国家资质测绘和设计单位，负责全县建筑设计，编制总概算，配合施工和竣工验收。全县15家施工企业，其中外地到彭水从事房地产开发企业有重庆银都房地产开发公司等3家。各个施工队伍都配备有施工员、预算员、质检员、安全员、材料员、财会员、统计员、机械管理员、装饰施工员，以及钢筋工、泥水工、架子工、电工、电焊工、油漆工、爆破工等。施工面积228200平方米，竣工面积156200平方米，房屋建筑工程施工产值14312万元。

二、技术装备

20世纪80年代中期，彭水房屋建设由平房向楼房过渡，砖木结构取代木结构平房和简陋草房。单位办公室、城镇居住房时兴套间，施工技术以手工操作为主，使用砖刀、灰板、吊线砣、水平尺等简单工具，脚手架也以竹木捆扎支撑，基础大多用乱石加水泥砂浆堆砌。80年代后期，房屋建设逐渐以楼房为主，十几层楼房比比皆是，全框架结构被普遍采用，钢筋混凝土基础加圈梁，地面多为彩色水磨，室内装饰采用吊顶，塑料贴面墙布，外观饰面普遍采用马赛克、瓷砖、大理石。施工采用振动棒、搅拌机、水磨机、少先吊、卷扬机、打夯机、水泵、筛沙机、电焊机，手扶拖拉机等中小型施工机械进入工地，脚手架也采用钢管加扣件。县城先后建成百货大楼、五金大楼、邮电大楼、工人俱乐部、县招待所、电影院、文化馆等，成为当时代表作。20世纪90年代到21世纪初的2005年，20多层楼房在县城出现，框架结构、框剪结构、钢架结构，以及新技术、新工艺、新材料被推广。粗直径钢筋连接、新型模板和脚手架应用、新型墙体应用、新型防水和塑料管应用、计算机应用和管理、在屋面砼中掺入AEA-H膨胀剂、砼小型空心块体系、竹胶大模块和中型钢模板、竖向钢筋电渣压力焊接、SBS改性沥青防水卷材和UPVC、PP-R塑料管应用等材料和技术被逐步采用。基础有板式、桩式，或用人工，或用钻孔机打井孔，钢筋捆扎成几米十几米的铁笼，置于孔洞内，再浇筑混凝土。打桩机、井架、塔吊、挖掘机、推土机、翻斗车、大型汽车、混凝土搅拌运输车、汽车式起重机、履带式起重机、空气压缩机、钢筋切割机、钢筋弯曲机、抹灰机等现代化大中型设备被广泛应用，施工基本实现机械化。乌江商业城、农行大厦、金叶体育馆、县委办公楼、县政府办公楼、民族会场、彭水城北汽车站、畜牧局大楼、电力大厦、彭水宾馆、亦君小区、金龙小区、国土资源大厦、新世纪大楼、电信大楼等成为彭水县城标志性建筑。

三、房地产工程

彭水中学工程　1986—1988年，投资30万元，建教学楼3000平方米。1995年，投资42万元，扩建教学楼1600平方米。2000—2001年，投资400万元，建前校门综合楼，建筑面积8000平方米。

2003年10月至2004年8月，投资500万元，建第二教学楼，建筑面积6600平方米。

民族中学教学楼　1990年2月，投资24万元，新建教学楼3000平方米。

森林希望小学工程　1997年，投资100万元，占地面积13340平方米，建筑面积2100平方米。2002年3月至2003年，投资500万元，扩建项目总建筑面积5500平方米。

中小学危房改造工程　2001—2005年，实施中小学危房改造工程项目88个，消除D级危房52897平方米，新建校舍面积52897平方米。其中，教学及教学辅助用房50197平方米，办公用房1500平方米，生活服务用房1000平方米，其他用房200平方米。

职教中心综合楼　2001年3月至2003年12月建成，投资303万元，建筑面积3172平方米。

县人才培训中心　1998—2000年，投资700万元，建人才培训中心综合大楼，占地面积1900平方米，建筑面积1万余平方米。

县图书馆　2005年，开工建设，总投资374万元，建筑面积4100平方米。

县医院门诊综合楼　2002年12月至2003年12月，投资220万元，建筑面积3449平方米，设床位190张。

县妇幼保健所（院）　2000年3月至2001年1月，投资280万元，占地面积425平方米，建筑面积5000平方米。

县疾控中心综合楼　2003年7月至2005年6月建成，投资223.33万元，建筑面积1000平方米。

彭水宾馆　1998—2000年建成，投资1600万元，二星级宾馆，建筑面积4000平方米。

县民族会场　2002—2003年，总投资946万元，新建民族会场，建筑面积4万平方米。

彭水殡仪馆　2002—2004年建成，总投资350万元，占地面积3333平方米。

电信综合楼　2001年11月开工建设，投资1640万元，建筑面积1.2万平方米。

乌江商业城　彭水自治县第1个引资房地产开发项目，1994年4月至1995年12月完成，占地面积3666.2平方米，建筑面积2.2万平方米，总投资1300万元。

乌江商贸园小区　建筑面积8万平方米，总投资7020万元。1998年4月动工，2005年已完成一期、二期工程。

亦君小区　2000年，开工建设，建筑面积2.8万平方米，计划总投资1600万元。

郁江大厦　2000年1月，开工建设，总建筑面积1.79万平方米，计划总投资1600万元。

国土资源大厦　1998年11月，开工建设，2000年6月竣工，建筑面积1.9万平方米，总投资1500万元。

两江景苑　2001年12月，开工建设，建筑面积1.5万平方米，投资1000万元。

天豪大厦　2001年10月，开工建设，2005年投入使用，生活商住小区，建筑面积3.48万平方米，总投资1800万元。

豪洋景苑　2001年11月，开工建设，2005年投入使用，生活商住小区，建筑面积2万平方米，总投资1410万元。

临江花园　2002年7月，开工建设，占地面积1.5万平方米，建筑面积8.89万平方米，总投资4500万元。

琳海花园　2004年10月，开工建设，占地面积1.5万平方米，建筑面积8.25万平方米，总投资5000万元。

香江豪园（阳光温泉小区）　2002年6月，开工建设，建筑面积32万平方米，总投资1.8亿元。

滨江新城　占地面积161675平方米，建筑面积40万平方米，配套建设滨江景观大道及绿化设施，计划总投资7亿元。滨江小区一期工程总投资8400万元，2003年5月开工建设；二期工程2005年开工建设。

金山广场商住楼　2004年，开工建设，建筑面积67131平方米，总投资9515万元。

1988—2005 年彭水自治县建筑施工企业主要指标情况表

表 9-10

项目	1988年	1989年	1990年	1991年	1992年	1993年	1994年	1995年	1996年	1997年	1998年	1999年	2000年	2001年	2002年	2003年	2004年	2005年
一、建筑施工产值（万元）	282	378	424	669	766	2643	2008	2403	2251	1993	2374	2405	2550	9642	10652	12313	11623	14132
建筑工程	265	363	410	648	741	2558	1948	2332	2212	1968	2349	2405	—	—	—	—	—	—
安装工程	17	15	14	21	25	85	60	71	39	25	25	—	—	—	—	—	—	—
二、建筑施工竣工产值（万元）	197	265	218	288	363	1826	1257	1853	1340	1615	1841	865	—	—	—	—	—	—
三、房屋建筑面积（平方米）	—	—	—	—	—	—	—	—	—	—	—	—	—	—	—	—	—	—
施工面积	35790	66436	38728	39125	57170	93718	72000	51100	55879	64500	49940	54276	51[illegible]300	160200	113400	254900	210800	228200
竣工面积	9963	10334	14413	15655	27700	62116	45000	43100	28964	48020	42140	20400	41200	142400	57800	134100	107100	156200
四、年末自有机械设备	—	—	—	—	—	—	—	—	—	—	—	—	—	—	—	—	—	—
总台数（台）	109	144	192	193	198	269	159	350	562	457	434	189	—	—	—	—	—	—
总功率（千瓦）	658	835	1110	1079	1113	2432	1350	2461	4674	2701	4298	1305	—	—	—	—	—	—
五、资本金合计（万元）	164	187	298	354	531	870	1907	2298	4205	3461	3024	1728	—	—	—	—	—	—
六、资产合计（万元）	164	187	298	354	531	870	1907	2298	4205	3461	3024	3252	—	—	—	—	—	—
流动资产	49	56	89	107	213	514	1067	975	1762	1285	1419	1690	—	—	—	—	—	—
固定资产	115	131	209	247	318	356	840	1323	2443	2176	1605	1499	—	—	—	—	—	—
七、全员劳动生产率元／人	3730	4638	3572	4758	9410	15260	20080	21778	9817	15558	21880	17302	—	—	—	—	—	—
八、动力装备率千瓦／人	0.87	1.02	0.94	0.77	1.36	1.40	0.85	1.85	2.04	2.11	3.96	0.94	—	—	—	—	—	—
九、房屋建筑竣工率％	27.84	15.55	37.22	40.01	54.13	66.28	62.50	84.34	51.83	74.45	84.38	35.97	—	—	—	—	—	

四、重点企业

彭水亿豪房地产开发公司　2001年3月3日，在重庆工商局登记注册，注册资金800万元，为彭水房地产开发三级企业，董事长余家太。公司集土建、安装、装饰、市政、房地产开发为一体，主要经营房地产开发、经营、销售、出租。办公地址位于汉葭镇石嘴街333号，注册资金增值2000万元，通过ISO 9001:2000质量体系认证。

彭水县宏基房地产有限公司　1984年，公司初创时名为重庆弘瑞建筑工程有限公司，是彭水改革开放后第一批建筑企业。2001年4月，经重庆市城乡建设委员会批准成为三级房地产开发企业，注册资金1000万元，法定代表人廖秀伦，时有职工21人。其中，各类中高级专业技术人员16人，高级专业技术人员管理人员4人。2001—2005年，先后完成彭水高谷桥兴楼、彭水殡仪馆、质监大厦综合楼、永川南方花园、垫江桂冠花园、重庆南方花园、重庆香榭里别院等30多万平方米商住楼盘及住宅小区项目开发。其间，2004年公司通过GBT 19001–2000质量体系认证。

重庆市彭水双薪房地产开发有限公司　公司于1997年10月初创，名为重庆双薪建筑安装有限公司，2001年6月创建重庆市彭水县双薪房地产开发有限公司，房地产开发三级企业，法人代表王元碧。该公司是一家集建筑安装、房地产开发、装饰装修为一体的现代集团化企业，注册资金2000万元，通过ISO 9001:2000质量管理体系认证，下设开发部、工程部、合同预算部、财务部、市场营销部、采购部、办公室等部门，具有雄厚的技术力量和先进装备，管理规范化、制度化、科学化。公司先后承建彭水中学综合楼、彭水民族会场、县政协综合楼等多项工程。其中，彭水中学综合楼获得重庆市巴渝杯优质工程奖，彭水中学第二教学楼、彭水滨江新城C–12被评为市级文明工地。先后被重庆市建设委员会等相关部门评为“重庆市建筑安全生产先进集体”“先进私营企业”“守合同重信用企业”“AAA级信用客户”。

彭水县豪宇房地产开发有限责任公司　2002年12月，在彭水县工商局登记成立，为房地产开发三级企业，具有独立法人资格，法人代表淳泽江。公司于2004年8月通过四川三峡认证公司质量管理体系认证并取得“质量管理体系认证证书”，设有行政部、经营开发部、工程部、技术质量部、财务部、法律顾问办公室等部门，先后承建彭水普子中学学生公寓、彭水职教中心住宅楼等多项工程，工程竣工交验合格率100%，顾客满意率90%，无任何质量和安全事故。

重庆市彭水永力房地产开发有限责任公司　公司创建于1993年，最初名为重庆宏宇建设工程（集团）有限公司，具有房屋建筑工程施工总承包一级、建筑装修装饰工程专业承包三级、起重设备安装工程专业承包三级等企业资质，通过ISO 9001:2000质量管理体系认证，董事长魏永福。2001—2005年，公司获得3项重庆市“巴渝杯”优质工程奖，被县人民政府评为“先进纳税企业”、重庆市“守合同重信用企业”，被重庆市建设委员会、建筑业协会评为“先进企业”，被评为“中国质量万里行全国先进单位”，并为中国质量万里行“打假维权协作联盟委员单位”。公司法人代表魏永福先后被重庆市建委、建筑业协会授予“优秀经理”“优秀项目经理”等称号。截至2005年，先后完成彭水工商局综合楼、彭水天豪大厦、彭水滨江小区C–10栋综合楼、彭水乌江商贸园区1、2号楼等标志性建筑。

1988 年彭水自治县合格建筑企业情况表

表 9-11

企业名称	等级	经济性质	主管部门	技术经纪人员（人）	职工人数（人）	施工产值（万元）	固定资产（万元）	流动资金（万元）	装备率（元/人）
彭水县建筑公司	3	城镇集体	二轻局	38	513	350	50	13	1000
劳动服务公司建筑队	3	乡镇集体	劳动局	22	504	476	88.62	28.14	1135
第二建筑工程公司	3	城镇集体	乡企局	9	503	350	32	15	1280
汉葭镇建筑安装公司	3	城镇集体	工业局	23	520	280	75	30	927.8
汉葭镇建筑大队	4	城镇集体	镇政府	15	225	132.3	53	14	904.3
彭水县高谷建筑公司	4	乡镇集体	乡企局	19	250	100	21.62	10	651.8
保家区建筑工程队	4	乡镇集体	乡企局	22	219	123	7.68	1.5	1162
彭水乌江建筑队	4	城镇集体	镇政府	14	230	118.9	22.05	15.7	1351
汉葭区建筑工程队	4	乡镇集体	汉葭企办室	14	240	116	14.77	12	597.7
靛水建筑大队	4	乡镇集体	乡企局	15	230	108	12.5	4	625
汉葭镇压西城建筑队	4	城镇集体	镇政府	9	225	140.42	14	10.5	958
郁山区建筑安装工程队	4	乡镇集体	郁山企办室	11	280	129.9	9.04	3	70
郁山区供销建筑队	4	城镇集体	供销合作社	8	200	78	5	3	500
普子建筑队	5	乡镇集体	乡企局	12	178	194.65	23.2	12.81	1135
石柳建筑安装工程队	5	乡镇集体	乡企局	8	228	120	5	1.2	431
桑柘建筑工程队	5	乡镇集体	乡企局	4	250	164	9	5	787

第十篇　环境保护

20世纪90年代后，彭水自治县环境保护围绕“三废”（废水、废渣、废气）治理和控制噪声、粉尘等污物排放，加强环境保护能力建设、基础能力建设、教育能力建设、领导能力建设，取得一定成效。2005年，工业污物综合利用率99.99%，县城空气满足Ⅱ级（良好）以上天数达68.77%，工业废水排放达标率100%，饮用水源水质达标率100%。城乡生态环境得到改善。

第一章 环境状况

1986年以来，国有、乡办、村办、联办企业增加，郁山火电厂、小土纸厂、酿酒厂、啤酒厂、水泥厂、化工厂、化肥厂、皮革厂、印染厂、石灰窑、砖瓦窑、糖果厂、修配厂、橡胶厂、煤厂、粮油加工厂以及上百个采石打沙场相继兴起，废水、废气、废渣、粉尘逐渐增多。农业开荒铲地，弃土弃渣，水土农田受到毁坏。客货车辆增加，县城基建项目增多，噪声、道路扬尘等污染严重。城镇化发展，农村人口大量进城，产生废水、垃圾、固体废弃物堆存量增大。重发展，轻环保，多数没有污染治理设施，自然生态环境破坏较重。通过多年逐渐整改，至2005年环境质量有所提升。

第一节 大 气

大气污染主要属煤烟型污染，以粉尘和酸雨（二氧化硫）污染最为严重。1986年，县境煤烟排放有郁山盐厂、郁山火电厂、水泥厂和造纸厂，煤炭含硫量4%，最高为6%。厂矿、单位、居民烧煤均无除尘设备，给周围环境带来严重污染，造成粮田收益减少。郁山镇三连乡在郁山盐厂、水泥厂煤烟排放中二氧化硫影响下，有61个生产队的油桐、水果不结实；汉葭镇城效乡白云村的油桐1967年产1.5万千克，因受工业大量二氧化硫污染影响，1986年只收1350千克，仅为1967年的9%。1986年后，县内相继建立县水泥厂、双江水泥厂、造纸厂、郁山镇水泥厂、卷烟厂、打叶复烤厂、马峰水泥厂、保家水泥厂、长滩水泥厂、龙射水泥厂、清平水泥厂，年燃原煤100万吨，含硫量为7%。

1989年普查，县水泥厂、双江水泥厂、马峰水泥厂、县纸厂、卷烟厂、烟叶复烤厂、保家水泥厂、郁山镇水泥厂、郁山区水泥厂年耗煤120万吨，废气年排放量54539.08万立方米，是1986年燃煤的1.264倍。1990年新建郁山火电厂，大量使用原煤，导致烟尘排放，又新增污染源。

1992年调查，全县以燃煤为主的40家企业中有大小不同类型锅炉18台，其中被调查9台，已改造4台。工业窑炉有60多座，被调查47座，已改造3座。烟囱直径小于20厘米的36个，直径20～50厘米的7个。全年耗煤总量为5万吨，其中工业耗煤16232吨。被调查企业耗煤7442吨，占全县耗煤总量的14.88%，占工业用煤量的45.85%。排放废气43144.447万标立方米/年。其中燃料燃烧废气排放39124.987万标立方米/年，占总量的90.68%；生产工艺废气4019.46万标立方米/年，占总量的9.32%；废气纯净化处理量2425.81万标立方米/年，占总量的5.62%。废气万元产值为排放量21.97万标立方米/万元，其中7个水泥厂均无除尘设备，年排放烟尘648.193吨，二氧化碳1144.077吨，氮氧化物193.211吨，铅0.007吨，碳氢化物10.258吨，氟0.291吨，硫化物1.9847吨。以上污染物加上城乡居（农）民用燃煤煮饭、取暖，大量排放烟尘影响空气质量。

1993年，全县废气排放量82408万立方米，其中县城排放22028万立方米，占总量的26.73%。

2000年，农村薪柴燃烧占12.32%，秸秆燃烧占37.22%，沼气占1.63%。至2005年，农业生产基本清除刀耕火种，普遍推行科学化种田，废气排放总量下降到10.1%。

2005年，县城化学需氧量排放11936吨，烟尘排放量540吨，二氧化硫排放量540吨，工业粉尘排放量720吨。县城全年日空气属于1级12天（优），占全年总天数的3.29%；2级239天（良好）占全年总天数的65.48%；3级74天（轻度污染）占全年总天数的20.28%；4级40天（中度污染）占全年总天的10.95%。县城空气质量满足2级（良好）以上天数的比例为68.77%。二氧化硫平均浓度为0.056毫克/立方米，二氧化氮平均浓度0.049毫克/立方米，颗粒物平均浓度0.111毫克/立方米，二氧化硫、二氧化氮和可吸入颗粒物平均浓度达标，空气质量较好。县城降水pH值为7.73，酸雨频率为0。

1992年彭水自治县部分乡镇污染物种类及排放情况表

表10-1

城镇	调查企业（个数）	废气排放量（万标立方米/年）	有害物质总量（吨/年）	烟尘（吨/年）	粉尘（吨/年）
汉葭镇	15	27855.388	2787.974	337.195	1771.20
郁山镇	6	3284.667	427.488	183.25	190.06

第二节　水

水的污染源主要来自未经处理直接排入江河中的工业废水和沿江城镇居民的生活污水。污染源主要是造纸厂、水泥厂、县人民医院、中医院以及其他医院、食品加工厂、饮料厂、学校、居民等，每年排放废水中含有大量废原料滑石粉、木质素、硫酸、碱、有机酸、悬浮物、粪便、淤血、皮毛、病毒、病菌等有害物质。每年向乌、郁两江排放80多万吨。黑色污水和白色泡沫占半个江面，严重影响乌江、郁江水质。县城周边社区、乡镇农业生产逐步放弃进城、场、机关、学校运粪便和垃圾作肥料。随着改革开放社会经济快速发展，实施城镇化建设，大量农村人口进城定居、务工、就读，致使城区、场镇人口倍增，人畜粪便又无处理设施直接排入江河、溪沟造成水污染。再是农业生产普遍使用化肥、农药、地膜，残留在土中渗入地下，污染人、畜饮用水。1986年普查，水质排污总量310.48万吨，其中汉葭镇38.96万吨、郁山镇11.69万吨、县造纸厂105万吨，各乡镇、学校、企事业单位排放154.83万吨。1987年，乌江（彭水段）水质pH为7.50，环境监测氧参数为7.40，总硬度为10.26，酚、氰、汞、砷、铬的含量均为0。1989年，全县环保工作普查，县水泥厂、双江水泥厂、马峰水泥厂、县纸厂、县卷烟厂、烟叶复烤厂、保家水泥厂、郁山镇水泥厂、郁山区水泥厂年耗煤100万吨，废水排放总量为284.65万吨，是1986年的2.07倍。1992年，对全县40个工业企业水污染调查，废水排放总量172.99万吨，产值排放量6.99万吨/万元，悬浮物排放1874.608吨，化学耗氧量1862.394吨，生化需氧量7882.8吨，砷0.0009吨，铅0.009吨，挥发性酚0.1735吨，石油类1.0471吨，硫化物11.625吨。1993年，废水排放338万吨，其中县城101.1万吨。1994年，排放478万吨。1995年，废水排放592万吨。2001年，有养畜场66个，其中养猪场53个，鸡鸭养殖场3个，羊场8个，奶牛场2个，年排放畜禽粪便30万吨。2004年，城镇生活污水排放量263万吨。工业废水排放量5.61万吨。工业废水排放达标率77.5%。2005年，工业废水排放达标率100%，城镇生活污水排放量463万吨、处理率22.9%，饮用水源水质达标率100%，地表水水质达标率100%。

第三节 噪 声

主要是城镇内通行的拖拉机、汽车以及建筑施工机械振动噪声影响。20 世纪 80 年代中期，由于县城街道窄，环城公路常常堵车，所有大小车辆均在城内通行，喇叭声，发动机声，娱乐场所高频音乐声、居民办红白喜事的鞭炮声、锣鼓声、广播高音喇叭声等，加之建筑工地逐年增多，施工机械声昼夜不停，致使城内噪声环境污染严重。1986 年县城 13 个监测点，测得全城等效声级 80 分贝左右，县城中心地段百货公司至电力公司噪声值在 84 分贝以上。1991—1993 年，分别在县城乌江西岸城区设 5 处监测点、东岸城区设 9 处、北城区（学坝）设 2 处，共 16 处。其中，有 14 处等效监测声级在 75 分贝左右，仅 2 处符合国家二类混合声级标准，其余都不符合，超标率均占 87.5%。2005 年，区域环境噪声、交通干线噪声、功能区噪声为轻度污染。

第四节 固体废弃物

固体废弃物统称为废渣，包括城镇居民生活垃圾、工业废弃物和医院废弃物。县城机关、学校、居民煮饭、取暖均以烧柴和木炭为主，柴灰少，可作农肥多被农民抢空。生活食用果皮、剩菜、剩饭倒入粪池沤肥或潲桶喂猪，多数随处堆放，但垃圾量少。工业废弃物主要是郁山火电厂、盐厂、煤矿的煤矸石、废渣或倒入江中使河床升高并污染河水，或堆积厂外形成小山，每逢下雨，黑水流入江河污染河水；其次是建筑弃土弃石和废水泥块、废砖块以及残料、医院的废弃物随地堆放，未作处理混入生活垃圾排入江中污染河水，破坏水质，影响人畜健康。农业废弃物主要是农民使用而残留的化肥、薄膜、农药等。1986 年以后，城镇烧柴少而烧煤多，煤渣多向江边倾倒或随处堆放。随着电器普及，塑料、纸包装增加，产生塑料废品、废金属、废电瓶（池）、废纸箱数量日增并随地随处乱丢乱放。人们习惯在街上乱扔垃圾影响市容。改革开放后，农村农业生产大量使用化肥，县城周边农村放弃进城运粪便种粮施肥，所有粪便、污水沿着暗沟排入江中。

1986 年，施用六六六、滴滴涕、敌敌畏、乐果、赛力散、西力生、稻瘟净、除草剂、托布津、杀虫霜、速灭威等农药 23816 千克，平均每公顷用药 45 千克。施用化肥 10279.87 吨，其中氮肥 7198.86 吨、氧化磷 3081.01 吨。

1989 年全县污染调查，固体物排放总量 20200 吨，工业废弃物排放总量 20200 吨，工业排放比 1986 年产值排放量有所减少。全县耕地面积比 1953 年解放初期减少 1.15 万公顷，减少 18.20%。

1992 年 11 月调查，全县 10 个水泥厂均无粉尘处理设备，粉尘严重污染环境，固体废弃物排入江河、绿地，破坏水质，影响人畜健康。排放煤矸石 15000 吨，锅炉渣 2725 吨，粉煤灰 1273 吨，工业粉尘 1495 吨，钢渣 4044.7 吨，其他包括生活垃圾 337.3 吨，排放总量 24875 吨。年万元产值排放量 12667 吨，其中煤矸石占 60.3%。排放固体废弃物利用量为 51740 吨 / 年，占排放总量的 20%，堆存面积 1540 平方米，堆存量 15680 吨 / 年，占排放总量的 63%。

2000 年，全县施用化肥 10279.87 吨。2001 年，使用化肥 46062 吨，农药每公顷使用 9.79 千克，除 30% ~ 40% 被农作物吸收外，大部分进入水体和残留土壤中，随地下水流出造成水污染，人畜饮用后影响健康。2004 年，全县施用农药 336 吨，其中杀虫剂 256 吨、杀菌剂 72 吨，除草和调节剂 8 吨，稻田施用面积 9986.67 公顷，主要用氧化乐果、甲胺磷、水胺磷、速灭杀酊、敌杀死等高毒农药，农户滥用农药施用过量，造成药害，残存农药污染农田 3733 公顷。其次是蔬菜，施用残效期长的农药，食用蔬菜后对消费者身体产生一定影响。农膜（地膜、微膜）使用量达656吨，地膜用后未回收，造成部分地块耕性下降，全县有4666.67公顷耕地受到污染。化肥用量73270吨，其中氮肥31465吨、钾肥1422吨、磷肥12173吨、微肥57吨。随着社会经济快速发展，农业生产方式转变为推广科学种田，农业生产使用化肥、地膜、农药逐年下降，农业污染逐渐减轻。

2005年，农用塑料薄膜使用量3133吨、农药使用量379吨、化肥施用量23万吨，排放工业固体废弃物5.29万吨。

第二章 环境管理

加强环境管理，主要是落实彭水“十一五”生态环境保护建设规划，实施“蓝天行动、碧水行动、生态行动、宁静行动”，加强“环境保护能力建设，基础能力建设、教育能力建设、领导能力建设”，实现“天更蓝、水更清、山更绿、居更宜”目标，提高“生态环境保护、治理、监管、监测、监察能力”。

第一节 管理机构

一、行政管理机构

1985 年，在县建设委员会内设立环境保护办公室。1991 年 1 月，环境保护办公室（股）从县建设委员会独立出来单列，专门从事环境保护工作，为县人民政府环境保护行政职能机构，4 月列为副局级行政机构，归口挂靠县建设委员会管理。1997 年 4 月，撤销县环境保护办公室，成立彭水苗族土家族自治县环境保护局（简称县环保局），仍为副局级单位。1999 年 3 月，县环保局确定为县人民政府局级行政主管部门。人员编制 15 名，内设秘书股、综合业务股、监测监理股，增设自然生态保护股和建设项目管理股。2001 年，撤股设科室，设综合科、政策法规宣传科、建设项目管理科、环境监测科。2005 年，县环保局机构不变。

二、环境监督机构

环境监测站　1984 年，建立彭水环境监测站，人员编制 15 人。1985 年，投资 23 万元，在县城汉葭镇居委高家台划拨国有土地 2236 平方米，修建四川省省控环境网监测站，建筑面积 1552 平方米。1996 年 4 月，更名为彭水苗族土家族自治县环境监测监理站，隶属于县建设委员会的下属股级事业单位，主要工作职责是：从事大气、水、噪声、污染源、污染事故仲裁监测；处理各种污染纠纷，检查污染治理设施运行、污染源排放、环境保护执法等。1997 年，隶属县环保局管理。2004 年 5 月，撤销彭水自治县环境监测监理站，成立彭水苗族土家族自治县环境监测站。

环境监察大队　2004 年 9 月，成立彭水苗族土家族自治县环境监察大队，为县环境保护局下属财政全额拨款的事业单位。2005 年 6 月，核定事业人员编制 8 名，设环境监察科、污染管理科、排污费征收科，列入依照国家公务员制度管理。主要职能是对全县城乡集中式水源地水质量和乌、郁两江地表水定点、县城歌舞厅音响，车船喇叭进行监测。

第二节　环境监测

1986 年，涪陵地区环保部门派技术人员赴彭水对大气、水质、噪声进行监测，获得地表水监测数据 324 个、饮用水质监测数据 46 个、空气质量监测数据 444 个、功能区噪声监测数据 108 个、6 家重点水污染监测数据 94 组。县环境监测站持证监测项目由 59 项增加到 97 项，大气环境质量由原按月发布改为按周发布。

1989 年开始，噪声监测分为功能区噪声定点监测、道路交通噪声监测、区域环境噪声昼夜监测。监测频次：功能区噪声定点监测每半年 1 次，测定时间每年 4 月或 10 月，每个测点 24 小时连续监测；区域环境噪声监测每年 2 次，选定每年 4 月和 10 月；道路交通噪声监测每半年监测 1 次，也是选定 4 月或 10 月，白天在县城周边公路平均车流量大于或等于 100 辆 / 小时的路段上选择 1 个点，每次监测 20 分钟。

1990 年，《乌江彭水电站环境影响评价报告书》中提出对乌江彭水县城段基础水质监测，发现水中有亚硝酸盐、硝酸盐、挥发性酚、氰化物、砷化物、总铬、氟、汞、细菌和大肠杆菌等有害物质。1991—1994 年，县环保部门先后在县城乌江东岸城区设噪声监测点 19 处、西面城区 5 处、学坝社区 2 处，其中 4 处测得等效声级在 75 分贝以上，符合国家二级混合标准，其余超标率达 87.5%。县城设两个大气监测点，测日二氧化硫浓度超标率 40%，个别河段最大日超标 2.7 倍。对乌江彭水段定点监测，个别水面点测得化学需氧量超标。1995 年监测，县城未经处理排放污水 592 吨。

1996 年 3 月 20 日，乌江水突然变成浑黑色，县人民政府会同自来水公司、防疫站、环保办公室人员，专程赶赴贵州省沿河自治县及乌江渡电站（贵州境）等地考察水质情况，水质化学需氧量每个段面均超标，彭水段最大超标值为 4 倍。

2003 年监测：乌江水（外河坝点）pH 值为 7.73，总硬度为 9.17，溶解氧为 7.85，高锰酸盐指数为 2.17，氨氮为 0.382，亚硝酸盐氮为 0.020；郁江（火电厂点）pH 值 7.73，总硬度为 8.27，溶解氧为 7.85，高锰酸盐指数为 1.90，氨氮为 0.264，亚硝酸盐氮为 0.020，均达到国家Ⅱ类水质标准；县城饮用水（芦渡沟泉水）pH 值为 7.25，溶解氧为 7.80，高锰酸盐指数为 1.26，氨氮为 0.082，亚硝酸盐氮为 0.003，达到国家Ⅰ类饮水标准。

2004 年，县环境监测站用 1 个月的时间，对全县集中式饮用水源点实地监测，共获得监测数据 3500 个。有乡镇集中式饮用水取水点 32 处，其中 27 个乡镇、学校饮用地下水，5 个乡镇、学校饮用地表水。所有取水点经过环保、卫生部门监测，均达到国家Ⅱ类饮用水标准。县城人民饮用水 1 月 1 次监测，对乌江、郁江水质量每年枯水期（2 月）、洪水期（5 月）、平水期（8 月）各监测 1 次，均达到国家Ⅱ类饮水标准。同年，县城区域环境噪声 5 月和 8 月监测：区域环境声平均值为 64.4 分贝，网络达标率为 26.17%；道路交通噪声平均值 83.6 分贝，噪声超过 70 分贝的交通干线长度所占的比例为 100%；功能区噪声昼夜平均值为 62.6 分贝，小时超标率为 37.5%。结果显示，区域环境噪声、交通干线噪声和功能区噪声均为轻度污染。同时对产生重点污染的县水泥厂、双江水泥厂、郁山水泥厂、马峰水泥厂等的二氧化硫、烟尘、粉尘、厂界噪声等不定期监测，作为对企业年度污染考核依据。对县城大气每星期监测 1 次，良好天气占 80%，其余天气为轻度污染。

2005 年，县城设 2 个环境监测点，监测大气含二氧化硫 288 毫克 / 立方米，二氧化碳 287 毫克 / 立方米，氮氧化物 287 毫克 / 立方米，可吸入颗粒物 192 毫克 / 立方米。化学需氧量排放 11936 吨，烟尘排放为 540 吨，二氧化硫排放量 541 吨，工业粉尘排放量为 720 吨，未检出酸雨沉降。二氧化硫、二氧化氮和可吸入颗粒物平均浓度达标。由于监测资金投入不足和技术力量跟不上，无大型专门监测仪器设备，仅有一台原子分光计和一台紫外分光计，除对大气质量和噪声质量按要求监测外，只能监测水质量中的水温、pH、溶解氧、电导率、高锰酸盐指数、化学需氧量、氨氮、六价铬、总磷等9个指标，占环境监测要求项目的36%。对于挥发性酚、氰化物、砷、汞、总氮、铜、锌、镉、铅、硒、石油类、氟化物、硫化物、阴离子表面活性剂、生化需氧量、粪、大肠菌等17个指标（占64%）不能监测。

第三节　环境执法

2001年，县环保、建委、公安、工商等局，多次联合行动，清除沿街燃煤灶具218个，投资98万元，已改灶152个，减少用煤153吨、减排二氧化硫20.11万吨、烟尘613吨。县城70%的家庭使用清洁能源，50%的餐饮业改用清洁能源。6月8日，县环境保护局监察大队对郁山矿山机械厂未经批准私自土法炼钢，罚款5000元，责令停止生产。6月29日，县环保局监察执法人员，对郁山火电厂将废渣排入郁江，废水pH超标2.42个单位，悬浮物超标6.9倍，给予行政处罚5万元。

2002年，县环境执法部门办理处罚案15件，处罚金1.56万元，征收排污费50.8万元。从当年起，国家禁止生产、销售汞含量大于0.0025的电池。7月17日至8月9日，县环保局配合公安、工商出动执法人员，4次对辖区内批发、经销汞电池34个门市进行检查，查处违法经销汞电池门市部11个，价值金额0.54万元。现场处罚9起，立案2起，没收电池640对，处罚金550元。

2003年1月起，在全县范围内禁止销售、使用含磷洗涤剂。3月，联合工商、技监、安监执法人员32人，对全县120家批发网点、超市、洗衣店拉网式大排查，没收销毁含磷洗涤剂15吨。6月，县环境保护局联合公安、交通警察大队，开展县城区内车辆行驶禁止鸣号执法工作，现场查处违章鸣号驾驶员570人次。其中，教育放行420人次，多次教育仍旧违章鸣号而被罚款的65人次，拒绝接受处罚而被依法暂扣驾（行）驶证的30人次。按照《重庆市长江山峡水污染防治条例》规定开展执法检查，出动执法检查人员86人次，检查单位35个，查处各类环境违法案155件，其中废水污染案28件，处罚金5.6万元。废气污染案34件、噪声污染案53件，其他违法案40件。抽查县金益公司、县火电厂、天宏鞋业厂等水污染状况，虽然采取“闭路循环用水”设施，但只能排放少量经过处理达标后的污水，未实现污水处理达标排放要求，责令停产整改直至达标合格后再生产；抽查国道319线“三改二”工程，新建5个弃渣场，堆放弃土弃石100万立方米；修建渝怀铁路彭水段时设置11个弃渣场，处置固体废弃物250万吨，但是只能处理80%废渣和固体物，责令限期整改。

2004年，针对县城城乡接合部环境状况差和水泥厂污染问题，开展排污执法检查，拆除主干道两旁乱搭乱建摊点100起、乱占人行道48起，取缔城内10蒸吨/小时燃煤锅炉20个，处理未办理排污许可证、乱倒垃圾以及超标排放污染物案52件，其中现场调解16件、责令整改15件、罚款企业21家，金额7.27万元。全年征收排污费87万元，办理排污行政处罚案17件，处罚金7.88万元。

2005年，开展“严查企业排污行为、保障群众身体健康”的专项整治行动。从4月至10月，出动执法人员381人次，检查企业177家，查处环保违法行为84起。其中立案46起，结案38起，处罚款40万元，挂牌督办污染企业9家，依法取缔“十五小”企业3家，停产治理污染企业1家，未办环境评价资质企业96家，结案办理市环保局“12369”环保中心转办案49件，处理群众信访案37件，整改县城燃煤灶86个，销毁燃煤炉186个，停业整改13家，行政处罚3家。对暴力阻挠执行公务的治安处罚1人。办理破坏水资源案件37件，处罚金35.23万元，全年征收排污费130万元。

第三章　环境污染防治

环境污染防治主要开展大气、水、噪声、固体废弃物和工农业污染防治。政府在机构设置、人才配备、资金拨付等方面予以保障，职能部门治理老污染，从源头上控制新的污染源。

第一节　大气污染防治

1986 年，县环境保护部门给县水泥厂补助治理资金 7000 元，用于购买除尘设备减轻烟尘污染。1988 年投入 4 万元，除宣传环境保护工作外，对旅社、茶馆无防尘设备的锅炉予以整治，推广炉内脱硫（在炉内加石灰石，使酸碱中和）和炉外脱硫（在特制的烟道中，用生石灰或氢氧化钠喷射，使煤烟中的硫酸与碱中和）技术，整治老污染源 4 个，控制增加新的污染源。

1990 年，对县纸厂、县水泥厂、郁山水泥厂的粉尘排放，采用布袋静电除尘和静电除尘设备。1991 年，对新建成投产的郁山火电厂的烟囱，即用水磨除尘、炉内脱硫、炉外脱硫等技术进行治理，减轻大气污染。1992 年，农村开始利用人畜粪便发展沼气池，无害化处理后提供清洁能源和减少环境污染。1993 年，县石油公司推广使用液化石油气。1994 年，用于工业污染治理工程 188.95 万元，完成项目 6 项。废气处理能力达 27000 万标立方米 / 年，工业粉尘回收率 48%，工业产值烟尘排放量 0.00596 吨 / 万元，工业“三废”（废气、废水、废渣）综合利用产值达 10 万元。1999 年，市环保局确定郁山水泥厂、县水泥厂、第二造纸厂为重点污染源，建议停产整改或破产处理。2000 年，郁山水泥厂等 22 家厂矿化学需氧量 2044 吨，废气排放 10 亿标立方米。县人民政府投入资金 1200 万元，对全县老工业企业污染源整治，依法关闭彭水造纸厂，改造市级重点考核污染源 7 家。即重庆金益公司投资 700 万元，改造环保设施，经重庆市环保局、市科委检查验收合格，实现达标排放；郁山火电厂投资 70 万元更新 2 台锅炉；郁山区水泥厂投资 50 万元，新安装高压静电收尘设备和振动式布袋吸尘器、消声器等设备；县水泥厂关闭除尘老生产线，投资 70 万元改建除尘新生产钱；马峰水泥厂投资 40 万元，采用高压静电除尘设备；双江水泥厂投资 10 万元进行除尘技术改造；天宏鞋业公司采用水膜除尘设备，按要求在规定的时间改造达标。

2001 年 7 月 13 日，县人民政府发布《关于实施县城清洁能源工程、控制大气污染的通告》，推广使用液化气清洁能源，清除县城燃煤锅炉和燃煤灶 32 处。2002 年，中阳天然气公司驻彭水推广天然气，取缔燃煤灶 225 个。为彻底整治县城空气污染源，强制关闭县城周边采石场、小水泥厂，控制机动车辆尾气排放，改造燃煤锅炉，硬化街道路面，绿化人行道，搬迁污染企业。限期关闭 50 家采石场，取缔县城经营性煤灶 255 个。县财政投资 90 万元，硬化、改造县城主街道 8500 平方米，控制了二次扬尘产生。县环保局将环保排放指标落实到乡镇、机关、学校、单位和社区，分项目、质量签订目标责任书，严格控制污染排放。县环保局获重庆市人民政府“一控双达标”三等奖。

2003 年，硬化城区街道 6.3 千米，铺设人行道彩砖 3.5 万平方米，完成滨江大道护坡绿化工程，新增绿化面积 5000 平方米。严禁脏车入城，在县城 5 大进出口设立洗车场。关闭了郁山镇水泥厂、郁山黄泥坝水泥厂、龙射水泥厂和县城可视范围内的采（碎）石场 19 家，规范城外采石场。清除县城卫生死角 2 万平方米。硬化县水泥厂路面 3 万平方米，栽植行道树 1000 余株。对未关闭的水泥厂，采用 PPCS96-6、PPCS64-4 等气箱式脉冲收尘和反吹风收尘等新科技技术，对生料成品车间的粉尘，采用 LFEF 袋式除尘方式，对立窑车间的烟气和粉尘进行治理。

2004 年，完成县城 5 个出口路面道路硬化 14000 平方米，翻新改造 6100 平方米，新建下水道 1600 米、人行道 3600 米，铺设桥面人行道彩砖 720 平方米。4 月双江水泥厂收尘设备安装完毕，投入试运行。餐饮业改用气、电 215 家，使用天然气居民 350 户。县水泥厂投资 100 万元，淘汰旧除尘设备，安装新除尘设备，改善县城卫生环境。工业污染总量削减 2%。

2005 年，县城化学需氧量排放 11936 吨，烟尘排放量 540 吨，二氧化硫排放量 540 吨，工业粉尘排放量 720 吨。县水泥厂、烟叶复烤厂、双江水泥厂、郁山水泥厂、马峰水泥厂、县石粉厂、县造纸厂、天宏鞋业公司，排放烟尘、粉尘控制标准达到 91.96%。烟草公司、双江水泥厂、郁山区水泥厂、马峰水泥厂、郁山镇水泥厂、保家水泥厂、郁山黄泥坝水泥厂和 6 个砖厂、2 个造纸厂，二氧化硫年排放削减 3.7%，工业粉尘削减 2%，烟尘削减 1%。

第二节　水污染防治

1986 年开始，对城镇生活污水和工矿企业生产污水进行处理，由于资金投入不足，设备跟不上，废水处理能力较差。县建委、园林公司在县车站，十字街、两路口、北大街、水码头修建县城公厕 5 处。疏通下水道 4 条，补修 28 处，长 2500 米。对肉联厂、弹纺社的粪便及臭气污染实行限期整改。7 月，完成 40 个排污企业的污染调查，对 29 个排污单位建档建卡，11 个单位详查，征收污水超标排污费 7332 元。同时对石粉厂、植物油厂进行排污整治。县造纸厂投资 25 万元建立废水回收工程。当年，国家实施农、林管理战略，维护水土保持，飞机播种造林 9.86 公顷，干群植树造林 20516 万株。全县森林面积得到恢复性发展，成为重庆市 7 个森林资源大县之一。

1987 年，县城新建排污水沟 350 米。县建委、环保部门补助县造纸厂、郁山区水泥厂治理污染费各 5 万元。全年征收 35 个单位排污费 11.8480 万元。年投入治理排污资金 25 万元，其中企业自筹资金 21 万元、县环保部门补助 4 万元。1989 年，对新开工建设项目的主体工程按照同时设计、同时施工、同时投入生产的“三同时”原则，加强“三废”处理，征收 39 个单位排污费 21.55 万元，用于治理污水费 15 万元。7 月，贯彻国家土地管理局、农业部《关于加强土地开发利用、搞好水土保持的通知》和国家土地管理局、林业部《加强坡地植树造林、减少水土流失的通知》，经过各级政府发动群众植树造林，严禁乱砍滥伐，打击破坏森林行为，森林覆盖率逐年上升。1991 年，县建委对彭水水域功能划分，除乌江外，全县水资源总量 983200 万立方米，境内积水面积 50 千米以上河流 17 条，县城在乌江河段取水点以城区上游末端 2000 米，下游外河坝末端 200 米确定为一级保护区。1994 年，工业废水达标率为 49%，工业产值废水排放量 78.16 吨 / 万元。

至 1995 年，全县乡镇建立水厂有郁山、保家、鹿角、凤鸣、长滩、土塘、靛水、火石、新田、新场、桑拓、青蒲、朗溪、龙射、黄家、润溪、龙塘、鞍子、何家、梅子、双合、诸佛、岩西、汉葭白云、江南、下塘、万足、高谷、陈家、平安、鹿鸣、大园、善感、龙溪乡、走马、棣棠、芦塘。建村级供水站的有棣棠牌楼、太原麒麟、高桥、岩东堰塘、连湖镇乐地、菜家坝、迁乔长湾、普子镇古田、大园红专。

1997年7月1日，县自来水公司于1996年11月18日动工新建的芦渡沟山泉引水工程竣工，向县城供应无污染的纯净自来水。

1999年，县人民政府投资825万元，农民投工86.5万个，实施山、水、田、林、路综合治理。全县完成土石方390.7万立方米，综合治理水土流失面积29.4万立方米。其中，坡改梯125公顷，植树造林913.8公顷，退耕还林290公顷，封山育林1609公顷。

2000年，县人民政府实施环境保护工作，对工业、企业污染状况进行调查和处理。全县有大小工业污染源188家。其中，关闭小煤166家，整治郁山火电厂、县水泥厂、金益烟草公司、双江水泥厂、天宏鞋业有限公司、郁山水泥厂、郁山镇水泥厂、长江石粉厂、彭水石粉厂、马峰水泥厂、郁山黄泥坝水泥厂、保家水泥厂、新页岩砖厂、老页岩砖厂、下塘页岩砖厂、鹿角页岩砖厂、通胜包装厂、红源造纸厂、鑫源造纸厂、山牧公司、郁江煤矿、芦塘煤矿等22家。这些污染源企业主要以煤炭开采、建筑建材、火力发电、食品加工、化工、烟草等行业为主，多分布在国道319沿线及乌、郁两江沿岸。全年耗煤约43.8万吨，废水排放总量250万吨。

2002年，县环保局确定县人民医院、县中医院为排污治理责任单位。县人民医院有病床168张、中医院有62张，县人民医院投资16万元于11月完成治理任务，污水处理能力为60吨/日。2003年，县人民医院、中医院按国家废水处理标准，建成废水处理设施投入正常运转。全县森林面积覆盖率31.64%，比1986年19.52%的覆盖率增长12.12%。2004年，设5个洗车场。新修下水道1500米，整改4559米，改建3059米。

2005年1月，将县城乌江西岸的重度污染企业肉联厂迁往下塘口，与2002年建成投产肉品加工企业山牧食品公司合并。同年6月，县人民政府将向乌、郁两江排放污水的山牧食品公司、渝欣纸业公司、关口纸厂实施挂“黄牌”督办，责令在限期内完成污染治理任务。关口纸厂、沙德益石英砂厂，未在限期内完成废水治理任务，县环保局责令“停产治理”。当年，县经贸委关闭污染治理不力的剑宏纸厂。随着生产技术的改进，农村对化肥农药的依赖性逐渐降低，农业生产方式转变推广科学种田，施用农药化肥逐年减少。全县森林覆盖率36%，农业污染环境得到有效控制。

第三节 噪声污染防治

1994年，禁止拖拉机入城，减少噪声、废气污染。1997年，县环境保护局下发《县城建筑施工场噪声管理的通知》，决定收取框架结构工程建筑物1.5元/平方米，砖混结构1元/平方米的噪声污染费。凡建筑施工单位在开工15日前，应向县环保部门申报噪声强度并提出治理方案。2000年，禁止在城内燃放烟花爆竹和办婚丧事吹乐打鼓。2001年6月1日，县环境保护局、公安局、教委联合下发《关于学校高考期间，禁止夜间产生噪声污染的通知》，6月1—10日，禁止在城区范围内的建筑单位、娱乐场所产生噪声污染的一切活动，凡夜间噪声污染的单位处罚1万元、娱乐场所处罚3000元。

2002年4月，县人民政府《关于禁止在县城内燃放烟花爆竹、三轮车行驶和噪声污染的通知》，若需要燃放烟花爆竹，必须向环保、交警部门申请燃放时间、数量并在指定地点燃放；严禁拖拉机进城，除公共汽车外，其他车辆只能在环城公路行驶，汽车鸣号1次，在紧急情况下，最多不能超过3次，每次不能超过1秒；禁止施工、生活（包括红白喜事、婚丧嫁娶、高频音响）噪声污染；建筑工地噪声早上不得早于6时、晚上不得超过12时。

2003年，规定在县城以内行驶的机动车辆（含军、警和过境车辆），严禁使用超过95分贝的喇叭，凡安装高频喇叭的必须拆除，车辆晚上7时至次日晨8时禁止鸣喇叭。鸣号每次不超过半秒钟，连续按喇叭不准超过3次，不准用喇叭唤人。消防车、救护车、警备车等特殊车辆安装使用报警器，必须符合公安部门的规定，除执行紧急任务外，不得使用报警器。是年始，每年学校学生中、高考期间，从上午8时至下午5点30时，距考场周围100米内，严禁建筑施工，室内装修和高频音响，室外群众性娱乐活动，以及可能产生噪声污染的行为。环保部门配合公安、交警日夜巡查，整治噪声污染19处，确保考生宁静。

2005年，交警大队强化县城24小时内禁止汽车鸣号和燃放烟花爆竹，环保部门严格控制县城区内夜间施工审批。严格防治工业噪声、社会生活噪声，使区域环境社会生活噪声和交通噪声平均值控制在64.4分贝；噪声控制超过70分贝交通干线长度所占比例为100%；功能区昼间平均值为62.6分贝；小时超标率昼间为37.5%，夜间为100%。

第四节 固体废弃物污染防治

中华人民共和国成立之初，县人民政府曾责成汉葭镇人民政府负责，派人定期打扫城区街道的清洁卫生。1977年，汉葭镇成立清洁大队，有工人7名，分片包干每天负责清除街道垃圾。1984年9月，成立县城乡建设环境保护局后，环卫工增加14人，年运垃圾3250吨。1986年，购置垃圾车一辆、垃圾桶100个、新建1个200平方米垃圾场，处理生活垃圾3250吨。1990年，新购置垃圾桶200个，果皮箱15个，痰盂10个，年清理垃圾3000多吨。

1992年，全年清运垃圾6950吨，处理4230吨。固体有害物、废弃物排放总量24875吨，年堆放量占排放量的63%，占地面积1540平方米。1993年，处理11570吨，占全县的22.6%。1994年，建固定垃圾回收堆放点12个，县级机关、部门落实门卫和清洁卫生员，固体废弃物处理能力达3.78万吨。工业固体废弃物综合利用率48.9%。1995年，定点设置垃圾站（点）20个，垃圾桶30个，县城“脏、乱、差”有所改善。

2000年，在距县城20千米的靛水乡五福村征地0.07公顷，作为县城垃圾处理场。对郁山火电厂的煤（炉）渣实行综合利用，运往县水泥厂、郁山区水泥厂和黔江水泥厂等作掺和材料运用。

2003年，县城各医疗单位的固体废弃物按规定处理外，机关、部门、学校均设门卫和清洁卫生员或物管。把生活垃圾以及固体废弃物集中到指定地点，然后由市政环卫部门统一处理。6月，防治“非典”攻坚战时，整治县城环境卫生死角、死点33个，经过县级部门、汉葭镇等129个行政事业企业单位4个多月的清理，县城环境卫生得到根本好转。同年还清理县城乌江、郁江沿岸积存的垃圾1000余吨。新建规范垃圾堆放场地40处，对县城所有的建筑工地进出口道路进行硬化。

2004年，按照《医疗废物管理条例》和《医疗卫生机构医疗废物管理办法》的规定，县人民医院对一次性使用的医疗器械，先分类后毁其形再消毒。医疗垃圾浇上酒精焚烧或放入锅炉焚烧。有的医疗单位，对医疗垃圾在露天焚烧或混入生活垃圾运出。经县环保部门查处，不规范的行为得到纠正。彻底清理县城卫生死角33处。工业固体废物综合利用率73.39%。

2005年，县人民政府对煤矿验收整改不合格的刘家湾、干溪沟1号厂口、朱山洞2号、岩湾等实施关闭。重庆市建设委员会批复彭水在靛水乡张家坝村侯家湾征地修建彭水生活垃圾处理工程，包括垃圾收运系统、生产管理区、卫生填埋区、渗滤液稀释处理区、引风机房、燃烧塔、进场道路以及场外工程。服务处理范围为县城主城区及高谷镇、保家镇、靛水乡、长滩乡。工程用地12.15万平方米，处理规模为150吨/天，填埋场库容为122万立方米，渗透液处理规模为100立方米/日，调蓄池库容0.6万立方米，设计使用16年。是年，环卫部门购进街道吸尘车2台、高压洒水车2台、高压街道冲洗车3台，定期清扫、清洗县城街道。全县工业固体废物综合利用率为99.99%。

2002 年彭水自治县工业污染源环境情况表

表 10-2

指标	单位	数量
工业总产值	万元	99952
“三废”综合利用产值	万元	401.50
工业煤炭用量	万吨	30.78
工业废气排放量	万标立方米	594900
二氧化硫排放量	吨	5953.46
烟尘排放量	吨	3806.69
工业固体废物排放量	万吨	72.86
工业用水总量	万吨	1874.89
工业新鲜用水量	万吨	934.32
工业重复用水量	万吨	940.57
工业用水重复利用率	%	50.17
工业废水排放量	万吨	926.75
工业废水处理量	万吨	1176.83
工业废水达标排放量	万吨	834.35
工业废水排放达标率	%	90.03

第十一篇　交　通

1986年年初，全县公路总里程769千米，其中国道101.2千米、省道68.4千米、县道8条274.9千米，乡道18条275.9千米、专用公路3条16.3千米、其他公路32.3千米。公路密度0.19千米/平方千米，通公路乡镇占全县总乡镇数的75%。水路航运总里程233千米。客运量75.19万人，其中公路客运量60.69万人，水路客运量14.50万人。货运量达到22.43万吨。其中，公路货运量11万吨，水路货运量11.45万吨。到1990年年底，有公路933.5千米，其中国道101.2千米、省道68.4千米、县道10条338.7千米、乡道28条408.9千米、专用公路3条16.3千米。以县城为中心的辐射状公路网已基本形成，公路密度0.32千米/平方千米。全县除下塘、共和、石盘、双龙、万足、木南6乡外，其余均通公路。1991年开始，对国道319线泥石路进行硬化改造。2000年，国道319线“三改二”工程（三级路改二级路）启动。2001年1月，开工建设渝怀铁路彭水段。2004年12月，渝湘高速公路开工建设。是年，公路里程3006千米，其中国道通过改道里程缩短为72千米、省道150千米、县道433千米、乡道449千米、村道1902千米。通乡率100%，通村率76.70%。全县有各类客运车辆387辆6468座，其中大客车113辆、中型客车79辆、小型客车195辆（长安车126辆，出租车69辆）。至2005年年末，彭水路网结构趋于合理，渝东南水陆交通枢纽基本形成。公路通车里程达到1105.70千米（不含村道），比1985年增长69.54%，其中二级公路45.96千米、三级公路77.30千米、四级公路519.71千米、等外级公路463千米。公路密度按国土面积计算达28.3千米/百平方千米，按人口数量计算达17.5千米/万人。通航航道300.70千米，其中四级航道67.50千米、等外级航道233.20千米。客运量696.65万人，比1985年增长9.26倍，其中公路客运量694万人，比1985年增长11.43倍；随着公路等级提升，水路客运量大幅降低，水路客运量减到2.65万人，是1985年客运量的18.20%。货运量达到127.75万吨，比1985年增长5倍。其中公路货运量89.92万吨，比1985年增长8倍；水路货运量38.55万吨，比1985年增长3倍。

第一章 道路建设

第一节 公路建设

一、国道

（一）三级路改造工程

1991年，开始实施国道319线公路三级公路改造工程，硬化路面，提高等级。1992年6月，319线黔江至彭水段改造全面铺开，至1994年12月黔彭段改造结束。随后开始国道319线彭水至江口段改造，1998年8月彭武段改造结束后全线通车。新修国道53.7千米，占总改造里程的56.29%。改造后的319线在县境内沿乌江和郁江及其支流中井河展布，长89.4千米，比原线缩短12.1千米，路基宽8.5米，路面净宽7至7.5米，最大纵坡8.4%，最小平曲半径18米，水泥混凝土路面，达到国家山岭重丘三级路标准。穿越崇山深涧，搭建特大桥2座长431.4米，大中小桥25座总长1825.3米，挖掘隧道23座长4307.4米，半隧道4处，浆砌片石挡墙59.38万立方米，挖填土石方376.19万立方米。完成总投资约1.5亿元。

彭水自治县城鱼塘至城郊乡关口村段 1991年3月25日动工修建。此路段避弃李长坡越岭线旧路14千米，沿郁江左岸山腰展布，新修7.8千米，在关口村芦渡沟右侧接原线，缩短里程6.2千米。按部颁山岭重丘三级公路标准建设，路基宽8.5米，路面宽7米，桥涵载重–20吨，拖挂–100吨，最大纵坡6%，最小平曲半径55米。于1994年4月底竣工，总投资923万元，其中地方自筹75万元。工程地质复杂，结构物多，仅有1000米地形稍好，均系大挖大填，深路堑，高挡墙，且桥涵密布，桥隧相连，平均每千米动土石方7.12万立方米，砌挡土墙802立方米，修桥55.13米。全路段挖填土石方55.51万立方米，浆砌体6.42万立方米。修大桥2座151米、中桥2座90米、小桥9座190米，凿隧道3座544米、半隧道1座150米，浇筑水泥路面7.80千米6.24万平方米。

新修郁山镇至石会乡彭黔交界处公路 是改造国道319线黔彭段工程又一重点项目。原国道319线出郁山镇经原三连乡，在石碑牌进入黔江土家族苗族自治县西泡乡，改道后的新线沿郁江支流中井河展布，经朱砂乡在黔彭交界处米汤溪与黔江接线，全长16.5千米，按部颁山岭重丘三级公路标准修建，路基宽8.5米，路面宽7米，砼路面26.1万平方米，最大纵坡7.8%，最小平曲半径26.94%，桥涵荷载汽–20吨，挂–100吨。工程于1991年10月17日开工，1994年12月竣工，新建工程达95%以上，共挖填土石方87.42万立方米，砌防护工程10.68万立方米，建大中桥3座165米、小桥6座133米，拱涵洞66道702.9米，凿隧道4座长37米、半隧道3座320米，浆砌边沟5909立方米。同时设置安全桩，工程实施标美路建设。总投资1250万元，实际耗资1430万元。

郁山镇至大河坝乡宝光寺段公路改造 1992年3月27日动工，1994年8月28日竣工，原计划15.5千米，实际完成17.3千米。挖、填土石方51.94万立方米，浆砌挡墙9.12万立方米，改建小桥1座，修涵洞64道736米，清除塌方9.66万立方米，浇筑砼路面17.3千米12.28万立方米，设置护拦桩，总耗资1001.5万元。改建后，路基宽8.5米，路面宽7米，最大纵坡8.4%，仍弯多半径小，转角180个，平曲半径小于30米的有17处，最小的仅18米且为回头曲线，桥涵荷载汽-20吨，挂-100吨，基本达到部颁山岭重丘三级公路的标准。

319线彭武段改建工程 1994年批准立项，同年12月开工建设，1998年8月竣工投入使用。从县坝经郁江大桥、九曲河桥沿乌江右岸至高谷，经高谷大桥，沿乌江左岸至彭水、武隆交界处的柏站岩，全长28.4千米，县境内比原线缩短7.6千米。预算总投资11412.37万元，实际到位资金9161.25万元，实际完成投资10664.49万元，节约资金747.88万元。工程地质情况复杂，80%以上属悬崖峭壁，山谷深沟纵横，彭武段仅有4000米地段较为平坦，但属页岩和堆积层，工程任务十分艰巨。施工中深路堑，高挡墙，大挖大填，隧道桥梁密布，桥隧相连，平均每千米有土石方工程量5.7万立方米，挡墙1.1万立方米。4～6千米地段更为艰巨，有桥3座35.5米，隧道4座735立方米，最高挡墙23米，投资1060万元。全段挖填土石方142.29万立方米，建大、中、小桥14座963米，凿隧道14座2005米、半隧道2座95米，拱涵洞81道740米，筑防护工程29.96万立方米，挖边沟26.99千米，树护拦桩2528个。全线段实施“标美路”建设，整治路面、疏浚边沟、漆刷道行线、油漆安全桩，制标语、树名称，出对联、植行道树等。

（二）二级公路建设

彭黔段公路“三改二”（三级路改为二级路）工程 1998年10月，重庆市批准彭（水）黔（江）二级公路建设开工计划，2000年年底开工建设。起于九曲河大桥，止于黔江黔州大桥，全长76.95千米，彭水境内44.6千米，采用二级路标准，设计行车速度40千米/小时，路基宽度12米，路面宽度9米，片石砼硬路肩，桥涵设计荷载为汽-20，挂-100。防护工程31.53万立方米，涵洞122道，隧道1950米/3座，大桥2300米/16座，中桥25米/1座，改造加宽277米/4座。建成后缩短里程20余千米。2000年9月开工建设，2003年12月竣工投入使用，完成投资4.3亿元。

彭武段公路“三改二”工程 2005年8月，将该路段收费经营权回购并移交重庆高投司建设。10月进场施工，路面破碎完成2.4万立方米，水泥稳定碎石铺筑1.8千米/半幅共1750立方米，防护栏拆除与恢复70%，投资1000万元。

彭酉二级公路建设工程 为国道319线重要复线之一。已规划为省道松（桃）彭（水）公路，是重庆直达酉阳、秀山一条捷径之路，也是渝东南方向通往湖南、湖北及贵州的一条主要进出口通道，建成后将吸引大部分国道319线的车流量由彭水经龚滩至酉阳，形成该地区交通网络中一条快捷通道。该项目改造路线全长63千米，其中，彭水境内48.84千米，按二级公路标准设计，路基宽8.5米，路面宽7米，设计荷载为汽-20，挂-100。有桥梁32座3832.8米，其中，特大桥6座1308米、大桥9座1315米、隧道14座8047米。项目总投资3.83亿元，其中，彭水段27657万元、县城过境段5646.51万元。资金来源为国债资金6000万元，市交委补贴3000万元，专项扶贫贴息贷款8000万元，乌江电站投资9000万元，其余为多渠道筹措解决。2002年9月12日开工建设，至2004年年底，完成投资1932万元（含乌江电站进厂公路建设投资约950万元），下南城隧道已贯通，乌江三桥拱箱吊装合拢，C、D标段完成路基土石方工程量的40%，马峰1#、2#、3#和鹿角1#、2#隧道全面完成，桥梁工程全面开工。由于资金不足，工程进展缓慢。至2005年年底，累计完成投资18000万元。是年，由大唐公司建设的彭水自治县城至乌江电站11千米路段竣工。

（三）渝湘高速公路

渝湘高速公路是国家西部开发省际公路通道和重庆市“二环八射”骨架公路网重要组成部分，全长约867千米，其中重庆境内414千米。渝湘高速公路设计标准为4车道，设计时速80千米/小时，路基宽度整体式24.5米，分离式12.25米，沥青混凝土高级路面和水泥混凝土高级路面。渝湘高速公路在彭水境内全长约65千米，总投资60多亿元，分彭武路和黔彭路两个项目。彭武路在彭水境内全长40千米，起于保家宝光寺，止于武隆边界。黔彭路在彭水境内全长25千米，起于保家宝光寺，止于黔江边界。彭水境内公路设保家、长滩、下塘3个立交互通，全县涉及高谷、汉葭、长滩、保家、郁山、走马、龙溪7个乡镇21个村（居）委65个村（居）民小组。2004年，长滩至保家段16千米征地拆迁全面展开，渝湘高速公路于2004年12月正式开工建设。至2005年年底，一、二期征地拆迁完成95%以上，征收土地210.65公顷，临时用地54.88公顷，拆迁房屋382户84632.75平方米，管线拆迁基本结束，三期征地全面展开。一、二、三标段路基建设顺利推进，彭水至武隆16个标段，彭水至黔江7个标段进场施工，完成投资6000万元。

二、省道

1991—2001年，省道无新建公路，工作重点主要放在对原道的改建、扩建、整治和维护上。2002年开工建设彭务二级公路彭水段全长58千米，可研批复投资3.5亿元。全线划分5个施工合同段及1个监理合同段，涉及彭水4个乡镇15个村45个组1745户6985人，涉及管网单位有电信、移动、军联、联通、电力、广电、长信等。征地135.33公倾，拆迁房屋4.2万平方米，搬迁坟墓403座。公路按部颁重二级公路标准新建69千米，其中大桥46米/3座、中桥50米/1座、小桥82米/15座。工程建成后，解决彭水自治县靛水、润溪、大垭、龙塘、鹿角等乡镇人民出行难问题，有效拉动沿线农村经济发展。项目一期工程由县林业部门组织实施，至2004年完成工程投资1328万元。二期工程项目建设业主为重庆高等级公路建设有限公司。2005年12月底，全线累计完成路基土石方约209.5万立方米，涵洞55道，隧道洞身开挖345米/2座，防护工程6.7万立方米，完成两座中小桥桩及桥台基础。完成投资8000万元。

三、县道

1986年，动工修建黔（江）石（柱）公路，全长76千米，由石柱、黔江、彭水分别负责建设，彭水担负万岩至连湖段施工任务，全长34.96千米。打通悬岩18处、路堑23处，修建中小桥梁18座、涵洞167道。1988年5月竣工通车。1998年12月起，黔（江）石（柱）公路彭水段的改建工程启动，开工新建黔石公路中塘至连湖大桥段。至2000年年底，连湖隧道971米全面贯通，衬砌384米。完成路基工程12千米，路面工程6千米，工程投资3500万元，2002年竣工。黔石公路彭水段设计里程34.5千米，比原线缩短30千米，其中石柱自治县万岩至彭水自治县连湖乡段改造以后可以缩短里程14千米。连湖隧道及引道工程按二级公路下线标准动工改建，设计路基宽8.5米，路面宽7米。该工程新建主隧道980米/1座，引道13千米，预算总投资7100万元，实际完成投资3769万元。2004年4月，朱砂段按二级公路下线标准动工改建，改建里程5千米，计划总投资为3239万元，累计完成投资885万元。

四、乡村道

1984年开始，全县开展集资修路。是年3—4月，迁桥乡集资1.3万元、投劳2.1万工作日，乔梓乡集资1.17万元、投劳1.76万工作日，东流乡集资0.51万元、投劳0.59万工作日，建成公路29千米。1985年1月，凤鸣乡集资10万元、投劳数千工作日，42天建成长滩至凤鸣公路18.28千米。1988年，全县修路形成高潮，上路民工3万人，分管工交副县长成为“路县长”。交通局长蹲路指挥，工程人员技术把关，一年内建成同楼公路18.3千米。至1990年，完成乡道28条、412.55千米，村道44条、314.7千米。同年11月，文（武）龙（洋）公路开始修建，1991年1月建成，总里程11千米，路面宽6.5米，属四级公路。共投入4.5万个工日，投资24万元。1992年12月，凤（鸣）木（南）公路开始修建，1996年7月竣工，投入资金397.56万元，投劳65.86万个，建成6.5米宽四级公路23千米。1995年12月，全县专用公路和村道公路共49条，其中村道公路46条323千米。随着彭（水）武（隆）路的建成通车，下塘、共和相继通车。1998—1999年，先后改造和新修鹿（角沱）双（龙）公路和马（峰岍）石（盘）公路，全县公路与主干道公路相连的乡达95%以上；修筑凤（鸣）木（楠）公路，文（武）龙（洋）公路和双龙、石盘断头公路，实现乡乡有公路的目标。2000年，全县通村公路720千米，公路通村率86%。村道公路宽3～4米，最短的2千米，最长的20千米，均属等外公路。2003年，新建岩东至河口四级公路12.5千米，改建彭水至岩东四级公路8千米。2001—2005年，修建山区公路152千米。村通达工程69.25千米，完成投资2077.5万元。2005年，乡道公路里程449.50千米，其中三级路23千米、等外级公路426.50千米。

1986—2005年彭水自治县公路运输线路里程表

表11-1 单位：千米

年度	公路	通车	二级公路	三级公路	四级公路	等外级公路
1986	769	769	—	—	—	—
1987	812	812	—	—	—	—
1988	847	847	—	—	—	—
1989	867	867	—	—	—	—
1990	932	932	—	—	—	—
1991	932	932	—	—	—	—
1992	1003	1003	—	—	—	—
1993	1003	1003	—	—	—	—
1994	1020	1020	—	—	—	—
1995	1037	1037	—	—	—	—
1996	1037	1037	—	—	—	—
1997	1068	1068	—	—	—	—
1998	1068	1068	—	—	—	—
1999	1068	1068	—	—	—	—
2000	1099	1099	—	89	508	502
2001	1098	1098	—	89	508	501
2002	1073	1073	—	97	520	457
2003	1073	1073	—	97	520	457
2004	1100	1100	46	77	520	457
2005	1105.70	1105.70	45.96	77.30	519.71	463

注：1986—1999年公路未分级统计

1986—1997年彭水自治县国道319线桥梁建设情况表

表11-2

桥梁名称	所在线路		桥梁长度			桥面尽宽	桥下尽空	结构类型	投资（万元）	竣工时间
	名称	桩号	孔数	净跨（米）	全桥长（米）					
铁芦沟桥	G319石郁段	2075+350	1	50.00	60.00	8.00	21.00	铪箱形拱	71.20	1994.6
大沟桥	G319石郁段	2076+900	1	50.00	65.00	8.00	19.00	铪箱形拱	55.00	1994.6
蚂蟥沟桥	G319石郁段	2080+600	1	40.00	52.00	8.00	15.00	石拱	39.00	1994.12
甘溪沟桥	G319石郁段	2116+600	1	20.00	32.00	8.00	9.00	石拱	14.00	1994.6
三关寺桥	G319郁保段	2110+700	12	70.008.86	98.90	8.00	25.60	石拱	105.00	1994.5
关口桥	G319汉关段	2118+150	12	60.0013.00	83.00	8.00	18.00	石拱	68.00	1994.1
肖家沟桥	G319汉关段	2113+944	1	30.00	50.00	8.00	15.60	石拱	24.00	1993.9
柜子岩1号桥	G319汉关段	2020+280	1	30.00	40.00	8.00	18.00	石拱	32.40	1993.10
柜子岩2号桥	G319汉关段	2120+200	1	40.00	68.00	8.00	27.00	石拱	21.20	1993.8
九曲河大桥	G319彭武段	2126+130	21	80.0016.00	235.60	9.70+2×1.759+2×1.50	5.0023	铪拱肋	193.00	1997.10
外河坝桥	G319彭武段	2127+150	1	60.00	99.00	7+2×1.25	21.20	铪桁架转拱转体	80.00	1997.11
罗家峡桥	G319彭武段	2127+700	2	28.00	80.00	7+2×1.25	15.00	砼预制块拱	65.00	1997.8
红泥塘桥	G319彭武段	2130+100	21	13.0050.00	90.00	7+2×1	16.00	石拱	82.00	1997.8
罗家湾桥	G319彭武段	2130+700	1	50.00	70.00	7+2×1	15.00	石拱	46.60	1996.12
老龙口桥	G319彭武段	2135+680	1	70.00	126.00	7+2×1.25	11.00	石拱	139.00	1997.9
溪沟桥	G319彭武段	2139+104	11	12.0050.00	75.00	7+2×1	32.00	石拱	98.00	1997.5
倒角岩桥	G319彭武段	2140+600	1	22.00	40.00	7+2×1	29.00	石拱	60.00	1997.3
高谷大桥	G319彭武段	2142+100	1	150.00	195.80	9+2×1.50+2+2.55	31.00	中承式钢管砼框架拱	1250.00	1997.6
陈家沟桥	G319彭武段	2142+773	1	30.00	45.00	9+2×1.50	9.00	石拱	47.00	1996.12
龙坛沟桥	G319彭武段	2143+160	1	20.00	25.00	8.50	11.00	石拱	25.00	1997.1
大沟桥	G319彭武段	2144+092	1	40.00	50.00	8.50	13.00	石拱	51.56	1997.3
王家坝桥	G319彭武段	2150+055	1	20.00	25.00	8.50	8.00	石拱	25.90	1997.2
大河口桥	G319彭武段	2150+804	1	40.00	50.00	8.50	17.00	石拱	58.16	1997.11
木棕坪桥	G319彭武段	2151+435	1	20.00	25.00	8.50	9.00	铪预制块拱	23.90	1997.12
新房子桥	G319彭武段	2151+620	1	30.00	45.0070/2座	8.50	10.90	铪预制块拱	34.3058	1997.10

1990—2005 年彭水自治县新修大桥情况表

表 11-3

桥梁名称	所在路线		桥梁长度			桥面净宽（米）	桥下净空（米）	结构类型	投资金额（万元）	竣工时间
	名称	桩号	孔数	净跨（米）	全桥长（米）					
连湖大桥	马武—黑溪	43+500	11	100.0015.50	143.00	7.00	15.00	砼箱型拱	146.00	1990.12
白溪沟桥	风鸣—木兰	0+500	1	25.00	34.00	7.00	12.00	石拱	18.00	1996.4
冷水沟桥	风鸣—木兰	3+500	1	25.00	34.00	7.00	10.00	石拱	16.00	1996.8
两江大桥	乌江 319 线复线	—	1	2×150+85	328.00	9+2×2	52.00	钢砼	2910.00	2001.6

1993—1997 年彭水自治县国道 319 线隧道建设情况表

表 11-4

隧道名称	所在路线		隧道长度（米）	衬砌情况	隧道净空（米）	路面种类	投资金额（万元）	竣工时间	备注
	名称	桩号							
铧头咀隧道	G319 石郁段	2075+200	165.00	未	8.50	砼路面	24.30	1993.3	灰岩
海螺山 1 号隧道	G319 石郁段	2077+200	88.00	未	8.50	砼路面	13.20	1992.12	灰岩
海螺山 2 号隧道	G319 石郁段	2077+800	64.00	未	8.50	砼路面	9.60	1992.11	灰岩
海螺山 3 号隧道	G319 石郁段	2078+300	620.00	未	8.50	砼路面	93.00	1994.3	灰岩
柜子岩 1 号隧道	G319 汉关段	2120+300	155.40	未	8.50	砼路面	23.30	1992.8	灰岩
柜子岩 2 号隧道	G319 汉关段	2120+510	181.00	未	8.50	砼路面	27.00	1992.11	灰岩
柜子岩 3 号隧道	G319 汉关段	2120+750	208.00	未	8.50	砼路面	31.20	1993.6	灰岩
学坝隧道	G319 彭武段	2125+510	264.30	全衬砌	7+2×0.75	砼路面	230.00	1997.3	页岩
观音岩隧道	G319 彭武段	2126+421	580.00	全衬砌	7+2×0.75	砼路面	335.30	1997.11	页岩
方石隧道	G319 彭武段	2128+000	140.00	衬砌 10 米	8.50	砼路面	43.20	1996.6	灰岩
青林隧道	G319 彭武段	2129+000	75.00	衬砌 10 米	8.50	砼路面	18.20	1996.5	灰岩
长里岩隧道	G319 彭武段	2129+500	470.00	衬砌 35 米	8.50	砼路面	87.30	1996.12	灰岩
鼓风隧道	G319 彭武段	2137+240	76.40	衬砌 10 米	8.50	砼路面	17.30	1996.8	灰岩
群风隧道	G319 彭武段	2139+200	96.00	衬砌 10 米	8.50	砼路面	19.50	1996.9	灰岩
枫香隧道	G319 彭武段	2138+700	225.00	衬砌 12 米	8.50	砼路面	52.00	1996.11	灰岩
虎溪隧道	G319 彭武段	2139+004	97.00	衬砌 12 米	8.50	砼路面	24.00	1996.9	灰岩
鹿鸣隧道	G319 彭武段	2139+214	74.80	衬砌 10 米	8.50	砼路面	19.70	1996.9	灰岩
高谷隧道	G319 彭武段	2110+020	580.00	衬砌 18 米	8.50	砼路面	166.50	1996.10	灰岩
陈家隧道	G319 彭武段	2113+068	27.00	衬砌 20 米	8.50	砼路面	7.86	1996.9	灰岩
观音岩隧道	G319 彭武段	2114+216	44.00	衬砌 20 米	8.50	砼路面	10.46	1996.9	灰岩
大茅坡隧道	G319 彭武段	2145+688	20.00	衬砌 20 米	8.50	砼路面	8.60	1996.11	破碎灰岩
自亏梁子隧道	G319 彭武段	2150+714	40.00	衬砌 10 米	8.50	砼路面	16.80	1997.6	破碎灰岩
沙坝隧道	G319 彭武段	2152+362	16.50	未	8.50	砼路面	3.76	1997.10	与武隆接线

第二节 铁路建设

一、渝怀铁路彭水段

渝怀铁路彭水段全长 71.104 千米。县境内西起高谷镇共和村，东至龙溪乡青龙村，涉及 7 乡镇 35 村 73 组，铁路永久占地 162.47 公顷，临时占地 43.33 公顷。拆迁房屋 278 户，折迁面积 67828 平方米。铁路设计为 I 级铁路，电力牵引、单线，预留复线条件。渝怀铁路的设计通过能力为：初期 32 对，近期 36 对，远期 42 对。设计运输能力为：初期客车 13 对，货运 736 万吨；近期客车 14 对，货运 901 万吨；远期客车 17 对，货运 1010 万吨。渝怀铁路彭水段铁路桥、隧各 21 座。彭水、郁山隧道为彭水段的长隧道，长度分别为 9028 米、7025 米。最主要的桥梁是（下塘）乌江铁路特大桥，长度为 1279.15 米；狗儿泉大桥，长度为 1042.41 米。

2001 年 1 月开工建设，总投资 24 亿元，预计于 2006 年 11 月建成通车。2002 年年底，投资量和工程量均达到 75%，渝怀铁路 11 大控制性工程之一彭水隧道（9028 米）于 12 月 9 日贯通，2003 年铁路线下工程完成 95%，19 座隧道、87 座涵洞、17 座桥梁全部完工。乌江特大桥主拱合龙，铺设道碴 20 余千米。2004 年，渝怀铁路进入铺轨、车站站场建设和弃碴整治工作阶段。2005 年年底，铺轨全部结束，电气化、站场等尾期工程相继完工，列车货载试验结束。新开工杨柳巷至长滩火车站连接道工程，当年完成投资 1500 万元，完成总投资 50%。

二、火车站

彭水沿线共设 5 个站：高谷站、长滩站（彭水站）、保家站、郁山站、干溪口站，其中长滩站为三级站、其余为四级站。

彭水长滩站的规模为铁路三级站。车站设到发线 3 条（含正线），预留 1 条；另设货物线 2 条，牵出线 1 条。货场规模为：初、近、远期分别为 16 万吨、19 万吨、25 万吨。站场场坪按最高聚集 400 人设计，设 350 × 6 × 0.5 基本站台一座、350 × 0.3 米中间站台一座，基本站台设 200 米长雨棚。

第二章　公路养护

第一节　国　道

国道川湘公路彭水段101.2千米，由黔江地区公路管理总段彭水分段养护，总段每月按计划拨付常年性养路费。1990年拨款39.91万元，平均每千米3944元。年终查路为优等路2千米、良等路69.2千米、次等路30千米，好路率占70%，综合值71.2。通过大中修，累计改弯降坡244处，增设涵洞58道，拓宽边沟68千米，新铺设汉郁两镇水泥路面6千米，按三级路整形10千米。1993年，319国道养护112.2千米，其中水泥路51.7千米、泥碎路60.5千米，好路率80.5%，综合值79.5，整形路15千米，标美路10千米。1995年，养护里程126.5千米，其中泥碎路59.60千米、水泥路66.90千米，好路率89.1%、综合值79.60。修复水毁塌方6458立方米、冲垮挡墙11处864立方米、冲毁路面4043.40平方米、疏通阻塞涵洞12道及阻塞边沟17千米。1996年养护里程127千米，其中水泥路67.70千米、泥碎路59.30千米，好路率74.80%，综合值77.20。1998年，319线完成养护89.4千米，修补水泥路面3.46万平方米，粉刷共和至米汤溪89.4千米的护栏桩、桥栏杆，完善公路桩89个、百米桩805个，好路率88.90%，综合值85.60。1999年，清除和恢复水毁塌方2.37万立方米、清理公路路面1.63万平方米、清除打场晒粮280处，好路率74.61%、综合值74.47。是年，县人民政府建设“百里绿色长廊”，共栽植各种行道树1.23万株，其中优质高档树种小叶榕4700株。2000年，管养153.7千米，好路率79.40%，综合值75.8。2001年，负责国道319线彭水境内157.7千米公路养护管理任务（含老319线复线泥碎路67.8千米），及时报告抢修水毁塌方561019立方米，累计栽补公路行道树2.48万株，成活率90%，保存率83%。翻修水泥路破碎路面786.5平方米，新建公路护栏242个，整治路基缺口6处，新砌内外挡墙8处2865立方米，恢复桥栏5座185延米，整治路基沉陷2359平方米，好路率83.5%，综合值78。2002年，清除水毁塌方3958立方米，恢复水毁路段共投资54.07万元，整治破碎路面73547平方米，恢复挡墙46延米、涵洞3道，行道路保存率95%，好路率87.5%，综合值79.5。2003年，整治彭武路破碎路面33500平方米，投入286万元，整治彭黔路朱砂、郁山、清平段沉降路基1.75万立方米。好路率82%，综合值77.4。2004年，接管彭黔二级公路养护工作，采取新养路方法，整治破损路面8365平方米，整治4月、6月两次大塌方，新修浆砌片石排（截）水沟1425.20米，修复城北隧道排水盖板46.60米，整治砼路面865.20平方米，好路率为84.50%，综合值80.50。2005年，319线彭黔二级路好路率93.5%、综合值80.2；319线彭武路好路率65.4%、综合值75。及时抢修水毁塌方1.60万余立方米，翻修水泥路面7185平方米，其中彭黔二级路185平方米、彭武路7000平方米。整治彭黔路路肩带642平方米，新彻保坎83平方米（关城线2处，彭武路1处），新修挡墙328平方米。整治彭武路路基沉陷238平方米，新修涵洞4道（关城线3道，彭鸭线1道）、涵管2道（关城线1道，202线1道），修复桥栏25延米。对彭武路、202线破损严重水泥路面，采用清除破板后加铺成泥碎路面的办法，共整治约 9000 平方米。是年，国道好路率 76.85%，综合值 83.24。

第二节 省县道

1987 年，县公路养护段养护省县道（彭水境内）9 条，共 343.3 千米，良级路 123 千米，好路率 37.4%，达 100%，综合值 61 分。1990 年，地区拨付常年性补助费 36.68 万元，平均每千米 902 元。清除塌方 23.3 万立方米，挖通边沟 126.5 千米，改弯降坡 90 处 7.4 万立方米。新建永久式桥梁 11 座 285 桥长米、石拱涵 15 座 117 涵长米、石箱涵 238 道 1849 涵长米、挡土墙 100 座 2.7 万立方米，改建港口引道 1420 米、块石路面 7994 立方米。新建道班房、队房、机修房共 32 幢 8346 平方米。是年，良等路为 140 千米，其余为次差路。1992 年，完成整形路 26 千米，改弯道 21 处 3760 立方米，降坡 300 米，新挖土边沟 2000 米，打石边沟 3000 米，恢复水毁路面 42 千米、涵洞 8 道 64 米、道房 200 平方米，清除塌方 359 处 1.43 万立方米，砌路基缺口 9 处 1515 立方米。良等路 170 千米、次等路 151 千米、差等路 6.6 千米。好路率 51.9%，综合值 65。1993 年，恢复水毁路面 2.57 万平方米、挡墙 13 处 1250 立方米，整修涵洞 12 道，清除塌方 850 立方米。良等路 182 千米，好路率 55.56%，综合值 66.12。1995 年，执行新的《公路养护评定标准》，完成整形路 10 千米，浆砌挡墙 6 道 1280 立方米，处理过水沟 45 道，清除塌方 5600 立方米，恢复水毁路面 45 千米。1998 年，浆砌挡墙 2510 立方米，清通涵洞 8 道，清除塌方 1.28 立方米，清挖边沟 51 千米，整治烂路 200 千米，恢复水毁路面 1.52 万平方米。实现优等路 14 千米，良等路 263 千米，次等路 181 千米，整形路 43 千米，好路率 59.19%，综合值 68.20。2000 年，管养公路 496 千米，完成优等路 21 千米、良等路 284 千米、次等路 163 千米，好路率 65.20%，综合值 70.40。2002 年，省道养护里程 128 千米，完成优等路 6 千米、良等路 79 千米、次等路 43 千米，好路率 66.40%，综合值 70.9。县道养护里程 368 千米，评定里程 346 千米，优等路 23 千米，良等路 228 千米，次等路 95 千米，好路率 72.50%、综合值 73.1。2003 年，管护省、县道 474 千米。所管护的 128 千米省道优等路 5 千米、良等路 68 千米、次等路 55 千米，好路率达到 57%，综合值 67.8。管护的 346 千米县道，优等路 25 千米、良等路 232 千米、次等路 89 千米，好路率 73.40%、综合值 73.70。公路绿化栽、补植里程 25 千米，栽补行道树 5800 株，保存率 86%。整治彭桑路、香高路、彭黄路、广彭路等严重水毁路段，浆砌挡墙 147123 平方米 /37 处，恢复路面 361500 平方米 /433.80 千米，清除塌方 130544 立方米 /77 处，修复涵洞 28 道、桥梁 51.50 米 /5 座。2004 年，实现公路好路率 72.10%，综合值 74.30，其中省县道好路率分别为 57.90%、73.00%，综合值分别为 68.80、73.50。浆砌和恢复挡墙 6418.93 立方米，恢复路面 17580 平方米、防护栏 35 米清除塌方 50139.9 立方米，修复桥梁 1 座。2005 年，省道养护里程 128 千米，省道 202 线好路率 68%，综合值 75.9。县道养护里程 364 千米，优等路 24 千米，良等路 270 千米，次等路 70 千米，好路率 74.32%，综合值 72.34。县道沙青线、彭务线、彭鸭线、关城线好路率 75.8%，综合值 80.9。恢复水毁路基 900 立方米 /8 千米、路面 64353 平方米 /133.5 千米、塌方 14391.3 立方米 /58 处、挡墙 3215.35 立方米 /16 处、涵洞 25 道，累计完成投资 215.71 万元。投资 1432 万元，整治以彭桑公路为重点的县、乡道公路 812 千米，增设涵洞 46 个，改造危桥 2 座 30 延米，县级公路路容、路貌、路况基本改观。启动安保工程，整治 G319 高谷大桥、外河坝大桥 268.30 延米及重点危险路段 13 处。是年，省县道好路率分别为 60.67%、75.37%，综合值分别为 68.20、72.61。

第三节　乡　道

1981 年以前乡道养护由县公路养护队代管，之后由县交通局直管。乡道班 39 个，亦工亦农道工 110 人，管理干部 2 人。道工来自沿线农民，就近养护家乡公路，每道工包养 2.5—4 千米，工资按月每千米 10 元计算。季末由公路股派人上路检查，参照《公路养护质量检查评定暂行办法》，由等外路上升为 1 千米差级路者奖金 40 元，1 千米次级路者奖金 50 元，下降一千米者扣基本工资 20 元。绿化保持达标者 1 千米奖金 10 元，因管理不善 1 千米扣 10 元。1990 年年底，彭水有乡道 28 条 408.9 千米，地区交通局每月每千米拨乡道公路补助费 20 元。1991 年，接养乡道公路 390.10 千米，达到次级路 103 千米，重点改造黄（家坝）朗（溪水）公路 21.70 千米。1992 年，资金短缺，乡道公路采取"全面养护、保证重点、切保畅通、逐步改造"方法，接养里程 416.20 千米，达到次级标准路 201 千米，通客车里程 245 千米。1995 年，由交通局公路股制定乡道公路养护责任书，当年接管里程 422.80 千米，良等路面 38 千米，次级路面 172 千米，通客车 292 千米。1997 年后，乡道改由各乡镇人民政府负责，村道养护由村组负责，一般无固定养护人员，多采用临时派工方式补路，施工少有按要求铺垫基石和碎石，一般乡村道破坏严重，坑凼难行。1998 年 10 月起，原国道养护 319 线彭水至武隆沿火石垭旧线降为乡道养护。2002 年 5 月 1 日起，县人民政府将乡道公路建设和养护下放到乡镇，乡道公路由乡镇人民政府主管，乡镇设交通管理站，乡道公路每 3 千米配备 1 人，每年每千米养护经费 500 元，每年每个劳动力 5 个工作日的义务工。

2002 年彭水自治县乡道公路养护里程表

表 11-5

序号	乡镇	路线名称	起讫地点	起止桩号（K）	里程（千米）	总里程（千米）
1	汉葭镇	彭木路	彭水—大沟（汉葭镇段）	0—3	3	3
2	长滩乡	彭木路	大沟—陈园	3—41.3	38.3	38.3
3	保家镇	彭木路	陈园—木兰	41.3—53	11.7	14.7
		保迁路	保家—哨棚	0—3	3	
4	迁桥乡	保桥路	哨棚—迁乔	3—14	11	11
5	乔梓乡	保迁路	哨棚—乔梓	3—14	11	11
6	郁山镇	郁走路	郁山—新家	0—8	8	11.7
		郁芦路	郁山—王家坝	0—3.7	3.7	
7	走马乡	郁走路	新家—走马	8—24	16	16
8	芦塘乡	郁芦路	王家坝—芦塘	3.7—15	11.3	11.3
9	龙溪乡	跳龙路	跳墩岩—龙溪	0—11	11	11
10	石柳乡	贾石路	贾角山—石柳	0—5	5	5
11	岩东乡	芦岩路	芦家坝—岩东	0—9	9	9
12	靛水乡	张龙路	张家坝—龙洋（大坪口）	0—23	23	23
13	黄家镇	黄大路	刘家坪—王家坳	0—12.5	12.5	12.5
14	润溪乡	黄大路	王家坳—洞湾、润溪支路	12.5—29.5、0—1	171	
		团龙路	团坑—龙洋、大坪口—沙坝	0—23、23—26	233	44
15	大垭乡	黄大路	洞湾—大垭	29.5—37.5	8	8
16	鹿角镇	龙大路	龙门峡—大园	0—14	14	14

续表 11-5

序号	乡镇	路线名称	起讫地点	起止桩号（K）	里程（千米）	总里程（千米）
17	鞍子乡	新庙路	新化—庙溪	0—9	9	9
18	善感乡	小善路	小嵌子—善感	0—4	4	4
19	双龙乡	鹿双路	鹿角—双龙—龟池	0—17	17	17
20	石盘乡	马石路	马峰—石盘	0—14	14	14
21	桑柘镇	桑鹿路	桑柘—鹿箐	0—11	11	13
		桑梅路	桑柘—月亮洞	0—2	2	
22	小厂乡	桑桐路	小厂—五方岩	0—5	5	5
23	桐楼乡	桑桐路	五方岩—桐楼	5—20	15	15
24	诸佛乡	桑梅路	月亮洞—尹家	2—26	24	24
25	梅子垭乡	桑梅路	尹家—梅子垭—黑关山	26—37	11	11
26	普子镇	普桐路	普子—桐荣	0—6	6	6
27	鹿鸣乡	水合路	水田坝—合理	0—9	9	9
28	平安乡	关平路	关子山—平安	0—10	10	10
合计	—	—	—	—	—	380.50

第三章　航道和港口建设

第一节　航道整治

1986—1988年，以粮棉布代赈整治乌江航道19滩，投资70.64万元。以粮棉布及以工代赈对郁江进行整治，投资18.26万元，投劳23493人天，治滩21处，筑坝9434立方米，炸礁1916立方米，疏浚7682立方米。经整治后航道最枯水深0.6米，漕宽6～8米，常年可航行10吨以内的机动船，郁江实现机械化运输。至1990年，在彭水境内乌江上共炸礁95348立方米，筑坝376602立方米，淘漕1987立方米。按滩分炸礁：龙溪520立方米，木棕2次807立方米，木棕坪3次1022立方米，铁碛坝980立方米，巨梁子2次1263立方米，新下连3次6650立方米，老下连3638立方米，鸡翅膀2次3510立方米，长滩子2次221立方米，下塘口4次5690立方米，秤杆碛714立方米，峡门口6276立方米，黄角沟2次676立方米，煤碳沟121立方米，方石511立方米，马甲堆134立方米，老虎口2次4541立方米，米汤溪1548立方米，烂泥沱641立方米，彭水码头1172立方米，小纯洞46立方米，大纯洞4次13689立方米，黄角扁2次1216立方米，磨寨5次11427立方米，三虎沱101立方米，替滩子2次1032立方米，蛟鸡滩500立方米，沿滩3次7776立方米，白鹤梁250立方米，红志石3次5705立方米，鸡公滩250立方米，大庞滩2次1720立方米，小庞滩1500立方米，锣鼓三滩3次4540立方米，石盆2次1590立方米。筑坝：庞滩丁坝730立方米，沿滩丁坝2次1730立方米，下塘口竹笼卵石坝2次1788立方米，磨寨挡水坝3671立方米，磨寨顺坝4187立方米，铁碛坝顺坝2220立方米，黄角扁顺坝2次18237立方米，壶瓶口顺坝2470立方米，鸡翅膀顺坝1767立方米，红志862立方米。纤道：23处长3615米，土石方7660立方米。经过整治，龚涪段航道大为改观，枯期航道尺度为航深1.4米、航宽15米，全年通行120～160吨级的机动轮驳船。1991年，319线国道开工建设，关口路段爆破时，大量石方将郁江芦渡湖航道堵塞，至县城3千米水航道无法通航。1993年5月19日，黔江地区行署成立黔江地区乌江航道整治工程指挥部，负责木棕河口至龚滩段整治工程的组织和指挥。同年11月，对老虎口、三洞碛险滩进行综合整治。分炸礁、疏浚、筑坝，3项工程实行公开招投标施工，四川省交通厅第一航道工程处承担老虎口滩的炸礁工程和三洞碛滩的疏浚工程，黔江地区航道段承担三洞碛滩的筑坝工程。同年12月15日，三洞碛筑坝工程开工，同月20日，老虎口炸礁和三洞碛的炸礁及疏浚工程开工。老虎口、三洞碛两滩经整治后最枯水深从0.70米增加到1.60米以上，水量归笼，改变滩花水紊乱现象，滩槽口水流减缓，为船舶航行提供安全保障。1994年4月10日，此5项工程通过省、地、县验收小组的验收。老虎口、三洞碛炸礁及疏浚工程被评为优良工程，三洞碛筑坝工程被评为合格工程。1994年12月，乌江磨寨、黄角匾两滩的炸礁、拆坝工程和杨家溪、红志两滩的筑坝、检滩工程开始施工。以上工程仍由四川省交通厅第一航道工程处和黔江地区航道段（航务处）分别承担。至1995年4月10日，工程基本竣工。磨寨、黄角扁工程完成水下炸礁1.30万立方米、水上炸礁1138立方米、水下拆坝1052立方米、水上拆坝360

立方米；杨家溪、红志工程完成抬运坝石 6700 立方米、坝面平整 480 立方米、检滩 9000 立方米。4 项工程共完成投资 280 万元。1995 年 4 月 20 日，通过省、地、县联合小组验收，4 项工程质量均达到设计要求，被评为优良工程。

2001 年，由重庆市港航管理局彭水航道段管理乌江段木棕河—龚滩 79 千米，按 V 级航道 95% 通航保证率进行养护管理，下辖 14 个信号台，全年安全指挥船舶通达控制河段 23875 艘次，设置三类航标 54 座、维护航标 6480 标天、疏浚航道 956 立方米、补填 400 立方米，航道整治工程量 617 立方米。2002 年，日常维护工程量 768 立方米，其中补坝 479 立方米、航道整治 289 立方米，航道达到 V 级标准。至 2005 年，疏浚 49582 立方米，补填 1200 立方米，航道治理工程量 1857 立方米。航道水下炸礁 750 立方米。

第二节　港口建设

彭水水运沿乌江水路上行可至贵州省沿河、德江、印江、思南、石阡等县市，下经武隆、涪陵进入长江，可达重庆、万县、武汉等港口。至 2000 年年底，常年进出彭水港各类机动船舶 109 艘，小机（木）船 88 艘，旅客吞吐量 100 万人次（其中县属企业 69 万人次），货运吞吐量为 80 万吨。港口管理所负责征费和港口的整治改造。

一、彭水港

1985 年冬至 1988 年，扩建彭水港，投资 92.89 万元完成四楞碑码头扩建工程，投资 21.64 万元改建 500 米港区公路。1989 年，投资 37.73 万元，完成土石方 649948 立方米、浆砌保坎 22883 立方米、水泥混凝土 3318 立方米，并建成南渡沱矿石码头和红军渡锚地。1990 年，乌江彭水港基本建成。港区上起乌江沙沱石嘴、郁江白胜沱渡口，下止老虎口，岸长 6.73 千米，水域面积 0.41 平方千米，主要分为四楞碑、南渡沱和沙沱 3 个作业区。港内泊位 10 个，其中客运 4 个、货运 6 个。码头岸线长 526 米，前沿水深 1.50 米，靠泊能力 160 吨级，水泥面堆货场 4.86 万平方米，客运站 2 个 272 平方米，港区道路 5 条 2999 米，输油管道 4 条 1800 米，物资部门建成各种仓库 15342 平方米。枯、中水位客货轮都能分港、分泊位停靠。港口客运吞吐量 80 万人次，货物吞吐量 60 万吨。彭水航运公司投入 27 万元资金改扩建中心港区沙

彭水港四楞碑码头（2004 年）

彭水港乌江西岸码头（2004 年）

沱粮油码头，对彭水中心港区四楞碑码头、红军渡码头和南渡沱码头进行维修、维护，进一步完善港口基础设施。随着港口建设的逐步完善，大型装载机、轮胎吊、皮带输送机、260吨全回转起重机等先进的港口机械，替代原始简单、肩挑背扛的人力装卸，新的港口装卸作业工艺流程加快了港口货物流通。1991年10月28日，黔江地区以工代赈办公室下达计划90万元，用于南渡沱续建工程。次年，2月开工续建，到1994年12月底基本完工。1996年7月，县人民政府发布《彭水港总体布局规划》，彭水港建设纳入规范化管理。1998年，投资近10万元进行四楞碑码头标准化建设，实施港区美化。1999年，彭水港进入港机动船舶109艘、小机（木）船88艘，客运吞吐量100余万人次，货运吞吐量80万吨。

二、高谷港

位于高谷镇狮子村老渡口，上距汉葭镇17千米，下距涪陵市119千米。港区上起乌江锅底凼下至老渡口约36900平方米。1985年9月至1988年12月，用粮棉布以工代赈投资13.21万元，建成下河公路长132米、枯水位堆货场1585平方米、中水位堆货场1227平方米。共填挖土石方1.30万立方米，浆砌块石挡墙1485立方米，浇水泥混凝土1000立方米。有泊位3个，码头长度210米，前沿水深大于1.5米，靠泊能力160吨级。

三、鹿角港

鹿角港位于鹿角区鹿角乡，上距龚滩27.5千米，下距汉葭镇24.5千米。港区上起乌江峡口，下至石埝沱，约29150平方米。以黄海高程240米为水陆域分界线，陆域鹿角场约6650平方米，水域22500平方米，岸线长150米。水陆域以一条2米宽的石梯路相连接，物资靠马（蜂岍）鹅（池）公路进行集散。为自然岸线，泊位1个，木趸船一艘长35米，前沿水深大于1.5米，靠泊能力160吨。趸船前后有沙滩和陡岸可供船只临时停泊。

四、上塘口港

上塘口港距汉葭镇3千米，下距涪陵市133千米。港区上起县造纸厂抽水趸船，下至大沙坝，约24300平方米。以黄海高程230米为水陆域分界线，陆域面积8100平方米，水域面积6200平方米，岸线长180米。有客货轮临时停泊点2个，属自然岸线。纸厂专用货运码头1个，重力式浆砌块石，长35米，前沿水深1.5米，靠泊能力160吨级，用斜坡缆车与纸厂相连。

五、烂泥沱水泥厂码头

烂泥沱水泥厂码头上距汉葭镇1.5千米，下距涪陵市134.5千米。港区上起斑竹林，下至罗家沱上口，约20250平方米。以黄海高程230米为水陆域分界线，陆域面积7500平方米，水域面积12750平方米，岸线长150米。有货轮临时停泊点2个，属自然岸线，用斜坡缆车道与县水泥厂相连。

六、其他码头

2000—2005年，兴建彭水港区下塘口码头、彭水港区万足翻坝码头、彭水港区三斧沱重件集装箱码头以及彭水港区国道319线罗家沱至上塘口路段特种货物煤炭码头。

下塘口码头 2001年10月开工建设，2001年建成投产，位于国道319线下塘口处，堆场面积为500平方米，主要用于运输渝怀铁路建设所需辅助材料。

万足翻坝码头 2003年5月开工建设，2004年11月建成使用。位于万足渡口处，是一个堆场面积1500平方米的斜坡码头，翻坝物资煤炭、化肥、盐等在此码头运输集散。年吞吐量约为10万吨。

三斧沱重件集装箱码头 2004年1月开工修建，2005年12月竣工使用，是彭水港口修建的第

一个重件物资集装箱码头，专门用于运输乌江电站重件物资。堆场面积1600平方米，年吞吐量为12万吨。

特种物资煤炭码头 2004年2月开工修建，同年7月建成投产，专门解决原煤外运。码头位于国道319线罗家沱至上塘口路段。码头分为1号仓、2号仓和3号仓。彭水自治县泰昌经营部自筹资金120万元修建了罗家沱1号仓码头，位于国道319线罗家沱处，堆场面积为5400平方米，库容量为2万吨。彭水自治县四海矿产储运部自筹资金123万元修建上塘口2号仓码头，位于国道319线上塘口处，堆场面积为2420平方米，库容量为1.1万吨。彭水自治县港口管理所自筹资金27万元修建上塘口3号仓码头，位于国道319线上塘口处，与2号仓相隔仅0.5千米，堆场面积为1350平方米，库容量1500吨。

七、渡口

彭水自治县多数乡镇处在大山峡谷之中，交通极为不便，渡口运输成为方便群众出行的重要交通形式。1987年，全县有渡口44处，分布全县7区22乡30村，其中乌江11处、郁江21处、芙蓉江2处、朱砂河1处、后灶河1处、木棕河1处、普子河6处，渡船48只144.5吨54马力。是年，成立乡镇船舶复查整顿工作组，对县境内乡镇船舶全面进行复查整顿。1990年，再次进行清理。鉴于彭水河流属山区河谷，水势凶猛，为确保人身安全，在乌郁两江及较大支流上相继建成公路大桥及人行道铁索桥，积累“渡改桥”经验。普子区蒋家咀铁索桥长61.5米、宽1.5米，郁山中井铁索桥长60.5米、宽2米、高27.5米。2001年，国家统一要求渡口船舶钢质化，县交通部门致力于各渡船的技改推广工作，力求各渡船全部由之前的木质船改为钢质船。由于主管部门没有按不同等级的航道渡口情况制定规范的渡船建造标准，也没有政策性补助，该工作启动后未能全面完成。同年，县交通局为了消除隐患，撤销石盆渡口摆渡。2004年，国家出台内河客渡船标准化建造政策，制定建造标准，鼓励渡船船主将其渡船实施标准化改造或建造，国家给予一定政策性补助，是年开始，市港航局、县人民政府逐年投资兴建各渡口设施。当年，投资75万元，完成共和、下塘、乌扬树、王沱、石盆、马峰等渡口的下河道路及待渡亭、船舶系缆设施建设。2005年，彭水开始全面实施客渡船标准化改造，当年完成10艘客渡船改造。投资80万元，完成木棕河、亮海沱、万足、浩口、石榴口、青滩坝、白溪口、大元等渡口的下河道路及待渡亭、船舶系缆设施建设。

第四章　陆上运输

第一节　运输工具

1986年，有各种机动车辆662辆，其中交通运输系统拥有28辆（客运）、私人244辆（货运）、其他机动车390辆。有车单位达40个，联户和专业户308家。1990年年底，全县有各种民用车辆812辆，其中交通运输系统客运42辆、私人货运295辆、其他机动车475辆。有车单位发展到81个，联户和专业户增加83家。1992年，道路旅客运输放宽，形成全民办交通的新格局。同年发展20座以下小客车22辆（包括吉普车）。之后，随着交通企业的改革，经营权逐步下放，接受客运市场统一管理的个体私营车主逐渐增多。至1994年，民用车辆达到909辆。

1995年，县汽车运输公司将客运车站对外放开经营。1996年，县运管所成立客运管理办公室，长驻车站进行源头管理。新开辟客运线路2条，客运班车增为48班，县内大小客车127台。1997年，新增客车29台，其中高档卧铺车3台，民用车辆达到1170辆，其中载客汽车275辆（交通部门38辆、私营237辆）、载货汽车382辆、其他机动车513辆。1998年，新开辟客运线路近可至周边各县，远至重庆、广州、温州、成都等地，有豪华客车、卧铺大客车10余台，加上各种大小客车达293辆。1999年，新辟厦门、晋江、宁波3条超长客运线路，投入150万元，新增7台大型卧铺客车。2000年，新购豪华大客车15辆、小客车5辆，相继开通北京、上海、广州龙岗等超长客运线路。2003年年底，全县机动车达到7759辆，其中，载客汽车1370辆、载货汽车1439辆、特种汽车66辆、其他机动车4884辆。随着彭黔路“三改二”工程的竣工和彭武路的顺利建设，乡镇路的延伸和改造，全县各行业车辆大幅增加。至2005年年底，机动车达到12282辆，其中，载客汽车2201辆、载货汽车1871辆、特种汽车175辆、其他机运车8035辆。

1986—2005年彭水自治县陆上民用车辆情况表

表11-6　　单位：辆

年度	民用车辆总数	按公私车辆分			按客货车辆分			其他机动车辆			特种汽车
		小计	交通系统	私人车辆	小计	载客车辆	载货车辆	小计	摩托车	拖拉机	
1986年	662	272	28	244	272	28	244	390	32	318	—
1987年	699	308	30	278	308	30	278	391	43	318	—
1988年	721	338	40	298	338	40	298	433	45	358	—
1989年	759	333	38	295	333	38	295	426	50	346	—
1990年	812	337	42	295	337	42	295	475	53	362	—
1991年	677	267	42	225	267	42	282	410	56	324	—
1992年	795	347	53	294	347	65	282	448	97	321	—
1993年	850	438	33	405	438	52	386	412	65	317	—

续表 11-6

年度	民用车辆总数	按公私车辆分			按客货车辆分			其他机动车辆			特种汽车
		小计	交通系统	私人车辆	小计	载客车辆	载货车辆	小计	摩托车	拖拉机	
1994 年	909	455	40	415	455	69	386	454	65	359	—
1995 年	906	469	38	431	469	78	391	437	165	272	—
1996 年	992	533	38	495	533	127	406	459	205	254	—
1997 年	1170	657	38	619	657	275	382	513	264	249	—
1998 年	1170	690	38	652	690	293	397	480	324	156	—
1999 年	1179	—	—	—	—	—	—	—	—	—	—
2000 年	—	—	—	—	—	—	—	—	—	—	—
2001 年	—	—	—	—	—	—	—	—	—	—	—
2002 年	—	—	—	—	—	—	—	—	—	—	—
2003 年	7759	—	—	—	2809	1370	1439	4884	4884	—	66
2004 年	10518	—	—	—	3756	1987	1769	6627	6627	—	135
2005 年	12282	—	—	—	4072	2201	1871	8035	8035	—	175

注：1999—2002 年统计不全，或未作统计

第二节　客货运量

1986 年，陆上运输客运量 60.69 万人，旅客周转量 2016 万人千米。货运量 11 万吨，货运周转量 2323 万吨千米。2005 年，公路客运量 694 万人、旅客周转量 45142 万人千米、公路货运量 89.92 万吨、货运周转量 6983 万吨千米，分别比 1986 年增长 10.44 倍、21.39 倍、7.18 倍、2.01 倍。

1986—2005 年彭水自治县陆上客货运情况表

表 11-7

年度	客运		货运	
	客运量（万人）	旅客周转量（万人千米）	货运量（万吨）	货运周转量（万吨千米）
1986 年	60.69	2016	11.00	2323
1987 年	92.7	3357	38.00	2802
1988 年	157.20	5660	50.70	5716
1989 年	125.4	3881	51.10	6478
1990 年	154.8	5354	51.60	6148
1991 年	152	5891	62.30	5278
1992 年	154	5045	67	4411
1993 年	154	3399	105	12174
1994 年	204	4045	33	6275
1995 年	304	9739	21	6420
1996 年	173	9958	25.80	6848
1997 年	361	18581	25	8818
1998 年	505	26256	32.80	9578
1999 年	468	25430	32.96	12008

续表 11-7

年度	客运		货运	
	客运量（万人）	旅客周转量（万人千米）	货运量（万吨）	货运周转量（万吨千米）
2000 年	478	25252.8	32.50	3793.60
2001 年	562.60	28969.7	39	5400
2002 年	611.09	46285	79.4	7119.20
2003 年	616.40	39197	86.20	6621
2004 年	689.30	44829	88.20	6946
2005 年	694	45142	89.20	6983

注：1986—1999 年的货运周转量为水陆货运周转量总和

第三节　城市客运

一、公交车

1994 年 10 月，县城城区开行公共汽车。初始只有北泉牌中巴车 4 辆，由县退休教师协会集资兴办，票价 0.5 元 / 人。后商会又发展环城公共汽车，由 2 辆山花牌中巴车同向而行。公共汽车收费经县物价局批准，曾实行过站点式收费，即将行驶路线分为 8 站，每站 0.50 元 / 人，施行中未能行通，只好实行上车 0.50 元 / 人的收费办法。1995 年，随着民政福利公司公共汽车的加入，壮大公交队伍，公交线路也相应增加。主要公交线路有 4 路，即镇中至烟厂、镇中至水泥厂、镇中至茶厂、环城。1996 年公交车 6 辆。1997 年公交车 7 辆。1999 年公交车 12 辆。2000 年，县城公共汽车 11 辆，均为中巴客车。2001 年，成立彭水自治县公交运输有限责任公司，负责县公交车运营管理。是年，县城公共汽车增至 15 辆。新增两条公交线路达到 6 条公交线路，并将原线路重新命名。1 路为环城线路，2 路为茶厂—镇中线路，3 路为烟厂—镇中线路，4 路为下坝—镇中线路，5 路为北大街转盘—山谷居—豆芽湾—渔塘—汉关路加油站—北大街转盘线路，6 路为北大街转盘—山谷居—立交桥—两江大桥—学坝北大街转盘线路。2002 年 17 辆。2004 年 22 辆。2005 年 19 辆。

二、出租车

1996 年，成立新运交通有限责任公司，首批投入微型白色长安面包车 30 辆从事出租业务，由公司以 5.20 万元的价格出让给私人，按月收取规费。车费始为上车 2 元，路线由最初的不确定逐步确定为固定线路水泥厂、复烤厂。出城则为包车，价格由双方商议。次年初再投入 10 辆微型长安车，价格涨为每辆 7.20 万元。随着营运车辆的增加，车费降为上车 1 元。1997 年年底，新运公司开始投入奥拓牌小车扩展出租车业务，出租车有 72 辆，每辆出让价 9.80 万元，免缴 1 年管理费，无固定路线，车费为单人上车 3 元、2 人以上 5 元，出城车费则由双方商议而定。1998 年，万事发交通有限责任公司成立，投入微型白色长安出租车。年底，县城各类出租车达 101 辆。1999 年，有少量个体户购车参与出租营运，出租车达到 161 辆。2000 年，各类出租车行业经过整顿淘汰，出租车有 110 辆。2003 年 130 辆。2005 年 129 辆。

三、摩的

1986 年，开始有少量机动三轮摩的。之后逐年增多。到 1995 年，发展到 200 余辆，部分乡镇也开始发展。起价每车次 2 元，路程较长则加收车费。1996 年起，三轮摩的饱和，开始出现抢道强行拉客，甚至堵塞交通的现象。一段时间曾实行编号通行，单号行驶单日、双号行驶双日，但仍未得到彻底整治。1997 年年末，两轮摩的开始出现，票价初为上车 5 元 / 人，后降为 2 元。1998 年 4 月，山谷居—北大街段禁止通行三轮摩的，三轮摩的开始衰退。1999 年，仅有 100 余台在县城周边运营。2000 年年底，县城主城有 100 余台两轮摩托车从事短途客运业务。2001—2005 年，进城农民不定期开摩的，主管部门未统计数据。

第四节 车 站

一、彭水汽车站

彭水作为黔江地区的门户，水陆交通的枢纽，原汽车站场坪更显狭窄，设施不敷使用。1989 年 7 月，四川省计经委和交通厅对彭水车站进行技术改造并扩大配套设施下达正式批复。工程于 1989 年 10 月开工，1991 年 3 月全面竣工。国家投资 170 万元，新建房屋 7320 平方米，其中主站房 3508 平方米、修理车间 306 平方米、金工车间 2266 平方米，其余为生活用房，扩建场坪 3100 平方米。

二、城北（外河坝）客运中心

城北客运中心属合资兴建国家二级车站项目，建站地址外河坝，征地 12.40 公顷，建筑面积 46200 平方米，概算总投资 1500 万元。工程集旅客吃、住、娱乐和中长途客运为一体，是一个多功能、开放型的客运中心。11 个发车位和 1800 米停车场，日发车量 300 班次。2002 年 5 月开工建设，2004 年 8 月，车站部分设施投入使用。2005 年 8 月，完成投资 1400 万元，竣工运营。

第五节 主要运输企业

一、重庆市汽车运输（集团）彭水有限责任公司

1987 年 11 月，彭水汽车站与彭水汽车队合并成立涪陵地区汽车运输公司彭水分公司，设彭水汽车站内，有客车 36 辆，货车 14 辆。黔江地区成立后，更名为黔江地区汽车运输公司彭水分公司。1996 年 2 月，更名为彭水汽车运输公司。1999 年 6 月，并入重庆市汽车运输（集团）有限公司，属全民所有制企业。职工 326 人，下设客运公司、新运交通有限责任（出租汽车）公司、物业管理公司、修配厂、汽车配件经营部、汽车北站。拥有大小客车 90 辆，固定资产 510 万元。2001 年 3 月，正式更名注册成立重庆市汽车运输（集团）彭水有限责任公司。通过产权制度改革，成功减员 47 人。县国有资产管理局同意将国有资产（净资产）596.30 万元划拨给重庆市汽车运输（集团）彭水有限责任公司，用于安置职工。至年底，完成客运量 170 万人次，客运周转量 4900 万人千米，营业收入 270 万元，上缴税费 140 万元，实现利润 60 万元。

二、彭水自治县装卸公司

始建于 1952 年，为县运输合作社。1985 年更名为县装卸公司，设汉葭镇北门街 127 号。占地面积 270 平方米，建筑面积 3000 平方米。集体企业，主营码头车站装卸工作。固定资产 80 万元，固定职工 73 人，分 6 个工作队。1989 年，分设县装卸站和彭水自治县汽车队。1993 年 9 月，县汽车队解

散。1999年在册职工（含合同工）160人。2004年，公司有职工194人（固定工53人、合同工100人、退休职工41人），拥有固定资产净值54万元，营业收入124.60万元。2005年，成立长滩火车站装卸分公司。

附：重大车辆安全事故

1987年6月9日，彭水汽车站驾驶员丁小林，驾驶27230号峨眉牌大客车，载客23人，上坡行至石彭路118千米+937米处，与停靠在公路弯道右侧的川路牌柴油货车会车，因客车车厢与货车保险杠刮擦，发生争执。丁小林拉住手刹，挂上二挡，下车观察地形。约一分钟，客车突然向后滑行，坠岩下，当场死亡旅客5人，送医院途中死亡1人，轻重伤8人，车辆报废。

1992年1月16日，汽车运输公司102队驾驶员金思明驾驶四川08-02070大客车开往酉阳，载客75人，13时10分左右，到酉阳苍岭路14千米+25.9米处翻于垂直距离70米的坡下，死亡43人，轻伤29人，赔偿费用84.59万元。

1993年12月7日，高谷纸厂戴明伦无证驾驶无牌照解放141型大货车拉石碑，在香（树林）高（谷）公路19千米+300米处翻坠于22米陡坡下的山塘内，死亡4人，伤1人。

1996年8月9日，汉葭镇江北派出所驾驶员张义明驾川P0071警小车在汉（葭）关（口）路柜子岩3号隧道南口150米处翻车于郁江边，车内3男1女全部死亡。

1998年8月1日，郁山镇冉建阳驾驶黑豹小货车渝H01997，载客在国道319线2077千米+550处，与三轮摩托车刮擦造成翻车，死亡5人，重伤3人，轻伤1人。

1998年12月12日，桑柘乡白沱村个体户庹至武驾驶中客车渝H30267载客行至彭（水）桑（柘）公路11千米+400米处，翻下乌江河岸，死亡14人，重伤4人，轻伤8人。

1999年3月3日，汉葭镇熊小康驾驶中客车载客，在彭（水）鹿（角）公路万足乡河口段翻下乌江河岸，死亡3人，伤25人。

1999年5月8日，黔江千意出租汽车运输公司涂兵驾驶奥拓小客车渝H0382，在国道319线2075千米+965米处翻车，死亡3人，伤1人。

1999年9月4日，汉葭镇文江驾驶东风牌大货车渝H30268在汉（葭）万（岩）公路12千米+500米处翻车，死亡3人。

1999年12月2日，汉葭镇张茂清驾驶中客车渝H30368在彭（水）桑（柘）公路16千米+500处翻车，死亡2人，受伤33人。

1999年12月18日，县电信局刘实驾驶依维柯小货车渝H30268，从芦塘乡工地返回县城，因路滑在郁（山）芦（塘）公路8千米+850米处翻下郁江河岸，死亡4人，伤2人。

2000年1月18日，重庆汽车运输（集团）有限责任公司彭水公司一中客车，在彭水车站载客行至彭（水）龙（洋）3千米+500米处，翻下乌江岸边，死亡3人，车辆报废。

2002年7月3日上午11时40分，一辆山花牌中巴车在从凤鸣驶往县城的途中，在离县城4.9千米处，翻下80米高的岩坎下，死亡10人，轻重伤13人。

2002年8月20日8时10分，一辆山花牌中巴车（车牌号为渝AW0517，载29人），在县城至长滩的公路上距县城2.5千米处翻车，死亡25人，伤4人。

2002年12月28日，重汽集团彭水公司渝AW0010号大型卧铺客车载客52人从福建晋江驶往彭水，途经国道20965千米+300米处时，撞毁栏杆翻下20米高的西水河中，死亡10人，轻重伤39人。

第五章 水上运输

第一节 运输工具

1986年，机动运输船16艘（交通部门），木帆船136艘。客轮向新颖、豪华、宽敞型发展。船长36.5 ~ 43米，宽7.6 ~ 8米，型深2米，装机367.5千瓦。货船最大载量128吨，客货轮客位470座，其中三、四等卧铺170个，配有沙发、电扇、电视，五等普舱设沙发背椅，涪彭段上行时间仅13个小时。1990年，由于公路运输量大增，船舶客货运输量相应降低。有机动运输船22艘，其中私营机动运输船6艘，木帆船下降到34艘。载量20959吨，载客8457座，装机36090.7千瓦，驳船31艘，载量65130吨。2000年，有机动船21艘，其中客货轮4艘、小机动船17艘。2001年，全县机动船15艘，总吨位3978吨。2002年，全县机动船26艘，总吨位3506吨。2003年，全县机动船25艘，总吨位3364吨。2004年，全县机动船15艘，总吨位3575吨。2005年，全县机动船8艘，总吨位2258吨。

1986—2005年彭水自治县民用船舶情况表

表11-8 单位：艘

年度	机动运输船	其中		木帆船	年度	机动运输船	其中		
		交通系统	私人民用				交通系统	私人民用	木帆船
1986年	16	16	—	136	1996年	16	14	2	30
1987年	16	16	—	136	1997年	17	13	4	30
1988年	16	16	—	136	1998年	18	12	6	30
1989年	16	16	—	136	1999年	19	13	6	—
1990年	22	16	6	34	2000年	21	4	17	—
1991年	22	16	6	34	2001年	15	—	15	—
1992年	22	16	6	34	2002年	26	—	26	—
1993年	18	15	3	33	2003年	25	—	25	—
1994年	20	17	3	32	2004年	15	—	15	—
1995年	19	16	3	32	2005年	8	—	8	—

1980—1998 年彭水自治县水上运输企业及个体船舶基本情况表

表 11-9

业主	船名	种类	船体（米）			总吨位	总载量（吨）	主机功率（千瓦）	建造时间	备注
			型宽	型深	型长					
轮船公司	鸿运 4 号	钢质货船	6.00	1.75	31.90	121	110	105×2（143HP×2）	1980.7	—
	鸿运 5 号	钢质货船	6.00	1.80	32.50	182	115	110×2（150HP×2）	1982.2	停航
	鸿运 6 号	钢质货船	6.00	1.80	32.50	182	115	110×2（150HP×2）	1982.2	停航
	鸿运 7 号	钢质货船	6.40	1.80	33.60	140	110	（185HP×2）	14984.8	1998 年技改为客货船
	鸿运 8 号	钢质货船	6.40	1.80	33.60	145	120	（185HP×2）	1983.1	—
	鸿运 11 号	钢质货船	6.40	1.80	35.60	164	117	184×2（250HP×2）	1985.8	1998 年抵押石油公司
	鸿运 13 号	钢质客货船	7.20	2.10	43.10	486	60+500 客	183×2（250HP×2）	1985	—
	鸿运 15 号	钢质客货船	7.20	2.10	43.10	486	60+500 客	183×2（250HP×2）	1985	—
	鸿运 16 号	钢质客货船	7.20	2.10	43.10	486	60+500 客	183×2（250HP×2）	1985	1998 年在长寿起火报废
	鸿运 18 号	钢质客货船	7.20	2.10	43.10	486	60+500 客	183×2(250HP×2)	1986	1987 年由 14 号改称
	华鲨	高速客轮	3.90	1.23	17.00	182	66 客	474×2	1998.11	股份制经营
	华龙	高速客轮	4.00	1.50	28.10	79	80 客	485×2	1998.12	股份制经营
	华	高速客轮	4.00	1.50	28.10	79	100 客	485×2	1999.12	股份制经营
	铁驳 1 号	钢质驳船	6.80	2.05	39.00	275	250	—	1985	1997 年变卖
	铁驳 1 号	钢质驳船	6.80	2.05	39.00	275	250	—	1985	1997 年变卖
	铁驳 3 号	钢质驳船	6.80	2.05	39.00	275	250	—	1985	1997 年变卖
	铁驳 4 号	钢质驳船	6.80	2.05	39.00	275	250	—	1985	1997 年变卖
水运公司	大庆 1 号	油轮	6.00	1.80	33.80	128	115	（500HP）	—	—
	郁光 1 号	货轮	5.50	1.85	31.36	109	100	（270HP）	—	彭水制造
	郁光 3 号	货轮	6.20	7.75	34.91	125	120	（300HP）	—	彭水制造
	郁光 4 号	货轮	5.70	1.85	32.66	92	110	（300HP）	—	彭水制造
	郁光 5 号	货轮	6.40	1.80	35.60	165	130	（370HP）	—	彭水制造
	郁光 7 号	货轮	5.70	1.85	32.65	92	110	（300HP）	—	彭水制造
傅大兴	大兴 1 号	货轮	—	—	—	—	180	—	—	私营
徐昌荣	川友	货轮	—	—	—	—	200	—	—	私营
葛恒文	天友	货轮	—	—	—	—	250	—	—	私营
叶富军	下塘号	客轮	—	—	—	—	12	—	—	私营
高坤	共和号	客轮	—	—	—	—	15	—	—	私营
胡绍强	高谷号	客轮	—	—	—	—	20	—	—	联户，1998 年变卖
渝光旅游客轮有限公司	黔龙	快速客轮	6.00	2.20	41.10	—	166 客	296×2	1998	引资公私合营
	黔凤	快速客轮	6.00	2.20	41.10	—	166 客	296×2	1998	引资公私合营

注：另有天骄号（谭昭强）、天鑫号（范方奇）、恒源号（何廷友）、宏泰号（李泰平）、川友 2 号（徐昌荣）、永君号（赵伟军）

第二节 客货运量

一、客运

1985年，县轮船公司4艘“鸿运”号客货轮投入运营，打造“鸿运”号主航长江航道重庆至涪陵段，沿乌江航道至彭水，再由彭水至龚滩。上下水停靠码头为乌江段：高谷、共和、江口、武隆、羊角、白马、白涛、涪陵；长江段：李渡、另市、石砣、长寿。1986年，水上运输客运量14.50万人，旅客周转量1989万人千米。1990年，企业深化改革，加强管理，提高服务质量，进行技术革新，“鸿运”号航船队社会经济效益不断提高，客运量为60.30万人次，旅客周转量5832万人千米。1992年，完成客运量91万人次，客运周转量7232万人千米，营运收入438万元。1993年，客运量上升为137万人次，客运周转量达8878万人千米，营运收入505.50万元。1994年4月30日，鸡冠岭发生巨大岩崩，将乌江航线阻断，致使停航，当年完成客运量仅36万人次，旅客周转量6531万人千米。1995年，曾开辟长江航道至岳阳，乌江航道至龚滩旅游航线。完成客运量128万人次，旅客周转量11630万人千米。1996年，客运量243万人次，居历史之最。1997年，客运量下降至82万人次。1998年，县轮船公司购置3艘高速船投入运营，加大技术投入。由于陆上运输的发展，水上运输逐渐减弱，1999年只完成客运量86万人次，客运周转量13303万人千米，实现营运收入1328万元。是年，购置高速客船，开辟长江乌江航道重庆至龚滩航线，主营彭水至重庆航线，长江航道至岳阳段转让。2005年，客运量2.65万人、客运周转量29万人千米，分别是1986年的18.28%、1.46%。

二、货运

1986年，货运量为11.43万吨，港口吞吐量18.30万吨。至1999年，累计货运量为330.31万吨，港口吞吐量364.80万吨。2005年，货运量38.55万吨，货运周转量6720万吨千米。

1986—2005年彭水自治县水上客货运情况表

表11-10

年度	客运		货运		
	客运量（万人次）	客运周转量（万人千米）	货运量（万吨）	港口吞吐量（万吨）	货运周转量（万吨千米）
1986年	14.50	1989	11.43	18.30	—
1987年	36.00	7879	17.25	18.30	—
1988年	67.20	6811	17.40	27.60	—
1989年	70.90	5994	14.10	27.60	—
1990年	60.30	5832	13.00	27.60	—
1991年	82	7601	14.63	33.00	—
1992年	91	7232	14	24	—
1993年	137	8878	16	26	—
1994年	36	6531	9	23.40	—
1995年	128	11630	1	28	—
1996年	243	12102	1.60	28	—
1997年	82	14797	9.80	28	—

续表 11-10

年度	客运		货运		
	客运量（万人次）	客运周转量（万人千米）	货运量（万吨）	港口吞吐量（万吨）	货运周转量（万吨千米）
1998 年	88	21300	15.10	28	—
1999 年	86	13303	23	27	—
2000 年	76.90	15859	4.75	—	4440
2001 年	23.40	14452	7.53	—	4400
2002 年	3.91	2915	17.85	—	3508
2003 年	4.56	2736	66.47	—	6647
2004 年	3.88	101	18.70	—	3600
2005 年	2.65	29	38.55	—	6720

注：1986—1999 年水上货运周转量的数据在前第四章第二节表 11-7 中记述

第三节　主要运输企业

一、彭水自治县轮船公司

1956 年 4 月，成立县曙光木船运输合作社，1978 年 9 月更名为彭水县航运公司。1985 年 1 月，县航运公司和县水运公司联合成立彭水自治县轮船公司，1986 年，联合公司解散，原水运公司独立出来，原县航运公司仍保留彭水自治县轮船公司名称。1989 年 4 月更名为黔江地区轮船公司。1992 年 2 月，更名为国营黔江地区轮船公司。属于集体所有制企业。下设彭水、涪陵、重庆 3 个营业站、1 个造船厂、1 个针织厂、1 个农贸经营站。职工 800 人，其中管理人员 120 人、技术人员 400 人，有“鸿运”号客货轮 9 艘，其中客轮 4 艘 2000 个客位、货轮 5 艘、囤船 5 艘 1200 总吨位、钢质驳船 5 艘计 1500 吨位，主航线为彭水—重庆段。客轮设全封闭铝合金门窗，按二—四等级设计舱位。注册资金 306 万元。年客运周转量为 4200 余万人千米，货运量达 1 万吨。由于陆运的发展，水运日渐低落。2001 年 12 月，全公司召开职工代表大会，表决同意公司停业进入破产程序。2003 年，县人民政府同意县轮船公司破产清算组处置国有土地使用权，土地出让权的收益全部用于职工安置。

二、彭水自治县水运公司

1986 年 4 月，县水运公司从彭水自治县轮船公司分离出来，属于集体所有制企业。1988 年 6 月，县水运公司实行租赁承包，后经营不善，1990 年 5 月终止合同。适时公司内设行政办公室、计财股、业务股、技安股、后勤股，涪陵、重庆两个经营站。固定职工 148 人，其中管理人员 18 人。公司有钢质货船 6 艘 680 总吨位 2040 总马力，一级油船 1 艘，囤船 2 艘 80 吨位。2002 年，水运公负债率达 205%，由县交通局成立水运公司改制工作组，对水运公司实行解体改制方案，冻结资产，拍卖船只，安置职工，缴纳养老保险金。

附：重大海损事故

1987 年 5 月 24 日，石盘乡马峰岍 2—015 渡船在横渡中，遇上行的秀山 304 号轮掀起的浪打沉，死亡 3 人。

1987 年 8 月 27 日，鹿角乡鹿角村余文学的私人小木船违章载人，在乌江红宗石翻沉，死亡 6 人。

1988 年 10 月 3 日，彭水自治县轮船公司“鸿运”8 号轮与共和乡幸福 3 组村民董世奎驾驶的 1.5 吨小木船从高谷赶场返回时相遇沉没，落水身亡 11 人。

1989 年 4 月 4 日，彭水汉葭镇五里村 4 组村民安世田驾驶的“汉葭 8 号”钢质小机动船在乌江彭水段从事水上运输时，因机器熄火沉没，死亡 4 人。

1989 年 12 月 16 日，在乌、郁两江交汇处，周礼全用 0.45 吨的小木船载 8 人渡水，落水 8 人，死亡 6 人。

1990 年 11 月 22 日，在乌江彭水航段猪子牙处，川陵 24 号轮下水与上行的农用小船相会时，发生船吸，造成农用小木船翻沉，死亡 5 人。

1993 年 7 月 24 日，鹿角乡鹿角村 1 组农民冉茂瑜，驾驶小木船载 7 人装西瓜 100 千克横渡乌江时翻沉，死亡 4 人。

1994 年 6 月 12 日，保家区凤鸣乡桂花村韦开杰、彭万明等驾驶人力木船在郁江白溪口摆渡时翻沉，死亡 15 人。

1994 年 7 月 4 日，下塘乡下塘村 1 组的小木船从彭水载 6 人返回，在双江水泥厂下航段翻沉，死亡 5 人。

1995 年 10 月 9 日，县轮船公司“鸿祥号”客轮由宜昌驶向重庆，与长寿“大堡 12 号”相撞，造成大堡 12 号落水 15 人，死亡 4 人，船舶全损。

1996 年 5 月 11 日，何芝银驾驶的小机动船，下行时与“鸿运 14 号”相遇翻沉，死亡 4 人。

1997 年 3 月 16 日，“鸿运 14 号”客轮返回途中，在长江叶碛 4 号红浮外 40 米处，与“天鸥 2 号”水翼客船相撞，死亡 13 人，轻、重伤 76 人。

1998 年 7 月 6 日，轮船公司“鸿运 16 号”在长寿下客时，厨房发生大火，造成船舶主体、机舱及三层甲板全部烧毁，直接经济损失 140 万元。

1999 年 8 月 14 日，联合乡高家村 2 组村民高绍卫驾驶自用的小木船，在郁江上为吃月米酒的青盘村九组村民摆渡，因水涨处理不当，导致该船漂流 1100 米后翻落于马岩电站 10 米高的大坝下，死亡 6 人。

2003 年 5 月 1 日 14 时，郁江“关木盖滩”发生沉船事故，失踪 3 人，死亡 8 人。

第六章　交通管理

第一节　管理机构

一、主管部门

彭水自治县交通局　1955年5月，成立彭水县人民政府交通科，1957年更名为彭水县交通局，1962年5月，与工业局合并为工业交通科。1978年恢复成立彭水县交通局，1985年更名为彭水自治县交通局（简称县交通局），内设秘书股、安全运输股、公路股、人保股、计财股。1989年，行政编制15人，事业编制控制数11人。1996年，公路股改为公路管理所。1999年，县交通局内设秘书股、计财股、公路股、政工股、人事股、法规股、安运股、规费所、交通开发公司。2000年，交通局职工42人，其中正式职工31人，借用职工9人，临时工2人。2001年，县委、县人民政府对县交通局职能配置、内设机构和人员编制作出规定，县交通局为主管全县城乡公共客运交通及公路、水路交通行政管理部门，划入原由其他部门承担的交通战备职能和全县村道建设的技术实施方案进行审批及村道建设规划和管理。并对交通局职能进行调整：划入交通战备职能，增加对全县村道建设的技术实施方案审批及村道建设规划管理职能，划出公路工程质检职能交由事业单位公路工程质检站履行。人员编制23人（其中事业编制11人），正式在职人员14人，领导职数设局长1人、副局长3人，纪检组长不占领导职数。内设综合科编制9人（其中事业编制3人）、财务审计科编制3人（其中事业编制1人）、政工人事科编制3人（其中事业编制2人）、计划建设管理科（同时挂交通战备办公室牌子）编制5人（其中事业编制4人）、安全运输科编制2人（其中事业编制1人）、政策法规科编制1人。2004年12月，推行公务员制度，办公室确定交通局领导职位3个；内设机构职位9个，其中设综合科科长1个、文职宣传1个、财务审计科科长1个、政工人事科科长1个、政工干事1个、计划建设管理科科长1个、建设养护管理1个、安全运输科科长1个、政策法规科科长1个，工勤岗位设职位3个。2005年，县交通局过渡公务员职位14人，公务员实有数12人，公务员空缺职位数2人。确定工勤岗位数3人，实有工勤人员3人。

二、行政管理部门

公路运输管理所　1974年，成立彭水县交通运输管理站，1988年，更名彭水自治县公路运输管理所，对公路运输实行行业管理。内设行政办公室、客运办公室、车管办公室、稽查队。1992年，增设出租汽车管理办公室。2001年12月，成立县公交运输有限责任公司，按重庆市运管局《关于公共汽车投放、管理、经营的有关规定》由县运管所进行管理。

交通稽查征费所　1979年，成立彭水县交通监理所，隶属涪陵地区稽征处，1987年，改隶黔江交通征费稽查处。同年5月，改交通监理所成立交警队和交通稽查征费所，交通稽查征费所内设执行室。2001年7月，重庆市交通委员会通知将黔江征费稽查机构委托区县代管，即撤销隶黔江交通征

费稽查处，原机构名称、人员不变，同时挂车辆购置附加费征收管理办公室牌子。

港口管理所 1981年2月，成立彭水县码头管理所。挂牌管理站，一套班子，两块牌子。1987年，更名为彭水苗族土家族自治县港口管理所，按照“一城一港一政”，实行统一政令、统一规划、统一管理。2001年8月，成立港阜有限公司，独立经营、自负盈亏，服从港口管理所监督和管理。

县地方海事处 1990年，改原彭水航运站为彭水港航监督所和彭水航务管理所，一套班子，两块牌子。2003年4月，将彭水港航监督所更名为县地方海事处，履行海事行政执法。更名后，机构性质和规格不变，原航务管理所名称、机构性质暂不变动。

交通公路路政管理所 1990年11月成立，设在黔江地区公路管理总段彭水分段内，侧重省县乡道路政管理工作。后改为路政中队。县编制委员会核定事业编制5人，其中干部1人、工人4人。2001年5月，路政中队增编3人。

县交通工程勘测设计所 2004年，县交通局成立县交通工程勘测设计所，系独立核算单位，属有限责任公司，隶属县交通局，业务受重庆市交通委员会和彭水农村公路建设办公室及彭水自治县公路工程质量监督站指导。

三、公路养护部门

彭水自治县国道养护管理段 1962年7月，省道收归四川交通厅公路局，成立四川省涪陵专区养路总段彭水养路段，县道划出成立彭水县公路养路队。1978年4月，彭水养路段与彭水县养路队合并成立涪陵公路养护总段彭水县养路段。1980年10月，彭水县养路队分离出去。1989年2月，更名为黔江地区公路管理总段彭水分段。1990年年底，固定职工为137人，其中干部9人。有9个道班、1个机修组。下设行政股、生产股、财务股、材料股和9个道班。2000年年底，职工224人，下设14个道班，担负国道319线彭水境内153.70千米公路（含老309线泥碎路64.30千米）的养护任务。2004年，将黔江地区公路管理段彭水分段更名为彭水自治县国道养护管理段，机构、性质不变。

彭水自治县公路养护管理段 1962年7月，县道彭（水）普（子）、彭（水）红（花岭）公路养护人员42名工人组成彭水县公路养护队。1987年，有职工177人，下属25个道班，机运组、机修组、破碎组各1个。1990年，更名为彭水自治县公路养护管理段，年底有职工211人，其中固定职工132人、合同工3人、临时工33人、计划外用工43人，道班30个，机修、机运、破碎组各1个。1999年，下设31个道班，正式职工130人，专职养路工235人。2002年，有职工337人，其中正式职工139人（含合同工）、临时工107人、退休职工91人。下设机运、破碎组各1个，道班36个。2004年，在县公路养护管理段成立县康发公路工程有限责任公司，主要经营二级公路及以下等级公路的工程施工和各等级公路养护作业及附属设施的设置。

第二节 路政管理

1988年5月，县人民政府规定：单位或个人凡在汉郁两镇总体规划范围内街道两旁新建、扩建、改建一切永久性建筑物，必须在现有街道的中心8米以外，弯道处加宽3 ~ 5米；单位或个人在公路两旁新建、扩建、改建一切永久性建筑物，其建筑物边缘与公路边沟外缘的间距为，国道20米，省道15米，县道10米，区乡道5米；禁止以路代市。同年秋，拆除县城山谷居至两路口的摊点，集中搬至广场。1990年7月，拆除彭务路0k+100m至0k+200m间40多户摊点，排除路障500平方米。1993年，县交通局《关于路政管理的通知》规定：凡在县境内的国道319线、省道巴彭路及县道、乡道边沟外3米为公路留地（弯道处由交通部门根据实际情况适当加宽），今后新建公路，留地也按此比例留足；公路及其附属物（包括两旁留地、行道树）属国家所有，任何单位和个人不得侵占、破坏。是年，路政部门禁止在公路两旁留地内建房、搭棚、挖沟引水、埋设管线和电杆以及烧窑、采石，要求此类工程须离国道两侧外6米，省、县道两侧外5米，先批后建，属县城城区和区乡场镇地段的要报县国土局、建委、交通局共同审批，其他地段由国土局、交通局审批。在公路上晒粮、设摊、堆放物料、倾倒垃圾、放牧、设置障碍物等现象得到遏制。通过各种方式让群众明白路号标志、侧桩、界碑、护栏不得迁移损坏或涂改，公路行道树严禁砍伐，大中型桥梁和渡口200米范围内严禁放炮采石。1997年，路政中队仍实行1县1队的体制，具体操作上两分队各属1个养路段，分段称一队，县段称二队。一队负责国道319线及沿途乡道的路政管理工作，其余由二队分管。具体工作时分队行使管理职责，必要时集中出击，两队均配置路政专用车。2000年，养路分段路政中队上路巡查1728次，查处非法采石危及公路安全5件、损坏行道树13件、乱接道5件、损坏公路设施18件、超限车35辆、违章违法案件14件，处理突发案件12件，清除公路打晒场2560平方米、路障170处3600平方米，强行拆除房屋2幢。做到红线控制率达100%，路政案件处理率达97.70%。2001年，查处超限车辆2500台、损坏公路挡墙22处30立方米、违法建房30件，下发违反路政管理通知书160份，下处罚决定书16份。支持渝怀铁路建设，对铁路建设相关路事宜简化手续，上门服务，协助解决道路接口和大型器械进场时的交通管制服务。2002年，发生路政案件2080件，查处率97%，结案率95%。其中，查处损坏公路设施150件、违规建筑69处3200平方米、超限车辆3万辆次，清除路障410处3468平方米，拆除公路两侧非公路标志690处。2003年，发生路政案件1080件，查处率95%。其中，查处破坏行道树案件9起、损坏公路设施54处、违规建筑34处，强行拆除房屋2起，清除路障708处8574立方米。设置铜质反光警示牌21块、安全标志24块，加固安全桩8000个。2004年，上路巡查3360人次，对90件路政案件进行查处，查处率99%，结案率98%，立案50件。清除路障（临时堆积物）350处约3600立方米，处理突发事件15次。2005年，强化杨柳巷治超点和桑柘窦家坝治超点的监督管理。全年案件查处率达99%，结案率98%。

第三节　运输管理

一、公路运输管理

1987年，成立彭水自治县公安局交通警察队，负责陆上运输安全。1989年，上路稽查1079人次，查车4101台次，查获违纪3人次，罚款3656元，征收运管费11.19万元。1990年，春运中查获禁运物品鞭炮23200响、火柴6000盒、液体易燃物220千克。1993年，按黔江地区规定统一换发道路运输证，全年换证493本，其中客车65本、货车248本、四轮车83本、手扶式拖拉机67本，换发经营许可证353户，年审和换证同时进行。1997年，死亡、伤人事故率控制为零，经济损失百万车千米0.17万元，低于控制指标2.83万元。2000年，明确各单位一把手为第一责任人，分管领导为第二责任人，具体负责安全管理的科股长为第三责任人。局设安全委员会和安全领导小组，企业成立安全股室，生产班组设安全员，安全系统专职安全管理人员25人，兼职安全人员28人，建立安全资料、台账。2003年2月，成立县城内交通秩序整治中队，对县城各条道路出、入口运输车辆进行整治，稽查队流动检查。全年检查车辆41946辆次，查获违章车辆10450辆次，暂扣1721辆次。2004年，出动检查车516车次、检查人员2256人次，检查车辆15870台次，查获违章车辆2960辆。2005年，对陆上运输企业资质、从业人员资格、车辆技术状况进行全面清理，春运、节日黄金周进行安全严管。配备完成超长客运和高速公路车辆GPS终端系统53套，提高车辆安全性能，强化交通安全动态管理。

二、航道运输管理

1987年，成立县乡镇船舶复查整顿工作组，对县内乡镇船舶进行首次复查整顿，对验收合格的530只船舶进行逐一登记、造册，落实两证、一牌、一线，对不符合要求的37只船舶给予销毁，取缔不符合水运业务的船舶运营资格。在郁山、保家、高谷、鹿角、汉葭镇落实专职管船员。1990年2月，改县航管站为县港航监督所和航务管理所，负责水上安全。同年，历时60天，对全县19个乡、59个村的各类船舶逐一进行清理，补填船名牌，核实载重线、补办各种证照，签订安全承包责任书。1991年，调整县安全领导小组，对县境270千米航程内2个专业运营企业和乡镇小船队（户）进行历时40天的安全教育，对不适合内河航运的农用船予以销毁。1992年5月，县轮船公司建立公安科，安全业务接受县公安局的指导。1994年，强行报废农用船15只，撤销非法渡口2个，协助区乡征收管理费4270元。2001年，县港航监督所出动现场监督人员445人次，办理船舶签证1613艘次，下乡镇巡回检查船舶241人次，查出各种隐患21起，整改21起，查出各种违章89起，纠正86起，销毁农用载客船4艘，撤销石盘渡口渡船摆渡，拆解无证运力装置船舶23艘。信号准确、安全指挥船舶通过控制河段23875艘次，其中上水11537艘次、下水12338艘次。设置3类航标54座，维护航标6480标天。2002年，信号准确、安全指挥船舶通过控制河段21678艘次，其中上水11381艘次、下水10297艘次。设置3类航标48座，维护航标8060标天。2003年，成立水上安全集中整治领导小组和水上安全执法大队，出动车船63次、人员311人次，检查各类船舶425艘，销毁无证船舶96艘，取缔不合格渡船7艘，取缔私设渡口3个。2004年，县地海事处出动车、艇337趟次，行程7万千米，检查并办理船舶签证1178艘次，查处并整改各种违章隐患45起，处理违章船舶47艘，检查乡镇船舶498艘。2005年，投资50万元对渡口进行改造，全县29个渡口全部安装警示标语、渡口守则碑、安全责任监督牌，乘客须知牌、封渡水位线。郁山渡口塘等9个渡口按C类渡口标准建造简易平台，修建人行道2.5千米，改造标准化客渡船5艘。

三、规费征收

1986年5月，民工建勤以金代劳收取代金费，每个劳动力每年均有5个工日的建勤义务，农村车船每年有2个工日的建勤义务。是年，收取民工建勤代金28.20万元。1987年，县交通稽征收费所推行目标责任制，组织联合收费组等形式，对全县8区两镇及各单位企业车辆进行清理，征收养路费93.46万元，完成年度计划102.68%。1988年，收养路费116.38万元，完成年度计划105.38%。1989年，收养路费122.1万元，完成年度计划110%，收车辆购置附加费15.83万元。1990年，11月底收民工建勤代金34.10万元。1992年，收取运管费16.70万元，客运附加费1.60万元。1993年4月，县人民政府批准成立车辆规费征收所，主要负责全县拖拉机和四轮车养路费、民工建勤费、以工代赈公路资源开发费征收。1994年，收运管费5.30万元。1995年，开始征收机动车辆管理费，货车每吨收取20元、客车按座收取3～8元、人力三轮车每月每座收取2元、机动三轮车每月每座收取3元。1995年5月，因改造319线彭水段，贷款和发行债券2700万元，经四川省交通厅、财政厅、物价局批准在关口设立收费站，正式收费还贷。1996年，收取运管费33.10万元、客运附加费43.20万元。1998年，收取运管费60.50万元。因改造319线彭水至武隆段资金不足，经四川省交通厅、财政厅、物价局批准收取车辆通行费，收费经营权以3000万元转让给重庆银都实业总公司。是年10月1日，在共和设立收费站正式收费还贷。1999年11月底，完成征收汽车养路费230万元，拖拉机（四轮车）养路费61.7万元。2000年，征收养路费350万元，完成年计划的116.6%；征收车辆通行费350万元，完成年计划的117%。2001年11月，征费稽查局彭水所（简称县稽征所）与县交通局规费所合署办公。全年征收养路费298万元、货附费19.5万元、客附费132.30万元。渝怀铁路建设中进场车辆，养路费征收一视同仁，先后扣运行车辆 10 余台。征收港口管理费 25 万元。2002 年，收取港口管理费 15 万元。2003 年，为重庆征稽管理年，实行微机收费，征收滞纳金 8000 余元、港口管理费 30 万元。2004 年，港口管理所规费征收 70 万元。2005 年，征费 818 万元，其中养路费 390 万元、客附费 170 万元、货附费 52 万元、拖养费 206 万元。

第十二篇　邮　电

彭水邮电经历漫长而复杂的分合过程。清光绪三十二年（1906），成立彭水邮政局。1936年，交通部彭水县电话营业处成立，彭水电信史从此开始。1951年，邮、电合并，正式成立彭水邮电局。1969年，彭水将邮、电分开。1973年，邮、电合并，成立彭水县邮电局。1997年7月，实行邮电分营，分为彭水苗族土家族自治县邮政局和彭水苗族土家族自治县电信局（简称县邮政局、县电信局）。1999年7月，移动通信与中国电信分离，10月，成立中国移动通信集团重庆有限公司彭水分公司（简称县移动公司）。2000年，国信寻呼并入联通，2001年6月，中国联通重庆彭水分公司正式成立（简称县联通公司）。

1986年，全县有邮电局（所）61处，邮路总长4243千米，长话电路10路，电报电路3路，电话机614部，邮电业务总量（当年价）69万元，年发函件63万件，年订报刊5万份，电报4万份，长途电话5户。至1996年，数字通信、程控电话、移动电话、无线寻呼、自动转报的现代化通信网骨架初具规模。年底，固定资产1500余万元。设服务网点62处（其中代办51处），邮运车5辆、微机12台、交换机容量6016门，长途台电路由1985年9条增加到124条，已开通无线寻呼、移动电话，形成四通八达的信息通信网。经营业务有函件、包件、汇票、邮储、集邮、电报、长话、市内电话、农村电话、传真、移动通信、无线寻呼等。1998年，邮电业务总量（当年价）1312万元。完成函件115万件、包件4695件、邮政快件61802件、报刊累计数465.13万份、年订报刊数459万份、收发电报3万份，年末城乡电话机总数10025部。其中市话6682部，农话3343部。长途电话139户，住宅电话5464户，无线寻呼3747户，移动电话1533户。2000年，邮电业务总量2816万元，其中邮政340万元、电信2476万元。至2005年，全县邮政局（所）总数48处，委托、代办邮政机构26处，邮路总长1077千米，农村投递线路3357千米，局用交换机容量6016万门，固定电话用户4.68万户，移动电话用户8.28万户。邮电业务总量10357万元，其中邮政769万元、电信9588万元，邮政占电信业务总量的8.02%。

第一章　邮　政

县邮政局受县人民政府和上级邮政局双重领导，以上级邮政局管理为主，负责地方邮政行业管理，开展全县范围内的函件、包件、汇兑、报刊发行、集邮等业务。

第一节　机　构

1986年，辖高谷、郁山、保家、桑柘、鹿角、黄家、普子7个邮政支局和张家坝、龙射2个邮电所，乡级设52个邮政代办所，全县邮电局（所）总数61处。1997年，邮政局下辖8个支局、1个邮政所、63个乡邮政代办机构，自办服务网点面积325平方千米。2003年，彭水自治县邮政局对原有的二级机构进行调整，重新设置“三部一室”即经营服务部、储蓄汇总部、业务部、综合办公室。至2005年年底，有邮政局（所）48处，委托、代办机构26处。

第二节　邮　路

民国时期，县邮政局网点少，设备旧，条件差，无机械设备，靠人力运输。中华人民共和国成立后，邮电事业发展较快。1986年，县、区、乡、村四级邮路网。到1987年，开通彭—石委办派押汽车二级邮路58千米。邮政运输县外干线为自办汽车，县内为委办车船，部分区、乡邮路为自行车邮路，改变肩挑背负的落后现象。1997年，新成立县邮政局，自办汽车邮路223千米、委办车（船）邮路100千米，农村投递路线173条936千米。至2005年，邮路37条，总长（单程）1077千米，农村投递路线总长（单程）3357千米。邮区内县城及各乡镇次日投递率100%，行政村实现两日班或三日班，城区网点服务半径13.90千米。

第三节　业　务

1987年，县城邮电机构开办业务有函件、包裹、汇票、报刊发行、集邮、邮蓄，代办所办理函件和投递。1999年1月1日，彭水邮政局在城区实行信报分投，4个段道，4个报刊投递员，2个信函投递员。主要经营业务有函件、包件、特快专递、报刊发行、集邮、邮政储蓄、机要。同时，商业信函、企业金卡、企业明信片、邮送广告、音像租赁、报刊零售、货运直递等新型业务也有新的发展。2000年，县邮政局以市场为出发点，开发各种中间业务和新型业务，代办保险、代发工资、代办会议服务。成立邮购配货中心，开办邮购业务和礼仪公司，开设鲜花专递、礼仪精品销售、礼仪服务、商函广告等业务。成立鸿富运输队，开展货运直递和以客养邮。为了与国家邮政局西部邮件提速要求同步，县邮政局对县内邮路、邮件封发、接转等处理环节进行相应调整。9月1日起，改间日班为逐日班，邮件全面提速2～3天。2002年4月28日，彭水邮政—移动合作营业厅开业，全面代理各种移动业务，同时代办部分电信业务。2003年，局房媒体建设400平方米，建成户外广告信筒20个。

函件　1986年，函件63万件。1988年10月，开办邮政快件业务，至年底，共收快件5819件。1990年，分别完成邮政快件、国内函件、机要文件59516件、806720件、848件，分别比1989年同期增长97.16%、3.04%、77.40%。1996年，函件收寄量113万件，人均收寄信函由上年的1.36%上升到1.67%。其中快件收寄达到12.78万件，比上年同期增长9.89%。1998年，函件收寄量115万件。2003年，函件收寄量50.93万件，人均函件量0.82件。2005年，函件收寄量33.22万件，其中特快专递3.34万件。

包件　1988年收寄包件2870件，1989年收寄包件3963件。之后，由于普包的收寄范围缩小，平均单价提高，包件用户减少。1991年，减少到2270件。1994年开始有所回升，全年3668件。2004年达到顶峰，全年为1.26万件。2005年减少为1.13万件。

汇兑　1986年11月11日，县邮电局邮政储蓄所成立，开始进行邮政储蓄汇兑，县人民银行行长杨庆全在开业时带头存入储金100元。至年底，储金收入129952元。1987年7月，西街邮电所、郁山区邮电支局分别增办邮政储蓄。随后保家、桑柘、鹿角、普子、高谷、黄家坝支局相继成立邮政储蓄所。1990年，全县邮政储蓄126526元，汇票32592张。1994年邮电汇兑业务收归县人民银行办理，新办邮储礼仪存款业务，全年储蓄余额8868584元，比1993年年末余额净增3095841元，增长53.63%。1995年，县邮政局把储蓄作为“一号工程”，针对市场物价冲击的影响，开展短程竞赛，储蓄余额大幅度提升，年底实现1682万元。1998年8月，开通全国联网“绿卡”，实现通存通兑。2002年，县邮政局通过强强联手方式，把邮政储蓄业务作为“一号业务”来抓，到年底首次突破亿元大关，达到11842.37万元。2003年，对各外联网网点进行网络改造，全部安装宽带，为储蓄业务的发展提供网络保障。期末余额为13119万元，较2002年增长10.78%。2004年4月31日，万足电子汇兑联网网点开业，这是县邮政局为服务乌江彭水电站建设，在坝址开设的专门网点。同时，全县18个自办邮储网点全部实现统一版本切换上线、全国联网，进一步提高邮储的市场竞争力。期末余额15196万元。2005年，顺利实现邮政储蓄、电子汇兑两网互通，储汇网络运行更加快捷、方便。期末余额17475万元，较2004年增长18.29%。

报刊发行　1986年，报刊发行5万份。之后，由于报刊纸的提价，单价提高，用户订销减少，报纸、杂志发行量下降。1991年，订销报纸大幅度上升，报刊累计386.4万份，直销杂志累计25.55万份，报刊期发份数比1990年增长19.09%，报刊流转额比1990年增长5.92%，实现乡村组订阅党报党刊无空白。1999年扩大报刊零售市场，建立报刊发行批销中心，新建报刊零售亭2个，订销报刊580万份。之后，各年报刊订销量又有所下降，发展不平衡。2003年506.73万份，2005年251.01万份。

集邮　1984年11月，增设集邮业务。1990年，集邮5.49万枚，1993年7.09万枚。1994年，新开办高谷、郁山两个集邮点。1996年，成立集邮协会，在1995年基础上净增6.06万元，年底达到9.19万元。1999年，新增音像集邮网点5个。2001年6月30日，县邮政局举行《走进彭水》专辑邮册首发式，共发行邮册1000册，同时为纪念两江大桥竣工通车，制作“两江大桥纪念暨首届‘交通杯’环城长跑纪念”封3000枚。2005年，集邮300册。

第四节 收 入

1986年邮政业务收入7.23万元，一直到1996年，邮政业务发展不平衡。1997年邮电分离，邮政收入为117万元，是1996年的62.42%。之后，逐年上升。2001年，邮政收入411万元，至2005年，业务收入为769万元，是1986年的106.36倍。

1986—2005年彭水自治县邮政业务收入情况一览表

表12-1 单位：万元

年 度	收入	年 度	收入
1986年	7.23	1996年	187.43
1987年	34.14	1997年	117
1988年	41.54	1998年	147
1989年	54.84	1999年	199
1990年	48.18	2000年	340
1991年	104	2001年	411
1992年	69	2002年	525
1993年	64.31	2003年	615
1994年	93.64	2004年	687
1995年	133.03	2005年	769

第二章 电 信

县电信局隶属重庆市电信有限公司，接受县人民政府和上级电信部门双重领导，以上级电信部门管理为主。主要经营国内、国际各类固定电信网络的话音、数据、图像、多媒体通信与信息服务及其相关的系统集成、技术开发、技术服务、信息咨询、电信设施（含本地无线环路）以及市公司授权经营的其他电信业务。

第一节 机 构

1997 年 7 月，县电信局单独设立，隶属黔江地区邮电局。1998 年 4 月 7 日，黔江开发区电信局受市电信管理局委托代管彭水电信局。2000 年 8 月 8 日，县电信局划归市电信局管理。2001 年，实现主辅、主附分离，主业为县电信局，实业为重庆电信菲斯特实业有限公司彭水分公司，实现政企分开，开始企业化运作。2003 年主实整合。2004 年 1 月，市电信局更名为市电信有限公司，县电信局更名为重庆市电信有限公司彭水自治县分公司，隶属重庆市电信有限公司。内设机构：综合管理部、市场经营部、网络部。下辖大商客户部、公众客户部、服务监督部（即 10000 号客户中心）、计算机中心、营业部、直销部、营维服务部、设备维护中心、线路维护中心以及汉葭、高谷、保家、郁山、桑柘、鹿角、黄家、普子经营部。

第二节 设 施

1990 年以前，电信通信线路几乎采用传统的铁芯明线，电话及其交换设备也是人工机型。1995 年 7 月，驳接国家一级长途传输电路汉渝光缆后，年底，全县已建成 1 个包括数字通信、程控电话、移动电话、无线寻呼、自动转报的现代通信网骨架。全县有线局所的总载量为 4584 门，其中县局程控交换机 HJD04 型 4000 门。电信依托汉渝光缆主干线，传输网形成 1 个 2.5G 和 2 个 622M 的自愈环网。至 2005 年，有 818 自动适应电台 1 台，无线会晤机 1 台，卫星电话 1 台。交换设备容量 82359 门。其中局用交换机 61600 门。接入网 9856 门，PHS16747 线，其他无线接入 4000 线。有出局主干 78225 线对、配线 84907 线对，分别比 1997 年的 10600 线对、11660 线对新增 67655 线对、73247 线对。主干电缆 926 皮长千米、70045 线对千米，配线电缆 2751 皮长千米、111508 线对千米；主干光缆 4195.5 芯千米，配线光缆 2313.7 芯千米。接入光缆 593 皮长千米、5329 纤芯千米，中继光缆 76 皮长千米、575 纤芯千米。本地管道 17 千米，124 管孔千米。宽带端口 4832 个。

一、杆线

长途杆线 1986年，新开通出租机要电路1条、话路1条，安装结束彭水至涪陵2条长途半自动拨号电路。年末长途电路12路。1988年，彭水有长途电话电路：跨地区，彭水—涪陵—重庆1条（明线载波）人工话路；地区内，彭水—涪陵6条（明线载波）话路，其中人工4条，半自动2条；彭水—黔江3条（明线2条，明实线1条）人工话路；彭水—武隆1条（明实线）人工话路。出租：彭水—涪陵2条（明线载波）人工话路，公安、机要各1条。联络：彭水—黔江、彭水—涪陵明线载波人工话路各1条。新增彭水—黔江话路1条。1991年，新增彭水—黔江、彭水—重庆长途电话电路各1条。到1994年，长途电路共26条。1996年新增长途出口电路60条，缓解长话出口以及160、168、126、128、129等新业务开通运行。9月28日零时起，彭水正式进入长话自动网。1997年，黔江地区的第二出口彭—石光缆彭水段的杆路建设完工。2001年，全县出局电路540条，两个方向出局。其中往涪陵方向的电路120条，承担彭水到涪陵汇接区的去话；往黔江方向的电路420条，不仅承担彭水的去话（除涪陵汇接区），而且承担全部来话。

市话杆线 1988年，增加杆路2.2杆千米、电缆2.47皮长千米、电缆芯线25对千米，减少明线4对千米。电缆芯线长度由1978年的142对千米增长到331对千米。1990年，新架设塑料电缆7057皮长千米、新杆路1.2杆千米。1991年，全年新架设市话杆路2条，新立水泥杆15根，新布放10条共100对5000米塑料电缆。市话专线年末15对。1993年，全年架设各种容量的电缆4.9皮长千米。1996年，投资36万元，对县城市话网调进行扩容、调整，新增1200对出局线对，缓解北大街、沙沱、烈士墓等方向线路紧张状况。至2002年年底，全县光缆线路705.26杆千米，电缆线路1534皮长千米。

农话杆线 1987年，新建郁山至石柳乡用户线13.2杆千米和4个代办工程。1988年，增加有色金属线（铜）41千米、拥有并使用中继电路25条，其中实线12条，载波13条。水泥杆路由1978年的2杆千米增长到202杆千米。1991年，全县有农话杆路572杆千米、972线对千米。其中木杆369杆千米、538线对千米。有中继杆路184杆千米，中继线241对千米，有色金属线40.5对千米，已超大修周期的35.5对千米，占19.2%；用户线388杆千米，全系木杆杆路，已超大修周期的328杆千米，占84.63%。用户线546对千米，全系铁质线路，超大修的498对千米，占66.8%；电缆超大修周期的14.5皮长千米，占66.5%。由于农话杆线大多架设于20世纪50年代和60年代，有50%以上的杆线不能上杆作业。1995年，全县7个区镇出局电缆均为300对至600对，共计网调电缆20对至300对25皮长千米。2000年，新立电杆5643根，新建杆路439.20杆程千米，解决90个行政村的通信问题。至2002年，光缆、电缆为3945杆千米、2360皮长千米，分别比1997年新增3156杆千米、2006皮长千米。

二、传输设备

长途传输设备 1986年，安装并投产1部彭水至涪陵ZZDO4高十二路载波机。全县共有三路载波机8端，增音机2部。至1988年年底，全县有载报电路366路日、载话电路3794路日、增音电路8784路日。1989年，安装彭水至黔江ZZDO4高十二路载波机1部和306增音机。1992年6月，加装超十二路载波增音机1台，7月，安装彭水至武隆三路载波机1端。1995年1月9日，国家级重点项目——汉渝光缆通信工程彭水段102.6千米缆线铺设完工。1998年，开通涪陵—秀山SDH二级干线光纤电路，为023扩大本地网及电话号码升8位工程打下基础。2001年，配合完成新建武汉—重庆—西安—武汉DWDM+SDH骨干传输工程、万县—涪陵—黔江DWDM+SDH传输工程、涪陵—丰都—石柱—黔江—彭水—武隆—涪陵SDH传输工程、DCN网络工程、163节点工程彭水站设备的建

设和自适应电台的改造。

农话传输设备 1989年8月，县局装上自动转报，鹿角、桑柘、普子增设三路载波。改造彭水至高谷、高谷至水田、黄家至大厂、鹿角至大元等大修工程，电路紧张状态得到缓解。1995年，郁山光缆中继站814、64平方米土建工程和市电引入工程以及油机组的安装工程验收投入使用。彭水至保家区25千米的光缆埋设，至桑柘、鹿角两区51千米架空光缆线路及二次群光电端机装设工程完工，开通数字中继电路各60路。次年，新增彭水—桑柘、鹿角、高谷3区的光纤传输92千米。至1997年，全县有水泥杆路的传输线路181杆千米，光缆里程达到217.4千米。县至区全部实现光纤传输，结束铁线传输的历史。1998年，县局所辖7个支局的场镇网调工程完工，新增出局主干电缆2200线、交接箱8个、分线盒56个，安装接入网设备18套3328线、地线14组、市线引入设备14套。1999年，新建接入网点35个3584线、无线接入基站1个14信道。10月1日起，彭黄、彭普、彭郁、彭保、彭高、彭鹿、彭桑等7条中继电路停止使用。至2001年年底，全县本地传输主要是中兴公司的SDH155设备和9套PDH设备，总容量为189个2M。其中本地SDH传输设备为ZXSH150，有3个链型SDH设备，共有58个站点；PDH设备为505厂二光1套用于移动机站、515厂三光6套和二光1套用于接入网、成都吉民二光1套用于移动机站。

交换设备 1986年，全县交换设备16台（席）、容量990门、磁石话机600部。其中城市电话拥有市内交换机容量500门、装机340部。1988年，长途交换机容量60门，市话、农话交换机容量分别由1978年200门、400门增至500门、570门。农话交换机点9处。其中邮电局经营8处，私人经营1处。1990年，发展用户小交换机1处、用户单机14部。新装市话设备HJ921A型纵横制交换机1000门共44列架、测量台1部、BPJ-X-2-1200对总配线架1垛、600对交接箱3个、300对交接箱1个、分线箱29个。1993年，市电信局无偿支持彭水价值200万元的直拨交换机、BP机、二哥大移动电话通信设备1套。1994年，对鹿角支局进行扩容，新增磁石交换机50门。全县共8个交换局，电话机总容量1425部，交换机总容量1500门。其中，市话1000门，农话500门。1995年6月22日，县城HJD04程控交换机4000门安装工程竣工。7月22日22时，历时两年的程控电话顺利割接开通，10月26日，全面试运行。新增交换机容量3000门，开通国内、国际长途直拨，实现长途线路传输数字化，结束彭水自治县人工接转长话的历史。同时，投资34.2万元，实现国内最先进的通信技术——分组交换，并与全省、全国联网，淘汰纵横制交换机。县城建成长话、市话、农话合一数模汇合汇接中心局，市话扩容为1650线的数字程控交换局，数据信息传输速度和交换加快，彭水通信跨入现代通信行业的新时代。1996年，全县交换机总量6016门，实现全县7个区C5端局的改制，建成C5本地电话网，开通县到各区镇的程控直拨电话。

1998年是市定农村通信年，农村通信的发展加快。安装交换模块端局设备1套256线，扩容县城及7个支局交换机。其中市话扩容3008线，农话扩容4224线。同时，全面启动“九七”工程即1997年新安装的1套主机设备、6套终端设备、1套网络系统设备，市话营业、配线、配员、处理、施工全部进入计算机自动化管理。全县交换机容量达到19616门。其中市话10144门、农话9472门。1999年，为解决“Y2K”［Y2K是“Year2000”的缩写，即2000年。Y是年（year）的缩写，K是千（kilo）的缩写。由此有时也引申为“Year2000Problem”，即千禧危机］千年虫问题，将HJDO4C交换机升版为HJDO4D，将HJDO4S交换机1号信令改为7号信令，10月30日0时至6时，进行模拟过渡彭水通信网2000年时钟试验，并于12月31日晚顺利过渡，跨入21世纪。当年，全县63个乡镇除石盘乡外全部实现传输数字化、电话程控化，彻底甩掉“摇把子”。2000年，交换机及接入网扩容3296线，年底交换机容量达到24944门，38000线，其中CC08交换机容量23000线，有RSM、RSMIIA、RSMIIB、RSA和SMII五种机型；HJD04交换机4000线；接入网容量为11000线。开通桑柘区鹿箐乡无线接入网基站。至此，全县共有交换接入网点62个。其中交换网点13个，有线接入网点 47 个，无线接入网点 2 个。2001 年年底，全局交换机总容量达到 41200 线，交换机为 HGD04D 和 C & C08，其中 C & C08 交换机有 RSMIIA、RSMIIB、RSA、RSM 四种机型。接入网设备为 ZXA10，其原始版本为 2.15E，后经过几次升级为 2.15F。至 2005 年年底，全县交换机总容量 66000 门，无线接入 16373 线。凡程控交换机均可直拨国内外长途电话。

会议电话设备　截至 1989 年 5 月 12 日，全县会议电话汇接机 2 台、会议电话终端机 18 台。1997 年，新安装 HOJ-S 数字程控会议电话汇接机 1 套，DF-18 多功能电话会议分机 7 台，实现全县会议电话程控汇接联网，解决会议电话多年来质量不高的问题。1998 年，全面完成市会议电视网彭水分会场设备安装、调测等工作，实现可视会议电话。

网络通信设备　1998 年，开通数字数据网（DDN）、多媒体 ADSL163（中文含义是综合业务数字网简称“一线通”，是在普通电话线上实现的全数字通信业务）拨号上网。2000 年开通 ISDN 宽带网。2001 年，开通彭水信息港。新增长途出局直达路由 2 个、出局电路 360 路。2002 年，开通宽带互联网 ADSL，增设视迅通设备，实施区乡 DDN 延伸，实现“世界触手可及”。2003 年，完成 ADSL 节点下乡，对原建节点进行扩容，新增 1248 线，达到 1792 线。2004 年，扩容 ADSL 设备 1280 线，宽带综合接入能力达到 3072 线。扩容宽带骨干网，完善县城宽带城域网，升级全县传输网，完成党政网、教育网、医保网建设。2005 年 5 月，安装端局时钟系统数字同步设备 BITS 及 GPS 接收机。全年扩容 ADSL 设备 1184 线，宽带综合接入能力达到 4256 线。

无线市话设备（小灵通）　为适应社会对通信需求的多层次、多样化，满足用户市场需要，2002 年 5 月，县电信局实施 PHS 无线市话（小灵通）系统及配套设备建设，增设无线市话容量 4500 线。2003 年年底，完成 7 个镇的小灵通基站建设，新增容量 6783 线，达到 11283 线。2004 年，小灵通基站 200 个，新增无线接入 355 线，容量 11638 线，覆盖全县 19 个乡镇。

电报设备　1986 年，电传电路由原来的插报电路改为载波电传电路。电报电路由 1978 年的 2 条增加到 1988 年的 3 条，电传打字机由 2 部增加到 3 部。1990 年，更换程控单机头发报机接口盘、三级管和稳压二极管 1 只、100 型电子电传机钢针，解决 3 部 55 型电传机的收报范围偏小、凿孔不透、电动机轴向松旷过大、单双行转换失控等问题。1991 年 3 月 29 日下午 15 时，开通使用中英文翰林电传打字机，结束全县来报人工译的局面。1995 年，县局有 100 瓦无线电台 1 台、翰林打字机 2 台，专供发电报用。同时，根据专业需要，县局为农业系统配置打字机 8 台，分设在县城和高谷、普子、郁山、保家、桑柘、鹿角、黄家坝 7 个区工委办公室。1997 年 9 月 8 日，由市人民政府批准，县电信局设 FH 固定无线电台，并发给“中华人民共和国无线电台执照”，其有效期为 1997 年 9 月 8 日至 2000 年 12 月 31 日。该设备为 IC-751A 型，发射功率 100 瓦，兀型天线，方位角 360° ，天线高度 16 米。之后，随着传真机的普遍使用，电报收发量减少，电报机就逐渐弃置，2005 年年底，全县仅存电报机 1 台。

电源设备　1986 年，配置发电用 24 千瓦柴油机 2 台、蓄电池 2 组、交直流配电各 1 面、整流器 2 组、600 回线配线架 1 架。至 1989 年 5 月 12 日，全县有柴油机发电机组 2 套、自动电缆充气设备 1 套、自动稳压稳流整流器 2 台、普通整流器 5 台、逆交器 2 台、直流配电屏 1 台、交流配电屏 3 台、充电机 1 台。1990 年，新装 50 千瓦柴油发电机 2 组、60 伏防酸隔爆蓄电池 1 组、可控硅整流器 2 部、交流配电屏 1 面、直流配电屏 1 面、整流器 1 部、油机电源转换屏 1 面、添置装油罐 1 个、油机烟囱 1 套，装制汇流条 40 米，新设电源地线 3 组。1991 年，省局拨发展基金 1.60 万元，解决 DZ603-24/120GA 硅整 2 台、DZ607-24V/15 充电机 1 台。1992 年 5 月，更新 DZ603 整流器 2 台、DP013 配电屏 1 块，更换长机上的监听线圈，新装 24 伏电压监测表和计时电子子母钟。1998 年，安装电源模块 14 套，蓄电池组 14 组。2000 年年底，有交换机网点电源配置为 150A 开头电源、500AH/1000AH 电池和接入网网点的电源配置为一体化电源、200AH 电池各 1 组。其中开头电源主要有华为 150A 开关电源6套、中达开头电源3套、新泰达开头电源1套、中兴开关电源5套。2001年对电源进行改造。开关电源利用彭水电信局所购斯威特克开关电源设备，新增48V/1500AH蓄电池2组、市话机房华为电源架和传输机房2次配电柜各1架、交流配电箱4个，同时取消低压间稳压器。

第三节　业　务

一、电话

长途电话　1986年，办理长途电话的局所8处，进口长话59045张，转口长话818张。其中进口长途会议电话89张。长途电话加急业务通过空传后大量增加，从9月开始，平均每天71.97张。1988年，国内长途电话59289张。其中计费56706张。加急长话业务31243份，港澳电话10张。彭水至重庆电路繁忙月份去来话高达1969张，由于十分拥挤，未接通张数多达418张。1991年，长话计费累计72410张，比上年净增16.70%。其中国内长途电话72400张（计费67355张），港澳电话10张。1994年5月2日，实现长途电话直拨，长话去话张数由3月份前的每月7569张上升每月9696张。全年长话业务量9.42万张，年增长速度为10.98%。1995年，长途有权用户从无到有，新增用户1354户。长途电话业务量14.49万张，比上年同期增长53.82%。1996年，新建代号电话、特种电话、首长电话、紧急调度电话、军政电话、新闻电话、公务电话和普通电话等8种。普通电话由局设电话亭供消费者使用，其他电话基本为专用线路。由于长途出口电路的新增和160、168、126、128、129等新业务的开通运行，长途有权用户增至2804户，长话出口量猛增到73.82万张。1999年103.42万次，2001年达到168.22万次。

城乡电话　1986年，城乡使用的电话机473部。1988年年末，市话机368部。其中计费338部、公用电话1部。农话机318部，用户259户。全县开通电话62个乡镇，电话普及率0.13%，农村千人拥有话机0.60部。1990年，新建28个卫星地面站，1000门市话改制工程于6月25日竣工，8月11日晚上22时—8月12日8时，市内自动电话开通投产使用，以现代化的通信设施代替了四十多年来的磁石人工电话（摇把子电话）。年底，新装自动电话机497部，市话383户，农话321户。1994年，在市话装机容量满负荷的情况下，采取内部撤机，压缩公务电话户数的方法，放号52部，农话装机35部，年底共385部，发展BP机155户，总装机容量达1000户。全县64个乡镇全部通电话，但电话普及率为0.06%，均低于全省全国的最低水平。

1996年，程控交换机使用后，经1998年扩容，期末市、农话用户数达到10525户。其中市话6682户、农话3843户，25个乡镇通程控电话，38个村通电话，电话普及率1.20%。其中城市普及率15.10%。1999年，完成市话7000门程控电话扩容工程，启用“788”字冠，即78842XXX、78843XXX、78848XXX、78849XXX、78845XXX、78846XXX、78891XXX号码。2000年，固定电话放号7865户，累计达到23312户，其中市话、农话分别为11649户和11663户，电话普及率为3.78%。其中城市电话普及率27.32%。开放119、110、120、122等特服服务。2001年，全县39个乡镇、221个行政村通程控电话，已通电话行政村普及率为35.47%。2002年，新增IC智能公话50部，开展异网17909、17901IP业务的营销，启动声讯服务（开通互动点歌）。随着通信能力的增强和先进技术的采用，电信业务种类不断增多，电话用户范围扩大，至2004年年底，农村电话发展到3万户，固定电话普及率达7.93部/百人，比2000年的3.77部/百人增加4.16部/百人。其中县城电话普及率由2000年的14.43%提高到25.50%。2005年，全县城乡电话用户数81210户。其中市内46746户。电话普及率10.05%，村村固定通话率达74.67%。

区间电话　1998年11月28日，彭水自治县“023”扩大本地网升位成功，固定电话号码统一由

原来的6位数升至8位即在原来的6位号码前面加“78”，彭水电话从此进入中国最大的本地网，当年电话用户突破万户。

二、电报

1986年，收发电报27008份。1987年，区级邮电机构可以办理一般电报业务，县城可以办理国际电信业务。1988年，电报38112张。其中计费36819张。电报加急业务7916份。1991年，电报总交换量93923份，国内公众电报37214份，其中计费35713份，国际及港澳电报3份。11月份开办“请柬电报”新业务。1992年，开通传真电报和使用礼仪电报。完成加急电报12651份，占去报量的21.54%，比上年增长148.15%。随着电信业的发展，电话通话和传真使用的便捷，电报去报量逐年下降。2000年为0.08万份，到2004年电报为0.02万份。

三、网络业务

1998年，互联网开通后，发展数据用户5户、多媒体拨号上网用户8户。到2000年，数据用户20户，多媒体用户380户。2001年，互联网用户上网时长达634.09万分钟。智能网专线用接入终端用户数470户，ISDN完成40户。。因特网注册拨号用户期末达到292户，主叫电话号码计费用户期末达到913户。2004年，开始实施光纤城域网工程。宽带业务净增946户，总数达到1892户。全县基础数据业务用户近100户，互联网用户3000户。2005年年底，互联网注册用户达到4200户，非注册用户500户，实现乡乡上网。

四、“小灵通”业务

2002年8月1日，“小灵通”正式对外放号，字冠7890，年底用户2715户。2004年，新增用户6198户，达到13050户。2005年，全县小灵通用户20832户。其中，县城18917户，农村1915户。

第四节 收 入

1986年，业务收入61.77万元。1992年业务收入突破100万元大关，增至122万元，比1991年同期增长130.19%。1996年，业务收入326.57万元。当年邮政与电信的结构比为40 ∶ 60。1997年，邮电分离，电信业务大幅度增多，收入达到706万元。2005年，业务收入9588万元，是1996年29.36倍、1986年的155.22倍。

1986—2005年彭水自治县电信业务收入情况表

表12-2　　单位：万元

年 度	收入	年 度	收入
1986	61.77	1996	326.57
1987	48.86	1997	706
1988	62.64	1998	676
1989	59.16	1999	1741
1990	80.82	2000	2476
1991	53	2001	3000
1992	122	2002	6316

续表 12-2

年　度	收入	年　度	收入
1993	187.69	2003	7457
1994	131.36	2004	9117
1995	134.97	2005	9588

第三章 移动和联通

第一节 移动通信

县移动公司隶属于中国移动通信集团重庆有限公司，下设9个片区营销中心。主要负责运营县境内139、138、137、136、135、134、159、158等号段的数字移动通信网络和集团信息化产品。经营移动语音、移动语音增值、移动固话、移动数据、移动终端设备及零配件销售等业务，拥有全球通、神州行、动感地带等客户品牌。

一、基本建设

1990年后，对讲机、无绳电话在县城内逐渐开始使用。1993年，新装IC-751A电台及有无线转接器1套，为有线中断后的无线联络提供保障。1995年9月，新建的900兆赫移动电话（A网）基站8+2信道竣工，10月1日，正式对公众办理模拟移动电话业务。1996年，A网移动通信基站建成，第一个模拟移动基站开通，县城移动通信、“大哥大”和900MH模拟蜂窝移动电话也相继开通，实现个人通信，全国漫游。1997年8月28日，县内正式对公众办理GSM数字移动电话业务。1998年，扩大业务范围，发展农村通信。完工全县9个GSM数字移动电话基站建设，7区2镇全面开通GSM数字移动电话。新安装GSM基站开头组合电源7套、蓄电池8组以及基站电源监控系统。新增容量23个载频，可容纳4600个手机用户。139GSM“全球通”3月正式开通投放市场。

组建后的县移动通信实现专业化经营和公司化运作，固定资产达2000多万元。到1999年年底，完成GSM四期扩容工程，网络已经覆盖319线、县城和各乡场镇。2000年10月，开始GSM五期扩容工程。至年底，全县有20个基站，有效覆盖率20%。2001年5月1日至6月30日，正式对客户办理模拟电话转网数字移动通信网业务，翌年1月1日结束。本地传输网杆路203公里、光缆280公里、出局管道2.6公里、7兆微波、40套SDH设备于10月30日前全部投入使用，从根本上结束依靠租用电信传输的历史。年底，基站达到46个。2002年，基站增加到55个。其中9个直放站，载频数119个，信道数833个。新增管道3.60千米，新建光缆本地环3个，链路4条，总长198千米。2003年，新建传输设备本地网288千米，形成全网4个物理环8个环带链，总长686千米；新建通信管道7.10千米，累计建成城区环状管道12.80千米。宏基站数62个，其中直放站28个，载频数193个，无线信道1345个。城区网络覆盖率98%，乡镇覆盖率85%。2004年，宏基站数达到104个，其中直放站55个，话音信道数1762条。新建本地网光缆传输杆路174千米，形成全网4个物理环、2个环带链和1个虚拟环，总长637千米。新增传输288千米，形成一干、二干和本地网传输729千米，城区管道12.80千米。移动业务已从单一的移动向移动固话、数据、宽带等多元化方向发展。

到2005年年末，移动基站达到120个，网点有自营厅1个、合作厅14个、代办营业厅98个，基站信号延伸系统39套，光缆线路827公里。移动通信基站建设实现全覆盖，主城区及乡镇网络覆盖率100%、行政村90%以上，实现与185个国家漫游。

二、业务发展

1996年，全县有移动电话11户，至1998年，拥有移动电话1533户，移动电话普及率为0.26%。2000年，移动通信从固定网中分离出来后，在以前的基础上，公司利用技术和网络优势，开通中文短信息、移动秘书、神州行、渝州行、IP电话、信息点播等多种增值业务。完成用户数4238户，总户数7993户，移动电话普及率为1.32%。其中城市覆盖率15.46%、农村0.35%。至2005年，全县移动电话用户数5万户，普及率7.91%。

三、经营收入

1998年，业务收入188.65万元。2000年812万元。至2005年，业务收入4000万元。

1999—2005年彭水自治县移动通信业务经营情况表

表12-3

内　容	1999年	2000年	2001年	2002年	2003年	2004年	2005年
用户数（户）	2655	7993	11593	19800	31000	43640	50000
普及率（%）	—	1.32	1.87	3	5	6.90	7.91
业务收入（万元）	—	812	1250	1934	2400	3400	4000

第二节　联通通信

2000年年初，成立县联通公司筹备组，130业务开始在县内放号。9月，租赁县搬运公司（县城汉葭镇北门街36号）设立营业厅，名为国信黔江分公司彭水分部。2001年3月30日，成立重庆联通黔江分公司彭水分部，联通营业厅正式挂牌营业。到2005年，业务涉及整个电信领域，主要从事130、131、132、133、153移动业务。在部分区域为用户提供“8799”开头的固话、193长途电话、16500互联网、17910IP电话等业务。

一、基本建设

1994年，市电信局无偿支援彭水价值30多万元的无线寻呼152、625M频点系统1套，即发射机1台、286微机2台以及附属设备。1月28日县城无线寻呼开通。1995年年底，无线寻呼联网工程竣工。1996年，开通县城与全省联网的无线寻呼系统。1997年年底，开通县境7个区的无线寻呼业务，并实现联网。

2001年11月，彭水自治县开通第一个CDMA基站，即县国土局基站。2002年，建成并开通卫星接收基站，联通新时空CDMA新网络1月正式开通试运营，新建光缆线路310杆千米，GSM网基站11个，开通CDMA基站17个。2003年，新建鞍子、诸佛、棣棠、太原、乔梓、乌江电站在内的11个C3网基站和岩东、上塘口纸厂、关口、梅子垭、县水泥厂、汉关路、金益公司在内的12个G8网基站。到2005年年底，县域内建成并开通的移动通信网络GSM基站63个：宏基站48个，微蜂窝基站10个，直放站5个；CDMA基站32个：宏基站24个，微蜂窝基站1个，光远端基站7个。在县行政区及公路沿线网络覆盖率达80%以上，县城、乡镇所在地及县级主干道，网络覆盖率达93%，国道主干线319线C网实现无缝覆盖。有127、129、199三个寻呼台，联通“133”手机具有“定位之星”功能，能准确定位 20 千米内目标。

二、业务发展

1994 年，全县有无线寻呼（BP）机 155 户，1996 年 869 户，1997 年增至 2081 户，1998 年达到 3747 户。到 20 世纪 90 年代末，随着科学技术的发展，使手机的体积变小，成本降低，资费减少，功能增多，无线寻呼机市场越来越窄，最后自动消失。2000 年，县联通公司有 GSM 移动用户 600 户。2001 年，GSM 移动用户增至 8000 户。至 2005 年年末，新增 G 网用户 7043 户，C 网用户 5710 户，总用户达到 33053 户。

三、经营收入

由于市场竞争激烈，联通业务发展缓慢，经济收入也相应较低。2000 年，业务收入占当地电信市场份额的 2%。2001 年，业务收入市场占有率上升 8%。2002 年，业务收入 861 万元，电信收入占市场份额 12%。2003 年，业务收入 970 万元，电信收入占市场份额 23%。2004 年，总收入为 1038 万元。2005 年，业务收入 1063 万元。其中 G 网 567.25 万元，C 网 476.23 万元。

1986—2005年彭水自治县邮电事业发展情况一览表

表12—4

项目	1986年	1987年	1988年	1989年	1990年	1991年	1992年	1993年	1994年	1995年	1996年	1997年	1998年	1999年	2000年	2001年	2002年	2003年	2004年	2005年
一、邮电局所（处）	61	62	62	62	62	62	62	62	62	63	63	63	82	84	74	74	74	74	74	74
邮路总长度（千米）	4243	4175	4055	4138	1095	1111	364	364	223	223	223	223	223	223	1077	1077	1077	1077	1077	1077
村投递线路（千米）	—	—	—	—	—	966	762	762	936	936	936	936	936	—	3357	3357	3357	3357	3357	3357
电报电路（路）	3	3	3	3	3	4	3	3	2	1	1	1	1	—	—	—	—	—	—	—
二、电信通信能力及通信工具	—	—	—	—	—	—	—	—	—	—	—	—	—	—	—	—	—	—	—	—
本地局用交换机容量（门）	—	—	—	—	—	1570	1620	1620	1473	1400	6016	9556	19328	—	23300	31300	39700	49900	63000	61600
固定电话（户）	614	640	663	389	704	1038	1364	1392	1451	1779	3535	9058	10025	15527	23300	31300	39700	42300	47100	46800
#城市电话用户	332	357	370	183	383	504	662	976	1026	1354	2891	8911	6682	8911	11600	14200	17300	15400	15400	12300
农村电话用户	282	283	293	206	321	345	376	416	425	425	636	6716	3343	6716	11700	17100	22400	26900	31700	34500
住宅电话	0	0	0	0	0	78	177	240	335	250	2098	3516	5464	—	18800	28300	38000	40100	44700	44200
长途电话（户）	5	6	6	6	6	7	8	9	9	14	74	106	139	—	—	—	—	—	—	—
公用电话（户）	0	0	0	0	0	0	0	0	0	15	117	257	347	410	300	300	800	900	1100	—
无线寻呼电话用户（户）	0	0	0	0	0	0	0	0	155	252	869	2081	3747	0	0	0	0	0	0	0
年末移动电话用户（户）	0	0	0	0	0	0	0	0	0	0	11	250	1533	3800	6000	16500	25500	45700	65600	82800
三、邮电业务总（万元）	69	s3	104	114	129	157	191	252	225	268	514	823	1312	1940	2816	3411	6841	8065	9804	10375
邮政（万元）	7.23	34.14	41.54	54.84	48.18	104	69	64.31	93.64	133.03	187.43	117	147	199	340	411	525	615	687	769
电信（万元）	61.77	48.86	62.64	59.16	80.82	53	122	187.69	131.36	134.97	326.57	706	676	1741	2476	3000	6316	7450	9117	9588
函件（万件）	63	67	74	78	81	71.6	84	112	111	113	113	110	115	100	88	71	88	51	33	33
包件（万件）			2870	3963	—	2270	—	—	3668	—	—	—	—	—	0.7	—	0.7	0.8	1.3	1.1
特快专递（万件）	—	—	—	—	—	—	—	—	—	—	—	—	—	—	1.1	—	1.1	1.5	3.3	3.3
报刊累计数（万份）	5	5	5	4	4	386.4	349	377	392	402	432	458	459	580	464	—	464	507	249	251
电报（万份）	4	4	4	4	4	—	6	4.17	4	4	4	3	3	—	0.5	0.6	0.1	0	0	0
传真（万份）	2.7	2.9	3.81	3.74	3.95	3.72	0.5	123	38	—	—	—	—	—	108	954	—	—	—	—

第十三篇　旅　游

彭水自治县山清水秀、自然资源丰富，同时，历史上是道、州、郡三级治所。遗址有黔州故城遗址、绍庆府故城遗址等。唐代诗人李白、杜甫、白居易，宋代诗人黄庭坚都曾写下反映黔州（彭水）自然、社会风貌的诗篇。历代人民注重对景观景点保护、修缮，留下很多文化古迹、出现不少名人逸事。中华人民共和国成立后，特别是改革开放后，彭水调整经济结构，重视对自然景观和历史文化的开发利用。1998 年 7 月，中共彭水自治县委、县人民政府确定把旅游业作为县域经济六大支柱产业之一培育发展。2000 年 2 月，县委、县人民政府将旅游产业作为新兴产业进行打造。1984—2005 年，修建山谷公园、保家老营顶桃花园、茂云山森林公园，开展郁江漂流。2003 年，县十一次党代会提出要积极开发彭水旅游优势资源，建成“旅游休闲基地”，构筑以“乌江画廊”为主的旅游经济圈。2005 年，《彭水苗族土家族自治县旅游发展规划纲要（2005—2020）》编制完成。全年接待游客 27.2 万人次，旅游综合收入 3540 万元。

第一章　旅游资源

彭水旅游资源类型齐全，涵盖6大类型、43个品种，资源单体798个。最具特色的自然资源有“乌江画廊”、茂云山国家森林公园、长溪河、芙蓉江、龙门峡等；人文旅游资源有鞍子苗寨、开元寺、云顶寺、绿阴轩、红三军司令部、红军渡口、“寿”字石刻、马峰岍墨书、黄庭坚衣冠冢、郁山汉墓群等。

第一节　自然景观

一、江河

乌江　汉代名延江，唐代名涪陵江，北宋称巴江，南宋称黔水、涪陵江。乌江沿江险滩高峡峭壁林立，有“千里乌江画廊”之誉。龚滩至涪陵段有险滩200余处，滩上最大流速5～6米/秒，号称“乌江天险”。清代诗人翁若梅留下“蜀中山水奇，应推此第一”的名句。彭水境内乌江流长64千米，流域面积3900余平方千米。境内有七峡，即庞滩峡、蛟鸡峡、野猪癞峡、猪牙子峡、门闩峡、鲁居峡谷、木棕峡。峡谷段江面宽50～80米，宽谷段江面80～200米。有三国时涪陵郡守庞宏罹难的庞滩、马峰岍明代墨书、万足宋代古寨遗址、犀角岩岩洞葬、南渡沱红军渡口、红三军司令部汉葭旧址、“寿”字石刻、“景行仰止”石刻、明代城墙、唐代云顶寺遗址、宋代驻军插旗的壶头山、南宋绍庆府城遗址、黄庭坚首建绿阴轩遗址、高谷岩洞葬等。庞滩，位于乌江干流中，距县城37千米。相传，1700多年前，三国蜀汉延熙十七年（254）夏季，郡属汉复县之洪渡（今贵州沿河自治县）发生一件扰民案，庞宏亲自前往查处。公毕，乘船返郡治（今郁山镇沙湾村庞吏坝）。当船行至一险滩时，忽然风雨大作，全船覆没。之后，群众称此无名滩为庞公滩，简称庞滩。滩东墓前之石曰香炉石，滩西送葬之坡名号丧坡。“乌江画廊”题刻，位于高谷门闩峡乌江左岸石壁上。题刻为阴刻，深8厘米，字高2.50米，宽1.80米，表面填涂朱红油漆。题刻母字由重庆市文史委员会主任、政协委员戴维叨所书。题刻完全保留原字风格。题刻工程历时两个月，于2003年3月完工。历代诗人多有赋诗赞美乌江，唐代杜甫：“青青竹笋迎船出，日日江鱼入馔来。”元代沈启《黔江》：“黔阳春草碧云齐，万曲青山万曲溪。久客不禁乡土思，半樯残月子规啼。”明代冉天育《门栓峡》：“黔西分隔相对雄，山门关锁两地封。巉岩插壁浑无地，剩有洪流一线通。”……乌江彭水电站位于乌江下游河段彭水境内乌江峡谷河段，距乌江河口142千米。水库延伸到贵州省沿河县城，长约126千米，为峡谷河道型水库。坝址控制流域面积69000平方千米，年径流量490亿立方米。电站正常蓄水位293米，死水位278米，总库容14.44亿立方米，调节库容5.18亿立方米，枢纽最大泄洪量41900立方米/秒，属年调节水库。电站于2003年4月开工建设前置工程，2004年7月21日国务院批准开工建设。2004年11月实现大江截流。乌江彭水电站建成后，高峡平湖景观从长溪河口上延至贵州沿河、酉阳龚滩。游人乘船荡漾江上，能观赏到乌江画廊沿江自然景观及万足、龚滩古镇等人文景观。

长溪河　古名濡水、都江水，宋称唐河、长河。清以其支流多溪更名长溪河。源出贵州省务川自治县分水乡冷家坝。境内长36.60千米，落差286.20米，比降5‰。总落差1301米。多年平均流量14.90立方米/秒。多年平均径流量4.72亿立方米。长溪河属山溪性河流。峡谷深、河床窄、水流急。峡谷宽100～300米，谷深400～800米。枯水时河宽10～30米。谷分三峡：舟子沱至三江口为啼猿峡，约5千米。峭壁千仞，茂林蔽日，两岸猴群嬉戏为峡中奇观。三江口至新滩为翡翠峡，长6千米。青山翠竹倒映水中，一步一画。人在画中，画随人动。新滩有一壶口瀑布，宽阔的河床，因巨石阻挡，骤然变窄，河宽只有3～4米，河水在此跌落10米，形成壶口瀑布。可谓“新滩瀑布如壶口，何须远足涉黄河”。新滩至乌江交汇口为牛心峡。峡中有“少女峰”“牛心山”“月亮峰”“雄狮啸天”“石锁蛟龙”“乾坤洞”等。牛心峡水碧、峡幽、峰异、洞奇。长溪河的竹板桥至牛角寨约4千米的河段上，有大片中华蚊母林，是全国最完整的一段野生中华蚊母林。有的树高3～4米，直径达10厘米，树龄在500年以上。蚊母林的大树约1000株。长溪河山高谷深，温暖湿润，冬暖夏凉，悬崖峭壁，人迹罕至，植被原始生态保存完好。特有的峡谷、流沙、浓雾等地理环境，造就独有的野生中华蚊母林。两岸的黄桷树、香樟、青岗、慈竹、玉山竹、凤尾竹，或直立冲天，或横斜倒悬，或自然扭曲，或舒展奔放。青松翠竹，老树枯藤，绿叶红花，构成峡谷景观。长溪河常见的有重要经济和科研价值的野生动物19目、32科、85种。七里塘有黄鱼、鲤鱼、鲶鱼、团鱼。主要景点有滴水岩（水帘洞）、猪槽湾、美女秀腿、大佛岩、老虎洞砂坝、神弓射日等。位于鹦鹉峡的卧虎洞，空间可容千人。黄鱼洞常有黄鱼出入，大的有4千克至5千克。竹板桥造纸技术原始古朴、历代传承，“七十二道脚手，不算吹的一口”。主要工序有割竹、浸泡与漂洗、发汗（发酵）、制浆、舀纸、分装等。设备为木榨、浆缸、石碾、池子和舀子，可供游人观赏体验。

郁江　古名彭水，因流经郁山镇，故明代改称郁江。源出湖北省利川市汪家营佛宝山蜂子岩，在连湖镇桐木村严家河坝进入县境，县城西北观音庙汇入乌江。境内长86.20千米，比降16.80‰，境内落差150米。境内流域面积1336.80平方千米。主要景点有九曲河、县坝温泉、芦渡湖、三江口。九曲河，源出长滩乡长溪村，宋名合溪河，青龙嘴以上称长溪沟。青龙嘴以下九折曲流，在白鹤滩注入郁江，称九曲河。宋代项德有《长溪九曲》诗赞曰：“两江夹县郭，孤屿对中州。别有一溪出，长为九曲流。野花燃晚翠，凉月引轻舟。路向高峰上，疑从天姥游。”县坝温泉，在县城郁江大桥东侧，郁江左岸，有泉喷涌而出，方2米之域，中心点恒温74℃，边沿受江水渗透后，在直径2米范围内57℃。经有关部门抽样检测，县坝温泉是我国迄今为止发现的第二眼富含氯离子的温泉。泉水有氯化钠、硫化镁、氧化钙及氯化氟等主要成分。温泉浴，可以发汗及治疗皮肤病、风湿病和妇科病。无病者常沐浴温泉，可涤尘爽身，有益健康。每年国庆节后，至次年清明节前为温泉浴的最好时机。一位旅客温泉浴后，告友人曰：“彭城江边一温泉，有幸来游不花钱。哪怕大雪纷纷下，稳坐泉中笑开颜。”芦渡湖，因芦渡沟得名，位于郁江下游，距县城4千米。下起马尿水，上止麻油口渡口，全长3.5千米，宽80～150米，水深3～10米，蓄水2616250立方米，水域面积402500平方米。1994年，修建县城至关口公路，在马尿水峡谷打隧道时，岩渣阻断郁江而形成湖。湖中水质清澈，有青鱼、鲤鱼、草鱼、白鲢、青鲢、黄角丁等17种野生鱼。春有野鸭戏水，夏有白鹤翔空。湖的四面群山环抱，峰峦叠嶂，奇峰怪石，千姿百态。芦渡湖有游船40余条，船上可休闲娱乐。湖边有农家乐、绿色食品。三江口，位于保家镇清平居委西部，国道319线西侧约2千米，距县城23千米。郁江自东北来，在漆树堡向南流，至坟家堡转向西北，于顺水坝折向西南，入保家镇境内。自青杠岭始，普子河从西北方直贯坟家堡，汇入郁江，形成一个完美的草体“山”字。清水溪源出狗儿泉，由东向西，于坟家堡注入郁江。三水汇合，统称三江口。浅丘槽坝间，碧绿的江水缓缓流动，形成醒目的篆体“山”字。狗儿泉洞，洞中有洞，巨石林立，钟乳百态。泉出于其间，声响各异，深达数千米。

诸佛江 原名朱涪江，因流经诸佛岗而得名。乌江下游一级支流。发源于黔江区武陵山脉之郭万山麓，在两岔河处潜入县境。由东北向西南流经桐楼、诸佛两乡后，在鹿角镇龙门峡天生桥下潜流入乌江。境内流长 40.60 千米，流域面积 456 平方千米。入境后至何家湾的一段为断头河，称细沙河。灯笼岩以上为上游，水浅槽窄，枯水时，河宽仅 5 ~ 10 米。灯笼岩至倒朝门为中游，地势较开阔，河宽渐增至 30 米。倒朝门以下为下游，河谷深，水流急，礁石多，河宽 25 ~ 35 米。总落差 1259 米。境内比降为 4.60‰。多年平均径流量 5.54 亿立方米。河谷两岸，林木相间，葱茏苍翠。有珍稀树种红豆杉，古藤牛马藤，古树楠木树、水红树。江水时隐时现，时缓时急，移步换景，景色各异。佛龛岩至马脑壳景段，全长约 8 千米，河道平缓，江流蜿蜒，水色墨绿。长塘与清流相接，深潭与浅滩相间。两岸林竹茂密，碧毯高挂，壁画千尺。穿行谷中，水声、鸟语声、虫鸣声，婉转悠扬。龙门峡在诸佛江潜入乌江地段，距县城 33 千米。龙门峡原名“猪钻孔”。清康熙二十五年（1686），县令朱尔捷巡行到此，书“龙门峡”三字镌于石壁，因此得名。龙门形如半月，高约 25 米，宽 20.40 米，厚 11.60 米。门首古榕横空，藤蔓披拂，拱壁垂缨，悬崖滴翠，乳花百态。门下有板石大道 300 余级。龙门向东约 500 米，有一峡谷名麻塘沟，长 3 千米，河床宽 70 米，谷深 20 ~ 70 米。江水碧绿，藤树青垂。诸佛江潜入乌江的溶洞，状若吞天巨口，江水撞入，嘭嘭发声，每逢江涨，数里可闻。其前约 10 米，又有一涡形漏斗，拱顶倾斜，钟乳倒悬，中有一巨形似牛肺者，美其名曰“龙心子”。相传以石击中者吉利，近在眼前，中者甚少。两洞之间，石岗横贯，上下悬绝，天然成桥，水流其下，故曰“天生桥”。东接麻塘沟，西抵乌江岸的黄草峡，峡谷长 2.80 千米，宽 150 ~ 200 米，谷深 100 ~ 330 米，峡谷面积 345000 平方米。岩壁高耸，藤蔓垂挂，花草如毯。

芙蓉江 古名盘石河、盘谷河、盘古河。源出贵州省绥阳县，在余家湾北入重庆市境，至大垭乡向家园入县境，到润溪乡磨子塘至武隆区江口镇汇入乌江。境内 28.2 千米。江面宽 100 ~ 300 米，峡谷高 200 ~ 1200 米。多年平均流量 169 立方米 / 秒、径流量 53.3 亿立方米。从盘古河居民组至大垭乡罗岩，是连绵不断的亚热带阔叶林，面积达 6700 余公顷，森林茂密，10 月底仍不见一片黄叶。有珍稀的红豆杉、榧树和棕竹。林间有白猴、黑叶猴、独角羚、云豹、猞猁、灵猫、长尾雉、红腹锦鸡、青羊、金雕、飞虎（鼯鼠）等珍稀动物。峡中瀑布，堪称一绝。“龙孔飞瀑”气势如虹，如天河倒悬，虎啸雷鸣。“玛瑙飞泉”形似珠帘，直泻江面，声若仙乐；阳光斜照，串串水珠，如玛瑙落玉盘。在万仞峭壁之上，山石形如洞箫，称“水涤洞箫”。高达 50 米，上有三孔，一股飞泉，从箫孔中喷出，使人感叹峡谷神秘。主要景点还有浩口“月牙岛”、云烟缭绕的大小石笋、鳞光映日的跳鱼塘、惊涛拍岸的百岔滩、深林掩映的珠子溪、伏于河中的乌龟巨石、雄峰指天的九重岩。

汆洞河 又名神龙谷，位于县城东南 40 千米处的新田乡境内。长方形箱状河谷，长约 1500 米，宽约 200 米，深约 200 米，占地面积 165000 平方米。地面海拔 680 米。集峡、崖、林、洞于一体，具幽、深、险、奇特色。从谷岸到谷底，必经一个洞口，叫阴阳界。口子之下，清风沁凉，口子之上，和风温暖，有如阴阳分界。洞口的上方，有一个巨大的洞穴，叫蛮迁洞，阳光微透，岩石颗粒折射出五彩光斑。周围的岩壁上，有些岩石形如猴头、石棺、天鹅与蛇。谷中最高的山洞——汆洞，高 150 米。溪水顺势流入山洞，潜入地下，形成 10 余千米的地下河，汇入乌江。溪流的源头是一复合洞，高约 100 米，宽 70 米，洞内有四个小洞，深不可测。大洞里的水进入地下，在崖壁下喷涌而出，形成约 30 平方米的深潭——老龙潭。深潭静谧，宛若止水，却又感受到强大的水流在地下奔涌的锐不可挡的气势。河谷周围溶洞吞云吐雾，钟乳密集。如声调铿锵的锣鼓洞，红色石壁的朱沙子洞，弯弯曲曲的牛肠子洞等。谷底有上百种植物，以竹为主，还有活化石珍稀桫罗树。谷中小溪潺潺，四季如春，时有彩虹高架，浓雾蒸腾。悬崖上一瀑泉水下泻被半空一块突兀岩石阻挡形成珍珠壁挂。岩石上满是绿绿的青苔，水滴落下四处飞溅，密密地滴落在一汪碧潭中，洒落出五彩珍珠来，阳光照射下五彩纷呈。飞流直下之“悬空瀑布”，涨水时声若雷鸣。谷岸松林蓊郁，百花争艳。东岸边，有一坛子口称“亮穿眼”。往下看，是一碧绿深潭。万丈深渊，海阔天空。人在坛口，毛骨悚然。

二、山峦

茂云山　古名摩围山，清初改名茅尖山。2000 年 12 月 28 日成为国家森林公园，2004 年更名为茂云山。距县城 34 千米，属大娄山系。东北至西南走向，长 40 千米，宽 14 千米左右，面积约 450 平方千米。山顶丘陵叠置，山势东陡西缓，南高北低。海拔一般 800 ~ 1300 米，最高点关山 1675 米。气候温凉，年降雨量 1200 余毫米。属北亚热带常绿针阔叶混交林，多杉、松、柏。古迹有云顶寺和南宋绍庆府故遗址。山原森林，针、阔叶林镶嵌交错。森林林冠随风翻卷阵阵绿涛。步入林中，松杉绿树，遮天蔽日。朝暮之时，百鸟闹林，珍禽异兽隐现林间。野生动物主要有云豹、马豹、猴、獐、岩头斑蛇等。置身其间，耳畔林涛阵阵，山间处处鸟鸣。猕猴桃、山葡萄、山樱桃、山桃、山李、山核桃、山梅、山楂、山梨、山枇杷、山草莓，应有尽有。林中山珍，蘑菇、百合、天麻，俯拾皆是。三伏林中无酷暑，层林尽染是深秋，隆冬万木裹银妆。地下森林，距林场场部南侧几十米，山体垂直下陷，形成面积达 26500 平方米，深 130 米左右的天坑。林木郁郁葱葱，像翡翠嵌在坑底。当薄雾弥漫时，茂盛翠绿林冠，如静静湖水，时隐时现，天坑宛如巨大深潭。点缀其间的杜鹃花，红似火，白似玉。昔时当地人呼天为“围”，极言山高可以摩天，直呼此山“摩围”。摩围峰峦，千姿百态，有似利剑，直刺蓝天，有如少女，静卧江边。岩壑挺秀，樟楠苍翠，绿竹丛生，流水潺潺。摩围山顶，地势平缓，数十座峰峦，平地而起，错落有致。北岭石华岩，长里许，石巘如花，晚霞反射，光彩灿然，晴则鲜明，雨则暗淡，即所谓“石华晚翠”。清邵墩《石华晚翠》诗曰：“更借西山晚翠看，湿衣空壁不曾干。苍苔古道行应遍，迭嶂层峦坐可观。半岭残阳衔树落，一眸春水照人寒。天风共播云中响，灵物蜿蜒黑处蟠。”及至山顶，山外青山，云天无际。俯瞰乌、郁两江，烟波浩渺；县城全景，灯火楼台，一览无遗。唐宋以来，不少诗人墨客登临题咏，曰“摩围峻秀甲黔中”。白居易咏曰：“不醉黔中争去得，摩围山月正苍苍。”孟郊咏其山色和流泉曰：“旧说天下山，半在黔中青。又闻天下泉，半落黔中鸣。”黄庭坚赞曰：“峰排群玉森相就，中有摩围为领袖。凝香窗下与谁和，一曲琵琶千年寿。”清邵美播《雨后望摩围山》诗云：“胸有王维画，来看雨后山。遥岚浮殿阁，新绿满溪湾。云净天如洗，花飞客正闲。棋仙今在否？拄杖好跻攀。”位于摩围山筲箕塘北侧的神风洞，深约 15 米，冬暖夏凉，洞外温差 10℃ ~ 15℃。盛夏时节，距洞口 10 余米处，便感冷气逼人。隆冬之时，洞内热气腾腾，阵阵热浪，从洞中涌出，方圆数十米内，不见积雪。位于摩围山天坑底部南侧绝壁下部的穿山洞，长约 100 米，洞内石笋、石柱、钟乳密布。穿过山洞，可直达世外桃源船厂沟森林浴场。圣水洞，位于天坑南侧绝壁下，洞洞相连，如入迷宫。进洞不远，涓涓泉水，从 100 米高绝壁撒入深潭，如珠落玉盘。泉水清澈甘甜，当地百姓视为圣水。天门洞位于关山公路不远处。此处一峰，中空如隧道，远远望去，似半月悬空，天门洞开。天门洞高约 6 米，宽约 20 米。底部平坦，壁面光滑，好似人凿。穿过天门，映目杜鹃花，红似火、白似玉、紫如胭。摩围山岩体由石灰岩、白云岩、泥质灰岩和砂页岩构成。岩石坚硬，多为 90° 的悬崖绝壁。砂岩板层平叠、垂直。灰岩淋漓溶合，浑然一体。裸露岩石多成斧劈皱表面肌理。整个山岭东侧从南至北延绵 50 千米的悬崖绝壁，兀立如城垣，仰视直入云霄，鸟瞰险峻雄壮。适宜攀岩、探险、滑翔等极限运动。石林位于天坑西 50 米处。长 300 余米，宽 200 余米，面积 7 万平方米。石林一般高 3 ~ 5 米。石柱大多空、透、瘦、漏、垂。奇石有如飞禽，有似怪兽，有像骏马，似仙如佛。石林群中，石径蜿蜒曲折自然，亦藏亦露错综连环。石林内植被丰富，生机盎然。峰间长古树，石上绕青藤，石随树美，藤绕石林，构成完美的树石盆景。天鹅池，在摩围山浏览区西南部。池水碧如翡翠，四季不枯。池岸绝壁上，有清泉数眼，泉水直泻池中。水面倒映群山剪影、森林风姿，幽静而迷人。白鹭、野鸭、鸳鸯、天鹅常戏水于池。一遇天阴下雨，池水沸腾不止，蛙类动物弃池而逃，急奔上岸，水鸟类动物惊飞入林，自然而神奇。摩围山四季有云雾，色如银，飘如纱，阔如海。摩围云海春夏秋冬阴晴雨雪，因时令气候变换莫测。群峰森林，壮丽多姿。摩围山降雪时间，多为每年12月至翌年3月。摩围雪景，群峰披玉，万物镏金。悬崖上冰凌密布，树枝上冰花冰柱在阳光下闪烁，漫山花草林木，银枝玉叶，玲珑剔透，“雪松”奇丽动人。清人陶文彬诗赞摩围雪景：“月冷千山冻玉，雪封小鹿无蹊。几日樵夫未到，谁人高卧溪西。”

七曜山 西北与石柱自治县、丰都县、武隆区接壤，东北与湖北省利川市接界，东南与大龙盖相连，西南接乌江。辖区面积900平方千米。最高海拔1859.60米，最低海拔197米。有木棕河、秀水溪、棣棠河、太原河、普子河等峡谷风景，鹿鸣、平安、龙射、太原、普子等地的丘陵风光，万年孔、龙余孔、猪三洞奇观。有钟山石滩，龙池石景，鸽子岩裂隙，柳杉林带，红豆杉林园风光。有碾房文书塔，金顶寺古碑，回龙寺古庙等人文景观。林区产黄连、天麻、猕猴桃、竹荪。主峰下花塔梁子，为彭水、武隆、丰都三区县界山。主峰麻子岩1514米，最高点大山1560米。是棣棠河的发源地，木棕河的分水岭。原始植被属亚热带针阔叶混交林，以杉、松、桦树为主。野生动物主要有豹、獐、鹿和野猪。凤凰山北高南低，山势形似飞凤，故名。属七曜山西南分支，东隔普子河与大坪盖相望；北接满家梁子，南隔高桥河与花塔梁子相邻；是太原河、高桥河的发源地。位于棣棠河西源秀水溪的秀水峡，峡长17千米。双龙河以上称函谷，谷宽150 ~ 250米，谷深300 ~ 500米。排楼坝以上称峡谷，谷宽100 ~ 150米，谷深200 ~ 800米。谷岸峰峦叠嶂，断壁垂直，坡陡壁高。涨水时，洪水汹涌奔腾，直潜龙孔。枯水时，潜流成潭，鱼跳潭中。原始古木，绿荫谷岸，竹木花草，四季清香。谷岸上有40平方千米的红豆杉保护林和谷羊坪银杏群、金顶古碑、寨门古道、葡萄水库等。

南望山 原名歌罗山，一名蛮王山、南苑山。在保家镇境内，距县城31千米。北起白山井，南止狮子岩，长4200米，宽400 ~ 3000米，海拔1285米，面积7.14平方千米。山形似雄狮，昂首向西，隔白溪河近观凤凰山。尾低垂向东，隔清水溪遥看白虎岩。巍然挺立于群山之中，拔地而起于大河、凤鸣五坝之上。环山顶端，皆峭壁悬崖，仅有大箐垭、板凳岩及大小岩口4路可登。山顶腹地纵横10余千米，岗峦起伏，沟岙相接。山腰坡陡险要，阴翳蔽日，禽鸟难越。其下小道盘曲，层层坡土，叠叠梯田。明代中叶后的封建官府，曾多次对郁江流域的少数民族实行野蛮追赶，血腥屠杀。苗胞退至北山，凭险据守，殊死酣战，得以生存。然迫于生计，常伺机下山夺取所需。官府随即移民，修筑城寨，以图扼困山上人，今保家楼即为当时所建。同时，称苗族首领为“蛮王”，此山亦称“蛮王山”。清王朝建立后，为巩固其政权，于顺治十六年至康熙六十一年（1659—1722），先后派四员总兵，率师征伐川、黔少数民族。清总兵黄道于进军此山途中，被蛇咬伤，毒发暴亡，葬于山之东南麓三斗地，今墓碑及遗冢犹存。历经无数次血战，苗族被残杀殆尽，佼佼者向北逃往外地。逃者眷恋故土，不忍离别，不断回首向南遥望。故康熙后，乡人即称“南望山”。1891年，保家楼创办鹿山书院后，南望山就学者应试屡中，当地儒林为求风雅之名，取其春意盎然之义，更名“南苑山”。

三、园林

马驴石林 一称九门十八洞，位于小厂乡马驴村2组，海拔1482米。石林长1200米，宽30 ~ 70米，占地面积6万平方米。石林高3 ~ 15米，石柱高1 ~ 15米。1000余根石柱首尾相接，共分九段，故称“九门”。首部有两根石笋，一根高15米，一根13米，尾部石笋高9米。石柱纵横排列，巷与巷相通，柱与柱相连，故称“十八”洞。洞中钟乳环生，千百石人频现，动静相宜，栩栩如生。有的头靠头、脚挨脚；有的抱腰、接吻、牵手，有的背儿女、扶公婆；有的穿盔甲、挥宝剑。当地流传洞中情景：“九门十八洞，洞洞十八家，家家八爷子，外搭一个老妈妈。”

鞍子石磨 鞍子乡西北约2千米处的大池村，有石灰岩断层，形似石磨，名石磨岩。上下磨盘相距1米有余。上磨盘表面10平方米左右，盘顶凹凸不平，石花奇形怪状，酷似石莲花。中间由一根直径70厘米的石柱支撑。下磨被上磨覆盖，比例恰到好处。上下磨之间能容纳30 ~ 40人。石磨东

侧，悬崖峭壁，万丈深渊。远观石磨，若飞石凌空。近看则是没有推手的石磨。石磨周围有各种形状的石林、“旱莲花”、石天鹅等奇观。磨盘石下，常有人赛苗歌，歌曰：“磨盘不转人偏转，千里姻缘一线牵。苗寨奇观游客醉，风流一石誉尘寰。”

龙洋石笋 润溪乡与武隆区三会乡分界处，芙蓉江岸龙洋一侧，有两座石峰，相距约400米。居上游者，高约200米，俨如巨塔。其底座高120米，围150米许，多缝隙，长满无名岩木。座中兀立一石柱，高约80米，围60米，形若玉笋，称大石笋。居于下游者，在绝壁台阶上凸起，高20余米，围15米许。其下光洁，顶部生细密野草，如新笋初出。

老营顶桃园 位于保家镇境内，距县城25千米，紧靠国道319线。桃园有桃林66.7公顷。柚子、枇杷、板栗、葡萄等其他花果园33.4公顷。桃花开放时，形成粉红色的海洋。人流在桃花中涌动，桃花在人流中绽开，构成千万幅完美的画卷。年均有3万~4万人前往观赏桃花。桃子成熟时，漫山遍野，硕果累累，买桃人络绎不绝。

山谷公园 位于县城东门坡。1984年，以烈士墓为邻建山谷公园。园内南部为文化娱乐区，开辟儿童乐园。中部以林木为主。北部保留烈士陵园可供游人瞻仰。园内植万年青、花芙蓉、钻天杨等各种观赏树5万余株，花卉品种16个，11276株。1986年，建望江亭和绿荫阁，修建公园大门，为高11米，宽15米的仿古重檐式牌坊，雕龙刻凤于其上，气势恢弘。张玉林题公园大门联：“绿荫醉春风双江碧波流黔韵；盛世激游兴满怀逸志谱新天。”1987年，建成高5米、宽7米，前后分别刻“寿”和“福”字的福寿碑。园内设小火车、赛车、小天使、海洋球、电子游戏等可供儿童玩耍。

四、溶洞

红岩洞 距桑柘坪东南2.50千米，距县城52千米。红岩海拔1326米，表层多红壤，东、北两面裸露白岩千丈，每当旭日东升，云蒸霞蔚，岩壁呈火红、橘红、赭色，蔚为壮观，故名红岩。红岩有大小洞穴10余个，幽深莫测。月亮洞处1000米绝壁之上，洞口向东，宽70米，高25米，洞深300米。洞前为巨石所掩，终年云遮雾罩，偶见本来面目，形如一弯新月。洞中有含硝量高的紫红色粉沙约900立方米，已开发，用于鞭炮封头。月亮洞右约500米处，有一硝洞，其口不大，内极深广，景象别致。月亮洞下，半岩间，斜列3洞，中通伏流。斜对月亮洞亦有3洞，上下相距400米许，中可互通。右上一洞，石柱中立，柱大合围，旁列钟乳极盛，其名“石柱岍”。

官洞 位于红岩羊肠小道中段。清雍正十三年（1735），酉阳设州，彭水隶属，红岩为陆上捷径。官府征民力，附岩凿梯1400余级，以作为官道。因坡度太陡，绝壁危险，凡过往官员至此，均须下马空轿，前搀后扶，方得上下。时日稍晚，便在路旁硝洞歇息一夜，留下“官洞”名称。洞口朝西南，宽15米，高10米，洞深4000米。洞时宽（5~100米），时窄（1~3米）。洞顶有高（10~30米）有低（2~4米）。连洞有长（300~500米）有短（3~15米）。洞内有暗河，宽2~10米，深3~8米，长约1000米。水质清澈，水声轰鸣。洞中有个天窗，窗口直径约2米。窗口常下着瓢泼大雨，说是雨，实则是窗口小溪抛下如珠的水。窗下有一接水大盆，盆中之水不见溢出。主洞的钟乳石笋，成百上千，有灰色的、白色的、黄色的。有向上长的，有顶壁倒挂的，有上下连接的。大的直径一米，小的手指粗细，高的5~20米，矮的几十厘米至几米不等。洞底平坦易行，可见碳酸钙沉积而成的水中荷叶、莲花盘、层层梯田，极具田园风光。洞口旁有飞瀑100余米，若遇大雨，气势磅礴，水声5千米可闻。

龙王洞 龙门峡景区内，距龙门约700米。洞口向北，宽17米，高4米，洞深约300米。相传，黄龙兄妹疏河至龙门峡，惊扰土地菩萨。土地菩萨伪装鸡叫，阻止前行。黄龙兄妹害怕雷公惩罚，哥哥旱龙顺乌江到东海，妹妹水龙潜入天星洞后来到这里，建此龙宫，自称女王，故称此洞为“龙王洞”。从洞口下行30米，进入门洞，数根石柱顶天立地，宽2米，高4米的石瀑层层跌下。直径1

米的圆形晶体，如惊堂大鼓。敲击洞壁上小巧玲珑的石柱，声音悠扬，各不相同。石笋列列，如仙女抚琴。穿过门洞，显现一个大厅，长80米，宽50米，高70米。地面细沙平铺，中置石鼓数个，无论坐在石上，还是躺在地上，都十分洁净。石鼓右侧有平台，怪石遍布，圆的如玉珠，薄的如玉扣，更多的则形如海参。大厅后壁下一潭，称龙池，长5米，宽2～3米，水清冽，深不见底。从龙池左侧，攀登数米，无数大石堆垒，有的似奔马长啸，有的如雄狮大吼，有的像玉兔狂窜，形态逼真，栩栩如生，这里便是龙王的御花园。右侧有巨型钟乳，宽3米，从顶上垂下15米，离地2米，顶尖如刀刃，形如铡刀。其下石笋，如跪伏犯人等待处决。有一大石笋，名神树，高约30米，底部直径2米，离地3米处，直径达5米，其上又渐次收缩变小，远观如圣诞树，堪称龙宫一绝。绕过神树，往前行洞口渐变窄小，有的地方只能匍匐前往。内分3个小厅，钟乳、石笋比比皆是，小巧精致，形似龙女寝宫。每过一个洞门，晶莹的钟乳密密垂挂，似门帘，如风铃，行其间，唯恐惊醒熟睡中的龙宫仙女。壁上有多个小溶洞，口小不能入，不知其深几许，妙景若何。

卧虎洞　位于长溪河北岸，距县城27千米。在长溪河深谷，半山有纵横各约200米的绝壁，中部横列一缝，宽30米，高10余米，若巨口略张。巨口顶部为突出凌空之悬崖，壮如虎头，其下为凹进之巉岩，形似蹲踞之虎足，故名卧虎洞。甫临洞口，上下岩凸出于前60米处相接，疑其山穷，复凭斜光之亮，见右侧有隙迂回可进。入洞，坎坷崎岖，怪石嶙峋。前行约30米，有一空旷平坝。平坝石柱、石幔犬牙交错，千缝万隙，入其间则归路难寻。其右有一隙，宽1.50米，前行10余米，有另一洞天。平滑如洗的大坝中，矗立一石柱，大有10围，顶部有淙淙流水沿柱而下，积于左侧龟形石槽内，清澈无尘，大小螃蟹横行槽中。环柱皆千禽百兽图，有犀牛望月、乌龟爬沙、凤凰展翅、二龙戏珠、观音坐莲台等，惟妙惟肖。下垂的钟乳，高耸的石笋，形态各异。沿裂缝曲折前行，则暗河横前，吼声雷鸣，寒气袭人。徒涉而越，登岸复行10余步，怪石嵯峨，若狮蹲虎踞，龙盘蛇绕，游者多至此而却步。

龙泉洞　位于县城东北26千米319线国道旁50米处。与老营顶桃花园、狗儿泉景区近在咫尺。洞内次生化学沉积形态的钟乳石千变万化，正在形成的珊瑚石花、犬牙状方解石晶花，石膏晶花及各种石幔随处生长。洞内方圆12000平方米，长约150米、宽80米，穹顶最高处约40米。有玉龙飞腾、珍珠千佛塔、石剑林、沧海桑田、蘑菇云、音乐石、二郎负剑、悟空谢师等40多处景观。1999年7月，地质洞穴专家、重庆教育学院教授朱顺之考查此洞，认为有开发价值。

2005年彭水自治县自然景观名称一览表

表13-1

类别	景点伊琳娜
奇峰	摩围山　七曜山　普子凤凰山　郁山伏牛山　鹿鸣白腊山　靛水蟠龙山　保家南望山　走马万灵山　龙溪鸡鸣山　诸佛五掌山　平安冠子山　桑柘印盒山　睡美人山　插旗山
丘陵	普子丘陵　桑柘丘陵　鹿鸣丘陵　岍山丘陵　诸佛丘陵　龙射丘陵　梅子丘陵　鞍子丘陵　靛水丘陵
峡谷	高谷峡谷　磨寨峡谷　马峰峡谷　庞滩峡谷　龙门峡谷　木棕河峡谷　后灶河峡谷　普子河峡谷　盘古河峡谷　诸佛江峡谷　阿依河峡谷　郁山中井河峡谷　郁江峡谷　木楠河峡谷　棣棠秀水峡　后灶河峡谷　普子龙桥峡谷
溶洞	诸佛红岩洞　月亮洞　保家狮子洞　龙泉洞　桑柘悬天门洞　太亢冉匡九洞　大王洞　郁山马岍洞　下岩西卧虎洞　乔梓仙人洞　欧家洞穴　三义三眼洞　龙射朱三洞　木楠母猪洞　龙门峡龙王洞　二龙洞　鹿鸣万仙洞　靛水牛背岍
天坑	新田神龙谷　鹿鸣万年孔　保家何家氽　黄家坝羊子洞　岩东鹞子岩　靛水岩窝坨　鞍子猪槽坝　青蒲垭旋涡坝　普子石桩槽　新田头党坝天坑群　清平百丈坑
天生桥	普子大龙桥　三义小龙桥　桑柘红岩天生桥　后灶河龙桥　润溪土龙桥　龙门峡天生桥　龙溪漆树村天生桥　龙塘双龙村天生桥　黄家坝卡子天生桥

续表 13-1

类别	景点伊琳娜
石景	小厂马驴石林　桑柘尖山石林　鞍子石磨　龙洋石笋　润溪岩门天鹅抱蛋　青蒲垭雄雌石　龙射敲梆石　保家冉岩头　岩东石马头　高谷千年老龟望月
江河	乌江　长溪河　郁江　诸佛江　芙蓉江　木棕河　普子河　棣棠河　庞溪河中井河　九曲河　朗溪河　木楠河　后灶河　余洞河　长滩白溪河
瀑布	棣棠龙孔瀑布　大垭浩口瀑布　诸佛红岩石瀑布　羊头铺和尚岩瀑布　润溪锅滩瀑布
林场草场	茅尖山林场　七曜山林场　鹿鸣漆园林场　郁山冷竹菁林场　龙塘快乐坪草场　石盘云雾草场
植物生态群	龙塘石坎子古树群　诸佛桃子垭古树群　润溪沙湾古树群　桐楼深洞溪古树群　三义银杏群　长溪竹海　乌江中华文木　高谷官山银花
古树名木	桑柘千年银杏王　桐楼千年木楠王　善感水田村 1 组千年乌杨树　长滩油桐王　三义构树衍生棕树　鹿箐 500 年水青杠　岩东 500 年酸枣树　文武黄沙村 500 年木楠　清平富家村 500 年橄榄树　鹿箐 40 年杜仲
园林	福尔沱茶园　清平茶园　鹿角中学梨园　黄家中学梨园　中井橘园　陈园坝桑园　茂云山国家森林公园　高谷橘园　老营顶桃花山庄　县城山谷公园
珍稀动物	娃娃鱼　乌江鲢鱼　长江鲟　团鱼　黄腊丁　野猪　荒狗　锦鸡　山鹰　麂子　白鹭　盘古河黑叶猴　长溪河猕猴　鹿鸣桂林村灰猴　大垭岩头斑蛇

第二节　人文景观

一、遗址

涪陵郡故城　在沙湾村庞吏坝，距郁山镇西 2 千米，距县城东 51 千米。遗址面积约 50000 平方米，原川湘公路直通其间。路北衙门田，建有郁山中学校舍，其余城区皆系农田。路南城墙田一带，为当地人住宅和县水泥厂址。《四川郡县志》载："汉之涪陵，即唐之黔州故城，亦即今之彭水东九十里，即今之彭水郁山镇。"旧《县志》载："汉涪陵郡，在今县治东九十里，盖今保家楼以上等地。"三国时，庞宏任涪陵郡太守。郡治所在地称庞吏坝。《三国志・庞统传》："统子宏……卒于涪陵郡守。"当地人，误将"庞吏坝"呼为"黄泥坝"。1935 年，修川湘公路，挖出大量石条、汉砖及陶器、铜器、铁器等物。部分汉砖有"永元十二年"（100）汉隶字样。1953 年后，当地农民在遗址下及附近山坡，挖出古墓数百座。其中东汉墓 20 余座，内有铁戈、铁铲残片、陶俑及摇钱树等，汉砖则数以万计。1956 年 12 月，第一届全国人大常务委员、著名社会学家潘光旦到庞吏坝考察。他确认其地为涪陵郡故城遗址。

黔中道与黔州故城　在汉葭镇插旗村壶头山麓。《通志》述其地理形势云："控楚连黔，山拥摩围之峻；抚苗绥汉，江翻溪峒之涛。扼天险于黔南，雄跨剑阁；固地维于蜀徼，势据蚕丛。当蛮部之襟喉，据川东之要隘。"黔州建制，始于北周建德三年（574）。隋初仍为黔州。大业三年（607），改为黔安郡。唐武德元年（618），复称黔州。贞观四年（630），置都督府。开元二十一年（733），置黔中道，督理 50 州。辖境为北到湖北建始，南到广西凌云，西到贵州毕节，东到湖南沅陵。面积约 30 万平方千米。彭水为道、州、县三级治所驻地，是今渝、黔、湘、鄂、桂结合部的政治、经济、文化中心。宋仍曰黔州，亦称武泰军，领羁縻 49 州。宋绍定元年（1228），升为绍庆府，督理羁縻 56 州。黔州之名，延续达 655 年。按州治所在年代划分，黔州故城在庞吏坝有 57 年（574—630），在汉葭镇东门村有 117 年（630—747），在汉葭镇插旗村有 481 年（747—1228）。

云顶寺　在县城乌江西岸摩围山上。建于唐宝应元年（762）前。历代曾多次培修。清康熙四十五年（1706）重建，占地面积 450 平方米。除西侧有路可通外，三面皆绝壁。庙宇毁于 60 年代初期，今存石柱、石门、残墙及董国绅《重修云顶寺序》石碑。唐代刘禹锡在《送义舟师却还黔南》

诗中云：“常说摩围似灵鹫，却将山屐上丹梯。”清代陈昌智有《云顶寺》诗曰：“山寺依天际，黔流第一关。晴霞开艳倩，晓日映高寒。”彭水苗族举人龚基亨（1835—1904）有一联云：“萃鱼山鹫岭之奇，金莲扑地，玉笋插天，看四面烟峦，东峙朝阳，西环晚翠，南屏绍庆，北巩高峰。多少羽客仙流，担经挂锡，剧爱残星半敛、旭日初升，万道霞光飞殿壁；历鸟迹羊肠而上，洞口扪萝，龙头剔藓。羡一年风景，春阴薄暖，夏暑微凉，秋雨乍晴，冬雪新霁。惹得骚人逸士，着履扶筇。每当夜月凭栏、清霜倚枕，满城烟火入楼台。”

绿阴轩　在汉葭镇乌江东岸峭壁之巅，为北宋诗人、书法家黄庭坚谪居黔州时（1095—1098）所首建。原建筑为四出飞檐，雕花门棂，有矮栏可依凭。门楣悬黄庭坚手书“绿阴轩·山谷题”楷体匾额一方。字色粉绿，檀木衬底，清秀雅致。轩旁有古榕，附崖攀石而立。树冠若巨伞，荫翳着树旁的玲珑小轩。轩下石壁上，有宋代至清代的摩崖石刻群。其中，黄庭坚手书“绿阴轩·山谷题”6字，楷体阴刻，保存较完好。元大德元年（1297）乌江洪水标记一方，文曰：“大德丁酉江涨至此甲辰夏中山书。”楷体阴刻。清康熙四十二年（1703）渝州太守陈帮器书“危然大块”4字，清晰可读。还有“山静日长”，楷体阴刻；“崖迎碧水”，行体阴刻；“卧佛岩”，汉隶阴刻；“翠谷飞泉”等，款识皆不可辨。崖根处有天然石穴，中有一石横亘，状如老僧偃卧，名为卧佛岩。洞内冬暖夏凉，可布几席，游人多喜入内小憩。绿阴轩雄踞崖端，与摩围诸峰隔江相望。凭栏眺望，滔滔乌江尽收眼底。清代陈汝燮《绿阴轩》诗云：“绿阴千古在，抱石一轩孤。茅屋伴工部，诗名敌大苏。”张天堤《绿阴轩》诗：“孤臣存直道，万里谪黔州。似借溪山趣，聊宽社稷忧。构轩偎老树，踞石俯长流。浓阴连云满，丹书走字遒。任天恣酷暑，无日不清秋。景仰先生节，高风逝水悠。”

绿阴轩（1984年）

绿阴轩（1984年）

红三军司令部　位于县城十字街东，县人民政府所在地旁。旧址为一座具有民族风格的清代建筑。一楼一底，木结构，坐南向北，四合院格局。四周以砖石围墙，占地920平方米（后设天主教教堂真原堂）。1934年5月，贺龙、关向应、夏曦率中国工农红军第三军从黔江县经桑柘坪，长途奔袭，全歼守敌川军21军达奉刚旅下属鲜少华营，一举攻克彭水县城后，司令部设在此处。旧址大门为石条构成，非常坚固。门洞宽1.70米，高2.50米，约10厘米厚的木质门两扇，完整如初。进门为左右门房，是当年军直警卫部队驻地。再进则为前庭天井和花园。园内植有葡萄、紫竹、花卉。园右侧有古井，名“甘露”，方台圆口，有井名碑刻一方。自前庭天井登阶沿，即入一轩敞的过厅，厅两侧偏房为当年军直机关驻地。自过厅经一方石铺地的方形天井，登7级台阶，即正厅，是贺龙当年接见群众代表的地方。正厅的右耳房，是贺龙的卧室，左耳房为关向应卧室，两耳房木板壁上均裱糊印花纸。楼上回廊配以木质万字花纹栏杆，屋顶布木质天花板，分别有穹形和斗形彩绘藻井，大部分瓦当均存。檐下装卷形棚板，柱础全为石质雕花。砖墙正开圆形窗门，嵌花木棂。自正厅后门出，为后花园，整个建筑布局紧凑严谨而又玲珑疏朗。红三军在彭水期间，镇压一贯残害人民的反动官吏，开仓济贫，砸县牢，释放无辜受害群众，遣散被红军俘虏的士兵。县城群众为犒劳红三军，送去了各种慰劳品，不少商户积极协助红军采办药品和给养。1983年3月，县人民政府公布为文物保护单位。全国人大常委会副委员长廖汉生亲笔给旧址题了字。2002年，修建新世纪广场，原真原堂迁往观音岩。

南渡沱红军渡口　在县城乌江南渡沱。清咸丰年间（1851—1861）于此设义渡。江右岸石壁上镌有：“兴设义渡，利济行人，往来过渡，不收分文。”乌江奔流至此，水泄不畅，奔涌回旋，中流水势汹汹，形成巨大漩涡，时有小舟被吞噬。“行遍天下路，难过乌江渡”。1934年5月8日，贺龙、关向应率中国工农红军第三军，攻克彭水县城后，由此渡过乌江。经黄家坝，到黔东开辟革命根据地。1949年11月，刘伯承、邓小平率人民解放军，粉碎国民党军宋希濂部布设的“乌江防线”，在此渡江，向重庆进军。群众称之为“红军渡口”。1984年，在渡口东岸巨石上刻有刘全初手书“红军渡”三字，行书阴刻。

二、碑刻

张飞岍石刻　太原乡英光村彭石公路西侧，有小溪从山上流下。沿溪上行约5千米的土坡上立一石，宽260厘米，高215厘米，厚218厘米。上有6行符号，为人工雕凿，每行宽15～45厘米不等。符号为阴刻。呈枝状、爪状、蚯蚓状。个别略似象形状，不像甲骨文、钟鼎文，亦不像道家符咒。传说系张飞手指刻成，其地故名张飞岍。

寿字石刻　原在县城东门坡巨石上，字长157厘米，宽123厘米，上款为“乾隆戊申”，下款为“钟莲书”，阴刻。其字结构丰满，笔力酣沉，神清骨俊。参观者莫不赞为“神来之笔”。钟莲为彭水知县，福建长汀人。乾隆五十二年（1787）署彭水，次年书“寿”字。据传，乾隆八十寿辰暨即位六十周年（1795）举国大庆。彭水县署无礼为寿，即拓印此石刻“寿”字一幅，上贡于朝廷。乾隆皇帝见此“寿”字，甚为赏识。当时翰林院内有人贬低其字，或言其脚短，或谓鄙俗，或以重金贿赂帝侧之亲信。乾隆皇帝据奏，命召所言者当朝各书一“寿”字，书就悉悬于宫廷。帝逐字展阅良久，不禁喟然叹曰：“此字（彭水“寿”字）无懈可击，实已写绝矣！”不久，钟莲升为知府。此石刻“寿”字名声大振，前来摹拓者不绝。现四川灌县二王庙过厅所刻的“寿”字，亦按彭水“寿”字复制而成。过去200年间，上至成都，下到武汉，长寿老人多喜得“寿”字石刻拓片一幅，悬于厅堂正中，以助雅兴。金银技匠喜以“寿”字缩制为小儿项佩，或帽额装饰。渝涪书裱店铺，常驻派专人于彭，成批拓印，运回裱好，高价出售，远销全国各地。修建设银行宿舍时“寿”字石刻被炸毁。1984年春，按拓片重新镌刻于乌江南渡沱东岸绿阴轩下巨石上。

贺龙德政碑及怀龙亭　1922年5月，贺龙率部驻防郁山镇，群众为其立德政碑于栅子门左侧。碑高183厘米，宽99厘米。碑中书“德媲宗韩”。上款为“恭颂国民革命军第一百六十九旅旅长贺公云卿之德政”。下款为“彭水县上八乡民众敬立，中华民国十三年甲子岁菊月上浣”。颜体阴刻。原碑已毁。1983年，按原碑字样复制，立于开元寺外东北角，并在其处建“怀龙亭”。亭名为四川省人大常委会原副主任谷志标手书。

三、古墓葬

郁山汉墓群 在郁山中学到中井4千米长的郁江东岸台地上，原有大量汉墓。有石拱墓和砖拱墓两种。已发现的石拱墓，墓室长4.10米，宽2.38米，高2.20米。墓道长2.63米，宽1.20米，高1.30米，用方形或长方形石块砌成。有的石拱墓中间有墙，将前后墓室分开。用以拱墓的汉砖，为细土煅烧而成，两头有榫，侧面有几何纹、字或图案。砖长约30～43厘米，宽18～21厘米，厚10～12厘米。历年出土的砖，数以万计。还出土过不少铜器、陶器及大量古钱币（含贝币）。

郁江岩洞葬 县城东北3千米的郁江东岸石壁，高200余米，宽约500米，人称“柜子岩”。距水面高约80米的绝壁凹进处，有3具岩棺。其中两具上下相距约20米，另一具相距约200米。棺为木板制成，方形，长约2.50米，宽约2米，形同木柜。棺下承以人工夯砌的黄土、石块台基。台基因地形而筑，高2～3米不等。1964年，曾对其中一具进行清理，发现棺内分三格，盛人头骨3个，有丝绸、铁锅、彩碟残片等。经鉴定为宋代物。清邵墩《木柜悬岩》诗曰：“林泉天外自清幽，身带春风立岸头。梦想神仙无妙术，天垂星象共沉浮。山钟夜渡空江水，石室烟涵古桂秋。乘兴杳然迷出处，白云一片去悠悠。”

龙洋岩洞葬 润溪乡龙洋场东北5千米，有屏立如镜的岩壁，高60余米，宽约200米。中部距地面约30米处，纵开一天然石穴，竖约5米，横2米余，中插木桩3根，上下各横置木棺1具。棺形似木柜，4柱8嵌，四面及上下底装较厚木板。其上1具，在一次暴风雨中坠于岩下。棺内盛鸡毛、糠壳、骨骼。木质皆为柏杨。其下1具，横卧穴底，一端外露，尚能避风雨。

香火岩岩洞葬 高谷镇狮子村西有1洞，洞口离地约50米，外面为绝壁，洞口高1.35米，宽3.50米，深4米，有棺置洞口1米处。

犀角岩岩洞葬 距县城南10千米，在乌江东岸边犀角岩悬崖上，有天然岩洞，洞中有棺1具，棺体呈灰黑色。

黄庭坚衣冠冢 宋崇宁四年（1105），曾寓居郁山的黄庭坚在戎州（宜宾）逝世。郁山士民追念其遗风，在中清河北岸玉屏山麓建此衣冠冢。冢为1门2柱1楼结构，长2.30米，宽1.90米，高2.10米。其地背山临水，松林萦绕，绿柳低垂，环境清幽，风物宜人。清道光六年（1826）重建，立有“宋史官黄文节公之墓”碑。后碑毁，仅存下部。1985年，据原碑重刻。自冢成之后，每年清明节前后旬日间，当地父老及过往文人，登临凭吊，已相沿成俗。黄庭坚（1045—1105），字鲁直，号山谷道人，洪州分宁（今江西修水县）人。诗人，书法家。绍圣二年（1095）正月奉命，四月二十三日到黔州后，曾寓居开元寺。

佛教舍利塔 郁山镇天星社区仙人掌，有3座舍利塔，隐在竹树林中。石塔高约5.50米，宽约1.60米，由塔座、塔身、塔顶3大部分构成，塔座的碑文，文字较为清晰，上面分别刻有圆寂高僧的法号以及修建年月等信息，从中可以看出保存完好的两座石塔修建于清道光和咸丰年间，距今已有100多年历史。东晋永和八年（352）佛教传入彭水，至民国早期，涪陵、彭水、思南、沿河等地域内有据可查的寺庙多达680座，有僧尼近千人。郁山古镇有强盛

郁山舍利塔（2005年）

盐丹文化使得这里人口密集、百姓富庶，宗教文化也随之繁荣，不少僧尼到这里诵经传教，坐禅修行。幸存下来的僧尼墓葬舍利塔也是郁山宗教文化繁荣一时的有力证据。

四、寺庙

开元寺　坐落在郁山镇东镇政府所在地。原有殿堂三重，两旁为禅室及库房，整体为四合院群落。建筑面积372平方米。寺基高敞，禅室清幽。始建于唐开元年间（713—741），故名开元寺。上殿为清乾隆四十六年（1781）培修，下殿为清同治六年（1867）重建。宋诗人黄庭坚谪黔州时（1095—1098），寓居于此。寺前有一泉，黄庭坚曾在此汲水炼丹，故名丹泉。现寺中殿堂无存，仅存数十级石梯及山门遗迹。丹泉井已被民房掩盖。

金鼎寺　棣棠乡瓦屋村海拔1180米的大山上，就近3座小山形似金字塔，信众在山上建1座金鼎寺。现存碑记称：金鼎寺建于康熙十三年（1674），1949年后拆毁。1994年按旧制复修，误刻“金项寺”。建筑占地面积199.50平方米。入寺山门前立四棱碑，正方体，宽0.46米、高4.14米。四面文字，图像大部分风化。另外1块石碑，记录有建设时间和捐资人名。现每逢旧历二月十九、六月十九、九月十九日，均有人到此烧香或举办庙会。

扶风寺　位于鹿鸣乡红岩村5组。四合院一颗印式建筑，占地300平方米。4面封火墙内正房3间，两边有厢房，正房前有下厅。院中天井坝25平方米。现存碑记：光绪二十五年（1899），号称陈总兵的陈国政入四川，领陈氏家族建祠堂，后人祭祖烧香于此。1949年后，封火墙被拆除，房屋未毁。20世纪90年代，当地重建封火墙，沿旧说命名扶风寺。

龙门寺　位于平安乡楼房村3组。建于光绪十四年（1888），占地面积216平方米。建筑外形似一颗印。内有天井，分上殿、左右厢房及下厅。外门高8.20米，竖书“龙门寺”。大门石刻楹联“早戒淫为万恶首，光知孝乃百行源”。内有光绪十四年（1888）重建纪念碑，碑文述及原庙被焚烧及重建经过，无始修时间记述。碑高2.90米，宽1.40米，厚0.20米。碑文书法，镌刻都十分精湛。龙门寺整体保持完好。

五、古集镇

郁山镇　郁山镇开发较早，汉武帝于此置涪陵县。蜀汉及晋为汉葭（发）县治地。北周曾置奉州。隋开皇十三年（593）置彭水县。唐高祖置黔州。北宋定名玉山镇，明代万历时更名郁山镇。清雍正时黔彭军民厅设此。乾隆元年（1736）设巡检署，分理彭水上8乡，直至清末。1912年改置为郁山镇分县衙门。郁山历来以盐井闻名，郁盐最高年产量达4500吨。1984年，因产品含氟量超过国家规定标准而关闭。镇内名胜古迹主要有开元寺、丹泉井、贺龙德政碑及怀龙亭、太平桥、鸡鸣井、飞水井等。跨郁山镇后灶河上之太平桥，清乾隆二十九年（1764）创建。四墩五孔，桥长18米，高约4米，木梁横板，覆以桥亭，三重斗拱，四出飞檐，上盖琉璃碧瓦。桥上有清代云贵总督劳崇光所题楹联：“剑戟拥仙槎，请缨东下三千里；河山迎使节，敲镫南来第一桥。”桥正中上悬长方形匾额一方，书“太平桥”三字。桥两端各置铁铸牛两只，每只重500余千克。清乾隆四十五年（1780）、道光十年（1830）两次大水，光绪二十年（1894）桥梁朽坏，均重建。1936年为通汽车，改为框架式屋顶公路桥。1962年，大水冲毁左岸桥墩一角。1969年，全部被大水冲毁。桥上原有楹联，桥头原有铁牛，均不存，仅存石砌菱形桥墩4座。1988年，在原桥墩上建成钢筋混凝土无肋双曲拱桥。鸡鸣井位于郁山镇麻坝村，其井之始创远在秦汉。自唐宋以来，设盐课司以征井之课税。井之上，半里，有碧云寺。清明期间，任彭水县令者，多攀崖涉水前往祭祀其井，并于寺旁立碑以志之。碑刻年代，最远者为西汉天凤五年（18）。今寺已废，碑皆散失于草丛间，井犹存。此盐泉源出伏牛山下。取卤方法，最初是人工担，多需数十人。清代中叶在井台上以戽斗提取，中华人民共和国建立后用机器抽取。熬制食盐，先以草料、渐以木材为燃料。到嘉庆年间，以煤为燃料。历两千年，鸡鸣井为川黔湘鄂边区各族人民提供了食盐之源。中井河源出黔江区黄溪镇扁担垭，在马斯口入县境，由东北向西南，渡头坝汇入郁江。中井峡谷在大喜场和中井索桥之间，长6千米，谷深50 ~ 250米，谷宽80 ~ 120米，水深0.40 ~ 7米。古盐井飞水井，泉从峭壁出，飞泻十余米入河中，终年不绝。东汉时，建为卤井，故名“飞水井”。唐代又在附近河底建“母井”，因此飞水井又称“公井”。明万历年间（1573—1620）重修，日产卤水约350吨。峡谷中有唐代制盐遗址大岍洞。民国初，因岩崩，“公井”废。“母井”日产卤300吨，每年3—7月，河水上涨无法使用，1960年废。

汉葭镇 位于乌郁两江交汇处。唐贞观四年（630），彭水县与黔州都督府同时从郁山镇移治于此，历为郡、道、州、府治地。在行政上均由县直属，故长期称为县城或彭水。1932年置镇，以古汉葭县命名。中华人民共和国建立后仍置汉葭镇。汉葭镇扼渝东南与黔、鄂咽喉，为古代兵家必争之地。县城自唐代起在乌江东岸，无城垣。明嘉靖三十一年（1552）始建城垣，明末迭经兵燹。清康熙五年（1666）重建，城墙高一丈二尺，周二里四分。1949年11月15日，国民党军溃逃时纵火，400余间房屋被毁，化为一片焦土。镇内古迹主要有红三军司令部汉葭旧址、南渡沱红军渡口、绿阴轩、黔中道及黔州故城遗址、云顶寺遗址、南渡沱“寿”字石刻、高家台山谷公园和革命烈士陵园等。历代诗人咏汉葭镇：“江水三回曲，愁人两地情。摩围山下色，明月峡中声。晚后连天碧，秋来彻底清。临流有新恨，照见白髭生。”（《酬严中丞晚眺黔江见寄》唐白居易）“锦水纡萦绕翠峰，一湾一曲碧溶溶。野凫贴浪飞之字，兰桨挑波转画舫。倒映层峦云影乱，凉生夹岸树阴浓。凭高远眺添幽兴，忘却山头报晚钟。”（《长溪九曲》元王师能）“摩围山下路横斜，二水争流带碧沙。城郭隔江峰上寺，钟声敲落一林花。”（《邑城晚眺》清董国绅）

万足场 万足乡位于县城南部，乌江左岸，紧靠乌江彭水电站。万足场，宋置为砦。清乾隆时置为乡。北宋时，万足为一兵寨，有少数土著人居住。明末清初，江西人迁入万足定居，逐渐形成市场，主经营生漆。乾隆年间（1736—1795），万足为黔东北及川东南生漆集散地。场上主街长150米，宽2 ~ 3.50米，用石板铺成。街上有6道石门，可以关闭。富家都有封火墙，大门为铁门。靠坡处的房子多为吊脚楼，既有江西人的会馆万寿宫，又有家族的宗祠。石门、石栏杆、石香炉、石水缸、石磉磴上，刻有“犀牛望月”“二龙戏珠”“双凤朝阳”以及花、草、云、兽纹图饰。石门上方刻有“出入迪吉”“上下咸熙”等横额。石门两边刻有楹联，肖氏宗祠门上刻联云：“三世王侯地；八叶帝王家。”有的还建有戏楼，院墙上有壁画，如双尾狮等。2005年，万足镇古遗迹保存完好，正在建设中的彭水乌江电站，水位提高后，古建筑就地上迁，恢复古集镇景貌。

六、苗寨

鞍子苗寨 位于鞍子场镇所在地，距县城54千米。鞍子苗寨包括石磨岩苗寨、神皇岍苗寨、云盘苗寨。是一个集苗街、苗歌、苗舞、苗民村落、苗文化习俗、苗乡自然山水风光于一体的民族风情旅游景区。苗寨的苗民行苗礼、习苗俗、过苗节、穿苗衣、唱苗歌、跳苗舞。著名的苗歌曲调“娇阿依”以其自然、奔放的气势，优美动听的旋律而流传千古。2000年，重庆市人民政府命名鞍子为苗族“民歌之乡”。苗族舞蹈“踩花山”也源于此。鞍子人爱唱，也特会唱。社会、人生、民俗、宗教、人伦、劳动、爱情，尽唱无余。

罗家坨苗寨 地处鞍子乡新式村4组，距乡政府所在地6千米。海拔800米，面积约3.4平方千米，有次生原始森林167公顷。锅状形原始村落，因村民同为罗姓，故名罗家坨。苗寨内共有80余户，350余人。苗寨错落有致。古色古香的民居院落和世代生活在那里的古老民族，仍保持着浓郁的民族气息。房屋是青瓦木结构四合院、吊脚楼。工匠用精湛的雕刻艺术，把山川、花草、鸟兽、虫鱼、龙飞凤舞、喜鹊闹梅等图案镶嵌在自己的房屋正面。火铺、鼎罐、三脚、石磨、草凳、蓑衣为

主要生活用具。糍粑、豆腐、鼎罐饭为特色餐饮。耕田靠牛、犁头、锄头。运输靠背桶、背篼、高架。娶亲嫁女，按三媒六证、三回九转之风俗，吹吹打打，骑马坐轿。人死之后，要诵经拜佛，入棺上孝，开路，办道场三、五、七、十一日不等，方能入土安葬。骡马河从寨边流过，河两岸是悬崖绝壁，河水清澈见底，植被葱茏茂盛。

乱石坝苗寨　位于龙门峡景区东北角，诸佛江左岸，距龙门 1.70 千米。苗寨的房屋依山而建，木结构瓦房，多为一正两厢的“撮箕口”，或一正一厢的曲尺形房。厢房多为吊脚楼，楼的三面或两面有木栏杆走廊。卧室均有木地板，离地 1 米，木板梯上下。厨房间内有火铺，中吊鼎罐煮饭，四周置草墩垫坐。房屋最早建于清代，为张姓苗民所住。1984 年 11 月，中国当代著名绘画大师吴冠中，带着弟子在乱石坝苗寨写生。1985 年 7 月在《人民文学》发表散文《风光风情说乌江》。称“这个寨山高坡陡，乱石遍坝。竹丛、芭蕉、杂树掩盖了乱石，苗家的木结构吊脚楼散落在坡上坡下。木结构的吊脚楼美，从形式美的结构角度看，可说是玲珑剔透，尤其临江高居大山间，真是画家们眼中的仙居”。乱石坝苗寨人待客热情，不便久留的客人，一定要喝了“开水”才能走。米酒、面条、荷包蛋，一律叫“开水”。青年男女结婚，要经过提亲、看人、烧香等“三媒六证”后，才能举行婚礼。姑娘出嫁时要哭嫁，以《哭嫁歌》感谢父母养育之恩。人死后，出殡前夜，亲朋好友要去“坐夜”。几十支锣鼓队，或此起彼伏，或互为斗艺，通宵达旦，锣鼓喧天。

2005 年彭水自治县人文景观名称一览表

表 13-2

类别	景点
陵园	汉葭镇烈士陵园　黄家坝笔架山烈士陵园　龙溪板坊坪烈士陵园　走马烈士陵园
古镇	黔中道中心——汉葭镇　盐丹之都——郁山镇　山货中心——万足场　鱼米之乡——保家楼　彭水门户——高谷镇　库区之星——鹿角镇
纪念建筑	刘邓大军临时司令部——潘家院子　红三军司令部汉葭镇旧址　郁山怀龙亭　彭济民故居
民居宗祠	新田三潮水民居　鹿鸣向家村蒙古居　鹿角乱石坝苗寨　鞍子罗家坨苗寨　桑柘镇花秋村乱石墙房屋新场廖氏祠堂
墓葬	郁江柜子岩悬棺　龙洋悬棺　郁山汉墓群　高谷官山汉墓群　普子团坝子汉墓群　鹿角庞宏墓遗址　郁山李承乾墓长孙无忌墓　郁山中井黄庭坚衣冠冢　诸佛治安村明墓群　复兴村花坟　县城革命烈士陵园　郁山佛教舍利塔
桥梁	羊头铺唐代石拱桥　桐楼同木溪石拱桥（1629 年）　郁山太平桥（1737 年）　郁山 281 米高桥
宗教建筑	汉葭镇真原堂　平安龙门寺　乔梓观音阁　鹿鸣扶风寺　棣棠金顶寺
碑崖题刻	太原张飞岍石刻　汉葭镇“景行仰止”石刻　“寿”字石刻　绿阴轩摩崖石刻群　“龙门峡”石刻　“乌江画廊”石刻　太元高桥石刻　长滩义渡碑　桐楼禁伐碑　善感姻婚碑　郁山贺龙德政碑　郁山中学毛泽东诗词碑　马峰岍明代墨书　岩东岍山匾联
遗址	郁山镇沙湾村涪陵郡遗址　郁山开元寺遗址　汉葭镇插旗村黔中道及黔州故城遗址　绍庆府遗址　绿阴轩遗址　云顶寺遗址　鹿鸣向家坝蒙古族遗址　保家鹿山书院　郁山丹泉书院　龙门峡鹿角寨遗址　善感周家寨汉代洪渡县遗址走马万灵山南宋末年鸡冠城遗址
遗迹	县城明代城墙　郁山盐厂　龙射万天宫　靛水万寿宫　万足万天宫　龙洋莲花寺　乌江纤道
节庆	大年夜　上九　元宵节　清明节　端五节　七月半　中秋节　小年夜
民俗	打闹　上梁　打端阳节　哭嫁　闹新房　祝寿　坐夜　吃新　火铺　吊脚楼　吃庖汤　整月米酒
民间文体	鞍子民歌　川剧座唱　狮舞　龙舞　斗锣鼓　吹唢呐　划龙船　射弩　打篾蛋　武术　走五马　修路　捡子　挑茶盆　打水枪
地方特产	桐油　生漆　茶油　白皮大蒜　魔芋　阳雀菌　大脚菌　苏麻　猕猴桃　金银花　晶丝苕粉　都卷子　荞面豆花　烧白　鲊敏　鲊海淑　鲊菜饭　苞谷粑　苦荞粑　粗菜豆腐　豆腐丸子　高谷烤鸭　郁山鸡豆花郁山擀酥饼　“独龙王”蛇酒　“芙蓉江”牌绿茶

附一：

清至民国期间彭水境内可供游人观赏的景点一览表

表 13-3

彭水旧八景	彭水新八景	郁山十景	郁山二十一景		郁山九宫	郁山十八寺庙	
摩围云顶	黄轩嘉荫	一碗银水	长桥卧波	壁山暮鼓	万寿宫	龙王庙	长寿寺
石华晚翠	云顶孤峰	二鳌吞浪	草坪叠翠	白塔留雪	禹王宫	武庙	马王庙
长溪九曲	润溪蛟斧	三圣朝西	倒狮悬岩	苍松射月	玄天宫	雷祖庙	乾龙洞
圣水三潮	孙墓莲涛	四山拱锣	鸡井飞烟	白马困塘	三圣宫	开元寺	魁星阁
月岩飞石	郁山古镇	五椅横空	山谷流冢	桥镇太极	文昌宫	白池寺	壁山庙
木柜悬岩	凤岭丹泉	六柳含烟	丹泉流芳	米井清风	紫云宫	回龙寺	茶店寺
甘山石燕	牛岍地浸	七曲流溪	洗墨流烟	鱼戏塘滩	济济宫	天池寺	三王庙
戏水金鳌	龙峡天梁	八乡思碑	天池月朗	红鱼戏水	巧圣宫	龙泉寺	桓侯庙
—	—	九牛困塘	风门暮雪	铁锁横江	南华宫	川祖庙	长江寺
—	—	十字横街	葡影筛月	铁镇金戈	—	—	—
—	—	—	仙人撒网	—	—	—	—

附二：清人《八景序》 天下山水众矣。其得名者，大约以形似，以奇奥，以前人之寄寓题咏得之，非是者无取焉。若吾彭之西山名曰白花岩，其上有洞，相传为文昌帝君修练处。又近江大洲为鳌状，秋水微添，乘风融浪，鳞鬣欲动，有如金鳌戏水者然。其南则有绿阴轩、甘山、洗墨池，为黄山谷寄寓题咏之地，古迹尚存。其北则峭壁千寻，木柜置焉。昔人谓如王乔之棺，从天而降者。至如溪回九折，情态委婉，大汇大江，山谷所谓天下景也。而其下则潮水之所从穴矣，方其喷涌而出，日以晨、午、申时，势奔雷电，声倾江河，后无涓滴。北郭仲子见而异之曰，奇而奥。夫九曲、金鳌，以形似名者也；三潮水、木柜岩，以奇奥名者也；墨池、甘山、绿阴轩、石花岩，又以前人之寄寓题咏而名者也。非是又何所耶？故吾彭之八景而序之，为言景者，示所取焉。

第三节　特产美食

彭水自治县属于少数民族聚居地区，有其独特的民族特征，在饮食上长久以来形成彭水特定的民族特色，有着与其他地区不同的传统风格，受到人们的喜爱。如鞍子、大池，连湖、龙溪的糍粑，龙塘、黄家的灰豆腐、大脚菌，郁山的擀酥饼、晶丝苕粉、鸡豆花、烧白、三香，还有全县各地都喜爱的荞面豆花、嘟卷子。这些美食日常作为待客食品，宴席名菜，也作为街市美食，吸引旅客、游人前往，尽兴品尝。大脚菌、擀酥饼、晶丝苕粉被客人抢购作馈赠物品带往天南海北。

一、彭水响李

彭水响李是20世纪80年代末引进的青脆李优质品种，结合彭水气候、土质自然条件，种植中施用农家肥，不使用农药。彭水青脆李咬上一口，会发出一声清脆的响声，人们亲切地将其称为“响李”，而成为品牌。彭水响李正是“彭水想你”的谐音，表达彭水苗族人“想你”的亲切含意。彭水响李形态饱满，果皮青黄，果肉外青里黄，缝合线正，缝沟浅，果粉厚、肉质脆、蜂蜜味。彭水响李营养丰富，富含维生素、氨基酸。品尝彭水响李，可以生津利尿、清除肝热，有利身体健康。彭水响李口感最佳期为七月中旬至八月上旬，采摘时间在清晨和傍晚口感最佳。县境内建立多个彭水响李生态种植基地。成熟期，人们争相前往彭水响李生态种植基地，体验采摘乐趣。

二、鞍子糍粑

鞍子糍粑

糍粑是彭水乡间一种美食。香、糯、软、绵，让人向往，一饱口福。制作方法：将选定的上等大白糯米放进大缸里用山泉水浸泡24小时以上。将浸泡好的糯米放进木甑里蒸，上汽后浇点水，再蒸至40分钟起甑。打糍粑是制作糍粑的重头戏，将蒸熟的糯米倒入特制的木臼或石巢内，一人抡着特制的木槌搓打糍粑，另一人置一冷水盘在旁边，把双手沾上冷水，趁木槌提起来的时机翻揉糍粑。最终将糯米捶成黏糊糊一团。将打好的糯米团放到一个铺满用炒黄豆做成的豆沙面簸箕里，一拧一捏一拉，一个个裹满豆面圆溜溜的糍粑便滚进簸箕里，糍粑七八个一盘端上桌便可趁热食用。

打好的糍粑可以做成不同形状荫干，作为馈赠礼品。食用时烘烤、煎炸，根据各人不同口味，蘸上蜂蜜或白糖食用。

三、黄家镇灰豆腐

黄家镇灰豆腐

一道豆腐，能做出各种花样，但是用草木灰来制作豆腐，是闻所未闻。灰豆腐是彭水自治县黄家镇一带的传统饮食。它是在鲜豆腐的基础上加以灰鲊制、炒制、除尘等制作工艺，生产出的一种新颖食品，具有柔韧皮实、耐贮耐运、食用方便等特点，极大拓展豆腐品种开发空间，深得群众喜爱，是当地群众餐桌上的佳品。

彭水黄家镇地处渝黔边区，位于县西南。黄家灰豆腐制作技艺目前多以家传为主，其中大部分传承人为家庭主妇。豆腐做出来后，切成小块，放入准备好的清洁干燥的草木灰中，这个过程叫“灰鲊”。经过一夜“灰鲊”后的豆腐，失去了水分和原本的柔软，变得干硬。再入灰炒制，豆腐由干硬再次变得蓬松绵软。表皮不破，掰开，里面有均匀绵密的蜂窝组织。灰豆腐既保留了豆香味，充满嚼劲，同时蜂窝组织能充分吸收汤汁。炖汤、素炒皆宜。黄家镇灰豆腐制作技术已成为彭水非物质文化遗产之一。

四、郁山晶丝苕粉

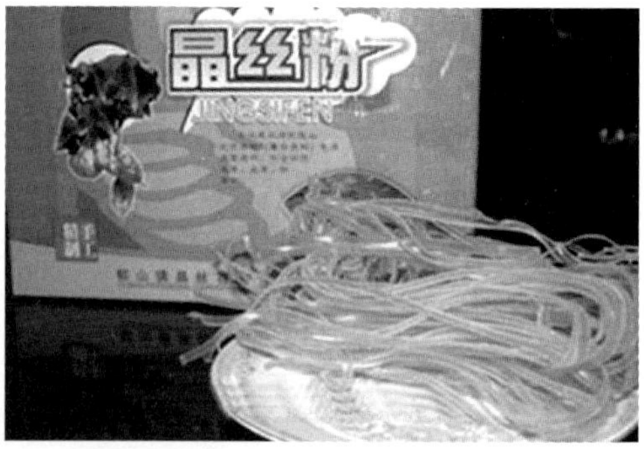

郁山晶丝苕粉

在彭水，红薯被称为红苕，红苕制成的粉叫做苕粉。苕粉晶莹剔透，食用滑腻爽口，炖汤、油炸、凉拌均宜，是宴席上必备佳品。苕粉的手工生产在彭水有上千年的历史。改革开放后，郁山镇从手工生产到半机械、机械化生产，将苕粉做成产业，成为彭水独具特色的郁山晶丝苕粉品牌。

生产晶丝苕粉，选用百花苕，后有用豫薯王，出粉率及甜度高。每年金秋是红薯上市的大好季节。堆成山的红薯大小均匀，是做晶丝苕粉的上好原料。红薯倒进清洗机里，直到表皮没有污泥才送往下一道工序——粉碎。粉碎后渣被滤去，留下薯浆运至沉淀池沉淀。经过24小时沉淀、去水，留下淀粉，当地人称之为水粉。水粉白如乳酪，状若羊脂。清洗、粉碎、过滤、沉淀、去油粉几道工序都可以用机器完成，制作晶丝茗粉的核心环节——“浪茗粉”，得靠人工。从沉淀池舀出一桶淀粉来，放到搅拌机里加水搅拌，制成淀粉浆。淀粉浆的干湿度尤其重要：太干了，浪不动，做出来的粉容易断；太湿了，粉浪不干，容易黏住。“浪茗粉”工具为规定尺寸长方形铝制浪盆。“浪”粉前先在浪盆底刷上一层菜油，将一勺淀粉浆倒入浪盆里，将浪盆放入锅内沸水中，前后轻轻摇晃，淀粉浆随着浪盆的摇晃“爬”满浪盆底部，由白色变成透明，浪出来的粉皮厚度均匀。等到粉皮快干的时候，就把浪盆沉入水底，煮上一分钟，捞出来，一张粉皮就做好了。粉皮冷却后，起粉皮。起粉的时候从两边慢慢往中间扯，粉皮就倒挂在竹竿上了。经过一两天的晾晒，待粉皮完全干透就将其切成丝再晾。晾晒是晶丝茗粉色泽、光滑度及成形的关键程序。晾杆上的粉皮，一张张莹润纤薄，光泽有佳；切成丝后，又像美女的秀发，顺滑如瀑。

五、郁山擀酥饼

“食尽江南珍馐味，始知郁镇有擀酥”。郁山擀酥王创始于清嘉庆元年（1796）。

郁山擀酥饼

郁山擀酥饼以工艺独特、取料考究精细，食用香、酥、甜、脆、爽而备受青睐。1990年，四川省国际食品展销会上被评为“优质擀酥”，收录在《彭水优质农副产品集锦》。郁山擀酥饼，味美纯真，源于清嘉庆年间（1796—1820），由“严富春斋”名师研制而成。其秘方留传两百多年。郁山擀酥饼，远近闻名，坐镇酉、秀、黔、石、彭等地区名特食品超市，远销北京、武汉、上海、福建、广东等地。采用独特传统工艺与精湛手工技艺制作的“擀酥王”系列，更是饼中一绝，属纯天然绿色优质食品。其特点：皮薄馅厚，酥沙松软，入口化渣，清香滋润。2004年10月，被中国第五届美食评为“名优产品”；2005年1月，被中国重庆名优农展会评为“最受消费者欢迎产品”。

擀酥饼材料为武陵山自产苗豆，配与精面、白糖、酥油、香油、瓜片、橘饼、核桃、蜂蜜、枣泥、桂花、果仁等。制作车间非常规范，每一个制作环节都十分讲究。制糖皮：用麦芽糖加适量水再和上面粉和猪油，以数十上百次的揉、搓、压、捏，直到面团表面变得光滑。把握好揉搓的力度、水的温度，使擀酥“外衣”的口感舒适。制酥：将精面粉蒸熟后晾干并碾碎、碾细，然后加入适量熟猪油用手揉搓均匀能成形、不黏手，糖皮和酥包裹在一起，有千层酥的感觉。制馅：选用主材料苗豆（巴山豆），混合花生、芝麻、冰糖等20余种材料按比例搭配，调和均匀。包心：将制作好的酥包进糖皮，再将包好酥的面皮擀制均匀，然后包馅。成形：将包好馅的面团放进模具成形、上色。叠麻：将压制成形的擀酥饼放进装满白芝麻的簸箕中，使其一面粘满白芝麻。烘烤：一口灶台上放着两口锅，用文火烧制擀酥饼的平底锅称为“地锅”，用猛火烧烫的倒挂的半圆形锅叫“天锅”，什么时候压天锅、什么时候将饼起锅，靠师傅经验操作。这道工序是制作擀酥的重中之重，火候的把握非常重要，未熟或者烤糊的饼子都不合格。质检：对出锅后的擀酥饼颜色、香味、手感进行质检，然后进行内包装和外包装。

擀酥饼属于热点心，食用擀酥饼最好烘烤加热，再以温开水或者热牛奶佐食。

郁山鸡豆花

六、郁山鸡豆花

郁山鸡豆花相传为唐代废太子李承乾流放黔州（后为郁山）时，当地少女可心做成的一道佳肴。郁山鸡豆花松、软、泡，呈乳白色，细嫩有光泽，微见有金黄色鸡汤渗出，神似豆花，香气逼人，入口鲜、爽、嫩、滑，回味悠长，成为宴席珍品。由于郁山鸡豆花的味道特别，制作技艺特殊，深得远近客人喜爱。

郁山鸡豆花名为豆花，确不用豆类。主要原料为土鸡胸脯肉，精白红薯粉、土鸡蛋。取土鸡胸脯肉捣碎成浆，加入蛋清、精红薯粉及辅料调匀。配料和调制过程由师傅凭经验操作，鸡豆花的成色、口感全在这道工序。然后将调制好的半成品倒入盛入鸡汤的锅内文火煮熟，即上桌食用。

七、荞面豆花

荞面豆花

荞面豆花原为乡间待客食物，改革开放后，人们生活水平提高，吃腻了大鱼大肉，荞面豆花就进入县城成为一项特色小吃，改变着人们的口味。一碗荞面豆花，清清爽爽，香气四溢。白似凝脂的豆花间，荞面丝蜿蜒其间，状若游龙。食之有健身美容的功效。

荞面豆花主要原料为花荞面粉、黄豆磨制的豆花。将花荞磨面去壳去麸，筛出精细面粉。加水和面、擀面，切成细丝，一旁将细块的豆花在窖水（豆花的养水）中备用。调料为糊辣壳海椒、芝麻粉、炸黄豆、葱花、蒜泥、姜水、精盐、味精。将荞面丝下锅煮熟。一勺鲜豆花、一瓢窖水，加上煮熟的荞面丝盛上一碗。由客人凭各自口味自行调配佐料。吃上一碗，一爽、二饱、三解渴。

八、郁山三香

郁山三香

三香，俗名包圆。三香、烧白、酢扣为宴桌上三道主菜。一盘三香，色黄如金，晶莹油亮，碎肉咋然可见，香气浓烈，绵韧滑腻，味丰可口，质感纯厚。郁山三香以制作精细、色香味俱佳成上品。

真正的郁山三香，用半肥瘦新鲜猪肉、土鸡蛋、爆米花，玉米（红薯）淀粉为主料。将猪肉去皮切成条状，加入适量淀粉和爆米花，后加入土鸡蛋调合成糊状再加入适量精盐、花椒、大蒜、生姜等调料。调味配料特别讲究。拌合均匀装袋成条状，上笼猛火一次性蒸熟，其中各道程序都各有讲究。装盘时将制作好的干豇豆、油炸豆腐条、白菜丝、胡萝卜丝装盘作底子，将蒸熟的三香切成圆片，梅花状16片或20片装入盘中。好吃好看，为食客极佳的享受。

九、郁山烧白

郁山烧白以香、鲜、软、嫩、糯著称，享誉四方，是郁山的一道名菜。小小碗中肉，内有大文章。郁山因盐而兴，千百年来这里巨商富贾南来北往，停马歇轿，要吃要喝。各种小吃、菜系综合各地口味，应运而生。郁山烧白一经出现，就以独特魅力传承下来。

郁山烧白

郁山烧白制作程序讲究，各道工序一丝不苟。选材：新鲜三线猪肉。去汗沥水：烧去猪肉汗皮，洗净沥干。打汁上色：即用醪糟糊子涂抹猪皮，晾干。过油：锅中用猪油或菜油，加热烧沸，将三线猪肉肉皮向下入锅，直至猪肉皮变为暗红色捞起，入水至其软化，切片备用。制作底子：用当地制作的萝卜腌菜配以适当比例的酢海椒。装碗上笼：将猪肉片16片或20片码齐放入扣碗内，肉皮贴碗下，把适量底子倒入碗中，淋上用盐、姜、蒜、味精、花椒粉调配的汁水，最后将一碗碗放入蒸笼，大火蒸熟。上席时将蒸熟的烧白，反扣入盘中。这样一盘香气四溢的烧白，让你口味大开，欲罢不能。

十、嘟卷子

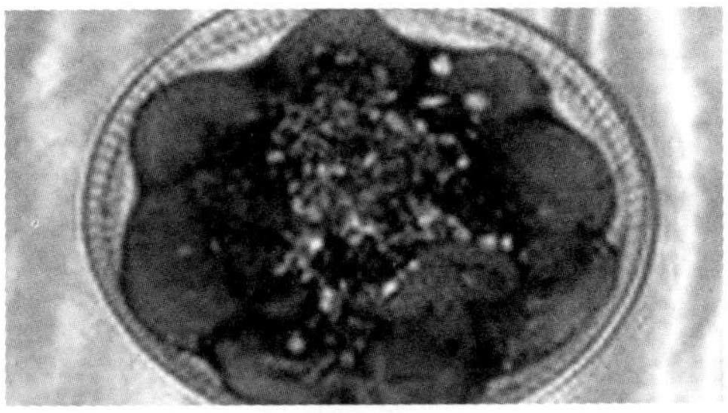

嘟卷子

嘟卷子是彭水一种最具特色的小吃，尤为女性喜爱。其色晶莹剔透，其香馥郁醇厚，其味软糯滋润；观之垂涎欲滴，食之满口生津。

嘟卷子取材于山中野生蕨类植物——蕨菜之根，即蕨根。《本草纲目》载“蕨根祛热解毒，利尿，令人睡，补五脏不足”。每年8、9月，人们将蕨根采挖，取其丰富的淀粉（嘟粑粉），晒干备用。食用时将嘟粑粉稀释，在锅中烙成块状，冷却后切成条状上笼蒸熟。再将蒸后的嘟卷切成小段，装入碟中，浇上酱油、麦醋、芝麻、香油、蒜泥、姜汁、葱花、味精、油辣子、胡椒粉等佐料。一份香气四溢的嘟卷子即可上桌。市面上也有用红薯淀粉替代嘟粑粉做成的嘟卷子，食用亦可与嘟粑粉做的嘟卷子媲美。

第二章 开发和管理

第一节 设施建设

一、基础设施建设

渝怀铁路于2001年1月开工建设，彭水段全长71.104千米。渝湘高速公路于2004年12月开工建设，彭水段全长65千米。黔彭路“三改二”完工，已投入使用。2001年，县林业局争取到茂云山国债旅游资金1400万元，对张家坝到林场场部22.3千米公路进行改造；投入神龙谷进场路建设资金130万元；保家莲碧度假村水、电、路建设200万元；鞍子苗族风情园建设项目于2003年开始建设，至2004年7月完成农网改造、公路建设、饮水工程、项目设计规划等前期工作，完成投资240万元；城周旅游公路建设50万元；三江口旅游公路建设200万元。2000—2005年，共投入景区基础设施建设资金2220万元。2005年年底，全县有国家森林公园1处，县级风景名胜区1处，可初步接待游客的景区（点）5处。二星级宾馆2家，定点旅游宾馆3家，近500个床位；旅游度假村3家，农家乐50余家；旅行社门市部两家；旅游商品生产企业13家；旅游出租车公司3家，出租车80余台。

二、开发实体

彭水龙泉旅游开发有限公司　1999年9月组建，股东4人，注册资金30万元，经营狗儿泉景区及龙泉洞开发。12月26日，龙泉洞开业。2000年6月6日，山洪冲坏龙泉洞前319线公路，公司房屋拆迁，公司因而停业。

华泰假日旅游有限公司（旅行社）　2001年5月，由重庆沙坪坝客运集团组建，注册资金35万元，负责组团、客运服务。

茂云山国家森林公园有限责任公司　公司组建于2001年9月，主要负责森林公园景区道路筹融资及建设管理工作。

重庆震川旅游开发有限公司　2002年1月30日，广东申能电力技术有限公司在彭水注册成立重庆震川旅游开发有限公司，负责神龙谷和乌江流域彭水段江面旅游项目开发。

彭水自治县乌江画廊旅游有限责任公司　2002年10月30日，县旅游局组建乌江画廊旅游有限责任公司，股东5人，注册资金45万元。经营范围：旅游景区（点）规划，旅游商品开发、销售，游行社业务等。2003年，公司挂牌和重庆招商国际旅行社彭水营业部庆典同时举行。

重庆华丰旅游开发有限公司　2005年5月组建，负责长溪河旅游资源开发。

重庆市彭水名扬旅行社有限责任公司　2005年组建，是县内第一家具有独立资质的旅行社。

酒店　全县二星级酒店2个：紫藤大酒店客房37间，床位50个，从业人员14人；彭水宾馆客房78间，床位110张，从业人员63人。

第二节 规划和营销

一、产业规划

1998 年，县委、县人民政府确定把旅游业作为县域经济六大支柱产业之一培育发展。2000 年，建立招商引资项目库，在全面开放农业、商贸、工业开发的同时，突出旅游业的实施引资开发。2001 年 5 月，经县人大通过的全县“十五”计划，明确提出彭水社会经济发展的战略构架为：建立“三基地、一中心、一枢纽”。即绿色农业基地、洁净能源基地、旅游休闲基地，商贸流通中心，渝东南交通枢纽。10 月，市旅游局批准《彭水旅游业发展规划（2000—2015）》。2003 年，县级风景名胜区范围划定为：乌江沿线从高谷门闩峡起，上至鹿角庞滩峡，干流长约 60 千米，宽 10 千米，汉葭镇境内的金龙山、九曲河、芦渡湖、白杨村、云顶寺、插旗山、洗脚溪、白云片区。一级支流长溪河从乌江汇流处上行至朗溪周子沱，长 15 千米，宽 1 千米，包括万足古镇、鞍子苗族风情村、龙门峡、神龙谷景区等。一级支流郁江从白鹤滩至连湖飞水峡 70 千米，包括县坝温泉、莲碧度假村、保家现代农业观光园、老营顶桃花园、三江口、摩云书院、开元寺、黄庭坚衣冠冢、郁山古盐井、龙门峡、飞水峡、白龙飞瀑等景点景区。风景名胜区总面积 210 平方千米。其中，乌江沿线 60 平方千米，汉葭镇 20 平方千米，龙门峡景区 10 平方千米，神龙谷景区 40 平方千米，郁江 70 平方千米。2005 年，《彭水苗族土家族自治县旅游业发展规划纲要（2005—2020）》编制完成。县委、县人民政府作出关于加快旅游业发展的决定：彭水旅游突出“三大品牌”（自然风光生态旅游、民风民俗风情旅游、历史文化人文旅游），打造十大精品（乌江画廊、长溪河峡谷风光、鞍子苗寨风情、县城黔中古文化、郁山盐丹文化、神农谷地下迷宫、茂云山国家森林公园、摩围山佛教文化、七耀山原始森林、小厂石林奇观）。近期目标：2005—2007 年，加快长溪河旅游景区建设步伐，力争 2006 年“五一”黄金周开游。打造“乌江画廊”品牌，加快鞍子苗寨建设，挖掘、整理、包装盐丹文化。实现创建“重庆市旅游休闲基地”的目标，建成全市旅游强县。中期目标：2008—2015 年，长溪河大峡谷景区达到国家 AAAA 级景区标准。“乌江画廊”景区成为国内外著名的黄金旅游品牌和重要的旅游目的地。把彭水建设成为全国重要的旅游目的地和客源地，建成全国优秀旅游城市。远期目标：2016—2020 年，形成完备的旅游产业体系，旅游业成为国民经济的重要支柱产业。彭水跻身于全国旅游强县行业。把彭水建设成为亚洲乃至世界知名的旅游黄金线和旅游目的地。

二、宣传营销

2000 年 4 月，县旅游局参加原黔江开发区旅游局在涪陵区举办的“走进黔江”旅游产品推介会，推出彭水部分旅游产品及路线。6 月，参加在重庆举办的“一会一节”活动。9 月 20 日，在重庆举行茂云山森林公园开园新闻发布会。国庆前夕，在重庆开展“彭水处女游”主题宣传活动，制作广告牌、《旅游彭水》宣传画册，在《重庆晚报》《重庆晨报》打广告，推出彭水旅游产品。邀请《重庆日报》《国家公务员报》《重庆经济报》等各类报纸杂志记者，采访报道彭水旅游工作。在县内组织老年腰鼓队上街宣传。在县电视台进行为期 10 天的文字广告宣传。2001 年，组织茂云山森林公园、千禧龙、田园、种子公司、彭水宾馆等几家涉及旅游项目的企业，在重庆电视台气象服务栏目滚动播出电视广告。2002 年 4 月，聘请重庆电视台《走进生活》栏目组 5 人，对彭水景区进行实地拍摄。9 月 4 日至 8 日，在重庆市第三届旅游交易会上，展示郁山晶丝苕粉、郁山擀酥、鲊海椒等旅游商品。2003 年，邀请重庆电视台、重庆日报社到彭水采风，拍摄旅游宣传专题片《千里乌江行》，重点推出乌江画廊、鞍子苗寨、万足古场镇等。2005 年 5 月。组织长溪河旅游资源摄影展。11 月，开展名特餐饮和地方风味小吃评选活动，开展“名特餐饮和地方风味小吃”展销会，推介宣传地方土特产品——郁山晶丝苕粉、擀酥饼、彭水独龙王蛇酒、青平毛峰茶叶、黄家大脚菌、鹿角五蛇酒。

第三节　管　理

一、管理机构

1993年，组建县旅游局，与县国土局实行一套班子，两块牌子。1999年3月29日，县编委批复成立彭水自治县旅游事业管理局（二级局），归口县计委，核定编制12人，内设机构5个，即秘书股（含财务管理）、规划统计股、市场开发股、行业管理股、综合业务股。挂靠县建委内，无编制人员在岗。2000年，县旅游局人员在岗人员5人。2001年11月8日，县委决定设置彭水自治县旅游局（简称县旅游局），将原县旅游事业管理局（二级局）提升为一级局，为县人民政府直属事业单位。内设机构减为4个，即综合科、规划财务科、行业管理科、市场开发科。其行政和行业管理职能为：编制全县主管部门旅游发展的中长期规划和年度发展规划并组织实施；对全县旅游发展进行综合平衡和宏观调控；组织对全县旅游资源的普查指导和旅游景点的开发建设和直接管理；起草制定全县旅游工作的各项规章、制度、决定，组织实施行业标准和规范；归口管理全县旅游涉外事务，维护景区秩序，维护旅游者的合法权益；管理和正确使用旅游发展基金等。2005年5月，实行公务员管理制度，县推行公务员管理制度办公室规定县旅游局领导职位正局级1个、副局级2个，综合科、文秘、工勤岗位职位各1个，规划、行业管理、行业评审、市场开发科职位各1个。编制10人，在岗人员9人。

二、市场整治

2001年10月20日，县人民政府发出《关于整顿旅游景区（点）秩序的通知》，对旅游景区进行综合整治。整治内容：严厉打击哄抬物价，坑害、欺诈消费者的违法行为。整治旅游景区（点）公共环境卫生、交通秩序、从业人员服务质量、封建迷信活动。做到旅游购物、消费无宰客，旅游经营无黑社，交通无重大责任事故，“农家乐”经营规范化。整治重点：解决景区（点）脏、乱、差问题，建设一批质量达标的旅游厕所，完善景区排污设施。查处非法经营旅行社业务。景区商品市场，实行明码标价。严厉打击黑恶势力，防止偷盗、扒窃案件发生。整治景区容易发生事故的危岩、堡坎，危险路段和漂流水域。对应设防护栏、防护网的路段，必须设施到位。全面清理“农家乐”。查处虚假广告。打击未经许可擅自从事旅游客运的“黑车”。严禁旅行社租用非旅游定点车辆，从事旅游接待工作。责任分工：县旅游局负责环境卫生、修建厕所、规范旅游商品摊位、景区安全防护工作。设立投诉电话，及时处理投诉事件。公安局负责景区社会治安综合治理工作，确保报警方便，出警及时。交通局负责景区车船单位安全工作，确保道路畅通。工商局负责打击欺行霸市、哄抬物价、坑害游者，无照经营等违法行为。质监局负责打击假冒伪劣商品，娱乐设施的质量检查。卫生局负责对旅游从业人员的健康检查及卫生知识培训。2002年4月26日，县人民政府办公室印发《彭水苗族土家族自治县整顿和规范旅游市场秩序实施方案》。6月，县旅游局会同公安、消防、工商、卫生、交通、技监等部门对全县旅游市场进行综合整治。2005年，县旅游局制定旅游“黄金周”工作预案，通过党政平台、县电视台、《武陵都市报》发布，并向景区宾馆酒店公布值班电话，正确处理突发事件。

三、安全管理

2001年8月，县旅游局与旅游企业签订安全目标责任书。完善安全工作预案，落实节假日值班人员。县旅游局在公安局、安办、消防大队配合下，定期对宾馆、旅游企业、景区、景点进行安全检查，查出的问题，限期整改。2002 年 5—9 月，对各景区（点）开展规范化治理，颁发“旅游业务许可证”。2003 年春，县旅游局深入企业，对旅游宾馆酒店、景区进行安全检查，对旅游密集场所消防通道进行专项治理。“非典”流行期间，县旅游局和旅游企业员工 24 小时值班防守。2005 年 4 月，开展安全生产宣传月活动。6 月 22 日，在彭水宾馆进行消防演练，并从 7 月起开展消防百日会战。2000—2005 年，未发生旅游安全事故。

四、行业管理

2000 年起，县旅游局着重职工的业务培训，并派出职工骨干参加重庆市星级检查员培训。2002 年 6 月，县旅游局组织各宾馆开展统计工作培训，帮助企业分析目标客源市场。2004 年，组建风景名胜资源普查办公室，抽调相关人员对全县风景名胜旅游资源进行全面普查。积极申报和提高对世界级、国家级的自然、历史、人文旅游资源保护等级，防止单纯追求经济效益的过度开发、破坏性开发、低水平和庸俗化开发。推进景区景点开发建设，发展旅游商品生产。开展做好创建“中国优秀旅游城区”的相关工作，努力升级达标。注重培养和引进复合型应用人才、高级管理人才、市场促销人才及导游人才。2005 年，组织专业人员深入宾馆旅店，对其经营和服务进行指导，开展技能培训。4 月，根据紫藤大酒店申请，县旅游饭店星级评审委员会经过初评、复评，授予紫藤大酒店二星级旅游饭店称号。

第十四篇　农　业

彭水自治县在完善和稳定农业生产责任制基础上，调整产业结构，退耕还林，加大经济作物面积，发展畜牧生产，发展专业户和经济联合体，逐步实现公司加农户等多种经营模式。1986年，农林牧渔业产值28010万元（1990年不变价），2005年实现农林牧渔业产值149855万元，粮食总产量303199吨，农民人均纯收入2125元。

第一章　机构设置

第一节　综合管理机构

1954年，建立中共彭水县委农村工作部，为彭水县最早的农业综合管理部门。1967年1月，无农业综合管理机构。1972年，建立彭水县革命委员会农村工作部，1973年7月，恢复中共彭水县委农村工作部。1981年2月，成立彭水县人民政府农林办公室，与县委农村工作部实行一套班子、两块牌子的办公模式。1983年年初，建立彭水县农业财贸办公室。11月，县级机关机构改革，撤销中共彭水县委农村工作部，将彭水县人民政府农林办公室与彭水县农业财贸办公室合并成立彭水县人民政府农业财贸办公室。1984年3月，撤销彭水县人民政府农业财贸办公室，恢复彭水县人民政府农林办公室，同时建立中共彭水县委农林办公室政治部，形成与彭水县人民政府农林办公室两个机构、两块牌子、一套班子的管理模式。同年11月，彭水县人民政府农林办公室更名为彭水自治县农林办公室。1986年5月，中共彭水自治县委农林办公室政治部更名为中共彭水自治县农林办公室政治部。1993年1月，成立彭水自治县烟叶生产办公室，为县人民政府直属局级行政单位。同年3月，成立彭水自治县晶丝苕粉开发管理办公室，为县人民政府局级行政部门。2000年1月，彭水自治县晶丝苕粉开发管理办公室更名为彭水自治县食品管理办公室。同年8月，撤销彭水自治县农林办公室、彭水自治县农林办公室政治部、彭水自治县食品管理办公室、彭水自治县烟叶办公室，组建彭水自治县农村工作办公室。

第二节　工作机构

农业局　1949年12月，彭水县人民政府接管原国民党政府建设科，并于1950年4月建政时正式成立彭水县人民政府建设科，为彭水县人民政府最早主管农业的工作机构，主管全县农业、林业、水利水电、交通运输、气候测量、邮政通信等工作。1955年10月，邮电通信、交通运输等业务先后从建设科中独立出来，随之成立彭水县人民政府农业科，为农业专门工作机构。之后，先后历经农林水利科、农业水利科等机构撤并和名称变更。1967年1月，县农业科由中国人民解放军彭水县人民武装部生产指挥部下设的农林组和彭水县革命委员会下设的农林组代行其职能。1970年10月，成立彭水县农业局，并从11月启用“四川省彭水县农业局”印章。1984年11月改称为彭水自治县农业局（简称县农业局）。内设工作股室有秘书股、财会股和种子管理站、农业科技教育站、农业技术推广站、植物保护检疫站、土肥站、会计辅导站、多种经营站等。2001年8月，全县党政机关机构改革，县农业局予以保留，并将撤销的县乡镇企业管理局并入县农业局，加挂县乡镇企业管理局的牌子。同时撤销原内设工作股室，重新设立政工人事科、粮经作物科、农业区划与农村生态能源科、水产渔政

科、科技教育科、农村经济体制与经营管理科、乡镇企业管理科等 7 个科。对部分职能事业站业务相近的进行整合，设立种子管理站、农业科技教育站、土壤肥料站（2004 年成立农业环境监测站，与之合署办公）、农机推广站、植物保护检疫站等事业单位。2004 年 9 月，县乡镇企业管理局从县农业局划出，其内设机构乡镇企业管理科也相应撤销。2005 年 3 月，县农业局行政人员编制 10 名、工勤人员 3 名。内设科室由 7 个调整为 4 个，即综合科、发展规划科（将原粮经作物科、水产渔政管理科、农业区划和农村生态科的部分职能划入）、政策法规科（划入农村经济体制与经营管理科的大部分职责）、科技教育科。同年 4 月，对县农业局下属事业单位进行调整，共设 6 个事业单位，即农业技术推广站、农业经济统计与经营管理站、植物保护检疫站、农村生态能源与农产品质量安全监测站、种子管理站、农业综合行政执法大队。

农业机械管理局　1958 年，成立彭水县最早的农业机械管理机构——彭水县农具改良办公室，为县人民委员会办事机构，办公地点设在县工交科内。是年 6 月，成立彭水县人委农具改革委员会，办公地点设在汉葭镇张家祠堂（电力公司地址）。1959 年 8 月，成立彭水县人民委员会农业机械科，彭水县机械厂、农具厂划归农业机械科领导。1960 年 1 月，彭水县农业机械科更名为彭水县农业机械局，下设秘书股、生产技术股、业务供销股和技术推广股。1962 年 5 月，撤销彭水县农业机械局，其职能职责分别移交给县工业交通科和县手管局。同年 10 月，成立彭水县农机管理站，代行原农机局部分农机管理职能，地址在汉葭镇沙沱，隶属县工业交通科，属全民所有制事业单位。1963 年 12 月，彭水县农机管理站改属彭水县水利电力局，对内为农机股，对外仍为彭水县农机管理站。1968 年 4 月，成立彭水县农业机械领导小组，设办公室在县人委工业交通办公室。1969 年 3 月，成立彭水县农业机械管理站革命委员会。1970 年 10 月，恢复成立彭水县农业机械局，为县革委的职能部门，归口县工交部管理。内设机构有秘书组、财务组、生产组、推广使用组。1973 年 11 月 24 日，成立彭水县农机研究所，属县农机局领导下的全民所有制事业单位，有职工 3 人。1978 年 4 月，彭水县农业机械领导小组下设办公室在县农业机械局，办公室为局级单位，直接归口县革委会计划委员会领导。1981 年 9 月，内设机构改组为股，重新设立秘书股、计财股、生产技术股、安全股、管理股。1983 年 11 月，彭水县农业机械局改称彭水县农业机械管理服务公司。1984 年 1 月，改称彭水县农业机械管理局，加挂彭水县农机服务公司牌子，实行一套班子、两块牌子的管理模式，并增设内设机构保卫股，与安全股合并办公。1984 年 11 月，改称彭水自治县农业机械管理局，并将安全股改称为彭水自治县农机监理站。1986 年 3 月，成立彭水自治县机械工业局，为县人民政府的职能部门，与县农业机械管理局实行一套班子三块牌子的管理模式。2001 年 8 月，撤销县农业机械管理局，并入新组建的彭水自治县水利农机局。

农业综合开发办公室　1999 年 3 月，撤销设在县财政局内的农业发展资金领导小组办公室，将原农业局土肥站改田改土部分业务析出，成立彭水自治县农业综合开发办公室，为县人民政府主管全县农业综合开发的局级职能部门，内设综合股（含秘书、政工）、项目管理股，办公地点在县人民政府大楼 6 楼，后迁至两江桥政府机关办公楼。2001 年 8 月，核定事业人员编制 5 名。2005 年 9 月，县农业综合开发办公室实行公务员制度管理。

第三节　基层服务机构

区农机管理站　1962 年 10 月，组建彭水县 7 个国营抽水机站，归属乡农业机械管理站。1963 年底，县农业机械管理站及各抽水站划归县水利电力局管理，各站改为企事业联营机构。1964 年 10 月，在郁山区、保家区建立县农业机械管理站郁山区分站、保家区分站。1967 年，将保家区农机修配供应站的柴油机、机电排灌、水轮泵和其他加工维修设备、人员，全部下放到保家区大河公社，组建彭水县第一个公社农机站。接着在桑柘区新田公社进行公社农机管理站试点的基础上，全县普遍建立公社农机管理站。1970 年年底，县农机管理站及分站撤销，人员划归县农业机械局管理。1972 年，先后建立汉葭区、高谷区、桑柘区、鹿角区、黄家坝区、普子区、郁山区、保家区农业机械管理站。

农业服务中心　从 1984 年开始，陆续在乡建立农村科技网，设立乡农技咨询服务站，第一批建立的有城郊、靛水、下岩西、岩东、高谷、下塘、鹿鸣、合理、平安、龙射、普子、棣棠、太原、砂石、连湖、联合、芦塘、三连、清平、走马、龙溪、朱砂、迁乔、乔梓、大河坝、凤鸣、长滩、新田、新场、桑柘、诸佛、桐楼、珍加、梅子垭、鞍子、新化、善感、双龙、大园、万足、朗溪、上岩西、猴栗、润溪、龙洋、大垭等 46 个公社（乡）。1987 年 12 月，建立县农业实用技术推广服务体系领导小组。次年 4 月和 9 月，桑柘区和新场乡率先成立农业技术服务站。区、乡农业技术服务站，属集体性质，民办公助，自负盈亏。至1991年，各区以及岩东等20个乡相继成立农业技术推广服务站。2002 年年底，有县级农技推广服务机构 1 个、乡镇（包括农技、农经、农机、水利）农业综合服务中心 39 个。到 2004 年，分别下设农业服务中心 22 个、农技站 22 个、农经站 39 个、水产站 11 个、畜牧兽医站 39 个、林业站 39 个。

第二章 农村经济体制改革

第一节 家庭联产承包责任制

一、家庭联产承包责任制的出现

1978年12月，党的十一届三中全会提出国家经济“调整、改革、整顿、提高”的总方针，农业经济体制改革内容主要包括：改革生产经营管理体制，推行家庭联产承包责任制，显著增加农业投资，较大幅度提高农副产品收购价格，压缩平价收购农副产品的品种和数量等。

在推行“包产到户”和“包干到户”等生产责任制形式基础上，逐步推行家庭联产承包责任制。所谓“包产到户”，就是将集体的土地分别承包到农民家庭，变集体统一组织劳动和集中管理为由农户分别承担不同地块的劳动和管理。但是，整个生产的经济核算和收益分配仍然由集体组织统一进行。“包干到户”就是农户对承包土地上的产出，不必再交由集体组织去搞统一核算和统一分配，而是直接承担起每份承包土地应向国家交纳的税收和收购任务，并向集体组织交纳土地的承包费，即管理费或各种提留。“包干到户”没有改变农村土地集体所有的性质，但破除在农业生产中滋生平均主义“大锅饭”的集体劳动、统一核算和统一分配体制。

彭水地区一些边远山区生产队在改革之初，没有经过公社的允许，就自发地悄悄把土地分给农户，分户种植管理。太原公社官庄大队杉树林生产队有25户88人，1977年人均产粮不足300千克，1978年，队长张晏泉一户一户单独征求意见，最后集中统一意见，土地按类型照人口悄悄划分，耕牛农具分到户管理使用，国家公粮统购任务统一交付，对外绝对保守秘密。至年底，共产粮6万多千克，人平近700千克。同样，桑柘、鹿角、棣棠、龙射等公社的较偏远生产队瞒着政府，也悄悄把土地分到户生产。1980年9月，中央召开省、市、区党委书记座谈会，专题讨论农业生产责任制问题，认为包产到户依存于社会主义经济，而不是脱离社会主义轨道，主张除深山孤门独户、特别困难地区外，一般地区已经实行包产到户的，如果群众不要求改变的，允许继续实行。是年，彭水县在上岩西公社进行农业生产责任制试点，取得成效，之后在全县全面推行农业生产家庭联产承包经营责任制。

二、第一轮土地承包经营

1979年春耕时节，彭水县部分地方就出现不同程度的分作业组联产计酬，季节性、临时性小段包工和定额记劳动工分等生产形式，当年粮食大增产，达到17094万千克。1980年，实行统一管理、分组作业联产计酬、临时分组作业和包产、包工、包干等多种形式并存的生产模式。全县3327个生产队中，有2800个分组作业联产计酬、1021个统一作业、417个临时分组作业和小段包工定额记工分、135个包产到户、64个大包干。

1980年9月27日，中共中央印发《关于进一步加强和完善农业生产责任制的几个问题》。

1981 年，县委发出《进一步加强和完善农业生产责任制的紧急通知》，在保持之前建立起来的各种生产责任制不变的基础上，对桑柘公社龙塘大队进行生产责任制试点。首先圈划“三地”（基本口粮、经济作物和经济林木地），然后按“肥瘦分类，就近圈划，尽量成片集中，方便管理，有利生产”的原则划分责任地块。划分时不得打破队与队之间的界线，不得“以老业为界”“以土改为界”；对现役军人、大中专毕业生、在职和退休国家干部、职工、教师，以及服刑在押犯人一律不划责任地。社员对责任地只有使用权，没有支配权，可以换工协作，但不准买卖、出租、转让、丢荒，不得抵制国家按法定程序进行征用和生产队在必要时进行的调整。责任地划定后几年内保持稳定，以后除每年秋收后对当年发生的生死嫁娶、参军入伍、迁出迁入等人员增减作相应的抽补外，一律不再进行大的调整。至年底，4552 个生产队有 4407 个包干到户、131 个包产到户、5 个专业承包、9 个包产到组，分别占生产队总数的 96.81%、2.88%、0.11%、0.20%。当年粮食产量 15635 千克、多种经营收入 1165 万元，分别比上年增加 12.80%、34.06%。1982 年，全县圈划落实基本粮地 32666.67 多公顷、经济作物地 5933.33 公顷、经济林木地 6533.33 公顷，分别占总耕地的 63.6%、11.6%、12.7%。同时，还圈划饲料地、机动地、自留地等耕地 48333.33 公顷联产承包给 14.77 万户农户经营，并签订农业生产承包合同，实现“交足国家的、保证集体的，剩下属于农户自己的”分配形式。

1984 年 1 月，中共中央《关于 1984 年农村工作的通知》规定，将土地承包期延长到 15 年以上，生产周期长的开发性项目，如果树、荒山、荒地等，承包期更长一些。1986 年，农业生产责任制实行统分结合的双层经营机制。1987 年，对“农转非”人员，在他们就业前，允许继续保留原有承包的土地、山林、果园、水面等生产资料经营，有条件的允许参与其他各种联产承包经营。之后，农村家庭联产承包经营责任制保持基本稳定，承包经营制度进一步完善，承包范围逐渐向林业、牧业、渔业、各种副业、乡镇企业发展。

第二节　土地承包及流转

一、第二轮土地承包经营

1995 年起，第一轮土地承包合同陆续到期，部分区、乡（镇）根据 1993 年中共中央、国务院《关于当前农业和农村经济发展的若干政策措施》“在原定的耕地承包合同到期后，再延长 30 年不变”的规定，开始启动第二轮土地承包。1997 年，成立彭水自治县农业承包合同管理仲裁委员会，以解决农村有关土地承包后产生的各种纠纷和矛盾，维护农业生产土地承包合同双方当事人的合法权益。1998 年，成立农业土地承包合同管理委员会，区乡镇分别成立农村土地承包合同管理领导小组，村民委员会成立农村土地承包宣传指导小组，为农村第二轮土地承包合同领导和工作机构。是年 6 月 22 日，全面启动第二轮土地延包工作，到 10 月底全面结束，144177 户 484207 农业人口承（延）包到土地 51563.47 公顷，分别占全县总户数、总农业人口、耕地总面积的 96.36%、89.83%、98.98%。承包土地小调整的村 187 个、村民小组 1122 个、农户 3561 户，分别占村、组、户总数的 29.26%、24.00%、3.14%。调整土地 1256.67 公顷，占耕地总面积的 2.38%。共签订农用土地承包合同 14.8 万份，占全县农户总数的 99.3%。

2004 年，各乡镇对农户二轮土地承包以来的少数遗留问题进行处理和完善，对承包的土地再次进行核对审定。全县 39 个乡镇 300 个村（居）民委员会 10.5 万土地承包经营户参与证书办理，核准发放、换发和补发农村土地承包合同 14.8 万份，发放农村土地承包经营权证书 10.5 万本，权证入户率达 100%。

二、土地承包使用权流转

1998 年第二轮土地承包后，农村产业结构悄然发生着变化。农民开始外出打工挣钱，部分土地由于地块分散、种植经济效益低，出现闲置。在农村二、三产业比较发达，农民收入比较稳定的公路沿线和乡镇所在地附近开始出现土地承包使用权流转的尝试，流转主体主要是农户。润溪乡、平安乡、鞍子乡、桑柘镇、黄家镇、太原乡等地的一些农户自发地通过互换、转让、转包、入股等多种形式进行土地流转经营。2001 年起，县农业局农经站就开始引导农民小范围进行土地流转，将承包的责任地向种植能手集中，转移农业开发项目，办理土地流转登记。

2002 年，土地流转工作在全县 39 个乡镇不同程度展开，流转受让方由单纯的农户扩大到各种专业户、农业企业、工商企业、科研机构、机关事业单位和科技推广人员、城镇待业人员、复退军人、大学生村干部、再就业人员等，流转地域由乡镇附近、公路沿线向周边延伸，农业生产逐渐专业化、规模化。到年底，共流转土地 2200 公顷，其中转包 666.67 公顷、转让 266.67 公顷、互换 400 公顷、出租 333.33 公顷、入股等其他形式 533.33 公顷。至 2005 年，土地流转面积逐年扩大，流转程序也逐步完善。

第三节 减轻农民负担

1953 年，彭水县人民政府建设科根据中共中央《关于农业生产互助合作的决议》，规定农民承担的公积金、公益金和管理费等三项提留要上交到合作社，用于发展生产和合作社内管理之用。1958 年人民公社化后至 1963 年，实行三级所有，队为基础，农民承担的“三提留”由生产队按比例提取。到 20 世纪 80 年代，各种提留、费用名目多达十多个项目，均由生产小队从账上提取。1981 年，农村落实农业生产责任制后，农民的收入分配，实行“交足国家的（公粮，即农业税），交足集体的（各项提留、费用），剩下全是自己的”方法安排。农民承担的有县级提取的育林基金等，乡级提取的防疫费、广播费、电影费、报刊费等，村组提取的大小队干部误工补助、公积金、公益金、管理费、民办教师补助费等。一些部门也下文件向农民收取各种民办公助事业费，有的区乡在上述项目后还增加不少项目。

1992 年，全县正式执行国务院 1991 年发布的《农民承担费用和劳务管理的通知》和《四川省农民负担管理条例》，确定农民的负担主要有：公积金、公益金、管理费（称“三提留”）和乡村两级办学经费、计划生育费、民兵训练费、民政优抚费、乡村道路修建费（称“五统筹”）等。以不超过上年农民人均纯收入的 5% 为标准，由农户按通知数量直接交到村或乡（多数地方是在交售统购粮结账时在乡财粮员处一并结清）。同时，每个农村劳动力每年还承担 5 ～ 10 个义务工日和 10 ～ 20 个积累工日，均以出工维修公路、抗洪抢险、维修校舍、修建公益事业项目等为主，不准强制以资抵劳。是年，全县农民负担总额 1070.46 万元，同比上年 1460.42 万元减少 389.96 万元，减少 26.70%；人均负担 20.60 元，同比上年人均减少 7.50 元，占上年人均纯收入 307 元的 6.7%。1993 年，全县农民负担总额为 1030 万元，比上年下降 40.46 万元。1994 年，农民负担下降到 811 万元，比上年减少 219 万元，人平减少 4.20 元。1995 年，全县向农民分摊负担总额 820.07 万元，占上年人均纯收入的 4.74%。1996 年，规定当年农民负担增加额人均不得超过上年负担的 3 元，在一定程度上控制农民负担乱立项目、乱增加数字的现象。但是，“三乱”现象又转向村组集体经济，尤其是乡村建房和教育乱收费、报刊征订乱摊派、村组招待费等，导致农民负担（社会负担）过重的问题依然存在。

1997 年，对各乡镇农村集体提留和统筹费指标统一实行“一个文件下达，统一票据，农经站统一管理”，禁止乱增项加码、收费打白条。当年，全县农民负担总额 1253.55 万元，人均 23.43 元，占上年人均纯收入的 2.64%。1998 年，农民负担按照人均公积金 0.50 元、公益金 0.25 元、管理费 0.50 元、教育费附加 0.75 元，计划生育、优抚、初级卫生、农村文化四项各 0.05 元，民兵训练、乡村公路、有线广播三项各 0.10 元的标准规定项目分摊。每个劳动力出义务工 5 天，积累工 10 天，不愿出劳的，每个劳动力交公路建勤费 5 元、植树造林费 4 元作抵。当年全县农民负担总额 1388.80 万元，人均 25.77 元，占上年农民人均纯收入 1035 元的 2.49%。之后，取消乡镇统筹费中的“文化费”“广播费”、农民以资代劳的“两工”费（义务工、积累工）。同时，对全县农民负担实行总额控制，定项限额，以 1997 年预算额为基数，严格把握村提留、乡统筹费的提取比例，实行一定三年不变。1999 年，全县农民负担总额为 1388.80 万元，占上年人均纯收入的 2.15%，人均减少负担 4.59 元。2000 年，全县农民税（农业税）外负担总额 1385.50 万元，人均 25.15 元，占上年人均纯收入的 2.06%。农民各种提留和统筹费预算额比 1997 年预算额基数减少 108.42 万元，减少 7.26%，低于 5% 的控制比例。

2001 年，按照中共中央、国务院《关于进行农村税费改革试点工作的通知》和中共重庆市委关于减轻农民负担的工作部署，全县开始农村税费改革试点，向农民发放农民负担监督卡，实行“三专”（专户、专账、专据）、“五个一”[一个文件下达缴费额度，一个渠道收费，一个部门管理，一支笔审签，一个漏斗出（支出）] 管理制度。规定项目为公积金、公益金、管理费、教育费附加、计划生育、优抚费、民兵训练费、乡村道路和初级卫生费。当年，全县农民负担总额 1388.8 万元，人均 25.04 元，占上年人均纯收入的 1.82%。

2003 年，根据重庆市《关于进一步深化农村税费改革试点工作的通知》文件精神，实行了“三取消、两调整、一改革”，即：取消乡镇统筹费、农村教育集资和专门向农民征收的行政事业性收费、政府性基金、集资；取消屠宰税，取消统一规定的劳动积累工和义务工；调整农业税（称公粮）和农业特产税政策；改革村提留款征收使用办法。严格村内“一事一议”制度和上限控制制度，每人每年筹资不得超过 15 元。

2005 年，根据《重庆市人民政府关于全部免除农业税的通告》精神，对从事农业生产的农民、农场职工、各类经济组织和个人全部免征农业税及其附加，全年减轻农民负担 1779.5 万元。同时，对农村义务教育阶段贫困学生实行“两免一补”（免课本费、杂费，补助寄宿生生活费），实行“一费制”，取消学校私自设立的插班课桌押金、住校费、校服费等。农村用电实行“同网同价制”，由县物价部门对农村电网改造后电价统一核定标准。杜绝农村报刊发行过程中层层摊派征订任务，变相增加农民负担的行为。按照当年种粮直补政策，对农民实际种粮面积每亩由财政补贴资金 9.30 元，全县补助农民种粮资金 586 万元，粮农人均减轻负担（获取收益）43.40 元，受益农户 14 万多户。

第三章　农业综合开发

第一节　农业经济结构调整

一、粮食生产

从1984年开始，在对粮食征购任务实行调减的同时，对粮食作物面积作相应的调整。1985年，粮食作物种植面积由上年79186.67公顷调整为72546.67公顷。粮食统购统销取消，实行合同定购和市场收购。20世纪90年代，粮食生产依靠杂交良种、科学种田，发展优势农产品，压缩种粮面积，提高产品数量和质量。2003—2005年，建成县级粮食示范片3个，种粮面积减少3.5%，产量增加0.8%，优质率提高13%，商品率提高12%。

二、经济作物

1984年，农村经济工作的重点是在完善和稳定农业生产责任制的基础上，调整产业结构，发展商品生产。实施退耕还林，增加经济作物面积，加大畜牧生产，发展专业户和新经济联合体。当年经济作物种植面积达到7153公顷，产量达到816.5万千克。1985年，贯彻中共中央、国务院“关于进一步活跃农村经济十项政策”，制定全县调整农业产业结构的三原则：因地制宜，突出重点产业，抓住拳头产品，发挥地域优势；充分考虑人力资源和技术经济条件；根据市场需求确定发展骨干商品，将农业经济定为立体经济。规划农村十大商品生产基地：即烤烟为重点的烟叶基地、油菜为主的食用植物油基地、柑橘为主的水果基地、苎麻为主的两麻基地、猪兔为主的养殖基地、桐棓为主的经济林木基地、魔芋为主的干鲜蔬菜基地，以茶叶、蚕桑为主的茶桑基地，以黄连为主的中药材基地、以竹木为主的用材林基地。取消棉花统购统销，实行合同定购和市场收购，计划经济开始向市场经济转轨。是年，经济作物种植面积由上年7153.33公顷调整为15193.34公顷。1990年，烤烟成为经济支柱产业，油菜、水果产量上升，苎麻、茶叶生产呈下滑趋势。

1992年，重点发展烤烟、油菜、水果、茶叶、苎麻等。至1999年，主要农产品生产向优势产区集中，形成农业区域分工。农产品加工由初级加工向高附加值精深加工转变，由资源型向资源节约型转变。

2001年，为“经济结构调整突破年”。兴办高规格烤烟示范片100个，建成“鲁花9号”优质花生基地133.33公顷、向日葵基地60公顷、反季节蔬菜基地10公顷、中药材基地166.67公顷、优质大豆基地33.33公顷、优质油菜基地4000公顷。蚕桑育苗340公顷，嫁接良桑62公顷，养蚕发展到5000余户，收蚕茧148吨。

2003—2005年，仍以烤烟、畜牧、蚕桑、林业为主要产业。

第二节 农田改造

一、耕地概况

彭水自治县境内耕地地形复杂，地块分散零碎，土壤含砾石量较高，面积随海拔的升高而递减。山高坡陡，加之农田破面水系治理工程不健全，雨水顺坡乱流，水土流失极为严重，致使土壤瘠薄，抗旱力弱，土壤肥力低下。随着时间的推移，土壤呈由中性土、微酸性土向酸性土转化趋势。耕地土壤有 6 个土类 16 个土属。1985 年，全国第二次土壤普查结果，当年实有耕地 52891 公顷，农业人口人均占有耕地面积 0.10 公顷。坡度 25 度以上的坡土占 48%，土层不足 30 厘米的薄土占 30%。1986 年，全县实有耕地面积 53256 公顷，为至 2005 年间最高。以后耕地面积呈下降趋势。2005 年最低，为 47775 公顷，是 1986 年的 89.71%。

1986—2005 年彭水自治县耕地情况表

表 14-1 单位：公顷

年度	耕地面积			农村人均经营面积
	合计	水田	旱地	
1986 年	53256	10403	42853	0.1
1987 年	53108	10362	42746	0.10
1988 年	53246	10360	42886	0.11
1989 年	53162	10325	42837	0.10
1990 年	53122	10337	42785	0.10
1991 年	53029	10296	42733	0.10
1992 年	52924	10301	42623	0.10
1993 年	52849	10161	42688	0.10
1994 年	52811	10163	42648	0.10
1995 年	52763	10190	42573	0.10
1996 年	52700	10181	42519	0.10
1997 年	53483	10176	42307	0.10
1998 年	52408	10177	42231	0.10
1999 年	52431	10177	42254	0.10
2000 年	51747	10148	41599	0.11
2001 年	51622	10147	41475	0.10
2002 年	50665	10123	40542	0.10
2003 年	49195	10063	39132	0.09
2004 年	47838	9949	37889	0.09
2005 年	47775	9940	37835	0.10

二、中低产田改造

20 世纪 60、70 年代，对基本农田的整理着重抓改田改土，坡土改梯土、薄土改厚土、有条件的梯土和平地改水田等。

1985 年后，在国家重点扶持下，先后在靛水、高谷、平安、善感、桑柘、双龙、龙溪、走马、迁乔、鹿箐、棣棠、太原、新场等乡实施以修机耕道为主、改造土地为辅的“以工代赈”改造中低产田项目。1986 年，全县动工改造田土大小工程 5674 处，改造低产田 13 公顷、低产土 228 公顷，薄土改厚土 100 公顷，恢复水毁农田 84 公顷。1989 年，黔江地区下达彭水“省农业发展专项资金改造中低产田土项目”，总投资 27.8 万元，在太原乡实施“坡土改梯土、薄土改厚土”工程，动用土石方 13.05 万立方米，用去人工 13 万个劳动日，改造面积 213.33 公顷。到 1990 年 3 月，全县完工改造田土工程 4497 处，改造低产田 275 公顷，土改田 45 公顷，坡土改梯土 667 公顷，薄土改厚土 1000 公顷，恢复水毁耕地 633 公顷。1991 年，彭水实施国家“川东农业综合开发项目”（简称“川东项目”）、“以粮代赈”“财政扶贫”中低产田土改造项目，提出“以冠子山为样板，重塑彭水形象”口号，成片成块进行山、水、田、林、路统一规划，集中综合治理。翌年，在走马、龙溪、珍加、诸佛等乡实施“川东项目”，国家投入 208.9 万元（其中县级财政配套投入 78.7 万元），部分资金用于改造下湿田 127 公顷、缺水田 518 公顷、土改田 175 公顷、坡改梯 165 公顷。同年，在平安、长滩等乡实施“以工代赈”工程项目，国家投入 77 万元，部分资金用于取石还土 1497 公顷、改造低产田 33 公顷、坡土改梯土 133 公顷、土改田 33 公顷。在双龙、长滩等乡实施“以粮代赈”项目，国家投入粮食 43.5 万千克（折款 48 万元），部分用于改造下湿田 100 公顷、缺水田 33 公顷、坡改梯 33 公顷。1994 年，在龙射、平安、新田、下塘片区实施“川东项目”“以工代赈”“以粮代赈” 3 个项目，坡改梯 813 公顷。至 1996 年，全县利用项目改造中低产田土 8340 公顷，其中“川东项目” 4966.67 公顷、“以工、粮代赈”项目 3373.33 公顷、带动面上改造中低产田土 2446.67 公顷，项目涉及 34 个乡 125 个村 896 个村民小组 24769 户 126207 人。

1997—1998 年，改造以保家片区为主，包括大河坝、羊头铺、清平等乡耕地 1533 公顷，涉及 8 个村（含农场、种蜂场）32 个村民小组 8213 户 31532 人。1999 年 11 月至 2000 年年底，集中改造清平、大河坝等 2 个乡坡改梯（土）686.67 公顷，涉及龙泉、四方、平天、大路、天星、水井、五四、保卫等 8 个村 45 个村民小组 2685 户 9500 人。2001 年 10 月至 12 月，在彭（水）石（柱）公路沿线雷公盖片区改造坡耕地 1000 公顷。2002 年 7 月至 2003 年 4 月，全面完工汉葭镇白云、和平片区，雷公盖片区，高谷镇陈家村片区的中低产田土改造 1133.33 公顷，涉及和平、白云、先锋、瓜子、平原、白插、何家、干洞、陈家等 9 个村 36 个村民小组 2955 户 10638 人。

2004 年至 2005 年 4 月，治理新田乡马蜂、新田等 2 个村的中低产田 766.67 公顷，涉及 15 个村民小组 1262 户农户。

第三节　农村劳动力转移

1999 年，对农村劳动力就业进行调整，实施农村劳动力转移培训阳光工程，提高农民的劳动技能，促进农村劳动力转移，仅春运期间向外输送农民工 1.99 万人次。之后，通过小城镇建设，来带动二、三产业发展，吸引农民向小城镇转移就业，拓宽农民收入渠道，外出务工人数逐年增加。2000 年 59788 人（其中重庆市外 40351 人），占当年乡村劳动力资源总数 300142 人的 19.92%。2001 年 61023 人（其中重庆市外 49695 人），占当年乡村劳动力资源总数 300561 人的 20.30%。2002 年 80911

人（其中重庆市外 68072 人），占当年乡村劳动力资源总数 315623 人的 25.64%。2003 年 87531 人（其中重庆市外 71039 人），占当年乡村劳动力资源总数 326057 人 26.85%。2004 年 102710 人（其中重庆市外 72171 人），首次突破十万人大关，占当年乡村劳动力资源总数 329659 人的 31.16%。2005 年 104059 人（其中重庆市外 75013 人），占当年乡村劳动力资源总数 32.75 万人的 31.77%，比 2000 年高 11.85%。

第四章　种植业

彭水的粮食作物主要分为谷类、豆类和薯类及杂粮。谷类作物有水稻、玉米、小麦；豆类作物有大豆、米豆、巴山豆、豌豆、胡豆、绿豆；薯类作物有红薯、马铃薯。1986—2005 年，全县粮食作物年种植面积在 63421 ~ 87919 公顷（含复种面积），粮食年总产量在 138897 ~ 300508 吨。粮食作物中水稻、玉米面积较大，小麦、豆类、杂粮面积相对较少。

第一节　粮食作物

一、水稻

水稻是彭水主要粮食作物之一，常年种植面积在9736 ~ 10359公顷，总产量在33039 ~ 70556吨。1986 年，种植水稻 10359 公顷，总产量 36011 吨，占主要粮食总产量的 22.75%。1988 年，种植水稻 10331 公顷，产水稻 35853 吨，同比上年增产 2074 吨。1992 年，由于出现前期低温、后期伏旱、肥料投入不足、病虫害严重等情况，种植水稻 10180 公顷，总产量 33039 吨，为 1986 年以来最低年产量，仅占全年主要粮食总产量的 16.48%。1999 年，栽种水稻 10133 公顷，产稻谷 70556 吨，为彭水 1986—2005 年间产稻最高纪录，比 1993 年增产 37517 吨，翻一番多。21 世纪初，全县水稻栽种面积、产量基本稳定，起伏不大。2004 年，在高谷镇庞溪沟村建水稻标准化栽培示范区，涉及 7 个村民小组、950 户农户，种植面积 66.67 公顷，收获稻谷 45 余吨。2005 年，全县水稻种植 9888 公顷、总产量 64745 吨，分别为 1986 年 95.45%、179.79%。

二、玉米

玉米是彭水主要粮食作物之一，常年种植面积在 19785 ~ 25338 公顷，产量在 41082 ~ 108030 吨。1986 年，全县种植玉米 21250 公顷，总产玉米 54916 吨，占当年主要粮食总产量的 34.69%。1987 年，种植 19909 公顷，产量 41082 吨，比上年同比减少 25.19%。1999 年，种植玉米 23533 公顷，产量 108030 吨，占当年主要粮食总产量的 41.27%，为彭水 1986—2005 年间玉米产量之最。21 世纪初，地膜玉米、肥球育苗移栽玉米技术和配用杂交良种大面积普及，产量逐年上升。2005 年，播种玉米 22259 公顷，产玉米 102150 吨，分别为 1986 年 104.75%、186.01%。

三、小麦

彭水种植小麦大多集中在沿江平坝地区，黄家、鹿角和一些高山地带种植较少。1986 年，全县种植小麦 8319 公顷，产量 14925 吨，占粮食总产量的 0.92%。1989 年，推广新品种“绵阳 15 号”“绵阳 16 号”等，共播种小麦 12293 公顷，产量 19034 吨。1991 年，实施四川省农业厅“小麦规范化栽培和病虫综合防治”项目计划，全县小麦产量达到 39393 吨，被四川省农业厅授予“丰收奖（三等）”。1993 年，播种 18197 公顷，产量达到 44341 吨，为小麦产量最高年。1998 年，种植小麦 18144 公顷，总产量 39934 吨。之后，由于地方农业产业种植品种结构调整，再加上气候条件复杂，对病虫综合防治能力差等因素，小麦种植面积、产量逐年下降。到 2005 年，小麦种植面积只有 6553 公顷、产量 9138 吨，分别为 1993 年的 36.01%、20.61%。

四、红薯

红薯又名红苕，易生长，高山和平坝地区都适合种植，产量不稳定。20 世纪 60—70 年代，红苕作为主食以 2.5 千克或 2 千克折合 0.5 千克主粮参与粮食分配。随着农业生产技术的提高，粮食主要品种产量大幅度增长，人们生活水平的改善，红苕逐步退出主食，主要作为饲料和加工粉丝的原料。

1986 年，全县种植 7685 公顷，产量 21020 吨，品种以徐薯 18 号、潮薯 1 号为主。1987 年，种植面积 7884 公顷，产量为 21064 吨。1990 年，栽种红苕 10881 公顷，产红苕 12770 吨。1993 年，种植面积 11391 公顷，总产量达 26789 吨，同比上年增长 16.66%。其中实行“规范化栽培”项目 7563.33 公顷，占种植面积的 66.40%。1997 年，引进豫薯 868、南薯 88 等杂交良种 84 吨和徐薯良种 30.4 吨，采用地膜育苗，规范化技术栽培。1999 年，栽种红苕 13467 公顷，产红苕 38271 吨。2003 年，引进专用型新品种 15 个。其中，高淀粉品种（淀粉含量 20% 以上）3 个：豫薯 303、豫薯 297、豫薯 153，优质实用型品种 2 个：豫薯 76、D19-2，高产、优质饲用品种 5 个：豫薯 30、豫薯 34、豫薯 151、9801-107、9501-6，用于品种试验筛选的新品种（系）4 个：97402-162、渝 40、9805-1-4、9902-7，特色专用 1 个：紫色渝薯 Z263。主要集中在新田、鹿鸣等乡繁殖筛选，为大面积推广提供种源。2005 年，全县种植红薯 18073.67 公顷，总产 62815 吨，面积和产量都达到最高，分别为 1986 年的 2.35 倍、2.99 倍。

五、马铃薯

马铃薯又名洋芋，是彭水人民最喜爱的薯类品种之一。

1986 年，种植面积 13088 公顷，产量 27092 吨。主要品种有：新芋 3 号、新芋 4 号、676-4、马尔科等。90 年代初，从湖北引进“脱毒米拉”新品种，逐步取代部分老品种。1998 年，全县种植洋芋 17121 公顷，总产 57789 吨。1999 年，从武隆县、湖北恩施地区引进“鄂马铃薯 1 号”原种 4500 粒、“南中 552”原种 500 粒、脱毒种芋 1 吨，繁殖、种植在海拔 1200 多米高的火石茶场。原种繁殖 0.07 公顷，收原种种薯 600 千克。种植脱毒种薯 0.67 公顷，收脱毒种薯 10 吨。2000 年，将上年的脱毒种薯在海拔 1000 米以上的普子乡普光村进行定点繁殖，产量 115 吨。2001 年，在全县重点乡镇进行推广种植脱毒马铃薯。当年又从巫山县引进“鄂马铃薯 3 号”3 吨，投放到桑柘、高谷两镇进行繁殖。2002 年，全县种植脱毒马铃薯 340 多公顷，收获脱毒马铃薯 4500 吨。2003 年，全县种植脱毒马铃薯 670 多公顷，产量突破 9000 吨。2005 年，全县种植马铃薯 19996 公顷，产量 64910 吨，分别为 1986 年 1.53 倍、2.30 倍。

六、杂粮

县境内的杂粮品种很多，主要的有大豆、米豆、胡荞（荞麦，称花荞）、大麦、高粱、豌豆、胡豆、巴山豆、苦荞、回麦（也称燕麦）等。

大豆常年种植面积相对较大，产量不稳定。1986—2005 年，种植面积最低年为 1997 年的 1454.87 公顷，最高年为 1999 年的 3121.6 公顷；总产量最低年为 1992 年的 1719 吨，最高年为 1999

年的 6809 吨。

米豆种植面积较少，产量也不高。1986—2005 年，种植面积最低年是 1992 年 64.33 公顷，最高年是 1999 年的 680.27 公顷；总产量最低年是 1992 年的 57 吨，最高年是 1998 年的 956 吨。由于产量很低，到 2005 年基本没人种，只有在高山边远地方，极少数农民将其附种在玉米窝内。

胡荞（荞麦）多在高山地区种植。1986 年，全县种植 1442.47 公顷，产量 1563 吨。1986—2005 年间，种植面积最低年是 1990 年的 1054.47 公顷，最高年是 2004 年 6915.07 公顷；总产量最低年是 1990 年的 204 吨，最高年是 2004 年的 8720 吨。

大麦、高粱、豌豆、胡豆、巴山豆、苦荞、回麦等面小量少，种植面积逐年减少。大麦、回麦从 2002 年起就已经无人种植。

1986—2005 年彭水自治县粮食作物播种面积及产量情况表

表 14-2　　单位：公顷、吨

年度	全年粮食合计		水稻		玉米		小麦		红苕		洋芋		豆类		其他作物	
	面积	总产量	面积	产量	面积	产量	面积	产量	面积	产量	面积	产量	面积	产量	面积	产量
1986 年	68514	162924	10359	36011	21250	54916	8319	14925	7685	21020	13088	27029	3546	4398	1447	1569
1987 年	68063	143597	10353	33779	19909	41082	8632	14109	7884	21064	13088	25476	3555	3387	2131	1972
1988 年	69522	159800	10331	35853	20079	49619	10056	17164	8026	22141	13523	26047	3128	3474	2185	2641
1989 年	74150	179400	10317	41987	20539	53204	12293	19034	9685	26082	13866	29147	2935	3825	2654	3351
1990 年	80174	193221	10328	44000	21413	61575	17085	32771	10881	12770	14914	37740	2905	4365	1055	205
1991 年	82057	222606	10214	47261	21853	56059	18245	39393	11312	26335	14562	45350	2794	4439	1575	1349
1992 年	80580	202305	10180	33039	20878	51865	18656	42253	11373	22964	11549	46417	3536	3966	1115	1280
1993 年	79070	225313	9736	40861	19785	54558	18197	44341	11391	26789	14759	51325	2581	4707	1295	2028
1994 年	81601	250133	10071	47783	21145	66365	18593	41592	11569	30695	15122	55764	2518	3837	1331	1922
1995 年	83799	264824	10061	52755	21288	67626	18734	44046	12025	33226	16002	58020	2993	4717	1788	2508
1996 年	82581	273428	10042	58017	19839	69957	19062	40434	11885	36646	16166	59599	2569	4412	1994	2625
1997 年	83553	283457	10073	63772	20719	76115	18774	40163	12172	35913	16649	58889	1926	3641	2498	2136
1998 年	90540	294718	10078	61530	25338	81349	18144	39934	13302	36155	17121	57789	3936	7957	2371	2942
1999 年	90606	288726	10133	70556	23533	108030	17859	29324	13467	38271	17964	58805	4433	6809	3540	4143
2000 年	88366	302843	10150	64655	22220	85721	16251	33494	—	—	—	—	3617	6444	2727	4273
2001 年	82870	281478	10124	66236	23018	88581	10074	22608	—	—	—	—	3157	5740	2142	2372
2002 年	81329	264952	10068	60820	22520	86809	13060	16867	—	—	—	—	3598	6135	2139	2712
2003 年	76776	273345	9999	62711	20853	92739	9758	12573	—	—	—	—	3812	5863	1201	1780
2004 年	80251	300215	9890	65516	22094	101920	8579	11161	—	—	—	—	1976	6015	6915	8720
2005 年	83584	303199	9888	64745	22259	102150	6553	9138	18073	62815	19996	64910	4018	5169	5033	5986

注：1. 红苕、洋芋从 2000—2004 年没有统计数据；2. 各种粮食面积和产量没有完全统计

第二节 经济作物

彭水的经济作物主要品种有：油菜、苎麻、烟叶（土烟、烤烟）、红麻、棉花、花生、辣椒、向日葵、苏麻、芝麻、蓖麻、黄花、草莓、魔芋、白皮大蒜等上百种，还有漫山遍野的各种野生和可以人工栽培的中药材品种 1579 种。

一、烤烟

彭水烤烟规模种植起于 20 世纪 80 年代初期。1981 年，四川省人民政府将彭水县首次列为烤烟生产重点县之一，正式列入国家计划（详见《烤烟篇》）。

二、油料作物

油菜　油菜是彭水主要油料作物，种植的主要品种有甘蓝型胜利油菜、万油 17 号、渝黄 1 号、渝黄 2 号、渝黄 4 号、渝油 18 号、油研 10 号、先油杂 2 号等。1986 年，种植油菜 3818 公顷，总产 2811 吨。1989 年，全县推广“万油 17 号”新品种，更换原来的胜利油菜品种。当年产油菜籽 3011 吨。1991 年，引进“秦油 2 号”和“中油 821”新品种，在 10 多个乡镇种植 4000 公顷，产量得到大幅度提高。当年全县种植油菜面积 7831 公顷，产量 7798 吨。1997—1998 年，农业部下达优质油菜“丰收计划”项目，推广优质油菜新品种“中油 119”，涉及全县 46 个乡镇 232 个村 984 个村民小组，实施农户 24613 户。两年实施油菜丰收计划面积 6680 公顷，增收油菜籽 1072.14 吨，增加经济效益 257.31 万元。2002 年，实施重庆市油菜“百万工程”项目，实际播种油菜 7712 公顷，总产 8895 吨。2003 年，推广试种优质油菜种“渝黄一号”。全县共种植油菜面积 7266 公顷，优质油菜种植率 95%，总产达到 9163 吨。2004 年，全县 39 个乡镇种植油菜面积 8129 公顷，产量 9742 吨。大学生刘勇、易晶晶等在朗溪乡建起 2004 年大学生志愿者油菜示范基地，种植油菜 295 公顷，产量 400 多吨。2005 年，全县种植油菜 8624 公顷，产油菜籽 10912 吨，面积和产量均是 1986—2005 年间最高，分别是 1986 年 2.26 倍、3.88 倍。

花生　花生俗名“落花生”。1986 年，种植花生 843 公顷，产花生 997 吨。1990 年，种植 661 公顷，产花生 791 吨。1995 年，种植 746 公顷，产花生 1151 吨，产量首次突破千吨。1998 年，种植 2044 公顷，首次突破千公顷，产花生 4475 吨。

三、蔬菜

彭水的蔬菜生产是以自产自销为主，广大农村是自产自吃。原有专业种植蔬菜的有汉葭镇、郁山镇所属蔬菜农场（蔬菜社），大河、新田、靛水等乡及县城近郊的白云、东门、瓜子、五里等大队（村），也常年种蔬菜运进城里销售，增加收入。1999 年，在靛水乡建立彭水自治县无公害蔬菜种植基地。此后几年，先后建立彭水自治县精细蔬菜基地和彭水自治县淡季蔬菜基地，由县农业局负责引进新品种和种植技术指导，所产蔬菜，稍微缓解县城居民吃菜难问题。

县境内常年种植的蔬菜品种约有 100 种，不断有新品种替换老品种。20 世纪 80 年代种植的主要品种有：莲花白、河南大白菜、卷心白菜、黄秧白菜、瓢儿白菜、菠菜、茼蒿菜、冬苋菜、花菜、儿菜、牛皮菜、莴笋、罐罐青菜、青菜头、大头菜、藤藤菜、鸡血菜、瓠子瓜、丝瓜、黄瓜、苦瓜、捧瓜、地瓜、南瓜、冬瓜、葫芦瓜、香瓜、番茄、茄子、灯笼椒、树海椒、二金条海椒、豌豆、四季豆、刀豆、豇豆、白萝卜、红萝卜、胡萝卜、脚板苕、芋头、魔芋、莲藕、高笋、各种竹笋、黄花、洋姜、生姜、白皮蒜、韭菜、芹菜、芫荽、独大蒜、各种葱蒜、苤蓝、芸豆、木耳菜、天仙米等上百种。到21世纪初，据不完全统计，普遍栽种的品种有12类、近150个品种。根菜类为萝卜有：白粉团萝卜、青叶春不老萝卜、胭脂萝卜、夏银萝卜、冬银萝卜等；胡萝卜有：早红胡萝卜、五寸人参胡萝卜、红心胡萝卜等；大头菜有：渝丰一号、紫叶大头菜。白菜类为大白菜有：春魁、夏魁、山东四号；小白菜有：上海青、苏州青、四月慢、五月慢等。甘蓝类为结球甘蓝有：西园四号、渝甘二号、新京丰一号；花椰菜有：雪山花菜、白玉花菜。芥菜类为根芥菜有：紫叶大头菜；叶芥菜有：笋壳青菜、南瓜儿青菜、尖叶雪菜；茎芥菜有：永丰小叶、涪丰14号、涪杂1号；子芥菜有：重庆儿菜。绿叶蔬菜为莴苣有：秋香窝笋、双尖窝笋、尖叶莴笋；芹菜有：文图拉、嫩脆；菠菜有：园叶菠菜、尖叶菠菜；苋菜有：红柳叶、青柳叶；蕹菜有：百花子蕹、水藤菜。茄果类为辣椒有：渝椒5号、渝椒8号、J0283、朝天148、艳椒二号、一爪红、红椒589、辛红一号、庆椒一号、庆椒三号、湘研3号、洛椒早四号；茄子有：春秋长茄、渝研一号、渝研三号、六月茄；番茄有：渝红六号、合作903、洪博士番茄。瓜类为南瓜有：黄狼南瓜、翠珍珠西葫芦；黄瓜有：燕白黄瓜、津优1号、津优30、津春4号；西瓜有：丰乐新红宝、西农八号、京欣一号、丰乐无子一号；苦瓜有：滨江二号苦瓜；冬瓜有：黑将军冬瓜、广东青皮；丝瓜有：绿如意丝瓜、绿霸王丝瓜。豆类为菜豆有：红花青壳、双青玉豆、秋抗6号；豇豆有：青豇901、山城棒棒豇豆1号、春秋王架豆；毛豆有：铁丰29、白水豆。薯芋类为马铃薯有：白花洋芋、彭县大白洋芋、万农5号、疫不加；地瓜有：牧马山地瓜、重庆地瓜、遂宁豆薯；山药有：白苕、璧山白；魔芋有：白魔芋、花魔芋；芋有：乌脚芋、红嘴芋、水芋子；生姜有：重庆白姜、红爪姜、黄爪姜。水生类蔬菜为莲藕有：鄂莲四号、鄂莲五号；茭白有：草茭白、坨笋。多年生蔬菜类为金针菜有：渠县黄花；石刁柏有：玛丽华盛顿500号、加州大学309。食用菌类为金针菇有：金杂19、2135；平菇有：华中19、平20、黑平1号、黑平2号、灰平等品种。

随着城镇人口增加，蔬菜种植面积和产量几乎逐年增长。1986年，种植蔬菜2782公顷，产量80156千克。1987年种植3560公顷，产量82443千克。1990年，种植4093公顷，产量85505千克。1997年，种植5116公顷，产量128540千克。2003年，种植6022公顷，产量179765千克。2005年，种植6500公顷，产量190248千克，为1986年以来的最高种植面积和产量，分别为1986年的2.34倍、2.37倍。

四、其他

白皮大蒜　俗称“筒子大蒜”，在彭水种植有300多年历史，是彭水传统外销作物产品。主要分布在润溪、大厂、龙洋、朗溪、龙塘坝、大垭、上岩西、葡萄、平安、普子、太原、棣棠等地。20世纪70年代以后，面积和产量都有很大提高，到2001年，种植面积达到333.33公顷，产量超过400千克。2002年是产量最高年份，达到1150千克。

苎麻　又称青麻，彭水种植上千年的历史。1986年，种植面积2651公顷，产麻970千克。1987年，发展到3969公顷，成为1986—2005年全县种植面积最高年份，产量为2560千克。1988年开始，种植面积几乎逐年下降。1990年，为急剧下降年，种植1344公顷，产量1072千克，分别是上年的38.16%、55.54%。2005年，种植面积722公顷，产量1371千克，分别是1986年的27.24%、141.34%，1987年的18.19%、53.55%。

1986—2005 年彭水自治县主要经济作物生产情况表

表 14-3 单位：公顷、千克

年度	油菜籽		花生		苎麻		黄（红）麻		甘蔗		蔬菜	
	面积	产量	面积	产量	面积	产量	面积	产量	面积	产量	面积	产量
1986 年	3818	2811	843	997	2651	970	67	141	0	0	2782	80156
1987 年	3844	2912	812	859	3969	2560	0	0	0	0	3560	82443
1988 年	4872	2859	677	801	3886	2783	282	715	0	0	3695	82713
1989 年	5095	3011	622	833	3522	1930	259	366	0	0	3974	83442
1990 年	6607	4810	661	791	1344	1072	74	124	0	0	4093	85505
1991 年	7831	7798	680	826	938	880	174	352	0	0	4267	94950
1992 年	7655	7835	617	695	929	815	175	222	1	6	4318	94639
1993 年	6090	5680	587	773	884	827	456	651	1	6	4492	93467
1994 年	5938	5947	641	966	876	1177	504	712	1	7	4419	88205
1995 年	6354	7428	746	1151	918	1263	73	108	1	8	4870	107907
1996 年	6482	6862	710	1111	850	1194	80	154	1	11	4855	105609
1997 年	6030	5844	677	1425	805	1218	794	1333	1	15	5116	128540
1998 年	5605	6366	2044	4475	783	1024	0	0	2	18	5754	145853
1999 年	5717	6368	1559	3285	745	1226	0	0	1	11	5790	152541
2000 年	6236	7229	—	4038	—	—	0	0	0	0	5129	165918
2001 年	6523.6	7174	—	—	838	1413	0	0	0	0	5352	170167
2002 年	7712	8895	—	3260	829	1497	0	0	0	0	5916	173123
2003 年	7266	9163	—	—	815	1494	0	0	0	0	6022	179765
2004 年	8129	9742	—	3714	753	1433	0	0	0	0	6209	186201
2005 年	8624	10912	—	—	722	1371	0	0	0	0	6500	190248

注：1. 花生数从 2000 年起统计残缺；2. 黄（红）麻从 1998 年起、甘蔗从 2000 年起几乎没有种植

第五章　养殖业

彭水系农业大县，受地理条件的制约，畜牧业一直是农村经济发展的支柱产业之一，其发展历史悠久，旧有“养牛为种田，养猪为过年，养鸡鸭为了几个盐巴钱”的说法。主要品种有牛、猪、羊等草食牲畜。县委、县人民政府以国家科技扶贫项目和丰收计划项目为契机，利用世界银行贷款、扶贫贷款、以工代赈资金、财政周转金对畜牧业进行重点规划扶持，同时引进重庆东田等外来公司，发展畜牧基地、示范村，采取示范村与大户规模养殖相结合的方式，通过品种改良、场地改造、饲料推广、基地建设、科学防疫等手段，全面提高农村养殖水平，增加农民收入。

第一节　机　构

一、管理机构

1951年年初，建立彭水县兽疫防治站，隶属县人民政府建设科。1953年2月成立彭水县兽防站，1954年更名为彭水县畜牧兽医工作站，1955年隶属县人民政府组建的农业水利科。1961年5月18日，畜牧兽医工作站从县农业水利科分出，成立彭水县畜牧局。1962年5月，撤销彭水县畜牧局，畜牧工作并入县农业水利科。1982年3月17日，畜牧业从县农业局分出，恢复彭水县畜牧局。1984年11月，彭水县畜牧局更名为彭水自治县畜牧局（简称县畜牧局），下设畜医防疫检疫站、饲草饲料站、畜禽繁育改良站。2001年，行政区划机构改革，撤销区防疫站，建立乡镇畜牧兽医站。2003年，局内设综合科、财务科、生产科、牧政科、防检科、品改站、饲料站，辖39个乡镇畜牧兽医站。2005年3月，撤销县兽医防疫检疫站，设立彭水自治县动物卫生监督站，挂县兽医卫生监督检验所牌子，为县畜牧局下属副科级事业单位，编制10名，经费由财政全额拨款。同时，撤销县畜禽繁育改良站、县饲草饲料站，设立彭水自治县畜牧技术推广站，是县畜牧局下属副科级事业单位，编制10名，经费由财政全额拨款。

二、下属机构

彭水县种蜂场　1974年，四川省革委会生产建设办公室批准建立，地址在大河坝乡朱家店村二组国道319线东侧，是从事种蜂繁殖的专业场，属县农业部门下设的全民所有制事业单位。总投资52万元，占地6.67公顷，建筑面积5000平方米。1982年3月，成为县畜牧局下设的事业单位，企业管理。同月取消种蜂繁殖单一经营模式，10月将种蜂场作为畜牧良种繁殖基地，有种猪场、种羊场、肉牛育肥场、饲料加工厂、酒厂、果园等。

彭水县牧工商联合公司　1984年成立，属县畜牧局下设事业单位，企业管理，驻汉葭镇石嘴街192号。占地面积280平方米，建筑面积980平方米。主要经营配合饲料、浓缩饲料、各类添加剂、兽医药器械和畜产品。

彭水县畜牧兽医技术服务中心 1992年成立，为从事技术推广和服务的全民所有制事业单位，与畜牧局一套班子、两块牌子。主要为畜牧业生产提供产前、产中、产后全方位配套服务，从事兽医和饲料的生产及经营。

彭水县牧业开发有限公司 1999年12月成立，是在原县畜牧兽医技术服务中心、种蜂场、海峡贸易公司改制组建的基础上吸收个人入股而成立的有限责任公司。主要从事开发利用畜牧资源、发展畜牧业生产，畜牧生产的技术培训和技术指导、技术服务、技术咨询，畜牧业生产的兽医药械、饲料、畜禽良种的供给，畜禽及其产品的收购、加工、储运和销售业务。公司下设饲料药械分公司、行政企划部、种蜂场、肉品加工厂4个分支机构，注册资本466万元，股东168个。设为1980股，每股1000元，除职工工龄量化安置股份431股和留一定数量的国家股外，全部对外出售，凡购买股份1股，均优惠2股。最后形成国家股307股，由县畜牧局代表国家出任股东，形成个人股1673股，共有个人股东92个，个人股东均是畜牧局的职工和改制前种蜂场员工。拥有公司的股份即成为公司的股东，以所拥有的股份多少享受收益分配权和表决权，国家股5年内不参与收益分配。2002年2月，被市农业产业化办公室批准为农业产业化市级龙头企业。2003年，又被评为农业综合开发市级龙头企业。2004年5月，被重庆市农业银行授予为“AA”企业。

第二节 服务体制改革

1985年，凡喂有生猪的农户必须坚持先卖后留、先税后宰、卖一吃多的原则；只吃一头的农户也要交“边口肉”；完成任务后，才能自宰自食。1986年，预防注射工作实行有偿注射。按春冬两次检查的平均密度计算，每注射一头，拨给预防费0.08元，其中乡畜牧兽医站0.06元、区畜牧兽医站组织注射费0.02元。同时，宣传推行牲畜疫病防治技术经济承包责任制，在桑柘、黄家坝2个区7个乡推行“包预防、包治疗、包阉割、包药品”的“四包”和3个乡推行的“包预防、包治疗、包阉割”的“三包”制度。牛的保健费每头收3.00元，由当地财政统一代收。猪按每出肥1头收2.00元防疫费，食品站（点）收购肥猪时代收，凭收购码单存根结账；农民自食肥猪，每头收防疫费1.00元，由税务部门代收，凭税票底根结账；种母（公）猪每头2.00元，由乡畜牧站收取。乡畜牧站为牲畜看病只收药品成本费，不准收出诊手术费，不准议价收费，严禁收高价。猪鬃、肠衣等猪副产品统一由县外贸部门经营，食品部门收购部分，也要交给县外贸，其他单位和个人不能外运销售。从1987年1月1日起，畜牧兽医收费以靠部门代收费为各级政府直接扣取，再转交乡畜牧兽医站。其标准和办法是：凡“包防疫”的，凭防疫注射登记表，由乡、村、组干部签证，每头猪1年收0.70元，每头牛1年收1.50元。凡“包防疫、包治疗、包阉割”的，每头猪1年收1.50元，每头牛1年收2.50元。1989年，根据县人民政府上年作出的防疫注射费标准每注射1头收费0.80元的指导性文件，各区根据实情制发地方性文件。如统一实行“三包”，鹿角区人均收取防疫费1.40元，汉葭区人平收费1.00元，由乡财政负责收取，年终与兽医站一次性结账。1991年，改革猪、牛防疫收费政策，由区乡政府按人均1元收取防疫费上交县财政，县财政与畜牧局结算后再核拨各区乡畜牧站。1996年，生猪防疫费实行税费同收，由畜牧部门代收。2001年，农村费改税，动物防疫由统防统治改为推行“打针”收费政策，并从3月1日起，停征屠宰税。2005年，执行减轻农民负担政策，防疫收费取消。

第三节　畜牧生产

一、家畜饲养

（一）牛

县内以养本地牛为主，引进品种主要有秦川黄牛、黑白花奶牛、西门塔尔、夏洛来、海福特等良种牛。高山多养黄牛，平坝多养水牛。

1986年，全县大牲畜存栏83894头，其中能繁母牛26062头，占牛群总数的31.07%。从事劳役55079头，年内出栏4852头。是年，大厂乡引进6头杂交奶牛，开展挤奶、管理、育犊、再配、保鲜技术和销售试验，5月18日至12月30日，挤奶4981.5千克，销售3782千克，创收2117.67元。

1987—1993年，累计存栏646847头，其中从事农事劳役413404头、能繁母牛219903头，分别占累计存栏数的63.91%、34.00%。出栏61945头，占累计存栏数的9.58%。

1994年，县畜牧局成立畜牧生产服务部，建立养牛示范村2个，调运活牛378头。当年存栏96016头，其中从事农事劳役65415头、能繁母牛42067头。翌年，围绕畜牧基地建设，引种母牛78头，建示范村3个，全县牛存栏数首次突破10万头，达到10.1万头，出栏1.77万头。

1996年，实施国家秸秆养牛示范项目，建示范村5个387户，普及面83.4%。次年，在连湖、长滩、凤鸣、木南、羊头铺、迁乔、乔梓、东流、葡萄、靛水等乡（镇）建立45个养牛重点村360户，引进种牛723头，育肥瘦肉牛206头。年末牛存栏125148头。其中，能繁母牛61341头，出栏24720头。新增产值409.5万元，养牛户人均纯收入1075.8元。

1998年，县畜牧局投资41万元，在城郊乡先锋村建养牛示范村，引进种母牛488头，其中西X本杂交母牛281头，以典型、示范带动16个养牛基地乡147户和2个肉牛育肥场，采用颗粒饲料对1周岁公牛快速育肥试喂，杂交牛7日增重2千克，最高达2.35千克。

1999年，在火石乡牛场开展放牧、半放牧、半舍饲育肥实验，建牛舍410平方米，青贮氨化池130立方米，每次养牛100头；在上岩西乡建牛场0.1公顷，牛舍500平方米，建氨化池160立方米，水池23立方米，每批养牛96头；在龙塘乡黄金村投入水泥50吨，建成76户圈舍316间1280平方米，投放种公牛1头，配种16头，种草22公顷，处理秸秆90吨；在城郊乡开展土地养牛示范项目农户223户，引种西杂能繁母牛263头，带仔42头，种公牛1头，建圈舍450间1800平方米，种草26.67公顷，产仔31头。年末全县完成示范村2040户，改造牛舍4233间，改造面98.2%。

2000年，国家投资300万元，启动财政科技扶贫项目和农业部丰收计划项目，建立龙塘、大厂、润溪、龙洋、火石、文武、城郊、鹿鸣、合理、葡萄、鹿箐等11个肉牛基地乡、16个养牛示范村，其中养牛精品示范村1个。基地乡实行集团承包制，承包人员由基地乡乡长、分管领导、县畜牧局技术员以及区、乡畜牧站站长组成，除乡长外，其余人员与原工作脱钩专职负责基地建设。是年，引进西杂母牛589头、良种公牛20头，淘汰劣质公牛3506头，改造牛圈15668间。鹿鸣乡龙田村建项目农户32户，改造牛舍475间950平方米，投放西本杂交能繁母牛200头，被评为市级养牛示范村。2001年，确立大厂、龙塘、润溪等3个重点肉牛基地，有示范户163户，牛存栏5946头，出栏369头，产犊606头。

2002年8月，启动重庆市农业产业化百万工程肉牛示范项目，推行“农户申请、政府主导、项目奖补牵引”摸式，落实黄家镇楠木村53户、靛水乡香树村51户，补栏能繁母牛394头，改造圈舍552个牛位。至12月20日，示范村存栏牛615头，其中西杂母牛126头、能繁母牛489头，户均存栏5.4头，比项目前增长2.5倍。存栏10头以上养牛大户12户，出售肉牛255头，收入38万元，人均302元。是年，县2个肉品加工厂宰肉牛1.5万头，外销量增大，养牛成为调整农村产业结构优势项目。

2003年6月10日，启动县优质肉牛基地建设项目，建10个示范乡镇、15个专业大户、720个示范户。在重点区域茅尖山片区的黄家镇、龙塘乡、润溪乡、靛水乡7个村签订项目和销售订单215户。其中年存栏肉牛户均20头，出栏10头以上专业户15户；年存栏10头，出栏5头以上的重点户40户；年存栏5头，出栏2头以上示范户160户。7个村牛存栏21741头，其中能繁母牛10875头，已出栏4513头。在汉葭、高谷、龙射、鹿鸣、平安、长滩等乡（镇）发展示范户505户。黄金村1组、楠木村3组、香树村5组专业户、重点户建标准化圈舍52户计1404头牛位，建筑面积5620平方米。桑柘、走马、石柳、平安、郁山等乡镇项目农户自筹、借款、银行贷款，以公牛换母牛多种形式筹集资金，到12月中旬，补栏1076头。全县出栏3.76万头，其中优质肉牛2.1万头。县内2个肉品加工厂屠宰肉牛1.8万头，年销售额2100万元，获利75万元。2004年，引导成立肉牛养殖合作社，确定黄家镇、龙塘、靛水乡为肉牛订单式基地，发展无公害肉牛示范户104户，户均饲养能繁母牛11头，存栏17.5头，最大规模户存栏65头，其中能繁母牛30头。经示范户带动辐射，全县10个肉牛基地乡镇拥有1000户养牛大户。同时，县政府对牛育肥示范户精饲料1千克补0.6元，出售1头优质肉牛补贴50元。至年底，全县牛存栏15.9万头，杂交牛4.25万头，在肉牛项目重点区域茅尖山片区，巩固原7个村215户外，新建标准化圈舍1454个，牛位5820平方米，项目农户补栏牛1076头，户均3.6头。

2005年，以茅尖山片区黄金村、洋荷村为主建设肉牛养殖小区，建12个示范户，改造牛位346个1384平方米，户均存栏13.2头。是年，全县存栏16万头、能繁母牛8.41万头、年内出栏3.9万头，分别是1986年1.91倍、3.23倍、8.04倍。

1986—2005年彭水自治县牛生产情况表

表14-4 单位：头

年份	年底存栏	其中：能繁母牛	年内出栏	年份	年底存栏	其中：能繁母牛	年内出栏
1986年	83894	26062	4852	1996年	125148	61341	24720
1987年	85840	27382	6287	1997年	125148	61341	24720
1988年	88558	29325	7320	1998年	129500	63839	26923
1989年	91575	29969	5877	1999年	141896	69303	29842
1990年	94469	33438	7262	2000年	148000	72398	33000
1991年	94692	33295	9823	2001年	151000	78980	35000
1992年	95639	32837	12236	2002年	153000	68000	36000
1993年	96047	33657	13140	2003年	155700	80500	37600
1994年	96016	42067	16373	2004年	159000	82000	38000
1995年	100801	42726	17700	2005年	160000	84100	39000

（二）猪

猪为县内畜牧业的骨干品种，有本地黑猪、荣昌猪、内江猪、长白猪、约克猪、杜洛克猪等。民间有“穷不丢书、富不丢猪”的传教。自古以来，民众都较重视养猪。

1986年，全县年底存栏316074头，其中能繁母猪20834头，年内出栏170354头，猪肉产量11672吨。

1987—1988年，累计存栏648806头，其中能繁母猪39182头，累计出栏353730头。

1989年，饲养10头以上的养猪大户1257户，其中32户出肥745头。至1997年，累计存栏

3692784 头，其中能繁母猪 207486 头，年内出栏 2654609 头。

1998 年，新建养猪示范项目 5 个，投放良种母猪 50 头，生产仔猪 2684 头。翌年，在汉葭镇上塘村、大河坝乡朱家村落实 250 户，饲养外型高产、优质二杂母猪 816 头。

2000 年，与县畜牧改良种猪基地办配合，推行瘦肉型生猪基地建设，引进杜洛克种猪 26 头、新英系长白母猪 20 头，淘汰劣杂公猪 135 头。5 个项目乡投放洋二元杂交母猪 968 头、鑫隆仔猪 888 头、中猪 998 头。汉葭镇白云育肥基地村投放良种仔猪 4228 头，年末出栏瘦肉型商品猪 1219 头，优质肉猪外销价每千克比本地猪高 0.8 ~ 1.0 元。

2002 年，在 319 国道沿线建 22 个瘦肉猪基地乡。向长滩、靛水、汉葭 3 个基地乡镇投放二元杂交良种母猪 15710 头。2003 年，向保家、郁山、龙射、乔梓、高谷、长滩等乡（镇）的特困村农户投放优质二杂外血型母猪 1506 头。2004 年，向新田、太原、平安等 11 个基地乡镇投放二元杂交良种母猪 1600 头。

2005 年，在汉葭镇坝竹村、高谷镇大青村、靛水乡五湖村建生猪养殖小区，发展项目农户 56 户，修建标准化圈舍 7230 平方米。年末，全县存栏 43.6 万头，其中能繁母猪 3.82 万头，年内出栏 50.7 万头，猪肉产量 38127 吨，分别是 1986 年的 1.38 倍、1.83 倍、2.98 倍、3.27 倍。

1986—2005 年彭水自治县生猪生产情况表

表 14-5　单位：头

年度	年末存栏	其中：能繁母猪	年内出栏肥猪	年份	年末存栏	其中：能繁母猪	年内出栏肥猪
1986 年	316074	20834	170354	1996 年	456845	27018	362477
1987 年	321806	20877	172311	1997 年	456423	27587	376642
1988 年	327000	18305	181419	1998 年	416921	24953	358777
1989 年	3692784	207486	2654609	1999 年	428447	27143	400569
1990 年	385135	21562	240756	2000 年	424000	27600	425000
1991 年	380380	20210	258860	2001 年	445000	29000	453000
1992 年	391000	20121	261151	2002 年	424000	29696	466000
1993 年	396865	19900	261673	2003 年	439000	32300	481000
1994 年	413386	22143	325863	2004 年	329000	34000	598000
1995 年	456208	27659	351427	2005 年	436000	38200	507000

（三）羊

县境内有南江黄羊、川东白羊和本地山羊等品种，主要以本地羊为主。

1986 年，全县存栏 36704 只，其中能繁母羊 11190 只，年内出栏 11049 只。是年，开始从南江引进黄羊。

1990 年，在对全县山羊数量、分布、结构、体质及重点养羊专业户作摸底调查后，在城效乡东门村罗家坡投资作为试点发展养羊大户，取得成功后，在全县推广建立山羊示范乡 11 个。年末存栏 46363 只，其中能繁母羊 18064 只，出栏 15881 只，产羊肉 143 吨。

1992 年，开始兴建养羊基地。10 月，四川省把彭水自治县列为飞播种草养羊综合开发项目县，彭水将鹿角乡鹿角村、小垭村、乌江村确定 51 户作为项目农户，其中投入建设项目农户 42 户，投放山羊 969 只，建羊圈 1200 平方米。翌年底，项目农户山羊饲养量达 1548 只，其中存栏 1333 只、出栏 215 只，农户新增产值 59532 元。同时，县山羊生产综合服务部以生产服务部加农户饲养山羊模式，按户平 10 只羊以上为标准，在鹿角、新田、城郊、下塘、高谷、共和、岩东等乡引种，建项目农户 359 户，建吊脚漏缝羊舍 117 间 2340 平方米，引进种羊 3690 只。1994 年，建山羊示范村 2 个。11

月，签养羊《项目协议》农户 120 户，改圈舍 2187 平方米，引进种羊 1406 只，其中南江黄羊 60 只，改吊脚楼漏缝羊圈 264 间 3174 平方米，繁殖山羊 1203 只。年末，全县存栏 82427 只，其中能繁母羊 32087 只。年内出栏 37906 只，调运活羊 1860 只，产羊肉 479.9 吨，销售皮张 3217 张，收入 18.76 万元。

1995 年，投资 641.1 万元，实施种草养羊项目。完成 499.27 万元，建示范乡 10 个，农户 5283 户，引种山羊 42122 只，建羊圈 83360 平方米，繁殖 96859 只，存栏 10.15 万只，出栏 4.69 万只，收入现金 609.7 万元。销售羊肉 529.9 吨，收入现金 15.1 万元。建南江黄种羊纯繁农户 20 户，引进种羊 300 只，建羊舍 900 平方米，完成投资 20 万元。1996 年，建山羊示范村 13 个。利用银行扶贫贴息贷款 68 万元，投放到龙塘、靛水、东流、桐荣、城郊，建项目农户 148 户，投放种羊 3360 只，引种南江黄羊 33 只，建羊圈 3500 平方米。

1997 年，在鹿角区建立商品羊场，项目户 457 户，引进种羊 4982 只，其中南江黄羊 46 只，建标准化羊圈 9289 平方米。1999 年，新发展养羊大户 82 户。3 个南江黄羊纯繁场存栏基础母羊 250 只、种公羊 100 只，全年繁殖 385 只，羔羊成活率 80%，销售种羊 60 只，向外县调运黑山羊 400 只。

2002 年，新建桑柘、鹿角片区 12 个山羊基地乡和 10 个示范村。9 月，实施 5 个特困村草食牲畜扶贫项目，引进山羊 823 只。2003 年，建立 2 个南江黄羊纯繁场，为 4 个养羊基地乡镇投放杂交黄种羊 120 只、种母羊 180 只，提供商品羊 5 万只。山羊除满足全县饮食业外，主要外运广州、福建、湖南等地，县内少数农民有宰羊过年的习惯。

2004 年，以财政科技扶贫推广肉用山羊综合饲养技术项目为载体，推动全县山羊产业发展。以普子镇桐荣片区为核心，第一期扶贫养羊农户 300 户，第二、三期带动片区发展山羊农户 1000 户。9 月底，完成山羊良种纯繁场基础设施建设，引进南江黄羊 121 只。新建羊舍 215 间 4110 平方米，农户 205 户，投放种羊 2317 只。

2005 年，在岩东乡继续执行山羊财政科枝扶贫项目，发展项目农户 30 户，投放种羊 173 只。完成龙射镇山羊示范场建设。全县年底存栏 18.5 万只，其中能繁母羊 8.17 万只，年内出栏 9.3 万只，分别是 1986 年的 5.04 倍、7.30 倍、8.42 倍。

1986—2005 年彭水自治县山羊生产情况表

表 14-6　　单位：只

年度	年底存栏	其中：能繁母羊	年内出栏	年份	年底存栏	其中：能繁母羊	年内出栏
1986 年	36704	11190	11049	1996 年	130137	51007	42811
1987 年	31866	11778	13159	1997 年	150438	70428	49806
1988 年	37670	16529	12914	1998 年	137016	59486	59771
1989 年	40329	16182	11360	1999 年	161029	71080	64914
1990 年	46363	18064	15881	2000 年	173000	74563	77000
1991 年	49028	20482	21940	2001 年	178000	88000	79000
1992 年	56159	22150	23789	2002 年	175000	69940	81000
1993 年	67953	23102	27881	2003 年	176000	73400	85700
1994 年	82427	32087	37906	2004 年	181000	78000	88000
1995 年	99829	39932	44207	2005 年	185000	81700	93000

（四）马、骡

马、骡主要是交通不发达地区养殖户为减轻自身劳动强度用于骑、驮运货物或拉磨之用。1986 年，养马 139 匹，其中母马 60 匹；骡子 1 头。1987 年养马 139 匹，其中母马 61 匹。1988 年养马 131 匹，其中母马 52 匹；骡 3 头。1989 年养马 129 匹，其中母马 54 匹；骡 1 头。1991 年养马 187 匹，其中母马 60 匹；骡 56 头。之后，养马数量逐渐增多，骡的实用性不强，逐渐消失。1993 年养马 187 匹，其中母马 95 匹；骡 14 头。1995 年养马 178 匹，其中母马 83 头。1996 年养马 202 匹，其中母马 88 匹。2003 年养马 300 匹。2005 年养马 337 匹。

（五）兔

1986 年，全县散养长毛兔 7.3 万只，没有形成区域性和规模化养殖。

1992 年，确定城郊、靛水、下塘、平安、龙射、棣棠、太原等乡为基地乡，年末全县存栏 6.6 万只，次年存栏 12.5 万只。1994 年，增建养兔示范村 2 个，建圈舍 8500 间，养兔 3500 只。全县存栏 17.15 万只，销售兔肉 3.6 吨、兔毛 6902 千克。1995 年，建长毛兔示范村 5 个，存栏长毛兔 2.42 万只，建兔圈 1 万间，销售兔毛 10.5 吨。1996 年存栏 3.15 万只，兔毛产量 15 吨。1997 年 2.59 万只。

随着兔毛市场价格下降，以后长毛兔养殖散养于乡村农户。2005 年，存栏 1.76 万只，年内出栏 1.88 万只。

二、家禽饲养

（一）鸡

1986 年前，农户养鸡主要品种有来航、白洛克、可白、京白、澳洲鸡，多为分户饲养，少有群养，农民用来出售解决日常生活零花钱。1986 年，全县存栏 495874 只。保家种蜂场基地引进重庆种鸡场“罗斯”鸡蛋 3000 枚，孵小鸡 2000 只。1989 年提供良种鸡 2200 只。1990 年，推广良种蛋，孵小鸡 4800 余只，孵化率 80% 以上。1993 年，保家种蜂场生产服务部利用闲置的旧猪舍，从重庆种畜场引进罗斯鸡 60 只、依沙鸡 225 只，建立小型良种鸡繁殖场，由原添加青饲料改为多种维生素科学喂养，从而获知养鸡环境卫生条件、蛋白质饲用量，以及鸡产蛋期药物配方是影响鸡产蛋因素。筛选最佳鸡蛋采用土法温水孵控，实行自产自孵，向养鸡户提供良种鸡苗 2000 只、良种蛋 500 枚。翌年，全县存栏首次超百万只，达到 112.78 万只，是上年的 1.69 倍。2003 年，市场鸡价格提高，农村养鸡形成热潮。靛水乡前进村已形成蛋鸡产业化发展，有养鸡大户 12 户，户均存栏 2500 只，主要销往重庆等地。发展量多的有汉葭、高谷、保家、靛水、诸佛、梅子垭等乡镇。2005 年年底，存栏 125 万只，是 1986 年的 2.52 倍。

（二）鸭

1986 年前，以养本地鸭为主，少数户从南川引进高邮麻鸭。养鸭多为散养、群养、鸭棚游养。1986 年，引进南川樱桃良种谷鸭 200 只、酉阳麻鸭 2000 只，投放县境各地，产成品鸭 1.2 万只。全县年末存栏 33787 只。1996 年圈养 4.17 万只，向市场提供成品鸭 2.76 万只，产鲜肉 3.1 万吨。2002 年，养鸭数量剧增，首次突破 10 万只，达到 125078 只，是上年的 2.58 倍。至 2005 年年底，达到 20 万只，是 1986 年的 5.92 倍。

（三）鹅

散养在农户，有本地鹅、太湖鹅，食粮不多，长速快，年平均重量 2.5 千克。1986 年存栏 468 只。1992 年，引进太湖白鹅种鹅 1.3 万只，投放部分乡镇农户，20 月鹅龄成活率达 95%。1996 年圈存 2200 只，产鲜肉 500 千克。2000 年产量 750 千克达最高峰。因其经济价值低，饲养量逐年减少。2002 年只有 141 只。之后，有极少农户散养，无统计。

三、家蜂饲养

蜂不争地、不争水、不争肥，俗称“空中农业”。1986 年，养蜂 13480 箱，产蜜 65 吨，销售收入 112.27 万元，创利润 6.37 万元。1989 年产蜜 65 吨，产值 170 万元，创利润 8 万元。1990 年，有专业养蜂场 46 个，其中意蜂专业场 15 个、中蜂专业场 31 个，有蜂 1.43 万群，提供蜂蜜 58 吨、雄蜂蛹 44

1986—2005 年彭水自治县家禽生产情况表

表 14-7 单位：只

年度	存栏	其中			出栏
		鸡	鸭	鹅	
1986 年	530129	495874	33787	468	461700
1987 年	560397	525331	34369	697	463250
1988 年	585400	557800	26900	700	447990
1989 年	452000	447300	4500	200	452000
1990 年	630900	604900	25200	800	453710
1991 年	679900	645000	34000	900	405000
1992 年	101300	644700	34100	2500	419300
1993 年	712700	666600	43100	3000	771033
1994 年	1201400	1127800	71200	2400	835800
1995 年	1111300	1067400	41800	2100	828900
1996 年	1218600	1174700	41700	2200	883600
1997 年	1222100	1182400	37500	2200	904100
1998 年	1205000	1162920	39980	2100	924100
1999 年	1277825	1232471	44094	1260	996000
2000 年	1371800	1323900	46500	1400	1069800
2001 年	1395100	1345400	48500	1200	1086300
2002 年	1405759	1280540	125078	141	1117100
2003 年	1438300	1295300	143000	—	1183300
2004 年	1430300	1245000	158000	—	1200000
2005 年	1450000	1250000	200000	—	1250000

公斤、蜂王浆 36 千克，收入 20 万元。1991 年，开展田间多箱体强群蜂高产技术推广、应用试验，获得早春油菜蜂蜜的高产。1992 年，用电热繁蜂试验，年末产蜜蜂 13845 群，产蜂蜜 66 吨。1993—1998 年，共产蜂蜜 1169 吨。1999 年达到高峰，为 300 吨。2000 年 187 吨。以后产量逐渐下降，散养在农户中。

1986—2005 年彭水自治县畜牧产量产值情况表

表 14-8

年度	畜牧产量（吨）	畜牧业产值（万元）	年份	畜牧产品（吨）	畜牧业产值（万元）
1986 年	14184	3590	1996 年	35255	27198
1987 年	14919	4208	1997 年	38238	29954
1988 年	15078	5645	1998 年	38083	28621
1989 年	17316	6986	1999 年	40360	30580
1990 年	18774	7499	2000 年	35705	33651
1991 年	20766	7870	2001 年	38206	34824
1992 年	21181	8606	2002 年	39354	36604
1993 年	22535	10782	2003 年	40901	40801
1994 年	32373	19435	2004 年	44405	49521
1995 年	35282	23088	2005 年	45871	51649

注：表内产值为现行价；2000—2005 年产量为肉类总产量，不包括蜂蜜和禽蛋产量

第四节 科技推广

一、草料贮存

1984年，为保证秋冬季节牲畜的青饲料供给，县人民政府发动农户开展饲料青贮。1986年，青贮各类饲料5854.5万千克，其中窖贮2126万千克、袋贮577.5万千克、水贮3114.5万千克、其他贮存36.5万千克，比1985年3676万千克增长59.26%。户平青贮532.2千克，猪平185.9千克。1987年，全县青贮农户11万户，占总农户的95.7%，青贮6538.7万千克，户平594.42千克，猪平204.3千克。1988年，全县青贮111898户，占总农户92.5%，青贮6734.8万千克，户平601.87千克，猪平192.4千克。新田乡建青贮池1400个、土窖300个，青贮250万千克，猪平325千克。1989年，全县生猪、肉牛、羊发展快，饲料严重不足，县畜牧局编写苕藤青贮技术资料下发，组织科技员下基层，举办畜牧种草、青贮科技培训班，指导农户推广窖贮、袋贮。年末，收贮各种越冬草料4.5亿千克，112417户青贮饲料7268.3万千克，户平646.55千克。

1990年，遭受115天的特大旱灾，全县以红苕藤为主的青贮原料下降，饲料青贮量2020.4万千克，比上年减产72.20%，青贮农户47819户，比上年减少57.46%，占农户的37.4%。1991年，饲料青贮10.739万户，青贮饲料8644万千克，其中袋贮123万千克、窖贮8521万千克，户平青贮837.9千克、猪平239千克。收贮各种越冬干草科35万吨，青贮苕藤、麦打浆1379.9万千克。

1994年，培养氨化秸秆专业户100户、普通户500户，建氨化池28.1万立方米，青贮各种秸秆11237万千克。新建二联式氨化池600个1400立方米，氨化玉米秆18.6万千克。鹿角乡飞播种草养羊项目青、干贮饲料15万千克。1996年，贮干草25万千克，氨化2000千克。

1997年，投入资金299.7万元，将靛水、龙塘、石柳、东流、县畜场作为秸秆氨化养牛示范基地和肉牛育肥示范场，处理利用秸秆66986.4吨，氨化、微贮秸秆168吨，处理利用率22.6%。养牛示范村45个，建氨化池1177.8立方米，青贮秸秆、墨西哥玉米、苏舟草、红苕藤9.5万吨，微贮2.3万吨。1998年，新建青贮氨化池3989.1立方米，养牛示范村建青、干贮饲料池总量17190万立方米。全县处理利用秸秆12.7万吨，其中微贮处理秸秆36950吨。2000年，收秸秆30万吨，干贮18.5万吨，青贮15.4万吨，氨化和微贮7.7万吨。2001年，干贮饲料20.5万吨，青贮4.9万吨，氨化和微贮1.7万吨。2003年，重点区青贮干草600吨。2004—2005年，青贮秸秆70万吨。

二、饲草推广

1986年，县畜牧局为提高草食动物营养和弥补饲料不足，引进白三叶、黑麦草、墨西哥玉米、苏丹草优质牧草，全县15个乡种草1104.67公顷，其中大厂乡433.33公顷，占39.23%。

1987年，推广牧草农田套（间）种植和家庭“小草园”种植1948个，种百三叶418.67公顷，林套（间）种植495.53公顷，其中大厂乡种植209公顷。小草园的发展，调剂原始常规饲料，开辟蛋白含量高的饲料，满足了畜禽营养需要。1988年，35个乡67个村201个组建家庭“小草园”1919户，推广草粮（林、果、经）套（间、轮）作项目，种植百三叶、多年生黑麦草238.8公顷。全县草、粮套间种植274.2公顷，草、林间套作91公顷，草经间作套种130.33公顷，平均每公顷产鲜草分别为92.62千克、58.63千克、120.95千克。

1990年，推广种植美国籽粒苋、蕉藕、聚合草、串叶香、斯特泼大麦、德日萝卜等优质牧草2620公顷，种牛皮菜一般性牧草2413.33公顷。1991年，种牧草3414.68公顷。其中，优质牧草235.62公顷（蕉藕189.17公顷，籽粒苋16.62公顷，德日萝卜18.43公顷，串叶香草3.33公顷，斯特泼大麦 4.47 公顷，聚合草 3.47 公顷，引种红豆草 0.13 公顷）、一般牧草 3179.06 公顷（牛皮菜 1013.33 公顷，萝卜 2165.73 公顷）。

1992 年，彭水被列入四川省飞播种草养羊项目基地，在鹿角乡龙门村建示范户 14 户，种一年生黑麦草 3.47 公顷，户均 0.25 公顷。全县种各类牧草 3915.33 公顷，其中新引进蕉藕、籽粒苋、德日大萝卜、串叶松、斯特泼大麦、聚合草、红豆草等优质牧草种子 2063.5 千克 393.87 公顷、一般性牧草 3521.47 公顷。1993 年，飞播种草项目扩展到鹿角乡的鹿角、小垭、乌江村，项目农户 42 户，种一年生黑麦草 12 公顷，种草 148.8 公顷。加上面上种草 276.67 公顷，累计种草 425.47 公顷。1994 年，启动飞播牧草养牧项目，解决山羊饲草、饲料不足。在鹿角建农户 39 户，种一年生黑麦草 7.33 公顷。全县推广种青绿汁饲料 1.33 万公顷，其中优质黑麦草 87.33 公顷，收贮干清草 15 万千克。1995 年，利用世行贷款在鹿角、岩东、善感、双龙、万足投入资金 78.8 万元，实施种草养羊项目 603 户，种草 367.07 公顷。

1996—1999 年，种籽粒苋、黑麦草、紫花苕、墨西哥玉米等优质牧草 3533.33 公顷。

2001 年，为了给西南地区提供“苇壮羊茅”种子，投资 232.5 万元（其中央 132.5 万元、市配套 75 万元、县 25 万元），在彭水黄家坝与润溪乡之间的大治坪村等地建基地，种苇壮羊茅 66.67 公顷。以后，每年提供苇壮羊茅种籽 125 吨。

2002 年，启动重庆市退耕还林还草政策，汉葭、普子、靛水退耕农户 451 户，购进草种 9450 千克，荒山种草 399.99 公顷，其中退耕地林间作 158.17 公顷、宜草荒山配套种草 241.82 公顷，对退耕还草种草户每亩补助 50 元。同年，苇壮羊茅基地种草 233.8 公顷，其中靛水乡 133.8 公顷、黄家镇 100 公顷。2003 年，退耕种草 900 公顷，建种子田 100.39 公顷，示范乡镇黄家、润溪、龙塘、靛水推广种墨西哥玉米、苏丹草、菊苣、一年生黑麦草草种 17850 千克，春秋 2 季种草 886.67 公顷。2004 年，种植一年生黑麦草、墨西哥玉米、菊苣、苏丹草 333.33 公顷，荒山种草 400 公顷。

2005 年，推广种优质牧草 666.67 公顷，荒山种草 333.33 公顷。建苇壮羊茅种子田 333.93 公顷，其中靛水乡 300.6 公顷、黄家镇 33.33 公顷，种子基地通过市农业局、市发改委等单位组成的专家组验收。

三、饲料推广

饲喂浓缩、配合和添加剂饲料，既能提高饲料利用率，又缩短了育肥周期。许多养猪户，特别是养猪专业户充分利用自家生产的糠麸、油饼、大豆、玉米等各类农副产品，自购饲料原料进行配制，普遍提高了养猪经济效益。

1986 年，在 8 个区建立饲料销售门市部，全年生产和推销配合饲料 234.5 万千克、浓缩蛋白饲料 3 万千克。

1987—1990 年，推广生产配合、混合、浓缩蛋百饲料 1409.851 万千克。

1991 年，以新田、大河、靛水、清平、文武等乡作为配（混）“添加剂”示范乡，推广配（混）饲料 249.7 吨、浓缩饲料 2.7 吨、添加剂 2.69 吨，混、配推广面积 80.3%，添加剂、农缩饲料推广面 62.9%。是年，全县产销含氨基酸、铜、铁、锌、镁微量元素饲料 4510 吨。

1992—1994 年，产销饲料 8114 吨。

1995 年，建立饲料销售网点 50 个，至 1997 年增加到 64 个，共产销配混等饲料 3142 吨。

2000 年，县牧业开发公司研制生产催奶王、仔猪鑫龙 888、中猪鑫龙 998 等系列饲料，从 9 月份投产，销售饲料 117 吨。

2005 年，推广工业饲料 4500 吨，配、混合饲料饲养猪面 85%。

四、畜牧改良

（一）牛的改良

1978年，彭水县开始黄牛改良工作，中途因资金不足中断4年。1982年，开始水牛人工繁育尝试。改革传统养牛，主要是进行“四推四改”即：推广牛的品种改良，推广犊牛的适时断奶，推广牛短期快速育肥，推广种草和综合利用农作物秸秆；改变野交乱配为人工授精和品种选配，改变喂长命牛、耍牛为适时出栏的商品牛，改变敞喂为舍喂为主，改变单一防疫为综合防治。

1986年4月，在城郊、靛水、龙射、联合、石柳、三连、新田、新场、万足、桑柘、同河、上岩西、龙塘、大厂、棣棠等15个乡，开展“三合激素”催情配种试验黄（水）牛1861头，用冻精配种1286头，杂交产仔1021头。至年底，共设改配点42个。

1987年，改配点集中到交通方便、母牛基数多的22个乡，改配本地黄（水）牛2175头，年内产杂交牛993头。1988年，调整为19个配种站，改配母牛2411头，产杂交仔1132头，产仔率46.95%。用“三合激素”催情母牛1943头，发情1603头，配种产仔1457头。1989年，在大厂、靛水、万足、新田、新场、普子、同河等乡改配黄（水）牛962头，产仔1211头。1990年，增设桑柘、鹿鸣、石柳、连湖、走马等乡改配点，改善冻精、液氮、器械设备，提高配种质量，改配本地黄（水）牛1502头，产活杂交仔牛596头。1991—1992年，配种1860头，产仔1626头。

1993年，开展黄牛70天短期育肥试验，为推广肉牛提供科学依据。1994年，推广田间秸秆氨化青贮育肥试验。1995—1996年，引进西门塔尔细管冷冻精液，改配本地母牛1690头，淘汰劣种公牛884头。

1997年，对黄改乡实行统一建站标准，统一供给冻精、液氮和器械，建黄牛冻精配种站（点）60个。根据养牛户地处山区居住分散特点，科技人员采用细管冻精解冻后，选点集中牛群输精，改配母牛5542头，受胎率87%。阉割淘汰本地种公牛6587头，1岁以上公牛阉割达89%。1998年，建优质肉牛“黄改”二元、三元杂交基地16个乡，示范户1470户。建配种站56个、改配点59个，引进种母牛488头，其中西门塔尔281头。淘汰本地公牛5170头。利用西门塔尔、皮埃蒙特牛冻精改配黄母牛7607头，次年产杂交牛犊2721头。是年，县畜牧局与重庆东田公司合作，以育肥示范场带动农户的方式，育肥出售肉牛达1083头。新建肉牛育肥场2个，采用颗粒饲料对1周岁公牛快速育肥，本地牛日增体重0.85千克，杂交牛日增1.13千克。

1999年，按照有房、配种架、罐子、输精枪、显微境的“五有”标准，建立黄牛改良配种站56个，购西门塔尔细管冻精1万枚、液氮0.9万升，引进西门塔尔纯种公牛4头、母牛3头，采取直接授精与人工授精相结合方式，改配黄牛8700头，产杂交犊牛5046头，强行阉割淘汰劣杂公牛5100头。2000年，全县有54个乡（镇）开展黄牛改良，建立62个黄改配种点，改配黄牛10506头，产杂交牛犊6540头，配种产仔率62.25%。引进投放良种公牛20头，淘汰劣杂公牛3506头。杂交牛比本地牛卖价高1.6 ~ 2元/千克。2001年，改配9807头，产杂交牛犊7024头。

2002年，建立完善以县贮运中心为中枢的62个冷配站点的人工授精技术服务网络，改配黄牛10613头，杂交产仔7168头，强行阉割劣杂公牛1218头。同年12月，国家母牛繁殖技术项目落户彭水黄家坝、龙塘乡，选定相对集中、基础条件好的2720户作为项目实施户，引进西门塔尔公牛细管冻精1万枚、南德温牛冻精227枚、液氨1.1万升，经技术培训，对项目户的3260头母牛实施同期发情药物注射，有3137头母牛正常发情并实施人工授精，繁殖率由实施前的50%提高到65%。95%以上的母牛产仔后35 ~ 60天再次配种受孕，受胎率达85%，产牛犊2666头，新增产犊786头。到2003年12月，项目投资53万元。其中，财政扶贫金35万元，农户自筹18万元，县畜牧局获农业部“全国农牧渔业丰收三等奖”。

2004 年，组建黄改办公室，有 62 个人工授精冷配站点，配有专职输精员 120 名。全县改配黄母牛 10520 头，产杂交仔牛 4.25 万头，阉割劣杂公牛 2015 头。10 个基地乡改配母牛 3638 头，产杂交牛犊 3088 头。2005 年，重点乡镇改配黄牛 5133 头。

（二）猪的改良

1984 年，彭水县开始改良本地猪，推广长白公猪配种，当年改配 4000 余窝。由于在 1985 年仔猪市场价低、饲料跟不上、群众未见到经济效益等原因，影响干群对猪种改良的积极性，因此，公猪被淘汰，猪改工作转入低潮。从 1985 年下半年开始，县畜牧局通过对大河坝、羊头铺、迁乔、东流等乡杂交一代猪的调查总结，确认只要饲养得当，确实具有生长育肥快、瘦肉多、肉质好、经济效益高的优点。从 1986 年 6 月开始，采取从事业费中补助 30% 的良种公猪款，发动各乡站和有喂养种公猪经验的农民到种蜂场购买良种公猪。至年底，供应长白、约克、杜洛克等良种公猪 42 头，加上原有的良种公猪，全县已有 50 多个乡有良种公猪改配本地母猪。23 个民营配种站投产配种 35 头，配 7200 窝，产杂交仔猪 4.32 万头。加上原有杂交猪 26860 头，共计 70060 头，占年底存栏 316074 头的 22.12%。

1987 年，全县开始推广猪的杂交、推广仔猪科学补料，改自然配种为人工授精、改单一饲料为配合饲料、改熟饲为生饲、改吊架子为新法育肥、改喂长龄猪为适时屠宰的“双推五改”技术，在新田、靛水、下塘举办人工授精和成套养猪技术培训 9 次。全县建立生猪配种站 47 个，包括人工授精站 5 个，配备良种公猪 95 头，杂交面 17.8%。1988 年，改配母猪 11801 窝，瘦肉型经济杂交面达到 33.3%。

1989年，建配种站81个，其中人授精站10个，实现乡乡有良种公猪配种站。有良种公猪108头，改配本地母猪 14785 窝，产杂交仔猪 11 万头，生猪配种改良面 47.5%。1990 年，投放良种公猪 137 头，其中投产 109 头，有人工授精站 13 个、本配站 64 个，在县畜牧局内新建供精站 1 个。改配本地母猪 21463 窝，其中人工授精 6388 窝，补饲仔猪 943 窝 7921 头，改良面 59.31%。1991 年，新建人工授精站 6 个，集中对 10 个乡 2200 户重点、专业户的母猪开展人工授精，改配 20512 窝，经济杂交面 58.66%。1992 年，母猪配种 2.3 万窝，杂交面 65%，新法饲养面 62%。

由于仔猪断奶后出栏体重普遍较低，1993 年 5 月，县畜牧生产指挥部派科技人员到重庆、成都购进“增血素”给仔猪早期补铁，预防贫血。在靛水乡试验 100 窝，仔猪双月断奶平均体重增加 1.5 千克以上，并向全县推广。1994 年 4 月，在善感乡推广仔猪早期补饲技术，仔猪双月断奶由 15 ~ 20 千克增加到 27 ~ 40 千克。年底，全县生猪杂交面 82%，科学饲喂面 57.8%。到 1998 年，经济杂交面 96.3%。

1999年，建人工授精站52个，以长白、大约克、杜洛克种猪为父本，推广二元杂交和三元杂交，改配母猪 46678 窝，产二元杂交仔猪 35 万头。在汉葭镇上塘村、大河坝朱家村建杂交示范村，投放二元杂交母猪 816 头，建圈舍 231 间 1890 平方米，为以后开展三元杂交打基础。2000 年，有标准、规范化人工授精站 54 个，改良母猪 4.6 万窝，产二元杂交仔猪 36.8 万头，淘汰劣公猪 135 头。扩建下塘、共和、保家新荣昌一系二元杂交猪繁殖场，提供新荣昌良种猪 157 头，外引良种猪 968 头，优质杂交猪瘦肉价比本地猪 1 千克高 1 元。生猪改良全面普及二元杂交，推行三元杂交组合。

2001 年，向 26 个乡推广生猪三元杂交，向 6 个“洋三元”杂交猪基地乡投放二杂母猪 1420 头，全县共推广2400头。翌年，全县39个乡镇建立生猪人工授精站，人工授精配母猪5.32万窝，产二元、三元杂交仔猪 41.4 万头，良种配种面 96%，三元杂交面达 40.5%。2003 年，投放二元杂交母猪 1506 头、良种公猪 284 头，淘汰劣杂种公猪 195 头。母猪配种 5.25 万窝，产二元、三元仔猪 41.3 万头，杂交面97%。2004年，县内有英系长白、大约克、杜洛克纯外种猪202头，人工授精配种母猪5.46万窝，产二元、三元杂交仔猪 44.6 万头，良种配种面 99%，三元杂交面 40.5%。

2005年，稳定巩固39个乡镇的生猪人工授精点，完善30个乡级标准冷配站的设施设备，改配生猪6万窝。

（三）羊的改良

1986年开始，为改变山羊放牧自配，县畜牧局购进南江良种黄羊15只，其中母羊5只、公羊10只，投放大厂乡，当年改配本地母羊33只，纯繁杂交小羊10只。1987年，纯繁21只，杂交繁殖850只。1988年，与本地母羊杂交配种720只。

1993年，推广普及山羊改无圈和地圈为吊脚漏缝羊舍、改野郊乱配为选育优配、改重复放牧为合理规划和划片轮牧、改喂野草为种植优质牧草、改干喂为秸秆氨化饲喂，预防山羊疫病的“五改一防”养殖技术。翌年，新建飞播牧草养牧项目农户39户，投放种羊975只。在黄家等地兴建吊脚楼漏缝羊圈120户2187平方米。1995年，新建岩东南江黄羊纯繁场1个，纯繁南江黄羊50只。推广15只南江黄羊进行杂交改良，养羊重点村杂交面40%。1996年，新建种畜场南江黄羊纯繁场1个，纯繁46只。

1997年，在种畜场建立波尔山羊冻精改良场，利用波尔山羊冻精配种本地母羊32只。1998年，兴建下岩西汪家山南江黄羊纯繁场，3个纯繁场共向县内提供种公羊34只。

2001—2002年，重庆市山羊良种繁殖体系项目落户彭水，建立桑柘、鹿角片区12个山羊基地乡，完成10个山羊示范村，引进南江黄羊300只，投放130只种公羊，产改良杂交羊26180只。2003年，建立4个养羊基地乡，投放南江黄羊种公羊120只、种母羊180只，改良本地山羊6.5万只，出栏商品羊5万只，杂交改良38%。

2004年，县财政实施肉羊科技扶贫繁殖项目，以普子镇、桐荣片区为中心，一期扶持300户，二、三期1000户，引进南江黄羊121只，新建羊舍215间4110平方米。县南江黄羊纯繁场提供种羊812只，133个种羊大户提供种羊6200只，投放到普子、鹿角、黄家镇、靛水乡等山羊示范基地，改配母羊2.12万只，改良面为42%。

第五节　疫病防治

一、疫病

1987年6月，郁山、走马、石柳乡10个村27个组55户，有57头牛发生炭疽病，感染7人。

1989年，省、地确定彭水为畜禽普查基地县。9月，成立县畜禽普查领导小组，下设技术组17人，区、乡100人，开展实验诊断、历史资料调查、野外采血。经过5个月工作，采样猪133头、牛112头、山羊923只、鸡112只、鸭47只，实验诊断25种疫病。查找1949—1980年县档案馆、农业局、食品公司资料，查出猪、牛、羊、鸡、鸭、犬、猫7种畜禽，有牛锥虫、血吸虫、蓝舌、弱血糖、猪弓形虫、鸡霍乱、白痢、山羊烂舌病等30种，消灭1种、扑灭2种，现存24种，诊断未见临床阳性症状18种，新发现畜禽寄生虫6种，毒病10种，代谢病1种。整理汇编《彭水自治县畜禽疫病普查技术报告》和《彭水自治县畜禽疫病普查图表集》。

1991年5月，鹿箐乡发现患狂犬病狗伤人。2000年3月，在龙塘乡桃园坝村因外疫传染，发现五号病毒。2004年，整理补充寄生虫病3种。同年2月月1日，三义乡小坝村发生鸡患疑似禽流感。2005年9月，县境部分地区发现猪附红细胞体疫情。

二、常规防疫

坚持春秋两防，预防猪肺疫、猪丹毒以三联疫苗为主，牛以牛出败、气肿疽为主，鸡以鸡2系苗滴鼻为主，兔以兔瘟疫苗为主，山羊以布鲁氏杆菌疫苗为主。

1986 年，春、秋两季检查 34 个乡 84 个组 1853 户生猪 6135 头，注射 6060 头，预防密度为 87.78%。注射猪瘟冻干苗 37.5 万头、猪三联疫苗 39.6 万次、牛出败菌苗 6.4 万头、鸡 2 系苗滴鼻 1000 只、兔瘟疫苗 400 只，使用疫苗 81.7 万份，注射密度 99.49%。

1987 年，预防注射各种疫菌苗 80.1 万头次，春秋 2 次防疫检查 64 个乡 247 个村 355 个组 7066 户，查验生猪 2.1 万头，有耳号 2.6 万头，注射防疫密度 97.75%。生猪发病 1776 头，死亡 651 头，占查验头数的 3.1%，比上年下降 1.1%。检查牛 2203 头，发病 76 头，死亡 11 头，死亡率为 0.50%，比上年下降 0.36%。1988 年，预防注射 82.67 万头，其中猪瘟三联苗 36.7 万头、冻干苗 37.6 万头、牛出败 7.6 万头、气肿疽 1260 头、炭疽芽胞苗 1900 只、鸡 2 系苗 2000 只、鸡苗滴鼻 2500 只。春秋两次防疫检查 64 个乡 250 个村 311 个组 7654 户生猪 2.6 万头，应预防 2.64 万头，有耳号 2.6 万头，注射密度为 98.5%。检查牛 2682 头，注射牛出败 1950 头，防疫密度为 99.87%。全年发病 97 头，死亡 12 头，死亡率为 0.45%。1989 年，注射各种疫苗 107.9 万头次，其中猪瘟注射 67.8 万头、猪肺疫 33.1 万头、牛出败 6.7 万头、牛气肿瘟 500 头、鸡 2 系苗 2500 只。生猪注射密度 99.1%，牛注射密度 83.1%。

1990 年，以“早、快、严、小”原则，注射各种疫苗 76.1 万头（只），其中猪三苗冻干单苗 69.1 万头、牛出败疫苗 3.8 万头、气肿疽疫苗 1856 头、鸡一系疫苗 4556 只、鸡二系疫苗 4152 只、补打注射 2.2 万头（只）。使用“调痢生”36 千克，治愈牲畜稀拉病 8792 头，治愈率 100%。使用“强力消毒灵”40 公斤，市场消毒圈舍 10.8 万间 11450 平方米，阉割消毒 2.04 万头，注射消毒 35 万头。

1991—2000 年，累计注射猪三联苗、猪单联苗、牛出败菌苗、牛气种疽疫苗、牛炭疽疫苗、鸡瘟疫苗、兔瘟疫苗、小家畜新城疫苗等 920.67 万支，平均防疫密度为猪 96.87%、牛 87.38%、兔 82.81%，消毒面 98%。

2001 年，全面实施“动物免疫证”管理制度，推行“免疫发证、一畜一证、证随畜行、无证补免、宰前回收”防疫模式。注射生猪 46.1 万头，发免疫证 38.42 万张，回收证 22.9 万张，免疫密度 67.7%，免疫持证率 68.2%，疫病死亡率 2.64%，农户圈舍消毒 92%，屠场、交易市场、肉品摊点、运畜品车辆消毒 100%。

2002 年，首次对生猪等大中动物实行动物免疫耳标管理。发放猪“三联苗”66.8 万头，免疫生猪 63.65 万头，发放“动物免疫证”63.65 万张，挂免疫耳标 23.78 万枚。生猪防疫平均密度 91.8%，“动物免疫证”和免疫耳标持有率 91.8%，牛出败免疫率 86.3%。至 2004 年，累计发放“三联苗”193.68 万头、免疫证 151.25 万张，免疫生猪 180.35 万头，挂免疫耳标 108.08 万套。

2005 年 9 月，县内 9 个乡镇发生猪附红细胞体病疫情，有 132 户生猪发病 1371 头，通过紧急治疗，治愈生猪 1042 头，死亡 329 头。是年，猪、牛、羊春秋两季平均免疫密度为 98.87%、96.7%、98%，圈舍消毒面 100%，免疫持证率、免疫耳标佩戴率 90%。

三、特殊病防治

（一）五号病防治

1990 年 4 月，贵州省务川自治县出现猪瘟“五号病毒”，感染野猪后死于彭水县石盘乡兴安村 3 组、9 组，造成生猪严重损失。县人民政府立即成立防治“五号病”指挥部，紧急启动防控预案，召集畜牧兽医人员会珍，通过回忆、翻阅档案、查找病例，从中掌握“五号病”症和解除办法。在县边境太原、共和、大垭、火石、龙塘、三连、鹿角、鞍子、梅子等地设立疫情监测站，交通沿线重点市场、码头用“强力消毒灵”消毒，控制疫情蔓延。1991 年，县防疫指挥部内查全县畜牧交易市场和屠宰场，在黄家坝、连湖、双龙、梅子、石盘等乡镇设立畜禽产品检疫哨和疫情监测点，发动群众消毒灭源，外堵疫情传入。用菌毒敌 205.5 千克，重点对 8.2 万户 2466 间圈舍，面积 739.3 万平方米消毒处理。对 32 个牲畜交易场实施 7 次消毒。1992—1997 年，增设汉葭、三义、新化疫情监测点，加强运输车辆和交通沿线市场消毒。1998 年 3 月，县防五指挥部组织兽医人员抽查城郊、毗邻湖北长顺的连湖乡、石柱县太元乡 108 户生猪 633 头、牛 234 头、羊 324 头、畜圈 577 间 2546 平方米，均无五号病传入。对全县农户圈舍、市场摊位两次消毒，春、秋两防普查无疫。

1999 年，县境周边外县地区“五号病”疫情严重，境外猪贩偷运染“五号病”猪入境，对人畜构成巨大威胁。县防疫指挥部立即在鹿角、共和、太原、连湖、郁山镇、龙塘、火石等地设立动物检疫和消毒站，对进出县境动物、产品查验检疫证、消毒证和非疫区证明书，手续齐全放行，证物不符补检。对疫区进入县境的动物及其产品，不管证件是否齐全，查验后必须隔离 5 天，期间发现可疑病畜和产品立即捕杀，就地销毁。周边与贵州、酉阳、湖北相邻的龙塘、大垭、润溪、朗溪、石盘、善感、新化、鞍子、上岩西、双龙、连湖等乡镇，用特效消毒复合酚 8 吨，消毒畜圈 35.62 万间、场地 100.8 万平方米，消毒面达 98.5%。“五号病”免疫注射牛 1.23 万头、猪 28.6 万头、羊 2.2 万只，检疫动物产品 3160 吨，无害化处理病畜 140 头（只），筑起防“五号病”隔离免疫带。

2000 年 3 月 25 日，贵州省务川自治县濯水镇庆丰村村民赵怀忠，借彭水龙塘乡桃园村 6 组吕时均家的黄牛耕地后感染“五号病毒”，导致该村 2 个组 7 家农户 8 头牛发病。县人民政府了解疫情后，命令对疫区全面封锁，紧急关闭牲畜交易市场，禁止疫区与非疫区的牲畜及产品相互流通，扑杀病畜和同群畜。县牧政执法人员、医务工作者采取果断措施，对桃园村及相邻的猪、牛、羊隔离观察，禁止放牧。在龙塘、上岩西乡设立临时消毒和检查站，对过往车辆检查消毒，拦截扑杀从疫区进入彭水县境山羊 210 只、仔猪 99 只。会同贵州防疫部门对边境 10 个乡镇的猪、牛、羊全面实施免疫注射，密度达 100%。4 月 20 日，全面建成“五号病毒”隔离带，疫情得到有效控制。2001 年，配合春、秋防疫，排查和监测边界“五号病”疫情，注射“五号病”疫苗生猪 4.63 万头、牛 2.2 万头、羊 1.1 万只。春秋两季消毒农户 13.5 万户、圈舍 73.3 万间 216 万平方米，发复合酚剂 3 吨，对生猪屠宰场天天消毒，牲畜交易、肉品市场场场消毒，牲畜运载车辆装前、卸后消毒均达 100%。2002 年，县委、县人民政府及时调整充实“防五”指挥部，召开专题会议，将“防五”工作纳入乡镇综合考核目标，出动宣传车 65 次，印发宣传单、通告 1 万份，办专栏 352 期。重点落实与贵州、湖北接壤的 10 个乡镇以及交通要道村组的牲畜注射“五号病”疫苗，生猪 46300 头、牛 21600 头、羊 11200 只，发复合酚消毒剂 3 吨，消毒 15.3 万户，圈舍 72.3 万间 216 万平方米，消毒面 100%。消毒运畜车辆 3467 次。

（二）炭疽病防治

1987 年 6 月，走马、三连、石柳等乡先后发生牛炭疽病。其中走马乡 10 个村 27 个组 55 户，牛发病 57 头，感染 7 人，经地、县、区、乡畜牧科技人员 15 人，历时 53 天，消毒 229 户圈舍 452 个、房屋 1696 间，预防牛 1898 头、猪 2439 头，治愈牛 54 头，深埋病死牛尸 7 头，扑灭疫病。

（三）狂犬病防治

1991 年 5 月，鹿箐乡发现患狂犬病狗伤人，县防疫站与当地政府以及人民武装部组织力量灭犬 274 只，免疫 492 只，免疫率达 91%。县防疫站配合公安、人民武装部与兽医人员一道，对黄家坝、桑拓、汉葭、郁山重点区，开展疑似狂犬病灭、免、管工作，灭犬 5874 只，免疫 1.45 万只，免疫率 37%，控制狂犬病流行。

（四）禽流感防治

2004 年，全国爆发高致病禽流感。2 月 1 日，三义乡小坝村发生鸡患疑似禽流感。县委、县人民政府随即成立重大动物疫病防治领导小组，召开 3 次全县防治工作电话会议，紧急落实 23 万元资金，启动 39 个乡镇养禽大户禽流感专项普查，有 55 户规模养殖户和专业户计 2.2 万只鸡、2042 只鸭、

555只鹅登记，抽查260只鸡鸭血清化验均为阴性。从2月2日起，每天早晚对县城农贸市场活禽交易和宰杀点全面消毒，对乡镇养禽大户以及散养农户禽舍消毒12万间。公安、交通、运管部门设立流动检查岗，严禁客运车辆载活禽。对省际边界乡镇纵深2千米，对县际边界乡镇纵深1公里，主要公路沿线规模养殖场周围500米范围内，强制免疫，杜绝输入性疫病传入。

四、检疫

动物及产品的产前宰后检疫是动物防疫的重要补充措施，是控制动物疫病发生、流行和保障人民身体健康的关键环节。

（一）市场检疫

1986年，检疫生猪69076头、牛821头、山羊832只，查出病畜742头。

1987年，全县36个牧畜市场开展检疫的29个，检疫生猪110002头、牛1437头、羊527只、猪肉7220千克、牛肉1258千克、禽蛋11716千克。1988年，检疫市场发展到32个，检疫生猪63872头、牛1042头、羊3857只、猪肉31794千克、牛肉1950千克、羊肉1694千克。1989年，检疫生猪48756头、牛1857头、山羊145只、皮张2145张。1990年，检疫生猪103822头、牛609头、羊820只、禽44675只、蛋14791千克、猪肉5916千克、牛肉3692千克、羊肉758千克。

1991年，全县34个牲畜交易市场全面开展检疫工作，检疫生猪81389头、牛1112头、羊1172只。1992年，检疫生猪143610头、牛2886头、羊1427只、禽80349只、猪肉1053.11吨、牛羊肉66.05吨、皮张30054张。1994年，检疫生猪36.8万头、牛1.75万头、羊3.55万只。

1995年，新规范梅子、鞍子、鹿角、靛水、火石、鹿鸣、平安、高谷、下岩西、新田、联合、连湖、诸佛、羊头铺、凤鸣等检疫市场15个，规范的检疫市场达到27个。1997—2000年，共检疫生猪124.8万头、肉牛10.018万头、羊13.1万只、家禽73.6万只、肉品7668吨，依法查出病畜禽1036头（只），处理病害肉品0.28吨。其间，1999年规模化养殖场产地检疫到户率100%。2000年生猪产地检疫到户率92%。

2002年，检疫生猪22.5万头、肉品949吨、牛1.1万头、羊1.7万只、禽31.3万只，检出病畜127头、肉品2.4吨，均作无害化处理。翌年，县检疫监督所严格要求检疫员在实施产地检疫时，严格做到到场、到点、到户实施，同时查验动物免疫证和耳标，对符合规定并检疫合格的方可出具动物产地检疫证明准予运输。是年，产地检疫生猪134540头、牛23655头、羊38826只、禽405120只，检查出病猪13头、禽237只，全部作无害化处理。新增龙塘乡、连湖镇检疫监督检查消毒站。

2004年，在全县设立63个动物产地检疫报检点，流通环节产地检疫率100%。全县产地检疫生猪146960头、牛21775头、羊35389只、禽42.3万只、产品1.5万余千克，检出病猪23头、禽317只，均作无害化处理。

2005年，产地检疫实行产地检疫报检制，凭有效免疫证明和标志施检。检疫生猪22.78万头、牛3.73万头、羊4.81万只、禽95.45万只，检出病猪29头、禽240只，均作无害化处理。

（二）运输检疫

1986年，运输检疫生猪5730头、牛200头、鲜猪肉1.88万千克，牛羊肉900千克、牛皮323张、羊皮435张，杂骨消毒5件。

1987年，检疫生猪9546头、牛34头、羊17只、皮张6133张，杂骨消毒66件，化检病料17个。1988年，检疫猪3535头、牛322头、猪肉40953千克、牛肉51137千克、禽蛋25799.5千克、皮张15215张，杂骨消毒52件。1990年，检疫猪1054头、牛94头、蛋14414千克、禽2838只。1991年，检疫生猪1202头、牛714头、禽3186只。1994年，检疫生猪8.5万头、牛1.2万头、羊1.2万只。2001年，运输检疫车辆1326台次，装运生猪79568头、牛8055头，查出病死猪15头，作烧毁处理。

2004年，连湖、龙塘2个市级公路检查站从2月2日起坚持24小时值班，至11月30日，检查消毒过境车辆2901辆，检疫生猪12085头、山羊1941只、马60匹、牛351头、禽845只。

（三）屠宰检疫

1988年，屠宰检疫猪622头、牛23头。1990年检疫猪41头、肠衣58件、皮张4301张，其中牛皮3753张、羊皮548张，杂骨消毒4吨。1991年肉品检疫猪肉587658千克、牛肉34.72万千克、羊肉8665千克、禽5028千克，皮张检疫9664张。1994年，食品经营单位到岸检疫猪1.4万头、牛0.8万头、羊0.5万只。

1995年，开始以汉葭镇的屠宰市场进行定点屠宰试点，规范管理。翌年，保家镇实行定点屠宰，接着逐渐在全县大型乡镇推开。

1997年，实行定点屠宰、集中检疫、集中税费、分散经营，让市民吃上放心肉。1999年，屠宰检疫生猪、肉牛2.12万头，屠宰动物受检率100%，屠宰检疫面100%，检出病害动物及动物产品32头次，无害化处理率100%。2000年共屠宰检疫生猪4.18万头。2001年屠宰检疫生猪4.3万头、牛8055头、羊15408只。

2002年，县组建专职检疫队伍，实施防、检分离。重点突击产地检疫和屠宰检疫，实现运输到产地、市场到屠宰场的“两个转移”。推行检疫赔偿制度，规定“凡购买经检疫的合格肉品发现有传染病、寄生虫病或含瘦肉精的，以当时肉价的三倍赔偿”。全年屠宰检疫生猪4.3万头、牛8055头、羊1.7万只。2003年，坚持有宰必检，严把进场验证检疫关、宰前检疫关和宰后检疫关，屠宰检疫生猪68540头、牛7931头，检查出病猪46头、牛8头、肉品0.5吨，无害化处理率100%。

2004年，全县46个交易市场均开展屠宰检疫工作，开展面100%。共屠宰检疫生猪71680头、牛6830头，检出病猪24头、肉品0.43吨，均作无害化处理。

2005年，屠宰场驻场检疫员坚持24小时值班，检疫肉猪7.83万头、肉牛1.49万头、羊2.46万只、禽22.25万只，检出病害肉品3700多千克，均作无害化处理。

五、驱虫

主要是用新药丙硫咪唑驱除危害猪、牛、羊胃和肠道的寄生虫。

1986年，生猪驱虫18.2万头，驱虫面57.64%；牛3.1万头，驱虫面36.71%。1987年，生猪驱虫32万头，牛6万头，羊865只。1988年，销售丙硫咪唑84千克，生猪驱虫42万头。1989年，生猪驱虫43.5万头。1990年，生猪驱虫16.4万头，驱虫面85.4%；牛2.5万头，驱虫面57.5%；羊4515只，驱虫面19.3%。

1991年，推广丙硫咪唑100千克、左旋咪唑针剂22.6万毫升、敌百虫药967千克，生猪驱虫面91.7%，牛37.7%，羊35.5%。

1992年，驱虫生猪、牛、羊逐步扩展到小家禽，推广敌百虫药3500瓶、丙硫咪唑59千克。尝试用双甲咪唑驱畜禽体外寄生虫，驱虫各种畜禽64.4万头（只），实现全县畜禽驱虫普及。1994年，畜禽不定期驱虫改为季度驱虫，用丙硫咪唑、双甲咪唑药驱牲畜体外寄生虫面90%。1995年，养羊重点地区、重点户驱虫面100%，猪驱虫面90%，牛60%。1996年，生猪驱虫面100%，牛80.99%，山羊96.85%。1997年，猪驱虫面100%，牛、羊95.26%。1998年，生猪驱虫面90.8%，牛76%，山羊65%。1999年，生猪驱虫面100%，牛93%，羊94%。2000年，生猪驱虫面99.5%，山羊驱虫15万只，驱虫面91.4%。

2001年始，推行畜禽打针收费模式，在积极宣传的基础上，养殖户不定时地主动买药对畜禽进行驱虫。

第六节 牧政管理

1986—1989 年，畜牧买卖以部分乡场、重点区镇指定地点交易，畜牧部门对买畜者收取市场管理费。对药品、饲料经营进行监管，但力度不大。其中，1987 年，处理违章事件 8 起，销毁伪劣药品 25 件，罚款 15 元。1990 年，县畜牧局与工商局配合组织执法人员对润溪、上岩西、长滩、桑柘、鹿角、郁山、汉葭等乡镇畜牧市场清查，查处无证经营兽药和饲料添加剂 5448 包（瓶）、无批文和无产地饲料添加剂 3147 包（瓶），占检查总数的 39.85%。1995 年，开展每月一次牲畜普查，分户建卡，与税务部门配合进行畜牧户纳税控管和税收征管。

1996 年，按照农业部的要求，88 名畜牧执法人员统一服饰和佩戴着装标志。查处兽医行政案件 9 起，立案 7 起，涉案 14 人，结案 6 起，处罚金 2208 元。办理兽医合格证 44 个，屠工证 520 个。通过执法管理，全县畜牧税收突破 100 万元。1998 年，执行《牲畜税费管理》，推行一畜一卡制度，季度普查，上户发卡，持卡纳税，凭卡销户，未销处罚。畜牧业税收与动物产地检疫紧密配合，屠工屠商凭证上岗，先税后宰，凭票宰杀，畜牧税收 312 万元。

2000 年 6 月，对兽医、兽药、饲料市场进行卫生监督整顿，清理饲料市场 29 个，有经营户 191 户，查处兽医行政案件 6 起，没收无证经营兽药、饲科 68 户，涉及金额 2 万元。办理“兽药经营许可证”71 个、“兽医诊疗许可证”64 个，代征屠宰税 200 万元。2001 年，审查办理“动物防疫合格证”332 个、“兽药经营许可证” 120 个。检查市场 20 次、装运牲畜车辆 1150 次、经营摊点 98 个。查处无证、证物不符等违法违规事件 18 起，检疫人员违规行为 8 起，经营伪劣产品不法户 5 起，逐步规范经营和依法行政行为。2002 年，联合公安、工商、税务部门组成专业执法队，按照“以检促防、以监促检”的工作方针，开展夜间巡查 95 次、市场督查 126 次，查处违法经营案件 3 起，销毁不合格肉产品 2.4 吨，查处暴力抗拒检疫案件 5 起，治安拘留 2 人，违章人员 2 人。销毁劣质兽药 203 盒、饲料 870 袋。新办“兽药许可证” 148 个、“种畜合格证” 1504 个。同时，县动物防疫监督所出动监督人员 126 人次分别对 4 个乡镇 56 个拒绝防疫的农户中的 176 头生猪、5 头牛、12 只羊进行强制免疫，处罚金 2360 元，对其中 3 个态度强硬暴力抗拒监督执行的人员移送公安机关，分别对其实施 10 天、5 天的治安拘留，这是全县为动物防疫工作首次动用国家机器惩戒管理相对人，促进动物防疫工作。

2003 年，县监督所定期和不定期派出监督员，对检疫执法人员执法工作以及屠工商依法经营情况进行监督检查，依法查处拒不执行动物防疫案件 23 起，督办“动物合格证” 128 个，抽样猪、牛、羊、禽血清 750 头（份），规范屠工商依法行政。2004 年，查处兽医行政案件 5 起，处罚 8 名违规违纪动物检疫员，办理“动物检疫合格证” 132 个。

2005 年，实施消费者“放心肉”工程，查处违法经营 15 人、拒不执行动物防疫户 8 户。查处假、冒、伪、劣、过期、失效、违禁兽药 330 千克，取缔非法经营点 26 个。监督检查畜禽产地、运输、屠宰检疫违规案件 40 起，立案查处 23 起。有 5 个乡镇 36 家农户拒绝、阻碍、暴力抗防抗检，县畜牧局组织防疫队强制检疫生猪 133 头、牛 9 头，罚款 5600 元。

第七节 渔 业

彭水的水产品养殖主要是养鱼，除江、河自然繁殖外，以库塘为主、田为辅，重点发展个体户池塘养鱼。由于技术、鱼苗选种、气候因素影响，养鱼发展缓慢。

1986 年以前，全县养鱼水面 90.03 公顷，其中水库养鱼 34.70 公顷、池塘养鱼 5.33 公顷、稻田养鱼 50 公顷。1989 年，县畜牧水产部门到朱山洞开展流水养鱼试验，建鱼池 66 平方米，投大规格鱼种 407.25 千克、饵料 1267.05 千克，产成品鱼 592.2 千克。在原建鱼种池投鱼种 215.75 千克、铒料 1200.05 千克，产大规格鱼种 376.55 千克。当年利用 0.10 公顷稻田开展小规模养鱼试验，产成品鱼 70.7 千克，平均每公顷产 707 千克，产 10 厘米以上鲢鱼种 141 尾。

1999 年 3 月，在保家实施"优质鱼苗鱼种繁育基地建设"国家项目，新建、改建鱼池 5.2 公顷，购进草鱼、鲶鱼、鳙鱼等优质鱼苗鱼种 106 万尾，其中鱼苗 100 万尾。2000 年，在郁山镇田坝村建鱼塘开展黄鳝养殖实验，由于气候、水质、鱼种因素影响，成功率低。再次引进湘云鲫鱼种苗 2 万尾，在朱山洞鱼场试验，获得成功。利用 33.33 公顷稻田养鱼试验，每公顷产成鱼 600.06 千克。至年底，全县可捕捞水面 0.33 万公顷，有各类养鱼水面 0.53 万公顷，其中水库 0.06 万公顷、池塘 0.16 万公顷、稻田 0.37 万公顷。开发利用养鱼水面 0.14 万公顷，其中水库 27.47 公顷、农户养鱼池塘 0.10 万公顷、养鱼稻田 300 公顷，网箱试验养鱼 0.03 万公顷，年产成品鱼 50 万千克。鱼种基地主要是在普子朱山洞、保家农场养鱼场、靛水乡朝阳水库、郁山镇田坝以及汉葭镇九曲河建立（甲鱼）特种养殖场，总面积 6.67 公顷，年生产鱼苗 500 万 ~ 600 万尾。同时培育草鱼、青鱼、鲢鱼、鳙鱼四大鱼种种苗 800 万 ~ 2000 万尾。

2004 年，向郁江投放鱼苗 10 万尾。2005 年投放草鱼、鲤鱼 4 万尾。

第六章 农业科技

第一节 服务体系

1984 年起，陆续在乡建立农村科技网，设立乡农技咨询服务站。第一批建立的有城郊、靛水、下岩西、岩东、高谷、下塘、鹿鸣、合理、平安、龙射、普子、棣棠、太原、砂石、连湖、联合、芦塘、三连、清平、走马、龙溪、朱砂、迁乔、乔梓、大河坝、凤鸣、长滩、新田、新场、桑柘、诸佛、桐楼、珍加、梅子垭、鞍子、新化、善感、双龙、大园、万足、朗溪、上岩西、猴栗、润溪、龙洋、大垭等 46 个乡。

1987 年 12 月，建立县农业实用技术推广服务体系领导小组。之后，各区乡已相继建立农技站，主要进行科技生产技术指导。区农技站站长由分管领导兼任、副站长实行委派或招聘；乡农技员实行合同制，一年一聘一考核。2002 年，建立县级农技推广服务机构 1 个、乡镇级农业综合服务中心 39 个。到 2004 年，各乡镇农业综合服务中心分别下设农业服务中心 22 个、农技站 22 个、农经站 39 个、水产站 11 个、畜牧兽医站 39 个、林业站 39 个。中心和五站人员编制 441 名，实有在岗人数 603 人。2005 年 8 月，将农技、林业、水利农技、畜牧兽医等合并成立乡镇农业服务中心，作为乡镇政府的直属事业单位。中心加挂农技站、水利农技站、林业站、畜牧兽医站牌子。

第二节 杂交良种

1986 年，彭水自治县推广“汕优”“D 优”“金优”系列杂交组合优良水稻品种，少量推广“郧单”“中单”“恩单”杂交组合良种玉米。全县播种杂交玉米制种面积 173.17 公顷，涉及桑柘、平安两个乡 7 个村 33 个组 913 农户，生产杂交玉米一代种 21.99 万千克（包括农民自用或串换种 5.1 万千克）。其中：陨单一号 45921 千克，金单一号 2396 千克，C73 单交 19302 千克，五三单交 40387 千克，咸三单交 50490 千克，其他 157 千克。玉米自交系在新田乡民主村、团结村的 2 个组 21 户农户繁殖，种植面积 2.5 公顷，四个自交系品种，收种子 4838 千克，另配制亲本郑单二号 0.08 公顷，收种子 97 千克。承担涪陵地区种子公司杂交水稻新组合大区实验，以汕优 63 为对照，试验品种威优 63，单产 8700 千克，比对照品种增产 11.5%；D 优 63 单产 8400 千克，比对照品种增产 8%；汕优 63 单产 7800 千克，菲优 63 和岗优矮 A × 闽穗 63 分别单产 6750 千克、7162.5 千克，低于对照品种汕优 63。承担四川省杂交玉米新组合（山区中熟组）区试，以七三单交为对照，试验品种 1–5214 × SR–4–2，单产 5332.5 千克，比对照品种增产 46.6%；南 21–3 × 81565，单产 4882.5 千克，比对照品种增产 36.3%。

1987 年，全县杂交玉米制种 207.05 公顷（包括繁殖自交系 8 公顷），涉及迁乔、东流、城郊、润溪、新场等乡。在县农场配制杂交水稻6.67公顷。1988年，推广杂交水稻良种16万千克。1989年，推广杂交水稻品种“汕优63”“D优63”和马坝糯、云糯一号、云糯二号。1989年，杂交玉米制种面积271.11公顷，涉及城郊、迁乔、新场、润溪、普子等5乡9村，生产杂交玉米一代种38.8万千克。在羊头铺乡制杂交水稻种13.2公顷，生产杂交水稻种子13504千克。1991年，杂交玉米制种面积266.67公顷，涉及汉葭、高谷、保家、桑柘、黄家等5区5乡17个村62个组1817户农户，生产杂交玉米一代种61.6万千克。主要品种有陨单一号种子31万千克，丹玉13号种子30.6万千克。1992年，杂交玉米制种298.73公顷，主要品种有七三单交、中单14号、成单13号，收储种子53万千克。1995年，杂交玉米制种集中在迁乔乡明星、龙凤、长生、庙湾、龙虎等村，实际制种面积81.13公顷，生产种子19.16万千克，收储种子17.37万千克。杂交水稻繁殖、制种26.87公顷，生产种子7.25万千克，收储3.93万千克。当年从成都龙泉驿种子公司调进优良小麦种绵阳26号、绵阳14号、川育12号、92-330等新品种4万千克，油菜新品种川油12号520千克，并在全县推广。1997年，两杂良种制种面积272.14公顷。其中，杂交玉米制种面积237.47公顷，实施制种5个组合，即：七三单交、湘永单2号、中单2号、中单14号、雅玉2号，收储种子65.05万千克；杂交水稻制种面积34.67公顷，制种3个组合，即：金优多系1号、Ⅰ优多系1号、Ⅱ优多系1号，收储种子88107.3千克。1998年，在新田、新场两乡13个村44个组配制杂交玉米种子321.57公顷，配制12个组合，即雅玉2号、中单2号、七三单交、湘永单2号、农大108、渝玉一号、中单14号、丹玉13号、成单16号、成单18号、成单19号、糯玉米等，产杂交玉米种子80余万千克，收储入库71.29万千克。在迁乔实施杂交水稻制种面积32.53公顷，3个组合，即：Ⅱ优多系1号、Ⅱ优58、Ⅱ优838，共生产杂交水稻种6.65万多千克，收储入库5.32万千克。

《中华人民共和国种子法》的颁布实施，种子市场逐步放开，外地种子不断涌入县内市场，本县杂交良种制种面积也逐年减少。1999年，在新场、新田落实杂交玉米制种面积334.47公顷，产种62.10万千克。在迁乔乡落实杂交水稻制种面积33.33公顷，产种8.6万千克。2003年，新田乡3个村配制杂交玉米湘玉10号，收储种子33万千克。桑柘、郁山两镇试种“登海3号”优质玉米新品种，获得成功。至2005年，杂交玉米、水稻等的制种、储运、经营基本市场化。

第三节　种植技术

一、地膜肥球玉米种植

1987年，从湖北恩施地区引进地膜玉米种植技术，试推2000公顷，获得成功。1988年，在小厂乡进行大面积推广，单产达到6405千克，比露地玉米增收3525千克，增长122.40%，时称“白色革命”，当年被农业部授予“二等奖”。进入20世纪90年代，海拔800米以上地区主推地膜玉米，单产在7650千克左右。在海拔800米以下，采用肥球育苗移栽技术，单产比露地播种单产增产1200千克左右，约增38%。1992年，实施“吨粮田”丰收计划，采取“麦、玉、苕”（小麦—玉米—红苕）套作种植。1993年，实施四川省农牧厅下达彭水“8000公顷紧凑型玉米”生产“丰收计划”、40.87公顷丰产示范片和4866.67公顷地膜覆盖玉米种植。通过选择良种、适时播种、合理密植、科学施肥等措施，8000公顷紧凑型玉米平均单产2865千克，比上年增375千克。普子乡秦家坝实施种植玉米示范片40.87公顷，平均单产达到6268.5千克。4866.67公顷地膜覆盖玉米栽培，平均单产4480.5千克，同比普通种植方法单产1968千克增2512.5千克。新田乡新田村试验种植“麦—玉—苕”“吨粮土”（小麦套玉米，小麦收后栽红苕）1.33公顷，单产玉米8551.5千克，麦、玉、苕合计单产15046.5千克，实现“吨粮土”试验目标。1995年，彭水实施四川省农牧厅下达“2万公顷杂交玉米高产综合配套技术”项目，平均单产3457.5千克，比上年单产3135千克增322.5千克。1999年，全县地膜覆盖玉米种植5333.33公顷，平均单产4110千克。至2002年，全县39个乡镇561个村140806户农户推广玉米肥球育苗移栽技术，栽植面积18067.13公顷，平均单产3750千克，比直播玉米平均单产3270千克增480千克，增产14.68%。桑柘、桐楼等25个乡镇海拔800米以上半山地区的71个村21551户农户地膜覆盖种植玉米3113.33公顷，平均单产3855千克，比同地区直播玉米平均单产3315千克增540千克，增产16.29%。

二、水稻规范化栽培

1991年，采用杂交水稻组合，通过两段育秧、合理密度方式，规范化种植水稻。太原乡中心示范片，在地处海拔780米的狮子、英光、香树3个村10个组443户农户种植70.27公顷，单产5625千克。1993年，全县实施水稻高产栽培4099.1公顷“丰收计划”，涉及连湖、三连、走马、朱砂、大河坝、鞍子、梅子垭、新化、双龙、太原、棣棠、城郊、岩东等13个乡，平均单产量5149.5千克，同比前3年平均单产4485千克增664.5千克。全县规范化大面积种植水稻8199.07公顷，总产达到41618460千克，平均单产5076千克，比片外水稻面积单产4593千克增产483千克。1994年，开始推广旱育秧技术，连续4年均获成功，实现“四早”（早播、早栽、早发、早熟）、“四省”（省工、省力、省水、省秧田），比普通办法育秧栽植的水稻增产8%～10%。1998年，开始试验水稻抛秧移栽新技术，即利用秧苗自身重力进行抛撒移栽的一项新技术。4月29日，县农业局在靛水乡张家坝村召开水稻抛秧移栽技术现场会，此后在全县各地迅速推广，并长期使用。1999年，推广抛秧面积1426.67公顷，平均单产6855千克，比其他面积单产5190千克增1665千克。太原乡推广抛秧移栽技术135.33公顷，平均单产7680千克。全县旱地育秧水稻栽培8000公顷，平均单产6795千克。2002年，梅子垭、鞍子、黄家、平安、太原、棣棠、龙射、保家、郁山、汉葭、诸佛等35个乡镇559个村157517户农户全面推广普及杂交水稻旱地育秧移栽7100公顷，平均单产稻谷6210千克，同比常规育秧方式栽培平均单产5835千克增375千克，增产6.43%。太原、棣棠、平安、龙射等20个乡镇119个村22631户农户推广抛秧技术1906.67公顷，平均单产6555千克，比常规育秧方式栽培的平均单产5835千克增720千克，增产12.34%。

2003年，在太原等水源条件较好的乡镇，继续推广抛秧技术栽插水稻2666.67公顷，在岩东、靛水等水源较差的乡镇，推广旱育秧栽培技术5333.33公倾，单产平均增300千克。

三、高山小麦种植

自1985年开始，在海拔1000米以上的地区试种小麦。经过几年的反复试验，得到成功的经验：根据高山气候特点，选用丰产性能好、植株较矮、抗逆性强的早熟品种绵阳15号、19号、20号、21号和川麦21号、22号；改变满地种为1.67～1.83米开厢套种烤烟或玉米，每厢种小麦4行，预留行1～1.17米种烤烟或玉米；适时播种，不同地区，确定不同的最佳播种期，以保证冬前壮苗、春后扬花，即海拔1000米地区10月16—25日播种，海拔1100米地区10月12—22日播种，海拔1200米地区10月9—18日播种，海拔1300米地区10月6—15日播种，1400米地区10月3—12日播种。海拔每升高100米，播种期提前3天左右；适当增加用种量，公顷播种量105千克（带状套作用种量），每米沟内播种40粒；精细整地，适当浅播（2～3厘米），播种均匀，达到出苗早、齐、壮；重施底肥，早施“针叶肥”（分蘖前），有机肥、磷肥、氮肥合理搭配施用，春后适时追肥、中耕除草。1988年，全县种植高山小麦745.8公顷，总产138.16万千克，平均单产1852.5千克。1993年，实施农业部下达的小麦“丰收计划”10200公顷，平均单产2617.5千克，比1990—1992年平均单产2070千克增产547.5千克。技术上严格播种期，按海拔高度分类播种期；冬闲土内实行带状种植，采用“麦—烟—苕”“麦—玉—苕”等形式，开厢套作种植。新田乡新田村试验种植“麦—玉—苕”“吨粮土”（小麦套玉米，小麦收后栽红苕）1.33 公顷，平均单产小麦 2469 千克。

四、薯类作物种植

1992 年，全县实施洋芋“丰收计划”2000.3 公顷，单产 3138 千克，比上年增 420 千克。1995 年，四川省农牧厅下达彭水 1 万公顷红苕“丰收计划”，栽种红苕“丰产计划”面积 10506.67 公顷，平均单产 3423 千克，比前 3 年平均单产净增 768 千克。全县红苕丰产计划基本选用“南薯 88”和“徐薯 18”品种，把玉米肥球育苗保温床育苕种 5.48 万千克和其他育种方式结合，培育壮苗，促使早栽，高埂深沟，浅栽平插，合理密植。一类净土栽 5000 株，二类净土栽 5000 ~ 5500 株，带状种植亩栽 3500 ~ 4000 株。

五、经济作物种植

1994 年，实施省农牧厅下达“优质油菜综合增产技术”项目 3666.67 公顷油菜“丰收计划”，栽种面积 2960.87 公顷，平均单产油菜籽 1125 千克，比上年平均单产 930 千克增产 195 千克。其配套措施是选配中油 821、中油 119、蓉油 3 号、秦油 2 号等高产优质良种，适时早播，壮苗移栽，9 月中旬全面播种；稀播匀播，及时间苗、定苗，在三叶期亩喷施 150ppm 的多效唑药液 30 ~ 40 千克，5 片叶时移栽；移栽时重施底肥，亩用土杂肥 1500 ~ 2000 千克、过磷酸钙 20 ~ 30 千克、草木灰 100 ~ 150 千克、尿素 1 ~ 1.5 千克、硼肥 0.25 ~ 0.5 千克；移栽 10 天后，第一次追肥，再隔 15 天第二次追肥。2002 年，汉葭、保家、迁乔、郁山、龙溪、平安、黄家、鞍子、桑柘等 28 个乡镇 346 个村 77227 户农户推广种植“渝黄 1 号”油菜新品种 3273.33 公顷，采用早播种培育壮苗，提早移栽，重施底肥，适时追施追肥等技术，平均单产菜籽 1605 千克，比其他品种平均单产 1230 千克增 375 千克，增产 30.49%。郁山镇、黄家镇推广优质花生“鲁花 9 号”211.11 公顷。在润溪收购白皮大蒜种 1000 千克，在附近乡进行扩繁。2003 年，引进“渝豆一号”大豆新品种，在汉葭镇平原等村试种 10 公顷，平均单产 3150 千克，比当地常规品种增 450 千克。2005 年，实施迁乔乡油菜保护性耕作示范项目，种植油菜 333.33 公顷，在长湾、龙凤村建立油菜栽种重点示范片 73.33 公顷。

第七章 农业植物保护

第一节 主要病虫害

彭水地区的农作物病虫害的总特点是过去少，现在多；本地的少，从外地传进的多；老品种病虫少，新引进品种病虫多。尤以水稻、玉米、小麦病虫最为突出。

水稻主要病害有稻瘟病、立枯病、赤霉病、云形斑病、恶苗病、叶枯病和烂秧等，主要虫害有稻飞虱、稻叶蝉（火蠓）、稻纵卷叶螟、大螟、二化螟、三化螟、稻苞虫、稻蓟马、稻秆潜蝇、负泥虫、食根叶甲、稻蟠蟓、赤斑沫蝉（火斑虫）、稻蝗等。在彭水危害水稻最严重的有稻螟虫、稻飞虱、稻纵卷叶螟、稻瘟病4种。1995年，发生稻纵卷叶螟危害水稻面积4200公顷，损失稻谷6.3万千克。1996年，全县发生稻飞虱危害水稻面积7000公顷，损失稻谷16.5万千克。1997年，全县稻瘟病发病面积3266.67公顷，损失稻谷1.75万千克。螟虫发生面积6133.33公顷，损失稻谷1.875万千克。

玉米的主要病虫害有大叶斑病、小叶斑病、纹枯病、黑穗病、地蚕、玉米螟（钻心虫）、蚜虫、黏虫、赤斑沫蝉等。

小麦主要病虫害有白粉病、锈病、赤霉病、叶枯病、黑穗病、纹枯病和虫害麦蚜、管蓟马、麦蜘蛛、白翅叶蝉等。特别是小麦白粉病，在全县各地均有不同程度发生。新田、新场等地发病较早、较重，一般3—4月份为发病高峰期。1996年，全县小麦白粉病发病面积15933.33公顷，损失小麦51.5万千克。赤霉病是彭水地区小麦常见病，易偶发性流行，在小麦抽穗扬花灌浆期若连续降雨就会造成大流行，对产量损失较大，是年，全县小麦赤霉病发病面积16466.67公顷，损失产量55.4万千克。

红薯的主要病虫害有甘薯黑斑病、软腐病、花叶病、卷叶蛾、甘薯天蛾、负蝗、黏虫、斜纹夜蛾等。

马铃薯病虫害较轻，主要有晚疫病、马铃薯环腐病、青枯病和28星瓢虫、斜纹夜蛾等。

黄豆病虫害有霜霉病、菟丝子、豆芫青（鸡公虫）、豆叶甲、大豆食心虫、豆天蛾等。

第二节 病虫害防治

农作物病虫害防治以防为主，防治结合，主要采取农业防治、物理防治、药物防治相结合的办法。

一、农业防治

即综合防治，主要采取10个方面的措施，即选用良种，培育壮苗；晒种、浸种、药剂拌种；以铲除杂草、处理病株病叶等方式清洁田园；合理施肥，增施磷、钾肥，增强植株抗病能力；浅水勤灌，适当晒田；合理密植，增强通风透光度，增强抵抗病虫能力；早犁板田，早灌冬水，淹没稻桩中越冬螟虫的幼虫；适当掺沙改田，水旱轮作，增强土壤的通透性，改善作物生长环境，防止赤枯病的发生；早翻（犁）冬土、炕土；适时播种、插秧，避过螟害发生期，降低白穗率。

二、物理防治

主要是指采用人工捕杀和诱杀害虫的方法消灭害虫，减少害虫基数。摘除 1 个 28 星瓢虫或斜纹夜蛾卵块，可减少 8 ～ 12 个成虫或幼虫危害。

三、药物防治

主要是使用化学农药和土制农药进行农作物病虫防治。1991 年，稻飞虱迁入锋期次数 2 ～ 4 次，降虫量大。5 月 20 日，灯诱虫量为有资料记录以来最多，其中白背飞虱是常年中最多年（1989 年）的 283.40 倍；褐飞虱是历年同期最多年（1989 年）的 960.80 倍。据 5 月底测，100 平方米的稻田有白背飞虱、褐飞虱，分别是历年同期平均的 38 倍和 20.8 倍。是年，苗稻瘟、叶稻瘟最为严重，发生早，来势猛，不分品种，面积大。全县发生面积 9272.33 公顷，占水稻栽播总面积的 90.80%，防治面积 4800 公顷。主要使用敌敌畏、甲胺磷、稻瘟净、稻瘟灵、多菌灵、三环唑、托布津等化学农药进行防治，特别是用三环唑浸秧根，预防稻瘟病效果很佳。1998 年，全县玉米发生病虫面积 12620 公顷，其中玉米螟 3066.67 公顷、纹枯病 5086.67 公顷、大小斑病 4466.67 公顷。同年小麦发生赤霉病、纹枯病为中等偏重年。2003 年，发生的小麦锈病、赤霉病、白粉病和玉米螟、纹枯病、大小斑病，均为中等偏重年。其他年份全县旱地粮食作物病虫发生均为中等偏低或小发生年。主要使用病虫灵、甲胺磷、多菌灵、托布津、乐果等化学农药进行防治。

第八章 农机推广与运用

第一节 农机生产

1985年，生产PS–120型农用运输车11辆、红苕磨粉机30台。1989年，生产红苕磨粉机120台、J立式耐酸泵18台。1994年，不断开发适宜山区特点的农用机械新产品，生产一些适销对路的非标产品，为农业生产提供各型农用机械。主要生产JE258–B型立式耐酸泵、打包机械、蚕桑机械（茧车、排风扇）、脱离机械（玉米、稻麦、万能脱粒机）、烤烟机械（机动打包、手动打包、烤烟机）、磨粉磨浆机械（机动、手动）等系列产品。1999年11月，由于机制不适应内外部经营环境，导致县机械工业公司连年亏损，资不抵债，无法进行正常生产和经营，县人民政府对县机械工业公司依法实施破产，县内农业机械生产也随之停止。

第二节 农机推广运用

1985年年底，全县农机具2901台/37299马力。其中，大中型拖拉机22台/795马力，小型拖拉机（含小四轮运输车）307台/4411马力，农用载重汽车49辆/3814马力，农用机动运输（包括渔用2艘）船20艘/847马力，各类柴油机2502台/27508马力，电动机562台/5742马力。当年完成农副产品加工5300万千克，机械机动脱粒1227.33公顷，机械机动植物保护（喷农药）3512.13公顷，农用运输量657.7万吨千米。

1986年，推广微型电机18台15300瓦，改造旧碾米机174台，安装手拖减烟节油器310台，手拖调修12台。至年底，全县农用机械总动力达到41979马力，其中农用拖拉机413台/6685马力、电动机600台、机动运输船26艘、手动喷雾器4388台、农产品加工机械5136台。1987年，农产品加工4602.07万千克，饲料加工710万千克，机械脱粒5.8万千克，机耕793.47公顷，农用运输706.4万吨千米。1990年，新引进5HNzS–140型内置烤烟机150台。新安装微电机8台4.7千瓦，解决30户120人的生活照明问题。全县拥有农用总动力40699千瓦，同比1989年增加3907千瓦，其中农用拖拉机348台/3969千瓦、柴油座机2251台/19802千瓦、各型电动机758台/6036千瓦、农用载重汽车117辆、农用运输车135辆、机动运输船30艘、植保机械7124台（含手动喷雾器5561台）、农副产品加工机具6049台。

1992年，在迁乔乡对水稻催芽机、喷灌机和开沟犁等新机具进行农机化综合试点。推广烤烟机62台，化肥深施器10件，微电机18台7.6千瓦。累计安装微电机102台62.6千瓦，生活照明用电825户3282人。全县农业机械总动力发展到47635千瓦，农业机械原值为1603.61万元。农机具耕地作业266.67公顷，提灌573.33公顷，提水82万立方米。农副产品加工8.01万吨，农机运输作业量达到 1044 万吨千米，机械烘烤烤烟 3.5 万千克。

1996 年起，主要推广小型轻便、使用方便、节本增效的先进农业机具。推广小四轮拖拉机及耕整机新增 6 台、微耕机 4 台，化肥深施器 60 件，新增微电机等各种农机机具 825 台（套）。当年实现农耕机械作业 538.22 公顷，农机运输作业 2420 万吨千米；农机提灌作业提水 69 万立方米，灌溉 312 公顷 / 次。1998 年，在上岩西、太原两个乡召开了华生牌 1G-30A 微型水田旋耕机现场会，并先后在上岩西乡、太原乡、保家农场开展 4 次较大规模农耕服务，共完成机耕面积 2466.67 公顷。

2000 年，推广微耕机、稻麦收割机等各种新型农机具 1580 台（件），购柴油机 15 台、稻麦收割机 4 台、微耕机 5 台、农用三轮拖拉机 5 台、打砂机 12 台、水泵 4 台。2001 年，推广耕机 25 台、玉米脱粒机 10 台、小麦脱粒机 18 台，推广微耕机、化肥深施器、机动喷雾器、秸秆还田机械等 1550 台。2002 年，推广各种新机具 1750 台（套、件），实现农业机械总动力 153085 千瓦。维修机电提灌设施 344 台 /1594 千瓦、耕作机械 25 台 /139 千瓦，机灌 1350 公顷，机耕 3647 公顷。2005 年，全县农业机械总动力达到 19.98 万千瓦。

1986—2005 年彭水自治县农业机械拥有情况表

表 14-9

年度	农业机械总动力（千瓦）	农用大中型拖拉机（台）	小型和手扶拖拉机（台）	农用排灌动力机械（台）	机动脱粒机（台）	面粉机碾米机（台）	榨油机（台）	农用汽车（台 / 千瓦）
1986 年	41979	19 / 690	394 / 5995	28 / 788	258	3486	417	64 / 5066
1987 年	33000	12 / 265	299 / 4725	54 / 320	233	4028	408	65 / 3914
1988 年	45630	12 / 424	306 / 4356	32 / 411	270	1825	370	78 / 6112
1989 年	50057	10 / 362	346 / 5225	67 / 929	247	2208	369	84 / 6922
1990 年	40699	12 / 336	336 / 3657	58 / 624	259	2040	432	117 / 7450
1991 年	43479	10 / 252	350 / 4046	72 / 737	285	2235	451	127 / 8125
1992 年	47635	7 / 160	314 / 3446	73 / 736	318	2299	503	148 / 9443
1993 年	48661	7 / 160	310 / 3409	61 / 623	330	2417	452	128 / 8530
1994 年	57886	7 / 160	352 / 3876	81 / 983	370	2673	479	136 / 9530
1995 年	53000	5 / 102	267 / 2941	66 / 675	360	5290	489	136 / 9078
1996 年	57886	4 / 82	250 / 2756	81 / 983	439	5793	479	136 / 9095
1997 年	97482	—	352 / 3876	342 / 2661	502	3678	479	146 / 10162
1998 年	110245	—	349 / 3939	342 / 3762	550	5678	479	250 / 17250
1999 年	121250	—	348 / 3939	352 / 3769	556	8745	479	250 / 17250
2000 年	93800	—	—	—	—	—	—	—
2001 年	145800	—	—	—	—	—	—	—
2002 年	153100	—	—	—	—	—	—	—
2003 年	170000	—	—	—	—	—	—	—
2004 年	190300	—	—	—	—	—	—	—
2005 年	199800	—	—	—	—	—	—	—

注：2000—2005 年农机拥有情况只统计农业和机构总数，其余细目未作统计

第十五篇　烤　烟

彭水自治县以烤烟作为支柱产业，从规模种植向规范种植过渡，对彭水经济发展做出重要贡献。1986 年烤烟总产量 471 万千克，总产值 848 万元。1989 年，彭水烤烟质量获全国第一名，1997 年，彭水成为全国烟叶生产标准化示范县。2005 年，烤烟总产量 1497 万千克，总产值 15163 万元，创税 5000 万元。

第一章 烤烟生产

第一节 基本概况

彭水烤烟规模种植起于20世纪80年代初期。1981年，四川省人民政府将彭水县首次列为烤烟生产重点县之一，正式列入国家计划。县人民政府把烤烟生产纳入议事日程。

1983年，彭水县烟草公司成立，为全民所有制企业，烟草专营机构。在国家计划指导下，负责全县烟叶生产、加工、销售和卷烟经营业务。1984年12月，彭水县烟草公司更名为彭水自治县烟草公司。

1986年，全县48乡、319村、1762组、24049户、92500人种植烤烟4253.35公顷，总产量471万千克，总产值848万元，创税444万元。烤烟产量获四川省第3名、涪陵地区第2名。1987年，县委第七次党代会把烤烟生产列为多种经营骨干品种，种植面积增加，烟叶质量提高。烤烟产量获四川省第2名、涪陵地区第1名。同年9月5日，在北京举办的世界博览会上，彭水复烤烟叶参展，专家确认“彭水烤烟清香纯和，外观和内在质量均属云贵型，具有色泽好、组织疏松、弹性好、含糖量适中、出丝率高、燃烧性能强等优点”。1989年，彭水烤烟质量在兰州原烟质量评选会上荣获全国第一名，产品销往全国九省一市52家烟厂，先后出口英、美等国及东南亚地区。1992年，实行厂商联办，首次与华中、华东、华北地区14家骨干烟厂联营，在彭水鹿箐等7个乡开发优质烤烟基地。当年收购烟叶数量、质量双列四川省第一，烟叶复烤质量列全国榜首。1993年起，实行生产补贴，提高技术服务，加大资金投入，引进优质良种，至1996年，种植烤烟遍及62乡、510村、2985组、60914户、239008人，种烟面积、总产量、总产值、创税分别为13706.74公顷、2751万千克、23788万元、10972万元，分别为1986年的3.22倍、5.84倍、28.05倍、24.71倍。其中种植人数、总产量、总产值分别为20年最高。并连续4年被中国烟草专卖局、总公司评为“全国烤烟生产收购工作先进县”。1997年，全县63乡、556村、3480组、66531户、231000人种植烤烟14986.74公顷，乡、村、组、户、面积均为20年之最。

1998年，公司又更名为重庆市烟草公司彭水自治县公司（简称县烟草公司）。县烟草公司实行集团承包，示范片带动，个人工作与成效挂钩，单位实绩与财政拨款挂钩。烤烟生产由数量型向质量型转变，生产规模大幅度减小。全县61乡、445村、2407组、30761户、125135人种植烤烟，面积、总产量、总产值分别为6506.70公顷、733.5万千克、2069万元，分别是1996年的47.47%、26.66%、8.70%。翌年，彭水自治县被确定为“全国烟叶生产标准化示范县”。2000年，把烤烟生产确定为“一把手”工程。2001年，全面推行风险承包责任制。2005年，完善“公司”+“农户”的生产组织模式，明确产前扶持，产后补贴和奖励政策。全县35乡（镇）、192村、882组、824社、18725户烟农种植烤烟10466.67公顷，总产量1497万千克，总产值15163万元，创税5000万元。

1986—2005 年彭水自治县烤烟生产基本情况表

表 15-1

年度	生产规模						面积及产量			产值		税收			其他				
	乡（个）	村（个）	组（个）	社（个）	户（户）	人（人）	面积（公顷）	公顷产（千克）	总产（吨）	公顷产值（元）	总产值（万元）	合计（万元）	烟草税（万元）	特产税（万元）	烟草利润（万元）	上等烟（%）	中等烟（%）	均价（元/千克）	无偿投入（万元）
1986 年	48	319	1762	—	24049	92500	4253.33	1110	4710	1995	848	444	97	347	46.80	0.2	62.27	1.80	200
1987 年	49	346	2024	—	26005	112050	4353.33	1200.75	5250	2940	1279.88	595	132	463	67.00	12.74	63.00	2.30	230
1988 年	58	470	2729	—	39927	189600	5960.00	1740	13050	4365	2601.54	1214	193	1021	94.60	30.01	50.04	2.54	299
1989 年	61	511	3052	—	47140	198598	7840.00	1147.5	9000	2355	1846.32	898	181	717	206.00	2.91	69.26	2.06	—
1990 年	61	500	2828	—	42007	469040	8533.33	1057.5	9005	2700	2304	1075	203	872	174.00	—	—	2.56	—
1991 年	62	505	2949	—	40746	174954	9066.67	1327.5	12050	3330	3019.2	1402	250	1152	289.80	6.51	70.98	2.50	—
1992 年	62	510	2942	—	52240	207792	10266.67	1882.5	19350	5355	5497.8	2509	410	2099	555.50	25.79	65.00	2.84	—
1993 年	62	510	2941	—	52380	205488	12400.00	1297.5	17930	5805	7198	1982	320	1662	650.00	18.90	63.80	2.98	—
1994 年	62	474	2766	—	52513	198252	8933.33	1507.5	13450	5085	4543	2107	610	1497	911.00	25.20	63.60	3.40	440
1995 年	62	476	2719	—	54858	214539	11093.33	1455	16100	8640	9585	4260	1600	2660	4200.00	60.50	31.40	5.34	440
1996 年	62	510	2985	—	60914	239008	13706.67	2002.5	27510	17355	23788	10972	2400	8572	6654.00	37.20	56.23	10.04	1681
1997 年	63	556	3480	—	66531	231000	14986.67	1770	26620	13020	19513	7928	5173	2755	265.65	3.42	74.20	6.70	1980
1998 年	61	445	2407	—	30761	125135	6506.67	1125	7335	3180	2069	1999	1639	360	−9901.30	3.23	46.58	2.82	558
1999 年	61	501	2864	—	45547	179128	14873.33	1102.5	15920	6705	9973	7000	5243	1757	229.33	7.81	53.07	6.04	1883
2000 年	60	498	2096	—	45502	179128	13426.67	1192.5	15955	6960	9345	2928	1128	1800	−2261.70	9.20	60.90	5.86	1868
2001 年	57	447	2182	—	24654	95311	8420.00	885	7435	6734	5670	2374	1240	1134	122.00	18.03	70.24	7.62	1061
2002 年	30	406	2298	—	27608	—	9853.33	1590	12800	10563	10408	3966	1885	2081	249.00	27.10	61.61	8.14	—
2003 年	37	412	2263	—	27169	—	11133.33	1290	14450	10717	11932	4100	1714	2386	1206.00	29.00	—	8.46	1204
2004 年	35	209	1016	1161	18755	—	8986.67	1500	13550	12970	11630	4000	1674	2326	2200.00	31.90	45.32	8.60	1809
2005 年	35	192	882	824	18725	—	10466.67	1425	14970	14487	15163	5000	2168	2832	—	42.83	34.36	10.12	3460

第二节 烤烟种植

1986 年，种植烤烟 4253.53 公顷，种植方式由低平地区转向高山地区、燃料缺少地区转向燃料丰富地区、经济发达地区转向经济贫困地区、由产量型转向质量型。改旱地育苗为稻田育苗、改双行开厢为单行提埂、改高度密植为适当稀植（分类定株，株密度 1.65 株 / 平方米）、改用肥单一为配方施肥。高山实行地膜烟栽培。实施品种良种化、种植区域化、栽培规范化措施。向云南优质烟区引进 G28、红花大金元等优良品种源种进行繁育和推广，至 1987 年，提供良种 1000 余千克，各区乡烟草站点培植优质示范片 333.34 公顷。

1988 年，县烟草公司调整烟区布局，以桑柘、鹿角两区的小厂、大元等 18 个乡为第一种植带，沿大娄山系黄家、汉葭两区的龙塘、火石等 14 个乡为第二种植带，沿清明山、雷公盖沿线普子、高谷两区的三义、太元等 14 个乡为第三种植带，顺国道 319 线保家、郁山两区的朱砂、东流等 16 个乡为第四种植带。种植烤烟向适宜区、最佳适宜区转移，由三、四类土向一、二类土转移。采取良种良法，以 G28、NC82 为主，K326 作为试验，压缩退化的红花大金元和 NC89；改冬播为春播，进行营养土小苗假植，培育直生苗 1601.34 公顷；坚持单行提埂，平土东西开箱，坡地斜面开箱；大田移栽，合理密植，植株为 1.95 ~ 2.25/ 平方米；配方施肥（氮、磷、钾肥按比例施用），重施底肥，巧施追肥，可提埂开箱普施或打窝单施，栽后适时施定根肥、提苗肥、上厢肥、叶面肥；及时补齐大田缺、损苗，适时中耕、锄草，按“头遍（10 天）浅、二遍（20 天）深、三遍（1 月左右）不伤根”施行。全县建立示范片 2361.01 公顷。种烟 6666.7 ~ 13333.4 平方米的大户 803 户。翌年，在部分烟区实行麦烟套种，粮烟兼顾，巩固老区，开拓新区扩大种植规模。淘汰红花大金元和 NC89，普遍使用 G28、NC82、K326，培育壮苗标准厢 13.5 万个。

1991 年，全县一、二类好土栽烟面积 93.13%，签订种烟合同 4.9 万多份。全年供良种 376 千克，消毒装袋 10 万个，发烤烟假植营养袋 2.2 亿多个。成功繁殖烤烟 G28 良种 340 千克。统一实行“标准厢、营养土、集中育、分户管、催芽播、双膜盖”的育苗方法，育苗 81513 厢，假植烟苗 1.98 亿株。营养袋壮苗移栽面积 90.62%。移栽季节比上年提前 20 天。培植科技生产示范片 146 片，面积 1544.07 万平方米。科技兴烟示范户 10 户，面积 620 公顷。

1992 年，种植重点在海拔 800 米以上的乡、村。烤烟规范化种植坚持“八改、八彻底”措施（一改品种“多乱杂”，统一供种 k326、黔所 1 号和 2 号，消毒要彻底；二改习惯性播种为提前 10 天播种，禁止烟苕、烟芋套作要彻底；三改二、三类土种烟为一、二类好土种烟，坚持烟土轮作，实施麦套烟要彻底；四改常规烟苗大面积移栽为全部用标准稻草圈、营养袋假植壮苗移栽，5 月前栽完烟要彻底；五改施肥为配方施肥，重施底肥，单厢提埂，施足追肥要彻底；六改浅中耕为深中耕高厢培土，病虫害综合防治要彻底；七改每株留叶 28 片为单株留有效叶 18 ~ 22 片，打顶抑芽要彻底；八改烟叶八九层成熟收采为成熟收采，培训骨干科技能手、抓好示范户要彻底）。

1994 年，县烟草公司实施减产“三不种”原则（思想不通应付种烟、无技术能力、不育壮苗和不用一二类土不准种）、杜绝“四无户”（无积水、无劳力、无烤棚、无认识）、实现“三个转移”（由不适宜或次适宜向适宜和最适宜区、由零星分散向集约化和规模化、由“老把式”向科技型转移）。全年投入烤烟生产复合肥 4299 吨，钾肥 731 吨，硝铵 622 吨，油枯 761 吨，红外线涂料 40 吨，化学抑芽剂 6 万瓶，使用面积 3866.69 公顷。涌现出科技兴烟典型户 172 家。

1995 年，推广“一根笋”栽培法，核心是“三早促一早”即早栽、早施、早管促进烟叶早熟。在季节上严格做到 5 个 20 日（2 月 20 日前播种、3 月 20 日左右营养袋灌装结束、4 月 20 日左右假植、5 月 20 日左右移栽结束、6 月 20 日前施肥上厢管理结束）。实行多层施肥技术。烟田达到上无烟花、中无烟杈、下无病叶、低无脚叶、地无杂草、沟无积水。在此基础上，通过无偿投入，种植面积逐渐扩大。到 1997 年，全县种植烤烟 14986.74 公顷，达到彭水种烟史上最高水平。

烤烟收入不断增加，烤烟种植面积无限扩大，全县出现“弃商种烟，弃养种烟，毁桑种烟”的现象。黔江行署于 1997 年年底紧急下发烤烟生产实施计划种植、合同收购文件，正确引导烟农，控制盲目发展。县烟草公司根据上级意见，向烟农制定无劳力、无生产技术、无投入能力、无烤棚、无适宜土地不种烟的政策。1998 年，地膜种烟试验试行成功，但全县种烟面积减少到 6506.70 公顷，是上年的 43.42%，为 1989 年以来最低的一年。

1999 年，烟草公司实施三审（审是否有劳力种烟、是否有烤棚，且坚持一个烤棚只能签 2666.68 ~ 3333.35 平方米烟地、是否有适宜的一二类土地）、三查［查营养袋灌装是否与合同面积（1.95 个 / 平方米）配套、育苗是否用良种、栽烟地是不是一二类适宜土］、三落实（栽烟面积、烤棚配套、无芋苕套种）措施。首次采用溴甲烷熏蒸苗床技术。

2000 年，首次与山东将军烟草集团、重庆烟草工业有限责任公司、黔江卷烟厂、重庆市烟叶购销公司分别在鹿箐、小厂、同河、龙洋、大厂、龙塘 6 个乡联办烤烟基地，面积 2800.01 公顷，成为高规格烤烟示范片。全县种植地膜烟 12600 公顷。评选出 3 个明星区、10 个龙头乡、20 个标兵村、20 户状元户、30 名烤烟生产功臣、5 片先进优质烤烟示范片。

2001 年，全县良种包衣种普及率 100%。首次使用斯美地苗床熏蒸剂、集中制作漂浮式育苗棚 94 个，浮盘 1.09 万个，育苗标厢 5.37 万厢，全面推广常规假植和漂浮苗剪叶技术。全县签订种烟合同 8420.04 公顷，其中地膜烟 2600.01 公顷。2003 年，推广以控氮降碱为核心平衡施肥技术和地膜烟膜下栽培技术。

2004 年，科技兴烟，主攻香气、中碱低焦、烟叶外观质量和内在化学成分指标，烟叶生产向可用性方向转移。组建烟叶生产合作社 1161 个，走“公司 + 农户”路子，形成由公司—站点—合作社—烟农为生产成员的网络体系。海拔 800 米以上地区地膜烟占 70%，1000 米以上地区全部实现膜下栽烟。重庆市烟草公司与江苏中烟工业公司、徐州卷烟厂、青州烟科所正式签署“以烟草成熟度为中心的配套生产技术与推广”彭水示范片项目合作协议，首次建立工商联办基地。

2005 年，县人民政府和县烟草公司对烤烟生产无偿投入 3460 万元，为 1986 年以来最多的一年。烤烟生产合作社缩减为 824 个。全县种烟面积 10466.72 公顷，是 1986 年的 2.46 倍、1997 年的 69.84%。

第二章 烤烟加工

第一节 烘 烤

1959 年，桑柘公社峰柏大队第一生产队，建彭水县第一个烤棚，高 6 米，5 米见方，内设 5 层，棚为土墙瓦顶，用土砖砌火笼管烘烤，每棚出烟约 200 千克。1971—1976 年，吸收湖北黄土公社和黔江白土、新华公社的技术经验，建烤棚烘烤烟叶，规格为 4 米见方、高 6 米，内设 5 ~ 6 层不等。

1981 年，农村实现家庭联产承包责任制，土地下放到户，烤棚增多，规格为 1.9 米和 2.6 米见方两种，内设 4 或 5 层，烤棚火管改为土制火笼管，每棚次烤烟约 100 千克，承担 2666.68 ~ 5333.36 平方米烟地烘烤能力。是年平均青烟率 20% ~ 30%。1982 年，烘烤烤烟规模逐渐扩大，烤棚实行一户一烤棚或一户多烤棚，至 1984 年全县烤棚逐渐增到 2526 个。通过对烤棚的整改，烘烤技术的培训，青烟率降至 6.5%。

1987 年，全县烤棚增加到 11265 个。改变过去适熟采叶为成熟采叶烘烤、快速变黄急火杀筋为低温慢变黄烘烤调制工艺，青烟率降至 3.28%。

1988 年，从贵州毕节地区引进预制板“平走式”火垄，中、上等烟比例增加，青烟率降至 1.17%。翌年火管道平走式烤棚达到 1100 多个。

1990 年，吸收黔江县烘烤先进技术，改原烤棚为传温快、受温均匀、排湿性能好的 Q-A 型正反平走式热风火笼烤棚 5512 个，年节煤 3320 吨。青烟率 0.92%。到 1991 年，新式烤棚达到 14275 个，青烟率降至 0.40%。

1992 年，改大棚为小棚，改几户联棚为一户一棚，新建和改建烤棚 49045 个，其中采用 Q-A 型正反热风火笼平走式烤棚 78.6%，青烟率降到 0.2%。

1993 年，烘烤工艺采用“六段式”或河南宝丰“三段式”（烟叶分为变黄、定色、干筋三个阶段烘烤）烘烤方法。使用红外线涂料火笼新法烘烤，每棚每次省煤 8.5 ~ 32.5 千克，省时 12 ~ 14 小时，干鲜比例增长 1.4% ~ 3.2%，上等烟增长 1.77% ~ 14.88%。

1995 年，烤棚建置与种烟面积比例配套（一个烤棚对应 2000 平方米烟地），海拔 1000 米以上地区采用红外线涂料。使用干湿度测控仪或干湿玻璃温度计，严格掌握各段（烟叶变黄、叶片干燥、干筋阶段）烘烤温度。

1998 年，首次实行预检制度，解决“三混”现象。

2003 年，新建和改建热风循环烤棚。

2004 年，要求每个种烟户必须有一个合格标准化烤房。全县新建 2.12 万多座，投烤率 100%。对下部叶实行早采早烤，中部叶适熟采烤，上部叶成熟采烤，顶叶留 4 ~ 6 片待充分成熟后一次性采烤，中上烟比例增加，青烟率降低。

第二节　复　烤

1986 年 4 月，县烟草公司自筹资金修建挂杆复烤厂，征地 5.23 万平方米，建设面积 1.31 万平方米，总投资 311.88 万元。1987 年 3 月竣工，9 月试烤，至年底烘烤烟叶 434.5 万千克，回收成品率 92%。1988 年 3 月正式验收（优良）投产，采用先进蒸汽复烤，年生产能力 1 万吨以上。复烤原烟 738 万千克，成品率 94%，烟叶烤透率、水分、重量合格率等指标均达到国家质量标准。1989 年，将复烤机筛网由滚筒式改为链条式，克服运行中梗塞、破碎弊端。复烤烟叶 768.8 万千克。1990 年，新安装 2 号复烤机、容量为 6 吨的锅炉、200 千伏安电力变压器、工效为 2 ~ 3 吨 / 小时液压打包机、安装 1 条复烤生产线。复烤原烟叶 825 万千克，实现产值 151.3 万元。

1991 年，复烤厂进行二期技改，修建 5000 平方米烟叶成品库，新安装 15 千瓦莱西市清水泵。实现烟叶调运完，复烤加工完，复烤烟叶 1220.6 万千克，实现产值 150 万元，盈利 20 万元。

1992 年，对复烤机、旧锅炉进行改造，炉渣改为自动出渣，节省开支和烤煤，改单机抽水为双机抽水。全年复烤烟叶 1550 万千克，实现产值 200 万元，烤透合格率 95%，包装合格率 98%，含水分合格率 95.85%，过磅重量合格率 97%，加工损耗率 2.57%，比初烤时降低 3.08%。全国烟草公司质检验收，获 90.5 分，名列全国同行榜首，四川省烟草公司授予复烤厂“全面改造先进单位”称号、“烟叶质量金杯奖”。

1993—1996 年，复烤烟叶 6579 万千克，成品水分、外观、重量合格率分别为 99%、99.7% 和 99.8%。各项技术指标均达到国家规定复烤标准。

1997 年，完成 1 条挂杆烟叶复烤线技改，解决挂杆密度、水分超限问题。复烤烟叶 4100 万千克，成品烟叶烤透率 98.5%。全市 100 分制检查，获 97.4 分，名列全市 5 个复烤厂第一。

1998 年，挂杆复烤厂进行一期改造工程，建成宽 30 米，长 282 米的主厂房，改造后达到年复烤原烟 3000 万千克（1200 千克 / 小时）生产规模。是年 7 月 25 日，采用新型循环流化床锅炉，锅炉安装 3 个（探伤、试压、点火）一次成功，达到规定各项功率指标。复烤生产线主要工艺配套器材 118 套、通用设备器材 35 台按时按质按量安装。工程改造完工后，原挂杆复烤厂改为打叶复烤厂。实施单把挂烟、单杆上车、上炕。复烤工艺流程达到国家标准。翌年，推行二次质检，把降级损失消灭在复烤加工环节。

2000 年 5 月 9 日，成立重庆彭水金益实业有限责任公司（以下简称金益公司），为重庆金益烟草有限责任公司下属国营控股子公司，主管打叶复烤厂。至 2002 年，金益公司分别通过 ISO 9001 质量和 ISO 14001 环境管理体系认证，成为全国首家一次性通过双认证的打叶复烤企业，企业信用等级达 AA 级。公司成立后，购买原红麻厂改建成 1.2 万平方米烟叶仓库工程。与渝叶公司联合投资修建 2 万平方米原烟仓库。复烤生产实行 3 班（2 个生产班、1 个保养班）运行，每天生产时间由原来 16 个小时调整到 20 小时，设备保养 4 小时，有效作业率 90%。投资 525 多万元在车间增设微波水分仪、检测设备设立关键工序控制点、对烤片系统进行改造，水分控制精度达 ±0.5、车间环境除尘系统进行改造，降低车间粉尘含量、新装乳化塔脱硫装置和行车装置、增设真空回潮工序、增加烟梗风送筛分和封箱系统、对检测室进行扩容，增添恒温设施、新购置化学分析仪。将 4 打 0.37 米振槽换为振筛，解决梗中含叶偏高问题。对烤梗机长回旋布料器重新调整，解决烤后烟梗温度偏高问题。对生产工艺流程改进和检测设备安装运行监管。建立在线检测室和化学分析室，配置先进检测仪器。各个环节配备跟班工艺员、质检员，定时对各点质量指标检测分析，及时纠偏。坚持自检、互检、专检相结合办法，对关键工序控制点严控开展 QC 攻关活动，成功解决烟箱不紧不均匀，梗中含叶率偏高等问题，出 QC 成果 5 项。通过生产组织模式优化和调度，加工量由 18 万千克提高到 25 万千克。复烤的烟叶，平均大中片率 92.6%、中等 91.2%、下等 88.6%，叶中含梗率 2%，平均梗中含叶率 0.07%，超过国家指标，质量抽检合格率 99% 以上。

2003 年，实施“无监打工程”，将原辅材料进库至产品出库全过程分成若干流程，每个流程实施质量监控，做到有无客户监打一个样。将工艺质量部的成品检测、理化分析、原辅材料检测职能分离，独立成立质量检测站。投资 98 万元，配备国内外最先进布拉本德、赫尔森在线质量检测仪、新装机械式条状杂物剔除设备、改造备料场。技术人员进行设备技术改造，解决打前仓式喂料机提升带被动端积料问题，行业首创利用空压循环方法，将螺旋干燥机烘烤能力，从 150 千克 / 小时提高到 350 ~ 400 千克 / 小时，解决打叶线从投产以来一直存在叶片机构不均匀、大叶整片突出问题。调整工艺参数降低烤片（梗）装箱包心温度和叶片曲卷。改造烤片原备料库进料方式为往复、步进式进料联动。工艺质量部开展 QC 攻关活动，成功解决成品碎片烤不干、在线微波水分仪利用率低等问题，出 QC 成果 4 项，其中“成品标签改进”“缩短打叶线启机时间”2 课题，参加行业第五次 QC 成果发布会。

2004 年，金益公司推行 ISO 18001 职业安全健康管理体系，12 月 1 日，通过北京新世纪认证公司第三方现场审核，实现质量 / 环境 / 职业安全健康体系（三合一）有效整合。控制数据分析，建立质量指标数据库，优化工艺参数。启动二期技术改造：新建精选车间 5200 平方米、新建原烟仓库 5326 平方米、硬化库区路面 3000 平方米、完成 1400 平方米选叶场、季节工食堂、链条输送带、精选车间辅助设施等建设；对润叶进口分料螺旋改造，解决物料不均匀难题；对 CL20 仓式喂料机陡角带的连接方式由原焊接式改为螺栓连接，降低设备故障率和维修难度；对碎片系统进行改进，烟叶碎片指标达到要求；对一打 4 个打辊门进行改进，杜绝门限位开关故障；对碎片风系统进行改造，降低碎片堵塞频率；对成品装箱密度进行改进，成品密度更均匀；对八至十一分落料器链条、链轮进行改进，降低打叶断链故障率。投资 130 余万元分别对锅炉进行自动控制系统和切断机架上改造。向昆船和其他设备生产技术厂家，引进先进工艺技术，实施流程再造，提高工艺质量和设备运行效率。

2005 年，投资 470 万元分别对锅炉节煤器、人工精选带、光谱除杂设备和冷凝水回收系统进行技术改造。完善加工参数数据库、加工质量统计分析，采集更多更全的有效数据。购置原烟存放专柜，健全原烟样品库。江苏中烟工业公司徐州卷烟厂投资入股 2000 万元，专项用于烟叶仓库建设。是年，加工原烟 4200 万千克，产品质量达到和超过国家标准。

第三章　烤烟收购

第一节　烟叶收购

1959 年，桑柘区供销社收购烟叶 1.5 万余千克，首开彭水收购烤烟纪录。1971—1976 年，每年收购烟叶量在 0.1 万～0.5 万千克之间徘徊。1978 年，烟叶收购量突破 100 万千克。1983 年，收购烤烟由烟草公司专营，由各供销社代购。1984 年，县烟草公司建立 7 个区烟草经营站和 30 个乡收购点。烟叶收购直接由县烟草公司行业操作。烤烟乡政府建立评级委员会，按“国标”协助检验，仲裁争议。至 1985 年，收购烟叶 713.43 万千克，每年呈递增发展，中上等烟在 60% 左右。

1986 年，全县设立 7 个区烟草经营站，36 个烟草收购点，收购烟叶 471 万千克。其中桑柘乡收烟 35 万余千克，占全县收购量的 7.43%，为全县各乡最高。

1987 年，增设 1 个区烟草经营站、9 个烟草收购点。烟叶实现合同收购，依质论价。与周边县（省、县际间烟草公司）签订协议，不搞“锅边”政策、不互挖“墙角”。全年收购烤烟 525 万千克。1988 年，再增设收购点 20 个，仓容量达到 2.2 万平方米。收购技术人员在原有 225 人基础上，另雇季节工 800 余人。

1989 年，坚持整顿强化烟叶收购秩序，打击抬级、抬价、抢购烟叶的二道贩子和及时查处卖霸王烟者。按 15 级国标定级，及时按规定价格和扶持奖励政策兑现给烟农。收购烟叶 901.51 万千克，中上等烟 72.73%。收购烟叶质量和数量名列四川省第 2 位、涪陵地区第 1 位。

1991 年，坚持合同、一证一卡（烟证、收购卡）收购。实行收购结束就兑现生产扶持费。

1992 年，采用约时、定点，村组干部带队轮流交烟办法，拒收辖区外烟。首次在桑柘、大元、龙塘 3 乡试行国标 40 级制收购烟叶，收烟 191 万千克，上等烟 37.02%，比全县综合比例高 11%，比 15 级制均价高 0.04 元 / 千克。县烟草公司荣获四川省烤烟收购第一名。次年，烤烟收购点由上年的 88 个增加到 108 个，台秤由上年的 158 台增加到 268 台。

1994 年，首次在桑柘区实行微机计价和复核，杜绝差错和伪造。1995 年，将 40 级价格制收购扩大到 14 个乡。上等烟叶占总量 60.50%，为彭水自 1986 年后 20 年之最。同河乡收购烟叶 123.94 万千克，占全县收购烟叶总量的 7.70%，堪称“巴蜀第一乡”。1996 年，成立烤烟收购资金筹措领导小组，采取由农业银行派专人到收购点付款，不代扣任何款项。全面实行国标 40 级制收购烟叶。设收购点 107 个、214 台秤。在 49 个乡配备烤烟收购机 160 台，开单 65 万余份，无效率 0.08%，防止作弊行为。收购烤烟 2751 万千克，中上等烟 93.43%，数量和中上等烟比例是彭水自 1986 年后的 20 年之最。烟农售烟 5000 千克以上 15 户，平安乡陆平村民石兴安售烟 2 万千克，列涪陵地区第一名。

1997 年，全县对 227 台收购秤分别实行划码过磅微机管理，普及率 100%。收购烟叶的中等烟比例 74.20%，是彭水自 1986 年后的 20 年中最高的一年。翌年，实行一秤一机、“三证”（烟农身份、种烟、预检证）和“三定”（定秤、定时、定量收购）、磁卡（对合同烟农户按实填发磁卡）收购。每

10 天对收购烟叶盘存一次。

1999 年，投资 70 万元，用于新建和扩建区乡烟叶仓库 3000 平方米、新制作 50 台秤的封闭式设施和区烟站的整修。收购工作严格执行行业定标准、党政不干预验级和烤烟收购秩序按辖区属地管理、党政一把手负总责制度。对 122 个收购点，314 台秤进行 8 次盘点，杜绝开空头吃升益行为。

2001 年，吸收南川县烟叶收购经验，全县设收购秤支 104 台，其中对 58 台进行半封闭收购设施改造。收购工作按区域以质量、数量、等级合格率千克平均定额奖励的收购办法。严格执行“一控五不收”（下等烟叶收购比例控制在 10% 以内，对 B1K、B2K、B3K、GY1 和 GY2 等 5 个等级不收购）政策，把烟农售烟总量，上、中、下等级烟比例设在微机磁卡中，超出这比例无法打印微机码单。全县收购橘黄色烟叶多于任何一年，是历年烟叶内在质量和等级结构最好的一年。

2003 年，县烟草公司对烟叶收购采取严格执行烤烟收购“八不准”（不准串岗作业、不准收大把头烟、不准收辖区外烟、不准为亲友评级、不准在作息时间外收烟、不准收人情烟，不准接受烟农吃、请和钱物，不准与烟贩子勾结）规定。随时清除“烟耗子”，杜绝合同外烟、捆子烟、以烟谋私、内外勾结、压级压价或提级提价、掺杂施假、以劣充好等行为的发生。

2004 年，推行烟叶电子秤微机收购，杜绝收购中短斤少两。

2005 年，全年收购烟叶 1496.8 万千克，是 1986 年的 3.18 倍、1996 的 54.41%。上等烟 42.84%，中等烟 34.36%。

1985—1994 年彭水自治县烤烟十五级制收购价格一览表

表 15-2　　单位：元 /50 千克

级别	价格			
	1985—1986 年	1987—1989 年	1990—1994 年	1995 年
中一	240	280	280	395
中二	180	215	215	325
中三	29	142	160	245
中四	87	90	105	165
中五	65	60	65	75
中六	43	35	38	35
上一	170	205	205	295
上二	116	126	145	200
上三	80	80	95	130
上四	58	50	60	60
上五	35	25	25	20
青一	60	60	60	60
青二	35	25	25	20
青三	15	10	12	8
末级	10	5	8	5

1991—2004 年彭水自治县 40 级烤烟收购价格一览表

表 15-3　　　　单位：元 /50 千克

级别	代号	价格									
		1991 年	1992 年	1995 年	1996 年	1997 年	1998 年	1999 年	2001 年	2002 年	2004 年
中橘一	C1F	280.00	280.00	440.00	800.00	800.00	730.00	810.00	820.00	820.00	820.00
中橘二	C2F	250.00	250.00	375.00	725.00	680.00	620.00	727.00	720.00	720.00	750.00
中橘三	C3F	220.00	220.00	295.00	600.00	580.00	520.00	625.00	620.00	620.00	650.00
中柠一	C1L	240.00	240.00	410.00	740.00	715.00	655.00	757.00	750.00	750.00	760.00
中柠二	C2L	200.00	200.00	340.00	625.00	600.00	540.00	645.00	650.00	650.00	680.00
上橘一	B1F	260.00	260.00	360.00	700.00	615.00	555.00	685.00	635.00	635.00	660.00
上橘二	B2F	210.00	210.00	270.00	585.00	550.00	490.00	565.00	525.00	525.00	540.00
上柠一	B1L	195.00	195.00	230.00	500.0	480.00	430.00	548.00	508.00	530.0	560.00
上红一	B1R	200.00	200.00	210.00	475.00	475.00	420.00	565.00	525.00	525.00	525.00
完熟一	H1F	225.00	225.00	290.00	585.00	585.00	525.00	590.00	548.00	548.00	550.00
下橘一	X1F	180.00	180.00	255.00	525.00	525.00	465.00	550.00	495.00	515.00	580.00
中柠三	C3L	160.00	170.00	250.00	520.00	500.00	440.00	545.00	530.00	530.00	580.00
下橘二	X2F	150.00	150.00	180.00	435.00	435.00	365.00	410.00	380.00	400.00	480.00
下橘三	X3F	120.00	120.00	140.00	315.00	305.00	250.00	318.00	280.00	300.00	380.00
下柠一	X1L	165.00	165.00	225.00	480.00	490.00	430.00	507.00	470.00	470.00	550.00
下柠二	X2L	135.00	135.00	160.00	320.00	330.00	280.00	400.00	360.00	370.00	450.00
上橘三	B3F	170.00	170.00	170.00	325.00	340.00	290.00	437.00	310.00	280.00	370.00
上橘四	B4F	130.00	130.00	115.00	210.00	210.00	180.00	325.00	180.00	140.00	200.00
上柠二	B2L	150.00	150.00	165.00	315.00	315.00	265.00	410.00	320.00	320.00	370.00
上柠三	B3L	110.00	110.00	110.00	195.00	200.00	170.00	298.00	160.00	150.00	200.00
上红二	B2R	160，00	160.00	140.00	255.00	320.00	270，00	460.00	435.00	435.00	440.00
上红三	B3R	120.00	120.00	95.00	125.00	150.00	145.00	357.00	255.00	255.00	260.00
完熟二	H2F	175.00	175.00	230.00	495.00	495.00	455.00	495.00	458.00	458.00	460.00
下微青二	X2V	120.00	120.00	110.00	295.00	295.00	265.00	310.00	288.00	288.00	300.00
中微青三	C3V	160.00	160.00	180.00	450.00	450.00	390.00	485.00	450.00	450.00	480.00
上微青二	B2V	140.00	140.00	130.00	285.00	285.00	265.00	368.00	350.00	350.00	355.00
上微青三	B3V	110.00	110.00	100.00	145.00	160.00	160.00	280.00	250.00	250.00	260.00
光滑一	S1	115.00	115.00	100.00	325.00	325.00	300.00	280.00	210.00	325.00	210.00
上柠四	B4L	70.00	70.00	60.00	115.00	115.00	115.00	163.00	100.00	60.00	100.00
下柠三	X3L	105.00	105.00	100.00	260.00	260.00	130.00	252.00	230.00	160.00	210.00
下柠四	X4L	70.00	70.00	60.00	95.00	100.00	100.00	130.00	110.00	70.00	110.00
下橘四	X4F	80.00	80.00	75.00	125.00	125.00	125.00	170.00	120.00	80.00	120.00
光滑二	S2	75.00	75.00	60.00	65.00	65.00	65.00	153.00	150.00	100.00	100.00
中下杂一	CX1K	100.00	100.00	80.00	105.00	110.00	110.00	195.00	145.00	70.00	120.00
中下杂二	CX2K	60.00	60.00	50.00	65.00	65.00	65.00	100.00	80.00	40.00	80.00
上杂一	B1K	105.00	105.00	90.00	105.00	105.00	105.00	185.00	120.00	60.00	105.00
上杂二	B2K	80.00	80.00	60.00	75.00	75.00	75.00	110.00	60.00	30.00	60.00
青黄一	GY1	60.00	60.00	50.00	75.00	75.00	75.00	85.00	55.00	25.00	50.00
上杂三	B3K	50.00	50.00	40.00	50.00	50.00	50.00	60.00	33.00	15.00	30.00
青黄二	GY2	30.00	30.00	20.00	30.00	30.00	30.00	38.00	20.00	10.00	20.00
中橘四	C4F	—	—	—	—	—	—	—	455.00	455.00	520.00
中柠四	C4L	—	—	—	—	—	—	—	420.00	420.00	480.00

第二节 烟农收入

1983年，全县烟农收入148万元，烟叶均价1.42元/千克。1984—1985年，烟农收入1086万元。

1986年，全县烟农收入848万元，烟叶均价1.80元/千克，户平收入352.61元，人平收入91.68元。3000元以上烟农户82户。

1987年，全县烟农总收入1215万元，烤烟单项收入5000元以上33户。烤烟每平方米收入分别是稻谷、玉米、红薯的5.75倍、56.8倍、48.18倍。海拔1200米以上的小厂乡，生产烤烟48.88万千克，烟叶产值127.09万元，1213户烟农户平收入1047.7元，居全县产烟乡之首。鹿青乡张世纯种烤烟1公顷，产烟叶2158.25千克，收入7783元，人平1111.8元，群众称他为“烟状元”。

1988年，烟农纯收入2602万元，首批万元户6家。次年，烟农收入万元以上22户。鹿箐乡实现烤烟总值298.29万元，烟叶均价（含补贴）4.14元/千克，烟农人平收入808元，居全县第一位。鹿箐乡四尔坪村人均收入915元为全县各村之冠。龙洋乡8村5组人平烤烟收入1200元，为全县各村民小组之冠。小厂乡示范片龙门村3组烟农艾书权种烟7000平方米，总产烟叶3061千克，烤烟总值13590.84元，均价4.44/千克，成为全县第一科技种烟致富能手。

1994年，全县烟农总收入4543万元，万元户162家，2万以上10户。1995年，总收入增加至9585万元，收入1万~1.9万元912户、2万~2.9万元92户、3万~3.9万元21户、4万元以上3户。桑柘区人平收入516.28元为黔江地区第一。鹿箐乡916个农户3229人，种烟268公顷，生产烟叶70.37万千克，烤烟单项收人572.81万元，户均收入6253元，人均收入1773.96元，收入万元以上农户176户，是黔江地区238个种烟乡单产最高、人均拥有烟叶和收入最多的乡。同河乡黄连村2组37户，户平收入高达10888.92元，人均收入2500多元，是全县烤烟示范片典型。火石乡友谊村1组赵林种烟单项收人45737元，烟叶均价8.5元/千克，是彭水烤烟新“状元”。小厂乡大厂村5组赵寿儒种烟1.47公顷，连续3年夺得“状元户”称号，上中等烟比例达100%，名列全县榜首。

1996年，全县烤烟年均产值单价2.02元/平方米，烟农总收入23788万元，是1986年的28.05倍。烟农收入1万~5万元9478户，5万~6万元（含6万元）10户，6万元以上10户。小厂、同河、鹿箐3个乡年存款500余万元。同河乡太平村1组65户种烟，生产烟叶7.2万千克实现烤烟总值81.85万元，每户平均收入1.26万元，居全县各组最高。小厂乡马驴村3组李祖伦栽烟1.33公顷，均价实现9.96元/千克，全县最高。平安乡陆平村1组村民石兴安种烟10万平方米，总收入18万元，人平收入3.60万元，名列黔江地区第一。

1998年，烟农收入滑到最低，总产值为2069万元，是1996年的8.70%。

2005年，烟农收入为15163万元，收购烟叶均价10.12元/千克、户平收入8097.73元分别是1986年的5.6倍、22.97倍。年收入1万~3万元（含3万元）3140户、3万~5万元（含5万元）101户、5万元以上19户。

1986—2005年彭水自治县烟农收入情况表

表15-4

年份	总收入（万元）	户均收入（元）	人均收入（元）
1986年	848	352.61	91.68
1987年	1215	467.22	108.43
1988年	2602	651.69	137.24
1989年	1846	391.60	92.95
1990年	2304	548.48	136.30
1991年	3019	740.93	172.56
1992年	5498	1052.45	264.59
1993年	7198	1374.19	350.80
1994年	4543	863.47	229.15
1995年	9585	1747.23	446.77
1996年	23788	3905.18	955.28
1997年	19513	2932.92	845.50
1998年	2069	672.28	165.28
1999年	9973	2189.61	556.75
2000年	9345	2053.76	521.69
2001年	5670	2295.83	594.89
2002年	10408	3769.92	—
2003年	11932	4391.77	—
2004年	11630	6201.01	—
2005年	15163	8097.73	—

第十六篇　林　业

彭水林业由传统林业向现代林业转变，以市场为导向，以经济林基地建设为突破口，稳定林业权属，依法保护森林经营者合法权益，开展义务植树、工程造林、天然林保护、长江防护林建设，全县林业有较大发展。1986 年，林地面积 132140.61 公顷，森林蓄积量 65.1 公顷，森林覆盖率 24.40%，林业产值 1093 万元。2005 年，林地面积 188860.9 公顷，森林蓄积量 461.64 公顷，森林覆盖率 31.6%，林业产值 10450 万元。彭水被列为重庆市七大森林资源大县之一。

第一章 林业资源

第一节 林地及活立木蓄积

1986年12月，全县林业面积132140.61公顷，占全县辖区面积390379公顷的33.80%。其中，有林地20320公顷，疏林地5809.1公顷，灌木林地31064.81公顷，未成林造林地17362.5公顷，林农间作地22826公顷，苗圃地6.2公顷，无林地34688.1公顷（包括宜林荒山荒地34673.4公顷，采伐迹地14.1公顷，火烧迹地0.6公顷），四旁（路旁、水旁、宅旁、村旁）植树占地面积63.9公顷。活立木蓄积量104.5万立方米，人均2立方米，其中有森林蓄积量约65.1万立方米，疏林蓄积量26.1万立方米，散生木及四旁树蓄积量13.3万立方米，森林覆盖率24.40%。

1998年2月，对森林资源消长变化进行统计，林业用地面积增加到142079公顷。其中，有林地95232.6公顷，疏林地1152.1公顷，灌木林地19957.2公顷，未成林造林地23620.6公顷，苗圃地3.9公顷，无林地2112.6公顷。活立木蓄积量共224.58万立方米，其中各林分蓄积量175.6万立方米，疏林蓄积量3.98万立方米，散生木蓄积量9.5万立方米，四旁树蓄积量15.5万立方米，竹材蓄积量20万立方米。有成林人工林面积68609.9公顷，其中各林分面积44189.1公顷，蓄积量118.6万立方米，经济林24508公顷，疏林1152.1公顷，蓄积量4万立方米，四旁树蓄积量15.5万立方米。

1999年10月，对全县2个国有林场调查，有林地187976.2公顷。其中，针叶林144295.4公顷，针阔混交林43427.5公顷，阔叶林253.3公顷；农林地146223.4公顷；灌木林地43773.9公顷；宜林荒地6839.7公顷；其他林地11.2公顷；难利用地75.5公顷；水域1640.7公顷；其他土地584.8公顷；牧地2591.1公顷；未成造林地146.3公顷；疏林地5858.2公顷。

2002年，进行第二次森林资源二类调查，全县树种主要由马尾松、柏木、栎类、杉木四大树种所构成，林地188860.9公顷，占全县辖区面积的48.38%；非林地201518.3公顷，占51.62%；森林覆盖率31.64%。林地中森林104191.6公顷，占林地的55.17%，疏林地2373.1公顷、灌木林地66090.1公顷、无立木林地930.1公顷、苗圃地11.7公顷、荒地15264.3公顷，分别占林地的55.17%、1.26%、34.99%、0.49%、0.01%、8.08%。森林资源中按权属性质分：国有林4457.6公顷、集体林99733.9公顷，分别占全县森林的4.28%、995.72%；按种类分：针叶林77402.5公顷、阔叶林13705.9公顷，分别占全县森林的74.29%、13.15%。其中，马尾松54840.7公顷，杉木13800.9公顷，柏木16626.4公顷。四旁资源占地19233.7公顷，占全县辖区面积的4.93%。四旁树以柏木、栎类、枫香为主，共122.71万株。四旁小径竹以慈竹占优势，共472.87万株；四旁经济树多为柑橘、核桃、油桐，共207.32万株。全县活立木蓄积量461.63万立方米，其中森林、疏林、散生木、四旁树蓄积量分别为446.55万立方米、2.47万立方米、2.9万立方米、9.72万立方米。森林蓄积量中针叶林342.53万立方米、阔叶林54.13万立方米、混交林49.894万立方米，分别占森林蓄积量的76.71%、12.12%、11.17%。39个乡镇中，鹿鸣乡森林面积5921.3公顷，为全县乡镇之最；石柳乡森林面积 588.8 公顷，为全县乡镇最少；双龙乡森林覆盖率 68.9%，为全县乡镇最高；连湖镇森林覆盖率 7.97%，为全县最低。

2005 年，林地面积 188860.9 公顷，森林蓄积量 461.64 万立方米，毛竹林面积 500 公顷，森林覆盖率 31.64%。设立森林公园 1 个，总面积 956 公顷。国有林场 1 个，总面积 5563.2 公顷。彭水被重庆市林业局命名为全市七个森林资源大县之一。

第二节 野生植物

一、植物种类

彭水属于泛北极植物区，中国—日本森林植物亚区，季风湿润区域，长江流域中亚热带植物亚地区，处于江南丘陵区与四川盆地区交错地带。据 1997 年森林资源一类普查和 2002 年森林二类普查，已知木本植物种类分属 99 科、837 种、290 属。针叶林、阔叶林、杂灌丛、竹类生长十分茂盛，从数据上看，比第一轮《彭水县志》记载多 494 种、24 科。由于原有部分种类绝灭、统计误差和科属分类不完全一致等原因，实增 557 种，主要增加的种类有南洋杉、巴山松、雪松、圆柏、短叶罗汉松、百日青等。

蕨类植物门　蕨类植物单种科和寡种科共 27 科、35 属、65 种，分别占总科数的 81.8%、总属数的 55.6%、总种数的 39.1%。其中，单种科有 10 科，占总科数的 30.3%；中等科有 4 科、14 属、32 种，分别占总科数的 12.1%、总属数的 22.2%、总种数的 19.3%；大科有 2 科、14 属、69 种，分别占总科数的 6.1%、总属数的 22.2%、总种数的 41.6%。

2002 年彭水自治县蕨类植物科的属种分布表

表 16-1　　单位：属、种

科名	属数	种数	科名	属数	种数	科名	属数	种数
海金沙科	1	1	蕨科	1	2	铁线蕨科	1	5
桫椤科	1	1	球子蕨科	1	2	铁角蕨科	1	5
鳞始蕨科	1	1	三叉蕨科	1	2	石松科	2	5
姬蕨科	1	1	槲蕨科	1	2	裸子蕨科	2	5
球盖蕨科	1	1	阴地蕨科	2	2	凤尾蕨科	1	5
剑蕨科	1	1	里白科	2	2	中国蕨科	3	6
苹科	1	1	碗蕨科	2	2	金星蕨科	5	7
槐叶苹科	1	1	岩蕨科	1	3	卷柏科	1	8
满江红科	1	1	乌毛蕨科	2	3	蹄盖蕨科	5	11
海金沙科	1	1	石杉科	2	4	水龙骨科	10	34
瓶尔小草科	1	2	木贼科	2	4	鳞毛蕨科	4	35

裸子植物门　裸子植物分布比较简单，银杏科为单种科，分别占总科数的 14.2%、总属数的 5%、总种数的 2.9%；寡种科有 3 科、5 属、9 种，分别占总科数的 42.9%、总属数的 25%、总种数的 26.5%；中等科有 3 科、14 属、24 种，为种类数量最多的科，分别占总科数 42.9%、总属数 70%、总种数的 70.6%。

2002年彭水自治县裸子植物科的属种分布表

表16-2 单位：属、种

科名	属数	种数	科名	属数	种数	科名	属数	种数
银杏科	1	1	红豆杉科	3	4	柏科	5	8
三尖杉科	1	2	杉科	5	6	松科	4	10
罗汉松科	1	3	—	—	—	—	—	—

被子植物门 被子植物为全县数量最多的植物，共148科、757属、1962种。单种科有15科，占比重较小；寡种科和中等科在被子植物科的组成中占据最为重要的位置，而中等科在被子植物物种组成中占有优势地位，共计109科、313属、710种，分别占总科数73.6%、总属数41.3%、总种数的36.2%；大科有19科、227属、612种；特大科科数较少，为忍冬科、毛茛科、蝶形花科、禾本科、菊科和蔷薇科，有6科、202属、456种，分别占总科数3.5%、总属数26.65%、总种数的25.7%。

2002年彭水自治县被子植物科的属种分布表

表16-3 单位：属、种

科名	属数	种数	科名	属数	种数	科名	属数	种数	科名	属数	种数
水青树科	1	1	桃金娘科	1	3	紫堇科	1	7	天南星科	7	15
领春木科	1	1	胡椒科	2	3	薯蓣科	1	7	十字花科	10	15
大血藤科	1	1	金粟兰科	2	4	黄杨科	2	7	槭树科	2	16
马桑科	1	1	千屈菜科	2	3	柳叶菜科	2	7	榆科	6	15
鼠刺科	1	1	鹿蹄草科	2	3	瑞香科	3	7	茄科	9	15
杜仲科	1	1	川续断科	2	3	旋花科	4	7	菝葜科	2	17
大麻科	1	1	杜英科	2	3	无患子科	5	7	卫矛科	4	17
铁青树科	1	1	野牡丹科	3	3	大风子科	5	7	山茱萸科	6	19
檀香科	1	1	罂粟科	3	3	金丝桃科	1	8	山茶科	7	19
七叶树科	1	1	列当科	3	3	胡颓子科	2	8	马鞭草科	7	19
桤叶树科	1	1	远志科	1	4	海桐科	1	9	小檗科	5	20
芭蕉科	1	1	八角枫科	1	4	山矾科	1	9	五加科	8	20
百部科	1	1	马钱科	1	4	五味子科	2	9	桑科	4	21
沉香科	1	1	延龄草科	1	4	萝藦科	4	9	杜鹃花科	6	24
山龙眼科	1	1	秋海棠科	1	4	龙胆科	6	9	莎草科	7	25
蜡梅科	1	2	苦木科	2	4	苦苣苔科	8	9	木犀科	6	26
蛇菰科	1	2	楝科	2	4	马兜铃科	3	10	鼠李科	7	26
清风藤科	1	2	泽泻科	2	4	苋科	5	10	虎耳草科	11	33
夹竹桃科	1	2	姜科	2	4	桔梗科	5	10	兰科	21	28
谷精草科	1	2	含羞草科	2	4	苏木科	6	10	葡萄科	5	29
柽柳科	1	2	紫葳科	2	4	防已科	6	10	玄参科	14	30
石榴科	1	2	省沽油科	3	4	猕猴桃科	2	11	茜草科	16	30
蓝果树科	2	2	藜科	3	4	报春花科	2	11	蓼科	4	31
三白草科	2	2	水晶兰科	3	4	灯心草科	2	11	芸香科	10	32
桑寄生科	2	2	鸭跖草科	3	4	锦葵科	4	11	荨麻科	12	32

续表 16-3

科名	属数	种数	科名	属数	种数	科名	属数	种数	科名	属数	种数
半边莲科	2	2	棕榈科	4	4	木兰科	4	11	伞形科	22	33
浮萍科	2	2	牻牛儿苗科	1	5	石竹科	6	11	壳斗科	6	34
使君子科	2	2	鸢尾科	2	5	紫金牛科	3	12	樟科	9	43
梧桐科	2	2	败酱科	2	5	胡桃科	6	12	大戟科	18	42
八角科	1	3	石蒜科	2	5	杨柳科	2	13	唇形科	27	43
商陆科	1	3	凤仙花科	1	6	漆树科	5	13	百合科	22	50
酢浆草科	1	3	桦木科	1	4	葫芦科	7	13	忍冬科	8	51
虎皮楠科	1	3	榛科	2	6	椴树科	3	14	毛茛科	19	57
旌节花科	1	3	木通科	4	6	景天科	4	14	蝶形花科	32	77
车前草科	1	3	紫草科	4	6	金缕梅科	6	14	禾本科	63	107
香蒲科	1	3	爵床科	5	6	冬青科	1	15	菊科	50	109
安息香科	1	3	柿树科	1	7	堇菜科	1	15	蔷薇科	30	142

注：1 种为单种科，2 ~ 5 种为寡种科，6 ~ 20 种为中等科，20 ~ 50 种为大科，大于 50 种为特大科

二、林木良种

1980—1985 年，引入兰考泡桐种子 7.5 千克，油松种子 50 千克。1984 年，王家湾苗圃从石柱自治县林科所引种美洲黑杨 69 杨扦插苗 1500 株。1985 年又先后从利川、石柱县林科所引种 1.5 万条穗条，分别在王家湾、刘家坪和新场乡扦插繁殖。1986 年开始，先后在全县生长较好的林分中选择柏木（分布靛水、汉葭、新田、普子）、马尾松（分布茂云山、鞍子、桑柘、鹿角、保家、大垭）、杉木（分布茂云山）、红椿、香椿（分布小厂、桑柘、诸佛）、枫香（善感、大垭、岩东）等优良林分作为采种基地，并优选母树林，基本扭转以往林木品种良莠不分的情况。

三、珍稀濒危树种

2003 年普查，彭水有 26 科的 37 种珍稀树种。其中，属国家Ⅰ级的有 4 科 4 种，国家Ⅱ级的有 22 科 33 种，许多珍稀濒危树种具有较为重要的经济价值和科研价值。从海拔 200 米到 1700 米均有分布，少数树种呈现块状分布，绝大多数树种呈散生分布。有的种群数量庞大，如中华蚊母、红椿、银杏、杜仲、核桃、玫瑰等。而有的只在特定地方才有，如桫椤、珙桐、银鹊树、紫檀等。全县珍稀植物利用较差，目前广泛利用的仅有银杏、杜仲、核桃、红椿、天麻、龙眼、苏铁、黄连、玫瑰等 9 种。

国家Ⅰ级 4 科 4 种：

1. 银杏：全县均有分布，位于海拔 400 ~ 1700 米。
2. 南方红豆杉：分布在黄家、龙塘、润溪、诸佛、龙射、太原等乡镇，海拔 800 ~ 1500 米。
3. 水杉：分布在黄家、龙塘、汉葭、太原等乡镇，海拔 600 ~ 1500 米。
4. 珙桐：分布在大垭乡木蜡村、高谷镇、茂云山林场，海拔 800 ~ 1500 米。

国家Ⅱ级，22 科 33 种：

1. 桫椤：分布在万足乡、新田乡、桑柘镇，海拔 400 ~ 800 米。
2. 黄杉：分布在龙溪乡境，海拔 700 ~ 1400 米。
3. 德昌杉：分布在汉葭镇九九林场等地，海拔 700 ~ 1400 米。
4. 金钱槭：分布在龙射镇葡萄林场，茂云山林场油槽工区，海拔 800 ~ 1500 米。
5. 鹅掌楸：分布在太原乡、茂云山林场油槽工区、靛水乡、桐楼乡境，海拔 600 ~ 1400 米。

6. 杜仲：全县均有，海拔 400 ~ 1600 米。

7. 中华蚊母：分布在乌江、郁江、长溪河、诸佛江、木棕河沿岸洪水淹没区石灰岩夹缝潮沙地，海拔 200 ~ 600 米。

8. 核桃楸：全县均有，以 800 米以上地区为多。

9. 核桃：全县均有。

10. 天竺桂：在汉葭镇，作绿化树种栽植为多，海拔 400 ~ 700 米。

11. 桢楠：全县零星分布，以海拔 800 米以上为多。

12. 巴东木莲：分布在润溪、大垭、双龙、太原、棣棠等乡，海拔 500 ~ 1000 米。

13. 厚朴：全县多数乡镇都有分布，以海拔 700 米以上为多。

14. 凹叶厚朴：茂云山林场大平沟，太原乡，海拔 700 ~ 1500 米。

15. 水青树：分布在鞍子、诸佛、梅子、润溪、万足、龙塘、茂云山林场油槽工区，海拔 500 ~ 1000 米。

16. 红椿：全县均有分布。

17. 天麻：全县高山地区都有分布，海拔 900 ~ 1500 米。

18. 玫瑰：全县均有分布，以 700 米以下低海拔地区居多。

19. 香果树：分布在普子镇、桑柘镇，海拔 600 ~ 1200 米。

20. 黄檗：在全县高海拔地区生长。

21. 龙眼：分布在高谷镇、汉葭镇、靛水乡，海拔 200 ~ 500 米。

22. 银鹊树：分布在龙溪乡、茂云山林场等地，海拔 800 ~ 1200 米。

23. 领春木：分布在茂云山林场油槽工区、汉葭、润溪、大垭等乡镇，海拔 700 ~ 1500 米。

24. 黄连：太原乡、棣棠乡、三义乡、普子等乡镇，海拔 800 ~ 1700 米。

25. 青檀：分布在汉葭、万足、润溪、大垭等乡镇，海拔 300 ~ 800 米。

26. 苏铁：全县均有分布，以观赏为主，海拔 300 ~ 1000 米。

27. 紫檀：分布在保家镇，海拔 400 ~ 800 米。

28. 土沉香：分布在桑柘镇，海拔 800 ~ 1200 米。

29. 香樟：全县均有分布。

30. 油樟：分布在桐楼、润溪、黄家、鞍子等乡镇，海拔 600 ~ 1200 米。

31. 小果润楠：分布在鞍子、石盘、新田等乡镇，海拔 500 ~ 900 米。

32. 楠木：全县均有分布。

33. 榉树：分布在鞍子、大垭、善感等乡镇，海拔 500 ~ 1000 米。

四、古树

全县古树呈零星分布，无大片的古树群，只残留小的群落，面积在 0.3 公顷至 7 公顷之间。2003 年，登记古树 47 种 794 棵。从树种上看，单个树种上 50 棵的有 4 种 354 棵，其中黄桷树 125 棵、椤木石楠 95 棵、枫香 75 棵、黄连木 59 棵；10 ~ 49 棵的有 11 种 343 棵，其中桂花 49 棵、甜槠 48 棵、银杏 46 棵、柏木 40 棵、山楠 39 棵、朴树 31 棵、长柄水青冈 30 棵、钩栲 18 棵、酸枣 17 棵、皂荚 15 棵、青冈栎 10 棵，1 ~ 9 棵的有 32 种 97 棵。从保护级别看，有一级古树 67 棵、二级古树 165 棵、三级古树 562 棵。从行政区域分布上看，分布在除芦塘之外的 38 个乡镇，超过 50 棵的有龙塘、鞍子等 8 个乡镇，10 ~ 49 棵的有鹿角、三义等 20 个乡镇，1 ~ 9 棵的有普子、龙溪等 10 个乡镇。大垭乡冬瓜村桃子园，分布古树 30 余株，其中 13 株柏木古树呈南北方向一字排开，是彭水发现并保留下来的最古老人工林。除此之外，还有朗溪乡田湾村何家盖、鹿角镇横路村冯家岩、润溪乡麻池村沙湾等30余处。

黄连木　俗名岩岭，木质坚硬，生长慢，寿命长，纹理细，全县各地均有生长，数量不多，鞍子乡干田村1组1株，高28米，胸径1.59米，最大冠幅26米，最小24米，树龄1000年，原生，生长较差，权属个体。

木犀　俗称桂花，四季常绿，每年8月开花，香味浓郁，全县数量不多。平安乡冉水村6组1株，高30米，胸径0.80米，冠幅最大31米，最小29米，树龄350年，移栽，生长旺盛，权属个体。双龙乡水子坪3组1株高30米，胸径0.80米，冠幅最大31米，最小29米，树龄300年，生长旺盛，权属个体。

朴树　俗名柏子，落叶乔木，光滑，树皮灰褐色，粗糙而不开裂，枝条平展，叶质较厚，中上部有齿锯，分布不多。鞍子乡杏花村4组1株高35米，胸径1.08米，冠幅最大37米，最小33米，树龄400年，生长一般，权属集体。龙塘乡石元村4组1株高29米，胸径1.62米，冠幅最大32米，最小28米，树龄600年生长一般，权属个人。

青冈栎　壳斗科常绿乔木，叶互生，集枝顶，革质椭圆形。全县分布较多，保家镇漩龙村3组1株高20米，胸径1.97米，冠幅最大10米，最小8米，树龄300年，生长旺盛，权属个体。

山楠　常绿乔木，小枝无毛，全县分布不多，桐楼乡桐木村1组1株高50米，胸径1.94米，冠幅最大30米，最小25米，树龄1000年，原生，生长一般，权属集体。

水青杠　落叶乔木，单干直立，全县分布较多，鹿角镇龙家村4组1株高20米，胸径0.95米，冠幅最大14米，最小12米，树龄300年，生长旺盛，权属集体。

酸枣　漆树科落叶乔木，裸果坚硬，卵形或倒卵形。木质坚硬，抗压力强，耐腐蚀，淡红色，植株高大，生长快，全县分布较多，高谷镇铜古村7组1株高60米，胸径1.08米，冠幅最大15.5米，最小14.5米，树龄350年，生长一般，权属集体。

甜槠　俗名丝栗，全县尚多，鞍子乡大池村2组1株高17米，胸径1.30米，冠幅最大16米，最小16米，树龄500年，生长一般，权属个体。大同乡冯家村4组1株高27米，胸径1.11米，冠幅最大12米，最小10米，树龄350年，生长一般，权属个体。

土沉香　俗名青树子，我国特有而珍贵的药用植物，全县稀有，桑柘镇丰柏村1组1株高40米，胸径2.55米，冠幅最大30米，最小28米，树龄500年，生长旺盛，权属集体。

香果树　俗名丁木，落叶乔木，叶对生，有柄，叶片宽椭圆形或宽卵状椭圆形，全缘。全县稀有，普子镇齐心村2组1株。

银杏　俗名白果，落叶乔木，果实为橙黄色的种实核果，长寿树种，果实可入药。全县较多，龙塘乡中心村2组1株高28米，胸径2.77米，冠幅最大50米，最小30米，树龄1000年，生长旺盛，权属集体。

枳具　俗名捌枣，落叶乔木。生于沟边、路边或山谷中。叶互生，广卵形，基部圆满呈心形，边缘有粗锯齿，叶柄红褐色。果实圆形或椭圆形，生于肉质扭曲的花序轴上。全县稀有，润溪乡锅滩村3组1株高25米，胸径1.91米，冠幅最大15米，最小10米，树龄600年，生长旺盛，权属集体。

柏木　俗名柏香，材质优良，用途广泛，四季常青，少见病虫害。全县分布多，龙塘乡桃园村3组1株高25米，胸径1.34米，冠幅最大6米，最小5米，树龄800年，生长较差，权属个体。

枫香　高大落叶乔木，全县分布多，高谷镇大面村8组1株高50米，胸径1.30米，冠幅最大11米，最小11米，树龄650年，长势一般，权属集体。

钩栗　俗名猴栗，全县分布尚多，桐楼乡细沙村3组1株高15米，胸径1.09米，冠幅最大16米，最小16米，树龄600年，生长旺盛，权属个体。

黑弹子　全县稀有，石盘乡树家村1组1株高32米，胸径1.18米，冠幅最大30米，最小22米，树龄 370 年，生长旺盛，权属集体。

红豆树 全县稀有，黄家镇燕子村 4 组 1 株高 34 米，胸径 0.89 米，冠幅最大 8 米，最小 6 米，树龄 280 年，长势较差，权属集体。

胡桃 俗名核桃，落叶乔木，全县各地均有生长，鞍子乡新式村 2 组 1 株高 18 米，胸径 0.76 米，冠幅最大 12 米，最小 8 米，树龄 400 年，长势较差，权属个体。

黄桷树 大乔木，半常绿，喜生长于溪流石旁岩土，生命力强，材质纹理细，县内郁山、保家、高谷、鹿角等地有生长，高谷镇幸福村 2 组 1 株高 16 米，胸径 4.20 米，冠幅最大 31 米，最小 27 米，树龄 850 年，长势一般，权属集体。

榔榆 俗名如榔，木质坚硬，可供工业用材，茎皮纤维强韧，可作绳索和人造纤维，根、皮、嫩叶入药有消肿止痛、解毒治热的功效，外敷治水火烫伤，叶制土农药，可杀红蜘蛛。全县数量较多，鹿角镇横路村 3 组 1 株树高 30 米，胸径 1.27 米，冠幅最大 32 主，最小 29 米，树龄 600 年，生长旺盛，权属集体。

黄樟 俗名香楠，常绿乔木，高达 10 ~ 20 米，树皮暗灰褐色，上部为灰黄色，深纵裂，内皮带红色，具有樟脑气味。枝条粗壮，圆柱形，绿褐色。叶互生，革质，通常椭圆形卵状至长椭圆形卵形，叶柄长 1.5 ~ 3 厘米，腹凹背凸，无毛。为优质木材，县内海拔 800 米以上多生长，全县稀有。鞍子乡金山村 7 组 1 株高 28 米，胸径 1.21 米，冠幅最大 20 米，最小 16 米，树龄 800 年，生长一般，权属个体。

榉树 俗名线榔，落叶乔木，树冠广阔，呈倒卵状伞形。树皮棕褐色，平滑，老时薄片状脱落。树形优美，叶色季相变化丰富，病虫害少，是重要的园林风景树种。为特种珍贵用材树种，材质坚硬，材色鲜艳，油漆性能优良，耐水湿，用途广。坚果较小。全县稀有，善感乡桂花村 3 组 1 株高 39 米，胸径 2.16 米，冠幅最大 27 米，最小 21 米，树龄 350 年，生长旺盛，权属个体。

栲树 俗名丝栗，常绿乔木，小枝有顶芽，芽鳞多数。单叶，常二列互生，叶片椭圆形，全缘或有锯齿。全县分布较多，鹿角镇龙家村 5 组 1 株高 21 米，胸径 1.53 米，冠幅最大 21 米，最小 18 米，树龄 500 年，生长旺盛，权属集体。

岭南柞木 俗名白萌子，国家二级珍贵树种。喜光，耐干旱，耐瘠薄的深根性树种，木质坚硬、比重大、纹理美观、具有抗腐耐水湿等特点。是营造防风林、水源涵养林及防火林的优良树种。全县稀有，鞍子乡杏花村 7 组 1 株高 13 米，胸径 1.02 厘米，冠幅最大 17 米，最小 15 米，树龄 400 年，生长较差，权属个体。

椤木石楠 俗称水红，常绿乔木或灌木。椤木石楠，鞍子乡杏花村 3 组 1 株，枝棕色，树干、枝条有刺。叶片革质，长圆形或倒卵状披针形，少数椭圆形，顶端急尖或渐尖，有短尖头，基部楔形，边缘稍反卷，有带腺的细锯齿，叶柄长 0.8 ~ 1.5 厘米，高 20 米，胸径 1.08 米，冠幅最大 11 米，最小 9 米，树龄 400 年，生长旺盛，全县稀有。权属个体。

马尾松 俗名虫树，树干较直，外皮深褐色或微灰，纵裂，内皮枣红色微黄，年轮极明显，极宽树脂道大而多，横切面有明显油脂圈，是主要的建筑用材。全县分布极多，诸佛乡清河村 1 组树高 30 米，胸径 0.86 米，冠幅最大 30 米，最小 15 米，树龄 300 年，生长较差，权属个体。

毛白杨 俗名白杨，为杨柳科、杨属落叶大乔木，生长快，树干通直挺拔，树形优美，是优良的造林绿化树种，广泛应用于城乡绿化，全县分布多，鞍子乡杏花村 3 组 1 株高 28 米，胸径 0.96 米，冠幅最大 17 米，最小 15 米，树龄 450 年，生长一般，权属集体。

蒙桑 俗名岩桑，小乔木或灌木，树皮灰褐色，纵裂，小枝暗红色，常有白粉。叶卵形至椭圆形，顶端渐尖或尾状渐尖，全县数量不多，鞍子乡杏花村 4 组 1 株高 16 米，胸径 1.19 米，冠幅最大 29 米，最小 27 米，树龄 520 年，生长一般，权属集体。

耙子　常绿植物，生长慢，木质坚硬，叶小呈条状，边缘有小龄，全县均有分布，大垭乡桃子园1株高35米，胸径2米，树龄350年，生长茂盛，权属个体。

第三节　经济林木

彭水自治县经济林发展起步较晚，多是群众自发引进栽植，尤其是水果类。随着经济的发展，县内经济林木品种逐渐增多，成片种植少，散生多，尤以四旁种植居多。经济林木总量大，但没有形成规模种植，经济效益不高，本土生长老品种多，优良品种少，品种退化严重。只有极少数优良品种成为全国名优品种，如小米油桐、野生中华猕猴桃，藤茶等。2000年6月资源调查，已栽培利用的经济林木有50多种，以桑、桐、茶、漆、棕、五倍子、猕猴桃为代表品种。药用植物61科、185属、1597种，主要有黄连、天麻、银花、杜仲、黄柏、厚朴、党参、当归、白果、五味子等。2005年，全县有33个经济林木品种，成片分布的经济林861公顷，四旁散生的经济林木207.3万株，其树种有桃、梨、枇杷、李、葡萄、枣、杏、梅、柑橘、柚类、橙类、樱桃、核桃、板栗、柿、苹果、花红、猕猴桃、油茶、茶、桑、油桐、乌桕、五倍子、漆树、花椒、杜仲、厚朴、黄连、黄柏、吴茱萸、八角、金银花等。

引进经济树种　自1949年以来，共引入28个品种，分别是油桃、水蜜桃、冬雪桃、大白桃、晋龙1号核桃、天竺桂、金丝大枣、矮晚柚、69杨、南抗杨、栾树、桤木、布朗李、黄金梨、苍溪雪梨、直杆南桉、双杂撑绿竹、华山松、油松、法国梧桐、银桦、喜树、桉树、杨槐、大五星枇杷、火炬木、小叶榕、九家种板栗。其中经济林树种12个，以水果为主，用材林或兼用林16个。

经济林良种　发展林业经济，从众多经济林中选择适宜县境生长、果质好、产量高的各类果树作为良种推广。1988年年底，全县以柑橘为中心的水果基地建设初具规模，引进柑橘苗267万株，建成郁山良种母本园。1993年，桑柘林业站根据本区自然气候条件良好的实际情况，从万源县花2.5万元购进10万株大红泡良种花椒苗，分别在桑柘区李家村，新场乡人民村、红旗村等地栽植21公顷。1995年，引进新品种造林693公顷。其中板栗560公顷，小蜜桃100公顷，沙田柚33公顷。1998年，引用的新品种有矮晚柚、青杂种板栗、日本大红李、大佛手银杏、云南薄壳核桃等。2000年6月资源调查，干果类优树6株，其中核桃2株，润溪乡白果村1株、小厂乡太平村1株；银杏4株，桑柘鹿青1株、鞍子乡3株。水果类优树艾家橙1株在保家镇陈园村，系40年代从江浙引进，品质好，香味浓，经济性状良好。新田乡石龙村1株，属柚类，不知名，品质较好，霜降后香味浓，移栽后结实早，果大。特种经济林类共选油桐、乌桕、生漆优树各3株，油桐优树分布在连湖镇多家、安乐村，乌桕优树在保家镇清平居委，生漆优树分布在桑柘镇大喜、同河、清水村。

第四节　野生动物

1999年9—10月，开展野生动物资源普查，县境内有陆生野生动物552种，其中兽类6目18科37种、鸟类10目33科98种、爬行动物2目7科25种、两栖动物2目4科8种、昆虫类14目76科245属356种、蛛形动物6种、软体动物7种、环节动物3种、多脚动物4种。国家重点保护野生动物：Ⅰ级有黑叶猴、胡兀鹫和云豹3种，Ⅱ级有大鲵、红腹角雉、柳叶鸡、白冠长尾雉、红腹锦鸡、白腹锦鸡、领角鸮、领鸺鹠、斑头鸺鹠、长耳鸮等28种。市级保护动物有灰狼、狗獾、野猪、果子狸、豹猫等138种。其中，尖吻蝮、赤蝮、灰胸竹鸡等8种既是受国家保护的三有（有益、有重要科学研究价值、有重要经济价值）动物，又是重庆市重点保护动物。

县内部分野生动物简介：

尖吻蝮　俗名岩头斑，全身斑纹呈鳞形，泥黄色或草绿色，头呈烙铁形，密布粗大斑点，口大齿利，腹部隆起如囊肿。一般长 1.5 米，躯干径粗 5 ~ 10 厘米，发现最大的 6.25 千克。性懒贪食，行动迟缓，食量大，常卷曲成盘，其首摆动其中，以山鼠、雀鸟、青蛙、蜥蜴为食。栖息于半山下的林间、草丛、荫浸碎石堆或溪涧旁。分布于大垭、润溪、石盘、双龙、黄家、鞍子等乡镇。毒性剧烈，小动物被咬即死，人畜被咬后，初即麻木，继则剧痛，二三小时内死亡。其栖息之地，草木亦不复生。近年来，全县涌现出一些医治蛇伤的土医，其中以鹿角镇陈洪儒最为出名。

黑叶猴　黑叶猴体形纤瘦，四肢细长，头小尾巴长，体长 50 ~ 60 厘米，尾长 79 ~ 86 厘米。头顶有黑色直立的毛冠；两颊至耳基部有白毛；成体全身乌黑色，体毛长而厚密，有光泽。手、足具乌黑扁平指（趾）甲；尾尖端白色。刚出生的小黑叶猴，全身乳黄色，头部则为金黄色，尾为黑色，30 天左右全身变黑，但头部还是金黄色。长溪河、芙蓉江两岸活跃有黑叶猴群。2003 年 2 月 14 日，重庆市绿联会生态考察队在长溪河七里塘发现了黑叶猴。

白猴　大垭乡罗岩至珠子溪密林中，在一群黄猴中发现一只白猴，形体略小于黄猴，通身白毛，常在群猴后面行动。

灰猴　鹿鸣乡合理村 6 组猴子岩，生活着一群灰猴（1937 年发现有灰猴活动），仅幸存 50 余只。猴群白天下山活动和索取食物，晚上上山住岩洞，玉米将要成熟时，活动频繁，影响收成。

胡兀鹫　大垭乡大垭村 6 组发现胡兀鹫。胡兀鹫体长 105 厘米、单翅长 85 厘米、展翅 225 厘米，背部、翅膀呈灰黑色，颈羽、腹部呈浅黄色，上喙呈“7”型下弯，眼球从外向内呈红、黄、黑三圈色，脚有四趾。

大鲵　俗称娃娃鱼，是现在最大的两栖动物，栖息在清澈的溪流中，以鱼、蛙、虾等为食，因叫声似小孩啼哭，故称“娃娃鱼”，古书记载，娃娃鱼“大者长八九尺”，能活上一百多年。肉可食用，味道鲜美，皮可治疗疟疾等病。乌江、郁江、木棕河、狗耳泉是大鲵的产地。狗儿泉、木棕河的大鲵可达数十斤。

林麝　俗名香獐、獐子，反刍动物，比鹿小，无奶。雄性的脐部分泌的麝香，被《神农本草》誉为“诸香之冠”，是很名贵的香料和药材。香獐的皮毛可制革，肉可食，且营养丰富。活动在岩缝或沟边。郁山镇的中井河飞水井一带有香獐出没。

鼯鼠　亦名飞虎。前后肢之间有宽而多毛的飞膜，尾长，借此在树间滑行。每天日落后半小时出来觅食、相会。鼯鼠多技，能飞不能过屋，能缘不能穷木，能游不能渡谷，能穴不能掩身，能走不能先人。用鼯鼠尿酿酒，俗称飞虎酒，可治关节痛。鼯鼠的粪可入药。宋代《开宝本草》所记载的贵重中药五灵脂，即是鼯鼠尿粪泡制而成。桑柘镇、新田乡马峰岍有发现。

水獭　俗名水猫，半水栖动物，头扁，耳小，脚短，趾间有蹼，毛短而软密。栖息水边，善游泳。通常夜间活动，主食鱼类，性贪食，常捕鱼陈列水边，如陈物祭祀，称为“獭祭鱼”。毛皮可做衣帽，獭肝可入药。部分水田、塘、库溪沟有生长，但数量越来越少。

红腹角雉　亦名金鸡、锦鸡。毛呈金红色，头上长有凤冠，长尾巴，属国家保护的珍稀鸟类。每年三、四月份是红腹角雉的繁衍季节。这时雄鸟迷恋雌鸟，忙于交尾，常常顾不上觅食饮水；颈下的肉瘤也因发情而鼓胀起来，像一个小球，走路一摇一摆的。过去，有人误认颈下肉球为水囊，曾把红腹角雉称作“背水鸡”。半山一带的深山、峡谷有分布。

第二章 林业体制改革

第一节 国有林权改革

1958—1959年，先后建立七曜山、茅尖山和青峰国有林场。1964年，青峰林场并入茅尖山林场。1986年，县人民政府为国营林场颁发林权证书，建立林权档案，包括林权清册、登记表、林权证存根和林地地形位置图。填写林权清册121册，填写林权登记表和林权证存根各1768张，其中茅尖山林场1232张、七曜山林场520张、刘家坪苗圃8张、王家湾苗圃8张。绘制林地地形位置图72幅，其中茅尖山林场40幅、七曜山林场16幅、刘家坪苗圃8幅、王家湾苗圃8幅。1989年，2个国有林场制定企业章程，实行场长负责制，建立职代会。1992年，2个国有林场实行优化组合和全员风险抵押承包制，改革劳动用工和工资分配制度、落实岗位责任制。1996年，国有林场制定出“以短养长、长短结合、跳出行业，面向市场求生存、求发展”的工作思路。国营茅尖山林场率先筹资200万元，建立“兴林”煤矿，当年投产，产煤3000吨，纯利12万元。同时，在运输业和旅游业方面分别获取利润5万元和3万元。1997年，调整产业结构，鼓励和引导职工发展自营经济，七曜山林场将工作目标重点放在“修路运材促销和联营扩场”上，尝试种养业，并联营扩建中台坪工区总面积66.67公顷，实现青山的合理流转，缓解林场资源枯竭的现状。2000年，七曜山林场更名为复兴林场。2003年9月25日，县林业局根据中共中央、国务院《关于加快林业发展的决定》，对复兴和茅尖山2个国有林场进行合并筹备，开展机构、人员、资源重组，精简管理机构，减少管理人员，降低管理成本，实现规模经营，提高管理效能和经济效益。2003年10月22日，经重庆市林业局批复，茅尖山林场和复兴林场合并为茂云山国有林场。2004年2月，县林业局明确林场机构设置。8月，茂云山国有林场正式运作。茂云山国有林场是国有林场改革以来全县唯一的国有林场，属全额拨款的公益型事业单位。

第二节 集体林权改革

集体林权的改革主要经历5个阶段。第一阶段土地改革时期（1950—1953年），将山林按农村人口划分到户；第二阶段初高级社时期（1953—1958年），集体与社员分成的初步实践；第三阶段人民公社时期（1958—1962年），集体对山林的绝对管理；第四阶段划自留山时期（1962—1980年），落实集体山林和经济林的收益分成；第五阶段两山（自留山、保管山）合一山（自留山）时期（1981—2005年），实行家庭联产承包责任制，地权属集体，林权划分到以家庭为单位的个人。

1986年，全县进一步落实林业两制（山林林权和林业生产责任制）工作。1993年，将区林业站与县林业局分离，下放到区公所管理，经费与县局“分灶吃饭”，单独核算。变过去单一管理型为经营、服务、管理结合型，自求生存，自谋发展。以租赁、联营形式租赁农民荒山荒地，或与农民建立联营林业生产基地，抓经济项目的开发。利用现有设施设备办经济实体，搞第三产业。1994 年，允许林地使用权和林木所有权有偿转让，拍卖宜林“三荒”（荒山、荒坡、荒滩）的使用权，并允许继承和有偿转让。各部门采取多种形式与农民集体经济组织联营使用，鼓励农民和个人组建各类股份制合作林场。逐步实现林业规模化和集约化，引进良种板栗造林，为彭水自治县发展高产、优质、高效林业迈出第一步。将“三荒”推入市场，放开山林经营权，鼓励单位和个人对“三荒”进行租赁、承包、联合等形式开发。对大面积宜林荒山、荒坡和低产园、林实行综合开发、利用，优化树种结构，以经促绿，大办效益型林业。1995 年，兴办股份制林场，继续推行青山折价转让和林地有偿流转开发，与国营林场毗邻的林农自愿将自有林地交国有林场统一管理，集约经营，生产的木材与国有林场生产的一道直接进入销售环节，增加林农的收入。1996 年 5 月 28 日，县林业局制定《彭水国有林场、乡村林场扩场联营实施暂行办法》，对扩场联营原则、联营形式、具体步骤、管理措施等进行详细规定。扩场联营坚持林场愿、林农愿、乡政府愿、区林业站愿的“四愿”原则，以本场为中心向外辐射，地域相连，异地扩场集中成片，国有林场不低于 67 公顷，乡村林场不低于 33 公顷。联营包括公开拍卖经营权、推行股份合作制、联合开发、租赁开发、补偿开发、引资开发等形式。国有林场扩场联营采伐纳入林场限额计划内。1997 年，调整产业结构，鼓励和引导职工发展自营经济，减轻林产企业的资金压力，对林产品经销服务公司在人事用工制度上改革，对在岗职工进行优化组合，面向市场求发展。翌年，张成贵等联系芦塘等 3 个乡镇组建股份制林场，开始林业资源的流转。2000 年，林产企业实行破产改制。2004 年，启动全县森林分类经营工作，完成森林分类经营区划成果。全县区划公益林 118767.3 公顷，占林业用地的 61.1%。其中国家级公益林 78220 公顷、占林地的 40.3%，市级公益林 40547.3 公顷、占林地的 20.8%。商品林 75493.6 公顷，占林业用地的 38.9%。公益林按事权等级划分为国家级和市级公益林，完成国有林场整合，浩口电站产权实现合并管理。对原县丝绸公司进行破产改制，重新组建永鸿蚕业有限公司，产值达到 280 万元。

附：钱书远，龙塘乡黄金村人。1984 年，时任生产队长的钱书远与本组 26 户村民商量，由他来承包荒山。钱书远承包 520 公顷荒山坡，承包期 30 年，收入按二八分成，26 户村民分户签字画押，县公证机关进行公证。钱书远将全部积蓄 5 万元，加上信用社贷款，筹备启动资金，雇用几十个农民经过一个多月的苦战，挖地窝子 500 个，栽上杉树、红椿、五倍子。到 1996 年，承包的荒山全部披上绿装。根据黄金村贫穷的现实，1996 年 5 月，已当上村支部书记的钱书远决定把林子全部捐给集体，作集体经济项目，农户的 20% 收益归原主，钱书远的 80% 收益权无偿捐给村里。

第三节　家庭联产承包责任制

1981 年，全县农村普遍实行“包产（包干）到户责任制”，社队集体林木普遍划归社员户管理。5 月 4 日，县委发布《关于实行包产（包干）到户责任制若干问题规定》，进一步明确了经济林和山林的管理。各生产队集中成片和零星分散的经济林木进行清点登记，除实行承包责任制的林场果园外，一律随责任地段划归社员管理。可以按株略低于小年产量的标准实行包产上交，一包数年不变，社员分户管收，每年按包产数量上交实物给生产队，其余归己或分户交送粮油部门。包产前，由队统一结账，也可以集体统收，以株为单位付给管理者报酬，还可以实行收益分成。在油桐上，采取“树随地走、以株定产、以耕代抚、定产上交、包产到户”和“谁种谁收、政府保护、允许继承”的办法。实行桐粮挂钩，调减征购粮，把油桐生产纳入《中华人民共和国环境保护法》管理。同年 7 月，全面推进落实山权林权和林业生产责任制。其主要内容：公有林属公社所有，由公社确定专业组、专业户、专业人员管理；生产队集体成片森林，原已固定专业户、专业人管理，保持稳定；集体划给社员管理的山林，林权仍属集体，大树实行收益分成；对荒山荒坡、残林迹地、退耕还林等未落实的，一般按人口划到户，长期不变，允许继承；自留山、房前屋后零星树木，林权归社员长期所有，允许继承；对少量风水树、大古树，尊重群众的习俗和民意，由公社决定，造册登记，挂牌保护，任何个人和单位不得砍伐；耕地内的零星树木，采取树随地走，大树实行收益分成。通过林权划分，集体林木普遍划归社员户管理，实行两山（自留山、保管山）合一山（自留山），变为自留山。1982 年 12 月，填发林权证的公社 64 个，填发林权证的生产队 4045 个，落实林地面积 9.33 万公顷。1983 年 7 月，放宽林业政策，原划给社员保管的集体山林，可以改为自留山。至此，全县各地普遍实行“两山合一山”，农民个体所有制的林木增多，社队集体所有的林木减少，剩下的社队集体林木，一般都由林业专业户或林业生产联合体承包经营管理。1985 年年底，全县仍保留的公有林 23 块，总面积 123.8 公顷。1986 年，全县推进落实林业两制工作，巩固 1982 年林权划分成果，部分公有林转为集体林场，其余划分到户。县林业局建立林权资料（林权清册和林权证存根）档案。2005 年，启动新的林权制度改革。按照所有权、经营权、处置权、收益权“四权”分离原则，建立起“产权归属清晰、经营主体到位、责权划分明确、利益保障严格、流转顺畅规范、监管服务有效”的现代林业产权制度，进一步明确森林、林木、林地权属，并在保家镇东流村、新田乡河门村、龙溪乡如榔村等进行试点。

第三章 林业生产

第一节 采种育苗

一、采种

1986 年，建有 7 个采种基地。其中，柏木 3 个，杉木 2 个，红椿、马尾松各 1 个，分布在汉葭镇、桑柘镇、靛水乡、新田乡、合理林场等地。在桑柘镇李家村建立母树林 1 个，作为全县采种区域使用。全年完成种子采购 21223.5 千克，其中国家收购 10466.5 千克、调入 10757 千克，调出 900 千克。1988 年，在新场、桑柘、鹿箐乡建立杉木、马尾松、红椿林采种基地 44.99 公顷。1989 年，坚持自采为主、调进为辅的原则，共采集和调进各种林木种子 33878.25 千克。其中自采 18038.75 千克、调进油松和马尾松 15839.5 千克。以后各年均以自采为主，至 1996 年，采收种子 510563.25 千克。1997 年以后，由于实行市场化管理，林业局不再统一采收，由育林户自购树种育苗，然后林业局以市场价收购。2005 年，县内第二次建立优良林分采种基地。建立马尾松优良林分 1000 公顷、柏木 1000 公顷、杉木 666.7 公顷、红椿 666.7 公顷、枫香 27 公顷、青冈 104.7 公顷、中华蚊母 31.9 公顷、水竹 87.3 公顷等，选定马尾松优树 3 株、柏木 4 株、杉木 4 株、红椿 12 株。

二、育苗

1986 年，县人民政府划拨汉葭镇环城居委 2 组 3 个居民原国有土地 0.18 公顷，作为提供城镇、庭院绿化及其他义务植树的种苗苗圃。是年，育苗 36 公顷，产合格苗 249.5 万株。其中刘家坪、王家湾苗圃经营面积 3.74 公顷，产苗 8.5 万株。1987 年，引进国外松并进行营养袋育苗试验取得成功，翌年进行大面积推广引种繁育，育苗 133.4 公顷，绿化栽植 1000 万株，成为“四旁”绿化主要树种。1992 年，全县完成大田育苗 137.67 公顷，超过年计划 100 公顷的 37%。营养袋育苗 500 万袋，生产各类合格苗 7700 多万株。育苗面积及合格苗量居历年之最。1993 年，采取“一包”（集团承包，县局与区站和有关股室签订育苗责任书，把面积任务和质量要求具体化，实行量化考核、奖惩）、“二改”（改过去的分散育苗为集中成片育苗，改纯大田育苗为大田育苗和营养袋育苗相结合育苗），大田育苗面积 188.27 公顷，比上年增长 38%。完成营养袋育苗 200 万袋，生产各类苗木 5190 万株，其中合格苗 4714 万株。1995 年，以集体、专业户个人育苗形式为主相对集中育苗，建立苗圃 85 个。1998 年，实行项目育苗和社会育苗相结合，项目育苗由林业局与育苗户直接签订合同，保证购销环节。面上育苗实行区乡统筹，保证育苗质量。集中连片育苗经济林 10 公顷。大田育苗 88.71 公顷，其中经济林 16.47 公顷、用材林及防护林树种育苗 72.25 公顷。营养袋育苗 50 万袋。2004 年，以林业公司带动组建苗圃联合体，育苗 210.67 公顷，生产各类合格苗木 4500 万株。发展社会育苗大户 42 户，育苗 90.4 公顷。2005 年，建立平安中心苗圃等固定苗圃 5 个、临时苗圃 21 个，培育育苗大户 21 户。林业苗圃总面积 60 公顷，其中国有苗圃总面积 15 公顷、非国有苗圃总面积 45 公顷。

第二节　造林绿化

1986 年，完成飞播造林 5902 公顷、速丰林 320 公顷、两山造林（即自留山、责任山）1260 公顷。造经济林 1333.34 公顷，零星植树 483 万株（包括柑橘、雪梨），种植各种花草 466 盆。砂石乡方红 5 组造林绿化森林覆盖率达到 39%，成为第一个达到绿化标准的组。1987 年 7 月，新田成为第一个实现绿化达标的乡。1989 年，工程造林 9933.34 公顷。

1993 年，以“增资源、绿起来”为中心，立足市场经济，增加群众农庭经济收入，发展林业庭园经济 1.1 万户。支持群众办小果园、小林园等家庭绿色工厂。同时工程项目造林采取“四结合”（植苗与播种相结合、工程造林与一般造林相结合、领导示范片造林与群众造林相结合、普遍造林与专业大户、联户造林相结合）、把住“三关”（整地质量关、适地适树关、苗木质量关）、坚持“五不”（无作业设计不施工、非优良树种不使用、苗木不合格不出圃、苗根不打泥浆不上山、非阴天不栽树）、推行“六改”（改扯苗为起苗、改不分好坏为选择壮苗造林、改零星分散为集中成片造林、改一道工序为三道工序造林，改单一的分户为联户、联营造林，改重造轻管为造管同步），速丰林、长防林、世行贷款项目红椿造林的成活率均在 90% 以上，其中速丰林成活率 95.8%，名列全地区第一；面积保存率均在 95% 以上，苗木合格率 100%。3 月，县林业局被四川省评为飞播造林先进单位，人均绿地面积达 7.6 平方米。1996 年，以工程造林为龙头，全面推进造林绿化工作。林业局在马耳沟造多功能防护林 1260 公顷。

1999 年，是实施林业产业化建设的起始年，造林绿化进入重要的转折时期。天然林保护、退耕还林、绿色通道、生态林等工程造林全面启动和实施。营造名特优新经济林 1173.34 公顷、用材林 2333.34 公顷、防护林 780 公顷，四旁植树 826 万株，公路绿化 120 千米，江河绿化 187.5 千米，实现基本绿化达标。是年 12 月，城郊乡平原村被全国绿化委员会评为“全国造林绿化千佳村”。2000 年始，采取成片造林与零星植树相结合，成片造林 13000 公顷，四旁植树 702 万株，造经济林 2800 公顷。2002 年，全面停止木材商品性采伐。发展林业企业和经济实体非公制林业 13 家。成立彭水自治县森茂林业开发公司，初步形成公司带基地、基地带农户的产业发展格局。至 2004 年，有森茂林业有限责任公司、永鸿蚕业有限公司、康泰中药材公司、武陵山养蛇场 4 家林业龙头企业。2005 年在汉葭、郁山、保家等 20 个乡镇和 1 个国有林场退耕还林造林 4000 公顷，其中，退耕地造林 666.67 公顷，荒山造林 1666.67 公顷，封山育林 1666.67 公顷。在龙射、鹿鸣、联合等 15 个乡镇完成马尾松速生丰产用材林 3006.67 公顷，汉葭、鹿鸣等 5 个乡镇完成红椿速丰林 800 公顷，长滩、黄家、鞍子等 5 个乡镇完成油桐基地造林 233.34 公顷，桐楼、普子等 7 个乡镇完成中药材基地造林 184.67 公顷。完成城周绿化 33.34 公顷，河堤绿化 1000 米。栽植小叶榕、黄桷树、柳树等 3.34 公顷。

1986—2005 年，全县成片造林 177507 公顷，其中飞播造林 33258 公顷、速丰造林 16046 公顷、两山造林 10140 公顷、其他造林 118063 公顷。造经济林 23513.34 公顷，人工点播 26420 公顷，工程造林 8580 公顷，低产林改造 201.95 公顷，零星植树 663 万株，四旁植树 10640.6 万株，公路绿化 1847.5 千米，江河绿化 450 千米。

第三节　义务植树

1986 年，县级机关城周植树 7.67 公顷，区级机关植树 7.33 公顷。1987 年植树节前后，全县 18 万人开展春季义务植树，完成四旁植树 434.5 万株。1989 年，县人大立法规定开始收取绿化费，用于种苗和造林组织、管护等开支，机关职工每人每年 5 元、城镇居民 2 元、农村居民 1 元，共收 7 年，

1986—1999 年彭水自治县林业生产面积情况表

表 16-4 单位：公顷

年度	1986年	1987年	1988年	1989年	1990年	1991年	1992年	1993年	1994年	1995年	1996年	1997年	1998年	1999年	2000年	2001年	2002年	2003年	2004年	2005年
当年造林	6417	1960	12338	16728	10249	5098	58640	137	6415	5830	5153	4533	10020	4280	5328	4200	3875	7239	6867	2200
其中：飞播	5902	0	7683	9687	0	0	4993	4993	0	0	0	0	0	0	—	—	—	—	—	—
迹地更新	6	20	0	0	10	7	20	20	38	78	2150	3820	1000	180	—	—	—	—	—	—
育苗	17	75	143	116	57	104	126	126	0	114	66	38	89	60	53	40	56	120	90	70
中幼林抚育	1148	1346	790	1121	635	2402	1390	1390	0	7334	6236	560	9300	11370	403	—	533	2067	5400	18933

收取绿化费总额 210 万元。1991 年，义务植树 301.8 万株。1992 年，保家、郁山两区组织教师、学生和其他人员营造速丰林 666.67 公顷。1995 年，植树节前后，组织全县机关、团体、学校、厂矿、企事业单位职工和城镇居民上山义务植树 400 万株。1998 年后，取消向农民收取绿化费。1999 年，参加义务植树 24.8 万人，栽植苗株数 826 万株，人均株数 33.3 株，收取绿化费 21 万元，登记建卡率为 30%。办乡级领导以上示范点 10 个，建设义务植树基地 9 个 173.3 公顷。2000 年，全县参加义务植树 26.3 万人，植树 92 万株。填发城乡义务植树登记卡 5000 余份，建设义务植树基地 9 个 153.3 公顷。收以资代劳金 9.3 万元。2005 年，采取每人收取现金 10 元，作为以资代劳金，由县绿委组织专业队在云顶寺营造柏木 26.7 公顷，作为县级义务植树基地，一定三年不变。各乡镇组织中小学生、社区居民，开展植绿护绿活动，建立县乡两级义务植树基地 40 个 533.3 公顷，尽职率达 90% 以上。是年，团县委、县妇联也组织青年团员、妇女，在马鞍溪营造“共青林”和“妇联林”。

第四节　重点工程

一、天然林防护工程

1998 年 9 月，彭水被国家列为天然林资源保护试点县，同年被重庆市人民政府确定为 14 个实行天然林禁伐区县之一，1998—2000 年为试点阶段，2001—2010 年为全面实施阶段。县人民政府和各乡镇（国有林场）均成立天然林保护领导小组，县林业局成立天然林保护中心。工程实施期间，全面停止天然林采伐和重点生态保护区森林商业性采伐。1998 年，关闭天然林区木材市场，冻结天然林限额采伐指标，停止已经批准尚未采伐和正在实施采伐的行为。

2001—2005 年，全面启动实施天然林防护政策，按照“七落实”（管护区域、保护标志、管护任务、责任单位、责任人员、管护目标、奖惩制度落实）制度，县、乡镇、村（居委）层层签订目标责任书。规划管护区 577 个，落实管护人员 659 人；调减木材生产计划；完成生态公益林建设。5 年内实施天然林保护工程封山育林实施 2331 公顷。

二、封山育林工程

1980—1988 年，全县封山育林 20000 公顷，封育的主要对象是工程造林，飞播造林和集中成片的自然林分，成林树种主要是马尾松、国外松、油松、杉木等。1990—1999 年，封山育林 224600

公顷。其间，1990 年，县林业局组织对县境内川湘公路两旁宜林荒山 4666.7 公顷新造林进行封山育林作业，并进行登记造册、建立卡片、插牌定界，落实专（兼）职护林员管护封山育林区，实行封、造、管、护并举。以后各年，对工程造林、成材林、天然林等推行“林权不变、统一封山、专人看管、报酬分摊”措施，明确地块、划定四界、树立标牌（碑）。2000—2005 年，完成封山育林 8664 公顷，在汉葭镇、城效乡、岩东乡等地，采取补植改造、轮封和全封等方法，主要对项目造林进行封育，然后组织力量自查验收，并与护林人员签订管护合同。

2000—2005 年彭水自治县封山育林情况表

表 16-5

单位：公顷

年度	2000 年	2001 年	2002 年	2003 年	2004 年	2005 年
封山育林	4666	666	666	333	333	2000
其中，天然林保护工程封育	4666	666	666	333	333	333
其中，退耕还林封育	—	—	—	—	—	1667

三、退耕还林（还草）工程

2001 年 9 月，县林业局编制《彭水自治县实施退耕还林项目建议书》。2002 年 1 月，开始实施国家重点林业工程——退耕还林（还草）工程。成立以县长为组长的退耕还林（还草）领导小组，全县正式启动退耕还林（还草）工程。退耕还林还草农户享受“三补”（无偿向土地承包经营权人提供退耕一亩补助原粮 150 千克，补助生活费 20 元，种苗补助 50 元）、“一免”（减免农业税）、“两落实”（发放林权证，确认使用权和所有权；谁退耕、谁造林、谁受益）的优惠政策，退耕生态林补助时间 8 年、经济林 5 年、还草 2 年。农业税减免办法，实际工作先交后退，以后每年按核减后填发税收通知。农民承包的耕地和宜林荒山荒地造林后一律延长为 50 年，允许依法继承、转让，到期后可按有关法律法规继续承包。当年，在乌郁江两岸和 319 国道沿线的 8 个乡镇 54 个村 287 个组和 2 个国有林场实施退耕还林（还草）4070 公顷，其中退耕地造林 2070 公顷、荒山造林 2000 公顷。2003 年 9 月 25 日至 2004 年 1 月 5 日，全县开展退耕还林“百日战役”活动，全县退耕地植树造林 2667 公顷。2003—2004 年，累计在 37 个乡镇、180 个行政村、760 个村民小组、24251 退耕农户、2373 作业小班实施造林 15220 公顷，其中退耕地植树造林 3887 公顷、荒山造林 11334 公顷。至 2005 年，利用退耕还林（还草）工程造林 9380 公顷。其中，发展以马尾松、杨树为主的林浆纸工业原料林基地 6700 公顷、蚕桑 880 公顷、中药材基地 2 公顷，建立蓝桉、花椒等香料基地 160 公顷，种植特色树 60 公顷，发展大枣、核桃等干果林 400 公顷，种草 880 公顷，栽植竹子 270 公顷，基本实现农业从传统型种植业为主向林果种植、畜牧业以及二、三产业的顺利过渡。

四、多功能防护林示范工程

多功能防护林工程是我国“世界银行贷款中国森林资源发展和保护项目”中的主要内容之一。1993 年，四川省林业厅将彭水确定为世行贷款——多功能防护林项目造林县，地区财政局与县人民政府签订《关于利用世界银行贷款实施森林资源发展和保护项目的贷款协议》。项目建设期为 1995—2000 年，前 4 年为营造林阶段，后 2 年为抚育阶段。1995 年春，多功能防护林项目造林正式启动，至 1998 年结束。项目建设涉及汉葭区的靛水乡、火石乡，高谷区的高谷乡、鹿鸣乡、平安乡、龙射乡，郁山区的郁山镇、清平乡，保家区的凤鸣乡、大河乡、东流乡，共划分龙王庙、马耳沟、鲁家沟、大路沟、牛背沟、丛木垭、干洞口、米基槽、何家沟、火石垭、文家沟 11 条生态经济沟，完成造林 5211.8 公顷，其中新造林 2622 公顷、封山育林 765.5 公顷、封山育林补植 1824.3 公顷。

1995—1998 年彭水自治县生态经济情况表

表 16-6 单位：公顷

序号	生态经济沟名称	造林年度	造林面积合计	新造林								封山育林		
				小计	马尾松	杉木	柏＋桤	板栗	梨	杜仲	盐肤木＋阔叶树	小计	封育补植	封育不补
全县	合计	总计	5219.5	2680	862	792.8	180	483.7	40.8	196.6	124.1	2539.5	715.2	1824.3
		1995 年	754.4	403	93.5	130.7	0	28.7	0	37.8	112.3	351.4	143.8	207.6
		1996 年	1018.1	364	155.5	73.6	3.1	57.2	32	42.6	0	654.1	155.2	498.9
		1997 年	287.3	93.7	70.2	0	0	14.7	8.8	0	0	193.6	43.1	150.5
		1998 年	3199.7	1819.3	542.8	588.5	176.9	383.1	0	116.2	11.8	1340.4	373.1	967.3
1	龙王庙沟	1995 年	754.4	403	93.5	130.7	0	28.7	0	37.8	112.3	351.4	143.8	207.6
2	马耳沟	1996 年	392	30.8	4.8	0	0	19.3	6.7	0	0	361.2	91.4	269.8
3	鲁家沟	1996 年	503	239.5	119.9	70.3	0	24	25.3	0	0	263.5	41.4	222.1
4	大路沟	1996 年	123.1	93.7	30.8	3.3	3.1	13.9	0	42.6	0	29.4	22.4	7
5	牛背沟	1997 年	107.6	67.9	59.1	0	0	0	8.8	0	0	39.7	15	24.7
6	丛木垭沟	1997 年	179.7	25.8	11.1	0	0	14.7	0	0	0	153.9	28.1	125.8
7	米基槽沟	1998 年	1121.8	569.8	215.5	242	0	46	0	66.3	0	552	100	452
8	何家沟	1998 年	188.9	124.4	0	0	77.1	22.3	0	25	0	64.5	16.8	47.7
9	火石垭沟	1998 年	668.6	391.9	80.7	58.5	99.8	128	0	24.9	0	276.7	38.2	238.5
10	文家沟	1998 年	549.1	425.7	73.7	288	0	52.2	0	0	11.8	123.4	123.4	0
11	干洞口	1998 年	631.3	307.5	172.9	0	0	134.6	0	0	0	323.8	94.7	229.1

五、长江中上游防护林工程

长江中上游防护林体系建设工程是全国启动的又一大型重点林业生态工程，被列为世界 8 大生态工程之一，从 1989 年开始实施。彭水是国家批准的一期工程第二批长防林工程建设重点县，1991 年 6—7 月，开展长防林建设总体设计，11 月编制《长江中上游防护林体系建设四川省彭水苗族土家族自治县总体设计》。该总体设计规模 33333 公顷。其中，防护林造林 20000 公顷、占新建规模的 60%，用材林造林 6667 公顷、占新建规模的 20%，薪炭林造林 3333 公顷、占新建规模 10%，经济林造林 3333 公顷、占新建规模 10%。总体设计计划投资 1705 万元，其中，中央投资 511.5 万元、地方筹资 341 万元、群众投资投劳集资 852.5 万元。规模建成后产出效益 6856.46 万元，为总投资 4 倍，森林覆盖率可增加到 28.8%，净增 8.6%。1992—2000 年，累计实施长防林建设 13246 公顷。其中用材林 3802 公顷、防护林 3585 公顷、经济林 5859 公顷。

1992—2000 年彭水自治县长江中上游防护林体系建设造林情况表

表 16-7 单位：公顷

年度	小计	其中		
		用材林	防护林	经济林
1992 年	777	188	501	88
1993 年	1342	450	195	697
1994 年	1762	421	52	1289
1995 年	1397	567	74	756

续表 16-7

年度	小计	其中		
		用材林	防护林	经济林
1996 年	1432	270	117	1045
1997 年	1364	461	700	203
1998 年	769	236	346	187
1999 年	2427	417	1505	505
2000 年	1976	792	95	1089
合计	13246	3802	3585	5859

第五节　林场建设

一、茂云山国有林场

1958—1959 年，先后建立七曜山、茅尖山和青峰国有林场。1964 年，青峰林场并入茅尖山林场。2000 年，七曜山林场更名为复兴林场。2003 年 10 月 22 日，经市林业局批准，茅尖山林场和复兴林场合并为茂云山国有林场，管理国有生态林 5504.5 公顷。2004 年 8 月，合并后的茂云山国有林场正式运作。

茂云山国有林场位于北纬 28° 51′ ~ 29° 50′，东经 107° 48′ ~ 108° 35′，海拔 220 ~ 1870 米，与黔江、石柱、丰都、贵州省沿河等区县接壤。场部位于彭水自治县城，内设行政科、生产技术科。下辖红椿（分布靛水乡、黄家镇、大垭乡）、马栏（分布石柳乡、联合乡、普子镇）、双龙（分布双龙乡、石盘乡）、大同（分布小厂乡、桑柘镇）、太原（分布太原乡、棣棠乡）等 5 个管护站和石盘、大坪、化构坪、文兴、老山、樱桃井、大垭、野鹅池、冷竹箐等 9 个护林点。林场经营 5873.7 公顷，其中国家重点公益林 3927.6 公顷、商品林 1946.1 公顷，林地分布涉及全县 13 个乡镇，主要集中在茅尖山和七曜山两大山系。全场林业用地 5832.6 公顷，其中有林地 4694.4 公顷、疏林地 328.5 公顷、灌木林地 793.3 公顷、无林地 16.4 公顷，森林覆被率为 90%。活立木总蓄积量 533919 立方米，其中有林地蓄积量 519003 立方米、疏林地蓄积量 14916 立方米。

二、集体林场

彭水集体林场建设始于 1959 年，与国营林场同步发展，成为场圃建设的重要组成部分。1987 年，全县有乡村合作林场 16 个 95 人，经营 1754.4 公顷，有林地 1465.8 公顷。其中，乡办林场 8 个，经营 1285.5 公顷，有林地 1225.5 公顷；村联办林场 7 个，经营 462.2 公顷，有林地 235.6 公顷；组联办林场 1 个，经营 6.7 公顷，有林地 4.7 公顷。1988 年后，县林业局推行三群（群众性育苗、垦荒、幼林抚育）、三专（专业队育苗、栽苗、护林）管理办法，推动集体林场建设。1993 年，龙洋乡晏清良和乡茶厂在樱桃井联办十字路五倍子林场，五里村吕高礼与 8 名青年在大木面联合办林场，栽红椿、五倍子和杉木 167 公顷。1994 年，把“三荒”（荒山、荒坡、荒滩）地推入市场，鼓励单位和个人租赁、承包、联合等形式进行开发，新建社队林场 22 个，经营面积 4360 公顷。是年，县林业局和岩东乡堰塘村 7 组 24 户农户组成联办林场，经营面积 200 公顷。

1994 年彭水自治县新建乡村林场情况表

表 16-8 单位：公顷

林场	林种		
	经济林	用材林	五倍子
石柳乡马兰林场	200	—	—
清平乡平天林场	—	266.67	—
三义乡黄丰林场	—	300	—
郁山镇沙湾林场	—	266.67	—
三义乡灯塔林场	—	213.33	—
太原乡石宝寨林场	—	206.67	—
棣棠乡永华林场	—	246.67	—
棣棠乡瓦屋林场	—	273.33	—
普子乡中堡林场	—	180	—
万足乡廖家盖林场	—	266.67	—
桑柘乡东风林场	—	200	—
同河乡清蒲林场	—	33.33	—
诸佛乡三石门林场	—	33.33	—
共和乡幸福林场	—	200	—
葡萄乡白果林场	100	—	—
大厂乡长岩林场	—	200	—
龙塘乡毕家山林场	—	220	—
龙洋乡五星垭林场	—	346.67	—
迁乔乡长生联办林场	200	—	—
文武乡香树林场	—	140	—
火石乡前丰林场	—	—	66.67
岩东乡大岩林场	—	200	—
合计	500	3793.34	66.67

第六节 林业产业

新中国成立后，彭水林业产业主要集中在第一、二产业，1958 年林业产值达到 588 万元，1966 年降为 317 万元，1981 年突破 1000 万元，到 1993 年当年价 3199 万元，1997 年总产值超 5000 万元，2005 年超亿元。

一、木材生产

彭水木材生产主要是采伐原木为主，个别年度有小规模材和锯材生产。

二、经济林木产业

1986 年，全县产桐籽 6500 吨、棬籽 540 吨、生漆 0.475 吨、油茶 50.55 吨、核桃 1.645 吨、板栗 2.9 吨、柑橘 17.935 吨、棕片 70.2 吨、五倍子 79 吨。1987 年，产桐籽 7330 吨、棬子 5554 吨、生漆 6.8 吨、

1986—2005 年彭水自治县林业产业产值情况表

表 16-9　　　　单位：万元

项目	1986年	1987年	1988年	1989年	1990年	1991年	1992年	1993年	1994年	1995年	1996年	1997年	1998年	1999年	2000年	2001年	2002年	2003年	2004年	2005年
林业产值	1093	1225	1863	1671	2868	1800	3199	3743	4757	4218	4545	5889	6137	5088	8862	7750	7509	8671	9500	10450
森林工业产值	—	—	—	—	—	—	—	—	—	—	—	—	—	—	54	—	—	—	480	340
木材和竹材采运业	35	38	51	54	39	145	115	105	115	110	78	94	151	0	—	—	—	150	361	1614
木材加工及竹藤棕草制品业	7	8	9	8	10	14	12	26	30	26	30	50	71	694	—	—	52	—	224	420
家具制造业	—	—	—	—	—	142	109	153	163	135	180	235	312	—	—	—	—	—	—	480

棕片 80.7 吨、五倍子 72 吨、油茶 51.4 吨、核桃 20.2 吨、板栗 3.7 吨、柑橘 1740 吨，以后逐年减少。2002 年，桐籽无收购商收购，农户也不采收，油桐加工厂停止生产。2003 年，重庆人陈自力在郁山镇营房加工桐油 30 吨，而成为油桐生产的绝唱。乌桕生产亦相继消失。

茶叶　1986 年，彭水茶叶种植 1794 公顷，为史上最广。1987 年产量 34.54 万千克，居历史最高。其后面积、产量逐年下降。主要是采取个体或企业承包经营、茶农自营，基本实现全机械化加工。至 2005 年，主要产地有清平富家茶厂和靛水福尔沱茶厂。

1986—2005 年彭水自治县茶叶生产情况表

表 16-10

年度	面积（公顷）	产量（万千克）
1986 年	1794	30.01
1987 年	1639	34.54
1988 年	1601	31.01
1989 年（部分）	5	0.067
1990 年	1351	31.00
1991 年	1523	28.40
1992 年	1516	15.90
1993 年	1698	18.90
1994 年	824	20.60
1995 年	809	13.50
1996 年	839	11.60
1997 年	523	10.40
1998 年	587	28.40
1999 年	545	18.22

续表 16-10

年度	面积（公顷）	产量（万千克）
2000 年	514	18.30
2001 年	404	12.50
2002 年	378	10.70
2003 年	381	10.50
2004 年	367	9.10
2005 年	353	7.40

生漆　彭水生漆基本是零星栽植于田边、地角、土埂，没有成片成规模种植。

1986—2001 年彭水自治县生漆产量情况表

表 16-11　　单位：千克

年度	1986 年	1987 年	1988 年	1989 年	1990 年	1991 年	1992 年	1993 年
产量	4275	6800	8700	3000	8630	6200	5000	5000
年度	1994 年	1995 年	1996 年	1997 年	1998 年	1999 年	2000 年	2001 年
产量	4000	6000	4000	2000	6800	7600	2900	8000

五倍子　彭水多为山地，荒山、丛林较多，五倍子散生其间，从高山到河谷皆有自然生长。1986 年，县人民政府曾规划规模种植，但未成功，至今仍属自然产业。其历史产量最高是 2000 年，为 13.8 万千克。

1986—2001 年彭水自治县五倍子产量表

表 16-12　　单位：千克

年度	1986 年	1987 年	1988 年	1989 年	1990 年	1991 年	1992 年	1993 年
产量	79000	56800	78900	1700	39200	43100	42000	29000
年度	1994 年	1995 年	1996 年	1997 年	1998 年	1999 年	2000 年	2001 年
产量	22000	52000	22000	16000	129700	61600	138000	8000

水果　县内受气候影响，最适宜种植的水果种类、品种少，管理水平低，单产低，大宗水果气候条件不适宜，难出优质果。桃、杏、枇杷、石榴、葡萄水果栽植除保家镇境内老云顶桃成片规模经营外，其他多为农民自由零星种植，栽植面积和产量均不多，多靠外地调进。以猕猴桃、桃、李、柿、枣、草莓为首选，其次有柑橘、梨、苹果等。其中柑橘类主栽品种有大红袍红橘、温州蜜柑、椪柑、锦橙、先锋橙、华盛顿脐橙、垫江白柚、沙田柚。以本地“艾家柚”最有发展潜力，适宜种植区为低山河谷区。县内梨主栽品种有苍溪雪梨、河北鸭梨、黄蜜梨等。李主栽品种是本地的青脆李、栽秧李，皆零星栽植。2001 年，从成都引进布朗李 13 个品种在保家区大河乡的构树坪村种植，面积 20 公顷，效果不好，在常规栽培技术下未获丰产。

桑　1988 年前，部分蚕农缺少种子，用自己采集本地的实生桑籽，培育桑苗。1988 年后，从江浙等地引进优良品种，对原有桑树实行改良，在大河坝、城郊、靛水、下岩西等乡建立良桑母本原繁殖基地。逐年对实生桑树实行嫁接，采用扦插、根接等技术对全县桑树全面良种化。1998 年始，不断从外地直接引进良种种苗，对原有品种实行更新换代，桑树品种得到优化。普遍的桑树品种有农桑系列（8、12、14 号）、6071、7920、桐乡青、川 852、湘 7920 等几个优良品种。

1986—2005 年彭水自治县水果生产情况表

表 16-13

年度	总面积（公顷）	总产量（万千克）
1986 年	298	3425
1987 年	256	1861
1988 年	271	598.5
1989 年	—	—
1990 年	237	2522
1991 年	281	2971
1992 年	294	3100
1993 年	263	3960
1994 年	134.93	1853
1995 年	118	1671
1996 年	378	1388
1997 年	168	1548
1998 年	192	2079
1999 年	250	2829
2000 年	278	2772
2001 年	640	3133
2002 年	597	3989
2003 年	606	3555
2004 年	297	3447
2005 年	381	3323

1986—2005 年彭水自治县梨、柑橘生产情况表

表 16-14 单位：万千克

年度	梨	柑橘
1986 年	48.49	179.35
1987 年	21.85	86.01
1988 年	20.66	84.66
1989 年（部分）	3.2	5.30
1990 年	23.7	175.60
1991 年	34.5	196.20
1992 年	40.0	199.00
1993 年	40.0	297.00
1994 年	21.3	125.90
1995 年	18.1	119.00
1996 年	24.5	99.00
1997 年	12.3	112.50
1998 年	34.8	121.10
1999 年	39.45	189.44
2000 年	42.2	207.50

续表 16-14

年度	梨	柑橘
2001 年	49.8	228.60
2002 年	70.6	294.00
2003 年	51.8	264.40
2004 年	43.6	232.60
2005 年	40.4	229.50

1988—2005 年彭水自治县栽桑情况表

表 16-15

年度	1988 年	1989 年	1990 年	1991 年	1992 年	1993 年	1994 年	1995 年	1996 年
面积（公顷）	1533	1067	2667	1000	2000	1667	433	800	180
数量（亿株）	0.32	0.15	0.5	0.15	0.31	0.45	0.068	0.17	0.027
年度	1997 年	1998 年	1999 年	2000 年	2001 年	2002 年	2003 年	2004 年	2005 年
面积（公顷）	200	1000	133	67	2667	533	200	20	33
数量（亿株）	0.03	0.15	0.023	0.012	0.05	0.084	0.035	0.0027	0.0035

蚕　1988 年以前，全县的蚕主要有“东肥”“中华”两个品种，1988 年 12 月，把蚕桑列为第二大支柱产业，蚕桑业得到迅猛发展。1989 年开始，进行品种引进和改良，主要品种有：七字号系列、青松 × 皓月、限 1× 限 2、黄河 × 朝霞、八字头系列、洞庭 × 碧波等。到 1995 年，蚕桑生产遍及全县八区一镇 54 个乡 467 个村 1100 个村民小组 33460 户栽桑养蚕，产茧量由 1987 年的 12500 千克担发展到 472000 千克。1997 年年底，累计栽桑 11546.67 公顷、2.175 亿株。是年，不少蚕农弃蚕改行，桑树面积急剧减少，全县仅存桑园 1000 余公顷、0.2 亿株左右，产茧 144900 千克。1998 年后，调整产业布局，桑树规模得到恢复性发展，每年开始有小幅度的增长。2005 年，产茧为 244200 千克，产值 560 万元。

1988—2005 年彭水自治县部分年度养蚕情况表

表 16-16

年度	1988 年	1991 年	1993 年	1995 年	1997 年	1998 年	2000 年	2002 年	2004 年	2005 年
发种（张）	970	4460	22776	21281	2898	6500	5432	4500	5100	6600
产茧（千克）	1500	92000	495000	472000	144900	170000	188000	160000	157500	244200
产值（万元）	8	75.8	392	552.2	185	200	265	202	245	560

三、森林旅游产业

茂云山国家森林公园位于重庆市彭水自治县西南部，辖摩围山游览区、长溪河游览区和芙蓉江游览区，面积 1901.2 公顷。2000 年，县委、县人民政府将旅游产业作为新兴产业进行打造，聘请重庆市规划设计院进行茅尖山市级森林公园野外调查，编写项目建议书，9 月获得重庆市林业局批复。之后，县委、县人民政府将茅尖山市级森林公园申报为国家级森林公园，聘请国家林业局调查规划设计院、四川中林环境艺术设计研究院编写总体规划，将茅尖山更名为茂云山。同年 12 月 28 日，国家林业局《关于同意建立五岳寨等 22 处国家森林公园的批复》，同意建立茂云山国家森林公园，为全国 709 个、重庆市 24 个国家森林公园之一，由国有茅尖山林场负责建设。茂云山国家森林公园实行游览区独立建设。2003年，县人民政府引入重庆华丰公司开发长溪河游览区。经多年的打造，形成以漂流为主、水上观光为辅的风景区。该公司建立岩头坝接待中心、牛角寨接待中心和观光步道。观光步道主要由水泥石块砌筑，沿河陡峭处修成悬空廊道，钢条嵌入石壁做支撑，上铺木板或圆木。2005年，县人民政府与浚峰林业发展有限公司签订框架协议，将摩围山游览区的开发权转让给该公司。

附：县林业局直属企业

林工商公司　成立于1993年3月，主要从事木材收购和经营活动。1996年年初清算解散。

竹材发展公司　成立于1996年3月，争取到200万元竹材发展扶贫专项资金，在乌郁两江沿岸进行竹子种植。

森茂林业开发公司　成立于2003年10月，在中心苗圃企业化改造中，组建彭水森茂林业开发公司，苗圃资产作为林业局的出资，占71.2%的股份；职工入股，占28.8%的股份。每年从经营收入中划拨50万元到林业局，用于种苗债务的清偿。

茂云山国家森林公园有限责任公司　公司组建于2001年，主要负责森林公园景区道路筹融资及建设管理工作。争取到旅游国债资金1400万元，政府投资工程财政拨款40万元和移交重庆市交旅集团补偿款497万元。完成景区道路工程投资1917.1万元。

林业生态林业科技发展有限公司　成立于2004年10月，主要从事重点工程监理、林业科技服务、林地征占用可研和林地勘界工作。

第四章 管理与保护

第一节 管理机构

彭水自治县林业局是县人民政府组成部门，负责组织、协调、指导监督造林绿化、湿地保护、石漠化治理、森林防火工作，承担森林资源发展保护、林业自然保护区监督管理、陆生野生动植物资源保护和合理开发利用的责任，组织指导蚕桑基地和林业产业化建设。林业局设局长 1 人、副局长 2 至 3 人，下设若干股室。1986 年，林业局新设森林病虫害防治检疫站和飞播管理站，有政工股、秘书股、财会股、林业股、勘察设计队、保护股等股室。1989 年 4 月，设森林资源股和监察室。1991 年，森林病虫防治检疫站单独设立。1992 年 3 月，林业局下属基层林业工作管理站、种苗站、林业科技推广站、森林病虫防治检疫站实行“四站合一”合署办公，人员编制 10 人，在林业局下属事业编制中调剂解决。1993 年 3 月，县委、县人民政府《关于加强机构编制管理和调整县属行政事业单位人员编制的通知》，对县属机构控编消肿，县林业局核定编制 59 人，其中行政 7 人、事业 52 人。各区林业站由林业局垂直管理划归区工委管理，检查站、苗圃由财政拨款事业单位划为自收自支单位。1998 年 11 月，成立林业科技推广站。2001 年 11 月，取消股（站、队）室设置，设综合科、计财科、造林绿化科、林政资源科、项目规划科、野生动植物保护科、种苗科技科等 7 个科室，在林政资源科加挂林政执法监察队牌子，林业调查设计大队职能划入造林绿化科，资源股、森林病虫防治检疫站职能划入林政资源科。取消对木材生产、木（竹）浆造纸、林产化工等林业产业企业的管理和规划指导林产品市场建设的职能。2005 年，全县完成公务员制度改革，实行政事分开，将茧丝绸行业管理职能划给县对外经济贸易委员会。4 月，局内撤销原计财科、项目规划科、设置项目财务科，林政资源科更名为森林资源管理科，保留综合科、造林绿化科、野生动植物保护科。造林绿化科加挂县绿化委员会办公室、县退耕还林领导小组办公室牌子，项目财务科加挂林业产业发展办公室。同月，设林业调查设计大队、林业综合执法大队、林木种苗站、林业科技推广站、森林病虫防治检疫站等 5 个直属事业站，为具有法人性质的事业单位，核定事业编制 35 人。林业综合执法大队没有开展实际工作，其人员统筹调配到其他科室和事业站，其职能由县森林公安警察大队履行。

第二节 林权管理

1986 年 5 月至 9 月，落实全县林权所有制、林业生产责任制共 92887 户，67733 公顷，并将“林权证”填发到林农手里。同年，对石柱自治县万宝乡、贵州省沿河自治县洪渡镇土溪乡接壤有争议的 149.3 公顷林地，明确权属和林界。至 1987 年，调解林权纠纷 46 起。配合贵州省沿河县洪渡镇党委政府、沿河县林业局，处理了国营茅尖山林场与贵州洪渡镇 133 公顷林地的林权纠纷。1988 年，解决林权纠纷 65 起，明确全县 150 公顷争议林地面积的权属和林界，填写林权清册 120 册、林权登记表和林权证存根各 1768 张。1989—1993 年，全县调查处理林权纠纷 160 起。2003 年，全县因工程占地补偿而引发的林地权属纠纷 5 起，调查处理 5 起，调处率 100%。2004 年，安排专人负责林权纠纷，特别是重点工程林权纠纷的调解。全年调解各类林权纠纷 28 件。2005 年，受理林权纠纷案件 28 件，经行政裁决 12 件，协商调解 6 件，确权 1 件，结案率 67.9%。

第三节 采伐管理

1986 年开始，林业采伐管理主要以限额采伐和制止乱伐为主。县林业局根据各乡镇资源状况提出计划，报县政府审定，然后下达各乡镇农民自用材采伐量和商品材经营量。1987 年 10 月，在各区乡组织清理小组，对 1985 年以来的乱砍滥伐进行彻底清理。查处无证采伐 100 多立方米。1989 年，对乱砍滥伐 54 起、私收乱购 57 起作出处理，收缴育林基金等 1.06 万元，处理赔偿损失费 6 万元。1990 年，以凭证采伐为主，根据采伐量不能大于生长量的原则，办证采伐 12000 立方米，占计划 15000 立方米的 80%。其中，国家收购部分办理林木采伐许可证 4558 立方米、占年度木材生产计划的 86%，实际收购木材 5811 立方米、占 109.8%，超计划收购木材 519 立方米；农民自用部分办理林木采伐许可证 4000 立方米，占年度计划任务的 66%；国有林场办理林木采伐许可证 3418 立方米，占年度木材出材量限额的 87%，乡村林场未办理林木采伐许可证。1992 年，办采伐证采伐数不足 1 万立方米，占计划 1.15 万立方米的 87%。清理查处违章采伐行政案件 147 起。其中盗伐 63 起、滥伐 82 起、毁坏幼林 2 起。1995—1998 年，木材采伐量均未突破限额指标。其中 1997 年强化木材采伐管理，做到凭证采伐，对无证采伐及运输的违法犯罪活动，予以坚决有力地打击，致 1998 年采伐数仅占计划的 50%。2000 年后，采取山上堵源头、山下查黑市、公路查运输、城镇严巡查等措施，严格把住木材采伐、运输、经营、加工的每个环节。2001 年 2 月 13 日，开始使用国家林业局统一印制的新版林木采伐许可证。2002 年，加强对森林资源的微观管理，森林资源从林木采伐、木材运输、木材加工和林地征占用的全过程严格监控。2003 年，对无证采伐林木、不按规定采伐林木以及办证不规范的，通过巡回检查，及时纠正处理。全县发放林木采伐许可证 5220 份，发证蓄积量 10623 立方米，办证率 95%。其中工程采伐 89 立方米。蓄积量增至 462 万立方米。2004 年，制定加强林木采伐管理的实施意见，确保森林资源消耗量低于生长量。2005 年，完成“十一五”采伐限额编制。全年完成农民自用材和烧柴采伐蓄积量 2.2 万立方米，工程占地采伐蓄积量 0.1 万立方米，人工商品林采伐蓄积量 0.22 万立方米，清理风灾木蓄积量 0.9 万立方米，采伐限额控制在市政府下达的指标之内。

第四节 经营管理

1986—1987 年，收购木材 10215 立方米，外调 5536 立方米，内销 3966 立方米，议销 7227 立方米（全销售数包括上年库存），实现利润 65.52 万元。1988 年，国家收购完成 6118.5 立方米（包括林政处理木材 267.2 立方米）、占年计划的 101%，农民自用完成 4077 立方米、占年计划的 67.96%。1989 年，林产公司收购木材 5810 立方米，木材销售不景气，价格下跌，销路不畅，致积压木材 1955 立方米。1990 年，清理整顿木材经营单位，由省林业厅、黔江地区林业局给县林产公司、国有茅尖山、七曜山林场的木材经营颁发许可证，并对经营情况进行监督检查。查处木材黑市交易 6 处，受到查处的党员 11 人、干部 64 人。1992 年，木材加工厂由原 15 个减少到 13 个，不具备条件的单位和个人予以取缔，具备条件的重新向县林业局申请办理木材加工许可证和营业执照，随时接受林业部门的指导、监督和检查。是年，国有林场和林产公司打开经营局面，经济效益大增，林产公司全年收购木材 5200 立方米，销售 4800 立方米，实现盈利 26 万元。2 个林场生产站采伐木材 2400 立方米，木材销售及多种经营收入 76 万元，实现盈利 33 万元。1993 年，林产公司木材收购 3658 立方米，经营产值 117.9 万元，实现经营利润 28 万元。茅尖山、七曜山林场在管理好森林资源的同时，种植“三木”药材等，实现全年产值 250 万元，利润 100 万元，国有苗圃在抓造林苗木培育的同时，还开展花卉培育、办养殖加工业，增加单位经营收入。1994 年，只准木材专业公司进山收购木材，违者按违反《中华人民共和国森林法》处理。1995 年，对加工木材的单位和个人以及包工包料的建筑工地进行全面清理，取缔非法加工单位和私收乱购木材的建筑单位 7 个。1996 年，取缔一切私收乱购木材的违法行为，理顺加工木材的来源渠道。办经营加工许可证 23 家，办证率 100%。2000 年，全县申请办理木材经营、加工的单位和个人 28 家，办证率 100%。2002 年，对全县木材经营加工行业进行彻底清理，经过严格审查全县仅批准开办木材加工厂 2 家，其余加工厂全部关闭。2005 年，清理整顿木材黑市场 3 个，收缴木材 8 立方米，扣挡非法运输木材 21 立方米，为国家集体和个人挽回经济损失 28.82 万元。

第五节 流通管理

1987 年，木材流通管理本着出县管严、县内调剂、适当放宽的原则，控制木材大量流通。检查和扣留挡回违章运输木材 251.148 立方米木制品 194 件，处罚金额 17300 元。1989 年，查获处理违法运输 210 起。全县处理毁林案件 239 件，查处木材及木制品 508.9 立方米。1990 年，加强对木材经营运输管理，充实检查站力量。查获违法运输木材 300 余起，材积 800 立方米，扣挡 6436 件，低价强行收购木材 125 立方米，处以木材变价款 8 万元。1991 年，全年查验运输过境木材折合材积 5791.92 立方米，扣留木材折合材积 154.32 立方米，补办手续折合材积 32.93 立方米。木材检查站加大过站木材的检查力度，违法运输 15 起，补办手续 3282 件，处理 8030 件，材积 87.20 立方米，没收木材 87.20 立方米，没收木材变价 2.42 万元。1992 年，严格木材运输检查，扣挡违章运输木材 270 起，72.30 万立方米。1993 年，坚持木材凭证运输制度，违者由木材检查部门依法没收、罚款。1996 年，进一步加强木材及林副产品的运输管理，木材检查站人员分组把守彭黄公路、彭桑公路、彭普路和 319 线，实现山下管严的要求，木材运输进入规范化运行阶段，长期坚持凭证运输。2003 年，县林业局下发木材准运证办理适用范围：“运输以木竹为原料数量在 0.5 立方米以上人造板，以及其他木竹成品、半成品；杜仲、黄柏、厚朴、生漆；树桩、根桩、竹鞭；木炭；国家和重庆市生态保护的野生植物及其枝、皮、叶、种子等都要办理木材准运证。在县内销售的，以及销售 0.5 立方米以下的人造板或少量木材、木竹制成品、半成品、林产品不办理木材准运证。”2004 年，对农户自用材县内运输做明确规定，对农户自用材确需从县境内从甲地运往乙地的，采伐证注明原因，在规定时间内运输。2005 年，县林业局下文再次强调经批准采伐的农户自用材禁止进入商品流通市场。农户自用材在县境内运输，除按 2004 年规定办理采伐证外，还要经县林业局审核。

第六节 林政执法

1986 年以前，林木盗砍乱伐案件由公安局处理。1986 年 12 月，成立公安局林业科、林业局公安科，实行两块牌子、一套班子，负责维护林区秩序，对破坏森林资源和乱捕滥猎野生保护动物等案件的侦破与办理。行政上归林业局领导，业务上属公安局领导。1987—1989 年，发生各种林业案件 310 起，查处 300 起，查处率 96.8%，其中治安案件 28 起、刑事案件 11 起、林政案件 248 起、其他案件 13 起。经济发展、农民用材量剧增、建筑用材量大幅度上升，以致林业案件也不断增加。1990—1994 年，发生林业案件 4790 起。1995 年，发生林业案件 2172 起。是年，破获贵州边界农民盗伐茅尖山林场大案，黔江黑溪不法分子长期盗伐七曜山马兰工区林木的犯罪团伙。1996 年，破获鹿箐乡长期盗窃集体林的团伙。1997—1999 年，专项清理林业案件 5475 起，处理 5346 起，处理率 97.6%。2002 年，新招森林公安干警 5 人，森林公安干警增加到 16 人。2003 年，开展“天保行动”“破案攻坚战”和“绿盾一号”专项治理，依法查处一大批破坏森林的违法案件。2005 年，林业执法改革基本完成，明确以森林公安警察大队为主的林业综合执法队伍，完成执法委托与授权，实现林业管理和执法的分离。全年查处各类森林案件 168 起 217 人次。其中刑事立案 3 起、破 3 起、刑拘 5 人，查处治安案件 3 起、治安拘留 3 人、治安罚款 1 人，扣挡木材 103 立方米。侦破影响较大的靛水乡文某涉嫌收购古树和郁山镇唐某非法破坏国家一级保护古树案件。

1986—2005 年彭水自治县林政案件处理情况表

表 16-17　　单位：件、%

年度	发生案件数量	已查处案件数量	综合查处率
1986 年	239	—	—
1987 年	33	29	86.9
1988 年	42	39	92.9
1989 年	235	232	98.7
1990 年	1054	1004	95.2
1991 年	1585	1522	96
1992 年	147	147	100
1993 年	277	277	100
1994 年	1727	1727	100
1995 年	2172	2164	99.6
1996 年	822	822	100
1997 年	1508	1508	100
1998 年	449	418	93
1999 年	524	524	100
2000 年	389	378	97.2
2001 年	—	—	—
2002 年	123	119	96.5
2003 年	269	260	96.5
2004 年	121	121	100
2005 年	168	168	100

第七节　护林防火

1954 年开始，县内就建立有森林防火工作队。1986 年，发生山火 29 起，处理 24 起，处理率

83%，未发生大的森林火灾。1987 年 10 月，坚持“预防为主，积极消灭”的方针，开展以护林防火为中心的竞赛活动。聘请专职护林员 24 名、兼职护林员 65 名，代管 2 个林场、面积 5167 公顷，增设防火线 80 千米。全年发生山火 14 起，处理 13 起。1988 年，县林业局设立森林防火指挥部，有专职人员 9 人、兼职队员 36 人，分为 8 个组，分别负责全县 8 个区森林火灾的组织、指挥、扑救等工作，并配有灭火机、对讲机、无线电台、防火服等装备。1990 年，全县发生森林火警 28 起，烧山面积 92.7 公顷，查处 21 起，查处率为 75%，其中火因不清的 7 起；发生山火 18 起。是年，在 8 个区 1 个镇建立护林防火指挥所，组建专（兼）职扑火队 74 个；县林业局组建义务扑火队 3 个，人员 55 人。1991 年，遴选护林员 1337 名，建立护林联防总队 1 个，护林联防大队 13 个，中队 129 个，小队 889 个，义务消防队员 3166 名。1992 年，对成片林地实行划片包干，坚持谁失火谁负责、谁主管谁负责，全县 63 个乡建立护林联防大队，村建立护林联防中队，有专兼职护林员 2800 人，义务扑火队员 14600 人。全县仅发生火警 4 起，过火面积 10 公顷，烧林面积 0.8 公顷。实现连续 6 年无森林火灾。1993 年始，推行野外用火许可制度，层层签订森林防火责任书，在重点林区修建瞭望台 2 座，开设防火隔离带 200 多千米，组建扑火队 527 个，并购置灭火机具、电台等。是年，仅发生火警 2 起，过火面积 2 公顷，其中荒山荒坡 12.5 公顷、有林地 0.8 公顷，烧死烧伤幼树 1400 多株。组建各级护林联防队 148 个，落实专（兼）职护林员 470 人，使全县护林联防队总数达到 1584 个，护林员达到 4420 人。1994 年，组织义务扑火队 87 个，队员 470 名，在重点林区巡山护林，修建瞭望台 1 座，开设防火带 20 千米，实现全年无森林火灾。1995—1999 年，在重点要区发放“户主通知书”和“生产用火许可证”，向群众宣传防火知识。在国营林场、社队林场组建巡山护林队伍，在林区单位和村、组组建快速机动的兼职扑火队伍，加强设施设备建设和生物隔离带建设。在林道路口制作醒目的防火标志，建立和完善各级森林防火领导机构，落实领导责任，未发生森林火灾。2000年，发生森林火警9次、一般性森林火灾1次，火场面积12.96公顷，有林地8.76公项，荒坡4.2公顷，损失幼树 16526 株。2001 年，发生森林火警 3 次，查处 3 起，处罚款 400 元，赔偿损失 1500 元，火场总面积0.7公顷。其中，疏林0.37公顷，荒坡0.33公顷，损失幼树128株，更新造林1公顷。2003—2005 年，县森林防火指挥部与各乡镇人民政府签订森林防火目标责任书，着手抓森林防火软件建设，改变过去的管理模式，落实森林防火的目标责任制，远低于控制指标，无一般性森林火灾和人员伤亡事故发生。

第八节 病虫害防治

1986 年 2 月，县林业局设“森林病虫害防治检疫站”，确定 1 名专业技术人员开展日常工作。是年，用“741”烟雾剂对 153.33 公顷的马尾松赤枯病进行有效防治。1988 年，在七曜山林场对 166.67 公顷马尾松施放 741 烟剂，取得成功，还开展全县林木病虫检疫对象调查，首次摸清县境内的林木病虫害检疫种类。1990 年，开展森林植物检疫木材 5000 立方米，收取植物检疫费 4500 元。在茅尖山林场和七曜山林场建立森林病虫防治的 2 个预测预报点。对茅尖山林场野鹅池工区遭受杉天牛危害的 266.7 公顷杉木进行卫生间伐和药物烟熏。1991 年，森防站调运检疫 100 余次，检疫检验木材 6000 余立方米，收取检疫费 6000 余元，签发检疫证 100 余份。防治森林病虫害 1333.33 公顷，其中生防试验 133.33 公顷。7 月，四川省森防站在茅尖山林场释放肿腿蜂繁殖 50 万头，进行杉天牛生物防治试验。8 月，开展肿腿蜂繁殖试验 2 次。1992 年，全年共计检疫检验出境运输 110 起，检疫木材 3000 立方米，发放检疫证书 115 份，查处危险性病（虫）害 1 种，防治森林病虫害面积 400 公顷，开展生物防治试验 6.67 公顷，挽回木材损失 600 立方米。1993 年，检疫过境木材 3200 立方米，苗木2500万株，种子1.60万千克。发生森林病虫害1390.67公顷。防治病虫害1124公顷。其中，化防34703公顷、人工643.3公顷、生防133.33公顷。开展调运检疫99次，检疫木材3200立方米，收取检疫费3200元，签发检疫证书99份。检疫苗木2500万株，检疫种子8吨。1994年，全县发生森林病虫害2200公顷，防治1533.3公顷，防治率为68.3%；实施森林病虫害监测面积63333.33公顷，监测率90%；检疫木材5000立方米，检疫苗木15万株，检疫种子12万千克，产地检疫率85%，调运检疫率100%。1995年，开展对红椿吹眠蚧、杉天牛、大白毛虫等危害较重的几种虫害的防治工作，采取药剂杀幼虫，黑光灯诱杀成虫，人工摘除虫茧、虫卵等方法进行防治，防治面积1543.3公顷。开展对大面积林地虫情、病害的预测预报工作和林木及其产品的检疫工作，预测预报林地63333.3公顷，检疫过境木材5000立方米，苗木15万株，种子12万千克。1993—1995年，在润溪乡和合理乡2个乡发现大柏毛虫，发生面积800公顷。其中，中虫区面积300公顷，重虫区面积500公顷。受虫害的林木、树叶被完全啃吃，树木光秃似火烧一样。虫害严重的林分，整个林分黑色一片。1997年，对森林病虫害进行全面调查，采取“预防为主、积极消灭”的方针，对虫害严重的文武乡、靛水乡一带的大柏毛虫进行机械、物理、生物防治，防治面积293.3公顷，有效抑制虫情蔓延。严把检疫关，未经检疫不能出圃，带病虫苗木不能上山，是年开展检疫工作58次。1998年，虫害防治面积1376.7公顷，占发生面积的100%。其中，化学防治43.3公顷、人工防治1240公顷、生物防治160公顷。投入资金45550元，其中县局投资8350元、林主自筹37200元。防治效果良好，成灾率为0。检疫木材1428立方米、种子1.5吨、苗木405万株，收检疫费1428万元，发放检疫证书120份。1999年，病虫害发生面积1690公顷，占寄主总面积的1.7%。其中，蜀柏毒蛾发生面积133.33公顷，分布在靛水乡；大柏毛虫发生面积800公顷，分布在清平乡经济林基地；银杏大蚕蛾733.3公顷，分布在龙溪乡、走马乡等地。防治1223.33公顷，防治率为73%。采用人工方法防治蜀柏毒蛾、大柏毛虫，用化学方法防治桃芽虫，面积23.3公顷。检疫种子2吨，木材285立方米。2000年，森林病虫害轻度发生，面积260公顷，占寄主面积的2.5%。其中，蜀柏毒蛾和大白毛虫200公顷，分布在文武乡、靛水乡；桃蚜虫26.67公顷，分布在清平乡；潜叶蛾面积33.3公顷，分布在育苗基地。2002年，开展森林病虫害调查和苗木的产地检疫工作，加强对主要森林病虫害的监测防治工作，对全县56.8公顷苗木完成第一步产地检疫，防治率95%，检验率100%，成灾率有效控制在5‰以内。由于防治及时，措施有力，全县未有灾害性森林病虫害发生。2003年，开展森林病虫害调查和苗木的产地检疫工作和对主要森林病虫害的监测防治工作，对全县56.8公顷苗木完成第一步产地检疫，防治率95%，检验率100%，成灾率有效控制在5‰以内。2004年，开展有害生物普查工作，初步掌握危害较大的有害生物种尖、分布范围、发生趋势，制作虫种生活史标本3个。检疫木材67.5立方米，花卉0.06万株，果品及其他107.5吨，苗木85.2万株，产地检疫苗木100公顷，花卉31万株，产地检疫率100%，复检185次，复检率95%。是年，发生森林病虫害300公顷，防治300公顷，有效防治率90%以上，生物防治率70%，成灾率为零，没有重大病虫害的扩大和蔓延。2005年，全县发生森林病虫害480公顷，成功监测到龙射等乡发生的松落针病、汉葭等乡镇发生的蜀柏毒蛾，对发生的森林病虫害进行有效的治理。完成木材调运检疫490立方米，果品87吨、产地检疫种子3吨等，收检疫费1.09万元。

第九节　野生动植物保护

1996年，以“爱鸟周”和“野生动物宣传月”为契机大张旗鼓地宣传野生动物保护（以下简称野保）知识，处理违法人员，野保工作开始走上正轨。1997年，累计放生蛇类500余千克，青蛙200余千克，其他野保动物800余千克。1999年，保护野生动物2126头（只）。2000年，建立野生动植物保护管理站 8 个，明确管理人员 20 人。10 月 9 日，建立彭水自治县茂云山和七曜山珍稀野生动植物保护区。其中珍稀野生动物有：云豹、黄叶猴、五步蛇、大鲵、红腹锦鸡、白腹锦鸡等。涉及鹿角区、黄家坝区、汉葭区、茂云山林场等，12.9 万公顷。是年 3 月，蛇医陈洪儒在鹿角区组建野生动物驯养繁殖场。2001 年，收缴野生动物死体 400 千克，放生野生动物活体 5000 条（只头），挽回经济损失 13.84 万元。2004 年，在“天保二号”行动中收缴活蛇 80 余千克，并全部放归大自然。2005 年查获非法经营活蛇 36 千克，动物死体 48 千克。

纳入珍稀野生植物保护的有红豆杉、楠木、水杉等。涉及高谷区、普子区、七曜山林场等，总计 62000 公顷，其中林业用地面积 42000 公顷。

第十七篇　水利　电力

1956年8月，将县人民委员会农业科水利工作分出，设置县人民委员会水利科。1957年4月，撤销水利科，其业务工作并入县人民委员会农林水利科。1958年5月，改称农业水利科。1962年5月，恢复农林水利科。1963年12月，成立彭水县水利电力局（将原农林水利科水利部分、县工交科机电部分、县农机站纳入）。1984年11月，改称彭水自治县水电局（简称县水电局）。1994年2月，县水电局与县电力公司实行局司二合一管理体制。1996年10月，撤销县水电局和县电力公司局司二合一管理体制，县电力公司实行县经委和县水电局双重管理。1998年6月，县电力公司恢复县水电局直接管理。2001年8月，撤销县农机局、县水电局，重新组建县水利农机局。2005年，县水利农机局为县人民政府主管全县水利农机工作职能部门，核定编制88人，其中行政10人、事业78人；领导职数4人。内设科室9个，即综合科、计划财务科、水利电力发展科、农机管理科、水保科（挂水土地保持办公室牌子）、规划基建科、水政水资源科、安全监理科和防洪抗旱办公室。2004年5月，成立下属副科级事业部门县水利水电工程监督站。2005年3月，成立县水利电力执法大队、县水利电力规划管理站、县农机新技术新机具推广培训中心。县水利农机局受县人民政府和市水利局、市农机管理局双重领导，负责全县水利电力农机发展管理工作。

第一章 水 利

第一节 农田水利建设

20 世纪 80 年代以前，彭水的农田水利设施由于采取突击性修建，资金投入不足，设施不配套，施工质量差，经过多年运行，工程老化，大多数工程都成为“半垃圾、病险工程”。国家“七五”计划以来，彭水遵照中共中央“搞好续修配套，加强经营管理，狠抓工程效益”的方针，水利建设的重点转向管理，同时有计划地解决人畜饮水困难问题。1988 年 9 月，对全县境内的小型水利设施采取招投标承包、租赁、股份合作和公开拍卖等各种形式实施产权制度改革。同年 12 月，在龙溪乡召开山坪塘拍卖试点现场会。截至 1990 年 10 月，全县完成 336 口山坪塘产权制度改革。2001 年，整修各类水利工程 738 处，修建人畜饮水工程 12 处，解决 1.5 万人、2.1 万头牲畜饮水困难。新建微型水塘 500 口，塘库年末蓄水量 740 万立方米。到 2005 年年底，全县新建各种水利设施累计 433 处，新建微型水池 970 口，整修水利工程 3315 处。整体有效蓄引提水能力 2577 万立方米，有效灌溉面积 7833.33 公顷，旱涝保收面积 4606.67 公顷，改善灌溉面积 873.33 公顷，年实际供水量 2203 万立方米（用于灌溉 2109 万立方米，用于人畜饮水 94 万立方米）。排灌机械保有量 54 处 /54 台 /565 千瓦小时，提水总能力 55 万立方米，平均每年实际供水 45 万立方米。微型水利工程 837 处，蓄水容量 4 万立方米，平均每年实际供水量 19 万立方米。

水库 1957 年，国家投资 1000 元开始动工修建梅子垭乡七一村七一水库，1958 年竣工，是彭水自治县第一座水库。集雨面积 0.25 平方千米，均质土坝高 12 米，库容 10.60 万立方米，配套渠 4 千米，灌溉面积 12.53 公顷。1971 年，高谷区先后组织 7 个乡的部分农民新建葡萄乡葡萄村的葡萄水库，1978 年主体工程完工，为县内建成的第一座小（一）型水库。次年，为葡萄水库修成南北干渠，总投资 40.75 万元（含投劳折资）。集雨面积 1.50 平方千米，为黏土均质坝，坝高 25 米，坝轴线长 192 米，坝顶宽 4 米，坝底宽 134.65 米，涵管长 120 米，卧管双排长 53 米，溢洪道呈半圆形隧道，配套建南北干渠 13.10 千米，支渠 9.9 千米，库容 120 万立方米，设计灌溉面积 53.33 公顷。后因出现渗漏，经 2 年时间修复，降低坝高和蓄水量，水库降级为小（二）型。到 1985 年年底，全县有在籍小（二）型水库 21 座，其中均质土坝水库 14 座、拱坝和重力坝水库 7 座，集雨面积 118.92 平方千米，占耕地面积 6.2 公顷，总蓄水量 457 万立方米，有效库容 297.03 万立方米，有效灌溉面积 479.47 公顷，可控水面 420 平方千米。以后主要是进行维修整治。1986 年至 1990 年 3 月，清淤水库 16 座，整治、维修渠道 21 处 29.6 千米。2001—2005 年，累计整治水库 18 座，主要是进行防渗、清淤、改扩建和放水设施等的整治。

塘堰 彭水自治县解放前有大河坝李子洞引水堰，张家坝龙、刘两家修的桥头溪堰和张家坝堰等，万足漆商萧芳政在乌江边开凿的水渠，龙射乡高桥冉瑞珍雇受灾群众沿无私溪经高桥至区阳坝修筑的约 6 千米河堤，太原坝由麻柳坝至香树坝的河堤，普子王祝熙开凿的堰沟等，均主要用于引

1985年彭水自治县在籍水库情况表

表17-1

水库名称	乡名	开工年月	竣工年月	集雨面积（平方千米）	大坝型		占地（公顷）	库容（万立方米）		灌面（公顷）		可控水面（平方千米）
					坝型	坝高（米）		设计	有效	设计	有效	
半河沟	凤鸣	1957年10月	1979年12月	31.00	拱	14	0.33	57	3.2	30	15.33	46.1
葡萄	葡萄	1974年8月	1978年10月	1.50	土	20	—	72	51.2	226.67	8	27.7
肖家沟	高谷	1977年11月	1980年7月	1.52	拱	13	—	10	8.1	13.33	9	12.9
旗帜	太原	1971年10月	1974年	1.19	土	12	0.33	10	7.4	57.33	42.67	22.1
红仓	善感	1965年12月	1966年12月	0.11	土	10	0.4	10	7.08	44.67	28.67	18.5
加山	鞍子	1958年12月	1965年	0.37	土	16	0.47	31	24.8	46.67	35.33	12.9
高简	鞍子	1967年12月	-	0.57	土	12	0.13	17	12.0	80	80	9.20
永红	新化	1966年10月	1968年4月	0.23	土	15	0.2	13	9.15	46.67	46.67	1.80
傅家沟	走马	1976年12月	1981年12月	0.36	土	20	—	10	13.6	20	14.67	—
鸡鸣山	龙溪	1976年	1978年2月	0.11	土	16	0.47	13	12.2	20	18.47	5.50
牧羊寨	龙溪	1976年12月	1978年12月	0.14	土	14	0.53	14	12.5	23.33	20	5.50
余家沟	岩西	1977年12月	1981年12月	1.36	土	15	—	10	6.30	41.8	15.8	16.6
朝阳	靛水	1954年2月	1970年12月	1.62	土	9	1	12	10.1	26.67	25.67	11.1
三板桥	桑柘	1969年	1978年2月	14.50	拱	26	—	12	10.0	66.67	36.13	18.5
七一	梅子垭	1957年	1958年	0.24	土	9	1.33	21	14.0	32.33	32.33	22.1
打水溪	桑柘	1976年9月	1979年12月	3.60	拱	25	—	25	31.0	20	11.87	40.6
三洞水	新场	1972年12月	1976年5月	18.50	拱	27	0.2	41	14.0	40	31.27	31.4
桐木	桐楼	1975年2月	1978年1月	0.27	土	15	0.67	18	12.6	23.33	3.33	6.80
窑井	新田	1974年12月	1976年2月	12.25	拱	20	—	21	12.6	0	0.93	36.9
赵元溪	新田	1976年11月	1978年3月	29.25	拱	15	—	16	10.7	33.33	0	27.7
龙桥沟	同河	-	1978年9月	0.23	土	9	0.13	14	10.2	30	3.33	46.1
合计	—	—	—	118.92	—	332	6.19	447	292.73	922.8	479.47	420

1986—2005年彭水自治县水库整治防渗情况表

表17-2

单位：万元

水库名称	所在乡镇	建设时间	整治内容	国家投入资金
东方红水库	鞍子乡	1987年	引水渠配套4000米	0.8
七一水库	梅子垭乡	1987年	改造引水渠4500米；开挖溢洪道	0.4
加山水库	鞍子乡	1987年	配套渠道3000米；整治外管、消力池	3
三洞水水库	新田乡	1989年	整修渠道8500米；新建550米；放水设施改造	3
三洞水水库	新田乡	1993年	新建渠道3800米；防渗1900米；渡槽5处/75米	34.56
余家沟水库	汉葭镇	1997年	防水设施整治	1.9
葡萄水库	龙射镇	2001年	大坝防渗整治	25
朝阳水库	靛水乡	2002年	溢洪道整治	0.5
余家沟水库	汉葭镇	2002年	溢洪道及放水设施、左坝肩渗漏整治、水库清淤	20
红仓水库	善感乡	2002年	改、扩建溢洪道；放水设施、大坝防渗整治	0.5

续表 17-2

水库名称	所在乡镇	建设时间	整治内容	国家投入资金
高筒水库	鞍子乡	2002 年	放水设备及右坝肩渗漏整治；水库清淤	0.5
加山水库	鞍子乡	2002 年	扩建并衬砌溢洪道；坝基、坝肩渗漏整治	0.5
东方红水库	鞍子乡	2002 年	扩建整治溢洪道；坝基、坝肩渗漏整治	0.5
鸡鸣山水库	龙溪乡	2002 年	扩建整治溢洪道；整治放水设施	0.5
牧羊寨水库	龙溪乡	2002 年	扩建并衬砌溢洪道；放水设施及大坝防渗整治	2
葡萄水库	龙射镇	2002 年	放水设施及右坝肩整治	1
旗帜水库	太原乡	2002 年	扩建整治溢洪道；放水设备及坝体防渗整治	1
薛家沟水库	走马乡	2002 年	扩建整治溢洪道；整治放水设施	0.5
肖家沟水库	高谷镇	2002 年	更换闸阀，右坝肩渗漏防治；加高非溢流坝段	5
七一水库	梅子垭乡	2002 年	扩建整治溢洪道；上游坝坡削坡压脚护坡处理	3
旗帜水库	太原乡	2003 年	水库及渠系处理	20
加山水库	鞍子乡	2005 年	坝体防渗、放水涵管整治	30
合计	—	—	—	154.16

水灌溉稻田。1951—1952 年，新修引水堰 190 条。1965—1978 年，重点修建龙塘坝白谷大队龙孔岩堰、乔梓红旗大队老龙塘堰、清平龙泉溪堰、棣棠龙余孔大堰。至 1985 年年底，全县有大小引水堰 776 条，总引水量 992 万立方米，有效灌面 2646.67 公顷。之后，主要是进行维修整治。1986 年至 1990 年 3 月，整治山坪塘 83 口，引水渠维修 138 条 103.3 千米。修筑拦山堰 95 条 45.6 千米。疏通河道和维修河堤 464 处，新增灌面 163 公顷，恢复改善灌面 325 公顷。治理水土流失面积 697 公顷。1990—1992 年，全县修复河堤 24.5 千米，新修拦山堰 88 条 76.3 千米，维修渠堰 50 条 58.9 千米、山坪塘 107 口，新挖沉沙凼 149 口，治理水土流失面积 195 千米。1994 年，在龙射、平安、新田、下塘片区建排洪沟 28 条 5600 米，配套建设人行路 38 条 3100 米。1998 年，新建排洪沟 15 条 4.5 千米、拦山堰 11 条 3.5 千米、沉沙凼 36 口、蓄水池 14 口，蓄水总量 1.5 万立方米，治理水土流失面积 20 平方千米。2001 年，清淤整治 719 处，修复山坪塘 16 口、水毁渠堰 2.1 千米，新建引水渠 0.5 千米，新增有效灌面 538 公顷，恢复改善灌面 303 公顷，治理水土流失面积 19.2 平方千米。2002 年，动工兴修整治水利工程 1180 处，完工 1165 处。新修微型水池 570 口，新增和恢复蓄水 29 万立方米。新建和改建乡镇供水站 21 处，新建人畜饮水工程 101 处，解决 4.64 万人的饮水难问题。2003 年，整修水利工程 1363 处，包括山坪塘清淤整治、引水渠清淤、河堤维修整治、水库维修等。新修微型水池 400 口，新增蓄水能力 3.8 万立方米，新建和改建场镇供水工程 4 处，恢复水毁人饮工程 2 处，解决 1201 人饮水困难。2005 年，新建靛水、联合、万足、高谷、迁乔等 10 个乡镇供水工程，解决 32 个村 1.97 万人饮水难问题。动工烟水配套工程 163 处，建成龙溪、龙射集蓄雨水工程 47 处等。

1986—1997 年彭水自治县部分堰塘整治情况一览表

表 17-3　　单位：万元

名称	建设时间	整治内容	投入资金
戈滩大堰	1987 年	整修东西干渠 1700 米、渡槽 3 座等	2.2
深湾沟塘	1987 年	大坝整治	0.1
东风大堰	1987 年	修复水毁渠道 2000 米	1.5
羊子山大堰	1987 年	修复水渠 4000 米及防渗	5.00

续表 17-3

名称	建设时间	整治内容	投入资金
何家大堰	1987 年	修复渠道 2620 米、渡槽 1 座	3.00
神黄岍堰	1987 年	修复渠道 350 米	0.10
红岩塘	1987 年	新开挖溢洪道	0.15
双石桥塘	1987 年	新开挖溢洪道	0.15
后河沟塘	1987 年	改造渠道 2000 米	0.35
马金堰	1987 年	修复渠道 1200 米	0.20
龙塘堰	1987 年	整修渠道	0.15
山羊溪堰	1988 年	渠道整治	4.60
黄家坪堰	1989 年	修复渠道 1500 米及防渗	1.00
金黄沟堰	1990 年	整治渠道 4640 米，建蓄水池 1 口，安装引水主管道 3500 米	8.00
河口引水堰	1997 年	防渗、新建渡槽	0.80
大井宅堰	1997 年	新建饮水槽	2.90
后沟山坪塘	1997 年	整治、扩建溢洪道	1.20
三洞水水库灌溉渠道	1997 年	渠道配套建设、防渗	5.00
迁乔山坪塘	1997 年	整治大坝滑坡及溢洪道	15.00

机电提灌　大多建立于 20 世纪 80 年代以前，主要是沿郁江两岸平坝地区、无水源但却具备抽水灌溉条件的地方。农村落实家庭联产承包责任制后，基本无新修提灌站，主要是更换和维修设备，保持原有提灌站。1986 年，拨款 0.28 万元购置电动机、启动补偿器、电盘全套、底阀、吸水管、闸刀等设备，对平安乡合林村 2 组、冉水村 1、3 组的电排灌站设备进行更新。1987 年，国家拨款 1.2 万元对联合乡三门村小坝子，三连乡柱头坝、青滩、虎座井、沙湾，大河乡干鱼溪、湾地、土溪沟，羊头铺乡杨柳，长滩乡马垫等 5 个乡 10 处电排灌站的设备进行更换和维修。同时购置 1 套流动机灌设备，以供临时急用。1989 年，国家再次拨款 2.48 万元，更新虎座井、六号、柱头坝、小坝子、庙嘴、双号子、芭折子、新立、马垫、土溪沟、湾地、干鱼溪、朱家嘴、富家村等 14 处电排灌站设备。1990 年，机电提灌水量 176.82 万立方米，灌溉面积 1302 公顷。1995 年，动用农机专项资金购置柴油机 5 台、水泵 5 套及配套水管等，对郁山、大河坝、鹿鸣等 3 个乡镇有条件搞机械提灌的地方新修建机械提灌站 5 处。1996 年，机械提灌作业抽水 69 万立方米，浇灌作物面积 312 公顷。同时，对所有机电提灌、机械提灌设备进行整体维修，各种提灌机具完好率在 95% 以上。至 2005 年，电力提灌电动机 6 处 /6 台 /118 千瓦小时、机械提灌机械 48 处 /48 台 /447 千瓦。

附：水轮泵

1963 年 12 月，四川省水利电力厅、农业机械厅发出关于推广水轮泵建设联合报告，号召各地、县利用当地水利资源大兴水轮泵建设，以解决广大农村抽水、加工、照明等实际困难。1964 年，彭水开始推广水轮泵建设，按照国家每台补助 3000 元的标准进行发动，全县第一批施工的水轮泵站工程有城郊公社龙嘴站，靛水公社张家坝站，以及桑柘、永安、朱砂、普子、长滩、黄家坝、清平等 9 处，全县完成 25 台水轮泵站工程建设，占专区下达计划任务 30 台的 83.33%，其中 3 台装配发电机，完成发电 3490 千瓦时，解决农村照明 250 户，加工大米 14160 千克。1965 年 6 月，一场 10 年一遇洪水，全县 11 处 14 台水轮泵站全部受损；经过半年修复，仅有 6 处 7 台能够正常运转。1967 年，水轮泵建设停止。

第二节 主要水利工程

三洞水万亩灌区工程　该工程是将位于桑柘镇和新田乡境内20世纪70年代修建的独立运行但配套差、发挥效益差的三座小（二）型水库（三洞水、赵元溪、窄井）进行扩建，整治和复修，利用配套干渠连接贯通，形成联合运行，统一调度，以灌溉为主，兼以解决人畜饮用水和发展渔业生产，综合利用的万亩灌区水利工程。该灌区工程，将三洞水水库的坝高由原来的27米增高到43.27米，总库容达到114.6万立方米，有效库容101.94万立方米。赵元溪水库，坝高由原来的15米增高到30米，总库容达到111.09万立方米，有效库容90.39万立方米，达到小（一）型规模。1992年，对窄井水库经整治，该工程恢复蓄水量21万立方米，配套干渠6条，总长28.6千米。新建人畜饮水池49口，养鱼池10口，管理房3栋，解决桑柘镇、新田乡的19个村、96个村民小组1000公顷农田灌溉和3.10万人饮水难问题。整个灌区工程于1992年年初动工，历时10年，于2001年全面完工。国家先后投入资金441万元，其中国家补助352万元、县财政投入20万元，受益村组群众投劳折资6万元，其余部分由配套工程资金解决。

肖坝节水灌溉工程　该工程位于靛水乡境内，灌区由肖坝堰提供水源。工程涉及6个村41个村民小组6945人，控管面积477.53公顷，其中管灌面积424.2公顷、喷灌面积81.61公顷（蔬菜地和经果林）。工程总投资272.2万元，于2000年3月动工，当年7月竣工。防渗渠道9.7千米，调节蓄水池11口，总蓄水量1200立方米，安装各类管道10.31千米。

雨水集蓄利用工程　2005年5月，在龙射镇的大地村、龙溪乡的焦家村、漆树村实施雨水集蓄利用工程。共修建小水池90口、小水塘12口，总蓄水量44400立方米，补充农田灌溉104公顷，解决2个乡镇3个行政村17个村民小组636人的饮水难问题。雨水集蓄利用工程实行“自建、自有、自用、自管”的政策，总投资146.18万元，其中中央财政补助投入资金100万元、群众自筹和投劳折资46.18万元。

太原区阳河堤修复工程　太原乡区阳河流域，集雨面积为47平方千米，河床坡度落差较大。20世纪60—80年代，毁林开荒，粗放生产，植被破坏十分严重，灾害频繁，常年给两岸人民的农业生产和农民生活带来灾难性后果。1969年和1982年2次特大洪水，冲毁河堤5.39千米，冲毁耕地（无法恢复）368.1公顷，淹没房屋672间，冲毁民房143间，造成117.2公顷农田成为乱石滩。大量的禽畜、衣物、粮食及家具、农具被冲走，田间农作物冲毁等。1992年，四川省“以工代赈”项目安排资金8万元，同年2月动工建设区阳河河堤工程，因资金用完于4月停工。1994年9月，以特大防汛项目，国家补助资金16万元，再次启动区阳河河堤工程，于1996年结束，新建河堤600米，完成河堤局部岁修清淤10处700米，完成土石方开挖5000立方米，备砂石料5500立方米，浆砌块石4000立方米，浇筑砼75立方米，完成工日3.15万个，总投资25.2万元，其中国家补助11万元、群众投劳折资14.2万元。1999年11月，重庆市财政局拨付特大防洪资金15万元，用于太原乡区阳河堤水毁修复整治工程。2000年1月，黔江开发区又将区阳河河堤工程列为重点水利工程，再次投入国家资金50万元用于恢复水毁河堤200米、修复河堤护脚200米。

靛水河堤工程　靛水河堤工程是靛水乡农业综合开发示范园区的一个重要组成部分。工程河堤长5500米，集雨面积10平方千米，涉及靛水、五福桥、张家坝等3个村23个村民小组1730户6549人。2005年一期工程投资45万元，当年9月动工，12月完工，治理河堤1000米，修建堤防1000米，人工挖运淤泥2500立方米，挖基槽土石方1100立方米，回填土石方2500立方米，水泥砂浆浆砌块石2000立方米，水泥砂浆护堤顶1000平方米，墙面勾缝4000平方米，备运块石3000立方米、砂石料

900 立方米。

生态环保水利工程　1999 年，由县人民政府统一筹划，县计划委员会及生态办公室牵头，水利、农业、林业部门配合，水利部门负责具体安排、实施，在保家镇紧靠国道 319 线具体实施的国债生态环保水利工程。工程投资 200 万元，完成工程 31 处。其中修建排洪沟 13 条 7.16 千米，拦山堰 1 条 300 米，排灌沟 6 条 2.38 千米，饮水渠道 2 条 2.14 千米；蓄水池 5 口，总蓄水量 2810 立方米；微型水池 4 口。另投资 270.05 万元修建配套设施沉沙凼 25 个，安装引、供水管道 2.18 千米。

第三节　防洪抗旱

1986—2005 年，县委、县人民政府对防洪抗旱工作坚持“安全第一，预防为主，防重于抢，有备无患”的方针。县人民政府成立以分管副县长任指挥长，相关部门负责人组成的防洪抗旱指挥部，办公室设在县水利农机局内。各乡镇及县级各部门也成立相应的机构，落实以行政首长负责制为核心的工作责任制，对重点工程分别签订防汛安全目标责任书，严格执行防汛工作制度和纪律；对重点场镇、水利水电工程、重要河段开展汛前安全大检查，查出的问题，当场落实整改，做到防汛有措施，有领导，有专人负责。全县制定度汛方案和防汛预案 71 个，成立抢险队 100 个，县防汛抗旱指挥部常年备有麻袋、铅丝、救生衣、雨布、木材、绳子、应急照明灯、柴油机、水泵、水管、水泥、汽柴油等各种防洪抗旱物资及器材。到 2005 年，建成水位站 3 个，雨量站 8 个，水文站 1 个。有防汛电台 1 部，防汛电话 70 多部，计算机 70 多台（套），防汛车 10 辆，负责防汛指挥、调度、监督、协调及防汛日常事务。并落实有汽车 120 辆，拖拉机 150 辆，大小船只 130 多艘，冲锋舟 2 艘。组建抗旱服务队 9 个，有抗旱设备柴油机、水泵各 13 台（套）和 200 米抽水管道，做到汛旱期间时拿得出、调得动。2005 年 5 月 23 日，县人民政府在县城举行防洪应急抢险演习，组织群众抢险队 17 支，机动抢险队 3 支，汽车运输抢险队 2 支，电视宣传报道队 1 支，流动宣传队 1 支，防疫抢险队 12 支，救灾抢险队 10 支，治安巡逻队 8 支，参加演习人数 1153 人。演习达到预期的效果和目的，得到市水利局通报表扬。

第四节　供　水

一、农村人畜饮水

1986 年，四川省把彭水自治县列入全省粮、棉、布赊销扶持贫困山区修建人畜饮水工程重点县之一。拨给彭水自治县人畜饮水工程粮、棉、布折款 85.08 万元，配套经费 6.1 万元。按照住户到取水点千米以上，或垂直高度 100 米以上的户，干旱 70 天不下雨不能保证每人每天供水 40 千克，每头大牲畜每日供水 20 ~ 50 千克，每头猪、羊日供水 5 ~ 20 千克标准。采取集中资金，突出重点，实行“三从优”（从优解决区乡所在地饮水难的地方，从优解决村组集中、人口密集而饮水难的地方，从优解决边远少数民族饮水难的地方）和“两积极”（乡、村、组干部积极要求，群众积极投劳投资）的办法，兴建工程 95 处，调节池 111 口，蓄水总量 6872 立方米，引水渠 7 条 10080 米，饮水池 432 个，蓄水总量 19710 立方米，架设饮水管道 42 条 77675 米。解决 50 个村，151 个组，4120 户，27793 人，23470 头牲畜的饮水难。

1987—1989 年，利用小型水利补助资金在 8 个区，25 个乡镇，45 个村实施人畜饮水工程建设，兴建蓄水池 113 口，蓄水总量 5211.6 立方米，减压池 1 口，蓄水量 12 立方米，调节池 7 口，蓄水总量 544 立方米。国家补助资金 41.49 万元，解决 1926 户，12854 人，13468 头牲畜的饮水问题。

1989 年，四川省把彭水自治县列入用中低档工业品以工代赈解决农村人畜饮水难试点县。同年 9 月，县政府成立工业品以工代赈工程指挥部，下设 2 个办公室，人畜饮水工程建设以工代赈办公室设在县水电局。按照“统一规划，集中成片，突出重点，投资省，见效快”的实施原则。到 1992 年，建成饮（供）水池 371 个，总容量 4.51 万立方米，安装引（供）水管道 188.2 千米。4 年中，以工代赈人畜饮水工程建设累计投入 392.7 万元，国家补助 310.9 万元。其中，工业券 206 万元，省配套 69.4 万元，地县配套 35.5 万元，自筹 165.2 万元。其中，集资 47.9 万元，投劳折资 117.3 万元；投入劳动工日 55.22 万个，累计完成土石方量 29.85 万立方米，解决 2 个区场镇、13 个乡场镇、6 个村、20 个组和 22 个乡、119 个组、4.22 万人、4.19 万头牲畜的饮水难。

1994 年 2 月，县人民政府成立人畜饮水工程建设领导小组，在县水电局下设办公室。县委、县人民政府把解决人畜饮水难作为德政工程、扶贫工程和促进农村经济发展的重要途径来组织实施。1997 年 9 月和 1999 年 7 月，重庆市财政局、市扶贫开发办公室 2 次下拨给彭水自治县中央财政一次性专项（股票售表收入）资金 751 万元，在 8 个区 51 个乡实施人畜饮水工程，从 1994—2000 年的 6 年间，在国家以工代赈和股票销售收入、财政扶贫等专项人畜饮水资金的扶持下，投入资金 4827.4 万元。其中，国家扶贫资金及地方配套资金 1930.3 万元，群众自筹 2897.1 万元。建人畜饮水工程 10446 处。其中，农村人畜饮水工程 10429 处，乡镇供水工程 17 处，解决 21.46 万人的饮水难。2002 年，彭水自治县扶贫开发办公室、财政局下拨国家财政扶贫资金 30 万元，县财政配套 2 万元，群众无偿投劳折资 12 万元，在白水、茶园、庙垭、齐心、青杠 5 个村兴建蓄水池 66 口，蓄水总量 5400 立方米，安装引、供水管道 10.5 千米，解决 3311 人的饮水问题。

2000 年，利用国家农村解困工程项目资金在长滩、鞍子、梅子垭、新田、凤鸣、保家 7 个乡场镇实施农村人畜饮水解困工程，兴建集中式引水工程 7 处，提水式工程 2 处。竣工建成清水池 11 口，蓄水总量 2370 立方米，旋流式孔室反应池 1 口，沉淀池 7 口，过滤池 8 口，消毒池 6 口；管理房 2 幢，建筑面积 185.85 平方米，抽水房 2 处，建筑面积 42.24 平方米；安装引、供水管道 34796 米；10 千伏变压器 1 台，水泵 1 台，输配电线路 0.6 千米，日供水能力 760 立方米，总投资 186.62 万元。其中，中央财政国债专项资金 130 万元，乡镇群众投劳投资 65.62 万元。解决 7 个乡 10 个村、22 个组、6652 人的饮水解困任务。

2001—2004 年，利用中央财政预算内专项（国债）资金实施农村人畜饮水解困集中式工程建设，兴建工程 138 处。其中，自流式引水工程 107 处，供水站 31 处（其中，扩建改造 3 处）。总投资 2109.09 万元。其中，国家补助 1270 万元，地方及群众自筹 838.59 万元。解决 110 个村、63500 人的饮水难。

2004—2005 年，利用第二批中央专项（国债）资金，在桑柘、芦塘、小厂、鞍子、黄家、鹿角、郁山、高谷 8 个乡镇实施农村饮水安全工程项目，兴建集中式自流引水工程 12 处，安装引、供水管道 35311 米。桑柘李家居委、高谷群峰村、走马龙胜村共修建水池 23 口，蓄水总量 1924 立方米。总投资 99.68 万元。其中，国家补助 64 万元，地方和群众自筹 35.68 万元。解决 12 个村、27 个组、953 户、3941 人（其中，氟超标 404 人，铁锰超标 1796 人），410 头牲畜的饮水安全问题。

二、集镇供水

1985 年，全县有郁山、黄家、普子 3 个供水站，蓄水池 6 口，蓄水总量 0.4 万立方米，安装引、供水管道 1.87 万米，解决 2.34 万人的饮水问题。20 世纪 80 年代末至 90 年代初建成的乡镇供水工程，由于国家投入有限，且场镇规模小，工程设施要求低，工程建成后大多移交当地政府和村民委员会管理。

1988—1993年，先后在火石、龙射、平安、桑柘、鹿角、保家、走马、迁乔、砂石、棣棠等乡镇兴建和改造供水工程17处。国家投入资金167.7万元。其中，省配套57.89万元，工业卷73.9万元，人饮补助14.1万元，小农水补助4.7万元，粮食以工代赈13.8万元，地县配套3.21万元。

1993年9月，四川省水电厅把彭水自治县纳入三峡库区解决人畜饮水困难县，投入三峡库区人畜饮水专项资金102万元，建成日供水能力150吨的新田乡供水站和日供水能力800吨的西城自来水厂。

1994—1996年，先后在同河、新田、马蜂、清平、乔梓、平安、普子、合理、羊头铺、城西等乡镇兴建、续建和改造供水工程10处，建蓄水池172口，蓄水总量10610立方米，沉淀池3口，过滤池1口，蓄水量600立方米，引水渠2条2.52千米，安装引、供水管道66.8千米，总投资278.77万元。其中，以工代赈35.5万元，三峡库区人畜饮水工程72万元，粮食以工代赈36.33万元，省配套32.11万元，地县配套26.5万元，群众自筹74.68万元，投劳折资1.65万元，解决了2.72万人、1.6万头牲畜的饮水难。

1997—2003年，在县城西城和新田、黄家、走马、靛水、三义、普子、高谷、长滩等乡镇兴建、续建和改造供水工程40处。国家总投资7151426.36元。其中，以工代赈4039637.71元，股票售表收入1139373.50元，国债资金1499834.46元，生态工程资金472580.69元。

1998年，县人民政府批准成立彭水自治县供水总站，设在县水电局，全权负责全县区乡场镇供水站的管理、维护、技术改造，收取水费。各区也相应成立供水站，负责本辖区内的供用水管理工作。同年9月，县人民政府印发《彭水苗族土家族自治县区乡场镇供用水管理办法》。区乡场镇供水实行“谁投资、谁受益”的原则，由县供水总站“统一核算、统一管理”，县水电局是全县区域内区乡场镇供水的法人组织，是各区乡场镇供水站的产权所有者，代表政府行使国有资产管理权。从1985—1999年，全县建成区乡场镇供水站23处，国家总投资7732399元。

2004—2005年，先后在太原、诸佛、万足、联合、汉葭等乡镇兴建供水工程5处，新建蓄水池5口，蓄水总量0.16万立方米，安装引、供水管道2.64万米，解决0.66万人的饮水问题。截至2005年年底，全县有乡镇供水站43处，建蓄水池51口，蓄水总量2.14万立方米，引水渠1条长3.5千米，安装引、供水管道21.99万米。解决10.22万人的饮水问题。

1982—2005年彭水自治县供水站建设基本情况表

表17-4

供水站名称	所在乡镇	竣工时间	建蓄水池（口）	蓄水总量（万立方米）	引水渠		安装引、供水管道（万米）	解决人饮水（万人）
					条	长（千米）		
郁山供水站	郁山镇	1982年	1	0.05	—	—	0.5	1.28
黄家供水站	黄家镇	1985年	1	0.05	—	—	0.67	0.41
普子供水站	普子镇	1985年	1	0.3	—	—	0.7	0.65
鹿角供水站	鹿角镇	1986年	3	0.11	—	—	0.64	0.38
鹿鸣供水站	鹿鸣乡	1988年	1	0.02	—	—	0.45	0.08
桑柘供水站	桑柘镇	1990年	1	0.03	—	—	1.3	0.61
新田供水站	新田乡	1991年	1	0.07	1	3.5	0.1	0.43
棣棠供水站	棣棠乡	1992年	1	0.03	—	—	0.55	0.21
龙洋供水站	润溪乡	1992年	1	0.01	—	—	0.22	0.18
岩西供水站	汉葭镇	1992年	1	0.08	—	—	1.4	0.17

续表 17-4

供水站名称	所在乡镇	竣工时间	建蓄水池（口）	蓄水总量（万立方米）	引水渠		安装引、供水管道（万米）	解决人饮水（万人）
					条	长（千米）		
白云供水站	汉葭镇	1992 年	1	0.05	—	—	0.62	0.08
走马供水站	走马乡	1993 年	1	0.06	—	—	0.54	0.06
平安供水站	平安乡	1993 年	1	0.05	—	—	0.3	0.25
高谷供水站	高谷镇	1994 年	1	0.05	—	—	1.4	0.54
青平供水站	保家镇	1995 年	1	0.04	—	—	0.77	0.04
龙射供水站	龙射镇	1996 年	2	0.12	—	—	0.35	0.23
连湖供水站	连湖镇	1997 年	1	0.02	—	—	0.26	0.27
靛水供水站	靛水乡	1998 年	2	0.02	—	—	0.6	0.3
鞍子供水站	鞍子乡	1998 年	1	0.02	—	—	0.18	0.17
梅子垭供水站	梅子垭乡	1999 年	1	0.008	—	—	0.32	0.27
新场供水站	新田乡	1999 年	1	0.04	—	—	0.35	0.09
迁乔供水站	迁乔乡	2001 年	1	0.02	—	—	0.29	0.1
石柳供水站	石柳乡	2001 年	1	0.01	—	—	0.08	0.14
凤鸣供水站	长滩乡	2001 年	1	0.03	—	—	0.7	0.12
龙塘供水站	龙塘乡	2002 年	1	0.01	—	—	0.2	0.09
乔梓供水站	乔梓乡	2002 年	1	0.01	—	—	0.45	0.19
上塘供水站	汉葭镇	2002 年	1	0.03	—	—	0.55	0.16
太原供水站	太原乡	2002 年	1	0.04	—	—	0.7	0.16
桐楼供水站	桐楼乡	2002 年	1	0.008	—	—	0.8	0.09
朗溪供水站	朗溪乡	2002 年	1	0.01	—	—	0.4	0.17
小厂供水站	小厂乡	2002 年	1	0.03	—	—	0.21	0.21
岩东供水站	岩东乡	2002 年	1	0.03	—	—	0.55	0.15
珍加供水站	诸佛乡	2002 年	1	0.03	—	—	0.6	0.15
大垭供水站	大垭乡	2002 年	1	0.02	—	—	0.25	0.009
芦塘供水站	芦塘乡	2003 年	1	0.04	—	—	0.5	0.04
保家供水站	保家镇	2003 年	2	0.12	—	—	0.6	0.85
润溪供水站	润溪乡	2003 年	1	0.02	—	—	0.18	0.2
善感供水站	善感乡	2003 年	1	0.02	—	—	0.07	0.03
高桥供水站	太原乡	2004 年	1	0.04	—	—	0.15	0.16
诸佛供水站	诸佛乡	2004 年	1	0.03	—	—	0.95	0.11
万足供水站	万足乡	2005 年	1	0.03	—	—	1	0.12
联合供水站	联合乡	2005 年	1	0.04	—	—	0.2	0.09
下塘供水站	汉葭镇	2005 年	1	0.02	—	—	0.34	0.18
合计	—	—	51	2.136	—	—	21.99	10.219

第五节　水政管理

一、江河管理

1984 年 5 月，县人民政府将防洪抗旱指挥部和江河管理指挥部合署办公，是县人民政府的常设机构，实行两块牌子，一套班子，办公室设在县水电局。1988 年,《中华人民共和国江河管理条例》颁布实施，江河管理工作在彭水自治县得以启动。同年 5 月，四川省人民政府界定汉葭镇河段江河管理三线，即：警戒水位线 225 米，保证水位线 235 米，江河管理线 240 米。明确规定在 235 米以下不准修建任何永久性建筑物，挤占行洪河道和缩窄行洪断面。1998 年 4 月，县人民政府颁发《关于加强河道管理工作的通知》，严格规范河道管理范围内建设项目的审批程序；严禁在河道内乱采乱挖，实行采砂许可证和收费制度，采掘砂、石、土管理费每吨 0.50 元；采砂船采砂，100 马力以上每船每月 2400 元，50 ～ 100 马力每船每月 1600 元，25 ～ 50 马力每船每月 600 元，10 ～ 25 马力每船每月 100 元。1999 年 5 月，县人民政府批准高谷镇“防洪三线”，警戒水位线 220 米，保证水位线 226 米，江河管理线 231 米。

二、渔政管理

1985 年 5 月，县人民政府批准成立彭水自治县渔政管理站，办公室设在县水电局，专门负责全县的渔政管理工作。同年 9 月，县人大九届五次常委会审议通过《彭水自治县水产养殖保护暂行规定》，由县人民政府颁布实施。1986 年 3 月，召开全县专副业渔民会议，把全县江河分段划片，落实到人进行管理。1988 年 3 月，全县专副业渔民会议讨论通过《彭水自治县江河渔政管理实施办法》，同年 6 月由县人民政府批准实施。1990 年 4 月,《四川省〈中华人民共和国渔业法〉实施办法》颁布施行，在全县开展渔业法规的宣传活动，使全县的水产资源得以保护。1999 年 8 月，县水利电力局下发《关于加强大鲵资源保护的通知》，打击偷捕、出售、收购、贩运、食用国家二级保护动物大鲵的违法行为。同年 10 月，县人民政府制定《关于在乌郁两江开展打击电、炸、毒鱼等非法作业联合行动的实施方案》，通过历时 10 天的检查整治，查处非法炸鱼案件 2 件，非法电鱼案件 2 件，没收渔具（含电瓶）6 件，没收鱼获物 10 千克，吊销捕捞许可证 4 本，处以 1000 元罚款，没收销毁不规范网具 40 张，责令销毁不安全小木船 1 艘，补办捕捞许可证 9 本。2001 年 3 月，县人民政府发布《关于加强渔业生产管理的通告》，规定每年 2 月 5 日至 5 月 5 日为全县天然水域“禁渔期”；常年禁渔区为：乌江龙拱沱、徐家沱、南渡沱、巨梁沱；郁江白衬沱、芦渡湖、杨管沱、狗耳泉。2001 年 8 月，渔政管理工作移交县农业局管理。

2002 年，开展渔政渔港船检工作，检查渔船 42 艘次，出动执法人员 58 人次，没收放生渔获物 25 千克、渔网 5 张、电捕鱼设备 1 套，销毁饵料 30 千克。转签核发捕捞许可证 59 本，收取渔业资源增值保护费 7000 元。登记全县有各类渔业船舶 60 艘，其中机动渔船 25 艘，销毁不符合安全生产规定的非机动船 2 艘，收取安全检验费 1120 元。对诸佛江流域、乌江流域彭水段开展打击电、毒、炸鱼的专项行动，查处案件 15 起，没收设备 7 台（套）。2003 年 10 月，根据《农业部关于改换渔港监督机构对外名称的通知》规定，中华人民共和国重庆渔港监督局批复，同意授予彭水自治县渔政渔港船检站“中华人民共和国彭水渔港监督处”的对外名称。次年 10 月启用“重庆渔业船舶检验局彭水检验处”的对外名称。是年，对低质量船舶进行专项治理，强制报销渔船 5 艘，取消无证、无有效渔业船舶证书从事捕捞作业资格 22 艘，整改安全隐患 56 个，法定年检渔船 67 艘。

2005 年 4 月，在郁江河流域建立彭水自治县地方性经济鱼类自然保护区，11 月撤销。

第二章 电 力

1985年，全县电站38座，装机46台，总容量9316千瓦。其中，乡村电站34座，装机38台，总容量2696千瓦；电力公司所属电站4座，装机8台，总容量6620千瓦。49个乡镇通电，占全县乡镇总数的76%，通村率55%，年发电量2535.90万千瓦时，年供电量2912.90千瓦时，总产值130.84万元，税金9.13万元，利润92万元。1986年，淘汰部分乡村水电站，全县装机容量下降到6770千瓦，其中国有4609千瓦、乡村股份2161千瓦。全县发电量2448.09万千瓦时，其中国有1824.09万千瓦时、乡村股份624万千瓦时。供电2468万千瓦时，售电199.57万千瓦时。1990年，郁山火电厂第一台机组运行发电后，全县总装机容量增加到12770千瓦，发电量上升到4335.80万千瓦时，供电量上升到3854.23万千瓦时，售电量上升到3362.24万千瓦时。郁山火电厂第二台机组1992年并网发电后，加上修复与新建部分乡村水电站，到1996年，全县总装机容量上升到24278千瓦，发电量上升到7521.00万千瓦时，供电量上升到7160万千瓦时，售电量上升到5962.00万千瓦时。

至2005年，全县发电站28座，装机43台，总容量32330千瓦。其中，水电站27座，装机容量20330千瓦；火电站1座，装机容量12000千瓦；国有装机容量22380千瓦，其他个体股份制电站装机容量9950千瓦。总发电量11177万千瓦时，其中国营8333万千瓦时、个体股份制2844万千瓦时。供电量20735.00万千瓦时，100%的乡（镇）村、99.2%的居民农户通电。当年发电量1.12亿千瓦时，营业收入181626万元，税利16712万元。售电量1.2亿千瓦时，电量销售收入1812.08万元，为企业增加收入1326.43万元，主营税金及附加156.03万元，利润50万元。全县境内电网已形成以220千伏彭水变电站为主电源、东门110千伏变电站为枢纽的骨干网络。彭水电网通过110千伏、35千伏线路分别与220千伏彭水变电站，武隆木棕河以及彭水发电公司的小河发电厂、郁山火电厂等电源点联网运行的电网格局，形成以35千伏线路为主体，10千伏线路为骨干、10千伏配电网络入乡（镇）到村的供电网络格局。县境内有220千伏变电站1座，容量2×90000千伏安；110千伏变电站3座，主变5台，容量11.9万千伏安；35千伏变电站12座，主变16台，总容量85550千伏安；110千伏线路3回、长度82.77千米；35千伏线路16回、长度217.986千米；10千伏配电线路41回、长度3057.426千米；10千伏配电变压器2584台，容量89431千伏安；0.4千伏及以下配电线路8184.864千米。全县最高负荷6.3万千瓦，平均负荷3.8万千瓦，日最大供电量110万千瓦时。

第一节 火电建设

一、初设和立项

1984年12月26日，四川省火电设计院派专家到彭水郁山镇，对郁山火电厂设计装机容量2×6000千瓦机组进行可行性研究考察。1985年6月，四川省火电设计院专家到彭水郁山镇，对火电厂厂址勘测钻探工作。1986年5月28日，四川省水电厅计划处处长等人再次对厂址进行勘测复查。1986年6月10日，四川省水利电力厅会同有关部门对郁山火电厂初步设计方案进行会审，并于6月21日作出《关于彭水县郁山镇火电厂工程初步设计的批复》。批复内容：维持审定的装机规模为2×6000千瓦机组、2×35吨时锅炉，目前装机1×6000千瓦。因彭水自治县煤和水资源比较丰富，要留有今后火电厂发展的余地。1986年9月29日，县计委、县水电局联合向涪陵地区计委、地区水电局报送《关于请求将新建郁山火电厂列入1987年计划的报告》。12月29日，黔江地区计委、黔江地区水电局负责人受涪陵地区行署的委托，到彭水召集彭水、黔江两县县长共同协商建设郁山火电厂事宜。12月30日，双方达成协议。彭水县副县长王强代表彭水自治县人民政府、李宗明代表黔江自治县人民政府在协议上签字。1987年5月26日，县人民政府成立郁山火电厂建设领导小组和郁山火电厂工程处。工程处下设办公室、技术施工组、后勤供应组、财务统计组、安全保卫组。1987年11月，为确保郁山火电厂列入计划立即动工，经县人民政府研究成立郁山火电厂工程指挥部。

二、施工建设及验收

1987年12月16日，郁山火电厂破土动工，开始“三通一平”（通路、通水、通电、平整施工场地）施工建设。1988年12月底，郁山火电厂开始进行主厂房等主体工程基础建设。1990年2月，开始安装第一台机组设备，1990年8月底，机组安装工作完成并点火试运行。1990年10月1日，第一台机组正式并网发电。二期工程于1991年3月开始筹建和定购设备。2号机、炉经过9个月安装，于1992年6月并网发电。郁山火电厂采取内煤仓三列式布置方式，即：汽机房、除氧煤仓间和锅炉房与汽轮发电机组采取横向顺列布置方式，锅炉布置安装在室内。郁山火电厂一期工程由重庆永荣矿务局建筑安装公司（国家二级企业）承担施工，2号机组安装由四川省电力建设一公司承担。两台机组均由黔江地区劳动局锅炉质检验收合格。

三、锅炉技改和环境治理

1992年6月22日，郁山火电厂2号机组1×6000千瓦设备安装竣工投入运行，结束火电厂续建工程。在运行中，针对两台顺转链条炉煤耗高、故障多的情况，郁山火电厂于1995年将2号锅炉改造为循环硫化床锅炉。2001年1月，对1号锅炉进行技改，紧接着投入资金进行环保工程建设。从1996年至2001年，投入380万元对郁山火电厂进行技术、节能、环保改造，取得显著效果。2005年，由供电公司投资60万元对2号锅炉水冷壁的飞灰分离系统进行技术改造，2号锅炉标煤耗由原800克/千瓦时，降为720克/千瓦时左右，节能效果显著。2005年发电量2750.59万千瓦时。

第二节 水电建设

彭水在20世纪80年代除国有电站保持稳定外，乡村小水电站装机小，发电设备陈旧，线路老化，逐步被淘汰。1996年，彭水自治县被列入“九五”期间全国第三批300个农村水电初级电气化建设县，到2000年，彭水建成水电站19座、装机28台、总装机容量13039千瓦，年发电量5153万千瓦时。2000年10月，全县农村初级电气化建设各项指标都全面达到或部分超过水利部颁发的SL30-92《小水电供电区农村初级电气化标准》，验收合格。2003年4月，重庆市发展计划委员会同意彭水朗溪水电站、润溪水电站和连湖水电站为无电乡工程。在“十五”期间，彭水新建电站5座、装机10台、容量8430千瓦。同期，乌江彭水电站大型水利枢纽工程开工建设。2004年，为彭水自治县小水电建设年。2005年，全县在建中小电站7座，完成投资2.17亿元；建成小型水电站27座、装机41台、总装机容量20330千瓦，全年发电量8427万千瓦时。

乌江彭水电站　乌江彭水电站工程，为乌江干流规划第十个梯级电站，乌江干流大型骨干工程，重庆市“十一五”规划重点能源项目。电站枢纽位于乌江干流下游彭水万足乡境内长溪河坝址，距彭水自治县城11千米，为峡谷河道型水库。坝址控制流域面积69000平方千米，年径流量490亿立方米，开发任务以发电为主，其次是防洪、航运等。电站正常蓄水位293米，死水位278米，总库容14.44亿立方米，调节库容5.18亿立方米，枢纽最大泄洪量41900立方米/秒，属年调节水库。永久性建筑物由河床混凝土溢流坝、两岸非溢流坝、右岸地下厂房、左岸船闸加一级垂直升船机及渗控工程组成。挡水建筑物采用混凝土重力坝，大坝采用50年一遇洪水设计、50年一遇洪水校核。设计洪水位294.3米，校核洪水位298.36米，电站运行水头范围为53.6 ~ 81.6米。大坝总长328.6米，最大坝高116.5米，地下主厂房长252米，高76.5米，引水隧洞5条，通航船舶为500千克。电站总装机容量175万千瓦，年均发电量63.8亿千瓦时，采用单机容量35万千瓦大型混流式水轮发电机组5台，发电通过500千伏二回线接入重庆电网。工程静态投资107.59亿元，动态总投资121.51亿元。2003年8月，北京大唐国际发电股份有限公司、重庆市能源投资集团公司、重庆市鼎泰能源（集团）有限公司、重庆拓源实业有限公司、贵州省开发投资有限公司、贵州乌江水电开发有限责任公司等6家公司股东共同出资组建重庆大唐国际彭水水电开发有限公司，在重庆正式签订协议：大唐国际占40%股份，其他公司各占12%。2004年7月21日，国务院批准开工建设，11月实现大江截流。2005年6月，北京大唐国际发电股份有限公司更名为重庆大唐国际彭水水电开发有限公司，到12月31日，完成投资52亿元，完成地下厂房开挖及衬砌支护，3#、4#、5#机组开始浇筑，完成3#、4#、5#母线竖井开挖及砼浇筑，完成进水口（塔）土建，完成引水隧道压力钢管安装及衬砌砼施工，5条引水洞全面施工，大坝基坑开挖结束，开始浇筑混凝土。

2004年，截流修建乌江水电站围堰

马岩水电站　彭水第一座县办水电站，位于联合乡境内郁江上游马岩滩，水能落差 11 米。1964 年 4 月 1 日开工建设，于 1965 年 5 月建成。1982 年 7 月遭遇特大洪灾，重建大坝，成为坝高 12.97 米、宽 33.8 米（基础）、长 77 米（坝顶轴线长）的一座浆砌块石溢流重力坝，坝后护坝长 42.2 米、宽 16 米。2005 年，马岩电站总装机容量 820 千瓦，发电量 487.832 万千瓦时。

朱山洞水电站　位于普子镇砂石村小河桥上游，装机容量 2×800 千瓦，于 1977 年 1 月动工建设，1978 年 2 月第一台机组投产运行；第二台机组于 1979 年 5 月投产运行。2005 年发电量 984.06 万千瓦时。

小河桥水电站　系彭水自治县第一个股份制电站，位于龙射镇与普子镇砂石村交界处，与朱山洞水电站相邻，引用源于朱山洞地下水的小河河水建成。引水渠长度 2300 米，净水头 55 米，引用流量 5 立方米 / 秒，装机容量 2×630 千瓦。1977 年 8 月动工，1995 年重建，利用原拦河坝址，修建闸墩安装 3 件闸门，采取电动启闭闸门蓄水或泄水，装机容量 1×500 千瓦。1996 年 3 月竣工发电，总投资 150 万元，年发电量 210 万千瓦时。

燕家坪水电站　位于龙射镇境内，装机容量 2×2000 千瓦，利用龙佘孔大堰，引入常年流量 3.83 立方米 / 秒的棣棠河水发电。电站工程于 1978 年 10 月开工，1983 年 1 月，第一台机组 1×2000 千瓦安装完成并联网发电运行；1985 年 10 月，第二台机组安装结束。主体工程引水渠道长 3650 米，引用流量 1.8 立方米，压力前池蓄水量为 3170 立方米，压力管道长 613.4 米，全管道镇墩 9 个，支墩 89 个，第一道尾水池 200 米，尾水流入朱山洞电站前池，用以补充和调节枯水期朱山洞电站水能。2005 年，发电量 1645.624 万千瓦时。

沱田水电站　位于龙射镇境内，为燕家坪水电站原 2×2000 千瓦机组基础上，新增装机容量 1×2500 千瓦工程。1993 年 3 月动工，1996 年 7 月竣工。2005 年，装机容量 2500 千瓦，年发电 1200 万千瓦时。

冬瓜溪水电站　位于大垭乡境内，系利用流经 7000 米汇入盘古河的罗岩河水修建的梯级电站。1995 年 11 月，冬瓜溪罗家岩二级电站动工，1996 年 12 月安装 2×630 千瓦机组，1999 年 5 月投产发电，年发电量 290 万千瓦时。冬瓜溪三级电站是利用二级电站尾水，在大垭乡境内浩口村修建的梯级电站，2000 年 3 月动工，2002 年 10 月，竣工投产，引用流量 2.6 立方米 / 秒，修建渠道长 6000 米，装机容量 2×1600 千瓦，年发电量 1600 万千瓦时。

芦渡沟水电站　位于彭水自治县城东南 8 千米，1975 年建成。装机容量 200 千瓦，年平均发电量 120 万千瓦时。1997 年，县自来水公司投资建成芦渡沟饮水工程后，年平均发电量减少到 75 万千瓦时。

2005 年彭水自治县水电站运行发电情况表

表 17-5

序号	电站名称	电站地址	所属单位	装机容量（千瓦）	平均年发电量（万千瓦时）	建设年代	业主性质
1	马岩电站	联合乡	县发电公司	820	440	1965 年	国营
2	朱山洞电站	龙射镇	县发电公司	1600	673	1978 年	国营
3	燕家坪电站	龙射镇	县发电公司	4000	1925	1983 年	国营
4	坨田电站	龙射镇	县发电公司	2500	1200	1996 年	国营
5	芦渡沟电站	汉葭镇	县发电公司	200	50	1975 年	国营
6	戈滩电站	润溪乡	县兴发机电有限公司	320	60	1985 年	股份制
7	龙洞峡电站	龙塘乡	县兴发机电有限公司	250	46	1980 年	股份制
8	飞水岩电站	黄家镇	县兴发机电有限公司	75	10	1976 年	股份制

续表 17-5

序号	电站名称	电站地址	所属单位	装机容量（千瓦）	平均年发电量（万千瓦时）	建设年代	业主性质
9	红岩 1 级电站	诸佛乡	县兴发机电有限公司	125	18	1972 年	股份制
10	红岩 2 级电站	诸佛乡	县兴发机电有限公司	100	31	1979 年	股份制
11	小河桥电站	普子镇	小河桥电站	500	206	1996 年	股份制
12	龙泉电站	太原乡	彭水锦源有限公司	250	110	1980 年	股份制
13	冬瓜溪 3 级电站	大垭乡	县茅尖山林场	3200	1600	2002 年	股份制
14	冬瓜溪 2 级电站	大垭乡	重庆旅业集团	1260	290	1998 年	引资
15	三江口电站	汉葭镇	汉葭镇人民政府	250	60	1872 年	乡镇
16	平桥电站	保家镇	保家镇人民政府	150	35	1976 年	乡镇
17	羊子山电站	靛水乡	靛水乡人民政府	200	58	1982 年	乡镇
18	双龙电站	双龙乡	苏家坝电站	100	30	1987 年	私营
19	龟池电站	双龙乡	龟池电站	75	30	1975 年	私营
20	母子溪电站	汉葭镇	母子溪电站	100	22	1982 年	私营
21	清水桥电站	联合乡	清水桥电站	75	15	1978 年	私营
22	沅江电站	棣棠乡	沅江电站	200	78	1979 年	私营
23	万年孔电站	鹿鸣乡	武隆清同溪电站	75	16	1976 年	私营
24	连湖电站	连湖镇	锦能小水电有限公司	2×320		2005 年	股份制
25	湖中电站	高谷镇	彭水盛达有限公司	2×1250	1200	2005 年	私营
26	金辛电站	润溪乡	润溪乡金辛电站	830		2005 年	私营
27	老龙塘电站	乔梓乡	彭水天源水电开发公司	1260	400	2005 年	私营

至 2005 年彭水自治县在建水电站一览表

表 17-6

工程名称	建设单位	建设规模（千瓦）	建设地点	投资（万元）	开工时间	计划竣工时间
马岩洞电站	重庆马岩洞水电开发公司	3×2200	联合乡	55958	2004 年 6 月	2007 年 12 月
团坝子电站	龙泉水电开发公司	2×7500	普子镇	10684	2004 年 3 月	2005 年 12 月
三江口水利枢纽	重庆彭水自治县三江口水利开发公司	3×10000	保家镇	28284	2002 年 8 月	2006 年 8 月
长旗电站	彭水长旗坝三县电站	2×1000	黄家镇	900	2004 年 8 月	2005 年 8 月
金龙电站	彭水自治县金龙水电站	2×500	龙射镇	412	2004 年 8 月	2005 年 8 月
润溪电站	江津瑞能小水电开发公司	2×2500	润溪乡	2094	2004 年 12 月	2006 年 12 月
穿石电站	重庆力能公司	6400	—	130	2004 年 3 月	—

1986—2005 年彭水自治县电力发展基本情况表

表 17-7

年度	装机容量（千瓦）			发电量（万千瓦时）			供售电量（万千瓦时）		用电覆盖（%）		
	小计	国有	乡村股份	小计	国有	乡村股份	供电	售电	乡	村	户
1986 年	6770	4609	2161	2448.09	1824.09	624	2468	199.57	76	55	—
1987 年	6770	4609	2161	3574.85	2985.85	589	3010	2426.71	—	62	—
1988 年	6770	4689	2081	3501.00	2827.00	674	3155.98	2639.97	—	67	—

续表 17-7

年度	装机容量（千瓦）			发电量（万千瓦时）			供售电量（万千瓦时）			用电覆盖（%）	
	小计	国有	乡村股份	小计	国有	乡村股份	供电	售电	乡	村	户
1989 年	6770	4717	2053	4056.00	3442.00	614	3550.61	3053.40	—	69	—
1990 年	12770	10717	2053	4335.80	3733.80	602	3854.23	3362.24	—	73	—
1991 年	12770	10290	2480	4695.01	4049.01	646	3934.52	3461.91	—	77	—
1992 年	18770	16262	2508	5589.98	4950.98	639	4808.01	4315.95	—	79	—
1993 年	21278	19220	2508	5937.00	5346.00	591	5669.00	5227.00	86	70	55
1994 年	21278	19220	2508	6269.11	5700.11	569	6643.00	5846.00	86	70	55
1995 年	21278	19220	2508	7697.30	7020.30	677	6370.00	5998.00	100	76	60
1996 年	24278	19220	2508	7521.00	6863.00	658	7160.00	5962.00	100	80	79
1997 年	24128	21770	2358	7110.00	6456.00	654	7206.00	6400.00	100	91	87
1998 年	23779	21620	2159	7244.00	6651.00	593	7535.00	6606.00	100	93	92
1999 年	23779	21620	2159	8000.00	7431.00	569	8508.00	5383.00	100	93	92
2000 年	25039	21120	3919	9094.00	8030.00	1064	8886.00	7010.00	100	98	95
2001 年	29065	21120	7945	12613.00	7895.00	4178	10647.00	8183.00	100	100	99
2002 年	27975	21120	6855	10973.26	9575.00	1398	12806.00	9877.00	100	100	99
2003 年	28300	21120	7180	11946.00	9453.00	2493	15952.00	12279.00	100	100	99
2004 年	25039	21120	3919	12613.00	8333.79	4279	19165.00	15623.00	100	100	99
2005 年	32330	22380	9950	11177.00	8333.00	2844	20735.00	18196.00	100	100	99

第三节　电网建设与改造

一、农村电网建设与改造

地方国营电网建于 20 世纪 60 年代，损耗高，电压降落大，电能质量差，稳定度低，供电可靠性能弱，线路老化维护困难，配电变压器设备陈旧。1998 年 12 月，县电力公司启动农网改造第一期工程，总投资 13970 万元。其中，第一批工程投资 7470 万元，第二批工程投资 6500 万元。2002 年 12 月，第一批农村电网建设与改造工程全部竣工，重庆市“两改一同价”验收委员会验收合格。同期，第二批农村电网建设与改造工程完成投资 4000 万元。

全县第一期农村电网建设与改造工程新建 35 千伏变电站 4 座、总容量 14750 千伏安，调度自动化系统 1 套、35 千伏输电线路 68.9 千米，新建和改造 10 千伏及低压输电线路 2739.295 公千米，新增和更换配电变压器 330 台，总容量 33.17 兆伏安，完成 55 个场（镇）、138 个村、692 个组的农网改造，安装一户一表 31618 户，受益人口 130398 人。全县农村电网从 5 座增加到 9 座，其中 110 千伏变电站 1 座，35 千伏变电站 8 座，10 千伏输电干线伸至各乡（镇），实现城乡电力同网同价。

第二期农网改造工程于 2003 年启动，2004 年年底完工，投资 6435 万元，惠及 155 个村、1144 个组、36482 户、144597 人。新建和改造 10 千伏线路，架设 559.831 千米；0.4 千伏及以下线路，架设 3469.834 千米，安装 10 千伏配电变压器 414 台、容量 12675 千伏安，安装一户一表 33244 户。

第三期农网改造工程（西部农网改造工程）于 2005 年开始实施，计划总投资 7000 万元，实施 46 个村的电网改造，改造一户一表 31054 户。其中 2005 年计划投资 2800 万元，扣除第二批超规模投资 1717.61 万元，实际投资 1082.39 万元。完成 8 个村农网改造，实施一户一表改造 2120 户。

二、综合电网建设与改造

1999 年，实施江北片区和专线工程改造，江北片区供电分柜由原 1 回改为 2 回。2000 年 5—9 月，投资 1100 万元，实施主城区的电网改造，立电杆 124 根，安装高低压电缆 34 千米、低压管线 25 千米、低压电箱 62 台，建配电室 16 个。2002 年 5 月，架设彭水 220 千伏变电站（构树坪）至县城东门坡 110 千伏线路。2004 年，投资 4500 万元，实施改造县城居民一户一表与县电力公司直供到户管理。

2005 年，是彭水供电公司进入重庆市电力公司控股管理的第一年，实施 220 千伏变电站增容改造，增加安装 1 台变压器，容量 90000 千伏安，投资 2500 万元。新架 1 回武彭黔 220 千伏线路彭水段长 62 千米，投资 4540 万元。新建渝怀铁路牵引站用电 4 回 110 千伏线路，其中 2 回到清平牵引站、2 回到高谷牵引站，线路全长 74 千米，总投资 2000 万元。新增东门 110 千伏变电站改造工程 40000 千伏安主变 1 台，完成投资 1000 万元。马峰 110 千伏变电站新建及 110 千伏线路建设，完成投资 1500 万元。完成增容改造保家 35 千伏变电站，主变容量由 3150 千伏安增至 6300 千伏安，更换全站微机综合自动化装置，投资 395 万元。对桑柘 35 千伏变电站实施增容改造，主变容量由 1600 千伏安增至 3150 千伏安，投资 80 万元。对桃子坪变电站进行改造，投资 400 万元。对东上线等 35 千伏线路投资 300 万元进行改造，并开展 10 千伏及以下配电网建设。投资 150 万元，对县城配电网进行一户一表改造。全年公司累计投资电网改造资金 5125 万元，加上市公司在彭水地区 220 千伏武彭线、110 千伏铁路牵引线路建设投资 9040 万元，总投资 12865 万元。

马岩—彭水自治县城 10 千伏输电线路　1975 年建成投入使用，主干线路全长 49.75 千米。

朱山洞—保家楼 10 千伏输电线路　1976 年建成，从朱山洞电站出线，全长 16.5 千米，系朱山洞电站、马岩电站、芦渡沟电站的并网线路。

朱山洞—普子 10 千伏输电线路　从朱山洞电站出线，全长 15.4 千米。

朱山洞—高谷 10 千伏输电线路　从朱山洞电站出线，全长 27 千米。

马峰—鹿角 10 千伏输电线路　1986 年建成，全长 5.75 千米。

马峰—大同 10 千伏输电线路　1987 年建成，全长 36.1 千米。

10 千伏配电线路　2005 年，供电公司具有 10 千伏配电输电线路 39 条，总长 3563.7 千米。其中，属用户资产线路 10 条，属供电公司产权线路 29 条；城网线路 6 条、40.57 千米；农网线路 23 条、3523.13 千米。10 千伏配网基本形成以东门 110 千伏变电站（10 千伏部分）和 8 座 35 千伏变电站及部分水电站（有 10 千伏出线）为中心的辐射状相对独立配电网。

朱山洞—县城 35 千伏输电线路　全长 31.73 千米，从朱山洞电站升压站出线，终点为县城城关变电站。

彭水自治县城—马峰 35 千伏输电线路　1986 年 5 月建成，全长 18.22 千米。

郁山火电厂—县城 35 千伏线路　1989 年 12 月建成，全长 34 千米，从郁山火电厂升压站出线，终点为县城变电站。

彭水自治县城—上塘 35 千伏变电线路　1998 年 10 月建成，从城关变电站出线，全长 6.5 千米。

武隆木棕河电站—上塘 35 千伏输电线路　1997 年 12 月建成，全长 18.94 千米。

马峰变电站—桑柘变电站 35 千伏输电线路　2000 年 7 月建成，全长 21 千米，线路转角 12 个，跨越区乡公路 15 次，交叉跨越 10 千伏线路 9 次。

白云变电站—冬瓜溪 35 千伏输电线路　1999 年 5 月建成，全长 45.5 千米，中途进入黄家坝 35 千伏变电站网络，沿途 20 个转角，跨乡村公路 33 次、河流 8 次，交叉跨越 10 千伏线路 19 处。

冬瓜溪2级电站—3级电站35千伏输电线路　2004年4月建成，线路全长4.5千米，由茅尖山林场出资建设，县电力公司外线队架设，是“一家管网，多家办电”工程。

东门变电站—桃子坪变电站35千伏输电线路　2004年4月建成，全长11千米，由铁路建设集团出资修建桃子坪电站，并建35千伏输电线路。

彭水变电站—东门变电站110千伏输电线路　线路全长15.77千米，2001年10月，重庆市电力公司在彭水自治县保家镇构树坪新建1座220千伏变电站。2002年，架设1条从构树坪220千伏变电站至县城东门坡110千伏变电站的联网线路。

大河口电站—东门变电站110千伏输电线路　由乌江电力集团公司出资建设，线路全长43千米，跨越彭水、酉阳二县。

东门变电站—万足电站110千伏输电线路　全长31.5千米。2003年，乌江彭水电站上马，将东门站至万足段7.28千米作为乌江彭水电站施工电源线路，故称东门变电站—万足电站110千伏输电线路。

35千伏城关变电站　1979年12月建成，变压器2×8000千伏安，电源来自110千伏变电站和郁山火电厂、小河发电厂35千伏输电线路。

35千伏马峰变电站　1986年5月建成，安装变压器1×1600千伏安。2001年6月，安装变压器1×3150千伏安，主要供鹿角、桑柘镇片区用电。

35千伏上塘变电站　1998年1月建成，主要为原彭水自治县万吨红麻全杆造纸厂生产提供电源，安装变压器1×3150千伏安，电源点来自城关变电站，供县纸厂、靛水乡、高谷镇用电。

35千伏保家变电站　设计规模2×3150千伏安，主要为修建三江口水利枢纽工程提供施工电源和为郁山变电站负荷分流。

35千伏桑柘变电站　2001年3月建成，位于桑柘镇场上，为一座由农网改造工程出资兴建的第一座无人值守35千伏变电站，设计规模2×2000千伏安，已安装变压器1×2000千伏安，主要担负桑柘镇、新田乡、梅子垭乡、诸佛乡供电。

35千伏黄家变电站　2000年5月建成，设计规模2×2000千伏安，已安装变压器1×2000千伏安，主要供黄家镇、戈滩、朗溪乡、猴栗乡片区用电。

35千伏白云变电站　1999年5月建成，设计规模2×8000千伏安，已安装变压器1×8000千伏安，主要供复烤厂、西城开关站、白云片区用电。

35千伏郁山变电站　1997年8月建成，位于郁山火电厂厂区，设计规模2×6300千伏安，已安装变压器1×6300千伏安，主要供郁山片区用电。

35千伏桃子坪变电站　位于汉葭镇北斗村。2001年，由渝怀铁路工程处修建，主要为铁路施工供电。2005年，县供电公司租用改造后用于渝湘高速公路修建供电，变电站改造后装设2台8000千伏安变压器。

110千伏东门变电站　建于1998年，位于彭水自治县汉葭镇东门坡，由乌江电力集团公司投资修建。2002年4月，彭水供电公司购入该站全部彭水境内资产，装设2.5万千伏安主变压器1台，为彭水供电公司枢纽变电站。2005年，为提升供电能力，改造增设4万千伏安主变压器1台。

调度所　县供电公司为适应电力系统规模扩大，保证电力系统安全和可靠运行，2000年，新建电力调度、通信自动化系统，改造调度值班室。电力调度、通信自动化针对范围为全县35千伏以上等级的变电站，发电装机容量1.0兆瓦以上的发电站。

第四节 行业管理

一、管理体制

1986年，县电力公司由县水电局管理。1988年、1991年，电力公司与县水电局分别签订第一轮、第二轮承包经营合同。1993年，公司改革内部管理体制，下辖4个电站（厂）、1个变电站和6个供电所，职工528人，固定资产原值3320万元，自有资金740.9万元。1994年，县水利电力局与县电力公司“局司合一”，两块牌子，一套班子，实行企业化经营。1996年，撤销县水电局与县电力公司“局司合一”管理体制，实行县经济贸易委员会和县水利电力局双重管理，其电力建设和发展由水利电力局管理。1998年，县电力公司调整为县水利电力局管理。是年6月，重庆乌江电力集团与彭水电力公司签订入股合并协议。2000年9月，彭水分公司退出重庆乌江电力集团公司，更名为彭水两江电力公司。2001年9月，县电力公司管理职能划归县水利农机局，恢复彭水自治县电力公司名称，公司实行自主经营，独立核算，属全民所有制。2003年7月，重庆市电力体制改革，试行“厂网分开”，重组发电和电网企业，建立统一、竞争、开放的电力市场和新的电价机制。2004年7月，彭水电力系统正式改制为重庆市彭水自治县供电有限责任公司与彭水自治县发电有限公司2家独立企业。同年9月，重庆市彭水自治县供电有限责任公司由重庆市电力公司控股管理。2005年，全县电力行业隶属县经济贸易委员会主管。

二、电价管理

1986年起，县电力公司对县城居民每家安装电表，实行计度收费；规定内部职工禁用电炉。1989年，县人民政府发文向各机关企事业单位征收0.02元/千瓦时的电力发展基金。1990年，县电力公司报请县物价局制定水火电综合电价：生产用电0.165元/千瓦时，生活用电0.24元/千瓦时，非生产用电按生活照明用电收费。自来水价格调整后，抽水用电从原来的0.10元/千瓦时调整为0.13/千瓦时。1992年，确定每年5月至10月为丰水期，11月至次年4月底为枯水期。丰水期商业性舞厅、录像厅、冷饮用电调整为0.40元/千瓦时，其余不变动；枯水期生产用电0.20元/千瓦时，照明用电0.30元/千瓦时，商业性用电0.50元/千瓦时。变压器变损电价丰水期为0.165元/千瓦时，枯水期为0.20元/千瓦时。1993年，县物价局对电价作小幅调整。1994年，按照“走小步，分步调整，逐步到位”的原则，实行水火综合电价，生产照明用电枯水期0.28元/千瓦时，丰水期0.26千瓦时；商业用电0.55元/千瓦时。1995年，电价调整为：生活照明用电0.38元/千瓦时，生产用电0.28元/千瓦时，自来水厂生产用电0.23元/千瓦时。1999年，重庆市物价局对黔江地区彭水等5县电价进行调整：生活用电0.50元/千瓦时，商业用电（美容美发、歌舞厅、酒吧）1.00元/千瓦时，非工业用电0.70元/千瓦时，普通工业用电0.48元/千瓦时，建筑施工用电0.60元/千瓦时，自来水厂生产用电0.25元/千瓦时，农业排灌用电0.16元/千瓦时，农村趸售电价0.42元/千瓦时。2000年，按照县人民政府“减负工作会”精神，县物价局对电价进行调整：生活照明用电从0.50元/千瓦时降为0.47元/千瓦时，普通工业用电从0.48元/降为0.40元/千瓦时。2001年，恢复执行重庆市物价局规定的黔江地区彭水等5县统一的电力销售价格。2002年12月1日起，按照重庆市物价局规定，彭水电价执行标准为：居民生活用电由0.396元/千瓦时上涨到0.432元/千瓦时，非居民照明用电由0.610元/千瓦时上涨到0.702元/千瓦时，商业用电由0.725元/千瓦时上涨到0.795元/千瓦时，非普通工业用电由0.490元/千瓦时上涨到0.571元/千瓦时，大工业用电由0.393元/千瓦时上涨到0.417元/千瓦时，农业生产用电由0.402元/千瓦时上涨到0.422元/千瓦时，贫困县农业排灌用电由0.170元/千瓦时上涨到0.190元/千瓦时。2004年1月1日起，按照重庆市物价局规定，彭水电价执行标准为：居民生活用电电价不变，非居民照明用电由0.702元/千瓦时下降到0.653元/千瓦时，商业用电由0.795元/千瓦时下降到0.773元/千瓦时，非普通工业用电由0.571元/千瓦时下降到0.523元/千瓦时，大工业用电由0.417元/千瓦时上涨到0.425元/千瓦时，农业生产用电和贫困县农业排灌用电价均没有变化。2005年5月1日起，按照重庆市物价局规定，彭水电价执行标准为：居民生活用电由0.432元/千瓦时上涨到0.463元/千瓦时，非居民照明用电由0.653元/千瓦时上涨到0.742元/千瓦时，商业用电由0.773元/千瓦时上涨到0.835元/千瓦时，非普通工业用电由0.523元/千瓦时上涨到0.611元/千瓦时，大工业用电由0.425元/千瓦时上涨到0.501元/千瓦时，基本电费由14元/千伏安·月上涨到16元/千伏安·月，农业生产用电和贫困县农业排灌用电电价均没有变化。

2005年5月1日起电价执行情况表

表17-8

用电分类	电度电价（元/千瓦时）					基本电价	
	不满1千伏	1～10千伏	35～110千伏以下	110千伏	220千伏及以上	最大需要（元/千瓦·月）	变压器容量（元/千伏安·月）
一、居民生活用电	0.463	0.453	0.453	—	—	—	—
二、非居民照明用电	0.742	0.727	0.712	—	—	—	—
三、商业用电	0.835	0.820	0.805	—	—	—	—
四、非普工业用电	0.611	0.596	0.581	—	—	—	—
其中：中小化肥用电	0.290	0.280	0.270	—	—	—	—
五、大工业用电	—	0.501	0.481	0.466	0.56	24.000	16.000
其中：1.电炉铁合金、电解烧碱、合成氨、电炉钙镁磷肥、电炉黄磷	—	0.437	0.417	0.402	0.392	24.000	16.000
2.电石	—	0.427	0.407	0.392	0.382	24.000	16.000
3.中小化肥	—	0.204	0.189	0.179	0.174	24.000	16.000
六、农业生产用电	0.422	0.412	0.402	—	—	—	—
七、贫困县农业排灌用电	0.190	0.180	0.170	—	—	—	—

附：重点企业简介

彭水自治县发电有限公司 公司成立于2004年10月，由原发电站包括水电厂站和火电厂资产与原电力公司部分房产组建而成，为县属国有独资企业，注册资本4464.64万元。公司设立董事会、监事会和经营管理机构，职工298人。其中，退休职工23人，在岗员工275人，主要经营电力生产、电力开发、电器设备与电力线路安装、维修，以及电器设备产品和线路材料销售。公司拥有总装机容量22380千瓦，下辖郁山火电厂装机容量2×6000千瓦，小河发电厂装机容量8100千瓦（含燕家坪电站、朱山洞电站、沱田电站），马岩电站装机容量2×250千瓦+1×320千瓦，芦渡沟电站1×200千瓦，冬瓜溪二级站2×630千瓦：年发电量10000万千瓦时，年销售收入2500万元，利税250万元。公司拥有资产7097.44万元，实际资本2000万元，流动资产1254.43万元，固定资产账面原值11161.47万元，账面净值5843万元，负债2111万元。2005年，完成发电量8333.79万千瓦时，占年度任务的102.89%。其中水电完成发电量5583.20万千瓦时，占公司发电量的66.99%；火电完成发电量2750.59万千瓦时，占公司发电量的33.01%。全年完成上网电量7939.60万千瓦时，其中水电完成上网电量5500.96万千瓦时，占公司上网电量的69.29%；火电完成上网电量2438.64万千瓦时，占公司上网电量的30.71%。全年实现不含税主营业务收入1816.26万元，占计划任务100.9%，其中水电实现不含税主营业务收入1141.41万元，火电674.85万元；实缴税金167.12万元。

重庆市彭水自治县供电有限责任公司　公司由原彭水自治县电力公司改制组建而成，属重庆市控股国有独资企业，位于汉葭镇南门街20号。2003年10月，重庆市建设投资公司受市人民政府委托，与县人民政府共同开展资产清理与改制方案制定，2004年7月21日，正式改制为重庆市彭水自治县供电有限责任公司，同年9月28日，由重庆市电力公司控股管理，主要职责是为彭水自治县范围内居民、生产企业、流通行业等提供生活、生产、商贸用电和其他用电。2005年，公司在岗员工348人，其中高级技术职称3人，中级技术职称30人，大专及以上文化程度168人，固定资产3.6亿元，年售电量2.5亿千瓦时。全年完成购电量20973.78万千瓦时，其中购大网9086.15万千瓦时，购小水电火电11887.63万千瓦时。全年完成售电量18086.15万千瓦时。其中，居民生活用电6232.3万千瓦时，非居民生活用电513.05万千瓦时，商业用电828.81万千瓦时，非普通工业用电5109.77万千瓦时，大工业用电5215.08万千瓦时，售重庆市电力公司187.14万千瓦时。公司在2000年前后分别获得国家电网公司“户户通电”工作先进集体，重庆市“模范职工之家”，重庆市国资委文明单位，重庆市电力公司创建“四好”班子、“先进集体”“户户通电”工作先进集体等荣誉称号。

第三章　乌江彭水电站移民

乌江彭水电站位于乌江干流下游，坝址离彭水县城上游 11 千米处万足乡境内长溪河，下距涪陵市河口 142 千米，距重庆市主城区 170 千米，水库延伸到贵州省沿河县主城区 126 千米。乌江全流域面积 87920 平方千米，其中乌江彭水电站控制面积 69000 平方千米，占流域面积的 78.5%，属流域防洪控制性工程之一。为陡坡峡谷 V 形工程，多年平均年径流量 404 亿立方米，占全流域径流量的 85.6%。2004 年 7 月 21 日，经国务院正式批准，建设乌江干流第十个梯级电站。正常蓄水位 293 米，死水位 278 米，总库容 15.09 亿立方米，调节库容 5.18 亿立方米，电站最大泄洪量 49000 立方米 / 秒，水库限制水位 287 米，预留 2.32 亿立方米防洪库容，属流域防洪型工程，主要是发电，其次是防洪、航运及其他。电站的建设涉及重庆彭水及贵州境内等多地移民工作。

第一节　移民机构

1994 年 4 月，为推进乌江彭水水利枢纽工程尽快开工建设，黔江地区行署成立乌江彭水水利枢纽前期工作领导小组。6 月，黔江地区行署成立四川省黔江地区乌江能源开发总公司，作为乌江彭水电站前期工作业主，重庆直辖后，更名为重庆乌江能源开发公司。1999 年 4 月 26 日，成立重庆市乌江彭水水利枢纽前期工作办公室。2003 年 3 月 14 日，县人民政府成立彭水自治县彭水电站建设领导小组，领导小组下设办公室（简称县电站办），办公室下设综合处、征地处、移民处、交通组织处、金融服务处、财务处、发展指导处、电力供应处、宣传处和安全保卫处等 10 个处。2003 年 4 月 16 日，县电站建设领导小组增设监察处。

2005 年，电站移民安置工作进入实施阶段，3 月 29 日，县委决定设置彭水自治县移民办公室（简称县移民办），核定县移民办公室事业编制 10 名，设主任 1 名，副主任 2 名，为县人民政府局级事业单位。内设综合科、计划财政科、安置迁建科、信访科，各设科长 1 名。

第二节　淹没调查及规划

乌江干流发源于贵州省西部乌蒙山麓，在善感乡周家寨流入县境，于涪陵市凉塘汇入长江，全长 1037 千米，控制流域面积 693000 平方千米，县内长 64 千米，流域面积 3900 平方千米。2003 年 2 月 14 日，重庆市人民政府与大唐公司签订开发乌江彭水水电站建设协议，工程正式启动。实物指标调查是电站移民工作最关键、最细致的工作，精度越高，深度透明，准确无误是移民补偿，顺利搬迁安置的重要保证。实物调查分库（坝）区及电站工程施工区（占地区）。

调查范围以电站坝址293.5米高程（正常蓄水位293米高程+0.5米风浪浸没船行波影响）内，耕地、林地、园地、房屋、人口、公路、通信、广播、电力都属电站调查范围。坚持实事求是的原则，登记时绝不漏掉一草一木，不该登记的坚决不登，不准虚报浮夸，不准欺骗隐瞒，将调查结果分解到村组，分户建卡并张榜公布，做到公平、公正、公开。在村、组、户确认结果后，由户主与单位签字认可，形成法定依据。

一、万足库（坝）区淹没调查

2003年4月，电站工程建设全面展开。3月25日，县人民政府举办坝区实物指标调查人员培训会，要求“调查细致、准确、到位，提高效率，注重质量，争分夺秒抢时间”。3月26日至4月23日，长江委会同县电站办（综合处、移民处）、国土、林业和万足乡组成联合调查组，赴施工占地区实地调查和移民安置规划工作。广泛听取地方政府和相关部门的意见后，形成《可行性研究施工区红线调查及移民安置初步规划报告》。

2004年3月7日，淹没前的万足场天宫正殿

淹没万足乡6个村，25个组，1个集镇，12家单位，394户，1388人，房屋面积74063.2平方米（包括工矿企业房屋）。其中，正房63935.8平方米，偏房3049.8平方米，附属房6083.5平方米，简易房994.1平方米，附属物有砖石墙835.6平方米，砼晒场5223.1平方米，烤烟房167.3平方米，三合土晒场250平方米，街檐3432.9平方米，散畜圈76处，粪池321处，地窖521口，水池1672.6立方米，水井一口，沼气池1个，卫星接收设备76套。零星果木32155株，坟墓1584座。村组副业设施26处。

2005年6月28日，将变成水下宫殿的原万足古镇

土地面积504.33公顷。其中，耕地179.39公顷，园地7.37公顷，林地242公顷，鱼塘0.79公顷，建设用地7.93公顷，其他地66.84公顷。四级公路7.3千米，中桥一座长90米，机耕道5.96千米，下河梯道0.34千米。村级以上通信线路44.79千米。其中，国防通信光缆线8.13杆千米，一级通信光缆8.13杆千米，长途通信光缆8.13杆千米，县至乡通信光缆11.80杆千米，乡至村通信电缆8.6杆千米，移动传输机站1座，万足电信支局传输设备1套，万足联通微机传输设备1套。广播电视干线12杆千米，10千伏以上输电线12.35杆千米，其中110千伏3杆千米，35千伏3杆千米，10千伏6.3杆千米，配电变压器2台、容量100千伏安。工矿企业1家。

二、彭水库区淹没调查

2003年7月21日，彭水库区实物指标调查正式开始。县电站办、国土局各派1人协助长江委、大唐公司深入4个乡，1个集镇，10个村，16个组实施调查。各乡镇党委、政府召开专题会议，抽调3名干部具体协助，村组干部积极配合，农户主动参与，长江委、大唐公司工程技术人员坚持原则，耐心细致解答移民提出的问题，白天收集资料，晚上绘制土地、林地界线图，苦战30天，完成库区实物指标调查工作。

鹿角镇　农村淹没4个村，7个组，淹房214户，总人口823人。其中，农业人口787人，非农业人口36人。淹没农村各类房屋总面积25197.34平方米。其中，淹没正房21881.04平方米，偏房1264平方米，附属房2052.3平方米。淹没耕地74.47公顷。其中，水田11.88公顷，旱地58.43公顷，菜地4.16公顷，园地4.44公顷，河滩地8.73公顷。淹没林地101.7公顷，其中经济林11.6公顷，用材林8.23公顷，灌木林81.81公顷。鱼塘0.25公顷。建设用地7.71公顷。未利用地82.77公顷。零星果木14298株。其中，果树6651株，用材树4700株，其他2947株。坟墓842座。其中，双坟6座，单坟836座。淹没村组副业设施4处。

集镇淹没1个村，1个组，1个居委会，76户，442人。其中，农业人口268人，非农业人口174人。淹没各类房屋面积19492.62平方米。其中，正房18931.92平方米，偏房285.8平方米，附属房274.9平方米。单位8个，其中镇内7个，镇外1个。淹没各类房屋总面积10102.18平方米。其中，框架3378.9平方米，砖混2289.3平方米，砖木4249.98平方米，木房157平方米。淹没小型工矿企业4个，房屋面积291平方米（砖混131平方米、砖木160平方米）。

淹没影响实物指标1个村，1个组，36户，总人口161人，其中农业人口101人，非农业人口60人；房屋面积10249.5平方米。

善感乡　淹没涉及石盆、水田2个村，7个组，38户，152人。其中，农业人口148人，非农业人口4人，淹没房屋面积5863.6平方米（其中，正房4440平方米，偏房648平方米，附属房775.4平方米），淹没耕地51.13公顷（其中，水田11.22公顷，旱地39.59公顷，茶地0.52公顷），河滩地7.45公顷，林地57.48公顷。零星树木2389株。坟墓134座。淹没影响170户，590人，房屋面积5863平方米。

石盘乡　淹没涉及3个村，5个组，4户，12人，各类土地472.4公顷，淹房3户，9人，各类房屋面积732.5平方米。其中，正房554.9平方米，偏房118.4平方米，附属房59.2平方米，淹没耕地2.61公顷。零星果木96株。坟墓12座。影响1个村，1个组，1户，3人，房屋面积204.5平方米。

新田乡　本乡实物指标不涉及移民、房屋、耕地，只涉及林地。峰岍村的1、2组和水塘村的1、3、5组。248户，895人，面积15.70公顷。其中，无争议地2.88公顷，有争议的地是12.82公顷。未利用地2.73公顷。

双龙乡　双龙乡只淹没林地26.8公顷，荒地6.22公顷。

三、形成《乌江彭水电站可行性研究工程占地区实物指标调查及移民安置初设规划》

2003年9月24日，县人民政府对《乌江彭水电站可行性研究工程占地区实物指标调查及移民安置初设规划》认定。10月26日，对结果进行最后审定：施工红线内万足乡共6个村，23个村民小组，1个集镇，12个单位，工矿企业1家，344户，1375人，房屋面积7.35万平方米，土地面积495.6公顷，零星果木32155株（兜），坟墓1584座，村组副业设施26处，四级公路7.3千米。库区4个乡，12个村，20个组，1个集镇，11个单位，309户，1105人，房屋面积4200平方米，土地面积529.74公顷，零星果木14583株，坟墓951座，村组副业5处，工矿企业1家，纳入规划大纲，作为移民法定依据。2004年3月，根据彭水库坝区实物指标调查成果，长江委编制完成《征求意见稿》。4月，市移民局在重庆组织召开《征求意见稿》专题座谈会，经会议修改后，5月，长江委完成工程占地可研阶段处理规划《咨询稿》。5月24—26日，中国水利水电建设咨询公司并补充修改。6月，长江委完成《预审稿》。7月上旬经市移民局修改形成《送审稿》。7月13—17日，中国水利水规总院在武汉召开《送审稿》专题审查会议，此次审查意见形成初稿，经补充完善后，完成报告修改本，8月23—25日，水利水规总院在北京召开修改本审查会议，专家评审修改完善后，最终完成审定本作为电站库（坝）区移民实施指标补偿依据。当时电站项目未获国家审批，补偿政策未出台，移民搬迁工作推进困难。

第三节 过渡建设移民

2003年4月，中国水利局、中国铁路局等10个建设集团先后进入坝区。来自全国各地施工人员达6000多人，施工单位，各种大中型机械装备，各类型施工车辆以及工程建设所需的砂石、水泥、钢材、木材、劳动力、运输力、邮政、通信、金融、餐馆、娱乐业、服务业不断涌入坝区，构成一个庞大的需求市场。给彭水经济发展、产业结构调整创造空前的历史机遇。同时，坝区地方狭窄，容量有限，电站坝区社会秩序压力增加。当地竭尽全力为电站建设提供施工占用地，实施坝区移民过渡安置，维护坝区交通和社会治安，实施坝区管网搬迁、公路复建和民爆物资供应等前期过渡建设。

县人民政府要求大唐公司“按照工程进度需要，统一制定过渡移民搬迁方案，在划定搬迁范围后，由县移民处配合乡政府进行一次性搬迁，确保坝区工作的连续性，为以后整个移民搬迁打好基础，做好示范，避免重复搬迁、多次搬迁增加成本和工作量，待规划方案决定后由县电站办落实，避免各行其是”。

一、坝区移民过渡安置

（一）首期过渡移民

2003年4月，电站正式开工，启动进厂交通隧道、左岸导流洞、地下厂房主体支洞、电站尾水施工洞、右岸过坝交通洞、进厂公路跨江索桥等工程。工程中涉及万足乡万足村三组肖远忠、罗依娥等4户，小河村刘定福、刘邦和等7户的房屋急需搬迁。4月24日，在当时坝区移民补偿政策未出台、补助标准不明确、移民安置实施规划没有编制的情况下，县人民政府召开“专题研究电站首批过渡移民搬迁”工作会。决定先支付户平2000元临时租房费，房屋每平方米3元给予补助。5月20日，搬迁结束。

2003年8月，县人民政府出台《乌江彭水电站坝区移民过渡搬迁办法》，规范补助标准，增添补助项目。10月8日，对以上移民户按新办法兑现差额补助金。

（二）鸭公溪移民

电站工程砂石石料场选择中，县电站办3次组织工作人员与电厂筹建处、长江委相关专家实地考察，采样化验分析，位于万足乡小河村6组（鸭公溪）最优，确定为电站砂石开采场。中标单位为中国水利第八局，工程科技含量高，机械设备庞大，进出用料系统相互衔接而又相互独立，工种复杂，人流物流占地面积大。2003年7月中旬，大唐公司筹建处请求解决占地移民搬迁。

鸭公溪是电站第一批大规模过渡移民搬迁，也是电站移民安置初始地。7月22日，电站办公室与万足乡人民政府立即组织工作人员，深入现场，召开动员会、座谈会，个别走访，了解移民要求。移民认为，搬迁补助费太少，宁愿不要搬迁费，要求政府统一搭建临时帐篷。由大唐公司在施工区搭建临时帐篷，工程完工后，移民搬回原地居住；在县城附近给全组30户121人移民统一建居民点。

8月开始，县移民处四赴移民工作现场，与万足乡乡长董世国和4名工作人员召开2次移民动员会，6次院坝会，并分人包户，同吃同住同劳动，开展交心谈心活动。让移民正确处理国家、集体、个人的关系，放下包袱，争当移民功臣；自愿配合上级搞好搬迁工作，制定搬迁、旧房拆出时间、搬到何处及工棚搭建等方案。

根据坝区过渡移民安置实际，及时制定《彭水电站坝区过渡移民搬迁办法》，执行货币补偿。人均临时建房30平方米，补助100元/平方米，建房地基平整费50元/平方米；临时建房占地青苗补偿6000元/公顷，房屋过渡搬迁补偿10元/平方米；人畜饮水20元/人，照明费500元/户，人基本支出费80元/人，过渡搬迁后原驻地复垦费1元/平方米。此补助只适合坝区过渡期安置方案，不影响以后移民实物指标补偿。方案报县人民政府讨论中，将人畜饮水人均20元调为50元/人，其他人均支出费80元调为200元/人。2003年8月8日，形成文件下发，作为彭水电站坝区移民过渡搬迁安置依据。

截至8月13日，按照《彭水电站坝区移民过渡搬迁办法》，签订协议30户，118人，占任务的97%。由于无劳户建房迟缓的影响，经过半个月的努力，于8月27日，万足乡坝区第一批移民搬迁在规定时间搬迁结束。临时搬迁费兑现到移民，其子女入学得到妥善安排，在整个搬迁过程中，没有发生暴力阻挠搬迁现象。确保电站砂石料场工程建设按时开工。

（三）东风桥移民

施工区5#、7#、19#公路急待开工，东风桥附近村民28户、133人，需紧急过渡安置。2003年8月29日，县人民政府会上与电厂筹建处签订《东风桥附近移民临时房屋建筑过渡搬迁补偿协议》，9月20日前全面完成移民过渡搬迁任务，安置方式采用定点安置与自主选择安置相结合，补偿与鸭公溪村民临时过渡搬迁安置标准一致。移民房屋、土地征用搬迁后驻地基础场平，施工红线内（作物未成熟）按收成估算补偿。

2003年9月1日，移民处与万足乡人民政府一道，深入小河村东风桥了解移民思想动态，收集热点、难点，调查中村民反映。1996年，小河村用集体资金2万元修建沙林（彭桑公路与小河6组公路交界）到乌江边800米公路，导致长江委在电站实物指标调查时未登记，也未纳入补偿范围。目前尚欠1.5万元，其次是过渡搬迁时限一年还是几年，要求明确答复。再是核实户口要与鸭公溪移民核实户口一致。

县移民处、万足乡人民政府工作人员深入实地，帮助移民解决实际困难，妥善处理移民提出的问题，做好临时过渡搬迁安置工作。在广大村民的积极配合下，东风桥附近移民临时过渡搬迁安置历时22天，于9月22日全面结束。

（四）苦竹堡移民

鸭公溪砂石料场，原征地少，机械系统不能全部投入使用，业主要求扩大征地。2004年1月12日，县电站办将小河村6组（鸭公溪）毗邻七组（苦竹堡）26户，109人村民实施过渡搬迁。以满足砂石工程施工需要。

县电站办、万足乡人民政府组织工作组，帮助移民订搬迁计划，落实搬迁地点，帮助搭建工棚。历经一个月，采取鸭公溪搬迁安置相同方式，补偿房屋、土地和当年失地估算收入一并兑现，于2月18日移民全部搬出红线内，搬迁后土地移交大唐公司管理。

（五）新集镇占地移民

万足老集镇属全淹集镇，需整体搬迁，任务繁重，随着电站进度，如不适时实施新集镇基础场平及房屋建设，必将出现“水赶人”现象。市人民政府批准小河村4组落塘坡为新集镇驻地。落实老集镇、鸭公溪、东风桥、苦竹堡移民建房入住。

2003年8月25日，县电站办、大唐公司赴新址落实占地红线内房屋拆迁，拟定占地面积12.73公顷，应搬迁37户115人，房屋面积4362.7平方米。

鉴于彭水电站移民安置方案未经国家审定，新场镇建设工期紧，任务重，占地村民务必紧急搬迁。一段时间大唐公司提出异议，认为新集镇建设属地方政府负责，资金原为移民专项资金包干使用，新场镇未在电站施工区内，公司无新场镇建设经费。电站办认为新场镇是电站工程组成部分，移民临时过渡安置在同一地点，同一时间应适用同一方案。建议新集镇红线内村民采用鸭公溪、东风桥移民相同方式实行过渡安置。县人民政府多次与大唐公司协调，一边组织资金，一边推进工程建设。此项资金直到2005年年末仍未到位。

（六）坝区关溪沟、替溪沟移民

2004年2月24日，县电站办工作人员与万足乡人民政府、大唐公司安全管理专家、电站施工相关单位领导一同到万足村2组和小河村1组现场查看，施工弃渣已将施工区内的关溪沟和替溪沟下游河道阻断，造成泄洪不畅，已经形成大量积水，上述两地因洪水倒灌形成堰塞湖，关溪沟3户、替溪沟烂草塘7户积水，两处共47人生命财产受到极大威胁。

3月19日起，县电站办负责人四赴关溪沟、替溪沟与万足乡人民政府、当地村组干部召开座谈会，反复征求当地村民意见，提出临时过渡搬迁方案。20日，县人民政府与大唐公司签订替溪沟、关溪沟10户、47人移民临时房屋建筑及基础设施补偿搬迁协议。

4月2日，电站办继续组织力量到关溪沟、替溪沟做移民搬迁思想工作。并与移民户签订搬迁协议。于2004年3月28日，两处村民搬出施工红线外，解除了安全隐患。

（七）曾家坝移民

电站开工2年，前置工作已完成，工作重心转入围堰拦河筑坝，实施乌江截流。大坝基坑开挖的弃土、弃渣占用万足乡小河村1组（曾家坝）场地0.2公顷。2005年7月，县电站办，万足乡人民政府，在曾家坝召开群众动员会，确定搬迁13户58人，房屋面积1960平方米。7月5日首先解决移民临时过渡搬迁房屋、地基平整、占地青苗、人蓄饮水等问题。8月20日前完成搬迁任务。

7月10日，根据县电站办和万足乡政府制定的曾家坝移民安置方案，县人民政府与大唐公司签订《小河1组曾家坝移民临时过渡搬迁补偿协议》。要求该地村民15日内由地方政府负责搬出施工红线。

搬迁过程中，移民要选址，拆除旧房和修建新房。移民工作者在做移民思想工作，帮助移民联系地点，实行协议成功1户，合同签订1户，资金补偿到户立即搬迁1户。2005年10月25日搬迁结束，为彭水电站工程施工建设最后一次过渡临时移民安置。

2003年8月至2005年10月，安置157户，657人，支付年度资金872万元。移民过渡生活时达到4年，遭受狂风暴雨、冰雹袭击等风餐露宿之苦。2005年5月16日至17日晨，连续大暴雨引发山洪，重创过渡移民临时住房，屋顶被狂风掀翻，家中粮食、家具、电器、衣棉被淋透。县领导定期走访移民，动员干部职工捐款捐物，深入受灾现场慰问移民，了解灾情。统一购买2000匹石棉瓦维修住房，以解燃眉之急。

二、移民再过渡

继续过渡的由来 万足移民新场镇基础场坪计划1年内建成，坝区过渡移民进入新场镇建房入住。因地质灾害和长江委迟迟未提供地质评估报告，重庆建筑大学设计院、县建委无法完成新场镇建设性详规，基础场坪未能如期完工，造成移民继续过渡安置。2003年，首期移民1年期满后，无任何安置费，移民反应强烈。2004年8月19日，县电站办《关于对坝区移民再继续过渡安置》报告县人民政府。2005年8月22日，县人民政府《关于解决坝区移民临时过渡到期后再过渡费用的函》送大唐公司和市移民局。说明1年内无法实施过渡移民进新场镇建房实现永久安置原因。

再过渡遗漏人员 乌江彭水电站开工后，为了保证电站建设顺利进行，先后对坝区移民进行6次过渡搬迁安置，在计算过渡搬迁补偿时，未将户口在坝区、有住房、有耕地，但无法确认是否长期居

住的移民 53 人计算在内。

三、万足乡政府新址选定

1989 年，电站（当时称为乌江彭水水利枢纽）属水利部管理。根据可研要求，新址初步选定在万足乡小河村东风桥上面（及小河村小学驻地）。2000 年，电站属国家电力公司归口管理，前选地址已定为施工区，作为大唐公司办公营地，长江委会同万足乡人民政府在多个方案比选的基础上，将乡人民政府新址选在小河村 4 组落塘坡。2003 年 12 月 3 日，重庆市人民政府批准，同意万足场迁至小河村 4 组落趟坡，乡政府驻地迁移后，其管辖范围不变，搬迁经费由乌江彭水电站工程移民迁建经费补偿及自筹解决。2004 年 9 月，由重庆建筑大学设计院完成《彭水县万足新场镇修建性详细规划》，按施工图标注，分为 2 个大标段：万足乡新址进场公路，由重庆住宅建设公司承建，控制工期 60 天，投资金额 96.8 万元；生基堡（万足中心校）分为Ⅰ区，万足新街（上下落塘坡）分Ⅱ区和Ⅲ区，由重庆第四建筑公司承建，工期控制 90 天，投资 695.06 万元。2005 年 5 月 11 日，重庆市建筑科学院监理公司进场。2005 年 6 月 1 日—8 月 22 日，承担万足乡新场镇场平市政工程，新场镇进场公路边坡防治抢险治理工程建设管理和工程监理任务，按《项目建设管理代理合同》的约定依法履行上述工程施工招标和公开发包以及合同谈判，建设管理代理工程监理的职责。

四、茶林坪居民点

电站施工坝区茶林坪居民点，位居库区左岸万足老场镇后面的山脊上，黄海高程 350 米，距电站坝址 700 米，占地面积 7.9 公顷，规划安置移民 105 户，376 人。

移民安置去向为集镇兼业，就近后靠，自主外迁，自谋职业 4 种安置方式。2003 年 11 月，万足乡政府征求移民安置去向中，万足村 1、2、3、5 组 89 户村民选择茶林坪居民点安置。2004 年 3 月，县、乡开展移民安置去向调查认定时，原万足村 1、2、3、5 组 95 户 302 人中 275 人选定茶林坪为移民安置点，占总人数 91%。

第十八篇　工　业

1984年，全县经济体制改革重心从农村转向城市，根据企业的性质和规模采取不同形式管理体制。1986年，实现工业总产值9238万元。1986年起，企业继续推行厂长经理责任制，实行横向经济联合，对职工采取“联产、联销、联利、联质和联系岗位工作职责计酬”全面实行企业生产目标管理责任制。1990年，实现工业总产值10842万元，比1986年增长17.36%。1992年后，企业实行全员劳动合同制，打破企业档案工资，乡镇企业试行股份合作制，政府采取优惠政策吸引外资合作合资兴办企业，逐步完成国有企业改制。至2005年，工业总产值73838万元，为1986年的7.99倍。

第一章 管理经营机制

第一节 管理机构

工业局 1978 年 3 月，撤销工业交通局，分别成立彭水县工业局、交通局。1999 年 12 月，撤销工业局，并入新组建的建工建材局。

第二轻工业局 1975 年 2 月，手工业管理局改为彭水县第二轻工业局。1978 年 11 月，并入县社队企业局，1979 年 9 月恢复。1983 年 11 月，改为彭水县手工业联社，对外保留第二轻工业局牌子。1984 年 3 月，第二轻工业局与县手工业联社实行两块牌子，一套机构。1998 年 11 月，彭水自治县第二轻工业局再度成为独立局级机构。1999 年 12 月撤销，其职能并入新组建的建工建材局。

纺织工业局 1991 年 7 月，成立彭水自治县纺织工业局，与第二轻工业局合署办公，实行一套班子，两块牌子。1999 年 12 月撤销，其职能并入新组建的建工建材局。

农业机械化管理局 1983 年 11 月，成立彭水县机械工业局，与县农业机械化管理局、服务公司合署，实行一套班子、三块牌子的办公模式。2001 年 8 月，县级党政机构改革，撤销县农业机械化管理局，并入新组建的县水利农机局。

水利农机局 2001 年 8 月，县级党政机构改革，撤销农业机械化管理局、水利电力管理局，按其工作职能重新组建水利农机局，原水利电力管理局的电力管理职能划入经济贸易委员会。

乡镇企业管理局 1977 年 10 月，成立彭水县社队企业局。1983 年 11 月，改称彭水县乡村企业局。1984 年 8 月，更名为彭水自治县乡镇企业管理局。2001 年 8 月，县级党政机构改革时撤销，保留其牌子，并入县农业局。

煤炭管理局 1986—1999 年，煤炭矿物采掘业由工业局管理，1999 年县煤炭管理局建立后，到 2003 年期间，先后更名为县煤炭工业局、县煤炭监察管理局、县煤炭管理局，并先后分别隶属县经济委员会、县安全生产监督管理局、县经济贸易委员会。2004 年，更名为彭水自治县煤炭管理局，隶属经济贸易委员会，实行合署办公。

水利电力管理局 1963 年 12 月，成立彭水县水利电力局。1970 年 10 月，更名为水利电力管理局。2001 年 8 月，县级党政机构改革时撤销，并入新组建的水利农机局，其电力管理职能划入经济贸易委员会。

建工建材局 1999 年 12 月，新组建彭水自治县建工建材局，履行原工业局、二轻工业局（含纺织工业局）职能。2001 年 8 月，县级党政机构改革，撤销建工建材局，改称建工建材总公司，其行政职能划入新组建的经济贸易委员会。

经济贸易委员会 2001 年 8 月，县级党政机构改革，组建经济贸易委员会，职能包括并入的原经济委员会、财贸委员会、经济体制改革委员会，以及新划入的原建工建材局、物资局、商业局、对外经济贸易局等的全部行政职能，并包括新划入的原水利电力管理局的电力管理职能。

第二节 主要运行指标

1949年，中华人民共和国成立后，彭水县有民营工业企业52家，1957年完成“公私合营”改造后，全县无私营工业企业。1958年，全县有工业企业176家，其中国营159家、集体17家。1966年，全县工业企业下降到66家，其中国营17家、集体49家。1980年全县有工业企业244家，其中国营23户、集体221户。

“六五”（1980—1985年）期间，全面改革开放，实行经济体制改革，逐步改变彭水工农业总产值长期二八开局面，主要产品为制盐、制碱、制皂为主的化学工业，电力、煤炭为主的能源工业，水泥、砂砖为主的建材工业，粮食加工、生猪屠宰为主的食品加工业。到1985年，全县有工业企业1947家，是1966年的30倍，实现工业总产值6155万元（1990年不变价，下同），占工农业总产值的18.23%。

“七五”（1986—1990年）期间，全县有煤炭、电力、建材、食品加工、造纸、机械制造、竹木加工、家具、卷烟、制陶、印刷、制衣、制鞋、采矿、造船等工业企业，其中煤炭、电力、建材、食品加工有一定规模，其余为小型企业。1986年，全县有工业企业2335家，其中国营26家、集体794家、私营1515家。工业总产值9238万元（不变价），其中国营、集体、私营工业产值分别为4830万元、2807万元、1601万元，分别占工业总产值的52.28%、30.39%、17.33%。

1990年，全县有工业企业3145家，国营、集体、私营分别为29家、347家、2769家。工业总产值为10842万元，比1986年增长17.36%。轻、重工业产值分别为7035万元、3807万元，分别占工业总产值的64.89%、35.11%。国营、集体、私营企业工业产值分别为4661万元、2633万元、3548万元，分别占工业总产值的42.99%、24.29%、32.72%。是年，全县电力装机总容量12770千瓦，发电量4335.84千瓦，供电量3854.23千瓦，售电量3362.24千瓦。生产原煤17.55万吨，实现产值374.72万元。卷烟工业实现产值1870万元，销售收入2060万元。全县农业机械原值1210.56万元，拥有农业机械总动力40699千瓦。

“八五”（1991—1995年）期间，全县立足资源优势，形成以机制纸、卷烟、橡胶、丝、肉类加工等为主的轻化、轻纺、食品工业，以煤、电、水泥、沙砖等为主的能源、建材工业，房地产开发蓬勃兴起。至1995年，全县有工业企业2321家，国营、集体、私营企业分别为36家、124家、2161家，实现工业总产值31434万元，是1986年的3.4倍。其中国营、集体、私营工业产值分别为13437万元、7440万元、10557万元，分别占工业总产值的42.75%、23.67%、33.58%。是年，全县生产原煤34.30万吨，实现产值2110.50万元。卷烟加工实现产值3874.70万元，入库税金799.40万元。房屋建筑施工行业资本金2298万元，固定资产1323万元，流动资产975万元，建筑施工产值2403万元，实现竣工产值1853万元。

“九五”（1996—2000年）期间，工业受政策因素影响，县卷烟厂关闭，经济下滑，经过行业结构调整，初步形成以水力发电业、烟草加工业、建材工业、化学原料及化学制品制造业等支柱产业。1999年，全县产权制度改革业已大面积施行，时有工业企业1706家，其中国营12家、集体96家、私营1598家。工业总产值为34748万元，其中国有、集体、私营产值分别为1619万元、8572万元、24557万元，分别占工业总产值的4.66%、24.67%、70.67%。是年，全县集中力量打造年产值500万元以上规模企业，其中县金益公司投资1410万元，完成第一期工程，年复烤120万吨烟叶。工业经济出现恢复性高速增长势头，工业总产值同比增长41%，销售收入同比增长25%，税收同比增长45%，利润同比减亏350万元，工业增加值同比增长40%。2000年，全县实现工业总产值32090万元，比 1999 年增长 26.75%；在统工业企业实现销售收入 11000 万元，比 1999 年增长 56.12%；实现工业增加值 6118 万元，比 1999 年增长 65.89%。

"十五"（2001—2005 年）期间，全县实施工业立县战略，突出发展工业优先地位，大力发展能源、矿产、建材、农林产品深加工 4 大产业群，工业经济快速发展，工业化进程由初期阶段向中期阶段加速推进，多点支撑格局逐步形成。2005 年，全县列入统计工业企业 250 家，从业人员 30490 人，其中国营 8 家、集体 1 家、民营 241 家。工业总产值为 73838 万元，是 1986 年的 7.99 倍；实现利润 7500 万元，入库税金 5829 万元。全民、集体、私营产值分别为 5343 万元、820 万元、67665 万元，分别占工业总产值的 7.24%、1.11%、91.65%。县金益公司有固定资产 20952 万元，年产值 5732 万元，实现总产值 5731.90 万元，工业增加值 4352.20 万元，利润总额 817.60 万元。全县生产原煤 60.05 万吨，实现总产值 10987 万元，销售营业收入 12096 万元，利润总额 1213 万元，入库税金 958 万元，利润 255 万元。电力生产和供应资产总值 32764 万元，工业生产总值 14614 万元，增加值 6590 万元，利润总额 257 万元，税金 914 万元。房地产行业实现房屋建筑工程竣工产值 14321 万元，建材行业实现总产值 1720 万元，是 1999 年 505.20 万元的 3.40 倍。在建乌江彭水电站投资 87 亿元，装机容量 175 千瓦；茂田能源公司年产水泥 100 万吨，年产值 5000 万元；双庆硫酸钡股份有限公司总投资 1.2 亿元，年产硫酸钡 6 万吨，年产值 5000 万元以上。

第三节　经营体制

1984 年，彭水确定发展以煤为主的非金属矿和以铜为主的有色金属矿的开采业，以建材为主的材料工业和建工工业，以机制纸为主的造纸、印刷纸加工工业，以烧碱、氯化钡、塑料为主的化学工业，以食品加工、饲料加工为主的农副产品加工业，以小型船舶建筑机械制造、小五金生产为主的机械工业，从 10 个方面给企业放宽政策：（1）新办企业谁办利益归谁所有，由谁安置待业人员；（2）采取多门路、多渠道、多层次兴办企业，新办企业不受行业、地区、所有制性质限制；（3）放宽工商管理政策，不管是国营、集体、个体企业，都发给营业执照；（4）放宽物价管理权限，国家计划外的工业品，由企业自行定价；（5）放宽税收政策，对各级新办的独立核算、自负盈亏的全民和城乡集体企业，除国家明确规定的产品外，其余均免征工商税和所得税；（6）放宽信贷和资金管理，各级银行对新建企业固定资产投资中设备贷款比例放宽到 70%，流动资金的贷款比例放宽到 80% ~ 90%；（7）简政放权，各国营厂矿公司等企业单位的行政一把手，改由所在大口管理，行政副职和企业其他管理干部，改由厂长（经理）提名聘用；（8）奖金不封顶，增设 4 种奖：新产品开发奖、降低成本奖、优质产品奖、经济效益奖，改进综合动态经济指标考核办法；（9）允许人才和资金合理流动；（10）对新办企业，计划、物资部门在计划、物资供应方面优先安排，由城建和土地管理部门及时安排宅基。

同年，全县经济体制改革重心由农村转向城镇，根据企业的性质和规模采取不同形式的基层管理体制。全民大中型工业企业实行经理（厂长、主任、站长）负责制，经理（厂长、主任、站长）由主管部门按中央和国务院"三个条例"（《全民所有制工业企业厂长工作条例》《中国共产党全民所有制工业企业基层组织工作条例》《全民所有制工业企业职工代表大会条例》）的规定选拔任用。集体经营、集体租赁或国有企业直接转为集体所有制的小型工业企业，实行由职工代表大会领导下的经理（厂长、主任、站长）负责制，其经理（厂长、主任、站长）由主管部门招标选聘。国家所有、个人租赁经营的小型企业，实行承包人负责制。股份制工业企业实行由股东代表组成的董事会领导下的经理（主任）负责制，其经理（厂长、主任、站长）由董事会任免。经理（厂长、主任、站长）集职、权、责于一身，担负起企业的发展规划、生产经营、用人用工、分配方案、奖惩制度、技术改造、税利上缴、债务偿还等多方面自主权。是年，对县农机厂、印刷厂、电力公司推进厂长（经理）负责制试点，对1983年调查统计全县应整顿的326个企业，调整64个正副厂长。1985年增加县造纸厂、水泥厂、共和煤矿、通用机械厂（原农机修配厂）、县酒厂等5个企业实行厂长（经理）负责制。

1986年，县人民政府推动横向经济联合，出台并实施一系列优惠政策促进工业企业发展。凡同彭水合资（包括设备、技术入股，合资技术改造）兴办的项目，一律实行税前分利润，并按国家关于"老、少、边、穷"政策规定，减半征收所得税5年；所分得利润再用于投资彭水的，一律免征所得税。政府对企业有困难的给予减税或免税扶持，对主要原燃材料实行单项节约奖，对亏损企业实行节亏包干、限期扭亏、核定补贴，对生产出县、出省的商品由供需双方协商议价，对企业产品获得省级和部级优质产品证书或国家银奖、金奖的分别发给1万～4万元奖金，并不交纳奖金税。银行部门优先向经济联合组织发放技术改造贷款和流动资金贷款，推动企业发展。对全民和集体生产企业，除租赁、承包经营按合同执行外，全面推行厂长（经理）负责制和厂长（经理）任期目标责任制，实行考核计分奖惩。对全面完成任期内年度责任目标的经营者个人收入可以高于职工的1至3倍，对企业内部职工工资、奖金分配的具体形式、办法和调资升级的时间、对象等由企业自主决定。对职工实行联产、联销、联利、联质和联系岗位工作职责计酬，彻底打破"吃大锅饭"局面。

1988年，实行各种形式承包经营责任制企业153个，占企业总数的90%。在承包经营过程中引入竞争机制，打破行业、系统界线，面向社会公开招标，择优选择合格经营者。对长期亏损无法扭转企业，采取调整产业结构，实行股份制、兼并制、拍卖等方法盘活企业。对已实行承包经营责任制企业，按照"配套、完善、深化、发展"的方针，继续实行企业内部承包。一个企业出现"一厂两制"或"一厂多制"，缩小核算单位，实行独立核算，自负盈亏。

1989年起，对工业企业全面实行生产目标管理责任制，引入竞争、风险机制，大胆试行"计件""计量""税利双补"等经济责任制，主要对实现产值、销售收入、税利、上缴税利和安全生产等5项经济指标开展考核评比，重点考核工业总产值计划和实现税利两大指标。

1992年起，对企业领导实行"企业自主权下放一级，企业领导管理权上收一级"，企业内部实行全员劳动合同制，全面推行在岗、待岗、试岗制，实行竞争上岗，双向选择，优化组合。全面推行企业职工集资兴企，建立企业内部自我约束机制，实行民主监督和财务审计监督。发展乡镇企业以农村工业化为目标，依靠本地资源，面向市场，积极拓展外向型经济，创办骨干企业，提高效益，走农、工、商、建、运、采矿、服务等综合发展道路。

1993年起，打破企业档案工资，推行计件、定额包干、技能工资等分配形式，对全县52家国有企业进行工资调整，45家集体企业也参照调整。1994年，对乡镇企业试行股份合作制。股份合作制企业为集体所有制经济组织，企业依法取得法人资格，以其全部财产独立承担民事责任。企业经营股份按其来源由国家股、乡村集体股、企业股、社会法人股和个人股组成。企业股权证书持有者为企业股东，国家股由国有资产管理部门委派股东，乡村集体股由企业主办单位委派股东，股东按其持有股份份额享有权利和义务。股东代表大会为企业最高权力机构。同年，对国有企业和集体企业普遍按每人每月工资50元核增企业工资总额。

1995年，针对全县独立核算工交企业亏损面上半年为62%的状况，进一步在全县工业企业开展扭亏增盈活动。推广邯钢"模拟市场核算，成本一票否决"管理办法，以降低成本为中心，推行联产联耗计酬责任制。建立扭亏增盈首长负责制和县级领导与有关部门领导联系亏损大户制度，明确各企业主管局、企业的主要领导为扭亏增盈第一责任人，县委、县人民政府、各企业主管局及各企业层层建立扭亏增盈领导机构，明确任务和职责。

1996年起，对全县57家国有企业、21家集体企业实行工资总额包干使用，由企业根据实际采用技能工资、责任制等分配形式分配。

1997年，对部分工业企业法人代表实行年薪制，实施范围为全县独立核算工业企业年销售收入在200万元以上的国有（含国家控股的股份制企业）、集体、乡镇企业的法人代表。企业法定代表人年薪由基薪和奖金两部分组成，均不占职工工资总额。基薪包含工资、奖金、各种津贴、补贴等除医疗费和差旅费外的全部收入，按企业规模确定基薪基数。奖金则严格按照超扭亏额的2%和增盈额的4%计发。对企业法人代表的年薪发放，由政府有关部门用100分制量化考核企业对社会的贡献及安全生产、精神文明建设等3方面的情况为依据。企业党委或支部负责人原则上实行厂长（经理）一肩挑，同时配备专职副书记抓党务工作，或明确党员行政副职抓党务工作。凡企业进行股份制改组时，同步提出建立党组织的建议，报上级党委审批，同时健全群团组织。

同年，县人民政府对招商引资实行若干优惠政策。对县外投资者到彭水投资新办企业，或合作、合资兴办企业，实行免征或减征地方所得税，免征车船使用税和农业税（5年）、农业特产税（3年），返还营业税（3年）。对县外投资企业生产的出口国外产品对增值税实行零税率，对县内国有、集体企业接受县外企业来料加工所得收入，增值税归县财政所得部分返还给企业。对县外投资企业在彭水使用土地按获得土地使用权不同类型和独资或合资、合作、入股举办生产企业的形式，分别实行免缴土地使用费，土地出让金可挂账10年分期付款，免缴土地使用权出让金。对投资公益事业非营利性项目用地，县人民政府依法批准划拨用地。

1998年，全县在统独立核算企业在1997年试点基础上，全部实行企业领导人年薪制。实行年薪制后，限定职数内的副职、专职书记、副职兼书记的年薪分别按法定代表人年薪的70%、70%、80%计算。

1999，全面完成公有制企业改革，不再保留单纯形式的国有企业，落实国家下岗职工基本生活保障制度、失业职工救济制度和城镇居民最低生活保障制度等一系列重大政策，实施再就业工程。同时防止国有资产流失，增强国有企业改革成本的整体支付能力，落实金融债权，防止和化解金融风险，将企业产权改革工作任务分解到县、区和部门领导，要求限期完成。县砂砖厂、县印刷厂、县复合肥厂、县机械工业公司率先破产改制，彭水麻纺厂实行转让。

2000年，全面完成国有企业改制，并建立健全法人治理结构，推进城镇集体企业和乡镇企业改革，采取多种形式转换生产经营机制，以理顺产权关系为基础，打破“二国营”模式，建立“产权明晰、权责明确、政企分开、管理科学”的现代企业制度。

第四节　经济类型

国有工业　1986年，全县国有工业企业为26家，产值为4830万元（不变价），占全县工业总产值的52.28%。主要行业有煤炭、电力、机械、粮食加工、建材等。

1987年新增复烤厂、烟叶公司，1990年郁山火电厂建成投产。1987—1992年，每年的产值分别为5184万元、4346万元、2622万元、4661万元、6006万元、8241万元，分别占每年工业总产值的53.28%、37.58%、21.53%、42.99%、41.71%、43.83%。1993年，新增保家丝厂、复合肥厂等，国有工业企业为31家，工业产值为10126万元，占工业总产值的35.07%。1999年，全县国有工业企业12家，重点企业有郁山煤矿、桑柘煤矿、电力公司、砂砖厂、纸厂、县酒厂、机械厂、自来水公司等，工业企业产值为1619万元，占全县当年工业总产值的4.66%。

2005年，对郁山煤矿、桑柘煤矿、芦塘煤矿等3家企业实行国家控股（国家股在51%左右）。年底，全县有郁山煤矿、桑柘煤矿、芦塘煤矿、县供电有限责任公司、县发电有限公司、县自来水公司、民爆公司、金益公司等8家国有工业企业，工业产值为5343万元（民爆公司等除外），占全县工业总产值的 7.2%。

集体工业　1986 年，全县有集体工业企业 794 家，较大型的有县建筑公司、服装厂、县弹纺厂、县五金厂、县皮鞋厂、郁山水泥厂等，产值为 2807 万元，占全县工业总产值的 30.39%。1987—1991 年，集体工业企业随着体制改革，户数逐年减少，分别为 632 家、536 家、480 家、347 家、140 家，年产值分别为 3136 万元、2890 万元、1726 万元、2633 万元、3186 万元。1992 年，集体工业企业减少到 130 家，工业产值为 3631 万元，占工业总产值的 19.3%。1993—1998 年集体工业企业分别为 134 家、172 家、124 家、196 家、133 家、128 家，产值分别为 5125 万元、8556 万元、7440 万元、9446 万元、4275 万元、6693 万元，分别占工业总产值的 17.75%、21.24%、23.67%、25.60%、16.91%、20.76%。1999 年，为 96 家，工业产值为 8572 万元，占工业总产值的 24.67%。2005 年，全县集体工业企业 1 家，产值 820 万元，占工业总产值的 0.87%。

私营工业　1986 年，全县私营工业企业 1515 家，工业产值为 1601 万元，占全县工业总产值的 17.33%。1986—1989 年第一轮承包经营，私营工业企业户数分别为 1515 家、1918 家、2296 家、2433 家，工业产值分别为 1601 万元、1409 万元、4329 万元、7828 万元，分别占工业总产值的 17.33%、14.48%、37.43%、61.56%。

1990 年，开始第二轮承包经营，1990—1994 年，全县私营工业企业分别为 2769 家、2997 家、3208 家、3874 家、4617 家，工业产值分别为 3548 万元、5209 万元、6932 万元、13624 万元、20712 万元，分别占工业总产值的 32.72%、36.17%、33.99%、47.18%、51.41%。1995 年以后，产权制度改革进一步深入，国营和集体工业企业逐步转为私营或股份制经营。1995—1999 年，全县私营工业企业分别为 2161 家、2168 家、2240 家、2843 家、1508 家，成规模私营企业主要有橡胶厂、郁山水泥厂、长江轻工材料厂、长江石粉厂、县水泥厂、黄水沟煤矿等，工业产值分别为 10557 万元、13730 万元、11936 万元、19643 万元、24557 万元，分别占工业总产值的 33.58%、37.20%、47.22%、60.92%、70.67%。

2000—2005 年，全县私营工业占绝对优势，有天栋建材有限公司、双江水泥厂、索坤建材制造有限公司、郁山水泥厂等规模以上企业 16 家，企业各年分别为 2471 家、2575 家、2410 家、2578 家、2330 家、2501 家，工业产值分别为 24963 万元、42902 万元、48899 万元、52781 万元、54845 万元、67665 万元，分别占工业总产值的 78.58%、89.95%、88.26%、87.25%、86.67%、91.65%。

1986—2005 年彭水自治县工业产值情况一览表

表 18-1　　单位：万元、家

年度	企业总数	工业总产值	国营		集体		民营		轻工业	重工业
			家数	产值	家数	产值	家数	产值		
1986 年	2335	9238	26	4830	794	2807	1515	1601	5190	4048
1987 年	2578	9729	28	5184	632	3136	1918	1409	5414	4315
1988 年	2860	11565	28	4346	536	2890	2296	4329	7321	4244
1989 年	2841	12176	28	2622	480	1726	2433	7828	7716	4460
1990 年	3145	10842	29	4661	347	2633	2769	3548	7035	3807
1991 年	3165	14401	28	6006	140	3186	2997	5209	9438	4963
1992 年	3367	18804	29	8241	130	3631	3208	6932	12927	5877
1993 年	4039	28875	31	10126	134	5125	3874	13624	18947	9928
1994 年	4818	40286	29	11018	172	8556	4617	20712	26724	13562
1995 年	2321	31434	36	13437	124	7440	2161	10557	19493	11941

续表 18-1

年度	企业总数	工业总产值	国营		集体		民营		轻工业	重工业
			家数	产值	家数	产值	家数	产值		
1996 年	2399	36904	35	13728	196	9446	2168	13730	23235	13669
1997 年	2401	25279	28	9068	133	4275	2240	11936	15167	10112
1998 年	2997	32244	26	5908	128	6693	2843	19643	16132	16112
1999 年	1616	34748	12	1619	96	8572	1508	24557	20951	13797
2000 年	2484	31768	12	3847	1	2958	2471	24963	21525	10243
2001 年	2588	47695	12	3597	1	1196	2575	42902	30525	14170
2002 年	2420	55402	9	5006	1	1497	2410	48899	35968	19434
2003 年	2588	60493	9	5808	1	1904	2578	52781	27395	33098
2004 年	2340	63278	9	6619	1	1814	2330	54845	29020	34258
2005 年	2510	73828	8	5343	1	820	2501	67665	33863	39965

注：1986—1999 年为 1990 年不变价

2005 年彭水自治县规模以上工业企业情况一览表

表 18-2　　单位：万元

企业名称	企业规模	登记注册类型	工业总产值	工业增加值	利润总额
彭水县郁江煤矿	小型	国有	968.10	467	13.6
彭水县自来水公司	小型	国有	413	224.90	−128.40
重庆天宏鞋业有限公司	小型	私营有限公司	907.60	319.60	62.5
彭水县马峰水泥厂	小型	集体	628.90	186.70	0
彭水县双江水泥厂	小型	私营独资	625.60	274.90	0
彭水县芦塘煤矿	小型	国有	1402.60	792.10	106.40
彭水县芦塘煤矿桑柘分矿	小型	国有	742.80	371.30	66.90
彭水县茂源植物油脂公司	小型	私营有限公司	1365	735.90	12.60
彭水县山牧食品公司	小型	其他有限公司	1664.50	612.50	47.10
重庆金益烟草公司	中型	其他有限公司	5731.90	4352.20	817.60
彭水县剑宏纸厂	小型	私营合伙	913.60	341.60	26.20
重庆市彭水县供电公司	中型	国有独资	9635.30	4714.30	148.60
彭水县同人实业公司	小型	私营有限公司	1276	463.10	86.30
彭水发电公司	小型	国有独资	1816.20	1009.50	26.10
彭水县索坤有限公司	小型	其他有限公司	2638.90	1006.80	346.70
彭水县郁山区水泥厂	小型	私营有限公司	854.70	272.10	22.90

第二章　经营体制改革

第一节　包干目标责任制

1983年，县人民政府对县办国营工业和其他企业的经济责任制采取5种形式进行改革。国家对企业实行盈亏基数包干，一定3年不变，超亏不超补，减盈（财政）不减收，超盈节亏按比例分成的办法；职工奖金实行基本奖加超额奖的办法，企业完成盈亏包干基数，才能提取基本奖金。企业增收部分实行国家得大头、企业得中头（50%以内）、职工得小头的原则，企业按核定的提奖率提取奖金不限额；对企业领导人实行奖惩；对少数长期亏损企业和微利企业在保证国家多收、企业多留、职工多得的前提下，实行其他更加灵活的承包责任制；实行由县经委对企业下达并考核关系全局的包保协作任务指标，企业完不成包保协作任务的，要按一定比例扣减企业利润分成和奖金。

1984年，对全县乡村水电站明确为独立核算、自负盈亏的集体企业，实行定员、定岗，建立岗位责任制和奖惩制度。各个站必须向权属单位承包任务，签订合同，每年完成的计划利润，按计划还清贷款后，按30%交权属单位，70%作企业留成，执行“以电养电”政策，切实保护企业的人、财、物自主权。

第二节　租赁承包

一、第一轮承包

1987年，推行第一轮承包，开始试行租赁经营、承包经营、股份制经营多种形式责任制，尝试产权制度改革，实行所有权与经营权分离。对少数亏损企业或微利的全民所有制企业，开始实行承包经营或租赁经营试点；对城乡集体新、老企业推行股份制经营，由参股各方按照政策实行自愿平等、投资共负、风险共担、利益共享、民主管理的原则，联合经营，按股分红。对国营企业实行上缴税利超基数分成，以1986年应支数为基数，超基数部分，企业分成40%。对政策性亏损企业，实行定额补贴。

多种经济责任制总原则是经营责任人包死基数，确保税利上缴，超收自留、歉收自补、自主经营、自负盈亏。由政府及其主管部门组织专家组对全县大中型工业企业进行资产评估，依据上年上交利润或前3年上交利润的平均数确定承包基数，通过招标（竞标和议标）选聘经营者。对承包企业下达产值、利润上交、税利缴纳指标，实行保利润上交，保技术改造，工资总额与上缴利税挂钩（时称“两保一挂”）。企业再将主管部门下达的指标分解到车间、班组，层层落实经济责任制。承包方要向政府主管部门实行风险抵押，可以由经营者或承包集团风险抵押，可以由承包企业中上层干部风险抵押，亦可以由承包企业的职工全员风险抵押。承包方抵押以缴纳现金为主，也可以用少量房屋资产抵押。风险抵押资金存入银行，作为企业承包后亏损的赔偿资金。

1988 年，彭水自治县第二建筑公司实行企业经理任期目标责任制。建工建材公司实行面向社会公开招标，公司承包期限 3 年。县造纸厂、县水泥厂、县砂砖厂实行承包经营责任制，县印刷厂、芦塘煤矿、县肥皂厂实行租赁经营责任制，郁江煤矿技术改造工程实行工程大包干，矿业公司、一轻公司实行经理任期目标责任制。

1989 年，在全县范围内全面推行工业生产目标管理责任制，对工业企业开展考核评比。是年，全县一包（租赁）几年的工业企业有 31 个，占总数的 85%，全县预算内工业承包面达到 80%，集体工业企业承包面达到 85%。

二、第二轮承包

1990 年，全县工业企业遵循四川省《全民所有制企业承包经营责任制暂行条例》，采取 6 种办法实施第二轮承包。坚持“包死基数，确保上交，超收多留，歉收自补”，合理确定承包基数；承包按企业不同情况，实行上交利润递增包干，上交利润基数包干、超收分档分成，上交利润定额包干，亏损企业减亏（或补贴）包干，税利分流、税后承包试点等五种措施，承包期限 3 ~ 5 年不等；实行“多数稳定，个别调整”，选好承包经营者；发包方由企业主管部门和财政、国有资产管理等部门组成；承包主体是企业；坚持严格考核制度，考核指标主要是效益指标、后劲指标和管理指标，同时对全县承包到期企业依照《承包条例》和承包合同的规定进行全面审计，对未完成承包合同指标的，实行先挂账，允许延长 1 年合同期补足交齐，对实行第二轮承包条件不成熟的企业，承包期顺延 1 年。到 1991 年，全县工业企业第二轮承包（租赁）经营基本结束。

三、股份制改造

1992 年，全县贯彻落实国家《中华人民共和国全民所有制工业企业法》，转换企业经营机制，坚持和完善承包经营责任制，对长期亏损、资不抵债的企业实行关、停、并、转或依法破产。翌年，实施城镇集体企业产权改革，对二轻局下属轻工印刷厂、钢锉厂、服装公司、建筑公司、弹纺厂、下塘陶瓷厂、五金厂、塑料编织厂、服装厂、织袜厂、皮鞋厂、小河陶瓷厂、四季服装厂、竹藤编织厂等 14 家企业实行股份制改革。同年，县煤炭工业总公司成立，县水泥厂改制为四川彭水武陵建材股份有限公司。

1994 年，对乡镇企业试行股份合作制。有武陵建材公司、县砂砖厂、复合肥厂、三峡钢锉厂、装潢印刷厂实行股份合作制，郁江煤矿、芦塘煤矿实行承包经营，纸厂、一轻公司、五金厂推行内部划小核算单位，四川省彭水自治县红麻纺织厂改制为四川省彭水自治县红麻纺织股份有限公司，民族工艺伞厂、服装工业公司、化工厂推行联合经营，服装厂、建筑公司实行拍卖，皮鞋厂、织袜厂实行破产。

1995 年，开始进行全县国有企业改革，以“理顺产权关系，转换经营机制”为核心内容，实行股份有限公司和国有独资公司、有限责任公司、股份合作制、企业集团、兼并、租赁、拍卖、破产、负债分离式经营、委托经营等 10 种形式，加速产权流动和重组，盘活存量资产，优化资源配置。有限责任公司是全县企业改革主要形式，分别采取 3 种方式推进：职工用现金购股，国资部门按一定比例配股，所配股份国家享有所有权，职工享有表决权、分红权；通过新吸收内部职工和社会法人出资入股扩大股份，社会法人和职工按所占股份，行使表决权，享有分红权；将企业存量净资产整体出售给内部职工或社会法人，改建为有限责任公司。同时出台和实施 3 项配套政策：改制企业因土地由实物形态转化为价值形态而形成的全部资金，留归企业作为更新改造资金，专款专用；对实现股份制改造的国有企业，由县上批准从国有资产中划转部分作为全民企业职工养老保险基金；对实行税利目标管理的企业一律按目标责任制规定执行。1996 年，乡镇企业郁山区水泥厂兼并国有企业武建司郁山分厂，彭水纸业公司建立，属国有独资企业。

四、破产重组、兼并出售

1997 年，全县工业企业改革以建立现代企业制度为目标、国有企业改革为重点、产权制度改革为核心、盘活存量资产为突破口，实行一企一策、一企多策，因企施策，整体推进：国有企业改为股份制或股份合作制；城镇集体企业改为股份制或股份合作制；将国有企业、集体企业整体或分支机构采取竞价拍卖或议价形式向社会法人、个人出售；将国有企业的国有净资产全部或部分实行租赁经营；明确产权关系，采取接收债权、债务形式和接收股权形式，由优势企业兼并劣势企业；明确产权关系，划小核算单位，分块搞活，做到“死一块，活一块”；组建企业集团，形成规模经营；引进外地企业在资金技术方面实行联合经营；对资不抵产、亏损严重的企业，依法实行破产。除直接关系国计民生的电力、自来水公司等企业实行国家控股外，对县红麻全杆造纸厂、县矿泉水公司、县复合肥厂、县丝厂、县化工厂、县酿造厂、县通用机械厂、县粮食加工厂、县双江水泥厂、县饲料公司、县酒厂、县麻纺厂、县植物油厂、县红麻纺织厂等全县首批 14 家国有工业企业实行非公有制改造。

截至 1999 年年底，全县改制负债企业 91 家，到 2000 年，全县应改制的 56 家国有企业改制业已全面完成，其中股份制改造 10 家、兼并 3 家、破产 23 家、解体 6 家、出售产权 10 家、关闭 1 家、组建集团 1 家、租赁 1 家、采取其他方式改制 1 家。经过改革，实现资产重组 1.9 亿元，盘活企业存量资产 3.3 亿元，为改制企业剥离、核销呆账 20462 万元，多渠道安置职工 5986 人。

2000 年 9 月，彭水电力公司实行自主经营，独立核算。2004 年 7 月，国家电力体制改革，撤销彭水自治县电力公司，重组彭水自治县发电有限公司与重庆市彭水自治县供电有限责任公司。

2005 年，全县唯一一个集体企业——马峰水泥厂，股份制经营方案出台（次年实施结束），产权改革全面完成。

1987 年彭水自治县工业企业第一轮承包情况表

表 18-3

企业名称	承包经营责任制形式	承包人	承包年限	签订承包合同时间	备注
一、国营工业预算内企业	—	—	—	—	—
县纸厂	企业承包经营责任制	杨秀义	1 年	1987 年 2 月 18 日	工业局系统
县砂砖厂	企业承包经营责任制	徐昌顺	1 年	1987 年 2 月 18 日	工业局系统
县水泥厂	企业承包经营责任制	李仕林	1 年	1987 年 2 月 18 日	工业局系统
县印刷厂	企业承包经营责任制	朱远清	1 年	1987 年 2 月 18 日	工业局系统
县酒厂	企业承包经营责任制	汪文昌	1 年	1987 年 4 月 20 日	商业系统
县专卖酒厂	企业承包经营责任制	张清树	1 年	1987 年 4 月 21 日	商业系统
县农机厂	企业承包经营责任制	邓晓东	1 年	1987 年 3 月	农机系统
县通用机械厂	企业承包经营责任制	刘家兴	1 年	1987 年 2 月 18 日	农机系统
郁江煤矿	亏损包干	冉启国	1 年	1987 年 2 月 18 日	工业局系统
电力公司	上交利润基数包干超收分成	廖福贵	1 年	1987 年 4 月	水电系统
县肥皂厂	租赁制	王德川	3 年	1987 年 9 月	工业系统
二、国营工业预算外企业	—	—	—	—	—
芦塘煤矿	企业承包经营责任制	向登生	1 年	1987 年 2 月 18 日	工业局系统
县糖果厂	企业承包经营责任制	代祖权	1 年	1987 年 4 月	商业系统
县酿造厂	企业承包经营责任制	李明仁	1 年	1987 年 4 月	商业系统

续表 18-3

企业名称	承包经营责任制形式	承包人	承包年限	签订承包合同时间	备注
县饮料厂	企业承包经营责任制	王邵瑞	1 年	1987 年 4 月	商业系统
植物油厂	企业承包经营责任制	张茂尧	1 年	1987 年 7 月 11 日	粮食系统
三、县以上二轻集体企业	—	—	—	—	—
钢锉厂	企业承包经营责任制	曹宣	1 年	1987 年 1 月 17 日	—
五金厂	企业承包经营责任制	廖安全	1 年	1987 年 1 月 17 日	—
服装厂	企业承包经营责任制	刘建辉	1 年	1987 年 1 月 17 日	—
时装厂	企业承包经营责任制	卫兴民	1 年	1987 年 1 月 17 日	—
皮鞋厂	企业承包经营责任制	传以平	1 年	1987 年 1 月 17 日	—
弹纺厂	企业承包经营责任制	张光明	1 年	1987 年 1 月 17 日	—
轻工印刷厂	企业承包经营责任制	赵小洪	1 年	1987 年 1 月 17 日	—
小河陶瓷厂	企业承包经营责任制	杨泽华	1 年	1987 年 1 月 17 日	—
下塘碗厂	企业承包经营责任制	王立云	1 年	1987 年 1 月 17 日	—
制伞厂	企业承包经营责任制	张光甫	1 年	1987 年 1 月 17 日	—
建筑公司	企业承包经营责任制	张华安	1 年	1987 年 1 月 17 日	—
织袜厂	企业承包经营责任制	张洪光	1 年	1987 年 1 月 17 日	

1997—2000 年彭水自治县国有工业企业改制情况表

表 18-4

企业名称	改制形式	净资产（万元）	变现收入（万元）	职工安置人数（人）	职工安置及改制费用（万元）	改制完成时间	遗留问题
县民族烟厂	破产	—	761	1040	783	1998 年 5 月	—
武陵建材公司	出售	1100	600	543	622	1998 年 12 月	未办理移交手续，改制前欠税未处理，房地产未过户
县纸厂	破产	—	13	664	349	1999 年 5 月	已安置 73 人，启动生产困难
县化工厂	出售	284	300	75	300	1998 年 11 月	未办产权过户手续
郁江煤矿	股份合作制	510	—	192	250	1999 年 4 月	退休职工未移交社保局
芦塘煤矿	股份合作制	113	—	443	55	1998 年 12	退休职工未移交社保局
复合肥厂	破产	—	35	22	37	2000 年 6 月	购买方价款未付完，职工集资款未退
县砂砖厂	破产	—	178	169	167	1999 年 4 月	未办理产权过户手续
县印刷厂	破产	—	383	123	382	1998 年 11 月	购买方价款未付完
粮食加工厂	破产	—	—	—	—	—	未实施
植物油厂	破产	—	100.4	82	109.2	1999 年 12 月	—
饲料公司	破产	—	—	33	—	—	资产未变现，职工未安置
自来水公司	国有独资	854	—	75	—	1998 年 12 月	董事会监事会成员未任命
电力公司	组建集团	—	—	—	—	—	退出乌电集团，改造为国有独资企业
机械工业公司	破产	—	122	143	186	2000 年 10 月	—
通用机械厂	有限责任公司	70	35	74	92	2000 年 1 月	—
县酒厂	破产	—	193	147	489	1999 年 7 月	—

续表 18-4

企业名称	改制形式	净资产（万元）	变现收入（万元）	职工安置人数（人）	职工安置及改制费用（万元）	改制完成时间	遗留问题
专卖酒厂	有限责任公司	—	24	84	166	1999 年 12 月	—
酿造厂	出售	25	10	54	—	—	—
糖果厂	有限责任公司	—	60	61	68	2000 年 6 月	—
矿泉水公司	破产	—	110	44	110	2000 年 10 月	—
县饮料厂	破产	—	111	44	111	1999 年 4 月	
县缫丝厂	未改	—	—	—	—	—	职工安置费缺口 150 万元无来源
龙洋肠衣厂	解体	—	—	—	—	—	—
县矿业公司	资产剥离组建有限责任公司	294	251	27	51	1999 年 12 月	原烧碱厂 50 万元贷款转贷手续未办理
乡镇企业矿业公司	破产	—	27	25	27	1999 年 3 月	—
乡镇企业建工建材公司	解体	—	4	10	—	—	职工未安置
金属建材公司	—	—	—	—	—	—	已纳入物资总公司破产
纸业公司	—	—	—	—	—	—	已纳入物资总公司破产
烧碱厂	—	—	—	—	—	—	已纳入物资总公司破产
县第二造纸厂	—	—	—	—	—	—	属事业单位，未纳入改制

注：1985—1986 年，对郁山盐场关停后的遗留问题进行妥善处理，按有关规定解决关闭后 4 名留守人员的工资、公务费，以及 155 名退休职工的退休费，盐厂的房地产、资金全部归属国家财政

第三章 行业发展

第一节 矿产开采

一、开采

煤矿 1986 年，全县有煤矿 42 个，生产原煤 9.80 万吨，实现产值 208.80 万元。1987 年，芦塘煤矿、郁江煤矿先后实行技改，煤炭生产呈逐年上升趋势。1991 年，郁江煤矿为全县唯一国有煤矿，亏损 77 万元，其余皆为集体和私人开办小型煤矿，全县煤产量为 18.68 万吨。1993 年芦塘矿井从郁江煤矿分离出来，成立芦塘煤矿，属国有煤矿。1995 年，生产原煤上升到 34.30 万吨，实现产值上升到 2110.50 万元。1996 年，桑柘区工委与乡镇企业局合资开办桑柘煤矿，为全县唯一乡镇煤矿企业。至 1998 年，全县有小煤窑 500 余个，除国有煤矿外，全是“独眼井”“狗爬洞”和自然通风，不具备安全生产条件。是年，国家出台关井压产政策，取缔非法生产小煤窑，强制性炸封 482 个非法小煤窑，保留国有煤矿等合法矿井 34 个。郁江煤矿、芦塘煤矿实行股份制经营，改国家独资企业为国家控股与职工投股的股份制企业：国家股 51%，职工股 49%。

1999年年初，全县有煤矿 229个，其中国有 2个、部门办 7个、乡镇集体办矿 15个、私营 205个，总产量 35 万吨，井下从业人员 1056 人。下半年，关闭不规范和撤销不具生产资格的小煤窑 156 个，自动停产 24 个。至年底，保留郁江煤矿、芦塘煤矿、桑柘煤矿等生产条件较好的煤矿 49 个。2000 年，芦塘煤矿出资兼并桑柘煤矿，技改复产后成为芦塘煤矿子矿，改集体企业为国家控股股份制企业。2001 年，成立矿山救护队，各级配备安全协防员 100 人。2002 年，3 个国家控股煤矿企业实行松散型联合，组成彭水煤炭集团公司，下辖郁江煤矿、芦塘煤矿、桑柘煤矿 3 个经济实体。2005 年，3 个国家控股煤矿清退职工股，恢复国家独资企业性质，集团公司解体，3 个国有煤矿分离，独自经营。全县保留 41 个煤矿企业，其中国有煤矿 3 个、乡镇煤矿 38 个，从业人员 3000 余人，其中下井作业人员 2000 余人。全年完成掘进尺 14869 米，生产原煤 60.05 万吨，实现总产值 10987.00 万元，销售营业收入 12096 万元，利税总额 1213 万元，入库税金 958 万元，利润 255 万元。

萤石 1984年起，县内各地萤石均由乡镇企业组织开采。1985年共有萤石厂 27个，年产萤石 2.05 万吨；1986 年产萤石 5 万吨，产值 750 万元。1990 年，县矿业公司在清平乡生基平石厂湾设厂开采萤石，拥有固定资产 150 万元，探测储量 50 万吨，年开采量在 1 万 ~ 1.5 万吨。是年产萤石 8000 吨，产值 80 万元，利润 8.5 万元，税金 1 万元。1991 年，投资 6.31 万元，驾设运输索道，输电下井，对井下巷道进行改造。至 2000 年，年产量均在 1 万 ~ 1.5 万吨。2005 年产萤石 1.8 万吨，创产值 760 万元，实现利润 80 万元，上缴税金 15.8 万元。

重晶石 1985 年，重晶石矿 7 个，职工 62 人，年产 4050 吨，产值 13.50 万元。1986 年，全县生产重晶石 3.5 万吨，产值 125 万元，利润 30 万元，税金 8.50 万元。1997 年后，所有重晶石矿乡镇企业转为私营。

方解石 1985年，全县方解石矿23个，工人301人，年产量为1.13万吨。1986年开采2万吨，创产值50万元，税金1.50万元。2000年后，全部转为个体老板开采。

石膏 1985年，全县石膏厂3个，职工26人，年产量2000吨。1997年后，乡镇企业停办，石膏转为个体户建厂开采；由于石膏滞销，产量日渐减少。2000年后，开采更加减少。2003年，几家个体合伙开采，生产石膏1500余吨。2005年，销路不畅，积矿销量不多，开采500吨左右。

石英砂 石英砂矿开采位于高谷镇下塘附近，属乡镇集体企业，1995年改制后属私营企业，矿藏储量大，开采方便。1986年，采石英矿5000吨，产值15万元，利润2万元，税金0.50万元。延至2005年，采石英砂3万吨，产值75万元，利润23.50万元，税金0.75万元。

铝矿采炼 龙射镇境内原葡萄乡氧化铝矿藏量较高，2000年，有个体户开办炼铝厂2处，属微型厂矿，产量不稳定，经常停产，未成规模。

二、行业管理

1989年，成立县矿产资源管理委员会，在县计划委员会下设办公室。至1990年，县人民政府先后出台并实施《彭水自治县矿产资源管理试行办法》《地矿行政处罚程序》《矿山企业许可申办程序》《矿产品经营许可申办程序》等法规，在全县建立区乡矿产资源管理领导小组72个，配备专兼职管理人员78人，对全县矿产资源的开发利用进行管理。按照“依法办矿，持证开采，十分珍惜，有效保护，节约使用”政策规定，坚持统一制定开采规划、全面纳入归口管理的原则，把个体采矿纳入各区企业办公室统一领导、统一管理、统一经营。实行采矿资格年审制度，对个体采矿采取关停并转办法，集中整顿矿井163个，封闭48个，将41个个体整合为10个集体。依法查封取缔128个非法无证个体采矿点，取缔二道贩子26人，吊销许可证封闭矿井2个，限期整改12个。全县登记办理采矿许可证91个，其中国营2个、集体17个、个体72个。

1992年，县人民政府出台《矿产品经营暂行办法》，对矿产品经营单位和个人实行销售许可证和外调准运证的审批管理制度。1993年，对全县7个区、29个乡镇的个体矿山和小煤窑进行清理整顿。全面排查各类矿井306个，其中煤矿229个、萤石矿32个、重晶石矿1个、硫铁矿2个、方解石矿40个、高岭土矿2个，合并和限期整改矿井68个，封闭矿井100个，保留矿井138个。重新规划，统一布点120余个，依法对114个采矿单位和个人办理采矿登记。1995年，年审采矿企业145个，合格74个，办理延续登记71个。检查矿山企业41个，依法查处违法案件12件。

1996—1999年，对全县312个采矿点、49个经营单位和个人进行矿业秩序整顿，保留102个合法采矿业、32个合法经营矿产品的单位和个人，重新换发采矿登记许可证和矿产品经营许可证，依法关闭210个布局不合理、不具备安全生产条件、浪费资源的非法采矿点，依法吊销取缔27个非法经营矿产品单位和个人的矿产品经营许可证，取缔无证小煤窑9个，查处违法案件12起，调解矿界纠纷11起。

2001年8月，地质矿产资源开采和利用管理职能划归县国土资源和房屋管理局。

三、重点企业

郁江煤矿 1986年，为“五证一照”（采矿许可证、安全生产许可证、煤炭生产许可证、矿长资格证、矿长安全资格证，营业执照）齐全的合法矿井，位于联合乡三合村5组，面积10平方千米，地质储量980万吨，可采储量833万吨，技改扩能为30万吨/年，服务年限18年，国有企业。1998年改国有独资企业为国有控股股份制企业，其中国有股51%，职工个人股49%。2005年，清退职工股，恢复国有独资企业。

芦塘煤矿 为“五证一照”齐全的合法矿井，系1985年从郁江煤矿的小岩煤矿分出成立，位于

芦塘乡板栗村，技改扩能后为年产30万吨，服务年限14年左右，可采面积5.62平方千米，可采储量602万吨，国有企业。1998年，改成股份制合作企业，国有控股51%，职工股49%。2005年，恢复为独立核算、自负盈亏的国有独资企业。

桑柘煤矿 1986年，为“五证一照”齐全的合法矿井，原属全县唯一成型的乡镇企业，位于桑柘镇境内。井田面积2.2097平方千米，开采面积2.2097平方千米，可扩面积4.16平方千米。原设计能力为年产5万吨，技改扩能为年产21万吨，服务年限13年，可采储量395万吨。1999年停产整顿，2000年9月芦塘煤矿出资兼并后恢复生产。2005年从芦塘煤矿分离出来，清退职工股份，恢复国有独资企业。

长办石粉厂 始建于1987年，为长江勘测办事处在彭办厂，属国营企业，设计生产能力年产10000吨。1988年，创产值89.60万元。1989—1995年，创产值850万元。其间1991年改称长江石粉厂，1995年后因产权改革停产消失。

乌江石粉厂 始建于1991年，由建筑公司开办，厂址位于乌江河畔。1991年创产值95.70万元，1992—1995年创产值402.50万元，1997年创产值38万元，1998年因产权改革停产。

附一：煤矿生产装备与技术

彭水煤矿生产早先是竹拖篓运、手镐牵槽，楔子入煤层取煤块，回填碎煤、碎石碴，留煤柱护顶板，坑内水听其自然漏失。1985年，郁江煤矿分出的芦塘煤矿进行技术改造，规模提升为年产3万吨。1987年，芦塘煤矿第二次开展技改，实现高压电下设井和地面轻便钢轨运输。同年，郁江煤矿投资408万元，实行三改九建设，加强平洞开拓和回风港建设。1991以后逐步采用矿斗装运，在运输大巷中安设运输轨道，人力推送出煤。煤矸石和矿碴用于回填采空区，余者用人工推运到一定场地堆放。1994年，朱山洞小煤窑被绍庆经济实业有限公司收购后，技改成为有先进技术的煤矿企业。1996年，小厂乡煤矿投资154万元，将年生产能力扩大到1万吨。1997年，芦塘煤矿对其分矿——马岩凼煤矿投资850万元，为避免马岩危岩体影响，进行索道线路改建和储煤仓房迁建，改原年产1万吨为年产6万吨，历时2年后投入生产。同年，县民政局办扶贫企业——马岩黄水沟煤矿，为避免马岩危岩体可能崩塌隐患，改建运输索道和储煤仓房，恢复正常生产。1998年，桑柘煤矿原年产煤1万吨，投资1660万元，实施“一改三”技改工程后，年产原煤9万吨。

2000年前，除两个国有煤矿技术装备较为先进外，其他煤矿用土法开采，装备为砯子、篼篓，照明用桐油、手电，多用手工采煤，人力推车。郁江煤矿开发矿井南翼，实行南北两翼同时开采，采用开打平硐和对角式通风方式开拓。2000年以后，发展为机械和半机械化采煤，井下工作面使用风镐、手镐落煤，限制放炮落煤与刮板运输，建设专用风巷，用通风机抽风，用主扇和局扇扇风，井下用蓄电瓶矿灯照明，采煤使用截煤机割煤，轻轨矿车运输，绞车提升。开掘矿井大多采取斜井式，采用刮板机和人力推送结合。运输大巷辅设轻轨，用刮板机和人力推送到转载点（即采区煤仓），再用矿车运到地面。国有煤矿，使用蓄电瓶矿用机车运煤。采用提升绞车，所采煤炭用矿斗装车，提升机提运出井。在井矿未改扩建前，乡镇煤矿一般是使用缠绳式单滚筒提升机，在改扩建后，多采用双滚筒提升机和多绳摩擦轮提升机。2004年，芦塘煤矿采用东翼长壁式，西翼斜正台阶式，主斜井、主回风平硐加暗斜井提升开拓，采煤方法由手工人力采煤向机械采煤发展。

附二：煤炭开采的通风与排水

2000年前，彭水煤矿全是独眼井，自然通风，坑内水自然漏失。其中郁江煤矿主要开采北翼，采取中央并列式通风。2000年，开始南翼建设，改原中央并列通风为两翼对角式通风，满足南北两翼4个工作面需求。芦塘煤矿2003年前利用生产井的运输大巷，作为回风大巷。2003年，新掘4000

米左右回风巷，形成新的通风体系。桑柘煤矿2003年新掘一条3500米的风巷，满足通风需要。其他乡镇煤矿，关停不具生产条件的矿井后，保留的生产合法矿井，都建有单独风巷、回风巷，安有抽风机、风扇装置，保证采煤通风需要。全县煤矿中坐落较低的郁江煤矿，标高为+400米以上，当地河面标高为+270米，不易受到浸蚀，并安装有抽排水设备，以防万一。坐落较高的芦塘煤矿，矿井下面有暗河通过，排水存在隐患，设有常用抽排装置。其他煤矿无地下河和地下水，但多老窖积水，开采时遵循“有疑必探，先探后采”原则，也有抽排装置，防患于未然。

附三：煤炭开采的支护与顶板

彭水煤矿其主巷道多是坚固的岩巷，不需特殊支护，多半用水泥浇筑，发碹以防浸蚀风化。其他煤巷和半岩巷由木料支护逐渐发展为金属支护。2000年前，以木料支护为主，之后开始推广金属支护。对采煤的顶板管理，采用充填式支护，利用掘进采煤碴石回填采空区，用单体液压支柱支护顶板，提高初撑力。顶板支护质量由专业技术人员监查认可，每班采煤作业前要进行“敲邦问顶”，确认没有问题后，作业人员方能进入采区作业。采空区用自然垮落法管理顶板，及时回柱放顶充填采空区。安全人员建立井下日志和安全台账，包括顶板检查内容。采场支护在2000年前多用圆木支柱为主，以后逐渐形成摩擦金属支柱与圆木支柱混存。

1995—2005年彭水自治县新建煤矿情况表

表18-5

煤矿名称	占有储量（万吨）	开采能力（万吨/年）	煤矿性质	开竣工年份	煤矿名称	占有储量（万吨）	开采能力（万吨/年）	煤矿性质	开竣工年份
天平堡煤矿	34.0	1	私营	1995年	同源煤矿1分矿	5.2	1	私营	1999年
朱头箐煤矿	12.0	1	私营	1995年	三义煤矿	10.98	0.7	私营	1999年
鹿箐煤矿	40.0	1	私营	1995年	猴子岩煤矿	13.2	1	私营	1999年
富兴煤矿	7.2	1	私营	1996年	朱山洞煤矿1、2号	18.7	1	私营	1999年
干溪沟1号煤矿	1.9	1	私营	1996年	芦塘煤矿桑柘分矿	57.61	4.5	国家控股	2000年 2001年
干溪沟3号煤矿	1.9	1	私营	1996年	台上煤矿	1.18	1	私营	2000年
岩湾煤矿	3.6	1	私营	1997年	任家湾煤矿	8.5	1	私营	2001年
三合煤矿	5.26	1	私营	1998年	刘家湾辽源煤矿	2	1	私营	2001年
刘家湾煤矿	1.45	1	私营	1998年	青杠煤矿	19	1	私营	2002年
新兴（欣兴）煤矿	6.71	2	私营	1998年	永兴煤矿	5.2	1	私营	2004年
乔地湾煤矿	44.9	3	私营	1998年	同心煤矿	35.4	1	私营	2004年
回笼煤矿	7.8	1	私营	1998年	狮狸沟煤矿	7.3	1	私营	2005年

1986—2005年彭水自治县原煤生产情况表

表18-6

年度	产量（万吨）	产值（万元）	企业数（个）	从业人员（人）	销售营业利收入（万元）	利润总额（万元）	入库税金（万元）	利润（万元）
1986年	9.80	208.80	42	—	—	—	—	—
1987年	11.78	249.78	—	—	—	—	—	—
1988年	16.15	345.55	—	—	—	—	—	—
1989年	17.50	374.57	—	—	—	—	—	—
1990年	17.55	374.72	—	—	—	—	—	—

续表 18-6

年度	产量（万吨）	产值（万元）	企业数（个）	从业人员（人）	销售营业利收入（万元）	利润总额（万元）	入库税金（万元）	利润（万元）
1991 年	18.68	1079	—	—	—	—	—	—
1992 年	21.58	1216.72	—	—	—	—	—	—
1993 年	26.27	1481.62	—	—	—	—	—	—
1994 年	32.60	2021.20	—	—	—	—	—	—
1995 年	34.30	2110.50	—	—	—	—	—	—
1996 年	45.08	3020.36	—	—	—	—	—	—
1997 年	55.55	3760.74	—	—	—	—	—	—
1998 年	38.14	2582.08	—	—	—	—	—	—
1999 年	35.00	2380.50	229	1056	—	—	—	—
2000 年	18.30	1216.95	49	856	—	—	—	—
2001 年	15.08	1010.36	49	800	—	—	—	—
2002 年	21.15	1438.20	47	814	—	—	—	—
2003 年	64.85	6516.95	45	952	—	—	—	—
2004 年	39.68	7427.00	41	962	7434	975	160	815
2005 年	60.05	10987.00	41	2024	12096	1213	958	255

第二节　机械制造

一、行业概况

1986 年，全县各类机械制造厂 12 家。其中县农机厂和通用机械厂为国营企业，其余为乡镇集体企业，共生产各类型机具 14.96 万件，创产值 132.39 万元，实现利润 5.37 万元，上缴税金 3.17 万元。是年，全县农用机械总动力 41979 千瓦。其中农用拖拉机 413 台 /6685 千瓦，电动机 600 台，机动运输船 26 艘，手动喷雾器 4388 台，农产品加工机械 5136 台。推广微型电机 18 处、15300 瓦，改造旧碾米机 174 台，安装手扶式拖拉机减烟节油器 310 台，调修 12 台。1987—1990 年，全县各机械制造厂家共生产各类机具 148.50 万件，累计实现产值 585.73 万元，利润 22.08 万元，税金 26.77 万元。1990 年，全县农业机械原值 1210.56 万元，拥有农业机械总动力 40699 千瓦。其中农用拖拉机 348 台 /3993 千瓦，柴油座机 2251 台 /19802 千瓦，电动机 758 台 /6036 千瓦，农用载重汽车 117 辆 /7450 千瓦，农用运输车 135 辆 /2490 千瓦，机动运输船 30 艘 /543 千瓦，农作物植保机械 7124 台（部），农副产品加工机械 6049 台。1991—1997 年，生产各类机具 446.67 万件，累计实现产值 1641.54 万元。1991 年，彭水锉刀厂由内销转为出口，更名为三峡钢锉厂。1993—1998 年，为生产高峰期，生产锉刀 478.9 万支，累计产值 869.6 万元。

1998 年，机械行业推行股份制改革。2000 年，机械工业公司破产拍卖，至此，全县国有机械生产和修理企业全面消失，从事机械修理、制造和加工的民营企业兴起，分布于县城和各乡镇。2002 年，全县有各种新农机具 1750 台（套、件），实现农业机械总动力 153085 千瓦，维修机电提灌设施 344 台 /1594 千瓦。

2004 年，全县有农机维修网点 79 个，其中三级维修点 42 个，专项维修网点 37 个，主要集中在汉葭、高谷、郁山、桑柘等 9 个集镇，拥有车床 132 台、钻床 96 台、焊机 105 台，其他设施 90 台，修理场所 2400 平方米，从业人员 237 人，其中初级工 22 人、工人 215 人，年维修能力 9400 台（套）。

2005年，全县有民营机械企业18家，个体农具加工、机械加工、修理各类机具等企业150余户，营业收入1850多万元，税利550多万元。

二、重点企业

县农业机械厂（简称农机厂） 1986年，生产各种农用机具7.69万件，产值6607万元，实现税金4.50万元。1989年，全年生产红苕磨粉机120台，J立式耐酸泵18台，为郁山区水泥厂、县烟叶复烤厂、页岩砖厂、大理石厂等加工设备、零部件，承接部分单位（厂场）修车、船等业务，实现工业总产值78万元，同比增长4%，增加1.7万元；实现销售收入61.7万元，比上年增长1.14%；上缴税金2.5万元；实现利润4.1万元，比上年增长2.5%。资金周转速度为211天，全员劳动生产率人均8216元，比上年增长6.63%。1991年，是县农机厂实施第二轮承包第一年，全年实现工业总产值90.84万元，比上年增长16.85%；销售总额64.23万元，实现税金2.49万元，利润0.83万元，扭亏为盈。1994年实行股份制经营，更名为机械工业公司，全厂拥有固定资产68万元，净值39万元，正式职工101人。1998年纳入农机集团有限责任公司，与县通用机械厂、农机供应公司合并，由农机局直接管理。1998年实现工业总产值58万元，比上年下降48.7%，利润亏损21万元，比上年净增亏23万元。1999年，资不抵债，无法进行正常生产和经营，到2000年破产拍卖。

宏源进口汽车维修厂 建于1990年，原厂址位于汉葭镇沙沱街。2005年，搬迁到河堡街原长江勘测办事处大院内，有员工33人，固定资产80万元，主营中、小型汽车维修、保养、美容等业务，并与“北京福田汽车”“德国大众汽车”建立特约维修服务站。是年实现产值230万元，利润20万元，税金4.8万元。

彭挞汽车修理厂 建于1998年，原名三力汽车修理厂，原址位于汉葭镇鱼塘。2002年，迁至汉关路，2005年，迁至汉葭镇文庙居委苦草荡，更名为彭挞汽车修理厂，私营企业。该厂厂房占地1160平方米，员工32人，其中技术顾问1人、各工种高级技工执证在岗15人、勤杂人员16人；固定资产82万元，流动资金40万元。主营各类小车维修、保养、美容等业务。是年，实现产值250万元，利润20万元，税金4.8万元。

县通用机械厂 始建于1971年，原名县农机局修配厂，系县农机局下属全民所有制企业，厂址在县城鱼塘，1985年因业务范围扩大更名为县通用机械厂。1986年，生产各种机具7.01万件，产值54.1万元，利润2.50万元，税金3.08万元。1987—1992年，生产各类机具134.50万件，累计产值405.69万元。1993年，为郁山水泥厂、第二建筑公司砂砖厂、双江水泥厂、马峰水泥厂设计、生产和安装成套机械设备，为学校设计生产成批新型学生课桌椅。1997年，承揽县自来水公司芦渡沟饮水管道加工和安装工程、红麻全杆造纸厂净水站管道加工及设备安装工程，以及马峰水泥厂、县烟厂、县橡胶厂、县造纸厂相关维修安装业务，全年完成工业总产值113万元，比1996年增加52万元，增加85.3%，销售总额108万元，同比增长100%，实现税（费）9万元，利润0.03万元，全员劳动生产率人均27023元，同比人均增加12261元。1998年，与机械工业公司、农机供应公司合并成农机集团有限责任公司，公司各厂内部实行独立核算，同属农机局领导。1999年，全厂有职工94人，总资产111万元，亏损41万元，实行企业内部股份制改造，更名为彭水县通用机械有限责任公司。自建厂以来，除承担汽车、拖拉机、内燃机、各种农机具修理业务外，还设计生产铸铁管道、鄂式破碎机、浮旋式搅拌机、各型农用水泵水轮机、新型烤烟机，各型输送机、包装机、制砖机、提升机、揉茶炒茶机、打砂机，各式防盗门（窗）、学生课桌椅等主要产品。2000年，农机集团公司随农机厂拍卖和通用机械厂改制解体消失，通用机械厂于2002年拍卖给房地产开发商。

三峡钢锉厂 1958年5月，在县城四段（今鼓楼街）几间民房内，建起农具修配厂，称彭水县钢锉厂，属商业局领导国营企业。1977年，转为专业生产锉刀，为省商业厅定点厂家，生产5个品种、38个规格。1979年，因修电影院需要地盘迁到文庙街。1980年，产品出口，更名为三峡钢锉厂，县二轻局下属集体所有制企业，内销重庆、涪陵等地，外销美国、法国、德国、加拿大、墨西哥、日本等国。1985年，厂区占地3667平方米，建筑面积1430平方米，职工66人，有下料、锻坯、刨磨、垛齿、酸洗、电解、检测等设备74台，固定资产原值28.87万元，自有资金12.40万元，年产锉刀10万支，年工业产值20万元，实现税利1.91万元。1981—1985年出口锉刀42.08万支，占生产总量80%。1986年生产锉刀14.80万支，工业产值25.87万元，上缴税金2.75万元。1987—1992年，生产锉刀156.05万支，累计产值309.26万元。1993—1998年，为生产高峰期，出口外汇促进生产，共生产锉刀478.9万支，累计产值为869.6万元。1999—2000年，生产锉刀98万支，创产值110万元，税金8.9万元，出现亏损28万元。2001年，破产拍卖。

1986—2005年彭水自治县农业机械拥有情况表

表18-7

年度	农业机械总动力（千瓦）	农用大中型拖拉机（台/千瓦）	小型和手扶拖拉机（台/千瓦）	农用排灌动力机械（台/千瓦）	机动脱粒机（台）	面粉机碾米机（台）	榨油机（台）	农用汽车（台/千瓦）
1986年	41979	19/690	394/5995	28/788	258	3486	417	64/5066
1987年	33000	12/265	299/4725	54/320	233	4028	408	65/3914
1988年	45630	12/424	306/4356	32/411	270	1825	370	78/6112
1989年	50057	10/362	346/5225	67/929	247	2208	369	84/6922
1990年	40699	12/336	336/3657	58/624	259	2040	432	117/7450
1991年	43479	10/252	350/4046	72/737	285	2235	451	127/8125
1992年	47635	7/160	314/3446	73/736	318	2299	503	148/9443
1993年	48661	7/160	310/3409	61/623	330	2417	452	128/8530
1994年	57886	7/160	352/3876	81/983	370	2673	479	136/9530
1995年	53000	5/102	267/2941	66/675	360	5290	489	136/9078
1996年	57886	4/82	250/2756	81/983	439	5793	479	136/9095
1997年	97482	—	352/3876	342/2661	502	3678	479	146/10162
1998年	110245	—	349/3939	342/3762	550	5678	479	250/17250
1999年	121250	—	348/3939	352/3769	556	8745	479	250/17250
2000年	93800	—	—	—	—	—	—	—
2001年	145800	—	—	—	—	—	—	—
2002年	153100	—	—	—	—	—	—	—
2003年	170000	—	—	—	—	—	—	—
2004年	190300	—	—	—	—	—	—	—
2005年	199800	—	—	—	—	—	—	—

注：2000—2005年缺细项

第三节 化学工业

乌江化工厂　1985年，撤销彭水县硫铁矿，以原班人马在县城西北三道拐建厂，生产硫化铁。主要设备有8米宽、15米长三床式反射炉两座，容积70立方米的淀沉池9个，蒸发面积24平方米的浓缩灶1个。同年12月试车生产，产硫化碱5吨，产品质量达到国家标准。其主要原料芒硝购自大西北，成本高造成亏损，转为生产氯化钡，1987年停产。

县肥皂厂　工业局下属全民所有制企业，原为松香厂，中途改为化工厂，主要生产肥皂。1985年有职工67人，固定资产29.60万元，产肥皂55吨，油漆45吨，工业产值34.40万元，税金1.40万元，亏损0.80万元。1987年，实行租赁承包责任制。1989—1993年，累计生产肥皂866.3吨，产值196.42万元。1995年停产后拍卖。

彭水塑料厂　始建于1985年，属汉葭镇街道城镇集体企业，厂址位于乌郁两江汇合处县坝村，有工人18个，固定资产17万元，年产值20万元，主要生产塑料凉鞋、塑料水管。1991年，投资17.60万元进行技改，新增一条年产15万双旅游鞋生产线。1994年以后生产逐年下滑，1997年破产解散。

彭水县塑料厂　1990年，汉葭镇组建另一塑料厂，称彭水县塑料厂，属乡镇企业局管理集体企业，厂址位于汉家镇东门村玉皇阁。1991年，全厂职工35人，固定资产原值24万元、净值19.20万元，流动资金5万元，生产吹膜21万米，产值23.60万元，利润2.15万元，税金0.52万元。1992年，投资22万元进行技改，生产规模扩大为年产吹膜250吨，以生产农业用膜为主。1997年，进行产权改革后停产。

塑料编织厂　始建于1990年，前身是台胞台属联谊塑料制品厂，归口为二轻局管理集体所有制企业，厂址位于汉葭镇沙坨居委6号，主要生产再生塑料编织袋和废料再生塑料造粒（巴耳料）。全厂职工68人，固定资产9.16万元，固定资产净值8.16万元，各种专用机械30台，设计年产包装袋46.80万条。1991年，投资45万元进行技改，扩建为年产编织包装袋200万条，工业产值12.35万元。1992年组建成编织公司，至1996年，创产值105.80万元。1997年产权改革后停产解散。

彭水复合肥厂　1992年，原彭水大理石厂停产改建为彭水复合肥厂，并开始投产，到1993年8月，生产复合肥、烟草复合肥1685吨，实现产值22.17万元，亏损14万元。同月，复合肥厂以280万元转让给黔江农机局，厂址迁至城南彭桑公路边上汉葭镇东门村。1994年，彭水重建复合肥厂建成1条生产线，到1997年，生产各类复合肥1347吨，实现产值203.25万元。因货款回笼受阻，导致亏损44.50万元，同年10月，将复合肥厂租赁给重庆碱胺公司，租期为3年，租金75万元，同时附加条件为县人民政府每年包销售复合肥8000吨。1998年，销售复合肥1153吨。1999年，破产解散。

长陵化工有限责任公司　始建于2004年，位于汉葭镇下塘村，为引进外资企业。2005年投产，主要利用县内重晶石矿资源生产钡盐系列产品，全厂固定资产750万元，职工103人，各类工程技术人员和管理人员20人，拥有盐酸重晶石生产氯化钡年产5000吨、硫氢化纳3000吨生产线。至年底，生产氯化钡3115吨，产值824万元，实现利润29.50万元，税金13.20万元。

双庆硫酸钡股份有限公司　位于保家镇，为引资项目。2005年，县人民政府与四川自贡和平机械厂、山西省运城市南风化工有限公司，以及浙江温州金瓯集团公司签订钡盐开发协议，在彭水注册1000万元资金，成立重庆市双庆硫酸钡股份有限公司，建设1座总投资1.2亿元、占地面积40.44亩的厂房。主要利用彭水县境内重晶石、煤炭资源，生产沉淀硫酸钡，副产低硫化碱和大苏打。

金科利超细微尘钙粉厂　位于汉葭镇下塘村，始建于2003年12月，2004年5月投产。全厂固定资产350万元，职工22人，主要生产碳酸钙（石灰），年生产1.50万吨。至2005年6月，共生产重质碳酸钙2.60万吨，营业外收入735万元，实现利润78万元，上缴税金44万元。同年7月，投入800万元进行技改，年生产量扩大到2万吨。

申渝生物化工有限公司　厂址位于保家镇羊头铺，为招商引资项目，2004年12月建立，租用彭水天宏鞋业公司（万福食品有限公司）的土地房屋，主要利用废次霉变烟叶、烟丝、烟末、烟棒生产茄尼醇，产品业已通过ISO 9001：2000国际质量管理体系认证。

第四节 建 材

一、生产

青砖青瓦 1985年，全县生产青砖2146万匹，1989年上升至7770万匹。1990—2000年，年产量均在3.5亿匹左右。2000年以前，农村建房多用瓦木结构，兼用青砖做灶台、砌墙壁，青砖青瓦生产遍布全县境内，各乡镇均有小型青瓦（兼产青砖）厂，工艺简单，主要为个体联合经营或自产自用，少有常年性生产厂家。2000年以后，农村建房逐渐向城镇看齐，改为水泥钢筋砖混结构建平房，青瓦生产逐渐低落，年产量5000万匹左右。

砂砖、页岩砖 砂砖、页岩砖大量用于房屋建设，逐渐由城镇向乡村推广普及。1986年，全县有大地砖厂、保家砖厂、下塘砖厂、高谷砖厂、梅子砖厂等5个大型常年性生产页岩砖厂，年产量3700万匹。1987—1990年，相继建成老虎口砂砖厂、永红砖厂、鹿角红砖厂，全县各厂累计产砂砖6232.75万匹，累计产值439.47万元。1991—1996年，先后建成二建司砂砖厂、靛水张家坝砖厂、郁山砂砖厂，全县时有大型砂砖厂4家，累计产砂砖12165.76万匹，实现产值1506.03万元。2000—2005年，全县生产砂砖、页岩砖分别为11591万匹、45305万匹。其间，2002年，华鑫建材厂建成，主要生产页岩砖。至2005年年底，全县有页岩砖厂13家，皆为民营企业，其中大地宏发页岩砖厂等4家为隧道窑，其余皆为轮窑。砂砖厂仅存郁山砂砖厂和烂泥坨砂砖厂，年产量在2000万～3000万匹之间。

水泥砖 2000年后，水泥砖生产盛行，建筑房屋墙壁多用水泥砖填砌。2005年，水泥砖生产企业仅县城就23家，从业人员115人，生产水泥砖250万匹。散布在乡镇村组的水泥砖生产大小厂家更多。

水泥 1986年，全县成规模水泥厂8户，县水泥厂为国营企业，其余郁山区水泥厂、郁山镇水泥厂、郁江煤矿水泥厂、清平水泥厂、龙射水泥厂、平安水泥厂、保家水泥厂等为集体乡镇企业，年产量5.22万吨，实现产值191.76万元。1991年，新建乡镇企业长滩水泥厂，全县年产水泥6.39万吨，产值928.4万元。同年，郁山镇水泥厂通过异地技改立项到新田乡峰岍村1组建厂，更名马峰水泥厂。1992年，县水泥厂由国有改为股份制经营，更名为武陵建材公司。1993年，烂泥沱选矿厂破产，由个体购买转建双江水泥厂。1996年，郁山区水泥厂被兼并，转为个体经营，更名为郁山水泥有限责任公司，是年全县生产水泥73190吨。1998年，武陵建材公司转制为私营企业，更名为重庆市彭水县水泥厂。马峰水泥厂集股组建重庆天栋水泥股份有限公司。全县所有厂家生产水泥11.73万吨。2004年，重庆市彭水县水泥厂成立股份有限责任公司，更名为彭水县索坤建材制造有限责任公司。郁山煤矿水泥厂，以及平安、龙射、清平、长滩等小型水泥厂，因市场竞争陆续关闭。全县生产水泥10万吨。2005年，全县有索坤建材有限责任公司、郁山水泥有限公司、天栋水泥股份有限公司、双江水泥厂、茂田水泥公司（组建中）5家成规模企业，每厂年产量均在10万吨以上。建材成为全县工业四大支柱产业之一。

预制件 除大理石石材制品外，水泥预制品生产主要有水泥（钢筋）预制板、水泥砖、水泥瓦、水泥电杆、下水道函管等。少数生产厂家为其他厂附属单位，大多数是私营个体户。电力公司电杆厂主要生产各种类型水泥电杆，年产量2.5万根。1988年，在汉葭镇滑石板建彭水民政光华大理石厂，1989年、1990年分别创产值92万元、48.80万元，1991年停产，1992年转为复合肥厂。1995年前生产水泥预制板，用作房屋楼层铺设用，后随房屋建筑技术改进，预制板生产退出市场。2005年，全县从事预制件生产有富华水泥制管厂、民政光华大理石厂、电力公司水泥电杆厂、马峰水泥预制

厂、郁山水泥预制厂、渝华石材、福良石材、阳光石材、滨江石材、高谷石材、桑柘大理石（2个）、清平大理石、插旗街大理石等14个厂家，产大理石荒料3万立方米、大理石板材24.40万平方米、地面制品31845立方米、地面砖和墙砖20万平方米。

1986—2005年彭水自治县建材主要产品产量情况表

表18-8

年度	水泥（吨）	砂砖（万匹）	页岩砖（万匹）	预制件	
				大理石荒材（万平方米）	板材（万平方米）
1986年	52137	1050.24	3700	—	—
1987年	54914	1485.57	3750	—	1.123
1988年	57750	1415.18	3900	—	1.31
1989年	50201	1505	3910	—	2.30
1990年	44700	1827	5700	—	3.35
1991年	63900	1725.8	6300	—	2.43
1992年	130800	1634.2	6515	—	1.56
1993年	92500	1653.9	6215	—	4.50
1994年	105894	2422.5	7105	—	7.8
1995年	128638	2559.19	8405	—	11.2
1996年	73190	2170.17	7450	—	11.4
1997年	107700	2415	7552	1.2	11.7
1998年	117300	1835	6845	1.55	11.5
1999年	148500	1346	8055	1.87	12.4
2000年	140000	1526	7435	2.0	12.1
2001年	145000	2101	7235	2.3	13.1
2002年	134500	2000	7085	2.0	15.01
2003年	123540	1707	7450	2.2	16.7
2004年	100000	2115	8050	2.5	15.8
2005年	285993	2142	8050	3.0	24.4

二、行业管理

1986年，实行经营承包责任制后，企业的经理（厂长）对企业内部严格执行量化管理，考核制度从厂长细化到每个科室，再到每个岗位职工个人，按产量、质量、成本、销售等10大考核指标与劳动者个人报酬挂钩。如砂砖厂，全厂分书记、厂长、生产副厂长、财务副厂长、行政办公室、生产技术股、供销股、财务股、压砖、蒸养、锅炉、配料、机修、原料、检验、职工食堂、汽车运输、石灰生产18个考核系列。

1992年，实行股份制经营后，生产管理全权由董事会负责。董事会由股东代表组成，董事会为公司执行机构，股东代表大会为公司最高权力机构。董事会领导经理（厂长、主任），组织制定相应管理章程，由股东代表大会通过后执行。管理章程必须清楚地反映公司基本情况，经营宗旨和经营范围，股东、董事会、经理及其他科室人员所有职责，股份与注册资本，股东权利与义务，股权转让，纳税和亏损责任，财务会计职责，经济预决算与分配方案，劳动人事制度，终止与清算，章程修改，以及附则等内容。董事会严格按章程对公司企业生产和经营实行管理。

三、重点企业

彭水县砂砖厂 1981年，工业部门利用县硫铁矿富余人力在县城下游烂泥沱首建砂砖厂，1983年独立为彭水县砂砖厂，职工98人，2条流水生产线，主要机车设备39台，固定资产总值78万元。1986年，生产砂砖1054.24万匹，创产值为63.91万元。1987年以后，与县内其他新建几家砂砖厂竞争，一直保持相对优势。1998年，改制成为索坤公司下属分厂，保留职工50人，年生产蒸压砂砖2000万匹，产值约660万元。2005年，仍在照常生产。

彭水民政光华大理石厂 1988年，由县民政局、重庆市对外经济贸易咨询公司、香港友华行发展有限公司三方投资200万元，在汉葭镇滑石板兴建彭水民政光华大理石厂，规模为年产大理石工艺品3万件、塑料发泡包装箱10万个、板材8万平方米，属民政局下属集体所有制企业。1989年，再投资80万元，扩建为年产发泡塑料包装箱10万套、大理石工艺产品包装箱4万套、其他板材包装箱4万套规模，创产值92万元。1990年，创产值48.80万元。1991年，因重庆和香港2家公司抽资退出而停产，1992年转为复合肥厂。

索坤建材制造有限责任公司 公司建于1969年，始称彭水县水泥厂，生产P.C325级水泥，年产2万吨。1976年进行技术改造，年产能力扩大到5000吨。1977年生产3000吨水泥，1983年生产量上升至1万吨，扭亏为盈。1984年，技改时迁至彭水县汉葭镇烂泥沱，第一次技改后年产4.2万吨。1985年厂区占地6.40万平方米，建筑面积1.97万平方米，动力机械总能为1748千瓦，固定资产净值351万元，职工284人，产量8003吨，工业产值117万元，上缴税金9万元，利润17.40万元。1991年，转级技改，投资324.29万元，由原年产3.2万吨改为年产7.7万吨，1992年，提升到年产水泥10万吨。是年，改为股份制经营，更名为彭水县武陵建材公司（简称武建司）。1993年，进一步技改，增设机械立窑生产线，投资3670万元建成年产20万吨硅酸盐大坝水泥，生产规模扩大为年产12万吨。1996年，再投资20万元对机立窑传动部分进行改造，改液压传动为机械传动。1998年，国有企业转轨为私营企业，武建司破产由私人集股购买，更名为重庆市彭水县水泥厂。1999年，再建新工艺流程立窑2个，年产P.C32.5级水泥20万吨。2001年2月，被中国质量万里行活动组委会评为“质量定点示范单位”，产品远销湖北、贵州等省市，是彭水六大支柱产业之一。2004年，重组股份有限责任公司，更名为索坤建材制造有限责任公司，下辖烂泥沱水泥厂、烂泥沱砂砖厂。2005年，全厂有固定资产5000万元，员工350人，其中各类技术人员120人，年产P.C32.5级水泥20万吨、蒸气灰砂砖2000万匹、加气砼10000立方米，产值2638万元，实现利润347万元，入库税金581.3万元。

彭水茂田能源开发有限公司 公司位于彭水自治县新田乡，成立于2003年，为引资项目，以能源开发、水泥生产为主。成立之初投资2.1亿元，开工建设第一条2500吨/日新型干法水泥生产线，2004年，再投资2.58亿元，开工建设第二条2500吨/日新型干法水泥生产线。厂区占地182047平方米，注册资本7022万元，公司设计日产200吨/日吨新型干法旋窑水泥熟料，年产100万吨水泥。公司建厂时有员工330余人，其中大专以上文化程度53人，主产“国茂牌”为商标的普通硅酸盐水泥，P.O32.5、42.5、52.5型和P.C32.5、42.5型，复合硅酸盐水泥，各项指标均达到国家标准CB175—1999和CB12958—1999中的技术要求，所出厂水泥合格率及富裕度合格率100%。

第五节　农副产品加工

一、行业概况

1986年，全县农副产品加工门类主要有粮油加工、酒类酿造、肉类屠宰加工及榨菜、糖果、饲料、酱醋等小型食品加工，以及缫丝、弹纺等加工。有大型国有粮油加工厂8户（含各区粮店），乡镇集体和私营个体50余户，县酒厂、专卖酒厂（均属国有企业）等大中型酒厂8家，小型集体和私营酒厂25家，酿造厂1家，饮料厂1家。全年加工大米8450吨、面粉和面条3080吨，生产食用植物油1034吨、非食用植物油1575吨，创产值1686.10万元。加工各类肉食品802.50吨，创产值336.50万元。生产混合饲料1034吨，创产值42.50万元。生产白酒2254吨、曲酒90吨，总产值为362.54万元。生产醋酱油创产值14.18万元，生产饮料创产值57.51万元。1987—1990年，共生产白酒8797.80吨，累计创产值1408.31万元。酿造厂累计实现总产值79.638万元，饮料厂累计实现总产值239.68万元。私营酒厂增加到30家。1991—1995年，生产白酒9921.02吨，总产值2033.16万元。集体和私营酒厂发展到38家。

1995年后，各类小型加工机械进入农户，逐渐削弱国有和集体粮油加工。酿造业逐步实行产权改革。1998年，县粮食加工厂关停。1999年，县植物油厂、肉联厂、食品公司、肉食品加工厂、酿造厂倒闭，酒厂破产拍卖，其余国有或集体酒厂或拍卖或关闭。随之私营酒厂蓬勃兴起，全县私营酒厂50余家。2000年，中小型私营食品加工及屠宰专业户等相继突起，千禧龙食品公司发展成为龙头企业，主要加工晶丝苕粉。2001年，股份制企业县糖果厂拍卖解散。各区粮站加工厂随产权改革而停产，厂房设备拍卖变现用于安置本单位职工。农副产品加工行业全面转为小型私营加工。

2005年，全县小型粮食加工企业356户，从事农副产品加工的从业人员2651人，加工粮食15100吨，其中大米7000吨、面粉1600吨、其他产品6500吨，创产值25965万元，利税总额4265万元。大型植物油厂1个，乡镇个体菜籽油加工厂72个，从业人员145人，生产食用植物油2628吨，产值1265万元，实现利税25万元。县城城区有中小型私营食品加工及屠宰专业户16户，其余各乡镇均有屠宰经营，从业人员710人，创产值10723万元，利税736万元。有饲料加工厂1家，从业人员95人，产值850万元，利税45万元。私营造酒作坊148家，从业人员3508人，生产白酒17560吨（含饮料），创产值4185.5万元，上缴税金567万元。

二、重点企业

县粮食加工总厂　县粮食局直属国有企业，位于沙坨街，始建于1958年，主要加工大米、面粉、面条等。1986年，加工大米1000吨，面粉800吨，面条350吨，总产值为113.8万元，税金10.5万元。1987—1998年，累计产值为1294.5万元。1998年，有工人56人，固定资产147.38万元。因债务424.6万元，于是实行股份制改革，变卖所属部分资产，用于职工安置，随后加工厂停产。

县酒厂　建于1958年，到1985年有职工175人，固定资产净值123.40万元。1986—1990年，累计生产白酒4567.7吨，实现产值660.64元，亏损12万元。1991—1995年，累计生产白酒1210.32吨，创产值314.9万元，亏损50.5万元。1996—1997年累计生产白酒387吨，创产值84.1万元。到1998年7月，累计负债1356.26万元，按底价450万元破产拍卖，时有142名职工得到安置。

县专卖酒厂　1983年，由县酒厂所属大同、郁山、普子、龙射、桑柘、保家等6家分厂组成。1985年，有职工90人，固定资产净值18.58万元。1986年，产白酒479吨，产值81.97万元。1987—1997年，共生产白酒6149.16吨，累计产值1264.44万元，亏损负债262.49万元。1998年，由37个股东共同出资组建股份合作制企业，实行资产分割重组，更名为重庆市彭水酒业股份合作公司，注册资金67.23万元。重组后至2000年，共生产白酒925吨，创产值198.96万元，上缴税金13万元，出现亏损7万元。2000年，拍卖给个体经营。

普子龙塘沟酒厂　普子龙塘沟酒厂位于普子镇，是1家百年老厂。清光绪二十一年（1895）在龙塘沟开办“龙塘酒坊”。中华人民共和国成立后，逐渐将龙塘沟传统小灶酒厂转办扩大为国有酒厂。2001年，改制为民营企业，职工17人。利用传统工艺，当地优质山泉水，以玉米、高粱、苦荞等酿造系列清香型白酒，逐渐成为“龙塘沟酒”品牌。2005年，龙塘沟酒厂生产各类白酒280吨，除县内销售外，还销往黔江、涪陵、重庆等地。产值42万元，利税26万元。

马鞍溪植物油厂 1986年，县粮食局直管国营企业——城郊乡马鞍溪植物油厂建成投产，生产食用植物油1034吨，非食用植物油1575吨，产值278万元，税金8万元。1988年，国营企业王家坪植物油厂建成投产，加工各种油脂1145吨，生产6000吨复合肥。1999年，2个大型植物油厂固定资产与流动资产总值389万元，负债总额847万元，实行破产拍卖，84位职工得到安置。

县食品公司 始建于1965年，属国营企业，下设1个肉联厂、8个区食品站、63个食品点，共有职工435人。1986年，加工各类肉食802.5吨，产值336.5万元，税利58万元。1987—1998年，共创产值4389.91万元。1999年，公司资产总值246万元，负债总额750万元，公司实行破产拍卖，变现安置职工。各区食品站和食品点，就地出售变现安置所属职工。肉联厂剥离部分资产变现还工行贷款和安置职工，后被自来水公司、电力公司兼并。之后，取而代之的是中小型私营企业。

县肉联厂 1985年，正式职工130人，工业产值410万元，固定资产净值81万元。1986年，完成工业产值336.50万元。1991—1993年，为生产兴旺时期，创产值3495.57万元。1995—1997年，共完成产值595.41万元。1999年，县食品公司破产拍卖，肉联厂剥离部分资产变现还工行贷款和安置职工，后被自来水厂、电力公司兼并。

山牧公司 组建于20世纪90年代中期，原属汉葭镇企业，厂址位于汉葭镇五里村3组。2000年后改革解体，重组股份制民营企业，注册资金1093万元，年屠宰和加工生猪10万头、菜牛2万头。拥有生猪、菜牛分割生产线各1条，总容量800吨冷冻库2座。

县糖果厂 建于1956年，同年公私合营过渡为国有企业。1985年，固定资产净值17.70万元，职工52人，产量386吨，工业产值57.52万元，税利5.93万元。1986年创产值61.79万元，1987—1995年，创产值332.35万元，年缴税金2万元。1996—1997年，累计产值41.20万元，营业收入72.30万元，税金4万元，亏损10万元。到1998年，职工61人，总资产98.66万元，负债总额110.75万元。同年进行股份制改革，由31个股东出资，注册资本123万元，主要生产经营糖果糕点、饮料等。2001年，厂房拍卖解体。

兴隆榨菜厂 彭水榨菜生产从新中国成立初期开始，产品历来与涪陵榨菜齐名，特别是小包装多味榨菜更具声誉，产品行销上海、江苏、浙江等长江下游一带。1987年，土产公司恢复生产，名为兴隆榨菜厂，占地3500平方米，有员工5名，固定资产5万元，年生产能力30吨。是年，投资29.60万元进行技改，日加工鲜菜头200千克，年产70吨，年产值25万元。1992年停产。

千禧龙副食品有限公司 位于河堡街88号，建于1998年，厂部设在郁山，由棉麻公司出资筹建，属供销集体企业。从棉麻公司分离出来后，成为自负盈亏企业，到2000年负债691万元。县人民政府为把千禧龙晶丝苕粉产业建成彭水继烤烟之后的支柱产业，以742.50万元转让金实行整体资产有偿转让，重组千禧龙食品有限责任公司，成为全县5家龙头企业代表之一，为全县食品出口基地之一。2004年，公司生产60.65吨晶丝苕粉，产值111.10万元，销售收入96.68万元。2005年，公司仍然处于改组过程。

县饲料公司 位于离县城4千米的川湘公路边上，始建于1980年，1984年机构改革成立饲料公司，属粮食局直属国营企业，年产量1634吨。1986年，生产饲料1034吨，产值45.2万元，税金7万元。1987—1992年，生产饲料8666吨，累计产值323.41万元。1993—1998年，生产饲料9875吨，累计产值230.1万元。1999年，资产总值46.5万元，负债114万元，根据政策实行破产拍卖，变现安置职工。2003年，重组个体饲料加工厂从事饲料加工。

保家丝厂 1992年，建在保家楼农场，由县曲酒厂改建组成，属国有企业。该厂由县丝绸公司投资，厂企混合一体，产品经营由公司负责，拥有缫丝3600绪。1992—1996年，生产白厂丝1982吨，产值3384.5万元，亏损1114.6万元。1996年，被迫停产，推延到1999年破产拍卖变现安置工人628人后，由太平洋植化厂收购。

弹纺厂　始建于1956年，二轻局下属集体企业，主要从事棉絮加工、棉线生产，附带生产手套、鞋带等。1985年，全厂职工27人，固定资产8.30万元，工业总产值18.02万元，利润8.00万元。1986—1996年，创产值154.54万元。其间，1987年投资8.75万元进行技改，增设年织8万床线毯生产车间。1997年后解体，转为个体分户经营。

苎麻纤维生产厂　1987年，由彭水钢锉厂与大竹县城东乡企业服务公司联办，投资4万元在钢锉厂内设一车间。设计规模为年产苎麻纤维80吨，利润6.96万元，税金3.60万元。1991年，特大洪水淹没钢锉厂4个车间，其中苎麻纤维生产车间被淹停办。

彭水第一麻纺厂　始建于1987年，位于乌江西岸，由县棉麻公司和保家区供销社合资组建。1988年投产，投资238.26万元，设计规模为年产精干麻1000吨。1988年9月至1989年5月，生产精干麻152.69吨，销售收入68.96万元，亏损37.98万元。1989—1994年，创产值658.89万元，随后停产消失。

1986—2000年彭水自治县酿造生产情况表

表18-9

年度	县酒厂		专卖酒厂		乡企酒厂		酿造厂产值（万元）	饮料厂产值（万元）
	产量（吨）	产值（万元）	产量（吨）	产值（万元）	产量（吨）	产值（万元）		
1986年	779.73	123.27	479.00	81.97	995.00	—	14.18	57.51
1987年	1239.14	177.30	598.04	102.26	868.82	148.57	16.28	58.26
1988年	1065.25	134.39	607.38	105.69	756.00	129.00	18.62	62.93
1989年	801.50	121.78	607. 60	163.90	193.90	33.16	20.09	61.90
1990年	682.08	103.90	646.54	110.60	732.00	111.48	24.70	79.638
1991年	315.52	79.46	600.00	127.70	958.00	201.60	83.87	87.49
1992年	231.00	54.60	445.70	93.80	978.00	205.78	80.10	104.80
1993年	262.80	55.30	570.00	120.00	1381.00	290.56	69.00	149.10
1994年	205.00	43.14	550.00	115.89	1450.00	305.08	58.20	131.50
1995年	196.00	82.40	503.00	106.00	1275.00	252.50	60.40	129.30
1996年	228.30	47.90	540.70	113.80	4431.00	993.60	58.80	140.20
1997年	158.70	36.20	480.20	104.80	1308.00	285.27	44.00	—
1998年	—	—	420.00	91.96	2015.00	349.47	—	—
1999年	—	—	262.00	55.00	2004.00	439.47	—	—
2000年	—	—	243.00	52.00	2122.00	454.10	—	—

第六节　造　纸

一、行业概况

1986年，全县造纸工业企业8户。其中县第一造纸厂（上塘纸厂）属国营企业，高谷纸厂、郁山纸厂属集体乡镇企业，其余为乡村小纸厂，生产纸2947吨，产值372.19万元。1987—1992年，全县生产纸17674吨，累计产值2459.36万元。其间，造纸业普遍不景气，乡村小纸厂自动关闭。1993年，动工修建第二造纸厂。高谷纸厂、郁山纸厂于1990—1995年之间呈停产或半停产状态。

1995年后，高谷纸厂转产，全县只剩第一造纸厂。1998年，县第一造纸厂因亏损严重破产，由个体集股重组股份合作企业，由于资金不足和环保问题，仍处于半停产状态。第二造纸厂由于工期太长，资金不足，至2002年一直未投入生产。2002年，新疆捷兴投资有限公司对第二造纸厂进行整体收购，更名为渝欣纸业公司。2005年，外地联发纸业公司到彭水租用第一造纸厂进行生产经营，注册为剑宏纸业，生产纸板3155吨，产值824万元，利润29.50万元，税金42.70万元。

二、重点企业

县第一造纸厂　位于汉葭镇上塘村，始建于1979年，1982年2月投产。1985年，厂区占地面积1.35万平方米，建筑面积1.84万平方米，职工320人，动力机械总能力2097千瓦，固定资产原值298.44万元，年产量2281吨，产值306.10万元。1986年，生产机制纸2185吨，产值319.03万元。1987年，投资90万元进行技改，在原郁山盐场兴建年产烧碱1000吨，液氯1500吨能力的车间，以满足自用。1989年，投资658.23万元，扩建为1760纸机。1993年边生产边投资350万元进行技改，生产能力由原年产7300吨机制纸提升到年产8840吨机制纸和纸板。1994年，再次技改，将1575纸机改为1575～1600文化用纸、工业用纸与纸板两用机，成为3条生产线、4台纸机、年产8840吨机制纸规模的纸厂。是年，生产机制纸和纸板2700吨，实现产值827.50万元，比1993年减亏82万元。1998年，全厂职工600余人，固定资产1340万元，资不抵债，依法破产。

县第二造纸厂　彭水县第二造纸厂是彭水县利用世行贷款、以农民开发种植红麻为原料、带动农民脱贫致富的县级国有工业企业项目。1992年1月获国家计委批准，1993年开工。由于行政区划调整国内银行贷款不能到位，造成基建和设备欠款2000多万元，致使厂内部分机器设备不完善，加之原料和销售市场等因素制约，1999年购进浆板试产后一直停产。到2002年，机器设备锈蚀损坏严重，加上技术、设备淘汰因素，每年损失在2500万元左右，502名职工工资和养老保险落空，同时每年还需另筹资金偿还数百万元的世行贷款本息。最后破产还债，以975万元价格有条件地转让给新疆捷兴科技投资有限责任公司，解决502名职工三年欠发工资和欠缴养老保险以及一次性解决职工安置问题。新疆捷兴科技投资有限责任公司再投入1700万元完善设施，注册为渝欣纸业公司，2003年生产合格用纸2000多吨，到2005年亏损78万元。

第七节　印　刷

一、行业概况

1986年，全县有大型印刷厂4家。其中，彭水自治县印刷厂属国营企业，县装潢印刷厂、二轻印刷厂属集体企业，县教委印刷厂属教育系统办企业，其余为小型私营企业。创产值50.02万元，税金3.8万元。1996年，永信印务有限公司兴办开业。1997年，增加装潢印刷厂、三友印刷厂。1999年，县印刷厂破产拍卖。同年，装潢印制厂与重庆华彩印务公司组建股份制公司。2000年，二轻印刷厂解体，县教委印刷厂出租给个体经营。2003年，新增振兴印刷厂。2005年，全县有私营印制厂6家，生产总值为320万元，利润28.5万元，税金8.64万元。

二、重点企业

县印刷厂　始建于20世纪50年代初期，位于汉葭镇古楼街43号，县属国营企业，年印量1000万印张，主要经营承印重庆出版社中、小学教材、学生作业本、社会书报杂志，以及包装印刷品。1985年有职工64人，主要机械设备29台（套），固定资产16.52万元，年产值45.50万元，利润

4.10 万元。1986 年，产值 37.67 万元，税金 1.5 万元。1987—1998 年，累计产值 1041.26 万元，税金 158.80 万元，亏损 41 万元。1999 年破产，机器设备以 10 万元拍卖给个体经营，更名为江源彩印厂，厂址迁到沙沱居委 2 组，主要经营彩印、胶印、社会杂件，以及办公用品等。2005 年，产值 15 万元，上缴税金 0.24 万元。

二轻印刷厂　始建于 1959 年，位于十字街 168 号，属二轻集体企业，主营文化用品、表册、单据等。1986 年，实现产值 11.38 万元，税金 0.8 万元。1987—1999 年，累计产值 471.15 万元。2000 年，因政府征地搬迁解散，职工由单位出资安排。同年，支绍鲁重组印刷厂，更名为彭水自力轻工印刷厂，厂址仍在十字街。2005 年，固定资产 20 万元，职工 15 人，生产总值 55 万元，利润 6 万元，上缴税金 2.8 万元。

宏发印刷厂　原教委印刷厂，始建于 1975 年，门市部位于河堡街原县教委办公大楼底楼，主营学生作业本、单位票据表册、学生试题等印制，享受国家对教育服务部门办厂的免税优惠政策。1986 年，产值 34 万元。1987—1999 年，累计产值 1196.5 万元。2000 年，产权改革，出租给退休教师个体经营，更名为宏发印刷厂，扩大业务范围，面向社会承接打字、复印、彩印等业务。2005 年，创产值 120 万元，利润 10 万元，税金 3 万元。

装潢印刷厂　始建于 1974 年，先后为汉葭镇纸具加工组，汉葭镇印刷厂。1984 年，正式成立彭水自治县装潢印刷厂，从一个家庭作坊式企业发展成为现代化企业，从事包装、装潢等印刷业务。1987 年，印出彭水有史以来第一个五色彩印产品《彭水风光 1988 年历》。1996 年，固定资产 105.7 万元，产值 350 万元，利润 12 万元，税收 25 万元。1999 年，重庆华彩印务公司与彭水自治县装潢印刷厂以股份合作方式共同组建重庆华彩彭水印务有限责任公司。至 2000 年，彭水厂方获利 42.9 万元，彭水收入税金 103 万元。2000 年年末，该厂因产业结构调整而解体。

2005 年彭水自治县印刷厂生产情况表

表 18-10　　单位：万元

厂名	经营人	主营业务	产值	利润	税金
彭水自治县印刷厂（江源彩印厂）	李永秀	打字、彩印、表册	15	1.5	0.24
二轻印刷厂（彭水自力轻工印刷厂）	支绍鲁	打字复印、各类文化用品	55	6	2.8
宏发印刷厂（县教委印刷厂）	谭良英	打字、彩印、作业本、表册	120	10	3
永信印刷厂	庄插秋	打字、彩印、文化用品	50	5	1.5
三友印刷厂	蔡彭川	打字、彩印、表册	35	3	0.5
振兴印刷厂	余素芹	打字、彩印、作业本	45	3	0.6

第八节　卷烟工业

彭水卷烟工业发展较早，1972 年始建烟厂，原名彭水卷烟厂，厂址位于县城南郊。初建时由于财力有限，卷烟厂未能批量生产，每年保持 2000 ~ 3000 标箱规模。1982 年，投资 350 万元，扩建为年产 2 万标箱规模。1987 年，再投资 520 万元，扩建为年产 5 万标箱规模。1989 年，改称民族卷烟厂。1990 年，全面完成技改，年生产规模扩大到 7 万标箱。是年生产卷烟 16513 标箱，产值 1870 万元，销售收入 2060 万元，创利润 129 万元，入库税金 846 万元。卷烟厂全面技改后能生产甲、乙、丙、丁各种等级牌号香烟 16 种，产品远销 30 余个县市，但一直未列入国家计划，享受不到国家优惠政策。1996 年，为生产高峰年度，生产卷烟 56940 标箱，产值 5789.10 万元，上缴税金 1650.40 万元，利润为 -1105 万元。1997 年，根据国家烟草专卖局凡是计划外烟厂一律关停和国家宏观产业结构调整政策，重庆烟草专卖局要求彭水自治县对民族烟厂实行关停，民族卷烟厂依法宣告破产，时有固定资产 1141 万元，厂内职工 875 人得到妥善安置。

1990—1997 年彭水自治县民族卷烟厂卷烟生产情况表

表 18-11

年度	产量（标箱）	产值（万元）	利润（万元）	税金（万元）
1990 年	16513	1870	129	846
1991 年	13766	1559	−110	882
1992 年	26287.40	2086.80	−214.1	735
1993 年	31491.70	2874.60	−484.1	617
1994 年	34916	2289.50	−1103.50	1031.70
1995 年	45340	3847.70	−739.10	799.40
1996 年	56940	5789.10	−1105	1650.40
1997 年	39538	4019.30	−614.40	727.80

第九节　水与燃气

一、水的加工与供给

县城部分　1988 年，自来水厂新建 5000 吨 / 日的沉淀池，新修 320 立方米 / 小时过滤池，改建 242 米上水管道，管径由原来 15 厘米增大到 30 厘米，对抽水船、抽水机组改造，沿县城第一座乌江大桥安装过江管道 600 米，结束西城没有自来水历史。延伸县坝、郁江桥输水管道 2550 米，基本解决全城三分之二人口饮用水问题。同年 12 月，县自来水厂改制为国有独资企业，时有净资产 854 万元，安置职工 75 人。1989 年 10 月，更名为彭水自治县自来水公司。

1990—1993 年，对供水系统改木质取水船为铁壳船，日供水量新增 4000 吨 / 日，并对乌江彭水县城取水点以上 1000 米至取水点下游 100 米段作为集中式生活饮用水源，实行重点监护和管理。1993 年，建成西城自来水厂，日供水 800 吨。1996 年，投资 40 万元改造县城自来水管网，更新抽水设备，并在白云引山泉建成自来水池 1 个，日供水 800 吨，向彭黄公路方向及河堡片区部分单位和居民供水。

1997 年 7 月 1 日，芦渡沟天然山泉水源自来水饮水工程正式向城区供水，距县城 9.3 千米，最大流量 2.4 万吨 / 日，最小流量 1.2 万吨 / 日，总投资 1200 万元，主水管直径 80 厘米，经过悬崖峭壁穿越隧道 80 多米，全长 12.6 千米。自此，县自来水公司供水 1.2 万吨 / 日，年供水量为 438 万吨，县城供水管网长 23 千米，基本满足县城 1.1 万用户、10 万人口生产生活用水。1999 年，县城日供水增至 2 万吨，水质综合合格率达 95% 以上。

2000 年，投资 640 万元，对县城主供水管网进行改造，全长 5500 米。2002 年，新安管径 200 毫米供水管 470 米。2003 年新安装供水管 4030 米、消防栓 39 座。2004 年新安供水管网 740 米、新安消防栓 12 座。2000—2005 年，城市供水综合生产能力分别为 0.63、0.67、2.28、2.35、2.36、2.48 万立方米 / 日，供水管长度分别为 28、29、43、44、45、48 千米，供水总量分别为 230、244、252、255、257、267 万立方米。

区乡场镇及村组部分　1988 年，新建郁山镇自来水厂，基本解决主街道居民饮水用水问题。1989 年，完成郁山镇自来水厂扩建工程，新安装直径 50 毫米、200 毫米管道 1500 米，清水池加盖，郁山镇机关 80%、居民 60% 饮用上清洁卫生自来水。1998 年 7 月，成立彭水县供水总站，隶属县水利电力局，负责全县区乡场镇供水站维护、技术改造、水费收取，对各区乡场镇供水实行“谁投资，谁受益”与“统一核算，统一管理”。各区在水管站内成立供水站，负责辖区内供用水管理。2000年，以工代赈项目完成人畜饮水水池104口。其中集中供水项目7处，小型水池97处，安装自来水管道68千米，修建引水渠1510米。2001—2003年，以工代赈项目新建水池128口，维修水池32口，安装饮水管道398.5千米，解决4.38万人与7.02万头牲畜饮水安全问题。2004年，以工代赈项目新建人畜饮水池16口，安装引水管道32.32千米，解决7462人与9154头牲畜饮水困难。

1982—2005年彭水自治县供水站建设基本情况表

表18-12

供水站名称	所在乡镇	竣工年月	蓄水水池（口）	蓄水总量（万立方米）	引水渠		安装引供水管道（万米）	解决人饮水（万人）
					条	长（千米）		
郁山供水站	郁山镇	1982年	1	0.05	—	—	0.5	1.28
黄家供水站	黄家镇	1985年	1	0.05	—	—	0.67	0.41
普子供水站	普子镇	1985年	1	0.3	—	—	0.7	0.65
鹿角供水站	鹿角镇	1986年	3	0.11	—	—	0.64	0.38
鹿鸣供水站	鹿鸣乡	1988年	1	0.02	—	—	0.45	0.08
桑柘供水站	桑柘镇	1990年	1	0.3	—	—	1.3	0.61
新田供水站	新田乡	1991年	1	0.07	1	3.5	0.1	0.43
棣棠供水站	棣棠乡	1992年	1	0.03	—	—	0.55	0.21
龙洋供水站	润溪乡	1992年	1	0.01	—	—	0.22	0.18
岩西供水站	汉葭镇	1992年	1	0.08	—	—	1.4	0.17
白云供水站	汉葭镇	1993年	1	0.05	—	—	0.62	0.08
走马供水站	走马乡	1993年	1	0.06	—	—	0.54	0.06
平安供水站	平安乡	1993年	1	0.05	—	—	0.3	0.25
高谷供水站	高谷镇	1994年	1	0.05	—	—	1.4	0.54
清平供水站	保家镇	1995年	1	0.04	—	—	0.77	0.04
龙射供水站	龙射镇	1996年	2	0.12	—	—	0.35	0.23
连湖供水站	连湖镇	1997年	1	0.02	—	—	0.26	0.27
靛水供水站	靛水镇	1998年	2	0.02	—	—	0.6	0.3
鞍子供水站	鞍子乡	1998年	1	0.02	—	—	0.18	0.17
梅子垭供水站	梅子垭乡	1999年	1	0.008	—	—	0.32	0.27
新场供水站	新田乡	1999年	1	0.04	—	—	0.35	0.09
迁乔供水站	迁乔乡	2001年	1	0.02	—	—	0.29	0.1
石柳供水站	石柳乡	2001年	1	0.01	—	—	0.08	0.14
凤鸣供水站	长滩乡	2001年	1	0.03	—	—	0.7	0.12
龙塘供水站	龙塘乡	2002年	1	0.01	—	—	0.2	0.09
乔梓供水站	乔梓乡	2002年	1	0.01	—	—	0.45	0.19
上塘供水站	汉葭镇	2002年	1	0.03	—	—	0.55	0.16
太原供水站	太原乡	2002年	1	0.04	—	—	0.7	0.16
桐楼供水站	桐楼乡	2002年	1	0.008	—	—	0.8	0.09
朗溪供水站	朗溪乡	2002年	1	0.01	—	—	0.4	0.17

续表 18-12

供水站名称	所在乡镇	竣工年月	蓄水水池（口）	蓄水总量（万立方米）	引水渠		安装引供水管道（万米）	解决人饮水（万人）
					条	长（千米）		
小厂供水站	小厂乡	2002 年	1	0.03	—	—	0.21	0.21
岩东供水站	岩东乡	2002 年	1	0.03	—	—	0.55	0.15
珍加供水站	诸佛乡	2002 年	1	0.03	—	—	0.6	0.15
大垭供水站	大垭乡	2002 年	1	0.02	—	—	0.25	0.009
芦塘供水站	芦塘乡	2003 年	1	0.04	—	—	0.5	0.04
保家供水站	保家镇	2003 年	2	0.12	—	—	0.6	0.85
润溪供水站	润溪乡	2003 年	1	0.02	—	—	0.18	0.2
善感供水站	善感乡	2003 年	1	0.02	—	—	0.07	0.03
高桥供水站	太原乡	2004 年	1	0.04	—	—	0.15	0.16
诸佛供水站	诸佛乡	2004 年	1	0.03	—	—	0.95	0.11
万足供水站	万足镇	2005 年	1	0.03	—	—	1	0.12
联合供水站	联合乡	2005 年	1	0.04	—	—	0.2	0.09
下塘供水站	汉葭镇	2005 年	1	0.02	—	—	0.34	0.18
合计	—	—	51	2.136	—	—	21.99	10.219

附：矿泉水生产

1992 年 6 月，彭水于县城附近长溪坝建矿泉水厂，占地 0.32 公顷，建筑面积 5000 平方米。一期工程投产，年产“摩围山”牌瓶装矿泉水 500 吨，产品含锶、锌、偏硅酸等 20 余种对人体有益微量元素和矿物质，属优质天然矿泉水。1992 年 12 月，产品在北京通过国家级鉴定。1993 年 8 月，选为全国七运会四川赛区指定饮料，同年 10 月，获四川省政府、国家科委新技术“金奖”，产品主要销往黔江、重庆、万县三地市部分地区，基本占领彭水市场。1996 年，总资产 480.3 万元，负债 620.2 万元，负债率为 129.3%。延至 1999 年 2 月，依法破产。

二、燃气供给

液化石油气 1993 年，彭水自治县液化石油气供应市场形成，由县石油公司经营。门市部设在县城北大街，县城居民凭县石油公司发给每户每年 12 张液化石油气供应票购买。县城设有液化石油气充装站，气源为湖北荆门市炼油厂，由槽车运到彭水后在城外汉关路公路边直接充装。同年，彭水县三峡贸易公司也参与液化气经营，在路边充装气瓶销售液化石油气，与县石油公司形成竞争。随后，县城出现私营液化石油气供应门市，气源主要为黔江或涪陵，随着市场竞争，县石油公司退出液化气经营市场。1999 年，彭水三峡贸易公司将液化石油气经营权转让给私营业主罗显明，建成彭水县关口村武陵山液化气站，亦名彭武液化石油气充装站。2002 年，经市县经贸委等部门批准，增设邓章平下塘液化气充装站，县城及周边液化石油气市场逐渐成熟。2005 年，全县液化气充装站 2 个，液化气销售网点 72 家。其中县城 33 家，全年供气 1500 吨，全县 2 万余户、8 万余人生活生产使用液化气。

天然气 2002 年 9 月至 2003 年，由彭水县中阳天然气有限公司投资 1600 万元，建城区供气管道 15 千米，配气站 2 座，年供气 550 万立方米，日供气 1500 立方米。县城居民于 2003 年 7 月开始使用压缩天然气（CNG）。天然气来源于涪陵 CNG 加气站，采用专用槽车运到彭水压缩天然气配气

站，经减压后利用城区天然气管网输入用户使用。2002—2005年，天然气供应管道长度分别为11、12、14、17千米，天然气供应总量分别为36.7万、37万、38万、39万立方米。2005年，铺设城区主管网110×10聚乙烯PE管9.481千米，90×8.2聚乙烯PE管12.576千米，63×5.8支干线13.581千米，以及庭院焊接管网23.553千米。发展民用天然气2018户，商业用天然气25户，日供气2200立方米。累计产值340万元，创利税20.2万元。

附：彭水县中阳天然气有限公司简介

2002年9月，以何乾隆为法人代表建立彭水县中阳天然气有限公司，开始对彭水县民用压缩天然气工程投资建设。县城居民于2003年7月开始使用压缩天然气（CNG），来源于涪陵CNG加气站，用专用槽车运回彭水压缩天然气配气站，经减压后利用城区天然气管网输入用户。公司天然气专用运输车两台，设计供气规模5000立方米／日。2005年，公司铺设城区主管网覆盖县城主城区江北大部分单位、小区，江南已发展到河堡及滨江小区，供气规模达到2200立方米／日。

第十节　其他工业

一、制衣

1985年，全县有缝纫厂（组）34家，年产值176万元。1986年，全县服装厂共生产服装22.14万件。1987年，开始办丝袜厂。至1990年，丝袜厂创产值54.78万元，全县服装厂累计生产服装128.63万件。之后，除服装外，其他缝纫社逐渐解体，转变为个体缝纫铺。之后，外地服装产品大量涌进彭水，从事成衣制作店铺多转为补旧经营，民众服饰普遍从服装门市购买。

附：企业简介

县服装厂　为县二轻局下属集体所有制企业，厂址在县城北门街。1986年，生产各类服装15.64万件，产值为150.29万元，税金1.7万元。是年，投资14.14万元实施技改，增设真丝尼龙被面和白布生产车间，年产真丝尼龙被面5.5万床，织造白布20万米。1987—1995年，生产各种类型服装389.55万件，产值346.01万元。1998年破产转轨为私营企业，其中部分设施退归投资原主。

县时装厂　为县二轻局下属集体所有制企业，厂址在县城十字街。1986年，生产四季适宜服装8.05万件，产值47.86万元，税金3.5万元。1987—1995年，生产各类名牌服装305.85万件，产值527.16万元，税利35.80万元。1996年因产权改革停产，1998年自行解散。

二、制鞋

1986年，彭水制鞋业主要生产皮鞋与胶鞋。县振华皮鞋厂、高谷皮鞋厂生产皮鞋32800双，创产值42.11万元。彭水橡胶厂生产胶鞋25.4万双，创产值42.11万元。1987年，皮鞋业生产开始萎缩，生产3600双。胶鞋业市场行情看好，生产67万双。1988年，皮鞋业生产回升到22500双，之后一直下滑。1993—1998年，生产各类胶鞋1451万双，创产值9880.5万元，出现亏损699.4万元。其间，1998年制鞋业实行租赁经营，彭水橡胶厂更名为天宏鞋业公司。2005年，生产胶鞋400万双，产值2500万元，利润130万元，入库税金30万元。

附：企业简介

县橡胶厂　建于1985年，厂址位于汉葭镇学坝村，属乡镇集体企业。初建时固定资产149万元，占地3000平方米，建筑面积2884平方米，职工211人，年产各类布面胶鞋100万双。1986年生产胶鞋25.4万双，产值42.11万元。1988年，实行承包合同制经营。1989年，与重庆利华橡胶厂实行联营生产，更名为华龙橡胶厂。1990年，投资150万元进行技改，增为年产200万双布面胶鞋和100万双特种鞋。1992年生产各类胶鞋167万双，产值901万元，税金15.8万元。到1997年，企业累计亏损额700万元。1998年，改承包经营为租赁经营，更名为重庆天宏鞋业有限公司，企业局势扭转，变亏损为盈利。1999年，生产各类胶鞋302万双，销售收入1277万元，利税121万元，成为全县乡镇企业利税大户。2000年，天宏鞋业（华龙橡胶厂）进行第二次产权改革，对企业实行破产迫卖变现，清偿一切债务，安置职工。2001年，集股收购天宏鞋业有限公司，变集体企业为私有企业，李学柄成为公司法人代表。2005年，公司固定资产500万元，职工410人，生产各类胶鞋400万双，创产值2500万元，利润130万元，入库税金30万元。

三、家具

1985年，全县共有家具制造企业64户，总产值21万元，其中二轻局所属2个厂，产值8万元。1986年，家具生产仍处于家庭雇工制造，自产自用状况，全县生产家具5700件。县木器厂产值5.25万元。1987年，工艺制伞厂开办，年产15万把。1989年县木器厂解体。1995年，全县有家具生产私营企业6家，每厂家雇有固定工人5～10人，主要生产办公用品和家庭用品，生产各类家具和办公用品8400余件，创产值175万元。1996年，工艺制伞厂停办。2000年，全县有家具生产专业户12家，出现时新家具厂、鸿发家具厂、东旭家具厂、新兴家具厂等大型家具厂家，产值350万元，销售额375万元，利润58万元，税金27.8万元。2001年，增加368家具厂、任漆匠家具厂等大型家具厂。2005年，全县有家具厂15家，总产值为680万元，利润108万元，税金78万元。

附：企业简介

时新家具厂 位于青龙嘴，厂长邓光波。1995年建厂时生产家具400多件，创产值25万元。至2005年，累计产值325万元，销售额305万元，利润60万元，上缴税金20万元。

任漆匠家具厂 位于汉关路，厂长任安华。2001年开始生产经营，有工人7人，主要生产办公用品、家庭用具等，年产木质家具300多件，年产值25万元。至2005年，累计产值92.50万元，获利15万元，税金5万元。

工艺制伞厂 1985年，四季服装厂兴建后，1987年与重庆制伞厂联合，开办制伞业务，厂址位于北大街郁江桥头，主要生产钢骨、铁杆晴雨伞，年产15万把。至1996年，累计创产值265.63万元。1998年产权改革时停产。

四、陶瓷

1985年，全县有陶瓷企业6家。其中，第二轻工业局下属2家，乡镇企业局下属4家，工业总产值18万元。1986年，二轻局所属2家陶瓷厂生产土陶和普陶85.98万件，创产值11.01万元。其余乡镇企业所属4家企业生产土坛罐，靠小贩人力挑运走村串户销售，难以为继。1998年，第二轻工业局下属2家企业先后停产消失。1999年，全县仅存4家私营粗陶厂，季节性生产粗陶坛罐。

附：企业简介

小河陶瓷厂 始建于1956年，第二轻工业局下属集体所有制企业，1962年集中搬迁到普子河与朱山洞河交汇处。1985年，全厂占地6760平方米，职工34人，专用机械设备11台，固定资产原值10万元，自有资金8万元，产值7万元，税利0.30万元。1986年边生产边投资20万元，改生产普瓷为细瓷。1987年，固定资产25万元，职工96人。至1992年，生产陶瓷560.26万件，创产值213.27万元。1993—1997年，生产陶瓷184.50万件，创产值48.50万元。1998年，由于外地瓷器大量输入，实行停产对外出售。

下塘陶瓷厂 位于汉葭镇下塘村，始建于1954年，二轻局下属集体所有制企业。1985年，厂区占地7193平方米，专用机械设备11台，年产普通陶瓷1万件，固定资产原值9.53万元，自有资金5.78万元，年产值6万元，税利0.23万元。1986年，生产普通陶瓷40.80万件，创产值5.41万元，税金0.2万元。1987—1992年，生产普通陶瓷195.34万件，创产值39.84万元。1993—1997年，创产值37.80万元。1998年，改为股份制企业，更名为彭水陶瓷有限责任公司。1999年，因为消费市场被外地先进瓷器挤压而停产消失。

五、刻绘装潢

1986年，全县有大型装潢印制厂即县装潢印制厂1家，雕刻钟表修理印刷厂1家，均属街道集体企业。1997年，新增装潢印刷厂1家。1998年，雕刻技术由机械操作代替手工操作。1999年，装潢印刷厂被华彩集团公司兼并。随着电子科学技术普及，装潢业蓬勃兴起，从房屋装饰到门面匾额、广告招牌等业务全用电子技术操作，多与打字复印合体经营。2000年，印刷厂解体，雕刻业务从印刷厂分离出来。

附：企业简介

刻绘装潢店铺 1976年，由汉葭镇雕刻组、钟表修理组合建汉葭镇雕刻钟表修理印刷厂，属集体街道企业。厂内雕刻小组车间有工人5个，主营雕刻各类印章之类，一度用手工操作。1998年，添置雕刻机，机械操作代替手工操作。2000年，印刷厂解体，雕刻业务从印刷厂分离出来，由龚正贵、龚大力合伙将雕刻车间迁出，另寻空房设雕刻铺经营。2003年，龚正贵、龚大力分开各自另设雕刻店经营。龚正贵迁至北大街设立“印玺雕刻广告部”，拥有雕刻机、刻绘机等成套设备，工人4个，主要承接各种公私印章、办公业务用章、各类广告牌、各种机关单位标牌的制作，兼营打字复印。龚大力迁至石嘴街设店营业，改手工操作为机械操作，主要承接各种公私印章、办公业务用章的制作和打字复印业务。

第十九篇　乡镇企业

1986年，全县乡镇企业推行经营承包责任制。乡镇企业所有制形式扩大为乡、村、组、联户、个体等5种。1992年，完善第二轮经营承包责任制，并实行企业产权改革。1999年，全县乡镇企业实行股份制、承包和租赁经营、转产、破产、拍卖、产权转让、新组建企业集团、解体、联户办企业等形式，乡镇企业改制基本结束。企业由各行业分别管理。至2005年，全县原属于集体性质的乡镇企业被个体、民营企业所取代。从1986年乡镇企业总产值3745万元基础上，逐步发展，到1999年，实现乡镇企业总产值28722元，为彭水农村经济发展做出过重大贡献。

第一章 体制改革

第一节 改制形式

1978年，全县社队企业只有社、队两级企业所有制形式。1979年11月，中共彭水县委根据《国务院关于发展社队企业若干问题的规定（试行稿）的通知》发出《关于加快发展社队企业的决定》。1980年，县社队企业局按照“调整、改革、整顿、提高”八字方针，开展以定人员、定产量、定质量、定成本、定利润（“五定”）为主要内容的生产责任制工作。1982年5月9日至31日，县社队企业局组织工作组确定以提高经济效益为中心、落实和完善经济责任制为重点、清理财务为突破口，对大河公社社队企业进行试点整顿，接着在全县展开。1983年，贯彻执行《四川省人民政府关于社队企业普遍推行经营承包责任制若干问题的意见》，完善社队企业经济责任制。承包项目指标有产品、产值、税金、提留、利润以及折旧提取等，较大的企业还包括设备完好率、安全生产等。承包的形式可以个人承包、集体承包，还可以实行企业大包干，各车间、班组再分解指标承包。承包企业内部要层层包，大包套小包，一直落实到人，废除大锅饭、二锅饭。承包的时间可为1年、2年。

1984年，试行经营承包责任制。全县乡镇企业改革实行“一包三改”形式，即：推行经营管理承包责任制，改干部的“任命制”为“选聘制”、改固定工制为合同制、改固定工资制为浮动工资制。

至1986年，在全县乡村两级企业全面推行经营承包责任制。乡镇企业所有制形式扩大为乡、村、组、联户、个体等5种，逐步形成自我改造、自我发展平衡的企业机制。全县乡镇企业以工业为主体，占乡镇企业总数的54.86%。乡镇企业所有制构成以乡办、个体办、联户办为主，占总数的98.95%。同年5月，彭水自治县人民政府制发《关于大力发展乡镇企业的决定》，提出把乡镇企业办成名副其实的民办企业，乡镇企业由原来行政机构的附属物变成“民办、民管、民有”的经济组织，区、乡政府简政放权，多管政策性监督，少管行政事务，放手让企业搞活。

1987年10月，彭水自治县人民政府召开深化企业改革动员大会，对固定资产1万元以上的90个企业全面引入风险、竞争机制，并使企业的所有权与经营权彻底分开，在机会均等的情况下公开招标答辩挑选经营者。第二建筑公司实行经理任期目标责任制；供销公司（含矿业公司）和建工建材公司实行面向社会公开招标，并对投标人进行严格审核和慎重选择。3个公司承包期均为3年。其余属固定资产1万元以上的企业，主要实行租赁、承包经营、股份制、拍卖等4种改革形式，承包经营责任制期限3年，除个别经营管理好的企业，实行企业内部招标外，都面向全社会公开招投标。属固定资产30万元以上的企业，以及小厂、朱山洞、老鸹石煤矿改革方案和制定标底报县乡镇企业管理局审批。

1992年，完善第二轮经营承包责任制，实行“两包一挂”，即：包利润基数，包企业技术改造，工资总额与效益挂钩。完善企业内部经营责任制，实施新“五定”，即：定岗、定员、定额、定责、定薪。对企业职工实行优化组合、合同管理，以岗位基本任务定基本工资，以劳动量计算工资，实现以劳动成果发放工资的劳动管理制度和收益分配制度。

1994 年 6 月，县乡镇企业管理局印发《关于认真做好乡镇企业产权改革工作的通知》，根据彭水财政实际情况和财税管理体制，采取“让利企业，以财养税”的措施。同年，制发《彭水苗族土家族自治县乡镇企业股份合作制试行办法》，规定“合股经营的股份，按其资产来源由国家股、乡村集体股、企业股、社会法人股和个人股组成”“企业的股益必须坚持按劳分配和按股分红相结合的原则。企业实现的利润，税前按财务制度、政策规定进行分配、提成、解缴，税后利润可划分为盈余补亏、公积金、公益金和股金分红 4 部分。盈余补亏后的净利润，一般提公积金 20%、公益金 10%、股金分红 70% 左右，但红利分配不超过企业资金利润率。乡村集体股、企业股（含量化职工部分）的分红可按不超过 50% 作职工退休基金量化到职工名下（未直接出资的不得记入），余下部分红利记入乡村集体股、企业股名下作企业生产发展资金，不得随意抽走。企业发生年度亏损，按财务制度规定税前抵补，未足抵补部分按股份分推，亏损当年及抵补期内不准分红。乡村集体股、企业股只参加分红，不计付股息，个人投资股可在一定期限内计息分红，但股息最高不能超过同期银行贷款利率，并允许进入成本”。

1996 年 3 月，县人民政府印发《关于对部分企业实行纳税目标管理的通知》，基本原则是“核定基数，依法征收，超收返还，分级管理”。实行纳税目标管理的对象是：部分国有、集体和乡镇企业，包括工交企业和商贸企业。实行纳税目标管理的税种包括增值税、消费税、资源税、所得税、上交利润和营业税。未纳入目标管理的其他税种一律照章据实征收。纳税目标基数的核定原则上以上年纳税目标基数增长 10% 至 15% 的幅度为准结合 1996 年各企业生产经营状况、税负情况、历史包袱发展前景等因素加以测定。同年 7 月，县乡镇企业管理局下发《关于 1996 年度重点乡镇企业实行目标管理的通知》，制定经济指标、管理目标。

1999 年年底，乡镇企业改制工作接近结束阶段。全县企业实行股份制、承包或租赁经营、转产、宣布破产清算、目标管理、拍卖或产权转让、新组建企业集团、解体、联户办企业等多种形式。直到 2006 年，集体企业马峰水泥厂改制为股份制企业，全县乡镇集体企业改制结束。

第二节　改制成效

1980 年，在执行“五定”（定人员、定产量、定质量、定成本、定利润）制度后，平安公社酒厂率先建立定额管理和奖惩制度，实行超定额奖励、节约成本奖励，把职工、企业、公社三者利益结合起来，调动职工积极性，企业由亏转盈。同年计划产值 47424 元，1 月至 6 月完成 24769 元，占计划的 52.23%；利润计划 14976 元，完成 8443 元，占计划的 56.38%；上缴税金 3613 元。1982 年，全县 499 个企业中，实行“五定”的企业 110 个、定额计件 152 个、除本分成的 22 个、大包干企业 199 个、未落实责任制的企业 16 个。1984 年，全县实行承包经营责任制的企业达到 36.5%。

1986 年，实行经营承包责任制企业 232 个，占企业总数的 78.7%。1987 年年底，落实承包的企业 29 个。1988 年，全县乡村集体企业 242 个，固定资产 1 万元以上的企业引入竞争和风险抵押承包企业 94 个，按产值、产量、利润、固定资产完好率承包的 113 个（属微型企业），承包企业占全部企业的 85.54%，未承包的企业 35 个，占全部企业的 14.46%。初步检查合格或基本合格的 92 个，其余部分企业还需要进一步完善。郁山区水泥厂、郁山镇水泥厂实行承包经营后，采用优化劳动组合。郁山区水泥厂生产水泥 9719 吨，比 1987 年增长 15.4%；利润 26 万元，比 1987 年增长 85.7%。郁山镇水泥厂生产水泥 6340 吨，比上年增长 10.5%；利润 10 万元，比上年增长 31%。汉葭镇石粉厂生产各类石粉 7297 吨，比上年增长 119%；利润 3.42 万元，比上年增长 5.02 万元。高谷纸厂建厂 9 年来，首次实现年产打字纸 423 吨，比上年增长 187%，盈利 2.19 万元。

1990 年 4 月，县乡镇企业管理局确定彭水汉葭镇橡胶厂、汉葭镇乌江石粉厂、汉葭镇明玉大理石厂、汉葭区纸箱厂、汉葭区靛水砂砖厂、保家区精干麻厂、郁山区水泥厂、郁山镇水泥厂、郁山机具厂、郁山郁江瓦楞纸厂、桑柘区小厂煤矿、新场乡面粉加工厂、黄家坝区供电所、高谷造纸厂、彭水红麻纺织厂等 15 个单位（企业）为下属重点企业，并在年底前进行第二轮承包和第一轮承包的兑现工作。1992 年，全县第二轮承包经营乡镇企业有乡镇企业局供销公司、矿业公司、建工建材公司 3 个全民所有制公司和 159 个集体所有制企业。1996 年 10 月，郁山区水泥厂兼并武建司郁山分厂，这是乡镇企业兼并国有企业的首次尝试。

1998 年，完成全县应改制企业 916 家的 887 家。其中，集体企业 124 家，县委、县人民政府确定的 11 家重点改制企业全面完成的有 8 家，其余几家开始清产核资或进入改制方案报批阶段。同年 5 月至 11 月，乡镇企业矿业公司破产改制结束。

1999 年 12 月至 2000 年 4 月，乡镇企业供销公司股份合作制改制结束，职工安置按每年工龄 665 元的标准量化到每个职工，不愿入股的职工由企业建立再就业服务中心进行管理，退休职工按 1.5 万元 / 人的标准移交社会保险局，由社会保险局发放养老保险金和承担大病医疗费。2000 年，全县 916 个企业，实行股份制 13 个、承包或租赁经营 100 个、转产 4 个、宣布破产清算 3 个、目标管理 3 个、拍卖或产权转让 3 个、新组建企业集团 1 个、解体 1 个、联户办企业 788 个。2003 年，结束对县建工建材公司和郁山区水泥厂体制改革。2005 年 7 月 15 日晚 12 点正式关闭保家水泥厂。

第二章　企业管理

第一节　管理机构

一、行政管理机构

1976 年 6 月，组建彭水县社队企业领导小组，在县计划委员会内设办公室。1977 年 10 月，建立四川省彭水县社队企业局（以下简称县社队企业局），同时撤销彭水县社队企业领导小组及其下设办公室。1978 年 11 月，将彭水县第二轻工业局并入县社队企业局。1979 年 9 月，县第二轻工业局分出单独办公，原第二轻工业局所属的 50 多个农村手工业合作社、组划归当地人民公社管理。1983 年 12 月，县社队企业局改称四川省彭水县乡村企业局。1984 年 8 月，更名四川省彭水县乡镇企业管理局。同年 11 月改称彭水苗族土家族自治县乡镇企业管理局（简称县乡镇企业管理局）。1986 年，有秘书股、生产股、计财股等 3 个内设职能股，职工 18 人。全县 8 区 1 镇 52 乡设乡镇企业办公室。1990 年 6 月，增设审计股、安全股。2001 年 8 月，县级机构改革，撤销县乡镇企业管理局，并入县农业局，保留县乡镇企业局牌子。至此，县乡镇企业局对全县乡镇企业工作不再有实质性的管理。2004 年 9 月，将县农业局所属乡镇企业管理局的职能职责划入县经济贸易委员会，成立彭水苗族土家族自治县中小企业发展指导局，在县经济贸易委员会加挂牌子，不再保留县乡镇企业管理局的牌子，内设中小企业管理科。

二、直属服务机构

（一）彭水苗族土家族自治县乡镇企业审计服务所

1992 年 8 月成立，与县乡镇企业管理局审计股合署办公，对内为股，对外称所，是实行独立核算、有偿服务、自收自支、自负盈亏的事业单位。依法承办乡镇企业审计查证和审计咨询服务工作，行政上受县乡镇企业管理局领导和管理，在审计业务上接受县审计局的指导。1994 年 5 月，成立四川省乡镇企业审计事务所彭水办事处，与县乡镇企业审计服务所合署办公。

（二）彭水苗族土家族自治县乡镇企业会计函授站

1985 年 5 月成立，设在乡镇企业管理局计财股内，主要负责培训乡镇企业会计业务。1986 年 11 月，函授生 23 人结业。

（三）彭水苗族土家族自治县乡镇矿产管理监察所

1993 年 11 月成立，隶属县乡镇企业管理局领导和管理，主要开展全县乡镇矿山的内部管理、安全和矿产品外运办证等工作。

（四）四川彭水乡镇企业服务中心

1992 年 12 月成立，机构性质为乡镇集体所有制企业，隶属县乡镇企业管理局领导和管理，实行独立核算、自主经营、自负盈亏、照章纳税、独立承担民事责任。1994 年 10 月，改制为股份合作制，更名川东创新实业有限公司。

（五）彭水乡镇企业人才培训中心

1992年10月成立，隶属县乡镇企业管理局，下设办公室，常年为全县乡镇企业主管部门和基层企业培训专业技术人才和管理人才。

第二节 企业审批

企业审批主要是由县乡镇企业管理局和县计划委员会、经济委员会按照一定程序执行，审批的企业性质主要有集体和个体2种。

1986—2001年彭水自治县审批企业情况表

表19-1

年度	企业
1986年	红花化工厂（集体，厂址下岩西）、明玉大理石厂（集体，汉葭镇学坝村）、汉葭镇乌江彩色水泥砖厂（村办集体）、郁山石柳乡建筑队、四川省彭水啤酒厂（集体，郁山镇）、四川省彭水麻纺厂（集体，保家区）、文武乡红茶厂（集体）、石柳乡经销门市部（集体）
1987年	城郊乡红茶厂（集体）、川江烟花鞭炮厂、乌江综合厂魔芋精粉厂（集体，汉葭镇）、汉葭区综合木器加工厂（集体）、桑柘建筑工程队（乡办集体）、桑柘乡饮料厂（乡办集体）、烟花爆竹厂（集体，同河乡）、新场综合饲料加工厂（集体）、桑柘区鹿箐乡供销经营部（集体）
1988年	特江大理石厂（集体，高谷区）、黄家坝区建筑工程队（集体，黄家坝区）、物资供销公司（集体，高谷乡）、黄家坝区供电所（集体）、木南乡鞭炮厂（集体）
1989年	共和煤矿（集体）、第一建筑安装工程大队（郁山建筑工程大队与靛水建筑工程队合并）
1990年	建工建材工艺厂（集体，汉葭镇）、桑柘区烟花爆竹厂（集体，同河烟花爆竹厂更名）、羊头铺乡萤石矿（集体）、鹿鸣乡酒厂、梅子垭乡酒厂、下岩西乡三江口电站、汉葭区建筑工程队、石柳乡冷竹煤矿、三连乡萤石矿、塑料编制厂（汉葭镇东门村）
1991年	梅子垭萤石矿（集体）、下岩西方解石厂（集体）、郁山综合贸易商行（集体，郁山联营商店更名）、郁江水泥包装纸袋厂（集体，郁山区）、红旗综合加工厂（集体）、亮海沱煤矿（集体，万足乡）、葡萄乡酒厂（集体）、黄家茶厂（集体，上岩西红碎茶厂更名）、珍加酒厂（集体，珍加乡）、龙射乡酒厂（集体）、四川省彭水广州六云贸易公司东亚养殖场（集体）、朱砂乡粮油加工厂（集体）
1992年	彭水自治县乌江石粉厂（集体，四川省彭水石粉厂更名）、彭水物资供应公司经营部（集体，高谷乡办、重庆市市中区55号及市中区中心路194号）、高谷经销部、彭水自治县建材经营部（集体，恢复）、平安乡酒厂（集体，恢复）、庞溪沟煤矿（集体，高谷）、大河坝乡建筑队（集体，恢复）、鹿角区综合加工厂（集体）、鹿角区编制工艺厂（集体）、四川省彭水自治县虫雕工艺厂（集体，包装印刷厂更名）、郁山区建筑安装工程大队（集体，恢复）、大河坝乡方解石厂（集体）、彭水第二建筑公司水泥制品厂（集体）、彭龄川黔烟花爆竹厂（集体，木南乡鞭炮厂更名）、郁山镇开发公司（集体）、杉木沟煤矿（集体，三义乡）、
1993年	包装材料厂（集体，纸箱厂更名）、彭水马峰水泥厂（集体，郁山镇水泥厂技改工程竣工后确定的厂名，是郁山镇水泥厂的分厂）、保家区晶丝苕粉厂（集体）、四川省彭水自治县纸板厂（集体，郁江瓦楞纸厂更名）、四川彭水南方综贸开发公司（集体，县乡镇企业管理局建）、郁山镇木制工艺厂（集体）、武陵食品调味厂（集体，黄家坝区）、大黄坪方解石厂（集体，下岩西乡汪家村大黄坪3组）、四达实业有限公司天坑湾煤矿（集体）、清平乡永安萤石厂（集体）、同河乡刘家湾大树煤矿（个体，肖洪勇）、下岩西乡萤石矿厂（个体，下岩西乡柏香村11组彭位宪）、龙洋乡刺堡国坝子萤石矿厂（个体，龙洋乡刺堡国坝子、邵瑞然）、绍庆经济实业公司朱山洞煤矿（集体，普子区棣棠乡云木村）、鹿箐乡联办煤矿（集体，鹿箐四耳坪村鹿箐沟）、小厂乡小厂村五组天坑湾煤矿（个体，小厂乡小厂村5组赵德界）、羊头铺乡水口寺欧家湾萤石矿（个体，技改，陈德川）

续表 19-1

年度	企业
1994 年	东方精粉丝加工厂（集体，普子区）、民委天坑湾煤矿（集体，小厂乡汪厂村 5 组）、青枫垭口萤石矿（集体，郁山镇）、高谷装卸服务站（集体，高谷乡）、平安合林方解石厂（集体，平安乡）、同源煤矿（集体，桑柘区）、狮狸沟煤矿（集体，高谷乡店子村狮狸沟）、乌江食品制造厂（集体，高谷区）、高谷硅矿厂（个体，高谷乡扇子岩和青山村柏杨坪、张建模）、彭水旅游开发公司（集体，城郊乡）、汉葭区建立第二建筑队（集体）、文武乡三老煤矿（个体，文武乡桂花村 4 组周发文）、彭水金幸达实业有限公司波斯地毯厂（集体，汉葭镇）、四川彭水龙门日化厂（集体，鹿角区、拟建）、武陵山畜牧饲料厂（集体，大河坝乡）、龙洋乡金利煤矿（集体）、福利木竹工艺厂（集体，大垭乡）、郁山红薯晶丝粉厂（集体，走马乡）、高谷乡大面村五组大湾硫铁矿（个体，高谷乡大面村 5 组李大龙）、同河乡大喜村乔地湾煤矿（个体，同河大喜村养地湾、罗登华）、小厂乡龙门村四组摆布堂煤矿（个体，技改，李祥清）、高谷硫铁矿（个体，高谷乡店子村 5 组、申剑）、小厂村摆布堂村办煤矿（集体，小厂乡）、高谷大面硫铁矿（个体，高谷乡大面村 4 组陈均福）
1995 年	羊头铺乡兴隆萤石厂（个体，羊头铺乡兴隆欧家湾陈宗楼）、高谷乡庞溪沟煤矿（个体，高谷乡庞溪沟赵开模）、高谷乡庞溪村河边屋基煤矿（个体，高谷乡庞溪沟河边屋基胡仁凡）
1996 年	同河水淹沱煤矿（个体，同河乡太平村 6 组任家湾水淹沱邓生荣）、城郊青龙铁矿（集体，彭水武陵建材塑料编织有限公司建）、郁山镇乡镇企业总公司（集体）、高谷狮子麻地湾硅矿厂（股份合作制集体联办，黄家余、陈立容，高谷乡狮子村麻地湾）、三友萤石矿（联办乡镇集体企业、鞍子乡干溪坝、杨历铨等人）、长滩高坎煤矿（个体私营，长滩乡高坎村 5 组刘建华）、司法四达大喜吊井煤矿（集体，司法局四达公司新办，同河乡大喜村 7 组）、司法四达马芦煤矿（集体，县司法局四达公司新办）、火石火龙硫铁矿厂（个体，火石乡）、高谷乡麻地湾煤矿（联营集体，黄家余）、棣棠大岩硫铁矿（个体，棣棠乡大岩汉葭镇河堡街居民王小路）、郁同煤矿（个体，同河乡太平村 5 组胡家湾廖国旭）、高谷古树沟煤矿（个体，高谷乡店子村 2 组王永清）、鹿箐乡竹林沟煤矿（个体，鹿箐乡赵良文）、三义乡羊圈溪煤矿（集体）、城郊乡土地铁矿厂（个体，城郊乡土地村徐义宣）、司法芦塘铝土矿厂（集体，芦塘乡洋石荡）、高谷煤矿（高谷乡金地村 7 组）、平安乡阳平铁矿厂（个体，戴再奎）、同河乡三合台上煤矿（个体，同河乡三合村谢光辉）
1997 年	东川砂砖厂（集体，彭水第八建筑工程公司新建）、普子乡永胜马道子煤矿（集体，普子乡永胜村 5 组）、正雄编织袋厂（集体，汉葭镇）、小厂乡应家湾煤矿（个体，小厂乡小厂村应家湾）、同河乡庙堡煤矿（个体，同河乡庙堡村 3 组）、鹿箐四耳坪煤矿（个体，鹿箐乡四耳坪村 5 组）、同河新欣煤矿（个体，同河乡山河村 4 组肖育奎）、同河刘家湾煤矿（个体，同河乡庙堡村 4 组张贵文）、南城建筑安装工程公司（集体，汉葭区建筑工程队更名）、复烤厂庙堡金叶煤矿（集体，庙堡煤矿更名）、同河乡山河黄水沱煤矿（个体，同河乡山河村 5 组张范伦）、龙洋邵家萤石矿（集体，龙洋乡岩角村）、联合乡内口湾煤矿（个体，联合乡高家村张兴余）、普子乡中堡村煤矿（集体）
1998 年	普子区棣棠乡朱山洞煤矿（个体，棣棠乡云木村 3 组郭汝龙）、普子区棣棠乡东运石膏厂（个体，棣棠乡牌楼村 7 组小地名草子坎）、农牧综合开发中心（集体，汉葭镇）
1999 年	加工养殖综合厂（集体，汉葭镇关口村）、汉葭区农工商贸易公司（集体）、重庆市特产食品开发有限责任公司（股份制企业、郁山区）、重庆市食品工业有限责任公司（外资私营，原郁山镇红茶厂孟禹蛟）、善感乡龙纲村方解石矿（集体）、重庆市宏达建筑集团公司（股份制企业）、双薪建筑安装有限公司（集体，彭水第八建筑工程公司更名）、普子区棣棠乡朱山洞煤矿（个体）、同河乡山河煤矿（个体，同河乡山河村白岩沱向建华）、花生食品系列加工厂（集体，乡镇企业服务中心建）
2000 年	红烧牛肉方便面牛肉贡丸绿色食品厂（集体，乡镇企业供销公司新建）、重庆市农贸经济综合开发有限公司（集体，周万荣）、名扬毒蛇酒厂（集体，鹿角区）、宏宇建筑安装有限责任公司物业管理分公司（集体）、鹿箐乡天坪堡煤矿（民营）、同河台上煤矿（民营、张泽勇等人）、永力房地产开发有限责任公司（集体，宏宇建筑安装有限责任公司组建）
2001 年	下岩西乡柏香村十组三石厂（集体，下岩西乡柏香村 10 组小地名红花岭）

第三节 安全生产

1986 年，培训各类安全人员 210 人次。1987 年，县乡镇企业管理局在涪陵地区召开的“百日安全生产竞赛”活动和半年安全生产总结评比中，荣获安全工作优胜奖。

1988 年，各区、乡企业办公室、重点厂场都建立安全生产领导小组，明确分管领导，确定主要领导为安全生产第一责任人。煤矿使用的锅炉、建工建材企业、烟花爆竹企业及 30 人以上的其他企业都配备专职安全人员，对 30 人以下的其他企业配备兼职安全人员。县乡镇企业管理局组织开展夏季、秋冬两次“百日安全竞赛”活动，召开安全生产会议 16 次，检查厂矿企业 18 家，参加检查人员 78 人次，突击性检查 14 次，查出安全隐患 23 条，当即整改 21 条。截至年底，全县乡镇企业发生伤亡事故 1 起，死亡 1 人，重伤 1 人。

1989—1990 年，全面整顿红花岭和清平萤石矿、重晶石矿，桑柘煤矿，以及普子、桑柘主要产煤区小煤窑。对符合安全生产条件、按要求办理开采手续的矿井实行集体开采；对严重不符合安全生产条件而无法改善生产条件的个体煤矿，限期整改；对达不到安全生产条件的矿井，实行封闭，停止生产。封闭矿井 91 口，限期整改 26 口，发开采证 5 口。

1991—1992 年，举办安全培训 3 次，受培训 340 余人次。开展安全检查 73 次，发现安全隐患 150 余处，排除隐患率 100%。

1994 年，开展企业人员安全消防知识培训 5 次，受训 320 人次。采用广播、黑板报等形式进行消防、安全宣传 20 余次；到区、乡场镇宣传 10 余次，到重点区、乡企业开展安全检查 28 次，发现各种安全隐患 84 起，整改 84 起，整改率 100%。

1996 年，出动宣传车到 5 个区（重点矿区）、10 个乡的 150 个矿井进行宣传，张挂各种大小安全宣传标语 82 幅，录制录音带 12 盒。组织人员参加地区乡镇企业管理局举办的煤矿矿（厂）长资格培训班，参训 150 人次。关闭或取缔达不到开采条件的矿井 33 个。县乡镇企业管理局组织的全县乡镇企业安全大检查 6 次，县矿监所每月对矿山企业安全巡回检查 2 次。检查并提出安全整改意见 120 条（件），整改 100（条）件，整改率 83.33%。全县有矿山企业 356 家，其中煤矿企业 244 个、三石（萤石、方解石、重晶石）矿 24 个、石灰石矿 80 个、硫铁矿 6 个、硅矿 2 个，矿山从业人员 10680 人。通过整顿，配备矿山安全员 244 人，放炮员 100 人。审批矿 41 个，有证矿 150 个。建筑施工企业 13 家，其中有资质等级的 5 家。造纸化工企业 3 家，建工建材企业 11 家，烟花爆竹企业 1 家，经年审复查合格。

1997 年，加大对《中华人民共和国乡镇企业法》《中华人民共和国矿山安全法》《中华人民共和国矿产资源法》等法律法规宣传力度，取缔无证矿山 40 个，新发展 20 个，补办完善手续 26 个，达到安全合格 5 个、“三消灭”（消灭铁棚、诱放炮、矿车排矸）矿山矿井 12 口。举办矿（厂）长和安全员培训班 5 期，参训 150 人次。1998 年，悬挂安全生产大幅标语 15 幅，发放安全生产传单 600 多份，出动宣传车 12 车次，开展安全知识培训 4 次，新闻专题报道 4 次。检查 80 余次，发出隐患整改通知书 60 份。

2000 年，全年查处治安隐患 3 起，整改 3 起；分别处理下岩西乡柏香村 10 组彭位堂等采矿引起的群众上访事件，郁山镇水泥厂产权纠纷案引起的部分职工闹事案件，同河鞭炮厂个别职工违反安全操作规程案件。查出安全隐患 12 起，发出整改通知书 8 份。

第四节　质量管理

1988 年，郁山区水泥厂、郁山镇水泥厂获得三级计量合格证书，郁山镇水泥厂获得生产许可证。郁山区水泥厂、郁山镇水泥厂、县橡胶厂、汉葭区纸箱厂等 4 个单位的产品送省乡镇企业局展评，郁山区水泥厂获得金杯奖，郁山镇水泥厂获银杯奖，县橡胶厂、汉葭区纸箱厂荣获产品优质奖。

1992 年，举办基层企业全质管理培训班 2 期，参训 323 人次，经训后考试验收合格 322 人。通过全质培训，学员们能够学以致用。郁山镇水泥厂在接受全质培训后，开展 QC 小组活动中，对本厂工艺改革，对本地区各水泥厂在水泥产品中从未渗入粉灰生产的情况下，进行试验，取得成功。郁山区水泥厂、郁山镇水泥厂产品质量合格率 100%。郁山区水泥厂 425# 普通硅酸盐水泥经省有关单位复查，仍为“省优质产品”。橡胶厂布面胶鞋合格率上升到 98.5%。郁山区水泥厂、郁山镇水泥厂三级计量复查合格，并取得标准化管理证书，橡胶厂取得三级计量证书。在全省行检行评，郁山区、郁山镇水泥厂分别被评为省一、二级优胜企业。

1995 年，对几个重点企业进行全面质量管理知识的培训，县包装材料厂受训 48 人，占总人数的 96%，合格率 100%；县石粉厂受训 40 人，合格率 100%；马峰水泥厂分三期培训 187 人次，培训率 100%。同年 11 月，对马峰水泥厂进行全面质量管理工作达标验收，验收得分 454.1 分，占全质管理八项工作指标总分的 90.82%。

1996 年，对 112 人进行全面质量管理培训。县包装材料厂、县橡胶厂质量管理达农业部标准。郁山区水泥厂，郁山镇水泥厂申报省级质量效益型先进企业。1997 年，县第二建筑公司砂砖厂企业全面质量管理达农业部标准。县双江水泥厂、郁山区水泥厂、重庆市华龙橡胶厂被县人民政府授予“质量信得过单位”称号。

1998 年，对保家区水泥厂开展 1 期有 70 余人参加的质量知识培训，经验收该厂全面质量管理工作达农业部标准。保家水泥厂经县技术监督部门验收，计量管理工作达标。县第二建筑公司再次荣获“重庆市乡镇建筑先进企业”称号。县马峰水泥厂被县人民政府授予“质量信得过企业”荣誉称号。

1999 年，县乡企局为郁山区水泥厂举办 1 期全面质量管理基础知识培训班，参训 40 人。经复查验收，郁山区水泥厂被评为全面质量管理达标企业。

第三章　企业发展

第一节　产业发展

1986年，全县乡镇企业3835个，其中乡办企业223个、村办企业76个、组办企业11个、社员联办企业643个、户办（户联办）企业2882个。乡镇企业从业人员12434人，其中乡办3121人、村办779人、组办71人、社员联办2761人、户办5702人。年总产值3745万元，比1985年净增1008万元，增长36.80%。至1996年，乡镇企业发展到12735个、职工人数33483人、年总年值156155万元。

随着企业改革的深入，企业不断减少，至2002年，有乡镇企业3315个、职工21443人，产总产值100475万元。全县乡镇企业拥有固定资产原值4.3亿元，净值2.9亿元。形成以年产水泥32万吨、发电量330万千瓦时、胶鞋350万双、砖1.2亿块、晶丝苕粉1万吨等为主导的产品格局，所涉及的行业有建筑、建材、食品、机械、化工、橡胶制品、种植、养殖、交通运输等。

第二节　经济效益

1986年，乡镇企业总收入3176万元，比1985年2144万元净增1032万元，增长48.13%。利润197万元，增长46%。其中乡、村企业27万元，比1985年实绩49万元少22万元，下降44.90%。税金160万元，其中乡、村企业78万元，比1985年实缴税金76万元多2万元，上升2.63%。至1996年，发展到总收入为14797万元、利润2717万元、税金2640万元。2004年，乡镇企业总收入131795万元、利润10885万元、税金4013万元，分别是1986年的34.90倍、55.25倍、25.08倍。

1986—2004年彭水自治县乡镇企业基本情况表

表19-2　　单位：万元

年度	企业个数	职工人数	总产值		总收入	利润	税金
			合计	乡镇工业			
1986年	3835	12434	3745	1027	3176	197	160
1987年	—	—	2066.1	1358.8	1638.7	110.3	80.1
1988年	4555	15413	5482	3614	5507	299.5	210.5
1989年	4680	14833	5920	—	3875	233	154
1990年	4888	16738	6830	4620	7962	282	322
1991年	4907	11866	9277	6796	9253	348	358

续表 19-2

年度	企业个数	职工人数	总产值		总收入	利润	税金
			合计	乡镇工业			
1992 年	5565	12008	12751	8816	12492	455	468
1993 年	9185	16116	27267	16714	13919	125	965
1994 年	9823	17475	22018	13826	12965	3450	2046
1995 年	12600	18037	107531	15779	14798	5857	3569
1996 年	10753	17127	66934	14797	14797	2717	2640
1997 年	3384	8386	28538	15856	15125	3380	6318
1998 年	5073	9659	45894	24935	23679	2768	1581
1999 年	5234	19120	57568	28722	62048	3383	1673
2000 年	3041	13899	65398	—	69657	4092	1902
2001 年	2356	16063	82080	—	88770	4555	2413
2002 年	3315	21443	100475	—	104113	5540	2610
2003 年	4738	—	109520	—	117650	9078	3265
2004 年	—	—	125816	—	131795	10885	4013

注：1987 年数据为上半年数据

附：乡镇企业选介

重庆天栋水泥股份有限公司（马峰水泥厂） 始建于 1983 年，原名郁山镇水泥厂，厂址位于郁山镇，系郁山机具厂下属分厂改建而成的集体企业。初建时年产量为 3000 吨，固定资产 64.98 万元，职工 109 人。1987 年技改扩建为 1 万吨普硅 425# 水泥。1991 年，借技改之机，异地立项迁至新田乡峰岍村一组（马峰岍），更名为马峰水泥厂。同期投资 400 万元进行技改，增为年产 3.2 万吨普硅水泥，改普立窑为机立窑。1993 年 8 月建成投产，至 1999 年 4 月，累计生产水泥 8.68 万吨，创产值 1258.02 万元，营业收入 2072.84 万元，实现税金 132.79 万元，出现亏损 24.08 万元。1998 年 6 月，进行资产评估，亏损额 213.04 万元，实行股份制改革，由赵广霖牵头发起集股购买，组建新公司，更名为重庆天栋水泥股份有限公司。同期投资 133 万元，扩建为年产 10 万吨普硅水泥，公司总资本 11100 万元，其中国家股 3961 份，乡镇集体股 598 份，法人资本股 91321 份，个人资本股 15120 份。公司成立时有职工 136 人，设置股东代表大会（权力机关），下设监事会，董事会，订立管理章程共十三章五十八条。2001 年，重庆骏龙房地产开发有限公司兼并天栋水泥股份有限公司，重组渝彭特种水泥有限公司，建成 1 条 800T/D 特种水泥熟料生产线，属快硬早强性，低热大坝水泥。2005 年，总资产 1361.13 万元，生产水泥 33450 吨，实现总产值 629 万元，入库税金 69.1 万元，利润出现持平。

郁山区水泥厂 厂址位于郁山镇沙湾村 2 组，小地名二拱桥，1979 年，由郁山镇磷肥厂改建而成，集体乡镇企业，称郁山区水泥厂。建厂初期，年产量 3000 吨，职工 250 人，固定资产 440 万元，生产“川郁牌”425# 普通硅酸盐水泥。1986 年，投资 250 万元技改，新建机立窑一座，年产水泥 3 万吨，1987 年，将武陵建材有限责任公司郁山分厂（黄泥坝）兼并出资 100 万元，年生产 1 万吨，1994 年，停厂关闭。1988 年改土窑为机立窑，年产量由 1 万吨提高为 3.2 万吨。1994 年实行股份制改造，年产 425# 水泥 5 万吨，获利 38.5 万元。2000 年，郁山区水泥厂投资 300 万元，改原 Φ2.2×8.5 米机立窑为 Φ3×11 米机立窑，新增设 Φ2.2×8 米管磨 1 台，建成 1 条年产 10 万吨硅酸盐水泥生产线。2004 年，改为个人（何洪安）独资企业。2005 年，重新组建为彭水县郁山水泥有限责任公司，时有固定资产 1268 万元，员工 130 人。重组公司后进行技术改造，扩大立窑直径，产量提升到年产“川郁牌”425# 普通硅酸盐水泥 10 万吨，产值 2500 万元，利润 50 万元，其产品远销重庆黔江、酉阳及湖北、湖南等地。

第二十篇　商业　服务业

1956年7月，成立彭水县人民委员会商业科，8月，改称彭水县商业局。1958年5月，县供销社、县服务局并入县商业局。1962年4月，供销社分出单列。1964年10月，成立县工商行政管理局，与县商业局合署办公。1965年8月，县工商行政管理局分出，与县市场管理委员会合署办公。1984年11月，改称彭水苗族土家族自治县商业局（简称县商业局）。

1992年7月，成立商业总公司，商业局和商业总公司局、司合一,一套班子、两块牌子。2001年8月，撤销县商业局，县商业局、财委、外贸局、经委职能合并，其行政职能划入新组建的县经济贸易委员会。

2005年4月，将县经济贸易委员会职能进行划分，把工业、内贸、外贸分别独立，成立县商业委员会，内设办公室、流通科、特种行业管理科、安全科、酒管办、家电办、生猪定点屠宰办公室、散装水泥办公室。工作人员12人。

第一章　产权制度改革

1986年，商业服务业结构和经营市场不断发生变化，计划经济不断向市场经济过渡，国家逐渐减少商业流通限制，除烟草、食盐、成品油、民爆物资实行国家专营外，其他商品逐渐放开经营，个体私营商业发展迅猛。彭水自治县进行产权制度和商贸流通体制改革，把国有、集体商业企业推向市场且不断解体、出售、拍卖、转股。商业流通领域形成国有、集体、个体私营、股份制等共同经营发展格局。2005年，商业贸易以个体私营为主，国有、集体、股份制、外资等多种经济成分相互发展大商贸格局。现代流通体系已经形成，电子商务、网上购物成为新兴产业。全县开架自选超市、加盟店、直销店、专卖店、连锁店、乡村便民店、社区服务店等商业网点7598个。

第一节　国有商业企业

1986年起，国有企业逐步实行经济体制改革，实施两权（所有权、经营权）分离，企业实行自主经营、自负盈亏、承包合同制经营原则，坚持“包底基数、确保上交、超收自留、歉收自补”政策。不断调整改革商贸、服务业结构和市场营销，打破计划分配、统购统销、定量供应模式，绝大部分商品实行市场调节、开放经营方式。年底，国营企业350家，从业人员3996人。

1987年，部分企业推行多种形式经营承包制，县服务公司实行租赁经营试点。县饮料、糖果、酿造、专卖酒、酒厂等5个厂，县食品、糖酒、服务、蔬菜、百货、五金公司等6家公司进行资产清理、制定方案、议定合同、发布招标等工作。12月，16个国有企业实行承包经营，占改制国有企业39%。1988年，改革领导体制，完善承包责任制，实施经营机制转换、增加风险抵押承包经营方式。国营企业6个、商办厂3个进行租赁承包。服务公司下属11个门市采取委托公司招标方式落实租赁承包，把合同招标进行二三层次分解。改革劳动人事制度，优化劳动组合，优胜劣汰、双向选择、精简管理机构。全年停薪留职18人，安置富余人员40余人。年底，两权分离国有企业占85.2%。1989年，完善企业内部经营责任制，按合同指标对承包、承租人考核，兑现奖惩。将营业额、资金周转、经济效益、安全指标分别落实到站、点、门市、柜组和车间，与工资奖金挂钩，按月兑现。1990年，是彭水自治县第一轮承包（租赁）经营最后1年，县体改委、财政局、税务局对9户国有企业进行预算内企业税利分流试点，摸索和完善税利分流措施。

1991年，深化内部改革，抓好国有企业第一、二轮承包衔接工作。国有企业进行第二轮承包，打破分配上大锅饭，精简行政人员，减少企业亏损。国有预算内企业全面实行工效挂钩，进行技术改造，增设购销经营网点。县酒厂首先取消按月平均发放工资分配方式，分灶吃饭、自求生成，相继建立劳动服务公司、机修部、批发部、乡镇批发站、食店、生菌车间、土灶酿酒等项目。厂里只提供房屋场地和少量垫底资金。减少管理成本，行政人员从30人精简到13人。县商业局采取“因地制宜、分散决策”原则，先后在百货公司、食品公司、糖酒公司进行“四放开”（经营放开、价格放开、分配放开、劳动用工放开）改革措施。县百货公司在第二轮承包后，实施经营放开：公司实行分级管理、两级（公司、经营部）核算、四权（经营、价格、分配、劳动用工权）下放、分部承包经营机制，下设针纺、百货和文体、零售3个经营部。自主安排购销活动，批零齐上，开拓主营之外的品种。价格放开：除国家定价商品外，各经营部根据市场自行调价。分配放开：考核销售、毛利、费用、利润4个指标且分解到柜组，实行销售指标挂工资30%、利润工资30%、保底工资40%方式，按月检查，分部计发工资。用工放开：行政人员从23个精简到16个，实行定岗、定编、定任务方案，各部门采取优化组合调整岗位，未组合人员，学习提高，重新组合或另行安排。县食品公司采取生猪放开、分配放开和调整产品结构等办法。各区站、乡点、车队实行放权经营、利润包干、亏损不补、超利分成办法。改革用工制度，管理人员实行1年1定、中层干部1年1聘、岗位人员实行“三定”（定岗、定人、定责）措施。改革工资分配制度，实行多劳多得分配原则，推行工效挂钩办法。实现首次跨区收购生猪及肉制品。

1992年，制定企业改革总体方案，继续推行“四放开”经营模式，砸破“三铁一平”（铁工资、铁饭碗、铁交椅、平均分配）老方案，实行按劳分配、划小核算、承包经营、核定基数包干上交、超额分成、利润金额和工资总额挂钩比例不得低于70%、上不封顶、下不保底办法。实行全员合同制，推行在岗、试岗、待岗制。4月底，各企业待岗人员143人、停薪留职36人、辞退2人、中层干部落聘18人、新聘27人。饮食服务业继续完善租赁经营责任制，企业机构定岗定编，优化组合，各企业行政机构由53个减至38个，管理人员由232人减为100人。裁减后的行政人员（企业领导），将工资挂靠在下属经营部门、车间。部分企业实行全员缴纳风险金制度（标准为300～1000元）。待岗人员减发工资，超过期限停发工资。县商业总公司试办经济实体，开发新项目，8月，确定龙门矿泉水厂址。12月11日，县酒厂立项建新香烟过滤嘴厂。建立糖果厂与资阳正大养殖场联营养殖海狸鼠彭水分场。

1993年，对县百货公司等8家企业进行国有民营改革试点，扩大合作领域，实现投资多元化。5月，龙门矿泉水厂工程通过竣工验收合格，投入生产，日产20吨。7月，在成都成立兴民贸易公司，开展联营、代销、中介、委托经营、推销工农业产品等业务。1994年，产权改革由零星、分散实施达到百分之百。全民集体批发、零售、饮食、服务、自销等自然网点中，国有民营占64.26%、租赁经营占18.74%、划小核算、承包经营占10.42%、实行目标管理和其他形式占6.58%，其中拍卖3个乡食品点。引进资金建立申川食品有限公司彭水分公司。全系统228名职工实行企业档案留身份，自谋职业、自行消肿，成立单体公司12个，国有企业经营方式灵活多样。全县餐饮业网点全破产、租赁、重组、拍卖、转让和转入股份制企业。

1995—1996年，收缩不合理商业网点、发展国有民营网点，新增商业网点29个。落实《黔江地区深化国有企业改革实施办法的规定》，按一企一策原则，完成企业改革规范编制。县百货公司、糖酒公司首次将橱窗、货亭、柜台进行公开竞标租赁。改革劳动制度，建立合理激励机制，国有企业职工与企业签订劳动合同书占80%。对资不抵债、扭亏无望的县酒厂，进行财产、账务清理，为企业依法破产试点作准备。1997年，县商业局推行国有小型企业改革方案，确立“稳人增收、转换职能、推进改制”思路，制定“摒弃等靠、盘活存量、自主经营、自力更生”的经营方法。企业闲置资产能卖则卖、能租则租、宜转则转、宜破则破，抽回资金，投入经营，避免资产转让“三光”（卖光、分光、吃光）现象发生。将县糖酒公司普子站、黄家站，县专卖酒厂郁山分厂，糖果厂和县百货公司等企业部分资产实施转让。同时开发新产品、项目，多角经营，使国有企业找准自己市场定位。酿造厂进行改制试点，制定建立有限责任公司方案。洽谈矿泉水公司整体拍卖事宜。10月4日，实施县委、县人民政府办联合下发《关于明确第一批产权改革企业及责任人的通知》规定，决定将县委招待所等

18 家国有企业进行非公有制改造。

1998 年，摸清各企业家底，完成企业清产核资工作，推行多种形式改制。5 月 5 日，县人民政府下发《关于企业改制有关问题补充规定的通知》，给予改制国有企业更多优惠政策，分解目标任务。实行县级领导联系企业改革责任制，明确 29 名县级领导和 9 名区镇 1 把手为企业产权改革责任人，分挂 50 户重点改制企业，解决改革中出现的问题。从各经济部门和企业主管单位抽调 204 人组成工作组，进驻 69 家改制企业，实施“415 包”（1 户改制企业 1 名县级领导、1 名部局长、1 名企业负责人、1 名联络员和包宣传发动、方案制定、职工安置、改制运行、企业发展）措施。10 月底，全县国有企业失业、下岗职工 1127 人，失业、下岗率 23.8%，发放基本生活费 986 人。年底，国有企业改制 101 家，其中实行股份制改造 11 家、出售 8 家、兼并 1 家、组建企业集团 4 家、破产 9 家、租赁承包 68 家。

1999 年，按照“一企一策”“一企多策”方针，坚持分步实施原则，国有企业改制方案获得县体改委批准。9 月，县酒厂、饮料厂破产清算结束。县专卖酒厂改制为有限责任公司，县糖果厂、蔬菜公司零价转让，县酿造厂解体拍卖，县食品厂、百货公司以资带人。12 月，县五金公司破产。年底，国有企业改制 56 家（改为股份制企业 10 家、兼并 3 家、破产 23 家、解体 6 家、拍卖 10 家、出售 1 家、关闭 1 家、组建集团公司 1 家、其他改制 1 家）。

2000 年，农机供应公司实行股份制改造，成立农机供应有限责任公司。通用机械厂实行净资产出售，组建县通用机械股份公司。机械工业公司依法破产。安置职工 185 人、安置费 104 万元，社保部门养老保险解决 91 人、保险金 136.50 万元。6 月，农机企业改制结束。12 月底，全县产权改革基本结束。国有企业商业网点仅剩 420 户，从业人员 2387 人。

2005 年 12 月底，全县国有企业改制 25 户（破产 13 户、解体 4 户、组建有限责任公司 4 户、出售 3 户、兼并 1 户），安置职工 1489 人（一次性安置 1178 人、进中心安置 28 人、资产量化安置 283 人），安置临时工 15 人，移交退休职工 486 人，共用安置费 3034.30 万元。全县剩下国有企业 13 家，下设商业网点 202 个，从业人员 850 人。

第二节　粮油购销企业

1950 年 2 月，彭水县人民政府财粮科分出田赋与粮食工作，成立彭水县人民政府粮食局，内设办公室等 9 个股室，下辖汉葭等 8 个区粮站和彭水粮食公司供销组、地方粮库等 8 个县城粮食企业。1952 年 9 月，粮食公司彭水供销组并入彭水县人民政府粮食局。12 月，彭水县地方粮库撤销，业务归县人民政府粮食局管理。1955 年 10 月，更名为彭水县粮食局。1956 年 3 月，中国油脂公司划归彭水县粮食局管理。1957 年 3 月，油脂公司分别移交县、区供销系统经营管理。1962 年 8 月，油脂业务划归县粮食局统一经营管理。1968 年 11 月，成立彭水县粮食局革命委员会。1978 年 6 月，撤销彭水县粮食局革命委员会，恢复彭水县粮食局。1984 年 11 月，更名为彭水苗族土家族自治县粮食局（以下简称县粮食局）。2001 年 8 月，县级党政机关机构改革，保留县粮食局，内设政工等 8 个股室，领导职数 4 人，职工 244 人，其中干部 25 人、普通职工 218 人。2004 年，局机关科室减至 5 个，分流 13 人，领导职数 4 人、科员 6 人、职员 4 人。2005 年，县粮食局内设综合、财审、市场监督管理科，领导职数 2 名、行政编制 5 名、工勤编制 1 名。

1986 年，县粮食局坚持“稳妥、安全、有序、可行”原则，参照各地、县粮油体制改革经验，逐步实现粮油企业生产型向生产经营型转变，采取经济手段，逐步推行岗位责任制和经济承包责任制。1987 年，彭水自治县植物油厂、县粮食加工厂、县粮油议购议销公司内部落实 2、3 级经济责任承包，实行厂长（经理）责任制，逐步把竞争、风险机制引入企业。1990 年，粮油市场放开，国有、集体、个体均可议购议销粮油商品。为保护农民利益和种粮积极性，国家规定国有粮食企业继续执行粮食订购定销政策。粮油销价低于购价，形成价格倒挂，每年形成政策性亏损由国家补贴。1992 年，全面放开粮油购销价格。取消粮票、城镇人口和非农业人口订购用粮。

1998 年，县粮食局先后完成粮油企业所有制经营结构、管理方式等系列改革，进行资源整合，让无力扭亏企业破产、解体。2000 年，小麦、玉米退出保护价，允许用粮大户和个体商户到农村收购粮食，粮食部门实行保护价粮食常年敞开收购，非保护价粮食，要求"购得进、销得出、不亏本"原则进行收购。2001 年，县粮食加工厂、饲料公司依法破产，油脂公司、粮油服务公司实施解体。投入改制资金 200 余万元，安置下岗职工 109 名。部分区、乡粮站解体，粮油收购停止，个体私营购销活动进入市场。2002 年 1 月 1 日起，取消粮食订购任务，实行粮食购销市场化。2004 年 9 月，安置油脂公司、服务公司职工 15 人。

2005 年，全县粮食系统剩余粮油企业改革前期工作基本就绪，粮油经营形成由国家统管到国家主导，市场开放、个体私营经济多元化经营体制。

第三节　供销合作商业

1986 年，全县供销合作商业门市 423 个，分布在全县 64 个乡镇及部分村组，营业员 537 人。各供销社与农民（社员）结成经济共同体，社员以入股分红形式把资金投股到供销社，全县股额 103.60 万元（新扩股金 50.90 万元）。6 月，县综合贸易公司、黄家坝供销社实施"百元含量工资"责任制，定额到柜台，扭转销售亏损局面。12 月底，5 个亏损供销社 4 个扭亏为盈、1 个减少亏损。1987 年，县供销合作社联合社（以下简称县联社）建立体改领导小组办公室。明确主任（经理）在企业中的中心地位，落实责、权、利责任，主任（经理）承包人进行层层承包并缴纳风险金 3000 元。10 月在黄家区供销社进行改革试点。12 月底，全县 13 个企业（5 个公司、8 个区社）清产核资结束，5 个区社和 2 个县公司招标答辩结束，占改制企业 53.84%。1988 年，县联社所属 13 个企业，除县农资公司实行议标外，其余 12 个单位面向社内外公开招标、分层承包，从一般经营者到企业法人，人人有目标、任务，企业经济效益落实到人头上。

1991 年，调整营销策略，打破旧式经营格局。县联社在日杂公司进行"四放开"（经营、用工、分配、价格）试点，实行"百元工资含量、联销、联利计酬"管理制度。用工制度实行干部能上能下、职工能进能出。打破"平均主义""铁饭碗"传统模式，实行多劳多得计酬分配制度，上不封顶、下不保底。从桑柘社调查数据显示，职工月收入最高 300 多元、最少 20 元。1993 年，县联社机关转换职能，科室由 13 个精简到 7 个，机关人员由 41 人减为 28 人。县购销公司、农资公司实行以经营部为承包单位，保家供销社推行社有私营经营方式。1994 年，全县供销系统实行农资一体化经营，将高谷等 6 个区供销社生资商店收归农资公司管理，由农资公司统一货源、价格、信贷、核算。

1997—1998 年，基层供销社实行买断经营，普子、黄家坝、高谷、鹿角区供销社完成抽资和买断经营工作。高谷供销社成立农副产品专业合作社，接收部分个体工商户进社，实施公私联营。8 个基层供销社买断 368 人、门市 348 个，抽回资金 617 万元。汉葭区供销社河堡大门市进行集体租赁承包，组建家电商场，扭转门市长期亏损现象，安置职工 8 人。县联社全系统实行减亏增效，职工精简分流，清退临时合同工 87 人，精简行政管理人员 116 人，年满 50 周岁女职工和年满 55 周岁男职工提前退休 55 人。开办新经营项目分流人员，与重庆名特食品总公司联办彭水连锁店，分流人员 27 人。全县共分流（下岗）人员 661 人。

2000 年 3 月，资金不足的千禧龙公司完成有偿转让。4 月，资不抵债的第一麻纺厂依法破产，安置职工 43 名、退休职工 2 名、抚养人员 3 名。县联社所属 6 个公司实行“三破”（综贸、农资、商业公司依法破产）、“三改”（土产、棉麻、日杂公司推行股份制合作改造）。全县规范和发展各类专业合作社 13 个、村级综合服务站 48 个。

2001 年，全县供销系统通过产权制度改革，逐步建立产权清晰、权责分明、社企分开、管理科学的现代企业制度。2003 年，保留县联合社机关及所属企业，所有基层供销社及所属企业资产拍卖、解体。

2005 年，改革县联社所属企业 16 个（破产 14 个、整体出售 1 个、解体 1 个），安置职工 1143 人（一次性安置 1100 人、进中心安置 43 人），安置临时工 63 人、移交进社保退休人员 502 人，共用安置费 2925.50 万元。

第四节　集体商业

1986 年，集体商业网点 767 个，从业人员 1694 人。在县城下设棉麻、土产、日杂、农资、综贸等 5 个公司，在区乡设有区供销社 8 个，乡分社 65 个及乡镇集体企业。全县集体商业以“自愿组合、自负盈亏、民主管理、按劳分配、集体积累、自主支配”原则进行改制。

1987—1988 年，全县集体企业开始进行“两权分离”体制改革，推行承包、租赁经营责任制，逐步建立市场经济体制。有生存能力企业可承包、兼并弱势企业，无竞争能力、无法继续经营企业，经主管部门批准，予以歇业、解体、兼并、出售、变卖、联合重组，企业改制 116 家。退休职工和其他职工进行一次性移交社保局及补偿安置。1989 年，县体改委制定《关于全县企业产权转让工作若干意见》和《彭水自治县集体企业解体拍卖暂行规定》方案，部分企业进行产权转让试点。9 月 1 日，县城集体理发店实行产权转让，整体出售给第二轻工业局。

1993 年 1 月，县水泥厂开展产权改革试点，实行企业内部职工持股经营制。3 月 10 日，改组为武陵建材股份有限公司。在其他集体企业中进行股份合作制、拍卖、关闭和破产试点。

1994 年，县人民政府下发《关于认真做好 1994 年改革工作的通知》，要求城镇集体企业产权改革 80% 以上。关系国民经济大局的产业和特殊企业改组为国家独资有限公司、对经济效益好的城镇企业推行股份合作制、发展前途较好但目前确有困难的企业实行联营或兼并、县属小型国有企业经职工讨论和国资部门报批后可出售给集体或个人、扭损无望小型集体企业可公开拍卖，公开配套政策，按规定程序清偿债务，余额归职工所有。12 月底，改制集体、乡镇企业 25 家。

1996 年，全县集体企业实施股份制、股份合作制、资产分离重组办法。12 月底，集体企业改制 6 家，占应改制总数 23.08%。1999 年年底，19 家城镇集体企业改制结束（组建股份制和股份合作制 7 家、解体 9 家、出售 1 家、兼并 1 家、联营 1 家）。2000 年，全县除轮船公司、水运公司正在改制外，城镇集体企业改制完成 17 家。

第二章　市场建设

第一节　农贸市场

1986 年，县城和区场镇基本没有规范统一农贸市场，大部分都是以沿街、路为市。随着商业市场开放，经营市场日益发展繁荣，城镇居民对生活必需品需求量不断增多，农贸市场急需扩增。

1989 年，投资 300 万元，占地 680 平方米，在南门洞修建县城第一家农贸市场，于 1990 年 1 月投入使用。

1991—2003 年，先后在县城建成投入使用 3 个大型农贸市场（商贸园农贸市场、河堡农贸市场、沙坨农贸市场）。

2005 年，新增宏江（大转盘）农贸市场、鱼塘农贸市场（后撤销）。截至 12 月底，县城有大型农贸市场 6 个，郁山镇农贸市场 3 个（面积 7800 平方米）。保家、高谷分别建成 3000 平方米至 5000 平方米边贸市场各 1 个，其他乡镇建成 2000 平方米以上农贸市场各 1 个。

第二节　专业市场

1978 年以前，全县没有大型室内市场，县城及各区、乡（镇）综合集贸市场都是以街、路为市。1986年年底，全县建成棚顶式简易牲畜市场18个，占地面积1550.5平方米，建筑面积1231.5平方米。

1989 年 10 月，县工商局筹资 62 万元，修建县城南门集贸市场，占地面积 680 平方米，设置摊位 150 个。1992 年 6 月，黄家坝区公所与县工商局共同集资 21 万元，联合修建上岩西乡棚顶集贸市场，占地面积 1068 平方米，设置摊位 68 个，1993 年 4 月投入使用。1992 年 10 月，根据县人民政府《关于加速市场建设的决定》要求，实行“谁投资，谁所有，谁受益，工商部门参与管理”原则，形成“1 乡 1 镇 1 市或多市”市场格局。县粮食局直属库筹资 250 万元，修建粮油商贸中心集贸市场，占地面积 1944 平方米，建筑面积 8187 平方米，设置摊位 300 个，1994 年 8 月投入使用。1994 年 1 月，郁山区粮站集资 200 万元，修建郁山镇粮油食品贸易中心综合市场，占地 1900 平方米，建筑面积 4521 平方米，设置摊位 300 个，1995 年 7 月 1 日投入使用。

1994 年 4 月，县工商局代表县人民政府与重庆公共关系顾问有限公司签订合同，引资修建乌江商业城。该市场由“江上村”和“南门楼”两部分组成。南门楼市场投入 1551.71 万元，占地 1300 平方米，建筑面积 9700 平方米，设置摊位 1000 个，于 1996 年 7 月投入使用。南门楼共 13 层，1 ~ 5 层为商场，6 ~ 12 层为写字楼，13 楼为管理机构办公室。1994 年 5 月，桑柘区工委自筹资金 22 万元，县工商局筹资 3 万元修建桑柘场镇棚顶式集贸市场，占地 3520 平方米，建筑面积 1780 平方米，设置摊位 74 个，1995 年 7 月投入使用。截至 1997 年 9 月，全县集资 2111.71 万元，建成室内市场 4 个、棚顶式市场 18 个，占地面积 11962.50 平方米，建筑面积 30125.5 平方米，设置摊位 1592 个。

1998 年，投入资金 512.80 万元，县城建成投入使用室内市场 4 处，使用面积 8290 平方米，彻底根治县城以街、路乱摆摊设点行为。2000—2003 年，投入资金 850 万元，建成投入使用室内市场 1 处、棚顶市场 1 处，占地面积 2500 平方米，建筑面积 5500 平方米。2003 年，引进“宏江超市”“名特超市”和“新一佳”服装超市各 1 个。12 月底，全县有大型综合超市 12 个、长盛等大型电器商场 2 个、专卖店 35 个。

2005 年，县城有大型平价超市 25 家，电器、通信、百货、服装、食品等专卖店 98 个。各乡镇超市 16 个，专业市场 64 个。“宏江超市”“名特超市”，年营业额都在 1000 万元以上。长盛、名君电器商场，年销售量在 500 万元以上。乌江商业城、商贸园、河堡商贸中心等较大的商品流通市场交易额在 500 万元以上。全县各大中型商贸流通企业加盟店、连锁店联营方式成为商品流通领域在乡镇布店的主要模式。郁山、保家、高谷建成综合超市 7 个，面积 9000 多平方米，特色街 3 条。县城滨江新城、下街商贸园完整开发。全县商业市场营业面积在 5000 平方米以上市场有 5 家，商贸服务人员增加到 8500 人。

第三节 商业网点

1986 年，全县有百货、五金交化、粮食、糖酒、石油煤建、蔬菜、水产、民爆物资、农资、日杂、土产果品、棉麻、烟草、盐业、餐饮、住宿等商业网点 4040 个，从业人员 10702 人。国有商业网点 322 个、从业人员 3542 人，集体商业网点 767 个、从业人员 1694 人，个体商业网点 2352 个、从业人员 4225 人。年商品销售总额 12678 万元。

随着改革不断深入，国营和供销合作集体经济逐渐退出市场竞争领域，个体私营经济在商品流通中占主导地位，个体商业网点数量进一步增加。1994 年，国营和集体餐饮业商业网点消失，餐饮个体经营户增加到 1248 户，从业人员增加到 1547 人。

1999 年，国有和集体企业网点不断减少，个体私营网点增多。全县贸易商业网点 6025 个，国营商业网点仅剩 37 个、从业人员 342 人，集体商业网点 270 个、从业人员 642 人，个体经济网点增加到 5585 个、从业人员 6119 人。商品销售总额 48733 万元。

2005 年，以县城各交通枢纽为中心商圈购物中心、配送中心、连锁中心、综合交易市场、专卖商品市场，各乡镇超市、连锁店、加盟店、专营专卖店等配送网点，形成商品销售网络体系。全县有商业网点 8430 户，从事商业人员 19266 人。

1986—2005 年彭水自治县商业网点和从业人员情况一览表

表 20-1

年度	贸易网点							从业人员			
	合计（个）	国营企业（个）	集体企业（个）	股份企业（个）	公司企业（个）	私营企业（个）	个体企业（个）	合计（人）	国营商业（人）	集体商业（人）	个体（人）
1986 年	3441	322	767	—	—	—	2352	9461	3542	1694	4225
1987 年	3044	337	912	—	—	—	1795	6534	2044	1500	2990
1988 年	3084	351	743	—	—	10	2090	6940	2072	1795	3097
1989 年	2692	377	750	—	—	10	1555	5989	2205	1768	2205
1990 年	3328	377	767	—	—	10	2174	7150	2182	1868	3100

续表 20-1

年度	贸易网点							从业人员			
	合计（个）	国营企业（个）	集体企业（个）	股份企业（个）	公司企业（个）	私营企业（个）	个体企业（个）	合计（人）	国营商业（人）	集体商业（人）	个体（人）
1991 年	4026	437	776	—	—	11	2813	7930	2348	1923	3659
1992 年	4739	410	686	—	—	13	3643	8863	2385	1886	4592
1993 年	5834	303	660	—	—	73	4871	8484	1022	1888	5574
1994 年	7347	1323	609	—	—	94	4515	10009	7523	1263	7523
1995 年	6659	356	316	—	—	112	5690	8563	1520	1374	5669
1996 年	7440	413	526	—	—	123	6501	11084	2590	696	7525
1997 年	6512	334	292	—	—	131	5686	11173	2829	1638	6706
1998 年	6328	318	378	78	13	169	5281	9666	2644	1036	5986
1999 年	6025	37	270	7	44	82	5585	7103	342	642	6119
2000 年	6367	420	358	106	62	99	5322	12472	2738	982	8752
2001 年	7012	311	186	76	78	127	6254	13294	1785	505	11004
2002 年	7661	272	133	24	82	151	6994	12639	1008	355	11278
2003 年	8154	273	113	43	112	211	7382	15895	1018	380	14497
2004 年	9255	216	40	102	110	269	8518	20011	890	1005	18116
2005 年	8430	202	11	90	106	303	7718	19266	850	878	17538

第三章 市场经营

第一节 专卖品

一、烟草

（一）烤烟

1986 年，全县 48 个乡、319 个村、1762 个组、24049 户、92500 人种植烤烟，面积 4253.35 万平方米，年收购烤烟总量 4710 吨、总值 848 万元，创税 444 万元。烤烟产量获四川省第 3 名、涪陵地区第 2 名。烤烟销售以四川省内调拨为主，省烟草公司严禁基层单位私自直向烟厂、省外销售。年销售烤烟 4208.3 吨，销售总额 1340.20 万元。

1987—1988 年，销售烟叶 10591 吨，销售额 5008.20 万元。1989—1996 年，销售烟叶 111290.9 吨，销售额 109466.30 万元。1997 年，烤烟销售额 3.9 亿元，获利 467 万元、税收 8822.60 万元。1998—2000 年，烟叶销售总值 62800 万元。2001—2002 年，烟叶购进总值 28122 万元、销售总值 48068 万元。

2005 年，烟叶商品销售总值 4.1 亿元、利润 6850 万元、税收 0.6 亿元。

（二）卷烟

1986 年，县烟草公司坚持办证管理，实行凭证进货、亮证经营。全县县、区批发网点 10 个，发卷烟“零售许可证”1260 户。年购进卷烟 6169 标箱，购进总值 698.20 万元。销售卷烟 7200 标箱，销售总值 641.40 万元。

1987—1995 年，购进卷烟 110812 标箱，购进金额 16099.4 万元。销售卷烟 104546 标箱，销售金额 13547.80 万元。其中 1994 年亏损 200 万元。

1999 年，实行凭证供货，按时按量配送。全县卷烟批发点由 13 个增加到 63 个，

2000 年，推行“户籍式”管理办法，实施“五个一”（一户一号、一书、一档、一卡、一证）措施。

2002 年，调整卷烟销售方式，建立城网、农网大配送营销网络体系，彭水卷烟经营走上“批零同盟、全面访送、以信息技术为支撑”现代化经营模式。

2005 年，销售卷烟 6 亿支（箱），销售收入 7905 万元，销售毛利 1768 万元，分别比上年增长 459 万元、384 万元，毛利率 17.5%，上缴税金 273.36 万元。

1986—2005 年彭水自治县卷烟购销情况表

表 20-2

年度	购进总额（万元）	购进量（标箱）	销售总额（万元）	销售量（标箱）	上缴税金（万元）	收获利润（万元）
1986 年	698.20	6169	641.40	7200	—	—
1987 年	672	9676	551	7500	—	26.20
1988 年	1016.50	11086	1024.60	8806	—	94.50

续表 20-2

年度	购进总额（万元）	购进量（标箱）	销售总额（万元）	销售量（标箱）	上缴税金（万元）	收获利润（万元）
1989 年	2226.10	12035	1301	12141	—	—
1990 年	3700	14231	1436	14469	—	—
1991 年	1822	15840	1841	9170	148.50	—
1992 年	1708.90	12868	1931.20	9010	197	70.20
1993 年	1375.90	10360	1575	13010	186.90	280
1994 年	1700	12801	1800	11340	176.40	-200
1995 年	1878	11915	2088	19100	—	—
1996 年	—	12178	3660	23700	—	—
1997 年	—	101300	3642	19600	—	146
1998 年	—	9650	2800	13950	—	—
1999 年	—	10500	1920.90	11600	98.	340
2000 年	—	13201.4	2097.50	12766.2	116.79	420
2001 年	—	12000	5663	12610	133.79	480
2002 年	—	58932.08	6076	62200.33	142.29	615
2003 年	—	57407	7446	60411	150.79	1000
2004 年	—	—	7446	57535	252.79	1384
2005 年	—	—	7905	60000	273.36	1768

二、盐业

1950 年 1 月，成立彭水盐仓办事处，2 月更名彭水官仓，3 月更名彭水盐务支局，10 月更名涪陵盐务支公司彭水销盐店，11 月再更名川东管理涪陵分局彭水盐仓办事处。1951 年 1 月，更名彭水盐业分销处，属涪陵盐业支公司管理。1958 年，彭水盐业分销处撤销，业务并入彭水县服务局，9 月，服务局并入商业局，由下属油盐糖酒副食品经营部代管。1975 年 8 月，成立中国盐业公司四川省公司彭水批发部，经营盐业购销业务。1978 年 3 月，更名四川省盐业公司涪陵运销站彭水批发部。1983 年 6 月，更名四川省盐业公司彭水支公司，受涪陵盐业分公司和彭水县人民政府双重领导。1984 年 11 月，更名四川省盐业公司彭水苗族土家族自治县支公司（简称县盐业支公司）。1999 年 4 月，县盐业支公司更名重庆市盐业总公司彭水分公司（简称彭水分公司），同设重庆市盐务管理局彭水分局，由重庆市盐务管理局黔江盐务处管理。

1988 年，全县调入盐 5295.66 吨（酸碱盐 1521.17 吨、食盐 3774.49 吨），其中在湖北利川调入食盐 332.84 吨。年售盐 6156.96 吨（酸碱盐 1521.17 吨、食盐 4635.79 吨），小袋盐销售 4256.46 吨，获利 4.76 万元。

1992 年 9 月下旬开始，铺开直批业务，稳定销售市场，控制抢盐现象。年调入盐 4323.37 吨，购进碘盐 377.65 吨，加工黔江小袋盐 1131.6 吨、直达碘小袋盐 1104.4 吨，中转黔江碘盐 2096.95 吨，调黔江精盐 89.32 吨。年销售盐 4371.65 吨，其中销售小袋精盐 3590.5 吨。年亏损 10.45 万元。

1994 年，食盐销售市场逐渐被个体户和私盐冲销代替。县盐业支公司年调入食盐 5912.31 吨，超调 2412.31 吨。年销售食盐 4254.4 吨（其中小袋食盐销售 4000 吨），占全县售盐量的 1/4，其余 3/4 销量为个体私营经营户占有。

1998 年 10 月，重庆市盐业总公司统一管理彭水盐业购销业务。

2005 年，县人民政府下发《关于开展食盐市场百日联合整治行动的通知》，出台《关于集中整治食盐市场秩序的通知》，规范盐业市场食盐购销渠道，严禁非碘盐流入食盐市场。3 月，彭水分公司定为食盐流通体制改革试点单位：距县城 20 千米范围内建立直批网点，距县城 20 千米外 19 个食盐委批点改为连锁店，同时增设连锁店 14 个。全县食盐连锁店实行统一成本、配送、发价。全年调入商品盐 3700 吨，销售 3166 吨，其中口盐 2945 吨、行业用盐 221 吨。获利 20 万元，上缴税费 31.30 万元。

三、石油　液化气

1956 年 7 月，建立彭水县石油批发部。1966 年 10 月，成立中国石油公司四川省涪陵分公司彭水县石油公司。1982 年 9 月，更名彭水县石油煤建公司。1984 年 11 月，更名彭水苗族土家族自治县石油煤建公司。1987 年 1 月更名四川省石油总公司彭水支公司。1991 年 3 月 21 日，更名四川省石油总公司黔江分公司彭水支公司，由黔江分公司和彭水自治县财经委共同管理。1997 年彭水石油经营由重庆市统一管理。彭水支公司下设行政办公室、区乡供应办公室、财会、业务、安全保卫、储运科等科室，设立液化气经营部、石油仓库，分设下坝、保家、郁山、乌江水上等加油站 11 座。2000 年，彭水支公司划属县经贸委管理。2005 年，划属县商委管理。

1986 年，受市场经济和电力发展影响，城乡对煤油需求量逐渐减少。使国有企业逐步转为股份制企业。年购进石油额 120 万元，销售额 436.20 万元，其中零售 265.60 万元。销售煤油、汽油、柴油分别为 812 吨、1356 吨、1511 吨。1989 年，购进石油额 701 万元，销售石油总额 15982 万元。1991 年，增加加油站 6 个，新增重要场镇零售网点 13 个。年购进石油成品油 8259 吨，购进总值 616.40 万元。议价销售各种油料 3150 吨、平价销售成品油 3241 吨。获利 30 万元，税金 20.09 万元。1993 年，改建增加储油库容 5000 立方米，销售油料 398 吨，销售总额 129 万元，获利 51 万元。

1994—1996 年，购进石油 15598 吨，销售油料 13779 吨，销售金额 4267.69 万元，获利 39.53 万元，上缴税金 87.51 万元。2000 年，购进成品油 6210 吨，购进总额 1605 万元。销售 5125 吨，销售总额 2480 万元，获利 28.95 万元，上缴税金 39.15 万元。2002 年，整顿加油站、液化气充装站各 82 家，新增加油站 2 家。销售收入 4372 万元，利润 666 万元，上缴税金 74 万元。

2005 年，全县加油站（点）68 个，液化气充装站 96 个，销售网点 208 个。年购进成品油 7010 吨，购进金额 1453.30 万元。销售成品油 6351 吨，经营收入 1945 万元，利润 54.30 万元，上缴税金 48.90 万元。

四、民爆物资

1962 年，成立彭水县物质站，属县计委管理。1972 年，更名为彭水县物资局，民爆物质属县物资局下设机电化工类经营管理。1984 年 11 月，更名为彭水苗族土家族自治县物资局（简称县物资局）。1985 年，成立彭水自治县物资总公司，下设 4 个分公司，民爆物质由彭水自治县物质公司下设的机电化工公司经营管理。1998 年，企业改制，成立民爆专营公司，民爆专营业务单独成为国资独有，由县物资局（总公司）管理。1999 年，县物质局（总公司）改制，把机电化工公司分离出来，成立民爆专营有限责任公司，属国营独资企业，归县经贸委管理。2001 年 12 月，民爆专营有限责任公司改制为彭水自治县物资民爆破器材专营公司，同样由县经贸委管理。2005 年，县商委从县经贸委分离出来，彭水自治县物资民爆破器材专营公司属县商委管理。

1999 年，销售民爆物资额 250 万元。2001—2002 年，购进民爆物资总额 1390 万元，销售总额 1800 万元，获利 92.4 万元。

2003—2005 年，购进雷管 950 万发、工业炸药 8300 吨、导火索 7800 万米，销售雷管 860 万发、工业炸药 7800 吨、导火索 423 万米。购进民爆物资总值 4284 万元，销售民爆物质总值 5890 万元，上缴税金536万元，获利362万元。

五、烟花爆竹

彭水县供销合作社联合社（简称县联社）成立以后，烟花爆竹由县联社下属的日杂公司经营管理。

20世纪60年代，烟花开始进入彭水供销市场，由县日杂公司从广东东莞、四川梁平县、湖南浏阳县进货。年进货量30万～50万元、销售量30万～40万元。1980年，彭水县桑柘区同河乡青蒲村烟花爆竹厂开始生产。烟花爆竹供销、燃放由县公安局监督管理。1981—1989年，每年购进量50万～100万元、销售量50万～80万元。

1990—1995年，每年购进量100万～150万元、销售量150万～200万元。

1996年，因烟花爆竹燃放，发生安全事故，彭水自治县公安局下令在县城范围内禁止燃放烟花爆竹。1998年，烟花爆竹改“禁放”为“限放”。

2001年，县日杂公司破产，烟花爆竹由个体户经营，属县联社监督管理。是年，在彭水自治县汉葭镇鼓楼街老车站后面，由个体户组建烟花爆竹公司，有固定资产30.5万元，雇请工人5人。年购进金额60万～70万元，购进量6000～7000件，销售总额100万元左右，盈利5万元，上缴税金4万元。

第二节 糖 酒

1985年，糖酒类市场购销敞开，私营零售酒业大量涌现。1986年，糖酒类销售主要以国营县糖酒公司、供销社为购销主渠道。县城白酒供应主要来源于县酒厂和专卖酒厂，农村市场白酒供应主要来源于乡镇企业酒厂和个体私营酒厂。县糖酒公司，对全县120家酒类产销企业核准发放酒类产销许可证。通过整顿核准，共申报96家，经化检合格，发放产销许可证56家（国营酒厂8家、乡镇办和个体酒厂48家）。是年，50度白酒平均进价1.72元/千克、售价2.05元/千克。年销售食糖778吨、酒饮料1253吨，年销售总额437.4万元，获利1.92万元，费用额45.75万元，毛利额97.6万元，资金周转2.21次。

1987年，公司下伸到保家等7个经营站，除主营糖酒外，还兼营群众需要的洗衣粉等生活日用品，营业额50万元以上。3个县城批发点营业额161万元。年购进总值137.60万元，销售糖酒2429吨，销售总额514.2万元，费用额49.36万元，毛利额50.7万元，毛利率12.55%。上缴税金7.61万元，比上年增加1.83万元。

1988年，由于市场议价食糖放开，采取价格双轨制对应措施。从云南调进食糖180吨，年销售食糖777吨（零售496.5吨、批发280.5吨），销售酒饮料1409吨，年销售总额504.2万元，毛利150.7万元。费用实绩53.79万元，费用率10.50%。上缴税金10.95万元，税率2.14%。获利8.44万元，经营利率1.65%。利润净额6.72万元，净利率1.31%。

1992年，粮食市场放开后，允许个体户自由到农户采购粮食，个体经营户酿造白酒数量销量剧增。至1995年，累计销售食糖1446吨，酒、饮料4007吨。

1996年，啤酒销量开始增多，白酒销量不断减少。至1998年，共销售酒、饮料1356吨，食糖737吨。

2005年，销售各类饮料17568吨、酒10283吨。

1986—1998年彭水自治县糖酒零售、利税情况表

表 20-3

年度	食糖零售量（吨）	饮料酒零售量（吨）	食糖、饮料、酒		年度	食糖零售量（吨）	饮料、酒零售量（吨）	食糖、饮料、酒	
			零售额（万元）	利润（万元）				零售额（万元）	利润（万元）
1986年	778	1253	437.4	97.6	1993年	322	1979	295.9	89.5
1987年	685	1744	514.2	50.7	1994年	125	590	119.3	55
1988年	777	1409	504.2	150.7	1995年	188	430	203.7	44
1989年	792	1280	518.6	220.9	1996年	441	359	180.5	38.5
1990年	682	895	382.9	122.9	1997年	167	434	193.2	42.3
1991年	734	973	496	162.9	1998年	129	563	122.8	59.5
1992年	811	1008	417.1	148	—	—	—	—	—

第三节　农副产品

一、粮食

1985年，取消粮食统购，改为合同订购粮食。1986年，订购对象为生产粮食农户、联户、农场和粮食生产其他单位，采取余粮多多定、余粮少少定、无承受能力不定购粮食措施。订购之外还实行议价收购和议转平收购。议价收购执行国家保护价，比平价高。定购品有大米、玉米、小麦、大豆、花生等品种。5月，全县62个乡、602个村、4358个组、99249户签订粮食订购合同。订购大米、小麦、花生等农产品1996吨。粮食分价销售，城镇非农业人口、机关单位职工、补助和救灾粮执行平价，单价为0.276元/千克，商业和事业用粮执行中价，其他用粮执行议价。年底，收购粮食2181吨（合同订购1996吨、合同收购外收购185吨）。其中收购大米486吨、花生10吨、其他粮食1685吨。销售各类粮食19897吨。

1987年，粮食订购采取化肥和柴油挂钩政策。全年合同订购实收粮食6865.9吨，其中收购大米2799.8吨、小麦1488吨、玉米2455吨、大豆和花生123.1吨。议价购粮11674吨。年底，共购粮18539.9吨，销售各种粮食18780吨，议价销售14066吨，销售总额3905万元。

1988年，粮食购销，由分配管理型向经营管理型过渡。至1991年，累计购进粮食47503吨、订购实收粮食20740.1吨，收购总值14318万元。销售各类粮食71082吨。

1992年，粮食销售价格全面放开，城镇人口和非农业人口用粮定量取消，统一市场购买。自此，1953年开始粮食统购统销政策结束。

1996—1999年，购进粮食以议购为主，购进总值11083万元，购粮57890吨，销售粮食40072吨，销售总额11563万元。

2000年，国家粮食政策调整，允许用粮大户和个体经营户到农村收购粮食，小麦、玉米退出保护价。粮食部门对实行保护价粮食常年敞开收购。政府与粮站联合，采取粮价结算与农业税收结算挂钩办法，促进粮食收购。

2001年，全县粮食购进总值2074.50万元，收购粮食11457吨（订购3500吨、议价收购7957吨），其中收购大米5961吨、玉米4848吨、小麦648吨。年销售粮食8717吨，销售总值1369.1万元，粮食企业销售收入921万元。是年，粮食系统部分区、乡粮站解体，个体私营粮食购销活动进入市场。

2002—2004年，累计购进、销售粮食总值分别为2731.14万元、3503.57万元，累计购进、销售粮食量分别为22238吨、26598吨。

2005 年，全县购进粮食总值 1334.70 万元，购进粮食 8342 吨。销售总值 1363 万元，销售粮食 8019 吨。全县收储市、县专项储备粮分别为 4000 吨、1500 吨。

二、油料

1986 年，全县食用油主要以菜油为主，县人民政府每年在订购粮食同时下达油菜籽交售任务。年收购油菜籽 2058 吨，折油 617.4 吨。收购桐籽 1000 吨、桐油 575 吨。销售菜油 502 吨、桐油 900 吨。

1996 年以后，农村责任制发生变化，外出务工人员增多，油菜种植面积逐渐减少。油桐树大量砍伐，桐籽产量逐年减少，植物油购销量逐渐减少。至 1999 年，收购油菜籽 4227 吨、收购桐油 320 吨。销售菜油 921 吨。

2000 年，国家粮油政策进一步调整，允许个体户到农村收购油料及成品植物油。全年粮食系统只购进油脂油料 547 吨，销售各类油脂油料 1034 吨。

2001 年，粮油价格及购销完全市场化，粮食部门只收购油脂油料 505 吨，销售各类油脂油料 805 吨。至此，区、乡粮站逐步停止集体购销油料活动。

2005 年，收购食用油 2628 吨。

1986—2001 年彭水自治县粮油收购情况一览表

表 20-4

年度	购进总值（万元）	订购实收（吨）	议购议转平（吨）	年度收购总数（吨）	收购油菜（吨）	油菜籽折油（吨）	收购桐籽（吨）	桐籽折油（吨）	收购桐油（吨）	购桐油合计（吨）	购其他油脂油料（吨）
1986 年	—	2181	—	—	2058	617.4	1000	300	575	875	—
1987 年	—	6865.9	11674	18539.9	1393	488	—	—	1750	1750	卷籽 870
1988 年	2210	6355	6710	13243	2030	711	—	—	1600	1600	—
1989 年	6878	6876.1	4399.9	11276	2150	753	1200	360	500	860	510
1990 年	2539	3309	8634	11943	3143	1100	41609	179.28	600	600	313.4
1991 年	2691	4200	6841	11041	5637	1973	—	—	740	740	490
1992 年	4500	4500	12429	16929	514	178	500	150	450	600	—
1993 年	2353	2447	15478	17925	411	144	1388	566	380	946	58
1994 年	2408	4500	9146	13664	2028	703	2769	831	291	1122	—
1995 年	4100	4500	12321	16821	3099	1084	702	211	830	1041	—
1996 年	2938	4350	7780	12130	1252	438	670	201	456	657	49
1997 年	2431	4280	9018	13298	1153	1104	795	239	255	494	—
1998 年	2955	4500	11652	16152	969	339	532	160	372	532	—
1999 年	2759	4500	11810	16310	853	299	452	136	320	456	—
2000 年	2702	3500	10844	14344	—	547	—	—	—	—	—
2001 年	2074.50	3500	7957	11457	油料 505	—	—	—	—	—	—

1986—2001 年彭水自治县粮油销售情况一览表

表 20-5

年度	粮食总量（吨）	粮食总额（万元）	菜油总量（吨）	桐油总量（吨）	菜籽总量（吨）	桐籽总量（吨）
1986 年	19897	—	502	900	—	—
1987 年	18780	3905	616	1750	—	—
1988 年	21154	4147	742	1600	—	—
1989 年	8935	3097	451	500	—	—

续表 20-5

年度	粮食总量（吨）	粮食总额（万元）	菜油总量（吨）	桐油总量（吨）	菜籽总量（吨）	桐籽总量（吨）
1990 年	18140	—	1011.4	751.8	—	—
1991 年	22853	—	783	750	—	—
1992 年	29910	—	752	600	—	—
1993 年	21405	—	863	480	—	—
1994 年	14472	2466	146	443	154	991
1995 年	12905	5200	205	1007	167	—
1996 年	11482	3794	284	500	557	—
1997 年	7453	2308	270	510	—	—
1998 年	9382	2620	101	520	—	—
1999 年	11755	2841	266	450	—	—
2000 年	15942	2511	—	各类油料 1034	—	—
2001 年	8717	1369.10	—	各类油料 805	—	—

三、肉食产品

1956 年，成立彭水县食品公司，主要经营生猪、菜牛、山羊等肉食类产品收购、外调和猪、牛、羊肉销售。1964 年，县食品公司固定资产原值 1100 万元，注册资金 135 万元，职工 309 人。此后，逐步建立各区食品经营站、乡食品站（点）。1984 年 11 月，彭水县食品公司更名为彭水自治县食品公司（简称县食品公司）。1986 年，县食品公司下设 8 个区食品站、63 个乡镇食品点、肉联厂 1 家、肉食门市部 1 个、综合经营部 1 个，职工 435 人。1988 年，公司实行厂司合一，由原 9 个股室缩减为“4 股 2 室”（业务、计财、生产卫检、保卫股；公司、厂务办公室），职工由 72 人缩减为 48 人。2001 年 1 月，县食品公司破产。

1986 年，购进猪、牛、羊分别为 4.6 万头、2500 头、1500 只。购进猪、牛、羊肉分别为 2208 吨、187 吨、24 吨，年销售猪、牛、羊分别为 3.31 万头、100 头、100 只，销售猪、牛、羊肉分别为 1273 吨、10 吨、1 吨，年销售总额 685.50 万元，税利 58 万元。

1988 年，县食品公司对生猪经营实行“半放开”政策，取消“卖 1 留 1、卖 1 吃多”政策。同时培植养猪专业户，建起养猪专业户 1021 户，与县食品公司签订购销合同。其中 10 头、20 头、30 头、50 头、150 头以上养猪专业户分别为 139 户、54 户、13 户、20 户、4 户、1 户。年购进总值 545.91 万元，销售总值 805.74 万元。资金周转 3.56 次，获利 34.09 万元。

1989—1990 年，购进猪、牛分别为 93400 头、4700 头，猪、牛肉 4945 吨。销售猪、牛分别为 594 头、900 头，销售猪、牛肉分别为 4034 吨、90 吨。

1991 年，生猪市场全面放开，县食品公司年收购生猪 26507 头、销售生猪 12591 头，分别比上年减少 12994 头、下降 1.27 倍。年收购菜牛 6441 头，比上年同期增加 3924 头，上升 2.56 倍。年底，购进总值 744.24 万元、销售总值 1549.29 万元，分别比上年下降 4.33%、4.1%。毛利率 15.24%，比上年下降 0.46%，费用率为 15.33%，流动资金占用 241.91 万元，盈利 459.1 万元。

1997 年，从外地经营商引进经营流动资金 800 余万元，签订猪、牛肉、乳猪销售合同分别为 1520 吨、400 吨、200 吨。全年收购生猪 3215 头，加工白条肉 150 吨。收购菜牛、羊 7640 头，加工牛肉 550 吨。收购仔猪 19550 头，加工乳猪肉 85 吨。联营收购猪副产品 51 吨。销售生猪 2315 头，销售总值 970 万元，毛利 57 万元，年终亏损 36.66 万元。

2004 年，全年出栏肉猪 49.8 万头、肉牛 3.8 万头、山羊 8.8 万只、家禽 115 万只，分别比上年增长 3.5%、1.1%、2.4%、1.5%。

1986—1998 年彭水自治县食品公司营业及利税情况一览表

表 20-6　　单位：万元

年度	1986 年	1987 年	1988 年	1989 年	1990 年	1991 年	1992 年	1993 年	1994 年	1995 年	1996 年	1997 年	1998 年
零售	685.5	572	512	671，4	951	1190.9	897	201.4	792.3	845.4	725.6	516.6	891.6
利润	58	46.82	34.09	639.7	522.9	459.1	359.1	102.4	315.3	408	308.1	57	50.8

四、蔬菜水产品

1978 年，成立彭水县蔬菜饮食水产服务公司。1986 年，各乡镇、场点设有专门街段进行蔬菜水产品交易。1984 年 11 月，更名为彭水苗族土家族自治县蔬菜饮食水产服务公司（简称县蔬菜公司）。1999 年，县蔬菜公司有流动资产 311.80 万元、固定资产 291.73 万元、职工 70 人。县蔬菜公司累计负债总额 232.15 万元，无力扭亏，宣告破产。10 月，公司实行零价转让，以资带人，重新量化产权，实行按股分红股份制经营。

1986 年，县蔬菜公司年销售额 115.40 万元，获利 54.10 万元。

1987—1998 年，县蔬菜公司销售蔬菜、水产食品总金额 1113.30 万元，利润 571.10 万元。

1986—1998 年彭水自治县蔬菜公司营业及利税情况一览表

表 20-7　　单位：万元

年度	1986 年	1987 年	1988 年	1989 年	1990 年	1991 年	1992 年	1993 年	1994 年	1995 年	1996 年	1997 年	1998 年
零售	115.4	119.5	139.5	132.5	138.8	119.5	75.8	53.3	33	42.3	45.5	40.4	173.2
利润	54.1	60.6	62.6	64.4	78.8	79.4	50	32	18	21.5	15.5	24.8	63.5

五、其他农副产品经营

全县其他农副产品经营主要由供销社、土产、棉麻、日杂公司等相关部门购销。全县 64 个供销分社分别设有农副产品收购站。收购农副产品主要有：苎麻、红麻、茶叶、蚕茧、五倍子、山货皮革、棕片、生漆、干鲜果类、调味品类等。

1986 年，农副产品收购额 944.60 万元，农副产品销售总值 2340 万元。

1998 年，全县进行产权体制改革，供销合作社、土产、棉麻、日杂公司相继解体，农副产品收购由个体经营户取代。

2000 年，收购和销售苎麻 160 吨。

1986—1997 年彭水自治县部分农副产品收购情况一览表

表 20-8

年度	购进总额（万元）	苎麻（吨）	红麻（吨）	五倍子（吨）	鲜蛋（吨）	茶叶（吨）
1986 年	944.60	128	—	28	59.5	7
1987 年	849.80	112	—	30	16.1	10
1988 年	846.10	504	275	52	34.8	20
1889 年	799	1178	300	57	6.4	96
1990 年	636.50	390	100	48	6	10
1991 年	800	580	380	50	—	—
1992 年	831	300	800	49	—	—

续表 20-8

年度	购进总额（万元）	苎麻（吨）	红麻（吨）	五倍子（吨）	鲜蛋（吨）	茶叶（吨）
1993 年	941	280	1200	55	—	—
1994 年	884	391	350	41	—	—
1995 年	856	410	200	35	—	—
1996 年	827	402	150	20	—	—
1997 年	2066	377	250	18	1455	—

第四节 能源产品

一、电力

1985 年，全县有电站 38 座，装机 46 台，总容量 9316 千瓦。其中，乡村电站 34 座，装机 38 台，总容量 2696 千瓦。县电力公司所属电站 4 座，装机 8 台，总容量 6620 千瓦。年发电量 2535.90 万千瓦时，年供电量 2912.90 千瓦时，总产值 130.84 万元，上缴税金 9.13 万元，利润 92 万元。

1986 年，年供电 2468 万千瓦时，售电 199.57 万千瓦时。1990 年 11 月，县物价局制定水火电综合电价。生产用电 0.165 元 / 千瓦时、生活用电 0.24 元 / 千瓦时、非生产用电按生活照明用电收费。自来水价格调整后，抽水用电从原来 0.10 元 / 千瓦时调整为 0.13 元 / 千瓦时。按此价格全年出售电量 3362.24 万千瓦时。

1992—2004 年，供电公司进行过 10 次电价调整。其间，2004 年 10 月成立重庆市彭水自治县发电有限责任公司，注册资金 4464.64 万元。

2005 年，发电站 28 座，装机 43 台，总容量 33665 千瓦。其中，水电站 27 座，装机容量 21665 千瓦；火电站 1 处，装机容量 12000 千瓦。国有水电站装机容量 9120 千瓦，其他私有股份制电站装机容量 12545 千瓦。总发电量 11177 万千瓦时，用电总量 25150 万千瓦时。是年 5 月 1 日起，居民生活用电由 0.432 元 / 千瓦时上调到 0.463 元 / 千瓦时、非居民照明用电由 0.653 元 / 千瓦时上调到 0.742 元 / 千瓦时、商业用电由 0.773 元 / 千瓦时上调到 0.835 元 / 千瓦时、非普通工业用电由 0.523 元 / 千瓦时上调到 0.611 元 / 千瓦时、大工业用电由 0.425 元 / 千瓦时上调到 0.501 元 / 千瓦时、基本电费由 14 元 / 千伏安·月上调到 16 元 / 千伏安·月。年电力生产和供应资产总值 32764 万元，营业收入 14700 万元，盈利 257 万元，上缴税金 914 万元。年售电总量 1.81 亿千瓦时，比上年增长 19.74%，企业增收 1326.43 万元。

二、天然气

2002 年 9 月，成立彭水自治县中阳天然气有限公司，天然气来源于涪陵（CNG）加气站压缩天然气（CNG）。2003 年 7 月 6 日，中阳天然气工程竣工开通，彭水自治县城区域通气。2005 年 8 月 18 日，重庆市经济委员会批准彭水自治县中阳天然气有限公司进行天然气运营，接受彭水自治县经贸委监督管理。至年底，天然气民用 2018 户、商业用 25 户，供气规模 2200 立方米 / 日。年产值 340 万元、创利税 20.20 万元。

三、煤炭

1985 年，煤矿 42 个，年产煤 7.37 万吨。1998 年，全县煤窑 500 多个，通过整顿减至 50 多个。

2005 年，全县煤矿 35 个（国有 3 个、乡镇和个体 32 个），产原煤 35.52 万吨（国有煤矿 18.80

万吨、乡镇和个体煤矿 16.72 万吨），总产值 4676.80 万元（国有煤矿 2840.50 万元、乡镇和个体煤矿 1836.30 万元），从业人员 3000 人。国有煤矿销售收入 2675 万元，创利 108.6 万元，税金入库 311 万元。

第五节　农业生产资料

农业生产资料购销主要由彭水自治县农业机械管理局（简称县农机局）、彭水自治县种子管理公司（简称县种子公司）、供销社所属农资、日杂公司及各乡镇供销分社、农技服务站经营，主要经营品种有农机具、种子、肥料、农药、农膜、地膜、微膜。

一、农机具

农机具主要由县农机局经营管理。1959 年 8 月，成立彭水县人民委员会农药机械科。1960 年 1 月，更名彭水县农业机械局。1962 年 5 月，撤销彭水县农业机械局，业务分别移交县工业交通科和手工业管理局。1970 年 10 月，恢复成立彭水县农业机械局。1983 年 11 月，更名彭水县农业机械化管理服务公司。1984 年 1 月，成立彭水县农业机械化管理局，和农业机械化管理服务公司合署办公，实行一套班子、两块牌子管理模式。1984 年 11 月，更名彭水自治县农业机械化管理局（简称县农机局）、彭水县农业机械化管理服务公司更名彭水自治县农业机械化管理服务公司（简称县农机公司）。1986 年 3 月，成立彭水自治县机械工业局，与县农机局、服务公司合署办公，实行一套班子、三块牌子。2001 年 8 月，撤销县农机局，并入新组建的县水利农机局。

1986 年 12 月，全县农用机械总动力 30896.54 千瓦，农用机械 413 台，比上年增长 33%，手动喷雾器 4388 台，农副产品加工机械 5136 台。全县乡农机站及农机户从事农机服务收入 375.29 万元（其中乡农机站收入 5.54 万元），代销农机零售 3.17 万元，盈利 170.02 万元，上缴税金 4.6 万元。

1987—1988 年，出售农机具 112295 件，农用机械原值增加到 892.97 万元，年农机经营综合收入 705.34 万元，盈利 210.10 万元，上缴费税 22.05 万元。

1991 年，迁乔等乡推广试用农业微耕机 10 台，黄家区大厂乡推广烟叶初烤机 32 台，为烟农增收 1.63 万元。农机供应销售额 215.29 万元，比上年增长 34%，农机经营总收入 905 万元，获利 250 万元，缴纳费税 37.10 万元。乡农机站经营总收入 10.10 万元，获利 1 万元。1992 年，购进中小农具 7500 件（铁制农具 2500 件、竹制农具 1000 件、塑料农具 4000 件），出售烟叶初烤机 30 台、化肥深施器 10 件，试推水稻推芽机、喷灌机、开沟犁等新农具。年农具经营性收入 1194.71 万元，纯收入 430.23 万元。1993 年，推广新型玉米脱粒机 2000 台。

1997 年，个体和私营农机进入市场，县农机局农机交易量逐渐减少。年农机生产经营总收入 53 万元，农机供应企业商品销售 177 万元。推广新型加工农机具 200 台、化肥深施器 3000 只。出售整耕机 1 台。

1998 年，对乡镇农机站资源整合，保留原区站 9 个，修建全民所有制事业性质片区中心站 10 个，新增编制 31 人，乡镇农机编制人数 74 人。推广销售微型水田旋耕机 825 台，农机供应公司商品销售 250 万元。

2000 年，县农业银行小额贷款 31.44 万元、农民自筹资金 7.10 万元，购买各种农用机械 122 台。

二、种子

种子主要由县种子公司经营管理。1958 年，设立彭水县种子管理站，为县农业局内设机构。

1980年10月，建立彭水县种子管理公司，隶属县农业局管理，进行农业粮食种子购进、储运、销售、推广等专营工作。1984月11月，彭水县种子管理公司更名为彭水自治县种子管理公司（简称县种子公司）。1994年5月，种子管理站与县种子公司合署办公。2005年，县种子公司经营不景气，公司破产。

1986年，在平安、桑柘、新场3处制杂交玉米品种7个，制种面积172.47万平方米，收购玉米杂交良种158.7吨，调进小麦良种50吨，实有（购进和自收）杂交水稻种子104.1吨。销售杂交水稻良种99.7吨、玉米良种206吨、小麦良种42吨。

1989年，收购杂交水稻、玉米良种分别为13.5吨、379.1吨。销售杂交水稻、玉米良种分别为196吨、510吨，获利20万元。

1997年，县种子公司执行《种子管理条例》，规范种子购销市场，实施“1改带6改”（改过去粗加工为精加工、改过去种子没有熏蒸为种子熏蒸、改过去散包装为小包装包衣销售、改过去临时工包装为公司职工包装、改过去高水分销售为低水分销售、改过去无品种介绍说明书为有品种介绍说明书）方案，年收购杂交水稻、玉米良种738.7吨，购进小麦良种100余吨。销售水稻、玉米、小麦、油菜良种分别为177.6吨、300.4吨、100余吨、100余千克，外销良种350余吨。全县水稻、玉米良种普及率分别为94.5%、60%。

1998—1999年，水稻、玉米良种购进入库分别为1359吨、1334.2吨，入库率分别为56.32%、50.92%。累计销售水稻、玉米良种总量分别为332吨、554.5吨，普及率分别为92.24%、63.51%。

三、农资（肥料、农药、3膜）

农资购销主要由彭水自治县农业生产资料公司（简称县农资公司）经营管理。1962年4月以前，全县农业生产资料市场购销由县供销社管理。1966年10月，县供销社并入县商业局，成立彭水县农资公司，隶属县商业局管理。1968年后划入县供销社管理。1988年，成立农资科技股，新建农机科技服务站1个。1992年，成立县农资集团公司，管理全县化肥、农药、药械、农机具、3膜等购销业务。1996年，县农资集团公司把原“3科1室”调整为“4科2室1部”（化肥科、农药科、财会科、仓储科、办公室、监察保卫室、零售门市部）。

1986年，供销系统购进总额1213.8万元，销售农资总值916.4万元。

1988年，全县区乡庄稼医院106个、民间服务站6个、农药和化肥专业户159家。至1990年，县农资公司累计购进总值4328.28万元。销售总值5195.33万元。

1991年，建成县级农资科技服务站1个、区乡庄稼医院72个、村级综合服务站43个。至1993年，累计购进总值6394.6万元，销售总值8430.8万元。

1995年3月，乌江水枯停航，化肥货源紧缺，个体经营户高价出售化肥，农资公司立即调运尿素，满足供给，稳定市场。至1997年，累计购进总值6674.52万元，销售总值8495.93万元。

1998年，农业生产资料购销全面放开，个体和私营企业进入农业生产资料购销市场，数据无法统计。

1986—1998年彭水自治县农资公司农业生产资料购进情况一览表

表20-9

年度	购进总值（万元）	种子（吨）	化肥总量（吨）	其中尿素（吨）	农药总量（吨）	农膜、地膜、微膜总量（吨）	农机具	
							机动车（辆）	中小农具（件）
1986年	1213.8	312.8	11375	7788	115	76.4	42	—
1987年	1369.6	—	22106	13030	56.67	83.37	70	10600
1988年	1303.87	—	28981	15331	47	177	13	13800
1989年	1441.81	392.6	33803	14764	—	—	9	—

续表 20-9

年度	购进总值（万元）	种子（吨）	化肥总量（吨）	其中尿素（吨）	农药总量（吨）	农膜、地膜、微膜总量（吨）	农机具	
							机动车（辆）	中小农具（件）
1990 年	1582.6	—	41692	21454	28	126	70	2511
1991 年	2392	—	39166	19720	1785	1786	—	—
1992 年	2736.6	—	33732	14312	73.69	331.73	—	7540
1993 年	1266	662	18284	4222	—	27	—	2000
1994 年	—	—	17149	—	29.28	45.42	—	—
1995 年	2465.2	—	21594	12068	36.54	135	—	—
1996 年	1482.14	—	18535	11520	20.45	24.9	—	—
1997 年	2727.18	838	27801	13046	68	89	—	—
1998 年	—	766.1	—	—	—	—	—	—

1986—1998 年彭水自治县农资公司农业生产资料销售情况一览表

表 20-10

年度	生产资料销售额（万元）	化肥销售总量（吨）	其中化肥零售量（吨）	其中尿素销售量（吨）	农药零售量（吨）	农膜零售量（吨）	种子（吨）	农机具（台）	
								机动车	中小农具
1986 年	916.4	22810	161	7788	54	—	347.7	51	1443
1987 年	935.48	22006	147	5989	143	106	—	59	61293
1988 年	1394.40	24067	156	13347	212	1751	—	20	50976
1989 年	1573.68	30214	95	13186	159	2503	706	40	658
1990 年	2227.25	41300	56	22282	204	3299	—	70	3214
1991 年	2514	31848	71	16933	344	1780	—	—	2572
1992 年	3091.8	38459	52	16848	43.5	212	—	—	—
1993 年	2825	19726	51	3957	23	62	560	—	2000
1994 年	1294.6	24981	36	15010	96	1685	—	—	2018
1995 年	2808	21692	51	11492	49.31	94.4	—	—	—
1996 年	1829.26	17562	52	15650	30.3	44.3	—	—	—
1997 年	3858.67	29663	41	15352	46	76	578.1	1	3200
1998 年	—	—	108	—	62	849	886.5	—	825

第六节　日用工业品

日用工业品主要有棉布、丝绸等纺织品类，毛巾、毛线、袜子、针织内外衣、布制用品等针棉织品类，钟表、电筒、牙膏等日用百货类，教学用品、照相器材等文具用品类，五金交化商品类等品种。

1986 年，县供销系统针纺织品购进总值 332.70 万元、五交化产品 20.60 万元。

1987—1998 年，五金、百货零售分别为 2885.21 万元、6581.92 万元，利润分别为 1339.5 万元、2869.3 万元。

2002—2004 年，家用电器零售总值 2624 万元。

2005 年，销售家用电器和电子音响器材产品 14239 万元、化工材料及制品 81400 万元、文化办公体育用品 15945 万元、汽车 13105 万元、汽车摩托车零件 4664 万元，服装、鞋帽、针纺织品销售总值1028万元，日用化妆品销售总值8660万元。

1986—1998年彭水自治县部分日用工业品销售情况一览表

表20-11

年度	各类布（万米）	绸缎（万米）	上衣（万件）	裤子（万条）	胶鞋（万双）	皮鞋（万双）
1986年	288.23	6.04	25.46	44.69	227.77	3.18
1987年	344.86	6.8	13.24	59.26	229.7	2.18
1988年	303.39	6.65	12.3	53.29	254.06	2.9
1989年	238.97	6.34	12.94	49.27	233.14	2.83
1990年	214.86	5.42	16.48	60.36	286.97	—
1991年	155.83	6.7	17.83	41.46	318.48	1.67
1992年	146.82	4 .31	16.89	37.81	384.59	1.3
1993年	528.67	5.57	15.94	26.41	610.24	—
1994年	65.43	5.15	21.13	24.84	313.05	0.11
1995年	59.12	4.93	24.75	20.95	289.34	—
1996年	49.46	5.74	23.11	13.61	228.41	—
1997年	44.32	4.95	25.75	11.49	385.62	—
1998年	46.08	5.61	26.17	22.67	293.08	

1986—1999年彭水自治县日用工业品零售量情况一览表

表20-12

年度	电视机（台）	彩电（台）	电冰箱（台）	电冰柜（台）	空调（台）	洗衣机（台）	收音、录机（台）	VCD	电风扇（台）	摩托车（辆）	自行车（辆）	电饭锅（个）	缝纫机（台）	手表（只）
1986年	572	—	18	5	—	119	3076	—	1309	—	519	80	2169	17629
1987年	1049	50	32	10	—	147	2659	—	1377	—	563	120	1979	22800
1988年	1218	16	66	15	—	174	2015	—	2908	—	293	160	2296	21500
1989年	1159	—	60	21	—	141	1606	—	1976	—	276	200	1200	13400
1990年	1159	178	62	25	—	146	622	—	2138	—	259	256	1165	10000
1991年	1286	201	396	35	2	485	372	—	2335	—	122	81	1103	8981
1992年	1417	165	369	45	5	592	401	—	2101	—	392	350	1113	6958
1993年	1363	304	250	78	5	323	—	—	2978	46	197	510	952	5582
1994年	98	56	76	116	7	217	—	—	1864	45	95	400	414	2296
1995年	474	66	84	180	9	233	—	—	11051	47	97	450	512	2063
1996年	1187	742	411	241	56	502	—	65	976	16	31	511	66	1889
1997年	1128	935	326	245	55	532	—	520	1061	50	37	601	61	2574
1998年	1631	1021	367	240	220	611	—	455	1229	42	34	500	55	2921
1999年	1128	979	518	432	96	559	—	208	965	34	36	450	50	3125

1986—1998年彭水自治县五金百货营业情况一览表

表20-13

单位：万元

年度		1986年	1987年	1988年	1989年	1990年	1991年	1992年	1993年	1994年	1995年	1996年	1997年	1998年
五金	零售	436.2	471.9	260.1	231.81	266.9	191.8	280	165.7	79.5	59.7	78.3	96.1	703.4
	利润	123.1	136.4	130.4	111.8	125.5	102.2	153.4	98	60	38	58	80.3	245.5
百货	零售	839.6	856.9	886.9	818.4	630.4	453.5	527.2	482.1	340.1	359.4	370.5	451.12	405.4
	利润	262.8	314.6	364.6	270.6	253.4	235.4	267.6	215	204	217	201.2	175.8	150.1

第七节 药 品

1956年，成立彭水县医药公司。负责全县中、西药进购、供应和销售工作。1977年10月，中、西医药机构单设，分别成立彭水县中药材公司和医药公司。彭水县中药材公司内设业务、财务、办公3科室，零售门市3处，固定资产109万元。彭水县医药公司内设业务、财务、办公3科室，零售门市5处，职工92人，单位房屋建筑面积4273平方米，固定资产158万元，自有资金28.3万元。1984年11月，分别更名彭水自治县中药材公司（简称县中药材公司）和彭水自治县医药公司（简称县医药公司）。1988年1月，县中药材公司分为中药组、成药组、门市零售组、黄家坝区经营站和生活服务部。1991年，县医药公司内设支部经理室、批发部、门市部、仓库和基建储运、财会、业务、秘书等8股室。1997年，县医药公司改设经理室、办公室、财会室、门市部、副食经营部、业务科、仓储科、保卫科及5个区医药批发点。1998年，县中药材公司内外负债，宣告破产，财产拍卖变现。2002年4月，县医药公司改制成立重庆宏业医药有限责任公司。

一、中药材

中药材主要由县中药材公司经营，主要经营中药材、中成药。

1986年，黄连、金银花、杜仲、厚朴等药材减产，收购中药材56万元。上半年销售总额37.83万元，比上年同期下降0.6%。年亏损11万元。

1987年，县中药材公司划分采购、销售2个承包组。收购各类中药材134种58.84万千克，收购总额85.95万元。销售组实行“百元销售含量工资”包干制度，3个门市年销售中药14.74万元，年销售额129.93万元，净增销售额4.98万元。年纯购进总额、纯销售总额分别为128.19万元、148.8万元，获利19.85万元。

1988年1月，县中药材公司改革经营机制，完成内部第2、3层次经营承包。年购进总额346.5万元、销售总额153.3万元，盈利43.8万元。

1992年，中药材经营放开，个体经营户、厂家可以直接到彭水收购和销售中药。县中药材公司调整营销策略，完善改革方案，实行优化组合。实施销售效益与工资挂钩，其中30%挂工资、70%挂销售、职工工资全员下浮20%。年中药购进总额、销售总额分别为234.03万元、320.56万元，分别比上年同期上升17.94万元、66.15万元。中药材销售总额181.34万元、中成药销售总额139.22万元，全年亏损7.74万元。

1994—1995年，累计购进中药材总值149.4万元，销售总额208万元，亏损133万元。1996年，医药市场混乱，假冒中药材充斥市场，相互砍价杀价，正规国有医药企业经营指标和利润大幅度下降。积压药品霉变、失效损失大，经营成本高涨，亏损大。截至11月底，购进药品总值125.60万元，销售总额127.9万元，亏损74.4万元。

1997年，将分散承包经营部门收回县中药材公司统一经营、核算、管理，实现扭亏增盈。年购进总值230万元，其中产地药材收购金额23万元。销售总额334万元，获利0.30万元，比上年减亏74.70万元。

1998年，私人开设正典药房，县中药材公司部分下岗职工在此上岗。1999年9月，职工买断工龄，全部安置离岗。

2005年，正典药房有连锁店、加盟店35个。

二、西药

西药由县医药公司经营管理，主要经营西药、西药制剂、医疗器械等品种。

1986年，调入总额187万元，比上年同期上升512.6%。年销售、区社批发点销售、获利分别为197.8万元、101万元、12.4万元，分别比上年同期上升5.4%、18.4%、19.2%。

1987—1990年，累计西药购进额280.9万元、销售额1079.6万元、获利79.34万元。

1991年，西药市场出现多头经营、降价竞销、让利扩扣局面。县医药公司进行第二轮经营承包。年购进总额272.2万元、销售总额351.2万元、获利14.4万元。增加国家和企业流动资金5.46万元。12月底，固定资产增加到35.74万元，承包风险基金增为1.19万元。

1992—1996年，累计购进总值853.6万元、销售总额1350.2万元。其间，1993—1996年，累计亏损105.8万元。

1997年，将承包的3个经营部回收到县医药公司，统一经营管理。年购进药品总值304万元，比上年上升186万元。年销售实绩479万元，比上年上升285万元，盈利0.9万元。

1998—2001年，实行私人承包经营责任制，自主经营、自负盈亏。

2002年4月，改制后的重庆宏业医药有限责任公司，主营各类西药、中成药、中药材购进和批发业务。年购进各类药物3000多种，购进金额198万元，销售金额185万元，获利8.2万元，上缴税15万元。

2003年，引进桐君阁大药房在彭水开业。

2005年，重庆宏业医药有限责任公司有直营店9个、加盟店4个。年购进药品总额1527多万元，营业额近亿元，上缴税金600余万元。全县有“和平药房”13个、“桐君阁大药房”10个、“昌野药房”10个、“康济药房”13个、“双叶药房”10个，长寿堂药房、康乐大药房、周永大药房、鸿雁大药房各1个。

第八节 废旧物品回收

1962年，建立彭水县日杂回收公司，是县供销联社下属公司，主要负责全县日用杂货购销和废旧物品回收与销售。1984年11月，更名为彭水自治县日杂回收公司（简称县日杂公司）。

1987—1988年，累计废旧物品（废杂铜、铝、锌、钢铁、橡胶、轮胎、破布、麻及制品、塑料、杂骨、棉、纸）收购、纯销售总值分别为32.18万元、45.68万元。废旧物品收购、销售量分别为81.74吨、53.98吨。

1990年，废旧物品收购38.17万元，废旧物资收购、销售分别为55.67吨、63.99吨。

1992—1994年，废旧物品购进、纯销售总值分别为209.38万元、272.33万元。1996年，废旧物品购进、销售总值分别为30.62万元、43.77万元。

1997年，县日杂公司有职工92人，固定资产1250万元。废旧物品购进、销售总值分别为42.38万元、66.62万元。

1986—2005年彭水自治县商品销售及利税情况表

表20-14　　单位：万元

年度	商品销售额	社会消费品零售额	国营商业零售额	国营利润	国营税收	集体（供销）零售	集体商业税利	私营工商税
1986年	12678	7417	1158.3	105	97.68	2124.4	8.07	—
1987年	15091	8829	1046.2	92	148.46	2494.5	2861	84.6

续表 20-14

年度	商品销售额	社会消费品零售额	国营商业零售额	国营利润	国营税收	集体（供销）零售	集体商业税利	私营工商税
1988 年	17401	10080	1146	112.6	128.5	2288.4	54.4	—
1989 年	22128	11321	1351.3	−208.2	63.1	2427.8	−286.1	390
1990 年	20839	10434	1222.2	−142.33	144.38	2480.4	61.5	379
1991 年	28389	12060	1173.7	−98.5	164.7	5049.3	225.3	394
1992 年	28738	15235	978.1	−102.5	155.5	3084	80.9	390
1993 年	28199	20052	536.9	−570.9	114.5	2751.5	−389	534
1994 年	27850	26089	652.3	−583.7	102.5	1924	−297	428
1995 年	33604	30333	728.5	−110	105.8	2645	−450	628
1996 年	41676	37000	621.3	−169.7	180.7	3018	−976.9	1300
1997 年	58231	42102	677.6	−148.5	162.2	2213	−583	1500
1998 年	52116	49218	1069.4	20.1	550.1	1898	−679	1351
1999 年	48733	56055	1134.5	81.5	759.4	—	—	1405
2000 年	48193	65303	1858.1	104.3	1501.1	—	—	1314
2001 年	44019	73541	2315.8	598.0	1408.8	—	—	1056
2002 年	46417	83102	2005.5	895.4	1757	—	—	1550
2003 年	36006	92160	2554.1	984.8	1855	—	—	1610
2004 年	54644	106168	3015.4	1098.5	2015	—	—	1685
2005 年	64715	122094	3279.7	1045.6	2048.4	—	—	1705

第四章 综合服务业

第一节 美容美发

1986年，全县美容美发店5家，从业人员33人，固定资产4.34万元，流动资金0.76万元。1987年，美容美发店83个，从业人员96人，有固定资产2.35万元，营业收入24.25万元。

1991—1993年，从事美容美发业211个，从业人员240人，固定资产13.03万元，营业收入72.64万元，其中理发产品销售49.97万元。

2001—2002年，从事美容美发业393家，雇请人员508人，注册资金405万元，年营业收入1645万元。

2003年，从事美容美发业213家，雇请人员275人，注册资金248万元，年营业收入913万元。

第二节 广 告

1986年，全县广告兼营单位4户，兼营人员70人，广告兼营额3.5万元。

1993年，经营单位3个，从业人员40人，制作路牌56块，霓虹灯8个，橱窗5块，年经营收入1.57万元。

1999年，全县广告经营单位3户，从业人员21人。2000年，广告营业额36.3万元。2001年，广告主、异地费用31.5万元，广告经营额16.1万元、利润0.5万元、税收0.8万元。2002年，广告经营额24.1万元。2003年，广告经营单位4户，从业人员34人，广告营业额32.6万元，户外广告媒体数1197户。主、异地广告费用60万元。

2005年，广告兼营单位3户，兼营从业人员23人。有广告公司3家，注册资金70万元。户外广告媒体数1935个，户外广告经营额62.3万元。

第三节 维 修

1986年，全县日用品维修店3家，从业人员42人，固定资产4.18万元，流动资金3.44万元。1987年，从事维修业182户，从业人员263人，自有资金11.01万元，年营业额198.66万元。

1991—1994年，从事维修行业832户，从业人员993人，固定资产102.87万元，营业收入316.19万元，其中修理产品零售额229.03万元。

2001—2003年，从事日用品维修业1035家，从业人员1555人，营业额4667万元。

第四节 摄 影

1986年，从事摄影业1户，从业人员16人，固定资产4.18万元，流动资金1.33万元。1987年，从事摄影业单位25个，从业人员25人，流动资金1.89万元，年营业额25.05万元，其中摄影器材零售19万元。

1991—1993年，累计从事摄影业78户，从业人员108人，营业收入45.46万元。

1997年，从事摄影业4家。

第五节 餐饮业

1986年，从事餐饮业网点599个，从业人员1241人，有固定资产41.9万元、流动资金14.14万元。

1987年，餐饮业473家（饭菜馆472家、冷饮馆1家），从业人员1021人，固定资产20.9万元，营业额322.9万元。

1991—1993年，累计从事餐饮业2087家，从业人员3004个，固定资产222.38万元，营业额840.42万元。

1994年，国有和集体餐饮网点解体，个体餐饮网点1248个，从业人员1547人。

1995年，从事餐饮业1122家（城镇574家、农村548家），从业人员1417个，注册资金209万元（城镇107万元、农村102万元），营业额494万元。1997年，从事餐饮业1196家，从业人员1487个，注册资金225万元（城镇106万元、农村119万元），营业额1736万元。

2005年，引进“德庄火锅”“龙湖鸭肠王”重庆知名餐饮连锁店各1个。限额以上（年营业额200以上、从业人员40人以上）餐饮业2家，从业人员125个，年营业额6487万元（客房收入304万元、餐饮收入6183万元），盈利1259万元。限额以下餐饮业2家，从业人员59人，年营业额2460万元。

1986—1999年彭水自治县餐饮业网点和从业人员情况一览表

表20-15

年度	餐饮业网点（个）				从业人员（人）			
	总计	国有	集体	个体	总计	国有	集体	个体
1986年	599	28	37	534	1241	172	155	914
1987年	473	14	40	419	1021	106	158	917
1988年	554	15	33	506	1167	92	165	750
1989年	424	14	33	377	781	84	155	542
1990年	550	12	27	511	937	60	146	731
1991年	617	6	17	594	962	36	103	823
1992年	727	3	11	713	1029	29	38	962
1993年	743	2	28	713	1013	15	36	962
1994年	1248	—	—	1248	1547	—	—	1547

续表 20-15

年度	餐饮业网点（个）				从业人员（人）			
	总计	国有	集体	个体	总计	国有	集体	个体
1995 年	1122	—	—	1122	1417	—	—	1417
1996 年	1133	—	—	1133	1431	—	—	1431
1997 年	1196	—	—	1196	1487	—	—	1487
1998 年	1391	—	—	1391	1623	—	—	1623
1999 年	1400	—	—	1400	1520	—	—	1520

第六节 旅馆业

1986 年，从事旅馆业 15 家，从业人员 337 人，有固定资产 260.99 万元、流动资金 22.71 万元。

1987 年，旅馆 39 家，从业人员 98 人，固定资产 13.66 万元，年营业额 59.33 万元，其中零售额 40.02 万元。

1988 年，彭水商行开始营业，年营业额 180 万元，盈利 5.65 万元。

1991—1995 年，累计从事旅馆业 237 家，从业人员 352 人，营业额 253.94 万元。

2001—2003 年，累计从事旅馆业 248 家，从业人员 449 人，营业额 4170 万元。

2005 年，限额以上旅馆业 2 家，从业人员 109 人，营业额 5223 万元（客房收入 2277 万元、餐饮收入 2893 万元、商品零售 23 万元），亏损 1537 万元。限额以下旅馆业 6 个，从业人员 97 人，年营业额 8020 万元（客房收入 4674 万元、餐费收入 3311 万元、其他收入 35 万元）。

第七节 其他服务业

1986 年，其他服务业机构总数 386 个（国营 13 个、集体 43 个、个体 330 个），从业人员 819 人（国营 184 人、集体 150 人、个体 485 人）。

1987—1990 年，累计服务业机构 1602 个，从业人员 3293 人。1995 年，从事娱乐服务业 46 家（城镇 25 家、农村 21 家），从业人员 54 个，注册资金 37 万元，营业收入 42 万元。1997 年，娱乐服务业 48 家（城镇 42 家、农村 6 家），从业人员 87 个，注册资金 123 万元，营业收入 101 万元。

2001—2003 年，从事娱乐、信息咨询、计算机应用服务业分别为 244 户、33 户、78 户，从业人员分别为 402 人、98 人、159 人，注册资金分别为 708 元、150 元、187.4 万元，营业额分别为 1493 元、194 元、824 万元。

2004 年，从事娱乐服务业 84 家（城镇 70 家、农村 14 家），从业人员 126 个，注册资金 194 万元，营业收入 208 万元，娱乐服务业消费品零售额 106 万元。

第二十一篇　财政　税务

随着改革开放，彭水实现产业调整，各行业的发展，第三产业的壮大，财政收入逐年增长。1986年，全县财政收入1155.8万元，1995年增至5246.4万元，2003年突破亿元大关，2005年达到14271万元。彭水实行税制改革，1986年税收1258万元，2005年实现税收7354万元。同时，彭水财政收入和税收优惠政策以农业税减免和财政帮扶等方式促进农业、工业和教育、卫生、公共设施等社会事业发展。

第一章 财 政

第一节 财政机构

1984 年，彭水自治县成立，彭水县财政局改称彭水自治县财政局（简称县财政局），办公室设在汉葭镇北门街 115 号。1986 年，县财政局内设秘书股、预算股、行财股、农财股、企财股 5 个股室，下设 8 个区级财政所、65 个乡级财政所。1988 年增设农税股、监察股。1992 年成立农业税收稽查队。1995 年，增设社会保障股、税征股、基本建设财务股、外经股。2000 年，县财政局内设共 14 个股室（秘书股、预算股、行财股、农财股、企财股、综合股、监察股、社保股、农税股、政工股、信用股、基建股、税征股、外经股），受县人民政府委托，代管“罚没办、公医办、三检办”。2001 年，彭水自治县机构改革撤销区级财政所，调整为 39 个乡镇财政所。是年，成立乡（镇）会计核算中心，撤销原 8 个区级财政所后设置 8 个片区乡（镇）会计核算中心、成立彭水自治县会计集中核算中心。3 个核算中心均属财政局下属副科级事业单位。县财政局内设股更名为科，综合股、秘书股合并为综合科，社保股、行财股合并为行财社保科；预算股更名为预算科、农税股更名为农业税征收管理科、农财股更名为农业科、企财股更名为企业科；撤销监察股、政工股、信用股、基建股、税征股、外经股；新设会计管理科、预算外资金管理科。受县人民政府委托代管“罚没办、公医办、采购办”。2002 年，彭水财政局迁至十字街新世纪四楼办公。2004 年，预算外资金管理科更名为非税收入科，增设国库科、乡镇财政科。2005 年 1 月，成立彭水自治县会计委派中心，4 月成立彭水自治县票据打印管理中心。9 月，3 个核算中心合并，改称县、乡会计集中核算中心，隶属不变，内设综合科、县会计科、结算科、乡镇会计科。同年取消农业税后，农业税收稽查队撤销。至年底，彭水财政局内设综合科、乡镇财政科、预算科、农业税征收管理科、农业科、企业科、会计管理科、非税收入科、国库科、行财社保科 10 个科室，下设彭水自治县会计委派中心、彭水自治县票据打印管理中心和县、乡会计集中核算中心 3 个中心，全局人员 27 人。

第二节 财政体制改革

一、县级财政体制改革

彭水自治县财政体制经历多次改革。新中国成立初期，中央实行“统收统支”即收入全额上缴中央，支出由上一级财政核销拨款。1953 年，彭水县根据上级批示，县级成立一级总预算，仍实行统收统支的财政管理体制。1958 年，建立乡（镇）一级财政，终因条件不成熟，历时 5 个月。1959 年，停止执行。从 1980 年开始，彭水县财政实行“划分收支、分级包干”即分灶吃饭的财政管理体制，进一步扩大地方财政的自主权，统筹分配财力，打破长期以来因统收统支而造成的“收入上解、支出上要”的财政“大锅饭”体制。1983年，彭水县财政实行预算包干体制，对部分企业实行第一步“利改税”。1984年国营企业实行第二步“利改税”。1985年涪陵地区对彭水实行“核定收支、定额补助（或上解）”的财政管理体制。到1986年实行新的第一轮县级财政包干体制，地方财政体制改为“划分税种、核定收支、分级包干、一定五年不变”的办法。1988年，彭水自治县由涪陵地区划归黔江地区管辖，县对各乡和县级各预算单位，一律实行“定收定支、收支挂钩、超收分成、超支不补、结余留用、一年一定”的管理体制。但由于体制不健全，实际上形成“统收统支、包而不干”吃大锅饭的体制。1989年，试行县、区、乡分级管理，实行“定收定支、超收分成、超支不补、节约留用、一年一定”的管理体制。实行按比例分配：烤烟税超基数部分，扣除上交中央40%后，县区对半分成，其他工商各税除酒税应扣除加价部分上缴中央和耕地占用税超基数部分上缴中央、省、地50%外，县、区四六分成；各区超收分成所得，区、乡二八分成；区、乡分成中可提取5%的奖励基金，直接奖励发展生产的有功人员；从1989年1月1日起到12月31日，年度内如遇中央重大政策出台而增加支出的经费，由县区各负担50%。

在第一轮财政包干年度于1990年到期后，1991年开始实行第二轮县级财政包干体制。黔江地区对彭水自治县实行“核定收支、定额补助、超支不补、节余留用”的原则，即1991年和1992年按原定补贴给予补助，1993年至1995年，分别按定额补贴总额的10%、40%和50%的比例减少补贴。在1992年，对县级行政事业单位实行“定编定额、定核算、支出包干、结余留用、一定三年不变”的管理体制，将原财政供给的35个单位，根据不同情况，分类测算，区别对待。

随着体制改革的深入，1994年，彭水自治县根据中央和地方政府事权与财权相结合原则，把税收划分为中央税、地方税、共享税，财政征收的农业四税划归地税局征收。2002—2004年，以合理划分县、乡（镇）政府之间的事权和财权为基础，通过县级财政对乡镇财政的转移支付，保障乡镇人民政府履行政府公共职能的基本需求，实施乡镇分税制财政体制。推行集中核算制和重点委派制两种形式，成立县级会计核算中心和片区会计核算中心，分别管理县级各行政事业单位和乡镇的会计委派工作。在资金的所有权、支配权、使用权不变的条件下，财政局通过会计核算中心对各单位的财务收支进行“集中管理、统一开户、分户核算”（简称“零户统管”）。凡纳入集中核算的单位，撤销银行账户，其资金结算、会计核算、会计监督统一由会计核算中心办理和承担。各部门的日常开支由单位指定专人到核算中心报销，或领取定额备用金实行报账制；大额资金支出，实行政府采购或按有关规定由中心直接拨付。在执行中，由于管理体制中不适应社会主义公共财政框架要求的问题逐渐显现，为进一步理顺县级与乡镇的财政分配关系，促进城乡经济社会协调发展，从2005年起执行新的县乡镇分税制财政管理体制，按照“增收全留、短收不补、超支自负”的原则，健全和完善“分级决策、分级负责、分级平衡”的财政运行管理机制，做到“乡事乡办，乡财乡理，人、财、物相随”。

二、区乡（镇）级财政体制改革

彭水自治县区乡（镇）财政收支管理体制改革经历了复杂的过程。1992—1994年，根据“分级管理、分灶吃饭”的基本原则，以“定收定支、收支包干、低幅递增上解、一定三年不变”的体制为基本形式，1992年，实行“核定基数、收支包干、5%上解或5%递减、结余留用、一定三年不变”的财政预算管理体制，配套建立8区1镇金库，使区、乡（镇）财政成为一级实体。收入基数以1989—1991年平均数作为底数，再加上1991年全县平均增长幅度，以后逐年按5%的增长数作为收入包干基数，划归区乡（镇）的收入中，按规定上解的部分，由区乡（镇）级财政专项上解。如烤烟产品税以上年实绩增长部分上解40%。确定支出基数，各区乡（镇）所辖行政事业单位（不含计划生育事业费）经费全部划归区、乡（镇）管理，以1991年年末实际人数计算，支出包干后，一切新增支出由各级财政自行承担。1995—1997年，8区1镇成立有偿资金管理所，建立中心金库。根据

“统一领导、分级管理”的基本原则，以“定收定支、收支包干、定额上解或定额补贴、一定三年不变”的基本形式，收入包干基数的确定以1994年收入实绩为基数，并根据税种和各区、乡（镇）经济发展情况作适当调整后予以确定。专项上解按上一次包干体制办法，如特产税仍然执行比上年实绩增长部分上解40%的规定；支出包干基数的确定以保足辖区内1994年年末各项行政事业经费的个人部分经费，并按一定标准压缩公用经费加以核定；支出的新增因素实行县区两级承担，承担比例为各自50%。1998—2001年，根据“一级政府、一级财政、一级预算”的原则，在前两次体制的基础上，实行彻底的“分灶吃饭”，取消收入递增上解、支出新增因素按比例承担的规定。2002—2004年，试行乡镇分税制财政管理体制。在保工资、保运转的前提下，对乡镇实行“分月资金调度计划”管理办法，最大限度地调动各乡镇发展生产、培植财源、组织收入的积极性。财政收入划分：地税征收的各项收入、农业四税（除烤烟特产税外）收入、罚没收入、其他收入等全部为乡镇财政收入；烤烟特产税为县乡镇共享收入；增值税为中央和乡镇的共享收入，其中75%为中央收入、25%为乡镇收入；消费税收入全额为中央收入。支出范围：乡镇所属行政事业单位的工资性支出、社会保障支出、公用经费支出；专项支出；上解支出；其他支出。乡镇财政收支基数的确定：工商税收入以2000年征收实绩增长8%～10%的比例确定收入基数；农业四税（除烤烟特产税外）以2001年财政局下达的收入任务为基数；烤烟特产税以1200万元为基数，测算到各个烟乡镇，超基数部分实行“二八”分成，即20%为县级收入、80%为乡镇收入；转移支付补助，县对乡镇的“两税”返还以2000年数据为基数，按增长8%～10%的比例计算，上划中央“两税”部分全额返还乡镇，从2002年起，上划中央“两税”的增量部分按30%的比例返还乡镇，体制补助在测算基数时，乡镇财政支出大于收入的差额部分由县财政给予全额补助。乡镇财政支出基数确定：工资性支出包括中央统一规定的职工工资和津贴、补贴等，差额拨款单位的补助按规定的差额比例计算；公用经费支出中，公务费按行政编制人员数，每人每年400元确定，公费医疗经费按乡镇全额预算拨款单位在职职工和离退休人员数，每人每年120元确定；专项支出中，城市教育费附加支出，专项用于教育事业。其他事项：2002年各乡镇的征收收入任务以测算基数为准，以后年度工商各税收入以上一年基数增长2%为收入任务数，其增长部分相应调减各乡镇的体制补助基数；从2002年起，各乡镇的财政收入超收后，其超收部分全部留存乡镇，财政支出超支后，由乡镇自行承担；各乡镇的新增支出因素由本级财政负担，如果是因全国统一的调资增资，县财政将按上级财政的补助政策，给予各乡镇补助。从2005年开始，具体实施乡镇分税财政管理体制，推行“乡财乡用县监管”的财政管理体制，初步搭建“预算统编，财务统管、集中支付、采购统办、县级统管”的运行平台。

第三节　财政收支

实行财政体制改革前，彭水自治县财政收入财源单调，主要依靠工商税，支出大于地方财政收入，靠上级补贴维持收支平衡。1994年，进行分税制体制改革，财政收入构成发生变化，农业税收占据主导地位，烟叶特产税猛增。至“十五”时期，彭水自治县财政重视培植财源，全面发展，财政总收入不断增加，支出也相应地增加。1986—2005年，全县财政收入109254.15万元，减去企业亏损补贴3247.51万元，实收106006.64万元，支出293642.79万元。

一、财政收入

彭水自治县财政收入分为预算内收入和预算外收入两大类型。预算内收入主要由国家规定的税收和其他非税收入组成。税收分为工商税和农业税两类。非税收入包括专项收入（排污费、教育附加费）、行政事业收费、罚没收入、基金收入和其他收入等。预算外收入资金来源是由国家机关、事业单位和社会团体为履行或代行政府职能，根据国家法律、法规或具有法律效力的规章而收取、提取和安排使用的未纳入国家预算管理的各种财政性资金。彭水自治县财政“七五”期间收入9402.75万元，只占20年财政总收入的8.61%，年均收入1880.55万元。“八五”期间，财政体制改革，工商税下滑，农业特产税收逐年增加，财政收入20621.4万元，是“七五”期间的2.19倍，占20年财政总收入的18.87%，年均4124.28万元。“九五”期间，财政收入29084万元，比“八五”期间增长41.04%，净增8462.6万元，占20年财政总收入的26.62%，年均5816.8万元。“十五”期间，财政收入50146万元，是“九五”期间的1.72倍，净增21062万元，占20年财政总收入的45.9%，年均10029.2万元。其中2005年财政收入达到14271万元，居20年最高，是2000年5100万元的2.8倍、1990年2251.65万元的6.34倍、1986年1155.8万元的12.35倍。

1986—2005年彭水自治县财政收入情况一览表

表21-1　　单位：万元

年度		收入总计	税收小计	其中		国有企业计划亏损补贴	罚没、行政收费收入	专款收入	国有资产经营收益	其他收入
				工商税收	农业税收					
七五计划	1986年	1155.8	1165.5	1102.1	63.4	−108.68	18.26	2.8	—	77.92
	1987年	1435.1	1399.2	1215.6	183.6	−68.45	36.74	6.3	—	61.31
	1988年	2189.1	2152.3	1843.6	308.7	−55.15	24.46	10.6	—	56.89
	1989年	2371.1	2482.5	2175.4	307.1	−323.55	79.12	30.4	—	102.63
	1990年	2251.65	2481.1	2179.2	301.9	−368.88	50.99	22	—	66.44
八五计划	1991年	2788.5	2944.8	2570.5	374.3	−537.5	41	27	—	313.2
	1992年	3362.6	3888.7	3494.3	394.4	−640.2	12	16.3	—	85.8
	1993年	5542.9	5557.9	5049.8	508.1	−80.9	21.4	20.3	—	24.2
	1994年	3681	3640.4	1490.8	2149.6	−130.4	47	49	—	75
	1995年	5246.4	5033.8	1684.3	3349.5	−119.8	177	104	—	51.4
九五计划	1996年	6567	6374	2057	4317	−100	154	58	—	81
	1997年	7348	7132	2446	4686	−79	200	—	—	95
	1998年	4839	4560	2092	2468	−69	179	127	—	42
	1999年	5230	4939	2249	2690	−82	320	53	—	—
	2000年	5100	4746	2508	2238	−77	338	93	—	—
十五计划	2001年	5239	4673	2845	1828	−95	533	128	—	—
	2002年	7348	6605	3283	3322	−70	486	177	150	—
	2003年	10662	8434	4963	3471	−79	1882	187	228	10
	2004年	12626	9296	5844	3452	−76	1976	199	1221	10
	2005年	14271	10048	7084	2964	−87	1980	360	1959	11
合计		109254.15	97553.20	58176.6	39376.6	−3247.51	8555.97	1670.7	3558	1163.79

（一）财政税收

彭水自治县财政税收包括工商税收和农业税收。财政工商税收中的营业税与增值税、所得税、消费税共同构成流转税的主体，在税收中处于主导地位，是财政收入的主要来源。财政农业税收从1985年起，国家将粮食征购改为合同征购，将农业税改为折征代金。1986年，四川省人民政府根据实际情况决定：农业税可暂不折征代金，仍实行以“粮食交纳、以现金结算”的办法，以促进粮食征购任务的完成。1987 年，彭水自治县农业税征收采取以粮食交纳、货币结算和直接征收货币相结合的办法进行。1989 年，征收农业税坚持先国家、后集体、再个人的国民收入分配原则。1994 年农业税征收管理划转地税局，1999 年又划回财政局。

1986—2005 年，全县财政工商税收 58176.6 万元，财政农业税收 39376.6 万元。

（二）国有资产经营收入

收益　国有资产经营收入较晚，直到 2002 年才有收益，至 2005 年收入 3558 万元。

国营企业计划亏损补贴　国营企业计划亏损补贴是国家预算弥补企业的亏损。1986—2005 年，共计补贴 3247.51 万元，其中工业补贴 2098.52 万元、农林水补贴 8 万元、商业补贴 20 万元、粮食企业补贴 1065 万元、外贸补贴 1 万元、其他补贴 54.99 万元。

（三）专项收入

排污费收入　“七五”期间，收排污费 57.7 万元，1991 年开始和其他专款收入混合收取统计。

教育费附加收入　彭水自治县 1990 年开始收取教育费附加，到 1996 年收教育附加费 216.9 万元。1997 年开始和其他基金收入一起混合统计。2003 年农村税费改革，取消教育费附加。1997—2005 年，收行政性事业费 4729 万元。

（四）罚没收入

罚款收入是全部上缴国库。1986—2005 年，罚没行政收费收入 8555.97 万元。

（五）行政性收费收入

1997 年，重庆直辖后开始实行行政性收费，包括管理性收费、证照性收费、基金性收费和资源性收费等。1997—2005 年，收行政性事业费 4729 万元。

（六）其他收入

该项收入没有确定的范围，项目众多，变化很大，收入不稳定，缺乏连续性，而且非常零星杂乱。1986—2005 年，杂项收入 1163.79 万元。

二、财政支出

财政支出包括基本建设支出、支农支出、教科文卫事业费支出、行政管理费支出、公检法支出、企业挖潜及科技三项费支出、抚恤和社会福利救济支出（含社会保障）、城镇维护费支出、工交商等部门支出、政策性补贴支出、支援不发达地区支出、基金预算支出、其他支出等。1986—2005 年间，彭水财政支出 293642.79 万元，年均支出 14677.14 万元。其中“七五”期间支出 15389.49 万元，年均 3077.9 万元；“十五”期间达到 175183 万元，年均 35036.6 万元，年均支出是“七五”期间的 11.38 倍，比“七五”期间年均增长 31958.7 万元。

1986—2005 年彭水自治县财政支出情况一览表

表 21-2　　单位：万元

年度	合计	基本建设	支农支出	文教科卫事业	行政管理	公检法支出	企业挖潜及科技三项	抚恤和社会福利救济	城镇维护	工交商及其他部门支出	政策性补助支出	支援不发达地区支出	基金支出	其他支出
1986 年	2166.3	74.5	240.7	910.8	501.6	—	20.59	214.6	20.4	74.1	56.7	—	—	52.31
1987 年	2407	64.4	285.3	993.6	514.1	—	121.1	148	35.2	128.5	50.2	45	—	21.6
1988 年	3252.17	113.2	537.2	1128.5	714.3	176.9	114.4	198.88	42.5	97.6	57.9	53.3	—	17.49
1989 年	3686.1	170.4	476.1	1333.8	553.7	229.6	464	124.2	54.6	162.7	65.4	18.2	—	33.4
1990 年	3877.92	110.1	585.8	1428	540	233	220.2	170.1	37	320.32	87.3	22.16	14.8	109.14
1991 年	4094.3	76.5	564.6	1528.8	878.6	199.6	32.1	178.5	82	166.5	55.2	12.5	29.6	289.8

续表 21-2

年度	合计	基本建设	支农支出	文教科卫事业	行政管理	公检法支出	企业挖潜及科技三项	抚恤和社会福利救济	城镇维护	工交商及其他部门支出	政策性补助支出	支援不发达地区支出	基金支出	其他支出
1992 年	4585.7	128	884.2	1635.1	875.4	205.3	34.4	167.8	70.5	404.8	64.4	48.2	16.3	51.3
1993 年	6581	127.3	630.2	1774.6	1315.2	219.4	791.7	174.1	64	298.2	551.1	32	20.3	582.9
1994 年	7439.1	74.5	767.1	2874.2	1543.7	291.4	898.5	180.4	63	367.3	259.7	27	49	43.3
1995 年	8551.2	77	697.1	3050.3	1983.8	325.3	875.8	219	80	634.7	200	35	99.8	273.4
1996 年	11265	65	1002	3634	2533	558	815	251	197	1011	518	78	62	541
1997 年	13724	97	812	3354	2803	492	844	1080	577	976	450	1613	—	626
1998 年	13210	279	818	3155	2233	540	113	1333	379	784	343	2382	127	724
1999 年	16121	1047	1187	4173	2308	717	121	1944	284	496	300	3280	53	211
2000 年	17499	1006	1078	4762	2783	703	127	2278	222	603	1366	2371	48	152
2001 年	27420	8053	1675	6317	3250	857	43	3595	145	599	231	2313	124	218
2002 年	33983	9547	2438	7979	4139	976	159	5239	290	162	149	2051	181	673
2003 年	30945	1952	2503	9352	4882	1363	83	5613	400	650	200	2349	145	1453
2004 年	38594	2622	6351	10107	5617	1946	299	6801	753	605	113	2422	49	909
2005 年	44241	4012	5030	12604	7329	2161	186	6787	930	644	149	2451	478	1480
合计	293642.79	29695.9	28562.3	82094.7	47297.4	12193.5	6362.79	36696.58	4726.2	9184.72	5266.9	21603.36	1496.8	8461.64

（一）基本建设支出

彭水自治县基本建设支出包括交通、邮电、文教卫生、农林水、工业及其他，其中以交通、教育、农林水等部门的建设为重点。1986—2005 年，彭水自治县财政支出基本建设资金 29695.9 万元，占财政支出的 10.11%。其中，1986—1992 年资金筹集分别为当年国家预算拨款及拨改贷资金、省机动财力安排、地县机动财力安排 3 部分组成，共计支出 737.1 万元，包括当年国家预算拨款及拨改贷支出 576.1 万元、省机动财力拨款 130.36 万元、地县机动财力拨款 30.64 万元，分别占国家、省、地县总拨款数的 78.16%、17.68%、4.15%。1992 年后，未分 3 项情况。1999 年前，基本建设支出投资较为稳定。之后，财政加大对基本建设的投入，2002 年为最高峰，投资额 9547 万元，是 1986 年 74.5 万元的 128.15 倍，主要用于公路建设、学校普九危房改造、农林水建设等部门建设。

1986—1992 年彭水自治县基本建设国家、省、地县拨款情况一览表

表 21-3　　　　单位：万元

项目	1986 年	1987 年	1988 年	1989 年	1990 年	1991 年	1992 年	合计
当年国家预算划拨	60.5	32.3	113.2	159.1	42	70	99	576.1
省机动财力划拨	14	32.1	—	11.3	37.46	6.5	29	130.36
地县机动财力划拨	—	—	—	—	30.64	—	—	30.64
小计	74.5	64.4	113.2	170.4	110.1	76.5	128	737.1

1986—2005 年彭水自治县基本建设支出情况表

表 21-4

单位：万元

年度	交通	文体	教育	卫生	农林水			其他	小计
					农业	林业	水利		
1986 年	10	—	15	5	30.05			14.45	74.5
1987 年	12	—	3	—	49.4			—	64.4
1988 年	35	—	15	10	50			3.2	113.2
1989 年	42	5.4	10	10	98			5	170.4
1990 年	25	—	20.1	10	55			—	110.1
1991 年	38.5	—	25	6	7			—	76.5
1992 年	12.1	3.5	20	5	82.4			5	128
1993 年	59	—	15	—	50.3			3	127.3
1994 年	15	—	30.5	5	24			—	74.5
1995 年	50	—	—	—	27			—	77
1996 年	22	—	—	4	39			—	65
1997 年	35	3	10	5	39			5	97
1998 年	30	—	208	6	35			—	279
1999 年	357	20	315	40	280			35	1047
2000 年	640	5	138	50	153			20	1006
2001 年	6990	20	275	171	85	206	241	65	8053
2002 年	6048	55	50	27	515	1890	882	80	9547
2003 年	110	—	200	203	—	484	592	363	1952
2004 年	505	—	76	263	80	553	340	805	2622
2005 年	—	—	40	53	42	318	521	3038	4012
合计	15035.6	111.9	1465.6	873	7768.15	4441.65	29695.9	—	—

（二）农业支出

支农支出分 3 个子项，即支援农村（合作）生产、农林水气等部门事业费、农业综合开发支出。1986—2005 年，县财政对农业共支付 28562.3 万元，年均 1428.12 万元，占彭水自治县 20 年财政总支出的 9.73%。其中支援农村（合作）生产 9529.27 万元、农林水气等部门事业费 9161.03 万元，分别占总支出的 33.36%、32.08%。1995 年，农业综合开发才开始立项支出，到 2005 年支出 9872 万元，占总支出的 34.56%。

1986—2005 年彭水自治县支农支出情况一览表

表 21-5

单位：万元

年度	小计	支援农村（合作）生产	农林水气支出	农业综合开发
1986 年	240.7	118.4	122.3	—
1987 年	285.3	138.2	147.1	—
1988 年	537.2	380.99	156.21	—
1989 年	476.1	256.98	219.12	—
1990 年	585.8	343.8	242	—
1991 年	564.6	320.9	243.7	—

续表 21-5

年度	小计	支援农村（合作）生产	农林水气支出	农业综合开发
1992 年	884.2	637.3	246.9	—
1993 年	630.2	406.8	223.4	—
1994 年	767.1	418.9	348.2	—
1995 年	697.1	200	346.1	151
1996 年	1002	350	487	165
1997 年	812	282	431	99
1998 年	818	202	468	148
1999 年	1187	339	515	333
2000 年	1078	100	883	95
2001 年	1675	178	1103	394
2002 年	2438	250	1769	419
2003 年	2503	1400	327	776
2004 年	6351	1490	488	4373
2005 年	5030	1716	395	2919
合计	28562.3	9529.27	9161.03	9872

1. 支援农村（合作）生产　支援农村合作生产支出主要包括小型农田水利和水土保持、农村合作生产的组织资金、农村农技推广和植保补助费、农村草场和畜禽保护补助费等。1986—2005 年，支援农村（合作）生产共支出 9529.27 万元，占整个支农支出的 33.36%。1986—1993 年，支出项目较细。1994 年，实行财政体制改革，支援农村合作生产支出改称支援农村生产支出，统一为 1 个项目支出。

1986—1993 年彭水自治县支援农村合作生产情况一览表

表 21-6　　单位：万元

项目	1986 年	1987 年	1988 年	1989 年	1990 年	1991 年	1992 年	1993 年	合计
小型农田水利、水土保持支出	36.1	38	27.3	41	134.8	57.5	115	80.7	530.4
支援农村合作生产组织资金	68	72	314.89	77	84	60.4	216.6	71.5	964.39
农村农技推广、植保补助费	2.35	14.3	22.45	28.6	20.25	29.2	17.4	21.6	156.15
农村草场、畜禽保护补助费	5	5.5	5	7.3	7	7	7	15	58.8
农业发展专项资金	—	—	0.65	92.01	80	150.3	255.6	207	785.56
支援农村其他杂项开支	6.95	8.4	10.7	11.07	17.75	16.5	25.7	11	108.07
小计	118.4	138.2	380.99	256.98	343.8	320.9	637.3	406.8	2603.37

2. 农林水气等部门事业费　农林水气等部门事业费支出范围包括农业、畜牧、农机、林业、水利、水产、气象、乡镇企业、土地管理（农业资源调查和区划）及其他农业水气等方面的事业费支出。

1986—2005 年，彭水自治县农林水气等部门事业费支出 9161.03 万元，占整个支农支出的 32.07%。其中，1986—1993 年共支出 1600.73 万元，年均支出 200.1 万元，占农林水气总支出的 17.47%；1994—2002 年，综合农林水气一个项目支出，未分子项，该年段支出 6350.3 万元，年均支出 705.6 万元，占农林水气总支出的 69.32%；2003—2005 年，农业水气支出 1210 万元，占农林水气总支出的 13.21%。该年段林业合并到农业综合开发项目支出。

（1）农业事业费支出

农业事业费支出范围主要用于农业生产的发展，包括粮油、经济作物、蔬菜的生产和农业生态环境的保护。粮油生产支出主要用于农业新技术和新品种的推广、新技术的培训和农机的推广。经济作物生产支出用于水果生产、茶叶基地建设、扶持蚕桑生产、烟叶生产支出。蔬菜生产支出用于汉葭、保家、郁山等城周边蔬菜基地发展。农业生态环境保护支出用于农业耕地生态保护、农村家庭住居条件的改变。1986—1993 年，支出农业事业费 595.77 万元，占农林水气事业费总支出的 37.22%。

（2）畜牧业生产支出

畜牧业生产支出主要用于先进技术、优良品种的引进和推广，生猪、菜牛、菜羊的散养扶持、养殖专业户扶持、技术培训、畜禽病疫防治等。1986—1993 年，支出畜牧业费 253.53 万元，占农林水气事业费总支出的 15.84%。

（3）农机事业费支出

农机事业费主要用于农业机械的引进和推广，在农村推广微耕机、水稻插秧机、扰谷机、玉米脱粒机，以实现机械化耕作和科学种田，减轻农业生产的劳动强度。凡购置农业机械的农户一律实行 13% 的国家补贴。1986—1993 年，共支出农机事业费 166.19 万元，占农林水气事业费总支出的 10.38%。2002 年后，停拨该项经费。

（4）林业事业费支出

彭水自治县林业事业费支出包括植树造林、退耕还林、林木保护、病虫害防治等。县人民政府按国家相关政策对退耕还林落实“三补两免两落实”政策（“三补”即县人民政府按照核定的退耕还林面积，向退耕还林户无偿提供粮食、现金和种苗造林费补助；“两免”即免除粮食定购任务和免征农业税，“两落实”即落实个体承包和林权证政策），对国有森林保护每公顷每年补助 30 元、集体林补助 15 元，对森林病虫害防治采取不定期补助。

（5）水利、水产、气象事业费支出

水利事业费支出主要用于小型农田水利设施建设、人畜饮水工程、河道治理、引水堰渠、喷灌等项。1986—1993 年，水利费单独列项支出，支出水利费 235.95 万元，年均支出 29.49 万元，占农林水气事业费支出的 14.74%；1994—2002 年，水利支出在农林水气事业费科目中统支；2003—2005 年，水利和气象统一拨付，支出 1210 万元，年均支出 430.3 万元。

水产事业费支出主要是农村鱼类的养殖支出，分水产事业费和水产补助费。1986—1993 年，支出 25.09 万元，只占该年段农林水气总支出的 1.6%。

气象事业无单独拨款列项，每年均和其他项目统一支付。

（6）乡镇企业、土地管理事业费支出

乡镇企业费支出主要是对乡镇的酒厂、砖瓦厂的扶持。1986—1993 年，共支持乡镇企业事业费 11.41 万元。

土地管理事业费支出用于土地资源的调查和区划。1986—1993 年，共支出 39.94 万元。

1986—1993 年彭水自治县农林水气事业费支出情况一览表

表 21-7　　单位：万元

项目	1986 年	1987 年	1988 年	1989 年	1990 年	1991 年	1992 年	1993 年	合计
农业	46.99	54.82	59.97	81.42	92.67	85	85.9	89	595.77
畜牧	25.58	23.14	27.83	33.72	33.66	39.4	43	27.5	253.83
农机	15.51	15.18	16.87	21.35	24.63	28.7	21.5	22.5	166.24
林业	19.17	30.16	27.75	28.92	30.72	33.6	33.4	36.7	240.42

续表 21-7

项目	1986 年	1987 年	1988 年	1989 年	1990 年	1991 年	1992 年	1993 年	合计
水利	11.22	17.48	15.14	45.64	45.37	37.4	30.3	33.4	235.95
水产	1.09	3.07	3.45	4.18	4.5	4	2.8	2	25.09
气象	—	—	—	—	—	0.1	—	—	0.1
乡镇企业	1.01	1.35	2	1.5	1.25	2.3	2	—	11.41
土地管理	1.73	1.9	3.2	1.91	4.1	5.2	10.7	10.8	39.54
其他农林水	—	—	—	0.48	5.1	8	17.3	1.5	32.38
小计	122.3	147.1	156.21	219.12	242	243.7	246.9	223.4	1600.73

3. 农业综合开发支出

1995 年，彭水自治县农业综合开发支出 151 万元。1996 年，农综专项支出单列，主要用于改造中低产田和坡瘠地、农业多种经营、科技示范等，至 2002 年，农业综合开发财政共支出 1653 万元。2003 年起农业综合开发和林业一起立项支出。1995—2005 年，支出该项资金 9872 万元。

1996—2002 年彭水自治县农业综合配套开发支出情况一览表

表 21-8　　单位：万元

项目	1996 年		1997 年		1998 年		1999 年		2000 年		2001 年		2002 年		合计	
小计	165		99		148		333		95		394		419		1653	
	其中		其中		其中		其中		其中		其中		其中		其中	
	中央	地方	中央	地方	中央	地方	中央	地方	中央	地方	中央	地方	中央	地方	中央	地方
	85	80	50	49	130	18	312	21	80	15	329	65	397	22	1383	270
土地治理	70	60	45	—	115	—	262	—	70	—	272	—	280	—	1114	60
多种经营及龙头企业	15	10	—	39	15	10	50	11	10	—	46	45	90	—	226	115
科技示范	—	—	—	—	—	—	—	—	—	—	7	—	22	—	29	—
其他	—	10	5	10	—	8	—	10	—	15	4	20	5	22	14	95

（三）文教科卫事业费支出

1986—2005 年，彭水财政投入文化、教育、科学、卫生资金 82094.7 万元，占财政总支出的 27.96%。其中，“七五”期间投入 5794.7 万元，年均 1158.94 万元，占文教科卫总支出的 7.06%；“八五”期间，投入经费 10863 万元，年均 2172.6 万元，占该项总支出的 13.23%，是“七五”期间的 1.87 倍，净增 5068.3 万元；“九五”期间，投入文教科卫经费 19078 万元，年均 3815.6 万元，占该项总支出的 23.24%，是“八五”期间的 1.76 倍，净增 8215 万元；“十五”期间，投入文教科卫资金 46359 万元，年均 9271.8 万元，占该项总支出的 56.47%，是“九五”期间的 2.43 倍，净增 27281 万元。

1. 文化事业费

文化事业费包括文化事业费、体育事业费。

（1）文化事业费

包括图书馆、文化馆、群众文化、乡镇文化站建设、艺术表演团体和其他文化事业经费、文物事业费、档案事业费，广播电影、电视费。1986—1993 年，共投资 393.2 万元（含体育事业费），占该年段文教科卫事业费总数 10733.2 万元的 3.66%；1994—1997 年，除科学事业费单列支出外，其他文化事业费统一在教育事业费中支出；1998—2005 年，支出 5244 万元，年均投入 655.5 万元，占该年段文教科卫总支出 58449 万元的 8.97%。

（2）体育事业费

该项费用支出包括体育场馆建设及设施、体育优秀队员的训练、体育活动费、体育竞赛费和其他体育支出。1986—1993 年，体育事业费单项支出，全县共支出 51.13 万元，占该年段文教科卫事业费总数的 0.47%；1994—2005 年，与文化、体育、广播事业费一起拨款，而且逐年增加。

2. 教育事业费

教育事业费的支出包括学前教育、基础教育、中学教育、成人教育、职业教育、特殊教育等项。彭水自治县教育事业费支出逐年增长，尤其“十五”期间增长幅度最大。1986—2005 年，投入经费 64822.3 万元（其中 1994—1997 含文化事业费，1994—1995 年含卫生事业费），占文科教卫总支出的 78.96%。1985 年，第六个五年计划结束时，全县教育经费投资 524 万元，1990 年，第七个五年计划结束时，教育经费增至 1018 万元，比 1985 年增长 94.27%。“八五”期间，支出教育事业费 9476.5 万元，是“七五”期间 3998.5 万元的 2.38 倍。“八五”起步普及九年制义务教育，教育经费大幅度增加，其间 1991—1992 年，加快普及中小学实验教学，添置教仪电教设备，全县教育经费 3075 万元，其中财政拨款 2250.3 万元、其他筹款 824.7 万元；“九五”期间，彭水财政拨付教育事业费 14849 万元，是“八五”期间的 157%；“十五”期间是“普九”工程完成时段，彭水财政对教育事业费支出增加幅度最大，支出 36509 万元，是“九五”期间的 2.46 倍、“八五”期间的 3.85 倍、“七五”期间的 9.13 倍。

3. 科学事业费

科学事业费支出范围为自然科学、社会科学和科协等事业费。1986—2005 年，支出科学事业费 274.4 万元。

4. 卫生事业费

彭水自治县财政投入卫生事业经费以公共卫生，农村卫生为重点。1986—2005 年，支付卫生事业费 11360.9 万元（不含 1994—1995 年），年均 631.16 万元，占文教科卫总支出的 13.84%。其中，1986—1993 年，卫生事业费单独立项支付，全县支出医疗卫生事业费 2725.9 万元，年均支出 340.74 万元，占该年段文教科卫事业费 10733.2 万元的 25.39%。1994—1995 年，拨款到教育事业费中统一支付。1996—2005 年，医疗卫生单独立项支付，全县支出医疗卫生事业费 8635 万元，年均支出 863.5 万元，占该年段文教科卫总支出的 13.2%。

1986—2005 年彭水自治县文教科卫支出情况一览表

表 21-9 单位：万元

年度	合计	文化事业支出	教育事业支出	科学事业支出	卫生事业支出
1986 年	910.8	53.2	611.5	4.3	241.7
1987 年	993.6	52.6	684.2	3.5	253.3
1988 年	1128.5	50.1	769.5	5.7	303.2
1989 年	1333.8	51.2	905.3	5.7	371.6
1990 年	1428	51.2	1018	7.8	351
1991 年	1528.8	45.5	1078	5	399.6
1992 年	1635.1	51.7	1171.6	6.4	405.8
1993 年	1774.6	37.6	1328.7	9	399.7
1994 年	2874.2	—	2864.5	9.7	—
1995 年	3050.3	—	3033	17.3	—
1996 年	3634	—	2978	51	605
1997 年	3354	—	2724	15	615

续表 21-9

年度	合计	文化事业支出	教育事业支出	科学事业支出	卫生事业支出
1998 年	3155	224	2387	18	526
1999 年	4173	379	3169	20	605
2000 年	4762	423	3591	17	731
2001 年	6317	539	5079	16	683
2002 年	7979	555	6302	13	1109
2003 年	9352	784	7400	15	1153
2004 年	10107	999	7886	15	1207
2005 年	12604	1341	9842	20	1401
合计	82094.7	5637.1	64822.3	274.4	11360.9

（四）行政管理费支出

行政管理费支出包括行政机关经费、行政事业费和其他行政费。1986—2005 年，彭水自治县财政共支付该项经费 47297.4 万元，占 20 年财政支出的 16.11%，年均支出 2364.87 万元。其间，1986—1987 年，行政管理费分设行政支出、公安安全及司法检查支出、离退休人员支出 3 个“款级”科目，全县支出行政管理费 1015.7 万元；1988—1991 年行政管理费剔除公检法、离退休经费，重新分设为行政支出和社会团体补助支出 2 个“款级”科目，支出行政管理费 2686.6 万元，年均 671.65 万元；1993 年，财政体制改革后，行政管理费支出逐年上升，1992—1996 年，行政管理费支出 8251.1 万元，年均 1650.22 万元；1997—2005 年，行政管理费分设为人大经费、政府机关经费、政协经费、共产党机关经费、民主党派机关经费和社会团体机关经费 6 个“款级”科目，支出方式是按照人员编制定额标准工资预算拨付，期间共支出行政管理经费 35344 万元，年均 3927.11 万元。

1986—1991 年彭水自治县行政管理费支出情况一览表

表 21-10　　单位：万元

项目		1986 年	1987 年	1988 年	1989 年	1990 年	1991 年
银行支出		501.6	514.1	714.3	553.7	540	878.6
实际支出		437.74	516.77	714.08	535.71	655.8	877.8
人员经费	工资	179.39	187.79	165.28	178.58	210.5	210.2
	补助工资	27.25	29.67	33.89	37.82	43	53
	职工福利	16.84	19.33	18.32	19.33	32	31.6
	离退休人员工资	46.82	45.56	54.26	53.98	73.5	72.5
	小计	270.3	282.35	271.75	289.71	359	367.3
公用经费	公务费	109	107.1	128.65	153.05	103.5	94.5
	设备购置费	10.93	18.34	61.23	15.67	40	55
	修缮费	18.91	75.25	177.32	7.05	74	157.8
	业务费	21.82	19.50	39.87	38.94	50.8	144.2
	小计	160.66	220.19	407.07	214.71	268.3	451.5

续表 21-10

项目		1986 年	1987 年	1988 年	1989 年	1990 年	1991 年
其他	差额补助	6.78	14.23	11.88	12.56	12.5	2.9
	副食补助	—	—	23.38	18.73	16	21.6
	其他	—	—	—	—	—	34.5
	小计	6.78	14.23	35.26	31.29	28.5	59

1992—1996 年彭水自治县行政管理费支出情况一览表

表 21-11 单位：万元

项目		1992 年	1993 年	1994 年	1995 年	1996 年
银行支出		875.4	1315.2	1543.7	1983.8	2533
实际支出		875.4	1315.2	1543.7	2013.3	2580
人员经费	工资	229.1	266.2	720.5	726	865
	补助工资	87.7	119.3	139.2	308.3	507.8
	职工福利	36.6	35.6	40.3	48	65
	离退休人员工资	94.7	124.9	198.5	199.5	210
	小计	448.1	546	1098.5	1281.8	1647.8
公用经费	公务费	227	244.5	193.6	152.5	110
	设备购置费	31.5	128	6.1	40.5	50
	修缮费	86.6	200.6	91.7	108.5	227
	业务费	34.8	99.4	68.3	100.5	125
	小计	379.9	672.5	359.7	402	512
其他	差额补助	3.6	—	—	—	—
	副食补助	19.5	20	35	29.5	—
	其他	24.3	76.7	50.5	300	420.2
	小计	47.4	96.7	85.5	329.5	420.2

1997—2005 年彭水自治县行政管理费支出情况一览表

表 21-12 单位：万元

项目		1997 年	1998 年	1999 年	2000 年	2001 年	2002 年	2003 年	2004 年	2005 年
银行支出（财政拨款）		2803	2233	2308	2783	3250	4139	4882	5617	7329
实际支出		3205	3233	3278	3815	4154	5203	5709	6314	8268
人员经费	工资	809	658	849	1106	1428	1381	1403	1796	1634
	补助工资（津贴）	120	156	162	163	370	417	522	478	592
	职工福利	72	88	108	128	244	—	—	—	—
	其他工资	65	88	169	169	239	43	227	211	530
	奖金	—	—	—	—	—	60	133	156	169
	社保	—	—	—	—	—	—	—	1	—
	小计	1066	990	1288	1566	2281	1901	2285	2642	2925

续表 21-12

项目		1997 年	1998 年	1999 年	2000 年	2001 年	2002 年	2003 年	2004 年	2005 年
公用经费	公务费	763	697	694	916	1006	348	462	504	1455
	设备购置费	185	120	82	119	73	—	—	—	—
	修缮费	425	348	146	121	153	—	—	—	—
	业务费	458	489	498	337	313	1843	—	—	—
	业务招待费	—	14	11	15	16	228	—	—	—
	印刷费	—	—	—	—	—	—	35	95	130
	水电费	—	—	—	—	—	—	77	80	261
	邮电费	—	—	—	—	—	—	141	131	284
	取暖费	—	—	—	—	—	30	7	12	12
	其他	—	—	—	—	—	—	2616	2741	3034
	小计	1831	1668	1431	1508	1561	2449	3338	3563	5176
其他		308	575	559	741	312	853	86	109	167

注：此表支出含行政事业收费收入的预算外资金用于支出在内，实际大于财政支出

（五）公检法司支出

1986—2005 年，彭水自治县公检法司共支出 12193.5 万元，年均 609.68 万元。其间 1986—1987 年未单独列项，大的开支在行政事业经费中列支。1988 年，开始单独列项支付，“七五”期间的后 3 年全县支出 639.5 万元，年均 213.17 万元；“八五”期间其经费逐年增长，全县支出 1241 万元，年均 248.2 万元；“九五”期间支出该项经费 3010 万元，是“八五”期间的 2.43 倍，年均 602 万元；“十五”期间增长速度较快，呈逐年上升趋势，全县支出该项经费 7303 万元，是“九五”期间的 2.43 倍，“八五”期间的 5.88 倍，年均支出 1466.6 万元。

1986—1993 年彭水自治县公检法司经费支出情况一览表

表 21-13 单位：万元

部门	1986 年	1987 年	1988 年	1989 年	1990 年	1991 年	1992 年	1993 年
公安安全	52.09	65.81	120.45	160.1	165.15	131.3	140.4	139.5
司法检查	15.7	16	56.45	69.5	67.85	—	—	—
检察院	—	—	—	—	—	26.3	18.6	28.5
法院	—	—	—	—	—	26.8	36.6	40.6
司法	—	—	—	—	—	15.2	9.7	10.8
合计	67.79	81.81	176.9	229.6	233	199.6	205.3	219.4

2001—2005 年彭水自治县公检法司经费支出情况一览表

表 21-14 单位：万元

部门	2001 年	2002 年	2003 年	2004 年	2005 年
公安	477	743	912	1350	1524
检察院	220	92	188	251	181
法院	127	113	221	292	383

续表 21-14

部门	2001 年	2002 年	2003 年	2004 年	2005 年
司法	33	28	42	53	73
国家保密	—	—	—	—	—
其他公共安全	—	—	—	—	—
合计	857	976	1363	1946	2161

注：1994—2000 年统称 1 个项目支出

（六）企业挖潜及科技三项支出

企业挖潜技改资金包括基本建设支出、企业挖潜改造资金支出、简易建筑支出、科技三项费支出。1986—2005 年，彭水自治县财政共支付 6362.79 万元，年均 318.14 万元。其中，“七五”期间支出 940.29 万元；“八五”期间为拨款高峰，拨付 2632.5 万元，年均 526.5 万元，占企业挖潜及科技三项总支出的 41.37%；“九五”期间拨款 2020 万元，占企业挖潜及科技三项支出的 31.75%；“十五”期间只拨付 770 万元，占该项支出的 12.1%。

（七）抚恤救济和社会福利费支出

抚恤救济和社会福利支出包括抚恤安置支出、社会救济支出、社会福利费支出、行政事业单位离、退休、退职费支出、社会保障支出、城镇青年就业费支出、自然灾害救济等。1986—2005 年，支出该项经费 36696.58 万元，年均 1834.83 万元。

（八）城市维护费支出

城市维护费包括道路、桥涵、防洪、排水、污水处理、环境卫生、园林绿化和其他方面的城市建设支出。1986—2005 年，彭水自治县支出该项经费 4726.2 万元，年均 236.31 万元，占彭水自治县 20 年财政总支出的 1.61%。1997 年，重庆直辖后，城市建设和维护投资量大增，支出 577 万元，是 1996 年 197 万元的 2.93 倍。2005 年，支出 930 万元，是 1996 年的 4.72 倍。

（九）工交商事业费支出

工交商等事业费支出是指工业、交通、商业及银行等事业费的支出。1986—2005 年，彭水自治县支付该项经费 9184.72 万元，年均 459.24 万元，占彭水自治县 20 年财政支出的 3.13%。

（十）政策性补贴支出

政策性补贴支出的范围为商品、粮油、蔬菜、猪肉、食糖、救灾农药和化肥石油等，其中粮油补贴支出占重要份额。1986—2005 年，彭水自治县财政拨付政策性补贴 5266.9 万元，占彭水自治县 20 年财政支出的 1.79%（1994 年后统称 1 个项目支出）。

粮油补贴　粮油补贴支出包括储备粮油补贴、粮油购销补贴、政策性粮食财务补贴、对种粮农户的直接补贴。1992 年，粮油销售价格上涨，彭水财政按照粮油销售价格对商品粮实行补贴。2001 年，取消粮食定购任务，实行粮油购销市场化，彭水自治县财政对粮食经营企业和粮油储备及陈化粮处理实行补贴。2005 年，对种粮农户实行直接补贴。

其他政策性补贴　其他政策性补贴主要是对人民生活相关的物价补贴，如粮油、猪肉、食糖、石油、农用化肥、农药等物资建立商业储备制度，以备淡季调节、稳定市场，并对农药等物资实行政策性补助。

（十一）支援不发达地区

1987 年，增加支援不发达地区支出，至 2005 年支出 21603.36 万元，占财政总支出的 7.33%。其中 1987—1995 年，每年支付量在 50 万元以内，共支出 293.36 万元。1997 年后，彭水自治县财政支援不发达地区支出增加，“九五”期间达到 9724 万元，“十五”期间达到 11586 万元，分别是“八五”

1986—1993年彭水自治县政策性补贴支出情况

表21-15 单位：万元

部门	1986年	1987年	1988年	1989年	1990年	1991年	1992年	1993年
城镇居民肉食价格补贴	44	40.92	48.02	51.1	52.63	45.1	48.3	43.5
平抑蔬菜市价价差补贴	4.6	2.5	2.5	2.5	2.57	3	2	—
民用煤销售价差补贴	8.1	6.78	7.4	7.3	16.4	4	3.4	—
平抑市价肉食价差补贴	—	—	—	—	15.7	—	—	—
粮油储备费用补贴	—	—	—	—	—	3.1	10.5	130.1
粮食加价款	—	—	—	—	—	—	0.2	—
其他政策性价格补贴	—	—	—	4.5	—	—	—	377.5
合计	56.7	50.2	57.9	65.4	87.3	55.2	64.4	551.1

期间154.7万元的62.86倍、74.89倍。

（十二）基金支出

1990年起，增加基金支出（专款支出），包括范围较广，但支出数量不大。1990—2005年，共支出1496.8万元，只占该年段财政总支出的0.52%。

（十三）其他支出

其他支出项目杂多。1986—2005年，支出8461.64万元，占20年财政总支出的2.84%。

财政收支平衡情况：彭水自治县财政收支不平衡，每年决算时由市级财政转移支付补助（含定额补助、专项补助、结算补助、税收返还、调入资金、其他补助）保持平衡。1986—2005年，全县地方财政收入109254.15万元，支出293642.79万元，收支相抵支出大于收入184388.64万元，靠市级财政转移支付补助来维持收支平衡。其中地方收入加上市级转移支付补助及调入资金191326.98万元，减去赤字-4968.08万元，实际收入295613.05万元。地方支出加上上解支出及其他支出304341.55万元，减去每年滚存结余-8728.5万元，实际支出295613.05万元，收支趋于平衡。

第四节 财政管理

一、财政预算管理

1986年，贯彻执行“定收定支、收支挂钩、超收分成、超支不补、结余留用、分灶吃饭”的财政管理体制，预算编制管理按照财政体制执行。1987年，广泛开展“增产节约、增收节支”活动，本着“收入打足、支出打紧”的原则，下达各单位预算包干指标，落实企业的责权利结合，特别在支出方面，实行严格控制人员增长、严格控制修缮费和购置费、严格控制办公费、严格控制出差费和会议费的“预算四严格控制”。

1988年，深化落实“包干体制”，建立年度预算机制，年度指标分解落实到各预算单位。1989年，全县试行县、区、乡财政分级管理，各级财政预算因地制宜，制定方案。各预算单位的包干经费，基本按县编委下达编制人数结合现有人员分配。凡缺编单位，按缺编人数人均增加1000元经费包干，以后单位减人不减经费，增人不增经费；对超编单位，其经费只安排个人部分，公用部分一律不安排。压缩社会集团购买力，加强专控商品管理，严格审批手续。1990年，根据“净化支出管理”的原则，年初分配预算时，采取一定（定编定经费）、二保（保人员、正常工作运转和事业发展经费）、三压（压公务、业务、修缮设备购置费）的方式进行。1992年，加强预算约束力，坚持一支笔审批

1986—2005年彭水自治县财政收支平衡情况一览表

表21-16

单位：万元

年度	收入									支出				
	本年收入合计	定额补助	专项补助	结算补助	税收返还	其他补助	调入资金	上年结余	收入总计	本年支出合计	上解支出	其他支出	年终滚存结余	支出总计
1986年	1155.8	272.6	467.55	368.6	—	—	—	-72.99	2191.56	2166.3	86.08	—	-60.82	2191.56
1987年	1435.1	277.66	570.6	132	—	154	20	-53	2536.36	2407	179.16	0.8	-50.6	2536.36
1988年	2189.1	308.5	658.5	—	—	119.6	—	-14.34	3261.36	3252.17	237.75	—	-228.56	3261.36
1989年	2371.1	308.5	725.85	275.23	—	217.1	—	-230.76	3667.02	3686.1	65.79	—	-84.87	3667.02
1990年	2251.65	308.5	784.19	278.1	—	—	—	-268.19	3354.25	3877.92	145.82	10.37	-679.86	3354.25
1991年	2788.5	297.3	784.4	479.9	—	7.1	—	-577.5	3779.7	4094.3	262	7.9	-584.5	3779.7
1992年	3362.6	511.5	942.3	423.5	—	280.6	—	-576.6	4943.9	4585.7	478.2	280.6	-400.6	4943.9
1993年	5542.9	490.7	836.6	115	—	34	—	-114.4	6904.8	6581	404.2	34	-114.4	6904.8
1994年	3681	418.7	924.3	448.1	1980.3	390.7	—	382.6	8225.7	7439.1	13.3	390.7	382.6	8225.7
1995年	5246.4	303.5	644.6	95.1	2058.5	576.2	—	828.1	9752.4	8551.2	52.9	576.2	572.1	9752.4
1996年	6567	512	603	369	2059	80	707	1394	12291	11265	207	707	112	12291
1997年	7348	511	3354	—	2076	1112	—	307	14708	13724	147	661	176	14708
1998年	4839	512	4637	-27	1555	958	49	308	12831	13210	22	844	-1245	12831
1999年	5230	512	6407	321	1564	1093	695	-1012	14810	16121	241	450	-2002	14810
2000年	5100	512	6920	45	1840	2353	273	-1448	15595	17499	250	—	-2154	15595
2001年	5239	512	6769	472	1827	12361	286	-1726	25740	27420	348	-150	-1878	25740
2002年	7348	512	5951	396	2216	18046	625	-1624	33470	33983	676	—	-1189	33470
2003年	10662	512	6934	567	2412	11057	149	-771	31522	30945	858	—	-281	31522
2004年	12626	116	10669	253	2302	14881	—	-281	40566	38594	820	700	452	40566
2005年	14271	116	10983	226	2590	16599	96	582	45463	44241	692	—	530	45463
合计	109254.15	7824.46	70565.89	5237.53	24479.8	80319.3	2900	-4968.08	295613.05	293642.79	6186.2	4512.57	-8728.51	295613.05

制度。

1994年，全县实行经常性支出和建设性支出分开预算的管理办法，施行综合财政预算，高度集中一切财政资金的调度，促进财政资金正常合理流转。强化罚没收入和行政事业收费的管理手段，增大财政预算的宏观调控能力。

1995年，贯彻执行《中华人民共和国预算法》和《中华人民共和国预算法实施条例》，做到财政收入、支出、约束三项齐抓共管。1997年，严格预算管理，做到有收才有支，以收保支。内部资金管理实行集中账户，统一使用，合理调度，严格汇签审批，坚持按预算进度拨款，年终结算。以保工资按时拨付、保公费医疗、保救灾、保支农支出、保重点建设"五保"原则，严格预算制度，财政适度从紧，做到收入强征管、支出按顺序、有保有压、突出重点、严控不必要支出。1998年，做好第三轮财政包干，深入区乡组织实施。实行养老保障改革，实现养老保障专储4户。加强基本建设管理，建立"计委管项目、建委管业务、财政管资金"制度。2000年，坚持"一要吃饭、二要建设"原则，将行政事业单位人员新工资标准全额纳入预算，并正式执行。对县级机关人员工资实行编录，进行微机管理，保证预算内工资按月拨付无拖欠。2002年，以政府县级57个部门为编制单位，以综合预算为编制形式，以"零基预算"为编制方法，以集中统一管理财政性资金为重点，以标准周期为运作程序，核实编制单位人员、核定开支标准，本着"支出合理、收入打足"的原则进行预算编制。构建"收入平台"，设立"行政服务大厅"，对县级各部门行政性收费、预算外资金收入全部通过行政服务大厅集中征收，统一缴入国库账户。设置"支出平台"，通过会计核算中心对县级57个财政预算单位的各类资金，实行集中支付，通过会计核算中心过渡到由国库单一账户集中支付，最终达到所有财政预算资金均由国库单一账户集中支付的目的。2004年，试行预算追加公开听证制度，提高预算安排的透明度。

2005年，村级基本支出纳入预算，单位预算实行"两上两下"，提高预算管理的公平、公正、公开程度，跟踪分析部门预算的执行效果，保障各项重点工程和民心工程财力支出。同时扩大预算范围，将恢复云顶寺、挖掘打造民间音乐、文物保护等文化项目前期工作经费纳入预算，并且把彭水中学、民族中学等县级教育二级预算单位和14所乡镇单设中学经费上收，实行集中核算。

二、预算外资金管理

1986年，对全县各乡镇预算外资金超收分成收入进行清理，并按经济违纪的政策界线作调整处理，兑现补税和上缴财政的资金。1988年，对行政事业单位的预算外资金实行由财政专户储存和收支两条线的管理。年底，纳入县财政专户的单位有40个，比上年增长233.3%，集中预算外资金累计数396万元。对于企业发展生产，以效益不好不贷、管理不善不贷、亏损企业不贷的"三不贷"原则，在企业申报融通借款和主管部门承认担保的基础上对企业情况进行可行性论证。截至年底，累计发放融通贷款42.5万元，企业增加营业额（产值）99.6万元，创造税利12万元。

随着经济体制改革的不断深入，国家预算外资金占整个财政资金比重越来越大，管理进一步加强。1989年，对预算外资金实行"计划管理、专户储存、财政审批、银行监督"管理办法，宏观控制预算外资金。全年缴存"财政专户储存"的行政、事业单位52户，累计缴存资金435.03万元，比上年增长25.25%，用款拨付420.5万元，年终结存88.38万元。

1991年，彭水自治县在全地区率先推行预算外资金"缴财政专户储存"管理办法。到年底，缴入财政专户储存管理单位61户，金额698.43万元，专储资金平均余额136.87万元，利用财政专户间隙资金发放融通贷款235.5万元。

1993年，制定《彭水自治县预算外资金管理办法》，全县资金步入制度化、规范化轨道。建立预算外资金"协管员"制度，初步形成预算外资金管理网络。全年纳入预算外资金财政专户存储管理的

65户，占应入户的96%以上，集中资金710万元。1994年，预算外资金实行“申请拨付”的管理办法。1996年，对预算外资金拨款应纳入的行政事业收费单位21个，全部纳入专储，年末专储融通资金1578.4万元。1998年，重新制定《彭水自治县预算外资金管理办法》，对县级78个收费单位实行收支计划管理，硬化专户存储，实行收支两条线运行。新组建和代管“县级收费办公室”，在文化娱乐业实行统一收费、收管分离试点，取消不合理收费项目2个，降低收费标准项目3个。控制收费源头，严格收费收据，坚持“凭证购买、限量供应以旧换新、款存财政专户”，专储面达到100%，专储量2650万元，专储融通量550万元。1999年，预算外资金收缴分离，实现政府调控资金250万元。2000年，执行“凭证购买、限量供给、核旧换新、换缴财政专户、违规处理”的办法，对财政票据实行由收费部门财会统一领购、统一保管、统一向财政退交的“三统一”管理办法。

2001—2005年，坚持执行收支两条线，实行票款分离，编制预算外资金收支计划，加强每年收费年检，落实制止“三乱”（即乱罚款、乱收费、乱摊派）和取消或降低收费项目标准的政策，清理和回收财政票据，规范预算外资金的收支管理。

三、财政监督检查

1986年，全县94个单位自检互查，查出违纪金额109万元，其中工商企业29.9万元、县级行政事业单位17.3万元。1987年，财务检查实行自查、抽查、重点检查相结合的方法进行，查出违纪金额18.85万元。1988年，组织15个检查组54名财务干部，配合税收、物价部门对国营企业、集体企业、个体工商户、行政事业单位等498个（户）单位个人进行大检查，查出违纪75个（户）。重点检查21个单位，违纪金额135.4万元，其中财务54.2万元。1990年，开展全县8区64个乡镇财政所的账务检查和清理小金库工作，查出违纪金额12.42万元。是年10月，配合三大检查重点检查交管站、国土局、建委3个单位，查出违纪资金61.32万元。1991年，对全县18个行政事业单位财务进行检查，查出违纪金额11.5万元。1994年，对财政内部实行监察，对各业务科室实行“事前、事中、事后全面审查”的监督审计制度。1995年，对行政事业单位开展财务大检查，查出违法违纪金额26万元。对122个单位进行“小金库”清理，查出有问题单位2个，金额15.1万元。开展财政内部监察，查出违纪金额21万元。

1996年，对93个独立核算单位323个收费项目进行年检审，查出违纪金额41.3万元，取消不合理收费项目9个，降低收费标准5个，清退3.8万元，没收3.21万元，罚款0.74万元。同时，开展一年一度的财务检查，查出财务违纪金额605.91万元（含应纳入专储未纳入357.72万元）。1998年，清理全县8区1镇63个乡1996—1997年度财务，查出违纪支出280万元，隐形赤字1100万元，罚款12.7万元。对县级61个部门和单位进行收费年检和“小金库”清理，查出违纪金额126.4万元。1999年，抽检32个单位262个收费项目，审查金额3398万元，取消住房鉴定等不合理收费项目8个，降低电费等收费标准项目3个，处理违纪案件4起，处罚违纪金额7.6万元。2000年，对1999年度收费年审91个单位，重点检查20个单位211个收费项目，审查金额3207万元。取消移动电话、无线电注册费项目标准，处理违纪案件6起，处罚违纪金额7.2万元；取消治安联防等31个收费项目，降低企业法人开业注册登记费等22个收费项目标准。清理整顿部门在银行多头开户，公款私存和“小金库”。

2003年，实行内部审计和对外财政监督检查制度。进行会计信息质量检查，对违规支出和会计处理不规范等问题，依据《中华人民共和国会计法》收取罚金1.6万元。对全县66个单位上年的收费情况进行检查，共审查收费项目142项，取消不合理自立收费项目6个，立案查处4个，结案3个，清退各种乱收费3.2万元，并对违规违纪单位处以罚金1.2万元，陆续将法院、建委等单位的50个收费项目纳入预算管理，对上年发放的财政票据进行清理回收，回收票据23561本，回收率93.5%。

2004年，集中对全县61个执收执罚单位的行政事业性收费进行审核，审查收费项目230项，处理2个单位违规收费和违规使用票据的问题。建立“按月销票、月清月结”的票、款管理模式。1—11月清理回收票据2648本，回收率95%。

2005年，对教育“一费制”收费、财政专项资金使用、非税收入缴存及管理等情况进行拉网式清理，严查重处会计信息质量失真行为。对全县各级各部门的津补贴发放情况进行彻底清理，建立发放台账，为即将推行的公务员工资制度改革做好准备。对乡镇财政债务清理锁定，按照“谁举债、谁受益、谁负担”的原则，制订《彭水自治县乡镇财政债务管理办法》，消化欠债。

四、其他财政管理

（一）行政事业性财务管理

彭水自治县行政事业经费支出比例较大，特别是教育经费占整个财政总预算的30%以上。1986年，对全县教育系统24个核算单位的职工人数、分工情况、工资结构、班级情况、学生人数、学杂费收入等各项经费开支范围和标准进行审查。1987年，对教育经费采取核定人员与编制挂钩、核定包干经费与事业任务挂钩、勤工俭学收入与公务费挂钩的“三挂钩”形式。同时建立健全农业财务总账、明细账，采用税票发放、回收专人保管制度。

1988年，行政事业经费实行定编、定员、定经费的“三定”管理。个人部分，按上年年末职工人数，以12月份工资名册为准，计算出全年经费需要量；公用部分，公务费按每人300元包干，业务费按上年实际压缩10% ~ 15%下达。经费执行中无特殊情况一般不予追加公务费用的差旅费。实行出差包干制度，因情况特殊，到成渝两地及省外出差，车船费实报实销，食宿、市内交通费，每天9元包干；到省内其他地区每天7元包干；到县内、区、乡每天3.5元包干。行政人员调进调出，由财政开工资转移，属事业、企业调进行政的，必须在各单位行政人员控制指标内，经县长签字后，由财政办理人员上户和工资转移，否则不予追加经费。1990年，对行政事业单位进行月审，按月向政府汇报。对公费医疗情况进行普查，核实8区1镇及县属各行政事业单位住院1253人次，处方50120张，在982530元住院费中，有不该报销的自费药品占21981元，占住院费总数2.24%。

1991年，实行压修缮和购置费、压业务费、压办公接待费的“三压”规定，严格控制超编人员，清理人员、经费混乱现象，清理公费医疗人数，全年审计药发票5万张，查处自费药品2.3万元。

1993年，对县级78个行政事业单位清理核定编制，预算实行公开透明拨款，只保“吃饭”，在预算下达后，一律按进度拨款，中途不追加经费。如遇特殊情况非追加不可的预算支出事项，由县委、县人民政府审批，财政内部实行业务股室拨款“对照制度”。1994年，调整行政事业单位编制，精减超额人员，推行“增人不增资、减人不减资、一次性预算、不搞追加”的包干预算管理办法，在经费拨付上施行“审上月，拨当月”的拨付制度，确保预算经费真正用于行政事业活动支出。

1995年，控制财政供给人员增长，坚持一进一出、先出后进的办法，管理人员工资。对县级行政事业单位实行经费预算包干，坚持收支平衡，按保工资、保支农、保救灾的“三保”原则，控制非生产开支。以定机构、定人员、定职责、定编制、定岗位的“五定”管理方法，对财政供给的县级84个行政事业单位100%建立人员档案卡，统一标准核定经费。公务费按上年标准预算，公安、检察院、法院、政法委700元，司法、经委、财委、农办、计委、政府办、县委办、人大办、政协办等单位500元，其余各部门400元，各单位事业编制人员不预算公务费。对行政事业单位公费购小车严格控制，并一律实行每辆每年5000元经费包干使用；对会议费的管理，县里统一安排必须召开的会议由有关单位遵循节约原则编报计划，审批后执行；公费医疗，由医院主管费用包干使用，超支分级负担，节约分成；教师、公检法司工资实行预算不变，由财政转移支付，分级管理，年终结算。1996年，严控支出，优化支出结构，加强人、车、会费管理，对县级机关，教委、卫生局等单位所属基层单位，开展人员、编制清理。严控行政事业人员，统一会务开支标准，实行小车编制与经费“双向控制”。

1997年，对县级68个行政事业单位2392人实行公开、公平、统一标准、统一口径、经费包干管理。对35个单位核定收支计划，将农机管理费、排污费等14项应纳入预算管理的行政性收费实行财政专项管理。1999年，行政事业两种收费收据实行“凭证购买、限额发放、退旧购新、强化专储”管理，取消县级单位银行多头账户111个，严格收支两条线。完善公费医疗管理，对离休、退休、副县级干部和特殊病种实行先审核后报账，一般职工个人负担比例与公费医疗改革政策接轨，实行个人门诊费包干使用、大病住院费按工龄分比例报销的办法，当年拨付公费医疗经费230万元。

2001年，县级部门工资实行统发，乡镇财政实行工资专户管理，保证全县干部职工工资按月拨付和中央调资政策足额兑现。2002年，县级57个部门2312人和委托县会计核算中心发放10个单位395人工资实行银行代发，对乡镇工资实行工资专户管理，上收县级，改过去月末或次月初发工资为当月10日前统一发放。建立县级及8个片区会计核算中心，取消行政事业单位资金单位银行账户132个，实行县级会计核算中心统一管理，从1月1日起正式实施。到次年11月，全县有101个县级部门单位实行会计集中核算，39个乡镇则实行“零户统管”，构筑起县、乡、村“三个层次”和村账乡管、零户统管、集中核算、财务总监“四种形式”的城乡一体、衔接配套的会计管理网络体系。对行政事业单位银行账户实行“单一账户、分户核算、收支直达、财务统管”的管理模式，将县级部门行政性收费、其他收入全部通过行政服务大厅集中征收，统一缴入国库账户，支出由核算中心集中支付，通过县会计核算中心逐步过渡到国库集中收付。2004年，满足全县财政供养人员“129”津贴纳入财政预算60元增支的需要，启动城镇职工基本医疗保险，全年拨付基本医疗保险、大额补充医疗保险经费123万元。

2005年，将乡镇职工工资、民政优抚救济、农村五保户等社会保障补贴和村组干部误工补助纳入县财政专户统管，村级基本支出纳入预算，保障乡镇人民政府经费的正常运转。

（二）企业财务管理

1986年，企业改善经营管理，挖掘内部潜力，增加收益。对第二步利改税企业调整部分指标，同时推行企事业内部经济责任制，实行分级管理、分权管理、联利承包计算奖的办法，鼓励企业发展。1987年，对工业企业采取成本下降奖，砂砖厂、电力公司、自来水厂、郁山水泥厂等4个企业财务水平有所提高。商业企业引进竞争机制，实行经济效益奖，工资随效益浮动，促使企业发展。

1988年，全面推行企业租赁承包责任制。全县36户国营预算内企业，除了几个按政策规定暂不搞租赁承包外，其余28户通过竞争，引进风险，实行租赁承包。同时，企业内部采取经营承包，将责权利分解落实到各经营环节，年终实现产值1260万元，税利283万元，比上年同期上升19%。

1990年，对原承包经营责任制进行调整完善，取消原上缴财政“死包干”办法，对九户商业企业实行“税利分流、税后承包、税后还贷”分配体制。

1991—1995年，开展对企业“支、帮、促”活动，县财政职工深入化工厂、百货公司、粮站推行“开放”试点，建立新财务制度及管理办法。实行现代企业制度改革，对工业、商业部门进行清产核资，渐入产权改革，对产权正确界定。

1996—2000年，巩固完善第三轮承包。企业深入制度改革，对全县172户国有企业资产开展年检登记，防止流失。对破产企业追收借用周转资金3305万余元。

2001—2004年，国有企业实行改组改制，其他企业实行公司制改造。推行会计委派制，建立县及8个片区会计核算中心。对重点企业委派会计和财务总监。

2005年，试行企业年薪制和企业经营效益目标考核，委派财务总监，依法处置国有资产。

（三）采购管理

控制社会集体购买力，通过下达控购指标，有效地增收节支、平衡国家预算。1988 年，上级下达控购指标 150 万元（含专控商品 25 万元），到年底执行完成 251 万元（含专控商品 59 万元），超出指标 67.3%。1989 年，加强专控商品管理，严格审批手续，执行结果实际完成 23.9 万元，占计划 53.47%，节约控购指标 27.8 万元。1995 年，对小汽车等 8 种商品实行指标控制，恢复征收附加费。

2000 年，推行政府采购制度，制定《彭水自治县人民政府采购管理试行办法》，扩大政府采购范围，县级行政事业单位汽车统一投保，并实行定点维修招标成功。2001 年，规范和扩大政府采购，推行采购与管理分离，试行行政事业单位小汽车定点维修，重大货物采购实施公开招标。2002 年，成立县人民政府采购办公室和采购中心，明确采购目录，严格采购与管理分离，坚持政府采购办公室负责审核部门采购计划和资金来源后，下达计划，委托政府采购中心，实行招投标公开采购。2003 年，借助部门预算、会计委派、收支两条线的有效支持，制定和完善《政府采购工作人员十不准》等 20 余个规章制度，制发《2003 年政府集中采购目录》和《政府采购预算》，建立“管采”分设的政府采购制约机制，凡涉及重大招标采购项目，纪检监察部门参与开标、评标。同时在单一的货物采购的基础上，将服务和工程领域内的重点项目纳入政府集中采购，采购范围也从县级部门扩展到全县 39 个乡镇。

2004 年，政府采购实行“阳光”作业，贯彻执行《中华人民共和国政府采购法》，向部门单位公布政府集中采购目录与限额标准。累计政府采购 148 次，金额 3377 万元，资金节约率 11.6%。

2005 年，不断扩大采购规模和范围，实现政府采购支出 3217 万元，比预算资金节约 280 余万元，节支率 8.01%。

（四）会计管理

1987 年，举办为期 2 个半月助理会计师和 15 天的会计员培训，开展事业单位会计专业职务的评审工作，提高会计人员素质。1989 年 12 月 27 日，全国首届会计知识大奖赛黔江地区选拔赛在彭水举行，全县 10 名选手参赛，获抢答题优胜奖第二名，优秀个人奖 1 名。1990 年，推荐报考业余电大财会专业学习 55 人，举办财会学习班 1 期，参培人员 48 人，参加秀山企业会计制度培训班学习 12 人。1991 年，招收 51 人的中华会计函授班举办 1 期会计档案培训班。1992 年 9 月，成立黔江地区会计师事务所彭水分所，主要从事会计培训和考试。全县建立起会计人员档案，同时检查物资系统和乡镇企业会计人员持证上岗情况，拟办初级、中级会计专业技术职称的评审工作。

1993 年 7 月 1 日起，全县所有国有企业以及大部分其他类型企业全部实施新会计制度。举办 4 期企业财务通则和企业财务准则的“两则”培训班。1996 年，换发会计证 230 本，举办财会函授中专班、大专班，开办财会人员培训班 6 期，参培 425 人次。1998 年，举办《行政事业新会计制度》《企业会计准则》及会计电算化等培训班 8 期，参培 900 余人次，换发新会计证 658 本，初步建立起全县“会计人员信息档案”。2000 年，强化企业会计基础工作管理，开展《中华人民共和国会计法》培训 2 期 108 人，规范企业财务管理和会计核算工作。2001 年，组织会计证年检，严格会计从业人员资格管理，举办培训班 3 期 550 人，完成 85 人会计专业技术初、中级职称资格考试和“注册会计师”15 人考试的报名，年检会计证 530 本。对县级部门会计、会计中心、片区会计 31 人，实施全封闭、军事化训练 20 天，开展军事、业务、微机操作培训。2002 年，制定《彭水自治县会计从业资格管理办法》，坚持办理“会计证”必先进行资格考试制度。推行会计委派制试点工作。举办三期会计电算培训班，培训会计 450 人。2004 年，正式启动委派企业财务总监工作。

2005 年，纵深推进会计委派改革，委派范围扩大到教育卫生部门。

（五）国债服务

彭水自治县发行国库券是根据 1981 年 1 月国务院颁布的《中华人民共和国国库券条例》。发行的主要对象是国营、集体企业。企业主管部门和地方政府分配发行机关，团体、部队及农村富裕社队可适当认购，个人也可以自愿认购。县内发行面额多为拾元、伍元、壹元。所发放的国库券从发后第六年开始，分5年作5次偿还，每次偿还发行总额的20%，年息4厘，利息在偿还本金时给付。1986年，全县发行国库券90.23万元，兑付单位购买国库券本息42428.8元、个人129143.56元。1988年3月，成立县国库券推销委员会和领导小组办公室。根据实际情况和承受能力，对各单位实行任务加25%分配；对职工个人部分按县统计局各单位上年末职工工资总额为依据分配。截至8月底，完成国库券推销入库834396元，占任务的101.51%。其中，单位完成138326元，占任务的92.22%；职工完成435070元，占任务的108.5%；农民完成26.1万元，占任务的96.3%。

1989年，增设国库券兑换网点，挂牌营业，将各区认购的国债款汇入县局综合股“专户储存”并给代购。1990年，全县完成认购交款977070元。其中，国库券720870元，特种国债25.67万元。国库券兑换农村以各乡信用社为兑付点，各区营业所设固定兑付点和增设临时兑付处。年底，全县兑付个人持有到期国库券本金53.86万元。1991年，国债推销完成38.08万元。1993年，累计发行企业债券269万元。其中，为民族卷烟厂二期技改工程发行债券150万元，为武陵建材公司技改发行债券106万元，代理黔江地区证券公司发行地区纺织工业公司短期融资债券7万元，发行县建行宏达实业公司债券7万元。1998年，发行凭证式国债67万元，兑付国债本息45万元，受委托代县民族烟厂、武建司等企业兑付到期债券565万元，发行343万元。

1999年，根据《国务院办公厅转发财政部整顿国债中介机构方案的通知》的有关规定，彭水自治县撤销财政部门主办的从事国债发行、兑付和转让业务的机构，财政国债中介机构转变为证券经纪公司或证券营业部，彻底与财政部门脱钩，国债业务由金融机构办理。

（六）农业税减免

1986年，按减免政策规定范围，在征数696.65万千克的基础上减免506.65万千克，农业税减免指标135.29万千克，折代金44.6万元，减免21693户103430人。其中，烈士家属615户3075人，减税5.03万千克；残废军人156户546人，减税1.15万千克；极贫户18552户88346人，减税114.57万千克；受灾户1597户7985人，减税9.87万千克；占地减税773户3478人，减税4.67万千克。

1987年，农业税减免按照“依年计征、依法减免”的政策，对农村革命烈士家属、残疾军人、鳏寡孤独五保户以及特殊困难户实行基数减免；对当年受灾户实行“重灾多减、轻灾少减、特轻不减、特重全免”的政策，当年落实减免指标，第二年先减后征，不计入征收清册，从制度上克服了部分区、乡乱拉乱用农业税、减免税的现象，保证农业税、减免税政策的执行。

由于县境遭受水、旱、风、虫、冰等自然灾害，农作物受到严重的影响。1988年，全县共减免受灾农户20660户，减免税额61.5万元；贫困山区减免18428户，减免税额121.6万元。其中：革命烈士家属166户，减免税额0.8万元；军属260户，减免税额11.7万元。同时，根据《中华人民共和国耕地占用税暂行条例》第七、八条规定，对学校、医院、革命烈士家属给予耕地占用税减免13330万平方米，减免税额44.4万元。1989年，减免农户11201户，减免税额（折代金）57.2万元。其中：灾情减免30.2万元，社会减免27万元。1990年，粮食减免676322千克，折代金28.41万元。其中：灾情减免23.54万元、社会减免3.99万元、专项指标8808元。

之后，根据国家政策，每年都有不同程度、不同的形式减免农业税。

（七）财政帮扶

“七五”期间，财政帮扶主要是对工业生产、农业生产的烟酒茶为重点，共投入折旧基金、财政周转资金、财政预算资金2187.12万元，其中用于发展农业1736.7万元。“八五”期间，以投放扶持资金为主，注重工业全面发展、农业多种经营及乡镇企业的发展，投入生产资金、财政周转资金及向上级争取的周转资金13280.5万元。“九五”期间，重点扶持教育事业的“普九”工程、卫生事业、农业的烤烟生产、改造低产田、饮水工程、林业的植树造林、养殖业及贫困扶持，投入世行贷款、上级借款及本级投入等各项资金 14724.99 万元。“十五”期间，以支持教育达标、农业生产、企业改制、水利建设、退耕还林、下岗职工再就业、疾疫防治等为重点，争取各种项目资金 19578 万元，是“七五”期间的 8.95 倍。

第二章 税 务

第一节 机 构

一、实行分税制前

1935年6月，组建四川区税务局彭、石、酉、秀、黔税务公所，属四川省局分支机构，所址设在彭水，其职能主管彭水、石柱、酉阳、秀山、黔江5县国税征收及管理。1937年12月，成立四川省营业税局彭水稽征所专事营业税的征收。次年6月更名为四川省营业税局涪陵分局彭水办事处，于1939年3月，恢复彭水稽征所名称。1942年3月组建四川省缉私处彭水查缉所，5月组建川康直接税局彭水分局，为川康局分支机构。1944年3月又设财政部川康区税务局万县货物税分局彭水办公处对货物税进行专项征收。11月，货物税局与直接税局合并，成立东川税务管理局彭水直接税分局，治所在彭水，次年更名为财政部川康直接税务局彭水分局。

1949年11月，解放后的人民政府接管直接税务局。1950—1979年，县级财政与税务机构曾三分三合，八易其名。1950年11月，组建彭水县人民政府税务科，4月撤销税务科成立彭水县人民政府税务局，局址在县地税局直属分局处。1955年5月，更名为彭水县税务局。1958年，将县财政科、县税务局、县保险公司撤销合并，设立彭水县财政局，内设税政股，迁入县人委办公大楼办公。1961年11月，财税制度变革，财税分离，恢复县税务局建制，办公地址迁回原税务局办公。1970年10月，“文化大革命”时经县支左领导小组批示成立彭水县财政税务局革命委员会，履行原财政税务局职能。1974年3月，财政税务分离，单独成立彭水县税务局革命委员会，次年撤销县税务局革命委员会，与财政局实行第3次合并，恢复县财政税务局革委会名称。1977年5月废除革命委员会名称，更名彭水县财政税务局。1979年5月，县财政税务分置，恢复彭水县税务局名称。1979年前，财政税务时分时合，其内设科室分时撤销，合时复置，职能沿旧。

1984年11月，更名为彭水自治县税务局。内设秘书股（1990年改为办公室）、征收管理股、税征股（分设税一股、税二股于1994年撤销，税三股于1990年撤销）、会计股、会票股。监察股（1991年更名监察室）、人事监察股（1994年更名人事教育股）。

二、实行分税制

（一）国税

1994年9月，撤销彭水自治县税务局（简称县税务局），分设县国家税务局（简称县国税局）和县地方税务局（简称县地税局）。县国税局机关设在县城汉葭镇河堡街84号。县局内设2室4股即办公室、监察室、人事教育股、税政股、征收管理股、计划财务股，下辖直属分局、稽查局、城关、汉葭、高谷、郁山、保家、桑柘、鹿角、黄家、普子等11个征收单位。1998年，县国税局由重庆市国家税务局委托黔江开发区国家税务局代管。2000年，撤销黔江开发区国家税务局，县国家税务局由重庆市国家税务局直管。2001年，县国税局机关设2室4科即办公室、监察室、税政管理科、征收管理科、计划财务科、人事教育科和6个征管机构即稽查局、征收管理分局、高谷税务所、郁山税务所、桑柘税务所、黄家税务所以及1个事业单位即信息中心。2003年，县国税局重设机构，分为2室5科即办公室、监察室、政策法规科、税政管理科、征收管理科、计划财务科、人事教育科和4个征管机构即稽查局、汉葭第一税务所、汉葭第二税务所、郁山税务所以及1个事业单位即信息中心。2005年，县国税局先后2次设置机构，分2室5科1厅即办公室、监察室、政策法规科、税政管理科、征收管理科、计划财务科、人事教育科、办税服务厅，1个直属机构即稽查局，1个事业单位即信息中心和3个派出机构即汉葭第一税务所、汉葭第二税务所、郁山税务所。

（二）地税

1994年，彭水自治县地税局正式成立。县局内设办公室、计划财务股、工商税务管理股、税收管理股、农业税收管理股等5个职能股室和1个直属分局，下辖汉葭镇、汉葭区、高谷区、郁山区、保家区、桑柘区、鹿角区、黄家区、普子区等9个地方税务所。1995年，增设政工股、稽查室，撤销检查股。1996年，成立彭水自治县税务局检察室，设立彭水自治县地方税务局稽查分局，撤销稽查室。1998年，彭水自治县地税局由重庆市地方税务局委托黔江开发区地方税务局代管。1999年，调整彭水自治县地税局内设机构：撤销农业税管理股，增设监察室，与人事股合署办公，两块牌子，一套班子。2000年，黔江开发区地方税务局撤销，彭水自治县地税局由重庆市地方税务局垂直管理，县局内设办公室、人事宣传教育科、计划财务科、工商税务管理科、征收管理科、法规科、监察室等7个机构。2001年，根据《重庆市委办公厅、重庆市人民政府办公厅关于做好县（自治县、市）人员分流工作意见》和《重庆市地方税务局关于区县（自治县、市）地方税务局和直属单位人员分流的实施办法》精神，彭水自治县地税局实施机构改革，局机关内设办公室、人事教育科、计划财务科、税政管理一科、税政管理二科、征管法规科、监察室等7个机构。2004年，撤销原郁山、保家、高谷、普子、桑柘、鹿角、黄家地税所、汉葭征收所及直属局9个征管单位，合并设立保家、高谷、鹿角税务所和汉葭第一税务所、汉葭第二税务所。

第二节　税　制

一、实行分税制前

1986—1994年，彭水自治县税务局先后开征的税种有产品税（含酒、纸、植物油、煤炭、电力、建材工业、茶叶、烟叶、原木、生猪、其他）、增值税、营业税（含商业零售、商业批发、交通运输、服务业、其他）、集体企业所得税（含供销合作社、工业合作组织、交通运输、合作商店、农村乡镇企业、其他）、个体工商户所得税、奖金税、城市维护建设税、地方税（包括屠宰税、牲畜交易税、房产税、车船使用税）、建筑税、盐税、滞纳金补税罚款、国营企业所得税、国家能源交通基金、国家预算调节基金、资源税、印花税、个人收入调节税、工资调节税、城镇土地使用税、消费税、土地增值税、教育费附加、固定资产投资方向调节税等23种。

二、实行分税制

（一）国税

实行分税制后，国税开征的税种有增值税、消费税（包括进口产品消费税）、直接对台贸易调节税、铁路和各银行总行及保险公司集中缴纳的营业所得税、城市建设维护税、中央企业所得税、地方和外贸银行金融企业所得税、集贸市场和个体户税、中央企业滞纳税、罚款收入、按中央税和共享税附加的教育附加、能源交通重点建设基金、国家预算外调节基金。1996 年 3 月 1 日，国家税务总局对国税征收管理范围重新作调整。个体工商户税收征管范围按照收入归属原则，由国家税务局和地方税务局分别征收管理，增值税中央分享 75%，地方分享 25%。涉外税收，增值税、消费税、外商投资企业和外国企业所得税、中央与地方所属企业事业单位组成的联营企业和股份制企业所得税、证券交易税由国税局征管。

（二）地税

1994 年 10 月至 2005 年，先后开征地税税种有工商税包括营业税（不含铁道部门、各银行总行、各保险总公司交纳的营业税）、资源税与中央共享、地方企业所得税（包括地方国有、集体、股份制、联营、私营企业等，不含地方银行和外资银行及非银行金融企业所得税）、个人所得税、固定资产投资方向调节税、土地增值税、城镇土地使用税、房产税、资源税、城市维护建设税、印花税、屠宰税（1994 年实行新税制，将收购者应缴纳采购应税牲畜的产品税改为屠宰税）、车船使用税、筵席税等，地方国有企业所得税，“农五税”，即：农业税、牧业税、农业特产税、耕地占用税、契税等。由于条件不具备，其中固定资产投资方向调节税、资源税、筵席税、牧业税在彭水自治县尚未开征。其中，1995 年，增加文化事业建设费、交通重点建设附加费项目随税征收；1998 年，开征土地增值税；1999 年，财税机构分置，将“农五税”划转县财政局的农税部门征管。2000 年 7 月，停征固定资产投资方向调节税；2002 年 3 月停征屠宰税，当年 6 月恢复，2003 年再次停征。2005 年起，农业税全面停征。

第三节　税收征管

一、实行分税制前

（一）税务征收

1986—1994 年，彭水税务收入以产品税、营业税为主。该年段产品税 11553.19 万元、营业税 5625.94 万元，分别占该段税总收入 26667.38 万元的 43.32%、21.10%。烤烟已成为全县经济的支柱产业，是税收的骨干税源。

1986—1994 年彭水自治县税收完成情况一览表

表 21-17　　单位：万元

税目	1986 年	1987 年	1988 年	1989 年	1990 年	1991 年	1992 年	1993 年	1994 年
1. 产品税	680.2	695.6	1118.3	1002.7	1021.8	1439.8	2493.19	3101.6	—
2. 增值税	0.2	—	133.4	119.4	119.7	151	215.54	602.3	2588.1
3. 营业税	321.7	349.3	436.7	785.8	712.8	748.7	815.14	1113.3	342.5
4. 集体企业所得税	—	16.7	13.6	20.3	23.2	29.8	25.56	6.7	7.9
5. 个体户所得税	3.2	6	9.8	36	37.5	32.5	40.78	41.5	330.5
6. 奖金税	3.3	6.8	4	12.9	2.2	0.3	—	0.5	—
7. 城市维护建设税	25.2	26.5	30.3	47.6	39.8	51	71.46	120.6	49.3
8. 地方税	49.9	54.7	50.8	79.7	76.1	74.2	82.48	77.9	58
屠宰税	47.9	42.4	39.1	48.2	42.8	38.9	48.24	34.6	17.9
牲畜交易税	0.2	0.2	0.1	0.2	—	0.1	0.01	—	—

续表 21-17

税目	1986 年	1987 年	1988 年	1989 年	1990 年	1991 年	1992 年	1993 年	1994 年
房产税	1.7	9.6	9.7	26	30.5	31.7	32.07	39.9	28.2
车船使用税	0.1	2.5	1.9	5.3	2.8	3.5	2.16	3.4	1.9
9. 建筑税	23.4	58.3	44.9	59.1	124.7	6.5	—	—	—
10. 盐税	0.1	0.7	1.1	0.4	0.7	—	—	—	—
11. 滞纳金补税罚款	0.6	0.9	0.6	19.4	4.3	2.2	2.62	2.4	0.4
12. 国营企业所得税	70	60.7	115.8	72.9	58.2	21	—	10.6	100
13. 能源交通基金	30.3	36.3	31.6	62.8	38.5	42.7	—	21.7	5.5
14. 国家预算调节基金	—	—	—	—	28.7	32.6	—	—	5.7
15. 资源税	—	—	0.2	0.6	0.5	0.6	2.83	3.1	3.2
16. 印花税	—	—	1	11.3	3.4	5.4	3.86	7.8	1.9
17. 个人收入调节税	—	—	—	0.6	0.4	0.3	0.007	1.1	20.7
18. 工资调节税	—	—	—	2.8	18.8	32.7	19.76	21.8	—
19. 城镇土地使用税	—	—	—	2.9	7.4	8	7.67	6.5	5.2
20. 消费税	—	—	—	—	—	—	—	—	1727.6
21. 土地增值税	—	—	—	—	—	—	—	—	—
22. 教育费附加	—	—	—	—	—	—	—	—	48.1
23. 固定资产投资方向调节税	—	—	—	—	—	—	—	7.30	3.5
合计	1258	1367.2	2042.9	2416.9	2394.8	2753.5	3863.377	5224.6	5346.1

（二）税务管理

1. 行政管理

1986 年，开展城乡纳税户申报登记，换发税务登记证。个体工商户的开业、停业、歇业都必须到税务机关申报换证，缴清所欠税款。1987 年，县税务局落实征收管理办法：户户有鉴定、有申报、有检查资料、有辅导材料、有财务会计报表。根据行业多、经营形式多样的特点，采取查定、查账、定期定额等多种方式征收。对个体工商户的所得税采取核定营业额；对私营酒厂实行定量、定产的“双定”政策，“双定”户必须亮证经营，领取纳税手册，按月结算营业税、所得税；对砖瓦窑实行量窑定产、源泉控制；对土纸制造业则实行量池定产；对屠宰税实行完税登记、逐户查核、先税后宰；对面房、加工房“定期定额”的加工收入采取耗电量测算加工费收入计税；对集贸税收，采取上市登记、下市销号完税双人上岗制度和市场巡回检查。1989 年，安排各区税务所对重点行业个体工商户中“双定”户营业额进行调整，对有建账能力工商户强令建账；无建账能力工商户，由当地税务所推行代账会计帮助这类工商户建账，规范个体工商户征管资料。1990 年，彭水自治县改革税收征管模式：（1）征管和检查两分离，设立征管组、检查组；（2）县局实行“划片分组、定期轮换”；（3）农村所采用“分组划片、优化组合、定点征收、交叉检查、定期轮换”。对“双定”工商户采取“三榜公布”（即自报营业额、个体劳动者协会评议、最后定案公布）管理。对代扣代缴的批发企业，实行重点检查。1993 年，进一步深化征管改革，制定《征管查分离工作运行程序》，建立公开办税、资料传递、协调联系，目标管理等一系列配套制度。

2. 纳税人资格管理

1987 年，全县有纳税户 2377 户，其中全民所有制 113 户、集体所有制 305 户、个体经营 1959 户。

1988年5月，按照省、地统一部署，在全县开展换发税务登记证工作，登记换证的工商企业2039户（包括个体户），其中国营企业116户、集体企业241户、私营企业和个体工商户1682户。1990年7月底，全面结束全县税务登记验证工作。全县应验证2801户，验证1983户，占应验证总户的70.8%。其中全民所有制企业验证106户、占应验证总户（220户）的48.1%，集体企业验证289户、占应验证总户（488户）的59.22%，个体工商户验证1588户、占应验证总户（2093户）的75.87%。通过验证补办税务登记的有47户，查补入库税款1458元。

3. 票据管理

1986年前，由于会计人员业务素质差，加之账务不健全，制度不完善，导致税务票证丢失现象十分严重。年初，发现差屠宰税猪半头（注：按规定屠宰毛猪吃一头交一头，吃半头交半头）定额票1002套、屠宰税猪1头定额税票49套、四联批发扣税发货票384套、七联批发扣税发票34套。县税务局多次组织人员调查，未果。后地区税务局派来5人工作组，县局抽调18人，共23人，进行深入清查，才全部核查清楚。之后，通过调整业务人员，健全票证管理制度，每月1次以会代训，会计人员素质逐步提高。

1988年，对全县438个事业单位、1558户个体纳税户的发票开展大检查，发现私印发票2户2280份、丢失发票7户1025份、转借代开7户、拆本使用9户95份、涂改使用51户160份、白条代发票66户2613份。其中县中药材公司以商品验收单代发票，漏税上万元（不含奖金税和个人收入调节税），全部补交。其他应补税的单位和个体户60户，税额14876元，已入库9092元，违反发票管理规定处罚21户，罚款480元，已入库330元。1993年1月1日起，全面启动新版发票，配备专兼职发票管理员，专室专柜，建立局与所、征管单位与用票单位之间的领用存销制度。

4. 税收检查

税收检查重点从“漏征、漏管、清理欠税”3个专项着手。1986年，执行国务院《关于在全国开展税收、财务、物价大检查的通知》精神，以宣传政策、动员自查、重点复查为导向，在全县开展自查自纠，查出偷漏税298083元，入库240371元。1987年，地局组织交叉检查县20多个企业，县局逐户检查城关重点纳税户，各所以乡村企业为重点，点面结合进行检查，查补应纳税款达80多万元。同时组建税务稽查队，主要实施对纳税人、扣缴义务人履行纳税义务、扣缴义务情况进行全面、综合检查。1991年，三大检查（税收、财务、物价检查）中，重点对批发扣税和个体税收进行专项检查。全县自查2049户，自查入库漏税75003.85元。开展检查422户，查补入库偷漏税153245.45元，催收入库欠税40多万元。重点应检查142户，检查32户，查出偷漏税516098.79元，查出三金漏缴261232.16元，入库工商各税286180.29元，三金入库19948.23元。

5. 税收优惠政策

县税务局充分发挥税收调节经济杠杆作用，实施“养鸡下蛋”战略，培植有发展前途企业，扶持发展有困难的企业。“七五”期间实行减免税种包括工商税中营业税、产品税、所得税、印花税，还有房地产税、城市和农村的土地使用税、奖金税、调节税及部分基金附加等。1986年，全县减免工商税74户，减免税额987877元。其中，全民所有制企业30户，减免565481元；集体企业42户，减免418987元；个体企业1户，减免328元；其他性质企业1户，减免3081元。1987年，减免适用范围包括营业税行业的理发业、浴池业、律师业暂免营业税，个体商贩的零售营业税由批发商代扣代交，工商银行汇兑业务往来免征营业税，单位房屋租给职工居住不征房产税，免征外籍人员奖金税，建筑税标准计划内征收10%，超计划部分征收20%，无计划征收30%。通过呈报审批，对35个暂时存在困难的企业减免各种税款661168元。其中减免工商税613447元、所得税30922元、其他税额16799元。1988年，减免范围增加，免征稻瘟净、辛硫磷、杀虫双等9种农药的产品税以及个人在国际比赛中获奖、作者或书画获国家级奖的个人调节税；粮食白酒由30%调价为35%，薯类白酒由20%调价为25%征收。对建材、有色金属的产品税改为增值税。是年，为45个企业减免税147.84万元，占全年税收计划的11.8%。1989年，营业税减免包括以工代赈、保值公债推销手续费、工业企业自销产品、出口商品调拨、律师事务所相关业务、邮政储蓄。恢复征收理发、浴池营业税。学校办企业、武警部队、军队、邮电部门所属企业、平价粮油部门免征房产税和城镇土地使用税；集体所有制企业、全民所有制单位的技术转让所得免征企业所得税。1990年，新规定减免内容较多，营业税范围最广。待业青年开办集体服务性企业，从开办之日起免征2年的营业税；农机公司经营农机产品、工业企业自销产品、供销社经营部分农业生产资料、体育竞赛门票收入，律师事务所、银行开设“购物储蓄”和“以奖代息”，市政部门所属施工单位取得工程收入、乡镇农民开办企业、对外贸易调拨商品、文化技术培训班收入、销售降价冻猪肉、基层供销社相关业务等均免征营业税；集体商业企业、供销社、乡镇企业批发调拨肉、禽、蛋、水产品业务收入，暂免征收营业税。新华书店减半营业税；农村信用合作社减免所得税；校办企业必须是出资自办收入归学校，柑橘、苎麻的收购销售免征税收；劳教劳改的单位生产经营单位用地、盐场盐矿、建材企业的采石场和排土场减免土地使用增值税；向军工企业及军队提供军需物资、商业企业经营平价粮油签订的合同、图书报刊等征订凭证、代购代销国家市场调节粮协议书免征印花税；科学、技术、文化成果获得国家级奖金，省（部）级劳动模范所获奖金免征调节税；城乡集体企业、私营企业、个体工商户供电补贴费免征能源基金和预算调节基金；课本用凸版纸、食品公司所属肉联厂加工产品免征增值税。是年，共为143户企业减免税额365万元，帮助企业渡过难关。

“八五”期间每年都有新的税收减免、减缓政策出台。1991年，水利系统开展支农业务、小商品批发、国营工交企业出租闲置固定资产租金收入免征营业税；粮食部门的批发门市、粮食交易合同、部分涉外经济凭证免征印花税；上交文物，专家学者、技术人员特殊津贴，民政部门举办的社会服务性活动、添加剂预混饲料免税；散装水泥、部分墙体材料、课本凸版纸免征增值税；化肥、部分农药农膜、部分纺织品、中药饮片减征增值税；供电补贴费、粮食仓库建设、过路过桥、外贸旅游、军供站、接待站免交两金（能源交通、预算调节）。恢复邮电部门房产税和城镇土地使用税，当年为125个单位减免税额274万元。1993年，增加民族用品定点生产企业销售民族用品，弹纺厂、民族制伞厂、小河陶瓷厂、五金厂、律师事务所免征产品税和所得税；乳胶制品和涂料颜料、再生胶制品、全胶制品、燃料产品减征产品税；大众方便食品、零售农业资料、平价销售粮油免征营业税。提高零售商品营业税率，由3%提高为5%。是年开始，停止临时性、困难性减免，改为为企业排忧解难，协助企业开拓市场，促销产品，催收货款，协调资金等，但企业仍可按政策规定报经审批后享有减、免、缓税的优惠。

二、实行分税制

（一）国税

彭水自治县国税局直接隶属重庆市国家税务局，其规格与县人民政府一级职能机构相同，按照国家法律规定的标准，负责全县范围内中央税和中央、地方共享税税收征管工作。

1. 税务征收

1994年机构分设后，国税征收税源以增值税为主。1995年，国税总收入为4660.7万元，而后逐渐增长。至1998年，增值税大幅度下降，从1997年4851万元下降到2070万元，下降57.33%。国税总收入从1997年5027万元下降到2257万元，下降了55.1%。1999年降到最低，全县税收为2227.4万元。以后逐渐好转，2005年达到7354.44万元，为20年最高。

1995—2005 年彭水自治县税收完成情况一览表

表 21-18

单位：万元

税目	1995 年	1996 年	1997 年	1998 年	1999 年	2000 年	2001 年	2002 年	2003 年	2004 年	2005 年
增值税	3136.5	4458	4851	2070	2087	2593	2592	3600	4508	3768	5470
消费税	1278.6	307	56	17	21	26	18	19	12	12.7	9.96
营业税	–	2	110	170	119	187	117	81	9	–	–
个人所得税	2.1	–	–	–	0.4	75	136	155	186	222.9	264.7
企业所得税	219.6	–	10	–	–	153	110	1000	–	751	1304
罚款	1	2	–	–	–	–	–	1	1	1.1	0.78
行政性收费	–	–	–	–	–	–	–	–	–	34.7	36.1
车辆购置税	–	–	–	–	–	–	–	–	–	–	268.9
能源交通基金	13.5	–	–	–	–	–	–	–	–	–	–
国家预算调节基金	7.3	–	–	–	–	–	–	–	–	–	–
个人收入调节税	2.1	–	–	–	–	–	–	–	–	–	–
合计	4660.7	4769	5027	2257	2227.4	3034	2973	4856	4716	4790.4	7354.44

1994—2000 年彭水自治县各所（分局）税收完成情况一览表

表 21-19

单位：万元

单位	1994 年	1995 年	1996 年	1997 年	1998 年	1999 年	2000 年
城关	283.4	191.4	252.8	14.22	154.9	291	292.8
汉葭	46.2	45.1	57.9	33.2	31.4	32.2	27.4
高谷	29.4	18.5	21.3	34.7	30.8	41.4	21.7
郁山	102.5	134.6	167.3	90	168.2	245	247.1
保家	95.1	70.4	16	25.2	1.6	16.8	19
桑柘	42.8	25.9	25.2	54.5	13.9	16.3	23.8
鹿角	19.1	10.3	5.5	10	11	7.9	6.1
黄家	35.7	34.5	42.7	19.5	25.5	20	22.8
普子	42	15.6	15.2	16	8.1	13.1	12
直属分局	4649.9	4114.4	4165.1	4729.68	1811.6	1543.7	2361.3
合计	5346.1	4660.7	4769	5027	2257	2227.4	3034

2001—2003 年彭水自治县各所（分局）分年度完成情况一览表

表 21-20

单位：万元

单位	2001 年	2002 年	2003 年
征管分局	2659.9	4197.3	4217.5
高谷所	32.9	44.1	48.2
郁山所	238.3	285.5	342.5
桑柘所	20.2	38.8	45.3
黄家所	21.7	27.7	41.6
稽查局	—	262.6	20.9
合计	2973	4856	4716

2004—2005年彭水自治县各所（分局）分年度完成情况一览表

表21-21 单位：万元

单位	2004年	2005年
汉葭一所	4054.3	6535.74
汉葭二所	314.5	377.6
郁山所	361.8	441.1
稽查局	59.8	—
合计	4790.4	7354.44

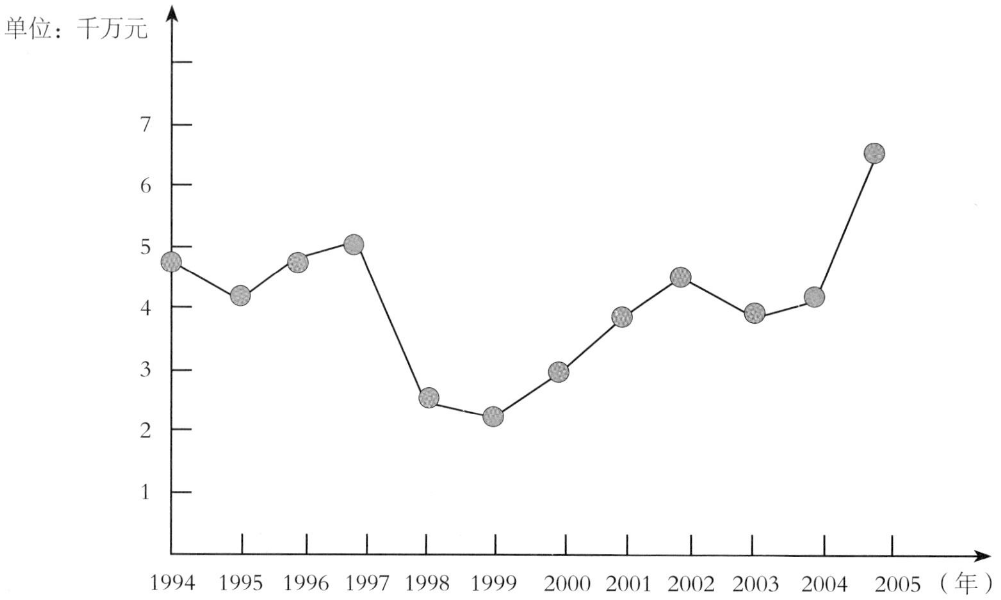

1994—2005年彭水自治县国税税收变化示意图

2. 税收管理

（1）行政管理

1994年，税制改革后，凡是县内城乡个体工商户和集市税收，凡属增值税为主的税种，包括应征各项地方税、基金、费等由国家税务局征收后，汇缴中央金库。1995年，县国税局推行申报、代理、稽查“三位一体”新征管模式，对分布在农村个体煮酒作坊推行定酌数、定桶数、定每桶投粮数、定出酒率、定计税价格“五定”管理。设置多功能办事大厅，厅内设置税务登记、发票管理、申报征收、咨询服务4个服务平台，方便税收管理。1997年9月22日，成立重庆国际税务咨询有限责任公司彭水支公司，开展税务代理、税务咨询等有偿服务，税务代理制度在彭水正式确立。2000年，实现计算机网络运作，县局与直属分局、稽查局、城关国税所的征管资料得到共享。次年1月1日，金税工程正式运行，换发税务登记证1563户。2002年，为了方便纳税人简化纳税程序，在主城区实行银税一体化，将主城区的部分税款委托县信用联社代征代缴，部分边远乡镇税款委托乡镇财政代征。2003年7月，开始在全县推行“一窗式”管理模式，即将报税、认证、纳税申报集中在一个窗口，实行“一窗一人一机”，以方便纳税人为出发点，实现优化资源配置，提高征管效率。同时，提出“重形式，更重实效；重管理，更重服务”的工作思路，按照“一窗式”管理模式的要求，严格执行首问负责制，承诺服务，违章责任追究制。其流程图如下：

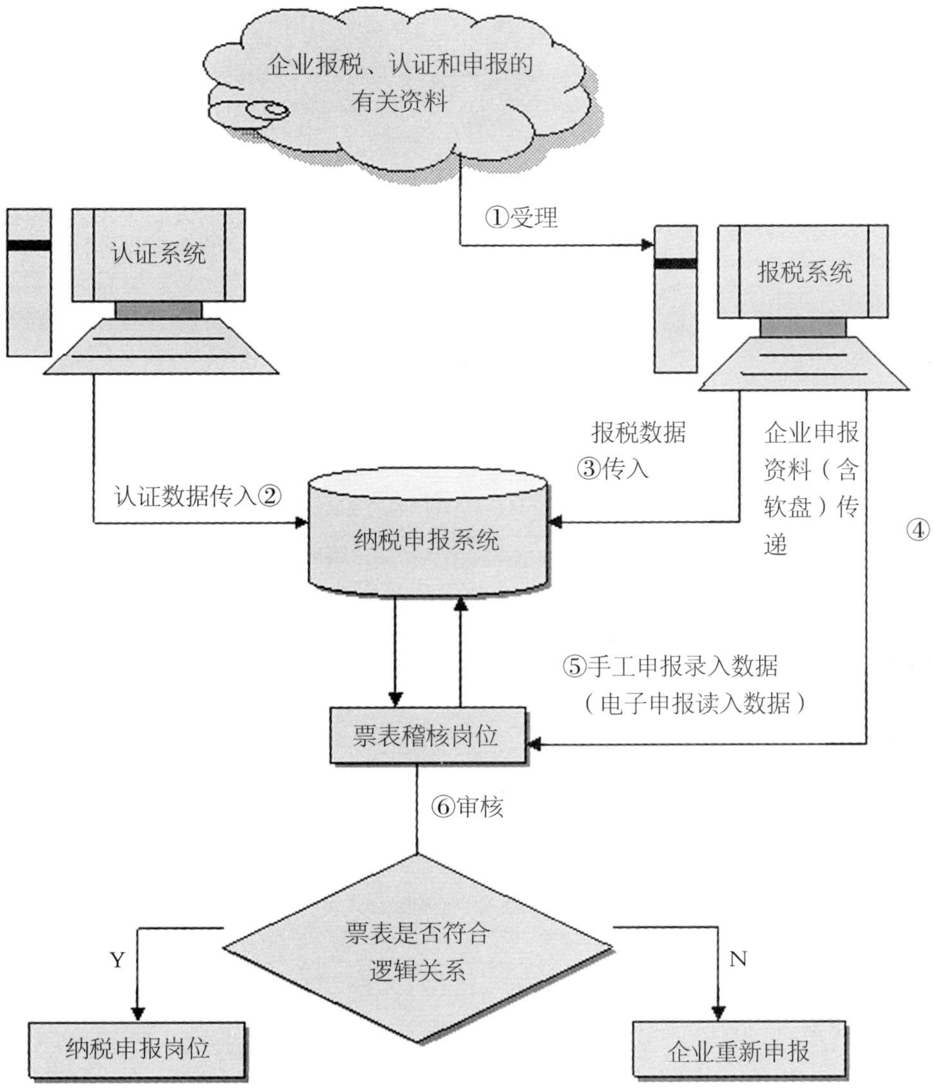

2003 年彭水自治县“一窗式”管理模式业务流程图

由于国税、地税、工商各单位的专业软件所运行的信息平台不一致，网络未连接，不能直接共享有关数据，经过 3 个单位共商，改进业务技术，采用软盘加纸质资料的形式，于 2004 年 10 月 15 日实现 3 家信息共享与交流。建立纳税人分户档案，分户档案电子件和纸质件同步，按月将两种档案数字进行校对，将原征管适用的表、证、单、书进行全面清理和修订，建立统一的征管文书库。按年度对征管单位进行按月考评，按季通报，对确认欠税人严格执行“加、扣、罚”制度。2005 年，实现全局系统计算机全部光纤接入，结束基层征管单位拨号上网的历史。同时，税收综合征管软件 CTAIS2.0 ①（V2.0 版）在彭水上线运行。

（2）纳税人资格管理

1994 年，规范税务登记换证工作，按照地区税务局制发征管资料样本，分局及各所建立税务登记清册，全县换证 2397 户。其中，税务登记 1957 户，注册税务登记 470 户。换证面 84%。1997 年，全面清理辖区内的增值税一般纳税人，对五金交电化公司等 20 户已不具备一般纳税人资格企业取消一般纳税人资格。2001 年，对以前认定一般纳税人进行全面资格审查，并核查企业经营状况，企业会计人员配置及财务核算、纳税情况。到 2005 年，全县有纳税户 2975 户。

（3）票据管理

1998 年，严格发票审批发售制度，对各种发票领购和配售，实行由县局建立发票管理档案，计

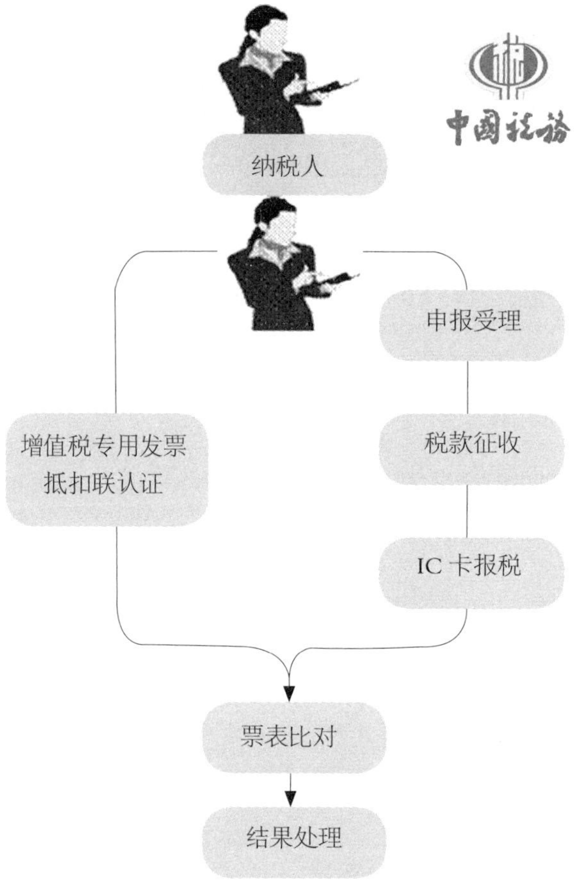

纳税“一窗式”管理模式流程图

划发售，统一审批，发放准购证，完善发票领、用、存制度，但违章事例并未消除。全年查处发票违章案件5件，查补税款229941.22元，罚款54189.16元。同时，重点控制增值税专用发票购进扣税和销售填开使用等环节，对纳税人购进货物或劳务取得的增值税专用发票进行逐一审核，当年查补税款1235965.5元，罚款71066.5元，清理欠税1203987.59元，加收滞纳金2.1万元。1999年，检查363户纳税人和行政事业单位的发票使用情况，发现粮食局和新华书店私自印制粮油销售发票和图书批发发票，分别给予2家单位处以1万元和1.5万元的罚款。2000年，对发票的收、发、存实行限量供应、定期核销、验旧供新制。检查普通发票、增值税专用发票，查出为他人代开普通发票和将发票撕与他人使用各1户，分别处以500元和1000元的罚款。2001年，加强税收票证的使用检查，建立《税收票证盘点制》《税收票证审核制》，从认证、报税、稽查、协查到发票的发行、发售、系统全面审查，无一漏落。2003年，换发《普通发票领购簿》，凡未换领购簿用票单位，一律不予发售各种普通发票，并且建立健全普通发票领、用、存、发售、销毁登记账簿，及时登记，按月盘存，并于每月10日前向县局征管科报送上月《普通发票领用情况月报表》《普通发票盘存报告表》以及下月《普通发票印制计划表》。2004年，认真抓好电子报税和货物运输发票、海关完税证、收购业专用发票、代开增值税专用发票“四小票”管理。推行“以票管税”，仅1—8月追收入库欠税497万元、滞纳金11万元，滞纳金加收率100%。2005年，综合征管软件CTAIS2.0版上线运行。发票发售、代开等项均按日报告。其每日情况表样表如后：

（4）税收检查

由于新税制实施以来，部分企业在纳税申报中，存在增值税零申报、负税申报，购销变化异常，税负下降。1996年，县国税局组织力量对36户商业物资企业、7户工业企业共43户纳税申报异常的

2005 年彭水自治县综合征管软件 CTAIS2.0 并轨运行每日情况一览表（样表）

表 21-22

时间	单位	税务登记（户）		发票（户）		发票代开	受理纳税人申报（户）	征收税款及两费（万元）	受理并处理各类文书（份）	其他
		开业	变更	停复业、非正常及注销	发票发售					

企业进行重点清查，查补增值税 46486.86 元，并全部入库。同时，对全县应重点检查的 137 户全部清查，补查税款 180 万元。1999 年，查补增值税 252 万元，罚款 4.5 万元，对烟叶、物资购销公司等单位，汽车修理行业的税务违章行为、发票违章行为、偷税行为进行查处。全年立案 15 件，结案 14 件，查补税金 75 万元。2001 年，对漏管漏征户清理、清缴欠税，建立 1 套准确、完备的纳税人的户籍资料和数据资料库，在检查中通过访、看、查等手段，对税收征管、税收计划、统计、会计、票证，多方面进行详细检查。其中对金融、保险、烟草 3 个行业所得税纳税情况进行专项检查，调整增加应纳税所得额 2115808.34 元，查补企业所得税 698216.81 元。对 16 户商业企业增值税一般纳税人自 2000 年 1 月以来的增值税纳税情况进行专项检查，查补增值税 28.86 万元，罚款 2.25 万元。对储蓄存款个人利息所得税扣缴义务履行情况进行专项检查，要求扣缴义务人对问题限期整改。2004 年，进行汇算检查，突出重点对象，重点项目。抽查法、逆查法并用，逐户逐笔详查。全县汇算企业 30 户，对这些企业推进“一级稽查”，实现稽查工作由“收入型”向“执法型”转轨。主要实施大要案查处、受理群众涉税举报、执行各类专项检查。全年受理群众来人、来电等涉税举报 3 件，立案 1 件，查补税款 4.96 万元，罚款 1.22 万元，查补入库税款 130.87 万元。2005 年，与地税、工商、公安及当地政府配合，清理检查漏征漏管户 175 户，清理入库税款 12.9 万元。

（5）税收优惠政策

1994 年，规定部分商品的起征点和税率，征税分为按期纳税和按次纳税。营业税按期纳税起征点为 400 元 / 月，按次纳税为 50 元 / 日，增值税按期纳税起征点为 900 元 / 月，按次纳税起征点为 50 元 / 日，销售、劳务起征点为 400 元 / 月。调整生猪、菜牛、菜羊上市销售额定税款，宰杀每头生猪上市出售征收税费 26.44 元（含屠宰税 4 元、增值税 18 元、城建费 0.18 元、教育附加费 0.54 元、交建费 0.72 元、所得税 3 元），宰杀每头菜牛上市出售共缴税费 38.66 元，宰杀每只菜羊上市出售共交税费 7.22 元。规定电力产品、自来水、价外收入、军队物资供应、机场商品期货交易征收增值税。烟草部门所属企业按照 33% 征收所得税，邮电部门所属企业起征所得税，高新企业按 15% 征收所得税，新办高新企业免征两年所得税，对部分新产品实行减免政策；外商投资企业和外国企业暂不收城市维护建设税和教育费附加；商业库存国家计划内汽油、柴油 1994 年 12 月 31 日前不收消费税；公安司法部门所属产品，民政、乡镇、街道所办社会服务性生产企业和学校办的企业产品免征增值税；对增值税、消费税、营业税征收实行优惠政策，部分采取先征后返政策，投资方向调节税由购买商品房的单位和个人缴纳，由商品房经营单位代收代缴。教育费附加由县国税局和县地税负责征收，征收率为 2%。由国税局系统征收的铁道各银行、总行、保险公司营业税附加的教育费附加作为中央预算固定收入；国家税务局系统征收的按增值税、消费税附加的教育费附加和地方税务局征收的按营业税附加的教育费附加作为地方固定收入。

1997 年，起征出租车驾驶员个人所得税，企业所得税改由企业申报清缴。生产副食产品企业、饲料加工企业所得税，水电施工企业的企业所得税按 50% 返还，1998 年起不予返还。是年减征烟草公司企业所得税 29 万元。粮食销售分政策性业务和商业性业务，政策性业务免征增值税；个体行医有卫生部发放的行医许可证，不征增值税，无证的要征收增值税；供电工程施工、体育彩票发行免征增值税和营业税；军工生产产品在军队内调拨、销售免征增值税，对外销售照征增值税；文化宣传单位的增值税实行优惠政策，民政部门新办的企业，证照齐全，校办企业实行即征即返。农用柴油机按照13%征收增值税；淀粉生产按照17%征收增值税。金融保险业的营业税率由5%提高到8%，其中按5%征收的部分归地方收入，提高3%征收部分归中央收入，一年期以上返还性人身保险免征营业税。1999—2000年，对县以下民贸企业和基层供销社销售的货物免征增值税，经政府批准企业的企业所得税实行定期减免。其间，1999年规定，军队、武警部队、执法机关不再从事经商和私办企业。农村信用社有关营业税按6%征收，其中的5%由地方税务局征收、1%由国家税务局征收。电信部门及下属的电话号码簿公司销售的电话号码业务收入只征营业税，不征增值税。电信、移动公司要交纳企业所得税，民政办福利企业的增值税实行即征即返。2005年，免征农业税及附加（农业特产税除外）。

（二）地税

彭水地税局为县人民政府的工作部门，列入政府序列，受同级政府和上一级地方税务局的双重领导，以同级政府管理为主。主要职能是贯彻执行国家有关地方税收法律、法规、规章、政策和工作方针；编制分配、下达本单位税收计划，并组织实施；征收管理地方税种及附加和社会保险费；承担本单位干部建设、财务管理、税收法制建设。

1. 税务征收

1994年，共组织税费收入3097.4万元，之后逐年上涨。到1997年，由于加大征收管理和稽查力度，金融保险税收增幅大，加上第三产业快速发展，烤烟特产税增多，税收达到6230.2万元，为地税局单独办公至2005年的最高产值。但到1998年，烤烟歉收，烟叶档次低，且均价较1997年低，税务整体收入有所下降。1999年，银行贷款利息按国家规定核算年限减少为1年，银行利息减少，税基萎缩。又因为当年国家对银行存、贷利率进行再次降息，很大一部分存款转化为消费基金或其他金融资本，存贷规模减小，因此，金融行业税收呈负增长，严重影响地方税务收入。同时，“农业五税”转由财政局征收，至2000年，税收降至1960.2万元，为20年中最低。以后又逐年上升。2005年，交通运输业，房地产业，邮电通信业主要是固定电话、移动通信、宽带网络等业务，个人所得税特别是企事业单位的工资薪金、劳务报酬所得和纳税大户的税收等税费增长，税收达到5992万元。

1994—2005年彭水自治县地方税务局收入情况一览表

表21-23　　单位：万元

项目		1994年	1995年	1996年	1997年	1998年	1999年	2000年	2001年	2002年	2003年	2004年	2005年
总计		3097.4	4427.2	5560.2	6230.2	4357.1	4488	1960.2	2252	2608.7	4086.1	5166.9	5992
工商税		843.8	900.2	942.5	1233.2	1574.5	1727.3	1859.8	2102	2383	3836	4902	5716.5
农业四税	合计	2149.6	3349.5	4317	4686	2468	2690	—	—	—	—	—	—
	农业税	724.4	583.7	997	851	945	602	—	—	—	—	—	—
	特产税	1412	2750	3300	3815	1496	2068	—	—	—	—	—	—
	契税	5.5	7.8	8.9	8	10	10	—	—	—	—	—	—
	耕地占用税	7.5	8	11.1	12	17	10	—	—	—	—	—	—
地方国有企业所得税		56.3	1.3	11.4	30.4	22.9	—	—	—	—	—	—	—
其他收入		47.7	176.2	289.3	280.6	291.7	70.7	100.4	150	225.7	250.1	264.9	275.5

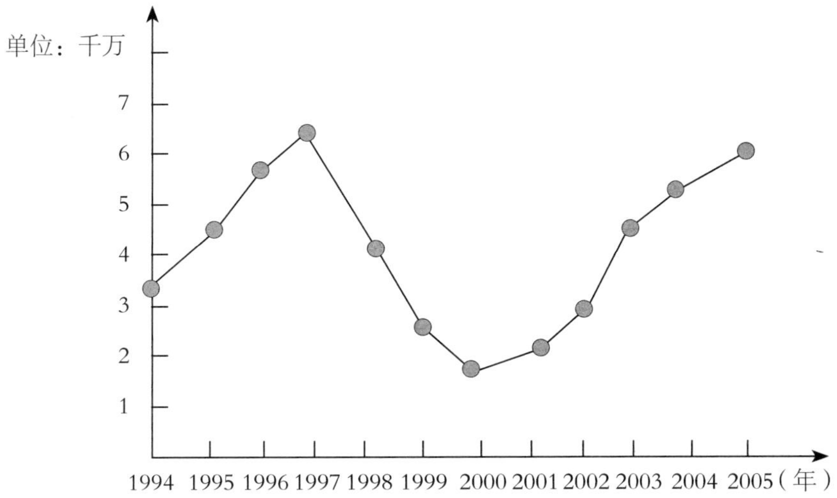

1994—2005 年彭水自治县地方税收变化示意图

2. 税收管理

（1）行政管理

1994 年税制改革后，凡是以营业税为主税种的各项税收、基金、费等，由地方税务局征收后，汇缴地方金库。1995 年，健全管理制度，实行“制度健全、严密征管、监督制约、方便纳税”的原则，先后出台《税务登记》《发票管理》《地方税收管理操作规程》等 20 种制度，加强内部管理力度，严肃征管纪律。1996 年，从县局到征收所（点）对征管人员层层落实征收任务，人人签订责任书，并按月或季度通报全系统任务完成情况，局机关与股室挂钩指导征收工作，实行任务挂钩，同奖惩。1999 年，以“加强征管、堵塞漏洞、惩治腐败、清缴欠税”十六字方针，强化征管。2002 年，实行收入“一票否决”制度，严格实施“七率”（税源控管率、纳税申报率、应征税款入库率、欠税增减率、滞纳金加收率、罚补率、查补税款入库率）考核制，施行“银税一体化”方案。

2005 年，建立“管理治税、科技兴税、人才立税”管理方法，抓税源管理，建立以城区征收、管理、稽查相互配合、相互支持、相互监督税收管理机制，加强对以乌江彭水水电站为主的重点项目、重点行业、重点税种的税收跟踪管理。重新审定“双定”户的“双定”额，重点是调整纳税大户定额，对达不到起征点的业户实行动态管理。

（2）纳税人资格管理

1994 年年底，全县有各类经济性质纳税征管户 2956 户，不达起征点占 823 户，应税户占 2133 户，基本税源 3000 万元（含农四税）。1995 年，税务登记国有企业 150 户、集体企业 226 户、私营及个体业户 1633 户，颁发税务登记证 2009 户，注册登记 104 户，并对 13 万户的农业纳税实行县、区、乡 3 级明细台账管理。1996 年，严抓纳税人资格管理，全年验证、换证、发证 1224 户，查补漏征漏管 32 户，补税 1.6 万元。1998 年，清理漏管户 127 户、漏征户 83 户，换发证 426 户，补税 5.7 万元，罚款 1.2 万元，加收滞纳金 0.5 万元。1999 年，重点对文化娱乐、美容美发、饮食服务行业进行清查，查出新开业办证 24 户，停业注销 79 户，查出漏征漏管 27 户，补缴税款 2.81 万元。2002 年，实施“银税一体化”方案，通过与县信用合作社协作，于 5 月正式开通运行。对县城区域内应缴纳各税（费）的个体工商户实行“银税一体化”管理，当月应存款申报纳税户为 849 户，实申报纳税户为 841 户，占应纳税户的 99%，清理漏征漏管户 64 户，补税 13 万元。以后逐年清理，达到户数明确，管理到位。

（3）票据管理

1999 年，全县形成计算机局（所）域网控管体系，使税收票据管理工作更趋于合理化。当年，严格按照双限结报制度，解纳、盘点票款，严格缴销程序。对成立地税所以来的51种旧存发票清理盘点，分类连号，登记造册，上报区局准予核销。同时，补充发票领、用、销、存制度，达到以票管税的目的。2002年，按照市局统一部署，县地税局与县公安局联手协作，在全县范围内开展对贩卖假发票、使用假发票偷税违法行为进行重点专项整治。从7月20日至年底，摸底调查78家报账单位，重点检查饮食业户50家，提取假饮食定额发票2594份，票额面值24975.5元，通过提取的发票推算，使用假发票1.26万份，金额146.3万元。重点查实贩卖假发票2人，使用假发票的饮食业户32家，重点处罚10户，提请批准逮捕1人，取保候审3人，对查实部分查补税款6万余元，处以罚款15万余元。2003年，对个人和企业所得税、资源税、建筑安装业发票使用情况开展专项检查，全年查处违章案件47件，查补各税总额256.7万元。

（4）税务检查

彭水自治县地税工作单独运行后，县局即拟订“摸清家底大检查的自查目标，抓重点检查，突出重点行业和重点税种的专项检查，把重心落在组织收入上来”总体思路。通过2个月检查，至1994年年底，投入检查人员127人，成立领导小组10个，自查1058户，自查面100%，自查补税43万元；重点检查423户，检查面40%，查补各税96.7万元，入库率94.4%。

1995年，建立协税护税组织和代征网络，开展以草食牲畜为主的农村税收。全县建立管委会63个，代征代缴组织704个，聘请代征人员2292人，颁发执法证件，依法有序开展代征工作。当年，县局组织41人，分成8个小组，以屠宰税执法检查为先导，对17个乡进行突击检查，查补屠宰税3万元，及时调整上市屠宰税税赋偏低现状，税幅调高1.5倍。全年征收屠宰税47.5万元，为上年同期的1.6倍。同时，以查促管，以查促收，共查73家企业，占企业户数的36%，查补税（费）35万元。对群众反映强烈的餐饮业、文化娱乐业、商业、交通运输业的税赋进行定额调整，无论是地税直管行业，还是与国税合作评定行业，普遍调高原定额1 ~ 3倍，最高达10 ~ 20倍。1996年，再次对县城内文化娱乐业、饮食服务业定额进行清理调整，以达到政策和税赋公平合理，调整面为85%以上，调整后全年新增税额20万元。同时对全县173户企事业逐一进行汇算清缴，查增所得额116.7万元。年底重点排查664户，查补税款28.2万元，其中营业税1.2万元、个人所得税2.6万元、企业所得税1.8万元、其他11.8万元。稽查分局查处偷漏税案22件，查补入库漏欠税基金附加14.6万元。为理顺屠宰税收秩序，在城镇对生猪屠宰实行“定点屠宰，统收税费”，对上市屠商摊点实行检查征管，最大限度减少偷漏避税；农村采取委托当地畜牧兽医中心站代征屠宰税。全年征收屠宰税64.17万元，查处违章经营行为46起。1998年，税收稽查工作查1户落实1户。全年日常稽查139户，专项检查8户，查出有问题的93户，查补入库各税（费）68.7万元，其中罚款6.5万元，实行公安拘留7人。同时，实施企业所得税汇算清缴，对69家企业重点检查，对交通运输业、建筑安装业、饮食娱乐业、美容美发业等重点行业专项检查，增加税收139.4万元。其中，查补房屋租赁业税款24万元，交通营运业税款21万元。2000年，对税收实行“一票否决”和“抓大不放小”。对企业所得税实行按季度预征，保证税收均衡，及时入库。同时追收拖欠，不留新欠。检查个人所得税，突出对工资、薪金所得和个体工商户日常纳税情况的检查，对收入较高的行业进行重点监控，强化代扣工作。加强屠宰税的代征工作，对生猪的收购、贩运、销售等环节执行征收标准，堵塞跑、漏、冒的现象。对全县文化娱乐业、饮食服务业、美容美发业等重点行业的税源状况进行摸底调查，实行“双定”即定期定额调整，户平调高10% ~ 20%的定额幅度，全县净增税额23余万元。同时，着力税务登记等基础资料建设工作，规范征管资料9大类56种30余万张，准确及时掌握税收控管业户，经黔江开发区地税局、重庆市地税局检查，县地税局所辖10个征收单位的征管资料全部达标，形成1套比较完整的征管资料档案。是年清理漏征漏管户150户，查清补缴税款6万余元，对边远乡镇的零散税收，委托基层财政干部依法代征，使其农村税收有人抓、有人管，减少税收流失。2003年8月，成功启用

DS982.0 版征管软件，实现县城征管单位各项征管数据集中统一管理并与市局联网。10 月，初步实现城区地税办公自动化。次年，开通与市局内网系统和电子公文远程封发，实现党政信息平台的对接使用和共享，县局机关、各直属单位和农村税务所初步形成自动化网络体系，全面实现无纸化办公，有利于税收的征管，全县录入地税征管户 1867 户（其中城区 1475 户，乡镇 392 户）。2005 年，重新审定“双定”额，重点调整纳税大户定额，对达不到起征点的业户实行动态管理。1—11 月，征收交通运输业税收 160 万元，比上年增长 30.34%；稽查催收欠查补入库各税 120 万元，代征税费 700 万元。

（5）税收优惠政策

2003 年，彭水自治县地税局落实下岗、失业人员再就业税收优惠政策，县劳动社保局在全县核发下岗失业人员证书 698 人，在地税部门申办税务登记证 389 人，占发证数的 55.7%，经申请审核批准享受税收优惠政策下岗失业人员 380 人。1—11 月，免征地方各税 160 万元。同时，落实“非典”税收优惠政策，对全县饮食业、旅店业、承包经营客运车辆、城市公交车减免地方税收 35.6 万元；执行国家西部大开发税收政策，上报审批减免企业所得税 140 万元。2004 年，全年减免下岗失业再就业地方税收 150 万元。新审批下岗失业、复员退伍军人、残疾人员等再就业税收优惠政策申请 141 户，复查预批上年度已批 49 户再就业税收优惠对象，对 10 户企业上报审批减免企业所得税 170 万元，支持企业扩大再生产。2005 年，上报和权限内审批减免企业所得税 334.9 万元，对符合条件的 280 户下岗失业再就业生产经营业户，审批减免税 175 万元。

第二十二篇 金 融

1986年，彭水金融机构有人民银行、工商银行、农业银行、建设银行支行及农村信用社等5家，邮政储蓄汇兑业务部1家，中国保险公司支公司1家。至2005年，除建设银行于1998年撤销外，各银行网点增加，业务扩大。中国保险公司支公司分设人寿保险和财产保险2个公司，中国太平洋人寿保险公司和平安人寿保险公司支公司进入彭水。各项银行存款、贷款和保险业务收入逐年增长，促进社会生产发展，为人民群众生活需求和县域经济繁荣提供保障。

第一章 银 行

第一节 机 构

一、中央银行及监管机构

中国人民银行彭水苗族土家族自治县支行　1950年4月10日成立，1986年，中国人民银行彭水自治县支行（简称县人民银行）内设人事秘书股、计划业务股、会计股、发行保卫股4个股。是年，与县工商银行分设，原所属工商信贷业务和储蓄存款业务归县工商银行办理。1989年，县人民银行增设金管稽核股。1991年8月，会计股更名为会计国库股，9月将发行保卫股分设为货币发行股和保卫股，计划业务股更名为计划资金股。至1992年，设人事秘书股、计划资金股、货币发行股、会计国库股、金管稽核股、保卫股6个股和22个专业岗位。1994年，将会计国库股分设会计股和国库股。1996年4月，县人民银行保险监管职能划入保监会。2002年年底，县人民银行进行银监分设改革，县人民银行内设办公室、货币信贷和调查统计股、国库会计股、货币金银股、保卫股5个股室，在册职工30人，退休职工1人。2004年5月，成立中国银行业务监督管理委员会黔江监管分局彭水办事处，行使监督职能。随着各专业银行相继成立，县人民银行具有管理监督、政策调节、服务三大职能。

中国银行业监督管理委员会黔江监管分局彭水办事处　2004年5月成立，人员编制4人，其中主任1人。履行原县人民银行承担的对彭水苗族土家族自治县辖内银行业金融机构的监管职能。完成黔江银监分局交办信访核查事宜，加强与地方政府及其金融部门的沟通协调。

二、政策性银行

中国农业发展银行彭水自治县支行（简称县农业发展银行）　1996年12月27日，县农业发展银行开始组建，内设办公室、计划信贷部、财务会计部3个部室，人员编制20人。为彭水一家社会主义金融体系的政策性银行。1997年3月5日，县农业发展银行正式挂牌开展业务。1997年6月24日，新成立保卫科，挂靠办公室。2000年11月27日，重庆市分行规定县农业发展银行为“三类行”，县农业发展银行对内设机构进行调整，撤销原科室，重新组建信贷部、综合业务部，原办公室、保卫科职能合并到综合业务部。2001年4月26日，将综合业务部更名为综合会计部。2002年3月20日，撤销综合会计部，设办公室、会计出纳部。

三、商业性银行

中国农业银行彭水自治县支行　中国农业银行彭水自治县支行（简称县农业银行），1964年1月1日成立。1986年，设置办公室、人事股、监察股、农业信贷股、商业信贷股、农村存款股、信用合作股、会计股、稽核股、保卫股等10个股室；辖支行营业部和汉葭、高谷、郁山、保家、桑柘、鹿角、黄家坝、普子、龙射10个营业所（部），支行储蓄所和郁山、保家区3个储蓄所和支行、北门2

个储蓄专柜。年底全行有职工127人，其中县农业银行52人、基层营业所和储蓄所75人。1987年，增设县城北门营业分所及郁山黄泥坝储蓄所、保家储蓄所、南门储蓄所，全县有11个营业所（部）和6个储蓄所。1989年，增设桑柘、黄家、高谷、普子储蓄所。1991年，撤销龙射储蓄所设劳动服务部。1992年成立房地产信贷部。1993年，成立金穗典当有限公司。1995年，撤销黄家储蓄所、金穗典当有限公司。1996年，新设民营信贷科，撤销郁山黄泥坝储蓄所。是年10月，县农业银行与县农村信用合作联社脱离隶属关系。12月，组建县农业发展银行，县农业银行不再代理政策性贷款业务。1997年，新设绸缎街分理处，撤销房地产信贷部。2002—2004年，先后撤销原区乡所在地农业银行营业所。2005年，农行下设机构保留县城支行营业部、北门分理处、石嘴分理处、车站储蓄所、汉葭分理处。县农业银行职工140人。

中国工商银行彭水自治县支行　中国工商银行彭水自治县支行（简称县工商银行）原属县人民银行彭水支行统一管理，一套班子两块牌子。1986年7月，两行分设，县工商银行独立开展业务。1987年，县工商行设置人事秘书股、信贷股、计划股、会计股、储蓄股和出纳股6个股，职工61人。1988年隶属黔江地区中心支行。2000年，县工商银行进行机构改革，在岗职工减为33人。2001年，撤销原股室，重新设置营业部、业务部、办公室等2部1室。2005年12月，县工商银行实行股份制改革，更名为中国工商银行股份有限公司彭水支行，其业务职能为办理人民币存款、贷款及消费信贷、居民储蓄、各类结算、发行和代理发行有价证券、代理其他银行委托的各种业务，征信调查和咨询服务，国际金融组织和外国政府贷款的转贷以及经中国银行业监督管理委员会依照有关法律、行政法规和其他规定批准的业务。

中国建设银行彭水自治县支行　1986年，中国建设银行彭水自治县支行（简称县建设银行）隶属涪陵地区中心银行与县人民银行双重管辖，设置秘会股、业务股，职工12人。1987年，将秘会股分设为秘书股和会计出纳股，保留业务股。1988年10月，县建设银行改属黔江中心银行管理。1997年，支行内部机构进行调整，设办公室、筹资股、信贷股、会计出纳股、房地产信贷部、保卫股，下辖4个储蓄所。1998年7月，撤销县建设银行。

四、彭水自治县农村信用社联社

1986年，彭水自治县农村信用合作联社（简称信用合作联社）隶属县农业银行管理。1989年，县信用合作联社内设财务股、社务股、业务股、稽核股、联社营业部，职工19人，辖各乡镇农村信用社等60个独立核算机构和11个自负盈亏的信用合作分社，职工211人。1993年2月，成立城市农村信用社。1996年10月，农村信用社联社与县农业银行脱离行政隶属关系，为独立商业银行机构。1998年，内设财务电脑科、计划信贷科、稽核监察科、保卫科、人事教育科、办公室、营业部。同时对部分信用社整顿，撤并后有55个信用社、16个分社、1个储蓄所72个对外营业机构。是年1月，城市信用社划归农村信用联社，并更名为彭水自治县城关农村信用社。2002年，全县农村信用社进行机构改革，保留汉葭、高谷、郁山、保家、桑柘、鹿角、黄家坝、普子8个原区所在地信用社和城关信用社、信用联社10个机构为法人单位。乡级文武、朱砂、新场、诸佛、桐楼、新化、石盘、双龙、大厂、大垭、朗溪、砂石等12个信用社降格为代办站，其余信用社降格为信用分社。年底，县农村信用联社有机构网点60个，其中信用社10个、信用分社49个、储蓄所1个，职工206人。2004年4月20日至11月1日，重庆市信用合作联社批准同意撤销共和、石柳、联合、鹿箐、大园、三义、学坝、岩东信用分社。2005年3月1日，重庆市联社批准撤销善感分社。5月27日，黔江银监分局彭水办事处批准撤并郁山新生街分社，迁址联合蔡家坝场上，更名为联合信用社。撤并桐荣分社，迁址小河场上，更名砂石信用社。是年，县信用联社下辖47个分支机构，内设人事、信贷、保卫稽核、财务、市场开发部及办公室5部1室，职工249人。

五、邮政储蓄汇兑业务部

1986 年 11 月，县邮电局成立邮政储蓄汇兑业务部。1987 年 1 月 1 日，经县人民银行批准，正式开办储蓄业务。6 月 10 日，设立县城西街邮政储蓄所，21 日，设立郁山邮政储蓄所。1988 年 5 月 28 日，在保家设立邮政储蓄所。1990 年，先后在高谷、桑柘、鹿角、黄家坝、普子区所在地设立邮政储蓄所。至此，全县有县城邮政储蓄所 2 个和区邮政储蓄所 7 个。2003 年，新增 3 个邮政储蓄联网网点。2005 年，有绸缎街、河堡、车站、北大街、保家、普子、桑柘、高谷、鹿角、黄家、郁山、龙射、梅子、新田、太原、羊头铺、砂石、火车站 18 个储蓄网点。

第二节 业 务

一、货币发行与现金收支

（一）货币发行

1986 年，随着城市经济体制改革深入，县人民银行单独设立，机制不健全，期间银行信贷资金占用过多，至 1989 年年底，全县社会商品零售总额达到 13756 万元，而各项贷款总量有 18697 万元，差额 13064 万元，形成银行超负荷运行。1990 年年底，由于上年货币收支品迭，净投放 602 万元，加上社会沉淀资金和私人存款，社会货币总量达到 2702 万元。集团单位库存现金 242 万元，占市场货币总量 8.9%。城市居民持有现金总量占市场货币总量 91%，其中农民手持现金总量约 1543.9 万元。1991—1995 年，县内资金分流，银行存款下降，资金来源减少，而资金需求有增无减。县人民银行一面抓资金管理，一面组织人员从外地拆入资金，报上级银行划拨发行基金，盘活存量资金，基本扭转存款下滑局面。

1996 年，县人民银行组织资金保证烤烟收购资金供应，严格执行货币发行制度，保证发行基金的调拨和现金供应。至 1997 年，累计净投放货币基金 47997 万元。

1998 年，随着金融机构运行趋于正常，实现货币回笼大于扩投放，净回笼 1521 万元。1999—2001 年，净投放货币基金 8050 万元。2002 年，实现净回笼货币基金 1521 万元。2004 年，净投放货币基金 1504 万元。2005 年调拨货币基金 20215 万元。

（二）现金收支

1986—1989 年，全县工农业生产总产值每年递增 6.32%，各种贷款每年递增 18.9%，即增加 1 元产值，发放贷款 3 元。1990 年，产值与贷款比为 1∶3.4。1992 年，全县区镇建立 9 个金库。1993 年，居民大量向银行提取现金投放市场，且存款下降，县人民银行与专业银行配合，加强结算纪律，制止资金体外循环，扭转存款下滑，现金管理步入正常轨道。1999—2005 年，全县金融系统现金收支趋于正常，连续 7 年出现现金尽回笼。

1986—2005 年彭水自治县金融机构现金收支情况一览表

表 22-1　　单位：万元

年度	现金收入总量	现金支出总量	扎差品迭	
			投放	回笼
1986 年	9551	9862	311	—
1987 年	12207	119921	107714	—
1988 年	1571	2541	970	—

续表 22-1

年度	现金收入总量	现金支出总量	扎差品迭	
			投放	回笼
1989 年	1530	2132	602	—
1990 年	17974.8	18476.9	502.1	—
1991 年	20324.8	21952.9	1628.1	—
1992 年	28287.8	31572.6	3284.8	—
1993 年	26540.1	33063.7	6523.6	—
1994 年	35329.7	44212.1	8882.4	—
1995 年	2972.7	18043.5	15070.8	—
1996 年	83195.9	106627.7	23431.8	—
1997 年	97323.4	122505.1	25181.7	—
1998 年	156783.3	165117.8	8334.5	—
1999 年	148012.9	147805.8	—	207.1
2000 年	229503	227357	—	2146
2001 年	352050	349838	—	2212
2002 年	388875.08	381642.48	—	7232.6
2003 年	426191	409109	—	17082
2004 年	615220	600722	—	14498
2005 年	717016	716874	—	141

二、存款

1986—2005 年，开展短期、中期和长期存款多种形式吸收存款。资金来源有企业存款、财政存款、机关团体存款、城镇储蓄存款、农村存款、信托存款、其他类存款等 7 类。企业存款包括工业、商业、国营农业、集体个体、专业基金、单位定期、基建及建筑业存款，财政存款包括中央财政、地方财政、财政预算外、建设银行财政、财政性定期存款，农村存款包括乡镇企业、集体农业、信用社存款等。

县农业银行　1986 年，存款余额 2013 万元，其中机关企业 1538 万元、个人 475 万元。是年开办建房有奖储蓄。1988 年，提高定期储蓄应付利率、保值储蓄利率，取消储蓄利差补贴，消化民贸优惠利息，银行成本增大。发展实物储蓄、有奖储蓄和贴水储蓄。1990 年，存款余额 3618 万元，其中企业 924 万元、财政 200 万元、机关 82 万元、城镇 1144 万元、农村 640 万元、其他 628 万元。1995 年，存款余额 7694.2 万元，其中企业 2943.7 万元、城镇 4541.8 万元、农村 208.6 万元、信托 0.1 万元。1999 年，县农业银行发行金穗卡 4447 户，发卡总量 7628 户。2000 年，发行各类牡丹信用卡达到 5955 张。存款余额 26557 万元，其中企业 8063 万元、城镇 16793 万元、农村 270 万元、其他 1431 万元。2001 年，发行金穗卡 5743 张、万事达卡 34 张。2002 年，新增银行卡 12868 张、网上银行注册个人客户 48 户、电话银行签约个人客户 167 户。2004 年，新增银行卡 14099 张、网上银行签约客户 146 户、电话银行签约客户 378 户。2005 年，新增银行卡 9387 张、网上银行签约客户 13 户、电话银行签约客户 68 户。存款余额 58058 万元，其中企业 23389 万元、机关 846 万元、城镇 32930 万元、农村 76 万元、其他 817 万元。

县农业发展银行　1995 年，县农业发展银行财政存款余额 362.8 万元。2000 年，企业存款余额

697 万元。2005 年，企业存款余额 385 万元。

县工商银行　1988 年，县工商银行对储蓄所实行全面承包，分解任务。开办实物贴水储蓄、建房储蓄、白糖奖售储蓄。8 月底，暴发抢购风潮，储蓄存款陡降，支行及时开办名优紧俏商品贴水储蓄，扭转储蓄存款下降势头。1990 年，储蓄存款余额 2728 万元，其中企业 964 万元、财政 43 万元、机关 315 万元、城镇 1225 万元、其他 181 万元。1992 年，县工商银行开拓新的服务领域，开办企事业单位住房基金存款专项服务，做好社会保险基金的专户存储与管理。1993 年，县工商银行深化储蓄承包责任制，支行与储蓄股、储蓄股与各储蓄所分别签订储蓄承包合同。县工商银行对公存款净增 110 万元。1995 年，县工商银行优化储蓄网点，年末储蓄存款余额 3515.1 万元，其中企业 899.1 万元、城镇 2616 万元。1997 年，发行各类牡丹信用卡（包括灵通卡）达到 2230 张。2000 年，年末储蓄存款余额 8462 万元，其中企业 1317 万元、城镇 5321 万元、其他 1824 万元。2001 年，牡丹卡及灵通卡发行 2289 张。至 2003 年年底，牡丹卡发行累计达 13322 张。2004 年，牡丹卡发放 15498 户，网上银行 187 户。2005 年，储蓄存款余额 19051 万元，其中企业 5336 万元、机关团体 4682 万元、城镇 8996 万元、其他 37 万元。

县建设银行　1990 年，县建设银行存款余额 639 万元，其中企业 617 万元、财政 –321 万元、城镇 321 万元、信托 9 万元、其他 13 万元。1995 年，存款余额 2224 万元，其中企业 834 万元、城镇 1370 万元、信托 20 万元。1997 年，存款余额 4279 万元，其中企业 1593 万元、城镇 2686 万元。

信用合作联社　1990 年年末，存款余额 585 万元。1997 年年末，存款余额 10009 万元。2000 年，各项存款净增 5152 万元，年底存款余额 16513 万元，其中企业 2 万元、城镇 13177 万元、农业 2110 万元、其他 1224 万元。加上向中央银行借款、同业往来、所有者权益存款，总计余额突破 2 亿元大关，达到 20639 万元。2001 年，股金增加 194 万元。2002 年，全县农村信用社总资产 55769 万元，总负债 53364 万元；各项存款余额 34129 万元。2003 年 6 月 30 日，全县农村信用社有股本金余额 906 万元。其中：信用社员工 400 万元，占股金总额的 44.2%；外部自然人和法人 224 万元，占 24.7%；信用社向联社入股 282 万元，占 31.1%。2005 年，“信合卡”发行 20754 张。县信用联社储蓄存款余额 76726 万元，其中机关团体 2421 万元、储蓄 64944 万元、农业 9256 万元、其他 105 万元。各项存款净增额占全县金融机构净增额的 58.7%，储蓄存款净增额占全县储蓄存款的 69.3%。

邮政储蓄　1986 年 11 月 11 日，恢复邮政储蓄业务，当年底，邮政储蓄 17.3 万元，到 1997 年 7 月邮政电信分营时，邮政储蓄余额达到 3300 万元。1998 年，开通全国“绿卡”通存通兑业务，邮政储蓄达到 302.37 万元。以后邮政储蓄逐年增长，2000 年达到 5827.3 万元。2002 年，邮政储蓄拓展邮政储蓄市场，增添 ATM 设备，发展绿卡联网网点，当年储蓄 1128.37 万元，储蓄余额首次突破亿元大关，达到 11842 万元。2003 年，改造全县储蓄网站网络，开展邮政储蓄短程竞赛。全年邮政储蓄 375 万元，储蓄余额 13102.75 万元。2004 年，邮政储蓄统一版本切换上线。当年邮政储蓄 367.46 万元，储蓄余额 15196 万元。2005 年年末，邮政储蓄余额 17476 万元，其中定期 10732 万元、活期 6744 万元。业务收入 409.67 万元，全年日均余额 17444.62 万元，定活比例 39.67%。

三、贷款

1986—2005 年，全县有流动资金、农业、固定资产、信托、其他等 5 项贷款业务项目。流动资金贷款包括工业、商业、建筑企业、个体商业、乡镇企业贷款；农业贷款包括农村集体、农户、扶贫贴息、信用社贷款；固定资产贷款包括技术改造、基本建设、老少边穷、地方经济开发贷款。

农业银行　1990 年，各项贷款余额 12990 万元，其中流动资金（含工业、商业、乡镇企业）9832 万元、农业 2587 万元、固定资产 513 万元、信托 49 万元、其他 9 万元。至 1995 年，各项贷款余额 21236.2 万元，其中，短期 20837.3 万元、中长期 368 万元、其他 30.9 万元。2000 年，县农业银行新增发行金穗卡 3663 张，总额达 17301 张。各项贷款余额 70403 万元，其中短期（含工业、商业、农业、乡镇企业等）42617 万元、中长期（含基本建设、技术改造等）27786 万元。2004 年，县农业银行重点支持乌江彭水电站、乌江商贸园、彭中“申请重庆市重点中学”等重点工程和重点建设项目，拓展个人住房按揭、二手楼按揭、个人生产经营贷款业务，贷款余额 112746 万元。2005 年，重点支持乌江彭水电站、彭水茂田能源开发有限公司年产 100 万吨新型干法水泥项目，并加大对个人住房按揭贷款拓展力度。贷款余额 154901 万元，其中短期 8004 万元、中长期 146816 万元、票据融资 81 万元。

县农业发展银行　县农业发展银行实行独立的粮食、棉花、油料、猪肉、食糖等主要农副产品的国家专项储蓄贷款，承担国家粮、油等政策性加工任务企业的贷款；办理粮、油、肉等农副产品的收购贷款及粮油调销、批发贷款，国务院确定的扶贫贴息贷款、老少边穷地区发展经济贷款以及其他财政贴息的农业方面的贷款，国家确定的小型农、林、牧、水利基本建设和技术改造贷款，中央和省级政府的财政资金的代理拨付，业务范围内开户企事业单位的存款，开户企事业单位的结算，国务院和中国人民银行批准的其他业务；为各级政府设立的粮食风险基金开立、开户企事业单位的结算；发行金融债券。1997 年，县农业发展银行从县农业银行接收贷款 14952 万元，收回不良贷款 1200 万元，贷款规模达到 19771 万元。1998 年，信贷规模 11653 万元，其中收购 8558 万元、储备 243 万元、调销 1291 万元、费用 130 万元、加工 1304 万元、建仓 127 万元。5 月 14 日，把原承担的扶贫、开发性、人行专项贷款一次性划归商业银行管理，从 5 月 15 日起进行资金清算。共划转信贷资产 8187 万元，企业存款 253 万元，应收利息 987.8 万元。12 月 10 日为划转日，12 月 15 日为资本清算日，对粮食企业附营业务占用贷款认定划转移交。计划划转粮食企业附营企业 13 家、贷款 4238.42 万元，实际划转 3 家、贷款 1816 万元。1999 年，重点支持烤烟、电信、能源、交通等基础产业，同时向 15 个特困乡（镇）发放小额扶贫贷款 700 万元。2000 年 11 月底，各项贷款余额 10206 万元，其中短期贷款 9868 万元、中长期贷款 338 万元。发放粮油收购贷款 1110 万元，产生收购值 1070 万元。2001 年，完善资金寸头限额管理，收购资金封闭运行保持良好状态。贷款收回率 100%。2002 年，信贷资金运行率 96.50%，贷款回收率 55.28%。2003 年，新发放粮油购销贷款物资，保证率 100%，贷款回收率 92.08%。2004 年，信贷资金运用率 96.17%，贷款回收率 110.03%。2005 年，发放流转粮食收购贷款 90 万元、县级储备粮食收购贷款 480 万元。是年贷款余额 7872 万元，其中短期贷款 7534 万元、中长期贷款 338 万元。信贷资金运用率 98.73%，贷款回收率 100%。

县工商银行　1986—1989 年，对企业实行分类排队，通过信用等级评估，将企业分为一、二、三、四类，严格按照评审类别择优发放贷款，保证信贷资金投向准确。严格执行总行、分行信贷责任制，建立双签或 3 级审批责任制、信贷追踪制。风险、呆滞贷款占整个资产比重由原来的 20% 下降到 10%。1990 年，调整信贷结构，强化信贷管理，贷款余额 9042 万元，其中，流动资金（含工业、商业、乡镇企业等）7775 万元、农业 9 万元、固定资产 884 万元、信托 333 万元、其他 41 万元。1992 年，县工商银行房地产信贷部正式成立，承办开户企业单位政策性房改金融业务和经营性房地产信贷业务。1993 年，信贷重点支持工交企业生产经营、支持重点企业发展和第三产业发展以及农副产品收购，年末各项贷款余额 12530 万元。1995 年，优化贷款配置，准确把握资金投向投量，尽可能地降低新增贷款的风险性，集中资金重点支持县域经济区内的骨干企业和重点项目，累计发放贷款 29 笔 1525 万元。同时大力清收逾期、呆滞、呆账贷款，建立上门催收逾期贷款等制度，全年共收逾期、呆滞贷款 2026 万元。是年，贷款余额 9623.5 万元，其中短期 7465.9 万元、中长期 2157.6 万元。1999 年收回及盘活存量贷款 1288 万元。2000 年，贷款余额 6605 万元。其中，短期 4956 万元、中期流动资金 1030 万元、中长期 619 万元。2002—2004 年，县工商银行信贷资产由 87.2% 下降到 29.3%，上报核销呆滞贷款 430 万元。2005 年年末，贷款余额为基本建设中长期贷款 50005 万元。

县建设银行　1990年，贷款余额576万元，其中流动资金（含工业、商业等）379万元、固定资产86万元、信托30万元、其他81万元。1995年，贷款余额2894万元，其中短期（含工业、建筑业）974万元、中长期（含技术改造）199万元、其他1721万元。1997年，贷款余额4904万元，其中短期（含工业、建筑业）2309万元、中长期（含技术改造、基本建设）2574万元、其他21万元。

县信用合作联社　1990年，信用社贷款余额359万元。1998年，贷款余额9185万元，其中农业7385万元。1999年，发放贷款7100万元，收回贷款6105万元。2000年，贷款余额15748万元，其中短期（含商业、农业、乡镇企业等）15418万元、中长期330万元。收回贷款10222万元。2001年，发放贷款19945万元，年末贷款余额26018万元。2005年，全年发放贷款48100万元，其中农业30719万元，农业贷款中农户小额贷款17979万元，收回贷款37434万元。年末贷款余额68259万元，其中短期（含商业、农业、乡镇企业等）60228万元、中长期8031万元。

1986—2005年彭水自治县存贷款余额一览表

表22-2　　单位：万元

年份	存款余额	其中				贷款余额	其中	
		企业存款	财政存款	储蓄存款	其他存款		短期贷款	中长期贷款
1986年	4312	1316	—	2149	847	9601	—	—
1987年	4703	1621	—	2693	389	8954	—	—
1988年	5493	1962	—	3475	56	11493	—	—
1989年	5633	—	—	3894	1739	14286	—	—
1990年	7485	2369	379	4412	325	17995	16512	1483
1991年	9785	2842	505	5720	718	19886	17970	1916
1992年	12668	3209	2	7533	1924	28372	26271	2101
1993年	21468	3430	589	8190	9259	36871	34500	2371
1994年	35667	3155	446	11748	20318	40865	33391	7474
1995年	46920	3615	521	14810	27974	46920	38520	8400
1996年	31067	4477	674	21223	4693	62135	53949	8186
1997年	40280	7347	706	25883	6344	91595	75720	15875
1998年	46535	12504	821	31039	2171	99798	76237	23561
1999年	56078	12167	945	38754	4212	112512	83909	28603
2000年	62098	10662	729	44398	6309	107023	73959	32064
2001年	83449	17358	1274	56985	7832	111995	79072	32923
2002年	104302	19784	1377	70418	12723	117933	78940	38993
2003年	126522	26297	635	86674	12916	137794	91848	45946
2004年	143602	24862	2759	101804	14177	178324	132431	45893
2005年	174621	29109	2734	124346	18432	281037	75847	205190

四、代理

银行代理业务主要有保险业务、债券发行与还本付息、国家金库业务、其他收费等。

县人民银行负责代理国家金库业务。1985年，国库券发行逐年增大，国库准确及时办理国家预算收入的收纳、划分和报解，按国家财政制度、规定，监督国家预算收入退付。1986年后，代理县内国家预算收入的收纳，划分和留解，办理国家预算支出的拨付，向上级国库和县财政反映通报预算收支执行情况，协助财政、税务机关督促企业和其他有经济收入的单位及时向国家缴纳应缴款项。是年，发行国库券90.23万元，个人认购国库券588315元，单位认购126025元。兑付单位认购国库券本息42428.80元，个人购卖国库券本息129143.56元。1987年，发放国库券587110元，兑换到期国库券1981年26090元、1982年36428元。1988年，代理国库办理联行结算，两次业务2084笔，发生额75029万元。发行重点建设债券24万元。发放国库券83.4万元，兑换1981—1983年国库券本息17.16万元。代秀山县发行国库券3万元。1989年，发行国库券67.80万元、特种国债28.16元、保值公债108.09万元。兑换1981—1984年到期国库券本息21.48万元。1990年，发放国库券72.06万元，兑换到期国库券53.75万元，兑付1988年国家建设债券15万元。1991年，发行特种国债券18.08元。1992年，县人民银行制定《彭水苗族土家族自治县乡（镇）金库管理办法》，发行国库券128.56万元。1993年，县人民银行制定《国库业务考核奖惩办法》，建立巡回指导制度，设置国库综合管理岗，建立各种登记簿，实现预算收入844.78万元。发行国库券218万元，全年兑付国库券本息393万元、保值公债券本息154万元。是年，县工商银行代社会公用部门收取水电费、邮电费、工会费等。1998年9月，县农业银行代收学校学生学费400万元。1999年，县农业银行实现对社会保险局等单位近2000户工资的代发和全县财产保险费、交通罚款、行政事业性收费及县城电信业务费用的代收工作。2000年，分别与县财政局、县体委签订代发职工工资和委托体育彩票收款协议。至年底，全县有39个行政事业单位863名职工工资开户。当年代发工资18612笔、780.8万元；代收交通罚款2529笔、47.91万元，电话费30138笔、295.7万元，行政事业性收费12笔、0.55万元；代理寿险业务12笔、0.4万元。2001年，县农业银行代付渝怀铁路征地拆迁补偿资金，并与移动公司达成移动电话费代收协议，代理业务品种达到10余种。县工商银行累计代收移动电话费、法院诉讼费、工商收入、交警罚款等款项1808万元，承销发行国债105万元，新增代发工资单位5个。2002年，县信用联社继续和新争取代收税金、移动电话费、代发工资、代付烤烟款等代收业务。2004年，县农业银行代理保费收入206万元。2005年，县农业银行代理保险费收入630万元，县农业发展银行新增代理保险业务代收保费13万元。县信用联社中间业务已发展到通信、保险、代收诉讼费、代付款等6个品种，收入95万元。

第三节　管　理

一、机构管理

1987年，结合更换金融业务许可证工作，对全县90个金融机构按照合理性、合法性、效益性等进行复查，重新审核批准。1988年，借换证之机抽查339个行、所、社，建立金融机构档案。吊销县工商银行的山谷居、小河桥、城隍庙和四合信用社的白云分社等不符合条件的机构。1989年，对全县原有5个县级金融机构、3个县以下机构（营业所、储蓄所、农村信用全作社）、6个信用合作分社，1个储蓄代办所、4个邮政储蓄网点建立了金融机构档案，并设计了县城金融机构分布图。在机构审批上以农村从宽、县城从严，原机构少的从松、原机构多的从紧原则。当年批报机构11个，实批十字街、农贸商场2个储蓄所。

1991年，根据合理布置机构网点、讲求经济效益原则，分别增设工商行、建设银行、信用社等在县城的4个网点。1992年3月，结束换发全县“中华人民共和国经营金融业务许可证”工作，对全县城金融机构经营业务分工合理性、机构合法性和证、照、牌、章“四相符”进行检查，开办了有效证券代办点。1993年，严格审查部门资本金情况、人员素质、理事会组成，合理增减机构，批准成立彭水自治县城市农村信用社、彭水自治县四合农村信用社。在黄家坝区、普子区部分乡镇增加信用合作分社。1994年，对非银行金融机构各种“基金会”调查摸底，清理撤销金穗典当公司。1996年，对全县所有金融机构和储蓄网点进行年检，发出报告书 227 份，抽查鹿角、黄家坝、高谷、汉葭 4 个区，实地检查 33 个信用社和 6 个储蓄所，以及县城 20 个金融机构和 9 个储蓄网点，合格率 100%。清理撤销“天平拍卖行”典当业务。1997 年，先后检查县国有资产投资公司、县工商联合会互助基金会、县乡镇企业发展基金会、县农村救灾扶贫储金会，发现问题进行规范或停业的处理。2000 年，对全县 105 个金融机构进行年检，合格 98 个、限期整改准予登记 2 个、整改并缓办登记 1 个、不合格 4 个。2003 年，农村信用社在履行法定程序的基础上实施以县联社为单位统一法人改革，进行了清产核资、清股扩股、公共积累处置、账务合并，选举社员代表，产生理监事会等系列工作。县信用合作联社为统一法人单位，对所辖机构“统一法人，授权经营，分级核算，单独考核”进行管理。

二、结算管理

1988 年，成立结算监督小组，及时清算资金。1990 年，整顿企业在银行多头开户、逃避中央银行监督管理套取现金、骗取贷款转移财政性存款等问题，按照“一业为主、适当交叉”和预算内、预算外资金分别核算的原则，以 1 个企业只能在 1 家金融机构开立基本账户的规定，协调和仲裁行政企事业单位的具体开户行。

1993 年，筹建彭水自治县同城票据结算中心，参照同城结算制度，结合县内实际提出“差额交换、差额资金单独立据、相互计息”结算办法，确立 7 家会员机构同城结算中心，制定《彭水自治县同城票据清算章程》，同时还成立结算举报中心。1994 年 5 月，全面完成会计三级达标升级，严格操作规范，完善同城会计票据清算制度。1996 年，贯彻《中华人民共和国票据法》，8 月 1 日启用新票据。1997 年，辖内开立账户 711 个，其中基本账户 454 个、一般存款账户 26 个、临时存款账户 49 个、专用存款账户 459 个。2004 年，落实新《人民币银行结算账户管理办法》，按同城 24 小时到账原则，开通运行同城票据交换业务跑盘清算系统，严格账户开立的行政许可，提高辖内支付清算效率和服务水平。

2005 年，各级组织账户管理系统上线，6 月 30 日联网上机，正式核准上线 16 个账户。全年共批准开设各类账户 159 个，堵住不符合开户条件的结算账户 20 个，全县累计纳入结算账户管理的账户 1280 个。全年办理票据交换 8000 笔，清算资金超过 25 亿元。建立反洗钱机制，检查县农村信用社反洗钱工作。

三、稽核与检查

1987 年，县人民银行深入县农业银行基层营业所，复查平价粮食利差补贴和信用社转存款利差补贴、突击发放贷款等，保证国家“紧缩财政、信贷”政策的落实。1988 年，专项稽核 1987 年年末突击放款工作，以及 1987 年 1 月至 1988 年 6 月发放而尚未收回的乡镇企业各项贷款。查出对无力还贷的皮包公司（鑫磊公司）连续放贷以及县农业银行利用流动资金贷款参与固定资产投资等，处罚没收全部利息。

1989 年，加大《四川省金融稽核检查处罚规定》宣传，累计稽核单位 144 个次，其中金融机构 73 个次、企业 71 个次。对信贷、现金大检查的后续稽查，财政存款、储蓄存款、小春粮油贷款到位情况、流动资金贷款投向、投量地、报解国库资金等稽核检查 10 余次。1990 年，开展对 1989 年度储蓄存款专项稽核、流动资金贷款用于固定资产投资稽核、财政性存款专项稽核和贷款投向稽核的后续稽核。是年，根据《国务院关于全国清欠企业拖欠贷款进行同步稽核实施办法》进行三角债清理。对县工商银行、县农业银行、县建设银行跨省市区贷款进行同步清理，对准备阶段、划款阶段进行稽核。全县清欠结果为应收贷款 738 万元，实际收回贷款 234 万元；应付贷款 99 万元，实际承付 48 万元。1992 年，检查各项资金 19422 万元，查出各种违规资金 2000 万元，纠正处理 1600 万元，经济处罚2.35万元。1993年，稽核检查县工商银行、县农业银行、县建设银行各用10万元信贷资金在本单位公司参股，勒令如数退回。

2002年，严格执行贷款质量5级分类管理制度，加强农村信用社监管和非现场监管。

2003—2005年，每年照常开展对上年度储蓄存款、流动资金贷款用于固定资产投资、财政性存款专项稽核和贷款投向稽核的后续稽核。

四、信贷管理

1991年，全面落实“控制总量、调整结构、保证重点、强化管理、适时调节、提高效益”货币政策，开展“质量、品种、效益年”活动，做到贷款发放、监控、管理、收回一体化，强化期限管理和专户管理。重点支持大小春粮食、烤烟、蚕茧收购和商业部门商品购进。2002年，从调整再贷款结构、优化再贷款投向和严格再贷款投向、再贷款管理等措施着手，增强农村信用社支付能力。累计发放支农再贷款1亿元，收回支农再贷款1亿元。2002年，信贷资金录入系统63573.7万元，占全县贷款余额54.19%。贷款卡年审693户，年审率67.67%。2005年，实行再贷款台账，规范农村支农再贷款的使用，确保其安全高效。

五、利率管理

1988年9月1日，对粮食补贴和平价粮食贷款取消优惠利率。县农业银行不履行合同，提高县纸厂贷款利率和并处罚息，县人民银行核实后仲裁，县农业银行利率按国家利息规定计收，不计收罚息。

1990年，依照大额定期存单管理办法，对未严格执行利率政策擅自提高或降低利率的银行限期改正。依照总行规定对县农业银行多收企业利息作出限期退回的处理。1993年，在全县开展利率执行检查。查出县农业银行、县建设银行、县信用合作联社有关营业所在执行利率、吸收资金、确定贷款期限、利率档次上存在不同问题，个别营业所发放月息18.75%。县人民银行发出通报，并及时纠正。1994年，先后2次对3个银行的11家金融机构抽查存款1200笔、贷款2480笔，金额2.58亿元，督促银行退还多收企业利息18万元。1995年，用3个月时间检查全县8区3行2所1部利率，金额1.75亿元，查处金额10万元。对擅自开办个人大额定期可转让存单、上浮利率等问题进行查处。县农业银行各区营业所主动退还企业利息21万元。2003年，调整县农村信用社利率，储蓄存款利率按人民银行公布基准利率上浮10%，上存信用联社资金利率按人民银行公布的1年期存款上浮20%。

2005年，按季监测国有独资商业银行和农村信用社贷款利率浮动范围、浮动幅度，发现贷款利率上浮较为普遍，县农村信用社上浮达60%。

六、金银钱币管理

1989年，各专业银行购进戒指、耳环、项链1395.88克，奖售出售849.26克，库存546.62克。对没有具备销售黄金饰品资质的百货公司限令其停止销售。1990年，收杂银毛重897克、银圆11枚。回笼破钞223.1万元。1991年，收购杂银802克、银圆14枚，金额530元。回笼破钞803万元。1992年，在郁山、保家、黄家金库设立试点后，在全县推开区（镇）金库设立9个，财政收入达到4915.6万元，平衡财政预算176万元。是年，回笼破钞1086.5万元，首次使用假人民币鉴别仪审查，没收假人民币10张，金额550元，起层币58张，金额211.40元。1993年，破钞回笼224.83万元，复点送地区中心支库138.5万元，送地区白银354克、银圆2枚。发现997枚假银圆大案。1994年，上交损伤券101.3万元，没收假人民币126张，金额6615元。1998年，没收假人民币397张、2.33万元。2000年，收黄金115克，破钞回收14894万元，收缴假人民币40005元（其中公安系统破案4起，没收假人民币 3.38 万元）。2002 年，按照当年要求“七成新”标准加强损伤券回笼工作，回笼损伤券 23014 万元。没收假人民币 37897 元。2004 年，没收假人民币 74695 万元。

2005 年，按照“不宜流通人民币”标准，执行国务院《人民币管理条例》，规范金融机构假人民币鉴定、没收制度，设立人民币兑换窗口。全年收缴假人民币 101850 元。

七、金融电子化建设

1992 年，县人民银行建立微机室并投入使用。1993 年，添置必要软件和设备，县人民银行信贷计划、会计、发行、工资月报、劳动工资月报全部实行电脑化。引进国库软件，实现国库业务电脑处理。

1995 年，县工商银行实现联行结算电子化。1996 年 6 月，县农业银行实行业务微机管理，县城业务通存通取，1997 年，实行全市县农业银行系统大机联网。1999 年，为防范计算机“千年虫”，县人民银行开展系统测试和应急计划演练，县农业银行在计算机处理机构全面建立手工副账。2000 年，金融系统全面进行计算机大机联网建设，大机联网率 100%。2003 年，各银行加强 IC 卡管理，按照联行管理要求，执行印、押、证、机分管制度。改造网点网络，安上宽带。2004 年，县邮电储蓄完成统一版本切换上线。

2005 年，县人民银行加强计算机安全和保密管理，规范了业务用机的 IP 地址，增加电子音像设备。邮政储蓄实现电子汇兑，两网互通。

第二章 保 险

第一节 机 构

一、中国人民保险公司彭水自治县支公司

1984年4月，首设中国人民保险公司彭水县支公司，受中国人民银行四川省分行管理。11月，改称中国人民保险公司彭水自治县支公司（简称县保险公司）。1986年，公司有员工9人。是年，在各区设保险代办服务所。1987年，内设秘书股、财会股、人险股、财险股4个股。全县8区1镇建立保险服务所，聘用专职保险代办员17名。1991年，保留秘书股、财会股、人险股，财险股改为农险财险股，增设运输工具险股共5个股。10月，设保险中心服务所，与农险财险股实行一套班子两块牌子。1992年6月，各区镇保险服务所更名保险营业所。1996年4月，撤分为中国人民财产保险股份有限公司彭水自治县支公司和中国人寿保险股份有限公司彭水自治县支公司。

二、中国人民财产保险股份有限公司彭水自治县支公司

1996年，由中国人民保险公司彭水自治县支公司拆分组建，内设机构沿用组建前机构。1997年6月，划归中国人民财产保险股份有限公司重庆市分公司管理。1999年5月，更名为中国人民财产保险公司彭水自治县支公司。7月更名为中国人民财产保险股份有限公司彭水支公司（简称县财险公司）。公司主要职能职责为承担全县党政机关、企事业单位、人民团体、个体经营户的机动车险、企财险、家财险、货运险、建筑工程险、农业险等业务。2000年，重组机构内设办公室、计财科、财险科、运险一科、二科。2005年，设总经理室、综合部、财务室、营销部、业务部、营业厅、客户服务部。

三、中国人寿保险股份有限公司彭水自治县支公司

1996年，从中国人民保险公司彭水自治县支公司分离组建，隶属中国人寿保险股份有限公司黔江分公司。驻汉葭镇高家台渔塘街，职工24人。下设办公室、计财科、代理科、业务科4科室，寿险代理人员170人，代理网点分布各区、乡。2001年，机构调整，内设机构除保留办公室、计财科外，调整及增加理赔科、展业科、营销科。2002年，办公室与计财科合并为综合科。2003年5月，中国人寿保险股份有限公司彭水自治县寿险营业部升格为中国人寿保险股份有限公司彭水自治县支公司（简称县寿险公司）。设综合管理部、个险销售部、团体业务部、银行保险部、客户服务部等5个部门。公司主要经营人身保险业务，办理简易人身保险、少年儿童保险、学生平安保险及附加意外伤害医疗保险、增额人寿保险、子女婚嫁险、养老年金保险、团体人身保险及附加住院医疗保险、老年平安保险等20余个险种。2005年，员工43人，代理网点9个，代理人227名。

四、中国太平洋人寿保险股份有限公司彭水支公司

成立于2003年4月8日，是中国太平洋保险（集团）股份有限公司旗下专业寿险支公司，总部设在上海。隶属中国太平洋人寿保险股份有限公司黔江中心支公司，职工5人，寿险代理人54人。下设经理室、组训室、客户服务部等3个部门。驻汉葭镇南门街江上村一楼。2004年4月，办公场所迁至汉葭镇绸缎街邮政局8楼。公司主要经营人身保险业务，办理简易人身保险，少儿保险，学生平安保险，附加意外医疗保险等20余个险种。保费每月10余万元。

五、中国平安人寿保险股份有限公司重庆分公司彭水支公司

中国平安人寿保险股份有限公司重庆分公司彭水支公司（简称平安人寿保险彭水支公司）隶属中国平安人寿保险股份有限公司重庆分公司黔江中心支公司，总部设在深圳。2004年12月，平安人寿保险彭水支公司入住彭水汉葭镇双薪时代中心八楼。公司下设经理室、组训室、客户服务部3个部室，职工6人，寿险代理人68人。公司主要经营寿险（教育、养老、疾病、医疗）等60多个险种。综合经营产险、信用卡、投资理财、财富传承、股票基金、证券信托、资产管理及衣食住行玩等一站式服务。2005保费137万元，理赔32户。

第二节 业 务

一、财产保险

1986年，县保险公司开办运输工具险、货物运输险、企业财产险、家庭财产险、农房长效险、人身险业务。4月，在全县14个乡开展烤烟险试点，并由县财政对全县64个乡镇和县委、人大、政府、政协办理房屋保险，保费收入1170万元。1987年，扩大业务范围，城市农村、财险人险全部受理。公司制定《机运车辆特约条款》，对机动车辆损失和第三责任险费率上调20%，并实行“百元免赔”制度。4月，郁山区连湖乡90%以上农户参保，接着在三连乡试点，完成任务100%。当年郁山区完成农房险95.6%。带动全县统保29个乡，承保66945户。1989年，清理部分代办员克扣保户保金的情况，并从当年9月1日起，保户保费由承保人自已领取，不再请代办员代领。郁山、普子、桑柘、鹿角4个区房屋统保为85%～95%，全县有35个乡完成农房统保。全年保费收入152.68万元，处理赔付案601件，赔付金额63.79万元。1990年4月，开办家庭房屋长效还本保险。1991年，还本保险储金业务单项收入230万元，完成各险种保费551.14万元。1992年3月，实施农用机动车辆及第三者责任法定保险。1993年，保险业务实现电脑操作。1994年，县财险公司开办机动车辆保险、货物运输保险、各类责任险、一年期人身保险、农业保险。1995年10月1日，开始实施《中华人民共和国保险法》，开办长效还本家庭保险附加险。1996年，与寿险分业经营，公司开设新险种：雇主责任保险、建筑安装工程保险、产品责任保险、公众责任保险、个体工商户保险等。业务总收入465万元，其中保费收入329万元，储金有效余额136万元，累计给付赔款971件，给付保险金75万余元。1997年，配合县人民政府、公安局、交警部门，提高机车法定保险。到1998年，累计承保机动车1348台，单项保费713.7万元。至2001年年底，保费收入3650万元，支付赔款3000万元。2005年，进账保费收入911万元，其中车险764万元、非车险147万元；赔付479万元，其中车险374万元、非车险105万元。是年实现跨省签单业务，保费收入30万元。

2001—2005年，县财产保险公司保费收入4147万元，赔付2430万元。

二、人寿保险

1988 年，县保险公司在县中药材公司、县医药公司局、盐业批发部、县水泥厂、县农机供应站、五金公司等 9 个单位开辟团寿险新保业务。

1996 年 4 月，县寿险公司同县保险公司分业经营后，在总业务 120 万元基础上起步。至 1997 年，业务收入 1680 万元，人均业务收入 148.33 万元，处理各种给付案 2848 件，赔付保险金额 166.6 万元。

1998 年，业务总收入 859 万元，其中储金 76 万元、营销 200 万元、直销 583 万元。全年办结给付案 2360 件，给付保险金 132 万元。其中人寿险给付案 195 件、给付保险金 28 万元，意外险给付案 705 件、给付保险金 42 万元，健康险给付案 1470 件、给付保险金 62 万元。1999 年，业务总收入 934 万元。其中：直销业务收入 460 万元，营销业务收入 474 万元。给付赔款案件 1171 件，给付金额 135.2 万元。其中：营销给付案件 46 件，给付金额 19.2 万元；直销给付案件 1125 件，给付金额 116 万元。2000 年，业务总收入 948 万元。其中，直销业务收入 397 万元，营业业务收入 551 万元。累计给付赔款案件 1113 件，给付金额 175.6 万元。其中：营销险（附加医疗险）给付案件 35 件，给付金额 48.2 万元；直销给付案件 1078 件，给付金额 127.4 万元。

2001 年，营销新单 420 万元、营销续收 350 万元、直销续收 204 万元、意外险 96 万元。2002 年，营销保费收入 878 万元（营销新单保费 348 万元，续收 530 万元）、短期险保费收入 216.3 万元、团险（直销业务）收入 614.28 万元（其中老业务 175 万元，鸿泰险 381 万元）。给付（退保）支出短险 230.56 万元、长险死亡给付 210.50 万元、伤残给付 10.45 万元、满期给付 56.25 万元、年金给付 51.59 万元、退保 119.47 万元。2003 年，营销业务 1762.76 万元（新单 942.76 万元、续收 820.57 万元、鸿瑞险业务 560 万元）、直销业务 371.33 万元、老业务收入 113.29 万元。给付短险 154.3 万元（学生险给付 66.02 万元）、团意险 62.21 万元、附加医险 26.07 万元、长险死亡给付 198.46 万元、伤残给付 20.06 万元。2004 年，营销业务完成 1530.19 万元（营销新单 762.91 万元、短期人险保费收入 41.26 万元、营销续收完成 726.02 万元、鸿瑞险业务完成 244.74 万元）、短险保费收入完成 347.94 万元、兼业代理老业务完成 556.2 万元、集团老业务续收 400 万元。给付（退保）短险给付 171.65 万元（学生险给付 89.12 万元）、团意险给付 57.74 万元、附医险 24.79 万元、长险死亡给付 128.55 万元、伤残给付 22.99 万元。2005 年，县寿险公司推出子女教育保险等普通寿险 37 个，国寿医疗急救保险、职工团体补充医疗保险等健康险 14 个，意外险 42 个，分红险 23 个。全年营销业务 1393 万元。共给付（退保）长险死亡医疗 155.4 万元、退保和期满 294.6 万元、短险 280 万元。

2000—2005 年彭水自治县保险业务收入理赔情况一览表

表 22-3　　单位：万元

项目	2000 年	2001 年	2002 年	2003 年	2004 年	2005 年
一、财产保险	—	—	—	—	—	—
1. 保费收入	—	773	787	926	750	911
企业财产险	—	123	153	126	130	车险类 764
家庭财产险	—	18	14	14	11	—
机动车辆险	—	407	426	565	690	—
船舶险	—	10	8	0	0	
货物运输险	—	63	74	107	51	非车险类 147
建筑、安装工程保险及责任险	—	152	112	114	18	
2. 赔款支出	—	353	620	507	471	479

续表 22-3

项目	2000 年	2001 年	2002 年	2003 年	2004 年	2005 年
企业财产险	—	37	22	28	48	车险类 374
家庭财产险	—	30	30	17	19	
机动车辆险	—	253	490	408	491	
船舶险	—	10	49	16	1	非车险类 105
货物运输险	—	0	25	3	0	
建筑、安装工程保险及责任险	—	23	4	35	0	
二、人身保险	—	—	—	—	—	—
1. 保费收入	919.15	1108.54	1626.37	1370.73	2631.28	3566
寿险	803.36	994.01	1404.60	1294.67	2303.73	3053
健康险	0	5.69	86.09	33.33	63.10	85
人身意外伤害险	115.79	108.84	135.68	42.73	264.45	428
2. 赔款及给付	476.88	911.83	682.47	257.50	496.24	349
寿险	412.68	807.91	451.91	189.71	297.30	37
健康险	0	30.86	30.12	42.81	111.74	45
人身意外伤害险	642	72.56	200.44	24.98	87.20	267

第二十三篇　综合经济管理

1986年，彭水计划部门逐步减少指令性计划，扩大指导性计划，对经济发展进行宏观调控。各经济管理部门根据市场经济特点，对区域经济运行进行规划、调节和监督管理。工商行政、统计、审计、物价、质量技术监督和安全生产监督部门按照县域经济发展总体目标，对经济运行过程进行管理和监督，充分发挥综合经济管理作用，为经济体制改革，为县域经济正常运行做出贡献。

第一章 计 划

第一节 机 构

1954 年 12 月 18 日，彭水县人民委员会组建彭水县人民政府计划委员会，行政上隶属彭水县人民政府，业务上接受上级计划委员会指导。办公地点设在县人民政府内，与计划统计科同室办公。1955 年 10 月 29 日，更名为彭水县计划委员会（简称县计委），将统计科划归县计委，称计划统计科。1957 年 4 月 1 日，撤销县计划统计科，业务移交县计委。1958 年 6 月 3 日，将彭水县计划委员会、彭水县财政经济委员会、彭水县物价委员会 3 个单位合并组成彭水县经济委员会。1962 年 5 月 25 日，撤销彭水县经济委员会和劳动科，成立彭水县财政经济计划委员会，同时承担劳动调配管理、基建管理等工作。12 月 19 日，撤销彭水县财政经济计划委员会，分别成立彭水县计划委员会和财贸办公室。1963 年 7 月 10 日，彭水县物价委员会成立，物价业务与县计委工作脱离。1964 年 10 月 27 日，彭水县人民委员会劳动科成立，劳动科业务与县计委工作脱离。

1968 年 12 月 4 日，县革命委员会生产指挥组在组内设置计划经济组，行使“文化大革命”前的计划、物价、统计、劳动等工作职能。1971 年 9 月 27 日，县革命委员会建立彭水县安全生产领导小组，下设办公室在计划经济组内。1972 年 12 月 19 日，成立彭水县革命委员会计划委员会。1973 年 10 月 19 日，彭水县统计局成立，统计业务从县计委分出。1974 年 8 月 7 日，彭水县劳动局成立，劳动业务与县计委工作脱离。1976 年 6 月 1 日，成立县社队企业领导小组，下设办公室在县计委。

1976 年 10 月，县计委机构逐步完善。次年 8 月 25 日，成立彭水县农田基本建设规划领导小组，下设办公室在县计委。10 月 18 日，撤销县社队企业领导小组及其下设办公室，成立四川省彭水县社队企业局，社队企业业务与县计委工作脱离。1979 年 10 月 18 日，彭水县物价委员会成立，物价业务从县计委分出。1980 年 6 月 3 日，撤销县安全生产领导小组下设在计委的办公室，安全生产工作由劳动局负责。8 月 7 日，县计委更名为四川省彭水县计划基本建设委员会，原有工作、业务范围和隶属关系不变。1983 年 11 月，又更名为彭水县计划委员会，内设秘书、农财、工业交通计划、综合 4 个科。1984 年 11 月 10 日，彭水县计划委员会更名为彭水自治县计划委员会。1989 年 5 月 5 日，成立彭水自治县矿产资源管理委员会，下设办公室在县计委。1991 年 3 月 5 日，县计委原内设 4 个科变为秘书、计划、投资、物资基建管理 4 个股。1998 年 4 月 9 日，县计委增设外经股。1999 年 9 月 10 日，成立彭水自治县国家生态环境综合治理工程项目建设领导小组，下设办公室在县计委。2000 年 3 月 13 日，县委、县人民政府成立彭水自治县西部开发工作领导小组，下设办公室在县计委。

2001 年 8 月 29 日机构改革，彭水自治县计划委员会更名为彭水自治县发展计划委员会（简称县发展计划委员会），县物价局、招商引资局并入县发展计划委员会，保留县物价局牌子，原物价局、招商局的人员、编制、经费和职能并入县发展计划委员会。内设科室由原 5 个股变为综合科、国民经济计划科（挂县西部开发办公室牌子）、投资科（挂县重点项目前期工作管理办公室、县招投标管理办公室牌子）、外经科、农经科（挂县以工代赈办公室、生态办公室牌子）、价格管理科、物价检查所7个科（所）。编制30名，实有职工23人。2002年5月22日，成立彭水自治县WTO工作领导小组，下设办公室在县发展计划委员会。同年6月13日，内设彭水自治县重大项目稽查特派员办公室（简称稽查办）。2003年10月27日，成立彭水自治县价格认证中心，为县发展计划委员会的下属事业单位。2004年9月7日，县发展计划委员会更名为彭水自治县发展和改革委员会（简称县发改委），核定编制21名。内设科室仍按2001年机构改革时的要求设置。其中，国民经济计划科挂县西部开发办公室、国防经济动员办公室牌子，外经科挂县发展环境综合整治办公室、县发展环境投诉中心牌子。2005年11月30日，撤销县经济信息中心，将县经济信息中心人员划转县发改委下属价格认证中心。

第二节　体制改革

1986年，继续减少指令性计划，扩大指导性计划，逐步缩减指令性物资，对物资价格实行双轨制。

1988年1月，县计委、县国土局联合发出通知“无论是国家、集体单位建设用地，还是私人建房用地都要严格执行年度用地控制指标；各种建设用地（包括耕地和非耕地）的审批权在县人民政府，审核承办单位是县国土部门”。同年，对计委系统所属6个企业率先实行经济承包责任制。1989年5月，彭水彩色电视机的计划分配，由县计委办理；批发业务由五金公司办理，价格由县物价局审定。1991年9月，在全县国营商业企业中逐步推行“四放开”改革，即经营范围放开、价格放开、分配放开、用工放开，并在企业内部推行全员劳动合同化管理，推行干部聘任制，打破企业干部、工人的界限，按工作岗位享受相应待遇。

1992年3月，彭水将纳入省计划管理的46种商品中，实行指令性计划管理的由29种减少到22种，将原油、纱、布、小水电设备、生铁、水泥、纯碱、烧碱退出指令性分配计划。同月，生猪经营实行指导性计划，放开经营渠道和购销价格，由食品部门按淡旺季节随行就市制定购销价格。推行企业承包经营责任制和厂长（经理）负责制，对长期亏损、资不抵债企业实行关、停、并、转或依法破产。实行区乡财政财税包干体制，建立区乡财政实体，对企业实行税收目标管理，合理测算基数，一定三年不变。调整部分生产资料、农副产品和消费品价格，对供需平衡商品逐步放开价格。扩大养老保险的覆盖面，提高其社会化程度。调整城镇住房租金，推行住房保证金，优惠出售公房，提倡集资合作建房。企业主管局机关职能逐步由财政拨款向企业收取管理费转换。

1993年2月，个体私营经济全面放开，城乡居民包括国有、集体单位富余人员和行政事业单位退职、停薪留职人员以及经所在单位同意的在职职工，只要基本具备生产经营能力和条件，均可申请从事个体工商户，兴办私营企业。除国家法律法规明确规定需要取得有关部门许可或审批手续的以外，申请者凭居民身份证和街道、村委会的证明，领取营业执照。

1994年4月，企业产权改革形成的基本形式：（1）关系国民经济大局的产业和个别特殊企业改组为国家独资有限公司。（2）完善、调整已改组的股份制企业股权结构和经营机制。（3）经济效益好的城镇集体企业推行股份合作制。（4）经济效益较好和有发展前途的乡镇企业改组为内部职工持股的股份制企业或股份合作制企业；对私人合伙集资发展起来而挂乡镇企业牌子企业，在经营属实和明确债务的前提下，可恢复为私营企业或合伙企业。（5）发展前景较好，但目前确有困难企业，可寻找优势企业联营或兼并；联营、兼并不受地区、行业、所有制类别的限制。（6）县属小型国有企业，可以出售给集体和个人。（7）亏损严重且扭亏无望小型集体企业，可以公开拍卖；清理偿还债务后余额，归职工所有。（8）亏损严重且资不抵债企业，应依法申请破产。（9）新办企业按新机制组建运行。产权改革配套政策：（1）风险承包即将国有资产 70% 交由内部职工按 1 ∶ 4 比例购股承包；国有资产所有权不变；现金购股额度由县体改委审定；公司运行一年后，股权证书可在内部转卖，但个人无权转卖所承包的国有股。（2）负债经营即内部职工对认购的股份可以只一次性的缴纳 20% ~ 30% 的现金，余欠认股金额用分红款或其他资金在 3 至 5 年内分步还清，并缴纳占用费。（3）将企业资产减负债后所余所有者权益全部卖给职工，改组为以职工股东为主的企业。（4）凡职工集资兴办企业，其企业积累属职工所有。（5）集团股份制，各公司为独立股份公司。

1997 年，投资体制改革推行建设项目法人责任制、资本金制、招投标制度、监理制度。2004 年，投资审批实行审批、核准、备案制。

2005 年，推进新型工业化进程、农村富余劳动力转移和国有企业绩效年薪制，调整和完善县级分税财政体制，全部取消农业税，推行项目核准制和备案制，与周边地区强化横向经济合作。放宽市场准入，鼓励和支持非公有制经济进入基础设施、垄断行业、公用事业等行业和领域。

第三节　发展计划编制与实施

一、五年计划

1985—2005 年，彭水自治县先后编制“七五”计划、“八五”计划、“九五”计划和“十五”计划。

第七个五年计划（1986—1990 年）　1985—1986 年，编制并通过《1986—1990 年彭水国民经济和社会发展计划》。围绕“工业以能源为重点，狠抓现有企业技术改造，突破短线，大抓优势产品扩大再生产；农业以稳定粮食生产，突出多种经营，因地制宜调整农业内部结构，大力发展商品率高的经济作物”总体目标，1990 年，实现国内生产总值 35000 万元，年均递增 10.6%。工农业总产值 29000 万元，年均递增 10.5%。其中，农业总产值 16500 万元，年均递增 4.7%；工业总产值 12500 万元，年均递增 22.7%。国民收入 20000 万元，年均递增 10.1%。财政收入 1200 万元，年均递增 14.5%。农业劳动生产率 727 元 / 人，年均递增 4.1%。农产品商品率达到 44%。农业人口纯收入 270 元 / 人，年均递增 5.2%。

执行情况：累计完成国内生产总值 111761 万元，农业总产值 144451 万元，工业总产值 38846 万元，地方财政收入 9172 万元，固定资产投资 17892 万元。1990 年，实现国内生产总值 277720 万元，年均增长 11.93%，人均生产总值 554 元。地方财政收入 3348 万元，年均增长 14.26%。工业总产值比重调整到 33.35%，工业总产值 10842 万元，年均增长 11.29%。农业总产值 34597 万元，农民人平均纯收入 306 元，比 1985 年增长 28.72%，年均递增 2.16%。粮食产量达到 193221 吨，年均递增 3.47%，农民人均产粮达到 374 千克，比 1985 年增长 17.98%，年均递增 3.36%。固定资产投资 4238 万元，新增固定资产 5451 万元，年均增长 19.04%。社会消费品零售总额 10434 万元，年均增长 7.06%。人口自然增长率 10.04‰。

第八个五年计划（1991—1995 年）　1988—1992 年，根据中央“到 20 世纪末，使国民工业生产总值翻两番”的经济发展战略目标，编制并通过《彭水自治县国民经济和社会发展十年规划和“八五”计划纲要》，按“打基础，立支柱，求效益，奔小康，添后劲，图发展”的奋斗目标。1995 年，国内生产总值 130573 万元，年均增长 13.0%。工农业总产值 93000 万元，年均增长 14.8%。其中，工业总产值 38000 万元，年平均增长 25.9%；农业总产值 55000 万元，年均增长 9.7%。财政收入 5460 万元，年均增长 19.4%。固定资产投资累计 43424.85 万元，年均投资 8684.79 万元。粮食产量 280000 吨，年均增长 7.7%。社会商品零售总额 25000 万元，人平商品零售额 422 元。人口自然增长率控制在11‰以内。

执行情况："八五"期间，国内生产总值累计28.35亿元，工农业总产值累计37.71亿元，财政收入累计2.04亿元，固定资产投资累计4.65亿元。1995年，国内生产总值43062万元，年均增长18.66%，人均生产总值1535元。工业总产值31434万元，年均增长23.22%。地方财政收入9923万元，年均增长28.71%。农业总产值49155万元，年均增长19.65%。粮食总产量264824吨，农村人均占有粮食500千克，比"七五"末期增长33.69%。农民人均纯收入795元，比"七五"末期增长2.01倍。初步形成多渠道、多形式的商业流通体系，社会消费品零售总额30333万元，城市居民人均可支配收入2420元。人口自然增长率14.06‰。

第九个五年计划（1996—2000年） 1994—1997年，编制并通过《彭水自治县国民经济和社会发展"九五"计划和2010年远景目标规划纲要》。《计划》以大力发展"烟、畜、林、水电、旅游服务业"等支柱产业为重点，"九五"时期，实现国民生产总值150000万元，年均增长13.7%。工农业总产值177000万元，年均增长17.04%。其中，农业总产值77000万元，年均增长9.39%；工业总产值100000万元，年均增长26%。财政收入13000万元，年均增长19.9%。社会消费品零售总额60000万元，年均增长17.3%。出口创汇总额500万美元。全社会固定资产投资62000万元，年均增长33.05%。全社会劳动生产率年均增长7%以上。粮食产量331000吨，年均增长4.56%。人口自然增长率控制在12.15‰以内，总人口控制在61.78万人以内。农民人均纯收入1500元，人均粮食600千克。城镇居民人均生活费收入2000元以上。

执行情况："九五"期间，国内生产总值累计62.06亿元，工农业总产值累计68.89亿元，财政收入累计30500万元，累计完成固定资产投资138100万元。2000年，国内生产总值135489万元，年均增长6.70%，人均生产总值2539元。财政收入8114万元。完成固定资产投资42127万元，年均增长19.11%。工业总产31158万元，比1995年增长40.1%，实现工业增加值2.18亿元，比1995年增长57%，年均增长4.78%。农业总产值104331万元，年均增长1.49%。农业增加值6.08亿元，年均增长4.9%。粮食总产量302842吨，农民人均粮食占有量达541千克，比1995年增长8.2%。农民人均纯收入1375元，比1995年增长73%，年均增长4.72%。全社会消费品零售总额65303万元。1999年年底，经重庆市人民政府检查验收，全县越温达标。人口自然增长率6.6‰。

第十个五年计划（2001—2005） 1999—2001年，编制并通过《彭水自治县国民经济和社会发展的"十五"计划纲要》。"十五"期间经济增长速度按11.7%来调控，全社会固定资产投资年均增长36.2%，5年投资总规模48.56亿元。到2005年，三产业比重为40∶30∶30。地方财政收入达到1.32亿元，年均增长11.67%。社会消费品零售总额达到123000万元，年均增长16.2%。农民人均纯收入达到2200元，年均增长9.5%。人口自然增长率控制在8.99‰，总人口控制在65万人以内。

执行情况："十五"期间，国内生产总值累计109.94亿元，比2000年翻一番多，年均增长13.12%。地方财政收入累计5.66亿元，比2000年增长1.59倍，年均长21.18%。固定资产投资累计完成120.69亿元。2005年，实现国内生产总值292190万元，财政收入20341万元，固定资产投资439130万元，年均增长35.53%，粮食总产量155770吨，农民人均纯收入2125元，比2000年净增750元、年均净增150元，年均增长8.28%。城镇居民可支配收入6513元，年均增长8.09%。全社会消费品零售总额122094万元。人口自然增长率为6.60‰。

二、专题规划

《彭水社会、经济发展脱贫致富规划》 1987年8月，编制《彭水2000年社会、经济发展脱贫致富规划（草案）》，并经县委、县人民政府领导审定，报地区审查。要求在"七五"期间基本解决温饱，工农业总产值1990年达到3.25亿元，农民人均纯收入200元，人均口粮265千克。"八五"期末达到致富，工农业总产值1995年达到4.55亿元，农民人均纯收入300元，人均口粮270千克。“九五”期末实现“小康水平”，工农业总产值2000年达到5.84亿元，农民人均纯收入600元，人均口粮275千克。

《彭水“八五”开发脱贫规划》 1990年12月，按照经济、社会、生态效益的“三统一”，编制《彭水“八五”开发脱贫规划》，报四川省计经委、省开发办审议。要求到规划期末，实现社会总产值62858万元，5年平均递增9%。国民收入34518万元，年均递增9%。工农业总产值30422万元，人均508元。财政收入5000万元，人均83.54元。农民人均纯收入500元。社会商品零售总额20330万元，年均递增7%。贫困户人均有0.034公顷至0.067公顷的稳产高产粮田，户均有0.067公顷土地或人均有20～30株果树的小庭院。1户搞1个种养业的多种经营骨干项目。户均有1个劳动力从事发展多种经营或务工、经商搞服务业。农民人均粮食523千克，实现农民粮食自给有余。80%的人畜饮水问题得到解决，基本实现乡乡通公路和60%以上的村通公路。普及初等教育，学龄儿童入学率达到97%。计划生育率达到98%。人口出生率控制在18.5‰。病床达到977张。森林覆盖率达到35%，基本消灭荒山荒坡。

《彭水旅游业发展规划》 1993年9月，坚持“立足现实，着眼未来，总体规划，分步实施，合理开发，突出重点，依托外地，形式各异，多方参与，超前发展”原则，编制《彭水2000年前旅游业发展规划》。到“九五”期末，要求实现县级风景名胜区3个，省级1个，国家级1个。年接待国内游客10万～15万人次，国外游客3万～5万人次。年实现收入1000万元，其中外汇收入100万美元。

《彭水“九五”第三产业发展规划》 1993年9月，编制《彭水“九五”第三产业发展规划》。争取用10年或更长时间，建立起适应社会主义市场经济体制统一市场体系，城乡社会化综合服务体系和社会保障体系。农村重点发展农业生产产前、产中、产后服务体系和基础教育。城内重点抓好交通、邮电通信、信息、咨询、科技、旅游、城市市场建设、公用事业等。要求“九五”时期，第三产业的增长速度高于第一、二产业的增长速度，年均增长15%左右。第三产业的增加值占国民生产总值的比重和就业人数占全社会劳动者总人数的比重在2000年达到17.25%左右。

《彭水支柱产业发展规划》 1999年7月，编制《彭水1999—2005年支柱产业发展规划》，报黔江开发区计委审定。要求到2005年，抓好优质地膜烤烟基地建设种植14666.67公顷，收入3.08亿元。改造中低产田土5666公顷、建商品粮基地4万公顷，水土保持流失治理40平方千米。粮食播种面积稳定在93333公顷，粮食总产量38.3万吨。实施天然林保护工程31733公顷，退耕还林28000公顷，低效林改造22000公顷，建香桂基地666.67公顷，森林覆盖率为40%。建立完善63个黄牛改良冻配站，30个优质肉牛基地乡和20个山羊基地，年产1200吨优质牛羊肉分割生产线一条，18个三元杂交生猪生产基地，实施南方草山草坡示范项目。120万吨大水泥生产线，新型建材生产线，下塘工艺厂陶瓷生产线，采石场生产线等建材工业初具规模。依托乌江开发“一点二线三江”旅游业的发展，重点建设芦渡湖、龙门峡、县城温泉疗养中心、金龙山公园、余洞河探险、诸佛江漂流、芙蓉江生态旅游等项目。新增个体工商户4000户，新增私营企业100家，从业人员和雇工达1万人，安置下岗职工2000人，新增个体私营注册资本金4000万元。建成3个布局、1条乡镇经济发展带，组建产业集团4个。

《彭水以工代赈建设规划》 2002年3月，按照“彭水以经济建设为中心，坚持开发式扶贫，把农村基础设施作为重点，山、水、田、林、路综合治理”的发展原则，编制《彭水2002—2010年以工代赈建设规划》。要求2001—2005年，在贫困村建设人均半亩以上基本农田，发展覆盖面广、带动性强、有市场前景的支柱产业。新修村级公路1917.5千米，改建公路515.2千米，解决149829人的行路难问题，基本实现乡乡通客车，95%的行政村通公路。新修水池80口，新建集中供水站30

个，安装管道 160 千米，解决 90% 的人畜饮水难问题，逐步提高农村自来水覆盖率。力争实现组组通电、村村通广播电视，农村广播电视覆盖率 90%，光缆传输率 30%。坡改梯 360 公顷，改造中低产田 153.33 公顷，修堰渠 22.16 千米，新建修复河堤 115.5 千米，新增和改善灌面 3266 公顷。治理小流域 28 平方千米，其中封山育林 625 公顷、植树造林 95 公顷、坡改梯 80 公顷。建设草场 3000 公顷。有计划地对居住在高寒山区 206 户 824 人贫困人口实施移民搬迁。要求 2006—2010 年，实现村村通公路，建设乡村道路 2500.8 千米，村民小组通路率达 80% 以上。建水池 134 口，安装管道 367 千米，基本解决人畜饮水困难问题，农村自来水覆盖率 50% 以上。农网改造、农村广播电视覆盖率 100%，50% 以上实现光缆传输。改造中低产田土 2580 公顷，新增灌溉面积 12540 公顷，贫困村"人均建设 1 亩基本农田"。完成高寒山区 1793 户 7175 人的移民搬迁。治理水土流失面积 168 平方千米，建设中药材、经果林、畜牧等基地。

《彭水岩溶地区草业和畜牧业发展规划纲要》 2003 年 5 月，编制《彭水岩溶地区草业和畜牧业发展规划纲要（2003—2020 年）》。要求到 2005 年，改良草地 3000 公顷，总改良面积达 6000 公顷。人工草地 4776 公顷，总量 7000 公顷。年出栏肉牛 4 万头，羊 12 万只。植被盖度达 70%，减少水土流失量 50 万立方米 / 年。改良草地产草量 30000 千克 / 公顷，人工草地产草量 52500 千克 / 公顷。农民人均收入 3000 元。农业总产值 93750 万元，畜牧业产值 4.5 亿元，草食畜禽产值占畜牧业产值的 40%。要求到 2010 年，改良天然草地 4000 公顷，总改良面积 1 万公顷。人工草地 8000 公顷，总面积 1.5 万公顷。年出栏肉牛 7 万头，羊 15 万头。植被盖度 80%，减少水土流失量 100 万立方米 / 年。改良草地产草量 37500 千克 / 公顷，人工草地产草量 22500 千克 / 公顷。农民人均收入 5000 元，农业总产值 103824 万元，畜牧业总产值 52000 万元，草食畜禽产值占畜牧业产值比重达 50%。要求到 2020 年，实现改良天然草地 2 万公顷，总改良面积达 3 万公顷，人工草地 1.5 万公顷，总量 3 万公顷。年出栏肉牛 20 万头，肉羊 20 万只。植被盖度 95%，水土流失基本得到控制。改良草地产草量 42000 公斤 / 公顷，人工草地产草量 75000 公斤 / 公顷。农民人均收入 1 万元，农业总产值 1.5 亿元，畜牧业总产值 9 亿元，草食畜禽产值占畜牧业产值的 70%。

《彭水"十一五"中（医）药产业发展规划》 2005 年 6 月，编制《彭水"十一五"中（医）药产业发展规划》，报重庆市发改委审定。要求通过 5 ~ 10 年的药材基地建设使彭水药材生产面积达到 5333 公顷，药材年产量达到 21830 吨，实现产值 20570 万元。建成 3 ~ 5 个品种集科研、开发、生产、销售为一体的现代化科技药材基地园区。在县境内建占地 5336 平方米，集中药材精加工、科研、种植技术培训于一体的中药材加工工厂。在汉葭镇建成占地面积 8000 平方米、15 个职能科室的中医药大厦，改善彭水中医药条件。

三、年度计划

年度计划是在中长期计划的统领下，遵照上级下达的年度计划指标，结合上年计划实际完成情况，年初编制。然后以指令性计划或指导性计划的形式将各项任务给全县国民经济各部门和各事业单位进行统筹安排，综合平衡。每年编制的原则和目标各不相同。1986—2005 年，主要制定年度计划有:《国民经济和社会发展计划主要指标》《农业生产计划》《工业生产、交通运输计划》《基本建设投资计划》《能源节约计划》《供销合作系统商品流转计划》《人口计划》《教育事业发展计划》《广播电视事业发展计划》《体育事业发展计划》《卫生事业发展计划》《药材收购、调入计划》《主要物资预拨、分配计划》《商业系统购销计划》《木材采伐、收购计划》《外贸商品收购、出口计划》《粮食系统粮油收购计划》《烤烟收购计划》《劳动工资计划》《农村经济计划》《固定资产投资计划》《建设用地和土地开发计划》《中专师范招生计划》《土地开发利用计划》《农用柴油计划》《资源节约综合利用计划》《外贸商品收购、调供计划》《重点建设项目建议计划》《环境保护计划》《前期工作项目建议计划》《招商引资项目计划》《工业经济发展目标计划》《工业主要产品产量计划》《交通邮电计划》《劳动计划》《农业人口转非农业人口计划》《商品住宅建设投资计划》《利用外资计划》《主要商品平衡计划》《社会发展计划》《环境（生态）保护与资源综合利用计划》《西部开发主要指标》等。其中,《国民经济和社会发展计划主要综合指标》每年都有，但指标个数逐年减少，1986 年 90 个，1990 年 64 个，至 2005 年缩减为 17 个。

第四节　重点工程项目管理

1986 年以前，基本建设计划按照项目轻重次序安排，固定资产投资在编制计划时，也多寄托于上级投资基建，基本上没有储备项目。在项目管理上，存在“重建设，轻管理”现象。1987 年开始，国家投资，除农业、电力、煤炭和教育按计划安排外，其他行业一律不考虑基数，改按项目择优安排。对建设项目普遍推行招标承包责任制，权、责、利结合，保证工程施工进度、质量按预算投资建成。是年，审批全民、集体建设项目 131 个。其中，生产性项目 34 个，非生产性项目 92 个，开工 99 个。年度计划投资 5129.77 万元。

1988 年，在调整投资结构，提高经济效益的基础上，抓在建项目的管理，对在建项目推行负责人制，实行“五包”（包总投资、包建设工期、包建设质量、包建设内容、包建设期无重大事故），定奖惩办法，调动承包人积极性。强化国有土地管理，建设用地纳入国土管理的轨道，履行审批手续。项目储备作为县计委的一项重点工作，根据项目的自身要求，落实专人承办，实行层层目标管理责任制。当年储备项目 26 个，计划投资 9941.64 万元。其中，世界银行贷款系列开发项目 3 个、省计经委批准立项 1 个、报地区批准或转报的 7 个、县计委和县经委批准立项 5 个、上报主管部门待批的 10 个，投资 1292.39 万元。在建项目 167 个，其中生产性 40 个、非生产性 127 个。年度计划投资 8358.99 万元。

1989 年，国家为了有效地控制固定资产投资规模，改进固定资产投资的管理，对全社会的固定资产投资以不同形式纳入国家投资计划。项目计划和开工报告按分级管理办法报各级计划部门审批，并纳入国家计划总规模控制。对在建项目进行清理，该保的保，该停的停。对计划外项目和投资，除统一征收规定的税费外，再加收 15% 的基础设施配套资金。全县重点项目郁山火电厂、郁江煤矿技改、县纸厂“1760”纸机、南渡沱码头、自来水厂改造等 63 个项目经省批准保留续建。同时新开工彭水车站改造、鹿角至大元公路、郁山至芦塘公路等 20 个项目。在建项目 83 个，其中生产性项目 37 个、非生产性项目 46 个。计划投资 3562.2 万元。项目储备有精制茶、精炼桐油、萤石重晶石选矿、民族制伞、县水泥厂扩建、县纸厂烧碱车间扩建、苎麻纺织、红麻全杆造纸、普子河二级电站、县锉刀厂技改、钙镁磷肥等 11 个项目储备，计划投资 8703.6 万元。

1990 年，县人民政府制定“项目管理目标暂行规定”，使项目管理规范化，项目储备工作步入正常轨道。“九五”开始，两个“转变”即从传统的计划经济体制向社会主义市场经济体制转变、由注重年度计划向中长期规划与争资立项并重发展相结合转变，按基本建设程序办事，依照项目评价结果进行审批、立项转报工作，成为县发改委日常工作的重点。固定资产投资工作继续贯彻进一步压缩投资规模，合理调整结构的方针，结合彭水实际，确定合理投资计划，投资方向放在能源、交通运输、邮电通信等基础产业上。在建项目 63 个，其中计划内 60 个、计划外 3 个，计划投资 2779.3 万元。储备项目 24 个，每个项目均建有卡片，计划投资 11795.8 万元；省计划部门具有意向性 14 个。年度计划投资 9257.8 万元。翌年，建立“万吨红麻全杆造纸”“低产茶叶改造”“山羊基地”世界银行贷款项目和苎麻纺织、郁山火电厂、改田改土、人畜饮水、交通等 22 个储备项目。转报项目 42 个，计划投资 11012.21 万元。在建项目 101 个，计划投资 8219.92 万元。其中各级主管部门批准项目 75 个，计划外项目 26 个。

1992 年，转变工作模式，从定指标、下计划、拨物资为主转向项目储备和项目管理。按照“一年打基础，三年上台阶，五年见成效，十年赶上全省中等县发展水平”的奋斗目标，加强对重点建设项目的前期工作。在项目管理上突出“保重点，限热点”原则，严格控制新开工项目和计划外项目，防止投资过热。全年审批、转报项目 81 个。县计委和上级审批列入年度计划 34 个，计划投资 3187.6 万元。审批项目建议书、可行性研究报告和初步设计 31 个，计划投资 21820.03 万元。储备项目有万吨红麻全杆造纸、团坝子水电站、兔毛纺纱厂、氟化盐厂、复合肥厂等 62 个。在建项目 24 个。年度计划投资 4500 万元。

1993 年，投资计划安排的重点是基础产业、基础设施和高税利附加值高的项目建设。以能源、交通、农业、通信、城建、教育、卫生、旅游和工业加工项目储备 55 个，计划投资 12798.65 万元。审批立项和完成可行性研究报告 23 个，计划投资 11099.85 万元。在建项目 122 个，其中全民投资 84 个、集体投资 38 个。新开工项目 80 个，计划投资 23238.36 万元，其中 1993 年计划投资 7000 万元。各级计委审批列入年度计划的 32 个，计划投资 1698.8 万元。转报待审批项目 7 个。

1994 年，开展对工程进度、质量、资金、安全等检查、指导、协调工作。年度计划投资 7000 万元。在建项目 87 个，其中全民投资 66 个、集体投资 21 个。基建项目 78 个，技改项目 9 个。列入年度投资计划 50 个。审批立项、转报项目 25 个，其中县计委审批 17 个、转报地区审批的 6 个、地区转报省上审批的 2 个。省地审批列入年度计划 4 个，计划投资 1200 万元。

1995 年，严格控制新开工项目，加强固定资产宏观调控，按照国家产业政策和基本建设管理程序，进行投资结构调整。储备项目 54 个。其中审批列入年度计划 15 个，计划投资 1110 万元；审批立项 19 个，计划投资 2850 万元；与有关部门联合转报上级审批的项目 20 个。在建项目 119 个，其中全民投资 71 个项目、集体投资 48 个，新开工 74 个，计划总投资 36358 万元。

1996 年，加强对固定资产投资审批和在建设项目管理，严格执行国家产业政策，对不符合产业政策的项目，不予审批，更不得开工建设。规范项目审批程序，杜绝重复建设。推行项目法人责任制。对在建项目开展定期或不定期检查。审批立项项目 11 个，计划投资 2910 万元。其中生产性项目 8 个，计划投资 1240 万元。列入年度投资计划项目 19 个，计划投资 1693 万元。向上转报 13 个，地区批准 2 个，省以上批准 2 个。在建项目 87 个，其中续建 17 个、新开工 70 个。统筹资金项目 9 个，无偿投资 83.3 万元，投资方向为教育、卫生、文化、民族、交通、水利等基础设施建设。储备项目 30 个，计划投资 1.5 亿元。年度计划投资 17554 万元。次年，把投资的增长建立在优化结构、科技进步和效益良好的基础上，年度计划投资 1.4 亿元。审批立项 10 个，计划投资 4665 万元。审查并转报项目 34 个，计划投资 6.29 亿元，其中地区计委批准项目 3 个，计划投资 3730 万元；市计委批准项目 7 个，计划投资 15215 万元。审批列入年度投资计划项目 31 个，计划投资 6665 万元。在建项目 67 个，其中续建项目 15 个、新开工 52 个。已累计储备项目 50 个。

1999 年，推进投资体制改革，实施项目法人制、项目资本金制，项目监理制和工程招投标制“四制”工作。把固定资产投资纳入规范化管理，避免投资上无序竞争。围绕以交通、能源、通信、市政、农田水利、生态环境综合治理等重点基础设施建设，计划投资 3.2 亿元。储备项目 60 个，计划投资 10 亿元。列入年度投资项目 43 个，计划投资 0.85 亿元。县计委审批、立项、可研项目 63 个，计划投资 3.13 亿元。向上转报项目 64 个，计划投资 7 亿多元。其中开发区计委审批 5 个，计划投资 0.076 亿元。市计委审批、立项、可研项目 13 个，计划投资 9.5 亿多元。在建项目 171 个，其中全民投资项目 102 个、集体投资项目 69 个。新开工项目 142 个，续建项目 28 个，计划总投资 7.219 亿元。次年，储备项目 77 个。县、市计委审批列入年度投资计划项目 128 个，总投资 8312 万元，其中市计委审批统筹补助项目 4 个，计划投资 50 万元。申报以工代赈项目 86 个，计划投资 0.362 亿元；生态项目 1 个，计划投资 0.0264 亿元。扶贫教育项目 5 个，计划投资 0.009 亿元。市统筹项目 7 个。向上转报项目 137 个，计划投资 2.9 亿元。县计委审查立项 142 个，计划投资 7.68 亿元。

2001 年，按照“竣工一批、开工一批、建设一批、储备一批”工作思路，把投资拉动、项目带动战略作为“十五”计划的“五大战略”的重中之重，抓重点项目储备和建设，年度计划投资 4.2 亿元。储备重大建设项目 33 个。开工建设 9 个。审批建设项目 180 个，计划投资 4 亿元。申报 2002 年新开工市级重点建设项目 2 个。2002 年，改善投资环境，放宽民间资本准入限制。年度计划投资 11.7 亿元。储备重大项目 22 个，其中交通项目 3 个、水利项目 2 个、市政项目 2 个、土地整治项目 5 个、社会事业项目 5 个、农业项目 1 个、加工项目 1 个、地质项目 1 个、房地产项目 2 个。新开工项目 34 个。2003 年，实施投资拉动、项目带动和可持续发展战略，根据国家产业政策，结合彭水资源情况，围绕 10 个续建、10 个新建和 20 个前期重点项目建设开展工作。年度计划投资 17 亿元。储备重大建设项目 22 个，其中交通项目 5 个、水利项目 2 个、工业项目 5 个，市政项目 2 个、社会事业项目 2 个、农业产业化项目 3 个、土地整治项目 3 个。审批立项 106 个，其中市级审批立项 3 个、市级审批可行性研究报告 4 个。审批列入年度投资计划项目 85 个，其中市级审批 81 个、县级审批 4 个。转报市级审批项目 30 个。2004 年，年度计划投资 30 亿元。储备重大建设项目 35 个，其中水利能源 6 个、工业 6 个、交通 10 个、市政建设 3 个、危岩滑坡治理 3 个、社会事业 4 个、农林畜 2 个。审批立项 133 个，其中市级审批立项 1 个、市级审批可行性研究报告 7 个。加强固定资产投资管理，及时清理投资项目 54 个，作出暂停建设项目 2 个、取消立项 3 个的决定。在建项目 32 个，计划总投资 11.7 亿元，其中 2004 年新开工项目 19 个，计划总投资 9.7 亿元。审批列入年度投资计划 22 个，计划投资 2.17 亿元。其中市发改委审批 14 个，计划投资 0.44 亿元。

2005 年，实施农村温饱、弱势群体保障、就业与再就业、生态环境、交通畅通、教育服务设施、卫生服务设施、广播服务设施、农村电网建设、市政便民等十大民心工程。在建重点项目 20 个，其中续建项目 10 个、新开工项目 10 个，年度计划投资 45 亿元。列入年度重点项目投资计划 60 个。审批立项 118 个，计划投资 5.33 亿元。备案项目 10 个，计划投资 2.66 亿元。

第五节　对外经济技术合作

在“八五”时期，彭水的招商引资工作处于初步摸索阶段。从 1992 年的河堡立交桥、乌江商业城、滨江大道 3 个县外投资项目开始起步。1993 年，县人民政府第一次采用“走出去”的办法，组团参加在福建厦门召开的国际贸易洽谈会。“九五”时期，县委、县人民政府决定把招商引资工作纳入县级各部门年终工作目标重点考核。1998 年 4 月，为适应经济形势发展需要，加大引资工作力度，县计委增设外经股，对外为招商办，专门负责协调引资工作事宜，衔接上下业务。同时推出“阳光工程”，对外来投资企业和投资者实行“绿牌”“绿卡”保护。2001 年 11 月，县发展计划委员会内设的外经科承担原县经协承担的区域经济合作、经济协作职能和原县招商局承担的主管全县招商引资及“一站式”办公管理职能。进入“十五”以后，县委、县人民政府加大招商引资工作力度，采用“走出去、请进来”的办法，先后组团参加重庆市政府举办的第六届、第七届、第八届“一会一节”和第九届“渝洽会”，北京第 27 届中外企业合资合作项目洽谈会，商务部等部门在福建厦门举办的第八届、第九届“厦洽会”，上海 2002 年中国地区资源综合开发暨农林牧渔利用外资与贸易合作项目洽谈会和重庆市举办的“高交会”，小城镇招商引资项目洽谈会等各类招商引资活动。还利用报刊、新闻网站等主流媒体对外宣传彭水的发展潜力和蕴藏的商机。同时，完善集中招商、专项招商、上门招商、以会招商、以企招商、定向招商、委托招商和代理招商的招商引资工作体系。彭水招商引资工作一方面借鉴和吸收沿海省市多渠道筹集资金的成功经验，另一方面抓住黔江第二次创业和重庆直辖的机遇，以资源接技术、市场找项目、存量换增量、“你发财，我发展”为出发点，“开明促开放，以开放促开发，以开发促发展”的指导思想，不断改善投资环境，扩大对外开放，提高招商引资效益。至2005年年底，先后落户彭水的县外投资企业61家，在建投资建设项目73个，实际利用县外资金64.62亿元。

一、政策制定

1986年7月，彭水自治县人民政府敞开大门，对外来经济合作者给予优惠政策，开展同各地广泛的横向经济联系。“九五”期间，先后出台《关于招商引资兴办企业的有关优惠政策》《关于招商引资兴办企业的有关优惠政策的补充通知》《关于加快旧城改造的决定》《关于对招商引资实行“一站式”办公的通知》等文件。进入“十五”以后，县人民政府根据国务院《关于纠正地方自行制定税收先征后返政策的通知》和重庆市委、市政府关于《重庆市实施西部大开发若干政策措施》的精神，结合彭水实际先后制定《关于招商引资兴办企业的有关优惠政策》《关于重大工业项目招商引资优惠政策》和《招商引资工作规范（试行）》等规范性文件，进一步明确各投资领域的招商引资优惠政策和政策规范，鼓励和吸引外来投资者到彭水投资发展。

二、政策实施

（一）财税政策

1. 投资兴办非关停、限制和淘汰类产业企业，享受民族地区税收优惠政策，在2010年前减按15%税率征收企业所得税。鼓励该类行业的企业，在减按15%的基础上再减半（即按7.5%税率）征收企业所得税。

2. 新办交通、电力、水利、邮政、广播事业企业，给予减免企业所得税的优惠政策。内资企业自生产经营之日起，第一至二年免征企业所得税，第三至五年减半征收企业所得税。外商投资企业经营期在10年以上的，自获利年度起，第一至二年免征企业所得税，第三至五年减半征收企业所得税。

3. 投资3000万元以上的新建项目，从投产（营业）之日起，企业缴纳的县级实得部分的增值税、营业税，前3年按50%的比例由县财政返还给企业用于技术改造、产品研发或扩大再生产（经营），之后年度企业新增增值税县实得部分50%返还企业用于技术改造、产品研发和扩大再生产。

4. 投资2000万元以上的新建农副产品深加工、农业产业化龙头企业及农产品批发市场等项目，建成后生产经营的第一至二年，企业缴纳的县级实得部分的增值税、营业税，由县财政全额返还给企业；第三至五年按县级实得部分的50%返还给企业。之后年度企业新增增值税县实得部分50%返还企业用于技术改造、产品研发和扩大再生产。

5. 县内登记核算的贸易企业和供销企业，年销售额达到5000万元以上，经营少数民族生产生活用品销售额超过20%的，免征增值税。

6. 吸纳下岗失业人员的外来投资企业（国家限制行业除外），与其签订1年以上劳动合同或协议，并缴纳社会保险费的，按实际下岗失业人数予以每年每人定额免征4800元的优惠，免税顺序为营业税、城市维护建设税、教育费附加和企业所得税，期限为3年。对招用的“4050”人员（女40周岁、男50周岁以上的无业人员），每人给予1000元岗位补贴。

（二）土地政策

1. 投资企业可通过出让、划拨、出租、合资、合作等形式依法取得土地使用权。土地使用权最高使用年限为：商业用地40年，工业用地或综合用地50年，住宅用地70年。期满需续用的，经批准可延长使用年限。

2. 投资能源、交通、水利、市政基础设施、社会公益事业及农副产品深加工领域项目，除经营性土地外，可以划拨方式取得土地使用权；投资生产经营型项目，符合土地利用总体规划企业用地，可由国土房管部门确认最低出让价格，报经县人民政府审核批准后，以招标、拍卖、挂牌方式取得土地使用权。

3. 投资企业从事公益性事业和科技、教育、电站、公路、桥梁、码头、港口、水厂（不含管网）、水利及安居、广厦工程等非经营性项目用地，可由县人民政府依法批准划拨用地。

（三）融资政策

1. 投资企业可自主选择金融部门融资。

2. 新建投资 3000 万元以上农业产业化、农副产品深加工、商贸物流建设等项目，在贷款总额度不超过项目总投资 50% 情况下，如果企业经营管理正常，县财政可按银行同期基准贷款利率给予 20% 利息补贴，时间 1 年。对达到一定规模，经营状况好的企业，将优先安排农业产业化扶持资金予以扶持。

3. 一次性投资 5000 万元以上的工业项目、3000 万元以上的国家鼓励类发展项目，可由县国有投资公司为其提供项目借款担保。

（四）规费政策

县外企业到彭水投资新办企业所涉及《重庆市行政事业性收费目录》中收费项目，属国家和市上明确规定上缴行政事业性收费一律按下限收取；属县级可支配行政事业性收费，财政全额拨款的单位收费全免，差额拨款单位收费标准下限减半收取，自收自支单位收费标准按下限收取。

（五）工商登记政策

外来投资者在彭水投资新办企业，除涉及群众生命财产安全的前置许可外，资料齐备的，在当天办完登记手续，2 天内领到营业证照。

（六）矿产资源开发政策

1. 鼓励外来投资企业按照《中华人民共和国矿产资源法》和《外商投资产业指导目录》要求，以独资、合资或合作方式在批准范围内勘察、开采油气矿产资源；对其投资勘察并探明的矿产资源，可优先取得采矿权。允许依法购买、转让非油气矿产资源探矿权、采矿权。

2. 投资勘察、开采鼓励类非油气矿产资源，采矿权费实行先征后返原则，逐年返还。勘察、开采矿产资源所需用地，免缴场地使用费。

（七）其他政策

1. 对一次性投资 5000 万元以上和部分特殊招商项目，由县人民政府实行一企一策、一事一议。

2. 企业用电、用水、生活用气，由县人民政府责成有关主管部门和企业优先安排，保证供应。对供水、供电等有特殊要求的，由相关部门协商解决。

3. 对新办投资企业实行“承诺办结制”，由各职能部门按照“一个窗口对外”“一站式服务”方式负责办理，资料齐备的，审批时间不超过 3 天。

4. 招商引资入驻彭水的企业职工，其子女可按照就近入学原则，享受当地学生同等受教育权利，收费与当地学生一致，义务教育阶段学校严格执行“两免一补”政策。

5. 建立县领导联系企业制度，帮助协调解决企业在建设、生产、经营中出现的外部环境问题。同时对为企业服务实行过错责任追究制度，凡企业申请办理事项，任何单位不得拖延、推诿和拒绝，不得干预企业正常生产经营活动，因不作为或乱作为而影响投资企业正常活动的，将追究单位主要负责人及具体负责人责任；情节严重的，其部门主要负责人在电视媒体上向全县公开检查。

三、合作成效

1986—1992年为宣传发动阶段，基本没有县外资金进入。1993—1996年，利用外资主要集中在世行贷款上。完成“全杆红麻造纸”“种草养羊”“香椿泡桐”“低产茶园改造”等世行贷款项目投资6845.05万元。

1997—2005年，根据编制的一系列关于招商引资的规范性文件，以报纸、新华网站等媒体为宣传载体，通过重庆市“一会一节”“渝洽会”“小城镇招商引资会”和福建“厦洽会”等市内外招商引资平台，引进外资项目195个，协议引资264.6045亿元。其中2000年签订协议项目53个，为历年招商引资项目数量之最；2003年协议引资120亿元，为历年招商引资项目资金之最，且从单一的房地产开发逐步形成了工业、农业和第三产业的全方位投资环境。

附：部分招商引资项目

万吨红麻造纸厂 该项目是使用世行货款实施农业综合开发的子项目之一，项目设计规模为年产铜版纸5100吨，年产胶版纸5100吨。总投资8071万元，其中世行货款700万美元，国内配套资金3177万元。1993年3月开工，2000年完工。

打叶复烤厂 2001年动工，2003年竣工，总投资1.5亿元。二期工程技改总投资4085万元，2004年开工，2005年在建。

乌江彭水电站 建设规模为装机容量175万千瓦，总投资121.5098亿元。从60年代起开始规划、勘探、测绘、设计，前期工作达20年以上。2001年国家立项，2002年完成前期工作，2003年动工，2005年在建，预计2009年全面完工。

三江口水利枢纽工程 规模为装机容量3×6300千瓦，总投资2.82亿元，2000年完成前期工作，2002年3月动工，2005年在建。

渝怀铁路（彭水段） 彭水段长71.104千米，总投资24亿元，2001年动工，2005年在建。

渝湘高速公路彭水段 段长65千米，总投资56亿元，2004年开工，2005年在建。

县城污水处理厂 规模为日处理污水2万吨，总投资1.1254亿元，2000年策划，2005年开工。

彭水第一中学 规模为占地16.67公顷，修建校舍5.515万平方米，总投资1.166亿元。2004年开工，2005年在建。

商贸园小区 生活商住小区，规模为总建筑面积8万平方米，计划项目总投资7020万元。1998年6月动工，2005年完成一期和二期工程。

长溪河风景区 总投资6.988亿元，2005年动工。

第二章 工商行政管理

第一节 机构队伍

1951年，设立彭水县人民政府工商科，负责执行党和政府政策法令，行使工商企业生产经营活动登记、市场管理等工作。1953年，成立彭水县市场管理委员会，汉葭镇和各区成立市场管理分会，管理市场建设和经营。1955年10月，彭水县人民政府工商科更名为彭水县人民委员会工商科。1956年7月，撤销彭水县人民委员会工商科，分设工业科和商业科，由商业科办理工商行政管理业务。8月，商业科改为商业局，工商行政管理由商业局代管。1958年6月，在商业局内设工商行政管理股。1964年10月，撤销工商行政管理股，设立彭水县工商行政管理局，和商业局合署办公。汉葭镇和各区设立工商行政管理所，由市管会人员办理工商行政管理工作。1965年8月，县工商行政管理局从商业局分出，与彭水县市场管理委员会合署办公，各区（镇）工商行政管理所与各区（镇）市管分会合并办公。1966年11月，县商业局、供销社、工商行政管理局、外贸站合并成商业局，内设工商行政管理股，撤销各区工商行政管理所。1972年4月，撤销彭水县市场管理委员会、汉葭镇和各区市场管理分会，复设彭水县工商行政管理局、各区（镇）工商行政管理所，原彭水县市场管理委员会全部工作人员和房产一并转入工商行政管理局。1974年9月，彭水县工商行政管理局设置秘书股。1981年1月，彭水县工商行政管理局设置市场管理股、企业登记管理股、经济合同管理股。1984年4月，设立彭水县经济合同仲裁委员会，由县工商局合同股管理经济合同仲裁业务。同年，成立彭水县个体劳动者协会。11月，彭水县工商行政管理局更名为彭水自治县工商行政管理局（简称县工商局），原各区（镇）工商行政管理所更名为彭水自治县工商行政管理局某区（镇）工商行政管理所。县经济合同仲裁委员会更名为彭水自治县经济合同仲裁委员会（简称县仲委会）。1985年2月，设立个体经济管理股，主管个体私营经济发展和个体私营经济管理业务。

1986年，县工商局内设秘书股、财务会计股、市场管理股、企业商标广告管理股、个体私营经济管理股、经济合同管理股，有职工26人。下辖区镇工商行政管理所9个，有职工49人。1989年3月，新设监察室、主要负责人事监察工作。1990年5月，设立经济检查所。9月，分设彭水自治县仲委会汉葭、高谷、保家、郁山、桑柘、鹿角6个区及汉葭镇经济合同仲裁庭（简称仲裁庭）。1991年1月，设立县仲委会普子、黄家坝2个区仲裁庭。1992年4月，根据国务院《工商行政管理所条例》“工商行政管理所是县工商行政管理局的派出机构”“按经济区域设立”的规定，将汉葭镇工商行政管理所更名为县工商行政管理局直属工商所，各区分别为县工商行政管理局汉葭、高谷、保家、郁山、桑柘、鹿角、普子、黄家坝工商行政管理所。6月，彭水自治县工商局由原来的6股1所1室合并为4个股：监察室并入秘书股、个体股并入企业股、经济检查所并入市管股、单独成立合同股。人员有原来的37人精简为30人。1992年10月，成立县市场建设工程处，设处长1人、成员5人。1994年3月，增设县工商局治安分队，职工4人，主管市场经营秩序。同时财会、个体、经济检查所由秘书股、企业商标广告股、市管股析出单独立股。1995 年 8 月，撤销彭水自治县仲委会和高谷、保家、郁山、桑柘、鹿角、普子、黄家坝、汉葭等 8 区及汉葭镇仲裁庭。1996 年，成立县保护消费者权益委员会（简称县消委会），由 30 名委员组成，是在县人民政府领导下的消费领域协调机构，具有法人资格的社会监督组织。同时成立县私营企业协会（简称县私协），由 29 名理事组成，是私营企业者自愿组成的社会群众团体。县消委会、县私协办公地点设在县工商局，由个体经济管理股管理。

1998 年，县工商局内设秘书股、企业股、个体股、合同股、财会股、市场股、经济检查所、人事监察室、县消委会、个协、私协，职工 34 人。下设汉葭、高谷、保家、郁山、桑柘、鹿角、黄家、普子等 8 所工商行政管理所和直属工商所，职工 63 人。3 月，撤销县工商局治安分队，设立法制股，编制 3 人。6 月，成立县市场服务中心，是县工商局下属的自收自支事业单位，编制 8 人。1999 年 1 月 4 日，将原直属工商所分为直属工商一所（江北）、直属工商二所（江南），增设车辆管理所。2000 年 1 月 18 日，将汉葭工商行政管理所与直属二所合并办公，汉葭工商行政管理所的一切业务，由直属二所履行。5 月 22 日，县工商局机关部分股室实行合署办公，将原企业、商标、广告、合同股与个体股合并为企业个体股，原经济检查所、市场股合并为经检市场股，负责消委会的日常工作。7 月 31 日，县工商局直接由重庆市工商局管理。

2001 年，县工商局内设办公室（挂法制科牌子）、组织人事科（挂监察室、机关党委牌子）、计划财务科、注册登记科、企业个体监督管理科（挂商标、广告管理科牌子）、市场监督管理科（挂合同管理科牌子）、公平交易科（挂消费者权益保护科、“12315”申诉举报中心牌子）7 个职能科室。新设中共县工商局纪检组，与监察室合署办公。新设县工商局经济检查大队，与公平交易科合署办公。设立重庆市彭水自治县工商局直属一所、直属二所，高谷、保家、郁山、桑柘、鹿角、普子、黄家坝工商所及车辆管理所 10 个派出机构。新设县工商局消费者权益保护委员会，为县工商局内设机构级别的财政拨款事业单位，编制 2 人。新设县工商局市场服务中心，为县工商局内设机构级别的自收自支事业单位，编制 9 人。县工商局及派出机构，属行政机关系列，把机关服务性、事业性职能分离出来，划入下属事业单位行使职能。9 月 7 日，撤销法制科，将法制科工作交办公室办理。

2003 年 12 月，撤销原直属工商一所、二所、各区工商行政管理所，保留车辆管理所。新设重庆市彭水自治县工商局第一工商所，管辖区域为县城江北片区和原桑柘、鹿角 2 所管辖区域以及长滩、岩东乡所辖行政区域；第二工商所，管辖江南片区和原高谷、黄家坝、普子所管辖的区域（岩东乡除外）；第三工商所，管辖原郁山、保家 2 所管辖区域（长滩乡除外）。县工商局机关单设法制科，增设信息中心，变为 6 科 1 室 1 中心，即人事监察科、计划财务科、法制科、公平交易科（消委）、注册登记科、综合监管科（由原市场监管科和企业个体监督管理科演变而来，承担其相应职责）、办公室、信息中心。县工商局机关定编 24 人、基层工商所 35 人。第一工商所 12 人，第二工商所 11 人，第三工商所 7 人，车辆管理所 5 人。人员在 10 人以下的基层工商所，设内勤组和巡查组。人员在 10 人以上的基层工商所，设内务组、巡查组和办案组（人员占 70%）。2004 年，县工商局重新核准编制数 72 人，其中基层工商所行政编制 49 名。

2005 年，县工商局内设机构不变。

第二节　市场管理

一、市场建设

1978 年以前，全县没有室内市场，县城及各区、乡（镇）综合集贸市场都是以街、路为市。1978 年，党的十一届三中全会之后，政府划拨土地，工商部门出资组织修建牲畜市场。到 1986 年年底，全县建成棚顶式简易牲畜市场 18 个，占地面积 1550.5 平方米，建筑面积 1231.5 平方米。

1987 年 10 月，由县工商局筹资 62.00 万元，修建县城南门集贸市场，占地面积 680 平方米，设置摊位 150 个，1990 年 1 月投入使用。1992 年 6 月，黄家坝区公所与县工商局共同集资 21.00 万元，联合修建上岩西乡棚顶集贸市场，占地面积 1068 平方米，设置摊位 68 个，1993 年 4 月投入使用。同年 10 月，根据县人民政府《关于加速市场建设的决定》精神，在市场建设上"以高、大、全为主体，短、平、快为补充"相结合的市场体系，实行"谁投资、谁所有、谁受益、工商部门参与管理"的原则，形成"向沿江、沿边、沿路发展，形成 1 乡 1 镇 1 市"的市场格局。县粮食局直属库筹资 250 万元，组织修建粮油商贸中心集贸市场，占地面积 1944 平方米，建筑面积 8187 平方米，设置摊位 300 个，1994 年 8 月投入使用。1994 年 1 月，郁山区粮站集资 200 万元，修建郁山镇粮油食品贸易中心综合市场，占地 1900 平方米，建筑面积 4521 平方米，设置摊位 300 个，1995 年 7 月 1 日投入使用。同年 4 月，县工商局代表县人民政府与重庆公共关系顾问有限公司签订合同，引资修建乌江商业城，该市场由"江上村"和"南门楼"两部分组成。南门楼市场投入资金 1551.71 万元，占地面积 1300 平方米，建筑面积 9700 平方米，设置摊位 1000 个。南门楼 13 层，1 ~ 5 层为商场，6 ~ 12 层为写字楼，13 楼为管理机构办公室，于 1996 年 7 月投入使用。5 月，桑柘区工委自筹资金 22 万元、县工商部门筹资 3 万元修建桑柘坪棚顶式集贸市场，占地面积 3520 平方米，建筑面积 1780 平方米，设置摊位 74 个，于 1995 年 7 月投入使用。截至 1997 年 9 月，全县共集资 2111.71 万元，建成室内市场 4 个、棚顶式市场 18 个，占地面积 11962.50 平方米，建筑面积 30125.50 平方米，设置摊位 1592 个。

1998 年，投入资金 512.8 万元，在县城建成投入使用室内市场 4 处，使用面积 8290 平方米，彻底根治县城以街、以路乱摆摊设点行为。2000—2003 年，投入资金 850 万元，建成投入使用室内市场 1 处、棚顶市场 1 处，占地面积 2500 平方米，建筑面积 5500 平方米。

2004 年，计划投入资金 650.00 万元，修建占地面积 1500 平方米、建筑面积 2200 平方米的室内市场 1 处，2005 年该工程仍在建设之中。

二、市场经营管理

1978 年，党的十一届三中全会确立"对外开放、对内搞活"改革开发政策，从此市场经营的商品上市品种、数量以及集贸贸易交易额等逐年急剧攀升。县工商局按照"放而有度，管而有法，活而有序"的原则，监督管理市场。

1986—1997 年，检查各类经营户 77864 户次，查处一般违法违章案件 6276 件（不含立案查处案件），罚、没收款 11.83 万元，整顿集贸市场和专卖市场 54 次，强制拆除各类不规范摊位 3650 个，取缔非法经营户 450 户。查处非法经营物资有：不合格秤 1850 支、化肥 621.35 吨（非法经营和劣质化肥）、劣质农药 0.98 吨、农膜 25 吨（非法经营和劣质农膜）、饲料 6215 千克、人用药品 11397 件、三木（黄柏、杜仲、厚朴）药材 5715.55 千克（非法经营和假的），销毁进口旧服装 2100 件、过期变质饮料 86115 件（瓶）、过期变质食品 22706.8 千克，没收非法出版物 11054 册、录像制品 640 盒、假酒 9030 瓶（"剑南春"7490 瓶、"绵竹大曲"1540 瓶）、假岩蜂糖 300 千克、劣质肥皂 6500 件（条）、低压电器 5400 件、电线 7500 米、白酒 5000 千克、布匹 400 米、服装 350 套（件）、卷烟和假烟 1.25 万条、烟叶 4.5 万千克、活蛇 5400 条（放归大自然）、木材 250 立方米、其他各类商品数万件。

重庆直辖后，县工商局以服务经济建设为中心，发挥工商行政管理机关市场监管和行政执法两大基本职能，在每年元旦、春节、"五一"和国庆节等节日，对农资、夏季食品、饮料、药品、成品油、粮食等市场进行整顿。

1998 年，在县城整治商品经营市场，实现"四归"（农贸归市、摊贩归区、坐商归店、广告归栏）：农贸归市960个摊位、摊贩归区596个、坐商归店785个、广告归栏16处。拆除沿街、路遮阳物226处，根治以路、街为市乱摆摊设点行为。在经济检查工作中，采取办案、立案、审案、定案四个程序。检查各类经营者10112户次，办理市场经营一般违章案件1059件（其中各类经济违法违章案件77件，查处违法违章经营额48万元，罚款金额8.25万元），取缔非法经营者622户。查处化肥24万千克、卷烟228件、粮食14.52万千克、劣质农药1000千克、劣质成品油8500千克、不合格秤196支、假酒692瓶，捣毁制造假烟窝点1处。

1999年，对不规范的路牌和路市市场以及319线两边乱拉乱建摊棚和占道经营行为进行清理整顿，319线文明路线建设顺利通过交通部检查验收合格。开展“红盾护农打假保节日、促春耕、保健康、促消费”等专项治理。1月29日，同县物价、技监、公安、卫生等部门，对县城国有集体企业、个体工商户经营场所、仓库、厂房进行全面检查整治，没收销毁霉变过期月饼718个、饮料278件、蛋糕150千克、芝麻饼26箱、罐头167个、杂食品1021千克、假烟14条、蜂蜜蛋糕9箱、“三无”（无生产厂家、无生产日期、无生产地址）商品412千克。捣毁制售“三无”商品窝点1处，扣押生产设备1套，价值1万余元。以纪念“3·15”国际消费者权益保护日为契机，对县城、区场镇和重点乡（镇）进行集中整治，对制售假种子、农药、化肥和欺行霸市、骗买骗卖、短斤少两、坑蒙拐骗等欺诈行为进行查处，查处经营过期、霉烂、变质食品商店48家，没收销毁假冒商品3.5吨，价值27.00万元。开展各类市场检查23次，检查面96%。查处一般违章案件645件，案值30.70万元，罚没金额12.375万元。5月7日，接群众举报，在郁山镇中井村吊桥处发现1车柴油，县工商局经检所立即派人前往查处，并依法对涉嫌违法经营的9.5吨柴油实施扣押。

2000年，对城乡生产、生活消费品批发、零售市场、商品产地、生产企业、进货渠道进行检查。对经销假冒伪劣商品行为采取堵源头、捣窝点方式，重大案件还借助新闻媒体公开曝光等形式，在元旦、“五一”、国庆、春节等节假日期间，对消费者反映的热点问题开展突击检查，对“菜霸、鱼霸、肉霸”以及短斤少两、欺行霸市、强买强卖交易行为进行打击。对社会反映较强烈的电力、寿险、电信等公用企业滥收费用等违法行为，采取强制措施专项整治。会同有关职能部门，开展对粮食、医药、药品、石油、成品油、种子、食盐等重要商品进行专项市场整顿，规范市场经营主体和经营秩序。全年共开展市场专项监督、检查、整顿11次，查处一般违法违章案件516件（其中经济案件110件，案值42.92万元），罚款总额26.41万元。年内社会商品成交额1.54亿元，与上年同期相比上升9.28%。

2001年，是全国整顿和规范经济秩序建设年，同县公安、建委、卫生、药监、质监局等职能部门集中时间，对各类交易市场秩序监管和县城主街道摊点进行整顿，使商品归市、坐商归店。工商执法人员全天巡查，取缔县城主街道和各学校周边乱摆摊点，根除脏、乱、差现象。在市场经济管理中，开展“打假护农、保春耕、促消费”的专项整治。集中时间对种子、农膜、化肥、医药、农药、粮食、食用油、烟酒、日用品、家用电器等重要生产资料和重要消费品进行全面清理整治。开展各类市场检查整顿125次，出动执法人员920人次，检查各类经营者7500户次，查获伪劣种子10吨、违章经营化肥30200千克、粮食25吨。清缴伪劣商品总价值48.34万元，其中假药6.65万元、假烟21.64万元、日用品0.86万元、电器8.79万元、食品10.4万元。查处一般违法违规案件301件，立案查处经济案件33件，案值383.04万元，罚没金额27.70万元。年内集贸市场商品成交额1.43亿元。

2002年，县工商局成立集贸市场和专业市场等12个专项整治工作领导小组，以国道319沿线和县城7个集贸市场为重点区域，开展农资、粮油、食品、烟酒、肉类、文化、制造、建材、药品、加油、加气站、煤矿、非煤矿山、网吧、汽车、摩托车配件、家用电器、旅游市场专项整治工作。端掉违法制售食品黑窝点4个，查获烟酒、食品、饮料、瘟猪肉等假冒伪劣商品20余种1万多千克，查封扣留化肥、种子、粮食等违法经营商品435吨，收缴“黄色”文化制品20件。查封违法“网吧”4

家，责令拆离校园周边“网吧”11家。取缔非法加油、加气、充装站35户及煤矿和非煤矿山290个。协助税务部门清理征收漏缴税款251.00万元，与质监部门配合查处劣质尿素、仿制解放鞋、劣质钢材等15种假冒伪劣商品。全年出动执法人员1020人次，出动执法检查车辆211台次，检查各类市场经营主体11500户次，查处各类违章违法案件472件（立案查处71件，当场处罚401件），案值165.16万元，罚款金额37.40万元。

2003年，对农资、粮油、食品、建材、鼠药、野生动物、小煤窑、非煤矿山、房地产、旅游及交通运输市场整治535次，参加整顿人员1212人次，检查各类经营者3132户次。取缔野生动物制品非法经营户7户、非法开采经营户12户、地条钢销售经营户8家，没收销毁地条钢23.95吨、报废车辆3台。查获“毒鼠强”及饵料1750克及非法生产“佳新啤花酒”饮料2826瓶、混装机1台，原材料柠檬酸3件、甜蜜素2件、麦芽122瓶、标志11000张等违禁物品。收缴活蛇27千克及锦鸡、斑鸠等活体42只、假冒农药179袋、假冒手机1台、黑心棉床垫24床、黑心棉550千克、假冒劣质食品9000多千克。捣毁制假窝点7个，销毁假冒伪劣商品价值83.00万元。查处各类案件1040件，其中市场清理整顿一般案件845件、立案查处各类经济违法案件195件，包括不正当竞争案12件、侵害消费者权益案16件、制售假冒伪劣商品案2件、投机倒把案15件、非法回收报废汽车案2件、“两虚一逃”案（虚报注册资本、虚假出资、抽逃出资）3件、其他违法案145件，案值524.00万元，罚没金额107.62万元。这些案件的类型几乎涵盖工商管理的各项职能，是历年案件种类最齐、数量最多、处罚金额最高的一年，案件数量和罚没款金额分别是上年同期的2.20倍和2.88倍。

2004年，工作重心从突出收费扭转到监管执法上来，实现监管执法工作的突破。打击侵权保名优、食品安全、网吧、校园周边高致病性禽流感、剧毒鼠药、粮食、农资、汽车交易市场、319沿线集贸市场占道经营和“五一”黄金周市场专项检查整治活动。8月，依法取缔在郁山镇私设非法生产“地条钢”厂家1户。11月4日，同县公安局经侦大队、盐务分局等单位，在汉葭镇滨江社区299号，端掉1个用“梅水品”（严禁食用品）做原料，制售“加碘食用盐”的黑窝点，当场依法扣押“梅水品”13.225吨，复合膜试验包装袋13000余个，假劣成品“加碘食用盐”8.1吨，台秤1台。取缔校园周边违法经营摊点31户，端掉制售黑心棉床垫窝点1个，没收不合格变质食品糕点、饮料1200千克、劣质火锅底料448袋、问题奶粉1217袋（美庐310包，三鹿51包，飞鹿833包，健鹿1包，银河2包，金圣5包，恒健15包）、陈化粮30吨、劣质菜油0.65吨，清缴政治性非法出版物7本。到11月底，出动执法人员650人次、车辆80台次，检查各类经营者6000余户次，没收销毁各类违法物资价值3.00万元。立案查处各类违法违章案件133件（产品质量案2件，投机倒把案5件，反不正当竞争及消费者权益保护案5件，其他121件），案值6700.65万元，罚没金额114.75万元。

2005年，县工商局强化食品安全和高危行业监管，制定《食品安全监管制度》《食品安全监管责任追究制度》和《流通领域食品安全事故紧急处理预案》等制度，实行“谁监管、谁负责”“谁发证、谁负责”“谁处罚、谁负责”的原则，落实监管责任。开展“红盾护农、走进企业、走近三农”系列市场整治行动和市重点商品质量检测活动。3月31日至4月1日，在重庆市南岸区工商行政管理分局通力协作下，会同卫生、药监等职能部门对县城各农贸市场、超市的烟熏牛肉、散装色拉油、散装菜油、食用猪油、调和油、食用醋、酱油、发毛肚、鲜牛肉、鲜猪肉等10类食品进行现场快速检测，查获涉嫌不合格散装色拉油1267.55千克、散装菜油196.4千克、食用化猪油530千克、烧腊8.7千克、注水牛肉90千克、食用醋25千克，并作出相应处置。4月20日，与县粮食局配合，对13户粮油经营户进行排查，随机抽取大米样品3组、食用菜籽油3组进行检查。邀请重庆市电子电器商品质量检查站，开展流通领域电子电器商品质量监测工作，对县城电子电器、五金商品经营户随机抽取各类电子电器、五金商品样品16组进行排查，检查电器商品经营户34户。5月29日下午5时，小厂乡中心校6名初一学生，因涉嫌食用重庆巴南区加加旺饮料食品厂生产的“博仔”牌冰奶宝，出现头晕、昏迷、呕吐、腹泻等症状，县工商局接到小厂乡政府报告后，立即启动《食品安全事故紧急处理预案》，会同相关部门，连夜对此事件进行调查取证处理，及时控制该商品的扩散。全年开展对食品安全、医疗药品、煤矿和非煤矿山、网吧、校园周边环境、汽车维修、地面卫星接收设施、县城市容卫生综合执法等17项专项整治，出动执法人员500余人次、执法车辆420余台次、清理高危行业1375户（其中：A类443户、B类46户、C类832户、D类54户），下达责令改正通知书932份。检查经营户2580户次，查处违法违章经营361户，查处各类违法违章案件315件（立案查处案151件，简易程序处罚案164件），案值达1059.00万元，罚没入库金额115.69万元。

1986—2005年彭水自治县工商局市场经营管理情况一览表

表23-1

年度	市场检查户数（户）	查处案数（件）	案值（万元）	罚、没收款金额（万元）	集市贸易成交额（万元）	收取市场管理费数（万元）
1986年	3467	860	—	2.60	1884.00	19.28
1987年	2864	1026	—	1.03	2149.00	23.38
1988年	2534	696	—	2.14	2375.00	31.22
1989年	3317	432	—	1.34	2320.00	43.53
1990年	4012	424	—	0.06	1969.00	41.07
1991年	5739	407	—	0.53	4701.00	43.58
1992年	6354	254	—	0.37	4720.00	45.20
1993年	6712	246	—	0.40	5886.00	76.95
1994年	7823	495	—	0.55	7035.00	70.17
1995年	11528	735	—	0.87	8527.00	87.53
1996年	12676	342	—	0.96	10511.00	118.60
1997年	10658	359	—	0.98	4729.00	68.16
1998年	10112	77	48.00	8.25	—	—
1999年	—	645	30.70	12.375	—	—
2000年	—	516	42.92	26.41	15 400.00	—
2001年	7500	334	383.04	27.70	15 300.00	—
2002年	11500	472	165.16	37.40	—	—
2003年	3132	1040	524.00	107.62	—	—
2004年	6000	133	6700.65	114.75	—	—
2005年	2580	315	1059.00	115.69	—	—

第三节　企业管理

一、企业登记管理

县工商局企业登记工作始于1951年，到1985年年底，进行12次工商企业登记颁发证照工作。

1986年，对各类公司进行清理整顿和企业复查，换发全国统一的营业执照。原有公司79户，保留37户、更名26户、歇业10户、停业1户、吊销营业执照5户。根据国家工商局规定，对企业实行5年一换全国统一的营业执照，全县换照企业421户，分支机构1301户，其中新开业23户、238个分支机构。建有横向经济联合生产企业7个（参加联合全民企业1个、集体企业6个），引资10

万元，赠机器设备 1 套、生产技术 7 项。全年有企业总户数 1722 户，从业人员 14412 人，注册资金 7039 万元。

1987—1988 年，核准登记企业 500 户，分支机构 1511 户（新发展登记企业 111 户，分支机构 176 户）。登记横向联合企业 7 户、注册公司 46 户、歇业 24 户。

1989 年，开始实施《中华人民共和国企业法人登记管理条例》，从此企业法人登记管理不是一种具体管理方法，而是一种执法行为。根据国家工商局《中华人民共和国企业法人登记管理条例实施细则》，县工商局对全县 1988 年 7 月 1 日前开办的企业一律进行重新登记，确认法人资格，对符合法人或营业登记条件的，分别核发企业法人营业执照和营业执照，核发企业法人营业执照 175 户，分支机构营业执照 1212 户。年底有企业法人 175 户，分支机构 1349 户，分别比 1988 年减少 65.00%、10.72%。全县注册登记公司 49 户，比 1988 年增长 6.52%。1990 年，新发展企业 80 户，其中企业法人 7 户、营业登记 73 户。1991 年，企业总户数 1849 户，其中企业法人 214 户。

1992 年，鼓励党政机关转变职能、兴办经济实体，使企业增长较快。各类工商企业登记 2045 户，从业人员 17454 人，注册资金 16639 万元，工商企业登记户、注册资金比 1991 年同期增长 10.60%、22.3%。其中企业法人 273 户，分支机构 1772 户，分别比 1991 年同期增长 25.6%、8.4%。党政机关办企业 33 户比 1991 年增长 200%。新发展公司 95 户，比 1991 年同期增长 66.6%。为企业调整经营品种办理变更登记 154 户。1993 年，登记企业 2181 户（新发展公司户数 165 户，比 1992 年增长 73.7%），企业法人 346 户，注册资金 24638 万元（比 1992 年上升 48.07%），从业人员 23226 人（比 1992 年上升 33.07%）。新发展党政机关经济实体，注册登记 53 户，比 1992 年上升 60.6%。办理企业产业变更登记 173 户，扩大经营范围 159 户。

1994 年 7 月 1 日起实施《中华人民共和国公司法》。登记企业 2263 户（其中，新发展企业 127 户，企业法人 31 户）、从业人员 24176 人、注册资金 26642 万元，分别比 1993 年同期上升 3.76%、4.09%、8.13%。党政机关兴办经济实体 126 户（新办 73 户），比 1993 年增长 137.74%。支持企业产权改革，办理变更登记 72 户。

1995—1997 年，注册登记企业 6334 户，新办登记企业 243 户，企业法人 975 户。企业调整产业结构，扩大经营范围，办理企业变更登记 252 户，按《中华人民共和国公司法》规定设立有限责任公司 13 户。

1998 年，发挥注册登记管理职能，参加企业改制、改组，按照特事特办、急事急办，提高办事效率，给予优惠政策的原则，先后支持办理 7 户改制和招商引资企业登记注册。全县有各类企业 1287 户（全民企业 503 户、集体企业 693 户、股份合作 78 户、公司 13 户），具有法人的企业 209 户，注册资金 35068 万元。

1999 年，新发展各类企业 154 户，其中法人企业 36 户、营业单位 118 户，比 1998 年同期增长 63.8%。

2000—2001 年，企业总户数 1597 户，其中企业法人 288 户，注册资金 60029 万元。

2002 年，办理各类企业登记 516 户（新开业登记 73 户），变更登记 45 户，注销登记 162 户。2003 年，企业登记管理严把登记质量关，杜绝随意登记（实行基层工商所初审、业务科室复查、领导核审的三审制度，从源头上严把市场主体准入关），坚持“六个结合”（依法登记与宣传工商法规相结合，实行受理咨询和登记首接负责制；依法登记与提高服务质量相结合；依法登记与认真贯彻执行国家出台各项优惠政策相结合；依法登记与检查回访相结合；在登记工作中坚持书式审查与实质性审查相结合；依法登记与建设准确、快速、方便、高效的信息网络系统相结合），优化发展环境。设置县工商局登记大厅和行政服务中心办事窗口，专门为下岗职工和失业人员设立办证“绿色通道”。在登记大厅公布《公开办事指南》，实行社会服务承诺制度，受理企业登记不超过 5 个工作日，登记人员做到“三心、四清”（接待热心、解释耐心、审查细心；一次性讲清、一次性发清、一次性审查清、一次性办清）。对新登记的各类企业，在登记后30天内对其开业经营、发展方向进行回访。办理各类（包括个体工商户）登记2364户（新开业1378户），变更登记320户，注销登记890户。2004年，开展“执法干部走进企业，机关干部走进基层”活动，为管理对象解决实际问题。在企业注册登记管理中，推行三个统一（依法登记与简化办事程序相统一、与热情服务相统一、与落实各项优惠政策相统一）。简化办事程序，缩短审批时间，对行政审批实行“一审一核”、并联审批制度，实行“一个窗口”对外、“一体化”服务、“一次性”办结措施。办理登记各类中介组织36户、连锁经营11户、外来投资企业48户。

2005年，开展“走进企业”“走进三农”服务活动，使登记窗口前移，当好企业参谋，主动提供工商企业登记咨询服务，对外来投资企业初实行提前介入，跟踪服务。对彭水最大外来投资企业重庆彭水大唐水电开发有限公司，县工商局上门服务，派专人到市工商局帮他们解决实际问题。全年新登记有限责任公司等企业法人33户，发展机构和营业单位47户、个人独资企业31户、合伙企业4户，有企业总户数409户（全民企业202户、集体企业11户、股份制企业90户、有限责任公司106户），注册资金55794万元。

1986—2005年彭水自治县工商企业登记情况一览表

表23-2

年度	总户数（户）	其中企业法人（户）	按经济性质分				从业人员（人）	注册资金（万元）
			全民企业（户）	集体企业（户）	股份合作企业（户）	公司（户）		
1986年	1722	421	444	1278	—	—	14412	7039
1987年	1916	489	486	1430	—	—	15544	7469
1988年	2011	500	533	1478	—	—	16092	7749
1989年	1524	175	541	983	—	—	13968	11534
1990年	1686	185	584	1102	—	—	15254	12256
1991年	1849	214	684	1165	—	—	14276	9960
1992年	2045	273	795	1250	—	—	17454	16639
1993年	2181	346	870	1311	—	—	23226	24638
1994年	2263	371	916	1347	—	—	24176	26642
1995年	2247	348	902	1345	—	—	24023	30464
1996年	2030	309	833	1197	—	—	21616	29015
1997年	2057	318	841	1216	—	—	22414	30086
1998年	1287	209	503	693	78	13	—	35068
1999年	1044	202	490	503	7	44	—	37120
2000年	946	163	420	358	106	62	—	37736
2001年	651	125	311	186	76	78	—	22293
2002年	516	118	277	133	24	82	—	20763
2003年	541	134	273	113	43	112	—	58576
2004年	468	137	216	40	102	110	—	59919
2005年	409	99	202	11	90	106	—	55794

1986—2005年彭水自治县工商企业行业结构情况一览表

表23-3

年度	农业（户）	工业（户）	建筑（户）	交通（户）	商饮（个）	金融（户）	房产（户）	服务（个）	文教（户）	其他（户）	合计（户）
1986年	5	279	15	52	1286	7	—	78	—	—	1722
1987年	4	289	23	54	1373	90	—	83	—	—	1916
1988年	4	293	28	54	1451	91	2	86	2	—	2011
1989年	7	158	11	39	1175	78	—	50	5	—	1524
1990年	7	194	11	44	1269	95	1	53	12	—	1686
1991年	7	220	12	45	1383	99	1	54	28	—	1849
1992年	7	253	20	45	1517	102	5	57	39	—	2045
1993年	9	273	36	46	1597	107	5	64	44	—	2181
1994年	11	275	38	54	1666	107	5	67	41	—	2263
1995年	11	262	39	56	1663	109	5	78	24	—	2247
1996年	9	243	35	54	1504	110	4	63	17	—	2039
1997年	11	241	36	54	1518	112	5	63	17	—	2057
1998年	—	—	—	—	—	—	—	—	—	—	1287
1999年	—	—	—	—	—	—	—	—	—	—	1044
2000年	—	—	—	—	—	—	—	—	—	—	946
2001年	—	—	—	—	—	—	—	—	—	—	651
2002年	16	478	—	682	4571	—	—	1187	—	60	6994
2003年	—	—	—	—	—	—	—	—	—	—	541
2004年	18	66	15	22	79	—	16	30	1	22	269
2005年	17	46	5	37	196	74	10	20	2	2	409

二、企业整顿清理

1986年，定期和不定期对企业进行监督检查1233户次，占企业总数71.6%。查出违反企业登记管理法规385户，占检查户数31.22%。弄虚作假71户，超出核定经营范围或方式282户，其他170户。补办和办理变更营业执照285户，罚款100户，罚金0.38万元。

1987—1988年，监督检查企业4915户次，占企业总数128.17%。清理整顿公司8户，歇业8户，查处违法违章企业231户，罚款1.25万元。

1989年，县工商局抽调各区工商所所长和相关单位负责人组成共51人的检查组，对全县工商企业进行检查清理，检查企业485户次，处罚企业49户，立案查处3户，罚款1.96万元。1990年，经过清理整顿，保留公司43户。检查企业3145户次，占企业总数的206.36%。处罚企业71户，罚金0.49万元。

1991年，为帮助困难企业走出低谷，制定搞活困难企业10条措施：支持企业深化内部改革，按国家产业政策调整产品结构，对企业调整生产项目或转产提出变更申请的，及时核准办理变更登记；采取恰当方式帮助企业宣传、推销产品，支持个体工商户与企业挂钩，为企业积压产品找出路；帮助困难企业增设网点、扩大销售、占领市场；允许困难企业搞一次性经营活动，进入集市摆摊设点，优先安排摊位；允许停产、半停产企业职工办理个体临时营业执照，从事个体经营活动；帮助困难企业协调好主管、职能和有关部门的关系；及时为企业提供信息，对各单位为安置城镇行业人员开办的集体企业，给予政策上的扶持，促进健康发展；帮助企业加强经济合同、商标和广告宣传工作；帮助企业改善和加强经营管理及各项制度建设；采取所有企管干部定点联系、帮助、管理企业。通过以上措施的实施，落实定点联系帮助困难企业15户，企管干部深入企业60余次，使15个企业减亏17.91万元。为企业在外地增设窗口办理证明2份，办理变更登记85件，办理“一次性”经营手续7份，处理企业积压物资90吨，盘活资金32.90万元。减免登记费0.68万元。帮助特困企业（彭水自治县酒厂）增设网点25个，减半收取企业登记费0.04万元。桑柘工商行政管理所帮助新场粮油加工厂实行技改和完善管理制度，半年实现总产值23.56万元，比1990年同期增长1.25倍。常年对企业监督管理，共检查企业3547户次，占企业总数的203.85%，处罚企业7户，罚款0.20万元。年检1990年度企业1669户。1992年，根据搞活企业10条措施，定点联系帮助困难企业12户，减亏8户，金额56.60万元；扭亏为盈4户，金额11.57万元。协调解决资金2.40万元，推销白酒11.5吨，解决原材料52吨。为企业在异地增设窗口办证18件，办理“一次性”经营手续10份，处理企业积压物资800吨。支持企业增设网点129个，增加营业收入133万元。全年检查企业1867次，检查率100%。查处违章违纪案件7件，罚款1.60万元。1993年，定点联系帮助管理企业11户，为企业调解下伸网点92户，为企业在外地增设“窗口”办理证照21户、办一次性经营手续16份，增加营业额770万元，为企业处理积压物资1800吨。监督检查企业1878户次，检查率91.83%，处罚企业2户，罚款0.06万元。1994年，增设下伸网点96个。监督检查企业2072户次，处罚企业违章违规案件7件，罚款0.48万元。1993年年检率97%。

1995—1997年，年检企业6454户，平均年检率97.66%。其中，企业法人708户，吊销企业法人营业执照123户。监督检查企业6454户次，依法立案查处违章违规案件20件，罚款0.97万元。

1998年，依法吊销企业营业执照35户，回访检查各类企业2428户次，查处一般违法35户。2000年，年检私营企业67户，年检率100%。通过年检55户，不予通过年检和吊销营业执照12户。

2001年，整顿和规范市场经济秩序，严把市场主体准入关，利用企业年检契机，对不符合法律、行政法规规定的前置审批条件的经营者、“三无”（无资金、场地、机构）企业、“五小”（小旅馆、小浴池、小理发店、小网吧、小歌舞厅）企业和严重危及人民群众生命财产安全的违法违章经营者，进行查处和取缔。全年注销或吊销企业营业执照274户。年检682户，年检率82.79%。2002年，贯彻执行《企业法人登记管理条例》《中华人民共和国公司法》《公司登记管理条例》《中华人民共和国合伙企业法》《中华人民共和国个人独资企业法》以及国家法律、法规规定的前置许可审批制度，依法进行年检、验照等专项治理工作。查处在年检工作中“两虚一逃”（虚报注册资本、虚假出资、抽逃出资）和提交虚假证明文件骗取登记行为，取缔无照经营52户。查处重庆浩口电力有限责任公司虚报注册资本285万元1案，依法吊销该公司法人营业执照。通过清理“三无”和“五小”企业，责令变更经营范围27户，补办前置许可手续23户，吊销各类企业营业执照151户（含“三无”和“五小”企业）。2003年，减免各种规费20余万元（为下岗职工减免5.40万元，“非典”期间减免14.60万元），取缔无照经营户82户，实现企业名称远程查询和企业档案电子查询，为投资者提供准确、快速查询平台。2004年，全面推行政务公开、实行社会监督制度、社会服务承诺制度、首办责任制度。在醒目位置公示办事条件、程序、时限、收费项目、收费标准和举报电话。全年为被管理者减免各种规费8万余元。破获无照从事用氯化镁制胆巴违法案件1件，当场依法扣留氯化镁3.45吨、胆巴7.86吨。

2005年，推行“一审一核”制度，简化登记程序。对涉农企业上门服务，注册登记科、综合监管科为彭水自治县农业技术服务站、兴达农资专业合作社、渝欣纸业有限公司上门提供咨询、年检等多项服务。年检企业6376户次，查处违章违规企业4093户。

1986—2005年彭水自治县工商局监督查处企业情况一览表

表23-4

年度	检查企业数户（次）	违章违规数（户）	处罚数（户）	立案数（件）	罚款金额（万元）
1986年	1233	385	100	—	0.38
1987年	2552	187	187	—	1.02
1988年	2363	44	44	—	0.23
1989年	485	49	49	3	1.96
1990年	3145	71	71	—	0.49
1991年	3547	7	7	—	0.20
1992年	1867	7	7	—	1.60
1993年	1878	2	2	—	0.06
1994年	2072	7	7	—	0.48
1995年	2235	48	2	8	0.21
1996年	2233	52	7	7	0.15
1997年	1986	186	5	5	0.61
1998年	2428	35	35	—	—
1999年	—	—	—	—	—
2000年	—	—	—	—	—
2001年	682	274	—	—	—
2002年	—	231	1	1	—
2003年	—	82	—	—	—
2004年	—	1	1	1	—
2005年	6376	4093	—	—	—

第四节　个体私营经济管理

一、个体私营经济发展

1979年始，逐步恢复个体私营经济，主要解决城镇待业青年和社会闲散人员就业问题，但不能雇工，不能解决农村剩余劳动力的问题。至1982年，全县有个体工商户232户。1983年开始，个体私营经济得到快速发展，主要以“公有制为主体，多种经济成分共存”的政策指导，允许农民从事个体工商业，允许个体工商户“请一两个帮手，带三五个学徒”，扩大经营规模。1986年，个体私营经济围绕“对外开放、对内搞活”的总方针，个体工商户发展到2945户（新发展966户）、从业人员4342人（新增1513人）、注册资金261.94万元（新增124.10万元）。1987年，贯彻实施国务院《城乡个体工商户管理暂行条例》和《关于进一步放手发展家庭工商业的决定》的精神，新发展个体户717户，从业人员832人，注册资金158万元。1988年，个体工商户发展到3653户，从业人员5740人，注册资金401.63万元，分别比1987年增加18.33%、20.50%和154.20%，实现总营业额2202.59万元、社会消费商品零售总额1922.59万元。

1989年，县人民政府下发《关于立即开展对个体工商户税收检查的通知》，对全县个体工商户进行全面税收检查。是年，个体工商户下降到2531户。同年，国务院关于《私营企业暂行条例》和国家工商局《私营企业暂行条例施行办法》的实施，县内第一次出现私营企业。全年发展私营企业10

户，雇工 171 人，注册资金 57 万元。

1990 年，县人民政府及时引导人民群众走个体私营经济发展道路，个体私营经济迅速发展起来。到 1991 年，有个体工商户 4624 户、从业人员 6147 人，分别比 1990 年增长 22.4% 和 15.3%。1992 年，国家加大交通事业建设投入，个体私营运输业得到发展，个体工商户发展到 5680 户（个体客、货运输经营户 1100 户），私营企业 13 户（水、陆运输私营企业 6 户），从业人员 7356 人。其中城镇 1972 户、从业人员 2651 人，农村 3708 户、从业人员 4705 人。长期经营户 4371 户、从业人员 5834 人，临时经营户 1309 户、从业人员 1522 人。私营企业注册资金 172.34 万元，实现总产值 940.88 万元、销售总额 2106.42 万元。

1993 年，是个体私营经济发展黄金年，个体私营经济发展坚持"先放开、后规范、先发展、后完善"的工作措施。个体工商户发展到 7696 户，从业人员 9515 人，注册资金 1579.35 万元。长期经营户 5066 户、从业人员 6611 人、注册资金 1171.65 万元，临时经营户 2630 户、从业人员 2904 人、注册资金 347.70 万元，城镇经营 2694 户、从业人员 3356 人、注册资金 723.55 万元，农村经营户 5002 户、产业园 6159 人、注册资金 855.80 万元。私营企业 73 户、投资者 197 人、雇工 743 人、注册资金 1475.87 万元，其中独资 26 户、雇工 319 人、注册资金 225.03 万元，合伙 20 户、雇工 219 人、注册资金 121.54 万元，有限责任公司 27 户、雇工 233 人、注册资金 1111.30 万元。

1994 年，坚持两手抓，一手抓发展、一手抓管理，围绕一个中心（搞活市场经济）、抓住两个重点（个体私营发展、个管费收取）、做到三个落实（政策、措施、任务）、实现四个突破（思想观念、管理方式、个体私营发展、个管费收取）。到 1995 年，个体工商户发展到 10116 户（城镇 3502 户、农村 6614 户），从业人员 12162 人（城镇 4329 人、农村 7833 人），注册资金 2944 万元（城镇 1261 万元、农村 1683 万元）。私营企业 112 户（城镇 82 户、农村 30 户；独资 47 户、合伙 23 户、有限责任公司 42 户），投资者 269 人，雇工 1223 人，注册资金 2287 万元，总产值 2687 万元、社会消费品零售额 7440 万元。

1996 年，贯彻实施《中华人民共和国反不正当竞争法》《中华人民共和国公司法》《四川省私营企业条例》《四川省个体工商户条例》和黔江地委《关于大力发展个体私营经济的决定》精神，推行个体私营经济发展重点指标考核制度，县工商局领导、个体股和各工商所实行定点联系 2 户个体工商户或私营企业大户，促进私营企业发展。到 1997 年年底，全县个体工商户发展到 11953 户，从业人员 14073 人。私营企业 131 户，投资者 318 人，注册资金 2845 万元。

1998 年，重庆市人民政府加速发展个体私营经济，实施"5 个结合"（把发展个体私营经济与农村脱贫致富相结合；与小城镇建设相结合；与国有、集体企业转制相结合；与安置下岗职工再就业相结合；与取缔无照经营相结合）措施。鼓励、引导、支持下岗职工兴办经济实体。全县个体工商户 12560 户（新发展 1121 户），从业人员 15178 人（新增 1211 人），注册资金 4392 万元（注册资金 720 万元）。私营企业发展到 231 户（新发展 100 户），投资者 462 人（新增 149 人），雇工 2151 人（新增 790 人），注册资金 6449 万元（新增 3490 万元）。全年收取管理费 65 万元，个体私营企业实现总产值 5430 万元，社会消费品零售额 13512 万元。1999 年，有私营企业 82 户，投资者 291 人，雇佣工人 1757 人，注册资金 7077 万元。有个体工商户 9881 户，从业人员 12017 人，注册资金 4094 万元。全年个体私营企业实现总产值 9593 万元，社会消费品零售额 20923 万元。2000 年，由于统计口径的调整和工商部门清理历年来的"死户""死档"、市场秩序整顿和规范、市场竞争中自然淘汰等因素，个体工商户发展大规模降低。全年新发展个体工商户 1013 户、私营企业 31 户，个体工商户和从业人员同比上年分别下降 46.14%、42.45%。2001 年，全县个体私营经济发展呈现三大特点：发展减缓、经营规模扩大、社会效益增强。有个体工商户 6254 户（新发展个体工商户 1138 户），私营企业 127 户（新发展 40 户），新增注册资本 6383.00 万元，新增从业人员 2039 人，吸纳安置下岗职工就业 616 人。2002 年，政府出台支持和引导非公有制经济发展的政策及配套措施，国家实施下岗职工小额贷款扶持政策，增加下岗职工自谋职业的能力。市场经济秩序的整治，经营环境得到明显改善。再加上外出打工人员积累一定资金返乡从事个体经营，从事个体工商户逐步增多，个体工商户、私营企业比上年分别增加 740 户、24 户。2003 年，贯彻执行重庆市委、政府《关于进一步加快民营经济发展的决定》，采取“九放宽、二减轻、一优先、一保护”措施（放宽经营主体、方式、范围、名称限制、准入条件、户口管理限制、所有制比例限制、土地管理、计划管理，减轻税、费。优先提供贷款支持，保护私营个体经济合法权益），全县个体工商户发展到 7382 户，从业人员 9587 人。私营企业 211 户，投资者 784 人。实现社会消费品零售总额 36005 万元。2004 年,《中华人民共和国个人独资企业法》及《中华人民共和国合伙企业法》颁布实施，有更多的人开办独资企业或合伙企业。到年底，有私营企业 257 户（有限责任公司 163 户、合伙企业 10 户、个人独资企业 84 户），注册资金（本）42120 万元，从业人员 6449 人。有个体工商户 8518 户，从业人员 11667 人，注册资金 9374 万元。

2005 年，个体工商户 6886 户，从业人员 9942 人，注册资金 12605 万元。私营企业总户数 303 户，投资者 1121 人，从业人员 7566 人，注册资金 44912 万元。实现个体私营经济总产值 23603 万元、商品零售总额 45084 万元。

1986—2005 年彭水自治县个体私营企业发展基本情况一览表

表 23-5

年度	个体工商户			私营企业			
	总户数（户）	从业人员（人）	注册资金（万元）	总户数（户）	投资人数（人）	雇工人数（人）	注册资金（万元）
1986 年	2945	4342	261.94	—	—	—	—
1987 年	3087	4765	290.41	—	—	—	—
1988 年	3653	5740	401.63	—	—	—	—
1989 年	2531	3605	430.00	10	171	—	57.00
1990 年	3323	4802	578.57	—	—	—	—
1991 年	4624	6147	681.29	11	16	185	110.20
1992 年	5680	7356	1123.40	13	44	253	172.34
1993 年	7696	9515	1579.35	73	197	743	1475.87
1994 年	7891	10706	2115.00	94	239	1074	1909.00
1995 年	10116	12162	2944.00	112	269	1223	2287.00
1996 年	11126	13206	3538.00	123	301	1307	2615.00
1997 年	11953	14073	4183.00	131	318	1365	2845.00
1998 年	12560	15178	4392.00	231	462	2151	6449.00
1999 年	9881	12017	4094.00	82	291	1757	7077.00
2000 年	5322	6916	2699.00	99	562	1836	13013.00
2001 年	6254	8176	3926.00	127	692	2834	19273.00
2002 年	6994	9091	5056.00	151	567	3187	25991.00
2003 年	7382	9587	6956.00	211	784	4910	35042.00
2004 年	8518	11667	9374.00	257	949	6449	42120.00
2005 年	6886	9942	12605.00	303	1121	7566	44912.00

1986—2005年彭水自治县个体经营总产值、总经销情况一览表

表23-6

年度	总产值（万元）	营业收入（万元）	商品零售额（万元）	税收（万元）	管理费（万元）
1986年	432.00	2411.00	2200.00	—	5.07
1987年	401.00	2247.00	1975.00	84.60	5.96
1988年	570.00	2203.00	1923.00	—	6.88
1989年	520.00	1507.00	1468.00	390.00	12.40
1990年	631.00	1993.00	1745.00	378.00	13.74
1991年	941.00	2106.00	1784.00	394.00	21.42
1992年	1357.00	2830.00	2557.00	390.00	25.15
1993年	2852.00	7095.00	6563.00	534.00	28.87
1994年	3060.00	8198.00	7534.00	428.00	29.82
1995年	2687.00	9189.00	7440.00	628.00	54.58
1996年	2360.00	14344.00	11445.00	1300.00	86.58
1997年	2630.00	15124.00	12098.00	1500.00	91.00
1998年	5430.00	22837.00	13512.00	—	—
1999年	9593.00	35098.00	20923.00	—	—
2000年	12879.00	48190.00	22800.00	—	—
2001年	12562.00	44019.00	30311.00	—	—
2002年	13581.00	46417.00	33750.00	—	—
2003年	14836.00	50433.00	36005.00	—	—
2004年	23244.00	54644.00	33390.00	—	—
2005年	23603.00	64715.00	45084.00	—	—

二、个体私营经济管理

1986—1987年，县工商局每年都对上年登记发照的个体私营企业营业执照、法人执照进行验照和年检，验照率93%。

1988年，县工商局贯彻实施《城乡个体工商户管理暂行条例》，从10月1日起对城乡个体工商户进行换发营业执照。到年底，全县共换发新营业执照1030户，占应换执照数33%。1990年3月，开展对个体工商户验照贴花工作，到4月底验照贴花2295户，验照率86.5%。至6月底，彻底清理检查2次，检查有照户1492户，无照经营户39户，违章违法经营户191户（短尺少称74件、掺杂使假34件、出售不卫生食品39件、出售伪劣失效药品6件、私刻图章2件、其他违章违法经营活动36件），立案查处78件，罚款1900元。收取个管费55024.37元。1991年，各区采取集中力量、时间、突击作战办法，3月底结束验照工作，验照3036户，验照率90%。取缔无照经营户116户，补交管理费2.7万余元。1992年，根据黔江地区工商局颁发《1992年度个体私营经济管理工作目标及考评办法》通知，县工商局主抓个体私营经济引导教育、档案建立、监督管理工作。到7月底换照1752户，换照率97.33%。办理个体私营运输业营业执照125户（机动车99辆、船26艘），占应办照户数35%。全县应验照贴花3180户，实际验照2883户。全年收取个体管理费251532元，取缔无照经营户105户，罚款3728.50元。1993年，收取个体管理费25.32万元。对个体工商户验照贴花4157户，验照率93%。监督检查2次，检查6134户，查处违法经营659户，取缔无照经营153户，罚款2658元。1994年，采取以监督管理促发展，实施早布置、早落实、早完成措施。3月中旬结束验照工作，个体户验照6586户，验照率93.4%。县工商局于5月4日至6月13日，9月25日至10月16日，2次集中时间，

由工商局监督小组到各工商所辖区内对个体工商户、私营企业进行监督检查，共检查个体工商户 2416 户、私营企业 58 户，发现违章违法经营户 254 户（无照经营 186 户、超照经营 43 户、转照经营 3 户、涂改营业执照 5 户、其他 17 户），检查中现场办理执照 315 户。到 9 月底共收个体管理费 19.3 万元。1995 年，对 1994 年 12 月 31 日前领取个体私营营业执照、临时营业执照、企业法人执照 8340 户分别进行验照贴花，个体工商户验照率 93.1%。督促办照 134 户，换照 361 户，清理无照经营 153 户，违法违章经营 69 户，罚款 705 元。收取个管费 3.80 万元。1996 年，对个体工商户进行验照 8021 户，验照率 79.3%。对 1992 年前个体工商户长期营业执照，进行换照，共换 2863 户，换照率 92.3%。4 月，会同县文化、公安、城建等执法部门对文化市场（87 个娱乐场所）进行清理整顿，对问题严重者停业整顿和罚款，证照不齐限期补办。全年对个体私营企业换照、验照和经营共检查 18 次，纠正无照经营 56 户。1997 年，对个体工商户进行验照贴花 5369 户，查出自动停歇业个体工商户 1235 户、私营企业 43 户、未验照个体工商户 156 户、未登记开业 84 户、督促办理营业执照 82 户，交个管费 5860 元。

1998 年，支持个体私营参与企业改制和再就业工程，个体私营企业以购买、租赁、兼并、参股等形式参与企业产权改制，安置再就业人员 912 人。7 月 1 日至 9 月 30 日，对全县无照经营 3 个月以上个体经营户进行清理整顿，共检查个体工商户 3586 户，无照经营 524 户，办理变更登记 15 户，补交个管费 6320 元。2000 年，改革对个体工商户、私营企业的监管方式，实现无照经营率控制在 5% 以内，坐商亮照经营率 100%。配合县文化局、公安局对特殊行业进行整顿，清理娱乐场所 228 家、取缔 11 家。整顿烟花爆竹市场经营户 132 家，取缔 29 家，整改 37 家。个体工商户验（换）照 4508 户，验（换）照率 95%。歇业 775 户，歇业率 16.3%。

2001—2003 年，个体工商户、私营企业验照率均达到重庆市工商局要求。2004 年，查获无证无照食品生产经营 160 户、农资 7 户、汽车 6 户，取缔无照网吧 6 户。

2005 年，发挥管理职能，扶持个体私营经济发展，放宽市场准入，试行企业主体资格与经营资格分离的登记制度，解决企业筹建、申办、审批许可等方面的困难。推行个体工商户分层分类登记管理制度，按照属地管辖原则对个体工商户进行登记、验照。全年办理个体工商户验照 5678 户、验照率 82%，吊销未检私营企业、个体工商户营业执照分别为 88 户、3925 户，取缔无照无证生产经营 42 户、假照经营 10 户。

1986—1997 年彭水自治县个体私营经济验照、年检、换照情况一览表

表 23-7　　单位：户

年度	个体应验照数	实验照户数	私企应年检数	实年检户数	个体应换照户数	个体实换照户数
1986 年	3231	1948	—	—	—	—
1987 年	3945	2483	—	—	—	—
1998 年	3087	2125	—	—	2586	1987
1989 年	3653	3125	10	10	—	—
1990 年	2531	2295	10	10	—	—
1991 年	3373	3060	11	11	—	—
1992 年	3180	2883	13	13	1800	1752
1993 年	4469	4157	12	12	—	—
1994 年	7051	6586	73	58	—	—
1995 年	8458	8340	94	94	—	361
1996 年	10116	8021	112	112	2509	2863
1997 年	11121	5369	124	124	—	—

1986—1997 年彭水自治县个体私营经济检查情况一览表

表 23-8

年度	检查次数（次）	检查户数（户）	查处案件（件）	罚款金额（万元）	销毁伪劣商品价值总额（万元）
1986 年	4	3467	86	0.05	7.56
1987 年	3	2001	745	0.31	8.20
1988 年	4	1380	169	0.12	5.25
1989 年	3	2047	332	0.59	9.50
1990 年	4	10800	1119	0.88	8.95
1991 年	5	12000	507	0.30	9.56
1992 年	6	6354	504	0.37	15.44
1993 年	2	6134	659	0.26	11.24
1994 年	2	2416	256	0.34	11.23
1995 年	3	11528	268	0.70	12.00
1996 年	18	12364	325	0.81	15.62
1997 年	4	6824	201	0.36	14.78

第五节　经济合同、商标、广告管理

一、合同管理

对经济合同管理，主要根据《中华人民共和国经济合同法》、国家工商局《关于经济合同签订的暂行规定》和《四川省工商局经济合同签证试行办法》的规定，对双方当事人申请鉴证的合同进行鉴证，对鉴证的经济合同履行情况进行监督检查，减少合同纠纷。

1986 年，立案 18 件，争议金额 35.30 万元。其中，调解 17 件，撤诉 1 件。查处违法合同 1 件，缴收违法金额 13.75 万元，罚款 0.70 万元。至 1997 年，全县共鉴证各类经济合同 433827 万份，合同金额 39497.83 万元。其中，农商合同 430645 万份，合同金额 29198.76 万元，分别占鉴证总数的 99.27%、73.92%。

1998 年，鉴证各类经济合同 16783 份，受理动产抵押物登记 11 份。查处违法合同 3 件，违法金额 15 万元。开展 1997 年度“重合同，守信用”企业评选活动，市级、地区级命名分别为 6 户、3 户。

1999—2002 年，鉴证各类经济合同 15695 份，经济合同金额 12099 万元。主债权 6555.55 万元，受理动产抵押物登记 19 份，抵押物价值 11853.55 万元。调解合同纠纷 16 件，争议金额 33.80 万元，调解率 100%。完成 2002 年度市级“重合同、守信用”企业初审 7 户、县级命名 6 户。

2003 年，检查各类经济合同 405 份，金额 2586 万元。办理动产抵押登记 3 份，主债权 2900 万元。检查拍卖企业 4 次。完成“重合同、守信用”企业复查工作，县级认定命名 6 户，上报市局认定命名 7 户。查处利用合同违法案件 3 件，罚款 0.60 万元，为合同当事人挽回经济损失 6.60 万元。

2005 年，检查各类经济合同 170 份，其中工业品买卖 80 份、农副产品买卖 30 份、建设工程 15 份、货运 13 份、借款 32 份，合同金额分别为 3500 万元、60 万元、38000 万元、52 万元、1320 万元，合计 42932.00 万元。办理动产抵押登记 3 份，抵押物价值 1027.00 万元。

1986—2005 年彭水自治县工商局经济合同监督检查情况一览表

表 23-9

年度	各类合同鉴证		监督检查		评选“重合同、守信用”企业（次）			
	合同份数（份）	合同金额（万元）	合同份数（份）	合同金额（万元）	合计	省级	地级	县级
1986 年	6514	2433.70	9948	2944.63	—	—	—	—
1987 年	10796	1142.40	19699	1882.55	5	—	—	5
1988 年	47798	2866.77	47809	2366.77	12	—	—	12
1989 年	8117	598.31	8845	2013.15	11	—	—	11
1990 年	59010	1671.28	51750	8644.60	14	—	—	14
1991 年	40312	832.92	40312	832.92	16	—	2	14
1992 年	30823	4913.62	53323	5316.32	13	—	2	11
1993 年	46629	5203.00	63451	7073.23	19	2	5	12
1994 年	57818	5034.46	71619	23790.46	28	2	7	19
1995 年	58606	6883.23	74776	9343.00	36	3	6	27
1996 年	58226	6457.33	59912	32943.82	40	3	8	29
1997 年	9178	1640.80	9190	1866.56	15	2	10	3
1998 年	16783	3102.00	20685	3568.00	13	6	3	4
1999 年	13578	2992.00	20353	8902.00	12	6	3	3
2000 年	1789	2469.00	—	—	9	6	3	—
2001 年	206	3590.00	317	6648.00	9	6	3	—
2002 年	122	3048.00	—	—	13	7	—	6
2003 年	—	—	405	2586.00	13	7	—	6
2004 年	—	—	—	—	—	—	—	—
2005 年	—	—	170	42932.00	—	—	—	—

1986—1995 年彭水自治县工商局经济合同仲裁查处案件情况一览表

表 23-10

年度	经济合同纠纷调解仲裁						挽回经济损失（万元）	违法合同查处		
	立案		结案							
	件数（件）	争议金额（万元）	调解 #（件）	仲裁 #（件）	无效 #（件）	撤诉 #（件）		件数（件）	违法金额（万元）	罚款（万元）
1986 年	18	35.30	17	—	—	1	—	1	13.75	0.70
1987 年	6	28.45	6	—	—	—	20.00	—	—	—
1988 年	111	39.20	100	3	3	5	—	—	—	—
1989 年	14	40.80	11	3	—	—	8.90	4	10.90	2.35
1990 年	62	113.73	57	2	2	1	76.67	7	14.86	1.01
1991 年	598	65.85	596	1	1	—	388.96	3	9.00	0.03
1992 年	190	48.44	188	—	2	—	—	1	5.00	0.01
1993 年	127	77.46	124	—	—	3	—	—	—	—
1994 年	30	1.67	30	—	—	—	32.00	—	—	—
1995 年	—	—	—	—	—	—	645.80	—	—	

二、商标管理

1986 年，有效注册商标 12 件，申请注册商标 3 件，商标印制单位 5 个。查处假冒、侵权商标案 2 件，罚款 0.23 元。

1987—1997 年，有效注册商标 234 件，申请注册商标 32 件，每年有商标印制单位 5 个。根据《商标印制管理办法》，每年对 5 户商标印制单位进行审核、换证。

1998 年，验证率 100%。全县有效注册商标 16 件。新申请注册商标 5 件，查询商标 9 件。对 5 家指定印刷单位进行年检，年检率 100%。办结商标案件 2 件，罚款 400 元。1999 年，验证检查率 100%。办理商标查询 11 件，申请商标注册 3 件，全县有效注册商标 16 件，捣毁假冒商标生产窝点 1 个。2001 年，对全县注册的 47 件商标进行跟踪检查，使用有效注册商标 13 件（新注册 4 件），实际使用 12 件，未使用商标 1 件，走访未注册商标生产企业 8 家 21 次，受理商标注册申请查询 5 件、咨询服务 540 次。申请办理商标注册 2 件，批准 2 件。对有商标印制资格的 2 户企业检查 6 次。2002 年，开展 2 次商标专项检查活动，对注册商标专卖店进行清理整顿和资格认证。有效使用商标 14 件（新注册 1 件），实际使用 13 件。走访未注册商标生产企业 10 家，受理商标注册申请查询 15 件，申请办理商标注册 3 件。2003 年，依法对商标进行监督管理，严厉打击商标侵权行为。检查印制企业 7 次，实际使用注册商标 14 件。全年走访商标使用单位 73 户次，检查 618 户次，受理商标咨询服务 28 次，商标注册名称查询 42 次。申报注册商标 6 件，受理 6 件。查处商标侵权案 2 件，没收违法所得 12882.73 元，罚款 1.5 万元。2005 年，查处商标侵权案 4 件，案值 5.86 万元，收缴和销毁商标标志 5 件，没收侵权商品 3.615 吨。

1986—2005 年彭水自治县商标注册、处罚情况一览表

表 23-11

年度	有效注册商标数（件）	当年申请注册商标数（件）	办理注册商标查询数（人次）	查处商标侵权案件（件）	处罚金额（万元）	有商标印制单位（个）	新核准注册商标（件）	提供咨询服务（人次）
1986 年	12	3	—	2	0.23	5		—
1987 年	15	1	—	—	—	5	—	—
1988 年	15	5	—	—	—	5	—	—
1989 年	20	2	—	4	0.04	5	—	—
1990 年	21	1	—	2	0.04	5	—	—
1991 年	21	5	—	1	0.10	5	—	—
1992 年	25	5	—	—	—	5	—	—
1993 年	25	8	—	—	—	5	—	—
1994 年	25	2	—	—	—	5	—	—
1995 年	26	1	—	—	—	5	—	—
1996 年	26	1	—	1	17.5	5	—	—
1997 年	15	1	—	—	—	5	—	—
1998 年	16	5	9	2	0.04	5	—	—
1999 年	16	3	11	2	—	3	—	—
2000 年	19	2	4	—	—	3	3	—
2001 年	13	4	5	—	—	3	4	540
2002 年	13	—	15	—	—	3	—	38
2003 年	14	6	42	2	1.5	3	—	28
2004 年	—	—	—	—	—	—	—	—
2005 年	—	—	—	4	—	—	—	—

1986—1997 年彭水自治县指定印刷商标单位登记情况一览表

表 23-12

指定印刷商标单位	经济性质	法定代表人	证书号
彭水自治县轻工印刷厂	集体	支绍鲁	黔江商印字 007
彭水自治县装潢印刷厂	集体	李佛章	黔江商印字 004
彭水自治县印刷厂	全民	张勇	黔江商印字 005
彭水自治县科技发展公司	集体	徐光会	黔江商印字 008
彭水自治县永信印务有限责任公司	私营	庄旭东	黔江商印字 015

三、广告管理

1986 年，全县有广告兼营单位 4 户，兼营人员 70 人，广告兼营额 3.5 万元。

1988 年，有广告兼营单位 5 个，兼营人员 73 人。设置户外广告张贴栏 14 个，禁止张贴虚假违法广告，对户外广告定期检查 88 次。1989 年，有广告兼营单位 6 个，兼营人员 61 人。户外广告张贴栏增加到 19 个，归栏合格广告 392 张，销毁和清理不合格广告 59 张。1990 年，有广告兼营单位 3 个，兼营人员 61 人。户外广告张贴栏增加到 50 个，张贴面积约 354.28 平方米，归栏合格广告 7593 张，对发布迷信“神医”违法广告清理和罚款 0.02 万元。

1991—1993 年，户外广告张贴点 55 个，面积 538 平方米。坚持每月对户外广告检查 1 次，查处虚假违法广告 8 件，罚款 0.036 万元。

1994 年，对户外广告检查 117 次，广告归栏率 95.3%。1995—1997 年，设置户外广告栏 8 处，各区镇场镇设置 1 ~ 2 个，每月定期检查户外广告，合格归栏率 95.5%。

1998 年，设立广告张贴区 13 处，灯箱广告 50 个，霓虹灯广告 120 处。对户外广告定期检查 81 次，合格归栏 3923 张，取消乱张乱贴广告 567 张，清理不规则灯箱、路牌广告 96 处。查处虚假违法广告案 4 件，罚款 700 元。1999 年，全县有广告经营单位 3 户，从业人员 21 人。查处违法广告 4 件，其中立案查处 2 件，按简易程序办案 2 件，罚款 1000 元。2000 年，对从事广告经营户的 3 家进行全面验证，责令拆除、停发广告 32 件，查处虚假广告 1 件，罚款 400 元。2001 年，用广告法律法规对广告市场反应的热点问题进行规范，对广告经营单位各类媒介广告设计、制作、发布建立审批、登记制度。全年广告登记 178 件，核准发布 146 件。新增高档灯饰广告 26 个，更新招牌广告 82 个，修复和清洗户外广告 118 个。户外广告检查 11 次，参检人数 132 人次，清理不规范广告 47 件，责令拆除、停发广告 21 件，立案查处虚假广告 2 件，罚款 520 元。2002 年，对全县 3 户广告经营单位进行年检。广告临时经营登记 53 户，受理广告发布申请 108 件，核准发布 96 件，广告检查 121 人次，新增高档灯饰广告 38 个，更新招牌广告 47 个，清理不规范广告 61 件，责令拆除户外广告 32 件，立案查处违法广告 1 件，罚款 200 元，没收违法印刷品广告 6800 份和虚假广告 11000 份。2003 年，根据县工商局、市政管理办公室、交通局联合发布《关于规范彭水自治县广告市场的通知》精神，治理城市空间“脏、乱、差”现象。对广告经营单位走访 73 户次，检查 618 户次，清理不规范广告 68 件，责令拆除户外广告 42 个，修复和清理户外广告 136 件，户外广告完好率 95%。受理广告登记 176 件，核准发布 168 件。发放“广告临时经营许可证”12 户。查处非法广告案 26 件，没收违法所得 1.3 万元，没收印刷品广告 4800 余份，罚款 1.50 万元。2004 年，登记广告 131 件，核准发布 128 件。新增高档灯饰广告 38 个，更新招牌广告 82 个。清缴政治性非法出版物 7 本。清理不规范广告 75 件，责令拆除户外广告 91 个。对从事医疗服务单位和个体诊所 46 家、药品批零企业和个体工商户 78 家进行检查，撤销不规范医疗药品户外广告 102 则。处理违法广告 6 件，罚款 3.4 万元，没收违法印刷品广告 5200 余份。

2005 年，有广告兼营单位 3 户，兼营从业人员 23 人，广告营业额 22.10 万元。有广告公司 3 家，注册资金 70 万元。查处违法违章广告案件 4 件，罚款 0.20 万元。

1986—1997 年彭水自治县广告兼营单位登记情况一览表

表 23-13

单位名称	经济性质	法定代表人	广告经营许可证号
彭水报编辑部	全民	汪家生	黔地工商广 014
彭水自治县印刷厂	全民	张勇	黔地工商广 013
彭水自治县广播电视局	全民	何光清	黔地工商广 010

1986—2005 年彭水自治县工商局广告经营管理基本情况一览表

表 23-14

年度	经营单位（户）	从业人员（人）	广告营业款（万元）	广告公司		违法广告数（件）	罚款金额（万元）
				户数（户）	注册资本（万元）		
1986 年	4	70	3.50	—	—	—	—
1987 年	5	73	4.05	—	—	—	—
1988 年	5	73	4.72	—	—	—	—
1989 年	6	61	5.01	—	—	1	0.02
1990 年	3	61	5.60	—	—	1	0.02
1991 年	3	81	1.40	—	—	8	0.036
1992 年	3	81	1.50	—	—	—	—
1993 年	3	40	1.57	—	—	—	—
1994 年	3	40	14.22	—	—	5	0.03
1995 年	3	34	12.05	—	—	—	—
1996 年	3	34	10.35	—	—	6	0.02
1997 年	3	75	11.50	—	—	—	—
1998 年	4	28	7.92	—	—	4	0.07
1999 年	3	21	19.97	—	—	4	0.10
2000 年	3	21	36.30	—	—	1	0.04
2001 年	3	21	16.10	—	—	2	0.052
2002 年	3	—	—	—	—	1	0.02
2003 年	4	34	32.60	1	—	26	1.50
2004 年	8	50	55.70	4	70	6	3.40
2005 年	3	23	22.10	3	70	4	0.02

第六节　消费者权益保护

1997 年，在“3·15”消费者权益日期间，县工商局会同技监、烟草等部门联合举办“假冒伪劣”商品展示活动，销毁总价值 80.5 万元的“假冒伪劣”商品，接待咨询群众 2.4 万人，处理投诉案件 20 件。截至 6 月底，共受理消费者投诉案 63 件，调解率 100%，挽回经济损失 6.71 万元。

1998 年，在“3·15”期间，开展打假治劣、打击走私贩私活动，检查生产经营者 10112 户次。

全年共受理消费者投诉案 105 件，依法调解 105 件，为消费者挽回经济损失 9.20 万元。1999 年，受理消费者投诉案 41 件，调解 41 件。2001 年，开展“打假护农”“打假保春耕”“打假促消费”的专项治理活动。实施对食品、化妆品、装饰材料对比实验，教授消费者怎样识别商品真假、受伤害如何投诉、向谁投诉等常识。全年接待消费者咨询服务 2436 人次，受理消费者投诉 150 件，调查、调解处理 149 件。转重庆市消费者协会调查处理 1 件，建议消费者向法院起诉的 2 件，调解率 99.33%，为消费者挽回经济损失 8.60 万元。2002 年，建立“12315”消费者申诉举报中心，购置“12315”信息网络设备。受理消费者申诉举报 150 件，组织行政调解 149 件，立案查处 18 件、案值 51.99 万元，为消费者挽回经济损失 130.80 万元。2003 年，县工商局通过“12315”消费者投诉中心，接待咨询服务 498 人次。受理、调解各种消费纠纷 235 件，调解率 100%。受理申（投）诉案件 36 件，依法查处侵害消费者权益案件 16 件，罚款 13.00 万元，消费者获得赔偿 3.60 万元。2004 年，调查处理消费者申诉、举报案件 15 件，立案处理 12 件，罚款 12.28 万元，没收违法所得 1.80 万元。在“3·15 活动”期间，成功举办以“城信彭水、诚信工商”为主题的万人签名仪式。

2005 年，县工商局、经委、计委、质监、药监、卫生、农业、烟草专卖局等 17 个行政执法部门，3 月 15 日在县城开展以“健康维权”年为主题的“3·15”国际消费者权益日纪念活动，设置“共产党员宣传咨询服务台”，现场受理、解决投诉案 13 起，接受咨询 5320 人次，依法查处侵害消费者权益案 3 件，现场销毁各类假冒伪劣食品、假烟、假酒、假劣药品和不合格取暖电烤箱，货值 2 万余元。从 3 月 17 日至 4 月 14 日，利用赶场期，分赴郁山、保家、桑柘、鹿角、高谷等场镇，开展“健康维权”年为主题和如何识别真假农资以及食品安全消费等方面知识宣传，现场受理、解决投诉案 8 起。全年受理消费者投诉 43 件，调解 43 件，为消费者挽回经济损失 1.33 万元，消费者获赔款 0.20 万元。

1997—2005 年彭水自治县工商局查处侵害消费者权益案件情况一览表

表 23-15

年度	案件总数（件）	其中		案件总值（万元）	挽回经济损失（万元）	赔偿消费者（万元）	罚没款（万元）	起诉案件（件）	接待咨询（人次）
		立案查处（件）	简易查处（件）						
1997 年	63	63	—	—	6.71	—	—	—	24000
1998 年	105	—	105	0.38	9.20	—	—	—	—
1999 年	41	—	41	0.85	—	—	—	—	—
2000 年	115	8	107	0.74	8.45	—	3.76	—	250
2001 年	150	1	149	2.25	8.60	1.10	—	2	2436
2002 年	150	18	132	51.99	130.80	—	—	—	—
2003 年	36	16	20	10.00	7.30	3.60	13.00	—	498
2004 年	15	12	3	—	—	—	12.28	—	—
2005 年	43	—	43	—	1.33	0.2	—	—	5320

第三章 统 计

第一节 管理机构

1953年6月，成立彭水县人民政府统计科。1954年7月，改称彭水县人民政府计划统计科。1955年10月，更名彭水县人民委员会计划统计科。1957年10月撤销，统计业务纳入县计划委员会。1962年5月，恢复彭水县人民委员会计划统计科，同年10月升格为彭水县统计局。1968年11月，彭水县统计局并入县革命委员会下设的生产指挥组计划组。1973年10月，恢复彭水县统计局。1984年11月，称彭水自治县统计局（简称县统计局）。1986年2月，县统计局内设秘书股、综合股、基建股、物资股、农财股。1998年，将基建股、物资股合并为工交投资股。2001年8月，县级党政机构改革，仍保留县统计局。局机关编制14人，其中行政编制11人、事业编制3人，局长1人，副局长2人。设综合科、国民经济统计科、政策法规科。2002年，建立乡镇统计站3个，专兼职统计人员124人，机关、企事业单位统计人员152人。2004年9月，县统计局设下属社会经济调查队，事业编制7人。同年，引进大学本科生3人、西部自愿者4人。2005年，县统计局编制18人，其中行政10人、事业7人、工勤1人。

第二节 专业统计

1986年，统计包括“综合篇”“产业篇”“乡镇篇”，“产业篇”分为“农业”“工业、建筑业”“交通运输邮电业”“贸易、餐饮业”“教育、文化、广电、卫生、体育”。随着社会发展，改革开放不断深入，至2000年，增加“地区篇”，部分内容作出细化和调整，特别增加“固定资产投资”中“房地产开发”，“农业”中“外出务工人员数”，“工业”中“与邻近区县工业经济比较”。

一、农业农经统计

1986年，全县农经统计主要统计农村基本情况，即户数、人口、劳动力、职业、村组、交通用电等；农业生产条件及气象，即农田水利、化肥农药薄膜使用、农业机械运输工具、农村电站装机发电量、气温、降雨量、日照、无霜期等；农林牧渔总产值，即农林牧渔分类分品种总产值、商品率等；主要农作物播种面积和产量，即粮食、油料、麻类、粮类、烟叶、蔬菜作物播种面积和产量；主要畜禽产品产量，即肉类、奶类、水产品、养殖、蚕果茶等产量；林牧渔业生产情况，即林业育苗、造林等面积；商品基地建设情况，即烤烟、苎麻、黄麻、茶叶、蚕茧、水果、生猪、黄牛、蔬菜食用植物油料产量等；农村家庭基本住房和收入情况，即住户人口、劳力、负担人口、每人占有生产用耕地及固定资产原值、机械、用房等；农村居民家庭平均每人总收入和纯收入，即农村家庭全年总收入、总支出、农民人均纯收入等。是年，全县建立起太原、小厂、清平等8个调查点。在全县8个区建立农产品产量历史台账。统计人员集中时间、统一编报，数据不准确不出门。到1990年，全县8个区及90%的乡都建立农业统计台账。统计内容包括基层组织、耕地面积、产量、畜牧、茶桑果5个部分。农村住户调查统计台账建立到调查点。全年整理农业资料940笔，编入《统计资料手册》。

1993年，统计调查307户农户小春预产。农经统计台账分为“基本情况”“耕地面积”“茶桑果”“畜牧”“经济收入”“粮食播种面积和产量”6个部分。新建调查点10个，新增记账100户。

2000年，增加对外出务工人数的统计（分市内市外），强化从业人口、农机总动力等数据的统计。总户数总人口、农村家庭总收入、农民人均纯收入纳入综合统计中。2001年，监测农村贫困户，做到数据准确，报表、磁盘、账表相符，有案可查。2002年，建立蔬菜基地信息调查网络。各乡、涉农部门、蔬菜生产基地定期向县统计局提供点面数据，进行科学推算。2004年，对各项指标进行说明、重要数据进行评估，写出农业总产值、农业增加值、耕地面积、粮食总产量、大春产量评估报告。专项调查“三无”撂荒、“小春生产”“畜牧业发展”。

2005年，调查乡村公路管理、生猪生产、小春产量、基层统计数据质量、烤烟生产专题、全年农村经济情况等，并向上级报送总产值、农业增加值、粮食总产量、畜牧生产量、耕地面积、小春粮食产量、大春粮食产量评估报告。

二、工业统计

1986年，主要统计全部工业企业单位数、总产值，即乡镇街道及以上工业（国有经济、中央企业、地方企业）、县属企业（集体经济、私营经济、联营经济、股份制经济）、轻工业（农产品为原料的、非农业产品为原料的）、重工业（采掘工业、原料工业、加工工业）单位数；主要工业产品产量，即轻工产品（肥皂、卷烟、酒、原盐、胶鞋、服装、农具等）、材料产品（发电、烧碱、水泥、木材）产量；国有独立核算工业企业主要财务指标，即企业个数、工业总产值、资本金、资产、固定资产（原值、净值）、产品销售（收入、费用、税金及附加、利润）、利润总额、利税总额、从业人员、工业产品销售率、固定资产净值率、人均总产值、人均实现利税、人均固定资产原值等；乡镇企业主要经济指标，即企业个数、从业人员数、总产值、工业总产值、乡镇企业总产值、营业收入；建筑施工企业单位、人数及主要经济指标等。

1987年，工业统计实行微机汇总，特别对容易出现差错的乡镇企业更加细微。1988年，反复审核乡镇企业原始记录、工业净产值等数据的计算，为县内工业生产提供数据资料150笔。整理1949年到1988年的工业总产值及工业产品产量的历史资料指标123个。1989年，开展全县钢材普查。1993年，统计调查县纸厂、水泥厂、郁江煤矿等耗电大户9个，形成关于电力供应对企业影响的统计分析报告。1992年，新增物资能源、工业经济效益统计项目。1993年，开发利用微机统计数据，全县各个企业逐个编码录入，建立1套融总产值（现价、不变价）、销售产值（现价、不变价）一体的工业产品月报多功能台账模式。各企业建立统计岗位责任制，保证统计台账的统一、规范。1994年，围绕工业生产资料的产供销及生产消耗情况统计数据。1995年，统计调查县水泥厂、县橡胶厂数据。县橡胶厂当年7月实现利润3.1万元、扭亏为盈的关键是减少物耗、降低成本。1999年，建立工业产值、产品产量、产品销售和库存季度台账，整理1949—1999年工业专业历史统计资料。

2000年，统计项目增加邻近区县工业经济比较。2001年，检查县电力公司报表，纠正因计算错误的现价总产值。及时调整上报烟草公司和复烤厂利润。2004年，以能源统计调查为中心，完成国家常规能源统计报表，从计划经济时期单纯满足国家报表转变为统计为地方经济中心工作服务。针对燃材料能源价格上涨问题，重点调查县电力公司、金益烟草公司、天宏鞋业公司、植物油脂公司、县水泥厂和山牧食品公司等6家企业，形成关于能源价格上涨对企业造成的成本压力的调查材料。建立

"洁净能源基地"小水电站统计季报和统计年报调查制度。

三、商贸统计

1986年，主要统计贸易、餐饮业基本情况，即贸易、餐饮业网点及人员数（国有、集体、个体）、城乡集市个数；社会消费品零售总额贸易业购销额（社会消费品零售总额、商品购进总额、从生产者购进、农副产品购进、商品销售总额、对农民的农业生产物资批发）；主要社会消费品零售量（粮食、肉类、食糖、烟酒、服装、农用物资、家用电器、自行车、摩托车等）；城乡居民主要消费品消费和拥有情况；个体工商业基本情况（制造业、建筑业、交通运输业、餐饮业、社会服务业、修理业等户数、从业人数、注册资金数）。商贸统计按新统计制度编制，表中指标按新口径计算。至1992年，组织全县商业、粮食、医药、供销、劳动服务等部门统计人员，核实月报数据，对交叉经营的商品数据，相互提供审查，归口上报。各表由专业人员初录、过录、汇总，再交换检查，小组复查，主管局审查，进行微机汇总上报。

1994年，国有民营的个人承包方式，使统计汇总数据可靠性降低。县统计局调查桑柘区、保家区、郁山区供销系统，逐个解剖、核实上报数据，组织统计人员学习新统计方法，统计数据趋于合理。在县城，调查不同规模、不同经营方式21家个体户，按季节性变化，了解个体户经营情况，合理推算统计数据，全县消费品零售总额基本上符合居民收入的增加和物价上涨的幅度。1998年，财贸部门率先进行统计工作改革，建立中型企业、小型抽样调查单位、全部商业企业消费品零售总额台账。全面报送购、销、存统计报表。7月，整理1949—1998年50年商贸专业统计指标历史资料。

2000年，统计项目为社会消费品零售总额，限额以上批发零售贸易业、销售、库存总额，限额以上批发零售业企业财务状况，限额以上食宿和餐饮业企业经营状况，限额以上住宿和餐馆企业主要财务状况。结合工商注册登记，重新清理私营企业个数和个体商店、餐饮业、服务业个数数据。是年，完成卷烟消费调查、房屋调查、市场基本情况调查。2003年，调查全县私营经济发展情况及环境：彭水硬环境较好的36.4%、一般的45%、较差的18%。对彭水软实力较差的认同率63.6%，缺乏创新意识认同率59.1%。

2005年，利用商贸信息网络，调查消费品市场、石油液化气市场，作出评价和分析。

四、基本建设统计

1986年始，基本建设统计改以往"闭门造车"为"开放式"统计方法。县统计局搜集资料过程中，与计委、经委、城建、建行等部门配合，深入工程施工现场，与工程甲、乙双方管理人员核实工程进度，建立建筑队伍情况卡片。1988年，完善固定资产投资计划、施工项目进度台账，增设建筑队伍承包责任制推广情况台账、固定资产投资效果台账，建立建筑队伍基本情况卡片和竣工台账。是年，组织统计人员核实投资在百万元以上的郁山火电厂、重庆大理石有限公司、郁江煤矿、彭水麻袋厂等工程项目和数据。

1989—1990年，与相关部门配合，全面掌握工程施工项目计划、资金来源、工程质量、投资规模。利用工程项目验收、清理查对项目，实现建筑业统计工作规范化。县统计局向全县各部门提供数据6400多笔。1993年，重点监测固定资产投资项目管理、固定资产投资规模效果、工程进度等数据统计。有效管理在建项目的投资计划、建设规模、资金来源、财务拨款、开工时间及施工进度、承包方式、工程质量等情况。1994年6月，检查投资500万元以上在建项目，收集资料，整理数据。

1995—2000年，在统计台账基础上，检查红麻全杆造纸工程等在建工程资金到位情况、引资招商和投资情况。

2001—2005年，固定资产投资、第三产业和交通事业步入快车道，统计工作也相应跟进有序进行，把握投资发展趋势和住户资料，进行逻辑性、全面性评估。

五、劳动工资和社会统计

1986 年，劳动工资与社会专业主要统计职工人数与工资（年末职工总人数、工资总额，按企业、事业、行业职工人数、工资额），教育事业（中学、小学、专业学校、幼儿园所数、各类学校教职工人数、各类学校在校学生数），文化事业（艺术、图书馆、录像放映场、文化站等文化机构数、各类出版物种数、册数），广播电视事业（城乡广播站、电视差转台数，电视覆盖率、有线电视用户），卫生事业（国有、集体、个体医疗机构数、床位数、卫生防疫站、妇幼保健站数、卫生人员、卫生技术人员数），体育事业（体育设施、分体育种类运动员、裁判数），科学技术人员（中专、本科、研究生数，高中级教师、医师、护师、护士，工程师、会计师、统计师、经济师、农艺及初级技术人员数），城乡福利机构（福利院、幸福院，工作人员、床位，年末收养人员数）。

1989 年 12 月，劳动工资统计工作重点项目放在基层基础工作上。全面核实 110 个基层单位的 1 至 11 月份的统计数据，纠错 38 笔。1990 年，与相关部门协作联系，核对人员、工资数据。进行社会调查，写出调研文章。1993 年，劳动工资统计改为社会统计，新增社会发展基本统计年报和科技活动统计年报。是年，统计纸厂、烟厂、煤矿、供销等部门工资发放情况，发现供销系统 3 个区社 4 个月未发工资，县文化馆 12 个人只发 6 个人经费，县科委 19 个人只发 15 个人经费，教师工资欠发等等。同时，调查劳动力资源及外出劳力，反映出全县劳动力人口猛增，剩余劳力过多，给社会增加了压力。1994 年，劳动工资和社会统计实行超级微机汇总。调查 10 个村组对已婚育龄妇女，反映出 20 世纪不同年龄妇女的结婚生育观。对学校调查后，对彭水教育下滑情况写出的统计分析报告，被《四川统计信息》刊用。1996 年，完成 NPA（儿童眼生理的指标之一）达标情况统计资料，形成 1996 年彭水自治县执行马尼拉儿童中期目标达标情况报告。1998 年，编制改革开放 20 年统计数据，制成图表、说明等相关资料。1999 年，统计调查全县儿童生长、学习、生活环境现状，形成调查报告，获得市儿童监测试点工作调查二等奖。

2000 年，民政内容纳入社会统计，增加城镇最低生活保障户数、人数，城镇低保资金支出，农村定期救济户数、人数、资金数，内地登记结婚、离婚人数等。2001 年，开展科技统计 R & D 资源（即科技研究与试验发展）清查工作。组织全县 35 个企事业单位参加 R & D 资源调查范围的所有单位统计人员，将 28 个单位统计表收集完整，进行审核，属于清查范围的 16 个企事业（其中工业企业 1 个）调查表录入、汇总上报。2003 年，县统计局通过 1998—2003 年统计台账、基础数据统计分析：5 年时间里，国有企业职工下降 27%，事业单位职工增长 1.5%，机关职工下降 18%，非公有制职工增长 110%。2004 年，全县劳动力资源 32.61 万人，实际可供就业的劳动力 13.66 万人。劳动力转移成为趋势。

2005 年，专项统计调查农村中小学服务性收费和就业难等问题，向县人民政府呈交专题报告。

六、综合统计

1986 年，综合统计项目为行政区划，自然资源、气象、全县户数、人数（总户数、城镇户数，总人口分农业人口、非农业人口、城镇人口、乡村人口、人口出生率、死亡率、人口自然增长率，人口密度人 / 平方千米），社会劳动力资源及从业人员（全社会劳动力资源，第一、二、三产业及各行业从业人数），国内生产总值（国内生产总值，第一、二、三产业国内生产总值、产业比例），工农业生产总值（工农业总产值、工业总产值、农林牧渔业总产值），全社会固定资产投资（投资总额，按经济、管理渠道、构成、产业分为国有经济、集体经济、城乡私人、基本建设、更新改造、设备安装、房屋建筑、农林牧渔业、交通运输、邮电、卫生体育、社会福利等），城市基础建设及园林绿化

（住房、市政工程、消防设施、环卫机械设施、城市交通、城市自来水生产能力、园林绿化等），地方财政收支情况（总收入、地方预算内收入、总支出、地方预算内支出等），金融保险事业发展情况（金融保险机构个数、人数，银行存款余额、城乡居民储蓄额、银行贷款余额等），人民物质文化生活水平（城乡居民收入、每人每年生活消费等），扶持贫困情况（贫困乡、村、户、人数，贫困地区基本农田面积、经济林和桑果茶园面积、贫困户数、人数占当年农村总户数、总人口比重）。

1987年，在靛水乡建立第一个农村综合统计站，综合上报全乡统计数据。年报采取点面结合办法，集中统计人员、集中时间，统一编报，汇总数据反映农村基本形势。同年，开辟川黔湘鄂4省12县信息资源，实现统计信息交换。1988年，信息交换扩大到长寿、忠县等28县。是年，为16个单位提供数据2711笔，整理编制1981—1986年综合统计资料，提供《四川地县经济》彭水统计资料，整理历史台账、国民收入等缺口材料。1989年，与武陵山区贫困县实现信息交换，形成武陵山贫困县经济信息网络。1990年，完成“国民经济主要统计指标”“国民收入”“消费与积累”“社会总产值与国民收入”“国民生产总值”年报，整理1949—1978年、1978—1989年“社会总产值和国民收入”“消费与积累”“国民生产总值”等资料。按新口径整理出彭水1949—1989年40年社会发展目标。1992年，综合专业选定10个工业企业和商业系统为固定调查点，收集经济效益资料考查彭水经济走向。

1993—1994年，通过对数据的归纳、总结、分析，对外提供数据上千份（笔），全年发出统计快讯24期。其间，1994年，国家统计局对统计方法制度进行重大改革，推行基层统计报表制度按照国民经济主要行业划分的“7+1”基层一套表，“7+1”即“统计报表制度、地区统计、统计方法制度、统计调查、统计人员、综合统计、劳动工资+基层统计部门”。是年，彭水首次实行“7+1”一套表统计年报程序。

1995年，对照以前15年国民生产总值与第三产业资料，整理出一套国民生产总值资料。1997年，按条块结合收集整理统计资料，编制国民生产总值年报。1999年，结合专业数据形成彭水自治县1998年国内生产总值核算评估报告。

2000年，综合统计项目分为行政区划、自然资源、气象、国民经济和社会发展总量与速度指标，财政收入、财政支出，地区生产总值、人口与就业、固定资产投资、人民生活、城市建设与环保。收集完成邻近5县主要指标表、固定资产投资情况对照表。2002年，县统计局数据质量评估小组审核各类数据，并对各项数据加以说明，开展统计分析和调查研究，反映经济社会发展成果监测经济运行情况。编制《彭水自治县2002年主要公报指标表》《彭水自治县2002年国民经济和社会发展指标对照表》。2004年，根据彭水城镇化水平低（城镇化率12%）的特殊情况，县统计局从设计调查方案入手，专题调查城镇化水平。随着行政区划的调整，城镇化水平提高到20.09%。

第三节 统计调查

一、抽样调查

农村住户 1987年，配备专业农产品产量住户收支调查员1人、农产品产量调查记账员40人、住户调查代登员10人，农村住户抽查扩大到10个乡，户数增加到100户。小春预测时，农经调查员先后到鞍子、靛水、新场等地实地调查。向县百货公司、农资公司、人民银行、综贸公司通报农户购买力情况。1989年，抽样调查361户农户大小春粮食产量，以及100户农民家庭收支、吃、穿、用、住和工业品需求量。1993年，新抽点记账工作正式进行。

儿童情况 1987年，组织87人综合调查城郊乡大田村、岩东乡盖平村、龙射乡钟山村、三连乡

苏家村和钟鼓村、石柳乡马栏村、大河坝乡关滩村、鞍子乡大山村、龙洋乡凉水村的0至14岁儿童的身体发育、接受教育等情况，数据准确无误差。此次抽样调查获四川省儿童抽样调查一等奖。

人口变动情况和老年人口基本情况　1988年，调查高谷、鞍子、三连、上岩西等乡8个村组、295户、1253人，综合数据经四川省人口普查办公室验收，合格率100%。1994年，经四川省确定彭水自治县人口变动抽样调查。抽出4个乡、10个组、500余户，调查人口出生、死亡、妇女婚姻、生育等基本情况。1995年，抽样调查1%人口，重点调查人口和出生、死亡和登记对象。共抽查2216户，其中集体户2户，调查对象7676人，其中出生人口169人，出生率22.02‰；死亡人口54人，死亡率7.03‰。出生率比1993年、1994年分别高出4.44‰、2.02‰。在6个抽查乡中，出生率最高的2个乡出生率分别达到26.66‰和26.39‰。最低者为16.58‰。2003年4月，全县开展1%人口变动抽样调查。组织41个调查组，抽查12个乡（镇）、26个村（居）委会，总人口6178人，出生69人，死亡17人。2004年，完成1%人口抽样调查，1‰人口变化抽样调查。

二、重点典型调查

农经调查　1986—1988年，检查被调查户登记的数据是否与实际相符，记账归类是否得当，有无多记、少记和漏记。住户调查扩大到100户。1989—1990年，农经工作重点放在“准、实”上，调查农民文化生活和五倍子发展情况。

工业调查　1986年，开展定期不定期工业情况调查。1988年，进行工业调查的企业20个，形成调查报告20余篇。

商业调查　1986年，重点调查个体商业发展情况。1988年，重点调查高谷乡个体商业、饮食业。

城镇住户调查　2003年，完成首次城镇住户调查。调查150户摸底户中的50户，11月底调查登记结束，进入录入汇总。

三、统计分析和利用

1986—1992年，农业统计分析从以往进度分析为主转到研究农村经济发展及效益为主，从过去单纯纵向分析转到纵横联系综合分析。5年内，形成统计分析文章50余篇。工业统计分析以“六五”“七五”计划工业生产计划为重点，分析全县工业生产的现实及纵、横比较。商业经济统计分析由侧重进度转到研究效益专题分析，由重视对经济活动的数据分析转到经济发展预测分析，由单一本地区纵向分析转到与毗邻地区相互沟通的纵横联系的综合分析。针对县级和上级统计机构，研究商业市场，提供重要参考资料。

1993—2000年，县统计局写出统计分析报告272篇，其中综合分析114篇、专业分析110篇。部分被国家、省（市）、地采用和获奖。其间，1993年，出《彭水统计》52期，其中专题调查42篇，占80%。《社会集团消费这根弦不能松》被黔江地区《国合商业经济效益简况》转发。全年资料利用率65.4%。1994年，各种综合分析文章被四川省级刊物采用2篇，地级刊物采用3篇，县级刊物采用2篇，县委、县人民政府转发8篇。《依靠企业进步，强化企业管理》被四川省《工业评价考核动态》转发，《中小学生失学严重，教育事业坠入低谷》被四川省《统计信息》转发。1996年，《对彭水乡镇企业发展状况的调查和思考》被国家级刊物《中国城镇社会论文摘要》转发，并收入《中国跨世纪战略文献》丛书和《世纪之交的思索——当代中国领导干部文集（续集）》丛书。

2001—2005年，统计分析工作按“快、精、准”要求由以前被动服务转向主动服务，由单向服务转向全方位服务，由粗放服务转向精品服务。突出信息时效性，通过《信息专报》《彭水统计》《统计分析》等向市县各级报送统计分析资料。撰写统计分析和调查报告67篇，被县级采用40篇、市级采用12篇。向社会各界提供统计信息服务1000余人次。

第四节　统计普查

一、人口普查

1990 年，全国第四次人口普查。1989 年 9 月，建立县第四次人口普查领导小组。至 1990 年上半年，相继建立区、乡（镇）、村（居委）各级普查机构 714 个，各级办公室人员 3750 人，培训质量控制员 215 人、普查指导员 3070 人。此届人口普查的标准时间为 1990 年 7 月 1 日零时。本次人口普查的主要数据：总人口数、男女性别人口数，出生人口数，死亡人口数，迁入、迁出人口数，各民族人口数等。四川省人口办公室、公安厅和黔江地区先后对彭水人口普查情况进行 2 次检查验收。人头、项目正确率均为 100%，获四川省人口普查领导小组、四川省公安厅授予“人口普查先进集体”“户口整顿先进集体”，获得锦旗和奖金。

2000 年，全国第五次人口普查。2000 年上半年，成立第五次人口普查领导小组，组建各级人口普查机构，培训普查指导员和调查员 3000 人。此次人口普查标准时间为 2000 年 11 月 1 日零时。普查主要数据：总人口、家庭户人口、性别构成、年龄构成、民族构成、各种受教育人口、城镇人口等。11 月 22 日登记结束，23 日全县抽调业务骨干 54 人，分成 9 个组，对全县 8 区 1 镇进行登记质量检查验收。在全县 64 个乡镇中抽取 17 个乡镇，每个乡抽 3 个普查区，每个普查区抽查 1 个普查小区。全县抽 28 个调查小区，2122 户、6818 人。采取全面人口逻辑检查，再入户组织知情人议查。统计人口总数净差率 0，出生死亡净错率 0，户记录差错 49 项，人记录差错 135 项，总记录差错率 1.10‰。性别差错 8 项，差错率 0.12‰，年龄差错 40 项，差错率 0.59‰。7 项指标中有 3 项差错率 0，其余 4 项均小于国家规定指标。以乡镇为单位计算，17 个被查的乡的 7 项指标均小于国家规定差错标准。2001 年 3 月，人口普查编码录入工作全部结束。

二、第三产业普查

1993 年 9 月，开展第三产业普查。全县各级成立领导小组 88 个，成员 258 人，分成 17 个小组到各基层机关单位进行登记。经过条块结合，摸底登记，进行数据录入、汇总、审核一系列工作。经地区第三产业普查办公室检查验收。此次普查获地区“三产普查二等奖”。

三、农业普查

1996 年，启动对全县第一次农业普查。普查时间段为 1996 年 1 月 1 日至 12 月 31 日，时间点是 1997 年 1 月 1 日。1996 年，组织培训队伍，县区镇签订责任书。1997 年，正式对全县范围内各种类型的农业生产经营单位 38 个项目、678 个指标进行首次普查。查清全县农业生产经营单位的数量和结构、从业人员数量、行业素质、地域分布，农业机械设备数量、质量和构成情况，乡村社区环境状况和基础设施状况。普查结果：1996 年度，从事生产经营活动户 145585 户（不包括五保户、非生产经营户），家庭成员 527331 人。其中，男性 281584 人，占 53.40%；女性 243097 人，占 46.10%；在校学生 77302 人，占 14.7%；在家庭成员中 7 岁以上人员 460536 人，占 87.3%。农村住户类农业生产经营单位 15 个。非农业乡镇企业 75 个，非农业乡镇企业从业人员 2236 人。农村从业人员 384982 人，户均从业人员 2.64 人。农村 7 岁以上人员中不识字和识字少的 17.3%，小学 54.59%，初中 25.56%，高中以上 2.25%。取得县级科技人员证书 716 人。1998 年，对普查资料清理归档，在《彭水报》发表普查公报。

四、基本单位普查

1996年，全国第一次基本单位普查。6月至12月，组建机构、人员培训，县人民政府同各区乡和县级各部门签订目标责任书。区乡有如粮食、供销、教育卫生等下属部门的还组建相关普查机构。全县各普查机构负责本系统的基本单位普查、摸底、资料收集、填表审核工作。至1997年6月，完成全县1996年度基本单位普查工作。彭水自治县基本单位总数1369个，法人单位1239个，其中单产业法人单位1173个、多产业法人单位66个。多产业法人单位的产业活动单位500个。

2001年9月开始，全县开展第二次基本单位普查。至11月30日完成基本单位统计任务。当年，全县有基本单位总数1805个，法人单位1205个。其中，单产业法人单位1083个，多产业法人单位152个。规模以上企业11个，填报“统计登记证”956个。

五、经济普查

2003年9月，成立经济普查领导小组，制订《经济普查实施方案》《经济普查实施办法》，开展经济普查。10月开始初步普查登记，11月查漏补登。12月，县经济普查办公室抽查，补登个体经营户200户、产业活动单位150个。2004年12月31日，展开全面清查工作。2005年1月验收，2月25日，经济普查全面结束。全县共抽取固定单位和个体经营户1759户（实际录入个体户1756户，缺少3户为仓储业），调查流动个体户843户。固体摊位个体经营收入9.56万元/户，其中零售业收入9.48万元/户、餐饮业收入1.74万元/户。工业收入14.28万元/户，流动个体户收入1.5万元/户，其中批零餐饮业收入1.74万元/户。

第五节　统计历史资料整理

1986年，县统计局整理统计历史资料，数据翔实、资料齐全，获四川省民族事务委员会和四川统计局颁发的“民族统计资料整理先进集体”。1990年，整理农业资料940笔，编入《统计资料手册》。1994年5月，整理出《统计资料》（1985—1990）。资料包括“自然资源和气候情况”“人口、社会总产值、国民收入”“农村基本情况”“农村社会总产值、农业总产值、农业商品产值”“农作物播种面积”“粮食、经济作物产量和渔业生产情况”“林业生产、桑园、茶园、水果产量”“牲畜头数、畜禽产品产量”“主要中药材产品产量”“农业机械拥有量和农业机械、用电、化肥、水利情况”“农业经济分配与效益”“工业企业单位数”“工业总产值”“全部独立核算单位分行业工业总产值”“社会固定资产投资”“社全商业商品，购、销、存总额”“普通中、小学、职业学校基本情况”“文化艺术、出版、广播电视情况”“卫生、体育基本情况”等。1998年7月，整理1949—1998年50年商贸专业统计指标历史资料。1999年，完成历史资料农业统计部分。

2000年，完成资料《彭水自治县五十年统计资料》《统计历史资料（农业统计部分）》的校审、印制。历史资料编制过程中，搜集整理彭水自然地理、气候及各种资源储量、分布区域概况，采用前30年资料（已印制）的历史代表年，连续50年社会经济发展数据。《彭水自治县五十年统计资料》（1949—1999）分为“彭水概况”“综合篇”“产业篇”“乡镇篇”“附录篇”5大类、58个部分。资料做到市区县三级数字一致，对可比性进行统一，计量单位采用国际标准计量和统一于1990年不变价。统计资料载有彭水自治县1998年、1999年两年国民经济和社会发展统计公报。2001年，编辑出版《重庆市彭水国民经济主要统计资料手册》。2002年8月，出版《彭水自治县领导干部经济工作手册》。手册包括“彭水概况”“2001年政府工作报告”“2001年统计公报”“2001年、2002年主要统计指标”“各乡镇 2001 年人口及主要经济指标”。

2005 年 10 月，编辑出版《彭水统计年鉴（2005）》，收录 2000—2004 年彭水自治县国民经济和社会发展各方面大量统计数据、乡镇主要经济指标及临近区市县主要经济指标。全书分为 5 篇 14 章。同年，完成新中国成立以来彭水从经济恢复时期、第一个五年计划、第二个五年计划、三年调整时期到第十个五年计划主要经济指标资料小册子。

第六节　统计监督

1986 年开始，县统计局每年开展不同形式的统计执法检查。1993 年，《中华人民共和国统计法》颁布 10 周年之际，组织工业、农业、商业、物资和社会消费部门专业统计人员 72 人，执法检查 12 个企业统计数字质量，处罚县乡镇企业供销公司统计违法行为。

1994 年 5—7 月，由县统计局、县监察局、县人大法制工委、县计委、县经委、县乡企局、县农业局、县计生委组成统计执法检查组，在全县乡镇和各主管局 236 个单位自查基础上，重点抽查 6 个乡、93 个单位。其中计划生育检查 32 乡、32 村，固定资产检查 25 单位，乡镇企业检查 3 区、6 乡、30 企业。检查显示：计划生育差错率 21.81%，乡镇企业工业总产值差错率 3.6%、乡办工业产值差错率 3.25%。根据检查情况，责令整改。1995 年 6 月，统计执法检查百货公司、日杂公司统计情况。抽查 1994 年、1995 年任一个月的统计报表，从原始凭证、统计台账、报表计划逐项检查，2 个公司统计工作依规合法。1997 年 7 月至 8 月，检查高谷乡、下塘乡、大河坝乡、清平乡等 6 个乡和工业、农业、商贸等 65 个单位。工业上检查工业产值、产品产量、工业增加值、利润、税金等重点指标，农业上检查粮食产量、生猪出栏数、农民人均纯收入、家禽出栏数，财贸上检查商品购进总额、利润、税金、社会消费品零售额等指标，劳动工资上检查职工人数、工资总额等指标。检查结果，除个别统计台账不规范外，无一弄虚作假现象。1998 年，抽查 2 个区、4 个乡、36 个企事业单位，对违反统计法规的矿泉水公司和双江水泥厂进行立案查处。

2000 年，全程监督 GDP 等主要指标。2001 年，发出催报通知书 46 份，经济制裁现金 1.95 万元。2004 年，对问题较重的 4 个单位（企业 1 个，乡镇 3 个）分别罚款或通报处理。

2005 年，查实县供销社 2004 年度《劳动报酬》上报数工资额 28 万元，实际发放数 62.9 万元；2005 年一季度报表数工资额 7.5 万元，实发放数 26.5 万元。县新华书店 2004 年度上报数工资额 30.8 万元，实发放数 81.4 万元；2005 年度一季度上报数工资额 8 万元，实发放数 21.6 万元。对两单位进行立案查处。是年，县统计局发送《统计报表催报通知书》60 份，《统计检查查询书》3 份，《通报批评》5 份，《责令改正书》5 份。

第四章 审 计

第一节 管理机构

1982年，彭水县审计机构设置在县财政局内的监察股，属县人民政府职能机构，负责对本级各部门和下级政府财政预算执行情况依法审计和监督。1983年12月25日，将县财政局监察股单设，成立彭水县审计局，内设秘书股、审计业务一股（行政、事业、财政、金融）、审计业务二股（公交、商贸、粮食）3股室，编制10名。1984年11月，更名为彭水自治县审计局（简称县审计局）。1989年2月23日，设立彭水自治县审计事务所（简称县审计事务所），是依法独立进行审计查证、咨询服务和自收自支事业单位，接受同级审计机关管理和业务指导，在编职工2人。1990年5月，县审计局内设机构将原秘书股分为秘书和综合股、原审计业务股分成财政金融审计、行政事业审计、公交企业审计、商贸企业审计、基建外资审计股等7个股，编制16名。1999年11月，撤销县审计事务所。2001年8月，县级机关机构改革，保留县审计局，重新核定领导职数3名（局长1名、副局长2名）、纪检组长按要求配备、行政事业编制14名（行政编制10名、事业编制4名）。内设办公室（综合科）、经济责任审计、财政金融审计、行政事业审计、经济外贸固定资产审计、政策法规6个科室。2004年9月，设立彭水自治县经济责任审计中心，为县审计局下属事业单位，核定编制10名，经费列入财政预算。2005年3月，职工过渡为国家公务员10名、机关工勤人员2名。

第二节 国家审计

1986—2005年，县审计局对全县国家机关、企事业单位、社会团体等单位的经济活动实行审计监督，累计收回财政金额1239万元、税金176万元、罚款199万元。

一、财政预算执行审计

（一）县级财政

1995年开始，县审计局对本级财政预算执行情况及其他财政收支实施审计监督。1996年，审计县财政局1995年度财政预算执行情况：上划中央“两税”采用列收列支处理1340万元，预算安排支农资金4.93万元未到位，地方税征收机关预算经费虚列支出9.4万元，报销增额人身保险2.7万元。收回职工水电等费3760.88元、保险公司赔款等费9250.92元，未作冲减。

1997年，审计1996年县财政局及财政部门财政收支情况：违规把拨入县财政局股室资金2339.33元作预算支出，违规给县农业银行拨款40万元、给县畜牧局超拨20万元、无预算追加依据拨款33.90万元；预算资金垫支上级财政回收电力基金和预期周转金262万元；1992年，预算往来

“暂付”中，烟草公司40万元，财政有账，烟草公司已销账；建设银行彭水支行多年未动不知名财政预算账户，有余额14.04万元；烟草公司农业特产税1035.19万元、城市维护费44.88万元，石油公司城市维护费1.05万元，未收入库；烟草公司和石油公司多交增值税分别为556.68万元、5.38万元，县农业局虚列支出1.17万元，汉葭镇长期滞留教育费附加2.21万元，县教委用教育费附加1万元买《好望角》书，县畜牧局将黔江地区畜牧局检疫调节平衡费列经费支出2.1万元，县国资局未经批准发行年利率18%的企业债券。

1998年，审计县财政局1997年财政预算执行情况：应缴增值、营业、所得税10053.7万元，实收4430.2万元，滞留在各股室资金2054.1万元，无预算拨款66.06万元，总预备费超预算162.19万元，预算外挤预算内资金1317万元，违规使用农业发展资金55万元，截留预算收入2652万元，以前年度虚列支出长期挂往来账118.97万元；地税局汽车赔款挂往来账13.18万元，未冲1997年支出；财政资金借个人，长期无法收回86.67万元；财政挤占粮食局专项资金、世行贷款、扶贫资金共395.75万元；汉葭镇乱收普九经费8.38万元、截留教育费附加2.21万元；违规使用城建经费21.85万元乱列成本22.24万元；损失财政周转金2026万元、形成呆滞账1664.9万元；县粮食局截留财政收入14.69万元。

1999年，审计县财政局1998年财政预算执行情况：财政欠拨各单位款项669万元，控办控留附加费22.3万元，审计责成1999年5月前将欠款拨付到位。县地方税务局滞留职工个人教育费21.96万元，责成4月底拨付到教育部门。县地方税务局滞留交通建设附加费9.77万元，限4月解缴。中小学乱收费123.58万元，限期归还学生，处以罚款。

2000—2004年，县审计局每年对上年财政预算执行情况进行审计。分别对违规为无预算单位拨款2126.47万元、欠拨预算资金5093.29万元、挪用专项资金1757.38万元、收过头税1360.17万元、未缴存社会保险基金专户的企业养老保险金121.54万元、应列支未列支出2004.95万元、累计欠缴各种税9789.36万元、截留农业税减免款540.22万元等问题作相应调整处理。

2005年，审计县财政局2004年度财政预算执行情况，重点对县财政局、地方税务局、国库、教委费税转移支付、建委国债专项资金、城市配套和维护费展开审计调查。审计表明：财政收支相抵结余733万元，其他财政预算外收入2476万元、预算外支出2454万元，结余22万元。社会保障金（养老保险、失业保险基金）收入2533万元，支出2140万元，结余393万元，历年净资产结余滚存2132万元。少安排总预备费183万元，拖欠税收258万元，县教委未执行“教育一费制”，重庆市财政扣收彭水“教育一费制”专款147万元，审计责令县财政局、县教委限期整改，税务部门限期将拖欠税款追缴入库。

（二）县级部门财务

1986年，审计县工业局、畜牧局1986年1月至9月财务收支情况：用预算外资金违规发放职工奖金和坐支安全罚款3413.5元，1983年以来未纳入财政统一核算借入种草养畜周转金20.94万元，以周转金名义借出财政拨入事业费5万元。责成整改调整相关账目。

1987年，审计县农业局、林业局1986年财务收支情况：违规虚报支出、截留造林补助费7582.85元，转到预算外，将救灾捐款、扶贫款2100元作单位支出报销，看望生病职工2168元，列入业务费报销。审计决定将截留资金用于发展林业生产。

1992年，审计县工商局1991年至1992年7月财务、市场管理费收支情况和县国土房管、技术监督局1991年度财务收支情况：涉及违纪金额95.09万元。审计决定将0.68万元收回用于市场建设。

1994—1995年，审计县工商、国土房管、交通、公安、司法局和县建委、检察院、法院财务收支情况：违规收费94.63万元、隐瞒截留罚没款64.38万元、坐支53.64万元、乱发奖金13.06万元、挤占挪用57.74万元、小金库金额103万元、会计私吞公款5.42万元、未入账金额0.74万元、其他违规金额 0.77 万元。审计决定收缴财政 0.77 万元，处以罚款 2.4 万元。

1996—2003 年，审计县级部门（部门下属单位）34 个，查出违规资金 4693.63 万元。

2005 年，审计县广播电视局 2004 年 7 月至 2005 年 5 月财务收支情况：少扣个人所得税 4.35 万元，违规列支管理费 8.03 万元，多支业务招待费 2.54 万元；广播网络公司未缴税金 38.54 万元。审计责令限期整改。

（三）乡镇财政

1989 年，县审计局组成 2 个审计组，审计汉葭、郁山镇 2 个一级预算单位，下塘、鹿角、新田乡等 17 个二级预算单位 1988 年度财政预算收支情况：各种违纪资金 12.7 万元。

1992 年，审计汉葭、普子、高谷 3 区财政所及下辖 19 个乡财政所 1990—1991 年度财政预算内外财政收支、农业 4 税执行收缴情况：2 个区财政截留挂“预算外暂存”农业税减免款 20.24 万元，用农业税减免款购汽车 5.52 万元；8 个乡财政所财务账目乱列支 1.38 万元，用提留款开支生活费 1124.25 元，虚列支出 0.84 万元、治安罚款余额 320.89 万元未缴财政。审计收回财政 320.89 万元。

1993—2002 年，审计全县 8 区 1 镇及所属乡镇、财政所财政预算、财务收支情况：截留各种税金、专项周转金、教育费附加等资金 65.91 万元，白条和虚列支出 182.63 万元，违规发津贴、奖金 8.31 万元，预算内划转预算外资金 9.13 万元，违规报销过期发票 54.65 万元，违规冲转、挪用周转金和烤烟扶持费 109.4 万元，乱收费 11.62 万元。审计收回财政金额 33.85 万元，处以罚款 14.93 万元。

2004—2005 年，审计万足乡 2003 年度和靛水、石柳 2 乡 2004 年度财政决算情况：虚列支出、乱发津贴、挪用“普九”集资款、用不合规发票列支费用、截留农业税灾情减免款、违规收取土地出让金、混收往来结算款等项目，涉及违规金额 77.84 万元。

（四）事业单位财务

1986 年，审计全县 24 个教育直属部门和 61 个乡（镇）完小财务收支情况：违规收费、截留积压资金、挤占挪用资金、虚列支出等金额 63.28 万元。

1998—1999 年，审计部分中小学、教办等 12 个单位 1997—1998 年度教育经费收支情况：欠拨教育专款、教育费附加 213.49 万元，滞留职工个人教育费 21.96 万元，违规收费 562.52 万元，白条收支 42.61 万元，发放津补贴 59.5 万元。审计收缴财政金额 11.3 万元，处罚 5.82 万元。

2002 年，审计彭水中学及下属企业 2001 年度财务收支情况：学校少列收入 123.07 万元、少列支出 61.69 万元，财会室冒领和短款 6.39 万元，违规收费 38.82 万元，挤占和挪用教育事业费 69.60 万元；下属企业欠缴税金 4.69 万元。是年 1 月至 4 月，审计县妇幼保健站 2001 年度财政预算执行和修建项目情况。审计出不合规列支接待费和列支无原始单据药材费 8.87 万元，建设费在事业费中列支 15.27 万元。

二、金融审计

（一）专业银行

1987 年，审计工商银行、农业银行、建设银行彭水支行 1985—1986 年财务收支情况：2 个年度违规违制金额 7.73 万元，将工改增资、房屋维修、书报费列入成本和乱挤乱摊成本费 4.62 万元，漏缴税款 3.11 万元，其他代收款计利分成和手续费 2.36 万元，管理费列支房屋修缮费 0.29 万元。审计收回财政资金 0.5 万元。

1993—1995 年，审计人民银行、工商银行、农业银行、建设银行彭水支行及农业银行彭水支行郁山、保家和县城北门营业所 1992—1994 年度财务收支情况：隐瞒业务收入转入周转金 0.53 万元，虚列、乱挤乱摊成本费 35.74 万元，用专用金、改造资金开支各种杂费 3.57 万元，虚列易耗品转入专用基金 0.95 万元，多提职工福利和手续费、超发补贴 7.51 万元，多收粮食部门资金利息、“非典”药品利差补额 6.94 万元，预提印花税挂往来账户款 0.3 万元，违控款购专控商品 0.85 万元。违规列支招待费 5.8 万元，拆借入资金 2980 万元、无拆借出资金，违规贷款 43 笔、金额 1358.7 万元。问题资金 132.3 万元、超限额贷款 278 万元、逃避规模贷款 1108.8 万元、假委托贷款 584 万元、流动资金发放为固定资产贷款 26.5 万元、职工购股票 10 万元、购企业债券 104.81 万元。审计收回财政金额 13.11 万元。

1997 年，审计农业银行彭水支行 1995—1996 年度资产、负债、损益情况：未退民贸企业优惠利息 24.02 万元，挤占成本、增加亏损 19.08 万元，应列未列入收入 0.60 万元，安装电话费、bp 机购置费、超计划安装费 13.68 万元。审计收缴财政 0.60 万元。抽查一级财政预算单位和部分二级财政预算单位及创收经济实体在金融机构、保险机构等 47 个单位开设账户及管理情况：县一级预算单位预算内、外资金分别在 4 个银行存款余额分别为 438.1 万元、1458.8 万元，在其他金融机构存款余额 88 万元；县级二级预算单位，预算内、外资金分别在 5 个银行存款余额分别为 114.4 万元、453.7 万元。存在 1 行多户、多行开户问题。7 个县局及所属企业在多行开设账户 135 个，其余 12 个单位在 2 家或 3 家银行开设账户 5 个至 10 个。超越级次，跨区域开户的地区、区乡、乡村 17 个单位，在县城 5 家银行开设账户 32 个。

1999 年，审计工商银行彭水支行资产、负债、损益情况：虚列支出 70 万元、隐瞒收入 5 万余元、欠应付利息 352 万元。

（二）信用联社分支机构

1998 年，审计县城信用社 1997 年度资产、负债、损益情况：未办理专控购批手续购违控商品 1.48 万元。

2000 年，审计县城信用联社经营部、保家等 5 家信用社财务情况：违规发放各种贷款、核销呆滞贷款分别为 3648.53 万元、38.99 万元，违规列支各项费用 19.62 万元。提高支农贷款利率，多收利息 47.20 万元。违规多提职工福利费、多提公益金和股东分红款分别为 1.29 万元、4.99 万元，私设小金库 1.2 万元。

三、税收审计

1993 年 1 月，审计县税务局交通建设费附加和县国土局、稽征所公路建设费附加 1992 年征收、解缴情况：交通建设费附加实征收 10.59 万元，上解地区 17.45 万元；公路建设费附加实征 1.45 万元，上解地区 1.2 万元；未及时划转交通建设费附加 2.35 万元。

1996 年，审计县地方税务局 1995 年度税收收入和财务收支情况：虚列支出 9.48 万元，人身险增额列支 2.78 万元。审计责令限期整改。

1999 年，审计县地方税务局 1998 年至 1999 年 9 月交通建设费附加征收、划缴情况，对滞留交通建设费附加 32.63 万元决定扣除手术费 3.26 万元后的余额 29.37 万元，作收缴财政处理。

四、保险业审计

1988 年，审计县保险公司 1987 年度财务收支情况：违规发给职工伙食补助费 936 元，违纪将不应列入的成本费用 5050.58 元列入成本。审计收缴财政 0.60 万元。

1991 年，审计县保险公司 1989—1990 年度财务收支情况：违规将更新改造市话初装费列入邮电费 0.1 万元，未办控办手续购买物品 1.5 万元，应由职工私人承担的家庭财产长期保险费列入职工福利基金开支 0.22 万元。审计决定上缴财政 0.1 万元。

1998 年，县财险审计组审计中国财产保险公司彭水分公司、县人身寿险公司 1997 年度财务情况：不良资产 77.88 万元，未缴税金 7.57 万元。

五、经济责任审计

（一）县级部门领导干部

2002 年，对 2 个部门领导任期经济责任审计：负主管责任金额 37.12 万元。

2003 年，对 6 个单位领导任期经济责任审计：挪用城镇规划建设费、旅游和农业开发项目专项资金、教育费附加等经费，滞留各种款项，违规收取各种费用、发放各种津补贴等 141.85 万元。

2004 年，审计 4 个单位领导任期经济责任情况：负领导直接责任 384.21 万元、负一定领导责任 1521.83 万元、负领导责任和主管责任 2192.73 万元。上缴财政 244.63 万元，罚款 10 万元。

2005 年，审计 4 个单位领导任期经济责任情况：负领导直接责任 25.18 万元，负领导责任 175.01 万元。

（二）乡镇党政领导干部

2002 年，审计 2 个乡、1 个镇的党委书记、乡（镇）长 6 名领导任期经济责任情况：负领导、主管责任 19.1 万元。

2003—2004 年，审计 3 个乡的党委书记、乡长 6 名领导任期经济责任情况：负领导责任金额 68.16 万元，罚款 3.4 万元。

2005 年，审计 2 个乡、1 个镇的党委书记、乡（镇）长 6 名领导任期经济责任情况：负领导责任金额 81.58 万元，负领导主管责任和直接责任金额 553.91 万元。

（三）企业法人代表

1991 年，审计县饮食服务、日杂、土产、农资等 4 公司第一轮经营承包责任人承包期满经营情况。

1992 年，县审计事务所审计第二轮承包经营的县印刷厂等 4 个企业承包人财务决算情况：承包销售 484.38 万元，盈利 21.83 万元。审计出少（多）提折旧费、大修基金、工会经费、职工福利基金等项目 23.21 万元，多摊费用 3.63 万元，少列经营外收入 0.21 万元，多转销售成本 2.95 万元。

1993 年 7 月，审计县五交化公司第一轮经济承包人经营期满经营情况：1991 年度经营亏损 35.84 万元，承包 4 年完成销售 969 万元，累计亏损 14.51 万元。

（四）其他经济单位责任审计

2002—2005 年，审计学校等 6 个单位领导任职期间经济责任情况：负领导责任 1234.79 万元，负主管和一定领导责任 212.75 元，负直接领导责任 46.54 万元。

六、基本建设投资审计

1987 年，审计县公路航道工程处 1986 年组织实施世界银行贷款 2 个（鹿角至龚滩、郁山至联合）农村公路项目财务收支情况：2 项目总投资 109.86 万元，重复提取测设费 1.27 万元，违规把招待费列入工程投资中报销 485.44 元。

1993 年，审计国道 319 线彭水段改造工程开工以来至 1993 年 6 月财务收支情况：问题资金 62.90 万元、核减工程投资金额 36.93 万元。违规发奖金、补贴 5.92 万元，虚列工程投资 0.22 万元，未列入工程财务核算形成账外账资金 3.85 万元，工程指挥部摊派、挤占资金增大投资 6.47 万元，资金收入挂其他账户 4.5 万元，违反规定购买控购商品 2.75 万元，用公款购礼品 8.16 万元。上述问题审计责令限期整改。

1995—1998 年，审计彭水自治县世界银行贷款农业综合开发项目及子项目 1994 年度财务收支情况：累计到位项目资金 2236.6 万元，完成投资 2952.6 万元，财政滞留工程款 1595.4 万元，违规列支 0.5 万元。审计世界银行贷款 1995 年“第二个贫困地区基础教育”“中国森林资源与保护”项目财务收支情况：全县8区2镇14乡48所学校总投入1524万元；“中国森林资源与保护”项目投资78.16万元，造林735.8公顷。审计发现配套资金到位不及时，误将管理费计入协会借贷方1.94万元。两次审计国道319线彭水至武隆段下塘工程处财务收支情况：乱列工程费支出0.17万元，违规报销差旅费和加班费共0.37万元，乱报销医疗费和送礼费2.76万元，用工程款支出育林基金0.27万元。3次审计1996—1998年度县红麻全杆造纸工程处财务收支状况：财政滞留县纸厂农业红麻造纸工程资金40.15万元，虚列工程支出2万元，挪用项目资金5万元，违控购专控品5.05万元，账账不符差额4.09万元，违规报销费用3.47万元，借出工程款28.5万元，支付招待费165.66万元，欠工程配套资金5366万元，违规支付工程款0.2万元。审计世界银行贷款实施的“种草养羊”“白花泡桐”“香椿造林”“红麻全杆造纸”农业综合开发项目1997年度财务收支情况：种草养羊项目，世界银行贷款应到位269万元，实到149.4万元，国内应配套资金264.3万元，未到位；白花泡桐和香椿造林2项目，世界银行贷款应到位281.5万元，实到位185.2万元，国内应配套资金273.3万元，未到位。挤占、截留白花泡桐和香椿造林2项目资金69.98万元，外借资金394.5万元。

2000年，审计1999年世界银行贷款“森林资源发展与保护”项目财务收支情况：采取内扣方式向育苗户收取苗木管理费45.08万元，审计决定处以罚款3.5万元。配套资金不到位工程资金缺口158.34万元，用世界银行贷款资金垫支预算外资金41.18万元。审计芦渡沟引水工程1996—1999年财务收支情况：违规列支周转金占用费、职工房屋补漏费共5.75万元，错列在建工程配套费0.5万元。

2003年，审计世界银行贷款“传染病与地方病控制”和“农村卫生基本服务”2项目财务收支情况：传染病与地方病控制项目到位资金82.93万元，农村卫生基本服务项目总支出784.44万元，配套到位资金267.64万元。2项目资金缺口96.64万元，未到位世界银行贷款17.1万元。

七、专项资金审计

（一）城镇社会保障资金

1992年，审计1990—1991年度养老保险和待业保险资金：截至1991年年底，全县社会养老保险统筹企业109个、参统人数5933人。养老统筹收入483.53万元，退休统筹支出417.25万元，年末结转退休统筹金59.45万元。待业保险资金统筹企业121个，待业保险职工6357人，待业保险基金25.93万元。年末结转待业保险基金16.55万元。审计出超标发放职工奖金、补贴0.65万元。

1996—1997年，审计1995—1996年度养老保险征收管理情况：实际收缴养老保险金1251.99万元，支出养老保险金1161.64万元。1996年年末累计结余管理经费-15.70万元。审计出修建单位综合楼挤占退休活动经费14.07万元，重复支付养老金3753元，职工借款2.4万元，违规发放活动费3万元，18个部门用不合规依据支付现金。

1999年，审计1998年度养老保险基金和事业经费财务收支情况：私设“小金库”2.79万元，违规在事业费中支出0.89万元，不合规支付生活费4.56万元、私宅电话费0.32万元，无依据滥发奖金、津补贴1.51万元，违规将养老金存入信用联社27.51万元，违规购传呼机、手机14部金额2.1万元，隐瞒养老金收入9万元，虚列支出1.17万元，挤占挪用养老金15.21万元，以破产5个公司房产3108平方米抵缴养老金和医疗保险金。审计收缴财政3.68万元。

2002年，审计2001年度企业职工基本养老保险基金情况：累计欠缴社会养老保险金841万元，其中2001年欠缴款271万元。

（二）农业综合开发资金

1992年，审计1991年度农业开发资金管理、使用及效益情况：川东地区中低产田土改造项目（简称川东项目）到位资金171.55万元，非工程费用列入工程经费报销1.08万元，无签章、调运、验收手续钢材22吨、汽油1吨。

1999 年，审计 1997—1998 年度项目实施单位县农业、畜牧、林业局和科委第 3 期农业综合开发财务收支情况：审计金额 638 万元，发现问题资金 34 万元。

2000 年，审计 1999 年度农业综合开发项目资金使用情况：农业综合开发资金到位 299 万元，借出项目资金 45 万元，滞留项目资金 44.36 万元，违规列支开发项目资金 6.14 万元。

2002 年，审计彭水自治县第 4 期（1999—2001 年）农业综合开发项目资金计划、划拨、使用情况：资金到位 975 万元，挪用农业综合开发项目资金 109 万元，行政事业经费挤占挪用农业综合开发项目资金 30.65 万元，虚列项目违规列支 85.94 万元。审计责成限期归垫挤占资金。

（三）农业发展投入资金

1991 年，审计全县各区（镇）财政所和 56 个单位 1989—1990 年度农业发展资金征集、管理、使用情况：农业发展资金 782.71 万元，查出问题资金 46477 万元。县农业综合开发办公室投放各区财政所农业开发周转金 58.5 万元、征集生猪技改费 3.21 万元、柑橘生产扶持费 0.17 万元，4 个区财政所滞留生猪技改费 3.21 万元、1 个区财政所滞留柑橘扶持费 0.17 万元。

1992 年，审计全县供销、粮食、食品公司、财税系统及部分乡镇企业 50 个单位 1991 年度农业发展资金征集、管理、使用情况：审计总金额 1453.02 万元，审出问题资金 22.25 万元。

1995 年，2 次审计县财政 1995 年度农业投入资金使用情况：挪用防洪、水利资金 26.66 万元、以工代赈资金 126.64 万元经商收取手续费 6.18 万元、地膜补助费发新增工资 9 万元，用以工代赈资金支付黔江地区水电局规划、建管费 8.39 万元，虚列支出、坐支育林资金 9.44 万元。审计责成限期整改。

1998 年，审计县水电、畜牧局和电力公司 1996—1997 年度电力建设、水利专项、“秸秆养畜”等项目资金使用情况：漏征以电养电基金 50.59 万元，挪用电力建设基金 3 万元、“秸秆养畜”资金 10.01 万元，提前扣收 3 年资金利息 3.28 万元，重复报销差旅费 1378 元，违规收取水资源费 79 万元。审计决定限期整改。

（四）扶贫资金

1990 年，审计调查 10 乡、20 村、140 农户 1985—1989 年扶贫资金、物资：5 年共投入扶贫资金 2885.12 万元、扶贫物资柴油 1010.4 吨、钢材 230 吨、农用汽车 9 辆，上级银行和相关部门滞留扶贫贴息贷款 61.93 万元，多收扶贫贴息贷款利息 0.86 万元，挪用扶贫贴息资金 142.19 万元，高价出售柴油获取非法收入 1.55 万元。是年，审计县外贸局等 5 单位 1989 年度扶贫资金使用情况：违规将扶贫贴息贷款 10.5 万元高息贷出，获利 0.16 万元，挪用扶贫贴息贷款 10.19 万元，供应农民平价柴油转议价出售 15944.1 千克，获差金额 1.55 万元。审计收缴财政 1.71 万元。

1992—1997 年，审计扶贫投入资金 14138.63 万元，审出问题资金 1095.53 万元。

2003 年，审计彭水自治县 2001—2002 年度扶贫资金到位和使用情况：拨付扶贫资金 5376 万元，贷出资金 3850 万元。审计出挪用小额扶贫贴息贷款 33.45 万元，审计责成立即收回；借新贷还旧贷 1700 万元，审计要求相关银行停止类似做法；擅自调项 156.7 万元，审计要求相关部门按原计划实施。

（五）其他专项资金

1993 年，审计全县教育系统 25 个单位 501 所学校 1991—1992 年度教育经费拨付、使用情况：2 年教育经费 2062.9 万元，支出 2217.9 万元。财政欠拨教育经费 154.44 万元，部分乡镇或区教办违规支出或滞留 20.42 万元。

1996—1997 年，审计全县 1994—1996 年国有土地使用权出让金和县计划生育委员会，汉葭镇、汉葭、郁山、高谷区计划生育办公室 1995—1996 年度计划生育经费，问题资金 68.14 万元。

1999—2000 年，审计全县 8 区 1 镇及 63 个乡 1997—1998 年度计划生育财务和国有土地使用权出让金、1998—1999 年度环境保护资金、区乡财政 1999 年度农村教育费，问题资金 628.08 万元。

2003年4月至5月，审计“渝怀铁路彭水段”征地拆迁补偿专款2001年至2002年12月管理及使用情况。审计显示：截至2002年12月底，拨入专款3953.97万元、工作经费120.5万元。支付专款2824.04万元、事业支出257.08万元。至2003年3月底，专项资金结余1427.56万元。审计出银行未经县国土房管局同意，在征地拆迁专款中扣收县国土房管局下属公司贷款本金460.5万元。乡（镇）政府挪用征地拆迁专款和临时用地补偿款分别为6.36万元、108.06万元，工作经费超支136.56万元。审计决定限期归垫专款。

八、企业财务审计

（一）商贸企业

1988年5月，审计农业生产资料公司（简称县农资公司）1987年财务情况：销售总额935.48万元，利润12.12万元。隐瞒利润30.17万元，漏缴所得税7.56万元，将3.03万元转入企业建设和福利基金，企业4次被骗32.75万元。

1989年，审计县物资局及下辖3公司和县蔬菜水产、糖酒、医药、中药材、百货、五交化、石油公司等11个单位，以及粮食系统12个商业企业1988年度财务情况：违规资金额99.46万元。审计决定收回财政16.69万元。

1998年，审计粮食系统16个单位1993—1997年亏损情况：调减财务挂账实为1287.22万元，企业亏损总额1287.32万元。粮食系统全部资金来源为13775.42万元，库存粮油商品金额3315.72万元，固定资产2595.95万元，订购保护价粮食多支付货款475.79万元，基本建设挤占政策性资金613万元，资金利息、修理费、折旧费、招待费等共支出4769万元。

1999—2000年，审计供销系统历史形成财务和书籍经营部门1999年资产、负债、损益情况：1952—1999年，供销系统13户企业资金8636.6万元，负债总额12051.7万元；书籍经营部门资产331.24万元，负债112.81万元。

（二）生产企业

1989年，审计县水泥厂承包经营资产清理交接和承包前后财务收支处理情况：郁山分厂漏调产品盘盈，少记630.22元，虚列重记债权款8.92万元，漏记收入1.53万元、支出0.49万元，错记收入690元、支出2.53万元。

1994年，审计郁山煤矿1993年财务情况：销售收入237万元，财政补贴亏损5万元，年末利润1.28万元。虚列固定资产34.48万元，预提劳动保护费0.76万元，无依据增提奖励工资5万元，原材料多转成本0.79万元，使原材料结存累计赤字4.1万元。

1995—1997年，审计县武陵建材股份有限公司、造纸厂、电力公司、沙砖厂、民族烟厂、芦塘煤矿财务情况：多转销售成本和领用材料成本10.87万元、少转销售成本和领用材料成本13.29万元、少提固定资产折旧费和销项税分别为1.25万元、0.29万元，在在建工程款中列支（超支）招待费57.82万元，工程竣工未决算长期挂在建工程款1601.63万元，潜在亏损94.48万元，其他不合规处理13.77万元。审计决定处以罚款3.28万元。

1999年，审计县民族烟厂1995—1997年度资产、负债、损益情况：1997年年底，资产总额8305.8万元，审计调整为6243.84万元，固定资产总额2660.29万元，负债总额8232.33万元，3年销售总额13597.58万元。1996—1997年，利税计739.12万元。审计出欠款2523.34万元，虚列应收财政补贴1464.39万元，接受罚款及收费（会议、赞助费）共106.08万元，开支招待费162.25万元。是年，审计县造纸、沙砖、印刷厂1997年破产后清算期间财务收支情况。县造纸厂固定资产1022.88万元、无形资产90万元、借款2511.66万元、清算损益1589.47万元、清算费用29.82万元。县沙砖厂清算费用19.31万元，清算损益20.87万元，其他应付款结存6.83万元。县印刷厂清算费用24.45

万元，清算损益 116.47 万元，银行存款 5.53 万元。

2002 年，审计县电力部门 2001 年资产、负债、损益情况：资产总额 10121.15 万元，负债 6043.39 万元。销售收入 2958.61 万元，亏损 213.89 万元。隐瞒 1995—2000 年房屋出租和管理费 52 万元，长期挂在兴发公司（私营企业）账上；兴发公司电梯费 0.21 万元未划转电力公司冲减公司费用，部门服务部材料盘盈 23.14 万元，挂在兴发公司账上，导致私营企业长期占有国有资产。电费 1.1 万元长期挂为“预收账款”，多提工资长期挂“应付工资”账，多提福利、奖金、利息共 87.04 万元，预提修理费 134.62 万元，承担兴发公司贷款利息 3.34 万元，多摊资产保险费 8.24 万元、预付发票费 5 万元，业务招待费超支 49.58 万元；购固定资产费用列入消防工程管理费 34.75 万元；增补个人所得税 1.89 万元，列入“以前年度损益”支出；2 单位捐款 6.28 万元，列入“营业外支出”，挪用生产性资金 545.05 万元。审计责成限期整改。是年，审计县自来水公司 2001 年度资产、负债、损益情况显示：总资产 3045.53 万元、收入 244.81 万元、负债 1979.16 万元。多开支费用 7.04 万元、多提折旧费 1.88 万元，变相转移国有资产 4.45 万元，每年负担人头经费和职工福利 67.1 万元、支付利息 100 万元以上。

九、定期审计

1989—1990 年，定期审计全县 48 个党政机关和财政全额拨款的事业单位财政财务情况：涉及金额 9325 万元，出问题资金 5.4 万元。审计收回财政资金 1.67 万元。

第三节　行业审计

1991 年，县商业局对下辖县专卖酒厂承包经营者离任审计：县专卖酒厂承包经营 2 年实现产值 213.38 万元，获利 36.41 万元，按合同减亏 2.4 万元。结论：超支严重。

1992 年，县交通局内审股，审计黔江地区轮船公司、县水运公司 1991 年财务决算情况；黔江地区轮船公司营运收入 621.6 万元，利润 53.6 万元。审计出公司下属企业欠公司 28.5 万元、下属针织厂亏损 6.78 万元。县水运公司营运收入 135 万元，利润 1.39 万元，结存资金 82.22 万元。其中欠款 35.01 万元。

2003 年，全县行业审计 98 个单位（财务收支审计 77 个、经济责任审计 4 个、基本建设审计 4 个、专项资金审计 13 个），审计出损失资金 1.2 万元、增收节支 42 万元、纠正违纪违规资金 16.4 万元，移交司法机关案件 2 件，采纳合理化建议 19 条。

2004 年，县主管局、行业内部审计单位 66 个（财务收支审计 31 个、经济责任审计 9 个、基本建设审计 22 个、专项资金审计 3 个、其他审计 1 个）。审计出违纪违规资金近 10 万元，损失浪费 5 万元，纠正不规范资金 5 万元，建议行政处分 1 人。

第四节　社会审计

社会审计主要是县审计局委托县审计事务所审计。

1989 年，由主管部门委托县审计事务所审计企业 8 个。

1991—1993 年，县审计事务所审计芦塘煤矿第一轮承包经营终结情况，县工业局所属 4 个企业、县林业局所属林产品经销服务公司、县乡镇企业局建工建材公司承包经营责任或财务收支情况，中药材、医药公司财务收支情况。

至 1997 年，累计审计查证 870 个项目，查证总金额 36429 万元，查出违纪金额 206 万元，贪污案 3 件、涉及金额 3.8 万元、人员 6 人。

第五章 价 格

第一节 管理机构

1956年9月13日，撤销县财政经济委员会下设的物价组，成立彭水县人民委员会物价办公室。1957年6月15日，撤销物价办公室，并入县财政经济委员会。同年11月30日，物价工作从县财政经济委员会分出，成立彭水县物价委员会，并下设物价办公室。1958年6月，将县计划委员会、物价委员会、财政经济委员会合并，成立彭水县经济委员会。1963年7月10日，县物价委员会单列。1968年1月1日，成立彭水县物价委员会抓革命促生产指挥组，并启用新印章，停止使用县物价委员会印章，但工作处于瘫痪状态。1979年，物价工作由县计划委员会设专人负责。同年10月18日，物价业务从县计划委员会分出，恢复成立彭水县物价委员会，是县革委主管物价工作的职能部门，按局级单位对待，归口县计划委员会。1983年10月单列，改称彭水县物价局。1984年5月，成立彭水县物价检查所，隶属县物价局。同年11月，彭水县物价局更名为彭水自治县物价局（简称县物价局），彭水县物价检查所更名为彭水自治县物价检查所。2001年8月，县级党政机构改革，县物价局并入县发展计划委员会，保留县物价局牌子。2003年10月27日，成立彭水自治县价格认证中心，为县发展计划委员会下属事业单位。

第二节 体制改革

1986年，国家定价的主要商品继续实行“双轨制”（同一产品计划内部分实行国家定价，计划外部分实行市场调节价的制度）价格，逐步将国家定价为主的单一价格形式改变为国家定价、国家指导价、市场调节价3种形式，将原来80%左右的品种由国家定价逐步改为30%～35%的主要工农业产品仍由国家定价、65%～70%的工农业产品为国家指导价和市场调节价。

1988—1990年，计划外议价和放开后市场调节的商品价格，实行企业定价许可制度。国营单位经营的议销粮油的主要品种，牛、猪、皮鞋、铝锅、奶粉、卫生纸、作业本、党报以外的报刊、黑白电视机、省外非名牌自行车、电冰箱、洗衣机等比较重要的部分商品价格和收费标准实行提价申报制度。除粮油主要品种、烤烟、蚕茧实行国家定价外，对粮食执行保护价敞开收购和顺价销售。猪肉、蔬菜、木材、计划外粮油及木本油脂油料实行指导价格，执行最低保护收价和最高销售限价。工业生产资料实行计划内国家定价，计划外定额运杂费和差率管理。农业生产资料尿素执行计划内全省一价，计划外县定最高限价。一些主要针纺织品、肥皂、洗衣粉、彩电等日用工业品实行国家定价、控制作价办法，差率偏小的、价格偏低的商品价格作适当调整。地方产品中的白酒及主要调味品实行国家定价，水泥、煤炭执行计划内国家定价、计划外部分由企业根据产销情况自行定价。石油液化气、公共汽车收费等实行最高限价管理。

1991 年，放宽企业自定价格的权限，除棉花、煤油、柴油、汽油、化肥、农药、农膜、种子和凭票供应的粮、油及其制品，以及民用供应的煤、食糖、金银饰品、食盐、中西成药、部分中药材、医疗器械等 18 类商品价格外，其余商品价格定价权（含各种差率）都放给企业自主决定，不受差率和差价的限制。

1992 年，实施“小步提租，不发补贴”的房租改革和“购销同价”“购销放开”粮价改革。全面放开日用消费品、大部分农产品和部分化工、建材、机械等产品价格，以及卷烟零售价格和三级批发价格，实行指导价格管理。放开计划外钢材价格，计划外石油实行差率控制。同时，建立和完善石油、木材、化肥、种子四种商品价格调节基金制度，平抑和调控物价。

1993 年，遵照“定价主体以企业为主，价格形成机制以市场形成为主，国家管理以间接调控为主”的新经济体制要求，全县除农副产品中的烤烟、蚕茧和“三木一香”（厚朴、杜仲、黄柏，沉香）等贵重药材外，工业生产资料中的计划内汽油、柴油、煤油，生产、生活用煤，木材、钢材、汽车、炸药等物资，农业生产资料中的化肥、农药、农膜、种子等，生活消费品中的食盐、药品、药械、金银首饰等，以及水陆客运价和邮电、水、电等公用事业价格，都由物价部门定价管理。计划外高价汽油、柴油、煤油由物价部门规定进销差率。计划钢材实行年利润率控制，具体销售价格由企业自行作价。其他绝大多数商品和行业价格均全面放开，形成以市场为导向的价格运行机制。供求弹性大的大部分商品价格放开，由企业和经营者自行定价，但其中的主要商品价格暴涨时，经县人民政府同意，采取最低保护价、最高限价、差率控制或收回作价权等临时措施进行干预。

1994 年，化肥实行统一、指令性的综合差率管理，全县统一销价。粮、油、肉等部分居民生活必需品价格实行差率控制和调价申报备案管理，城乡市场部分居民生活必需品和服务价格的 20 个品种和项目实行价格监审制度，小麦、玉米、水稻、蚕桑等重要农产品实行统一收价。石油成品油出厂价、调拨价、批发价、零售价实行计划内外“并轨”，执行国家定价、全市一价、城乡统一价格销售的办法。放开全县民用煤价格，郁山火电厂用煤价格由县人民政府协调。

1995—1998 年，农资市场实行“一主一辅”（各级农贸公司是流通的主渠道，农业植保、土肥、农技推广“三站”以及生产企业自销是流通的辅助渠道）的经营政策。改革成品油零售价格及管理权限，将汽油、柴油零售价格由政府定价改为政府指导价格，价格由国家发改委管理，实行全市一价、城乡统一价格（包括对用户的批发价格）销售办法。除各类化学药品、避孕药品、生物制品和国家、省级管理的 30 种大宗常用中成药、60 种大宗常用中药材价格由国家定价管理，并实行全县统一批零价格外，国家明令放开价格的药品，均属国家指导价管理，由药品经营者自主定价。

1999 年，改革粮食流通体制，实行保护价收购和顺价销售。取消 11 种商品价格的最高限价和提价申报、利润率控制制度，放开化肥零售价格。2000 年，蚕茧、粮食等农副产品收购、销售，药品、食盐、石油等重要商品价格，实行政府指导价。

2001 年，推行涉农收费及价格公示制度，商品和服务实行明码标价。

2002—2003 年，改革行政审批制度，将各单位自行受理独立审批改为由行政服务中心一门式受理、一口式收费、返回原单位分散审批、限时办结的审批方式。取消限制消费的价格措施，疏通流通环节。

2004 年，宏观管理关系国计民生、与人民群众生活密切相关的成品油、食盐、电力及药品、医疗服务收费等重要商品价格、服务性收费。实施化肥和粮食作物种子价格干预措施，化肥出厂价和经营环节销售价格实行差率和最高限价管理，种子经营环节实行差率管理。推行义务教育“一费制”（指在严格核定杂费、课本费和作业本费标准的基础上，由市人民政府确定一个收费总额，然后一次性统一向学生收取的收费办法）。物业管理收费区别不同性质和特点分别实行政府指导价和市场调节价，卷烟市场实行统一的明码标价。

2005年，电力价格管理权限上收市级管理，全市城乡一价。城乡居民生活用水价格纳入全县价格管理目录，医疗服务价格实行公示制度，物业服务二级收费标准和审批权限下放到区、县（自治县）物价局管理。

第三节 价格调控

1986年，根据国家“巩固、消化、补充、改善”和“坚持改革，稳步前进，保持市场物价的基本稳定”方针，调整部分商品价格和商品收费标准。核定县饮料厂香槟汽酒价格。兔毛、山羊板皮实行最高限价，肥皂上浮价不超过10%。调高门诊挂号费、食盐销价，杜仲、厚朴、黄柏的收购价，茶叶零售、批发价，中小学生作业本、打字纸、书写纸、有光纸、单胶纸、烧碱、水泥等出厂价。允许县水泥厂在县内销售价格下浮，出县境双方议价。

1987年，调整县、区、乡直接在外组织的化肥综合差价率，大化肥不超过7%、小化肥不超过10%。县农资公司按进价加合理运杂费和大化肥县加3.50%，区、乡加5%；小化肥县加5.50%，区、乡加8%的综合差率作价。粮食类进销差率8% ~ 10%，油脂油料类10% ~ 12%。杂交水稻每千克4.46元，玉米1.30元。生猪饲料平价每千克0.30元，议价不超过0.44元的供应价格。集市价格的最高限价，小麦每千克不超过0.56元，油菜籽每千克不超过1元，猪肉不超过国营公司销价0.20元。

1988—1990年，调高电价、自来水收费、煤炭、公路运价、邮政资费。生活用电每千瓦时由原来的0.20元调到0.24元，工业用电由0.10元调到0.165元。自来水每吨由0.26元调到0.32元。公路运价每吨千米川湘线调到0.23元，县区线0.28元，区乡线0.34元。普通信件由0.08元提到0.20元。调整烤烟、油菜籽、棉花、茶叶、中药材、棉纺织品、白糖、肥皂、洗衣粉、煤炭、煤油等省管商品价格和生猪、木材的购销价格，以及部分医疗收费和县产棉线、豆瓣、酱油、醋、豆腐、肥皂、卷烟的产销价格和油脂加工费、搬运收费标准。按照省人民政府关于“大化肥全省一价、小化肥一县一价”的规定，全县各种化肥统一零售价格。降低三膜、种子、农药、饲料、硝铵、氯化铵、议价尿素的销售价格，三膜每吨降低270 ~ 900元，硝铵、氯化铵、议价尿素的销价降幅分别为9%、10%、12%。放宽原实行申报的6种商品价格和皮鞋、服装价格。

1991年，在国家大幅度调整计划粮油价格的情况下，全县计划外粮油保持基本稳定，略有降低。适当提高地产食醋、酱油等副食品和啤酒、成品油销售价格，继续放开计划外水泥和煤炭等商品价格。

1992年，粮价调整和购销放开后，虽粮食类指数猛涨，但议价粮油价格略有回落，相关产品价格平稳。烤烟运输由全县一价调整为分区、乡、线、点的运输价格。适当提高食盐、食醋、自来水、粮食定购及粮食制成品统销等的出厂价、批发价和零售价。降低部分省管药品的出厂价、批发价、零售价和水路运输等价格。

1993—1994年，核定全县食盐、液化气、种子、农膜、定购粮、发电用煤及计划内石油等重要商品的最高销售限价。制定烟、蚕茧等产品收购价格以及国家管理的药品价格。调高电力、自来水供应价格以及化肥、农膜、“两杂”种子（杂交水稻和杂交玉米）销售价格和稻谷、大米、玉米、油料等收购价格，降低乙酰螺旋霉素等6类7个品种的出厂价、批发价和零售价。

1995—1996年，制定出台《关于加强餐饮娱乐业服务收费和商品价格管理的通知》《药品价格管理办法》。先后8次调整各种化肥、农药、农膜、种子的统一销价，2次审定农村救灾粮的供应价格。调整定购粮油、烤烟、蚕茧的收购、销售价格和等级质量标准，以及食盐、部分药品、民用煤、金银首饰等批发、零售价格。猪肉实行限价管理。适当调高自来水公司及乡镇的供水价格、电力公司的供电价格、石油公司的“三油”（柴油、煤油、汽油）价格和搬运公司的搬运价格，以及《彭水报》价格。

1997—2001年，适当调整种子、农资、蚕茧、成品油、食盐、林木果苗、民爆物品、石油液化气、工业用煤炭等购销价以及34种中央管理的药品和14类25种市管药品价格，下调电价，转发223种药品的最高零售价，制定全县烤烟专用物资统一零售价、粮食收购保护价政策。

2002—2004年，调整1108种药品的最高限价，降低虚高药品价格。调整成品油、汽油、柴油、电价各2次。转发42种药品的最高零售价和降低48种药品价格。制定烤烟专用物资、电力上网、农业灌溉用水、报废汽车收购等价格，以及春运、跨省区长途汽车旅客运输价格和城区出租车运价。

2005年，转发15种药品的最高零售价，降低22种药品价格。调整成品油、电力的销售价格和蚕茧的收购价格，以及烤烟专用物资、自来水、天然气等价格，制定民用爆破物资作价办法和收费标准。

第四节　收费审批

1987—1988年，审批中学招生考试报名、照相，部分区乡人力运输、国土、邮电、村镇规划管理、婚姻证件、居民身份证等收费标准。

1989年，开展行政事业性收费许可证发放工作。监督整顿中、小学校收费，限制学生代管费。审批国土、文化、广播电视、港口、装卸等收费项目及标准。

1990年，严格审批收费项目、标准，核发收费许可证。审批公共场所卫生管理、自来水安装、建筑材料检验等收费项目及标准，取消机台管理服务费和社会力量办学指导费。全县审查收费单位54个、项目272项，其中自立项目8项。经审定取消6项，降低4项。重新规定各级中小学校收费项目及标准，核发教育收费许可证87本。1991年，纠正和取消行政事业性收费项目12项。

1992—1995年，审查农机、司法、国土、交通、劳动、计生委、建设管理、人事、邮电、旅馆业、歌舞厅、《彭水日报》、学校、部分医疗机构、林业、畜牧、广播电视等收费单位330个、1762项、收费总额2870.62万元，取消和降低违规收费项目118项，纠正25项，查处收费违纪案件13件，经济制裁84557元，核发收费许可证511本。其间，1995年取消中小学选校费。

1996年，通过收费审批，取消农话月租费、市话改制费和5项电话附加费，降低市话月租费。审批制定机动车驾驶员管理活动经费，以及生猪屠宰、体校训练房、高等病房、成人招生报名和建档等收费项目和标准。审查收费单位89个、项目297项、收费总额1480万元，取消和降低18项，查处收费违纪案件12件，经济制裁7.46万元，罚款5000元。重新换发收费许可证405本。

1997—2001年，审查公安、工商、城建、国土、教育、交通、卫生、环保、农业、民政、劳动、技监和计划生育等收费单位469个、1227项、收费总额13354.6万元，取消和降低违规收费项目108项，查处收费违纪案件39件，经济制裁37.21万元，核发收费许可证1385本。

2002年，取消或合并与市场经济不符，属审核内、地方性、同一事项较多的审批项目，精减国土、规划、公安部门的审批项目，停止办理和注销“经营性收费许可证”。至2004年，累计审查收费项目1585项、金额12962.4万元，取消和降低违规收费项目89项，查处收费违纪案件13件，经济制裁18.16万元。办理行政事业性收费许可证299本，审查869本。

2005年，审批核定物业管理、中小学校学生宿舍、幼儿园、汽车驾驶培训、超限超载车辆装卸保管等收费标准，降低彭武路车辆通行费，取消自来水水费滞纳金和用水最低消费，调整污水处理费征收标准、中学住校生住宿费、殡葬服务费。审查收费总额 5262.3 万元，注销收费项目 3 项。换发收费许可证 75 本，审查 303 本。

第五节　价格调查

彭水自治县价格调查主要是针对价格改革调整给农村经济带来影响的调查。

1986 年，调查 19 个点、1 个茶场 55 户农民生产的粮、油、桐、棬、苎麻、红橘、漆、棓、生猪等 28 个农产品生产成本收益和劳动生产率，以 0.067 公顷为单位（下同），单位生产成本 56.93 元，单位生产产值 70.25 元，单位纯收益 1.84 元，每个劳动日纯收益 0.80 元。同时，对 1985 年价格改革调整给农民收支的影响作调查测算：农民出售农产品和工矿产品、劳务收入按 1985 年价格计算为 6290.50 万元，农民购买生产、生活资料和非商品支出按 1985 年价格计算为 5083.21 万元，分别比 1984 年增加 762.21 万元、185.08 万元。收支相抵后，1985 年比 1984 年收入增加 577.13 万元。

1987 年，调查 3 个综合点、30 户农户、22 ~ 24 种农副产品的生产成本和纯收益。按照县统计局的农村家庭调查实际工价 1.43 元、1.32 元计算（50 千克）：小麦含税成本 19.70 ~ 23.78 元，纯收益只有 0.3 元；玉米含税成本 13.99 ~ 19.15 元，纯收益 1.03 ~ 5.98 元；苎麻含税成本 58.27 ~ 81.70 元，纯收益 149.73 ~ 460.98 元；烤烟含税成本 41.43 ~ 48.96 元，纯收益 51.53 ~ 97.16 元；桐籽含税成本粮 22.92 ~ 24.06 元，纯收益 12.52 ~ 15.03 元；一般户养猪成本 73.43 ~ 77.74 元，纯收益 4.19 ~ 14.77 元。调查表明，经济作物的纯收益较大，粮食、生猪的纯收益很小，粮经比价还需要作适当调整。

1988—1994 年，随着农民对农业生产重要性认识提高，农业投入不断增大，生产成本逐年上升，农产品投入与产出比在品种间发展不平衡，每一劳动日创造主产品产量、创净产值和劳动生产率绝对额呈上升趋势。化肥、农药、种子等生产资料价格上涨和用量增大是导致生产成本上升的主要因素。1988 年三种主要粮食作物（小麦、稻谷、玉米）单位生产总成本 62.5 元、单位生产产值 82.89 元、单位纯收益 18.65 元。1994 年相应为 112.15 元、312.13 元、186.35 元，分别是 1988 年的 1.79 倍、3.77 倍、9.99 倍。

1995 年，化肥、农药、种子等农业生产资料和饲料价格上涨，农业生产成本大幅上升，严重影响农业生产效益的提高。除粮食作物、烤烟生产效益明显提高外，其余品种因单位数量下降、市场价格降低或生产成本过高，农产品单位产量、生产效益出现大幅度滑坡现象，个别品种还出现“倒挂”。单位生产总成本：三种主要粮食作物平均值 201.79 元、油菜籽 139.89 元、苎麻 533.73 元、烤烟 387.75 元，生猪每头 1054.73 元，比上年分别上升 79.93%、77.75%、63.91%、95.7%，79.08%。单位总产值：三种主要粮食作物 412.99 元、烤烟 1169.44 元、油菜籽 183.43 元、苎麻 1512.33 元，生猪 698.04 元，比上年分别增长 32.31%、111.55%、16%，下降 30.00%、24.7%。单位纯收益：三种主要粮食作物 204.6 元、烤烟 777.85 元、油菜籽 39.11 元、苎麻 968.04 元，比上年分别增长 9.79%、121.90%，下降 47.8%、46.98%，生猪净亏 356.69 元。百元产值含生产成本：三种粮食作物、油菜籽、苎麻、生猪、烤烟比上年上升 24.7%、53.2%、134%、137.9%，下降 7.5%。每一劳动日生产主要产品产量：三种粮食作物 12.3 千克、油菜籽 3.9 千克、烤烟 4.4 千克，分别比上年下降 1.6%、增长 8.33% 和持平。劳动日值：三种粮食作物 13.67 元、烤烟 28.02 元、油菜籽 6.65 元，分别比上年增长 24.27%、92.71%，下降 7.89%。1996 年，单位生产总成本、百元产值含生产成本继续增长，单位总产值、纯收益、每一劳动日生产主要产品产量、劳动日值涨幅远低于成本增长幅度，生猪、桐籽出现“倒挂”。

1997—2000年，化肥等农业生产资料价格明显降低，劳动费用有一定减少，主要农产品生产成本大幅度下降，经济作物生产成本大幅度上升。由于受价格因素的影响，主要农产品生产效益，不论是单位产值，还是单位纯收益，均呈下降趋势。

2001—2004年，单位生产成本逐年上升，单位生产产值同步上升，单位纯收益涨幅较大。

2005年，单位生产成本：三种主要粮食作物平均为306.49元、油菜籽184.87元、苎麻701.04元、烤烟813.03元，比上年分别下降13.46%、14.03%、21.81%，上升18.42%。单位净利润：三种主要粮食作物平均107.39元、红橘326.87元、苎麻274.53元、烤烟375.84元，比上年分别上升73.38%、19.23%、0.14%、3.49%，生猪每头净利润净亏143.83元，比上年增亏6.80元。市场销售抽样调查显示：粮食、豆类、油料、蔬菜、水果、生猪价格比上年分别下降5.3%、0.7%、6.5%、3.0%、3.8%、10.5%，禽蛋基本持平，水产品、尿素、碳酸氢铵、磷肥、钾肥、复合肥、普通地膜、农药比上年分别上涨5.4%、31%、37.5%、24.8%、13.3%、15.6%、10%、20% ~ 30%。

1986—2005年彭水自治县三种主要粮食作物调查情况表

表23-16 单位：元

年度	单位生产产值	单位生产成本	单位纯收益
1986年	70.25	56.93	1.84
1987年	72.05	57.05	13.33
1988年	82.89	62.50	18.65
1989年	91.68	70.91	19.03
1990年	151.34	76.89	72.32
1991年	137.78	86.67	49.19
1992年	113.40	98.04	12.97
1993年	171.50	106.07	62.08
1994年	312.13	112.15	186.35
1995年	412.99	201.79	206.48
1996年	423.90	297.66	120.20
1997年	335.39	268.23	60.96
1998年	321.76	283.79	25.81
1999年	288.95	273.43	-0.38
2000年	255.99	220.13	14.93
2001年	197.75	238.81	63.39
2002年	173.78	296.49	12.08
2003年	228.22	284.94	51.90
2004年	—	345.14	61.94
2005年	—	306.49	107.39

1986—2005年彭水自治县物价指数表

表23-17 单位：%

年度	全社会零售	农业生产资料	生活费用	消费品零售
1986年	104.8	104.1	105.2	82.4
1987年	107.9	110.9	107.4	107.4
1988年	—	116.8	116.2	116

续表 23-17

年度	全社会零售	农业生产资料	生活费用	消费品零售
1989 年	109	118	118.3	116.7
1990 年	109.2	104.1	109.3	110.1
1991 年	106.1	108.6	106.4	105.5
1992 年	109.6	107.9	110.3	109.9
1993 年	115	106.2	116.5	116.9
1994 年	123.7	117.8	123.6	125
1995 年	115.9	128.6	116.8	113.1
1996 年	104.9	107.3	105.3	104.3
1997 年	102.3	97.7	103.1	103.4
1998 年	97.9	90.6	98.7	99.6
1999 年	99.7	96.4	100.8	98.8
2000 年	98.5	—	—	99.8
2001 年	101.6	102.1	102.2	101.5
2002 年	101.2	101.3	—	101.1
2003 年	101.1	—	101.6	—
2004 年	103.8	—	104	—
2005 年	103	101.6	—	100.9

注：每年的指数是以上年为 100 作为基本点

1986 年与 2005 年彭水自治县部分食品集市价对比一览表

表 23-18　　单位：元 / 千克

年度	大米	玉米	小麦	面条	大豆	绿豆	糯米	白菜	豆腐	干辣椒
1986 年	1.56	0.92	0.62	1.44	1.84	1.80	2.04	0.52	0.80	4.56
2005 年	2.60	1.36	1.36	3.20	2.80	6	3.60	1.38	2	12
年度	无骨猪肉	牛肉	活鸡	鸡蛋	草鱼	鲤鱼	苹果	梨	橘	香蕉
1986 年	4.52	4	5.20	7.60	7.20	11.74	4.80	3.56	2	3.60
2005 年	12	18	14	13	12	12	3.60	3.20	1.40	4

第六章　质量技术监督

第一节　管理机构

彭水县人民政府成立初期，质量、计量监督由彭水县市场管理委员会管理。1956 年 12 月 1 日，建立彭水县度量衡检定所，主要对商贸方面计量器具的修理和质量监督检查。1959 年 3 月，改称彭水县计量检定站，编制 2 人。先后划属县商业局、县科委、县计划委员会等部门监管。1978 年 10 月 20 日，更名为彭水县标准计量局。1983 年 12 月，撤销彭水县标准计量局，复称彭水县计量检定站，隶属县经济委员会。1984 年 2 月，复称彭水县标准计量局，县计量检定站归属县标准计量局管理。同年 11 月，彭水县标准计量局改称彭水自治县标准计量管理局。1986 年，设立标准化股、计量监督管理股、执法股、产品质量监督检验所、计量测试所，配制职工 20 人，其中 12 人通过四川省考试获得质量监督执法资格证书。1987 年，新建电表检验室，开展计量器具的改制和周期检定。1989 年 6 月，撤销县标准计量管理局，成立彭水自治县技术监督局。1997 年 4 月 16 日，县人民政府成立彭水苗族土家族自治县打击生产（销售）假冒伪劣产品办公室（简称打假办），设在县技术监督局内。1998 年 10 月，撤销执法股，成立彭水自治县技术监督执法大队，为县技术监督局内设机构。2000 年 12 月，县技术监督局更名为彭水自治县自治县质量技术监督局（简称县质监局），由重庆市技术监督局垂直管理。2001 年，根据《重庆市技术监督局关于移交区县（自治县、市）锅炉等特种设备安全监察职能机构编制的通知》，特种设备监管由县劳动局划转到县质监局。2005 年，增设办公室（法制科）、特种设备安全监督科、计量测试科、食品科，下设质量监督检验所，县人民政府成立的工业产品生产许可证管理办公室、打假办、组织机构代码办公室、地理标志产品办公室、执法大队等机构，均设在县质监局。当年设置局长 1 人、副局长 2 人、中层管理干部 12 人，局机关员工共有 26 人。

第二节　计量监管

1986 年 7 月 1 日起，正式实施《中华人民共和国计量法》（简称计量法），计量管理步入法治轨道。是年，县标准计量管理局将县境内用于贸易决算、安全防护、医疗卫生、环境监测等方面计量器具纳入强制检定范围。对制造、修理计量器具的企事业和个体户实行监督管理，检验单位 1500 家，受检砝码、案秤、秤砣、台秤等商品 3150 件，合格率 85%，其中国营 700 家、1350 件、合格率 91.5%，集体 450 家、800 件、合格率 81%，个体 350 家、1000 件、合格率 75%。检定企业及市场经营中使用木杆秤 1007 支，符合计量器具要求 870 支，合格率 86.40%，销毁、取缔不合格木杆秤 137 支。会同县工商、物价部门在商贸系统中开展创建“物价、计量信得过”单位活动，通过试点和检查验收，“物价、计量信得过”单位达标 9 个。

1987 年，国家颁布《计量法实施细则》《强制检定用计量器具管理办法》，县人民政府出台《关于进一步推行法定计量单位意见》，计量法宣传重点从城镇转到区乡集镇。县标准计量管理局工作人员采取挂图和广播相配合，与市场检查相结合的方法，深入区乡 74 家企业（国营企业 10 家、集体企业 42 家、个体户 22 家），抽检生产和销售白酒、饮料的厂家 88 个。对检验质量、计量标准不合格厂家，责令限期整改。按照《中华人民共和国计量法实施细则》要求，组建校表教研室，校验电度表 1200 支，常年校验压力表、水表等计量器具 5000 余支。1988 年，不定期对国营、集体和个人检验 461 家，帮助企业改制压力表 103 支、抗折抗压机 3 台、量提 1100 套，检验计量器具 1453 台（件），合格 1445 台（件），合格率 99.45%。对不按标准生产企业和经营伪劣商品单位及使用不合格计量器具单位限期整改，实施罚款 300 元。

1989 年，开展企业计量管理培训，培训企业标准计量人员 282 人，占应训人员 86.6%。县境杆秤生产行业停止生产“市制秤”，全面推广“千克”秤。检查计量器具台秤 1061 件、案秤 44 件、木杆秤 55 支、地秤 11 台、电度表 500 余块、压力表 220 支、天平 22 台、大衡器 11 台、售油器 2 台、血压计 29 支。

1990 年，县技术监督局开展 2 次大型市场计量检查，核对账卡 2000 余份，实施检验法定计量单位 13 项 3.07 万处，正确使用的 3.02 万处，没收不合格计量器具 42 台（件）。

1991—1995 年，检查市场及生产厂家 42 次，校验电度表、压力表、售油器等计量器具 2.18 万支（台），查处销售和使用不合格计量器具坑害消费者事件 4 起、缺斤少两欺骗顾客事件 3 起，罚款 580 元。

1996—1997 年，烤烟收购期间，县技术监督局组织 28 人次，对烟农反映计量问题严重的 7 个收购点督查，现场处罚计量违法人员 2 个。全面检查整顿群众关心的石油液化气计量问题，书面通知限期整改。检验加油站计量器具 58 个，周期检定计量器具 8250 台（件）。

1998—1999 年，重点对定量包装商品、烤烟收购计量监督检查，强制检定生产、经销、收购单位计量器具 142 家 1.02 万台（件），计量合格率 82.3%。

2000 年，工业企业执行标准计量，县属部分企业逐步达到计量标准。定期监督检查水泥、化肥、农药等 19 种定量包装商品，净含量合格率 86%。检查在用和销售计量器具 1208 件，合格 1158 件，合格率 95.86%。监督烤烟、粮油、蚕茧等收购产品计量，查处违法行为 16 起。检定加油机、台秤、地秤、电度表等计量器具 5005 台（件），联合有关检测部门对县医院超声源和材料试验机定期检定。

2001—2002 年，检定加油机、台秤、地秤、案秤、电度表等计量器具 1.82 万台（件），以及县级医院使用的超声源 7 台、激光源 7 台、心脑电图 13 台、张拉机 2 台、材料试验机 7 台，计量器具受检率 90.6%。

2003—2004 年，强制检验石油液化气钢瓶 2.5 万只，全面检验电能表、水表、压力表、大衡器、加油机等在用计量器具 7020 台（件），没收销毁不合格计量器具 72 台（件）。抽查水泥、食品、食盐、农药等定量包装商品，合格率 85%，收缴不合格器具 142 台。在市场设置公平秤。计量器具定期检定 2.72 万台（件）。

2005 年，检定县城农贸市场经营使用计量器具、定量包装商品摊点 1000 余个，重点检验杆秤、台秤、弹簧度盘秤、电子自动显示秤、天平、医用三源（X 光机、B 超机、心脑电图机）等计量器具 7668 台（件）。检验煤矿瓦斯计、风速表、报警仪 40 批次，销毁不合格计量器具 3 件。

第三节 质量监管

1986年，县标准计量管理局筹资5000元购买实验设备，对国营、集体和个体111家经销的白酒、菜油、大米等12项产品质量进行检验。除送重庆市质监部门和黔江地区检验的氯化钠等7项特殊品种外，抽样检验288个样品，合格率92%。同年，多次对县水泥厂和砂砖厂进行质量监督、检验。水泥厂生产的3万吨水泥全部合格，砂砖厂全年生产砂砖1050万块，一级产品合格率98%，销售收入21万元，纯利润13.44万元，实现扭亏为盈。

1987—1988年，举办2次企业质量监督人员培训班，培训二轻、工业、商业、农机和乡镇企业生产技术骨干68人次。检查县内生产和销售企业质量41次。

1989年5月27日至6月19日，会同县工商局、县经委、县财办、县防疫站等部门组成检查组，对生产领域14个企业、流通领域9个企业的产品、商品展开质量检查。检查品种40个，查处严重超期变质的黔江啤酒1968瓶、猕猴桃汁480包、花生米850千克，没收假冒伪劣质变食品3686件、总价值5.98万元。11月2日至23日，县技术监督局配合工商、物资、农机等部门对全县27个经销单位和个人经销的皮线、开关、插座、胶花线、插头、断容器、塑料铝芯线等低压电器商品进行质量检查，扣押（封存）伪劣电器商品5851件，价值6.57万元，没收商品价值1.07万余元。

1990年，开展各种质检培训360人次，督促企业配备质检管理和质量检验人员459人。实行产品（商品）质量报检制度，坚持售前检查与市场监督相结合的办法，新增检查服务项目8项，督查化肥、农药、种子、大米、菜油、面粉、肥皂、原煤、蜂窝煤、白酒、日用电器以及各种建筑材料等品种48个332批次。其中，抽检品124个，合格率77.74%。不合格产品处理率100%。1991年，彭水自治县质量监督检验所成为全县取得计量认证资格证书的技术检测机构。

1992—1994年，对全县342家工商企业、集贸市场、个体经营户的39万套食品标签补印保质期标记。

1995—1998年，检验低压电器、化妆洗涤用品等18个品种、3560件。市场监督489次，查处销毁不合格商品价值56.8万元。对进入彭水的烤烟生产资料，特别对烤烟专用肥料严把质量关。

1999年，排查汽车配件、建筑材料、食品饮料、农资产品、洗涤用品、低压电器等商品，监督检验93个企业502批次产品。查处不合格建材11批次、农膜27吨、水泥编织袋13万条、钢材54吨、假冒伪劣汽车配件564件、自来水加色素灌装的假冒“非常可乐”100件，公开销毁假烟、假酒、假洗涤用品、劣质低压器等假冒伪劣商品价值302万元，罚款12.23万元。

2000年，县技术监督局开展“查市场，保两节”“查农资，保春耕”“查建材，保建设”活动，检验市场经营的建筑、装饰材料，成品油、汽车配件、低压电器等产（商）品经销门市部28个、103种、614批次，合格516批次，合格率84.04%。2001年，监督检验和抽查184家企业、12个种类、708批次产品质量，查处水泥、钢材、刹车油、农药、味精、电线电缆、灯具、棉花等劣质商品总价值171万元。

2002—2004年，开展“保质量、守规则、讲诚信”和专项打假等活动。监督检验和抽样检验企业、门市部、工程施工单位190家、6个种类、702批次商品，合格率93%，没收并销毁伪劣商品价值172万元。

2005年，县质监局贯彻ISO 9000、ISO 14000等质量系列标准，提升企业经营质量管理，查获涉嫌含有苏丹红食品1批，涉及生产企业1家，查封制假原料“辣椒粉”90千克。

第四节 标准化管理

1986 年，宣传和制定标准化方案、检查产品质量标准，树立标准化管理和指导服务。调查全县 48 家企业 63 个产品，执行国标 20 个、部标 6 个、企标 16 个，无标产品 9 个。至 1988 年，培训 8 大系统 16 家企业标准化管理骨干 89 人次。

1989 年,《中华人民共和国标准化法》正式实施，标准化检验县级机关 20 个单位、220 份档案记录，对运用标准化管理较差的烟草公司提出整改建议，在复查中全部合格。协助烟草公司执行烤烟国际等级收购新标准，当年，收购上、中等烟叶 77.7%。

1990—1992 年，宣传质量、计量标准化，举办“全质管理”“标准化”等培训 6 期，帮助 16 家重点企业培训质管人员 290 人次。提供技术咨询 89 人次，直接技术指导 266 人次。对县内 49 个乡镇 224 个村传授烤烟技术服务，执行烤烟国家标准、统一验收技术、监督分等定价、检验称重器具等，烟叶质量大幅度增长，上等烟叶增长 12.8%，中等烟叶增长 8.2%，均价提升 1.02 元 / 千克。抽样化验 222 个生产组 806 户水稻杂交责任田 186 公顷 8.2 万组样本，杂株率 9.35%、最高 16.8%，超过国标（4%）规定，为制定和部署全县杂交水稻标准化生产提供科学依据为实现标准化管理打好基础。1993—1994 年，县质监局添置全国统一代码标志设备 1 套，对县企业标准化管理普查登记，建立统一代码数据库，打印、输入、办理代码证 1426 份。与县经委合作，培训企业标准管理骨干 20 余人，发放宣传资料 200 份、《中华人民共和国质量法》单行本 200 份（本）、《中华人民共和国质量法》知识竞赛题 1000 份、宣传标语牌 561 块，办宣传专栏 2 期，有线电视宣传 1 次，有线广播宣传 15 天，在《彭水报》上登载《彭水苗族土家族自治县人民政府关于开展统一代码标识制度工作的通告》，与有关部门联合发送文件 1500 份，实现企业标准化、计量上等升级。

1995—1998 年，依据《中华人民共和国标准化法》规定，重点做好企业标准建标、登记，发放企业标准化产品证书 30 份，培训标准化技术人才 456 人，确定 10 家企业实行标准化管理。

1999—2000 年，对县属企业标准备案 168 家，新建志松食品有限公司等企业标准 42 份，修订企业标准 32 份。强制性标准检查农药、水泥包装袋等企业 19 家，检查过期失效农药销售单位 6 家，对不符合标准化管理 4 家企业罚款 1000 元。审定标准化计量加油站 5 个，评选标准化企业 4 家。

2001—2004 年，重点做好企业标准的建立和登记，清理过时、失效企业标准。检查企业 72 家，备案县企业标准化 56 项（国家标准 42 项，企业标准 14 项），产品标准覆盖率 96%。年检企业新建标准 66 个，办理法人代码 186 个，组织机构代码年检 108 家，办理并发放代码证 688 份，新办条形码 24 个，周期检验计量器具 3.66 万台（件），收缴并销毁不合格计量标准器具 142 台（件）。全县消除无标准化管理生产企业。

2005 年，清理全县食品加工企业，修订企业标准 28 家，标准备案率 100%。年检标准化企业机构代码 74 家，清理沉淀数据 122 家，费置 47 家，新办 157 家，发放 IC 卡 170 张。为 7 家企业发放 ISO 9000 系列标准，对编写不符合 GB/T1.1–2000 和 GBT1.2–2002 标准的企业责成限期修订备案。年底，县质监局顺利通过“全国消灭无标生产达标县”验收。

第五节 认证认可监管

1986 年，彭水自治县认证认可工作起步，开始对各种设备和产（商）品认证登记。无证经营和许可证过期的单位和个人，督促申请办理和更换经营许可证。

1987—1991 年，检验常用技术标准 498 项。其中，国家标准 324 项、专业（部）标准 106 项、省（市）标准 16 项、地方标准 52 项，覆盖农林、医药卫生、能源、化工、商品、建材，环保等 15 个类别。

1991 年 5 月 7 日，国务院颁发《中华人民共和国产品质量认证管理条例》，彭水自治县产品质量认证管理与国际接轨，正式使用标准化认证。全面检查国家实行生产许可证管理而无生产经营许可证、质量合格证、产品说明书的商品，阻止无 2 证 1 书的伪劣产品流入彭水市场。

1992 年，对经营正规商品企业，通过正常渠道发放经营许可证。次年 11 月 29 日，县质监局产品质量监督检验所通过机构和计量双认证取得 6 大类 15 项 51 个参数法定校验资格。

1994—1996 年，对加油站等 158 家企业进行认证认定，认定计量合格加油站 58 个，评定产品质量信得过单位 15 个。

1997—1998 年，发放企业产品登记证书 30 个，培训企业标准化骨干 456 人，发放代码证书 48 个，备案企业认证 36 件。复查计量信得过企业 141 家，质量信得过商店 16 个。

1999—2002 年，有 6 家技术检测机构通过计量认证（实验室认可），3 个企业通过国家强制性产品认证（3C 认证）。完成对实施强制性产品认证的产品调查和县内农资产品生产许可证换证统计上报。

2003 年 11 月 1 日起，施行国务院发布的《中华人民共和国产品质量认证认可条例》，1991 年颁布的《中华人民共和国产品质量认证条例》废止。

2004 年，县质监局组织金益烟草有限责任公司等两家企业开展“QC”小组和降损活动，按时上报县水泥厂等 3 家企业工业产品质量指标，发放认证认可宣传资料 2000 余份。

2005 年，检查无 3C 认证企业 32 家、无标准化管理生产企业 21 家，关闭无证生产小作坊 38 家，帮扶指导修订企业标准 7 个，办理食品生产许可证 6 家。县质监局与卫生局、人口和计划生育指导站联合发文《关于加强对医用计量器具管理的通知》，检验和认证认可县城及乡镇卫生医疗机构使用的医用计量器具，对不规范使用医疗机构相关单位限期整改，对不能认证认可的医用设备，邀请地区计量检定人员认定检验。

第六节　特种设备监管

特种设备包括锅炉、压力容器、压力管道、电梯、起重机械、客运索道、大型游乐设施所用机动车辆及制作烟花爆竹的设备。

2000 年以前，彭水自治县特种设备，由县劳动局的安全办公室监督管理。2000 年 10 月 1 日起施行《重庆市质量技术监督局关于锅炉、压力容器等特种设备的安全督察方案》。

2001 年，特种设备安全监察工作划转到县质监局管理。县质监局与有关部门配合进行锅炉、压力容器、压力管道等特种设备监察，对部分特种设备进行用前检验和周期检验。组织 12 家锅炉使用单位操作人员，参加重庆市举办的考核取证和换证培训。

2002 年，普查各乡镇特种设备，登记造册和微机录入锅炉 16 台、压力容器 12 台、起重机械 8 台、电梯 12 台，登记成功率和普查检验率 100%，准确率 100%。检验液化石油气钢瓶 13721 只，发出监察意见书 62 份，管理文件 6 份。定期检查小型和常压热水锅炉、压力管道、罐车和充装站等特种设备。2003 年，监察蒸汽锅炉 22 台、压力容器 16 台、电梯 24 台、游乐设施 6 台，检查率 100%。重点检验石油液化气钢瓶 2.5 万支，检验率 95% 以上，消除市场上不合格钢瓶充装的石油液化气。

2004 年，制定特种设备安全生产计划，层层签订目标责任书，全年召开安全生产会议 6 次，对液化气充装站、经营门市、特种设备使用的单位负责人或操作人员进行法律法规教育，学习《国务院关于特大事故行政责任追究的规定》《锅炉压力容器压力管道特种设备事故处理的规定》及特种设备行政许可相关事项。检验有压力管道的企业14家，整治压力管道1.85万米，发出特种设备安全意见书70份，整改安全隐患87起，检验锅炉18台、压力容器30台、起重机械2台、电梯30台、气瓶4661只、游艺机和游乐设施4台，在用设备检验率100%，持证上岗率98%。完成辖区内特种设备建档工作，基本实现数据动态管理。

2005年，出动300余人次，检查生产、使用特种设备94个单位560台（件），检验其他各类设备4000余台（件），消除设备隐患78起，下达监察指令67份，责令停产整顿企业4户，对8家特种设备重大危险源、重点隐患单位落实“一盯一”24小时值班蹲守。向金益烟草公司、中阳天然气公司、渝欣纸业公司、下塘液化气站、郁山火电厂5个单位派驻现场安全督导工作组，对煤矿瓦斯测定仪、报警仪和风速表进行检验，及时消除安全隐患。

第七节 执法监督

1986年，县工商、县物价、县工会、县卫生防疫站等部门协同县质监局对市场商品进行执法监督检验，查出糖酒公司门市部销售的饼干、橘子罐头、葡萄酒、香槟、啤酒等变质变味食品，销毁处理668箱价值3.5万元，罚款1100元。

1987—1988年，县质监局会同工商、物价组成联合督查组，对全县8区2镇62个乡的执法情况进行检查，查看文件800多份，对不采用法定计量单位的企业和团体，根据情节轻重分别给予不同程度的处罚。

1989—1990年，宣传有关质量和计量方面的法律法规，组织粮食、供销、商业、物资、工业、二轻、农机、水电、烟草公司等61个生产经营企业进行法律、法规培训126人次。对全县27个经销单位和个人经营的低压电器执法大检查，扣押不合格商品5851件，价值6.57万余元，罚款5550元。抽查23个县级部门及企事业单位的文件、统计报表、计划、票证、标签、账卡2000多份，使用法定计量单位13项3.07万余处。使用准确的有3.02万余处，占使用总数的98.20%。退回湖北省恩施市日用化工厂劣质洗衣粉335件，价值7000余元。查处糖酒公司从眉山县购进的劣质花椒油6000瓶。受理质量纠纷案12起，均按有关法律法规妥善处理，为消费者（用户）挽回经济损失2.65万元。

1991—1992年，面对众多商家无经营许可证用假冒伪劣商品非法经营的现状，按照国务院《关于严厉打击生产和经销假冒伪劣商品违法行为的通知》文件精神，县质监局联合工商、公安、医药、烟草专卖等部门开展执法检查，查处彩色电视机、黑白电视机、洗衣机、收录机、压力表、手扶拖拉机、青霉素注射剂、负荷开关、电度表、轮胎、食品、医药、建工材料、农业生产资料、机械配件等19230个品种，没收和销毁不合格商品价值48.26万元，根据贩卖者数量，累计罚款2756元。

1993年，县技术监督局在进行质量、计量检查中，没收销毁伪劣商品价值1.5万元。当年3月，县劳务公司从武隆购回52吨水泥，用于生产预制板，在安装预制板过程中发生断裂，致使1人重伤、2人轻伤事故。县技术监督局立即组织人员立案调查，经抽样检验证实是武隆县羊角水泥厂生产不合格水泥造成，及时通知该预制场停止销售和安装，避免更大事故发生。经过调解裁决，为公司挽回损失3.82万元。5月，涪陵八建司承建县广播局技改，使用保家水泥厂的水泥，造成瓷砖脱落、下水管崩裂、基础报废，损失7338.60元。经县技术监督局调查仲裁，由保家水泥厂赔偿全部损失。6月，县民族卷烟厂从重庆购回存在质量问题、价值130万元的烤烟，无法投入生产，县民族卷烟厂多次通知供货方前来解决，对方不予理睬，县民族卷烟厂向县技术监督局投诉，县技术监督局组织技术人员进行质量鉴定，制发《行政处罚决定书》，并与供货方沟通达成一致决议，为县民族卷烟厂挽回损失38万元。

1994年，遵循“规范市场、扶优限劣、引导消费、服务企业”方针，切实保护消费者和企业合法权益，为马峰水泥厂、矿泉水公司、郁山水泥厂等企业开展经济技术和法律咨询，查处大案要案71件。出动83人次对全县工商企业、集贸市场展开商品质量执法大检查，销毁制假窝点4个及6大类30种不合格商品，价值36万元。监督校验1000余次，督查建筑工程等企业55家。矿泉水公司产品被武隆县技术监督局扣押，经县技术监督局到武隆县协调得到解决，为企业挽回直接经济损失10万元。

1995—1996年，开展“打假”活动，检查市场7次，执行监督检验商品1110批次、食品标签43种、计量器具313台（件）。查处劣质烤烟复混肥1400吨、同河乡劣质玉米种子案、各区农资部门销售过期失效农药、劣质钢材21吨、假冒县矿泉水公司生产的矿泉水540件，销毁假冒伪劣商品总价值43万元。办理技术监督案47件（不包括现场处理部分），案件执行率100%。

1997—1998年，查处并销毁流入彭水境内的山西假酒30瓶（经检测其有毒物质甲醇含量超过国际标准5倍），预防假酒中毒事件发生。在粮食体制改革和粮油市场整顿中，善感乡因质量等级问题发生纠纷，少数不法分子煽动不明真相的农民围攻收购人员，县技术监督局及时派人到现场抽样鉴定，平息事态，为国家挽回损失3.1万元。县轮船公司从外地购回2台柴油发动机，准备对客船进行改装，货到后发现质量不符合标准，经县技术监督局鉴定，2台发动机均为废旧机器刷新而成，通过仲裁，为公司换回2台新发动机，挽回直接经济损失32万元。全年调解质量、计量投诉案62件，挽回经济损失65万元。

1999—2000年，受理用户和消费者投诉案56件，协调解决28件。捣毁制售假冒伪劣商品窝点7个。立案查处17起，办结15起，结案率88%。

2001—2002年，查获并销毁水泥、钢材、汽车配件、刹车油、铝型材、电线电缆、灯具、棉絮棉花等假冒伪劣商品货值343万元，捣毁制售假冒伪劣商品窝点9个（生产电杆的土锅炉5台、生产豆腐的土锅炉4台）。办理行政执法案217件，为企业和消费者挽回经济损失92万元。

2003—2004年，开展黑心棉、吊白块、地条钢、劣质食品专项打假行动，捣毁地条钢生产窝点1个，查处地条钢25吨，查缴并销毁劣质食品和假酒价值1.5万元。立案68件，结案57件。受理投诉15起，结案率100%。

2005年，县质监局执行重大案件事前报告制度，组织470人次检查配制酱油、直供牛奶生产场点、奶粉、非食品原辅料、食用牛油、火锅底料、肉类加工厂、肉品冷库、毒鼠强、液化气充装站、棉花加工厂等企业87家、产品312批次，货值436万元，立案查处51件，结案49件，结案率96%，准确率100%。捣毁万足乡个体户利用“土锅炉”生产豆制品窝点、饮料制假窝点和石粉制假窝点各1个，没收、销毁伪劣石粉、包装袋等假冒伪劣物品及制假原料、设备价值3万余元。特种设备立案24件，结案率100%。

第七章 安全生产监督管理

第一节 管理机构

1971 年 9 月 27 日，建立彭水县安全生产领导小组，在县革委会生产指挥组计划组内下设办公室；11 月 24 日，启用彭水县革命委员会安全生产领导小组办公室印章。1980 年 6 月，撤销县革委安全生产领导小组办公室，全县安全生产工作由县公安局管理。1986—2001 年 8 月，县安全办公室与县劳动局劳动保护股合署办公。2001 年 9 月，县级党政机关机构改革，组建县安全生产监督管理局（简称县安监局）；9 月 6 日，县安监局正式成立，履行安全生产监督、管理职能，同时挂县安全生产委员会办公室牌子，由县经济贸易委员会管理；9 月 18 日，县安监局与县煤矿安全监察管理局合署办公，实行一套班子，两块牌子；11 月 8 日，县安监局内设综合科和安全监督科，行政编制 5 名，正、副局长各 1 名。

2002 年 8 月 27 日，设立县安监局下属自收自支事业单位彭水自治县安全生产培训中心（简称县安全生产培训中心）。12 月，县安监局下属企业单位彭水自治县信达安全评价有限公司（彭水自治县安全评价中心）组建完成。

2003 年 10 月 12 日，县辖区内 39 个乡镇开始组建安全生产监督管理办公室，配备安监办主任和安监员。

2004 年 7 月，县煤矿安全监察管理局从县安监局拆分独立办公，原县安监局所承担的煤矿安全检查与监督职能移交县煤矿安全监察管理局。7 月 7 日，彭水自治县信达安全评价有限公司与县安监局机关脱钩，人、财、物独立，自主经营，独立承担法律责任；同日，县安全生产培训中心独立运行，专门从事安全生产培训工作，财务实行独立核算。9 月 7 日，设立县安监局下属事业单位彭水自治县安全生产监察执法大队。

2005 年 6 月 8 日，将设在一、二类乡镇经济发展办公室和三类乡党政办公室中的安全生产监督管理办公室分离出来，单设乡镇安全生产监督管理办公室（简称乡镇安监室）。乡镇安监室设主任 1 名，是乡镇人民政府的内设机构，业务上接受县安监局指导。9 月 8 日，县安监局内设机构增设政策法规科。12 月 12 日，彭水自治县安全生产应急救援指挥中心在县安全生产监察执法大队实行一套班子两块牌子办公。是年，在 300 个村（社区）建立了安全生产小组，成立各厂矿企业安全生产监督管理办公室（简称厂矿企业安监室）。

2005年彭水自治县各乡镇安监人员编制情况一览表

表23-19 单位：人

单位	专职安监人员编制数	单位	专职安监人员编制数	单位	专职安监人员编制数
汉葭镇	4	鞍子乡	4	太原乡	3
保家镇	4	诸佛乡	4	芦塘乡	2
黄家镇	4	润溪乡	3	迁乔乡	2
高谷镇	4	平安乡	3	鹿鸣乡	4
郁山镇	4	龙溪乡	3	朗溪乡	2
桑柘镇	4	走马乡	3	善感乡	2
鹿角镇	4	石柳乡	3	三义乡	2
普子镇	4	梅子垭乡	3	小厂乡	2
龙射镇	4	岩东乡	3	双龙乡	2
连湖镇	4	棣棠乡	3	万足乡	2
长滩乡	4	乔梓乡	3	石盘乡	2
靛水乡	4	龙塘乡	3	大垭乡	2
新田乡	4	联合乡	3	桐楼乡	2

第二节 制度建设

1986年起，推行国家监察、行政管理、群众监督“三结合”管理制度，层层签订“安全生产目标管理责任书”。

1987—1988年，县经济委员、县安全生产领导小组、县乡镇企业局联合下发《关于加强乡镇矿山安全管理的通知》，制定出台《乡镇矿山安全管理细则》。

1991—1992年，县安全生产委员会按照“谁主管，谁负责”的原则，建立县、区、乡（镇）和企事业单位于一体的安全生产监管网络。

2000年，县安全生产委员会与全县各级部门签订《安全生产目标管理责任书》《消防安全责任书》《乡镇船舶安全管理责任书》。各级各部门根据部门和行业特点严格制定安全生产工作责任目标考核制度，形成了纵到底、横到边的安全生产工作网络。

2003—2004年，编制《彭水苗族土家族自治县重特大火灾事故处置工作预案》。

2005年，向各煤矿驻派安全特派员，实施安全周报制度（国有矿实行日报制度）和安全生产黄牌警告制度。乡镇安监室设立后，制定出台《乡镇安监室职责》《安全管理人员职责》《安全责任承包人员职责》《乡镇机关工作人员岗位安全职责》和《安全生产监督管理制度》《安全生产一票否决制度》《黄牌警告制度》《安全生产检查制度》等13项制度，督促各乡镇创建《乡镇安全生产指挥系统》，绘制《乡镇安全管理应急指挥网络示意图》。

第三节 安全生产检查与监督

一、综合检查与监督

1986年，利用春节前后、质量月、国庆节前和部分系统开展“劳动安全竞赛”“百日安全竞赛”

活动，组织检查组 36 个，出动安全检查车 142 台次进行安全检查和纠正违章，实施检查 2072 人次。查出隐患 220 起，及时整改 164 起，发出违章通知书 14 份，限期整改 26 起，执法罚款 300 元；及时采取措施，落实 29 起一时难以整改的危房的监测经费和人员。对全县拖拉机驾驶员进行年审。造册登记全县蒸汽锅炉 22 台、开水锅炉 42 台，其他压力容器 234 台（件）。

1987—1988 年，对全县安全机构及其人员配备情况进行登记；以反违章、除隐患、查事故为重点，按照“三不放过”（事故原因不清楚不放过，事故责任者和应受教育者没有受到教育不放过，没有采取防范措施不放过）原则，对各行业进行安全执法大检查，共查出隐患 1158 起，其中重大隐患 33 起，整改隐患 833 起；为符合安全生产条件个体户发放了开采证；吊销县造纸厂“执行四川省厂矿企业劳动安全条例合格证”；对五里村炸药仓库进行现场检查，就其存在的安全隐患，提出并通过由物资局、五里村党支部共同进行限期整改意见；对县烟叶复烤厂、靛水砂砖厂、县酿造厂、乌江旅社、高谷造纸厂、彭水旅社、机关招待所、机关第二招待所、县砂砖厂及个体户的 84 台锅炉、压力容器进行检验，限期整改锅炉 7 台，提交《锅炉压力容器检验报告书》。对拟定的 10 个厂矿企业“安全达标”进行验收，合格率为 70%。

1989 年，对桑柘区小煤窑、汉葭区红花岭矿山进行安全检查与整治。按照《县级矿山安全生产监察条例》对郁山煤矿所发生的“8・3”事故进行执法检查，提出整改意见。狠抓乌、郁两江的水上安全检查工作，检查船只 132 艘次，协助追收乡镇船舶管理费 500 余元；对汉葭镇船舶进行彻底整顿，检查机动船 7 只、人力船 11 只，罚款 160 元，收取管理费 627.25 元，纠正严重违章 3 次。重点抽查易燃易爆物品单位 16 家、物资仓库 18 个、车间 13 个，查出隐患 76 起，发出整改通知书 5 份，整改 26 起。向各锅炉、压力容器使用单位发出《关于加强锅炉、压力容器安全管理的通知》。分别对彭水民族中学男生宿舍、女生宿舍、师生食堂，普子乡人民政府办公楼，县农机研究所、农机校综合用房等建筑进行鉴定，提出整改意见。

1991—1992 年，检查安全隐患 8 次，解决重难点问题 20 个；出动车辆 82 台次，下乡、下厂督促检查 798 人次，发出隐患整改通知书 69 份，处理事故 20 起，对事故责任人罚款 850 元。针对县城乱停乱放、交通要道乱设摊点、施工地段管理混乱的现象进行拉网式清理和整顿。对全县乡镇煤窑进行清理整顿，封闭不具备“三消灭”（消灭违章指挥，消灭违章作业，消灭“惯性事故”）条件的矿山煤窑，全县矿山煤窑在原有基础上减少 179 个。安装沙沱库区消防管道 800 米，开展消防检查 15 次，对县饮食服务公司所属的 5 家食店、15 个商业门市、2 个物资仓库、4 个服务旅社进行专项整治，消除隐患 26 起。专题研究了国道 319 线 2177 千米 +680 米处（豆芽湾）边坡塌方治理方案和办法。强行拆除岩东乡烟草点仓库旁的易燃棚户。对各区乡的爆炸物品重点使用单位、生产烟花爆竹厂家和“三石”（方解石、萤石、大理石）矿厂的爆炸物品仓库进行全面检查清理，查出隐患 25 处，当场整改 8 处，限期整改 17 处。

1994 年，深入区乡（镇）厂矿检查 70 余人次，发出隐患整改通知书 14 分，督促整改重大事故隐患 8 起，查处违章人员 7 人，罚款 500 元。对县内原安装的防雷电装置进行全面检测，为新、改、扩建的五层以上建筑安装防雷电设施 15 处。建立区乡船舶管理机构，完成辖区内船舶及渡口的清理整顿工作，登记船舶 394 艘，载重吨位 771.8 吨，销毁不适航船 3 艘，强制报废农用船 15 艘，撤销非法渡口 2 处，协助收缴船舶管理费 4270 元。组织人员对县第二建筑工程公司第三施工队生产事故进行查处。

1995 年，出动宣传车 90 台次，组织安全大检查 5 次，深入基层检查 250 余人次，发出隐患整改通知书 28 份，督促整改重大事故隐患 4 起，处罚违章人员 12 人，罚款 1500 元。对易燃易爆物品、烟花爆竹生产经营单位和公共娱乐场所消防安全进行检查，查封非法生产烟花爆竹厂家 5 家，查出文化娱乐场所火险隐患 26 起，当场整改 13 起，限期整改 9 起，停业整改 4 起。停业整顿“三违”（违章指挥，违章操作，违反劳动纪律）现象突出、事故隐患严重建筑企业3家。清理各类船舶206艘，渔船发证45艘，没收非法捕鱼器3台、电瓶2只，罚款700元。配合开展交通秩序大整顿活动。重点开展对桑柘区小煤窑的治理整顿，检查小煤窑87个，停产整顿25个，下达限期整改通知书15份，取缔非法采矿点4个。针对联合乡境内马岩山可能崩塌的危情，责成郁山区和联合乡成立监测领导小组，设置观测点，落实观测经费和观测人员，建立监测责任制和预警、报警制度。严肃查处国道319线改道工程高谷拱桥处道角岩工段所发生的违规爆破致人死亡事故。

1996—1997年，深入厂矿和企事业单位检查320余人次，查出一般隐患161起，重大隐患13起，整改81起。按照黔江地区安委会“抓秩序，强管理，压事故，促畅通，保安全，树形象”总要求，在桑柘、黄家、高谷、汉葭、保家、鹿角、郁山乡道进行交通秩序整顿，检查车辆9624台次，纠正违章4952台次，暂扣各种机动车114台、驾驶执照41本，督促85人完善各类手续。

1998年，出动检查人员6119人次，开展各种形式的检查、整顿1040批次。检查各类生产、经营单位370个次，村（居）民户263户，车、船20203辆（艘）次，查出违章、纠正隐患12932件；实施各种行政处理、处罚681件，其中强制关闭不安全煤井4个，拆除危害电力安全建筑物1幢，销毁“三无”船舶1只，批捕11人，直接起诉4人，判刑7人，其他性质处理、处罚100余人；强制车辆保险263台，矿山雇主责任保险2个50人。

2000年，以整改重大事故隐患为宗旨，重点抓专项整治。以“人”“车”“路”为着力点，以“319”文明路建设和创建“‘319’平安大道”为先导，增派干警路检路查，全年查处交通肇事犯罪4人，报废机动车辆180辆。成立乡镇客渡船安全检查整顿工作组和乌江普、快船检查组，以清理“三无”船舶为重点，2次对辖区内36处渡口、27处渡舶停靠点，42只渡船，24只短途客船进行安全执法检查，纠正违章7起，发出整改通知书4份，查出“三无”船舶17只，就地销毁1只，没收动力机械16只；检查普通客船60艘次、快船90艘次，查出并消除安全隐患3起。关闭小煤矿166个，强制炸封死灰复燃矿24个，促使50个煤矿基本具备“一通三防”（矿井通风、防治瓦斯、防治煤尘、防灭火）条件；对桑柘煤矿“11·14”井下坠落事故给予严管重罚。出动107人次，对县境25家公共娱乐场所的消防通道、消防器材、电梯的配置进行安全检查，向其中不具备消防条件的5家发出《责令限期整改通知书》；针对小河桥电站所发生的“2·29”死亡事故，组织12个组次，89人次对县内重点建筑施工工地进行全面安全检查。以查处桑柘区新田乡“8·23”农电致人死亡事故为突破口，开展用电安全检查6次，理顺农村供电管理体制，配备村级专职管电员。

2001—2002年，按照“一反双控”（反私控滥采、控制顶板事故和瓦斯事故）20条标准，以依法打击非法矿井，强化技术投入，控制瓦斯事故、顶板垮塌伤亡事故，防止重大穿水事故和矿山救护组织建设为目标，对境内34个生产煤矿进行规范化建设和安全达标检查验收，查处安全隐患46起，强行关闭不符合安全生产条件的小煤窑17个，严厉打击普子镇春光煤矿的非法生产和石柳乡冷竹煤矿的非法启封。开展“大宣传、大培训、大整治、大检查”和“两反一降”（反违章，反冒进，降事故）活动，落实交通协管员195人，设立交通安全检查站81个，制作警示牌362块，检查各种车辆13485台次，处理违章车辆792台次，扣车534台，扣证577本，取缔“三无”车辆（无驾照、无牌照、无行驶证）97台，强制报废车辆127台，对185台营运车的自动和转向系统作全面检查，整治危险路段38处；以“春运”安全工作为重点，消除隐患274处，突击检查各种车辆4877台次，扣留违章车辆212台，吊销驾驶证157本，行政拘留1人。排除乡镇船舶隐患48起，取缔“三无”船舶87艘，销毁破损船舶7艘。查处、排除消防安全隐患14起，整治有消防违章行为的建筑6幢，责成相关业主据实制定消防安全预案。协助城管部门整治建筑安全隐患16起，拆除违章建筑21幢。协同电力部门，排除“三线”（电力线、电话线、广播线）交越搭挂涉及安全隐患826处。先后对善感乡红仓村1组山体裂缝、走马乡解放村1组岩崩、联合乡马岩危岩裂缝、龙塘乡石园村4组山体滑坡、诸佛乡复兴村 6 组整体滑坡进行踏勘，下发隐患整改通知书，提出事故预防和整改意见。参与黄家坝职业中学教学楼、鹿角中心校教学楼、桑柘中心综合楼、诸佛中心校综合楼选址工作。

2003—2004 年，查处安全隐患 46 起；督促所有煤矿企业投入资金 740 万元，购置监测系统、风电闭锁、瓦斯电闭锁装置 32 套，钢轨 350 吨，矿灯 780 个，矿车 24 辆，防暴开关 510 台，风筒 2000 米，空压机 6 台；邀请重庆市煤矿安全监察管理局黔江工作站专家对煤矿安全等级进行评估，评出 B 级矿 3 个、C 级矿 10 个、基建矿 3 个、D 级矿 19 个；完善矿井图纸资料，申报获批技术改造矿井 5 个。2003 年，道路交通专项检查以严厉整治超载、超限及其他交通违法违规行为为重点，查出道路交通隐患 219 处，检查车辆 2.5 万台次，扣车 124 台，扣证 784 本，报废“三无”车辆 45 台，罚款 440 万元，治安拘留 94 人；整治危桥险路 363 处，安装、设置防护栏和防撞墩 50.7 千米。协同公安、交通、海事部门查处水上安全隐患 258 起，对以“江南号”“鸣金号”为首的 8 艘违规船舶作出停业整顿 15 天的处罚，销毁不合格船舶 103 艘，取缔私设渡口 3 个，理顺保家镇白溪口渡口管理秩序；配合消防部门，对县城公众聚集场所、乡镇所在地中小学（幼儿园）、农村 5 户及以上大院进行历时 98 天的拉网式检查，查处、整改安全隐患 14 起。协同电力部门，参与检查“三线”交越搭挂涉及安全隐患 272 处，消除隐患 58 起。协同气象局对县域内防雷电设施进行专项检查，为所有企事业单位高层建筑和密集电子电气设备安装防雷电天线和其他防雷电设施。编制《彭水苗族土家族自治县 2004 年度地质灾害应急预案》，会同有关部门，踏勘小厂乡大河村 1 组、3 组，龙门村 4 组山体滑坡情况，对因此造成损失进行评估，提出整治意见；为防止 2004 年“3·9”重大自然灾害事故重演，配合职能部门对各水电站及其他在建工程实施专项督察和整治，消除隐患 98 起，严肃查处普子团坝子电站、重庆黄金建设集团、县司法局建筑工地、中水 14 局建设工地等在建工程存在的违法行为。接受乡镇人民政府的执法委托，配合县农机局进行农机安全专项检查，发出执法文书 116 本，检查农用车辆 356 台，审验驾驶员 231 人，纠正违章 480 起。进行安全生产综合检查，查出隐患 895 起，限期治理 812 起，治理地质灾害、危险路段、电力线老化等隐患 83 项。

2005 年，督促 35 个煤矿投入整改资金 5000 万元，改造巷道 2 万余米，更新设备 48 台（套），新聘技术顾问 10 名；组织煤炭行业安全专项整治活动，排查、整改隐患 859 起，整改率 80%。组织“三大会战”（交通安全宣传大会战，道路通行秩序整治大会战，源头管理大会战）专项活动，安排资金 60 余万元，用于危险路段整治、彭（水）桑（柘）路的改造以及落实乡级公路养护管理责任；推行“六定”（定岗、定职、定责、定时、定量、定片）和“户籍化”管理（借鉴人口户籍管理模式，依托单位、行业、属地，将辖区内机动车及驾驶人纳入信息化、系统化、常态化管理）等措施；查纠道路交通违法行为 3.78 万件，依法处罚 22806 人次，滞留违法车辆 365 台次，暂扣驾（行）驶证 258 本，罚款 194 万元，治安拘留 28 人；以“两反一降”为重心，按国家新标准验收二级汽车维修企业 8 家。协同海事部门查纠船舶、渡口违章 431 起，改造标准化船舶 5 艘，规范渡口 16 个，销毁不适航船舶 15 艘。会同消防部门，查处消防行政案件 9 件，处以罚款 8.75 万元。对阳光公司、中铁 25 局等 10 家施工单位违规存放民爆物资的行为进行严肃查处。检查锅炉、压力容器 560 台，下发监察指令 49 份，完成隐患整改 78 起，报废锅炉 2 台，查处违规案件 26 件。检查境内在建工程 27 处，查处违法违规行为 705 起，下发隐患整改指令 87 份、行政处罚告知书 34 份，行政处罚决定书 34 份、加强和改进安全管理建议书 98 份，罚款 70 万元。建立和完善药品监督网络，配备药品监督员 51 个，检查药品、医疗器械使用单位 255 家，查获假药 7 批次，无证经营药品 1215 批次，取缔流动无证中药摊贩 6 个，处罚金 71825 元，立案查处 8 起。查出各类食品违法案件 206 件，取缔无证生产经营户 18 户，罚款 18980 元。

二、专项检查与监督

（一）非煤矿山安全检查与监督

2002年，对3家非煤矿山实施市、县、乡镇三级挂牌督办，完成全县采石场的采矿审查登记和规划布点工作；协同相关单位对8个片区39个乡镇的非煤矿山基本情况进行摸底，停产整改隐患严重、问题较为突出的非煤矿山企业8家，关闭不符合安全生产基本条件“三无”（无采矿许可证、无营业执照、无安全生产许可证）非煤矿山207处，责令189家拟保留的非煤矿山企业和业主完善各种手续，实现统一布点，规范开采。2003年，对全县非煤矿山重新进行规划布点，复查非煤矿山企业40余家，对不符合安全生产条件的非煤矿山依法进行关闭；对证照齐全的40家非煤矿山企业进行安全评价和认可，发放“安全生产条件许可证”。2004年，编制《关于非煤矿山安全质量标准化升级达标活动的实施方案》，利用取缔和关闭不具备安全生产条件矿山等手段，全面开展非煤矿山升级达标活动，促使非煤矿山升级上档，强制关闭非法采石场29处，整治高谷镇沙德益石英沙厂、迁乔乡吕高林萤石厂、安云松萤石厂存在的安全隐患，纠正龙射沿河铅锌矿、黑桃坪采石场的违规行为，对郁山区水泥厂不按要求整改，严重冒险，违章开采行为给予立案查处。2005年，查处非煤矿山企业70家，处理非煤矿山安全隐患56起，处罚违章作业、违规开采矿山15家，督促20家矿山企业参加工伤保险，为认定的18家符合安全生产条件的矿山发放“安全生产许可证”，收取非煤矿山安全生产风险抵押金近50万元，将非煤矿山日常监管与安全质量标准化升级达标活动相结合，全面完成“113”安全生产示范工程（重庆市人民政府以加强“双基”工作为主要内容的10个区县、100个社区、30个企业的安全生产示范工程）建设任务。

（二）化学危险品安全检查与监督

2002年，出动车辆2台、185人次，对全县39个乡镇及县城危险化学品行业进行专项整治，落实76户加油站（点）、82户液化气充装站及经营门点的安全防范措施，补办经营证照24户，强行送检液化钢瓶1.2万支，取缔无证照经营门点15户，没收成品油2200千克及非法经营液化石油气、超期使用未送检钢瓶60支，拆迁和搬迁位置不合理、设计不规范、安全条件不达标加油站（点）8家，向达不到安全生产经营标准的31户化学危险品门点发放限期整改通知书。2003年，制定《继续深化危险化学品专项整治方案》。2004年，对辖区内长陵化工厂、金益公司仓库进行安全预评价，对昌顺氧气厂、中阳天然气公司进行正式安全评价；将彭水自治县原第一造纸厂遗留的16支液氯、液氨罐送至南川烧碱厂进行妥善处置。2005年，检查成品油、液化气、氧气、天然气等危险化学品生产经营企业195户，对“山牧”公司违规排放液氨的行为进行严惩重处。

（三）烟花爆竹安全检查与监督

1986—1987年，对全县国营、集体、个体工商户45个门市店铺进行清理，取缔非法生产作坊184户、非法销售店铺356个，收缴生产原料58千克，按规定重新审批、换发烟花爆竹生产、储运、销售许可证。

1993—1998年，对生产烟花爆竹的厂家、作坊、销售摊点、日杂公司和烟花爆竹仓库进行清理整顿，为54个单位、78个代销点发放许可证；捣毁非法生产烟花爆竹窝点8家，取缔非法销售烟花爆竹摊点325个，收缴非法生产、销售鞭炮27箱1.5万团100万多响；对同河烟花爆竹厂进行停业整顿。

2000—2004年，提出烟花爆竹生产经营“确保安全、从严管理、合理布局、方便群众”行业原则，明确县供销社为烟花爆竹安全经营管理的职能部门，供销社、公安、工商部门负责对烟花爆竹批复企业和零售点的设立资格审查、审批，确认“腾宇”烟花爆竹有限责任公司为彭水自治县唯一取得烟花爆竹批发权专营企业；对辖区内同河火炮厂进行安全评价；采用赶场天突击检查、设卡守候等方式，取缔非法生产烟花爆竹作坊28家，非法销售、储存、使用烟花爆竹点23个，收缴炸药374千克，黑火药113千克，烟花爆竹9906.6万响，销毁烟花爆竹半成品327万响。

第四节 安全教育与培训

一、安全教育

1986—1989年，利用元旦、春节前后，质量月、国庆节前分系统开展“劳动安全竞赛”“百日安全竞赛”活动。累计召开全县安全生产电话会5次，召开各区、乡（镇）、主管局、厂矿企事业单位领导、安全技术干部和驻彭单位工会主席、安全员安全生产会议14次，参会人员749人次，印发文件349份；召开其他形式安全会议157次，受教育人员15.7万人；办专栏、墙报、板报147期，印发宣传资料5470份，播放涉及安全知识的电影、电视录像8场，进行专题广播56次，受教育群众25.74万人；召开矿产业主会议，组织学习《中华人民共和国矿产资源法》；开展以“城乡防火、护林防火”为主题劳动生产安全工作竞赛。

1990—1992年，县安全生产委员会召开各种安全会55次，事故分析会15次，组织职能部门协调会34次；印发安全生产文件56份，简报20期。在5月宣传月、9月平安周、11月“百日安全竞赛”活动期间，出动宣传检查车95台次，制作、张挂安全生产宣传标语550幅（张），撰写有关安全广播稿3份。组织学习国家《消防条例》，省《群众义务消防条例》《消防条例实施细则》《企业、事业单位专职消防组织条例》；按照“四评四比”（评检查，比整改；评制度，比执行；评措施，比落实；评活动，比效果）的原则，组织开展冬季防火安全竞赛活动。

1994—1998年，县安全办公室召开安全会议104次，参加各种安全工作会87次，印发文件11份、简报12期；出动宣传车188台次，利用“春运”“百日安全竞赛”“安全生产周”“五月安全月”活动，深入区乡场镇和重点厂矿企业宣传《中华人民共和国矿产资源法》《中华人民共和国矿山安全法》和《中华人民共和国道路交通安全法实施条例》《四川省工业企业劳动安全条例》《四川省消防条例》和县人民政府《五月安全月宣传提纲》等安全法律法规、文件精神；书写、张挂宣传标语120幅，电视、广播宣传143次，放映电影之前宣传70次，印发《四川省劳动安全条例》1万册；组织职工7564人参加安全知识竞赛活动。组织学习重庆市监察局、重庆市安全生产委员会办公室《关于重特大事故责任人员行政处分的暂行规定》，要求明确责任，妥善处理，认真吸取教训，抓好下一步安全生产工作。

2000—2004年，召开全县各乡镇党政负责人、县级部门主要负责人、中小学校长、煤矿企业负责人、辖区派出所所长、重点企业负责人、安监局全体职工300余人参加全县安全生产工作会，印发学习材料300多套。向交通运输部门及从业人员印发《关于严管重处道路交通违章行为的通知》2000份。出动宣传车14台次，张贴、悬挂标语2347幅，制作大型展板111块，购买、制作安全生产宣传画381幅，办板报、墙报98期，播放以安全为主要内容的电影27场，散发《国务院关于进一步加强安全生产工作的决定》《安全生产法规汇编》《〈珍惜生命、重视安全〉的公开信》、安全生产宣传挂图及其他宣传资料41.82万份（册）；利用县有线电视台制作并播出《安全不容忽视，责任重于泰山》的专题片和“记者观察”“集中整治”专题节目。协同相关企业组织800人参与“金益杯”安全生产知识竞赛活动。结合“119”宣传活动，在县城举办“让家远离火灾”为主题的游行宣传和消防运动会。配合县教委在县城建立少年警校、少年消防警校，在全县中小学开设安全知识课，开展“小手牵大手”活动。

2005年，围绕“遵章守法、关爱生命”这一主题开展安全知识宣传、普及工作，通过县长办公会、部门联席会、安委会成员会、月度工作例会、安全教育培训会、村组干部会、村民院坝会、交心谈心会、企业业主安全例会、县交警大队的事故评析会以及街头宣传等形式向广大群众宣传安全法律法规及安全知识，共出动宣传车12台次，书写、张挂标语427幅，展板108块，挂图18幅（126张），发放宣传资料16.09万份；在《今日彭水》设立“遵章守法、关注安全”“迎市长峰会、促安全生产”等栏目，播放《中国安全生产报告》《生命之歌》《道路交通事故案例剖析》等与安全生产有关的影碟片；邀请四川省巴山艺术团在彭水民族会场举行以“遵章守法、关爱生命”为主题的文艺晚会；将安全教育纳入全县中小学日常教学计划，广泛开展“小黄帽”路队制和“少年儿童平安回家”活动。

二、安全培训

1986—1988年，举办锅炉、压力容器作业人员培训班2期，共培训司炉工86人，合格率为68%，为合格人员发放司炉证；从精干麻纺厂、保家麻纺厂挑选4名学员赴丰都县职工联合学校进行锅炉水分析、水处理培训；召开包括各区乡（镇）安办主任、乡镇长和厂矿企事业单位负责人、安全员125人参加安全生产培训会。

1990年10月20日至11月4日，组织乡镇集体、个体矿（厂）长共44人参加培训班，涉及煤矿、萤石矿、方解石矿、石灰石、大理石矿等门类，为参训学员开设《中华人民共和国劳动法》《中华人民共和国矿产资源法》及《经济法及经济合同》《矿山安全条例》《煤矿地质基础》《井田开拓及井巷掘进》《采煤方法》《矿井通风》《矿井瓦斯》《爆破安全技术》《煤矿电气安全及运输安全技术》《矿井防水安全技术》《矿山救护及突变处理》《矿井防火灭火》等国家法律法规和技术规范学习课程，组织学员前往郁江煤矿进行实地参观，参培矿（厂）长均考试合格，获得矿长安全资格证。

1995—1997年，开办爆破作业人员培训班1期，参与培训98名人员全部考核合格，获得合格证。开办司炉工培训班2期，新培训合格33人，复审合格17人。开办重点企业法人、安全管理人员、特种作业人员培训班各1期，对全县26个重点企业共238人进行安全生产技术培训。专门组织郁山火电厂职工劳动纪律、安全技能培训和红麻厂新工人岗前培训，培训特殊作业人员以及新工人220人，经考核全部合格。

1999—2000年，对各乡镇矿山企业的矿长、副矿长、技术负责人进行《中华人民共和国煤炭法》《中华人民共和国矿山安全法》《中华人民共和国矿产资源法》和国务院《乡镇煤矿管理条例》《煤炭生产许可证管理办法》等内容的培训，为合格人员颁发“矿长资格证”“安全员合格证”“安全生产合格证”。开办以提高企业安全管理能力和安全技术操作的电工、焊工、厂内机动车辆和石油液化气经营人员培训班，培训企业中层管理人员22人，特种作业人员46人。

2002—2005年，先后召开7次专题会、座谈会，组织全县工矿商贸企业负责人65人学习《安全生产许可条例》；开办乡镇安监人员、企业负责人、生产经营单位管理人员安全知识培（复）训班5期，培训安全管理人员250名；开办特种作业人员培（复）训班34期，涉及电工、焊工、登高架设及爆破等领域，培（复）训特种作业人员2680人；组织消防安全知识培训班30余期，培训专、兼职消防人员1.5万人次；督促15家企业对所属2000多名从业人员进行“三级”培训，发放“安全资格证书”。

第五节 职业病防治

1986—1988年，根据四川省《粉尘作业工人健康检查间隔年限试行方案》规定，协同县防疫站组织郁江煤矿、彭水造纸厂、彭水水泥厂、“长办”四队、养路段等单位一线人员和尘肺病人、可疑病人进行身体检（复）查；县人民政府安全办公室向各区公所、汉葭镇人民政府、县政府各部门下发《关于征订劳动保护科普读物的通知》。

1990 年，根据《中华人民共和国尘肺病防治条例》规定，对县化工厂、水泥厂、造纸厂部分作业场所进行粉尘、噪声监测，设定粉尘作业监测点 28 个，噪声源监测点 19 个，发现其中 26 个粉尘作业监测点和 14 个噪声源监测点超过国家规定标准。县防疫站在对历年诊断的 123 名职业病员进行每年 1 次健康复查的基础上，对部分县属厂矿、企业及乡镇企业接尘、接毒职工 604 人进行健康体检。

1996—1997 年，县劳动局、县卫生局联合下发《关于对有害作业场所职工进行健康检查的通知》，按《尘肺 X 线诊断标准及处理原则》，组织全县各企事业单位、乡镇企业从事粉尘、毒物作业及其他职业危害的工人和已经确诊的职业病人 175 人进行临床、血常规和 X 光摄片检查；对各厂矿企业、乡镇企业劳动卫生安全制度建立、执行国家劳动安全卫士规程和标准、安全生产教育，为劳动者提供符合国家规定的劳动安全卫生条件和必要的劳动保护用品等情况进行督查。

第六节　事故处理

1986 年 10 月 4 日，县安全办公室就同河乡田井元煤矿周小环死亡事故的调查情况作出批复：同河乡人民政府没有严格检查、制止非法开采，负有领导责任。建议同河乡人民政府向上级做出书面检讨，提出整改意见，全面检查境内所有煤矿，关闭不具备生产条件的煤矿。

1988 年 5 月 6 日，对县造纸厂吊装调压器时导致调压器损坏和机修班长张发远死亡事故的调查情况作出批复：第一责任人杨秀义、副厂长彭其中负主要责任；机修班长张发远负直接责任；吊装工白诗顺负次要责任；党委副书记、安全保卫股长冉启义负一定责任，并报县安全生产领导小组办公室。

1988 年 7 月 13 日，县安全办公室就三连乡自营驾驶员张胜利所驾吴国富所属车辆发生侧翻，导致一死一伤事故的调查情况作出批复：将主要责任人张胜利移交司法机关进行处理，由资方（吴国富）负责死者张永寿丧葬费和其亲属抚恤费，其标准是本人平均工资 3 个月作丧葬费，6 个月作抚恤费。

1989 年 8 月 3 日，县安全办公室就郁江煤矿发生绞车撞死井下测量员李永江的事故调查情况作出批复：矿长周发文负主要责任，给予其扣发 6 个月奖金和取消安全奖励浮动工资 1 级的处理，给予副矿长徐贤良扣发 3 个月奖金和取消安全奖励浮动工资 1 级的处理，给予副矿长冉启国取消安全奖励浮动工资 1 级的处理，给予安监科长吴家成扣发 3 个月奖金和取消安全奖励浮动工资 1 级的处理，给予车间主任茅明奎扣发 3 个月奖金的处理。并要求该矿对本次事故现场发现 23 条事故隐患进行限期整改。

1993 年 7 月 11 日 19 时许，同河乡庙堡村 4 组张贵志、张贵在、付元强、张泽品、何道文所属个体联办小煤窑采矿区在作业时因挡土墙被挖穿，致使老窑约 4 万立方米积水突然涌出，造成正在作业的 14 名矿工遇难的特大恶性生产事故。事故发生后，县安全生产委员会经反复调查提出处理意见并报黔江地区安全生产委员会批复：矿井负责人张贵志等 5 人应负直接责任，县、区、乡人民政府应负领导责任；对事故其他责任人视不同情况分别处以罚款，共计 1400 元；同河乡人民政府向桑柘区人民政府写出书面检查，桑柘区人民政府向县人民政府写出书面检查；将张贵志等 5 人以重大责任事故罪起诉；责成彭水自治县成立领导小组，清理整顿桑柘区小煤窑，强化矿山管理，理顺管理关系和办证程序，做到依法办矿，安全开采；全面整顿乡镇矿山。

1994 年 6 月 12 日上午 8 时 40 分，凤鸣乡桂花村 2 组百溪口渡口，发生 1 起由彭万华等 3 人无证驾驶木船，违章载客43人翻沉，15人下落不明的特大海损事故。县安全生产委员会通过详细走访调查，落实遇难者身份核实、保险赔付、善后安抚、事故调查、信息上报等工作，经黔江地区安全生产委员会批复后，决定由港监部门吊销当班驾驶员韦开吉驾驶执照，将无证驾驶人员彭万华、彭万明移交司法机关处理；值班驾长彭正权擅自将船交给无证人员作业，由港监部门吊销其驾驶证并处以罚款；凤鸣乡乡长陈德元负有领导责任，责令其写出书面检讨，并在全县范围内通报。

1999年12月3日，县安全办公室就桑柘煤矿“11·14”井下坠落事故调查情况作出批复：“11·14”井下坠落事故是因管理不善、违章指挥、违章作业造成的死亡事故；按照《重庆市劳动安全条例》对该矿处以罚款3000元，对矿长朱玉明处以罚款500元，并建议撤销其矿长职务；煤矿立即停产整顿，经验收合格后方能组织生产。

2000年4月4日，县安全办公室就小河桥电站“2·29”死亡事故调查情况作出批复：认定该事故属分工责任不明确、组织措施不严密、安全措施不具体、操作规程不落实造成；对电站处以罚款3000元，对站长赵波、检修班长王素才分别处以罚款300元，并对2人给予行政记过处分。

2002年以后，随着“三改二”工程结束，境内国道319线道路交通事故有所减少。2002—2005年4年间，境内国道319线仅发生重大道路交通事故2起，事故次数占重特大道路交通事故总数的25%，死亡人数占总数的3.6%。但辖区内县道、乡道、村道里程逐年延伸，多属弯急、面窄、坡陡，排水不畅，养护缺失，无警示标志，无安全防护设施的等外级泥石路。除海损、矿难事故外，道路交通事故仍然是一个巨大的潜在威胁，仅在2002年7月、8月两个月，即在乡道彭（水）长（滩）路上发生了“7·3”“8·20”两起特大交通事故，死亡35人，受伤17人，两辆客车完全报废。县安委会为严肃法纪，警示后人，报经黔江地区安委会批复，对两起特大交通事故责任人进行责任追究，立案查处4人，行政处分16人，行政降级处分2人，引咎辞职1人。

第二十四篇　教　育

1986年，彭水自治县委、县人民政府印发《关于教育体制改革的决定》，将教育管理由教育局主管改制为“县、区、乡（镇）三级管理”。该年全县有幼儿园及附设班点48所，在园幼儿1853人；小学532所，在校学生74100人；初级中学6所，附设初中班点68处，在校学生17765人；高中2所，附设高中班点2处，在校学生1812人。职中3所，在校学生376人；中等师范1所，在校学生360人。

1989年，经黔江地区行署组团检查验收普及初等义务教育和扫盲工作获通过。翌年，获四川省人民政府颁发“基本普及初等义务教育和扫除文盲合格证书”。紧接着按照“全面启动，分项落实，年度过关，稳步推进”的工作方针，一方面抓普及初等教育与低标准扫盲的成果，另一方面抓普及九年义务教育及普及实验教学达标验收工程。通过调整学校布局、整合教育资源、多方筹措资金、加大教育投入等措施，先后实施中小学危房陈旧校舍改造工程、薄弱学校更新工程及优化设施配置工程，改善学校办学条件。同时，强化教师队伍建设，对原有师资加强培训，不断补充学历达标的师资，达到“普九”验收的标准。

2001年11月，重庆市人民政府组团检查验收彭水自治县“两基、普实”普及九年义务教育工作，认定达标。2002年1月4日，教育部公布彭水自治县为全国第八批基本普及九年义务教育、基本扫除青壮年文盲县。至2005年，全县有幼儿园及附设班点30所，在园幼儿12611人。小学246所、办学班点126个，在校学生84704人。初级中学12所、附设初中班点37个，在校学生25929人。高中3所，附设高中班点2个，在校学生5292人。职业中学3所，在校学生1135人。特殊教育学校1所，在校学生84人。与1986年相比，在园幼儿增长40.91%，在校小学生增长14.33%，在校初中生增长46.52%，在校高中生增长192.05%，在校职高生增长225.89%。

第一章 教育发展

第一节 普通教育

一、幼儿、小学、初中、高中发展概况

（一）幼儿教育

1986年，全县示范幼儿园1所，小学附设3处，县直属机关幼儿园1所，民办幼儿园43所。教学班68个，在园幼儿1853人。教职工74人。

1996年，全县幼儿园49所，171个教学班，在园幼儿6248人，教职工210人。与1986年相比，教学班数增加1.5倍，在园幼儿增长2.4倍，教职工增长1.8倍。2001年，县直属机关幼儿园划归教育行政部门管理。次年，全县有公办幼儿园2所，小学附设幼儿班27个，民办幼儿园39所，有教学班461个，在园幼儿16022人，教职工148人。

2003年，市教委规定公办小学上不戴帽（不准附设初中班），下不穿靴（不准附设幼儿园），小学附设班点减少，附设班点的幼儿有的转民办幼儿园学习，有的停学，在园幼儿也突然减少。2005年，全县幼儿园（班点）30所。其中，县镇公办2所，民办23所。农村教育部门办1所，其他部门办1所，民办3所。有教学班400个，在园幼儿12611人。教职工142人，其中专任教师88人、园长27人、保健员25人，其他2人。与1986年相比，幼儿园所与班点数减少19个，班数增长4.88倍，在园幼儿增长5.81倍，教职工增长0.92倍。

1986—2005年彭水自治县幼儿教育办学规模情况一览表

表24-1　　单位：个、人

年度	幼儿园所（点）数					班数	在园幼儿数			教职工数		
	合计	教育部门	其他部门	民办	小学附设		合计	公办	民办	合计	公办	民办
1986年	48	1	1	43	3	68	1853	510	1343	74	18	56
1987年	58	1	1	43	13	62	2715	1255	1460	73	30	43
1988年	56	1	1	43	11	62	2463	1073	1390	68	25	43
1989年	58	1	1	43	13	67	2253	—	—	80	—	—
1990年	54	1	1	38	14	63	2144	—	—	80	—	—
1991年	62	1	1	38	22	85	2742	—	—	85	—	—
1992年	60	1	1	38	20	132	4595	—	—	162	—	—
1993年	56	1	1	36	18	127	4199	—	—	167	—	—
1994年	63	1	1	36	25	129	5019	—	—	170	—	—

续表 24-1

年度	幼儿园所（点）数					班数	在园幼儿数			教职工数		
	合计	教育部门	其他部门	民办	小学附设		合计	公办	民办	合计	公办	民办
1995 年	58	1	1	35	21	132	5346	—	—	203	—	—
1996 年	49	1	1	36	11	171	6248	—	—	210	—	—
1997 年	67	1	1	34	31	194	6479	—	—	245	—	—
1998 年	67	1	1	34	31	185	7221	—	—	235	—	—
1999 年	67	1	1	36	29	227	8531	—	—	243	—	—
2000 年	67	1	1	36	29	280	10434	—	—	292	—	—
2001 年	55	2	—	26	27	393	13196	—	—	142	—	—
2002 年	68	2	—	39	27	461	16022	—	—	148	—	—
2003 年	29	2	—	24	3	403	14064	—	—	130	—	—
2004 年	26	2	—	23	1	451	13062	—	—	117	—	—
2005 年	29	3	—	23	3	400	12611	—	—	142	—	

（二）小学教育

在 1982 年以前，小学实行“五年制”。1982 年秋，实施四川省教育厅《小学学制改革意见》，全县将五年级二分之一学生在当年毕业，其余学生改为“六年制”。从 1983 年起，小学全部改为“六年制”。

1984 年，贯彻执行教育部《普及初等教育基本要求暂行规定》，四川省教育厅《试行普及初等教育基本要求暂行规定》及《涪陵地区 1984 年至 1990 年普及小学教育规划草案》。

1986 年，全县有小学 532 所（含民办），教学班 2128 个，在校学生 74100 人，教师 3046 人（其中民师 246 人）。7 ~ 12 周岁学龄儿童入学 53662 人，入学率 85.90%，学年巩固率 90.70%，毕业率 67.8%。

1989 年，全县有小学 489 所，教学班 1995 个，在校学生 62124 人，教职工 3004 人。7 ~ 11 周岁适龄儿童入学率 90.02%，年巩固率 95.50%，毕业率 75%。

1990—1995 年，为发挥规模效益，小学进行结构调整，将部分生源少的村小并入乡中心校或完全小学，农村小学所数逐年减少。至 1996 年，全县有小学 429 所，比 1986 年减少 103 所。在校学生 55263 人，比 1986 年减少 18837 人。小学适龄儿童入学率 96.50%、年巩固率 96.80%、毕业率 94%。入学率与年巩固率比 1986 年分别增长 10.60%、6.10%。2005 年，全县小学 246 所，附设班点 126 个。在校学生 84704 人。小学适龄儿童入学率 99.32%，在校学生年巩固率 99.78%，毕业率 99.81%。与 1986 年相比，在校学生数、小学适龄儿童入学率、学生年巩固率、毕业率，分别增长 14.31%、13.42%、9.08%、32.01%。

1986—2005 年彭水自治县小学发展规模情况一览表

表 24-2

年度	学校（所）	教学班（班）	在校学生（人）	教职工（人）		
				总计	公办	民办
1986 年	532	2128	74100	3046	2800	246
1987 年	525	2108	70100	3330	2738	592

续表24-2

年度	学校（所）	教学班（班）	在校学生（人）	教职工（人）		
				总计	公办	民办
1988年	514	2021	62834	3005	2755	250
1989年	489	1995	62124	3004	2719	285
1990年	489	1926	57347	3053	2739	314
1991年	479	1918	55390	3909	2634	275
1992年	470	1848	54619	2557	2253	304
1993年	452	1794	51922	2667	2335	332
1994年	446	1781	51899	2732	2440	292
1995年	443	1810	54088	2707	2424	283
1996年	429	1747	55263	2655	2409	246
1997年	418	1794	57390	2714	2412	302
1998年	418	1821	58532	2839	2558	281
1999年	410	1882	61783	2808	2539	269
2000年	413	1949	68153	2840	2579	261
2001年	437	2031	75331	2733	2480	253
2002年	423	2048	77956	2901	2640	261
2003年	416	2071	83107	2984	2739	245
2004年	396	1951	74852	3024	2796	228
2005年	246	1885	84704	3036	2801	235

注：1.2005年另有教学点126个（其中民办8个）

2.1999年民师全转为公办，以后该栏所填数为代课教师或临时工

（三）初中教育

1986年，贯彻执行省、地教育管理体制改革决定，初中教育实行县、区两级办学。学制为3年。是年全县有初级中学6所，附设初中班点68个（其中普高2个、职中2个、小学64个）。教学班294个，在校学生17765人，教职工941人（其中专任教师754人）。适龄少年入学率为84.20%，在校学生年巩固率为96.60%，毕业率为68.60%，17周岁人口初级中等教育完成率为65.10%。

1989年，成立连湖初级中学。翌年经四川省教委批准，汉葭区初级中学改为彭水民族中学校，成为完全中学。1992年，设立靛水初级中学校。1993年，经黔江地区行署核准，复改保家农职业中学为普通初级中学。1995年，新办棣棠初级中学校。

至1996年，全县初级中学10所，附设初中班点44个（其中普高3个、职高2个、小学39个）。教学班375个，在校学生16284人。教职工1451人（其中专任教师1094人）。在校学生和专任教师分别比1986年增长-8.34%、45%。初中适龄少年入学率为93.80%，在校学生年巩固率为98.50%，毕业率为92.70%。17周岁人口初级中等教育完成率为82%，分别比1986年增长9.60%、1.90%、24.10%、16.90%。

1997年，成立新田初级中学。2003年，成立龙射初级中学和文武民办初级中学。至2005年，全县有初级中学12所（其中，公办11所，民办1所）。附设初中班点37个（其中普高3个、职高2个、小学32个）。教学班434个，在校学生25922人，教职工1886人（其中专任教师1315人）。与1986年相比，在校学生、教职工、专任教师分别增长45.92%、100.43%、74.40%。初中适龄少年入学率、

在校学生年巩固率、毕业率、17周岁人口初级中等教育完成率分别为96.62%、97.88%、98.28%、87.73%。入学率、年巩固率、毕业率、完成率与1986年相比，分别增长12.42%、1.28%、29.68%、22.63%。

1986—2005年彭水自治县初中办学规模情况一览表

表24-3

年度	所数			附设班点				班数	在校学生（人）	教职工（人）		
	合计	公办	民办	合计	普高	职中	小学			合计	专任教师	毕业生（人）
1986年	6	6	—	68	2	2	64	294	17765	941	754	4763
1987年	6	6	—	68	2	2	64	353	17656	963	825	4726
1988年	6	6	—	70	2	2	66	390	19650	1254	931	4604
1989年	7	7	—	71	2	2	67	430	21391	1209	863	868
1990年	6	6	—	68	3	2	63	417	20054	1290	936	5637
1991年	6	6	—	58	3	2	53	378	17027	1321	894	5992
1992年	7	7	—	53	3	1	49	323	12864	1289	877	5129
1993年	8	8	—	45	3	1	41	269	10052	1207	810	3850
1994年	9	9	—	44	3	1	40	293	11632	1287	880	2430
1995年	9	9	—	51	3	2	46	389	14898	1385	1016	2432
1996年	10	10	—	44	3	2	39	375	16284	1451	1094	2810
1997年	10	10	—	44	3	2	39	388	18002	1453	1052	3792
1998年	10	10	—	44	3	2	39	433	19527	1494	1104	5850
1999年	10	10	—	36	3	2	31	387	19956	1533	1265	6629
2000年	10	10	—	44	3	2	39	428	22955	1643	1224	5255
2001年	10	10	—	42	3	2	37	449	24290	1703	1438	6254
2002年	10	10	—	40	3	2	35	447	24372	1780	1496	6860
2003年	12	11	1	38	3	2	33	444	24875	1802	1523	6766
2004年	12	11	1	37	3	2	32	445	25251	1849	1564	6949
2005年	12	11	1	37	3	2	32	434	25922	1886	1315	6934

（四）高中教育

1984年4月，四川省教育厅批复：彭水初级中学及郁山初级中学升格为高完中，结束彭水没有高完中的历史。

1986年，彭水自治县高完中2所，两所初级中学附设高中班，教学班32个，在校学生1812人，专任教师101人。1985年，彭水中学学制由二年制改为三年制，其余高中在1990年改为三年制。

1990年，汉葭区初级中学经四川省教委核准，改为高完中，定名彭水自治县民族中学。全县高完中增至3所，初级中学附设高中班点两处，教学班44个，在校学生2180人，专任教师134人。

1996年，高中3所，初级中学附设高中班点2处，教学班29个，在校学生1765人，专任教师112人。

2000年，高完中3所，初级中学附设高中班点2处，教学班42个，在校学生2192人，专任教师144人。至2005年，全县高完中虽仍为3所，初级中学附设高中班点亦仍只2处，但教学班增至86个，在校学生增至5292人，专任教师增至258人，另还有一部分高、初中兼任教师。与1986年相比，班数、在校学生数、专任教师数，分别增加 168.75%、192.05%、155.45%。

高中毕业报考高校及高校录取人数均剧增。1986 年，报考普通高校 536 人，录取 75 人（其中本科 23 人、专科 52 人）。升学率 13.99%。2005 年，报考普通高校 1750 人，录取 1108 人（其中本科 473 人、专科 635 人），升学率 63.31%。2005 年与 1986 年相比，报考人数、录取本科、专科人数及升学率，分别增长 2.26 倍、19.57 倍、11.21 倍、49.32%。1986—1995 年，高中毕业生参加高考 6320 人，大专院校录取 998 人，升学率 15.79%。1996—2005 年，参加高考 8436 人，被大专院校录取 5669 人，升学率为 67.20%。高考升学率后 10 年比前 10 年提高 51.41%。

1986—2005 年彭水自治县普通高中办学规模情况一览表

表 24-4

年度	所（点）数			班数	在校学生（人）	高中生毕业（人）	专任教师（人）
	合计	所	附设点				
1986 年	4	2	2	32	1812	321	101
1987 年	4	2	2	40	2116	505	127
1988 年	4	2	2	43	2076	640	136
1989 年	4	2	2	43	2016	642	127
1990 年	5	3	2	44	2180	597	134
1991 年	5	3	2	46	2375	628	152
1992 年	5	3	2	46	2035	730	151
1993 年	5	3	2	46	1793	640	152
1994 年	5	3	2	40	1428	590	159
1995 年	5	3	2	37	1463	429	111
1996 年	5	3	2	29	1765	394	112
1997 年	5	3	2	34	1720	309	131
1998 年	5	3	2	36	2123	418	122
1999 年	5	3	2	39	2018	488	130
2000 年	5	3	2	42	2192	500	144
2001 年	5	3	2	51	2857	568	149
2002 年	5	3	2	65	3760	696	295
2003 年	5	3	2	76	4685	751	220
2004 年	5	3	2	85	5342	1126	255
2005 年	5	3	2	86	5292	1573	258

1986—2005 年彭水自治县普通高校招生报考及录取人数情况一览表

表 24-5

年度	报考人数	录取人数			升学率
		合计	本科	专科	
1986 年	536	75	23	52	13.99
1987 年	643	84	30	54	13.06
1988 年	630	94	29	65	14.92
1989 年	707	103	29	74	14.57
1990 年	714	92	36	56	12.89

续表 24-5

年度	报考人数	录取人数			升学率
		合计	本科	专科	
1991 年	662	101	44	57	12.26
1992 年	670	107	62	45	15.97
1993 年	618	111	58	53	17.96
1994 年	569	112	55	57	19.68
1995 年	571	119	49	70	20.84
1996 年	566	153	65	88	27.03
1997 年	462	136	53	83	29.43
1998 年	552	244	70	174	44.20
1999 年	527	386	138	248	73.24
2000 年	619	465	172	293	75.12
2001 年	691	580	270	310	83.94
2002 年	875	772	430	342	88.23
2003 年	1058	816	406	410	77.13
2004 年	1336	1009	438	571	75.52
2005 年	1750	1108	473	635	63.31
小计	14756	6667	2930	3737	

注：1986—2005 年期间未分重本与普本

二、普及初等及九年义务教育

1984—2001 年，完成普及初等及九年义务教育达标（简称“普九”）验收工作分两个阶段。1984—1989 年，为普及初等义务教育阶段；1992—2001 年，为普及九年义务教育阶段。

1986 年 10 月，县委、县人民政府根据中央和省、地要求，结合县情制订《彭水自治县普及初等义务教育规划（草案）》。按经济与文化基础情况，将全县乡镇分为四类，分别提出达标时间要求。为确保“普九”规划顺利实施，县成立领导小组，县长任组长，县委、县人大、县人民政府、县政协分管教育领导任副组长，负责全县“普九”工作。全县各级形成党政一把手亲自抓，分管领导具体抓，各部门配合抓的格局和指挥系统，确保普及义务教育顺利进行。建立健全党政与教育系统各自的目标责任制，党政负责改善办学条件，保证学生入学，提高普及程度。县教委负责在校学生巩固率、毕业生合格率及学校软件建设。各级党政、各部门、各单位主要领导为第一负责人，分管领导为第二负责人，层层签订《目标责任书》。加强督导检查，加大考核力度，把普及义务教育纳入政绩考核，同评职晋级和工资福利挂钩，年终考核按其职责量化到人。

1985 年，县财政拨教育经费为 524 万元。至 1989 年，创普及初等义务教育阶段，县财政拨教育经费逐年增长，分别为 608.5 万元、672.9 万元、758.4 万元、895.9 万元。分别比上年增长 16.13%、10.58%、12.71%、18.13%。同时发动群众捐资、集资 580 万元，投劳、投物折款 69 万元。使用这些资金维修小学校舍，排除危房，增添教学设备设施，保障普及初等义务教育的达标验收。

1989 年 12 月 16 日—19 日，以黔江地委副书记王昭一为团长，地区教委主任赵连忠、副主任任袁军为副团长一行 40 余人，到彭水检查验收，确认彭水当年 7 ~ 11 周岁适龄儿童 37339 人，入学 35212 人，入学率 94.3%；在校学生学年初 62834 人，学年末 59818 人，年巩固率 95.2%；毕业班读满修业年限 11227 人，实际毕业 8420 人，毕业率为 75%；12 ~ 15 周岁少年儿童小学毕业 19265 人，达到会读短文、会写便条、会记简账三会人员 7498 人，普及率 90.03%，达到国家和四川省制定的普及初等教育标准。1990 年 1 月，四川省人民政府行文公布彭水自治县为“基本普及初等教育县”。

1992 年 8 月 26 日，县人大常委会第二次审议通过《彭水自治县人民政府普及九年义务教育规划》，将全县 64 个乡、镇分为 7 批，分别要求到 1998 年全部完成普及九年义务教育达标验收。实践 3 年后，发现此规划不能完成，经修改后又于 1996 年 1 月 16 日，报县人大常委会第三次会议审议通过《彭水自治县普及九年义务教育规划（修正稿）的报告》。将全县 64 个乡、镇根据经济与文化基础，要求普及九年义务教育达标时间分为 5 批。1995 年，汉、郁两镇及大河、高谷、城郊、桑柘、鹿角、上岩西、普子 9 个乡镇达标；1996 年，靛水、下塘、清平 3 个乡达标；1997 年，岩东、走马、连湖、梅子垭、新田、新场、龙射、善感、鞍子、珍加、羊头铺、长滩、朗溪、棣棠 14 个乡达标；1998 年，下岩西、平安、鹿鸣、龙溪、朱砂、联合、石柳、凤鸣、迁乔、桐楼、诸佛、同河、万足、太原、砂石、龙溪 16 个乡达标；1999 年，文武、火石、共和、葡萄、合理、芦塘、木南、乔梓、东流、鹿箐、小厂、大厂、大垭、龙塘、猴狸、双龙、石盘、桐荣、三义、新化、大元、润溪 22 个乡达标。

1998 年 8 月，县人民政府颁发《普及九年义务教育的决定》。县委、县人民政府在 1998 年 8 月 23 日与 2001 年 3 月 22 日先后 2 次召开全县各级部门主要领导参加“两基”“普实”誓师、攻坚大会。采取有力措施、合理调整学校布局、整合教育资源、扩大办学规模。在完成“普九”工作期间，全县增设连湖、靛水、棣棠、新田、龙射 5 所单设初级中学，解决初中学生入学问题。

根据中央和省市对义务教育的规定，采取多渠道、多形式筹集教育经费，改善办学条件。全县加大教育投入，做到县财政每年教育拨款、学生人均事业费、城市与农村教育费附加征收三个增长；1998—2000 年，财政对教育拨款分别为 3998.5 万元、5136.6 万元、6081 万元，分别比上年增长 1.34%、28.46%、18.39%。在校学生人均事业费小学分别为 241 元、289 元、334 元；初中分别为 501 元、512 元、538 元。教育事业支出中预算内生均公用费小学分别为 6.20 元、7.12 元、7.90 元；初中分别为 31 元、34 元、35 元。生均事业费和生均公用费均实现逐年增长。全县城市教育附加征收额分别为 85 万元、53 万元、60 万元；农村教育费附加征收额分别为 345 万元、385 万元、330 万元。征收数分别占农业人口人均纯收入的 0.66%、0.74%、0.48%。征收的教育费附加全部用于中小学房屋修缮等开支。全县筹集捐资款 139 万元，争取希望学校捐赠款 387 万元，向上级争取专项补助 677 万元，向世界银行贷款 91 万元，向农业银行贷款 390 万元，其他税收 21 万元。

1998—2000 年，全县学杂费收入分别为 243 万元、302 万元、446 万元；勤工俭学收入用于教育事业开支分别为 88.6 万元、103.50 万元、156.90 万元。以上教育经费共计 3072 万元，全部用于教育事业开支。

1992—2000 年，全县累计投入校舍建设资金 1.17 亿元，排除中小学危房 16.4 万平方米，新建和扩建校舍 29.56 万平方米，维修校舍 4.13 万平方米，新征校地 35.3 万平方米，平整运动场 22.13 万平方米，新修围墙 4.03 万米。新砌堡坎 6.09 万立方米，新建校门 71 座，新建厕所 198 个，绿化美化校园 8.21 万平方米。

2001 年 1 月 20—23 日，以副市长程贻举为团长，程大鹏、何廷昌、叶贵本、欧可平、余恢毅、傅正洪、钟型泰为副团长一行 30 余人到彭水，检查验收 27 个乡、镇，21 所初级中学及校点，44 所中心校，32 所村小，两所民办小学。认定彭水自治县 7 ~ 12 岁适龄儿童入学率为 99.20%，其中女童入学率为 98.90%、残疾儿童和少年入学率为 65.60%；小学在校学生年辍学率为 0.84%，毕业率为 99.30%；15 周岁人口中初等教育完成率为 98.10%，15 周岁人口文盲率为 0.76%；初中阶段入学率为 104.2%（含超龄生），初中在校学生年辍学率为 2.90%；毕业率为 95.60%；17 周岁人口中初级中等教育完成率为 85.10%。各项指标都达到教育部和重庆市政府现阶段对贫困地区的“普九”要求。2002

年1月4日，教育部以“教督”1号文件公布彭水自治县为全国第八批基本普及九年义务教育、基本扫除青壮年文盲县。

三、普及实验教学

在普及九年义务教育验收同时，要求普及实验教学达标（简称“普实”）。彭水自治县普及实验教学工作自1992年起加大力度，1993年年末，基本达到普及中小学实验教学标准。

为抓好“普实”工作，县、区、乡（镇）成立领导小组，“普实”成为政府行为，把普及中小学实验教学纳入“普及九年义务教育”轨道，同步规划、超前实施。在1989年完成“初等义务教育普及”之后，县委、县人民政府一手抓经济，一手抓教育。县人民政府与各区公所签订《普及实验教学责任书》，各级政府把“普实”列入重要议事日程，从宣传发动，到组织实施，政府领导亲自挂帅，按照标准，精心操作，层层指导，经常督促。县委、县人大、县人民政府、县政协分管教育领导经常深入区、乡镇和学校解决“普实”工作存在的问题。

各级各类中小学的实验室与教学仪器等，按教育部统一制订标准目录建设、装备。分组实验标准中小学分别分三类。中学：一类，彭水中学25组；二类，其他单设中学12组；三类，附设初中班8组。小学：一类，汉葭镇第一小学为25组；二类，区（镇）中心校为12组，配备分组实验仪器；三类，乡（镇）中心校及完小只配备教师演示实验仪器。实验员配备中学物理、化学、生物各1人。小学除汉一小配1名专职实验员外，其他区、乡（镇）中心校和完小均设兼职实验员。

演示实验及分组实验开出率要求，彭水中学为100%，其他单设中学为60% ~ 80%，附设初中班为50%。小学：汉一小演示实验为90%，分组实验为80%。区（镇）中心校演示实验80%，分组实验70%。乡（镇）中心校及完小演示实验分别为60%、50%。

在1993年“普实”验收时，全县配备中小学实验人员369人、图书管理人员222人、电教人员121人，加上其他功能房管理人员，共782人。对这些人员实行严格的分级培训。为管好用好教学仪器和电教设备，全县统一各类管理、教学、操作等一系列实验和电化教学的规章制度，使这一工作在各级各类学校有章可循，工作有条不紊。同时，还明确规定保障实验和电教人员的劳保待遇，做到知标准、懂管理、能操作、会指导，严格履行职责，把教学实验和电化教学工作做好。

“普实”的经费则采取“县、区财政拨一点，社会捐一点，学校筹一点，国拨和对口支援一点”等办法。1991—2001年，先后筹集“普实”经费1059.10万元，修建各种功能用房和实验用房3002平方米，设置仪器柜1961个，实验桌3766张，实验凳7532根，图书柜341个，书架1996个。并按规定购置实验电教器材及音、体、美、卫设备12.15万台（件）。教学仪器设备配齐率小学96%，中学89.5%。购置各种图书81759册，生均图书小学为4.50册，中学为6.20册。学校实验室均按统一要求安装水、电、气及消防设备设施。电教、实验教学正常开展，演示实验和分组实验率分别达到91%、83.60%以上。实验教学档案达到市人民政府规定的要求。

1993年12月23日—27日，四川省教委和黔江地区教委组团到彭水验收“普实”工作，以袁军为团长，吴桂初、陈东平、刘承升为副团长一行63人，分为8个分团，对全县各类中小学的“普实”工作进行检查验收。抽高中一级学校5所（含初中附设高中2所），占这类学校的71.40%，检查17个乡（镇），占全县乡（镇）总数的26.60%。在被检查的乡（镇）中，检查单设初中3所，乡（镇）中心校19所，基点小学5所，非完全小学16所。被检查学校平均分为89.99+1.33分，合格率为100%，加上县教委实验教学工作得9.80分，合计得分为108.79+1.33分。检查验收团认定彭水自治县为“中小学实验教学普及合格县”。

四、民族教育

彭水多民族聚居，1983 年年底，全县少数民族占全县总人口 40.70%。由于国家对少数民族实行较宽松的政策，恢复少数民族成分的人口陆续增加，至 2005 年，全县有苗族、土家族、蒙古族、壮族、仡佬族等 25 个少数民族，人口 380826 人，占全县总人口的 64.46%。

1984 年 11 月，彭水成立民族自治县后，民族教育发展加快。1986 年春，小学少数民族在校学生 29106 人，占全县小学生总数的 37.22%；初中少数民族在校生 6188 人，占全县初中学生总数的 40.33%。1986 年和 1987 年，在彭水中学连续招收两届民族高中班，100 人，生源来自 33 个边远贫困乡，实行寄宿制，由县民委资助。两班学生毕业后，46 人升入大学，6 人考上中专，5 人被聘为干部，8 人受聘为代课教师。

1990 年 10 月，四川省教委批复成立彭水自治县民族中学，设高中、初中两部。初中部从 1992 年起开办民族班，每年招收两班，100 人，面向全县择优录取少数民族学生，由县民宗委资助，每生发床上卧具一套，学习期间每人每月补助生活费 20 元。已毕业五届，500 人，升入县重点高中的比例为 95%。

1991 年，全县小学少数民族在校学生 17493 人，占小学生总数 31.60%（小学少数民族学生数比 1985 年大幅下降，主要原因是实行计划生育适龄儿童人数减少）。小学少数民族教师 1246 人，占小学教师总数 47.30%。初中少数民族在校学生 9715 人，占初中学生总数 57.10%。初中少数民族教师 623 人，占初中教师总数 69.70%。高中少数民族学生 1231 人，占高中学生总数 51.80%。高中少数民族教师 106 人，占高中教师总数 69.70%。中师少数民族在校学生 280 人，占中师在校学生总数 77.30%。

1995 年，全县小学阶段少数民族适龄儿童 28097 人，入学 27442 人，入学率为 97.67%。有少数民族在校生 27754 人，占小学学生总数 51.30%。小学少数民族教师 1538 人，占小学教师总数 63.40%。初中少数民族在校学生 7424 人，占初中学生总数 49.80%。初中少数民族教师 562 人，占初中教师总数 55.30%。高中少数民族在校学生 858 人，占高中学生总数 58.60%。高中少数民族教师 95 人，占高中教师总数 85.50%。

1999 年，全县小学少数民族在校学生 30804 人，占小学学生总数 46.80%。少数民族学龄儿童入学率为 96.70%，小学少数民族教师 1461 人，占小学教师总数 57.50%。初中少数民族在校学生 10931 人，占初中学生总数 54.80%。初中少数民族教师 623 人，占初中教师总数 49.20%。高中少数民族在校学生 898 人，占高中学生总数 44.50%。高中少数民族教师 60 人，占高中教师总数 46.10%。

2001 年，彭水自治县实现普及九年义务教育。少数民族适龄儿童入学率、残疾儿童入学率、在校学生辍学率、毕业率、15 周岁人口中初等教育完成率、15 周岁人口文盲及初中阶段入学率、初中在校学生辍学率、毕业率、17 周岁人口中初级中等教育完成率等，各项指标达到教育部和重庆市政府对贫困地区的“普九”要求。

2005 年，全县幼儿园在园幼儿 12611 人，其中少数民族幼儿 6573 人，占在园幼儿总数 52.12%。专任幼师 88 人，其中少数民族 47 人，占幼师总数 53.41%。小学在校学生 84704 人，其中少数民族学生 48190 人，占学生总数 56.89%。专任教师 2801 人，其中少数民族 1739 人，占专任教师总数 62.08%。初中有在校学生 25820 人，其中少数民族学生 15449 人，占学生总数 59.83%。专任教师 1315 人，其中少数民族 806 人，占专任教师总数 61.29%。普高在校学生 5292 人，其中少数民族学生 3087 人，占在校学生总数 58.33%。专任教师 301 人，其中少数民族 138 人，占专任教师总数 45.85%。职高在校学生 949 人，其中少数民族学生 576 人，占学生总数 60.70%。

第二节 职业教育

一、中等师范教育

1986年，彭水师范有中师教学班11个，在校学生443人（含民师班2个，学员56人）。

1989年，县委、县人民政府决定将县教师进修校并入彭水师范学校。1992年，根据国家教育委员会和四川省人民政府决定，师范学校由“三级师范”向“二级师范”宏观发展战略过渡，学校开始功能转向。1990年，学校停止招收普师新生。彭水自治县报考中师学生安排在黔江师范与酉阳师范就读。同年，彭水师范还有中师7个班，在校学生292人（普师生232人、民师学员60人），教职工60人（含师范印刷厂职工），其中高级讲师5人，讲师18人，未评职称教师13人。

1994年春，县委、县人民政府决定将县电大工作站并入彭水师范学校。三校合并后，仍继续履行师范学校、进修校、电大工作站的办学功能。

从1984年开始至1999年招收学历不达标的小学教师（无中师文凭者）开办学历培训班，学制为两年（离职学习1年，上岗实习1年），鉴定合格者，发中师文凭。

1986—2000年，培养中师毕业生1693人，其中普师1154人，民师496人，小学教师学历达标培训43人。

二、职业中学教育

1986年，全县有职（农）业中学3所，教学班9个，在校学生376人，教职工65人。

同年9月，龙溪职业中学经县人民政府批准，校舍迁到郁山镇南京街，更名为彭水自治县郁山职业中学，面向全县招生，设置种植、财会、电子电器维修等专业。1987年，有汉葭镇中学、桑柘中学、鹿角中学、普子中学附设职业高中班。到1992年，全县职业高中班29个，在校职高学生1022人，教职工132人。

1991年，黄家职中经黔江地区行署核准为高级职业中学。1993年，经黔江地区行署批准，保家职业中学复改为普通初级中学。全县职业中学减为两所，22个班，在校学生693人。1996年，经四川省教育委员会核准，将彭水师范学校转轨改制为彭水自治县成人中专。当年招收新生300人，设企业管理、市场营销、计算机应用等7个专业，学制为2年，学生毕业后由学校颁发经省教委验印的“毕业证书”。至此，全县职业中学复升为3所，专业设置由1986年的4个上升为15个，增长2.7倍。

2001年5月，国务院全国职业教育工作会议以后，经重庆市教育委员会批准，将彭水自治县成人中专学校、教师进修校、电大工作站、职业技术教育培训中心合并，成立彭水自治县职业教育中心。同时，撤销成人中专学校和职业教育培训中心建制，保留县教师进修校和电大工作站，实行“一套班子、三块牌子”办学模式。

2005年，全县有职业中学3所，23个教学班，在校学生1120人，教职工150人，其中专任教师96人。设置汽车修理、摩托维修、旅游、模具、数控、机械加工、农业经济管理、公关文秘等22个专业，比1996年专业种类增加47%。

第三节 成人教育

一、扫盲教育

根据1985年调查统计，全县尚有青壮年文盲、半文盲53194人，占青壮年总人数的24%。从

1986 年开始，采取“普扫结合，逐步推进”方针，采取 4 项措施全面开展扫盲工作。

（一）加强领导，实行“双线承包、四方负责”制。各级党政把扫盲工作列入经济社会发展总体规划，政府任期目标和年度责任目标，任务落实到单位和人头，乡级学校和各部门包村完成任务。区、乡、镇、村组干部负责组织文盲、半文盲入学，成人教育专职干部、乡村干部负责辖区扫盲对象登记造册，确定扫盲任务，中小学教师及农村知识青年负责教学，保证质量。广泛宣传发动扫盲对象主动参加学习，限期摘掉文盲帽子。县制定《扫盲自查验收办法》《检查验收制度》及《学员考核制度》。采取统一部署、统一检查、统一考核评比及“一扫二堵三提高”的办法，杜绝新文盲产生。全县形成党政、群众和教育部门齐抓共管的局面。

（二）制定扫盲规划，严格自查验收。县人民政府从实际出发，将全县 64 个乡、镇，按文化基础与经济水平分为 4 批，先经县组织自查验收合格后，再申请省、地组团验收。

（三）抓好“两支”队伍建设，提高成教专干（每个乡镇都配有 1 ~ 2 名成教专干或教师）与农校教师素质。制订《农村成人教育专职干部岗位职责》《农村成教专干评比细则》《区、乡、镇农民教育量化管理细则》，按照择优聘请、加强管理、落实待遇、稳定队伍原则，建立健全成教专干、农校教师岗位责任制，实行教学承包制，增强农校教师责任感，提高教学质量。扫盲学校的教师，有的是聘请的知识青年，有的是当地学校教师尽义务，有的成教专干与乡村干部亦在义务上课。

（四）编写地方扫盲教材，将识字、学农业技术、学国家政策结合起来，采取多种形式办学。乡、镇办农民文化技术学校，村办扫盲班，居民小组设院坝学习点，组织青壮年文盲、半文盲集中学与个别人送字上门学，有不少夫妻、姐妹、父子、母女互教互学。农闲多学，农忙少学，使扫盲学习与生产劳动两不误。

政府对扫盲工作检查验收工作十分严格，在县自查验收合格后，才申请地区行署检查验收，为防止复盲，地区验收合格后，还要经省（市）复查 2 次。1989 年 12 月 16—19 日，经黔江地区行署扫盲检查验收，认定扫除青壮年文盲 31971 人，全县当年有 15 ~ 40 周岁青壮年 257643 人，脱盲 236465 人，占青壮年总人数的 91.78%，基本达到国家规定扫盲标准。1994 年 11 月，四川省人民政府和黔江地区行署组团复查彭水自治县扫盲工作，确认彭水自治县 15 ~ 40 周岁青壮年非文盲上升到 94.10%，基本达到国家规定的高标准扫盲要求，认定彭水自治县为“高标准扫除文盲县”，获四川省人民政府颁发的“合格证书”及奖金 3 万元。2001 年 11 月，重庆市人民政府组团复查彭水自治县扫盲工作，确认为基本扫除青壮年文盲县。次年 1 月，受教育部公布为全国第八批基本扫除青壮年文盲县。

二、农民文化技术教育

农民在扫除文盲之后，特别要求学习实用技术，提高生产力，搞多种经营，发家致富。坚持“实际、实用、实效”的原则，以技术教育为重点，实行政治、文化、技术教育相结合，抓农校“三地一站”建设，即实验实习基地、教师示范基地、农校学员基地及技术咨询服务站建设。

全县开展烤烟、玉米、水稻、豆类、蔬菜、木耳、天麻等种植，长毛兔、鸡、毛猪等饲养，及缝纫等项目培训。各乡农校根据当地需要及师资条件，选项各有侧重。如新田乡农民文化技术学校从 1994 年起，一面开展高标准扫盲，一面开展果树、烤烟种植、烤烟烘烤等技术培训，至 2005 年，先后举办 80 余期，参训人员 4200 人次；连湖乡农民文化技术学校，1996—2000 年，把组织农民学文化与实用技术结合起来，先后举办 45 期培训班，参训人员 7500 人次，全乡户均参训 1.5 人次。培训内容紧密围绕农村经济发展，以水稻、烤烟、蔬菜种植及生猪养殖为主，做到技术、文化学习双丰收。多家村刘明友种植水稻 2.07 公顷，单产 7500 千克，年纯收入 1 万多元。茶园村徐兴华种烤烟 2 公顷，年纯收入 5 万多元。乐地村廖国成养生猪 100 多头，年纯收入 3 万多元。范列庆种植蔬菜，年收入 3 万多元。全县仅 1989—2005 年统计，培训 56700 人次，促进农业新技术、新品种的大面积推广，提高农民成人教育的办学效益。

三、职工初、中等业余教育

全县原有职工业余学校 15 所。在“双补”（政治、文化）结束后，1988 年撤销县职工教育办公室与县教委合并。之后，职工业余教育由县教委成教股管理。职工业余学校在“双补”结束后陆续停办，至 1986 年，全县尚存县商业职工业余学校、县粮食局职工业余学校及县教师进修校 3 所。其办学形式多与外地学校联办。1986 年秋，县商业职工业余学校与重庆商业职工大学中专部联办中专班，开设会计与统计、市场营销、企业管理等专业，脱产学习 2 年，办六届，毕业 160 人。县教师进修学校 1982 年至 1995 年与四川省广校联办中师函授学习，办七届，毕业 233 人。

四、成人高等教育

彭水自治县成人高等教育通过函授、广播电视、自考、离职进修、联办大专班等 5 种形式逐步发展壮大起来，覆盖全县。

（一）函授教育

20 世纪 80 年代以来，参加高等函授学习学员发展到各行各业，学员增多，承担高等函授大专院校亦随之增多。县教师进修校、县党校、县商业职工校、县粮食局职工校先后与重庆师范学院、涪陵教育学院、四川师范专科学校、重庆教育学院、涪陵师专、重庆商学院、四川省委党校、重庆市委党校、西南师范大学成人教育学院、重庆大学成人教育学院等高校联合招生办学。组织工作及集中在县学习期间食宿安排，由县主管部门及参与联办单位负责。专业课教学、学习资料与毕业证书发放、学籍管理等由联办大专院校负责，公共课双方各承担一部分，以大专院校为主。

1986—2005 年，县教师进修校与重庆师范学院联合举办函授教育，毕业本科生数学 44 人、中文 59 人、生物 11 人、地理 8 人、化学 6 人、历史 6 人、物理 10 人，共 144 人；与重庆教育学院联合办学，毕业汉语言文学 342 人、数学 25 人、信息专业 25 人，共计 392 人；与涪陵师院（含教院）联办，毕业专科中文 198 人、数学 103 人、政教 36 人、思政 149 人、英语 34 人，毕业本科中文 181 人、数学 17 人，本、专科共计 718 人；与四川师范专科学校联合办函授、卫电、自考（三沟通）教育，毕业专科英语 20 人、生物 19 人、体育 38 人、化学 25 人、地理 46 人、历史 73 人、政治 142 人、数学 23 人、中文 208 人、物理 48 人，共计 642 人；与西南师范大学成人教育学院函授部联办，中文本科毕业 54 人。毕业专、本科总计 1950 人。

1986—2010 年，县党校与四川省党校、重庆市党校联合举办高等函授教育，毕业文秘专科 22 人，政工专科 52 人，经济管理本科 586 人、专科 414 人，政治专科 26 人，法律本科 617 人、专科 810 人，行政管理本科 5 人、专科 392 人，金融本科 14 人，公共管理与电子政务本科 1 人、专科 58 人。专、本科共计 2997 人。

1992—2001 年，县商业职工业余学校先后与大专院校联办，毕业专、本科生共 224 人。

（二）电大教育

1984 年 11 月，成立彭水自治县电大工作站。2005 年，升格为重庆市广播电视大学彭水分校，先后设电大办公室、培训部。

1986—2005 年，彭水电大工作站开设 31 个专业，毕业大专生 1340 人。其中，药学 1 人、党政 24 人、档案 16 人、法律 20 人、汉语言文学 294 人、政史 49 人、财会 69 人、行政管理 27 人、农学 3 人、文秘与公关 5 人、经济法 4 人、英语 66 人、金融证券 7 人、财会电算化 2 人、护理 46 人、电子应用技术 1 人、财会与税收 1 人、学前教育 15 人、小学师资教育 278 人、药剂学 1 人、金融 60 人、计算机信息管理 20 人、法学 30 人、教育管理 41 人、市场营销 12 人、电力系统自动化 13 人、发电厂与电力系统 3 人、土木工程 10 人、计算机 2 人、卫生事业管理 8 人、房产 2 人。

（三）高等教育自学考试

1984 年 1 月，涪陵地区高等教育自学考试工作会议后，彭水县大中专招生委员会设高等教育自学考试办公室，办理高等教育自考事务。按省、地规定，凡符合报考条件的考生，一律按户口所在县或所在单位在彭水高教自考办公室报名参考。

1986 年，高等教育自学考试逐步走上正规，根据省、地指示，春、秋季均举行考试，报名时间定在每年上半年 1 月 1—10 日，下半年 8 月 1—10 日，每次报名不得少于 10 天。考试时间定为每年上半年 4 月底倒数第二个星期六和星期日，下半年 10 月底倒数第二个星期六和星期日，每次考试 2 天。办毕业证时间，定为每年上半年 6 月 20 日以前，下半年 12 月 25 日以前。政府为了鼓励参加自学考试，曾采取对毕业学员发奖金奖励。1986 年，全县报考 306 人，专科毕业 5 人。

1990 年，高校自考报名人数升至 1350 人。专科毕业 18 人，占报考人数的 0.14%。1999 年，报考人数达 2259 人，为报考人数最多的年份。当年专科毕业 83 人，也是毕业人数最多的一年。2002—2005 年，高教自考本科毕业 47 人、专科毕业 214 人，专、本科共 261 人。2002 年实现高校自考本科为零的突破，并逐年增长，2005 年达到 27 人。全县高校自考在 1986—2005 年的 20 年里，毕业专科 534 人、本科 47 人。

1992—2005 年彭水自治县成人高校录取人数情况一览表

表 24-6　　单位：人

年度	报考人数	录取人数		
		本科	专科	合计
1992 年	566	10	179	189
1993 年	617	30	125	155
1994 年	453	23	198	221
1995 年	396	13	123	136
1996 年	360	5	141	146
1997 年	370	20	230	250
1998 年	360	40	158	198
1999 年	447	65	167	232
2000 年	453	60	179	239
2001 年	456	95	229	324
2002 年	710	290	258	548
2003 年	797	365	207	572
2004 年	498	170	86	256
2005 年	247	159	63	222
总计	6730	1345	2343	3688

注：1992—2005 年共录取 3688 人。2000 年以后，有些成人高校招生未严格执行先经考试录取的规定，而实行愿者先报名学习，只要规定科目经考试、考核鉴定合格发毕业文凭

1986—2005年彭水自治县高校自考报考及毕业人数情况一览表

表24-7 单位：人

年度	报考人数	毕业人数		
		本科	专科	合计
1986年	305	—	5	5
1987年	465	—	6	6
1988年	650	—	8	8
1989年	806	—	10	10
1990年	1350	—	18	18
1991年	1405	—	10	10
1992年	1469	—	16	16
1993年	1101	—	18	18
1994年	1104	—	10	10
1995年	582	—	25	25
1996年	271	—	16	16
1997年	558	—	22	22
1998年	515	—	16	16
1999年	2259	—	83	83
2000年	1336	—	21	21
2001年	1579	—	36	36
2002年	1200	5	61	66
2003年	1350	7	59	66
2004年	560	8	66	74
2005年	554	27	28	55
总计	19719	47	534	581

第四节　特殊教育

全县特殊教育始于20世纪50年代中期，1958年以前县内无特殊教育学校，由涪陵专署民政科和文教科分配名额，保送到专区盲、聋、哑学校学习。

1958年秋，经县委、县人民委员会决定，成立彭水县盲哑学校，由县人委民政科、文教科负责领导管理，招收盲、哑青少年班各1班，学生40人，专任教师2人。学校附设在汉一小，借用其教室上课。生源来自全县各地，实行住宿制。因特大灾荒，于1960年停办。

2001年9月，为了对残疾青少年进行文化知识教育，巩固发展九年义务教育成果，县委、县人民政府根据上级指示，成立彭水自治县特殊教育学校。初办时，学校附设在汉葭镇森林希望小学，开设一个小班，在校学生13人，专任教师2人。2003年1月，学校迁至汉葭镇河堡街11号原县教委二楼，教学班增至2个，在校学生19人，教职工5人，其中专任教师4人，临时工1人，由王淑慧任校长。2005年特殊教育学校有教学班3个（一至三年级各1个班），在校学生20人（均系听力残疾），有教职工4人，其中专任教师3人，校长1人。当年，另有63个残疾儿童在普通小学随班就读，有1个残疾青年在普通职业初中就读。全县有84个残疾青少年在校读书。

第二章 教育管理体制

第一节 管理机构

一、党组织机构

1984 年 7 月，成立中共彭水县委教育局党组，同年 11 月改称中共彭水苗族土家族自治县教育局党组。1990 年 5 月，撤销教育局党组，设立中共彭水自治县委教委总支委员会。1993 年 5 月，改为彭水自治县委教育委员会党组。2002 年 4 月，改组为委，定名为中共彭水苗族土家族自治县教育工作委员会。

二、行政机构

1986 年，彭水自治县教育局内设大中专招生办公室、纪检组、勤工俭学股、保卫股、办公室、成教股、计财股、教育股、人事股、教研室、教仪站等 11 个机构，工作人员 38 人。1988 年 12 月，撤销彭水自治县教育局、彭水自治县职工教育办公室，成立彭水自治县教育委员会（简称县教委）。翌年，教研室单列，更名为彭水自治县教研室。1990 年，县教委调整内部机构，设秘书股、教育股、成教股、政工股、计财股、勤管股、大中专招生办公室、教仪站、监察室、教育工会、县人民政府教育督导室等 11 个部门，在编人员 33 人。机构及在编人数直至 2005 年未变。

第二节 管理机制

一、初等教育

1985 年开始，执行中共中央《关于教育体制改革的决定》及四川省教育厅《关于基础教育实行分级管理的试行意见》，县重点小学、示范幼儿园，由县教育局管理。城镇辖区内小学，由县、镇共管，以镇为主。乡中心校、完全小学由县、区共管，以区为主。村小由区、乡共管，以乡为主。县重点小学和乡中心小学、完全小学的领导干部，由县教育局任免。村小负责人由乡政府任免。

2002 年 4 月，中共彭水自治县委、县人民政府决定：县机关幼儿园、县示范幼儿园，由县教委直接管理。乡、镇中心小学，由县和乡、镇共管，以县为主。村小以乡、镇管理为主。同时，撤销原 8 区 1 镇教育办公室，成立乡、镇教育办公室，与乡、镇中心小学实行“一套班子、两块牌子”的管理体制，教育办公室主任兼中心小学校长，负责管理辖区小学及附设初中班，汉葭镇不再设中心小学校，只成立教育办公室。汉葭镇第一小学、第二小学、第三小学、第四小学、森林希望小学、隆鑫希望小学由县教委直管。汉葭镇教育办公室只管理汉葭镇的其他学校。同时决定干部管理权限：乡、镇教育办公室、中心小学、完全小学、县直属幼儿园的党政领导人员，经县教育党工委和县教委考察，并征得乡、镇党委同意后，由县教育党工委和县教委分别任免。学校中层干部，由学校负责考察任免，报县教育党工委备案。职务评审和聘任、辞退、培训、考核等，由县教委负责。

财务实行乡、镇教办为单位统一管理，撤销各基点校账户，基点完小只设报账员，由教办统一建账，但经费实行谁收谁用，完小校长有支配本校经费的签字权。村小及幼儿园业务工作，按原管辖范围，由中心校与基点完小分别管理。

二、中等教育

1986年，根据四川省教育厅《关于基础教育实行分级管理的试行意见》，彭水自治县实行县办重点中学、职业中学、中等师范学校由县管理。区、镇的单设中学、职业中学，由县、区共管，以区为主。乡、镇初中由区、乡共管，以乡为主。各级学校的领导干部，均由县按照干部管理权限任免。

2002年4月，贯彻执行彭水自治县委、县人民政府规定：彭水中学、职教中心、民族中学由县教委直接管理，其余单设中学，由县和乡、镇共管，以县为主。彭水中学及职教中心的党政正职领导，由县教育党工委提名，会同县委组织部考察，报县委常委会审批，校长由县人民政府任免，党支部书记由县委组织部任免。彭水中学及职教中心的党政副职领导与其他单设中学党政领导，由县教育党工委和县教委分别考察任免，报县委组织部备案。中等学校中层干部，由学校自行考察任免，报县教育党工委备案。

三、成人教育

1983年，成立彭水县职工教育委员会，下设职工教育办公室，负责管理职工教育。1988年，撤销县教育局、县职工教育办公室，成立彭水自治县教育委员会。扫盲教育、职工教育、农民教育统称成人教育，由县教育委员会管理。县教委下设成教股，由成教股具体指导管理。

乡、镇农民学校、农民文化技术学校，由乡、镇主办和管理。学校成立校务领导小组，由所在地乡、镇长兼任校长，中心小学校长兼任副校长，成教专职干部任专职副校长。村农民学校，由村主办和管理，村长兼任校长。职工学校由所在企业、事业单位主办和管理，所在部门或单位领导兼任校长，并设专职副校长，管理校务工作。

四、中小学校长负责制

1985年5月，中共中央《关于教育体制改革的决定》下达后，各学校实行校长负责制。校长是学校的法人代表，对学校教育、教学、人事、财物等实行统一领导、全面负责，行使学校工作决策指挥权。学校党组织对学校行政的重大决策有参与权，发挥监督保证作用。教代会作为全体职工的群众代表在学校党组织的领导下以其主人翁地位行使民主管理监督权。

第三章 教师队伍建设

第一节 教师资格认定与任用

1994年以前，无论是政府招考录取或大中专学校毕业分配来的教师，均要实行半年或1年的试用期，只要在试用期间没出现其他问题，都可转正成为正式教师。其他部门的正式干部，也可根据需要按组织程序调到教育部门任教师。1994年1月1日起，执行教育部颁布《教师资格条例实施办法》规定。教师资格认定须符合下列条件：遵守国家宪法和法律，热爱教育事业，履行《中华人民共和国教师法》规定的义务，遵守教师职业道德。具备《中华人民共和国教师法》规定相应学历，即小学教师具备中等师范毕业及以上学历，含高中毕业生经教师资格考试（考教育学、心理学、普通话测试）合格者，视为达标。初中教师具备大学专科毕业及以上学历，高中和职中、中师、教师进修学校教师，具备大学本科毕业及以上学历，幼儿园教师具备幼儿师范学校毕业及以上学历。经国家教师资格考试合格，有教育教学能力，认定合格者，方可取得教师资格，获得"教师资格证"。

彭水自治县在实施教师资格认定的过程中，按照教育部和重庆市教委规定，对2401名1993年及以前参加工作的教师（其中中学841人，小学1560人），作为教师资格过渡，自然认定为中小学教师，并于1995年由本人申报，次年报黔江地区教委批准，确认教师资格，发给"教师资格证"。1994年及以后参加工作的教师，重新认定教师资格，每年举办1次教师资格认定考试，主要是考教育学、心理学，外加面试，普通话测试。高中和职中教师由市教委统一组织考试认定教师资格，发"教师资格证"；初中及小学、幼儿园教师，由县教委组织考试认定教师资格，发"教师资格证"。对当年考试不及格的教师可在翌年补考，如仍有1科或1科以上不及格者，则重新考试。有的师范院校学生毕业时，已经学校考试认定了教师资格，并发"教师资格证"者，同样认可。至2005年年底，全县有2661名小学教师获得"教师资格证"，占小学任课教师总数的95%；有1493名中学教师获"教师资格证"，占中学任课教师总数的93%；有90名职中教师获得"教师资格证"，占职中任课教师总数的94%。幼儿园教师获得"教师资格证"66人，特殊教育学校教师获得"教师资格证"3人，分别占任课教师总数的95%、100%。

第二节 师资培训

1981—1986年，师资培训以教材教法过关为重点。小学教师由县教研室负责培训区业务辅导员，区业务辅导员再去培训其他小学教师。初中教师由县派各科骨干教师在地区教研室培训，骨干教师回县培训一般教师。采取上辅导课与自学、互学相结合的方法。小学教师集中在区、初中教师集中在县上辅导课。要求教师学懂弄通所教学科教材和教学大纲，明确教材的编排体系、结构、教学重点及教法。使教师能驾驭教材。1984年，举行教材教法过关考试，由四川省教育厅命题，全县初中教师参考337人，及格91人，占参考教师的27%；公办小学教师参考1191人，及格879人，占参考教师总数的73.80%；民办小学教师参考371人，及格240人，占参考教师总数的64.70%；小学代课教师参考573人，及格390人，占参考教师总数的68.06%。1986年组织缺考与未及格教师最后一次教材过关考试。按省教育厅规定，中小学教师学历达标及50岁以上者免考。

1988—2001年，中小学教师培训围绕普及九年义务教育、推行素质教育和普及实验教学进行。培训项目不断增多，方式多样。新教材和教学大纲培训，举行3轮，参训中小学教师2876人次，培训目的主要解决新旧教材接轨。三笔字（铅笔字、毛笔字、粉笔字），简笔画、普通话、艺体课等培训。通常是采取培训、观摩、展览、竞赛等多种方式进行。先后培训11次，中小学教师参训2804人次。教师教学业务培训还包括中小学优质课比赛，优秀教案和优秀教研论文评选，书画展览等内容，举办7次，参训3908人次。现代教育技术培训，含计算机应用、办公自动化等，参训小学教师1385人次。中学物理、化学、生物和小学自然实验员培训，参训教师2006人次。中小学校长、教导主任和骨干教师培训7次，804人次。2000年9月，全县1127名中小学教师参加计算机应用和办公自动化培训，经考试及格1117人，占参训教师总数的98.99%，县教委、县人事局分别向他们颁发“计算机应用合格证书”和“办公自动化合格证书”。

现代教育手段培训，由县教仪电教馆主办。2003年，对全县第一期实施远程教育的学校进行远程教育设备安装、调试培训。翌年，对96名教师进行远程教育资源使用培训，对109名中小学教师进行信息技术与学科课程整合的应用培训。从此。彭水自治县远程教育资源开始在学校教育教学中发挥作用。

2005年，为了推进教育城域网的应用，进行城域网OA自动办公平台、VOD视频点播系统、视频会议系统的应用培训，培训校长及一线教师158人，全县教育开始无纸化网络办公。

第三节　教师学历达标及职称评聘

1986年春，小学任课教师2957人，其中中师及以上毕业1435人，学历达标率为48.53%。初中任课教师777人，其中大专及以上毕业77人，学历达标率为9.91%。高中任课教师109人，其中本科学历24人，学历达标率为22.02%。中师任课教师24人，其中本科学历7人，学历达标率为29.17%. 职高任课教师28人，其中本科学历2人，学历达标率为7.14%。

1990年，小学任课教师2236人，其中中师毕业及以上1404人，学历达标率62.79%，比1986年春提高14.26%。初中任课教师827人，其中大专及以上毕业351人，学历达标率为42.44%，比1986年春提高32.53%。高中任课教师134人，其中本科学历45人，学历达标率为33.58%，比1986年春提高10.70%。

2005年，全县有小学任课教师2801人，其中中师及以上学历2686人，达标率为95.89%，比1986年春提高47.36%。初中任课教师1315人，其中大专及以上学历1226人，达标率为93.23%，比1986年春提高83.32%。普高任课教师301人，其中本科及以上学历220人，达标率为73.09%，比1986年春提高51.07%。职高任课教师106人，其中本科学历46人，达标率为43.40%，比1986年春提高36.26%。特殊教育任课教师3人，其中大专学历3人，达标率为100%。幼儿园有任课教师88人，其中幼师专业毕业76人，达标率为86.36%。特殊教育任课教师3人，大专毕业3人，达标率100%。

教师职称评聘，1987年，县专业技术评定领导小组和县教育局，根据中央和省、地职称评定领导小组的规定，按教师学历、教龄及德、能、勤、绩等条件开展各级学校教师职称评定工作。评审机构在重庆直辖前，县为初评委、地区为中评委、四川省为高评委。重庆直辖后，重庆市为高评委、县为中、初评委。初级职称（中二、助理讲师、小一以下）由初评委审定。中级职称（中一、讲师、小高），直辖前经初评委初评后，报地区中评委审定，直辖后，报县中评委审定。凡是评定专业技术职称的教师，由审定评委会发给“专业技术职务证书”，再由县人民政府根据需要发聘用书，原则上是每隔 3 年重新聘任 1 次。

1988 年，全县评聘中学高级教师 9 人、中学一级教师 30 人、中学二级教师 201 人、中学三级教师 221 人；评聘职中中级教师 7 人；师范和教师进修学校评聘高级讲师 5 人、讲师 1 人、助理讲师 6 人、助理实验师 1 人；评聘小学高级教师 127 人、小学一级教师 494 人、小学二级教师 454 人、小学三级教师 183 人；评聘幼教高级教师 4 人、幼教一级教师 5 人、幼教二级教师 2 人、幼教三级教师 1 人。中小学教师专业技术职称评定于 1988 年停止。

1992 年恢复职称评聘，并转为经常性、规范性。只要够条件者申报，每年评定 1 次。

2005 年，全县有幼教专任教师 88 人，其中高级教师 15 人、一级教师 12 人、二级教师 6 人、未评职称 57 人。分别占专任教师的 14.77%、13.64%、6.82%、64.77%；全县有小学专任教师 2801 人，其中小高 1001 人、小一 1184 人、小二 496 人、小三 12 人、未评职称 108 人，分别占专任教师总数的 35.74%、42.27%、17.71%、0.42%、3.86%；初中专任教师 1315 人，其中中高 44 人、中一 319 人、中二 556 人、中三 206 人、未评职称 190 人，分别占初中专任教师总数的 3.35%、24.26%、42.28%、15.67%、14.45%；普高专任教师 301 人，其中中高 36 人、中一 136 人、中二 98 人、中三 8 人、未评职称 23 人，分别占专任教师总数的 11.96%、45.18%、32.56%、2.66%、7.64%；职高专任教师 106 人，其中副高 9 人、中级 41 人、初级 45 人、未评职称 11 人，分别占专任教师总数的 8.49%、38.68%、42.45%、10.38%；特殊教育专任教师 3 人，其中小高 1 人、小二 2 人，分别占专任教师总数的 33.33%、66.67%。

第四章　教育科研

第一节　科研设备设施

1986年，各中学开始建立语音实验室，少数学校购置黑白电视机用于校内宣传，对学生进行时事政策、思想品德及英模先进事迹等教育。翌年，彭水教师进修校购置21英寸彩色电视机1台，至1990年，各中学、职业中学和县城小学启用电视机教学，每个班安装彩色电视机。至1998年，除少数农村小学外，中小学普及彩色电视机，每个班都设置大小不等的彩电，电视教育深入到各个不同的教学领域。

2001年以来，实施《第二期“国家贫困地区义务教育工程”项目实施规划》，按市教委、市财政局文件精神，全县投入317万元，配置信息技术教育设备。2001年，投入139万元，用于“普实”（两基）电教设备。2002—2003年，全县投入153万元，在92所学校建立现代远程教育接收点，实施模式二92个。2004—2005年，在10所学校建成多功能教室10间。

第二节　科研工作及成果

1986年3月，根据涪陵地区教改实验协调小组指示，开始将教改实验纳入统一、有目的分层次管理轨道，结束教改实验中散、乱、自生自灭局面。着手核定全县教改实验项目，参加“云南、贵州、四川、湖南、湖北五省山区农村小学作文训练协作研究会”，对小学作文现状进行分析，对作文整体、作文心理、作文能力、作文方法作研究，交流教改实验经验。同年，开始进行注音识字，提前读写实验。此实验是小学语文教学体系改革，其特点是：充分估计儿童潜在智慧，注意儿童智力早期开发；着眼于全面提高儿童听、说、读、写能力，侧重于发展儿童语言，开发儿童智力，以克服传统教学体系中“重文轻语”的弊端；改变过去教学体系中“拼音—识字—阅读—写作”训练序列，以汉语拼音为工具，将读写提前，拼音、识字、读书、写作齐头并进。在教学方法上运用整体教学法：（1）拼音教学。从词语、音节的整体入手，按“整体—部分—整体”程序顺序训练，改变先声母、后韵母、再读音节传统教学法。从发展语言出发，拼音既是识字工具，又是发展语言手段，如教学“马路”（malu）采用“音节开花法”，同时掌握“大路、小路、公路”等。采取“对比分节法”，纠正“方音”，如“四（si）—十（shi），粗（cu）布—初（chu）步”等。（2）识字教学法。推行“在读中认，在学中会，在写中固”三合一的方法。通过汉语拼音，大量阅读注音读物，以大阅读量带来大知识量。通过写字教学，让儿童认识汉字构成规律，培养儿童自己识字能力。通过注音作文练习，逐步运用所学汉字，以求巩固。（3）阅读教学。按“整体—部分—整体”思维线索，直奔文章中心，抓住思路和结构着重培养儿童的阅读能力。（4）作文教学。总的原则是以读导写，以写求读，写作提前起步，读写紧密结合，语、文相互结合。在教音节时，就开始训练儿童口头造句，教过声韵母后，要求儿童能书面造句，造完整句。学习纯拼音文章时，开始学写短文。学习拼音文章时，用拼音夹汉字写文章。到第三学期末，儿童在听、读、写方面都有明显提高。

1988 年，以县教研室为核心及区教育办公室教研员、乡镇中心校中心教研组，组成三级教研网络。翌年，又建立各中学和乡、镇中心校教科室，教育科研工作得到加强。

1989 年 9 月，作文三级训练在彭水中学、民族中学、鹿角中学、黄家中学、桑柘中学开题，实验周期为三年。该实验分“观察、分析、表达”三级，每级分两段，每段分若干步，共 3 级、6 段、44 步。通过该实验，学生作文知道“写什么”和“怎样写”，提高观察、分析、表达能力。实验结题时，对实验班学生进行检测，作文能力普遍提高，并有 3 个学生作文在全国《作文报》上发表。主研人员傅天成被中国教育学会语文研究会评为“实验先进个人”。

1992 年 3 月，国家语言文字工作委员会和中央教科所将彭水自治县定为“汉语拼音直读法实验基地县”。国家级“基础音节、换位直读”实验课题在彭水开题，参与实验教师 230 人，学生 15000 余人。实验周期为 3 年。该实验利用儿童 1 至 2 年级智力发展最佳时期，以发展语音为中心，提高教学起点，启迪学生思维，提高语言运用能力。是年，国家语言文字工作委员会专家尹斌庸到彭水调研，在郁山、桑柘中心校仔细观察汉语拼音直读法实验情况，给予高度评价。1995 年 8 月 12 日，“基础音节，换位直读”实验接受国家语委评审，通过验收，认定彭水自治县经过 3 年实验，提高汉语拼音教学质量。主研人员赵永安、罗运生、肖波被国家语委评为“全国教改先进个人”。同年 9 月，向国家教委申报科研成果，获全国二等奖。彭水自治县被国家语委评为“教改先进县”。

1997 年，“邱学华尝试教学法”实验结题。其特点是“先练后讲，先学后教”。内容含“一个兴趣，两个基本点，三个为主，四个当堂，五步教学，六段式结构”。参加此次实验有 384 个教学班，200 多名教师，19000 多名学生。1999 年 7 月，市级教育科研实验课题“民族地区乡村小学开设英语课与素质教育的研究”结题。该实验根据民族地区乡村小学的特点，以研究推进实施素质教育为出发点，探索培养农村儿童学习英语兴趣为目的。实验由龙溪乡中心校承担，参加实验的学生 35 人。此实验周期 3 年，从 1996 年 9 月开始计算。

2000 年 12 月 27 日，市级科研课题“民族城乡小学英语网络教学模式与实施素质教育的研究”在郁山中心校开题，参与实验 51 名英语教师出席开题仪式。该实验目的是探索城乡英语教学基本模式，为全县小学英语教学提供比较科学的指导，在减轻学生负担前提下，发展学生个性特长，培养学生综合素质，加强学科知识的渗透，大面积提高教育质量。实验规模为 15 个教学班，参加学生 720 人。试验周期为 3 年。

2003 年 3 月，开展省（市）级小学语文“读写结合，整体优化”科研课题教改实验。全县乡级以上的中心小学一至六年级的班级都参加实验，学生总数达到 40000 人。试验周期为 7 年。

2003 年 3 月 21 日，市级科研课题“构建中华读书工程”开题仪式在汉一小举行。市教科院专家黄新生和中华书局重庆工作站领导参加会议，县领导对实验学校授牌。

2004 年 5 月，市级教育科研课题“民族地区农村小学实施素质教育的现状及对策”结题。该课题于 1999 年在靛水乡中心校开题。10 月 26 日，国家级教育科研课题“民族地区小学英语开放性学习模式构建的研究”，在保家镇中心校开题。同年，贯彻执行市教委提出的“科研兴教，科研兴校，科研先行，典型示范”教育科研工作方针，全县评出“县级教育科研先进集体”9 个，中小学教育科研先进个人 27 人。县教研室被评为“市级教育科研先进集体”。在重庆市第三届教育科研评比中，彭水中学、县教研室被评为“市先进集体”，罗运生被评为“市先进个人”，靛水乡中心校获“市教育科研成果三等奖”。

第五章 学校建设

第一节 教育经费

一、国家投入

自1984年开始，按省、地指示，教育经费实行大包干。中央和省将彭水自治县划为老、少、边、穷地区，在普及初等教育、仪器设备、体育器材、图书资料、职业教育、师资培训、危房修缮、特大灾情等方面进行专项补助。

1986年，全县教育经费为608.5万元。1990年，在普及初等教育和实验教学的基础上，启动普及九年义务教育，教育经费增至1055万元，比1986年增加73.38%。

1991—1992年，加快普及中小学实验教学，添置教仪电教设备设施，全县教育经费3075万元。其中，财政拨款2194.9万元、其他拨款84.5万元、城市教育经费附加58.3万元、基建投资拨款25万元、农业税附加9.6万元、城市维护拨款6.8万元、农村教育费附加384.5万元、专控商品拨款0.3万元、勤工俭学收入99.5万元、事业收入84.8万元、捐集资54万元、其他收入72.8万元。1995年教育经费上升为3137.1万元，比1990年增长197.40%。

到2000年，教育经费上升为6081万元，比1995年增长93.84%。“普九”达标工程普遍欠债，验收之后，各级政府根据实际情况加大投入还清欠债。2005年，全县教育经费投入上升到16082.9万元，比2000年增长164.48%，比1986年增长2543.04%。

1986—2005年彭水自治县教育经费投入和支出情况一览表

表24-8 单位：万元

年度	教育经费投入	教育经费支出	增长比例
1986年	608.5	608.5	—
1987年	672.9	672.9	—
1988年	758.4	758.4	—
1989年	895.9	895.9	—
1990年	1055	1055	1990年比1986年增长73.38%
1991年	1486.7	1486.7	—
1992年	1588.3	1588.3	—
1993年	1815.2	1815.2	—
1994年	2754.9	2754.9	—
1995年	3137.1	3137.1	1995年比1990年增长197.36%
1996年	3575.2	3575.2	—

续表24-8

年度	教育经费投入	教育经费支出	增长比例
1997年	3945.8	3945.8	—
1998年	3998.5	3998.5	—
1999年	5136.6	5136.6	—
2000年	6081	6081	2000年比1995年增长93.84%
2001年	7800.9	7800.9	—
2002年	10068.7	10068.7	—
2003年	11177.2	11177.2	—
2004年	13368.3	13368.3	
2005年	16082.9	16082.9	2005年比2000年增长164.48%，比1986年增长2543.04%

二、社会捐、集资办学

县委、县人民政府决定，普及九年义务教育，广泛开展群众性捐、集资办学活动，提倡有钱出钱，无钱出力、出物。全县捐、集资办学集中在1986—1989年及1994—2001年2个时段，即“普六”与“普九”2个关键时期。第一阶段1986—1989年在开展普及初等教育时，机关干部、企业、事业单位职工每人捐资30元，教育部门每个教职工按1月工资的25%捐资，城镇居民每人捐资10元。全县捐、集资580万元，投劳投物折款69万元。

第二阶段1994—2001年，开展普及九年义务教育。1994年2月21日，县委、县人民政府在彭水中学召开“捐资助学”座谈会，与会23个县级部门领导当场捐、集资35万元为该校改善办学条件。此后，1994—2001年，全县捐、集资总额741.5万元。加上地方配套资金新建和扩建学校34所，其中中学4所、乡（镇）中心校10所、完全小学6所、村小14所。修建综合楼2幢，学生宿舍1幢，教学楼19幢，教室51间，教职工宿舍2幢，办公室4间，厕所3个，砌围墙和通道282米，硬化操场1400平方米，购置课桌凳300套，讲课桌16张。

捐、集资数额较大的单位有重庆力帆轰达集团捐资80万元，加地方配套资金，修建郁山镇中心校巧凤综合大楼和郁山中学科技大楼。重庆电信局捐资45万元，加上地方配套资金，修建土塘完小教学楼1幢和乔梓希望小学教学楼1幢。重庆市隆鑫集团捐赠30万元，加上地方投资在汉葭镇白云村新建隆鑫希望小学。重庆市扶贫办捐资30万元，加上地方配套资金，修建芦塘乡中心校教学楼1幢。国家教育扶贫基金会、全国光彩工程、重庆交通银行、重庆市计委各捐资20万元，共80万元，加地方配套资金，分别修建猴狸完小、长滩乡中心校、善感乡中心校、鹿箐乡大青村小教学楼各1幢。重庆市开发办公室、应善良基金会，分别捐资15万元、14.85万元，加上地方配套资金，为土塘完小新修围墙、运动场，绿化美化校园，为汉葭镇柏杨村小修了教学楼。县民宗委捐资94.68万元，加上地方配套资金，为龙射中学修教学楼1幢、桑柘中学学生宿舍楼1幢、大地完小教学楼1幢、鹿鸣乡中心校综合楼1幢、小厂乡马鹿村小教室6间。县计委捐资20万元，加上地方配套资金，为合理乡完小修建教学楼和教师宿舍楼各1幢。

彭水籍台湾同胞王应田捐美金50万元，在彭水自治县设立“应田教育基金会”，将其利息用于奖励彭水自治县的优秀校长、教师、学生，资助困难学生。捐资100万元，为彭水中学新修“应田图书馆”。彭水籍重庆南方花园集团公司董事长、总经理孙甚林，捐资60万元配合政府投资在汉葭镇沙陀新建森林希望小学。香港实业家邵逸夫捐资65万元，加上地方政府配套资金，为汉葭镇第一小学修建逸夫综合楼。UT斯达康公司创始人吴鹰捐资20万元，新修鹿鸣乡向家村小学教学楼。彭水籍台胞廖国安，于 1989—1994 年期间，先后出资 15.7 万元委托侄子廖兴华在高谷场及汉葭镇开办私立中学，因无后续办学资金来源，于 1995 年停办。

第二节 基础建设

1991 年，为解决县城发展人口增多、小学生入学难问题，县人民政府投资迁扩建汉葭镇东门小学（汉四小）；1998 年，重庆南方花园集团捐资 60 万元、当地政府投资 453.30 万元，在沙沱街新建森林希望小学；2000 年，香港实业家邵逸夫捐资 50 万元、县财政投资 80 万元，扩建汉葭镇第一小学。同时政府还投资扩建汉葭镇第二小学、汉葭镇第三小学。

2005 年，全县学校占地面积 1545904 平方米。校舍建筑面积 602576 平方米，其中教学辅助用房 300710 平方米、办公用房 30923 平方米、生活用房 203602 平方米、其他用房 67341 平方米。全县中小学运动场达标学校 131 所，其中小学 119 所、初中 9 所、高中 2 所、职中 1 所。体育器械配备达标 90 所，其中小学 79 所、初中 9 所，高中 1 所、职中 1 所。音乐器械配备达标学校 90 所，其中小学 79 所、初中 9 所、高中 1 所、职中 1 所。美术器械配备达标 84 所，其中小学 73 所、初中 9 所、高中 1 所、职中 1 所。数学、自然实验仪器达标小学 90 所。理科实验仪器达标初中 9 所、高中 2 所、职中 1 所。建立校园网学校 38 所，其中小学 28 所、初中 7 所、高中 1 所、成人中专 1 所、幼儿园 1 所。全县学校有计算机 3162 台、图书 799197 册、电子图书 20610 册、录像录音带 532 盘。语音室座位 1739 个、多媒体座位 254 个。体育运动场面积 540516 平方米。固定资产总值 19676.93 万元（不含特殊学校与幼儿园），其中实验实习设备 7634.56 万元。

第三节 部分学校简介

一、彭水自治县示范幼儿园

1979 年，建成彭水中学幼儿园，次年改为彭水县示范幼儿园。1984 年迁建于汉葭镇河堡街 177 号今校址，更名为彭水自治县示范幼儿园。占地 1490.44 平方米，校舍建筑面积 1322 平方米。有幼儿教育活动室 7 间，每间有洗盥室、卫生间、超大阳台。各班有电钢琴、电视、录音机 VCD、桌面玩具、幼儿图书等设备。户外活动场地约 900 平方米。其中，塑胶地面 1 块，设大型组合游戏玩具 1 套。幼儿在园午睡，设有小床、被褥等卧具。2005 年，该园有大、中、小教学班 7 个，在园幼儿 338 人，教职工 17 人，其中专任教师 16 人，研究生结业 1 人、本科毕业 9 人、专科 7 人、学历达标率 100%。技术职称：幼教高级 11 人、一级 1 人、二级 1 人。工勤人员 1 人（专科毕业，获高级技工职称）。

2001 年以来，实施教育部《幼儿园教育指导纲要》，在健康、语言、社会、科学、美术 5 大领域内，从不同的角度促进幼儿情感、态度、能力、知识、技能等方面的发展。

强化幼儿教育科研工作，开展教研活动，教师获市业务技能奖情况：获园本教研展示活动二等奖 5 人次。教师撰写的论文和经验材料，获市第二届基础教育课程改革论文大赛三等奖 2 人次，获第六届基础教育课程改革论文大赛一等奖 2 人次，二等奖 1 人次，三等奖 6 人次。教师参加市幼儿园教育活动叙事性研究征文评选，获优秀奖 2 人次、一等奖 1 人次、三等奖 2 人次。教师参加重庆市骨干教师才能展示活动，获二等奖 1 人次、三等奖 2 人次。1984 年被四川省教育厅定为“全省合格幼儿园”。1988 年以来，教师个人获党政部门奖情况：刘星华被四川省人民政府残疾人工作协调委员会评为“四川省残疾人三项康复工作先进个人”，田晓霞被黔江地区行署评为“地区优秀教师”，蔡子云、田晓霞、钟静被重庆市精神文明建设委员会评为“文明市民”，郭西玲、张春梅分别被市教委评为“市幼儿教育先进个人”“重庆市贯彻《幼儿园教育指导纲要》工作先进个人”。

1999年被重庆市教委定为“全市二级幼儿园”。2004年被市教委评为“市幼儿教育先进集体”。

二、汉葭镇第一小学

汉葭镇第一小学校位于汉葭镇石嘴街5号，前邻县人民政府，背靠东山。始创于清康熙五十七年（1718），其前身为“摩云书院”，院址设今中共彭水自治县委驻地。嘉庆二十五年（1820），移院东山（今汉一小校址后），道光二十三年（1843），更名“云上书院”。咸丰八年（1858），知县王麟飞诛土豪廖美连，没收其宅拨作书院并改名“新云上书院”。光绪元年（1875），知县庄定域筹款培修后，复称“摩云书院”。光绪二十八年（1902）停办后，改设“崇实学堂”。光绪三十年（1904）改为“彭水县立高等小学堂”，并迁设城南旧考棚内（今县委驻地），因位居县城南，又称“城南校”，只收男生。1920年，改为“彭水县立小学校”。1934年，郁山镇设立小学校后，改为“彭水县立第一小学”。1927—1929年期间，中共党员霍恂、彭济民、刘伯容（曾任校长）、孙瑞华、庹易之等到校任教。组建特别支部委员会和县委，欲组织武装起义推翻县国民政府，建立红色革命根据地，因泄密失败。霍恂、孙瑞华牺牲，其余人员出走。1939年，改为彭水县立城南小学。

城北女校也属汉葭镇第一小学的前身。1912年，县邮政局长李聘三与县劝学所长徐季和达成共识，在停办的崇实学堂处，创办女子学堂，由李聘三夫人刘静容主持女校工作，由于封建重男轻女思想影响，开办不到一年停办。是年，又在吕祖祠（今汉一小逸夫楼地址）创办国民小学。1912年，改为模范小学。1917年改设为城北女校。1920年，改为城北小学。1923—1924年，贺龙率部驻彭水县，曾捐400银圆给女校添置图书等设备；捐铜圆600串给城南小学修围墙。1927年改为彭水县女子小学，时任校长孙汝翌。虽称女校，但男女生均收。1939年改为彭水县立城北女子小学。该校曾举办短期女师班两期。

1940年，教育体制调整，各区所在地小学统称中心国民小学。是年秋，彭水县立城北女子小学与彭水县立城南小学两校合并，在今中共彭水县委地址成立汉葭镇中心国民学校。1944年春，与彭水县立初级中学互换校址，迁至今“汉一小”校址至今。

1949年中华人民共和国成立后，改为汉葭镇完全小学。1953年又更名为汉葭镇中心小学。1962年秋，因学生多，容纳不下，分一部分到鼓楼街原铁业社处（后曾开办教师进修校）上课，直至1969年成立汉葭镇第二小学校后，汉葭镇中心小学改为汉葭镇第一小学校。

1958年，附设盲哑学校两班，由县人委文教科与民政科共管，1960年因灾荒停办。于1958年、1971年、1975—1982年先后3次附设初中班。

1981年4月，被四川省教育厅确立为“四川省分批分期办好的重点小学”。

1999年起，学校坚持以育人为本，师以敬业为乐，生以成才为志，推行素质教育。逐步形成“管理出成果，科研出效益”育人特色。先后进行“直读法”“尝试法”“读与写”“小学英语”“微机教学”“儿童漫画”及“民族地区城镇小学实施素质教育”等教改实验。设美术、音乐、诵读、科技、礼仪、舞蹈、书法等10多种特色教育班（组），发展学生个性，培养学生的能力。学校先后被评为“全国儿童漫画教学创作基地”“国家教育质量创新管理基地”“市优秀少先队”，市少工委、团市委、市教委“少先队工作重点联系学校”“市精神文明单位”“市国防教育先进单位”“市卫生达标单位”“市模范职工之家”。多次被地、县评为“精神文明单位”，“教改实验先进学校”。学校获“全国少儿书画”一等奖、特等奖，县学校综合考评一等奖。有4名教师被评为市劳动模范和先进工作者。学校逸夫综合楼于2000年春由香港实业家邵逸夫捐资50万元、县财政配套总投资130万元修建，面积1060平方米，内设多媒体、微机、劳技、阶梯教室、图书室、实验室等功能室16间及教师办公用房。2005年，学校占地面积6876平方米，校舍建筑面积8839平方米，活动场地面积2909平方米。有综合楼1幢、教学楼5幢、教职工宿舍1幢。教学班35个，在校学生2248人，教职工101人，其中专任教师87人。专任教师本科4人、专科48人、中师33人，学历达标率为97.70%。技术职称有小学高级教师55人、一级教师32人。

三、靛水乡中心小学

靛水乡中心小学校，始建于1927年，初名上茶园乡国民学校，为中共党员、革命烈士彭济民利用茶园乡税收款建立，后改名靛水乡中心国民学校。中华人民共和国成立之初，更名为茶园乡完全小学，后改为靛水坝完全小学。1981年定名为靛水乡中心校，学校地处靛水坝场上。

1994年，学校与县妇联协作举办女童班，招收50名经济困难的女童入学，由县妇联资助，书杂费全免，并发给床单和学习用品。女童毕业后全部升入初中学习。1996年4月，成都经济电视台记者瞿伟到靛水中心校对女童班向宏伟进行专题采访，制成电视节目，1998年在成都经济电视台播映，引起强烈共鸣，观众纷纷向向宏伟及其家庭献爱心。

学校独立承担的市级教育科研课题“民族地区农村小学实施素质教育的现状及对策”，2001年11月，经市教科院验收结题，在教育科研评比中获市三等奖、县二等奖。教师撰写论文和经验材料获市、县奖励达275人次，参加县级赛课和送教下乡33人次，获国家级、市级、县级辅导奖507人次。学校被市教委评为“重庆市幼儿教育先进集体”“重庆市学前教研优秀教研组”。

2003—2005年，3次获县综合考评一等奖，3次被评为“彭水自治县校务公开先进单位”，被市教委评为“重庆市民主管理示范学校”“重庆市校务公开先进集体”，曾被评为“重庆市文明单位”。

多次派小学生篮球队参加重庆市少年篮球锦标赛，最佳成绩获市第五名，被重庆市体育局、市教委定为“重庆市传统体育项目学校”。

2005年，占地面积6420平方米，建筑面积5354平方米。主要设备设施有多媒体教室、电脑室、教师电子备课室及办公电脑、电子琴、风琴等。有小学21班，在校学生1142人。附设幼儿园5班，在园幼儿250人。有专任教师57人，其中大专以上学历43人、中师学历14人，学历达标率为100%。其中小高职称16人，市级骨干教师1人。

四、汉葭镇初级中学

1983年，彭水县城生源增多，单靠彭水中学已不能满足小学毕业生升初中读书之需。为此，县教育局决定汉葭镇第二小学招收附设初中班两个，学生100人。1985年秋，在学坝新建一所初级中学，定名为汉葭镇初级中学。汉葭镇第二小学的附设初中班并入汉葭镇初级中学。

开办之初，占地面积2公顷。校舍1幢，建筑面积1396平方米，24间教室，1幢可供十几个教师居住的宿舍楼，1个不足60蹲位的师生共用厕所。体育活动场亦尚未修建，校舍窄小，设备简陋。教师多数来源于汉葭镇第二小学附设初中班的任课教师，学历达标率低。

1988年，由县教委与汉葭镇政府联合主持，面向全县公开、公平、竞争选聘校长，试行校长负责制，教师任课实行双向选择优化组合。

20世纪80年代末与90年代初，开设过职业高中部。开办过4个幼师班、2个财会班、3个国防班、2个家电班、1个礼仪班。

1992年，县城3所中学实行划片招收初中生的政策。1995年，毕业统考，4科平均成绩全县第一名、3科平均成绩全县第二名。

2002年毕业生统考、升学人数跃居全县单设中学第二名。

2005年，学校有31个班，在校学生2329人。教职工108人，任课教师94人（其中，本科37人、专科57人），学历达标率为100%。有特级教师1人、中高9人、中一46人。县级学科带头人7人。校园面积达22249平方米，校舍建筑面积14981平方米。教室、实验室、图书室、办公室、微机室、多媒体电教室、运动场、生活用房、学生宿舍等一应俱全。教学仪器设备按国家规定标准配齐，基本能满足教学之需。

五、彭水中学

1932年春，彭水县城设立彭水县立初级中学，次年秋改为师范班。1936年春，经四川省政府核准，成立黔彭联立初级中学，校址在郁山镇。1940年，经四川省政府批准，黔彭两县分设中学，遂成立彭水县立初级中学，初成立校址未动。1942年秋由郁山镇迁至今汉一小校址。1944年春迁至今中共彭水县委驻地。1950年更名为川东区彭水县立初级中学。1952年9月改为四川省彭水县初级中学校。1955年秋迁至今河堡街校址。1958年更名为彭水中学。1970年改为汉葭区中学。1984年4月，经四川省教育厅核准为高完中，定名四川省彭水中学。2004年，被重庆市人民政府确立为市级重点中学，更名为重庆市彭水中学。占地面积64369平方米。其中绿化面积17747平方米，占学校总面积27.57%，绿树成荫、枝繁叶茂，花带、花坛、盆花密布，并建有科学家爱因斯坦、音乐作曲家贝多芬、作家鲁迅和教育家蔡元培的青铜像，与花树交相辉映，文化气氛浓郁。被市教委、市环保委员会评为“重庆市容整洁单位”，被中共重庆市委、市人民政府评为“文明单位”。

2004年，学校建成千兆主干道多媒体校园网络，拥有独立的课件制作、电视制作、校园闭路电视和语音听力系统，有80座语音室2间，计算机240台。理、化、生实验设备达到国家双Ⅰ类标准，能满足32组学生分组实验的需要。彭水中学“应田图书馆”建筑面积1436平方米，集藏书、阅览、学术演讲厅为一体，馆内藏书7万余册，电子图书15万册，各类报刊300余种。

2005年，校舍建筑面积51022平方米，运动场面积6124平方米，文化广场面积1800平方米，有综合楼1幢、教学楼3幢、男生公寓含食堂1幢、女生宿舍1幢、教职工宿舍4幢、图书馆1幢。学校有35个班、在校学生3486人（其中高中21班、在校学生2842人；初中14班、在校学生643人）。有教职工262人（其中专任教师186人）。副高26人、中级73人。任课教师学历，本科142人、专科36人。学历达标率为高中教师81.3%、初中教师100%。

学校坚持“以人为本，主体教育，植根基础，全面发展”的办学理念，实行“依法治校、科技兴校、管理强校”的办学宗旨，教育教学质量不断提高。1986—2000年，高中毕业7075人，考上大专院校2115人，升学率每年平均为29.89%。2001—2005年，高中毕业3840人，考上大专院校3143人，升学率每年平均81.85%。彭中自开办以来，毕业生考上全国一流名牌大学100余人，其中赴国外留学16人，获博士学位30人，在读博士生6人，获教授职称14人，总工程师2人，研究员6人。

六、黄家职业中学

1958年秋，成立黄家职业中学（原彭水县第五初级中学）。1971年3月，更名为彭水县黄家初级中学。1983年改办为职中，定名为彭水县黄家职业中学。1991年，经黔江地区行署核准为高级职业中学。学校改为职中后，初招职业高中2班，学生100人；初中班11个，学生492人，任课教师43人、实习指导教师2人。2005年，职业高中4班，学生150人；初中21班，学生1200人，任课教师70人。

学校改为职中后，坚持“以农为本、为农育人、为农服务、助农致富”的办学宗旨，利用在当地发展雪梨的优势，把种植雪梨作为骨干专业，推动当地经济发展。在校内营造0.33公顷雪梨园，供师生进行“雪梨病虫害防治”“雪梨大面积丰收”“雪梨个重”三项研究，曾被县列入“星火计划”。

每到新学年开学，学校便发给每个新生 10 株雪梨树苗带回家种植。让学生在学校学理论、学管理技术，回家作实践，做到“人在校，家结果，人毕业，家致富”。以学生的实践启动左邻右舍，十传百，百传千，带动一大片，促进当地雪梨种植发展。

学校还设置农学、农技、畜牧兽医、农产品加工、家庭经营等专业。成立蜜桃、竹笋、禽畜、水产等 8 个科研小组，建立刘家坪、偏岩子 2 个校外实习基地，总面积 3.51 公顷，建立羊舌头校外畜牧兽医点。发挥人才集聚的优势，职业中学成为科技辐射中心，为当地经济发展和农民致富服务。

1988 年，黄家职中所在区人均经济收入由 165 元上升为 382 元，该校发挥添砖加瓦作用，《四川日报》曾采访后专题刊发“黄家职中面向三农办职教”的报道。黔江地委副书记王昭一等，多次去校调研考察指导，肯定办学形式与成果。县领导在黄家职中召开全县中小学校长会，现场参观学习，推广该校的办学经验。

黄家职中先后设置 8 个专业，培养职高毕业生 2000 余人，其中考入大学专科 93 人、本科 21 人；在党政机关工作的 30 多人，企事业单位 700 余人，其余从事当地农业生产。

七、彭水民族中学

1975 年 8 月，成立下岩西乡红花岭半工半读初级中学。1978 年 8 月，改为汉葭区初级中学。1990 年 10 月，经四川省教委核准，改为彭水民族中学，是 1 所普通高完中学校。

学校坐落在插旗山麓，汉葭镇白云村 1 组。占地 32576 平方米，校舍建筑面积 11141 平方米，有综合楼 1 幢、教学楼 2 幢、学生公寓 1 幢、教职工宿舍 3 幢。综合运动场 5337 平方米，有塑胶篮球场 3 个，羽毛球场 2 个，170 米环形跑道 1 条。校园内有民族中学建校纪念碑及曾任全国人大常委会副委员长费孝通、国家民委副主任江家福、国家民委顾问刘三源等领导人题词塑碑，民族中学校牌为国家民委副主任江家福书写，校园文化浓厚，内涵丰富。

学校有物理、化学、生物实验室各 1 间，语言实验室 1 间，仪器药品保管室 1 间，电子全程监控室 1 间，微机室 1 间，多媒体教室 2 间。有微机 110 台，各种图书万余册，教学仪器装备达到教育部规定标准。

民族中学全面实施教育方针，以“打造初中优质教育，创建高中特色教育”为努力方向。1986—2005 年高中毕业生考上大专院校累计 568 人，其中本科 140 人、专科 428 人。初中民族班 1992—1999 年累计毕业 500 人，升入县重点高中 461 人，占初中毕业人数的 92.20%。学校一直重视发展艺体教育，创办高中艺体班，培养艺体人才。由该校编导的《土家竹铃球》，1995 年与 1999 年两年分别在全国第五、六届民族运动会上表演获金奖。1999 年，学校射弩代表队参加全国第六届民族运动会获金牌 1 块；2003 年参加第七届全国民族运动会获金牌 3 块。学校射箭代表队，1996 年参加四川省青年运动会，夺取男、女团体第 1 名。1997 年，学校民族女子班挑选 80 名学生组成合唱团，代表黔江地区和彭水自治县参加重庆直辖和香港回归庆祝活动，演唱技艺获市领导及广大观众好评。学校艺体教师薛强，1999 年被教育部、国家体育总局评为“全国学校体育先进个人”。

2005 年，有初中 20 班，在校学生 1414 人。高中 30 班，在校学生 2020 人。教职工 189 人，其中专任教师 181 人，学历为本科 156 人、专科 22 人。学历达标率初中 95%、高中 96%。有中学高级教师 41 人、中一教师 58 人。

八、彭水职教中心

彭水职教中心原为彭水师范学校。1989 年、1995 年，彭水教师进修校和电大工作站先后并入彭水师范学校。1996年6月，改制为彭水成人中专学校。2001年5月，彭水成人中专学校改为“彭水职业教育中心”，仍保留教师进修校和电大工作站的职能，实行“一套班子，三块牌子”的办学模式。该校设在汉葭镇河堡街82号，占地面积21312平方米，其中绿化面积5994平方米。为办好职业教育，学校加大职教建设力度，校舍建筑面积15350平方米，综合运动场面积3500平方米，具有相关专业实作实训设备设施。学校校园网络采用合理的网络拓扑结构，一条千兆光纤线路和一条2M透明线路接入国际互联网。所有局域网均采用100M交换机连接，使学校的计算机桌面达到100M。2002年，学校开发主页 www.psdd.net 域名正式在国际互联网上使用。2004年学校新域名 www.cqpsxi.com 正式开通。该网站建有校园信箱和职教论坛，在学校职教网上开通多媒体课体点播系统，为学校计算机专业及相关专业的开办提供保障。

学校先后开设工业电器、机械加工、计算机、数控、模具等20多种专业。其中计算机应用与软件技术、数控加工、旅游、汽摩修理、电子技术5个专业，与重庆渝北职教中心、重庆机械高级技工学校、重庆旅游学校联办，为重点发展专业。学校累计毕业职业高中生2378人，其中对口考入大专院校90余人，电大毕业本科548人、专科2603人。培训在职中小学教师2600余人次。举办城镇就业、农村劳动力转移等培训127期，参训人员8400余人次，为彭水经济发展输送各种应用型人才。

九、西南师大彭水联办大专班

在20世纪80年代，彭水自治县中学师资量少质弱，当时有许多外籍骨干教师又纷纷要求调回原籍工作。为解决普及九年义务教育中学师资紧缺的燃眉之急，县人民政府决定与西南师范大学成人教育学院联合办大专班培养紧缺学科师资。先后联合举办3届西师彭水大专班。第一届，1985年9月至1987年7月，招收中文专业52人、英语专业37人；第二届，1988年9月至1990年7月，招收中文专业80人、英语专业60人；第三届，1991年至1993年7月，招收数学专业50人。由西南师大成人教育学院负责上报国家安排成人高考夜大招生计划指标（彭水变通改为脱产学习），报考对象绝大多数是在职中师毕业教师，少数是高中毕业社会青年。按国家成人高考程序录取学生。由西南师大相关系负责制定教学计划，提供教材，承担全部教学任务和学籍管理。学生学完教学计划规定课程，经考试、考核鉴定合格者，由西南大学发给成人教育夜大大专毕业文凭。彭水自治县负责提供师生食宿、教学场地和设备、设施，负责学生思想政治工作和行政、后勤事务。学生委培费第一、二届由县财政直接拨给西南师大。委培费标准第一届每生每年600元，第二届每生每年650元，第三届每生每年700元。第三届在职教师学费（委培费）先由本人垫付，后凭毕业证回原工作学校报销，社会青年学费自负。办学地址第一、二届在彭水自治县教师进修校，第三届在西南师大校本部。彭水自治县专门成立西师彭水大专班办公室。第一届派县进修校教导主任熊锡珧任办公室主任。第二届派汉葭镇中学校长何志荣任办公室主任，并配有工作人员3人，负责大专班管理工作。学生毕业后，在职人员回原单位工作，社会青年安排到中学任教。西师彭水大专班毕业的学员，现有多数是中学高级教师，有6人担任中学校长、主任，有16人担任科、处级领导干部。

十、鹿角区成人教育中心

1985年，成立鹿角区成人教育中心，由原鹿角区成人教育师资培训班及鹿角乡农民文化技术学校合并组成。校址设鹿角区公所所在地。校内占地约2公顷，校外租用新化乡水稻实习实验基地0.13公顷。由师生开展勤工俭学收益及县民委扶持1万余元，在校园建造4幢2000余平方米的校舍，拥有教室9间，师生寝室、厨房、厕所及生产洗衣粉厂房等。

建校初期，有学员200余人，其中初中班3个，学员160人，以学文化为主。以后与中央农广校结合办学，对学员进行学历补偿教育、文化教育与技术教育密切结合。至1995年学校发展到10个班，学员达700余人，其中短期培训班200余人。学员来自鹿角区8个乡及毗邻桑柘区诸佛、新田、新场、梅子垭4个乡，酉阳县庙溪乡及贵州省沿河自治县洪渡、后坪乡等15个乡。

学校聘请中、小学教师30人、民办教师10人上文化课。在县农业局、县建委、区农技站聘请10名兼任教师上专业技术课。在教学上实行文化教育与技术教育相结合，课堂教学与实习实践相结合，充分利用学校自垦1.6公顷基地及新化乡租借基地进行水稻良种推广和高产试验，梨树、桃树、香蕉、长毛兔等种养殖试验，学习洗衣粉生产技术。学校自1985年开办到1995年停办10年间，共毕业初中学员1000余人，经考试合格，由县教委发给“初中毕业证书”，其中有500余人考入高中、中专、中师。200余名学员参加各种短期培训，由县农广校发给“结业证书”。学校被评为“四川省百所优秀成人教育中心”。

十一、彭水自治县商业职工业余学校

成立于1982年，由县商业局主办，校长1人，教师3人。校址设汉葭镇北门街，占地面积1340平方米，有教室2间，办公室、打字室各1间，教师宿舍3间以及厕所、简易活动场地等。

学校开办后，1982—1986年间，为商业系统职工进行文化、业务教育，曾举办“双补”（文化、政治）培训16期，参培学员860人次，并为县级其他5个部门进行职工“双补”教育30余人，经补考全部合格。

“双补”教育结束后，学校对本系统职工进行学历补偿教育。1986年秋，与重庆商业职工大学中专部联办中专班，开设会计与统计、市场营销、企业管理等专业，脱产学习2年，共办6届，毕业160余人，由市教委颁发文凭。1992年秋，与重庆商学院联办大专函授教育，学制3年，开设市场管理、贸易经济、企业管理、财务会计等专业，共3届，毕业110人，由教育部发文凭。1996年与重庆商业职工大学联办函授教育3年，开设经济管理、市场营销等专业，共2届，毕业63人，由教育部发文凭。2001年秋，与西南师范大学成人教育学院联办非师范中文本科函授，学制3年，2004年毕业51人，市教委发文凭。

职工“双补”教学工作，由本校教师承担。大、中专学历教育的专业课，由联办院校派教授或讲师授课，公共学科（政治经济学、哲学、应用写作、英语）聘请本县具有中学高级职称的教师授课。本校负责组织工作、学籍管理、放录音录像电教及部分公共课教学等工作。

主办单位县商业局曾为此3次获四川省商业厅表彰。商业职工业余学校2004年停办。

第二十五篇　科　技

彭水自治县人民政府建立科技机构、培训科技人员，加强科技队伍建设，强化科技项目管理。1986年，科技人员2320人；2005年，科技人员6894人，科普领导小组39个，科普工作小组624个，科普团体协会47个，实现科技机构在乡镇全覆盖。47篇科技成果文献在国家及省市级科研刊物发表，20项科技成果获得农业部、卫生部及省、市级部门奖励。

第一章 科技活动

第一节 科技普及与推广

1986年，县农学会在县城设立农业科学技术咨询处，为农民群众解答推广两杂（杂交水稻、杂交玉米）良种技术问题。开设农机科技服务站，提供农机产品和安装维修技术。县科技部门组织参观2区、10乡烤烟生产情况，总结推广合理乡农民黄邦伦科学种烤烟经验。指导新化乡科技先进户田永邦试种甜玉米、黑米、香米成功。是年，县科委与资中县科委联手办实体，建立彭水川峡科技开发蜜饯厂，引进人才和技术。年收入5.6万元，增税5000元。

1988年，县农资公司以农资技术服务股、农资科协为中心，在8个区分别建立服务站8个、庄稼医院90个、自然村服务站6个、农药专业户109个、化肥专业户11个。支持鼓励黄家坝区职业中学雪梨种植、普子供销社香菇发展、大河二大队良种推广、大河后山果园、人工牛黄培植、东流乡良种配种站建立等，推广涉及交通、能源、轻重工业、化学工业等新技术成果50项。

1991年，县设农资科技推广站和总庄稼医院，8个区供销社分别建立中心庄稼医院，有场镇的63个乡办有庄稼医院，624个自然村中有43个村办起农资综合服务站。全县庄稼医院开展科普赶场（集）11次、咨询服务84382人次，免费发放科技资料5381份，受教育群众16万人次。是年，全面推行两杂良种带状种植，改革熟制，复种指数150%～200%。早育秧、地膜盖、肥球苗、规划栽、科学管、实用技术得到有效推广。烟、桑、果、林、油、麻、茶、药，以及生猪等饲养，依靠科技推广成为全县支柱产业。

1993年，县科委制订《开发彭水自治县优质高产、高效农业的规划》和《“九五”期间科技和科技第三产业的规划》。清理各类专利，建立申报和报表制度，科学技术管理步入正轨。年底，在中国科技交易会上，县龙门泉矿泉水和木艺（木碗、木雕）系列产品获金杯奖。

1994年，县科委将4、5、6月定为科技宣传月，会同县司法局、县宣传部和县科协大力宣传《中华人民共和国科学技术进步法》，开展技物结合综合服务、科技咨询服务，接待咨询人员1000余人次，编发科技信息12期，3600余份。在20余家企业建立信息情报网点，发布技术经济信息128条，引导企业提高产品质量，增强竞争力。至1997年，全县大部分乡镇都推广农业发展新技术，良种普及率95%，紧凑型玉米面积1.53万公顷、玉米地膜全覆盖面积0.48万公顷，农业先进适用技术覆盖率92%，6个重点示范村建立优质油菜高产中心示范片133.33公顷。

1998—2001年，马峰水泥厂产品质量标号由原来的225号上升为425号或525号，攻克多年未解的难题。建立保家香菇示范基地，投产后，日产香菇150千克，吸引棣棠、下塘、小河、朱砂等地众多农民前往参观学习，并迅速推广。汉葭镇学坝村32个高质量蔬菜大棚投入生产。调整产业结构，把保家农场建成集种植、养殖、观光、休闲于一体的生态农业示范园。

2002—2004年，创建科普示范基地2个、科普示范户100户，出科技简讯52期，办科普宣传栏

20期。在县电视台开办《科普大篷车》电视栏目、《今日彭水》开设《科普园地》。

2005年，全县有县级科技推广服务中心、站（所）4个，乡级站（所）39个，民办科技服务组织5个，实现科技机构在乡（镇）的全面覆盖。是年，送科技下乡活动2次，发放科技资料1万余份，现场咨询800余人。展示农用新型农机设备，循环播放高效种、养殖实用技术专题片《重庆市科技富民工程》系列VCD光盘10余张。发放《科技知识集粹》《科技之窗》等科技书籍5000余册、实用技术资料6万余份，播放科技片5部、60余场，赠送电影放映机5部、VCD光盘50张，建成社区科普画廊5座、80余米。在县委对面墙壁上开辟科普画廊，长62米、宽2米。

第二节　科学研究

1986年，组建彭水自治县科技顾问团，彭水籍西南财经大学副教授李大志帮助彭水引进柑橘苗135万株、雪梨苗50万株，种植在县城周边试验地里，并请柑橘、雪梨大王到彭水传授栽培技术。

1988年6月，中国科学院成都生物研究所傅发鼎、曹亚玲2位专家到彭水考察野生植物资源，在七曜山、茅尖山、三义乡、普子乡、鹿角乡、万足乡等地采集野生植物标本269份，带回成都生物研究所科研。

1989—1990年，开展科学技术综合开发，在城郊乡平原村引进水蜜桃苗5983株、洞庭枇杷1066株，在东流乡密植良桑51.53公顷、桑树2892万株。从湖南农业大学引进遗传工程稻GER—1号良种，解决多穗、大穗、多粒且高结率三者难以统一的矛盾，是水稻大穗型和超高产的重大突破。

1992年，县科委组成6人调研组，对全县19个百万产值企业调查研究，写出调研报告，为决策机关提供科学依据。

2000—2004年，长滩乡建立12公顷苗木基地，平安乡试验种植薯类作物新种皖薯1号、荷兰15号，靛水、鞍子试验引种水稻Q1号、2号获得成功。

2005年，引进“宜香优”和“协优”，在鞍子乡大池村、大河村建立优质水稻科技示范基地33.33公顷，通过科学研究实施，每公顷收成稻谷分别为7635千克和9060千克，比常规种植提高32.8%，为大面积推广科学种田获得依据。

第三节　科技培训

县科委组织科技培训，采取分层培训、地域培训、行业培训、现场培训、以会代训等方式。

一、普及培训

1986年，全县举办培训班17期、人员745人次，科技夜校12所，38个班，学员人数2999人。

1988年，28个乡镇分别举办培训班1次，全县参加培训人员1450人。

1990—1995年，采取集中短培、一品一训、以会代培等形式，层层培训骨干。培训区、乡领导干部692人次，农村党支部书记和村民委主任2500人次。科普实用技术讲座培训350次（期）、24.25万人次，农村技术人员基本能掌握1至2项实用技术。1996—1999年，按照《“九五”期间，农村党员、基层干部实用技术和市场经济知识培训规划要点》要求，县科委配合县委组织部、县党校和区、乡（镇）及农技推广部门，培训农村党员、基层干部和农民23万余人次。

2000—2004年，科技培训坚持“实际、实用、实效”原则，以农广校、乡科技协会、农村科普基地为载体，培训乡镇科技骨干 4600 人次，培训内容以农业、畜牧、林业、蚕桑、健康、卫生等知识为主。

2005 年，先后邀请涪陵农科所、四川农业大学、西南大学、重庆市环保局等 15 位外地专家和县农业局、畜牧局、林业局、水利局、农机局科技人员举办环保、医疗、教学、城市建设、烤烟种植、林果栽培等知识讲座和培训，参培人员 3660 人次。

二、农函大培训

1987 年 7 月 30 日，成立中国农村致富技术函授大学彭水自治县支校（简称农函大彭水支校），校务委员会由县科委、县农业局、县畜牧局、县林业局、县财政局、团县委、县计委等部门组成。

农函大彭水支校先后开办培训班 3 期，在全县招收种植、养殖、加工、乡镇企业管理 4 个系、19 个专业，学员 2096 人。组建区（镇）辅导站 9 个，按就近入学原则，组织教学辅导班 33 个，聘请辅导教师 66 人。学员巩固率 92%，毕业率 81%。

学校每期开学前，农函大彭水支校依照总校教学大纲，制定教学计划，自编近 10 万字农村实用技术乡土教材。按照教学计划规定，学制 1 年、650 学时，学习方式以自学和教师辅导相结合，参与实用技术试验示范，每年 2、7、12 月考试。重点内容是小麦、油菜、洋芋、玉米、水稻、红苕、烤烟、麻果、桑皮等种植和猪、牛、羊、兔、鸡等养殖实用技术。

1988 年招收第 1 期学员，计划招生 1000 名，实际报名入学 1196 人，其中贫困农村学员 959 人、机关干部 237 人。种植系 64 人，养殖系 216 人，加工系 17 人，乡镇企业管理 107 人，乡镇财会专业 147 人，建材专业 13 人，建筑施工专业 44 人，竹木加工业 2 人。学员中党员 289 人、共青团员 419 人。

1989 年，农函大彭水支校招收第 2 期新生，涉及养殖、种植 2 个系 5 个专业、10 个教学班 500 人，即南方作物专业 307 人、南方果树专业 72 人、家畜养殖专业 39 人、蔬菜食用菌专业 82 人。

1991 年，招收第 3 期新生 260 名，全是蚕桑专业，5 个教学班。4 月，农函大彭水支校有 500 名学员结业，北京总校为这批学员颁发结业证书，农函大彭水支校表彰优秀辅导教师 7 名和优秀学员 30 名，学校获农函大全国先进集体奖，2 名教师获农函大全国先进个人称号。保家蚕桑专业班 60 人，担茧户占 93.33%，全区建有小蚕共育室 62 个，其中学员建有 47 个，全区实现小蚕共育化。至 1992 年，农函大彭水支校有学员 400 名，经过结业考试，学员结业 287 名，结业率 71.8%，学员中脱贫率 73.3%，致富率 13%。

三、劳动力培训

1986—2005 年，为实现农村劳动力、城镇待业青年和下岗工人再就业，县科委、县科协先后开展农技、畜牧、林业、农机、建筑、电器、餐饮、计算机、驾驶安全、食用菌、科技情报信息等 11 个方面的专业技术培训 1800 余期，培训人员 28 万人次。

第二章　科技管理和科技成果

第一节　管理机构

1959年7月5日，成立彭水县科学技术委员会（简称县科委），是县人民政府管理科学技术的行政职能部门，办公机构设在县委宣传部内，专干4人。1962年6月，彭水县科委机构精简，专职人员由4人减到1人。1967—1970年，彭水县科委机构瘫痪。1971年，恢复彭水县科学技术委员会。1975年，彭水县科学技术委员会在保家区大河公社陈园大队成立全县第一个人民公社农业科技站。1978年10月23日，彭水县科学技术协会（简称县科协）正式成立，县科委和县科协合署办公。组建彭水县科学技术情报研究所和彭水县科技中心化验室。1980年，成立工程技术干部和农业技术干部职称评定委员会。1984年11月，彭水县科学技术委员会改称彭水自治县科学技术委员会（简称县科委）。1986年，彭水自治县科学技术委员会（简称县科委）内设秘书股、科技管理股、科技开发中心。下辖彭水自治县科学技术情报研究所、彭水自治县中心化验室，以及新建的彭水自治县食用菌研究所等机构，人员编制15人。1995年，县科委增设计划股和知识产权科，职工增至16人。其中，行政编制9人，事业编制7人，具有高级技术职称2人，中级技术职称5人，初级技术职称2人。原有科学技术情报研究所，新增农业科学技术科研所、农机科技研究所等科研机构，有研究人员21人。1999年，县科委为发展大棚蔬菜，专门成立彭水自治县科技开发有限公司。2000年2月，县科协与县科委分开建制办公。2001年11月，全县行政机关机构改革，撤销原秘书股、计划股、管理股，设立综合科、计划科、管理科，原科委所辖科技情报研究所、农业科学技术科研所、农机科技研究所、科技中心化验室和科技开发有限公司保持不变。2005年，县科委内设综合科、计划科、管理科、保留知识产权科，实编人员5人。

第二节　科技队伍

一、科技人才

1986年，全县有科技人员2320人。1994年，彭水自治县首次申请评定农村技术人员技术职称452人，其中男性422人、女性30人。申报中级技术称职15人、初级技术职称437人，申请评审专业48个。经过评审，符合职称评定条件及任职资格271人。其中，男性242人、女性29人，涉及专业44个。1995年，全县科技人员发展到5978人，其中高级技术职称104人，中级技术职称1613人，初级技术职称4261人。工程技术人员895人，农业技术人员756人，经济技术人员1551人，工矿技术人员851人，教育事业和其他部门科技人员1925人。

2005年，全县科技人员6894人，其中事业单位5114人，含高级职称139人、中级职称1844人、初级职称3131人；企业单位246人，含中级职称14人、初级职称116人、其他116人。

1986—2005年彭水自治县部分在外科技人员名录

表 25-1

姓名	姓别	职务职称	单位名称	原籍
王玉良	男	研究员	陕西省社会科学院	新田乡
张元国	男	大校	北京市武警总部	靛水乡
郭明模	女	工程师	重庆大学化学系实验室	棣棠乡
何伯元	男	工程师	北京市解放军直工部	保家区
张朝友	男	中校	北京市总政二部技术员	长滩乡
何先志	男	工程师	四川省建筑机械化工程公司	汉葭镇
黄家刚	男	工程师	重庆煤矿设计院	靛水乡
陈仁棋	男	工程师	北京市航空航天部707所	高谷区
王子海	男	工程师	重庆仪表研究所	汉葭镇
李云昭	女	工程师	陕西省化工设计院	汉葭镇
吴相洪	男	工程师	北京市解放军防化研究院	保家区
赵成中	男	工程师	湖北省黄石市钢厂	桑柘区
李本	男	总工程师	湖南省长沙冶金部矿山设计院	普子区
陈贯诚	男	工程师	江西省南昌市医药公司	郁山镇
陈元兴	男	工程师	深圳国际信托投资公司	郁山镇
冉启荣	男	总工程师	黑龙江省哈尔滨市兵工厂	太原乡
陈元西	男	工程师	陕西省西安市化工设计院	郁山镇
李元明	女	工程师	陕西省西安市化工设计院	郁山镇
熊一清	女	工程师	贵州省设计院动力科	汉葭镇
罗贵生	男	工程师	中科院成都分院山地所	郁山镇
周兴灵	男	博士	四川省成都市电子科技大学	郁山镇
刘文平	男	工程师	四川省成都市水泥设计院	高谷区
张荣履	男	高级工程师	四川省成都市原子核研究所	桑柘区
王天成	男	律师	四川省成都市矿产资源研究所	长滩乡
张儒兵	男	工程师	四川省成都市塑料公司	桑柘区
李大志	男	副教授	四川省成都市西南财经大学	木楠乡
王茂筠	男	高级工程师	四川省成都市轻工设计院	普子区
陈世滔	男	工程师	湖北省中南冶金地质勘察公司	普子区
李云昭	女	工程师	陕西省化工设计院	普子区
谢克宽	男	讲师	上海市同济大学外语系	汉葭镇

1990—1998年彭水自治县科学技术人员情况一览表

表 25-2 单位：人

年度	高中级技术人员												初级技术人员
	高级教师	一级教师	主任医师	主治医师	护师	高级工程师	工程师	会计师	统计师	经济师	高级农艺师	农艺师	
1990年	462	375	12	132	218	4	74	34	16	79	16	49	245
1991年	383	484	10	129	199	5	73	44	10	80	15	45	250

续表25-2

年度	高中级技术人员												初级技术人员
	高级教师	一级教师	主任医师	主治医师	护师	高级工程师	工程师	会计师	统计师	经济师	高级农艺师	农艺师	
1992年	399	470	15	129	324	5	41	52	7	62	15	46	1227
1993年	406	493	11	120	293	3	30	19	9	20	12	6	1753
1994年	514	498	11	163	259	2	30	17	9	25	10	7	726
1995年	676	508	10	142	291	3	31	17	9	25	9	7	565
1996年	773	570	10	142	291	3	21	18	7	23	9	7	509
1997年	773	573	10	142	291	3	21	18	5	17	11	7	483
1998年	757	529	12	202	273	3	25	17	5	14	12	8	402

二、科技团体

1986年4月，彭水自治县中医协会更名彭水自治县中医学会，第一次常务理事会在县卫生局召开，时有会员54人。11月，召开第一次理事会，并形成理事会《纪要》。

1987年4月，成立乡镇企业科技协会，会员586人。同时成立农村卫生协会、卫生基金协会，会员分别为801人、320人。5月，成立企业厂长经理协会，会员56人。

1988年10月，桑柘、高谷、普子、鹿角等45个乡镇都建有学会协会，会员3111人。同年9月，成立计划生育协会，会员128人。年底，县级学会（协会、研究会、组）39个，会员3299人。

1991年10月，成立果品协会。

1994年4月，全县8区1镇有科普小组623个，科普会员3115人。

2001年，行政区划调整后，建立企业科协1个、学校科协3个、其他类科协9个。全县39个乡镇都成立科普工作队，汉葭镇沙沱公路小区成立紫苏协会、汉葭镇文庙社区成立荞麦专业技术协会、万足乡爱国村成立笋竹协会、长滩乡易家坝成立娃娃鱼台养繁殖专业技术协会、靛水乡前进村成立巾帼散养土鸡专业技术协会、润溪乡凉水村成立高粱专业技术协会、善感乡成立蜂业协会，发展会员1366人。

2003年9月，成立汉葭镇白云村果蔬专业技术协会、金益烟草公司科学技术协会、水泥厂科学技术协会。是年10月，县党群、计委、经贸、政法、教科文卫、政直、农业等7大系统先后成立科学技术协会。

2005年，全县建立乡镇科普工作领导小组39个，科普工作队39个，科普小组624个，县科协所属团体协会47个。

第三节　经费管理

科学技术三项费是指中国政府对新产品试制费、中间试验费和重要科学研究补助费的专项拨款，1972年开始执行。农业科技试验经费每年2万元。县科委成立以来，一直依靠县财政拨款。1983年前，科技事业费是科委、科协共用。

1986年始，县科委根据《彭水自治县科技三项费使用方案》和《彭水自治县科技三项费使用管理（暂行）办法》，加强科技项目资金监管，把有限资金用到最需要、最具创新活力、有利于彭水经济快速发展的科技项目上。1998年，重庆市农业发展办公室解决50万元、重庆市科委解决50万元、县财政周转金50万元、县科委自筹科技发展基金50万元，用于三高（高投入、高产出、高效益）农业示范园建设。2004年，重庆市科委将归口管理的科技三项费用从原“科技三项费”用中分离出来，更名为应用技术研究与开发资金，专项用于支持科技成果的转移扩散，以规范和加强应用技术研究与开发资金的管理。

1986—2005年彭水自治县科技经费运用情况一览表

表25-3　　单位：万元

年度	事业费	三项费	专项费	项目名称
1986年	1.1	1	2.5	织袜厂
1987年	1.2	1	—	—
1988年	1.4	1	3.3	防治赤斑黑蛛蝉
1989年	1.2	2	3.25	绞股蓝、东流乡扶贫
1990年	1.2	2	0.3	人才培训
1991年	0.4	2	1.05	火把虫防治
1992年	—	2	2	化验仪器增设开发
1993年	—	2	—	—
1994年	—	1.3	—	—
1995年	1	15	—	—
1996年	2	18	—	—
1997年	—	20	10	计算机培训
1998年	—	57.5	10	反季节蔬菜
1999年	—	15.5	70	晶丝苕粉
2000年	—	—	—	三高农业示范园
2001年	—	25	30	肉牛快速繁殖
2002年	—	10	5	烟草高效示范
2003年	—	20	20	百强镇建设
2004年	—	20	—	—
2005年	—	20	20	优质油菜示范

第四节　科技项目

1986—1988年，县科委组织林学会、气象学组、多种经营协会等围绕农、林、牧生产，开展36项科技咨询活动，发动学会、协会、研究会广大科技工作者和彭水籍在外地工作的专家、学者，提供项目科技信息1569条。

1989—1994年，彭水自治县获中国专利局核定颁证专利7项，即张荣宗研制“多功能红苕条粉成型机”，编号89202609；任永滨研制“多功能报警器”，编号902184944，及“调光节电延寿拉线开关”，编号922293902；肖功宽研制“香烟过滤嘴装接机切纸刀校正器”，编号932014682；“翻盖香烟盒透明纸热封器”，编号922383545；“香烟透明纸包装调温串电延寿热封器”，编号942491947。刘卫、刘新、辛红共同研制“多用新型电筒”，编号942369904。此外，肖功宽研制《水桶式无底阀泵》，1993年11月获黔江地区科技成果证书，编号9235045。

1996—1998年，县科委下达科技项目36个，储备“娃娃鱼的人工饲养”“珍稀菌类开发”2个地、市级科技计划项目。

2001年，县科委整理工业、农业、种植、养殖等活用技术项目327项，接待科技咨询80余人次。下达县级科技计划项目9个，上报市级科技项目4个，申报扶贫开发项目2个，整理储备项目2个。

2002年，重庆市科委在彭水推广“金桥工程”：鹿箐乡400公顷优质高产烤烟示范基地、郁山镇千喜龙晶丝苕粉、善感乡6.67公顷西瓜栽培、保家农场三高农业示范园四大项目，总产值3535万元，实现利润119万元。

2004年，编制上报科技计划项目4个。其中，报送重庆市科委星火计划项目2个，成果推广项目1个，报送县计委项目1个。

附：彭水自治县保家农业科技综合开发示范园

彭水自治县保家农业科技综合开发示范园区设保家镇境内。园区按照“面向农业、面向农村、面向农民”的目标，试验示范推广先进实用技术，结合农业产业结构调整和保护生态环境。1998年7月，开始进行园区规划，分别由县科委、县农业局、县林业局、县畜牧局等部门负责园区项目，坚持“各司其责、具有特色、通力协作、功能配套、注重规模”总体设计，按照生态农业、观光旅游农业、繁殖种猪、饲料加工和引进新品种、新技术试验示范种养业为主的三大功能，围绕建立“绿色农业基地、旅游休闲基地”的彭水农业结构调整基本构架，以公司＋基地＋农户的模式实施。种畜场以公司向基地提供良种猪发放到养殖基地，由基地落实养猪户，并提供服务，再由公司采取以猪换猪的方法，参与市场，进入流通，解决农户买猪难，提高企业经济效益。县农业局、县林业局以坡改梯生态项目和发展经济林木等，为当地农民在结构调整上创造条件。县农业局种子公司在保家农场建立具有民族风格的莲碧民族风情度假村庄。县科委科技开发公司依托科研院所，引进新品种、新技术，生产无公害蔬菜，解决淡季蔬菜需求，推进农（产）业结构调整。园区以“绿色农业、旅游业”为开发内容，完成园区基本建设坡改梯生态工程，改坡地21.68公顷，开发性机耕道5.2千米，人行道188条，排洪沟2.1千米。新建便民桥12处、人畜饮水池5口。修建梨碧民族风情度假村庄，建各类大小池塘13口、5.33公顷。新修竹楼、竹亭、竹廊10余处，总面积2.8平方千米。设立农业实用技术推广园，占地2.83公顷，建钢架大棚30个，配套修建生产和管理房0.3平方千米。园区种畜场和老营顶农业生态观光片区等已初具规模，园区开发旅游、生态、观光，绿色无公害淡季蔬菜、香菇、金针菇以及种猪、种蜂、饲料加工、煮酒等。2000年，园区开发项目实现收入206.5万元。其中，生态观光农业为当地农民创收20余万元，莲碧民族风情度假村收入10余万元，农业实用技术推广园收入18.5万元，种畜场收入158万元。

第五节　科技成果

1986—2005年，彭水自治县研究出众多科技成果，部分形成理论性文章在不同刊物上发表。

1986—1997年彭水自治县部分科技成果文献一览表

表25-4

年度	成果名称	刊物名	完成单位	撰写人
1986年	硅藻土代用材料	中国建材	县科委	肖功宽
1987年	电源频率不足时抽水扬程问题的解决途径	西南给排水	县科委	肖功宽

续表25-4

年度	成果名称	刊物名	完成单位	撰写人
1989年	水泵无底阀抽水的节能及效益分析	西南给排水	县科委	肖功宽
1994年	一次排除水泵故障的实践	西南给排水	县科委	肖功宽
1986年	怎样焊补盛过油质的容器	地方煤矿	县科委	肖功宽
1989年	怎样剥板栗	中国食品	县科委	肖功宽
1989年	铡刀的改进	四川农机	县科委	肖功宽
1991年	快速卸车法	四川农机	县科委	肖功宽
1992年	吊瓶式干湿温度计	烟草科技	县科委	肖功宽
1994年	过滤嘴接装机切纸刀校正方法的探讨	烟草科技	县科委	肖功宽
1997年	农用车液压举倾机构（翻斗）参数的计算	中南汽车运输	县科委	肖功宽
1988年	氟对乳齿危害的调查	中国地方病防治	县卫生局	杨华志
1988年	依地酸二纳钙及蛇纹石驱氟效果的探讨	中国医学	县卫生局	杨华志
1988年	改善生活燃煤炉灶降低氟源的效果探讨	中国地方病防治	县卫生局	杨华志
1988年	胸部、骨盆、前臂、小腿X线片在地氟病防治中的价值	中国地方病防治	县卫生局	杨华志
1989年	斑氏微丝蚴周期性的观察	中国地方病防治	县防疫站	张文政
1989年	蚊虫叮刺率与致乏库蚊夜间吸血活动观察	医学动物防制	县防疫站	张文政　张秀丽
1989年	综合治理燃煤污染型地氟病的评价	中国医学	县卫生局	谢长建
1990年	边远山区农民近几年得实惠太少	四川物价	县物价局	刘奇梦
1990年	优化玉米套作制种技术的经验	种子	县种子公司	关绪乾
1990年	海群生食盐对斑氏微丝蚴周期性的观察	中国公共卫生	县防疫站	张文政　张秀丽
1990年	试谈当前反贪罚腐体制的缺陷	四川检查	县检察院	何世举
1990年	误用硫酸铝清洗液罐致急性硫化氢中毒三例	中国预防医学理论	县防疫站	杨庆凤
1990年	燃烧型氟中毒的危害及社会防治对策	中国公共卫生	县卫生局	谢长建
1991年	飞夺泸定桥整体教学一得	四川教育	郁山中心校	李登强
1991年	初中教学复习“五要、五不要”	中国教育	郁山中学	谢承顺
1991年	斑氏丝虫病患者防治前后微丝蚴周期性动态性观察	生物学及控制	县防疫站	张文政　张秀丽
1992年	论少数民族地区卫生管理干部队伍建设对策	卫生与科学	县卫生局	谢长建
1993年	彭水自治县麻风病流行及防治情况	四川皮防通讯	县结核病防治所	朱英甫
1993年	彭水自治县蚊种的初步观察	中国预防医学理论	县防疫站	张文政　张秀丽
1994年	应用中药治疗乳糜尿125例疗效观察	中国农村医生	县防疫站	张文政　张秀丽
1993年	浅谈具体的内容能够概括	语文教学	彭水中学	谢建强
1993年	对幼儿进行认识家乡民族——苗族土家族的教育	四川幼教	示范幼儿园	曾毅
1993年	早操活动的内容	四川幼教	示范幼儿园	曾毅
1993年	供料写作的迁移训练	基础写作导引	郁山职业中学	焦辉权
1995年	50例涂阳肺结核近期治疗管理的观察与分析	中国防疫	县结核病防治所	朱英甫
1995年	中小学收费多高乱的成因与治理	四川物价	县物价局	李世林
1995年	检查烤烟收购压级压价中应注意的问题	四川物价	县物价局	李世林
1995年	消化涨价图书，加强自我约束	四川物价	县物价局	李世林
1996年	边远山区卫生事业费“切块”弊端略论	实用乡村医生	县卫生局	谢长建
1995年	急性出血性甲状腺囊肿压迫气管致呼吸骤停	临床外科	县人民医院	张开发

续表 25-4

年度	成果名称	刊物名	完成单位	撰写人
1996 年	环丙沙星注射液治疗伤寒 32 例疗效观察	临床外科	县人民医院	张开发
1994 年	彭水自治县乙型肝炎病毒感染抽样调查	中国医学	县防疫站	王兴国
1995 年	50 例活动性肺结核近期治疗管理现象分析	中国医学	县防疫站	王兴国
1997 年	外阴前庭腺囊肿造口术 20 例	中国医学	县人民医院	周兴琼
1997 年	腹部横切口剖宫产术的临床观察	中国医学	县人民医院	周兴琼
1997 年	疑难病案 1 例	中国医学	县人民医院	周兴琼

1986—2005 年彭水自治县科研成果一览表

表 25-5

年度	成果名称	技术水平	成果研究单位	授奖单位	等级
1986 年	速丰林总设计规划	地级	彭水自治县林业局	黔江地区林业局	三等
1987 年	林业资源调查与规划	省内	彭水自治县林业局	省林业厅	二等
1988 年	微型水力发电机推广	省内	彭水自治县农机局	省农机管理局	三等
1989 年	地氟病防治	省级	彭水自治县卫生局	中央卫生部	第一名
1990 年	彭水乌江电可行性论证	省级	彭水自治县科委	大唐公司	一级
1991 年	杂交玉米综合丰产技术	省级	彭水自治县农业局	中央农业部	二等
1992 年	彭水虫雕	省级	彭水自治县科委	国家科委	金牌
1993 年	彭水龙门泉饮用矿泉水	省级	彭水自治县科委	国家质监局	金牌
1994 年	杂交水稻试验成功	省级	县科委、县农委	中央农业部	二等
1995 年	小麦丰产规划栽培	省级	彭水自治县农业局	中央农业部	三等
1996 年	太空红薯粉丝	省级	彭水自治县科委	国家科委	一级
1997 年	基本农田建设	省级	彭水自治县农业局	四川省农业厅	一级
1998 年	农牧渔丰收	市级	彭水自治县农业局	农牧渔业部	三等
1999 年	三高农业示范园	市级	县科委、县农业局	中央农业部	二等
2000 年	国土规划与研究	市级	彭水自治县国土局	重庆市国土局	三等
2001 年	消灭脊髓炎灰质炎	市级	彭水自治县卫生防疫站	重庆市卫生局	二等
2002 年	结核病防治	市级	彭水自治县卫生防疫站	重庆市卫生局	二等
2003 年	“非典”防治	市级	彭水自治县卫生局	重庆市卫生局	二等
2004 年	防治禽流感	市级	彭水自治县畜牧局	重庆市畜牧局	二等
2005 年	山地玉米良种配套技术	市级	彭水自治县农业局	中央农业部	二等

第二十六篇　文化　体育

1981 年，撤销彭水县文教局，新设文化局，管理文化方面的业务工作。1984 年 11 月。改称彭水自治县文化局（简称县文化局），2001 年 8 月，改为新组建的文化体育局（简称县文体局），为人民政府职能机构。县人民政府加大对全县文化体育设施的投入和管理，改造和新建文化馆、图书馆、档案馆、体育馆等文化活动场所。成立文学创作、音乐舞蹈、书画美术、诗词楹联、武术协会等文化组织，收集整理民间文化遗存，继承和发扬彭水优秀传统文化，助推县域经济发展。1990 年，县文化局获国家民宗委“全国民族先进单位”称号；1993 年，县文化馆获“文化部标准文化馆”称号；2005 年，县文体局获国务院“全国民族团结进步模范集体”称号，县文化馆获“全国文化先进集体”称号。

第一章 群众文化

第一节 机 构

1937年，始建彭水县民众教育馆。1950年6月15日，建立彭水县文化馆，经费由财政全额拨付。1981年5月，建立彭水县第一个农村文化站——靛水公社文化站。至1984年，全县乡镇均设文化站，文化站内设立文化活动室。同年11月10日，县文化馆更名为彭水自治县文化馆（简称县文化馆），为县文化局下属事业单位。1986年，设正、副馆长各1人，群众文化辅导2人，文学创作1人，摄影1人，会计1人。1997年，内设文学音乐舞蹈创作室、书法美术摄影创作室、声乐排练室、财会室、档案室。2001年8月，撤区并乡建镇后，全县39个乡镇相应设立文化站。2003年8月，彭水民族艺术培训中心成立，开设舞蹈、书法、美术、声乐、乐器等项目。2005年，在册人员12人。其中，馆长兼党支部书记1人、副馆长1人、声乐辅导1人、舞蹈辅导1人、美术辅导1人、书法辅导1人、作曲1人、摄影1人、文学创作1人、文秘1人、其他2人。

1990年10月，县文化局被国家民宗委评为“全国民族团结先进单位”，授予荣誉证书和8种文字的铜质奖状。1993年12月，县文化馆被四川省文化厅评为“二级文化馆”，同年被文化部授予“标准文化馆”称号。2005年，县文化馆获文化部、人事部授予“全国文化先进集体”称号。

第二节 设 施

1984年，县文化馆在县城南门街即汉葭镇绸缎街23号馆址，新建总面积2470平方米的综合大楼。该馆有陈列展览室、艺术活动培训室及各类民族乐器、电声乐器、钢琴、录像机、放映机、彩色电视机、摄影照相器材、展墙展板各类办公用具等固定资产，价值15.06万元。1989年，各乡镇文化站设置固定宣传栏、黑板报，开办录像放映、文化茶馆、小卖部等有偿服务活动。1993年2月，彭水民族文化中心综合大楼竣工落成。文化中心舞厅开业。1997年6月，经过筹建，购置各种铜管乐器和音响设备，正式组建县大型铜管电声乐队。2000年1月，文化馆引资修建群众文化艺术培训中心工程破土动工。2004年，文化馆改建项目完工并投入使用。

第三节 文化活动

1986年至2005年，县文化馆组织人员对全县民族民间文化收集、整理，汇集成图书资料。编辑出版《彭水民间音乐集成》《彭水民歌集》《彭水民间器乐集成》，完成民间各类文化调查资料20余种。

一、演出

1990 年 11 月，彭水组团参加黔江地区首届民族艺术节，获得总分第一名和组织奖。彭水 8 个文艺节目加入黔江地区代表团参加四川省首届少数民族艺术节会演，舞蹈《列卡嚓毕兹卡》《欢乐的土家人》和歌曲《娇阿依》等 8 个节目全部获奖。

1991 年 9 月 24 日，中央民族歌舞团团长、著名男高音歌唱家蒋大为应邀率团到彭水领衔主演《金秋北国之春》大型音乐歌舞晚会。1994 年 11 月，庆祝彭水自治县成立 10 周年，县文化局举办大型文艺庆祝晚会《乌江韵》。1995 年 2 月，四川电视台在彭水拍摄以孙维亮抢救学生儿童而自己伤残为依据的纪实电视剧《火石赤子》，于同年教师节在中央电视台和四川电视台播出。

1996 年，组织民间民歌演唱吹打乐演奏，参加黔江地区首届民间歌手暨民间吹打乐比赛，“嗡独奏舍巴日”“任家班的坐台”“鞍子民歌”获奖。1997 年 5 月，彭水自治县文化局组织县民族女子合唱团，自编自排具有民族特色的大合唱《勾玛花裙飘》，在重庆市人民广场演出，受到好评。1998 年 11 月，县文化局组团参加黔江地区第三届艺术节，双人舞《山巅上的月亮》获艺术节特等奖，集体舞《乌江魂》获一等奖，声乐《美丽的苗乡娇阿依》获二等奖，美术作品获奖 3 件，摄影作品获奖 5 件。1999 年，张炳生率廖元德、彭永刚、李永生等，参加黔江地区“这方水土”编、导、演，并赴渝参加新中国成立 50 周年庆典演出。2000 年，在由黔江地区举办的《祖国颂·黔江情新编民歌大赛》活动中，高仲作词的歌曲《苗山小雨》、廖元德谱曲的《黔江打夯歌》、王树林谱曲的《大月亮·小月亮》均获特等奖。《黔江地区首届十佳歌手选拔大赛》中，彭水选送的苗族青年女歌手马敏（美声唱法）获“黔江地区首届十佳歌手”称号。同年“八一”建军节，彭水自治县文化局组织“心连心文艺演出队”，专程前往解放军驻郁山部队营房，为人民子弟兵进行慰问演出。

2003 年，选送《盘古河抒怀》演奏节目，参加全国老年文艺调演，获铜奖。《竹枝滴翠》《苗山米酒》，参加重庆武陵山文化节获奖。2004 年 7 月，选送《幺妹上花轿》《花伞舞》，参加重庆市庆祝新中国成立 55 周年庆典演出，获中共重庆市委宣传部、市文化局联合颁发的演出“纪念奖状”。同年 11 月，由县委、县人民政府主办，县文体局承办彭水苗族土家族自治县成立 20 周年广场大型文艺演出，观众 2 万余人次。

2005 年 9 月，排练原生态民歌《娇阿依》，参加第十届重庆中国三峡国际旅游节，市主要领导及 20 余国政府官员观看演出后，确立《娇阿依》为重庆文化精品，人事部、文化部授予县文化馆“全国文化工作先进集体”称号。

二、参展

1988 年 2 月，川东南少数民族地区彭水、石柱、秀山 3 县首届美术书法摄影艺术作品展览在彭水文化馆举行。展出后，应涪陵地区文化局、艺术馆邀请赴涪陵展出。最后到石柱自治县、秀山自治县两地巡展。1990 年，在省艺术节书、画、影作品展览中，书法作品《汉简》获一等奖。美术作品《四季财》获三等奖。摄影作品《归来迟》获一等奖。1994 年，庆祝彭水自治县成立 10 周年，举办乌江魂美术书法摄影联展。1999 年 11 月，在重庆市文化局、《重庆晚报》联合举办的“巴渝十大民间艺术”和“巴渝十大民间艺术家”评选活动中，彭水自治县选送的“鹿角鞍子民歌”被评为“优秀民间艺术”，民乐“嗡”的制作和演奏者廖元德被评为“优秀民间艺术家”。

三、文艺培训

1988 年 12 月，彭水自治县文化馆聘请四川省歌剧院音乐教授、男高音歌唱家王承玉执教，举办彭水自治县声乐训练班，参加培训音乐骨干 53 名。2001 年起，随着县文化馆民族艺术培训中心建成，每年培训 3 次，春秋两季每周周六和周日培训，暑假期间安排在周一和周五进行。每届培训 4 个月，每年参训 300 至 400 人。年龄最大的 50 岁，最小的 6 岁。培训科目有音乐、舞蹈、美术、书法及各种器乐，每年培训 1000 余人。其中“踩花山”群众文化活动培训 300 余人。

四、农村文化活动

1986 年 6 月，将郁山文化分馆扩展，更名为郁山区中心文化站。同年 12 月，郁山区中心文化站被评为涪陵地区“文化先进单位”。1995 年 7 月，中共郁山区工作委员会、彭水自治县文化局联合举办“走向辉煌”大型群众文化活动：苗族龙船节龙船竞渡大赛、首届郁江潮经贸会、专题电视映播《展翅欲飞的彭水》《突围》和“古镇风韵”音乐歌舞文艺晚会、丹泉书法美术摄影展览。1996 年 6 月 17 日，在古镇郁山举行送文化下乡开幕式，县文化馆、县文工团联合排练 1 台文艺节目在开幕式上首场演出。电影公司开展“百部影片汇映周”，在 8 乡 1 镇同时开展，遍及 51 个村组，放映 159 场次。新华书店送书下乡，组织价值 4935 元的各类图书，分别赠送给郁山同乐村、汉葭文庙居委、棣棠乡棣棠村等。1998 年，全县在各大节日中举办大型文化活动 56 场，观众 10 余万人次。

2002 年，县文化馆编排一套具有苗族特色的广场舞“踩花山”，在全县推广。2004 年，老年学校成立腰鼓队、秧歌队、合唱团、舞蹈队，丰富老年朋友的文化生活。2005 年年底，先后举办 3 届“踩花山”广场舞比赛，累计参赛代表队 120 余队，参赛人员 8000 余人。“踩花山”广场舞已在全县 70 余个部门、39 个乡镇全面推广。

同时，一年一度的春联义写活动一直没有间断，20 年来为群众义写春联 2 万余幅。

第二章　文学艺术

第一节　文学创作

1986—2005 年，从县城、乡镇各行政事业单位、学校涌现出文学、书法美术、音乐舞蹈、摄影作者和研究者，并陆续成立文学创作协会、诗词楹联协会、音乐舞蹈协会、书法美术协会、摄影协会。部分作者加入中国作家协会、中国少数民族作家学会、中国音乐文学学会、中国南方诗社、中华诗词学会、重庆市民间文艺家协会等。文学作品有诗歌、小说、散文、民间故事、文学评论、剧本等，部分作品在国家、省市级刊物上发表。

一、诗歌

1986 年始，除古诗词楹联创作外，现代新诗创作也逐渐活跃。是年，组诗《黑森林》（何小竹作）获全国第三届少数民族文学奖，在《人民文学》发表。1987—1989 年，陆续有《独木桥》《滩群和女神》《黑水手》（吴建国作）和《母亲和枣》诗 3 首（何巨学作）在《星星》诗刊上发表。1996 年，诗词集《有容集》（张玉林作）内部刊印出版，载诗词 332 首、楹联 1405 幅。2001 年，《土家寨恋歌》（高仲作）在《文学天地》发表。2002 年，诗集《林泉集》（侯洪文作）内部刊印。

2004 年，《黑鸭子与白鸭子》（张远伦作）在《诗刊》上发表。诗集《山韵集》（蔡盛炽编）内部刊印，刊载诗词 350 余首，附录歌词 18 首，楹联 20 幅。古今诗词楹联集《乌江画廊》（蔡盛炽编）内部刊印，收入古今作者 206 人的诗 327 首、词 61 首、楹联 150 幅。《家居杂吟》七绝二首（杨必昌作）被《北京诗词月刊》收为代表作。《浅留痕》（陶万昌作）在中国文联出版社出版。至 2005 年，诗刊《九曲河诗笺》（杨必昌主编）出刊 22 期，选登诗词 5600 余首、楹联 2300 余幅。

1986—2005 年彭水自治县部分作者创作的诗词作品一览表

表 26-1

作品或作品辑	作者	发表刊物或出版社	奖项	发表（出版）时间
《有容集》	张玉林（笔名郁滨）	内部刊印	四川省楹联学会科研二等奖	1996 年 6 月
《家居杂吟》七绝二首	杨必昌（笔名杨叶）	《北京诗词月刊》	本刊代表作	2004 年 2 月
《山韵集》	蔡盛炽	内部刊印	—	2004 年 6 月
《林泉集》	侯洪文	内部刊印	—	2002 年 6 月
《黑森林》	何小竹	《人民文学》第九期	1990 年国家民委、中国作家协会“全国第三届少数民族文学奖”	1986 年
《梦见苹果和鱼的安》	何小竹	四川民族出版社	全国第四届少数民族文学奖	1989 年
《回头的羊》	何小竹	四川民族出版社	—	1991 年

表 26-1

作品或作品辑	作者	发表刊物或出版社	奖项	发表（出版）时间
《独木桥》《滩群和女神》《黑水手》	吴建国（笔名第代着冬）	《星星》诗刊第三期	—	1987 年
《母亲和枣》诗三首	何巨学（笔名何流）	《星星》诗刊十二期	—	1989 年
组诗《静物》		《人民文学》第六期	—	1996 年
《艺术节的怀念》	高仲（笔名日月人中）	中国“赤壁杯”文艺创作大赛	优秀奖	1995 年
《神秘的乌江》（组诗）		重庆“新世纪三峡杯”创作大赛	一等奖	2001 年
《土家寨恋歌》	—	《文学天地》第六期	—	2001 年
《浅留痕》	陶万昌	中国文联出版社	—	2004 年 12 月
《冬日的水田》	张远伦	《星星》诗刊 4 期	—	2001 年
《黑鸭子与白鸭子》		《诗刊》第 4 期	—	2004 年
《毕兹卡的谷种》		《绿风诗刊》第 2 期	—	2004 年
《王》		《绿风诗刊》第 5 期	—	2005 年
《逃亡》		《星星》诗刊 12 期	—	2005 年

二、散文

1986—2005 年，彭水散文作品在多种刊物上发表或出版。《乌江风景话今昔》《绿阴轩》《从乌江流向世界》（蔡盛炽作）分别在《四川民族》《红岩春秋》发表。《最后的场期》《秀山》《瓦殇》《撵车》《栈道上的人生》《水碧情长的边城》《小镇的街》《夜奏》（吴建国作）等数十篇散文分别在《精神文明报》《散文月刊》《萌芽》《现代作家》《民族文学》等刊物发表，其中《秀山》获四川省创作委员全会举办的征文三等奖。《风中的自在》《树木的高度》《村里铁和火》《栀子花开》《结盟》（何巨学作）分别在《红岩》《散文选刊》《十月》发表，其中《树木的高度》《村里铁与火》获重庆市首届少数民族文学奖。《明清茶楼》《波儿》（何小竹作）在《山花》《花城》发表，散文集《爱情歌谣》（何小竹作）由春风文艺出版社出版。《插旗山》（简文相作）发表于《西南师范大学学报》1986 年第六期。《大森林的摇篮》《话别古黔州》《摆折》《摆手堂断想》《梦绕大山》《在黄庭坚流放的地方》（孙文木作）分别在《四川日报》《旅游文化报》《人民日报海外版》发表，其中《话别古黔州》于 1987 年 5 月在四川人民广播电台播演。《母亲的蓝裙子》（周宫平作）1988 年 5 月在《这一代》发表。《小小乌篷船》（肖光胜作）1989 年 11 月获重庆市写作学会征文二等奖，1991 年入选云南出版社出版的《红帆——全国党校文学佳作选》。《收到情书以后》（谢湖滨作）在《青年世界》发表。《风雨九龙滩》《蛇船末代艄公》《千年郁山镇》（高仲作）在《文学天地》《重庆晚报》发表。

三、小说

1985 年前后，小说《盘古河上女船家》《黄狗》（张炳生作）等作品在《巴国文风》《青年作家》上发表。1987 年，《里耶木须地》《兽》《孤儿疙头》《坟》《金马》（张炳生笔名阿炳作）等一系列现代主义倾向作品在《四川文学》《萌芽》《新草地》《人民文学》发表，其中《里耶木须地》载入《四川省优秀群众文学作品选》。《碎魂录》《孤本》（淳世华作）在《青年作家》第 5 期、《巴山文学》第 3 期发表。《那地方》（何小竹作）载入《作家》第 10 期。1989 年，《蛇》（吴建国作）在《山花》第 8 期发表，并被辑入贵州民族出版社《短篇小说集》。1998 年，《潘金莲回忆录》《圈》（何小竹作）分别载入《红岩》第 5 期、《芙蓉》第 5 期。1999 年，《飞机从天上飞过》（何小竹作）载入《花城》第

11期。2001年,《天堂旅馆》《第一次认识一个是女巫的女孩》（何小竹作）分别载入《山花》第11期、《母语》第11期。2002年,《拇指姑娘》（何小竹作）载入《芙蓉》第3期，小说集《女巫制造者》（何小竹作）由华夏出版社出版。2004年,《做梦公司》（何小竹作）载入《山花》第8期。2005年,《关于女巫的7个故事和两个解释》（何小竹作）、《带腰刀的女人》（何巨学作）分别载入《青年作家》第6期、《十月》第10期,《苍岭》（何巨学作）获重庆市第三届少数民族文学奖。

四、影视文学

县内影视文学有电影文学、影视剧、电视文艺专题片等。1988年，电影文学剧本《武陵春秋》《春到茅草界》（孙文木作）分别刊载于《戏剧文学》第5期、《电影文学》第8期,《苏武节》（蔡盛炽作）在《巴国文风》杂志上连载刊发，电视散文《足踏古镇静无声》（冉西宁作）获重庆市广播电视文艺二等奖。1990年，电视剧本《盘古河上女船家》（上、下集）（阿炳作）由贵州电视剧制作中心制作，在中央电视台播出，被评为西南地区电视片单剧本二等奖。1992年，四集电视剧《突围》（阿炳作）由贵州电视台制作中心录制播出。1999年，电视片《火苗》（冉西宁作），获重庆市广播电视专题类三等奖。2001年,《走进民歌之乡》（冉西宁作）获重庆市广播电视专题类二等奖。2005年，电视专题片《古黔新韵》（冉西宁作）获重庆市第五届电视文艺节目展播铜奖。同年7月在中央电视台新闻频道“魅力古镇展播”播出。《郁江河》（高仲词、曹秋圃曲、冉西宁制作）、《珍珠兰茶歌》（高仲词、王树林曲、李明星制作）分别获重庆市第五届电视文艺节目展播金奖、银奖。

五、文学评论

1986—2005年，彭水文化界人士致力于彭水本土少数民族历史文化研究，写出大量文学论文和学术专著。1988年，论文《王羲之〈适得帖〉笔法浅析》（王业泽作）发表于《青少年书法》第10期。1989年，随笔《说说写散文的吴建国》（张炳生作）载于《精神文明报》，论文《彭水发现明代墨迹》（刘铮作）载于《四川民族杂志》第11期。1990年，学术论文《巴寡台》（蔡盛炽作）刊载于《四川地方志》第5期,《彭水红三军司令部旧址》（刘铮作）刊载于《四川文物》第6期。1992年,《苗族开发川东南的贡献》（蔡盛炽作）刊载于《民族论坛》第1期。1994年,《汉文化的传播与川东南苗族的进步》（蔡盛炽作）刊载于《民族论坛》第4期。2003年,《唐宋时期重庆的少数民族》（蔡盛炽作）刊载于《重庆民族史》第10期,《格律诗写作专谈》（杨必昌作）由黔江诗词学会付印。

六、文学期刊

彭水文学刊物出现，给文学新人创作提供平台，影响较大的有县级文学刊物《绿阴轩》和汉葭镇中学校刊《九曲河》、森林希望小学校刊《希望》。

1983年7月，由彭水科普创作协会创办、彭水文化馆承办的综合性文艺刊物《绿阴轩》正式出版，16开本64页。此期刊以北宋著名诗人、文学家黄庭坚在彭水寓居处“绿阴轩”命名，封面是老榕树托起的绿荫，儒仕题写刊名，封二是黄成用的摄影作品《春香》。刊内设《彭水风物》《民族之窗》《学生园地》《戏曲》等栏目，含诗歌、散文、小说、戏剧等文学作品。1984年1月,《绿阴轩》将1983年11月15日在彭水民族会场演出的歌舞节目汇集，出第一期专刊，含《歌唱民族大团结》《乡土情》《苗岭情歌》《土家寨的歌》《伴着芦笙跳起来》《摆手堂》《器乐曲》等作品和神话剧等栏目。同年11月10日，彭水自治县成立之际,《绿阴轩》出第二期专刊，为庆祝彭水自治县成立特刊，刊载有诗歌、小说、散文、报告文学、评论等。当年出版第三期后，由于经费不足人手不够,《绿阴轩》停刊。1988年5月，1本128页的《绿阴轩》（1～2期合刊号）再次面世。之后,《绿阴轩》又出了两期，再次停刊。直到1992年为纪念毛泽东《在延安文艺座谈会上的讲话》发表50周年,《绿阴轩》出 1 期专刊。以后又停刊，前后出刊 7 期，蔡盛炽、孔庆余先后任《绿阴轩》执行主编。《绿阴轩》所办专题栏目有“小说”“散文”“诗词”“评论”等 56 个，刊载中短篇小说、散文、诗词、诗歌、歌词、歌曲、报告文学、论坛、评论、论文、民族、民俗、随笔等 190 余篇。还有书画、摄影、封面题字等。

1995 年，汉葭镇中学创办校刊《九曲河》，1997 年又成立“芳草文学社”。1998 年，《红岩》作者、著名作家杨益言应“芳草文学社”邀请，到汉葭镇中学讲演，并题词“《九曲河》成为社会主义文学新天地”。《九曲河》常设“古人咏彭水”“他山之石”“学生写意”“教师练笔”“名家经典”“新情之路”“青春风铃”“感悟生活”“杂佩天下”“诗语岁月”等 10 余个栏目。先后出刊 30 期，用稿 1320 篇。芳草文学社活动剪影“茁壮成长的芳草”，刊登在《作文》刊物 1999 年第 3 期的封底上。学生何光玉撰《火烧云的自述》刊载于《作文》2000 年第 8 期。方媛媛、向福佳、曾毅、高飞、刘翠 5 位同学，所著《不想长大》《我家的功臣》《家长》《每一种草都是一种花》《父亲的心愿》，先后载于全国《作文·阅读个性化平台》。历任《九曲河》校刊主编有杨必昌（笔名杨叶）、汪胜国等人。

2005 年春，汉葭镇森林希望小学创办校刊《希望》，先后开辟“园丁风采”“蓓蕾初放”“森林快递”“书画欣赏”“朝花夕拾”“国学经典”6 个专栏，为师生搭建展示才华的平台。罗远群、黄伟历任该校刊主编。

第二节　民间艺术

一、民歌

彭水属多民族杂居之地，苗族、土家族、汉族融合数千年，民风淳朴、生性乐观、能歌善舞、尤喜音乐。彭水人用“唱”来传情达意，姑娘出嫁要唱“哭嫁歌”、老人去世办丧事要唱“孝歌”、男女青年谈情说爱有“情歌”、劳动时有各种“号子”（如石工号子、打夯号子、船工号子、抬力号子等），薅草时要打薅草锣鼓、要唱薅草歌等。1986—2005 年，彭水人在历史留存民歌的基础上深化创作很多优秀民歌。《娇阿依》是鞍子乡优秀民歌，远古开始萌生，春秋战国时期形成，宋代以来进一步发展。内容丰富，主要有情歌、劳动歌、时政歌、生活歌、杂歌等。演唱形式有合唱、一领众唱、多领众唱、齐唱等。歌词结构有五言、七言、十言句和长短句。唱腔主要有高腔、平腔、混腔 3 类，不仅适用于山间田野，也适应于庭院楼房。其特点是紧贴鞍子苗民生产生活习俗，是多民族、多地域文化浸溶渗透的产物。在音调结构旋律节拍、音域音型、单阶调式等方面形成的特色，具有以古老的窄声韵、三声韵为核心歌腔，核心音调结构变形延伸及交替调式的广泛使用等音乐特征，在文化比较及民歌对比研究中，具有不可缺失的取样和存史的标本价值。《娇阿依》作为渝东南地区的民歌代表，通过创作深化，曾两次走进中央电视台，参加青年歌手大奖赛，进入决赛角逐，并获“2005 中国歌坛在行动”银奖。《诸佛盘歌》始于唐宋，盛于明清，其特点是以徒歌为表达形式，内容以当地生产生活为主，也有盘问历史起源、演绎历史故事以及自然现象等；演唱时不受人数、年龄、性别、地方的限制。主要曲目有《石头背上长青苔》《刺芭林里谈家常》《白脸小郎哥》《打鱼郎》《新织米兜焦咪黄》《屙尿出来曲屌黑》《扬州起火》《牛郎织女》等。彭水民间的劳动歌曲，主要是指在生产劳动进程中所唱的歌曲，有鼓舞情绪、减轻疲劳、指挥劳动、协调动作的作用。其演唱方式、节奏、力度、速度都受不同性质的劳动所限制。

古老民歌传承人离世，很多民歌民谣、民间音乐正在加速消亡。特别是原来没有文字记载，只靠口口相传的一些民歌民乐，已经面临断代失传的危险。为抢救这些多姿多彩的民族瑰宝，县文化馆曾多次组织相关人员深入民间收集整理这些民间艺术珍宝。1983 年，孔庆余、傅力民等人深入到 8 区

2镇41个乡，对全县民歌进行普查，用最原始的手段记录、收集整理。历时3个多月，走访民歌手172人，民间乐师40余人，收集民歌549首。经过筛选，选出324首，刻印成《彭水民歌集成》第一集。其中内容有民间小调、山歌、号子等。孔庆余、周翰书在民歌集成的基础上，进一步收集、类比、整理、选出民歌、民乐281首，编印成《彭水民间音乐》，四川音乐协会主席、四川音乐学院院长常苏明封面题字。全书分两部分，即甲：民间歌曲，船工号子23首、石工号子10首、打夯号子6首、打闹号子40首、山歌号子39首、山歌17首、灯调16首、小调50首、哭嫁歌3首、孝歌1首、祭祀歌2首、生活歌5首、游戏歌1首；乙：器乐曲，打击乐24首、欢乐打19首、吹奏乐12首。1987年，县文化馆再次组织孔庆余、张炳生等10多个文化专干，深入全县65个乡镇，进行全面普查，行程6000余千米，采访600余人次，收集民歌2098首、谚语1532条、歇后语378条，编印成《彭水民间歌谣谚语》，于1988年付印。2000年后，民歌中《鞍子苗歌》《娇阿依》《诸佛盘歌》《梅子山歌》《太原民歌》《乌江号子》，民间传统戏剧中《木腊庄傩戏》《朱砂三人花灯》，民间美术中《彭水吊脚楼工艺》《撮箕口房屋工艺》，民俗中《彭水道场》《润溪道场》《棣棠杠神》《哭嫁歌》《郁山孝歌》《诸佛三四五钹》等，先后被重庆市人民政府列入非物质文化遗产名录，将此列入市级文化保护。

2005年彭水自治县部分民歌曲目及流传地情况一览表

表26-2

曲目			流传地
号子	船工号子	桡号子（平水号子）、桡号子（二）、慢桡号子、下水推桡号子、船笼子桡号子（鸳鸯号子）、驾长撑竿号子、板桡号子（斑鸠号子）、板桡号子（急水号子）、板桡号子（过渡交接号子）、拉纤号子（吔号子）、拼命扎号子（拉滩号子）、拉纤号子（抢米号子）、拉纤号子（过驾号子）、拉滩号子、歪板船拉纤号子、拉滩号子、招扎号子（拉纤）、小滩拉纤号子、夺夺号子（二）（拉纤）、赶场船号子（二）	曙光木船社
		扳倒号子、吔号子（拉纤号子）、横艄号子、倒号子（下水）、拔岭号子、爪竿号子、拉滩号子、夺夺号子（鸡啄米号子）（拉纤）、赶场船号子（一）（拉纤）	龚滩木船社
		拉滩号子、平水拉纤快号子、小滩流水拉纤号子	新潮航运社
		橹号、懒大号、后扳船号子、扯船号子	下塘・分树
	石工号子	拖石号子	新田
		撬石号子	太原・官庄
		岩角号子	润溪
		脱节号子（一）、脱节号子（二）	猴栗
		牛郎号子、干妹子号子、大喂喂号子、月亮号子	凤鸣・川间
	打夯号子	太阳落号子、柳叶子红号子、扇子号、弯弯号	城郊・柏杨
		花扇子号	太原・官庄
		洛阴桥号	桐荣・桐丰
	打闹号子	上田号（懒号子）、转坡号、犟牯号、溜溜号、野猫号、七字句、张三姐号、三棰锣（一）、三棰锣（二）、车车号、煞闹号、收工号	新田・水塘
		冷号、大郎号、屋檐号、沙刀号、牵牛号、梧桐号、山歌号、采茶号、阳歌进号、楠竹号、口号、花号、常德号、盘歌号、赏花号、水山号、田十字、送郎歌、辞辰歌、赔罪歌、手工号、口号、煞尾	迁桥
		打闹（快鼓）、打闹（慢鼓）	火石・友谊
		打闹（弯弯号）	三连・白池
		冷号（小小马二郎）	城郊

续表 26-2

曲目			流传地
号子	打闹号子	叫化婆号子	猴栗
	山歌号子	黄斑溜号、南无号、连八字号、花号、老哇号、老号子、过山号、梭子号、荷荷号、九转号、花线囊号	鞍子·大池
		太阳去了四山阴（花号）、幺姨娘上号、太阳过坡	鞍子
		唢呐号子	高谷
		唱起来，合起来	善感
		栀子开花叶又青、大雨落来细雨飘	鞍子·场上
		一下田来就排起（唢呐号）、碾田号、吃茶号、回笼号、茶号	新化·光明
		花号子	梅子垭·官衙
		梭梭号	龙洋·场上
		排号、下田大号、闹阳雀、冷号（一）（栀子花儿香）、冷号（二）（清早起来）、清风冷号、阴阳号子、下山号	太原·官庄
		黄羊号子、红羊号子、围腰号子、铜钱滚过街	润溪一村
		歌郎号子、烧香号子	合理冷水
山歌		山歌不唱不宽怀、隔花看见娇放牛	新田·冯家
		心中犹如点火烧	鞍子·大池
		山歌、郎从对门打伞来	鹿角·齐心
		是好是歹你说一句（山歌对唱）	鞍子·大山
		新打锄儿慢安钢	鞍子·场上
		连八号	梅子垭·官衙
		一棵豆子圆又圆、太阳出来照白岩	珍加·场上
		高山打铁铁壳飞	龙溪·大坪
		幺妹子	善感·场上
		天上落雨地下滑	上岩西·和平
		盘歌、清早起来	猴栗·香楠
		盘歌	润溪·一村
		清早起来就上坡	共和·幸福
风俗歌曲	灯调	观灯	鹿角·齐心
		闹五更、正月好唱花、风吹灯笼团纠纠、雪花儿飘飘、打打扮扮一枝花	新田·水塘
		十杯酒	珍加·幸福
		五更阳雀、五更月亮	大垭·白龙
		散花、彩龙船	联合·麒麟
		玩船灯	善感·太阳
		彩龙船（二）	高谷·场上
		十杯酒（二）	龙射·金龙
		采茶歌、重庆下来一条河	猴栗·香楠
	新民歌	婚姻自主歌	郁山镇
		劝郎十杯酒	平安·平安

续表 26-2

曲目			流传地
风俗歌曲	小调	苦情歌、点兵歌、桃夭歌、十想、十二时、望郎歌、新打壶儿亮、苦媳妇、小苦媳妇、祝英台、石榴花开、妹妹今年一十七、十看	鹿角・齐心
		连箫歌	新田・场上
		十二辰、郎要荷包带、十送	上岩西・和平
		月儿落西峡	新田・岩门
		劝郎莫赌钱、疆场在打鼓、十二月之飘	新田・水塘
		你在后门装猫叫	新田・任家
		十绣荷包、想郎	新田・冯家
		天上七姊妹、十二杯酒	鞍子・大山
		五更调、爱姐、苦媳妇（二）	鞍子・杏花
		尼姑调、花文、逢春歌、货客当门过	鞍子・场上
		绣荷包	珍加・双河场
		送郎歌、采茶歌	走马・走马
		苗歌、劝酒歌	润溪・一村
		望郎、正月十五闹元宵	鞍子・大池
		从前的姑娘真是怪	鹿角
		正月望郎是新年	连湖・安乐
		正月好唱祝英台、盘花	太原・官庄
		你我庄稼佬	砂石・双旗
		洋芋歌	大垭・大河
		十想（二）	平安・平安
		小兄弟	共和
	嫁歌	哭嫁歌	鹿角・齐心
		娘教女	砂石・双旗
		哭嫁歌（二）	鞍子・大池
	孝歌	孝歌	联合・庙坝
	祭祀歌	妻荐夫、风・雪・雨	大垭・白龙
	生活儿歌		
	儿歌	猫儿歌	凤鸣・川间
	开财门	开财门（一）、开财门（二）	新田・水塘
		开财门（三）	鞍子・赵兴
		玩灯开财门	上岩西・和科
	游戏歌曲	划拳调	砂石・双旗

附：民歌举录

盘歌号

什么结得高又高，什么结在半中腰，什么出来连枷打，什么黄了棍棍敲；

向日葵结得高又高，苞谷结在半中腰，黄豆出来连枷打，芝麻黄了棍棍敲。……

收工号

东边一笼瓜，牵藤到西家，开花人吵闹，谢花人归家；
薅不完的草，丢在山脚下，吃不完的酒，交给主人家；
牛不吃江边草，马不吃竹叶花，一步跳江马，加起鞭子打。多谢主人家。

打闹歌

正月好唱祝英台，杭州求学在三载，可叹三伯呆头鹅，不识闺中女裙钗。

送郎歌

柑子树来柑子叶，柑子叶来树上结，柑子好吃要剥皮，山歌好唱要分离；
把郎送到五里亭，我郎要去扬州城，依依不舍难分离，叫声我郎早早回。

山歌

山歌好唱口难开，林檎好吃树难栽，大米好吃田难办，鲜鱼好吃网难抬。
山歌好唱难起头，木匠难修转角楼，石匠难打石狮子，铁匠难打铁绣球。
山歌要唱才开怀，磨子要推才转来。酒要劝人人才醉，时要逢春花才开。
山歌好唱难起声，酽茶好吃苦殷殷，哥莫怪我情意浅，浅水淘沙海样深。……

二、音乐舞蹈

（一）音乐舞蹈演出

1986年，举办首届“乌江之春”音乐会，62名青年男女歌手应邀参赛，评选出26位优秀青年歌手。由县文化馆创作编排的大型民族歌舞“乌江魂”，参加黔江地区第三届民族文化艺术节，其中舞蹈“乌江魂”“山巅上的月亮”获特等奖。1999年，张炳生率廖元德、彭永刚、李永生等人参加黔江地区“这方水土”编、导、演，并赴渝参加新中国成立五十周年庆典演出。2000年，由廖元德、彭永刚、李永生参加演出的舞蹈“赶山”，获全国群星奖金奖，同时参加中央电视台的综艺大观203期演出。2002年，聘请湖南省民族歌舞团、国家一级编导胡明珠到彭水，在1998年编排的大型民族歌舞“乌江魂”的基础上，重新编导“乌江魂”，在县城演出10场，观众2万余人次。2003年，选演奏节目“盘古河抒怀”，参加全国老年文艺调演，获铜奖。舞蹈“竹枝滴翠”、歌曲“苗乡米酒”参加重庆武陵山文化节演出并获奖。2004年7月，县文化馆选送“幺妹上花轿”“花伞舞”参加重庆市文化展演，舞蹈成人组获三等奖。同年11月，由县委、县人民政府牵头，县文化局承办庆祝彭水自治县成立20周年广场大型文艺演出，观众2万余人次。2005年9月，排练原生态民歌“娇阿依”，参加第十届重庆中国三峡国际旅游节演唱，被市文化部门确立为重庆文化精品。原生态鞍子民歌“娇阿依”入选第三届全国少数民族文艺会演，获团体金奖。由县文化馆创作人员创作的“三峡回水”“青青苗山茶”“太阳河，月亮坡”“郁江河”等节目，分别获中国原创歌曲金奖，银奖、创作银奖、铜奖。2002—2005年，以健身为目的的广场舞（坝坝舞）很快兴起，为满足人民群众健康向上的文化生活的需求，县文化馆组织编排一套具有苗族特色的广场舞“踩花山”“摆手舞”在全县推广，并先后举办三届“踩花山”广场舞比赛，累计参赛代表队有120余个8000余人。

1988—2000年彭水自治县部分音乐类获奖情况一览表

表26-3

获奖内容	获奖者	奖项	时间
独唱《桂花美酒醉苗山》	王映光	全国少数民族歌手大赛“大鹏杯”奖	1988年8月
独唱	沈绍宏	“瀛海杯”歌手赛二等奖	1989年1月
独唱	沈绍宏	黔江地区民族艺术节表演二等奖	1990年10月

续表 26-3

获奖内容	获奖者	奖项	时间
男女声二重唱《敖包相会》	王映光、沈绍宏	湘鄂川黔四省边区歌手大赛一等奖	1992 年 7 月
男女声二重唱	沈绍宏	黔江地区少数民族第二届艺术节优秀节目奖	1993 年
声乐《美丽的苗乡娇阿依》	沈绍宏	黔江地区少数民族第三届艺术节二等奖	1998 年
《祖国颂·黔江情》新编民歌大赛	穆红、杨建春等	黔江地区首届十佳歌手	2000 年

1986—2004 年彭水自治县部分舞蹈类获奖情况一览表

表 26-4

获奖内容	获奖者	奖项	时间
《欢乐的毕兹卡》	高森、李泳伸等	黔江地区一等奖	1986 年
《列卡嚓毕兹卡》	肖珩、苏伟	黔江地区二等奖	1986 年
《巧穿花》	高森、钟莉、王映光	黔江地区二等奖	1986 年
《土家青年舞》	李泳伸、陈安敏	黔江地区三等奖	1986 年
《回门》（双人舞）	高森、廖寿吟	四川省艺术节三等奖	1986 年
蓉城之秋舞蹈会演《场边情歌》	李泳伸、陈安敏、王映光、王霞等	省级二等奖	1990 年 11 月
《场边情歌》（集体舞）	熊锡俊等	黔江地区艺术节三等奖	1990 年
《喜洋洋》	彭水文化馆演出	黔江地区第二届艺术节优秀节目奖	1993 年
《红军鞋》	任永生等	四川省文艺调演一等奖	1994 年
与秀山代表黔江地区表演《赶山》	彭水演出队	全国群星奖	1997 年
综艺大观第 203 期演出	高森、李永生等	金奖	1997 年
《山巅上的月亮》（集体舞）	彭水集体演出	黔江地区艺术节特等奖	1998 年
重庆市舞蹈会演《摆手舞》《乌江魂》	高森、李永生等	市级三等奖	2004 年
《幺妹上花轿》《苗族伞舞》	县文化馆选送	重庆市全国群英会三等奖	2004 年

（二）音乐创作

1986—2005 年，彭水人自己创作音乐作品 100 余首，在省（市）、国家级获奖和被各级电视台录用的歌曲有 30 余首。孔庆余先后编辑出版《彭水民间音乐》（曲谱本）、《彭水民间歌谣》（文字本）、《彭水民间器乐曲集》3 部著作，发表《文化瑰宝，光耀千秋——论彭水苗族民间歌谣》《论苗族要锣鼓的传承与衍化》《彭水苗族民歌色彩及其形成背景初探》等多篇论文。音乐作品有《请到苗家走一走》《船工怀念贺老总》《土家姑娘最爱花》（曲）等近 100 首不同体裁形式的声乐作品，其中部分作品曾在四川省“蓉城之秋”等省地级音乐大赛中获奖。廖元德发表的音乐作品有 20 余首，其中 10 余首作品在省市及全国获奖。《岁月》（曲）在四川省首届民族艺术节获创作演出奖。《列卡嚓毕兹卡》（曲）获四川省首届民族艺术节创作银奖。《回门》（舞曲）获四川省首届民族艺术节创作表演铜奖。《采银花》《土家山水》于 1986 年被四川广播电台录用播放。《锦鸡岩上飞》获 1990 年四川首届民族艺术节优秀作品奖。《盘古河抒怀》于 2002 年参加全国老年文艺调演，重庆选拔赛金奖、全国决赛铜奖。《踩花山》（词曲）获全国老年文艺演出重庆选拔赛银奖。《苗族伞舞》（词曲）于 2003 年获重庆文化精品展演三等奖。王树林创作 100 余首歌曲，其中《苗山小雨》（曲）等 10 余首获省（市）、国家级奖的作品入选《神州歌海》获奖作品集。《大月亮，细月亮》（曲）于 2002 年获重庆“五个一工程奖”。《土家号子》（曲）于 2005 年 4 月，在中国首届群众创作歌曲大赛中获金奖。同年，《我们武陵好地方》《铁路工人赞》（曲）在中国首届群众创作歌曲大赛中分获银奖、铜奖。《太阳河月亮坡》(曲)、《娇阿依》(曲)、《歌唱家乡》(曲)在全国第二届群众歌曲创作大赛中获金奖,《金色的梦》(曲)获银奖。高仲《苗山小雨》(词)入选《神州歌海》音乐专集,《太阳河月亮坡》(词)在全国第二届群众歌曲创作大赛中获金奖。

(三)民间器乐

锣鼓是彭水一种民间打击乐器，唢呐为彭水民间广为流传的吹奏乐器。吹打乐是用唢呐和锣鼓共同演奏的民间音乐，曲牌众多，节奏鲜明，多用于佳节盛会、红白喜事、民间杂耍龙灯狮舞等活动，两只唢呐配以锣鼓小打，曲优美抑扬铿锵。吹奏乐只限于唢呐演奏，形式有独奏、重奏、齐奏，常以高低音不同的两只唢呐齐奏为多。音调融合优美，旋律抑扬跌宕，音量丰富饱满，它的声音飞跃山谷平川，回旋缭绕，不绝如缕。1983—2000 年，由孔庆余收集整理、重庆出版社出版《彭水民族民间器乐曲集》。录入民间器乐 317 首，分为唢呐曲谱子（引子）169 首、要锣鼓曲谱（引子）6 首、要锣鼓曲牌 142 首。

彭水自治县部分唢呐曲谱一览表

表 26-5

曲谱（引子）	收集地	传承人代表
一字板、扯更调、斑竹叶青	走马乡	毛列修
一枝花、过街调（顺的）、财老爷、杨六郎、闹水台、闹扬州、接客调	鞍子乡	谢昌凯 谢国纪
九连环、长引子、黄字	鹿箐乡	陈大伦
三碗菜、鸡叫开门、胡豆引子、独一根、顾工、镌字	迁乔乡	冉茂均 谢承友
下武寨、秦始皇、磕头转、慢慢摇、隔河喊	太原乡	杨秀军
下坡羊、上武阵、山院大开门、上坡羊、小牌子、大太阳、大牌子、吉良调	三义乡	黄美贵 黄美云
大开门、小开门、开道牌子、六幺令、上师调、正宫调、打蛮槌、竹叶青、花音、胡琴调、茶子、黄莺闪翅、排鼓调、鹿子调、落地金钱	龙溪乡	何祖信
大排鼓、小排鼓、小寺清音、水陆音、半中台、乱抬头、狗舂碓、散王调	大垭乡	向福利
万岁台、小册子、中子调、长路引、水意浓、节节高、四句、老牌子、老鹰叼鸡、动鱼佬、红顶江、花台子、快板、孟姜调、美女梳头、烂水观音、烂牛下坎、敌断桥、将军调、短三句、樱桃花、瞎子过街	梅子垭乡	马应光 何学法
上山冒、中山冒（三）、长沙河、过街调、过路调、花牌子、空堂、官赞、浪淘沙	乔梓乡	杨崇尧 陈华清
上山梯、山黄莺、公侯引子、四二十、失良台、老慢慢摇、芽花天、言八句、郎失娘盼、莲花女、黄豆雀、新慢慢摇、满堂红（反字）、嫩竹叶青	共和乡	龙念华
上天梯、四大会、过街引、玩友、道师引	棣棠乡	李朝清
车子调、公堂、文宫调、四平腔、满江红、慢慢行	小厂乡	张世珍
中山冒（一）、中山冒（二）、见堂（一）、见堂（二）、月满山、双关、四平音（一）、四平音（二）、尖螺蛳、观音扫殿、桐子岭、梵调、梵字（一）、梵字（二）、探幺妹、盘古、梁山调（一）、梁山调（二）、梁山调（三）、梁山调（四）、满堂红、螺蛳调（一）、螺蛳调（二）	新田镇	任远乾 任汉平等
中四平音、水波浪、寻泥鳅、望乡龙、散光调	龙塘乡	邓应龙
见郎、金竹叶、烂泥鳅	桑柘乡	廖安之
公婆引子	郁山镇	周朝万
反公堂、短节子	砂石乡	胡再奎 王珍权
月儿高、空堂引子	鹿鸣乡	廖顺禄 陈中五
正字、扬三台、脸皱	大厂乡	张伍安
四重腔、顺发令、难师调、难买腔、难买下坝	同河乡	刘庭明
四庭香、空堂炮（六个眼）	凤鸣乡	王启洲 文培刚

续表 26-5

曲谱（引子）	收集地	传承人代表
白鹤下滩、加官进禄	芦塘乡	冉茂明
杂合调、散堂、散堂村	长滩乡	陈德全　黄万良
单抛腿、独断桥、黄调、懒梳头	朱砂乡	聂登俊
点豌豆	东流乡	谢正国　冉茂均
梳头观镜	普子乡	傅力民
望香炉	善感乡	董世礼　董译强

彭水自治县部分耍锣鼓曲牌一览表

表 26-6

曲谱（引子）	收集地	传承人代表
一马锣、单头、铁钻子	大元乡	李朝伍　周云平　任昌平等
一船拖（一）、一船拖（二）、一船拖（三）、二换腿、三幺台、三节、三层岩、大鸡叫、万年花、山冒烟、马咬牛、反黄莺、丰都花、双马锣、水波浪、水螺丝、打闹锣、四下河南、四叶菜、白鹤（龙）翻滩、加官头、安徽（四）、红绣鞋、花牌子、乱齐麻、苦竹盘根、抬头望、国策里、狗抢坡、闹长沙、单田心、单黄莺、栽刺、赶场、倒打钩、倒脱靴、豹子头、铁蛋花、铁断桥、烧香拜土地、黄莺闪翅、排子、排子鼓、排锣鼓、猛虎下山、鼓三节、鼓马锣、鼓田心、樱桃花、燕灯蛾、燕拍翅加鼓、镰刀把、露水生	同河乡	张世则　张贵福　张朝光　谭光吉　谭关吉　张朝旭　张贵曲等
一棵印、八仙头（二）、八仙过海、入地眼、大黄莺、小黄莺、飞虎出林、天鹅鸭、长路行、凤点头、四季花、白菜花、老蛇过江、地牯牛、过江龙、过街调、观音坐莲台、旱山蛇、灵官坐殿、金鸡叫、鱼上滩、夜关门、映山红、活神仙、野鸡扑、锁南枝、满天星	汉葭镇	徐立堂　杨兴万　田景刚　苟国义
七搭三、三叠、大滚龙、凤凰头、牛擦痒、双溜子、双飘带、扑灯蛾、大黄莺、安徽（三）、安徽（五）、拗七棰、金银叠、单飘带、钟鼓楼、狮子头、神祭子、栽花、倒黄莺、座台、烧香童子、燕拍翅	新田乡	任远乾　任汉平　任永绍　任永良　陈世焕　陈治安　刘洪国　豆远平等
八仙头（一）	平安乡	王开元
九节子	鹿角镇	张维余等
大红花、大波浪、小红花、心欠欠、月母子、双田心、过街、安徽（一）、安徽（二）、药石头、点水雀、荷花、倒牵牛、浪淘沙、滴波浪	乔梓乡	杨昌平　杨昌俊　杨崇培　杨昌吉
小滚龙	桑柘镇	窦世民　豆世强　汪祖魁　汪祖东
幺二三、黄雀豆	连湖乡	王昌中
水鼓起、四棰、扯渡、鸡捡米、拗马锣、拦路虎、沟扯腿、闹唢呐、栀子花、蚂蚁轿夫、观音扫殿、黄莺展翅、程咬金、满山藤	鞍子乡	任世礼等
杏田山、啾啾田心	大河乡	谢立劲

三、书法

1986—2005 年，彭水书法作品字体有楷书、行书、隶书、小篆等，书法形式有软笔书法和硬笔书法。20年间，在国家、省市级获奖30余件，有的作品还被国家书画院和四川省图书馆收藏。1986年，《诗词行书》《唐诗行楷》（藤树栋书）分别在全国纪念井冈山会师六十周年书画大赛和川陕两省边区六地市书法联展中获一等奖、二等奖。1988 年，《唐诗行书》（焦本群书）、《赤壁怀古》（小篆）（支雁滨书）、《魏碑条幅》（邹光治书）分别在北京当代农民书法研究会书法作品展、川鄂边区书画作品展、川黔边区书法联赛中获优秀奖。1989 年，《宋词行书》（藤树栋书）、《古诗》（李东书）分别在四川省政协 40 周年国庆书画展、琴岛杯全国书法大赛中获三等奖、优秀创作奖。1990 年，汉简《古诗一首》（彭静书）在黔江地区首届民族艺术节书画展上获二等奖，同年在四川省首届民族艺术节书画展上获一等奖。《康南诗》（邹光治书）参加黔江地区首届民族艺术节书画展获三等奖。硬笔书法《格言四开条幅》（王业泽书）被四川省图书馆收录珍藏。1991 年，草书《楹联》（王业泽书）刊载于《当代楹联墨迹大赛选集》。隶书《龙的传人》（彭静书）在黔江地区首届赴台书画作品展获三等奖。1998 年，草书《采桑子》（冉启元书）参加“周恩来诞辰百周年书画展”获二等奖，被编入香港榕文出版社出版的《中国书画精品集》一书，并由中国三味书画院正式收藏。1999 年,《行书》（钱文进书）在《全国民间工艺美术书法大赛》获精英奖。

四、美术

1986—2005 年，彭水美术作品主要以国画、油画、工笔画形式为主，涵盖人物、动植物、山水风景、古镇村落等内容。据不完全统计，20 年间，在国家、省市级获奖 70 余件。谭炳元的工笔画《渔光曲》1986 年 3 月在北京民族文化宫展出获展出奖，同年 6 月被《四川日报》刊用。工笔画《荡秋图》1986 年在涪陵地区美术影展获展出奖。工笔画《歌荡一坡又一坡》1987 年在湘鄂川黔五地州美展获展出奖。国画《雷泉》1988 年在川东南首届美术、书法、摄影展中获优秀奖。杨飞的油画《瞬间》《岸》1987 年在重庆艺术馆展出。油画《乌江船工》1989 年在首届黔江地区美展中获二等奖。油画《帷幕前的少女》1990 年在首届黔江地区青年诗画展获银奖。油画《肖像》、水粉画《静物》1990 年被选送首届川东南美展展出。黄家棠的国画《消夏图》1989 年在黔江地区首届书画摄影展获三等奖。国画《乌江晨曦》1990 年在涪陵、黔江地区电大学生书画展获一等奖。国画《四季财》1990 年在四川省首届少数民族书影画展获三等奖。吴国中的国画《明月松间照》1989 年 10 月入选省政协纪念国庆 40 周年书画展。国画《长青颂》《硕果累累》《葡萄》1990 年 11 月参加北京大学金秋艺苑画展。国画《丰收》《献寿图》1991 年 5 月入选北京大学“五四”书画展，同年 10 月又入选中国当代名家赈灾书画展。彭永刚的国画《山乡秋色》1989 年入选川黔湘鄂边区政协书画展,《披绿》获黔江地区首届美术书法展三等奖。《苗嗡声声醉》1990 年获黔江地区首届民族艺术节民族艺术作品展二等奖。赵志东的《人体》1986 年 10 月在美国加利福尼亚州展出,《一个盲人的梦想》《苗家童笛》1989 年在四川省残疾人艺术节参展获三等奖。闵学星的《梅花》1989 年获黔江地区首届书画展二等奖。赵中勤的《水粉静物》1989 年获黔江地区职工书画展三等奖。黄定波国画《乌江之晨》和《新年过龙门》1990 年 1 月参加四川省美术作品联展获优秀作品奖。同年 11 月,《四季财》参加“四川省艺术节”书、画、影作品展获三等奖。国画《乡亲》1991 年参加首届赴台书画展获三等奖。国画《变迁》1991 年 2 月在《四川民族》发表。同年 10 月，国画《千古雄风》在四川省国画大展中获三等奖。国画《乌江纤道》1993 年 9 月在《四川日报》上发表。国画《乌江放排》1994 年 3 月入选香港的“中国书画艺术作品大展”展出并结集出书。国画《苗乡三月》《乌江云霞》1997 年在“重庆市情系长江画展”获二等奖。2000 年 1 月，国画《锦绣乌江》《别有洞天》《群仙赴会》《古镇雄峡》《翡翠乾坤》入选黔江十二景，千禧年首次制成 2000 年美术挂历正式面世。国画《春晖》2004 年在“中国武陵山民族文化艺术节书、画、影优秀作品展”中获二等奖。同年《黄定波艺术作品简介》（美术作品专版）由《巴渝文化》杂志春季号发表。2004 年，黄胜利国画《通体透明、肝胆相照》《苇塘秋趣》收入中国现代文学馆“2004 年画卷”。

五、摄影

1986—2005 年，彭水自治县摄影优秀作品涵盖人文、自然、历史等各个方面，在一定程度上反映社会的进步和人们生活的改善及环境保护的重要性和必要性。20 年间，在国家、省市级获奖作品有 70 余件。刘德厚《赵世炎烈士塑像在赵庄落成》《苗族歌舞》分别刊载于《民族画报》1990 年第 9 期、1994 年第 3 期封三,《乐为山寨作贡献》《修筑绿色长城的人们》《怀龙亭》1991 年分别刊载于

《四川交通报》《四川林业报》《四川文化报》,《贺龙碑前讲传统》《苗家姑娘试新装》1994 年刊载于《四川画报》第 4 期,《天安门夜景》1995 年 10 月刊载于重庆《党员文摘》封面,《电话到苗家》《污江的警示》1999 年分别入选重庆 50 年大型图片展、重庆市环保警示教育巡回展,《翠绿的早晨》1999 年刊载于《重庆日报》11 版头条,《县官和寿星》2000 年入选文化部主办的全国老年主题摄影大赛,《乌江夕照》《乌江水、乌江人、乌江鱼》2003 年获第七届重庆市三峡库区艺术摄影作品联展三等奖,《土家铜铃舞》《彭水烤烟》2004 年入编重庆市市级机关管理局编辑出版的《新世纪、新重庆》珍藏集邮册。熊锡俊《赶墟》1998 年入选重庆市书、影、画大赛,《岁月》2000 年入选全国老年人主题大赛,《畅游七里峡》《爱在山寨》在 2004 年、2005 年重庆市第八届、第九届三峡库区艺术摄影展获三等奖。廖佐怀在 1986 年以来，两次获三峡民俗摄影展二、三等奖，中国武陵山民族文化艺术节展出《乌江画廊》等 40 余幅。何志科《八旬老翁盼子归》《兄妹重逢若梦，人间沧桑四十年》1989 年分别刊载于《人民日报（海外版）》、刊载《四川对台工作》第五期封面，其中《兄妹重逢若梦，人间沧桑四十年》获本年度好稿一等奖;《归来迟》1990 年参加地、省艺术节书、影、画展，获地区二等奖，省一等奖。李元川摄影作品在地级发表的有 5 幅、省级 3 幅、国家级 1 幅,《土家丰收锣》《苗家山寨一瞥》1991 年在全国首届 D.S 杯摄影大赛获优秀奖。

第三章 文化遗产

第一节 文 物

1988 年 5 月，县编制委员会批复成立彭水自治县文物管理所（简称县文管所），为隶属县文化局事业单位，定编 4 人（在编 2 人，其中所长 1 人、办事员 1 人）。主要负责县内文物调查、征集、保护、管理、维修、宣传、研究，按照《中华人民共和国文物保护法》执法检查，处理开发、建设、宗教、旅游中各种涉及文物的问题。借用县文化馆 1 间小屋子作为办公室兼库房。2005 年，县文物管理所内设办公室、保管室、资料室、保卫科，有职工 3 人。

一、发掘

1990 年 1 月，县文物管理所在县城河堡发现一通南宋古碑，收归馆藏。

1997 年 8 月 18 日，黔江地区乌江电力集团公司在彭水自治县汉葭镇东门村统景关修建变电站时，民工在工地上挖出由上、下两块黏合的石碑。石碑纵 12.50 厘米，横 56 厘米，高 89 厘米。上盖呈鱼脊棺盖状，下底镌刻文字两行："大唐显庆五年岁次庚申七月【庚】子朔十日己酉故长孙无忌墓志" 26 字。两行竖排，字行长 68 厘米，宽 16 厘米，宽径 4×4 厘米，唐楷阴刻。此石碑系唐名臣长孙无忌墓志碑。经国家文物专家权威鉴定，唐长孙无忌碑为全国孤品，属国家一级文物，也是彭水自治县唯一的 1 件国家一级文物。此碑出土，填补彭水自治县无国家一级文物的空白。2001 年收归馆藏。

1998 年 10 月 13 日，重庆市博物馆文物专家胡昌健抵达彭水，对汉葭、郁山的主要文物单位进行为期 3 天的全方位考察，撰写考察文章《巴渝古镇——郁山》发表在《重庆日报》上。

1999 年 4 月，县文化馆与重庆市旅游资源开发规划立项小组教授牟之先、朱顺知一行对巴渝文化古镇——郁山，进行全方位的考察。

1999 年 6 月，彭水文化馆干部与考古专家学者一起在郁山发现 5 亿年前的古生物化石——中国直角石。直角石品质之优、数量之多、分布之广，均为罕见。

2002 年 7 月，彭水自治县县城修建民族广场，出土古石刻 3 幅，布于长 4 米，高 1.70 米的石壁上。A 幅残缺，高 15 厘米，宽 24 厘米，5 行，19 字，字径 2.50 厘米，楷书阴刻。上书字样模糊，年代和内容尚待考证。B 幅完好，阴刻。高 45 厘米，宽 45 厘米，呈正方形。字体隶书，11 行，115 字，字径 2 厘米。上书云："绍兴二十五年正月晦日同金泉乐成功和甫赵国刘之翰周卿福唐郑溥季宣行民间观唐齐皇所踢球场林表后会驿亭篆及山谷先生书飞来峰三字缅怀今昔俯仰数百年人事几变而山川固自若也古人谓后人视今犹今视昔谅将有感于此通判州事东平郭篪和忠记男百乐百川伺行。" C 幅上半部分记载北宋崇宁三年（1104），因城里一名老妪引发火灾，燃及北城，太子为之请命于祠堂。下半部分记载水灾，汹怒溢东出盐井，小江合汇洪流，房屋江中飘荡十三四，城址洪水浸泡虚，太子使人将关闭的牲畜和房屋沉于江中，吟诵佛经祈祷江神，一夕之间，水势衰息。落款通判州事。因史料价值高，被列为重点文物保护。

2002 年，在渝怀铁路高谷段发掘东汉墓葬 1 座，出土陶鸡、陶狗、陶猪、陶匝各 1 件，东汉永元十七年（105）纪年砖 10 块，东汉延平元年（106）纪年砖 21 块。

2003 年，在渝怀铁路长滩 C5 合同段，肖家湾汉代石室墓中出土四耳罐、黑陶罐、陶猪各 1 件，五铢币 5 枚。

2004 年，由黔江区文物管理所颜道渠领队，在万足库区（原万足场）上下约 500 米处发掘明清遗址黄家堡，汉代遗址鸭母池，分别出土部分陶瓷残片及网坠等物；由四川大学教授李永福领队在周家寨发掘汉代墓葬 1 处，出土陶物、陶匝及陶器残片等物。由湖北长阳博物馆龚玉龙为领队，在庞滩寻找庞宏墓及墓阙未果。

2005 年，“文庙遗址”新发现的古石碑刻一通和彭水电站库区内抢救发掘出土的文物数十件收归馆藏。是年，上塘口新发现商代遗址新石器和旧石器遗址，出土文物 10 余件。

二、保护

1987 年 4 月，首次对全县文物进行普查。参加文物普查 348 人次，普查文物点 2309 处，征集流散文物 249 件，完成上图上表 636 处。

1989 年 9 月，县文物管理所将太原乡 11 件出土文物东汉青铜器，收归国有馆藏。

1992 年 3 月，县文物管理所落实对开元寺及怀龙亭等文物保护单位的合法产权。1997 年 4 月，四川省文化厅拨文物专款 10 万元，用于原来规划上报经批复的修建彭水文物管理所综合馆舍楼。

2000 年开始，对馆藏文物进行建档，并进行重新鉴定，明确文物等级。2000 年 5 月 23 日，重庆市文物专家一行抵达彭水，考察彭水文物管理所及“绿阴轩”等文物保护单位，对馆藏文物进行等级鉴定。2001 年，县人民政府决定因修乌江彭水电站将淹没的万足古场文物古迹，由万足老场迁往万足村茶树坪，修复重建。承建单位湖北省大冶殷福园林古建公司。复建和修复的文物古迹有建于清代的成天宫、万寿宫、老铺子（亦名肖源顺）、肖家宗祠等。

至 2005 年，完成一、二、三批地面文物单位勘探保护工作，有县级地面文物保护单位 54 处。

彭水自治县第一批县级重点文物保护单位一览表（1983 年 3 月公布）

表 26-7

类别	名称	年代	地址	备注
革命遗址及革命纪念建筑物	红三军司令部旧址	1934 年 5 月	县城原天主堂	贺龙、关向应、夏曦故居
	红军渡口	1935 年 5 月	南渡沱	包括渡口石刻
古建筑及历史纪念建筑物	云顶寺遗址	明—清	摩围山顶	包括摩围洞
	开元寺和丹泉	唐—宋	郁山镇	—
	文峰双塔	清—民国	太原公社碾房大队	包括藏书楼
古遗址	绍庆府遗址	南宋—元	城郊白云大队	城墙、城门遗迹
古石刻及其他	绿阴轩	宋	县委院内	摩崖石刻、古树、轩址
	龙门峡古寨	宋	鹿角公社	石刻、风景树
	太原墓葬石刻艺术及碑刻	民国	太原公社碾房大队	冉匡九墓
古墓葬	柜子崖	宋	郁江麻柳滩	古蜑人悬棺葬
	黄庭坚衣冠冢	宋	三连公社中井大队	黄庭坚衣冠冢

彭水自治县第二批县级重点文物保护单位一览表（1988 年 1 月公布）

表 26-8

类别	名称	年代	地址	备注
古遗址	鸡冠城	南宋	走马乡西门村	系南宋末年绍庆军民抗元战争遗址
	古窑群	宋—明代	砂石乡罗家坪村	共 17 处，颇有研究价值
	郁山镇旧址	元代	朱砂乡联丰村	残存房基数处，碑 1 通，盐井 2 口
	采芹城	明代	长滩乡采芹村	明初县苗民起义在此遭镇压，明末总兵邓甲据此抗清
	寨堡	清代	棣棠乡园田村	为防匪而建
古墓葬	庞宏墓遗址	三国	鹿角乡乌江村	庞宏系蜀汉涪陵太守
	李承乾墓遗址	唐代	三连乡白池村	李承乾是唐太宗长子，曾封垣山王
	龙洋悬棺	宋代	龙洋乡大田磅村	宋代少数民族墓葬
古建筑	老桥	元代	羊头铺乡	县境最古老的石拱桥
	万寿宫正殿	清代	靛水乡靛水村	大革命时期，中共彭水第二届特支书记彭济民在此创办新学，进行革命活动
	善堂	清代	靛水乡靛水村	建筑颇具特色
	双龙场庙	清代	棣棠乡瓦屋村	庙内尚供 27 樽木雕菩萨
石刻	鸡鸣井碑刻	明代	三连乡麻坝村	碑 2 通，记述时人集资维修鸡鸣井古道之事
	示喻碑	明代	善感乡农纲村	研究明代婚姻政策的珍贵实物
近现代史迹	贺龙德政碑	1924 年	郁山镇	1924 年立碑已毁，1983 年复立，外有怀龙亭护之
	彭济民墓	1929 年	靛水乡张家坝村	彭济明曾任中共彭水第二届特支书记，1928 年被害，葬于此
	刘伯容墓	1930 年	砂石乡	刘伯容曾任中共彭水县委书记，1932 年遇害，葬于此
其他文物	马峰岍题记	明代	新田乡峰岍村	题记为墨书楷体七言绝句，尚完好
	田时杰墓	1870 年	善感乡罗兴村	雕刻精美
	郁美珍墓	1894 年	下塘乡河口村	形制宏大，雕刻精美
	刘福信墓	1901 年	大厂乡洋藿槽村	形制宏大，雕刻精美
	田时风墓	1923 年	新化乡光明村	形制宏大，雕刻精美

彭水自治县第三批县级重点文物保护单位一览表（1999 年 10 月公布）

表 26-9

类别	名称	年代	地址	备注
古建筑	潭水桥	—	桑柘乡潭水村 5 组花桥	—
	会仙桥	—	诸佛乡复兴村 2 组亭子口	—
	羊头铺老桥	—	羊头铺乡政府北 150 米，郁江左岸	又名兰桂桥
	福兴桥	—	桐楼乡政府东 500 米	—
	三潮水民居	元代	新田乡水塘村 1 组三潮水	正房 5 间
	王世坤大院	—	大河坝乡锡滩村 9 组锡滩坝	—
	王氏大院	—	砂石乡罗坪村 1 组猴狸垭	—
	保家万寿宫	—	大河乡保卫村 2 组，距离乡政府 30 米	—
	莲花寺	—	龙洋乡莲花村 2 组大石板	—

续表 26-9

类别	名称	年代	地址	备注
古石刻	长滩水纹石刻	刻于道光十年（1830）	长滩乡麻柳村 1 组郁江右岸陷山沱	—
	梯子岩摩崖石刻	—	龙溪乡如榔村	—
	马家沟修路碑	—	文武乡桂花村 6 组马家沟	—
	四楞碑	—	棣棠乡瓦屋村 5 组西 200 米金顶寺	—
	太平坳界碑	—	朱砂乡太平村 4 组太平坳	—
古文化遗址	万足古文化遗址	—	万足乡政府北 200 米	—
古墓葬	长滩花坟张大龙墓	碑文记载“道光四年”	长滩乡杨芦村 7 组河坝	—
	向洪瑞墓	—	芦塘乡菜家村 3 组肥园子	—
	茄子堡群墓	—	凤鸣乡桂花村 2 组茄子堡	—

附：民间文物收藏人

童钱进，男，苗族，彭水中学教师，重庆市文物馆收藏协会会员，香港国际中华收藏协会顾问会员，彭水自治县集邮协会理事长。1965 年开始收藏文物，先后收藏汉、唐、元、明、清及民国时期瓷器品 50 余件，陶瓷残片 3000 余件（枚），民国及中华人民共和国成立后早期票证和像章 2000 余张（枚）。所藏 1912 年双面纸币印版被 1997 年《彭水县志》收录。

陈胜利，男，汉族。1997 年 5 月，获《中国当代集藏家集藏文物辞典》编委会编发的收藏家证书，编号 0123 号。次年 5 月，任《二十世纪收藏家大全》编委会委员，并获证书。收藏汉、唐陶器和明清瓷器 100 件，所藏唐代“长孙无忌墓志碑”两块，于 2001 年 12 月 25 日依法移交县文物管理所保存，获奖 3000 元。

高仲，男，苗族，县文化馆职员。收藏牌匾、书籍、字画、“文化大革命”刊物等。

三、馆藏文物

1988 年，文物藏品 157 件。1990 年，对馆藏文物进行初步清理建档。1994 年，馆藏文物近 1000 件。历史文物 500 余件，其中有一级文物、三级文物，以战国、汉代青铜器为主，存有银器、铜器、铁器、陶器、瓷器、玉器、古钱币、古生物化石等。民俗民族文物 300 余件，以苗族刺绣、挑花、交通器械、婚丧嫁娶等器物为主。革命历史文物 100 余件，以贺龙在旧民主主义革命和土地革命时期在彭水斗争生活为主，如“德媲宗韩”匾、红三军政治部告示、红军留言条等。自 2000 年开始，县文物管理所对馆藏文物建档，并重新鉴定，明确文物等级。至 2005 年，馆藏文物 1038 余件，其中国家一级文物 1 套 2 件、二级文物 3 件、三级文物 26 件、其他未定级文物 1007 件。

2005 年馆藏国家一、二、三级文物情况表

表 26-10

名称	级别	类别	质地	年代	质量（千克）	完残程度	来源	入藏时间（年）	件数
虎钮錞于	二级	铜器	单一	战国	7.09	上下残缺	—	1992	—
宜侯王双鱼洗	二级	铜器	单一	汉	4.71	完整	挖掘	1991	—
洗	三级	铜器	单一	汉	1.42	完整	挖掘	1991	—
洗	三级	铜器	单一	汉	1.65	完整	挖掘	1989	—
洗	三级	铜器	单一	汉	1.91	底部内壁有沙眼	挖掘	1991	—

续表 26-10

名称	级别	类别	质地	年代	质量（千克）	完残程度	来源	入藏时间（年）	件数
洗	三级	铜器	单一	汉	3.84	完整	挖掘	1991	—
釜	三级	铜器	单一	东汉	7.99	完整	挖掘	1991	—
双鱼纹洗	三级	铜器	单一	东汉	6.27	腹部有小洞	挖掘	1991	—
洗	三级	铜器	单一	东汉	4.08	腹部底部有洞	挖掘	1991	—
釜	三级	铜器	单一	东汉	7.12	完整	挖掘	1991	—
釜	三级	铜器	单一	汉	6.99	完整	挖掘	1991	—
釜	三级	铜器	单一	东汉	7.86	完整	挖掘	1991	—
釜	三级	铜器	单一	东汉	7.07	完整	挖掘	1991	—
蒜头瓶	三级	铜器	单一	西汉	2.12	下腹有大洞	挖掘	1991	—
甬钟	三级	铜器	单一	西汉	4.4	完整	挖掘	1991	2
青花人物盘	三级	瓷器	单一	东汉	0.54	完整	—	1991	—
青花碗	三级	瓷器	单一	清代	0.17	完整	—	1989	—
青花缠枝碗	三级	瓷器	单一	明代	0.1	完整	挖掘	1991	—
青花缠枝碗	三级	瓷器	单一	明代	0.08	完整	—	1991	—
青花缠枝碗	三级	瓷器	单一	明代	0.16	完整	挖掘	1991	—
小开片（碎瓷花瓶）	三级	瓷器	单一	清代	8.6	完整	—	1991	—
蝇纹陶罐	三级	土陶	单一	汉	3.09	口沿缺口，罐身剥落严重	挖掘	1991	—
“大利死不至长生可”汉砖	三级	土陶	单一	汉	16.43	上部两侧有缺口	挖掘	1991	—
“巨千茂”文字砖	三级	土陶	单一	汉	12.8	完整	挖掘	1991	—
动物纹画像砖	三级	土陶	单一	汉	14.45	完整	挖掘	1991	—
“日千”文字砖	三级	土陶	单一	汉	16.91	完整	挖掘	1989	—
“富贵昌宜侯王”文字砖	三级	土陶	单一	汉	12.41	完整	挖掘	1991	—
“唐长生无忌”墓志碑	一级	石质	单一	唐	1774.44	完整	挖掘	2001	—
“唐长生无忌”墓志碑	一级	石质	单一	唐	179.55	完整	挖掘	2001	—
青花人物执壶	三级	瓷器	单一	明代	0.39	盖残一洞	—	1991	—

第二节 非物质文化遗产

1986—2005 年，被列入非物质文化遗产名录并加以保护的 42 项：（1）民间文学 2 项，即《吴幺姑》《蔡龙王的传说》；（2）民间音乐 13 项，属民歌的 8 项，即《鞍子苗歌》《娇阿依》《诸佛盘歌》《梅子山歌》《太原民歌》《乌江号子》《彭水打闹》《彭水耍锣鼓》，属乐器的 5 项，即《三义吹打》《彭水唢呐》《任家班吹打》《嗡》《红门村么二三鼓》；（3）民间舞蹈 7 项，即《高台狮舞》《普子铁炮火龙》《高谷踩旱船》《土家摆手舞》《踩花山》《庙池甩手揖》《跳花》；（4）传统戏剧 2 项，即《木腊庄傩戏》《朱砂三人花灯》；（5）民间美术 2 项，即《彭水吊脚楼工艺》《撮箕口房屋工艺》；（6）传统手工技艺 9 项，即《都卷子》《灰豆腐》《彭水荞面豆花》《郁山擀酥饼》《郁山鸡豆花》《晶丝苕粉》《郁山刺绣》《竹板桥造纸》《文清土香》；（7）传统医药 1 项，即《蛇毒疗法》；（8）民俗 6 项，即《彭水道场》《棣棠杠神》《哭嫁歌》《润溪道场》《郁山孝歌》《诸佛三四五钹》。

1987年9月，县文化馆完成《彭水民间故事》《彭水民间音乐》《彭水民间谚语》《彭水民间歌谣》四大民间集成国家重点艺术科研项目工作。

一、竹板桥造纸

始于清康熙年间（1662—1722），刘氏澧溪脉派的刘国伦从江西合家迁居长溪河左岸的欧家涧，采伐河竹，运用家传造纸术生产土纸。以后，为了便于取竹造纸，又用自己肥田沃土与隔河相望的欧姓换地而居。从此，刘姓就在竹板桥发展壮大造纸业。至今已流传了11代，约300年。经历4次变迁，2次改进。造纸作坊由欧家涧搬到长溪河边，再移至右岸半坡，最后定居台地上。工艺经历制料和舀纸成型2次改进。历史上为小规模生产，2005年年底，竹板桥自然村有18户、80人，其中刘姓15家，家家都有纸作坊，人人都会生产土纸。竹板桥造纸保留蔡伦造纸术，每一道工序仍保持原始手工做法。20世纪50年代，大胆引进生石灰浸竹工艺，取缔落后的蒸煮制料办法，用碾压法取代碓捣法。20世纪70年代，刘开胜创研舀纸工艺，改每次成型1张为每次2张，提高功效1倍。同时，改变原始型张，从每张30厘米×50厘米改为每张25厘米×55厘米的规格，提高产品的经济价值。竹板桥造纸有72道工序，是中国古老文化的见证，具有“活化石”意义，纯天然而无公害，被重庆市人民政府列为非物质文化遗产名录，实行市级保护。

二、诸佛盘歌

诸佛盘歌始于唐宋，盛于明清，新中国成立后，注入诸佛儿女建设美好家园的时代元素，获得创新和发展。其特点是以徒歌为表达形式；内容以当地生产生活为主，也有盘问历史起源、演绎历史故事及自然现象等；演唱时不受人数、年龄、性别、地方的限制。主要曲目有《石头背上长青苔》《刺芭林里谈家常》《白脸小郎哥》《打渔郎》《新织米兜焦咪黄》《屙尿出来曲屌黑》《扬州起火》《牛郎织女》等，在文化和民歌比较研究中，具有不可取样与存史的标本作用。广泛深入当地社会生活，成为各族人民表达思想感情的载体，对社会主义先进文化建设起着积极的促进作用。因其音型独特，曲调优美，也是弘扬传统文化、民族音乐创新和创作的极好基础素材。县委和县人民政府十分重视诸佛盘歌的发掘与保护作用，继诸佛盘歌在“彭水首届娇阿依民族文化艺术团”走出深山，引起外界广泛注目后，又参加“重庆三峡国际旅游节展演”及“青歌赛”选拔，均获良好成绩。诸佛盘歌保护其优秀内容与形式，以及重要的传承人。保护措施：（1）全面收集各种资料，建立名录档案；（2）收集整理出版《诸佛盘歌》；（3）选择优秀鞍子苗歌10首，编入《彭水中小学生优秀民歌选唱》，开设中小学民歌班。

三、彭水耍锣鼓

耍锣鼓由盆鼓、马锣子、大锣、大钹4件打击乐器组成，由4人或3人演奏。是从苗族巫教端公戏伴奏锣鼓剥离产生的，又在交相浸染渗透渝、川、黔、湘、鄂边区文化媾融内发育成长，具有6个特征：（1）因其源是苗族巫教耍锣鼓，在形态上显示出与周边其他地区不同，隐含着稳固的民族心理与民族基因，决定其具有浓郁的民族性和鲜明的传承性；（2）曾吸取融汇川剧锣鼓和湘西打溜子艺术技巧，显示其广泛的涵容性和坚固的自持性；（3）耍锣鼓基因是苗族巫教，但又融入川剧锣鼓和湘西打溜子的染色，因之具有多元性和混合驳杂性；（4）耍锣鼓既固守自己的遗传特征，又附带着姊妹艺术的修饰，使其奇姿异色，与众不同，在艺术形态学上保持独特性；（5）随苗族需要而产生发展，又以民俗为依归服务于民俗，使其具有民俗的依存性；（6）彭水耍锣鼓在民俗中运用广泛，是群众最喜欢的打击乐器。1996年，彭水自治县举办吹打乐竞赛，包括耍锣鼓小型选拔赛，参加黔江地区首届

四副耍锣鼓敲打

比赛，把耍锣鼓保护列入议事日程，任命一批耍锣鼓乐师，提倡红白喜庆使用包括耍锣鼓在内的吹打乐，以利传承。拟申报为市级非物质文化遗产代表作列入名录。

四、娇阿依

娇阿依系鞍子乡的优秀苗歌，远古开始萌生，春秋战国时期开始形成，宋代以来进一步发展。内容丰富，主要是情歌、劳动歌、时政歌、生活歌、杂歌等。演唱形式灵活，有合唱、一领众唱（打音）、多领众唱、齐唱等。歌词结构有五言、七言、十言句和长短句。主要有高腔、平腔、混腔三大类，不仅适用于山间田野，也适用于庭院楼房。其特点是紧贴鞍子苗民生产生活习俗创作，是多民族、多地域文化浸溶渗透的产物，在音调结构、旋律节拍节奏、音域音型、单阶调式等方面形成一系列的特色。具有以古老的窄声韵三声腔为核心歌腔，核心音调结构变形延长及交替调式的广泛运用，宽音域高腔系列的大跳进上升下跌旋线，乐句拖腔尾音及乐曲结音的下滑，非功能性均分律动型节拍节奏等音乐特征。在文化比较及民歌对比研究中，具有不可或缺的取样和存史的标本价值。鞍子苗歌于1954年组队参加四川省民歌大赛，《娇阿依》获奖，并辑入《四川民歌集》。1957年再次组队参加四川省民歌大赛亦获奖。1984年11月10日，参加彭水自治县成立庆典文艺会演，获得与会中央领导、专家及各新闻媒体的高度评价。以后多次在各种级别的民歌大赛中获奖，引起音乐界的重视。国内音乐家多次前来采风创作，不少以鞍子苗歌为素材的音乐作品在国家、市、地级演出中获奖。1995年和2000年，鞍子乡分别被黔江地区行署和重庆市人民政府命名为“民族民歌之乡”。

第四章　新闻出版

第一节　报　刊

一、《彭水报》

《彭水报》沿于1982年由中共彭水县委宣传部主办的《彭水宣传》，版面八开四版季刊。1988年3月，《彭水宣传》更名为《彭水通讯》，四开四版月刊，由县委宣传部主办，期发量7000份。到1990年年底，《彭水通讯》出版24期，收稿2247件，用稿867件，年发量1618份。1991年1月，改为四开四版半月刊，至1992年5月，共出版9期。

1992年6月，县委宣传部报经黔江地委宣传部批准，改《彭水通讯》为《彭水报》（试刊），由县委主办，作为县委机关报，四开四版，不定期公开出版，发行6期、印发稿件720份，后因办报经费困难，于12月11日停刊。1993年1月30日，根据中共彭水自治县委九届一次全委会决定，正式恢复《彭水报》，同样作为县委机关报，由县委宣传部代管，并经四川省新闻出版署批准，将原不定期出版改为周刊，县内定期公开发行。组建《彭水报》编辑部，设总编辑1人、工作人员4人，县委常委、宣传部部长汪家生兼任总编辑。全年出版47期，用稿3800份，为全县发展烤烟、畜牧、林业、卷烟骨干商品基地建设登载文章200篇。

1994年，为庆祝彭水自治县成立10周年，《彭水报》改为彩色报面，八开二版，周刊，汪家生任主编。是年，《彭水报》借县庆10周年和首届“乌江潮经贸会”之机，组成专题报道组，编辑出版县庆彩色特刊1期、专报17期，多层次、多角度宣传彭水自治县成立10年来政治、经济、社会发展成就。刊登《社会主义市场经济基本知识100题解》有奖竞赛活动。全年出版98期，发行量5400份，重点介绍彭水重大工程项目、重点产业、主要产品以及彭水投资环境、引进外资入彭等内容。

1995年，《彭水报》恢复为四开四版，周刊。主要对国道公路319线彭武段和彭黔路改造，乌江商业城、河堡立交桥重点工程一系列报道，对烤烟、蚕桑骨干商品基地建设深度宣传，重点系列报道《舍己救人模范校长孙维亮》先进事迹。全年出刊52期，期发量7300份。1996年，开辟“乌江明珠——彭水”专题栏目，在“八五”期间开展彭水科技成果展和“百城万店无假货”报道，重点登载黄家坝区龙塘乡黄金村造林大户党支部书记钱书远将520公顷森林捐给国家的先进事迹。全年出刊64期，发行8700份。1997年，围绕重庆直辖、香港回归、党的十五大召开等大事件，开展一系列形势教育宣传活动。深层次、开创性地跟踪报道国有企业的改制、改造情况。典型宣传推出“模范党支部书记”钱书远和个体私营企业田景玉、优秀教师冉启容、优秀基层领导干部廖秀敏等典型人物。全年出刊64期，发行10962份。

1998年，县委决定调整《彭水报》版面，由周一刊改为周二刊，增设月末版（八版）节日版，提高报纸质量、容量、可读性，增加发行量。《彭水报》连续刊登党的“十五大精神”百题解答，刊登理论文章45篇，其中县级领导干部论文25篇、部局干部20篇，有6篇论文被市、区宣传报刊登载。新开辟《彭水新闻》《法制园地》栏目，将机关干部工作作风、城市建设、县城卫生、精神文明建设、公款吃喝编成内刊，进行剖析，并送给县委、县人民政府领导阅读，为领导提供决策性材料。在全县开展“内聚活力，外树形象”大讨论活动中，刊登理论文章67篇。全年印发稿件2631件，期发量11171份，发送县级机关、人民团体、乡（镇）村组、企事业单位、个体工商户和干部群众订阅。发行入组普及率100%。1999年，围绕新中国成立50周年大庆，刊载理论文章37篇，全面揭露北约集团导弹袭击中国驻南斯拉夫大使馆本来面目。设澳门回归祖国专版。开展“我为党旗增辉”活动，登载揭露邪教“法轮功”非法组织的险恶本质的文章，起了引导作用。全年采编刊发2631件。

2000年,《彭水报》改周一周四版为周三周六版，新出刊“两江周末”“理论园地”，重点宣传“西部大开发，重庆大发展，彭水怎么办”的文章。是年，实行特约通讯员制度，选聘24名新闻特约通讯员。开辟舆论监督栏目，出刊《彭水报》内刊5期，刊出稿件200篇。出刊《彭水宣传》33期，刊载各级领导干部理论文章50篇。全年来稿1万件，登载3600件。陈胜勇撰写《彭水3条经济带，带动农村经济大发展》被《重庆日报》刊载，获市级新闻二等奖。

2001年,《彭水报》加大发行量，改为四开四版周二刊，全年出版108期，发行量为1.42万份。2002年，围绕党的十六大精神、市第二次党代会、县十一次党代会精神，大力宣传各地各部门在“三个代表”重要思想学习教育活动中的典型经验和做法。刊发“三个代表”重要思想理论文章402篇。2001年和2002年,《彭水报》在重庆市新闻出版局举办全市新闻媒体质量评选活动中，连续2年被评为优秀。

2003年，开设专版同步报道县第十一次党代会、县第十四届一次人代会和县政协七届一次会议精神，登载理论文章16篇、新闻报道420篇。同时开辟专栏宣传“非典”（非典型性肺炎—SARS）防治。全年发稿件2526件，向市级以上新闻媒体送稿280件，发表180件，中央级13件。王俊撰写《独居深谷三十载》被《中国电力报》转载，获《中国电力报》好新闻二等奖。12月17日，县委贯彻中共重庆市委《关于重庆市报刊治理方案的批复》精神，报经重庆市新闻出版局核准，停办《彭水报》。自创刊始，出刊928期、刊发稿件32.4万件。

二、《今日彭水》

2003年,《彭水报》停办后，即创办县委机关刊物《今日彭水》，仍履行《彭水报》职能，原《彭水报》编辑部作为《今日彭水》的临时编辑部，设在县委宣传部，印刷厂设在滨江路劳动局院内，初为旬刊，16开20页，彩色封面。2004年7月17日，第十一届县委常委第30次会议，同意《今日彭水》编辑部为县宣传部下属全额拨款事业单位，9月7日，彭水编制委员会批准正式成立《今日彭水》编辑部，事业编制3名，设社长1名、总编辑1名，所需经费纳入财政预算。

2004年，是彭水自治县成立20周年和彭水解放55周年双庆日，以“奔向辉煌”为主题，全面报道彭水自治县成立以来政治、经济、文化、工业、农业、能源、交通、旅游、社会发展成果，出特刊5000份。开设全社会关爱未成年儿童思想道德教育专栏。全年出刊36期，刊发稿件1950件，发行5000份，向市级单位报稿300件，用稿200件。

2005年2月,《今日彭水》改为16开32页周刊，按内部刊赠送到县级各部门、各乡镇、企事业、学校、街道、社区、村、组。主要开设“上情下达”“文件稿登选录”“各地动态”“社会广角”“他山之石”“遵纪守法”“关爱生命”“科普园地”“信访条例”“学习专栏”等栏目。在开展保持共产党员先进性教育活动中开辟“时代先锋”宣传栏目。邓国琼撰写《彭水打工者致富为家乡》载于中央《农民日报》，实现当年彭水稿件新闻在国家级媒体见报零的突破。全年出刊42期，刊发稿件2000件，报送内参3篇。

三、《武陵都市报》彭水记者站

2004年9月，《武陵都市报》彭水记者站正式成立。《武陵都市报》为“党报职能，晚报风格，武陵特色，市场动作”，立足于渝东南、面向大重庆、辐射武陵山区的都市报纸。站址设于汉葭镇沙沱街彭水邮政支局二楼，设站长1人、记者3人，历任站长温江华，先后在站记者有谢建秋、李洪波、安仕君、刘建新、崔建彬。

县委宣传部将《武陵都市报》彭水记者站作为彭水内外宣传重要平台。2005年，开展“破解三农问题”“和谐奋进看彭水”“彭水整村推进扶贫”“打造平安彭水，构建和谐彭水”系列报道及“彭水未来主城发电机”“十一届五次全委会”“小厂地方性氟病防治”专题报道和“时代先锋”大型宣传活动等，先后有《小老百姓常务会上议大事》《为抗灾他两次与死神擦肩而过》《“当代铁人”创造大山神话》等20余篇新闻分别获中国地市报、重庆市第九届和第十届新闻奖及其他奖项。全年刊发彭水稿件1600篇（幅），报送内参5篇。

第二节　图　书

一、设施建设

1981年2月，彭水自治县图书馆从县文化馆分离出来，单独设馆。1986年，馆址在汉葭镇绸缎街101号，是危旧房，馆舍面积318平方米，书库、办公室兼用41平方米，成人阅览室85平方米，儿童阅览室61平方米，职工宿舍131平方米。

1989年10月，县图书馆兴建的七楼一底综合大楼对外开放。馆舍总面积1876平方米。其中，办公室136平方米，综合借书处110平方米（包括藏书），期刊借书处120平方米（包括藏书），儿童阅览室230平方米，其他用房690平方米，职工宿舍590平方米。

1997年，办公用品有书架60余个、办公桌5张、阅览桌8张、课桌67张、小方凳50个、借阅台2个、目录柜5个、工作台2个、小柜6个、电扇8个、打号机1个、油印机1个。

二、馆藏图书

1997年，共藏图书31871册。其中：宣传部移交各类图书8657册、综合图书7168册、小说5013册、报纸574册、杂志2621册、儿童图书5070册、古籍图书278册、赠送图书4500余册。

1998年，原有图书大多破损不堪，不能继续借阅，县图书馆全体职工全年捐资5300余元，新订各种报刊135种，收集地方文献资料6种11册，增加藏书1079册，新办借书证100个。

三、阅览活动

1986年至1988年间，每年“六一”国际儿童节、国庆节、春节举行游艺活动、智力竞赛。

1992年，联合县委党校、彭水中学、县师范学校、县防疫站、县情报所、县民族中学、汉葭镇中学、县文化馆共8个单位联展，展出图书559册、各种报纸10余种、期刊526种、连环画399册、地方文献20余种、工具书45册、目录5000余张，接待读者5000余人，散发科技资料2720份。

1997年，县图书馆成为涪陵图书馆学会第6会员小组，会员15人，分别来自县科委、县科协、县中学、县教委、县防疫站、县进修校、县师范、高谷中学、郁山中学及县图书馆。成立图书室，派专人与文化站建立图书业务方面的协作。

1986—1991 年彭水自治县部分年度图书借阅情况一览表

表 26-11

年份	内览		外借		查阅	
	人次	册次	人次	册次	人次	册次
1986	80825	53252	8832	12569	753	779
1990	9311	29634	11594	13422	—	—
1991	7172	37923	9654	17540	—	—

四、图书发行

1986 年，全县图书发行网店有县新华书店专业门市部 1 个，兼营门市部 8 个，文化站 2 个（双龙、善感），各区供销分社 21 个（凤鸣、朗溪、同河、太原、善感、鞍子、润溪、小厂、梅子垭、靛水、下岩西、棣棠、清平、长滩、羊头铺、新田、万足、龙射、鹿鸣、平安、连湖）。销售一般图书 886726 册，金额 427988 元；课本 1073244 册，金额 389559 元；销售总额 817547 元。人均购书 1.51 元，户均购书 6.12 元。

1987 年，新建新华书店综合楼竣工，钢筋混凝土结构，六楼一底，实际建筑面积 1374 平方米。是将原桶子街营业、办公用房动工拆除兴建而成。底楼为营业厅，二楼为办公室、会议室，三楼以上是职工宿舍。1988 年 2 月 12 日，县文化局对新华书店推行承包经营，通过招标及答辩竞争，聘任经理。1999 年 12 月，新华书店由事业单位转为企业。2004 年 2 月，重庆市人民政府批准对重庆新华书店集团实行国有资产授权经营，市政府将重庆新华书店（集团）有限责任公司和全市 39 个区县（自治县）新华书店的国有资产授予重庆新华书店集团公司经营管理。2005 年 8 月，重庆市彭水自治县新华书店更名重庆新华书店集团公司彭水新华书店。2005 年，全县图书发行网点有新华书店专业门市部 1 个，私营门市部 11 个。重庆新华书店集团公司彭水新华书店销售总额 1530 万元，实现利润 145 万元。

县内普通中小学各年级学生课本和教师教材，统由县新华书店发行。学期中，县新华书店即向各中小学发送征订通知，各校根据学生人数和教材需用数，分品种、数量，统一到新华书店交款订书。县新华书店汇总后，向有关出版社订购。开学前各校到新华书店领取，开学时发给学生，若有剩余，在一周内到新华书店退书。教学辅导资料，或由新华书店订购并向学校征订发行，或由个人向学校推销。其他实行市场化发行，除新华书店发行外，民营、集体、个体书店同时参与，各店自组货源，自主销售。图书种类有理、工、医、农等科技类书籍，小说、诗歌、散文等文学类书籍，历史哲学类书籍，少儿读物、工具书及年画等。

第五章 广播影视

第一节 机 构

1956年3月，县人民政府在县文化馆内成立彭水县人民广播站，隶属县人民政府，人员编制3人。先后迁驻县人武部、邮电局、县人民政府大门口楼上、彭水报报社、县委大院，直至1973年1月才在县文化馆后面的院子里基本固定下来。1967年2月至1969年12月，广播站为军事管制时期。其间，1968年11月18日，县革命委员会成立后，改称为彭水县革命委员会广播站，主要转播中央和省台节目。自办节目主要选读报刊资料。人员编制9人，站长1人、职工8人。1973年2月，为适应形势发展的需要，恢复彭水县人民广播站，内设办公室、宣传组、事业组，人员编制17人，站长兼支部书记1人、职工16人。1976年12月，彭水县革命委员会批准成立彭水县广播事业管理局，与彭水县人民广播站合并，实行"局站合一"管理体制，一套班子、两块牌子，行政上行使局的职权，负责全县广播事业的管理和建设。1981年5月底取消合并。6月，将原彭水县广播事业管理局更名彭水县广播事业局，改办公室为秘书股、宣传组为宣传股、事业组为事业股，增设广播电视修理服务部。人员编制20人，正副局长各1人、职工18人。随着机构改革，1983年11月更名彭水县广播电视管理站，隶属县委宣传部领导。将广播电视修理服务部改为广播电视服务公司。1984年3月，更名为彭水县广播电视局，属事业单位。将广播电视服务公司更名广播电视服务部。1984年11月，彭水自治县成立，即改彭水县广播电视局为彭水自治县广播电视局（简称县广播电视局），增设音像管理股。人员编制26人，正副局长各1人、职工24人。

1986年，增设保卫股，改广播电视服务部为广播电视服务公司。1988年2月，改秘书股为办公室。同时，为巩固提高发展农村广播，加强城乡电视差转台、地面卫星接收站建设，组建新科技开发服务部。1987年7月，更名为新科技服务公司，同时县人民政府批准县广播电视局筹建有线闭路电视。

1993年1月，增设计财股。1995年2月，县有线闭路电视台筹建初具规模。1996年1月，将办公室更名秘书股。8月，将秘书股与计财股合并为秘书股、有线电视台（筹）与宣传股合并为广播电视宣传中心，保留事业股、音像管理股、广播电视服务公司、保卫股。8月16日，县人民政府出台《关于建立彭水苗族土家族自治县有线电视台》文件，批准建立彭水有线电视台，撤销广播电视宣传中心。12月28日，重庆市广播电视局根据中央要求地方建台的文件精神，并受四川省广播厅委托对彭水进行考核，基本具备建台条件，同意正式成立彭水自治县有线电视台，隶属县广播电视局。

1997年，撤销保卫股组建广播电视稽查队，新建电视收费室。

1998年2月4日，县人民政府将原彭水人民广播站与有线电视台合并，设立彭水自治县有线电视台，与县广播电视局实行"局台合一"的管理体制，一套班子、两块牌子，对外仍保留广播电视局牌子。有线电视台设新闻专题部、编辑部、制作部、播音部、技术部。

2001年4月，撤销广播电视服务公司，建立彭水自治县广播电视网络传输公司。同月，重庆广播电视集团（总台）整合全市有线电视网络传输公司，成立重庆广播信息网络传输有限公司彭水分公司，隶属县广播电视局。

2005年8月，行政机构改革时，撤销彭水自治县有线电视台，成立彭水自治县广播电视台，隶属县委宣传部，为县局级财政拨款事业单位。人员编制26人，何光清任台长，庄可夫、王茂良任副台长。内设综合科、总编室、技术维护科、制作播出科、网络管理科。同时，撤销音像股和广播电视稽查队。将广播电视局行政管理职能转到新成立的彭水自治县文化、广播、新闻出版局（简称县文广新局），依法执行行政管理。

第二节 广 播

一、调频台建设

1986年，县广播电视局规划实施调频传输，在雷公盖修建设备用房2间，建成高25米宝塔式发射塔，发射天线高26米双屋式十字架，功率为100瓦，使用频率187兆赫，覆盖汉葭、保家、普子、高谷4个区38个乡，8月14日试播成功。1987年8月19日，在县广播局院内设调频转播台1座，调频率配置98兆赫，覆盖人口35%。同时，县广播局通知各乡广播电视站和机关、学校、厂矿广播室，要求收转中央、市和县调频广播节目，包括调频收音机的收听。1989年，20个乡安装调频接收机，收转县广播站联播节目。1992年，安装调频发射机2个，调频传输机38个，覆盖人口90%。1998年，安装调频喇叭2500只。

二、县城广播

1986年，县城主街道沿用使用多年4只高音喇叭，对县城市民早、中、晚播音，全天播出时间300分钟，影响市民的休息，市民比较反感。1989年，县广播站自筹资金1.5万元购置前端广播设备，架设在县委、县人民政府、县人大、县政协四大家大院，以及主城区广播线路，安装35只低音喇叭，基本保证播音效果和市民休息。1996年，新安装20只防雨调频压电自动开关喇叭，收听广播。1997年，无绳广播试点取得成功。

三、农村广播

农村广播以县、乡站为基础，建立专杆专线，利用高清、舌簧、低音、调频接收传播广播信号。

1986年3月，县委、县人民政府召开彭水解放以来首次农村广播工作会，以整顿、巩固提高农村广播事业，提出建标准化线路、标准化乡站，突击入村率、入组率、入户率三率工程，恢复农村广播事业建设。年底，全县63个乡建有53个广播站（其中18个乡用柴油机发电广播），安装水泥杆1508根，标准化线路3612杆千米，3个乡站实现标准化。入村339个，入村率64%；入组2624个，入组率25%；安装喇叭3069只，入户率29.4%。

1987年，电视兴起、广播队伍不稳定，17%乡不能正常播音，17%线路被毁。1988年8月，县委、县人民政府实施乡站体制改革，全县63个乡均建站，通过民主提名、文化考试、政治评审、现场答辩等方式，招收64名乡镇站站长，聘（留）25名原广播员。明确乡广播站是国家在乡新建的职能事业宣传机构，又是广播电视管理机构，受县广电局和乡政府双重领导，工资由县财政拨款、农村统筹、自主创收3部分组成。是年，群众投资投劳安装水泥电杆200根，入乡率87.5%，入组率26.6%，建立9个乡标准播音室。1989年，安装水泥电杆600杆千米，广播入村率53.2%，入组率38.2%，入户率24.5%，建立3个标准化乡站、2个村广播室，20个乡使用调频接收机收转县广播站节目。

1990 年，部分区乡建立电视转播台、有线电视闭路台。县广电局在 8 个区设立广播工作联络员，推行乡站自办节目。是年，安装水泥杆 5200 根，改进线路 1800 杆千米，用铁线 50 吨，装修乡站标准化播音室 10 个，建立地面接收站 3 个。全县入村率 90%，入组率 70%，入户率 36.5%。龙洋乡广播站被四川省广播电视厅授“红旗乡站”称号。1991 年，全县入村 542 个，入村率 86%；入组 3560 个，入组率 77.8%；安装嗽叭 50588 只，入户率 51.4%。

1992 年，安装调频发射器 2 个、调频传输机 38 个、喇叭 41348 只。1993 年，建立标准化乡站 27 个、村广播室 4 个，更新广播设备 28 个，增加广播线路 4776 杆千米，入户喇叭 71886 只，入户率 57%。1996 年，有 4 个乡推广利用电灯零线作为传输广播信号的技术。1997 年，安装高音喇叭 300 只、水泥杆 1606 根、广播杆线 315 杆千米。建村广播室 126 个，通广播村 407 个，通村率 32%，覆盖人口 61.3%。4 月，在桑柘乡站进行无绳广播试验获得成功。1998 年，安装高音喇叭 327 只、广播杆线 2750 杆千米、无绳广播 931 只、电灯零线广播 278 只、调频喇叭 2500 只、广播喇叭 4.4 万只。建村广播室 151 个。1999 年，安装广播杆线 658 杆千米、地面卫星接收站 273 座，综合人口覆盖率 72%。是年，全县集资 28.29 万元，群众投杆 12399 根，投劳 28455 个，建立 5 个行政村广播室，新建标准化机房 5 个，入户喇叭净增 22.7%，

2001 年，撤销乡（镇）广播站，在全县 39 个乡（镇）社会事务办公室设立文化广播服务中心，行使广播宣传职能。2002 年，县人民政府清退农村广播员。随着地面卫星接收天线的建立，广播、移动、电信、宽带网络的兴起，县级、乡镇有线广播逐渐退出。

第三节　电　视

一、设施

（一）有线电视

1979 年，彭水县第一个电视发射塔在雷公盖建成，正式用 10 瓦电视差转机向县城定向转播。1985 年 4 月，插播录像带电视剧节目在电视差转机上试播成功。1986 年 9 月，县城和部分区、乡人民能收看雷公盖差转中央电视台 1 套和 2 套电视节目，为开路电视信号。全县有电视机 1000 台。1988 年，在老虎口征地建立卫星接收站，定向向县城转播中央 1 台、2 台卫星电视节目。

1989 年 7 月，县广播电视局组建的新科技服务公司建成黔江地区第一座闭路电视输变室（站），在县人民政府、县烟草公司、县物价局、县工业局宿舍相继建成共用天线电视接收系统自成体系形成有线电视雏形。1990 年年初，县广播电视局开始筹建有线电视系统，前端控制系统设在山谷居顶楼，采用隔频传输技术，通过有线传输网络，首次开通有线电视、传输通过卫星天线接收的中央电视台、四川电视台等 5 套卫星信号和本地插播录像带信号 6 套节目。1993 年，前端控制系统迁到广播电视局后，转为准邻频传输，后又改为邻频传输，输出 12 套节目，收看的是有线模拟电视信号。1996 年开通中央电视台加密节目，1998 年开通重庆电视台节目通过微波传输进入县城有线网。2004 年年底，用户 1.1 万户。

（二）光网电视

1998 年，县广播电视局筹资 1952.7 万元启动高科技光缆工程，利用光发射机将县有线电视台节目变成光信号，光信号转变成电视信号，进入有线电视网前端设备的规划、材料准备、安装、调试升级准备工作。在县城主街道配合市政工程铺设 5 千米地下管道光缆。

1999 年 12 月，县城有线电视网络升级换代改造全面展开，改干线为光纤传输，同时，按照中央

"天上一颗星、地上一张网"的总要求，建成汉葭、普子、鹿角、高谷、桑柘等28个乡有线电视站，线长68千米，专线10千米，终端用户2000户的收编。升级换代为标清程控数字化光纤网络。配合市政建设完成县城主街道20千米光纤主干线入地管道铺设。2000年春节，开通县城光纤传输，传输30套电视节目，至5月发展光纤电视用户800余户。县广播电视局机关、金益公司首先看到优质光纤标清30套数字化节目。光缆从县城延伸至龙射57千米，安装光缆用户1000户。收编郁山、普子有线电视网络。发展电视用户2000户。2001年，架设县城至桑柘、鹿角、黄家、普子等乡镇光缆干线200千米，实现郁山、保家、鹿角、黄家、普子、新田光缆联网，发展用户1500户。对残疾人、五保户、残废军人免收半价入网费。2002年，建成319线汉葭有线光纤网络，收编普子、高谷、黄家、鹿角、桑柘区乡有线电视站，建成县城至高谷、靛水、郁山、保家、桑柘、新田、鹿角、黄家、普子、龙射10个乡镇及沿线村光网电线立杆建设工程，架主干线25千米，专杆线150千米，增加光缆电视用户8090户。动员有线电视户联网，实现旧网到新网平稳过渡。

2003年3月，乌江彭水电站建设，县移民办投资120万元紧急搬迁一碗水至亮海沱光缆13.10千米，鹿角镇至鹿角村2组光缆1.40千米。4月，投资23.7万元，修建渝湘高速公路，搬迁保家至苟树坪6.7千米光缆。开启白云、上塘、东门、纸厂、岩西、保家镇大河村、农场工业园区、普子镇砂石、郁山镇朱砂自然村的光纤信号34套节目。建成桑柘至小厂、龙射至平安、鹿鸣60千米光纤干线，新开通60个光节点、电视用户1000户。县城网改造结束，安装城区边沿零散用户3372户，县城光纤用户1.2万户。5月25日，关停旧有线电视网，全面开通光纤电视。

2004年，光网专线连接平安、鹿鸣、小厂、同河，开通小厂、同河、汉葭、白云、上塘、下塘、东门、纸厂、岩西、保家、农场、大河坝、普子、砂石、郁山、朱砂光纤电视用户3000户。全县光纤电视用户1.92万户，有线电视覆盖率11.3%。

2005年3月，投资23万元为修建彭务公路搬迁上塘口至靛水张家坝光缆5.8千米。5月，投资23万元，完成乌江银盘水电站彭水库区高谷镇、汉葭镇九曲河光缆3000米迁建。开通鹿鸣乡光纤电视，全年发展用户1638户。全县光纤用户20838户，有线电视覆盖率11.4%。

（三）卫星电视接收器

1986—1989年，全县安装电视差转台16座。1989—1992年，建区乡、学校、厂矿卫星地面电视接收站26座，用户4200户。1989—1998年，安装农户地面卫星接收器3244台。1999—2005年，安装中央、重庆市无偿支持彭水农村小型地面接收器40764台，实现电视无盲村、盲组目标。

（四）村村通工程

1999年，国家投入20亿元资金解决全国20户至50户自然村联片村民聚居院落，建立广播电视接收室，安装小型卫星接收站和调频广播前端系统，连接到各户。是年7月，县广播电视局在汉葭镇黄荆村试点，建立规范化收看室，9月1日完成27个乡50个行政村广播电视接收室任务。2002年，完成行政村"村村通"工程349个。2005年，完成20户以上自然村"村村通"工程600个、50户以上自然村405个，全县广播覆盖人口69%，电视覆盖人口85%。

二、节目编制

1986年，县广播电视局在办好提高《彭水新闻》和《乡站广播节目》同时，开设《经济信息》《综合节目》《报摘节目》《为听众服务》《文化生活》《每周一歌》《文艺节目》等广播节目。尝试制作《录像新闻》。全年来稿5865件，用稿3425件，用稿率58.40%。县自办节目在涪陵地区广播系统获奖3篇，上送四川省台1篇。

1988年，县广播电视局与综合执法、金融、税收、工商等县级单位开展广播联办节目。全年来稿10131件，用稿6482件，用稿率63.98%。1989年，开办《彭水新闻》《点歌》《广告》《长焦距》

《专题片》《信息立交桥》等栏目15个，播出时间10分钟。全年来稿8036件，用稿3484件，用稿率43.35%。

1990年，乡站全面恢复正常播音，完成自办节目2500组，县广电局开办《彭水新闻》《三月风》《统一战线》《民族园地》节目，县实验电视台制作《今日彭水》《彭水情思》专题片。全年采稿8395件，用稿4183件，用稿率49.83%。1993年，新设《市场信息》《气象讯息》《致富红榜》栏目，共办栏目12个，将小段式节目改为板块式节目，增强节目整体感。除转播中央电视台外，有线电视台摄制"一颗夹缝中崛起的幼苗"及"龙门矿泉水"获"中国长江流域五省七方技术新产品博览会"金奖。全年播出稿件9130篇，用稿率78%。

1994年，广播节目《彭水新闻》播出从10分钟提升到30分钟。县实验电视台播出摄制《展翅欲飞的彭水》专题片。刘将彬创作广播评论《争雁不如射雁》《做粑粑生意的刘大嫂》分别获四川省二等奖和三等奖。全年采稿5610篇，用稿1810篇，用稿率32.26%。

1995年，彭水实验电视台首播《彭水新闻》，广播电视开设《农村科技》《乡村信息》《听众传输》《广播论坛》栏目，全年播出新闻96期，专题片11部。刘将彬创作电视专题片《大青村的小康路》在四川省电视台"七一"节目中播出，入选《巴蜀小康集》。典型宣传"舍己救人模范校长孙维亮"的先进事迹。全年采稿6954件，用稿3768件，用稿率54.18%。1996年，县广电局实验电视台播出《彭水新闻》150期，专题片11部。《英雄校长重返教坛》记述教师孙维亮先进事迹，获四川省广播厅一等奖。自办《彭水新闻》《信息立交桥》《长焦距》《点歌台》《为听众服务》《每周一歌》《文艺节目》《报摘节目》《天气预报》《广告节目》，日播出时间17小时。实验电视台完成《乌江明珠——彭水》专题片摄制。

1997年8月，《彭水新闻》电视节目播放调整为每周三期，坚持每周一、三、五定期播出10分钟，兴办《有线视点》《法制窗口》《乌江夜话》栏目。《农民心里落了地》《一个疏远钱的村支书》和《小山村有个大医院》节目均获重庆市广播电视局三等奖。全年组稿7500件，用稿5000件，用稿率66.67%。

1998年4月，县广播电视局对电视节目全面改版，新办《经济十分钟》和《社会广角》两个栏目。分别设置"经济报道""当家理财""商业街"和"有线视点""人间万象""乡音"等栏目。11月，制作电视专题片《老字号理发店生意浓》选送重庆电视台播出后，被市台选送中央台。送《重庆日报》《重庆政协报》稿件156件，采用107件。1999年是新中国成立五十周年，电视台开展"祖国颂""社会主义颂""改革开放颂"的宣传，新办《法制窗口》，设置《法制服务》与《说法》等栏目。制作专题片25部，播出25期。"脱贫致富小厂乡"在市电视台大型系列报道"沧桑岁月"栏目中播出。"土家山寨说唱人"获重庆市广播电视局新闻奖。有50件作品在重庆市电视台播出。全年组稿7566件，用稿4956篇，用稿率65.50%。

2000年6月，电视台采编《罗家峡大桥被山体滑坡冲垮》和《彭水发现一处天坑地缝》，分别在中央电视台6月6日《午间新闻》和6月14日正午新闻播出，这是彭水电视新闻跳出彭水门、登上北京城一大突破。开辟县级领导干部理论学习《三讲论谈》专栏，重点报道"西部大开发、重庆在发展、彭水怎么办"。上送中央、市广播电视新闻50件、黔江地区100件，名列黔江地区之首。

2001年6月，县电视台摄制电视专题片《真爱如歌》《爱心行动》，报道郁山镇学生罗明霞患严重心脏病，无钱医治的事实，得到社会捐助7万元。摄制电视片《清澈郁江河在呼啸》获重庆市广电局新闻二等奖，《变了味的保护》《树林已穿裸露装》《西部首笔韩国货款落户彭水》均获市广电局三等奖。广播新闻《"12・24"携款潜逃犯落网》《吉长江落网》《白骨案10天侦破》《乌江水变乌》热点节目备受群众关注。开辟《田野的希望》《托起明天的太阳》《为了家乡更美好》栏目。至2002年，播出《彭水新闻》286期，用稿2086件；播出《乌江夜话》50期，用稿235件。送重庆市电视台播出227件、中央电视台播出2件，获市好新闻1件，创优稿4件。播出“三个代表”重要思想在基层电视专题片44期。

2003年，配合市、县文物保护部门，深入乌江彭水电站库区采写《彭水发现宋代石刻群》和《彭水发现清代城墙及寨堡》被中央电视台《西部频道》播出。在抗击“非典”期间，报道《真心英雄》《抗击“非典”》《共建美好家园》典型文章。刘将彬、李大明、简远成摄制专题片《森林资源保护碑，形式主义大牌子》获市电视台三等奖。冉西林、李大明、龙宇摄制电视专题片《走进苗歌之乡》获市广电局三等奖。

2004年，《彭水新闻》电视栏目由原来10分钟提至20分钟。新开辟《音乐炫风》播出48期。《儿子的希望》一期播出后，送重庆卫视台反复播出，获市广电局三等奖。《九岁孩童为父中断求学路》《社会观爱小尹博》两期节目在重庆电视台连续播出，引起市内其他媒体关注。冉显东采编《父亲病逝，兄弟同读大学梦难圆》，在重庆市团委、广电局举办重庆市“五四”新闻奖评选活动中获全市三等奖。10月22日在《彭水新闻》中推出系列报道《喜迎县庆》，对县庆标志、吉祥物作专题报道。集中推出《狮舞迎县庆》《苗乡土家儿女载歌载舞迎县庆》《63万民族同胞豪情满怀迎县庆》《装扮美丽彭水喜迎县庆的到来》系列报道。编辑《走向辉煌》6节电视专题片。全年制作《彭水新闻》144期，播出稿件1280件。《乌江夜话》播出50期，用稿450件。送市采用稿件80件，在重庆市新闻联播中播出28件，新闻提要中播出6件，在《记录重庆》栏目播出电视专题片3部。制作《相约未来》MTV1部，现场直播20周年县庆活动。至2005年，彭水电视台采编214条新闻在重庆市台播出，其中MTV《郁江河》获市广电局三等奖，《古黔新韵》获市广电局铜奖，《鞍子民歌》获国家广电局银奖。

2005年，开设《时代先锋》栏目，播出新闻327条。制作电视专题片17部，播出15期。开办《共建美好家园》栏目，分设《曝光台》《群众热线》《空气质量周》等栏目，播出66期。

三、音像管理

1984年6月，县广播局在汉葭镇政府底楼开始营业性放映，同年8月，县城机关、个体户和区、乡办起录像放映室10家。1985年7月，宣传部组织广电、文化、公安等单位对营业性放映开展清理、整顿，除广播局一家放映外，其余的一律收回营业执照。

1997年，县广播电视局建立“音像稽查股”，配4名工作人员，利用宣传车在县城、各区乡（镇）宣传音像管理的法律法规。1998年5月，县人民政府成立音像制品领导小组。7月，组织执法员对县辖区内音像市场调查：音像制品出租27家，从业人员54人；从事放映5家，从业人员10人；没收黄色下流VCD200盒。

1999年5月，县人民政府成立“扫黄打非”领导小组。6月至8月，组织执法员50人，出动宣传车6次，印发宣传资料1.2万份，大幅标语30幅，对县城集中清理，收缴“黄”“非”音像制品750盒，淫秽VCD250盒，美国产VCD200盒，盗版“金华纳”VCD300盒，端掉一个黄色录像窝点。全年组织公安、文化、广播、工商6次262人，对全县26家从事音像放映从业人员进行教育培训，加强音像市场的管理。2001—2002年，取缔3家音像制品门市部，收缴非法盗版光碟1630盘。

第四节　电影放映

一、机构

1986年，彭水自治县电影发行放映公司下设办公室、放映管理股、发行股、机管股、供修股、宣传股、财会股、文秘股、检片股、库管室，干部职工19人。县电影公司直属电影院，甲级1个，乙级2个，丙级19个，电影放映队乡办36个，学校办2个，企业办5个，村办2个。1988年，增设录像经营部。1989年，建立影视商场，设管理人员5人。1995年，电影公司及区乡放映机构在职人员70人。2000年，县电影院关停，维持农村电影放映。

二、电影发行放映

1986年7月，组织开展电影下乡活动。全年共放电影10130场，观众393万人次，放影收入26.1万元，发行收入9.8万元。其中，农村电影放影队49个，放映电影8598场，观众393万人次，年人均看电影6.5次。黄家坝区电影放映队，被四川省文化厅授予“全省电影先进单位”。1987年，经过调整，电影放映队减至59个，全年放电影11387场，观众419万人次，放映收入27.8万元，发行收入10.44万元。其中，农村放映队51个，放电影8987场，观众362万人，发行收入5.6万元，年人均看电影7.4次，比1986年增长13.85%。

1988年2月，深化企业内部改革，打破统管经营模式，电影公司实行投标承包经营模式，单位职工冯元宋首次竞争中标。对桑柘、郁山、保家电影院由包场放映改为售票放映，由室外放映改为室内放映，小电影机改为大电影机大屏幕放映，试点工作逐步推开。当年恢复发展10个乡村售票点，全县共放电影12661场，观众431万人次，放映收入35.9万元，发行收入13.8万元。其中农村放映单位56个，放电影9728场，观众337万人次，发行收入7.48万元，郁山区电影院被四川省文化厅授予“先进集体”称号。1989年，全县放映1.4万场，观众499万人次，放映收入46.6万元，发行收入23.76万元，利润10.87万元。1990年，县电影公司加大电影改革力度，区乡文化站参与电影管理。先在普子区和靛水乡电影院试行，普子乡电影院每月向乡文化站交25元，用于办“文化电影宣传专栏”，每月1至2期。靛水乡电影院则交乡文化站经管，促进电影放映发行工作。全县80个放映单位共放电影13637场，观众552万人次，放映收入49.8万元，发行收入25.27万元。县电影公司获四川省文化厅“电影工作先进集体”。至1991年2月，电影公司第一轮承包期届满，由县审计局审计，认定业务合同目标81.3万元，实际完成136.97万元，超合同目标68.47%；利润目标6.05万元，实际完成24.1万元，超合同目标298.35%。同年7月30日，县人民政府召开农村电影工作会议，解决农村农民电影盲村、盲组问题，采取有电村每场由群众集资30元、无电村集资35元的办法，普及农村电影放映。

1992年6月，完成保家电影院技改工程，并投入使用。恢复发展农村电影院队11个。打破“三铁”（铁饭碗、铁工资、铁交椅），职工结构工资下浮20%作为风险抵押，逐级分解和完善基础工资与效能挂钩承包责任制。63个乡放影队，3次巡回放映农业科技片96部、电影节目4482场，观众488.75万人次。县电影公司获中央宣传部、农业部、林业部、文化部、广电部、国家科委6部委“科教先进集体”奖。1993年，全县83个放映单位（其中乡放映63个）放映电影11009场，观众456万人次，放映收入40.2万元，发行收入10.1万元，农村人均看电影8次。全年业务收入191.1万元，利润7550元。1994年，新办鞍子乡、梅子垭乡、连湖乡电影院，实现全县乡乡有电影院（队），与毗邻贵洲省沿河县洪渡镇联办1个电影院，与涪陵、重庆电影公司按票房价值选择租片，扭转时而无片停映状况。

1995年，全县83个放影单位，其中县办44个、乡办22个、学校办12个、企业办3个、村办2个，放电影10868场，观众401万人次，放映收入37.6万元，发行收入21.54万元。

1996年6月17日，根据中央号召开展“百部电影汇映周”下乡活动的要求，由黔江地区文化局、地区电影公司、县委、县人民政府主办，县委宣传部、文化局、电影公司、郁山区工委承办，县烟草公司、农业局、丝绸公司协办，在郁山举行文化下乡“百部电影汇映周”活动，保持农村放映20%上升场次，观众上升10%，发行上升4%。而县城电影下降20%，观众下降45%。1997年，县电影公司购进16毫米影片，经与贵州省沿河县电影公司协商，在洪渡镇设立“洪渡电影发行站”，又与邻近彭水边界湖北咸丰，武隆县电影业务联成一片，保证农村电影的正常放映。

1998起，随着县城有线电视、录像的逐渐兴起，看电影观众逐年减少。至2000年，县电影院放影停映，维持农村电影放映。

2001年，按照国家广播电影电视总局和重庆市文化局“三贴”（贴近群体、贴近生活、贴近实际）要求，开展农村电影“2131”（在21世纪初，在广大农村实现1村1月放映1场电影）工程管理体制服务活动。截至2005年，县电影公司自购拷贝14个，与邻近县互换拷贝120个，农村放映3475场，观众44万人次，放映收入15万元。

第六章 文化市场管理

1991 年，成立彭水自治县文化市场管理委员会，负责文化市场管理。

1991 年 8 月 21 日，成立彭水自治县文化市场管理稽查队，由文化馆馆长兼任队长。属文化局下设机构，编制 2 至 3 人。2004 年，更名彭水自治县文化体育市场稽查队。2005 年 8 月，将县文化体育市场稽查队更名彭水自治县文化市场行政执法大队，定编 7 人，实编 5 人。由县文广新局副局长兼任大队长，全面负责文化市场管理行政执法工作。县文化市场行政执法大队成立后，全县文化市场归口统一管理。

第一节 广播影视管理

1986—1989 年，文化、广播、公安、工商、文明办等部门协作，在县城开展 4 次突击检查，参与人员 110 多人次，停业整顿营业性录像放映厅 5 家、无证录像放映点 3 家、经营性舞厅 1 家。

1995 年 9 月，县人民政府办公室转发《四川省文化市场管理条例》，对舞厅、卡拉 OK 厅、台球、录像、书摊、电子游戏厅等逐一清理登记，对危害社会和青少年身心健康的予以取缔，构成违法犯罪的追究法律责任。

2000 年，在“扫黄打非”检查活动中，关闭校园周边 200 米内的电子游戏室 2 家。

2005 年，全县开展较大规模的检查执法行动 16 次，出动检查人员 1066 人次，检查网吧 428 家次，行政执法 34 家次。会同有关部门取缔擅自设立的“黑网吧”18 家，收缴电脑主机 57 台。全县查处违法经营的电子游戏室 5 家，取缔非法演出活动 6 场。

第二节 出版发行管理

1987 年 12 月，彭水文化局、彭水文化市场管理委员会封存县印刷厂承印的非法出版刊物《呼伦贝尔文学》。

1989 年 9 月，清理整顿以图书和音像市场为重点的文化市场，包括书店、书摊、书亭；通过邮局发行的图书、刊物、报纸；音像制品销售、租借坊及放映点。

1997 年 3 月，彭水广播电视局设立稽查股，配备工作人员 4 人，并成立领导小组，对全县音像制品经销督查。

1998 年，县广播电视局会同县公安局、工商行政管理局下发《关于对音像制品经营单位清理的通知》《清理整顿全县音像制品市场的通知》，全面开展音像市场的清理整顿。全县从事音像制品出租销售共 27 家，从业人员 54 人，从事放映点 5 家，从业人员 10 人。集中整顿期间共没收反动、色情 VCD200 余张。

2000 年，对县城 11 家书刊出租、出售摊点突击性大检查，查缴色情、淫秽书刊 87 本，封建迷信类书籍 45 本，并责令 1 家摊点停业整顿。同时，规定书刊市场“七不准”，即不准出售、出租邪教“法轮功”类、封建迷信类书刊；不准出售、出租煽动民族矛盾的书籍；不准出售、出租反动读物；不准出售、出租查缴盗版类读物；不准出售、出租色情、淫秽类书籍；不准出售、出租泄露国家机密的读物；不准出售、出租与中小学教材有关的读物。对印刷业进行清理整顿，对全县 12 家印刷业（含打字、复印）颁发“重庆市准印证”。

2005 年，根据中央 8 部委下发的《关于开展百日反盗版行动的公告》，进行音像市场整顿，严格查处违法音像制品。出动 200 余人次，查缴盗版音像制品 1.3 万盘、盗版计算机软件和电子出版物 1000 余盘（张）、盗版书刊 49 万余册。清理取缔无证照地摊和不法游商 22 个，依法取缔违规音像制品经营单位 1 家，自动申请注销 2 家。查处各类违法违规案件 26 起。

第七章 档 案

第一节 机 构

自1949年11月20日起，彭水县档案工作由县人民政府秘书科管理。1959年2月15日，成立彭水县档案馆，县人民政府秘书科的档案工作交由县档案馆管理。1962年撤销彭水县档案馆，档案工作由县委办公室负责管理。1963年10月，恢复彭水县档案馆，档案工作交由县档案馆管理。“文化大革命”期间，档案业务工作中止，机构瘫痪。1974年11月1日，恢复彭水县档案馆并启用“四川省彭水县档案馆”新印章。1980年8月7日，成立彭水县档案局，设在县档案馆内，与县档案馆合署办公，一套班子，两块牌子，隶属县委办公室。1983年11月，彭水县档案馆和彭水县档案局合并为彭水县档案局。1984年11月，彭水县档案局改称彭水苗族土家族自治县档案局（简称县档案局）。1986年1月，明确县档案局既是党委机构，又是政府机构，作为县人民政府的职能局。恢复彭水自治县档案馆，为县委和县人民政府的科学文化事业机构，受县档案局管理，局、馆合署办公。2001年8月，全县党政机关机构改革，不再保留县档案局、县档案馆、县地方志办公室、县党史办公室，重新组建彭水自治县史志档案馆，为县人民政府直属局级事业单位，加挂县档案局牌子。内设综合科、档案业务科、馆务科、史志科，核定事业编制14名。2005年4月，恢复县档案局，为县人民政府直属局级事业单位。同时，将原彭水自治县史志档案馆更名彭水自治县档案史志馆，实行局、馆合署办公，一套班子、两块牌子，核定事业编制14名。保留综合科、档案业务科、馆务科，撤销史志科，并分别设置党史科、方志科。

第二节 档案队伍

1986年，全县专兼职档案人员241人。其中，县级各部委、局、办78人，区、乡镇61人，公司、厂矿102人。

1987—1995年，先后举办机关、企事业单位档案人员培训班5次、908人次。1997年，选送47名县级机关、区、乡（镇）档案人员参加黔江地区举办的档案业务培训。1999年，全县各机关、企事业单位配备档案工作人员320人，占应配备人数的95.52%。2002年，县档案局（馆）举办《归档文件整理规则》培训班，按新技术、新标准整理文书档案，全县有69个县级部门、38个乡（镇）、84个企事业单位档案人员191人参加培训，占应训人数的90%。

2005年，县档案局（馆）有副研究馆员1人、馆员1人、助理馆员1人、中级工1人。县级机关档案人员75人。其中，本科18人，占24%；专科52人，占69.33%；中专和高中5人，占6.67%。高级职称1人，中级职称7人，初级职称5人。乡镇档案人员39人。其中，本科3人，占7.69%；

专科 26 人，占 66.67%；中专和高中 10 人，占 25.64%。县属企业单位档案人员 8 人。其中，本科 2 人，占 25%；专科 6 人，占 75%。中级职称 2 人，初级职称 1 人。县属事业单位档案人员 3 人。其中，本科 2 人，占 66.67%；中专 1 人，占 33.33%。

第三节　档案库馆

1980 年 5 月，彭水县档案局（馆）设于县委大门左侧，建筑面积 1033 平方米，使用面积 764 平方米，其中库房 585 平方米、办公用房 147 平方米、辅助用房 32 平方米。

1986 年，购置复印机、打字机各 1 台，开展复印业务。1987 年，有排气扇 4 台、除尘器 1 台、抽湿机 2 台、干湿温度计 4 支、干粉灭火器 10 支、电子报警器 1 台、照相机 1 部、NP-270 复印机 1 台。

1991—1995 年，添置档案馆档案柜 80 个，原堆放在库房地板上 1 万余卷档案得以全部排列入柜。

2000 年 10 月，县档案局（馆）办公室迁至新建县委办公大楼二楼，档案局（馆）库房临时搬至县委办公大楼负一、二楼，总面积 530 平方米。

2005 年年底，库房设备有档案柜 243 个、去湿机 4 台、排风扇 4 台、复印机 1 台、干湿温度计 5 支、电脑 2 台、打印机 1 台、灭火器 10 具。

第四节　档案收藏

彭水自治县档案入库收藏由县档案馆统一接收办理入库手续。入馆的档案大部分是长期、永久卷，短期档案仍保存在原单位。

1986 年，县档案馆接收档案 906 卷，现行文书立卷单位 228 个。清理 1966 年前会计档案单位 30 个、1967—1985 年积存会计档案单位 192 个。1986 年年底，馆藏档案全宗 182 个，案卷 25286 卷。其中，中华人民共和国成立前全宗 16 个、案卷 1740 卷，中华人民共和国成立后全宗 166 个、文书案卷 23226 卷、科技档案 65 卷（册、袋、盒）、其他专业档案 255 卷（册）。馆藏县级资料 78 种、5426 册、227 卷。馆藏资料 78 种、5426 册、227 卷。有会计档案 18223 卷（盒），其中，区乡 2042 卷（盒）、县级机关 16181 卷（盒）。至 1989 年年底，县档案馆馆藏档案全宗 225 个，案卷 34460 卷，总长度 516.90 米。其中，民国时期档案 2018 卷、30.27 米，中华人民共和国成立后文书档案 28575 卷、428.63 米，科技档案 187 卷（盒），其他专业档案 3680 卷。馆藏资料 1984 种，5915 册。机关档案室档案 157411 卷（袋、盒），其中文书档案 19282 卷、科技档案（含病历档案）48409 袋、专门档案 89702 卷（盒）、声像档案 18 盒。

1991—1995 年，有 116 个单位向县档案馆移交 1982 年（少数单位已移交至 1985 年）及其以前的档案共 2848 卷，其中文书档案 2699 卷、会计档案 149 卷（盒）。

1996—1999 年，接收县人民政府办公室、林业局、财政局、粮食局、民政局、烟草公司、教委、计生办、团委等单位文书、会计档案 4664 卷。

2001—2004 年，接收林产、百货、矿泉水、食品公司、食品加工厂、县轮船公司、水运公司等破产企业文书档案 985 卷、会计档案 10503 卷。

至 2005 年，全县馆藏档案 393 个全宗、70900 卷。其中，文书档案 48676 卷（含民国时期档案 2036 卷），会计报表、账簿 3856 卷，会计凭证 18368 册。馆藏资料 6588 册，其中清康熙十三年（1674）的《彭水县志》2 本（复印件）、光绪元年（1875）的《彭水县志》3 本（复印件）、咸丰三年（1863）的《彭水县志》5本、1940年民国版《彭水概况》7本。

第五节　档案管护

1986年，系统整理原郁山盐厂撤销后移交进馆档案1000卷，并对接收进馆档案及时消毒杀虫，入库上架，投入利用。

1987—1989年，抢救裱糊褪色变质、字迹不清、纸张强度下降的民国档案158卷中24498页。复制县委办公室入馆褪变档案37卷、4625页、42.57万字。加工整理县人民政府50年代初期入馆文书档案16卷，加边735页，修补886页，托裱加固137页，复制94页。

1991—1995年，抢救县委、县人民政府1956年及其以前的重点档案1354卷，县档案馆水损档案3975卷、资料6281卷，县人委财政科1953年至1956年的重点档案59卷、800件、3046页。

1996—1997年，抢救重点档案1342卷。

1998—2001年，抢救重点档案28443页。整理加工馆藏档案档号36670卷、卷内文件目录5981条，编制案卷目录2205条，补备考表1513张，托裱修补破损档案材料22230页，贴卷皮封面746卷，修改案卷提名1665卷，装订案卷1454卷，盖页号362卷，拟定案卷题名223卷、案卷封面2205卷。

至2005年，抢救修复各种档案10689卷、63148页。

第六节　档案利用

1986年，接待档案利用者9775人次，提供档案22650卷次。其中，县档案馆接待利用者2475人次，调阅档案7420卷次；各机关档案室接待利用者7300人次，调阅案卷15230卷次。

1987—1988年，接待档案利用者5710人次，提供档案19309卷次、资料110册。

1989年，接待利用者2137人次，提供档案9272卷次、资料82册次，复制档案材料655页。同年10月，首次依法向社会开放到期民国档案314卷，占15.56%；开放中华人民共和国成立后自形成之日起满30年档案275卷，占2.68%。至1999年，县档案馆累计接待利用者4380人次，提供利用房屋产权、学历证书、工龄、编史修志、评定专业技术职务等档案、资料21376卷（册），全部开放应开放的民国档案1458卷，以及中华人民共和国成立后自形成之日起满30年部分档案4115卷。

2000年，开放中华人民共和国成立后自形成之日起满30年档案378卷，接待档案利用者252人次，提供档案1730卷次。至2004年，累计接待档案利用者1014人次，提供档案4650卷次，复印档案5945页。

2005年，查阅利用档案354人次，提供档案2414卷，复印档案材料8229页，查准率65%。

第七节　业务指导

一、档案立卷归档

1986年，指导机关档案业务，在彭水自治县师范学校、彭水中学、汉一小进行档案清理归档工作试点。

1988年，按照“档案工作统一领导，分级管理”的原则，建立综合性档案室41个，集中统一管理各种门类的档案。其中规范管理档案目录的单位18个。全县有文书档案的单位232个，立案卷2524卷，立卷归档191个，占82.33%。有会计档案的单位133个，共立案卷9295卷，立卷归档109个，占81.95%。乡完小以上各级各类学校94个，立卷归档40个，占42.55%。科技档案重点单位23个，立卷归档21个，占91.3%。立卷审计档案21卷、统计档案312卷、艺术档案39卷。1989年，制定《区委、区公所文件材料分类方案》《乡党委、乡政府文件材料分类方案》《中小学文件材料分类方案》，建立综合档案室对档案实行集中统管的单位103个。一级单位文书档案立卷归档88个，占90.72%；二级单位文书档案立卷归档93个，占39.57%。一级单位会计档案立卷归档49个，占73.13%；二级单位会计档案立卷归档74个，占43.02%。科技材料立卷归档单位19个，占63.33%。至1991年，文书立卷归档单位232个，占84.1%。其中，一级单位97个、二级单位135个；会计材料立卷归档178个，其中一级74个、二级104个。

1992年，对彭水烟叶复烤厂进行企业单位档案立卷归档试点，形成《彭水自治县企业档案分类方案》《彭水自治县一九九二年企业档案工作任务及检查评分标准》。同时，以点带面，指导检查县水泥厂、砂砖厂、红麻纺织厂、氟石精选厂、石粉厂等企业，整理各门类档案1696卷，其中文书档案488卷、科技档案375卷、会计档案883卷。年底，全县一级单位文书材料立卷归档96个，会计材料立卷归档67个。

1993—1997年，一级单位文书材料归档459个、会计423个。

1998年，村级档案在汉葭镇学坝试点成功。1999年，龙射乡光辉村、普子乡沙坝村、郁山镇沙湾村、清平乡富家村、桑柘乡李家村、万足乡万足村、龙塘坝乡黄金村、城郊乡关口村、汉葭镇白云村完成“小康村”建档。72个区乡镇文书材料和67个区乡镇会计材料立卷归档。指导64个乡镇第二轮土地承包合同及小厂乡大同煤矿、普子区老鸹石煤矿、高谷区搬运站、保家区水泥厂、鹿角区畜牧场、汉葭镇装潢印刷厂等乡镇企业档案立卷归档。

2002年，选择县烟草公司作为文书档案归档整理新技术、新标准的试点单位，培训38个乡镇、69个县级部门、84个企事业单位档案工作人员190余名。私营企业重庆彭水双薪建筑安装有限公司、重庆永丰建筑安装工程有限公司以及汉葭镇上塘村档案完成建档。

2004年，社区档案建档工作在汉葭镇滨江等7个社区和桑柘镇李家居委试点成功。

2005年，县级机关、企事业单位除1个单位外，其余66个县一级机关、企事业单位和39个乡镇均完成档案整理归档工作。村级建档140个，占总村数的51.09%。26个社区全部建档，其中规范化管理社区9个，做到有全宗卷、簿册、台账，各种制度健全。

二、档案达标升级

1990年，首先在机关企业单位开展档案达标升级活动。

1991年，县人民政府办公室、县委办公室、县委组织部、县计委、县民政局、县烟草公司、县农业银行、县粮食粮油转运站、县农业机械化服务公司、县农业生产资料公司、汉葭区粮油食品站、高谷区粮油食品站、桑柘区粮油食品站、彭水中学、县民族中学、郁山中学、鹿角中学等17个单位档案室达到省三级机关档案室标准。至1995年，增加林业局、财政局、教委、地名办、保险公司、技术监督局、建委、二轻局、档案局、交通稽征所、汉葭镇中学、彭水烟叶复烤厂、汉葭区教办、黄家坝区中学、县公安局、县审计局、高谷中学、高谷中心校、鹿角中心校、法院、检察院、郁山区教办、保家区粮油食品站等省三级机关标准档案室单位23个，工商局、建设银行彭水支行、粮食局、县烟草公司、工商银行、农业银行、人民银行、税务局、汉葭区粮油食品站、高谷区粮油食品站等10个单位档案室达到省二级机关档案室标准。

1996年，县粮食局档案管理达到省一级标准，林业局、财政局达到省二级标准，新增保家职业中学、郁山职业中学、普子中学、保家区粮油食品站、县粮食加工厂、人大办、计生委、汉葭镇政府等8个省三级标准档案室。1997年，新增县直属库、茅尖山林场、普子区工委等3个重庆市三级标准档案室，县地税局、公安局、教委、县人民政府等4个单位升为重庆市标准档案室二级。

1998年，县工商局、财政局、农业银行、档案局创市标准机关档案室，普子乡政府创市标准乡镇档案室。

1999年，全县81个局级单位有40个建立机关档案室，有56个单位把档案工作列入年度计划，35个单位有专用档案室，60个单位对本单位形成的各种门类档案实行统一管理。农业发展银行、桑柘区工委机关档案室达到重庆市三级标准，县档案局、计生委机关档案室达到重庆市二级标准。2000年，农业发展银行和县地名办公室机关档案室升级为重庆市二级标准。2001年，彭水中学机关档案室升级为重庆二级标准。2002年，县审计局机关档案室升级为重庆市二级标准，县纪委机关档案室达到重庆市三级标准。2004年，县纪委机关档案室升级为重庆市机关档案二级标准，重庆市烟草金益公司升级为重庆市企业档案一级标准。

2005年，县审计局升级为重庆市机关档案一级标准，汉葭镇政府升级为重庆机关档案二级标准。全县累计达到各种等级标准的档案室44个。

第八节　执法检查

1987年，《中华人民共和国档案法》（简称《档案法》）颁布后，彭水自治县人民代表大会常务委员会作出《认真学习、宣传、贯彻〈中华人民共和国档案法〉的决议》，县档案局召开宣传贯彻《档案法》座谈会和宣讲会，翻印《档案法》1300余份，出《档案法》宣传专栏1期，并在县广播站及时播放。

1988年，《档案法》正式实施，县档案局恢复案卷质量验收制度，检查验收上年案卷。全县一级单位87个，合格51个，合格率58.62%。1989年，配合有关部门查处违反《档案法》事件，严肃处理县委组织部原副部长吴某和汉葭区委原组织委员张某以权谋私、篡改档案材料事件。

1995年10月，县档案局、财政局联合检查县直部局级单位86个、区工委8个、乡镇19个的档案工作，内容包括管理工作、基础设施、业务建设、开发利用4大项34条具体要求，优秀25个，良好22个，较好44个，差22个。

1996年，全县各机关、企事业单位建立健全部门档案管理责任制，即：《责任制实施办法》《局长行政执法责任制》《副局长行政执法责任制》《执法人员行政执法责任制》《档案行政执法监督制》《档案行政执法廉洁制》《档案行政执法过错追究制》《档案行政执法学习宣传制》等。

1999年，县档案局制定和下发《彭水自治县1999年法制工作宣传意见》，大部分单位组织职工认真学习《档案法》，中央办公厅、国务院办公厅《机关档案工作条例》《重庆市实施〈中华人民共和国档案法〉的办法》和《重庆市纪委、监察局、档案局关于违反〈档案法〉规定处分暂行规定》。同年，执法检查88个县级单位、9个区（镇）《档案法》贯彻实施、依法管理档案情况，县体委、经委、石油公司等3个单位完成较差，限时整改。

2000—2005年，县档案局（馆）每年都组织力量对全县各机关、企事业单位贯彻执行《档案法》情况进行检查。其内容包括档案整理归档质量、档案齐全完整、设备设施等，通报表扬先进单位和先进个人，对整理档案差的单位勒令其限期整改。

第八章 地方志

1982 年 4 月，成立彭水县县志编纂委员会，下设县志办公室负责县志编修。1983 年 1 月，确定彭水县县志办公室为县人民政府局级事业单位。1984 年 11 月，改称彭水自治县地方志编纂委员会办公室（简称县志办）。1998 年，组建内设机构地情研究中心，建立地情资料库。2000 年，县志办内设县地情研究中心（地情研究股）、总编室、秘书股、财务股。2001 年 8 月，县级党政机关机构改革，撤销县志办，将职能划入新组建的县史志档案馆和党史组合成史志科，为县史志档案馆内设科室。2005 年 4 月，复设县档案局，内设方志科。

第一节 志书编纂

一、县志

1983 年，第一轮《彭水县志》编纂。建立写作班子，挑选热心修志、且具有一定写作能力的 2 至 4 人。编纂经费 1983 年 7000 元，1984 年 2 万元，纳入财政计划。解决办公室、资料室及职工宿舍等。

1985 年 4 月，国务院办公厅转发《中国社会科学院关于加强全国地方志编纂工作领导的报告》通知，县委和县人民政府于同年 5 月发出通知，要求各级各部门加速做好资料收集宣传发动工作，写好乡（镇）志；并调整充实县志编纂机构，推进县志编纂工作。1986 年,《四川省地方志工作规划纲要（1986—1990）》及《涪陵地区关于地方志工作规划（1986—1990）的通知》相继下发，县志办立即着手制订《彭水县志纲目》（讨论稿），并于同年 11 月 25 日以《彭水县志简讯》第八期刊发，广泛征求意见。全志除序言、凡例、目录、地区图、县城图、概述、大事记、杂记、文存、编后语等首部外，分设地理、经济、政治、军事、文化、社会、人物，7 篇、65 章、335 节，约 100 万字。时限上不封顶，下至 1985 年。重点取用 6 个历史阶段：1949 年中华人民共和国成立时期，1957 年第一个五年计划完成时期，1965 年国民经济正常发展时期，1978 年党的十一届三中全会召开，1980 年全国向“四化”进军时期，1985 年反映改革开放成果时期。1989 年，收集资料 859 件、20 万字，累计资料字数 370 余万字，完成《自然地理篇》初稿。1990 年，本着先内后外、内外结合的原则，从县档案馆和四川省档案馆收集大事记资料 40 万字、人物志资料 5 万字、其他资料 6 万字，文字资料累计 421 万字，图片资料 150 幅，实物资料 32 件。并全面修改《自然地理篇》，第 2 稿打印。对大事记、人物志、建置沿革等资料也作加工整理。

1993 年 5 月 28 日，县委和县人民政府批转县地方志编纂委员会《关于报送新修彭水县志总体规划的报告》，全志除序、凡例、图、目录、大事记、概述外，16 篇、68 章、281 节及附录、编后记。同时，明确各篇主纂人和完成时间。1994 年，完成《区乡镇概况》《政权》《兵事》《水利》《畜牧》

《邮电》《盐业》《农业》《林业》《商业》《财政税务》《社会》《风俗习惯》等13个分志，约60万字初稿。编纂《劳动人事》《工业》《医药卫生》3个分志。1995年，彭水县志工作进入决战年，县志编写初稿达到23个篇章，约100万字。1996年，《彭水县志》进入总纂阶段。上半年组织编纂人交换审查，完成初稿撰写扫尾工作。6月，调整领导班子，新任领导围绕总纂工作，在广泛征求意见的基础上，决定改“中编编法”为“大编编法”。拟订县志编纂提纲、《彭水县志后期工作计划》《总纂方案》《县级审查意见》，并于7月3日编委扩大会通过。8月30日县级审查工作结束。打印《地理》卷15万字，改编《经济》卷总纂稿40万字。同年11月总纂结束，召开专家评审会，县志进入终审。

1997年3月，县人民政府将《彭水县志》上报黔江地区行署，批复同意出版发行。同年4月21日，县人民政府请示上报重庆市人民政府备案。全书全面记叙彭水自春秋战国到1985年的政治、经济、人文、社会发展变化的史实，特别是新中国成立36年来社会主义革命和社会主义建设的辉煌成就。首列序、凡例、概述、大事记，尾殿附录、后记。正志排列地理（含自然环境、建置、区乡镇概况）、经济（含经济综述、农业、林业、水利、工业、商业、交通、邮电、城乡建设、乡镇企业、财政、金融保险、经济综合管理）、政治（含中国共产党彭水县地方组织、其他党派组织、群众团体、权力机关、行政机构、人民政协、公安、检察、审判、司法行政、军事、民政、人事、政务纪要）、文化（含教育、科技、文学艺术、报刊、广播、影视、图书、档案、修志、医药卫生、体育、文物名胜）、社会（含人口、民族、习俗、宗教信仰、社会、方言）、人物（含传记、传略、简介、烈士英名录）6编、48章、215节、126万字。有彭水自治县政区图、县城全景，刊载彩图86幅。1998年4月，由四川人民出版社出版发行，书号为（川）新登字001号，每册定价128元。主编：蔡盛炽，副主编唐华伦、简文相、吴永生、刘运全。

2002年，调整县地方志编纂委员会成员，首次设顾问，由县委书记、人大常委会主任、政协主席担任。县委副书记、县长任主任，县委副书记、县人民政府副县长各2人和人大、政协分管领导为副主任，相关单位主要领导45人为成员。明确设立编委办、总编室于史志档案馆内，规定实行主编责任制。地方志工作重点转移到第二轮县志编修，上报地方志编纂委员会《彭水自治县志纲目（1986—2005）》（初稿），上报县人民政府《续修彭水自治县志工作方案》《续修县志经费安排计划》，拟订《编写规范》《编写人员职责》《资料员工作职责》《初审查验要求》等相关文件，编纂工作启动。同年，年编资料收集和编报工作范围扩大到乡镇，收集资料约100万字。通过调查、专访和信函等方式，收集资料10余万字，其中有十分珍贵的汉砖、宋石林题刻出土等资料。整理资料100万字，建卡40万字。

至2005年年底，收集各类资料610余万字，启动《人物》《社会风情》及政治类、地理部类的编写工作。

二、部门志

1983年，彭水县部门志启动，县志编纂委员会统一安排及县志办公室指导，各部门自行组织编修。县志办拟订《编纂彭水自治县志的计划》，将部门志纳入重要工作，强调县级各部门必须尽快编纂部门志，为县志提供资料、培训写作人员。1985年5月，县委和县人民政府制发《关于加强县志编纂工作的通知》，要求各部门组织精干写作班子，写好部门志，为编纂县志打好基础。抽出专人及时工作，县志办对从事部门志编纂人员进行培训，部门志所需经费由本单位在业务费中开支，实报实销。1986年2月3日，《四川省地方志规划（1986—1990）》下达，县委和县人民政府于同年6月7日，召集县属各部、委、局负责人60余人，全面部署部门志工作，提出要求：应修部门志的67个单位，于本年6月15日前把修志领导小组和编写组建立起来，迅速开展工作；部门志初稿一般于本年底完成，送县志办验收。困难大的，务必于次年6月底完成；挤出人才、挤出票子、挤出房子，保证人力、财力、物力到位。会上,《彭水自治县农村金融志》编写组、县志办分别作“编志一年话体会”“建国前彭水的社会经济情况”“为修志献余热”等发言，公布约稿启示，促进部门志编纂工作。同年 6 月底，县志办举办县城各单位修志培训班，8 月又补办县委机关修志培训班，培训修志人员 70 余人。

1989 年，开办 2 次修志人员培训班，参训 39 人次。年末，付印成书部门志《工会志》《广播电视志》《卫生志》《保险志》《农机志》5 部。定稿待印部门志《税务志》《财政志》《气象志》《文化志》《妇联志》《科委志》6 部。待修改的部门志有《纪委志》《城建志》《工业志》《二轻志》《农村金融志》《水电志》《粮食志》《外贸志》《医药志》《人民武装（军事）志》《邮电志》《汉葭镇志》12 部。正在编写的部门志有《盐业志》《档案志》《供销商业志》《教育志》《林业志》《民政志》《交通志》《工商行政管理志》《计量志》9 部。正在搜集资料的《体育志》《县人民政府志》《人事志》《劳动志》《法院志》《统计志》《乡镇企业志》《农业志》《计委志》《建设银行志》《党校志》《科协志》《民委志》13 部。尚有 10 个单位未启动编志工作。1990 年，部门志付印成书单位 6 个，定稿待印单位 12 个，完成初稿待审改的 17 个，进入编纂的 9 个。

1993 年 5 月，县委和县人民政府《批转〈县地方志编纂委员会关于报送新修彭水自治县志总体规划的报告〉的通知》，限期在 1993 年完成编纂印刷成书《县人民政府志》《民政志》《档案志》《统计志》《劳动志》《计委志》《城建志》《工业志》《二轻志》《水电志》《医药志》《气象志》《税务志》《商业志》《粮食志》《供销志》《工商志》《烟草志》《教育志》《妇联志》《科协志》《军事志》《农业银行志》等 23 部。1994 年 6 月底前完成编纂印制成书的有《林业志》《人事志》《民委志》《物资志》《邮电志》《建设银行志》《检察院志》《法院志》《外贸志》9 部，12 月底前完成编纂印制成书的有《纪委志》《工商联志》《团县委志》《司法志》《公安志》《计划生育志》《体育志》《工商银行志》《人民银行志》《畜牧志》《农业志》《乡镇企业志》《物价志》《审计志》《监察志》《养路志》《县委志》等 17 部。已经完成编纂任务的《人大常委会志》《政协志》《交通志》《财政志》《卫生志》《文化志》《广播电视志》《技术监督志》《农机志》《保险志》《盐业志》《工会志》《科学技术志》，尚未印制成书的在 1993 年印制成书。

1996 年 8 月 25 日，彭水自治县地方志编纂委员会对部门志出版问题作出五项规定:（1）部门志必须交县地方志办公室审定合格，方能出版;（2）呈报稿本做到齐、清、定，不得零星报送;（3）凡未经审批印成的稿本，不能作为正式出版物向单位或个人提供，更不得出售;（4）自 1996 年 9 月 1 日起，凡是修志部门必须先向县地方志办公室递交编写纲目及地方志撰稿人呈批表，取得同意后方可开始编修工作;（5）严禁任何人以地方志办公室名义承包部门志及有关地情、地史编写工作。至年底，全县编成部门志铅印本的有 9 个单位，251.9 万字。分别是《总工会志》，15.6 万字;《广播电视志》，6.3 万字;《卫生志》，48 万字;《财政志》，32.7 万字;《人大常委会志》，64 万字;《盐业志》，25.4 万字;《政协志》，10.5 万字;《交通志》，14.4 万字;《人民银行志》，35 万字。打印本的有 13 个单位，175.9 万字。分别是《纪委志》，6.5 万字;《农机志》，12.3 万字;《文化志》，16 万字;《砂砖厂志》，1.6 万字;《标准计量志》，3.3 万字;《科协志》，2.4 万字;《供销志》，28.3 万字;《烟草志》，14.2 万字;《统计志》，13.4 万字;《县委志》，28.8 万字;《兵要地志》，30 万字;《科委志》，5 万字;《农村金融志》，14.1 万字。手抄本的有 23 个单位，377.4 万字。分别是《二轻志》，10.5 万字;《邮电志》，10.2 万字;《保险志》，7 万字;《妇联志》，20 万字;《印刷志》，2 万字;《档案志》，12.4 万字;《民政志》，30 万字;《粮食志》，16.9 万字;《劳动志》14 万字;《城乡建设志》，8.2 万字;《商业志》，25.4 万字;《水电志》，7.5 万字;《县人民政府志》，18 万字;《乡镇企业志》，5.7 万字;《医药志》，12 万字;《物资志》，10 万字;《林业志》，30 万字;《人民法院志》20 万字;《教育志》，14.4 万字;《工商行政志》，32.4 万字;《人民检察院志》，19 万字;《公安志》，35 万字;《国土志》，16.8 万字。全县应修部门志62个单位，已修45个单位，占72.58%，编写字数805.2万字；尚有17个单位未修部门志，占27.42%。

1997年，指导《交通志》《林业志》编写，审查《烟草志》《公安志》60万余字，提出修改意见400余条。

2000年，《彭水交通志》（续志）编写结束，约30万字。《彭水电信志》完成30%的资料收集，《农行彭水自治县支行志》《乌江水利枢纽区志》《郁山镇志》进入准备阶段。初审《彭水自治县扶贫开发志》，提出修改意见约1000条。对已出版印刷编写质量低劣、问题严重的《彭水自治县国家税务志》封存处理。

2001年，《人行彭水自治县支行志》《彭水自治县交通志（续志）》《中共彭水自治县委志》《彭水兵要地志》《彭水法院志》编写出版。审查审批《彭水法院志》《彭水检察志》《彭水公安志》《彭水烟草志》《彭水扶贫开发志》，计200余万字，提出审查修改意见3000余条。

2002年始，由于第二轮县志工作的正式启动，部门志的管理暂时中止。

第二节　年鉴编纂

1988年5月，收齐《彭水年鉴（1986—1987）》资料，11月底完成编纂工作。1989年7月，由彭水自治县印刷厂印刷成册，内容包括大事记、政治（含党政军、政法、群众团体、侨务对台）、经济（含农业、工业、商业、物资）、交通邮电、城乡建设、教育科学文化、社会生活、区镇简介、人物名录、统计资料、文存。1990年开始编辑《彭水年鉴（1988—1990）》，因人员少，加上《彭水自治县志》工作开展，未付印。

1997年，完成县人民政府托办的《重庆年鉴》稿件。2002年，为《重庆年鉴》（彭水部分）供稿1万余字。2003年，上报《重庆年鉴》（彭水部分）5000余字。2004年上报6000余字。2005年上报6000余字。

第三节　地情资料开发利用

一、专集编写

1997年年初，县志办决定编写出版《彭水百科》，将《彭水县志》中的主要资料和县志断限后发生的新情况，以条目体汇于1册，提高资料的运用效率。4月全面展开工作，10月定稿送四川人民出版社，1998年2月出版发行。《彭水百科》列地理、行政区划、资源物产、旅游、经济、政治、教育科技、文卫体育、社会风情、人物等10编，全面收集1986—1996年各行业发展资料，录入单位（含代表村）400个，载入人物2500余人，总辞条1100条。前有序、编写说明，后有县城服务市场统览、编后记，刊载照片70余幅。全书34万字，是县内第一部地情县史工具书，为促成县委、县人民政府发展旅游支柱产业、服务地方经济起到积极的推动作用。

重庆直辖，给彭水带来新的发展机遇。1999年年初，针对如何面对机遇和挑战，发展彭水经济，为党政提供系统资料，以利县委、县人民政府准确决策，决定编写出版经济专辑《彭水经济概览》。当年3月开始收集资料，7月总纂成稿，9月底由四川人民出版社出版发行。此专辑记述内容上起1949年11月，下止于1998年，部分内容延至1999年7月。全书列辉煌成果（照片、统计图）、历史回顾、区镇概况、重大决策、观察思考、美好未来6部分。前排序言、概述，尾殿编后记。载入部门（行业）经济综述 33 篇、区镇经济发展概况 9 篇、县党政重大经济决策 18 个、县域经济发展理论探讨论文 11 篇和重点工程项目介绍 3 篇，计 28 万字。分类编入照片 120 幅，彩色统计图 26 组。同年，收集资料 20 万字，编写《彭水苗族土家族自治县》《彭水苗族土家族自治县县情》《彭水苗族土家族自治县概况》共 10 余万字，分别报送市委办公厅、市人民政府政策研究室，截入专项网页。同时，考察乔梓乡仙人洞，编写旅游开发资料 3 万余字。

改革开放 20 年，社会变化极大。为及时有效反映县情，2000 年 4 月开始布置编写《彭水 20 年大事要略》，年底结束。全稿 30 万字，记录彭水改革开放 20 年历程，为决策者和研究人员提供全方位的信息资料。

二、资源共享

1995—2001 年，接待科研、建设单位咨询 20 余个，提供相关资料 200 余万字。协助有关单位编制乌江彭水水利枢纽工程环保、地质影响、文物保护等专项报告，三江口水利工程设计等。参加全县 20 余个重点工程的研讨论证，准确提供地情咨询。先后有 200 余人次咨询工程建设、历史事件、人物等信息。参与县城建设规划、集镇规划、农业资源开发规划、旅游开发规划和“十五”计划的审改工作。采用专题报告、论文、议案、议政发言、座谈等方式，为党政提供资政材料10余篇20余万字。提供地情县史信息 1000 余条，为县党政撰写上网材料 8 篇、大型丛书资料 5 篇，送发（印）宣传资料10万余字。接待北京大学、长江水利委员会、铁道部等单位专家30余人次，提供咨询资料数万字。1999—2000 年，地方志办公室专业人员被县委、县人民政府选为景区（点）开发规划编制主笔，先后完成茅尖山森林公园（茂云山森林公园）、县南景区、连碧度假村（荷花山庄）等规划。同时，利用广告信息向县外出售或交换《彭水县志》100 余册、《彭水百科》70 余册，均系国家、省（市）、县专业、研究、图书机构收藏，为外界了解彭水提供可靠资料。为北京大学与美国加州大学洛杉矶分校合作项目“四川重庆盐业考古”课题研究员李小波提供相关详细资料，写成《重庆市彭水自治县郁山镇古代盐井考察报告》，为郁盐考古研究奠定基础。

2002 年，交换、赠送地情专著 109 册，编写资政材料 3 份，协助县民宗委、农办、民政局、计生委等单位完成地情资料 10 余万字。编辑史志资料 10 万字，迎接县老促会成立。为中央电视台、县电视台、大型歌舞《乌江魂》节目组、县建委、县旅游局等单位提供地情研究资料 8 份、5 万字。向县人民政府提交《立项研究郁山文化的建议》。

2004 年，协助《红军在重庆》《邓小平在大西南》电视文献片在彭水的拍摄。参与长溪河风景区、竹板桥古法造纸术的科学考察活动，完成其人文资源课题调研编写。

2005 年，承担县重点项目——“风景名胜资料普查”工作，走访调查全县 31 个乡镇，收集整理重点资料材料 150 余份，拍摄照片 3000 张，摄制资料 15 小时。协助并参与县委、县人民政府电视专题片《穷山的崛起》策划和编剧工作，全景式反映小厂乡地氟病患区的变革。参与县非物质文化遗产申报国家级保护项目工作，完成《鞍子苗歌》申报材料的编写工作。

第九章　体　育

第一节　机　构

一、行政管理机构

1958年始建彭水县体育运动委员会（简称县体委），驻河堡街，有职工12人，内设办公室、群众体育股、竞技训练股、场地管理股，下设业余体育学校、体育训练场。1986年，彭水自治县体委编制4人。2001年机构改革，体委与文化局合并，更名为彭水苗族土家族自治县文化体育局，编制7人，内设群众体育股，主办全县体育工作；设业余体育学校，负责培育各种竞技人才。2005年机构改革，撤销文化体育局，成立彭水自治县文化广电新闻出版局，内部保留体育局牌子，单列编制7人，内设综合科、体育科、产业市场科、业余体校、体育场馆、青少年俱乐部、市民健身中心、体育总会等机构，负责全县群众体育、竞技体育、民族体育、学校体育、青少年体育、全民健身计划、国民体育监测、业余体校、乡镇体育、社区体育、体育科技、体育设施、体育社团、产业市场等工作。

二、社会体育组织及裁判人员

1986—1987年，全县43个乡成立文化站开展文化体育工作，成立老年人、武术、篮球、信鸽、棋类等5个体育协会，会员640余人。1991年，彭水体育总会和全民健身指导委员会在全省率先成立，全县有47个乡、7个区建立体育组织。1999年，全县有国家级裁判员110人，其中一级裁判员6人、二级30人、三级74人。2005年，全县8个体育单项协会，38个乡镇街道体育协会，5个国民体育监测点，有国家级裁判员158人，其中一级裁判员4人、二级52人、三级102人。

第二节　体育设施

1987年，投资80万元在县城河堡街修建游泳池，占地2195平方米，长50米，宽21米，深区2米，浅区1.8米，池内设8条游道，时为渝东南地区唯一标准游泳池。1988年，全县有篮球场87个，小田径场1个，总占地面积64870平方米，人均0.12平方米。1989年，新修标准篮球比赛场和训练场1个，100米跑道1条，沙坑1个，10米移动靶室内靶场1个，并改善游泳池部分设施。1995年，全国第四次体育场地普查，全县共有体育场地271个，面积162519平方米，人均场地0.34平方米，其中体委体育场地3个，占地17615平方米。1996年9月28日开工，总投资850万元，在县城河堡街与游泳池紧邻新建县城体育馆，1997年10月主体工程竣工投入使用，占地2528平方米，建筑面积4200平方米。内设健身房1间，乒乓训练室4间，重庆市射弩训练室1间，标准篮球场1个，设翻板座位1500座，2500个观众席，可容纳观众3000余人。同期，靠近体育馆新修露天羽毛球、网球和门球综合球场，占地1500平方米：初步形成体育设施系统工程。1998年，在长溪河新开发体育漂流项目。1999年，建成中国体育彩票形象工程全民健身壁，用地面积500平方米，建筑面积480平方米；全县有12个学校建成田径场、网球场、排球场。2001年，全县有学校篮球场132个，体育运动场地263963平方米，体育器材达标学校98所。

2005年，县体育局有可容纳3000余人的体育馆，有标准游泳池、“健身壁”、综合楼、风雨训练场、篮球场、门球场等体育设施，县城两江四岸健身长廊已完成2万余米并投入使用，建成摩围山市民健身步道10千米。全县城乡有8片塑胶运动场，378个体育活动广场，改建装修后的长溪河人行千步梯登山步道。

第三节 学校体育

一、体育教学

学校体育，涵盖体育课教学，课外体育活动，课余训练，运动竞赛和早操、课间操，体育课教学是学校体育的中心环节。1981年起，实行教育部《六年制重点中学教学计划》，全县初高中体育课各年级均为2节。1983年起，全县县城小学和乡中心校体育课各年级均开设2节，二类小学各年级均开设1节，三类小学列为其他活动课内。1986年，全县配备专兼职体育教师82名，中小学建有体育教研组，加强学校体育管理，对体育教学实行分类指导、分层次要求，加强体育教师队伍建设，以及改善学校体育设备设施等“四项措施”；实行强化中心校体育管理中心作用，强化体育教研和师资培训中心作用，强化自制自备器材以改善体育装备的中心作用等“三个强化”，对中小学体育课实行规范教学，以此示范，带动村民小学体育教学。此后，不少中小学重视体育比赛、忽视体育课教学、村民小学放羊式教学逐渐改变。

1988年，开始试行《体育合格标准》九年制义务教育体育教材过渡大纲，对课间操进行改革，推广课间韵律操。同年，县体委与县教委联合在汉葭区中学（民族中学前身）开办艺体实验班。全县配备专兼职体育教师120名，比1986年增加38名。1989年，全县中小学普及新广播韵律操，县体委配合彭水师范体育教师李军完成小学体育游戏60条编撰工作和山区中师生体育特点的调查分析。1990年，县教委、县体委正式命名彭水民族中学为体育传统项目学校，除开设篮球、田径传统项目外，还开设射弩训练课。1991年，全县中小学开展“自制体育器材、自制体育教具、自编乡土教材”活动。同年，四川省政协医卫体委员会、四川省体委组成联合调查组到彭水对农村中小学实施《学校体育工作条例》进行专题考察，了解到彭水自治县村民小学70%开设体育课。1992年5月中旬，四川省农村体育工作会议在彭水召开，全省市、县代表113人出席这次会议。主会场设在县城，在共和乡中心校，高谷中心校和高谷中学，城郊东门村小学，新场乡中心校，鹿角中学和鹿角中心校，民族中学等设立6个观摩点，对学校体育教学实地观摩考察，对自制体育教具展评。学校自制竹球、竹圈、牛马藤等系列体育器材1.4万余件，自制体育教学用具852件，自编乡土教材722例。自制教具获大会一等奖2个、二等奖11个、三等奖18个；彭水师范学校体育教师李军撰写的论文《中师体育面向农村小学初探》获大会二等奖。1994—1995年，在学校广泛开展三项评比活动，彭水中学唐乾亮、鹿角中学陈海英、高谷中学姚波、鹿角中心校苏庆国、普子中心校李远平、新场中心校吴勇等6名体育教师相继被评为黔江地区体育先进教师，16名体育教师被评为县级先进个人。获体育乡土教材创编特别优秀奖地区级1人，县级1人；一等奖地级26人，县级16人；二等奖地级9人，县级2人；三等奖地级16人，县级9人。高谷乡体育联合教研组获地、县室内集体游戏集奖。学校体育教学器具创作奖一等奖地级1人，县级1人；二等奖地级4人，三等奖地级18人，县级8人。

1995年起，小学体育课一、二年级各2节，其余各年级均3节；初中各年级体育课均2节。1998年起，城镇小学、乡镇中心校、基点校（完全小学）体育课各年级均2节，农村九年制义务教育简易小学每周文体活动各3节。1999年起，全县初中、高中体育课均2节。2001年起，城镇及乡镇中心校体育课一、二年级各2节，其余各年级均3节，基点校各年级均为2节，农村简易小学每周艺体活动各3节。高中一年级体育和健康教育2节，二、三年级体育课各2节，到2003年，改为高中各年级体育和健康教育课均为2节。2004年，全县各类小学每周体育课各年级均3节。青少年俱乐部开办暑期体育夏令营活动，有348名中小学生参加跆拳道、柔道、武术、游泳、篮球等项目的课外训练。

二、体育锻炼标准实施

1987年，全县中小学施行《国家体育锻炼标准》37所，施行面45.50%，比1986年增加20.80%；达标13281人，达标率55.80%，比1986年增加19.10%。1992年，全面施行《国家体育锻炼标准》，全县中小学生达标47823人，达标率83.10%，其中优秀级6125人、良好级11855人、及格29843人。1993年，全县中学生体育合格达标率93.80%，中小学生《锻炼标准》体育达标率77.20%，中学生体育合格达标率90%，村小体育开课率93.30%；比1986年分别增长69.10%、40.50%、39.10%、26.30%。1999年，全县中小学436所，适龄学生56002人，52699人达标，达标率93.50%，施行面100%。向重庆市体育学校输送合格后备人才3人，向黔江开发区体育学校输送3人，考入大专体育院校11人。

2000—2001年，实施《国家体育锻炼标准施行办法》，全县中学、中心校、完全小学89所全面开展达标工作。全县中小学生94817人，适龄学生67701人，及格级以上学生64876人，达标率95.90%。其中，及格级33763人，良好级24200人，优秀级6940人，良好率46.60%，优秀率10.20%。

2002—2003年，全县中小学412所，全部实施《国家体育锻炼标准施行办法》，94259名中小学生，适龄学生57734名，及格以上55301名，达标率96.10%；良好以上人数占63%，优秀率12%。2005年，全县学生体质健康标准实施率100%。

三、竞赛活动

1986年，县体委、县教育局联合在元旦期间举办全县中学生篮球赛，3月10日举办全县中小学生田径分年龄组赛，4月30日举办全县“六一”（规程日期）小学生篮球赛。1987年，全县25%学校开展课外体育活动，80%区以上中小学坚持开展单项体育比赛和每学期举办1次运动会。同年，举办全县中小学生田径分年龄组赛，桑柘中心校获小学组团体第一名，郁山中学获中学组团体第一名；56人打破县纪录，8人代表地区参加省级比赛，获金牌1枚，银牌5枚，铜牌4枚，第四名2个，第六名1个；输送到地体校1人，成都体院竞技体校1人，考入涪陵师范专科学校体育专业1人。1988年，全县举办县级中小学生体育运动会10次，参加比赛3787人次。1989年，寒暑假举办中小学生492人参加的田径、篮球、武术、游泳短训班，举办中小学生体育比赛10次，3963人参加。1990年起，各乡每年开办1～2次“体育日”活动，各村小学集中在中心校开展文体活动或比赛。1992年，全县教育系统组织各级各类比赛350次，参赛7万余人。1994年，普子中学组织328名学生参加登山比赛，聘请接兵部队连长韦国庆作刺杀、投弹、地形地物利用表演；汉一小体育科技无线电收发报工程制作小组组装矿石机1部，制作土电键10部参赛。1995年5月7日至29日，全县8区1镇分别承办中小学生田径赛、篮球素质赛和“伯乐奖”赛，1211人参赛，鹿角中学获田径赛中学组团体第一名。同年6月1日，团县委、县妇联、县教委、县体委联合主办县城小学生拔河、接力、投篮比赛，6所小学140人参赛。1999年，向重庆市体育学校输送3人、黔江开发区体校3人，考入体育大专院校11人。

各中小学每年举办1次体育运动会，中学以班级为单位组队参赛，在学校运动场进行；小学以乡（镇）为单位，集中在中心校进行。其比赛项目有田径、篮球、乒乓、排球和一些民族体育项目，每年参赛学生达10万余人次。中学生排球专项运动会隔年举办1次，每次参赛约400人。中学和区所在地中心校，每年举办1～2次民族民间边区体育运动会，主要比赛项目有乒乓球、篮球、踢毽、跳绳等。1986—2005年，全县中小学生参加全国体育比赛27人次，获金牌14枚、银牌8枚、铜牌5枚，获第四名7个、第五名3个、第六名1个、第七名3个。参加省、市体育比赛167次，获单项第一名23个、第二名27个、第四名5个、第五名6个、第六名5个、第七名4个、第八名5个，团体第五名4个、第六名2个、第七名6个。

1987年彭水自治县中小学生田径分龄组决赛团体名次情况一览表

表26-12　　单位：分、名

单位	性别	儿童组	小学少年组（中学14～15岁）	破县记录	总分	名次
桑柘中心校	男	1	—	—	55	1
	女	19	7	28		
郁山中心校	男	16	9	14	40	2
	女	1	—	—		
汉葭镇一校	男	3	7	—	15	3
	女	—	5	—		
保家中心校	男	2	6	—	15	4
	女	2	5	—		
汉葭镇二校	男	—	—	—	5	5
	女	—	5	—		
鹿角中心校	男	—	—	—	4	6
	女	—	4	—		
鹿角中学	男	—	—	—	50	2
	女	12	3	35		
郁山中学	男	16	11	28	64	1
	女	2	—	7		
保家中学	男	5	7	14	38	3
	女	4	1	7		
桑柘中学	男	—	3	—	23	4
	女	4	2	14		
彭水中学	男	—	—	—	16	5
	女	—	16	—		
汉葭中学	男	1	—	—	1	6
	女	—	—	—		
普子中学	男	—	1	—	1	6
	女	—	—	—		

1995 年彭水自治县中小学生田径赛中学组团体名次情况一览表

表 26-13 单位：个、分、名

学校	第一名		第二名		第三名		第四名		第五名		第六名		总分	名次
	个数	得分	个数	得分	个数	得分	个数	得分	个数	得分	个数	得分		
高谷中学	1	7	2	10	1	4	1	3	3	6	—	—	30	6
鹿角中学	11	77	6	30	6	24	5	15	2	4	1	1	151	1
保家中学	3	21	3	15	3	12	5	15	1	2	4	4	69	3
桑柘中学	2	14	2	10	2	8	3	9	4	8	5	5	54	4
郁山中学	1	7	1	5	2	8	1	3	5	10	2	2	35	5
普子中学	6	42	8	40	6	24	1	3	4	8	2	2	119	2
黄家中学	1	7	2	10	—	—	—	—	—	—	—	—	—	—
郁山镇中	2	14	—	—	—	—	—	—	—	—	—	—	14	10
汉葭镇中	—	—	—	—	—	—	—	—	—	—	—	—	—	—
彭水中学	1	7	—	—	3	12	1	3	—	—	—	—	22	8
民族中学	1	7	2	10	—	—	2	6	1	2	1	1	26	7

2000—2001 年度彭水自治县国家体育锻炼标准施行办法推行情况一览表

表 26-14 单位：所、人

推行情况		总计	普通高等学校	中专	中技	中学	小学
学校总数		89	—	—	—	17	72
推行锻炼标准学校数		89	—	—	—	17	72
未推行锻炼标准学校数		—	—	—	—	—	—
推行面 %		100	—	—	—	100	100
学生总人数		94817	—	—	—	26396	68421
适龄学生总人数		67701	—	—	—	26396	41305
病残学生总人数		99	—	—	—	23	76
应参加锻炼学生总人数		67602	—	—	—	26373	41229
实参加锻炼学生总人数		67602	—	—	—	26373	41229
及格级人数		33736	—	—	—	11996	21740
良好级人数		24200	—	—	—	10600	13600
优秀级人数		6940	—	—	—	2880	4060
及格级以上	人数	64876	—	—	—	25476	39400
	及格率 %	95.9	—	—	—	96.6	95.5
良好级以上	人数	31140	—	—	—	13480	17660
	良好率 %	46.6	—	—	—	51.1	42.8
优秀率 %	10.2	—	—	—	10.9	9.8	

附：彭水自治县业余体育学校

1984 年建立，其学员主要是从彭水中学、民族中学在校学生中选拔，每年有 100 余名学生参加体育竞技培训。1988 年，县业余体校将田径、武术等单项分设到体育师资、场地较好的鹿角中学、郁山中学、保家中学、彭水中学、汉一小、郁山小学等，全县在册培训学员 768 人，1989 年上升到 900 人，之后逐年增多。其培训师李涪云、兰维清、江效东均获国家篮球高级教练员职称。

第四节 群众体育

一、职工体育

全县职工体育活动项目以篮球为主，乒乓球、游泳、拔河、广播操等次之。1986年，县城举办职工运动会分别有：3月县城妇女长跑、拔河赛，4月青年篮球赛、县属大中专学生篮球赛，9月县城中老年人门球赛，11月简化太极拳训练赛。同年鸽协6月放飞鹤峰，8月放飞沙市；棋协分期组织县城职工象棋、围棋训练赛、选拔赛和决赛；武协赴郁山镇文化中心成立开幕式武术表演。1991年，工业系统第三届职工运动会在郁江煤矿举行，篮球、乒乓球、象棋、射击等4个竞赛项目有县造纸厂、工业局机关等10个单位8个代表队114人参加比赛，郁江煤矿、工业建筑队、造纸厂分别获团体第一、二、三名。1995年4月，县委宣传部、县直工委、县总工会、团县委、县妇联、县文化局、县体委联合组织县城职工“农储杯”（农行赞助）拔河赛，18个队200余职工参赛。4月底至5月初，举办县城职工“金豹杯”（民族卷烟厂赞助）篮球赛，男女15个队180余人参赛。5月，举办县城职工“红麻杯”（红麻厂赞助）象棋赛，15个队50余人参赛。同月，高谷区工委举办全区职工篮球赛，保家区工委举办第四届篮球赛，14个队160余人参赛；黄家区教育办公室、桑柘区教育办公室分别组织全区教职工篮球赛。2000年，黔江地区体委系统职工（含县人民政府分管领导）运动会在彭水召开，彭水自治县体委获三人篮球比赛第一名，职工查劲东获男子乒乓球单打第三名，查劲东、江效东分别获男子羽毛球单打第二名、第三名，副县长王华敏获女子羽毛球单打第三名，李涪云、彭应平、陈健分别获气手枪、气步枪、小口径步枪第一名、第二名、第三名，李东获飞镖第三名，黄世发、彭聪获双扣第三名。

至2000年，县体委在县城举办职工甲级和乙级篮球联赛，隔年1届，交叉进行，从不间断。全县先后参赛185个队次，2775人次。其中，甲级80个队次，1200人次；乙级105个队次，1575人次。2001—2002年，因机构改革等原因，职工体育比赛间断。2003年，组织电信系统职工开展“电信杯”游泳比赛和职工“健康杯”友好运动会。同年7月20日，职工周末篮球赛在体育馆开赛，参赛队员2500余人次。2004—2005年，相继有县经贸委、团县委、县总工会、县交通局等4个单位分别主办，县体育局承办，举办职工运动会4届，比赛项目有篮球、乒乓球。累计参赛男子篮球106个队次，1239人次；女子篮球4个队次，60人次；乒乓球15个队次，120人次。其间，2004年，举办彭水自治县首届“企业杯”职工篮球赛，全县14个队参赛，观众15万人次。同年，县文体局职工组队参加黔江区举办的首届体育系统职工运动会，获第二名1个，第八名1个。2005年，组织“民族青年杯”男子篮球邀请赛，“三八女子拔河赛”，普子镇中学“移动杯”教职工篮球邀请赛。

至2005年，全县每次职工运动和甲、乙级篮球联赛，按其比赛成绩，评一等奖1名，二等奖1名，三等奖1名，体育道德风尚奖3个队，受奖面三分之一。

二、农民体育

1986—2005年，指导区、乡（镇）每年至少举办1次运动会，以村组为单位组队参赛，乡（镇）机关、学校也组队参赛，一般是8～10个队，每队约15人。其比赛项目通常有篮球、乒乓球、越野跑、拔河等，每届运动会都评出前3名，由乡（镇）党委和政府给予精神表彰和物质奖励。1988年，全县举办县级农民运动会19次，参加运动会7491人次；举办基层运动会单项比赛107次，参加比赛15720人次，比1987年增加4213人次。1989年，射弩队代表地区参加省第八届民运会，获团体总分第三名。1992年元旦，彭水体育总会在全省率先成立，同年全县有47个乡、7个区建立体育组织，占92.30%；全县178568人参加体育锻炼，占总人口三分之一。1999年，全县举办县级农民运动会13次，参赛1482人次；基层运动会34次，参赛2641人次。其间11月，在重庆市首届农民运动会上，彭水自治县农民体育运动队获金牌1枚，获第四至八名体育项目5个。2003年，组织16次乡镇、企事业单位体育比赛和县城周末篮球赛，参赛队员2500余人次。同年11月，彭水农民运动员参加重庆市第二届农民运动会，获银牌5枚、铜牌3枚，第四至八名项目6个，男子田径获团体第七名。2000—2005年，全县举办乡镇运动会117次，参赛1053队次、15790人次。

农民利用节日或农闲时间或婚丧嫁娶聚会，三三两两或成群集队在田间地头、院坝等场所开展举石锁、扭扁担、扳手腕、打羽毛球、踢毽子等民间体育活动，一直没间断。

三、残疾人体育

1990年11月，彭水自治县残疾人联合会成立，先后组队参加市级残疾人运动会3次，参赛15人次。对历次残疾人参赛人员，县残联负责物色推荐参赛人员，提供集训经费；县体育行政部门负责组织培训，采取自练与集中训练相结合，提高竞技水平，增强运动能力，经过考核达到规定标准后，方能出席运动会参赛。1998年6月，组队参加重庆市首届残疾人运动会，1999年正式参赛4人，参加射击、铅球、游泳3个项目比赛，获铅球金牌1枚、射击前四名2人，其中王贵被选拔集训，预备参加2000年全国残疾人运动会。2002年7月，组队参加重庆市第二届残疾人运动会，参赛4人，参加乒乓、射击、铅球3个项目比赛，获铅球金牌1枚、乒乓球银牌1枚、射击铜牌1枚。

四、全民健身活动

1986年，钓鱼协会、信鸽协会、羽毛球协会、舰驰游泳俱乐部等全民健身活动由县城逐步辐射到乡镇。活动项目由原来单一的健身迪斯科，发展为太极拳、剑扇、健身秧歌、健身腰鼓、柔力球、气排球、激灵圈等10余个项目。1995年全面启动“121”全民健身工程（倡导全民做到：每人每天参加1次以上体育健身活动，学会2种以上体育健身方法，每人每年进行1次体质测定）。1998年，开展成人体质检测工作，3258人参加体质测试，体质优秀、良好、合格、不合格分别占9.5%、22%、64%、4.5%。开展“以健康体魄迈向新世纪”为主题的全民健身宣传周活动5次，郁山镇被评为全国亿万农民健身活动先进乡镇。2001年，全县对机关、厂矿、学校、农村各群体2000余人进行国民体质测试，县城举办周末体育活动30余场次，直接参与2000余人；举办“全国女子篮球邀请赛”，观众3000余人。同年，高谷镇被评为“重庆市群众体育先进镇”。2003年，青少年体育俱乐部挂牌成立，市民健身中心竣工落成。全年举办周末体育活动30余场次，直接参与2000余人。2004年，县体育局完成800名样本量国民体质监测任务，在郁山镇举行送体育“三下乡”活动启动仪式，送体育器材到郁山镇、三义乡，组织篮球乒乓球赛，开展体育比赛规则知识普及。2005年，完成全县1800名国家级国民体质监测任务，青松队被评为“全国健身优秀活动站”，县人民医院获重庆市全民健身活动周优秀组织奖，县文体局获国家体育总局授予“全国国民体质监测工作先进集体”称号。

五、老年体育

1984年5月，老年体育协会成立。老年体育协会组织老年健身活动有迪斯科、门球、篮球等。活动以晨练为主，门球每天上午训练，篮球每周活动2至3次，参加县乙级篮球联赛，承办每年重阳节老年活动，开展趣味性活动，年均300余人参加游园。县老体协继20世纪80年代中期参加县乙级篮球比赛后，每年在县城举办门球、乒乓球、长跑、定点投篮、运球投篮等综合性运动会。20世纪90年代，以县老年迪斯科“夕阳红”健身队为骨干，相继成立退休职工腰鼓队、合唱队、歌舞队、卫生退协红叶队，教师退协组队参加各种庆典活动。1991年、1993年，两次出席四川省老年体协先进集体和先进个人代表大会，首届老体协主席刘德山赴会作汇报交流发言。1995年，老体协下属老年迪斯科队发展到140余人，12年中学会马兰山歇、三月三、闻鸡起舞、重庆1～10套等13套操。到1998年，老体协会员由成立时100人发展到210人，体育项目发展到篮球、台球、乒乓球、5000米长跑、广播体操、定时定位投篮、象棋、围棋、桥牌、托乒乓球跑、气排球、门球、登山等10余种。1999年，县城7个中老年晨练点常有400余人坚持锻炼，在6月27日全民健身工程“健身壁”竣工典礼暨’99全民健身宣传活动周开幕式上，老体协表演节目18个。县老体协出席国家体育总局在南京召开的全国老年体育工作会议。2002年6月，县老体协承办苗族广场舞《踩花山》老年组比赛，参赛124人。12月，县康乐队、公园健身队、自强健身队获“重庆市百万老人健身活动队先进单位”称号。2003年5月，主办彭水“全国第二套健身秧歌”比赛，参赛10个队200余人。到2003年年底，县城老年健身队12个，参练人员500余人，坚持常年晨练、晚练，活动内容从迪斯科、腰鼓、秧歌发展到太极拳（剑）、木兰拳（扇）、民族广场舞等健身运动。2003年11月，退休体育教研员查德智被重庆市老年体协评为“先进工作者”。2004年5月，开展“珍奥健身操”比赛，参赛7个队140人。2005年，全县已建立老年体育辅导站、健身队150余个，参加活动会员6000余人。全县39个乡镇，26个社区成立老体协，团体会员187个，个人会员1.1万余人。2005年11月，县青松队被国家体育总局授予“全国优秀健身辅导站”称号。

老体协先后数次参加省（市）老年体育竞技比赛，组织过水泥厂广场春节联欢活动，重庆市百万老年人健身活动彭水启动仪式，红五月太极拳健身月活动，迎春环城健身长跑，自治县成立20周年庆典活动健身表演，以及太极拳（剑）和四项健身气功大型系列活动。

老体协注重老年活动骨干培训，带动众多老年人参加体育健身活动。初期，选拔退休职工李友英任教练，赴渝学习迪斯科健身操（舞），派孙贵海、童丰中到外地学习门球，并组建老年男、女篮球队。中期，以原老体协迪斯科健身队为骨干，组建老年健身队。之后，派15名健身队骨干到市里培训99操、激灵圈、第二套健身秧歌、四套健身气功。骨干人员返县后先后培训200余人次第二梯队骨干力量。2005年，老体协有二级社会体育指导员2人，武术段位四段、五段各1人，裁判员25人，教练员（辅导员）63人。

1991年彭水自治县群众体育工作情况一览表

表26-15　　单位：次、个

项目			数据	项目			数据
群体竞赛	1	承办省、地体育竞赛次数	—	学校体育	1	各级各类学校数（农村以村办校为单位）	379
	2	县级竞赛次数（包括系统级竞赛）	25		2	已施行体育“达标”的学校数（所）	307
		其中：参加活动人次	4784		3	城市学校适龄学生人数	4569
		观众人次	34872			其中：已“达标”人数	2759
	3	全年用于群体竞赛经费（元）	5715.8		4	区、乡（镇）农村适龄学生数	61953
		其中：省、地拨给承办竞赛经费（元）	—			其中：已“达标”人数	54386
职工体育	1	全县职工总人数	20631	农村体育	1	全县乡镇总数	65
	2	全年经常参加活动职工总人数	9736		2	全县体育达标乡镇数（指全年开展体育比赛达4次，参赛人次占本乡总人数5%的乡镇）	48
	3	县级已成立单项体协总数	6		3	乡、镇活动场馆数（半边篮球场均算）	176
		其中：会员数	1350				
	4	系统、工矿、企业已建体协数	2	其他体育	1	老年人体育竞赛次数（含系统）	18
		其中：会员数	160		2	参加老年人活动人次	1673
	5	区（镇）、街道已建体协数	60		3	民间体育活动次数（含表演项目）	12
		其中：会员数	70		4	伤残人体育活动人次	1

附：郁山体育

郁山镇人民自古精悍尚武，爱好体育竞技、游戏杂耍。清末民初，武术教学兴起，后灶街有魏显中、邓小雷等，南京街有徐直卿等，上街有代鹏程等，下街有蔡敬恒（月泉）、陈印兆等设馆执教。1923年，郁山镇设武术馆（站）7个，不足万人的小镇有会员2000余名。1927年，拳师伍驭龙（1911—1994）执教，将其“教学先教人，教人先教心；习武先习德，德高道才真”的宗旨寓于教学实践中。伍驭龙师从徐直卿、蔡敬恒、龚仲珪3位高级拳师。蔡敬衡（1878—1958），少年时期拜丰都武师陈双山学习武术和医术，会使用多种兵器，擅长骨伤科。1925年前后，开始在郁山镇设馆，收徒传艺，直到1949年停馆。教授门徒有伍驭龙、宋志新、谢立中、龚庆科、曾志刚、蔡成林、陈本立、马文治等数十人。1936年，曾氏（绍阶）“五虎”篮球队队员凌成福、崔维联、崔维礼、杜大业、童业宗参加川、黔、湘、鄂绥靖公署主办的篮球运动会，获冠军。

中华人民共和国成立后，伍驭龙被聘为四川省武协副理事、县武协副主席，获省级优秀武术辅导员称号，其家传及整理的武学论著《洗髓经》《易筋经》《花益智拳》《振天港》捐县武协。1960年，郁山镇体育场被辟成菜园，1964年县人民政府拨款200元恢复。1964年，郁山中学组织有省教厅和涪陵地区体委参观团光临的200名师生畅游郁江活动。1965年，郁山镇举办“全民下水游泳和武装民兵横渡及青少年长途游泳”综合性游泳活动：18个单位2035人参加游泳，其中男1582人、女453人；参加武装横渡民兵1054人，其中长途游泳141人，武装民兵913人持枪横渡1400米。1967年，陈家怀所带郁山女子篮球队参加涪陵地区农民运动会，获地区第一名。1972年，郁山镇建起彭水县第一个灯光球场，1974—1978年，郁山区共举办运动会10余次，参加队员3.2万人次，外派选手参加省、地、县级比赛8次。其间，1974年郁山中学承办全县中学生运动会，1976年国家体委将郁山镇命名四川省群众体育先进单位，1978年郁山镇被命名为“武术之乡”。1978年，时任郁山区长王中友，郁山镇长陈远培分别出席国家体育先代会，四川省农运会；郁山中学体育教师查德智、唐魁分别被评为四川省优秀体育教师、涪陵地区体育积极分子。1983年，国家体委再度命名郁山镇为四川省群众体育先进单位和四川省优秀武术辅导站。同年，郁山中学组队出席涪陵地区首届中学生“三好杯”排球赛。1984年，郁山镇在渡口塘举办龙舟竞赛活动，县水泥厂、郁山镇和区级单位等10个队参赛。1986年，郁山镇540平方米篮球场改造成混凝土地面，灯光球场日趋完善。1987年端午节，郁山区举办龙舟竞赛。1987年12月29日—1988年1月1日，郁山区举办篮球运动会。1989年元旦，举办篮球赛，参加单位有区级各机关、县属各在郁厂矿、九乡一镇代表队。1990年“五一”“五四”期间，举办第五届全区篮球、乒乓球运动会。1993年5月1—4日，举办全区男女篮球运动会，23个队参赛。1994年，郁山中学组织全校游泳与射击运动会，其中75名学生横渡郁江，100名学生参加学校射击运动获得好成绩。

1995年，县体委与郁山区工委借郁山区首届经贸会之际，联合举办彭水苗族龙舟赛，来自各区、全县各部门的领导和代表，郁山籍外地工作代表，以及郁山区和郁山镇群众3万余人观看比赛。比赛设龙船游江、龙舟竞赛、龙船表演、抢鸭子比赛等4个项目，共有企业队、粮食队、中学队、中井队、个协队、联合队等14只龙船参加比赛。1996年，郁山中学40周年校庆，聘请彭水师范学校体育老师李军辅导由郁山中学与郁山区中心校联袂表演的团体操受到省、地、县领导和校友来宾们称赞，一致认为达到市区水准。之后与郁山职业中学、彭水中学、保家中学、汉葭镇中学、桑柘中学以及黔江区石会中学等兄弟学校举办篮球联谊赛数次，踢毽子、下象棋、舞龙灯、玩狮子、捉迷藏、打陀螺、放风筝、斗鸡、跳绳、修路、打老钱、荡秋千、爬杆、乒乓球、羽毛球、摔跤、跳马、登山、跑马路、游泳等等，均为师生喜爱的体育活动。

1998年，郁山区工委组织全区8乡1镇和区属单位男子篮球运动会，聘请县教委体育教研员查德志为总裁判，赛场设在郁山镇灯光球场，赛程 4 日，并邀请黔江区女子篮球队与郁山籍在县级单位工作的男子篮球还乡队举行表演赛，观看比赛上万人次。2001 年，郁山镇政府组织边区篮球运动会，赛场设在郁山职中，周边黔江石会、石柱马武、湖北利川，以及县内部分单位和乡镇组队前往参赛，赛程4日，1万余人次参观比赛。2001 年，郁山镇被评为全国群众体育先进镇，2005 年，郁山镇获“全国群众体育先进单位”称号。

第五节　民族体育

1984 年，彭水成立少数民族自治县后，县体育行政部门和社会各界人士注重民族体育事业，组织人力财力先后挖掘、整理、编创出“广场舞”“踩花山”“方脚马球”“天地球”“竹铃球”等体育项目。土家“竹铃球”曾在全国第五届、第六届少数民族运动会上获金奖。射弩体育项目是古代苗族土家族猎取食物的手段和战斗兵器的象征，1990 年，彭水射弩队被国家民委评为“全国民族团结先进集体”，获民族团结先进奖。1998 年，重庆市体育科学研究所和重庆市体委群众体育处，在彭水召开少数民族体育研讨会，交流民族地区体育发展经验，彭水自治县体委主任李涪云、彭水中学体育教师彭狂彪等在会上作汇报交流发言，获一等奖。县体委李大胜、兰维清撰写的发展民族地区体育论文均获二等奖。1999 年，彭水射弩队组团代表重庆市参加在拉萨举办的全国第六届少数民族运动会，获女子跪姿第四名，男子跪姿第六名。2000 年，重庆市体育科学学会少数民族体育专业委员会第二届年会暨少数民族体育学术论文报告会在彭水召开，大会对如何挖掘、搜集、整理民族传统体育项目和出席重庆市第一届少数民族传统体育运动会与全国第七届少数民族运动会进行讨论交流。2003 年，彭水射弩运动队代表重庆市出席全国第七届少数民族传统体育运动会，获金牌 4 枚，银牌 2 枚，铜牌 3 枚，第四至八名 6 个，以及体育道德风尚奖。2004 年，少数民族自治县县庆 20 周年期间举办龙狮舞、健身秧歌、苗族广场舞“踩花山”等文体赛事，全县各乡镇、县城各健身队、县级各党政系统组队参加，观众数万人次。2005 年，先后组队参加全国少数民族射弩邀请赛，获金牌 2 枚，银牌 1 枚，铜牌 2 枚，第四至八名 6 个；参加全国射弩比赛获金牌 4 枚，银牌 4 枚，铜牌 3 枚。同年，彭水射弩运动队被评为“全国民族团结进步模范集体”，获国务院颁发民族团结进步奖；县文体局获国务院授予“全国民族团结进步模范集体”称号。

第六节　体育竞赛

1986—2005 年，开设田径、游泳、柔道、跆拳道、武术、射击、摔跤等 10 余个项目，经过严格组织培训后，择优选拔参加体育竞技。

1986 年，彭水业余体校组队参加涪陵地区青少年田径运动会，获精神文明代表队称号；获女子团体第一名，男子团体第六名；获单项第一名 8 个，第二名 5 个，第三名 8 个，第四名 5 个，第五名 5 个，第六名 5 个。同年，业余体校代表地区出席四川省中学生运动会，有鹿角中学学生陈蓉（女）、冉光琼（女）、李勇、田立明，获 3000 米第一名、5000 米第三名、铁饼第三名等成绩；出席四川省青运会有彭水中学学生另小刚、王强、刘继武、戴婷（女）。1986—1987 年，彭水运动员 128 人次破县纪录，有 13 人次参加省级比赛获冠军 2 个，亚军 5 个，季军 6 个；参加地区比赛获冠军 15 个，亚军 10 个，季军 11 个。1988 年，开设有篮球、田径、武术、游泳 4 个项目，先后向地区体校输送运动员 9 人，向省专业队、集训队和竞技体校输送运动员 8 人；61 人参加省级比赛，获金牌 15 枚，银牌 17 枚，铜牌 12

枚；157人参加地区比赛，获金牌61枚，银牌46枚，铜牌35枚。4月，蒋丛青（彭水中学高中82级学生，1983年选入四川省田径队）在浙江绍兴举行的11省市青年田径协作赛中获100米、200米金牌，同队友合作获4×100米接力赛金牌；8月赴日本参加中国、日本、加拿大田径对抗赛，获100米第一名，成为彭水自治县第一个在国际比赛中获金牌者；9月在北京地区第十三届优秀田径选手邀请赛中，以100米12秒3达到国家健将标准。1989年，增设射击、射箭、射弩3个项目，射弩队代表地区参加省第八届民运会，获团体总分第三名，跪姿第五名、立姿第六名；刘蓉在射击比赛中获50米单项第六名、全能第七名；运动员彭应平、裁判员查德志获体育道德风尚奖。截至1992年，保持7个项目，有104名队员常年参加训练。同期，将业余体育训练扩展到区、乡学校，区、乡学校有600余人参加田径、篮球、乒乓球训练。同年，县业余体校有射击、射箭、田径、游泳、柔道等5个项目35名运动员代表黔江地区参加省级比赛，射击获团体第五名；获单项金牌1枚，银牌1枚，铜牌1枚，第四至八名21个；3人被评为精神文明运动员，2人被省集训队录取；5人获1993年省冠军赛资格。

1995年，彭水业余体校、县民族中学传统体育代表队一行5人，代表四川省出席全国第五届少数民族传统体育运动会，其中“土家竹铃球”获金奖；射弩比赛赛手彭应平以358环取得全能第六名、立姿第五名、跪姿第八名。1997年，彭水组队参加重庆市首届青少年运动会，获团体总分第二名，获大会一等奖和体育道德风尚奖。1999年，彭水自治县柔道、射击、羽毛球、武术、散打、跆拳道等项目组队参加重庆市第二届青运会资格赛，获团体第一名1个，第二名3个，第四名2个，第五名1个；获单项金牌8枚，银牌9枚，铜牌8枚，第四至八名14个；参加全国跆拳道比赛，李白用获金牌1枚。1995—1999年，彭水运动员在全国、全市、开发区体育竞赛中，获金杯1座，银杯1座，铜杯3座，金牌8枚，银牌14枚，铜牌26枚，第四至八名68个。2001年，彭水籍柔道运动员高建华出席全国2001年青年柔道锦标赛，获女子组第二名；参加跆拳道、柔道重庆市年度比赛获金牌4枚，获团体第二名。2003年，彭水民族中学组队训练参加四川省中学生运动会、全国第五届少数民族运动会，获金牌、银牌、铜牌各1枚；“土家竹铃球”表演获金奖。2004年，重庆市体育局在彭水挂牌设立“重庆市射弩基地”，彭水中学田径队代表彭水出席重庆市中学生田径比赛，获团体第七名。县业余体校出席重庆市2004年散打比赛，获第八名1个。彭水射弩队出席在云南昆明举办的2004年全国职工射弩锦标赛，获金牌1枚、银牌4枚、铜牌1枚、第四至六名6个。青少年体育俱乐跆拳道队出席重庆市青少年跆拳道锦标赛，获金牌1枚、银牌1枚、铜牌1枚、第四至八名5个。2005年，彭水组队参加全国射弩比赛获金牌4枚、银牌4枚、铜牌3枚；参加全国“流动杯”职工射击射弩比赛，获金牌3枚、银牌4枚、铜牌3枚、团体第一名。业余学校跆拳道队参加重庆市跆拳道比赛，获金牌3枚、银牌3枚、铜牌2枚。武术队参加重庆市武术散打锦标赛，获铜牌1枚、第四至五名3个。县篮球队参加第二届渝东南县（市）男子篮球联谊赛，获第五名。

1986—2005年全县运动员（老年除外）参加国际、全国、省市、地区体育比赛，共获金牌254枚，银牌226枚，铜牌209枚，其中国际田径比赛获金牌3枚，银牌1枚。参加全国田径、柔道、跆拳道比赛获金牌19枚，银牌10枚，铜牌8枚；获团体第一名36个，第二名14个，第三名35个。同期，向国家运动队输送运动员2人，向省、市运动队输送运动员30人。

县老体协组队出席地区门球比赛，1986年获团体第三名，1988年获团体第一名。1998年5月，县老体协迪斯科队12人代表黔江地区，参加“四川省老年迪斯科健身操（舞）”A组比赛，获初赛第九名。2002年4月，老体协太极拳队12人在重庆大田湾体育馆参加“重庆市老年太极拳（剑）、木兰拳”比赛，获集体项目42式太极拳二等奖，8式、16式拳（剑）三等奖；个人项目42式太极剑、武当太极剑一等奖、二等奖各1人。同年9月，县公园健身队16人，参加重庆市老年激灵拳比赛获二等奖。2003年9月，县青松队12人，参加重庆市太极拳（剑）比赛，获集体16式太极拳二等奖，16式太极拳三等奖；个人42式太极剑一等奖、三等奖，42式太极拳二等奖、三等奖各1人。

1986—1999年彭水自治县体育事业发展情况一览表

表26-16

年度	体育设施（个）	体育馆	运动员总人数	少数民族人数	女性	各类运动员人数														
						篮球	裁判	排球	裁判	乒乓	裁判	田径	裁判	游泳	射击	射箭	射躬	武术	足球	柔道
1986年	200	—	2732	1092	1127	1050	50	100	10	500	20	600	12	—	—	—	—	—	—	—
1987年	201	—	4585	1834	1892	1764	80	100	10	800	30	400	10	—	—	—	—	—	—	—
1988年	204	—	7491	2996	3090	2880	120	120	12	1200	30	400	10	—	—	—	—	—	—	—
1989年	204	—	10289	4116	4245	3956	120	120	12	1200	30	300	10	—	—	—	—	—	—	—
1990年	252	—	32180	12500	7500	13000	200	200	15	2800	100	300	10	15000	70	80	150	500	30	50
1991年	252	—	32180	12500	7500	13000	200	200	15	2800	100	300	10	15000	70	80	150	500	30	50
1992年	252	—	32230	12500	7500	13000	200	200	15	2800	100	300	15	15000	70	80	200	500	80	50
1993年	252	—	33150	13000	8000	12000	180	150	13	2800	100	200	15	17000	70	80	200	500	100	50
1994年	259	—	33030	13000	8000	12000	180	150	13	2800	100	200	20	17000	70	80	200	300	200	30
1995年	259	—	32350	13000	8000	11500	170	80	10	2800	100	200	20	17000	60	70	100	300	200	30
1996年	270	—	33390	13000	8000	11500	170	80	10	3000	150	200	20	18000	60	70	100	100	300	30
1997年	270	—	33000	13000	8000	11000	160	50	10	3000	150	250	20	18000	50	50	80	100	400	30
1998年	273	1	33030	13000	8000	11000	160	50	10	3000	150	250	20	18000	50	50	80	100	400	50
1999年	273	1	33030	13000	8000	11000	160	50	10	3000	150	250	20	18000	50	50	80	100	400	50

2000—2005年彭水自治县体育事业基本情况一览表

表26-17

指标	2000年	2001年	2002年	2003年	2004年	2005年
各种体育场地（个）	403	363	337	318	299	301
体育场	—	—	—	—	—	—
体育馆	1	1	1	1	1	1
游泳池（馆）	1	1	1	1	1	1
各类训练房	—	—	—	—	—	—
等级运动员（人）	—	—	—	—	—	—
一级	—	—	—	—	—	—
二级	—	—	—	—	—	—
三级	—	—	—	—	—	—
等级裁判员（人）	61	76	104	124	158	158
国家级	0	0	0	0	0	0
一级	2	2	2	2	4	4
二级	26	28	34	42	52	52
三级	33	46	68	80	102	102
市以上各项运动获奖数（枚）	—	—	3	20	8	22
金牌	—	—	1	7	2	10
银牌	—	—	1	7	4	5
铜牌	—	—	1	6	2	7
举办群众运动会（次）	25	21	18	28	34	—
参加群众运动会人数（万人）	3.8	4.4	5.0	6.6	8.6	

第七节 体育彩票

1998年，发行体育彩票98万元。1999年，建成中国体育彩票全民健身工程“健身壁”，包含儿童戏水池、健身网络、全民健身设施，全年对外开放，可容纳200人同时健身。2004年，电脑体育彩票发行新增36选7、七星彩、同花五的玩法，实现西南片区及全国联网，全县3个网点销售总额58万元，其中51005终端在全市42个区县中，销售额连续4个月排名前十位。

第二十七篇　卫　生

1986年后，彭水新建、改建、扩建县人民医院、中医院、疾病防控中心、妇幼保健院，完善和整修乡镇卫生院，完善设备设施。重庆医科大学附二院被四川省卫生厅指定对彭水重点帮扶，利用“农村卫生事业三分之一重点县”“视觉第一，中国行动卫生部项目基地县”建设，组织培训进修，医护人员业务素质、医疗技术明显提高。2005年，全县卫生机构48个，卫生技术人员695人，执业医师250人，开颅、开胸高难度手术能独立进行，对传染病和突发性公共卫生事件监控处置能力增强，药品市场行政管理、执法监督逐步完善，医保逐步普及。全县基本消灭脊髓灰质炎、丝虫病，未再发现炭疽病、钩端螺旋体、疟疾等传染病，地氟病得到遏制，人民群众健康水平显著提高。

第一章　机　构

第一节　行政管理机构

一、彭水自治县卫生局

1986年，彭水自治县卫生局内设秘书股、政工股、计财股、业务股。县委地方病防治办公室、县爱国卫生运动委员会办公室、县公费医疗办公室挂靠县卫生局。1989年6月，县公费医疗办公室改设在县财政局。同年8月，成立彭水自治县药品监督检验所，在县卫生局业务股实行一套班子、两块牌子。1994年，增设防保股。2001年6月，县药品监督检验所合并到重庆市药品监督管理局彭水分局，药品监督管理、药政、药检职能也随之从县卫生局划出。同年8月，县级党政机关机构改革，保留县卫生局。将原劳动局承担的职业卫生（包括矿山卫生监察）职能划入县卫生局。内设机构“股”改“科”，重设综合科、规划财务科、医政科（含红十字会职能）、疾病预防科、爱国卫生运动委员会办公室。2005年，局内设综合科、规财科、医政科、预防保健科（含基层卫生与妇幼保健职能）、法制监督科、人事科教科、爱国卫生运动委员会办公室。

二、重庆市食品药品监督管理局彭水自治县分局

1979年，成立彭水县医药管理局。2000年，县卫生局将药政、药检及生产流通中的药品监督管理职能划入县医药管理局，县卫生局药检所工作人员成建制转入县医药管理局。2001年12月13日，成立重庆市药品监督管理局彭水自治县分局，内设办公室、综合科、市场监管科。加挂彭水自治县药品监督稽查大队牌子，保留彭水自治县药品检验所牌子。2003年，重庆市药品监督管理局彭水自治县分局更名为重庆市食品药品监督管理局彭水自治县分局（简称县食药品监督局）。增加对食品、保健品、化妆品安全治理的监管。

第二节　医疗卫生机构

1986年，全县卫生机构109个，其中国有医院9个（含县以上1个）、集体医院（乡镇医院）65个、个体医院2个、卫生防疫站1个、妇幼保健站1个、其他31个。床位707张，其中国有医院365张、集体医院260张、其他82张。工作人员881人，其中卫生技术人员795人（含医生380人、护士93人、其他322人）、其他卫生人员86人。1991年，全县卫生机构126个，其中国有医院10个、集体医院65个、个体医院5个、卫生防疫站1个、妇幼保健站1个、新设专科防治站1个、其他43个。床位852张，其中国有医院380张、集体医院336张、其他136张。工作人员986人，其中卫生技术人员886人（含医生498人、护士142人、其他246人）、其他卫生人员

100人。机构和人员都达到历年最高值。2002年，由于行政机构改革，全县卫生机构由上年的87个减少至48个，其中医院3个（含综合医院2个、中医医院1个）、卫生院40个（含中心卫生院8个、乡镇卫生院32个）、妇幼保健院1个、专科疾病防治所2个（含皮肤病与性病防治所1个、结核病防治所1个）、疾病预防控制中心1个、卫生监督所1个。床位795张，其中综合医院180张、中医医院70张、中心卫生院279张、乡卫生院206张、妇幼保健院50张、皮肤病与性病防治所8张、结核病防治所2张。工作人员798人，其中卫生技术人员663人（含执业医师237人、执业助理医师99人、注册护士132人、药剂人员29人、其他166人）、其他技术人员1人、管理人员38人、工勤人员96人。到2005年，全县卫生机构不变。床位688张，其中综合医院195张、中医医院70张、中心卫生院198张、乡卫生院177张、妇幼保健院30张、皮肤病与性病防治所8张、结核病防治所10张。工作人员801人，其中卫生技术人员695人（含执业医师250人、执业助理医师96人、注册护士161人、药剂人员37人、其他151人）、其他技术人员6人、管理人员33人、工勤人员67人。

一、彭水自治县人民医院

1985年1月，县人民医院新住院部大楼（郁江左岸县坝居委）竣工，建筑面积4578平方米。1986年8月，主治医师宿舍楼完工，建筑面积2255平方米，24套，每套3间一厅一厨一厕。1987年4月，综合楼竣工，建筑面积1682平方米，内设锅炉房、厨房、餐厅、洗衣房、澡塘、单身宿舍、供应室。1988年6月，原住院部（现高家台居委老车站上面）迁到县坝新址，病床由125张增加到190张，即内儿科60张、外科45张、妇产科25张、传染科30张，门诊部观察床30张。职工207人（含退休职工），在岗171人，其中副主任医师8人、主治医师13人、主管护士14人、主管药师4人、主管技师7人（检验4人、放射3人）。

1989年3月，四川省卫生厅对彭水实行“定点帮扶”和“农村卫生事业三分之一重点县建设”，指定重庆医科大学附属第二医院对彭水对口扶持。除派5人常驻县人民医院医疗队外，还每年派1至2批临床科室专家、教授到县人民医院巡诊讲学、临床指导，解决疑难。

1992年，县人民医院眼科在重医二院的指导下，成功开展白内障摘除术。1994年，利用四川省卫生厅三分之一重点县建设资金修建的县人民医院门诊部综合楼（原址折旧房）2600平方米和住院部医技楼2500平方米竣工。1996年，增设消化科、病理科。同年11月，四川省医疗机构评审委员会委托黔江地区评审委员会评审通过县人民医院二级乙等医院标准。1997年11月，重庆医科大学附属第二医院将县人民医院定为指导医院，正式挂牌。同年，内设机构有办公室、总务股、保卫股、门诊部、住院部，在职人员186人，其中大学文凭11人、大专19人、中专98人、其他58人，高级职称6人、中级职称60人、初级职称71人。备有日本阿洛卡和韩国B超机、200 ~ 500毫安X光机、胃镜、氦氖激光机、空调和手术台等，可作化验、放射及各种造影和作胃镜、B超、脑电图检查，能完成开颅、甲状腺次全摘除、脊髓核切除、门脐静脉结扎、经胸脾切除、肝胆外科、白内障全摘除、子宫全切加次全切除、宫颈癌根治、漫氏征、巨大卵巢囊肿瘤切除、前庭大腺造口、子宫下段美容切口等手术。

1998年，县人民医院建立眼科中心，成为“视觉第一，中国行动卫生部项目基地县”之一，开展白内障现代囊切除术。2002年5月，设立输血科。同年7月，住院部将外科分为外一科和外二科。外一科为普外科、胸外科、泌尿外科，有医生5人、护士10人，病床40张。外二科为骨科、脑外科，有医生5人、护士10人，病床35张。年底，内设科室有办公室、财务科、医务科、护理部、后勤科、安全保卫科、预防保健科（含健康教育）、病案室、统计信息科、外一科（普外、泌尿、胸外）、外二科（脑外、骨科）、内儿科、感染科、妇产科、急诊科、耳鼻咽喉科、眼科、口腔科、皮肤科、中医科（含理疗）、肛肠科、肠道门诊、综合科（门诊部）、放射科、检验科、输血科、病理科、超声科（B 超、心电）、CT 室、消毒供应室、药剂科、麻醉科、手术室、设备科等 34 个。2003 年，利用贫困县医院建设资金 120 万元，新建门诊部业务用房 1200 平方米。同年 12 月 31 日，重庆市卫生局、发展和改革委员会批准《彭水苗族土家族自治县人民医院传染病区建设项目方案》。2004 年 8 月，儿科病房开业，设在门诊部。

2005 年 8 月，县人民医院传染病区在保家镇羊头铺居委 4 组破土动工修建（2006 年 2 月竣工，建筑面积 1500 平方米，总投资 650 万元）。全年急诊抢救成功率 97%，出入院诊断符合率 100%，7 日确诊率 100%，病房抢救成功率 80%，手术病人术后 10 日死亡率 0.25%，病人手术前后诊断符合率 100%，月平均手术 150 台。内设院办公室、财务科、医务科、护理部、后勤科、安全保卫科、预防保健科（含健康教育）、病案室、统计信息科、外一科、外二科、内儿科、妇产科、急诊科、院感控制科、耳鼻咽喉科、眼科、口腔科、皮肤科、中医科（含理疗）、肛肠科、肠道门诊、综合科（门诊部）、放射科、检验科、输血科、消化科、病理科、超身科（心脑电图）、消毒供应室、药剂科、麻醉科、手术室、设备科 34 个。业务用房 1.1 万平方米，职工 201 人，其中卫技人员 151 人（本科 18 人、专科 71 人、中专 62 人），副高 12 人、中级 51 人、师 50 人、士 20 人，有床位 195 张。

二、彭水自治县中医院

1986 年，县人民政府在县人民医院原住院部有偿划拨部分房屋及环境绿化地（县人民医院食堂、会议室、制剂室、职工宿舍）修建中医院住院部。1987 年 3 月，在划拨土地中，靠国道 319 线公路旁破土动工修建住院部大楼，占地 240 平方米，设计建筑面积 2800 平方米。同年，县中医院自筹资金购买钢丝床 30 张，CTP（神灯）理疗器 1 台。

1988 年 4 月，县医院副院长调任中医院院长，县卫生局从县医院及各区卫生院调中西医医师、护理人员充实中医院力量，医院职工由成立时 9 人增加到 32 人，其中中西医副主任医师各 1 人、主管护士 3 人、中医师 10 人、中医士 1 人、放射技师 1 人、药剂师 1 人，同时利用县医院原住院部旧房，建立临时住院部病房。同年 11 月 17 日开业收治内外科病人，设病床 30 张，开设理疗、临时检验、心电图、X 光透视摄片、手术室等科室。1990 年 5 月，成都中医学院副教授李克金到彭水举办“疏肝理气及其方药的临床应用”中医学术讲座。9 月，新建住院部大楼竣工。10 月，临时住院病房搬进新修住院部大楼，病床增到 50 张。1991 年 4 月，成都中医学院函授部 1 名教授、2 名讲师到彭水举办“中医儿科学”“中医妇科学”“针灸”“中风”“水肿”“崩漏”“痢疾”“内伤发热”诊断治疗讲座。5 月，购买运经排石仪，增设中医诊断室。当年中医治疗率 70% 以上。1992 年，增设中医骨伤、痔漏、眼科等科室。同年 9 月，重庆市中医学会专家到院进行中医治疗崩漏临床指导。1996 年，病床增到 70 张。同年 11 月 14 至 17 日，黔江地区中医医院达标上等评审委员会，按照国家中医管理局《中医医院分级管理办法与标准》对县中医院进行上等达标评审，达到国家二级乙等中医院标准。1997 年，添置升降式手术床 1 张、722 光度计和多功能治疗仪各 1 台。

1999 年，门诊综合楼竣工，建筑面积 1500 平方米。添置高频治疗仪 1 台和价值 20 万元麦迪逊全数字化 5000 型 B 超。新购红外线熬药机 1 台，为病员熬送中药。引进“六合多功能治疗仪”和重庆市中医研究所研制的治妇科病特效新药。全年门诊 18030 人次，出院病人 695 人次。同年，重庆市中医管理局将县中医院列为“重庆市示范中医院建设单位”。2000 年 5 月和 6 月，县中医院分别请重庆市中医研究所博士蔡定方和涪陵中心医院专家到院巡诊讲学、临床指导，诊疗 400 余人次，作肛肠手术 10 例，胆囊切除 1 例，学术讲座 6 次。同年 8 月，引进腹腔镜 1 台，开展腹腔镜外科手术。全年中医病历书写率82%，治愈好转率98%，门诊21401人次。2001年，在内儿科开展整体护理。投资45万元设立特需病房，修建污水处理工程。购买麻醉剂1台，半自动生化分析仪和电解质分析仪各1台，骨牵引床1张。全年门诊24034人次，出院1459人次，治愈好转率98.02%，中医药治疗率80%。

2002年年底，有办公室、财务科、医务科、护理部、后勤科、安全保卫科、预防保健科（含健康教育）、病案室、中医科、中西医结合科、内儿科、外妇科、中医理疗科（针灸、推拿、按摩）、急诊科、五官科、口腔科、肠道门诊、肛肠科、中医骨伤科、中医皮肤科、综合科（门诊部）、放射科、检验科、药械科、超声科（心电、B超）、手术室（含麻醉）、消毒供应室等27个科室。

2003年10月，购买1台电子胃镜，开展电子胃镜诊断技术。

2005年10月，大型医疗设备核磁共振投入使用。重庆市卫生局批准彭水自治县中医院为重庆市示范中医院，成为渝东南地区第一所市级示范中医院。12月8日，象征中医事业发展重要里程碑的彭水自治县中医药学会正式成立。年底，县中医院占地面积3363平方米，房屋建筑面积8600平方米，其中业务用房4500平方米，病床70张。在职职工90人，其中卫技人员82人。卫技人员中大学本科11人、专科46人、中专25人，具有高级职称4人、中级29人、师25人、士8人。

三、其他医疗、保健、管理机构

（一）彭水自治县疾病预防控制中心

1959年，成立彭水县卫生防疫站。1984年11月改称彭水自治县卫生防疫站。2001年12月28日，更名为彭水自治县疾病预防控制中心，同月30日正式挂牌成立，人员由原卫生防疫站34个事业编制及34名正式人员划入。2002年，有行政科（含后勤、财务）、流行病学科、慢性非传染性疾病科、性病科、艾滋病监测科、计划免疫科、检验科、公共卫生科（含放射、公共卫生监测、职业病防治）、健康教育科（含科技信息）、质量控制科、综合一门诊、综合二门诊等12个科室。2004年9月，综合楼竣工，建筑面积1400平方米，总投资223万元。2005年，内设行政科、流行病学科、慢病科、性病科、艾滋病监测科、检验科、公共卫生科（含放射、公共卫生监测、职业病防治）、健康教育科（含科技信息）、质量控制科、综合一门诊、综合二门诊等11个科，职工32人，其中卫生技术人员25人。卫生技术人员中，大学本科1人、专科8人、中专16人，职称副高5人、中级12人、师7人、士1人。

（二）彭水自治县妇幼保健院

1952年，成立彭水县妇幼保健站。1984年11月，改称彭水自治县妇幼保健站。1987年更名为彭水自治县妇幼保健所，其规格与县卫生防疫站相等，实行所、室两级行政管理体制。

1999年9月，拆除妇幼保健所旧楼，在原址动工修建妇幼保健所综合大楼。2001年6月综合大楼竣工，总投资366万元，建筑面积5200平方米，其中业务用房2858.76平方米。

2002年5月，县妇幼保健所更名为彭水自治县妇幼保健院，内设行政科、财务科、医务科、基层保健科、计划生育科（含生殖保健、优生、优育）、儿童保健科、妇女保健科、健康教育科（含孕妇学校）、内儿科、外妇科、放射科、检验科、影像诊断科、手术室（含麻醉）、药械科、消毒供应室等16个科室。2004年，获重庆市卫生局、儿工委、财政局、扶贫办授予先进集体称号。

2005年11月，县妇幼保健院创建二甲保健院工作通过市卫生局验收达标，成为渝东南片区第一家二甲保健院。年底，全院设置行政科、财务科、医务科、基层保健科，计划生育科（含生殖保健、优生、优育）、儿童保健科、健康教育科（含孕妇学校）、内科、外科、妇女保健科、放射科、检验科、影像诊断科、手术室（含麻醉）、药剂科、消毒供应科等16个，有职工33人，其中卫技人员29人。卫技人员中，大专11人、中专19人，职称副高1人、中级20人、师1人、士5人，有床位30张。

（三）彭水自治县卫生监督所

2001 年 12 月 30 日，卫生监督执法职能从县防疫站分出，成立彭水自治县卫生监督所，核定编制 10 人，性质为全额拨款的事业单位，隶属于县卫生局。办公地点在县妇幼保健院后面，原卫生局综合楼 4 楼（平街 1 层楼），面积 300 平方米。内设行政（含办公、财务、后勤）、卫生监督、法制监督 3 个科室。2005 年，有职工 13 人。

（四）彭水自治县结核病防治所

1984 年 11 月，彭水自治县结核病防治所成立，设在县卫生局防疫站内，与卫生防疫站实行一套班子、两块牌子。1991 年 8 月，彭水自治县结核病防治所从县卫生防疫站内单列出来，直属县卫生局领导，为独立的县级卫生事业单位，与彭水自治县性病防治所一套班子、两块牌子，主管全县结核病、麻风病、性病防治工作。

1992 年 3 月，县结核病防治所在汉葭镇北大街（原公安局拘留所坎下，汉一小大门旁）租民房 200 平方米开展工作，有职工 9 人，其中主治流行病学医师 1 人、医生 2 人、检验师 1 人、会计 1 人、药剂师 1 人、护士 1 人、临时卫技人员 2 人。1995 年 3 月，迁到文庙居委租 200 平方米民房办公。1996 年，结防所采取向职工借一点、银行贷一点、延期付一点的办法筹集资金 27.50 万元，购买 1 幢 3 楼 1 底 480 平方米民房（今北大街大转盘坎上），改造后作为结防所综合办公楼，设办公室、门诊室、化验室、放射室、药库房等。

2002 年 5 月，重设行政科（含办公、财务、后勤）、结核病控制科（含量结核控制项目组织实施）、麻风病控制科（麻风项目实施）、综合防治门诊（含结核病、麻风病门诊、住院、检验、X 光室）。

2005 年，有在职职工 9 人。其中专科 4 人、中专 5 人。副主任技师 1 人、主治医师 2 人、医师 2 人、主管药师 1 人、主管护师 1 人、流行病学主管医师 1 人、其他 1 人，聘请人员 4 人，有床位 10 张。

（五）中心（乡镇）卫生院

1986 年，全县有乡镇卫生院 65 所，床位 260 张。2002 年，县卫生局根据调整后的行政区划进行乡镇卫生院调整，把 8 个区改镇的原区卫生院改为镇中心卫生院，镇政府（原区工委）所在地的乡卫生院并入镇中心卫生院。即有汉葭、高谷、桑柘、鹿角、黄家、普子、郁山、保家 8 个镇中心卫生院，有床位 279 张。新建乡镇和保留乡，每个乡设置 1 所乡卫生院，共 32 所（含汉葭镇卫生服务中心），有床位 206 张。在行政区划调整撤销乡原乡政府所在地设地名卫生站（不属区划序列的地方小卫生站），隶属调整后新的乡镇卫生院管理。中心卫生院设行政办公室（含后勤、财务）、预防保健科、急诊科、内儿科、外妇科、中医科、药房、医技科（含检验、X 光、B 超、心电）、消毒供应室等 9 个科室。乡镇卫生院设办公室、急诊抢救室、内儿科、外妇科、中医科、预防保健科、药房、医技科（含检验、X 光、B 超、心电图）、治疗室等 9 个科室。

2005 年，全县中心卫生院 310 人，其中执业医师 94 人、执业助理医师 45 人、注册护士 46 人、药剂人员 12 人、检验人员 6 人、管理人员 10 人、工勤人员 23 人、其他 74 人；有床位 198 张。乡卫生院 138 人，其中执业医师 43 人、执业助理医师 32 人、注册护士 9 人、药剂人员 5 人、检验人员 2 人、其他 38 人、其他技术人员 1 人、管理人员 4 人、工勤人员 4 人；有床位 177 张。

（六）村卫生室（站）

1988 年，全县有村卫生室 626 个。到 1989 年年底，所有村卫生站（室）完成整顿，做到七落实（人员、房屋、药品器械、牌子、制度、任务、报酬）的 305 个。1996 年，县卫生局编制的《全县医疗机构设置规划》指出：除乡政府所在地的村外，每村可设卫生站 1 个，乡村医生 1 ~ 2 名，不允许乡村医生在场镇摆摊设点、开业行医。2004 年，全县有村卫生站 581 个，乡村医生 575 名。

2005 年，县卫生局对村卫生站的设置进行调整。把村卫生站改成卫生室，在保证一村一室的基础上对部分人口多、幅员广的行政村设地名卫生站，隶属村卫生室管理。行政区划中设有城镇社区的镇，除汉葭镇外，均设置社区卫生室，负责所在社区的卫生工作，纳入村级卫生机构统一管理。场镇所在地的村卫生室和社区卫生室的设置地点必须距离场镇两千米以外。全县有社区卫生服务站24个，村卫生室297个。村卫生室、地名卫生站负责辖区内预防保健工作、常见病的诊疗。

（七）个体诊所

1986年始，随着卫生改革的深入，社会办医、个体诊所不断发展起来。1998年《中华人民共和国职业医师法》执行后，全县个体诊所法人基本实现县城职业具备“执业医师资格”、乡镇执业具备“执业助理医师”资格。2005年年底，全县个体诊所：县城50家、乡镇100家。

（八）彭水自治县民族医疗中心

1992年8月16日，成立彭水自治县民族医疗中心，为社会保险局下属单位，实行自收自支、独立核算、自负盈亏，核定人员编制10人。2005年，有床位35张，设院办、财务、住院、门诊、放射、检验、脑电图等科室，职工33人，其中招聘20人。职称结构为：副高2人、中级4人、初级27人。

（九）彭水自治县新型农村合作医疗管理中心

2005年3月，成立彭水自治县新型农村合作医疗管理中心，为全额拨款事业单位，核定编制8人，办公地点在县卫生局二楼。

（十）彭水自治县民族卫生学校

1983年成立彭水县卫生进修学校，1984年更名为彭水自治县卫生进修学校，1987年再次更名为彭水自治县民族卫生学校。负责全县乡村卫生技术人员的进修和学历培训，承担继续医学教育任务。1989年，成立黔江地区中等职业卫生学校，设在县民族卫生学校内，实行一套班子、两块牌子。2000年7月，重庆市卫生学校彭水教学部在县民族卫生学校挂牌。2002年年底，有行政科（含办公、财务、后勤）、教务科（含教研、学生科）。2003年，县民族卫生学校合并到彭水自治县人民医院，原名称不变。

（十一）成都中医学院彭水自治县中医函授站

1988年，成立成都中医院彭水自治县中医函授站。1997年春，函授站最后一届学生毕业，函授站停办。

四、民间医药

彭水中草药资源丰富。补载入《中华人民共和国药典》的634味药物中，彭水有273味。彭水还有未载入的疣子草、穿石破、回心草、木耳兰、清香桂、虎牙庄、尖根远志、铁灯台等20余种。

彭水医术起源较早,《世本》说“巫彭作医”,“巫彭”指彭水一带人。“乡主巫医，具百药以备疾灾”（逸周书大聚）。历史上，巫技和医术集于一人，用家传或师传秘方，自采草药，自行炮制，制成膏丹丸散及药酒，配以火罐、灸针、艾筒、瓦针、火针、烧灯火、刮痧、推拿及按摩方法治病。鹿角镇民间蛇医陈洪儒，退伍后于1986年从师黄庭钊学蛇医，并亲自养五步蛇（尖吻蝮）等数十个品种毒蛇，最多时1500余条。自己从事蛇毒病理研究，深入山区做治疗试验。采用民间传统医术，利用中草药结合拔罐吸毒治疗患者。治疗蛇伤使用药物主要有大三百棒、蛇王头、新龙箭、一支箭、半截烂、过路黄、百花蛇舌草、半边莲等。诸药按比例配制药酒，外擦内服，主治五步蛇咬伤，对银环蛇、野椒花、竹叶青、麻缠子毒蛇咬伤也俱疗效。在西南大学支持下，研制成功五步蛇药酒，主治各类风湿关节疼痛，获得多项发明专利。

1986—2005年，一些从医院退休或辞职的医务人员，在家里或街头开店个体行医。有的以祖传医术从农村进城开设药房行医。时年有郁山镇谭永富、聂万鹏、县城阮志浩等或开设家庭诊所，或坐堂行医，在县内均大有名气。保家镇清平社区民间名中医传承人谢朝振，继承父亲谢哲民精湛医术良好医德，自考中医大学，获得中医执业医师职称。1982 年，在县城河堡街开设个体中医诊所，主治内科伤寒症、肝胆病、肠胃、鼓胀、癫痫、男性不育、中风后遗症；妇科月经病、带下病、不孕症；儿科黄疸、发热、咳嗽、消化不良、营养不良、溺尿症等。彭水周边各县及贵州、湖北省等边界县病患求医者慕名前来，从早到晚，轮流站队。谢朝振将病人待若亲人，精心诊治，治愈率 80% ~ 90%。将祖传医术传授侄子谢凯强，带徒执业至 2005 年。

第二章 监督管理

第一节 管理体制改革

1986年，各卫生医疗机构由县卫生行政部门按行业进行管理。妇幼保健工作实行分级承包责任制，任务质量与经费挂钩。改各项指标统一检查为单项对口检查、综合平衡考核打分计拨经费为单项打分计拨报酬奖金。各乡卫生院普遍实行工资奖金浮动和岗位责任制，全面恢复“统一领导、统一核算、统一分配”的管理办法。

1988年1月，彭水自治县拟定深化卫生体制改革方案。改革领导管理体制，党政分开，实行院、站、所、校长负责制。改革分配制度，县人民医院、区卫生院推行科室承包；县卫生局对全额单位，用预算拨款的10%～20%与任务挂钩，年终根据任务完成好坏兑现；差额补助单位用预算拨款20%～50%作为大型设备购置和房屋建设，50%～80%用于任务挂钩；郁山、桑柘区卫生院自给比例为30%，县人民医院为40%。改革劳动人事制度，逐步实行干部聘任制、工人合同制。

接着，在全民、集体医疗卫生机构中开展3种类型的管理体制改革试点：地处县城，房屋、医疗设备陈旧，工作量不足的汉葭区卫生院试行承包经营；卫生院基础好，乡政府重视支持卫生工作的大河乡卫生院移交乡政府实行乡办乡管；服务半径大，病人流向多，急需完善管理的龙射乡卫生院实行租赁承包。经过一段时间的执行，龙射乡卫生院完成租赁承包，但因多种不良因素而停止。大河乡卫生院完成清产核资后，正式移交给大河乡人民政府实行乡办乡管。汉葭区卫生院承包经营顺利实现。

同时，县卫生局出台简政放权人事制度改革意见：区内集体所有制职工调整权下放到各区卫生院；乡卫生院院长任命由区卫生院考察提出意见报县卫生局审批任命（原由县人事局任命）；乡卫生院科室负责人由乡卫生院决定；区卫生院科室负责人由区卫生院院长任命；区卫生院一般只设1个领导职位，确需配副职，由院长提名，报卫生局审批。

1989年，县卫生局在汉葭、高谷两区14个乡试行双线目标管理责任制（各级政府对卫生行政管理一条线，卫生行政部门对各级医疗卫生单位业务指导一条线），1990年，全县全面推开。县人民政府与区公所，卫生局与县属医疗卫生单位、区卫生院，区卫生院与乡卫生院分别签订目标管理责任书。

1992年，县人民政府批转《彭水自治县卫生局关于深化卫生改革的意见》，明确提出：坚持和完善院（站、所、校）长负责制，实行下管一级正职领导干部的制度，全面推进和完善综合目标责任制，乡镇卫生院移交乡政府管理；村卫生站实行集体举办承包经营，责任制管理；逐步建立以全民、集体所有制为主体多种所有制共存的办医模式；实行医疗卫生单位中层干部聘任制；推行专业人员聘任制，工人合同制和全员劳动合同制，优化组合，双向选择；鼓励卫生人才合理流动；支持县城医疗单位以调动、辞职、兼职等方式承包、租赁、领办基层医疗机构；建立健全不同形式的自主分配激励机制，约束机制；建立卫生事业发展基金和局长基金；县级医疗卫生单位可以从实际出发，组织科技人员开展业余有偿服务，超额劳动和兼职服务；改革医疗卫生服务价格，逐步达到不含工资的按成本费收费；医疗卫生单位实行“以副补主”“以工助医”，组织富余人员举办直接为医疗服务的第三产业或小型工副业；鼓励和支持集体所有制卫生单位，实行股份制经营；建立医疗仪器设备折旧金提取制度。1992 年，县财政将区乡卫生事业费切块到区财政。

1993 年，改革分配制度和人事、管理制度。实行政策性补贴浮动，补贴加部分工资浮动，工资全浮动；人员合理组合，双向选择（科室负责人选职工，职工选科室负责人）。县中医院实行科室定编，院长聘任科室负责人，职工填写上岗申请书，由科室主任、护士长聘用。全县 100% 全民医疗单位实行补助与部分工资浮动。普子区卫生院工资浮动比例达到 50%。

2000 年，将原卫生局药品检验所分离出去，重新组建药品监督管理局，从行政管理上实现医、药分开。县人民医院实行工作质量与效益挂钩，县人民医院建立荐医台，给病人选择医生的权利。普子区卫生院试行全员聘任制，民主选举科室负责人，工资全浮动。

2001 年，县卫生监督所和县疾控中心正式挂牌成立，实现卫生监督、监测和疾控职能彻底分开。全面推行病人选医生，医、药收入分开核算，大型医用设备、药品集中招标制度。

2002 年，根据区划调整情况，将原 8 区 1 镇和 63 个乡镇卫生院，撤并组建为 8 个镇中心卫生院和 32 个乡镇卫生院（含汉葭镇社区卫生服务中心）和 24 个社区卫生服务站，乡镇人民政府所在地的村不再设置卫生站。将政府举办的医疗卫生机构确定为差额拨款的事业单位，人员、业务、经费收归县卫生局统一管理。中心卫生院、乡镇卫生院属政府举办的独立的法人卫生机构，实行自主经营、自负盈亏、财政差额补助。中心卫生院由卫生局和镇人民政府管理，以卫生局为主；乡镇卫生院由卫生局委托中心卫生院和乡镇人民政府共同管理，以中心卫生院为主。院长由卫生局任免，解决管人、管钱与管事脱节问题。

2002 年 9 月 14 日，县委、县人民政府联合发文《关于卫生改革与发展的决定》，明确卫生行政管理体制。县级卫生行政部门实现由“办卫生”向“管卫生”转变，对全县卫生工作实行全行业管理。县级医疗卫生机构由县卫生局管理，乡镇卫生机构由县人民政府卫生行政部门管理，乡镇卫生院性质为差额拨款事业单位。社区卫生服务站和村卫生站与乡镇卫生院实行乡村一体化管理，主要承担预防保健等工作任务，实行县乡共管、以乡镇人民政府管理为主。

2004 年，县卫生局开始实施国家公务员制度，属公务员身份人员取消企、事业单位的职称、工资及奖金等。

第二节 医政管理

1986 年，对各乡场镇的药业摊贩和个体行医、游医人员实地检查，审换个体行医人员行医证 29 本。会同公安、司法等部门调查处理 2 起游医致死人命案件，并向全县通报。

1988 年 7 月 27 日，县卫生局转发《涪陵地区卫生局关于在职医务人员业余医疗服务暂行管理办法》，规定：业余服务原则必须是业余时间，不损害单位利益，由单位组织、卫生行政主管部门批准，纯收入 80% 为业余服务者所得。到农村卫生院业余服务，必须经卫生行政部门批准，发给临时行医证；不在卫生院内开展业务的，向所服务区域区乡卫生院交管理费，每天每人 2 元至 10 元，医疗责任由服务者承担。不准无证行医，不准在职医务人员成立医疗机构或与个体诊所合伙从事医疗活动。1989 年，开始清理整顿个体行医。对外来 4 名非法行医人员和本县 24 名无证行医人员分别处以警告、罚款和没收药品、器械的处罚。对擅自扩大业务范围、私刻印章、开展计划生育服务的个体行医人员，分别处以罚款、停业整顿，吊销行医证 1 人，暂扣行医证 2 人。对全县领有行医售药证和新申请个体行医人员 148 人进行考试。

为使医疗文书规范化，县卫生局在 1990 年统一印制病历、病员出院、危重病抢救、病案讨论、死亡、差错事故、空气消毒、护士交接班 8 种记录本 3944 本，分发各医疗单位。全县区乡卫生院普遍建立病历书写制度。高谷、普子、郁山、桑柘区卫生院实行挂牌值班制度。制发《彭水自治县社会办医管理办法》，审核批准个体行医 47 家。1991 年，全县区乡卫生院 24 小时住院病历书写率、门诊日志填写率均达到 98%。1991 年年底，郁山、汉葭区卫生院甲级病历率达到 60%，其余区卫生院也有不同程度的提高。县区医疗单位聘请医德医风监督员 52 人，县人民医院把医德医风监督意见箱设在每个科室。县中医院采取填写征求意见表的方式，广泛听取病员意见。同时，由卫生、工商、医药部门抽调 12 人组成医药市场治理整顿组，查处无证行医售药人员及单位 21 个。对全县 368 名医疗单位招聘人员及个体医生进行考试。1992 年，各级医疗单位均建立意见箱，监督员增加到 106 人。取缔无证行医 38 家，审查批准县民政局盲人按摩诊所。调查处理医疗纠纷 4 起，事故 4 起。

1993—2000 年，先后制发《卫生系统医务人员个体开业行医的规定》《彭水自治县社会办医规定》《关于清理整顿医疗机构和药品市场的通知》，查获假行医证 23 本，取缔非法行医单位和个人 192 家，发放执业许可证 351 本，处理医疗纠纷 40 起。

2001 年，县人民政府审核批准非营利性医疗卫生机构 79 家，即：县属医疗卫生单位 6 家、区（镇）卫生院 9 家、乡卫生院 64 家，并明确规定非营利性医疗机构不准设院中院或将医疗场地以非营利机构名义出租给个体经营。至 2002 年，累计停业整顿不具备执业条件个体诊所 31 家，依法立案取缔非法行医 8 家。办理“医疗机构执业许可证”171 家（份），调查处理医疗纠纷 6 起，申请医疗事故鉴定 4 起，定为医疗责任事故一级 1 起，二级 1 起，两疗差错 2 起。

2004 年，办理医疗机构执业许可证 150 家（份），查处使用非专业卫生技术人员 3 家、超诊疗科目 9 家，取缔无证行医 12 家，没收 X 光机 3 台，打击江湖游医 13 人，没收非法所得 300 元。取缔性病、肝病专科各 1 个。

2005 年，集中开展打击非法行医专项整治活动，审批民办医疗机构 97 家，取缔非法行医 35 家，查处其他违法行为 134 家，限期整改 26 家，罚款 22.5 万元。县、乡医疗机构质量检查率 100%。县卫生局启动“医疗事故重大医疗过失行为报告软件”，使用率 100%，报告率 100%。

第三节　药政管理

1986 年，制发《药品管理法实施细则》《关于加强医药市场管理的通告》，检查县医药公司、中药材公司所属 2 个批发部、5 个门市部和 6 个区供销社的 6 个批发点、5 个零售点，并发放“药品经营企业许可证”。核发个体经营者自采中草药许可证 81 个，查处伪劣药品 860 余起，销毁 380 余种。没收自制不合格医疗器械 120 余种 352 件。

1989 年，建立由区、乡卫生院院长、防保组长担任专（兼）职药品检查员的药政管理队伍，形成县、区、乡 3 级药政监督网。至 1993 年，累计监督检查药品 303 次，销毁伪劣药品 127 种 4610 瓶（合、板、支）、中草药 40 余种 100 余千克，收回售药证 47 本。

1995 年，取缔非法经营药品 10 家，其中个体 7 家。没收伪劣药品 361 种和价值 2 万余元的非法经营药品，罚款 5136.80 元。1997 年，严格管理医疗单位麻醉药品，使用要求更加规范化。

1998—2000 年，公开销毁县人民医院价值 4 万元过期失效药品，全面检查县城 38 家药品经营单位、58 家个体诊所和区以上 12 家公立医疗机构，检查率 100%，取缔非法药店 41 家。

2001年，规范药品零售连锁经营，严格药品购销记录管理的3项专项检查和一次性使用无菌医疗器械专项整治。至2004年，累计出动执法人员1667人次，检查药品经营使用单位1266家次，均按照良好、一般、差的标准进行现场定格，并建立不良反应记录档案。

2005年，开展各种检查173次，出动执法人员749人次，检查药品医疗器械经营单位121家次、使用单位255家次。查处药品医疗器械经营单位9家、使用单位30家及违法案件39起，其中立案查处7起。查获假药7批次、劣药127批次，货值金额分别为667.50元、1682.26元。取缔流动无证中药摊贩6家，查获无证经营药品1215个批次，货值金额58083.20元。查获不合格医疗器械38批次，货值金额28043元。取缔未经批准擅自设立的药品广告牌9块，同时在县城药品经营门店统一制作购药用药提示牌41块。统一销毁假药26批次、劣药513批次，货值金额分别为11268.50元、8206.80元。

第四节　公共卫生监督管理

一、食品卫生

1986年，全县城配备食品监督员7名、区乡66名。健康检查食品行业人员430人，不适合饮食行列11人，及时调换工作。全县抽样检查食品1560户次，合格率63.30%，较上年上升21.50%；食品中毒起数比上年下降88.30%。查处销毁价值12.5万元不合格食品添加剂。

1987年，印发食品卫生简报4期800份、食品卫生法规宣传资料250份、《食品卫生必读》40本。召开食品生产、经营单位负责人会议4次216人次、冷饮食品专题会议4次59人次、区食品卫生检查员会议2次，培训食品卫生义务检查员30人。体检食品生产经营人员1060人，查出肺结核病5人、乙肝HBsAg阳性46人，患传染病人员均调离食品卫生经营岗位。1990年，突击检查12次2548户次，警告、限改102户次。销毁不合格食品1603千克，价值4万余元。验审补发食品卫生许可证63家，新办20家。

1993—1995年，开展巡回检查38次、5270户次，警告、限改、罚款574户次，停业整顿9户，销毁不合格食品6660千克。食品采样监测563件，合格率63.88%。从业人员体检2509人。办理卫生许可证664家。

1996年5月1日起，食品卫生监督权由县卫生防疫站转为县卫生局行使。1997年3月18日，县卫生局委托县卫生防疫站（县食品卫生监督所）行使全县食品卫生监督职责，承担工作责任，向卫生局负责，接受卫生局的监督。

1998年，县卫生防疫站在全县抽样监测食品13类1525件，合格896件，合格率58.75%，不合格食品主要是冰糕、冷饮、卤制品，细菌超过国家标准。处罚违法经营151家次，其中罚款7户，金额2800元，查封劣质奶粉2492包。1999年，监督食品生产经营单位74340户次，“食品许可证”审验100%，从业人员体检98.50%，体检合格健康证发放率100%。

2000—2004年，监督食品生产经营单位14921户次，核发“食品卫生许可证”1399户，验证1533户次，从业人员健康体检2549人次，培训从业人员2013人次，销毁不合格食品20413千克。

2005年，制定《2005年彭水自治县食品安全专项整治实施意见》《2005年食品放心工程实施方案》。共计检查食品生产加工、经营单位及个体户3524家次，查处违法案件269起，其中立案查处24起。取缔无证无照生产经营食品2家，销毁有毒有害食品3900千克、病死猪肉1124千克，查获劣质奶粉51千克、微生物指标不合格豆制品40千克、不合格肉制品2500千克、有机磷农药残留超标一级产品320千克、不合格饮料885千克、仿造生产厂家日期和品名的劣质饮料880件，端掉制假售假窝点 2 个。

二、饮水卫生

1986 年，县卫生防疫站对镇以上集中式供水单位、有自备式集中供水厂矿企业实地调查，建立集中式供水档案 11 份，体检供水工人 45 人。

1987 年，学习贯彻国务院《公共场所卫生管理条例》、四川省《生活饮用水卫生管理办法》。采集乌江、郁江的丰、枯水水样各 6 个和城镇自来水水样 20 个、各区自来水水样 19 个，获得相关数据 433 个。建立区乡简易供水档案 66 份，饮用简易自来水人数 24560 人。1990 年，监测县城自来水厂 8 次，取样 40 个。检验区乡厂矿饮用水采样 30 个，细菌总数及大肠杆菌超标，均未达到国家生活饮用水标准。

1994 年，县卫生防疫站对县自来水厂监测 10 次，督促加氯消毒，及时纠正自来水厂长期不加氯的错误。

1995 年，县卫生防疫站对县城自来水、县人民医院污水、乌江山谷居招待所排污口、乌江彭水中学溪沟排污口、乌江滑石板江面水进行采样检测。自来水公司乌江取水处江水细菌总数 4000 个 / 毫升，大肠杆菌群 320 个 / 升，不符合四川省《生活饮用水卫生管理办法》规定。自来水公司办公楼楼下采水点 69 个 / 升，山谷居采水点 69 个 / 升，县交管站采水点 92 个 / 升，是生活饮用水标准的 72 倍。自来水余氯含量只有 0.01 毫克 / 升，低于生活饮用水标准。

1996 年 3 月 4 日—4 月 12 日，乌江河水彭水段水质出现变黑，持续 39 天。3 月 8 日，县卫生防疫站专业人员到乌江上游龚滩、沿河实地调查，采集各段水样分析认为：由于 2 月下旬平均气温 14.27 摄氏度，湿度为 71.50%，3 月上旬平均气温 7.12 摄氏度，温差较大，加上 1995 年乌江上游冬干时间较长，江水下降幅度较大，上游电站关闸，使乌江流量明显减小，水流相对缓慢，江水中溶解氧不能满足有氧代谢需要，江水不能产生自净作用，从而产生大量无氧酵母产物（如繁殖类物质），使江水变黑，不属于人为污染。

同年，对自来水公司取水点环境、水厂环境调查：取水点未设置明显防护地带及防护标志、垃圾堆放致使水源受到严重污染、必要消毒设备的缺乏使饮水中大肠杆菌群等指标达不到国家标准。

1997 年，采样监测县自来水厂和区供水站 4 个供水单位 14 次，采样 72 个获得相关数据 346 个，不合格水样 55 个，占 76.38%，微生物超标。对不合格的保家自来水厂提出整改意见。对县城 3 个单位蓄水池消毒 590 立方米。

1999 年，监测县自来水厂、郁山镇供水站、白云供水站水质 15 次，采样 62 个，合格率 13.30%。

2001—2004 年，监测生活供水 71 家次，采样 292 个，合格率分别为 16.70%、58.31%、81.54%、93.75%。

2005 年，监督检查自来水厂 16 户次，抽检水样 63 个，合格率 98.41%。生活饮用水水质监测 18 家次，采样检测样品 60 个，合格 47 个，合格率 78.30%。

三、劳动卫生

1986 年，县卫生防疫站测定县水泥厂、砂砖厂、郁江煤矿、郁山镇水泥厂等 8 个单位、32 个尘层作业点，粉层浓度超过国家规定标准 26 个，发整改通知书 8 份。对 14 家县属以上工矿企业 118 名尘肺病人和尘肺严重的 3 个乡镇企业 101 名粉层作业人员体检和摄 X 光片，查出郁江煤矿、县纸厂急性职业中毒漏报病例 15 例。

1987 年，健康普查 13 个厂矿企业 486 名粉层作业工人，摄胸片 486 张。监测县内 11 个厂、45 个作业点，获得相关数据 225 个。

1990—1993 年，学习贯彻《中华人民共和国尘肺防治条例》《四川省工业企业劳动卫生管理条例》《四川省劳动卫生安全条例》，健康体检 52 个企事业单位 1111 人次。监测县水泥厂、郁江煤矿等 11 个单位粉尘浓度、噪音、紫外线强度，获得相关数据 144 个。

1995 年，健康体检 15 个企业单位 190 名工人，查出各类疾病患者 72 人，患病率 27.89%。新建 3 个单位 98 人的健康档案。1997 年，企业职工健康体检 11 个单位 407 人，查出各类临床疾病患者 309 人，占 72.92%，其中肺部疾病占 57.49%。

2002 年，彭水自治县疾病预防控制中心临时承担职业病健康检查、职业病危害因素检测评价、职业病危害预测评价与控制效果评价等职业技术卫生服务工作，在全县开展有毒有害化学品生产、销售和使用专项整治。全县有毒有害化学品使用单位 8 个：橡胶制鞋厂 1 个、个体皮鞋加工作坊 4 个、个体家具制造厂 3 个，这些厂家主要使用苯（苯化合物）、氨汽油合成粘胶剂及喷漆家具的清漆，直接接触这些化学品的工人 43 人。对使用有毒有害单位 179 名工人进行健康体检，建立个人健康档案。通过整治，用人单位建立管理和预防机制，把好进货关，使用符合卫生标准的的危害化学品，作业场所设置了醒目的标志，作业场所环境和工人防护条件得到改善。

2005 年，开展工矿企业职业病危害项目申报工作，申报企业 9 家。

四、公共场所卫生

1987 年，县卫生防疫站对县城公共场所进行摸底调查分类，7 种类型 65 处。出动宣传车到 6 个区和汉葭、郁山 2 个镇进行为期 1 周的四川省《生活饮用水管理办法》、国务院《公共卫生管理条例》宣传活动。

1990 年，出动宣传车在全县进行为期 1 周的《中华人民共和国公共卫生管理条例》宣传，举办公共场所负责人和区乡防保人员培训班 2 期 180 人次，印发《公共场所卫生简报》2 期 240 份。对县城卫生大检查 9 次，县城公共场所卫生监测 4 次 1020 户次。健康检查公共场所人员 458 人，查出乙肝患者 38 人，发放健康证 420 人。审查公共场所卫生许可证 275 个，合格 255 个，新办证 42 个。

1992—1997 年，贯彻学习《公共场所管理条例》，健康体检公共场所从业人员 792 人次，检查县城及各区镇公共场所卫生 34 次，审发"公共场所卫生许可证"807 户。

2001 年，监督营业公共场所 494 次，办证 50 家，验证 133 家，从业人员体检及培训 413 人。2002 年，监测公共场所公共卫生用品 24 件，合格 16 件，合格率 66.67%。

2005 年，成立卫生应急办公室，具体负责突发公共卫生事件应急协调管理工作。建立具有专业水平的突发公共卫生事件应急救治队伍，培训疫情网络直报人员，3 个县属医疗机构和 39 个乡镇卫生院基本实现疫情网络直报。全年监督检查公共场所 253 户，审核办理公共场所卫生许可证 65 家，验证 78 家，体检从业人员 423 人，对不合格单位作出责令改正等相应行政处罚。

第五节　新型农村合作医疗管理

2004 年 7 月 1 日，在高谷镇的陈家村和狮子村、平安乡的大竹村和长坪村、太原乡的麒麟村和区阳村等 6 个村正式启动新型农村合作医疗试点，到 2005 年 6 月 30 日，参合农民就诊 12532 人次，住院 84 人次，减免医药费 96287.18 元。同年 7 月 1 日，启动新型农村合作医疗第二阶段试点工作，新增高谷的庞溪村、兴隆村和太原的花园村、高桥村及平安的平安村等 5 个村，至 2005 年年底，参合农民门诊住院 16507 人次，已减免医药费 95283.76 元，在一定程度上缓解参合农民看病就医难问题。

第三章　爱国卫生与病疫防治

第一节　爱国卫生运动

1986年，开展城镇以治脏、农村以“两管”（管粪、管水）“五改”（改水源、改炉灶、改厕所、改环境、改畜圈）为重点整治活动，进一步推行“门前三包”“门内达标”岗位责任制，普遍提倡绿化、美化、植树造林、种植花草。整修县城下水道5条3.5千米，封闭污水沟5条250米，增添垃圾桶200个，新建公共厕所2个，清除垃圾2500吨，疏通阴阳沟4万余米，新增花盆3200余个、花台456个。同时，在县城和郊区进行全民灭鼠活动，20天内，有鼠房间率由95.23%下降到13%，鼠密度从90.10%下降到9.70%。放映卫生科教影片1016场，遍及区、乡及部分机关、学校73个，受教育观众达34.44万人次。

1988—2000年，复查验收卫生达标单位72个。修建县人民医院门诊部至轮船公司（商贸园）下水道1500米，疏通整治县食品公司肉联厂（河堡街）污水沟1600米和日杂公司、木材公司门前下水道200米。改造汉葭镇五里、白云、东门、上塘、学坝等5个村和沙沱、下坝居委水井200口，5700余人饮上清洁卫生井水。清运河堡街长期堆积在大街旁生活垃圾约55吨。拆除违章建筑26家。对县城餐馆、店堂、旅馆、公厕、影剧院、卡拉OK厅、学校等场所进行细菌消、杀、灭，消毒面积19万平方米。大型集中灭鼠活动15次，投放毒饵4285千克。

2001年，在巩固37个地级、66个县级卫生单位的基础上，新命名6个县级卫生单位。

2002年4月，以“让我们共同创建一个美好家园”为主题开展第十四个爱国卫生运动月活动，出动宣传车7辆次，发放宣传资料6000余份，办卫生专栏23期，悬挂长期标语20幅。汉葭镇个体工商户集资5500元，投劳90个，硬化人行路545米，集资1460元清除无专人使用、管理、权属的三无地白色垃圾13处。县城消毒杀虫1700平方米，投放杀鼠毒饵300千克。推行垃圾袋装，提倡“屋顶花园”新模式。同时，爱卫办在迁乔乡庙弯村、郁山镇连丰村、联合乡高家村进行农村改水试点。全年利用水利农机局国债项目资金、扶贫办扶贫资金等1598万元，修建水厂（站）18处，扩建管网4处，引山泉供水63处，水泵供水2处，受益5.15万人。投入改厕资金76万元，改厕2400户。同年，爱卫工作获得全市二等奖。

2004年，新建农村改水点14个，解决近5万人的饮水难问题，农村卫生厕所普及率32.40%。累计创建市级卫生单位13个、县级116个。

2005年，规范医疗废物管理，县医院、中医院、保健院和汉葭、高谷、郁山中心卫生院等6个单位均安装污水处理系统，实现污水达标排放，对医疗固体废物实行分类、毁形和定点焚烧有效处理。同时，常规性地在春秋两季灭鼠及鼠药使用管理。

第二节 免 疫

一、计划免疫

1986 年，区卫生院建立防保科，乡卫生院成立防保组，主要实施计划免疫和预防接种，起着预防保健作用。全县冷链转运物资准备全部就绪，购买冷藏箱 80 个、冷藏包 720 个、冰箱 20 台、各种注射器 2480 具、针头 62400 颗、煮针盒 640 个、冰排 2000 个，冷藏工作在普子区各乡运转试点。全年四苗（卡介疫苗、麻疹疫苗、脊灰炎疫苗、百白破疫苗）接种率由上年的 35% 提高到 43.33%，各类疫苗接种率普遍提高。

1987 年，四川省卫生厅将彭水列为四川省第四批与联合国儿童基金会冷链合作项目，分配给县卫生防疫站由联合国儿童基金会提供的 HF-1271 型低温水箱 5 台。县人民政府成立计划免疫冷链运转领导小组，全县建立防保科组 74 个，专兼职人员 144 人。项目工作在汉葭区、汉葭镇、普子区进行冷链双月运转。1988 年 10 月实现全县按月运转，冷链运转面 100%，63 个乡实现门诊接种，占 96.62%。至 1989 年 6 月，县财政拨款 7.5 万元购置电冰箱 29 台、冷藏包 700 个、冷藏箱 80 个、冰排 2000 个、注射器 7600 具、针头 9600 颗、镊子 700 把、煮沸消毒盒 700 个、客货两用冷链车，装备区、乡防保科组。县卫生防疫站建成冷链运转室，用于疫苗储藏，冰排冻制。

1991 年，计划免疫建卡率 99.52%，建证率 86.19%，单项疫苗接种率卡介苗 99.52%、脊灰疫苗 98.09%、百白破 97.14%、麻疹疫苗 97.62%，四苗全程接种率 95.71%。1996 年，黔江地区卫生局评审组抽查城郊、鹿鸣、上岩西、大厂、龙塘、桑柘、新场、郁山等乡（镇）的儿童计划免疫情况：建卡率 100%，建证率 20.69%，四苗单项接种率：卡介苗 93.10% ~ 100%、脊灰糖丸 89.6% ~ 100%、百白破三联 89.66% ~ 100%、麻疹疫苗 89.66% ~ 96.55%，四苗全程接种率 89.66% ~ 96.55%。2000 年年初，重庆市卫生局为彭水自治县装备冰箱 64 台，每乡 1 台，保证冷链运转。

2002 年，将乙肝疫苗纳入儿童计划免疫。当年 1 月 1 日及以后出生且父母双方或一方在本县有常住户口的儿童为乙肝疫苗免费接种对象。

2004 年，儿童计划免疫“四苗”接种率为：卡介苗 88.10%、脊灰 77.62%、百白破 75.71%、麻疹疫苗 74.76%。11 月 1 日至 8 日，卫生部计划免疫评审小组对彭水自治县计划免疫进行综合评审，检查 23 个乡、30 个村儿童计划免疫工作，达到卫生部计划免疫工作要求，评审合格。

2005 年，县级医疗机构疫情卡片录入率 99.70%，录入及时率 92%，准确率 100%。查验 323 所学校及托幼机构的 23170 名幼儿、学生的预防接种证，查验率 93.74%，计划免疫“四苗”接种率分别为卡介苗 91.18%、脊灰糖丸 92.68%、百白破三联 90.09%、麻疹疫苗 91.85%，乙肝疫苗全程接种率 80%，流脑 74.12%，乙脑 73.54%。

二、脊灰疫苗强化免疫

1986—1991 年，对儿童脊灰疫苗是进行常规免疫。1992 年，全县开展 0 ~ 47 月龄儿童脊灰疫苗强化免疫活动。县卫生防疫站派出 26 名医务人员分赴各区进行指导监督。第一轮（1 月），服苗 34552 人，服苗率 97.17%。第二轮 2 月底结束，服苗 33824 人，服苗率 95.12%。

1993 年，对 30 ~ 47 月龄儿童脊灰强化免疫服苗。全年强化服苗 4 次，分别在 1 月、3 月、11 月、12 月的 5 日进行。第一次服苗 36486 人，服苗率为 95.86%。第二次服苗 36432 人，服苗率为 95.72%。两次全程服苗率为 95.79%。

1997 年，第一轮服苗率为 98.18%，第二轮服苗率为 98.90%，达到全国消灭脊灰强化免疫接种率

98%的目标。

此后，每年1月、12月的5日、6日进行脊灰强化免疫接种。每次活动由县卫生局组织县区乡医疗单位100余医务人员，乡村医生600余人在县城、乡镇场上、主要路口及各村设立服苗点700余个，开展强化服苗。每次服苗日结束后的第一天开始，由服苗队伍工作人员在各自的服务范围，入户查漏补缺，以保证服苗率98%以上。2000年消灭脊髓灰质炎。

第三节 疾病防治

一、传染病防治

（一）非典型肺炎

2003年4月初，针对全国暴发非典型肺炎疫情，县委、县人民政府成立“非典型肺炎防治领导小组”，设立综合防治办公室和综合协调、疫情警务、乡村防控、企业防治、药品供应、环境卫生、宣传报道、后勤保障、县城防控、计生信息、督促检查等工作组，各级各部门、学校、企业、社区成立相应的工作机构。

4月18日，县人民医院确定为“非典型肺炎观察病人定点接受医院”。24小时内设置隔离区域，建立隔离病房60间，做到生活区、清洁区、半污染区、污染区四分开。建立县级医疗机构、中心卫生院、普通乡卫生院隔离观察室31个。投入抗“非典”第一线医护人员368名。针对农村个体诊所收治发热病人、不及时报告疫情、极易形成交叉感染的情况，县人民政府发布《关于传染性非典型肺炎防治期间社会办医机构暂停执业活动的通告》，并组建综合执法队进行专项整治，全县个体诊所全部停止执业活动。建立县乡村组4级疫情监测网。乡镇干部、卫生人员为疫情网络监测骨干。全县报告疫情127次185人。经过流行病学调查，市县专家组专家会诊，收治发热病人和疑似病人的密切接触者76人，确定为医学观察病例29人，留验观察47人。发热门诊共检查诊断发热病人6685人。隔离收治的76人发热病人中，68人直接来源于北京、广州等疫区，还有8人是三义乡灯塔村2组人。因该组王某出嫁之女王某从北京返回石柱后，到三义乡灯塔村2组娘家探亲，导致娘家7人中5人出现疑似非典型肺炎症状，与其密切接触的谭某家3人也出现同样症状。县人民政府针对三义乡和鹿角镇的特殊性，将三义乡灯塔村2组，鹿角镇正元村1组确定为疫点，并抽调公安干警、卫生专业人员，配合乡镇人民政府划定警戒区域，制作警戒标志，实行24小时封锁观察14天，无疫情发生，撤除警戒。

从4月15日起到7月7日结束，全县无疫情发生。期间，县委、县人民政府就“非典”防治工作作出具体可操作性文件14个。出“纪要”“通报”“简报”96期。县、乡镇、村层层签订责任书，实行县级领导包乡镇、乡镇领导分片包村组、村组干部包农户责任制。县电视台开办“非典型肺炎防治专题节目”，《彭水报》开辟“非典”防治专栏。县人民政府印发宣传资料22万份、“告学生家长书”15万份、《“非典”自我防治》2500册、《“非典”防治手册》16.5万本，张贴“通告”1.3万份、宣传画1.7万幅、《“非典”防治法律法规选篇》15万份，悬挂长期性固定标语276幅，出动宣传车1300余次，组建宣传队640个。全县城乡各级各部门各单位、机关团体、宾馆、旅店建立出入人员登记制度。设置交通卫生检疫站7个，即郁山马嘶口、高谷镇共和收费站、龙塘坝乡、朗溪乡、彭水车站、两江车站（商贸园）、乌江彭水码头，从公安、卫生、交通部门抽调56人轮流24小时检查。对来源于疫区的发热、咳嗽病人，立即送留验站做进一步检查，查清同车人基本情况，报告县疾控中心落实乡镇跟踪观察。设置交通检疫站期间，累计检查车船14237辆（只）次，检查登记乘客104251人次，送留验站发热病人38人，免费强制消毒车辆11024辆次。对公共场所发放各种消毒液

74783千克，消毒1265平方米。

（二）痢疾

县境内痢疾病时有发生，特别严重有2次，主要是由食品和饮水不卫生导致。

1988年8月，鹿角区善感乡合元宝村暴发痢疾。从8月10日到18日，全村7个村民小组，有6个小组发病，发病51人，发病率为51.19‰。发病年龄分布在0～79岁。0～4岁6例，20～24岁16例，40～41岁5例，45～49岁5例，55～59岁5例，60～64岁13例，79岁1例。8月15日晚8时30分，县卫生局接到鹿角区卫生院报告："善感乡合元宝村发生以呕吐、腹泻为主要症状病人31例，死亡3例。"接到报告后，县人民政府、县卫生局、县防疫、县人民医院组成抢救组于8月16日凌晨1时赶到疫区，与区乡政府领导、区乡卫生院医务人员一道开展流行病学调查、临床及细菌学检验。结果表明此次痢疾暴发流行的原因是：因食用未清洗西瓜引起的细菌性痢疾局部暴发流行。经过及时救治，除扑前死亡3例外，其余全部治愈。

1990年，彭水遭受百年一遇的特大旱灾，旱情从6月下旬到9月中旬，持续时间约3个月。气温高达41℃。全县除乌、郁两江外，其余溪沟、河流大部分干枯，90%的农户到15千米外的地方排队等水。砂石乡同平村675户2000余人只有一口水井有水。旱情导致广大人民群众饮水极为困难，饮水卫生极差，痢疾暴发流行。全县65个乡镇624个村均有不同程度的发病，总计发病6738例，死亡45例。发病最严重的乡有靛水、乔梓、高谷、新田、新场乡。靛水乡古文村224户940人，患病379人，全家患病的有12户。疫情发生后，省卫生厅、黔江地区卫生局、地区防疫站、县委、县人民政府及时组织扑疫，痢疾暴发流行得到有效的控制。扑疫中，卫生部门出动宣传车100天次，发放宣传资料4500份。县、区、乡村召开电话会、干部会、职工会、村民大会等防治专题会1342次，受教育面50余万人次。用消、杀、灭药品溴氰菊肪25千克，漂白粉5吨，TC-101粉剂250千克，片剂835瓶，生石灰70吨。消毒集中式供水70处，消毒细菌滋生场所1275万平方米。发放预防药痢疾灵12万片，黄连素片6万片。县区乡组织医疗队77个208人，乡村医生、个体医生523人投入防治工作。

（三）伤寒

伤寒主要是由伤寒杆菌引起的急性肠道传染病，手、餐具、日常生活接触等途径传播。县境内出现特别病例有两次。

1992年7月中旬至9月下旬，汉葭区城郊乡镇南村发生食物型伤寒流行，先后发病102例。镇南村地处县城正北方4千米，海拔860米，全村3个村民小组，123户、745人，四周5千米内无常流泉水，人畜饮水用天落水。7月15日，该村2组24岁的女村民张某（女），以感冒就诊于个体诊所，医治无效，于7月31日到县人民医院就诊。县人民医院拟诊重症肝炎、伤寒，收入住院治疗，8月8日自动出院回家，8月10日死亡。自8月14日起，参加丧宴的170余人中，102人陆续发生畏寒、高烧、腹胀、头晕、厌食、乏力等症状。9月11日，经县人民医院查血发现是伤寒杆菌，确诊为伤寒。至9月22日，该村2组张某所在地村民小组，发病98例，其中男51例、女47例，年龄最大63岁，最小11个月，死亡1例。发病主要集中在首发病例死亡出葬后的20天以内，患者症状大多一致，与食用丧宴凉菜及餐具有关。疫情发生后，县卫生局立即组织县卫生防疫站、汉葭区卫生院、城郊乡卫生院医务人员组成医疗队，迅速深入疫区开展流行病学调查，就地隔离治疗病人，10例重病人收住乡卫生院集中治疗。在疫区开展卫生知识宣传，对疫区饮用水、餐具消毒、厕所及环境消毒。到9月底，疫情得到有效控制。之后，县卫生局拨专款2000元，由县卫生防疫站和汉葭区卫生院派出专业技术人员用TC-101和敌敌畏对疫区进行消毒。

1996年3月10日至10月23日，桑柘、鹿角两区的桑柘、新田、新场、鹿箐、大园5个乡28个村125个村民小组暴发流行伤寒，累计发病1616例，死亡1例，患病率6.05%，病死率0.06%。

桑柘乡发病最多。3月10日，新田乡首发病例后，6月桑柘出现疫情，7月鹿箐和新场、大园乡开始发病。7、8、9月是发病高峰期，3个月发病1053人，占发病总数的65.16%。病人最小年龄8个月，最大年龄94岁。病人主症状为畏寒、持续发热、疲乏、食欲减退，部分病人有肝脾肿大。经县卫生防疫站采集6份作肥达氏反应，5份为阳性。10月18日，重庆市卫生防疫站从病人血、粪标本中分离出4株伤寒杆菌。

流行原因：（1）1993年、1994年有伤寒病例发生，邻近酉阳县和贵州省铜仁地区是伤寒流行的老疫区，传染源广泛存在；（2）水源缺乏，水质卫生状况差。发病最严重的百泥、清水村大多数水井卫生状况极差，在水井上方20～50米处有粪池，下雨时粪水直接浸入水井。村民取水无公用水桶，水源受到严重污染；（3）村民举办红白喜事聚餐，造成食物传播；（4）8、9、10月属农忙季节，村民互相帮工，一同吃饭，生活密切，接触造成传播。

疫情发生后，县卫生防疫站立即逐级向上级卫生防疫站报告，并派出专门人员赶赴疫区开展调查和防治工作。县人民政府、县卫生局、县防疫站与桑柘区工委成立县扑疫领导小组和技术指导小组，现场办公。地区卫生局、地区卫生防疫站深入疫区核实疫情。至10月23日，共召开疫区区、乡党政干部专题会4次，村组干部专题会4次，区、乡卫生院院长、防疫医生会2次，区乡机关干部40人、村组干部209人一线扑疫，发放宣传资料12185份。共投放TC-101消毒剂6万片，发放氯霉素片6000片、氟哌酸4000板、复方新诺明1500片，应急接种1052人，消毒场镇、学校、餐饮店1万平方米。病人全部治愈，未新发现伤寒病人，疫情得到控制。

（四）炭疽病

县境内炭疽病例极少。

1987年6月，走马、三连、石柳等乡先后发生牛炭疽病。其中走马乡10个村27个组55户，牛发病57头，感染7人，经地、县、区、乡畜牧科技人员15人，历时53天，消毒229户圈舍452个、房屋1696间，预防牛1898头、猪2439头，治愈牛54头，深埋病死牛尸7头，扑灭疫病。

同年8月6日晚9点，走马乡卫生院接诊了1例胸部、手背呈现肿胀、溃烂，形成黑色焦茄，体温39.5℃的病人，拟诊炭疽病。随即报告县卫生防疫站、县卫生局，并逐级上报。地、县卫生防疫站、畜牧局及时赶赴现场。经临、流行病学调查分析及细菌学检查，证实为一起炭疽病。

流行病学调查：7月28日，走马乡关平村肖某家饲养的1头黄牛猝然暴死。当日，本村3组张某甲、张某乙、肖某3人协助户主肖某剥牛皮，剔牛肉出售，本村51户188人买回牛肉煮熟吃。8月2日，张某甲手背局部出现丘疹样水泡，周围肿胀溃烂后形成黑色焦茄，病情较轻，未就医。8月4日。参与剥牛皮的张某乙出现与张某甲一样的症状，发烧39.8℃，因病情加重，于8月6日晚就医于乡卫生院。到8月13日，该村发生类似症状、体征的病人7例，病死猪2头、牛3头。

疫情确立后，地、县卫生防疫站、畜牧局派出18人，与区乡党政、卫生院成立扑疫指挥小组和技术小组。根据流行病学调查、病源学检验结果，将关平村的5个村民小组划分为疫区，从8月12日起对疫区进行封锁，设置临时检查关卡。封锁期间疫区的家禽，牲畜，副食品等物不得以任何形式运出疫区。走马乡场上严禁收购牲畜、调运。不准出售未经检疫的肉食品。隔离治疗病人，对6例轻病人就地隔离治疗，1例重症患者住乡卫生院治疗。到8月27日，6例就地治疗患者痊愈，重症患者好转。对疫区内污染和可疑污染的95户农家室内外环境，9间猪、牛厩舍和乡卫生院室内外，先用敌敌畏灭蝇，然后再用42%的漂白粉溶液喷洒消毒，对重点污染区进行反复多次消毒。分别用人、畜炭疽疫苗对人畜接触和可疑接触者，以及疫区周围549人、900余头牲畜进行预防接种。对患病牲畜进行治疗，对死畜进行处理，挖深2米以上的深坑，把牲畜尸体放深坑后，撒上漂白粉溶液和生石灰，填上泥土并夯实，立上标记。到8月27日，15天内无新病例发生，疫情得到控制，封锁解除。

在2001年美国“9·11”事件发生后，卫生部印发《全国炭疽生物恐怖应对与控制预案》，重庆市卫生局发出《关于进一步加强炭疽防治工作的紧急通知》，县卫生局制定《炭疽生物恐怖紧急应对与控制实施方案》，成立“炭疽生物恐怖紧急应对和疫情处理工作领导小组”，县卫生防疫站成立“炭疽疫情控制应急小组”，县人民医院成立“炭疽疫情抢救小组”，随时应对炭疽疫情出现。此后，县境未发现疫情病例。

（五）钩端螺旋体

1985 年后，全县仍有钩端螺旋体病在发生和流行。

1989 年，迁桥乡发生钩端螺旋体暴发流行，发病 126 例，死亡 1 例，患者中 70% 是 45 岁以下青壮年。

1998 年 8 月 24 日至 9 月 22 日，郁山镇、大河乡、下岩西乡发生钩端螺旋体病 127 例，发病率为 22.28/10 万；死亡 4 例，死亡率为 0.70/10 万，病死率为 3.15%。病人分布在 3 个乡镇的 6 个村 25 个居民小组。其中郁山镇同乐村 1 例、下岩西弹子村 14 例、大河乡 112 例。人群分布为男 64 例、女 63 例，年龄最大 70 岁，最小 7 岁，其中 15 ~ 50 岁 99 例，占 78%。患者主要症状是起病急、发热、发冷、全身软痛，部分病人有腓肠肌疼痛、淋巴结肿大、眼结膜充血、酒醉貌、咯血、黄疸、肝肿大等。临床分析以流感伤寒型为主，肺出血型次之，黄疸较少。

疫情发生后，县委、县人民政府立即专门安排钩端螺旋体病防治工作，县卫生局布置落实防治工作。县卫生防疫站派出 25 名专业人员奔赴疫区，指导区乡村钩端螺旋体防治工作。黔江开发区卫生局、防疫站立即组织专业人员到县核实疫情，指导防治工作。通过流行病学调查分析，此次钩端螺旋体病暴发流行的主要原因是：（1）老疫区；（2）入夏以来气温高，雨量大，收割稻谷时农田中仍有大量积水，农村鼠密度高，猪牛多为敞放，带钩体病病源体的鼠及牲畜的粪、尿等排泄物污染农田，形成大面积疫水。缺乏免疫力的人群接触疫水后患病；（3）钩体疫苗需注射 3 针，由于注射时有较重的疼痛，群众难以接受，接种人数很少；（4）基层防疫网不牢，没有及时发现疫情苗头，未能迅速采取有效措施，致使疫情扩大。

以后未发现疫情。

（六）结核病

1987 年，县结核病防治所在保家区大河乡开展结核病线索调查试点工作，体检 442 人、胸透 434 人、查痰 70 人，发现肺结核病人 85 例、痰菌阳性 19 例，患病率为 1020/10 万（全国平均水平为 717/10 万）。

1992 年 1 月，在普子，郁山，黄家坝区部分中小学及厂矿开展结核病流行调查，检查 3599 人，查出结核病 23 人，患病率 211.80/10 万，涂阳率 639.10/10 万。普子区棣棠乡四平村 4、5 两组 187 人，查出肺结核病人 22 人，痰菌阳性 9 人。1993 年，对 15 例新菌阳病人进行治疗，治愈 15 例。同年 11 月县结防所在保家中学、大河中心校进行结核病普查，查学生及教职工 1176 人，查出结核病人 8 例，患病率 680/10 万。

1994 年，正式启动卫 V 项目（世界银行贷款控制结核病项目）。至 2001 年，世界银行贷款到位人民币 31.5 万元，市结防所采购分配雅安产通工督导车 1 辆、价值 59110 元，200 毫安 X 光机 1 台、价值 9 万元，双目显微镜 2 台、价值 5936 元。全县有专兼职防痨人员 647 人。项目覆盖面由 1994 年的 15 个乡镇扩大到 64 个乡镇，覆盖率 100%。免费治疗肺结核涂阳病人 1609 人，肺结核患病者由 2611.8/10 万人下降到 1477/10 万，涂阳患病率由 630/10 万下降到 125.6/10 万。

2002 年，发现可疑诊肺结核病 1926 例，免费治疗 268 例，肺结核病人转诊率达 80%。

2003 年，实现肺结核病防治归口管理，发现可疑诊肺结核病人 1968 例，确诊活动性肺结核病人 736 例，免费治疗 373 例，转诊率 81.60%。2004 年，结核涂阳病人发现率 100%，结核病归口管理率 97.80%。

2005年，确诊结核病人1015例，免费治疗460名。发现肺结核涂阳病人482例，归口管理率达90%。

（七）禽流行性感冒

1997年后，全世界发生禽流行性感冒病毒感染人，并导致流行和死亡的事件。2004年年初，全国爆发高致病禽流感。2月，县卫生局制定《彭水自治县突发人间禽流行性感冒疫情应急预案试行》。2月1日，三义乡小坝村发生鸡患疑似禽流感。县委、县人民政府随即成立重大动物疫病防治领导小组，召开3次全县防治工作电话会议，紧急落实23万元资金，启动39个乡镇养禽大户禽流感专项普查，有55户规模养殖户和专业户计2.2万只鸡、2042只鸭、555只鹅登记，抽查260只鸡鸭血清化验均为阴性。从2月2日起，每天早晚对县城农贸市场活禽交易和宰杀点全面消毒，对乡镇养禽大户以及散养农户禽舍消毒12万间。公安、交通、运管部门设立流动检查岗，严禁客运车辆载活禽。对省际边界乡镇纵深2千米，对县际边界乡镇纵深1千米，主要公路沿线规模养殖场周围500米范围内，强制免疫，杜绝输入性疫病传入。县境内没有重大疫情发生。

二、地方病防治

（一）地氟病

1986年，县人民政府制定地氟病综合防治方案，确定小厂乡为地氟病防治重点乡。针对小厂乡农户敞火烧煤煮饭取暖、烤粮，污染空气、食品等致病的重要原因，地县两级能源办、地防办组织10余名专业技术人员开展降氟炉灶研究，设计制造多功能降氟炉灶，并成功为小厂乡1412户农户安装。至1988年，在小厂乡相邻同河乡、鹿箐乡推广安装多功能炉灶3012户。小厂乡粮食含氟量由原来每千克54.16毫克降到0.0042毫克，空气含氟量由每立方米134微克降到4.2微克，尿氟由每升13110微克降到4550微克。

1989年1月，县卫生防疫站组织卫生技术人员在郁山区石柳、联合、连湖，芦塘等乡进行炉灶改造，到5月结束，改造炉灶10092户。1993年5月，卫生部、省地办对小厂乡降氟改灶工作进行检查，使用率90%，全乡1800户有1551户用降氟炉灶烤烟、炕粮食，占86%。

1997年，重庆市直辖后，四川省地办地氟防治检测中断。县卫生局向重庆市卫生局呈上“彭水自治县地氟中毒流行和防治情况报告”，引起重庆市卫生局的高度重视。

2001年，中华人民共和国卫生部疾控司副司长陈顺义、美国福特汽车公司（中国）副总裁田长安和中华医学会领导一行亲临小厂乡实地进行地氟病危害情况考察。县卫生局抽调县地办、县卫生防疫站、桑柘区卫生院、小厂乡卫生院防保人员组成调查组，重点对小厂乡小厂、龙门、大厂3个村炉灶使用情况进行调查：3个村1020户3440人，炉灶完好190户，破损炉灶543户，无炉灶287户。根据这一结果制定《重庆市彭水自治县实施田长安改炉降氟防病项目计划书》，报经重庆市卫生局、市疾控中心批准实施。2002年2月，500套宽70厘米方形平台、重55千克新型降氟铁炉发放到小厂、龙门、大厂村农户家中，特困户、五保户免费发放，其余每户由乡政府收20元，用于小厂村卫生站建设。2003年9月，县卫生局、县扶贫办、县农业局按照《重庆市卫生局扶贫办农业局关于开展燃煤型地方性氟中毒调查工作的通知》要求，组建燃煤型地氟病调查组，用20天时间，对郁山、走马、龙溪、连湖、石柳、联合、芦塘、三义、长滩、桑柘、小厂等乡镇172个病区（村）50个可疑病区（村）5582户209493人进行调查。调查结果：有氟斑牙患者57952人，患病率27.66%；氟骨症病人5772人，患病率2.76%。其中8～12岁儿童18134人，患病5649人，患病率为31.15%。改造炉灶4024户，改灶率为72.09%，合格率为67.93%。222个村中，氟斑牙患病率大于或等于30%的村有82个；氟骨症患者5772人，分布在85个村。与原病相邻5个可疑病区村，本次调查确定为病区。原有11个轻病区氟斑牙患病率下降到30%以下，原60个病区村中，有41个村下降到30%以下、8

个村下降到5%～10%、11个村下降到5%以下，原有34个重病区村下降到30%以下。郁山镇5个居民委员会燃煤致病因素基本消除，但氟斑牙患病率仍高于非病区。

2004年，将重庆市政府安排的10664套炉灶发放到郁山、桑柘、走马、小厂、龙溪、三义、连湖、石柳、联合、长滩、芦塘等11个乡镇。

2005年11月，重庆市疾病预防控制中心对桑柘、小厂、芦塘等乡镇地氟病区地氟病项目炉灶改造、健康教育、群众认识水平等综合防治进行督查，县疾控中心对走马、龙溪、联合、连湖等乡进行督查，发现有责任不落实、防病意识缺乏、炉灶不能正常使用等不同程度问题，并针对性地进行改正。

（二）疟疾

1987年，县、区、乡成立疟疾防治领导小组，落实疟疾防治专兼职人员：区卫生院2～3名、乡卫生院1～2名。全县成立67个采血送检站、8个区成立血检站，县卫生防疫站成立疟疾防治中心血检站。同年9月，在40个乡136个村，血检299人，占乡的61.54%、村的21.38%、总人口的0.06%，查出阳性1人。对291人血检者进行假定性治疗。1990年10月31日至11月2日，四川省基本消灭疟疾考核组、地区考核组通过听汇报、查资料、现场考核进行全面评审：按当地感染病例计算，疟疾年发病率已连续23年控制在万分之一以下，近13年无发病率超万分之五的乡；1990年以乡为单位，血检均在1%以上，血检村覆盖率100%；蚊帐普及率从70年代的37.89%上升到1990年的84.36%。考核组确认，彭水自治县已达到卫生部颁发的基本消灭疟疾的标准，同意达标。

1991年7—10月，在全县8个区58个乡采血检测1096人。流行季节对连湖、走马、芦塘、联合4个乡的疫情进行追踪调查，对从疫区返乡人员发病者采血镜检，对现症病人进行根治、周围人群服药预防、病人家庭消毒灭蚊，对连湖外流人员登记造册。1993年，在全县医疗单位诊治的四热病人中，采血镜检2735人，均未发现阳性。对木南乡赴广东打工回归29人中发病的6人给予治疗服药，未发病的23人进行预防服药，处理疫点，控制疫情。

1998年，县卫生防疫站，采集门诊“四热”病人2726人血检，未发现疟疾阳性病人。1999年，针对全县外出务工人员增多的现状，加强输入性疟疾管理。全年血检2010人，采血覆盖率100%，未查出阳性病人。2000年，对3105人“四热”病人血检，未查出症原虫阳性患者。

之后，每年都有不同程度对病人进行血检、服药，对环境卫生进行消毒处理，在最大程度上消灭疟疾病源。

（三）丝虫病

1984年9月，彭水就达到国家基本消灭丝虫病标准。从1985年开始，开展病源学和昆虫学监测、晚期丝虫病核实。1986年，对历年查治质量薄弱的62个村再次普查，进行全民服药盐，血检43908人。全县共用海群生原粉3.2吨，掺拌食盐1011.05吨，人均服海群生总量为6克。对1982年以来接受过血检的61个乡镇382个村31528人，采用了3克6日疗法治疗，全员治疗合格。对全县5个观察点历年血阳1073人，治疗两个疗程，治疗合格率100%。对1984年和1985年漏治和检查出的903例血症者进行集中治疗两个疗程，治疗合格率99.40%。同年9月在全县10个乡10个村中流行人群血简8976人，新兵体检306人均检出血阳者。

1990年，以单耳双片采血法对830名应征入伍青年和靛水乡张家坝村1091位农民进行血检，未发现微丝蚴阳性者。在鹿角乡、新田乡居民家中蚊帐内共捕捉2123只致倦库蚊进行解剖，均未发现阳性蚊。年底，黔江地区卫生局、地方病防治办公室、卫生防疫站受四川省丝虫病考核组委托，对彭水基本消灭丝虫病后近期监测工作进行评审，确认达标。

1992年，人群血检监测3个乡的3个村2758人，镜检未发现微丝蚴阳性血片。解剖致库蚊3015只，无微丝蚴阳性蚊。1993年6月下旬，在鹿角乡对1180户3253人晚期丝虫病人复查：1985年普查时查出的晚期病 110 人中，外出 7 人、死亡 3 人、治愈 8 人，复查未发现新病人。1993 年 8 月下旬，在普子、大园各选 1 个村进行单耳双片人群血检监测。监测 610 户 2484 人，应查 2091 人，实查 2035 人，镜检未发现微丝蚴血检阳性者。选新田、靛水乡为观察点，在两乡 146 户 436 顶蚊帐内捕捉致乏库蚊 3152 只、中华安蚊 546 只进行解剖镜检，未查出阳性蚊。1994 年，血检 1068 人，未查出微丝蚴阳性者。解剖镜检致乏库蚊 2127 只，无微丝蚴阳性蚊。

1995 年，镜检 8 个区 2518 张血片，解剖镜检致乏库蚊 2820 只，未检出微丝蚴阳性者。同年 9 月黔江地区卫生局受四川省消灭丝虫病考核验收组委托，对彭水基本消灭丝虫病工作进行初评。10 月，经省、地消灭丝虫病考核验收组考核验收，达到国家消灭丝虫病标准，实现消灭丝虫病的目标。

1996—1998 年，实行不定期监测。

1999 年，在朱砂乡陈家园村监测 1204 人，查血率 98.50%，血片合格率 98%，未查出微丝蚴阳性患者。2000 年，采集 3150 人血片血检，未发现微丝蚴阳性患者。2001 年，进行病源学监测，采用晚间 21：00 至凌晨 02：00 时耳垂采血、厚血膜单耳双片法。

第四章　妇幼卫生

第一节　妇幼保健

1986 年，开展职工妇科普查和婚前咨询及计划生育、优生优育宣传，发放宣传资料 1000 份。对全县 31 例尿瘘病人及 332 例中 327 例宫脱病人治疗情况进行术后随访，效果良好。全县健康检查 5500 余名儿童，为儿童生长发育提供科学依据。

1989 年，区和万人以上乡配 1 名专职妇幼医生，其余乡为兼职妇幼医生。在普子、高谷两个乡开展一年的儿童生长发育监测试点，共监测儿童 662 人。其中 0 岁组 324 人，监测 906 次；1 岁组 338 人，监测 306 次。发现患肺炎 50 人、消化不良伴腹泻 54 人、上呼吸道感染 38 人、缺钙 27 人，针对性的制定治疗方案。在普子乡和高谷乡分别开展妇幼保健、围产期保健保偿服务试点。保健有偿服务：收取投保者有偿服务费 26 元，在办理结婚证时一次交清后，由承保的乡卫生院对投保者按时进行产前检查，新法接生，产后访视，0 ~ 3 岁幼儿的健康监测，0 ~ 7 岁计划免疫接种。围产期保健保偿：按保健规定范围，产前检查，产后访视保健后，出现不应出现的转院，死亡由承保单位给予补偿。试点结束后，普子区 6 个乡全面实行保健有偿服务，高谷区 8 个乡全面实行围产期保健保偿。同年 12 月，“加强中国基层妇幼卫生合作项目”正式落户彭水。1990 年 1 月，项目正式启动实施。6 月 4 日至 7 日，中国农村基层妇幼卫生合作项目西南专家组成员教授张谊富一行 2 人，受四川省妇幼卫生合作项目办公室委托，对彭水妇幼卫生基础调查工作进行检查，发现存在的问题：乡村卫生组织不健全，卫生人员数量不足、素质低，妇幼卫生基础差，婴儿死亡率高于全国水平，尤其是早期新生婴儿死亡率最高，孕产妇死亡率高于全国水平 5 倍；孕产妇建卡，产前检查，产后访视，新法接生等工作还未普遍开展。针对问题，1991 年，县、区、乡村妇幼卫生人员业务培训 9 期 22 个班 803 人次，妇幼卫生工作出现生机：妇幼卫生人员由 66 人上升到 843 人，新法接生率由原来的 4.90% 上升到 50%，住院分娩占 20%，全产程接生占 40%，孕产妇死亡率由 25.52/ 万下降到 4.12/ 万，孕产妇建卡率 90% 以上。

1992 年，四川省卫生厅免费为彭水提供 5 毫升安喑破伤风抗病素疫苗 3.64 万支，免费接种 18 ~ 35 周岁育龄妇女 11.24 万人。以后 3 年，每位育龄妇女接种 5 针。同年 8 月，彭水妇幼卫生合作项目工作通过四川省妇幼卫生合作项目中期评审组的中期评审。

1995 年，县人民政府印发《彭水自治县 1990 年代儿童发展纲要》。同年 10 月 26 日至 29 日，黔江地区卫生局遵照四川省卫生厅的部署，对彭水世界卫生组织儿童基金会、人口基金会、卫生部合作开展的妇幼卫生及计划生育合作项目（1990—1995 年）进行终期评审，对 1990 年基础调查的 12 个抽样乡 124 个村再次进行核查：新法接生率上升到 86.07%、孕产妇死亡率下降到 138.95/10 万、婴幼儿死亡率下降到 33‰、住院分娩率 35%、妇幼医生亲自接生率 47.11%、育龄妇女破伤风疫苗全程接种率 89.69%，达到项目终期目标，评审通过。

1997年，“妇幼卫生合作项目”子项目“妇幼卫生人力发展项目”再次落户彭水。联合国儿童基金会向彭水自治县提供约2万美元无偿援助，用于购置县妇幼保健院基本设备和项目培训、监督指导及健康教育，彭水自治县按1美元比1.5美元的比例提供项目配套资金3万美元（按1996年汇率计算折人民币约25万元），用于县妇幼保健院业务用房改扩建、购置乡村两级妇幼卫生基本设备和项目培训。

1998年11月1日起，全县统一使用卫生部制定的出生医学证明书，并制定相应的实施办法。2000年，“妇幼卫生人力发展项目”通过市级验收。3月启动《降低孕产妇死亡率和消除新生儿破伤风项目》（简称“降消项目”），11月通过市项目办中期评审。2001年，县卫生局印发《降低孕产妇死亡率消除破伤风新周期项目贫困孕妇住院分娩救助管理办法》。同年11月，“降消项目”通过市级评审。住院分娩率41.60%，新法接生率96.20%，以乡为单位孕产期保健覆盖率100%，管理率100%，孕产妇死亡率下降到106.15/10万，婴儿死亡率以县为单位下降到33.72‰，新生婴儿破伤风发病率降到0.074‰。2002年，彭水成为重庆市“降消项目”新周期项目县。2003年，孕产妇死亡率下降到94.40/10万、婴儿死亡率下降到16.29‰。2004年，住院分娩率38.45%，婴幼儿死亡率下降到35.57‰，孕产妇死亡率下降到72.78/10万。

通过“妇幼卫生合作项目”“妇幼卫生人力发展项目”“降消项目”等项目实施，严格管理孕产妇系统和儿童系统，开展孕妇和儿童死亡监测，统一使用出生医学证明。2005年，县城审核办证897人、办证率100%；乡镇办证7467人、办证率91.01%。住院分娩率47.54%，婴幼儿和孕产妇死亡率分别为31.11‰、99.15/10万。救助农村贫困孕产妇住院分娩433人，金额81906元。

第二节　爱婴医院创建

2000年，县妇幼保健院、县人民医院、汉葭镇中心卫生院按照重庆市卫生局创建爱婴医院要求，根据建设爱婴医院10条标准，开展创建爱婴医院活动。分别成立爱婴医院创建工作领导小组，下设宣传组、母婴喂养技术培训组、随访组。县人民医院妇产科30张床位中安排12张产科病床。开设孕妇学校，开展母乳喂养热线电话。在广大医务人员中普及《中华人民共和国母婴保健法》知识。妇产科医生定期讲解母乳喂养及孕前妇幼保健知识。妇产科病房、医护办公室、孕妇学校、公共区域张贴母乳喂养宣传画，产妇入院由首诊医生向产妇介绍母乳喂养优越性及喂养方法，并发给母乳喂养知识宣传资料。禁止产妇带乳品入院。同年12月，通过重庆市卫生局专家对县人民医院创建爱婴医院工作评审验收。

2001年5月10日，重庆市卫生局批准公布全市73所医疗保健机构建成爱婴医院，彭水自治县人民医院为其中之一。同年10月，县妇幼保健院、汉葭镇中心卫生院相继通过市卫生局评审验收，达到爱婴医院标准，被市局命名为爱婴医院。

2002年7月25日至27日，县卫生局受市卫生局委托，组织人员按照爱婴医院10条标准对县人民医院、县妇幼保健院、汉葭镇中心卫生院等3所爱婴医院进行复查，符合标准。

第二十八篇　人事　劳动

1986年后，加快人事、劳动制度改革步伐，继续实行干部招聘制度，逐步推行干部凡进必考，对国家机关补充人员实行培训、考试、考核，择优录用。1993年，实行行政机构改革和公务员制度，打破干部终身制模式，提高行政机关工作效能。全民、集体企业由固定工改为劳动合同制，逐步实行全员劳动合同制，彻底搞活用工制度，打破“铁饭碗”。1998年，企业全面改制，国有和集体企业逐渐缩小，个体私营企业蓬勃兴起，企业有自主用工权利，推动企业工资制度改革和企业内部分配制度及养老、失业、工伤、生产、医疗等社会保障制度建立，劳动者合法权益得到保护。

第一章 干部人事管理

1979年，成立彭水县人事局，与县委组织部合署办公。1984年11月，称彭水自治县人事局（简称县人事局）。县人事局内设秘书股、干部股（含军转办）、工资福利股，县老龄委员会办公室挂靠人事局。1987年6月，彭水自治县编制委员会成立，其办公室挂靠人事局。1989年，县职称改革领导小组办公室由县科委改设在县人事局。1992年，撤销老龄委员会办公室，其业务并入人事局。1991年3月，增设专业技术干部管理股。1992年2月，增设退休干部管理股。1992年6月，成立县人才交流培训中心。1997年，设立县机关事业单位社会养老办公室，挂靠人事局。县人事局编制19人，在职干部15人，退休干部1人。截至2000年，县人事局内设秘书股、干部股、专干股、工资股、退管股、人才交流中心、人事争议仲裁办（含军转办）等股室，编制19人，在岗正式职工15人，临时工1人，退休职工1人。2001年，机构改革，县人事局编制17名，其中行政编制13名，事业编制4名；领导职数3名，设局长1名，副局长2名。内设综合科、专业技术人员管理科（挂县职称改革办公室牌子）、工资福利与退休管理科（挂县机关事业单位技术工人等级岗位考核办公室牌子）、人才教育与开发科，县军队转业干部安置办公室设在人事局，同时履行公务员管理科职责，县人事争议仲裁委员会办公室设在人事局，同时履行政策法规和人事争议仲裁科职责。

1987年，成立彭水自治县机构编制委员会，县编制委员会办公室挂靠人事局，编制3人，在岗2人。1989年，县编制委员会补充县委办公室、县人民政府办公室、县计划委员会、县财政局等机关负责人为成员。2001年机构改革，县委、县人民政府对县机构编制委员会办公室职能配置、内设机构和人员编制进行调整，确定行政编制5名，领导职位设主任1名、副主任1名，内设综合科、机构编制科。机构沿至2005年年末。

第一节 干部队伍

一、机关事业单位干部

1986年，干部来源主要是国家分配的大、中专毕业生、军队转业干部，以及工人队伍中优秀人员。同年，行政机关、党派群团、企事业单位国家干部总计5841人，其中少数民族干部1708人，妇女干部1262人。按年龄结构分，25岁以下1353人，26～45岁3117人，46～60岁的1358人，60岁以上13人。按文化程度分，大专及其以上445人，高中、中专3165人，初中及其以下2231人。按政治面貌分，中共党员2069人，共青团员1218人，其他2554人。近3000名人事部门管理干部，其中行政机关1701人（政府部门1576人），事业单位545人，企业单位745人；党群工作单位536人，其中党委408人，工会7人，共青团50人，妇女联合会71人；两院103人，其中人民检察院35人、人民法院68人；中小学教职员工2305人。

1995 年，行政机关、党派群团、企事业单位国家干部 7395 人。其中，少数民族干部 3244 人，妇女干部 1763 人。按年龄结构分，25 岁以下 1302 人，26 ~ 45 岁 4383 人，46 ~ 60 岁的 1710 人，60 岁以上 0 人（列入退休）。按文化程度分，大专及其以上 1815 人，高中、中专 4378 人，初中及其以下 1202 人。按政治面貌分，中国共产党党员 2225 人，共青团员 567 人，其他 4603 人。

到 1996 年，“国家干部”概念笼统，缺乏科学分类，且管理权限过度集中。据县人事局《国家公务员统计报表》，全县有公务员 1941 人。其中，县级 1407 人，乡（镇）534 人。教育、文化、科技部门 3785 人，其中中小学教职员工 3726 人。参照执行国家公务员制度系统各单位 146 人，主要分布在法院、检察院。与 1986 年相比，县人民政府部门增加公务员 374 人。

1996 年以后，组织部门和人事管理部门录用干部实行分别管理。

2001 年年末，全县公务员 1490 人。其中，县级 805 人，乡（镇）级 685 人。县级 805 人中，县长 1 人、副县长 6 人、相当县级职务 5 人、局（科）长 34 人、主任科员 30 人、副局（科）长 79 人、副主任科员 93 人、相当科级职务 9 人、科员 505 人、办事员及其他人员 43 人。乡（镇）级 685 人中，乡（镇）长 39 人、副乡（镇）长 113 人、相当乡（镇）级职务 54 人、科员 396 人、办事员级其他人员 83 人。

2005 年，机关单位 103 个，其中单产业法人 92 个，多产业法人 11 个；年末从业人员 3061 人，其中女性 514 人；具有研究生以上学历 44 人，大学本科学历 831 人，大专学历 1441 人，高中学历 668 人，初中及以下学历 77 人。事业法人单位 322 个，其中单产业法人 275 个，多产业法人 47 个；年末从业人员 8210 人，其中女性 2769 人；具有研究生以上学历 12 人，大学本科学历 760 人，大专学历 3450 人，高中学历 3216 人，初中及以下学历 772 人；具有高级技术职称 304 人，中级技术职称 1990 人，初级技术职称 3361 人，高级技师 6 人，技师 3 人，高级工 165 人，中级工 187 人。企业法人 46 个，年末从业人员 793 人，其中具有大学本科学历 69 人，大专学历 359 人，高中学历 262 人，初中及以下学历 103 人；高级技术职称 2 人，中级技术职称 63 人，初级技术职称 232 人。民办非企业法人 27 个，年末从业人员 113 人。

二、专业技术干部

1986 年，全县各类专业技术人员 1058 人。其中，事业单位 444 人，相当县级 3 人，相当科级 19 人；分布在行政机关 427 人，农林牧渔水利 39 人，工业 66 人，交通运输 14 人，商业公共饮食业、物资供销和仓储 113 人，卫生、体育和社会福利 369 人，教育、文化艺术和广播电视 30 人。1058 人中分布在县级 975 人，区级 20 人，乡级 63 人；其中工程技术人员 173 人（工程师 3 人，助理工程师 30 人，技术员 78 人，未评定职称 62 人），农业技术员 118 人（农艺师 9 人，助理农艺师 21 人，技术员 19 人，未评定职称 69 人），科学研究人员 2 人，卫生技术人员 386 人（主治医师 8 人，医护师 55 人，医护人员 316 人，未评定职称 7 人），教学人员 4 人，会计人员 287 人（会计师 3 人，助理会计师 31 人，会计员 78 人，未评定职称 175 人），统计人员 55 人（助理统计师 11 人，统计员 21 人，未评定职称 23 人），编辑、记者、播音员 4 人，二级体育教研员 1 人，经济人员 14 人（助理经济师 6 人，经济员 8 人），图书、档案、资料管理员 1 人，文艺人员 13 人。全县各行业职称评定中，高级职称报省（市）级审批，中级职称 2001 年以前由黔江地区审批，初级职称由县级自行审批。

1987 年，全县各类专业技术人员 1116 人（比 1986 年增加 58 人）。其中，县级 1077 人，乡级 39 人。1988 年，全县各类专业技术人才 1300 人（比 1987 年增加 184 人），其中女性 340 人，少数民族 327 人。1988 年全面启动教育系统专业技术职称评聘。1989 年，首次职称改革工作结束，企事业单位职称评定事宜从县科委移交县人事局。对已聘用的专业技术人员实行“德、勤、能、绩”考核，分别给以优秀、称职、基本称职、不称职等结论。1990 年，县人事局从县科学技术委员会接受科技人员职称档案 6319 人（卷），对全县 220 个全民所有制企事业单位聘任的 4493 名专业技术人员进行考核，考核率 96.20%。在县级各部门开展专业技术职务评审聘任复查工作，经考核复查 4165 人称职，297 人基本称职，31 人不能履行岗位职责。同年，对全县专业技术人员分布情况开展摸底调查，查明实有专业技术人员 4559 名，其中高级职称 90 人，中级职称 1499 人，主要分布在教育、卫生、农业等行业。同时解决 1983—1990 年职称评聘遗留问题，为 98 名专业技术人员完善聘任手续，为 107 名专业技术人员补发聘任证书。同期，全国开始在部分特殊行业推行职业资格准入制度，彭水在卫生、药学、律师、资产评估等领域实行执业资格制度。1991 年，组织 383 人参加全国经济员资格考试，重新组建教育、卫生等 12 个初级职称评审委员会，推荐评审中级专业技术职务 44 人，评审集体所有制事业单位初级专业技术职称 250 人，清理全县专业技术职务指标 961 个，其中高级 68 个、中级 893 个，设置 20 个事业单位专业技术职务岗位。对首次评聘满 3 年的专业技术人员进行任期届满及年度考核，对本年度 4009 名专业技术人员进行年度期满考核，开始实行 1 年 1 聘。

1992 年，全民所有制企业单位实行评聘分开，扩大企业职称改革权利，由企业自主设岗、自主确定结构比例、自定职数、自主聘任、自定待遇。全年报送机关事业单位 105 名高、中级专业技术人员资格评审资料，审查 1539 名初级专业技术人员评审资格，确定 682 名统招统分大专生专业技术职务。1993 年，全县开始实行专业技术资格考试制度，专业技术职务外语统一考试改委托主管部门组织为县人事部门组织。对卫生、畜牧等 10 个单位增设专业技术岗位，对全县 5558 名专业技术人员开展期满年度考核，完善聘任手续 5439 人，审查评定初级职务 1646 人，聘任高级职务 31 人、中级职务 404 人。1994 年，审查通过 999 名各级各类专业技术人员的职务，其中高级 16 名、中级 234 名、初级 749 名，聘任 72 名副高级专业技术人员，完善 21 个单位 934 人中级专业技术人员的聘任，同时对全县 4874 名专业人员实行期满考核，完善聘任手续 4870 人。1995 年，根据岗位需求在经济、工程、畜牧、教育、卫生等行列开展专业技术职务评审和确定，审批 869 人专业技术职务任职资格，向上级推荐报送中级专业技术人员 235 人，副高级专业技术人员 17 人；聘任 1664 名专业技术干部，其中高级 82 名、中级 1582 名。1996 年，全县推行专业技术人员继续教育登记制度，对专业技术人员的学历教育、各种短期培训、各类公共知识考试取得的成绩、成果进行登记建卡存档，作为职务晋升的参考依据。全年专业技术职务任职资格审查通过高级职务 21 人、中级 260 人、初级 504 人，审查上报中级专业技术职务 189 人、高级 12 人，重新登记核发专业技术职务任职资格证书高级 87 人、中级 1245 人、初级 841 人。

1997 年后，专业技术职务评聘工作，按市人事局及相关部门统一要求，步入规范化轨道。1998 年，调整文化系统初级技术职务评委会，成立乡镇企业初级技术职务评委会。全县确定专业技术职务 166 人，评审通过初级专业技术职务 291 人、中级 216 人、高级 16 人，续聘中级专业技术职务 388 人、高级 21 人。1999 年，对全县 1998 年 4704 名专业技术干部开展年度考核，审查确认专业技术职务副高级 21 名、中级 192 名、初级 272 名，推荐上报高评委 25 名副高级职务，41 名乡镇中高级职务，评审初级职务 56 名。2000 年，对全县 1999 年度 4700 余名专业技术干部进行年度考核，审查确认中级专业技术职务 166 名。

2001 年，彭水建立起中学教师中级（含小学高级）专业技术评审委员会，县人事局组织对全县 2000 年度 4700 余名专业技术干部实行年度考核，评审通过正高级职称 1 人、副高级 20 人、中级 204 人（中小学教师 173 名）、初级 612 人，确定专业技术职务 145 人，并评审通过 326 名非公有制经济单位初级专业技术职务。同年，开始对非公有制经济单位技术人员进行职称评审。2002 年，全县各行业推行计算机应用能力考试制度，其考试成绩作为评审专业技术职务任职资格或参加全国专业技术职务资格考试取得资格证书必备条件之一。全年聘任高级职务 1 人、副高级职务 22 人、中级职务 180 人、初级职务 230 人。2003 年，全县专业技术职务推行“评聘分开”，在教育、卫生等 7 个事业单位实行专业技术职务“结构比例管理”和推荐评审“公示制”，探索建立与市场经济相适应的地方从业资格体系。评审通过初级专业技术人员360人、中级165人；初定专业技术职务157人，推荐评审中级职务5人，副高级职务40人。

自1997年专业技术职务评聘规范以后，到2003年，全县评审通过机关事业单位正高级职务2人，副高级职务100人，中级职务800余人，初级职务1500余人，考试通过中级职务30余人。对非公有制经济单位技术人员职称评审通过近400人。

2004年，全县确认高级专业技术职务资格37人、中级10人，评审通过中级专业技术职务171人、初级120人，推荐评审高级专业技术职务44人、中级10人，聘任中高级专业技术职务98人。同年，全县有各类专业技术人员6206人，其中高、中级职称1866人，初级职务4340人。全县第一产业专业人才250人，第二产业936人，主要分布在教育、卫生事业领域，基层农林水蓄专业人才奇缺，交通、建筑、环保、市政、地质、矿产等领域全民所有制单位中无高级职称专业人才，其余领域高级农艺师2人，高级畜牧兽医师2人，高级园林工程师1人，民营企业工民建高级工程师2人。

2005年，全县分别确认61名高级、99名中级专业技术职务任职资格，初定职务275人，评审中级职务23名、初级职务24名。同年，全县有各类人才18000余名，占全县总人口2.86%。其中分布在全县机关事业单位各类人才8232人，企事业单位管理人才和专业技术人才6313人，乡土人才4000余人。其中博士学位1人，研究生55人，大学本科1660人，专科5250人；正高职称2人，副高职称304人，中级职称2053人，初级职称3593人。

第二节　编制管理

1987年，核定全县区、乡（镇）党政机关人员编制1105人。截至1988年12月31日，全县党政群机关总编制2034人，在职2247人，其中县级机关编制929人（含单列编制），在职1192人；区、乡（镇）机关编制1105人，在职1082人。同年，全县建立起人员编制卡和工资管理基金，每年对人员编制进行清理，凡违规和超编进人单位实行“进一罚二”。1989年，对县级62个党政群机关，8个副局级以上事业单位的人员编制和政法、武装的单列编制进行核定。同年，全县党政群机关639个（不含县人大、县政协内设的委办和条条直管部门），其中县级党政群机关62个、区、乡（镇）级577个。全县事业单位398个，其中县级45个、区、乡（镇）353个。全县总编制9079人，其中行政编制2027人（含公、检、法、司单列编制），事业编制7007人（不含自收自支编制），其他45人。全县机关事业单位实际上岗6855人，其中行政2337人、事业4518人。全年空编2224个。

1990年起，县编委对全县实行凡是上级有关部门下达的各类招干指标一律归口组织人事部门掌握，涉及财政开支的原则上停止；规范干部、工人调动程序，坚持“凡进有编，凡进必考”，对超、满编单位实行“进一扣二”。对事业机构实行自收自支、企业管理的报经县编委审批，推进有条件的全额借款事业单位向差额补贴、差额补贴向自收自支、自收自支向企业过渡。同年，县编委决定原台办、侨办、侨联、外事办实行“五合一”办公，对县级15个委、局内部机构实行调整缩编。

1991年，强化国家机关、事业单位的工资总额控制和工资基金管理，对凡列入1989年国家机关、事业单位调资范围，执行国家机关、事业单位工资制度的单位均列入工资基金管理范围；对凡列入国家机关、事业单位工资基金管理的固定职工（包括混岗的集体职工）、合同制职工、计划外用工、临时工、离退休职工、由财政补贴的“八大员”（林业、水利、广播等系统招收的非正式工作人员）、中小学民办教师，均列入国家机关、事业单位工资基金管理对象。县人事部门对所辖基层单位建立“工资基金台账”，各基层单位建立“工资基金使用登记卡”，工资基金开户行建立“工资基金支付登记卡”，对工资基金使用计划设置严格的报批程序和审批权限。同年，制定控编“消肿”具体措施和办法，摸清全县党政群团机关、事业单位人员的分布和结构现状，完善编制台账，实行财政按编制预算经费制度。

1992 年，明确下达机关、事业单位职工人数和工资总额计划，按照“控制总量，调整结构，保证重点，充实基层”原则，保证机关、事业单位职工人数和工资总额按计划有比例合理增长。同年，撤销 18 个区（局）级机构，对 6 个职能相近机构实行合署办公，对农业等 15 个局级部门实行局司（公司）合一，全年精简机构编制人员 59 个，重新核定 23 个事业单位人员编制。

1993 年，机构编制管理实行“三不”政策，即不搞机构升格，不审批新机构，不新增编制。对县级行政事业单位人员编制和经费实行压缩，共压缩行政编制 39 个，事业编制 369 个。1994 年，把住编制进口，疏通出口，冻结县级机关事业单位编制，实行先出后进、进一出二制度，决定经济委员会和体制改革委员会合署办公，县水电局和电力公司实行局司合一，县电大工作站和县师范合并，新建 21 个乡级派出所，减少行政编制 22 人。1995 年，新设县地方税务局及 9 个股级机构，明确区、乡（镇）计划生育宣传服务站机构和编制，对乡（镇）畜牧兽医工作站进行转性定编，对全县 380 余个应登记事业单位进行登记颁证管理，新增政法系统人员编制。

1996 年，对全县行政机关、事业单位人员编制、内设机构、领导职数开展全面调查清理，批准增设部分单位内设机构和部分事业单位，调整事业单位编制，再次增加政法系统人员编制。针对县级机关内部机构设置较多，甚至将下属事业单位混同于内部机构等情况，根据其工作职责明确内部机构为：秘书科或股（含后勤、勤杂）、政工股、纪检、监督、安全、专职群团工作者，管理行政经费的财会室，其余场、队、站、办、公司均为下属事业或企业单位，并规定编制在 10 人以下的机关和副局级以上事业单位不设内部机构。至 1997 年年底，全县党政群机构 636 个，其中县级 67 个，区、乡（镇）级 569 个；全县事业单位 409 个，其中县级 83 个（含自收自支），区、乡（镇）级 326 个：全县总编制 9059 个，其中行政编制 2158 个，事业编制 6901 个。全县机关事业单位实有职工 8665 人。其中，行政机关 2634 人，事业单位 6031 人，空编 394 个。

1998 年，对全县 341 个法人、非法人事业单位进行全面清理登记和年检换证。1999 年，制定出台《彭水自治县编制委员会工作规划》，将乡（镇）卫生院（集体）纳入编制管理。2000 年，全县乡镇机构 72 个，编制 1208 人；县级行政事业机构 46 个，编制 632 人；政法机构 4 个，编制 391 人。2001 年，县、乡（镇）党政机关从 134 个精简到 95 个，精简 29.10%，分流人员 751 人。县级机关从 62 个减为 56 个，减少 10%；精简人员 368 人，精简 36.5%；全县清退临时人员和借调人员 457 人。全县机构改革后，乡镇 39 个，编制 945 人；县级行政事业机构 40 个，编制 549 人；政法机构 4 个，编制 381 人。2005 年，全县机关单位 103 个，年末在编人员 3061 人；事业法人单位 322 个，年末在编人员 8210 人；企业法人 46 个，年末在编人员 793 人。

第三节　机关事业单位人事制度改革

1984 年起，全县改革吸收录用干部制度，对乡干部实行招聘制。1986 年起，机关事业单位实行行政首长负责制，强调贯彻执行党在新时期的组织路线，要求干部队伍革命化、年轻化、知识化、专业化（“四化”干部）。在实行计划调配为主的同时，采取招聘、借调、录用等多种方式，为经济、监督、政法、政府及群团部门调动配备干部。坚持按国家干部管理有关规定，根据不同时期工作实际或某些需要，进行人才交流，适时安排干部到县外或市外挂职锻炼，适量安排干部到乡（镇）挂职锻炼。在教师队伍、县级机关事业单位中调干部充实到政法、税务、银行、工商部门，从教师队伍和其他事业单位以及少量企业抽调工作人员充实行政机关，从企业提拔部分工人到行政机关工作。

1987年，县人事局与县财政局联合招聘乡财政员65名，财政干部子女由财政系统另行推荐33名参考，同时招聘区乡财政干部61人。1988年，全县招聘录用干部118人，其中录用32名中“五大”毕业生（职大、夜大、函大、成人教育、电大）20名，城镇高中毕业生12名；聘用86名城镇待业青年高中毕业生18名，在职工人“五大”毕业生5名，农村优秀青年63名。同年，评选优秀教师和教育工作者14名，其中受国家表彰7名，省政府表彰7名；推荐地级中青年科技拔尖人才16名。同年，落实历次政治运动冤假错案遗留问题27人，其中收回安置工作1人，办理退休手续11人，补发生活费1人。

1989年起，全县实行“县级机关补充人员凡进必考”制度。同年，全县招聘录用干部91名。其中，录用14名，聘用77名；城镇待业青年3名，农村优秀青年68名，在职工人“五大”毕业生7名，其他13名。1990年，全县招收录用干部66名。其中，录用在职“五大”毕业生4名，聘用农技干部51名，农税干部11名。1992年起，贯彻实施国家公务员制度，坚持对国家机关补充工作人员实行培训、考试、考核，择优录用。同时开始实施知识分子家属和干部家属“农转非”优惠政策，即按计划指标将知识分子家属和干部家属农业人口转为城镇人口，享受城镇人口待遇。1989年，全县有65名知识分子和干部家属“农转非”。其中，县委常委4人，优秀企业家2人，引进人才8人，中级专业技术人才24人，区、局级老同志20人，厂矿企业法人代表7人。1991—1992年，招收69名录（聘）用干部，14名干部聘转录，21名民办教师转为公办教师。

1993年，开始推行机构改革和公务员制度，贯彻实施公务员单项法规。1994年，实施推行国家公务员制度的衔接入轨工作，全县县级党政群团机关按照公开招考、择优录用原则，补充工作人员9名。1995年，提出全县机关工作人员向公务员过渡实施框架，对全县县级机关7个缺编单位进行补员，招聘15名优秀村干部为乡镇干部。1996年，招收非在职“五大”毕业生干部24人，在职工人“五大”毕业生工转干17人，安排不包分配的大中专毕业生11名，招聘干部6名，解决安排商贸校中专毕业生14名，招收录用合同制交通民警15名，招考公安巡警9名，全民所有制事业单位工转干16名，招聘乡镇企业干部13名，上报待批招聘乡镇企业干部14名，95名民办教师转为公办教师。

1997年起，干部调动必须在县编委核定编制定员内进行，机关、事业单位原则上不从企业调干部。如果上级机关有明确规定要选拔特殊专业人才或其他确因工作需要，且符合干部调配条件的，须经集体讨论报上级批准。县外调入干部：原则是大专及其以上学历，或有工程师以上职称的干部；或夫妻分居，一方在彭水工作的干部；在彭水生活的老干部因年老又无子女在身边照顾，可调入1个子女。干部调出县外，除上级选拔人才外，要由县委、县人民政府批准。同期，开展机关工作人员向公务员过渡必须的公共科目考试，对全县机关事业单位数十种工种工勤人员实行分期分批考工定级。

1998年，主要完善国家公务员制度、新工资制度和养老保险制度，引入人事代理制度，对未能安置的国家统招统分毕业生和非在职“五大”毕业生实行人事代理并向县内外国有企事业单位推荐就业。

1999年，全县范围实行非师范专业大中专毕业生按比例公开招考和推荐就业，对全县66名乡（镇）党政聘用干部、乡（镇）财政聘用干部转为录用干部进行考核和政审，对全县700余名招聘干部进行续聘，安置14名军转干部、66名复员军人，组织全县1999年（含1999年以前）大中专毕业生竞争上岗和补充县级机关工作人员“凡进必考”。同年，在1998年对全县340个事业单位按照《事业单位登记管理办法》进行登记和年检的基础上，实行登记管理。对部分机关服务型单位成建制转为企业，将县委、县人民政府机关一招待所、二招待所转为企业。在事业单位进行法人代表负责制试点，对汉葭镇中学校长实行公开招选，学校班子由校长组阁。在靛水中心校试行工资、福利、绩效挂钩的结构工资制，在黄家坝区上岩西乡中心校试行低职高聘与高职低聘的职称聘任制。

2000年，全县500余名招聘干部续聘，新招聘干部2名，安置7名军转干部和随军家属。2001年，全县机构改革，通过正常退休、提前退休、提前离岗、清退临时借用人员等14种途径分流人员（机关为主）1700余人。同年，在教育、卫生事业单位对新分配和招录人员试行聘用合同制，县城几所医院公招大中专毕业生23名就业实行聘用合同制管理。同年，为县财政局会计核算中心和县外个别单位通过公开招考选调和推荐就业60余人。

2002年，全县范围实行大中专师范毕业生按比例招考就业，对全县所有事业单位新分配录用工作人员施行聘用合同制管理，签订聘用合同350余人。对1997年以后进入机关的214名干部进行补考录，县城几家医院公招大中专毕业生27名。全县第一例军队转业干部实现自主择业，打破军队干部由地方包分配格局。

2003年，县委、县人民政府出台“凡彭水急需人才在彭水工作满5年（含5年）以上由政府奖励1套住房和1万元安家费”等优惠政策。全年引进各类人才43人，其中本科文化41人，引进市外人才20人，全县人才总量13092人。同年，完成4个单位面向社会公开招考公务员25名，安置军转干部2名，自主择业军转干部1名，安置随调家属1人。全县县医院、中医院、卫监所等21个事业单位48名工作人员与单位签订聘用合同。

2004年，引进高校本科毕业生45人安置在县级事业单位工作，引进医学类人才31名安置在县人民医院和县中医院工作，全县招录国家公务员和机关工作人员30名，安置7名计划安置和2名自主择业军队转业干部，落实5名军队干部家属就业。

2005年，将2003年以后引进人才未能过渡到公务员的收归县人力资源开发办公室统一管理，规范人才流动和调配。全县录用公务员或工作人员309人，其中警察43人，农经人员29人，不具备公务员身份领导干部和机关招聘干部93人，机关工人身份人员为公务员和事业单位固定制干部120人，乡（镇）村（社区）党支部书记、主任为公务员3人，依照公务员管理事业单位工作人员15人，选调生为公务员6人。全年确认154名企事业单位聘用制干部转为固定干部，上报待批344名事业单位聘用制干部转为固定干部，安置军转干部3人，安置随军家属2人，为6名自主择业军转干部办理医保手续或退役金，为63名企业军转干部建立数据库和落实医疗补助金。全县推行公务员制度基本完成，全县设置公务员1957个。其中，领导职位572个，其他公务员职位1385个；分布在乡镇927个，实施机关308个，参照试行217个，政法部门505个。符合过渡公务员条件1824人，过渡为公务员1740人，一般公务员职位空缺316人，拟分流84人，不符合公务员条件直接分流到事业单位8人。工勤岗位设置248人，符合确定工勤人员条件294人，确定到工勤岗位193人，工勤职位空缺55人，拟分流101人。已落实乡镇过渡公务员899人，县级机关过渡公务员803人，分流人员157人，报批参照公务员管理事业单位3个，过渡人员15个。

第四节　干部培训

1984年，县委、县人民政府及其主管部门制发干部学历培训系列文件，鼓励干部参加夜大、电大、电视广播学校、进修学校学习或参加函授或自学考试。1986起，县委组织部、县人事局、县财政局对干部学历培训先后作出具体规定，要求培养学习专业和本职工作相结合的高学历干部，以在职学习为主，鼓励不脱产学习。凡经本人申请获单位批准参加各类提高学历学习职工，学费可由所在单位按学校收费标准报销40%，还支持部门在自筹资金内对学习成绩优秀的毕业人员给予奖励。其中教育系统被大专院校考试录取在职函授人员函授学习期间由国家财政负担学杂费，报销普通标准差旅费，学历不达标在职中小学教师普遍通过大学函授学习提高学历和实际能力。

1991年，全年举办干部培训班6期，干部继续教育7期，分别对219名党政机关工作人员和123名事业单位专业技术人员开展业务进修和提高学历培训，对988名行政机关、企事业单位工作人员开展短期培训。1992年，组织全国性专业技术职务资格考试5场次，有经济员、助理统计师、审计员、会计员、助理会计师等279人参加考试。组织专业基础知识考试2场，有卫生、档案人员140人参加考试。组织1085人参加不同类型的干部培训。其中，学历培训195人，专业技术培训396人，各种短期培训494人。同年，对毕业分配到彭水工作的51名大中专毕业生进行5天上岗培训，对新招收49名聘（录）用干部进行1周岗前培训。1992年以后，全县干部培训采取多形式、多渠道进行：有综合培训与专项培训，县内集中培训与各区乡分散培训，会议期间穿插培训与会前会后安排专门培训；提高学历培训与继续教育培训等，一些部门根据自己单位经济实力选派干部参加大学研究生课程培训。

1994年，组织县、区、乡机关单位的组织政工人事、财政人员140余人开展10天工资改革骨干培训。1995年，举办2期推行公务员制度骨干培训班，共培训265人，组织2483名干部参加人事部承办的国家公务员知识培训和竞赛。1997年8—11月，进行2期有8区1镇及县级8大系统公务员考试师资培训，随后在全县范围内组织职工进行《公务员行为规范》《公务员应用写作》《公务员制度知识》《公共行政管理基础知识》等培训和县级行政机关工作人员过渡考试，参加培训3404人，占总人数97.19%；参加考试1372人，占应参加考试人数99.60%，合格者由县人事局颁发市人事局印制的合格证书。同年，组织81人参加专业技术职务资格英语、古代汉语、医古文培训和统考。1998年，对选送到开发区的两批公务员开展过渡知识培训，组织2818名国家公务员（含党群机关等参照人员）参加过渡培训考试，及格2803人，及格率99.5%。

1999年，建立起以农广校、党校、成人中专为依托的培训体系，组织2542名公务员开展科技知识培训，并进行考试考核。对全县部分机关事业单位技术工人进行考工技术培训，人事局职工开展为期一周的普通话培训，人事局职工钱徽川被市人事局表彰为人事教育培训先进个人。1995—1999年，全县共输送企业经营管理人员到县党校培训400余人次，输送到市和开发区培训挂职锻炼130余人次。2000年，培训县级有关部门及乡镇骨干公务员160名，组织全县公务员进行依法行政和国家安全知识考试，对全县1999年各机关企事业单位年度考核末位的99名人员进行30天培训。截至2000年，全县对少数民族地区在职教师考入教育大专院校离职进修，实行带薪学习，由国家财政负担其学费。

2001年，全年开展公务员办公信息化培训11期，参培500余人次；开展公务员普通话骨干培训1期，培训50余人次；组织300余名公务员开展普通话等级测试。同期开展专业技术人员职称计算机、技术工人考工定级和大中专毕业生转正定级等培训。2002年，全年开展公务员办公信息化培训18期，培训公务员900多人次；开展工作人员WTO知识骨干培训1期，全县参培参考3000余人次；开展公务员普通话培训测试500余人次。2003年，重点抓公务员能力培训和专业技术人员继续教育，全年培训各类人员860人，其中计算机培训2期110人，办公信息化培训3期201人，乡镇干部考公务员培训1期120人，政工人事干部培训80人，普通话培训80人，14个工种技术工人考工定级培训160人，其他培训109人。2004年，全县组织机关干部和专业技术人员轮训4期，279人参加轮训。开展公务员办公信息化、普通话培训3期，500余人参加培训。开展专业技术人员职称计算机培训2期，培训132人。组织全县2161名公务员参加行政许可法培训考试，全县14次2559人次参加经济、会计、出版、工程监理、房地产估价、英语、计算机等国家级、市级职称培训和考试，全县机关事业单位365名技术工人进行升级培训和考试。2005年，全县业已建立和完善县行政学校、职业教育中心、人才交流培训中心三大主体培训基地，全年组织专业技术职称培训和考试2152人次，其中人事部门独立完成400余人培训任务。

第五节 机关事业工资福利

一、工资 奖金 津贴

1985年，全县实行工资改革，对党政机关、事业单位与国有企业实行分类管理，对党政机关、事业单位人员实行结构工资制度。

1986年1月起，对国家机关、党派团体工作人员实行奖励工资，奖励工资标准全年不超过机关工作人员1个月平均基本工资水平，从公用经费结余中发放，并从奖励工资标准中每人每月平均提留2元用于年终考评奖励；全民所有制事业单位工作人员参照执行。机关、事业单位工作人员工龄津贴，仍按每工作1年5角计发。对干部的套级有级别对应关系的，按级别对应，无级别对应的，以工资额相对应；机关事业单位工人的套级，凡增资不足2个极差的，均可上套一级，但技工、普工其原工资额在39元和39.5元的，机关工人7级或商业8级，已套为62.5元的不再上套一级。对1986年2月20日后从企业或外省调入机关或事业单位的人员不再套一级工资。对从事护理工作或教学工作满20年的医疗卫生单位的护士和中专、中小学、幼儿园教师，仍在护士或教师岗位上者，享受护龄或教龄津贴（成人教育学校兼职教师不实行教龄津贴），中专、中小学、幼儿园教师担任班主任工作期间享受班主任津贴。并根据国家机关、事业单位1985年工资制度改革中人均增资指标为18元的规定，全县对林业、水利、广播等“几大员”控制在人均不超过18元的范围增加补贴，从1985年7月1日起执行。

1988年1月起，国家机关、事业单位工作人员奖励工资，在原有全年1个月平均基本工资基础上提高半个月，即每月人均奖励工资在原有发放标准基础上增发5元。9月起开始执行技术津贴，在全县机关、事业单位工作凡取得大中专文凭、技术员及以上专业技术职务（职称）的工作人员，享受技术津贴（试用期和学徒期除外）。其标准为：技术员职务（职称）及中专毕业每月6元，助理工程师职务（职称）及专科毕业每月8元，工程师及以上职务（职称）或本科毕业每月10元。同年起，全县执行中专、中小学、幼儿园教师和实际从事护士工作人员工资标准（基础工资与职务工资之和）提高10%。

1989年，从10月1日起，对国家机关、事业单位和社会团体，在国家劳动工资计划指标内招收的合同制工人试用期、熟练期以及定级工资予以相应提高；对分配到国家机关、事业单位工作的技校毕业生，当工人的志愿兵、义务兵等提高工资待遇。对现基础、职务工资在122元（六类工资区）及其以下的行政人员和专业技术人员，本人现任职务（岗位）工资额已达到或超过所任职务（岗位）最高一级工资标准的，又符合再升一级条件的，其再升一级工资额按本职务（岗位）最高一级工资标准与下一级工资标准的级差增加。对1985年以后未升过级的行政人员和工人以及军队转业干部、转业退伍的志愿兵、义务兵在党政机关、事业单位工作的人员也酌情升级。1989年，全县有1807名机关工作人员享受工资升级，月增资12382元；1804名基础职务工资在86.50元及以下的专业技术人员享受工资升级，月增资12683.90元。同年，全县提高公安干警执勤岗位津贴，对国家机关、党派、团体和全民所有制事业单位工作人员中系原城镇下乡知识青年者下乡劳动期间计算工龄。

1990年，全县国家机关和事业单位1989年在编职工6758人享受普调一级工资和6144人再升一级工资，月增资90587.50元，升两级占普调一级的90.91%，同时全县449名招聘录用干部落实粮油政策，即享受商品粮油供应。1991年起，全县行政机关福利费标准，按上年12月底的职工（含离退休人员）全年工资（基础职务工资和工龄工资）总额的3.5%提取，主要用于解决工作人员在实际工作中遇到的困难和集体福利设施建设方面的开支。1992 年，乡（镇）以及县辖区的司法助理员、人民检察院干警等开始享受岗位津贴，同期全县为统一政策，理顺关系，从3月1日起，凡在公安干警、中小学教师、卫生部门护士等岗位上的合同制工人，执行工资性补贴，其标准参照公安干警、中小学教师或护士工资标准执行，但不得再重复享受 15% 或 10% 的工资性补贴。同年 1 月起，机关和事业单位工作人员工龄津贴标准提高到每工作 1 年 1 元。

1993 年，对全县国家机关、事业单位中，1993 年 9 月底在册且见习期、试用期已满并转正定级的正式职工；正副县（处）级以上干部 1989 年 10 月 1 日后晋升职务增加过工资的有满 8 年以上工作年限，从 7 月 1 日起，均在 1993 年 9 月底的基础职务（岗位）工资标准基础上提高一个工资等级。同年 10 月起（以后类推），对全县国家机关、事业单位工作人员实行浮动工资和固定工资。向上浮动一级工资的分 4 类实行：即，分配到彭水自治县工作的大专院校毕业生转正定级后起；在彭水工作的中等专业学校及以下学历的录（聘）用干部，参加工作满 4 年后的次月起；招聘干部系“五大”毕业生的参加工作满 1 年的次月起；工人（含合同制工人）参加工作满 5 年的次月起。固定工资分三类实行：（1）大专及以上学历的毕业生和聘任为助理工程师及以上专业技术职务的人员，参加工作满 8 年的次月起，将浮动一级工资固定后，再向上浮动一级工资，工作满 16 年的，从满 16 年的次月起将第二次浮动一级工资固定后，再向上浮动一级工资；（2）中专毕业生（含相同学历毕业生）和聘任为技术员的人员，参加工作满 10 年的次月起，将浮动一级工资固定后，再向上浮动一级工资，工作满 18 年的，从满 18 年的次月起将第二次浮动一级工资固定后，再向上浮动一级工资；（3）其他人员从参加工作满 12 年的次月起，将浮动一级工资固定后，再向上浮动一级工资，工作满 20 年的，从满 20 年的次月起将第二次浮动一级工资固定后，再向上浮动一级工资。1993 年工资制度改革前，执行每人每月津贴 108 元。1993 年工资改革时，调整津补贴 174 元，将其中 64 元津补贴纳入新工资范围，超出部分（110 元）暂予保留。其时新工资（套改工资）标准为基础工资、职务工资、工龄工资、64 元津补贴 4 项之和。对特级教师津贴执行每人每月 80 元标准，对 1985 年机关、事业单位工资制度改革后工作人员的书报费、洗理费补助标准实行统一，各单位在有经费承受能力的情况下，从 4 月 1 日起按每人每月合计最高不超过 28 元（书报费 16 元、洗理费 12 元）的标准执行，其所需经费在包干结余经费和创收经费中解决。

1994 年，实施推行国家公务员制度的衔接入轨工作，实行新工资制度，出台机关事业单位人员连续两年考核称职以上调一级职务工资，事业单位人员每年实行“3%”（每年按单位在职职工总数的 3% 分配奖励工资指标，获得指标者晋升一级工资）的奖励工资，机关工作人员连续 3 年考核优秀或连续 5 年称职晋升级别工资等政策。

1997 年，全县机关、事业单位工作人员正常晋升工资档次：1997 年 9 月 30 日在册的正式工作人员（含 1971 年 11 月 30 日前计划内长期临时工）中，1996 年、1997 年两年考核结果均为称职或合格及以上的，从 1997 年 10 月 1 日起在本人执行的职务（技术等级、岗位）工资基础上晋升 1 个工资档次。同年，对纪检、监察办案人员岗位津贴执行每人每月 40 元标准，对审计机关审计人员工作补贴由每人每天 1 元提高到 2 元（按出勤天数计算，限 20 天内），对环境保护监测津贴、城市下水道工人和环境卫生工人岗位津贴等均调整提高。

1998 年 1 月 1 日起，全县机关、事业单位和参照机关、事业单位工资制度的企业单位工作人员，按 1993 年工资制度改革时保留津补贴由每人每月 110 元调整为 129 元执行。1998 年，全县公务员 2542 名（含党群机关参照人员为 2818 名），专业技术干部 4704 名，全县机关事业单位工资调标人员 9411 人，正常晋升工资档次 8395 人。1999 年，全县 9783 名机关事业单位工作人员享受调标增资，803 名事业单位工作人员享受“3%”奖励工资 1 级，836 名机关工作人员享受五年连续考核称职晋升级别工资。同年 10 月 1 日起，全县计划生育工作人员岗位津贴由每人每月 30 元提高到每人每月

50 元。

2001 年 1 月 1 日起，全县机关、事业单位工作人员享受艰苦边远地区津贴，所需经费由中央财政负担，津贴标准为每人每月 80 ~ 200 元，人均每月 86 元。全县建立起年终一次性奖金制度，对全县机关、事业单位职工年终考核称职（合格）以上者（受各种行政、党纪处分者视为不合格或不称职）均享受加发 1 个月工资作为年终奖金，以每个职工当年 12 月份基本工资为标准，中小学教师和护士提高 10% 部分计入基本工资，2002 年 1 月起执行。

至 2005 年，全县国家机关、事业单位工作人员工资、奖金津补贴没有调整变动。

二、福利待遇

工休假和带薪休假　1986 年 3 月起，职工工休假按《关于国家机关工作人员实行休假制度的暂行办法》执行，参加工作满 10 年开始享受工休假，最长工休假不超过 25 天，不包括公休假和法定节假日，中专、中小学和幼儿园教师享受寒暑假带薪休假（约 80 天）。1991 年 7 月，执行《中共中央、国务院关于职工休假问题的通知》，国家机关、党派、团体和全民事业单位（教师一般情况下例外）连续工作满 5 周年的，均可享受工休假待遇。分为连续工龄不满 10 年，每年休假 7 天；连续工龄满 10 年不满 20 年，每年休假 10 天；连续工龄 20 年及其以上，每年休假 14 天。职工既符合工休假又符合探亲假的两假合并使用。

探亲假　1986 年至 2002 年 12 月前，机关和全民所有制事业单位工作人员探亲假按原有关规定执行。2002 年 12 月后，执行市人事局《关于机关和全民所有制事业单位工作人员探亲假及其待遇问题的实施意见》。探亲假安排给工作满 1 年及以上在职工作人员，与配偶或父亲、母亲分居，又不能在公休假日团聚者。探亲假期包含公休假日和法定假日。

婚假　国家机关和全民所有制事业单位工作人员结婚，安排 5 个工作日婚假，如双方达到晚婚年龄，可增加 10 天。双方不在同一地方工作或居住，酌情给路程假。

丧假　国家机关和全民所有制事业单位工作人员直系亲属（父母、配偶或子女）亡故，安排 5 个工作日丧假，如双方达到晚婚年龄，可增加 10 天。在外地的直系亲属亡故，酌情给路程假。工作人员岳父母或公婆亡故，参照此规定执行。

产假　国家机关和全民所有制事业单位女职工怀孕不满 4 个月流产者，享受 15 ~ 30 天产假；怀孕满 4 个月以上流产者，享受 42 天产假；正常生育者，享受 90 天产假。多胞胎生育者，每多生 1 个婴儿，增加 15 天产假。

公费医疗　1986—1996 年，沿用 1985 年按年龄限额使用、节约归己、超支分担办法，适时调整包干标准。离休干部、癌症病人、工伤（含旧病复发）、长期患病者和老龄职工（男 60 岁以上、女 55 岁以上）按住院实际产生费用报销。1997 年以后，除县级单位仍沿用 1985 年办法外，各区根据县人民政府有关规定，论其财力各行其是，至 2005 年公费医疗形同虚设。

丧葬　抚恤　国家机关和全民所有制事业单位工作人员死亡后，享受丧葬补助，其遗属享受生活困难补助，家居农村和城镇户口区别对待。1985 年 9 月起，执行家居农村者每人每月 17 ~ 20 元，家居城镇者 20 ~ 25 元。1990 年 1 月起，家居农村者每人每月 30 ~ 35 元，家居城镇者 35 ~ 40 元。1995 年 4 月起，改为以职级工资制的基础工资为基数按一定比例计发。1999 年 10 月起，执行市人事局、市财政局《关于调整机关事业单位工作人员逝世后遗属生活困难定期补助标准的通知》，其遗属居住在农村的，由每人每月 110 元调整为 140 元；居住在城镇的，由每人每月 130 元调整为 160 元；1949 年以前参加革命工作的，其遗属补助由每人每月 170 元调整为 221 元。丧葬费由原一次性补助 400 元调整为 1000 元，2002 年 10 月起，调整为 2000 元。

第六节　干部任免与考核

1986—2005年，领导职务任免遵循党管干部原则，实行分级管理干部办法任免干部。县人民政府县长、副县长、人民法院院长、人民检察院检察长、乡（镇）长及副乡（镇）长分别由县、乡人民代表大会选举产生，他们的罢免决定和辞职请求按法律程序进行。县人民代表大会闭会期间，县长、法院院长、检察院检察长因故不能再担任职务时，由县人民代表大会常务委员决定代理人选的任免。县人民代表大会常务委员会任命内设各委、办、室主任；县人民政府序列内设委、办、局主任、局长经县人民政府常务委员讨论后，由县长提请县人大常委会任免；县人民法院副院长、审判委员会委员、审判员、庭长、副庭长，由院长提请县人大常委会任免，县人民检察院副检察长、检察委员会委员、检察员由检察长提请人大常委会任免。县人民政府序列内委、办、局副主任、副局长以及序列外局以上正副职，区公所区长、副区长、完全中学正副校长，由县人民政府任免；科、股、站、所长由委办分别任免。

1987—1997年，按上级规定确定全县机关事业单位一般行政职务。县级党政群团机关设主办科员（党群系统设主办干事）、科员（干事）、办事员。主办科员中经考试、考核确定副局级主办科员，乡镇机关逐步推行正乡级助理员、副乡级助理员、助理员。行政事业单位设主任科员、副主任科员、科员、办事员。县人民法院和检察院设审判员、检察员，定为正、副科（局）级或主办科员级，助理审判员、助理检察员定为主办科员级，书记员定为科员或办事科员。县公安局设副县级侦察员、正局级调研员、侦察员和副局级侦察员、预审员。1997年重庆直辖后，设立一般行政职务未变更，在确定一般行政职务后待遇有所提高。2001年起，全县党政机关任用中层干部实行竞争上岗，按照公开、公平、择优原则进行选拔。

1986年起，遵照国家有关干部管理规定，重点培养“四化”干部。同年，先后对全县25个部局和区级领导班子及64个乡（镇）领导干部进行考核和调整充实，启用111名德才兼备的中、青年干部，其中担任部局或区级领导职务的33人，担任乡级领导职务的78人，并建立和完善三梯队后备干部档案。1987年，抽调40名熟悉组织人事工作的干部对全县65个乡（镇）领导班子进行考察考核，对其中29个乡（镇）领导班子进行调整充实，提拔104名中青年进入各级领导班子。对全县部局及区级295名领导干部开展民主考评，提拔25名后备干部进入部局级领导班子。1988年，组织力量对反映问题多的35个单位领导班子作全面考察考核，其中26个局级领导班子进行调整充实，并对52个乡（镇）领导班子进行调整。同年，按照民主推荐和组织考核相结合的办法，提拔134名中青年干部进入各级领导班子，其中正局级21人、副局级51人、正副乡级62人；对原任6名干部实行就地免职。

1990年，全县任免领导干部602人次。其中，区（局）级197人次，乡（股）级405人次。1993年，对县级党政机关领导班子及工作人员实行年度考核，对区、乡（镇）聘用干部实行任期考核，并继续对县、区、乡各部门工作人员实行《工作日志》量化考核。1992—1993年，全县调整局级、区级领导87人，乡（镇）级领导64人；提拔局级、区级领导63人，乡（镇）级领导30人；任免副局级以上领导干部108人次，乡股级干部186人次。1990—1993年，全县提拔117名知识分子担任副局（区）级以上领导干部。1994年，对全县机关、事业单位工作人员实行年度目标考核制度。同时加强后备干部队伍建设，后备干部保持稳定常数：全县后备干部1710人，其中县级39人、区科级97人、股所级199人、企事业单位20人、村级1355人。1995年，任免副科级以上领导干部191人；选拔县级后备干部103人、乡镇后备干部133人、少数民族后备干部142人；提拔85名知识分子担任副局级领导干部；选拔招聘25名优秀村干部充实到乡（镇）干部队伍。同时对在1994年全县公务员年度考核中26名不称职等次的人员进行降职降薪处理。1996年，重视女干部培养，新提拔的正副职领导干部中女干部占35%。1999年，全县对年度考核实行末位淘汰制度，对考核结果为单位末位的人员分别实行脱产培训和告诫，对考核结果不称职的人员给予降级降职处理。到2001年，全县39个乡镇和79个县级部门有10名领导干部被降职或免职。

2002年，全县确定一般行政职务34人，任命正副科级干部149人。2002—2003年，对乡镇和县级部门领导班子进行9次调整，调整干部255人。其中，提拔任用52人，平直交流153人，实职改非30人，降职5人，免职15人。2004年，全县20余个乡镇机关和10余个县级部门对中层干部采用竞争上岗，其他一般干部也通过双向选择确定工作岗位，中层干部平均年龄由改革前的39岁降到33岁，具有大专以上文化程度者占中层干部总量95%。并对97名乡镇和县级部门领导班子成员进行平职交流使用，提拔副职领导41人，并确定98名主任科员职务。39个乡镇领导班子中有15个乡镇配有女干部，乡镇和县级部门领导班子后备干部中有女干部47名，占总数的18.20%。2005年，对县委办等21个县管领导班子进行调整，从县级部门选派23名优秀年轻干部到乡镇挂职锻炼，全年充实、调整领导干部69人。其中提拔任用18人，免职6人，改任非领导职务26人，部门之间交流19人。

第七节 离退休（职）人员管理

1986年，干部（含机关事业单位工人）退休制度仍按原《国务院安置老弱病残干部的暂行办法》和《国务院关于工人退休、退职的暂行办法》执行，对因伤病完全丧失工作或劳动能力工作人员，退休不受年龄、工作年限限制。机关事业单位普通退休干部由县人事局统一管理，退休工人由劳动局管理，离休及副处级以上干部由县老干部局负责管理。同年，对1985年工改时来自六类以上工资的离退休人员，其原保留的类区工资差额继续予以保留；对原已退职的职工，退职时工资额按比例增加相应类区工资差额。1990年，彭水为解决离退休人员工资突出矛盾问题，对1988年8月25日至1989年9月底期间已办理离退休手续人员，在普调一级基础上再升一级工资，再升一级后的工资（普调一级除外）按文件规定标准计发退休费。1990年起，全县退休干部享受少数民族地区浮动工资，享受对象包括4种人：（1）退休时已实行浮动工资的干部；（2）退休时未实行浮动工资的干部；（3）按规定退职的干部；（4）退休后异地安置，但仍在原单位领退休费的干部。享受对象的前置条件需具备下列其中之一：具有大学专科以上毕业文凭；具有中专毕业文凭且工作满15年；取得助理工程师及其以上专业技术职务（职称）；其他干部工作满20年。

1992年，从3月起按离退休人员基本离退休费10%增加离退休费，离休人员增加数额不足12元按12元发给；退休人员增加数额不足10元按10元发给。1993年，机关、事业单位离退休人员和按文件规定办理退职人员，在原工资基础上提高一级工资，其中退休、退职人员提高的一级工资按退休费、生活费比例计发退休、退职费。1997年，全县调整国家机关、事业单位工作人员工资标准时，对离退休人员1993年工资制度改革时超64元保留津补贴由每人每月110元调整为129元，从1998年1月1日起执行。

1998年，全县有退休干部2496名，全县离退休职工建立起养老保险账册。同年，全县正式离岗16人，到龄退休265人，823名离退休教师退休待遇落实到位。

1999年，全县2082名离退休干部人均提高养老保险金100元，70名机关事业单位工作人员落实伤残鉴定。2000年，全县2700名离退休干部享受养老金提升，为机关事业单位31名因公伤残人员进行鉴定，为10余名死亡工作人员进行是否因公死亡鉴定，为85名机关事业单位工作人员进行伤病残鉴定，有 82 人正常退休。

2001 年，机构改革期间机关工作人员提前退休 520 人，全县正常退休 136 人，为全县 2700 余名退休干部按时增加退休待遇。为机关事业单位 78 名伤病残人员进行鉴定，为 20 余名死亡工作人员进行是否因公死亡鉴定。全县机关、事业单位离退休人员与在岗工作人员一样享受艰苦边远地区津贴，计入离退休费基数发放。2002 年 9 月起，全县机关事业单位职工退休执行市委组织部、市人事局、市财政局、市卫生局《关于机关事业单位贯彻执行国务院关于安置老弱病残干部暂行办法和国务院关于工人退休、退职的暂行办法若干具体问题处理意见的通知》。同年，为全县离退休人员增加离退休待遇，正常退休 36 人。2003 年，组织 10 名退休干部到县外健康疗养，开展公伤病残认定调查 20 人（件），对全县 60 名申报鉴定因病丧失工作能力和因公伤亡人员进行鉴定，正常退休 55 人。2004—2005 年，组织 58 名病残人员进行劳动能力鉴定，受理 17 人工伤鉴定申请。全县机关事业单位正常退休 79 人。

第八节 信访仲裁信息调研

信访 仲裁 1998 年，接待离退休上访人员 55 人次，上访老人 10 人次。2000 年，接待来访人员 31 人次，受理仲裁案件 5 起；接待离退休上访人员 50 人次。2001 年，接待离退休上访人员 36 人次，接待人事争议来访人员 40 人次，受理仲裁案件 5 起。2002 年，接待上访离退休人员 114 人次，处理来信来访 78 件；接待人事争议来访人员 14 人次，接受人事仲裁案件 10 起，办结 3 件。2003 年，接待人事争议来访人员 32 人次，接受仲裁案件 12 起，成功调解 3 件。2004 年，接受人事争议仲裁来访人员 35 人次，接受仲裁案件 21 起，成功调解 5 件。2005 年，全年接受各类人事信访、上访 800 余人次，书面回复 15 人次。

信息 调研 1998 年，向《中国老年报》《国家公务员报》《人事文摘》《黔江日报》《黔江人事》《彭水报》等各级刊物投送人事信息、调研文章等稿件 200 余篇，刊载 80 余篇，编发《彭水人事》简报 25 期。1999 年，整理 1998 年文书档案 98 卷，编辑《彭水人事》简报 10 期，报送信息 100 余篇，刊载 70 余篇，同时撰写调研文章 15 篇。2000 年，全县向《国家公务员报》《人事文摘》《黔江日报》《彭水报》投送稿件 100 余篇，刊载 60 余篇，编发《彭水人事》简报 10 期。2001—2002 年，向《国家公务员报》《人事文摘》《重庆人事信息》《彭水报》投送稿件 88 篇，刊载 37 篇。2003 年，全县撰写人事调研文章 30 余篇，被《国家公务员报》《人事文摘》刊载 7 篇，同时编发《人事信息》16 期。1997—2003 年，初步建立起乡土人才库，储备具有初中以上文化的石匠、木匠、灰工、漆工、篾匠、雕刻工、刺绣工、印染工、美工、民间草药师和农业生产中“土专家”“田秀才”等乡土人才 1800 余人资源信息。2005 年，县人事局接受县委组织部移交个人档案 10377 册，重新整理毕业生和人事代理档案 1500 余册，归档 2004 年文书档案 2400 余件；报送各类人事信息 157 则，撰写人事研究论文 13 篇，市县级采用信息文章 25 篇。

第二章　劳动管理

1986 年，彭水自治县劳动局（简称县劳动局）内设秘书股、就业调配股、工资股、劳动保护股（安全生产办公室）；直属单位有县劳动服务公司、县职工社会保险事业管理处、县社会劳动力管理处。县社会劳动力管理处与县劳动服务公司两块牌子、一套班子办公。1987 年，成立县劳动争议仲裁委员会，办公室设在县劳动局。1989 年，县编委核定县劳动局行政编制 14 人。1990 年，县劳动服务公司和县社会劳动力管理处合并更名为县就业服务管理局，为劳动局下属二级局，内设县就业培训中心、县职业介绍所。1991 年，县劳动局所属社会保险事业管理处更名为社会保险事业管理局。1993 年，成立县劳动争议仲裁庭，由县劳动争议仲裁委员会办公室直接管理。1997 年，成立县劳动监察队，设在县劳动局内。1998 年，县劳动监察队在社会保险事业管理局正式挂牌。同年成立县再就业服务中心，属自收自支事业单位，与县就业局两块牌子、一套班子。1999 年，县劳动局与就业局、社会保险局合并办公。2001 年，县劳动局更名为县劳动和社会保障局，核定编制 13 人，实际上岗 7 人，领导职数 4 人，内设综合科、社会保险科、劳动就业科、劳动保障监察科（与劳动保障监察大队两块牌子、一套人马）、劳动争议仲裁委员会办公室。2003 年，县社会保障监督委员会领导小组办公室设在县劳动保障局。2004 年，成立县医疗保险局，隶属县劳动局，核定事业编制 18 人。2005 年，县劳动和社会保障局内设综合科、劳动保障监察科、社会保险科、劳动争议仲裁科（挂县劳动争议仲裁委员会办公室牌子）、劳动就业开发科。县劳动和社会保障监察大队纳入财政全额预算，事业编制 5 名。县就业局由自收自支事业单位转变为财政全额预算行政事业单位，编制 10 名，内设综合科、就业科、失业保险科、劳动力市场管理科。县社会保障事业管理局内设综合科、基金管理科、统筹科、退管科、工伤保险科、农村养老保险科（挂农村养老保险办公室牌子），为全额拨款行政事业单位，编制 16 人。

第一节　企业用工制度改革

1986 年，根据国家政策规定废除固定工制度。全县国营企业在国家劳动工资计划指标内招用常年性工作岗位工人，统一实行劳动合同制，将企业用工体制由固定工改为劳动合同制。同期，各类企业根据生产经营需要，招收 5 年以上长期工，1 ~ 5 年短期工和定期轮换工，以及 1 年以内临时工、季节工均要签订合同，实行合同制管理。1988 年，根据四川省人民政府《关于搞活固定工制度试点工作的通知》精神，按照“积极慎重，大胆试点，分期分批，全面推行”总体要求，开始打破“铁饭碗”搞活用工制度。同年 5 月，在县水泥厂试点，对全厂 411 个工人进行优化组合，343 人上岗，全部实行合同化管理。至 1988 年年末，全县全民所有制企业 19 家，职工总计 2244 人，其中合同制职工 585 人。585 个合同制工人中，长期工 179 人，短期工 406 人。继水泥厂之后，县纸厂、县化工厂、县供销合作社合作商店等相继改革固定工制度。自此，全民所有制企业废止职工退休后由其“子女顶替”参加工作和“内招”本企业职工子女的用工办法。凡机关、企事业单位按计划指标招工，在原实行“三工”（固定工、合同工、临时工）基础上实行劳动合同制。

1989年，全民所有制企业实行退养换工政策，限于1959年前参加工作的男满50周岁、女满45周岁的老工人，由其农业户口子女换工。老工人和换工子女户口粮油关系不变，待老工人到达退休年龄后办理退休手续，换工子女转为劳动合同制工人。到1990年，全县国有企业职工9574人，其中固定工7526人，合同工2048人；集体企业职工4428人，其中临时工664人。1991年，县劳动局发布《关于企业用工、工资分配、社会保险制度改革的意见》，首先在县纸厂、县百货公司、县日杂公司试点，在企业内部实行全员劳动合同化管理，并在优化组合基础上施行“三岗”（上岗、试岗、待岗）制，推行企业自主用工，工人自主择业，实行“双向”选择。

1992年，按照“国家计划指导，企业自主用工，分级分类管理”新型用工制度要求，在全县116家县属企业（全民68家、集体48家）内推行全员合同化管理制度，企业与职工签订劳动合同，明确双方责、权、利，“干部能上能下，工人能进能出，工资能升能降”的用工机制初步形成。同年，县属企业全面推行“三岗”“四定”，即上岗、试岗、待岗，定岗、定员、定责、定酬。通过优化组合，9925名职工中，9639名工人上岗，200名试岗，80名待岗，辞退辞职6人，分别占职工总数的97.12%、2.02%、0.8%、0.06%。企业的干部、固定工、合同制工人、新进企业工人、大中专毕业生、军队转业干部、复员退伍军人、混岗大集体工人、1971年11月30日前参加工作的计划内临时工一律实行劳动合同制，统称企业职工，本人原身份仅作档案保留。原1989年执行的全民所有制企业退养换工政策由1959年前参加工作的老工人放宽到1966年前参加工作的老工人。1993年，贯彻《全民所有制工业企业转换经营机制条例》和《实施办法》，县人民政府出台《劳务市场管理办法》，建立劳务市场并对外开放，推行面向市场的用工制度，在全县范围内打破劳动区域、部门、行业、单位等限制，打破不同所有制和工人、干部的身份界限，放开劳动价格，运用工资杠杆调节劳动力供求关系。1993年，全县国有固定职工8014人，合同制职工4307人；集体企业职工5034人，其中临时工1568人。

1995年7月，县人民政府发出《关于全面实行劳动合同制》通知，县劳动局成立推进全员劳动合同制领导小组，指导应实行劳动合同制国有和集体企业127家、职工12683人实行全员劳动合同制管理。同年，实行劳动合同制管理企业100家，应签合同职工12105人，10989人签订劳动合同，签订率90%。其中国有企业职工8510人，7731人签订劳动合同；城镇集体企业职工3595人中，3158人签订劳动合同。截至1996年年底，全县应实行劳动合同制管理企业137家，职工14219人；其中国有96家，职工10043人；集体41家，职工4176人。实行劳动合同制管理企业110家，职工13021人；12320人签订劳动合同，701人缓签。其中，国有85家，职工9282人，8743人签订劳动合同，539人缓签；集体25家，职工3739人，3577人签订合同，162人缓签。到1997年，全县固定工减少到136人，合同制职工增加到11202人，集体职工3629人，临时工1143人。

1998年，全面推行改制，国有和集体逐渐萎缩，个体蓬勃兴起，截至10月国有企业保留68家，时有职工1544人；集体企业30家，职工710人。2000年以后，各类生产和经营企业用工实行全员合同制管理。

第二节 劳动就业

就业安置　1986年，全县劳动服务公司办企业12家，从业人员213人，全县安置待业人员814人，年末共有待业人员488人。1987年，全县各类劳动服务公司8家，办企业15家，从业人员311人，全县安置待业人员 774 人，占全县待业人员 1572 人的 49.24%；向各部门输送临时工 976 人，比 1986 年增长 13%；全年待业率为 3%。1988 年，全县各类劳动服务公司 15 家，兴办企业 21 家。1989 年，经过整顿，全县各类劳动服务公司保留 8 家，兴办企业 13 家，从业人员由 300 余人增加到 400 余人。截至 1992 年，全县安置待业人员 5252 人。

1993 年开始，劳动就业实行"在国家政策指导下，市场竞争就业"的方针，县人民政府劳动主管部门承担指导、统筹、协调、监管责任。是年，全县安置城镇待业人员 829 人。1994—1996 年，全县分别安置城镇待业人员 654 人、650 人、769 人。截至 1996 年，全县安置技校毕业生 153 人，其中 1993 年 102 人。

1998 年，全县开始实施再就业工程，县就业部门对下岗职工免费提供"一三一"服务，即一次职业指导服务，三次职业介绍服务，一次再就业培训。是年，全县安置城镇待业人员 974 人。1999—2002 年，全县指导帮助下岗失业职工再就业 3172 人，安置城镇待业人员 3522 人。2003 年，指导和帮助城镇失业人员和下岗失业人员再就业 1285 人。2004 年，劳动力市场和就业服务体系发挥桥梁纽带作用，全年提供就业岗位 2200 个，安置大龄就业困难人员实现再就业 306 人，办理求职登记 1900 人，介绍成功就业 1300 人，指导和帮助城镇下岗失业人员再就业 1285 人。2005 年，城镇新增就业人员 2016 个，指导和帮助城镇下岗失业人员再就业 1393 人，登记失业率控制在 4% 以内。

劳务输出　1987 年，县劳动就业部门开始组织劳务输出，向各单位输送临时工。1988 年，转移农村富余劳动力 5325 人，向县外输出 846 人，其中省外 443 人。1989—1990 年，全县转移农村富余劳动力分别为 24399 人次、14437 人次，向外输出劳动力分别为 1057 人、1754 人。1991 年，"民工潮"形成，全县就近转移农村富余劳动力 16568 人，向外输出劳动力 2138 人，其中奔赴成都、北京、山西、山东等地 446 人。1993 年，全县就近转移农村劳动力 17500 人，外出务工 20800 人，有组织输出 565 人。1995 年，全县 8 区 1 镇 54 个乡先后建立起劳动服务站，为外出打工人员提供就业信息，开展有计划、有目的劳动输出。外出务工人员开始到劳动就业部门或乡镇劳动服务站办理"外出务工就业登记卡"，凭卡在务工所在地办理务工证。同年，全县劳务输出 6098 人，其中就业部门组织输出 965 人。1993—1997 年，全县转移农村富余劳动力和企业剩余人员 6.3 万人次。1999 年春运期间，运送民工 19900 人次。2003 年，全县组织输出农村富余劳动力 1.2 万人。2005 年，向重庆、成都、浙江、广州、北京等地输出劳动力 1582 人。

职业介绍　1993 年，全县试行劳动力市场开放，劳务市场通过职业介绍机构发布用工信息、组织交流洽谈、开展政策咨询，县内外机关、团体、企事业单位、个体工商户、居民家庭用工，开始进入劳务市场招聘选用，城镇待业人员、待业职工、职业高中毕业生、农村剩余劳动力、离退休再工作人员、企业经营者等多到职业介绍所办理求职登记手续，等待应聘职业岗位。1999 年，彭水劳务市场实现与重庆市劳动力市场联网运行，全县前往县劳动力市场求职登记 717 人次，职业介绍成功 481 人。2000 年，全年办理各类求职登记 2100 人，69 个用工单位进场成功交流选用 350 人，开展就业指导 1300 人次，办理 356 人外出务工手续。2001—2005 年，劳务部门共办理求职登记 6732 人，介绍成功 6083 人就业。

就业培训　1987 年，贯彻实施《四川省就业培训工作试行办法》，对城镇待业青年开展培训，既为全民所有制单位和集体所有制单位培训各种专业人才，也为组织起来就业和自谋职业的青年提供职业技术培训；同时对失业职工进行转业转岗培训，对农村劳动力转移提供上岗培训。同年，举办培训班 8 个，培训待业人员 311 人。1988 年，举办培训班 11 期，培训专业 6 个，参培 256 人。1989 年，培训待业人员 326 人，举办岗前培训两期共 89 人。1990 年，培训 413 人。1991 年，举办待业培训班，参培 476 人；培训专业技术人员 236 人。1992 年，贯彻"先招生，后招工；先培训，后上岗"政策，用工单位推荐 100 名学员分设 2 个班，开设法律常识、经营管理、经济基础、职业道德等 8 门课程；

培训待业人员450人。1993—1999年，分别开展就业培训713人、478人、620人、766人、810人、725人、341人，培训4453人。2000年，全县社会力量举办职业技能培训机构有专兼职教师和管理人员36人，培训1195人，结业1023人；其中就业培训350人，再就业培训845人。2001年，开展家政服务、计算机技术、药品营销、餐饮服务等各类就业培训6期，培训下岗职工和失业人员546人。2002年，开展再就业培训469人。2003年，举办各类培训班7期，培训城镇失业人员645人。2004年，以提高广大下岗失业人员再就业技能为重点，全年开展7期市场营销、营业服务、家政服务、计算机等就业技术培训，参培人数634人，243人实现再就业。

2005年，全年开展计算机操作、市场营销、餐饮服务、水泥制成、（SYB）创业等就业培训5期，参加就业培训650人，实现再就业405人。县劳动局及其下属就业局在开展就业培训方面，与国家和社会力量办学发展到7所，年培训规模达到5000人。

这期间，一部分待业青年和失业人员还通过电大、函授、自考、专项培训，提高文化素养和专业技能后实现就业和再就业。

职业鉴定　1997年鉴定初级工技术等级225人，1998—1999年，全县分别完成初、中级职业技能鉴定329人、351人。2000年，全县有职业技能鉴定机构1个，考评人员9人，管理人员2人。2002—2003年，完成295名初级工、194名中级工鉴定。2004年，彭水自治县国家职业技能鉴定所成立，由劳动局统一颁发"国家职业技能鉴定许可证"，鉴定范围为钢筋工、架子工、维修电工、电焊工、计算机操作工等工种的初级和中级。2004—2005年，全县重点开展对营业员、汽车维修工、电工等技术等级鉴定，初级工鉴定分别为210、364人，中级工鉴定分别为163、176人。

第三节　劳动保护

劳动健康　1986年，县劳动局组织企业职工体检224人，并按规定发放劳动保护用品。1989年，组织检测粉尘作业单位32个，其中合格单位5个，超标单位27个。1990年，县劳动局会同有关部门对全县部分县属企业进行职业病防治工作检查，发现县化工厂骨粉生产车间工人生产无防护用品，县水泥厂生料生产车间雇用农民工在无防尘设备情况下生产，县纸厂烧碱车间基本无防氯设施。全年检测粉尘作业点28个，噪声点19个，体检职工604人，并对70名职工进行尿铅、尿锰、血小板、白血球、神经系统等检查。1991年，对全县有毒有害生产场所开展尘毒测试检查，抽查部分单位职工劳保用品和保健食品发放情况。1993年，对21个厂矿企事业单位1500名职工进行一年一度健康检查。1994年，县劳动局组织有关部门对全县职业病患者开展体检、建档和治疗。截至1997年，先后对1265名职工进行健康检查，其间1996年，对175名从事有毒有害作业职工进行专门健康检查。2000年，县劳动局明确规定：按国家新工时制度，各企业职工平均每周工作时间不得超过40小时，任何用人单位不得延长职工工作时间。2001年，县劳动局承担的职业卫生监察转由县卫生局负责。

争议仲裁　全国劳动争议处理制度始建于1950年，1955—1986年中断。1987年7月31日国务院发布《国营企业劳动争议处理暂行规定》，劳动争议处理制度恢复。县劳动局着手接待受理有关劳动争议来信来访，帮助企业协调劳动者与企业的关系，鉴证劳动者与企业之间的劳动合同。1989年，部分国营企业建立劳动争议调解委员会。截至1993年，先后共鉴证劳动合同5319份，其中1991年1262份、1992年997份、1993年2004份。1993年，根据《中华人民共和国劳动法》和《四川省劳动争议处理实施办法》，按照"着重调解，及时处理，查清事实，依法处理"原则处理劳动争议案件，下半年开庭审理劳动纠纷案2件，并邀请部分单位负责人和工会干部旁听。1994年，仲裁裁决高谷供销社职工赵某诉不服高谷供销社开除公职一案，经过仲裁撤销其处分决定，案外调解1件，鉴定劳动合同1300余份。1995年，受理劳动争议案件6件，结案4件，接待来访63人次，处理来信25件，鉴证劳动合同1200份。

1996—2001年，收到劳动争议案件124件，结案122件。2002—2005年，受理劳动争议申诉案115件，接待群众来信来访768件、2312人次，鉴劳动合同2186份。

监察执法 1989年，县人民政府设立整顿计划外用工领导小组，领导小组办公室设在劳动服务公司，按照国家劳动政策，对全县机关和全民企事业单位计划外用工进行清理，核实定岗定员，补办用工手续，清退富余劳动力。截至1997年6月，全县兼职劳动监察员5人，被监察单位25个，涉及劳动者8430人，其中违法单位14家，补签劳动合同1821份，追缴社会保险费81人，涉及金额1.6万元。1997年，重点对50家国有企业1996年度劳动用工、工资福利、劳保安全等劳动政策执行情况进行监察检查，第一次验收合格32家，复查验收合格18家；全年受理劳动执法举报9件，办结处理8件；监察用人单位15个，完成计划100%。1998年，全年监察检查单位113家，纠正违法行为28件，补签劳动合同225份，追缴失业保险基金15万元，取缔非法职介机构4家，纠正企业乱招乱用职工行为16起，并建立和完善用工年检制度，受检单位63个，合格50个。

1999年，全县开展劳动执法大检查，涉及各区镇、各企业在劳动用工、劳动工资、劳动保护、安全生产、社会保险、退休人员养老金发放等一系列劳动政策，对198家用人单位进行劳动监察，清理私招乱雇86起，取缔非法职介网点9个、非法培训网点6个，发现劳动合同签订不规范、随意延长劳动时间、故意拖欠克扣或变相减少劳动工资、使用童工、拖欠社会保险、收取风险抵押、企业下岗职工最低生活未得到保障、特殊行业从业人员无执业资格证书等一系列违规现象。2000年，对全县企事业单位、私营企业197家进行执法监察，涉及职工12072人。其中国有企业46家3565人，集体企业46户2040人，私营企业3家26人，事业单位102家6441人，查处违法签订劳动合同单位61家1101人，劳动合同内容不合法单位1家。

2001年，重点对商业和服务行业36家2318人开展执法监察检查，发现私营企业和个体户对《禁止使用童工规定》不知晓，存在非法使用童工现象，同时存在延长工作时间，对有毒有害工种劳动者没按规定进行体检，违规收取风险抵押金等行为。2002—2003年，对40家用人单位进行劳动执法监察，全县查处违反劳动法规案68件，取缔非法职业介绍机构3家，处理非法用工12起、未依法办理用工手续20件、未依法签订劳动合同20件，补签劳动合同712份，责令落实民工工资16.57万元，补缴社会保险费3.8万元。2004年，执法监察用人单位29家，涉及职工3884人，受理劳动执法举报案44件，办结42件，为农民工3164人追收拖欠工资45.80万元。2005年，对132家用人单位进行劳动执法监察检查，涉及职工7640人，受理举报投诉案件116起，结案98.5%，为农民工追讨拖欠工资170万元，责令用人单位与300余名劳动者补签劳动合同。

第四节 劳动保险

养老保险 1986年，劳动局内建立社会保险机构，对全民所有制企业职工退休费用实行社会统筹，参统单位81个，参统职工7849人，参统率100%。1987年，开展合同制职工养老基金和固定职工退休费用社会统筹工作，全县签合同单位50个，征收养老基金32590元。其中，单位缴纳29054元，个人缴纳3536元。同年，收取国营企业固定职工退休社会统筹费用317950元，参加统筹单位84个，8015名职工全部参统。1988年，全县合同制职工221人全部参保，国营企业固定职工退休费社会统筹应参加统筹单位83个全部参加统筹，参加统筹人数6424人。1989年，全县退休养老费统筹由县级过渡到地级，参加统筹单位80家，固定职工5423人，离退休职工1345人，合同制职工

383 人。1991 年，全县合同制职工 967 人全部参加养老保险统筹。

1992 年，县人民政府设立企业职工养老保险基金委员会，办公室设在劳动局，开始执行《黔江地区城镇集体所有制企业事业单位职工退休养老基金社会统筹暂行办法》和《黔江地区临时工养老保险基金社会统筹暂行办法》，养老统筹基金中的 3%（按职工缴纳工资预计）由职工个人担负，实行“统筹结合”。是年，彭水自治县养老保险统筹由地级过渡为省级统筹，应参加统筹的 29 个集体企业 1131 名在职固定职工、58 名退休职工全部参加统筹，114 家全民所有制企业和行政事业单位 1786 名两类临时工参加养老统筹。

1993 年，统筹范围扩大到供销系统全民固定职工、城镇劳动合同制工人、混岗大集体工人、1971 年 11 月 30 日以前参加工作的计划内长期临时工。1994 年，全县 81 家全民企业（含供销系统）6647 名在职职工、1818 名离退休职工，企事业 96 家单位（全民所有制企业 81 家，事业单位 15 家）867 名临时工，18 家城镇集体企业 843 名在职职工、393 名退休职工参加养老保险统筹。1995 年，实行国营企业长期工、离退休职工，以及行政事业单位劳动合同制工人参加省级统筹，其余企事业单位临时工、城镇集体企业长期工、退休工以县为单位统筹。1998 年，基本养老保险费征集完成年计划的 52%，各类企业从业人员基本养老保险 100% 参与统计，超额完成年计划筹措 50 万元解困救助金任务。

1999 年出台《彭水自治县企业职工基本养老保险实施办法》，从 1998 年 7 月 1 日起，职工个人按本人缴费工资的 4% 缴纳保险费，从 1999 年 7 月 1 日起按 5% 缴纳，以后每两年增加一个百分点，最终实现缴纳本人缴费工资的 8%，离退休人员不再缴纳基本养老保险费；企业缴费比例逐年由高降低到 20%。2000 年，养老保险交由地方税务部门征收，全县党政机关事业单位养老保险统筹业务由人事局移交劳动局，全年征收机关事业单位养老保险费 1853.39 万元，征收企业基本养老保险费 182 万元，清收欠费 203 万元。2001 年，农村社会养老保险工作由民政局移交劳动局，全年征收企业基本养老保险费 200 万元，征收机关事业单位职工养老保险金 1752 万元。

2002 年，154 个机关事业单位 9143 人参加统筹，其中在职职工 8349 人（机关 2888 人、事业单位 5461 人）、退休人员 794 人，全年征收职工养老保险费 1732 万元，征集率 97%；企业养老保险扩面 1487 人。2003 年，企业养老保险扩面 805 人，全年征收机关事业单位养老保险金 1469 万元（含财政代扣部分），征缴企业保险费 1189 万元（含追缴欠费部分），发放基本养老金 1600 万元，确保全县 3051 名企业离退休人员基本养老金足额享受，对 312 名农民按规定支付养老金。2004 年，养老金统筹本着“以支定收，略有节余，适当调济，合理分担”原则，按照企业单位职工工资总额和退休费总额匡算计拨比例，报县人民政府批准执行。全年企业养老保险扩面 12 户 842 人，征收机关事业单位职工养老保险金 319 万元，征缴企业保险费 1226 万元，发放基本养老金 1628 万元，确保全县 3190 名企业离退休人员基本养老金足额享受，对 342 名农民按规定支付养老金。

2005 年，完善和推进社区社会保险工作机构建设，建立起汉葭、郁山、高谷、保家、鹿角、黄家等 6 个镇社保工作机构。全年征收机关事业单位职工养老保险金 268 万元；征缴企业保险费 1511 万元，其中个体缴费 382 万元，创历史最高纪录。企业养老保险扩面 750 人，其中重点突破私营企业和新成立企业。发放基本养老金 2000 万元，确保全县 3410 名企业离退休人员基本养老金足额享受，对 450 名农民按规定支付养老金。

失业保险　1986—1993 年，主要开展对国有企业和企业化管理事业单位中固定工和劳动合同制工人失业保险。其间，1986 年，全县征集职工待业保险金 0.75 万元，缴纳单位 81 家，参保职工 4954 人。1987 年，征集待业保险金 3.83 万元。1988 年，全县应缴待业保险基金单位 105 家、职工 5233 人全部参保，征收基金 4 万余元。1989—1992 年，征集 26.5 万元。

1993 年起，待业保险改称失业保险。县劳动和社会保障局主管辖区内失业保险工作，接受失业保险基金委员会监督，国有企业、股份制企业、联营企业、城镇集体企业和私营企业均参与统筹。同年，全县征集失业保险基金10万元。

1994年起，逐步扩大到城镇集体企业，各企业按照本单位年末全部职工（含固定工、劳动合同制工人、临时工）总工资额的1%缴纳失业保险金，国家机关、事业单位、社会团体同样按照本单位年末劳动合同制工人工资总额的1%交纳：各单位缴纳的失业保险金存入银行，专款专用。

1994—1997年，共征集失业保险金81.2万元，其中1997年征集30万元。其间，1994年动用失业基金6816元为12家企业129名特困职工发放基本生活费，安排1.5万元对全县13家停产、半停产企业296名困难职工发放生活困难补助。1996年，再启用失业保险基金15.5万元，解决县纸厂、武陵建材有限公司、地区轮船公司困难职工一定时期内基本生活，同时安排2.2万元用于31家困难企业284名困难职工发放慰问金。

1998年，失业保险征收完成年计划的143%，征集失业保险基金40.3万元，失业保险100%参与统筹。1999年，9950人参与失业保险统筹，征集保险金84.5万元。2000年，失业保险扩面1506人。2001年扩面1050人，全县参与失业保险统筹单位203家，参保职工12987人，征收保险金95万元。2002年，失业保险扩面1150人，对县纸厂、农机供应公司110名失业职工、汉葭区供销社94个解除劳动关系失业人员共支付失业保险金和经济补偿金74万元。2003年，县财政安排50万元，确保国有企业下岗职工340人基本生活费和270名失业人员失业保险金按时足额发放。2004年，贯彻《失业保险条例》，失业保险扩面380人，全年征收失业保险金88万元，为2359人次失业人员发放失业保险金45万元。2005年，全县以事业单位、非公有制企业为重点，失业保险扩面1515人，全年征收失业保险金104万元，为2359人次失业人员发放失业保险金16万元，兑现下岗失业人员社会保险补贴66.5万元、岗位补贴11.8万元。

工伤保险　1986—1996年，企业职工工伤事故由县劳动局管理，经费由企业自行负担。1996年，县人民政府出台《企业职工工伤保险暂行办法》后，由县社会保险局组织实施工伤保险基金全县统筹。其征缴比例：以行业单位工资总额计算，矿山2%，水路交通运输、建筑等1.5%，机械、化工、电力等1%，商贸服务0.5%。同年，有81家国有企业、3家集体企业共8003名长期工、400名临时工参加工伤保险统筹，征集率98%。1997年，参加统筹企业85家，职工7785人，月投保工资额194.8万元，全县共征集工伤保险基金13.8万元，征集率98%。1999年，全县共征集工伤保险费33.2万元。2002年，全县支付企业职工工伤医疗费46万元。2003—2004年，全县受理工伤案件59件，结案46件。2004年，工伤保险新旧政策接轨，全年扩面600人，应征工伤保险费25.2万元，实际征缴35万元。2005年，工伤保险全年扩面1725人，工伤保险参统6505人，征缴工伤保险金94万元，争取市上调剂金50万元，支付工伤保险待遇93万元；全年受理工伤认定71件，组织劳动能力鉴定67人。

大病医疗保险　1993年，全县选择1家企业开展大病医疗保险试点。1997年6月1日开始施行县人民政府《关于企业职工大病医疗费用社会统筹暂行办法》，全县42家6101人（含退休1253人）参保，征集统筹费用36万元，月投保工资额121.43万元（含退休人员月投保30.71万元），参保率50%。1998年，全县参加大病医疗保险统筹单位105家，投保职工9247人（含退休人员1850人）。1999年，全县征集大病医疗统筹费用127.8万元。2000年，全县发生职工大病医疗费用275人次，发生医疗费用102万元，实际支付62万元。2001年，全县应征统筹费用100万元，实际征收30万元，征集率30%；全年发生职工大病医疗346人次，报销医疗费用75万元。2002—2003年，全县为大病医疗参保人员823名报销大病医疗费用175万元。2004年7月起，大病医疗保险与城镇职工医疗保险合并，全年为534名职工开展特殊病种检查，审查批准454名特殊病患者特殊病种的申请。

城镇职工基本医疗保险　2001年，县人民政府出台《城镇职工基本医疗保险办法》，拟对全县境内城镇所有用人单位，包括国家机关、事业单位、社会团体、国有企业、民办非企业单位、城镇集体企业、股份制企业、私营企业、股份合作企业、外方投资企业（中方职工）等范围的职工和退休（职）人员，实行基本医疗保险制度。2002 年，县劳动和社保局完成全县基本医疗保险前期调查摸底：全县参保人员 13380 人，退休 5048 人，月平均工资 666 元。

2004 年，启动城镇职工基本医疗保险，县人民政府出台《城镇职工基本医疗保险暂行办法》《大额补充医疗保险暂行办法》以及“两个办法”的实施细则，确定各级各类定点医疗机构 34 家，定点零售药店 19 家，并由县医疗保险局与其中 28 家定点医疗机构、17 家定点零售药店签订服务协议。同年，全县城镇职工基本医疗保险 13691 人参保，其中在职 10220 人、退休 3471 人，累计征收医疗保险费 262.2 万元，征集率 52%；将离休干部等特殊人群 124 人，以及原破产改制企业享受大病终身保险人员 2005 人，移交医疗保险局统一管理。

2005 年，全县城镇职工基本医疗保险 16562 人参保，征收各项医疗保险金 652 万元，支出 499 万元，结余 153 万元，累计结余 533 万元。同期，县人民政府出台国有企业大龄下岗职工达到法定退休年龄后参加城镇职工基本医疗保险的参保办法，有 21 名符合条件的国有企业大龄下岗职工开始享受基本医疗保险。

补充医疗保险　在参加基本医疗保险基础上，允许企业建立补充医疗保险，同时国家公务员在参加基本医疗保险基础上享受医疗补助政策。2004 年，彭水为降低政府承办职工补充医疗保险风险和提高医疗救助水平，将职工补充医疗保险以集中方式向中国人寿保险公司再投保，同年征收补充医疗保险费 89.2 万元，报销支出 83.7 万元。

城镇职工生育保险　2005 年，市政府分配给彭水城镇职工生育保险计划名额 2500 人，全县城镇职工生育保险启动，年底开始征收生育保险费。

第五节　企业工资福利

一、工资、奖金

1985 年，继续执行 1984 年取消奖金封顶和劳动部门不再管理奖金的政策，奖金项目有超产奖、安全奖、节约奖、年终综合奖等。1986 年，全县 55 家企业（含供销系统）4681 名职工工资实行统一标准套改，在简化统一工资标准、提高定级水平基础上进行浮动，解决了企业长期存在的多种工资标准和同一等级不同工资额等问题，对其中劳酬不符的 323 名职工上浮 3 级工资。1987 年，全县职工人均增加工资 1.80 元，企业部分指标交由企业自主安排，同时进行 3% 的厂长、经理及有关人员奖励晋级增资，增加部分从 1986 年 10 月 1 日起计发。1988 年，核定人均增资 5 元 / 月：全县 43 家国有企业 3696 名职工（固定工 3052、合同制工人 150、大集体工人 494）中，3464 人升级，占总数的 93.72%，增资总额 18464 元，全年转正 16 人，定级 95 人；县供销系统 14 家单位 1153 名职工中 1067 人升级，占总人数的 92.54%，增资总额 5479 元。1989 年，经黔江地区批准，全县 43 家国有企业中 13 家 2091 名职工推行工资总额同经济效益挂钩办法，核定工资 274.20 万元，经济指标 5562.60 万元，经年终决算新增效益 44.05 万元，比核定额增加 16.06%。同年，经过县工资改革办公室批准，对 13 家挂钩企业 1369 名职工进行高效调资升级，每月增资金额 7807 元；全县定级 70 人，转正 3 人。

1990 年，对全县企业职工标准工资进行全面清理，明确职工个人标准工资作为计算福利、保险待遇基数，以及职工调动工作确定标准工资的参考，对全县 49 家国有企业 3839 名职工，14 家集体企业 1483 名职工明确标准工资，理顺工资水平关系和结构。人均月工资水平：粮食系统 83.31 元，工业系统 93.26 元，商业系统 85.13 元，综合系统 90.10 元，全县纳入清理 3839 人，人均月工资

98.02元。清理后，对49家国有企业、14家集体企业中4785名职工普调工资，月增资总额13400元，人均月增资2.8元。1991年，对全县国营企业职工1985年以后的标准工资、浮动工资进行清理和调整，职工月工资由工改前48.20元增加到97.10元，新进人员初期工资和定级工资提高10～40元。同期，在进一步核定企业职工标准工资基础上，对企业职工工资实行总量控制，允许企业在总额内自行确定工资分配形式，全县企业年工资总额计划825.30万元，并对58家城镇企业和1家集体企业采取不同形式挂钩分配办法。1992年，在县水泥厂进行岗位技能工资试点。

1993年，开始推行“国家宏观调控，分级分类管理，企业自主分配”的管理体制，打破企业档案工资，进一步搞活企业内部分配，商业企业采取百元含量工资，工业企业推行计件、定额包干、技能工资等分配形式。同年，全县52家国有企业进行工资调整，45家集体企业也参照执行。1994年，在对50家国有企业和13家集体企业进行工资审计基础上，从1994年1月起，依据1993年企业全部职工数按每人每月50元核增企业工资总额，少数承受能力差的企业适当低核。

1996年，全县57家国有企业、21家集体企业实行工资总额包干使用，企业根据实际采用技能工资、责任制等形式分配。1996年后，随着体制改革逐步深入，经济快速发展，物价上涨，国家采取除标准工资外，实行各种津贴和补贴，以保障职工收入逐步增长，截至1997年，有技术津贴、物价补贴、粮食调价补贴、民族地区补贴等，但由于企业大幅度改制，职工工资、津补贴均随经济效益和企业法人代表更替等因素而定，部分企业津补贴形同虚设。1998年，业已建立和完善企业工资总额分级调控和分类管理制度，并对1998年10月30日以前各单位在册固定工、大集体、小集体、合同制工人的工资进行清理和调整，着重体现“按劳分配”原则，企业自主分配工资制度日臻完善，各种奖金、补贴纳入效益工资，不再单列奖金和津补贴。

1999—2005年，在国家宏观指导下，围绕建立与现代企业制度相适应的工资收入分配制度，坚持按劳分配为主体，多种分配形式并存和效率优先、兼顾公平的原则，允许和鼓励资本、技术等生产要素参与收益分配，企业根据生产经营特点，建立自主、科学、规范的收益分配制度，充分发挥劳动力市场价格调节作用，形成激励与约束机制，合理确定职工工资水平，适当拉开收入分配差距，有效促进企业发展和职工收入提高。其间，2001年开始执行《重庆市推行工资集体协商制度实施意见的通知》，县内企业采取职工代表大会与企业法人代表就工资分配制度、分配形式和工资水平进行平等协商，并签订工资协议，经劳动部门批准后执行。

二、福利待遇

遗属补助　1986年起，全民所有制和集体所有制企业职工因病因公亡故以后，其未成年和丧失劳动能力的遗属仍然按原规定享受生活困难补助。其间，1991年、1992年、1995年分别在原基础上相继提高。2002年，遗属补助标准按全县最低工资为基数，城镇户口每人每月按基数50%，农村户口每人每月按基数40%，孤寡老人或孤儿按不同户口类型再增加10%计发。到2005年，保持不变。

工伤待遇　1986年，职工因公负伤就医路费、治疗费、生活补助费等由本单位负担到治疗终结。其中鉴定为1～4级残疾，则退出工作单位，享受退休待遇。鉴定为1～3级残疾需要护理者，根据其轻重程度发给一定护理费。其余鉴定为5～10级伤残者，按照实际情况分等次分别安排力所能及的工种、发给退养费、发给就业安置费等。1～10级伤残职工，均一次性发给不同标准伤残补助金。因工亡故职工发放1500元丧葬补助费和15个月缴费工资抚恤金；供养关系亲属生活困难者，分城镇户口和农村户口发给生活困难补助费。2001年，全县统一调整部分工伤待遇，大部分工伤待遇幅度提高，其中职工因工死亡，则按死者上年缴费工资6个月之和发给丧葬补助费，并按死者上年缴费工资发48个月一次性因工死亡补助金，抚恤金最多不超过24个月。

最低工资保障　1995年7月1日起，彭水开始执行最低工资标准125元。到2005年5月，彭水执行最低工资标准先后是130元（1996年7月1日起执行）、150元（1997年7月1日起执行）、210元（1999年10月1日起执行）、230元（2000年10月1日起执行）、260元（2002年5月28日发布，执行至2005年未变）。

税费减免　2003年，有1300人再就业享受优惠政策，减免各种税费近200万元。2004年，向16户困难企业228名特困离退休人员和下岗失业人员发放慰问金12万元，有1538名再就业人员享受减免各种税费172万元的优惠政策。2005年，有2308名再就业人员享受减免各种税费210.39万元的优惠政策，免费办理求职登记928人，免费开展就业培训5起，发放政府贴息小额贷款620万元，向14户特困企业138名特困离退休人员和下岗失业人员发放慰问金9.8万元。

第六节　退休管理

管理办法　1986年起，仍按原《国务院关于工人退休、退职的暂行办法》执行，对因伤因病完全丧失工作或劳动能力工人，退休不受年龄、工作年限限制。彭水自治县企业离退休人员管理，到1997年，以原所在单位管理为主，社会保险机构负责督促企业落实各项离退休待遇，审查办理职工退休手续，组织退休人员开展活动。1997年以后，离退休人员管理服务逐步由企业转向社会，基本养老金逐步实行社会化发放，人员移交街道社区社会保障机构，实行属地管理与服务。到2005年，全县参保企业和事业单位离退休人员养老金全部实行银行代发，社会化发放率100%，全县已建立起18个社区街道社会保障服务机构和服务大厅。

退休待遇　1986—1994年，全县离退休工人离退休待遇，实行基本养老金计发办法改革，其基本养老金由社会养老金、缴费养老金组成，另加此办法实施前国家和省里规定的补贴。其间，1994年，全县调整企业离退休人员待遇，对1978年以前的离退休人员，1978—1985年工资改革的离退休人员，1985—1988年的离退休人员，1989年至1994年6月30日以前的离退休人员，分别实行4档调资标准。1995年1月起，全县国营企业退休职工养老金开始实行统收统支。1995年7月1日起，企业离退休人员养老金按每人每月增长20元标准计发，退职人员按每人每月增长10元标准计发。1996年，对全县省级统筹的1921名离退休人员增调退休金。1997年，全县按市、地要求，对1997年6月30日前企业退休人员增资2050人，增资金额25.5万元。企业退休人员退休待遇直发制度业已完善，凡劳动局直发的离退休人员凭身份证直接到农业银行各储蓄所领取，同年新增直发人员41名。1998—2001年，全县劳动局直发养老金人员4630人。其中2000年，全县参统企业离退休人员2490人，拨付养老金1442.9万元，批准退休人员112人。2002年，批准135名职工退休，先后2次增调2752名离退休人员养老金。同年，对1999年6月以前离休人员（含中华人民共和国成立前参加工作的老工人），按企业改革办法与机关事业单位离休人员基本调平。2003—2004年，为全县近3000名离退休人员发放养老金2953万元。其间，2004年，对全县3190名企业离退休人员进行身份验证。2005年，继续对离休人员进行身份验证，对14家特困企业138名特困离退休人员以及下岗失业人员开展春节慰问，发放慰问金9.8万元，并确保3410名企业离退休人员养老金足额发放。

第二十九篇　民　政

1949年12月，成立彭水县人民政府民政科，分管劳动、户政（人事）、禁烟事务。1953年6月12日，分出人事工作另设人事科。1955年10月29日，彭水县人民政府民政科改称彭水县人民委员会民政科。1957年6月15日，县转业委员会并入民政科。1958年9月分出劳动工作，设立彭水县劳动调配指挥部。1962年5月25日，撤销人事科，人事工作并入民政科。1964年6月13日，人事科恢复，民政科不再负责人事工作。1968年12月4日，县革委撤销民政科，由县革委生产指挥部下设群工组代理。1970年10月8日撤销群工组，设立四川省彭水县民政局。1975年4月5日，县革委将复退军人办公室并入县民政局。1980年7月17日，将四川省彭水县民政局更名为彭水县民政局。1984年11月10日，将彭水县民政局更名为彭水自治县民政局（简称县民政局），内设秘书股、优抚安置股、救灾救济股。1990年6月30日，增设社团管理股、殡葬管理所、扶贫企业管理股、军地两用人才中心，其中企业扶贫管理股为民政局代管的副局级行政单位。12月，成立彭水自治县残疾人联合会，属副局级行政单位，由县民政局代管。1991年2月，各区（镇）设立民政办公室，设主任1人，工作人员1人，专职地方民政工作。2001年8月，将彭水自治县残疾人联合会划出，成为局级事业单位。10月，撤股室建科室，设秘书科、救灾救济科、优抚安置科、区划地名科、基层政权和社区建设科、民间组织管理科、社会福利和社会事务科，保留殡葬管理所。2005年4月，将原区划地名科的地名职能划给设立的下属事业单位——县地名办公室，将社会事务科的婚姻、收养登记职能划给增设下属事业单位——县婚姻登记所（处）。保留殡葬管理所、救灾救济科。将秘书科更名为综合科，撤销民间组织管理科并入综合科；保留优抚安置科，并将原社会福利和社会事务科的老龄工作职能划入该科；撤基层政权和社区建设科、社会福利和社会事务科、区划地名科，合并组建基层政权建设和社会事务科。

第一章 优抚安置

第一节 优 待

1986 年，以乡（镇）统筹优待金，由上年户均 44 元提高到 92 元，其中军属户均 101 元。全县优待 1866 户，发优待金 19 万元。其中烈属 156 户，军属 1620 户，残废、复员、带病回乡退伍军人 90 户。1987—1989 年，全县优待军属 5102 户，发放优待金 63.775 万元，户均 125 元。

1990 年，为鼓舞军人在部队安心服役，烈军属优待金以原乡统筹改为“以县统筹、全民优待”办法，其标准为：县、区、乡和厂矿、企事业单位职工每人每年交群众优待金 1 元，农村农户和城镇居民每人每年交 0.5 元，由各单位年前交县民政局优待金管理办公室。入伍士兵不分城镇和乡村，年每户享受优待标准不低于 150 元，机关、企事业单位入伍义务兵每年每户不低于 100 元。对已享受国家定期补助的烈属、伤残军人、带病回乡退伍军人，家庭仍有困难者，给予适当优待金。对在部队服现役的军人，实行“立功受奖”政策，凡立一等功奖 500 元、二等功奖 200 元、三等功奖 100 元；获大军区荣誉称号奖 1000 元。当年优待军烈属 1538 户，发放优待金 23.84 万元，户均 155 元。

1991 年，重新制定统筹优待金交纳政策：农村每人每年 1 元，城镇机关、企事业单位、厂矿职工每人每年 3 ~ 5 元，10 月前以单位形式上交县民政局优待金办公室专户储存，12 月前下拨到乡镇兑现到户。1995 年，县人民政府规定：机关、厂矿、企事业单位职工每人每年交纳 3 ~ 5 元，农村按上年人均纯收入的 0.2% 计算，由各区乡财政、民政配合收缴上交到县优待金管理办公室专户专款储存，再由区乡将享受对象造具名册送县优待办公室审核后下拨兑现到享受人员手中。至 1996 年，共优待 6044 户，发放优待金 169.12 万元，户均 279.81 元。

1997—1998 年，优待金户均 380 元。

1999 年，提高优待标准，统筹优待金 55.6 万元，农村军属每年每户 500 元，城镇每年每户 200 元。2000—2003 年，共优待 3260 户，发放优待金 157.19 万元。

2004 年 8 月 22 日，根据《中华人民共和国兵役法》和《重庆市人民政府关于军人抚恤办法的通知》，县人民政府提高现役军人义务兵家属优待金，按标准列入县财政预算支出，划转民政局下拨乡、镇兑现到户。优待标准：农村每年每户 1100 元，城镇每户 200 元。在职入伍义务兵家属，由原单位每年按入伍时工资标准的 50% 计发优待金。至 2005 年，优待军烈属 985 户，优待金 108350 元。

第二节 抚 恤

一、伤残抚恤

（一）伤残抚恤金

1986 年，全县残疾军人 277 人，其中在职 87 人、在乡 190 人，发放抚恤金 5.65 万元。

1988 年 6 月，国务院第十一次常务会通过的《军人抚恤优待条例》规定：从当年 8 月 1 日起对军人优待实行国家、社会、集体三结合优待制度，持部队一等残疾军人证由国家供养终身；二等、三等残废军人由地方政府安排工作，不能安排的由地方政府按规定发放残废抚恤金，保障正常生活；军人牺牲、病故，由国家发放一次性抚恤金，其家属无劳动能力又无固定收入不能维持正常生活的，再由国家发放定期忧恤金。同时，提高伤残补助标准。全县 288 人，发放抚恤金 8.34 万元。

1988 年 1 月彭水自治县调整残疾人员抚恤标准一览表

表 29-1　　单位：元 / 年

残废等级 / 款数 / 享受残废抚恤人员	特等		一等			二等甲			二等乙			三等甲		三等乙	
	因战致残	因公致残	因战致残	因公致残	因病致残	因战致残	因公致残	因病致残	因战致残	因公致残	因病致残	因战致残	因公致残	因战致残	因公致残
在乡人员	1200	1100	1020	950	860	740	660	600	538	480	450	336	322	272	262
在职人员	240	216	204	184	—	156	140	—	135	122	—	108	98	90	82

1989—1996 年，累计有伤残军人 2224 人，发放抚恤金 78.4 万元。其间，1991 年 1 月和 1996 年 1 月分别调整抚恤标准。

1991 年 1 月 1 日彭水自治县调整在乡残疾人抚恤标准一览表

表 29-2　　单位：元 / 年

残废等级 / 款数 / 享受残废抚恤人员	特等		一等			二等甲			二等乙			三等甲		三等乙	
	因战致残	因公致残	因战致残	因公致残	因病致残	因战致残	因公致残	因病致残	因战致残	因公致残	因病致残	因战致残	因公致残	因战致残	因公致残
在乡人员	1560	1440	1260	1170	1060	920	830	760	656	590	554	416	400	342	—

1996 年彭水自治县调整残疾人员抚恤标准一览表

表 29-3　　单位：元 / 年

残废等级 / 款数 / 享受残废抚恤人员	特等		一等			二等甲			二等乙			三等甲		三等乙	
	因战致残	因公致残	因战致残	因公致残	因病致残	因战致残	因公致残	因病致残	因战致残	因公致残	因病致残	因战致残	因公致残	因战致残	因公致残
在乡人员	3240	3080	2460	2330	2200	1430	1320	1230	960	880	840	628	608	526	486
在职人员	600	570	500	460	400	380	360	340	300	280	270	220	200	170	160

1999 年 7 月 1 日，抚恤标准再次提高。

1999 年 7 月 1 日彭水自治县调整在职残疾人员抚恤标准一览表

表 29-4　　单位：元 / 年

残废等级 / 款数 / 享受残废抚恤人员	二等甲			二等乙			三等甲		三等乙	
	因战致残	因公致残	因病致残	因战致残	因公致残	因病致残	因战致残	因公致残	因战致残	因公致残
在职人员	455	435	415	360	340	330	260	240	205	195

2000—2004 年，累计有残疾人员 1417 人，其中在乡 752 人（一等 26 人、二等甲 60 人、二等乙 166 人、三等甲 221 人、三等乙 279 人）、在职 665 人（特等 5 人、一等 5 人、二等甲 54 人、二等乙 130 人、三等甲 256 人、三等乙 215 人），发放伤残抚恤金 238.12 万元，其中在乡伤残金 191.46 万元、在职 36.26 万元、护理费 10.4 万元。其间，2004 年改残疾“等级”制为“级别”制，持证人员对应套改新证件，将原特等、一等、二等甲、二等乙、三等甲、三等乙分别套改为一级、三级、五级、六级、七级、八级。

2004 年 10 月 1 日彭水自治县对应套改残疾人员抚恤标准一览表

表 29-5　　单位：元 / 年

残废等级	一级（原特等）			三级（原一等）			四级（原一等）			五级（原二等甲）			六级（原二等乙）			七级（原三等甲）		八级（原三等乙）	
	因战致残	因公致残	因病致残	因战致残	因公致残	因病致残	因战致残	因公致残	因病致残	因战致残	因公致残	因病致残	因战致残	因公致残	因病致残	因战致残	因公致残	因战致残	因公致残
在乡人员	13360	12960	12600	11120	10560	9960	9400	8760	8160	6398	5838	5358	5218	4998	4398	4122	3762	3002	2682
在职人员	11200	10800	10440	8960	8400	7800	7280	6600	6000	5600	5040	4560	4480	4200	3600	3360	3000	2240	1920

2005 年，对应套改提标后，全县残疾军人（含伤残人民警察、伤残国家公务员、伤残民兵民工）、烈属（含因公牺牲军人遗属、病故军人遗属）、在乡老复员军人（含抗日战争老战士）和带病回乡退伍军人有 289 人，其中在乡 161 人（三级 5 人、五级 13 人、六级 34 人、七级 49 人、八级 60 人）、在职 128 人（一级 1 人、三级 3 人、五级 10 人、六级 24 人、七级 51 人、八级 39 人），发伤残抚恤金 112.54 万元。

（二）伤残军人医疗费

1953 年，国务院对伤残军人医疗费规定：二等以上在乡革命伤残军人，一律享受国家公费医疗；三等以上伤残军人如伤口复发需住院治疗者，医疗费、住院费、住院期间生活费，由县级民政部门核实报销。但彭水二等以上伤残军人公费医疗补助资金来源一直未落实，县民政部门只好按在乡的伤残军人医疗补助费办理，故未另立账目。2005 年，根据国务院《军人优待抚恤条例》和重庆市财政局、民政局、社会保险局《关于二等乙级以上革命军人医疗管理费实施意见的通知》，县财政局、民政局、劳动和社会保障局、卫生局联合制定《彭水苗族土家族自治县六级以上残疾军人医疗管理办法》，六级以上残疾军人医疗费纳入县医疗保险局统一管理，凭有效证件审核报销。

（三）伤残军人护理费

1986 年，对生活不能自理的特等、一等伤残军人 6 人，支出护理费 1944 元。1987—1999 年，享受护理费 6 人，年度人均 600 ~ 2500 元。2001—2003 年，年度人均 2800 元。2004 年，伤残军人实行等级套改后护理费提标，一级 1 人 6816 元；三级 5 人，年人均 5448 元。2005 年提标，一级 1 人 7176 元；三级 5 人，年人均 5748 元。

（四）襄渝铁路民兵伤残抚恤

1970年6月至1971年12月，彭水县组织2000名民兵参加襄渝铁路西段大会战，在筑路会战中，因工致残13人、死亡2人。1972年，四川省政府对因工残废的民兵给予残废补助，对因工死亡的民兵家属给予抚恤。

1987年4月，四川省财政厅、民政厅调整补助标准：（1）全部丧失劳动能力、领原工资75%以上残废补助费的，每人每月增加10元；（2）大部分丧失劳动力、领原工资60%残废补助的，每人每月增加8元；（3）部分丧生劳动力、领原工资10%～30%残废补助的，每人每月增加6元；（4）领取民兵因公死亡抚恤费的家属，每户每月增加6元；（5）全部丧失劳动能力，领原工资75%以上残废补助费的，根据生活不能自理程度每人每月发补助20元至30元；（6）伤残民兵伤口复发医疗费，每人每月增加3元。调整后，每年增加残废补助1392元，增加医疗费432元，最高每人每月33.2元，最低18.4元。

至2005年，县民政局抚恤襄渝铁路会战伤残民工9人，年均754元，总支出13.57万元。

二、牺牲病故抚恤

抚恤对象：革命军人，人民警察，国家机关（包括人大机关、政府机关，司法机关）工作人员，解放军队列编制内无军籍的正式职工，财政补助的党派、团体工作人员、参战民兵、民工。凡牺牲、病故后，除由所在部队或机关妥善安葬外，对其家属生活困难予以照顾，凭军队团以上政治机关（地方县以上人民政府）办理的牺牲病故证明，由原籍县民政部门发给一次性抚恤金。领讫抚恤对象累推顺序：父亲或母亲，妻子或丈夫，儿子或女儿，16岁以下之弟或妹，从小扶养已故革命军人长大的其他家属。

1984年10月，国务院批准决定，提高牺牲病故一次抚恤标准，并对部分人员职级范围变动。新标准从当年4月1日起执行。

1986年，军队干部、志愿兵、机关工作人员因病、因公牺牲的一次性抚恤金，按牺牲时20个月工资额度发放；军队干部、志愿兵、机关工作人员病故的按10个月工资计发，最高数额不得超过3000元；义务兵、参战民兵、民工工资低于部队23级正排职干部的军队院校学员，因公牺牲的按正排级20个月工资发放，病故的按正排级10个月工资发放。被军委、大军区授予英雄模范称号的军人病故、牺牲的，增发应领工资一次性抚恤金的三分之一；荣立二等功的军人牺牲病故的增发应领工资四分之一。离退休军人、机关工作人员因公牺牲或病故的一次抚恤标准由县民政局按上述规定执行（退休人员按本人退休时的全额工资计发）。同年，牺牲病故抚恤15人，发抚恤金9920元。

1989年，全国开展以县为基础对优抚对象普查，重点对革命军人入伍时间界定：1937年7月6日以前为红军入伍时期，1937年7月7日起为抗日战争时期，1945年9月4日至1949年9月30日为解放战争时期，1949年10月1日至1953年7月30日为抗美援朝战争时期。彭水自治县有烈士357人，其中抗日战争牺牲9人、解放战争牺牲24人、抗美援朝牺牲232人、抗美援朝以后因战因公牺牲92人。在乡有老复员军人2258人，其中红军1人、抗日战争54人、解放战争287人、抗美援朝战争1593人、抗美援朝以后323人。革命伤残军人279人，其中红军1人、抗日战争4人、解放战争9人、抗美援朝战争216人、抗美援朝以后因战因公49人。

1951—1990年彭水自治县牺牲、病故抚恤金发放情况一览表

表29-6 单位：人、元

年度	抚恤人数	发放抚恤金	备注	年度	抚恤人数	发放抚恤金	备注
1951年	23	1126	—	1971	2	340	—
1952年	46	4372	—	1972	6	1140	—
1953年	131	19520	—	1973	3	610	内追恤1人
1954年	68	10150	—	1974	2	380	—
1955年	12	2185	—	1975	7	1448	内追恤1人
1956年	2	380	—	1976	1	200	—
1957年	5	780	—	1977	4	740	—
1958年	3	540	—	1978	4	684	—
1959年	10	2250	—	1979	19	6920	—
1960年	6	1018	—	1980	10	2980	—
1961年	3	890	—	1981	2	1000	—
1962年	30	5670	内追恤24人	1982	4	2000	—
1963年	22	3900	内追恤20人	1983	3	1400	—
1964年	7	1240	内追恤3人	1984	16	3942	—
1965年	5	870	内追恤3人	1985	8	4000	—
1966年	9	1540	内追恤3人	1986	15	9920	—
1967年	2	460	内追恤1人	1987	15	8598	—
1968年	4	770	内追恤1人	1988	9	10661	—
1969年	2	380	—	1989	13	16444	—
1970年	2	336	—	1990	14	15300	—
合计	—	—	—	—	549	147084	—

2003年始，国家机关行政工作人员病故一次性抚恤金，由所在单位报县人事局、财政局核实发放。

三、定期定量抚恤

抚恤对象：孤老烈属和孤老病故、失踪军人家属，烈士、病故失踪军人未成年子女，已失去劳动能力的子女而无法供养烈士、病故、失踪军人的父母和配偶，生活有困难的在乡三等残废军人，生活有困难的退伍老红军以及年老体弱而丧失劳动力、生活困难的在乡老复员、退伍军人，带病回乡长期失去劳力的老复员、退伍军人。

1986年始，抚恤金发放以年计发。民政部、财政部对优扶对象定期定量抚恤标准：农村每人每年216～300元，城市每人每年336～420元，病故军人家属每人每年240～360元。1986年，全县享受定期定量抚恤的烈属、因公牺牲军人家属、病故军人家属等“三属”196人，在乡老复员军人及带病回乡退伍军人693人，年抚恤金10.5万元。

1987—1996年，抚恤“三属”1669人，发定补金25.35万元。老复员军人和带病退伍回乡军人11040人，发抚恤金149.4万元。期间，1989年11月20日，民政部、财政部提高定期定量抚恤标准：烈属每人每年540元，退伍老红军每人每年1020元，在乡老复员军人每人每年420元，带病回乡退伍军人每人每年300元。

1997—1999年，“三属”抚恤549人，抚恤金13.9万元；在乡老复员军人和带病回乡退伍军人

4236人，发放抚恤金152万元。其间，1999年7月25日，再次提高定期定量抚恤标准：烈属每人每年1824元，病故军人家属每人每年1764元，在乡老复员退伍军人每人每年900元，带病回乡退伍军人每人每年540元。

2000年始改为月计发，至2005年，累计“三属”抚恤952人，发放抚恤金242.2万元；在乡老复员军人和带病回乡退伍军人抚恤8765人，抚恤金949.6万元。

2000—2005年彭水自治县定期定量抚恤情况一览表

表29-7　　单位：人、万元

年度	“三属”抚恤		在乡老复员军人和带病回乡退伍军人抚恤	
	人数	金额	人数	金额
2000年	184	29.0	1437	120.7
2001年	154	31.6	1461	133.5
2002年	153	40.2	1467	146.3
2003年	153	45.5	1468	153.3
2004年	153	46.1	1461	178.4
2005年	155	49.8	1471	217.4

第三节　退伍军人安置

1986年，安排退伍义务兵和转业志愿兵394人。其中，城镇61名退伍军人和2名志愿兵安排到机关、厂矿、企事业单位工作，回农村安置331人。

1987—1996年，接收退伍军人2339人，其中安排回城镇509人、回农村1529人、录用301人。其间，1987年12月，对城（镇）义务兵退伍采取“系统分配，包干安置”的方法，对农村义务兵退伍实行“哪里来，到哪里去”安置。

1997—2001年，军队退伍778人，其中回农村324人、回城镇218人、行政企事业单位招录用236人。

2002—2003年，累计接收退伍义务兵444人，其中安置回农村381人、城镇退伍义务兵自谋职业63人。其间，2003年，改革城镇义务退伍“指令性计划安置”为“政府统筹安置与自谋职业一次性经济补偿安置”相结合的原则，对农村义务兵退伍兵仍实行“哪里来，到哪里去”的安置。城镇退伍义务兵，在安置很困难的情况下，动员自谋职业，一次性经济补偿安置，经济补偿费为每次每人8000元（义务兵系企事业单位入伍的，补偿费由单位承担4000元）。

2004年，每人按1万元的标准实施一次有偿安置，荣立三等功人员增发10%的安置费（1000元），义务兵从4月1日，转业士官从8月1日分别按每人每月125元的标准分别发给7个月和3个月的待安置期间生活费，对超期服役的复员士官每超期服役一年补助1000元。全年划拨安置经费547750元，与实行有偿安置的46名对象签订“自谋职业协议书”后，支付一次性安置补助费；与9名市直管单位的安置对象、1名在职入伍和8名转业士官办理安置的相关手续。至2005年，接收退伍义务兵383人，其中农村安置299人、城镇安置84人，每人一次性补偿1万元，合计补偿84万元。

第四节 拥军优属

1986年1月13日，四川省委常委黄启璪（女）一行慰问团赴云南前线慰问后，带着两山（老山、者阴山）前线战士的愿望，从成都专程赶到大河坝乡后山沟村4组慰问著名战斗英雄、两山前线某师指挥员周登国的母亲芦永菊老人，并赠送毛毯、棉衣、涤纶下装、冰糖、猪肉等慰问品。陪同慰问的有涪陵地区行署副专员宋令理（女）、地委统战部副部长、地区民政局副局长以及彭水自治县委、县人大、县人民政府的领导。

1987年春节期间，县人民政府成立拥军优属慰问团，在民政局设办公室。县委、人大、政府、政协等单位主要领导组成8个慰问组，给大垭乡老红军向国武和4名战斗英雄、7名一等残废军人赠送床单、粉条、白糖、白酒、年画。同时，各区、乡、镇也组织慰问组，参加慰问的干部和群众9016人，慰问优抚对象3150户，解决生产生活中实际问题1232件，赠送猪肉656千克、白糖380千克、水果657.5千克、花生250千克、鸡25只、香烟1200包、木柴1607.5千克、鞭炮168团、春联2446幅，并给前线部队战士寄送慰问信。中国人民解放军60周年“八一”建军节期间，全县普遍开展丰富多彩的庆祝活动，宣传解放军的丰功伟绩，表彰优扶对象和拥军优属中的先进单位以及先进个人，出专栏74版，张贴标语929幅，召开广播大会126次。各乡镇参加庆祝大会10630人，为1350户军属发奖状和纪念品，给2760户优扶对象送白糖4140千克、白酒1880千克、香烟684条。同年8月27日，彭水自治县人民政府召开全县拥军优属先进个人和先进集体表彰大会，表彰先进集体22个，给荣立二等功的武警刘恩祥母亲发立功奖。龙塘乡人民政府被四川省人民政府命名拥军优属先进集体，获奖旗1面。

1990年7月，县人民政府成立彭水自治县拥军优属委员会，10月将拥军优属委员会的职责下放到各区乡（镇）。

1995年，在黔江地区“双拥”先进评比时，郁山区、汉葭区、高谷区、县农行被评为“双拥”先进集体，汉葭区、高谷区、郁山区民政办公室主任白诗永、陈明礼、刘洪兵，以及县计委副主任钱晓妮、县自来水厂安装队长张洪明等被评为先进个人，彭水自治县被命名地区“双拥”先进县。1998年2月，县人民政府被重庆市人民政府命名为市级“双拥”先进县。

2003年8月，对全县969名在乡老复员军人身体健康状况进行普查，256名老复员军人建立“健康档案”。2004—2005年，以创建“双拥”模范县（城）为基础，在元旦、春节、建军节期间，县人民政府、县人大、县政协领导分别慰问驻彭武警部队、消防大队、人民武装部官兵指战员，赠送物资折款60余万元，给县武警中队修营房、栏杆，安装价值7000元的空调。走访21户烈军属、老复员军人、战斗英雄，送慰问金7000元。

第二章 救 济

第一节 自然灾害救济

1986—2005 年，全县遭遇旱灾、水灾、风灾、雹灾、雪灾等自然灾害共 135 次，年均 6 ~ 7 次，其中重灾 28 次。

1986 年 6 月，水稻遭受病虫害 5566.67 公顷，重灾 3266.67 公顷。25—27 日，大暴雨、山洪暴发，全县 46 处发生滑坡和泥石流，247 处低洼处被淹，39 乡 288 村 3.06 万户 9.8 万人受灾，冲走房屋 197 间，损坏房屋 2343 间，受灾田土 7200 公顷，重灾 4200 公顷，死亡 4 人，伤 2 人。万足乡小河村 5 组滑坡长 1700 米，宽 100 米，毁掉耕地 4.8 公顷、房屋 7 间。

1987 年 8 月 22 日特大暴雨洪灾，重灾区郁山、大河、长滩、万足等 21 个乡镇，淹没民房 1822 间，雷击死亡 6 人，淹死 5 人，受灾 25463 户 135766 人。县人民政府立即组织县、区、乡各级干部群众抗灾，转移灾民 261 户，拨救灾款 38 万元、口粮 1.8 万千克，发放衣物 2758 件。9 月 27 日，民政部民政司一行 4 人专程赶赴彭水郁山、大河坝视察灾情。

1992 年 5 月 4 日和 6 月 5 日，2 次风雹灾，雹粒 116 粒 / 平方米，持续 10 ~ 15 分钟，打烂民房 417 间，死亡 4 人，伤 327 人，猪、牛死伤 174 头。7 月中旬又遭遇高温伏旱，受灾 11 万户 36 万人，农作物失收 1666.67 公顷，列为四川省重灾县。县人民政府组织 5 个抗灾抢灾工作组，深入灾区组织干部群众，打井找水抗旱保苗，解决人畜饮水困难。县民政局拨救灾款 83 万元，救助衣物 2273 件，县粮食局拨发灾民口粮 2.25 万千克，县农行发放耕牛贷款 15 万元。民政部农救司救灾专员李智光一行 3 人深入彭水平安乡和龙射乡重灾区核实灾情。

2001 年，县人民政府给 5977 户特困户发捐赠衣物 62767 件、棉被 300 床。发放灾民救助金 156.5 万元。其中，30 万元为倒塌房屋的 150 户重建房屋 250 间，灾民治病救济 20 万元，解决灾民饮水困难补助 17.5 万元，给地质滑坡需搬迁灾民 35 户解决搬迁、临时住房费 3 万元，安排口粮救济款 86 万元。2002 年，县内发生 7 次大小灾害，县民政局拨发救助资金 136.7 万元、口粮救助 59 万元、口粮 948643.5 千克、被条 400 床、衣物 7 万余件、鞋子 300 双。县级机关捐赠资金 16.75 万元。2003 年，县民政局拨发给灾民 7290 户 25661 人灾害救助金 264 万元、大米 100 吨、棉被 800 床、衣物 10 万件、胶鞋 342 双。拨发越冬口粮救济 72 万元，重建房屋 833 间，解决特困无房户 394 户。2004 年，县民政局拨发灾民生活救济款 105 万元、灾民房屋倒塌重建款 45 万元，给灾后特困户 2819 户 8140 人实行定期、定量人均 80 元救济补助。

2005 年 2 月 26 日，全县高山地区遭遇大雪、雹灾，积雪厚度 40 厘米，雹粒厚度达 4 ~ 6 厘米。5 月 6 日，乌、郁两江洪水超警界水位 10 米，淹没重灾 51872 户 164330 人。县民政局立即启动《自然灾害救助应急预案》，深入重灾乡、镇核实灾情，在鹿鸣乡召开现场办公会，组织灾民抗灾自救。转移灾民 467 户，发救助款 248.4 万元，支出 84 万元救济款安排 387 户灾民重建家园，救助衣物

35289 件、被条 265 床、帐篷 105 顶。县级党政机关、干部、职工捐款 45610 元。重庆市民政局局长余明哲专程到彭水了解灾情，增拨灾害救助资金 178 万元。

第二节 社会救济

一、农村“五保户”供养

对生活没有依靠的鳏、寡、孤、独、老弱、病残人员，实行保吃、保住、保穿（燃料）、保教（儿童和少年）、保葬的“五保”制度。

1986 年，全县孤寡老人、孤儿 2757 人，其中农村 2619 人、城镇 138 人。年底，在以乡为单位统筹供给的 65 个乡镇中，供给口粮 62.73 万千克，人均口粮 237.5 千克。兑现衣、被、零花钱等 14.09 万元。

1987 年，改革传统救济，试行社会保障制度。对文武、火石、葡萄、合理、共和、联合、芦塘、同河、鹿箐、小厂、万足、石盘、龙洋、三义、东流、木南、桐荣、太原等贫困乡五保户 423 户 511 人实行零花钱定期定量救济，每人月均 10 元，年人均 120 元，口粮 200 千克，由乡村统筹供给，年支出 61320 元。

1992—1998 年，逐年扩大救济面，提高年人均救济金，人数由 469 人扩大到 954 人，救济金由 87.42 元上升到 489.94 元。累计五保救济 4160 人，发放救济金 994250 元。

1999 年，全县 1715 户 1907 人，落实护理承包责任制，零花钱 300 元由当地政府一次性兑现。

2001—2002 年，五保救济户由 1679 人上升至 2462 人，年人均由 278 元增至 300 元，累计发放救济金 50.6 万元。救济人数仍没有覆盖全县所有乡镇，只能做到应保尽保。

2003 年，县民政局对全县五保户开展全面调查，核准应保尽保五保对象 2818 人，与扶养人签订《抚养协议书》，乡人民政府发给“五保供养证”。五保户定期定量救济供养金年人均 300 元，由县财政转移支付，按月发放，年发五保经费 84.54 万元，口粮每人 230 千克，实现县五保户供养全覆盖。

2004 年，有孤寡老人 1936 户 3399 人，人均生活费提高到 600 元。

2005 年，落实五保户 2324 户 2522 人，年发供养金 151.32 万元。核准五保对象 2476 户 2594 人（含 30 ~ 60 岁之间一、二级残废三无人员）。

二、农村特困户救济

1986 年始，农村特困户生活困难一直纳入社会临时救济。为完善新型社会保障救济，2004 年改革特困户临时救济为定期定量救济，救助标准每人每年 80 元，并发给“救助卡”。1986 年，全县 2819 户 8146 人，发救助金 651680 元。2005 年，安排农村特困户专户专项大病医疗救助金 49 万元。特困救助 2826 户 8165 人，发救助金 65.32 万元。

三、社会临时困难救济

春、夏荒救济 对灾后无自救能力贫困农民进行生活困难救济。1986 年，对春荒缺粮贫困 4627 户 16914 人，拨发救济金 28 万元，户均 60.51 元。1992—2002 年，累计救济 39314 户 161971 人，发放救济金 274.1 万元。2005 年，救济 2984 户 8165 人，拨救济款 105 万元，户均 351.88 元。

住房救济 1986 年起，每年安排一定数额的住房救济金下拨乡、镇，帮助缺房户、因灾房屋损毁户修复住房，重建家园。2004 年，拨发灾民住房重建款 105 万元，对倒塌房屋每户补助 1500 ~ 4000 元、毁房户补助 100 ~ 500 元维修，同时建立住房重建“明白卡”制度。2005 年，下拨

45 万元，解决灾民倒房 82 户、毁房 167 户修建房屋。

火灾专项救济　乡村发生火灾后，由受灾户提出申请，民主评议，乡政府审核，上报县民政局审批后拨发火灾专项救济。2004 年 1 月 19 日，靛水乡黄沙村 1 组火灾烧房 5 户 19 人，拨发 1.5 万元，帮助恢复损坏住房。3 月 18 日，高谷镇狮子居委 5 组火灾毁房 11 户 48 人，拨发口粮救济金 5000 元，安排灾民生活。随着城镇、农村新修水泥砖混楼房和人民防火意识的加强，火灾毁房事件少有发生。

特困子女入学专项救济　按重庆市人民政府关于城镇居民特困家庭子女入学资助通知，2003 年，安排 9.05 万元，资助城镇居民特困户家庭子女 19 人上大学。

专项扶贫周转金　1986 年，彭水被国家列为多灾贫困重点县后，四川省下拨扶贫资金 100 万元、县组织筹资 123.8 万元建立专项扶贫周转金。同年，投放扶贫周转金 72 万元，扶持 29 个贫困乡 10012 户 46056 人，主要项目是种植烤烟 1333.33 公顷、苎麻 666.67 公顷、魔芋 33.33 公顷、黄莲 20 公顷、柑橘 40 万株。年底被扶持户总产值收入 1538.1 万元，人均 333.96 元；实施脱贫 6212 户 28403 人，占被扶持户的 62.05%。1987 年，投放扶贫周转金 33.95 万元向新增 1500 户进行扶贫，年底达到扰贫标准 1655 户 8011 人，占继续扶持户 5300 户的 31.22%。同时落实农税、提留、学杂费减免 50.3 万元。

农村救灾扶贫基金会　1989 年 12 月 18—25 日，县民政局组织全县各区乡镇民政干部深入郁山 9 个乡进行建会试点工作。至 1990 年 9 月，全县 63 个乡镇先后建立扶贫基金会，有 125898 户 503076 人入会，股金达 586246 元，人均 1.17 元。790 个机关、团体捐资 45184 元，社会各界人士、个体户、专业户 1834 人捐资 1672 元，地、县扶持资金 136700 元，共有基金 183556 元。在春播期间为 956 户贫困户借贷扶持资金 15780 元，购买化肥 1025 包、杂交玉米良种 2600 千克。年底，成立彭水自治县农村救灾扶贫办公室后，县民政局设立的农村救灾扶贫基金会亦终止，余下资金转交给县农村救灾扶贫办公室。

四、城镇低保

按照政策规定，城镇非农业人员、企业下岗人员、失业人员、城镇贫困人员和低收入人员及无收入人员，只要符合条件，都为城镇低保对象。1986 年起，城镇贫困居民享受政府临时救济。孤、老、残、弱纳入城镇定期定量救济。

1990 年，县民政局首先在汉葭镇排查摸底，进行生产自救试点。全镇 11 个居委会、5 个村民委员会，纯居民 6573 户 21609 人，其中人均月收入不足 25 元的贫困户 11 户 33 人。按照国家、集体、个人三兼顾原则，由民政部门发扶贫资金 5000 元，建立服务网点 11 个（包括食店 2 个，自行车维修点 2 个，烟、酒、粮摊点 6 个，托儿所 1 个），11 户特困户全部就业。

随着社会就业渠道的增多，就业面扩大，城镇贫困居民绝大部分都能自谋职业，自找门路，由政府组织生产自救亦终止。1992—1998 年，汉葭、郁山镇孤、老、残纳入城镇定期定量救济 1244 户，发放救济款 37.32 万元，年户均 300 元。1999 年，县人民政府落实《国务院关于在全国建立城市居民最低生活保障制度的通知》和《重庆市城市居民最低生活保障条例实施办法》，开展城镇低保对象的清理普查。7 月 1 日启动低保救济，落实低保 35 户 91 人，发低保金 3320 元，人均 36.48 元。

之后，低保标准不断提高。2000 年人月均 104 元，2002 年人月均 115 元。2004 年人月均 140 元，全县 39 个乡镇有 15 个乡镇的低保金实现由银行代发。至 2005 年年底，累计低保 232779 户 557060 人，发放低保金额 27633385 元。

2000—2005年彭水自治县城镇居民低保救济情况一览表

表 29-8

年度	累计低保（户）	累计低保（人）	月人均数（人）	累计低保金额（元）	月均金额（元）
2000年	1100	3120	260	260000	21666
2001年	2724	7067	589	423213	34434
2002年	44343	106225	8852	5042813	420234
2003年	61248	147238	12269	5866517	488881
2004年	61314	146259	12188	6930190	577515
2005年	62050	147151	12262	9110652	759221

五、精减退职老弱残职工救济

1986年，全县享受原职工40%救济的70人11950元，享受定期定量救济的156人14072元。1990年12月始，县财政、县民政局对享受本人原标准工资40%救济和享受定期定量救济的精减退职老职工，每人每月分别增发7元和4元的生活困难补助。至2005年，累计享受原职工40%救济的有1028人342035元，享受定期定量救济有2347人533581元。

1986—2005年彭水自治县精减退职老职工救济情况一览表

表 29-9　　单位：人、元/年

年度	享受原职工40%救济		定期定量救济	
	人数	金额	人数	金额
1986年	70	11950	156	14072
1987年	51	11950	143	10584
1988年	71	14498	136	12368
1989年	69	18037	159	10957
1990年	62	18000	127	11000
1991年	—	—	—	—
1992年	—	—	—	—
1993年	—	—	—	—
1994年	—	—	—	—
1995年	—	—	—	—
1996年	—	—	—	—
1997年	59	38000	128	45000
1998年	59	38000	128	45000
2000年	72	46000	70	49000
2001年	27	23800	102	60000
2002年	32	27000	107	64000
2003年	30	30000	115	75000
2004年	27	27000	107	65000
2005年	27	27000	107	65000

注：1991年至1996年未作统计

六、国民党起义投诚和县团以下宽释人员生活救济

1986年，根据中共中央批转中央统战部《关于落实国民党起义、投诚人员政策》的规定，经审查：大河乡杨方百、凤鸣乡肖德昌、双龙乡陈群为起义投诚人员，每人月发生活补助费20元，由所在区公所代发。国民党团以下宽释人员生活救济，县民政局调查：郁山区朱沙乡邓文轩、汉葭镇岩西乡彭位达符合宽释人员定期定量救济条件。邓文轩从1984年11月起，每月15元；彭位达从1985年7月起每月10元。1987年起，起义投诚人员每人每月增加43元，团以下宽释人员增加6元。

七、农村贫困户房产和养老保险

农村贫困户房产保险　1985年4月，彭水自治县开始启动农村贫困户房产保险，全县农村贫困户房产由民政救灾款贴付保险费向保险公司投保，受灾后由保险公司负责赔偿。当年投保贫困户13107户65893人，其中五保户1862户、特困户6917户、其他贫困户4328户，投保房产31417间，投保额1261万元，贴付保险费25227元。至1985年7月底，投保受灾应赔偿172户，赔偿金额16257元。赔偿最多户有1310元，最少为10元。1986年，县民政局列支3万元，为全县16435户贫困家庭投房产保险，投保额为1500万元。当年有1343户受灾（火灾37户，风、水灾1306户），赔偿金额103913元，为民政贴付费的2.46倍。1987年，民政贴付3万元，为16158户贫困户房产投保。年底有536户受灾，赔偿金额87067元。桐荣乡何仲荣2间破房7月被风吹倒，民政贴付房产保险1200元，保险公司赔偿8000元建起新房。民政贴付贫困户房屋保险办法于1988年后终止。

农村养老保险　1991年6月，国务院《关于建立农村社会养老保险制度》规定：1～60岁的农民都可投保险金养老，投保人待满50岁时按投保金多少计发养老金。1992年5月，县人民政府批准民政局成立农村社会养老保险事业管理处。1993年3月，组织人员到共和乡、合理乡开展农村养老试点，而后向全县推开。当年有41个乡268个村1835人参保，收取养老保险金59843元。1994年，64个乡438村全覆盖，投保2168人，收养老保险金160309元，兑现1人养老金1056元。1995年，投保2641人，收养老保险金238739元，兑现3人，人均养老金1056元。1996年，投保1957人，收养老保险金300340元，兑现38人，养老金9360元。2001年，县民政局农村社会保险工作划归县劳动和社会保险局办理。

八、社会捐赠

1986年，上海市军民捐赠救济衣物27564件。1987年8月，彭水自治县县级机关职工向受灾严重的桑柘、鹿角捐赠粮票50615千克、现金4721元、衣物6757件。1992年，重庆市沙坪坝区捐赠衣物15000件、被条400床、毯子300床。1993年，重庆钢厂捐赠建房钢材15吨。1999年，重庆市江北区捐赠衣物等物资两卡车。2001年，重庆市捐赠衣物62767件、被条300床。2002年，彭水自治县县级机关、企事业单位给灾民捐赠16.75万元，重庆市沙坪坝区捐赠灾民衣物250袋7万余件、被条500床、胶鞋300双。2003年，彭水党政机关捐赠16万元，重庆沙坪坝区捐赠衣物10万件、被条800床、胶鞋342双。2005年，彭水自治县党政机关捐赠现金4561元，重庆市沙坪坝区捐赠被条265床、衣物2车、帐篷100顶。

第三章　社会福利

第一节　社会福利企业

1986 年，彭水自治县被四川省人民政府列为重点扶持贫困县，扶持 100 万元，新办太原民政经营部、太原磨芋加工厂、联合乡黄水沟扶贫煤矿和汉葭镇民政经营部，属县民政局直接管理，总投资 163.86 万元，固定资产 109.65 万元，设备资金 42.01 万元，流动资金 12.2 万元，建筑面积 7486.06 平方米，年产值 22.6 万元，年利润 2.77 万元。安置就业特困户 195 人，其中“四残”（盲、聋、哑及肢体残疾）人员 26 人、特困户 140 人、优抚对象 29 人。

1987 年 11 月，县民政局立项在马鞍溪筹建中外合资重庆大理石有限公司，以彭水民政光华大理石厂为主体，联合重庆对外经济贸易咨询公司和香港友华行发展有限公司合资，产品由港方负责包销。公司在重庆市登记注册挂牌办公，内设生产技术、经营财务、公关职能部门。总投资 406.74 万元，建成年生产 5 万平方米大理石板材生产流水线。有职工 71 人，其中管理人员 28 人、生产人员 43 人。1989 年 12 月底，生产大理石荒料 1603 立方米、板材 18.83 万平方米，销售收入 1109090 元。由于市场竞争，经营不善，导致严重亏损，于 1992 年 3 月宣告破产。

1989 年 3 月，县民政局贯彻执行民政部《关于清理整顿救灾扶贫福利企业通知》，对彭水自治县民政福利公司和汉葭、郁山、平安等乡（镇）民政经营部以及黄水沟煤矿等扶贫福利企业清理整顿。将原有 12 个大小企业，采取撤、停、并措施，撤销合理乡敬老院酒厂、平安乡民政经营部和鹿角区扶贫养兔场，将龙射扶贫煤矿转为区办，太原乡联办砖厂收回投资后转为农民经济联合体。

1990 年 5 月，县民政局注册资金 50 万元，将中外合资大理石包装箱车间，更名为彭水自治县民政包装箱厂，主营大理石塑料包装箱和纸箱，兼营废纸翻制包装纸和骨粒加工项目。年底，全县有民政扶贫福利企业 8 个、工业企业 3 个（黄水沟煤矿、民政光华大理石厂、县民政包装箱厂）、商业服务业 5 个（汉葭镇民政经营部、郁山镇民政经营部、普子区民政经营部、高谷区民政经营部、彭水自治县民政福利公司），固定资产 485.2 万元，建筑面积 13490 平方米（厂房 6180 平方米，经营面积 6660 平方米，其他面积 650 平方米），设备 198.1 万元。年产值达 126.54 万元，企业人均创收 0.45 万元，税收 47430 元，利润 5.15 万元，年发工人工资 26.96 万元，年人均工资 6560 元。解决民政优抚对象 244 人，其他人员 38 人。

随着市场开放，民政兴办计划经济性质的扶贫福利企业跟不上市场经济形势发展需求，加之后期管理不善，1999 年，上述福利企业先后撤停、倒闭处置。

第二节 社会福利事业

一、社会福利中心

2003年，县民政局投资165万元，在关口新建老年社会福利中心，建筑面积1200平方米，管理人员5人，设有麻将、扑克、乒乓、休闲、餐厅、电视娱乐厅设施。2004年，正式为老年人和爱好者开放，年收入5万元。2005年，转为市场福利承包经营、管理福利中心工作。

二、敬老院

1986年，县民政局在合理乡试办敬老院，收养五保老人15人，口粮由乡政府统筹供给，生活费由县民政局在下拨社会救济费中列支，每人每月350元。1987年，县民政局又在龙塘乡、三连乡新建2所敬老院，入院老人49人。除乡政府自筹部分建院资金外，县民政局年拨补助3万～5万元。1988年，各地大力兴办敬老院。年底，乡（镇）自筹建院经费50万元，民政局下拨150万元，在汉葭镇、郁山镇、连湖乡、联合乡、桑柘乡、太原乡、保家区、黄家区、高谷乡、朱砂乡、清平乡先后办起敬老院，建筑面积3547平方米，收五保老人582人，口粮由五保户所在乡（镇）统筹供给，生活费每人每月35元，由县民政局分季度拨发。

1992—1996年，收养五保户729人，拨供养金40.19万元，院办经济收入85650元。

1997年始，由于管理不善，再加上2001年行政机构改革，至2004年，除桑柘、太原敬老院外，其余停办，五保老人又回到各自的村、组家居住，享受分散供养。

2005年，重庆市人民政府《关于开展五保普查和规划敬老院建设通知》，彭水自治县民政局再次新建郁山、保家、普子、龙射、连湖、梅子垭、鹿角、黄家、汉葭、新田、靛水、平安等12所新型片区中心敬老院，总投资580万元，加上原保留的桑柘、太原敬老院，全县有14所敬老院，建筑面积14557平方米，有床位1250张，集中收养五保老人997人，管理人员28人，服务人员64人。老人生活供养金每人每月125元、口粮年225～250千克，由县财政按月拨付。院办养猪、养鸡、养羊年收入11.9万元。

三、麻风院

麻风病是一种传染性强、摧残人肢体的地方性传染病。根据中共中央《全国农业发展纲要（修正草案）》中提出积极防治麻风病要求，县人民政府将该病纳入社会福利管理。1966年11月，县民政科、卫生科在桑柘区珍加乡五星大队2生产队（今诸佛乡红岩村马路岩）征地，搬迁住地村民7户39人，利用破旧民房15间，经整修后作病房，正式建成彭水县医治麻风病院，有行政医务人员2人，第一批麻风病人入院救治。麻风院成立后，由县民政局负责政治思想、行政、生产、生活、资金，卫生部门负责医疗、卫生工作。由于麻风院离县城远，建院初期委托当地乡直接领导和检查，解决院内存在的问题。1968年新建乱石墙房屋11间，1974年扩建砖木结构房屋12间，建筑总面积496平方米，有病房26间，工作用房10间。1970年增加财务人员1人，1971年增调医生1人，1973年调入领导1人，1974年增加出纳采购1人，1979年雇请卫生员1人，1987年雇请卫生员1人。张庆林、方纪先、任云孝、蒋义、杨祥昌先后担任负责人。医疗费用及医务人员工资、福利由县卫生部门解决。行政人员工资、福利和麻风院病人生活救济管理费，由县民政部门在民政救济费用中解决。

麻风院属特种性质的医疗救助机构，以治疗与生产相结合。院内成立管理委员会，设主任、医务、财务等，分工管理各方面工作。建立学习、生产、生活、财务制度。在建院时，征耕地3.33公顷，可开垦荒地 2 ~ 2.67 公顷，年收入粮食 4000 千克。病员口粮每人每月 18 千克，除生产自给外，不足部分由国家和原所在生产队补给，生活费每人每月由国家救济 7.5 元。1986 年 6 月起提高每人每月 12 元。

经费开支除医疗费和医务人员工资、福利外，从建院起至 1986 年的 20 年间，民政拨款 309258 元。自 1987 年起，麻风院实行财政支出预算包干 14500 元，超支不补，节约不上交。

麻风病人需长期住院治疗，大多数为农民。1966 年 11 月接收第一批病人 38 人，1972 年 79 人。此后，每年经治愈出院，也有新的病人入院治疗。1987 年 10 月，收治病人 125 人，治愈出村 86 人（其中住院时间最长为 10 年，最短为 20 个月），正常死亡 11 人，外出淹死 1 人，自缢 1 人，住院 16 人。1988—2005 年，有麻风病人 44 人（新接收病人 15 人），经治疗出院 28 人，年底住院 16 人，管理职工 4 人，医务人员 2 人，已退休 4 人（由县财政支付工资和一切费用）。住院病员生活费人月均 250 元，由县民政部门救济支付。

第三节　其他社会福利工作

一、老年工作

2000 年前，县人事局负责老龄工作，2001 年移交县民政局。2002 年，县民政局配合文体局，组织编排老年文艺节目，选送 3 个节目去重庆会演，获得特、一、二等奖。2003 年，“九九”重阳节，走访慰问部分高龄老人，赠送慰问金 2000 元。同时，给百岁老人发营养补助费每人每月 100 元。2004 年，对全县老人进行普查，有 60 岁以上老人 7.2 万人、百岁老人 8 人。春节期间对 8 个百岁老人，送营养补助费和慰问金 4800 元。2005 年，在汉葭镇渔塘、沙沱、文庙、石嘴、古楼社区居委和高谷镇狮子社区居委建立老年人服务站，提供娱乐、健身一体的服务场所。

二、收容救助

收容对象：流入城市食宿无着落的农民，城市居民中流浪街头生活无着落的人，到处流浪有违法犯罪活动、不够提请批准逮捕属劳动收养的人员。就其不同情况的处理方法：对流入城市食宿无着的外流农民，帮助他们解决临时生活困难，弄清籍贯，进行思想教育后，及时送回原籍，对并非生活困难而骗讨情节严重的，则按有关规定给予处罚；对长期流浪、屡遣屡返和一时搞不清情况的人员，组织他们边生产劳动、边学习和审查，加强教育，落实安置措施，一般送回原籍安置，无家可归或原籍无条件安置又有劳动能力的青壮年，送农场进行教育安置；对智力残障人员就地收留，暂送福利事业单位安置，待查清情况后再遣送回原籍；对有违法犯罪活动，经批准拘留、提请批准逮捕、劳教人员和外逃的劳改犯、劳教分子、留场就业人员，交由公安部门处理。1971 年 11 月，成立彭水县革命委员会收容遣送站，由县公检法军管会、县革委人保组、民政局共同负责，借用服务公司在汉葭镇一段的 3 间空房作为办公和住宅。

1986 年，收容 86 人，其中直接收容 53 人、外地转来 33 人，处理 85 人，其中遣送回籍 71 人、转其他部门 12 人、其他 2 人，留站 1 人。至 1990 年，累计收容 618 人，其中直接收容 104 人、外地转来 513 人，处理 605 人，其中遣送回籍 323 人、转其他部门 220 人、其他 62 人，留站 13 人。1991 年，彭水收容遣送站移交黔江地区民政局管理，为直属事业单位。黔江地区民政局在彭水投资建立彭水自治县收容站，工资和一切经费由黔江地区民政局直接发放。2002 年 11 月，黔江开发区（原地区）又将彭水自治县收容站移交彭水自治县民政局管理，有工作人员 6 人，设站长 1 人、副站长 1 人，坚持每天上街观察流浪乞讨人员。2002 年年底，收容救助 112 人。2003 年，彭水自治县收容站更名为彭水自治县救助站，为财政全额拨款的民政局下属事业单位。同年，收容救助 120 人，其中救助被拐妇女 1 名，遣返回新疆。2004 年，收容救助 80 人。2005 年，收容救助 290 人，投入救助金 15 万元。

三、福利彩票

彭水自治县福利彩票发行于 1988 年年末，由县民政局组织工作人员在县城主街道摆摊设点。发行福利彩票 450 万元，发行即开型彩票 150 万元，筹集福利彩票公益金 85.5 万元，全部用于敬老院和城镇社区老年服务站、社会公益事业建设。1999 年，发行福利彩票 50 万张 100 万元，除返奖及上交部分外，筹集社会福利资金 199478.8 元。至 2005 年，共筹集福利彩票公益金 235.5 万元，其中本级 85.5 万元、市级下拨 150 万元，服务对象人数 71734 人，其中乡镇孤老 20 人、孤残儿童 10 人、优抚对象 4 人、社区群众 2.9 万人、其他 4.27 万人，公益金使用项目个数 7 个。

第四章 基层民主政治建设

第一节 村民自治

1990年，贯彻《中华人民共和国村民委员会组织法》《中华人民共和国城市居民委员会组织法》，成立彭水自治县农村基层政权建设领导小组。4月20日，在大河坝乡朱家店村试点，建设文明示范村。1991年，县委组织部、妇联、民政局、宣传部、农建办、人大办等20个单位负责人为成员，组成彭水自治县村建办公室，抽调8名干部集中办公。县委、县人民政府领导分片，县级部门包乡，对全县195个后进村民委员会进行整顿，调整十大组织人员，重新选举村委会主任、委员428人，新建乡科协64个，村科普领导小组623个，培训村委会主任1812人次。

1992年，县委、县人民政府把创建村民自治、民主管理示范村，纳入乡镇目标管理，责任到人，实行工作奖与工资挂钩。拟定全县创示范村（居委会）87个，其中创乡级示范村64个、区级示范村9个、地区级示范村12个、市级示范居委会2个。1993年，经评比验收，87个村（居委会）均为合格示范村。

1994年，建立以村务公开为基础、以“四个民主”（民主选举、民主决策、民主管理、民主监督）为基本内容的村民自治制度，形成以党支部、村委会、村民代表大会为主体的村级组织体系，村里重大问题，由村民会议或村民代表会议讨论决定。建立村务公开专栏，保障村民知情权，帮助村民委员会制定《村民自治章程》和《村规民约》上墙。村党支部成员大多数都是村民代表，不是代表的都要列席会议。村里工作决策党支部总把关，党的领导与村民自治达到有机结合。至2000年，有274个村坚持“四个”民主、十项村务公开（村民会议公开、村财务公开、国家投入资金公开、村的土地承包出租公开、农民承担费用公开、水电费收支公开、征地公开、计划生育公开、优抚救济和补偿费使用公开、村干部年终考评公开）。5月7日，高谷镇被重庆市人民政府命名为村民自治、民主管理模范镇，汉葭镇白云村和桑柘镇李家村被命名为市级示范村。

2001年3月，重庆市实施《中华人民共和国村民委员会组织法》和《中华人民共和国村民委员会选举法》后，县人民政府成立村民委员会换届选举领导小组，组织实施选举工作。县委、县人民政府筹资417万元、乡镇自筹资金448万元，解决163个村级组织办公用房和办公设施，274个村民委员会村务公开形成制度，1、4、7、10日为村务公开日。2004年，县委、县人民政府根据乡镇村民民主政治建设实际，建立村务公开和民主管理领导小组，各乡镇与县人民政府签订基层政权建设目标责任书，将工作分解落实到基层，并对乡镇分管领导以及民政干部进行业务培训。年底，有60个村建立村务公开栏，重点就乌江彭水、银盘水电站、高山移民等资金分配、使用和税收减免政策及减负落实纳入村级公开内容。

2005年，根据《中国共产党党和国家机关基层党组织工作条例》和《中华人民共和国村民委员会组织法》规定，建立农村基层党支部和党小组，健全村民委员会、村民代表会、村务公开监督小组和理财小组等自治组织。全县有137个村级办公用房竣工投入使用。

第二节 城镇社区

一、社区改革

1986年，全县有汉葭镇的鼓楼、南门、高家台、绸缎、北门、石嘴、县坝、沙沱、河堡、文庙、下坝和郁山镇的白马堂、新中、新生、南京、龙井共16个居民委员会。2000年7月，将河堡居民委员会分为河堡、插旗2个居民委员会，将上塘村1、2、3组划出与原纸厂片区合并成临江居民委员会，同隶属汉葭镇辖区。

2001年2月，落实重庆市委、市人民政府《关于加强城市社区建设的意见》和重庆市社区建设工作会议精神，县人民政府出台《关于加强社区建设工作意见》，成立社区建设领导小组，启动星光计划动员宣传工作，分批次实施汉葭镇、郁山镇社区体制改革。次年7月，撤销汉葭镇石嘴、临江等13个居民委员会和学坝村，组建文庙、石嘴、鼓楼、沙沱、渔塘、河堡、滨江7个社区居民委员会。

2003年11月，将郁山镇原5个居民委员会调整为3个社区居民委员会。将高谷、保家、桑柘、鹿角、黄家、普子、龙射、连湖8个镇政府驻地的村调整为16个社区居民委员会，其中3个社区为城镇非农业户口、13个社区辖村民小组。通过调整，全县10个镇辖城镇社区26个、社区所辖居（村）民小组184个，有居（村）民30327户103330人。26个社区中，1000户以下的社区居民委员会14个，1000～3000户社区居民委员会11个、3000户以上社区居民委员会1个。全县社区工作人员240人（面向社会招聘18人，机关下派2人）。其中35岁以下的48人，36～44岁有114人，45岁以上78人；初中文化127人，高中（中专）文化112人，大专（含专科）以上1人；男性196人、女性44人。社区工作人员中，书记、主任、文书每人每月工资由原536元提高到900元。社区干部履行夜间巡逻、环境卫生、家政服务、失足帮助、法律咨询、民生、社保多功能服务。

二、社区服务设施

2003年，将社区建设纳入各乡镇人民政府年度考核内容，每年办公经费5000元纳入县、镇财政预算支出。当年完善社区服务设施18个，建立社区服务站16个、志愿者服务组织26个、社区便民利民网点26个、社区“星光老年之家”10个、老年健身娱乐场所15个。

2004年，实施社区设施建设“星光计划”。全县26个社区中，除2个社区未建成独立办公用房外，24个社区拥有独立产权办公用房。首先在汉葭镇渔塘社区、沙沱社区，鹿角镇鹿角社区，高谷镇狮子社区建立起功能齐全、设施配套的老年服务站15个，12个社区有自愿服务者8600人。

2005年，重庆市发改委为郁山镇新中、保家镇鹿山、汉葭镇石嘴、滨江、文庙、鼓楼、鹿角等社区扶持“星光计划”建设投资41万元，完善24个社区工作用房，11个社区服务设施，5个“星光老年之家”。县民政局协助汉葭镇人民政府采取政府、辖区、社区筹集资金，为7个社区添置电脑、打印机、复印机、空调、饮水机、电话机以及办公用品，固定资产346万元。汉葭镇石嘴社区、滨江社区，鹿角镇鹿角社区建起功能齐全、设施配套的老年服务站。10月25日，市民政局验收组到彭水检查验收，城市社区建设获得通过。

第五章 社会事务管理

第一节 社团组织

民国始，凡申请登记的人民团体，必须经过国民党彭水县党务指导委员会审查合格，发给许可证书，准予立案后，再由申请登记的人民团体持许可证和章程，到县府民政科办理登记手续。至1942年，经批准登记成立的主要人民团体有：1912年的彭水县商会，1913年的彭水县工会、在县府第三科的彭水县农会、在县府内的彭水县教育会，1932年在彭水县城长寿寺的黔彭两县佛教会、在县城北门街的彭水县油业同业工会，1935年在县城北门街的彭水县船帮同业工会。1942年起，国民党彭水县执行委员会将原主办的人民团体登记工作交由县民政科接管。至中华人民共和国成立，登记成立的主要人民团体有：1942年郁山镇南京街的郁山镇盐业工会，1946年在郁山镇中街的郁山镇妇女会，1947年在彭水县立中学的彭水县国民教育研究会。

此外，民国期间，还有在各乡镇的农会、教育会、同宗会等团体10个。

1950年7月，中央人民政府内务部要求全国各地将社团登记工作列为民政业务之一。1951年，彭水自治县内申请登记的社团有：县城福音堂宣道会，教徒70人，负责人牧师黄金标；宣道会郁山分会，教徒25人，主持人李达古锋；麻油口分会，教徒20人，主持人赵崇安。1952年12月11日，四川省人民政府民政厅《关于社团登记几项规定的通知》要求，解放前成立的社会团体登记、整理和补行登记，限于1953年2月办理完毕，逾期不登记者，即停止其活动。在规定期限内，原有社团组织均已自行解散，故未补行登记。新建立的有县工会筹备委员会、农民协会、工商联合会、教师联合会、妇女联合会等。由于国家没有出台社团管理规章，也没有明确专门登记管理机构，这些社会团体亦未进行登记。

1989年10月25日，国务院颁布《社会团体登记管理条例》，将社会团体划归民政部门登记管理。1990年，彭水自治县民政局设置“社团登记股”，开展社团登记事宜。

1991年，县人民政府按照国务院在上年发布的《关于清理整顿社会团体的通知》精神，发出《关于清理整顿社会团体的布告》，县民政局对全县范围内各级、各部门自发组织的社会团体、协会、学会、商会、联谊会、基金会进行全面清理，注销违章违规的不法社团，取缔“门徒会”、邪教“法轮功”组织。对符合登记规章的团体，注册登记发证后，随时监督检查社会组织活动情况，进行必要的年检，形成规范化、制度化管理。至1997年，全县注册登记社团48个。

1998年10月25日，国务院颁布新的《社会团体登记条例》（简称《条例》）规定成立社会团体必须具备条件：有50个以上个人会员或30个以上单位会员，个人会员、单位会员混合组成人数不得少于50人；有规范的名称和相应的组织机构；有固定住所；有与业务活动相适应的专职工作人员；有合法的资产和经费来源，全国性的社会团体有10万元以上活动资金，地方性社会团体有3万元以上活动资金；有独立承担民事责任的能力。1999年，县民政局根据国务院《条例》规定，对全县40

个社会团体年检审定，注销37个，保留2个学术团体、1个基金会。

2004年，县民政局批准登记社团民间组织：县建筑业协会、县农民体育协会、县劳动模范协会、县佛教协会、县乡镇企（中心）业促进会、县老区建设促进会、县烟花爆竹行业协会、县苎麻生产流通行业协会、县卫生系统退休协会、县西南蛇毒研究会、县计划生育协会、县红十字会、县机关干部退休协会、县医学会、县天主教爱国会、县集邮协会、县水利电力学会、县教育学会、县教师退休协会、县体育总会、走马乡老年协会、县女干部联谊会、县公路养护退休协会、县气象学会、县道路运输协会、县农业生产资料行业协会、县中药材行业协会、县农药行业协会、县物业管理行业协会、县再生资源行业协会等30个。

2005年，批准建立县机动车驾驶员协会、县企业信用促进会、县瑞源粉葛专业合作社、县慈善会、县黔中民族文化研究学会，注销县信访促进会、县会计学会。

第二节　婚姻登记管理

1980年，第五届全国人民代表大会第三次会议修订的《中华人民共和国婚姻法》和《婚姻登记办法》，废除包办婚姻、男尊女卑、夫权统治、三从四德，提倡婚姻自由、男女平等，实行一夫一妻制，晚婚晚育，保护妇女儿童权益。

按照四川省人民政府公布的《婚姻登记办法试行细则》，1986年1月1日起，原乡文书经办婚姻登记改由乡民政员经办，民政员由县民政局统一培训考试合格、取得四川省统一制发的“婚姻登记证”后，才能办理登记业务。全县办理婚姻登记3514对。1987年2月21日，由四川省民政厅刻制彭水自治县人民政府婚姻专用章钢印65枚分发各乡镇，并从当年3月1日起使用，只限于婚姻登记和“夫妻关系证明书”时用，禁止他用。至1995年，各乡（镇）人民政府婚姻登记机关登记结婚49599对、离婚511对，结婚数呈逐渐上升趋势，离婚数不平衡。

1996年，准予结婚5835对、离婚55对。2003年，国务院批准，民政部发布新的《婚姻登记条例》重申：结婚法定年限，男满22岁，女满20岁，无配偶，互相自愿，不属于直系血亲或三代以内旁系血亲，无法律规定禁止结婚或因疾病暂缓结婚的，准予结婚；属于已登记结婚，又自愿要求离婚，对子女抚养、住房、财产及债权债务处理等达成协议，有民事行为能力的准予离婚；曾有夫妻关系并已按法定程序离婚，离婚后双方未再婚，自愿恢复夫妻关系的准予复婚。至2005年年底，登记结婚38616对、离婚1679对，分别是前10年的77.86%、3.29倍，结婚数呈逐渐下降趋势，离婚数呈逐渐上升趋势。

1986—2005年彭水自治县批准结婚、离婚登记情况一览表

表29-10　　单位：对

年度	准予结婚	准予离婚	年度	准予结婚	准予离婚
1986年	3514	33	1996年	5835	55
1987年	4711	27	1997年	5963	78
1988年	4100	6	1998年	5903	85
1989年	5676	28	1999年	3624	73
1990年	5836	92	2000年	3324	128
1991年	4216	108	2001年	3468	213
1992年	4461	97	2002年	2720	204

续表 29-10

年度	准予结婚	准予离婚	年度	准予结婚	准予离婚
1993 年	5648	42	2003 年	2471	209
1994 年	5709	29	2004 年	2762	283
1995 年	5728	49	2005 年	2546	351

第三节　丧葬管理

随着社会政治、经济发展，丧葬习俗也发生变化。历来多为“慎终追远”“重殓厚葬”，葬期必选吉日、墓地必选吉地的繁缛陋习有所收敛，崇尚奢华、攀比、铺张、浪费的封建迷信观念也有一定的改变。

1982 年，结合彭水不具备火葬条件情况，提出殡葬改革重点：建立公墓；改革旧的丧葬习俗，提倡薄棺深埋，文明、简朴办理丧事。

1987 年 8 月，除原在“白杨岭”和“玉皇阁”建立的公墓外，县人民政府又在距县城 3 千米处“天凼”征用非耕地 2 公顷，国家投资 7 万元，修建第 3 个公墓——“白云公墓”，为经营型公墓，自负盈亏，配备管理人员 2 人。此处后靠公路，前临乌江，墓前大门高 5 米、宽 6 米。门正中书写“白云公墓”四个大字，两侧四根门柱上刻有对联两幅：“生得其时，死得其所，丰功伟绩传万代”；另一幅是“老而何忧，少而何患，名山胜水共千秋”。公墓四周修筑长 600 米、高 2 米的水泥砖结构护陵围墙。1991 年 9 月 7 日，中央电视台播出《彭水自治县改革土葬、破旧俗、省国土》新闻。改革土葬，由县城延续到区、乡镇。至 1999 年，先后开辟建立公益性公墓 21 个、经营性公墓 1 个。

2001 年，依照《重庆市殡葬管理条例》，清理大墓、豪华墓。全县有 266 名党员干部修建活人墓，县纪委、监察局颁发《党员干部要带头遵守殡葬管理法规》通知，对鹿鸣乡双枫村 1 组占地 249 平方米的活人墓，进行拆除处置。2003 年，县人民政府修建彭水自治县殡仪馆，占地 0.3 公顷，内设悼念厅 9 个和旅馆、食堂、停车场、公共厕所，2004 年 8 月竣工运营。同时投资 150 万元新建 6.67 公顷天龙陵园，修陵园公路 3.53 千米。11 月 20 日，县人民政府颁发《彭水自治县殡葬管理实施办法》。2005 年又出台《关于加强城区殡葬管理的通告》，为净化县城环境，不准在城区内街道设灵堂、燃放烟花爆竹、敲锣打鼓。4 月 20 日，关闭县城主城区内的治丧场所，将丧事活动规范到殡仪馆。

附：烈士陵墓

汉葭镇东门坡烈士陵园　原为汉葭镇烈士陵园。1988 年 10 月，县人民政府命名为全县第一个烈士建筑物保护单位。

东门坡烈士陵园纪念塔所刻烈士英名 132 名：杨元忠、张苓芳、王久亮、王清有、高启楼、郭炳清、曹海云、田明生、姜长清、李同庆、罗复兴、伍祖发、乔泽民、廖安义、杨兴、徐金岩、魏昌、李超、李金田、张信根、陈高钱、周书堂、岳金元、李景春、江德厚、赵喜建、何国奎、兰树义、曾庆有、姚有明、杨光巨、冯玉林、杨宗洪、杨有顺、卢良生、郭相德、杨德胜、穆意心、张佑廷、龙楷、邬化荣、潘国周、周荣兴、崔福堂、柴德海、宋怀山、崔彦秀、王政生、张兆淮、孙国情、曹天华、孙林云、吴道林、吴振民、龙明、杨海全、吴洪炳、王德胜、张三、闫杰、吴和下、张朝贵、余化海、田径六、薛启俊、胡元国、胡保胜、贾万福、袁兴成、王有贵、片玉魁、鲁卫生、祁振民、江姜涛、江岐顺、彭兴周、刘玉清、巴有亮、刘忠正、刘显荣、谭云南、李振汉、赵在祥、何汉文、刘克华、茹金玉、周荣华、张朝修、周家旺、张秀文、罗向洲、文乾、鲁明章、周成汤、方培法、王少清、胡勋康、刘坤、彭凯、杨金玉、周用发、刘成、蒋明和、张官高、龙燕海、应锡斗、张丑生、扈双仲、王风飞、黄廷芳、何辰轩、马清良、何爱正、方程兴、胡正贵、郑月明、钱芝明、唐顺意、陆光清、陈腊宽、刘德安、许金轩、赵芝相、唐吉才、陈世刚、魏培芝、周武林、张光照、刘祝三、周治敏、陈义宏、钱怀友。

郁山镇烈士墓　1988年10月，县人民政府批准列为全县第一批革命烈士纪念建筑物保护单位。

石柳乡烈士墓　1988年10月，县人民政府批准列为全县第一批革命烈士纪念建筑物保护单位。

龙溪乡板坊坪烈士墓　1988年10月，县人民政府批准列为全县第一批革命烈士纪念建筑物保护单位。

走马乡烈士墓　1988年10月，县人民政府批准列为全县第一批革命烈士纪念建筑物保护单位。

上岩西乡烈士墓　1988年10月，县人民政府批准列为全县第一批革命烈士纪念建筑物保护单位。

龙射乡烈士墓　1988年4月，县人民政府重修墓穴时，将薛启後、周荣兴、周荣华三位烈士合葬在一起，在石柱上分别刻有“革命豪情满怀，壮士视死如归”挽联。10月，县人民政府列为全县第一批革命烈士纪念建筑物保护单位。

新化乡渣口石烈士墓　1988年10月，县人民政府批准列为全县第一批革命烈士纪念建筑物保护单位。

新田乡烈士陵园　位于新田乡新田村1组张家堡，建于1999年3月，占地666.67平方米。1949年9月13日上午，中国人民解放军107团部队，奉命为解放彭水追击国民党残匪时，在新田乡河门村小河门岩口遭遇国民党军队阻击，有6名（姓名不详）解放军战士光荣牺牲。为纪念革命烈士英名，2003年，新田乡人民政府投资2.6万元重新修建烈士陵园，将6名烈士坟墓搬迁至张家堡，建有以五角红星为标志的5米高的烈士塔，陵园砌有围墙，植有常青树。

平安乡烈士陵园　位于平安乡中心校后面，建于1992年8月1日，占地180平方米。1949年10月，中国人民解放军107团战士郭渠德、陈连长在二峰关战斗中光荣牺牲。1950年12月，107团战士陈进田，另一个战士姓名不详，在平安寺剿匪战斗中光荣牺牲。1992年8月，平安乡人民政府投资3万元将这四名烈士坟墓迁建于平安乡中心校后面。

第四节　地名管理

1986年，对全县、区、乡、组地名收录，编写成《彭水自治县地名录》初稿。1988—1992年，对《彭水地名录》6096条进行普查和更新，删去478条不标准地名，新收录3590条地名标准化名称，完成《彭水自治县地名录》编写出版。

1996年，县人民政府出台《彭水自治县地名管理若干规定》，成立县地名管理工作领导小组，下设地名办公室（民政局内），开展省、县边界的勘界工作。3月19日，成立勘界领导小组，抽调8名干部，对彭水县与湖北省连界50千米边界实地勘察，并制定6册勘界资料：1∶5万行政区划边界图（马武坝、洗脚溪、老黄溪）、1∶5万行政区划边界线走向线图、1∶5万鄂川边界线地名图、1∶5万鄂川边界线核查图、1∶5万鄂川边界线界桩位置图、鄂川边界界桩照片。调解落实鄂川线争议地：严家河坝、蓝家坡，收回争议地20余公顷的所有权0.12平方千米；观音洞新划进4.47公顷；船板沟新明确管辖线1.21平方千米。并于8月20日至21日安装界桩3块，编号是33号、34号、35号。其中33号界桩设置在烂池坝岩坎上，是彭水、石柱、利川3县交会点，北纬29°40′8″，东经108°23′18″，海拔高程1300米；34号界桩设置在垭口，是连湖乡与长顺乡的分界点，北纬29°43′26″，东经108°28′54″，海拔高程730米；35号界桩设置在门闫堡，是彭水、黔江、利川三县交会点，北纬 29° 42′ 39″，东经 108° 30′ 8″，海拔高程 720 米。

1997—1999 年，县人民政府出台《实施城镇地名法制化规范管理》，对县城 11 条大小街道及区公所驻地标准化名称进行核查。开展对彭水—石柱线 46.8 千米；彭水—酉阳线 34.8 千米的勘界定界工作。安装彭酉段 319 线地名标志牌 22 块。2000—2003 年，将彭水自治县城居民门牌 1 万 ~ 8 万号制作完善并上门安装完成。城镇街道设置石嘴街、十字街、鼓楼街、绸缎街、沙沱街、文庙街等 11 块标志牌。对乡、村出境公路设置地名标志 9 块，319 线乡、村地名标志 40 块，319 线边界界桩 15 颗，对武隆—彭水线、丰都—彭水线 175 千米边界经两县双方协商，调整不符合地名标准化地段 18 处。

2005 年，收集整理录入地名信息库 3598 条，对黔江—彭水线、酉阳—彭水线边界进行联检，清理出 27 条非标准地名。

第三十篇　扶　贫

1986年3月10日，成立彭水自治县扶贫工作领导小组，设在县民政局内。7月29日，迁至县委农林办公室内办公。1987年10月3日，撤销彭水自治县扶贫工作办公室，成立彭水自治县经济开发办公室（简称县经济开发办），仍在县委农林办公室内办公。1989年11月14日，将彭水自治县扶贫工作领导小组更名为彭水自治县经济开发领导小组。以工代赈资金管理工作由彭水自治县计委移至县经济开发办管理，设以工代赈办公室并独立办公。1990年，县经济开发办从县委农林办分出另设。1991年迁至县人民政府办公大楼办公。7月9日，成立彭水自治县扶贫开发公司，属县扶贫开发办公室管理的全民所有制企业。1995年4月14日，彭水自治县经济开发办公室更名为彭水自治县扶贫开发办公室（简称县扶贫办），办公室内设综合股、项目股、新设以工代赈股（撤销以工代赈办公室）。将彭水自治县扶贫工作领导小组更名为彭水自治县扶贫开发领导小组。1997年5月21日，成立彭水自治县扶贫攻坚指挥部，6月，各区镇工委相继成立扶贫攻坚领导小组，设立扶贫攻坚专门办公室。1999年，经民政局批准，成立县小额信贷扶贫社16个，组建社员中心组168个，社员联保小组3176个。2000年1月，撤销县扶贫攻坚指挥部。2001年机构改革，撤销各区、镇工委扶贫攻坚领导小组、扶贫攻坚专门办公室。2002年，县人民政府成立澳援项目领导小组，2005年12月，澳援项目结束，管理机构终止。

第一章 资金管理

第一节 管理方式

1986年，建立扶贫资金专人、专户、专账管理制度，对拨付的资金按项目跟踪检查。1992年，采取优先安排年人均收入在200元以下，年人均占有粮食不足300千克的贫困户，优先扶持辐射面广、效益好的短、平、快项目和适当向深山区、石山区、高寒山区等最贫困、最落后、最偏僻地区倾斜的方法，建立扶贫项目档案和跟踪服务卡，使项目按期投产，产生效益。1994年，实行合同制管理扶贫项目资金，申请项目单位与县经济开发办签订扶贫、经济效益合同，确保项目实施单位及时偿还项目资金。1995年，建立项目资金档案管理制度：项目库分设专项贴息贷款和富县工业贷款、部援项目和以工代赈2个档案库，分别由专人专柜保管；建立项目报批制度，坚持扶贫办考察立项、扶贫领导小组审查上报、农行评估发放资金的程序；建立扶贫贴息贷款报批制度，由农行填报、开发办和财政局共同审核盖章上报贴息；建立项目责任制，实行谁贷款谁负责收回，对项目实施过程中的质量、效益等进行管理。1998年，实行项目分级管理办法，县财政局将款拨付到项目实施单位。区、乡实施的项目扶贫金额在30万元以下由区工委、乡政府组织实施；扶贫资金在30万元以上项目或跨区乡的项目，由县主管部门负责实施。2001年，县乡行政机构改革后，汉葭、桑柘等9个片区成立会计结算中心，原扶贫资金管理模式改为实行统一县级报账制，即在县财政局建立县级会计结算中心，全县无偿扶贫项目资金在县级会计结算中心设立专户，专账、专人管理。乡村扶贫项目先预付50%的启动资金，原始发票由村支书、村民委主任签字，报乡（镇）主要领导审签加盖公章，报县扶贫办或计委审核，再到片区结算中心报账。经县级扶贫资金管理部门检查项目实施情况后，再按工程进度拨付40%的项目资金，余下的10%留作质量保证金，待工程竣工验收合格后，结算支付。县级项目部门扶贫资金管理按同样方法在县级会计结算中心实行报账制。2002年，县人民政府下达《关于印发〈彭水自治县扶贫项目资金（无偿部分）管理办法〉的通知》，重申按照中央关于资金、权利、任务、责任相统一的原则，由县扶贫开发领导小组具体负责，县扶贫开发办公室统一牵头，县财政、计委、民宗委共同管理扶贫资金的体制。

2003—2005年，在坚持“三专”（专户、专账、专人）管理的前提下，全面推行扶贫资金管理的七项制度：全面推行扶贫项目公示制（2003年公示项目270个、资金5039万元），全面实行扶贫资金报账制，全面推行扶贫项目大宗物资政府集中采购制（2003年，10657套降氟炉灶、烟道实行政府集中采购），实行扶贫项目招投标制（2003年，9个乡镇澳援项目实行公开招标），实行扶贫项目目标管理和项目法人责任终身制，实行扶贫项目竣工验收制度和质量保证金制度（按扶贫资金总额10%留作质量保证金，待工程竣工验收1年后无质量问题，再结付），实行扶贫项目领导责任追究制。2005年，建立健全扶贫资金信息管理系统。

第二节 监督审计

扶贫资金监督审计主要由县扶贫办、计委、审计局、监察局等部门采取“查、看、听、访”的方式进行。

1990年，县经济开发办与审计局对1986年以来的扶贫资金进行检查审计，审计发现个别乡把扶贫专项贴息贷款贷给养猪大户、有的信用社擅自把贷款利息提高等问题。1993年3月，县审计局审计组24人，对彭水1990—1992年扶贫资金进行历时73天的全面审计，审计和调查财政局、扶贫办、农业银行及各区营业所等92个单位，审计总金额4518.36万元。1994年4月，县审计局12人，对县财政局资金办、扶贫办、水电局、农业局、交通局、码头工程处、农业银行、各区营业所等73个单位的资金、物资管理、使用情况进行历时41天的审计，调查走访贫困户32户，审计金额涉及1991—1993年各类扶贫资金4235.2万元。审计查出的问题：上级主管部门截留、滞留彭水扶贫资金；各区粮站挤占、挪用扶贫贴息贷款；决策失误，造成扶贫贴息贷款呆账（保家麻纺厂163万元，县蔬菜公司大棚菜贷款8万元，高谷纸厂6万元，鹿角建材厂9万元）。1996年9月1日至10月5日，县审计局10人对1995年度县农业发展银行、开发办、交通局、畜牧局、资金办、民族宗教事务委员会、丝绸公司、黔江地区副食品贸易公司等8个部门扶贫资金进行审计。对羊头铺、鞍子、大河坝、清平、三连、太原、棣棠、新田、梅子垭、高谷、龙射、靛水、下岩西、鹿角等14个乡长毛兔和蚕桑项目进行审计调查，审计总金额4878万元，查出违纪金额241.5万元。1997年7至8月，黔江地区审计局派出审计组对彭水1994—1996年度农业综合开发资金及其他扶贫资金进行审计，审计项目资金6037.82万元（县配套资金105.6万元）。重点是县财政局、扶贫办、农业发展银行、县民宗委管理的项目资金，对具体项目进行抽查，资金审计面达65%以上。1999年1月29日至2月5日，县扶贫办会同县财政局、审计局、监察局，对全县1997年扶贫资金使用情况进行检查，抽查1998年5个项目单位资金使用情况。1997年，盘点资金使用与管理中存在问题及整改情况：县外贸局挪用肠衣项目有偿资金581965元；借给县体委修建体育馆10万元，于1998年12月归还；借给民宗委7万元，承诺于1999年2月底前归还，民宗委收取项目前期费用13万元，已归还5.5万元，剩余部分逐步还清；县红麻全杆制造厂挪用贷款230万元，在检查时仍未归还；县畜牧局于1998年用自有资金全额归垫1997年收取的项目管理费185370元，审计局已罚款9200元；县林业局挤占扶贫贷款29546元，审计局罚款5909元，要求林业局用自有资金及时归还；县农业局收取项目管理费2.65万元，得到及时整改；县交通局将出售小车的9.5万元列入预算外收入，审查组已责成将此经费调账到彭武公路养护费结余中。2000年2月20日至3月13日，由县人民政府组织县扶贫办、财政局和监察局对1999年扶贫项目实施及资金使用情况进行全面跟踪调查，发现1999年将乡村道路资金425万元调项用于县城两江大桥建设，已限期归还于原项目建设。3月14日至4月5日，重庆市巫山县扶贫资金审计组代表重庆市对彭水自治县1999年扶贫资金使用情况进行全面审计。2001年6月初，重庆市扶贫办和市监察局重点检查清平特困乡扶贫资金使用情况，发现资金在使用上没严格按专户、专账管理，账务较为混乱，结余资金挪用较为突出。查后，对存在的问题限期整改及按政策规定严肃处理，将处理整改结果报市扶贫办和市监察局。12月下旬，重庆市计委检查1999—2000年以工代赈资金使用状况，没发现问题。2002年，重庆市扶贫办、计委、审计局、财政局和财政部专员办对彭水自治县扶贫项目资金进行检查、审计，未发现违规使用扶贫资金现象。2003—2005年，县审计局对扶贫资金进行审计，全县扶贫资金管理更加规范化。

第二章 扶贫帮扶

第一节 国家扶持

1987—2005年，国家投入彭水自治县扶贫资金总额78488.29万元，其中信贷扶贫资金43439万元、财政扶贫资金13800.5万元、以工代赈资金15079.39万元、民族发展资金4278.6万元、股票售表收入资金881万元、支援不发达地区发展资金450万元、农业部援助项目资金255万元、其他配套资金304.8万元。

1987—2005年国家投入彭水自治县各项扶贫资金情况一览表

表30-1 单位：万元

年度	信贷扶贫资金	财政扶贫资金	以工代赈资金	民族发展资金	股票售表收入资金	支援不发达地区发展资金	农业部援助项目资金	其他配套资金
1987年	499	—	732	40	—	—	20	—
1988年	468	—	—	41.5	—	—	20	19.2
1989年	354	—	70.6	46	—	—	20	9.6
1990年	389	—	253	45.70	—	—	—	81
1991年	441	—	519.5	135.90	—	—	20	99
1992年	381	—	418.5	246.40	—	—	5	41
1993年	581	—	388.81	382	—	—	20	—
1994年	418	—	530.98	154	—	—	20	—
1995年	565	45	942	165	—	—	25	—
1996年	910	—	958	74	—	—	25	—
1997年	1710	575	1919	296	501	221	20	—
1998年	2090	619	1147	100	100	40	20	—
1999年	4140	1325	1320	508	280	55	20	—
2000年	3830	3320	1075	385	—	41	20	55
2001年	1700	1509	1236	320	—	93	—	—
2002年	6500	1330.5	935	370	—	—	—	—
2003年	11800	1721	956	352	—	—	—	—
2004年	4600	1747	922	368	—	—	—	—
2005年	2000	1658	756	385	—	—	63	—
合计	43376	13849.5	15079.39	4414.5	881	450	318	304.8

第二节 省市帮扶

四川省卫生厅从1988年开始定点扶持彭水自治县，截至1992年3月，为彭水争取投资近240万元（三分之一重点县项目经费98万元、地氟病防治专款57万元、向国际卫生组织争取到卫生合作项目投资5万美元、支持医疗设备价值7万元、药品价值2万元、医务人员培训费3.6万元、救济物资近30万元、扶贫配套资金10.3万元）。

1997年2月，由重庆市经委牵头，市国土房管局、电信局、邮政局、交通银行、民族宗教事务委员会、重庆邮电通讯学院、重庆市政勘测设计院、重庆铝厂、重庆碱胺实业公司、邮电部重庆通信设备厂等11个单位组成扶贫集团，对口帮扶彭水。至2000年，为彭水投入资金4458.74万元，协调落实贷款5800万元，捐赠物资价值340.18万元，资金合计10598.92万元。1998年，重庆市以工代赈配套资金1378万元、新增财政扶贫资金563万元。2000年，新增财政扶贫资金市配套162万元。

2001—2005年，重庆市经委扶贫集团为彭水引进项目52个，项目资金14539万元，捐资151.3万元，捐物价值166.92万元。

1997—2000年重庆市经委扶贫集团帮扶彭水自治县情况一览表

表30-2

单位	年度	投入资金（万元）	资金用途	捐物折价或建设项目	协调贷款（万元）
重庆市经委	1997年	—	—	打叶复烤厂技改项目	3000
重庆市经委	1998年	1800	红麻全杆造纸项目	打叶复烤厂技改项目、协助增加钢锉厂出口量、引资建年产30万吨水泥项目	2800
重庆市经委	1999年	—	—	价值13万元的物资（摩托车5台、彩电4台、瓷砖350平方米、书包1001个、劳保服500套、皮鞋50双、球鞋500双）	—
重庆市经委	2000年	2	扶贫助学基金	价值10万元的物资（书包500个、衣服1100件、轿车1台）	—
重庆市国土房管局	1999年	5	龙塘坝乡建小学生过河桥一座	—	—
重庆市邮电局	1998年	516	县邮政局新建综合楼一栋、建职工宿舍补助、新建保家、河堡2个邮政支局	价值150万元的物资（各型汽车7台、电子设备1套、绿卡设备1套、电脑15台）	—
重庆市邮电局	1999年	140	新建鹿角、黄家2个邮政支局	价值28.5万元的物资（依维柯汽车1台、化肥5吨）	—
重庆市邮电局	2000年	110	建2个邮政支局资金、县邮政大楼变压器安装，贫困学生助学金	价值60万元的物资（大邮车1台、龙宝牌防弹军用运钞车1台）	—

续表 30-2

单位	年度	投入资金（万元）	资金用途	捐物折价或建设项目	协调贷款（万元）
重庆市电信管理局	1997 年	55	通信建设资金、自有补偿资金，赠县人民政府	价值 2 万元的物资（通信器材，免费提供通信建设设计，技术人员培训，捐图书和文体用具一批）	—
	1998 年	694	对口支援捐款，县电信综合楼建设、农话建设补贴、抗洪救灾、捐土塘和乔梓希望小学校两所	价值 47 万元的物资（光纤熔接机和 OTGR 机各一台、电信器材、486 微机 4 套、汽车 1 部、衣服 6972 件）	—
	1999 年	332	电源改造、农话建设补贴、桑柘乡鹿箐大青村开通程控电话	JZ 6.94 万元的物资（SR8 双综示波器 DS-15MHZ1 台、双人课桌 300 套、讲台 12 张）	—
	2000 年	122	村级电话线路改造、扶贫助学基金	改造县内村级电话网、建 GSM 基站 9 个、扩容 8000 门，市、农话交换机总量 31888 部以上	—
重庆市交通银行	1997 年	30	建善感乡希望小学、架通石盆村电路设备	—	
	1999 年	1.6	救助龙溪乡失学儿童	价值 9.02 万元的物资（电脑 10 台、书包 200 个、书籍 1000 册、T 恤衫 400 件、床单 36 床、公文包 76 个、台扇 6 台）	—
	2000 年	2	资助中小学生 2 人	—	—
重庆市民族宗教事务委员会	1997 年	0.29	资助双龙乡 8 名失学儿童	—	—
	1999 年	52	建郁山镇索桥项目、修公路	—	—
	2000 年	50	修公路、小学建设	—	—
重庆邮电通讯学院	1998 年	0.4	捐清平、火石、大垭等 3 个乡中心小学校	价值 5 万元的物资（捐教委 141 型解放牌汽车 1 台，捐清平、火石、大垭 3 个乡小学校衣服 3000 件、书籍 200 余册），对电信职工技能培训，免费家电维修	—
	1999 年	0.4	救助失学儿童 21 人	价值 8 万元的物资（电脑 11 台、书籍 1100 本、桌子 40 张、公文包 98 个、踏花被 20 床、风琴 1 台）	—
	2000 年	1	扶贫助学 15 人	价值 0.43 万元的物资（衣物 2070 件、图书 167 册和其他物资）	—
重庆市政勘测设计院	1998 年	240	争取市建委补助、专项经费	免费编制《老虎口危岩滑坡治理》《彭水自治县下水道管网规划》，协助建委编制《九曲河地形规划详图》	—
	1999 年	0.2	支援彭水	价值 0.3 万元的物资（图书 15 套、解放鞋 100 双、书包 100 个）	—
	2000 年	0.5	捐资助学	—	—
重庆铝厂	1999 年	2	—	图书 200 册	
重庆碱胺实业公司	1997—1998 年	300.17	新建年生产量 2 万吨彭水复合肥厂	支援羊头铺乡化肥 5 吨、彩电、电脑各 1 台、摩托车 1 辆	—
邮电部重庆通信设备厂	1999 年	1.69	捐资助学	—	—
	2000 年	0.5	捐资助学中、小学生 14 人	—	—
合计	—	4458.75	—	340.19	5800

第三节 黔江地区（开发区）帮扶

1992年，黔江地区扶贫配套资金11.1万元。1997—1999年，黔江地区统战部、扶贫办、农业发展银行等35个地级部门对口扶持彭水自治县15个特困乡期间，扶持扶贫配套资金367万元。1998年，黔江开发区共捐款13.30万元，捐尿素2吨、衣物2500件、电视机1台、办公用具120件。向重庆市争取扶贫项目13个，资金165万元；1999年，捐款586.27万元。

1999年黔江开发区集团帮扶彭水自治县特困乡情况一览表

表30-3

乡名	帮扶单位	时间	捐物	捐款（元）	项目用途
大河坝乡	纪委、监察局、地方税务局	4月	尿素32袋、水泥7吨、良种40千克、仔猪8头、东风汽车1辆	1.7万	建卡贫困户
		5月	尿素43袋	—	建卡贫困户
木南乡	国土房管局、供销社	3月6日	—	2万	安装程控电话
		8月	—	5000	修复小河村饮水堰
迁乔乡	科学技术委员会、农业银行	3月	—	小额贷款30万	建卡贫困户
羊头铺乡	统战部、国家税务局	3月	化肥8袋、小猪1只、玉米良种、义诊765名患病群众	6600	建卡贫困户、购买鱼苗
		4月	衣服340件	5100	杨柳村人畜饮水
		6月	—	4200	杨柳村修配电房
		10月	生活用品（价值7390元）	—	建卡贫困户
长滩乡	教育委员会、邮政局	3月	—	7万	改建小学危房
		5月	贫困户每户捐款100元	—	杨芦村贫困户
		8月	中心校及村小文娱用具	4万	改造村小危房
		9月	—	38万	学校建设
郁山镇	乡镇企业局、公安局	4月	爆炸物资	2万	修张家嘴索桥、村级公路
		11月	衣服一批、水泥50吨	16万	修荞地村小、公路5.8千米、堰渠、8口水池
连湖乡	档案局、农业局、建设银行	4月	化肥40吨	1.1万	建卡贫困户
龙溪乡	计划委员会、农业发展银行	3月	—	7万	解决粮食收购资金
		4月	化肥10吨、棉衣、被30件	—	建卡贫困户
清平乡	扶贫开发办公室、农林办公室	9月	—	6000	建卡贫困户
		11月	组织贫困户投劳力4000余人参加中低产田土改造工	400万	建卡贫困户
新化乡	劳动局、人事局	4月	—	1.6万	建卡贫困户
		5月	—	15.66万	希望小学、修村级公路

续表 30-3

乡名	帮扶单位	时间	捐物	捐款（元）	项目用途
万足乡	气象局、交通局、消防支队	4 月	化肥 74 袋、衣物 214 套、花生种 130 千克、仔猪 37 头、电线 350 千克、胶鞋 30 双、脐橙苗 500 株	—	建卡贫困户
		7 月	—	30 万	修建沙坝村公路
		8 月	—	20.1 万	修建沙坝村公路和救灾
朗溪乡	盐业公司、烟草公司、妇联	3 月	春耕、春播物资折价 4 万元	—	建卡贫困户
		4 月	—	6300	资助 63 名失学儿童，每人 100 元
		8 月	衣服 450 件	20460	特困户买仔猪 86 头、给 51 家贫困户每户生产发展金 300 元
		9 月	帮助失学儿童 65 人入学	3000	捐中心校
		11 月	—	5 万	闵家村电网改造
合计	—	—	—	5863260	—

1997—1999 年黔江开发区扶贫配套彭水自治县资金情况一览表

表 30-4 单位：万元

年度	项目名称	使用单位	金额
1997 年	联合乡高家村建水池 265 口及管道	水电局	10
	合理乡水池 100 口、管道 1060 米	水电局	5
	清平乡建供水站 250 立方米	水电局	10
	靛水乡建供水站 500 立方米及管道	水电局	10
	平安乡坡薄田土改造 66.67 万平方米	农业局	13
	新化乡坡薄田土改造 66.67 万平方米	农业局	6
	三连乡坡薄田土改造 66.67 万平方米	农业局	6
小计	—	—	60
1998 年	建畜牧市场 900 平方米	畜牧局	10
	汉葭镇学坝等 2 村发展柚子、板栗 333.33 万平方米	林业局	20
	沙石至棣棠公路 12 千米	交通局	40
	面上人畜饮水工程	水电局	10
小计	—	—	80
1999 年	新建防洪堤 20×18 米	扶贫办	20
	指南村建公路 5 千米	城郊乡政府	5
	庞溪至店子公路 6 千米	高谷镇政府	5
	黔石路联合乡段改建 3 千米	交通局	50
	茶园村建公路 5.8 千米	连湖乡政府	5
	青盘村建公路 10 千米	联合乡政府	10
	官衙村金公路 9.2 千米	梅子垭乡政府	10
	乔地村整治水毁设施 5 处	郁山镇政府	2
	高谷镇硬化街道 0.8 千米	高谷区工委	20
	汉葭镇农贸中心	人事局	7
	大路村人畜饮水工程	清平乡政府	3
	全县优抚对象 150 户危房改造	扶贫办	20
	合理乡中心校教学楼建设	高谷区工委	3
	培训村级集体经济人才 2000 人次	组织部农建办	4
	畜牧配套费	畜牧局	10
	彭水中学新建教学楼 800 平方米	彭水中学	5
	大石板村建公路 8 千米	新化乡政府	10
	建黄牛改良站 8 个	畜牧局	10
	改造低产桑园 173.33 万平方米	丝绸公司	11
小计	—	—	210

第四节　县级帮扶

一、扶贫配套资金

1992 年，为中央粮食以工代赈配套资金 78.7 万元，投入专项贴息贷款 122 万元，扶持 505 个村种植烤烟。1997 年，县财政扶贫配套资金 170 万元。1998 年，县财政为中央财政、以工代赈配套资金分别为 133.44 万元、120 万元。

二、县属部门扶贫

1998 年，县级、副县级领导 26 名，帮扶 130 户建卡贫困户。1999 年，县级、副县级领导 33 名，帮扶 165 户建卡贫困户。将全县 67 个县级行政、企事业单位 788 名干部，分派到 63 个乡镇帮扶建卡贫困户 1816 户。1998—1999 年，县级、副县级领导共向建卡贫困户捐赠现金 1.35 万元，化肥 318 袋，水泥 15 吨，救助失学儿童 6 人，捐赠衣物和农科书籍一批。

1991—2000 年彭水自治县属部门、企业、事业单位扶贫情况一览表

表 30-5

单位	年度	捐物（办实事）	捐现金（万元）	用途（对象）
县委办公室	1997 年	推广水稻新技术、办示范点 2 处	1	龙塘村办酒厂
县委宣传部	1998 年	送化肥、农药、农科书	—	桑柘乡贫困户
	1998 年	化肥 17 袋,《农家科技》书籍，建玉米高产示范片 1 个，建肉猪、牛，黄牛改良示范基地	—	砂石乡太平村建卡贫困户
县委组织部	1997—1998 年	资助失学儿童 4 名，捐衣物、书籍等价值 3000 元	15	润溪乡中心校
		化肥 32 袋	—	润溪乡贫困户
		水泥 80 吨，建价值 10 万元的村级活动室，电教设备 2 套	—	润溪乡干溪、石坝 2 村
县委统战部	1997 年	化肥、果苗、建图书室	0.1	关口村贫困户
	1998 年	20 袋尿素	每户 0.01	干洞村贫困户
县纪律检查委员会	1997 年	资助建党员活动室 1 个，修村公路 10 千米	3	鞍子乡
	1998 年	尿素 34 袋，桌椅 27 件	—	鞍子乡建卡贫困户
		水泥 3 吨	0.2	新化乡贫困户
县机关工委	1998 年	6 名职工捐化肥 9 袋	—	靛水张家坝村建卡贫困户
县委政法委员会	1997 年	救助失学儿童、尿素 24 袋	0.45	上岩西贫困户
	1998 年	25 户建卡贫困户每户资助 80 元	0.2	连湖茅坪、中心村贫困户
老干局	1997 年	购买化肥、农药等	0.05	诸佛清河村贫困户
	1998 年	给 7 户贫困户每户买尿素 1 袋	—	诸佛清河村贫困户
县委党校	1997 年	火灾户被条 4 床、教职工衣物 112 件，建党支部活动室 1 个	0.25	走马楼房村火灾户、官坪村村委会
	1998 年	改建走马村支部活动室、为教师捐款	0.19	走马乡走马村、乡中心校
		水泥 6 吨，修人畜饮水渠 2000 余米	—	宝兴村建卡贫困户
县人大办公室	1997 年	建人畜饮水池 1000 口、玉米良种 130 千克、尿素 2200 千克，修复有线电视，装电视地面接收站	4	龙射乡坨田村修建公路 4 千米，政府、学校购办公、教学设备，光辉村贫困户化肥 18 袋
	1998 年	购尿素，发展种烟生产	—	龙射乡大村建卡贫困户
县人民政府办公室	1997 年	普子乡铺坪村办酒厂 1 个、人畜饮水、硬化普子场镇街道	20.5	新修普子至永胜、罗漆两村公路，解决修路炸药、雷管
	1998 年	普子永胜村贫困户捐尿素 25 袋	0.25	普子永胜村贫困户

续表30-5

单位	年度	捐物（办实事）	捐现金（万元）	用途（对象）
县政协办公室	1996 年	组织农业、畜牧、烟草等 9 个单位科技文化下乡、送各类书籍 800 余册，举办山羊养殖培训	—	黄家坝区龙塘坝乡建卡贫困户
	1997 年	协助制定发展村级经济规划，修复变压器 2 台	0.35	解决龙塘坝乡 80 户照明问题
	1998 年	化肥 112 袋、中秋节给每个建卡贫困户送月饼一封。组织 13 个部门 30 人下乡，发实用技术资料 32 种 1.8 万册播放录像带 35 盒，咨询群众 1610 人，赠医药品 150 盒	—	龙塘乡建卡贫困户，桃园、石元 2 村计划生育三结合户
县计划委员会	1991 年	文武至龙洋乡公路乡级公路	25	文武、龙洋乡
	1992 年	桂花村人畜饮水、乡卫生院硬化路面	8	文武乡街道硬化
	1996 年	香椿树村计划生育三结合户各送现金、尿素	0.1	香树村计生三结合户
	1997 年	尿素 24 袋	2	阳光村人畜饮水、建卡贫困户
	1998 年	为 35 户贫困户每户送化肥一袋（共 35 袋）	—	文武乡桂花村建卡贫困户
县民政局	1987 年	科技种粮、烟，送农用喷雾器、农药 400 包	—	龙射乡建卡贫困户
	1992 年	三义乡修村级公路 15 千米	1.5	扶持三义乡 472 户建卡贫困户 1878 人
	1998 年	特困乡中 52 户贫困户每户送毛毯、踏花被各一床（1 万元），猪饲料添加剂一箱	0.5	三义乡阳荷村集体经济周转金
县人事局	1997 年	爆炸物资（价值 1 万元）	—	鹿箐乡大青村修公路
	1998 年	建卡贫困户送尿素 30 袋，爆炸物资、衣物一批	11	鹿箐乡大青村到同河公路，发展畜牧生产
县审计局	1997 年	为计划生育困难户买尿素、种子、农科书籍、衣物 88 件	3.07	共和群峰村修学校、协调资金修烤烟收购点
	1998 年	建多功能中心、水泥 20 吨，给共和村贫困户送衣物一车	42	为共和乡政府、学校村民建供水站一座
民族宗教委员会	1997 年	解决双龙水子坪村民照明问题	6	双龙龟池村级公路
	1998 年	水子坪村贫困户送化肥 21 袋、维修乌江铁索桥。1996—1998 年，资助贫困户、学生现金 550 元	40	双龙高压线架设、学校搬迁、乡政府驻地群众饮水
县劳动局	1997 年	协助贷款、送农技资料、指导蔬菜生产	10	长滩乡麻油村建卡贫困户养山羊
	1998 年	职工买化肥 54 袋、衣服 150 余件，建麻油村党支部活动室，送电扇、桌椅一批	10	长滩乡麻油村建卡贫困户 100 头母猪养殖、办酒厂一个
县信访办公室	1997—1998 年	安装电视地面接收站，解决全乡人畜饮水，实现水稻、玉米良种良法，修卫星村级公路 2 千米	—	万足乡洞头、沙坝、廖家村建卡贫困户
县土地房产管理局	1998 年	农田村建卡贫困户每户送尿素、磷肥各一袋	2	凤鸣乡村级公路
	1999 年	职工集资购尿素 47 袋、衣服 360 件，农村实用书籍 30 本、救助失学儿童	0.76	修建凤鸣乡村级公路、建卡贫困户购良种
县计划生育委员会	1997—1998 年	建卡贫困户送衣服 365 件，捐款 1000 元，集资 5000 元帮助计划生育三结合 33 户	2	乔梓乡建村级公路 7 千米、新化乡新化村党员活动室
县统计局	1998 年	建卡贫困户每户送化肥一袋，捐水泥 200 吨	1	凤鸣乡街道硬化
县物价局	1997 年	衔接电力部门，解决旋龙、核桃村照明问题	0.3	修复木南乡政府电话线
	1998 年	集资 3000 元解决乡场机关、学校、群众饮水，集资 1400 元救助失学儿童，集资 1500 元扶持 15 户计划生育三结合户	10.2	木南乡大岩、核桃等 2 个村修建公路
县地方志办公室	1998 年	送化肥 3 袋、科技书 3 册、衣服 40 件	—	乔子乡合心村建卡贫困户
县财贸委员会	1997 年	—	0.5	岩东乡场整治
	1998 年	给建卡贫困户送尿素 28 袋	2	棣棠中心校危房改造

续表30-5

单位	年度	捐物（办实事）	捐现金（万元）	用途（对象）
技术监督局	1997年	解决齐心村民用电问题	0.1	桐荣乡齐心村办砖瓦厂
县粮食局	1997年	为建卡贫困户送化肥34袋，装备青龙、白杨树两村党支部活动室，两村小买体育用具和安装楼板，买鱼苗	1.9	—
	1998年	装备谭家村党支部活动室、扶持计划生育困难户、资助学生和孤寡老人	0.57	龙溪乡谭家村贫困户购尿素、鱼苗等
县财政局	1995年	扶持青吉村架设高、低压线路，解决照明，扶持集体经济、养殖大户周转金	45	为朱砂乡政府建1200平方米综合楼
	1996年	解决人畜饮水、架设电线	—	石柳乡马栏、荞地两村
	1997年	安装卫星地面接收站、扶持81户养殖大户、建烤棚120个、新建4个菜牛养殖场，资助失学儿童360名入学	174.18	石柳乡街道硬化、解决群众用电等
县商业局	1998年	—	0.7	鹿角乡建卡贫困户
县国家税务局	1993年	—	0.05	龙塘坝乡村干部
	1997年	为建卡贫困户送尿素1500千克	0.76	芦塘乡修5千米长村级公路一条、解决中心校饮水问题
县地方税务局	1997年	建烤烟示范片，给贫困户每户送尿素1袋	20.5	文武乡烟农购煤炭周转金
	1998年	买化肥和其他生活物资，建村务公开栏	0.4	文武乡建卡贫困户
县工商行政管理局	1997年	为1700余人建畜饮水池86口	—	桐楼乡建卡贫困户
	1998年	建人畜饮水池172口、送煤、柴油2.6吨、打字、油印机各一台，化肥5吨	3.86	桐楼乡修村级公路35千米，建卡贫困户
县医药管理局	1998年	协助8个村发展集体经济项目	3.1	太原乡各村发展经济
县供销合作社	1997年	化肥4吨（价值7000元）	—	梅子垭建卡贫困户
县建设委员会	1990年	调运化肥250吨，解决连湖场镇人畜饮水和照明问题，协助推广两杂良种	20	连湖乡场路面整治300余米，支农周转金
	1997年	6名技术员免费为联合乡政府综合楼设计和丈量	0.5	修联合乡广东村村级公路
	1998年	—	1	解决联合乡广东村无房户住房
县农林办公室	1995年	协助大园乡机关、学校、王家坝、正园、红砖、水井4个村通电	65	架通大园乡低压输电线路，解决彭水最后一个通电乡
	1996年	救灾化肥10吨（价值1.36万元）	—	大园乡受灾户
	1997年	各种肥料9吨	—	大园乡贫困户
	1998年	《农家科技》100份、30袋尿素（价值3360元）	—	大园乡建卡贫困户
县广电局	1997年	卫星机站6座、修通马蜂至石盘公路	—	石盘乡村民
县扶贫开发办公室	1997年	解决场镇和村组6200人饮水问题，修村级公路44千米，建3个村经济果木基地40万平方米，架设10千米长输电线路，解决3个村照明用电，为富家茶厂争取技改资金，改善乡卫生院医疗条件，为特困户送衣物	223.1	清平乡各村组
	1998年	为建卡贫困户每户送化肥一包，救助一名高中生进入大学，资助清平乡举办各种农业技术培训	175.04	清平扶贫项目8个
县农业局	1997年	帮助平安乡改下湿田、坡改梯土166.67平方米，参加农科知识培训5600人，印发农业科技资料2500份	—	平安乡村民
	1998年	送秧盘2600个、化肥2.5吨、建供水站1座、捐水泵1台	—	平安乡建卡贫困户

续表30-5

单位	年度	捐物（办实事）	捐现金（万元）	用途（对象）
县林业局	1997年	无偿提供经济林树苗4万株（价值3万元）	0.1	郎溪乡闵家村建石灰窑
	1998年	送尿素30袋、衣服150件、无偿提供经济林树苗10万株（值12万元）	0.16	郎溪乡闵家村建卡贫困户
县畜牧局	1997年	—	11	建葡萄乡大湾村养山羊基地
	1998年	捐《新法养猪技术》等科技书籍450本、饲料8.1吨、尿素0.75吨（价值2.1万元）	—	葡萄乡建卡贫困户
县乡镇企业局	1997年	赠价值17500元劳保服350套、融通部分资金，搞活2个厂矿	—	帮助郁山镇瓦楞纸厂技改
县农机局	1998年	化肥深施器10套、为84户建卡贫困户订《农家科技》书籍	0.2	迁乔乡长生村建农家科技学习室一个
县烟叶办公室	1997年	发动群众种烤烟、地膜玉米，协助新建烤烟收购点一个	—	大厂乡烟农、建卡贫困户
	1998年	贫困户每户尿素、磷肥各一袋	—	新化乡金山村建卡贫困户
县水利电力局	1998年	优秀落实人畜饮水工程一批	0.3	新场乡建卡贫困户购化肥
县烟草公司	1998年	赠生产烤烟各类物资（20万元），送建卡贫困户每户现金100元	—	东流乡烟农、建卡贫困户
县交通局	1997—1998年	赠连湖乡乐地村建卡贫困户衣物400余套、仔猪20余头、化肥4.98吨、水泥250吨	40	连湖乡村级公路、乡场路面硬化
县电信局	1998年	—	1090	清平等16个乡通程控电话
县公安局	1997年	捐尖山村水泥8吨	—	同河乡办砖厂
	1998年	—	0.7	同河乡建卡贫困户购肥料
县司法局	1997年	为贫困户购仔猪、解决群众用电问题	0.1	龙洋乡建卡贫困户
	1998年	整治场镇街道、完成人畜饮水工程24处、安装程控电话和建电视地面接收站	0.2	龙洋乡32户建卡贫困户购化肥32袋
县教育委员会	1998年	帮助治安、长湾两村10个组通电	0.05	珍加乡长湾村购鱼苗
县文化局	1997年	清理村级财务得2700元，用于修桥	0.2	赠棣棠乡建卡贫困户科技书
	1998年	为建卡贫困户送化肥1022袋，建堰塘村图书馆一个，捐图书350册	0.1	岩东乡建石灰厂
县科学技术委员会	1997—1998年	在乡里培训农业技术、发放科技书籍1500余册、播放科技录像带8盒，赠衣物200余件	0.8	朱砂乡建卡贫困户购化肥等
县卫生局	1997年	赠小厂、大河两村尿素2吨、西装50套、棉絮10床	0.2	小厂乡中心校、建卡贫困户
	1998年	赠尿素2.7吨、衣服300套。春节送大米1吨	—	小厂乡小厂、大河两村建卡贫困户
县体委	1998年	赠建卡贫困户衣服80套	0.2	猴栗乡高桥村办采石厂
县档案局	1997—1998年	捐化肥等物资	0.25	高谷青山、店子两村建卡贫困户
县人民武装部	1997年	培训农业科学技术210人次	0.22	合理乡建卡贫困户
县人民法院	1997年	建黄牛改良基地、筹资解决桂花村照明	0.11	善感乡建卡贫困户
	1998年	使51户建卡贫困户购良种，实行科学种植	0.3	善感乡建卡贫困户购复合肥
县人民检察院	1996年	调解民事纠纷32件，建村党支部多功能活动室一个	0.5	羊头铺乡杨柳村贫困户购化肥114袋
	1997年	调解民事纠纷18件	0.62	羊头铺乡烤烟收购
	1998年	50个干警捐资	0.25	杨柳村建卡贫困户购化肥

续表 30-5

单位	年度	捐物（办实事）	捐现金（万元）	用途（对象）
县总工会	1997 年	—	0.1	下塘乡政府扶贫
	1998 年	赠尿素 9 袋	—	下塘乡建卡贫困户
共青团县委	1997—1998 年	建科技图书站 13 处、农科人才培训 15 次，受训 2700 人，培养科技示范户 389 户、星火带头人 300 余名。培植果林示范园 8 个、规模 2000 头养羊基地一个	18.2	救助大垭乡 60 余名失学儿童返校，建立“希望书库”一个、赠图书 3500 册，修复电视转播台，赠衣物 6 袋
县妇联	1998 年	在民族中学办 100 名失学女童培训班，讲授妇幼卫生、防疫保健知识等	—	—
县商会	1998 年	给 10 家贫困户每户购尿素一袋	—	新田大槽村建卡贫困户
县科学技术协会	1997—1998	修通村级公路、帮助光明村架设高压线，解决照明，安装电视接收站	0.02	新化乡光明村建卡贫困户购食用菌母种
县工商银行	1998 年	—	0.36	郁山镇中井村建卡贫困户
县农业银行	1997 年	送衣物 232 件、被条 19 床、肥料 38 袋、仔猪 3 头、副食 57 袋，建配电房一处	1.08	羊头铺乡杨柳村建卡贫困户
	1998 年	贷款	430	羊头铺乡发展种植、养殖业等
县信用联社	1998 年	桌椅 20 套，为建卡贫困户发展养殖业、购买生产资料	—	连湖乡回龙村小，贫困村民

三、集团帮扶特困乡

1998 年 12 月 4 日，县级机关、企事业单位组成 15 个帮扶集团，对口扶持大河坝等 15 个特困乡。1999 年，参加扶贫集团的县级单位 94 个，县、区、乡、村、组干部及人大代表、政协委员参加帮扶共 8600 余人，县属部门、单位共捐现金 245.49 万元。

1999 年彭水自治县帮扶集团帮扶特困乡情况一览表

表 30-6

特困乡	帮扶集团	时间	捐物	捐款（万元）	物资用途
大河坝乡	县政协办公室、县妇联、县教委、邮政局、人民银行、蚕桑局、武陵建材集团公司	3 月 15 日	化肥 221 袋、书籍 700 余册、衣服一批	—	送给建卡贫困户、救助失学儿童 9 人
		4 月	化肥 24.2 吨、水泥 7 吨、良种 40 千克、衣服 400 套、仔猪 14 头	0.59	建卡贫困户
				0.23	减免学费
				0.36	安电话 1 台、订《农村科技报》等，办阅览室 1 个
		5 月	为贫困户送衣服 200 套，给乡政府送办公桌 3 张、文柜 1 个	2	学校修建
		8—9 月	为无房户建房，举办科技培训班	0.18	贫困户子女入学
		10 月	仔猪 150 头、电视机 1 台，帮助朱家店建电教室 1 个	2	实施养猪项目

续表30-6

特困乡	帮扶集团	时间	捐物	捐款（万元）	物资用途
木南乡	人事局、县委党校、物价局、人民法院、地方税务局、石油公司、黔江地区轮船公司	1月28日	4000元物品，培训乡扶贫骨干	—	慰问乡村组干部
		3月8日	化肥6.5吨、柑橘苗660株、炸药1吨、雷管4000发、导火索2000米	—	4个村公路修建
		4月12日	化肥10.3吨、炸药1吨	4	公路建设
				2	救助49名失学儿童、安装程控电话
		5月	炸药3吨	3.04	村级公路建设
			衣服100余件	—	建卡贫困户
		8月	3吨爆炸物资	—	修建核桃村公路
		10月	为30户贫困户捐床单、衣物等	5	修建核桃村公路
		11月	用以工代赈资金解决无电村照明，修建村级公路	0.2	协助小河、旋龙两村村级公路建设
迁乔乡	县委组织部、县志办公室、交通局、农机局、共青团县委、农机供销公司、盐业公司	1月	送衣服300件	0.52	建卡贫困户
		4月	捐化肥5412袋	0.68	建卡贫困户、助失学儿童1名
			水泥60吨、炸药2吨	—	村级公路建设
		5月	贷款45万元	2	特困户生活费
		6—8月	协调水泥20吨，为无房户建房	5	街道硬化、修建公路、堰渠整治
		9月	电化教育设备9套	—	完善乡、村电教室
		10—11月	送衣物60套，水泥50吨，硬化场镇路面，开通程控电话	2.14	维修乡政府办公楼、建龙凤村多功能活动中心。龙凤村10家建卡贫困户
乔梓乡	县委宣传部、计划生育委员会、体育运动委员会、文化局、国家税务局、饮食服务公司	1月10日	水泥100吨	—	修复被洪水冲毁的高隆大堰
		4月	化肥180袋、磷肥64袋、玉米良种170千克，在红旗村修人行便桥一座	0.31	建卡贫困户
				1.5	修金光村公路
		5月	化肥64袋、磷肥32袋、京川电脑一台	0.1	建卡贫困户
		6—7月	水泥100吨	—	—
		8月	电视接收设备2套、彩电2台	1.5	分别安装在乡政府、红旗村
		9—10月	为14户无房户修建新房	5	红旗村公路建设
羊头铺乡	县委办公室、县委统战部、县畜牧局、县人民检察院、农业银行、电力公司	4月	化肥32吨、水泥354袋、电杆84根、饲料300千克、彩电1台和科教录像带	18.84	整修公路、生猪育肥项目资金、慰问建卡贫困户
		5月	安装节能灶157个、捐水泥24.8吨、瓷砖372箱、衣服500件	贷款45	建卡贫困户
		6—7月	花塘村建房4间	5	建多功能活动室、合作医疗室
		9月	为乡里衔接收购烤烟资金	2	花塘村小学，新修校舍
长滩乡	汽车公司、寿险公司、水电局、县人大办公室、劳动局、农林办公室、县直属机关工委、劳动局	1月28日	为洋荷村农户830人无偿办理人身保险	0.7	建村党支部活动室
		4月9日	化肥470袋	—	建卡贫困户
			送茶几12张、办公桌25张	—	乡人民政府
		5—7月	发放小额贷款40余万元	—	建卡贫困户
			两个村建多功能活动室、卫星地面接收站、两个供水站	0.2	洋荷村建卡贫困户买风油钻1台
		8—9月	安装程控电话、捐大米300千克、胶鞋30双	57.16	人畜饮水、村级公路建设资金、高坎子村建卡贫困户

续表30-6

特困乡	帮扶集团	时间	捐物	捐款（万元）	物资用途
联合乡	建设委员会、商业局、工商行政管理局、外贸局、医药局、芦塘煤矿	1月13日	化肥5吨、药品（价值3000元）、瓷砖（价值1.7万元）	1.3	建卡贫困户
		4月	购置化肥	0.03	建卡贫困户
		5月	购置尿素40袋	0.13	建卡贫困户
		8—9月	争取维修校舍资金、给无房户建房	—	乡中心校、建卡贫困户
连湖乡	政法委、技监局、审计局、总工会、信用社、郁江煤矿	4月15日	化肥20吨、县中医院医生到连湖场上开展义诊活动	2.01	建卡贫困户
		6—7月	送7名特困户子女到重庆顶益公司务工	—	建卡贫困户
清平乡	县扶贫办、财政局、老干局、物资局、县供销合作社、装潢印刷厂	1月29日	变压器1台，水井村修公路1条	0.18	为尖山村实现通水、电、公路
		4月9日	化肥158袋、大米100千克、衣物300余件	0.05	建卡贫困户
		5月	贷款50万元	—	建卡贫困户
		6—7月	4.4千米高压线资金	—	贫困村通电
			送9名特困户子女到重庆顶益公司务工	—	建卡贫困户
鹿鸣乡	国土房产局、广播电视局、电信局、养路段、三峡钢锉厂	2月4日	水泥15吨、爆破物资	2.4	送建卡贫困户、慰问乡、村组干部
		4月	“两杂”良种325千克	0.02	资助失学儿童1名
		5月	化肥13.7吨、衣物405件	0.08	建卡贫困户
		8月	书包100个和学习用品一批	60	川间、凤凰两村通电、桂花村生猪育肥基地
		9月	尿素56袋（价值3156元）、水泥（价值400元）	1.1	冯家村建卡贫困户
		11月17日	书包120个、运动鞋60双、电脑1台、资助贫困儿童读书1名	—	建卡贫困户
郁山镇	县人民政府办公室、民政局、乡镇企业局、民宗委、档案局、精神文明办、工商银行、专卖酒厂	2—3月	沙田柚树苗27万株	—	建卡贫困户
		4月15日	尿素476袋、水泥60吨、爆破物资一批	—	建卡贫困户、同乐村修防洪堤
		5月	发放小额贷款50.32万元	—	建卡贫困户
		—	—	20	建索桥1座
龙溪乡	经济委员会、粮食局、卫生局、二轻局、建材局、财产保险公司、郁山水泥厂	2月4日	被条5床、衣物1批	0.5	建卡贫困户
		4月23日	尿素285袋	—	建卡贫困户
			水泥200吨	1.1	硬化乡场街道路面、灯光村党员活动室
		5月	安装电话、电视机1台、学习用具1批、贷款50万元	—	建卡贫困户、送小学及学生
		8月	书包100个、书籍1000余册、胶鞋100双、安电视接收站	0.41	捐资助学、救助失学儿童入学21名
新化乡	县纪委、农业局、司法局、科委、烟叶生产办公室、自来水公司	4月13日	化肥10吨、磷肥2吨、水泥3吨、衣物30件	3.4	建卡贫困户、修公路
		5月	每家尿素4袋	—	建卡贫困户
		6—7月	农药（价值4880元）	—	建卡贫困户
		11月	棉絮50床，毛衣、毛毯、衣服100件	—	建卡贫困户

续表30-6

特困乡	帮扶集团	时间	捐物	捐款（万元）	物资用途
万足乡	人民武装部、信访办、气象局、财贸委员会、民委、农业发展银行、橡胶厂	3月17日	肥料52袋、衣服100件、裤子62条、胶鞋126双、大头皮鞋31双、被面31床	0.07	建卡贫困户
		4月9日	尿素703袋、磷肥14袋、复合肥36袋、水泥3吨、办公桌12张、衣物206件、果苗1.2万株	0.32	建卡贫困户
		5月	化肥15吨	0.05	建卡贫困户
		9月	安装电话线路、尿素15袋、被条30床	1.2	建卡贫困户、乡政府安装电话、烤烟运输资金
朗溪乡	计划委员会、林业局、公安局、工商联、烟草公司、双江水泥厂	2月4日	水泥30吨、衣服380余套	0.3	硬化场镇路面、乡伙食团、建卡贫困户
		4月	尿素327袋、衣服200套	—	建卡贫困户
		7月9日	89户贫困户每户现金100元	0.89	建卡贫困户
		8月	5户特困学生每户200元	0.1	捐资助学
		9月	办公桌15套、炸药30吨	—	乡政府办公室、修村级公路
		11月	炸药100吨、水泥70吨、经济林木4万余株	—	建卡贫困户、修大堡村公路、硬化场镇路面

第五节　区乡（镇）扶贫

一、区镇扶贫

汉葭镇　1993年，有建卡贫困户1214户4566人。1997—1998年，修通3个村村级公路13千米、修建村人行天桥3座，5个村组组通公路。镇党委、镇政府、机关单位为贫困户购置尿素40包，免收提留、统筹款、农业税及筹资25350元。免费开展实用技术培训1000人次。建村果园5个33.33万平方米、蔬菜基地66.67万平方米，新发展葡萄、柚子、竹子、板栗共76.67万平方米，出栏生猪8000头。解决东门、上塘两村人畜饮水问题。1999年，建立1条完整的“畜牧产业链”，即上塘村仔猪示范繁育村＋白云村三元杂交仔猪育肥示范村＋五里村食品加工厂＋上海超市。村村通电，用户1182户。为6户无房户建房582平方米，人均有新房30.6平方米。全镇人均占有粮食455千克，人均年纯收入1012元，人均有稳产高产农田320平方米，户均693.37平方米，养殖达标户占89.42%。建卡贫困户只剩9户26人，其余农户均越过温饱线。

汉葭区　1993年，有建卡贫困户12530户47249人。1998年，修建人畜饮水池586口，蓄水45892立方米，解决41村3705户16076人、21328头牲畜饮水问题。至1999年，修补水利工程428处（栏山堰46条长45千米、引水渠5条长7.5千米、挖堵沙凼356处、防渗渠道2.6千米、清淤2859平方米），坡土改梯土65.67万平方米、土改田10万平方米。通电62个村，通路41个村。为无房户修新房39户，面积2144平方米，人均有新房17.9平方米。1999年年底，人均有稳产高产农田333.35平方米，户均726.67平方米，养殖达标户占86.53%，越温达标11005户41395人，分别占建卡贫困户的91.1%和91.26%。

郁山区　1993年，有建卡贫困户28557户107659人。1993—1999年，全区共向5个特困乡投入扶贫资金300余万元，实施扶贫项目50余个，帮助9个乡建卡贫困户发展烤烟1400万平方米、蚕桑35.4万平方米、养殖山羊1.5万只。新修乡村公路176千米、人畜饮水池1181口，改进中低产田土493.34万平方米，解决全区68.1%的人饮水问题，通电112个村31077户，通路74个村。为无房户修新房166户、338间，面积11410平方米。硬化乡场街道6个，安装程控电话842门。20796户向二、三产业转移劳动力21735人。人均烤烟收入835元、蚕农人均养蚕收入100元、农民人均牧业收入92元。乡镇企业人员人均纯收入3386元。全区有93.1%和93.34%建卡贫困户和贫困人口，人均粮食占有量为564千克、人均年纯收入646元，人均有稳产高产农田366.67平方米，户均1066.67平方米，养殖达标户占78.28%，越过温饱线。

桑柘区　1993年，有建卡贫困户20922户75330人。区工委和各乡、村层层签订《扶贫攻坚目标责任书》。1997年，全区干部职工为建卡贫困户捐款2.7万元、赠送化肥17吨、衣服670套。1999年，提供“两杂”良种39345千克。在新田、新场两乡建立玉米制种基地266.67万平方米，种植经济林306万平方米。通电89个村22333户，通路80个村。为无房户修新房71户，面积3652平方米。改良黄牛2678头，出栏生猪、牛、羊分别为33954、1963、9845头（只）。全区人均粮食占有量673千克，人均纯收入1585元，人均有稳产高产农田446.67平方米，户均1453.3平方米，越过温饱线。

鹿角区　1993年，有建卡贫困户10574户41684人。从1998年起，区工委每年筹资1万元为建卡贫困户订《农家科技》等报刊。1999年，13个区级单位107人、11个乡级单位160人、42个村383个责任人与9198个建卡贫困户落实双向扶贫责任制。区级单位捐现金1.5万余元，肥料折款5000余元，科技书籍1.3万余册，为贫困户提供水稻良种27015千克、玉米良种38565千克。通电49个村，占总村数83.05%。通路33个村，占总村数的55.93%。争资6.6万元、自筹3万元，为全区22户无房户修建新居。建蓄水池255口，最后解决250765人饮水问题。全区5360户贫困户转移劳动力5645人。建卡贫困户人均占有粮食533千克，人均年纯收入608元，人均有稳产高产农田428平方米，户均有找钱地1886.67平方米，养殖达标户占82.63%，越过温饱线。

黄家坝区　1993年，全区有建卡贫困户11101户41539人，其中特困户431户1546人。从1997年起，区工委每年投资5万元，用于特困户基础设施建设。1999年，落实“5321”帮扶责任制，全区148名干部为489户特困户捐款20987元，捐物折款10373元。栽培经济林380万平方米。投入小额贷款45万元，帮助699户发展养殖业，农户生猪存栏52351头、出栏37907头，牛存栏19982头、出栏4823头，山羊存栏37258只、出栏14256只，人均畜牧纯收入486.84元。争资22.2万元整修、新修区内乡村公路，通路51个村。村村通电，通电户为12945户。投资18.11万元，47户无房户全搬进新居。投资18.7万元，解决1021户3975人饮水问题。建卡贫困户人均粮食占有量570千克、人均年纯收入606元，人均有稳产高产农田426.67平方米，户均1513.34平方米，养殖达标户占65.8%，有5707户向二、三产业转移劳动力7270人，各乡均越过温饱线。

普子区　1993年，有建卡贫困户9873户37944人。到1996年年底，贫困户降到4800户、17900人。1997年，区工委安排20万元扶贫资金，用于贫困户生产和生活，免征161户特困家庭农经提留款。修建乡村公路6条。建人畜饮水池852口，解决3个乡3056户13200人饮水问题。投资36万元开通程控电话。解决2个村450户用电问题，种植经济林木30万株。1998年，户均666.67平方米找钱地或20株以上果树有1691户6425人，户均1项养殖业或1项家庭副业有1689户6452人。1999年底，养殖达标户7727户，占建卡贫困户78.65%。解决30700人、36505头牲畜饮水问题。通电46个村1144户，通路29个村。为无房户修新房67户，面积2959平方米。全区建卡贫困户人均粮食占有量521千克，人均年纯收入569元，人均有稳产高产农田366.67平方米，户均有找钱地1193.33平方米。有6218户向二、三产业转移劳动力6587人。越温达标户9075户33905人，分别占应达标户、人的92.40%、92.47%。

保家区　1993年，有特困乡7个，建卡贫困户15328户58795人。1994—1999年，区、乡、村、组干部和其他部分人员共671人帮扶建卡贫困户1917户。1999年，新修和维修7个乡政府办公大楼，硬化6个乡场镇街道，乡乡通公路，安装程控电话1000余门，各乡场镇建起供水站，解决41800人和50160头牲畜饮水问题，74个村全通电。为无房户新修房屋110户，面积5647平方米。建卡贫困户人均粮食占有量544千克，人均年纯收入632元，养殖达标户78.82%，有11258户向二、三产业转移劳动力16268人，人均有稳产高产农田426.67平方米，户均有找钱地1080平方米，92.7%的贫困人口越过温饱线。

高谷区　1993年，有建卡贫困户15120户57563人。1994—1999年，全区兴修水池300余口，新增蓄水量2.3万立方米，解决38130人、45756头牲畜饮水问题。通电70个村16767户，通路48个村。为无房户修新房48户，面积2959平方米，人均住房面积22.6平方米。组织劳务输出和就地劳动力转移7000余人，收入900万元以上。全区人均有稳产高产农田380平方米，户均有找钱地1140平方米，养殖达标户占66.02%。有13506户51362人越过温饱线，分别占建卡贫困户、人的89.33%和89.23%。

二、特困乡镇扶贫

大河坝乡　1993年，有建卡贫困户2188户8579人。按“因地制宜、突出重点、统一布局”原则，把全乡规划为“一线”（沿国道319线的保卫、五四、朱家店3村一线，发展交通运输、办厂、餐饮服务、种植经济作物）、“一带”（以陈园村10、12、13、14组，关滩村5、6、7组，后山村4、5、6组为一带，发展养殖、桐油、中药材为主）、“六坝”（陈园、大河、锡滩、陈家、朱家嘴、高见坝为六坝，田里种水稻、油菜、蔬菜，土里种植蚕桑，发展苎麻、甘蔗为主）的产业布局。1994—1999年，共引进资金800余万元，投入基础设施建设。全乡村村通公路（组74%、户56%）。安装程控电话1000余门。架设输、变线路400万米，实现村、组、户全通电，电视入户率90%。解决6170人、7404头牲畜饮水问题。开发老营顶旅游区，硬化保家楼街道路面，改造中心校，修建关滩村小学。搬进新房无房户21户。全乡建卡贫困户人均粮食占有量530千克，人均年纯收入571元，人均有稳产高产农田393平方米，户均833.33平方米，养殖达标户占80.57%，1718户向二、三产业转移剩余劳动力2059人，贫困达标户92.5%，达标人口93%。全乡越过温饱线。

木南乡　1993年，有建卡贫困户1429户5538人。1994—1999年，乡党委、乡人民政府专设扶贫办公室、落实专职干部和办公经费，严格落实“5321”责任制，推行一村一品的发展思路。全乡争取扶贫资金270万元（用于烤烟25万元、蚕桑5万元、林业10万元、畜牧业10万元、其他项目220万元）。修通木南乡到凤鸣乡公路28千米、村级公路30千米。全乡9个村、55个组、1715户通电。建人畜饮水池500口、蓄水量4000立方米，解决1200户5200人、6240头牲畜饮水问题。新修、维修灌溉渠2条、长1500米。开通程控电话，建起电视地面接收站。搬进建新房无房户11户。1999年年底，建卡贫困户人均粮食占有量590千克，人均年纯收入633元，人均有稳产高产农田340平方米，户均有找钱地1160平方米，养殖达标户占80.97%，901户向二、三产业转移劳动力1025人，达标贫困户91.8%，达标人口93.3%，全乡越过温饱线。

迁乔乡　1993年，有建卡贫困户2269户9066人。1994年，争取“川东项目”资金10万元，治理水田坝村水土流失，兴修水渠1800米，整治河道1000米，改造农田105.5万平方米。至1999年，集资修建村级公路7.8千米，支持农户种植沙田柚4万株、板栗4万株、银杏2万株。集资修建人畜饮水池135口，解决2060户7725人饮水问题。长生、庙湾等6村户集资修筑引水堰渠8条，硬化场镇街道，开通程控电话。接受各类捐款7.79万元、化肥235袋、水泥33吨、衣物280余件、电教设备9套。解决全乡所有无房户住房和农户通电问题。建卡贫困户人均粮食占有量545千克，人均年纯收入652元，人均有稳产高产农田353.33平方米，户均有找钱地900平方米，有1790户向二、三产业转移劳动力1854人，达标贫困户92.10%，达标人口91.7%。全乡越过温饱线。

乔梓乡　1993年，有建卡贫困户2457户9659人。1994—1998年，乡各级扶贫单位12个86人帮扶贫困户215户，乡、村、组干部140人帮扶贫困户292户。全乡共接受捐资59.7万元，水泥100吨。修建红旗到高龙大堰，解决86.53万平方米水田灌溉。修通金光、柿子坪村公路2条。新、改建无房户住房14户。修建乡人民政府办公楼、乡中心校、高龙完小教学楼，硬化场镇路面。通过种植、养殖、培育经济林木，实现乡镇企业产值400万元，全乡人均收入1300元。建卡贫困户人均有稳产高产农田473.34平方米，户均有找钱地1320平方米，转移劳动力1763人，越温达标户2102户7507人，分别占建卡贫困户、人的85.55%和77.72%。

羊头铺乡　1993年，有建卡贫困户2041户7688人。1994—1998年，共引进各类扶贫资金400余万元，水泥500吨，修整水竹、铜钱等4村河堤。在构树坪一带实施中低产田土改造800万平方米。新建龙桥、太平等5村村级公路5条，长27.5千米。用世界银行贷款新建乡中心校综合楼。在柏杨、构树坪等4村种植沙田柚、水蜜桃、良种板栗等名优水果和杜仲等“三木”中药材共100万平方米。新、改建饮水池214口解决700余人、8400头牲畜饮水问题。改造杨柳、构树坪2村供电设施，解决水竹、铜钱2村用电问题。修通场镇下水道195米，硬化场镇路面200平方米。22户无房户全部迁进新居。新建麻园、桑园、烤烟基地966.8万平方米、生猪养殖场1个。1999年年底，建卡贫困户人均有稳产高产农田640平方米，户均有找钱地1120平方米，有1169户向二、三产业转移劳动力1201人，越温达标1648户6225人，分别占应达标的94.1%和94.6%。全乡越过温饱线。

凤鸣乡　1993年，有建卡贫困户2665户9775人。1994—1998年，在桂花村建立养猪示范点，新、扩建圈舍240平方米，扩养生猪143头，11户存栏生猪203头，统一喂养，以点带面，全乡发展，使农民纯收入增加115元。建成总投资25万元的板栗基地733.33万平方米。争取资金20万元，修建村级公路长22千米，使沿途5个村、41个组、1265户、5819人受益。争取资金30万元、自筹65万元解决川间、凤凰两村968户、3253人用电问题。争取资金62万元，新建乡中心校教学大楼1910平方米。争取资金45万元，建成319.5吨自来水供应工程，解决乡人民政府驻地328户、1508人饮水问题。全乡人均有稳产高产农田420平方米，户均1128平方米。解决6300人饮水问题，村村通电、通公路，使无房户搬进新房19户。建卡贫困户人均粮食占有量543千克，人均年纯收入621元，养殖达标82.56%。全乡越过温饱线。

长滩乡　1993年，有建卡贫困户2533户9351人。1994—1999年，引进项目资金73万元，向建卡贫困户发放小额贷款45万元（用于种植项目797户、144944元；养殖项目1443户、250054元；加工项目290户、55002元）。全乡改造中低产田土165.33万平方米，修建柏香、洋荷2村堰渠500米。修建柏香、洋荷等村级公路4条，长24.8千米，全乡6个村通路。实现村村通电视工程。修建嘛油口、土塘坝两乡场自来水供应站和全乡92个组1238人饮水池。解决“四房”户（无房、危房、窝棚、岩洞）106户住房。新修长滩中心校和土塘完小教学、办公、宿舍楼，改造田坪、丝里两村小危房。建卡贫困户2525户9509人，人均粮食占有量545千克，人均年纯收入609元，人均有稳产高产农田380平方米，户均有找钱地980平方米，有2121户向二、三产业转移劳动力2291人，全乡越过温饱线。

郁山镇　1993年，有建卡贫困户4220户14765人。1994年，镇党委、镇人民政府把扶贫工作放在农村工作首位。镇派出所给荞地村建卡贫困户每户购买尿素40千克、每户买仔猪1头。全镇34名干部和村干部、共产党员、人民代表、政协委员650名和建卡贫困户结成“对子”。1999年年底，解决63.5%的人口饮水问题。15个村、4508户通电，10村通路。为25户无房户建房54间，平均每人有新房25.7平方米。全镇97.8%的建卡贫困户人均纯收入640元，90%的建卡贫困户人均粮食占有量436千克，人均有稳产高产农田366平方米，户均有找钱地1006.67平方米。向二、三产业转移劳动力3468人，养殖达标户92.04%。全镇越过温饱线。

龙溪乡　1993年，有建卡贫困户3385户13086人。1994—1999年，乡党委、乡政府建立乡、村扶贫攻坚指挥台，落实帮扶干部195人，帮扶497家建卡贫困户。全乡新修人畜饮水池185口，蓄水量3796立方米，解决全乡人畜饮水问题。15个村、3326户通电，12个村通路。完成场镇路面硬化和自来水工程。投资100万元，新修乡中心校教学大楼和教师宿舍，维修如榔和万寿2村小、灯光村小。修建乡地面电视接收站和场镇闭路电视，修建乡卫生院。使全乡53户无房户、201人搬进新居。发放小额贷款，2156户每户有1个骨干养殖项目，平均每户增养生猪1头，存栏生猪28280头，改良黄牛品种。建卡贫困户实现人均粮食占有量564千克，人均纯收入601元。人均有稳产高产农田373.34平方米，户均有找钱地1006.67平方米，2156户有1个骨干养殖项目，实现2649户转移劳动力2742人。全乡越过温饱线。

清平乡　1993年，有建卡贫困户3071户11640人。1994—1999年，改造中低产田土1400万平方米，5村、20组、510户、2000人受益。建成场镇供水站1座，建蓄水池650口，蓄水量13500立方米，解决16村、87组、1020户、4500人、5000头牲畜饮水问题。修建山坪塘1口，蓄水3000立方米，修暗渠排污道500米。架通场镇至保安村等4村输电线路10千米，解决4村、20组、560户、2310人用电问题。修长46千米村级公路4条，使9村、50组、1252户、5000人受益。实现村村通路，公路通组率80%。争资160万元，新建乡中心校教学大楼、教师宿舍5000平方米，平整活动场地2300平方米。集资、争资13万元，新建乡卫生院住院部。20户无房户全部搬入新居。1999年，建卡贫困户中有2234户8771人，人均粮食占有量552千克，人均纯收入629元，人均有稳产高产农田366.67平方米，户均有找钱地1420平方米，养殖达标户1882户，占65.8%，向二、三产业转移劳动力1810户、2136人。全乡越过温饱线。

联合乡　1993年，有建卡贫困户2429户9318人。1994—1999年，乡村各级干部与建卡贫困户结成帮扶“对子”，投放小额贷款48.5万元，帮助976户贫困户发展种植、养殖、加工等项目。生猪出栏6701头，建卡贫困户每户平均出栏2.5头，收入1344元。争取资金285万元，为20户无房户建新房，解决14个村、69个组、5986人饮水问题，为3个村、18个组、3316户农户架设输电线路，修通两条村级公路，长34千米。1999年，建卡贫困户中有2253户8599人，人均粮食占有量710千克，人均纯收入763元，人均有稳产高产农田413.34平方米，户均有找钱地1286.67平方米，养殖达标户占84.35%，向二、三产业转移劳动力1873户、1984人。全乡越过温饱线。

连湖乡　1993年，有建卡贫困户4093户15404人。1994—1999年，投入各类扶贫资金300万元，用于乡、村基础设施建设250万元，向建卡贫困户发放小额贷款50万元。乡、村党政，借助外力、启动内力，采取发动受益群众投工投劳，国家适当补贴的办法，修公路、架设电线、解决人畜饮水等问题。1999年年底，养殖业达标户占87.76%。有2858户转移到二、三产业劳动力2987人。解决7300人、9240头牲畜饮水问题。通电村13个、用电农户4780户。14个村中11个村通路。使24户无房户入住新房。新建学校教学楼3幢、宿舍楼2幢，整修村小7所。村村建起卫生室。培养村组农业技术骨干1500余人。全乡人均粮食占有量618千克，人均纯收入1510元，人均有稳产高产农田326.67平方米，户均有找钱地1060平方米，人均拥有牛、羊、猪1.04头。全乡越过温饱线。

万足乡　1993年，有建卡贫困户1214户5294人。1999年，乡党委、乡政府把未越过温饱线的214户、895人作为扶贫攻坚重点。全年乡党委召开扶贫专题会10次，乡村组三级干部会、村组干部会、群众大会42次，召开建卡贫困户座谈会30次，制定目标措施，落实责任。全乡建稳产高产农田191.73万平方米，有找钱地95.53万平方米，栽植经济林木266.67万平方米，户均有1个养殖项目的649户，户均养牛、羊2头（只）。有1185户转移到二、三产业劳动力1259人。建人畜饮水池1470口，解决5320人饮水问题，新修灌溉水渠1980米，新增灌溉面积200万平方米。8个村、1602户全部通电。无房户5户全搬进新居。建卡贫困户人均占有粮食457千克，人均年纯收入704元，人均有稳产高产农田 366.67 平方米，户均有找钱地 1766.67 平方米，户均 1 个养殖项目有 649 户。全乡越过温饱线。

新化乡　1993 年，有建卡贫困户 1233 户 4711 人。1994—1999 年，乡级帮扶 222 户 793 人，村级帮扶 332 户 1366 人，组长帮扶 261 户 1102 人。共引进资金 200 余万元，用于扶持烤烟生产 70 余万元，人畜饮水工程 30 余万元（建蓄水池 278 口，蓄水 8916 立方米解决 2927 人饮水问题），种植、养殖、加工的小额贷款 53 万元，交通、通信 28 万元（5 个村通路）。经济林建设 12 万元，村级集体经济技术 5 万元，校舍建设 8 万余元。扶贫资金加群众自筹资金 153.46 万元，架设输电线路，村村通电，用电户 99.70%。4 户无房户建起新居。建成乡中心校和白虎小学。1999 年，建卡贫困户人均占有粮食 708 千克，人均年纯收入 1594 元，人均有稳产高产农田 433.33 平方米，户均有找钱地 2173.34 平方米，畜牧业实现户均 1.5 头牛、2 只羊、人均 1 头猪的指标。全乡越过温饱线。

朗溪乡　1993 年，有建卡贫困户 1585 户 6350 人。1994—1999 年，乡党委和乡人民政府多渠道争取资金 32 万元，炸药 12 吨，新建大树坪到思南等 3 条村级公路 20 余千米，实行村村通路。争资 5 万元，改造闵家村 10 余千米输电线路，实现村村通电。争资 5 万元，修建饮水池 35 口，解决 367 户、1029 人和 1200 头牲畜饮水问题。争取扶贫信贷资金 43 万元，栽种经济林 246.67 万平方米。争资 1.2 万元，为 4 户无房户建起新居。争取水泥 100 吨，硬化乡政府街道路面。筹资 100 余万元，新建乡中心校教学大楼、乡卫生院和乡人民政府综合楼，救助失学儿童 107 名。1999 年，发放小额贷款资金 53 万元。建卡贫困户人均粮食占有量 579 千克，人均年纯收入 587 元，人均有稳产高产农田 426.67 平方米，户均 1726.67 平方米，57.9% 的建卡贫困户向二、三产业转移 1 个劳动力。全乡越过温饱线。

三、非特困乡扶贫

1993 年，按照《国家“八七”扶贫攻坚计划》标准，对 89083 户贫困户逐户普查按要求建卡，明确乡镇建卡贫困户的分布情况，使扶贫攻坚做到有的放矢。1996 年，48 个乡镇党委、镇政府与 457 个村党支部和村民委签订《扶贫攻坚目标责任书》，乡村干部对口帮扶建卡贫困户，县级机关 141 名干部分赴 48 个乡镇扶贫攻坚，使小厂等 12 个中上以上的贫困乡越过温饱线。7 月，上级拨付第一批无房户建房补助金 50 万元，安排到非特困乡 23 万元，占 46%。1997—1999 年，中央财政扶贫资金、黔江开发区扶贫配套资金、股票售表收入项目资金，全县总计 3764 万元，安排到非特困乡镇 1647 万元，占 43.76%。1999 年，全县非特困乡镇达标户占 73.02%，达标人口占 70.46%。

小厂乡　1984 年 9 月，中央地方病防治专家到彭水考察小厂。专家们认定“小厂乡属燃煤污染型氟中毒，为全国罕见的重病区”。1985 年，对小厂乡村民作重点普查，查出氟斑牙患者 5639 人（其中，当地出生的 8 ~ 15 岁的 1428 人全患氟斑牙），临床氟骨症患者 2467 人（其中重度患者 743 人）。测定食物、饮水、住房、空气的含氟量均超标。1986 年，县人民政府对小厂乡赊销棉布 7 万匹、棉花 14 吨，减免农业税 1.90 万元，投入扶贫资金 2.3 万元，发放贷款 21.60 万元。到 1996 年，投入扶贫资金 120 余万元，实施炉灶改造、绿化、修河堤等工程建设。发展地膜玉米和烤烟种植，烟农人均烤烟收入 1840 元。1999 年，全乡人均粮食占有量 519 千克，人均纯收入 1441 元，村民都从外地购大米、面条为主食，每年杀 1 ~ 2 头肥猪。硬化场镇路面 700 余米。建钢筋混凝土或砖混结构楼房 200 余户。全乡实现脱贫。

鹿箐乡大青村　1980 年，有 1/3 的农户住的是用玉米秆或用竹片围成的房子，有的住岩洞。全村人均年收入 71 元，人均粮食 252 千克，全是玉米和薯类。从 1980 年开始种烤烟，到 1996 年，全村烤烟人均收入 1960 元。1997—2003 年，国家投资 14 万元，村自筹资金 15.8 万元，村民投物投劳，修建烤烟收购点 1 个。家家通电。安装卫星电视地面接收机 23 台。修建水池 13 个，容积 1030 立方米，家家喝上卫生自来水。207户家通公路22.7千米，修建钢混或砖混结构房205户，修建村级小学1所。

第六节 外援扶贫资金

1995年，外援投入扶贫资金307万元。2000年，澳大利亚无偿援助扶贫创收项目600万元。日本国际协力银行扶贫贷款项目4个，申请日援资金22084万元（肉牛产业化7780万元、团子坝水电站10684万元、薯类系列开发3000万元、机构建设620万元）。2001年，澳援项目29个，资金723万元。2002—2003年，澳援项目资金1236.29万元。2004年，澳援项目资金416.06万元、中方配套资金585万元。

第三章 扶贫开发

第一节 扶贫推进（1985—1993年）

1985年，全县农村人均纯收入139元，人均粮食占有量291千克。贫困户101838户410036人，分别占当年农户总数（113153户）和农业人口总数（500043人）的90%、82%。人均纯收入在120元以下的有31个乡328村1982个村民小组41640户165391人，户数和人数分别占当年农户总数和农业人口总数的36.80%、33.08%。人均纯收入在80元以下特困户6601户30291人，户数和人数分别占当年农户总数和农业人口总数的5.83%、6.06%，分别占贫困总户数和贫困总人数的6.48%、7.39%。

1986年，彭水自治县被四川省人民政府列为重点扶贫县。8月21日，彭水自治县委下发《关于进一步做好扶贫工作的意见》，要求扶贫先扶志、扶本，依靠党的政策和科学技术，因地制宜，扬长避短，发展商品生产，激发内部活力，增强贫困户自身的“造血机能”。合理调整农业生产结构，发展乡镇企业，走农、林、牧、副、渔、工、商、运输、建筑、服务等综合发展路子，发挥长、中、短优势，通过调整结构，使每个乡、村、组、户都能有一至两个较稳定的增收骨干项目，逐步增强贫困户自身经济活力。对贫困乡新办乡镇企业，包括户办、联户办企业，免征工商税1年、所得税3年；木材资源丰富的贫困乡，放宽木材采伐限额，由县林业局下达专项采伐指标；拨出化肥专项指标，戴帽下达到贫困乡；以工代赈解决人畜饮水工程的粮棉布，重点用于贫困乡；全免特困户农业税和粮食定购任务；免购国库券；特困户的子女入学免交学杂费，助学金优先照顾；特困户免交公积金、公益金、集资办学、民兵训练、广播费；特困户自用木材免收育林基金、林政管理费和更新改造建设费；特困户在县、区、乡（镇）的医疗单位治病，免收挂号费；供销部门每年给特困户平价供应尿素40千克；特困户房屋保险费，由民政部门贴息；农行信用部优先发放特困户生产扶持贷款，乡镇企业和民政部门扶持企业，优先招收特困户子女进厂，收购部门优先收购特困户的农副产品。同时，采取“重点集中、成片扶持、扶持一片、脱贫一片、致富一片”的措施，首先扶持4个片、44个乡、220个村、1320个村民小组、16000户、73911人，国家和县上安排的资金侧重扶持29个乡、162个村、972个村民小组、10012户、46620人。安排支援贫困乡发展资金23万元、县财政支农周转金47.3万元、县农行贷款50万元、区乡财政税收资金12万元、县民政部门18万元、县烟草公司专项资金5万元及上级补助专项资金共255.6万元。首先扶持烤烟、苎麻、长毛兔、魔芋、黄连等短、平、快项目，涉及4个片44个乡220个村1320个村民小组16000户73911人，户数和人数分别占全县贫困户、贫困人口总数的15.71%、18.03%。其中国家和县安排的资金侧重扶持29个乡162个村972个村民小组10012户46620人，户数和人数分别占当年扶持总户数、总人口的62.58%和63.08%。1987年，采取“以粮食为基础饱肚、农业基础设施建设开路、规模经营成片开发、以科技兴农促工致富”的措施，对全县温饱线以下的27个乡327个村1408个组进行重点扶持。年底，人均收入200元、占有粮食350千克以下贫困乡31个、贫困户91043户。1988年，对37283户贫困户逐一落实帮扶脱贫直接责任人，3163名村干部帮扶贫困户16696户，3171名组干部帮扶12982户，3382名共产党员帮扶5735户，1151名共青团员帮扶1577户，215名专业户帮扶293户。

根据四川省委、省人民政府在1989年4月3日决定的解决贫困户温饱问题标准“人均年纯收入200元，人均占有粮食300千克”、四川省贫困地区经济开发领导小组8月4日发出《关于继续加强扶贫工作的几点意见》“解决贫困户温饱要做到‘四个一’，即贫困户人均有半亩到一亩稳产高产粮田；每户有一亩能够产生经济效益的农田，或人均有两三株果树的庭园；每户有养殖骨干项目或其他家庭副业；每户有一个劳动力从粮食生产转移出来，发展多种经营或从事二、三产业”的精神。县委、县人民政府于1990年6月，组织全县区、乡、村三级干部300余人，对1985年以来所建贫困户卡片进行核实、整理，完成县建簿、乡造册、村户立卡工作，核实认定原来的101838户410036人中，贫困户101748户412847人。抓未解决温饱贫困户烤烟打顶抹芽和烘烤工作，抓桑苗管理和秋蚕饲养工作，为没有干部承包贫困户解决一头猪或两三只羊等项目，抓水稻病虫害防治工作，抓庭园经济发展，保证贫困户脱贫越温。10月至11月，再次组织全县干部群众3000人对建卡贫困户进行普查，98357户398811人达到四川省规定的温饱标准，分别占建卡总户数、总人口的96.67%、96.60%。还未解决温饱的贫困户中，人均年纯收入在150元以下1069户4859人，比1985年减少77832户304321人；人均年纯收入在151 ~ 199元的有1035户6771人，比1985年减少21302户94031人。

1991年，全县建成66.67万平方米以上茶园乡10个、柑橘乡6个。利用滚动专项贴息扶贫资金122万元，扶持505个村、43700户贫困户种植烤烟，户均2066.68平方米，烟农收入3891万元，户均890.4元。3月4日至10日，四川省委、省人民政府越过温饱线验收小组32人，对全县建卡贫困户进行分类整群随机抽样和分组对贫困户采取“一看、二问、三算”的方法，到乡、村、组随机抽样163户655人，逐户验收，结果为人均纯收入403.4元、人均占有粮食444.6千克，已越过省定温饱线标准的有160户647人，分别占抽验贫困户和贫困人口数的98.16%和98.78%。对全县扶贫开发进行科学论证和评估，验收合格率为98.20%，确定全县基本越过温饱线。

1992年，巩固扶贫成果，县人民政府规定农民每年承担集体提留和统筹费的总额，以乡（镇）为单位计算，不得超过上年农民人均纯收入的5%。集体提留不得超过上年农民人均纯收入的2.5%（公积金不得低于1%，公益金不得超过0.5%，管理费不得超过1%）；统筹费不得超过上年农民人均纯收入的2.5%（农村教育费附加按上年农民人均纯收入的1.5%收取，其他民办公助事业的费用不超过1%）。改造贫困乡、村、户基础设施建设，新修大小水利工程285处，改造低产田1450万平方米，贫困户发展烤烟栽种面积10266.72万平方米，贫困户收入大增，名列全省第一。

第二节　扶贫攻坚（1993—2000年）

1993年，全县农民人均纯收入474元，人均占有粮食393千克。15个特困乡（镇)155个特困村，有建卡贫困户128379户481773人，分别占全县总户数（15.38万）和总人口（57.35万）的83.47%、84.01%，彭水被国务院确定为重点扶持贫困县。

1994年4月15日，国务院在实施《“八七”扶贫攻坚计划》第二次审定贫困县时又将彭水自治县定为国家扶持的全国592个贫困县之一。同时，国务院还公布20世纪解决贫困人口温饱的标准：绝大多数贫困户年人均纯收入达到500元，贫困户达到“四个一”标准：有条件的地方，人均建成666.67平方米稳产高产基本农田，户均有666.67平方米果园或666.67平方米经济作物；户均向乡镇企业或发达地区转移一个劳动力，户均有一项养殖业或其他家庭副业；在基础设施方面要求，基本解决人畜饮水困难；绝大多数贫困乡有集贸市场，商品基地通公路；消灭无电县，绝大多数贫困乡用上电；普及初等教育，扫除青壮年文盲；绝大多数青壮年劳动力掌握一两门实用技术；防治地氟病，预防残疾；实行计划生育，将人口自然增长率控制在国家规定的范围内。县委、县人民政府按照《国家“八七”扶贫攻坚计划》的要求，制定《彭水自治县七四八扶贫攻坚计划》，用7年时间解决48万贫困人口的温饱问题，提出“高山烟蓿羊，半山桑兔麻，平坝企果蔬，遍山广植树，全县粮油猪”的农村经济发展格局。从7月起，县人民政府发布《关于加快农村集镇建设的决定》，指导各乡镇加快农村集镇建设。10月，县委、县政府制定《彭水自治县1994—2000年脱贫奔小康规划》，用以完成《国家“八七”扶贫攻坚计划》和《四川省七一一八扶贫攻坚计划》以及《黔江地区1994—2000年脱贫奔小康纲要》所确定的各项任务。县委、县政府集中人力、物力、财力，动员社会各界力量，解决全县48万人口的贫困问题。全县贫困人口遍及58个乡，集中在农业基础脆弱、地域偏远，能源、交通、通信十分落后的30个乡、323个村、2492个组，按照“四借、三优、三主、四大”的发展思路（借牌子、票子、人才；优化产业结构、资金投向、班子组合；以资源开发为主、以建立适应市场经济新机制为主、以提高劳动者素质为主；思想大解放、全县大开放、效益大提高、经济大发展），建立烤烟与烟叶、茧丝绸、畜牧、林产品、矿产与建材、乡镇企业6大支柱产业和打牢交通、能源、通信、基本农田水利建设、教育卫生事业、旅游业六大基础，实现“强农兴工重教育，富民升位奔小康”的总目标。

1995年，全县有贫困乡27个、贫困人口14.62万人，其中特困乡（镇)15个（郁山、清平、龙溪、连湖、联合、大河坝、木南、凤鸣、长滩、羊头铺、迁桥、乔梓、朗溪、万足、新化），有贫困人口13.37万人。2月17日起，农业部外事司和外经办定点扶持彭水自治县。年底，羊头铺、长滩、万足3个贫困乡人均占有粮食603.8千克，比上年增加38%，人均年纯收入459.6元，比上年增加6.6%，贫困户最高人均年纯收入达到6236元。全县贫困人口由原来的48.2万人下降到33.58万人。

1996年，县委、县人民政府提出“以扶贫攻坚统揽全县经济工作全局”战略思路，把支柱产业发展和基础设施建设规划到乡村，落实到农户，坚持走“一乡一业，一村一品”发展路子。根据区、乡、村、贫困户的贫困状况和贫困原因，有针对性地选准脱贫路子进行有效扶持。在耕地多的地方，抓好农田基本建设，推广科学种田，在粮食生产上下工夫，重点解决吃饭问题，同时大力发展烟桑等支柱产业；在荒山草坡丰富的地方，在解决好吃饭的基础上，重点发展林果业、畜牧业、土特产；有矿产资源的地方，统一规划，合理开采；在人多地少的地方或家庭，要有组织、有计划地进行劳务输出。发展合作医疗，建立农村基本医疗保障制度，减轻医药负担，减少因病致穷，因穷致病的现象。动员社会各业为贫困户献爱心，送温暖，作贡献。从1996年起今后每年新增专项扶贫贴息贷款和以工代赈（农业部分）的80%用于重点贫困乡，重点发展支柱产业、农副产品加工业、人畜饮水、村道公路及水利设施和中低产田土改造。对特困乡的特困户农业税和农业特产税免征两年，免除粮食定购任务2年。对重点贫困乡根据实际情况实行税收增长部分（以1995年为基数）留乡扶持特困户发展生产，一定两年不变，贫困户子女入学免部分学杂费直至脱贫为止。劳动部门在解决劳动就业时，每年为每个特困乡解决10名特困户子女务工。年底，对全县8区64乡（镇）623村4575个村民小组146222户535045人的经济收入和基础设施进行普查：处于温饱线以下的贫困户和贫困人口还有68450户270199人，分别占农村总户数和总人数的46.81%和50.50%，其中特困户和特困人口还有26330户101001人，分别占全县现有贫困户和贫困人口的38.47%和37.38%。

1997年4月，重庆市经委扶贫集团派出干部26人到彭水自治县扶贫，捐赠人民币545303.80元（其中交通银行捐赠30万元）及物资一批。5月，和地委行署签订《1997—1999年扶贫攻坚目标补充责任书》。6月，县级部门包乡驻村工作队员76人，分赴全县63个乡（镇）开展扶贫包乡驻村工作。11月，对扶贫攻坚进行检查，全县解决温饱的建卡贫困户40323户、158778人，完成原计划的

111.1% 和 114%。1998 年 4 月 24 日，彭水自治县以 86.39 分的成绩，顺利通过重庆市“初级卫生保健”工作检查组验收，实现“初保”工作终末评审一次合格。7 月 1 日，县人民政府发文《关于印发 1998 年度农民负担管理实施方案的通知》，规范农民负担管理。8 月 7 日，县人民政府发《关于进一步做好减轻农民负担工作的通知》，禁止不合理的乱摊派，乱收费，保证农民收入增加。同日，县人民政府发《人畜饮水工程建设和管理办法》，确保人畜饮水工程项目有序实施。全县实行“5321 责任制”，即按县、科、股级干部和一般干部每人分别帮扶贫困户 5 户、3 户、2 户、1 户，788 名干部帮扶建卡贫困户 1816 户，为建卡贫困户赠送人民币 945025 元，化肥 147.8 吨、牲畜饲料 10.5 吨、仔猪 8 头、衣物 745 件（套），救助失学儿童 200 余名。

1999 年，是扶贫攻坚的关键、决战年。针对全县 46 个无电村、778 个无房户、50128 户饮水难的问题，县扶贫办和民政局从上级支持的无偿资金中安排 234 万元用于补助贫困户建房，县民宗委、财政局分别从上级支持的无偿资金中安排 125 万元和 23 万元补助无电村通电，县扶贫办从上级支持的无偿资金中安排 240 万元解决贫困户饮水难问题。向 24624 户建卡贫困户发放小额贷款 700 余万元（种植业 10367 户，贷款 285.48 万元，占 40.78%；养殖业 12988 户，贷款 364.52 万元，占 52.20%；加工业 1249 户，贷款 48.67 万元，占 6.95%；运输、饮食业 20 户，贷款 1.57 万元，占 0.22%）。10 月下旬至 11 月中旬，对 1993 年建卡贫困户越温达标情况进行全面自查：建卡贫困户人均占有粮食 548 千克，人均年纯收入 612 元，人均有稳产高产农田 393.34 平方米，户均 1213.34 平方米，养殖达标户 73.57%，组织劳动力转移 83309 人，乡（镇）达标 100%，建卡贫困户达标率 92%。12 月，县扶贫攻坚指挥部、县扶贫开发领导小组对 15 个特困乡抽查 36 村 41 个村民小组 1036 户 3957 人：人均占有粮食 570 千克，人均年纯收入 621 元，达到越温标准。

2000 年 1 月 11—14 日，重庆市扶贫开发领导小组 15 人代表国家对彭水自治县越温达标情况进行验收：人均纯收入 630 元，人均占有粮食 590 千克，粮经指标均达到国家和重庆市定“五八”，即人均年纯收入 500 元，人均粮食占有量 400 千克。累计越温人口 551381 人，彭水自治县越温达标工作顺利通过国家验收。但越温达标水平低，全县人均纯收入居全市中下水平，建卡贫困户仍有 8585 户 31701 人粮经收入达不到“五八”标准。5 日 13—14 日，受农业部委托，中央电视台农业节目（第七套）采访组一行 3 人，到彭水拍摄《武陵山十年扶贫攻坚纪实》有关资料，采访小厂乡烤烟，新场乡林业，保家蜂场养猪、养牛，大河坝、羊头铺乡农业综合开发，清平乡无房户等相关情况以及彭水自治县扶贫攻坚情况。5 月 9 日，彭水有 80 个特困村被列入重庆市“千村万户扶贫大行动”行列。年底，全县农村建卡贫困人口从 1993 年年底的 128379 户 481773 人下降到 8219 户 32674 人。农民人均纯收入 1375 元、人均粮食 573 千克，实现成建制越温达标。

第三节 扶贫开发（2001—2005 年）

2001 年，彭水仍被列为全国新一轮扶贫开发工作重点县之一。彭水自治县制定《农村扶贫开发十年纲要（2001—2010 年）》，调整农业产业结构，培植骨干支柱产业，改善落后的基础设施和教育卫生事业。建设“三一一”工程（开发农业、水利、旅游优势资源，建成全市绿色农业基地、洁净能源基地、旅游休闲基地；加快交通建设步伐，建成渝东南和黔东北水陆联运的交通枢纽；发挥地缘和运输变捷、价廉的优势，发展商贸流通和服务，建成以大宗、长线货物运输为主的商贸流通中心，增强彭水的辐射和带动能力），实施六大战略（实施项目带动战略，集中力量建成一批关系全县经济和社会发展全局的重大工程；投资拉动战略，增大固定资产投资，扩大县域经济总量；推进工业立县战略，加快工业化进程，增强县域经济综合实力和竞争力；实施城镇化战略，提高城镇化水平，统筹城乡经济发展；实施可持续发展战略，促进经济与生态环境和资源的协调发展；实施科教兴县战略，提高全县人民的综合素质，提高县域经济的科技水平，增强竞争能力和发展后劲）。年底，全县有绝对贫困户（含当年返贫户）14774户，绝对贫困人口（含当年返贫人口）93311人。

2002年，全县列入新一轮全市重点扶贫开发有14个特困乡镇、192个特困村、408个贫困村，分布在39个乡镇。彭水自治县委、县人民政府为有效解决贫困问题，向上级申报扶贫项目254个，资金18891万元，争取澳援项目资金计划842万元。全面启动以81个特困村建设为重点的五年扶贫规划的实施，从烤烟、畜牧、蚕桑、林果、薯类、中药材、粮油7大主导扶贫产业促进农民增收。实现全县新通公路103个村，解决4.64万人的饮水问题和9个村照明问题。用财政扶贫资金70万元扶持8个特困村建沼气池1200口，改造贫困户住房21户。投入财政扶贫资金解决100名失学儿童入学、8个特贫困村的村校危房改造、乡镇卫生院建设和特困村人口医疗救助、氟中毒病综合防治、8个特困乡镇计生服务指导站建设、城乡电视联网建设。完成保家镇构树坪扶贫综合示范园区建设，启动普子镇桐荣扶贫综合示范园区建设。县级部门对贫困乡镇贫困村实行对口帮扶，推行干部“5432”结对帮扶，即县级、乡镇、部门、科股级领导、一般干部每人分别帮扶5、4、3、2户贫困户。全县共有2680名干部与7520户特困户结成帮扶对子，为特困户捐资捐物（折资）126万元，引进项目58个，资金876万元，救助失学儿童530人，改造村小危房12所。市经委扶贫集团捐资21.3万元，引进项目7个，资金1588万元。核工业部建峰化工总厂捐资捐物（折资）210万元。结合芙蓉江江口电站的移民工作，对居住在生产生活条件落后的润溪、大垭2个乡6个村13个组56户2001人进行移民搬迁，让移民安居乐业。

2003年，全年争取财政扶贫资金1300万元，争取市级审批立项信贷扶贫项目资金4000万元，解决82017人绝对贫困人口的温饱问题。全县农民人均增收100元，解决50个村不通公路问题和2万人的饮水问题，实现村村通电。对绝对贫困户进行逐户制定帮扶计划，选择短、平、快种养业扶贫项目，安排扶贫资金，落实扶贫责任人。新启动40个特困村扶贫项目，特困村建设要以“三基”（基础设施建设、基础产业建设和贫困人口基本素质）提高为重点，抓好“四个一”（一条路、一口池、一片房、一个产业）建设。全年市级审批立项扶贫项目347个，资金14229万元。围绕“扶贫民心工程”，在基础设施上，重点投向乡村道路、人畜饮水、基本农田改造、农村照明以及沼气池建设等方面，促进贫困地区经济、社会、生态的可持续发展。在扶贫产业上，重点投向烤烟、畜牧、蚕桑、林果、薯类、中药材、粮油七大支柱产业，帮助农民增加收入，促进区域经济发展。在社会事业发展上，重点支持乡村学校、卫生院、广播电视、计生服务站建设和地方病、传染病的防治，提高人口素质和生产力水平。年底，全县绝对贫困人口由2002年82017人下降到71817人未解决温饱，下降12.44%，占农村人口12.7%，高于全国、全市平均水平。

2004年，落实领导联系到村、责任到户，计划分解到村、项目覆盖到户，帮扶措施到村、工作落实到户，资金安排到村、效益体现到户“四到村四到户”的工作措施，推行“公司＋农户”“工厂＋基地”模式，组织劳务输出，实现“输出一个、脱贫一家、转移一片、致富一方”的扶贫效果。2月底，全县11个乡镇48个村10657户的炉灶和烟道已全部安装完成并投入使用，11个乡镇结束燃煤污染型地氟病区的历史。全年争取无偿援助160万元澳援项目，国家配套资金81.5万元，惠及13乡镇60村5万余贫困人口。至年底，农民人均年纯收入1962元，人均占有粮食526千克。贫困人口由2003年71817人减少到62667人，下降12.74%。绝对贫困人口占农业人口的比例由2003年的12.7%下降到10.99%，降低1.71%。

2005年，县委、县人民政府编制《“十一五”扶贫开发规划》《扶贫移民规则》《扶贫培训规划》《“十一五”扶贫开发工作意见》等扶贫开发文件，新启动26个特困村扶贫项目，全年争取扶贫项目288个、资金4377万元。重新确定特困村名单，从原来的159个变为96个，新增17个，调整后贫困村数为 113 个。107 个部门帮扶 113 个特困村，捐款捐物（折资）240 万元，引进项目 87 个、资金 1726 万元，资助贫困学生 2150 名。年底，全县贫困人口在上年的基础上减少到 44446 人，下降 29.08%，绝对贫困人口由上年 50796 人减少到 36435 人，下降 28.27%。绝对贫困人口占农业人口的比例由上年的 10.99% 下降到 7.87%，降低 3.12%。

第三十一篇　人口和计划生育

彭水继续执行有计划生育少数民族地区优惠政策，人口低水平增长。1986年，12.72万户，54.26万人，其中男性28.23万人、女性26.03万人。2005年，18.71万户，62.99万人，其中男性33.87万人、女性29.12万人。人口自然增长率从1986年13.7‰，降到2005年6.60‰。随着社会发展进步，大多数家庭自觉晚婚、晚育、少生、优生，人口素质普遍提高。

第一章 人口状况

第一节 人口规模

一、人口数量

1986年，全县有12.72万户54.26万人。1990年，第四次人口普查，家庭户总数为137890户，人口总数增至557149人（注：统计数为14.82万户56.04万人）。至1999年，总户数17万户，总人口为60.97万人，每年的自然增长率在10‰左右。2000年第五次人口普查，全县家庭户171183户，总人口为590228人（统计数为17.30万户61.52万人），总人口比1985年增长10.53%。2000年后进入低生育水平。到2005年年底，全县有18.71万户，年平均人口62.99万人，比1986年分别增长47.09%、16.09%。

1986—2005年彭水自治县总户数和总人口一览表

表31-1

年度	总户数（户）	总人口（万人）	男（万人）	女（万人）	年平均人口（万人）
1986年	12.72	54.26	28.23	26.03	53.83
1987年	13.36	54.98	28.62	26.36	54.62
1988年	13.99	55.45	28.92	26.53	55.22
1989年	14.36	55.80	29.14	26.66	55.63
1990年	14.82	56.04	29.44	26.83	56.04
1991年	15.26	56.57	29.67	26.90	54.42
1992年	15.38	56.86	29.95	26.91	56.72
1993年	15.38	57.35	30.30	27.05	57.11
1994年	15.95	57.94	30.77	27.17	57.65
1995年	16.26	58.70	31.20	27.50	58.32
1996年	16.26	59.37	31.62	27.75	59.04
1997年	16.30	60.08	32.02	28.06	59.73
1998年	16.95	60.76	32.61	28.15	60.42
1999年	17.00	60.97	32.83	28.35	60.97
2000年	17.30	61.52	33.20	28.65	61.52
2001年	17.55	62.21	33.51	28.70	62.03
2002年	17.78	62.71	33.82	28.89	62.46
2003年	18.01	61.86	33.33	28.53	62.29
2004年	18.41	62.60	33.88	28.72	61.98
2005年	18.71	62.99	33.87	29.12	62.55

二、人口密度

1985 年，每平方千米 30.82 户 136.79 人。乡镇中郁山镇人口密度最高，每平方千米 4871.54 人。最低的石盘乡，每平方千米 60.27 人。1990 年第四次人口普查时，全县每平方千米 144 人。1999 年每平方千米 156 人。2005 年，每平方千米 50.44 户 161.38 人，比 1985 年分别增加 63.66%、17.98%。汉葭镇密度最高，每平方千米 338.16 人。其他乡镇每平方千米 200 人以上的有保家镇、郁山镇、连湖镇、联合乡、走马乡、石柳乡、长滩乡，每平方千米不到 100 人的乡镇有三义乡、善感乡、双龙乡、石盘乡、龙塘乡。密度最低是石盘乡，每平方千米为 55.30 人。

2005 年彭水自治县各乡镇人口密度一览表

表 31-2

地域	总户数（户）	总人口（人）	户密度（户 / 每平方千米）	人口密度（人 / 每平方千米）
全县	187084	629889	50.44	161.38
汉葭镇	25717	73608	118.14	338.16
保家镇	13379	45190	62.39	210.75
郁山镇	12004	38591	84.07	270.30
高谷镇	5217	18557	44.78	159.30
桑柘镇	8669	27806	45.00	144.35
鹿角镇	3673	11925	30.99	100.64
黄家镇	5216	17238	41.52	137.22
普子镇	8562	28946	48.05	168.08
龙射镇	6117	22288	37.26	135.76
连湖镇	5037	18766	68.84	265.50
万足乡	2179	6962	36.73	116.42
靛水乡	6731	23535	37.66	131.70
岩东乡	2936	10380	40.18	142.07
鹿鸣乡	4773	17809	35.86	133.80
平安乡	3268	12084	43.96	161.89
棣棠乡	3198	11520	35.22	126.88
太原乡	3357	12099	43.06	155.19
三义乡	2116	6851	28.31	91.67
联合乡	3752	13149	58.74	205.87
石柳乡	2721	9855	61.40	222.41
龙溪乡	3687	14021	44.55	169.41
走马乡	4271	16363	55.22	211.57
芦塘乡	2533	8321	48.47	159.25
长滩乡	6024	20500	63.45	215.94
乔梓乡	3182	10566	50.35	167.21
迁乔乡	2915	9932	53.66	122.09
新田乡	6000	21256	45.22	160.20
梅子垭乡	3340	11743	47.32	166.40

续表31-2

地域	总户数（户）	总人口（人）	户密度（户/每平方千米）	人口密度（人/每平方千米）
诸佛乡	4243	14227	34.53	115.80
小厂乡	2135	6878	40.52	136.14
桐楼乡	1423	4959	35.18	122.62
鞍子乡	4651	14913	37.18	119.22
善感乡	1998	6674	24.12	80.59
双龙乡	1492	5132	24.02	82.65
石盘乡	1018	3398	16.56	55.30
大垭乡	1441	5378	21.40	79.88
润溪乡	3681	13035	33.85	119.89
朗溪乡	2045	7793	33.37	127.17
龙塘乡	2383	7641	29.67	95.14

三、人口分布

自然地理分布　自古百姓以农耕条件的优劣选择居地，并逐渐利用水、陆运输之利，境内乌江、郁江等江边地区为首选区域。1986年以后，陆上交通发展速度加快，小城镇建设得以发展，居地选择倚重交通方便、经济活跃的河谷丘陵地带。1990年，汉葭镇每平方千米1397.97人，朱砂乡每平方千米200.18人，县境南部的大厂乡每平方千米只有55.74人，石盘乡58.92人。2005年，汉葭镇、郁山镇、保家镇、高谷镇、鹿角镇、万足乡共有人口194833人，土地面积869.64平方千米，占全县总面积的22.28%，人口总数占全县总人口的30.93%，人口密度每平方千米224.04人。高山区居住的人相对较少，石盘乡、三义乡、大垭乡、鹿鸣乡的人口密度都低于全县平均水平。在中山区的乡镇，由于物产丰富，经济发展较好，居住的人也较多，如连湖镇、石柳乡人口分别为18766人和9855人，每平方千米为265.5人和222.41人。

区域分布　1985年，彭水自治县行政区划为8区2镇，人口以区镇为单位统计。汉葭镇23521人，郁山镇5992人，城镇人口占当年全县人口的6.10%，密度分别为每平方千米1060.94人和4871.54人。汉葭区12147户52771人，高谷区为14765户66733人，保家区14489户62959人，普子区11438户51272人，郁山区24236户108101人，桑柘区17321户77391人，鹿角区9372户42413人，黄家坝区9358户42856人。各个行政区内，1万人以上的乡（镇）18个，其中连湖乡15553人。5000～9999人的乡30个，其中下岩西乡9872人。3000～4999人的乡14个，人口最多的龙洋乡4830人。3000人以下的大厂乡仅有2658人。1986—1996年，行政区划相对稳定，人口区域分布变化不大。其间，1994年，三连乡并入郁山镇，郁山镇由1384户增至5652户，人口由5803人增至21408人。

1997年重庆直辖，行政区域人员发生变化。2000年第五次人口普查时，全县共有171183户590228人，分布在64个乡（镇）。汉葭镇13111户43118人，居首位。其次是郁山镇6218户21448人，走马乡4408户15669人。最少的大厂乡764户2661人。

2001年，全县撤区并乡，由64乡（镇）合并为39个乡（镇），增设连湖镇、保家镇、高谷镇、龙射镇、普子镇、黄家镇、桑柘镇、鹿角镇，设10个镇，行政区域人口变化较大。

2003年，县总人口618605人，家庭户数180059户。其中汉葭镇25523户73663人、保家镇11485户38994人、郁山镇7671户35093人、长滩乡6281户21905人；石盘乡最少，1047户3546人。

2005 年，城镇总人口达 302915 人，占全县总人口的 48.09%，比 1985 年增长 41.99 个百分点。汉葭镇 73608 人，居全县最高，占同年全县总人口 11.69%。其次是保家镇和郁山镇，分别是 45190 人和 38591 人。2 万人以上的乡镇有 6 个，分别是桑柘镇、普子镇、龙射镇、靛水乡、新田乡、长滩乡；1 万人以下的乡镇有 13 个，分别是万足乡、三义乡、石柳乡、芦塘乡、迁乔乡、小厂乡、桐楼乡、双龙乡、善感乡、石盘乡、大垭乡、朗溪乡、龙塘乡，其中石盘乡人口最少，为 3398 人，占全县总人口 0.54%。

2005 年彭水自治县各乡镇人口比重一览表

表 31-3　　单位：人

地区	总人口	占全县比重（%）	地区	总人口	占全县比重（%）
汉葭镇	73608	11.69	龙溪乡	14021	2.23
保家镇	45190	7.17	走马乡	16363	2.60
郁山镇	38591	6.12	芦塘乡	8321	1.32
高谷镇	18557	2.95	长滩乡	20500	3.25
桑柘镇	27806	4.41	乔梓乡	10566	1.68
鹿角镇	11925	1.89	迁乔乡	9932	1.58
黄家镇	17238	2.74	新田乡	21256	3.37
普子镇	28946	4.60	梅子垭乡	11743	1.86
龙射镇	22288	3.54	诸佛乡	14227	2.26
连湖镇	18766	2.98	小厂乡	6878	1.09
万足乡	6962	1.11	桐楼乡	4959	0.79
靛水乡	23535	3.73	鞍子乡	14913	2.37
岩东乡	10380	1.65	善感乡	6674	1.06
鹿鸣乡	17809	2.83	双龙乡	5132	0.81
平安乡	12084	1.92	石盘乡	3398	0.54
棣棠乡	11520	1.83	大垭乡	5378	0.85
太原乡	12099	1.92	润溪乡	13035	2.07
三义乡	6851	1.09	朗溪乡	7793	1.24
联合乡	13149	2.09	龙塘乡	7641	1.21
石柳乡	9855	1.56	—	—	—

第二节　人口变动

1986 年，彭水自治县的人口生育处于高出生、低死亡、高增长阶段，全年出生 10788 人，出生率 20.04‰，死亡率 6.97‰，自然增长率 13.07‰。1987—1993 年，每年出生率均在 15‰至 17‰，死亡率都在 7‰左右，7 年间出生 66439 人，死亡 29141 人，净增 37298 人。1994—1998 年，每年出生率上升到 20‰左右，死亡率没有多大变化，五年间共出生 61262 人，死亡 24565 人，净增 36697 人。1999—2002 年，出生率下降到 10‰左右，死亡率没有大的变化，4 年共出生 32632 人，死亡 17623 人，净增 15009 人。

2003—2005 年，人口生育达到低出生、低死亡、低增长的生育水平，出生率下降到 5‰左右，死亡率也有所下降，3 年间出生 12376 人，死亡 7130 人，净增 5246 人。其中 2005 年出生率、死亡率、自然增长率分别为 8.96‰、2.36‰、6.60‰，比 1986 年分别下降 11.08‰、4.61‰、6.47‰。

1986—2005 年彭水自治县人口变动情况表

表 31-4

年度	出生		死亡		自然增长	
	人数（人）	出生率（‰）	人数（人）	死亡率（‰）	人数（人）	增长率（‰）
1986 年	10788	20.04	3752	6.97	7036	13.07
1987 年	9673	17.71	3911	7.16	5762	10.55
1988 年	8824	15.98	4070	7.37	4754	8.61
1989 年	9691	17.42	4295	7.72	5396	9.70
1990 年	9796	17.48	4169	7.44	5627	10.04
1991 年	9010	15.97	4153	7.36	4857	8.61
1992 年	9359	16.50	4237	7.47	5122	9.03
1993 年	10086	17.66	4306	7.54	5780	10.12
1994 年	11720	20.33	4353	7.55	7367	12.78
1995 年	12970	22.24	4771	8.18	8199	14.06
1996 年	12576	21.30	5839	9.89	6737	11.41
1997 年	11797	19.75	4635	7.76	7162	11.99
1998 年	12199	20.19	4967	8.22	7232	11.97
1999 年	8963	14.70	4798	7.87	4165	6.83
2000 年	9043	14.70	4983	8.10	4060	6.60
2001 年	7506	12.10	4094	6.60	3412	5.50
2002 年	7120	11.40	3748	6.00	3372	5.40
2003 年	3177	5.10	2741	4.40	436	0.70
2004 年	3595	5.80	2913	4.70	682	1.10
2005 年	5604	8.96	1476	2.36	4128	6.60

第三节　人口构成

一、自然构成

性别构成　1985 年，全县人口性别比 108.06。1990 年，第四次人口普查，全县总人口 557149 人，其中男 291392 人、女 265757 人，男、女性各占总数的 52.30%、47.70%，性别比 109.65。郁山镇总人口 5510 人，其中男 3038 人、女 2472 人，男女各占总数的 55.14%、44.86%，性别比 122.90，居全县最高。万足乡 5456 人，其中男 2770 人、女 2686 人，性别比 103.13，为全县最低。2000 年，第五次人口普查，全县 590228 人，其中男 313113 人、女 277115 人，性别比 112.99。木南乡总人口 6182 人，其中男 3406 人、女性 2776 人，性别比为 122.69。汉葭镇共 43118 人，男 21721 人、女 21397 人，性别比为 101.51。2005 年，全县男 338695 人、女 291194 人，性别比 116.31。

年龄构成　1982 年，0 ~ 14 岁人口占全县总人口的 38.45%；15 ~ 49 岁的人口占总人口的 47.88%；50 岁以上的人口占总人口的 13.67%。特殊年龄人口成分为：婴幼儿（0 ~ 1 岁）占 2.64%，学龄儿童（1 ~ 6 岁）占 8.56%，少年儿童（7 ~ 14）占 27.25%，青年（15 ~ 25 岁）占 17.26%。劳动年龄人口占 51.21%，其中男（16 ~ 59 岁）占 27.58%、女（16 ~ 54 岁）占 23.63%，育龄妇女占 24.82%，长寿老人（70 岁以上）占总人口的 2.44%。

1990年，第四次人口普查时，0 ~ 4岁人口48345人，占总人口的8.68%；5 ~ 9岁45861人，占总人口的8.23%；10 ~ 14岁37764人，占总人口的6.78%；15 ~ 19岁的88796人，占总人口的15.94%；20 ~ 24岁69179人，占总人口的12.42%；25 ~ 29岁40629人，占总人口的7.29%；30 ~ 34岁27395人，占总人口数的4.92%；35 ~ 39岁40951人，占总人口的7.35%；40 ~ 44岁34914人，占总人口的6.27%；45 ~ 49岁32462人，占总人口的5.83%；50 ~ 54岁24970人，占总人口的4.48%；55 ~ 59岁20081人，占总人口的3.60%；60 ~ 64岁16231人，占总人口的2.91%；65 ~ 69岁11832人，占总人口的2.12%；70 ~ 89岁17660人，占总人口的3.17%；90 ~ 99岁79人，占总人口的0.01%。长寿老人占全县总人口的3.18%，比1982年增长0.74个百分点。

2000年第五次人口普查，婴儿（0 ~ 1岁）8078人、学龄儿童（1 ~ 6岁）77386人、少年儿童（7 ~ 14岁）80690人；青年（15 ~ 25岁）77522人，占总人口的13.13%；劳动力人口（男16 ~ 59岁，女16 ~ 54岁）有340222人，占总人口的57.64%；育龄妇女（15 ~ 49岁）143522人，占总人口的24.32%；老年人口（男60岁以上，女55岁以上）109230人，占总人口的18.51%。0 ~ 14岁166154人，占总人口的28.15%，老少合计275384人，占总人口的46.66%，已开始由人口年龄构成类型中的成年型向老年型发展，人口再生产类型中从增加型走向稳定型。葡萄乡65岁以上的人口占全乡总人口的9.59%，居全县之首。小厂乡65岁以上人口比例最低，占全乡总人口的4.83%，比全县平均水平低1.98个百分点。平均寿命已从1981年的42.43岁（男性41岁，女性43.75岁）上升到54.12岁（以死亡人口平均年龄计算），其中男性平均年龄51.12岁、女性58.14岁。不满周岁婴儿死亡人数占死亡总数比率从1981年的15.32%下降到12%（581人）。全县70岁以上老人23652人，占总人口的4.0%，比1982年增加了63%。

2005年，18岁以下162529人，18 ~ 35岁173642人，35 ~ 60岁208900人，60岁以上84818人。

1953—2000年彭水自治县人口年龄构成类型变化情况一览表

表31-5

类型	国际通用标准			彭水自治县年龄类型			
	年青型	成年型	老年型	1953年	1964年	1982年	2000年
0 ~ 14岁（%）	40以上	30 ~ 40	30以下	37.99	36.15	38.29	28.15
老年人口（%）男60岁、女55岁以上	5以下	5 ~ 10	10以上	7.52	5.73	7.86	18.50
老少人口（%）	15以下	15 ~ 30	30以上	19.79	15.86	18.34	46.65
年龄中位数	20以下	20 ~ 30	30以上	20.59	20.54	19.78	28.60

1953—2000年彭水自治县人口再生产类型变化情况一览表

表31-6

类型	国际通用标准			彭水再生产类型			
	增加型	稳定型	减少型	1953年	1964年	1982年	2000年
0 ~ 14岁（%）	40	26.50	20	37.99	36.15	38.29	28.15
15 ~ 49岁（%）	50	50.50	50	47.74	52.48	47.88	50.46
50岁以上（%）	10	23.00	30	14.27	11.67	13.85	21.38

1953—2000年彭水自治县特殊年龄人口比重变化情况一览表

表31-7　　单位：%

类型	1953年	1959年	1964年	1982年	2000年
婴儿（0 ~ 1岁）	4.11	1.26	5.89	2.64	1.37

续表31-7

类型		1953 年	1959 年	1964 年	1982 年	2000 年
学龄前儿童（1 ~ 6 岁）		17.07	12.49	9.74	8.56	13.11
少年儿童（7 ~ 14 岁）		16.81	15.13	20.54	27.25	13.67
青年（15 ~ 25 岁）		18.78	18.39	23.00	17.26	13.13
劳动年龄人口	合计	51.90	55.97	54.95	51.21	57.64
	其中男（16 ~ 59 岁）	28.07	28.36	29.11	27.58	31.11
	其中女（15 ~ 54 岁）	23.83	27.61	25.84	23.63	26.52
育龄妇女（15 ~ 49 岁）		22.57	25.95	24.85	24.82	24.32
长寿老人（70 岁及以上）		1.57	2.50	0.87	2.44	4.00

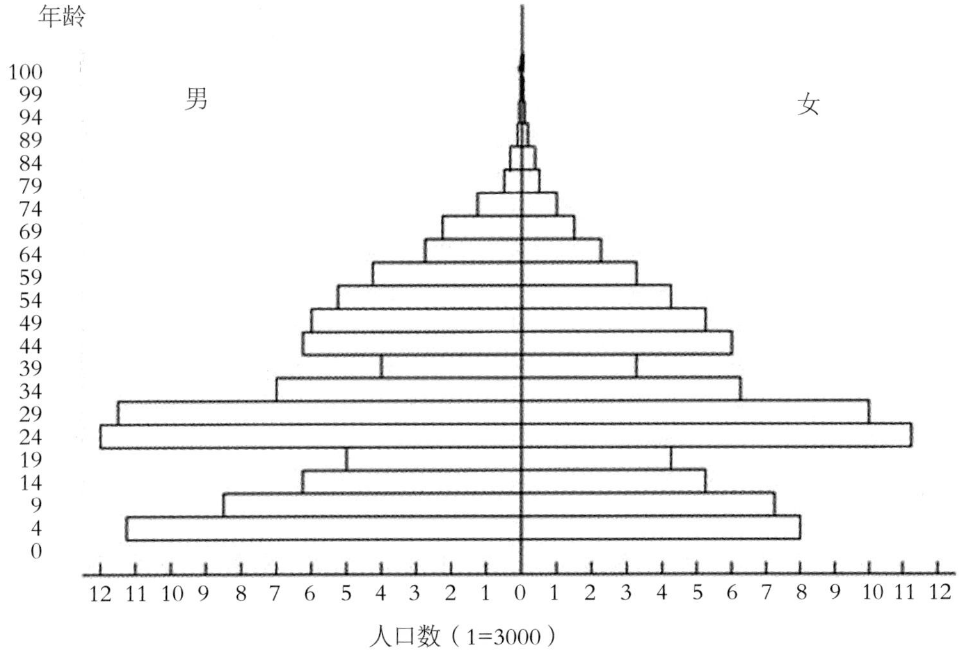

2000 年彭水自治县人口年龄金字塔图

二、社会构成

姓氏构成　彭水原始居民姓氏缺记载，不可考。见诸史籍的土著人有东汉谢姓和三国时期的徐、蔺、范等姓。境外移民入彭，多聚族而居。2003 年社会调查，以姓氏命村名的有靛水乡的张家村、梅子垭乡马家村，桐楼乡徐家村等。也有按姓氏命地名的，如走马乡王家沟、乔梓乡代家沟、郁山镇冯家坝等，居民分别多为王、代、冯等姓多。也有聚族而居不以姓命村落名。靛水乡迎风村 80% 户姓黎；大垭乡木蜡村以冉姓最多；朗溪乡思南村以冯姓为多；龙塘乡双龙村多见向姓、文姓；桑柘乡豆家坝豆姓较多。桐楼乡的赵姓，三义乡的宿姓，迁乔乡明星村的另姓，石盘乡兴安村的焦姓，鞍子乡的任姓，走马乡的毛、罗等姓、双龙乡龟池村的苏、董等姓、鹿角镇乌江村的魏姓，大厂乡的简、邵等姓，小厂乡的艾、查、鲜、寇、铙、印、侯、郭等姓，郁山镇的雍、白、龚等姓。

1985 年不完全统计，全县 282 个姓氏，最多的是张、王、李、谢、罗、刘、冉等。后因驻彭单位撤离，鄢、阙、寸、危、苑、桂、谯等姓氏消失于县域，再加上一部分增加或前面未统计的姓氏，全县姓氏约为 277 个。以笔画为序排列如后：

丁　刁　卜　于　万　马　孔　亿　川　干　卫　方　文　计　王　韦　井　尤　支　车　尹
邓　毛　勾　牛　邝　宁　兰　冯　石　甘　古　左　龙　叶　帅　冉　申　田　史　皮　母　包

司 占 卢 白 孙 艾 邬 庄 许 祁 刘 江 汤 池 关 米 齐 安 李 邢 匡 乔
乐 向 全 伍 任 华 朱 成 权 阳 阴 阮 印 那 吕 纪 牟 毕 曲 辛 宋 谷
闵 冷 况 汪 沈 巫 严 麦 季 佘 余 何 佐 但 孟 张 岳 吴 呙 苏 花 杜
杨 岑 萧 传 陆 陈 邱 邹 邵 连 庞 宗 官 奉 青 屈 范 苟 呼 昌 明 易
罗 金 周 林 卓 郎 郑 郁 欧 施 涂 洪 阎 俞 侯 修 禹 柯 柏 柳 查 饶
贺 费 钟 荆 姚 姜 娄 胥 胡 郭 郝 骆 封 段 赵 高 席 康 唐 凌 淳 倪
徐 钱 顾 贾 朗 莫 栾 梁 栗 柴 耿 袁 秦 索 祝 晏 敖 夏 陶 殷 聂 翁
卿 庹 麻 游 宿 梅 符 盛 戚 隆 龚 黄 曹 常 催 彪 童 寇 喻 景 曾 鲁
温 湛 傅 谢 敬 董 蒋 葛 程 彭 覃 喜 粟 韩 焦 惠 舒 雍 满 蒲 蒙 蓝
简 慎 雷 窦 鲍 楚 蒯 詹 虞 解 赖 靳 廖 漆 斐 谭 缪 蔺 蔡 鲜 熊 潘
滕 樊 颜 霍 薛 燕 穆 黎 魏 蹇 鞠 戴 瞿 酆

家庭构成　1985 年，全县 120321 户，其中农业家庭户 117614 户，户均 4.20 人。1990 年人口普查时，全县总户数 138612 户，其中家庭户 137890 户、集体户 722 户，家庭户均 3.98 人。汉葭镇家庭户 7850 户，户均 3.59 人；连湖乡 3950 户，户均 4.07 人；大厂乡 627 户，户均 4.05 人。1997 年，全县 16.30 万户，户均 3.75 人。汉葭镇 13777 户，户均 2.79 人；郁山镇 6547 户，户均 3.46 人。

2000 年人口普查，总户数 171546 户，其中家庭户 171183 户、集体户 363 户，家庭户平均 3.44 人，其中一代户占家庭户总数 19.75%、二代户占 59.59%、三代占 19.92%、四代户占 0.70%。在家庭人口中，1 人户占 8.16%、2 人户占 16.37%、3 人户占 26.40%，4 人户占总户数的 30.27%、5 人户占 12.62%、6 人户占 4.55%、7 人户占 1.11%、8 人户占 0.30%、9 人户占 0.12%、10 人及 10 人以上的户占 0.10%。汉葭镇 13111 户，其中家庭户 12899 户，户均 3.26 人。郁山镇家庭户 6200 户，户均 3.45 人。

2000 年彭水自治县家庭户规模情况一览表

表 31-8　　单位：户

项目	合计	一代户	二代户	三代户	四代户
1 人户	13965	13965	—	—	—
2 人户	28028	19378	8650	—	—
3 人户	45193	397	43468	1328	—
4 人户	51822	90	43434	8271	27
5 人户	21608	30	5826	15543	209
6 人户	7782	13	534	6778	457
7 人户	1895	1	83	1465	346
8 人户	521	1	14	410	96
9 人户	206	—	2	167	37
10 人及 10 人以上户	163	1	2	133	27
合计	171183	33876	102013	34095	1199

婚姻构成　1982 年，全县 15 岁以上的人口 319538 人，占总人口数的 61.71%，其中男性 165876 人、女性 153662 人。15 ~ 19 岁人口 63440 人，未婚人数占 99.20%，已婚人数占 0.8%。20 ~ 24 岁人口 19043 人，未婚人数占 57.20%；25 ~ 29 岁人口 40077 人，已婚人数占 82.30%，其中丧偶 143 人、离婚 43 人；30 ~ 34 岁人口 39040 人，有配偶 91.90%；35 ~ 44 岁人口 62299 人，其中有配偶

彭水自治县代表年各区（镇）家庭人口一览表

表 31-9

区镇	1982 年			1990 年			1997 年			1999 年		
	户数（户）	人口（人）	户均人口（人）	户数（户）	人口（人）	户均人口（人）	户数（户）	人口（人）	户均人口（人）	户数（户）	人口（人）	户均人口（人）
汉葭镇	3489	15721	4.51	7850	30990	3.95	13777	38520	2.80	14856	41159	2.77
汉葭区	11789	53415	4.53	13105	52890	4.04	13034	55446	4.25	15275	56057	3.67
保家区	13587	63171	4.65	13629	65328	4.79	19655	68774	3.50	19925	69459	3.49
普子区	10720	50329	4.69	13169	53124	4.03	15273	56878	3.72	15738	57232	3.64
郁山区	24086	113009	4.69	27185	112149	4.13	34317	128306	3.74	35120	132151	3.76
桑柘区	16517	76456	4.63	20273	80087	3.95	24055	85158	3.54	23439	86069	3.67
鹿角区	9053	42399	4.68	10901	43870	4.02	13118	47250	3.60	13249	48122	3.63
黄家坝区	9199	42303	4.60	10958	44555	4.07	13018	48528	3.73	13242	49667	3.75
高谷区	14098	66109	4.69	16866	68645	4.07	19311	71946	3.73	19151	72944	3.81

93.85%、丧偶 3.10%、离婚 0.60%；45 ~ 49 岁人口 24030 人，有配偶 91.80%、丧偶 6.15%、离婚 0.74%；50 岁以上人口 71609 人，有配偶 67.00%、丧偶 30.80%、离婚 0.49%。从性别上分，15 岁以上结婚人群中，男性有配偶者 62%、丧偶者 6.10%、离婚者占 0.50%，女性有配偶 67.70%、未婚者占 22.20%。

1990 年人口普查，15 岁以上人口 425179 人，其中男性 221448 人、女性 203731 人，未婚 135392 人，有配偶的 261290 人，其中男 130309 人、女 130981 人，丧偶 26928 人，其中男 11488 人、女 15440 人，离婚 1569 人，其中男 1206 人、女 363 人。15 ~ 19 岁 88796 人，其中男 45416 人、女 43380 人，未婚 87820 人，有配偶 956 人，丧偶 10 人，离婚 10 人。20 ~ 29 岁 109808 人，未婚 41316 人，有配偶 68101 人，丧偶 177 人，离婚 215 人，其中男 140 人、女 75 人。30 ~ 39 岁 68346 人，未婚 3250 人，有配偶 64013 人，其中男 32164 人、女 31849 人，丧偶 753 人，离婚 330 人，其中男 248 人、女 82 人。40 ~ 49 岁 67376 人，未婚 2086 人，其中男 2071 人、女 15 人，有配偶 62392 人，丧偶 2427 人，离婚 471 人，其中男性 399 人、女性 72 人。50 ~ 59 岁 45051 人，其中男 24275 人、女 20776 人，未婚 603 人，其中男 595 人、女 8 人，有配偶 39125 人，丧偶 4999 人，离婚 324 人，其中男 260 人、女 64 人。60 ~ 69 岁 28063 人，其中男 14529 人、女 13534 人，未婚 196 人，其中男 182 人、女 14 人，有配偶 19890 人，丧偶 7810 人，其中男 3168 人、女 4642 人，离婚 167 人，其中男 112 人、女 55 人。70 ~ 79 岁 14372 人，其中男性为 6982 人、女性 7390 人，未婚 89 人，其中男 73 人、女 16 人，有配偶 9868 人，丧偶 4390 人，离婚 25 人。80 ~ 89 岁 3288 人，其中男 1413 人、女 1875 人，未婚 31 人，其中男 26 人、女 5 人，有配偶 607 人，丧偶 2641 人，离婚 9 人。90 ~ 99 岁 79 人，其中男 27 人、女 52 人，丧偶 2 人，皆男性。

2000 年人口普查，15 ~ 64 岁人口共 387872 人，占全县总人口数的 65.72%，65 岁以上年龄人口 40202 人，占总人数的 6.81%。其婚姻构成情况如下：

2000 年彭水自治县婚姻构成情况一览表

表 31-10

单位：人

年龄组	人数			未婚			已婚			再婚			离婚			丧偶		
	合计	男	女	小计	男	女	小计	男	女	小计	男	女	小计	男	女	小计	男	女
	393430	194100	199330	48990	33700	15290	292300	141830	150470	12400	5400	7000	2490	1960	530	27060	11210	15850
15 ~ 19 岁	31080	9860	21220	8550	6160	2390	12430	3670	8760	80	20	60	20	10	10	10	0	10
20 ~ 24 岁	29810	16890	12920	29200	16780	12420	590	110	480	20	0	20	0	0	0	0	0	0
25 ~ 29 岁	57690	28060	29630	4840	4440	400	51570	23000	28570	810	290	520	240	190	50	230	140	90
30 ~ 34 岁	55220	26490	28730	1480	1420	60	51870	24050	27820	920	430	490	420	330	90	330	260	70
35 ~ 39 岁	35530	17460	18070	900	890	10	32580	15680	16900	1470	460	1010	280	250	30	300	180	120
40 ~ 44 岁	22000	11490	10510	740	740	0	19650	9960	9690	900	330	570	230	180	50	480	280	200
45 ~ 49 岁	38020	18980	19040	900	900	0	33890	16530	17360	1590	670	920	400	280	120	1240	600	640
50 ~ 54 岁	33210	17400	15810	900	900	0	28490	14650	13840	1460	590	870	290	250	40	2070	1010	1060
55 ~ 59 岁	28580	15220	13360	660	660	0	23670	12680	10990	1200	460	740	230	200	30	2820	1220	1600
60 ~ 64 岁	22950	12150	10800	440	430	10	17020	9380	7640	1480	750	730	160	130	30	3850	1460	2390
65 岁以上	39340	20100	19240	380	380	0	20540	12120	8420	2470	1400	1070	220	140	80	15730	6060	9670

文化程度　1986 年，全县有大学生 383 人，仅占总人口数 0.07%。1990 年，全县小学及小学文化程度以上者 383514 人，占全县总人口 68.84%。大中专文化程度人口 6013 人，比 1982 年增加 5585 人；高中、初中文化程度人口 115110 人，比 1982 年增加 46574 人；小学文化程度人口 262391 人，比 1982 年增加 67501 人。

1990 年彭水自治县区镇人口文化程度一览表

表 31-11

单位：人

区镇	合计	大学本科	大学专科	中专	高中	初中	小学
总计	383514	242	1206	4565	13430	101680	262391
汉葭镇	24602	172	762	2296	3392	9644	8336
郁山镇	4062	15	72	228	480	1684	1583
汉葭区	35392	2	28	188	748	8334	26092
保家区	47522	12	62	342	1452	13805	31849
普子区	38290	5	39	219	892	10508	26627
郁山区	75069	3	40	244	1632	16380	56770
桑柘区	49652	14	40	319	1569	13141	34569
鹿角区	30700	7	48	235	1005	9022	20383
黄家坝区	33028	6	52	225	1028	7694	24023
高谷区	45197	6	63	269	1232	11468	32159

2000 年，6 岁及 6 岁以上人口 517426 人，其中男 271116 人、女 246310 人。未上过学的 65428 人，占总人口 12.64%，其中男 18391 人、女 47037 人；入过扫盲班的 8234 人，占总人口 1.59%，其中男 2679 人、女 5555 人；小学文化程度 273621 人，占总人数 52.88%，其中男 136130 人、女 137491 人；初中文化程度 139852 人，占总人口 27.03%，其中男 92941 人、女 46911 人；高中文化程度人数

17199 人，占总人口 3.32%，男 12318 人、女 4881 人；中专文化程度人口 8089 人，占总人口 1.56%，其中男 4950 人、女 3139 人；大学专科文化程度 4203 人，占总人数 0.81%，其中男 3029 人、女 1174 人；大学本科文化程度人数 766 人，占总人口 0.14%，其中男 654 人、女 112 人；研究生文化程度 34 人，占总人口 0.007%，其中男 24 人、女 10 人。15 岁以上 424074 人，其中男 220342 人、女 203732 人。文盲半文盲 66220 人，其中男性 18383 人、女性 47837 人，文盲占 15 岁及以上人口总数 15.62%。

2000 年彭水自治县不同年龄文化程度情况一览表

表 31-12　　单位：人

	大学（含大专）		高中（含中专）		初中		小学	
	人数	占 %	人数	占 %	人数	占 %	人数	占 %
合计	5003	100	25288	100	139852	100	273621	100
0 ～ 14 岁	0	0	116	0.46	13984	10.00	77277	28.24
15 ～ 19 岁	67	1.34	3875	15.32	19766	14.14	11241	4.11
20 ～ 24 岁	471	9.41	2895	11.45	13534	9.68	11197	4.09
25 ～ 29 岁	1133	22.65	4892	19.35	29949	21.41	32329	11.82
30 ～ 49 岁	2931	58.58	10968	43.37	52321	37.41	82346	30.09
50 岁以上	401	8.02	2542	10.05	10298	7.36	59231	21.65

2000 年彭水自治县各行业人口文化程度一览表

表 31-13　　单位：人

项目	合计	未上过学	扫盲班	小学	初中	高中	中专	大专	大学本科
合计	32549	4970	617	15628	9209	1065	616	362	82
农林牧渔	28462	4876	612	14828	7597	466	83	0	0
采掘	151	5	2	72	60	3	9	0	0
制造业	695	23	2	234	334	76	11	13	2
电力、燃气、自来水	101	0	0	8	38	23	21	9	2
建筑业	322	6	0	96	189	23	4	4	0
地质勘查	4	0	0	0	0	1	2	—	1
交通邮电	346	8	0	79	181	40	23	15	0
批发、贸易、饮食	1064	40	0	250	508	198	46	19	3
金融、保险	60	0	0	—	14	13	9	22	2
房地产	2	0	0	0	2	0	0	0	0
社会服务	207	11	1	32	101	37	10	13	2
卫生、体育、福利	171	0	0	18	42	19	77	12	3
教育文化、广播电视	550	1	0	2	80	94	220	121	32
科学研究	5	0	0	0	0	0	2	3	0
国家机关团体	406	0	0	9	62	72	99	129	35
其他行业	3	0	0	0	1	0	0	2	0

2000 年彭水自治县典型乡镇人口受教育程度一览表

表 31-14　　单位：人

乡镇	未上过学	扫盲班	小学	初中	高中	中专	大学专科	大学本科	研究生
汉葭镇	2147	196	11358	13808	5308	2825	2233	522	14
郁山镇	1799	531	9963	4554	1057	391	268	41	2
高谷镇	1612	146	2523	2414	336	193	112	22	1
大河坝乡	806	100	4389	3687	534	252	130	26	1
走马乡	1008	188	8596	3403	291	103	22	0	0
桑柘乡	2299	99	6404	3458	464	212	116	21	1
石盘乡	404	39	1480	781	89	32	10	1	0
大厂乡	416	36	1163	602	65	30	6	1	0
鹿箐乡	706	0	1728	728	69	48	2	0	0
鹿角乡	379	35	1718	1543	271	162	128	16	1
润溪乡	826	34	3334	1581	187	66	20	1	2
乔梓乡	1362	140	4937	2124	136	91	15	2	0
龙射乡	1264	352	6677	3676	357	115	41	3	0
普子乡	1042	734	4902	2801	303	160	142	15	1
太原乡	134	495	5616	2960	215	92	16	1	0
连湖乡	1546	197	8947	3739	244	114	42	6	0
葡萄乡	622	167	2451	764	54	30	20	2	0

行业职业　1986 年，全县社会从业人员 24.26 万人。其中，第一产业 21.62 万人，占从业人员的 89.12%；第二产业 1.04 万人，占从业人员的 4.29%；第三产业 1.60 万人，占从业人员的 6.60%。在岗职工 16767 人，其中国有经济 12495 人，占 74.52%；城镇集体经济 4272 人，占 25.48%。1990 年，第四次全国人口普查时，社会从业人员 37.07 万人。其中第一产业 23.57 万人、第二产业 1.35 万人、第三产业 2.38 万人。在岗职工 19299 人。其中，国有经济 14209 人、城镇集体经济 5090 人。2000 年，第五次人口普查时，社会从业人员 39.10 万人，其中第一产业 33 万人，占从业人员的 84.40%；第二产业 2.10 万人，占 5.37%；第三产业 4 万人，占 10.23%。在岗职工 18230 人。其中，国有经济 15316 人，占总人口的 84.02%；城镇集体经济 2567 人，占 14.08%；其他经济 347 人，占 1.90%。

2005 年，社会从业人数 34.75 万人，其中第一产业 28.23 万人、第二产业 2.65 万人、第三产业 3.87 万人，分别是 1986 的 1.31 倍、2.55 倍、2.42 倍。在岗职工 18772 人，其中国有经济 13400 人、城镇集体经济 943 人、其他经济 4429 人，前两种经济分别是 1986 年的 1.07 倍、22.07%。

1990 年彭水自治县在业人口一览表

表 31-15

年龄组	15岁及15岁以上人口（人）			在业人口（人）			在业人口占同龄人（%）			在业人口占在业总数（%）		
	总计	男	女	合计	男	女	合计	男	女	合计	男	女
15 ~ 19 岁	88798	45418	43380	62761	28513	34248	70.68	32.11	38.57	17.43	7.92	9.51
20 ~ 24 岁	69180	35849	33331	66786	34601	32185	96.54	50.02	46.52	18.55	9.61	8.94
25 ~ 29 岁	40629	21102	19527	39813	20887	18926	98.00	51.41	46.59	11.06	5.80	5.26
30 ~ 34 岁	27395	14762	12633	26883	14604	12279	98.13	53.31	44.82	7.47	4.06	3.41

续表 31-15

年龄组	15岁及15岁以上人口（人）			在业人口（人）			在业人口占同龄人（%）			在业人口占在业总数（%）		
	总计	男	女	合计	男	女	合计	男	女	合计	男	女
35 ~ 39 岁	40951	21399	19552	40296	21183	19113	98.40	51.73	46.67	11.19	5.88	5.31
40 ~ 44 岁	36905	18560	18345	34340	18397	15943	93.05	49.85	43.20	9.53	5.10	4.43
45 ~ 49 岁	32462	17314	15148	31485	17038	14447	96.99	52.49	44.50	8.74	4.73	4.01
50 ~ 54 岁	24970	13407	11563	23295	12867	10428	93.29	51.53	41.76	6.47	3.57	2.90
55 ~ 59 岁	20081	10868	9213	16849	9523	7326	83.90	47.42	36.48	4.68	2.65	2.03
60 ~ 64 岁	16231	8542	7689	10568	6292	4276	65.11	38.77	26.34	2.94	1.75	1.19
65 岁以上	29570	14229	15341	6976	4780	2196	23.60	16.17	7.43	1.94	1.33	0.61

2000 年彭水自治县第五次人口普查各行业人数一览表

表 31-16　　单位：人

行业	人数		
	合计	男	女
合计	32547	16907	15640
农、林、牧、渔业	28475	14206	14269
采掘业	153	142	11
制造业	675	471	204
电力燃气及水的生产及供应业	101	75	26
建筑业	322	303	19
地质勘查业、水利管理业	4	2	2
交通运输、仓储及邮电通信业	346	299	47
批发、零售、贸易及餐饮业	1066	471	595
金融、保险业	61	43	18
社会服务业	207	99	108
卫生、体育和社会福利	170	120	50
教育、文化、艺术、广播、电影及电视	551	350	201
科学研究和综合技术服务	5	5	0
国家行政机关及社会团体	406	317	89
房地产	2	2	0
其他行业	3	2	1

2000 年彭水自治县第五次人口普查各职业人数一览表

表 31-17　　单位：人

职业	人数		
	合计	男	女
合计	32549	16907	15642
国家机关、党群组织、企业、事业单位负责人	140	124	16
专业技术人员	903	590	313
办事人员及有关人员	367	277	90

续表 31-17

职业	人数		
	合计	男	女
商业、服务业人员	1258	528	730
农、林、牧、渔、水利生产人员	28396	14156	14240
生产运输设备、操作人员及有关人员	1485	1232	253
不分类其他劳动者	0	0	0

2000 年彭水自治县典型乡镇在业和失业人数一览表

表 31-18

乡镇	15 岁及 15 岁以上人口（人）			在业人口（人）			失业人口（人）			失业率（%）		
	合计	男	女	小计	男	女	小计	男	女	小计	男	女
总计	144480	72760	71720	115680	61070	54610	3390	1940	1450	2.35	1.35	1.00
汉葭镇	30880	14910	15970	18620	10610	8010	2350	1280	1070	11.21	10.77	11.78
郁山镇	14370	7120	7250	11180	5740	5440	450	300	150	3.87	4.97	2.68
高谷镇	7230	3730	3500	6370	3300	3070	20	10	10	0.31	0.30	0.32
下岩西乡	6350	3140	3210	5680	2840	2840	20	20	0	0.35	0.70	0
龙射乡	9980	5230	4750	8870	4700	4170	30	20	10	0.34	0.42	0.24
大河坝乡	6640	3190	3450	5610	2800	2810	50	20	30	0.88	0.71	1.06
东流乡	2090	1060	1030	1830	950	880	0	0	0	0	0	0
普子乡	6420	3270	3150	5850	3040	2810	0	0	0	0	0	0
联合乡	8230	4280	3950	6140	3540	2600	30	10	20	0.49	0.28	0.76
桑柘乡	9940	5030	4910	8990	4520	4470	70	70	0	0.77	1.53	0
梅子垭乡	8120	4040	4080	7460	3680	3780	20	10	10	0.27	0.27	0.26
鹿角乡	3390	1720	1670	2800	1530	1270	60	30	30	2.10	1.92	2.31
鞍子乡	6750	3470	3280	5760	2910	2850	40	40	0	0.69	1.36	0
石盘乡	2210	1280	930	1970	1130	840	10	10	0	0.51	0.88	0
上岩西乡	6500	3360	3140	5410	2870	2540	130	60	70	2.35	2.06	2.68
大垭乡	3910	2090	1820	3370	1880	1490	60	30	30	1.75	1.57	1.97
大厂乡	1870	980	890	1630	860	770	0	0	0	0	0	0
龙溪乡	9600	4860	4740	8140	4170	3970	50	30	20	0.61	0.71	0.50

1986—2005 年彭水自治县社会从业人员变化情况一览表

表 31-19　　单位：万人

年度	社会从业人员数	第一产业	第二产业	第三产业	年度	社会从业人员数	第一产业	第二产业	第三产业
1986 年	24.26	21.62	1.04	1.60	1990 年	37.07	23.57	1.35	2.38
1987 年	24.94	21.96	1.18	2.00	1991 年	37.3	24.24	1.63	2.01
1988 年	25.99	20.60	1.47	1.91	1992 年	37.8	24.1	2.1	2.9
1989 年	26.69	20.33	1.41	2.95	1993 年	39.5	23.9	2.8	3.7

续表 31-19

年度	社会从业人员数	第一产业	第二产业	第三产业	年度	社会从业人员数	第一产业	第二产业	第三产业
1994 年	39	24.34	3.08	2.34	2000 年	39.1	33	2.1	4
1995 年	39.6	25.2	3	7.2	2001 年	39.2	33	2.2	4
1996 年	39.8	31.8	3	6.8	2002 年	39.4	33	2.3	4.1
1997 年	41.09	32.4	2.6	3.8	2003 年	39.5	32.8	2.4	4.3
1998 年	41.4	33	2.3	3.8	2004 年	39.08	30.71	3.7	4.67
1999 年	41.5	32.9	2.1	4.2	2005 年	34.75	28.23	2.65	3.87

1986—2005 年彭水自治县在岗职工人变化情况一览表

表 31-20　　单位：人

年度	年末在岗职工人数	国有经济	城镇集体经济	其他经济	年度	年末在岗职工人数	国有经济	城镇集体经济	其他经济
1986 年	16767	12495	4272	—	1996 年	23900	20714	3186	—
1987 年	17588	12936	4652	—	1997 年	23547	20226	3321	—
1988 年	18672	13728	4944	—	1998 年	23180	19263	3911	6
1989 年	18886	14229	4657	—	1999 年	20823	17223	3600	—
1990 年	19299	14209	5090	—	2000 年	18230	15316	2567	347
1991 年	20697	17105	3592	—	2001 年	16571	13288	1457	1826
1992 年	22044	18723	3321	—	2002 年	17073	12885	1217	2971
1993 年	23633	20450	3183	—	2003 年	17901	13557	890	3454
1994 年	23029	19085	3944	—	2004 年	18535	14183	848	3504
1995 年	22500	18902	3598	—	2005 年	18772	13400	943	4429

农业与非农业　彭水自治县是一个农业县，绝大部分是农业人口。1986 年年末，总人口 54.26 万人，其中非农业人口 4.14 万人、农业人口 50.12 万人，分别占总人口 7.63%、92.37%。2005 年年末，全县总人口 62.99 万人，其中非农业人口 5.9 万人、农业人口 57.09 万人，分别占总人口 9.37%、90.63%，分别为 1986 年 1.43 倍、1.14 倍。

1986—2005 年彭水自治县农业和非农业人口变化情况一览表

表 31-21　　单位：万人

年度	年末总人口	农业人口	非农业人口	年度	年末总人口	农业人口	非农业人口
1986 年	54.26	50.12	4.14	1996 年	59.37	54.71	4.66
1987 年	54.98	50.78	4.20	1997 年	60.08	55.31	4.77
1988 年	55.45	51.39	4.06	1998 年	60.76	55.81	4.95
1989 年	55.80	51.82	3.98	1999 年	61.19	56.06	5.13
1990 年	56.27	52.27	4.00	2000 年	61.85	56.54	5.31
1991 年	56.57	52.58	3.99	2001 年	62.21	56.70	5.51
1992 年	56.86	52.75	4.11	2002 年	62.71	57.07	5.64
1993 年	57.35	53.12	4.23	2003 年	61.86	56.25	5.61
1994 年	57.94	53.58	4.36	2004 年	62.10	56.44	5.66
1995 年	58.70	54.16	4.54	2005 年	62.99	57.09	5.90

贫困人口 彭水自治县是一个少数民族聚居的山区贫困县，生产落后、经济不发达，人民生活贫困。1986 年，全县 64 个贫困乡 615 个贫困村，有贫困户 108003 户 486012 人。1986 年省地扶贫工作组在 28 个贫困乡调查统计的 217526 人中，缺住房 1482 户 6669 人，缺衣穿（无换洗衣服）2988 人，年收入不足 120 元的 17002 人，收入不足 100 元的 56155 人，收入不足 50 元的 4829 人。1986—2005 年间，国家、省、地、县开展扶贫工作，帮助贫困户发展烤烟、蚕茧等一系列经济项目，提高人民的经济收入。到 2005 年，贫困人口下降到 36435 人，为 1986 年的 7.50%。

1986—2005 年彭水自治县贫困人口变化情况一览表

表 31-22

单位：人

年度	贫困人口	年度	贫困人口
1986 年	486012	1996 年	430656
1987 年	481152	1997 年	428938
1988 年	473935	1998 年	142446
1989 年	471091	1999 年	142500
1990 年	464496	2000 年	97500
1991 年	462173	2001 年	94900
1992 年	455241	2002 年	82017
1993 年	448412	2003 年	71817
1994 年	421819	2004 年	50796
1995 年	442153	2005 年	36435

第四节 人口普查

中华人民共和国成立后，彭水自治县根据国家统一安排进行过五次人口普查，其定点时间是第一次人口普查为 1953 年 7 月 1 日零时，第二次人口普查为 1964 年 7 月 1 日零时，第三次人口普查为 1982 年 7 月 1 日零时，第四次人口普查为 1990 年 7 月 1 日零时，第五次人口普查为 2000 年 7 月 1 日零时。从几次人口普查的几项主要指标可以看出变化，第三次人口普查时全县总户数为 111422 户，总人口为 517770 人，到第五次人口普查时有总户数为 171546 户，总人口为 590228 人，18 年间增加 60124 户 12458 人，每户平均人口在第三次普查时为 4.65 人，在第五次人口普查时为 3.44 人。文化教育程度及少数民族人口数都发生极大的变化。

1953—2000 年彭水自治县五次人口普查数据对比一览表

表 31-23

单位：人

项目	1953 年	1964 年	1982 年	1990 年	2000 年
总人口	359380	333047	517770	557148	590228
总户数	79622	84069	111422	138652	171546
男	187857	170125	267852	291391	313113
女	171523	162922	249918	265757	277115
汉族	359380	333038	411794	318818	238264
少数民族	—	9	105976	238330	351964
市镇人口	10067	10461	20084	36500	289233

续表 31-23

项目	1953 年	1964 年	1982 年	1990 年	2000 年
非市镇人口	349313	322586	497686	520648	300995
大学大专	—	162	11027	1448	4969
高中中专	—	1280	11027	17995	25288
初中	—	6839	57509	101679	139852
小学	—	73376	194890	262422	273621
小学以下	—	226073	209902	117898	73662
研究生	—	—	—	—	34

第二章 人口生育

第一节 自然生育

县民“多子多福”意识浓厚，县境生育较长历史阶段无节制。善感乡有示喻碑记载的平均活产子女6个以上，但平均存活不足4个。1982年人口普查时，全县30～59岁妇女75242人中，无活产子女的958人，有活产子女记录的妇女人均活产5.04个，其中活产2个以下的占11.23%，3～4个的占51.70%，5个以上者占32.07%；无存活子女的妇女1394人。有活产子女的妇女中，人均存活子女3.66个。

1990年普查，15～64岁妇女总人数为188390人，活产子女总数计418813人，存活子女为340079人，存活子女数占活产子女的81.20%。妇女平均活产子女2.22人，平均存活子女1.81个。其中20～24岁的妇女33331人，活产子女总数为15284个，存活子女14153个，存活子女占活产子女总数的92.60%，平均活产子女0.46人，平均存活子女0.42人。

2000年普查，育龄妇女（15～49岁）130375人，出生人口7855人，生育率60.25‰。生第一孩3145个，生育率为24.12‰；生第二孩4080个，生育率31.29‰，生第三孩及其以上630个，生育率4.83‰。其中24～29岁育龄妇女30405人，共生子女3855个，生育率12.67%。生第一孩数900个，生育率29.60‰；生第二孩数2720个，生育率89.46‰；生第三孩及以上235个，生育率7.73‰。15～50岁妇女计133490人，活产子女218710人，存活206520人，存活率为94.43%，妇女平均活产子女1.64个，妇女平均存活子女1.55个。

2000年彭水自治县按职业、活产子女数划分的15～50岁妇女人数一览表

表31-24　　单位：人

职业大类	15～50岁妇女人数	活产0个	活产1个	活产2个	活产3个	活产4个	活产5个及5个以上	平均每个妇女活产子女数
合计	120100	14830	29990	56480	14960	3030	810	1.70
一、国家机关、党群组织、企业、事业单位负责人	140	10	110	10	10	0	0	1.14
二、专业技术人员	3000	550	2030	400	20	0	0	0.96
三、办事人员和有关人员	850	150	600	70	30	0	0	0.98
四、商业、服务业人员	6790	1520	2540	2200	410	100	20	1.28
五、农、林、牧、渔、水利业生产人员	106950	12160	23700	53060	14340	2900	790	1.76
六、生产、运输设备操作人员及有关人员	2370	440	1010	740	150	30	0	1.29
七、不便分类的其他劳动者	0	0	0	0	0	0	0	0

2000年彭水自治县按职业、存活子女数分的15～50岁妇女人数一览表

表31-25 单位：人

职业大类	15～50岁妇女人数	存活0个	存活1个	存活2个	存活3个	存活4个	存活5个及5个以上	平均每个妇女存活子女数
合计	120100	15450	31970	59130	11890	1470	190	1.60
一、国家机关、党群组织、企业、事业单位负责人	140	10	110	10	10	0	0	1.14
二、专业技术人员	3000	570	2090	330	10	0	0	0.93
三、办事人员和有关人员	850	150	600	80	20	0	0	0.96
四、商业、服务业人员	6790	1540	2590	2250	360	50	0	1.23
五、农、林、牧、渔、水利业生产人员	106950	12740	25560	55720	11350	1390	190	1.66
六、生产、运输设备操作人员及有关人员	2370	440	1020	740	140	30	0	1.28
七、不便分类的其他劳动者	0	0	0	0	0	0	0	0

2000年彭水自治县按教育程度、存活子女数分的15～50岁妇女人数一览表

表31-26 单位：人

受教育程度	15～50岁妇女人数	存活0个	存活1个	存活2个	存活3个	存活4个	存活5个及5个以上	平均每个妇女存活子女数
总计	133490	20420	35970	62830	12460	1600	210	1.55
未上过学	15970	690	2270	9150	3270	550	40	2.05
扫盲班	2010	90	250	1280	290	90	10	2.03
小学	72830	8200	17320	38650	7650	860	150	1.67
初中	34010	8710	11270	12750	1170	100	10	1.20
高中	4610	1550	2250	740	70	0	0	0.85
中专	2720	900	1640	170	10	0	0	0.74
大学专科	1220	280	860	80	0	0	0	0.84
大学本科	120	0	110	10	0	0	0	1.08
研究生	0	0	0	0	0	0	0	0

第二节 计划生育

一、工作机构

管理机构 1958年9月成立彭水县节制生育委员会，1963年改称彭水县计划生育领导小组，下设办公室于县卫生局。1965年11月更名为彭水县计划生育委员会。“文化大革命”开始，工作停止。1975年，在县卫生局内设计划生育办公室，由卫生局长兼任办公室主任，配备专职副主任和工作人员各1人。1979年，计划生育工作从县卫生局分出单列，成立彭水县计划生育办公室，为局级单位，配主任和副主任各1人、工作人员4人。1983年11月改为彭水县计划生育委员会，为县人民政府的常设机构。1984年11月更名为彭水自治县计划生育委员会。1986年，计划生育委员会设秘书股、宣传股、计财股、信访办4个股室，有主任1人、副主任2人、股长3人、办事员7人。设区镇计划生育办公室9个，主任（或副主任）9人、办事员9人。乡计划生育办公室63个，有主任（副主任）63人。村级计划生育专职副村主任623人。2001年8月，彭水自治县计划生育委员会更名为彭水自治县人口与计划生育委员会。2004年9月又更名为彭水自治县人口和计划生育委员会。2005年，内

设综合科、财务科、宣技科、规统科、政法科，有主任1人、副主任4人、科长5人、办事员7人。乡镇人口和计划生育办公室39个，主任（或副主任）39人、办事人员48人。村级计划生育专职副村主任300人。

技术指导和服务机构　1977年9月，成立彭水县计划生育技术指导小组，由县人民医院、各区卫生院的外妇科医生17人组成，负责指导全县计划生育手术和培训计划生育手术人员。1983年，成立彭水县计划生育宣传技术指导站，有站长1人、医生2人、宣教人员1人。同年成立彭水县人口和计划生育药具管理服务站，负责全县计划生育药品器械的管理和发放。10月，郁山区率先成立区计划生育宣传技术服务站，有站长1人、医士5人。1986年，桑柘、保家、汉葭、普子、黄家坝、高谷、芦塘、石柳等区乡镇相继成立计划生育宣传技术服务站，全县共有医务人员31人。2002年，成立彭水苗族土家族自治县生殖保健中心，与县计划生育指导站实行一套班子、两块牌子，增加了X光机、B超机、乳腺疾病诊断仪、生化分析仪、多功能手术台等新设备，服务项目和质量得到提高。2005年，有35个乡计划生育宣传技术服务站，人员107人，其中职业医师8人、助理职业医师26人、职业护师1人、药师5人、其他医务人员67人，都具备计划生育手术（男扎、安环、人流、引产）和孕期保健、孕情检查、妇科病防治等服务能力。

计划生育协会　1988年5月29日，彭水自治县计划生育协会成立，为协助政府开展计划生育、动员广大群众自愿实行计划生育的群众团体。有48名理事、17名常务理事，会长1人，副会长3人，秘书长1人（副会长兼任），副秘书长1人。当年各区乡计划生育协会相继成立。到2005年，全县有会员64686人，乡镇计生协会39个，村级计生协会300个，会员小组2013个，会员联系户10398户。

二、计生宣传

1982年，开始宣传“一对夫妇，只生一个孩子”的政策。1984年，以降低多胎生育为工作重点，开始对已婚育龄妇女定期进行孕情普查及计划生育教育工作。

1987年，中共四川省委、省人民政府部署开展计划生育大宣传、大检查活动。县计划生育领导小组总动员，成员分片下乡检查督促，组织学习《四川省计划生育条例》（简称《条例》），层层培训《条例》讲解员，印发《条例》7000余份，并把学习《条例》作为普法教育内容开展宣传、学习活动，把《条例》精神送到千家万户。1988年，贯彻中共中央对四川省生育政策提出的“统一思想，稳定政策，抓紧工作”的意见。彭水自治县于9月召开全县计划生育工作会议，从上到下强化人口意识。各级领导机构通过设宣传网点、办宣传专栏、广播、电视等宣传途径，增强人口控制的紧迫感。1991年，宣传计划生育“三为主”（以宣传教育为主、以经常性工作为主、以避孕节育为主）方针，利用广播、电视等宣传方式，让广大群众增强计划生育意识。同年，在大河坝乡等地开办人口知识教育学校，进行人口、耕地、经济发展的算账对比教育，宣传人口理论、计划生育政策，宣传避孕节育、优生优育等知识。1994年，3月、6月、11—12月全县先后开展3次大型宣传服务活动。1997年，投入10万元宣传经费，印发3万余份宣传资料，给每个村订一份计划生育报，每个乡（镇）各订1份《中国人口报》《三峡人口报》，乡镇购齐一套宣传磁带。宣传工作从内容到形式都更为多样化。1998年，重点宣传《重庆市计划生育条例》。同年，全县召开计划生育工作专题会议8次，印发《重庆市计划生育条例》3000份。同时，开展《重庆市计划生育条例》知识电视大奖赛，县人民政府分管领导发表4次电视讲话。县计划生育委员会在县广播电视局开办《人口瞭望》栏目，每周播放1次计划生育工作动态。2000年，组织以退休老同志为主的计划生育文艺宣传队，深入8区1镇开展计生宣传工作。同年，举办“青年计生杯”计划生育知识电视大赛活动。

2005年，开展“13亿人口日”宣传周活动，发放《持证育龄妇女须知》1.10万份、生殖健康手册 500 套、艾滋病防治手册 500 余册、避孕药具 1500 份。

三、生育政策

1986 年，彭水自治县执行《四川省计划生育条例》和《彭水自治县人民政府关于计划生育的规定》。提倡 1 对夫妇只生育 1 个孩子，有特殊情况可生育 2 胎。具体规定在非农业人口中，第 1 个孩子有非遗传性疾病，不能成长为正常劳动力的（经县病疾儿童鉴定组鉴定）；婚后多年不育，年龄在 35 岁以上，收养 1 个孩子又怀孕的；独生子与独生女结婚的；夫妇双方均属归国华侨的；台湾或港澳同胞在县境内定居的；离婚再婚的夫妇，一方只有 1 个孩子，另一方未生育过的；丧偶再婚夫妇，一方只有 2 个孩子，另一方未生育过的。农业人口中，夫妇双方或一方是少数民族的可生育 2 胎，夫妇双方一方属农业人口，一方是非农业人口，其女方属农业人口是少数民族的可生育 2 胎，机关厂矿企事业单位的招聘人员、计划内合同工、民办教师，在留用期间内无论是农业人口还是非农业人口，生育规定一律按非农业人口生育规定执行（以女方为准），照顾生育 2 胎必须与第 1 个孩子间隔四周岁。照顾生育第 2 胎要本人申请，张榜公布，由县计生委核实批准后，发给 2 胎准生证。

2001 年，执行《重庆市计划生育条例》，将女方是农村村民可照顾生育 2 胎的规定调整为夫妇双方均属农村村民的可生育 2 胎，生育 2 胎间隔时间调整为 3 年。

四、奖励

1986—2003 年，对实行晚婚晚育、少生优生和 1 对夫妇只生育 1 个孩子的给予奖励。规定晚婚为男 25 岁、女 23 岁，晚育为女方 24 岁生育。农业人口夫妇在领取独生子女证和采取节育措施后，由乡（镇）政府一次性奖励 300 元，招工时优先招聘独生子女户和晚婚晚育青年。国家企事业单位职工属晚婚晚育的增加婚假 10 天，在产假期间领取独生子女证并落实节育措施的可延长产假 20 天，如果晚育的再加晚育假 20 天，男方可享受 15 天护理假，单位发给一次性奖金 50 元，分娩时医药费、住院费单位应予以报销。对领取独生子女证只生 1 个孩子的，每月发放保健费 5 ~ 10 元。国家机关企事业单位职工由单位发放，属于农业人口和无职业居民的由当地计划生育部门发放，在招工、就业、入托、入学和城镇住房及农村宅基地分配时给予优先照顾，领取独生子女证的单位职工年老退休时各增加 5% 的退休金。2004 年增加规定，在农村村民中，对独生子女户及双女户的夫妇在年满 60 岁后，每年给双方各发放 1080 元的奖励扶助金；对年满 60 岁后独女户夫妇每年各发放 1560 元扶助金，奖励对独生子女残疾的，在女方年满 49 周岁后夫妇双方每年各发放 2760 元扶助金；独生子女死亡的，在女方年满 49 周岁后，给夫妇双方每年各发放 3120 元奖励扶助金。

第三十二篇　民族　宗教

1983年3月成立彭水县民族事务委员会，1984年11月更名为彭水自治县民族事务委员会。1985年4月成立彭水自治县人民政府宗教事务办公室，由统战部负责日常事务工作。1992年1月，将县宗教事务办公室合并到县民族事务委员会，改称彭水自治县民族宗教事务委员会。2001年8月，县级党政机构改革，保留此机构，内设综合科、民族经济发展科。2004年9月，下设彭水自治县民族研究所，属副科级事业单位。

第一章 民 族

彭水自治县境，26个兄弟民族聚居。汉族或系外来移民，或是被皇室流放的权贵仆从，或是因做官举家迁入者，或是被官方强令迁入者。也有“赶苗”留下的家兵和开发盐丹、采伐皇木及经商远来者；苗族主要源于蚩尤、驩兜和共人等老部落，其中也有少数系近代迁入定居的苗民。清代以来，贵州省沿河、务川、道真等县及周边县婚嫁入居的苗族人较多；蒙古族一支系明永乐年间（1403—1424）迁入彭水，一支于明末清初入彭；侗族多由湖南芷江侗族自治县迁来定居者；满族系1917—1924年由山东省迁来；藏族、彝族、仡佬族、水族、哈尼族等系解放后调入彭水工作或婚嫁入居者。

第一节 民族分布

1982年第三次人口普查统计，苗族人口在1000人以上的乡有靛水、普子、棣棠、砂石、桐荣、三义、龙溪、朱砂、连湖、联合（含石柳）、新田、新场、诸佛、珍加、梅子垭、新化、鞍子、上岩西、龙塘坝、润溪、龙洋、朗溪、鹿鸣、平安、龙射、葡萄等26个。其中，最多的梅子垭乡有8039人，鞍子次之为4563人。土家族人口1000人以上的有太原、棣棠、砂石、三义、连湖、迁桥、珍加、善感、鹿鸣、龙射等10个乡，最多的连湖乡3039人。蒙古族聚居于鹿鸣乡向家村和太原乡香树坝村。其他民族散居全县。

1990年第四次人口普查，苗族、土家族人口遍布于全县64个乡镇。苗族人口在3000 ~ 5000人的乡有岩东、下岩西、凤鸣、普子、联合、石柳、连湖、朱砂、珍加、新田、大园、新化、善感、龙塘坝、润溪、龙洋、龙射、平安等18个乡；5000人以上的乡有靛水、砂石、棣棠、太原、龙溪、梅子垭、鞍子乡等7个乡，其中梅子垭乡有苗族人口9512人，占该乡总人口数的83.73%，鞍子乡有苗族人口8070人，占全乡人口总数的90.52%。土家族人口在2000人以上的有三义、太原、连湖、同河、汉葭镇、桐楼、珍加、龙射、鹿鸣等9个乡（镇）。其中，连湖乡有土家族人口4044人，占全乡总人口数的25.06%。蒙古族主要分布在三义、普子、砂石、棣棠、太原、共和、鹿鸣、合理等乡。其中鹿鸣乡有蒙古族人口806人，占全乡人口总数的0.37%。回族分布在鞍子、汉葭、郁山、大河坝、木南、凤鸣、三义、普子、棣棠、太原、同河、诸佛等乡（镇），其中平安乡341人，占全乡总人口的0.32%。还有彝族、侗族、藏族等散居部分乡。

2000年人口普查，全县有汉族、苗族、土家族、蒙古族、回族、藏族、维吾尔族、彝族、壮族、布依族、朝鲜族、满族、侗族、瑶族、白族、哈尼族、傣族、黎族、水族、东乡族、仫佬族、撒拉族、仡佬族、鄂温克族、德昂族、独龙族等26个民族。藏族主要分布在汉葭、高谷、葡萄、走马等乡（镇）。维吾尔族主要分布在普子、芦塘、诸佛等乡。彝族多居于走马、郁山、下岩西等乡（镇）。壮族多居于棣棠、走马等乡。其他民族散居县境各乡。

第二节 民族人口变化

1985年年底统计，全县苗族人口160736人，土家族49871人，分别比1982年上升116.76%和84.64%。1990年，全县总人口557149人。其中，苗族人口177833人，占总人口的31.92%；土家族56432人，蒙古族2161人，回族886人，藏族4人，彝族3人，侗族946人，其他少数民族65人。

2000年人口普查，全县总人口590228人，其中汉族238246人，占全县总人口的40.37%；苗族273448人，占总人口数的46.33%；土家族74591人，占总人口的12.64%；蒙古族1871人，回族525人，藏族18人，维吾尔族60人，彝族21人，壮族26人，布依族4人，朝鲜族15人，满族43人，侗族1117人，瑶族6人，白族1人，哈尼族30人，傣族3人，黎族3人，水族2人，东乡族1人、仫佬族1人，撒拉族1人，仡佬族129人，鄂温克族2人，德昂族1人，独龙族5人。

第二章　民族事务管理

1985年，宣传并转发《中华人民共和国民族区域自治法》，利用广播、电视、标语、专栏等各种形式宣传党的民族政策，介绍恢复民族成分以来所享受到的升学降分、征购减免、资金扶持等8项照顾和有关民族知识。1986年，利用专栏、展览、简报、讲课等方式宣传党的民族政策、民族知识、本民族的风土人情。1993—1995年，协同县广播电视局开办“民族之声”专题节目，坚持每周二、四播送1次民族政策、民族知识。协助民族中学、县党校在师生中开展民族知识竞赛，开办民族知识课程。1996年，派遣人员到民族中学向师生讲授民族知识，协同县党校对乡村干部培训增设民族政策课程，筹建起彭水民族干部培训学校。1998年，配合县人大制定《彭水苗族土家族自治县自治条例》。2005年，坚持《中华人民共和国民族区域自治法》的宣传，在法制宣传日设置民族宗教咨询服务处，发放宣传资料2000余册，接收各类咨询1500余人次。

第一节　项目实施

1985年，投放民族发展资金30万元，13个单位受益，80%以上的受援单位收益大。新建汉二小教学大楼1幢，12间教室，共765平方米，解决600余名儿童入学难的问题。1986年，争取发展资金44万元，本着以扶贫为目的，遵循烤烟、青麻、茶叶为骨干，在调查研究的基础上全部投放到10个项目。烤烟扶持8个乡4103户18898人，户均纯收入537.70元，人均纯收入116.70元，受援户已接近脱贫线。同时，首次在彭水中学设置1个民族高中班，招收的学生90%属于少数民族。

1992年，争取“两项资金”（民族专款和发展资金）99.4万元，其中民族专款71.4万元（包括有偿资金60万元、无偿资金11.4万元）、发展资金28万元（包括有偿资金20万元、无偿资金8万元），资金项目8个，其中社会事业项目5个。项目考查改以前的投入分散、多方照顾为有效益企业重点投入，做到无效益和无偿还能力的项目不上报、材料不齐全的项目不上报、未经县资金领导小组审查研究的项目不上报。

1990年11月10日，通过民族政策的支撑，民族中学挂牌成立。

1993—1995年，上报项目52个，争取“两项资金”“温饱基金”“乡镇企业贷款”“新增发展资金”“商业网点资金”“民族基础教育基金”“以工代赈”等999.5万元，其中无偿资金139.5万元。用于水泥厂的技改、复合肥厂的新建、红麻全杆造纸厂工程、民族中学和彭水中学等5所学校的校舍改造、乡村公路建设、广播、卫生等方面。其间，1994年10月，“民族风物馆”动工修建。1995年，县民族中学开办“初中民族女生班”，在全县各乡镇招收品学兼优、家庭生活困难的女学生54名。

1996—2000年，项目选择力求短、平、快，发展地方性加工优势产业。上级扶持彭水民族专项资金1786.18万元，其中有偿资金730万元、无偿资金1056.18万元。资金类别为：发展资金422万元（有偿160万元、无偿262万元），扶持学校11所、医院5所、企业2家、电力工程5处、乡村公路10处、人畜饮水工程3处、民族生困难补助4次、广电工程1次、桥梁1座、民族建筑1处、宣传设备1次；开发基金443万元（有偿140万元、无偿303万元），扶持学校8所、医院9所、企业2家、乡村公路4处、人畜饮水工程1处、民族生困难补助1次、广电工程1次、桥梁3座、体育设施2次、人才培训2次、书籍编印1次；民族发展资金277万元（无偿），扶持学校8所、医院3所、电力工程1处、乡村公路3处、广电工程2次、桥梁1座、书籍编印1次；民族资金250万元（有偿），扶持集贸商场建设；新增财政扶贫资金158万元（无偿），扶持学校7所、医院1所、乡村公路5处、桥梁1处；民族教育补助费56.18万元（无偿），扶持学校5所、体育训练1次；新增发展资金100万元（有偿）扶持企业1家；乡镇企业贷款80万元（有偿）扶持企业1家。

2001—2004年，争取扶持项目143个，争取资金1720.2万元，用于改善交通、饮水、教育、卫生、文化、体育、广播电视等基础设施及推广农业先进生产技术。扶持教育项目44个、卫生15个、农村基础设施工程19个、农村经济发展项目4个、体育文化项目4个、民贸民品贴息2个、民族困难学生救助3次、人才培训2次、其他项目2个。

2005年，争取民族专项资金455万元，安排实施项目22个。集中使用民族发展资金100万元，资助汉二小新建教学楼1幢。安排民族发展资金25万元开展农村劳动力转移培训，提高外出务工农民基本技能。

第二节　资金管理

1985年5月，县人民政府建立支援经济不发达地区发展资金管理领导小组，在民委设办公室，专门负责对各项民族项目资金申报、考察、审批、划拨、检查。同年，发展资金按期回收率98.20%。1992年，摸底调查全县享受“两项资金”扶持的企业，收回到期资金7.28万元，其中资金占用费3.36万元。

1993年，资金管理由过去单一行政管理逐步走向行政管理与法制管理相结合的新型管理办法，聘请常年法律顾问，向拖欠资金的企业签订新的还款合同。1994年制订“民族项目资金办公室职责”，民族项目资金办公室工作步入规范化的轨道。上级将项目批准后，申报单位到资金办出具介绍信，经县长签字后，由财政划拨到使用单位；如果项目在乡村，则将资金划拨到区、乡财政，由区、乡财政按项目实施情况支付。同时负责督促回收资金。至1995年，累计回收资金64.67万元，其中占用费12.38万元。

1996年，对以前投放资金进行全方位清理，回收资金51.15万元，其中占用费12.14万元。1997年，收取到期有偿资金12.9万元，其中占用费1.44万元。

2002年，资金管理实行报账制，项目实施单位根据工程实际进度和质量提交申请计划，经审查后，按照工程进度和质量分期拨付款项，并跟踪督查。

2003年，制定《彭水自治县民族专项资金项目管理办法》，印发《彭水自治县失学儿童救助办法》。

2005年，根据上年制定的《关于加强和规范民族专项资金及项目管理的通知》，严格规范申报、实施、资金调拨、报账等程序，执行专户、专账、专人“三专”管理制，即民族发展资金在县会计核算中心和各片区会计核算中心开设专户，建立专账，财政部门和各项目建设单位对民族发展资金实行专人管理。民族发展资金项目建设完工并经验收合格后，在会计核算中心报账。各项目建设单位通过会议、媒体、政务公开栏、村务公开栏等形式对项目计划、项目建设等情况进行公示，项目完工后，制作民族发展资金项目援建标志牌，由民宗委组织相关部门进行竣工验收。

第三章　宗　教

第一节　宗教活动

一、佛教

东晋永和八年（352），佛教传入涪陵（今彭水）。唐开元年间（713—741），今彭水县城建有开元寺。唐肃宗时（757—761），彭水县城乌江西岸摩围山孤峰上建云顶寺。据《舆地纪胜》（卷 176）记，咸通六年（865）建有宝胜寺。宋代，建有景星寺。明代兴建的佛寺有：洪武年间（1368—1398）建于朱砂乡的寿井寺；永乐年间（1403—1424）建于今走马乡的万灵寺；正德年间（1506—1521）的凤池寺（今属黔江）；天启年间（1621—1627）建于县城的长寿寺（为长寿县某商人所建，据传，某商人运盐到贵州贩卖，乘船沿乌江回去，船在磨寨沉没，商人落水冲到县城得救，因而捐钱建此寺）及岩东的双峰寺，今诸佛乡的清灵寺、诸佛寺；崇祯年间（1628—1644）建于今龙射乡的金钟寺。明末清初建于今乔梓乡的观音寺及龙溪乡的莲花寺、郁山中井的回龙寺、召南乡的德隆寺（今属黔江）、三会乡的文庵（今属武隆县）、万足乡的云雾寺等。清代，全县兴建佛寺 85 处，民众皈依佛法者众。

1913 年 6 月，彭水县佛教协会成立。1931 年，与黔江佛教协会联合成立彭水黔江佛教协会，会址定在彭水县城长寿寺，教会有教职员工 15 人，设主任 1 人、常务委员 4 人、文书委员 2 人、特支委员 2 人、交际委员 2 人、学务委员 1 人、调查委员 4 人。1938 年设附属小学 1 所。1939 年，彭水县有佛寺 101 座，僧尼 70 名。民国末年，大多改为校舍。

中华人民共和国成立后，佛教活动一度终止。1955 年统计，有佛教寺院 153 处，和尚 15 人，尼姑 62 人。后来，佛寺院庙或改为学校，或改为粮库，或被农民迁入定居，或被拆毁，佛教协会取消。至 2000 年，只残存 5 处。但在各族人民中，信徒甚众。每逢二月十九、六月十九、九月十九，许多信徒常去原佛寺院遗址朝拜。县城的观音岩，有时多达千人以上。据不完全统计，县内到外地（罗汉寺、云南的圆通寺）受戒皈佛的教徒有 49 人。2000 年 11 月 30 日，彭水苗族土家族自治县佛教协会筹备组成立。2001 年 7 月，恢复成立彭水苗族土家族自治县佛教协会。

二、道教

《成汉史略》记载："东汉末年，道教在汉中巴郡、涪陵一带活动。"《彭水民族志》记涪陵（今彭水）人范长生为"天师道"首领。邓芝平定涪陵"蛮夷反"后迁往青城山穴居野外，求道养志。他"善天文、有术教"，民间奉之如神。李雄在成都称王时，他被拜为丞相，尊为"范贤"。他主张"清静无为、与民生息"。相传，乌江西岸摩围山被道家视为"洞天福地"。唐代，黔州（治所在今彭水）便有紫极观、龙兴观、咸宁观、集福院、沙井院等。宋代，黄庭坚在黔州时（1095—1098 年）曾颇受道家思想影响。

黄庭坚在给友人的书信中说："窃观镇静足以安彝獠，清节足以服吏民。"明清时，县境各地修一批道观。其中，洪武初年在汉葭镇建玉皇阁，明末郁山建玉皇阁；乾隆年间（1736—1795）迁乔乡建长生观；嘉庆年间（1796—1820），彭水县城建东岳庙；道光年间（1821—1850），江口建东岳庙；文武乡建玉皇阁；同治年间（1862—1874），鹿鸣乡建文昌宫。1939年，全县112处寺观。到2000年，仅存10处残房，无任何活动。

三、天主教

《彭水民族志》记，清康熙四十三年（1704），秀山人杨思德望传天主教入彭水。乾隆十三年（1748）发生反洋教风波时，官府让杨思德望和会长孙若望2人游街示众，由于孙大声宣传，示众不成。他们一行15人被押往涪陵再解送重庆被开释。乾隆三十七年（1772），李二等人在彭水传习天主教，又被官府查禁。咸丰年间（1851—1861）在彭水县城城南桥上建真原堂，同时，在长滩乡窄坡、二峰关，县城东郊卢家坝、黄泥堂等地建立分堂。同治元年（1862）真原堂迁县城小街子邓家院内，重庆天主教范若瑟派王若翰神父为彭水本堂，成为彭水天主教第一位神父。由于秦兴元"打教队"捣毁，同年迁入绸缎街（现县人民政府大门前广场东侧）。光绪年间（1875—1908），建桑柘坪分堂、郁山分堂。捣毁的窄口、二峰关、黄泥堂、卢家坝分堂恢复，这些教堂都有神甫、司铎等神职人员，并吸收教友。

民国初年改真原堂为天主教堂，时有教徒500余人。民国年间，各地教堂纷纷恢复，文复乡罗家堡属武隆县，为彭水县城教堂的分堂，创建于清同治十三年（1874）。除神甫是法国人外，都由当地人任会长。除传教，还免费为群众看病，办学堂不收学费。至彭水解放前夕，教徒发展到960余人。

中华人民共和国成立后，县城天主教堂神甫贝儒梭、蓝勇和罗家堡分堂神甫董得周离境返法国，教堂关闭，被县中药材公司占为仓库。1989年4月，县财政划出10万元用于中药材公司另建仓库之用。1991年10月，中药材公司将真原堂交还。同年10月20日，彭水苗族土家族自治县天主教爱国会成立，并在白云、岩峰、群山3个天主教徒较为集中的村建立宗教工作领导小组。1995年12月25日，天主教堂真原堂对外开放。2002年建广场，真原堂迁建九曲河桥头。

四、基督教

1931年，基督教传入彭水。同年，在县城建福音堂（今绸缎街县人民法院旧址），后建立郁山福音堂。2个教堂均属中国基督教宣道会川黔执行委员会，其活动经费由美国差会津贴。其时有教徒150余人。先后有美国牧师吕新民、中国牧师王德源，美国传教士魏在天（女），中国传教士黄金标、蒙古传教士郭光明等传教。郁山福音堂由蒙古人李达古铎传教。

中华人民共和国成立后，牧师、传教士返原籍，教堂关闭，1987年，汉葭镇、郁山镇尚有信徒40户，63人，均为1949年前领洗入教者，现已年老，信教意识淡漠，无人要求过教会生活。

第二节　宗教管理

1949年11月20日后，宗教活动由县委统战部管理，主要对宗教活动场所和神职人员进行登记，严格执行宗教法律法规，对非法的宗教活动和邪教组织进行治理或取缔。

1987年7月，对佛教、天主教、基督教进行全面调查了解，以后每年初进行年度检查。

1996年5月10日，天主教爱国会制定《彭水天主教"真原堂"堂口管理规章》，使天主教活动步入规范化轨道，教徒中无人违法犯罪。1997 年 3 月至 4 月，对全县农村乱建小庙进行专项治理。全县农村修建大小庙宇 21 处，民间信仰的川主庙、土地庙、山神庙 8 处，庙内或岩岍设置的菩萨 66 个，分布于县内 7 区 15 乡 21 村，除 1 处为个人出资修建外，其余为群众集资修建。对已建成的小庙，由乡人民政府转作他用或者封存，一律禁止进行任何形式的迷信活动。对由巫婆神汉控制的小庙，由区（镇）乡党委和人民政府坚决取缔。对民间信仰的川主庙、土地庙、山神庙，由乡人民政府拆毁。1998 年，信教群众以天主教为主，全县有信徒 264 人。对 21 处违法乱建庙宇进行处理。

2002 年，开展“两乱一私设”（乱建庙宇、乱塑宗教造像，私设庙内菩萨）的专项治理，形成《关于开展对乱建庙宇乱建塑宗教造像专项治理工作的报告》，并专题报告县人民政府。完成真源堂的拆迁、选址和立项工作。举办宗教工作培训班，对各乡镇长进行宗教知识培训。完成天主教爱国会的换届工作。2003 年，完成天主教堂的重建。对恢复开放云顶寺工作进行详细考察论证，形成《恢复开放云顶寺的报告》。

2005 年，进行天主教年检，指导天主教爱国会开展自养企业。推进云顶寺复建工作。落实各乡镇统战委员为乡镇宗教工作责任人，初步建立起三级管理网络和目标管理责任制，解决宗教工作下伸网络问题。结合《宗教事务条例》宣传，对乱建小庙和乱塑宗教造像进行清理，依法取缔和打击非法宗教活动。

第三十三篇　社会生活与习俗

随着改革开放和社会主义市场经济的建立，城乡居民经济收入渠道日益拓宽，社会物质生活日益丰富，社会性服务逐渐多元化，人民群众消费习惯发生改变，生活水平和社会风俗发生显著变化。

第一章 人民生活

第一节 居民收入

1986年，产业结构调整，劳动力大量转向第二、三产业，农业产品商品率逐渐增加，农民出售农产品收入逐年提高，城镇经济持续发展，加之国家工资制度改革，居民收入增加幅度较大。同年，职工年平均工资1072元，城镇居民年人均可支配收入629元，农民人年均纯收入191元，城乡居民储蓄存款余额2149万元，平均每人储蓄存款余额39.6元。至1996年，职工年均收入4339元，城镇居民年人均可支配收入3034元，农民人年均纯收入达1169元，城乡居民储蓄存款21223万元，平均每人储蓄存款余额357.5元，分别是1985年的4.93倍、6.03倍、6.42倍、13.85倍、12.54倍。

1996年后，农村外出务工、经商人员增多，改变过去主要靠出售产品获取收入的状况，从事工业、建筑业、服务业等方面收入明显增加。城镇居民由单一的工资收入向多元化方向发展，人均年收入增加。2000年，农村居民人均纯收入为1375元，城市居民人均纯收入为4011元，在岗职工平均工资6834元，城镇居民储蓄存款余额44398万元。到2001年，农村居民人均纯收入1428.08元，城镇经济单位职工平均工资8445元，城乡居民储蓄存款余额56985万元。

2002年，贯彻国家扩大内需和实施西部大开发战略的各项政策措施，进一步加大经济结构调整的力度，经济运行质量效益进一步改善，城乡人民生活水平提高，城市居民生活保障制度逐步完善。全县职工年平均工资收入9513元（包括乡镇及私营企业），比上年增加23.30%；农村居民年人均纯收入1536.52元，比2001年增长7.59%。其中最高的汉葭镇人均现金收入2255元，最低的芦塘乡人均932元。全县享受城市最低生活保障的达到5035户12030人。城镇经济单位职工平均工资10363元，居民储蓄存款余额70418万元。

2005年，农民人均纯收入2125.22元，城市居民人均可支配收入6513.44元，城镇居民工资及补贴收入3366.44元，城镇经济单位职工平均工资13170元，城乡居民储蓄存款余额124346万元。

第二节 居民消费

1986年，全县民众尤其是城镇居民消费结构逐步改变，多年形成以吃饱穿暖为主的单一结构不再是居民的最高要求。生存资料消费的比重有所减少，精神文化生活消费的比重有较大幅度提高。农民自给性消费比例呈下降趋势，商品化成分增大。同年，城乡居民消费水平137元，农业居民109元，非农业居民716元。国家逐步取消统购派购制度，缩小消费品定量配给范围，凭票供应制度自然消亡。到1996年，城乡居民消费水平555元，农业居民1095元，非农业居民2345元。农村居民支出中用于吃穿的占支出总数58.74%，比1985年降低8.44个百分点。

2000年农民人均生活消费支出1137元，其中食品消费支出685元。年末全部职工人均生活费支出1394元，其中食品支出795元。2002年，农村居民人均消费支出2194元。其中生活消费1394元，食品消费支出795元，教育文化娱乐服务消费支出224元。

2005年，农村居民人均生活消费支出1906.17元，城市居民人均消费支出5352.08元。

第三节　生活质量

一、衣食品

1986年，农村居民大多数仍以吃饱穿暖为满足，少数富起来的人和城镇居民一样有新的追求目标，出现新的消费方式。同年，城乡居民平均食用植物油1.60千克、猪肉31.40千克、食糖0.90千克、家禽0.50千克、蛋类1千克、蔬菜217千克、布（含化纤布）4.3米。至1990年，城乡居民平均食用植物油2.1千克、猪肉42.7千克、食糖1.2千克、家禽0.6千克、蛋类1.1千克、蔬菜245千克、布（含化纤布）2.4米。

1991年，城镇居民食品消费逐渐摆脱以粮食为主的粗放型消费方式，开始讲究方便、风味和营养。农村居民的食品消费结构也逐渐发生变化。“一撮盐巴、一团油”的烹煮习惯被淘汰。主食中粗粮比重下降，细粮比重上升。城镇居民粮食消费比重下降，副食品特别是动物食品的消费比重上升，植物油、禽、蛋、鱼类的消费量全面增加。穿着由单调、低档向多样化、中档方向发展。城镇居民逐渐追求新、美，讲究舒适、大方，一季多衣取代一衣多季。农村居民的穿着质量变化很大，他们也追求四季变化，忙闲变化，劳动与休闲有别。无论城乡，居民成衣消费量大幅度上升，个性化消费特征日趋明显。是年，城乡居民平均食用植物油4.7千克、猪肉45.7千克、食糖1.0千克、家禽0.7千克、蛋类1.1千克、蔬菜239千克、布（含化纤布）2.3米。

2005年，城镇居民家庭食品支出占总支出的44.2%，农村居民平均每人消费食用油2.26千克、肉禽类及制品28.4千克、蛋类及制品4.41千克、水产品0.09千克、食糖2.20千克、酒类11.23千克、蔬菜及制品323.14千克。

二、家电

1986年，家庭消费品的拥有由少及多，由低档向中、高档转变，普及程度逐年加大。当年社会消费品零售总额7417万元，城乡居民家庭平均每百户年末耐用消费品拥有量为：自行车3.5辆、缝纫机10.5部、手表37.1只、电风扇4.7台、洗衣机0.1台、收录机19.4台、黑白电视机0.3台。至1992年，时髦追求“三转一响”（即自行车、缝纫机、手表和收音机）已普遍。电视机、电冰箱、洗衣机、录放机、电风扇、照相机进入居民家庭，成为大多数人追求目标，私人小轿车消费已开始出现。社会消费品零售总额达到13575万元，城乡居民家庭平均每百户年末耐用消费品拥有量为：自行车4.8辆、缝纫机14.7部、手表77.6只、电风扇13台、洗衣机0.6台、收录机36.7台、黑白电视机2.2台、彩色电视机0.5台、电冰箱（柜）0.7台。1996年后，组合音响、移动电话、商品房成为新的“热点”。同年，社会消费品零售总额32976万元。城乡居民家庭平均每百户年末耐用消费品拥有量为：自行车6.5辆、缝纫机16.3部、手表82.3只、电风扇17.9台、洗衣机1.4台、摩托车0.1辆、收录机46.2台、黑白电视机32台、彩色电视机5.1台、电冰箱（柜）1.6台，年末移动电话11户，每万人拥有电话机60部。2000年后，万元级、10万元级新的消费品进入少部分高收入居民的家庭，购买意识明显趋于高中档。一般消费品淡销、滞销，市场进一步向“名”“优”“特”“新”商品集中，进入消费品更新阶段。农村居民购买中档消费品进入增长期。

2005 年，农村居民家庭每百户耐用消费品拥有量：自行车 3.50 辆、摩托车 17 辆、电风扇 68.50 台、收录机 3 台、热水器 11.50 台、影碟机 27.50 台、组合音响 13.50 套、洗衣机 15.50 台、电冰箱 9.50 台、黑白电视机 26.5 台、彩色电视机 69 台、电话机 51 部、移动电话 34 部；城市居民家庭每百户耐用消费品拥有量：摩托车 13.79 辆、自行车 5.17 辆、洗衣机 96.55 台、电风扇 124.14 台、电冰箱 79.31 台、彩色电视机 113.79 台、影碟机 82.76 台、组合音响 55.17 套、家用电脑 15.52 台、微波炉 29.31 台、空调器 37.93 台、淋浴热水器 55.17 台、饮水机 51.72 台、普通电话 81.03 部、移动电话 132.76 部。

三、住房

农村居民收入水平提高，温饱问题基本解决后，建房成首要选择。1986 年，农村还满足于“千根柱头落地”的“狗座凉棚”“乱石加木架”住房。之后，逐渐开始改建砖木结构或钢筋混凝土结构的“洋房子”，铝合金窗、卷帘门进入农户。城镇居民改变住房条件的欲望强烈，私人建房、集资建房、合作建房、购买商品房蔚然成风。第五次人口普查时对 16521 户的住房进行调查，自建住房 14636 户，占 88.59%；购买商品房 147 户，占 0.89%；购置经济适用房 134 户，占 0.81%；购置原公用住房 220 户，占 1.33%；租用公用住房 479 户，占 2.90%；租用商品房 285 户，占 1.73%；其他 620 户，占 3.75%。到 2002 年，城镇居民人均住房使用面积 15.50 平方米，农村居民人均住房使用面积 26.13 平方米。城镇居民有的住进电梯房，装饰豪华的套房大量增加，住房质量明显提高。

2005 年，农村居民平均每人住房面积 28.34 平方米，城市居民人均住房建筑面积 27.04 平方米。

第四节　生活环境

一、陆上交通

1986 年，县境交通运输通车里程 769 千米，载客汽车 28 辆，载货汽车 244 辆，摩托车 32 辆，拖拉机 318 辆。1996 年，全县公路线路里程 1037 千米，载客汽车 127 辆，载货汽车 406 辆，摩托车 205 辆，拖拉机 254 辆。到 2002 年，全县公路里程达到 2731 千米，公路客运量 611.09 万人，公路货运量 79.40 万吨；公路旅客周转量 46285 人 / 千米，公路货物周转量 7119 万吨 / 千米。

2005 年，全县公路通车里程 1755 千米，客运量 696.70 万人，客运周转量 45171 万人 / 千米，货运量 127.75 万吨，货运周转量 13703 万吨 / 千米。载客汽车 2201 辆，载货汽车 1871 辆，摩托车 8035 辆。县城公共汽车 31 辆，出租汽车 130 辆。

二、生活配套设施

1986 年，城市电话 332 部，农村电话 282 部。城乡广播站 51 个，电视差转台 4 个，接收台 1 个，电视覆盖率 35%。1996 年，农村电话 8911 部，移动电话 11 户。城乡广播站 63 个，电视差转台 38 个，电视接收台 184 个，电视覆盖率 80%，有线电视用户 5500 户。1999 年，邮电局（处）84 个，移动电话达到 3800 户。城乡广播站未变，电视差转台 25 个，接收台 967 个，电视覆盖率 79%，有线电视用户 7400 户。2002 年，城市电话 17310 户，农村电话 22421 户，年末移动电话 31183 户，电视覆盖率 91%。

2005 年，全县有邮电局所 74 个，邮电业务总量 10357 万元。固定电话用户 4.68 万户，移动电话用户 8.28 万户。广播电台 1 座，广播人口覆盖率 90.1%。电视台 1 座，电视覆盖率 94.10%。

三、居民医疗条件

1986年，全县卫生机构109个，其中国有医院9个、集体医院65个、个体医院2个、卫生防疫站1个、妇幼保健站1个、其他31个。床位707张，卫生技术人员795人。1994年，卫生机构113个，床位825张。到2002年，医院、卫生院48个，床位795张，卫生技术人员663人。但由于交通、经济等条件制约，农村缺医少药的现象仍然较为严重，农村居民生病就医未得到根本性解决。2004年，在部分村搞村级合作医疗试点，增加一些医疗室。

2005年，全县有医院、卫生院48个，床位数688张，卫生技术人员695人。

四、水和燃料

1986年，城镇自来水大多可满足供应，普及率90%以上。农村居民燃料逐年转型，大多由烧柴到烧煤。1996年始，少数农民家庭始用液化气灶。2003年7月，彭水自治县中阳天然气有限公司开始从外地用罐装车运进天然气，县城居民开始使用天然气。

2005年，供水综合生产能力2.42万立方米/日，供水总量267万立方米；天然气供气管道17千米，供气总量达91.25万立方米。

1986年、2000年与2005年彭水自治县人民生活的几项指标一览表

表33-1

序号	指标		单位	1986年	2000年	2005年
一	城乡居民收入水平	农民人均纯收入	元	191	1375	2125
		城市居民人均可支配收入	元	629	4011	6513
		在岗职工年均工资	元	1072	6834	13170
二	储蓄	城乡居民储蓄存款余额	万元	2149	44398	124346
		平均每人储蓄存款余额	元	39.6	1251	1974
三	教育	学龄儿童入学率	%	—	—	99.32
		每万人拥有在校学生	人	19.59	406	494
四	文化	每百户城市家庭拥有彩电	台	0.3	—	111.39
		每百户农村家庭拥有电视机	台	—	66.00	95.50
		广播人口综合覆盖率	%	10	54.00	59.04
		电视人口综合覆盖率	%	1	85.00	94.10
五	卫生	每万人拥有医院病床	张	13	14	13
		每万人拥有医生	人	6	10	6

第二章 民 俗

第一节 生产习俗

彭水民众，聚族杂居，随乡入俗为主流，相互交流形成习俗融合。在民间，迷信鬼神、崇拜自然、敬奉祖先、看重家族、信奉天命、迷信阴阳风水，相互渗透。久而久之，习俗大多相通，亦有异者。中华人民共和国成立后，文化科学知识逐渐普及，风俗习惯有所变化。1986年后，社会经济发展，市场繁荣，科技知识推而广之，封建迷信糟粕有所剔除。民间农事、工匠、行业、家庭、宗教、婚姻、村落建设、饮食、服饰等习俗诸多沿旧，其中多年传袭的封建迷信成分仍然存在。随着打工潮兴起，外地习俗进入县境，民间习俗趋向多元。

一、农事

转活路　大凡农忙季节，种苞谷，栽秧收谷等重大活动，都以家庭为单位约定时间，临近请劳动力，办好宴席，做完一家的事，再到另一家。

过早　转工做活时，早晨先煮汤圆之类的食物，称为过早。但插秧忌食面条、泡米子，以免秧苗栽插不稳，浮到水面上。

打闹　过去薅秧叫打水闹，锄草（薅玉米）叫打山闹。多由打闹师2人执锣鼓敲打一定谱子，并唱山歌。有的农户面积宽，锄草人多，则由4人执锣鼓对面穿梭，行走对唱，称为“打夹闹”。打闹的唱词，曲调分上午、中午、下午各有不同。开排锣鼓由2人或4人齐敲齐唱，称为喊“号子”（有的地方叫三排锣鼓）。三排锣鼓的作用是鼓动士气，叫锄草的人站到指定的位子（异头）上，准备薅草。三排锣鼓打完，劳动开始。上午开工后，打闹师先唱“请神歌”，然后唱鼓动劳动的山歌。上午歇气后，打闹师唱的是情歌（有的地方叫风流歌）；午饭后，打闹师要先说“歌头”，一个接一个地用说白方式讲故事、吹大话。每说完一则，最后一句由2人或4人合唱。下午歇气后，唱送神歌。打闹歌歌词有固定传教的，也有现编现唱的，多为民间喜闻乐听的顺口溜。也有请文化人唱书的，唱的是《柳荫记》《鹦鹉记》《安安送米》之类的手抄书。还有相互嘲讽、戏谑、盘猜之类的内容。

二、工匠

木、石、土、瓦匠人都信奉鲁班。大凡开工或竣工，都要设酒祭鲁班，且不同工种有不同做法。

木工做木架房子，开工时要祭鲁班。立房子前天不亮就吃鲁班饭。立房子时，每立一列都先由主人把“封钱”放在中柱上，请大师傅（石匠）或二师傅（木匠）说佛示，然后由众人树起木列。上栋（民间口头说旦）梁时，先由两个木匠说佛示开梁口（两木匠：开梁口、开梁口、师傅开东头、弟子开西头，一股银水往屋流）。然后，边说佛示边将栋梁抬上屋脊。安梁后，由师傅向房主人抛大糍粑，再向周围帮忙或看热闹的人抛米粑或小糍粑（称为搭梁粑），还要在大梁正中挂一幅写有“紫薇高照”

字样的红绸或红布。

石匠开山取石前也要敬鲁班。修生基、立墓碑完工后，主人要准备 1 只公鸡，端上“印粑”，师傅提鸡公说佛示入内清扫再关门。立碑前，主人要用茶盆端上封钱或香烟，请师傅说佛示，然后立碑。完工后要摆刀头（方块猪肉）、豆腐、燃香纸，由石匠师傅祭鲁班。

所有工匠都忌讳从他的用具上跨步走过。灰工打灶头，要吃糯米饭，不动油荤，寓灶不裂缝也不生虫。烧瓦的师傅忌讳有人拿红色的东西到瓦窑前，寓青色瓦上乘，红色瓦为次品。

第二节　社会习俗

一、家庭

民间家庭，堂屋正中壁上多设神龛。中间供“天地国亲师”位，两边供本堂昭穆神主、四官财神、南海观音、司命灶君等神位。有工匠的家庭加供鲁班大师，有读书人的家庭加供孔子圣人，农民家庭加供五丑牛王。

平时无神龛的家庭，遇婚嫁、寿庆等喜事，也在事前现设。

家有贵客临门，多在堂屋摆宴席，根据客人多少定。只 1 席，摆正中，人多则讲究摆 3 桌成“品字”形。正中席桌面木块顺楼辅而安，两边顺木列而置。主席在正中，上位靠神龛，两边的席桌上位在靠中柱方向。上辈、年长者或贵客招呼入上席。

有两个或几个儿子的家庭，一般结婚 1 个就分开自成 1 家。父母待幺儿结婚后要根据家庭情况决定是否分居。有俗话说：“树大要发丫，儿大要分家。”多数家庭父母最后与幺儿同居，民间有“百姓爱幺儿”之说。若父母决定分居，其赡养由儿子共同负责。民间，女儿出嫁后不再参与家庭财产分割。没有儿子的家庭，小女儿可招上门女婿供养父母。父母过世后，财产由直接赡养者继承。随着继承法的实施，家庭财产实行依法继承。

二、宗族

中华人民共和国成立后，宗祠、牌位等逐渐自然消亡，祠堂产业、宗族惩罚、族长主事已不复存在。但聚族而居历史久远，宗族意识影响较深，视同姓氏者为亲的习俗依然浓厚，同一地同姓氏中的婚嫁、族内纠纷与对外姓氏纠葛，常由本族长辈或有职份者说了算。因婚姻、土地、财产等纠纷，还聚族人去向外族“问道理”“讨说法”，以求解决问题，消除矛盾。也有肇事而求助法律者。期间，为追根溯源写族谱，统辈分的姓氏又多起来。有的成立族会、联谊会，选族长或会长，订立族规会规，大多为本族内红白喜会操办出力。族中有违法犯罪行为的个人，族会或联谊会只能听候法律处罚，不敢擅作主张。由于历史原因，民间合族、还姓、改姓偶有出现，都在法律允许或不强禁的情况下进行。

三、婚姻

《中华人民共和国婚姻法》颁布，在严格依法处理婚姻案件的历史背景下，县内婚姻状况发展趋向良好。男婚女嫁基本打破传统习俗桎梏，逐步走向自由恋爱、自主婚姻。1986 年后，民间婚姻习俗已基本做到先合法再遵循习俗。一般由男女双方自由认识、交往恋爱，再请中间人（介绍人）向双方父母反映情况，征求意见，约定双方亲友相会以决定订婚（取同意）的时间，根据双方交涉送一些礼物，形成婚约。除婚姻法规定的血缘近亲外，同姓氏，不同辈分，不同经济条件的婚姻不再受指责。年龄差距、是否有婚史不再是婚约的绝对前提，男到女方或女到男方全凭双方约定。部分地方包办婚姻、近亲结婚情况仍未根除。

俗称的“填房”（弟与嫂或哥与弟媳结为夫妻）、“接路”（姐死后，妹嫁姐夫）仍然存在。童养媳、指腹为婚者绝迹，换婚者偶有。公开纳妾者没有发现，但近年“包二奶”成婚姻中的畸形儿有所抬头。

四、职业

1986年始，农村经济逐步走向市场化，职业应有尽有，甚至不应有的也存在。据统计有：农业、林业、畜牧业、渔业、采掘业、制造业、电力燃气及水的生产和供应业、建筑业、地质勘探业、水利管理业、交通运输及仓储邮电通信业、金融保险业、房地产业、社会服务业、卫生体育和社会福利业、教育文化艺术及广播电视电影业、科学研究及综合技术服务业、国家机关、党政机关及社会团体等。难以统计的有：石匠、篾匠、木匠、瓦匠、皮匠、漆匠、榨油、造纸、弹棉花、酿酒、做曲药、制醋、制酱、熬糖、扯麻糖、挖瓢、钉鼓、腌割、磨刀、浇烛、办香、打草纸、做花圈、做灵屋、立灵堂、扯草药、雕刻、做家具、推豆腐、厨师、烧砖、烧瓦、烧石灰、烧木炭、打银器、铸铜器、洗金器、修手表、补锅、补磁、做保姆、接骨斗榫、承包家务、洗车、擦皮鞋、修锁、配钥匙、背背篼、做皮鞋、做袜垫、扎老鞋、缝老衣、开茶馆、理发、洗头、按摩。

五、交际

待客　县人好客。凡有客人到家，都按当地风俗热情接待。敬烟、泡茶、煮茶（即煮荷包蛋、阴米、面条）都用双手递给客人。若客人不是短暂时间离开，主人以家里最好的东西招待。客人在家过夜，要现铺铺、换被条，睡前要为客人端洗脚水。1986年始，农村经济发展较快，农民生活水平提高，外出打工仔把外地待客方式带回本地，农村待客有许多新的风尚。不同家庭根据自己的经济条件，准备有香烟、酒水、糖果类的物品。客人到家要领进“客房”，再行待客。握手、问好成为见面之举。客人入席后，敬酒、添饭都很恭敬。客人未下席，主人不能退席。客人告别时，送土特产品，很多人还要给客人携带的小孩递“打发”（有的给装现金的红包、有的给现金），然后告辞。

做客　去人家做客，雨具或随身带的粗笨物不带入主人室内（置外面，主人会代为收捡），在主人招呼后入室就坐。带有礼品一般放到堂屋或房屋内，也有直接交到主人手中的。如所带礼物中部分不是送一个主人的，或是做客人自己要带回家的，不放到桌上或请主人放置且说明用途。主人送来烟、茶要起身双手接纳。入席吃饭，主人未请不能入席，也不能先动碗筷，主人请用后才饮酒、吃菜。

无论到哪家做客，都根据节令或特殊情况带上“打狗棍”（地方称送的礼物为打狗棍、遮手的）。1986年始，逐渐时兴不提实物，给年长者递“酒钱”或向年幼者给红包。

送礼　凡亲戚、朋友、邻居家有红白喜事，都要备礼金或礼物登门祝贺或吊唁。办事的家庭确定日期后，通过打电话、发请柬、张贴讣告或口头邀请，有的还要专程上门请客。邻居除送礼物、礼金外还提前去帮忙。婚嫁、生小孩、建房、寿庆大多请客。有的人家小孩参军、入大学、立碑、修生基也请客。丧葬送礼必须在出殡之前，其他可以补送。主人收礼时，专设情礼处，派人一一记录，以便以后还礼。还礼时一般不能照送礼的原数相还，大多适当增加数量或改换品种。

其他交际　在农村，交际范围广、手段多。除待客、做客、约期请礼之外，还有探病、说亲、说情、借物、说理等等。

探望病人，大多携带营养品水果之类前往。无论在医院还是在病人家庭，探望者不能先和受病者打照面，要和病人亲眷交谈，在病人住地外停歇一段时间后再探望病人，以免带入邪魔、野鬼。

说亲（有些地方叫“谈空话”，有的地方叫“多嘴”），要在了解说话对象的心态后，说受人之托之类的话，不得冒然而言。

说情说理，是因口角或纠纷引起的交际活动，目的在通过摆事实、讲道理化解矛盾。一般应有双方都相信的人（干部或地方有威望者）一同。

过去，借物借钱都凭双方关系，只要有剩余或暂时不用的东西，都快口快心地借给别人，且无需什么条据。1985年后，民间这种相互调济、援助的情况仍然很多。1998年后，借的量大、时间长的，部分开始要借款、借物人出具书面依据，还有的要求有担保人签字盖章。

民间，还有调换（以物易物）、赊购、租赁等交际活动，都在合理交涉、两厢情愿的条件下进行。

六、攀护

彭水自西汉建元元年（前140）置县（涪陵县）至2005年的2145年间，既有盐丹之利、农耕之兴、教育文化发展、交通进步、政权变革的辉煌，也有权贵逞强、奸商作祟、匪患肆虐、战争折腾的黑暗；还有山洪卷袭、干旱烤炼、豺狼夺命、虎豹惊魂、疾病缠绕的悲伤，更有朝政腐败、官吏横暴、豪强侮民、草菅人命、涂炭生灵的苦难。自明末“湖广填四川”以来，移民入境以及赶苗拓业等等，开阔了视野，也增大了活动领域。人们在长期的生产斗争、生存奋战中，相互依赖，相互援助、交流，逐渐形成攀护意识，久而为习。

血缘攀护 首先是同胞弟兄、姊妹，同公弟兄，同祖弟兄，“同一个老疙蔸”；其次是亲戚中称外公、外婆、舅舅、舅娘为母党，同辈为“血老表”，再推祖母后亲为“妈”（称婆婆叫妈）党，称祖母的弟兄为舅公、祖母的侄辈虽无血缘，还说“有几根头发同姓”，称表伯、表叔，再数姑爷、孃孃、姨妈、姨叔，相互关顾、礼尚往来。地方语中有“人不走不亲、水不搅不浑”之说，更有“一亲百亲”的传教。

氏族攀护 认“家门”，是民间最普遍的习俗。尽管素不相识，只要说是同一姓氏，先称“家门”再交流字派。字派相同按辈分称呼，无论年龄差多大，辈分低的年长者称辈分高的年少者为“大爷”“幺爷”或“大公”“二公”。不同字派则大体按年龄称呼，有权有势者多被称为长辈，民间有“有钱人高三辈”之说。认准家门后，往来频繁，互相帮助。家门同辈者，让自己的儿女“过房”给另一个叫爹、妈（一般是年龄大的一家儿女过房给年龄较小的一家），过房后称为“过房儿”或“过房女”，声称同尽子女、父母之责。

异族攀护 在地方上，某族人多势壮，就努力攀护。除了帮忙（干农活、搬运重东西）外，多以打干亲家的手段攀护。把自己儿女“拜期”给异姓同龄人，称呼“保爷”“保娘”（干爹、干妈）或也叫“爹”“妈”。逢年过节、红白喜事都要去帮忙，还要送重礼。少数干儿、干女干脆由保爷另取一名，改名换姓。

也有少数用同样办法攀为儿女亲家的。

转角攀护 为了某种利益欲求他人，就千方百计打听对方情况，选择其中一个关系攀护。对方的婆婆姓张，攀护人的丈母娘姓张，按辈分叫喊，或表叔，或表哥，一方的姑爷姓冉，另一方老婆的舅舅姓冉，也可攀为亲戚。两个的师傅是朋友，也攀为师兄师弟等等。

结拜攀护 在连转角亲也难找到的情况下，一些人沿袭解放前嗨（hāi）袍哥的方式，结拜为兄弟或姊妹。这种结拜多为同性别，也有少量异性结拜而成的（男女结拜至少在3人以上）。结拜后按年龄大小排位，称大哥、小弟，以后有了儿女还要叫“大伯”或“小叔”。他们声称“有福同享，有祸同当”。

第三节 生活习俗

一、饮食

县境有多种农产品，民间饮食多以大米、玉米、面粉为主，瓜豆、芋头、莲藕、红薯次之。猪、牛、羊、禽、水产品、山鸡、蘑菇、水果品种多，以葱、韭、蒜、姜、椒、豆豉辅佐，甜菜、白菜、萝卜、茄子为常菜。荞粑、麦粑、高粱粑、糍粑常见。昔有闲时喝粥、忙时吃干、逢年过节聚大餐的习俗。清代《彭水县志》记“佳节晏享，上鸡豚常味”“凡……海陆珍馐，不列于市”“民间飧饔，每用玉蜀黍及荞麦”“其高山深谷，多种御麦及青稞为食”,《彭水县志》述“大多数人是粗饭杂食”等都已成为历史。土地承包到农户，科学种田普及，连年风调雨顺，农村生活改善，饮食领域拓宽。百姓举山珍而思海味，居幽谷而观广宇。每逢节日喜期，山珍海味一应俱全。荞麦、粗豆花、蘑芋豆腐、巴山豆煮酸菜、两糙米饭已成为城里人的稀奇食品。农家多吃白米细面，一日三餐四餐按需要而定。

二、服饰

南宋王象之《舆地纪胜》引《旧经》说黔州（今彭水）“少有蚕丝，人多布衣”。《彭水县志》（1998版）引柯仲生著《彭水概况》“乡民中产以下服鹑衣”，以述一般人衣衫褴褛。中华人民共和国成立后，民众衣着大有改善，但除新婚时新娘全身红色、新郎挂红绸，民服多为蓝、白色。随着市场繁荣，服饰日新月异。民间服饰可谓五彩斑斓，品种齐备，且品位与日渐高。只是农村大部分人从事体力劳动时仍多着蓝色服装。逢年过节，赶集入城时，他们的服饰也有讲究。1984年，成立民族自治县后，少数民族服饰逐渐兴起，其特色适应本民族传统服饰特色，大方美观。同年，服饰新潮在县城掀起，始有男花衣、红衣，男留长发。这种衣着逐渐向农村发展，过去以衣、发识男女的习惯遭到冲击。1997年后，不仅是布料、花色的大改变，且在样式上大突破，尤以夏服为甚。女士亮肚于外，现腰部肌肉于外成为时尚，男士服装也花样百出。2003年，女士流行臀部上方松挂一条皮带，挂包挂绳尽量放长（包包在膝盖一带），女士衣服领口普遍增大，胸露面积增大。

头饰 1986年始，头饰变化与服饰改革并行。除年长者仍有包白布帕或青布帕外，戴帽包帕者极少。传统的儿童尾巴帽已成稀有之物。长盖遮阳帽、带扇玩具帽、各式毛线帽在儿童、青年和老年妇女中尚可常见。老年妇女仍有包青丝帕的习惯，部分地区还把青丝帕作为送给母亲的生日礼物。边远乡村妇女仍别簪子，戴头花。

发型 1986年始，美容美发业迅速发展。从城镇到乡村，发型成为人们个性的追求。就小孩而言，“命毬”已不只是方形。圆形、桃形随处可见，更有留“一撮毛”者。中青年发型已是家庭贫富、个人性格的象征。剃光头、留平头、吹泡泡头，男留长发、女留短发，黑发变黄、变白、变棕色，乃至黄白相间、红黄兼并、杂色相聚；女式发型追求更高，根据胖瘦、高矮保留长发独辫，或吹或烫成为爆炸式、盘山式、散披式、流水行云式、飞瀑式、菊花式……尽美容师之能，不惜代价。在农村，为了劳动方便，中年妇女仍有挽包髻、网发网的“牛屎粑儿”。

胡须 传统一字形、八字形、三字形、满嘴形一度少见。1995年后，留胡须在中青年中盛行，多把胡须作为“美男子”的要件，多为不用形状的短须。

衣裤 传统的春秋两季对襟蓝、白色短衣，对襟棉袄、大裤脚、折叠腰裤、蓝色或青色右边开襟的长衫在县城周边地区老年人中尚有保留者。1986年始，传统式衣裤少见世面，新款豪华成为时尚。曾一度时兴的中山服、列宁服、青年服、学生服，大有绝迹之势，西装占据广大市场，近年休闲服亦为时尚。1996年后，衣裤品种繁多，花色、布料齐备，款式新颖。

佩戴 在农村，定婚或结婚礼品中，佩戴物多以手表为贵。1996年后，手表不再为必有礼品，大多开始讲究耳环、戒指。在城镇，戒指、耳环、项链、手镯普遍。部分人已轻黄金而重白金，铜、银制品被富者视为“贱物”。

鞋袜 彭水的松紧鞋、布底袜、绣花鞋、圆口鞋、翁鞋（棉鞋）曾经是民间常用常见的，而且是女孩子必须学会做的工艺品，不仅美观、而且耐用。这种鞋、袜做工多，费时长，逐渐被胶鞋、旅游鞋、全棉袜取代。之后，穿皮鞋遍及城乡，中青年还讲究品牌、样式。

三、家用器具

取火用具 民间曾用火镰、火草燃火，后用火柴（洋火）。以稻草鞭向人家讨火（有的地方称包火）现象常见。1986年始，多用汽油打火机、气体打火机，也有用火柴者。

储藏用具 1985年前，家庭装衣被多用木制单柜连柜、大小箱子；其他储藏用具有爬壁柜、黄桶、扁桶、坛子、炉缸、石水缸。1986年后，装衣两门橱、三门橱、组合柜、皮箱、藤箱较普遍。塑料制品的旅行箱、衣橱，钢筋混凝土的碗橱、水缸、蓄水池、保鲜室逐步进入农家。农家小型粮仓也多起来。

饲养用具 1985年前，木（或石）制猪食槽、喂马槽、牛羊笼头、牛梆铃、马铃、鸡圈、鸭圈、鸭棚子比较普遍。1986年后，农村逐渐有了禽养棚架，塑料制品的各种饲养用具推广，农民还购买消霉器、电动轧草机和畜病治疗用具。

餐饮用具 1986年始，厨房炊、厨具更新，餐饮用具一度时兴塑料制品。1998年后，淘汰塑料制品，多用陶瓷制品，也有的用不锈钢制品。

家用电器 1986年始，无论城乡，家用电器使用普遍。一般家庭都具备电视机、电风扇、电饭锅。中等家庭还有电冰箱、空调、洗衣机、洗碗机、消毒机、淋浴热水器、开水器。富裕家庭有投影仪、电脑、摄影机、健身器等。

其他用具 1986年始，城乡家庭大部分有了沙发、席梦思床、照相机、音箱、VCD机、电吹风、电动剃须刀、充电式手电筒等。农村人家，大都有打米机、磨粉机，还有一些人家有了自己的拖拉机、收割机、打砂机、制砖机、搅拌机、摩托车、农用四轮车、自行车、胶轮车、电钻、气枪、喷雾器、切割机等。彭水民间劳动生产工具和生活加工工具，实现从古老农耕文化向现代机械半机械农业的转变。1986—2005年，生产用具如犁头、耙子，粮食加工工具如碓、磨、连枷，生活用具如草鞋架、背夹、高架等已经被取代逐渐退出人们生活视野。

谷磨

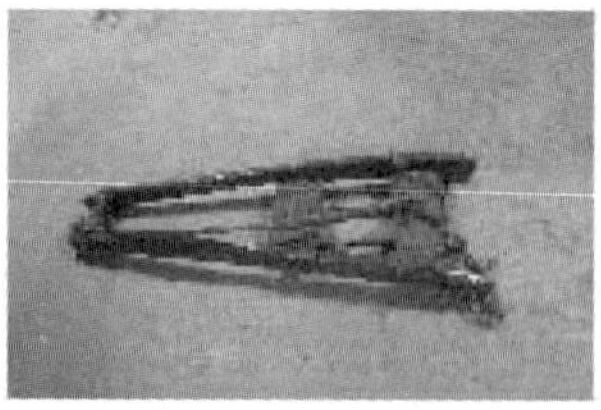
高架

量斗

背夹

连枷

草鞋架

碓

磨

四、村落及居住

苗族先民，居山地，蜒民多居水边。这种古代的聚落，是从原始形态的村社共同体演变而来的。他们利用“丛生的灌木……构筑外围，以防御邻敌侵扰，也避免野兽伤害禾稼”。这种住棘围而“至老死不相往来”的历史长达300余年。

郁山老盐工家煤碴墙

东汉建安六年（201），社会经济有所发展，人们从渔猎走向半农半猎，消除了互不往来的社会状态。人与人之间为土地、财产始有争讼。三国时，蜀章武元年（221）刘备置涪陵郡于彭水，至西晋太康年间（280—289）涪陵郡所辖5县，4000余户，大都“杂居溪洞”。清康熙四十九年（1710），知县陶文彬著《彭水县志》描述：彭水人“僻万山之间，四邻苗界、犬牙交错、巨岭摩天、穹崖匝地，溪流纵横，箐林稠叠，行人往来于崎岖鸟道、蓁莽荆莰中，有穷一日之力而始踰一山者”。他们按原有模式建立自己的苗寨或苗洞，保持着传统的聚落习俗。“赶苗”后，兵员定居，“填补户口”，氏族增多，豪强见世。但天长日久，便融入当地，习谈顺俗，交际通婚，仍按古代聚落模式构筑住房，房外棘围或石墙，墙外为田地树木，按姓氏名“营”“团”等。明清后，棘围聚落逐渐被地域“村落”所取代。他们或凭险而居，或植刺防侵，或修墙以围，或以土石为墙，多以姓氏命“园”“湾”“堡”“沱”等（如蹇家湾）。在长期演变之中，一家人分为多家，称当头户、厢房户、阳沟户，进而为坎上户、坎脚户、新房子等。

中华人民共和国成立前，单家独户多为外地迁入或地主为耕种远离住宅的土地给佃户所建，大多是草房，或狗座凉棚。

无论是寨子、单家独户，也无论大族还是小姓，建房依山地自然条件形成，住地保留风水树，水井不得污染，桥梁、道路、河堤不准损坏，共同御敌、互相救济都是必要条件。

村落、寨子的房屋按贫富不同而建法各异。中等家庭多瓦房。有的呈“一”字形三间或长五间，大多为悬山式顶；有“明三暗五”（在三间正房的两端加“马屁股”、一铺水）。有的做四合院，中间修石板天井、房顶悬山式或歇山式。有的修成“凹”字形，叫“撮箕口”，正房建平处，厢房或下殿多为吊脚楼，楼下养猪牛，做厕所。

彭水建房，中柱的高度或墙顶的高度都不离“八”，有一丈五尺八,一丈九尺八、二丈一尺八等，相传“要想发，不离八”。

巨富房屋由若干个四合院组成，地面全用细錾条石铺成，消水有暗道，雕栏画栋、刻龙刻凤者亦有。

1986年后，农村“狗座凉棚”绝迹，过去的四合院保存完好者少见，乱石墙结构房屋被淘汰。1997年开始，建房大多为砖混结构，部分贴钢砖、铺地板砖、粉钢化涂料、装蓝色玻璃，安铝合金窗、卷帘门。

五、节令

大年　1986年始，“过年”习俗变化较大。农村仍坚持传统的为死去人的“上坟”（烧香、燃烛、挂坟标、作揖、叩头）。有的地方还在坟前摆“刀头”（一块方正的肉）献酒饭；写袱子（称上元化财）、敬土地菩萨的活动少见。上坟时，放鞭炮普遍，而且相近处暗地攀比。吃团年饭前，要敞开大门，以鞭炮庆祝过去一年的收获。吃团年饭很讲究，家庭人口多的把桌子镶拢并在一起，先向已故祖宗献饭，再团聚家人，让长辈入坐上席，喝最好的酒或饮料，互相敬酒慰劳，回顾过去一年的大事、成功之事。民间有“三十的火”之说，在三十的晚上，都准备尽可能庞大的木头放在火坑中燃烧，一家人坐在火坑周围烤火谈笑，意为木头越大，烧火越旺，来年喂的肥猪越大。1996年后，农村兴起团年饭。桌上，老一辈给小孩发压岁钱，小辈给老年人送爱物，然后放烟花，看中央电视台春节联欢晚会节目，午夜12时放鞭炮迎新年。

初一　正月初一，年长者仍有听鸟叫看来年的习惯。先听见喜鹊叫，意味着新的一年喜事多；先听到麻雀叫，则预示当年水稻丰收。1986年始，初一早晨烧天香、祭天、泡敬茶、端银水的少有，仍有吃汤圆过早的习惯。一些家庭做汤圆时，故意在其中一个汤圆里置硬币，谁碰硬币就说明谁的运气最好。好事者，还为他新认识的的孕妇烧汤圆，如果烧的过程中破开起泡，意味那孕妇生儿子。农家非常重视初一至初十的气候，初一晴了，当年喂鸡顺利。他们按“一鸡、二犬、三猪、四羊、五牛、六马、七人、八谷、九荞、十麦”的顺序看当年的发展。过早后，多见唱书、逗锣鼓、唱山歌。城里人多数在初一天整家出门上坟，他们叫“踏青”。初一天，忌讳说不吉利的话。近年来，城乡皆普遍张贴楹联，有的在初一天贴出，以示新年开门红。1997年后，城乡挂大红灯笼的渐多。从初一天开始，亲友沿旧俗相互拜年，但大部分改变提面条、酒糖的拜年方式，以向老人和小孩递红包代之，少数人利用这个节日和送红包的方式拉关系。

正月十五　过去闹元宵有“放路烛”“爆格蚤”“拖老鼠”“偷菜”（被人骂后不生疮）的习俗。1986年始，上述活动不复存在。逗锣鼓、唢呐也不太多，组织棋、牌或乒乓球之类的体育活动渐多。元宵节，各家十分讲究灯明亮。民间有“十五的灯”的说教，意为灯越明，前途越光明，做事越顺利。在城镇，舞狮、玩龙、打腰鼓取乐。

清明节　1986年始，农村清明节淡化，打软雀粑、祭坟者甚少。城里人大多去祖坟前献花圈、放鞭炮，摆凉菜餐饮。

七月半　民间给祖先烧袱子，称“中元化财”。从七月初一到十五，被视为“鬼乱串”的日子。15天中，选择一天煮好吃的祭祖先。讲究的家庭预先写好袱包供于香案之上，饭后烧掉。献袱子时，除祖先和已故亲友的袱子外，还要“地盘”袱子另供，同时写“孤魂野鬼”袱子摆于地上，焚烧时分开燃烧，还要泼水饭。大家庭买一些现存纸钱在饭后焚烧。1996年后，烧袱子遍及城乡。袱包竖写，右称中元化财，中间写收袱人称呼，姓名，后按关系落款署名。如“故显考 × 公讳 × 老大人收用……孝男 ×”。写孤魂野鬼或写给地盘业主的尾称“信庶 ×”。

其他时节　民间，还有端午节、重阳节、大寒节、小年夜、上九、牛日、二月二、六月六及蒙古族三月十八日“苏鲁节”，以及万足、石盘一带三月十二日的“欢务节”等等，均如1997版《彭水县志》所记。但1986年始，这些节日趋于淡化，有的根本不复活动。

新节日　中华人民共和国成立后，国家统一的节日有“三八”国际妇女节、“五一”国际劳动节、“六一”国际儿童节、“八一”建军节、“十一”国庆节以及教师节、母亲节、护士节等。按规定放假休息或在属辖部门开展座谈、慰问等活动。1996年后，城镇逐渐时兴情人节送花、圣诞节向老人敬孝。

六、休闲

歇气　农忙时，天亮出工，摸黑回家，称为一个活路。吃早饭前干活叫“打早”，中午饭前后劳动时间各分为2段，中途休息称为“歇气”。劳动途中歇气时，男人抽烟、喝水，还有的打牌。女人割猪草或扎鞋底，做袜垫子。常说做“三歇气”就是指下午劳动到歇气时就收工。

春秋两季，农业大忙，紧张劳动3 ~ 4天后，牛困人倦，休息一天也叫歇气。男人利用歇气赶集买卖，女人则多“杀提”家务，即洗衣、被，收拾家庭清洁卫生。

伸脚 父母到女儿家休息一天或几天，称为“伸脚”。一般农事大忙结束后（秋收前后），父母有思女儿之心，便去女儿家，女儿女婿除了热情招待，还要买衣物以敬孝心。“伸脚”时，一般不送礼物，有时给外孙带点土特产品或衣服文具之类。女儿家有父母同屋或兄弟同屋时，一般不去“伸脚”，只有红白喜事来往或路过进屋，喝“茶”或吃饭后离开。

摆人户 一天劳动之余，到邻居或朋友家喝茶、聊天，农闲时到远一点的亲友家耍，目的是消遣时间，也交流感情，叫“摆人户”。一般不在所去家庭住宿，也不送礼物，接待人也很少摆酒菜招待。

说笑 弟与嫂子、非嫡亲郎舅，同辈亲友之间说一些俏皮话，叫说笑。弟以哥的角色与嫂子说话，郎舅间互相以老辈子身份说话，叫占“期头”，不同姓熟人故意说对方老一辈的名字或故事，相互取乐，都以取笑为目的。有时候也说些风流话，但不触及对方痛处。如果让人接受不了甚至“冒火”（即发气），就得停止。但互相不记气，过几天又照常说笑。

打跳 同辈或不同辈而年龄相近又非嫡亲的男女之间，做一些令旁人好笑、对方好笑的小动作，叫“打跳”。小弟和嫂子挽抱，小弟伸手摸一下嫂子，追逐游戏等；舅母子给妹夫添饭时过量或加点盐、辣椒叫“办灯儿”，把握适度，适可而止，互不发火。但亲兄弟、姊妹间没有这种活动。有“弟兄不说笑，妯娌不打跳”的说教。

旅游 1997年后，旅游事业兴旺。彭水民间，夫妻同行，弟兄同行出外旅游的渐增。部分富起来的农民在农闲时取出积蓄到大城市观光，到国外旅游。

第四节 礼仪习俗

一、婚嫁

彭水县民多为不同朝代的外地移民。入境后，虽有聚居之习，但日久天长，不得不随乡入俗，又带入祖籍地男婚女嫁的习俗，历来男婚女嫁因族、因地而异，也因贫富、处境顺逆有别。但大多互相尊重，取长补短，生活交往自然形成文化交流。婚嫁虽无一定文规，但“不依规矩，不成方圆”，也有约定俗成而成风俗。后来，婚姻法普及，但无新的婚嫁定式，婚嫁习俗在文化经济发展的情况下，受广播电视文化影响，也渗进了外出打工带回的新风尚。民间婚嫁习俗保留精华，也有变化。

男女双方或经自由恋爱，或经介绍认识，有的征得家长同意，有的让父母不得不同意。一旦恋爱至深，婚事已定，有的遵旧俗安一个媒人，以避免闲言秽语，有的索性自定。无论定婚采取什么方式，走“环环儿”都必须进行。走“环环儿”时请亲友到场，男方按约定送上礼品、礼金，让女方亲友满意或基本满意。女方也回赠纪念品。1986年后，多数改原来的“三还九转”为一次定弦。走“环环儿”后双方约定开庚，女方将出生年月日时写在红纸上（俗称庚书）交给男方请人择举行婚礼的良期吉日。开庚也要择日送礼（现大多简化为只送礼不请客），男方选定的婚期要告诉女方，女方请人斟酌（叫“照”）后认为无误即定为婚期。也有部分男女已在外同居，只是约定时间办酒宴请客人。

男婚 1997版《彭水县志》有记述，男婚为民间头等喜事。准备要充分，礼仪很讲究。1985年后，婚前，男方邀女方一同上市场选购礼物（衣裤、首饰、佩戴用品、化妆品等）。同时按女方家庭要求备足肘子、方肉、酒、糖及孝敬岳父母的衣物。婚期前一天去女方“打客单”（女方让男方知道陪奁数量、送亲人数及临时性要求），回家后按打客单时所得准确数字组织人力，当天晚上“齐夫”（清点所需人数，一一分配劳动项目，并交给各一份封钱和香烟，以示定案）。

婚期摆酒席、贴婚联。接亲队伍由吹师（乐队）开路，介绍人前行，押礼先生率新郎、接亲娘子（有的地方是接亲夫妇）前往女方，帮忙的行其后（交通方便的地方组织车队迎亲）。到女方房屋前，燃鞭炮（有的地方由押礼先生递拜书），待主人燃鞭炮或接拜书表示欢迎后才入女方家院，乐队、押礼先生入堂屋，接亲娘子或夫妻由女方派送亲的人对应接待，帮忙的随便就坐。接待就绪后，押礼先生“洗手”（专备脸盆、面巾，先给红包再洗手）后摆礼，摆完礼品由押礼先生与女方指定接待人面向神龛行礼退位。女方指定人按礼单所列数目点清衣物。

女方捡礼后，一边宴请接亲人，一边由专人帮新娘子“上头”（即穿戴男方送去的衣物或婚纱），然后发亲。

女方发亲（即牵新娘出门）时，新郎要入堂屋行礼，叫喊岳父母大人及亲友后退位等待。女方亲友扶新娘从堂屋退至大门转身出门后，依照顺序上路，即新娘在新郎后，随后是送亲队伍，再跟上陪奁搬运人，沿男方来路返回。搬抬陪奁的人要在离女方家一定距离后才能上前赶路。

嫁奁抬到男方，即请夫妇双全、生育过儿女的中年妇女 2 人取床上用品在新床上铺铺。铺好在床上放枣子（寓早生贵子）之类的干果，由男女双方给红包，铺床人才说“良期吉日铺新铺，又发子来又发富”之类的封赠话。再作其他家具摆设。

新娘到男方时，由指定男女把送亲客接到先设立的客房“吃茶”（泡米子或醪糟汤圆），另一些人接新娘到堂屋，由主婚人（司仪师）组织仪式。用旧仪式的面对神龛叩首三拜（拜天地、拜父母、对拜）或三鞠躬。礼毕后，多数遵旧俗“抢新房”，即新郎新娘抢先入新房坐床上，传说谁领先由谁主宰家庭，多数谦让，有的干脆不入洞房就和亲友交谈。用新仪式的逐渐增多。

部分地区，女方派有男士跟轿（防止途中损坏东西或出其他意外）。跟轿人在离男方家一定距离的背僻处停留，新婚礼仪结束后，男方派人把跟轿人接进家门做客。

1986 年后，晚上闹洞房的较少见。多在中午宴席上与亲友见面问好（俗称答礼），由新郎带着新娘逐席逐人介绍，新娘按男方的称呼叫喊并递烟点火。也有少数地方“闹房”，即晚饭后，摆出糖果香烟，让亲友坐一堂。有的要请长辈讲话，多数说“一张桌子四角方，粑粑糖果摆中央，瓜子香来糖果甜，荣华富贵万万年”之类的封赠话。多为同辈参加，开展一些娱乐活动，直接入洞房打跳逗笑的方式已不多见。后来受礼仪或改在婚期午宴后进行。新郎将事先准备好的被条、床单、鞋袜、衣帽等分别赠送给父母、亲友。亲友按不同关系回赠“喜钱”（红包）并说些祝福的话。1997 年后，富裕家庭时兴请乐队、点唱歌曲以示祝贺。客人多数当日离去，至亲嫡戚留宿，次日晨吃补客早饭（新娘参厨做饭菜）后散客。

女嫁　姑娘定亲时，给男朋友赠送自己做的鞋子或其他刺绣品是民间长期习俗。1986 年始，自做布鞋、扎袜垫子以及刺绣各类图样或文字的枕页子作为赠品的渐少，多数是购买的同类物品赠与男友。

婚前，女方根据家庭经济实情，准备嫁奁。民间，多为箱子、衣柜、书桌、方桌、组合柜、沙发等全套家具。1990 年后，多有彩色电视机、电饭煲、洗衣机、冰箱、热水器，也有购音箱、VCD 机者，还有购空调、摩托车的。无论城乡，锅、碗、瓢、盆（盘）、茶具一应俱全。有金属制品、陶瓷品，也有购塑料制品的。

婚期前一天，三亲六戚、邻居都送礼物或礼金。习惯是姑娘“取同意”时吃了肘子的亲戚都要送被条或床上用品一套。到晚上，乡村有哭嫁习惯。哭嫁时，好友陪哭，哭数到那家亲戚或好友，其亲眷（女）就坐近姑娘陪哭并赠送礼物或喜钱（现钞或红包）。正期发亲前也要哭嫁以示告别。1992 年后，哭嫁者渐少。1995 年后，婚嫁姑娘一扫“开脸”习俗。1996 年后，婚前时兴盘头，有条件的还穿婚纱。女婚时，桐楼、三义等地的部分地方仍坐花轿，交通方便的则改为乘“花车”，多为步行。多数地方，发亲时姑娘先到设了祖先牌位的香案前下跪、叩头，然后由哥嫂扶着退步至堂屋门槛前转身，由哥解开上衣第一颗衣扣，以示当媳妇了要改性格。后来，多为新郎新娘一同告别父母，随亲友上路。途中，新娘有一手撑伞，一手拿方帕的习惯，近年少见。

部分地方有回门的习俗，即新婚次日由丈夫同媳妇回娘家。回门时需送礼物，妻行前夫随后（只有回娘家时才是女在前，男随后），一般中午饭后即返男家，若当时不回，就必须 3 天后才返回。结婚 10 天后，女方要派人接女儿回家“耍”。

拜新年　女方新婚后第一年回娘家拜年称为拜新年。拜新年要请人看期，多选在正月初二、初四等双日。拜新年时，女婿先入堂屋向女方香案跪拜。拜新年所备礼物是按女方事先提供人户而定，一般包括附近族人。凡是拜新年送礼的人户，在新婚姑娘生小孩后都要去“送饭”。

打端阳　婚后的第一个端午节，新婚夫妇必须回娘家拜贺。岳父家要给女儿、女婿送伞或草帽。

养育　彭水民众传宗接代意识浓厚，尤以农村为甚。若婚后 3 年不见生育或不生男婴，便有上庙求观音菩萨、上红献佛鞋者。《苗俗记》记述：“凡无子者，亲友于中秋夜饰艳妇抱瓜送于其门，称为‘瓜大嫂’。”也有许愿修桥补路的，富家无子则捐钱修石拱桥。中华人民共和国成立前，有的夫妇多年无子，妻便让夫再婚或纳妾。1986 年后，一些多年无子女的夫妇离婚再婚或抱 1 子押长，有的感情好的索性抱养一子为终身寄托。

安胎　有的地方叫保胎。妇女怀孕后，卧室内的大型家具不准搬动，厨房灶不得整修，室内室外不动土，壁上不能钉钉子。翻捡瓦屋、装整房子都必须请先生“打招呼”（使安胎法）以保无虞。有的请阴阳先生画一碗水在烧香念佛咒后让孕妇喝下以让腹胎正常。1986 年始，有沿旧习者，但大多通过定期检查，遵医嘱。

生产　临产前，由孕妇信得过的人准备好脚盆、剪刀在家生产。1986 年后，大多做产前检查，请当地接生护士到家助产，有的直接送医院妇产科生产。

起名　生了孩子，请家庭长辈按家庭传教的辈分取名。传统习俗是先算“八字”，看孩子五行缺什么，起名时用所缺“行”的金、木、水、火、土作为偏旁以补充。如果八字大，要改姓或取“牤（māng）子”“黑狗”“冬狗”“腊狗”之类的小名（有的称奶名）。1986 年后，起小名者少见，按排行称“二毛”“三娃”者仍有。起名按父母或家人心愿选字者多。1997 年后，有的用电脑起名，有的用“测字法”起名，一度时兴全名用两个字。

钉奶　生孩子时，生在地上的，就在落地处钉一颗钉子，用东西掩住；生在木盆里的，就在木盆底上钉钉子，表示把奶钉住，让孩子有足够的奶吃。产妇月子中，凡孕妇或经期妇女，穿草鞋的男人进了产房，都可能带走奶，如发现产妇奶量减少甚至中断，就要把“带奶”的人请回来，或去他们家中取水，或请他们给点小吃，以示“还奶”。1986 年后，人们都注重营养或中医发奶的方式保证婴儿吃奶。

祭奶　产妇在哺乳期内有奶部红肿、疼痛，便请巫医“祭奶”。先生（巫医）对求医人说：“你回去，她的奶不痛了”，事后巫医连续三晨面向太阳念咒，就能好转。1986 年后，此种祭法少见，多为求医治疗。

逢生　生小孩后产妇家的第一个来人叫“逢生人”。对逢生人，无论身份，都需热情款待。如逢生人的性别与所生小孩不同，便为大吉大利。民间说“男逢女生，穿金戴银。女逢男生，财发人兴”。若性别相同，则需要逢生人离开时将主人准备好的一碗冷水倒掉，以保无虞。

报喜　新婚生第一胎（俗称“头命生”）孩子的父亲要去向岳父母报告情况（称报喜），不用说生男生女，生男则提 1 只公鸡，生女就送 1 只母鸡或 1 幅花布。岳父母回赠公鸡，以示第二胎生男。生双胞胎照此送礼。主要目的是约定“送饭”时间。

送饭　生孩 10 天左右，产妇的娘家要在约定的时间组织三亲六戚准备礼品，多为粮食、禽蛋、鸡、腊油、腊肉、衣帽、小被条、童毯等用箩篼、挑篓挑着去祝贺，同时还有按篼的大小在上面盖上印有喜字的大磁粑。除挑力外全是女性，队伍越长、挑数越多越有面子。男方要办席请客，称为整月米酒，叫整谷米酒，除娘家“送饭”的留宿两夜外，一般客人当日告辞。送客时，要赠送染红色的熟鸡蛋。

出行　孩子满月后，选择天晴吉利的日子，将孩子抱到预先约定好的有老年人（两个老人健在）、家庭殷实、住地环境好的亲戚家，叫出行。出行前，为避邪，由孩子的爷爷或爸爸给孩子头部前方抹上一点桐油调烟尘。出行忌走外公外婆家，即使出行后到外公外婆家也只能说是走舅舅家。所到亲戚家，让老年人抱一抱或摸一摸，老年人要对孩子说些封赠话，还要给孩子挂一绺蓝线。回家途中，父母要不断地叫孩子名字，并说“我们回家了”，这样就不会“失魂”。

拴胎　孩子出生后，请“先生”（巫医）给孩子拴胎。用各色麻线捆在鸡蛋上，外糊黄泥置火中烧熟，然后取下麻编成绳系在孩子手上，让孩子不“逗啰嗦”（生病），安康。1990 年后，渐少。

找保爷　过去，找保爷是按孩子的生辰八字找杀猪匠、木匠、石匠、裁缝喊保爷。通过别人介绍或家长自己与看上的对象商议，有的备一碗水于灶心中心，等待谁有意无意倒了水就选定，后选定吉日背上礼品拜保爷、保娘。过去要烧香烛、放鞭炮，请保爷、保娘受拜。近年“人熟礼完”，不再行香烛受拜。有诚者，由保爷、保娘起名，改跟保爷姓，从此叫自己的父母为“大伯”“伯娘”或“大爷”“大娘”。有的人还拜大树、大石头，烧香焚纸叫“保爷”，也有自己改姓后，别起一名者。

开荤　孩子断奶后，看个吉利日子，煮上鸡鱼之类的荤菜或带油的其他食品，让孩子尝一点，同时以筷子头沾点酒让孩子尝一下，象征今后有酒、有肉，生活美满。“开荤”后孩子大量吃饭。

二、寿庆

闲生　不是满十的生叫闲（hǎn）生。成年人闲生，一般只有至亲嫡戚的同辈或下辈到家聚餐，以示祝贺。未成年人闲生只是家中煮好吃的或买件新衣以庆贺。1986 年后，小孩生日，由父母的朋友相互庆贺。

生期酒　县人皆喜办生期酒。自 50 岁起，凡满整十举办。也有如长滩乡部分村 40 岁开始办生日酒的。一般 60 岁后择 70 岁、80 岁、90 岁办酒。凡办生日酒，都邀请各路亲朋好友。60 岁称“花甲”，70 岁为“古稀”，80、90 岁称“耄耋”，100 岁为“期颐”，都提前一年操办，整酒谐“九”（久）音，忌整十（谐死音）。整生日酒，要靠女儿家争面子。届时，亲友送寿匾、寿联。有钱人的联、匾生漆退光，朱砂粉或金粉涂字，也有红绸或红纸书联相赠的。部分家庭讲究送寿屏（绸上绣花鸟或寿字、寿序），有送寿幛或《八仙上寿图》。至亲晚辈的匾联依次悬挂堂屋，寿衣、寿鞋、衣帽及其他礼物摆置堂屋桌上。女儿给父母缝制的寿衣也在此时送到，但不摆上桌子，只交给哥嫂或弟保存。生日头晚吃寿面后举行拜寿仪式：让寿星（或寿星夫妇）坐堂屋正中椅子上，同时请长辈（寿星的兄弟）陪坐，接受贺拜。后代按长幼、尊卑、亲疏的顺序叩头行礼，由礼生司仪。1986 年后，大多改叩头行礼为樽酒祝福。寿星以说封赠话答礼。常说的有“儿子敬我一杯酒，五子登科为诸侯”之类的顺口溜。凡送礼者，主人要赠寿碗一个，客人作为吉物，十分珍视。1996 年后，整寿庆酒的风气变化大。城内许多人招揽客人，把父母的生日提前或推后到节假日，客人大多以现金代替礼物。

第五节　丧葬习俗

一、墓碑

墓式　县境的墓式多，其发展史复杂。《彭水县志》（1997 年版）记载了已发现古老墓式。首先是利用天然岩洞搁置棺材的岩洞葬。在郁江边、高谷、龙洋、犀角岩等地都有发现。这种借岩洞为墓的葬式，为彭水墓式的雏形。

早年在郁山镇发现的现代的石拱墓，用未经加工的天然石块或经加工的方形、长方形石块拱成。有的无墓道，有的除墓室外，在一侧有墓道，呈“丁”字形。高 2 ~ 3 米不等，宽约 2 米。在郁山镇后面山坡上发现的石拱墓地，墓室顺山而建，墓道则向外，陪葬品早已不存。据专家考证，此墓修建年代至少在汉代乃至以前。

在郁山镇，还发现用长 30 ~ 44 厘米、宽 15 ~ 22 厘米、厚 7 ~ 18 厘米的砖拱成的砖拱墓。这种墓葬的砖，一端有榫，上有几何纹、车轮纹、太阳纹、菱文，还有“富贵昌宜侯王”“巨千茂县夫死昌利作墓”的文字；还有“人面鸟啄”的矔兜画像砖，有“永和十七年”“延平元年”的纪年砖。有的墓道与墓室方向一致，有的分为前后两室，前室置陪葬品，后室搁棺材。郁山为这类墓的集中地，高谷、普子、清平乡三江口等地也有发现。砖拱墓，地面无标志。墓砖上纪年为东汉时的墓葬。

到宋代彭水墓多为长方石盒型。这种墓 6 面的石板都经人工制作，多由 2 ~ 10 余函并列，作为一个家庭成员的共同墓葬。一般建在高约 2 米的土坎间，也有建于坡地突出地表者，无明显的封土痕迹，其上为耕地或林地。每函间用石板隔开，隔板外端刻有粗犷的瓶花、动物及花草、摇钱树图形。县人称之为“苗坟”“古茅生基”。有的建双重墓门，第一层门内有可供人直立行走的通道，通道内侧再分若干墓室，外面石板上刻花式花纹图案，墓室的后板下厚上薄，成“h”形，以便搁置棺材，棺材外端用铁链悬挂。民间传说，“赶苗”时，赶苗者为不让苗民再回来找祖坟，将这些墓打碎毁坏。这种墓从宋代延续到明代末期，至今残存于县东南部的梅子、同河、乔梓乡的僻山荒岭。

到清代墓式由一排多函石板墓改为独葬或夫妻合葬土（石）墓。墓室在地下，称为“椁”或“生基”，地面上用石砌成土垒，前高后低，前宽后窄，中有斜脊，状若鞋楔。讲究者，在前端以加工细致石块砌成。清代初年的坟，前面多为圆形，称为“团坟”“筲箕坟”。民国时期，地下生基改 6 面 6 块石为 5 面块石，底部由整石块改为 4 块石铺成方框（俗称火盆架），棺材置方框上与地脉相通，以讨山的灵气。1986 年后，墓式沿旧习，有钱人讲究石块 5 面是整块，也有用土砖拱墓或挖土坑掩坟的。

石碑　墓碑始于宋，多函墓上的碑呈长方形，长约 70 ~ 100 厘米，宽约 30 ~ 50 厘米不等，横置于墓门上端，上刻墓主姓名、后代姓名及造墓年代，由石匠用錾子雕刻成。清代，墓与碑不一同建成，大部分是先修墓（生基），待地下工程稳定或资金积累完成后再建碑。始在生基表层土堆前立一块石，上刻墓主姓名及后代名字及建造时间，这种碑叫“令牌碑”；另一种是下置底座，左右立柱子，上封一块石成长方框，中嵌石碑，文字内容与“令牌碑”同类，称为“五镶碑”；以后，有人在“五镶碑”上再加一重，中间嵌置一匾，匾上文字多为正碑旁墓联的横批，称之为“一碑一匾”。嘉庆后，碑面加大，雕刻、文字更为精美。有的在墓前用石块铺成“拜台”，台上置香炉、石桌、石凳，还用长方形条石砌成花墙，让其变成陵园。进门处有石牌坊，为 1 ~ 3 重歇山式门楼，前后均有鼓形卷草纹的扶衬，比墓还高大壮观。还有的按墓主生前官品，在墓前左右各立一华表（民间称“斗杆”）。这样的陵园内，墓碑十分讲究。多在“一碑一匾”两边各加一块序碑，其上相应加宽加高成为二重檐、三重檐，民间称为“三碑三匾”。有的碑外还设碑置，做成窗格形、门形、圆门形、宝瓶形等。这类富家墓碑，碑文、墓志铭、墓志、墓联、墓额，文字典雅，对仗工整，书法水平较高，阳刻阴刻或双钩并用，刻工精致。在墓面，陵园牌坊相关部位，刻有各种姿态的罗汉、龙、猴、狮、鹿、虎、牛、马、羊、凤凰、白鹤、鱼等动物，同时刻花、草、鸟、摇钱树、海景及琴、棋、书、文房四宝、剑、鼓、云纹和各类人物、图案及花边。有的还雕刻传统折子戏、民间传说故事及墓主生前的生活场面、画像（多用浮雕）。无论贫富，坟前都立一块由“地仙”看定方向（志向）的望山石。在石碑墓的上方，墓顶望山石颇有讲究。其形状有山字形、牛角形、牛角双龙形、牛角双凤形、蝴蝶形、蝙蝠形、双凤朝阳、二龙戏珠、双鱼翘尾、红日涌波、叶托仙桃等形，还有纱帽形、元宝形、卷叶花菱形、卷草罗汉形、扇形、葫芦形、帽盒形、剑峰形、屋脊形等等。正中刻福、寿、万字。

碑文皆竖排，正中一行刻墓主姓名、称呼。按民间习俗，其字数按“生老病死苦”的循环序数，生起生落，多为 11 字或 16 字，以求吉利。始有“大清故显考 × 公讳 × 老大人之墓”或“故显妣 × 母 × 氏老孺人墓”。清以后“大清”字样消除。右刻直系亲属，左刻旁系亲属，均按辈分排列。

碑序（墓志）刻于正碑左右侧，自右而左。

中华人民共和国成立后，修墓建碑曾一度革除。1966年开始的“文化大革命”运动及以后的“农业学大寨”毁掉大量墓碑。1980年后，城乡建墓碑之风重兴。1986—1996年间，大多为身故者建墓树碑，少量的为年迈或患病者立碑建墓。1997年始，建墓立碑者多且多为活人“生茔”，所建墓碑多沿清代或民国时期样式，碑文略有变化。右刻同辈及以下3代姓名，左刻同辈及以下亲戚3代人姓名。序碑多为主人传略或履历。占地少则10余平方米，部分超200平方米。

二、丧葬

送终　老人将死，子女跪床前听封赠话或其他遗嘱。死后烧落气钱（纸钱）和“老头袱子”（封好纸钱的纸包，上写死者姓名，生卒年月），放鞭炮，死者的后人跪哭，然后将死者移至木板上停放，烧掉床上被褥，以白纸盖死者脸上，用菜油点脚灯。

净身　请人以湿帕在死者身上揩几下称净身。腰部系上腰线，以白布或白绸裹尸，再穿寿衣。少则3件，多则13件。净身时，不能让外人听见水响，净身后烧掉帕子，盖上白布。

入棺　先将堂中神龛掩盖后把死者棺材按男左女右的方位摆好，棺内置枕、衾、被、冥巾、纸卷，将遗体抬入棺内，然后在死者手中放“路粮”，盖上棺。

戴孝　入棺后，孝子及亲属按亲疏穿孝服或包长短不同的白布帕，儿子在腰间拴草绳，头上系麻，女婿系头绳（有色毛线）。

拄孝棒　有人来吊唁，孝子拄外缠白纸条的竹棒，头戴缠白纸条的篾圈，跪地迎接。在吊唁者扶起时才站起来。

超度　请道士、巫师超度亡灵。请“庄园”制作灵屋、灵轿。富裕人家，办道场5～7天，过去有办七七四十九天者。办道场时，道士要念经、击磬，孝子跪于灵前，还设香烛师负责点烛燃香，文书负责安排场次、经文，并写出经单簿。

堂祭路祭　凡姻亲，在出葬前夜须杀猪宰羊抬到堂屋外祭奠，行跪拜礼，并由“先生”诵读祭文。这在民间称为客祭。另一种是死者挚友杀猪羊设香案于路边，在灵柩抬过时行跪拜礼，读祭文，此时灵柩置于板凳上，不许落地，礼毕后抬行。这种路祭的情况甚少。自己的儿子作文祭讼称为家祭，家祭在堂屋进行。

点祖　将死者姓名写在以栗或枣木做成的神主牌上，取长子中指的血按一定程式分别点在神祖牌的额、眉等部位，点完后将牌移到香火上供奉，3年后移入家族祠堂。解放后，此举敛绝。

坐夜　出葬之前，派人向亲友说信，约定出葬头一天晚上同来吊唁，各路亲友根据不同关系送挽联、祭幛，打锣鼓、吹唢呐、放鞭炮等，热闹通宵，称为“坐夜”。城镇坐夜有的打围鼓唱川戏，近年有请乐队、点歌哀悼的，还有高龄人死后请腰鼓队的、请电影队放电影或放录像的。

清棺　为防止他人置异物于棺内，晚上由道士领亲人，抬开棺盖检查有否异物，称为清棺。

发丧　按阴阳先生看定的时刻出殡，称为发丧。在孝子再次祭奠后，道士手执火槁，在灵柩前念“起灵咒”，然后以斧头打碎装有祭祀活动中所烧纸钱灰的碗（俗称“打灰碗”），然后高喊一声“起”，即将灵柩抬往墓地。最前面是火把引路，接着丢买路钱的，放鞭炮的（过去，本地住户不丢买路钱，外来住户才丢。1950年后，无论外来户还是本地住户都丢买路钱）。后面是长子端灵牌，次子或其他亲属扛“引魂幡”。各种人包括有仇怨的人也都抬丧，民间传“死后抬一肩，有冤化无冤”。民间传说如果死者的妻子决心不再嫁，便去送葬，有改嫁之心则不送；死者是女性，丈夫不想再婚，就去抬一肩送一程。

柩至墓地，孝子下跪，由旁人给孝子每人赶点饭（赶在衣兜内）然后叫“孝子起”，有些地方还要由指定人说佛示后叫“起”，关葬后妯娌即跑（或快走）回家，说是谁先跑到家，谁就发财。无论男女，从墓地回家都从屋前烧的香树枝上跨过，可以熏去邪气。

安葬　灵至井前置于凳上，道士作法后，才让棺材落井。墓地离家太远，山路颠簸大的还要以布或晒席遮住天，再次“清棺”，主要看尸体是否翻侧。棺材摆正放平后，把煨有米饭的瓦罐放于棺材旁（这个罐叫“衣禄罐”），还要把烧老头袱子的灰包置于棺材外（也有放于棺材内的），再关生基门或盖泥土，道士或关门石匠封赠“黄金归窖”。落井时要烧落井钱，火炮放得越多越好。

烧灵　出丧后要把灵屋之类的祭品烧掉，叫烧灵。有的地方掩埋后当即烧灵，有的地方午饭后烧灵，还有的 7 天后烧灵。

买山　垒好坟后，由巫师或道士做法事，向孤魂野鬼宣告这块地已由新故亡人 × 买下，彼此相安，不得有欺。做法者领孝子环墓地走一周表示划界，然后把印有法章的《买山约》烧掉，如果在修生基或建墓碑时已买山，则不重做，只需多烧一点纸钱便罢。

喝“忘魂汤”　安葬后，主人家熬些稀饭，让在帮忙过程中为死者办事的人或亲友中胆小的人喝一碗，以忘掉可怕的场景。

复三　城镇人在安葬死者的第三天准备好冷食，请至亲嫡戚到墓前食用。然后放鞭炮，烧掉花圈。乡村多在第七天烧花圈。

送亮　葬后，连续 7 天傍晚去坟前烧香点烛，有的地方用稻草编成“火焰包”点上火放置坟上。传说，火焰包燃完，说明死者“该死”了，若燃不完，说明还不当死。

第六节　禁忌　陋俗

生产禁忌　农耕忌丑日用牛；买耕牛忌买“通脊黄牯”（背上无旋毛）和“五奶牸”。传说“通脊黄牯五奶牸，走一家害一家”。忌从牛绳、扁担上跨过。

船工出行前，忌覆放水瓢。

瓦窑发火烧，忌见到火色，也忌说“红”字。

加工豆腐时，忌从山上回来的人接近加工点，怕打“狐狸骚”。

生意人禁忌　抽烟接火时要说“借个财”，吃饭时忌把筷子搁在碗上。药铺、香烛铺、医院忌说“再见”“欢迎再来”；讲生意时忌脚踏板凳。

婚姻禁忌　依亲攀亲的婚姻忌不同辈分；忌闰年结婚。

生育禁忌　喜期忌孕妇入堂屋；产妇吃的鸡蛋壳忌乱扔；送饭整月米酒忌送鸭子；孕妇居室忌穿草鞋出入；说小孩忌说肥，要说胖。

居家禁忌　祭神、供祖的食品忌先尝；待客时桌上茶碗忌双数；妇女的裤子忌晾在过路的上空；妇女忌坐堂屋门槛；建房时忌跨过梁木；出现彩虹时，忌用手指；忌把自家房子借给他人夫妇同宿；忌见两蛇“相晤”；红白喜会，3 天内忌扫地；女儿回娘家忌扫除；哥忌与弟媳开玩笑。

丧事禁忌　死者入棺时，忌生人旁观；死人后点脚灯忌用桐油；死人穿衣忌 5 件、双件；亲属哭丧，忌泪水滴入棺内；戴孝帕忌入非死人家庭；挖井（穴）或开生基门，忌喊他人姓名；棺材忌用桐油防腐；送葬途中，忌棺材落地；灵堂忌用红色纸写挽联。

仇杀　同治《彭水县志》记：彭水“深山老箐中，民性刁悍，好斗健讼，如梅子较场，龙射诸堡，称难治焉”。民国《彭水概况》述：“边野伧民，恩怨分明，睚眦必报，仇杀械斗，相习成风，每至景代寻仇，家亡绝嗣，亦无悔焉。”溯其源，《华阳国志》有载：“涪陵郡……人多憨勇，…县邑阿党，斗讼必死。”《溪蛮丛笑》说：“夷姓好杀，一语不合，便刺以刃，百十年必报乃已。”《苗民考》论及此，“苗姓刚倔嗜杀……以轻身善斗为尚，好寻旧恶，睚眦之隙，动至操戈，非及时排解消释，往往相寻不已。或强弱悬势，贫富不敌，积愤积怨，暂时不报，待势力相敌，怂恿有人，遂纠众执械，拼命奋斗……约集党类，劳以碗酒块肉，即以死报。虽伤无悔”。可见“苗人不忘九世之仇，往往相杀无尽”。日久成习，传袭后裔，经久未绝。1997版《彭水县志》所述仇杀数例，更为之一惊。中华人民共和国成立前，争场市、买卖田地之争颇多，此后这类事随政策变化一度消失。但婚姻纠葛、口角纷争，仍常牵旧病复发。1986年后，房产分割、宅基、土地承包、柴山森林边界、用水纠纷、摊位及门面等纠纷，引起氏族、团伙操械仇戈者时有出现。因普法执法力度加大，文化教育深入，民间仇杀案件减少，少数地方、少数人中仍有一触即发之势。

虐妻　中华人民共和国成立前，婚姻不能自主，家庭中“男子汉”才是“当家的”。民间有“牛皮服鲊，右客（妻子）服打”的恶传。休妻、撵妻、换妻常见。此后，宣传男女平等的政策，旧习有所改变。但旧习影响深，不易根除，人们常把依顺妻子的男人贬称为“粑耳朵”“烂瘟狗”，还比喻为“全频道”“气管炎”（谐意：妻管严），虐妻的情况时有发生。

霸妻　中华人民共和国成立前，有势者占他人妻为己妻，被霸妻者只能忍气吞声，还有从家庭或路途把别人的妻子抢回自家强行拜堂为妻为妾者。此后，这种现象有所敛迹。少数地方也有明知有夫之妇，以经济收买或其他胁迫手段让其跟强者生男育女，又谎称属原夫之妻，其原夫不敢动声色，任其自由往来，所生子女跟原夫姓氏取名，而叫霸母者为父。

逃婚　婚后，女方对所嫁男人及亲属或对家庭经济状况不满，不经离婚程序逃离，有的是在有新欢的条件下逃离。逃婚者，有的带走衣物或贵重物品，有的只一身衣服，舍去一切。逃婚后，有的娘家组织人力向男方“要人”或退回陪奁，有的男方向女方“要人”，引起打群架甚至抄家。

赌博　中华人民共和国成立前，男人打牌、赌博为正常。有人用唱山歌的形式讽谕：“打牌赌钱真君子，喂猪纺棉真背时，两颗骰子轻松滚，汗水还在背沟滴。”也常可听到“有人打牌把裤子输了站到黄桶（大木桶）里都还赌两把”之类的龙门阵。但赌博之风照样盛行，尽管如同民间谚语“抱鸡母刨灰，越刨越深沉”，而好事者不绝。用长牌“刮撮”“数红点子”；用骨（竹）牌（32块）“推牌九”“打精”“打四喜”，用方孔铜钱“旋宝”赌单双；富裕人家搓麻将，上不起赌场又无牌骰者采用“占卦”（将桐子划成两部分阴阳卦）、打老钱（以石块堆码于圈内，在一定距离打出圈）、“笃棍”（各一把带勾杈和不带勾杈的蒴毛枝在地上用力笃下，然后一根一根挑捡）、“走五码”等方式赌少量钱物。此后，赌博之风一度禁绝，偶有玩牌者也不能以钱物为赌注。1986年后，赌博死灰复燃，且愈演愈烈，其形式多样，赌具五花八门。1994年后，家庭茶馆（茶楼），长牌麻将兴起。无论父子还是朋友，都以现金（多少不等）为赌注，无一例外。场所增多，方式增多，参与人数增多，赌注逐渐加大。长牌增加“幺（腰）地人”的玩法，麻将变为“倒倒和”“八搭二”；扑克牌出现“板子炮”“抓鸡（抓阄）”“斗地主”。街头摊位边和劳动工地歇气时常见小赌，多以1元、5元为单位。茶馆、协会多以10元计盘数；茶楼、休闲吧包间赌注成百上千元。一些地方还有“赌博机”“自动麻将机”等工具。由于赌博有禁不止，一些人在经济上一落千丈还无回头之心，“放水”公司应运而生。放水即放高利贷。放水人深入赌场或常住附近，利率超过银行数倍，最低20%，高达200%者。若超过时间加利1倍。2004年，城镇部分麻将馆始用筹码代现金交付。

吸毒　中华人民共和国成立前，富者吸“洋烟”，民间有罂粟种植，还自制鸦片“泡子”。历史上虽有过禁毒、铲烟之举，但多为“做样子”，终未禁绝。中华人民共和国成立后，吸毒曾一度绝迹。1986年后，毒品从外地传入，部分人开始受害。1996年后，吸毒者多以贩毒养吸毒，使受害者增多。虽有致病致死的教训，也有缉毒的压力，但吸毒（吸白粉、吃摇头丸）者不乏其人。农村还出现种植罂粟的状况。

弃女婴　民间重男轻女意识浓厚。中华人民共和国成立前，“养儿防老”，养女最终是“别家的人”的说法普遍，甚至有“宁肯跟叫化的儿，也不跟做官的女儿”的说法。很多家庭，媳妇生女胎，婆婆就嫌弃媳妇，怪罪媳妇。一些人生下是女，尤其是2胎、3胎是女儿，就当即溺水或“不捡”（让其自然死亡）。此后，有的妇女生女儿就继续任其自然生育，有的生育多达9～10胎。自1973年提倡计划生育后，这种意识在农村仍未得消除，有的为生儿不惜被罚款，或者外出生育也要多生。他们中，一些生几个女儿，既觉得负担重，受不了处罚，但还想生儿子。所以生下是女儿，便包好穿好，用纸箱或背兜装好置于大路边，甚至城镇附近，等待别人抱养。2000年后，农村仍有少量弃婴者。

第七节 移风易俗

中华人民共和国成立后，人民政府号召移风易俗，提倡喜事新办，一度有过一切从简的风尚。1986年后，各行各业劳动频率加快，劳动价值明显提高，人们在生活、生产劳动中总结经验，吸取教训，认识到耗劳、费时的一些做法事倍功半，不足以再用。1997年，中青年投入打工潮，不仅带回经济效益，而且从国内各地带回了许多适应新形势的价值观。彭水历史上又一次经济、文化、社会习俗的大交融拉开序幕。2000年，这种大交融带来社会经济文化的大改观，也给长期形成的社会习俗一次大的冲击。除生产、生活、礼仪等方面大量吸取先进成分和科技营养外，世界观、价值观、人生观的改变促进语言、信仰等社会习俗的进步，淘汰传统习俗中的糟粕，在县内形成新的社会风俗发展走向。

一、习俗变化

婚姻　1986年后，县民的婚姻习俗有历史上前所未有的改变，从法律认识的角度看，可以说是根本上的改变。包办婚姻被极富时代特色的新潮流冲击，上千年的陈规被打破，长时期的禁区受到猛烈的攻击，“生来是个舅子命，想当姑爷万不能”的宿命婚姻观念被唾弃，“篾门对篾门，板门对板门”的挑亲方法被抨击，“嫁鸡随鸡，嫁狗随狗”的枷锁被砸烂。民间曾有过的“你来看我我在洗缸，我去看你你在打枪，两头靠得梆梆紧，中间一个空框框”，已经不复存在。揭开盖头才识“精”的婚姻已成历史。自由恋爱、恋爱至深后定亲，自由结婚、自由离婚成为新时尚。尽管还有媒人、介绍人这类名词和取同意走环环的说法，然而男女之间早已无拘无束相处，原来的礼俗只是一层掩人耳目的面纱或包装。

1996年后，网上谈婚、恋爱在城镇出现，农村女孩走向外地，不经任何说媒、介绍，与外地结婚者渐多。男婚女嫁已不受转弯抹角的辈分约束，无血缘关系的同姓氏结婚、高龄与青年结婚、富人与穷人结婚不为怪事，早晨结婚、下午离婚不足为奇。

礼俗　1986年后，礼俗也有较大的改变。首先是红白喜事的礼俗改变。传统习俗中，姑娘结婚坐轿、男子骑马、加上一个童子举“旗旗”（红布或有色纸做三角旗）是最高礼节，被尊为贵族、旺门之举。1990年后，婚嫁已有车队，前面两排摩托车开道，随后是贴红双喜字的车队，车队中新郎、新娘及伴婚人乘坐的花车，制作精美，十分讲究。车队前是乐队，车队后是腰鼓队，浩浩荡荡，喜气洋洋。其次是丧事、寿庆的礼仪改变。除了也请乐队点唱歌曲外，丧事改发白布孝帕为毛巾。寿庆时大多不再祝寿，礼物中增加蛋糕做成的寿桃。再次是开工、开业典礼，无论单位或个人，开工开业典礼都前摆花篮，后设标志，两边站戴飘带的礼仪小姐。

婆媳关系　在民间，婆媳关系有千言难述的苦涩史。过去，人们把媳妇接受婆婆的“调教”称为“喝辣子汤”。民间歌谣唱：“瞌睡神啦瞌睡神，瞌睡来了不由人，唯愿婆婆早点死，一夜睡到大天明。”媳妇被婆婆虐待致死的故事多多。1986年后，婆媳关系有了根本改变，许多家庭儿媳上班或出外打工，父母主动担起家庭重担，媳妇像女儿一样地对待婆婆的不胜枚举。“养子抱孙”成新时尚。

隔代爱　相当长时期内，县域有“一代不管二代事”的说法，主要针对的是养儿哺女是父母的事，婆婆、爷爷一般不管第三代的哺育。1990年后，计划生育工作正常进行，独生子女渐多，按少数民族地区政策，农村放宽到夫妻可生2胎。农民中，生3胎或多胎的人减少，重男轻女的思想也不如以前严重，加上中青年大多闯入社会各行业，在发展中竞争，力图在竞争中发展，许多人把“养孙”视为己任。他们自称“研究生（孙）”，自愿接手，洗浴、供奶、背抱游玩，自觉其乐无穷，隔代爱成为新风尚，把哺育第三代作为己任，献爱心于第三代的人遍及城乡。

语言　中华人民共和国成立初，一些外地干部入彭讲普通话，人们听不懂，觉得好笑。本地人学说普通话，被视为“贵州骡子学马叫”，把与地方话有所不同的说法视为“阴阳怪气”。1986年后，普通话在学校教育中推广，电视广播中多见，外出打工的人认识到不说普通话难以交流，普通话在山区也有了一席之地。打工仔回家说几句普通话，学生用普通话读书，不再受指责，一些青年男女还习用普通话交际。

待客　民间待客，过去多为装烟、倒茶，请客入坐，摆一瓶土酒便是上等礼节。1986年后，红白喜事桌上一般备“三个头”，即三香、烧白、鲊扣等，再按自家情况设6个菜，有的摆1瓶土酒。1990年后，无论城乡，凡红白喜事，把“三个头”改为鸡、鸭、鱼，桌上讲究3样酒水，即白酒、啤酒、饮料，糖果、瓜子大多具备。

住房　1986年后，城乡新建住房大多为钢混结构，民间住房向公路边迁移。1994年，县城始有电梯房。2003年，居民住宅楼也有了电梯房。

过节　1998年后，县城部分人过节时不再在家里办酒席，他们预先在酒楼订席，到时聚全家到酒楼欢庆。

美容　1986年后，过去的理发业大多改称“美容厅”“美容院”，除理发外，干洗、烫发型、焗油、洗面等业务全面展开。1998年，睡式洗头，中式、泰式按摩、洗脚等服务项目兴起。

二、民间教育

中华人民共和国成立前，彭水民间社会教育形式多样，内容丰富。除官方组织的一些活动和他们自身的言行对百姓的影响外，还受民间自发的家教、族教、村（保）甲活动影响，社会活动中的礼俗、言谈教育也多。父母讲家史、讲经济、讲见闻，族中开族会、说笑、打跳、唱山歌、摆龙门阵、唱书等等，对儿童教育多为教些“大月亮，小月亮，哥哥起来学篾匠，嫂嫂起来舂糯米，舂得喷喷香”之类的顺口溜。

此后，民间社会教育多一些带浓烈政治色彩的活动。除此之外，仍然有“两弟兄分家”“老人公烧火”等民间故事。这些教育对它的接受对象的为人、处事、志趣、爱好、成长都有着不可低估的影响。

1986年后，民间摆龙门阵的还多，但在对儿童的教育上，家庭成员大多以书本（教材）为主体，给子女灌输读书努力，成绩好将来才有出息之类的思想。凡开玩笑，讲他人是非都避开小孩，一些对教材吃不透或根本不懂的家长，只检查作业本上的批语，看分数，也作些鼓动工作。富裕家庭，开始请家庭教师或交费让孩子参与一些假期培训。

民间教育调查　社会教育之中，民间教育市场广阔，受教育面甚广，教育内容的优劣直接反映出正负效应。早在1997版《彭水县志》编修期间，这一重大社会课题就引起编者们的思考，但因种种原因，未能入志。

彭水自先民开始以自己原始劳动方式和原始的方法维持生计时，就开始有社会教育。这种教育的雏形是多方面的：饮食的尝试、成败哀乐、危险时的救助、共同劳动中的指挥与应和、相互斗争时的指责和谩骂、对自然现象的惊奇与传说、有某种收效后交流等等。随着经济的进步、社会的发展、移民的入居、政权的更替，教育形式进入发展型阶段。回顾家史、回顾惊险、茶余饭后的取乐说唱、生产生活中的趣闻传说、利益争夺时的讼争与说理、人与人之间的崇拜与抗争，内容丰富多彩，形式更为完整齐全。自唐代的庙宇兴起，增添神、鬼，宋末又增加墓碑文化成分，加上各朝代战争胜负，“赶苗拓业”开始的强权政治，湖广填四川的文化交融，清代就有了目的明确、煽动性大的较为完整的社会教育体系。自清末到1950年，彭水社会教育中民间教育逐渐完善。从教材上看，它可分为书面教材和口头教材；从教育范围看，可以说凡有人群、有村落就有教育；从内容上看，政治、经济、人文、生活、伦理无所不有；从形式上看，故事、诗歌、散文、小说、正编记史、记、传、序、联体裁齐全；从方法上看，见人说人话，见鬼说鬼话，投其所好，有吸引力也有欺骗性。受教育对象更是男女老少全员投入。

史籍教育　这是民间教育中有文化档次的教育，他们茶余饭后，农闲乘凉或烤火，请看过书的人讲《三国》《封神》《西游记》《水浒》及隋唐等书籍中的人物故事片断。也有家族中念诵族谱，追溯族源并涉及同姓氏的历史人物及故事，还有宗族祠堂、族规等记载。除此之外，更多的是流传民间的手抄本，木刻或石刻本的各类书籍。这些书籍有涉历史人物的，有谈及修身养性的，也有封建迷信的。至今流行于民间的有：《柳荫记》（说唱梁山伯与祝英台）、《鹦哥记》（说唱乾隆皇帝）、《安安送米》（说张安安敬孝）、《清官图》《蟒蛇记》《小算盘》《韩湘子》《征东》《征西》《扫南》《扫北》《杨家将》及《五公经》等等。

伦理教育　这是家庭内的教育，大多由年长者采用祖传说教或谴责别人的不是从而规劝后代的方式，也有的采取讲故事诱导的方式，更多表现自幼就介绍各种社会关系，要当面作揖、行礼或称呼。意欲让子女有孝心，分清辈分，尊敬老人，和睦相处，规范言行。

防患教育　有知识的人常以“画虎画皮难画骨，知人知面不知心”的增广贤文，教育家人或亲友懂得“山中有直树，世上无直人”的道理，从而做到“害人之心不可有，防人之心不可无”。更多的人是摆什么“野人婆”装着外婆来家，小孩信以为真，结果被吃掉；狐狸精装成老老实实的徒弟拜法师学法，学成后报一箭之仇反害师傅等龙门阵，让听者有防患之心。

报应教育　这类教育多以历史传闻改头换尾，把某事结果巧连于因的龙门阵讲述的形式，让听者从故事中确信“善有善报，恶有恶报”。常讲的有媳妇不孝婆婆遭产后死；嫂嫂心狠多占家产被猴子抬进山洞丢掉；某人偷看不当看的事后眼瞎等。唱词有：“今生眼瞎如何论？前世烧了好经文。今世脚跛如何论？前世挖了闪脚坑”等。

神鬼教育　民间教育时间经久、内容繁多的是神鬼故事。神鬼的龙门阵特别多，初听颇为真实，而且愿意听这类龙门阵的颇多。凡这类龙门阵具备一个统一特点，讲述者把个人要达到的目的置于要讲述故事的效果之中，同一故事改时间、地点，说出真名实姓，口述听话人知道的背景，把要实现的结果寄之以神或托之以鬼，有的甚至鬼神的“职能”不分，各取所需，哗众取宠。

三、残存文化

阴阳　民间，交谈中有一个重要内容，就是阴阳论。表现最突出的是传说一些说话人本不了解，但说得取方就圆的阴地阳宅的故事。哪家的祖坟埋得好，出了人，发了财；哪家的房子修的地方不对或朝向不对，后人不争气，家贫如洗。加上一批专门从事看阴选阳的“先生”“地仙”流窜游说，使部分人把兴旺与发达寄托在没有的“活龙口”上。虽也有人讥笑这种想法为“人穷怪屋基，房漏怪椁子稀”，但连说这种讥讽话的人也请“地仙”。而且近年城里人信者增加。

看期　择期选日在民间极为普遍，凡红白喜事，建造迁居，都请人择黄道吉日，有的还要请几个“先生”定夺。

荤龙门阵　中青年人常喜欢聚在一起讲“荤龙门阵”（带色情的故事），讲述内容除传闻桃色信息外，多为传袭较久的民间庸俗丑事等，教育人们要遵从伦理准则。

讽谕教育　彭水民间讽谕教育的方式多，内容也多。常伴以短故事、顺口溜、对联、龙门阵等形式。

贬斥对答　民间，贬斥取笑的多，大多出现在有一定社会阅历、识字人之间。也有不同行道者之间的贬斥与答斥。其内容涉及较广。有人取笑“麻子”，麻子答斥说：我的祖麻子如洋芋大，父亲的麻子点点就只有玉米籽大，我现在只有豆大的麻子，我儿子基本上没有了，我的孙子一代一颗麻子也没有。有人吹嘘说：我家今年板栗丰收了，到时候请你们去吃板栗；你去看，我的板栗这么大（手比划比碗还大）。旁斥者说：哪有那么大的板栗哟；吹嘘者回答：板栗外边有刺，我比拢了要刺人。也有用顺口溜或其他故事贬人和答斥的。

在民间，还有诸如墓碑、道场、端工、情源、仇源等教育和影响，这些教育影响不容低估。

第三章 方 言

彭水各民族杂居。1986 年后，随着改革开放不断深入，在长期的生产、生活、文化交流中，语言融为四川方言川东片重庆话的一个分支。既有重庆方言的共同特征，也有县境内方言自身的特点。在境内，城镇与农村、内地与周边也有差别。周边乡镇方言与接壤的省县相近，即使是内地乡镇也有高山与平坝、乌江流域与郁江流域的方言差异。语言多为汉族语系，各少数民族自己的语言仅有少量残留。在墓碑石刻、家用器具雕刻或手抄书籍中依稀可见。但由于母音、声调、声韵配合与流行的普通话有区别，彭水方言自身特点依然突出。在一些偏僻的村寨，方言使用频率仍然很高。1997 版《彭水县志》已有较为翔实的记述。

第一节 区域及差异

县境内高山绵亘，江河纵横，各民族语言交流受地域的限制，局限于小区域内的方言各具特点，互有差异。

一、城镇语区

汉葭镇、郁山镇建于不同历史时期，且为历史和现实的政区治所。郁山镇先于汉葭镇 678 年。两镇语言与川东方言至为接近，但也有声韵或词语的差异。两镇及郊区与乡村方言的差别主要表现在“白”“黑”“墨”“格”“得”“阔”“麦”“勒”“则”“戒”“折”等字的韵母上。乡村把韵母读作“ & ”（英语 A 的音标发音），两镇则读为“a”（英语 A 的字母发音），其他部分也有差异，如“弄”，两镇声调为阴平，乡村多读上声。

二、周边语区

彭水北接湖北，南连贵州，东与市内黔江、酉阳接壤，西和武隆、北与石柱连界，周边方言多与邻省县周边居民相通，东、西、南、北方言从发音到字义，词的构成方式等差异较大。北面边境字 an 韵，多以“in”代之，他们读“面”为“命”,“县”为“信”,“见”为“进”，且均带后鼻音。西南近武隆,“的”读作“li”，叫“母亲”为“老妈子”。南接贵州，字无 ie 韵，常以“i”代之。“结”“接”读作“级”,“铁”“提”不分，读作“提”,“歇”为“习”,“蝎”为“希”,“爷”为“姨”,“切”为“骑”,“穴”和“血”均读作“徐”，形容词“ gaza”作动词用，后搭配的宾语“人”。如：他办事好“ gaza”人罗。即办事令人恶人，叫人觉得不顺眼。东部与黔江、酉阳交界处，叫父亲为“b & b & ”，且前后两字调不变，称“媳妇”为“大女”“二女儿”，按姓氏称“张女儿”“李姑娘儿”“王女儿”等。发音时“en”和“eng”不分，常把“分”读作“封”,“风”读作“分”。an，发音时为“＆”，“饭”读作“f＆”。

三、其他语区

县内方言差异的形成主要原因是山隔水阻。同一民族或氏族住不同地域，因交通阻隔，交流相对减少，差异随之而生。按彭水方言的发展历史，方言除城镇和周边的差异外，还可以从发音、措词、用语习惯分区域，内地大体可分为五个小区。

乌江两岸区　包括火石、文武、靛水、下岩西、上岩西、大厂、猴栗、朗溪、龙塘坝、润溪、龙洋、黄家坝、万足、石盘、双龙等地。以黄家坝为辐射中心，形成该区的发音、用辞特征。区内，鼻音重且多带较长的尾音。“那儿”读作“那bour”，“立起”即是“站起”，脚杆称为“脚梗”，“老婆”叫“女子家”，某人死了说是“lia寡”了，“几个”说成“几gai”，常用副词“黑白（h＆b＆）”即“反正”“无论如何”。

郁江北岸区　包括普子、三义、桐荣、砂石、棣棠、太原、木南、凤鸣、芦塘和联合与普子交界的次坝、庙坝、唐兴、青盘等村落，以普子坝为辐射中心，形成该区发音、措辞特点。后鼻音字多，称“老婆”为“姑娘客”，对事情表示惊讶说“咋板儿”，说小偷偷东西叫“lao东西”。

西北方言区　包括葡萄、龙射、平安、下塘、共和、鹿鸣、合理、高谷等地。因长时期受乌江和雷公盖阻隔，形成该区方言特征。以高谷为中心辐射全区。发语辞常用“老子说”“老子爱”、说“个”为“∩i”，称母亲为“老婆子”，父亲叫“老头子”，东西丢失或某人死了说成“哦，弃火当当儿”。该方言区多用儿话音，比如“吃饭儿”“喝酒儿”“钓鱼儿”“摘橘子儿”。称老婆为“女子家”，称叔子为“父”，用力打叫“赏”。

三角方言区　包括龙溪、走马、朱砂、石柳、连湖、联合、乔梓、迁乔、岩东、清平、大河坝、长滩、羊头铺等地。地处乌江与郁江交汇的三角州，三面受大坪盖边沿15千米的横亘山梁阻隔。该方言区受郁山盐文化的长期影响，形成县内文化发达区域，方言丰富多彩，是彭水方言中有代表性的区域。虽两镇三区（行政区）自有方言特征，但发音、措词语法形式非常贴近。区内发语辞或叫口头禅常为“盐pi”“连pi”或“娘pi”，方言词汇丰富，非常讲究语境。因事故死亡叫“丢命”，小孩夭折叫“走gaga屋”“转去”，年岁高的死亡叫“归天”或“百年归天”，自己厌恶的人死亡叫“遭凶”，被别人打死叫“除脱”，故意把人整死叫“办死”。把某个东西搞坏了叫“整lia”了，说奶水、乳汁叫“lair”，说母亲的乳房叫“mair”，称父亲的姐姐为“爹”，称父亲的同祖姐妹叫“diadia”或“孃孃”，称老年人为“朗家”，称妻子叫“右客”“女客”“屋头个”，称丈夫叫“光脚板儿”“门前个”。男婴叫“读书的”“照牛的”，女婴叫“绣花的”“打猪草的”。称整生日酒叫“祝寿”，贬称叫“熬汤锅”；女孩定婚请客叫“吃耳朵汤”。女人和同辈男子开玩笑，称对方为“背时爹”“背时沱”“鸭老壳”，骂男人时常说“水打棒”。的字结构用得多：“背时的”“挨刀的”“砍脑壳的”“打短命的”“黄泥巴瓮的”“短板板筑的”“挞破脑壳的”“摔断脚杆的”“水淹沙瓮的”“塞炮眼的”等等，用于对别人的诅咒或开玩笑。凡说小的东西习惯加儿尾音，说大的东西把后一个字读得很重。动作大的常说嗨，如“嗨一顿饭”（表示吃得多）。“做他几锭子”，表示用拳头打几下。常用副词：嗨齐、喽起、嘿实（尽力）。

大坪盖区　包括鹿箐、同河、小厂、桐楼、珍加、诸佛、梅子垭、新田、桑柘、新场、鹿角、大园、安子、新化、善感等地。以桑柘坪为中心辐射全区。这个区曾含2个行政区，地势特殊、方言别具一格。发语词多用“叫么子”“讲羊子”。辈分高的对小辈说话常带“娘pī（对侄辈）”“妈pī”（对孙辈）、“日马马”（对所有小辈）。舅舅对外甥忌用“娘pī”。区内说话尾音长而重，多带后鼻音。无事走人户叫“瘸脚杆”（贬），也叫“摆人户”，走非亲非故的人家叫“吃酒”或“帮忙”。说“个”为“gǐ”，称出阁的女儿叫“姑娘客”，拖煤叫“拖烟子”，称说话不负责的人为“水冬瓜”，称盗贼为“墨脑壳”，整体叫“kún”（如kún猪、kún羊），做家务事或收拾东西叫“刹提”。欺负别人或受人欺负叫“吓”（xiā），用脚踩叫“liā”或“lī”，贬称鞋为“lià蹄壳”，牛不按指定路线走叫“lià起走”，扭说成“纠”或“ká”，揉叫“ruá”，说“傻”叫“莽māng”。小孩吃的食物叫“māng māng”，批评、挖苦、讽刺或打叫“秀”，搬东西叫“盘”，打听说成是“pǎngkrn”，盯稍叫“∩ǎng”，悄悄看称作“ding（盯）”，用手使物体从包皮中脱出叫做“liá”，小孩撒娇叫“放lia”，因不高兴而不说话甚至不吃饭称为“死气”，一个接一个形成长队伍叫“一lāng”，小孩不胖也叫“lāng”，护理称为“经佑”。

第二节　方言词汇补遗

一、名词:

敖儿：小孩，泛指比说话人辈分年龄小的人。

私敖儿：没结婚的女人所生孩子。

拙（zuá）棒：指过分老实的人。

盯（díng）棒：好出风头的人。有的地方称盯棒脑壳。

刮刮（guá）：用以坏别人事情的主意或者手段。

嘎嘎（gǎ）：人体表面汗水干后揉成的块状或条形脏物。

gāgā：指外公外婆。

gǎgǎ：即肉类食品。

鬼冬哥儿：本指猫头鹰，比喻鬼鬼祟祟的人。

几环蛋：对别人父子或几弟兄的贬称（桑柘坪一带常用）。

壳钻儿：本意指食指中指卷曲后敲打别人头部。后比喻被人侵占了少量利益。

缭礼：常指品味不高的食物。

打狗棍：用以打狗的棍子。引伸为走人户时送的礼物。

老业钻儿：舍不得吃、穿，苦心积家的人。

二层半：指做事不入格，穿着、语言与自己的身份不一致的人。有的地方称“假哥”“二层子”“二百五”“二杆子”“二气包子”。

锭子：指拳头，有的地方叫“锭文儿”。

艺艺：老一辈遗留给子女的较为珍贵或稀有的物品。

灯神麻子：有心计的人使出的花招或想出的主意。

坛子客：两个特殊关系的，可按传统习俗开玩笑的人。

糟中（zhāozhòng）：平淡的生活，难过的日子。

枉得儿：本不该得到而又的确得到的东西或利益。有的地方叫“碰财”。

挂儿：用力打别人的脸部，或打耳光。

花鸡公：指桑骂槐的骂人方式。

巧巧儿：窍门，解决问题的关键环节。

二、动词和动词性词组

秋皮：故意为难，让别人可得到的而得不到。

拐火：事情办糟，受病人病情加重、出现灾难。

逼水：原指猫不声不响逮住老鼠，老鼠不敢猖狂活动，比喻有威性。

盖脚背：指办事讲谋略，尽量避免别人知道，与“露骨”反义。

避虎眼：专指隐私活动不让人知晓或看见，有的地方指大小便不让人看见。

加花：故意把事情夸大，或者在事情发生的经过中加上根本没有的情节。

搞神情：有的地方叫“办灯儿”，即故意使坏。

撕皮：闹矛盾并使其公开化，有撕破脸皮之意。

喝泡（pāo）：有的地方叫“舔肥”，即说奉承话，讨好。

来货：指单位产量或价值高，一般指积成结果。

麻广广：制造假象蒙蔽人，或用生僻的词语占人便宜，挖苦别人。

打杵：本为背东西时用以歇气的工具，作为动词用后的意思是办事中途受阻。

纵毒：说人坏话，搬弄是非，挑拨离间，挑起事端引出矛盾或仇恨。有的地方叫“dóng祸”“怂祸”。

幸天：本意是随天气变化而变化，多比喻（平白无故）没有依据，凭想象或推测说别人的坏话。

打短命：指未成家就死亡，有的地方叫短阳寿。

拼：讨要，或不要代价赠送。

上夹攻板子：强化管教力度，把能用的限制手段都用起来。

打 těn：办事中途停下来，说话缺乏连贯性。

塞桌子角：谦虚的说法，意即给人办事出不了多大力或送不上大的礼，但愿意出力。

抠锅粑：妇女生小孩，有的叫添喜、坐月、垮桶子。

熬汤锅：指整生日酒。

听谱（póur）：无意中听到本没想听到的消息。

舀油盖盖儿：本指从汤的表面取油水。引申为挑好话讲，做表面文章。

挖筋：做事绝情。

栽根儿斗把：借故小题大做，有的地方叫添盐加醋。

歇（xiē）：张开嘴巴，笑得不自然，也指哭。

捆（kún）：把不该个人享有的全部占为已有。

憋：加压力使成功。

惩：用力将对方压倒在自己身体下。

捅：贬称吃，对不满意的吃称捅饭。

liù：动，有的地方叫“板”。给小孩打针要莫板。

Păng：打听，探听。

昂（∩ăng）：盯梢、打探。

司尿：使小孩小便。

Piăn：用刀斧削成某种形状。

盘（păn）：反复动作搅和，比如盘面。多次重复，达到目的。

踏：坐，通常指不欢迎的人坐下来就不肯走。

衲：做针线活。多指做鞋袜垫子。

飘（piăo）：用火烧表皮。

玄：纠缠。

三、形容词

行适：多指小孩长得好，听话。还指自以为是的人。

观火：起作用，办事办得妥贴。

懂祥：指食品味道好，也指办事称心如意。

衲寡：不讲卫生，令人恶心。

莽（māng）：脑子不好使，笨，多指不知道捞好处，有的地方叫“醒”。

尖：聪明或狡猾。与“醒”反义。

松活：轻松，也指病情好转。

巴胎：很贴近，比喻办事妥贴。

葩和：本意煮得烂，方言中有便宜、好处之意。

娃甲：难看，不顺眼，糟糕，也有过分得意之意，多指脏、臭不堪入目。

机巴不淡：对事情结果好或差抱无所谓的态度。与己无关，出了恶果也不怕，有以滥则滥的含义。

展阳：有的地方叫展样。指地方开阔，好看；也指做工精细，样式美观。

嘿（hāi）火：指力气大、胆子大，敢于拼，不怕死。

扣（kóu）：吝啬，作动词用有抓住，逮住之意。

棚（pēng）：本意是短时间躺着休息，引申为依靠、依附。

淆：搁置东西时，某一方位不落实。常指事情没办完就停止。

抬（tāi）：以手用力向上。引申为敬供，说奉承话，吹捧以得到某种利益。

liǎ：本意是用力让条形物体从包皮中脱出。多用于推御责任。

溶（mì）：吝啬，不大方；也指办事不果断，遮掩、逃避。

liāliā 巴巴：靠得拢，多指女性在男性面前撒娇，讨得喜欢。也有蓄意靠拢某些对象，以达到个人目的之意。也说 liāliā 搞搞。

悬（xuán）皮厚脸：指对老一辈说话不依分寸。也指油腔滑调地纠缠不休。

醒轰二武：也说叮咚翻天，意即用力猛、声势大。

m ī 尔船停：与不声不响同义，做事不作声。

颐和：可以，舒服，办事顺意，符合说话人口味。

抛：意思是讲大话而无实效。有的地方叫“冲”（chòng），有自以为是之意。

夹壳：与吝啬同义。

丧：以脸色待人，脸色难看，带有不满意的神情。

钩子麻糖：勾结起来干不正当的事。常指男女之间关系暧昧。

额（ŋē）滕（těng）：不乐意为别人办事所表现出的神情、动作。

liɑ̀：耕牛不走正道，引申为行为不正。

酷：蹲下，有的地方叫“孤”。

邪（xié）：离火很近，感觉烫。

tiě：凸出的部分。例：那孕妇 tiě 起肚子走路。

piǎ：低垂，比喻不正常。

阔：称心如意、好。

屁眼儿痒：做事疯疯癫癫，故意使坏、让人为难。

稀儿：事未办成或办糟了。

第三节　引进语言

1986年后，打开山寨，迎来外资、外商，许多行业更新，外地人出入彭水频繁。彭水人到外地打工的增多，新的语言引入彭水并被县人采用。语言、词义都发生较大变化。“小姐”原指贵族家庭未出阁的女儿，后带有贬意，1998年后，改称“妹儿”“小妹”，很少有人再叫“服务员”，“小姐”的称呼也少听到。“不存在”一词于2000年始用，在中青年中成了表示“没关系”“用不着计较”“没问题”“不在乎”“没有”之类的应答的总代词。

引入更多的是行业专用语，在一些场合，近乎行业黑话。打麻将叫“砌砖”“修长城”，称赌资为“子弹”“米米”，输了交钱叫“上菜”，钱不多说是“梗子不足”，几个人勾结起来打某一个人叫“打鬼”。商业用语也五花八门，有“甩卖”“跳楼价”“流血大甩卖”等等。社会交流语中说大话的叫“冒皮皮”，女人丰满叫“性感”，行为不轨的叫“杂皮”，请吃饭叫“咋起”，拿钱叫“开咋”，讨好当官的叫“敬菩萨”，跳舞叫“斗奶”，眼看心爱者被人夺走叫“端蒸子”“吃醋”，交往密切的朋友称“要得好的”，互相请吃饭叫“吃转转儿”，男子患性病治疗叫“修枪”，夫妻离婚叫“换叫”，钱花光了叫“洗白了”，说话骗人叫“喝”，有钱人叫“款爷”“大款”等等。

第四节　习惯用语

避讳　在长期的语言交际中，总结经验，吸收教训，形成语言避讳习惯。怕人利用字的谐音占便宜，读“龚”为“弯”或“jong”，以避“公”；读“傅”为“传”以避“父”；称“任”为“本”以避“老人”而称“老本”；为了使听话人不觉伤感或刺耳，小孩死了说“丢了”，小孩生病叫“装狗”，东西用完了叫“发财了”；父母在场忌带“老子”，“娘pi”，有女儿在场不讲嫖娼之类的话。

发语　彭水境内，不同地方有不同发语辞，开言之先，说“讲阳子”“叫么子”“舅子灯”“日马马”“跟老子”“老子爱哟”等发语词，说话过程中常因转换话题而另加发语词。常根据说话对象的性别、辈分、文化程度、社会地位以及年龄大小、双方情感选择发语词。“舅子灯”常用于与同辈说话不理解或受委屈时；“日马马”常出于长辈对晚辈逗挑时；“偏时份”，或“偏缘分”用于出乎意料的事，“跟老子”之类多在气愤或故意惹怒他人时用。

称谓　称谓讲究书面称呼和口头称呼。传统习俗称父亲的同胞兄弟时，比父母年长的称“伯”“二伯”、比父亲年岁小的称“叔”“爷”等。书面称呼如写碑就称“胞伯”“胞叔”。父亲的同胞姐妹为“大爹”“二爹”。“大爹”“二爹”的配偶统称“姑爷”。称母亲的同胞弟兄，口头称呼“大舅”“二舅”，书面则称“舅父”“舅爷”。同姓氏的是叫“亲”，不同姓氏为“戚”，凡戚长辈多称“老辈子”。对晚辈多直呼其名，爱称常叫“幺儿”“乖儿”“狗儿”等。

书面语言　写袱子，刻碑撰文多用书面语。娶媳妇叫“完婚之期”，打发女儿叫“于归之期”，有儿子称“故显考”，女婿给岳父立碑称“岳考”，儿子自谓“孝男”，女婿自谓“孝婿”。

第三十四篇　人　物

彭水人杰地灵，在各个时期涌现出众多优秀人物。收录的传记人物33人中，本地人物15人，有早期参加革命的老红军，有抗美援朝英雄，有在社会主义建设各条战线的杰出人物。其中到外地工作的7人，有大学教授，书法家、编辑家等。从外地到彭水参加经济文化社会建设的18人中，有在解放战争中立过卓越功勋的革命者，到彭水后在各条战线做出了显著成绩。收录的简介人物12人，有全国人大代表、全国劳动模范、解放军少将、著名工程师、模范教师等。收入的名录中的有省、市以上英模33人，先进工作者81人。

人物传

朱益栋（1911—1986） 浙江省杭州市人，中共党员、教授、博士生导师。1937 年毕业于上海医学院医学系，后获医学博士学位。

1946—1947 年留学美国，在俄勒岗州立大学医学部从事白血病骨髓细胞培养研究，著有《乌拉坦和氮氛在骨髓和白血病病人血液体外培养中对粒细胞的作用》，发表于《Blood》(《血液》) 及《Cancer Research》(《癌症研究》) 杂志上，是中国著名的血液学专家和病理生理学学科奠基人之一。历任国家科委医学专业组组员、中国生理科学会副理事长、中国病理生理学会副主任委员、卫生部高等教育医学专业教材编审会副主任、《中国病理生理学》杂志顾问、《上海医科大学学报》主任编委、《中国血液学》杂志特约编审、《生理学报》编委、《生理科学进展》编委、《上海医学》编委、《医学百科全书・病理生理学分册》编委、上海第一医学院副教务长、副院长及病理生理学教研室首任主任等职。1960 年、1979 年先后对英国、瑞典、挪威、冰岛及瑞士、西德进行学术访问。

1969 年，为响应“把医疗卫生工作的重点放到农村去”的号召和参加医学教育改革的实践，自愿报名随上海第一医学院部分学生组织的“祖国医药探索队”，到黔江县冯家坝。1970 年年初，由冯家坝到彭水，住在彭水师范的一栋废弃的两层楼的空教室里，开设门诊与留察治疗。

1979 年被评为上海市劳动模范。发表论文 30 余篇，并主编《弥散性血管内凝血》和《病理生理学讲义》等，培养硕士、博士研究生 20 余人。由他主持的《实验性白血病》《单克隆抗体》《微循环障碍》等均获得部级或市级科技成果奖。

1986 年病逝。

梁树勋（1931—1986） 汉族，山东省无棣县城关乡梁白杨村人，出生在自耕中农家庭。

他从小在村小学读书，以后断断续续读到高小毕业。

1948 年 8 月，任无棣县民政科办事员，次年下半年，自愿报名参加南下工作团。1950 年 1 月，被分配在华东运粮指挥部驻涪陵转运站任押运员，8 月，由站长李广魁和支部委员同玉树介绍加入中国共产党；同月，运粮任务完成，去重庆学习后，分配在涪陵地委工作队。先后在涪陵、丰都、彭水 3 县参加清匪反霸、减租退押、土地改革运动。1952 年 4 月，任郁山区委宣传委员，曾去四川省委党校学习。1954 年 3 月，任郁山区委副书记，主持工作。1955 年 5 月任书记。

在农业生产合作化中，在清平乡四方村组织全区第一个黎明农业生产合作社。接着，又先后在龙泉村建华光农业生产合作社，清平村建五一农业生产合作社。

1956 年 3 月，任中共彭水县委宣传部副部长、县委候补委员。1959 年 4 月，任郁山区委委员。1961 年 10 月，任郁山区委书记。

1962 年 1 月，调文教卫生科任副科长，7 月调县供销合作社联合社任监事会副主任。1963 年 10 月，调财贸办公室任副主任。1976 年 10 月，任县委财贸部副部长。1978 年 2 月，任县委工交部部长。1979 年 3 月，任县委纪律检查委员会副书记，主持工作。1984 年 1 月，被选为县人大常委会副主任。

1986 年病逝。

张明才（1911—1987） 彭水郁山镇肖家坡斑竹园人。1930 年 10 月参加红军，先后任红军通讯员、连长、独立团团长，中国人民解放军师长、副军长、总参谋部后勤处长等职。

张明才 5 岁时，母亲病逝，父亲帮人为生。13 岁时，曾到黔江县栅山给龚家、傅家、张家、冉家财主放牛，当长工。

1930 年 10 月，跟随石柱县人秦伯清带领的地方武装从湖北省的宣恩县境转入鹤峰县境，遇到红军，经过谈判，最终队伍加入红军。张明才也跟着参加红军，被编入红六军十七师十九团通讯班当通讯员。1931 年 11 月，他随部队到五里坪，见到贺龙军长。贺龙见他年纪小，个儿不高，走路快，特别能爬山，便叫他“小鼠子”。

1932 年春，敌人对湘西红军展开大规模的“围剿”，经过整编，他被编入许光达团长的部队。1936 年 2 月，随部队与中央红军会合后，向川黔边转移，进入乌蒙山区，贺龙任命他为五师十五团七连连长。在乌蒙山区与敌人进行回旋作战 3 个多月，4 月翻过雪山。7 月初，他所在部队红军与红四方面军在甘孜胜利会师，随后进入渺无人烟的草地。10 月 22 日，他们在会宁将台堡与中央红一方面军会师。抗日战争时期，担任雁北独立团团长，带领独立团在雁北地区打游击。在一次战斗中，他不幸被日军刺刀刺中昏死，老乡收尸时救了他，伤愈后，他返回部队继续领兵打击日寇。

解放战争时期，张明才任师长，在解放石家庄的战斗中，敌军的炮弹片钻入他的头部取不出来。中华人民共和国成立后，他任副军长。1950 年冬带兵入朝作战，在桌资山指挥作战时，被美机炸弹击伤右眼而失明，回国治愈后，在西南军政委员会任职，后又在总参谋部任后勤处长。

20 世纪 80 年代中期，由张明才口述、黄瑶整理的关于贺龙事迹的《碧水苍山》一书问世。

1984 年 11 月，受彭水邀请参加自治县成立庆祝活动，正因病住院，未果。1985 年 7 月，他带领爱人孩子回来，受到县领导的热情接待。回到朱砂老家，看望亲友。

1971 年退休，享受正军职待遇，后改为离休，1987 年在北京病逝。

汤吉震（1914—1988） 汉族，生于 1914 年 3 月，山东省文登县人，小学文化，1960 年 1 月至 1961 年 9 月任中共彭水县委第一书记，第四任中共彭水县委书记。

1940 年 2 月，汤吉震参加革命，同时加入中国共产党。1940 年 2 月至 1949 年 3 月历任山东省文登县乡工会主任、第八区工会会长、各界救国会会长、民兵教导员、分区区委副书记、书记。1949 年 5 月，调入中国人民解放军西南服务团，10 月随二野三兵团十二军南下，任某支队队长。1949 年 11 月至 1951 年 2 月任秀山县人民政府副县长，1951 年 3 月至 1953 年 3 月任秀山县人民政府县长，1953 年 3 月至 1954 年 12 月任中共秀山县委副书记，1954 年 12 月至 1958 年 7 月任涪陵地区监察委员会副书记，1958 年 7 月至 1960 年 1 月任中共彭水县委书记，1959 年 8 月至 1961 年 9 月兼任彭水县科学技术委员会主任，1960 年 1 月至 1961 年 9 月任中共彭水县委第一书记，1961 年 6 月至 1961 年 9 月任中国人民解放军四川省彭水县人民武装部委员会书记。1961 年 9 月调涪陵地委任职。

1988 年病故。

吴省三（1917—1988） 汉族，原名吴典，字徽五，生于1917年4月，山东省北掖县人，初中文化，1952年3月至1955年3月任第二任中共彭水县委书记。

1941年8月，日伪政权的“治安军”在距他家20里的平里店轮训壮丁。中共地下组织在宣传、组织青年反对应训时，动员青年参加八路军。吴省三因有残疾不能参军，就由乡干部吴增田（中共党员）介绍，到乡公所做饭、送信，参加革命工作。次年2月，乡级组织被撤销，他同张秀元一起到区团部任干事。6月，张秀元和区团长王鸣轩介绍他参加中共组织，1个月后转为正式党员，随区委工作组下乡搞“减租减息”试验。

1943年5月，任区团副团长，随后改为副主任。7月，在“抗日军政大学”学习。12月任后坡区委候补组织委员。次年8月，到西海地委（当时属鲁东行政区，地委设在掖县）整风班学习，11月学习尚未结束，上级就让他们去攻打柳行的日寇据点，胜利后，被分配在平北县委组织部任干事。1945年12月，调任天柱区委书记。

1947年5月，调支前指挥部任组织部第二副部长兼政治处主任，曾经组织民工支援攻打潍县和反击蒋介石的“重点进攻”，都取得胜利。11月，任平北县委秘书。1949年2月，南下到镇江专署民政处任干部科长。8月，随西南服务团入川，任中队组织委员。12月，丰都解放后，任该县县委组织部长。1950年3月，调涪陵地委组织部任干部科长。1952年3月，任中共彭水县委书记。

1952年至1955年期间，兼任县总工会筹备委员会主任，派干部到郁山筹备成立盐厂工会。同时，兼任彭水县各界人民代表大会常务委员会副主席、监察委员会书记、财政经济委员会主任等职务。1955年3月，调涪陵专区人民检察院任检察长，后任涪陵地委组织部部长。1961年9月至1962年10月，任中共彭水县委第一书记。1962年，参加中央召开的“七千人大会”。10月，回到涪陵地委工作。涪陵地区革命委员会成立后，被“结合”进领导班子，任革命委员会副主任。

1985年离休，回山东省莱州市定居，曾任家乡所在村的党支部书记。1988年病逝。

叶绳（1921—1989） 汉族，生于1921年7月，浙江绍兴人，高中文化，工人家庭出身。1950年1月至1952年3月任第一任中共彭水县委书记。

他出生时，父亲病逝，被居住在上海的外祖父收养，母亲也随之改嫁到上海。外祖父病故后，外祖母无力抚养他，母亲接他到继父家，随继父改姓代。

12岁时，在和安小学读书。高小毕业时，正遇抗日战争，与继父因故闹翻，被赶出代家，后在母亲的规劝下回代家居住，仍受继父歧视。他又投奔外祖母家，到新寰中学读书。在学校，他接触进步学生，受进步思想影响参加中共的外围组织——上海学生协会，同乔石、吴学谦等人一起从事革命活动，被推选为区干事，负责一个区的学生运动。他在学生中宣传《抗日救国十大纲领》，组织学生开展反“托派”斗争，被学校开除。租界巡捕房到学校逮捕他，他正好离校回家。后经中共党组织安排，考入由特务张一声任校长、被汪伪政权控制的侨光中学，因组织学生开展反汪斗争，被学校开除。不久，又考入由国民党控制的肇光中学，仍从事革命活动。因不听校长让停止革命活动的劝告，还把校方的企图向学生公开，又被校方开除。

1940年1月，中共组织安排他到新四军一支队工作，见过陈毅、粟裕等领导。3月，加入中国共产党，任新四军学员队长。不久，调新四军工作队任队长，旋即转入新四军一支队当民运干事。部队北上溧阳时，陈毅让工作队留下他们12人，负责清理、整顿中共（地下）组织。不久，他由盐城回到部队继续从事民运工作。“黄桥决战”时，他任民运队长，负责为部队运粮等后勤支前工作。后因患胃溃疡回上海治疗，病愈，在部队后方医院休养半年后，调任泰东县任某区区委书记。五个月后，又回部队，在泰东县一个团任营部教导员。这个团原是土匪武装，营长是土匪头子，通过他做工作，建立了中共组织，部队被改编后，他又回地方任东台县安凤区委书记。1944年，他到苏中党校参加整风学习，结束后参加攻打高邮县，负责后勤工作。战争结束后，任高邮市委书记。1946—1947年先后任苏中地委秘书，兼任宝应县委委员、社会部长、宣传部长、公安局长。1948年年初，调华中党校学习，毕业后随军渡过长江，任无锡市公安局长。不久，调西南服务团任四支队（苏南支队）党委委员、宣传科长，兼任一中队政治委员。

1949年12月2日，他率领一中队59人，由龚滩乘木船到彭水，当晚，以县长兼公安局长的身份，与代理县长张茂青办理交接手续。1950年1月8日，中共彭水县委成立，他任县委书记，委员有叶云（副县长）、周云峰。3月，周云峰调离，增补傅安忠、徐和、武效贤、王勋为委员。

1949年12月6日，刘伯承、邓小平路过彭水，住在潘家院子。第二天，他同副县长叶云前去汇报，得到刘伯承、邓小平的接见。

按邓小平指示，叶绳招收、培训2期“青年工作队”，向县内大户借粮。按“笼络上层，团结中层，依靠下层”的方针，他组织召开了县政扩大会，向各乡长、参议员、地方绅士、社会贤达400余人宣传党的方针政策，动员他们借出粮食，以实际行动支持人民政府，敦促恶霸土匪上交武器，弃暗投明，这是他到彭水后第一次施政演说。通过向与会人员宣传党的政策，澄清国民党反动派散布的许多谣言。从此，新生的彭水人民政府初步打开局面。

在开展大户加征（粮）时，彭水的土匪恶霸与酉阳的匪首庹贡庭、陈铨、谢建安等勾结，攻打郁山镇，抢劫盐船、车辆，攻打二区（张家坝）人民政府，杀害区委书记刘祝山等多人，甚至攻打彭水县城。从此，叶绳和县委一班人开始剿匪斗争。1950年年初，第一个镇压了国民党的县党部书记长、国大代表艾定九，处决各界人民代表会的委员、秘书、川间坝恶霸地主刘沛林。年底，县内股匪基本消灭后，紧接着又开展了清匪反霸、减租退押等群众运动，建立农会和乡政权。1951年，叶绳率领工作队到涪陵县参加土地改革的试点，回来后，立即组织开展土地改革。

1952年2月底，叶绳被涪陵地委“撤职反省”，地委作出《开除叶绳党籍的决定》，调到西南地质勘探干部学校（今昆明地质学校）任教员，后任该校分管教务的副校长。经叶绳多次申诉，1981年涪陵地委进行复查，给他平反，恢复党籍。他曾想回彭水看看，但因疾病缠身，未能如愿。

1989年病逝。

肖功达（1930—1991） 彭水大河坝乡人，家道小康。

6岁入私塾读古文，后来进设在下场口鹿山书院的小学就读。毕业后，到县城升入初中。

1946年，到有名的重庆清华中学读高中。除学习各科知识外，还接触进步思潮，读一些毛泽东的小册子和著名的进步小说，并且积极参加进步活动。1948年夏，在重庆参加革命活动，被人告密，受到国民党特务的追捕，之后去上海，考入光华大学。1949年3月，在光华大学参加中国共产党。上海解放前夕，国民党军要把一条船开走，他冒着生命危险，积极参加“护船”活动。

1949年6月，参加“华东南下服务团”随军南下。担任宣传工作，直到厦门。10月，他被分配到厦门市公安局治安科任办事员。

1952年10月，到福建省公安干部学校学习结业，调厦门市委宣传部任干事。1953年11月，与湖南人刘湘莲结婚。

1955年2月，被送到北京中共中央马列学院进修列昂节夫《政治经济学》的社会主义部分。半年时间，得到名师指教，在图书馆里攻读大量的马列著作，摘抄了大量的笔记。

1955年8月，调到福建省委党校政治经济学教研室任助教，1981年晋升为副教授，1986年晋升为教授。直到1984年自治县成立，应邀回彭水参加庆祝活动。

他的专著有《资本主义前的经济》《帝国主义是资本主义的最高阶段》（均由福建人民出版社出版，1957年版）、《学习列宁关于落后国家建设社会主义的理论》（福建人民出版社1981年版）获福建省社会科学优秀成果奖三等奖,《毛泽东经济思想研究》（东南大学出版社1989年12月版）获华东区大学出版社首届图书二等奖。

主编《中国农村社会主义道路》（黑龙江人民出版社1991版）。

发表的论文有《社会主义制度下制定商品价格的客观依据》（《人民日报》1959年7月30日第三版）、《生产是为了人，而不是相反——谈社会主义生产的目的》（收录于1980年中国社会科学院经济研究所资料室编的《建国以来社会主义基本经济规律资料汇编》中册）、《落后国家如何利用社会主义基本经济规律实现社会主义现代化》（《财贸战线》1980年11月4日第三版摘登,《全国党校政治经济学座谈会会议材料选编》收录）、《学习列宁关于国家资本主义的理论》（《福建论坛》1981年第1期刊载，1981年3月《南方日报》第四版《半月文萃》和《解放日报文摘》转载）、《试论农业生产责任制——包产到户析疑》（福建省委党校校刊《理论与实践》1981年第3期）、《福建经济发展与人口控制》（《福建人口》1983年第一期）获福建省第二次社会科学优秀成果二等奖、《农民问题是我国社会主义建设的根本问题》（1983年8月中共中央党校出版的《马克思逝世一百周年纪念文选》公开本收录）等。

1990年10月，被确诊为肝癌晚期，1991年元旦凌晨病逝。他的骨灰被安放在福州市文林山革命公墓。

贺元凤（1929—1991） 女，巴县凤凰乡和平村人。

5岁时，父亲病逝，其母周淑贤带着她和两姐一弟，无力耕种，将仅有的0.47公顷土地出租。但母亲很能干，一面抚育子女，一面给地主家喂奶、做鞋子等杂活，养家糊口。后来，其弟弟被地主家的孩子打成脑震荡无钱治疗而死。土地改革时，被评为小土地出租。母亲1人耕种原有的土地，还利用农闲时间，做釉子卖，供她们三姊妹上学。11岁时，入凤凰小学读书，3年后转入海会寺小学，1年后又回凤凰乡小学读到毕业。1944年2月，入青木关附中补习，9月，考入合江县国立第五中学初中部。1946年考入北碚女子师范附中高中部。1951年在海会村参加土地改革，后在和平村小学任教。

1953年与巴县人、牙科医生李科举结婚。婚后，考入四川医学院医疗系，靠国家助学金和爱人接济维持学校生活。她学习儿科、耳鼻喉科、眼科、神经科、内科、外科、妇产科。1958年毕业后，分配在涪陵专区人民医院门诊部作医生。后来，和丈夫李科举、母亲一起到山区彭水县人民医院工作。李在医院建立牙科，她在门诊部工作。

因爱人有海外关系，县委将其作为统战对象，1960年保送到成都中医学院进修中医。学成回到县人民医院，1979年12月任内科副主任，1984年3月任主任，1983年晋升为主治医师。

每有重危病人，她必请院长等会诊，遵从会诊方案，不提涉险医疗方法，治疗妥善可靠。凡有危重病不能前往医院，她坚持步行数十里路出诊，直到病人转危为安。

曾被选为第三、四、六、九届县人大代表，第四届县人民委员，任第一、二、三届县政协委员。

1991年，因哮喘发展为肺心病，在重庆医学院附属医院住院治疗。6月2日，她起床时被不慎绊倒的氧气瓶砸伤头部而去世。

向国武（1907—1992） 彭水大垭乡人。

1933年3月，向国武在湘鄂两地边境参加红军，跟随贺龙从湘西出发，转战黔江、彭水，后又随红军返回湘西，与国民党军队周旋作战。1935年11月，红二、六军团从湖南桑植突围转移向四川西康地区突进，力克川军、黔军的围堵，于次年7月初在甘孜少数民族地区与红四方面军会师。抗日战争爆发后，所在的红军部队改编为国民革命军第八路军，向国武被编到一二九师三十八团任班长，

东渡黄河赴太行山区作战。1938 年 10 月，随部队奇袭阳明堡飞机场，炸毁敌机 24 架。1940 年 3 月下旬，参加百团大战，在三十八团部队任班长、机枪手，在战斗中曾立 3 次战功。次年，日军调动十三余万兵力进行报复性进攻，一二九师所处的晋绥行政署所在地受到攻击。在山西洪洞县阻击日军扫荡中，身负重伤。由于伤口感染，长期得不到康复，一直在部队疗养。全国解放后，他的伤病有所好转。

1953 年 11 月，复员回家疗养，因右手中、食两指缺损，其余 3 指强直，明显功能障碍，被评为“二等乙级”革命伤残军人，享受政府特殊照顾。

1992 年 5 月病逝。

秦文治（1918—1992） 彭水清平乡团堡村人。原籍走马乡西门村瓦店子。

3 岁时，父病逝。家贫，无以为生。与其弟文昌，随母李氏改嫁到清平乡洪大坡洪家。洪家亦贫，稍长，帮人照牛，借此为生。13 岁时，被国民政府拉去充“壮丁”数，押到湖南国民党部队当兵。历任一等兵。1940 年，随部队转到汉口，1943 年任副班长，1945 年 9 月在九十二军一四二师骑兵连仍任班长。1947 年 1 月随骑兵部队到天津市，1948 年 1 月随军驻唐山。

1949 年 1 月到北平；2 月，北平和平解放，他被改编入解放军，番号是六十四军一九二师五七五团一营一连，受过 3 个月的培训，任战士，11 月任炊事员。1950 年 4 月任班长，6 月任排长。1951 年 11 月，调入军教导大队三营八队任学员。随军入朝鲜作战。1951 年 8 月在朝鲜文笔洞，由部队文书介绍，加入中国共产党。在德寺里战斗中，带领全排战士打退敌人 6 次冲锋，与敌人肉搏 1 次，完成警戒任务，立二等功 1 次。《志愿军英雄传》（人民文学出版社 1956 年版）中，作者文大家《永远向着胜利》中登载他的英雄事迹。

1954 年 6 月，他带着历次战斗所获的不少于 20 枚奖章转业，彭水民政部门因他不识字，把他安排到机关守门，他嫌“不自由”，不去；又打算安排他到城建部门当工人，也不去，只得回到清平乡老家，与母亲和弟弟秦文昌住在一起，以一个农民身份从事农业劳动，对自己战斗立功经历守口如瓶。1960 年与罗富碧结婚。

1992 年农历二月初五病逝。

伍驭龙（1911—1994） 彭水郁山镇人，生于清宣统三年（1911）12 月 5 日，祖籍江西省吉安县。明末，其先祖从江西迁重庆南纪门居住。其父勋臣，迁郁山镇中街经商。

小时入私塾，在徐甲卿门下受业 5 年。少年时代开始拜峨眉派罗门武术名师蔡敬恒为师，学习中国武术；青年时随龚仲珪研习易经八卦。

中华人民共和国成立后，先后以精修钟表、手电筒、刻印章、钉制木秤为生。1958 年郁山镇成立农业机具厂，在厂内担任技术员，设计发明过手摇桐子剥壳机、手摇玉米脱粒机等农业机械，曾由厂里生产过。曾两度被选为彭水县人大代表和政协委员。

随师傅蔡敬恒习武期间，因人品和悟性优秀，深得师傅喜爱，遂将本门武学精髓倾心相授，使他一身武功尽得本门真传，后来成为川东一带有名的武术高手。罗门中的各种拳法和刀、枪、棍、鞭、锏、钩、钺等多种器械都有相当造诣，在众多器械中，尤以九节鞭功夫为最。当年武术名家王巨卿慕名从保家楼到郁山，专门观摩他的演习套路后，曾感叹：“我所见用九节鞭者，在川东当数伍驭龙为第一。”

1974—1984年，任郁山武术站站长，其间，免费开办郁山中学武术班，郁山小学武术班和保家中学武术班，前后招收学员200余人。

1984年，四川省武术协会邀请省内有一定名望的武师到成都，共同商讨全省武术发展方略，他应邀参与，在会上表演罗门代表拳法“一字拳”，其精湛功夫受到与会拳师的一致赞赏。在这次会上被选为四川省武术协会委员，地区体委聘请他为地区业余武术学校名誉武师。同年，彭水自治县武术协会成立后，推选他为县武协委员，并委托他在郁山中小学、保家中学开办武术班，在中小学生中推广中国武术。

1994年8月11日病逝。

荆永德（1928—1994） 山东省黄县诸由荆家村人。

10岁时遇灾荒，去黑龙江肇东县投靠在壬申书局当刻字工人的叔父荆治丰，并读书至1940年。第二年春，到肇东打字训练班当童工，8月去哈尔滨新华刻字局当学徒。1942年2月，逃回肇东五道街的家中，去同兴照相馆当学徒。1944年3月，因相馆被日满政权敲榨而倒闭，又听说要抓劳工送到日本，他就申请发旅行证返山东原籍。1946年5月，当地共产党区委驻在荆家村，重新建立村政权，他任公安员。同年9月13日，加入中国共产党，任村支部书记。1947年4月，调区武装部任政治干事，兼任副公安员。7月，调黄县公安局任侦查员。1948年9月，参加淮海战役的支前工作。1949年2月，去安徽临江县参加渡江战役的支前工作。5月，调到新解放的鄱阳县征粮剿匪。10月1日，由南京出发，12月19日到达四川省垫江县，在公安局任文书、股长。1954年8月，调彭水县公安局任副局长，1955年10月任县人民法院院长。1957年9月，到西安政法学校学习（带职带薪）。1960年8月，调到县城乌江西岸新成立的机关农场任场长。1962年2月，任县卫生防疫站副站长。1974年5月，任县人民医院党支部书记。

1974年10月，被调回山东黄县（今龙口市），任县卫生防疫站站长。1981年4月，任黄县司法局副局长。1984年3月起，先后任黄县、龙口市司法局调研员。

1994年病逝。

袁湘浦（1934—1994） 曾用名永成，汉族，四川资阳县人，无党派人士。

7岁时父亲病逝，全家搬到丹山镇居住。7岁读书，既读公办小学，也读私塾。1949年上丹山镇存城中学读初中。1950年再入青年中学（即存城中学）就读，靠助学金维持学校的生活，后被选为学生会的执行委员。1952年，调到王二溪参加暑期训练班学习，后由西南局分配到川东卫生学校医士班学习。

1955年毕业后，同罗西林等4人分配到彭水县卫生院（人民医院）工作。1956年，到四川省钩虫病防治师资训练班学习，回彭水后，负责成立防疫组。1958年，调到防疫站。1959年秋，录取到重庆医学专科学校，为第一届调干大学生。

1961年，学校组织他们到长寿县去抢救医治病人，任小组长。

1962年毕业后，分配回彭水，在县人民医院工作。1963年，被评为先进工作者。同年，与医院助产士魏原珍结婚。

他任钩端螺旋体病（打谷黄）专题组组长，确诊彭水第一例钩端螺旋体病，患者刘子江，系永安公社联合诊所医生，后治愈。县医院调他去主管传染科，后升为科主任，1983年，获副主任医师职称，调门诊部任主治医师。

1986年，任不驻会县政协副主席。

1994年1月23日，因抢救病人，劳累过度，高血压病发去世。

黄汉（1921—1994） 原名乃麦，四川省涪陵大柏树乡李家坡人。家庭出身地主，父亲黄贯青，经商积钱后买了百余亩田地，母亲李寿珍，勤俭持家，家道小康。小时，父母送他读书，除完成学校

功课外，还在家中攻读古典文学。他的四叔黄国汉，1927年加入中共组织，1932年在上海被捕，英勇就义。为悼念四叔，他改名黄汉。

黄汉为继承叔父遗志，到重庆治平中学读书。1938年7月1日，他经黄觉庵（原江北县地下党县委书记）介绍加入中国共产党，任学校党支部书记，领导开展抗日救亡工作，办夜校，发动学生运动、妇女运动，组织宣传队慰问抗日负伤战士。

1939年春，转入合川崇敬中学，任该校中共党支部书记，领导该校“反汪锄奸运动”。秋天，考入北碚兼善中学高中第一班，任该校中共党支部书记，积极开展革命运动，成立党的外围组织“7·7少年团”，下设理论、时事、歌咏、宣传等班、队，为前方将士募捐。亲手给抗日将士缝制棉衣，到土坨、蔡家场等地演出《放下你的鞭子》《兄妹开荒》等节目，还办了刊物《烈火》，发动学生、群众订阅《新华日报》，使兼善中学赢得“陕北分校”的美誉。

1941年“皖南事变”后，兼善中学的中共组织遭到敌人破坏。当时，中共组织是单线联系，他与联系人冉启熙（当时任北碚中心县委组织部长，1948年投敌叛变，解放后被处决）失去联系，被迫脱离党的关系。1941年下半年考入内迁到四川的东北大学法律系。1942年至1945年上半年，读书期间，在无法联系党组织的情况下，仍然积极从事革命工作，组织学生从事抗日救亡活动。

毕业后，派到岳池县地方法院工作。报到的时候，从所住旅馆老板的口中得知当局正在搜捕他，他当即按组织规定的“之”字形路线，离开岳池。1945年10月，在重庆社会局任一般科员，后辞职，到潼南伪法院作书记官。不久，参加全国司法人员考试被录取，1947年10月被分派到长寿县伪法院作推事。他与中共地下党县委书记王秉南以及陈文斌、戴凤喜等配合，利用各种关系，掩护同志，开展对敌斗争。利用法院工作的条件，使不少革命同志脱离险境。他的活动又一次引起敌特的注意，敌特对他的住地进行监视，并派专人跟踪。1949年11月，四川高等法院也来函逮捕他，黄汉的夫人刘季清利用在敌特内部工作的同志关系，使他得以脱险。

1949年12月3日，长寿解放后，成立解放委员会，他是13个委员之一，并任县人民法院副院长，后到重庆西南革命大学学习，结业后，参加西南工作团到云南陆良等地剿匪，开展民主改革。他率领民兵深夜入密林，进山洞，破获国民党潜伏的反革命集团3个，逮捕男扮女装的特务6名，剿灭几股土匪武装。土改结束后回到重庆，受到邓小平的接见和鼓励。

1952年，黄汉被调到涪陵地区中级人民法院民事审判庭任庭长，年底调到彭水中学任教，1956年调到酉阳师范学校工作，1958年又调回彭水。先在彭水师范函授部，后又回到彭水中学，先后教语文、英语、地理等课。曾被选为彭水县第一、四、五、六届人大代表，第四、五、六届人民委员。

1980年，中国人民政治协商会议彭水县委员会成立时，被选为第一届政协副主席，1983年1月兼任县侨联主席。

1984年，向组织上写要求恢复党籍的申请书，中共涪陵地委、彭水自治县委经过多方查证，终于查清真相。1985年4月8日，中共涪陵地委组织部恢复他的党籍，党龄从1938年7月算起。

1994年11月18日，黄汉在他重庆江北的家中因病去世，骨灰被安放在重庆莲花山公墓。

韩修梅（1926—1994） 汉族，山东省平度县云山乡河岔村人，初中文化，贫农出生。

1945年4月20日，经云山区委书记董少亭介绍，加入中国共产党。同年9月，在平北县（抗日战争时新划的小县）委党训班学习1月后，分配到平北县云山区公所任公安干事。1946年7—8月，在平北县公安员训练班学习后，任平北县公安局侦察员。1947年4月，在平北县公安队任班长。在工作中，立三等功1次。1948年后，在平北县委任警卫员。

1949年3月，随军南下，在江苏省镇江地委任警卫员。9月，随军到涪陵，任涪陵地委警卫员。

1950年7月，调地委工作队。1952年4月，调彭水县任七区（鹿角）区委副书记。1954年8月任十一区（梅子垭）区委书记。1955年3月，任彭水县委组织部副部长，1956年11月任部长。1960年5月，任分管工业的县委副书记。1962年11月，任县委组织部长。1964年冬，任红花岭重晶石矿党委书记。1970年5月，任重晶石矿革命委员会主任。1972年11月，任彭水县委工交部长。1975年11月，任彭水县革命委员会副主任，分管计划生育。

1980年12月，中国人民政治协商会议彭水县委员会成立时，他任政协副主席（主持工作）。1982年3月任县政协主席。

1987年3月离休，迁居涪陵地区干部休养所，1994年病逝。

陈世忠（1928—1995） 原名才生，山西省高唐县唐庄乡人。

10岁时，在本村读书，2年后，因家里无力供给而回家干农活。16岁起，给人当长工。18岁时在家乡参加中国人民解放军，编入四纵十旅三十七团炮兵连当通讯员。1947年冬，在河南确山战斗中，排长负伤后，他冒着枪林弹雨，到团政治处去拿排长的组织介绍信，顺利地完成任务。1948年8月，在河南省密县经连长柴义芳和副连长刘清胜介绍，加入中国共产党。1949年3月，改编为第二野战军四纵十三旅三十七团，仍任通讯员。

1950年9月任军需员。1952年9月在云南省军区司令部第一文化速成中学学习。1954年9月毕业后，为西南军区后勤部干部大队学员。11月转业到彭水县公安局任政保股干事。1955年7月，任经保股股长。1956年7月任公安局副局长，1960年3月任局长。

1978年7月，任彭水县委组织部部长。1980年12月，任县人大常委会副主任。1987年4月，任县人大常委会党组副书记。

1995年病逝。

封厚国（1939—1995） 垫江县太平乡人，其父务农，兼行医。二叔、四叔都是医生。

1958年高中毕业后，考入四川省医学院医疗系任班长。1963年8月，毕业时学院曾打算把他留在学院工作。因在考入学院前，由父母包办，与农村姑娘江朝信结婚，只好把他分配到涪陵，再分配到彭水县人民医院。不久，与江朝信离婚，后同医院的郭祖华结为伉俪。

1973年，在四川医学院（即华西医科大学）进修普外科、小儿外科、脑外科、胸外科1年。1981年9月，又去华西医科大学进修1年。1979年10月，任县人民医院副院长。1981年，任外科主治医师。1984年2月，任人民医院院长。同年加入中国共产党，被县政协选为不驻会的副主席。

1993年2月，主动辞去人民医院工作，来到自收自支的医疗中心任院长，照旧做他的外科手术。

他的外科技术精湛，尤著医德。凡遇疑难病例，总是主动承担。妇科接生遇逆生、胰腺癌切除大手术出血，一接手，总会化险为夷。为贵州省一农村13岁孩子作心包剥离手术，1年后，这个孩子长成半大小伙，与手术前形同6～7岁小孩判若两人。

1995年，因患肺癌，医治无效，在成都病逝。

黄伦坤（1942—1995） 汉族，生于1942年7月，四川省达县赵固乡9村3组人，大学文化。

12岁时，母亲周容先才把他送入赵固乡小学，1957年考入初中，1960年考入达县高中，1963年考入设在成都的西南财经学院工业经济系。1966年3月加入中国共产党，1967年7月参加工作。1968年7月，分配离校，到凉山州普格军垦农场劳动锻炼。期间，在四川省档案馆雅安馆址清理敌伪档案。1968年10月至1970年3月在四川省档案馆工作，1970年3月至1970年7

月在四川省凉山普格军垦农场锻炼，1970年7月至1978年8月在四川省秀山县粮食局城区油厂工作，1978年8月至1981年9月任秀山县财贸部干事、副部长，1981年9月至1984年12月任中共秀山县委常委、县人民政府副县长，1984年12月至1985年1月任涪陵地区财办副主任，1985年1月至1985年4月任涪陵地区行署副专员，1985年4月至1986年2月调任三峡省筹备组计经委副主任，1986年2月至1986年6月任三峡省轻工厅筹备组组长，1986年6月至1987年4月任涪陵地区行署副专员。

1987年4月至1988年8月，兼任中共彭水苗族土家族自治县委书记、县人民武装部党委第一书记、第一政委。1988年3月至1988年7月，兼任黔江地区筹备组副组长。在彭水期间，经常微服出行，调查基层民风民情，处理违法违纪领导干部。将有才识的人才提拔重用。整顿机关作风，整治市政秩序，帮助边远垂危病人接进县城就医等，使全县风清气正，群众称为"我们的好书记"。1988年7月至1991年6月，任中共黔江地委副书记兼政法委书记，1991年6月至1995年3月，调任中共四川省遂宁市委副书记兼政法委书记、党校校长。1995年3月至1995年8月，任遂宁市政协主席。

1995年8月病逝。

赵云中（1922—1997） 彭水长滩乡鼓楼垭人，西南师范大学中文系教授。

在观音溪小学读初小，后入彭水城南小学读高小。在黔彭联中读初中，龙潭中学读高中，任学生会主席。

1945年，考入重庆西南政法大学，但家中无力供给，先后兼任精益中学教员、两湖中学教导主任。

从中学到大学，是学生会主席。1949年重庆学潮期间，他被选为重庆学生总代表，为学生组织的对外发言人。4月21日，全市学生举行"反内战、反迫害、反饥饿"大游行时，国民党军警架起机枪对着他们，用粪便泼，用高压水龙头冲，才把游行队伍冲散。从此，学校停课，他回到彭水。后来，在老师秦晓湄的再三要求下，当长滩乡的乡长3个月，期满，回到学校。

重庆解放前夕，中共地下党成立"重庆学生迎接解放委员会"，他任西南政法大学迎接解放委员会主任。

1950年年初，河北省派人到重庆招收大学生，他应招带领100余名大学生到河北。在他的要求下，被分配到石家庄市某工农速成中学任教师。不久，与同他一道去河北的、被分配在市文联的重庆某大学的女学生陈泽渊结婚。后来，组织上拟调他到天津师范学院任讲师。时值1957年"整风"中，被安排到石家庄一化工厂劳动。他夫人到石家庄第六中学任教，后回到重庆某中学教书。1963年，他便转到重庆市民生路街道企业汽车配件厂劳动。1977年，在重庆市25中学当代课教师。

1978年，经过西南师范学院考核，领导决定调他到校任教。随即任大学语文教研室主任，先后获副教授、教授职称。先后担任《大学语文》教材主编,《朱德诗词选》《陈毅诗词选》《吴玉章诗词选》《谢觉哉诗词选》等书的责任编辑；著有《大学语文讲解》《张问陶诗词注释》《张问陶及其诗歌创作》等；有《赵云中诗词选集》遗世。

到西南师范学院后，除担任彭水自治县旅渝人员智力支乡协会会长外，还多次回到彭水，与县人民政府领导商议共同举办西南师范学院彭水大专班的事宜。1985年秋季开始，西南师范学院在彭水办三届（最后一届招到学院就读）大专班，培养中文、英语、数学大专生300余人。

退休后，凭着他的个人威望和良好的人际关系，在重庆沙坪坝办起了重庆法商学院（私立，后改为重庆民族专修学院）。

1997年，他因服治疗类风湿药物20余年，导致肝、肾严重损伤而住院，在回彭水的路上去世，按其遗嘱，葬于鼓楼垭。

屈培基（1931—1998） 汉族，原四川省涪陵县（现重庆市涪陵区）李渡区石泉乡马中村竹林湾

人。父亲屈懋怀，母李氏，都以务农为生。

曾于勾家场小学、石泉小学读到高一。14 岁起，与父亲挑石灰到李渡去卖，勉强渡日。16 岁怕被拉壮丁，伯父屈懋鑫带到重庆去抬滑竿。一次，在抬一富豪时，右脚掌被石子钉破，没有钱及时医治，留下残疾，从此走路时右脚有些踮。1949 年 6 月，在瓦房湾由四叔屈中直介绍参加中国共产党。1949 年 12 月至 1951 年 5 月任涪陵县委、地委工作队员，1951 年 5 月至 1951 年 10 月任涪陵地委工作队丰都土改队组长，1951 年 10 月至 1953 年 4 月任涪陵地委工作队彭水土改队队员，1953 年 4 月任中共彭水县第七区（鹿角）委组织委员，1953 年 4 月至 1953 年 7 月在四川省委党校学习，1953 年 7 月至 1954 年 1 月任彭水县委建党工作组组长，1954 年 1 月至 1955 年 3 月任彭水县级机关总支部书记，1955 年 3 月至 1956 年 6 月任中共彭水县第七区（鹿角）委书记，1956 年 6 月至 1956 年 11 月任中共彭水县委组织部副部长，1956 年 11 月至 1962 年 11 月任中共彭水县委组织部部长，1959 年 8 月至 1960 年 1 月兼任彭水县级机关委员会书记，1959 年 12 月至 1963 年 9 月兼任彭水县保密委员会主任，1962 年 10 月至 1965 年 12 月任彭水人民委员会县长，1965 年 12 月至 1975 年 9 月任中共彭水县委副书记，1975 年 10 月至 1983 年 6 月任涪陵地区计委副主任，1983 年 6 月至 1984 年 7 月任涪陵地区乡镇企业局局长，1984 年 8 月至 1991 年 7 月任涪陵地区乡镇企业局顾问（享受副厅级待遇）。1991 年 8 月离休。

在彭水工作期间，没有官架子，同部下、农民打成一片。在清平乡蹲点时，与生产队社员同吃同住同劳动，在棉田里一干就是 2 个月，汗湿衣衫、两手干茧，俨然一个标准的农民。社员称他“农民县长”。

1998 年 9 月 28 日，因病医治无效在涪陵去世。

支机（1917—1999） 名述江，彭水郁山镇人。出身盐业世家，到其父辈，家道中落，父子祥，13 岁被其大伯撵出家门，先给人买煤炭，继向亲友借钱做小生意，勉强糊口。后给县政府包收甘棠乡的公粮、肉税，遭人中伤，只得回郁山南京街开栈房，为袍哥同德公的大爷，维持生计。

六岁时入设在东岩草堂的家塾读书。占地 1.3 公顷的东岩草堂，为清同治年间（1862—1874）在北京任兵部主事的支承祜所建的别墅式建筑，其中有“蠖蛞斋”，是专为族人子弟受教育的家塾，在右边的“绿蕉吟馆”内，置有书柜，藏书万余册，延请当地名师任教，不收学费。9 岁时，入丹泉小学读“新学”，即民国政府开办的新式学堂。高小还未毕业，辍学回家，一面料理栈房事务，一面去东岩草堂读私塾。塾师支觐光，为郁山宿儒，博学多才，文史俱通，能诗善文。支机从小天资聪慧，好学，博闻强记，很受觐光赏识。他在此读书九年，四书五经、诸子百家，无不倒背如流。他从藏书中还获得彭水、黔江、酉阳等县的县志及当地文人作品，还从支觐光等人那里，获得许多郁山盐业发展的史料。

1938 年，他同 30 余名郁山青年参加由中共地下党领导的华北宣传队在万寿宫组织的歌咏队。由于他父亲年老多病，上有老母，下有妻室儿女，还有弟妹，要靠他供养，迫使他离开宣传队，不得不去谋事。1940 年 1 月，由支觐光、喻昌歧介绍，到支静怡当主任的彭水盐场制盐燃料统购委员会当职员。又当了 4 个月的出纳。到两叉河看煤船，给煤船“裁船票”（即给经过两叉河的煤船发 1 张证明，好让船主凭票向会计按里程结账）。1 年半以后，到万寿宫教私塾，学生 40 余人。开学才 10 余天，不准他教。他请人求情，把私塾改为第一保国民学校，一直教 3 年。1948 年，到后灶陈星槐家当家庭教师，学生 30 余人，陈家负担伙食，其他学生负担老师的薪金。

解放后，他仍旧教书。1950 年，人民政府设立法定学校，私塾自然停办，他回家做小生意，赶“溜溜场”（即按各个相邻的乡场场期，自己把小商品轮流运到各场零售），帮助家里推米粑、推豆腐卖，维持生活。接着，街道成立“职工会”，群众选他当文书。“减租退押”时，说他是知识分子，叫他到“评议会”。

1951年秋季征粮时，他当“帮征员”，在今走马乡李家村征粮。结束后，在这里开设学校，又重操旧业，成为教师。1952年秋季，调到郁山附近的麻坝小学。

1958年，他牵头纂写《郁山镇志》上下册，3万余字。志书用工整的楷书抄写，记载自古以来到1958年郁山镇历史沿革和以盐业为重要指标的经济文化发展。《郁山镇志》存放于郁山派出所档案室，派出所所长何世昌调走时带走。

1985年开始编修第一轮《彭水县志》时，他收藏的书籍，已被洪水冲走。尽管卧床不起，但他凭着超常的记忆力，提供了许多珍贵的盐业及地方史料，凡发生在郁山及其周围地区的事件、人物等，都能娓娓道来，如数家珍。郁山公共建筑上的楹联、名人诗词，他能一字不差地背出来。难能可贵的是，他提供的资料，经与有关史料所载的年代相核对，都惊人的吻合；人物的生卒年月，生平事迹，亦极少错讹，为郁山盐文化的传人。

1999年病逝。

邹光治（1939—1999） 彭水郁山镇人，县文化馆群文馆员。

从小父母双亡，寄居大姐家。姐父杜焜系威远县人，被抓壮丁到成都师管区受训，分到部队时逃走流落到郁山，经营米粮、香烟等。他从小在郁山小学读书。1951年，辍学自谋生计。12岁时，到彭水县城为商人担运货物到郁山。15岁时，郁山供销合作社成立，货物人力挑运被汽车代替以后，他便到武隆场坝挑铁矿。一年后，回到郁山，去芦塘沟挑煤炭。1955年9月，经姐夫介绍，到彭水县城萧华珊处拜师学习刊刻技术。1956年上半年，县城工商界实行全行业的公私合营，他随师父转入汉葭镇雕刻合作社为练习生，继续向萧学技术。1958年年初出师。

正逢《彭水通讯》改为《彭水报》，而原有的铅字最大的为一号，只有楷书和仿宋，但报纸的版面要求美化，急需人刻字，他就被调到彭水报社印刷厂当刻字工人。

他学会楷、草、隶、魏碑、真宋等字体和各种美术字的雕刻，还能刻出图案。凡是大小标题和题花，一律由他用木质雕刻，代替铅字。“文化大革命”开始后，《人民画报》的标题，使用“仿郭（沫若）体”，从此在报界流行，他很快就学会刻出。除完成标题用字外，还学会铅字排版。

在刻字的间隙，他又学习书法。他在所收集的报社的废纸上练，在木板上沾水练字。他擅长楷书、行书、草书、隶书、魏碑等多种字体，尤以行书见长。

1984年调县文化馆，任书法专职干部。

1974年、1976年四川省两次举办农业展览，他负责书写、雕刻展品说明和县名。1984年，自治县成立时，他布置《彭水民族风情展》，书写、制作所有的总标题、副标题、前言、版面词以及照片的说明。

1988年，县政协举办川、黔、湘、鄂四省边区经济发展联谊会，他为此会举办的图片展览书写、制作了前言、版面词，受到来宾交口称赞，特别是他用隶书写出、制作的，蔡盛炽所撰的《欢迎词》，在会议期间引起轰动，不少外地代表拍照，抄写，被誉为“文章与书法同工，内容和形式俱佳”的艺术作品。同年，他以优异成绩毕业于中国书画函授大学书法部。

《彭水报》停刊，他又去重庆学习照相制版技术，回来后，经过努力钻研，学会从绘制黑稿、照相、制版、刻字，到设计商标、瓶贴的全部工序，由他设计制作的彩色奖状，质量上乘，被定为工交系统先进代表表彰大会的献礼产品。

1989年7月，他的魏碑条幅参加川黔边区书法联展，获优秀奖；9月，作品参加四川省文化系统书法、篆刻大赛，获入展奖；1990年11月，行草书入选黔江地区首届民族艺术节民族艺术作品展，并获三等奖；同年11月21日，入选四川省少数民族艺术节美术、书法、摄影展并获奖；1991年3月，书写由蔡盛炽所撰“伏虎溪边寻叶蝶，杜鹃丛下听琴蛙”，入选《当代楹联墨迹大赛选集》……

1984年加入涪陵地区书法协会，为理事，1995年成立县书法协会时，任理事兼秘书长。1987年，加入中国当代农民书画研究会，为会员。1996年任县政协委员。

1999年去世。

谢树青（1911—1999） 彭水善感乡桂花村人。

幼时家贫，被拉壮丁，编入国民政府军。1930年8月，随部队开到前线去围剿鄂豫皖苏区，向驻在那里的红四方面军投诚，被编入红四方面军第十一师三十一团三营七连任班长。次年，在湖北攻打黄安县城时左大腿被敌人子弹打穿。后鉴定，属二等甲级残废。

1932年出院，回原部队仍任班长。国民党军五次围剿时，1934年在红四方面军三十军军部教导队任队长，后调八十九师二六二团任连长。随部队过京汉铁路，经河南、湖北、陕西，过秦岭，进入大巴山，建立川陕革命根据地。解放通江县时，在马鞍场战斗中右肩部被敌人子弹打穿。下半年出院后，任红四方面军三十军八十八师二六三团一营二连班长。接着他又参加了解放达县的战斗，打败了刘湘的部队，根据地扩大到10余个县。

1934年8月，红四军八十九师成立军事教导队时，任队长。教导队毕业后，分配在八十九师二六二团任连长。1935年从仪陇出发开始长征爬雪山、过草地后，下半年又返回四川天全、芦山等地整编，他被调到八十九师师部任手枪队队长。1936年第二次爬雪山、过草地。红军在甘肃会师后，过黄河，改名为西路军，在陕甘宁边区定边分区独立营二连任排长。1940年在陕甘宁边区教导营学习两年。1942年毕业后，分配在陕甘宁边区留守兵团警备三旅二十九团一营三连任连长，任务是保卫中共中央和毛主席。在多次战斗中，立过大功2次，二等功1次。

1946年调东北合江省警卫连任连长。1947年在合江省（解放初期新设，后并入黑龙江省）桦川县佳木斯市警卫连任指导员，后改编为骑兵连时，他任连长。同年，调桦川县公安队任队长。1948年年初，任桦川县人民政府武装科科长。

1949年年初，在南下的干部大队三中队任参谋。8月，随军到江西省，分配在修水县任县人民政府秘书兼民政局局长。1950年任修水县人民法院院长。1953年8月任修水县委统战部部长。1960年6月，任九江专区复员军人疗养院院长、党委书记。

1963年12月提前退休，后改为离休。

1984年11月，带着一家三代人同行回到彭水，参加自治县成立典礼。

1999年，在江西省修水县病逝。

韩纪元（1926—1999） 河北省昌黎县六区大滩庄人，家庭务农。

1946年1月，参加昌黎县武装支队，10月加入中国共产党。先后任战士、通讯员、班长。1947年12月，在华北冀东军区教导团参加整风学习。1948年7月，任冀北军区卫生学校支部书记。11月，任补训师见习副指导员。1949年7月，任第二野战军教导第二师副政治指导员。

1950年4月，调西南人民革命大学一部五班任副班主任。8月，西南人民革命大学文化班学习。1953年，西南政法学院任班主任。1954年，中央政法干部学校学习。1956年，回西南政法学院，任年级副主任、党总支书记。1958年3月，调彭水中学，任副校长、校长、党支部书记、学校革命委员会副主任，主持学校工作。1958年秋，兼任彭水师范学校校长、党支部书记。

1960年，经济困难时期，他组织师生在校园里大种蔬菜，带头参加劳动。

1979年4月任县委统战部副部长，1980年12月兼任县政协副主席，1982年3月任统战部部长。

1999年去世。

王书学（1922—2000） 河南省遂平县三区王连村人，雇工出身。

1940年10月，在河南漯河县参加国民党军第八四师第三旅四团三营十二连当二等兵。次年1月，在山东省曹县被解放，参加中国人民解放军，任战士、副班长、班长，副排长、排长。1942年8月，加入中国共产党。1946年12月，任一纵队第三旅第七团一营四连副连长。1947年4月，任第一旅七团一营四连连长。

抗日战争、解放战争中，参加过平汉、保卫张家口和强渡长江等大小战斗7次，曾多次受到嘉奖，并立二等功1次。

1949年1月，到十一军随营学校学习，5月调二野军大总队6大队任副中队长。1950年10月，调西南军区川东分校第二纵队五团二营任副营长。1952年7月调到川东公安总队轮训队任队长，11月到川东军区文化速成中学二大队学习。1963年2月，调西南军区第二文化速成中学二大队任大队长。1953年12月，调四川省军区文化补习学校学习。1956年3月，任成都军区独立团副团长。1957年1月，调成都军区公安内卫第九团任副团长。1959年1月，调成都军区步兵第九团任副团长。1955年被授予大尉军衔，1962年10月晋升为少校军衔。1966年3月，调彭水县人民武装部任部长。

1968年11月18日，县革命委员会成立时，任分管生产的副主任兼生产指挥组组长。

1970年6月，调武隆县人民武装部任部长。1973年7月，调涪陵军分区司令部任副参谋长。1978年9月，以副师职待遇离休。

2000年去世。

李福初（1930—2000） 汉族，原名李荣贵，涪陵城区崇义镇五段人。

2岁时，父亲去世，随母亲改嫁到高家，继父以教书为业，他得以入学。高中读1学期，因闹学潮而辍学，开始在小学教书。

1953年2月，参加中国人民志愿军，11月在朝鲜加入共青团。回国后，1956年11月，在湖南衡阳车江镇四十七军一三九师文训队任文化教员，加入中国共产党。1958年4月任一三九师政治部文化教员，1959年8月任师直属政治处文化教员，1962年6月任师警卫连副指导员，1964年2月任指导员。1965年1月，任步兵四一五团二营副政治教导员，4月任团青年股副股长，1966年11月任股长。1967年10月任衡阳市广播电台领导小组组长。1971年9月任一三九师政治部支左办公室副主任。1972年11月任四一六团政治处主任，1973年6月任四一五团政治处主任。

1976年9月，转业到涪陵。10月，由涪陵地委分配到彭水县委任宣传部长。1983年11月，调任县委统战部长。1984年1月，以统战部长的身份兼任县政协第二届副主席兼秘书长。1987年3月，仍兼任县政协第三届副主席。1991年退休，2000年去世。

洪爱清（1935—2000） 原名刘长峰，苗族，生于1935年9月，彭水郁山镇麻坝村人。

1951年9月参加工作，1954年2月加入中国共产党。1951年9月至1952年4月任四川省彭水县郁山镇派出所民警，1952年4月至1957年2月任彭水县公安局股长，1957年2月至1959年6月任彭水县高隆、乔梓乡党委书记，1959年6月至1965年5月任保家区委宣传委员、县档案局工作人员、彭水县委办公室秘书，1965年5月至1979年10月任彭水县人民法院院长，1979年10月至1979年12月任彭水县税务局局长，1980年1月至1983年11月任彭水县人民法院院长，1983年11月至1988年6月任彭水自治县公安局局长，1988年6月至1992年8月任黔江地区公安处副处长、党组副书记、正处级侦察员，1992年8月至1995年3月任黔江地区公安处处长、党组副书记（享受副厅级待遇）。

1983年被评为四川省法院系统先进个人，1991年被评为四川省公安系统先进个人，1992年被评为黔江行署安全生产先进个人，1993年当选为四川省

第六次党代会代表。

1995 年 3 月退休，2000 年 9 月病逝。

方继先（1924—2001） 苗族，彭水同河乡大厂村天沙塘人。

幼时家贫，到煤矿挖煤。1940 年被拉壮丁，编入国民政府军第十八军医院当运输兵。1943 年 2 月，在十八军六十三团二营五连当兵，6 月被改编入九十二军一四二师四二六团一营二连。1947 年 5 月，升为下士副班长。

1949 年 1 月，北平和平解放，5 月在山西省平遥县正式加入解放军六十四军一九二师五七四团三营七连，任副班长。8 至 9 月，在甘肃省山河、宁夏省徐家沟、金灵战斗中，担任主攻的突击，多次立功。1950 年 8 月，升任班长。

1951 年 9 月，随部队入朝作战，12 月在金川堡加入中国共产党。1952 年 1 月，在马良山一线阵地上升为副排长，10 月升任排长。1953 年 2 月，升任副连长，10 月获朝鲜民主主义人民共和国授予的军功章 1 枚，11 月任连长。在朝鲜战斗中，立二等功 3 次。

1954 年 5 月，回国在东北军区陆军医院疗养。9 月，在东北军区健康团学习。

1955 年 1 月转业，被安置在鹿箐乡政府，与杨秀英（共产党员）结婚。1955 至 1967 年在乡里历任治安员、党支部书记，总支副书记，人民公社社长。

1971 年 12 月，调新田公社任革命委员会副主任。1974 年 3 月，调县麻风医院任院长。

1984 年离休后，回到鹿箐乡家中度晚年，2001 年去世。

李白英（1905—2001） 彭水郁山镇人。其高祖李天裕，为江西上饶人，在重庆经商时，认识郁山女子，与之结婚，便定居郁山，经营以布匹为主的百货，开有“李万兴号”。

1912 年，父亲病故，被送到在四川大学任教授的叔父李文煦家，由叔父供给，他从小学升入初中，未毕业，便又考入甲种工业学校。

1920 年回彭水，在县立高等小学堂任教半年，后又去成都。次年，考入成都某工业学校采矿冶金和应用化学专业，第 1 年预科，4 年后毕业。1925 年年初，南下广州。4 月，考入广州黄埔军校四期，为入伍生。5 月 19 日，刘震寰、杨希闵发动武装叛乱，参加第二团，在惠州一带与叛军作战，收复潮州、汕头、大庾等县，平定叛乱。1926 年 3 月，升入工兵科。7 月 9 日，参加在广州东较场举行的北伐誓师大会。任工兵营第三连见习排长。8 月初出发，经韶关、郴州、岳阳，一直到达武昌城下。9 月，开始攻城，月底顺利进入武昌。3 天后，工兵营转到江西，向守敌孙传芳进攻。沿南浔铁路前进，攻下南昌，被升为中尉排长。之后，离开南昌到武汉分校，经手办理第 6 期招生事宜。后被分派为步兵科上尉区队长。1927 年 3 月中旬，乘海船到广州，经同学黄行健推荐到邓演达任主任的政治部在广州设的后方留守处任上尉科员，搞总务工作。4 月 15 日，广州惨案发生，和阳翰笙等去武汉政治部，留在党务处，直到 9 月武汉国民政府垮台。

在这期间，与乐静洁结婚。回到重庆后，在赖心辉部队任政治委员兼宣传处长，3 个月后辞职去成都，到省党务指导委员会宣传组当干事，在训练部组训委员会兼职。不久，宣传部瓦解，便担任省学生联合会筹备主任。

1929 年 3 月 12 日，代表国民四川省党部去南京中山陵参加“奉安典礼”。

1930 年，参加黄埔军校高级训练班，实行德国式的军事训练。6 月，训练班学员编为学生军，攻打阎锡山。随军到河南归德，沿黄河修筑工事。阎被打败后，仍回南京训练班继续学习。3 个月后，他被分配到驻江西抚州的新十三师（师长路孝忱）任宣传处中校秘书，做军队、学校及地方的政治工作。后来，国民党军队从红军手里收复石城，被任命为石城县长。约 8 个月后，他被调到驻在江西新淦县阜田镇的四十三师师部任中校秘书。1931 年秋天，调到驻南京的某团任中校训练员。1932 年 4 月，调任骑兵学校任特别党部书记长。1934 年，骑兵学校撤销。国民党中央党部组织部部长陈果夫调他到新建在镇江的医政学院（实为医科大学）任军训大队长，上校待遇。

1939年6月底，被委任为綦江县长。1941年3月，去成都。1942年3月1日，到刚成立的四川省社会部任职。1944年5月，在国民党四川省党代会上，被选为省党部委员，兼宣传组长。他还兼任省赈济委员会主任（无薪金），后又任三青团二届监委。1946年春天，回彭水以多数票当选省参议员。

中华人民共和国成立前夕，兼任国民党四川省党部宣传组长。中华人民共和国成立后，向人民政府报到，被定为战犯，送到抚顺战犯管理所改造，1975年3月19日获特赦。他著有《回忆我的改造生活》（群众出版社1984年版），记述这一时期的情况。

获特赦后，回成都定居，任成都市政协委员、黄埔同学会会员、省文史资料专员、四川省美术协会会员、蜀艺社理事、中山诗词书画研究社社员等职。

从小习画，曾先后向徐悲鸿、张大千、高剑父等大师执弟子礼，以山水、梅竹见长。先后有作品参加在南京、镇江、武汉举办的联展，并在成都、乐山、内江等地举办个人展。其诗画作品流传于中国香港、台湾地区及美国、日本、新加坡等国家。

2001年病世。

刘连学（1938—2003） 1938年3月生，彭水黄家镇洋荷村4组人。

1956年3月参加中国人民解放军，任某连战士，6月任某团教导队学员。1959年2月任某连班长，9月加入中国共产党。1960年2月任某连副排长，1960年9月任某连副连长，1960年10月任重庆步校学习队队员，1964年1月任某连连长，1970年3月任某营长，1975年5月任某团副参谋长，1978年10月任某团团长，1979年11月任某师司令部参谋长，1982年8月至1983年5月任某师副师长，1985年12月至1993年8月任焦作军分区副司令员，1988年9月被授予大校军衔，立三等功两次。

刘连学刚入伍就奔赴朝鲜参加抗美援朝战争，又先后参加西藏、青海平叛战斗，中印、南疆保卫战等，在枪林弹雨中不怕牺牲，为捍卫国家主权和领土完整立下不朽功勋。

1993年9月退休，大校军衔。2003年1月因病医治无效，在焦作市人民医院去世。

张全禄（1927—2004） 汉族，河北省曲阳县第七区灵山乡郭家庄村人，初中文化，家庭以务农为业。

1939年5月参加革命，历任曲阳县郭家庄村儿童团员、少先队队长、游击队员，1945年9月至1946年6月任晋察冀边区兵站通讯员，1946年6月至1946年12月任宣化市燃料公司划码员，1946年12月至1947年8月任华北贸易总公司通讯员，1947年8月至1948年4月任河北曲阳一区中河流村土改队员，1948年4月至1948年12月任华北贸易总公司通讯班长，1948年12月至1949年2月任华北贸易总公司天津转运站收发员，1949年2月至1950年8月任华北运粮指挥部涪陵转运站人事股长，1950年8月至1951年4月任涪陵地委土改工作队队长，1951年4月至1951年11月任涪陵地委工作队丰都河面工作队长，1951年11月至1952年3月任涪陵地委土改工作团彭水县保家楼区工作队长，1952年3月至1955年9月任中共彭水保家楼区委书记，1955年9月至1956年12月任彭水县人民委员会副县长，1956年12月至1960年1月任彭水县人民委员会县长，1960年1月至1962年5月任涪陵地委多种经营办公室副主任，1962年5月至1971年1月任人民银行涪陵中心支行行长，1971年1月至1973年1月任涪陵地区水电局局长，1973年1月至1977年2月任涪陵地委农工部副部长，1977年2月至1981年8月任中共丰都县委书记，1981年8月至1981年10月任涪陵地区财贸部副部长，1981年10月至1983年7月任涪陵地区财贸部部长，1983年7月至1989年11月任涪陵地区财贸部顾问，1989年11

月离职休养，1990 年 1 月涪陵地委组织部批准其享受地专级（副厅级）待遇。

2004 年 9 月 28 日病逝。

郭绍清（1921—2004）　彭水保家镇人，1951 年加入中国共产党。

1948 年年初，郭绍清被国民党政府抓壮丁，送到国民党军队七十军二〇六师当青年军。1949 年 1 月，在淮海战役期间，投奔中国人民解放军，在二十一军六十一师一八二团三营七连当战士。

人民解放军渡江作战时当木船水手，后升任班长。在人民解放军解放江苏、浙江、福建期间，奋不顾身，冲锋陷阵，立一等功 2 次。在解放登步岛时，他一马当先，冒着枪林弹雨奋勇前进，争得渡海第一船。

1950 年 1 月，在二十一军后勤部机帆中队任驾驶人员，立二等功 1 次。1950 年 10 月 1 日，在全国第二届英模大会上，被授予二级人民英雄称号，获得人民英雄勋章 1 枚。1951 年 5 月，代表二十一军出席浙江军区第七兵团首届英模大会，获奖章和纪念章各 1 枚。

1953 年年初，随第三批志愿军参加抗美援朝战争，任班长。在行军途中，带领战士穿过一道道险关，5 月被中国人民志愿军司令部、政治部记三等功 1 次，获朝鲜奖章 1 枚。在此后接连不断的反击战中，郭绍清和战友一起，多次为前哨主力，端掉敌人的火力点，为部队全歼守敌扫清前进路上的障碍，先后获军以下单位一等功、二等功各 1 次，团记三等功 2 次、四等功 1 次。他出席朝鲜人民代表大会时，受到金日成主席接见，并获朝鲜人民共和国奖章。

1954 年 6 月，回国。1956 年 3 月，转业回彭水工作，先在县百货公司任仓库保管员，石油公司作执勤民警，后调县食品公司工作。增补为县食品公司革委会副主任。后调到保家区食品站任副站长。

1980 年 10 月退休，1982 年 4 月改为离休，2004 年病逝。

傅培根（1929—2004）　土家族，彭水诸佛乡（原珍加乡）庙池村人。

1942 年，毕业于桑柘小学，次年考入彭水县立初级中学，后考入重庆力行中学，又转入邹容中学。1949 年春，参加由重庆学联领导的学生运动，为重庆学联主席团成员、邹容中学学生运动领导人之一。

12 月中学毕业时，正遇解放，即参加中国人民解放军第二野战军军政大学学习，被评为“学习模范”。1950 年，转入海军第二航空学校。1951 年，分配在海军海道测量部任秘书，荣立三等功 2 次。1955 年，调到海军 102 工厂任秘书。其间，在上海财经学院经济系（夜大学）学习，1958 年毕业后，分配在上海新文艺出版社任编辑。

由他编辑出版的老、中、青三代诗人、作家的作品有 100 余部，约 1000 万字，有现代著名诗人、作家田间、李霁野、严辰、张志民、邹荻帆、郭风、张永枚的代表作。

1993 年退休后，又先后受聘于上海戏剧学院书刊部任编审，担任过《轻工机械报》顾问,《文汇报·文汇特刊》任审读。

他自己发表有《三天三宿》（诗歌，1955 年《解放日报》）、《我是一个校对员》（诗歌，1958 年上海《文艺月报》）、《谚语·格言·诗》（上海《展望》评论，1959 年）……评论、散文、诗词 100 余篇（首），散见于国内报刊。

2004 年病逝。

人物简介

（以姓氏笔画为序）

冯国良 苗族，生于1949年3月，彭水梅子垭乡两河村人。初中文化，中共党员，第六届全国人民代表大会代表。

1963年初中毕业后在家务农，1964年任生产队会计，1970年7月加入中国共产党，1972年任彭水县梅子垭乡施田村党支部书记。1983年12月至1985年3月任县梅子垭乡人民政府副乡长，1985年3月至1989年12月任中共彭水自治县新田乡党委书记，1989年12月至1995年10月任中共彭水自治县珍加乡党委书记。1995年10月至2001年8月任彭水自治县桑柘区人大工委主任，1983年3月当选为第六届全国人民代表大会代表。1997年12月当选为彭水自治县第十三届人大常委会委员，2001年退休。

任施田村党支部书记期间，带领全村村民修路、架桥、改田改土、植树造林、兴修饮水工程，发展种植业、养殖业，修建两岔河大桥、村级公路，基本解决群众行路难、运输难的老问题，改田67公顷，改土467公顷，发动村民植树造林334公顷，兴建大堰20余条、喷灌池30余个，队队有钢管、队队有水池，解决农田灌溉、村民饮水问题，开辟茶园134公顷，兴办现代化茶厂，发动全村村民养猪、养羊、养牛，修建集体养猪场8个，大型羊圈7个，改变了施田村贫穷落后的面貌，村民的生活得到显著改善。

任洪勇 苗族，生于1944年12月，彭水桑柘镇大青村人，小学文化，1968年7月加入中国共产党，1995年4月被国务院授予“全国劳动模范”称号。

1967年1月至1980年4月任桑柘区鹿箐乡大青村生产队长，1980年4月至2003年10月任桑柘区鹿箐乡大青村党支部书记，2003年10月至2009年10月任桑柘镇大青村党支部书记。

在任党支部书记期间，他利用本村适宜种植烤烟的有利条件，带领村民在抓好粮食生产的同时，大力发展烤烟生产，1994年全村发展烤烟53公顷，人均0.1公顷，实现烤烟收入52万元，人均年收入突破1000元。同时，在上级未拨一分钱的情况下，发动村民集资8万元，安装电力线路，解决村民用电问题；经过多方求援，争得上级拨款7500元，发动村民集资1.1万元，自己个人捐资4100元，带领全村村民经过45天苦战，修通公路17.2千米，基本实现户户通公路；通过向上级争取、发动村民集资、个人捐资等形式筹集饮水工程建设经费，仅用1个月修好2口280立方米的蓄水池，使全村人吃上自来水；在任村支部书记期间，先后为44户村民无偿提供技术服务，为贫困户赠送肥料1500余千克，30余次捐资捐款7000余元。

1995年4月，被国务院授予“全国劳动模范”称号，1997年7月当选为重庆市第一届人民代表大会代表。

孙文风 土家族，生于1940年2月，彭水自治县三义乡杉木村人，初中文化，中共党员，1990年获“全国优秀驾驶员”称号和“全国五一劳动奖章”。

1958年1月参加工作，1991年2月加入中国共产党。1958年1月至1960年8月在彭水县郁山盐厂当工人，1960年8月参加中国人民解放军，任中国人民解放军第三十八军三〇七八部队战士，1961年3月至1965年3月在装甲兵坦克二校学习，1966年2月至1976年2月在新疆建设兵团团部任小车司机，1976年2月至1979年8月复员回彭水郁山盐厂当驾驶员，1979年8月至1985年8月任县汽车队驾驶员，1985年8月至1994年5月任彭水自治县汽车运输公司驾驶员。1994年5月退休。

孙文风在驾驶员的平凡岗位上默默奉献近30年，累计安全行车130万千米，从未发生重大交通事故。尤其是1979年调入县汽车公司后的13年中，成绩更为突出，出车4360天，安全行车51万千米，完成营运收入91.8万元，为国家上缴税金17.6万元，为企业创利13.7万元。先后被四川省汽车运输公司涪陵公司授予二等功、三等功各1次，被彭水自治县人民政府评为“最佳驾驶员”“先进工作者”“交通运输安全行驶90万千米标兵驾驶员”，被四川省安全生产委员会评为“道路交通安全行驶100万千米先进个人”，被四川省人民政府授予“四川省职工劳动模范”称号，被中华全国总工会授予“全国优秀驾驶员”称号和“全国五一劳动奖章”。1999年、2000年连续2年被重庆汽车运输（集团）有限公司彭水分公司评为“优秀党员”。

刘学政 土家族，彭水桑柘镇人，1950年6月生，1969年2月参加中国人民解放军，1970年5月加入中国共产党，大学文化。少将警衔。

1969年2月参加中国人民解放军，历任中国人民解放军某炮兵团战士、军械员兼文书、团政治处宣传股干事、政治指导员、军政治部组织处干事、组织处副处长、秘书处长、一四九师政治部主任、三十八师副政委。1996年后，历任武警机动师三十八师副政委、六十三师政委、武警内卫师政委、武警北京总队第三师政委、武警北京市总队副政委，2004年9月至2007年3月任武警四川省总队政委（副军职），武警少将警衔。

1979年参加南疆保卫战，1988年在老山前线参加对越坚守防御战，立三等功一次。在工作岗位上，先后50余次受到各级嘉奖，曾被三十九师评为“模范指导员”称号。1995年至2003年，先后到解放军南京陆军指挥学院、国防大学等院校学习深造。2003年至2005年，随军队代表团先后出访澳大利亚、马来西亚、委内瑞拉、英国等国家。

李绍贵 苗族，1933年6月7日生，彭水普子镇石坝村9组人，1950年12月参加中国人民解放军，1954年8月加入中国共产党，大学专科学历。

1955年6月担任某军某团排长，1960年3月任某军某团作战参谋，1965年6月任某军某团后勤处长，1968年担任云南省昆明市盘龙区革委会主任，1969年任昆明军区第四次党代会代表。

1971年1月任某军某团参谋长，1978年6月任某军某团副团长，1979年2月任某军某团团长，1980年6月任某军某师参谋长，1981年6月任某师副师长，1983年2月任云南省文山军分区司令员。1983—1988年任文山壮族苗族自治州第四至第八次人民代表大会常务委员会委员，1984年任文山州委委员、常委，1988年6月退休（正师级）。

先后参加了1954年小凉山剿匪战斗、1952年黑水剿匪战役、1953年草地剿匪战役、1975年滇南平叛作战、1979年南疆保卫战、1984年老山、者阴山防御作战。

1957年至1958年在河南开封第八预校学习，1960年在江西南昌高级步兵学校学习，由于学习成绩优异记个人三等功1次。1980年在中国人民解放军军事学院（国防大学）学习，取得大学专科学历，著有多篇论文，1986年所著的《浅谈民兵战时参战支前应该注意的几个问题》被成都军区前进指挥部政治部评为优秀论文，1987年所著的《对边疆地区民兵建设的思考》被成都军区军事学术研究指导委员会评为优秀论文。

张元国　字玉生，斋号竹韵轩，苗族，1938年9月15日生，彭水靛水乡人，大学肄业。1953年10月参加中国人民解放军，1957年7月加入中国共产党，1993年退休，大校警衔。曾任中国人民武装警察部队总部司令部管理局（处）政治协理员（副师级）、司令部研究室主任研究员。

11岁参加儿童团。1950年考入彭水中学，同年10月，成为彭水中学第一批共青团员，被选为学校共青团支部委员、支部副书记、学生会主席。1953年8月考入涪陵高级中学，担任学生会副主席。

1953年10月，参加中国人民解放军炮兵部队，赴锦州炮兵干部训练基地（后改为锦州炮兵学院）学习，1954年学习结业后留在基地工作，先后任学员队辅导员、文化教员、见习干部干事、正、副指导员、连职干事，1956年被授予少尉军衔，其间，在校学习政治业务和军事指挥专业，到过朝鲜和福建的炮兵部队任职。1960年7月调北京军委炮兵政治部工作，任连职、营职干部干事、团职副、正科长等职。1983年6月调至中国人民武装警察部队总部司令部管理局（处）工作，同年11月任中国人民武装警察部队总部司令部管理局（处）政治协理员（副师级），1988年被授予武警部队大校警衔，1990年任司令部研究室主任研究员。还先后担任过机关党支部委员、管理局党总支书记等职。

1993年退休后，全身心投入书法学习，坚持临摹古代名家字帖，博采众长，多年耕耘，形成自己的风格，尤其擅长行书、草书和榜书。积极参加全国性的书画大赛，其作品获第二届“红军杯”全国书画大赛一等奖、“王子杯”海峡两岸书画大赛金奖及国际文化交流银奖、“大红鹰杯”全国中老年书画大赛二等奖等多项奖励，2001年海峡两岸书画交流大展获得金奖，在2002年和2004年的国际性大展中均获得金奖或一等奖，被授予“中外书画艺术节名人”“世界银质艺术家”和“99中国百杰书法家”等称号。作品和辞条入选《当代书画篆刻家大辞典》《中国当代艺术名人录》《中国书法家协会会员名鉴》《中国书法家选集》《中国历代书法家大辞典》《二十世纪中国著名书画家》《中国书法名家作品集》等大型辞典。1995年被批准为中国书法家协会会员，现任南国书画家协会副主席、中国名家书画研究院副院长、北京国龙将军书画院院长、中联国兴书画院副院长、中亚名人书画院副院长等职。

张洪塔　土家族，生于1954年11月。彭水自治县人，大专学历。1983年10月加入中国共产党，中学政治高级教师，重庆市教育学会理事。任彭水中学党支部书记、副校长兼工会主席，2002年获“全国五一劳动奖章”。

1973年9月至1978年8月在保家中学代课。1978年8月至1981年7月在彭水师范读书，1981年8月至1984年8月在彭水中学任教，1984年9月至1986年7月在重庆师范学院中文系进修，1986年8月至今在彭水中学任教。曾任彭水中学校团委书记、政教处副主任、主任。

他先后被评为“全国优秀武术辅导员”“彭水自治县有突出贡献的中青年专业技术拔尖人才”“四川省德育先进工作者”“重庆市优秀教师”“重庆市

‘三五’普法先进工作者”“全国优秀教师”，2002年获“全国五一劳动奖章”，2005年获“全国先进工作者”称号。

李金春 汉族，生于1949年11月，四川省遂宁市人，大专文化，电气高级工程师，1996年获“全国五一劳动奖章”。

1970年3月参加工作，1986年7月加入中国共产党。1970年3月至1972年9月下乡当知青。1972年9月至1974年12月在涪陵地区水利电力学校学习。1974年12月至1984年2月任彭水县水利电力局副股长，1984年2月至1984年9月任彭水县电力公司经理。1984年9月至1986年9月在重庆大学学习。1986年9月至1990年7月任彭水电力公司经理，1990年7月至1994年2月任彭水自治县水电局副局长兼电力公司经理，1994年2月至1998年2月任彭水自治县水电局局长兼电力公司经理。1998年2月至2001年9月任彭水自治县农村工作办公室副主任，2001年9月至2005年12月在彭水自治县水利农机局工作。

他先后承担彭水自治县朱山洞水电站、燕家坪水电站、冬瓜溪三级水电站、团坝子水电站、朱山洞至彭水35千伏输变电工程、郁山火电厂至县城城关35千伏输变电工程、上塘变电站输变电工程、彭水电力系统通信组网等电力工程的设计建设。由于成绩突出，曾多次被省（市）、地、县授予“优秀知识分子”“先进工作者”“民族团结先进个人”“地区十佳优秀企业家”“县科学技术拔尖人才”，1996年4月获中华全国总工会颁发的“全国五一劳动奖章”。

周登国 1943年9月生，彭水保家镇大河坝村7组人，大专文化，1963年12月参加中国人民解放军，1965年9月参加中国共产党，1969年7月被授予“战斗英雄”称号。是中国共产党第十次代表大会代表，团中央第十一届中央委员。

1963年12月至1969年3月先后担任沈阳军区某团特务连战士、副班长、班长，1969年4月任特务连副连长、连长，1971年任某连连长，1973年任某营营长，1974年任某团副团长，1975年任某团团长，1977—1979年在中国人民解放军北京军事学院学习，1979年10月任沈阳军区某团团长，1980年10月任某师副师长，1987年任济南军区某师师长，1988年任成都军区云南省军区蒙自军分区司令员，1991年任成都军区西藏军区日喀则军分区司令员，1996年任四川省民政厅副厅长、正厅级巡视员。2004年退休。

1967年至1969年参加中苏边境珍宝岛自卫反击战。1969年4月周登国被沈阳军区记一等功，同年7月被中央军委授予“战斗英雄”称号。

1985年至1986年还参加南疆保卫战老山作战。

钱书远 苗族，生于1946年9月，彭水龙塘乡黄金村人，初中文化，1986年7月加入中国共产党，第九届全国人民代表大会代表，2000年被国务院授予“全国劳动模范”称号。

1976年3月至1980年11月任生产队会计，1980年11月至1986年11月任生产队长，1986年11月至1988年8月任黄金村村民委员会主任，1988年8月至2004年3月任黄金村村支部书记。

1984年冬天，承包520公顷荒山坡，承包期30年，收入按二八分成，26户村民分户签字画押，县公证机关进行公证。1996年5月，将20%的收益归原主，自己的80%收益无偿捐给村里作集体经济项目。

1993年四川省绿化委员会给他颁发“四川绿化奖章”，1997年中共重庆市委授予他“优秀村党支部书记”称号，1999年获“全国十大绿化标兵提名奖”，2000年被国务院授予“全国劳动模范”称号，2001年被中共重庆市委评为“优秀共产党员”，2002年被重庆精神文明建设委员会评为“重庆文明市民”。

钱学英 女，汉族，生于1954年12月，彭水万足乡小河村6组人，小学文化，中共党员，第五届全国人民代表大会代表。

1964年1月至1970年1月参加生产队劳动，1971年12月参加铁姑娘基建队，1973年12月加入中国共产党，1973年12月至1981年9月任卫星村团支部副书记，1981年9月至1992年3月任彭水自治县鹿角乡妇女主任，1992年3月调彭水自治县民政局工作。

10岁时，父亲钱文善在随中国人民解放军进西藏平叛战斗中牺牲，母亲改嫁，从小随爷爷奶奶生活。受家庭教育的影响，造就钱学英倔强的性格和不服输的精神。1971年12月，她参加铁姑娘基建队后，不怕苦、不怕累，在农田基本建设中，与基建队其他同志一道在海拔800余米的乱石坡上每天打炮眼2.5丈深，通过几年努力，改造梯土12.26公顷，成为全县、全省农业学大寨先进典型。1975年2月被选为中共彭水县委委员，1975年5月当选为第五届全国人民代表大会代表，1976年6月随中罗友好代表团出访罗马尼亚，1976年12月出席全国第二次农业学大寨会议。

黄家夫 苗族，生于1937年4月，彭水高谷镇大青村人，中专文化，高级工程师，享受国务院特殊津贴的工程技术专家，第七届、第八届、第九届全国人民代表大会代表。

1960年9月参加工作，在重庆公路工程学校汽车公路桥梁专业毕业后被分配到涪陵公路养路总段任技术员。1977年秋，调涪陵养路总段彭水分段工作，1984年任涪陵养路总段彭水养路分段段长。1984年1月至1987年3月任彭水苗族土家族自治县政协副主席。1987年3月至1988年8月任彭水苗族土家族自治县人大常委会副主任。1988年秋调到黔江地区交通局工作，先后任交通局副局长、总工程师、设计院院长。1998年11月退休。

一生中设计修建大量桥梁、隧道、公路。先后负责设计修建黔江两河口40米跨径石拱桥、武隆长途河40米跨径石拱桥、酉阳龚滩100米跨径石拱桥、彭水郁山60米跨径石拱桥、武隆江口105.4米跨径双曲拱桥，彭水两跨各100米的箱板拱无支架吊装特大桥、黔江梅子关隧道、国道319线改造、高谷150米跨径钢管混凝土中承式拱桥、彭水九曲河两跨各80米的钢筋混凝土上肋拱桥、彭水两江两跨各150米无支架吊装箱板拱桥等一大批交通建设项目，并受聘担任彭西公路指挥部总工程师、贵州省交通建设监理咨询有限公司彭水项目副总监等职，为彭水乃至渝东南的交通建设做出贡献，得到各级党委和政府的肯定和嘉奖。1988年、1992年、1997年连续3届当选为全国人民代表大会代表，1992年享受国务院特殊津贴，1998年被人事部、交通部评为“全国交通系统先进工作者”。

人物名录

1956—2005年彭水自治县全国、省（部）级劳动模范名录

表34-1

姓名	性别	籍贯	出生时间	民族	文化程度	政治面貌	职业	参加工作时间	获奖时单位	职务	获奖时间	获奖名称	颁奖单位	备注
周信仁	男	重庆彭水	1938年7月	苗	高中	中共党员	公务员	1961年9月	县民委	主任	1994年	全国民族团结进步模范	国务院	—
任洪勇	男	重庆彭水	1944年12月	苗	小学	中共党员	农民	—	桑柘镇大青村	村党支部书记	1995年	全国劳动模范	国务院	—
钱书远	男	重庆彭水	1946年9月	苗	初中	中共党员	农民	—	龙塘乡黄金村	村党支部书记	2000年	全国劳动模范	国务院	—
孙文风	男	重庆彭水	1940年2月	土家	初中	中共党员	工人	1958年1月	彭水汽车运输公司	驾驶员	1990年	“全国五一劳动奖章”	全国总工会	—
李金春	男	重庆遂宁	1949年11月	汉	大专	中共党员	公务员	1969年12月	县水利电力局	局长兼经理	1996年	“全国五一劳动奖章”	全国总工会	—
刘焕章	男	重庆彭水	1924年5月	汉	小学	中共党员	工人	1950年6月	彭水县制盐公司	车间主任	1956年	四川省劳动模范	四川省政府	1981年病故
汪文昌	男	重庆彭水	1937年11月	苗	初中	中共党员	工人	1956年3月	彭水县酒厂	—	1958年	四川省劳动模范	四川省政府	—
高士林	男	重庆彭水	1918年10月	汉	小学	中共党员	工人	1949年10月	彭水县郁江煤矿	—	1958年	四川省劳动模范	四川省政府	—
付立家	男	河南林县	1927年9月	汉	小学	中共党员	公务员	1947年4月	县国税局	—	1959年	四川省劳动模范	四川省政府	—
黄作禄	男	重庆彭水	1930年10月	土家	小学	中共党员	工人	1955年6月	县搬运站	—	1962年	四川省劳动模范	四川省政府	—
张天仁	男	重庆彭水	1930年11月	苗	小学	中共党员	工人	1951年4月	涪陵汽车运输公司	—	1962年	四川省劳动模范	四川省政府	—
杨兴武	男	重庆彭水	1915年	汉	小学	中共党员	工人	1954年	彭水县郁江煤矿	—	1975年	四川省劳动模范	四川省革命委员会	—
王志阶	男	重庆彭水	1942年6月	苗	小学	—	农民	—	大垭乡大河村	—	1980年	四川省劳动模范	四川省政府	—
赵明全	男	重庆彭水	1946年3月	汉	小学	中共党员	工人	1969年2月	汉葭镇粮站	—	1984年	四川省劳动模范	四川省政府	—

续表 34-1

姓名	性别	籍贯	出生时间	民族	文化程度	政治面貌	职业	参加工作时间	获奖时单位	职务	获奖时间	获奖名称	颁奖单位	备注
陶容	女	重庆彭水	1942 年 1 月	苗	中师	—	教师	1961 年 7 月	汉一小	—	1984 年	四川省劳动模范	四川省政府	—
袁国庆	男	湖南长沙	1939 年 8 月	汉	大学	中共党员	医生	1964 年 9 月	鹿角区卫生院	院长	1984 年	四川省劳动模范	四川省政府	—
谢崇举	男	重庆彭水	1948 年 12 月	苗	初中	中共党员	教师	1965 年 9 月	石盘乡中心校	校长	1985 年	四川省劳动模范	四川省政府	—
王天时	男	重庆彭水	1953 年 2 月	苗	大专	中共党员	公务员	1969 年 1 月	县法院	庭长	1985 年	四川省劳动模范	四川省政府	—
蒋开甫	男	重庆蓬溪	1941 年 11 月	汉	大学	—	教师	1967 年 7 月	彭水中学	—	1985 年	四川省模范教师	四川省政府	—
何洪安	男	重庆彭水	1949 年 5 月	汉	大专	中共党员	企业管理人员	1977 年 7 月	郁山水泥厂	厂长	1989 年	四川省劳动模范	四川省政府	—
曾宪文	男	重庆彭水	1933 年 10 月	苗	小学	中共党员	工人	1951 年 5 月	汉葭区供销社	—	1989 年	全国商业劳动模范	商业部	—
张志珍	女	重庆彭水	1953 年 11 月	苗	小学	中共党员	工人	1970 年 12 月	县钢锉厂	—	1990 年	全国轻工业劳动模范	轻工业部	—
徐立用	男	重庆彭水	1937 年 4 月	苗	小学	中共党员	务农	—	棣棠乡排楼村	村党支部书记	1995 年	四川省劳动模范	四川省政府	—
李佛章	男	重庆彭水	1943 年 4 月	汉	初中	—	工人	1965 年 5 月	县装潢印刷厂	厂长	1995 年	四川省劳动模范	四川省政府	—
孙维亮	男	重庆彭水	1945 年 10 月	苗	初中	—	教师	1971 年 3 月	火石乡中心校	校长	1995 年	全国模范教师	国家教委、人事部	—
黎家乾	男	重庆彭水	1948 年 9 月	汉	中师	中共党员	教师	1970 年 3 月	靛水乡中心校	—	1998 年	全国模范教师	国家教委、人事部	—
张奉习	男	重庆彭水	1956 年 3 月	苗	小学	中共党员	工人	1994 年 2 月	彭水县芦塘煤矿	车间主任	2000 年	重庆市劳动模范	重庆市政府	—
宿德普	男	重庆彭水	1964 年 5 月	苗	初中	中共党员	农民	—	三义乡方井村	村党支部书记	2000 年	重庆市劳动模范	重庆市政府	—
廖应坤	男	重庆彭水	1969 年 1 月	苗	高中	中共党员	农民	—	羊头铺乡构树坪村	村党支部书记	2000 年	重庆市劳动模范	重庆市政府	—
郭定成	男	重庆彭水	1952 年 10 月	汉	初中	中共党员	农民	—	小厂乡小厂村	村党支部书记	2000 年	重庆市劳动模范	重庆市政府	—
何德文	男	重庆彭水	1956 年 12 月	土家	大学	中共党员	企业高管	1976 年 8 月	金益公司	副经理	2000 年	重庆市劳动模范	重庆市政府	—
任大品	男	重庆彭水	1958 年 11 月	苗	大专	中共党员	企业管理人员	1976 年 12 月	彭水运输公司	党总支书记	2005 年	重庆市劳动模范	重庆市政府	—
刘中凡	男	重庆彭水	1963 年 4 月	汉	高中	中共党员	农民	—	保家镇东流村	村党支部书记	2005 年	重庆市劳动模范	重庆市政府	—

1956—2005 年彭水自治县全国、省（部）级先进工作者名录

表 34-2

姓名	性别	籍贯	出生时间	民族	文化程度	政治面貌	职业	参加工作时间	获奖时单位	职务	获奖时间	获奖名称	颁奖单位	备注
任荣安	男	重庆彭水	1940 年 6 月	苗	中师	中共党员	公务员	1960 年 9 月	彭水县政府	县长	1988 年	全国民族团结进步先进个人	国务院	—
张洪塔	男	重庆彭水	1954 年 11 月	土家	大专	中共党员	教师	1973 年 7 月	彭水中学	党支部书记	2005 年	全国先进工作者	国务院	—
杨文杰	男	重庆南川	1931 年 5 月	汉	初中	—	工人	1951 年 8 月	县供销社	—	1956 年	全国商业系统先进工作者	商业部	调离
胡月辉	女	四川金堂	1930 年 1 月	汉	初中	—	企业管理人员	1951 年 1 月	彭水县百货公司	副经理	1956 年	全国商业系统先进工作者	商业部	调离
韩福臣	男	重庆彭水	1930 年 7 月	汉	初中	—	企业管理人员	1951 年 12 月	彭水县人民银行	—	1956 年	全国商业系统先进工作者	商业部	调离
王柱国	男	重庆彭水	—	—	—	—	工人	—	彭水茶源酒厂	—	1956 年	全国商业战线先进工作者	商业部	已故
陈代福	男	重庆彭水	1918 年 12 月	土家	小学	—	工人	1956 年 5 月	县中药材公司	—	1958 年	全国财贸战线先进工作者	财贸部	1996 年 12 月病故
曾宪才	男	重庆彭水	1933 年 6 月	苗	小学	中共党员	工人	1950 年 3 月	县粮食局	—	1958 年	全国财贸战线先进工作者	财贸部	1982 年病故
刘春林	男	重庆彭水	1914 年 1 月	汉	小学	中共党员	工人	1940 年 3 月	养路段道班	副班长	1958 年	全国工业战线先进工作者	工业部	—
曾绍怀	男	重庆彭水	1932 年 3 月	苗	小学	中共党员	工人	1950 年 1 月	县食品公司	—	1958 年	四川省财贸战线先进工作者	四川省政府	—
李治发	男	重庆彭水	—	—	—	—	工人	—	彭水县郁江煤矿	—	1958 年	全国工业战线先进工作者	煤炭工业部	—
焦本孝	男	重庆彭水	1924 年 7 月	苗	小学	中共党员	工人	1950 年 4 月	彭水县制盐公司	车间主任	1958 年	全国工业战线先进工作者	轻工业部	1992 年病故
龚明祥	男	重庆彭水	1932 年 7 月	土家	小学	中共党员	公务员	1952 年 1 月	连湖公社	党委副书记	1959 年	四川省政法工作先进工作者	四川省政府	—
薛光成	男	重庆垫江	1933 年 6 月	汉	初中	中共党员	公务员	1951 年 8 月	县法院	审判员	1959 年	全国政法系统先进工作者	公安部	调离
文道德	男	重庆彭水	1934 年	汉	小学	中共党员	工人	1951 年 3 月	彭水县郁江煤矿	技术员	1962 年	全国工业战线先进工作者	煤炭工业部	2000 年病故
彭昌贵	男	重庆彭水	1916 年	苗	小学	中共党员	工人	1953 年	保家楼合作工厂	副厂长	1962 年	全国工业战线先进工作者	轻工业部	1986 年病故

续表 34-2

姓名	性别	籍贯	出生时间	民族	文化程度	政治面貌	职业	参加工作时间	获奖时单位	职务	获奖时间	获奖名称	颁奖单位	备注
吕恒贵	男	重庆双流	1932年5月	汉	初中	中共党员	企业管理人员	1951年7月	彭水工农兵旅馆	副经理	1979年	四川省财贸工作先进工作者	四川省政府	1999年病故
潘淑娥	女	四川巴县	1927年9月	汉	大学	—	教师	1956年7月	彭水中学	—	1982年	四川省大、中学优秀政工干部	四川省委	—
潘松	男	重庆彭水	1928年12月	汉	初中	—	工人	1951年6月	彭水郁山盐厂	—	1983年	全国工会积极分子	全国总工会	—
叶映斋	男	重庆长寿	1934年11月	汉	高中	—	企业管理人员	1951年7月	农业银行彭水支行	股长	1983年	全国农村金融红旗手	中国农业银行总行	—
刘治国	男	重庆梁平	1936年5月	汉	中专	中共党员	公务员	1956年12月	县农业局	副局长	1983年	全国少数民族地区工作先进个人	国家民委、人事部	—
汪远宾	男	四川简阳	1934年7月	汉	大学	—	教师	1958年7月	彭水中学	校长	1984年	全国优秀班主任	国家教委、人事部	—
张洪宪	男	重庆彭水	1933年1月	汉	大专	中共党员	公务员	1951年4月	县法院	—	1985年	四川省政法战线先进工作者	四川省政府	—
邓代清	男	重庆彭水	1949年11月	土家	中专	中共党员	公务员	1969年2月	县公安局	副政委	1985年	四川省政法战线先进工作者	四川省政府	—
冯秀鹄	男	重庆彭水	1941年7月	苗	高中	中共党员	教师	1965年9月	桑柘区教办	区教育工会主席	1988年	全国工会优秀积极分子	全国总工会	—
高中学	男	重庆彭水	1928年1月	汉	高中	—	公务员	1950年12月	县农业局	农经调研员	1988年	全国成本调查统计工作先进个人	农牧渔业部	—
熊锡尧	男	重庆彭水	1941年12月	汉	大学	中共党员	公务员	1959年1月	县教委	主任	1989年	全国优秀教育工作者	国家教委、人事部	—
何世沛	男	重庆涪陵	1934年2月	汉	中师	—	教师	1958年7月	黄家坝中学	教导主任	1989年	全国优秀教师	国家教委、人事部	—
罗必林	男	重庆彭水	1953年9月	苗	大学	中共党员	教师	1975年9月	石柳乡中心校	—	1989年	四川省优秀教师	四川省政府	—
庹德现	男	重庆彭水	1948年7月	苗	中师	中共党员	教师	1969年3月	大厂乡中心校	教导主任	1989年	全国优秀教师	国家教委、人事部	—
李世义	男	重庆彭水	1944年4月	汉	大学	中共党员	教师	1966年7月	县民族中学	校长	1989年	四川省优秀教师	四川省政府	—
洪洁	女	重庆市中区	1951年4月	汉	中师	中共党员	教师	1969年4月	汉一小	校长	1989年	全国优秀教师	国家教委、人事部	—
张举和	男	重庆丰都	1958年9月	汉	大学	—	教师	1981年1月	彭水中学	副校长	1989年	全国优秀教师	国家教委、人事部	—

续表 34-2

姓名	性别	籍贯	出生时间	民族	文化程度	政治面貌	职业	参加工作时间	获奖时单位	职务	获奖时间	获奖名称	颁奖单位	备注
孙在权	男	重庆彭水	1963 年 3 月	汉	中专	—	公务员	1983 年 7 月	县农业局	—	1989 年	全国农牧渔业丰收三等奖	农业部	—
宋万珍	女	重庆丰都	1940 年 4 月	汉	初中	中共党员	教师	1958 年 4 月	汉三小	校长	1990 年	四川省第二次民族进步先进个人	四川省政府	—
王世仙	女	重庆彭水	1945 年 4 月	苗	小学	—	农民	—	新场乡团结村	妇女主任	1991 年	全国先进女能手	全国妇联、农业部等 12 部委联合表彰	—
李永忠	男	重庆彭水	1933 年 7 月	汉	大学	中共党员	公务员	1952 年 2 月	县农办	主任	1991 年	全国农牧渔业丰收二等奖	农业部	—
邓生荣	男	重庆彭水	1940 年 12 月	苗	初中	中共党员	公务员	1958 年 2 月	县委党校	副校长	1991 年	全国优秀教师	国家教委、人事部	—
陈常	男	重庆彭水	1950 年 11 月	土家	大专	中共党员	教师	1976 年 3 月	彭水中学	教导处副主任	1991 年	全国优秀教师	国家教委、人事部	—
李志成	男	四川仁寿	1937 年 10 月	苗	大学	中共党员	公务员	1963 年 7 月	县农业局	正局级调研员	1991 年	全国农牧渔业丰收二等奖	农业部	—
万兴林	男	重庆酉阳	1937 年 7 月	土家	大专	中共党员	公务员	1955 年 7 月	县农业局	副局长	1991 年	全国农牧渔业丰收二等奖	农业部	—
王家志	男	四川富顺	1938 年 11 月	汉	大专	—	公务员	1962 年 9 月	县农业局	农技站副站长	1991 年	全国农牧渔业丰收二等奖	农业部	—
吴相海	男	重庆彭水	1964 年 10 月	汉	大专	中共党员	公务员	1983 年 7 月	县农业局	—	1991 年	全国农牧渔业丰收二等奖	农业部	—
余先奎	男	重庆彭水	1957 年 8 月	苗	大专	中共党员	公务员	1979 年 4 月	郁山区计生办	副主任	1991 年	四川省计划生育工作先进个人	四川省委、省政府	—
殷德恩	男	重庆黔江	1946 年 2 月	汉	大学	中共党员	教师	1970 年 8 月	彭水中学	副校长	1993 年	全国优秀教师	国家教委、人事部	—
廖兴让	男	重庆巴南	1943 年 1 月	汉	大学	中共党员	公务员	1966 年 9 月	县农业局	局长	1993 年	四川省有突出贡献的专家	四川省委、省政府	—
淳世华	男	重庆彭水	1947 年 4 月	汉	大学	中共党员	教师	1967 年 7 月	彭水中学	校长	1995 年	全国优秀教师	国家教委、人事部	—
杨其昌	男	重庆彭水	1956 年 6 月	汉	中专	中共党员	公务员	1972 年 3 月	县农业局	副局长兼种子公司经理	1995 年	全国农牧渔业丰收二等奖	农业部	—

续表 34-2

姓名	性别	籍贯	出生时间	民族	文化程度	政治面貌	职业	参加工作时间	获奖时单位	职务	获奖时间	获奖名称	颁奖单位	备注
杨云常	男	重庆彭水	1964 年 7 月	汉	大专	中共党员	公务员	1983 年 8 月	县农业局	农技站站长	1995 年	全国农牧渔业丰收二等奖	农业部	—
黄美坤	男	重庆彭水	1964 年 4 月	苗	高中	中共党员	公务员	1992 年 7 月	高谷区计生办	主任	1996 年	四川省计划生育工作先进工作者	四川省政府	—
王国宇	男	重庆彭水	1947 年 11 月	苗	大专	中共党员	公务员	1969 年 2 月	县检察院	副检察长	1996 年	四川省严打行动先进个人	四川省委、省政府	—
李霞	女	重庆彭水	1960 年 2 月	汉	高中	—	公务员	1977 年 6 月	郁山区司法所	所长	1996 年	四川省严打行动先进个人	四川省委、省政府	—
黄安平	男	重庆彭水	1962 年 1 月	汉	大学	中共党员	公务员	1979 年 11 月	县工商局	副局长	1996 年	全国优秀工商行政管理员	国家工商总局	—
刘应华	女	重庆彭水	1952 年 8 月	苗	初中	中共党员	农民	—	靛水乡龙洞村	妇女主任	1997 年	全国敬老儿女金榜奖	民政部、劳动部	—
文志勇	男	重庆彭水	1965 年 3 月	苗	大学	中共党员	公务员	1981 年 7 月	县国土房管局	科长	1997 年	四川省耕地保护工作先进个人	四川省政府	—
徐业模	男	重庆彭水	1953 年 9 月	汉	中专	中共党员	公务员	1972 年 12 月	汉葭镇	党委副书记	1997 年	重庆市优秀乡镇党委书记	重庆市委	—
张宗茂	男	重庆彭水	1950 年 9 月	苗	高中	—	教师	1973 年 9 月	龙溪乡水田村小学	校长	1999 年	全国第一届贫困地区农村教育工作“烛光奖”	教育部、中华慈善总会	—
肖功汝	男	重庆彭水	1941 年 5 月	苗	大学	—	教师	1958 年 6 月	彭水中学	数学教研组长	2000 年	重庆市中学特级教师	重庆市政府	—
高勇	男	重庆彭水	1958 年 10 月	苗	大专	中共党员	公务员	1978 年 1 月	郁山区计生办	主任	2000 年	全国乡镇、街道优秀计生工作者	国家计生委	—
赵治东	男	重庆彭水	1959 年 10 月	土家	大专	中共党员	公务员	1988 年 3 月	彭水自治县残联	副理事长	2001 年	重庆市“九五”残疾人工作先进工作者	重庆市政府	—
肖远忠	男	重庆彭水	1948 年 8 月	土家	初中	中共党员	农民	—	万足镇万足村	—	2001 年	重庆市扶贫开发先进个人	重庆市委、市政府	—
廖宇章	男	重庆彭水	1973 年 3 月	苗	大专	中共党员	公务员	1994 年 7 月	县国土房管局	环境监测站站长	2002 年	全国采矿许可换证工作先进个人	国土资源部	—
彭克发	男	重庆垫江	1963 年 6 月	汉	大专	—	公务员	1981 年 9 月	县疾病防控中心	主任	2002 年	全国地方病防治工作先进个人	卫生部、农业部	—
张乾鹤	男	重庆彭水	1967 年 4 月	苗	大学	中共党员	公务员	1988 年 7 月	县畜牧局	推广站站长	2002 年	全国农牧渔业丰收三等奖	农业部	—

续表 34-2

姓名	性别	籍贯	出生时间	民族	文化程度	政治面貌	职业	参加工作时间	获奖时单位	职务	获奖时间	获奖名称	颁奖单位	备注
谢太侯	男	重庆彭水	1965 年 5 月	苗	大学	中共党员	公务员	1986 年 7 月	县畜牧局	生产科科长	2002 年	全国农牧渔业丰收三等奖	农业部	—
赵德会	女	重庆彭水	1967 年 4 月	汉	大专	中共党员	事业人员	1985 年 7 月	县妇幼保健院	副院长	2003 年	重庆市优秀共产党员	重庆市委	—
周伟	男	重庆石柱	1963 年 7 月	土家	硕士研究生	中共党员	公务员	1981 年 6 月	彭水自治县政府	副县长	2003 年	重庆市“非典”防治工作先进个人	重庆市委、市政府	—
姜波	男	重庆彭水	1963 年 2 月	汉	大学	中共党员	公务员	1981 年 8 月	县卫生局	副局长	2003 年	重庆市“非典”防治工作先进个人	重庆市委、市政府	—
舒一秋	男	重庆彭水	1957 年 1 月	汉	大学	—	教师	1975 年 7 月	汉葭镇中学	—	2003 年	重庆市特级教师	重庆市政府	—
吴代忠	男	重庆巴南	1963 年 12 月	汉	大学	中共党员	教师	1983 年 9 月	彭水中学	教导处副主任	2004 年	全国优秀教师	教育部	—
王子兰	女	重庆彭水	1966 年 2 月	土家	大学	中共党员	公务员	1988 年 6 月	县司法局	纪检组长	2004 年	全国法律援助先进个人	司法部	—
龚万平	男	重庆彭水	1953 年 11 月	汉	大学	中共党员	公务员	1971 年 3 月	县农业局	农技站副站长	2004 年	全国农村青年创业致富带头人	共青团中央、农业部	—
任连生	男	重庆垫江	1962 年 12 月	汉	大专	中共党员	公务员	1981 年 8 月	县畜牧局	局长	2004 年	重庆市防治高致病性禽流感工作先进个人	重庆市政府	—
冉海洋	男	重庆酉阳	1966 年 5 月	土家	大学	中共党员	公务员	1990 年 7 月	县畜牧局	副局长	2004 年	重庆市防治高致病性禽流感工作先进个人	重庆市政府	—
庹汉尧	男	重庆彭水	1963 年 7 月	苗	大学	中共党员	公务员	1987 年 7 月	县畜牧局	动监站站长	2004 年	重庆市防治高致病性禽流感工作先进个人	重庆市政府	—
廖真亮	男	重庆彭水	1952 年 4 月	苗	中专	—	管理员	1978 年 5 月	连湖镇兽防站	站长	2004 年	重庆市防治高致病性禽流感工作先进个人	重庆市政府	—
唐波	男	重庆武隆	1969 年 7 月	汉	大学	中共党员	公务员	1988 年 3 月	县工商局	局长	2005 年	全国红盾护农行动先进个人	国家工商行政管理总局	—
谢中才	男	重庆彭水	1966 年 7 月	汉	大专	—	公务员	1985 年 7 月	县农业局	—	2005 年	全国农村科普工作先进个人	中国科协	—
庹汉兴	男	重庆酉阳	1962 年 9 月	苗	大学	中共党员	公务员	1988 年 7 月	彭水县纪委	县委常委、纪委书记	2005 年	重庆市先进工作者	重庆市政府	—
任佑荣	男	重庆彭水	1952 年 1 月	苗	中专	中共党员	公务员	1969 年 1 月	县政府办公室	副主任	2005 年	重庆市先进工作者	重庆市政府	—
张玉强	男	重庆彭水	1955 年 5 月	苗	大专	中共党员	公务员	1974 年 12 月	县财政局	党组书记	2005 年	重庆市先进工作者	重庆市政府	—

附　录

诗 文

赋

彭水赋

盛启元

彭水古邑，巴国故茵。湘渝之咽喉，林薮之奇琛。秦巴郡之管属，汉置县为涪陵。隋因郁江原名彭水，遂以之而为县名。大唐隶属黔州督府，南宋冠以绍庆雅称。明清谨遵隋制，芳名沿用至今。

纵横四千平方公里，历经桑田沧海；跨越五千如斯岁月，饱览雨雪霜冰。昆仑地脉势雄，直贯畛域腹地；武陵娄山曼绕，护佑全县生灵。西唤武隆接壤，东携黔江为邻。北与石柱相依，南以酉阳为屏。觜参双星焕采，山川赖其鸿钧。郁水滔滔，鲸波拍岸；乌江滚滚，巨浪惊魂。摩围万丈，仰重霄而上指；峭壁千仞，俯无地而下临。鸟瞰旭日初上，环视群山嵚崟。鸟迹羊肠，举足虞而失次；鱼山鹫岭，侧目骇而神惊。云顶寺嵌云崖，凌空飞腾而失云根；寺下玉龙石宝，伏地静卧而隐身形。寺中楹柱之长联，举子基亨咳珠唾玉，寄琼怀于山水；竹径松阴之绣腕，天涯羽客载酒觅句，抒豪情于啸吟。文昌帝君炼丹，羽化于秘洞，长孙无忌遗恨，曾眠于东门。鸡笼山秀，状如美女仰首，喜清流而濯秀发；插旗山峻，传诵翼德领兵，奋铁臂而插旆旌。鸡冠城绝壁三面，犹有抗元之回响；采芹城遗址尚在，记下蓝玉之逆行。长溪九曲，如诗如画；圣水三潮，时现时隐。甘山石燕，翩跹而起舞；戏水金鳌，腾踔而问津。悬棺千载，其色如喷。洗墨池，鲁直情寄竹素而翰墨；绿阴轩，山谷心忧黎元却无柄。青蒲垭藏八大景，实为社会生活之剪影；鹿鸣乡有二奇观，真乃地质变迁之例证。长溪蜿蜒流碧，孕红育翠，漱玉濯石，缔造百里画廊；素女泠泠声脆，珠歌凤舞，遏云绕梁，能留终身余韵。

彭水山川，人间瑶琨。春事婉娩，蜂痴蝶醉，紫姹烟凝；夏日杲杲，叠红堆绿，芷馥兰芬；秋容如拭，铺金换翠，天高气清；冬蕴薄寒，雪欢梅笑，松竹尤劲。数不完的胜地阆苑，看不尽的世间美景。

嗟乎！红日喷薄，邦荣国祯。山水换颜，市邑添锦。吊脚古楼而变参天大厦，洞穿摩围而建现代新城。数座虹桥，凌空飞跨；两江汽笛，悦耳长鸣。天街坦道，车水马龙；市内曲径，绿树成荫。宾馆商场，流光溢彩；茶房酒肆，颐和言顺。真乃闾巷热闹，阛阓沸腾。每当薄暮临幸，霓虹升空，彩灯映流，雅乐轻送，浑然兮酷似瑶村。

民丰物阜，向荣欣欣。一土一石，皆为珠玉；一草一木，尽是奇珍。郁山曾飞水流盐，荆楚黔众黎获福；朱砂亦丹穴致富，实业家首寡妇怀清。放眼全境，重晶石色鲜质优；大理石黑似乌金，页岩气沉睡方醒。生漆如注，桐油似倾。苎麻盈野，棓角满林。烤烟优质冠世，让行商购抢；药材上乘堪誉，令坐贾聚囤。天地之交泰，百业乃勃兴。乌江电站，涡轮飞转；工业园区，厂房列阵。公路铁路，穿山越岭，编织交通网络；汽车火车，笛声轻柔，合奏时代谐音。抓教育，兴科技，固我华国之根本；倡文明，淳风尚，强吾炎黄之子民。上下踊跃，共建城乡一体；旄倪惬意，同享小康温馨。

壮哉彭水！龙腾虎跃，祥和康宁。清奇神秀之山水，源远流长之人文。箕风毕雨，合时合令；守信仗义，重德重情。朴实勤劳，焚膏继晷不倦；科学发展，虎步龙骧有恒。群策群力，共创千秋之丕业；同心同德，勇建万世之殊勋。

美哉彭水！赤子之情，倾吐不尽。忻然飞觞而把盏，再抒琴剑之胸襟：

物华天宝兮人杰地灵，雨旸时若兮月异日新。

鸿图展现兮群情振奋，康庄大道兮万众齐奔！

郁山赋

——以“盐丹之源春正浓”为韵

蔡盛炽

郁山上古兴，历史几千年。三江汇流，彭人居住称彭水；四山环绕，盐岩蕴藏有盐泉。石鞋飞瀑，水含引鹿之咸味；后照煮盐，实为巴人之祖先。蚩尤开发，盐商建祭祀之庙，驩兜经营，图腾画坟墓之砖。西南仅郁山巫溪两处有，巴国便工农渔猎百姓安。春秋战国，争夺者巴蜀秦楚；人挑船载，销售到渝鄂湘黔。唇枪舌剑各有理；攻城略地多为盐。

濮人打猎，发现石缝之红；染衣画旗，长留色彩之鲜。商代殷墟，朱砂书甲骨之字；秦皇陵墓，水银流江海之间。汅池大会，濮人以丹砂进贡；蚕丛修墓，蜀人买水银入棺。方士炼汞，胜金超银之上品；巫医治病，养精安神之灵丹。

盐丹产业，郁山兴旺之本；微量元素，人脑发育之需。楚人反复占据，移民来此定居。巨千茂县夫，建砖拱之豪墓；怀清氏寡妇，养自卫之熊罴。物资交流，有郁江通蜀西水通楚；生活富足，可不耕而食不织而衣。世上稀缺者，此地独有之。

汉皇置县涪陵，治所在今郁山。挖井汲卤，盐业越做越大；循山采砂，丹矿越开越远。邓芝平蛮后，迁走徐蔺范谢四族；诸葛北伐时，调去连弩射手三千。晋末，地为蛮佬所据，逼得涪陵外迁。北周建黔州治所，隋代设彭水政权。汉时设县，流官治理之始；郁山盐丹，黔中文化之源。

唐代，州县两级政府，迁到如今县城。三级治所，五省中心。黔州盐业大开发，黔中丹业更勃兴。物产丰饶，皇帝放心。两位废太子流放于此，两座天子坟遗址尚存。承约节度，办育人之学校；南卓太守，播秦汉之语文。黄庭坚住宿驿站，“万卷”“丹泉”成胜迹；陶文彬考察盐井，“六记”“三诗”传到今。北方“安史之乱”“国破山河在”；西陲“黔中独宁”“绝域又逢春”。

清设黔彭直隶厅民国即置郁山镇。九宫十八庙祭行业之始祖；四矿十九井创盐煤之兴盛。东岩草堂，藏有奇书三万卷；南华戏楼，演出教化众百姓。支福田主事武库，著有《慕林小草》；李白英出身黄埔，参加辛亥革命。高士栋留日归来，开新课程之先河；杨通泮巧做烟花，显旧戏剧之场景。王伟堂为官爱民，大书息讼之联；王伯宇留京遇寇，详记民族之恨。联立中学，培育两县之才；日寇侵华，盐解四省之困。山货云集，镇上成白日之街；外商迁此，号口交黄金之运。挥金如土，难填富豪之欲；缺衣少食，难活穷人之命。不时土匪洗劫，抢物夺财；只有贺龙驻守，风清气正。

盼年盼月，革命推翻旧政权；建区建镇，人民当了主人翁。长工罗富邦，升至县人大常委会主任；苦力秦文治，成为志愿军英雄。撬牙灌药，雷登甲之医术救命；大筐运煤，喻昌歧之索道悬空。改革开放生活好，各族和谐水乳融。源源货物，销往五湖四海；莘莘学子，就业南北西东。郁盐含氟超标，为保群众健康而停产；进出山高路险，新修铁路公路已畅通。奋力建筑防洪堤，防老街之大水；矢志打造旅游地，展古镇之新容。现代文明隐含汉风唐俗，观光群体，乐赏秀水奇峰。后照河峡谷幽深，水上漂流身心健；三江口大坝建成，湖光山色游兴浓。

诗词

乌江夜航至彭水

万龙生

一路滩声旅游程，诗人不寐倚窗听。多情明月殷勤照，履险顿知大道平。

重游彭水

马泽林

旧时江水旧时山，一座新城在眼前。老友相逢惊白首，寻街问路话当年。

庞滩

支 机

欲识庞公墓，年深不可寻。神游记滩石，德化道德经。

碛设襄阳迹，江流蜀汉沉。嚎丧惊过客，猿啸肃霜吟。

乌江夜

王端诚

峭壁危岩急浪生，轮轻峡窄夜深沉。险滩现出雄诗句，一枕惊涛诵到明。

望海潮·乌江

石德奎

娄山倾注，川黔天险，蜿蜒北向奔流。天国涉波，红军抢渡，雄师破浪飞舟。

英烈炳千秋。几经暴风雨，民胜方休。党爱军恩，土家苗汉记心头。

今朝四化绸缪。看虹桥跨岸，电脑登楼。商艇夜航，渔歌晓唱，漩涡岂主沉浮。

丛岭锁芳丘，土特果茶茂，粮满田畴。更喜山花吐艳，仙女半含羞。

船行江峡

冉隆光

船出龚滩镇，频频入峡行。悬岩两岸逼，怪石满山生。

滩险千涛白，天隔一线明。乘风破骇浪，出谷觉身轻。

乌江画廊

冉光辉

千里乌江景色佳，奇峰深壑胜三峡。美人月下山形似，犀角岩下雾罩斜。

老虎口边长桥跨，马峰峡下高坝插。切断江流平湖静，夜观星斗早观霞。

赞乌江

冉启华

发源云贵一乌龙，泽惠黔渝二地丰。险静清幽真胜境，奇姿绝态妙无穷。

悬崖艳卉辉霞彩，峭壁飞禽舞碧空。大岭苗山齐竞秀，樵歌渔语彻苍穹。

乌江水

牟亚光

昔闻江水涌涛声，惟见纤夫痛苦吟。谁主乌江航道畅，观音无力靠人民。

桥

向尚荣

彭水山城三条河，行人往来靠船驳。涨水沉船寻常事，多少生灵哭阎罗。
改革开放经济振，三江四桥卧洪波。少男少女鹊桥渡，“长安”“奥迪”似穿梭。

南渡沱

刘汉奎

江涛滚滚江风怒，溃退蒋军临绝路。败卒残兵挤木桥，大车重炮争轮渡。
翻沉江底沙埋影，溺毙尸浮鱼饱肚。刘邓雄师驱虎豹，万里晴空春满树。

双江桥

刘在汉

摩围云顶对金龙，两边河隔不相通，飞架一桥畅虎口，车来人往任西东。

长相思

任达江

乌江流，郁江流，流到三潮圣水头，两岸尽高楼。
思悠悠，盼悠悠，盼到渝怀铁路修，群山舞彩绸。

彭水中学新校园

李　毅

摩围山下大桥头，新建校园环境优。行道两旁栽矮树，广场三面耸高楼。
盆景四时花灿烂，园林一片鸟啁啾。春夜夏晨常散步，神怡心旷乐悠悠。

喜闻彭水将建乌江电站

李白英

乌江一水贯千山，险滩急流经我县。地疾民贫称特困，祖祖辈辈生活艰。
游子他乡八十载，家乡艰苦梦魂牵。一朝传来好消息，肺腑萦回乐甜甜。
利在当今振经济，功在千秋大发展。一利能兴百利兴，一功能宣百功宣。
不识长溪山水貌，应知水库景色妍。远山如黛如玉屏，一水为鉴远接天。
悠悠我思乡梦绕，翘首白云望东南。

乌江

李永忠

乌江两岸岭千重，百丈悬岩壁立峰。滚滚波涛东流去，多少英雄白浪中。

乌江情

李克专

晨航辞别万家灯，夹岸青山伴我行。昔日辛酸留纤道，今朝喜乐听机声。
同居静室聊天地，共话红军语纵横。彭水舟中惊酒醒，寒宵风里送芦笙。

夜航乌江

李泽全

月照长空峡谷寒，乌江水急夜飞船。农家两岸灯火隐，点点繁星映浪尖。

江边古榕 2 首

李洪林

棵棵古榕立岸边，风霜雨雪总昂然。气根满石密如网，觅缝寻穴吸河滩。
见过沧桑多少回，旁观人世是和非。盈虚有数非天定，且看江边乱石堆。

鹧鸪天・七里峡

李鲁章

峡谷幽深一线天，瀑布飞流白练悬。夹岸竹林织绿帐，成群野鸭游浪尖。
下浅滩，木船颠，悠悠荡荡乐无边。云烟散后群峰出，仰头才见夕阳山。

乌江

何巨学

一水倒流八百里，千山万壑任排摧。转折奔腾等闲看，岭南岭北又何违。

虞美人

何郝炬

当年隔水难飞渡，日暮知何处。霜寒露冷过城头，浪打风吹寥落古江州。
一桥横锁两江岸，明月出天半。数声鸣笛破长空，灯火千家闪烁尽西东。

浪淘沙・乌江船中

何郝炬

夜静涛声惊，机水轰鸣。山魈奇兀破昏暝。拂面晓风吹又远，雾失波清。
鹿角势峥嵘，磨寨滩横。重岩迭壁下龙门。峡东苍江望不尽，云影沉沉。

鞍子苗寨

汪家生

青瓦木柱吊脚楼，翘檐花栏彩门头。豆腐糍粑菜汤圆，鼎罐火铺老腊肉。
士农工商舞摆手，喜怒哀乐展歌喉。稻菽千重水车转，石头开花人风流。

贺彭水两江大桥通车

张玉林

两峰雄峙建新桥，桥锁乌江镇浪涛。旗似飞霞花似海，车如流水客如潮。

彩虹卧岭吟诗句，墩柱擎天凌碧霄。喜待长溪修电站，黔州锦绣更多娇。

过彭水

张良皋

岩岫笼云树绕烟，询知身在武陵山。难闻泉韵催冬至，远念桃花冒夏寒。
庐舍稍存秦制度，风仪久变晋衣冠。迟来应羡黄山谷，路尽欣逢世外源。

题乌江画廊

张晓雨

江河凶险数乌江，壁立千仞地蛮荒。溯江逆水寻奇处，船到高谷入画廊。
万卷天书无人读，出了峡口是平湖。沿滩苗寨掩绿树，置身方知是翠竹。

马岩

陈进

马岩巍峨入云端，郁水依然绿又蓝。筑坝拦河修电站，明珠颗颗落山间。

锡滩古宅

何廷应

木楼青瓦镂花窗，斗拱飞檐古石墙，天井朝门四合院，磉墩巨柱两厢房。
神龛祭祀祖宗德，碓磨糍粑米酒香，炕灶火盆薰香腊，老翁老妪话沧桑。

睡美人峰

陈发晋

城北有山女，仰卧静观天。唇间吻白云，鼻孔出蓝烟。
发洗郁江水，背负金龙山。任凭风云变，神态自安然。

过古黔中

陈梦昭

车过古黔中，新颜代旧容。郁山环郁水，涪邑悼涪翁。
街市人熙攘，果摊橘半红。味甘诚爽口，争道价钱公。

千里画廊

陈楷珍

千里迢遥一画廊，黔江胜景数乌江。山奇不逊峨眉秀，水急堪同三峡狂。
两岸千峰开画卷，五光十色记诗囊。楼船笛韵声声脆，墨客骚人运笔忙。

题乌江山水图

陈懋璋

乱石叠嶂耸高天，苍送翠竹漫河沿。触礁江流翻雪浪，悬崖溶洞涌清泉。
榕下半边吊脚楼，江中几只打鱼船。公路盘桓绝壁过，汽轮长啸飞险滩。

九曲河春夜

杨必昌

弯弯秀水绕山流，细浪潺潺月影浮。扑鼻清香来何处，油菜花开满田畴。

山谷诗六首

胡昌健

一

摩围山下白云奔，绍圣诗人已断魂。九百年来名未没，乌江不息绿阴深。

二

开元寺下一贫樵，不见东京尘世嚣。惟有孤芳夺不去，幅巾直裰写清高。

三

党碑元祐始崇宁，翻使群儒有史名。权势烟消终寂寞，江西诗派起繁星。

四

天命扁舟入鬼门，黔南僰道六冬春。雅集赋闲书生事，讵作天朝实录人。

五

北望汴河思旧游，五十三驿是皇州。夔巫一见开胸次，文字如烟事已休。

六

锁江五月看流杯，落叶时吟彭水诗。写罢豫章巴蜀事，文章十万纸钱飞。

阮郎归·乌江电站

赵克京

百年梦想今喜逢，炸石炮声隆。乌江千里来彭水，高坝锁蛟龙。

更建通航设施，明珠嵌渝东。夜来苗寨落星汉，灯光耀长空。

盘古河

侯洪文

雄险深幽奇景多，水清见底鱼穿梭。山花烂漫争颜色，枫叶红红泛绿波。

高阳台·苗乡新貌

陶万昌

沃野黔州，堆金万顷，苗乡喜沐朝阳。丽日熏风，移山锐气高扬。难寻旧日贫穷貌，五十年，尽换新装。最堪惊，灯彩琼楼，车马轩昂。苗家历代多忧患，幸镰锤拯救，扫尽寒霜。人寿年丰，欢歌幸福无疆。千秋功业宏图展，摘繁星，共谱华章。跨新程，各族同心，迈进康庄。

疏影·彭水中学校庆

盛启元

摩围颔首，尽分岚晓气，乌郁清绝。榕树浓阴，芳径幽回，竹韵松涛吟越。云楼突兀留丹凤，碧梧净满园莹洁。喜彭中欢庆诞辰，霓染九霄歌阙。

七十征程意惬，更钟贤毓秀，耿耿情切。琅琅书声，累累硕果，甘洒讲郎心血。蟾宫折桂凌云志，遍华夏，英才光晔。继而今，虎步龙骧，永铸辉煌功业。

摩围山观雾

唐华伦

俯瞰眼前雾漫漫，雾中托起群山尖。忽然雾起山尖逝，顿觉登上九重天。
千狮起舞兴难了，突然又觉脚下颤。虚无飘缈如仙境，浑忘此刻是何年。

题龙门怪峡

殷中

黔地旱龙下海边，夜行钻土避雷鞭。哪知土地装鸡叫，抬眼望穿一座山。

庞滩

黄节厚

无名峡内江水汹，自古行舟患无穷。庞翁为民身葬此，滩以人名气势雄。

题彭水睡美人峰

黄承波

一肩秀发随风舞，两道愁眉带雪开。唤起涛声千里梦，化成春雨四山来。

乌江行

梁上泉

乌江千里走乌龙，两岸悬崖两岸峰。水势汹汹谁可驾？飞舟奇浪百滩通。

乌江古榕

傅培根

历夏历春复历冬，宜晴宜雨又宜风。任他霜雪千般压，我自葱茏我自容。

林海

曾庆福

秃岭荒山披绿装，声声鸟语伴花香。公路一条翻岭过，树林深处鱼米乡。

过长溪河

焦长庚

天鹅治病下长溪，盘桓山路到村迟。溪流好似郁江水，碧澄清澈柔如丝。

乌江行二首

蒲健夫

一

奇山怪水汇乌溪，如梦好云何用疑。最是东山皎皎月，临窗虚壁一声鸡。

二

初晴秋雨走惊涛，几处人家见野烧。一曲巴讴云外邈，天青水亮月儿高。

望海潮·彭水县城

蔡盛炽

西南重地，开元设道，控摄桂黔鄂湘。南诏遣使，昆弥进贡，蛮人臣服大唐。迁客留华章，诗人作佳句，瀚墨流芳。郁井食盐，涪水丹砂，运四方。四桥横锁三江，使城区扩大，街道延长。楼顶连云，车流入洞，轮船上下通航。摩围古色苍。只夕阳几度，人世沧桑。且待江流发电，铁路进苗乡。

沁园春·郁山

蔡盛炽

郁山古镇，汉代涪陵，唐宋黔州。有丹穴产砂，盐泉流卤；汉砖铺地，贝币盈瓯。船凭陶制，像刻獾兜。井灶商名祀蚩尤。凤山下，有开元古寺，状元古丘。桥边镇水铁牛，夕阳下卧盼运盐舟。昔流放太子，一抔黄土；学政书家，七字荷楼。文采风流。桃李成林，栋梁处处建勋猷。看今天，有无数英雄，再写春秋。

咏睡美人山

宋鸿浩

（一）

昔日深闺锁，今朝展玉颜。
娇羞新得宠，素面仰朝天。

（二）

看山不是山，秀色可当餐。
仰面闻天语，温情妩媚颜。

（三）

近看五官好，远观美若仙。
清纯如玉女，岂可亵玩焉。

（四）

长发垂江岸，双峰耸碧天。
美人刚出浴，雾霭罩红颜。

（五）

滚滚乌江岸，巍巍睡美人。
仰天长叹息，何日降皇恩?

观千里乌江画廊

宋鸿浩

乌江美景久闻名，绿水清山似画屏。
道道飞虹添靓彩，巍巍大厦扮新城。
声声笛韵随波涌，滚滚长龙出洞鸣。
眺望悬崖绝壁处，猿猴嬉戏笑苍鹰。

楹联

题长溪河谷（联 11 幅）

孔庆余

长溪涧水万顷静；
幽谷峡门一线开。
净静端无微澜起；
蛟娇远避风尘来。
竹影巧装一峡翠；
天光嬉洒满江银。
崖峭悬竹茂；
潭深倒影寒。
峡深天光贵；
古静水影幽。
崖垂凤凰尾；
水荡鸳鸯舟。
水柔染岸竹；
峡静隐人声。
峡长舟影小；
水绿客衣红。
千竿凤尾织绿帐；
一片山荷托红姑。
茂林修竹两岸逼；
奇山秀水一派幽。
野芋崖竹斗翠；
清流静岸相依。

乌江

冉景福

船从峡里走；人在画中行。

乌江画廊

任达江

虎口长虹横跨三潮圣水；
黔中古邑直通五岳名山。

乌江

向尚荣

云顶古刹千年寻古；
滨江新城万象更新。

乌江画廊

汪家生

看武陵山色，峰壑溪泉皆入画；
听延水涛声，浪花岸树尽成诗。

乌江

杨必昌

两岸青山，千秋画卷；
一江绿水，万古琴声。

乌江

张宏胜

武陵山脉，纵横三万里；
乌江画廊，上下五千年。

龚滩

郭道荣

重峦百丈悬古镇；
险滩十里放轻舟。

民间歌谣

盘歌

天上梭罗什么人栽 万足乡

问：歌师傅来老先生，有首盘歌问你们：
天上梭罗什么人栽？地上黄河什么人开？
什么人把守三关外？什么人修行不转来？
答：天上梭罗王母娘娘栽，地上黄河夏禹王开，
杨六郎把守三关外，韩湘子修行不转来。
问：歌师傅来老先生，有首盘歌问你们：
你今晓得桃花洞，桃花洞内说根生，
桃花洞内几口井，几口清来几口浑？
答：歌师傅来老先台，有首盘歌我解得来，
桃花洞内五口井，三口清来两口浑。

山歌好唱口难开 同河乡

问：什么人说山歌好唱口难开？什么人说林檎好吃树难栽？
什么人说大米好吃田难办？什么人说鲜鱼好吃网难牵？
答：唱歌郎说山歌好唱口难开，栽花娘说林檎好吃树难栽。

庄稼汉说大米好吃田难办，打鱼郎说鲜鱼好吃网难牵。
问：你在哪儿撞倒唱歌郎？哪儿撞倒栽花娘？
哪儿撞倒庄稼汉？哪儿撞倒打鱼郎？
答：我在山坡撞倒唱歌郎，花园撞倒栽花娘。
田中撞倒庄稼汉，河脚撞倒打鱼郎。
问：那唱歌郎是什么样？栽花娘又是什么样？
那庄稼汉是什么样？打鱼郎又是什么样？
答：那鼓眼叮咚是唱歌郎，细脚小手是栽花娘。
那腰扎裤子是庄稼汉，乡脚舞爪是打鱼郎。
问：那唱歌郎的书儿有多少页？栽花娘的锄头有多少铁？
那庄稼汉的铧儿铸多少水？打鱼郎的网儿有多少结？
答：那唱歌郎的书儿有十二页，栽花娘的锄头有三斤铁。
那庄稼汉的铧儿铸九斤水，打鱼郎的网儿有万个结。

哪样吃草不吃根　猴栗乡

问：哪样吃草不吃根？哪样睡得不翻身？
哪样肚内有牙齿？哪样肚内有眼睛？
答：镰刀吃草不吃根，石头睡得不翻身。
磨子肚内有牙齿，灯笼肚内有眼睛。
问：哪样出来四脚长？哪样出来拜五方？
哪样出来不吃奶？哪样出来不离娘？
答：马儿出来四脚长，牛儿出来拜五方。
鸭娃出来不吃奶，鸡娃出来不离娘。

山歌

隔山隔岭隔匹岩　鹿角乡

隔山隔岭隔匹岩，唱首山歌甩过来。
有仁有义来捡去，莫等歌儿长青苔。
过上过下不进来，不晓哪点不宽怀。
高粱煮酒上蠓子，油煎豆腐上青苔。

不唱山歌不闹热　太原乡

一

不唱山歌不闹热，唱起山歌逗人诀，
若是哪个诀倒我，跟他一天唱到黑。

二

豆子开白花，扁担挑回家，
老板吃豆腐，长年吃豆渣。
依我毛性起，一锄铲断它。

情歌

隔河听见画眉啼 梅子垭乡

男：隔河听见画眉啼，山歌飞遍百里溪。
见个小妹山洼来，问妹你是哪里的。
女：我是贫寒小女子，家住高山凤凰壁。
请哥莫把妹来笑，身穿衣裙烂稀稀。
男：妹是天上神仙女，一双眼睛嫩眼皮。
唇是樱桃红一点，糯米银牙一展齐。
女：小妹犹如浅滩鱼，哥抛钓饵等鱼吃。
妹想去咬哥的钩，又怕鱼小哥嫌弃。
男：小妹本该早回音，马上我就转回程。
明日就把媒人请，十分难舍有情人。

交情歌 羊头铺乡

初一早起去交情，手提四两雪花银。
一走南京去买马，二走北京请匠人。
二位匠人一起拢，这个手饰造得成。
一打龙来龙现爪，二打虎来虎现身。
三打桃园三结义，四打童子拜观音。
五打五龙来戏水，六打知府坐朝廷。
七打天上七姊妹，八打神仙吕洞宾。
九打九牛耕田地，十打和合两个人。

又怕旁人说是非 桑柘乡

一到黑来夜风吹，二人有心想同堆。
二人有心同堆耍，又怕旁人说是非。

文 献

一、政府工作报告

彭水苗族土家族自治县第十四届人民代表大会第四次会议关于县人民政府工作报告的决议

（2006 年 2 月 17 日县第十四届人民代表大会第四次会议第三次全体会议通过）

彭水苗族土家族自治县第十四届人民代表大会第四次会议听取和审议了县人民政府县长周伟所做的政府工作报告。会议决定批准这个报告。

政府工作报告

——2006 年 2 月 15 日在彭水苗族土家族自治县第十四届人民代表大会第四次会议上

县人民政府县长 周 伟

现在，我代表县人民政府向大会作工作报告，请连同《彭水苗族土家族自治县国民经济和社会发展第十一个五年规划纲要（草案）》一并审议，并请各位政协委员提出意见。

一、“十五”及 2005 年工作回顾

过去五年，我们坚持以邓小平理论和“三个代表”重要思想为指导，全面贯彻科学发展观，紧紧依靠全县各族人民，抢抓机遇，求真务实，开拓创新，全面完成了“十五”计划确定的主要任务，胜利实现了全面建设小康社会“三步走”战略第一步目标。“十五”计划的五年，是我县综合实力提高最快、经济社会协调发展的五年，是城乡面貌变化最大、人民群众得实惠最多的五年，是沉心静气打基础、完成阶段计划最好的五年。彭水已经站在一个新的发展起点上，已经进入一个快速发展的黄金时期。

——通过“十五”发展，综合经济实力迈上新台阶。“十五”期间，全县地区生产总值年均增长 14.1%，2005 年达到 29.1 亿元，比 2000 年翻一番多；全社会固定资产投资累计完成 121 亿元，2005 年完成 43.9 亿元，比 2000 年翻三番多；社会消费品零售总额年均增长 16%，2005 年达到 12.2 亿元，比2000年翻一番多；财政收入年均增长22.5%，2005年实现2.09亿元，比2000年翻一番多。

——通过“十五”发展，经济结构发生可喜变化。三大产业比重由2000年的46∶23∶31调整为2005年的31∶32∶37，非公有制经济比重由31.5%提升到47.2%。城镇化水平由8%提高到20%。全县银行不良贷款率由38%下降到10.4%。

——通过“十五”发展，基础设施建设取得最大进展。渝东南黔东北水陆联运交通枢纽构架基本形成，渝怀铁路投入运行，渝湘高速公路彭水段全面动工，乌江航道整治和彭水港口建设前期工作进展顺利，八条省县际干线公路建设加快推进，乡镇通畅工程和行政村通达工程全面启动。城市形象逐步改善，编制了县域城镇体系建设规划，修编完善了县城总体规划，新区开发和旧城改造稳步推进，两江河堤加快建设，美化绿化亮化工程按规划实施，规划执法和市容环境卫生整治得到加强，县城脏乱差现象得到有效治理。城乡供电网络不断完善，实现了初级电气化县达标和与国家大电网联网运行。旅游开发取得实质性进展，实现了传输光缆化、交换程控化，建成了移动、联通通信系统，开通了政府公众信息网，固定电话、移动电话用户分别达到6.2万户和8.2万户，电视人口综合覆盖率94.1%。

——通过“十五”发展，工业立县战略迈出决定性步伐。能源产业群提速发展，以彭水电站为代表的一批大中小型水电站建设进程加快，部分电站已建成投产，完成了装机120万千瓦的抽水蓄能电站选址规划，天然气勘探项目已与中石化南方勘探公司取得衔接。建筑材料产业群抢占先机，日产2500吨新型干法水泥生产线点火，日产4000吨新型干法水泥生产线项目前期工作积极推进，硅矿深加工和石膏项目前期工作进展顺利。农林产品加工产业群取得最大进展，林（竹）浆纸一体化项目基地建设加快推进，渝欣纸业废纸脱墨生产线建成投产，金益公司年复烤烟叶达90万担以上，粮油、肉食品加工能力提升。能矿产业群稳健起步，长陵化工钡盐一期工程建成投产，年产10万吨硫酸钡项目建厂前期工作稳步推进，年产2万吨金属镁项目达成意向协议，矿产资源调查和勘察启动，能矿产业基地项目前期工作推进顺利。保家工业园区获市上批准。

——通过“十五”发展，农业农村焕发新的生机。农业主导产业加快发展，2005年粮食产量达到30.3万吨，收购烟叶30万担，出栏生猪50.7万头、牛3.9万头、山羊9.3万只，林业产值突破1亿元，农村富余劳动力累计输出11.8万人。促农政策惠及农民，2005年全部免除农业税及其附加，结束了全县农民缴粮纳税的历史；推行农村九年义务教育“一费制”，兑现退耕还林、撂荒地复耕、农村部分计划生育家庭奖励扶助等直补政策，依法兑付征地补偿。扶贫开发成效明显，绝对贫困人口从9.5万人下降到4.4万人。农民生产生活条件明显改善，村通公路率60.7%，村通电话率76.8%，村通电视率98.3%；“十五”期间累计实施农网改造6.2万户，解决7.54万人饮水难问题，完成中低产田土改造4.6万亩。

——通过“十五”发展，经济社会发展活力明显增强。国有企业、城镇集体企业、供销集体企业改革基本完成；顺利实施了县乡镇机构改革和村级行政区划调整，启动了城镇社区建设；完成了农村第二轮土地承包以及农村税费改革阶段性任务；深化了部门预算、会计委派、政府采购等一系列财政管理体制；推进金融监管体制改革，农村信用社改革卓有成效；推进投融资体制改革，组建了江汇国有资产经营公司和城市建设投资有限公司，获农发行政策性授信3亿元；人事、教育、卫生、粮食、文化体制改革以及城镇医疗制度改革稳步实施。深化行政审批制度改革，加强发展环境综合整治，建立了行政服务中心和发展环境投诉中心，扎实推进“诚信彭水”建设，发展环境进一步优化。北京大唐公司、茂田实业集团、银都集团等知名企业参与全县水利能源、建筑建材、房地产开发，在交通、旅游和资源开发等方面，加强了与周边区县的交流与合作，五年实际利用县外资金65亿元，境外劳务输出实现“零”的突破。

——通过“十五”发展，各项社会事业全面进步。教育教学条件进一步改善，顺利通过了“两基”“普实”达标验收和市政府“两基”复查验收，彭水中学成为重庆市重点中学。广泛开展送科技下乡活动，加大了科技的普及和推广力度。积极开展人才引进和智力引进，累计引进大学本科以上毕业生和西部人才计划大学生志愿者400余人。疾病预防控制体系建立健全，三级疫情信息报告和公共应急处理系统进一步完善，启动了乡镇卫生院规范化建设，多发病、地方病得到有效治疗防治。加强了民族民间文化的挖掘和整理，鞍子民歌列入市级民族民间文化重点保护工程。竞技体育获国家级奖30余项。2005年人口自然增长率5.41‰，出生人口性别比下降到113.5：100。修编土地利用总体规划，严格土地管理，实现耕地占补平衡。开展生态环保“四大行动”，环境保护与生态建设得到加强。优抚安置、社会福利、新闻出版、机构编制、宗教、侨务、对台、外事、人防、兵役、档案、审计、修志、保密、统计、信息、气象、地震、残疾人等工作取得新的成绩。

——通过“十五”发展，城乡居民生活进一步改善。2005年，农民人均纯收入2125元，比2000年净增750元；城镇居民可支配收入6513元，比2000年净增2250元；城乡居民储蓄存款12.4亿元，比2000年增长1.8倍；农村、城镇居民人均居住面积分别达到35.6、28.2平方米，彻底消除了岩洞窝棚户。五年累计指导和帮助城镇下岗失业人员4400人、“4050”人员830人实现就业再就业，城镇登记失业率控制在4%以内。基本建立了以养老、失业、医疗、工伤、生育保险和社会救助为主要内容的社会保障体系，扎实开展了新型农村合作医疗试点和特困人口大病医疗救助活动，城市低保、农村“五保”、义务兵家属、特困救助等补助标准提高。全面落实安全生产责任制，切实开展专项整治。安全生产形势稳定好转；完成“四五”普法任务，加强人民调解工作，集中处理信访突出问题取得明显成效；强化公安队伍建设，狠抓社会治安综合治理，严厉打击各种违法犯罪活动，全县社会政治稳定。

——通过“十五”发展，服务型政府建设步伐加快。组建了经济社会发展顾问团，坚持和完善重大问题专家论证、技术咨询、决策评估、法律咨询、广征建议和公示制度，重大决策事前主动向县委、县人大报告提请审议，通报县政协征求意见。自觉接受人大的法律监督、工作监督和政协的民主监督，充分发挥政府法律顾问团作用，积极推行行政执法责任制、执法过错责任追究制、行政负责人出庭应诉制和评议考核、行政赔偿制。修订县政府工作规则，完善绩效考核办法，推行行政首长问责制，不断深化行风政风评议，促进落实的工作推进机制体制初步建立。坚持惩防并举，加大大案要案查处力度，努力从体制、机制上铲除腐败滋生和蔓延的土壤，党风廉政建设和反腐败斗争取得阶段性成效。

2005年是“十五”最后一年，我们全面完成了县第十四届人民代表大会第三次会议确定的各项预期目标，为“十五”计划画上了圆满的句号。地区生产总值比上年增长13.2%；全社会固定资产投资增长38.2%；财政收入增长20.6%；社会消费品零售总额增长15%；农村居民人均纯收入增长8.3%；城镇居民可支配收入增长9.1%；城镇登记失业率3.98%；居民消费价格指数100.7。

“十五”发展成就来之不易，是市委、市政府和县委坚强领导的结果，离不开县人大、县政协的有效监督和大力支持，凝聚着全县各族人民的辛勤劳动和聪明才智。在此，我代表县人民政府，向战斗在各条战线上的全县各族人民和驻彭武警官兵、政法干警，向给予政府工作大力支持的人大、政协及各届人士，向关心彭水发展的县内外朋友，表示衷心的感谢并致以崇高的敬意。

五年的发展成就令人鼓舞，但我们必须清醒的看到，彭水经济社会发展还存在不少突出矛盾和问题：一是经济总量偏小，在全市处于滞后的地位，与全市平均发展水平的绝对差距仍在拉大；“一产业弱、二产业缺、三产业虚”，经济增长方式较为粗放，经济增长过分依赖投资。二是城乡二元结构十分突出，农民太多、农村太穷、农业太弱仍是彭水的基本县情，农民群众增收难、行路难等形势依然没有根本缓解，部分地方生存条件恶劣，解决“三农”问题任务艰巨。三是社会发展问题突出，科技、教育、文化、卫生等社会事业发展滞后，就医贵、上学难等问题仍然没有解决，安全生产形势不容乐观，影响稳定、影响和谐的一些重要因素还没有消除。四是政府职能转变和驾驭市场经济的本领在某些方面还不适应，社会管理、公共服务职能有待进一步加强，驾驭经济、统揽全局、领导发展的水平和能力亟待提高。切实解决这些问题，才能巩固经济社会发展的良好势头，进一步开创改革开放和现代化建设新局面。我们一定要增强机遇意识、忧患意识和责任意识，肩负起历史赋予我们的重要使命，始终坚持沉心静气打基础，能快则快求发展，以人为本谋和谐，不辜负全县各族人民的重托和期望。

二、"十一五"经济社会发展的总体目标和主要任务

"十一五"时期既是彭水能够大有作为的黄金发展期，也是各类矛盾集中凸现期，和全市一样仍将处于一个"爬坡上坎、负重前进"的重要阶段，而且我们要"爬的坡更陡、上的坎更高、负的重更大"。根据县第十一次党代会和县委十一届六次全委会精神，结合当前经济社会发展形势，今后五年全县国民经济和社会发展总体目标是：

——扶贫开发取得重大成效。基本消除农村绝对贫困人口，稳定解决相对贫困人口温饱问题。

——全面完成移民任务。全面完成彭水电站以及其他重点项目移民安置任务，实现"移得出、稳得住、逐步能致富"的目标。

——提前实现"123"奋斗目标。到"十一五"末，农民人均纯收入比2000年提前翻一番，力争达到3200元；地区生产总值比2000年提前翻两番，确保实现65亿元，人均达到12500元；财政收入比2000年翻三番，达到6亿元，其中地方财政收入突破3亿元；全社会固定资产累计突破300亿元。经济社会发展指标跟进全市平均水平。

——全面建设小康社会取得重要阶段性进展。基本建成"三一一"工程，为建设武陵山区少数民族地区经济高地和渝东南特色经济走廊多作贡献，把彭水建成特色鲜明的重要组成部分，在渝东南形成崛起的态势。

"十一五"发展目标体现了时代的新要求，反映了全县各族人民的共同愿望。我们要高举邓小平理论和"三个代表"重要思想伟大旗帜，全面贯彻党的十六大、十六届五中全会精神和市委二届八次全委会精神，坚定不移地以科学发展观统领经济社会发展全局，坚持发展第一要务，全面落实"五个统筹"要求和"六个必须"原则，把既快又好地发展作为主题，把转变增长方式、调整经济结构、促进协调发展作为主线，把改革开放和科技进步作为动力，大力实施投资拉动、工业立县、旅游活县、城镇化、可持续发展、科教兴县六大战略，切实打牢设施、产业、生态、科教、人才五大基础，增强经济综合实力，继续构建和谐社会，为全面建设小康社会奠定坚实基础。

（一）坚持基础固县，强化投资拉动项目带动，加快基础设施建设步伐。抓住国家继续加大对西部地区的支持，加快民族地区和贫困地区发展的机遇，强力实施投资拉动战略，夯实以交通、城市、水利能源、通信为重点的设施基础。

交通基础设施建设，要求构建渝东南黔东北水陆联运交通枢纽为目标，按照"建设骨架，完善网络，强化枢纽，提高服务"的原则，全力实施"13831"工程，加快建设和完善以公路为主，铁路、水路相互衔接的综合交通运输网络。竣工渝湘高速公路，开工渝怀铁路复线，加快彭水港区规划建设，乌江航道通航能力达到四级标准；竣工彭石、彭沿、彭利、彭丰二级公路；实现100%的乡镇公路油化、硬化，有条件的行政村100%的通达，30%的行政村油路化、硬化，完成"2小时彭水"工程。

城市规划建设，要按照"一年打基础、三年见成效、五年建成山水园林城市"的总体要求，坚持高起点规划、高标准建设、高效能管理。到2010年，把县城建设成为集依山傍水、现代水电、民族风情、历史文化为一体，具有鲜明特色的市级山水园林城市和卫生城市。

水利能源设施建设，要以解决城乡居民生活用水和农业灌溉用水为重点，抓好中型骨干水源工程建设，有计划地实施农村人畜安全饮水工程。大力开发水能资源，搞好骨干电网建设，基本建成重庆市能源大县和武陵山区重要的电网枢纽。加快县城电网改造步伐，基本完成农网改造任务，实现城乡同网同价。

信息通信设施建设，要促进电信、互联、广播电视三网融合，推动各种信息网络的改造升级。完善部门、企业和乡镇之间互通互联的政务信息系统，提高办公自动化水平和信息技术的应用水平。

（二）坚持工业立县，强化四大产业群发展，加快新型工业化步伐。以建成“电价洼地，产业高地”为主线，以项目建设和企业发展为依托，以工业园区建设为载体，培育壮大四大产业群，打牢以工业为主导的产业基础。

培育壮大能源产业群，建成能源产业基地。全面开工并建成规划的大中小型水电站，水电装机容量达到240万千瓦，发电量达到100亿千瓦时。加快推进抽水蓄能电站项目前期工作。积极推进天然气勘探并力争取得实质性进展。整合煤炭企业，提升生产能力，年产量达到200万吨。

培育壮大建筑材料产业群，建成建材产业基地。日产2500吨新型干法水泥生产线全面达产；整合现有小水泥厂，力争开工建设一条日产4000吨新型干法水泥生产线，形成年产300万吨水泥生产规模。建成新型墙体材料、高档化学建材等项目。

培育壮大农林产品深加工产业群，建成林纸产业基地。发展壮大渝欣纸业。积极推进林（竹）浆纸一体化项目。巩固壮大烟叶复烤业。改造提升粮油加工业，大力发展薯类、肉食品加工业。

培育壮大能矿产业群，建成能矿产业基地。加快优势资源勘探和开发，构建镁产业链、硅产业链、钡盐产业链，形成特色鲜明的能矿产业群。

（三）坚持农业稳县，强化农业综合生产能力建设，加快社会主义新农村建设步伐。坚持“统筹城乡”方略和“多予、少取、放活”方针，以农业增效农民增收为核心，以提高农业综合生产能力为重点，以构建重庆市绿色农业基地为抓手，加快推进“生产发展、生活宽裕、乡风文明、村容整洁、管理民主”的社会主义新农村建设。

大力实施“511”工程。做优粮油产业，建成10万亩优质水稻基地、15万亩优质油菜基地、50万亩优质薯类基地，稳定粮油面积130万亩、产量30万吨以上。做精烤烟产业，建成30万亩高标准、旱涝保收的优质烟叶基地，实现烟叶亩产125千克以上，烟农收入2亿元。做强畜牧产业，建成优质生猪、草食牲畜基地，稳定出栏生猪70万头、牛10万头、山羊20万只、家禽200万只。做大林业产业，建成150万亩工业原料林基地、15万亩经济林基地。做活劳务产业，建成稳定转移农村富余劳动力15万人的输出基地。围绕基地建设，培育发展烟草公司、山牧公司等十大骨干龙头企业。加强以“两社两化”为重点的农村合作经济组织建设，抓好农资价格平抑，搞活农副产品流通。

扎实推进新一轮扶贫开发。以扶贫开发统揽农业农村工作全局，坚持开发式扶贫方针，围绕基础设施、基础产业、贫困人口基本素质，狠抓产业扶贫、科技扶贫、生态扶贫，深入推进新阶段扶贫开发工作。按照“高山生态、平坝生活”的思路，加大高山移民和异地力度，彻底解决高海拔地区、生产生活条件恶劣地区的贫困人口的生存与发展问题。

加快推进城乡一体化。全面推进农村道路、饮水、电网、信息化等基础设施建设，“十一五”期末公路通村率、自来水通村率、电话通村率、电视覆盖率均达到100%。按照“一心多极网络式”的县域城镇体系规划，加快各级城镇建设，构建合理城镇体系。搞好乡村规划，在有条件的地方引导农民集中建房，促进农民相对集中居住，逐步形成农民新村。城镇化水平2010年达到33%。

加快农村社会事业发展。高质量普及九年义务教育，新增农村劳动力平均受教育年限提高到9年。加强农村医疗服务体系建设，搞好人畜共患疾病防治。到2010年，基本建立新型农村合作医疗制度，农民参合率达到70%。建立农民教育培训长效机制，努力培养有文化、懂技术、会经营的新型农民。加强农村精神文明建设，整治村容村貌，加强科技普及，倡导文明健康的生活方式。

深化农村综合改革，落实农业直补政策，基本完成乡镇机构、农村义务教育和县乡财政体制改革任务。鼓励“依法、自愿、有偿”流转土地承包经营权，发展多种形式的适度规模经营。完善村民自治机制，健全村民选举、村务公开、民主监督制度。

（四）坚持旅游活县，强化商贸流通中心建设，加快第三产业发展步伐。充分发挥旅游产业的龙头带动和综合联动作用，大力实施旅游活县战略，全面推进商贸流通中心建设，加快发展第三产业，努力增强消费对经济增长的拉动作用。

加快发展旅游业。按照“布局优化、资源共享、优势互补、区域联动”的要求，突出自然生态、民族风情、历史文化“三大品牌”特色，加快推进旅游业开发，构筑以乌江画廊为龙头的渝东南旅游经济核心圈，初步建成重庆市生态旅游休闲基地。

积极发展商贸流通业、现代物流业。按照“全面启动、远近结合，重点突破、稳健推进”的原则，加快推进商贸流通中心建设。到2010年，基本形成以大宗、长线货物为主的商贸流通中心，社会消费品零售总额突破20亿元。

培育新的消费增长极。把住宅建设与城市美化结合起来，大力开发面向中低收入群体的经济适用住房，提高住房建设和物业服务管理水平。培育壮大现有金融企业，积极引进各类金融机构到彭水设立分支机构，“十一五”期末全县金融机构存贷款余额分别达到36亿元、77亿元，建成全市金融生态环境较好的地区之一。大力培育各类中介服务机构，积极开发社区服务，加快社会服务业发展。

（五）坚持科教兴县，强化人力资源开发，加快社会事业发展步伐。加快推进科教兴县，人才强县，文化塑县进程，统筹发展各项社会事业，打牢科教、人才基础，努力把人口压力转化为人力资源优势。

加快科教兴县进程。按照高质量普及九年义务教育、加快发展高中教育、大力发展职业教育、积极发展学前教育的总体要求，促进教育事业优先发展，初步建立与经济社会发展相适应的现代教育体系，基本普及十二年教育。积极引进和推广先进的工艺、先进的技术、先进的管理，努力促进企业、单位与大专院校和科研院所联姻，加快科教成果转化，提高科教对经济增长的贡献率。

加快人才强县进程。完善人才评价标准，落实人才优惠政策，建立优秀人才脱颖而出、充分发挥才能的选人、用人机制，努力加强党政人才、企业经营管理人才、专业技术人才“三支队伍”建设。

加快文化塑县进程。依托厚重的民族历史文化，大力实施精品战略，加强民族民间文化的研究、挖掘和整理，广泛开展群众文化活动和全民健身运动，发展射弩等传统体育竞技项目，建成国家级文化先进县。

加快医疗卫生服务体系建设进程。以实施农村级卫生保健为龙头，以加强公共卫生体系建设为重点，着力改善医疗卫生条件，努力保障社会公共卫生安全，建成市级农村中医工作先进县。

（六）坚持改革开放，强化发展环境整治，加快动力源集聚步伐。把优化软环境作为加快经济发展的“第一要素”来抓，进一步加大改革开放力度，加快建立和完善更具活力更加开放的体制机制。

进一步深化各项改革。积极推进企业体制、财政体制、投资体制、金融体制、行政审批体制等方面的改革，坚持重点领域的改革先试点后推广，充分考虑各方面群众的切身利益和社会承受力，努力在一些关键领域和重点环节取得突破。

大力整治发展环境。加强政府自身建设，基本实现法治政府、责任政府和服务型政府建设目标。坚决破除一切有碍发展的陈旧落后思想，转变政府职能，规范政府行为，推进诚信彭水建设，营造良好的思想环境、体制环境、法治环境和人文环境。

努力扩大开放。积极调整引资策略，突出市场机制作用和企业主体地位，提高招商引资水平，加强区域经济技术合作，努力推进部分产品实现直接出口，开放型经济达到新水平。

加快非公有制经济发展。健全和完善社会主义市场经济体制，非公有制经济进一步发展壮大。

“十一五”期间，非公有制经济增加值保持年均增长8%。

（七）坚持可持续发展，强化环境资源保护，加快资源节约型环境友好型社会构建步伐。坚持保护优先、保护与建设并举和生态益并重的原则，大力实施可持续发展战略，打牢生态基础，建设资源节约型和环境友好型社会。

切实加强生态环境保护与建设。着力推进“携手共建生态经济强县——彭水环境保护行动五年规划”，全面实施“四个行动”，切实加强“四个建设”，努力实现“四个目标”，到2010年，大气环境质量达到国家Ⅱ级标准，地表水满足Ⅲ类水域功能，集中式饮用水源水质达标率达到96%以上，区域环境噪声达标，森林覆盖率达到42%，工业三废治理达到90%，80%以上的乡镇初步实现农村生态良性循环。

切实加强人口和计划生育工作。认真落实人口和计划生育政策，建立健全“依法管理、村（居）民自治、优质服务、政策推动、综合治理”的人口和计划生育工作机制，提高人口素质，优化人口结构，降低出生人口性别比。“十一五”期间年均人口自然增长率控制在6.11‰以内。

切实加强资源保护与合理利用。坚持规划先行，实行最严格的耕地保护制度，科学培育和利用森林资源，切实规范矿产资源开发，确保资源的合理开发和永续利用。搞好节能节材节水工作，全面推行清洁生产，大力开展节约型企业、节约型机关、节约型单位创建活动。建立健全促进循环经济发展的奖惩措施和评价体系。单位地区生产总值能耗比“十五”期末降低20%以上。

（八）坚持执政为民，强化以人为本，加快和谐社会构建步伐。始终坚持执政为民，强化以人为本，更加重视和关注民生，突出抓好人民群众最关心、最直接、最现实的利益问题，努力构建人民安居乐业的和谐社会。

强化政府促进就业的公共服务职能。执行积极就业政策，着力解决体制转轨遗留的下岗失业人员再就业和关闭破产企业职工安置问题，健全大龄下岗人员、残疾人员等困难群体就业援助制度，促进城乡公平就业。

建立健全与经济社会发展水平相适应的新型社会救助体系。扩大城镇职工基本养老、基本医疗、失业、工伤、生育保险覆盖面，逐步把个体私营劳动者、灵活就业人员纳入城镇社会保险范围。积极推进农村养老保险和最低生活保障，切实保障妇女儿童、未成年人、老年人和残疾人合法权益。合理调节收入分配，着力提高低收入水平，努力扩大中等收入者比重，加大困难群体救助。坚持移民安置、稳定与发展并重，切实搞好彭水电站以及其他重点项目移民安置工作。

积极创建平安彭水。以实施安全生产保障能力建设五年规划为载体，全面加强基层基础工作，建立健全安全生产长效机制，努力促使安全生产状况持续好转和人民群众安全感不断上升。加强法律援助，搞好“五五”普法，做好信访工作，完善民意诉求反映机制、社会纠纷调处机制。全面加强社会治安综合治理，依法严厉打击境内外敌对、黑恶努力和各类违法犯罪行为，确保政治社会稳定。

三、努力做好2006年工作，确保“十一五”发展开好局起好步

2006年是实施“十一五”规划的开局之年。建议2006年全县经济社会发展的主要预期调控目标为：地区生产总值增长为12%以上，万元地区生产总值能耗下降4%，全社会固定资产投资增长13%以上，财政收入增长10%以上，社会消费品零售总额增长14%以上，农村居民人均纯收入增长6%以上，城镇居民可支配收入增长10%以上，居民消费价格指数控制在103以内，城镇化率提高2个百分点，城镇登记失业率控制在5%以内。重点抓好七个方面工作：

（一）以重点项目建设为载体，继续保持投资对经济快速增长的拉动强度。

加快建设综合交通运输网络。做好渝怀铁路正式营运服务工作，全力推进渝湘高速公路彭水段建设，加快乌江航道整治，动力彭水港区万足、鹿角、石盘作业区建设。完成彭西二级公路彭水段路基工程，竣工彭务二级公路、彭武公路整治工程。搞好渝湘高速公路彭水至酉阳复线、渝怀铁路复线彭水段项目前期服务，加强沪蓉和渝湘高速公路彭水至石柱连接通道以及渝怀铁路与沿江铁路彭水至石柱连接通道、渝怀铁路彭水至贵州凯里支线项目论证策划，推进彭石、彭沿、彭利、彭丰二级公路建设项目前期工作。

今年，是农村公路建设的关键年，必须集中人力、物力和领导精力，打好农村公路建设攻坚战，确保完成以下年度目标任务，下大力气解决人民群众的出行难问题。硬化郁山与319国道连接公路，油化县城至长溪河景区、县城至龙塘公路，启动县城至岩东、县城至长滩、高谷至太原油路建设，完成乡镇公路路基改造100千米、油化硬化80千米；按照“维护一批、维修一批、新建一批”的原则，改造或新建村级公路100千米，提高村级公路通达能力；全面推进公路养护体制改革，建立和完善农村公路养护公路管理机制，确保好路率80%以上。

加快建设山水园林城市。完成山水园林城市建设总体规划和阶段性实施规划，编制白云、沙沱、学坝片区修建性详规。加快滨江新城、商贸园小区、阳光温泉小区建设。完工商贸园河提，开工学坝、九曲河河提，城南供水站动工建设，乌江画廊游客接待中心建成投入使用。推进城市花园和城市阳台人文景观建设，完善县城灯饰景观规划，实施县城临江房屋风貌改造，完成小街小巷整治二期工程。搞好市级卫生城市创建工作，健全城市管理长效机制，为广大市民营造一个人性化的宜居环境。

加快建设城乡供电网络。动工500千伏张家坝变电站、500千伏输电线路等彭水电站输变电网。竣工110千伏马峰变电站，动工110千伏保家变电站，改造35千伏白云、郁山、桑柘、上塘变电站，新建马蜂至保家、东门至保家110千伏输电线路。季节推进县城配电网建设，改造一户一表1000户。实施农网改造46个村，改造一户一表1.6万户。

加快建设信息通信设施。完成76个村固定电话入户工程，新增固定电话1万门，固定电话通村率达到100%。新增移动用户2万户，实现移动通信无缝覆盖，实施广播电视“村村通”、广播电视数字化改造和有线广播电视县乡联网工程，电视综合覆盖率达95%以上。整合政务信息网络，规范党政信息平台，建成县到乡镇电视电话会议系统，提高国民经济和社会信息化水平。

（二）以四大产业群发展为重点，加速工业经济多点支撑格局的形成。

努力发展能源产业群。彭水电站完成投资23亿元。马沿洞、三江口、团坝子、羊头铺、斑竹园、龙门峡等中小电站完成投资3亿元。金龙、老龙塘等电站建成发电。筹建煤矿企业集团和煤炭销售公司，推进煤矿安全质量标准化建设，生产原煤60万吨。

努力发展建筑材料产业群。日产2500吨新型干法水泥生产线生产水泥熟料50万吨。整合索坤公司、同人公司、双江水泥厂组建茂田公司水泥粉磨站，生产水泥80万吨。加快推进日产4000吨新型干法水泥生产线项目前期工作。积极促成新型墙体材料、高档化学建材等项目落户彭水。

努力发展农林产品深加工产业群。推进林（竹）浆纸一体化项目基地建设。渝欣纸业生产文化工业用纸4000吨。金益公司打叶复烤烟叶88万担。申渝生化公司达产，茄尼醇后续开发项目启动。支持现有农副产品加工企业全面达产，生产畜禽分割肉3300吨、食用油1500吨。促成工加农食品公司晶丝苕粉生产线、油桐精深加工厂、中药材加工厂建成投产。

努力发展能矿产业群。长陵化工生产氯化钡4000吨、硫化碱2500吨。年产10万吨硫酸钡项目和年产2万吨金属镁项目动工基建工程。年产10万吨工业硅项目取得实质性进展。积极推进煤炭、石英砂、白云岩等矿产资源调查和勘察。

努力搭建工业发展平台。完善工业发展“1+4”中长期发展规划。推进抽水蓄能、林浆纸产业化、天然气勘探等重大项目前期工作。推进保家工业园区建设。开展“电价洼地、产业高地”项目策划。组建中小企业担保中心，完善山牧、同人、森工三个农业产业化集团，积极争取金融信贷支持，有效缓解工业企业资金“瓶颈”制约。切实搞好油、电、煤运调度，积极为工业企业达产创造条件。

（三）以推进城镇化为抓手，加快推进社会主义新农村建设。

加强农业增效农民增收能力建设。稳定粮食面积130万亩、产量30万吨，实现粮油业产值4.4亿元以上。种植烤烟1.5亿株，收购烟叶30万担，实现烟农收入1.5亿元以上。出栏生猪55万头、牛4.2万头、山羊11.5万只、家禽135万只，实现畜牧业产值5.5亿元以上。新发展马尾松5万亩、中药材3000亩、桑园2000亩、油桐5000亩，实现林业产值1.2亿元以上。建立驻外劳务输出办事窗口4个，新增转移农村富余劳动力8000人，实现劳务收入6亿元以上。

加强农村扶贫开发能力建设。搞好“百村攻坚”工程，启动42个特困村扶贫项目，推进2个市级示范村和4个县级示范村建设。实施产业扶贫，解决6800个绝对贫困人口温饱问题，减少相对贫困人口8500人。实施移民扶贫，完成异地搬迁扶贫160户。

加强农村公共服务体系建设。稳妥推进基层农业服务体系综合改革，建立健全农业技术服务体系，推进靛水农业综合开发示范园区、迁乔优质水稻示范基地建设。确保财政对“三农”投入增长10%以上，新增支农贷款1亿元以上。今年，财政将安排专项资金，搞好化肥及主要农作物优良品种的淡季商业储备，切实降低农业生产成本。加强农村救灾救济和特困救助，做好农村“五保”供养，积极推行农村储蓄式养老保险，有效解决“三无”农民生产生活困难。继续搞好农村“两网”建设，推进农村特困大病医疗救助，扩面新型农村合作医疗试点5000人，尽快解决农村“就医难、就医贵”问题。实施新型农民科技培训工程，完成实用技术和职业技术培训5000人。

加快推进城镇化，是社会主义新农村建设的重要抓手，我们要以开展“城镇化建设推进年”活动为载体，系统研究、全面推进，新增城镇面积0.8平方千米、城镇人口1.1万人。一是完善规划编制。编制“十一五”城镇化发展规划，完成县城控规和建设性详规，力争完成县城至彭水电站、县城至保家城市连绵带建设性详规和10个特色乡镇建设规划。二是加大资金投入。落实支持小集镇建设的各种税费减免返政策，加强土地收益征收管理，盘活城镇土地资源和存量资产，拓展小集镇建设资金渠道。三是加快特色乡镇建设。鼓励、引导各具特色的区域性或边贸型集镇就地发展二、三产业，引导农民向城镇集聚。四是实施农村康居工程。按照经济适用、突出民族文化特色的原则，推进农村民房风貌建设，搞好小康示范村试点工作，建成一批农民康居工程。

（四）以旅游开发为突破口，大力培育新的消费增长点。

推进旅游产业开发。长溪河旅游景区“十一”黄金周接待游客；鞍子苗族盘歌寨建成开发；做好云顶寺恢复工作，启动黔中文化公园保护与建设，加快建设摩围山体育公园；动工乌江画廊大门。搞好风景名胜资源普查，抓好彭水电站库区、茂云山国家森林公园、郁山古镇等旅游项目策划、包装。

推进商贸流通中心建设。着力打造长滩区域物资中转和储运物流园、外河坝物流配送和彭水港货物转运站，规范一批专业批发市场，建成一批特色贸易街。以“两社两化”为载体，大力实施乡镇建超市、村社建商店的“双建”工程，扩大农村消费规模，搞活农副产品流通。

推进服务产业不断壮大。创建“合作金融信用县”达标，金融机构年末存贷款余额分别达到20亿元、40亿元，不良贷款比例下降2个百分点。鼓励和引导各类保险企业到彭水发展，实现各类保费收入5500万元。加强房地市场调控，培育和完善房地产市场体系，开工商品房25万平方米、竣工15万平方米。

（五）以优化发展环境为核心，努力扩大改革开放。

深化各项改革。推进乡镇综合改革，增强乡镇统筹经济社会发展能力。推进财政体制改革，健全“乡财乡用县监管”和“村财民理乡代管”制度，推行国有企业年薪管理和财务总监制度，组建财政资金绩效评估审计中心，实行财政综合预算，强化财税征管，提升财政工作水平。坚持和完善政府投资工程招投标代理、业主代理制度，深化投资体制改革。积极推行公务员管理制度，做好机关事业单位新一轮工资制度改革和津补贴规范工作，完成事业单位改革。有序推进粮食流通、林业、交通、科技等领域改革。

优化发展环境。加强行政服务中心建设，规范行政审批行为。坚持和完善联系重点项目和重点企业责任制度、行政审批全程跟踪服务制度和季度例会制度，加快信用体系建设，积极营造“亲商、护商、安商”的浓厚氛围。深入整顿和规范市场秩序，切实搞好直接关系人民群众身体健康和生命安全的食品、药品市场专项整治。

放手发展非公有制经济。进一步放宽非公有资本进入的行业和领域，拓宽非公有制企业融资渠道，依法保护私有财产权和非公有制企业权益。支持县内民营企业按照现代制度的要求，组建企业集团，提升企业规模档次。实现非公有制经济增加值增长 12% 以上。

大力发展开放型经济。加大重大项目的前期工作力度，搞好项目筛选和储备。积极组团参加“渝洽会”、高交会等市内外重大招商活动，多渠道招商引资，实际利用县外资金 20 亿元以上。切实加强外经外贸工作，外贸直接出口创汇 50 万美元，力争建成市级外派劳务输出培训中心。

（六）以加强薄弱环节为着力点，统筹发展各项社会事业。

贫困山区之所以穷，根本在于教育滞后。今年，是实施“双高”普九工程的起步年，我们将认真落实“六个优先”的原则，促进教育事业的优先发展，千方百计解决教育“瓶颈”制约问题，为 2010 年基本普及十二年教育奠定基础。一是整合农村办学资源。加快推进寄宿制学校和示范学校建设，建成 5 所寄宿制学校，完成 5 所示范小学和 2 所示范中学创建，实施 D 级危房改造 1 万平方米。二是着力解决高中教育“瓶颈”。动工彭水第一中学，巩固和深化彭水中学“创重”成果，扩大高中招生规模。三是大力发展职业教育。安排财政资金 150 万元建立农村贫困学生教育助学基金；动工新建职教中心，办好郁山、黄家职中，完成学历教育招生 1000 人、劳动力转移培训 2000 人。四是加大帮扶助学力度。从今年起，对农村义务教育阶段学生免收杂费，对贫困家庭学生提供免费课本和寄宿生活费补助，对家庭经济困难女童免收作业本费和寄宿生住宿费。五是切实加强德育教育。把德育教育放在更加突出的位置，建立健全德育教育体系，加强学生思想政治教育和未成年人思想道德建设。

促进人才资源开发。大力实施“金桥工程”，深入开展“厂会协作”。实行引进大学生统一管理、计划培养，优化引进结构、提高引进质量、发挥引进效益。落实技术工人评定等级调整政策，鼓励在职人员开展继续教育。以经济社会发展战略研究顾问团为载体，吸引县内外高水平人才参与全县“三个文明”建设。

促进民族文化发展。编制民族文化建设发展规划，组建民族文化艺术研究学会。动工宣传文化中心和青少年活动中心，完善县城文化体育设施，新建或改造 5 个乡镇文化站。加强民族历史文化挖掘与研究，鞍子民歌力争打造成为国家级艺术品牌。组织开展各种群众文化体育活动，大力发展乡村（社区）文化，丰富群众文化生活，巩固发展射弩基地，推进重庆市水上运动训练基地项目前期工作。

促进公共卫生事业进步。建立健全三级疫情防控网络和医疗预防保健网络，加强基本医疗、妇幼保健和卫生监督监测。加强各类传染病、多发病、地方病防治，计划免疫“五苗”接种率确保 98% 以上、力争达到 100%。建成传染病医院，动工二甲医院，推进乡镇卫生院规范化建设。巩固市级示范中医院达标成果，积极创建市级农村中医工作先进县。

搞好生态环境保护。实施“蓝天行动”，确保县城空气环境质量满足Ⅱ级标准 300 天以上。实施“碧水行动”，建成垃圾处理场，开工污水处理厂，开展水污染治理，确保乌江郁江地表水水质达到国家Ⅲ类标准以上、集中式饮用水源水质达标率 96% 以上。实施“生态行动”，抓好退耕还林和天然林保护工程，推进彭水电站库区湿地自然保护区建设。实施“宁静行动”，推行城区车辆禁鸣，严格控制工业和建筑噪声污染。

搞好能源资源节约。积极推行节地、节水、节能，加快建设资源节约型社会。严格保护国土资源，提高土地节约、集约利用水平。完工迁乔、联合土地整治项目，实施耕地占补平衡。编制矿产开发战略发展规划，严格矿产资源规划管理。加强水资源开发规划管理，尽可能向大企业、大业主集中，确保水资源开发效益最大化。

搞好人口和计划生育工作。开展关爱女孩行动，继续实施农村计划生育家庭奖励扶助制度和“少生快富”工程，切实解决出生人口性别比偏高的问题，确保出生人口性别比下降到110：100以内，人口自然增长率控制在6‰以内。

认真贯彻《公民道德建设实施纲要》，大力倡导社会公德、职业道德和家庭美德。做好妇女儿童、统计、审计、物价、民政、气象、民族宗教、广播电视、新闻出版、档案、地方志、侨务、对台、国防教育、民兵预备役、人民防空和双拥共建等工作。

（七）以解决关系人民群众利益的突出问题为切入点，努力构建和谐社会。

着力加强就业再就业。大力发展就业经济，新增就业人员2000人。完善和落实各项优惠政策，积极探索建立市场经济条件下促进就业的长效机制，力争再就业小额贷款规模达1500万元以上。健全就业服务制度，加强乡镇社区劳动保障工作平台建设，指导和帮助城镇下岗失业人员1250人、“4050”人员350人实现就业再就业。

着力完善社会保障体系。继续扩大养老、失业、医疗、工伤、生育保险覆盖面，力争县内应保未保企业及人员全部纳入保险范围，企业退休人员社会化管理实现全覆盖。提高城市居民最低生活保障质量和水平，探索建立农村最低生活保障制度和城镇最低收入家庭廉租房制度。做好老龄工作。关心和支持残疾人事业。广泛开展法律援助，维护弱势群体合法权益。严格落实建设领域工资支付保障金制度，建立防止欠薪的长效机制。

着力搞好移民迁建。确保完成彭水电站移民搬迁2525人，还建房屋12.6万平方米，完成移民投资2.5亿元。完工万足、鹿角移民场镇建设，完成5处重点地面文物的搬迁保护工作。

着力创建平安彭水。开展安全生产长效机制建设攻坚年活动，以安全保障能力建设为重点，突出抓好重点单位、重点时段、重点环节的安全生产工作，建立和完善月推进、月督查、月考核、月奖惩的零目标动态管理机制。组建群众工作机构，推行信访工作“首问首接”制，建立健全信访工作网络和责任追究体系。加强人民调解，启动“五五”普法工作。完善社会治安防控体系，健全严打经常性工作机制，依法严厉打击影响人民安全感的各类犯罪活动，深入开展同“法轮功”邪教组织的斗争，实现禁种铲毒零目标，确保全县政治社会稳定。

切实加强政府行政能力建设，是全面完成“十一五”规划各项任务和做好2006年工作的重要保证。我们必须牢固树立政府工作全新理念，以更大力度推进学习政府、法治政府、务实政府、效能政府、廉洁政府建设，不断提高科学决策、公共服务、依法行政、驾驭复杂局面的能力和水平，把人民政府建设成为人民满意、人民信任的政府。

回顾过去，我们豪情满怀；展望未来，我们任重道远。让我们更加紧密地团结在以胡锦涛同志为总书记的党中央周围，在市委、市政府和县委的正确领导下，与时俱进，开拓创新，扎实工作，为富民兴彭、构建和谐社会而努力奋斗！

二、县人民政府办公室《关于认真做好第二轮地方志编修工作的通知》

彭水苗族土家族自治县人民政府办公室
关于认真做好第二轮地方志编修工作的通知

彭水府办发〔2009〕36号

各乡镇人民政府，县府各部门，有关单位：

地方志是地方的百科全书，是记录历史、传承文明、具有独特历史文化价值的文献，必须客观真实，可信可用。

按照全市地方志编修工作部署，我县第二轮地方志编修工作已全面展开。为使这项工作有序推进、确保质量，根据国务院《地方志工作条例》（国务院令第467号）和《重庆市人民政府办公厅关于进一步做好第二轮区县（自治县）地方志编修工作的通知》（渝办发〔2008〕93号）精神，现就有关事项通知如下：

一、抓紧做好《彭水县志》（1986—2005）编修工作

根据全市地方志工作统一安排，第二轮《彭水县志（1986—2005）》主要记述1986年到2005年全县各行各业改革开放和建设发展的历史进程，上限与第一轮县志下限衔接，部分内容可酌情上溯，下限为2005年。县志总编室牵头此项工作，要精心组织力量，加强业务指导；各相关单位要按志书纲目（1986—2005）编写资料长篇，在2009年年底前报县志总编室，同时无条件为《彭水县志》编修工作提供相关资料。

二、启动乡镇志、部门志编修工作

按照规定，地方志编修包括乡镇志、部门志编修。由于《彭水县志》编修任务十分繁重，全县乡镇志、部门志的编修工作严重滞后，特别是乡镇志编修尚未启动。县志总编室要认真谋划乡镇志、部门志编修规划和工作方案，组织修志业务培训，切实推进乡镇志、部门志编修工作。各乡镇、各部门要将修志工作提上议事日程，按照县志总编室拟定的《乡镇志、部门志参考纲目》，结合实际认真编写，乡镇志上限应从本乡镇建置之年开始记述，下限到2010年；部门志要记述本部门的职能、特点、发展演变过程及对经济社会有影响的内容，上限以部门初始设立起述，以前修志的，可以接前志续修，同时对前志进行校注，下限到2010年。确因历史沿革短、资料较少、条件暂不具备单独编修志书的部门和单位，经申请并获县志编委会批准后可缓修。

三、切实保证志书的编修质量

质量是志书的生命，各编修单位必须坚持质量第一的原则，做到观点正确，体例严谨，资料翔实，内容客观，特色突出，文辞规范，构件完整，校核准确。县志总编室要做好业务指导，加强志书审查验收，《彭水县志》实行三审定稿制度，志稿形成后，由编修单位组织领导、专家、知情人士进行初审；初审通过后，报县志编修委员会组织评审，经县政府同意后报市地方志办公室；市地方志办公室组织评审后报市政府批准。乡镇志、部门志原则上按上述程序审查，由县志总编室评审，报县政府批准。

四、认真组织志书编修组织保障工作

（一）加强领导。地方志编修是一项功在当代、利在千秋的重要工作，县地方志编修委员会总体负责领导协调工作，县志总编室具体负责编修规范的制定，编修纲目的业务指导，志稿评审的组织和编修工作的督促检查。各乡镇、各部门要把修志工作纳入议事日程，切实加强组织领导，确保修志工作顺利推进。

（二）完善方案。县志总编室要精心研究制定《彭水县志》和乡镇志、部门志编修方案，将编修任务落实到相关单位。各乡镇、各部门要配备政治素质好、乐于奉献、既有较好理论功底又熟悉情况的精干人才队伍，为修志工作提供人力保证。县档案局要为修志工作提供业务指导，尽快对修志人员进行培训。

（三）经费到位。县财政局要把《彭水县志》编修所需工作经费和出版经费纳入预算，确保《彭水县志》编修工作顺利进行和志书如期出版发行。部门志、乡镇志所需编修经费，原则上由各编修单位自行解决；出版发行由县志总编室统一组织实施。

（四）严格管理。县政府已将修志工作纳入各乡镇、各部门年度工作目标考核内容，任何单位不得以任何借口推诿拖延，影响《彭水县志》编修。县志总编室和县政府督查室要加强对修志工作的督查，对按时按质完成任务的予以通报表扬；对不负责任或经反复催促仍迟迟不动的部门和单位予以通报批评。

二〇〇九年三月二日

三、重要文件目录

文件名称	文号	发文单位
彭水苗族土家族自治县人民政府关于深化企业改革增强企业活力的有关规定	彭自府发〔1987〕25号	县人民政府
彭水苗族土家族自治县人民政府关于部署全县深化企业改革工作的通知	彭自府发〔1987〕138号	县人民政府
彭水苗族土家族自治县人民政府关于进一步加强乡镇财政管理、充实和发挥乡（镇）政府职能的通知	彭自府发〔1987〕85号	县人民政府
关于完善一九八九年度全民所有制企业承包兑现工作的通知	彭自府发〔1990〕21号	县人民政府
印发县财政局、税务局、体改委关于全民所有制企业实行税利分流税后承包的意见的通知	彭自府发〔1990〕62号	县人民政府
关于深化企业改革切实搞好第二轮承包工作的通知	彭自府发〔1990〕70号	县人民政府
关于彭水自治县体改机构设置情况的通知	彭自府发〔1990〕92号	县人民政府
关于深化县级机构改革转换政府职能实施方案	彭委发〔1992〕20号	彭水县委
关于改革和完善我县对外贸易体制及有关问题的情况报告	彭自府发〔1992〕57号	县人民政府
关于做好支援渝怀铁路建设工作的通知	彭水府发〔2001〕13号	县人民政府
关于印发重庆至怀化铁路彭水段建设征用土地补偿安置规定的通知	彭水府发〔2001〕14号	县人民政府
关于印发彭水自治县建设用地地质灾害危险性评估和地质勘查暂行管理办法的通知	彭水府发〔2001〕38号	县人民政府
印发关于县城区危旧房改造工程的实施意见的通知	彭水府发〔2001〕46号	县人民政府
关于同意彭水县行政区划调整方案的批复	渝府〔2001〕129号	重庆市人民政府
关于同意丰都县和彭水苗族土家族自治县人民政府联合勘定的行政区域界线协议书的批复	渝府〔2001〕209号	重庆市人民政府
关于同意武隆县和彭水苗族土家族自治县人民政府联合勘定的行政区域界线协议书的批复	渝府〔2001〕223号	重庆市人民政府
关于同意石柱土家族自治县和彭水苗族土家族自治县人民政府联合勘定的行政区域界线协议书的批复	渝府〔2001〕218号	重庆市人民政府

文件名称	文号	发文单位
关于同意黔江区和彭水苗族土家族自治县人民政府联合勘定的行政区域界线协议书的批复	渝府〔2001〕225号	重庆市人民政府
关于同意酉阳土家族苗族自治县和彭水苗族土家族自治县人民政府联合勘定的行政区域界线协议书的批复	渝府〔2001〕221号	重庆市人民政府
关于同意实施彭水苗族土家族自治县旅游业发展总体规划的批复	彭水府〔2002〕9号	县人民政府
关于印发《县人民政府工作规则》的通知	彭水府发〔2003〕54号	县人民政府
关于认真做好建设服务型政府有关工作的通知	彭水府发〔2003〕70号	县人民政府
关于印发《彭水苗族土家族自治县城市房屋拆迁附属物补偿标准》的通知	彭水府发〔2003〕65号	县人民政府
关于印发三江口水利枢纽优惠政策的通知	彭水府发〔2003〕73号	县人民政府
县委、县政府关于加快推进彭水电站建设的意见	彭水委发〔2003〕24号	县委
关于印发《彭水苗族土家族自治县人民政府议事规则（试行）》的通知	彭水府发〔2004〕38号	县人民政府
关于印发《县委、县政府领导集体决策重大问题议事规则（试行）》的通知	彭水委发〔2004〕34号	县委
县委、县政府关于进一步规范乡镇党委、县级部门领导班子集体决策重大问题行为的通知	彭水委发〔2004〕26号	县委
关于印发重庆至长沙高速公路彭水段建设征地拆迁补偿安置方案的通知	彭水府发〔2004〕54号	县人民政府
关于进一步加强行政机关行政执法能力建设的意见	彭水府发〔2005〕54号	县人民政府
关于责令履行行政赔偿责任的通知	彭水府发〔2005〕73号	县人民政府
关于印发学坝片区防洪治理综合开发项目和烟草公司金色家园项目优惠政策的通知	彭水府发〔2005〕15号	县人民政府
县委、县政府关于加快旅游业发展的决定	彭水委发〔2005〕29号	县委
关于完善安全生产监督体系落实分级监管责任的通知	彭水府发〔2005〕66号	县人民政府
县委、县政府关于加快全县基层农业服务体系改革和建设的实施意见	彭水委发〔2005〕31号	县委

论　著

黔中文化初探

蔡盛炽

黔中一词，最早见于《史记·秦本纪》，“孝公元年……楚自汉中，南有巴黔中”。为什么叫“黔中”呢？

笔者认为，黔中的得名，当与盐有关。

黔，按《汉语大字典》和《汉语大词典》等工具书的解释，都是“黑色”“晒黑”“通‘黥’（古代刑罚，在脸上刺黑字）”等，好像与盐无关，果真如此吗？

《黄帝内经·素问》中说：“鱼盐之地，海滨傍水，其民食鱼而嗜咸……故其民皆黑色疏理（疏理，即粗皮肤）。”《史记·货殖列传》说：盐“或色白，或青黑”，古代，就有黑色的盐，吃多了，皮肤就会变黑，以黔字指代盐，就顺理成章了。又说，鲁国人猗顿因为熬盐发了大财，可同王者比富，可见在齐鲁一带，因盐致富的不少。

《礼记·檀弓下》载，“齐大饥，黔敖为食于路，以待饿者而食之。”战国时的齐国，即今胶东半岛地，因三面环海，而有鱼盐之利。发生大饥荒时，黔敖却向饥民们施舍食物，可见他很富有，他同猗顿一样，因熬盐而致富。“敖”与“熬”通（见《战国策·魏策二》中，有“易牙乃煎敖燔炙”，显然，“煎敖”即“煎熬”）。古代以业为姓。黔敖，就是熬盐的老板了。又是以黔代指盐的实例。

无独有偶。楚庄王的令尹（宰相）孙叔敖，孟子说他“举于海”（《孟子·告子下》），《集注》说他“隐处海滨”。他在海滨熬盐成名了，楚庄王才用他。

因为巫溪和郁山两个产盐的地方，都在巴国境内，所以这一地区，被称为巴黔中。黔中者，盐在其中也。楚黔中和秦黔中都不包括巫溪宝源山的天然盐泉，但有郁山盐泉，仍沿用其名。

巴以后，楚国和秦代都设过黔中郡。本文着重探讨的是唐代的黔中道，即从唐开元二十一年（733）到唐元祐四年（907）这 174 年的文化。

唐贞观元年（627）分天下为十道，黔州属江南西道。唐开元二十一年（733），分天下为十五道时，才把江南道的黔州等地划出来，另置黔中道，辖境为北到湖北建始，南到广西凌云，西到贵州毕节，东到湖南沅陵，面积约 30 万平方千米。彭水为道、州、县三级治所驻地，为今渝、黔、湘、鄂、桂结合部政治、经济、文化的中心。

本来，唐初实行的是州、县两级地方管理体制，府州是一级政区，县是二级政区，道是监察区域，并不是固定的行政机构，只设观察使，意在对所属地方进行监督。到唐玄宗时，改设采访处置使，有了固定的治所，定为常制。实际上，道正在向有实权的一级政区过渡。“安史之乱”后，道不再是前期单纯的监察机构，已经成为掌管道内政治、经济、军事事务的一级行政机构，使地方管理体制，变成道—州—县三级管理体制。以黔中道为例，第一任采访处置使是浑瑊。后来，官名越来越长，权力越来越大：如赵国珍，任黔州都督，兼本管观察处置经略（经营管理）选补等使；薛舒，黔州刺史、黔中经略招讨（招抚征讨）观察处置盐铁选补等使；李鋋，黔中节度（军区司令）观察使……

一、盐丹文化

早在上古时代，人类就在今郁山发现天然盐泉——飞水井，这是当时西南地区 2 处天然盐泉之一，并开始加温煎盐。盐为稀有之物，在人类从生食过渡到熟食的阶段特别需要。现代科学研究表明，食盐中还含有 14 种人脑发育所需的微量元素，为人类从猿到人的催化剂。人是从海洋生物进化而来的，身上本来就有盐。但人离开海水后，身上的盐分逐渐减少，因此需要补充。人在出汗以后，会感到全身无力，是因为盐分随着汗水排出。于是，盐成了人们日常生活中不可或缺的物资。但在西南地区，产量不多，更显其贵，所以，凡产食盐的地方，人口也向这里集中，经济也就繁荣起来。

盐的另一用途，是用来腌鱼，使之能够长期保存，是在江边生活、靠渔业为生的人们不可或缺的。新石器时代晚期，大溪墓葬中，发现过整条鱼骨，为盐腌鱼的证据（《中国百科全书・考古学》85 页）。

彭水的郁山有“后灶”，为产盐地之一。《山海经・海内经》：“西南有巴国。大皞生咸鸟，咸鸟生乘釐，乘釐生后照，后照是始为巴人。有国名曰流黄辛氏。”“后灶”，当为“后照”之讹，为巴人开发郁山盐业的遗迹。

四川大学教授任乃强在《四川上古史新探》（234 页）中说，咸鸟“可能是……运盐行销的商民”。重庆师范大学教授管维良进一步说，乘釐，为“管理运盐的人”；后灶为“管理盐灶的头领”（《巫山盐泉与巴族兴衰》见《楚俗研究》第三集，203 页）。清代学者郝懿行在“有国名曰流黄辛氏”句下，引《海内西经》“流黄酆氏之国”，注云：“即酆氏也”（见《山海经笺疏》）。隋代，今丰都平都山下有“酆民州”（《中国县情大全・西南卷》319 页），当为把盐贩到那里的商人聚居地。“酆”与“奉”通。北周保定四年（564）在郁山置奉州。龚滩也名凤（奉）滩。可见，奉（酆），多指运盐或卖盐，不能准确显示产盐之地。北周建德三年（574），才把奉州改为黔州（当时已有“盐州”）。

在古代，哪个部落掌握了盐泉，就会强大起来。蚩尤因拥有盐池（即山西运城东南的解池，储量 8400 万吨）而强大（《太平寰宇记・卷 46》，解州为“蚩尤之封域，有盐池之利”）。

早在春秋时代，盐就被军事家所重视。帮助齐桓公成就霸业的管仲，在其所著《管子》中说：“恶食无盐则肿，守圉之本，其用盐独重。”

《孟子》说：“五亩之宅，树之以桑，五十者可以衣帛也；鸡豚狗彘之畜，无失其时，七十者可以食肉也。百亩之田，勿夺其时，数口之家可以无饥矣。”在古代那种自给自足的自然经济条件下，人们可以靠栽桑、养畜、种粮来基本满足生活需要。但是，食盐和金属农具，却要依赖商人，所以，凡产盐地的相邻地区，以贩运、经销食盐的商贾，就大发其财。

唐代在五溪地区生活过的刘禹锡《贾客词・小引》说：“五方之贾，以财相雄，而盐贾尤炽。”

盐为国家财政的支柱。《旧唐书・食货志》，“天下之赋，盐利居半”。所以，从汉代起，各地的食盐，多由国家经营。对私自熬盐或贩盐的，多处以重刑。晋令规定：“凡民不得煮盐，犯者二年刑，主吏四年刑”（《太平寰宇记》卷 875，引《晋令》）。北周时，禁止百姓开采井盐。唐代，乾元元年（758），一改隋代让百姓制盐，“一分入官，二分入百姓家”（《汉唐地理书钞》引郎蔚之《隋州郡图经》）的规定，由官方垄断食盐销售。但允许儿童贩卖少量的盐（元稹《估客乐》：“小儿贩盐卤，不入州县征”），而且不征税。到后周时，对盐的管制就更严了。广顺二年（952）规定：凡所贩私盐一两至一斤以下者，杖八十，把犯人的家属发配为奴隶；一斤至五斤以下以上，判徒刑三年，把犯人的家属发配为奴隶；五斤以上，并判决重杖一顿，处死。凡括鹻（有咸味的土）煎炼私盐者，所犯一斤以下，判徒刑三年，把犯人的家属发配为奴隶；一斤以上，并判决重杖一顿，处死（见《五代会要·卷27》）。

因为盐的价格昂贵，百姓食用甚少。韩愈《论变盐法事宜状》："百姓贫家，食盐甚少，或有淡食，动经旬月"（《全唐文》卷550）。宋代，苏轼在杭州所写的《山村五首》中，有"迩来三月食无盐"之句，可见，即使在海盐供应区，仍有淡食的百姓。

在西南少数民族地区，盐就更为稀少，也更为金贵。在五溪（雄、樠、酉、潕、辰，属黔中道），"蛮父母死，三年不吃盐"（张鷟《朝野佥载》）、"山瑶婚娶，盐为聘礼"（南宋朱辅《溪蛮丛笑》）、"得盐则遗其族类各一撮，置手中舐之，以为美味"（清人龚柴《苗民考》）。仡佬"得盐鱼以为珍味"（清人严如熤《苗疆风俗考》）……在施州（今恩施）游历的顾彩写道："与人钱钞都抛却，交易惟求一撮盐"（《容阳杂咏十四首·之八》）。在酉水流域的平茶洞长官司（今属秀山），清初，"沥苦蒿水代盐而鲊"（顾炎武《天下郡国利病书》卷70），盐"只有土司、富人才能食用，贫民甚至有终生不知其味者"（李绍明主编《川东酉水土家》284页）。

因食盐引起的事端，史不绝书。有学者指出，黄帝与蚩尤的战争，其实是为争夺盐池。

《南齐书·豫章文献王传》（479—502）记载，"时沈攸之责赕（向少数民族征收人头税），伐荆州界内诸蛮，遂及五溪，禁断鱼盐（用来腌鱼的盐），群蛮怒，……"。引发了一场大规模的民族叛乱。

宋人王存（1023—1101）的《元丰九域志·卷8》把郁山称为玉山，湘西苗族把盐叫"有"或"由"，郁和玉古音相同，都与盐的苗人读音相近。郁山即盐山，发源于湖北，流入沅江的酉水，即运盐济楚的水道。鄂西的盐水（清江）和郁江，都是郁盐外运的水路。周初的"以商贾立国"的庸（古音与"郁"尤相近）国（今湖北房山一带，与产盐的巫溪相邻），当为经营食盐的国家。黔江在隋代曾设过庸州，今张家界市，原名大庸，都与贩运郁盐有关。

汉代，郁山开凿盐井，汲卤熬盐。唐代，黔州的盐井有41口（《新唐书》卷60·食货志4），为盐井最多的朝代。后来，随着交通运输的发展，人口密度的增大，食盐者渐多，海盐、淮盐的内销，自贡盐、云阳盐的兴起，郁山盐的销售地区也相应缩小。尽管在抗日战争期间，郁盐供应川、鄂、湘、黔边区38县人民食用，1981年曾达到476吨，终因含氟超标，于1983年停产。

丹砂，为提炼水银（汞）的矿产品。上古时，在以今郁山为中心的涪陵县所产的丹砂，就被人类利用了。任乃强在《四川上古史新探》（286页）说："郁山就是早在石器时代，渡过长江来此的濮人之国。"商代的甲骨文，有些就是用朱砂书写的。涪陵产丹的历史，见于周初，《逸周书》载，"成周之会……卜人以丹砂"。王应麟注："卜即濮也。"涪陵的卜（濮）人，把它作为地方特产，向周王朝进贡。《图经》更明确地说，"丹砂出自符陵山谷中"。符陵，即涪陵。

《后汉书·郡国志》在全国1000余县中，记产丹砂的县，只有2处，一为涪陵，一为谈指（今贵州贞丰县西北）。至今，彭水有朱砂洞、朱砂窝等地名，有开采水银的银洞子等遗迹。

后来，人们顺着武陵山脉向东，在黔江（东汉时因盛产丹砂，从涪陵划出去，另立丹兴县）、酉阳、直到辰州（今沅陵）及铜仁（今万山特区）；向南在沿河、务川等地，都发现丹砂矿藏，于是大量开采，使之成为产业。

涪陵所产的丹砂，是用船从郁江入乌江再转长江外运的，所以郁江古名丹涪水。晋人常璩在《华阳国志·巴志·涪陵郡》开头说："涪陵郡……从枳（今涪陵）南入，折丹涪水"，任乃强注："丹涪水，今彭水县之郁江也（见《华阳国志校补图注》42页）。"杜甫在其叙事诗《覆舟二首》中，记述了他在三峡时所见的覆舟事，中有"丹砂同陨石"句。可见，直到唐代，黔州等地的丹砂仍从此路外运。

从丹砂里面提炼出来的水银，是尸体防腐剂，为古代帝王所必需。死于周襄王九年（前643）的齐桓公墓（李贤等注《后汉书·张奂传》"奢非晋文"时，所引《邺中记》云"永嘉末，发齐桓公墓，得水银池”）和生活在周安王二年（前 400）前后的蜀王蚕丛氏墓（《南史・卷 43・始兴简王传》载：“萧鉴为益州刺史时，于州园得古冢……以朱砂为阜，水银为池。”原重庆博物馆长邓少琴《巴蜀史迹探索》154 页认为，萧鉴所发为蚕丛氏墓）都灌了水银，秦始皇陵就灌了大量的水银。《史记・秦本纪》载，秦始皇墓“以水银为百川江河大海……上具天文，下具地理”。据互联网上报道，墓中那些水银至今还在流动。长沙马王堆出土的女尸，两千多年不腐，棺材中浸泡液中就含有水银。但齐国、蜀国和西安均不产水银，他们所用，当为涪陵所产。

不仅皇室成员死后用水银防腐，东汉时，在棺材内壁用朱砂漆成红色的“朱棺”与“玉衣”赐给死后的功臣（见《后汉书・耿弇列传》，耿秉卒……“赐以朱棺、玉衣”）。到了近代，在唐黔中产丹地区，民间富豪死后，也葬朱棺，成为风俗。

丹砂，作为红色矿物染料，其色鲜艳而持久。战国时，楚人尚赤，蜀人也尚赤。但楚、蜀两地都不产丹砂，这是楚蜀争夺这块地方的原因之一。

丹砂，不但为楚国、蜀国皇宫建筑、旗帜、衣服所必需，也为驩兜、盘瓠等尚红的少数民族所珍视，他们多用来染制衣服，所以，产丹地区的苗人，大多为红苗。

丹砂还是古代道家炼丹的首选原料。葛洪《抱扑子・仙药》说：“仙药之上者丹砂，次则黄金，次则白银……”在道家的眼中，它比黄金、白银还要珍贵。成汉政权的丞相、天师道首领范长生，原是涪陵丹兴人，他的道术，显然与丹砂有关。李渊建立唐朝后，自称为道教的始祖老子李耳的后裔，追号他为“太上玄元皇帝”，唐玄宗时，各地又建造玄元皇帝庙，因此，道教在唐代处于鼎盛时期，一批自称能访仙炼丹的方士，大行其道，又推动了丹砂的开采。丹砂本为中药之一，为安神、定惊药。道家所炼的丹，初食少许，有兴奋作用，所以，皇帝们就以为真的可以长生不死。结果，因砷、汞慢性中毒而早逝。唐宪宗李纯，就是服柳泌在天台山为他所炼的神丹而致死的（《旧唐书・穆宗本纪》），只活 43 岁。尽管，事后柳泌被杀，朝中大臣只认为他行的是“左道”，仍然相信有真的“神丹”在。

唐代，丹砂与水银，为黔中各产地的贡品。

《史记・货殖列传》载：“巴寡妇清，其先得丹穴，擅其利数世，家亦不訾。清，寡妇也，能守其业，用财自卫，不见侵犯，秦皇帝以为贞妇而客之，为筑女怀清台……”这位巴寡妇，是我国历史上第一位女实业家。

怀清台在哪里？巴寡妇是何处人？

唐代萧德言等在编《括地志》时，似乎不知道涪陵东晋以前在彭水这段历史，看见涪陵产丹的记载，就把怀清台记为涪州乐温县（今长寿县）的贞女山。张守节《史记正义》及《辞源》等文史工具书，也沿用其说。清代嘉庆《四川通志》在援引以上诸说后，称“皆无所考”，仍为历史悬案。邓少琴曾经前往考察，说是宋墓，根本不是怀清台。

巴寡妇的身世，《史记》没有记载。1942 年，郭沫若在他的历史剧《高渐离》中，2 次借剧中人之口，说巴寡妇是涪陵人。郭沫若还认为，“怀为夫姓”（《郭沫若文集・文学卷・第七集》第123 页）。楚国的大姓中就有怀姓，她的丈夫是楚国人。

《吕氏春秋・贵卒》载，楚悼王（前 401—前 381）听从吴起的建议：“令贵人往实广虚之地。”楚人占领郁山等地后，就不断派其贵族来充实、管理这些地方，其夫是从楚国迁入的“贵人”的后代。彭水的新田乡的偏口檐，有姓青的人家，他们没有家谱，对其祖先茫然不知，或为清氏的后代？

彭水桑柘与乔梓乡之间，有“巴巴台岩口”，《彭水县志》（光绪版）说这里“扼酉阳来路”，为彭水到酉阳的必经之路。中华人民共和国建立前，在这条古道上有刻于清道光四年（1824）的“指路碑”，上刻有“上至巴寡台岩口”字样。

清氏的丈夫死后，她继承其业，“用财自卫”，就是说，她养有一支庞大的军队，足以保护丹砂的开采和运输。与这个岩口相近，有叫“花秋园”的地名，或为“怀清园”的讹变？而且，新田、乔梓、龙溪等乡都有叫做“库楼湾”或“库楼山”的地名，新田乡干河村还有库楼遗址。而黔江的武陵山，唐天宝元年（742）以前，叫库楼山（讹为骷髅山）……库楼，按《后汉书·杨由传》的解释，为存放武器的设施。值得注意的是，这些“库楼”，都在古代的要道边。还有用于传递军情的烟囱（直到20世纪70年代才拆毁），烽火塘（台）、烟礅堡等地名，都与“用财自卫”有关。

秦始皇因有“怨母”情绪，而敬佩巴寡妇不但为夫守节，而且有守业、创业的精神，再加上她对秦始皇墓所用水银的贡献，所以，为她筑台纪念。

只是，年湮代远，岩口附近，人烟稀少，荆棘丛生，难以找寻巴寡台旧址。

经济决定政治。汉代，在今渝东南和湘、鄂西及贵州这一地区，虽有云阳等地产盐，但不产丹砂；虽有黔江、酉阳及溪州、辰州也产丹砂，但不产盐。既产盐又产丹，而又水运方便的，只有彭水。因而彭水受到历代帝王重视，早在西汉时，建涪陵县于今郁山，东汉为巴东属国，三国为涪陵郡，隋代为黔州、黔安郡，唐代为黔中道。

二、多种民族、多种经济形态共存的文化

黔中这块土地，在北方的中央政权眼中，这里是不通王化的“蛮荒”，是地远天荒的“徼外”。虽在石器时代就有人类生活在这里（任乃强《四川上古史新探》第286页“郁山就是早在石器时代渡过长江来此的濮人之国”），但因为生产力落后，人口密度极小，唐开元年间（713—741）黔州约一万平方千米的土地上，只有人口3963户（《元和郡县志》卷30·江南道六），平均每2.5平方千米才有一户人家。当时，不少地方为从未开发的处女地。在黔中道建立的100余年后的贞元五年（789）在黔中任职的吕颂说：这里的自然环境“素多瘴疠，山峡重深，毒雾蒸云，常在窗户。四时多雨，不识霜雪。终岁阴昏，少见天日。出门无路，举目唯山。猿鸟之心，如在笼槛”；这里的社会状况“溪洞蛮夷，性本生梗，木石为伍，鸟兽同群。宽之，则伏匿山林，不遵王命；迫之，则结聚蜂虿，为患边陬”（《全唐文》卷480，吕颂《为张侍郎乞入觐表》）。摩围山唐人石刻云：“巴黔道路阔远，亦无馆舍。凡至宿泊，多倚溪崖，就水造餐，钻木取火”（清代曹学佺《蜀中名胜记》卷19，引《碑目》，但至今未找到原刻），够原始的。

在中华民族几千年的历史长河中，居住在这里的各民族，却像许多支流那样，从不同的方位、以不同的流速和水质，融汇在这条大河里流淌。各个民族，作为一个群体，又有各自流动的过程。他们因战乱、饥荒、疾病（特别是传染病）、失势、谋生、求财……等不同的原因，从原居地向新住地迁徙。他们或融入当地原住民的社会，或在无人区开发新的居住地。前者要“入乡随俗”，面临着保持或改变原有民族特征的问题，在与当地人相处的过程中，或多或少都要“丢失”原有的，或“吸纳”当地的，成为介于两者之间的新文化；后者的居住地如果较为封闭的话，则能够保留原有的特征，并能长期流传。如三苗后裔的一支，迁到今贵州从江的岜沙，仍旧保留《淮南子·齐俗训》所载的“三苗髽（zhua）首”（即用麻掺入头发挽成髻），长发等身和崇拜太阳的遗风（《南方周末》2001年1月11日13版《从江岜沙苗，古髻三千年》）。

在黔中道这块土地上，先后来此居住的民族有：濮、蚩尤、九黎、驩兜、三苗后裔、蛮（盘瓠、廪君、板楯、东谢、南谢、牂牁、西赵、宋家、蔡家、五溪、彭水、八部）、僚、共、俚、儴、蜑、莫徭、蟾夷、汉人等，他们先后不断地迁入，也不断有人迁出，处于流动的状态中。

他们除在彭水煮盐采丹外，按照所居处的自然环境，不论从事何种产业，都或多或少保留自己独特的文化。但因为自然条件及民族差异，各州农业、牧业等的发展水平并不一致。

据郭声波《四川历史农业地理》（四川人民出版社1993年版56页）推算，唐天宝年间（742—755）黔中道在今四川的4个州，都属半农半牧区，每人平均耕地仅为0.05公顷。按梁方仲《中国历

代户口、田地、田赋统计》(114 页)载，黔中道每平方千米人口为 1.39 人，有大量的林地和荒地可供开垦或轮作。

唐代羁縻州的户口不报中央，所以史料缺失。但从《新唐书·南蛮传》的记载，可以看出，牂牁“土热多霖雨，稻粟再熟”，用河流和山溪水灌溉农田，水稻、小米都可收两季。在东谢所据的应州，“地方千里，宜五谷，为畲田，岁一易之”。这里虽然适宜种植，但仍然处于刀耕火种的阶段，实行土地轮作。在五溪地区的朗州(今湖南常德)生活过的刘禹锡，写有《畲田行》:“占龟得雨卦，上山烧卧木。……下种暖灰中，乘阳拆牙孽。苍苍一雨后，苕颖如云发。巴人拱手吟，耕耨不关心”;《莫徭歌》;“火种开山脊”(均见《全唐诗》卷 354)，都是写的种畲田。

当时，黔州、牂牁、应州等地，已经使用牛耕，而在与黔州西北接壤的施州，直到宋神宗时(1068—1085)，李周去任通判，当地人种地还不知用牛，他买些牛来，选那些“谪戍知田者”耕种，才在施州逐步推广用牛技术(《宋史·李周传》)。

与黔州南部接壤的思州，因为这里在东汉建安六年(201)，即建永宁县(蜀国改名万宁，即今思南。见《二十五史补编·补三国疆域志补注》，开明书店版，116 页)于此，汉人最早进入，带来先进的生产工具和生产技术，唐武德年间(618—626)已经大量开垦稻田，因而在思南以北建多田县。

粮食除自食外，还有余粮酿酒，东谢有“婚姻以牛酒为聘”的习俗。

牛马养殖业也开始发展起来，少数民族把牛马作为财富的标志，可以用它们来替人偿命。牂牁就有“杀人者出牛马三十”的民间法。

柳中元写的《黔之驴》，驴是在唐代从乌江运入黔州的。

乌江水道，为黔中通往外界的主要通道。黔中道的官员及朝贡人员来往、食盐外销，丹砂外运，都取此路。为适应乌江水急浪大的特点，竟造出国内唯一的大型歪尾木船，开凿石壁上的纤道，木船上行和过滩时，用人力吼着号子拉纤，形成独特的乌江文化景观。因为龚滩和羊角碛的险滩，分别形成于明万历和清乾隆时期，所以，唐代的乌江航道，比明清以后畅通。包括今云南的洱海、大理等地的少数民族向中央进贡，都选择乌江这条水路。

黔中道在唐代的百余年中，战乱较少(只有局部的叛乱与平叛 8 次，除 1 次持续 3 年外，其余在年内或跨年结束)，社会相对安定，给生产和社会的发展创造有利的条件。

三、流官和流放文化

从西汉在郁山建涪陵县开始，就实行流官制，即由中央在全国而不在县内选拔任命，按任期轮换而不能世袭的制度，官员们从各地带来外地文化。

雍仲子进南海香而当涪陵第一任县长。南海香，即龙涎香，为抹香鲸胃中的分泌物在海水中凝结而成，燃烧时有特异的香气，在宫中视为珍品。他把焚香的习惯带到了涪陵。北宋时，彭水“时时焚降真香”(黄庭坚《与人书》)，降真香是一种小乔木，烧之能招鹤。直到中华人民共和国成立前，彭水富户，还有在室内焚香待客的习惯。

唐代的南卓，任黔中道观察使，鉴于黔中的少数民族使用自己的语言，给施政、生产和生活带来许多不便，他就大力推广使用汉语汉文，收到显著的效果(《云溪友议》)。

五代时，蓟州人李承约任黔南(治今彭水)节度使时，“劝民农桑，兴办学校”。彭水人开始养蚕，开始建立公办学校。宋时，彭水就有五人中进士，黄庭坚在黔州时，还想把自己的小儿送到黔州上学(《山谷尺牍·与秦世章书》)。

黔州，既属蛮荒之域，而又社会安定；既有崇山峻岭，而又水运方便；既为西南徼外，而又物产丰饶，可按唐制提供一品供给所需的物品。于是成流放皇室成员和达官贵人的理想所在。这些人在政治失权势，但在生活上不会受到亏待，还是保留了原有的标准，这又给彭水带来当时最先进的文化。

唐太宗的长子李承乾、十四子曹王李明、唐高宗废太子李忠、唐高祖十四子霍王李元轨等四人，都是流放在黔州的，其中3人（李元轨死在流放途中）都死在彭水，初葬在彭水。开国元勋长孙无忌等，也流放到黔州彭水（1997年，长孙的墓碑在彭水县城出土）。长孙无忌享受的“一品供”，从主食的米、粱外，还有副食的粉、蜜、酒，肉食的猪、羊、鱼和调味品，从其数量看，每日粳米、粱各一斗五升……，显然不是一个人，而是一家及其随从。

柳芳，原在史馆编修国史，被贬到黔州后，仍笃志论著。正好高力士也流放巫州（今湖南省洪江市），在黔州相见。因高对宫中事颇详，柳向他询问开元、天宝年间诸事，写成《唐历》40篇。

唐代诗人孟郊、李白、杜甫、刘长卿、白居易、刘禹锡、贾岛、贯休等，及在黔中任职的官员（大多能诗能文）等24人，留下许多反映乌江和彭水的作品，其中诗就有29首。

唐代书法家颜真卿，留下书法碑刻一通，文曰：“马伏波云：“闻人之过，如闻父母之名，耳可闻而口不可道也……”（原文无标点）计68字，为黔州人学书法的模本。

对彭水文化影响最大的是黄庭坚，他在彭水3年，写下关于彭水的书信、序跋、诗词55件；元明清以来，本县和官员中的文人，也留下诗词楹联及各类文章116件。

黄庭坚在黔州期间，除留下“杨皓明淑任粟子修自城西来会于石问涪翁题”石刻和“涪翁晚策杖，坐此观江涨，雨余天欲凉”遗墨（今俱不存）外，作书法10余件。

他在《书自草〈秋浦歌〉后》说，“绍圣三年（1096，即黄庭坚谪黔的第二年）五月乙未（初六），新开小轩，闻幽鸟相语，殊乐……时小雨清润……”新开小轩，当指绿阴轩。据考，唐代诗人杜牧（803—约852）作宣城幕僚时，在湖州与一年约10岁的女子相约，10年后必与成婚。14年后，杜牧作湖州刺史，女已嫁，生二子，因作《怅诗》云：“自恨寻芳去校迟，不须惆怅怨芳时。狂风吹尽深红色，绿叶成阴子满枝。”此时，正值轩旁古榕结子满枝，又得悉弟媳在涪州（涪陵）生子，他心情舒畅，因而题名“绿阴轩”。刻在绿阴轩南石壁上，今存。

他还为黄斌画的《竹》、子舟画的《双竹双鹳鸹》题诗，可见当时国画已在黔州出现，并受到黄庭坚的赞赏。

黔江人秦世章，为左藏库副使、东南第八将，他因“里中儿不能书”，从长沙买石头摹刻长沙和尚宝月的《书法帖》10卷，运回黔江，嵌在绍圣院的壁上，让人们拓印、临写。黄庭坚给他《题跋》，说他“其意甚美”。

他在黔州，许多学子慕名前来请教，他不厌其烦地解答他们的“咨问”，还“从门生儿辈，扶杖逍遥林麓水泉之间”。在他们的影响下，宋代，彭水就有人著诗。

四、羁縻州文化

从汉晋以来，中央王朝对少数民族总存有戒心。有“自古圣王不臣异俗……是故羁縻而绥抚之”（《通典·卷187·边防三》）和“蛮貊不可假以军号”（《南齐书·卷50·东南夷》）的说法。为“羁縻而绥抚”的需要，中央王朝可以授予少数民族首领种种官衔和爵位，但不可授以军权。

唐代则不然。唐高祖李渊出生在成纪（今甘肃秦安）少数民族地区，母亲独孤氏；唐太宗李世民的长孙皇后，是鲜卑族拓拔氏；他们的子孙有少数民族血统。再加上他们在起兵的时候，与北方少数民族交往频繁，关系融洽，所以，他们对少数民族有一种亲和感，自然对少数民族采取比较开明宽厚的政策。李渊对在太原起义时就加以响应的“据巴东”的“盘瓠苗裔”冉安昌、“据郁林”的南平僚人甯长真等“酋帅”都拜为刺史（《新唐书·高祖本纪》），体现他们对少数民族的信任与尊重。李世民即位后更认为，“夷狄亦人耳，其情与中夏不殊。人主患德泽不加，不必猜忌异类。盖德泽洽，则四夷便可使如一家；猜忌多，则骨肉不免为仇敌。”（《资治通鉴》卷197，太宗贞观十八年）。在经济上，唐王朝特别规定，“若夷僚之户，皆从半税”（《唐会要》卷83·租税上），给少数民族以优待。

唐玄宗置黔中道时，除设置与内地相同的黔州等 18 个经制州外，还设牂州等 49 个羁縻州。

唐代对少数民族聚居区的政策，体现在羁縻州的设置上。羁，马笼头；縻，牛鼻绳。虽含轻篾，但意在牵连与束缚，把他们笼络，使之不生“异心”。这是唐代在民族地区设置的行政机构，它具有相当的独立性，可以说是古代“民族自治”的机构，是唐代在处理民族地区行政制度上的创举。在官员设置上，都与内地相仿，设有刺史，为全州的首脑。所不同的是，刺史由朝廷任命本地民族的首领担任，而且“皆得世袭”；州内所有官员（包括各县的县令）都由当地族人充任。各州长官都要在遵照唐王朝的历法和服从中央政令的前提下，进行治理。只在刺史之下，设立由中央派出官员担任的“长史”，代表中央，“就其部监领之”（《唐会要》卷 96）。唐总章二年（669）又颁布《铨注法》，规定黔州等地的州、县官，由都督选拔当地土人担任。仪凤元年（676）鉴于黔中等地都督府近年从土人推荐的官员“不精”，规定每年派遣五品以上的清正官员为“南选使”，到各地进行检查。

本着“全其部落（不拆散原有的社会组织），顺其土俗（不改变原有的生产方式和风俗习惯。见《资治通鉴》卷 193）”的原则，让他们住在原地，照旧生活，不向他们征收赋税，不要他们呈报户口，允许他们保留军队，不限制其数量。在法律上，《唐律疏义》明文规定：“化外人（指少数民族）同类自相犯者，各依本俗法”。

为体现国家的权力和民族地区的归属，各羁縻州要定期向中央“朝贡”。贡品虽为当地的土特产或珍奇异物，但朝廷所给的赏赐所值，则数倍于所贡。

在这些政策的感召下，从武德三年（620），到贞观三年（629）就有牂牁（今贵州瓮安）蛮首谢龙羽，和他们的另一支（所据地为今贵州江口、石阡等地）、东谢（今贵州台山、剑河等地）酋长谢元深、南谢（今贵阳等地）酋长谢强，到长安朝贡，表示臣服。中央分别把他们原有属地，改名为牂州、充州、应州、庄州，册封他们为刺史，属黔州羁縻。

谢元深入朝时，头戴乌熊皮帽，帽上的装饰，像牦牛尾做的旄头，以金银络额，身披毛帔，裹着皮做的裹腿，穿着特制的履。中书侍郎颜师古，因此对唐太宗奏道：“昔周武王时，远国入朝，太史次（编写）为《王会篇》。今蛮夷入朝，如元深冠服不同，可写为《王会图》。”太宗批准了。《全唐诗》（卷 17），载有《东蛮》一首记其事，中有“咿嗢九译重”句，语言不通，要人翻译。

贞观年间（627—649）“南蛮别种，夷子渠帅姓季氏”，与东谢南边的西赵各“胜兵（能充当士兵作战的人）万人”，人口约在万户以上，但他们从未与中原往来过，黔州派“豪帅”田康向他们宣传唐王朝的政策，他们都派使臣入朝进贡，表示臣服，朝廷以西赵地（今贵州望漠）为明州，任命首领赵酋摩为刺史，亦属黔州羁縻。

从贞元七年（791）到贞元十八年（802）牂牁刺史 5 次入朝，保持较为密切的关系。

到唐宪宗时，进贡队伍越来越大，贡品也越来越多，怕路上发生意外，元和二年（807）规定，牂牁等羁縻州的进贡人员先到黔州集中，并由黔州派兵护送。

元和四年（809）牂牁遣使入朝时，不仅由地方派人护送，唐宪宗还派出使臣带领他们进宫，又带着信物玺书，赐予其王，比此前隆重多了。第二年，牂牁又同南诏（今云南大理）、昆弥（今云南洱海）遣使来朝，唐宪宗在大明宫的麟德殿赐宴款待，表示亲近。元和十一年（816），又派人朝贡，朝廷仍旧授给酋长等相当的职务，发“告身”（授官的文凭）十六通。腊月，又遣使 25 人入朝，祝贺元旦，唐宪宗又在麟德殿召见他们，谈话后，还设酒宴相待，赏赐银器、锦綵等。这些礼遇，使唐王朝在民族地区的威望空前提高。长庆年间（821—824）朝贺不绝。凡是朝贡者到来，皇上都派身边的宦官到郊外的驿站迎接、慰劳，“既至，恩礼甚厚；将归，亦送之，以怀远人”（《唐会要》卷 79・牂牁蛮）。

唐王朝还把文成公主下嫁给松赞干布、把皇室之女下嫁给“盘瓠苗裔”冉安昌之子冉仁才，把唐高祖李渊的第四代孙李延年之女许配给“牂牁苗裔”赵国珍，使赵与皇室的关系，更加亲密。

中央不干涉羁縻州的内部事务。开元十年（722），牂牁刺史谢元齐死，唐王朝任命其孙嘉艺袭其爵位。到开元二十五年（737），牂牁大首领赵君道来朝，并献方物。说明在这十多年里，牂牁的统治者，已经由谢家变为赵家。但赵家仍旧任用谢家的头面人物为官，保持牂牁内部的稳定。朝廷仍授赵君道为刺史。

对官逼民反的官员，中央严肃查处。元和六年（811）黔州大水，冲坏城郭，观察使窦群，征集溪洞苗蛮修建。由于逼得太紧，引起一场叛乱，中央没有派兵镇压，而是把窦群和继任者崔能降为刺史，才使叛乱平息。这次动乱，使黔州人口，从开元年间的近4000户，锐减到1212户（《元和郡县志》卷30·江南道六），平均每8平方千米才有1户人家。

西南少数民族地处边远，信息不通，有的不了解中央政策，因误会而发生叛乱。武德六年（623）南方僚人甯长真献大珠，昆州（今云南昆明）、融州（今广西融水）、象州（今广西桂林西南）刺史也献筒布，唐高祖考虑到道路太远，怕劳累他们，都不接受。于是引起他们误会而反叛。后又形成各州间的猜忌与仇杀。直到唐太宗即位，群臣要求出兵攻打，唐太宗不许，派遣官员持节宣谕，误会消除，南方从此安定。

这些举措，加强民族团结，也促进文化交流。虽有汉不入境的习惯，但“商贾通其盐布”（嘉靖《思南府志》卷7），有利于少数民族的进步。

羁縻州的设置，有利于社会安定，从而节省了管理成本。牂牁蛮的首领赵国珍，就是按这些政策而担任黔中都督兼本管经略等使，不仅“臣”“异俗”，还“假”“军号”，成为集军政大权于一身的道级官员。赵国珍没有辜负朝廷的信任，唐玄宗时期，北方持续七年多的“安史之乱”“国破山河在，城春草木深”，国家损失极大，连唐玄宗都逃往成都。但黔中道在赵国珍的经略下，却安宁无事，给黔中经济文化的发展，创造良好的社会条件。

宋代，仍保留羁縻州的只有黔州，而且羁縻州的数量增加到56个，从唐代到宋末，羁縻州一直延续661年。

羁縻州的设置，为我国在当今世界上，成功解决国内棘手的民族问题，积累了丰富的历史经验。

黔中道，以广袤的区域、多类型的地貌、亚热带的气候、多种多样的物产，加上李唐王朝较为宽松的政治环境，不但哺育生活在这里的多种民族，还使他们各自的社会经济得到发展。他们以盐丹开发为主导、乌江水系为通道，吸纳多种民族文化和皇室文化等外地文化，共同创造农耕、渔猎、手工业、水上运输、商业等各行各业独特的物质和精神财富。经过历史的发酵，终于酿出丰富多彩、五光十色、多元共存的黔中文化。如果说，中华民族五千年的文化是一串璀璨夺目的宝珠的话，那么，黔中文化就是其中的一颗。

（2002年发表于成都《西华大学学报》第七期）

前志勘误

（前志为1997年版《彭水县志》）

57页倒4行7字："石"，应为"古"。

78页倒11行24、25字"前9"应为"9"。

82页倒4行"（609）"应为"（607）。"

92页1行前：插入："民国31年（1942）将召南乡划入黔江县，后改名白石乡；将黔江的三义乡划入彭水"。

94至96页中"大园"更为"大元"。

101页砂坪更为"沙坪"，"双鹤"更为"双合"，表中"乡镇"更为"公社"、"珠砂"更为"硃砂"；倒2行"624""11""4471""52"分别更为"625""16""4594""65"。

215页6行第1字后，插入："文化大革命中，曾砍了不少香樟树熬香樟油。"

219页10行后，插入"乌桕，彭水人称'棬子'，大戟科乌桕属落叶乔木，种子黑色含油，圆球形，外被白色蜡质假种皮。其子榨成的油，彭水人称为'木油'。可制烛、制漆、制肥皂等，为彭水传统出口产品之一。民国29年（1940）产200担。1949年产3555吨，1957年产3562吨，1958年农村公共食堂成立后，乌桕树被大量砍伐，产量下降，1962年只有2831吨，1980年达到4370吨，1985年，又减到1886吨"。

331页倒11行："3470米"，应为"3470元"。

364页倒7行末："5平"应为"10平"，倒6行"为餐厅"应为"为小餐厅"。

365页12行末："有"字后应加"意"字。

546页16行："北渡乌江"应为"北渡郁江"，19行"桑拓"更为"桑柘"。

682页15行："3月"应为"5月"。

684页倒4行："涪翁策杖"应为"涪翁晚策杖"。

686页3行："黄建此轩时"应为"黄为此轩题名时"。

687页10行："从'信士'……"至11行"……之间"应为"据拱下题刻'吉太元贞帝'判断，当为元代元贞年间（1295—1296）"。

689页，倒11行，"黄庭坚在戎州逝世"应为"黄庭坚在宜州（今广西宜山）"。

690页倒12页："咸丰申寅"应为"咸丰甲寅"。

691页5行：5字"到"应为"列"。

732页16行："魏碑"应为"魏策"。

734页14行："郁山"应为"黔州"。

737页倒7行："有））NFDA8）人"应为"有獽人"；11行首字"暞"应为"獽"。

773页18行："郁山"应为"黔州"。同页倒7行："宋代"应为"明代天启年间（1621—

1627）”。

813页2行：14字“乡”应为“县”。

820页1行：11字“身”应为“血”。

891页倒4行“罗明华”，应为“罗明宣”。

954页6行：“送任侍郎”，应为“送侯侍御”。同页7行：“猿随”，应为“猿啼”。同页倒5行15字“盼”，应为“眄”。

957页倒1行：“许琳”应为“许彬”。

958页9行：“春暑”，应为“秋暑”。同页14行：“答南京君瑞勾连书”，应为“答京南君瑞运句”。

962页12行：“归宾僚”，应为“旧宾僚”。

985页13行：“玉荀”，应为“玉笋”；同页16行：“满城烟火”，应为“满城灯火”。

编后记

彭水建制以来至1997年前，有清代三部《彭水县志》（康熙本、同治本、光绪本）和民国柯仲生编写的《彭水概况》。中华人民共和国成立后，在县委、县人民政府领导和重视下，在编纂工作机构和编纂人员努力下，完成第一轮县志编修任务，于1997年出版上限溯及彭水事物发端，下限止于1985年的新版《彭水县志》。即将付梓的《彭水苗族土家族自治县志》承接上志，上限起于1986年，下限止于2005年。

《彭水苗族土家族自治县志（1986—2005）》编纂工作经历四个时期。

一、2002—2007年，成立机构，组织人员，收集资料

2002年，地方志工作重点转移到第二轮县志编修。调整县地方志编纂委员会成员，首次设顾问，由县委书记、人大常委会主任、政协主席担任。县委副书记、县长任主任，县委副书记、县人民政府副县长各2人和人大、政协分管领导为副主任，相关单位主要领导45人为成员。明确设立编委办、总编室于史志档案馆内，实行主编责任制。上报地方志编纂委员会《彭水自治县志纲目（1986—2005）（初稿）》，上报县人民政府《续修彭水自治县志工作方案》《续修县志经费安排计划》，拟订《编写规范》《编写人员职责》《资料员工作职责》《初审查验要求》等相关文件，编修工作启动。2003年，查阅县人民政府档案2000余万字，制卡片100万字；编写《续修〈彭水苗族土家族自治县志（1986—2005）〉编写规范要求（草稿）》《续修〈彭水苗族土家族自治县志（1986—2005）〉编写质量县内审查的规定》等。2004—2008年，收集各类资料610余万字，启动《人物》《社会风情》及政治类、地理类的编写工作。

二、2008—2013年，县委、县人民政府下文正式启动志稿初稿编写工作

2008年12月，中共彭水县委以彭委发〔2008〕55号文调整充实县志编纂委员会。县人民政府办公室以（彭水府办发〔2009〕36号）文件发出《关于认真做好第二轮地方志编修工作的通知》，要求县志总编室牵头此项工作，精心组织力量，加强业务指导，研究制定《彭水苗族土家族自治县志》和乡镇志、部门志编修方案，将编修任务落实到相关单位。各乡镇、各部门要配备政治素质好、乐于奉献，既有较好理论功底又熟悉情况的精干人才队伍，为修志工作提供人力保证；县财政局要把《彭水苗族土家族自治县志》编修所需工作经费和出版经费纳入预算，确保《彭水苗族土家族自治县志》编修工作顺利进行和志书如期出版发行；县人民政府已将修志工作纳入各乡镇、各部门年度工作目标考核内容，任何单位不得以任何借口推诿拖延，影响《彭水苗族土家族自治县志》编修。

2008年12月，县志总编室人员7人全部到位，认真学习国务院《关于地方志编纂工作的规定》《地方志工作条例》《重庆市第二届区县（自治县、市）志编纂规范》以及国务院办公厅、重庆市人民政府办公厅《关于进一步加强地方志编纂工作的通知》精神。通过学习，明确修志

工作指导思想和编写任务：（一）《彭水苗族土家自治县志（1986—2005）》的编修，主要记述1986至2005年彭水自治县改革开放和经济社会发展变化进程，重点突出本地改革开放的主要进程和成就，突出经济和社会发展过程中的“亮点”，突出历史性变革和变化，显示出时代特征和地方特色；（二）启动乡镇志、部门志的编纂。彭水历史悠久、地域辽阔，政治、经济、社会、人文发展底蕴深厚，按照国务院办公厅和重庆市人民政府办公厅要求，继续开展乡镇志、部门志的编纂工作。

县志总编室按照县档案局要求制定《县志撰写规则》《编修〈彭水苗族土家族自治县志（1986—2005）〉工作方案》《续修〈彭水苗族土家族自治县志〉和启动乡镇志、部门志编纂工作的实施意见》。在原县志办编写的《彭水苗族土家族自治县志（1986—2005）》纲目（草案）基础上，参考各地志书纲目，并结合本县实际，经过反复讨论修改，制定出《彭水苗族土家族自治县志》（1986—2005）纲目（征求意见稿）。2009年3月、4月，为提高修志人员编修水平和提升彭水地域文化品位，分别举办地方志修志人员培训会议和彭水历史文化讲座。

2012年3月，重庆市地方志办公室对县档案局上报的县志纲目进行评审，批复新的县志纲目按中编编法34篇142章。

至2012年年底，县志编写有扶贫篇、能源篇、旅游篇、林业篇、工业篇、财政税收篇、教育篇、烤烟篇、环境章、工商章、交通章等草稿约30万字，收集整理资料300万字。同时，全县20多个乡镇部门继续完成乡镇部门志的编写，多数乡镇部门向县志总编室提供县志资料长篇，为县志的编纂积累源源不断的资料。2013年，县志编纂工作暂时中断，只是对志稿和相关资料进行整理保存。

三、2014—2016年，完成县志志稿定稿编写

2014年3月起，县档案局调整县志总编室，重新确定任永松为主编，聘请顾问，新招聘编辑人员7人，全面启动县志编写工作。同年，对县志纲目进行大的调整，按大编编法确定县志纲目按照地理、经济、政治、综合管理、文化、社会、人物、乡镇概况等八编共50章。对原初稿进行修改整理和纂写新的篇章，2014年至2015年，完成县志纲目5编中26章暂定稿共65万字。

2016年，为推进县志编纂工作的科学有序进行，县档案局采取承包式方法，完成尚未完成的志稿任务和总纂工作。对总编室人员作大幅调整，由承包人聘请编辑人员5人纂稿，县档案局组织人员三级审稿。同年，县志编写又回到重庆市地方志办公室批复的纲目，按中编方法纂写，经编辑人员努力，于年底完成除概述、人物外的22篇41章约48万字的编写任务。至此，全志志稿暂定稿基本完成。

四、2017—2019年，县志总纂、评审、出版发行

2017年1月，由县档案局确定总编室何廷应统稿总纂。（一）调整纲目和内容结构，以保证志书的统一规范。鉴于2014—2015年志书纲目为大编纲目，2016年志书纲目为中编纲目，两段时间纲目各易，志稿内容结构各不相同，而总纂按中编纲目进行，需要进行纲目和内容结构大的调整，给志稿总纂增加新的难度。在总纂中大幅度调整纲目结构，对内容有增有删，并新增加《移民工作》和《水利电力》等篇的内容；（二）纂写《概述》《编后记》，完成《图片》《志序》。2017年3月底，除尚缺部分图片外，《彭水苗族土家族自治县志（1986—2005）（审读本）》完成。

2017年7月至10月，《彭水苗族土家族自治县志（1986—2005）（审读本）》下发县志编纂委员会成员和各乡镇以及县级各部门审查，广泛征求意见。10月至12月，针对各方面提出的修改意见组织人员对志稿全面修改完善，形成评审本。2018年1月，送相关区县方志机构和专家审读。3月，邀请湖北省、贵州省和重庆市相邻17个区、市、县地方志专家和部分院校教授对新修

县志进行评审。2018 年 8 月，送市地方志办公室复审。

《彭水苗族土家族自治县志（1986—2005）》历经 17 年，5 易纲目，12 易其稿。深感编纂一部地方志书，实非易事。可欣慰的是，这部洋洋百余万字的志书终于出版付梓，对存史、资政、教育将起重要作用。在此，谨向在修志过程中关心指导修志工作的各级领导、专家，向积极支持配合修志工作的单位、个人以及付出艰苦劳动的全体修志人员，表示真诚谢意。不可否认，由于编者水平有限，错漏在所难免，敬请读者批评指正。

编者

2018 年 10 月

出版说明

根据国务院办公厅颁发的《全国地方志事业发展规划纲要（2015—2020 年）》规定，到 2020 年必须全面完成第二轮地方志书规划任务。为确保这一目标顺利实现，针对当前部分民族地区与贫困地区志书出版经费困难的情况，在中国地方志指导小组组长王伟光、常务副组长李培林的亲自倡议和领导下，自 2015 年 8 月起中国地方志指导小组办公室启动民族地区与贫困地区志书出版资助工程，对经国务院扶贫开发领导小组办公室认定的国家级贫困县（区、旗、县级市），中西部地区、少数民族边疆地区、经济欠发达地区存在出版经费困难的省市县三级综合志书进行出版资助。

民族地区与贫困地区志书出版资助工程既是地方志系统的政治工程，又是全国地方志事业协调发展的促进工程，对于推进第二轮地方志书规划任务按期完成，实现地方志事业区域发展平衡，促进民族地区与贫困地区基础文化建设，具有重要的政治意义和文化意义。2016 年 4 月，该工程入选国家新闻出版广电总局实施的“十三五”国家重点图书、音像、电子出版物出版规划项目。

本书经民族地区与贫困地区志书出版资助工程领导小组批准，入选民族地区与贫困地区志书出版资助工程。

民族地区与贫困地区志书出版

资助工程领导小组办公室

2015 年 9 月